民國時期文獻
保護計劃

成果

伯力审判庭审记录

（中、英、俄、德、日文版）

对日战犯审判文献丛刊编委会　编

1

國家圖書館出版社

图书在版编目(CIP)数据

伯力审判庭审记录:中、英、俄、德、日文版:全五册 / 对日战犯审判文献丛刊编委会编. —北京:国家图书馆出版,2016.8

ISBN 978-7-5013-5741-3

Ⅰ.①伯… Ⅱ.①对… Ⅲ.①日本-侵华-史料 Ⅳ.①K265.606

中国版本图书馆 CIP 数据核字(2015)第 292038 号

书　　名　伯力审判庭审记录:中、英、俄、德、日文版(全五册)
著　　者　对日战犯审判文献丛刊编委会　编
责任编辑　王　晓

出　　版　国家图书馆出版社(100034 北京市西城区文津街 7 号)
　　　　　(原书目文献出版社　北京图书馆出版社)
发　　行　010-66114536　66126153　66151313　66175620
　　　　　66121706(传真)　66126156(门市部)
E-mail　btsfxb@nlc.gov.cn (邮购)
Website　www.nlcpress.com→投稿中心
经　　销　新华书店
印　　装　河北三河弘翰印务有限公司
版　　次　2016 年 8 月第 1 版　2016 年 8 月第 1 次印刷

开　　本　787×1092 毫米　1/16
印　　张　181.5

书　　号　ISBN 978-7-5013-5741-3
定　　价　2500.00 元

对日战犯审判文献丛刊

编委会

前　　言

第二次世界大战结束以后，同盟各国依据《波茨坦公告》，在日本东京设立远东国际军事法庭，对日本甲级战犯进行审判。自 1946 年 5 月 3 日始，由中国、苏联、美国、英国、法国等 11 国提名的 11 名法官组成远东国际军事法庭，在日本东京开庭对日本战犯进行审判，至 1948 年 11 月宣判终结，其间共开庭 817 次，庭审记录长达 49000 余页，出庭作证的证人达 419 人，出示法庭证据 4336 件，判决书长达 1213 页。审判吸引了约 20 万人次的旁听者，其规模超过了纽伦堡审判，堪称有史以来规模最大、时间最长的一次国际审判。东京审判是世界反法西斯联盟各国对日本战争罪犯进行的严肃、公正的国际军事审判，审判确认了日本侵略战争的犯罪性质，裁定了日本的战争责任，维护了世界和平与国际法尊严，为饱受战争苦难的国家与人民伸张了正义，惩治了战犯，具有划时代的意义。

东京审判的正义性不可撼动，但是从对日本的战争责任进行彻底追究的角度看，还存在一定的局限性。其局限性之一就是在冷战的阴云之下，由于美国的干预和掩护，日本重大的战争罪行并未得到全面追究，特别是日本军队违背国际公约在中国进行的生物战（细菌战）和化学战（毒气战），包括惨无人道地用活人进行实验的重大罪行。东京审判的起诉书中根本没有写入对日本进行细菌战的追究问题；而日本军队在战争中进行大规模毒气战的证据虽然被记载在起诉书的附录中，但由于美国认为对其进行追究会影响自己今后使用毒气武器，也中止了对该罪行的指证。知晓并批准进行细菌战的裕仁天皇以及石井四郎等细菌战祸首均在东京审判中被免于起诉，逃脱制裁，可谓历史的一大遗憾。

对日本细菌战罪行的追究并未因此终结，在美苏对峙的大背景下，在1949年12月25日至30日，苏联在其远东城市哈巴罗夫斯克（Khabarovsk）设置特别军事法庭，对12名前日本陆军军人就其所犯细菌战罪行进行了审判。因该地原属中国领土，旧名“伯力城”，故称“伯力审判”。受审的12名战犯为：前日本关东军总司令陆军大将山田乙三、前日本关东军医务处长军医中将梶塚隆二、前关东军兽医处长兽医中将高桥隆笃、前第七三一细菌部队部长军医少将川岛清、前第七三一部队分部长军医少佐柄泽十三夫、前第七三一部队部长军医中佐西俊英、前第七三一部队支队长军医少佐尾上正男、前第五军团军医处长军医少将佐藤俊二、前第一〇〇细菌部队科学工作员中尉平樱全作、前第一〇〇部队工作员上士官三友一男、前第七三一部队第六四三支队医务实习员上等兵菊地则光及前第七三一部队第一六二支队医务实验员久留岛祐司。在确凿证据面前，战犯供认了日本关东军在1931年“九一八”事变后，在中国东北大量培养致命性病菌，并建立代号为“七三一”和“一〇〇”的特种部队专门从事细菌战的准备并在活人身上进行罪恶实验的战争罪行。战犯还供认，日本侵略者在中国的宁波、承德等地区也使用了细菌武器。12月30日，法庭分别判处各被告2—25年的有期徒刑。

审判结束后，为了向全世界揭露日本细菌战犯在二战中犯下的罪行，苏联有关方面便着手将审判资料编辑整理出版，以《前日本陆军军人因准备和使用细菌武器被控案审判材料》为名，全书包括起诉书、庭审经过、证人庭上证词、国家公诉人陈诉、律师辩护和法庭判决书等内容，由位于莫斯科的国立政治书籍出版局首先印行了俄文版，随后由苏联外国文书籍出版局译成中、英、德、日等文字付梓于世。庭审记录事实准确，内容详实，是指证日本实施细菌战的重要原始证据。伯力审判是东京审判的延续与补充，虽然这次审判依然存有一定的局限性，如由苏联主导、缺乏中国参与等，但其审判中揭露的犯罪事实均是日本细菌战犯的亲口供述，不容否定，进一步揭露了日军所犯战争罪行的另一重要方面，有力回击了美国对日本战争罪行的有意掩盖。伯力审判作为历史上第一次对细菌战罪行的公开审判，具有极其重大的意义，足以被载入战犯审判的史册。

可惜的是，伯力审判资料虽在日本二战罪行和战犯审判研究领域具有重要价值，但因种种历史原因，流通不广，存世较少。中文版内容曾多次在国内编译再版，但原本始终难得一见。自2012年“民国时期文献保护计划”项目启动以来，国家图书馆全面开展了对二战日军罪行史料的收集与整理工作，并规划了“对日战犯审判文献丛刊”这一专题文献整理项目，并将伯力审判文献的全面披露与出版纳入该项目。依托于此，本书将国家图书馆馆藏的伯力审判文献的中、英、俄文原本以及海外征集回来的德、日文原本依次分为5册，一并影印出版。该书与项目前期出版的《远东国际军事法庭庭审记录》（全80册）、《横滨审判文献汇编》（全105册）、《马尼拉审判文献汇编》（全53册）、《远东国际军事法庭证据文献集成》（全50册）、《国际检察局讯问记录》（全70册）等战犯审判文献一起，进一步全面构建二战日军罪行史料体系。

时至今日，日本右翼势力仍然企图篡改历史、否认战争罪行，为侵略战争翻案，对中日关系产生了严重的负面影响。史料是研究、揭示历史真相必不可少的依据，因此，搜集、整理与研究战犯审判相关文献资料，对还原历史真相、驳斥日本右翼言论、妥善处理目前与未来的中日关系具有重要的现实意义。强调牢记历史，不是为了延续仇恨，而是为了更加珍视现在的和平，远离战争。我们衷心希望，本书的问世，能够进一步促进对珍贵历史文献的整理和保护，为科研机构、广大社会公众了解和研究日本侵华历史和战争罪行等提供重要的资料，为人类和平事业的发展做出贡献。

对日战犯审判文献丛刊编委会

2016 年 8 月

伯力审判庭审记录

（中文版）

前日本陸軍軍人
因準備和使用細菌武器被控案

審判材料

外國文書籍出版局印行

一九五〇年。莫斯科

前日本陸軍軍人

因準備和使用細菌武器被控案

審判材料

外國文書籍出版局印行

一九五〇年·莫斯科

本版前日本陸軍軍人因準備和
使用細菌武器被控案審判材料係按
一九五〇年莫斯科國立政治書籍出
版局刊印原版譯出。

内 容

序言

一九四九年十二月二十五日至三十日，在伯力城舉行了前日本陸軍軍人十二名因準備和使用細菌武器被控一案的審判。

被提交法庭審判的有前日本關東軍總司令陸軍大將山田乙三，前日本關東軍醫務處長軍醫中將梶塚隆二，前關東軍獸醫處長獸醫中將高橋隆篤，前第七三一細菌部隊部長軍醫少將川島清，前第七三一部隊分部長軍醫少佐柄澤十三夫，前第七三一部隊部長軍醫中佐西俊英，前第七三一部隊支隊長軍醫少佐尾上正男，前第五軍團軍醫處長軍醫少將佐藤俊二，前第一〇〇細菌部隊科學工作員中尉平櫻全作，前第一〇〇部隊工作員上士官三友一男，前第七三一部隊第六四三支隊醫務實習員上等兵菊地則光及前第七三一部隊第一六二支隊醫務實驗員久留島祐司。

本案係由濱海軍區軍事法庭公開審判，法庭審判長爲少將法官契爾特科夫，審判員爲上校法官尹里尼茨基和中校法官沃羅比耶夫。担任國家公訴人的是三級國家法律顧問斯米爾諾夫。各被告均由相當律師作過辯護：陸軍大將山田由莫斯科律師公會會員柏洛夫作辯護；軍醫中將梶塚由莫斯科律師公會會員山尼科夫作辯護；獸醫中將高橋由莫斯科律師公會會員兹維列夫作辯護；軍醫少將川島由莫斯科律師公會會員波羅維克作辯護；軍醫少將佐藤由莫斯科律師公會會員波加切夫作辯護；軍醫少佐柄澤和軍醫少佐尾上由伯力邊區律師公會主席魯克楊傑夫作辯護；軍醫中佐西俊英和中尉平櫻由伯力邊區律師公會會員波爾霍維金諾夫作辯護；上士官三友，上等兵菊地和久留島三人由濱海邊區律師公會主席普羅珂坪科作辯護。

在法庭上作出關於細菌和醫學問題結論的檢驗委員會委員爲：蘇聯醫學科學院大學士茹科夫—費勒什尼科夫，軍醫上校克拉斯諾夫，伯力醫學研究院微生物學系主任科薩列夫教授，伯力醫學研究院微生物學系助教里甫金娜，獸醫中校亞歷山大洛夫，寄生物學家科茲洛福斯卡婭。

本集內僅刊載有審判案正式材料。

預審文件卽起訴書以及某些文件證據和關於各項基本罪狀審訊記錄，係按本案存件公佈。

庭審材料卽各被告供詞和最後陳述，各證人在法庭上所作供詞（摘錄），檢驗委員會結論，國家公訴人演詞及各辯護人底發言，係按本案正式速記錄公佈。

預審文件

因前日本陸軍軍人山田乙三，梶塚隆二，高橋隆篤，川島清，西俊英，柄澤十三夫，尾上正男，佐藤俊二，平櫻全作，三友一男，菊地則光及久留島祐司犯準備和使用細菌武器罪，即犯蘇聯最高蘇維埃主席團一九四三年四月十九日法令第一條上所定罪行一案而提出的

起訴書

在多年以內，帝國主義的日本曾是遠東方面侵略勢力的主要策源地。

帝國主義日本的當權集團，同希特勒德國和法西斯意大利一起結成罪惡陰謀聯盟，曾策劃、發動並進行侵略戰爭反對各愛好和平國家人民，以期和希特勒德國共同建立世界統治。

這些侵略戰爭的目的，就是要建立所謂「大東亞共榮圈」，即建立一個由日本統治的殖民地國家。此種力求用強力掠奪日本隣近諸愛好和平國家廣大領土以期建立這樣一個殖民地國家的事實，也就表明日本帝國主義者懷有極端強烈的擴張意圖。

日本當權集團底侵略野心該是如何巨大，這從日本政策主要領導人的多次公開聲明中便可看出。

日本主要戰犯之一，即日本軍國主義侵略集團「思想家」橋本金五郎，在一九四二年一月五日『太陽大日本』報上發表的一篇標題爲『大東亞帝國共榮圈』的論文中寫道，這個「共榮圈」內應包括下列諸國：『日本，滿洲，中國，蘇聯遠東地區，馬來亞，荷屬東印度，英屬印度，阿富汗，澳大利亞，新西蘭，夏威夷，菲律賓，以及太平洋和印度洋各島嶼』。

在那按日本天皇特令設立而由日本首相直接管轄的「總體戰研究院」所規定的各種計劃和方案內，所謂「大東亞」版圖也恰恰是這樣劃定的。

日本帝國主義者的一切罪惡計劃中，都是把侵略蘇聯一舉看成爲主要的任務。日本軍閥實行侵略的戰略計劃內，通常是把蘇聯叫做『第一號對象』。

他們在日本居民中間曾廣泛宣傳反蘇的掠奪戰爭。此種宣傳在所有一切完全受日本政府情報部管制的日本刊物上，都曾進行過。

日本當權集團爲實現其罪惡計劃，採取過多次侵略行動：

一九三一年，日本武裝力量挑起了所謂『瀋陽事件』，隨即侵入滿洲，並將其佔領；

一九三七年，日軍挑起了所謂『盧溝橋事件』，隨即侵入中國內地；

一九三八年，日本軍閥在哈桑湖地區向蘇聯舉行侵犯，但被蘇軍擊潰；

一九三九年，日本帝國主義者在哈勒欣河地區侵犯蘇聯的友邦蒙古人民共和國，但也被蒙古人民共和國和蘇聯的武裝力量擊潰；

一九四一年末，日本軍閥把日本捲入第二次世界大戰，站在希特勒德國方面作戰。

只是由於蘇聯軍隊對集中在滿洲的日本主要突擊力量關東軍，給予了決定性的殲滅打擊而使日本向聯盟國投降之後，日本的侵略才告停止。

有關日本帝國主義侵略的諸事件，業已在東京舉行的日本主要戰犯案國際審判中審核過了。國際軍事法庭，確定日本當權集團與希特勒德國共同策劃、發動並進行了諸次侵略戰爭，確認日本當權集團在多年以內，曾積極準備大規模反蘇的侵略戰爭。軍事法庭確認了日本於一九三八年在哈桑湖地區及一九三九年在哈勒欣河地區兩次進行反蘇侵略戰爭，均係事實。同時軍事法庭又已確認，日本與希特勒德國及法西斯意大利結成反和平反人類的罪惡陰謀，亦係事實。

軍事法庭同樣確定了日本根本違反戰爭法規和慣例的事實，其表現就是日本軍閥曾用殘暴手段對待戰俘及佔領區和平居民。

本案預審結果業已查明：日本帝國主義者在策劃和準備其反蘇和反其他國家的侵略戰時，為達到其目的計，曾立意大規模地使用，並且在局部上已經使用過細菌戰武器這種大批殲滅人命的罪惡工具。

建立特種部隊來準備和進行細菌戰

預審結果查明，在佔領滿洲後不久，日軍參謀本部和日本陸軍省就在滿洲境內建立了一個細菌實驗所，並將其劃歸日本關東軍建制內。該實驗所係由日本著名細菌戰思想家，以後晉陞爲軍醫中將的石井四郎主持。實驗所中專門研究用烈性傳染病菌進行攻勢細菌戰的方法。

據前日軍軍醫少將，被告川島淸供稱：一九三五至一九三六年間，已由日本參謀本部和陸軍省按照天皇裕仁諸次祕令在滿洲境內成立有兩個用來準備和進行細菌戰的極端祕密部隊活動。

爲保守祕密起見，就將其中一個以石井實驗所爲基礎建立的部隊命名爲『關東軍防疫給水部』；另一個部隊則叫作『關東軍獸疫預防部』。一九四一年，當希特勒德國開始進犯蘇聯後，這兩個機關就用番號祕密稱爲『第七三一部隊』和『第一〇〇部隊』。『第七三一部隊』由上述石井四郎領導。『第一〇〇部隊』由獸醫少將若松主持。

這兩個部隊內都配足有細菌學專家，其中工作人有許多是由日本最著名細菌學家指導的科學技術人員。單就第七三一部隊內便大約有三千工作人員這點說來，已足證明這兩個細菌部隊工作的巨大規模了。

日本統帥部曾撥出巨款以供各該製造細菌戰武器的部隊之用。例如，爲了展開第七三一部隊的活動，特於一九三九年間在距哈爾濱二十公里遠的平房站一帶，建成了一座大軍用市鎮，其中設有許多實驗室和辦事室。 儲存有大量原料品。市鎮周圍劃定了一個禁區，以資嚴守祕密。該部隊有自己的航空隊，並在安達車站附近設立有一個特種打靶場。

第一○○部隊設在長春以南十公里的孟家屯，也擁有廣濶的房舍、特種設備和大片土地以供使用。

第七三一部隊與第一○○部隊下面，分設有許多交由日本關東軍各部隊和各兵團指揮的支隊，這些支隊都位置在與蘇聯毗隣的各主要戰略方面（案卷第十四卷，第二九頁）。

各支隊底主要任務，是要準備在戰爭中實際使用各該細菌部隊所製造出的細菌武器。

細菌部隊及其各支隊均直接受日本關東軍總司令管轄。

證實這點的除了各證人和各被告底供詞外，還有前日本關東軍總司令梅津美次郎一九四○年十二月二日所發佈，而於一九四五年被蘇軍在滿洲繳獲的關於建立和分佈第七三一部隊四個新支隊的命令（案卷第十五卷，第三頁）。

繼梅津之後任日本關東軍總司令，現爲本案被告的山田將軍在供狀中也證實說，細菌部隊都是直接受他管轄的（案卷第十八卷，第三八三頁）。

被告山田乙三在說明第七三一部隊底任務時供稱：

『…第七三一部隊成立的目的是準備細菌戰，主要是反對蘇聯，同時也反對蒙古人民共和國和中國』（案卷第十八卷，第三八二頁）。

據山田供稱，日本準備細菌戰，也是要反對其他國家（案卷第十八卷，第三八三頁）。

山田還供稱，第一○○部隊的活動，就是製造供細菌戰用的細菌武器（案卷第十八卷，第三八二頁）。

此外，第一〇〇部隊還

『…負責進行軍事破壞活動，卽用病菌去傳染牧場，牲畜和蓄水池。 在這方面，第一〇〇部隊的工作是與關東軍司令部偵探部有密切聯系的…』（案卷第十八卷，第一七一頁）。

前日本關東軍獸醫處長，獸醫中將被告高橋也供稱：『獸疫部隊』的任務是要準備和進行細菌戰和軍事破壞活動（案卷第十一卷，第五四頁）。

在該兩部隊及其他各支隊中，曾有計劃地進行細菌學研究，以求確定可以作爲細菌武器的最有効細菌種類，並探求出大批生產此種細菌以及使用此種細菌去消滅大批人命和藉傳染牲畜莊稼來造成經濟損害的方法。

第七三一部隊內共設有八部，其中祇有一部（第三部）經管給水和防疫事宜。但就在第三部底生產作坊內，也製造名叫『石井式飛機彈』的特種細菌彈壳。 這些炸彈是用來從飛機上散播染有鼠疫的跳蚤的（案卷第二卷，第二六三頁）。

第七三一部隊內所有其餘各部，完全是在幹準備和進行細菌戰的事情。

預審材料證實，該部隊第一部專爲進行細菌戰來研究和培養鼠疫菌、霍亂菌、壞疽菌、炭疽熱菌、傷寒菌、副傷寒菌及其他病菌，以便在細菌戰中加以使用。

在此種研究過程中，不僅用動物，而且用活人來進行實驗，爲了這個目的，就設立有一個能容三四百人的內部監獄。

第二部，卽所謂實驗部，負責在打靶場條件下以及在戰鬥環境內試驗細菌武器。

第二部管轄有一個特別航空隊，其中飛機上都有儀器裝配，並管轄有設立在安達站附近的一個打靶場。該部下面設有一個分部來專門培育與繁殖供散佈鼠疫用的寄生虫。

第二部專門製造散佈細菌的特種武器：自來水筆式和手杖式的投擲器，瓷質飛機彈等等。從在日軍檔案中發現的別動隊武器表上可以看出，日本人曾把自來水筆式投擲器採用爲一種武器（案卷第十六卷，第十六頁）。

另一部叫作『訓練』部，該部專爲日軍戰鬥分隊和別動隊造就善於使用細菌戰武器的專門人材。

爲了大量培製足供細菌戰需用的細菌，第七三一部隊內設有一個生產部（第四部）。據前該部部長，被告川島所說，這生產部是大規模出產各種細菌的『工廠』。

該部具有強大儀器裝備，分爲兩個分部，每一分部都能獨立生產細菌。第一分部有以下基本設備：製細菌營養液的大鍋爐四具，每具容量爲一噸；營養液消毒器十四具，每具長三公尺，直徑一公尺半。每一消毒器內可容三十個由第七三一部隊長官石井發明的特種培養器。第一分部內有兩個冷却細菌營養液的房間。　每個房間內能同時容下一百個培養器。該分部內還有五個調溫器，總共可容六百二十個石井式培養器。

第二分部內有大鍋爐兩具，每具容量爲二噸，消毒器八具，每一消毒器內可容六十個培養器，此外還有其他設備。

第四部內尙有保存現成『產品』的特種冷藏器。

根據第七三一部隊培養細菌主要設備出產能力的材料，法庭檢驗委員會確定：在總共不過幾天的一個生產週期內，單祇第七三一部隊內的此種裝備，就能出產不下三萬萬億微生物。　檢驗委員會強調指出，若按生產期限說來，此種細菌產量應認爲是非常巨大的。

這種強大的細菌出產量，就使第七三一部隊和第一〇〇部隊人員曾用公斤來計算他們所培養出的細菌膠狀體。這也就說明，爲什麼各被告在口供中說用公斤來計算細菌數量，須知他們所指的是直接從營養液浮面上取出的乳漿狀濃細菌體的重量。

例如，在說明第七三一部隊底生產能力時，被告川島供稱：

> 『…按生產設備及其生產能力說，該生產部內每月能培製出三百公斤鼠疫細菌』（案卷第三卷，第三一七頁）。

另一被告柄澤同樣供稱：

> 『…細菌生產部出產能力…在全部設備都動用起來時…每月能出產三百公斤鼠疫細菌』（案卷第四卷，第二八六頁）。

據預審材料證實以及檢驗委員會確定：所有這些大量出產的傳染病菌，包括鼠疫菌、霍亂菌、傷寒菌及其他病菌在內，都是用去製造細菌武器，以便大批消滅人命的。

在第七三一部隊及其各支隊中，也曾大規模養育跳蚤，以後使其受到細菌傳染。　爲了繁殖和傳染跳蚤，使用過老鼠及其他鼠類動物，這種動物不僅是由各該細菌部隊人員去搜捕，並且還由關東軍各部隊內所指定的專門隊伍去捕獲。

單就第七三一部隊內擁有四千五百具用鼠類血液繁殖跳蚤的孵育器這點說來，就可知道培養跳蚤的巨大規模了。

按各被告所供，這種孵育器的生產能力在短時間內能培養出幾公斤染有鼠疫的跳蚤，據檢驗家計算，這幾公斤的重量就相當於數千萬個專門用作細菌武器的跳蚤。

關于繁殖跳蚤的巨大規模還可從如下事實中看出：據證人森田供述，單在海拉爾第五四三支隊內，一九四五年夏天就同時養育有約一萬三千隻老鼠（案卷第二卷，第二三九頁）。

預審材料證實，另外兩個日本細菌部隊，即一九四一至一九四三年期間由被告軍醫少將佐藤在華中和華南指揮過，而用暗號稱呼的『波』字部隊和『榮』字部隊，也同樣進行過細菌戰準備工作。

據被告佐藤供稱，『榮』字部隊擁有大量培養細菌以供進行細菌戰之用的生產能力。

據法庭醫學檢驗委員會證明，第七三一部隊和第一〇〇部隊按其生產能力和活動性質來說，都是爲了要進行積極的細菌戰（案卷第九卷，第一五五頁）。

據被告山田供稱，日軍

「…曾批准了並採取了使用細菌武器的如下三種主要方法：從飛機上散佈細菌，投擲細菌彈，以及進行軍事破壞…」（案卷第十八卷，第一三一頁）。

按日本帝國主義者底計劃，專門裝置的飛機以及受過特別訓練的戰鬥部隊和破壞隊匪徒，其任務就是在前綫和敵後大量散佈染有鼠疫、霍亂、傷寒、鼻疽、炭疽熱及其他烈性傳染病的致命細菌，並用一切可能辦法傳染居民點、蓄水池、水井、莊稼和牲畜羣等。日本帝國主義者底罪惡計劃是打算利用致命細菌之迅速繁殖的性能，蓄意向敵軍中和敵方和平居民中散佈鼠疫，霍亂等等傳染病，藉以引起可怖的瘟疫，而使千百萬人遭到慘死。他們決心運用這種不僅對交戰國居民，而且對中立國都能造成極大危害的殘忍武器。

在活人身上進行罪惡實驗

爲檢查細菌武器効能所曾採用的基本方法，就是有系統地和大規模地用活人來進行慘無人道的罪惡實驗。

這種罪惡實驗，曾施之於中國參加抗日運動的愛國份子以及蘇聯公民身上，這些人都是日本憲兵機關確定要用慘酷手段加以消滅的。

預審材料證實，日本細菌部隊人員拿活人來作罪惡實驗而將他們殘酷殺害一事，都是經過日本關東軍總司令認可和同意的。

被告山田供述，他曾准許用活人來進行實驗。

山田供稱：

『我…曾准許人們去進行此種實驗，因而我在事實上也就是批准了強行殺害那些都是由我所管轄的關東憲兵隊機關和各日本軍事團送去受實驗的中國人，俄國人和滿洲本地人…』（案卷第十八卷，第一七四頁）。

作爲證人受訊的古都，供出了關于在活人身上進行傷寒病傳染實驗的情形。

他供稱：

「…大約在一九四三年初，我奉第七三一部隊第一部長官田部井命令，初次參加對該部隊監獄內犯人作傳染傷寒病的實驗。我預先準備了一公升投有傷寒病菌的甜水，然後把這一公升甜水用普通水冲淡，就分給約五十名中國犯人喝了，據我所記得的，他們都是戰俘，其中只有幾個人事先受過預防傷寒病的注射』（案卷第五卷，第三〇八頁）。

被告川島清在被訊關於第七三一部隊第一部活動情形時供稱：

『…第七三一部隊中，廣泛地拿活人來作過檢查各種致命細菌効用的實驗。用來作這種實驗的材料，就是日本反偵探機關確定要加以消滅的中國愛國份子和俄國人…』（案卷第三卷，第五九頁）。

『…第七三一部隊內設有拘禁犯人的特別監獄，其中所有要用來受實驗的犯人，均嚴被看管和隔絕；爲了保守祕密起見，本部隊工作人員通常都把他們叫作『木頭』（案卷第三卷，第一四六頁）。

在近似戰鬥環境的野外條件下，卽在特種裝備的打靶場上，也同樣用活人來進行慘無人道的實驗。先把被禁閉者一一綁在打靶場內的鉄柱子上，然後就對他們進行檢查各種細菌彈効能的實驗。

被告柄澤供稱：

『…我兩次到安達站打靶場那裏，親身參與過在野外條件下用活人來實驗細菌底作用。第一次是在一九四三年末，當時有十個人被押到打靶場上來，他們被綁在事先就栽在土裏彼此相隔五公尺的柱子上。然後就在距他們五十公尺以外的地方，藉電流爆發了一顆開花彈。結果有幾個受實驗的人被彈片炸傷，立刻——這點我事後才知道，——就受到了炭疽熱的傳染，因爲這炸彈內面就裝的是這種病菌…』。

『第二次我到打靶場上去參加實驗，是在一九四四年春季；當時解來了十個人，也和第一次一樣，把他們都綁在柱子上，然後在距離受實驗者約十公尺的地方，爆發了一顆裝有鼠疫細菌的炸彈』（案卷第四卷，第四二頁）。

另一個在安達站附近打靶場上參加了此種罪惡實驗的被告西俊英供稱：

『…一九四五年一月間，我曾在安達站附近第七三一部隊打靶場上，親自看過那裏由該部隊第二部部長碇常重中佐協同該部科學人員二木一起，在十個中國戰俘身上進行壞疽病傳染的實驗。 這十個被俘的中國人被綁在各距十至二十公尺的柱子上，然後就藉電流爆發了一顆炸彈。結果這十個人都被帶有壞疽菌的榴霰彈所炸傷，一星期後他們全都痛苦萬分的死去了』（案卷第七卷，第一一三頁）。

慘死者的屍體就在第七三一部隊監獄近旁特別裝設的焚屍爐裏被焚化了。

本案受訊的各證人和被告，都供出了所有被當作『實驗材料』落到第七三一部隊特設監獄刑場中的人們遭受種種殘酷拷打、暴刑和侮辱的事實。

證人倉原供稱：

『…在每一層樓上都有幾個供實驗用的房間，中部有幾個小牢房，那裏禁閉有受實驗的人，或如曹長田坂告訴我說，這就是該部隊內所叫作的『木頭』…我記得很清楚，這個監獄裏除了中國人外，還拘禁有俄國人。 在一間小牢房裏，我看見有一些中國婦人…關在牢房的人都帶有脚鐐…三個中國人沒有手指了，其餘的人只剩下手指骨頭。 吉村向我解釋說，這是他對他們作過凍傷實驗的結果…』（案卷第二卷，第三七一頁）。

作爲證人受訊的前日本『保護院』集中營副主任山岸供稱：

『…我記不得所有被發送到第七三一部隊裏去消滅的那些人底名姓。不過我至今還記得有幾個人…一個是蘇軍兵士德姆琴科，他根本拒絕供出關於蘇聯的任何消息。經我允許，對他採用了肉刑。審訊人拷打過他，把他的脚手綑住，吊在屋樑上。可是德姆琴科終於沒有招供。

那時我便決定將他消滅，所以就把他發送到第七三一部隊裏去了』（案卷第二卷，第一七四頁）。

證人飯島也供出了把蘇聯人從『保護院』集中營內送去消滅的事實。

『…我幾次從『保護院』集中營內總共送了約近四十個蘇聯公民去遭死，他們受過實驗之後都死掉了…』（案卷第六卷，第二四二頁）。

凡落到了第七三一部隊裏的被監禁者，總是不斷受到慘無人道的實驗，一直到死去時爲止。據被告川島供稱：

『要是犯人受過致命細菌傳染後又痊癒起來，那他也不免要受接二連三的實驗，直到因傳染病死去時爲止。爲了研究各種治療法，對已受傳染的人也曾加以治療，也給他們吃正常的飯食，等到他們身體完全復原之後，就把他們用來作另一種實驗，用另一種細菌傳染他們。無論如何，從來是沒有一個人能活着走出這個殺人工廠的…』（案卷第三卷，第六〇頁）。

日本憲兵隊機關和日本駐滿洲各軍事團，根據它們所奉到的命令以及它們與各細菌部隊長官商定好的手續，經常把被囚禁的中國人，滿洲本地人和蘇聯公民送到各細菌部隊裏去，以作供所謂『研究』之用的『特別材料』。爲保守祕密起見，在憲兵隊的正式文件上規定出了一個專門名詞，叫做『特殊輸送』。

前『滿洲國』軍憲兵署日本顧問，證人橋武夫供稱：

『…有一種被抓來審訊的人，按我所管轄的憲兵署特務部路綫，是應當加以消滅掉的。這種人就是…游擊隊員，激烈反對日本駐滿當局的份子等等。這些被捕的人並沒有提交法庭審訊過，因爲我們總是逕直把他們送到第七三一細菌部隊去消滅的…』（案卷第六卷，第九五頁）。

另一個證人，前哈爾濱日本憲兵隊司令底副官木村在受訊時供稱：有次他當場聽到第七三一部隊長官石井將軍在同哈爾濱憲兵隊司令春日馨談話中表示說，他相信以後也會能和先前一樣領到被捕人來作『實驗』（案卷第二卷，第一九四頁）。

蘇聯軍隊在滿洲日方檔案中繳獲的日本憲兵隊正式文件證實：自一九三九年起及以後時期，經常採用過所謂『特殊輸送』被監禁者的辦法。其中有一個文件，是關東軍憲兵隊司令城倉少將於一九三九年頒發的第二二四號命令，內容是要把三十個被監禁者『特殊輸送』到石井部隊裏去（案卷第十七卷，第三五至三八頁）。

被告川島清也證實有大批消滅被監禁者的事實，他供稱：

『每年都有五六百犯人被送到第七三一部隊裏去。我曾親眼看見，這部隊第一部工作人員從憲兵隊方面領到一批批的犯人』（案卷第三卷，第五九頁）。

『…根據我在該部隊內因所負職務關係才知道的消息，我可以說，在第七三一部隊中，每年因受實驗而死去的大約至少有六百人』（案卷第三卷，第一四六頁）。

『當本部隊駐在平房站附近的五年之內，即從一九四〇年至一九四五年間，通過這殺人工廠，因染受致命細菌而被消滅的，至少有三千人。至於在一九四〇年以前被消滅的人究有多少，那我却不知道』（案卷第三卷，第六〇至六一頁）。

第一〇〇部隊中也幹過同類的罪行，該部隊第二部第六分部曾專門在活人身上進行實驗。

前第一〇〇部隊實驗員，證人畑木章述及該部隊活動時供稱：

『…關東軍第一〇〇部隊名義上稱爲獸疫預防部隊，其實它是一個細菌部隊，因爲那裏專門繁殖和培養傳播鼻疽，炭疽熱、牛瘟等獸疫的病菌。 第一〇〇部隊中曾用家畜和活人來試驗細菌效能，所以在這部隊內專門養得有馬匹，乳牛及其他牲畜，並且還單獨拘禁有一些活人，我之所以知道這點是因爲我親自看見過』（案卷第十三卷，第一一一頁）。

另一個證人，前第一〇〇部隊獸醫福住光由供稱：

『…第一〇〇部隊是用許多細菌學工作員、化學家、獸醫和農藝家配備起來的一個試驗工作隊。這部隊內所進行的全部工作，都是在準備反蘇的破壞性的細菌戰。該部隊及各支隊人員曾進行一種科學研究工作…專門探求大量使用各種細菌和烈性毒藥來大規模殲滅牲畜和人命的方法』。

『…爲了確定這種毒藥的効能，曾用動物和活人來進行過實驗…』（案卷第十三卷，第四八頁）。

前第一〇〇部隊服務人被告三友供稱，說有許多被監禁者就是經他親手施行過殘暴實驗後被害死了的（案卷第十二卷，第一九二頁）。

三友供稱：

『…有過這樣一回事。一九四四年八月，在兩個星期內對一個俄國人作過各種各樣的實驗。他的身體已經消瘦不堪，松井下令用注射氰化鉀辦法把這個俄國人毒死…。

我假裝是給這個俄國人治療，向他注射了一針氰化鉀後，他便立即死掉了。這藥針是我在單人牢房內注射的…。

一九四四年九月初，有個憲兵當着我的面，在牲畜掩埋場上把兩個俄國人槍斃了，槍斃之後就埋在那裏。這是奉中島中尉命令槍斃的。槍斃他們的原因，是因爲他們的身體已經衰弱不堪，再不能用來進行實驗了』（案卷第十二卷，第一四九頁）。

除了用被監禁者來作傳染鼠疫和其他烈性傳染病的罪惡實驗之外，第七三一部隊內，還廣泛進行過冰凍活人四肢的殘忍實驗。強廹那些被監禁者把雙手雙脚放在特種冰箱內，直到四肢完全殭凍時爲止。

證人古都供稱：

『…一羣帶上脚鐐的俄國人，滿洲本地人，中國人，蒙古人，每次從兩個到十六個人不等，被押到嚴寒露天裏，就用槍桿威嚇他們，要他們把光着的手（有時一隻手，有時兩隻手）放進水桶裏，然後強迫他們把浸濕了的光手伸在冰凍天氣內，殭凍十分鐘到兩小時，看天氣的溫度如何而定，當大家的手完全被凍傷之後，再帶他們回到監獄實驗室裏去』（案卷第五卷，第三一七頁）。

此種罪惡實驗的結果，多半是受實驗者四肢腐爛，被割去四肢，直至死去。此種實驗目的，就是要探求在日本將來實現反蘇軍事行動時如何醫治四肢凍傷的辦法。

在對華戰爭中使用細菌武器

日本帝國主義者曾一面準備着大規模的細菌戰，同時他們已於一九四○年間在他們所發動的對華侵略戰爭中部分地使用了細菌武器。

一九四○年夏季，由第七三一部隊長石井將軍率領的一個特別細菌遠征隊，被派往華中戰區。第七三一部隊的飛機隊在甯波一帶藉染有鼠疫的跳蚤散播鼠疫到敵人地區中去，結果那裏發生了鼠疫流行症（案卷第三卷，第七三頁）。

被告柄澤十三夫在被訊關于組織上述遠征隊情形時供稱：

『…一九四○年下半年，我奉直接長官鈴木少佐的命令，要準備七十公斤傷寒菌和五十公斤霍亂菌。當時鈴木少佐向我解釋說，準備細菌一事，是該部隊長官石井將軍命令他作的，因爲石井將軍正準備率領一個特別遠征隊去用細菌反對中國軍隊…我執行了這個命令。同時，我從第二部人員方面聽到，第二部內爲石井將軍遠征隊培養了五公斤染有鼠疫的跳蚤，以便用去散佈鼠疫。一九四○年九月，石井將軍帶了部隊內其他一部分軍官到漢口去，同年十二月返回了本部隊。據那些隨同石井將軍到過漢口的軍官轉回來時說，使用染有鼠疫跳蚤一舉，業已奏效。 散佈跳蚤的結果引起了鼠疫流行症。參加過那次遠征隊的野崎少佐曾拿出一份中國報紙給我看，報紙上有篇論文指出說，甯波一帶發生了鼠疫。接着，該論文作者作出正確結論，說這次鼠疫症的肇事者是日本人，因爲有人親眼看到，有架日本飛機飛過該區域上空時，曾在不高地方扔下了什麽東西。這篇論文，我親自讀過』（案卷第四卷，第四三頁）。

被告西俊英在第七三一部隊內，親眼見過攝有日本細菌部隊攻擊華軍經過的祕密紀實新聞片，他供述說：

『…銀幕上放映出如下幾個鏡頭：把一些特種器皿掛在幾架飛機下面，馬上就說明這些器皿內裝的是傳染鼠疫的跳蚤…有架飛機是飛在敵區上空時被攝照的。那裏地面上顯現有中國軍隊在移動，並且還有一個村莊』。

西俊英往下又供述到銀幕上映出細菌攻擊實施和結束的情形：

『那架飛機轉囘到飛機場，接着銀幕上就現出「任務完成』字樣。石井和碇常重從飛機裏走出來。接着便放映出『結果』二字。銀幕上照出一張中國報紙上的論文和日語譯文。這中國報紙上寫道：甯波一帶發生了強烈的鼠疫』（案卷第七卷，第五八頁）。

證實輸送特別遠征隊到華中戰區去這一事實的，除以上所引的被告柄澤和西俊英底供詞外，還有在日本關東軍檔案中所發現的文件。其中有前日本關東軍總司令梅津將軍於一九四〇年七月二十五日頒發的丙字第六五九號命令，他命令關東軍野戰鉄道司令官料理將第七三一部隊一隊人員和特種祕密貨物運往華中去。也找出了關東軍野戰鉄道司令官草場中將爲執行上述命令於一九四〇年七月二十六日所發出的第一七八號命令，該命令內也特別強調這貨物極端祕密，因此提出不要把這貨物名稱公開寫在輸送表內，而祇是指明了由平房站、哈爾濱、瀋陽、山海關到天津的輸送路綫（案卷第十五卷，第三五至三九頁）。

一九四一年，從第七三一部隊內派出了一個遠征隊到華中常德地區去。 此次遠征中，日機在當地散播了傳染鼠疫的跳蚤。

一九四二年，當日軍從華中某戰區退却時，第七三一部隊又組織了一次遠征。

被告柄澤關于這次遠征準備情形供稱：

『…由石井將軍率領開去反對中國軍隊的這次遠征，是在一九四二年年中舉行的。

…當這次遠征隊出發之前，又按鈴木少佐的命令，由我主持備辦了一百三十公斤副傷寒菌和炭疽熱菌，供該遠征隊之用。據我所知道的，在這次遠征中也用過跳蚤作爲傳染病媒介物…爲了進行這次遠征，石井將軍率領一隊人出發到當時日軍正在撤退的華中區去。遠征隊隊員們乘日軍退却之際，在行將放棄的區域內散佈了細菌，好讓進攻的華軍染上傳染病』（案卷第四卷，第四四頁）。

另一個被告川島也完全證實了被告柄澤的這一供詞，川島清供稱：

『…一九四二年七月，事先加以準備之後，遠征隊就分成幾批開到華中去…』。『這次使用細菌武器的方法是地面傳染法，按軍事破壞活動原則向該地區散佈病菌…』。

『華軍進攻部隊進入傳染區之後，就受到這細菌武器的襲擊』。

正如前日軍第十三軍軍部偵探科科長，證人三品隆行底口供所證實：『榮』字細菌部隊人員也參加過這次動作（案卷第六卷，第三〇七頁）。

加緊準備對蘇的細菌戰

一九四一年間，從希特勒背信棄義進犯蘇聯時起，日本軍閥既待機參加反蘇戰爭，便在滿洲加緊擴張和準備專為進行細菌戰而成立的細菌部隊及其支隊。

按照『關特演』計劃（即一九四一年夏季採定的展開日本關東軍以便進犯蘇聯的計劃），第七三一部隊和第一〇〇部隊內曾對軍官和士官組織了專門訓練，目的在使他們通曉和善於使用細菌武器。

前關東軍獸醫處長高橋隆篤中將供稱：

『自從『關特演』作戰計劃頒發之後，駐滿各日軍軍部內都組織了『獸疫』部隊。這些部隊的長官都是從第一〇〇部隊內派來的細菌學專科醫生…這些部隊是由日本陸軍參謀本部第一作戰部發起成立的…獸疫部隊的任務，就是準備和進行對蘇的細菌戰和破壞活動…』（案卷第十一卷，第五三至五四頁）。

被告川島關於日本在一九四一年間加緊準備細菌戰一事供稱：

『…一九四一年夏季，當德國對蘇戰爭爆發後，有次我去見石井將軍時，本部隊內兩個部長村上中佐和大谷章大佐也在場，石井將軍說到必須加強隊內工作，並對我們宣讀了日軍參謀總長的命令，命令上要求我們加緊研究鼠疫細菌，作爲細菌戰武器。該命令中特別指出，必須大量培養跳蚤作爲散佈鼠疫的媒介物』（案卷第三卷，第二八至二九頁）。

前第七三一部隊訓練部長被告西俊英說到日本在希特勒德國進犯蘇聯之際對細菌戰方面的準備情形時供稱：

『…當一九四一年希特勒德國進犯蘇聯，而駐滿關東軍集中在蘇聯邊境的時候，第七三一部隊內爲創造有效細菌攻擊武器的科學研究工作，大體上已經解決，至於部隊內往後的活動則是完善大量生產細菌過程和散佈細菌的方法。當時已經確定鼠疫細菌是最有効的攻擊武器』（案卷第七卷，第一二四頁）。

爲了準備進行細菌戰爭，第七三一部隊和第一〇〇部隊於一九四二年特別偵察過蘇聯邊境地區。更早以前，第一〇〇部隊奉日本關東軍司令部命令，曾經常派遣細菌別動隊到蘇聯邊界附近活動，這種別動隊在若干年內曾爲軍事破壞目的而把毒菌散佈到邊境各池塘中，包括三河區一帶的池塘在內。

這些事實已爲被告平櫻，三友及證人吉川等等的供詞所證明（案卷第十二卷，第九四和第一九二頁；第十三卷，第五七至五八頁）。

一九四四年九月，第一〇〇部隊在安達站附近的第七三一部隊打靶場上，有關東軍司令部代表們參加，舉行了試驗細菌武器効能的所謂演習。

此種演習參加人之一，卽證人福住光由供稱：

『…探求大量使用細菌法一舉，是在特種打靶場上用特別裝置和飛機來從事試驗的，這種大規模的試驗就叫作『演習』。此種『演習』於一九四四年九月間在安達站舉行過…試驗是以三百隻牛羊爲目標。那次試驗結果圓滿，因爲全部牲畜都中毒倒斃了。關東軍司令部代表們乘飛機前來參觀過這種演習』（案卷第十三卷，第四九頁）。

第七三一部隊和第一〇〇部隊及其各支隊特別加緊準備反蘇細菌戰爭的第二個時期，是在一九四五年。

被告西俊英關於這點供稱：

『…一九四五年五月，當我親自向石井將軍作報告時，他向我特別強調地說，必須加緊生產細菌材料，首先是要加緊培養鼠疫菌。據他說，照事變發展情形來看，隨時都可能有用細菌去攻擊敵人的必要』（案卷第七卷，第一三〇頁）。

由於有了這種指示，第七三一部隊所有各支隊，都加緊捕鼠與飼養鼠類，以供繁殖跳蚤並使跳蚤染上鼠疫。爲此目的，於是在該部隊各支隊以及各軍隊中都成立了捕鼠隊（案卷第十卷，第三〇，第一七六和第一九三頁；第二卷，第一六八頁）。

在同一時期內，實驗工作也加緊了，設備也換新了，目的是要增加細菌生產能力和大量儲存細菌材料。

前日本關東軍總司令山田將軍在被訊關於他所管轄的那些細菌部隊底生產潛能時供稱：這種生產能力極爲強大，單是「第七三一部隊在必要時就能用自己的武器去保證日軍進行細菌戰』（案卷第二卷，第六頁）。

* * *

蘇聯及其武裝力量打破了帝國主義日本當權集團想發動細菌戰爭的罪惡計謀。

蘇聯軍隊進入滿洲境內後，給了敵人以一蹶不振的神速打擊，在極短期間內就粉碎了作爲日軍主力的關東軍，並迫使帝國主義日本實行了無條件的投降。

「…由於蘇聯加入反日作戰和蘇軍迅速深入滿洲腹地，——被告山田供稱，——遂使我們失去了使用細菌武器來反對蘇聯及其他國家的可能…』（案卷第十八卷，第一三三頁）。

在日本投降前夕，日軍統帥部爲了消滅罪跡，就下令把各細菌部隊及其支隊所有的建築物，裝備和文件等統統毀滅了。

* * *

由此可見，預審結果已經證實：第七三一和第一〇〇兩細菌部隊內由日軍參謀本部和關東軍總司令指導的實際活動，就在於準備和進行細菌戰，這種活動乃是帝國主義日本當權集團整個罪惡陰謀計劃中的一個組成部分。

同樣也確鑿證實：日本軍閥爲了實現自己的罪惡計劃，

不惜幹出任何罪行，直至在活人身上進行慘無人道的實驗，以及用強迫傳染致命細菌辦法慘殺了幾千被囚禁的人。

各被告個人底罪狀

本案中每一被告底罪狀，具體表現如下：

（一）山田乙三，自一九四四年起至日軍投降時止，以日本關東軍總司令資格領導過第七三一和第一〇〇兩個特種部隊準備細菌戰爭的活動。

在此期間，山田本人或委托司令部負責軍官巡視過各該部隊，多次聽取各該部隊長的報告，極力設法使此種部隊經常處於備戰狀態。

被告山田由親身視察及由細菌部隊指揮官報告中，熟知對活人進行罪惡實驗的情形，並且鼓勵過此種暴行。因此，山田應對用傳染致命細菌法慘殺成千人命的野蠻屠殺行爲負責。

被告山田說明本人在領導第七三一部隊方面的作用時供稱：

『第七三一部隊是直接由我以關東軍總司令資格來管轄的。對第七三一部隊的戰術領導，即解決一切有關細菌武器生產和使用方面的問題，都是由我負責的。這就是說：若一旦必須使用細菌武器去反對敵軍，那時關於此種動作的命令就只能由我發出，因爲第七三一部隊是受我管轄的一個特種部隊』（案卷第十八卷，第三八三頁）。

第一〇〇細菌部隊是在同等範圍內屬被告山田節制的（案卷第十八卷，第三九二頁）。

（二）梶塚隆二，自一九三九年任關東軍醫務處長時起，便直接指揮那積極準備細菌戰爭的第七三一部隊底工作。梶塚是研究細菌武器使用法的發起人之一。

早在一九三一年，梶塚便積極擁護細菌戰爭思想家之一石井四郎極力要求加緊研究細菌武器以供戰爭之用的主張。

一九三四至一九三六年間，被告梶塚以日本陸軍省衛生署科長資格，曾積極參加建立第七三一部隊以及用相當專家配備該部隊的工作，並促成了任命石井四郎爲第七三一部隊長官一舉。

在作爲被告受審時，梶塚承認他十分熟悉第七三一部隊及其各支隊的全盤活動情形，從對活人作罪惡實驗起，直至使用細菌武器止。

『當時——被告梶塚供稱，——我很熟悉第七三一部隊內爲要探求最有效的細菌武器，經常對活人進行試驗的情形。我曾知道第七三一部隊在一九四一至一九四二年間使用細菌武器攻擊過中國軍隊與平民的事實⋯

細菌部隊以及我領導的軍隊內的醫務隊，當時已有進行細菌戰的充分準備』（案卷第一卷，第一一五頁，第一一九至一二一頁）。

梶塚否認他曾親身參加過直接準備反蘇細菌戰方面的實際活動，但他在這方面的罪行已由被告山田、高橋及證人河野信雄等等底供詞所完全揭穿了（案卷第二卷，第四九至六三頁；第十八卷，第四二七頁）。

（三）高橋隆篤，自一九四一年起至日本投降時止，以日本關東軍獸醫處長資格直接領導過第一〇〇部隊的活動，這樣積極參加了準備細菌戰一事。

被告高橋說到本人在第一〇〇部隊活動中的作用時供稱：

『我指導過用以反蘇的細菌戰和細菌破壞活動的準備工作。』

『我曾命令並親身監督過第一〇〇部隊內培養鼻疽菌、炭疽熱菌、牛瘟菌和班駁病菌等等的工作，目的是要用這些細菌去進行反蘇的細菌戰和細菌破壞活動』（案卷第十一卷，第一一七頁）。

被告高橋在指導第一〇〇部隊工作時，經常鼓吹細菌武器是一種最有效戰爭工具的思想（案卷第十一卷，第一一三頁，第一一七至一二〇頁）。

（四）川島清，自一九四一年起至一九四三年止任第七三一部隊生產部長，組織過大規模製造細菌武器的事情。

被告川島親身參加過該部隊內在大批活人身上進行『研究』和『實驗』的罪惡行爲。

被告川島關於這點供稱：

『我確認，我們當時在活人身上進行試驗以及用毒菌把他們大批害死，這乃是一種反人類的野蠻罪行』（案卷第三卷，第一四七頁）。

一九四二年間，被告川島曾參加過用戰鬥工具供給派往華中戰區去使用細菌武器的特別遠征隊一事（案卷第三卷，第一四一頁，第一四五至一四七頁）。

（五）西俊英，自一九四三年一月至一九四五年間任第七三一部隊駐孫吳城第六七三支隊長，領導過該支隊爲保證第七三一部隊以生產細菌武器必要材料的全盤工作。

自一九四四年七月起，被告西俊英兼任第七三一部隊內所謂訓練部部長職務，主持過爲專門作細菌戰的別動隊培養幹部的工作。

被告西俊英親身參加過對活人進行殘忍罪惡實驗的事情。

一九四五年當蘇軍部隊逼近時，被告西俊英爲掩蔽本人罪惡活動形跡，燒毀了他所領導的第六七三支隊的全部公務房舍和檔案（案卷第七卷，第一〇八頁，第一一二至一一五頁）。

（六）柄澤十三夫，在一九四三年至一九四五年間任第七三一部隊生產部分部長，積極組織過大規模生產細菌武器的工作。

一九四〇年至一九四二年，被告柄澤曾極力用細菌供應第七三一部隊兩次派往華中去使用細菌武器作戰的特種遠征隊。

一九四三至一九四四年，被告柄澤直接參與過在被監禁者身上用致命細菌進行罪惡實驗的勾當（案卷第四卷，第一五八頁，第一六二至一六五頁）。

（七）尾上正男，自一九四三年十月至一九四五年間，任第七三一部隊第六四三支隊長，直接領導過多方探求最有效戰鬥細菌武器及其大批製造方法的工作。

『…我——被告尾上供稱，——當時知道，第七三一部隊內是在從事研究並大量製造專供對蘇聯進行細菌戰之用的細菌武器…』

『在我所領導的第六四三支隊中，曾從事培養鼠類和傳染鼠疫的跳蚤，並將這些跳蚤送往第七三一部隊中去，用以製造細菌武器』（案卷第八卷，第一〇二頁）。

該支隊內所設立的訓練部，經常由被告尾上領導培養進行細菌戰的專門幹部。

一九四五年間，被告尾上爲掩藏準備細菌戰的各種罪行起見，消滅了該支隊內所有一切設備與全部檔案（案卷第八卷，第九八頁，第一〇二至一〇四頁）。

（八）佐藤俊二，在一九四一至一九四三年間任『波』字部隊長和『榮』字部隊長，自一九四四年起任關東軍第五軍團軍醫處長，指導過第七三一部隊第六四三支隊的工作。

被告佐藤在領導『波』字部隊和『榮』字部隊時，積極參加過研究與生產細菌武器的活動。

被告佐藤後來任第五軍團軍醫處長時，積極幫助和支持過第六四三支隊內擴大細菌生產的工作，並發佈特別命令責成第五軍團各部隊爲該支隊捕集鼠類。

佐藤作爲被告受訊時供稱：

『我在任『榮』字部隊長時…領導過本部隊內探求和大量生產細菌武器的工作。爲了這個目的，南京『榮』字部隊裝置有大量器械，配備有各種細菌學專家，因而能大規模地培養致命細菌。

…訓練部在我領導下，每年培養出約三百名細菌學家，以供進行細菌戰的需要』（案卷第九卷，第一五〇頁，第一五四至一五七頁）。

3*

佐藤的罪狀除由他本人供認外，尙由被告尾上、證人三品和其他等人的供詞加以揭露（案卷第二卷，第二五一頁；第十七卷，第五九至六四頁）。

（九）平櫻全作，自一九四二年七月起至日本投降時止，在第一〇〇部隊中以一個工作員資格，積極參與過研究和大量製造細菌武器以供進犯蘇聯之用。

一九四二至一九四四年間，被告平櫻曾率領第一〇〇部隊各偵察破壞隊，一再參加反蘇的專門偵察活動，目的是要探求反蘇的最有效細菌武器使用法。在同一期間，他曾屢次在蘇聯邊界一帶，特別是在三河區各蓄水池內施放毒藥，從事軍事破壞活動（案卷第十八卷，第八九頁，第九三至九六頁）。

（一〇）三友一男，自一九四一年四月起至一九四四年止在第一〇〇部隊內當工作員，積極參加過生產致命細菌以便對蘇聯進行細菌戰和軍事破壞活動。

三友曾親身參與對被監禁者試驗諸種細菌武器性能而用殘忍手段將他們殺害。

在一九四二年七八月內，被告三友身爲第一〇〇部隊偵察破壞隊一員，參加過在三河區進行的反蘇軍事破壞活動（案卷第十二卷，第一八七頁，第一九一至一九三頁）。

（一一）菊地則光，自一九四三年四月起至一九四五年八月止，在第七三一部隊第六四三支隊中充當隊員。一九四四年二月至一九四五年二月間，菊地爲該支隊第一部實驗員，從事培養傷寒菌與赤痢菌，這樣參加過研究細菌武器的工作。一九四五年六月，菊地在第七三一部隊內細菌戰人員訓練班受過補充訓練。

這些事實已由菊地本人供詞以及證人齋藤正輝，岡田光重及其他等人供詞所證實（案卷第十九卷，第一一至一五頁，第二五至二七頁）。

（一二）久留島祐司，自一九四四年十月受過專門訓練後，即在第七三一部隊第一六二支隊內服務，並以該支隊第一部醫務實驗員資格參加過培養霍亂菌和傷寒菌等等的工作。

久留島本人供認，他曾知悉第七三一部隊準備進行細菌戰和製造細菌武器的事實（案卷第二十卷，第一一至一六頁）。

本案各被告山田乙三，高橋隆篤，柄澤十三夫、川島清、尾上正男、西俊英、平櫻全作、佐藤俊二、三友一男、菊地則光及久留島祐司等對於所控各節均已完全招認。

被告梶塚隆二祗承認一部分的罪狀。

本案各被告底罪狀，除由各被告本人供認外，業經許多證人的供詞，以及文件證據和法庭醫學檢驗委員會結論所判明。

根據如上所述，茲對下列諸犯：

（一）山田乙三，一八八一年生，籍貫東京市，陸軍大將，前日本關東軍總司令；

（二）梶塚隆二，一八八八年生，籍貫田尻町城，醫生兼細菌學家，軍醫中將，前日本關東軍醫務處長；

（三）高橋隆篤，一八八八年生，籍貫秋田郡，百合縣，本莊城，化學家兼生物學家，獸醫中將，前日本關東軍獸醫處長；

（四）川島清，一八九三年生，籍貫千葉郡，山武縣，蓮沼村，醫生兼細菌學家，軍醫少將，前日本關東軍第七三一部隊生產部長；

（五）西俊英，一九〇四年生，籍貫鹿兒島郡，薩摩縣，樋脇村，醫生兼細菌學家，軍醫中佐，前日本關東軍第七三一部隊訓練部長；

（六）柄澤十三夫，一九一一年生，籍貫長野郡，小縣縣，豐里村，醫生兼細菌學家，軍醫少佐，前日本關東軍第七三一部隊生產部分部長；

（七）尾上正男，一九一〇年生，籍貫鹿兒島郡，出水縣，米津町城，醫生兼細菌學家，軍醫少佐，前日本關東軍第七三一部隊第六四三支隊長；

（八）佐藤俊二，一八九六年生，籍貫愛知郡，豐橋城，醫生兼細菌學家，軍醫少將，前日本關東軍第五軍團軍醫處長；

（九）平櫻全作，一九一六年生，籍貫石川郡，金澤城，獸醫，獸醫中尉，前日本關東軍第一〇〇部隊工作員；

（一〇）三友一男，一九二四年生，籍貫埼玉郡，秩父縣，原野村，上士官，前日本關東軍第一〇〇部隊工作員；

（一一）菊地則光，一九二二年生，籍貫愛媛郡，九年級畢業生，上等兵，前日本關東軍第七三一部隊第六四三支隊醫務實習員；

（一二）久留島祐司，一九二三年生，籍貫香川郡，小豆縣，苗羽村，八年級畢業生，前日本關東軍第七三一部隊第一六二支隊醫務實驗員；——

提出如下的控告：

山田、梶塚、高橋及佐藤身任日軍領導職位，主持過日軍特種細菌部隊底活動，並使此種活動集中於從事製造細菌武器，用以準備細菌戰去反對蘇聯和其他國家。

可見該四名被告積極參與過實現帝國主義日本當權集團發動侵略戰爭和製造供大批屠殺和平居民用的細菌武器的罪惡計劃。

此外，被告山田，梶塚及高橋三人曾自覺准許對活人進行慘無人道的罪惡試驗，結果至少有三千人慘遭殺害。被告佐藤曾指揮『波』字部隊和『榮』字部隊，親身領導過該兩部隊內生產細菌武器的工作。

山田、梶塚、高橋及佐藤犯有蘇聯最高蘇維埃主席團一九四三年四月十九日法令第一條上所定之罪。

川島、柄澤、西俊英、尾上及平櫻在專爲準備與進行細菌戰而成立的日軍特種細菌部隊中担任負責職務，積極參加過研究與製造供大批殺人用的細菌武器的活動。

被告川島及柄澤曾積極參與對華的細菌戰爭，平櫻曾積極參與對蘇的細菌破壞活動。

此外，川島、柄澤及西俊英還親身參加過對活人進行慘無人道的罪惡實驗。

上列諸人犯有蘇聯最高蘇維埃主席團一九四三年四月十九日法令第一條上所定之罪。

三友、菊地及久留島在專爲準備與進行細菌戰而成立的日軍特種細菌部隊內充任工作員，參與過各該部隊製造大批屠殺人命之細菌武器的罪惡活動。

此外，三友又曾親身參加對活人進行慘無人道實驗的殘害人命的罪行，並親身參與了對蘇的細菌破壞活動。

上列諸人犯有蘇聯最高蘇維埃主席團一九四三年四月十九日法令第一條上所定之罪。

所有以上各被告均應受軍事法庭審判。

濱海軍區軍事檢察官上校法官畢列左夫斯基。

一九四九年十二月十六日。

被告與證人底供詞

被告山田乙三受審記錄

一九四九年十二月六日　　　　伯力城

受審時是用日語，由翻譯員茨菲洛夫翻譯。　翻譯員曾被預告過，如有故意錯譯之處，卽應按俄羅斯蘇維埃聯邦社會主義共和國刑法第九五條治罪。

茨菲洛夫（簽名）

問：你明瞭一九四九年十二月五日決議上依據蘇聯最高蘇維埃主席團一九四三年四月十九日法令第一條向你宣佈的那罪狀底實質麼？

答：我明瞭一九四九年十二月五日決議上依據蘇聯最高蘇維埃主席團一九四三年四月十九日法令第一條向我宣佈的罪狀。

問：你承認你犯了一九四九年十二月五日決議上依據蘇聯最高蘇維埃主席團一九四三年四月十九日法令第一條向你宣佈的罪狀麼？

答：是，我完全承認我犯了一九四九年十二月五日宣佈罪狀的決議上向我宣佈的各條罪狀。

問：你具體承認你犯了什麼罪呢？

答：我首先承認我所犯的罪是，我從一九四四年起到投降那天止，始終以關東軍總司令資格直接領導過我所管轄的第七三一和第一〇〇細菌部隊內，爲了供作戰需要來研究細菌武器最有效使用法，以及大批生產細菌武器的工作。換句話說，我承認我所犯的罪是，我直接領導過準備細菌戰去反對蘇聯、中國、蒙古人民共和國、英國、美國及其他國家。我同樣應當承認，這種準備工作主要是爲了反對蘇聯。所以，第七三一和第一〇〇細菌部隊及其各支隊正是分佈在隣近蘇聯邊境的地方。

我以日本關東軍總司令資格領導過準備細菌戰的實際活動，其具體表現如下：

當我來到滿洲就任了關東軍總司令一職時，我就從本司令部醫務處長梶塚和獸醫處長高橋一九四四年七月向我所作報告中知道，受我管轄的第七三一和第一〇〇細菌部隊是在研究和大批製造細菌武器。

以後不久，我親自巡視過第七三一部隊，以便督察該部隊準備細菌武器的工作。我巡視第七三一部隊是在一九四四年八月，當時我親身考察了這部隊內研究和大量製造細菌武器的工作。並且，當我考察該部隊工作時，我見到此種大量生產細菌以作爲細菌武器的工作規模，實在感到驚奇。我視察了這種工作之後，便嘉許了這種工作，因而也就是批准了要繼續進行這一工作。所以，在我任關東軍總司令期間，第七三一部隊和第一〇〇部隊是經我認准去繼續研究最有效細菌武器，並大批生產作爲戰鬥武器的致命細菌。我經常從我的部屬方面得到關於這種工作進行情形的報告，所以我經常知道準備細菌戰的全部情況。向我作這種報告的，有剛才我所供述的醫務處長和獸醫處長，有第七三一部隊長，有本司令部內那些與第七三一部隊及第一〇〇部隊準備細菌戰活動有直接關係的屬員。至於有關戰術上運用細菌武器的問題，則是由參謀長和作戰部相當人員向我作報告的。

我既熟知這兩個部隊的工作情形，就以總司令資格採取過一切必要辦法，來保證它們有經常作戰準備。

一九四五年六月，我命令關東軍司令部幹部部長田村去視察了第七三一部隊的工作。這次視察，是因爲必須採取適當辦法來增加細菌武器生產。關於這次視察結果，田村向我作了一個詳細報告。

我聽了第七三一部隊長向我所作的報告之後，就以關東軍總司令資格批准了使用細菌武器的兩種最有效手段。

一九四四年十一月，第七三一部隊長北野向我做過一次報告，當時在座的有參謀長笠原，作戰部長松村和作戰部參謀宮田中佐（竹田宮）。

北野的報告是在關東軍司令部內作的。北野向我報告時，把染有鼠疫的跳蚤用作細菌武器的種種實驗結果作了一個綜合的說明。北野做報告時還拿出關於實驗結果的各種圖表來加以說明，並且放映過用跳蚤作傳染鼠疫實驗的專門影片。

我贊許了這個報告，於是北野所提出的鼠疫跳蚤使用法，就成爲批准了的一種實際使用細菌武器的方法了。

同年（一九四四年）七月末，我閱讀過當時第七三一部隊長石井所作的書面報告，其中具體說明了『石井式』細菌炸彈性能及其使用方法。這個報告也經我認可，其中所提辦法也由我認准是有效的方法了。

一九四五年春，當最有效細菌武器使用法的研究工作完成之後，接着又收到了陸軍省要增加細菌武器生產的訓令。於是我就採取了實現這個訓令的一切必要辦法。

我記得，當時我委托第一作戰部部長松村在作戰部方面根據所奉訓令，設法保證增加各種細菌的生產。同時我又命令用必要數量的專門家軍官去充實第七三一部隊，並保證該部隊以必需的設備。

至於第一〇〇部隊內準備細菌戰的工作，我應當說，該部隊負責進行軍事破壞活動，即用病菌去傳染牧場，牲畜和蓄水池。在這方面，第一〇〇部隊的工作是與關東軍司令部偵探部有密切聯系的。我按第一〇〇部隊底一般任務，知道該部隊內是在從事製造細菌武器以及研究此種武器使用法的相當工作。

但是關於這種工作的具體情形，我却不曾知道，因爲所有這些問題，都是由我部下的偵探部直接管理的。例如，我就不記得有人向我作過關於在與蘇聯毗隣的北興安省地區所作細菌偵察情形的報告。我可以供認，這一切工作都是按關東軍司令部指示進行的，所以我並不否認我應該對這種工作負責，因爲這樣的行動是發生在我任關東軍總司令職期間。我並不否認，同樣是以準備細菌戰爲宗旨和任務的第一〇〇部隊，確實研究過作軍事破壞措施的具體方法，並曾積極準備用這種破壞措施去反對蘇聯，——因爲這是從該部隊實際任務中直接產生的行動，但這方面的詳細情節我却不很清楚知道。

第七三一部隊爲了實驗本部隊內所產細菌武器效能起見，曾在實驗室內以及近於戰鬥環境的野外條件下，進行過對活人使用此種武器的實驗。野外條件下的實驗是由第七三一部隊在安達站附近一個有特種裝置的打靶場上進行的。

從北野和田村兩人的報告中，我知道了有用活人進行實驗的事實。此外，我從我看過的那張影片上，同樣也知道實驗細菌武器效能一事，是在活人身上進行的。一九四四年十一月，我從北野的報告中知道了在安達站打靶場那裏是拿活人來作實驗的對象。一九四五年六月，我從田村的報告中知道了受實驗的是一些被關在第七三一部隊特別監獄內的人。

在活人身上進行實驗一舉，原是由我的一位前任人梅津將軍或植田將軍批准的。在這點上，我承認我的罪過是，我明知道有對活人進行實驗的事實，却准許人們去進行此種實驗，因而我在事實上也就是批准了強行殺害那些都是由我所管轄的關東憲兵隊機關和各日本軍事團送去受實驗的中國人，俄國人和滿洲本地人。

把被監禁的人送去受實驗，或者說『特殊輸送』一舉，也是由我的前任人植田或梅津批准的。這個批准令，我也沒有廢除，所以原定的『特殊輸送』手續在我任職期間也繼續發生效力。我不知道究竟有多少人因受此種實驗被害死了，因爲那時我沒有查問過這點。

關於培養使用細菌武器的專門幹部一層，我應當說，在第七三一部隊和第一〇〇部隊內，確實培養過這樣的幹部。

這些幹部受過訓練後就被分派到上述部隊各支隊及關東軍各部隊和兵團裏去。一到作戰時，這些幹部就應當用去建立實際使用細菌武器的細菌戰鬥部隊。我不知道究竟這樣的幹部總共訓練出了多少，但我認爲他們的人數完全足以供實際使用細菌戰武器時的需要。

一九四五年八月當軍事行動開始時，爲要掩蔽準備細菌戰的痕跡起見，我命令把第七三一和第一〇〇細菌部隊及其各支隊統統消滅了。各該部隊人員被撤退到朝鮮去了。

問：究竟當時預定在軍事行動開始時，要怎樣具體使用細菌武器來反對蘇聯呢？

答：使用細菌武器問題原來沒有包括在作戰計劃之內。但因當時已在實行準備使用細菌武器，所以這種問題曾在司令部作戰部內研究過。

當時我這關東軍總司令個人認爲，在與蘇聯發生軍事衝突時使用細菌武器的辦法，就是用飛機在蘇聯後方區域散播傳染病，以及按第一〇〇部隊路綫進行軍事破壞活動。

如果當時沒有與蘇方發生軍事衝突，那麼細菌武器可能用去反對美國及其他國家。

問：建立第九七和第三步兵聯隊，是什麼目的呢？

答：我根本不知道在我指揮的部隊裏有過這兩個聯隊。

問：一九四五年間重新任命石井爲第七三一部隊長，是爲了什麼目的呢？

答：第七三一部隊是石井一手創立的，所以一九四五年間他又被任爲該部隊長。我個人認爲，任命石井爲第七三一部隊長，這是與當時必須加緊各細菌部隊工作的任務有直接聯系，並且是由於必須執行陸軍省發佈的要擴大細菌武器生產的訓令…

關於本案我再沒有什麼話可以供述，我所說的話都記錄得正確，並經過翻譯官用日語唸給我聽過。

山田

負責審訊者：

軍事檢察官巴眞科中校法官。

內務部駐伯力邊區辦事處工作員哥赫曼大尉。

審訊時有濱海軍區軍事檢察官畢列左夫斯基上校法官出席。

翻譯員：笑菲洛夫。

被告梶塚隆二受審記錄

一九四九年十二月六日　　伯力城

受審時由翻譯員布爾霍非金諾夫翻譯。

翻譯員曾被預告過，如有故意錯譯之處，卽應按俄羅斯蘇維埃聯邦社會主義共和國刑法第九五條治罪。

布爾霍非金諾夫（簽名）

問：向你宣佈的決議是說你因犯了蘇聯最高蘇維埃主席團一九四三年四月十九日法令第一條上所定的罪要被控告。你明瞭你的罪狀麼？

答：是，我明瞭。

問：你承認你犯了一九四九年十二月五日決議上向你宣佈的罪狀麼？

答：我承認我犯了向我宣佈的罪狀，不過我不承認說我直接領導過第七三一部隊內關於製造、實驗和使用細菌武器的工作，因為這一工作是由第七三一部隊長石井和北野兩人直接領導的。

問：你具體承認你犯了什麼罪呢？

答：我具體承認我所犯的罪是，我從一九三一年起就贊成石井四郎關於日本必須準備細菌戰的思想，一九三四至一九三七年我主管日本陸軍省軍醫署衛生科時，又積極參與了在關東軍建制內成立一個專門研究細菌武器及防疫事宜的部隊，即第七三一部隊，以及撥調相當專家去配備這個部隊，並促成任命一位細菌戰思想家石井四郎爲第七三一部隊長。一九三九年十二月至一九四五年八月，當我任關東軍醫務處長時，我在總的方面領導了第七三一部隊內的科學研究工作，即在各方面研究和培養細菌，研究傳染病菌的虫類，研究各種很少研究的傳染病，探求醫治和預防傳染病的最有效手段與方法。

我同樣承認，第七三一部隊內所進行的科學研究工作，不僅是爲了防止傳染病，而且是爲了探討，製造與試驗細菌武器，但在製造、試驗和實際使用細菌武器方面的直接領導責任，是由第七三一部隊長石井和北野兩人担負的。在這方面，石井和北野都是遵循着關東軍司令部作戰部以及日軍參謀本部底指令。

我當時知道，第七三一部隊內是在研究和試驗細菌武器性能及探求那醫治和預防流行病方法方面進行實驗，並且這種實驗是在活人身上進行的。

關於細菌武器實驗的結果，以及第七三一部隊在一九四〇年至一九四二年實際使用細菌武器反對中國軍民的情形，都是由第七三一部隊長北野向我口頭報告的。關於探求和醫治流行病最有效手段和方法，研究不大清楚的傳染病的實驗結果，以及關於凍傷實驗等，則是由第七三一部隊長石井和北野定期用書面形式向我報告的。

一九四〇年，我直接參加過在毗隣蘇聯邊境的海林、林

4—1808▲

口，孫吳和海拉爾四處成立第七三一部隊四個支隊，保證該部隊及其各支隊的種種設備和其他技術資料，以及培養供進行細菌戰用的人員等工作。

同時我承認，日本準備細菌戰主要是爲了反對蘇聯、蒙古人民共和國、中國以及反對英國和美國的。

問：請你說說，關於第七三一部隊內所進行的凍傷實驗，你知道一些什麽情形？

答：我知道，第七三一部隊內進行過凍傷實驗，目的是要找到醫治凍傷的最有效手段和方法。第七三一部隊長向我作過關於此種實驗結果的書面報告，其中指出凍傷實驗是在動物身上進行的。

問：現在向你宣讀一九四九年十月二十三日由證人大澤松雄和一九四九年十二月五日由證人古都所供出的供詞，他們都說第七三一部隊內的凍傷實驗是在活人身上進行的。你能證實這兩個證人底供詞麽？

答：剛才唸給我聽過的大澤松雄和古都關於第七三一部隊內在活人身上進行凍傷實驗的供詞，我不能否認，因爲第七三一部隊內確實作過凍傷實驗，並且證人古都所供的那個曾任第七三一部隊第一部科學工作員的吉村，用書面向我報告過他所進行的凍傷實驗及其結果。但吉村所作的報告中沒說到這種實驗是在活人身上進行的。

問：可見你參加過建立第七三一部隊及其各支隊來專門研究、製造與試驗此種主要是爲了對蘇聯、蒙古人民共和國和中國以及對英美作戰用的細菌武器，你曾知道第七三一部隊內在活人身上實驗細菌武器，你培養過細菌戰幹部，對麽？

答：對，是這樣的。

我說的話都記錄得正確，並用日語唸給我聽過。

梶塚

負責審訊者：

軍事檢察官卡昌中校法官。

內務部駐伯力邊區辦事處工作員巴普科夫中校。

翻譯員：布爾霍菲金諾夫。

被告高橋隆篤受審記錄

一九四九年十二月六日 伯力城

受審時由翻譯員普羅塔索夫、安那托里、尼古拉也維奇翻譯。翻譯員曾被預告過，如有故意錯譯之處，即應按俄羅斯蘇維埃聯邦社會主義共和國刑法第九五條治罪。

普羅塔索夫（簽名）

問：向你宣佈的決議是說你犯了蘇聯最高蘇維埃主席團一九四三年四月十九日法令第一條所定的刑事罪。罪狀實質已在向你宣佈的決議上載明了。你承認自己有罪麼？

答：是，我完全承認我犯了蘇聯最高蘇維埃主席團一九四三年四月十九日法令第一條上所定的罪狀。的確，當我從一九四一年起到一九四五年八月日本投降之日止任關東軍獸醫處長期間，我積極參加過關東軍準備對蘇進行細菌戰和軍事破壞的工作。

關於準備細菌戰的計劃，我是在一九四一年九月的一次會議上從關東軍總司令梅津口中知道的。

我在準備關東軍進行細菌戰和軍事破壞方面的活動，是表現於我在領導第一〇〇部隊的實際工作時，曾指令該部隊大批製造細菌武器，其中包括有引起鼻疽，炭疽熱，牛瘟，羊痘和斑駁病等烈性傳染病的細菌。

我曾督察第一〇〇部隊去執行此種大批製造細菌武器的

任務。爲此目的，我大約每月到第一〇〇部隊裏去一次，親身檢查該部隊在製造細菌武器方面執行我的命令的情形。此外，關於這類問題，我還經常聽取第一〇〇部隊長官若松的口頭報告。

爲了增加細菌武器產量起見，一九四三年十二月，經關東軍司令部第二偵探部認可，並由我下令，在第一〇〇部隊第二部內設立了第六分部，其任務是大批出產細菌武器…

爲了研究和大量製造細菌武器起見，第一〇〇部隊內根據我的指令，曾用牲畜進行過各種實驗。

一九四二年夏季，按照我的指令，由第一〇〇部隊科學工作人井田清率領該部隊別動隊，在三河地區結爾布勒河一帶進行過傳染牲畜的實驗，目的是要在最近似蘇聯國境的氣候條件下來檢驗細菌武器底效能。

一九四五年三月，根據我的指令，在安達站附近第七三一部隊打靶場上進行過用烈性傳染病傳染牲畜的實驗。從第一〇〇部隊長若松的報告中，我知道這次實驗結果圓滿，所有受實驗的十條母牛都倒斃了。一九四四年三月，由我下令並經關東軍司令部第二偵探部認可，由第一〇〇部隊一部分人員組成了一個別動隊，隨後就由中尉平櫻率領到北興安省地區去，爲的是要偵察道路、夏冬牧場、蓄水池及居民的牲畜數量，以便準備作反蘇的細菌破壞活動。這個別動隊底任務是由關東軍總司令用作戰命令規定的。

平櫻在執行這個命令時期，兩次向我做過關於工作情形的報告。第一次報告是一九四四年九月在第一〇〇部隊長若松辦公室內作的。他在報告中說到他所收集的關於北興安省居民牲畜數目，牧場、蓄水池、道路以及畜羣所在地等實際材料。

平櫻第二次向我作報告是一九四五年三月在我的辦公室內。當時他按照地圖把該地夏冬牧場、蓄水池、道路情形及居民底牲畜數目等，都報告給我聽了。

平櫻別動隊的任務，除偵察活動外，還要採辦大量牲畜：羊五百隻，牛一百頭，馬九十匹，以便將來把這些牲畜染上烈性傳染病後留在蘇軍後方。

當平櫻作第二次報告時，我曾同第一〇〇部隊科學工作員雉坂，井田以及該部隊長若松商量，究應用哪種細菌去傳染北興安省居民的牧畜。當時擬定了傳染牲畜的如下手段：牛類就用第七三一部隊飛機去散播炭疽熱菌和牛瘟菌。並決定了這種手段只用去傳染當地居民在牧場上放養的牲畜。馬匹則用炭疽熱菌去傳染。

平櫻在一九四五年所採辦的那批牲畜，後來我們決定要這樣來傳染：羊就注射羊痘菌，牛就染上牛瘟菌，馬就傳染炭疽熱。　凡是染上瘟疫的牛、羊和馬都決定散往各處，讓牠們跑到蘇軍活動區域內去。至於當時我們所規定的詳細辦法，由於時間過去很久，現在我都不記得了。

問：除了第一〇〇部隊外，關東軍內還有什麽獸醫部隊曾準備對蘇聯進行細菌戰和破壞活動呢？

答：第一〇〇部隊有兩個支隊，一個駐在大連，一個駐在拉古。此外，一九四一年七月，在每個軍團內還成立有軍團獸疫部隊，分佈在克山，東安，鷄寧，東寧等城市內。所有這些獸疫部隊都是預定當作特種部隊去使用細菌武器反對蘇聯的。

問：這些部隊中的細菌學專門幹部是由誰負責訓練的呢？

答：第一〇〇部隊各支隊長及各獸疫部隊長均由細菌學醫生充任；這些部隊內其餘的人員是些沒有細菌學知識的獸醫。爲培養新的細菌學家和重新訓練舊專門家起見，所有這些部隊中的人員都在第一〇〇部隊內受過專門訓練。

問：關於你所管轄的第一〇〇部隊內對活人進行的那些實驗情形，你知道些什麽呢？

答：關於這點，我在一九四九年十一月二十四日受審時聽到證人口供記錄後才知道。雖然我個人原不知道那裏在活人身上進行實驗，但我也不能卸脫自己的責任，因爲第一〇〇部隊原是屬我管轄的。

問：你什麽時候對前關東軍總司令山田報告過第一〇〇部隊活動情形，你所報告的內容又是什麽呢？

答：關於第一〇〇部隊內研究與製造細菌武器的工作，我向山田將軍做過三次報告。

我第一次向山田將軍報告是在一九四四年七月，卽當他以新任總司令資格正式接見我之後不到幾天的時候。我向他報告了第一〇〇部隊秘密製造細菌武器的情形。就中我向他說明了第一〇〇部隊第二部第六分部內大批培養牛瘟菌、羊痘菌、鼻疽菌和銹菌的情形。同時我還向山田報告了第一〇〇部隊內所出產的細菌數量。

第二次我向山田報告是在一九四四年十一月。當我報告時，列席者有參謀長笠原，副參謀長池田，第二部部長笹井，第一〇〇部隊長若松，大概還有第一部部長松村。 我報告了第一〇〇部隊別動隊由中尉平櫻率領到北興安省地區去研究傳染牲畜可能性的工作結果。山田聽到我這報告時沒有提出任何意見，所以我認爲他是認准了我這個報告。

一九四五年二月，我向山田將軍作過第三次報告，內容是關於第一〇〇部隊內製造細菌武器的工作情形。我這次報告作得很簡短，只是通報說該部隊內工作如舊，沒有任何變更。山田對於我這個報告沒有提出什麽特別的指示。

問：第一〇〇部隊的經費由什麽地方供給以及怎樣供給的呢？

答：該部隊經費有兩種來源：一部分是日本陸軍省撥給該部隊人員的給養費，另一部分是日本陸軍省撥給關東軍製造防疫藥品的費用。

研究和生產細菌武器的款項是按關東軍祕密經費開支路綫由第二偵探部發給的。

問：此種經費總共發給了多少呢？

答：我記得很清楚，從一九四四年四月一日至一九四五年四月一日，日本陸軍省撥給第一〇〇部隊的人員給養費和防疫藥品製造費，共計六十萬圓。同一期間內，由關東軍司令部第二部撥給的研究和生產細菌武器費，共計一百萬圓。但是這個數目並沒有限制過我們，因爲必要時就可按需要增撥款額。究竟在一九四四年以前發給了多少錢，此刻我記不起來了。

問：關於第七三一部隊內準備細菌戰的情形，你知道一些什麽？

答：一九四一年九月，前任關東軍總司令梅津在軍司令部內一次部處長會議上通知說，帝國大本營參謀本部發來了一道命令，要關東軍準備進行細菌戰。梅津在這次會議上就命令第七三一部隊長官石井開始大批培養傳染病媒介物。從那時起，我就知道第七三一部隊在準備細菌戰。

問：第七三一部隊內準備細菌戰的實際工作是由誰領導的呢？

答：一九四一年九月，總司令梅津把領導和監督第七三一部隊內準備細菌戰這實際工作的責任委託給關東軍醫務處長梶塚親身担負。

我所說的話都記錄得正確，並用日語唸給我聽過。

高橋

負責審訊者：

軍事檢察官安東諾夫中校法官。

內務部駐伯力邊區辦事處工作員塞洛夫大尉。

翻譯員：普羅塔索夫。

被告川島清受審記錄

一九四九年十二月六日 伯力城

受審時翻由譯員普拉琴科翻譯，翻譯員曾被預告過關於俄羅斯蘇維埃聯邦社會主義共和國刑法第九五條上所定的處分。

普拉琴科（簽名）

問：向你宣佈的罪狀是說你犯了蘇聯最高蘇維埃主席團一九四三年四月十九日法令第一條所定的罪。你承認你犯了這種罪麼？

答：一九四九年十二月五日決議上所提出的罪狀實質，我都明白。我完全承認我犯了罪，按向我宣佈的罪狀實質來說，我承認：我從一九四一年到一九四三年是在第七三一部隊內供職，在供職期間我担任過總務部長，第一部部長，生產部長和第三部部長。

關東軍第七三一部隊曾從事研究細菌武器，並由我積極參加大量培製過作爲戰爭武器用的傳染病病菌。我承認第七三一部隊準備過用以反蘇和反華的細菌戰武器。

第七三一部隊員額共約三千人，其中包括有軍官，兵士和僱員。該部隊頗大一部份人員是受過細菌學專門訓練的，他們把自己的知識用去進行科學研究和實驗工作，目的是要製出新式細菌武器並大量生產這種武器，作爲積極進攻底手段。

第七三一部隊內具有足以大批製造細菌戰武器的必要裝備，所以它能充分保證關東軍在細菌武器方面的需要。

第七三一部隊內設有幾部，關於各部任務我在前幾次受審時已經說明過了，這些部內從事研究各種可供戰時使用的新傳染病媒介物，研究長期保存細菌和增強細菌堅韌性的方法，以及提高細菌產量的可能性。

我於一九四一年四月至六月期間所兼管的總務部，其任務是分配幹部，管理財政，計劃本部隊各項工作，以及掌管第七三一部隊附設監獄內犯人的供給事宜。當時我經過我所管轄的總務部與日軍憲兵部維持聯絡，以便經常從那裏領到犯人來作強迫傳染致命細菌實驗的對象。

我於一九四一至一九四三年期間負責領導的第四部（生產部），實際上是該部隊中製造傳染病細菌的工廠。生產部內裝備有培製細菌的良好儀器，使我們每月能出產約三百公斤淨鼠疫菌，或五百至六百公斤淨炭疽熱菌，或八百至九百公斤淨傷寒菌、副傷寒菌或痢疾菌，或一千公斤淨霍亂菌。事實上並不是每月都曾培製出此種數量的細菌，因為這種數量是預定供戰時消費的。實際上生產部所培製出的細菌量，祇足供部隊內日常工作中的需要。

為了檢驗所製各種細菌武器底效能以及探求醫治傳染病的方法，第七三一部隊內經常用活人，卽被監禁的中國人和俄國人來進行實驗，這些人都是由駐滿日本憲兵機關專門送來受實驗的。

第七三一部隊內設有一個監獄，專門禁閉這些用作實驗的犯人，監獄設在部隊內面，受實驗者被嚴格與外界隔離開來，本部隊工作人員稱他們是『木頭』。受實驗者底這種名稱，我從第七三一部隊長官石井將軍口中多次聽到過。

在實驗室內用活人作對象的實驗，是由第一部進行的。

一九四二年春季，我兼任第一部部長職務有一個月的光景。

第一部從事防疫方面的科學研究工作，但其主要任務是準備最有效的細菌戰武器，並將研究所得的最終結果，用那些囚禁在由該部管轄的監獄內的活人來作實際檢驗。

當我任第一部部長時，我在上述期間內領導過該部工作，以期執行其研究細菌武器的任務。

除了在第一部各實驗室內用活人進行實驗外，同時還在第七三一部隊各打靶場上近於作戰情況的環境中，拿活人進行過實驗。有次，我也參加過對活人進行實驗的工作。

一九四一年六月，我同本部隊人員們一起在安達站附近本部隊打靶場上參加過檢查鼠疫跳蚤炸彈效能的試驗。在這次試驗時，是對十個至十五個被綁在柱子上的犯人來檢驗細菌飛機彈的效能。當時從飛機上投下了十多個炸彈。

我以總務部長資格參加這次實驗的目的，是要檢查此種實驗工作中的組織情形，以及在本問題上由我起草而用第七三一部隊長名義發下的命令執行情形。同時我之所以對這次實驗感到興趣，還因為我是生產部長。但實際領導這次實驗的是第二部部長太田大佐。

根據我因在該部隊內職務關係上所知道的材料，我可以說，第七三一部隊內每年因受烈性傳染病實驗而死去的囚犯，大約不下六百人。

一九四二年間，第七三一部隊奉關東軍司令部命令，派了一個約一百人的遠征隊，前往華中浙贛戰區去使用細菌武器反對中國軍隊。參加這次遠征的，有第一部，第二部和第四部工作人員。我從生產部內派去了八個人。根據石井將軍命令，我叫生產部製備了約一百三十公斤副傷寒菌和炭疽熱菌供該遠征隊之用。此外，第一部人員還帶有由他們培製的若干罐霍亂菌和鼠疫菌，其必要數量則由他們在南京『榮』字部隊內就地培養。第二部人員携帶有充分數量染有鼠疫的跳蚤。

我知道，該遠征隊任務是順利完成了的。

此外，第七三一部隊又於一九四一年間在常德城一帶，使用過細菌武器去攻擊中國軍隊。一九四〇年間，該部隊遠征隊在寧波地區使用細菌武器攻擊過中國軍隊。

我以該部隊中一個領導人資格，親身參加過由本部隊長官石井將軍召集以及從一九四二年夏天起則由北野將軍召集的多次會議，會議上討論過有關研究和製備細菌材料及在戰時實際使用這種材料的問題。

我承認，我旣領導過第七三一部隊內大量製造作爲戰爭武器的細菌材料的生產部，並臨時兼任過從事各種新式細菌武器科學研究工作的第一部部長職務，我也就犯了危害人類的罪行。

我承認，我們當時用強迫傳染烈性傳染病方法，在活人身上試驗細菌武器效能（我本人也參加了這種實驗），以及用致命病菌大批毒死受實驗者，這都是野蠻的和罪惡的行爲。

我承認，先後由石井將軍和北野將軍領導的第七三一部隊，原是罪惡的組織…我旣參加過這一組織，所以我現在甘受懲治。

問：你還有什麼話來補充你的供詞麼？

答：我在以前各次受審時都老老實實供述了第七三一部隊活動的情形，並詳細說明了我在這部隊供職期間所担任工作底性質。我曾誠心想要幫助預審機關揭破第七三一部隊底罪惡性質，並且我完全客觀地說明了我所知道的事實，所以我對我的口供，再沒有什麼話可以補充，也許我還沒有把第七三一部隊罪惡活動中的某些事實供述出來，因爲時間過去了很久，這些情形我已經記不得了。

我所說的話都記錄得正確，並用日語唸給我聽過。

川島

負責審訊者：

軍事檢察官布斯洛維奇中校法官。

內務部駐伯力邊區辦事處工作員布拉維大尉。

翻譯員：普拉琴科。

被告西俊英受審記錄

一九四九年十二月六日　　　　伯力城

受審時經翻譯員拉曼諾夫、格阿爾吉、格里哥列維奇翻譯，翻譯員曾被預告過關於俄羅斯蘇維埃聯邦社會主義共和國刑法第九五條上所定的處分。

拉曼諾夫（簽名）

問：向你宣佈的罪狀是說你犯了蘇聯最高蘇維埃主席團一九四三年四月十九日法令第一條所定的罪。

你承認你確實犯了這樣的罪麼？

答：是，我完全承認我犯了一九四九年十二月六日決議上依據蘇聯最高蘇維埃主席團一九四三年四月十九日法令第一條向我宣佈的罪狀，並且我想說出以下的情形：

眞的，從一九四三年一月起到我受俘時（一九四五年八月）止，我在關東軍第七三一部隊內歷任過第六七三支隊長和該部隊訓練部長職務。

我積極參與過執行第七三一部隊所負基本任務的工作，即準備細菌武器去作反蘇聯與反蒙古人民共和國的戰爭，研究進行此種細菌戰的方法及培養進行細菌戰的幹部。

我自從到第七三一部隊來供職時起就很淸楚知道，第七三一部隊及其駐孫吳，海拉爾，林口，海林各支隊是在製造細菌戰武器，因爲那時我已親自看過本部隊第一部，第二部和

第四部的陳列標本和工作程序及圖表，認識過第七三一部隊司令部總務部特別房間內保存的秘密材料。

從一九四三年一月到一九四四年七月，以後從一九四五年六月到同年八月間，我領導了第七三一部隊駐孫吳城的第六七三支隊，這個支隊曾專門養育白鼠，老鼠，豚鼠，以及捉捕鼠類和培養跳蚤。

所有這些東西都被送到第七三一部隊內去，用以製造已採用爲日軍兵器的細菌武器，以便進行細菌戰。

自從一九四五年三月起，由於日軍在南洋一帶遭到挫折以及由於準備對蘇戰爭的緣故，根據第七三一部隊長石井中將按關東軍戰略作戰計劃所頒發的命令，孫吳支隊的工作，也如同第七三一部隊全部工作一樣，大大加緊了。

特別是養育鼠類、搜捕鼠類和培養跳蚤以便送往第七三一部隊去的工作，也加強起來，因爲用染有鼠疫的跳蚤來散播鼠疫細菌，已被認爲是進行細菌戰的最有效手段。

一九四五年八月十一至十二日，因蘇聯軍隊已在舉行進攻，爲了要掩蔽日本關東軍內製造細菌戰武器以及第七三一部隊中由我領導的第六七三支隊參與此種罪行的事實，於是我就命令把本支隊所有的公務房屋，住宅，設備，材料和文件等統統燒燬了，爲了同樣目的，一九四五年八月十四日，按我的命令，發給了本支隊全體人員（一百二十八）每人一劑毒藥，要他們遇有被蘇軍俘擄的危險時即服毒自盡…

從一九四四年七月到一九四五年八月止（即直到受俘日止），我担任第七三一部隊訓練部長時，培養過幹部並將此種幹部供給本部隊及各支隊，以備進行細菌侵略戰之用。

培養幹部的辦法是由訓練部開辦各種訓練班和短期班，爲新從日本招收到第七三一部隊來工作的人員（主要是十七八歲的青年）開辦過一年期的講習班。

凡直接或從遠方來本部隊工作的人，均先在訓練部下面受到七天的訓練和訓示；然後由訓練部給每人一個鑑定，决定他能否在本部隊內工作。

在進行訓示時，特別注意到使受訓者保守部隊工作的祕密。

當我任第七三一部隊訓練部長期間，經過訓示和考核的共有軍官十五名，自願僱員六十名，兵士一百五十名。

一九四四年九月間，因訓練班醫務人員畢業，爲了要檢查第七三一部隊各支隊內訓練幹部工作的情形，我同前第七三一部隊長軍醫少將北野一起去巡視過本部隊各支隊一次。

由於我在該部隊內所負工作性質以及職位關係，我知道那裏用強迫辦法對俄國人和中國人（其中也有關在該部隊特設監獄內的戰俘）傳染致命細菌，藉以實驗細菌武器效能的事實。這些人都是由憲兵隊機關和各日本軍事團押送到本部隊內來的。

全年內都曾進行這種實驗，當人們被強迫受細菌傳染後死去的時候，就被送到一個專門爲了這個目的修造的焚屍爐裏去焚化。

例如，據我所知，一九四五年一月至三月期間，在這監獄內對俄國人和中國人作過傳染斑疹傷寒的實驗；一九四四年十月，在安達站打靶場上對五個中國戰俘作過傳染鼠疫（用鼠疫跳蚤）的實驗；一九四三年冬季，在該部隊內拿俄國人和中國人來進行過凍傷四肢的實驗（關於這次實驗情形，我看過實驗者所寫的報告書並看過特製的影片）。

此外，一九四五年一月，由我親身參加對十個中國戰俘進行過傳染壞疽病的實驗。實驗目的是要查明在零下二十度的嚴寒天氣下可否用壞疽病進行傳染。

這次實驗的手續如下：把十個中國戰俘綁在柱子上，距裝有壞疽菌的開花彈達十至二十公尺遠。

爲了不讓這些人立刻被炸彈炸死，就把他們的頭部和背部都用特種金屬板和厚棉被掩蓋着，雙脚和臀部則露在外面。電門一開，炸彈爆炸了，帶有壞疽菌的霰片落到受實驗者所在的小坪上。結果全體受實驗者的脚上或臀部都受了傷，他們經過七天慘痛之後都死去了。

我還知道日軍兩次實際使用第七三一部隊內所造細菌武器的事實。

（一）日軍於一九三九年在哈勒欣河地區進攻蘇蒙兩國軍隊時，使用過傷寒菌、副傷寒菌和赤痢菌等細菌武器，方法是把這種病菌投散在戰區哈勒欣河內。

（二）一九四〇年五月至七月間，由石井中將率領的第七三一部隊遠征隊在華中寧波一帶使用過鼠疫菌去攻擊中國軍隊，方法是用飛機散播鼠疫跳蚤。

這消息是我從訓練部保險櫃內發現的文件中知道的，文件上載明遠征敢死隊員担負有使用致命細菌的任務。此外，我親眼看過在戰區投擲細菌地點攝下以證實所用細菌武器有效的影片。

根據以上所述一切，我承認我在第七三一部隊及孫吳支隊內所進行的實際工作，都是爲了準備主要用去反對蘇聯和蒙古人民共和國的細菌戰。

我懂得，當時所準備的戰爭定會在和平居民中引起無數的犧牲；我懂得此種細菌戰武器以及在活人身上強制進行細菌傳染實驗的辦法，乃是慘無人道的罪惡行爲。

關於本案，我再沒有什麼話可說了，我的話都記錄得正確，並且由日語翻譯官拉曼諾夫唸給我聽過。

西俊英

負責審訊者：

軍事檢察官波哥德少校法官。

內務部駐伯力邊區辦事處工作員
尼啓金少校。

翻譯員：拉曼諾夫。

被告柄澤十三夫受審記錄

一九四九年十二月六日　　伯力城

審訊時由翻譯員巴荷靡夫、米海依爾、雅可夫列維奇翻譯，翻譯員曾被預告過關於俄羅斯蘇維埃聯邦社會主義共和國刑法第九五條上所定的處分。

巴荷靡夫（簽名）

問：一九四九年十二月五日決議上宣佈你犯了蘇聯最高蘇維埃主席團一九四三年四月十九日法令第一條所定的罪。你承認你犯了這種罪麽？

答：我完全承認我犯了蘇聯最高蘇維埃主席團一九四三年四月十九日法令第一條所定的罪。

眞的，我從一九三九年到一九四四年期間，是在駐滿洲的日本關東軍第七三一部隊內任職，這個部隊內積極研究過大批生產細菌和使用此種細菌作爲細菌戰武器的最完善方法。

爲實現該部隊準備細菌戰的任務起見，在部隊內經常把日本憲兵隊機關送到第七三一部隊裏來消滅的那些人強迫用作進行傳染流行病的實驗。

一九四〇年和一九四二年期間，第七三一部隊派過兩次特別遠征隊去使用細菌武器反對中國人民…

問：你承認你具體上犯了什麽罪呢？

答：我承認我具體上犯的罪，就是我在一個長久時期，即從一九三九年十二月到一九四四年八月間，在一個罪惡組織即第七三一部隊內任職，起初充當普通工作員，後來担任分部內的科長，從一九四二年末，或從一九四三年初，担任該部隊第四部（生產部）分部部長。

我開始領導的那個科和以後領導的那個分部，曾按需要程度大批培養過傷寒、副傷寒、霍亂、鼠疫及炭疽熱等病菌，以供實際使用，就中即供第七三一部隊在安達站附近打靶場野外條件下進行細菌實驗，同時也供戰爭中作爲細菌武器去反對中國人民。

我旣是個細菌科醫生，所以我在大量生產細菌時知道這些細菌是用去消滅人命的。但當時我認爲這種作法是身任日軍軍官者應盡的職責，所以我就盡力去執行上級長官命令我執行的任務。

當我在該部隊內工作期間，在我管轄下工作的有軍官，士官及傭員共五十至七十人，並且有大量培養細菌的一切必要設備…

我所領導的那個分部，運用自己所具有的設備，每月內可培養如下數量的某一種細菌：鼠疫菌一百公斤，炭疽熱菌二百公斤，傷寒菌三百公斤，副傷寒菌『A』三百公斤，霍亂菌三百三十公斤，赤痢菌三百公斤。

一九四〇年下半年內，我所主持的一組人曾培養出七十公斤傷寒菌和五十公斤霍亂菌，供給由第七三一部隊另一部分工作人員所組成，經前該部隊長石井將軍率領到華中一帶去的特別遠征隊之用。除傷寒菌和霍亂菌外，該遠征隊還使用過染上鼠疫的跳蚤去反對中國軍隊。

一九四二年年中，我所主持的那個科製備了一百三十公斤副傷寒菌『A』和炭疽熱菌，以供同樣由石井將軍率領到華中去用細菌反對華軍的遠征隊的需要。根據向我宣佈過的各證人供述，我已知道這次遠征隊還帶得有傷寒菌，但我自己對於這一點却記不清楚了。

石井將軍在一九四〇年以及一九四二年間率隊遠征的目的，就是要在具體戰鬥環境內進行探求大量散播細菌方法的實驗。 但其實這也就是把細菌實際用作戰爭武器去攻擊中國軍隊。 石井將軍遠征隊在一九四〇年間使用鼠疫跳蚤，結果在散播此種跳蚤的地區內引起了鼠疫，關於這點，我在一九四九年十月二十二日受審時已經詳盡陳述過了。 至於以後一次使用上述各種細菌時是否達到了目的，那我却不知道。

由我領導培製出的各種細菌曾在安達站附近本部隊特設打靶場上用來進行過實驗，目的是要探求在野外條件下傳播細菌的方法。在進行這種實驗時，是把被稱為『木頭』的活人作為實驗對象的。

我在該部隊供職期間，原已知道部隊內設有一個專門拘禁受實驗者的監獄，這些人在受到實驗後總是必遭消滅的。

當時在安達站打靶場上有系統地進行實驗。我兩次參加過這樣的實驗，第一次是在一九四三年末，第二次是在一九四四年春。

在兩次實驗時，每次都是把十個看樣子是中國人的受實驗者押到打靶場上來，在未進行實驗之前，先將他們綁到栽在地裏的柱子上，然後讓裝有細菌的炸彈在他們近旁爆炸。

我所說的這兩次實驗中第一次實驗的結果，是一部分受實驗的人染上了炭疽熱，我事後聽說，這些人都死掉了。

這兩次我都親自到了安達站打靶場上，爲的是要在實驗時就地查明我所培養的各種細菌底效能…

此外，我還知道，第七三一部隊內同時又在實驗室條件下有系統地對活人進行過實驗。這裏是強迫被實驗者染上各種病菌，然後就來觀察這些受實驗者的病狀，以求研究出最有效的傳染病媒介物。

直接在活人身上進行實驗，就加速了解決該部隊所負的任務，卽研究出最厲害的細菌戰武器以及用以大量傳染活人的方法。

日軍統帥部準備作細菌戰時，曾極力設法增大細菌生產能力。正因爲如此，所以在一九四四年就開始有新的設備從日本運到第七三一部隊內來，據前該部隊第四部部長太田澄告訴我說，這種新設備比較完善，能夠用連續生產法來培養細菌。

同年間，我奉前該部隊長北野正次的命令，親自到過孫吳、海拉爾、海林和林口各支隊，目的是要就地研究可否在這些支隊內裝上大批培養細菌的設備。北野將軍在我出發前指示我說，在各支隊內建立起培養細菌的工作是必要的，一方面是爲要增大細菌生產能力，他方面是當本部隊內設備一旦被敵機炸壞時，不致使細菌生產工作陷於停頓。

根據我所作出的結論，於是同年間就運送了一些設備到孫吳，海林和林口諸支隊裏去，但我不知道這究竟是些什麽設備，也不知道這些設備是否在那裏裝設了起來。

我常以細菌學醫生和培養細菌專家資格參加過該部隊內軍官和科學工作人員會議，在會議上我作過關於大量培養細菌和利用精製營養液等辦法的報告。

爲了提高我部下工作人員底熟練程度，我曾給他們上過課，一九四〇年初，我又在本部隊新招收的僱員訓練班內担任過細菌學教員。

問：你還想用什麽話來補充你的口供麽？

答：我完全理解到，第七三一部隊是個罪惡的組織，它製造過那種用國際公法上所禁用的野蠻手段去消滅人命的武器。

我在本部隊內工作期間旣參加過這一罪惡工作，我也就犯了危害人類的罪行，因此我應該受到懲罰。

我旣瞭解到這點，所以我從開始受審時，就已極力想誠懇和客觀地揭露該部隊的罪惡活動以及我個人在這中間所起的作用。

我再沒有什麽話可以補充我的口供，因爲在預審過程中，我已把我所知道的一切表明該部隊內罪行的事實都供述出來了。

我的話都記錄得正確，俄文審訊記錄用日語翻譯給我聽過。

柄澤

負責審訊者：

軍事檢察官布斯洛維奇中校法官。

內務部駐伯力邊區辦事處工作員依萬諾夫中校。

翻譯員：巴荷摩夫。

被告尾上正男受審記錄

一九四九年十二月六日　　　　　　　　　　　　　　　　伯力城

受審時由翻譯員古爾楊諾夫翻譯。翻譯員曾被預告過，如有故意錯譯之處，卽應按俄羅斯蘇維埃聯邦社會主義共和國刑法第九五條治罪。

古爾楊諾夫（簽名）

問：一九四九年十二月五日決議上宣佈你犯了蘇聯最高蘇維埃主席團一九四三年四月十九日法令第一條所定的罪。你明瞭你的罪狀實質麼？你承認你犯了這種罪麼？

答：我明瞭向我宣佈的罪狀內容。我承認我所犯的罪狀是，在我領導的第六四三支隊內訓練過細菌實驗員幹部，當我在支隊供職期間總共培養出了一百六十人。本支隊內也曾繁殖和搜捕過鼠類（豚鼠，白老鼠）和家兎，這些動物都被送到了第七三一部隊司令部去，用以生產細菌武器和進行研究『孫吳』瘧疾的實驗。　此外，第六四三支隊內還繁殖過跳蚤，這種跳蚤也被送到了第七三一部隊中去染上鼠疫菌，使其成爲一種細菌武器。本支隊第一部內曾用灰老鼠進行過研究工作，目的是要找到繁殖鼠疫跳蚤的最有效辦法，但這一工作沒有什麼成就，所以後來祇是在白老鼠身上來繁殖跳蚤。根據第七三一部隊長軍醫中將石井的指令，我於一九四五年八月十三日把第六四三支隊連同所有各種材料、設備和文件一概燒毀，祇留下密碼和二十至二十五公分跳蚤，由我派人送到第七三一部隊司令部去了。當時第七三一部隊司令部下令燒毀該支隊究竟是為的什麽目的，那我可不知道。當時我知道第七三一部隊曾從事研究和大批生產過細菌武器，如鼠疫菌，炭疽熱菌及其他致命病菌，這些病菌都是拿活人來作實驗，因之部隊內設有內部監獄和供實驗用的一個打靶場。一九四四年春季，我同第七三一部隊總務部長一起，坐飛機到過打靶場，目的是要參加用活人來實驗細菌武器，但部隊長却不知為什麽取消了進行這次實驗的命令，於是第二天我就返回到部隊司令部來了。

至於在向我宣佈的罪狀上說第五軍團軍醫處長軍醫少將佐藤是由我建議發過一道命令，責成各部隊指揮官和各軍醫院院長組織捕鼠工作，把捕獲的老鼠送來第六四三支隊，那末這一罪名我是不承認的，因為我並沒有向佐藤將軍提出過這種請求。

問：第七三一部隊製造細菌武器的目的是什麽呢？

答：第七三一部隊大批製造細菌武器的目的，是要使用這種武器去進行戰爭，至於使用這種武器究竟是要反對日本底哪個敵人，這點我却不清楚…

問：第六四三支隊及其內部設備和所進行的各種工作，是一種軍事祕密麽？

答：我認為支隊本身及其設備和所進行的工作，都不是軍事祕密。

問：那末，你認為繁殖跳蚤和鼠類不會是祕密麽？

答：不，並不是這樣。支隊內繁殖跳蚤一事是祕密的，至於繁殖鼠類，我認爲這不會是祕密事情。

問：你還想用什麼話來補充你的供詞麼？

答：我再沒有什麼話可以補充我的供詞了。

審訊記錄經翻譯官古爾楊諾夫用日語唸給我聽過，我所供述的話都記錄得正確，特簽字爲憑。

尾上

負責審訊者：

軍事檢察官布庶也夫中校法官。

內務部駐伯力邊區辦事處工作員

福爾申科少校。

翻譯員：古爾楊諾夫。

被告佐藤俊二受審記錄

一九四九年十二月六日　　　　伯力城

審訊時由翻譯員科爾尼洛夫翻譯。翻譯員曾被預告過關於俄羅斯蘇維埃聯邦社會主義共和國刑法第九五條上所定的處分。

科爾尼洛夫（簽名）

問：一九四九年十二月五日決議上宣佈你犯了蘇聯最高蘇維埃主席團一九四三年四月十九日法令第一條所定的罪。你明白你所犯的各條罪狀底實質麽？你承認你犯了向你宣佈的罪狀麽？

答：向我宣佈的各條罪狀實質，我都明白。我完全承認我犯了蘇聯最高蘇維埃主席團一九四三年四月十九日法令第一條所定的罪。我的罪過，就是我從一九四一年十二月到一九四三年二月間確實領導過廣州『波』字第八六〇四部隊，隨後從一九四三年二月到一九四四年三月間我又領導過南京『榮』字第一六四四部隊。這兩個部隊都曾從事研究和大批生產過用以攻擊中國軍民的致命細菌，…南京『榮』字第一六四四部隊與關東軍第七三一細菌部隊一起曾於日軍作戰時期，直接參加過用細菌武器反對中國軍隊及當地居民的動作…

我在任『榮』字第一六四四部隊長時，領導過本部隊內探求和大量生產細菌武器的工作。爲了這個目的，南京『榮』字第一六四四部隊裝置有大量器械，配備有各種細菌學專家，因而能大規模地培養致命細菌。眞的，南京『榮』字第一六四四部隊內所設訓練部，在我領導下，每年培養出三百名細菌學幹部，以供進行細菌戰的需要。我從一九四四年三月任日本關東軍第五軍團軍醫處長時起，就積極地幫助和支持了第七三一部隊第六四三支隊來擴大細菌材料底生產。

爲了這個目的，我在一九四五年五月下了一道專門命令給第五軍團各部隊，要它們搜捕爲生產細菌武器所必需的鼠類，以便送往第七三一部隊第六四三支隊裏去。

問：請你確定說明一下，南京『榮』字第一六四四部隊的生產能力究竟有多大，以及該部隊內的技術裝備情形怎樣。

答：南京『榮』字第一六四四部隊在培養致命細菌方面的生產能力，每一生產週期內計達十公斤。爲出產這一數量的細菌，『榮』字第一六四四部隊內有如下的技術設備：石井式培養器約二百具，孵育室（容積：5×5×3公尺）一所，管式營養液消毒器（直徑一公尺半，長二公尺半）兩具，孵育器約四十至五十具，蒸氣滅菌器四十至五十具，科哈式鍋爐約四十至五十具，此外還有蒸溜營養液的大玻璃蒸溜器，這蒸溜器究竟多少，我此刻記不清楚了。

我的話都記錄得正確，審訊記錄用日語唸給我聽過。

佐藤

負責審訊者：

軍事檢察官布庶也夫中校法官。

內務部駐伯力邊區辦事處工作員亞格勒兹科夫少校。

翻譯員：科爾尼洛夫。

被告平櫻全作受審記錄

一九四九年十二月六日　　　　　　　　　　　　　　伯力城

審訊時經翻譯員葉爾根翻譯。 翻譯員曾被預告，如有故意錯譯之處，即應按俄羅斯蘇維埃聯邦社會主義共和國刑法第九五條治罪。

葉爾根（簽名）

問：唸給你聽了的決議是宣佈你犯了蘇聯最高蘇維埃主席團一九四三年四月十九日法令第一條所定的罪。你明瞭你的罪狀實質麼？你承認你犯了這樣的罪麼？

答：是的，我完全承認我犯了蘇聯最高蘇維埃主席團一九四三年四月十九日法令第一條所定的罪，並且我想把我的罪狀實質供述如下：

從一九四二年六月到一九四五年八月，我確實在關東軍第一〇〇部隊內供職，該部隊底基本任務，除防疫措施外，還準備作反蘇細菌戰之用的進攻武器。

在第一〇〇部隊內任職的細菌學家，化學家，獸醫等，都曾從事培養各種細菌，研究細菌特性，探求大量傳染牲畜與人的方法。 爲了這個目的，第一〇〇部隊內曾用活人和牲畜來進行過細菌與毒藥效能的實驗。

我是個獸醫，曾以科學工作者資格，起初在該部隊第二部第一分部內，爾後在一九四三年十二月成立的第二部第六分部內，研究過鼻疽菌和炭疽熱菌底作用，從事繁殖這種細菌，也研究過在細菌戰中使用此種細菌的一切可能方法。

爲此目的，我於一九四二年七八月間參加過到三河區去作所謂『夏季演習』的遠征隊。這遠征隊目的就是要考察在臨近可能發生軍事行動的區域，即在毗鄰蘇聯邊境地帶的野外條件下使用炭疽熱菌和鼻疽菌的可能性。 在這次遠征期間，進行過用鼻疽菌傳染結爾布勒河及各蓄水池的實驗，以及用炭疽熱菌傳染田地與草場的實驗。我們在行軍實驗室內培養過供此種需要的微生物，並用馬、羊、豚鼠等實驗過這種微生物。

從一九四四年六月起，我同第一〇〇部隊底一批科學工作人在北興安省蹬過一個時期，並遵照關東軍司令部命令在那裏搜集了各種情報，即調查過毗鄰蘇聯及蒙古人民共和國的各地區居民底牲畜數量，確定過這些牲畜的情形，夏季和冬季牧場所在地，收割牧草地段，道路和蓄水池情況等等。日軍統帥部之所以需要這種情報，是爲了一旦與蘇聯作戰時便能大量傳染牲畜，藉以進行細菌破壞活動。

從一九四四年六月到九月間，我在這一別動班內執行淺尾大尉所給予的個別任務，爾後從一九四四年九月到受俘日（一九四五年八月）止，我領導過這別動班，因爲淺尾已從本班內調走了。

第一〇〇部隊長若松少將曾告訴我說，在一旦發生戰爭時，日本空軍就會根據我所收集的情報，在毗鄰蘇蒙邊境的各區域內，散播鼻疽菌，炭疽熱菌，牛瘟菌等以便傳染牲畜。

關於本班人員所進行的工作情形，我向若松少將做過兩次書面報告，並且每次都附有地形圖，圖上標明有偵察所得的消息（如蓄水池、牧場、牲畜情形等等）。同時，我還向關東軍獸醫處長高橋隆篤中將做過一次關於這個問題的口頭報告。

此外，我又把本班工作情形通知過海拉爾軍事團團長天野中佐，他——據若松少將告訴我說——原來知悉本別動班底工作目的和任務。據我所知道的，天野中佐在呈給關東軍司令部的報告書中十分稱讚過我們的工作。

除上述工作外，我於一九四五年夏季又奉若松少將命令向北興安省居民採辦了五百隻羊，一百條牛和九十匹馬，一共花了八萬圓的開支費。

據若松中將告訴我說，一旦與蘇聯發生戰爭時，就會把這批牲畜染上炭疽熱、鼻疽、牛瘟和羊痘等病症，並爲軍事破壞目的把它們留在蘇軍後方，藉以引起烈性流行病。我還知道，爲了這個目的，將會用飛機把必要數量的上述各種病菌運到我所採辦的那批牲畜所在地來，並由幾個軍事破壞隊把這些細菌傳染到牲畜身上去。

同時，我還承認我作過以下的罪惡，就是當我在北興安省時期，曾奉若松少將命令採辦了一些牲畜(十條黃牛)，以供一九四五年早春在南崗河一帶進行實驗之用。據參加這次實驗的山口少佐告訴我說，在進行這次所謂『冬季演習』的實驗時，檢查了牛瘟菌和羊痘菌在冬季氣候下的效能，辦法就是把這種病菌撒到雪地上以及散在雪地上的飼料上。這次實驗是在預定要向蒙古人民共和國進行細菌破壞活動的那種條件下進行的，因爲如衆所知，蒙古的牲畜在冬令時期是靠野外草料飼養的。

此外，一九四三年夏季，爲了要確定毒死馬匹所需要的毒藥（氰化鉀，馬前霜鹹等等）份量，我奉第二部部長穗坂命令曾用關東軍部隊內的四五十匹馬來作過實驗。實驗結果有十匹馬倒斃了。此種實驗究竟爲了什麼目的，我不曾知道，但據我推測，是要研究在進行軍事破壞時使用毒藥的手段。

我再沒有什麼話可以供述了，我的話都記錄得正確，並用日語唸給我聽過，特簽字爲憑。

平櫻

負責審訊者：

軍事檢察官波哥德少校法官。

內務部駐伯力邊區辦事處工作員

拿查洛夫中尉。

翻譯員：葉爾根。

被告三友一男受審記錄

一九四九年十二月六日　　　　　　　　　　　　　　伯力城

審訊時經翻譯員葉爾根、格里哥里、格阿爾吉也維奇翻譯。翻譯員曾被預告過關於俄羅斯蘇維埃聯邦社會主義共和國刑法第九五條上所定的處分。

葉爾根（簽名）

問：向你宣佈的罪狀是說你犯了蘇聯最高蘇維埃主席團一九四三年四月十九日法令第一條所定的罪。你承認你犯了這種罪狀麼？

答：我明瞭一九四九年十二月五日決議上依據蘇聯最高蘇維埃主席團一九四三年四月十九日法令第一條向我宣佈的罪狀底實質，並完全承認自己犯了這種罪。

問：你具體承認你犯了什麼罪呢？

答：我承認我所犯的罪，是我在一九四一年四月間自動投到專門培養炭疽熱、鼻疽、牛瘟、羊痘等病菌的關東軍第一〇〇部隊內工作，並且我明知培養此種病菌是專門爲了進行反蘇戰爭，但我仍積極參加了第一〇〇部隊特別實驗室內培養此種細菌的工作。

我進入該部隊後，住過炭疽熱菌和鼻疽菌培養法訓練班，曾用專門由我看管的孵育器培育過此種病菌。當我在該部隊工作期間，卽從一九四一年四月起到一九四四年十月止，我始終都是幹這件事情。

此外，我又多次參加過用動物和活人來實驗我所培養出的致命細菌效能，以備日軍統帥部在反蘇戰爭時使用這種細菌。例如一九四二年七八月間，我協同第一〇〇部隊一批人員到三河區去行動過，當時我們把鼻疽菌投在結爾布勒河裏，把炭疽熱菌投到蓄水池內，這樣來實驗此種細菌底強韌性。這一別動班是由第一〇〇部隊第二部部長村本少佐率領的。我在那裏也親自培養過鼻疽菌和炭疽熱菌，供本班人員在結爾布勒河和各蓄水池內作實驗之用。這種實驗是在…與蘇聯交界的額爾古訥河支流結爾布勒河裏進行的。

一九四四年八九月間，我由科學工作員松井經孝指導，在第一〇〇部隊場所內用七八個被捕的俄國人和中國人進行過實驗，在他們身上檢驗過毒藥效能，方法就是把被我放上了毒藥的食物發給這些被捕人去吃。

一九四四年八月末，我遵照松井指示把一公分海樂英放到一碗稀飯裏，然後就把這碗稀飯發給一個被捕的中國人吃下，他吃下之後經過三十分鐘就失掉知覺，再經十五六個鐘頭就死掉了。我們下這份海樂英時，明知這是致命的份量，但對於這人的死活，我們是漠不關心的。

我對某些被捕者每人進行過五六次實驗，目的是要檢驗朝鮮『朝顏』，海樂英，『巴克塔爾』和蓖蔴青等毒藥的效能。有個被捕的俄國人在受實驗之後，身體虛弱得已經再不能用來進行實驗了。松井叫我注射一針氰化鉀把他毒死。這人受到這種注射之後，馬上就死掉了。

其次，有三個被捕者經我進行實驗後，就由憲兵當着我的面把他們槍斃了…

問：你還想用什麽話來補充你的口供麽？

答：我再沒有什麽話可以補充了。我所供出的話都記錄得正確，經翻譯官葉爾根用日語唸給我聽過，特簽字爲憑。

三友

負責審訊者：

軍事檢察官安東諾夫中校法官。　　內務部駐伯力邊區辦事處工作員波一科上尉。

翻譯員：葉爾根。

被告菊地則光受審記錄

一九四九年十二月六日　　伯力城

審訊時由翻譯員頗魯揚諾夫翻譯。翻譯員曾被預告過關於俄羅斯蘇維埃聯邦社會主義共和國刑法第九五條上所定的處分。

頗魯揚諾夫（簽名）

問：向你宣佈的決議上是認定你因犯了蘇聯最高蘇維埃主席團一九四三年四月十九日法令第一條所定的罪狀被控，這一罪狀底實質已向你說明過了。你承認你犯了這種罪狀麼？

答：我承認我犯了依據蘇聯最高蘇維埃主席團一九四三年四月十九日法令第一條向我宣佈的罪狀。

問：你具體承認你犯了什麼罪呢？

答：我承認我所犯的罪是：我從一九四三年四月到被俘日止在第七三一部隊第六四三支隊供職期間，曾從事於培養傷寒、副傷寒、赤痢及結核等細菌，以便研究這些細菌的屬性及其引起疫症的效能。我在培養細菌時研究過細菌所賴以繁殖的營養液，目的是要製造出一種使細菌能賴以迅速繁殖起來並能更長久保存其生活力的營養液。

同時我還想找到更快地製造細菌營養液的方法。我從事培養細菌和研究細菌營養液的目的，是要一旦奉到上司命令時，我個人以及整個第一研究部都能夠很迅速地大量培養細菌。

我原來知道日本關東軍是在準備對蘇的細菌戰，第七三一部隊和幫助第七三一部隊進行細菌戰準備工作的第六四三支隊正是向這方面努力，所以我在本支隊第一研究部內所做的工作…也是爲了準備細菌戰。這就是說，我個人也參加過細菌戰的準備工作，我承認我犯的罪就在這裏。

我的這種罪行，並不是由我自願作出，而是遵照我那些長官命令作出的。我不能不執行他們的命令，因爲我不執行命令就會受到懲罰。

問：你還想用什麼話來補充你的供詞麽？

答：我再沒有什麼話可以補充我的供詞了…

我所供述的話都記錄得正確，並用日語唸給我聽過。

菊地

負責審訊者：

濱海軍區副軍事檢察官安東諾夫中校法官。

內務部駐伯力邊區辦事處工作員布蘭諾夫上尉。

翻譯員：頗魯揚諾夫。

被告久留島祐司受審記錄

一九四九年十二月十日　　　　伯力城

審訊時由翻譯員斯托洛什科夫翻譯，

翻譯員曾被預告過，如有故意誤譯之處，即應按俄羅斯蘇維埃聯邦社會主義共和國刑法第九五條治罪。

斯托洛什科夫（簽名）

問：向你宣佈的罪狀是說你犯了蘇聯最高蘇維埃主席團一九四三年四月十九日法令第一條所定的罪。你明瞭這一罪狀底實質麼？你承認你犯了這種罪麼？

答：軍事檢察官一九四九年十二月九日決議上依據蘇聯最高蘇維埃主席團一九四三年四月十九日法令第一條向我宣佈罪狀底實質，我都明白，並且我完全承認我犯了這種罪。

關於我所犯罪狀底實質，我想供出如下的話：

眞的，當我被徵入日軍隊伍，在第九十七步兵聯隊受過普通軍訓之後，就於一九四四年四月間被派到林口第七三一部隊第一六二支隊裏來服務。

我進這支隊後不久，因親身認識隊內工作性質和聽到關於第七三一部隊活動祕密性的預告就瞭解到：雖然第七三一部隊所負正式任務是經管給水與防疫事宜，但其實它是在培養各種烈性傳染病（傷寒、副傷寒、霍亂、鼠疫等等）細菌，以及養育跳蚤並爲養育跳蚤來繁殖鼠類。

我在第一六二支隊附設的六個月衛生員訓練班學習時，同其他受訓人一起在第一部部長細屋少佐領導下特別注意研究過細菌學。

在訓練班畢業後，我就和一批軍人由下士官兵頭義舛率領，被派到第七三一部隊去參加細菌彈的實驗。這種實驗叫做『演習』。

我在第七三一部隊內的時期，有次出發實驗時聽見本部隊人員說，這裏大批培養的烈性傳染病菌是用強迫手段在本部隊內所拘禁的俄國人和中國人身上進行實驗的。

同時我又聽到，說我必須參加實驗，目的是要查明用飛機散播跳蚤去傳染地上生物的效能。

一九四四年十月六日至三十日，我在吳屯附近參加過這種演習，當時我在實驗工作人員住宅外面担任守衛。

此外，當飛機擲下裝有跳蚤的瓷器彈爆炸後，我也去計算過，究竟有多少跳蚤落到擺在兩平方公里地面上的那些箱子內。

一九四四年十一月二日，我轉回到第一六二支隊裏來，被指定在第一部細菌實驗室內担任實驗見習生。

這裏，我在軍曹官豐和第一部部長軍醫少佐細屋領導下，担任過把結核菌、傷寒菌和副傷寒菌放置到營養液上去，預備實驗儀器，調劑培養細菌時孵化器內的溫度及其他工作。

此外，我又兩次（每次七天）到外處去捕過田鼠。我總共捕獲了約三百個田鼠，然後就把牠們送到第七三一部隊去用來生產細菌武器。

我承認我所犯的罪就是，我在第七三一部隊及其第一六二支隊中的全部實際活動，都是參加製造供大批殺人用的細菌武器，但是我請求你們注意到，我參加這種罪行時，不過是盡着執行日軍統帥部命令的作用。

我的供詞記錄得正確，並用日語唸給我聽過。

久留島

負責審訊者：

軍事檢察官波哥德少校法官。　　內務部駐伯力邊區辦事處工作員孔諾諾夫少校。

翻譯員：斯托洛什科夫。

山田乙三受審記錄摘錄

一九四九年十一月三日　　伯力城

…第七三一部隊正式稱爲『關東軍防疫給水部』，這個名稱在相當程度內是用來隱蔽該部隊底眞正職能的。爲了同樣目的，第七三一部隊工作人員都穿着普通軍服，並不佩帶醫務人員的識別章。我們曾躭心到，大量醫務人員集聚在一塊，可能使人們對第七三一部隊工作底眞實性質發生不良的懷疑心理。

…一九四四年八月，當我巡視第七三一部隊時，我親身考察了部隊內各部底工作。我視察各部的時候，有人向我報告過培養和大量養出細菌的生產過程。我記得我在一個部內看見有強大的特種設備體系，這是用來生產大量傳染病媒介物的。該部部長向我報告過關於全部隊內生產能力的數目字，但這些數目字此刻我記不得了。

我應當說，這一部裏的細菌生產規模極大，能保證大量使用細菌的需要。該部隊另一部專門養育傳染鼠疫的跳蚤，我在那裏看見有些特種保藏具，內面養有大量的跳蚤。該部隊內那些伴隨我的人員向我報告說，這些跳蚤是用去傳染鼠疫的，說這是細菌武器中的一種。

我視察過該部隊內的各部之後，就和隨員們一起攀登到高台上去，那裏是當飛機散播跳蚤時觀測和監察實驗的地方，我從高台上眺望了飛機場。　當時有個軍官向我報告，說染有鼠疫的跳蚤這種細菌武器，是在一個特設的打靶場上用飛機散播法來進行實驗。同時，他們向我說明了在各種不同天候條件下進行實驗的結果。

當我視察第七三一部隊時，那裏製造細菌戰武器的研究工作與生產活動之巨大規模，竟使我極端驚異。

問：那末，建立第七三一部隊的目的就是要準備用細菌武器進犯蘇聯麼？

答：我應當承認，位置在滿洲境內的第七三一部隊成立的目的是準備細菌戰武器，主要是來反對蘇聯，同時也反對蒙古人民共和國和中國…

問：第七三一部隊在何種範圍內受關東軍司令部管轄呢？

答：第七三一部隊是直接由我用關東軍總司令資格管轄的。

第七三一部隊受關東軍司令部管轄，這是在該部隊成立時就由日本陸相明令規定了的。

第七三一部隊內關於生產和使用細菌武器諸問題的戰術指導，都是由我負責。這就是說，若一旦必須使用細菌武器去反對敵軍時，那末這種命令祇能由我頒發，因爲第七三一部隊是受我管轄的一個特種部隊…

山田

負責審訊者：

內務部駐伯力邊區辦事處工作員
布拉非和哥赫曼。　　　　翻譯員：茨非洛夫。

山田乙三受審記錄摘錄

一九四九年十一月五日　　伯力城

問：你什麼時候親身巡視過第七三一部隊呢？

答：我只巡視過第七三一部隊一次。當我被任爲關東軍總司令後，我視察了我所管轄下的一切部隊和支隊，其中也有第七三一部隊。這是在一九四四年八月間的事。

伴隨我到第七三一部隊駐地去的，是關東軍司令部中佐參謀原。我從哈爾濱到該部隊去並不是晚上動身，像我以前所供的那樣，而是白天十二點鐘動身，我在該部隊內大約逗留了一點半鐘。關於這次巡視情形，我記在自己日記簿上了。

當我走到該部隊駐地入口處時，有第七三一部隊長北野少將率領全體軍官來迎接我。迎接儀式完畢後，我就走進北野少將辦公室去，當時他向我報告說，部隊內設有七個部：總務部，療診部，材料部，生產部，科學研究部和訓練部。第七部底名稱我忘記了。

北野在報告該部隊宗旨和任務時指出說，該部隊按本身性質說來負有兩個任務：第一，是經管關東軍內的防疫和給水事宜，第二，是研究各種與準備細菌戰手段有關的問題。此外，北野將軍又向我大體報告過該部隊人員數目，但這數目字我此刻記不起來了。

他向我解釋各部活動底性質時說，科學研究部係研究使用細菌武器的手段和方法。當時我就明白，在必須使用細菌來進行軍事破壞時，是採在地面上散佈的方法，而在廣泛使用細菌武器時，則用飛機來投擲。

關於生產部工作情形，北野將軍向我報告說，該部在大批製造足供進攻戰使用的細菌武器。

後來，當我已完全認識了第七三一部隊底活動情形時，我就知道該部隊生產能力足以供應大規模使用細菌武器的需要，關於這點我在前次受審時已經供述過了。

據北野將軍說，第七三一部隊訓練部專門培養醫務幹部，以後就用他們去充實該部隊內的各部，其中也有從事研究與製造細菌武器的各部。

材料部負責供應第七三一部隊內所需要的各種材料和醫務器材。

聽完北野將軍報告後，我就開始巡視該部隊。此刻我很難記起我在該部隊每部內所見到的個別情節，所以我只能把我當時所看見的情形大致說明一下，却不能確定該部隊工作中的每一過程究竟是屬於哪一部。雖然如此，但我確實記得，關於該部隊一切重要部內的工作性質，我是察明了的。在一個部（大概是生產部）內，我認識了大量培養細菌的過程。那裏有強大的設備，如大鍋爐以及其他用來大批製造細菌武器的器具。

在另一間屋子裏，我看見有一些裝有極多活跳蚤的特別箱子。有人告訴我說，這些跳蚤是專門用來染受鼠疫的，跳蚤染上鼠疫之後，就能用去傳染鼠疫流行病。至於我在其他屋子內看見了一些什麽，此刻我記不起來了。

當我視察了該部隊內各個主要房間後，我就同伴隨我的軍官們登到該部隊底高台上去眺望飛機場，關於這點，我在前次受審時已經詳細供述過了。

當我已充分認識該部隊工作情形並對該部隊活動性質得到一個印象之後，該部隊內研究工作的巨大規模及其製造細菌武器的強大生產能力，竟使我極爲驚異…

山田

負責審訊者：

軍事檢察官巴眞科中校法官。

內務部駐伯力邊區辦事處工作員

布拉非上尉和哥赫曼上尉。

翻譯員：莢菲洛夫。

山田乙三受審記錄摘錄

一九四九年十一月十七日　　　　　　　　　　　　伯力城

…第七三一部隊和第一〇〇部隊及其各個支隊，都是在我管轄下從事研究和大批生產細菌武器的部隊。

…講到第七三一部隊和第一〇〇部隊內準備細菌戰的活動問題時，必須指出，第七三一部隊是專門研究和生產用以大批殘殺人命的細菌武器的。第一〇〇部隊在這方面的活動範圍較爲狹小，只是研究和生產那用去進行消滅牲畜和毒害莊稼等破壞活動的細菌武器。

…受我管轄的作戰部所負的任務，就是對生產必要數量的細菌，保證技術設備，以及培養熟練幹部來充實第七三一部隊和第一〇〇部隊等方面實現領導…

問：那末，你在一九四九年十一月三日受審時供稱，說準備細菌戰武器主要是爲了反對蘇聯，這究竟是指的什麼呢？

答：我完全證實我這供詞，但我應該說明一下，準備細菌戰不只是爲了反對蘇聯，而且也是爲了反對其他國家。

問：請確定一下，究竟你所指的是哪些國家呢？

答：主要是蘇聯，同時還有中國，蒙古人民共和國，美國和英國。

問：在準備用以反對蘇聯的細菌戰方面，曾實行過一些什麼具體的措施呢？

答：在對蘇聯方面，細菌戰準備工作歸結起來，就是多次研究使用傳染病菌的方法，大量生產細菌武器，進行各種實驗來確定各種細菌底效能。

問：請你說說，究竟研究出了使用細菌武器的哪些方法呢？

答：據我所記得的，使用細菌武器的基本方法和最有效方法，原是從飛機上散佈細菌以及在地面上直接施放細菌。從飛機上散佈時，是把細菌裝在一種特製炸彈內，或者由飛機上的一種特別裝置散播下來。直接在地面上施放時，是用細菌去傳染蓄水池，牧場和牲畜。

…我應當承認，一九四五年六月，我眞的派過田村大佐到第七三一部隊內去就地考察該部隊工作，並查明是否必須增加專門家數量的問題。 我派田村大佐到第七三一部隊去，是由於關東軍司令部接到了陸軍省責成增加細菌武器生產的指令。 這個指令曾轉交給第七三一部隊長石井中將去執行，他爲執行這一指令計，曾於一九四五年五月寫了一封信給我，要求增加他所需要的專門家數量。 順便說說，我此刻已回憶起來，那時我的確收到有石井關於細菌彈的報告。 在這點上，請將我先前所說出的供詞加以相當修正。

這個報告原來是保存在我的保險櫃裏，後來我把它交給了作戰部部長松村知勝少將。我現在還記得很清楚，這個報告是用印有紅線的公文紙寫的。同樣我還記得，這個報告的標題是『關於石井式細菌彈』，並且我還記起了，當我巡視石井部隊時，我親眼見過這種用去裝上鼠疫跳蚤作爲細菌武器使用的炸彈模型。

…我記得，我在第七三一部隊內檢查工作時看見了這種炸彈。這種炸彈是第七三一部隊製造的。究竟數量有多少，我却不記得，但這數量是由一定的需要來決定的。拿給我看的那張圖表上的炸彈樣式，我在上述的石井報告中曾經看見過。

爲了研究使用細菌武器的方法，曾組織有幾個專門委員會，委員爲關東軍參謀長，作戰部長，第一〇〇細菌部隊長或第七三一細菌部隊長以及司令部的個別軍官。各該專門委員會主席是由參謀長担任。關東軍總司令未曾參加這些委員會底工作。委員會關於使用細菌武器的决定，均交由關東軍總司令批准，然後呈報日軍參謀本部。參謀本部當批准了某種武器時，卽將此種决定通知關東軍司令部，然後再由關東軍司令部頒發大量生產必要病菌的相當命令給第七三一部隊和第一〇〇部隊。根據參謀本部關於生產此種或彼種細菌武器的要求，日本陸軍省曾保證第七三一部隊和第一〇〇部隊以一切必要的設備、原料和材料。

所有關於使用細菌武器以及編制必要部隊來實際運用細菌武器的事宜，都是由日軍參謀本部根據關東軍司令部的相當報告策劃的。

問：究竟有哪些細菌武器使用法是在你任總司令期間採納爲關東軍作戰方法的呢？

答：所有被採納爲關東軍作戰方法的細菌武器使用法，

都是在我受任爲關東軍總司令以前批准的。當時我個人認爲最有效的方法是從飛機上散佈細菌，因爲這種辦法能夠傳染廣大的面積。

問：投擲細菌武器時是決定用什麼飛機呢？

答：平時受第七三一部隊支配的只有幾架特種飛機。而在戰時必要場合，則可以利用任何一個空軍部隊中預先裝備有必需器具的飛機。

問：你以總司令資格親身參加領導細菌戰準備工作一舉，究竟具體表現在什麼地方呢？

答：我已經說過，關東軍所採納的一切細菌武器使用方法，都是在我受任爲總司令以前由日軍參謀本部審核和批准的。這些方法在我任職期間還是繼續發生效力。此外，根據日本陸軍省和參謀本部指令，我又以總司令資格經過本司令部所屬各部處領導過第七三一號和第一〇〇號兩細菌部隊研究與生產細菌武器的工作。我以關東軍總司令資格所負的任務，並且是要在作戰期間對使用細菌戰武器一事實行戰術上的領導。在這方面，當一旦發生戰爭時，我就應該決定究竟用什麼兵團以及在哪些方面必須使用細菌武器。

爲了實現細菌攻擊，就要把那些以第七三一和第一〇〇部隊及其各支隊爲基礎建立起來的特種細菌部隊，撥歸各戰綫司令官和各個軍團指揮官指揮…

…問：你根據陸軍省指令在增加細菌武器生產方面，具體作過一些什麼事情呢？

答：先前我已經說過，根據副陸相簽署發來的指令，我批准了按照陸軍省訓令範圍增加細菌武器生產一舉。但究竟這種生產增加了多少，我却記不清楚了…

…問：使用細菌武器的決定究應出自於誰呢？

答：使用細菌武器的命令應由帝國大本營頒發…

山田

負責審訊者：

軍事檢察官司法科中校法官。

內務部駐伯力邊區辦事處工作員哥赫曼大尉。

翻譯員：茨菲洛夫。

山田乙三受審記錄摘錄

一九四九年十二月一日 **伯力城**

…問：一九四五年細菌武器生產加緊起來，究竟是由於什麽原因呢？

答：那時第七三一部隊和第一〇〇部隊細菌武器生產加緊起來，是由於試驗最有效細菌武器的準備時期已經終結。我所指的是使用「石井式」細菌彈，用飛機散佈鼠疫跳蚤以及在地面上進行細菌破壞活動的方式，關於這些情形，我是從北野將軍，高橋將軍及其他等人的相當報告中知道的。

一九四五年，由於改善最有效細菌武器使用法的一切準備工作業已順利完成，於是開始實行大量生產細菌武器，以便一旦奉到帝國大本營命令時就能在任何方面實際運用這種武器。根據如上所述，並依照日本副陸相指令，一九四五年春季，我便頒發了一道命令要第七三一部隊和第一〇〇部隊擴大細菌武器底生產，並因而要設法增加和完善設備以及為第七三一部隊補足必需的專門家。

除此以外，我個人認為在一九四五年間擴大細菌武器生產，是由於各戰場上軍事情况惡化。不過這是我個人的意見，因為我當時沒有收到過關於本問題的正式報導。

問：請你確切地說說，究竟日本副陸相關於擴大細菌武器生產的指令，是在什麽時候到達關東軍司令部的？

答：據我所記得的，這個指令是在一九四五年三月收到的…

…問：當你任關東軍總司令一職期間，在研究細菌武器使用方面，究竟有過一些什麼變更呢？

答：我已經說過，細菌武器的基本使用法是在我還沒有受任爲總司令以前就已爲關東軍所採納，並經日軍參謀本部批准，而在我任職期間，這方面並沒有發生過任何變更。此種使用法也經我認可，依舊有效。但是，當我在關東軍任職期間，在完善某種細菌武器方面是進行了一些工作。不論在第七三一部隊或在第一〇〇部隊內都曾進行過這種工作。例如在我任職期間曾最終地改善了鼠疫跳蚤使用法，卽從飛機上藉助特種裝置來散佈跳蚤或投擲特種細菌彈的方法。關於這種方法，北野將軍向我作過專門報告。

問：你聽了石井所作關於細菌彈的報告後，究竟採取過怎樣的决定呢？

答：根據石井關於使用特種細菌彈的報告所作出的决定，是我的前任人梅津將軍採取的。我在查閱了石井底報告後，也認可了這種使用法。關於這個問題，再絲毫用不着來專門批准了。

…一九四四年十月或十一月間，北野將軍關於把鼠疫跳蚤作爲細菌戰武器使用的實驗結果，向我作過一次詳細報告。北野向我作報告時，還把他從第七三一部隊內帶來的特製影片以及標明有用飛機作散佈鼠疫跳蚤實驗那地方的圖表一倂拿出給我看過。北野報告底內容，是綜合在這方面所進行過的一切實驗和研究，並作出了全部工作的總結。他在報告時，還拿出各種圖表給大家看過，圖表上很淸楚地標明有研究和試驗用鼠疫菌傳染地區的結果。當時我個人認爲使用鼠疫跳蚤一法效力極大，所以就認准了北野底報告以及他提議的細菌武器使用法。

關於使用鼠疫跳蚤的實驗結果，是由第七三一部隊領導人超過關東軍司令部，直接呈報帝國大本營的。

問：先前你說過，關於研究和生產細菌武器問題的一切決定，都是預先經一個臨時委員會審定後交由總司令批准，然後再由關東軍司令部呈報日本參謀本部和陸軍省。究竟哪種說法是對的呢？

答：我完全證實我先前的口供，並且我覺得我這兩種說法之間並沒有任何矛盾。原來，以前我所說的那種報告是關係於更加重要的問題，即通常是與擬定細菌武器使用法或與其他更迫切問題有關的。這樣的報告是經由關東軍司令部呈報中央機關的。至於有關解决各種局部問題，如研究某種細菌武器效能的報告，則直接由第七三一部隊長官呈報，視其內容如何，或呈報給帝國大本營，或呈報給陸軍省，或呈報給軍醫研究院。

問：供研究和生產細菌武器用的經費是怎樣撥給的呢？

答：供研究和生產細菌武器用的經費，是由日本陸軍省撥給而經由關東軍司令部支付的。經費數目以及撥款方式等詳細情形，我却不清楚。

問：究竟爲什麽要把第七三一和第一〇〇部隊及其各支隊設立在直接鄰近蘇聯國境的地方呢？

答：關於這個問題，誰也沒有向我作過什麽專門解釋。不過我個人認爲這樣作的目的，是要能最方便和最迅速地來使用細菌武器反對蘇聯。

問：日本曾怎樣打算用細菌武器去反對英美和其他國家呢？

答：我認爲，假如當時蘇聯不會出兵對日作戰，那麽細菌武器是會用去反對美國，英國及其他國家的。但由於蘇聯加入反日戰爭和蘇軍急速深入滿洲腹地，遂使我們失去了使用細菌武器來反對蘇聯及其他國家的可能…

山田

負責審訊者：

軍事檢察官巴眞科中校法官。　　內務部駐伯力邊區辦事處工作員哥赫曼大尉。

翻譯員：茨菲洛夫。

梶塚隆二受審記錄摘錄

一九四九年十月二十三日　　　　伯力城

問：第七三一部隊內在準備細菌戰方面，具體地作了一些什麼事情呢？

答：一九四一年二月，第七三一部隊長軍醫大佐石井，經關東軍總司令梅津允許後，在長春城我的辦公室內向我報告該部隊工作情形時，也向我敘述過該部隊內在準備細菌戰方面所進行的事情，這樣，他就履行了他於一九四〇年間當我巡視第七三一部隊時給予我的諾言。

據石井說，由於該部隊內進行實驗的結果，業已查明將細菌直接裝在飛機彈內投散的方法是很少有成效的，因空氣阻力強大以及溫度過高的緣故，像赤痢菌、傷寒菌、副傷寒菌、霍亂菌和鼠疫菌這類不大堅韌的細菌，幾乎是百分之百的死去。同時，石井還說出原先對這種研究本抱有很大的希望，但這種希望並沒有實現，無論是裝着這種細菌的炸彈或砲彈，都沒有照原來所期待的那樣把傳染病散佈到廣大範圍內去。

至於炭疽熱菌一類最堅韌的細菌，石井說可能用這種方法去使用，並說這個問題正在繼續研究中。

試驗結果同樣證明：從飛機上散佈細菌，如像施放毒氣那樣，其效力較大。

石井向我敘述說，不能從高空散佈細菌，否則細菌統統會死掉，說細菌只能在五百公尺以下投擲，但在低空投擲時，細菌散佈的面積又太小…

石井告訴我說，在敵區散佈霍亂菌，不僅效力小，且難於實施。第一，因爲細菌要從低空投擲，但在低空投擲便使敵方能自由地掃射飛機，第二，因爲使用這種方法就需要有極多的細菌。

其次，石井還對我說，效力更大得多的細菌投擲法是不把細菌『赤裸裸的』投擲下去，而是把它同媒介物一塊，卽同虫類，特別是同跳蚤一塊投擲下去。 跳蚤是最富有生命力的虫子，把跳蚤染上鼠疫後，就從飛機上投擲下去，而寄存在跳蚤體內的鼠疫菌，便能順利地同跳蚤一起落到地面上。 這種情況就可減少飛機有被敵方高射砲擊落的危險。

同時，石井向我說，對這個問題的研究工作尙未結束，例如，究竟從高空投下的跳蚤能散佈到多大面積這個問題，就還沒有弄淸楚。

談到傳染食品問題時，石井向我敘述說，在這方面用霍亂菌，赤痢菌，傷寒菌和副傷寒菌進行過實驗。當時是把菜蔬、水菓、魚類和肉類染上細菌。結果查明出，對細菌戰最適宜的是菜蔬，特別是葉子多的菜蔬，例如白菜；塊根類由於表面平滑，較少適用。把細菌注射到水菓一類的食品內去，要比把細菌染在水菓外皮上的效力大些。據石井說，散佈傳染病最適當的媒介物是菜疏，其次是水菓，再其次是魚類，最後是肉類…

爲證實這種情形，石井當時告訴我說，他部隊內在進行實驗，卽將細菌裝在砲彈和飛機彈內進行實驗；從飛機上投擲細菌的實驗，是在平房站該部隊飛機場旁邊的一個實驗打靶場上進行，至於最危險的細菌，則是在一個什麼荒野地方來實驗的、究竟在哪裏，石井却沒有說出。 同時他又說到，第七三一部隊內是用活人進行實驗，但究竟這是些什麼人，在什麼時候以及在什麼地方對他們進行過實驗，石井沒有向我說明，他只說到這些人是中國人，但馬上他就聲明他沒有權說出這是些什麼人，因爲這是『祕密底祕密』。

最後，石井向我說，經過了他所領導進行的一切實驗後，他得出的結論是認爲用人工散佈流行病一事，並不像某些人所設想以及他本人以前所認定的那樣容易做到。在自然界中，自然散佈流行病是很容易的，但用人工方法來傳潘流行病則遇着種種困難，這些困難有時必得大費氣力才可克服。他認爲此種措施底成效是依各人對各種傳染病的感受性如何爲轉移，而他也就决心來研究這個問題。

…一九四四年三月，我在本人辦公室內同軍醫中將北野正次也作過類似的談話，此人從一九四二年八月起到一九四五年三月止也担任過第七三一部隊長職務。

除了我已從石井口中聽到的一切之外，北野在囘答我關於該部隊內工作情形的問題時，還向我說過，當他任第七三一部隊長期間，工作中有了某些成績。就中他叙述說，第七三一部隊內有一組工作人員曾駛往上海以南華軍戰綫內，從高空把染有鼠疫的大批跳蚤投擲到中國居民地區。跳蚤落下後還活着，結果就在它們落下的地方引起了鼠疫流行病。北野說明，雖則當時沒有發生大的瘟疫，但這種細菌戰的方法應該認爲是有效的。

此外，北野還向我敘述說，在安達站地區實驗過裝有炭疽熱菌的慢性炸彈。這種炸彈片擊傷人和牲畜後，就使其染受炭疽熱病。

據北野說，該部隊內已開始在實驗人們對各種傳染病的感受性。此種實驗由該部隊內科學工作員、病理學專家川上博士領導。這種實驗是從檢驗健康的日本人和中國人底血液開始，但因川上死去，此種實驗便停止了。

我從石井和北野兩人口中知道，第七三一部隊內曾大批生產細菌戰武器，即生產各種傳播流行病的細菌，以及作爲傳染病媒介物的跳蚤和老鼠。

我不知道這些東西的生產量如何，但我認爲這數量一定是不小的。

問：第七三一部隊是什麽時候建立的呢？

答：第七三一部隊是奉日本天皇裕仁一九三六年勅令建立的。

…這道勅令曾印成多份分發到日軍各部隊，以便使全體軍官一體知悉。我個人讀過這勅令以及關於該部隊人員表的附件，讀後我就蓋上了私人圖章，以示簽署。

隨後，我參加過挑選該部隊下級軍官以及審核陸軍省幹部部交給我的上級軍官名單的工作。

該部隊駐地是由關東軍司令部確定的。一九四一年前，這部隊還沒有正式番號，只是稱呼爲關東軍『防疫給水部』，同時又叫做石井部隊，因爲日軍中各個部隊通常是按該部隊長官姓氏來稱呼的。

一九四一年，關東軍總司令下令全軍所有各部隊及機關都採用番號時，於是這部隊就開始命名爲第七三一部隊。

審訊記錄用日語唸給我聽過，我說的話都記錄得正確。

梶塚

負責審訊者：

軍事檢察官杜布卓夫中校

內務部駐伯力邊區辦事處工作員

技官。

巴普科夫中校。

翻譯員：茨菲洛夫。

梶塚隆二受審記錄摘錄

一九四九年十月二十四日　　伯力城

…第七三一部隊奉日本天皇裕仁一九三九年祕令，於一九三九至一九四〇年期間曾經改編過。　一九四〇年二月左右，我在關東軍司令部內讀過這個祕令，並在上面簽署過…

此外，根據天皇裕仁一九四〇年頒發的一道或兩道祕令，又於同年下半年在海拉爾城，孫吳城，海林站及林口站，成立了第七三一部隊底四個支隊，祕令上規定了各該支隊成立的期限及其駐紮地點。　從祕令附件上經陸相東條簽署的各該支隊人員表中可以看出，每一支隊員額達三百人。

日本陸相東條根據天皇勅令所頒發的命令中，曾責成相當軍醫院和第七三一部隊抽調出定額的醫生專家、士官和兵士，並指出可以接納僱員，但其人數不得超過各該支隊全體員額的百分之三十…

問：準備細菌戰的主張是由什麼人提出的呢？

答：準備細菌戰的主張是由石井提出的。

石井四郎大約生於一八九三年，千葉郡人，大地主出身，一九一九至一九二〇年在京都帝國大學醫學系畢業。爾後，他以志願軍人資格自動加入日軍服務。不久，他申請服正式軍役，經過半年他初次獲得中尉官銜，在某部隊任軍醫，隨後又被調到東京第一軍醫院供職，這裏，我於一九二二年十月因與他同事，就和他認識了。一九二四年四月到一九二六年三月，他在他原先於一九一九至一九二〇年間畢業的那個大學內當研究生，研究病理學和細菌學。爾後，直到一九二八年四月，他在京都軍醫院當常任醫官，隨後就從那裏被遣派出國考察，一九三〇年返國。

在國外考察時期，他幾乎到過歐洲所有的國家，其中也到過蘇聯，他在蘇聯參觀過莫斯科和列寧格拉諸醫學研究院的工作。

石井返國後，就在東京日軍軍醫學院担任傳染病學講師。

一九三六年，由日本陸相下令把他從那裏調去任第七三一部隊長。當時他的軍銜是軍醫中佐。

石井從國外考察回來後，自一九三一年起，他就在軍醫學院同事，——也有我在內，——以及在日軍參謀本部有威望有信仰的人物和工作人員中間，開始進行鼓動，說日本必須準備作細菌戰…

石井底主張，自一九三三年起就得到日本陸軍省軍務署署長永田少將擁護，而自一九三五年起，又受到日軍參謀本部戰略部第一科科長鈴木大佐支持。

由於這一切情況，加之石井本人又是一個大專門家，所以石井就被任爲第七三一部隊長，他自從担任這一職務時起，就開始研究進行細菌戰的手段。

日本陸軍省幹部署任用科所擬定的關於任命石井爲該部隊長的命令草案，經我審閱過，因爲當時我是陸軍省軍醫署的科長。我同意了這個命令草案，就在草案上簽名了。

不久就由陸相簽署頒發了任命石井爲該部隊長的命令…

梶塚

負責審訊者：

軍事檢察官杜布卓夫中校法官。

內務部駐伯力邊區辦事處工作員巴普科夫中校。

翻譯員：茨菲洛夫。

高橋隆篤受審記錄摘錄

一九四九年十月三十日　　伯力城

…我曾命令並親身監督過第一〇〇部隊內培養鼻疽菌，炭疽熱菌，牛瘟菌和斑駁病菌等等的工作，目的是要用這些細菌去進行反蘇的細菌戰和細菌破壞活動。

問：你是在什麽時候命令以及命令什麽人去生產鼻疽菌，炭疽熱菌，牛瘟菌和斑駁病菌的呢？

答：一九四一年九月，我命令第一〇〇部隊長若松大佐——後來是獸醫少將——開始生產鼻疽菌、炭疽熱菌和銹菌。一九四四年三月，我又命令他開始生產牛瘟菌和斑駁病菌來代替銹菌。

…問：你在一九四一年九月命令第一〇〇部隊長開始生產鼻疽菌，炭疽熱菌和銹菌，究竟由於什麽緣因呢？

答：是由於奉到了帝國大本營參謀本部給關東軍總司令的訓令，說要着手準備進行對蘇的細菌戰。

問：帝國大本營參謀本部關於準備細菌戰的訓令是在什麽時候收到的呢？

答：這個訓令是在一九四一年七月間製定『關特演』計劃時收到的。

問：你是從什麽地方知道這點的呢？

答：這點我是在一九四一年九月一次會議上親自從關東

軍總司令口中聽到的。那次會議是由關東軍總司令召集的，內容是關於準備進行對蘇的細菌戰問題。他向會議全體出席人宣佈過這點…

高橋

負責審訊者：

軍事檢察官安東諾夫中校法官。

內務部駐伯力邊區辦事處工作員

塞洛夫大尉。

翻譯員：普羅塔索夫。

8—1808A

高橋隆篤受審記錄摘錄

一九四九年十一月二十一日　　　　伯力城

問：當平櫻率領的別動班呈報了反蘇的細菌偵察結果之後，關於進行細菌戰的方法和手段採取了一些什麽決定呢？

答：平櫻中尉向我報告時，有若松，穗坂和井田在座。當時在座人中間，我不記得是誰說出需要有多少炭疽熱、鼻疽、牛瘟、羊痘等病症傳播物，去傳染那個由平櫻細菌別動隊偵察過的區域。

按當時所定計劃，當蘇日戰爭發生時，所有這一切細菌都要實行生產。那時還討論過反蘇的細菌武器使用手段和方法。我們所擬定的傳染牲畜的辦法，是要用飛機散播傳染牛類的炭疽熱和牛瘟。同時還預定要傳染屬於當地居民的遊牧場上的牲畜。

對馬匹是預定要用飛機散佈炭疽熱菌的方法去傳染。

因爲用鼻疽傳染獸類的辦法很難實行，所以我們決定對馬匹只用炭疽熱菌去傳染…平櫻別動班所採購的綿羊是預定用注射法傳染羊痘，然後就放散出去，以便進行對蘇的軍事破壞活動。同時又打算把採購的那批牛用注射法染上牛瘟。

凡是受到了傳染的牛羊馬匹都預定要散放出去，好讓牠們落到蘇軍作戰的地區內。關於當時我們所擬定的各種措施中的詳細情節，由於時間過去很久，我已經記不清楚了。

問：你把那時所擬定的各種措施，都向當時的關東軍總司令報告過麽？

答：是的，報告過。例如報告過山田將軍。

問：請你說說，什麼時候你向山田報告過，報告的內容是什麼？

答：一九四四年十一月或十二月間，山田將軍把我召去，要我報告用飛機進行反蘇細菌破壞活動的計劃。我根據平櫻中尉呈報給我的那些細菌偵察情報，曾向山田將軍作過一次報告，說明我所擬定的細菌破壞活動計劃，報告時有笠原和池田兩將軍在座。爾後，一九四五年三月間，又在我辦公室內討論過這個計劃，討論時有平櫻出席。該計劃經總司令山田批准了。

關於這個計劃，我只作過一個大概的報告。至於計劃中的技術方法，我並沒有報告過…

高橋

負責審訊者：

內務部駐伯力邊區辦事處工作員

塞洛夫大尉。　　　　翻譯員：普羅塔索夫。

*8

川島清受審記錄摘錄

一九四九年十月二十一日　　　　伯力城

問：關於第七三一部隊產生的經過你知道一些什麽，這個部隊是由於什麽原因成立的？

答：第七三一部隊是一九三六年遵照日本天皇裕仁祕令成立的。該部隊駐地最初決定設在哈爾濱，並由日本陸相任命軍醫大佐石井四郎爲第七三一部隊長。

當我任第七三一部隊總務部長一職時，我在檔案中親眼見過這道勅令，但現在我不能記起這勅令的外表和詳細內容，因爲時間已經過去很久了。

這部隊在剛一成立後就正式稱爲『關東軍防疫給水部』，它名義上是經管關東軍部隊內水料消毒和供應以及防疫事宜。關東軍內都把它稱爲『滿洲第七三一部隊』。其所以這樣稱呼，是因爲它除了在名義上担負的職務以外，還担負有別的，秘密的任務。

隨着該部隊研究工作的加緊，該部隊作用的增大及其工作重要程度的提高，於是也就必須增加部隊員額，擴大其實驗室和駐地範圍。

由於這個緣故，日本天皇就於一九四〇年頒發了一道新勅令，責成把部隊內主要部份移到哈爾濱城南約三十公里處的平房站地區，部隊內的基本活動，如研究、試驗和生產事宜，都在那裏進行。準備作爲第七三一部隊駐址的平房站地區中的全部建築工程，約於一九三九年開始動工，而到該部隊遷去時均已完全竣工了。

這樣一來，一九四〇年間，留在哈爾濱的祗是專管防疫和醫療事宜的諸部，而其餘一切從事有關準備細菌戰工作的各部則都遷往平房站去了。

此外，一九四〇年天皇勅令上還命令把該部隊人員擴充到三千人，包括依據該勅令在滿洲各個地區從新編制的幾個支隊在內，並把部隊機構分成爲幾部。

上述一切關於第七三一部隊產生經過的情形，我是因爲在一九四一年間看過本部隊總務部內的文件才知道的，並且親自由前任總務部長太田大佐（一九四一年我從他手上接任此職）和第二部部長軍醫中佐村上隆口中聽到過…

一九四一年夏季，當德蘇戰爭開始後，有次我去訪問石井將軍時，本部隊內兩個部長村上中佐和大谷章大佐也在場，石井將軍說到必須加強隊內工作，並對我們宣讀了日本參謀總長的命令，命令上要求我們加緊研究鼠疫細菌，作爲細菌戰武器。

該命令中特別指出，必須大量培養跳蚤作爲散佈鼠疫媒介物。這個命令是用墨筆寫的。究竟這命令是由什麽人簽署的，我此刻却記不得了。

有次，一九四一年夏季，石井將軍在自己辦公室內同本部隊負責工作人談話時，說明過日本軍事當局爲什麽要成立像第七三一部隊這樣一種研究機關的原因。當時他說，日本沒有充分的五金礦藏及他種製造武器所必需的原料，所以日本務必尋求新式武器，而細菌武器便是其中之一種。此外，石井還指出說，所有各個強國都在這方面進行着相當的工作，因而日本在這個問題上也不應當落後。

問：當第七三一部隊尙未建立之前，在滿洲曾有什麽組織執行過與第七三一部隊職能相類似的任務和職能呢？

答：我從與第七三一部隊總務部長太田大佐及其他同事們的談話中，知道石井將軍於一九三二至一九三三年（確定時期我記不得了）在滿洲進行過細菌研究工作。那時，石井活動底中心地點是漢溝（哈爾濱附近），在那裏他的工作人員就組成爲一個部隊，並爲保守祕密而叫作『東鄉』部隊。

這個部隊（人數我不知道）曾進行研究細菌戰武器的科學工作，爲了這一目的，『東鄉』部隊曾裝備有必要的器具。不難明白，那時『東鄉』部隊的工作範圍，是比第七三一部隊的要小一些。後來，石井將軍就以這個部隊爲基礎建立了關東軍第七三一部隊。

本記錄用日語唸給我聽過，我的話都記錄得正確，特簽字爲憑。

川島

負責審訊者：

軍事檢察官柏留加大尉法官。

內務部駐伯力邊區辦事處工作員布拉非上尉。

翻譯員：普拉琴科。

川島清受審記錄摘錄

一九四九年十月二十三日　　　　伯力城

…培養跳蚤這種傳染病媒介物的儀器設備如下：本部隊第二部內有些特別裝備的房間，其中可以存放約四千五百具孵育器。每具孵育器內在一個月過程中輪流放進三四個白老鼠，用一種特別管制器把這些老鼠固定在孵育器內。那裏面放有營養液和幾個跳蚤。孵育期爲三四個月，在這一期間內，每具孵育器約培養出十公分跳蚤。這樣，在每三四個月中，該部隊內總共培養出約四十五公斤能傳染鼠疫的跳蚤。

請註明，這只是跳蚤繁殖的一個大概數目字，因爲我沒有在第二部內工作過。

在計劃部隊工作時，曾預定要一貫提高培養細菌和繁殖跳蚤方面的生產能力。日軍參謀本部對這部隊的工作極爲重視。

我記得，一九四一年六月，當石井將軍從東京轉回來後，他把本部隊各部部長召集到自己辦公室內開會，當時他通知我們說，他向日軍參謀本部報告過，說第七三一部隊已研究好了用染有鼠疫跳蚤作爲細菌武器的方法，說這方面所達到的成績可以大規模地實際用去達到戰爭目的。

石井告訴我們說，參謀本部對本部隊工作成果極爲稱讚，並指示我們要特別注意於改進並繼續研究細菌作戰武器。石井將軍作過這番通知後，就號召我們更緊張地工作，以便提高部隊內繁殖跳蚤的生產率，更加擴大跳蚤產量。同時石井又指出說，本部隊在最順利情況下每三四個月內還只能繁殖六十公斤跳蚤，但現在必須擴大跳蚤產量，以求在同一期間能生產出二百公斤。石井將軍向我們解釋說，上述一切擴大細菌武器生產辦法之所以必須實行，是因爲國際形勢已發生變化，卽德國對蘇戰爭已經開始，以及因爲關東軍中已在實施反蘇軍事措施準備的『關特演』計劃，所以我們軍隊應當充分具備有細菌武器，以便能在必要時用去反對蘇聯。

在那次會議上有第二部部長太田和材料供給部長大谷發言，他們對於擴大細菌戰武器生產以及設法在滿洲找到白鼠代替前此由日本運來的白鼠等問題，提出了具體的建議…

…爲儘量完備研討細菌對人的傳染作用，及儘量迅速研究出製造細菌武器以供戰時使用的方法起見，第七三一部隊內廣泛進行過用活人作對象來檢查一切致命細菌效能的實驗…

每年都有五六百犯人被送到第七三一部隊裏去。我曾親眼看見，這部隊第一部工作人員從憲兵隊方面領到大批大批的犯人。這些犯人都被關在監獄內的兩座房屋裏…

…要是犯人受過致命病菌傳染後又痊癒起來，那他也不免要受接二連三的實驗，直到因傳染病死去時爲止。爲了研究各種治療法對已受傳染的人也曾加以治療，也給他們吃正常的飯食，等到他們身體完全復原之後，就把他們用來作另一種實驗，用另一種細菌傳染他們。無論如何，從來都沒有一個人能活着走出這個殺人工廠的。

死人的屍體經過檢驗後，就被放到該部隊焚屍爐裏去焚化…

…當我在該部隊內供職期間，我多次同石井將軍一起視察過該部隊所屬各種勤務機關，包括監獄在內，所以我知道監獄內處理犯人、管制犯人和禁錮犯人的某些詳細情形。

押送犯人到監獄裏來時，是經過部隊中央大樓正門下的一條祕密地道。部隊內的憲兵隊有幾輛特種汽車，汽車表面塗的是暗黑油漆，沒有窗戶，只有一個通氣孔。這種汽車就是把犯人從討伐機關押送到第七三一部隊監獄裏來的。

監獄管理處給每個送來受實驗的犯人安上一個號碼，一直到他死去時都叫這個號碼…

當本部隊駐紮在平房站附近的五年之內，卽從一九四〇到一九四五年間，通過這個殺人工廠，因染致命細菌而被消滅的，至少有三千人。至於在一九四〇年以前被消滅的人究竟有多少，那我却不知道…

…一九四一年四月，當我剛到該部隊任職的時候，我就視察過這個監獄，看見有一間牢房裏關得有兩個俄國女人，其中一個女人帶有她在該監獄內生下而還不滿一歲的孩子。當我在該部隊內任職期間，這兩個女人還是活着的。以後她們的命運怎樣，我不知道，但無論如何，她們决不會從這監獄裏活着出去，她們也不免是和其餘一切犯人一樣同歸於盡了…

川島

負責審訊者：

軍事檢察官柏留加大尉法官。

內務部駐伯力邊區辦事處工作員布拉菲上尉。

翻譯員：普拉琴科。

川島清受審記錄摘錄

一九四九年十月二十四日　　伯力城

…當然，要在活人身上進行實驗以及爲此目的從憲兵部方面領到犯人，若不經關東軍總司令認准是辦不到的，因爲他同時是日本駐滿洲特任全權大使，卽事實上是滿洲底主人…

…關於必須從憲兵部那裏領到犯人一事，每次都是由石井將軍本人根據那些直接用活人進行實驗者所作的報告來確定的。當部隊長認爲必須補充受實驗犯人數量時，他就吩咐總務部長去同憲兵部接洽，並從那裏領到犯人…

…根據該部隊產生底經過以及它在成立以後全期間內的實際活動，我可以說，第七三一部隊正是設立在滿洲境內的原因有如下述：

第一個原因，就是需要在鄰近蘇聯邊境的地方建立有細菌戰武器根據地，以供將來實行進犯蘇聯之用，因爲蘇聯遠東地區是包括在日本軍閥侵略政策計劃以內的。

此外，在滿洲境內進行檢查細菌武器效能的實驗，便使我們能在近似蘇聯遠東地區的氣候條件下進行此種工作。

第二個原因，就是在滿洲境內有可能獲得大量非日籍的活人來做進行細菌實驗的材料，並且滿洲地域也很遼濶…

川島

負責審訊者：

軍事檢察官柏留加大尉法官。

內務部駐伯力邊區辦事處工作員布拉非上尉。

翻譯員：普拉琴科。

平櫻全作受審記錄摘錄

一九四九年十月二十一日　　　　　　　　　　　　　　　伯力城

問：請你說說，關於關東軍第一〇〇部隊，你知道一些什麼情形呢？

答：第一〇〇部隊是關東軍獸類細菌實驗部隊的祕密番號。該部隊是由關東軍司令部建立的，但什麼時候建立的，我却說不上。第一〇〇部隊的全部工作，都是由關東軍司令部獸醫處長高橋隆篤中將直接領導的。這部隊司令部及其基本人員駐紮在長春城外一個叫作孟家屯的華人村鎮上，它的各個支隊分設在佳木斯，克山和大連城。第一〇〇部隊既是一個細菌實驗部隊，所以它配備有細菌學家，化學家和獸醫等科學工作員，他們專門研究各種細菌和烈性毒藥，探求用此種毒藥來大批毒害人命和牲畜的方法。爲此目的，該部隊人員就在牲畜和活人身上進行實驗。第一〇〇部隊及其各支隊裏所進行的全部工作，都是爲了準備軍事破壞性的細菌戰去反對蘇聯。第一〇〇部隊內共分四部，其中第二部是最主要的一部，它在一九四三年以前又分成五個分部。

一九四三年十二月，由第一〇〇部隊內高級人員和關東軍一位代表舉行了一次聯席會議，參加者有第一〇〇部隊長若松有次郎少將，副部隊長保坂斯道中佐，山口文二少佐，工程師井田清，關東軍司令部獸醫處長高橋隆篤中將（上列諸人現在何處，我不知道），在這次會議上擬定了要在第二部內成立第六分部，卽所謂『細菌分部』的計劃。該分部任務是大量培製細菌並在地下特種倉庫內保藏這種細菌。

眞的，在這次會議舉行後，第一〇〇部隊內就根據已定計劃，開展大規模建築工程，卽建築若干棟下面設有地窖的特種單層房屋。部隊人員也增多了。

爲了就地實現領導和加強監督本計劃執行情形起見，關東軍獸醫處長高橋隆篤中將常常到第一〇〇部隊來視察。

第一〇〇部隊長若松少將在幾個領導幹部中間，在同這些幹部談話時，多次說過：『一旦日本同蘇聯發生戰爭時，第一〇〇部隊應當成爲大量出產各種細菌和烈性毒藥的工廠，以便進行軍事破壞性的細菌戰爭去反對蘇聯』。

第六分部內確實製造出了大量的細菌和化學藥品。我本人幾次因事到過該分部附設的倉庫，那裏把細菌和烈性毒藥保存在特種鉄盒中，走進到這種倉庫裏去的時候必須用浸透特種藥水的布片把口鼻蒙上。只有戴上橡皮手套時才准許用手去挨那些鐵盒子。爲了嚴守秘密起見，這些盒子外面只標有一個用油漆寫的號碼，並沒寫上任何其他的說明。在第一〇〇部隊內還研究過進行軍事破壞活動的形式和方法，例如研究過用飛機來達到此種目的的問題…，

平櫻

負責審訊者：

內務部駐伯力邊區辦事處工作員

拿查洛夫上尉。　　　　翻譯員：格爾茨曼。

證人松村知勝受審記錄

一九四九年十月二十七日　　伯力城

我是蘇聯內務部駐伯力邊區辦事處工作員科爾沙可夫上尉，負責審訊過證人松村知勝，他是日本人，一八九九年生於東京，日本國籍，受過高等教育，一九四五年被俘前担任過關東軍司令部副參謀長職務，前日軍少將，已婚，妻松村秀子，父親係職員。

證人曾被預告，如有僞述之處，卽應按俄羅斯蘇維埃聯邦社會主義共和國刑法第九五條治罪。

松村（簽名）

問：你願意用哪國語言來供述？

答：我願意用日本國語言來供述。

問：審問你的時候由翻譯員巴荷摩夫、米海依爾、雅可夫列維奇翻譯，你不反對麼？

答：我不反對。他說的日本語，我聽得很明白。

翻譯員曾被預告過關於俄羅斯蘇維埃聯邦社會主義共和國刑法第九五條所定的處分。

巴荷摩夫（簽名）

問：請你說明你在日軍裏服務的經過。

答：一九二八年間，我在日本陸軍大學畢業後，就在第三十四步兵聯隊裏當過一年排長。

一九二九年我被派到日軍參謀部去工作，我在那裏担任的工作是：從一九二九年到一九三二年十二月在第一部內軍隊編制科任事，一九三二年到一九三六年奉參謀本部命令出國考察。回國後，一九三六年在陸軍大學担任過戰史講師一年。

一九三七年到一九三九年十月，我又在軍隊編制科任職，爾後，從一九三九年十月到一九四一年十月，在戰史部工作，起初當工作員，以後任該部部長。

一九四一年十月到一九四三年八月，我在日軍參謀本部第二偵探部任第五俄國科科長。一九四三年八月，陸相任命我當關東軍司令部第一作戰部部長，這一職務我一直担任到一九四五年三月止。從一九四五年三月到一九四五年八月日本投降時止，我担任關東軍司令部第二個副參謀長。

問：關於滿洲境內設置有細菌部隊一事，你知道一些什麼情形？

答：我很清楚地知道關東軍建制內有過兩個細菌部隊，第一個叫做第七三一部隊，第二個叫做第一〇〇部隊。

問：石井中將主持的第七三一部隊在何種程度上受關東軍司令部管轄呢？

答：石井中將主持的第七三一部隊是受關東軍總司令

（以前爲梅津，以後是山田）直接管轄的，該部隊內所進行的全部工作都是由關東軍司令部直接領導的。

問：關東軍總司令山田乙三大將和關東軍司令部方面對該部隊活動的領導，究竟表現在什麼地方呢？

答：關東軍總司令經由本司令部醫務處長梶塚中將去實際領導過第七三一部隊底活動，因而關東軍司令部首先要對該部隊底活動負責。

問：第七三一部隊所進行的反蘇細菌戰準備工作表現在什麼地方呢？

答：這一準備細菌戰武器的工作表現在第七三一部隊專門從事研究使用鼠疫，霍亂、傷寒及其他傳染病細菌的方法；爲此目的，該部隊內設置有專門進行實驗和培養細菌的機關。

此外，第七三一部隊在牡丹江，海拉爾，孫吳和東安四處設有支隊，那裏同樣也進行過培養和試驗細菌的工作。

問：你這位前關東軍司令部作戰部部長兼副參謀長同第七三一部隊有過什麼關係呢？

答：我與第七三一部隊的關係，就是我曾負責替那些被准許到該部隊所在地去的人們辦理通行證。若要到第七三一部隊所在地去，必須經總司令山田本人准許。直接發給通行證一事，是由我所主持的作戰部副部長竹田宮，即宮田中佐負責。到過該部隊的人都要把通行證帶回，交還給竹田宮。

問：請你說說，關東軍司令部醫務處長和獸醫處長關於自己工作中最重要的情節，是向什麼人作報告的呢？

答：醫務處長梶塚中將和獸醫處長高橋隆篤中將關於自己工作中最重要的情事，是直接向總司令山田作報告的。

問：關東軍總司令山田常去視察石井部隊麼？

答：我記得很清楚，總司令於一九四四年七月抵滿洲後不久，就到駐哈爾濱的石井部隊去，視察過該部隊的工作，但山田在返長春後，並沒有對任何人敘說過他那次視察的詳細情節，所以我關於這方面的情形絲毫也不知道。

問：關於銷燬第七三一部隊和第一〇〇部隊各實驗室的情形，你知道一些什麼呢？

答：一九四五年八月九日或十日，總司令山田鑑於軍事行動業已開始，便決定把培養細菌的一切實驗室和貴重設備完全消滅，免得這些科學實驗室落到蘇軍手中。 關於消滅上述部隊並將該部隊人員撤往漢城（朝鮮南部）的命令，是由我的部屬草地大佐擬定的。 當天，這命令就由總司令山田簽署而送交第七三一部隊和第一〇〇部隊長官去執行了。

石井中將和若松少將根據總司令命令，才得以由本地工兵隊協助，把這兩個部隊所有一切建築物炸燬和破壞了。

問：這兩個細菌部隊所有實驗室設備品也一同運到朝鮮去了麼？

答：這個問題我却難於回答，因爲在報導上沒有說到這點，加之關東軍司令部並未接到該兩部隊撤退結果的報告。

大概，第七三一部隊和第一〇〇部隊的最貴重細菌儀器是運往朝鮮南部去了。

我的話記錄得正確，記錄用日語唸給我聽過，特此簽字爲憑。

松村

負責審訊者：

內務部駐伯力邊區辦事處工作員

科爾沙可夫上尉。

翻譯員：巴荷摩夫。

證人松村知勝受審記錄

一九四九年十一月十六日　　　伯力城

證人松村曾被預告過，如有僞述之處，卽應按俄羅斯蘇維埃聯邦社會主義共和國刑法第九五條治罪。

松村（簽名）

審訊時由翻譯員普拉琴科翻譯。翻譯員曾被預告過，如有故意誤譯之處，卽應按俄羅斯蘇維埃聯邦社會主義共和國刑法第九五條治罪。

普拉琴科（簽名）

問：第七三一部隊是什麼時候成立的呢？

答：石井將軍所主持的這個部隊，大概是一九三四年成立的，駐紮地點在哈爾濱。

問：爲什麼第七三一部隊正是建立在滿洲境內呢？

答：第七三一部隊是一個研究和製造細菌武器的大聯合製造廠，它其所以建立在滿洲境內，是由於戰略上的打算，因爲當時日本準備對蘇聯進行戰爭，而這部隊的全部活動也就是準備對蘇聯進行細菌戰。第二，凡屬建立該部隊以及該部隊研究細菌武器工作所需要的經費，都是列在關東軍的非常軍事預算內，這筆預算既不必向國會報銷，就能使那些坐在國會內面而不諳軍事問題的人們無從知道該部隊的活動。

9*

問：第七三一部隊在準備反對蘇聯的細菌戰方面，採取過一些什麼組織上的措施呢？

答：對蘇細菌戰準備工作是表現在第七三一部隊曾從事研究鼠疫、炭疽熱、霍亂、傷寒及其他病菌使用法；爲了這個目的，第七三一部隊內設立有一些專門實驗和培養細菌的機構。同時第七三一部隊還組織有自己的支隊，關於這些支隊，我已在一九四九年十月二十七日供述過了。至於第七三一部隊各支隊內進行了什麼工作，我却不知道。

問：究竟是用什麼人去受實驗呢？

答：據田村大佐告訴我說，第七三一部隊內是在原係中國人民革命軍兵士和游擊隊員這些活人身上進行實驗。

問：你從什麼地方知道石井部隊進行過探求和培製細菌的科學研究工作呢？

答：一九四三年八月，關東軍司令部前任作戰部部長田村善友少將向我辦交代手續時，曾告訴我說，石井部隊在進行探求細菌武器及其使用方法的科學研究工作。一九四四年夏季（月份我記不清楚），我從我的屬員宮田中佐口中最終知道了第七三一部隊在進行這種工作，因爲宮田中佐是由我按參謀長笠原行雄中將指示親自派到石井部隊內去檢查過流行病菌特種炸彈底生產情形的。此外，從我經手轉呈關東軍總司令的一些報告中（關於這些報告，我往下再講），我也知道過第七三一部隊內生產細菌武器的情形。

問：按一九四五年生產情形說來，第七三一部隊能否保證關東軍以必需數量的細菌武器呢？

答：據關東軍司令部作戰部收到的材料以及宮田中佐的

報告看來，第七三一部隊，按一九四五年生產情形，已能大批培養出各種流行病病菌，其數量足供使用細菌武器之用。當時已在加緊研究特別炸彈，作爲使用細菌武器方面的一種最有效手段。

問：你在自己的戰略計劃中曾預定要在對蘇戰爭中使用細菌武器麼？

答：在擬製戰略作戰計劃時，並沒有預定要使用細菌武器，但若奉到帝國大本營要在對蘇戰爭中使用細菌武器的命令，那末當時所有的細菌武器一定是會動用的，因爲當時石井部隊對此已有充分準備。

問：當時究竟是預定要怎樣具體使用細菌去進行對蘇戰爭呢？

答：當時預定使用細菌進行反蘇戰爭的辦法，是由飛機投擲細菌彈及直接散播細菌。至於對蘇戰爭中使用細菌武器的其他方法，我不曾知道。

問：關東軍司令部對第七三一部隊活動的領導是表現在什麽地方呢？

答：我在一九四九年十月二十七日受審時已供述過：石井中將所主持的第七三一部隊是受關東軍總司令直接管轄的部隊，該部隊內的全部工作都是在關東軍司令部直接領導下進行的。

關東軍總司令梅津以及後來——從一九四四年七月起——總司令山田乙三對第七三一部隊活動的領導，關於戰略問題是經過我所主管的作戰部實現的，關於科學技術問題則是經過關東軍司令部醫務處長梶塚隆二將軍實現的，凡有關細菌學方面的科學技術研究問題，培養細菌學幹部問題，以及防疫和給水問題，都屬於醫務處長的管轄範圍之內。

問：你所主管的作戰部是在哪種問題上具體領導過該部隊呢？

答：關東軍司令部作戰部是在研究和製造細菌武器問題方面具體領導過第七三一部隊。

問：關於第七三一部隊活動情形，總司令究竟收到了哪些報告，根據這些報告又採取了何種決定呢？

答：據我此刻所記得的，關東軍總司令收到的這種報告有兩個。第一個是該部隊長石井關於從飛機上用特種裝置器散播細菌法的報告，這個報告是一九四三年下半年收到的。

當時的關東軍總司令梅津美次郎大將閱覽了石井將軍在報告中所提出的方法後，就認爲這種方法的效能很少，同時他指出說，要是用這種方法使用細菌武器，那我們便不免要在人員和技術方面受到很大的損失，因爲我們不能保證自己的軍隊不會受到傳染。總司令梅津當卽經過參謀長笠原飭令該部隊長石井，要他另外擬製一種更有效的細菌武器使用法。

大約經過一年之後，總司令收到了關於細菌武器新使用法的報告。　在這個報告中，石井中將說他已製定了使用細菌武器的新方法，卽從空中投擲裝有傳染病病菌的特種瓷器炸彈。總司令梅津對於這個報告沒有作出任何指正，他把這個文件一直保存到一九四四年七月他離去總司令一職時爲止。我從工作實踐中知道，如果總司令對呈給他的某一報告不加任何指示，那就是說他同意該報告中所提出的辦法。

這次也是如此。梅津認爲在對蘇戰爭中這樣使用細菌武器的方法是最適當的。

一九四四年七月山田乙三大將接任關東軍總司令一職時，他的前任人梅津將這一文件給他看過，並把石井部隊的活動情形告訴了他，當這文件交給我保存的時候，山田乙三也沒有給予任何指示，這就是說，該報告中所提出的辦法，卽由飛機投擲裝有細菌的特種瓷質炸彈這樣使用細菌武器的辦法，山田乙三也是表示贊同的。

旣然當時第七三一部隊尚不能保證關東軍有足夠的細菌武器，所以自從山田就任總司令一職時起，石井部隊就遵照陸軍省說要增大細菌武器出產的訓令而大加擴充，當時它領到了新的實驗設備，於是細菌武器的生產就增加了。山田到達滿洲後不久，就於一九四四年八月去巡視第七三一部隊，並直接檢查了該部隊的工作，這决不是偶然的。

問：究竟是什麼時候收到陸軍省關於增大細菌武器生產訓令的呢？

答：陸軍省關於增大細菌武器出產的訓令是一九四四年五月，卽在山田就任以前到達關東軍司令部的，並且我覺得——雖然我不能斷定說——陸軍省的訓令不僅是說，要保證關東軍有充分細菌武器，而且要保證太平洋上作戰的日軍有充分細菌武器。

問：關東軍司令部領導人員中有誰視察過第七三一部隊，視察的目的何在？

答：關東軍總司令山田和司令部軍官宮田中佐視察過第七三一部隊，視察目的已由我在前面供述過了…

問：一九四五年八月九日或十日總司令頒發的命令中，祗是說到要消滅第七三一部隊，抑或是還包括到有關該部隊的其他問題呢？

答：一九四五年八月九日或十日總司令頒發的命令中，除了說要炸燬第七三一部隊和第一〇〇部隊外，還說到要把這兩個部隊的人員和貴重設備撤退到朝鮮南部去。根據這道命令，關東軍中的測圖部隊也撤到深後方去了。

問：爲什麼第七三一部隊和第一〇〇部隊內的貴重設備正是遷運到朝鮮去了呢？

答：當時朝鮮南部是最安全的地方，况且駐朝鮮的部隊是聽關東軍總司令指揮的，我們並未預料到朝鮮會被敵軍佔領。

問：究竟是責成關東軍中哪些部隊去消滅第七三一部隊的呢？

答：當下令消滅第七三一部隊時，駐在哈爾濱地區的是宇部少將指揮的混成旅，所以實行炸燬該部隊的想必就是該混成旅的工兵隊，但我不能斷定這點，因爲命令上沒有明文規定要由哪個部隊去負責消滅第七三一部隊。

我的供詞都記錄得正確，記錄用日語唸給我聽過，我證實這記錄正確。

松村

負責審訊者：

內務部駐伯力邊區辦事處工作員

科留沙可夫上尉。　　翻譯員：普拉琴科。

證人松村知勝受審記錄

一九四九年十二月七日　　　　伯力城

證人松村知勝曾被預告過，如有僞述之處，即應按俄羅斯蘇維埃聯邦社會主義共和國刑法第九五條治罪。

松村（簽名）

審訊時經翻譯員茨菲洛夫翻譯。翻譯員曾被預告過，如有故意誤譯之處，即應按俄羅斯蘇維埃聯邦社會主義共和國刑法第九五條治罪。

茨菲洛夫（簽名）

問：請你確切說明一下，第七三一部隊是在什麽時候成立的。

答：第七三一部隊成立的時間，我記不清楚。我只記得，第七三一部隊是在一九三四至一九三六年間遵照日本天皇勅令成立的。

問：你從什麽時候開始担任關東軍司令部第一作戰部部長呢？

答：我担任關東軍司令部作戰部部長是從一九四三年八月起。

問：你曾因職務關係參預過第七三一部隊和第一〇〇部隊中生產細菌武器的工作麽？

答：我担任作戰部部長職務時，曾與關東軍第七三一和第一〇〇細菌部隊的工作有過聯系。這種聯系具體是表現在凡第七三一部隊長和第一〇〇部隊長所呈關於研究和製造細菌武器各種問題的報告，都由我以作戰部部長資格收受。這些報告照例是呈給關東軍總司令的，但因此種報告係與這部或那部工作有關，所以副官處（秘書處）收到這些報告後，就分發到相當的部裏去。

凡與作戰部有關，卽與實際運用細菌武器有關的報告，都送交給我。凡與使用細菌武器去作軍事破壞活動有關的報告，都送交給偵探部部長。

我收到這種報告後，就視其重要程度如何來分別處置，或是由我自己負責解決，或是報告關東軍參謀長或報告總司令（先前是梅津，爾後從一九四四年七月起則是山田）。

問：你在一九四九年十一月十六日的供詞中，說關東軍司令部收到過陸軍省關於必須增加第七三一部隊和第一〇〇部隊內細菌武器生產的訓令。請確切說明一下，究竟這訓令是什麽時候收到的。

答：此刻我記不淸關東軍司令部收到這一訓令的確切日期。我只記得是在春季或夏季收到的，但我記不淸楚究竟是在一九四四年，還是在一九四五年收到的。我記得，在接到這一訓示後，好像是由梅津，又好像是由山田給第七三一部隊下了一道命令，說要增加設備和擴大生產作爲細菌武器使用的各種傳染病病菌。至於究竟要把細菌生產量增大多少，我可不記得，但無論如何總是要大大增加。

問：關東軍司令部作戰部接到陸軍省說要增加細菌武器生產的訓令後，究竟採取了一些什麽具體的措施呢？

答：此刻我記起，上面我所說的陸軍省訓令是在山田任總司令一職期間收到的。我記得，總司令山田接到陸軍省訓令後，就吩咐作戰部去遵照執行。

於是我就代表山田下了一個命令給第七三一部隊長，要他大大增加致命細菌的生產，同時我又代表參謀長告知關東軍司令部第四部，要它保證第七三一部隊以設備方面的必要材料。

問：爲什麽必須依照你所指的那個訓令增加細菌武器呢？

答：陸軍省訓令上沒有指明必須增加細菌武器生產的實在原因。當時在身任作戰部部長的我個人看來，增加細菌生產是由於兩個原因：

第一是由於太平洋區域戰局惡化，遂使人推想到要動用細菌武器來反對美國，英國和其他國家。在此場合就得利用滿洲細菌部隊所生產出的細菌武器。

另一方面，是由於已經有了相當的準備，要在戰爭發生時使用細菌武器去反對蘇聯。

問：請你說說，當時關東軍打算怎樣使用細菌武器來反對蘇聯呢？

答：使用細菌武器反對蘇聯一舉，是應遵照參謀本部命令實行的。在作戰計劃中，並沒有包括對蘇聯使用細菌武器一項，因爲致命細菌不過是要在實施已定作戰計劃時去使用的一種武器。但這些問題曾在司令部中有關係的各部內討論過。例如，我個人在相當研究了這一問題後，就按作戰部路綫向司令部參謀長笠原行雄呈述過我關於對蘇使用細菌武器的意見。 我向他報告說，一旦與蘇聯發生軍事行動時，就要藉空軍幫助使用細菌武器。

同時我還報告笠原說，在與蘇聯發生戰爭時，細菌武器就應當在沃羅希洛夫，伯力，海蘭泡和赤塔一帶，即在蘇聯後方地區使用。

傳染各該地區一舉應該是用飛機投擲細菌彈及散播細菌的方法去實現。爲此目的，就應當動用關東軍各空軍聯隊的飛機。

問：但爲要達到這一目的，豈不是要備置有特種飛機麼？

答：不，普通飛機也可用來達到這個目的。拋擲細菌炸彈時可以用通常的轟炸機，散播細菌時可以用任何一種飛機，因爲供散播細菌用的裝置並不複雜，可以裝設在任何飛機上面。

我已經說過，我曾把自己的這種想法告訴過參謀長笠原，他在大體上贊同了我的意見。所有這些措施都未曾在作戰計劃上載明，但我在研究這些問題時是根據戰略計劃上所擬定的一般作戰情勢出發的。

我向笠原作這個報告，是在已經接到陸軍省關於增加細菌武器生產的訓令之後。原來，在接到說要增加細菌武器生產的訓令後，笠原曾委托我來研究在有必要時使用這種武器反對蘇聯的可能性問題。於是我就研究了這個問題，並向笠原作了一個相當的報告，而他——這點我已經說過了——也就贊同了我的意見。

問：究竟有哪些主要細菌武器曾被採納作爲關東軍的武裝呢？

答：到一九四五年時，被批准作爲基本種類細菌武器的有細菌炸彈，用飛機散播細菌以及在地面上進行細菌破壞的方法。 我想，這幾種基本方法都是經日本參謀本部批准了的。

問：究竟有哪幾種細菌武器是由總司令山田審核和批准過的呢？

答：山田在任總司令期間曾審核過，爾後又批准過在當時可算是盡善盡美的兩種方式。 我所指的就是投擲『石井式』細菌彈和從飛機上散播染有鼠疫的跳蚤。

問：究竟當時預定要怎樣實際使用細菌武器呢？

答：據當時我這關東軍司令部作戰部部長所知道的消息，實際使用細菌武器一舉，是要靠各該部隊及其支隊內那些專門幹部去實現。換句話說，在有必要時，上述部隊及其各個支隊就應該抽調出相當數量的專門家，並將一些還在平時就已受過專門訓練的兵士交給他們去指揮。這些兵士在平時已從日軍各部隊那裏，徵調到第七三一部隊和第一〇〇部隊附設的訓練班裏來，他們在那裏除了受醫務訓練外，還受過一種專門訓練，獲得了細菌學方面必要的經驗。被挑去住這種訓練班的都是極忠實的兵士，不過我不知道挑選手續究竟怎樣。他們在訓練班畢業後，若是和平時期，就被派到細菌部隊各支隊中去工作，或是被派往當時日軍部隊和兵團中都設立有的防疫給水部隊內去工作。若在作戰時期，他們就應被利用去使用細菌武器。

至於第七三一部隊和第一〇〇部隊所培養出的這種幹部究竟有多少，我却不知道。

問：在使用細菌武器方面有過什麽樣的規章和條例呢？

答：當時並沒規定這種供廣泛採用的條例。我想，只有過一些暫行的條例和規章，這是第七三一部隊和第一〇〇部隊內所編定，而在訓練幹部時採用的。至於此種規章究竟是由誰批准，我却不知道。因爲此種事宜不是歸我經管的。

問：一九四四至一九四五年間到北興安省毗鄰蘇聯地區去進行細菌偵察的那個第一〇〇部隊別動班，是誰派遣的呢？

答：在一九四四年或一九四五年間，獸醫處長高橋好像是向關東軍總司令山田，又好像是向參謀長笠原行雄報告過第一〇〇部隊別動班在北興安省一帶進行工作的情形，當他做這報告時有我在座。高橋報告說，第一〇〇部隊人員正在偵察北興安省某些地區，目的是要查明在各該地區內使用細菌武器去傳染牲畜、牧場和蓄水池的可能性。我還記得，高橋在報告中提出了他關於實際使用細菌的意見。我記得，他曾表示主張在必要時應該傳染海拉爾地區和呼倫池東南一帶的牧場和蓄水池。

關東軍司令部對第一〇〇部隊所作軍事破壞活動的領導，是由關東軍司令部偵探部來實現的。

問：你曾作過關於使用『石井式』細菌彈問題的報告麽？

答：作過，一九四四年秋季，大約是在十一月間，我奉參謀長命令作過關於『石井式』細菌彈效能的報告。

石井關於這個問題的書面報告是在山田尚未任總司令以

前交到司令部來的。所以，當山田就職時，笠原就委托我作了一個口頭報告。這個報告是在司令部內作的。報告時有山田，笠原，副參謀長池田以及宮田在座。山田根據我的報告，便把這種方式作爲極有效的方式批准了。

問：請你說說北野關於使用鼠疫跳蚤問題在關東軍司令部內所作的那個報告底內容。

答：我記不淸這個報告究竟是在什麽時候作的，或者是在一九四四年末，或者是在一九四五年初。當時北野向山田報告了在研究鼠疫跳蚤這種戰鬥武器底使用法方面所達到的最新成就。 我不記得這報告的詳細內容。報告時在座者有山田，笠原，醫務處長梶塚，我，宮田，池田以及報告人北野。

北野報告完畢後，放映了表明用鼠疫跳蚤傳染鼠疫的實驗情形特製影片。但這影片我沒有看，因爲我因事被召到作戰部去了。

問：司令部參謀官宮田中佐（竹田宮）與第七三一部隊的工作有過什麽關係呢？

答：宮田是作戰部專門派去代表本部與第七三一部隊發生聯絡的。此外，司令部有時還派遣過其他軍官到第七三一部隊和第一〇〇部隊裏去，目的是要熟悉這兩個部隊中的工作情形，並與它們維持聯絡。照例是經過這些人傳達各種日常指示，並監督這些指示的執行情形。

問：你在一九四九年十一月十六日的供詞中，說是你從田村將軍口裏聽到第七三一部隊內有個囚禁犯人的監獄。請你確切說明一下，究竟你所說的這個田村曾在什麽地方工作。

答：關於第七三一部隊的監獄以及對這監獄內犯人進行實驗等情，就是我的前任人，卽前任作戰部部長——他原先是大佐，以後陞爲將軍——田村善友告訴我的。至於究竟是誰批准對活人來進行實驗，那我不確切知道，不過我想，最先允准作這一實驗的是總司令植田，或他的繼任人梅津。在山田任總司令期間，這種實驗也進行過，山田並沒有取消先前允准進行此種實驗的命令。

問：請你說說，關於捕獲鼠類送往第七三一部隊中去的命令是誰批准的呢？

答：一九四五年時，差不多所有關東軍各個部隊都幹過捕獲鼠類送往第七三一部隊去的事情。顯然，這件事情是經總司令山田批准了的，因爲若不經他允准，各部隊是不能去作這件事情的。

參謀長可以代表總司令下命令給各部隊，但必須先經總司令允准。至於這次允准令究竟是怎樣確定的，那我却記不得了。

第七三一部隊確實需要領到老鼠來繁殖散佈鼠疫菌的跳蚤。至於當時究竟捕獲過多少鼠類送往第七三一部隊裏去，那我却不知道。

問：請你說說，爲什麽在一九四五年間又要再度任命石井爲第七三一部隊長呢？

答：這點我記不清楚。 據我推測，石井復任爲該部隊長，是由於當時接到了陸軍省說要增大細菌生產和加緊準備細菌戰的訓令。所以，石井這個富有經驗的工作者也就重新被任爲第七三一部隊長了。

問：究竟梶塚與第七三一部隊內研究和生產細菌武器的工作有過什麼關係呢？

答：據我所知道的，在準備細菌武器方面，梶塚對於探求細菌戰鬥武器最有效使用法的科學研究工作，實現過一般的領導。

我已經說過，梶塚曾參加過那些討論實際使用細菌武器問題的會議，所以他無條件地是很熟悉這一切工作情形的。凡是梶塚想要知道屬於他的管轄範圍，卽與各種科學問題有關的消息，他都可能從作戰部那裏取得，但當時實際上却用不着這樣做，因爲此種問題通常是在有我參加的專門會議上解決的，梶塚也就根本不必親自到作戰部來探問此種消息。例如，當北野作關於使用鼠疫跳蚤的報告時，情形便是如此。

問：爲什麼必須銷燬掉第七三一部隊和第一〇〇部隊呢？

答：關於銷燬第七三一部隊和第一〇〇部隊的命令，是由山田總司令頒發的。我想，銷燬這兩個部隊一舉是由以下兩個原因引起的：第一，這兩個部隊所有的設備都是秘密的，所以決不能讓這些設備落在敵軍手中。此外，該兩部隊內所進行的工作也是秘密的，所以當時必須極力設法隱蔽進行過此種工作的事實，換句話說，就是要消滅掉該兩部隊內爲準備細菌戰所進行的那種工作底痕跡，以及在活人身上進行過的實驗底痕跡。

最後一個原因，就是由於蘇軍部隊急速進攻，使得日軍無法把這兩個部隊完全撤退到滿洲腹地或其他什麼地點去。

問：關東軍未曾使用細菌武器來反對蘇聯的原因何在呢？

答：在我看來，在軍事行動開始時未曾使用細菌武器來反對蘇聯的基本原因，是由於受到蘇軍方面急速的進攻。所以，雖然當時關東軍爲準備使用細菌武器所進行的工作業已加緊，雖然關東軍本來能夠實際使用細菌武器，可是這種武器終究沒曾使用過。

問：你所列舉的所有那些在一九四五年間採取的加緊準備細菌戰辦法，目的到底是要反對誰呢？

答：我已經說過，細菌武器主要是爲了反對蘇聯。證實此點的有關東軍司令部所施行的種種具體措施，例如關東軍參謀長認准我關於實際動用細菌武器反對蘇聯的意見（這點我在上面已經說過），在毗隣蘇聯邊境的北興安省進行細菌偵察，高橋將軍作過關於準備在發生軍事行動時對蘇聯進行軍事破壞活動的方法報告等。

凡此一切事實都證明出，這種準備工作的目的是要在戰爭發生時對付蘇聯。

關於本案實情我再沒有什麽話可以供述了。

我的話都記錄得正確，記錄用日語唸給我聽過。

松村

負責審訊者：

軍事檢察官巴真科近衛軍中校法官。

內務部駐伯力邊區辦事處工作員科爾沙可夫上尉。

翻譯員：茨菲洛夫。

證人松村在與被告梶塚對質時的供詞摘錄

一九四九年十二月八日　　　　伯力城

問:証人松村,請你說說關於第七三一部隊長在有梶塚出席時向關東軍總司令所作的那些報告,你知道一些什麽情形。

答：一九四四年末，第七三一部隊長北野在關東軍總司令辦公室內作過一次報告。北野在報告中說明了把染有鼠疫的跳蚤作爲細菌武器使用的方法。在這次報告時出席的有關東軍總司令山田，參謀長笠原行雄，副參謀長池田，醫務處長梶塚，我，司令部參謀官宮田中佐（竹田宮），報告人北野和他的一個隨從軍官，這人的姓名我不知道。

這是一次秘密會議。我記得，北野所作報告的書面文稿，在上述會議舉行之後，就交給作戰部去保存了。山田認准了北野所提出的把染有鼠疫的跳蚤當作細菌武器使用的方法。

…聽過北野報告之後，全體出席人都去看北野帶來的電影片。影片上放映的是使用細菌武器的情形。我沒有看過這張影片，因爲我剛一走到預備放映電影片的那個大廳門口時，就被召到作戰部去了…

松村

負責審訊者：

軍事檢察官卡昌中校法官。

內務部駐伯力邊區辦事處工作員
巴普科夫中校。

翻譯員： 布爾霍非金諾夫。

10*

證人飯島良雄受審記錄

一九四九年十月二十日　　　　伯力城

我是蘇聯內務部駐伯力邊區辦事處工作員倬沙勒夫大尉，負責審訊過證人戰俘前日軍少佐飯島良雄，他是日本人，一九一七年生於日本羣馬郡，勢多縣，荒砥村，農家出身，受過中等教育。

證人受過預告，如有僞述之處，卽應按俄羅斯蘇維埃聯邦社會主義共和國刑法第九五條治罪。

飯島（簽名）

問：你願意用哪國語言來供述呢？

答：我懂俄文，能唸俄文，但我想用日本本國語來供述。

問：審訊時由翻譯員聶哥洛新科、安那托里、尼古拉維奇負責翻譯，你不反對麼？

答：我不反對。

翻譯員聶哥洛新科、安、尼曾被預告過，如有故意誤譯之處，卽應按俄羅斯蘇維埃聯邦社會主義共和國刑法第九五條治罪。

聶哥洛新科（簽名）

問：請你簡略說說你在軍隊中服務的經過。

答：我於一九三八年四月二十日被召入伍當普通兵士，以前是務農。一九三八年九月到一九三九年三月住過仙台市後備軍官學校，隨後就在高崎城第十五步兵團担任見習軍官。一九三九年十二月，我獲得了少尉銜，同第一批軍官被派到東京住『中野』學校。

『中野』學校是給日本軍事團培養諜報工作領導幹部的。『中野』學校內分三部：中文部，英文部和俄文部。我被編入俄文部，初次在那裡開始學俄文，學得還不壞。除俄文外，我還學得了關於蘇聯地理，經濟和政治情形的知識。這三部內有一門基本科目，就是關於外國偵探機關，主要是關於蘇美英中四國偵探機關工作方法的專門功課。

學校講師向我們學員舉出一些例子來解釋，究竟可以而且應當把什麼人徵募到反偵探機關中來進行間諜、軍事破壞和宣傳的工作，怎樣結識那些已經擬定要徵募進來的白衛份子和中國人。所以，『中野』學校所造就的都是些理論上有修養的間諜工作領導人。

一九四〇年十一月初，我在『中野』學校畢業後，就被派到哈爾濱日本軍事團團長柳田少將那裡去供職。　我在哈爾濱日本軍事團服務了三個月，然後，就被任爲駐奈姑穆圖村的三河區日本軍事團副團長，一直當到一九四五年一月末爲止，一九四五年二月，我被調到叫作『保護院』的集中營去担任主任。

我在『保護院』（意卽『救濟院』）這集中營裡，工作過約七個月，直到被蘇軍俘獲時，卽直到一九四五年八月十五日爲止。

『保護院』集中營又叫做『科學研究部』係由哈爾濱軍事團管轄，當時該團團長是由秋草少將担任。『保護院』集中營裏可以容納一百五十人，那裡囚禁有由於各種原因落到滿洲境內而被日本邊防軍和警察隊拘留的蘇聯公民，『保護院』內所拘禁的盡是男子，他們在集中營副屬農場上幹過各種農務工作。營內規則極嚴，稍一犯規就要受到處罰，尤其是那些想要從營內脫逃的人。我得到哈爾濱日本軍事團允許，經常把這種人發送到關東軍第七三一部隊裡去。

問：請你說說，關東軍第七三一部隊究竟是個什麼部隊？

答：我在工作初期看見各種訓令時，原以爲這第七三一部隊是關東軍的一個懲戒營，後來我才知道第七三一部隊是個實驗所，那裡對蘇聯人進行實驗，藉以檢查各種細菌的效能。

問：你究竟是在什麼時候，從什麼人那裡以及在什麼情況下知道這點的呢？

答：大約在一九四五年四月中旬，當我在哈爾濱日本軍事團內向副團長淺田大佐報告集中營內規則執行情形時，大佐要我遵行哈爾濱日本軍事團和關東軍司令部底指令，那指令上說，凡屬違反營規的人，特別是那蓄意逃脫的人，都應該發送到駐紮在哈爾濱城外距『保護院』集中營十五到二十公里的平房驛的第七三一部隊裡去。我還記得很清楚，在那次談話中，淺田大佐大致講過，說這個部隊內是在研究細菌效能，並提到該部隊長一職是由石井中將担任，但我同這個人從來也沒有見過面。

我同淺田大佐談話後再經過了一個月的時候，又在哈爾濱日本軍事團裡聽到醫務科科長軍醫少尉前川說，第七三一部隊在活人身上進行實驗，其中有些活人就是我從『保護院』集中營送到第七三一部隊裡去的那些人。我從『保護院』集中營內幾次總共送了約近四十個蘇聯公民去遭死，他們受過實驗之後都死掉了。

問：這種詳細情形是什麼人告訴你的呢？

答：我一次也沒到過第七三一部隊那裏，同該部隊任何工作人員也沒有接觸過，甚至不知道他們的姓名。我同哈爾濱日本軍事團人員也沒有談過這個問題，但我終究認定那些從『保護院』集中營送去的蘇聯公民都因受實驗死掉了，因爲我們送去的那些人一個也沒有轉囘到『保護院』來，其次，因爲派往第七三一部隊去的那些人中沒有一個人與集中營管理處或與同營犯人通過信，而從別的地方，例如從礦區地方，却常常有先前本營犯人因各種問題寫信給我，例如請求把錢匯給他，或請求把他留在營內的東西寄給他。

問：把蘇聯公民從『保護院』集中營發送到第七三一部隊去的手續怎樣呢？

答：在『保護院』集中營內設有一個情報調查科，科長一職就是由我的幫辦山岸研二担任的。該科對於每個破壞營規的人都寫出相當的報告，隨卽由我盖上一個私章。然後我就親自到哈爾濱日本軍事團去把材料報告給團長秋草，只有經過日本軍事團批准後，我的幫辦山岸才親自組織把犯營規的人發送到第七三一部隊中去。

當發送蘇聯公民到第七三一部隊去時，我一次也不在場。據山岸告訴我說，第七三一部隊的工作人員乘該部隊汽車到我處來領取犯規者，這些工作人員的姓名我全不知道，並且我也沒有查問過，究竟第七三一部隊裡是些什麼人到『保護院』來領取過犯人…

問：你還想用什麼話來補充你的供詞麼？

答：我再沒有什麼話可以補充我的供詞了。供詞記錄得正確，記錄用俄語和日語唸給我聽過，特簽字爲憑。

飯島

負責審訊者：

內務部駐伯力邊區辦事處工作員

俾沙勒夫大尉。　　　　翻譯員：聶哥洛新科。

證人山岸研二受審記錄

一九四九年十月二十一日　　　　　　　　伯力城

我是蘇聯內務部駐伯力邊區辦事處工作員俾沙勒夫大尉，負責審訊過證人戰俘前日軍中尉山岸研二，他是日本人，日本國籍，一九一六年生於新潟郡，善根村，東京外國語專校畢業，受過高等教育。

證人曾被預告，如有僞述之處，卽應按俄羅斯蘇維埃聯邦社會主義共和國刑法第九五條治罪。

山岸（簽名）

問：你願意用哪國語言來供述呢？

答：我懂俄文，能讀俄文書報，能用俄文寫東西，但在我受審時請讓繙譯官列席，因爲有些俄國字我記不得，所以我難於說明我的意思。

問：審訊時由繙譯員聶哥洛新科、安那托里、尼古拉維奇担任繙譯，你不反對麽？

答：我不反對。

翻譯員聶哥洛新科、安、尼曾被預告過，如有故意誤譯之處，卽應按俄羅斯蘇維埃聯邦社會主義共和國刑法第九五條治罪。

聶哥洛新科（簽名）

問：請簡略說說你的勞作生活經過。

答：我的社會出身是農民；進東京專校之前，在家裡幫助父母種地，同時又在中學唸書。一九三五至一九三八年間，我在東京住外國語專校，畢過業。一九三八年，我被徵入日軍，並被派到滿洲穆稜站第三十步兵聯隊去當兵，一直當到一九四一年。一九四二年九月初，我被調到哈爾濱日本軍事團工作，在特別研究部裏担任俄語繙譯官。所謂特別研究部就是由日本軍事團管轄的集中營『保護院』（意卽『救濟院』）。『保護院』集中營裏禁錮有蘇聯人，大多數都是由於各種原因落到滿洲境內了的蘇聯軍人。

一九四四年初，我被任爲『保院護』集中營副主任，同時主持情報調查科工作。情報調查科所負任務是收集關於蘇聯經濟、政治和軍事情形的情報，並檢舉那些蓄意逃走，破壞營規以及在犯人中間進行反日宣傳的人。凡是懷有仇日情緒以及不願服從營規的份子，都由我徵得營主任飯島同意後發遣到第七三一部隊去，在一九四五年以內分批發遣到那裏去的總共約有四十名蘇聯公民。

說到這裡，我想指出，從『保護院』集中營內把犯人發送到第七三一部隊去，是於一九四二年初開始實行的，那時我還不是該營領導人之一。

我所提到的第七三一部隊是駐在哈爾濱城郊離『保護院』十五到二十公里遠的平房驛。

我從來也沒到過第七三一部隊場所那裏，只是一九四四年秋季，我坐車從該部隊場所旁邊經過了一次，但我什麼也沒有見到，因爲該場所四面都搭有很高的圍牆。離該隊場所進口約二百公尺處，懸有一個告示牌子，告示字句我記不清楚，但意思是說非經關東軍總司令特別允許不得入內。

我早在一九四二年間就聽到哈爾濱日本軍事團第二科內幾個工作人（究竟是誰，我記不得了）說過，第七三一部隊或所謂『石井部隊』進行着培養致命細菌的工作，並用對活人進行實驗的方法檢查細菌效能，任何一個人的身體也經受不住這種實驗，所以受過實驗的人歸根到底是要死去的。

過了些時，大概是一九四四年末，或一九四五年初，我在哈爾濱日本軍事團聽到負責人員（究竟是誰，此刻我記不得了）說，關東軍司令部所屬第七三一部隊在生產致命細菌和製造毒氣，以便毒害敵人軍隊。而當時日本的敵人，便是蘇聯。

問：當時送蘇聯公民到七三一部隊去的手續怎樣呢？

答：依照哈爾濱日本軍事團團長秋草少將署名的書面指示，情報調查科工作員經我同意後，就根據手邊傷害人格的材料編出相當的名單，再由集中營主任飯島少佐蓋上私章表示批准。然後飯島就拿着這個名單去呈報軍事團團長秋草，團長總是對我們的意見表示同意，所以他總是認准把我們所擬定的蘇聯公民發送到第三七一部隊去消滅。

我記不得所有被發送到第七三一部隊去消滅的那些人底姓名。不過我至今還記得有一個蘇軍兵士德姆琴科，他根本拒絕供出關於蘇聯的任何消息。經我允許對他採用了肉刑，審訊人拷打過他，把他脚手捆住，吊在屋樑上。但德姆琴科終於沒有招供。那時我便决定將他消滅，所以就把他發送到第七三一部隊裡去了…

發遣蘇聯公民到第七三一部隊去遭死的事情，是由憲兵鹽田直接經管的，他預先用電話同第七三一部隊憲兵商定運送時間。第七三一部隊總是派自己的轎式汽車來運載犯人，轎車裡不帶行李時可容下二十個人。我遵照哈爾濱日本軍事團指示，總是吩咐憲兵鹽田留下犯人的東西，把他們發送到第七三一部隊裡去。至於留下的東西，則送往哈爾濱日本軍事團第四科，第四科就把這些東西——特別是軍服——留下來供軍事團使用。

日本偵探穿着這種衣服潛入蘇聯境內。這點是由第四科工作人員告訴我的。但此刻我記不得究竟是誰告訴我的。凡是由我們發送到第七三一部隊中去的犯人，都列成相當的名單，每張名單謄成兩份，一份由第七三一部隊工作員帶走，另一份保存在『保護院』集中營內。

我沒有向第七三一部隊工作員索取過接收犯人的收據。當我在『保護院』集中營工作期間，從來就沒有一個被派去了的犯人回到本營裡來過。

這種情形更加使我確信我所聽到的那種消息，即蘇聯公民在第七三一部隊內受到致命細菌和毒氣作用實驗後都是死掉了的。

問：你還想用什麽話來補充你的供詞麽？

答：我再沒有什麽話可以補充了。

我的供詞記錄得正確，用俄語和日語唸給我聽過，特簽字爲憑。

山岸

負責審訊者：

內務部駐伯力邊區辦事處工作員

俾沙勒夫大尉。　　　　翻譯員：聶哥洛新科。

證人田村正受審記錄摘錄

一九四九年十月三十一日　　　　　　　　　　　　　伯力城

田村正，日本人，一九〇五年生於日本高知郡，高岡縣，小川村，受過高等教育，前日軍大佐，被俘前曾任關東軍司令部幹部部長。

…該部隊的正式名稱雖是『防疫給水部』，但這個名稱祇是一種掩飾，其實這部隊按基本職能來說，是一個準備細菌戰和大量生產細菌攻防武器的特種部隊，關於這點，我視察第七三一部隊時就已親身認識到了。

問：請你詳細說說這次視察的經過。

答：在沒有講到我視察第七三一部隊的經過之前，我要補充供述說，當我於一九四四年十二月間或——確切些說——一九四五年一月初頭就任關東軍司令部幹部部長一職的時候，我已初次明白確切聽說過這個部隊所負的任務。

…當時的關東軍參謀長笠原中將曾對我說，我應當特別關照第七三一部隊，因爲這個部隊——他公開地對我說——是在從事準備供攻防用的細菌武器，卽準備進行細菌戰。

固然，笠原將軍當時並沒有向我說明該部隊準備細菌戰是要反對蘇聯，但在我看來，這點原是不言而喻的，因爲我分明知道整個關東軍所負的任務是要準備進犯蘇聯。

我到任後不久，就同司令部第一部部長松村少將作過一次私人談話，談話時松村將軍向我解釋說，第七三一部隊及其研究細菌武器戰鬥使用法的試驗工作。是由他所主持的第一部指導的。

一九四五年五月末，石井四郎中將寫來一封信給關東軍總司令，請他趕快派遣必需數量的軍官到第七三一部隊去。

這封信件底文句，此刻我不記得了，但信上的基本意思是說，石井將軍還需要補充一批軍官，以便加速細菌戰武器的生產。

因此，關東軍總司令山田將軍就於一九四五年六月初的時候吩咐我到第七三一部隊去一趟，考察考察那裏的幹部以及整個部隊的實際情形。

這是山田將軍在哈爾濱飛機場上給我的委託，那時我原是同他一塊飛到那裏去參加混合士官教導隊學生畢業典禮的。

當時石井將軍也趕到這飛機場上來迎接我們。山田將軍同他談話時，就吩咐我到第七三一部隊去一趟，我立刻就遵命偕同石井將軍一起乘坐石井將軍本人的汽車到部隊裏去了。

到達該部隊之後，我詳細考察了部隊內所有幹部的情形，視察了各個實驗室及生產場所，於是我就親身明白認識到，第七三一部隊乃是一個準備和大量製造細菌戰武器的大規模生產基地。

石井將軍在同我談話時公開向我聲明，說本部隊是在準備對蘇的細菌戰，說現有的成績可以令人認定準備細菌武器這一任務已經完成，又說那裏的生產能力已能用來大批生產細菌攻擊武器。

石井將軍對我說，他認爲細菌武器是關東軍手中異常厲害的武器，其效能已在實驗室內及用活人實驗方法檢查過了。

石井將軍公開對我說，在必要場合，該部隊能夠用巨量的細菌去進襲蘇聯諸城市，這些細菌在進攻或防禦時，將主要是用投擲到蘇軍深後方的辦法散佈出去。

當我視察各實驗室和大量培養致命細菌的各生產場所時，我便確信到，石井向我所說第七三一部隊能夠開始進行積極反蘇細菌戰等語，原是正確的。我老實說，這一致命武器生產底巨大規模眞正使我驚奇，我所看到的一切，實在是出乎我的意料之外。

我在石井將軍辦公室內看見牆壁上掛有許多圖表、設計表和圖畫，上面具體表明了用炸彈、手榴彈、砲彈等等來散佈鼠疫、霍亂及其他傳染病菌這種方法試驗的效果，這些圖表使我具體認識到細菌武器的巨大效能。

石井將軍和三個軍官（他們的姓名此刻我不記得）陪着我去視察過各實驗室和生產場所。我不是細菌學專家，不能對我所見到一切作出精確的估計，但我至今還記得很淸楚，當他們向我舉出已培養出的傳染病菌那種據我記得是很大的數目字時，我眞是驚服萬分。

在我視察生產場所時，他們把我引到內部一所房屋裏去，這裏有一些門上開着小窗的特式牢房，內中關得有一些帶着脚鐐的活人，據石井親口向我解釋，這些人是用來實驗致命病菌底傳染作用的。

在這些受實驗的人中，我看見有中國人和歐洲人，還有一個女人。據石井將軍親自向我說明，這個女人和這些歐洲人乃是俄國人，他們都是由日本駐滿憲兵部和軍事團送到部隊裏來的一些據日本討伐機關决定應被消滅的犯人。

在我所看過的那些牢房內，我親眼瞧見犯人們胡亂臥倒在地板上，形容極爲痛苦難堪。

我視察這棟監獄房屋時，並沒有走遍全部房屋，只看過其中幾間牢房，在這幾間牢房內，我記得大約關得有五十個人。視察完畢後，我還同石井商談過幹部問題。

我們商談這個問題的結果，是認定部隊內還缺少百分之十至十五的必需軍官人員，但按一般人員配備說來，該部隊已擴展到備戰程度了。 在討論幹部問題時，石井將軍雖然強調指出必須首先配足該部隊司令部的幹部，但他講到各支隊時是把各支隊與本隊看成一樣，認爲它們也是同樣重要的。

石井將軍同我談到該部隊各支隊的情形時，向我說明了他的意見，卽認爲當軍事行動一旦迫近的時候，必須把各支隊交歸關東軍各軍團司令部和各戰線司令部指揮，以便在必要時使各軍團能使用細菌武器。

石井所說的這番意見後來果然實現了，據我記得，一九四五年八月就由關東軍總司令下令把該部隊各支隊交歸各軍團直接指揮。

我同石井將軍晤談之後，就坐他的汽車囘到哈爾濱，從該部隊囘來後第二天，我就到總司令隨員們那裏去了。

問：關於視察第七三一部隊的結果，你報告過前關東軍總司令山田將軍麼？

答：報告過。

問：你向山田將軍報告過什麼呢？

答：我謁見關東軍總司令山田將軍時，向他詳細報告了我所得出的一切結論和感想。

首先我報告他說，第七三一部隊已有充分作戰準備，能於完成任務，卽隨時都能開始進行細菌戰。同時，我向他報告說，石井將軍堅決要求補派一批專家和辦理供給事宜的軍官到他部下去工作。

關於這點，我向山田將軍陳述了我個人的意見，認爲該部隊所有的幹部完全夠用，所以在幹部一般感到缺乏的情况下，可以不必補派軍官人員到石井將軍那裏去，山田將軍同意了我這種意見。

此外，我又向山田將軍說明了我深以第七三一部隊內裝置豐富和設備精良爲奇的感想。山田將軍在聽我作報告時所發出的那些駁詞和問題，就使我相信到他的確極熟悉第七三一部隊內的情况。

我在第七三一部隊視察時，石井將軍向我說，山田將軍曾於一九四四年秋季親身巡視過第七三一部隊，並周詳地認識了該部隊的活動情况和佈置情形。

除上述一切外，我還向山田將軍報告了我在第七三一部隊內聽說石井將軍及其屬員在活人身上進行着的那些很有趣的實驗，並向他叙述了我視察監獄樓房的經過以及我在那裏所見到的一切。

山田將軍表示很滿意我的報導，此後不久，我們就一同返回長春了…

田村

負責審訊者：

內務部駐伯力邊區辦事處工作員

彼契爾斯大尉。　　　　翻譯員：鐵娜琴科。

文件證據

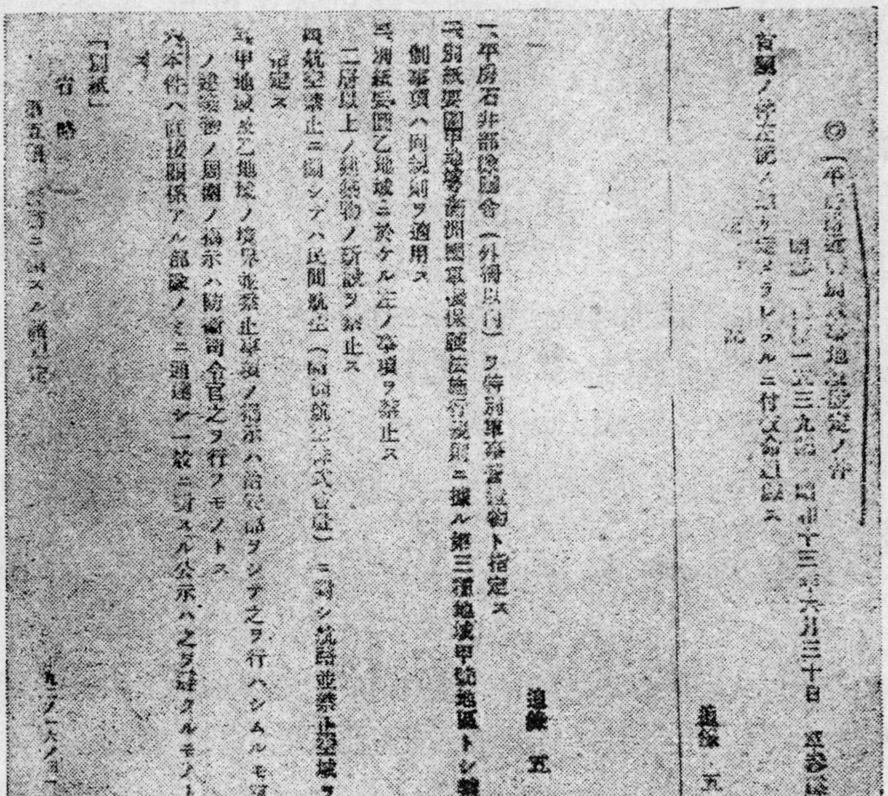

◎(平房附近ニ於ケル特別軍事地域設定ノ件)

昭和十三年六月三十日

首題ノ件左記ノ通リ定メラレタルニ付通牒ス

一、平房石井部隊附近(外側以内)ヲ特別軍事區域ト指定ス

二、別紙要圖甲地帶ハ關東軍防衛法施行規則ニ據ル第三種地域甲號地區トシ其ノ制事項ハ同規則ヲ適用ス

三、同要圖乙地域ニ於ケル左ノ事項ヲ禁止ス

二層以上ノ建築物ノ新設ヲ禁止ス

四、航空禁止ニ關シテハ民間航空(滿洲航空株式會社)ニ對シ航路並禁止空域ヲ指定ス

五、甲地域並乙地域ノ境界並禁止事項ノ揭示ハ治安部ヲシテ之ヲ行ハシムルモ軍ノ建築物ノ周圍ノ揭示ハ防衛司令官之ヲ行フモノトス

六、本件ハ直接關係アル部隊ノミニ通達シ一般ニ對スル公示ハ之ヲ避クルモノトス

「別紙」

省略

關東軍司令部「關於在平房附近設立特別軍事區域」的訓令。

檔案第八六九號，第三一至三二頁。

檔案第八六九號，第三一，第三二頁。　譯自日文。

『法令彙集增補』包中的文件。

第三一頁。

關東軍司令部第一部

第一五三九號訓令。
一九三八年六月三十日。

關東軍參謀長

關於在平房附近設立特別軍事區域

茲奉命知照，本問題已作如下决定：

第三二頁。

一 平房石井部隊房屋（圍牆以內），均指定爲特別軍事建築物。

二 依據『滿洲國軍機保護法施行規則』，附件要圖上所標明甲號地段應認定爲第三種區域甲號地段。上述規則禁止事項均適用於該地段。

三 在附件要圖上所標明乙號地段內，禁止建造二層以上之新房屋。

四 對民用航空（滿洲航空株式會社）指定有航空線及禁航地帶。

五 甲號地段和乙號地段境界以及禁止事項由滿洲國治安部宣佈之，軍事建築物所在地區由防衛司令官宣佈之。

六 本訓令只通知直接有關各部隊；不得作任何公佈。

附件省略

譯者：一等翻譯員歷史學碩士
頗得巴洛娃（簽名）

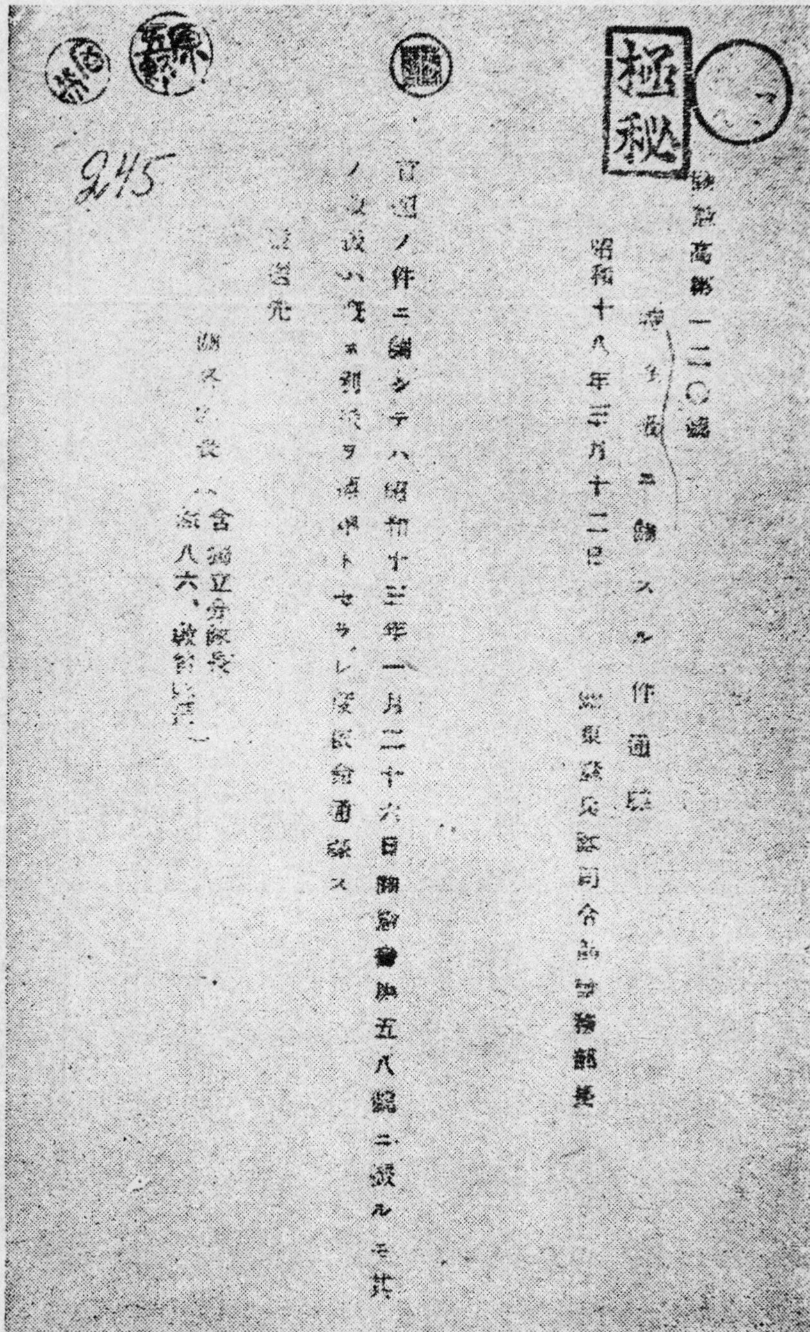

極秘

關憲高第一二〇號

特殊輸送ニ關スル件通牒

昭和十八年三月十二日　關東憲兵隊司令部警務部長

首題ノ件ニ關シテハ昭和十三年一月二十六日關憲警第五八號ニ依ルモ其ノ取扱ハ左記ニ列記ヲ適用トセラレ度依命通牒ス

送付先

關各分隊長（含獨立分隊長）

245

關東憲兵隊司令部警務部長關於應按『特殊輸送』手續發遣的犯人類別的通令。

檔案第八六四號，第二四五頁。

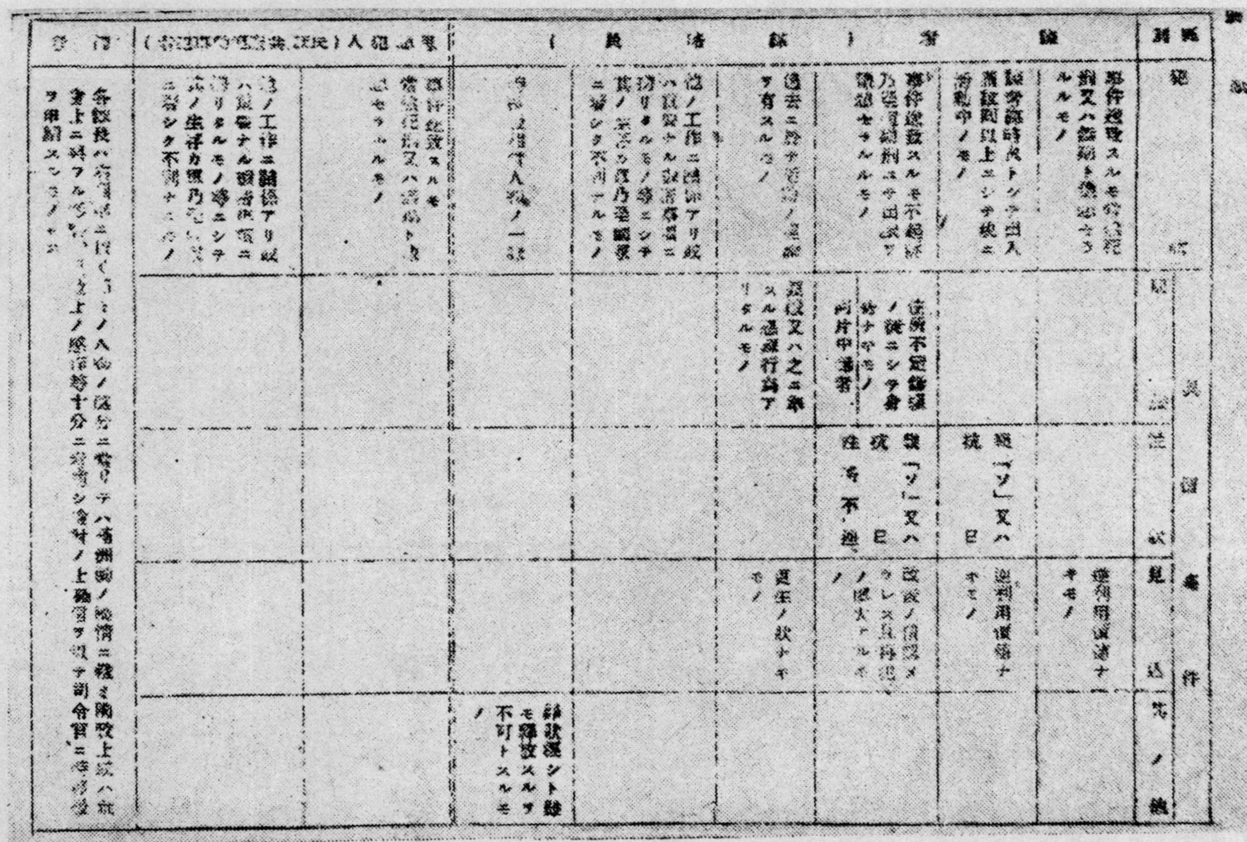

關東憲兵隊司令部警務部長通令附件：應按『特殊輸送』手續發遣的犯人類別一覽表。

檔案第八六四號，第二四六頁。

檔案第八六四號，第二四五頁，第二四六頁。關東憲兵隊司令部第一部一九四三年『各種判函』包中存件。此類文件均係有關組織問題，人員補充及訓練問題等等。

譯自日文
極秘
副本

第二四五頁。

關東憲兵隊司令部
緊要案件部第一二〇號。
一九四三年三月十二日。

知閱人：藤重（私章）
原五郎（私章）
石井（私章）

憲兵隊司令部警務部長。

關於『特殊輸送』件通報

茲奉命通報，本問題雖應按一九三八年一月二十六日關東憲兵隊司令部警務部第五十八號文件處置，但在選定應派犯人時望參照下面附件所定標準辦理。

發送：關東憲兵隊各隊長（包括各個獨立分隊長，除開第八十六隊長和教導隊長）。

譯者：一等翻譯員歷史學碩士
顏得巴洛娃（簽名）

第二四六頁。

附件

類別	罪狀性質	具備條件			
		履歷	品格	我們的估計	其他
間諜（破壞份子）	依其罪行程度可以預料該犯被提交法庭審判時必處死刑或無期徒刑者			無被我方吸收和調派回去工作的價值者	
	曾以間諜或破壞份子資格屢次潛入滿洲境內和直至被拘時止始終進行此種活動者		懷有親蘇或反日心理者	無被我方吸收和調派回去工作的價值者	
	依其罪行程度可以預料該犯被提交法庭審判時將被釋放或經短期禁閉即可釋放者	住所不定又無親族的游民。鴉片中毒者	懷有親蘇或反日心理者。性格不遜者	並無悔悟表示而有重犯罪行的嚴重危險者	
	以前進行過此種活動者	當過游擊隊員或幹過含有同等危險作用的活動者		無接受感化的希望者	

		與他種祕密活動有關者或因參加機密事項而其生存極不利於軍隊與國家者				
		與應受『特殊輸送』的犯人同一思想者				罪情雖輕，但不宜將其釋放者
思想犯	（民族運動和共產運動犯）	依其罪行可以預料該犯被提交法庭審判時必處死刑或無期徒刑者				
		與他種祕密活動有關者或因參加機密事項而其生存極不利於軍隊與國家者				
備考	各憲兵隊長依上述標準來確定怎樣處理某一犯人時，應根據滿洲國內部情況，週密考慮到這點對國政上、社會上、社會道德上將有何反映，把這一切估量清楚之後，便可向關東憲兵隊司令官堅決申請援用『特殊輸送』辦法。					

譯者：一等翻譯員歷史學碩士頗得巴洛娃（簽名）。

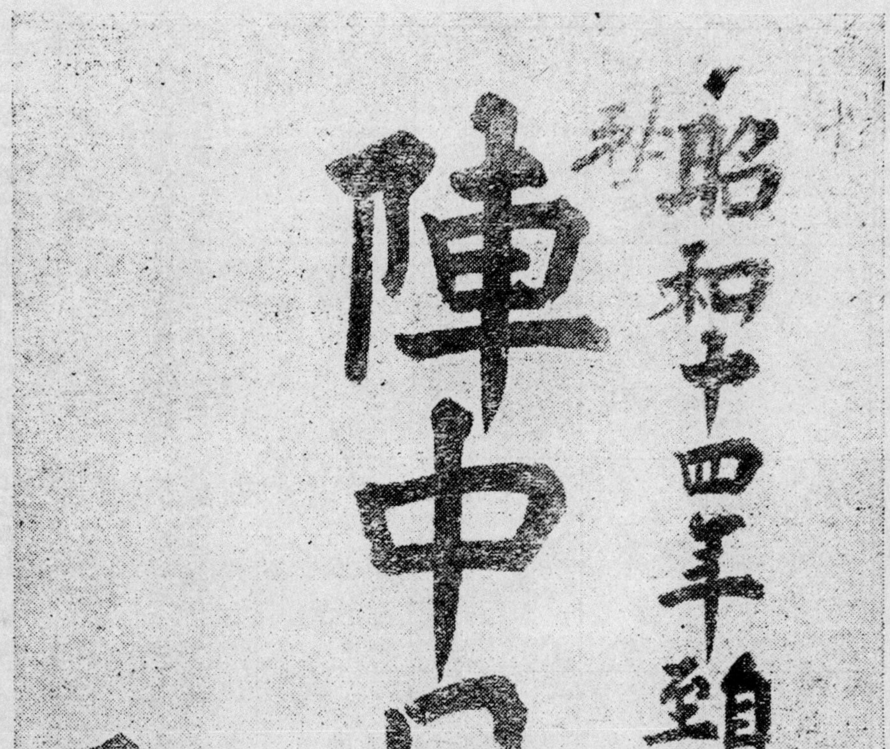

平野憲兵隊一九三九年七月十七日至九月十九日間的陣中日誌（關於按『特殊輸送』手續大批發遣犯人一事）。日誌封面。

檔案第八四五號。

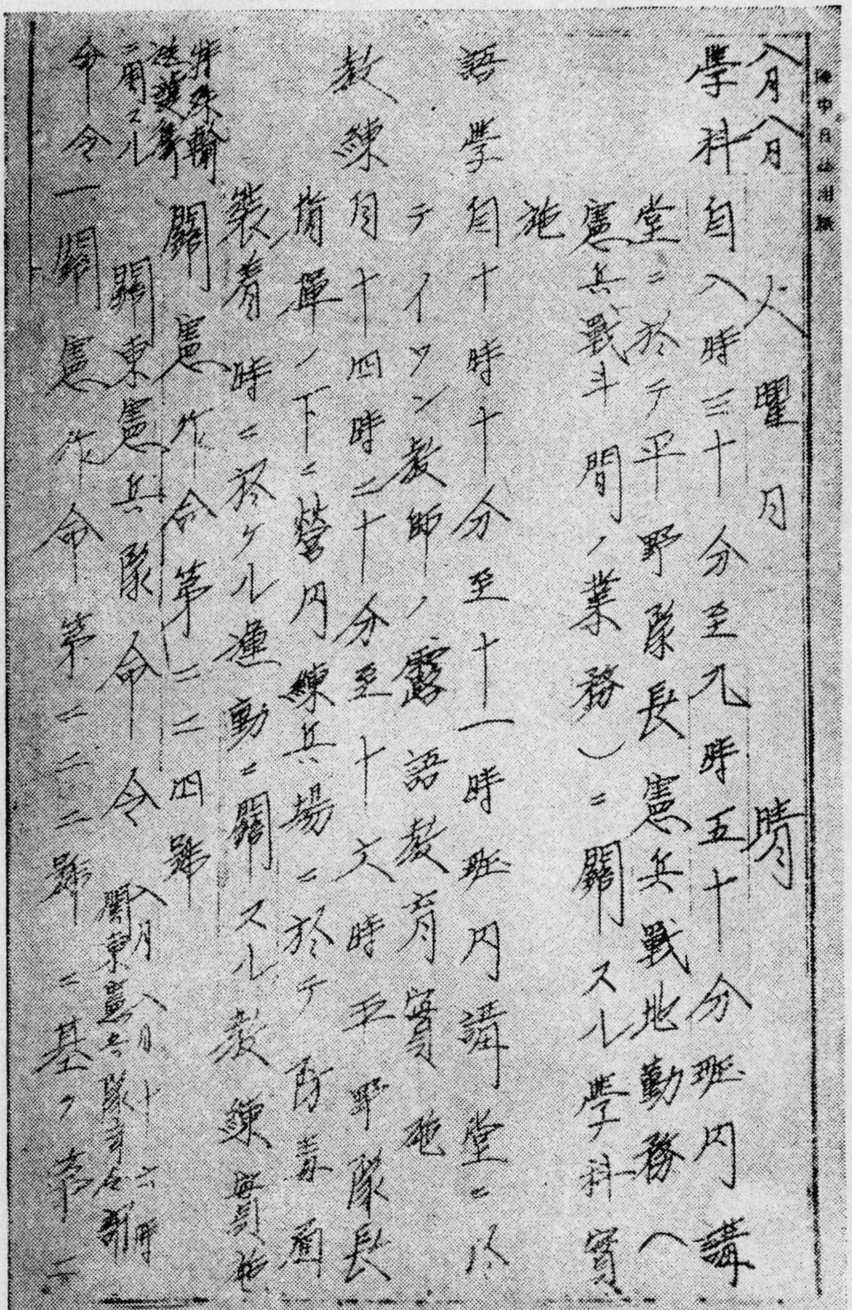

八月八日 月曜 晴

學科自八時三十分至九時五十分班内講堂ニ於テ平野隊長憲兵戰地勤務（憲兵戰斗間ノ業務）ニ關スル學科實施

語學自十時十分至十一時班内講堂ニ於テイワン教師ノ露語教育實施

教練自十四時二十分至十六時平野隊長指揮ノ下ニ營内練兵場ニ於テ防毒面裝着時ニ於ケル運動ニ關スル教練實施

特殊輸送ニ關スル關憲作命第二二四號

關東憲兵隊命令

命令一關憲作命第二二四號ニ基ク

關東憲兵隊關於按『特殊輸送』手續大批發遣犯人一事的作戰命令第二二四號，第一頁。

檔案第八四五號，第四五頁。

12－1808 入

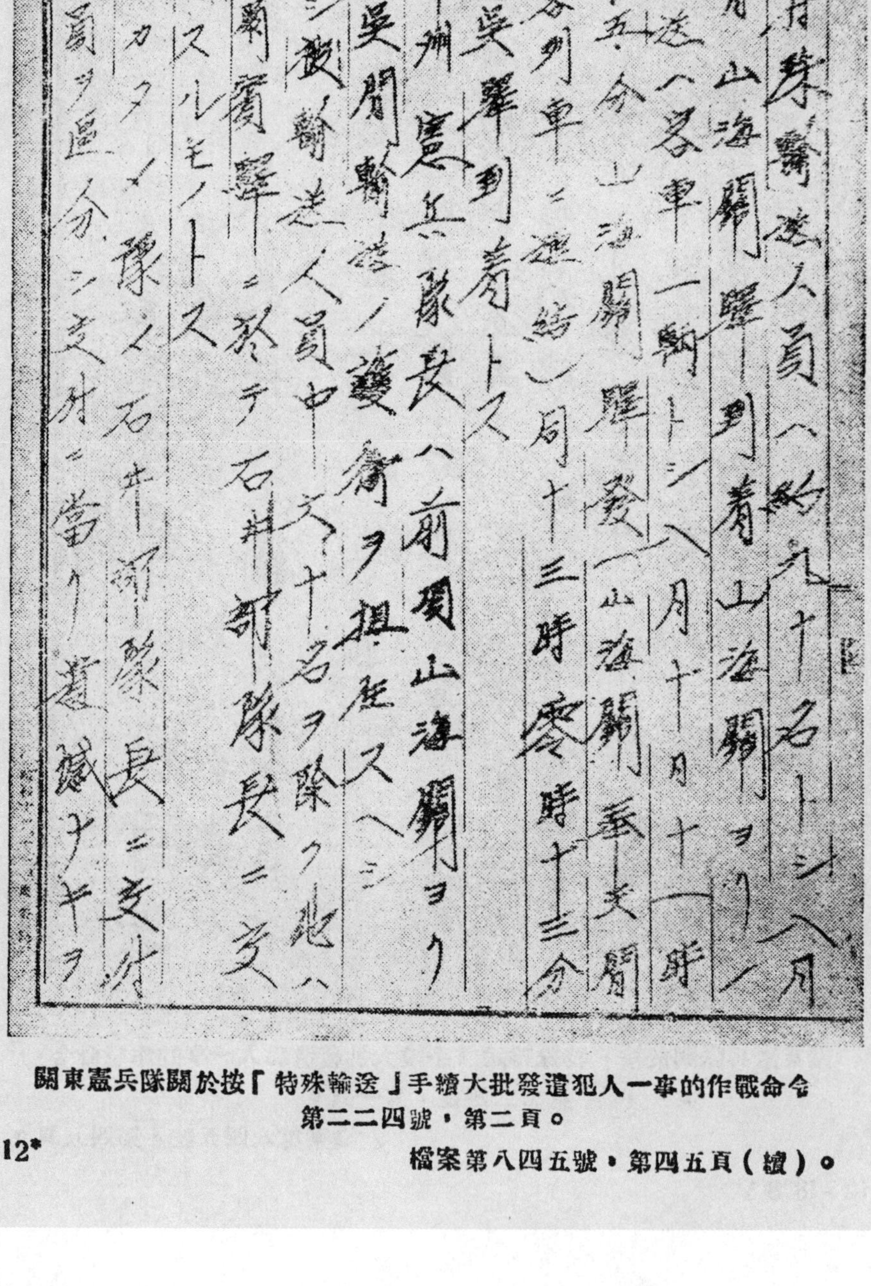

四、背蔭輸送人員ハ約九十名トシ八月
九日山海關驛到着山海關ヨリノ
輸送ハ客車一輛トシ八月十日十一時
十五分山海關驛發（山海關奉天間
旅客列車ニ連結）同十三時零時十三分
孫呉驛到着トス
二、錦州憲兵隊長ハ前項山海關ヨリ
孫呉間輸送ノ護衛ヲ擔任スヘシ
而シテ被輸送人員中ノ六十名ヲ除ク外ハ
哈爾賓驛ニ於テ石井部隊長ニ交
付スルモノトス
之カ爲メ隊ハ石井部隊長ニ交付
人員ヲ區分シ交付ニ當リ遺憾ナキヲ

關東憲兵隊關於按「特殊輸送」手續大批發遣犯人一事的作戰命令第二二四號，第二頁。

12*

檔案第八四五號，第四五頁（續）。

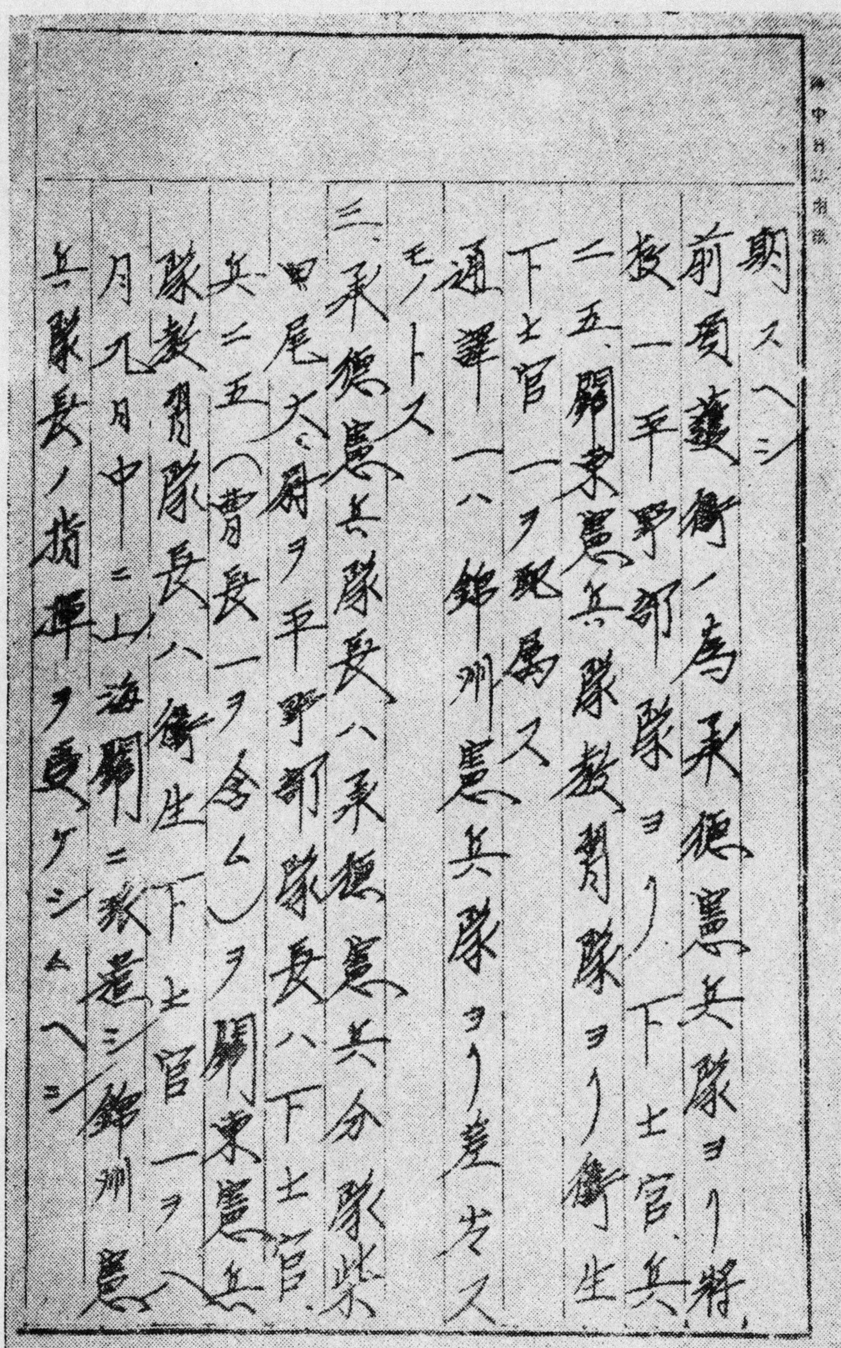

期スヘシ
前項護衛ノ為承德憲兵隊ヨリ將
校一平野部隊ヨリ下士官、兵
二五、關東憲兵隊教習隊ヨリ衛生
下士官一ヲ配屬ス
通譯一ハ錦州憲兵隊ヨリ差出ス
モノトス
三、承德憲兵隊長ハ承德憲兵分隊柴
田尾大尉ヲ平野部隊長ハ下士官
兵二五（曹長一ヲ含ム）ヲ關東憲兵
隊教習隊長ハ衛生下士官一ヲ
月九日中ニ山海關ニ派遣シ錦州憲
兵隊長ノ指揮ヲ受ケシムヘシ

關東憲兵隊關於按『特殊輸送』手續大批發遣犯人一事的作戰命令第二二四號，第三頁。

檔案第八四五號，第四六頁。

四、哈爾濱憲兵隊長ハ石井部隊長ト
密ニ連繫シ哈爾濱驛ニ至リ爾後ノ輸
送ニ當リ防諜上取締ニ遺憾ナキヲ
期スヘシ
五、平野部隊ニ關東憲兵隊教習隊ヨリ
ノ派遣者ノ旅費ハ憲兵隊司令部ヨリ
支給ス
六、其他細部事項ハ關憲作命第二二
四號ニ據ルヘシ
關東憲兵隊司令官 城倉少將
平憲旅命第一號
平野部隊命令
於哈爾濱 關東憲兵隊教習隊
一、關憲作命第二二四號ニ基ク第二回

關東憲兵隊關於按『特殊輸送』手續大批發遣犯人一事的作戰命令第二二四號，以及平野部隊作戰命令第一號。

檔案第八四五號，第四六頁（續）。

特殊輸送ノ状況　關憲作命第二二四
號第一項ノ如シ
二　平野部隊ハ一部ヲ以テ第二回特
種輸送ヲ實施セントス
三、稲邑曹長ハ別紙憲兵二十四及衛生
下士官一ヲ指揮シ速ニ新京ヲ出發シ
山海關ニ至リ錦州憲兵隊長ノ指揮
ヲ受クヘシ
四　出發前戒具（足鎖ハ一個ニ手錠五ニ
個捕縄四〇本、護送縄二五本）ヲ憲兵隊
司令部ヨリ又奉天憲兵隊ヨリ手錠
三〇個護送縄四〇本ヲ受領シ携行ス
ルモノトス

平野部隊關於按『特殊輸送』手續大批發遣犯人一事的作戰命令第一號。

檔案第八四五號，第四七頁。

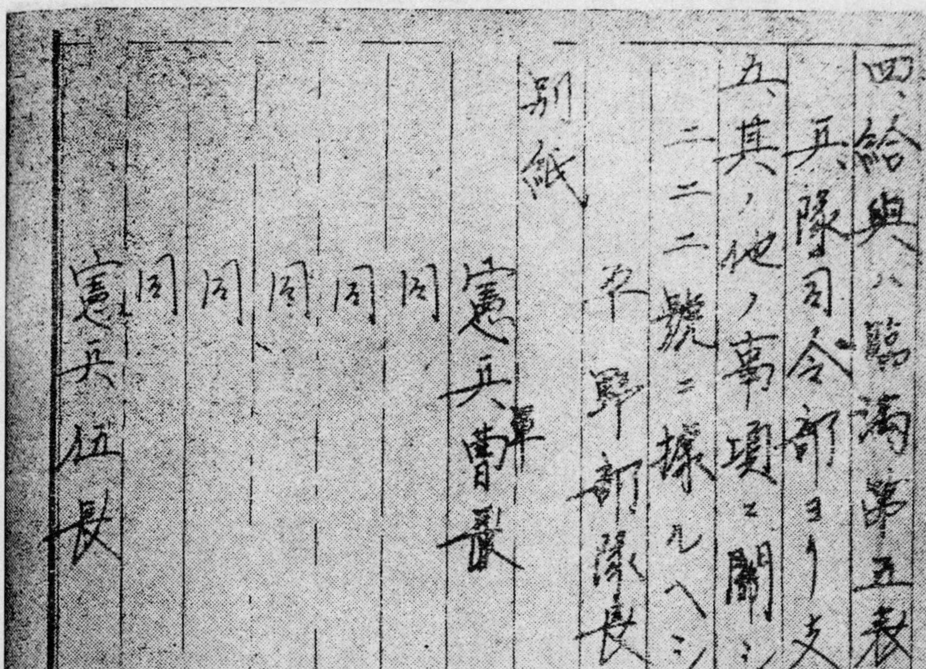

四、給與ハ臨滿第五表五割増渡切トシ憲兵隊司令部ヨリ支給ス

五、其ノ他ノ事項ニ關シテハ關憲作命第二二二號ニ據ルヘシ

平野部隊長 平野大尉

別紙

憲兵曹長 川口英光

同 平野喜一

同 荻原繁雄

同 菅沼幸平

同 緑川正之

同 野本好治

憲兵伍長 瀧口滿

平野部隊關於按『特殊輸送』手續大批發遣犯人一事的作戰命令第一號。

檔案第八四五號，第四七頁（續）。

檔案第八四五號，第四五至四七頁。
平野憲兵隊一九三九年七月十七日至
九月十九日陣中日誌

譯自日文
秘

第四五頁。　　星期二晴
八月八日。

（頭前九行因與本案無關，譯時從略。——譯者註）

關於『特殊輸送』時護衛事宜命令

關東憲兵隊作戰命令第二二四號

關東憲兵隊命令。
八月八日十六時。
關東憲兵隊司令部。

（一）依據關東憲兵隊作戰命令第二二二號所派第二批『特殊輸送』人員約九十名，於八月九日抵山海關站。到達山海關站後即派客車箱一輛輸送，客車於八月十日十一時十五分由山海關站出發（客車箱掛在山海關瀋陽線列車上）。十三日零時十三分抵達孫吳站。

（二）由山海關至孫吳站間沿途護衛前項人員之責，由錦州憲兵隊長担任。

被輸送人員中除留下六十名送達目的地外，其餘諸人在到達哈爾濱站時即交付石井部隊長。爲此，須事先將應交付石井部隊長的人員區分出來，以免在交付時發生延誤。

第四六頁。

前項被輸送人員應由承德憲兵隊派出軍官一名，平野部隊派出下士官兵二十五名，關東憲兵隊教導隊派出衛生下士官一名負責護送。另由錦州憲兵隊派翻譯一名隨往。

（三）承德憲兵隊長派承德憲兵分隊柴尾大尉，平野部隊長派下士官兵二十五名（內有曹長一名），關東憲兵隊教導隊長派衛生下士官一名，所派諸人均須於八月九日內到達山海關，聽候錦州憲兵隊長指揮。

（四）哈爾濱憲兵隊長須與石井部隊長取得密切聯系，保證在哈爾濱站及以後途中竭力防範外國偵探，並採取必要監督辦法。

（五）平野部隊及關東憲兵隊教導隊所派人員之路費，概由關東憲兵隊司令部支給。

（六）其他事項卽依據關東憲兵隊作戰命令第二二二號辦理。

關東憲兵隊司令官城倉少將

平野憲兵隊作戰命令第一號

命令。

平野隊命令。
八月八日十七時。
關東憲兵隊教導隊。

（一）根據關東憲兵隊作戰命令第二二二號實施第二批『特殊輸送』事宜應按關東憲兵隊作戰命令第二二四號第一項辦理。

第四七頁。

（二）平野部隊應派出一部分人員保證第二批『特種輸送』。

（三）稻邑曹長率憲兵二十四名（名單見附件）及衛生下士官一名火速由新京出發，到達山海關後，聽受錦州憲兵隊長指揮。

出發前在關東憲兵隊司令部領取刑具（脚鐐八十一具，手銬五十二具，捕繩四十根，護送繩二十五根），並在瀋陽憲兵隊內領取手銬三十具，護送繩四十根，携帶前往。

（四）路上給養按滿洲暫行供給條

例第五表另增一半，由關東憲兵隊司令部支給。

（五）其他事項遵照關東憲兵隊作戰命令第二二二號辦理。

平野部隊長平野大尉

譯者：一等繙譯員歷史學碩士
顧得巴洛娃（簽名）

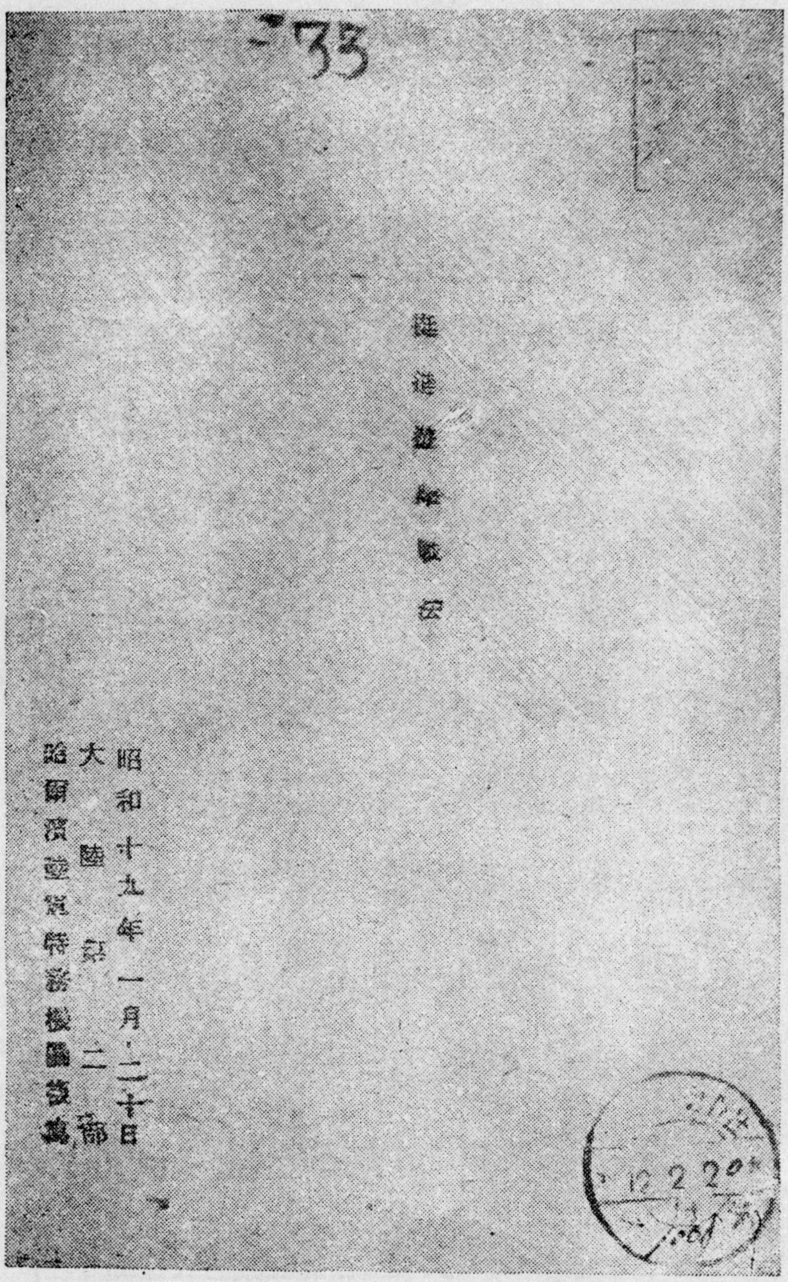

挺進軍事破壞動作戰術。封面。

檔案第一四〇號，第三三頁。

13—1808▲

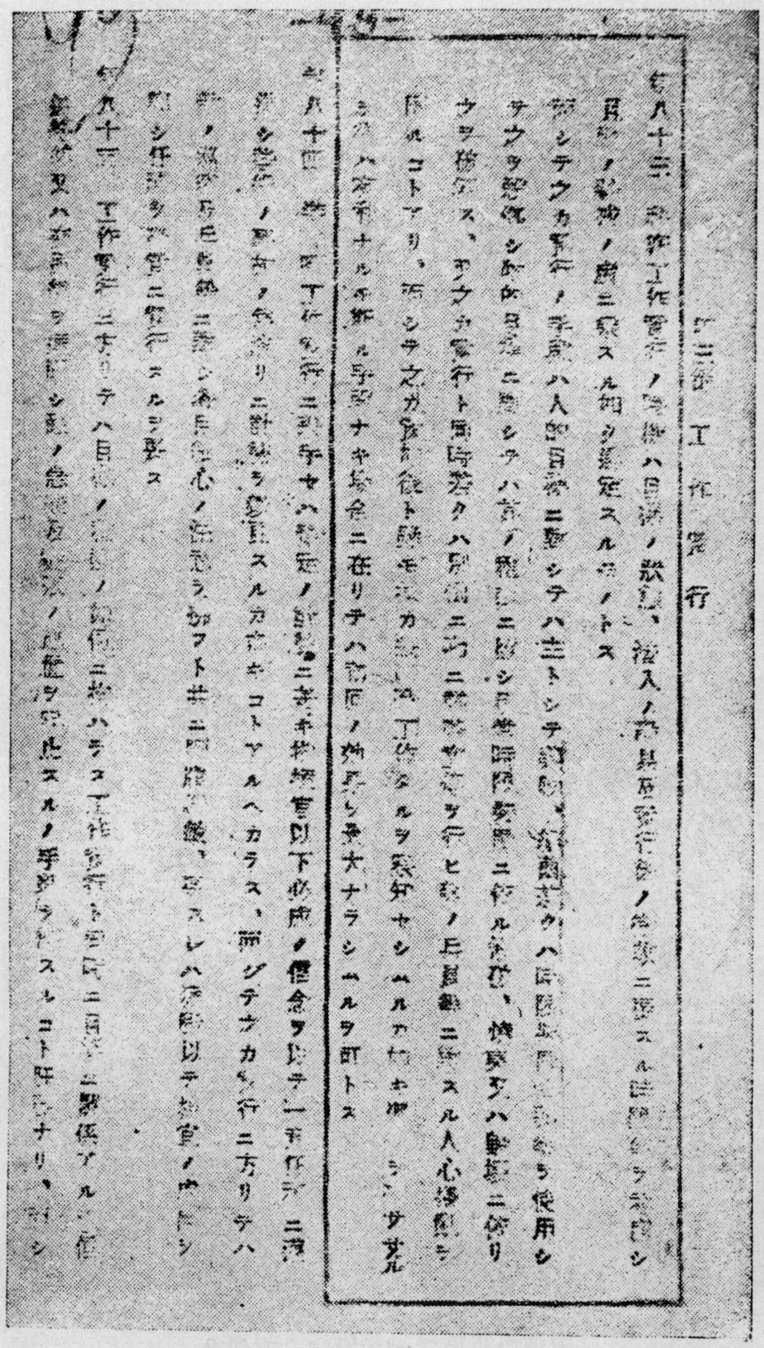

第三部 工作實行

第八十三 破壞工作實行ノ時機ハ目標ノ狀態、潜入ノ難易及實行後ノ行動ニ要スル時間等ヲ考慮シ目標ノ破壞ノ爲ニ要スル時刻ヲ選定スルヲ例トス [illegible]

第八十四 [illegible]

第八十五 [illegible]

挺進軍事破壞動作戰術。第八十三條。

檔案第一四〇號，第四九頁。

13*

檔案第一四〇號，第三三頁，第四九頁。
軍事破壞活動戰文件。牡丹江日本軍事團所存關於橫道河子白俄隊的文件包中的文件。

譯自日文
極秘

第三三頁。

帝國大本營陸軍第二部。一九四四年一月二十日。

哈爾濱軍事團複寫。

印記：「牡丹江日本軍事團。一九四四年二月二十日收到。收件第一〇〇八號」

挺進軍事破壞動作戰術

第四九頁。

第三節

動作實行辦法

第八十三條。確定祕密動作實行時機時，應估計到目標情況，接近目標條件以及動作結束後退走所需要的時間。此外必須利用敵人警戒最弱的地點。

在進行祕密攻擊動作時可以使用鉀素，細菌或使用帶有鐘錶式爆炸具的炸藥，作爲殲滅敵方人員的手段。對於物質器材，則應視其種類如何來確定或用帶有鐘錶式爆炸具的炸藥爆炸，或縱火焚燒，或用他種破壞手段毀壞之。此外，還應與此種動作同時進行或專門巧妙進行帶破壞性的宣傳，以期擾亂敵方士氣。動作完畢時，最好不要留下痕跡，免使敵方可能確定此種動作是由我方軍事破壞隊所實行的。如無法做到這點時，則必須在第一次動作中就力求達到最大的效果。

譯者：一等翻譯員歷史學碩士
頗得巴洛娃（簽名）

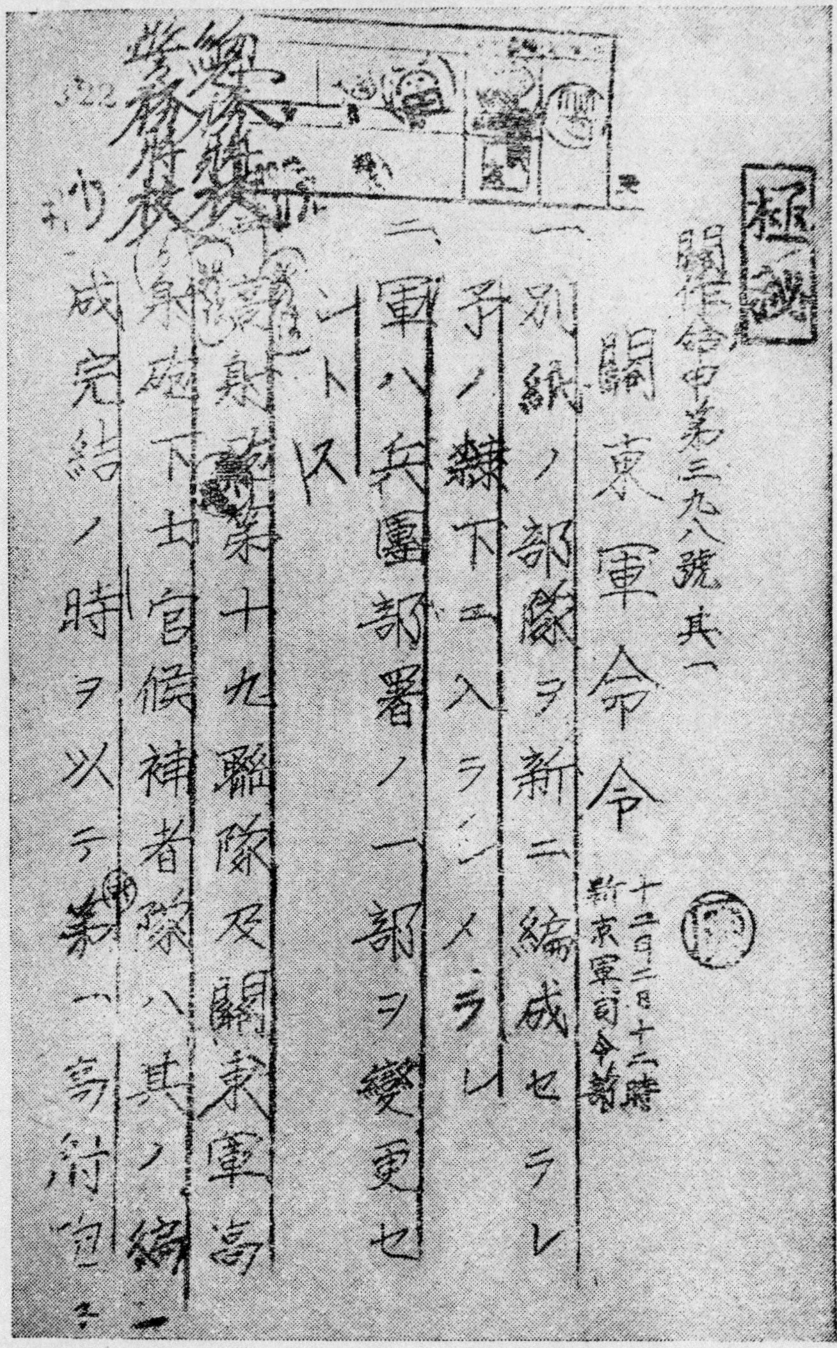

極秘

關作命甲第三九八號 其一

關東軍命令 十二月二日十二時 新京軍司令部

一、別紙ノ部隊ヲ新ニ編成セラレ予ノ隷下ニ入ラシメラレ

二、軍ハ兵團部署ノ一部ヲ變更セントス

三、高射第十九聯隊及關東軍高射砲下士官候補者隊ハ其ノ編成完結ノ時ヲ以テ第一高射[illegible]

關東軍作戰命令甲字第三九八號其一。

檔案第八三〇號，第九二二頁。

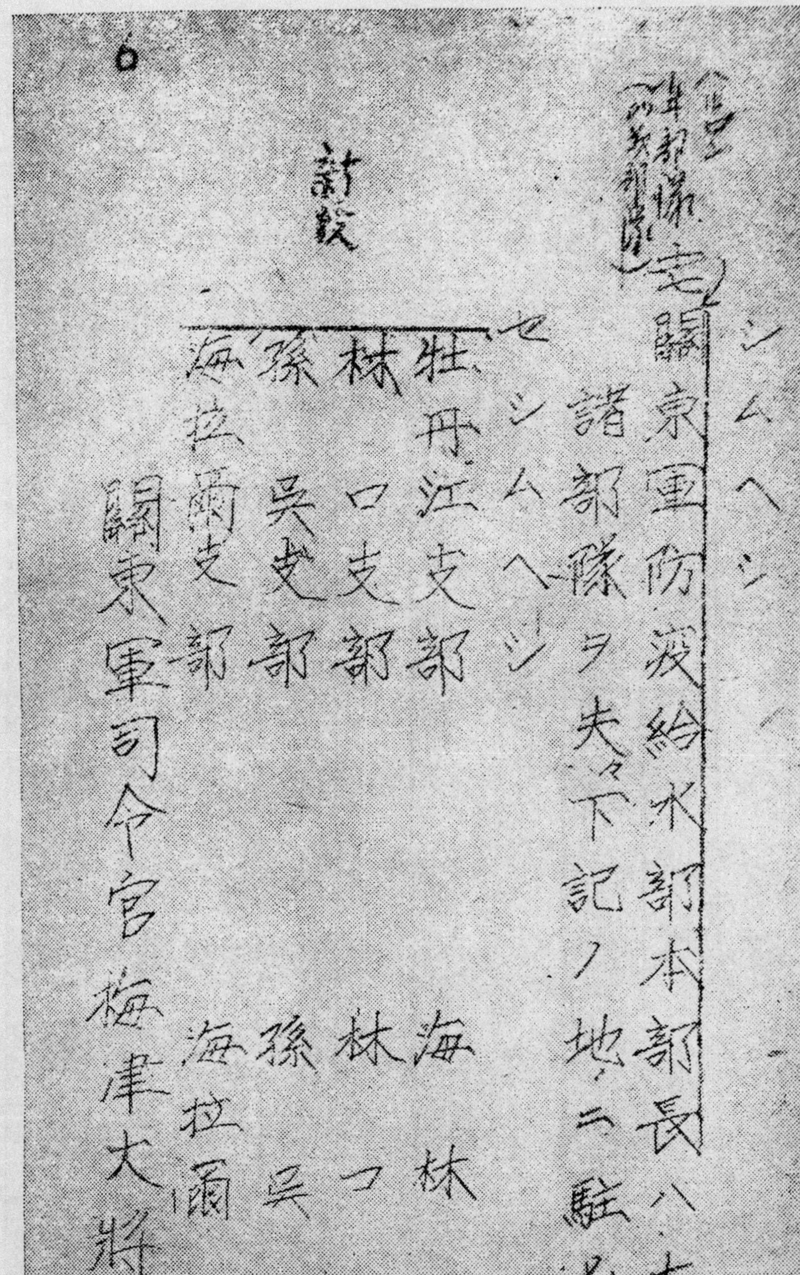

シムヘシ

關東軍防疫給水部本部長ハ左

諸部隊ヲ夫々下記ノ地ニ駐屯

セシムヘシ

新設

牡丹江支部	海林
林口支部	林口
孫呉支部	孫呉
海拉爾支部	海拉爾

關東軍司令官梅津大將

6

關東軍作戰命令甲字第三九八號其一。該命令第十七條，
（第七三一部隊各支隊一覽表）。

檔案第八三〇號，第九二五頁。

檔案第八三〇號，第九二二頁，第九二五頁。一九四〇年作戰命令包中的文件。關東憲兵隊司令部存件之一。

譯自日文

極秘

第九二二頁。

關東軍作戰命令甲字第三九八號其一*

印記：

收到		
知閱人：關東憲兵隊司令官首內		（私章）
總務部長	菊地	（私章）
課　長	本田	（私章）
主　事	金澤	（私章）
執　事		（私章缺）
警務部長	長友	（私章）
幹　事	都築	（私章）
總務部軍官	上佐野	（私章）
警務部軍官	下井	（私章）

關東軍命令

新京軍司令部。　　十二月二日十二時。

（一）另紙所列各部隊應從新編成並聽受本司令管轄。

（第二至第十六各條略去未譯——譯者註）

第九二五頁。

（一七）着令關東軍防疫給水部長將下列部隊佈置於下列地點：

牡丹江支隊——海林。

林　口支隊——林口。

* 下邊蓋有命令發送人私章『原』。——譯者註。

孫　吳支隊——孫吳。

海拉爾支隊——海拉爾。

關東軍司令官梅津大將

第九二五頁。

譯者所加的註釋：

（一）在『關東軍防疫給水部部長』諸字上頭用鉛筆批有如下幾字：『哈爾濱石井部隊（加茂部隊）』。

（二）在四個分隊上面劃了一橫，用紅鉛筆寫有『新編』二字。

（三）命令末另粘附有一紙條，上面用墨水寫有如下字樣：『原已認爲必須加強哈爾濱石井部隊（關東軍防疫給水部，另名加茂部隊）作爲一個特種部隊，並使它在其他地方設立有支隊。這次已在四處設立了支隊（有三個憲兵被派去工作）』。

譯者：一等翻譯員歷史學碩士
頗得巴洛娃（簽名）

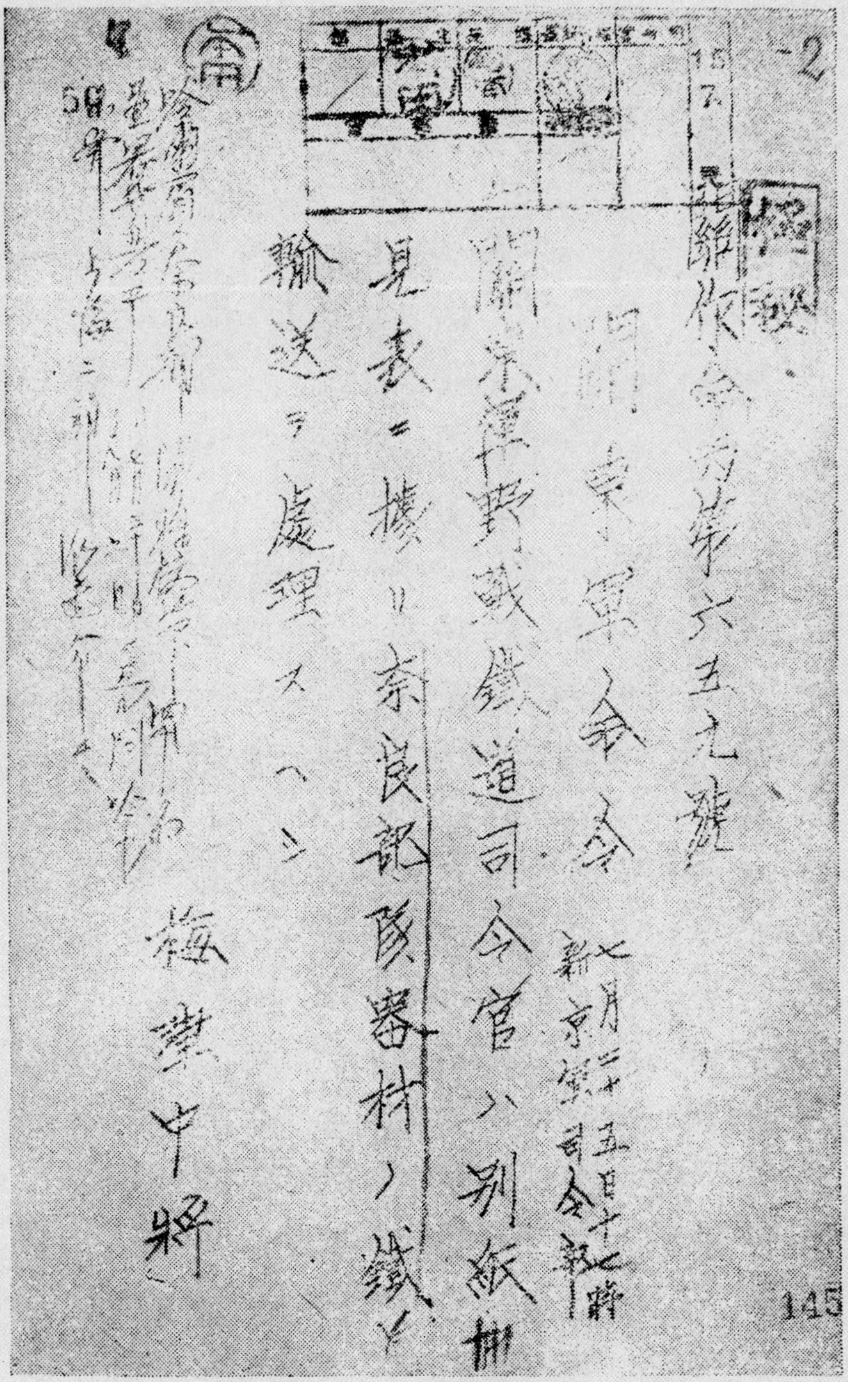

關東軍作戰命令丙字第六五九號

檔案第八三〇號，第二五六頁。

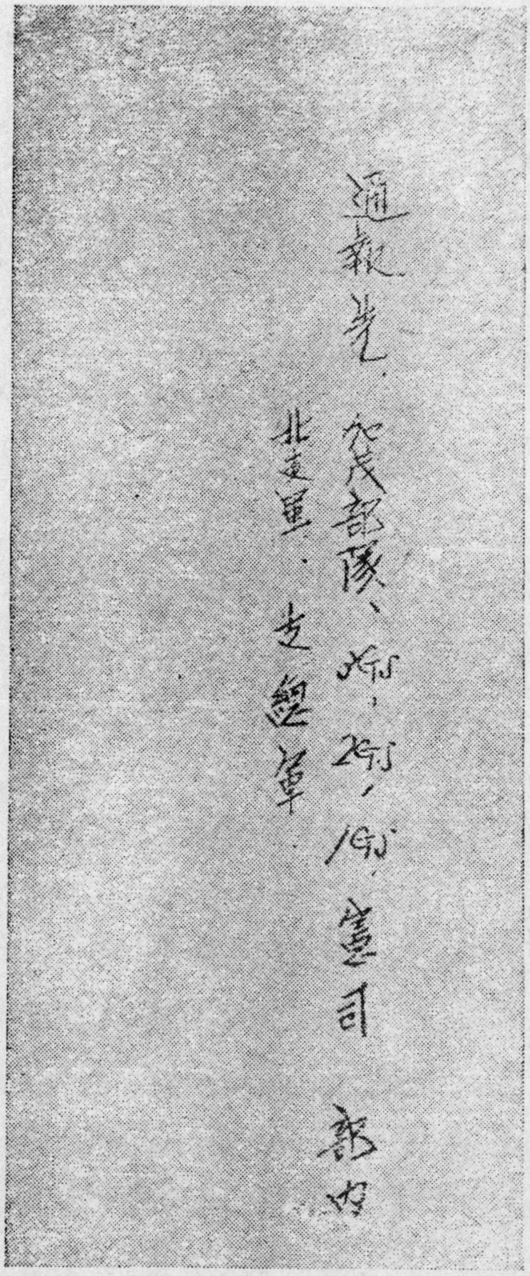

通報先、各部隊、4GA、2GA、1GA、憲司 部内

北支軍、支總軍

關東軍命令丙字第六五九號所應通報的各部隊名單

檔案第八三〇號，第二五六頁（續）。

檔案第八三〇號，第二五六頁。
一九四〇年作戰命令包中的文件。
關東憲兵隊司令部存件之一。

譯自日文

第二五六頁。　　極祕

關東軍作戰命令丙字
第六五九號*

印　記：

一九四〇年七月收到			
知閱人：	關東憲兵隊司令官		（私章缺）
	總務部長	菊地	（私章）
	課　長	松浦	（私章）
	主　事	本田	（私章）
	執　事		（私章缺）
	警務部長		（私章缺）
	幹　事	金澤	（私章）

關東軍作戰命令

新京軍司令部。　　七月二十五日十七時。

着令關東軍野戰鉄道司令官根據另紙所載一覽表將奈良部隊器材沿鉄道輸送。

關東軍總司令梅津中將

通報：

加茂部隊，第一、二、三獨立警衛隊，關東憲兵隊司令部，關東軍司令部各部，征華日軍華北軍司令部，征華日軍總司令部。

* 下邊蓋有命令發送人私章『戶田』。——譯者註。

14—1808▲

命令左上方附有用紅墨水寫的字條（譯文見下面），字條上角蓋有關東憲兵隊司令部工作員『本田』的私章。——譯者註。

字條內容譯文：

「將哈爾濱奈良部隊官兵四十名及所帶器材於七月三十日至八月六日期間由哈爾濱運到上海一事的命令」。

譯者：一等翻譯員歷史學碩士頗得巴洛娃（簽名）。

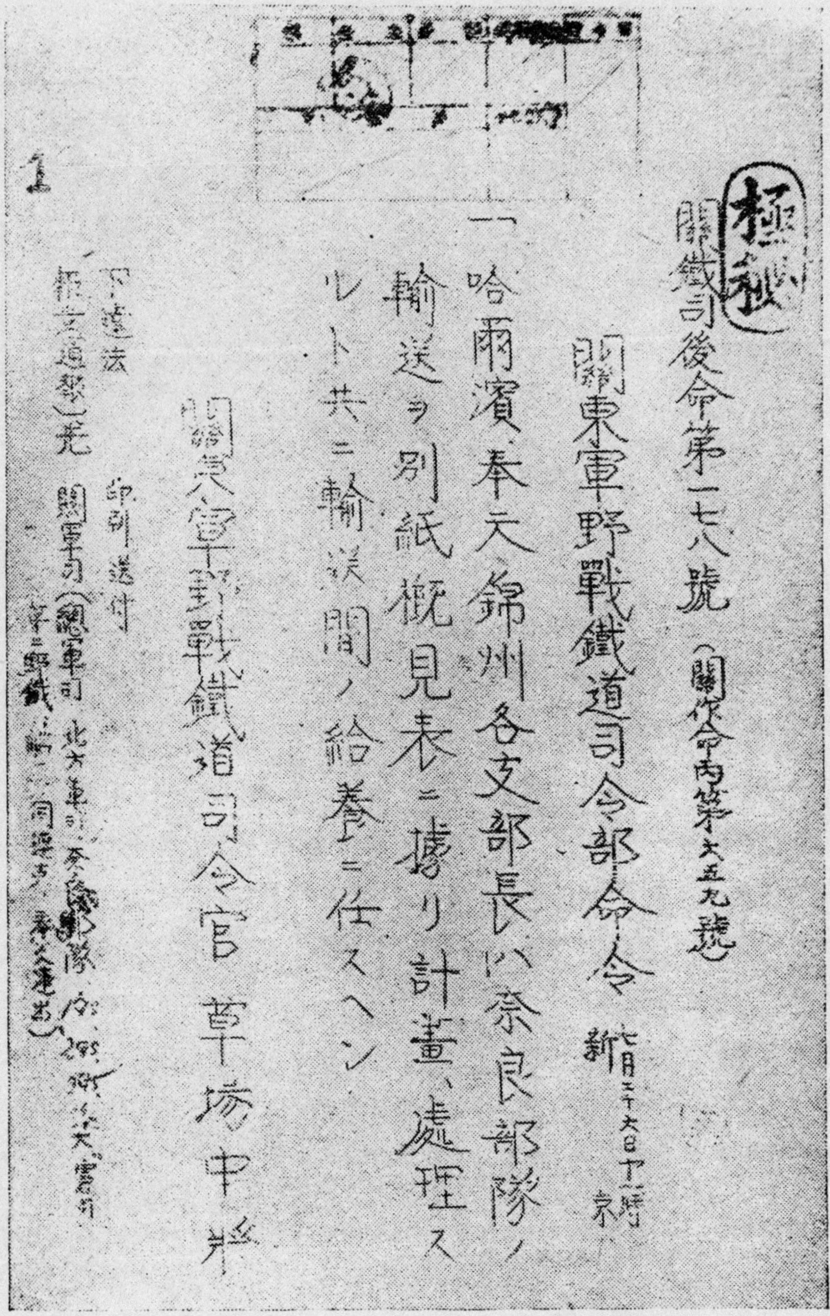
極秘

關鐵司後命第一七八號（關作命丙第六五九號）

關東軍野戰鐵道司令部命令　新京 七月二十六日十一時

一、哈爾濱、奉天、錦州各支部長ハ奈良部隊ノ輸送ヲ別紙概見表ニ據リ計畫、處理スルト共ニ輸送間ノ給養ニ任スヘシ

關東軍野戰鐵道司令官　草場中將

下達法　印刷送付

報告通報先　關軍司（總軍司、北方軍司、奈良部隊、193、295、305、…）

第二野鐵、第二輸送、同運步、奉天運出

關東軍野戰鉄道司令部命令第一七八號。

檔案第八三〇號，第二四五頁。

14

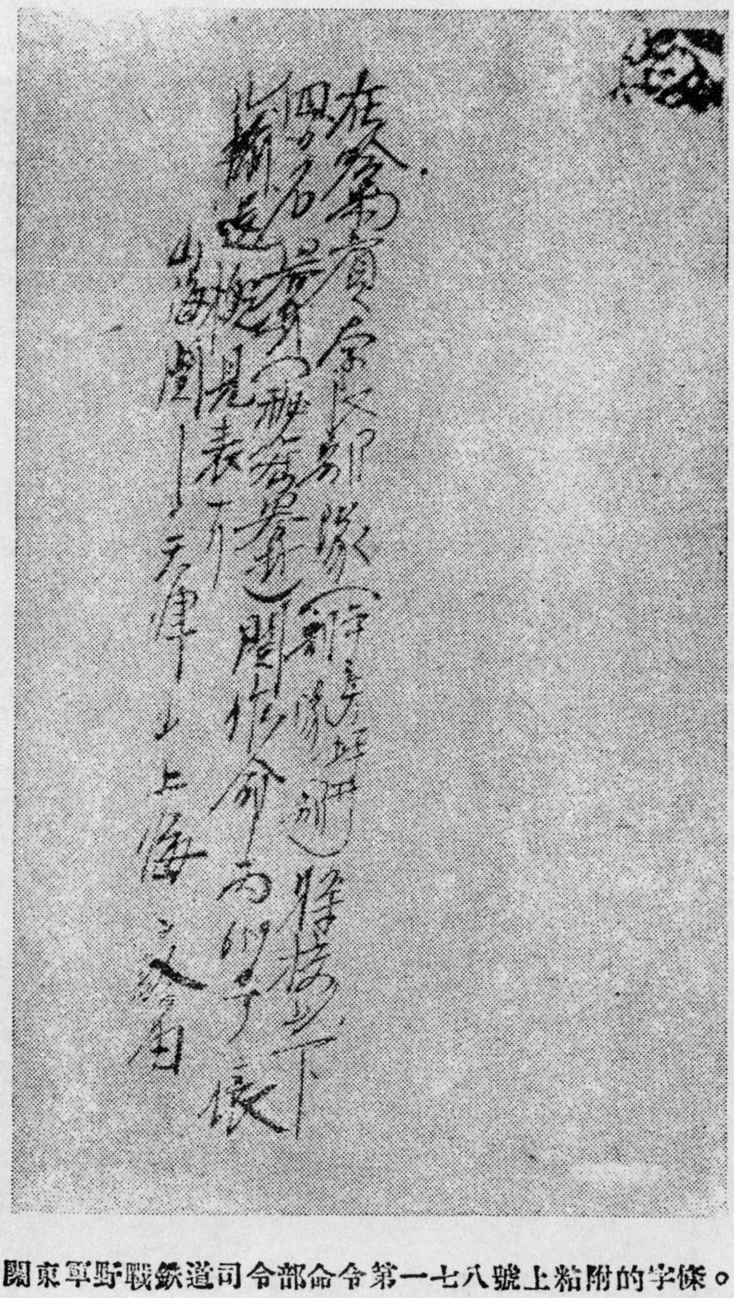

關東軍野戰鐵道司令部命令第一七八號上粘附的字條。

檔案第八三〇號，第二四五頁。

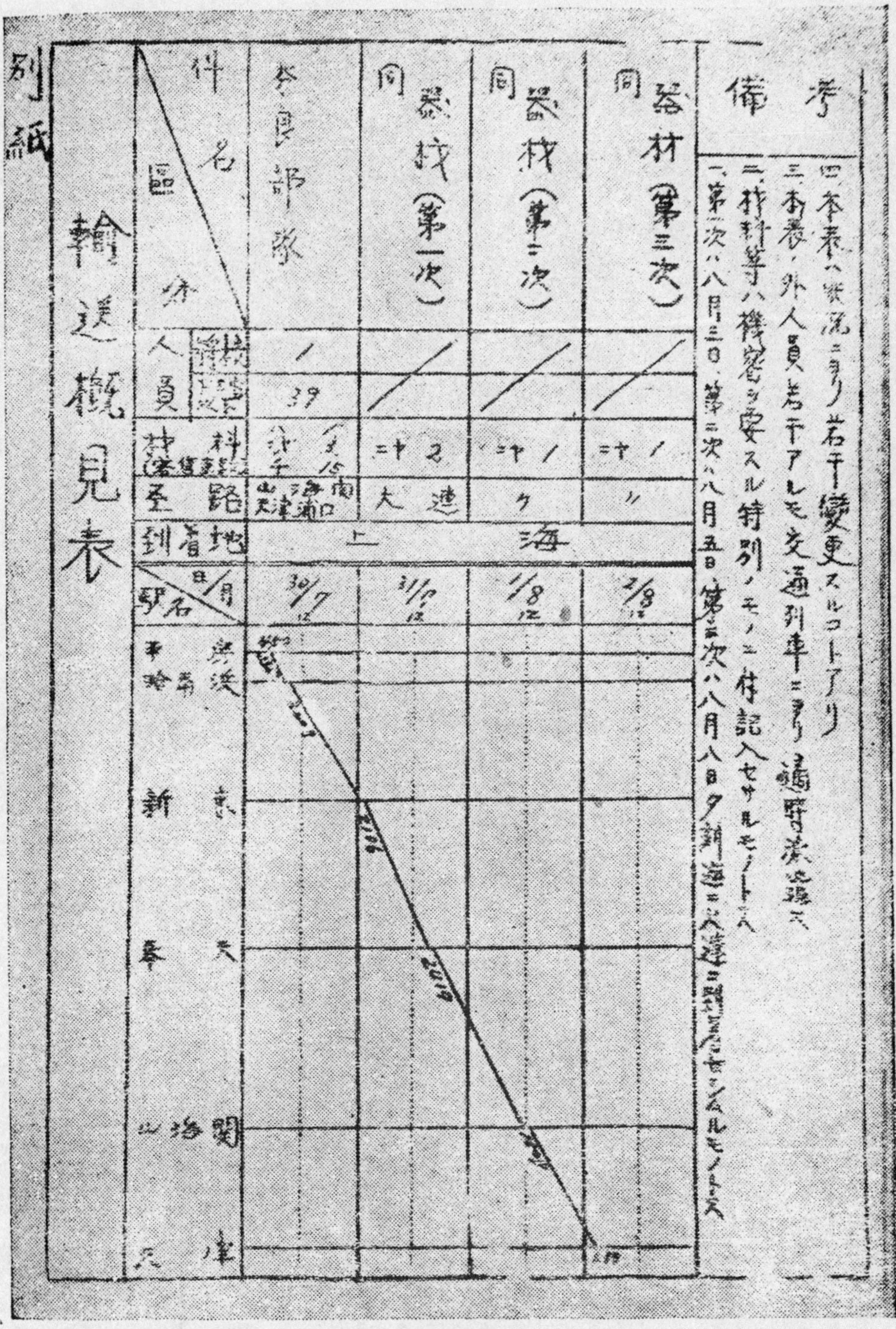

石井部隊中一部分人員輸送一覽表（關東軍野戰鐵道司令部命令第一七八號上的附件）。

檔案第八三〇號，第二四六頁。

檔案第八三〇號，第二四五頁，第二四六頁。一九四〇年作戰命令包中文件。

關東憲兵隊司令部存件之一。

譯自日文

第二四五頁。

極秘

關東軍野戰鉄道司令部後勤命令第一七八號

（關東軍作戰命令丙字第六五九號）*

印 記：

一九四〇年七月收到		
知閲人：	關東憲兵隊司令官	（私章缺）
	總務部長	（私章缺）
	課　長	（私章缺）
	主　事　本田	（私章）
	執　事	（私章缺）
	警務部長	（私章缺）
	幹　事	（私章缺）

關東軍野戰鉄道司令部命令

新京。　　七月二十六日十一時。

着令哈爾濱瀋陽錦州各分部長根據附件所載輸送一覽表計劃並實行輸送奈良部隊。沿途給養由各該分部供給。

關東軍野戰鉄道司令官草場中將。

下達法：印刷傳送。

報告關東軍司令部。

通報：

征華日軍總司令部，華北日軍司令部，奈良部隊，第一、二、三獨立警衛隊，旅大衛戍軍，關東憲兵隊司令部，

---

* 下邊蓋有命令發送人私章『佐藤』。——譯者註。

第二野戰鉄道部，海運管理局，海運管理局大連分局及其駐瀋代辦處。

命令上粘附有用紅墨水寫的字條（譯文見下面）。——譯者註。

字條內容譯文：

『依據關東軍作戰命令丙字第六五九號所擬定的輸送一覽表，所輸送的是駐在哈爾濱的奈良部隊（平房坪井部隊之一部）校級以下官兵共四十名及其所攜帶的武器（祕密器材）；行程是山海關——天津——上海』。

第二四六頁
附 件

輸送一覽表

類別＼件名		奈良部隊	器材（第一批）同	器材（第二批）同	器材（第三批）同
人員	軍官	1	—	—	—
	士官及兵士	39	—	—	—
材料（客貨車數）		„[illegible]“—1 „尼“—3 „迪“—15	„尼“—[illegible]	„尼“—1	„尼“—1
所經路程		山海關，天津，浦口，	大連	大連	大連
到達地點		上海			

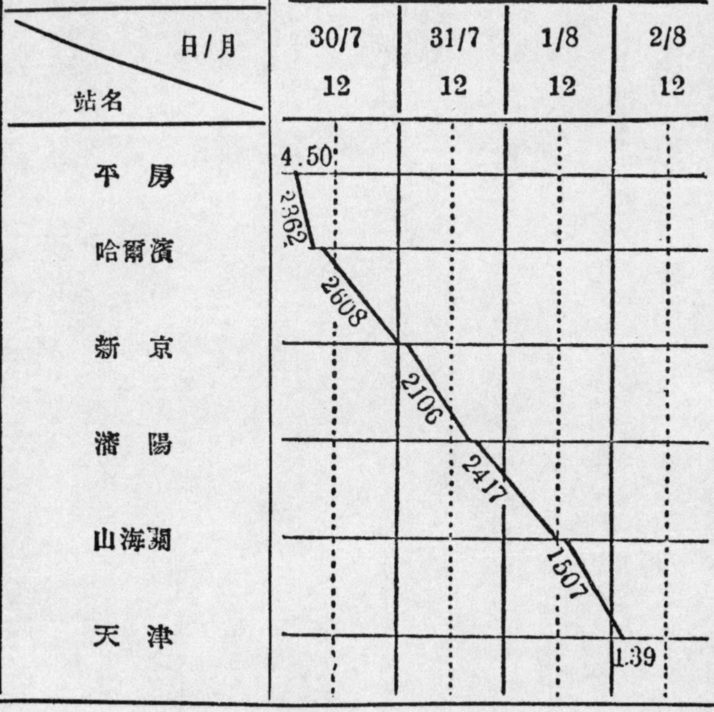

備考

1 第一批應於八月三日，第二批—八月五日，第三批—八月八日晚到達大連。

2 所運材料因係必須保守祕密的特種器材，故未註明名稱。

3 除本表所載人員外，還有若干人員將適時用火車運走。

4 本表可按情形斟酌變更。

譯者：一等翻譯員歷史學碩士頗得巴洛娃（簽名）。

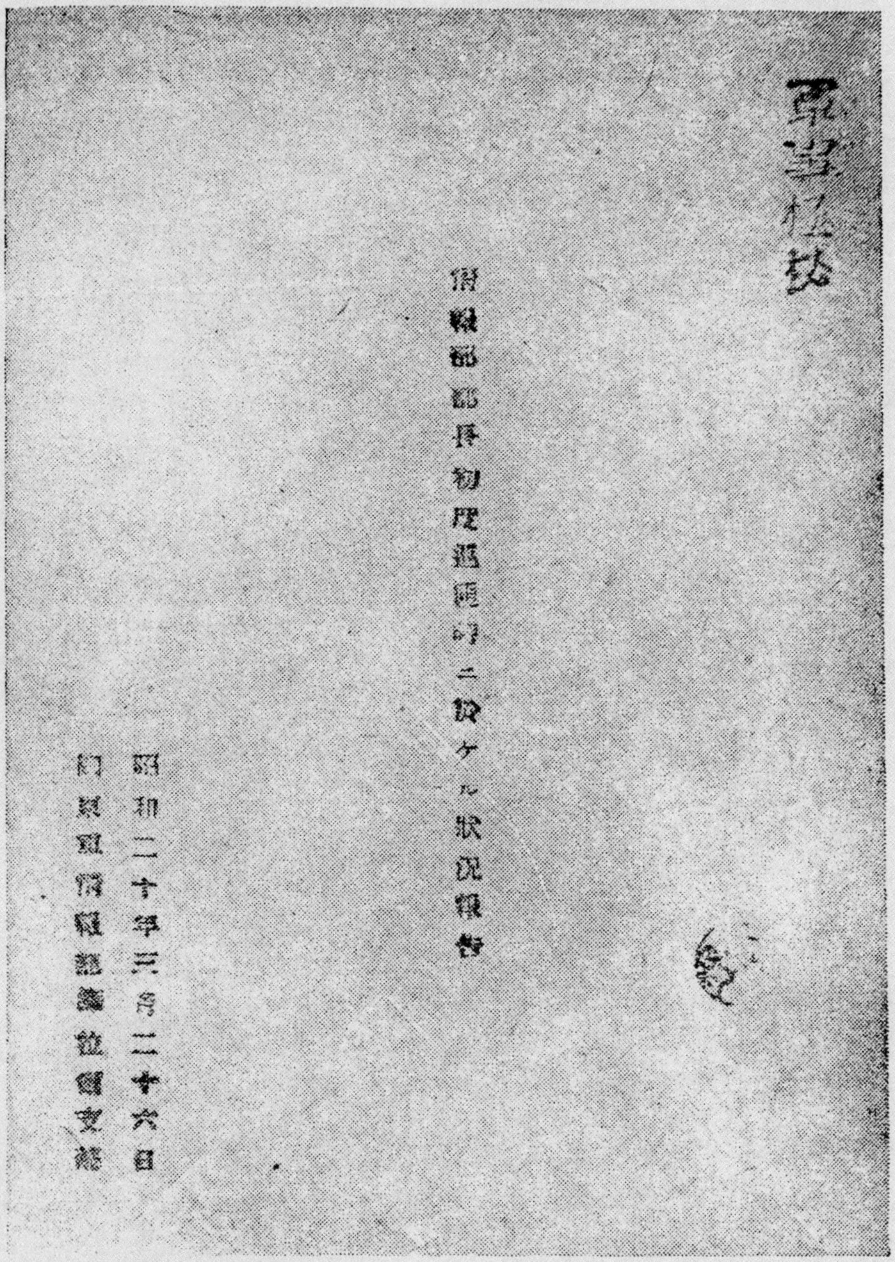

關於海拉爾日本軍事團工作報告。海拉爾日本軍事團團長關於第一〇〇部隊別動班情況的報導。封面。

檔案第一九號，第二頁。

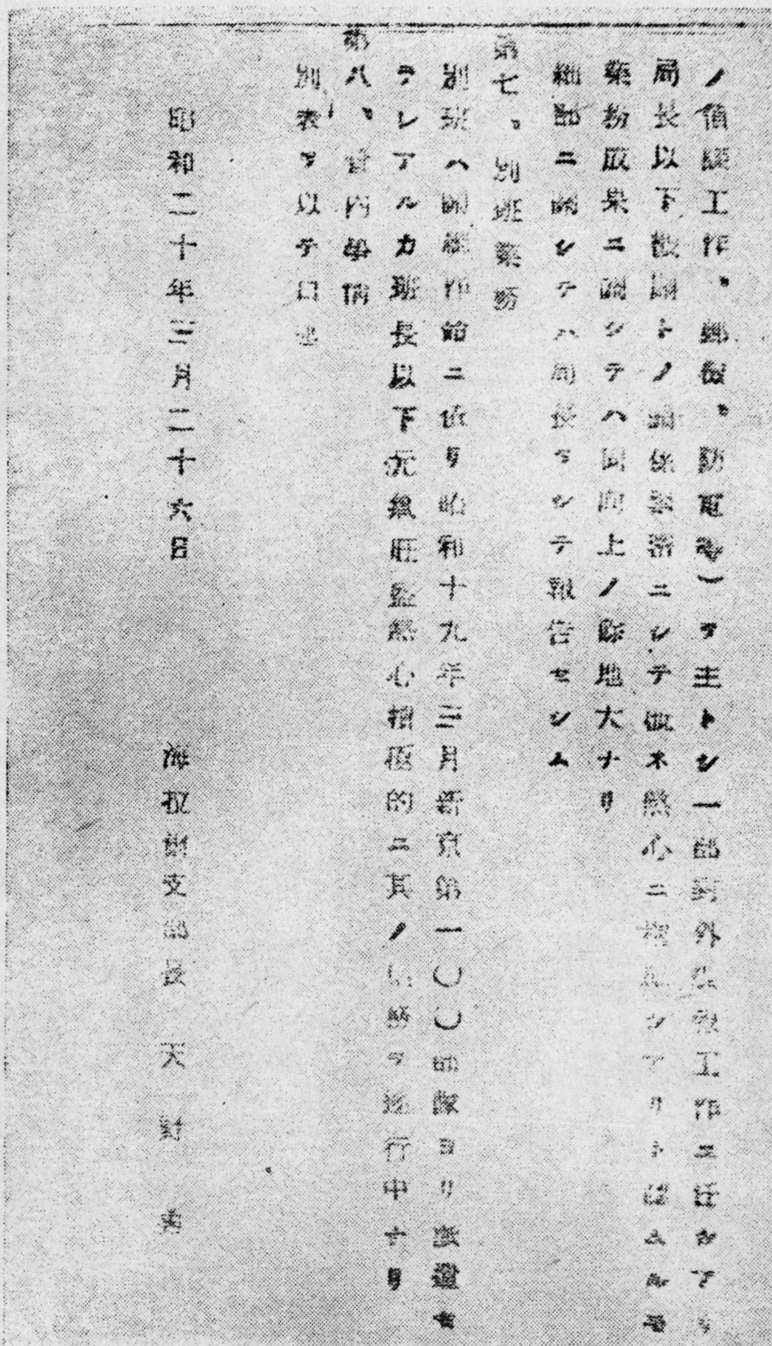

ノ偵諜工作（諜報、防電）ヲ主トシ一部對外保衛工作ニ任ジアリ
局長以下職員トノ關係密接ニシテ概ネ熱心ニ努力シアリト認ムルモ
業務成果ニ關シテハ向上ノ餘地大ナリ
細部ニ關シテハ局長ヲシテ報告セシム
第七、別班業務
別班ハ關東軍命令ニ依リ昭和十九年三月新京第一〇〇部隊ヨリ派遣セ
ラレアルカ班長以下元氣旺盛熱心積極的ニ其ノ任務ヲ遂行中ナリ
第八、會內事情
別表ヲ以テ口述

昭和二十年三月二十六日

海拉爾支部長　天野勇

海拉爾日本軍事國圖關於工作情形報告第七項（關於第一〇〇部隊）。

檔案第一九號，第一〇頁。

檔案第一九號，第二頁，第十頁。一九四五年間情形及工作狀況報告包中的文件。
滿洲里站日本軍事團存件之一。

譯自日文

軍事極祕

第二頁。

關東軍偵探部海拉爾支部（卽海拉爾日本軍事團——譯者註）。
一九四五年三月二十六日。*

臨到關東軍偵探部部長初度巡視時所編關於工作狀況報告

（第一至第六條因與本案無關，譯時從略。——譯者註）。

第一〇頁。

第七條。別動班工作

別動班係依據一九四四年三月關東軍總司令作戰命令由新京第一〇〇部隊所派出，現時該別動班在班長率領下極爲熱心地積極執行其所負職任。

（第八條從略。——譯者註）

海拉爾支部長天野勇。一九四五年三月二十六日。

譯者：一等翻譯員歷史學碩士頗得巴洛娃（簽名）。

---

* 下邊蓋有本報告發送人私章『天野』——譯者註。

15—1808▲

在東京舉行的遠東國際軍事法庭一九四六年

八月二十九日庭審速記節錄

…沙頓先生：其次，控訴方又提出第一七〇六號文件作爲證據。這文件就是『調查日本戰犯在南京所作罪行的總結報告書』。報告書是由南京地方法院檢察長編造。

法庭主席：該文件已按普通手續接受。

法庭秘書：控訴方第一七〇六號文件將註明爲第三二七號起訴文件。

（然後，控訴方第三二七號文件便被接受爲一種證據）。

沙頓先生：經法庭准許，現在我只宣讀這文件中的一部分…

沙頓先生（宣讀文件）：

『關於其他種種殘忍行爲的詳情。

敵方『多摩』部隊把擒獲的平民運到醫學實驗室去試驗傳染毒血清底效能。這個部隊是最秘密的組織之一。該部隊所殺害的人數是無法確切查明的』。

法庭主席：您不想再供給我們一些關於所謂在實驗室內試驗毒血清效能的證據麼？

這要算是一種完全新奇的事情，我們至今還沒聽到過這點。難道你就只說到這裏爲止麼？

沙頓先生：此刻我們不想拿出關於本問題的補充證據…

證實節錄正確者：

遠東國際軍事法庭上蘇方秘書處主任

維諾格羅朵夫上校法官（簽名）

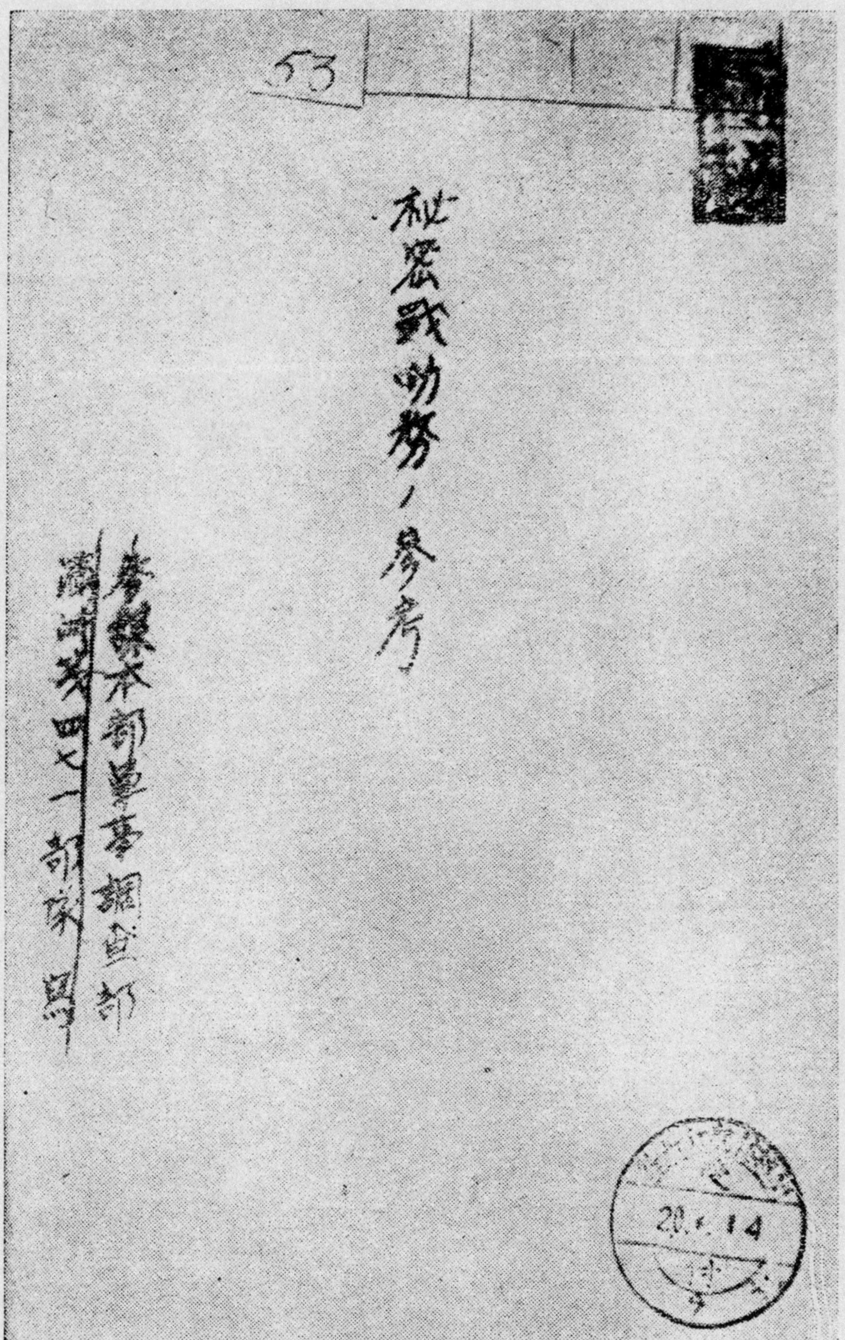

祕密戰勤務指南。封面。

檔案第四八號，第九〇頁。

15*

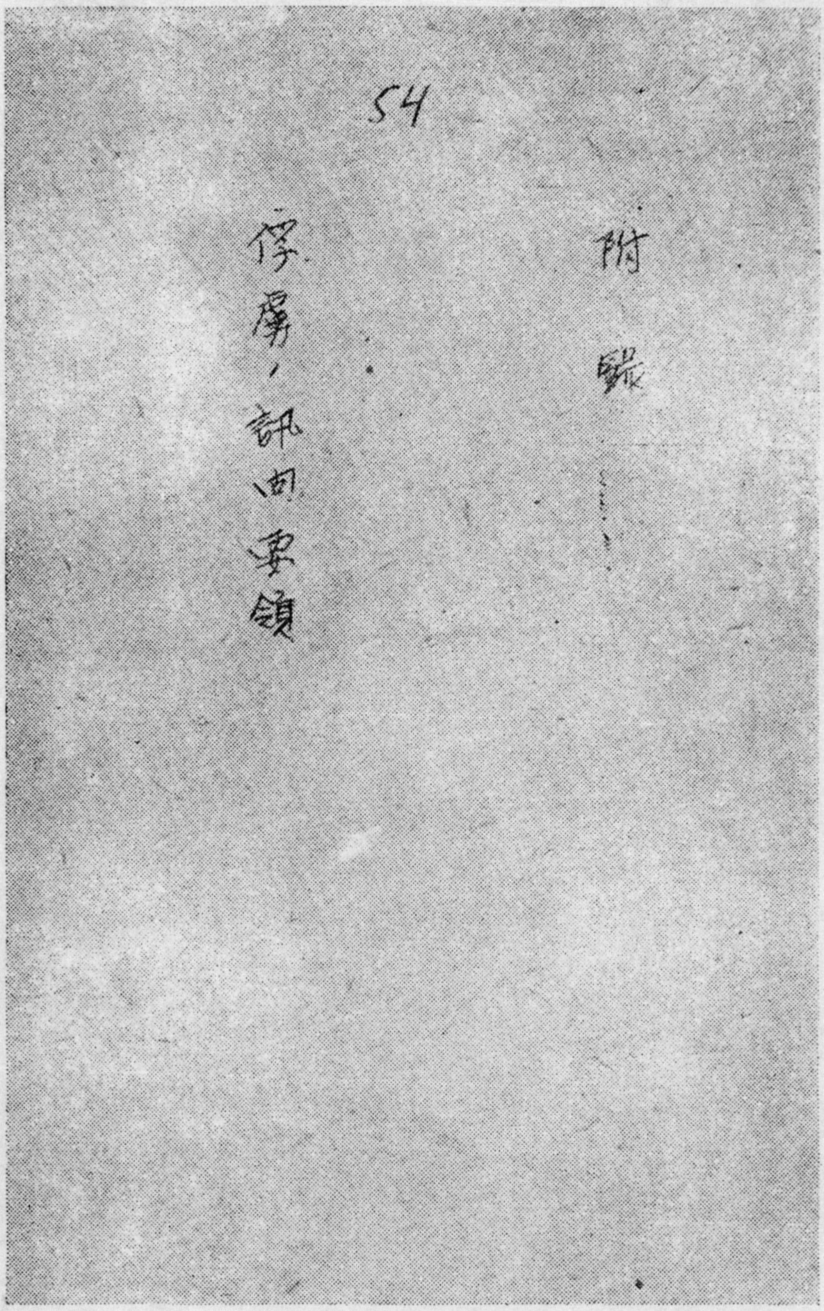

54

附錄

俘虜ノ訊問要領

俘虜審訊大綱。副封面。

檔案第四八號，第一一二頁。

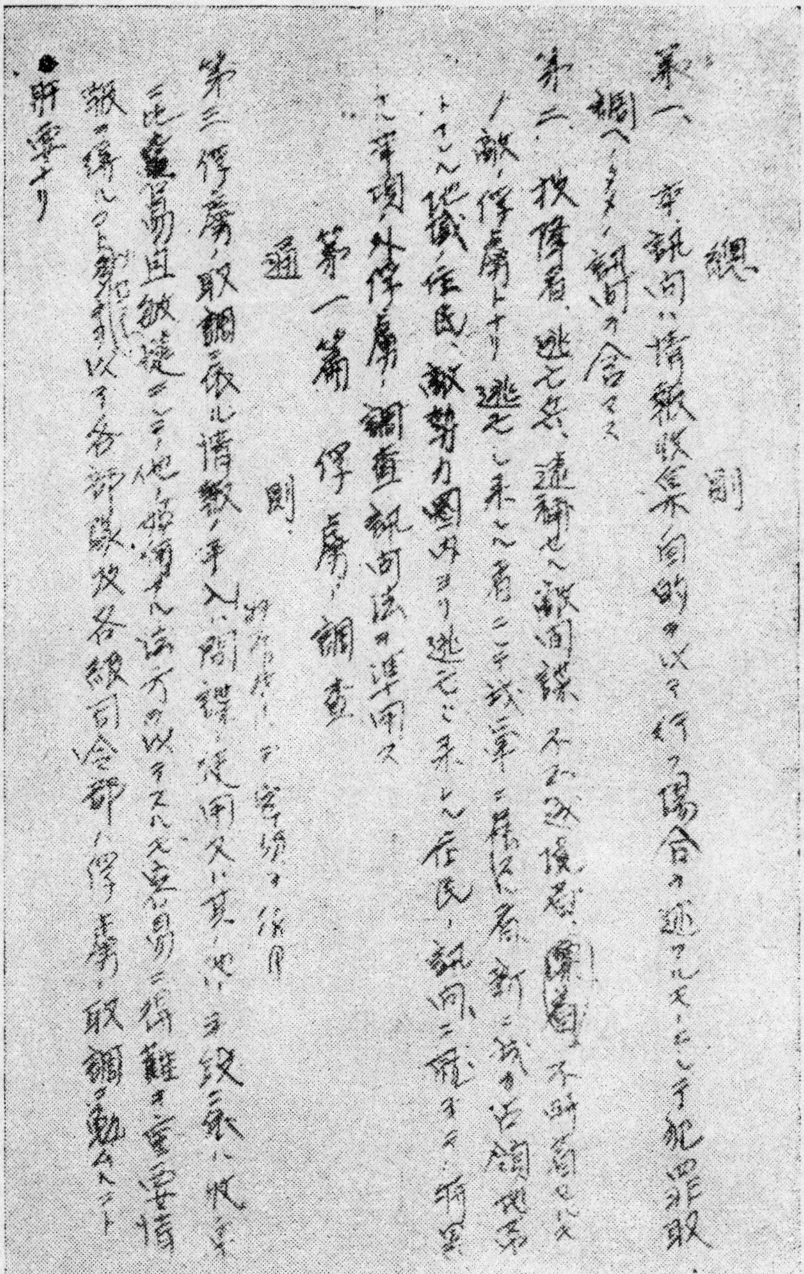

總　　則

第一　審訊ハ情報收集ノ目的ヲ以テ行フ場合ヲ通スルモノトシテ犯罪取調ヘノタメノ訊問ヲ含マス

第二　投降者、逃亡兵、逮捕セル敵間諜、不法越境者、[illegible]、不時着セル敵ノ俘虜トナリ逃亡シ來ル者ニシテ我軍ニ歸スル者、新ニ我カ占領地帯トナル地域ノ住民、敵勢力圏内ヨリ逃亡シ來ル住民ノ訊問ニ應スヘキ將兵ニ於テ本項以外俘虜調査訊問法ヲ準用ス

第一篇　俘虜ノ調査

通　則

第三　俘虜ノ取調ニ依ル情報ノ入手ハ間諜ノ使用又ハ其ノ他ノ手段ニ依ルモノニ比シ容易且敏速ニシテ他ノ方法ヲ以テスルモ容易ニ得難キ重要情報ヲ得ルコト多キヲ以テ各部隊及各級司令部ハ俘虜ノ取調ヲ勵行スヘシ

●所要ナリ

俘虜審訊大綱第一條和第二條。

檔案第四八號，第一一三頁。

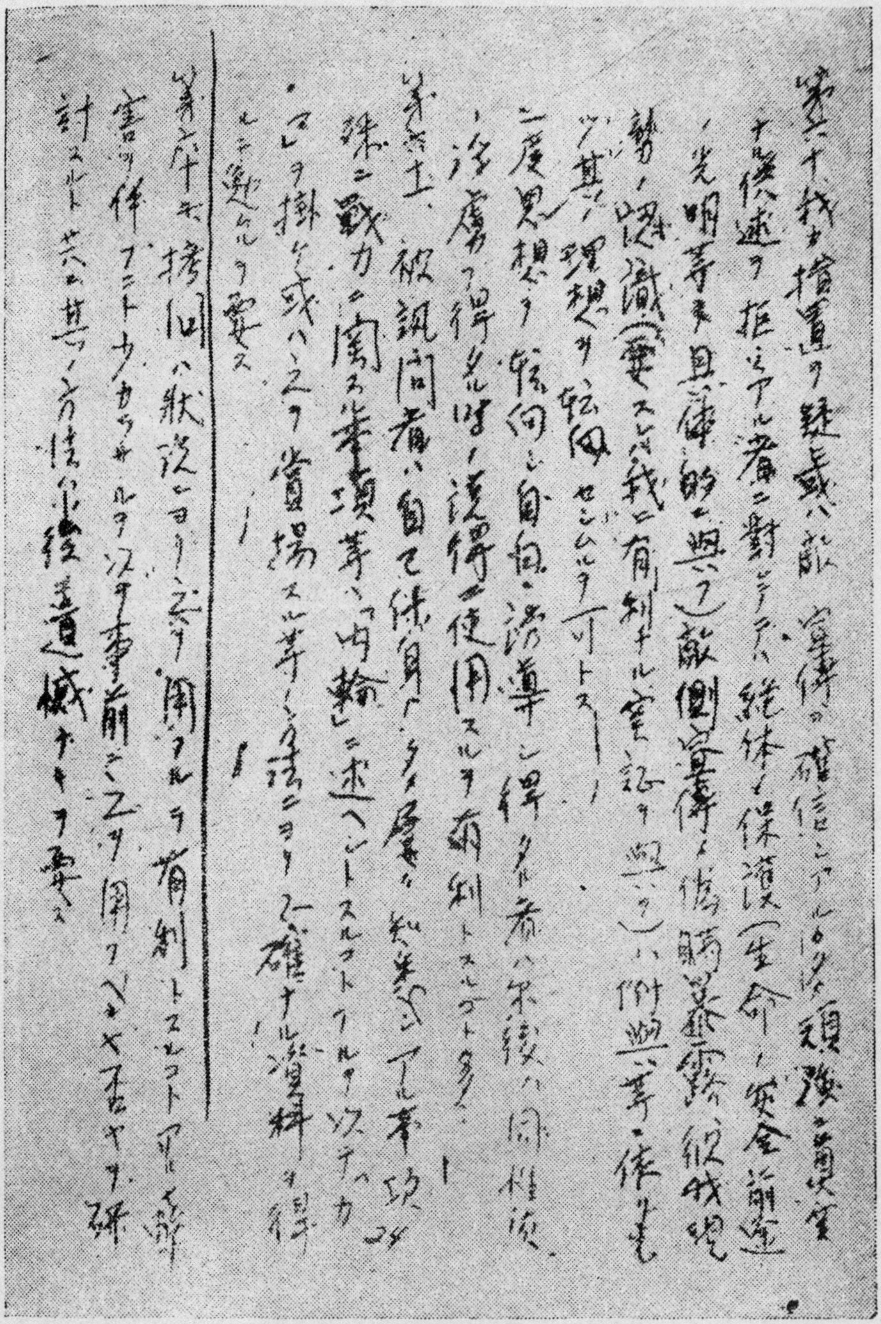

俘虜審訊大綱第六十二條。

檔案第四八號，第一二四頁。

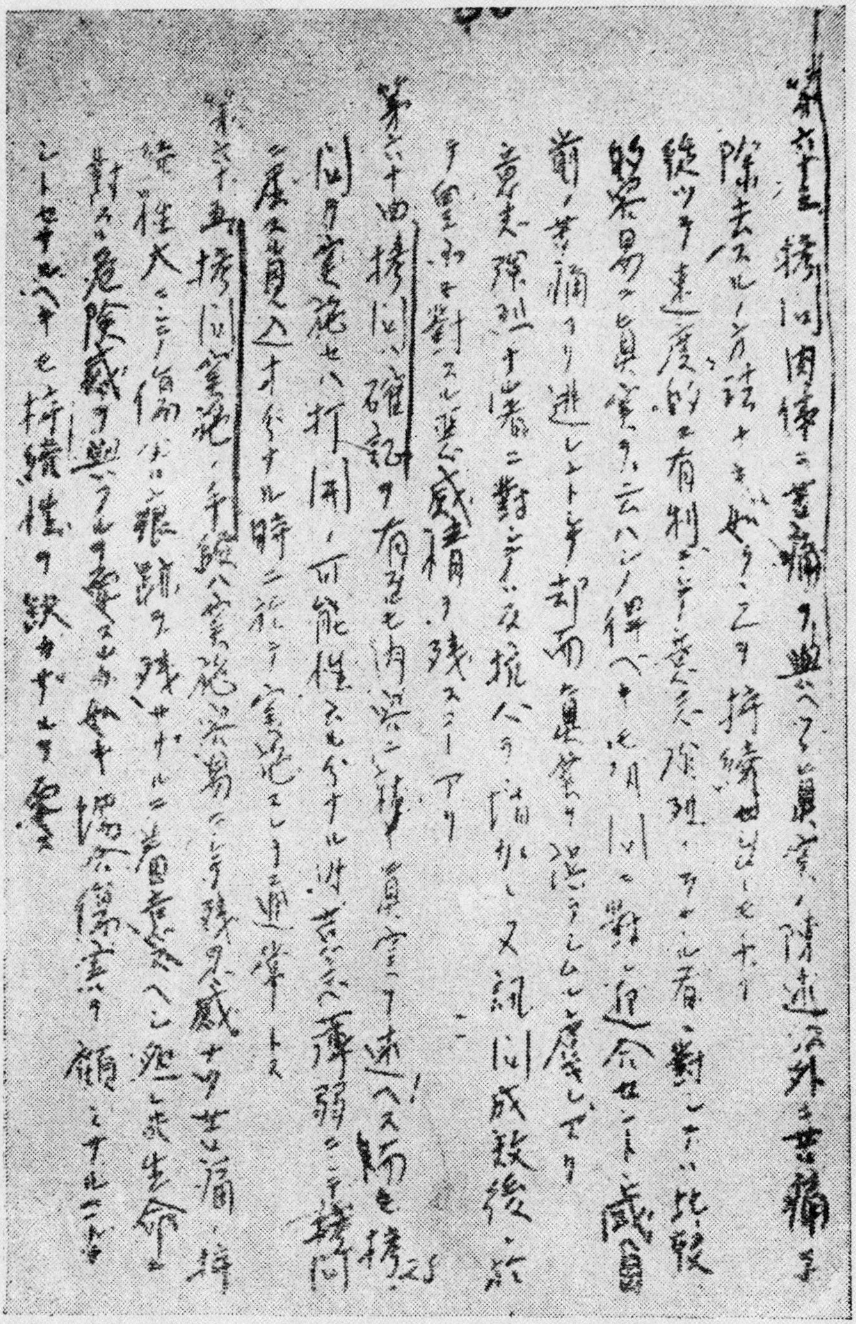

第六十三　拷問ハ間断ナク苦痛ヲ与ヘテ真実ノ陳述以外ニ苦痛ヲ除去スルノ方法ナキ如クシテ之ヲ持続セシムルナリ従ツテ速度的ニ有利ニシテ意志強固ナラザル者ニ対シテハ比較的容易ニ真実ヲ云ハシメ得ベキモ訊問ニ対シ迎合セントスル感情並ニ苦痛ヨリ逃レントテ却而真実ナラザルコトヲ云フコト屢々ナリ意志強固ナル者ニ対シテハ反抗心ヲ増加シ又訊問成功後ニ於テ皇軍ニ対スル悪感情ヲ残スコトアリ

第六十四　拷問ハ確証ヲ有スルモ頑強ニ[illegible]真実ヲ述ベズ[illegible]訊問ヲ実施セバ拷問ノ可能性[illegible]ニシテ拷問[illegible]ナル時ニ於テ実施スルヲ通常トス

第六十五　拷問ヲ実施スル手段ハ実施容易ニシテ残存感ナク苦痛ノ持続性大ニシテ負傷ナク痕跡ヲ残サザルニ留意スベシ然レ共生命ニ対スル危険感ヲ与フルヲ要スルモ傷害ハ[illegible]ナルコトヲ要シ而シテ持続性ヲ欠カザルヲ要ス

俘虜審訊大綱第六十三，第六十四，第六十五條。

檔案第四八號，第一二五頁。

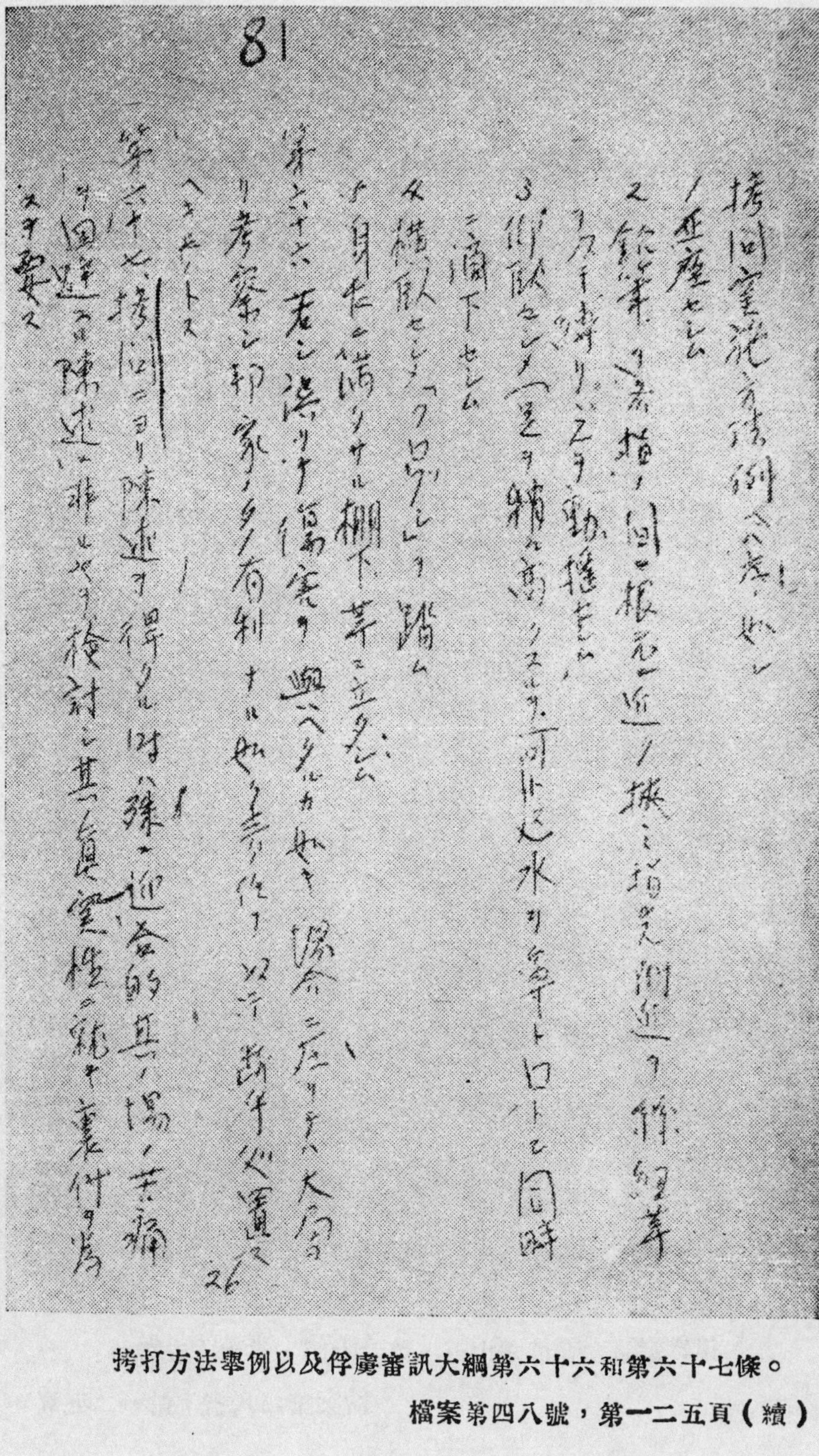

拷打方法舉例以及俘虜審訊大綱第六十六和第六十七條。

檔案第四八號，第一二五頁（續）。

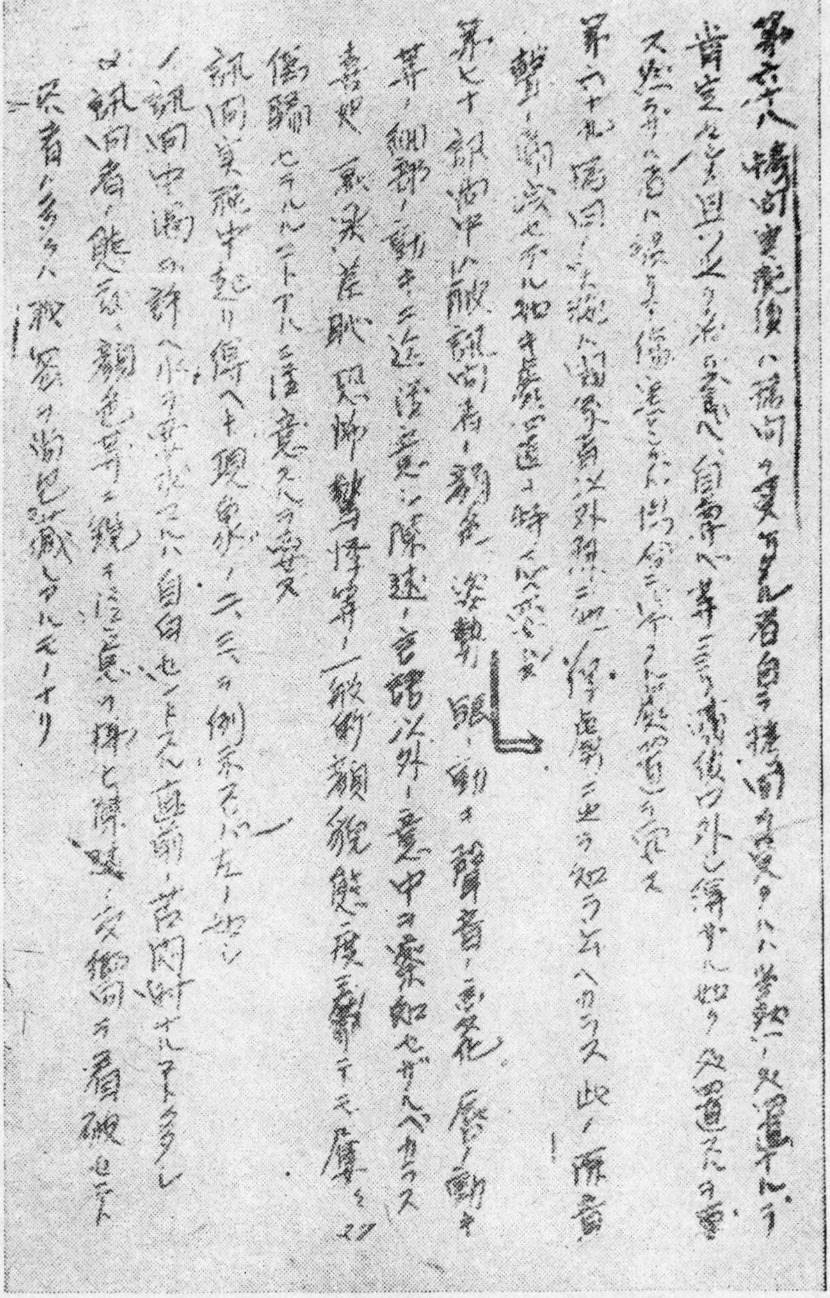

第六十八 訊問実施後ハ訊問ヲ受ケタル者自ラ[illegible]
[illegible]
[illegible]
第六十九 訊問ノ実施ハ訊問者以外[illegible]俘虜ニ知ラレ[illegible]此ノ際音
響ノ漏洩セザル如キ処置ニ特ニ[illegible]
第七十 訊問中ハ被訊問者ノ顔色、姿勢、眼ノ動キ、声音ノ変化、唇ノ動キ
等ノ細部ノ動キニ注意シ陳述ノ言語以外ノ意中ヲ察知セザルベカラズ
喜悦、[illegible]恐怖、驚愕等ノ一般的顔貌態度[illegible]
偽瞞セラルルコトアルニ注意スルヲ要ス
訊問実施中起リ得ベキ現象ノ二、三ヲ例示スレバ左ノ如シ
一 訊問中[illegible]自白セントスル直前[illegible]
[illegible]訊問者ノ態度、顔色等ニ[illegible]
一 兵[illegible]秘密ヲ[illegible]

俘虜審訊大綱第六十八和第六十九條。

檔案第四八號，第一二六頁。

檔案第四八號，第九〇頁，第一一二頁，第一一三頁，第一二四頁，第一二五頁及第一二六頁。『祕密工作員工作指南（第一部分）』包中的文件。牡丹江日本軍事團存件之一。

譯自日文

極祕

第九〇頁。

參謀本部軍事調查部。

滿洲第四七一部隊複寫。

印記：『牡丹江日本軍事團。一九四五年六月十四日收到。收件第九號』。

祕密戰勤務工作指南

第一一二頁。

附錄。

俘虜審訊大綱

第一一三頁。

總　則

第一條。本大綱上所定審訊係以收集情報爲目的，但審訊罪犯一事不包含在內。

第二條。對敵方受俘軍人，投誠兵，被獲敵方間諜，非法越境者，被迫着陸敵機或被迫停泊我方海岸敵艦人員，先前係我方軍人而在被敵方俘虜後逃出者，新被我軍佔領區中居民以及從敵人勢力範圍內逃來的居民等，除特殊問題外，均用預審及審訊俘虜方法實行審訊。

16—1808▲

第一二四頁。

第六十二條。有時因情况需要利於採取拷打辦法，但拷打常常能引起有害的後果，所以在拷打之前，必須周詳考慮是否宜於這樣去作。同時，拷打辦法必須使用得不致造成對我們不利的後果。

第一二五頁。

第六十三條。拷打辦法必須用得持續經久，務使該犯痛得難忍時，只好照實招供。

從速率方面來看，拷打辦法是有利的，因爲此種辦法能比較容易地迫使那些意志薄弱的人供出實情，但同時拷打辦法又含有一種危險，卽受審者也許會爲了免除苦痛，或力求迎合審訊人意旨而歪曲眞情。

對於意志堅強的人，拷打辦法可能增強其反抗意志，並使其在受訊後痛恨我帝國。

第六十四條。對於意志薄弱的人使用拷打辦法，照例要在如下場合，卽甚至分明已有證據而被訊問者仍不肯說出實情，同時又有完全根據斷定此人受到拷打就會照實招供。

第六十五條。　必須使拷打辦法容易實施，務使受刑人所受痛苦不致引起憐憫心，使在拷打後不會留下任何傷害痕跡。但在必須使受審者焦慮到有喪失生命危險的場合，也可不去顧及被審訊者可能受到傷害，不過要作得不致失去繼續審訊的可能性。

可以舉出下列各種拷打辦法：

（一）強使受審者挺直坐着，不能絲毫轉動。

（二）在各手指間離手指根不遠處，各放上一支鉛筆；然後用細索把各手指頭尖合纏起來，搖動這些手指。

（三）把受審者放得臉面朝天（雙脚稍微墊高一些），然後把水同時灌到他的鼻子和口裏去。

（四）把受審者側倒在地板上，然後用脚去踩他的踝骨。

（五）把受審者放在一個很低的頂板下，使他站着時不能伸直腰幹。

第六十六條。當受審者偶然受傷時，務必估計到一般情況和邦國利益，親自負起責任來斷然處置之。

第六十七條。因使用拷打辦法所獲得的口供，必須加以檢查，看這種口供是否係因力圖避免痛苦和迎合審訊者意旨才說出的；在此種場合，需要有證實口供的某種證據。

第一二六頁。

第六十八條。在使用拷打辦法之後，務必說服受過拷打的人，說對他施行拷刑是一種完全合理的手段，或者設法使他因受自尊心和名譽心等等所驅策，事後不致說出這件事情來。對於那些不可希望能做到這點的人，就要用上述那種對偶然受傷者採取的斷然手段去處理。

第六十九條。實行拷打辦法一事，除當事者外，其他任何人都不應當知道。決不能讓其他俘虜知道。務須設法不使叫聲讓旁人聽到*。

譯者：一等翻譯員歷史學碩士
頗得巴洛娃（簽名）

* 其餘原文，譯時從略。——譯者註。

被告和證人在法庭上的供詞

庭審記錄

一九四九年十二月二十五至三十日　　　　伯力城

濱海軍區軍事法庭——

由少將法官契爾特科夫任審判長，上校法官伊里尼茨基和中校法官沃羅比耶夫任審判員，中校法官舍爾巴科夫任後備審判員，科爾金上尉和瓦拉弗科中尉任書記，經國家公訴方代表者三級國家司法顧問斯米爾諾夫以及被告方辯護人柏洛夫（替被告人山田辯護），山尼科夫（替被告人梶塚辯護），茲維列夫（替被告人高橋辯護），波羅維克（替被告人川島辯護），波加切夫（替被告人佐藤辯護），魯克楊傑夫（替被告人柄澤及尾上辯護），波爾霍維金諾夫（替被告人西俊英及平櫻辯護），普羅珂坪科（替被告人三友、菊地及久留島辯護）等律師參加——

在伯力城公開舉行的庭審會上審理了山田乙三，梶塚隆二，高橋隆篤、川島清，西俊英，柄澤十三夫，尾上正男，佐藤俊二，平櫻全作，三友一男，菊地則光及久留島祐司被控一案。

十二月二十五日午前十二點鐘，審判長宣佈庭審會開幕。

審判長宣佈說，正待審理的是山田乙三，梶塚隆二，高橋隆篤，川島淸，西俊英，柄澤十三夫，尾上正男，佐藤俊二，平櫻全作，三友一男，菊地則光及久留島祐司因犯蘇聯最高蘇維埃主席團一九四三年四月十九日法令第一條所定罪狀被控一案。

書記報告說，所有在受審前被拘禁的諸被告，均已押解到庭候審。

審判長向各被傳到庭的翻譯員彼爾棉科夫，金，茨非洛夫，白科夫，奧柯洛得尼科夫等說明他們在庭審時的責任，然後又預告各位翻譯員說，如有故意訛翻卽應按蘇俄刑法第九五條治罪，隨卽從各翻譯員手中收取各自關於此點簽押的字據。

審判長開始檢點各被告是否均已在場候審，當時各個被告相繼對審判長所發問題回答如下：

山田：山田乙三，一八八一年生在東京，將軍，一九〇二年在士官學校畢業，一九一二年在陸軍大學畢業，從一九〇三年起在日本軍隊中服務，最後的職務是日本關東軍總司令。一九四五年被蘇軍俘獲。

公訴書我已收到。

梶塚：梶塚隆二，一八八八年生在田尻町城，一九一四年在東京醫科大學畢業，醫生，軍醫中將，從一九一四年起在日本軍隊中服務，最後的職務是關東軍醫務處長。一九四五年九月被蘇軍俘獲。

公訴書我已收到。

高橋：高橋隆篤，一八八八年生於秋田郡百合縣本莊城，一九二八年在帝國大學農業系畢業，醫生，獸醫中將，從一九一五年起在日本軍隊中服務，最後的職務是關東軍獸醫處長。一九四五年九月一日被蘇軍俘獲。

公訴書我已收到。

川島：川島清一八九三年生於千葉郡山武縣蓮沼村，曾在醫科大學畢業，醫生，軍醫少將，從一九一六年起在日本軍隊中服務，最後的職務是日本關東軍第一戰線司令部軍醫處長，一九四五年八月二十日被蘇軍俘獲。

公訴書我已收到。

西：西俊英，一九〇四年生於鹿兒島郡薩摩縣樋脇村，曾在東京醫科大學畢業，醫生，軍醫中佐，從一九二七年起在日本軍隊中服務，最後的職務是關東軍防疫給水部訓練科科長並兼任該科駐孫吳城支隊長。一九四五年九月被蘇軍俘獲。

公訴書我已收到。

柄澤：柄澤十三夫，一九一一年生於長野郡小縣豐里村，曾在東京醫科大學畢業，醫生，軍醫少佐，從一九三三年起在日本軍隊中服務，最後的職務是日本關東軍第二軍團軍醫處工作員。一九四五年九月一日被蘇軍俘獲。

公訴書我已收到。

尾上：尾上正男，一九一〇年生於鹿兒島郡出水縣米津町城，曾在東京醫科大學畢業，醫生，軍醫少佐，從一九三二年起在日本軍隊中服務，最後的職務是日本關東軍第七三一部隊第六四三支隊長。 一九四五年八月十七日被蘇軍俘獲。

公訴書我已收到。

佐藤：佐藤俊二，一八九六年生於愛知郡豐橋城，一九二三年在醫科大學畢業，醫生，軍醫少將，從一九二三年起在日本軍隊中服務，最後的職務是關東軍第五軍團軍醫處長。一九四五年八月間被蘇軍俘獲。

公訴書我已收到。

平櫻：平櫻全作，一九一六年生於石川郡金澤城，在東京醫科大學獸醫系畢業，獸醫，獸醫中尉，從一九三九年起在日本軍隊中服務，最後的職務是日本關東軍第一〇〇部隊工作員。在一九四五年九月間，被蘇軍俘獲。

公訴書我已收到。

三友：三友一男，一九二四年生於琦玉郡秩父縣原野村，曾在農業學校畢業，無專門知識，軍曹，從一九四一年八月起在日本軍隊中服務，最後的職務是日本關東軍第一〇〇部隊工作員。一九四五年八月十五日被蘇軍俘獲。

公訴書我已收到。

菊地：菊地則光，一九二二年生於愛媛郡，受過九年級教育，曾在農業學校畢業，從一九四三年起在日本軍隊中服務，上等兵，最後的職務是日本關東軍第七三一部隊第六四三支隊衛生兵。一九四五年八月間，被蘇軍俘獲。

公訴書我已收到。

久留島：久留島祐司，一九二三年生於香川郡小豆縣苗羽村，受過八年級教育，沒有受過專門教育，在日本軍隊中最後担任的職務是日本關東軍第七三一部隊第一六二支隊衛生兵。一九四五年八月二十三日被蘇軍俘獲。

公訴書我已收到。

審判長宣佈法庭人員姓名，然後就訊問各當事方，問他們關於法庭人員人選及法庭書記人選有無反對意見，國家公訴人、辯護人及被告人聲明說，他們關於法庭人員人選及法庭書記人選並沒有什麽反對意見。

審判長訊問諸辯護人和被告人，問他們關於國家公訴人人選有無反對意見。辯護人及被告人回答說他們關於國家公訴人人選並沒有什麽反對意見。

審判長訊問各當事方，問他們關於翻譯員人選有無反對意見。國家公訴人、辯護人及被告人回答說他們關於翻譯員人選並沒有什麽反對意見。

書記報告說，被傳並且已經到庭的有下列證人：田村正、小關重雄、佐木幸助、瀨越健一、倉原一悟、橘武夫、古都良雄、金澤一久、堀田鐐一郎、三根生清泰、齋藤正輝、福住光由、桑原明、櫻下清、畑木章、三品隆行等人。

審判長檢點到庭證人是否確實，當時各證人對審判長所發問題回答如下：

田村：田村正，一九〇五年生，大佐，關東軍司令部幹部部長。

小關：小關重雄，一九二一年生，日本關東軍第七三一部隊中的僱員。

佐木：佐木幸助，一九二一年生，伍長，在日本軍隊中當過普通兵士。

瀨越：瀨越健一，一九二〇年生，中尉，藥劑師。

倉原：倉原一悟，一九一五年生，軍曹，哈爾濱憲兵隊中的工作員。

橘武夫：橘武夫，一八九六年生，憲兵大佐，滿洲國政府憲兵事宜顧問官。

古都：古都良雄，一九二四年生，第七三一部隊孫吳支隊訓練班學生。

金澤：金澤一久，一九一七年生，軍醫大尉，第七三一部隊第六七三支隊第一部部長。

堀田：堀田鐐一郎，一九二〇年生，軍需少尉，第七三一部隊海拉爾支隊工作員。

三根生：三根生清泰，一九二二年生，第七三一部隊第六四三支隊中的僱員。

齋藤：齋藤正輝，一九一七年生，第七三一部隊第六四三支隊中的僱員。

福住：福住光由，一九二四年生，獸醫少尉，第一〇〇部隊中的醫官。

桑原明：桑原明，一九二七年生，第一六〇部隊中的僱員。

櫻下：櫻下淸，一九二一年生，第一〇〇部隊中的僱員。

畑木：畑木章，一九二四年生，第一〇〇部隊中的僱員，後來在軍隊中當過普通兵士。

三品隆：三品隆行，一九〇三年生，大佐，第三十九師參謀長。

審判長向各證人解釋他們在庭審時的責任，然後就預告各證人說，若拒絕供述或顯係僞供即應按蘇俄刑法第九二及第九五條治罪，當即從各證人手中收取各自關於此點的簽押字據，隨後就命令法庭守衛長把各個證人從法庭會場裏引走。

審判長宣佈說，被傳到庭的有如下法庭醫學檢驗人：蘇聯醫學研究院大學士茹科夫——費勒什尼科夫、軍醫上校克拉斯諾夫、伯力醫科大學細菌學系主任科薩列夫教授、同一學系助教里甫金娜、獸醫中校亞歷山大洛夫、微生物學家科兹洛福斯卡婭。

審判長訊問各當事方，問他們關於檢驗人人選有無反對意見。國家公訴人、辯護人及被告人回答說，他們關於檢驗人人選並沒有什麽反對意見。

審判長向各檢驗人說明他們在庭審時的責任，然後就預告各檢驗人說，若故意作出虛僞結論，即應按蘇俄刑法第九五條治罪，隨即從他們手中收取他們各自對此點簽押的字據。

審判長訊問各當事方，問他們是否想要申請法庭再傳一些證人和檢驗人或取得他種證據及文件。

國家公訴人和辯護人回答說，他們此刻並無此種申請，不過他們請求給他們保留在庭審進程中提出申請之權。

各被告回答說，他們沒有任何申請。

審判長向各被告解釋，說他們在庭審進程中有權向證人和檢驗人並向其他被告發問題，並可對問題實質發表意見。

在十三點鐘時宣佈休息十五分鐘。

在十三點十五分時，庭審會又宣佈繼續進行。

法庭開始庭審。

審判長宣讀公訴書和軍事法庭預備會議決定。同時又把公訴書經過播音機用日語宣讀一遍。

在十四點五十分時宣佈休息十五分鐘。

在十五點五分時審判會又宣佈繼續進行。

審判長：被告山田，你明白向你宣佈的罪狀麼？

被告山田：明白。

問：你承認你確犯了向你宣佈的罪狀麼？

答：承認。

審判長：被告梶塚，你明白向你宣佈的罪狀麼？

被告梶塚：明白。

問：你承認你確犯了向你宣佈的罪狀麼？

答：承認。

審判長：被告川島，你明白向你宣佈的罪狀麼？

被告川島：明白。

問：你承認你確犯了向你宣佈的罪狀麼？

答：承認。

審判長：被告西俊英，你明白向你宣佈的罪狀麼？

被告西俊英：明白。

問：你承認你確犯了向你宣佈的罪狀麼？

答：承認。

審判長：被告柄澤，你明白向你宣佈的罪狀麼？

被告柄澤：明白。

問：你承認你確犯了向你宣佈的罪狀麼？

答：承認。

審判長：被告尾上，你明白向你宣佈的罪狀麼？

被告尾上：明白。

問：你承認你確犯了向你宣佈的罪狀麼？

答：承認。

審判長：被告佐藤，你明白向你宣佈的罪狀麼？

被告佐藤：明白。

問：你承認你確犯了向你宣佈的罪狀麼？

答：承認。

審判長：被告高橋，你明白向你宣佈的罪狀麼？

被告高橋：明白。

問：你承認你確犯了向你宣佈的罪狀麼？

答：承認。

審判長：被告平櫻，你明白向你宣佈的罪狀麼？

被告平櫻：明白。

問：你承認你確犯了向你宣佈的罪狀麼？

答：承認。

審判長：被告三友，你明白向你宣佈的罪狀麼？

被告三友：明白。

問：你承認你確犯了向你宣佈的罪狀麼？

答：承認。

審判長：被告菊地，你明白向你宣佈的罪狀麼？

被告菊地：明白。

問：你承認你確犯了向你宣佈的罪狀麼？

答：承認。

審判長：被告久留島，你明白向你宣佈的罪狀麼？

被告久留島：明白。

問：你承認你確犯了向你宣佈的罪狀麼？

答：承認。

審判長：法庭要聽聽各當事方的意見，究竟在庭審時期他們認爲應按什麼程序來審理本案。

國家公訴人，你關於這個問題的意見怎樣？

國家公訴人：根據蘇俄刑事訴訟法第二八一條，我提議按如下程序進行庭審：按如下次序開始審問各被告：川島淸，柄澤十三夫，山田乙三，西俊英，梶塚隆二，佐藤俊二，平櫻全作，三友一男，高橋隆篤，尾上正男，菊地則光，久留島祐司。

往後的庭審按如下程序進行：先審問證人田村和古都，隨後向檢驗人發問題，然後審問各個證人：橘武夫，倉原，堀田，瀬越，佐木，小關，金澤，三根生，齋藤，桑原明，櫻下，福住，畑木，三品隆。

然後聽取檢驗人的結論並實行訊問他們。

審判長：各位辯護人，你們關於庭審程序問題的意見怎樣？

辯護人柏洛夫：辯護人並不反對檢察官所提出的庭審程序，而認爲它是可以接受的。

檢察官所提出的庭審程序當卽譯成日語宣佈。

各被告方面沒有提出過反對這種庭審程序的異議。

軍事法庭就地商議後決定：庭審開始是按如下次序審訊各被告：川島淸，柄澤十三夫，山田乙三，西俊英，梶塚隆二，佐藤俊二，平櫻全作，三友一男，高橋隆篤，尾上正男，菊地則光，久留島祐司。

在審訊過各被告人後就審問證人田村和古都。

隨後把法庭，國家公訴人，辯護人及被告各方面向檢驗委員會所提出的相當問題，交付檢驗委員會去解答，然後就審問各個證人：橘武夫，倉原，堀田，瀬越，佐木，小關，金澤，三根生，齋藤，桑原明，櫻下，福住，畑木，三品隆。

然後聽取檢驗委員會的結論，並按既定程序實行訊問檢驗人。

法庭所通過的這一決定當卽譯成日語宣佈。

在下午四點鐘時，審判長宣佈休息到下午七點鐘。

十二月二十五日晚庭審訊記錄

被告川島受審經過

國家公訴人：你是什麽時候在第七三一部隊中服務的呢？

被告川島：我在第七三一部隊中服務，是從一九三九年四月起，至一九四三年三月止。

問：你担任過什麽職務呢？

答：我遵照日本陸相命令在第七三一部隊中担任過總務部部長，同時兼任過該部隊第四部部長職務。

從一九四一年六月起，我就停止執行總務部長職務而担任第七三一部隊第四部卽所謂生產部部長。

在這一整段期間內，我遵照第七三一部隊長的命令，陸續執行過第一及第三兩部部長職務。

問：可見，你幾乎是在該部隊所有一切基本部內都服過務。你任過總務部部長，後來任過第一部卽研究部部長，第三部部長，末了又在很長一個時期內任過第四部部長。是不是？

答：是，對的。

問：那就是說，你是一個很熟悉第七三一部隊機構及工作情形的人。對不對？

答：是，可以說正是這樣。

問：第七三一部隊是遵照誰的命令及在什麽時候成立的呢？

答：第七三一部隊是遵照日皇勅令在一九三六年間成立的。

問：這就是日皇頒佈的那道密令吧？

答：是，正是如此。

問：請你向法庭說說，該部隊在平房站使用的辦公房舍及生產場所，究竟是在什麼時候建築的呢？

答：我記不清楚了，但我記得大概是在一九三六年間建築的，那時頒佈了關於成立第七三一部隊的勅令，並指明了部隊人員數額及要建造的房屋。

問：該部隊中有那幾部是設在哈爾濱，而有那幾部又是設在平房站呢？

答：第三部即防疫給水部和醫院，是設在哈爾濱的；而該部隊的其餘各部，包括第一、第二、第四等部在內，都是設在平房站的。

問：撥發了多少款項作爲第七三一部隊的費用呢？

答：我已記不清楚準確的數目，不過我知道第七三一部隊在一九四〇年間收到的用費共爲一千萬日圓。

問：這一千萬日圓總數中，究竟有多少款項是用在第七三一部隊實驗工作上呢？

答：這點我也記不清楚了，不過據我推測，約有五百萬日圓是花費到實驗工作方面了的。

問：第七三一部隊的人員數額是多少呢？

答：我只記得，據日皇勅令規定，該部隊連同各支隊人員總額約爲三千人。

問：請你對法庭說說，第七三一部隊幹過什麼事情，該部隊所負的眞實任務是什麼？

答：第七三一部隊主要是進行準備細菌戰的科學研究工作。

問：你作出這樣的結論，究竟是根據什麼理由呢，究竟是根據第七三一部隊工作中的那些具體特徵呢？

答：這樣的結論，我是根據該部隊人員成份，根據它所具有的那種設備及其實際工作性質作出的。

問：該部隊所進行的工作，是否是祕密的呢？

答：是的，這種工作是祕密的。

問：第七三一部隊是怎樣守衛的呢？

答：第七三一部隊在平房站的駐屯地，曾遵照總司令命令宣佈爲關東軍特殊軍事地區。在部隊駐屯的地方及其附近，禁止旁外人居住和行走。只有部隊中的人員才能在那裏居住及行走；至於旁外的人，非經關東軍總司令特別允准，不得進入該部隊裏去；禁止飛機經該部隊駐屯地上空飛行。

問：請你向法庭說說第七三一部隊的機構，並請你詳細說明這點。

答：第七三一部隊分爲本部隊司令部及幾個支隊。我先從部隊司令部說起。司令部分爲八部，卽第一部，第二部，第三部，第四部，器材部，訓練部，醫療部及總務部。

問：第一部担任的是什麼事情呢？

答：第一部所負的職能，是進行準備細菌戰的各項主要研究工作。

17—1808▲

問：在所謂『實驗室條件下』用活人進行實驗一舉，究竟是由那一部担任的呢？

答：在實驗室條件下用活人進行實驗一舉，是由第一部担任的。第七三一部隊用來拘禁受實驗者的監獄，也是歸第一部管轄的。

問：第七三一部隊的監獄是設在什麽地方的呢？

答：這個監獄是設在基本房舍構成的四方體中間的。

問：就是說，這個監獄是設在部隊房舍緊閉四方形圈子內部而使旁人無法看見的。是不是這樣？

答：是的，是這樣。

問：這個監獄是設在一座房屋內呢，還是設在幾座房屋內呢？

答：是設在兩座房屋內的。

問：第二部所担任的是什麽事情呢？

答：第二部所担任的事情，是在野外條件下實驗第一部所製造的致命細菌。

問：裝有細菌的炸彈、自來水筆式或手杖式施放鼠疫跳蚤器及其他各種細菌器具，是由哪一部製造的呢？

答：是由第二部製造的。

問：第二部下面設有一些什麽專門性的分部呢？

答：除了我已說過的那項由第二部担任的機能，卽在野外條件下進行實驗之外，該部下面還設立有一個分部，專門繁殖跳蚤，以供傳染鼠疫之用。

問：第二部是由誰主持的呢？

答：在我接任時，第二部是由太田大佐主持的。

問：田中工程師參加過該分部繁殖跳蚤的工作麼？

答：是的，他參加過。

問：安達站附近的打靶場，是歸那一部管轄的呢？

答：當我在該部隊供職時，打靶場並沒有專受什麼一定部的直接管轄，不過這打靶場可說是隸屬於第二部的。無論如何，在這打靶場上進行實驗最多的，是本部隊第二部及其工作人員。

問：在安達站附近打靶場上，是用什麼人來進行實驗細菌的呢？

答：在打靶場上所作的實驗，照例是用活人來進行的。

問：第七三一部隊自備有航空隊麼？

答：是的，自備有。

問：這個航空隊內有過什麼式的飛機呢？

答：據我所知，第七三一部隊內有過重型轟炸機兩架，輕型轟炸機一架或彷彿是兩架，舊式轟炸機兩架和他種舊式飛機數架，此外還有運輸機多架。

問：第七三一部隊的航空隊及飛機場，是歸那一部管轄的呢？

答：歸第二部管轄。

問：細菌炸彈用的磁質外殼，是由那一部製造的呢？

答：是由第三部製造的。

問：第七三一部隊第四部所担任的是什麼事情呢？

答：第四部所負的主要職務，是繁殖和培育細菌，此外它還製造痘苗和防疫血清。

17*

問：你證實說第四部所負的基本任務是大批繁殖致命細菌以供細菌戰之用麼？

答：是的，正是如此。

問：第七三一部隊各個支隊佈置在什麼地方呢？

答：這些支隊都是佈置在靠近蘇滿邊界的地方（讓我從東往西指出這些地方）——首先是林口，其次便是海林站，孫吳城及海拉爾城。

問：爲什麼一切支隊都設立在靠近蘇聯邊界的地方呢？

答：在一旦開始對蘇聯進行細菌戰的場合，這些支隊就應成爲據點，所以這些支隊就佈置在靠蘇聯邊界很近的地方。

問：在德國反對蘇聯的戰爭開始之後，第七三一部隊在工作方面領到過怎樣的指示呢？

答：一九四一年夏季，第七三一部隊長石井曾召集本隊各部部長去開會，他在會議上通知我們，說收到了日軍參謀總長的指示信，其內容約如下述：第七三一部隊在準備細菌戰方面，特別是在大批繁殖鼠疫跳蚤方面，已達到相當成績。鼠疫跳蚤有巨大的戰略意義，因此要在這方面加緊研究工作。同時部隊長向我們訓示，說目前部隊工作中最大弱點之一，就是大批繁殖跳蚤的生產能力很低，因此必須集中全部注意力去大批繁殖跳蚤。

問：據石井說，這是參謀本部底直接指令吧？

答：是的，正是如此。

問：現在我們來考察各個專門問題。你任第四部部長一職的時間有多久？

答：共有兩年。

問：那末，你是明白知道第四部的專門設備及生產能力的吧？

答：是的，我知道。

問：就各種基本傳染病菌說來，第七三一部隊第四部在一月之內能製造出多少細菌呢？

答：這是個相當難答的問題，但我應該說，在充分利用第四部所有生產能力及全部設備的條件下，該部在一個月之內可製造出：鼠疫細菌三百公斤或傷寒症細菌八百至九百公斤，炭疽熱細菌五百至七百公斤，霍亂症細菌達一噸。

問：請你說說第四部所具有的生產設備。

答：第四部內有兩套設備，這兩套設備的生產能力是相同的。

問：第一套設備中用來蒸煮營養液的鍋爐容量怎樣。

答：八具鍋爐的容量各為一噸。

問：就是說，第四部利用一套設備可同時製造出營養液八噸麽？

答：是的，對呀。

問：第二套設備中的鍋爐容量共為多少呢？

答：也是這樣多的容量。

問：第一套設備中共有多少培養室，而第二套設備中又共有多少培養室呢？

答：第一套設備中有五個，第二套設備中有四個。

問：繁殖細菌所用的培養器，是由誰擬製出來的呢？

答：培養器是由石井將軍發明的。

問：石井式培養器在第四部內共有多少具呢？

答：準確數目我記不清楚，但我知道此種培養器數量足夠大批製造細菌之用。

問：你說到可能製造的致命細菌數量時，究竟是根據什麽出發的呢？

答：是根據鍋爐容量，其他各種設備生產能力以及培養器數目出發的。

問：究竟需要多少時間才可繁殖出某一種細菌，如傷寒症菌，霍亂菌，炭疽熱菌及鼠疫菌呢？

答：繁殖鼠疫細菌和炭疽熱細菌需要四十八小時，而繁殖霍亂菌、傷寒症菌及其他各種細菌則需要二十四小時。

問：在一個培養器內每次可繁殖出多少炭疽熱細菌呢？

答：由五十至六十公分。

問：在一個培養器內每次可繁殖出多少傷寒症細菌呢？

答：由四十至四十五公分。

問：鼠疫細菌可繁殖出多少呢？

答：三十公分。

問：霍亂細菌呢？

答：大概是五十公分。

問：第四部製造的細菌是怎麽保藏的呢？

答：若只要短期存放時，就把細菌保藏在冷藏室內。

問：你們把一批一批細菌寄發出去供應對中國居民進行細菌攻擊戰需要時，究竟是怎樣包裝此種細菌的呢？

答：先把細菌裝到特製的瓶子內，每一瓶內可容五十公分。然後把這種瓶子放在用金屬製的盒子內，再把這種盒子裝到內面放有冰塊的特製大箱內，每一口大箱可容幾個盒子。

問：請你把第七三一部隊用以大批繁殖跳蚤的方法及專門設備說明一下。

答：爲大批繁殖跳蚤起見，第二部建設有四處專門的房舍。這種房舍內經常保持着攝氏表零上三十度的溫度。用來繁殖鼠疫跳蚤的，是些高三十公分寬五十公分的鉄盒子。這種盒子內撒有一層米殼來保養跳蚤。當這種準備工作完結後，先把幾個跳蚤放進盒子裏去，並同時放進一個白田鼠供跳蚤滋養，白田鼠被緊緊繫住，不能傷害跳蚤。盒子內經常保持着攝氏表零上三十度的溫度。

問：每一培養器在一個生產週期內能繁殖出多少跳蚤呢？

答：準確數量我已記不清楚，但我記得大約是由十至十五公分。

問：這種生產週期繼續多久呢？

答：兩三個月。

問：在專門繁殖寄生蟲的那個分部內共有多少培養器呢？

答：準確數目我已記不清楚，但我能斷定說有四千至四千五百不等。

問：那就是說，第七三一部隊利用所有全部設備時，在一個生產週期內能繁殖出四十五公斤的跳蚤麼？

答：是的，確實是如此。

問：這種跳蚤是預備在細菌戰開始時幹什麼用的呢？

答：這種跳蚤是預備要染上鼠疫的。

問：亦卽當作細菌武器去用麼？

答：是的，對呀。

問：打算用什麼方法把鼠疫跳蚤當作細菌武器來使用呢？

答：在我服務期間被認爲最有效方法的是從飛機上撒放跳蚤。

問：在到中國遠征時也是從飛機上撒放跳蚤的麼？

答：是的，確實是這樣。

問：這是些染有鼠疫的跳蚤麼？

答：是的。當時利用鼠疫跳蚤在中國進行細菌攻擊的目的，是要引起鼠疫流行病。

問：可見在德國對蘇聯戰爭開始時石井曾下令首先加緊繁殖跳蚤，這樣瞭解是不是對呢？

答：對的。

問：究竟是怎樣把鼠疫傳染到跳蚤身上的呢？

答：先把鼠疫液撒到田鼠身上使其染上鼠疫，然後就用這種田鼠來傳染跳蚤。

問：在你接任之前，第七三一部隊第一部部長一職是由誰担任的呢？

答：是由北川大佐担任的。

問：你就是由他手中接任第一部職務的麼？

答：是，對的。

問：在所謂實驗室條件下用活人進行實驗，就是第一部幹的事情麼？

答：是，對的。

問：被告，請你說說，第七三一部隊究竟是從何處領到活人來進行實驗的呢？

答：據我所知，該部隊從哈爾濱憲兵署那裏領過活人。

問：請你說說，關於第一部用活人進行實驗一事，你知道一些什麽？

答：拘禁在第七三一部隊內部監獄中的犯人，都被利用來進行各種以準備細菌戰爲目的的研究工作。研究工作的性質是設法加強各種致命傳染病細菌的毒害力，探求對活人使用此種細菌的方法。我沒有親自參加過這種實驗，所以我不能說明詳情細節。

問：這種實驗是在什麽地方進行的呢？

答：是在監獄內進行的。除了監獄之外，還有專門用活人進行實驗的實驗室。

問：監獄內同時能夠拘禁多少人呢？

答：由二百人至三百人，但也可能拘禁四百人。

問：在一年期間送到該部隊監獄裏去的人數計有多少呢？

答：我不知道關於這點的統計材料和準確數字，但每年大約有四百至六百人。

問：當某一被拘禁的人染上某種細菌之後，部隊附設的監獄內醫療過他沒有呢？

答：醫療過。

問：而他痊癒後又有過什麽遭遇呢？

答：在把他醫療好之後，通常是又用他去進行別種實驗。

問：這樣一直幹到那人死時爲止麼？

答：是的，正是這樣幹法。

問：每一個落到第七三一部隊監獄內的人都不免要死掉麼？

答：是的，正是這樣。在我所知道的這監獄存在的整個期間內，沒有哪一個被拘禁的人是從那裏活命出來了的。

問：受過這種殘忍實驗的人，是屬於什麼民族呢？

答：主要是中國內地人和滿洲本地人以及少數俄國人。

問：在受實驗的犯人中間有過女子沒有呢？

答：有。

問：當你於一九四一年四月間視察監獄時，你在那裏看見過女子麼？

答：看見過。

問：這些女子是屬於什麼民族呢？

答：我想她們都是俄國人。

問：在被拘禁的女子中間有過帶孩子的女子麼？

答：這批女子中間有一個女子是帶着一個嬰兒的。

問：她是同嬰兒一起被押到第七三一部隊監獄的麼？

答：我聽說她是在監獄內生下孩子的。

問：這個女子也是沒能活命出獄麼？

答：當我在部隊內服務時是這樣的，所以這個女子的遭遇正是這樣。

問：你還記得關東軍軍需處長古野將軍及關東軍副參謀長綾部將軍視察第七三一部隊的情形麼？

答：我記得。

問：關東軍司令部中這兩位高級官佐視察過第七三一部隊所有一切房舍以及部隊內部監獄麼？

答：是的，視察過。

問：第一部在用活人進行實驗時多半是試驗什麽傳染病菌呢？

答：主要是試驗鼠疫。

問：除了在實驗室條件下進行實驗之外，第七三一部隊還用活人進行過別種實驗麽？

答：是的，在野外條件下進行過。

問：這種實驗是在什麽地方進行的呢？

答：是在安達站附近特設的打靶場上進行的。

問：請你把你關於這種實驗所知道的一切都一一說出吧。

答：在安達站附近實驗裝有鼠疫跳蚤的『石井式』磁殼炸彈效能一舉，是在我剛被調到第七三一部隊來供職以後不久，卽在一九四一年夏天進行的。

問：請你繼續說下去。

答：用來進行實驗的場所曾嚴加衛護，禁止行人通過。場所週圍設置有特別的崗哨，專門守衛這個地方，不許任何一個旁外的人進到那裏去。

在這種實驗時用來進行實驗的十五個人，從部隊內部監獄運到之後，就被綁到實驗場上專門栽入地裏的柱子上。爲使飛機容易發現目標，卽易於找到打靶場起見，所以在打靶場上插有許多小旗並放起一簇烏煙。一架特備的飛機由平房站方面飛來了。飛機飛到打靶場上空時，投下了二十來枚炸彈，這些炸彈離地一百至二百公尺高的空中全都爆炸，於是裝到炸彈內面的鼠疫跳蚤就落到了地面上。當時鼠疫跳蚤散滿了整個打靶場。

擲下炸彈後又等候過相當長久的時間，讓跳蚤能盡量散開而傳染到受實驗的一些人身上。隨後對這些人施行過一種消毒手續，就用飛機把他們送到第七三一部隊設在平房站的內部監獄去，在那裏對他們加以監視，看他們是否染上了鼠疫。

關於此種實驗的結果，我要說出如下一點：我從負責主持此種實驗的領導人太田大佐口中知道，這次實驗沒有達到良好結果，因爲當時溫度太高，致使跳蚤所起的作用很低微。這就是我關於那次實驗情形所能說明的一切。

問：關於舉行這次實驗的命令是由誰擬定的呢？

答：這一命令是第二部部長擬定的。我以總務部部長，卽以部隊祕書處主任資格看過這一命令，並把它呈交部隊長去批准。部隊長批准了這命令。

問：在打靶場那裏實驗得最多的是那幾種細菌呢？

答：是鼠疫細菌。

問：你現在還證實你在預審時供認說你們曾用細菌武器反對過中國的那些話麼？

答：我證實我這些話。

問：請你說說你們屢次到中國去進行遠征的情形。

答：我首先就要說明我在第七三一部隊內服務的那個時期的情形。當時第七三一部隊在一九四一年間有一次而在一九四二年又有一次派隊伍到華中去過，在那裏用致命細菌武器反對過中國軍隊。

問：請你繼續講下去。

答：我已說過，第一次遠征是在一九四一年夏季舉行的。第二部部長太田大佐有次通知我說，他要到華中去，並且他當即與我告別。過後不久，他回來時又對我說過，在華中洞庭湖附近的常德城一帶，曾用飛機向中國人投放過鼠疫跳蚤。這樣，據他所說，就算是舉行了一次細菌攻擊。

此後太田大佐向第七三一部隊長石井做過一次報告，他做報告時有我在場。據他報告說，第七三一部隊派出的遠征隊在常德一帶用飛機投放過鼠疫跳蚤，結果發生了鼠疫流行病，有相當數量的人染上了鼠疫病，但究竟有多少人，我却不知道。

問：第七三一部隊內有多少工作人員參加過這次遠征呢？

答：約有四五十人。

問：在一九四一年舉行這次遠征時，是用什麼辦法把鼠疫傳染到地面上的呢？

答：當時用的是從高飛的飛機上撒放鼠疫跳蚤的辦法。

問：究竟是用的投擲細菌炸彈的辦法，還是用的從飛機上撒放跳蚤的辦法呢？

答：是用的撒放跳蚤的辦法。

問：關於第七三一部隊在一九四二年派遣遠征隊到中國去一層，請你把你所知道的情形一一說出來。

答：在一九四二年六月間，第七三一部隊長石井中將召集部隊全體指揮人員會議，當時他向我們宣佈，說很快就要派遣遠征隊到華中去，以期探究使用細菌武器的最好方法。這個遠征隊是遵照日軍參謀本部所下命令組織起來而派走的，其主要任務是要研究所謂地面傳染方法，即在地面上施放細菌的方法。隨後關東軍總司令就下令責成專門派遣一個遠征隊到華中去。

根據這一命令，第七三一部隊長石井中將又召集本部隊全體指揮人員會議，當時他向我們說明應怎樣具體舉行這次遠征，並責成第二部部長村上中佐去擬定進行這次遠征的計劃。這個遠征隊的人數規定爲一百至三百人。決定要採用的細菌，是鼠疫菌、霍亂菌及副傷寒症菌三種。

從六月底到七月初的期間，該遠征隊分成好幾個小隊乘坐飛機和火車抵達駐屯在南京的『榮』字部隊。

這個遠征隊的細菌攻擊動作，應與日軍在華中浙赣一帶的動作同時舉行。動作期間原定於七月末。但因日軍在浙赣一帶採取的戰略退却式的動作稍微遲了一點，所以這次細菌襲擊動作是在八月底舉行的。 第七三一部隊派往華中的這個遠征隊是以『榮』字部隊爲基地，並在那裏建立了一些據點。

這次細菌攻擊動作，是要在玉山、金華及浦江一帶舉行的。在這一動作完畢後，我才知道當時是用撒放方法對中國人施行了鼠疫、霍亂及副傷寒症細菌攻擊。鼠疫細菌是用跳蚤散佈的，而其餘的細菌，則是直接將其放到蓄水池、水井、河流等等中去的方法散佈的。我知道這次細菌攻擊動作是完全按照計劃進行而完全成功了的，但關於這次動作的詳細結果，我是不知道的；我從石井中將口中知道，這次動作是成功了的。

問：在準備一九四二年的遠征時，第四部執行過什麼任務呢？

答：當時第四部所執行的任務，是供給第七三一部隊派出的遠征隊以各種細菌；此種細菌培製有一百三十公斤，隨即用飛機送到華中去了。

問：請你具體說說，第四部究竟是培製了一些什麼細菌呢？

答：我們只培製了副傷寒症和炭疽熱兩種細菌。

問：你親自讀過梅津將軍在一九四二年間責成派遣遠征隊到中國內地去的命令麼？

答：是的，我讀過。

問：關於一九四〇年派遣遠征隊到中國內地去一事，你知道些什麼？

答：石井中將曾拿一份中國醫學雜誌給我看，雜誌上面記述着一九四〇年間寧波一帶發生鼠疫流行病的原因。他把這份雜誌給我看過之後又對我說，第七三一部隊派出的這個遠征隊在寧波一帶從飛機上撒放過鼠疫跳蚤，結果是在那裏引起了鼠疫流行病。

問：石井那次與你談話時怎麼估量過一九四〇年遠征的結果呢？

答：他認爲此次遠征是有成效的。

國家公訴人：我請法庭允許我拿出包含有地圖的第二十卷文件。

（國家公訴人拿出第二十卷文件，接着便把註有標號的地圖交給被告川島過目）。

交給你看的是中國地圖，你在這些地圖上面標明了你們舉行過細菌攻擊的那些地點。你證實說你們正是在中國這些地區內對中國居民施行過細菌攻擊麽？

被告川島：是的，我證實這點。

問：這就是由你畫上有相當記號的那些地圖吧？

答：正是。

問：你證實說正是在這些地區內對中國舉行過細菌攻擊麽？

答：我證實這點。

問：準備細菌戰一舉究竟由於什麽原因不是在日本而是在滿洲進行的呢？

答：因爲滿洲是與蘇聯接壤的地區，所以在戰爭一旦開始時從那裏最容易最方便使用細菌武器。

除此而外，滿洲又是最方便於進行細菌戰武器試驗的地方。

問：究竟爲什麽在滿洲最『方便』進行此種試驗呢？

答：滿洲之所以是很方便的地方，是因爲那裏充分具備有受實驗的材料。

問：什麽是『受實驗的材料』呢？就是那些被送到第七三一部隊裏去進行實驗的活人麽？

答：正是如此。

問：在第七三一部隊內給那些遭受實驗災殃的活人規定過什麼符號式的名稱呢？

答：他們被稱呼爲『木頭』。

問：這些人是按照他們的姓名被拘禁在該部隊內部監獄裏的麼？

答：不是，他們都帶有牌號。

問：所有這些人都必得死掉麼？

答：正是如此。

問：你旣是細菌專家，想必知道散佈致命傳染病菌作爲作戰武器是不免要造成慘酷災禍的吧？

答：是的，我曾瞭解到這點。

問：你曾瞭解散佈鼠疫及他種傳染病菌所引起的慘酷災禍可能殃及各中立國麼？

答：是的，我曾瞭解到這點。

問：你旣是一位醫生，想必是曾瞭解到用活人進行實驗一舉根本不合人道吧？

答：是的，我曾瞭解到這點。

問：你曾有一個時期任過專用活人進行實驗的第一部部長，爾後又担任過大量製造傳染病細菌的第四部卽生產部部長麼？

答：是的，正是如此。

問：你承認自己在這方面的罪過麼？

答：我承認。

國家公訴人：我再沒有什麼問題要問了。

辯護人波羅維克：如所週知，你是從一九一六年起就在日本軍隊中服務的。請你確切說明一下，在軍隊內服務原是你們家裏世代因襲的傳統麼？你的父親幹過什麼，他也是一個軍人麼？

被告川島：我的父親是經營農業的。

問：你在預審時及在這裏軍事法庭審判會上供述時，都曾說那個爾後命名爲第七三一部隊的細菌部隊，是早在一九三六年間成立的。我請你略爲說明一下這一期間內你在日本軍隊中担任的是什麼職務。

答：當時我是在東京近衛師軍醫處內供職。

問：你担任的是什麼職務呢？

答：我担任的是軍醫處副處長一職。

問：你在預審期間及在此地供述時，都說日皇在一九四〇年頒發的勅令上規定要增加第七三一部隊人員數額並擴充其工作規模。我請你說說，你在一九四〇年間担任的是什麼職務。

答：當時我担任第三十八師軍醫處長。

問：那末，據你所說，當第七三一部隊開始成立以及大大擴充工作規模的時候，你還不知道有該部隊存在。我這樣來瞭解你的話，是否正確呢？

答：完全正確。

十二月二十六日早庭審訊記錄

被告柄澤受審經過

國家公訴人：被告柄澤，請你說說，你在第七三一部隊中服務是從何時起至何時止，以及你在那裏担任的是什麼職務呢？

被告柄澤：我在第七三一部隊中服務是從一九三九年十二月起，至一九四四年八月止，主要是在第四部卽生產部担任職務，起初是當該部普通工作員，後來担負生產工作長職務，及至生產分部長鈴木少佐離去後（這是在一九四二年末或一九四三年初的事，我記不淸楚了），我就代替他担任生產分部長職務了。

問：那末，你是在第七三一部隊裏一共服務過五年之久，對麼？

答：對，大約有五年。

問：所以，你是很熟悉第七三一部隊編制及生產部工作情形的吧？

答：是的，我很熟悉第七三一部隊第四部的工作情形。由於我在第七三一部隊中供職很久，所以我同時也大致知道該部隊其他各部所負任務和職能。

問：第七三一部隊担負過一些什麼任務呢？

答：第七三一部隊所負的基本任務，就是積極準備細菌戰爭。

問：該部隊內經常用活人進行實驗，是何目的呢？

答：這樣作的目的是要研究各種細菌及其在細菌戰中的

應用，即研究各種細菌的效力，繁殖和應用細菌的方法，大批製造細菌的方法，以及保存這些細菌的方式。

問：你並且證實說第七三一部隊在中國進行過細菌攻擊麽？

答：是的，我證實這點。

問：你證實你先前說明第七三一部隊第四部是個大批出產細菌戰武器的製造廠的那些供詞麽？

答：是的，我證實這點。我已經說過，第七三一部隊第一部是從事於研究細菌戰方面的種種問題，第二部是從事於研究在野外條件下使用細菌武器的效能問題，第四部是從事於大批生產致命細菌及其保管事宜。

問：在實驗室條件下用活人來作實驗，是由哪一部負責進行的呢？

答：是由第一部負責進行的。

問：用活人來作實驗，究竟是單只在監獄內進行過，或者是也在別處進行過呢？

答：這種實驗是用兩種方式進行過的：旣在監獄內進行過，又在打靶場上進行過。

問：在打靶場上用活人來作實驗，是由第七三一部隊中哪一部進行的呢？

答：是由第二部進行的。

問：我請你說明一下第七三一部隊所有的生產設備及其生產能力和生產細菌的方法。

答：當時我担任的是第四部生產分部長職務，因此我要首先說說這一分部所有的生產設備。

這一分部內用以大批生產細菌的設備，是由兩個系統構成的。我先從第一個系統說起。這種設備首先是一些專門製造供繁殖細菌用的營養液的大鍋爐。這種大鍋爐共有四具，每一具的容量均約爲一噸。先把營養液放到『石井式』的特種培養器內，而後再把培養器放到特種消毒器裏面；這種消毒器共有十四具，每一消毒器內可放置大約三十個培養器。所以，在儘量放滿的條件下，十四具消毒器內可同時放置四百二十個培養器。 爲了使培養器散熱起見，設備有兩個冷藏室。在營養液凝固之後，則進行栽種細菌苗。這種細菌繁殖之後，就將其取下來。專門設備有兩個房間來進行此事。

問：在一個月內培養過多少細菌？

答：在充分利用第四部的生產能力及在良好條件下，理論上在一個月內可培養出鼠疫細菌達三百公斤，但實際上爲此總共只利用過五百個培養器，這五百個培養器在一個生產週內可能培養出十公斤鼠疫病菌，因爲每一個培養器出產量是二十公分。

問：在充分利用全部設備的條件下可能培養出多少傷寒症細菌呢？

答：每月平均由八百到九百公斤。

問：炭疽熱病菌呢？

答：大約六百公斤。

問：霍亂病菌呢？

答：約爲一噸。

問：副傷寒症細菌呢？

答：與傷寒症細菌出產量相等。

問：赤痢細菌呢？

答：與上同。

問：那就是說，在第四部所有一切大鍋爐內一次可製出八噸營養液，對不對？

答：是，對的。第一個系統內爲四噸，第二個系統內也能製出四噸。

問：第七三一部隊各支隊是駐屯在什麼地方呢？

答：第七三一部隊各支隊是駐屯在海拉爾、孫吳以及離牡丹江城很近的林口站和海林站。

問：這些支隊是駐屯在靠近蘇聯邊界的地方麼？

答：是的，正是如此。

問：你親自到這些支隊裏去過麼？

答：我到過每一支隊裏一次。

問：你是負着什麼任務到這些支隊裏去的呢？

答：我到各支隊裏去是要查明那裏有沒有安置生產設備的地方。

問：卽是爲要在每一支隊內大批培養各種細菌麼？

答：毫無疑義，部隊長正是打算要這樣作的。

問：你說的是北野將軍麼？

答：是的。

問：爲什麼當時必須派你到各支隊去視察呢？

答：在我這次出巡之前，部隊長北野將軍向我說明了出巡的目的。第一個目的是要擴增部隊大批製造細菌的生產能力，第二個任務，是由於當時對美國已開始戰爭，爲應付美國航空隊方面的轟炸起見，必須預先把部隊的生產設備分散於各地，以備甚至受到敵機空襲時也不致停止繼續生產。

問：請你說說，第七三一部隊是否進行過考查美國人對於傳染病的抵抗能力呢？

答：我記得這是一九四三年初的事。當時我在瀋陽軍醫院內養病，部隊中一位姓湊的科學工作員前來看我，他對我談到他自己的工作情形，並說他住在瀋陽是要研究美國戰俘對於傳染病的抵抗能力大小問題。

湊是由第七三一部隊專門派到盟軍戰俘集中營裏來考查盎格羅撒克遜人對於傳染病的抵抗能力的。

問：爲此而實行檢驗過美國戰俘血液的性能麽？

答：正是如此。

問：科學工作員打多在一九四三年間幹過什麽事情呢？

答：他到內蒙古去過，在那裏檢驗過蒙古人的血液，也是爲了研究蒙古人對於傳染病的抵抗能力問題。

問：你親自到場視察過用活人進行實驗的情形麽？

答：我兩度參加過在安達站附近打靶場野外條件下用細菌傳染活人的試驗。第一次是在一九四三年末用炭疽熱細菌進行試驗。在這次試驗時使用過十個受實驗的活人。他們被押到打靶場上時，就被綁到彼此相隔五公尺的柱子上，然後就用一枚放到離他們五十公尺遠地方的破片彈施放細菌來傳染他們。這個炸彈是用電流來爆炸的。這次實驗的結果，是一部分受實驗者遭到了傳染。對他們採用過種種辦法後，就把他們送回第七三一部隊中去。後來我從報告中知道，那些用作實驗對象而染上了炭疽熱細菌的活人，都死掉了。

第二次試驗是在一九四四年春季舉行的。這次是試驗鼠疫細菌使用法。傳染辦法就是經過呼吸器管來傳染。這次處置受實驗活人的手段，也是與實驗炭疽熱細菌時一樣。

問：是綁到柱子上麼？

答：是的，正是如此。在離這些受實驗者十公尺遠的地方，放置有一個盛滿鼠疫細菌液的鉄桶。這個鉄桶爆裂了。但據我所知，在這次實驗後查明，傳染沒有成功，病菌沒有通過呼吸器管。

問：培養跳蚤的事情，是由第七三一部隊裏哪一部進行的呢？

答：第二部。

問：是否設立有專門培養跳蚤的分部呢？

答：這種工作是由第二部第三分部進行的。

問：第二部第三分部部長是由誰担任的呢？

答：這分部部長是由科學工作員田中少佐担任的。

問：部隊長石井四郎的長兄所担任的是什麼職務呢？

答：他是管理第一部直屬監獄的。

問：請你把你關於第七三一部隊歷次派遠征隊到中國內地去動作的情形所知道的一切都說明一下。

答：據我所知，第七三一部隊曾有兩次，即在一九四〇年和一九四二年間，派遣遠征隊到中國內地去動作過。

第一次遠征是在一九四〇年舉行的。這是在下半年的事。我的直屬上司即生產分部長鈴木少佐，曾吩咐我們製造傷寒症細菌七十公斤和霍亂症細菌五十公斤。我從鈴木少佐口中知道，這批細菌是爲供給由石井將軍率領到中國內地去的特殊遠征隊而製造的。

我以第四部生產分部一個小隊長資格，担任過保證這個遠征隊以必要數量細菌的工作。同時我還知道該遠征隊隨身帶去了五公斤的鼠疫跳蚤。

我記得，石井將軍率領的那個遠征隊開到了華中漢口一帶，在那裏把鼠疫跳蚤和各種細菌當作武器去實際使用過。

因爲這次實驗是在敵軍領土內進行的，所以實驗結果未能確切查明。

但當時爲了搜集關於此次動作效果的情報，特留下了一個由野崎少佐帶領的專門小隊，結果野崎少佐弄到了幾份記載有關於寧波一帶瘟疫流行消息的報紙。

問：這報紙上記載有什麽消息呢？

答：據我記得，這報紙上寫過，在寧波一帶發生此次瘟疫之前，有數架日本飛機在上空飛過時擲下過某種東西。

問：你親自看見過這段新聞麽？

答：是的，我親自看見過。

第二次遠征是舉行於一九四二年間，約在一九四二年年中。我的直屬上司鈴木少佐曾吩咐我備製一批副傷寒症和炭疽熱細菌，究竟當時把副傷寒症細菌和炭疽熱細菌分別備製過多少，現在我已記不清楚了，但我記得總共爲一百三十公斤。 我們所備製的各種細菌分批用飛機和火車運到第七三一部隊遠征隊基地所在地的南京城去了。

問：遠征隊的這個基地是設在南京『榮』字部隊內麼？

答：是的。我知道『榮』字部隊替這個遠征隊備製過一些細菌，但究竟當時備製了多少以及當時備製的是些什麽細菌，我都已記不淸楚了。此外，我還知道，這個部隊從自己的衛生人員中間分出幾個人去協助過遠征隊。

問：你叙說派到中國內地去的各次遠征隊時，爲什麽不說及一九四一年舉行的那次遠征呢？

答：關於這點，在法庭昨天的晚庭上已經查明了。在一九四一年舉行的這次動作中只使用過鼠疫跳蚤，而我們對於此事旣沒有直接關係，所以未曾對我們說及這點。

問：請你說說，一九四二年派到中國內地去的遠征隊，是由誰率領的呢？

答：這個遠征隊，是由部隊長石井將軍率領的。

問：在這次遠征時期，石井將軍親自到中國內地去過麽？

答：是的，他去過。

問：除他而外，當時部隊領導人員中還有誰到中國內地去過呢？

答：據我知道，參加過這次遠征的還有碇常重中佐，科學工作員田中以及其他等人。

問：關於石井開始用活人進行實驗一層，你知道一些什麽？這種實驗是從什麽時候開始進行的呢？

答：我不淸楚知道，但據我想，這種實驗是在所謂瀋陽事件發生後就立刻開始進行的。

問：石井本人關於此事對你說過什麽沒有呢？

答：我很清楚記得，當我在一九三九年加入這個部隊時，有人向我說過這點。

問：請你說說，當你在第七三一部隊中服務時期，關東軍中有哪些高級官佐到該部隊裏去過？

答：到該部隊去過的有關東軍前任總司令官梅津將軍，有從前是中將而後來昇爲大將的木村參謀長，有宮田中佐即竹田宮，有日本關東軍前任醫務處長軍醫中將梶塚等人。

問：請你說說，你親眼看見過那些受實驗的活人被押到部隊裏的情形麼？

答：我曾執行過部隊値日官職務，所以我曾兩次看見過押送人來的情形。

問：被拘禁到第七三一部隊監獄去的那些人們中間，是否有人生還到外面去過呢？

答：據我所知，沒有人生還到外面去過的。

問：那就是說，所有被監禁的人都死掉了麼？

答：是的，正是如此。

問：當受實驗的人死掉之後，又把他們的屍體送到什麼地方去呢？

答：送到部隊所設的焚屍爐裏去。

問：請你說說，爲什麼每次在打靶場上用活人進行實驗時總有担任第四部工作員職務的你在場呢，究竟你是由於担負有什麼職責而必得去呢？

答：因爲在野外條件下使用的一切細菌都是由我那個分部生產出來的，所以我主持過運送這些細菌到打靶場去的事情。除此而外，我還樂於看看這些細菌的效能究竟怎樣。

審判員伊里尼茨基：在該部隊內用活人進行實驗，究竟是爲了什麽目的呢？

答：進行這種實驗的目的，是要探究最有效力的細菌武器並增強其致命性能。

審判長：被告柄澤，你在十二月六日受審時曾經供稱，說在滿洲建立第七三一部隊一舉乃是日本軍閥準備對蘇聯進行細菌戰的具體表現。你證實你自己這段供詞麽？

被告柄澤：我證實這點。

辯護人魯克楊傑夫：被告柄澤，請你說清楚，你究竟是在何時以及怎樣到日本軍隊去服務的呢？

被告柄澤：我於一九三一年間進東京醫科大學是以陸軍省官費生資格被錄取的，因此我是靠領陸軍省津貼費學習的。這就責成我在該校畢業後必須以軍醫資格去負軍役。

問：請你確切說明一下，爲什麽第七三一部隊長正是委派你到各支隊去調查進行大規模製造細菌所需要的條件呢？

答：我已經說過，我很早就已担任着製造細菌的工作，所以部隊長認爲我對於這一工作很有經驗，最適合於執行此種使命。

問：你現在怎樣估計你在第七三一部隊內担任的那種製造殺人武器的工作呢？

答：從負有治病救人使命的醫生觀點來說，我認爲這是一件很惡劣的事情。

被告山田受審經過

審判長：被告山田，你在日本軍隊中服務期間担任過一些什麽職務呢？

被告山田：我從一九四四年七月到一九四五年八月担任過關東軍總司令一職。

問：在這時以前，你担任過一些什麽職務呢？

答：在一九〇三年間，我被昇爲日軍少尉，而在一九三〇年間，我被昇爲少將。

問：當時你担任的是什麽職務呢？

答：我被昇爲少將以後第一年間是担任騎兵學校教務部部長。

問：爾後你担任的是什麽職務呢？

答：爾後我任過騎兵第四旅旅長。

問：此後又担任什麽職務呢？

答：此後我任過陸軍交通學校校長一年。然後又担任過參謀本部第三處處長職務一年，隨後又担任過參謀本部總務處處長職務一年零一個月。從一九三五年十二月至一九三七年三月間，我任士官學校校長，而從一九三七年三月至同年十二月間，我任過駐牡丹江城（滿洲）的第十二師師長。從一九三八年一月至同年十二月間任第三軍團司令官，當時該軍駐在牡丹江城。　從一九三八年十二月至一九三九年十月間，我在華中任日本派遣軍司令官，該軍司令部當時設在南京。從一九三九年十月至一九四四年七月間，我任日本陸軍訓練總監。在此時期內，我還兼任過最高軍事參議院委員職務，而從一九四三年起又任日本防務司令官。　我說錯日期了，讓我改正一下：從一九四一年八月至同年底，我任日本防務司令官，爾後，即從一九四四年七月起，我任關東軍司令官。

國家公訴人：在你接任前是由誰担任關東軍總司令的呢?

被告山田：是由梅津將軍担任的。

問：被告山田，請你說說，關東軍內有過哪些細菌部隊？

答：關東軍內有過兩個細菌部隊：第七三一部隊和第一〇〇部隊，這兩個部隊都是直接受關東軍總司令節制的。

問：那末，當梅津將軍任關東軍總司令時，細菌部隊是受他節制的，而自從你在一九四四年七月接任關東軍總司令一職時起，細菌部隊就直接受你節制了。是不是這樣呢？

答：正是這樣。

問：不在第七三一部隊服務的旁外人員，例如關東軍的參謀官佐，究竟要得到誰的允准才能到這個部隊的駐紮地點去呢？

答：爲此需要有我的書面允准。

問：你是在什麽時候初次聽到關東軍醫務處長梶塚將軍和關東軍獸醫處長高橋將軍的報告的呢？

答：約在一九四四年七月末。這是他們在我到任後初次作的報告。

問：梶塚將軍和高橋將軍在他們的報告中，對你說過第七三一部隊和第一〇〇部隊內的祕密工作麽？

答：是的，他們兩人都說過。

問：你現今可不可以回憶一下梶塚將軍第一次報告的內容呢？

答：梶塚將軍對我報告了關東軍司令部醫務處所進行的工作，就中他也向我報告說第七三一部隊在進行準備細菌戰的事宜。例如，他曾向我報告，說在第七三一部隊內進行着研究細菌武器和製造細菌武器的工作。

問：請你說說，你在一九四四年八月間巡視過第七三一部隊麼？

答：是的，巡視過。我到達該部隊之後，視察過該部隊全部場所，而特別使我發生深刻印象的是該部隊的產品，即用飛機投放的細菌炸彈，以及超過一切預料的細菌武器製造規模。在第七三一部隊場所近旁有一處飛機場，我記得當時飛機場上停着有輕轟炸機數架，因此當時我就作出了一個結論，認爲該部隊所進行的準備細菌戰工作是處在極高水準上。

問：當你視察該部隊的營舍時，當地人員曾把該部隊內所繁殖的跳蚤擺出給你看過麼？

答：是的，我看見過這種跳蚤，而且我記得當時那裏所培養的這種跳蚤爲數極多。

問：隨同你在該部隊駐紮地點視察的官佐，曾向你報告過該部隊所繁殖的這些跳蚤的用途麼？

答：是的，他們曾向我報告，說這些跳蚤是專供傳染鼠疫細菌用的。

問：你在巡視石井部隊時看見過石井式細菌炸彈模型麼？

答：是的，看見過。

問：這種炸彈是預備供什麽用的呢？

答：這種炸彈是預備供散佈鼠疫跳蚤用的。這種炸彈在必要的高空爆裂後，染有鼠疫的跳蚤就散落下來傳染地面。

問：這種炸彈是在何處實驗的呢？

答：這類實驗是在安達站附近的打靶場上進行的。

問：當你巡視第七三一部隊時，北野將軍向你報告過該部隊各支隊底工作情形麽？

答：是的，報告過。北野將軍曾通知我，說第七三一部隊所有各支隊也在製造供進行細菌戰用的武器。

問：關東軍幹部部長田村大佐曾在一九四五年六月間遵照你的指示去視察過第七三一部隊麽？

答：是的，他在一九四五年六月間巡視過第七三一部隊。

問：田村大佐向誰報告過他這次巡視的結果呢？

答：田村大佐向我做過報告。

問：可見，你根據你所收到的各次情報以及你親身巡視第七三一部隊的結果，原是知悉第七三一部隊和第一〇〇部隊研究及大批製造細菌武器的種種工作情形的，是不是這樣呢？

答：是的，我知道這兩個部隊在進行研究和使用細菌武器的工作。

問：在一九四九年十一月三日的預審時，你曾供稱，說駐紮在滿洲境內的第七三一部隊主要是爲準備對蘇蒙中三國進行細菌戰而成立的。你證實這段供詞麽？

答：是的，我證實。

問：請你說說，細菌武器，是預備用去單祇反對蘇聯的麽？

答：不，不只是反對蘇聯。同時還認定可能使用細菌武器，去反對任何其他敵國和敵軍。

問：你所說的究竟是哪些『其他敵國』呢？

答：具體說來，就是反對美英兩國。曾認定也要用細菌武器反對它們。

問：從這一觀點上看來，駐屯在滿洲的第七三一部隊原是準備對好幾個國家進行細菌戰的中心。是不是這樣呢？

答：是的。

問：從一九四四年七月時起，是由誰指導第七三一部隊進行準備細菌戰及製造細菌武器的活動的呢？

答：是由我即關東軍總司令指導的。

問：在指導第七三一部隊及第一〇〇部隊活動方面，關東軍司令部作戰部究竟是起的什麽作用呢？

答：是在準備細菌戰方面對這兩個細菌部隊施行戰略作戰上的指導。

問：作戰部和偵探部中的某些參謀官佐，例如宮田中佐，究竟是爲着什麽目的常到第七三一部隊去呢？

答：在實現對於該部隊準備細菌戰工作進行的戰略作戰指導時，必需經常知悉該部隊工作情形，爲此目的，即爲了要熟悉情形，就時常派遣過作戰部和偵探部的官佐到那裏去。

問：可見，受你管轄的關東軍司令部作戰部原是經常監

19—1808▲

督過第七三一部隊製造細菌武器的工作，並規定過在作戰方面使用這種武器的具體方法的，是不是這樣呢？

答：是的，正是這樣。

問：請你說說，當你閱覽前任總司令梅津將軍移交下來的文件時，你在他那個保險櫃內沒有發現過『石井式』細菌炸彈的圖樣麽？

答：這只是關於『石井式』細菌炸彈的一篇報告書，上面附有這種炸彈的圖樣。當時我是從作戰部長那裏收到這些文件的，爾後我就把這些文件保藏在自己的櫃子裏。我閱覽過這些文件。

問：你巡視第七三一部隊時親眼看見的『石井式』細菌炸彈模型，是否與附在報告書上的那個圖樣相符呢？

答：是的，完全相符。我記不清楚了，但附在報告書上的炸彈圖樣，與我在該部隊內所看見過的那種炸彈模型，是完全一樣的。

問：請你講講北野將軍在一九四四年秋季向你作的那次報告的內容。

答：我記得這是在一九四四年十月間的事。第七三一部隊長北野少將當時向我報告了試驗和研究用飛機撒放辦法把鼠疫跳蚤當作細菌武器使用的結果。在作報告時放映過說明這點的影片。

問：當北野少將這次做報告時，有誰在場呢？

答：當時在場的有關東軍參謀長笠原中將，作戰部長松村大佐及參謀官宮田中佐。

問：你在一九四九年十二月一日曾經供稱，說北野少將在作報告時陳述了以用鼠疫跳蚤進行細菌戰爲目的的一切實驗和研究工作，你證實你這段供詞麽？

答：我證實這點。

問：第七三一部隊內所製造的那種細菌武器效力，是用什麽方式來檢驗的呢？

答：採用過各種方式，其中有一種就是用活人及牲畜來檢驗細菌武器的方式。

問：你曾知道細菌武器是用對活人作實驗的方式來檢驗的麽？

答：是的，我曾知道這點。

問：田村大佐視察第七三一部隊以後回來時，曾向你報告說該部隊監獄內拘禁有一批預備用來進行實驗的人麽？

答：是的，他曾報告過這層。

問：憲兵隊是直接受關東軍總司令節制的麽？

答：是的，憲兵隊是直接受我節制的。

問：日本駐滿洲各地的軍事團是受關東軍總司令節制的麽？

答：是的，是受關東軍總司令節制的。

問：你知道第七三一部隊用以進行實驗的活人正是從憲兵隊及日本軍事團那裏領到的麽？

答：在預審時拿出各種文件給我看過之後，我才知道第七三一部隊原是從憲兵隊和日本軍事團那裏領到大批活人去進行實驗的。從前我個人以爲送到第七三一部隊去的都是些已被判處死刑的犯人，所以我當時得出了結論，認爲這些人都是由滿洲國法庭判處了死刑的。

問：那末，你是想說，在倘未拿出文件給你看之前，你曾認爲被送到第七三一部隊去殺害的那些人乃是由法庭判處了死刑的犯人，對不對？

答：對，我想說我當時正是這樣瞭解的。

國家公訴人：我請求法庭把一九四三年三月十二日文件攝照本拿出來給被告山田看一下。此項文件保存在案卷第二十一卷，第九〇至九二頁上*。

（當卽拿出該項文件給被告山田過目）

被告山田，交給你看的是關東憲兵隊一九四三年三月十二日命令的攝照副本。請你仔細看看這項文件。被告山田，交給你看的這項文件豈不是證明當時把活人押到第七三一部隊去殺害是未經任何調查及審判的麼？

被告山田：是的。

國家公訴人：我請求法庭把關東憲兵隊關於用『特殊輸送』辦法遣送九十人去殺害的第二二四號命令的副本宣讀一遍。這項文件保存在案卷第十七卷內，第三五至三八頁上**。

審判長：現在就宣讀關東憲兵隊作戰命令第二二四號。同時這一文件將用日語翻譯。各被告可用給他們預備的收音機收聽。

國家公訴人：被告山田，請你說說，這道命令是由關東軍總司令屬下的憲兵隊頒發的麼？

被告山田：這是在我接任關東軍總司令以前由當時關東憲兵隊司令官城倉少將頒發的命令。

* 見本書第一七一頁。

** 見本書第一八九頁。

問：我瞭解這點。但當你已接任關東軍總司令職務時，你是否取消了把活人送往石井部隊去的這種辦法呢？

答：沒有，我沒有取消這一命令，但我曾認爲這命令是個暫時性的，往後就會失效的命令。

問：你曾認爲這是一個暫時性的命令。現在你看過剛才拿出來給你看的這個文件後，是否已確信在一九四三年時經常由關東憲兵隊送人到石井部隊去消滅麼？

答：是的。

問：關東憲兵隊當時是受那在你以前任關東軍總司令的梅津將軍節制麼？

答：是的。

問：田村大佐在一九四五年間向你報告他遵照你的命令巡視第七三一部隊的經過時，是否向你說過在第七三一部隊內部監獄中拘禁有大批預備用來進行實驗的活人呢？

答：是的，田村大佐向我報告過這點。

問：當北野少將向你報告研究細菌武器的情形時，他是否對你說過第七三一部隊內用活人進行實驗的事實呢？

答：是的，他對我報告過這點；可是這次報告究竟是在什麼時候做的，我已記不清楚了。他當時向我作的是關於試驗用飛機撒放鼠疫跳蚤的工作結果的通知，而並不是一個詳細的報告。

問：無論如何，從田村報告中可以分明看出第七三一部隊內的實驗是用活人進行的麼？

答：是的。

問：可見，此地所談到而當梅津將軍任關東軍總司令時在第七三一部隊內所進行的那種殘暴實驗，是在你担任總司令時也進行過的，是不是？

答：是的。

問：請你說說，包括關東軍在內的日本軍隊中究竟採取過哪些使用細菌武器的基本方法呢？

答：據我計算是採取過三種方法：首先是用炸彈投擲的方法，第二是從飛機上直接撒放的方法，最後是在地面上撒放的方法。

問：關東軍內研究細菌戰方法的工作是如何進行的呢？

答：為研究細菌武器使用的方法起見，在關東軍司令部屬下成立有專門委員會，其中人員是參謀長，作戰部長，相當部隊的部隊長以及個別參謀官佐。當委員會把問題肯定解决時，就把解决結果報告給總司令。

問：當關東軍總司令批准某種使用方法或某種武器時，他對於這層是否還要向上級做報告或通知呢？

答：沒有以關東軍總司令名義做過這類報告，但關東軍司令部關於此類問題是向日軍參謀本部作過通知的。

問：關東軍司令部，是否收到過日本陸軍省關於擴增製造細菌武器的指令呢？

答：是的，收到過這樣的指令，據我記得是在一九四五年三月間收到的。

問：軍醫中將石井究竟是因為什麼緣故而又在一九四五年三月間重新被委任為第七三一部隊長呢？

答：這一委任乃是陸軍省和參謀本部所定計劃的具體化。

問：你收到陸軍省指令後，是否吩咐過作戰部長松村大佐設法保證製造細菌並爲第七三一部隊補充必需數量的專門家官佐呢？

答：是的。但關於增派人員一層，我是吩咐幹部部部長田村大佐去辦理的。

問：你在一九四九年十二月六日受審時曾經供稱，說用細菌武器反對蘇聯一舉是預備用飛機傳染蘇聯各個特別重要地區及經過軍事破壞辦法來進行的。你證實你這段供詞麼？

答：是的，我證實。

國家公訴人：我請求法庭把案內證人前關東軍作戰部長，前日本陸軍少將松村的供詞宣讀一下。這段供詞是載在案卷第三卷第九八頁上的。

審判長：軍事法庭就席商議後決定如下：宣讀松村在十二月七日預審時所說出的供詞（案卷第三卷，第九八頁*）。

國家公訴人：松村曾供述說在你任關東軍總司令官時期批准過將來進行細菌戰爭的兩種基本方法，即利用裝有鼠疫跳蚤的『石井式』細菌炸彈的方法和用飛機撒放鼠疫跳蚤的方法，你證實他這段供詞麼？

被告山田：我證實。

問：當時你個人認爲經你批准的進行細菌戰的各種方法中哪一種方法最有效呢？

答：當時我認爲使用細菌武器的最有效方法是用飛機投擲炸彈的方法以及從飛機上撒放鼠疫跳蚤的方法。

---

* 見本書第一三七至一四六頁。

問：你記得關東軍獸醫處長高橋中將關於第一〇〇部隊在北興安省進行細菌偵察情形的報告麽？

答：是的，我記得。

問：松村在預審時曾經供稱，說高橋在這次報告中闡明了自己關於實際使用細菌的意見，就中還說明了他認爲在必要時應該把細菌投到三河區和呼倫池東南一帶水泊內的主張，你證實他這段供詞麽？

答：是的，我證實。

問：在靠近蘇聯地區內進行細菌偵察，是何目的呢？

答：是爲了準備應付可能的戰爭。

問：你從一九三九年十月至一九四四年七月間當過日本陸軍訓練總監麽？

答：是，對的。

國家公訴人：說到這裏，我請求法庭把一九四四年一月間陸軍訓練總監部在日本公佈的那個關於破壞隊陣中教範宣讀一段。該文件保存在案卷第二十二卷內，第二一頁。

審判長：宣讀參謀本部和陸軍訓練總監部於一九四四年一月間頒佈的軍事破壞隊陣中教範（案卷第二十二卷，第二一頁）。

國家公訴人：被告山田，請你說說，該文件是由受你管轄的陸軍訓練總監部擬定的麽？是不是？

被告山田：是的，這個教範是陸軍訓練總監部協同參謀本部擬定的。

問：這個文件豈不是證明你在一九四四年一月間，卽在你受任爲關東軍總司令以前，已經知道有人在使用細菌武器進行軍事破壞麽？

答：是的，正是如此。

問：你是在什麽時候簽署命令要消滅第七三一部隊和第一〇〇部隊的呢？

答：約在一九四五年八月九十兩日。

問：可見只是因爲蘇軍部隊舉行急速進攻，才使第一〇〇部隊和第七三一部隊沒能繼續活動吧？

答：是的，正是這樣。

辯護人柏洛夫：你什麽時候知道這兩個部隊是於一九三五——一九三六年內遵照日皇密令成立的呢？

被告山田：關於此事發生的準確日期，我是從證人與被告人供詞中知道的。

問：你曾能以關東軍總司令資格停止第七三一部隊和第一〇〇部隊的工作並解散這兩個部隊麽？

答：關東軍總司令是無權停止這兩個部隊的工作和將其解散的。

問：你現在怎樣估計你已承認自己確實犯過並因你確實犯過而被提交法庭審判的那些罪行呢？

答：我應該回答說，我認爲我所作的一切都是壞事，讓我更正確一點說，都是很壞的事。

問：我是你的辯護人，可以認爲你這樣回答是意味着你對你所犯的那些罪過表示翻悟麽？

答：是的，我希望人家這樣來瞭解我的回答。

十二月二十六晚庭審訊記錄

被告西俊英受審經過

國家公訴人：被告西俊英，請你說說，你從何時起至何時止在第七三一部隊中服務，担任的是什麽職務？

被告西俊英：從一九四三年一月至一九四四年七月，我任第七三一部隊孫吳支隊隊長。從一九四四年七月至一九四五年七月，我任第七三一部隊訓練部部長。

問：第七三一部隊幹的是什麽事情，該部隊所負的任務是什麽呢？

答：第七三一部隊所進行的大部分工作，都是為了準備細菌戰。

問：第七三一部隊中有哪幾部是從事準備細菌戰的呢？

答：準備細菌戰的事情，是由第一第二第四等部進行的。

問：第七三一部隊曾使用過一些什麽細菌呢？

答：被採納作為武器使用的有鼠疫，炭疽熱及壞疽症三種細菌。

問：這幾種細菌中哪一種是被認為効力最大的呢？

答：鼠疫細菌。

問：該部隊採取過怎樣使用此種細菌武器的方法呢？

答：第一種方法是從飛機上撒放細菌，第二種方法是投擲裝有細菌的磁殼炸彈。

問：曾使用過鼠疫細菌去傳染人麽？

答：是的，在中國境內使用過。

問：你到該部隊去服務時候是由石井將軍當部隊長麼？

答：不是，當時担任部隊長職務的是北野少將。

問：後來北野少將就由石井將軍所代替了，是不是呢？

答：是的。

問：當石井將軍到部隊來接任部隊長職務時，他帶來了關於發展細菌戰武器的什麼指示呢？

答：石井中將接任之後，幾乎每天都對我們說要在鼠疫方面加緊工作。

問：正是說要在鼠疫方面加緊工作麼？

答：是說要在鼠疫及繁殖跳蚤方面加緊工作。 在石井到來以後，由於在部隊面前提出了加緊大量繁殖跳蚤的任務，所以成立了專門訓練班來研究大量繁殖此種寄生虫的問題。

問：這種訓練班中有從各個支隊派來的人員受訓練麼？

答：從每一支隊中派來受訓的有五個人，卽總共爲二十人。

問：請你對法庭說說太田大佐所製造的菓子糖。

答：那並不是什麼菓子糖，而是通常的巧克力，這種巧克力內面包上細菌後就用紙封起來。 這種巧克力應該是圓形的。

問：太田大佐拿這種巧克力的樣子給你看過麼？

答：他把他所製造的巧克力拿出十來塊給我看過。

問：這種巧克力內面放的是什麼細菌呢？

答：太田大佐曾說過，每塊巧克力內放的都是炭疽熱細菌。這種巧克力是預備供進行軍事破壞工作用的。

問：請你說說，關於第七三一部隊實際使用細菌戰武器的情形，你知道一些什麼事實呢？

答：我曾聽說在一九四〇年間使用細菌武器去反對過中國。一九四〇年八月或九月間，我到過北京防疫給水部司令部，在那裏我聽到了關於在華中寧波一帶使用過細菌的消息。

問：你是從誰人方面以及在什麼情況下聽到這點的呢？

答：當我留在北京防疫給水部司令部的時候，那裏收到了由南京防疫給水部司令部交來的一個文件。我從這個文件中知道了在寧波一帶使用細菌的消息。後來，北京防疫給水部部長吉村中佐又通知我，說在中國境內使用的鼠疫細菌是從石井部隊那裏運來的。在一九四〇年九月或十月間，我的友人瀨戶少佐由南京來到北京時通知我，說他是剛才從華中那裏進行過動作後回來的。所以，我是根據三個來源知悉在華中一帶使用過鼠疫跳蚤一事的：第一個來源是瀨戶少佐的通知，第二個來源是吉村的通知，第三個來源是從南京司令部寄到北京司令部的一個文件。

問：請你說說，你在第七三一部隊內親自看見過一些什麼有關於在中國內地進行遠征的情形。

答：我看見過一部說明第七三一部隊所派遠征隊於一九四〇年間在華中一帶動作情形的紀實影片。起初在銀幕上映演的，是裝有染上鼠疫跳蚤的器皿怎樣安置到機身下面去。隨後映演的，是撒放器怎樣安置到飛機翅膀上去。接着就是一段解釋，說明這一器皿內盛有鼠疫細菌。然後就表明有四五個人坐上飛機，但究竟這幾個人是誰，我却不知道。接着飛機就飛向空中，隨後又是一段解釋，說明飛機向敵人方面飛行。然後那架飛機就飛到了敵軍上空。隨後幾副鏡頭是表示飛機動作，中國軍隊移動及中國村莊情景的。接着就出現有一股煙氣脫離飛機翅膀向下墜去。隨後就有一段解釋，說明這股煙氣乃是撒放到敵軍頭上的鼠疫跳蚤。然後飛機就飛囘機場。銀幕上出現了『作戰完畢』幾字。 隨後就是飛機降落，消毒人員來到飛機跟前，接着就是表明飛機消毒的情形。隨後有數人下機：首先下機的是石井中將，跟隨在他後面的是碇常重少佐，其餘的人我不認識。 隨後出現了『戰果』二字，映出一份中文報紙以及從這份報紙上譯成日文的一段消息。解釋文上說道，在寧波一帶忽然間發生了強烈的鼠疫流行病。最後一副鏡頭，是表明中國衛生隊身穿白大衫在發生鼠疫的地區消毒情形。 我正是從這部影片上清清楚楚地知道了在寧波一帶使用細菌武器的經過。

問：你對於使用細菌武器一層，還知道一些什麼別的消息麼？

答：我還知道石井部隊在哈勒欣河事件發生時使用過細菌武器。

一九四四年七月間，我被從孫吳支隊調到平房站去担任第七三一部隊訓練部長一職。當時把工作移交我的是前任訓練部部長園田中佐。當天園田中佐就到日本去了。我把他的保險櫃打開時發現了一個文件，上面說明在諾門罕事件即哈勒欣河事件發生時使用過細菌武器。

保險櫃內藏有當時攝製的照片底，參加此次戰役的敢死隊名單及碇常重少佐下的命令。現今還記得，敢死隊內有官佐兩名。曹伍長及士兵約二十名。 在這張名單下面有用鮮血簽的一些姓名。

問：首先簽名的是誰呢？

答：是敢死隊長碇常重。隨後還有碇常重下的詳細命令數則，其中說明應怎樣乘上汽車，怎樣利用火油桶，接着還有一些說明應如何歸隊的指示。

我從這兩個文件中明白知道，由二三十人組成的這個敢死隊用細菌傳染了一條河，我想那就是哈勒欣河。

次日，我就把這兩個文件拿去交給了碇常重少佐。當我把這兩個文件交給碇常重時，我曾問過這次動作結果怎樣。碇常重默然把文件收下了。

進行過這次動作的事實是不容置辯的，但這次動作結果究竟怎樣，我却一點也不知道。

問：關於該部隊內進行凍傷實驗的情形，你知道一些什麼呢？

答：我從科學工作員吉村口中聽到說，在嚴寒天氣下，即在冷到零下二十度時，常把部隊監獄裏拘禁的人趕到外面去，然後就把他們的手脫光，用人造冷風使手凍傷。隨後就用小棍敲打凍傷了的手，直到被敲打的手發出與木板聲音相似的聲音時爲止。除此而外，我還閱覽過吉村關於實驗情形的報告。關於這點也攝製有電影片。

影片上首先表明把四五個帶脚鐐的人趕到露天去，他們身穿棉衣，兩手光着。隨後就用一架巨大的扇風器用人工方法加速冰凍過程。 然後又用小棍敲打凍僵的手，以便檢查它們是否已經完全冰凍。接着就表明如何把手已冰凍的人送進房屋去。吉村曾對我說，此種研究是爲了將來對蘇戰爭而進行的。

問：請你把你關於在安達站附近打靶場上進行實驗情形所知道的一切都說出來。

答：安達站離哈爾濱一四六公里，該部隊打靶場設在安達站附近。在這個打靶場上由第二部在野外條件下進行過各種實驗。

我遵照第七三一部隊長的命令，特於一九四五年一月間到安達站去過。我在那裏親眼看見過在第二部部長碇常重及科學工作員二木兩人指導下進行傳染壞疽症細菌實驗的情形。當時用十名犯人來進行過這種實驗。這些人都被綁到木柱上，面朝木柱，這些木柱彼此相隔五至十公尺不等。各犯人頭部用鉄帽蓋起，軀體用鉄板蓋起。

除了臀部是光着之外，其餘全身都是蓋着的。在約有一百公尺遠的地方，用電流把一顆破片彈炸裂去實行傳染。所有這十個人光着的部分都受了傷。當這次實驗完結後，就把所有這十個人都裝到一輛特備汽車上送回平房站附近的監獄去。 以後我曾向碇常重和科學工作員二木問及實驗結果怎樣。他們回答說，這十個人都受了傷，並因染上壞疽症而死掉了。

問：你在前面說過石井中將接任部隊長一職後就開始召集該部隊官佐會議麼？

答：石井來到部隊後每月召集過這種座談會。

石井有次曾在本隊各部部長及幾名官佐面前聲稱，說將來一旦要使用細菌武器時，鼠疫跳蚤就是最好而效力最大的一種細菌武器。他說司令部及各支隊必得竭力實行大批生產鼠疫跳蚤。此後就開始實行訓練二十來人繁殖鼠疫跳蚤，關於這點我已經說過了。

因此之故，該部隊司令部內由田中主持的那個分部裏的工作人員數量就擴增了。除此而外，司令部設計部又擬定了擴增石井部隊名額的方案。

石井有次曾說，在一九四五年六月至九月間就會發生最後的决戰，因爲那時美軍必將派大量陸戰隊到日本境內來動作，同時他又說，我們必得極周密準備對美國及對蘇聯作戰。

問：我現在從案卷第十卷第一五七頁上把你的一段供詞摘引給你聽。你在轉述石井的話時，曾供述如下：『各條戰綫上的戰況惡化…我們到一九四五年春末或夏季時就會要使用最後極端手段，包括細菌武器在內，以資爭得有利於日本的轉變』。

你現在證實這段供詞麽？

答：我證實。

問：第七三一部隊孫吳支隊是在什麽情况下取消的呢，關於消滅該支隊的命令是由誰頒發的呢？

答：在一九四五年八月九日開始了戰爭。當天深夜時分，我收到了司令部拍來的密電。當時毫無疑義，這一密電是部隊長拍來的，但是我未弄清密碼。我把沒弄清密碼的電報放下，就帶隊出發到孫吳一帶的陣地去。我命令五六個人——其中包括井上少尉——留在隊內，等到支隊營舍焚燒後再到陣地去。

問：可見，關於消滅支隊的命令原來是由你頒發的？

答：是的，對的。

問：後來的情形又是怎樣呢？

答：我發給了支隊內每一工作員一瓶氰化鉀，並對他們說，你們若被蘇軍俘獲時，就把這氰化鉀飲下去。然後我就前往陣地去了。這是由於下列的情況：我們根本沒有想到日本會投降，所以我們就決意退到山林裏去，實行集體自殺。

問：但你們並沒有實行集體自殺麽？

答：日本已宣佈投降了，所以我們接到了師長命令後就有秩序的投降了。

問：請你說說，你的部屬中間有人自殺了麽？

答：有一個人自殺了。

問：你承認你是日軍第七三一秘密細菌部隊中一名積極而重要的工作人員麽？

答：是的。

辯護人波爾霍維金諾夫：被告西俊英，請你說說，你是自願入伍還是被徵入伍的呢？

被告西俊英：我是自願入伍的。

問：你是在什麽情況下被編入第七三一部隊，以及被編入該部隊第六七三支隊去服務的呢？

答：在一九四三年一月間，我收到了日本陸相關於任命我担任孫吳支隊長的命令。在一九四四年七月間，我又遵照陸相的命令被任命爲訓練部部長，而從一九四五年七月起，我又兼任孫吳支隊長的職務。

問：你現在已經覺悟到你在第七三一部隊以及在該部隊第六七三支隊內所執行的那種工作底終極目的是罪大惡極，並且你現今對於你所作的惡事表示悔悟麼？

答：我認爲用那些關在第七三一部隊監獄內的活人進行實驗，是一種慘無人道的事情。同時我還瞭解，我在支隊內所繁殖的老鼠和跳蚤也造成了很大的禍害。

被告梶塚受審經過

審判長：被告梶塚，你在日本軍隊中担任過什麼職務呢？

被告梶塚：我在一九一五年間昇爲日本軍隊中尉醫官。此後我在第一號軍醫院供職，接着又在東京軍醫大學担任教授，並担任陸軍省軍醫署衛生科科長，一九三七年間，我任日本駐華軍隊軍醫處長，同年間又昇爲少將醫官，並且同年間又被任爲第二軍團軍醫處長。一九三八年間，我任日本駐朝鮮軍隊軍醫處長。從一九三九年十二月起至日本投降時止，我任關東軍司令部醫務處處長。

問：你獲有什麼學位呢？

答：獲有醫學博士學位。

問：是在哪一年獲得這一學位的呢？

答：是在一九二四年。

問：是因進行何種科學創作獲得這一學位的呢？

答：是因進行研究副傷寒症的科學創作。

問：你的專門醫學知識是什麼？

答：我是細菌專家。

問：你在細菌學方面進行過科學工作麽？

答：是的，進行過。

問：除上面已指出的那部科學著作而外，你在研究細菌學方面還有什麽科學著作呢？

答：我寫了一部研究鼠疫問題的著作。

問：你在陸軍省軍醫署衛生科供職時，担任的是什麽職務呢？

答：當時我担任的是該署的衛生科長職務。該署內共有兩科，而我就是兩科中一科（衛生科）的科長。

問：你的最後一種軍級，是什麽時候獲得的呢？

答：我的最後一種軍級，即中將銜，是在一九四〇年八月間獲得的。

十二月二十七日早庭審訊記錄

被告梶塚繼續受審經過

國家公訴人：被告梶塚，請你說說，第七三一部隊是在何時以及由誰設立的呢？

被告梶塚：第七三一部隊是於一九三五年末或一九三六年初（確切時間我已記不清楚），遵照日皇勅令成立的。

問：根據這一勅令頒佈的那個命令底草案，在軍醫署內是由誰批准的呢？

答：這是用日皇名義做的。

問：我知道是用誰的名義做的，但我現在向你發問的是究竟這草案上有誰花過押。這草案是由你簽字批准的麼？

答：這命令草案應該是經我簽字批准的。

問：你證實你在一九四九年十二月二十三及二十四兩日所供述的那些話麼？

答：是的，我證實。

問：現在我們來審查該部隊人員補充問題。你參加過用細菌學熟練專家幹部補充該部隊的事情麼？

答：是的，我參加過這件事情。

問：請你說說，你在東京第一號醫院裏供過職麼？

答：是的，我在那裏供過職。

問：你是在什麽地方同後來担任第七三一部隊長的石井四郎相認識的呢？

答：我是在東京第一號軍醫院內初次認識石井四郎的。

問：是在與石井共同供職時認識的麽？

答：是的。

問：最先担任第七三一部隊長職務的是誰呢？

答：是石井四郎。

問：就是那個剛從外國考察歸來就加緊主張日本必須積極準備細菌戰的石井四郎麽？

答：是的，對的。

問：你贊同過石井四郎這種主張麽？

答：是的，我贊同過他認爲必須進行此種研究工作的意見。

問：你贊助過委任石井四郎爲部隊長的辦法麽？

答：是的，贊助過。

問：我要順便問你一下，你按專長來說原是細菌專家麽？

答：是的。

問：你關於石井四郎個人的行爲知道一些什麽，並請你說說，你知道日本陸軍省和日本參謀本部高級官員中有哪些人贊同並擁護過關於準備細菌戰的觀點呢？

答：石井四郎從歐洲考察歸來後，曾於一九三一年在東京軍醫學院任教授。當時他就開始鼓吹說各強大國家都在進行準備細菌戰的工作，日本若不進行此種準備，那它在將來戰爭時就必會遇到嚴重的困難，我曾聽說，石井常在日本陸軍省和參謀本部高級官員中間發表言論，說從戰略作戰的觀點來看，細菌武器乃是一種很有利的進攻武器。

問：究竟參謀本部和陸軍省高級官員中有誰擁護和贊同過石井的觀點呢？

答：據我所知，最積極擁護他這種意見的，是後來担任陸軍省軍務局局長的永田中將。

問：參謀本部戰略署第一科長鈴木大佐擁護過他這種意見麽？

答：至於說到鈴木大佐，那我知道他是贊成石井所持觀點的。關於永田中將最爲積極擁護過石井意見這點，有如下事實可以證明：在平房站實驗所石井本人辦公室內，安放有用石膏塑製的永田中將半身像。石井非常感謝他，所以才把他的半身塑像保藏在本人近旁。

問：我現在來把你親自參加組織第七三一部隊工作的經過總括一下。

你以日本陸軍省軍醫署衛生科長資格直接參加過組織及編制第七三一部隊一舉，無論如何你是贊同並擁護過委任石井四郎爲該部隊長一舉的，對不對？

答：對。

問：你知道日皇關於擴充和改編第七三一部隊的第二道祕密勅令麽？

答：我被調到關東軍去供職後才知道此事。

問：請你把日皇裕仁頒發而第七三一部隊作爲根據實行了改編的那道祕密勅令底內容說明一下。

答：該部隊在成立後初期是稱呼爲『防疫部』，而在改編後則已是稱呼爲『防疫給水部』了。

起初的防疫部人員名額不到一千人，而在改編爲防疫給水部後則已增至二千人了。

此外，該部隊在改編以後又開始分成爲幾個部：總務部，第一部，第二部及其他等部。

這就是在改編時所發生的各種主要變更。

問：遵照日皇第二道勅令成立的那些部中，主管給水事宜的是哪一部呢？

答：是第三部。

問：由此可見，在所有八個部中，只有一部是經管給水問題的。對麼？

答：是的，對，只有第三部是經管給水事宜的，其餘各部都與給水一事毫不相干。

問：第三部設置在什麼地方呢？

答：設置在哈爾濱城內。

問：其餘各部設置在什麼地方呢？

答：設置在平房站。

問：各該部所進行的工作都是異常祕密的麼？

答：是的。

問：確實是只有關東軍總司令才能發給到各該部去的通行證麼？

答：是的。

問：第七三一部隊的各個支隊設置在什麼地方呢？

答：設置在林口，海林，孫吳及海拉爾。

國家公訴人：我請求軍事法庭把關東軍司令官一九四〇年十二月二日所下第三九八號其一作戰命令拿出來給被告人

看看，並將其宣讀一遍，這道命令是說要在林口，海林，孫吳及海拉爾等地成立防疫給水部支隊（案卷第十五卷，第三頁）。

審判長：軍事法庭決定：把關東軍司令官一九四〇年十二月二日命令宣讀一遍 *。

國家公訴人：被告梶塚，你曾知道關東軍司令官所頒發的這道命令呢？

被告梶塚：是的，我曾知道這道命令。

問：爲什麼第七三一號部隊所屬各支隊都是設置在靠近蘇聯邊界的地方呢？

答：這樣作的基本原因，是要把各該支隊分佈於第一綫陸軍部隊駐屯地區。

問：你接任關東軍醫務處長一職後，就開始巡視你所管轄的那些機關並考察它們的工作情形麼？

答：是，對的。

問：你考察過第七三一部隊工作情形麼？

答：是的，我考察過。

問：你在考察你所管轄的那些機關活動及工作情形之前，是領到過總司令梅津將軍的相當指示麼？

答：是的。

問：梅津將軍向你說過一些關於第七三一部隊的事情麼？

答：當我動身到第七三一部隊去巡視之前，我向總司令

---

* 見本書第二〇三至二〇四頁。

梅津將軍報告說我要前去巡視，當時他對我說，第七三一部隊是從事準備細菌戰工作的。

問：你是在什麽時候初次巡視第七三一部隊的呢？

答：是在我剛接任醫務處長一職後不久，即在一九四〇年三月間。

問：當時的部隊長是誰？

答：是石井四郎，那時他還是大佐。

問：關於第七三一部隊的活動一層，石井四郎對你說了一些什麽話？

答：石井把該部隊活動情形作過一個概括說明，主要是說到遵照關東軍正式操典進行的那種工作。

問：石井四郎什麽時候對你說過該部隊『祕密中的祕密』呢？

答：我記得是在一九四一年初。

問：第七三一部隊長石井大佐對你談論的該部隊『祕密中的祕密』究竟是什麽呢？

答：『祕密中的祕密』，就是在準備細菌戰方面進行的研究及他種工作，以及這種工作的結果和用活人進行的實驗。

問：石井四郎關於這點向你說過一些什麽呢？

答：石井對我說過，有各種進行細菌戰的方法，而這些方法就是：第一，軍事破壞的方法，第二，使用砲彈，第三，使用飛機炸彈。

石井四郎往下對我說，砲彈和飛機炸彈通常是用金屬製的，但是若把這種砲彈和飛機炸彈裝上細菌的話，那末在金屬爆裂時因大量火藥爆炸引起很高熱度，就會使細菌失去生機。所以石井部隊决定採用磁製炸彈，並在這方面進行研究工作。

他曾對我說，若是採用從飛機上撒放細菌的辦法，那就要從很高的空中撒放，而這是不能產生良好效果的，所以爲要使細菌不致失掉生機，就必須從不很高的空中撒放。

石井接着又說，若是把細菌單純地撒放，那末細菌從高空撒下時就會失掉生機。要把細菌裝到某種外殼內撒放才行。而這種外殼就是跳蚤。因此就决定使用傳染上鼠疫細菌的跳蚤。

再則，據石井所說的話看來，用傳染病媒介物去傳染飲水及食物，乃是使用細菌武器的一種有效方法。

問：石井曾認爲何種傳染病媒介物是最適合將來細菌戰目的的呢？

答：他在當時就已認爲鼠疫跳蚤最爲適合。

問：請你把這點對法庭詳細說說。

答：石井在當時說過，鼠疫流行病在自然條件下是容易發生的，但要用人工辦法來造成流行病却就不很容易了。他在分析這方面的原因時說道，單只具有傳染病媒介物還不足以促成流行病，爲此還要明白知道人的生理條件和生理特點。他說，只有在研究人的生理特點條件下，才能知道用人工辦法引起流行病的條件。

問：就是說，這種研究生理特性的工作，是要用活人作實驗的辦法來進行的吧？

答：是的，對。

問：這種用活人作的實驗究竟是在什麽地方進行的呢，石井將軍關於這種實驗對你說過一些什麽呢？

答：他只對我說過，進行這種實驗時用的是中國人，並說這種實驗是旣在部隊內卽實驗室條件下進行，又在野外條件下進行的，此外他關於這個問題再沒有向我說過什麽話了。

問：據石井所說，這就是該部隊『祕密中的祕密』麽？

答：是的。

問：你曾知道使用細菌武器對付中國人的事實麽？

答：我是在一九四四年初從北野少將口中知道這點的。

問：北野對你說過什麽，以及當時有誰在場？

答：他是在關東軍司令部裏，卽在我的辦公室裏說及此事的。當時沒有任何其他人在場。他當時對我說，石井部隊內派出了由幾個人組成的遠征隊，該遠征隊帶着必需數量的器材到上海以南地區去動作，從空中撒放了鼠疫跳蚤。同時他還說這次實驗所得的結果是很不錯的。關於在中國使用細菌武器一層，他只對我說過這些話。

問：可見，他曾對你說，在中國使用過鼠疫跳蚤卽染上鼠疫的跳蚤這種細菌武器。是不是？

答：是的，他曾如此說過。他說這種方法可以用來散播鼠疫。

問：可見，北野將軍當時向你報告了實際使用那些曾由石井初次通知你說是最有效細菌武器的鼠疫跳蚤，這是對的吧？

答：是的，對。

問：可見，你曾知道，第七三一部隊起初在實驗室條件下及在打靶場條件下所進行的那種實驗，後來已大規模擴展成爲反對中國和平居民的細菌攻擊了。是不是？

答：是的，對。

問：現在我要問的問題，就是當時你自己究竟怎樣估量過這種反對中國居民的細菌攻擊呢？

我要指出你在一九四九年十月三十日所供述而記載在案卷第八卷第一〇五頁上的一段話。當時你說過：

『我證實說，第七三一部隊確實曾使用細菌武器反對過中國軍隊和中國內地和平居民。毫無疑義，這種武器在中國人看來是一種進攻的手段，而在日本人看來則是一種實驗的手段』。

請你解釋一下，你說這種武器在日本人看來是一種實驗手段，究竟是何所指呢？

答：我這樣估計，是說當時這種武器的效力還未完全查明，所以當時所進行的是判明此種效力的試驗。

問：你的職業是醫生麼？

答：是的。

問：雖然你按職業來說是一個醫生，即從事人道職業的份子，而你當時畢竟認爲使用數千萬鼠疫跳蚤對付中國和平居民只是一種試驗辦法麼？

答：固然，這是一種試驗辦法，但這是一種慘無人道的試驗。

問：關於在安達站打靶場上用活人進行實驗一事，北野將軍對你說過一些什麼呢？

答：他對我說過，在第七三一部隊設於安達站附近的打靶場上，利用放置在一定距離的特種炸彈進行着把細菌傳染到人及動物身上的試驗，在進行這種試驗之後，人及動物都傳染上了炭疽熱。可見，這種傳染人及動物的試驗，是經過炸彈來進行的。

問：作爲傳染炭疽熱對象用來進行實驗的那些人，是屬於什麽民族呢？

答：北野並沒有直接對我說明這些人是屬於什麽民族，但既然石井曾經告訴我說受實驗者是中國人，所以當時我就以爲在此場合也是用的中國人。

問：我要指出你在一九四九年十一月十五日受審時所供述的一段話（案卷第八卷，第一三九頁）。當時你關於這種實驗曾供述如下：

『據北野說，這種實驗是用動物和中國人來進行的。在進行這種實驗時，用的是裝上炭疽熱細菌的特種炸彈。炸彈是在地面上炸的，而在炸彈爆裂之後，炭疽熱細菌就傳染到動物和人身上去』。

你證實你所供述的這段話麽？

答：是的，我證實。

問：你曾供述說你担任關東軍醫務處長職務時指導過第七三一部隊內的科學研究工作，你現在還證實你這段供詞麽？

答：是的，我證實。

國家公訴人：我請求法庭把被告梶塚和證人松村——即任過關東軍司令部作戰部長的前日本陸軍少將松村——對質

審訊記錄宣讀一下。這次對質審訊記錄載入案卷第八卷內第二六五至二六七頁上。

審判長：軍事法庭決定要宣讀關東軍司令部前任作戰部長證人松村和被告梶塚對質審訊記錄。

（審判長當即宣讀松村和梶塚兩人對質審訊記錄。同時這段記錄又用日語宣讀）

被告梶塚，請你走到播音機近旁來。

國家公訴人：你證實你在對質時所供述的這段話麼？

被告梶塚：是的，我證實。

問：當你指導第七三一部隊在研究各種細菌特性方面的科學考查工作時，你曾知道所有這一切實驗都是在活人身上進行的麼？

答：是的，我曾知道。

問：你知道有科學工作員吉村這個人麼？

答：是的，我知道。

問：請你向法庭說說，吉村在第七三一部隊作過什麼事情。

答：我最初知道吉村在第七三一部隊担任科學工作員一事，原是在一九四〇年三月間，即是當我初次到該部隊去巡視的時候。當我視查該部隊實驗室時，我就在那裏認識了科學工作員吉村。

在這裏，即在實驗室內，我知道了吉村是在進行研究凍傷的工作，他當時所研究的是凍傷發生的原因問題，換句話說，就是研究凍傷病理學。

後來我看過這吉村所寫的一部科學著作。這部著作內容歸結於認定醫治凍傷的最有效方法是將凍結的四肢放到三十七度的熱水裏。由此我就知道吉村是從事凍傷研究工作的。

問：吉村在研究凍傷病理學方面所進行的這種工作，正是屬於你所主持的關東軍醫務處管轄範圍，並且正是該處因準備關東軍冬季作戰而特別重視的。是不是這樣呢？

答：是的，這種工作是我們很重視的。

問：你曾熟悉吉村所進行的這種實驗麼？

答：是的，對。

問：並且你還看過他那些書面報告麼？

答：是的。

問：你指導過第七三一部隊研究流血熱症以及傷寒症，鼠疫和霍亂細菌方面的實驗工作麼？

答：是的。

問：你曾知道所有這一切實驗都是在活人身上進行的麼？

答：是的，關於這點曾有人經常向我作過報告。

問：可見，你曾知道第七三一部隊是在大規模用活人來作實驗的麼？

答：是的。

問：關於第七三一部隊內進行實際研究細菌武器的祕密工作一層，你曾向關東軍司令官山田將軍報告過麼？

答：是的，我曾說過有這樣的事情。

國家公訴人（向法庭說）：請允准我關於這點向被告山田發一個問題。

審判長：被告山田，請你走到播音機近旁來。

國家公訴人：被告山田，請你說說關於第七三一部隊內積極進行研究及實際使用細菌武器的工作一層，你最初是從什麽人口中知道的呢？

被告山田：是從關東軍司令部醫務處長梶塚口中知道的。

問：就是現在與你並立着的這位梶塚麽？

答：是的。

國家公訴人：我再沒有什麽問題要問被告山田了。

審判長：被告山田，請你坐下。被告梶塚，請你走到播音機近旁來。

國家公訴人：被告梶塚，請你說說，第七三一部隊中的軍人穿的是什麽服裝呢？是通常軍醫制服呢，還是普通軍服呢？

被告梶塚：第七三一部隊中的軍醫人員是沒有佩帶自己所屬那個兵種標號的。

問：爲什麽要這樣做呢？

答：是爲要保守第七三一部隊工作方面的祕密。

國家公訴人：說到這裏，我要請求法庭把案卷第二一卷第三至四頁上的關東軍司令部一九三八年六月三十日所頒發的一五三九號指令宣讀一下。這是關於要在平房站附近設立特別軍事區的指令。

審判長：軍事法庭決定：宣讀關東軍司令部一九三八年六月三十日頒發的一五三九號指令。被告梶塚，請你坐下。

（審判長宣讀關東軍司令部一九三八年六月三十日所下『在平房附近設立特別軍事區』的一五三九號指令*。

該文件同時又用日語宣讀）

被告梶塚，請你到播音機近旁來。國家公訴人，請你繼續審問吧。

國家公訴人：被告梶塚，你證實說平房站的特別軍事區曾是特別嚴格守衛、嚴守祕密的軍事區麼？

被告梶塚：我證實這點。

問：你曾知道第七三一部隊第四部內所有設備的生產能力麼？

答：我曾知道該部擁有頗大的生產能力，但沒有料到此種能力有如像其他被告供詞中所說的這樣巨大。

問：你知道『石井式』培養器的構造麼？

答：我知道。

問：你旣是細菌專家，想必明白知道過用『石井式』培養器繁殖細菌過程的種種特點就決定這種細菌不能用來製造痘苗，而只能用來大批製造供細菌戰用的各種細菌吧？

答：是的，我明白知道過這點。

問：可見，你曾知道石井部隊第四部是在進行大批繁殖各種細菌以供細菌戰之用的工作，是不是？

答：是。

---

* 見本書第一六五頁。

21—1808

問：你曾供述說你十分詳細知道過第七三一部隊內是用活人進行實驗致命細菌的，現在你證實你這段供詞麼？

答：我證實。

問：你承認說你曾指導過第七三一部隊研究『孫吳』瘧疾，脫皮傷寒症、鼠疫、霍亂等病菌的實驗工作麼？

答：我承認。

問：其次，你承認說你曾詳細知道第七三一部隊科學實驗工作員吉村所進行的那些實驗，即關於凍傷的實驗麼？

答：我承認。

問：你承認說這種實驗依其本身特性正應首先受到關東軍醫務處方面的重視麼？

答：我承認。

問：最後，你承認說你曾知道第七三一部隊用鼠疫跳蚤對中國居民進行的各次攻擊麼？

答：我承認。

國家公訴人：我再沒有什麼問題要問被告梶塚了。

辯護人山尼科夫：在一九三六年間，即在第七三一部隊成立時，你曾知道該部隊的眞正工作方針是準備細菌戰爭麼？

被告梶塚：我曾知道該部隊將在這方面從事研究工作，但我當時以爲該部隊主要是担任防疫勤務。

問：請你說說，關於第七三一部隊進行準備細菌戰工作的首批消息，你是從什麼人方面以及在什麼時候收到的呢？

答：關於該部隊內進行此種研究工作一層，我是在初次巡視該部隊以前從關東軍總司令口中確實知道的。

問：你曾具體知道第七三一部隊中哪一部分工作是歸關東軍司令部作戰部管轄的呢？

答：是的，我知道過這點。

問：當你在一九四○年三月間到第七三一部隊去巡視時，是不是該部隊內所有各部都受你檢查過，如果不是，那又是爲什麼呢？

答：當我在一九四○年三月間到第七三一部隊去巡視時，關東軍司令部發給我的那個書面許可證上寫有一條限制，內容是說並非所有一切地點都可讓我去看，例如，當時不讓我去看的有第七第八或第六第八號房舍，不過現在我已說不上究竟是那一號房屋了。其餘的一切房舍，我都可去視察，所以當我抵達該部隊時，我就被帶引去看過部隊內所有一切房舍，唯獨沒有把我帶引到這兩所房舍去過。於是我就明白了，部隊內的祕密房舍是禁止我去視察的。

問：石井少將向你通知的那些關於第七三一部隊工作情形的消息，究竟是由於職務關係通知你的呢，還是用私人談話方式通知你的呢？

答：這是以私人談話方式作的。

問：你在回答審判長所提問題時，曾說你獲有學位和寫有科學著作。你認爲你以醫生和專家所寫的著作是與你贊同那主張細菌戰者觀點的態度相容的麼？

答：我曾從防疫勤務必要的觀點上贊同過石井的意見和主張，但我認爲該部隊後來的全部工作都是罪惡工作，而因爲我自己曾與這種工作有關並參加過此種工作，所以我認爲我也同樣犯過罪惡行爲，並且現在表示悔悟。

被告佐藤受審經過

國家公訴人：被告佐藤，你是什麽時候接任『波』字第八六〇四部隊長一職，以及担任過多久時間呢？

被告佐藤：我担任駐屯廣州『波』字第八六〇四部隊長一職，是從一九四〇年十二月起，至一九四三年二月止。

問：後來你從廣州『波』字第八六〇四部隊被調走去担任的是什麽職務呢？

答：後來我被調到南京去担任『榮』字第一六四四部隊長職務了。

問：你担任南京『榮』字第一六四四部隊長職務有多久呢？

答：整整一年，即到一九四四年二月爲止。

問：『波』字第八六〇四及『榮』字第一六四四這兩個部隊，是什麽時候成立的呢？

答：是在一九三九年間成立的。

問：南京『榮』字第一六四四部隊共有幾個支隊呢？

答：有十二個支隊。

問：請你指出南京『榮』字第一六四四部隊及其各個支隊人員數額。

答：總共約有一千五百人。

問：石井四郎與南京『榮』字第一六四四部隊有過什麽關係呢？

答：在該部隊初一成立時，石井担任過部隊長。

問：你曾知道石井四郎是最努力探究細菌戰武器的人麽？

答：是的，我曾知道這點。

問：在石井離開後主持『榮』字第一六四四部隊的是誰呢？

答：接任南京『榮』字第一六四四部隊長的是太田大佐，他先前也在石井部隊中服過務。

問：小野寺中佐担任的是什麽職務呢？

答：他担任的是『榮』字第一六四四部隊總務部長職務。

問：現在我們就要談到由你主持的『榮』字第一六四四部隊所擁有的設備；請你把『榮』字第一六四四部隊內供大批培養細菌用的設備說明一下。

答：供大批製造細菌用的設備中，我認爲必須指出有寬長各五公尺高二公尺半的一間孵育室，口徑一公尺半長爲二公尺半的兩個筒形消毒器，以及『石井式』培養器約二百具。

問：南京『榮』字第一六四四部隊內有科哈式鍋爐麽？

答：『榮』字第一六四四部隊內有科哈式鍋爐五十具。此外還有十具別種鍋爐。其中有一部分是安置在司令部，同時各支隊內也安置有鍋爐。

問：部隊內所有的設備能製造出多少細菌呢？

答：在利用全部設備時，每一生產週能製造出細菌十公斤。

問：你在一九四九年十二月九日預審時所供述而保存在案卷第十四卷第三〇二頁上的一段話，卽受你指揮的南京

『榮』字第一六四四部隊並不祇是進行過防疫給水事宜，而且還進行過研究大量製造細菌武器的工作，你現時證實你這段供詞麼？（這段供詞用日語宣讀）。

答：是的，我證實我這段供詞。

問：南京『榮』字第一六四四部隊進行過繁殖跳蚤的工作麼？

答：是的，進行過。

問：我請你說說，繁殖跳蚤的工作究竟是怎樣進行的。

答：繁殖跳蚤的工作是在我尚未到『榮』字第一六四四部隊供職以前就已在進行的，爲此曾備置有大約一百個汽油桶。

問：被告藤佐，請你說出你關於『榮』字第一六四四部隊曾幫助第七三一部隊對中國居民進行細菌攻擊一事所知道的一切。

答：當我在『榮』字第一六四四部隊供職時，我曾親自聽到太田大佐及小野寺中佐說，一九四〇年在寧波一帶，一九四一年在常德一帶，一九四二年在浙贛一帶動作時，均使用過細菌武器。並且當時所使用的，都是從飛機上撒放的鼠疫跳蚤。

在浙贛一帶動作時，『榮』字第一六四四部隊中有一部分人員幫助進行過這次動作。此外，當時又從第七三一部隊那裏派來了很多軍人。我不知道這次動作具體經過的情形，但我知道『榮』字第一六四四部隊司令部幫助進行過這次動作，例如在繁殖跳蚤方面。

問：換句話說，『榮』字第一六四四部隊供給過石井部隊遠征隊相當數量的跳蚤，以便用來傳染鼠疫。對不對？

答：對。

問：第七三一部隊遠征隊到達南京時是駐紮在什麽地方呢？

答：是駐紮在南京『榮』字第一六四四部隊營舍內。

問：那末，在石井部隊遠征隊到達華中時，『榮』字第一六四四部隊曾是該遠征隊的基地麽？對不對？

答：對。

問：請你說說，當你任『榮』字第一六四四部隊長時，主管培養鼠疫細菌及繁殖跳蚤工作的是誰呢？

答：是村田大尉。

問：爲此目的而在該部隊細菌部內成立有專門負責培養跳蚤及繁殖鼠疫細菌的分部或科麽？

答：是的，曾這樣作過。

問：請你說說，你從南京『榮』字第一六四四部隊內調走後是担任什麽職務呢？

答：我被調去担任第五軍團軍醫處長職務了。

問：駐屯在第五軍團部署地區內的究竟是第七三一部隊內哪一個支隊呢？

答：駐屯在第五軍團部署地區內的有兩個支隊：一個是駐在海林站，另一個是駐在林口。

問：被告尾上是哪一支隊的隊長呢？

答：他是駐海林站第六四三支隊的隊長。

問：你曾根據被告尾上請求下令協助該支隊捕獲老鼠以供繁殖跳蚤之用麽？

答：這不是命令，而是對各部隊長官的一種請求，因爲軍團軍醫處長無權號令本軍團內各個部隊。

問：那末，你是關於此事寫過一封專信給各部隊長官麽？

答：是的。

問：請你說說，你究竟是在什麽情況下寫這封信給各部隊長官的。

答：當我收到了尾上少佐請求經常供給他一些老鼠的申請書時，我就寫了一封信給各個部隊，請他們不要把捕獲的老鼠打死，而要送交尾上少佐去支配。我還想說明一句，就是在那封信上不便直接吩咐各部隊去捕獲老鼠，所以在信上只是責成各部隊不要把捕獲的老鼠打死，而要將其送交第六四三支隊。

問：你旣是細菌專家，並且又當過南京『榮』字第一六四四部隊隊長，大概明白知道這些老鼠是第七三一部隊用去繁殖跳蚤的吧？

答：雖然尾上少佐沒有對我說過這點，但我能猜想到這點。

問：南京一帶共有幾個細菌部隊呢？

答：如果指細菌部隊而言，那末除了『榮』字第一六四四部隊之外，別的部隊是沒有的。

問：你知道南京『榮』字第一六四四部隊當時負有『多摩』部隊的暗號麽？

答：我知道。

問：被告佐藤，請你說說，受你指揮的南京『榮』字第一六四四部隊，曾用活人進行過何種實驗？

答：該部隊未曾用活人進行實驗。

國家公訴人：因被告人否認這點，我對他不再發問題，但我要向法庭提出申請。我請求法庭宣讀遠東國際軍事法庭一九四六年八月二十九日在東京審訊的記錄。國際軍事法庭在東京舉行這次審訊時，宣讀過南京市地方檢察廳報告書，該檢察廳調查過日軍在南京一帶的殘暴行爲，就中也調查過『多摩』部隊或『榮』字第一六四四部隊的罪惡行爲。結果所查明的殘暴行爲也與石井部隊所幹出的那種行爲完全一樣。 從遠東國際軍事法庭在東京審訊記錄中摘出的這一文件，載在案卷第二十二卷第三六頁上。我請求法庭把這一文件宣讀一下。

審判長：軍事法庭決定：宣讀摘自上述遠東國際軍事法庭在東京審訊記錄的文件。

（審判長宣讀摘自遠東國際軍事法庭審訊記錄中的文件*。同時這一文件又用日語宣讀）

辯護人波加切夫：被告佐藤，請你說說，你是由什麽社會等級出身的呢？

答：由貴族出身。

問：你有什麽醫學專長？

答：我是病理學專家。

---

* 見本書第二二六頁。

問：你有什麼學位，什麼時候獲得以及因什麼科學著作而獲得的呢？

答：一九三一年間，我因著作『葡萄糖凝結實驗』一書而獲得醫學博士學位。

問：你對於細菌學有過專門研究麼？

答：沒有。

問：你是什麼時候以及因什麼功勞獲得勳章的呢？

答：我因參加滿洲事件獲得了一枚四等『旭日』勳章，因參加中國事件獲得了一枚『金鵄』勳章和一枚三等『旭日』勳章。

問：你在一九四一年以後時期內獲到過什麼獎章沒有呢？

答：沒有獲到過任何獎章。

被告平櫻受審經過

國家公訴人：被告平櫻，你是從什麼時候起以及身任何職在關東軍第一〇〇部隊中服務的呢？

被告平櫻：我從一九四二年七月起在第一〇〇部隊担任工作員。

問：你是在第一〇〇部隊哪一分部內担任工作員呢？

答：從一九四二年至一九四三年十二月間我在第二部第一分部內供職，此後我在新成立的第六分部內供職，而從一九四四年四月至日本投降時止，我在海拉爾一帶參加該部隊遠征隊工作。

問：請你對法庭詳細說說，你從一九四二年起在其中服務的第一〇〇部隊是個什麼部隊呢？

答：第一〇〇部隊正式稱呼爲關東軍馬匹防疫部隊，而實際上該部隊是進行準備細菌戰工作的。

問：該部隊司令部設在什麼地方呢？

答：該部隊司令部設在長春以南約十公里遠的孟家屯。

問：第一〇〇部隊是受誰直接管轄的呢？

答：該部隊直接受關東軍司令部管轄。

問：指導第一〇〇部隊工作的是誰？

答：是前關東軍司令部獸醫處長高橋中將。

問：第一〇〇部隊是否設立有支隊呢？

答：第一〇〇部隊在大連城設立有一個支隊，此外它在大連和海拉爾兩地設立有馬匹防疫支隊，但海拉爾支隊後來被調到克山城去了。

問：這個部隊及其支隊是由什麼人編成的呢？

答：在該部隊的人員中間有化學專家、細菌專家、植物學專家及獸醫專家。

問：請你說說，你關於第一〇〇部隊機構和工作情形知道一些什麼？

答：該部隊人員數目約達六百至八百人，其人數有時發生過變動，所以我說大約是這樣多的人員。設立有部隊司令部，此外還有總務部，第一部，第二部，第三部及第四部。總務部又分爲若干分部，例如有設計分部及研究分部，此外還管轄有一處種植場或實驗場。第一部主要是担任研究關東軍各部隊所屬馬匹，以及關東軍各部隊所擁有動物的血液，目的是要確定鼻疽、癬疽、傳染性貧血等病症。

第一部內成立有若干分部，但究竟有多少分部，我已記不清楚了。

第二部在起初時期，卽在一九四三年前，是分成五個分部，後來又增到了六個分部，主要是進行準備細菌戰的硏究工作。第一分部是細菌分部，第二分部是病理學分部，第三分部管理用來實驗的動物，第四分部是有機化學分部，第五分部是植物學分部並同時硏究植物病理學問題，第六分部是專門硏究準備細菌戰問題的。

第三分部擁有預備受實驗的馬匹及他種動物。

担任各分部部長職務的都是細菌專家、植物學專家、有機化學專家或病理學專家，其中有些是在役軍官，有些是受僱科學工作員。一九四三年十二月間，前關東軍獸醫處長高橋中將巡視過該部隊之後，第一〇〇部隊第二部內又成立了第六分部，專負準備細菌戰事宜。我要補充說一句，第二部第五分部乃是負責探求用細菌毒害或傳染植物的方法的。這就是我所能說明的一切。

問：第二部曾採用過什麽基本傳染病菌作爲進行細菌戰武器呢？

答：據我所知，當時採用的是鼻疽、羊痘、牛瘟及炭疽熱等病菌。

問：第二部內有多少人從事大批繁殖供細菌戰使用的細菌呢？

答：據我所知，在我被調到海拉爾一帶去以前，第一分部內約有二十人曾在科學工作員西田和實驗員山口兩人指導下，進行過長期研究炭疽熱及鼻疽的工作。此外還有一批人由高秋大尉領導研究並大批製造過牛瘟和羊痘兩種細菌，而有人員四十至六十名的第六分部也是在這方面進行工作的。

問：你在預審時曾供述說該部隊內專門進行準備細菌戰的第二部計有官佐二十名，科學工作員三十名及技術人員五十名，你證實你這段供詞麽？

答：當時我說過，這是第二部所有的人員。

問：就是說，你是證實自己這段供詞的麽？

答：是的，我證實這點。

問：請你較爲詳細的說說第二部第六分部成立的經過和職能。第六分部究竟是負有什麽特殊職能呢？

答：我記得第六分部是在一九四三年底成立的。我已經說過，前關東軍獸醫處長高橋中將，曾由山口中佐和高瀨科學工作員陪着視查過第二部實驗室。他們長久商議過一些問題，當高橋處長離去後過了一星期時，就下了成立第二部一個新分部即第六分部的命令。原先屬於第一分部的職能以及其他各分部的一部分職能和人員轉交給新成立的第六分部了。並且還把從前歸第一分部支配的一切地下室都交給新成立的第六分部了。同時還開始來建設幾處新房舍以供新成立的第六分部使用，這種建設工程在一九四四年間，卽當我到海拉爾去時，還在繼續進行。

問：第一〇〇部隊內用活人進行過實驗麽？

答：一九四四年間，我從海拉爾回到部隊去做工作報告。這是在九月間的事。當我抵達部隊而走入部隊營舍時，我遇見了科學工作員松井。他手裏拿着盛有某種菜食的器皿。當我問他把菜食拿到何處去時，他回答說是拿到禁閉室去用活人進行實驗的，但究竟這是什麽實驗，他却沒有對我講過。

問：關於第一〇〇部隊爲了細菌戰目的在實際應用某些細菌方面所進行的種種實驗，你知道些什麽呢？請你說說，你曾親自參加過哪次遠征隊的工作麽？

答：一九四二年夏季，大概是七八月間，我參加過夏季演習。現在我就要說說這次演習。

參加這次夏季演習的一隊人是由村本少佐帶領的。除他之外，這隊人中間還有好幾名科學工作員、官佐及技術人員，總共約達三十人。

全部必要的器材都預先運到了長春，發送器材一事是由金田少尉主持的。

實驗工作是在北興安省三河區靠近蘇聯邊界的結爾布勒河岸上野外條件下進行的。 這種實驗的目的，是研究在戰爭爆發時使用各種細菌的可能。

問：究竟是使用過什麽細菌呢？

答：當時用鼻疽細菌傳染了河流和湖泊，並且用炭疽熱細菌傳染了地面。

問：究竟是傳染了那條河流呢？

答：離蘇聯邊界不遠的結爾布勒河。 當時染上細菌的地方約有一個公里長。施放細菌是經過一定距離即大約一百公尺來進行的。施放細菌的工作，是由滿田和井田清兩位科學工作員乘坐橡皮舟去進行的。究竟他們怎麽施放過細菌，那我却不知道。

問：被告平櫻，順便請你說說，這就是流入蘇聯邊界上額爾古納河的那條結爾布勒河麽？

答：是的，這是對的。結爾布勒河水是流入沿蘇滿邊界經過的那條河裏的。

問：正是在這結爾布勒河裏施放了鼻疽細菌麽？

答：是的，對。

問：現在我請你說說你所參加過的往下一次遠征，我指的是一九四四年間舉行的那次遠征。

答：一九四四年四月間，第二部部長雄坂中佐叫我去見他；我們二人走進部隊長若松將軍的辦公室後，他們就向我宣佈一道命令，命令上指出說，我應參加遠征隊出發動作。參加遠征隊的人員名額本來規定爲七人，由淺尾大尉帶領着去，但是這隊內有一個人因病不能去，所以就指定我來代替他。當時他們曾預告我說，這次遠征動作帶有祕密性質，並說是到北興安省去的。他們叫我看過兩張文件，然後就對我說道，詳細指令將由淺尾大尉臨時頒發給我，他抵達目的地時，就會給出詳細指示和說明。

在一張文件卽命令上寫道，這遠征隊的任務是要考查北興安省各地區並查淸這些地區內所有的牲畜總量；那裏的牲畜是在牧場上不羈放養的，而我們的任務就是要查明這批牲畜的數量、牧場、蓄水池、道路及牲畜病症。

這道命令是極祕密的，上面註有『軍密』二字。命令上寫道，根據關東軍總司令頒發的作戰命令（現時我已記不淸該命令的號嗎，但我記得上面註有『丙』字），在戰爭——當然是指的對蘇戰爭——一旦發生時，北興安省境內所有的大量牲畜都應撤遷到大興安嶺以東地區，而在這點作不到時，就應把牲畜消滅掉。

我接到這命令之後，就獨自一人跑到海拉爾去聽候淺尾大尉指揮，在該遠征隊內担任工作員一直到一九四四年九月止。

在九月間收到了一封密碼電報，這封電報內容是飭令淺尾大尉把該隊所進行的工作做第一次報告。爲了要去做這個報告，我就同淺尾大尉一起前往第一〇〇部隊，淺尾大尉在那裏向第一〇〇部隊長若松將軍做了這個報告。當他做報告時，我並沒有在場。　當時淺尾大尉又接到了調他到東京去工作（大概是調到獸醫學校去工作）的命令，於是他回到海拉爾後就立刻起程到東京去了。在他離去之後，我就被任命爲這個特殊考察隊的隊長。下一年間，即在一九四五年三月間，我又爲了要做第二次報告而前往長春，到那裏後我就向第一〇〇部隊長若松將軍做了一個把該隊工作所有一切結果都綜括說明的報告。當我做報告時，曾有雄坂中佐和科學工作員井田二人在場。我這次做的是書面報告，並且附有各種地圖和圖案。接着部隊長若松少將和雄坂中佐兩人便把我帶到關東軍司令部去，叫我向獸醫處長高橋中將做報告，於是我就在高橋中將辦公室內做了這個報告。我做了這次報告以後不久就回到海拉爾去，當我起程回去時，部隊長若松少將吩咐我在海拉爾收買牲畜。牲畜應經過滿洲國政府機關收買。我應到農業畜牧公司海拉爾分部去領牲畜。部隊中有一位姓林的職員從長春帶來了八萬日圓的款子，於是我們就收買了五百隻羊以及九十至一百頭左右的馬牛。當時我從部隊長若松少將口中知道，這些牲畜是預備供軍事破壞工作用的，即是要把這批牲畜染上細菌，然後用牠們去散佈牲畜病症。

問：究竟是要用什麽細菌去傳染這批牲畜呢？

答：關於要用什麽細菌傳染這批牲畜一層，我沒有聽說過，但據我推測是用炭疽熱、鼻疽及牛瘟三種細菌。

當時收買的一批牲畜被送到了海拉爾城西北八十公里的地方，在那裏一直養到日本投降時爲止。我在一九四五年三月間向部隊長若松少將做報告時，曾通知他說北興安省有牲畜約達一百五十萬頭。當時他對我說，一旦戰爭發生時，這批牲畜就應該用飛機染上細菌，至於應担任執行此種工作的特殊軍事破壞部隊，則應以第一〇〇部隊爲基礎編成，或是由關東軍司令部用另外一些人員編成。

問：被告平櫻，據你所說，你自從一九四四年三月起，就參加過一個偵察隊的工作，這個偵察隊在與蘇聯交界的地區內進行過細菌偵察，以便在同蘇聯開始戰爭時進行積極的細菌動作。我把你的話瞭解得正確麽？

答：是的，正確。

十二月二十七日晚庭審訊記錄

被告平櫻繼續受審經過

國家公訴人：關於第一〇〇部隊遠征隊在一九四五年三月到南崗河一帶動作一舉，你知道些什麼呢？

被告平櫻：該遠征隊到南崗河一帶動作，是一九四五年三月間的事。原先領導這次遠征的是雄坂中佐，後來他由山口少佐代替了。

該遠征隊中有二十餘名科學工作員。當該隊抵達海拉爾後，我就把它送到位置在海拉爾以南二十公里的目的地懷樂鎮（譯音）去。

問：請你向法庭說說，這次出發遠征的目的是什麼？

答：山口少佐從這次遠征歸來後通知我說，這次遠征演習目的是要檢查在冬季條件下用鼠疫傳染牛馬而以痘瘡傳染羊羣的條件和可能性，試驗方法是把細菌放到雪上和草中。

問：你證實你在一九四九年十一月二十三日受審時供述的話麼？當時你供述說：『以前我已經說過，這種實驗的目的是要在各種條件下檢查細菌生命力的保存情形，以便在進行細菌破壞工作時利用所獲得的成果』（案卷第十七卷，第一一六頁）。（這段供詞同時用日語宣讀）。

國家公訴人：你現時證實你這段供詞麼？

被告平櫻：是的，我證實這點。

問：被告平櫻，請你說說，關於你在靠近蘇聯地區所進行的細菌實驗結果，你向高橋中將報告過幾次？

答：報告過兩次。

問：關於在開始細菌戰時要用什麽方法進行傳染牲畜一事，當時高橋中將向你說過什麽話沒有呢？

答：我於三月間聽到若松少將說過，細菌戰要用從飛機上傳染牲畜的辦法來進行。

問：你向高橋中將報告的內容是什麽？

答：我向高橋中將報告時，有第一〇〇部隊長在場，我所報告的是考查所得的結果，即關於河流，蓄水池狀況及其位置，道路經過的地方，牧場分佈情形以及牲畜移動的可能性。

問：你這次向高橋中將報告時，談到需要有多少細菌來傳染這些地區麽？

答：是的，曾談到過這點。準確數字我已記不清楚了，但我記得當時說的數量是以公斤計算。

問：你是遵照誰的命令從北興安省居民那裏收買牲畜的呢？

答：牲畜是我遵照第一〇〇部隊長若松的命令收買的，但不是從居民那裏而是從一家農業公司那裏收買的。

問：在戰爭一旦爆發時應怎樣處理這批牲畜呢？收買這批牲畜是預備幹什麽用的呢？

答：我從若松少將口中知道，這批牲畜是預備供進行細菌破壞工作用的。在戰爭爆發時應將這批牲畜染上細菌而放到敵軍後方去傳染牲畜。

問：讓我把你的供詞總結一下。你親自參加過第一〇〇部隊所舉行的兩次遠征動作：一次是到三河區去動作，另一次是到北興安省去動作，是不是？

22*

答：是的，參加過。

問：這兩次遠征的基本目的，都是準備對蘇聯進行細菌戰。對不對？

答：對的。

問：你曾在第一〇〇部隊第六分部服務麽？

答：對的。

問：第六分部的基本任務是準備對蘇聯進行細菌戰的麽？

答：對的。

問：就中也探究並大批製造細菌來供進行細菌戰之用麽？這也是對的麽？

答：是的，對。

國家公訴人：我再沒有問題要問被告了。

辯護人波爾霍維金諾：被告平櫻，請你說說：把你編入第一〇〇部隊一事是由誰發起的呢？

答：我當時是在日本本島担任獸醫工作，我不知這件事究竟是由誰所發起，但我到第一〇〇部隊去工作是由師長下令或由陸相下令派去的。

問：請你說說，你是被徵入伍還是自願入伍的呢？

答：我是被徵入伍的。

問：現在你對於你自己在第一〇〇部隊內所進行的活動以及主張進行細菌戰的全部思想都一概痛斥麽？

答：是的，我十分痛斥這點。

被告三友受審經過

國家公訴人：被告三友，你是什麼時候進到第一〇〇部隊裏去服務的呢？

被告三友：我是在一九四一年四月間進第一〇〇部隊的。

問：你曾在第一〇〇部隊哪一部內服務呢？

答：我曾在第二部內服務。

問：你曾在第二部哪些分部內服務呢？

答：起初我是在第二部第一分部內服務。而當第六分部成立之後，我就在該分部內服務。

問：你是從什麼時候開始在第六分部內服務的呢？

答：是在一九四三年四月以後。

問：請你說說，第一〇〇部隊第二部第六分部所幹的是什麼事情。

答：第二部第六分部的主要任務是研究細菌戰和軍事破壞的方法，以及大批製造細菌。這種研究工作是為了準備反對蘇聯的細菌戰而進行的。

問：所研究的主要是什麼細菌呢？

答：是鼻疽，炭疽熱，牛瘟，羊痘。

問：可見，第六分部不僅探究過供進行細菌戰用的傳染病菌，而且大規模繁殖過各種細菌。是不是？

答：是的，對。

問：你在第六分部內服務時担任的是什麼工作呢？

答：我担任的主要職務是繁殖鼻疽細菌，同時還參加過用活人進行實驗的工作。

問：你參加過第一〇〇部隊所舉行的某次遠征動作沒有呢？

答：我於一九四二年七八兩月間在第一分部內服務時，參加過一次到結爾布勒河一帶去動作的遠征隊。

問：誰去進行過這次遠征呢？

答：領導這次遠征的是村本少佐，此外還有官佐及科學工作員數名，技術人員三名，總共有二十餘人。

問：被告平櫻也參加過這次遠征麼？

答：是的，他也參加過。

問：這次遠征的目的是什麼呢？

答：這次遠征的目的是研究能否使用鼻疽及炭疽熱細菌來對蘇聯進行軍事破壞工作。在這次遠征時，曾用鼻疽細菌傳染過結爾布勒河裏的水，並用炭疽熱細菌傳染過死水泊。

問：現在我們就要講到用活人進行實驗的問題。請你說說，第一〇〇部隊內用活人進行過什麼實驗呢？

答：我在第一〇〇部隊服務期間，參加過一次用人來進行的實驗。

問：我問的是另一點：我是問在第一〇〇部隊內用活人進行過實驗沒有？

答：是的，進行過。

問：這類實驗是由誰負責進行的呢？

答：用人進行實驗一事是由四個人負責進行的：指導一切工作的是科學工作員井田，參加工作的有中島中尉，實驗員松井以及我。

問：第一〇〇部隊內用來進行實驗的人，是被拘禁在什麼地方的呢？

答：這種人是被拘禁在部隊守衛處的禁閉室內的。

問：這一禁閉室是直接歸誰管轄的呢？

答：這一禁閉室是歸本部隊總務部長管轄的。

問：請你說說，你關於第一〇〇部隊內用活人進行實驗一事所知道的一切。

答：用活人來作實驗，是在一九四四年八九兩月間進行的。進行這種實驗的辦法是用一種使受實驗者覺察不到的方式發給他們一劑催眠藥或毒藥去吃。受實驗的都是俄國人和中國內地人，共計七八名。 實驗時所用的藥品有朝鮮『朝顏』，海樂英及蓖蔴青。這類毒品都是滲進到食物內去。

在兩個星期內，曾把這種滲上毒品的食物給每一個受實驗的人吃過五六次。菜湯裏面主要是滲的『朝鮮』朝顏，米飯裏面大概是滲的海樂英，菸裏面滲的是海樂英和『巴克塔爾』。受實驗的人，在吃了滲上朝鮮『朝顏』的菜湯後經過三十分鐘或一小時，就一連睡眠五小時之久。

所有受實驗的人們受了實驗後經過兩個星期，就軟弱得再不能使用了。

問：那時又怎樣處置他們呢？

答：爲了保持祕密，所有這些受實驗的活人都被害死了。

問：用什麽辦法害死的呢？

答：有一個俄國人是由我們遵照科學工作員松井命令用注射十分之一公分氰化鉀的辦法害死的。

問：究竟是誰把他害死的呢？

答：氰化鉀是我給他注射的。

問：你把這個被你害死的俄國人的屍體怎樣處置了呢？

答：我在本部隊牲畜掩埋所那裏把這具屍體剖開了。

問：你把屍體剖開後又加以怎麼處置了呢？

答：我把這屍體埋下去了。

問：在什麼地方掘的坑子呢？

答：在部隊後面的牲畜掩埋所那裏。

問：卽是在掩埋死牲畜的地方麼？

答：是在同一地方，不過是埋在另外一個坑子裏（旁聽席上顯現驚動，發出憤慨聲）。

問：請你說說，你究竟是用什麼方法把這人殺死的，你是怎樣把他殺死的呢？

答：爲了要給這個受實驗者注射氰化鉀，我曾遵照松井指示設法使他瀉起肚來，而這就成了注射氰化鉀的藉口。

問：可見，你原是欺騙了這個人麼？你口裏對他說是要給他打藥針來給他治病，實際上却給他注射了氰化鉀，對不對？

答：對的。

問：你僅只殺死過這一個人呢，還是殺死過別的人呢？

答：有一個受實驗的中國人吃進了由我滲上毒藥的米飯，也是在不省人事狀態中度過幾小時後就死掉了。

問：滲進米飯裏去的是什麼毒藥呢？

答：是一公分海樂英。

問：你曾知道你是把一劑致命毒藥滲進到米飯裏去麼？

答：我曾知道這點。

問：可見，這原是你完全有意進行的殺害麼？

答：對的。

問：被你殺害的這人的屍體埋到了什麽地方呢？

答：同那個俄國人埋在一個地方。

問：卽埋在死牲畜掩埋所那裏麽？

答：是的。

問：你還知道有其他殺害受實驗者的情事麽？

答：我還知道有兩個受實驗的俄國人和一個受實驗的中國人是被憲兵隊在前面說過的那個地方槍斃了的。

問：就是說，這三個人是逕直在死牲畜掩埋所那裏被槍斃的麽？

答：是的。

問：憲兵爲什麽把他們槍斃了呢？

答：我想是爲了保守祕密。

問：可見，凡是被送到第一〇〇部隊去受實驗的人都必得殺害掉，是不是？

答：正是這樣。

國家公訴人：我再沒有問題要問被告三友了。

辯護人普羅珂坪科：究竟是什麽原因驅使你自願加入該部隊的呢？

被告三友：我原想去看看滿洲。正在那時，我的幾個朋友要到第一〇〇部隊去服務，我就同他們一塊前往了。

問：你剛才回答檢察官的問題時，說你曾用活人進行過實驗。你究竟是爲了什麽目的幹這種事，你究竟爲什麽要進行這種實驗呢？你在進行這種實驗時有過什麽私人利益計較沒有呢？

答：我個人並沒有過什麽私人利益計較。

問：你現在怎樣估量你當時的行爲呢？

答：我很悔悟我參加過這種用活人進行殘忍實驗的工作，並且我很悔悟我參加過反對蘇聯的細菌破壞工作以及參加過準備對蘇聯進行細菌戰的工作。

被告高橋受審經過

國家公訴人：被告高橋，請你說說，你是從何時起至何時止在關東軍內服務，以及你担任過一些什麽職務呢？

被告高橋：我在關東軍內服務是從一九四一年三月起，至一九四五年八月止，即直至我被蘇軍俘獲時止，我所担任的職務是關東軍司令部獸醫處長。

問：你的軍級是獸醫中將麽？

答：是的。

問：關東軍第一〇〇部隊是什麽時候成立的呢？

答：關東軍馬匹防疫部是在一九三五年底或一九三六年初成立的。

問：總而言之，當你到關東軍中服務時，該部已在工作麽？

答：是的，對。

問：請你對法庭說說，第一〇〇部隊在一九四一年間所担負的是些什麽任務。

答：當我於一九四一年三月間到任時，該部所負任務是製造主要供保養馬匹用的痘苗和血清，同時還要研究各種傳染病症。

一九四一年九月間，該部隊已接到指示要準備進行細菌戰和細菌軍事破壞工作，研究這種問題和探究種種手段。

問：首先是預定要對哪一國進行細菌戰呢？

答：主要是對蘇聯。

問：當時究竟是決定要在第一〇〇部隊內培養一些什麼細菌作爲細菌戰武器呢？

答：首先是鼻疽和炭疽熱細菌，其次是赤銹菌和斑駁病細菌，此外就是牛瘟及羊痘細菌。

問：當時你認爲什麼傳染病媒介物最適合進行細菌戰爭呢？

答：炭疽熱，牛瘟及羊痘細菌。

問：担任第一〇〇部隊長的是誰呢？

答：是獸醫少將若松。

問：究竟是誰在一九四一年九月間命令第一〇〇部隊長若松將軍開始製造你剛才對法庭說過的那些細菌作爲細菌戰武器的呢？

答：是我卽獸醫處長高橋。命令是以關東軍總司令名義頒發的，直接指令是我下的。

問：當時担任關東軍總司令的是誰呢？

答：是梅津大將。

問：可見，關於積極準備細菌戰的命令原是由梅津將軍頒發的麽？

答：是的。

問：你就把梅津將軍這道命令傳給了第一〇〇部隊麼？

答：是的，我所担負的是指導執行的責任，而命令按操典規定是應由總司令親自頒發的。

問：被告請你說說，製造細菌武器的工作是由該部隊內哪一部主持的呢？

答：是由第二部內第六分部主持的。

問：第一〇〇部隊設立有支隊麼？

答：是，設立有。

問：這是怎樣一些支隊呢？

答：在拉古站設有一個支隊，在大連市內設有一個不大的分部。

問：一九四一年間在各軍團內成立有馬匹防疫部或防疫處麼？

答：是的，成立有這樣的機關。

問：請你說說，這種馬匹防疫部是設立在什麼地方呢？

答：設立在東安、東寧、克山、鷄寧等城內。

問：誰是設立此種部隊的發起者呢？

答：是參謀本部。

問：是參謀本部中的哪一部呢？

答：是第一戰略部。

問：請你說說，究竟對這些部隊提出過一些什麼任務？

答：當關東軍開始細菌戰爭時，這一戰爭就應該由這些部隊來進行。

問：就是說，它們本來應該成爲第一〇〇部隊進行細菌戰的據點麼？

答：是的，對。

問：被告高橋，請你說說，各個防疫隊所需要的幹部是由誰負責培養的呢？

答：這種幹部是由第一〇〇部隊負責培養的。

問：可見，第一〇〇部隊不僅是研究和製造細菌戰武器的中心，並且還是培養這種戰爭所用幹部的中心，對不對？

答：是的，對。

問：我請你說明一下，第一〇〇部隊內研究細菌戰手段的目的只是要在動物中間散佈瘟疫呢，還是同時也研究過傳染植物的方法呢？

答：關於傳染植物一層，當時只進行過傳染病媒介物的研究，但因爲我不是本問題中的專家，所以我不能詳細說明這點。

問：進行過研究斑駁症或小麥銹症菌的工作麼？

答：起初進行過研究銹菌的工作，但後來因爲培養和繁殖媒介物一舉沒有成功，於是我們就來研究斑駁症。

問：可見，你們爲了細菌戰目的，是放棄了銹菌而實行研究斑駁症細菌麼？

答：是的，對。

問：請你說說，關於第一〇〇部隊準備細菌戰的情形，你曾向關東軍總司令梅津將軍作過報告麼？

答：作過。

問：我請你把你關於此事向梅津將軍作的各次報告一一說出來。

答：第一〇〇部隊直接從事研究細菌戰問題的工作，是從一九四三年十二月開始的。當時有各種專門家被派到該部隊第六分部去，他們就在鼻疽、炭疽熱、斑駁症、牛瘟及羊痘等方面開始了研究工作。 因爲當時日本曾對美英兩國作戰，所以保證設備一舉極感困難，而該部隊就把自己的力量用到研究和繁殖傳染病媒介物工作上去了。

問：你第一次向梅津將軍報告第一〇〇部隊在開展製造細菌武器方面的準備程度時，你就中也向他提出過製造各種細菌的一定數目字麼？

答：是的，提出了過。

問：梅津將軍認准了你所提出的這種數目字麼？

答：認准了。

問：你向梅津將軍做報告時，曾提議製造一些什麼細菌作爲進行細菌戰的最有效武器呢？

答：鼻疽菌，炭疽熱菌，牛瘟菌，羊痘菌及斑駁症菌。

問：關於第一〇〇部隊所能製造的各種細菌具體數量，你向梅津將軍報告過麼？

答：是的，我報告過這層。

問：請你指出這種數目字。

答：我當時報告說，第一〇〇部隊在一年內能製造的細菌數量是：炭疽熱細菌——一千公斤，鼻疽細菌——五百公斤，銹菌——一百公斤。這是我當時所報告的數目字，而這在具有充足設備的條件下是可能辦到的。 後來，即從一九四三年十二月起，設備已開始運來而安置在第二部第六分部內，但這一計劃未能完成，於是我在一九四四年三月底就向總司令做了一個報告，說只製造出了炭疽熱菌二百公斤，鼻疽細菌一百公斤，銹菌二三十公斤。

問：你曾認爲第一〇〇部隊所製造的細菌數量足夠供進行細菌戰之用麽？

答：沒有，我並未認爲是足夠的。

問：總而言之，在一九四一年後，因你堅持而採取過各種辦法實行大批擴增細菌產量以供進行細菌戰之用麽？

答：是的。

問：第一〇〇部隊在一九四四年間派遣遠征隊到北興安省去動作一舉是由誰主動的呢？

答：是由關東軍第二偵探部軍事破壞分部主動的。

問：你也參加過此事麽？

答：是的，我遵照總司令命令參加過。

問：是根據什麽文件派遣這批人員到北興安省去的呢？

答：是根據關東軍總司令所頒發的作戰命令。

問：當時關東軍總司令是誰？

答：是梅津將軍。

問：被派往北興安省去動作的這批人員負有什麽任務呢？

答：這批人員所負的任務是要考查河流、蓄水池、牧場、牲畜數量以及畜羣季節遷移條件。

問：進行這次偵察的終極目的是什麽？

答：梅津將軍曾對我說，在一旦對蘇戰爭開始而日軍退到大興安嶺一帶進行防禦戰的時候，第一〇〇部隊就應把北興安省境內所有的牲畜一概染上流行病，並盡可能將其消滅掉，以使敵軍不能享用這些牲畜。至於說到馬匹一層，那末因爲馬匹能夠迅速移動，所以決定將其趕到興安嶺以東地區去。

問：換句話說，這次到北興安省一帶去進行偵察的目的，也是準備對蘇聯進行細菌戰爭。對不對？

答：是的，對。

問：你聽取過平櫻關於他所率領的那個偵察隊在北興安省一帶動作結果的報告麼？

答：是的，聽取過。

問：一共聽取過幾次呢？

答：在一九四四年九月間聽取過一次，在一九四五年三月間又聽取過一次。

問：平櫻向你報告的是些什麼事項呢？

答：現在我已記不清楚他的報告內容，但我證實平櫻在今天所供述出的話。他在一九四五年三月所做的報告，是附錄有圖表及地圖的詳細報告書。

問：他第二次做報告時，曾說明過究竟用什麼細菌最宜傳染屬於北興安省當地居民的牲畜麼？

答：傳染一舉應該從飛機上用炭疽熱菌和牛瘟菌來實現。

問：請你說說，一九四二年夏派遣偵察隊到三河區去的目的是什麼？

答：這是爲準備在將來日本對蘇戰爭爆發時進行軍事破壞而舉行的演習。

問：在這次偵察時進行過一些什麽具體動作呢？

答：當時在蓄水池及河流內撒放過鼻疽細菌，而在地面上則撒放過炭疽熱細菌，後來又檢察過究竟細菌能保持多久。

問：被告高橋，請你說說，當山田將軍接任了關東軍總司令職務後，你曾向山田將軍報告過第一〇〇部隊的工作情形麽？

答：是的，報告過。

問：關於第一〇〇部隊在準備細菌戰方面進行祕密工作一層，你向新任總司令報告過麽？

答：是的，報告過。

問：請你說說，關於第一〇〇部隊工作詳情，你向山田將軍報告過多少次？

答：我第一次做報告是在一九四四年七月底，第二次是在一九四四年十一月，第三次是在一九四五年二月間。

問：請你說說你第一次向山田將軍報告的內容。

答：我在第一次報告時，是用口述向山田總司令報告了獸醫處工作情形。我說明了關東軍獸醫處工作情形之後，就簡略敍述了第一〇〇部隊的工作情形。關於第一〇〇部隊中的祕密工作一層，我對山田將軍說過，遵照前任總司令梅津將軍命令，第一〇〇部隊內製造着炭疽熱、鼻疽、斑駁症、牛瘟及羊痘等細菌。 同時我還報告了這各種細菌所製造的數量。

問：你第二次向山田將軍報告的內容是什麼？

答：我在一九四四年十一月間報告時，向關東軍總司令說明了我先前從前任總司令梅津將軍收到的那道由軍事破壞分部長笹井大佐簽署的命令。命令內容是說一旦日軍退到大興安嶺一綫時，第一〇〇部隊就應實行傳染該地所有的牲畜。同時我又通知他說，第一〇〇部隊派出的平櫻中尉小隊正在該地區內進行偵察工作。

問：請你說說你在一九四五年二月間第三次向山田將軍報告的內容。

答：我當時只通知過山田總司令說第一〇〇部隊正在繼續執行自己的任務。

問：山田將軍如何看待你向他所做的那次報告呢？

答：他聽取過我的報告後總是說道：『繼續照舊幹下去吧』。

問：從這裏豈不是可以看出，梅津將軍對此頒發的那些指令，在山田將軍接任後也仍舊發生效力麼？

答：是的，可以得出這樣的結論。

問：被告高橋，你聽見了被告三友關於第一〇〇部隊內用活人進行實驗的供詞麼？

答：是的，我聽見了。

問：你應該對這種實驗負責麼？

答：是的，我應該對這種實驗負責，但當時我不曾知道這種實驗，因爲這是未經我允准進行的，可是我終究承認自己應該對這種實驗負很大的責任。

問：被告高橋，現在我們把你的供詞總結一下。關於正是你指導了第一〇〇部隊在積極準備細菌戰方面的工作一層，你是否承認呢？

答：是的，我承認。

問：第一〇〇部隊在你指導下所進行的這種積極準備細菌戰的工作首先是預備去反對蘇聯的，對不對？

答：是的，對。

國家公訴人：我再沒有什麽問題要問被告高橋了。

辯護人玆維列夫：被告高橋，請你說說，你在東京大學求學時期為什麽要領取陸軍省津貼費呢？

被告高橋：在考入大學之前，我曾處在困苦的物質狀况中。我不得不替弟弟繳納學費，因而我自己後來被迫要領取津貼費。

問：請你說說，領取陸軍省發給的津貼費一舉，是不是使你在畢業後務必要到軍隊內去服務呢？

答：是的，務必要這樣去作。

問：請你說說，你到英國去進行過科學考察。你住在英國時是否研究過與細菌學關連的問題呢？

答：我留居英國時研究的是維他命。

問：你說你不曾知道第一〇〇部隊用活人進行實驗的話，究應如何解釋呢？

答：每當開始某種新的實驗時，都必須得到陸軍省的命令；只有得到陸軍省的命令後才能進行此事，但此種命令並沒有頒發過；當下級向關東軍司令部申請此種准許時，准許令並不是由我即獸醫處長頒發，而是由關東軍總司令頒發的，但關東軍總司令並未收到過此種申請書。剛才我從另一名被告受審時聽到說進行過各種實驗，但從前我是不知道這點的。

問：你在十月二十三日受審時曾說，你個人是反對細菌戰主張的。我想知道一點，就是你究竟在何地何時發表過自己的這種意見呢？

答：在接到任命我到關東軍去服務的命令之後，我從未發表過這種意見，可是當我在獸醫學校時，我曾反對過這種主張，但因爲我不是細菌學專家，所以人們未曾理會過我的意見。

問：你現在怎樣估量自己在準備細菌戰方面的活動呢？

答：我認爲這是很不人道的事，所以我因我參預過此事而表示翻悔。我特別表示翻悔的，是因爲日本青年在我指導下作過這種惡事。

檢驗人茹科夫—費勒什尼科夫：被告高橋，你曾知道鼻疽和炭疽熱細菌不只能危害動物而且也能危害人麼？

答：是的，我曾知道這點。

十二月二十八日晚庭審訊記錄

被告尾上受審經過

國家公訴人：被告尾上，你從何時起至何時止在第七三一部隊服務，以及担任過一些什麽職務呢？

被告尾上：從一九四三年九月起至日本投降止，我担任過第七三一部隊牡丹江支隊長。

問：這個支隊是被稱呼爲第六四三支隊麽？

答：是的。

問：你接任這個職務以前是在什麽地方服務呢？

答：在此以前，我是在駐屯虎林城的第十一師防疫給水部內供職。

問：你有什麽專長呢？

答：我是細菌學家。

問：你受過什麽教育呢？

答：我曾在專門高級學校畢業。

問：從一九三五年起至一九三六年止，你在東京軍醫學校受過專門訓練麽？

答：是的，受過。

問：一九三三至一九三四年間，你也在這所學校內學習過麽？

答：學習過。

問：你在這所學校內學習時，學得了細菌學方面的專門知識麽？

答：正是如此。

問：可見，你是受過細菌學專門訓練的麼？

答：正是如此。

問：第七三一部隊第六四三支隊有過一些什麼部呢？

答：該支隊有過如下各部：總務部，第一部，第二部，供給部及訓練部。

問：大批培養寄生虫和繁殖鼠類的工作是在該支隊哪一部內進行的呢？

答：跳蚤是在由第一部長中村兼管的專門培養跳蚤的分部內繁殖的，而繁殖鼠類的工作是在由供給部長神尾兼管的那一部內進行的。

問：第七三一部隊長北野少將在一九四三年底曾給你的支隊規定過一些什麼任務呢？

答：北野少將在一九四三年底給我們支隊所規定的任務是歸結爲如下各點：在牡丹江一帶加緊防疫勤務，大批繁殖田鼠、白鼠及其他各種鼠類，同時還要擴增供大批製造細菌用的設備，但後一任務我們沒有完成。

問：柄澤少佐到你們那裏去是負有什麼任務呢？

答：柄澤少佐到我們支隊去，是爲要調查可否在支隊內設置蒸汽培養鍋爐，以及調查設置這種鍋爐的條件。

問：後來你們收到了蒸煮營養液用的鍋爐麼？

答：是的，收到了。

問：這是四具鍋爐麼？

答：我記得有六具。

問：每一具鍋爐的容量有多大呢？

答：這是口徑爲一公尺半而長達二公尺半的一種鍋爐。

問：就是說，這種鍋爐是很大的麽？

答：正是如此。

問：可見，大批製造細菌一舉是放在實際基礎上了麽？

答：因爲設備還未備置好，所以當時還沒有實際基礎。

問：我問的是另一點：卽蒸煮營養液用的鍋爐是給你們運到了麽？

（被告柄澤閉口不言）

是或不是？這六具鍋爐是給你們運到了麽？

答：是的，我們收到了這些鍋爐。

問：可以把這看作是大批製造細菌的實際行動麽？

答：是的，可以看作這樣。

問：現在請你說說，當時給你們運到的只是鍋爐呢，或者此外還有蛋白消化素、液汁、鹽以及其他各種爲製造營養液來繁殖細菌所必需的原素呢？

答：我們收到了這些東西，但準確數量我已記不淸楚了。

問：被告尾上，我想提醒你的記憶力，而來宣讀你在一九四九年十月二十七日說出的如下一段供詞：

『必得指出，在一九四五年初，我遵照軍醫少將北野指令從器材部方面領到了三車箱（每車箱載重量爲二十五噸）的蛋白消化素、液汁、肉精及煮鹽等物資，存放在本支隊內』。

（這段供詞用日語宣讀）

這段供詞符合實情麽？你證實這段供詞麽？

答：我證實這點，有過這囘事。

問：可見，在你們的支隊內曾聚集有七十五噸各種資材來供製造營養液即供繁殖細菌之用，對不對？

答：對的。

問：前此不久的時候，該部隊領到過六具容量很大的鍋爐。對不對？

答：對的。

問：就是說，在將六具鍋爐裝置好而利用這批器材的條件下，第七三一部隊可能實行大規模製造細菌。這也對麼？

答：對的。

問：在石井中將第二次接任部隊長一職後，你那個支隊的工作方面有過什麽改變呢？具體點說，石井中將給你那個支隊規定了一些什麽任務呢？

答：起初他並沒有對這支隊規定過任何任務，但他在四五月間却已給我們規定了大批繁殖跳蚤的任務。

問：請你較爲詳細地說說這點。

答：關於繁殖跳蚤的命令，我是大約在一九四五年四月或五月收到的。我記得這樣的指令曾分發給第七三一部隊所有各支隊。我已說過，這一命令是我在四月或五月間收到的，但我未能立卽着手執行這一命令，因爲我由於各種情況的關係，未能選人到第七三一部隊司令部去學習這件事情，而只是在六月間責令立卽派人去學習的密電到達後，我才執行了這命令而派了本支隊的兩人去學習。

我已記不清楚，他們在訓練班裏究竟受過多少時間的訓練，我只記得是半月至一個月之久。當他們學習回來之後，我們就開始進行大批繁殖跳蚤的準備工作。除此而外，又曾派送過三人到訓練班去，隨後又派過五六人的一個小隊由一名准尉帶領到第七三一部隊去，他們從那裏領來了必需數量的跳蚤，以便用來在本支隊內實行繁殖。這大約是在七月間的事。我還想起了一點，就是在我們進行大批繁殖跳蚤工作的初期，我們採用了六至十個空汽油桶來進行這件事情。

後來，爲執行我們所奉到的命令起見，我們從牡丹江城的倉庫內領到了大約二百個從前裝汽油的空桶來繁殖跳蚤。至於這批汽油桶是否全數被實際用去大批繁殖過跳蚤，我已記不清楚了，因此現時我不能說明這點。

接着就開始了對蘇聯的戰爭，我從我那些屬員報告中知道，一九四五年八月九日送了大約二十至二十五公分跳蚤到第七三一部隊司令部去，而所有其餘的跳蚤，則在該部隊於八月十三日出發到愛河站前綫陣地去的時候由我們消滅了。

問：你曾供述說你收到過一封責成你們儘量加緊大批繁殖跳蚤的密電。你證實這段供詞麽？

答：是的，我證實這點。

問：奉到這封電報時你就首先從你那個支隊裏派去了兩個人——即伍長矢吹和僱員鈴木——到造就大批繁殖跳蚤的專門人材訓練班去學習麽？

答：是的，我證實我這段供詞。我在預審時曾說出過這段供詞，並說我派去的是伍長矢吹和僱員鈴木，但後來我想了想之後，却又覺得我當時所派去的不是鈴木，而是另一個人。

問：根據你從第七三一部隊那裏收到的指令，繁殖跳蚤一事要用二百個孵育器來進行，對不對？

答：指令上只說到領取這二百個桶子，而沒有說到過別的事情。

問：你所主持的支隊領到了二百個桶子麼？

答：領到了。

問：繁殖跳蚤一事是在這種桶子裏進行的麼？這件事情是用什麼方法來作的呢？

答：我記得是用如下方法進行的：先把切得很碎的乾草放到桶底上，然後把一隻或兩隻老鼠放進桶裏將其固定住，接着便把跳蚤放到老鼠身上。

問：你旣是細菌專家，當然是曾知道跳蚤能染上什麼病菌的吧？

答：是的，我曾知道這點。

問：究竟是什麼病菌呢？

答：是鼠疫。

問：就是說，你所主持的那個支隊以及第七三一部隊所屬其他各支隊繁殖的跳蚤，都是預備用來傳染鼠疫的麼？

答：是的，正是這樣。

問：好的，請你向法庭說說，神尾少尉在你那裏担任的是什麼職務？

答：神尾少尉是本支隊的供給部長，但由於支隊裏幹部不夠，所以他兼任過老鼠捕獲隊隊長職務，並同時進行過繁殖白老鼠的工作。

該隊起初是由十人組成的。他們的任務是到各個部隊及居民那裏去領取捕獲的老鼠，將其送到支隊來，然後再由支隊送到第七三一部隊的庫房去。

除此而外，由神尾少尉帶領的一隊人又在牡丹江城內進行過大批捕獲老鼠的工作。該隊內原先約有十個至十四個或十五個人，後來在一九四五年間已增到三十人，那時大批捕獲老鼠的工作就加緊起來了。此外還有五個人的一個小隊開始來繁殖白田鼠，而另一個也是由五個人組成的小隊則繁殖白家鼠。　我記不淸楚這是在那一月進行的。但當時支隊內的白家鼠和白田鼠很少，因而就從哈爾濱第七三一部隊供給部那裏領到白家鼠和白田鼠各五百隻來開始大批繁殖。支隊內接着就開始了這種繁殖工作。

問：被告尾上，你部下的士兵從事捕獲田鼠時穿的是軍服還是便衣呢？

答：他們穿的是工作服。

問：卽穿的是便衣麼？

答：正是如此。

此後就開始大批繁殖白田鼠和白家鼠，並將其送往第七三一部隊司令部去。我記得每月送往司令部去的有一百至一百五十隻田鼠，以及一百五十至二百隻家鼠。

問：灰色田鼠和家鼠送去過多少呢？

答：一個月內總共送去過老鼠達二百隻。

問：影山中尉在你那裏担任過什麽職務呢？

答：我記得影山是於一九四五年三月間到達支隊的。他被委任爲支隊辦公廳長並兼任第一部部長。他到達支隊後對我說過，牡丹江支隊在捕獲鼠類方面很有成績，同時請求我指定他去領導這件事情。

問：你曾指定他去領導過這件事情麽？

答：我並沒曾指定他一人去領導這一工作，他是同神尾少尉一起去領導這一工作的。

問：在影山中尉到達第七三一部隊支隊後就增加了捕鼠人員麼？

答：是的，增加了。

問：增到了多少人呢？

答：大約增到了三十人。

問：你知道海拉爾支隊內同時保藏有多少鼠類麼？

答：知道，大約有一萬三千隻老鼠。

問：現在我請你說說你同第七三一部隊總務部辦公廳長高橋談話的內容。

答：我與第七三一部隊總務部辦公廳長高橋少佐談話的日期，我已記不淸楚了，但我記得這次談話的內容，是他關於用活人進行實驗以及第七三一部隊內研究鼠疫和繁殖跳蚤工作等的通知。他告訴我說，用活人作實驗是在特設的打靶場上進行的，方法是從飛機在離地一百至一千公尺高的飛機上投擲細菌炸彈。

此外，在第七三一部隊內還有過另一個高橋的人，他對我說過部隊內進行研究鼠疫的情形。這個高橋也是一個少佐。

問：你那個支隊奉到過要大批繁殖寄生虫的任務麼？

答：正是如此。

問：你曾知道第七三一部隊開辦有專門培養大批繁殖跳蚤的專家訓練班麼？

答：是的，我曾知道這點。

問：你曾瞭解到這種以數十公斤計算來繁殖的寄生虫並

不是爲科學探究所必需，以及此種規模是超過了任何科學研究範圍麼？

答：是的。

問：你旣是一位細菌專家，當然是曾瞭解到這種跳蚤只能傳染上鼠疫的麼？

答：正是如此。

問：你旣是細菌專家，大概是曾瞭解到這千百萬以至無數萬染上鼠疫的寄生虫引起鼠疫流行病時該會給人類造成何等厲害的災禍吧？

答：是的，我知道過這點。

問：就是說，當你在自己主持的第六四三支隊內繁殖這些跳蚤時，你是瞭解到你所做的是囘什麼事的麼？

答：正是如此。

國家公訴人：我再沒有什麼問題要問被告了。

辯護人魯克揚傑夫：請你確切說明一下，你在該支隊內服務時總共捕獲過多少隻老鼠。

答：我記得大約有七千隻。

問：請你確切說明一下，你把七十五噸預備製造營養液的原料耗費到那裏去了。

答：這批原料沒有耗費過，而是被消滅掉了。

問：請你確切說明一下，你所主持的支隊內培養跳蚤的時間是多少。

答：我記得是半個月或一個月。

辯護人波加切夫：被告尾上，你記得你曾請求第五軍團軍醫處頒發關於捕捉鼠類的指令麼？

被告尾上：我在預審庭上對質審訊時已經供述說過，關於捕捉鼠類一事，我未請求過。

被告西俊英：我是前第七三一部隊孫吳支隊長西俊英，我請前任牡丹江支隊長尾上說說石井責成消滅牡丹江支隊的那道命令的內容，如果被告人尾上還記得此種內容的話。

被告尾上：一九四五年八月九日晚上，田中中佐親自打電話來叫我去接，當時他通知我說，有命令叫我聽便動作。至於這一命令往下的內容究竟怎樣，我已記不清楚了，因爲當時我把聽筒交給伍長矢吹了；從他後來向我報告時所說的話中，我知道那封密電是要我們把跳蚤送到第七三一部隊去，其餘的東西則要一概消滅。

被告菊地受審經過

國家公訴人：被告菊地你是從什麼時候起在第七三一部隊第六四三支隊裏供職的呢？

被告菊地：我在海林站附近供職是從一九四三年四月起，至日本投降時止。

問：當時你担任的是什麼職務呢？

答：我担任的是該支隊的實驗員。

問：當時你進行過什麼工作呢？

答：我進行過培養細菌的工作，包括培養傷寒症細菌的工作在內。

問：你還培養過什麼別的細菌麼？

答：培養過副傷寒病菌和寒熱症病菌。

問：你在一九四九年十二月五日供述而載於案卷第十三卷第二八五頁上的一段話，是說：

『我們得到指示，說這是爲的我們在必要時能夠迅速製造一批營養液，以便有可能急速培養和長期保存細菌』。（當卽將這段供詞用日語宣讀）。你證實你這段供詞麼？

答：是的，我證實這點。

問：在你供職的那個支隊裏進行過大批繁殖鼠類的工作麼？

答：是的，進行過這種工作。

問：這一支隊內繁殖過跳蚤麼？

答：是的，在第一分部地下室內進行過繁殖跳蚤的工作。

問：大批繁殖跳蚤的工作是由誰來進行的呢？

答：我記得進行這一工作的人，是曹長須田，以及愛智、一等兵西山、伍長冲山和鈴木。

問：簡言之，在這個分部內曾有該部隊內這五名工作員專門進行工作，對不對？

答：是的，正是如此。

問：第六四三支隊內所繁殖的跳蚤和鼠類是送往何處去的呢？

答：是送到第七三一部隊去的。

問：被告菊地，該支隊把這種鼠類和跳蚤送往第七三一部隊去是幹什麼用的呢？關於這層你知道一些什麼呢？

答：起初我不知道究竟把繁殖的跳蚤和捕獲的鼠類送去是幹什麼用的，但爾後我心裏逐漸發生出關於這究竟是幹什麼用的問題，後來我才知道，送這些家鼠和田鼠到第七三一部隊去，是要用以進行細菌研究工作的。

問：是爲了何種最終目的呢？

答：是爲了準備細菌戰爭。

問：當你在第七三一部隊第三部內所設衛生人員訓練班受訓時，你聽到過該部士兵關於第七三一部隊活動的什麼議論麼？

答：是的。我曾聽說第七三一部隊繁殖的細菌是預備供作戰用的。

問：關於第七三一部隊需要有田鼠和家鼠去準備細菌戰爭一層，在你們的支隊內有人談論過麼？

答：正是如此。

問：如果說第七三一部隊所屬第六四三支隊協助過該部隊準備細菌戰爭的工作，那是否正確呢？

答：是的。

問：你知道關東軍準備戰爭是反對哪一方的麼？

答：是的，我知道。

問：究竟是反對哪一方，卽反對哪一國呢？

答：反對蘇聯。

問：被告菊地，你何以知道這點呢？

答：雖然沒人直接對我們說過我們要侵犯蘇聯，但從全部準備工作上可以看出這點，並且在操演時所講的也是反蘇聯的戰爭。

問：就是說，在操演時曾對你們說過，關東軍是準備對蘇作戰的。是不是這樣？

答：正是如此。

問：被告菊地，現在我向你提出最後一個問題。你在第六四三支隊供職過，而該支隊積極協助過第七三一部隊準備細菌戰的工作。你承認你自己應該對此担負的責任麼？

答：是的，我承認。

辯護人普羅珂坪科：被告菊地，請你說說，究竟曾有幾個如你一樣的細菌『研究家』同你一塊進行過工作呢？

被告菊地：士兵五六名，僱員四人。

問：你現時即在一九四九年間又怎樣估量你在第七三一部隊內進行的工作呢？

答：我已瞭解到，我犯了危害人類的罪惡。

被告久留島受審經過

國家公訴人：被告久留島，你是從什麼時候開始在關東軍第七三一部隊內供職的呢？

被告久留島：是從一九四四年十月開始的。

問：你担任的是什麼職務呢？

答：在一九四四年十月至十一月間舉行演習時，我充當過衛兵。

問：即在第七三一部隊舉行演習時麼？

答：是的。

問：你在進入第七三一部隊前曾經受過什麼訓練麼？

答：是的，我曾在第一六二支隊內學期六個月的衛生人員訓練班受過訓練。

問：你在這學期六個月的訓練班受訓時研究過什麼呢？

答：我研究了培育細菌的方法。

問：當時特別注重的是培育哪幾種細菌呢？

答：是急性傷寒菌，副傷寒菌，霍亂菌及結核病菌。

問：你在這訓練班內受過白刃戰進行方法的訓練麼？

答：白刃戰進行方法，我們是在駐屯哈爾濱附近的第九七團內學習的。

問：請你簡短說說，白刃戰進行方法究竟是怎麽教給你們的。

答：我已記不起教習指導人的姓名，但我記得他是准尉級，他說蘇軍士兵身材很高，因此要練習高刺方法。

問：當時你根據這樣練習白刃戰進行方法的事實，就已明白是在教練你們去同俄國士兵打仗麽？

答：是的，當然是明白的。

問：當你到達第七三一部隊時，長官預告過你什麽沒有呢？

答：西俊英少佐曾告訴我們說必須保守工作祕密，以防敵方偵探察知。

問：你在訓練班畢業後被調到何處去了呢？

答：被調到第七三一部隊去了。

問：在訓練班畢業後，你到第七三一部隊內作過什麽事情呢？

答：我在演習時担任過守衛。

問：請你說說這次演習的情形。

答：進行這次演習的方法，是把裝有跳蚤的炸彈從飛機上擲下來。演習的內容只是這點。

問：這次演習是在何處舉行的呢？

答：我不能準確說明距離，但我記得是在大約離第七三一部隊三公里遠的吳屯一帶。

問：在舉行演習時檢查過跳蚤在演習地點分佈的情形麽？

答：是的，檢查過。

問：請你說說，這是用什麽特別手續來做的呢？

答：在舉行演習的地方佈置有許多大木箱，各木箱彼此相隔約二公尺，我已記不清木箱數目，但大約是有一千個。

問：是佈置在約有多大的地面上呢？

答：我不能確切說明面積大小，但我想是約有二平方公里。這種箱子裏面放有一層粘紙，在炸彈爆裂時散放出去的那些跳蚤就落到這些箱子內的紙上，然後就來檢查跳蚤數目。

問：你親自數過落到這種箱子底上的跳蚤麽？

答：是的，我數過。

問：你知道這種實驗究竟是爲了什麽目的進行的麽？

答：是的，我知道。

問：請你說說這點。

答：雖然這些跳蚤沒有染上細菌，但我曾知道這是爲準備細菌戰來幹的，而當細菌戰開始時，就會從飛機上投擲這種染上鼠疫細菌的跳蚤。

問：裝有跳蚤的細菌炸彈，是在離地多少公尺的高空爆炸的呢？

答：大概是在一百公尺的高空。

問：你在第一六二支隊供職時參加過培養細菌的工作麼？

答：是的，我參加過培養細菌的工作。

問：請你說說，你隨同你們那個支隊裏一隊人員去捕過鼠麼？

答：是的，我去過。

問：去過一次還是去過多次呢？

答：去過兩次。

問：你每次出發時捕過幾天的鼠呢？

答：一星期。

問：你親自捕獲過多少隻鼠呢？

答：我一共捕到了二三百隻。

問：後來是把這些捕來的鼠類經常保存在第一六二支隊內呢，還是發送到別的地方去呢？

答：捕來的鼠類是送往第七三一部隊去的。

問：你知道每次從你們支隊裏發送過多少隻老鼠麼？

答：確實數目我不知道，但我知道每次都是大批送到第七三一部隊去的。

問：被告久留島，請你說明一下，當你捕捉鼠類、培養細菌、在打靶場上檢查落到粘紙上的跳蚤數目時，你曾瞭解到你這樣作就是幫助準備細菌戰爭麼？

答：我曾知道這點。

辯護人普羅珂坪科：被告久留島，我請你說說，你承認自己具體犯了什麼罪呢？

被告久留島：第一點就是我曾隸屬於第七三一部隊第一

六二支隊。第二點就是我參加過一次演習，其最終目的是在於要去大批殺害人。這就是我所承認的全部罪狀。

證人田村受審經過

審判長：證人田村，你受過預告，如果你說出假口供時，你就應該受處罰，所以你應把你所知道而與本案件有關的一切事實都告訴法庭，你應始終說實話。證人田村，請你說說，你是在何時被蘇軍俘獲的呢？

證人田村：在一九四五年九月一日。

問：當時你住在何處以及你所担任的是什麽職務呢？

答：當時我住在長春市（滿洲），担任關東軍司令部幹部部長職務。

問：當時你帶有什麽軍級呢？

答：大佐。

國家公訴人：證人田村，關於第七三一部隊的目的與任務一層，你從關東軍參謀長泰彦中將方面得到過什麽通知呢？

證人田村：泰彦中將曾通知我說，關東軍第七三一部隊雖然正式叫做防疫給水部，但該部隊主要任務是準備對蘇聯進行細菌戰。他曾屢次囑咐我說，在分配幹部方面要特別注意這個部隊。

問：你是在什麽時候，在什麽情況下以及受誰人委託去巡視第七三一部隊的呢？

答：關於巡視第七三一部隊的指令，是前關東軍總司令山田將軍於一九四五年六月間在哈爾濱飛機上發給我的。

問：山田將軍究竟是因爲什麼緣故發給了你這一指令，爲什麼要去巡視第七三一部隊呢？

答：在一九四五年五月間，第七三一部隊長石井寄交關東軍司令部由總司令查收的文書，石井在這一文書上請求給予第七三一部隊爲加緊工作所需的各種條件。同時石井又請示增派軍醫到第七三一部隊去並擴充該部隊員額。此後我就等候機會，以便與石井本人會見而詳細去考查這個問題。在總司令到齊齊哈爾去參加訓練班學生畢業典禮時，我就獲得了這一機會。我們到達哈爾濱時就遇到了石井將軍。

問：請你說說，你是怎樣進行視察第七三一部隊的呢，你親自在該部隊內看見了一些什麼呢？

答：我抵達石井部隊後，就視察了一切生產房舍，即該部隊的各個實驗室和拘禁犯人的監獄。在視察生產部的生產房舍時，我看到了用來大批製造細菌武器的生產設備。此外我還看見那裏培養有預備用來繁殖跳蚤的鼠類。我在該部隊的營房內看見有細菌砲彈和細菌飛機炸彈模型。除此而外，我在石井辦公室內，閱覽了一些說明細菌武器效力的圖表及圖樣。 同時我還視察過該部隊內部監獄，看見過一部分囚室。 我在那裏看到了四五十名被囚禁的人，他們都是中國內地人和俄國人。在這批被囚禁的人中間，我看見了一名女子。

問：被囚禁者所處的環境怎樣，他們在這種囚室內分佈得怎樣，每一間囚室內拘禁多少人，這種囚室內情形怎樣呢？如果你還記得，那就請你說說。

答：我從走廊內經過四室門上的小眺望窗，看見一部分被囚禁者帶有脚鐐。 有一些人在走動，大部分人則躺在地上。究竟每一間囚室內有多少人，我已記不清楚了。

問：關於第七三一部隊內部監獄囚室內所拘禁的人是預備用來幹什麼一層，石井將軍向你說了一些什麼話呢？

答：石井將軍向我說過，這些被拘禁的人都是預備用來實驗各種細菌效力的。我曾看見受實驗的犯人們中間有兩三個人形容非常難堪。

問：證人田村，請你說說，預備用來進行實驗的人是由什麼機關送到第七三一部隊去的呢？

答：我從石井口中知道，這些人都是由憲兵機關和日本軍事團送去的一些被拘留和當作應處死刑的罪犯看待的人。

問：證人田村，我請你說說，當你巡視第七三一部隊時，石井關於該部隊所負任務以及該部隊執行戰鬥指令的準備程度一層，曾向你報告了一些什麼。

答：當時石井向我說過，各種細菌的效力已在實驗室條件下以及在野外條件下用活人舉行的實驗中檢驗過了，細菌武器乃是關東軍手中的一種最雄強的武器。 他通知我說，第七三一部隊已有充分的作戰準備，所以它在必要時，即一旦戰爭開始時，就能用大量致命細菌去直接攻擊敵軍，並且該部隊能用飛機對敵軍後方的城市進行細菌戰動作。

問：證人田村，請你說說，你巡視了第七三一部隊之後，關於該部隊活動的規模及其對於積極進行細菌戰的準備程度，你個人得到了一種什麽印象呢？

答：在視查了第七三一部隊所有一切房舍及該部隊內的設備之後，我對該部隊的工作規模極感驚奇；這種規模超過了我的一切預料。我在該部隊內所看見的工作情形及生產設備，使我深信石井所說該部隊有充分作戰準備等語是正確的。

問：關於你巡視第七三一部隊所得的結果，你向誰做過報告呢？

答：我向山田總司令做過報告。

問：我請你說說你向山田報告的內容。

答：我曾向山田報告說，在各個生產房舍內都設置有生產設備並進行着大批製造細菌的工作，進行着培養鼠類來繁殖跳蚤以及製造細菌砲彈飛機炸彈等工作。我向山田總司令報告過我在監獄內所看到的情形，說我在視查過的那部分囚室內看見有四五十名被囚禁的人，他們都是中國內地人和俄國人，其中有一名俄國女子。我曾通知山田將軍說，我所見到的這些被拘禁的人都帶有脚鐐，並且據部隊長石井將軍所說，他們都是被用來實驗作爲細菌武器的致命細菌效力的。

問：關於第七三一部隊對於進行細菌戰的準備程度一層，你是否向山田將軍報告過呢？

答：是的，報告過。

問：你向他報告了什麼呢？

答：我向山田總司令報告說過，我從石井將軍口中知道，第七三一部隊對於進行細菌戰一舉已有充分準備。同時我還向山田將軍報告說過，在視查了第七三一部隊的生產房舍和監獄之後，我深信石井所說該部隊有充分作戰準備等語是正確的。

十二月二十八日晚庭審訊記錄

證人古都受審經過

審判長：證人古都，你被預告過，如有僞供之處，即應受刑事處分。你在法庭上應該只說實話。

證人古都：當然的。

問：證人古都，請你說說，你是在什麽時候被蘇軍俘獲的呢？

答：是在一九四五年八月十七日。

問：當時你是在什麽地方呢？

答：當時我是在横道河子站。

問：當時你担任的是什麽職務呢？

答：當時我是在第六四三支隊當衛生兵，在研究傳染病媒介物的一隊人中間工作。

國家公訴人：證人古都，請你說說，你是在什麽情況下以及什麽時候初到第七三一部隊去服務的呢？

證人古都：我是在一九四一年七月間到第七三一部隊去服務的。我是日本鳥取郡人。在我加入該部隊之前，我曾經過一個僱傭機關找事做，結果是被僱去到關東軍中服務。先把我們送到了馬闌城，然後在馬闌城把我編入了調到第七三一部隊去工作的一批人中間。

問：你是在第七三一部隊內哪一部工作以及工作了多久呢？

答：我從一九四一年七月起至一九四五年二月止在第一部第一分部內工作。

問：關於整個第七三一部隊所進行的活動，你有什麽話想說呢？

答：第七三一部隊在外表上雖然是防疫給水部，但它實際上是準備進行細菌軍事破壞工作的。

問：當你開始在該部隊內進行工作時，人家預告過你一些什麽呢？

答：當時軍醫大尉山下向我預告說，凡關於我在第七三一部隊內工作時所能知道的一切，我都應嚴守軍事祕密，無論我在什麽時候以及任何另一個地方工作時，我都不能說出第七三一部隊中的祕密工作情形。

問：你參加過第七三一部隊所舉行的某次遠征動作麽？

答：是的，我於一九四二年間參加過到華中去動作的遠征隊。

問：請你說說，遠征隊所負的任務是什麽，你個人在遠征時作過一些什麽事情？

答：到華中去動作的遠征隊所負的最主要任務，是要在玉山城一帶對中國軍隊及和平居民進行細菌軍事破壞工作。

一九四二年七月間，第七三一部隊所派由一百二十名官佐及僱員編成的一個隊伍，乘火車從哈爾濱開走。我們首先開到了日本駐華中遠征軍防疫給水司令部駐屯的南京市，當時有該司令部中一部分官佐和兵士加入了我們的隊伍。結果我們那個遠征隊人員名額就增到了一百五六十人。

問：你是說你們到達了南京麽？

答：是的，到達了南京。

問：那裏有南京『榮』字第一六四四部隊中一批軍人加入了你們的遠征隊麼？

答：是的。

問：可見，南京『榮』字第一六四四部隊是協助過石井部隊派往中國去動作的遠征隊麼？

答：正是如此。

問：第七三一部隊所派出的遠征隊是由誰率領的呢？

答：第七三一部隊所派出的遠征隊是由石井少將率領。

問：這遠征隊在華中進行過一些什麼事情呢？

答：我所參加的這個遠征隊當時進行的工作，就是用傷寒菌和副傷寒菌傳染蓄水池、水井、建築物的辦法進行的細菌攻擊。第七三一部隊發出了由該部隊第四部大批製造的上述各種細菌，以供遠征隊使用。這些細菌裝到了原供盛蛋白消化素用的空玻璃瓶子內。 然後把這種玻璃瓶子裝在箱子內，上面寫着『給水』字樣。然後便把這種箱子用一架飛機送到南京去了。

問：你們怎樣處置了這些箱子內所裝的東西呢？

答：當這批箱子運到南京時，我們便把一部分裝在玻璃瓶內的細菌放到了通常用來盛飲水的輕鉄瓶中，而把其餘一部分留在玻璃瓶內。然後我們又把這些輕鉄瓶和玻璃一起裝到箱子內，用飛機送到預定要進行細菌攻擊的地方去。這次攻擊是用如下辦法舉行的：把輕鉄瓶和玻璃瓶擲入水井、沼澤及村民住房裏去。有一部分原供盛蛋白消化素用的空玻璃瓶，則用來以特製液汁繁殖細菌。這種液汁的成分，我已記不清楚了。

問：在舉行這次軍事破壞性的攻擊時，你個人幹的是什麽事情呢？

答：我參加過把盛有細菌的瓶子投到水井、沼澤及和平居民住房裏去的工作。

當時在該地設立有中國戰俘集中營兩處，其中被囚人數總共約爲三千人。預備了三千個特製燒餅；燒餅是由遠征隊隊員參加做成的。做好之後經過相當時間，就用藥針把細菌注射到燒餅裏去。

問：究竟是誰用藥針傳染這些燒餅的呢？

答：第一部第一分部中所有參加這次遠征的人員都幹過這件事情。

問：你自己也參加過這件事情麽？

答：是的，參加過。

問：這三千個燒餅是用什麽細菌傳染的呢？

答：是用傷寒菌和副傷寒菌傳染的。

問：往後又怎樣處置了這三千個燒餅呢？

答：在把燒餅傳染細菌之後，就將其送到集中營去，在那裏由懂得中國話的翻譯官春日把這些燒餅分發給了中國戰俘。

我知道這些燒餅確實發給過中國戰俘，例如我曾看見攝照在一張照片上的中國人手中拿有一個燒餅。

問：就是說，你們把染有副傷寒菌的燒餅發給中國戰俘時，曾把此事當作慈善事業攝照下來麽？

答：是的。

問：你們把染有病菌的燒餅發給中國戰俘吃了之後，又怎樣處置了他們呢？

答：把他們全體都從集中營裏放走了，目的是要引起傷寒和副傷寒流行病。

問：請你說說你們遵照石井命令製造的那種餅干是怎樣的。

答：這是兩種形式即蛋形和長扁形的餅干。這餅干是用白麵做成的，也如燒餅一樣染有細菌，預先對日軍兵士說明這是什麽餅干之後，就把餅干發給了他們，而他們就把這批總共約有三四百塊的餅干擲到院牆下面，樹木下面以及行人休息地點，彷彿是他們偶然忘掉了的。

問：這也是一種進行細菌軍事破壞工作的方法麽？

答：是的。

問：關於石井部隊這次所派遠征隊工作的結果，你知道一些什麽呢？

答：事後我在第七三一部隊總部那裏從一位姓鍵的科學工作員口中知道，當時使用的是傷寒和副傷寒兩種細菌，而以副傷寒菌效力爲最大。

問：就是說，這次遠征結果是引起了瘟疫並造成了一些瘟疫發源地點麽？

答：正是。

問：你參加過用活人進行的實驗麽？

答：是的，這是一九四三年末的事。當時爲了檢驗病菌的效力，曾用五十名中國內地人和滿洲本地人來當作進行實驗的材料。首先給這五十人注射了防病的藥水，並且是分別注射的，即給一部分犯人注射了一次，而給另一部分犯人注射了兩次。除此而外，給各人注射的防病藥水多寡不一，並且這五十人中有一部分人根本沒有打過防病藥針。

所以，這五十人是被分成了五類。然後就強迫所有這些人喝進了染有傷寒菌的水，接着就來觀察這種傳染病媒介物在各種場合所引起的結果怎樣：即檢驗在是否被注射過防病藥水的人身上，在被注射過若干次以及注射過多少藥水的人身上所起的作用怎樣。

問：這次實驗的結果如何呢？

答：這些人中的一大部分都染上了傷寒症，究竟有百分之幾的人生了傷寒病，我已記不清楚了，但其中有十二人或十三人總是因病死掉了。

問：用活人進行的這種檢查傳染病菌效果的罪惡實驗，曾進行過許多次麼？

答：我個人知道還有一次進行這種傳染的事實，這是一九四四年底或一九四五年初的事，當時用類此的方法進行過傳染。

問：你參加過用傷寒症細菌傳染瓜菓的實驗麼？

答：是的，參加過。

問：請你說說這種實驗。

答：我已記不清楚，究竟是在那一年——不知是在一九四三年還是一九四四年間——進行過傳染瓜菓的實驗；當時用來受傳染的是西瓜和甜瓜；當時正是瓜熟的時期。在一部分西瓜和甜瓜上注進細菌而使其受到傳染，把另一部分留下來不加以傳染。

用藥針把傷寒病菌注進這批瓜菓後，就來檢查細菌密度，爲此就把這批瓜菓送到實驗室裏去檢驗注射到瓜菓內的細菌發育得怎樣。在檢查時若查明有大量細菌，就拿這些瓜菓分給五六個中國內地人和滿洲本地人吃下去。

問：這些受苦的人吃了此種瓜菓後，就怎麼樣了呢？

答：都受到傳染了。

問：就是說，凡是吃過染有傷寒症細菌的瓜菓的人，都生病了吧？

答：是的。

問：請你說說，關於在安達站附近打靶場上進行的實驗一層，你知道一些什麼情形麼？

答：知道。

問：請你把你所知道的情形向法庭說說。

答：在安達站打靶場上作的實驗，是一九四四年秋冬兩季進行的。當時所實驗的是傷寒症細菌、鼠疫細菌及炭疽熱細菌。

問：監獄是歸部隊內哪一部管轄的呢？

答：歸第一部管轄。

問：被拘禁在這監獄內的盡是男子呢，還是也有女子呢？

答：也有女子。

問：用那些拘禁在石井部隊監獄內的女子來進行過什麼特別的實驗麼？

答：我沒有參加過這種實驗，但我知道曾給她們傳染上梅毒，目的是要研究預防這種病症的方法。

問：可見，被拘禁在第七三一部隊監獄內的女子是被傳染上了花柳病麽？

答：是的。

問：請你說說，第七三一部隊內曾進行過凍傷的實驗麽？

答：是的，我看見過這種實驗。

問：這種實驗是在哪一個科學工作員指導下進行的呢？

答：是在科學工作員吉村指導下進行的。

問：請你說說用活人進行凍傷實驗的情形。

答：部隊內用活人試驗凍傷一事，是每年在最冷的那些月份，即在十一月，十二月，一月及二月間進行的。進行這種實驗的手續如下：在晚上十一點鐘時，把受實驗的人們趕到寒冷的露天裏，迫使他們把手放到冷水桶內去。然後又叫他們把手拖出來，在寒冷的露天裏帶着浸濕的手長久站立。或者是採用如下的辦法：把穿着衣服而光着脚的人趕到外面去，迫使他們在夜間最冷時在露天裏站立。

在受實驗的人已被凍傷之後，就把他們趕進房屋裏去，先叫他們把脚伸到大約零上五度的水裏，然後再把水的溫度逐漸提高。治療凍傷的辦法就是這樣來探求的。把這種人趕到房屋裏去以後進行實驗的情形，我沒有親眼看見過，我只是在担任值日官時看見過把人趕到寒冷露天裏去使他們受凍傷的情形，而關於在房屋內叫人把手放到水裏進行實驗的事實，我是從親眼見過這點的人那裏知道的。

25—1808▲

問：此外還用活人進行過一些什麼別的實驗麼？

答：我知道科學工作員吉村曾進行過把膿腫瓦斯使用到人身上的實驗。我看到過監獄內有被利用來試驗過這種膿腫瓦斯效力的人。但進行這種實驗時所用的手續究竟怎樣，我却不知道。

問：這些受過實驗的人們情形怎樣呢？他們身上呈現了一些什麼病症現象呢？

答：我只看到過手足上生了大膿瘡的那些人，旁的事情我一點也不知道。

審判長：根據法庭規定的庭審程序，法庭要開始討論一下，究竟應把本案方面的哪些問題提交法庭醫學檢驗委員會去解答。

國家公訴人，你有什麼問題要提交法庭醫學檢驗委員會？

國家公訴人：根據蘇俄刑事訴訟法第六三條，國家公訴方向檢驗委員會提出如下的幾個問題：

（一）日本關東軍第七三一部隊和第一〇〇部隊及日本駐華遠征軍『榮』字第一六四四部隊所進行的實驗與生產工作究竟是爲了什麼目的？

（二）這些部隊有過怎樣的生產能力來保證日本軍隊以細菌武器呢？

（三）第七三一部隊、第一〇〇部隊及『榮』字第一六四四部隊所製造的細菌武器在使用時能造成一些什麼惡果呢？

我把這幾個問題用書面形式提交給法庭。

審判長：翻譯員，請將國家公訴人提交檢驗委員會解答的各項問題譯成日語。

（翻譯員用日語翻譯）

辯護人方面有問題要向法庭醫學檢驗委員會提出麼？

辯護人柏洛夫：我們所辯護的各被告在預審時看過法庭醫學檢驗委員會結論後，完全同意了這個結論。他們並沒有發生過任何疑問或問題，所以辯護人方面此刻並沒有什麼補充問題要向法庭醫學檢驗委員會提出。

審判長：各被告方面有什麼問題要向法庭醫學檢驗員提出麼？

翻譯員：被告都說他們沒有什麼問題。

審判長：除了已提出前面三個問題之外，法庭要提出第四個問題來請檢驗員解答：即第七三一部隊於一九四〇年，一九四一年及一九四二年對華中地區舉行的各次細菌攻擊所造成的危險程度怎樣。

軍事法庭決定，把上面宣佈的四個問題提交檢驗委員會解答。

翻譯員，請你把第四個問題譯成日語。

（翻譯員把第四個問題譯成日語）

法庭醫學檢驗員們，現在法庭提交給你們四個問題請你們解答。請你們去準備做出解答這些問題的結論。

證人橘武夫受審經過

審判長：證人橘武夫，你已被預告過，如有僞供之處，卽應受處分。你對法庭只應說實話。你是在什麽時候被蘇軍俘獲的呢？

證人橘武夫：是在一九四五年八月十五日。

問：你當時担任的是什麽職務呢？

答：担任滿洲國政府顧問職務。

問：你當時帶的是什麽軍級呢？

答：憲兵大佐。

（旁聽席上表示驚動）

國家公訴人：請你說出你担任佳木斯市憲兵局長一職的時期。

證人橘武夫：從一九三九年起，至一九四一年止。

問：關於運送被拘禁者到第七三一部隊去一事，你知道一些什麽呢？

答：我在一九四〇年担任過佳木斯市憲兵局長。當時我初次知道了有第七三一部隊存在及其所進行工作的性質。當時我已知道第七三一部隊名義上叫做關東軍防疫給水部，實際上却進行着準備細菌戰的工作，其所採用的一種辦法就是用活人來進行實驗。當時我已知道，該部隊是在準備大批消滅敵軍有生力量並準備進行細菌戰。

當我任佳木斯市憲兵局長時，我們常把那些因有某種犯罪嫌疑而被憲兵機關拘捕的犯人挑選一部分送到第七三一部隊去受實驗。我們遵照憲兵隊司令部指示把這種人加以相當預審後，不經庭審，不把他們的案件交給法庭，就逕直把他們送交第七三一部隊去。這是帶有特殊性質的辦法，所以此種手續就叫作『特殊輸送』。

遭受此種『特殊輸送』的，是如下幾類犯人：首先是被控爲替外國當間諜罪或有與外國偵探機關相勾通的嫌疑者，以及所謂紅鬍子，即中國遊擊隊員；其次是反日份子以及不可救藥的刑事累犯。我們曾把這種人用『特殊輸送』辦法送到第七三一部隊去。在我担任佳木斯市憲兵局長職務的期間內，我所主持的憲兵局送到第七三一部隊去的人不下六名，他們以後都沒有回轉來過，因爲他們受過實驗後都死在那裏了。

問：你是不是在實行發送的時候就已經知道你們送到第七三一部隊去的那些人定會受到傳染流行病的痛楚實驗呢？

答：我曾知道，這種人是送到第七三一部隊去用作實驗材料試驗細菌效能的。

國家公訴人：我請求法庭把先前已在法庭上宣讀過的那個文件交給證人橘武夫過目。我是請求法庭把關東憲兵隊司令部一九四三年三月十二日關於『特殊輸送』一事頒發的通告日文原本第一頁交給證人橘武夫過目。此外，我還請求法庭將這一通告上的附件，即將標題爲『思想犯（民族運動和共產運動犯）』的第二欄，交給證人橘武夫過目。

（翻譯員把該文件攝照本交給證人橘武夫觀看）

證人橘武夫，你看見過這一文件麽？

證人橘武夫：是的，我從前看見過這一文件。

問：這一文件調整過『特殊輸送』的程序麽？

答：是的。

問：並且也確定過各種應受『特殊輸送』的人麼？

答：是的。

問：換句話說，這一文件確定過應被輸送到第七三一部隊去殺害者的程序，是不是呢？

答：是的。

問：在保存於案卷第九二頁內的這一文件上，可看到如下字樣：『思想犯（民族運動犯和共產運動犯）』，以及『罪狀雖輕，但不宜將其釋放者』等語。

（當即用日語宣讀這段引句）

國家公訴人：我交給你看的這一文件，你承認是調整過『特殊輸送』程序的正式文件麼？

證人橘武夫：是的，我承認這點。

問：你知道憲兵隊內那些參加過確定什麼人應受『特殊輸送』一事的工作員麼？

答：是的，我能指出他們的姓名。

問：請你說吧。

答：剛才交給我看過的這一文件，是於一九四三年間擬定的。當時我在關東憲兵總局担任工作員職務。當時我是在關東憲兵總局刑事科供職，從關東軍司令部發來的指令上責成我們擬定這樣一個文件。一九四三年三月間我到瀋陽城去視察過那裏的憲兵隊。當我出差時期，在我所主持的刑事部內工作的辻本信少佐編訂了這一文件。我回職後看見過這一文件，現在我可證實它確實是這樣。

問：當時規定過有辦理『特殊輸送』手續的實際辦法沒有呢？憲兵隊關於此事頒訂過什麼文件呢？

答：剛才交給我看過的這一文件，曾印成多份分發給滿洲各地憲兵局。凡應受『特殊輸送』的犯人，都是被拘禁在各地憲兵局直屬的拘留所內。然後就把對犯人審訊的摘錄和憲兵局申請允准將該犯人交付『特殊輸送』的請示文送交憲兵總局。此事在那裏審核之後，就命令那提出申請的憲兵局把這種人用『特殊輸送』名義送到第七三一部隊去。當地方憲兵局把這種文件呈交憲兵總局時，則這種文件就先由秘書處轉交刑事部，再由刑事部轉交我所主持的反偵探科。本科職員辻本信審查過這種文件而作出了決定之後，就把此種決定交給我看，而經我花押批准之後就轉呈給刑事部長。刑事部長收到關東憲兵隊司令官批示之後，就以憲兵隊司令官的名義下令把這一文件發送到原先呈提該文件的那個憲兵局去辦理。

問：你在關東憲兵隊司令部供職期間曾批准過把人經過『特殊輸送』手續押到第七三一部隊中去麼？

答：我審理過這種案件，研究過這種案件。我記得由我主持發遣過一百餘人。

問：憲兵隊送人到第七三一部隊去殺害，是經關東軍司令官批准後進行的麼？

答：當然是這樣，關東憲兵隊是遵照關東軍司令官的指令來進行此事的。憲兵隊通常是把罪犯案件交給法庭或軍法處去審判的，但在此種場合却由特別命令代替了法律，不經審判就把人送走。

問：關於根據你的部下辻本信所擬定的指示，應經過『特殊輸送』押到第七三一部隊去遭殺害者是從事民族解放運動的人士這點，你可證明麽？

答：經過這種輸送的人，是各種各類的犯人，其中也有參加民族解放運動的人，但他們都是共產黨員或民族主義者。

（旁聽席上發出憤慨吼聲）

問：證人橘武夫，請你說說，當時究竟是怎樣把人送往第七三一部隊去的，對於輸送、押解、守衛、保守祕密等方面規定有什麽手續。

答：我已經說過，首先是由地方憲兵局向憲兵總局提出請示允准『特殊輸送』的申請文。爲此曾擬定一種備考書而將其寫成三份，一份保存在地方憲兵局內，兩份呈寄憲兵總局。在得到憲兵總局正式批准『特殊輸送』之後，從那裏送回一份備考書，而把犯人仍舊關在憲兵局拘留所內。後來，當收到第七三一部隊要求送去當作實驗材料，即送去應受『特殊輸送』的犯人時，就把犯人連同一份備考書送到哈爾濱去，而在哈爾濱火車站上把犯人轉交給憲兵人員。這些犯人是由憲兵負責押送的。

問：押送這種犯人是把他們鎖上脚鐐呢，還是把他們綑綁着呢？

答：沒有鎖過脚鐐。

國家公訴人：旣然證人橘武夫這樣回答，我就要請求法庭把關東憲兵隊一九三九年八月八日頒發的那個已經宣讀過的第二二四號作戰命令第二部分宣讀一下。此項文件對於我向證人發的問題有直接關係，所以我請求法庭把此項文件宣讀一下。

審判長：軍事法庭決定宣讀此項文件，同時還用日語加以宣讀。

（各被告戴上聽筒）

審判長宣讀了上項文件俄文譯本。同時這項文件又用日語加以宣讀並交給證人橘武夫過目*。

國家公訴人：證人橘武夫，現時當你看過文件原本之後，也許你要證實說在『特殊輸送』時曾使用過手銬脚鐐及繩索吧？

證人橘武夫：我根本不知道有過這一文件。也許這裏是由於特別原因使用過鐐銬。但我在任時是未曾使用過鐐銬的。

問：看樣你是想說，你們曾經把人送去遭受殺害，其他各憲兵局是使用過鐐銬，而唯獨你所管轄的憲兵局却從未使用過這種鐐銬。你莫非想說這話麽？

（旁聽席上發出憤慨喧聲）

（證人橘武夫默不作聲）

國家公訴人：你怎麽回答這個問題呢？

證人橘武夫：在我任佳木斯憲兵局長時，手銬是使用過的，但脚鐐却沒有使用過。

（旁聽席上發出喧嚷聲）

---

* 見本書第一九一至一九二頁。

證人倉原受審經過

審判長：證人倉原，你簽過了說你只應講實話而如有僞供時卽應受處分的字據麽？

證人倉原：是的。

問：證人倉原，你是怎樣來到蘇聯的呢？

答：我在一九四五年八月被蘇軍俘獲後，就於一九四五年九月十二日經過五站被送到蘇聯。

問：你被俘以前是在何地服務呢？

答：在哈爾濱憲兵局。

問：當時你担任的是什麽職務呢？

答：我担任的是憲兵局特務部內一個分部長職務。

問：你有過什麽軍級呢？

答：憲兵軍曹。

國家公訴人：證人倉原，請你說說，你是什麽時候被派到第七三一部隊去的，在該部隊內服務過多久以及担任過什麽職務？

證人倉原：從一九四〇年三月起我在第七三一部隊直屬憲兵隊內當過一年憲兵。我的職務是要靈活待奉該部隊的工作人員。

問：此外你還担負過什麽職務呢？

答：除此而外，從哈爾濱押送犯人到第七三一部隊去，也是由我負責作的。這種犯人在該部隊內是稱呼爲『木頭』而用來進行實驗的。

問：就是說，那些經過『特殊輸送』辦法送到第七三一部隊去受實驗的人，是由你從哈爾濱押送到該部隊中去的麼？

答：是的。

問：請你說說押送這種人到第七三一部隊中去的手續。

答：先由憲兵局用電話通知我們，叫我們去取人。這種通知都是由田坂曹長轉達的。

在第七三一部隊憲兵組內服務的，除我之外還有兩人，即總共有我們三個人。

由田坂曹長發給我們指示後，我們就乘坐特備的押送汽車到哈爾濱火車站去，到那裏後，我們就走進火車站憲兵所去，當即在火車站憲兵長面前從其他各地——如林口、佳木斯等——憲兵人員手中領取預定送往第七三一部隊中去的人。

問：押送囚犯到第七三一部隊中去，是在什麼時候進行的呢？

答：多半是在夜間。我們把這種犯人領到手後，就把他們裝到押送汽車上運到平房站第七三一部隊的駐屯地去。到達駐屯地後，我們就停留在大門外面，派一個人到守衛所去通知崗兵，再由崗兵用電話通知內部監獄值日官，然後這值日官就派一個人來把這些犯人押到監獄裏去。

問：當時的獄長是誰？

答：是僱員石井，即部隊長石井將軍的長兄。

問：你親自到第七三一部隊監獄裏去過麼？

答：是的，我到監獄裏去過兩次。

問：請你說說這監獄裏面的情形。

答：第一次我到這監獄裏去是在一九四〇年三月間。這時我還剛才到第七三一部隊中服務。我在到達該部隊後，聽說部隊設有一所內部監獄，當時我就想去看看這個監獄，於是就請求本組首長憲兵隊長田坂曹長准許我到監獄裏去看看。他就去請求獄長僱員石井的允准，石井表示了同意，結果我們三人——田坂、石井和我——就視察了這個監獄。首先我們走到了第七三一部隊主要房舍近旁，這房屋是個四方形，中間位置有一個從外面看不見的監獄。監獄佔了左右兩棟房屋。我第一次去看時只到過左邊那棟房屋。我們走進這房屋之後，通過了一條走廊；左面是看守室，右面是樓梯，再經過一個房間後便是一些囚室。

問：在視察監獄房舍時，你曾向囚室內面探望過麼？

答：我沒到囚室內面去過，但我經過眺望窗向裏面看過。

問：監獄內拘禁的是什麽民族的人呢？

答：這主要是中國內地人，但這中間也有俄國人，而在中國內地人中間還有五個女子。

問：可見，石井部隊監獄內曾拘禁過女子麽？

答：正是。我忘記說明我有次曾從哈爾濱火車站押送過一個女子。同時我又忘記說明這監獄房舍是兩層樓房。

問：你親自看見過用活人進行實驗麽？

答：是的，看見過。我初次看見用活人進行實驗是在一九四〇年十二月間。這種實驗是由第一部職員吉村科學工作員指明給我看的。這種實驗是在監獄附設實驗室中進行的。

當我走進監獄附設實驗室時，我看到一條長櫈上坐着有五個受實驗的中國人，其中有兩個人已完全脫掉了手指，他們的手掌是烏黑的，而其餘三個人的手上則露出骨頭。雖然他們還有手指，但剩下的只是指骨。吉村對我說，他們這種情形是由於受過實驗凍傷的結果。

問：你知道那些落到了部隊監獄內的人們命運怎樣麽？

答：人們一被押進這監獄去之後，就從來沒有送回去過。

問：你在石井部隊服務時期聽到過有從該部隊內部監獄裏釋放一個人的事實麽？

答：我從未聽到過這樣的事實。

問：就是說，所有一切被押進該監獄的人，不管是男子或女子，都是不免要死掉的麽？

答：正是。

十二月二十九日早庭審訊記錄

證人堀田受審經過

審判長：證人堀田，你簽過了說你只應講實話而如有僞供時即應受刑事處分的字據麼？

證人堀田：是的。

問：你是什麼時候被蘇軍俘獲的呢？

答：一九四五年八月二十日。

問：當時你在什麼地方呢？

答：當時我在海拉爾城，在防疫給水部海拉爾支隊供職。

問：你在那裏担任的是什麼職務呢？

答：軍需職務。

問：你當時是在役軍人麼？

答：是的。

問：你帶有什麼軍級呢？

答：當時我是軍需勤務實習官。

國家公訴人：證人堀田，請你說說，你是在第七三一部隊軍需部內服務的麼？

答：是的。

問：你是什麼時候到第七三一部隊的呢？

答：我是一九四四年十一月二十九日到達第七三一部隊的，經過一個星期後就開始執行我所負的職務；我在第七三一部隊內供職一直到一九四五年八月止。

問：你到達第七三一部隊時首先去見的是什麼人呢？

答：我首先去見的是第七三一部隊長軍醫少將北野。這是一九四四年十一月三十日的事。

問：你到達第七三一部隊後曾與什麽人談過話麽？

答：是的。同該部隊訓練部長西俊英中佐談過話。

問：西俊英中佐同你談論過什麽呢？

答：我於一九四四年十一月三十日見過部隊長，接着又見過訓練部長軍醫中佐西俊英。當時我奉到指令要在部隊訓練部內受七天的訓練。在這一星期內，西俊英中佐指導我們研究了內部勤務規章及關於第七三一部隊的內部勤務教範。

問：西俊英中佐向你說過該部隊工作性質麽？

答：是的，他告訴我說，第七三一部隊在進行研究細菌的工作，並說凡是有關於第七三一部隊工作情形的一切，都必須嚴守祕密。

問：請你確切說明一下，你在第七三一部隊軍需部供職期間是不是到過該部隊那些房舍和支隊呢？

答：我在第七三一部隊軍需部供職時期，曾到過該部隊第一部，第三部及安達站附近的打靶場。至於說到各個支隊，那末我於一九四五年二三兩月間到過設立在孫吳，林口及牡丹江等地的支隊那裏。 當時我與軍需官佐藤少佐一塊去檢驗過軍需供給情形，而到一九四五年八月我便被調任爲海拉爾支隊軍需官了。除此而外，我還到過位置在哈爾濱附近南屯一帶的醫務部和第三部。此外，到倉庫去領貨時，我到第七三一部隊運輸分部去過兩次。

問：你知道第七三一部隊設在安達站附近的打靶場是幹什麽用的麽？

答：這處打靶場是用來進行準備細菌戰的實驗工作的。

問：細菌實驗工作是用什麽人來進行的呢？

答：我知道，進行這種實驗時利用過第七三一部隊內部監獄裏所拘禁的犯人。

問：這監獄位置在什麽地方呢？

答：這監獄位置在第七三一部隊四方形三層主要房舍中間。監獄房舍是兩棟二層樓房，房舍號碼是七號和八號。

問：第七三一部隊用來進行實驗的活人，究竟是從那裏押送來的呢？

答：據我所知，這種人是由各地日本軍事團及憲兵機關那裏送來的，此外還從中國戰俘中送人到監獄裏去過。

問：你視察過第七三一部隊的倉庫麽？

答：請你說明究竟你所指的是什麽倉庫？

問：我所問的是該部隊設在安達站附近的倉庫。

答：我已記不淸日期，但我記得這是一九四五年夏天的事；我與軍需員富塚一起到過安達站附近的打靶場，當時我們應在那裡檢查軍需供給工作情形。

我們檢點了那裏現存的一切材料、貨物及器材。

在視查一處庫房時，我發現了一些鉄板，於是我就向僱員富塚問到這種鉄板是幹什麽用的。他囘答說，這種鉄板雖非軍需品但存放在倉庫內，是預備在用人進行實驗時使用，使用的辦法是將鉄板蓋到受實驗者胸前和背後，免使他們受傷。

此後，僱員富塚曾拿出一綑棉被給我看，並請我把這綑棉被在可能範圍內當作不能使用的廢物一筆勾銷。這綑棉被總共約有八十條；上面顯露出許多凝結的血團。這些棉被已破得不成樣子。當我問到為什麼這樣時，他回答說，這些棉被也是在用活人進行實驗時用來掩蓋受實驗者軀體的。

問：你在這些棉被上親眼看見過受實驗者所流而已凝結了的血團麼？

答：是的。

問：請你說說，部隊長石井四郎是什麼時候到達第七三一部隊的呢？

答：一九四五年三月間。

問：石井到任之後，該部隊工作方面發生過什麼變更麼？

答：該部隊工作方面從石井將軍回任第七三一部隊長職務時起所發生的變更，我不能確切說明。然而我知道他到達部隊後曾時常向我們說過擺在第七三一部隊面前的各項重要任務。他說，一九四五年六月至九月間就要發動對蘇戰爭，對於這一據他所說是具有決定意義的戰爭必須加緊準備。此外，我還知道，後來繁殖鼠類的工作確實是加緊了。

問：你曾作過什麼有關可能增殖鼠類數量的統計麼？

答：是的，我作過。

問：這種統計是遵照誰的指令進行的呢？

答：是遵照部隊長石井的指令。軍需分部部長佐藤少佐曾命令我計算一下，爲要在九月以前培養出三百萬個鼠類，究竟需要有多少飼料和營養素。

問：可見，石井將軍曾打算要在一九四五年九月以前把部隊內的田鼠和家鼠數量增加到三百萬隻。對麽？

答：對，他擬定了這樣一個計劃。

問：關於耗費於第七三一部隊工作方面及人員給養方面的款項，你知道一些什麽呢？

答：我曾從軍需分部部長佐藤少佐及軍需官中村方面聽說過，第七三一部隊一九四五年預算中的支出項共爲一千萬日圓。此外我還知道，這一千萬日圓中有三百萬是用去供養第七三一部隊人員的，而其餘七百萬則是用去製造細菌和進行研究工作的。從後一數目中又分出二三十萬日圓去供各支隊消費。

問：可見，用於準備細菌戰的款項，卽用於實驗和大批繁殖細菌的款項，是在該部隊的預算中佔着主要地位。對麽？

答：對。

問：請你說說，在第七三一部隊內曾用活人進行過不是直接與細菌學有關的實驗麽？

答：同我一起在部隊訓練部受訓的有一位軍醫官目黑，當時我們兩人同住在一個房間內。有一次他手中拿着一個文件回到房間裏來。這文件就是關於實驗凍傷的報告。他同時還拿出一些照片來給我看過，照片攝照的是兩三個受過凍傷實驗的人，其中有一張照片上攝照的是一個身穿皮襖頭戴皮帽而坐在類似水桶的一個器皿旁邊的人。攝照在另一張照片上的是一個中國人，他光着脚躺在床上。他的一隻脚是好的，另一隻脚是凍傷了的。好像是要用這兩隻脚來比較一下，以便查明實驗凍傷的效果。

問：可見，第七三一部隊中除了用活人進行細菌實驗之外還用活人進行過凍傷實驗麽？

答：是的，正是這樣。

問：請你說說，監獄內所拘禁的那些預備進行實驗的人，是馴服順從挨受這種實驗的呢，還是也有過被拘禁者表示反抗的情事呢？

答：一九四五年夏天，目黑曾請我到他那個實驗室內去作客。我就擱了一些時候，後來當我走到他那裏時，忽然看到他非常驚慌並有點氣憤的樣子。當我問他爲什麽這樣氣憤時，他就解釋說監獄內的犯人進行過抵抗。我經過第三層樓房走進到監獄裏去。當時我是第一次到監獄裏去觀察。

房頂上有兩個人手持步槍，從上面看守監獄。監獄門口站立有四五個人，也是手持步槍。所有這兩個人以及四五個人的小隊，都是特務隊人員。但當我走到那裏的時候，監獄內已是平安無事了。

過兩三天後，目黑告訴我說，有一個受實驗的人大鬧過一頓，用帶門環打了實驗員一下。

問：以後又怎麽處置了這個被拘禁的人呢？

答：這個被拘禁的人打了實驗他的那個工作員之後，就從囚室內鑽出來沿着走廊跑去，他搶去了鑰匙，開開了好幾間四室。有一部分被拘禁的人鑽出來了，但這只是一些勇敢份子。並且這些勇敢份子都被槍斃了。

問：就是說，所有對實驗員進行過反抗的人都被槍斃了，對麽？

答：是的，對。

證人瀨越受審經過

審判長：證人瀨越，你已簽過了說你只應向法庭講實話而如有僞供之處即應受處分的字據麽？

證人瀨越：是的。

問：你是什麽時候被蘇軍俘獲的呢？

答：一九四五年八月二十二日。

問：當時你是在什麽地方供職呢？

答：我當時是在第七三一部隊海拉爾支隊內供職。

問：你是怎麽到這個支隊裏去的呢？

答：是奉令調派到那裡去的。

問：你當時帶有什麽軍級呢？

答：少尉。

國家公訴人：證人瀨越，請你說說，你在第七三一部隊器材部第四分部內担任過一個時期的實驗員職務麽？

證人瀨越：是的，我担任過器材部第四分部的實驗員職務。

問：該分部担任的是什麽工作呢？

答：第四分部担任的工作是製造濾器，以及細菌炸彈所用泥質殼和磁瓶子。

問：你看見過製造細菌炸彈所用泥質殼的情形麼？

答：是的，看見過。我担任過研究用來製造此種彈殼的泥土成分的工作。

問：請你說明這種炸彈樣式及其製造手續吧。

答：爲製造炸彈起見，先弄來一些泥土，將其碾成土粉，滲上水，然後將其製成具有必要密度的泥漿，把這種泥漿灌進到特製的石膏模型內去。這模型是砲彈樣式的。因爲石膏能吸收水分，於是這泥漿外層就乾硬起來。 以後把石膏模型取下來，並把裡面剩下的泥汁倒出來，就得到砲彈殼樣式的陶器。然後把製好的炸彈殼，放到特備的爐裡去烘乾。這種炸彈長達七八十公分，口徑爲二十公分。下面有一個螺旋孔。彈殼裡面是空的。螺旋孔是預備安放雷管的。這種彈殼外面刻上有一些曲線槽溝。炸彈頂端有一些安放調劑降落器的設備。在彈殼裏面那些槽溝裡放上炸藥，炸彈就是藉此爆裂的。這種從飛機上投擲的炸彈，應在離地面相當高的空中爆裂。

問：炸彈裡面裝的是什麽呢？

答：分部長鈴木少佐曾對我說，這種炸彈殼裡面放的是裝有鼠疫跳蚤的磁瓶子。

問：爲什麽此種炸彈結構能在炸彈爆裂時保存鼠疫跳蚤並使其免遭過高熱度的傷害呢？

答：鈴木少佐曾對我說，這種炸彈殼是陶製品並且很薄，只要放上很少炸藥就行，所以爆炸力不大，結果使跳蚤能免於死亡，因爲無論爆炸力，空氣抵抗力及熱度都不能對跳蚤發生什麽實際影響。

證人佐木受審經過

審判長：證人佐木，你已簽過了關於若有僞供即應受處分的字據麽？

證人佐木：正是。

問：你向法庭供述時只應說實活。你是什麽時候被蘇軍俘獲的呢？

答：一九四五年八月十五日。

問：你當時在什麽地方服務呢？

答：在千島郡島中的烏留島上服務。

問：你在第七三一部隊內供職過麽？

答：是的。

問：你在那裡担任的是什麽職務呢？

答：我在第四部柄澤那一分部內担任過發貨員職務。

問：你有什麽軍級呢？

答：我沒有什麽軍級。

問：你在第七三一部隊服務期間是一個在役軍人麽？

答：我在一九四二年間服滿了軍役期限，隨後我就投入第七三一部隊去當僱員。

國家公訴人：證人佐木，請你說說，柄澤十三夫少佐所主持的那個分部是從事於什麽工作呢？

證人佐木：該分部是從事於大批製造細菌的工作。

問：你的職務所包括的是什麽事情呢？

答：我在柄澤少佐分部內担任的職務是發貨員，而我所發出的是供大批製造細菌用的物資。

問：液汁，蛋白消化素都是由你負責發給的麼？

答：是的，是由我發給的，但我是在倉庫主任指導下發給的。

問：你從柄澤分部方面收到過現成細菌體麼？

答：是的，收到過。

問：關於第七三一部隊實際使用細菌一層，你知道一些什麼呢？

答：有次早晨點名時，柄澤少佐宣佈說已收到了上面的指令要大規模製造細菌，並說我們應當卓有成效地完成這一任務。

此外他又說道，我們分部中有十五人應由分部長帶領到中國內地去動作。

問：你們發送過細菌到中國去麼？

答：發送過。

問：你們究竟是從那裡領得這些細菌，怎麼實行包裝，以後又把這些細菌送到那裡去了呢？

答：我已記不清楚這究竟是什麼時候的事。 倉庫主任松島曾宣佈說，應把倉庫內所存放的盛有傳染素的瓶子裝到箱子內。我們就將其裝好而送往飛機場去了。

問：究竟是些盛有什麼東西的瓶子呢？

答：是些裝滿了細菌的瓶子。

問：你們是怎樣把這些瓶子裝到箱裡去的呢？

答：我們先用礦蠟把瓶口封上，再用膠紙包起來，又把這層膠紙用特種線細起來。以後就把這一切都裝到鉛製的箱子內去。

問：每口箱子內能盛幾個這樣的瓶子呢？

答：十五個至十六個。

問：你們把這些裝有細菌的箱子送到那裡去了呢？

答：我們用汽車把這些箱子送到了離部隊主要房舍一公里遠的飛機場去了。

問：你們到飛機場去過幾次呢？

答：我已記不清楚，彷彿是去過三次。

問：你們用以運送箱子到飛機場去的汽車載重量是多少噸呢？

答：這點我已記不清楚了。

問：也許你還記得另一點，卽運送到飛機場去的箱子大約是有多少吧？

答：這點我也記不清楚了。

問：總而言之，你們總共到飛機場去過三次，對麼？

答：是的，對。我記得我們是到飛機場去過三次。

證人小關受審經過

審判長：證人小關，你曾對法庭簽字爲證，說如有僞供時卽應受到處分。你向法庭供述時只應說實話。

證人小關：正是。

問：你在第七三一部隊內工作過多久時間呢？

答：我在第七三一部隊內工作是從一九三九年五月起，至一九四二年四月止。

問：你在該部隊內担任的是什麽職務，你當時執行的是什麽工作呢？

答：我於一九三九年五月間進入第七三一部隊成立的青年訓練班受訓，畢業後就在第四部內當工作員。

國家公訴人：證人小關，那末，你主要是在第七三一部隊第四部內工作麽？

證人小關：對的。

問：第七三一部隊第四部所從事的是什麽工作呢？

答：該部所從事的工作是大規模生產細菌。

問：你旣然是該部隊第四部的工作員，那當然是知道生產手續的吧？

答：是的。

問：請你說說培養細菌的生產手續。

答：培養細菌所用的是液汁或蛋白消化素及肉湯，把這些東西放到特設的鍋爐內做成營養液，用以培養細菌，然後就把這種營養液倒進石井培養器內去，這培養器是放置在特設的高氣壓消毒器內的。

然後又把這營養液放到特備的冷器內弄冷，接着就把培養器送到特備的房舍內去進行栽種細菌苗。隨後，細菌經過自動傳送器進入特製的孵育器內，那裏面保持有一定的溫度，例如在繁殖鼠疫細菌時，溫度爲零上三十五度。

問：這種孵育器是什麽樣式的呢？

答：這是一種櫃子，四周都是由金屬板保護着，裏面安置有保持經常溫度和相當潤濕程度的設備。

問：製好的細菌是怎樣取出來的呢？

答：培養器從孵育器內經過自動傳送器轉入另一個櫃子裏去。爲了取出細菌，備置有一種特種器具，即小匙子，用這種匙子把細菌取出來放到瓶子裏。

問：關於第七三一部隊第四部的職員柄澤十三夫少佐這人，你知道一些什麽呢？

答：我是在一九四〇年一月間初次認識柄澤少佐的，當時他在第七三一部隊青年訓練班任教官。

問：柄澤少佐在第七三一部隊內担任過什麽工作呢？

答：我在一九四〇年五月間被調到生產分部去時，該分部內設有兩個從事大批生產細菌工作的小組。柄澤少佐當時是這兩個小組中一個小組的組長。從一九四二年起，柄澤少佐任該分部內一個科的科長，以後就代替鈴木少佐來担任分部長。

問：就是說，他在最後時期所主持的就是第四部內那個從事大批生產細菌的分部，對麽？

答：對。

問：川島將軍担任的是什麽職務呢？

答：第四部部長職務。

證人齋藤受審經過

審判長：證人齋藤，你曾對法庭簽字爲證，說如有僞供時，即應受處分。你向法庭供述時只應說實話。

證人齋藤：正是。

問：你在日軍內服過務麼？

答：是的，服過。

問：你在最後一個時期担任的是什麼職務呢？

答：我在最後一個時期担任的是第七三一隊部第六四三支隊辦公廳工作員職務。

問：你有過軍級麼？

答：我沒有什麼軍級，我是一個僱員。

問：你在該部隊內供職多久？

答：從一九四二年三月起。

問：到什麼時候止？

答：到日本投降時爲止。

問：你是怎麼到第七三一部隊去供職的呢？

答：我初到該部隊時是當汽車夫，以後我被指定當該部隊的工作員，即當辦公廳工作員。

國家公訴人：證人齋藤，請你說說，牡丹江支隊內專門大批繁殖跳蚤的那個分部，是什麼時候成立的呢？

證人齋藤：担任繁殖跳蚤工作的那個分部，是在一九四五年六月十三日成立的。

問：爲什麼你把這個分部成立的日期記得這樣清楚呢？

答：原來我從一九四五年五月三十一日至六月十三日沒留在部隊內，當時我因公事到外邊去了。我在六月十三日那天回來時，細讀了關於成立該分部的命令，所以這個日期我記得很確切。

問：担任大批繁殖跳蚤的那個分部是由誰下令成立的呢？

答：該分部是遵照第六四三支隊長尾上少佐命令成立的。

問：請你看看被告席位上，他就是坐在那裏的那個尾上少佐麼？

答：是的，就是他。

問：該分部帶的是什麼號碼？

答：第三號。

問：第三分部部長是誰？

答：是山田正軍曹。

問：是由誰直接進行繁殖跳蚤的呢？

答：這工作是由兩個人進行的：這兩個人就是沖崎和鈴木，他們在第七三一部隊內受過專門訓練。

問：他們受這種專門訓練的時間共有多久呢？

答：我已記不清楚，好像是十天，又好像是兩星期。

問：可見，第七三一部隊內是成立有特別訓練班，專供各支隊人員來研究大批繁殖跳蚤的方法，對麼？

答：是的，對。

問：你在牡丹江支隊第三分部內工作的時候，你的職務內所包括的是一些什麼事務呢？

答：我在第三分部工作時是當辦公廳工作員，而我的職務是計算爲繁殖跳蚤所必需的鼠類數量，以及計算繁殖出的跳蚤數量。

問：證人齋藤，請你說說，你知道繁殖跳蚤工作進行的情形麼？

答：是的，我常到繁殖跳蚤的地下室去過，因而我親眼看見過繁殖跳蚤的地方所有的設備。爲此所用的是容量各爲十八立脫爾的一些鉄桶，其中放上田鼠。

問：第三分部把繁殖出的跳蚤發送到何處去了呢？

答：第一次，即在一九四五年七月二十四日至二十五日是把這種跳蚤發送到哈爾濱第七三一部隊去了的；第二次，即於同年八月四日或五日，也由僱員鈴木送到了第七三一部隊。

問：可見，你們那個支隊所繁殖出的跳蚤都是發送到平房站第七三一部隊去了的，對麽？

答：對。

問：現在我要請你說說，每次同時使用過多少個鉄桶來繁殖跳蚤呢？

答：第三分部內共預備有二百個汽油桶來當作培養器使用。第一次使用了六十個鉄桶，但這次沒有成功。第二次使用了一百二十個培養器，第三次使用了三十個。

問：第六四三支隊是從那裏取得鼠類的呢？

答：在一九四五年六七兩月間，第六四三支隊內幾乎全體下級人員都被動員去捕獲田鼠了。

問：該支隊內捕鼠的工作是怎麽進行的呢？

答：捕鼠的工作在牡丹江本城內進行得最有成效。雖然該支隊是位置在城外，但常常專門派遣士兵到牡丹江城內去捕鼠。我曾親眼看見過在牡丹江城內進行捕鼠的士兵。

問：這是些穿着軍服去捕鼠的士兵麽？

答：他們全都換上了便衣免使別人知道他們是軍人。

問：捕來的鼠類是全都留在第六四三支隊內呢，還是其中有一部分發送到別處去過呢？

答：相當部分的鼠類是留在第六四三支隊第三分部使用的，而大部分則是發送到第七三一部隊中去的。

問：你是親眼看見過發送鼠類到第七三一部隊去的呢，還是聽見旁人說的呢？

答：我親眼看見過這點。我看見過常有特備汽車專爲這件事情從第六四三支隊營舍開往海拉爾車站去。

問：第七三一部隊牡丹江支隊房舍，是在何時和遵照誰的命令焚燬的呢？

答：是於一九四五年八月十三日遵照支隊長尾上少佐命令焚燬的。

證人桑原明受審經過

審判長：關於你受到過預告說如有僞供時卽應受處分一層，你已簽字爲證。你向法庭供述時應說實話。

證人桑原明：正是。

問：你在日軍內服務過吧？

答：服務過。

問：你是以什麼資格服務的呢？

答：是以馬匹防疫部隊中的僱員資格。

問：你在該部隊內服務過多久呢？

答：從一九四四年一月十九日起，至戰爭結束時止。

問：你担任的是什麼職務呢？

答：技術工作員。

問：你執行過什麼工作呢？

答：我執行過檢驗血液的工作並從事過病理學的研究。

國家公訴人：你是在何處服務的呢？

證人桑原明：在第一〇〇部隊第二六三〇支隊內。

問：請你對法庭說說，關於用鼻疽菌傳染馬匹一事，你知道一些什麼。

答：這是一九四五年八月二十日的事。當時我到本支隊馬棚那邊去過，看到馬棚近旁有本支隊六名工作員。這是部隊工作員窪田，池田，矢田，木村，石井及長谷川。馬棚內關着有當時由部隊畜養的六十四馬。我剛走到那批工作員跟前時，他們立刻就預告我說，他們是在那裏用鼻疽進行傳染這些馬匹，傳染的辦法是把鼻疽菌滲到燕麥裏面。當時我就囘到支隊實驗室去。當我囘到了實驗室時，我看見那裏有一些從前盛鼻疽菌的空玻璃管；後來我問過科學工作員木村，究竟他們是否用這種細菌傳染過馬匹。他證實了這點，說他們是用鼻疽傳染了馬匹。

問：後來又怎麼處置了這些馬匹呢？

答：那一批人進行了傳染之後，就把欄杆搗毀而把馬匹放到四方八面去了。所有的馬匹都四散跑到附近各村莊裏去了。

問：染上鼻疽的馬匹該要成爲引起鼻疽流行病的原因麼？

答：是的。

問：這種情形是在一九四五年八月二十日發生的麼？

答：是的。

問：卽是在日軍投降令已經頒佈之後麼？

答：是的。

問：用來傳染馬匹的鼻疽細菌是在何處培育的呢？

答：爲此所用的鼻疽細菌，是在第二六三〇支隊細菌分部內培育的。

證人畑木受審經過

審判長：證人畑木，關於你受到過預告說如有僞供時卽應受處分一層，你已向法庭簽字爲證。你向法庭供述時只應說實話。

你在日本軍隊內服務時担任的是什麽職務呢？

證人畑木：起初一個時期，我是在長春城內第一〇〇部隊內服務，後來又在駐屯公主嶺城的一個部隊內服務。

問：你是普通兵士麽？

答：是的，普通兵士。

問：你在最後一個時期担任的是什麽職務呢？

答：我當過射手。

問：而你在第一〇〇部隊內担任的又是什麽職務呢？

答：我在第一〇〇部隊內當過僱員。

國家公訴人：你在該部隊內執行過什麽工作呢？

證人畑木：我執行過研究細菌的工作。

問：以什麽人的資格呢？

答：以技術工作員資格。

問：請你說說，關於用活人進行實驗一事，你知道一些什麽？

答：是的，知道一些。

問：預備用來進行實驗的人是被拘禁在什麼地方的呢？

答：是被拘禁在第一〇〇部隊守衛所附設的禁閉室內。

問：你親自看見過這種人麼？

答：我給他們送飯去吃時曾親眼看到過他們。

問：當你到禁閉室去時，那裏拘禁有多少人呢？

答：四個人。

問：他們是哪國人呢？

答：有兩個是中國人，還有兩個是俄國人。

問：你知道當時進行過什麼實驗麼？

答：知道。

問：請你說說這點。

答：當我從實驗室裏拿飯去給這些犯人吃時，科學工作員松井給了我一種白色藥水，要我帶交給他們。這乃是毒藥。

問：你怎麼處置了這種白色藥水呢？

答：我只是把它帶到那裏去了。

問：你把它交給了那些犯人麼？

答：沒有，我並沒親自交給他們，而是由憲兵水野交給他們的。

問：吃下了憲兵水野所發毒藥飯的那些人底命運，你是知道的吧？

答：我知道他們經過兩三天後就都死掉了。

問：你們把他們的屍體埋到什麼地方了呢？

答：我們把這幾具屍體埋到了部隊後面的牲畜掩埋所那裏。

問：其他受實驗的人們底命運怎樣，你是知道的吧？

答：是的，我知道。

問：請你說說這點。

答：我知道憲兵水野用手槍打死了一個俄國人。

問：請你詳細說說這件事。

答：當我在實驗室時，有人打來了電話。我奉命帶着鉄鍬到牲畜掩埋所去。　在那裏離開道路大約一百公尺遠的地方，有一個俄國人跪在地上，當時憲兵水野就向着那人腦後打了一槍把他擊斃了。

問：你們把這個由憲兵水野殺害的俄國人底屍體，埋到什麽地方了呢？

答：預先在牲畜掩埋所那裏挖了一個坑子，而他就是在這個坑子近旁被槍斃了的。

問：你就親手埋下了他的屍體麽？

答：屍體被抛到了坑子內，我就用土把這屍體蓋上了。

問：第七三一部隊在安達站附近打靶場上舉行傳染牲畜的演習時，是否有你參加呢？

答：是的，有我參加。

問：請你說說，你在這次演習時看見過一些什麽？

答：當我正在進行氣象觀察時，有一架飛機飛到打靶場上空投擲了一種黃色東西，隨後這飛機就飛走了。當時我自己沒在打靶場上，所以我不知詳細情形。

問：在演習時傳染牲畜是用飛機進行的麽？

答：是的，對呀。

問：證人畑木，最後還有一個問題要請你回答。你曾說過，你在第一〇〇部隊內工作是由一個姓三友的人指導進行的，對麼？

答：對的。

問：請你先朝被告人席上看看，然後告訴法庭，被告人中間是否有領導你在該部隊內工作的那個三友呢？

答：是的，坐在那裏的正是那個三友。

證人三品受審經過

審判長：證人三品，關於如有僞供時即應受處分一層，你已向法庭簽過字據。你向法庭供述時只應說實話。

證人三品：是的。

問：證人三品，請你說說，你在日本駐滿軍內服務過多久？

答：我在滿洲服務過四次。

問：你在日本駐滿軍隊內服務時是担任的什麼職務呢？

答：第一次我是在一個獨立警備隊內担任連長。這是滿洲事件發生時的事。第二次是於一九三四至一九三五年間在關東軍司令部作戰部担任工作員。第三次是於一九三七至一九四一年間担任關東軍司令部工作員。末了，我最後一次在滿洲服務已是第二次世界大戰時期的事。當時我担任的是三十九師參謀長職務。我是於一九四五年四月二十五日接任此職的。

問：你最後一個時期帶的是什麼軍級呢？

答：大佐。

國家公訴人：你在十三軍團司令部內供職多久，以及担任的是什麽職務呢？

證人三品：我從一九四一年至一九四三年間在十三軍團內服務，當時我担任的是十三軍團司令部偵探科長職務。

問：當時十三軍團駐屯在什麽地方呢？

答：當時該軍團司令部設在上海。

問：十三軍團舉行的所謂浙赣動作究竟是什麽一回事？關於開始進行這次動作的命令是什麽時候收到的呢？

答：浙贛動作是於一九四二年間舉行的；此次動作是遵照日本駐華派遣軍總司令泰彥將軍命令舉行的。這命令是於一九四二年三月間頒發的。

問：浙贛動作經過情形怎樣呢？

答：據總司令頒發的命令規定，這次動作底目的是要消滅中國方面的兵力，卽要消滅重慶派以及其他各方面集中在沿浙贛鉄路幹線，經過金華，龍游，衢縣，玉山（確實與否，我不能担保）一帶的兵力。

問：參加浙贛動作的有哪些日本軍團呢？

答：參加這次動作的有十三軍團幾乎全部，加上其司令部設在漢口的十一軍團中某些部隊。除此而外，還用一些特殊部隊來補助過這次動作。

問：關於配給十三軍團部隊的那些特種細菌部隊，你知道一些什麽呢？

答：配給十三軍團的那個特種細菌部隊，是由南京『榮』字部隊人員組成的。

問：十一軍團和十三軍團是在什麽時候開始退却的呢？

答：十三軍團是在一九四二年八月間開始退却的，十一軍團也是在那個時候開始退却的。這兩個軍團同時開始退到自己的原有陣地上去。

問：請你說說，石井少將是在什麽時候到達戰鬥動作地區的呢？

答：石井少將是於八月二十四日或二十五日到達戰鬥動作地區的。

問：石井少將到達時，在十三軍團司令部內召集過什麽會議沒有呢？

答：當石井少將到達之後，十三軍團司令部召集過一次祕密會議，到會者除了石井四郎之外，還有十三軍團長，該軍團參謀長及該軍團作戰科科長參加。

問：石井少將乘飛機到十三軍團駐屯地去時，是他單獨一個人去的呢，還是偕同一批隨員去的呢？

答：我記得，當時同石井少將一塊乘飛機來的有兩位或三位軍醫。

問：在這次會議之後，石井少將是停留在十三軍團司令部內了呢，還是從那裏離開了呢？

答：石井少將當天吃過午飯後就乘飛機到南京去了，而隨同他一塊來到該軍團司令部的兩個或三個官佐則停留在那裏了。

問：關於日軍在舉行浙贛動作時使用鼠疫細菌一事，請你把你所知道的各節一一說出。

答：我已經說過，十三軍團是於八月二十日遵照日本駐華派遣軍總司令命令開始退却的。該軍團司令部於八月三十一日由衢縣撤退了，而隨同石井將軍一起來到的那兩個或三個官佐則仍然留在衢縣。因爲我當時是在十三軍團司令部內任職，所以我知道這幾個留下的官佐曾與先頭部隊的防疫隊一起在戰線上撒播過鼠疫細菌。以後我還要說明我何以知道這點。該軍團司令部由衢縣撤到了金華，在那裏停留了大約兩星期後，就於九月十八——十九日開到上海去了。

我曾收到一個由前方作戰部隊繳獲的文件。這是中國軍隊的一個文件，我是在九月間收到這文件的。這文件是我方一個部隊佔據一個番號不明的華軍師司令部所在地點時繳獲到手的。這文件內容大致如下。

據我記得，這文件上所註明日期是九月初。這是中國一個軍司令部用無線電報發給該師師長的命令。這命令上說日軍在浙贛區動作的軍隊實行退却時曾在衢縣一帶用鼠疫細菌傳染過地面，並說必須特別注意到這點，要採用防備辦法等。這命令是用油印機印的。命令上特別着重指出了日軍動作的殘暴性質。

問：關於你收到有華軍方面指明說日軍在浙贛動作時使用過細菌武器的文件一層，你是不是報告過十三軍團司令官呢？

答：是的，我報告過十三軍團司令官和參謀長。

問：他們看了你的報告後有過什麽表示呢？

答：他們看過我的通報後，就簽了一個字證明他們已看過這文件，此外再沒有作過任何表示。

問：華軍文件上所說的那個地方，究竟是由誰在那裏進行過鼠疫細菌傳染工作呢？

答：我沒有親眼看見這次動作，但石井將軍與十三軍團司令官在八月二十四或二十五日開過會議這一事實，石井把第七三一部隊三名官佐留在十三軍團內這一事實，以及南京『榮』字部隊專門派過一批防疫人員到十三軍團去服務這一事實，都使我有根據來作出結論說，這次動作是由南京部隊人員在石井少將一般指導下而在他所留下的那幾名官佐直接指導下進行的。

國家公訴人：我對於證人再沒有什麼問題要問了。

審判長：除了已被審問過的證人之外，被傳到庭的還有金澤，三根生，櫻下清，福住等證人。現在因為這些證人由於被傳到庭的各種情節均已在庭審過程中充分圓滿查明，以致再無審問他們之必要，所以軍事法庭根據蘇俄刑事訴訟法第三九四條決定：對上述各證人不加審訊。

法庭隨即轉而聽取檢驗委員會所作出的結論。檢驗委員會書面結論將同時用日語經過播音機讀給各被告聽。

法庭請蘇聯醫學院大學士茹科夫—費勒什尼科夫宣讀檢驗委員會書面結論。

檢驗員茹科夫—費勒什尼科夫宣讀檢驗委員會結論，該結論隨即納入於庭審記錄中*。

審判長：國家公訴人同志，你對檢驗人沒有什麼問題要問麼？

國家公訴人：國家公訴方對檢驗人沒有什麼問題要問。

* 見本書第四三〇至四三九頁。

審判長：各位辯護人，你們對檢驗人有問題要問麼？

辯護人波羅維克：辯護方對檢驗人沒有什麼問題要問。

審判長：翻譯員，請你向各被告解釋說，各當事方，卽國家公訴方和辯護方，都沒有向檢驗人提出過新的問題。

（翻譯員用日語傳達審判長所作的解釋）

各位被告，你們有什麼補充問題要向檢驗人提出麼？

翻譯員：有。

審判長：被告中間有誰要發問題呢？

翻譯員：被告佐藤俊二要發問題。

審判長：被告佐藤，請你走近播音機旁來。請你向法庭說明，究竟你有什麼補充問題要向檢驗人提出。

被告佐藤：關於『榮』字第一六四四部隊的生產能力一層，我請求加上一個修正。應該說明當時所製造的十公斤細菌不是鼠疫細菌，——因爲鼠疫細菌是很快就失掉生機的，——而是容易保存的細菌，如傷寒症菌，副傷寒症菌等等。

審判長：檢驗員茹科夫—費勒什尼科夫，你對被告佐藤的聲明有什麼意見呢？

檢驗員茹科夫—費勒什尼科夫：檢驗委員會將審查這個問題，然後把自己的意見補充報告給法庭。

審判長：被告佐藤，檢驗委員會將審查你的聲明，審查的結果將向你宣佈。被告佐藤，請你坐下。別的被告沒有問題要提出麼？

翻譯員：被告柄澤有一個問題要提出。

審判長：被告柄澤，請你走近播音機旁來。請你向法庭說明，究竟你有什麽補充問題要向檢驗委員會提出。

被告柄澤：我也是想關於第七三一部隊生產能力問題對檢驗委員會結論加進一個修正。結論上有個地方說該部隊每月通常生產細菌達三百公斤。但這並不是通常的生產量。只是在最好條件下，即在利用該部隊全部生產能力的條件下，才能做到這點。實際上通常只是出產過這數量三分之一，並未出產過三百公斤的細菌。

審判長：檢驗員，請你們注意到這一聲明。

檢驗員茹科夫一費勒什尼科夫：被告柄澤沒有充分瞭解譯文。結論上所說的是：『被告柄澤在預審時供述，說這種生產能力可能達到每月出產細菌三百公斤』。

被告柄澤：如若這意思是說可能達到那個數量，那我是同意的，我不過是沒有聽淸楚罷了。

審判長：結論上所說的正是這種意思。

被告柄澤：那我就沒有什麽問題要問了。

審判長：被告柄澤：請你坐下。再沒有什麽問題了麽？

翻譯員：沒有什麽問題了。

審判長：法庭請問各當事方，究竟他們是否對庭審有什麽補充。

國家公訴人：國家公訴方根據蘇俄刑事訴訟法第三〇三條，特請法庭把幾種保存在案卷內的文件宣讀一下。局部說來，國家公訴方請法庭宣讀證人山岸底供詞（案卷第二卷，第一七四頁）及證人飯島底供詞（案卷第六卷，第二四二頁）。

此外，我還請求法庭宣讀關東軍作戰命令丙字第六五九號（案卷第十五卷，第三五頁）。同時我還請求法庭宣讀關東軍野戰鉄道司令部第一七六號命令（案卷第十五卷，第三七頁）。

此外，我還請求法庭宣讀所謂滿洲國中央國防委員會會議速記錄中的一段摘錄（案卷第二十二卷，第三頁）。

此外，國家公訴方還請求法庭宣讀日本帝國大本營陸軍處第二部一九四四年一月二十日頒定的『軍事破壞動作戰術』第三章中一段有重要證據意義的條文（案卷第二十二卷，第二十四頁）。末了，我請求法庭證實如下一件事實，即在日本帝國大本營所頒佈的關於採用軍事破壞隊的指令（案卷第二十二卷，第二八至二九頁）上提到過自來水筆式的細菌『手槍施放器』。

我關於補充庭審一層向法庭提出的申請不過如此。

（檢察官所提出的申請當即譯成了日語）

審判長：軍事法庭決定，宣讀證人飯島在一九四九年十月二十日受審時所說出的供詞。各被告可同時經過收音機按日語收聽該證人底供詞。

（該證人供詞同時用日語宣讀 *）

宣讀山岸研二一九四九年十月二十一日的供詞。各被告也可經過收音機按日語收聽這一供詞。

（當即用日語宣讀供詞**）

* 見本書第一四八至一五二頁。

** 見本書第一五三至一五六頁。

宣讀關東軍丙字第六五九號作戰命令。

（該命令也同時用日語宣讀*）

宣讀關東軍野戰鉄道司令部於一九四〇年七月二十六日頒發的作戰命令。

國家公訴人：我請求法庭在宣讀該項命令時宣讀附錄在該命令上的一段註釋，其中說輸送概覽表內包含有如下的路程表格：平房—哈爾濱—新京—奉天—山海關—天津—上海。

審判長：命令和附錄用日語宣讀**。

繼而宣讀『軍事破壞動作戰術』。

該項文件也用日語宣讀***。

法庭根據國家公訴人申請而證實說，在案卷第二十二卷第二八至二九頁上有日本帝國大本營陸軍處第二部於一九四四年一月二十日擬定的關於運用軍事破壞隊的指令。該指令上提到過『自來水筆式的手槍施放器』。

國家公訴人同志，你再沒有什麼別的申請麼？

國家公訴人：再沒有。

審判長：辯護方沒有什麼意見要提出來補充庭審麼？

辯護人波羅維克：辯護方沒有什麼意見要提出來補充庭審。

---

* 見本書第二〇九至二一〇頁。

** 見本書第二一七至二一九頁。

*** 見本書第一九七頁。

審判長：各位被告，你們關於補充庭審一層有什麼申請沒有？

翻譯員：被告問道，這點究應怎樣來瞭解，這裏所講的究竟是什麼申請？

審判長：他們是否要想請求宣讀什麼文件，是否要想補充自己的解釋，是否要想請求宣讀那些未經法庭審問但其供詞已爲各被告所知道的證人們底供詞。

（翻譯員用日語翻譯審判長所作的解釋）

被告山田：我有一項補充。

審判長：被告山田，請你走近播音機旁邊來吧。你有什麼申請呢？

被告山田：我想把我在這裏庭審會上及在預審時所聽到的一切總結一下。

審判長：翻譯員，請你告訴被告山田說這點他可在以後讓他作最後陳述時去說明，而現時談到的問題是究竟有沒有什麼關於補充庭審的申請：如宣讀供詞等等。

（翻譯員向被告山田解釋審判長所說的話）

被告山田：我明白了。

審判長：被告山田，請你坐下。

法庭醫學檢驗委員會委員們，我請你們把你們關於被告佐藤所提申請的意見說明一下。

檢驗員茹科夫一費勒什尼科夫：我們已經審察過了被告佐藤所提出的申請。結論上所寫的是『根據被告佐藤所供各節』，而不是『據被告佐藤供稱』。

審判長：請把法庭醫學檢驗委員會所作的解釋翻成日語。

（翻譯員把檢驗員所作的解釋譯成日語）

被告佐藤，你瞭解檢驗委員會所作的說明麽？

被告佐藤：若是把你們結論上所說的十公斤「鼠疫細菌」幾字勾去，那我是沒有異議的。這裏應該瞭解爲十公斤細菌，而不是十公斤鼠疫細菌。

審判長：被告佐藤，法庭將估計到你的聲明並加以審察。請你坐下吧。

檢驗委員會結論

法庭醫學檢驗委員會研究了軍事法庭在審訊前日本陸軍軍人山田乙三、梶塚隆二、高橋隆篤、川島清、佐藤俊二、柄澤十三夫、西俊英、尾上正男、平櫻全作及其他等人因準備和使用細菌武器被控犯刑事罪一案時所決定的諸問題後得出的

結論

我們下列諸人：蘇聯醫學科學院大學士茹科夫—費勒什尼科夫，軍醫上校克拉斯諾夫，伯力醫學研究院微生物學系主任科薩列夫教授，伯力醫學研究院微生物學系助教里甫金娜，獸醫中校亞歷山大洛夫和寄生物學家科茲洛福斯卡婭，根據軍事法庭一九四九年十二月二十八日決定，並親身出席過法庭和考察過本案預審材料，茲關於上項決定中所指出諸問題作出如下的結論：

第一個問題：日本關東軍第七三一部隊和第一〇〇部隊及日本駐華遠征軍「榮」字第一六四四部隊所進行的實驗與生產工作究竟是爲了什麽目的？

回答：第七三一部隊，第一〇〇部隊以及第一六四四部隊內所進行的實驗與生產工作，按其專門性質和特別內容說來，乃是爲要探求和製造細菌武器以及研究使用此種武器的方法。

這個結論所根據的實際材料如下：

（一）第七三一部隊，第一〇〇部隊及第一六四四部隊進行工作，是以專爲進行侵略戰目的利用傳染病細菌在人和動植物中間迅速繁殖散播的性能爲基礎的。各該部隊所進行的研究工作底全部方針所含的特性，都是與人道科學底任務不能相容，並且是與此種任務根本相反的。

本來，醫科微生物學底一切努力都是爲要造成一種條件來使微生物不致傳染，使微生物底膿性和毒性減弱下去，但上述各日軍部隊却極力從事於加強微生物傳染病症的作用。

傳染病學數百年來都曾致力於研究和擬定怎樣杜絕和預防傳染病的方法，而這些部隊所擬定的却是怎樣用人工造成和散播此種傳染病的方法。

衛生事業是要消除各種助長病症的因素，而這些部隊却從事於研究、繁殖和散佈千百萬傳播鼠疫的跳蚤。

農藝學和獸醫學花費大量勞動來保證農作物的收成提高和保證牲畜能繁殖起來，而這些部隊却設法消滅已播種的裸麥和小麥以及牛羊馬匹等，甚至抱定任務要用炭疽熱菌來強烈地傳染土壤，以求把田土變成難於被人耕種的荒漠。

（二）各該部隊內曾研究各種微生物傳染病症的效能，以便選擇出供細菌戰用的最有效的微生物。

在進行此種研究過程中，廣泛地拿活人來作慘無人道的實驗，這些人就是被關在那個專門爲此目的建造的監獄內的囚犯，而監獄長便是一個『科學工作員』。

（三）各該部隊內曾不斷研究和製定種種加強培養大量傳染病微生物的方法。隨後就在實際製造細菌武器的過程中用這種方法去大量繁殖微生物。

這種細菌體是絕對不能用來製造痘苗的。例如，使用專門構造的石井四郎式培養器，——正如各被告所供——就難於保證消毒，而若用此種儀器去生產痘苗，消毒是絕對必要的。各該部隊內細菌製造工作所含的其他種種特徵，也確鑿證實此種生產工作是專爲保證細菌戰需要而進行的。這種特徵中最重要的一個特徵，就是該種生產工作底完成階段。生產週期完結時總是孵育出一些毒性微生物，這些微生物並不像例如在生產痘苗過程中那樣被殺死，而是使其活着保存起來，以便用人工法去大量傳染人羣。

（四）第七三一部隊爲養育跳蚤以及爾後使其染上鼠疫而進行的研究工作和生產工作，按其巨大規模和本身性質說來，都是根本與任何科學醫術無干的，其唯一目的是專門製造細菌武器去大批殘殺人命。

科學上本已知道鼠疫細菌具有在跳蚤機體內長期生存甚至繁殖起來的自然適應能力這一生物學現象。各該部隊却竟利用這種現象來達成其侵畧目的。據庭審材料證實，第七三一部隊和第一六四四部隊之使用跳蚤，乃是根據於細菌戰思想家石井四郎底『理論』，其內容是說跳蚤在此場合可能保護鼠疫菌的安全，使其免受外界因素底影響。按這一理論說來，細菌寄生在跳蚤機體內，就算是得到了一種活的保護殼。染有鼠疫的跳蚤為尋求食料而襲擊人體時，祇要把人咬一下，就可使人受到傳染。所以跳蚤就被用來保存細菌，傳播細菌，並直接傳染人。

檢驗委員會指明出，第七三一部隊內由石井四郎領導製定了種種方法，目的是要大量繁殖跳蚤，然後使其染上鼠疫，以便用去達到軍事目的。

（五）第七三一部隊與第一〇〇部隊內在探求構製細菌飛機彈、細菌炮彈、從飛機上散播細菌和跳蚤的裝置方面以及在研究傳染蓄水池、食品、糧秣、土壤的方法方面的工作，同樣充分顯然地說明了各該部隊所進行的試驗工作底目的。

（六）第一〇〇部隊內研究過傳染牲畜和農作物的最有效方法。 為此目的，該部隊曾利用了炭疽熱和鼻疽微生物以及其他動植物病症媒介物。在該部隊內進行過用炭疽熱菌來傳染土壤的實驗，目的是要把土壤變成為不能供人耕種的漠地。

（七）以上各項內所說的一切研究工作結果，都一一在打靶場上加以實驗，目的是要確定某種細菌武器或其使用方法底效能。在進行這種實驗的過程中，也如像在實驗室條件下一樣，是用活人來作為『實驗對象』的。既然在打靶場條件下使用此種武器已達到過罪惡目的，即達到過用強制手段傳染人和殺害人的目的，所以當時也就認為在戰鬥環境下試驗細菌武器效能是很適宜的。所以當時就這樣試驗過裝有鼠疫或炭疽熱微生物的炸彈，考查過裝有鼠疫跳蚤的炸彈底效能。凡是經過打靶場實驗後認爲有效的各種細菌武器，都拿到戰鬥環境中去試驗過。

由此可見，各該部隊內生產和實驗工作底目的，是要研究和製造細菌武器，以及研究爲了進行侵畧戰爭而使用此種武器的方法。

第二個問題：這些部隊有過怎樣的生產能力來保證日軍以細菌武器呢？

回答：各該部隊內有過很大的生產能力來保證日軍以細菌武器。

這個結論是根據於以下種種實際材料：

（一）爲了大量培養傳染病微生物，第七三一部隊內有過培製細菌的強大專門技術設備，這種設備使該部隊能在短期間內培養出大量傳佈鼠疫、霍亂、傷寒、炭疽熱等等傳染病的微生物。

根據被告柄澤所供關於第七三一部隊設備中培養微生物的主要部門即製造營養液的鍋爐底生產能力這點，檢驗委員會確定出，該部隊內所有的此種設備及其他設備在總共不過幾天的一個普通生產週期內至少能培養出三萬萬億具有中等繁殖力的微生物。 檢驗委員會着重指出說，若估計到這短促的培養期限及這種生產『品』底最終用途，應認爲此種微生物數量是非常巨大的。 在製造營養液的各鍋爐充分動用以及生產儘量加強的情形下，該部隊內在一個週期內可能培養出四萬萬億以至更多的微生物（視病菌種類如何而定）。

各該部隊工作人員在培養出供製造細菌武器用的大量細菌膠狀體之後，就用公斤來計算此種膠狀體量，並且這還只是指直接從凝固營養液上面取來的乳漿狀濃細菌體底重量而言。例如，被告柄澤在預審中斷定第七三一部隊底生產能力時供稱，說當時可以使這種能力做到在一個月內培養出三百公斤鼠疫菌。另一被告川島也供認說，該部隊『…每月能培製出三百公斤鼠疫菌』。這兩個被告在庭審時也確證了這種數目字，同時還供稱該部隊每月能培養出八百至九百公斤炭疽熱菌和一千公斤霍亂菌。在分析該部隊每月生產率時，查明了該全套裝置體系能使一定期間內的生產速度大大提高。此種生產體系特徵，無疑義是與第七三一部隊工作底軍事特性有聯系的。因此之故，第七三一部隊的器械設備及其數量能使該部隊同時實現幾個生產週，所以該部隊底每月生產率就能培養出若干萬萬億甚至只具有中等繁殖力的細菌。

『榮』字第一六四四部隊底生產率要稍微小一些。從被告佐藤供詞中可以看出，該部隊在一個生產週期內至少能培養出十公斤鼠疫菌。第一〇〇部隊也擁有繁殖動植物傳染病細菌的相當強大設備。

（二）第七三一部隊培養跳蚤的生產能力是由那裏所有用以繁殖跳蚤的四千五百具『養蚤室』（孵育器）來決定的。此種孵育器能在短期間內孵育出幾十公斤跳蚤，這就等於若干千萬跳蚤，然後就使這些跳蚤染上鼠疫，以備用作細菌武器。

第七三一部隊底實際『生產率』是在每三四個月內生產四十五公斤跳蚤。必須指出，平均每四十五公斤跳蚤就等於約一億四千五百萬個跳蚤。可是該部隊底生產潛能還要大得多，因爲該部隊長官石井四郎在一九四五年間曾計劃在同一期間內把鼠疫跳蚤產量提高到六十公斤，爾後更提高到約二百公斤。第一六四四部隊也擁有繁殖跳蚤的頗大能力。該兩部隊都設有支隊網，支隊內有幾百工作人員專門搜捕用以供養跳蚤和繁殖此種寄生虫的鼠類。

（三）各該部隊內能夠利用打靶場、飛機場和飛機來檢查已製出的細菌武器底效能，並能花費巨款來作試驗工作之用。

關東軍司令部賦予了各該部隊以極大的可能，讓其對那些拘禁在第七三一部隊監獄內的成千成百的『受試驗者』進行殘忍萬分的『實驗』。在該監獄內及打靶場上用強迫傳染及其他種種手段害死的約有三千人。

由此可見，第七三一部隊，第一〇〇部隊和第一六四四部隊在製造和試驗細菌武器方面的能力異常巨大，各該部隊具有這種能力爲的是要保證日軍有最充分的細菌武器。

第三個問題：第七三一部隊於一九四〇年，一九四一年和一九四二年間對華中地區舉行的各次細菌攻擊所造成的危險程度怎樣？

回答：第七三一部隊於一九四〇年，一九四一年和一九四二年間對華中地區舉行的攻擊底危險程度極大，這種禍害程度一方面是決定於當時所使用的那些細菌即危險傳染病菌的選擇標準，另一方面是決定於舉行細菌攻擊時傳播此種細菌的動作性質。

這個結論是根據於以下的種種實際材料：

石井四郎所主持的第七三一部隊在多年內進行的細菌戰準備工作旣已超出純粹試驗工作的範圍，結果就使實際使用細菌武器一舉成爲可能了。於是第七三一部隊就實際裝備過幾屆派到中國幾個區域內去使用細菌武器的戰鬥遠征隊。

一九四〇年間，由石井四郎親身率領了第七三一部隊內一個裝備有大量傷寒菌、霍亂菌及大量鼠疫跳蚤的戰鬥遠征隊到中國寧波一帶去。由於用飛機散佈法使用染有鼠疫的跳蚤的結果，在寧波一帶發生過鼠疫流行症。該遠征隊在組織上和行動上的技術特徵，就决定了當時受到普遍傳染者的廣濶範圍。若估計到戰時條件及與此有關的民衆遷徙情形，就必得承認說，該遠征隊底活動特別是在散佈鼠疫方面不僅對於中國寧波城內的居民，而且對於寧波附近許多區域的居民都是極端危險的。

一九四一年間在常德一帶也有這樣一個遠征隊行動過，當時從飛機上用鼠疫跳蚤傳染過這個地區。這次遠征隊底危險性是與前次遠征隊底危險性同樣巨大的。

一九四二年間，第七三一部隊又派過一次戰鬥遠征隊到華中去，該遠征隊也是由石井四郎率領並有第一六四四部隊協助。這次遠征隊的主要目的是在地面上實行傳染，以便給那些進攻的華軍造成一種染疫地帶。當時所採用的方法，是拿傷寒菌和副傷寒菌來傳染水井和食品，同時還散播過鼠疫跳蚤。檢驗委員會分析這次遠征隊動作底特點時着重指出說，該遠征隊所造成的危險——特別對於中國和平居民說來——也是極大的。當日軍退却之際，曾把公用水井，住宅都加以傳染，並將染有傷寒菌和副傷寒菌的食品散留在各處。用這種方法來使用細菌武器，首先受到傳染的當然是和平居民，然後就是定與當地居民相接觸的那些進攻的華軍部隊。

由此可見，第七三一部隊當時所舉行的各次攻擊底危險程度是極大的，這一方面是因爲當時在居民和軍隊遷移條件下廣泛散佈特別危險的病菌，另一方面是因爲使用此種武器時採用過各種不同的方法。

第四個問題：第七三一部隊，第一〇〇部隊及『榮』字第一六四四部隊所製造的細菌武器在使用時能造成一些什麽惡果呢？

回答：第七三一部隊，第一〇〇部隊及『榮』字第一六四四部隊所製造的細菌武器在使用時可能引起一種旣威脅着軍隊，也威脅着包括婦女老幼在內的和平居民生命的流行症。此種流行症之範圍大小，除其他因素而外，將由遭受攻擊地方的衛生情况和醫藥設備底水準如何來決定。

這一結論是根據於以下的種種實際材料：

爲鼠疫和霍亂一類傳染病症所具有的傳染特性，就是散佈迅速，散佈範圍廣濶，病狀沉重，受傳染各城市和鄉村居民死亡率很大。又如牛瘟以及在相當條件下採用的炭疽熱一類很危險的獸疫症，也具有同樣迅速傳播的特性。爲造成經濟損害起見，各該部隊除了製造供消滅家畜用的細菌武器而外，還擬定過消滅莊稼的方法。在自然流行病歷史上，有過許多造成奇災慘禍的流行病的例子，而這些流行病正是由於像各該日軍部隊選定作爲細菌武器的這種傳染病媒介物所引起的。

必須着重指出，各該部隊所使用過的某些病菌在自然環境內的一定條件下，可能形成多少強固的傳染病策源地，這種傳染病策源地現在本來已經被科學成就所消除或受到了限制，但各被告却曾力圖從新造成此種策源地。

由此可見，日軍第七三一號，第一〇〇號及第一六四四號細菌部隊在製造細菌武器時，原是打算到使用此種武器的結果就會引起奇災大禍性的傳染病而使大批人命歸於死滅。如果這種計謀一旦實現，那末對於各中立國也會造成一種威脅，因爲這是由於傳染病本身的天性以及散播此種傳染病的動作方式所必然產生的結果。

蘇聯醫學科學院大學士茹科夫一費勒什尼科夫

軍醫上校克拉斯諾夫

伯力醫科大學微生物學系主任科薩列夫教授

伯力醫科大學微生物學系助教里甫金娜

獸醫中校亞歷山大洛夫

寄生物學家科茲洛夫斯卡婭

一九四九年十二月二十九日。

國家公訴人底演詞

十二月二十九日晚庭記錄

審判長：本案庭審宣告結束。法庭現在就來聽取各方面的意見。

國家公訴人演詞以及各被告辯護人底發言，將用日語廣播出去。

各被告可以聽這些演詞的日語廣播。

現在由國家公訴人，三級國家法律顧問斯米爾諾夫同志講話。

國家公訴人演詞寫入記錄上。

演詞同時用日語廣播。

國家公訴人、三級國家法律顧問斯米爾諾夫底演詞

（一）本審判案底意義

審判員同志們，軍事法庭委員同志們！

諸位在這幾天以內極周詳審訊過的這一案件底意義，遠不只是查明此地被告席上諸犯底個人罪狀，及確定他們所負責任的程度而已。

不庸爭辯的，是有一條反和平反人類的極惡大罪底鍊條，把前日本關東軍總司令山田將軍和那些執行日本軍閥兇惡計謀的人，即日本關東軍各特種祕密部隊中的細菌學家們結連在一起的。

但是，在庭審過程中已經查明，這根鍊條並不在此地被告席上就告中斷。

細菌戰係由萬惡日本帝國主義所策劃和準備起來，它乃是反對愛好和平各國人民的總侵略陰謀中的一部分。

帝國主義的日本在多年以內，都曾是遠東方面侵略勢力的主要策源地。

在東京舉行而於一九四八年結束的日本主要戰犯案國際審判中，業已十分明確地查明：日本曾在許多年內準備進犯蘇聯。該國際軍事法庭判決書上寫道：

> 『本法庭認爲，日本在這一時期中（即自一九二八年起），始終都在擬定和策劃反蘇的侵略戰爭；這侵略戰爭乃是日本國策底主要成分之一，其目的就是要侵佔蘇聯的遠東領土』。

日本帝國主義者受到那班與國內封建軍閥上層集團結成一片的日本巨大壟斷聯合組織，即所謂『財閥』們的教唆指使，預先就把蘇聯遠東地區以至『直到烏拉爾止的西伯利亞』劃進了所謂『大東亞共榮圈』。

但是，在日本參謀本部辦公室內，在帝國總體戰研究院實驗所內，或在日本帝國主義者那鼎鼎大名的『研究會』，即所謂『國策研究會』各專門委員會內，『策劃』反蘇的侵略舉動是一囘事，而在實踐中來實現這種侵略舉動，却是另一囘事。

日軍參謀本部曾多次擬定和重新擬定過反蘇侵略戰爭的計劃，但這些計劃之所以一再延緩實現，决不是由於日本將軍們愛好和平，也决不是由於那些爲了多貪圖一厘利潤而不惜幹出任何罪行的日本財閥，懷有什麼人道主義思想。

在蘇聯遠東地區和平之所以能夠支持下去，這只是由於英明的斯大林政策，由於幾屆斯大林五年計劃勝利完成，以及由於布爾什維克黨和蘇維埃政府始終一貫地關懷着鞏固蘇聯武裝力量的結果。

帝國主義日本並未停止過準備反蘇的侵略戰爭。

一九三一年間，日本侵入滿洲並將其佔領，是意味着日本侵略勢力發展到了一個新的階段。 對日本帝國主義者說來，武力佔領滿洲一舉本身並不是目的，而是一種準備佔領新領土和實現新侵略行動的手段。滿洲曾是日本帝國主義者用以進犯蘇聯和侵入中國內地的最重要進攻基地。

正因爲如此，所以他們自從佔領滿洲而在滿洲建立了自己統治地位的時候起，就開始把滿洲準備起來，使之成爲侵犯我們祖國的進攻基地。

當時就在滿洲集中了日本帝國主義底主要突擊兵力，卽關東軍。日本工業所出產的最新軍用技術都運往滿洲。被佔領的滿洲境內密佈了飛機場網和戰略交通道路網。此外，法庭知道，當時正是在滿洲境內展開了日軍準備細菌戰的祕密部隊，卽日本帝國主義勢力底祕密武器。

一九三六年間，帝國主義日本與希特勒德國所結成的反和平的罪惡陰謀聯盟已經最終確定了，當時它與德國締結了軍事政治同盟，卽所謂『反共產國際公約』。

此後不久，法西斯意大利也加入了這一公約。

據東京國際法庭判定，當時這一盟約首先是爲了反對蘇聯的。『反共產國際公約——日本主要戰犯案判決書上載道，——是此後若干年內日本政策的基礎。日本與德國締結的這一軍事同盟曾在日本反蘇政策中起過重大的作用』。

當時，日本當權集團自以爲他們那種爲要攘奪蘇聯濱海區，佔領蘇聯遠東區，並奴役偉大中國人民的罪惡計謀很快就能實現了。

日本關東軍在數量上迅速增大起來，並用最新的軍用技術加以裝備。於是滿洲就變成了反蘇戰爭的軍火庫。

一九三七年間，日本軍閥挑起了所謂『盧溝橋事件』後，隨即侵入中國內部。

這次侵略行動，如像以前各次侵略行動一樣，也是不宣而戰的。直到一九四二年間，當時日本對中國進行的這一流血戰爭雖已使千百萬人遭到犧牲，但日本官方材料上仍然把它叫作『中國事件』，也像日方把佔領滿洲一舉叫做『滿洲事件』一樣。

一九三八年間，日本軍閥在哈桑湖一帶對蘇聯舉行進犯。哈桑湖南山地區的戰鬥動作繼續了十天之久。在這十天的短促激烈戰鬥中，所有參加作戰的日軍精幹部隊都被蘇軍迎頭擊破了。那次武力試驗結果顯然對日本軍閥不利，所以日本軍閥倉惶退却，並公然把他們所發動的這次遭到了失敗的侵略戰爭叫作『張鼓峯事件』。

一九三九年間，關東軍遵照日軍參謀本部命令在哈勒欣河一帶發動了戰爭來反對蒙古人民共和國和蘇聯。戰鬥開始於一九三九年五月，一直繼續到九月止。參加作戰的是關東軍的精銳兵團，並有大量空軍，砲隊和坦克部隊協助。這次鬥爭結果，蘇蒙武裝力量殲滅了該日軍底大部。哈勒欣河一帶的戰爭，也如哈桑湖一帶的戰爭一樣是帝國主義日本遭到了失敗。

可見，日本帝國主義者兩次發動過反蘇侵略戰爭，結果是兩次都在野戰中被擊潰，而親身嘗到了蘇軍強大的殲滅打擊力量。

雖然如此，但日本帝國主義者還是沒有停止準備罪惡侵略舉動來反對蘇聯及其他愛好和平國家，以圖建立『大東亞』國家，卽建立日本殖民帝國，而使其中各戰敗國人民處於必遭貧困滅亡的奴隸地位。

日本帝國主義者和希特勒食人生番一起，妄想建立世界統治。爲了達到這個目的，他們準備使用最殘忍慘酷大批消滅人命的手段。他們妄想在人類文明的廢墟上奠定自己的霸權。在希特勒德國和帝國主義日本所締結的同盟這樣一個反和平反人類的萬惡陰謀中，細菌戰原是一種根據預定計劃要把世界上一部分人口消滅，而把另一部分人口完全征服的手段。

帝國主義日本底主子們把反動資產階級科學界的腐敗份子找來實現他們這種惡毒的計劃。

衆所週知，細菌武器也如化學武器及原子武器一樣是進行侵略戰爭的工具，並且是異常殘酷和極慘無人道的工具，因爲受此種武器殺害的，將主要是和平居民，卽婦女，兒童和老年人。

正因爲如此，所以全體進步人類在指斥任何侵略戰爭的時候，特別激烈地指斥細菌戰、化學戰和原子戰，並要求禁止使用這種根本是違反起碼人道觀念的戰爭工具。

正因爲如此，所以蘇聯和大多數其他文明國家曾担保說自己在戰爭中决不使用化學武器和細菌武器，爲此而簽署和批准了一九二五年六月十七日『關於禁止在戰爭中使用窒息瓦斯，毒氣及細菌武器』的日內瓦議定書。

蘇聯從建國之日起就終始不渝和貫澈到底地爲持久的民主和平而奮鬥。蘇聯是保衛和平的眞正支柱和宣揚社會主義人道思想的喉舌，它始終引導世界民主勢力行進，堅决反對使用大批消滅人命的殘忍手段。正因爲如此，所以不管英美聯盟中那些挑撥新戰爭的人們怎樣拚命搗亂，蘇聯迄今已經數年來一貫力求在聯合國機構內，達到無條件地禁止使用原子武器。

這次審判案已經查明，日本軍閥曾經十分積極地準備過細菌戰，極力探求過最有効的細菌戰武器及其使用方法。

日本帝國主義在準備細菌戰時，建立了製造細菌武器的強大設備。日本軍閥們也像希特勒黨徒一樣，把本應服務於人類進步的最新技術用去達成其殘忍殺害人命的目的。

在法庭醫學檢驗委員會結論中特別說道：『必須着重指出，各該部隊所使用過的某些病菌在自然環境內的一定條件下，可能形成多少強固的傳染病策源地，這種傳染病策源地現在本來已被科學成就所消除或受到了限制，但各被告却曾力圖用人工法重新造成此種策源地』。

那班惡魔——其中一部分坐在本案被告席上——就曾這様竭力想使人類回復到疫癘流行的時代去，回復到霍亂和鼠疫蔓延的時代去，回復到中世紀最黑暗的時代去。

不免令人注意的，是日本帝國主義者所使用的這種大批殺人手段完全與希特勒德國戰犯如出一轍。同樣不免令人注意的，是日本戰犯所作的暴行與希特勒德國戰犯一樣褻瀆科學尊嚴和踐踏科學所持的人道主義原則。

當蘇軍與希特勒德軍單獨搏戰，摧波敵人抵抗而向西方銳進的時候，沿途遇到過特萊布林克地方烟霧迷漫的廢墟，邁丹尼克地方的毒氣獄，奥斯威兹姆地方的焚屍爐，這都是由罪大惡極的德國法西斯份子所建立的萬惡殺人工業。

在這些殺人營特設的『醫務所』中，法西斯的實驗醫生們曾對許多無法自衛的犧牲者進行致命病菌和毒藥效能的試驗，把活人趕到寒水裏慢慢凍傷，迫使他們在氣壓試驗室內受盡折磨死去。 在波兹南細菌學研究院實驗室內，希特勒匪幫的細菌學家培養過散佈鼠疫的細菌，並準備使用細菌武器來毒殺千百萬和平居民，因為細菌戰底目標首先是要害死和平居民，使他們受到奇重的苦痛，在敵人後方引起瘟疫。

當時唯一賴有蘇聯武裝力量所給予希特勒份子的殲滅打擊，才使人類避免了希特勒惡魔準備造成的細菌戰慘禍。迨至希特勒軍事機構已被粉碎之後，蘇聯軍隊忠實執行自己所負的盟友義務，用神速打擊殲滅了萬惡日本帝國主義底主要突擊兵力——關東軍，因而也就再度使全人類免除了細菌戰的慘禍。

在距哈爾濱二十公里的地方，有過一個很大的軍用市鎮，其各建築物已經炸壞和燒燬了。在預審和廷審過程中業已查明，那裏曾駐紮有關東軍的一個特種細菌部隊——第七三一部隊或『石井部隊』。這個部隊曾在多年內有系統地準備過細菌戰，從選擇各種致命病菌，在成千無法自衛的犧牲者身上試驗此種病菌效能以及研究培養各種細菌的辦法起，直到大量製造進行大規模細菌戰所必需的一切武器止。

我們知道，本案被告，前關東軍總司令山田將軍，曾認爲石井部隊已有充分作戰準備，足以貫澈任何一種任務。我們同樣知道，石井部隊底這種『作戰準備』究竟是意味着什麼。

據山田供稱，日軍參謀本部曾批准過使用細菌作戰的三種主要方法，即由戰鬥機散播細菌，從飛機上投擲特種細菌彈，以及按施行細菌破壞法在地面上傳染居民點、蓄水池和牧場等等。

細菌武器底根本特性就是它的作用範圍並不局限於前綫，並不局限於敵方武裝力量，甚至不局限於某一遭到侵犯的國家底境土內。日本帝國主義者所要發動的細菌戰，不僅會使被侵犯國人民遭受無窮的災難，並且會使各中立國人民遭到此種災難。這點原已包括在日本戰犯們底惡毒計劃內，因爲在他們看來，各中立國也不免要成爲他們施行新侵略的對象。

可見，帝國主義日本當權集團在妄圖建立世界統治，妄想建立一個由日本來領導的『大東亞國家』時，本來已經準備要使用這人類底死敵，即使用最危險不過的、無影無形的毒菌來反對人類。爲了實現這種萬惡的向外擴張的侵略目的，曾在特種孵育室內養育了無數萬的跳蚤，將其染上鼠疫之後，或裝在特種炸彈內，或由飛機直接散佈，以便傳播傳染病。爲了實現這種萬惡的目的，曾裝置有強大的專門設備，單是第七三一部隊第四部在一個『生產』週期內，就培養出幾十公斤細菌，卽若干萬萬億的微生物，以資用去傳染各蓄水池和牧場，以及投到城市和鄉村中去毒死成千成萬的和平居民。

爲了實現這種萬惡的目的，竟使許多中國愛國份子和蘇聯人苦痛萬分無可倖免地死去，他們被戴上脚鐐，在日本惡魔實驗家手內無法自衞，遂一一慘死於石井部隊內部監獄裏面。

爲了實現這種萬惡的目的，致使許多中國婦女和兒童在石井部隊遠征中國內地時因染上霍亂和鼠疫被害死了。

（二）日本帝國主義者組織特種部隊來準備和進行細菌戰

在法庭審判中，已詳盡查明了在滿洲建立日軍特種祕密細菌部隊的歷史，並已充分判明了各該細菌部隊底組織系統、任務和實際生產能力。

細菌戰底準備，是日軍佔領滿洲後不久就開始了的。

最初，日本軍閥建立了一個不大的細菌實驗所，所長爲日本軍事細菌學家石井四郎，這人前此已在軍醫學院研究過細菌武器，他在日本軍界素以激烈主張細菌戰見稱。據被告梶塚供述，石井從最初開始這一罪惡活動時起，就獲得有日軍參謀本部戰略部方面的支援。石井所進行的一切研究都是嚴加隱諱的。因爲單是石井的名字就足以暴露該實驗所底活動方向，所以他改名爲東鄉，他的機關便稱爲『東鄉部隊』。

據被告柄澤所供，還在那個時候，石井就已在活人身上從事罪惡的實驗，直接用被日軍俘去的中國游擊隊員來試驗病菌效能。

一九三六年間，由日軍參謀本部呈請並由天皇裕仁勅令設立了幾個強大的細菌基地，以期實現上述陰謀和從事先前已由石井在實驗室中開始進行過的罪惡實驗。於是在滿洲建立了兩個巨大細菌部隊交由關東軍指揮，其任務就是要大批生產細菌戰武器，以便保證日軍能進行大規模的細菌戰。

各該細菌部隊在幾年之內曾幾次改換名稱。當然，日軍統帥部不能讓它們用自己本來的名稱，不然就不僅會引起全世界人的公憤，而且也會引起本國人民的公憤。所以這兩個殺人的細菌工廠，始終都用通常醫務機關或獸醫機關名義來加以掩飾。例如，名叫『東鄉部隊』的石井實驗所，便在『關東軍防疫給水部』這樣一個灰色名稱下擴展成了準備細菌戰的龐大研究院。

有個時期，該部隊叫做『加茂』部隊。爾後它獲得了軍隊的普通番號，便稱爲『滿洲第七三一部隊』。第二個細菌部隊起初名爲『關東軍獸疫預防部』，以後改名爲『第一〇〇部隊』。

這兩個部隊都設有很多支隊。日軍統帥部按一定計劃把這些支隊分佈在與日本反蘇戰爭計劃上所定主要打擊方向相適應的最重要戰略地區。證實這點的，有本案中所擁有的日本關東軍總司令梅津將軍一九四〇年十二月二日發佈的甲字第三九八號其一命令，內容是說要在海林，林口，孫吳及海拉爾等地新設立第七三一部隊四個支隊。

然而，日本軍閥雖是把各該祕密細菌部隊各主要支隊集中在軍事計劃上所定反蘇主要打擊方面，但他們——這點在庭審過程中已充分查明，——準備細菌戰並不僅是爲要反對蘇聯。

從一九四〇年起，石井部隊曾幾次向中國軍隊舉行過細菌攻擊。在進行這幾次攻擊時，試驗過各種使用細菌武器的方式，其中包括有用飛機散播鼠疫跳蚤，直接從空中施放細菌，以及按軍事破壞法傳染蓄水池、食品和居民點等。

日本曾經有系統地準備過用以反對蒙古人民共和國的細菌戰。

被告山田在庭審時供認，日軍曾蓄意對其他國家人民，其中也包括當時處於與日作戰狀態中的美英兩國軍民，舉行致命細菌的攻擊。

證實這點的還有法庭上收到的其他材料。一九四五年四月，石井將軍接到日軍參謀本部責成加緊準備細菌武器的密令之後，就在第七三一部隊高級軍官會議上公然宣稱，說向美英兩國進行細菌戰是決不可免的。

石井在分析南洋戰區情況時指出，細菌戰將於一九四五年間開始。當時他聲稱：

『爲要達到有利於日本的戰局轉變，我們必得使用最後的手段，包括細菌武器在內』。

早在一九四三年間，第七三一部隊科學工作員湊曾被派往戰俘營裏去，以便就地檢驗美國兵士血液及其抗疫性。

從一九四五年春起，石井部隊準備細菌戰的全部工作都是在極大規模地製造細菌武器，這種規模無疑是表明預定開始細菌攻擊的期限已經很近了。

唯一由於蘇聯武裝力量粉碎了關東軍的結果，才使日本帝國主義者失去了用細菌武器去反對各盟國人民的可能。

關東軍各該祕密細菌部隊底罪惡活動，不僅有法庭上受審各被告和受訊各證人底供詞來證明，並且還有第七三一部隊和第一〇〇部隊機構本身，及其特種技術設備和工作規模等加以證明。

在這方面特別顯著的例證，就是第七三一部隊。

第七三一部隊乃是一個包含有約三千科學技術人員的強大軍用細菌聯合製造廠。

所謂給水和防疫，都不過是掩蓋石井部隊活動實質的幌子。

石井部隊中主管防疫與給水事宜的，祗有那個爲了掩飾世人耳目而故意設在哈爾濱城內顯著地方的第三部，但在距哈爾濱二十公里處的偏僻車站平房一帶，却建築有一個大軍用市鎮，其中有強大的專門技術和完善的儀器設備，這個市鎮內的全部活動，都是專門爲要探求和製造祕密細菌武器。

公訴方已向法庭提示過關東軍參謀長關於在平房站一帶建立一個特別軍事區的通令（第一五三九號，一九三八年六月三十日）。

29*

第七三一部隊的全部活動均嚴守祕密，甚至連飛機也不能在平房站附近上空飛行，因爲那裏——據上述通令第一條所說，——佈置有石井部隊內那些『具有特別軍事意義』的建築物。通令第四條上規定了飛機的特別航行綫，以及禁止飛行的區域。

石井部隊駐紮地四週，築有很高的土牆和鉄刺網，以便與外界隔離。該部隊主要建築物是一個四方的大寨子，它掩蔽着院內的監獄，監獄內則用活人來進行罪惡的試驗。有一條特別的地下交通壕從監獄通到那由警務囚車送來必遭慘死者的地方。

附近各村莊居民，都經憲兵嚴密檢查過。

該部隊工作員祗有帶着公務通行證才能進入本部隊區域。局外人——甚至日軍高級軍官——也只有携帶關東軍總司令簽署的特許證時，才能進入這個地區。爲了不致引起附近居民懷疑和猜測到第七三一部隊活動底眞象起見，該部隊軍官們都不佩帶部隊內固有的醫務人員識別章，而祗穿着普通軍服。

在庭審過程中已經詳細查明了第七三一部隊底活動情形。深藏在平房站附近軍用市鎮城牆內面而與外界完全隔離的該部隊各部，都是與『給水』和『防疫』事宜毫不相干的。

第一部，卽研究部是從事於發明細菌戰武器。爲了這個目的，在各專門實驗室內進行過各種研究和試驗並培養過日本細菌學家們認爲是在戰爭中使用時最有效的細菌。

第一部管轄有一個祕密監獄，監獄內關着有受實驗的人，並且進行過駭人聽聞的實驗，關於這種實驗情形，我往後就要說到。

第二部，卽試驗部，是從事於實際檢驗研究部研究所得的結果。爲進行這種工作，試驗部擁有一個設在安達站附近的試驗打靶場和一個特別航空隊。

試驗部內專門研究把細菌傳播到敵方去的細菌彈。那裏曾發明和試驗過陶器彈和特種細菌砲彈，以及用以從飛機上帶下致命物的特種降落傘。該部隊人員從事製造各種自來水筆式和手杖式的特種噴射器，以供傳送毒菌或散播瘟疫跳蚤之用。看來，當時這種研究並不是沒有成就的，因爲日本帝國大本營陸軍處第二部在一九四四年擬定的軍事破壞隊武器一覽表草案上，已載明了這種自來水筆式噴射器爲每排四支和連部三支。

爲從事軍事破壞起見，石井部隊製造過含有炭疽熱菌的巧克力糖。

第二部管轄有一個特別分部，其中極大量地培養過用去傳播鼠疫的跳蚤。 關於這點，我往後還要更詳細講到。

第四部，卽『生產』部，乃是一個眞正的細菌製造廠，它的生產力竟能培養出極大量的細菌。凡第一研究部和第二試驗部工作所得的結果，都由該部來具體實現。凡選定作爲細菌戰用的傳染病菌，經過試驗並在試驗過程中證明有効時，就在這裏大量地實行培養。

審判員同志們，諸位從以前該部領導人，卽被告川島和柄澤兩人供詞中業已聽到：第七三一部隊曾擁有一切必要設備，能在幾天以內製造出三十公斤鼠疫微生物和相當數量的他種病菌。

第四部在一個月之內能生產出約三百公斤鼠疫菌，六百公斤炭疽熱菌和一千公斤霍亂菌。

單是這種駭人聽聞的數目字已足證明，第七三一部隊所負的任務就是要大批製造供侵略戰用的細菌武器。

法庭醫學檢驗委員會結論完全證實了這種說法。檢驗委員會指出說，『第七三一部隊第四部中的設備，能夠生產極大量活的傳染病微生物…該設備在一個生產週期內至少能夠培養出三萬萬億微生物』。

該設備機構及其數量使第七三一部隊能夠同時實現幾個生產週期，所以甚至中等速度繁殖力的微生物細菌也是每月可能製造出許多萬萬億。

『所有這些巨大數量的傳染病微生物，包括有傳染鼠疫、霍亂，傷寒等等的微生物在內，——檢驗委員會結論上繼續說，——都是用去製造細菌武器，以便大批殲滅人類的』。

庭審材料證實，石井部隊內細菌學家們所最注意的，是對炭疽熱、霍亂，特別是鼠疫傳染病媒介物作罪大惡極的試驗。

由於對活人進行過多次慘無人道的實驗，以及在遠征中國內地時向和平居民舉行過細菌攻擊的結果，該部隊長石井就採定了如下兩種散播鼠疫的重要方法：第一，從飛機上投擲裝有傳染鼠疫跳蚤的陶器彈；第二，用特種裝置從飛機上散播鼠疫跳蚤。

規定了大量培養能傳染鼠疫的跳蚤的辦法。石井認爲規定此種辦法是該部隊底特別功績。跳蚤被裝在一種特別的孵育器內，靠吮吸關在那裏的鼠類血液而繁殖起來。

據川島供稱，在一個所謂『生產週期』內，從每個孵育器內可以取得約十公分跳蚤，卽大約有三萬個跳蚤。

據川島口供證實以及本案其他材料判明，單是該部隊第二部中由某工程師田中主持的一個特別分部內，就有四千五百具這樣的孵育器。這也就是說，單是石井部隊本隊——各支隊除外——在一個『生產週期』內，最低限度可以培養出四十五公斤跳蚤。

從法庭醫學檢驗委員會結論中可以看出，這個數目就相當於『好幾千萬』傳染致命鼠疫的跳蚤。

被告山田在受審時供稱，他巡視過石井部隊後所得到的特別深刻的印象，就是那裏有生產細菌的強大設備，以及其中養育有——據山田本人說——『極大量』活跳蚤的特別箱子，這些跳蚤受到傳染後就用去傳染鼠疫。

當這個前關東軍總司令攀登到高台上去瞭望該部隊第一號打靶場和飛機場的時候，他很感興趣並很滿意地聽過當時陪送他的那些軍官所作的報告，說染有瘟疫的跳蚤是在另一個特別打靶場上用飛機散佈法來從事試驗的，試驗結果證明，這種跳蚤是很有效的細菌戰武器。

> 『該部隊內細菌研究工作的巨大規模及其製造細菌武器的強大生產能力，——山田在供詞結語中說，——竟使我極端驚異』。

山田說他只是親身巡視石井部隊之後才知道該部隊在準備細菌戰方面擁有『強大生產能力』，並深感驚異，然而山田所說的這番話未必能使我們相信。

從山田本人供詞中可以看出，他剛被任命爲關東軍總司令後，就在前任關東軍總司令而現今已由國際軍事法庭判決的日本主要戰犯梅津將軍私人保險櫃內，發現了與其他極祕文件一併保存的裝鼠疫跳蚤用的『石井式』細菌彈圖案和說明書。這種炸彈是經梅津將軍批准了的，山田也同意了他的這位前任人底意見。在巡視石井部隊時，山田親自看過這種炸彈模型。

早在前關東軍醫務處長被告梶塚向山田詳細作過關於第七三一部隊研究和準備細菌武器這祕密工作的報告之後，山田本來就應當完全明白石井部隊在製造殘殺人類的武器方面的『強大能力』了。

可是，這裏已確鑿查明，山田親身巡視第七三一部隊後，他便完全同意了石井老早就在發揮的用鼠疫跳蚤來進行細菌戰的罪惡計劃。

山田本人也不否認這點，他供稱：『從飛機上用特種裝置散佈染有鼠疫的跳蚤，以及從空中施放特種跳蚤炸彈的方法，是在我任職期間就已經最終改進好了的』。

一九四四年八月繼石井之後任第七三一部隊長的北野將軍，向山田專門報告過在安達站附近打靶場上試驗鼠疫跳蚤的結果。

據前關東軍司令部作戰部長松村將軍供稱，一九四四年末，由山田召集，就在他這關東軍總司令辦公室內舉行了一次司令部高級軍官會議，討論在戰爭發生時使用鼠疫跳蚤的問題。這次會議的出席人，有山田，有關東軍參謀長笠原行雄，副參謀長池田將軍，作戰部參謀，卽天皇裕仁堂兄竹田宮及關東軍司令部作戰部長松村。北野將軍做過關於把鼠疫跳蚤作爲細菌武器使用的各種方法的詳細報告。

從山田供詞中可以看出，關於爲實現細菌戰目的使用染有鼠疫跳蚤的問題，並且是經關東軍司令部一個特別委員會審查過的。

一九四五年三月間，石井又被任爲第七三一部隊長，並奉到日本陸軍省關於加强細菌戰準備的訓令，於是他囘到滿洲後就特別注意於大量培養跳蚤和繁殖鼠類。

石井在他所召集的該部隊第一次軍官會議上就已宣稱，在細菌戰中可能用以收到最大成效的正是『田中分部所製造的武器』，卽傳佈鼠疫的跳蚤。當時就給該部隊各支隊發出過祕電，要他們竭力培養跳蚤。

第七三一部隊內爲各支隊工作員開辦過特別訓練班來研究培養跳蚤的方法。此後各支隊就開始加緊培養這種寄生虫，然後就送到石井部隊裏去。

因爲跳蚤在孵育器內要靠吮吸鼠類血液來繁殖，所以該部各支隊都奉到命令要加緊捕鼠。法庭從證人森田供詞中知道，單是在第七三一部隊駐海拉爾的一個支隊內，一九四五年夏季同時就養育過約一萬三千隻鼠類。

據前任該部隊軍需官證人堀田供稱，一九四五年間，石井曾打算要用約三百萬隻老鼠來繁殖跳蚤，因此堀田負責籌算過採辦必要數量的飼料。

毫無疑義，石井所有這一切行動都是得到日軍參謀本部嘉許和批准的。

早在一九四一年間，由於實施『關特演』計劃和準備反蘇戰爭的關係，石井已根據日軍參謀本部直接命令向該部隊工作人員提出任務，要極大規模地加緊培養跳蚤的工作。

被告川島關於這點供稱：

『石井轉告我們說，參謀本部對本部隊工作成果極爲稱讚，並指示我們要特別注意改進並繼續研究細菌作戰武器。石井將軍作過這番通知後，就號召我們更加緊工作，以便提高部隊內繁殖跳蚤的生產率，更加擴大跳蚤產量。

同時石井又指出說，本部隊在最順利情況下，每三四個月內已能繁殖六十公斤跳蚤，但現在必須擴大跳蚤產量，以求在同一期間能生產出二百公斤。石井將軍向我們解釋道，所有上述擴大細菌武器生產的辦法都是必須的，因爲國際情況已發生變化，即德國對蘇戰爭已經開始，以及因爲關東軍中已在實施着『關特演』計劃』。

第七三一部隊及其各支隊中在一九四五年初實行展開的準備細菌戰的狂熱工作，即增加病菌生產量，大批積蓄傳染鼠疫的活跳蚤和養育供養跳蚤並使其受傳染的鼠類這一工作，也是遵照日軍參謀本部和日本陸軍省直接指令進行的。這點已經由被告山田，梶塚，西俊英，尾上以及證人松村及其他人等底供詞所充分證實了。

我之所以如此詳細地講到第七三一部隊大量培養傳染鼠疫跳蚤的卑惡工作，是因爲從那些已由諸位審察過的證據中可以看出，這種細菌武器在日本侵略者所準備的細菌戰中佔有一個極重要的地位。

石井部隊和日軍在其他細菌部隊底全部活動，都確鑿證明了日本帝國主義者曾抱有一種反和平反人類的眞正駭人聽聞的陰謀，即預定要使用細菌戰致命武器的陰謀。

只有惡意譏嘲，才能把專門造就使用細菌戰致命武器去殲滅無法自衛居民和使許多地區成爲焦土的那種匪徒幹部的一部，稱爲所謂『教育訓練部』。

諸位在庭審時已經聽到一個曾在第七三一部隊內受過訓練的殺人犯古都良雄底供詞，此人在石井部隊遠征中國內地時，曾親手把他事先放上傷寒菌的三千個饅頭發給飢餓的中國戰俘吃了。

石井部隊內訓練過直接進行細菌破壞工作和參加細菌攻擊的人，即訓練過一些仔仔細細，刻薄寡情和爲所欲爲地殺害人命的專家。

日軍主要祕密細菌部隊，即石井將軍部隊的情形就是如此。

第一〇〇部隊底機構大體上也是如此。該部隊內所有各部底號數雖有所不同，但該部隊所進行工作底實質却並不因此而有所改變。這個部隊裏也進行過探求最有効細菌武器的工作；這裏也試驗過各種細菌底性能；這裏也大量生產過在實驗後被認爲是有効的細菌武器；末了，這裏也大批培養過善於使用細菌武器的幹部。

第一〇〇部隊與那個全部活動都是爲了消滅人命的石井部隊不同的地方，就是前者同時還研究過傳染動植物的手段，並在這方面準備過細菌戰武器。然而，除此以外，——這點已在庭審過程中被證實，——第一〇〇部隊也如第七三一部隊一樣，用活人進行過實驗。第一〇〇部隊內所準備的如鼻疽和炭疽熱這類流行獸疫病，對於遭受細菌攻擊區域的居民乃是一種莫大的危險。

日軍第三個祕密細菌部隊——其活動情形已由法庭查究過了，——就是南京『榮』字第一六四四部隊。『榮』字第一六四四部隊也如日軍其他祕密細菌部隊一樣，多次改換過名稱，有個時候曾叫作『多摩』部隊。

據交給法庭查覽過的各種材料證實，南京部隊也擁有過爲進行細菌戰目的大批培養細菌的強大設備。

南京部隊有個時期也由石井主持過，而這也就預决了該部隊活動底方向，因爲從本案材料可以看出，石井所進行的全部工作都是爲了準備細菌戰。後來，南京部隊是由被告佐藤主持的。

關於南京部隊在活人身上進行慘無人道的實驗一事，我往後就要講到。

現在已經充分證明，『榮』字第一六四四部隊曾經幫助過石井部隊向中國軍隊進行毒菌攻擊。

可見，南京部隊也和石井部隊一樣是個祕密細菌部隊，不過在生產能力方面要比石井部隊稍弱一些。

至於說到第七三一部隊，那末法庭上所收集和查究過的一切證據，都證明它是日本帝國主義者在大陸上建立的一個主要祕密細菌中心，它曾有系統地進行過研究細菌武器和準備細菌戰的工作，並擁有爲進行這種工作所必需的龐大技術設備。

許多供詞都證明第七三一部隊是準備細菌戰的主要中心。

關東軍總司令部根據日軍參謀本部底指令，曾採取決定，在發生日蘇戰爭時，就用裝有鼠疫跳蚤的飛機彈攻擊蘇聯遠東各城市，並用飛機散佈細菌法來傳染蘇軍各後方地區。

這個殘忍罪惡計劃設計人，即前關東軍作戰部長松村將軍供稱：

『在與蘇聯發生戰爭時，細菌武器就應當在沃羅希洛夫，伯力，海蘭泡和赤塔等城市一帶使用』。

與蘇聯國界鄰近，——這也就是第七三一部隊正是在滿洲展開活動的首要原因。

但被告川島還說出了第二個原因。爲了從事於進行細菌戰的罪惡研究工作，需要有很多人來作犧牲品。這種用活人來進行的喪盡天良和慘無人道的實驗，本應嚴守祕密。

所以被告川島說，石井部隊在滿洲展開活動的第二個原因（我摘引該犯供詞）如下：『就是那裏有可能獲得大量非日籍的活人來做進行細菌試驗的材料，並且滿洲地域也很廣濶』。

（三）在活人身上進行罪大惡極的實驗

審判員同志們！

現在我就帶着對那些慘死在日本惡魔毒手下的犧牲者深致哀悼的心情，進而檢察石井部隊在活人身上幹出的那些不久前還是極端祕密隱諱的滔天罪行。

這方面的情形在庭審中已經充分查明了。

成千累萬由日本憲兵機關轉交給試驗者惡魔們去摧殘的活人慘遭慢性殺害的事實，不僅已由各被告和證人底供詞所充分證實，而且已由那些被蘇軍鹵獲的日本憲兵隊檔案眞本文件所充分證實。

我們現在已知道石井部隊內用活人進行實驗的詳細情節和程序，同樣，對於凡是按所謂『特殊輸送』手續被解到石井部隊裏去的不幸人們中沒有一個人生還的事實，也是絲毫不庸置疑的。

所有被拘禁在該部隊內由石井四郎之兄充當獄長的內部監獄裏的人們，受過試驗後就祗能落到焚屍爐裏去。

日本憲兵隊發遣到石井部隊監獄內去被消滅的，有不同民族，不同性別，不同年齡的人，其中有老人，有青年，有男子，有婦女，甚至還有小孩。

他們中間有些人落到該部隊手中後經過幾天就斷送了生命。其他的人要受盡若干月的慘痛後才得死去。

這些被日本憲兵隊抓去交給實驗者任意摧殘的人們，肉體上遭到不堪言狀的痛苦，並且時時刻刻都受到死的威脅。從蘇軍所繳獲的日本憲兵隊文件中，我們知道某些犧牲者底姓名。我們知道有牡丹江的一個鉄路員工孫朝山，有木匠吳定興，修理匠朱志猛，有個是中國的愛國志士瀋陽人王英，他們所犯的罪就是他們不肯容忍日寇在中國土地上橫行霸道。

我們還知道有個中國共產黨員，山東黃縣人崔德恩，他之所以慘死在石井部隊裏，就是因爲他不顧日本憲兵的嚴刑拷打，始終忠實於本國人民，始終沒有變節。

我們還知道有個大連的正直店員鍾民慈，他被日本憲兵當作嫌疑犯抓去，說他從郵政局寄過一篇揭破日寇暴政的文章到報館裏去。

蘇聯軍隊一個兵士德姆琴科底英名是令人永誌不忘的，他曾落到日本憲兵手中而始終忠實於他身爲蘇聯公民底職責，始終忠實於他所發過的軍人誓言。德姆琴科雖受到嚴刑拷打，但終於拒絕把關於蘇聯的任何消息告訴拷問他的那些日本憲兵。『那時，——據前日本『保護院』集中營副主任證人山岸說——我便决心把他消滅掉，所以我就把他送到第七三一部隊裏去了』。

關於這樣慘死在石井部隊牢獄裏而大半是中國人和俄國人的姓名，還可以列舉出許多來。

但是大多數犧牲者底姓名，我們却不知道。因爲凡屬落到石井部隊監獄裏的人，立刻就失去了姓名。只給每個人一個號碼，一直到他死去爲止。當他受過實驗後死去時，第一部的司書就把他的號碼從名册上勾消，被毒死者的屍體便放到焚屍爐裏去焚化，而從這死人身上解下來的鐐銬就拿去給往下一個犧牲者戴上。

被告川島向法庭據實供稱，在日本人佔領下的滿洲，石井部隊對於用以進行實驗的人是從未感到缺乏的。日本憲兵隊的原本報告便證實了這點。

法庭收到有關東憲兵隊司令部一九四三年三月十二日所下關於應將各類人犯按『特殊輸送』手續送到石井部隊去消滅的絕對祕密訓令，這實在是一個最無恥和最殘忍的文件。這個訓令上載明有應行消滅者，不祇是一切『懷有親蘇或反日心理的』份子，並且是凡屬日本憲兵認爲有反滿洲政府活動或情緒等嫌疑的人，甚至是——據該訓令上說——『依其罪行程度可以預料該犯被提交法庭審判時將被釋放或經短期禁閉卽可釋放』的份子。

應按『特殊輸送』手續消滅的，還不僅是那些有反日活動嫌疑的人們本身，並且還有——據該訓令上所說——『凡與應受『特殊輸送』的犯人同一思想者…其罪情雖輕，但不宜將其釋放者…』。凡是訓令上特別條文中所指明的『有關民族運動和共產運動的思想犯』，卽一切優秀進步人士一落到憲兵手中，都應按這個訓令加以消滅。

訓令『備考』上強調地說，對於訓令上所列舉的各類被捕人，各憲兵隊長可向關東憲兵隊司令官『堅决』申請援用『特殊輸送』辦法。

從該訓令中顯然可以看出，石井部隊內所消滅的人，不僅是積極抗日的份子，甚至是一切因全無罪證而不能提交日本法庭審判的嫌疑份子。

所謂『滿洲國』憲兵署顧問證人橘武向法庭供述時，詳細講過『特殊輸送』手續，按這個手續說來，一個人的生死問題，是由憲兵隊長擅自處理，即由他批在憲兵拘票上的幾個字來決定。

實行把確定處死的人發遣到石井部隊裏去的不祗有日本憲兵機關，而且還有所謂『日本軍事團』，即日軍偵探機關。

例如，在庭審過程中已經查明，駐哈爾濱日本軍事團中心機關下面，曾設立有專門禁閉俄國人的所謂『保護院』集中營，那裏經常把每批十多個俄國人發遣到第七三一部隊裏去殺害。這是些不願服從日本偵探機關要求，即不願進行仇蘇活動的人。這些人確實懷有反日情緒，但審判他們是毫無理由的，因爲甚至按日本法律說來，他們也沒有犯任何足以交給法庭懲辦的罪行。這些人底命運，完全由『保護院』集中營主任飯島和副主任山岸擅自處理，只經他們一個簡單字條，就可以把任何被拘禁者押送到第七三一部隊裏去，一去之後就永不復返了。

我已經說過，被送到第七三一部隊裏去消滅的不僅有男子，而且還有女人。

前關東軍司令部幹部部長，即一九四五年夏季被山田派往第七三一部隊去巡視過工作的田村大佐供稱：

『當我視察生產場所時，他們把我引到內部一所房屋裏去，這裏有些特式牢房，內中關得有一些戴着脚鐐的活人，據石井親口向我解釋，這些人是用來作實驗的…在這些要受實驗的人中，我看見有中國人和歐洲人，還有一個女人。據石井將軍親口向我說明，這個女人和這些歐洲人乃是俄國人，他們都是由日本駐滿憲兵隊和軍事團送到部隊裏來的，據日本討伐機關決定他們都是應被消滅的犯人』。

法庭已查看過各種證據，其中證明自第七三一部隊監獄設立以來的全期間內，經常都有許多由各日本軍事團和憲兵隊抓住而必遭消滅的俄國女人和中國女人被押送到這監獄裏來。

上面所說的那個帶有嬰孩、姓名不詳的俄國女人，在嚴刑拷打下慘死在石井部隊裏，她那令人悲痛的形象實在是使我們任何人也不能忘記的！被告川島在法庭上供述過這位不幸的俄國人母親所受到的痛苦情形。原來她被解到該部隊時已身懷有孕。孩子就生在這監獄裏。她陷在這些萬惡實驗者毒手內達兩年之久，受盡駭人聽聞的苦楚，忘記自己身上的疼痛，經常都在担心孩子底命運。結果是母子兩人都死掉了，因爲——據川島在這裏供稱，——凡是落到該部隊監獄內的人，是沒有一個能活着出去的。

凡是按『特殊輸送』手續必遭消滅的人們都用特別囚車廂或專門汽車被解到哈爾濱，沿途戒備森嚴，嚴守祕密。憲兵隊頒發有特別命令，嚴厲囑告說，凡是按『特殊輸送』手續解送的人，沿途都要戴上脚鐐手銬，或用細繩把脚手緊緊綑着。

法庭已查看過關東軍憲兵隊司令部一九三九年八月八日所下第二二四號作戰命令原本，該命令證實，當時是把三十個被監禁者『特殊輸送』到石井隊裏去，而輸送被監禁者到第七三一部隊去的手續是與我剛才向法庭報告過的情形完全相同的。諸位也就能夠相信到，押送這些被監禁者的手續該是辦得如何縝密，押解這些在刼難逃者到必死之地去的護送人員，該是挑選得如何仔細。

在進行罪惡實驗時被日本細菌學家所消滅的犧牲者人數是極多極多的。據被告川島（他是決不會樂於誇大這種犧牲者底數量的）供稱，單在第七三一部隊裏每年遭殺害的就達六百人，就是說，從一九四〇年起至日軍投降之日止，喪失性命的至少有三千人。據已經交由法庭查閱過的證據，內中包括有該部隊在近幾年間所進行過的實驗材料證明，被告川島所說的犧牲者數目，乃是最低限度的數目。

種種文件證實，所有駐滿各日本憲兵隊和軍事團都一批批地把被監禁者押送到石井部隊裏去，每批是由幾人到幾十人不等。

石井曾竭力設法增大按『特殊輸送』手續送往該部隊的犧牲者數目。當憲兵隊領導人前來該部隊時，石井親身帶他們去視察該部隊，爲的是要使他們相信，凡是憲兵隊發遣到這裏來的人都眞正是被殲滅了，新送來的犧牲者也定會遭到同樣的命運。在哈爾濱憲兵隊司令春日部下當過副官的證人木村，已供述過當時石井同春日兩人進行過的這樣一次談話經過。

由此可見，石井部隊內大批消滅活人的事實已由本案材料充分證實，現在我就來講到該部隊內在活人身上進行實驗的那種慘無人道的辦法，說到這種辦法時，眞是不禁令人戰慄，不禁令人痛恨。

審訊材料證明，第七三一部隊旣在所謂『實驗室條件下』，即在內部監獄和監獄所屬各實驗室裏，又在安達站附近該部隊特種細菌打靶場上，用活人進行過罪惡的實驗。

30*

在實驗室條件下從事實驗時，主要是由第一部工作員負責；在打靶場上進行實驗時，則由第一部，第二部和第四部負責，但此種實驗主要是由第二部工作員進行，他們在無法自衛的犧牲者身上實驗過各種新式細菌武器。

總之在各種實驗中，都使受實驗者遭到最難堪的痛苦。

在實驗室條件下進行試驗，是把最危險的傳染病，如鼠疫、炭疽熱、鼻疽、各種傷寒及其他病症等等，注射到受實驗者底身上。

這些惡魔們對活人進行此種試驗時，在某些場合也曾重複過科學上所知道的試驗方法，但這種試驗本來只是在動物身上進行的。 例如在研究痘苗效能時，這班日本試驗家們曾挑選出大羣被捕的人，把其中一部分人先種上痘苗，接着又把被捕者全體都傳染上相當的病症，然後試驗家們就來等待傳染後的結果，卽察看那些沒有被種上痘苗的人是死亡還是得重病。當試驗新痘苗時，多半是所有受過試驗的人都死去了。犧牲者底屍體經過病理學的解剖研究後，就在焚屍爐裏焚化，然後又對另一批被監禁者來進行罪惡的實驗。

證人古都敘述過這樣一次試驗防傷寒痘苗的情形。他奉第一部部長田部命令把水裏染上傷寒病菌，然後就把這水分給五十個被監禁的中國人喝下去，其中一部份人是事先注射過防傷寒藥劑的。這次試驗結果是多數被試驗者都因染上傷寒症死去了。

所有這一切罪惡實驗情形都曾加以詳細登記。往往把實驗結果拍成照片，或錄在電影片上。實驗記錄中每次都載明有被實驗者所屬的種族。

審判員同志們，我想請諸位注意到庭審中業已查明的一種情況。

現在業已證明，第七三一部隊在活人身上不僅進行過與準備細菌戰有關的慘無人道的試驗，而且進行過其他同樣是慘無人道的使人痛苦萬分的實驗，這種實驗雖與進行細菌戰沒有直接關係，但其規模是很大的。此種實驗的目的，就是要研究人的身體在一定條件下的抵抗力限度，研究祇是日本關東軍司令部各專門部或醫務處才感到興趣的那些有關預防與醫治非流行病症的個別問題。

爲了在活人身上進行此種實驗起見，第七三一部隊內設有一個測量在高空中人體抵抗力限度的氣壓試驗室。這樣一來，石井部隊的實驗家們也曾進行那全無心肝的德國祕密政治警察實驗家拉希爾博士所進行過的同樣實驗，亦即紐倫堡國際法庭所公正認爲是希特勒惡魔對活人進行的一種最殘酷和最慘無人道的實驗。

被放在氣壓試驗室裏的人，總是受到不可思議的痛苦而慢慢死去了的。

據被告西俊英供稱，在氣壓試驗室內消滅犯人時的情形，都極仔細地被錄在電影片上。

顯然，該部隊內只有按日本空軍司令部所給予的任務，才會把人放在氣壓試驗室裏進行實驗。

第七三一部隊內還重複過拉希爾在達壕殺人營裏用活人進行過的另一種慘痛實驗，即遵照醫務處指令進行的凍傷實驗。石井部隊在多年以內大規模地實驗過凍傷。

這裏有許多被告和證人都詳細說出了這種殘忍實驗的情形。此種實驗都是用俄國人和中國人作為對象。

受試驗者被帶到嚴寒露天裏，有時強迫他們把雙脚雙手都放在水內。強迫一部分受實驗者走動，而另一部份受實驗者則迫令其站在原地不動。那個試驗者（我們現在已知道他的名子，他就是石井部隊裏的所謂『科學工作員』吉村醫生）用一根木棍敲着人們的光手赤脚藉以確定是否已達到完全殭凍的程度。

當手脚都完全凍傷之後，受實驗者就被帶到獄房裏去，其中一部分人是不加醫治而因患壞疽病死去了的。對另一部分被監禁者則割去其凍傷了的手脚，然後加以治療，以便把他們醫好後又用來進行另一種試驗，或是在他們痊癒時將其殺死。

凍傷實驗的經過情形，都攝有照片。試驗結果報告書則送往關東軍醫務處。

前該部隊『訓練』部長西俊英向法庭供出了該部隊所攝凍傷實驗情形的電影片。影片上放映出，人們怎樣被解往寒風冷凍的小坪上去，怎樣伸出一雙雙赤裸裸的胳膀對着嚴風。吉村用一根棍子敲着他們的手，藉以確定雙手是否已完全凍傷。

日本醫生們為了準備在冬季條件下對蘇作戰，所以極廣泛地進行過此種殘酷的凍傷實驗。為此目的而專門修築有一棟房子，內面有用人工方法管制低溫和寒風的設備。

這些實驗雖與準備細菌攻擊一舉沒有直接關係，但都是在活人身上進行的一種最殘酷和最慘無人道的實驗。

在該部隊第一部各實驗室內，至少有三十個細菌學家專門從事研究各種細菌的問題。業已證明，那裏每一個細菌學專家都曾在活人身上進行過實驗。

我沒有可能講到該部隊在所謂『實驗室條件下』對活人進行的各種實驗，但是我要提醒法庭說，在進行此種駭人聽聞和慘無人道的實驗時，同時使用過該部隊監獄內的兩百到三百個被監禁者，其中沒有一個人能夠活着出來，並且每年送到這個內部監獄去遭死的至少有六百人。

我已經說過，這個監獄是由該部隊第一部管轄的。用作實驗的被監禁者中有一部份人被轉交到第二部去進行廣泛的罪惡試驗，第二部則在一個特別打靶場上，卽在最切近於戰鬥環境的條件下，從事此種試驗。

在進行此種試驗時，實驗者都藏在距實驗地點約一公里遠的安全壕內。受試驗者則蹬在一個開濶的小坪上，脚手都被綑住，或者被緊綁在栽到地裏的各鉄柱上。

在使用細菌爆破彈時，實驗者們並不想要讓犧牲者立刻死去。所以各被試驗者頭部及其身體上所有生命攸關的地方，都用特種金屬板或厚棉被蓋住。

這些浸滿了人血的被條和金屬板都被保存起來，經過消毒之後就放在該部隊儲藏室裏，留作下次實驗之用。諸位從證人堀田鐐一郎供詞中，已經知道了這種情形。

在安達站打靶場上對活人進行試驗時，採用過幾種辦法。

最通常的辦法是投擲細菌彈，或從低空飛行的飛機上，直接散佈細菌和染有鼠疫的跳蚤。

在另一種場合，則是把細菌彈放在距被綁在柱子上的人有一定距離的地方。細菌彈是用裝在實驗者所在戰壕內的電氣設備來爆炸。

實驗開始後經過一點半到兩點鐘，就將被實驗者身上的繩索解脫下來。然後用警務囚車把他們運到該部隊內部監獄去，就在那裏來觀察他們的病況。

在絕大多數場合，凡在打靶場上受過實驗的人，是不加任何醫藥幫助的。打靶場條件下所實驗的乃是極有效的致命武器，所以實驗者們對於凡是使全體被試驗者都遭慘死的試驗極爲讚賞。

凡第一部所研究出的大多數致命細菌的效能，都在打靶場條件下用活人來試驗過。

然而在打靶場上進行實驗時，最爲注意的乃是那些日本人認爲最適宜於進行大規模細菌戰的細菌，即鼠疫菌，炭疽熱菌，霍亂菌等等。

一九四五年一月間，被告西俊英參加過這樣一次實驗，其目的是要查明壞疽病在零下二十度的嚴寒天氣裏的傳染可能性。主持那次實驗的，是第二部部長碇常重大佐和科學工作員二木。

有十個被監禁者擺成半圓形被綁在鉄柱上。他們的頭部和腰部都用鉄板和棉被防護着。然後就用電流將細菌彈爆炸。

由於此次試驗的結果，所有這十個犧牲者受了幾天極端痛苦後都死去了。

同時，法庭還知道許多次在打靶場上時常進行的對活人傳染鼠疫的實驗詳情。

所有這種實驗都是使受實驗者遭到慘死。

我不來說明在打靶場上用活人進行試驗的個別情節。這些罪大惡極的實驗，都是審判員們記得的。

第一〇〇部隊也用強迫手段在活人身上進行過這種慘無人道的實驗。被告人三友以及證人福住、櫻下和畑木供認說，這個部隊裏曾在被監禁者身上試驗過各種毒藥效能。據被告三友供稱，當受此種罪惡實驗的不幸犧牲者的身體已經虛弱到再不能進行實驗時，就把他們殺死，而將其屍體埋在死馬掩埋場上。三友本人就毒死了一個受實驗的俄國人，是用注射氰化鉀的辦法把他毒死的。另外有三個俄國人被試驗得虛弱無力的時候，就由日本憲兵當着三友的面把他們槍斃了。

對活人施行的這種空前殘暴舉動，是由第七三一部隊和第一〇〇部隊工作人員在日本憲兵隊和各日本軍事團直接參加下幹出的。審訊材料已充分證明，無論是各該細菌部隊，亦無論是憲兵隊或日本駐滿各軍事團，都是一概受前日本關東軍總司令被告山田直接管轄，所以各細菌部隊對那些受殘酷實驗的犧牲者所幹出的種種暴行，其甘心慘殺成千成百人命的罪惡，都應由山田負完全責任。領導第七三一部隊和第一〇〇部隊進行此種活動的兩被告梶塚和高橋，也要同山田一起分負這一責任。

在活人身上進行實驗，乃是審訊關於日本當權集團及其僱傭殺人犯所作窮兇極惡罪行的本案中之駭人聽聞的一頁。

在此種兇惡罪行中，凡人道主義學者，即爲了人類福利來同死亡作鬥爭的戰士們曾用最大努力和無數犧牲所達到的現代科學成績，竟被用去慘害和殲滅人命。

祗有天良喪盡，道義墮落，在日本帝國主義面前表示奴顏婢膝，專門仇視人類的人，才能幹出這種違反人道性的萬惡罪行。　石井部隊中根本不把那些被送來消滅的人看成是人，却給了他們一個侮辱萬分的諢號，稱他們是『木頭』。

（四）在進犯蒙古人民共和國時和反對中國的戰爭中使用細菌武器

審判員同志們！

現在我就要講到已由法庭查閱的各種證據，藉以證明日軍各細菌部隊早在一九三九年間就已超出研究細菌武器的範圍，即超出在實驗室和打靶場上用活人進行此種武器試驗的範圍，而開始在當時各個戰場上由日軍進行的軍事動作中實際使用各該部隊所造出的細菌武器。

從被告西俊英供詞中可以看出，石井部隊的軍事破壞隊，即所謂『敢死隊』，由一個在活人身上進行過最殘酷實驗而又幾乎參加過各次細菌攻擊的碇常重中佐指揮，最先在戰鬥環境內使用過細菌戰武器來反對蘇蒙軍隊。這是在一九三九年當日軍在哈勒欣河一帶背信棄義進犯蒙古人民共和國時發生的事情。當日軍實行退却的時候，原已寫過特別保證書並用血書加以簽押過的『敢死隊』（西俊英在接事時親眼看見過這個保證書），就在日軍潰退時最後退却，並用烈性傷寒病菌傳染過哈勒欣河。爲了這一罪惡『功勳』，當時哈勒欣河戰區日軍總指揮，即遭受了蘇蒙軍嚴重痛擊，僥倖逃走了的日本將軍荻洲立兵，曾對石井部隊明令嘉奬，並向上峯陳請晉陞碇常重爲大佐。

然而碇常重部下那些慣於在該部隊實驗室內肆意殘殺無法自衛者的所謂敢死隊員們這次對蘇蒙軍舉行細菌攻擊，還不過是使用細菌的序幕，此後，從一九四〇年起，石井部隊就開始在戰爭環境內大規模使用細菌武器。

在用細菌攻擊中國和平居民時，他們廣泛地使用過日本戰犯認爲在他們所策劃的細菌戰中乃是主要型式的那種細菌武器。他們在施行細菌攻擊時，使用得特別廣泛的方法，就是從飛機上用特種裝置散佈染有鼠疫的跳蚤。

到華中去的第一個遠征隊，是一九四〇年派去的。該隊由石井本人領導。遠征時，他們用鼠疫跳蚤把寧波附近整個區域都染上了病菌，致使當地中國居民中間發生了鼠疫流行病。

派遣該遠征隊到華中去的事實，不僅有各被告及各證人底口供，而且有蘇軍在日軍檔庫中所鹵獲的正式文件，加以證實。

說到這裏，我請法庭注意到日軍兩個正式文件。第一個文件是日本關東軍總司令梅津將軍一九四〇年七月二十五日下給野戰鉄道司令官的丙字第六五九號命令，內容是要該司令官派車輛運送『加茂』部隊中的『奈良』隊。梅津將軍命令把這個由四十人組成的隊伍連同所帶物品輸送到華中去。第二個文件就是關東軍野戰鉄道司令官草場中將一九四〇年七月二十六日頒發的第一七八號命令，命令中載明有該隊伍由平房站出發，經哈爾濱，長春，瀋陽，山海關，天津直達上海的運輸路綫。　該命令備考中說道（原文如下），『所運材料因係必須保守祕密的特種器材，故未註明名稱』。

這兩個文件內所指的『加茂』部隊（我們已經知道，當時石井部隊就是用的這個名稱）以及『奈良』部隊從平房站出發的事實確鑿證明，一九四〇年七月間，第七三一部隊中派去了一批帶有祕密物品的工作員到華中去，這隊人也就是被告川島，柄澤，西俊英，梶塚等等向法庭供述的那個遠征隊，『奈良』部隊乃是該遠征隊所用的假名。

我們同樣知道究竟是什麽貨物才註明有『須嚴守祕密的器材』等字樣。

在派遣該部隊到中國內地去之前，被告柄澤曾奉命準備了七十公斤傷寒菌和五十公斤霍亂菌，以供該遠征之用。此外石井部隊第二部還給遠征隊備辦了五公斤染有鼠疫的跳蚤，即大約有一千五百萬個染有鼠疫的跳蚤，這些跳蚤被包裝在將安置到飛機上的一種特別裝置物內，以便從空中散佈下去。

這種致命的貨物也就是石井遠征隊帶往中國內地去的『祕密貨物』。

傷寒菌和霍亂菌是預定要由該隊隊員散佈到蓄水池內去，染有鼠疫的跳蚤則將從飛機上投散到各城市和居民點去。

當遠征隊隊員轉回到該部隊之後，他們特別讚揚由鼠疫跳蚤所傳播的鼠疫病菌含有致命作用。

第七三一部隊底罪惡領導人，即親身領導這次赴中國內地遠征隊的石井四郎本人，也很贊成這種意見。

一九四一年間，當時任該部隊總務部長的被告川島，有次走進石井辦公室去，看到石井正在仔細閱覽一本中國醫學雜誌。石井把他很感興趣的一篇文章內的幾段話唸出來。中國醫生們寫出了在上海以南寧波城一帶發生強烈鼠疫症的情形。那裏特別指出這次鼠疫流行病含有稀罕性質，它只傷害人，但並不像通常的鼠疫那樣，同時使鼠類也受到傳染。

石井在評述中國人寫的這篇文章時，很得意地指出，說這篇文章證實了他在一九四〇年間用飛機散播鼠疫跳蚤來對中國居民實行細菌攻擊一事是有成效的。

由此可見，還在一九四〇年間，據第七三一部隊罪惡領導人所說，該部隊就已經解決了選定細菌攻擊主要武器的任務，並在軍事行動中開始使用了這種武器，其目的就是瓦解敵人後方，以及在遭受侵犯國底和平居民中散佈致命的疫症。

石井異常重視一九四〇年遠征的意義，竟命令製出了一張專門關於那次遠征的影片。

關於這張影片的情形，被告西俊英已向法庭供述過了。影片上攝有準備和進行細菌攻擊的各個階段：既反映着首先把散佈鼠疫跳蚤的特種裝置安在飛機上的情景，又反映着後來從飛機上散播此種鼠疫跳蚤的經過情形。影片末還映有專門一幕：所謂『工作結果』。銀幕上放射有描寫寧波城一帶鼠疫盛行的中國雜誌報紙上的文章摘錄。這張影片每當有某某『要人』，如關東軍總司令山田，日本皇屬竹田宮和三笠，關東軍司令部高級軍官及日軍參謀本部代表等來到該部隊時，都曾放映過。

石井部隊不止一次派遣過遠征隊到中國內地去對和平居民舉行細菌攻擊。

一九四一年夏季派出了第二次遠征隊到中國內地去，領導人是該部隊裏一個部長太田大佐。這次遠征隊是專門派去散播鼠疫流行病的。日軍司令部給予該遠征隊的基本任務，是要破壞中國軍隊的交通綫，其重要樞紐是常德城，所以要在常德城居民中間引起鼠疫流行病。該遠征隊內曾有三十個細菌學專家參加，全隊人員總數達一百人。 在遠征隊轉回後，太田大佐曾向石井作過報告，當時有該部隊總務部長卽被告川島列席。太田向石井報告說，該遠征隊在常德城及洞庭湖一帶居民點上空，散播過大量染有鼠疫的跳蚤。

太田和石井都非常稱讚這次遠征的成績，因爲當時在常德一帶的居民中間引起了強烈的鼠疫症。

第三次派遠征隊到華中去是在一九四二年。這次遠征準備得特別周密。

一九四二年五月，石井將軍從東京轉回後，召集了一次全體部長祕密會議，他在會議上宣佈說，按他所奉到的日軍參謀本部命令，該部隊應派遣一個很大的遠征隊到華中去，向中國軍隊舉行細菌攻擊。細菌攻擊應在日軍舉行所謂『戰略退却』時沿鉄路一帶施行。

在準備這次遠征時，石井屢次召集過該隊部長聯席會議，討論到選擇傳播疫症的細菌問題。這幾次會議結果，是決定要利用鼠疫菌，霍亂菌，傷寒菌，副傷寒菌和炭疽熱菌。

駐紮在南京的『榮』字第一六四四部隊，曾積極參加過向中國居民舉行的這次細菌攻擊。

被告川島遵照石井命令，曾在『生產』部內給該遠征隊培養出了一百三十公斤副傷寒菌和炭疽熱菌。遠征時所使用的其餘的致命病菌，則是由該南京部隊養出的。石井部隊第二部供給了該遠征隊用去傳染鼠疫的大量跳蚤。

在這派往中國內地去的第三次遠征中，石井部隊用來毒害中國軍民的辦法，主要是在地面上進行細菌軍事破壞的鄙陋手段。當日軍退却時，石井部隊工作人員把各水井，河流，池塘，田地上都散佈了病菌。他們還廣泛地用細菌毒染過各種彷彿是偶然遺留在民房內的食品。

參加過這次對華遠征隊的，有本案證人之一古都良雄，他在供詞中詳細說明了石井部隊惡魔們在這第三次遠征中國內地時所使用的那種卑鄙殘殺手段。古都曾向法庭供稱，他於一九四二年夏季被編入石井將軍所領導的這一隊人內，這隊人在浙贛戰區內使用過傷寒，副傷寒，霍亂和鼠疫諸病菌毒殺中國居民。

『我親自在上述區域內，——古都供稱，——用第七三一部隊飛機送來的傷寒菌和副傷寒菌傳染過蓄水池，水井和住宅… 當時遵照石井少將命令做好了三千個饅頭，這些饅頭裏放上傷寒菌和副傷寒菌之後，就分發給中國戰俘們吃了，然後便把他們從俘虜營裏釋放了出去，讓他們再去傳染別人，同樣又按石井指示，專門烤製出了放有傷寒菌的三四百塊餅乾。我把餅乾裏放上傷寒菌，交給了別動班的人，他們就當作彷彿是忘記了的食品遺留在老百姓家裏…據我所知，當時浙贛戰區內因我們施放傳染菌就發生了傷寒症』。

前面我已經提到過，所謂南京防疫部隊，即『榮』字第一六四四部隊，在一九四二年第七三一部隊遠征時期，曾積極地幫助過該部隊所進行的動作。這個日軍祕密細菌部隊，也就是南京市民所熟知的那個在活人身上進行殘酷試驗的『多摩』部隊。在東京舉行的日本主要戰犯審判案材料中，也提到過『多摩』部隊。

東京國際軍事法庭收到過南京市法院檢察官書面報告，其中特別指出，『多摩』部隊是日軍中經常用活人進行兇惡實驗的最祕密機構之一，該部隊內在活人身上注射過含有毒質的血清。 報告中又說到，該部隊所害死的人是不可勝數的。

關於日寇獸行這一消息，引起了國際軍事法庭的注意，國際軍事法庭曾要求當時在東京審判會上代表國民黨中國利益的美方控告人，要他提供出有關『多摩』部隊罪行的更詳細材料。

此後不久，國際法庭中蘇方控告人就將川島和柄澤兩人的書面供詞，即這一充分揭破日本當權集團方面在試驗細菌武器時用活人來進行萬惡實驗的材料，交給了美國主要控告人肯南。

但大概是有什麽重要人物力求妨碍揭破日本軍閥駭人聽聞的罪行，所以關於『多摩』部隊活動以及關於石井部隊內所作同樣試驗的文件，終於沒有提交給國際法庭。

但『榮』字第一六四四部隊參加一九四二年那次遠征的事實，已由前該部隊長被告佐藤底供詞，被告川島和柄澤底供詞，前日軍大佐三品底供詞以及其他許多證據材料，完全加以證實了。

一九四二年遠征中國內地一事完結後，石井將軍在該部隊領導人員會議上正式聲明說，在浙贛戰區使用細菌武器，已收到頗大的成效，造成了幾種極厲害的傳染病。石井所作的這個聲明是與實際情形相符合的，這點可從當時日軍第十三軍團所繳獲的華軍指揮部文件中看出，該文件內載有日軍在其所放棄區域內造成了強烈瘟疫的事實。

（五）在蘇聯和在蒙古人民共和國境內實行細菌軍事破壞活動，以及加緊準備反蘇的細菌戰

被告川島供稱，說在他看來，早在一九四二年時，第七三一部隊內關於製定出幾種能在戰時廣泛使用的有效細菌武器的任務已完全解決，這種武器是用大量人命來試驗過，並在幾次用細菌攻擊中國的行動中加以檢查過了。

受日本關東軍獸醫處管轄的第一〇〇部隊，同樣也遵照軍司令部命令進行過細菌破壞活動。關於這點已由參加過此種軍事破壞活動者即被告平櫻和三友以及證人桑原明等等向軍事法庭供述過了。一九四四年，第一〇〇部隊遠征隊在蘇聯邊界上的三河區各蓄水池內施放過毒菌。被告平櫻和三友兩人曾參加過這次遠征。一九四五年被告平櫻領導過在海拉爾地區的一個遠征隊，其目的就是要對蒙古人民共和國進行細菌軍事破壞。

我們從各證人和各被告底供詞中知道，第一〇〇部隊海拉爾遠征隊隊員們的動作原是很祕密的。爲了不引起任何懷疑起見，他們都稱自己是海拉爾日本軍事團工作員。據蘇軍所鹵獲的海拉爾日本軍事團文件證實，平櫻所領導的這個別動班底行動是異常積極的。該軍事團長天野於一九四五年三月二十六日所作報告第七條中說道：『新京第一〇〇部隊一九四四年三月根據關東軍總司令部作戰命令派出了一個別動班，現時該別動班在班長率領下極爲熱心地積極執行其所負職務』。

庭審材料已經證實，在此以前，從第一〇〇部隊內派出過幾次偵察破壞隊到海拉爾地區去，目的是要查明傳染當地牲畜以便把烈性獸疫病傳佈到蒙古境內去的實際可能性。

所有這些材料都證實出，第一〇〇部隊按照關東軍總司令部多次命令，不僅準備過用細菌戰和軍事破壞手段來反對蘇聯、中國和蒙古人民共和國，並且還實際進行過軍事破壞和使用過細菌武器。

庭審材料證實，自一九四一年六月二十二日希特勒德國背信棄義開始進犯蘇聯之日起，日本戰犯們在大規模準備和策動細菌戰方面的積極性更是特別增大起來了。 當時，帝國主義日本當權集團在各種武器和兵種方面，都加緊作戰準備，它指望德國會在西戰場上戰勝蘇聯，所以它只等待良機，以便侵入蘇聯遠東區，並攘奪蘇聯領土。

那時，日本帝國主義者底細菌準備工作基本上已經完結，大批製造細菌武器的必要條件都已具備了。

我在上面已經說過，一九四四年間，從被告山田就任日本關東軍總司令一職時起，細菌戰準備工作就大大加緊了起來。當時再次奉到過日軍參謀本部責成加緊生產傳播鼠疫的跳蚤的專門指令。該指令曾被堅决執行。第七三一部隊所有各支隊都奉有任務，要盡量加緊捕獲用以繁殖跳蚤的老鼠。諸位已從被告尾上和西俊英及一些證人口供中聽到，該部隊底各支隊曾是怎樣努力着手執行這一任務。改穿便衣的專門隊伍挨門挨戶，在穀倉內，在田地上，到處捕鼠。捕鼠有優良成績者受到獎勵。大規模地養育跳蚤。

在七三一部隊和一〇〇部隊內從新訓練過直接進行細菌戰的幹部。這兩個部隊底各支隊都交歸各戰綫指揮官和各軍團指揮官節制。當時任第五軍團軍醫處長的被告佐藤，曾積極協助過第六四三支隊內的捕鼠工作，他責成過第五軍團所屬各部隊都要去捕鼠並送往該支隊去。

被告山田曾幾次檢查過各細菌部隊的作戰準備程度，親身到那裏去巡視過，並保證它們隨時都有作戰準備。

一切都準備好了。 只等待東京方面發出反蘇戰爭的信號。

但是這一信號終於沒有發出來。雄強的蘇聯及其英勇軍隊打破了侵略者底種種計劃。日本軍閥所渴望希特勒軍隊將在蘇聯戰綫上取得的那種有决定意義的勝利，根本沒有來到，而這也就打破了進犯蘇聯遠東區的計劃。雖然如此，但當時帝國主義日本的頭目們仍繼續加緊準備作戰。直到日軍最後覆沒時止，日軍統帥部從未放棄過對蘇使用細菌武器的這種強盜計劃。各該細菌部隊領導人始終——直到日本投降時止——都鼓舞過自己部屬中的進攻精神，使他們寄望於細菌武器的威力，並向他們預示說很快就要在戰爭中使用這種武器。

由此可見，當時細菌戰危險的策源地還繼續存在着。

蘇聯政府鑑於日本施行一種與中立條約根本不相容的仇蘇政策，遂於一九四五年四月宣佈該條約無效。一九四五年八月間，蘇聯忠於自己對盟國所負的義務，爲了儘快結束第二次世界大戰，便命令自己的武裝力量去殲滅作爲帝國主義日本打擊力量的日本關東軍。 這個命令在短期間內就完成了，因而英勇的蘇軍就迫使日本武裝力量投了降。第二次世界大戰便從此結束。

日本戰犯們在日本關東軍快要投降的時候，爲了掃除他們的罪行痕跡，便按照日軍統帥部命令把第七三一部隊和第一〇〇部隊及其各支隊內的一切房屋和設備都銷燬了。

使人類避免了細菌戰慘禍的偉大功績，是屬於蘇聯及其武裝力量的。

（六）對各被告個人罪狀之分析

審判員同志們！

現在我就要來分析確定各被告個人罪狀的證據材料。

我認爲，庭審結果已完全證實了全體被告底罪狀。所有這些被告，由前任日本關東軍總司令被告山田起，直到第一〇〇部隊實驗員三友止，——當然程度不同，——都積極參加過準備細菌戰一事，所有他們都曾知道這一戰爭所能引起的駭人後果，並懂得各人行爲底罪惡性質。

他們中間，大多數人都是在活人身上進行罪惡實驗的積極參加者或發起人。無論用什麼上峯命令或軍人地位來作藉口，都不能辯護他們所已經幹出並在法庭上業已充分證實的這種滔天大罪。

幾年以前，這些罪犯還相信他們是可以逍遙法外的，所以就利用這種不受懲罰的情況，兇暴無極地摧殘了許多無法自衛者底生命。他們在各司令部辦公室內，以及在對外界嚴守祕密的各實驗室內，擬製出用以殘害千百萬人命的毒惡計劃。他們在中國平民婦孺身上，以及在由殘暴憲兵機關交給他們摧殘的成千赤手空拳的人們身上，檢驗各種細菌底致命效能，這樣來等待他們所渴望的細菌戰爭開始。

當時他們是決沒想到會有償還血債的那一天的。

此刻，他們已被裁判者底手捉來並被安放在被告席上，都胆小如鼠地企圖辯護着。其中有些人，甚至例如照道理本應歸入日本主要戰犯之列的本案主犯被告山田，亦竟裝腔作勢，彷彿他們在法庭上所聽到的情形很使他們驚異。

這班殘酷無情仇視人類的罪犯，此刻居然假裝他們雖已猜測到有過這種罪行，但不完全知悉這種罪行的底細；或者企圖裝成自己祗是命令底盲目執行者，但未曾悟解到這命令底罪惡性質。

然而這些已被捕獲和已被揭破的惡棍們所表示的此種胆怯畏縮、半認不認的態度，是欺騙不了任何人的。

現在我分析各被告個人罪狀的證據時，就從前日本關東軍總司令山田乙三開始說起。

為了正確地確定他個人對本案中審訊的此種反和平反人類罪行所負責任的程度，必須首先充分查明關東軍總司令在所謂『滿洲國』這日本殖民地內所起的作用。

他曾經是這『滿洲國』及盤踞在該境土上日軍底全權主人，他是那裏的獨裁者，所謂滿洲『皇帝』溥儀，不過是他手上的一個傀儡而已。凡被任為關東軍總司令的人，都是日本當權集團中最受信任和最有威望的人物，都是積極和最實際參加萬惡侵略陰謀的份子，日本帝國主義者正是信託了這班人來實現自己最祕密的強盜計劃。

所有該佔領區內的全體日軍部隊和一切管理機關，都曾受關東軍總司令管轄。其中凡負責對滿洲居民實施殘暴恐怖手段的日本憲兵機關、偵探和反偵探機關，亦均完全聽他節制。據山田本人在庭審時供認，把人用所謂『特殊輸送』辦法發遣到石井部隊裏去一舉，祇有由關東軍總司令批准了這一懲治那些在日本人看來是不良份子的萬惡手續後，才能實行的。

山田在法庭上企圖減輕自己在這一罪行中的作用，他藉口說，這種『特殊輸送』辦法是他的前任人梅津將軍批准的，說他繼梅津担任此職時因想像不到究竟按『特殊輸送』辦法消滅了多少人，所以他沒有廢除這道命令。

這種想減輕自己所負責任的企圖，該是多麼可恥呵！須知山田曾親自視察過石井部隊，當時他不會沒看見該部隊監獄內關有幾百個慘遭實驗的人。 山田在法庭上企圖斷定說，他現在『記不清』他視察該部隊時究竟看過那個監獄沒有。

然而，法庭上所查閱的各種證據是把山田底這種說法也完全推翻了的。

我要請法庭注意到，一九四五年六月初，前關東軍司令部幹部部長田村大佐遵照山田命令視察過石井部隊。

田村巡視了該部隊各個地方。他曾被引到該監獄內去視察過，在那裏他看見了那些受實驗的人。

『在我視察生產場所時，——田村供稱，——他們把我引到內部一所房屋裏去，這裏有一些門上開着小窗的特式牢房，內中關得有一些戴着脚鐐的活人，據石井親口向我解釋，這些人是用來作實驗的。

在這些受實驗的人們中，我看見有中國人和歐洲人，還有一個女人。據石井將軍親口向我說明，那個女人和這些歐洲人乃是俄國人，據日本討伐機關決定，他們都是應被消滅的犯人。

在我所看過的那些牢房內，我親眼瞧見犯人們胡亂倒臥在地板上，形容極爲痛苦難堪』。

田村詳細視察了石井部隊後，——據他說來，——『這一致命武器生產底巨大規模眞正使我驚奇』，並說，他所見到的一切，實在出乎他的意料之外。

田村回到關東軍司令部之後，立刻把所見到的一切都向山田將軍報告過了。

據田村本人供稱：

> 『我還向山田將軍報告了石井將軍及其部屬在活人身上進行着的那些很有趣的實驗…並向他敘述了我視察監獄樓房的經過以及我在那裏所見到的一切』。

山田聽過田村所作報告之後，是否曾表示奇怪或驚異呢？沒有的事，因爲田村所說的一切都是山田早已知道的，自然絲毫也不能引起他的驚奇。

『山田將軍聽我作報告時所發出的那些駁詞和問題，——田村供稱，——就使我相信到他確實極爲熟悉第七三一部隊內的情況』。

他身爲總司令，旣很周密地督察過這一爲了作戰目的而使用最危險病菌的罪惡研究工作（諸位都記得，山田曾主動地把北野將軍召到司令部來作關於在安達站打靶場上實驗鼠疫跳蚤結果的報告，並且這種實驗每次都是用活人來作對象的），旣親自建立過一些由司令部高級軍官組成的負責確定細菌武器型式和擬訂武器使用計劃的專門委員會，旣親身視察過石井部隊，且認爲該部隊——據田村所說，——『能夠完成任何任務』，試問這樣一個總司令又怎能不『非常清楚』石井部隊內所發生的一切情形呢？

被告山田想化裝成爲一個普通兵士，彷彿他只大概知道一點第七三一部隊和第一〇〇部隊所幹的罪行，雖則他自己並不卸脫這一責任，但先前却不完全知悉此種罪惡活動的規模及其惡毒性質，——山田這種企圖顯然是沒有成就的。

其實他不僅知道過石井、梶塚、高橋等人底全部罪行，不僅知道過第七三一部隊和第一〇〇部隊所作出的種種罪惡。他還策劃過並且指導過這種種罪行，他還極力督促過那些罪惡的實驗家們，因爲使用細菌武器一舉是已由日本當權集團列入到侵略戰計劃之內的。

石井本人及其他一切曾探求和完善這毒殺人類武器的罪犯們，都不過是山田用來實現日本侵略計劃的一種工具罷了。

正因爲如此，——據審判材料所確證，——所以各該祕密細菌部隊都曾直接受關東軍總司令山田管轄，當時關於使用細菌戰武器的命令原是由他發出的。

山田藉口說在活人身上進行罪惡實驗一事，乃是他的前任卽已被東京國際軍事法庭判處無期徒刑的梅津將軍所批准的，但他想這樣來減輕本人罪過的企圖是毫無根據的，因爲山田繼梅津任總司令時，比他的前任人更加熱心地促進過各細菌部隊在實際使用最危險細菌戰武器方面的工作。

在庭審時受過訊問的各被告和證人底一切供詞都顯然證實，自從山田任日本關東軍總司令一職時起，準備細菌戰的緊張程度是急劇地增長了，犧牲在萬惡實驗家手中的人數是大大增加了，——因爲罪惡細菌武器在尙未作爲大規模侵略戰打擊手段用去襲擊人類之前，總是再三用無法自衛的犧牲者來從事檢驗的。

被告山田異常祕密地準備過細菌戰去反對各愛好和平國人民，他也就是反人類的日本陰謀家頭子之一。山田畢生都是爲了達成這一罪惡陰謀目的而效力。 他當過陸軍訓練總監，當過日本最高軍事參議院委員，指揮過在中國的幾個日軍大兵團，參加過進犯蘇聯的準備工作，末了正是他受任爲日本帝國主義主力關東軍總司令，以及在滿洲傀儡國實行窮兇極惡統治的日本駐滿『大使』。

該犯罪行已經充分被證實了。爲了這種罪行，他應分受到法律上所規定的極刑懲治。

被告山田底罪行與第七三一部隊和第一〇〇部隊都有直接關係。

這兩個部隊都是屬山田管轄，所有關東軍祕密細菌部隊底全部工作都是由他指導。所以較之其他罪犯說來，該罪犯佔着特別的地位。

現在我就來講到證實被告梶塚罪狀的種種證據。

梶塚隆二從一九三九年十二月起任關東軍醫務處長。他担任這一重要軍職，正是當石井部隊已充分展開其罪惡活動，並已在哈勒欣河地區初次用細菌攻擊過蘇蒙軍隊的時候。

梶塚在預審和庭審中供述時，曾極力想特別強調上述這種情況。其實，他在法庭上辯護的全部企圖都是想證明，說他只是在關東軍內開始任職以後才知道石井部隊底祕密工作，說他雖知悉石井部隊所進行的這一工作，雖知悉該部隊中——據他說，——『祕密底祕密』，卽在活人身上進行實驗，但他並沒有積極參加過這種罪行。我們現在就要來證明該被告底這種說法全是撒謊，毫無根據。

現在已完全證實，還在他沒有受任關東軍醫務處長職務以前很久，卽早在一九三六年間，當梶塚任日本陸軍省軍醫署衛生科科長一職的時候，他就積極協助過成立一個特種祕密細菌部隊以便準備細菌戰。

由於梶塚底同意和贊助，石井四郞被任命爲這個後來稱爲第七三一部隊的部隊長，梶塚同石井有過很密切的私人關係，所有石井關於準備細菌侵略戰的罪惡思想，梶塚都曾表示贊成和同意。

可見石井部隊是在梶塚積極參加下成立的。

任命石井爲該部隊長的命令草案不是由別人，而正是由梶塚擬定並在上面簽署過的。爾後，這個命令就由陸相簽字發表了。

梶塚在評述到石井個人，並說到自己同他的私人關係時供稱。

『石井從國外考察囘來後，自一九三一年起，就在軍醫學院同事，——也有我在內，——以及在有威望有信仰的人物和日軍參謀本部工作人員中間開始進行宣傳鼓動，說日本必須準備作細菌戰…當時我個人很同意石井底思想和理由』。

梶塚並不否認他很熟悉石井部隊內在準備細菌戰方面的祕密工作。他不得不承認，他『很清楚』在活人身上進行罪惡實驗的事實。

在同被告山田對質時，他被山田揭穿之後才招認說，他幾乎熟悉第七三一部隊所進行的全部『細菌工作』。

他也不否認，他領導過第七三一部隊在檢查鼠疫，霍亂，斑疹傷寒等痘苗效能方面的研究工作。

我們從庭審材料中知道，這種罪惡研究工作始終都是經過用活人作殘酷實驗的辦法來進行的。

梶塚企圖減輕自己的責任，公然說他只是從石井和北野兩人口中知道過有對活人進行實驗的事情，而並沒有直接參加過這種實驗。

梶塚關於他親身參加第七三一部隊罪惡活動一事所作的這種說明，是自相矛盾和毫無根據的。梶塚極力想把自己說成是一個雖連什麽都知道，而却連什麽也沒有參加過的人。例如他說（我來引出他的供詞原文）：

『實際上我領導過第七三一部隊那種在各方面研究和培養各種病菌的工作，而不管這種病菌將用在什麽地方。這個問題是我這個醫務處長所不感興趣的。

但是，我旣知道第七三一部隊內所生產的細菌是要用去對活人進行實驗，以及用去作細菌武器，所以我就促進過第七三一部隊來生產細菌武器。

我對第七三一部隊工作的具體領導，就是監督該部隊內一般研究和培養各種病菌所進行的工作。

在這方面，我給第七三一部隊長發出過一切有關上述問題的必要指令。 同時，我旣是醫務處長，我也收到過第七三一部隊長關於研究和培養各種病菌問題的報告。

此外，我旣是細菌學專家，所以我對上述問題貢獻過各種意見』。

法庭知道，第七三一部隊內所有梶塚在這供詞中說是歸他管轄的一切工作，都是用活人作實驗對象來進行的。這確實證明，對第七三一部隊中所幹出的一切萬惡罪行，梶塚並不是一個消極的觀察者，而是一個積極的參加人。何況這種罪行都是按梶塚底直接命令所作出的哩。

在與第七三一部隊實驗員瀨越對質時，梶塚不得不供認，說所謂『凍傷研究』都是屬於他管轄範圍內的事。由此就得出唯一正確的結論，所有這種按性質說來是特別殘酷的實驗，都是依照他的命令進行的。梶塚同樣供認說，他常收到作過凍傷實驗的吉村寫來的書面報告。

我不來向諸位重復說到吉村所進行過的種種駭人聽聞的實驗。第七三一部隊內所作的這種實驗，都是遵照梶塚直接命令進行的，所以我認爲現在已完全證實，該被告並不是簡單知道——如像他所企圖斷言的那樣——第七三一部隊內『秘密底秘密』，卽在活人身上進行實驗一事，而他乃是這種最殘酷和最慘無人道實驗底發起人和領導者。

梶塚全然知悉第七三一部隊用細菌攻擊中國和平居民的事實。

可是梶塚却竟企圖把這種細菌侵略戰的公開攻擊，說成不過是一種試驗而已。『這種武器對中國說來無條件是進攻武器，——梶塚聲稱，——但對日本說來，我却認爲它不過是帶試驗性的武器』。

說對中國人民舉行過的細菌攻擊是帶『實驗性』的這種論調，眞是橫蠻無恥，詭辯多端，祇是又一次說明梶塚乃是一個殘酷無情仇視人類的惡魔，他直到現在還認爲石井部隊遠征中國一舉不過是細菌侵略戰以前的一種試驗。

梶塚與關東軍司令部其他高級軍官不同，他可以毫無限制地洞悉第七三一部隊所進行的全部工作。　材料證明，他曾經常視察第七三一部隊，並且對該部隊全部活動都瞭如指掌。

被告山田供稱，當他到達關東軍以後，不是別人，正是梶塚在一九四四年七月末向他作過關於第七三一部隊工作情形的詳細報告，並指出該部隊在從事研究和製造細菌武器的祕密工作。

據山田供稱：

『軍醫中將梶塚曾實際領導過第七三一部隊在研究和大批製造細菌武器方面的科學試驗工作』。

梶塚親手建立了第七三一部隊各支隊，其直接任務就是要向蘇聯舉行細菌攻擊。

可見，本案全部材料證實從第七三一部隊成立之日起，直到日本投降時止，梶塚始終是細菌戰準備中最積極參加人之一。他參加過關東軍司令部內討論在侵略戰爭中實際使用細菌武器問題的一切祕密軍事會議。

關東軍總司令部正是經過梶塚來與第七三一部隊發生直接聯絡的。

被告梶塚底罪狀已在庭審中完全被證實，所以我以國家公訴人資格完全擁護對他提出的起訴狀。

被告川島應當被認爲是最熟悉第七三一部隊全部活動的罪犯之一。 他在該部隊供職期間担任過總務長和第四『生產』部部長。一九四一年間，他兼任過該部隊最祕密的第一部卽所謂『研究』部部長。

川島在受審時，曾很久和極力隱瞞過他在這第一部中工作的事實，祇是該部中一個曾在川島領導下工作並認出他是自己過去長官的證人古都，才把他揭破出來了。

川島所主持過的，主要是該部隊內大批生產細菌的第四部，卽所謂『生產』部。從一九四一年到一九四三年間，他始終是担任這一職務。 在該時期內，第七三一部隊的生產能力——據法庭醫學檢驗委員會結論所載及各被告和證人供稱，——達到了巨大的程度，每月竟培養出若干萬萬億微生物。

川島直接參加過在活人身上進行的種種實驗。庭審材料證明，有時他親自擬訂各種罪惡試驗計劃，例如在一九四一年六月間，他曾親手起草過一道命令，要用活人來試驗裝有鼠疫跳蚤的『石井式彈』底效能。從川島供詞中可以看出，那次慘受實驗的是被關在監獄裏的十五個中國人。川島直接參加過這次罪惡實驗。

川島同樣參加過準備細菌武器去進攻中國和平居民的罪行。

據該被告供詞證實，一九四二年五六月間，由川島領導培養出了大量傷寒菌，副傷寒菌和炭疽熱菌，以供石井部隊遠征中國內地之用。

證人古都底供詞揭穿了川島底活動，證明川島在領導該部隊第一研究部時進行過用強迫手段傳染活人的大批罪惡實驗，並用活人作過其他許多慘無人道的試驗。

可見，川島對於石井部隊內部監獄裏殘暴毒死成千百被監禁者一事，應負直接的責任。

川島承認了這一切事實，他在法庭上供認說，他旣參加過細菌戰的準備工作，又參加過在活人身上進行慘無人道的實驗。總之，川島底罪狀已完全證實無訛了。

被告柄澤十三夫底罪狀也完全被證實了；他於一九三三年間進入日本軍隊裏服務，由參謀本部供給費用，住過醫學系，在軍醫學校兩次受過細菌學專門訓練，一九三九年十二月被任命到石井部隊供職，他在那裏就專門從事於製造細菌武器。

柄澤在該部隊中很快就被陞任爲分部部長了。據被告柄澤底直接長官川島所說，柄澤『很愛』自己的業務，總是極力設法改善大批生產致命細菌事宜。

石井部隊組織過幾次向中國居民實行細菌攻擊的遠征隊，其所用的大量病菌正是由柄澤供給的。

柄澤爲了研究該部所製細菌底致命効能，曾於一九四三至一九四四年間，幾次參加過在安達站打靶場上用細菌彈爆炸法傳染活人的實驗。

在戰爭時期，被告柄澤曾受委托研究把細菌生產工作分散到該部隊各支隊去進行的問題。爲了這個目的，柄澤於一九四四年巡視過該部隊在孫吳，海拉爾，林口，海林諸城市的各支隊，並給每個支隊擬定了爲大量生產供細菌戰用的細菌所必需的設備計劃草案。

柄澤在這一切方面都完全承認自己有罪。

除了他個人底供認以外，還有許多其他被告和證人底供詞，其中也有川島和西俊英底供詞，都揭穿他的罪行，他們都說明該被告是切實和積極參加過細菌侵略戰的準備工作。

在庭審中完全證實了其他兩名被告卽西俊英和尾上正男底罪狀。前者是該部隊第六七三支隊長，後者是第六四三支隊長。

該兩名被告都完全洞悉第七三一部隊在準備細菌戰方面的罪惡工作底內容，並積極參加過這種工作。

被告西俊英參加過在活人身上所進行的實驗。例如，——

據本案材料證實，——西俊英曾於一九四五年一月間，參加過用壞疽病傳染活人的實驗。這次慘受實驗的是十個中國愛國份子，他們在被試驗之後——據西俊英本人供稱，——都痛苦萬分地死去了。

當蘇軍快進抵孫吳城時，西俊英爲了掩蔽第六七三支隊罪惡活動起見，乃下令把該支部隊房屋和設備統統放火燒燬了。

西俊英曾發給他部下每個人一點氰化鉀，命令他們在一旦被蘇軍俘去時便服毒自盡。

西俊英的部屬沒有執行這個命令，而是——除個別人以外——寧願投降受俘了。

無論西俊英或尾上都是石井將軍在準備細菌戰方面最積極的助手，他們完全熟悉石井關於使用細菌武器的計劃。

該兩名被告都承認了向他們宣佈的罪狀；此外，各證人底供詞以及提交法庭的文件也揭破了他們的罪行。

被告佐藤俊二，於一九二二年進入日軍，他也同其餘大多數被告一樣，兩次住過軍醫學院特別訓練班，他在相當長的時期內担任過各種軍醫職務，並在該學院內任過講師。

佐藤於一九四一年以大佐銜被任爲廣州市第八六〇四細菌部隊長，當時這個部隊密稱爲『波』字部隊，而在一九四三年二月間，他又被調到南京去担任『榮』字第一六四四細菌部隊長。

我已經詳細講過南京『榮』字第一六四四部隊的活動情形。這南京部隊也如第七三一部隊及第一〇〇部隊一樣，都是日本專門爲了細菌侵略戰目的成立起來的祕密細菌部隊。

業已證實，『榮』字第一六四四部隊曾同石井部隊一起向中國和平居民舉行過細菌攻擊。同時又已證實，『榮』字第一六四四部隊內也在活人身上進行過殘酷的試驗。佐藤被任爲『榮』字第一六四四部隊長的這一事實本身，也就證明他是細菌侵略戰的一個積極參加人。

證實這點的，還有關於該部隊內用來大批培養細菌的特種儀器之強大生產能力的材料。

那裏大量生產的這些微生物，都是供細菌戰用的，因爲庭審材料證實，南京部隊內幾乎沒有生產過痘苗。

佐藤曾很久都拒不招供。祇是當他面前已擺有各種證據之後，他才迫不得已承認說他指揮過這兩個專爲進行細菌戰成立的特種細菌部隊。

在庭審中，佐藤同時還供認說自己曾完全熟悉『榮』字第一六四四部隊於一九四二年間參加過所謂浙贛戰役中用細菌進攻華中中國軍隊的行動。

他同時又已供認說他所領導的這個部隊曾是爲日軍製造細菌的『兵工廠』。

一九四四年間，佐藤任關東軍第五軍團軍醫處長時，曾實際幫助過石井部隊駐海林的支隊。

他下過命令要組織專門搜捕鼠類的各捕鼠隊，並把捕獲的鼠類發送到第七三一部隊海林支隊中去。

佐藤是一個積極參加細菌戰準備的人，我認爲他的罪狀業經本案材料完全證實了。

被告菊地是第七三一部隊第六四三支隊實驗員，被告久留島是該部隊第一六二支隊實驗員。該兩犯都曾幫助各該支隊軍官們培養病菌，都充分熟悉自己進行的工作是爲了準備細菌戰。

此外，菊地還於一九四五年夏季住過第七三一部隊專爲造就進行積極細菌侵略戰幹部而開辦的訓練班。被告菊地和久留島本人對這些事實也不表示否認。

可見，該兩名被告均應負參加細菌戰準備一事的責任。

被告獸醫中將高橋隆篤自一九四一年三月任關東軍獸醫處長時起，就管轄有用以準備與進行細菌戰並從事細菌破壞活動的特種部隊，即第一〇〇部隊。高橋開始担任此職時就立刻發揮了巨大的積極性，並得以增大了第一〇〇部隊在培養獸類烈性傳染病菌，如鼻疽菌，牛瘟菌，炭疽熱菌，以及培製穀類毒藥和病菌方面的生產潛能。

由高橋直接發起在第一〇〇部隊內成立了所謂第六分部，大量生產爲進行細菌戰和從事軍事破壞用的細菌，同時在活人身上進行罪惡實驗。

被告高橋在關東軍各軍團內建立了第一〇〇部隊支隊網，這些支隊也進行過製造細菌武器的工作，其任務都是爲要在作戰時和在進行細菌破壞活動時直接實施細菌攻擊。

高橋曾親身領導過細菌戰武器研究工作，並爲此而建立過許多生產細菌和毒物的新分部，這樣來大大擴展了第一〇〇部隊的生產能力。

日本憲兵機關把應行殲滅的那類被監禁者送到第一〇〇部隊裏來，也如送往第七三一部隊去一樣。第一〇〇部隊也用這些人來進行過惡毒的實驗，研究過注入人體內的毒液作用。所有受實驗者後來都一律加以殺害，以免留下這種罪行底證人。高橋既是對第一〇〇部隊實施領導的人，所以他也應該負這種罪行的責任。

高橋還領導過第一〇〇部隊所進行的軍事破壞活動。

該部隊曾採辦過大批牲畜，為準備進行破壞活動而用這些牲畜進行過從空中施放流行傳染病的實驗。

為了研究在自然環境內細菌武器底效能起見，曾由被告高橋命令在安達站區域第七三一部隊打靶場上用牲畜來進行過實驗，方法是從飛機散下毒菌到草料上來傳染牲畜。此外，被告高橋在對北興安省內隣近蘇聯邊境的各區域進行過有系統的偵察之後，曾就從第一〇〇部隊中派出過幾個遠征隊去把邊界額爾古訥河諸支流染上毒菌，以便檢驗藉河流來進行細菌破壞活動的功效。

所有這些事實，都經被告高橋向法庭供認了。

法庭同樣還聽過被告平櫻底供詞，他證實被告高橋在準備細菌戰和對蘇聯及對蒙古人民共和國進行細菌破壞活動中起過積極的作用。可見，被告高橋底罪狀已完全證實了。

被告獸醫平櫻全作一九三九年十二月被徵入日軍，一九四二年六月被派到第一〇〇部隊內工作。平櫻原來知道該部隊是在為了進行反蘇的軍事破壞和細菌戰而大批生產各種病菌和烈性毒藥，因而他直到被俘之前都曾積極參加過反蘇和反蒙古人民共和國的細菌戰準備。他曾親身主持過在探求和使用細菌武器方面的研究工作。一九四二年七月，平櫻參加了派往毗隣蘇聯的北興安省三河區去的遠征隊，該隊在那裏進行過傳染蓄水池和牧場的實驗後，曾由平櫻參加把邊界額爾古訥河支流染上了炭疽熱菌。

一九四四年六月，平櫻率領了由第一〇〇部隊七個工作員組成的一個偵察別動班出發偵察，爲的是要確定能否用飛機在蘇聯邊境去傳染蓄水池，夏冬牧場，草場及道路。關於這次偵察結果，被告平櫻寫過一個詳細書面報告給第一〇〇部隊長，並向日本關東軍獸醫處長被告高橋作過口頭報告。

被告平櫻奉高橋命令，曾在海拉爾城一帶採辦了大批牛羊，準備將其染上烈性傳染病之後，就趕到蒙古人民共和國境內去從事細菌破壞。但由於蘇軍迅速進攻的結果，平櫻這種企圖未能得逞，因爲他來到海拉爾不久後就被蘇軍進攻部隊俘虜了。

被告平櫻所幹出的這些罪行，已由他本人供認，以及被告高橋和三友及證人桑原明等等供詞所充分揭露了。

被告三友一男，於一九四一年自願參加第一〇〇部隊，担任實驗員職務，他本知道第一〇〇部隊在準備細菌戰，却積極參加過培養炭疽熱菌和鼻疽菌等等的工作。

一九四二年七月，被告三友與被告平櫻一起參加過傳染額爾古訥河支流的破壞活動。一九四四年八九月間，三友在第一〇〇細菌部隊工作員井田淸領導下經常對活人進行過罪惡實驗。

被告三友供認，他在幾個活人身上實驗過各種毒藥的效能。 經三友進行實驗後，被監禁者中有一個死去，另一個由三友注射氰化鉀後就被毒死了，以免走漏實驗底祕密消息。另有三個人也由於同上原因而當着他的面被日本憲兵槍斃了。

三友雖是第一〇〇部隊內的普通實驗員，可是他手上曾染遍了他所殺害的那些人們底鮮血，加之他的活動是自覺地爲了準備細菌戰。此種情形不僅已由三友本人底口供，並且又由被告平櫻及許多證人底供詞所完全證實了。

（七）結　論

審判員同志們！被告席上這些惡徒們所犯的罪行眞是駭人聽聞，人所共棄。

日軍各祕密細菌部隊內這班仇視人類者所幹出的極惡大罪，實在是無可比擬的了。

當我們來確定本案各被告底責任時，應該不祗是估計到他們所已經犯過的，已經作成了的罪惡。雖然這些罪惡已是極端駭人聽聞，但我們片刻也不能忘記，他們作出這些罪惡是爲準備幹出更加駭人聽聞的新罪惡。　殘殺成千成百的人命，就是爲要準備殘殺數千百萬的人命。

在活人身上進行殘忍的實驗，就是預備要引起瘟疫和霍亂普遍流行病。

按日本帝國主義者底惡謀，細菌武器本應使全世界愛好和平的人類遭到無窮的災難和痛苦，是要殲滅千百萬人命，是要把遼濶無際的地區變成爲一片焦土。

正因爲如此，所以法庭在決定這些罪犯底命運時，就應當注意到這種反和平反人類罪惡陰謀底終極目的，而細菌戰武器正是爲了這種目的來準備的。

我們知道，並非所有一切惡徒都已被安放在這裏的被告席上。　我在開始講話時就說過，此種罪惡陰謀參加者的鍊條，並不在諸位所將要判決的這些罪犯身上就告終結。

我們知道，抱有準備和進行細菌戰罪惡目的的日軍各祕密細菌部隊，乃是按日本天皇裕仁命令成立的。

我們知道日軍參謀本部和日本陸軍省中那些罪犯底姓名，正是他們扶持和領導過各祕密細菌部隊所進行的祕密工作，慷慨地撥發過款項給這些細菌部隊，批准過細菌武器型式，並計劃過細菌攻擊開始的日期。按公理說來，他們本來是應當同這個前任日本最高軍事參議院委員兼關東軍總司令的被告山田一起坐罪的。

我們知道那班爲人所共棄，喪盡德性，甘作日本帝國主義鷹犬的前日軍將領兼細菌學專家底姓名，如石井四郎、北野、若松有次郎等，他們就是爲了日本當權集團利益決心獻出自己專門知識來準備罪惡細菌戰的人。

我們知道前第七三一部隊工作人員中那班仇視人類的日軍軍醫和工程師底姓名，如太田，村上，碇常重，田中，吉村及其他許多惡棍等，他們凉血成性和殘酷無情地慘殺了大批無法自衛的人，他們養育了千百萬染有鼠疫的跳蚤和千百公斤致命的微生物以便用去滅絕人命。

而這些惡魔今天却還是逍遙法外。目前這班人都住在我國國境之外，正享受着帝國主義陣營反動勢力的庇護，而這種反動勢力本身就在妄想將來有天它們能用大量托拉尼脫爾、原子彈和致命細菌來襲擊人類。

但是，殺人犯中這些現時在本法庭上受審的罪犯，就應該因自己幹過一切極惡大罪，而受到最嚴重的處分。

國家公訴方鑒於此種罪行含有的這種是要慘殺大量無辜老弱婦孺的特性，鑒於各該罪犯所進行的殘忍實驗會使成千赤手空拳的人們受到犧牲，所以認爲全體被告都應按蘇聯最高蘇維埃主席團一九四三年四月十九日法令第一條治罪。

全體被告都犯了極惡大罪，所以他們都應受嚴刑懲治。

但是，我希望諸位審判員同志們在判罪時必得對每個被告分別處理。

我以國家公訴方代表資格，認爲對被告山田，梶塚，高橋，川島和佐藤等犯應採用極刑——各處以二十五年有期徒刑。

對被告柄澤，西俊英，尾上，平櫻和三友等犯，處以十五年至二十年有期徒刑。

至於被告菊地和久留島等犯，那麼我認爲應估計到他們只起過執行命令的作用——雖則他們明知這是些罪惡性的命令，——所以我認爲可限於各處以三年有期徒刑。

審判員同志們！這次審判底意義，就在於它再明顯不過地暴露出了曾極端祕密準備過細菌戰作爲一種最殘忍侵略武器的日本帝國主義強盜底猙獰面目。

本來，拿出無數億兆病菌之駭人力量來慘殺人類的時刻已是很迫近了的，而唯一因爲蘇聯武裝力量給了敵人一個殲滅，致命和神速的打擊，才使世界免除了細菌戰的慘禍。

今天，我們抱着深以我們雄強社會主義祖國之從毀滅危險下救出了世界文明這點自豪的心情，回想到蘇聯人民在衛國戰爭中的偉大功績。

諸位所要定下的判决，不僅應嚴厲而公正地懲罰這些已交法庭審判的罪犯並嚴厲譴責日本侵略者底罪行而已。

這一判決還應當成爲對新世界大戰挑撥者們所下的森嚴警告，這些新戰爭挑撥者是和這裏將由諸位判罪的罪犯們一樣殘酷無情，一樣殘忍仇視人類的。

讓所有圖謀作出反人類的新罪行並製造新武器來殲滅人命的那班人們記着吧：世界人類並沒有忘記第二次世界大戰的慘痛教訓。

今天捍衛和平安全的有千百萬普通人們，有以偉大蘇聯爲首的雄強民主勢力陣營。

這乃是雄強的和能於戰勝一切的力量，這一力量能遏止住新戰爭的任何挑撥者，並能予以嚴厲的懲罰。

審判員同志們，讓諸位所下的判詞成爲關於這點的森嚴警告吧！

各辯護人底演詞

十二月三十日早庭記錄

審判長：現在繼續開庭。請爲被告山田作辯護的柏洛夫律師講話。各被告可從日語廣播中聽該律師底演詞。

柏洛夫律師演詞寫入庭審記錄中。該律師演詞同時用日語廣播。

柏洛夫律師爲被告山田作辯護時的演詞

審判員同志們！

在本審判案中，所有我們這些作辯護的人，以及替前關東軍總司令山田大將作辯護的我，都曾很少向各被告發出問題。這本來是很自然的現象，因爲他們的罪狀已經由各被告和各證人底供詞以及本案所有各種文件所完全證實了。

本審判案中辯護人方面最大的困難，就是這裏關於事實和證據本身全然沒有什麽討論的餘地。

無論是各證人底供詞，無論是本案所有那些在預審階段上收集的各種原本文件，亦無論是各被告本人所作的詳細供述，都確鑿證實了起訴書中所列舉的事實。

既然有了這些帶實際司法性質和訴訟性質的事實和情節，要在本審判案中作辯護眞是一件不容易和不簡單的事情，但是辯護人必須本着公正裁判原則所要求的異常仔細精神來履行自己的職責。

當然，我並不想來辯護那些已由國家公訴人極爲詳盡說過的眞是嚴重萬分的罪行。我所要辯護的只是這個已經完全不年輕的被告山田，他由於種種不幸原因和情況而在一定程度內參預過破壞作戰法規和通例的這種反人類的罪惡行爲。

我所辯護的這個人在法律面前，以及在那些其兒女是被他們使用過細菌武器的民族底理智和良心面前所幹出的罪行，眞是嚴重到了極點，然而也有一些能夠來說明和減輕他的罪惡的事實和情況，這些事實和情況是諸位審判員同志在定判決詞時爲了公正裁判利益所應當估計到的。

國家公訴人在演詞中依據極多的事實和文件，已經說到了本案各被告尤其是以前的將軍山田所犯的極惡大罪。

我所要說的話是，究竟我所辯護的這個現已年近七旬的山田底理智、意志、性格和道德外貌，是在哪樣一種因素影響下面形成的。

這一對於本案有最重大意義的問題，必須得到一個明顯確切的回答。我們蘇維埃刑法科學從來沒有贊同過刑法學中所謂人種學派及其認爲罪行天生性的學說。

在資產階級還是一個革命進步社會階級的那個時代裏，許多大思想家、學者和政治家也曾提出並論證過認爲人類初生下來時沒有思想，沒有衝動和沒有性格的意見。

衆所週知，洛克和盧騷這樣的大思想家在其著作中曾斷定說：『人心裏並沒有天生的劣根性』…

十九世紀的偉大俄國教育家烏新斯基論及遺傳性和教育問題時指出說，假如把一位大音樂家底孩子從小就送到一個野人島上去，那末這孩子在開始其音樂創作時所發出的那種震耳欲聾的野人聲音，一定會是與他父母底音樂聲調大相懸殊的。

審判員同志們，我覺得這裏不妨提到一點，就是天才研究家馬克思和恩格斯兩人在自己的著作中曾經指出，說人們所處歷史環境、社會存在條件以及由社會關係所產生的教育條件等，確定出人們底智慧、興趣、意志、性格和道德面貌。例如，恩格斯曾經指出，還在十九世紀中葉的時候，英國工人和英國資產者甚至在外表上彼此都是極不相像的，彷彿他們是屬於兩個不同的民族，他們外貌上，性格上和一切精神面貌上的區別，乃是由不同的生活條件及其在社會環境條件中所受到不同影響造成的。

我想，我所辯護的山田這個人底年齡以及他在本審判案中的地位，都使我要來儘可能詳細地講到社會因素、國家政治因素和思想因素對於確定一個人底意志和性格時的影響問題。

在這個問題上，可以而且應當不僅注意到單個人底意志和性格，而與其說是要注意到單個人底意志和性格，不如說是要注意到各整個社會階級底意志和性格，有時還要注意到各整個國家人民底意志和性格。

審判員同志們，恕我提醒諸位一聲。 我所辯護的山田

——這從本案各種材料中也可以看出——是生在一八八一年。最偉大思想家馬克思關於當時的日本曾這樣寫道：

『具有純粹封建土地佔有制和極廣泛發展之小農經濟的日本，其所表明出的歐洲中世紀底情景，要比現代大都浸透了資產階級成見的歷史書籍上所描述的要眞實得多』。

中世紀制度及其佔統治地位的橫蠻勢力，人民羣衆在政治上毫無權利，黑暗無知和備遭抑壓，教堂勢力主宰一切，對科學實行追究，對當時進步人士橫施野蠻鎮壓等，——這就是科學共產主義創始人論到我所辯護的山田由以誕生和度過早年生活的那種歷史環境和社會生活條件時所作出的估計。

當時，即在十九世紀下半期，日本政治舞台上出現了三井、三菱、住友和安田這四大豪富家族。它們曾享有國家幫助和皇室底全力支持，很快就變成了帝國主義壟斷組織。

一八六八年革命保全了日本的封建制度。一八六八年後在日本建立的專制君主制度，實際上是幾乎一直保存到最近時期，因爲按普魯士憲法模樣製定的一八八九年憲法給天皇保留有無限的權力。

一八六八年革命時期，三井家族在財政上幫助過皇室反對日本封建政府即幕府的鬥爭。三井和三菱促成了十五歲的睦仁登位，其統治年代稱爲明治時代。

向皇室投資原是對雙方都有利益的。三井家族獲得了採礦、森林業和建築工廠的權利。當時日本幾乎所有一切經濟富源都成了三井、三菱、住友及安田四大家族壟斷的財產。

維新後的整個時期中，日本皇室變成了世界上最富裕的王朝，它擁有不可勝數的財富。

十九世紀下半期，上述四大家族和皇室一起，曾掌握和監督國內所有一切銀行、工廠、礦山、森林、土地和全部經濟資源。它們所主持的巨大工業和銀行康采恩，在日本就叫做『財閥』。『財閥』就是財政集團的意思，日本『財閥』史專家豐原一郎稱『財閥』是在封建條件下所發展起來的壟斷資本。賤價勞動曾促成『財閥』富庶起來。 半世紀內，日本在中國內地和在滿洲進行的各次侵略戰爭已向全世界表明，三井，三菱，住友和安田曾經怎樣鞏固自己的強力。日本天皇裕仁稱第二次世界大戰是『日本底神聖戰爭』，雖則大家都知道，這次世界大戰乃是『財閥』們所準備和進行的；東條和荒木不過是『財閥』們在思想上的同胞弟兄。戰爭首先而且主要是使三井、三菱、住友和安田以及其他二十家所謂新『財閥』們發財致富。 無怪乎至今人們都稱『日本』是『財閥』底王國。 大戰以前的五年內，『財閥』底資本增殖了一倍，而在五年大戰時期中，這種資本却增加到了十倍。 有三百六十個巨大新式工廠曾供應了這個對『財閥』們有極大利益的巨大『殺人屠場』底需求。 它們把大砲、砲彈、炸彈和飛機大批輸送到各戰場上去。而細菌武器也就是按『財閥』意志所準備和使用了的。

正是這班最兇惡和最帶強盜性的日本帝國主義者，懂得不動員廣大民衆便不能進行戰爭，所以他們就在全國範圍內用好戰的民族主義和獸性的沙文主義毒藥來毒化日本人民底意識。在家庭和學校內對兒童施行沙文主義教育，在各種刊物和藝術方面進行軍國主義的宣傳，憲兵間諜制度和警察恐怖制度，宗教廟宇和僧道，監獄，各社會法西斯主義政黨以及帝國主義國家機器底其他種種成分等，都一往直前地發展起來和發動起來，以期用反動思想教化廣大民衆，首先是教化海陸軍人。日本帝國主義所用來造就忠順軍人的一切形式和方法，都是以所謂日本君主制度是出自上天及其永久性和不可動搖性的原則爲基礎。

整個日本軍國主義和帝國主義底特徵，就是現代『最新資本主義』組織形式——特別是在武裝、戰術和戰略方面——與軍人相互關係間舊有封建形式互相結合。日本軍人所賴以訓練出來的思想，乃是武士道的思想，即同樣也是封建性的思想。日本軍官所一貫遵行的全部軍人道德典範（『武士道』）——從崇拜武士劍和尊崇皇帝爲最高主宰的習慣起，直到在作戰失敗或在『丢面子』場合時就剖腹自盡的行爲止，——都是深深浸透了封建思想和封建情感。

不僅日本軍人，而且全體日本居民，自幼年直到暮年，經過學校、刊物、戲院、電影等等，都是受着此種精神的教育。爲了用好戰的侵略精神來教育軍隊和全體居民起見，曾經廣泛地培植了所謂『武士道』精神。這種精神就是認爲日本是特殊天選民族而應佔居優勢，就是把敵人當作下等人或『野蠻人』而加以蔑視和用無限殘酷手段來對待。這種精神也就培養出了那班相信死後能昇天成仙的狂信份子。

請諸位審判員同志們回憶到所謂『神風』吧（這名詞是用來稱呼那些甘心犧牲性命去炸毀敵方軍艦的飛機師的）。不僅日本宣傳機關，而且世界資產階級刊物，都把這班飛機師底狂妄舉動宣揚爲『日本精神』（『太和魂』）底最新表現，而神道教義上則訓導說，這樣爲盡忠『天』皇而殞命的『幸運人』底靈魂，將轉入神界，因而就有死後成仙的保證。

在近二十年內，日本帝國主義『刷新了』封建武士道思想，把它同現代的，最反動的，野蠻的，掠奪成性的法西斯思想結合起來，使日本軍國主義具有了軍事法西斯性質。這樣把兩種最反動思想結合起來，當然只是加深了日本整個軍事機器和對外政策底強盜性質。

大家知道，這一點所造成的政治後果，就是在一九三六年同希特勒德國和法西斯意大利締結『反共產國際』公約，以及在一九四〇年締結三強軍事協定。

狂妄的『高等種族』論之麻醉日本軍人和日本人民的程度，比德國那班元首們和大學教授們用這種理論來麻醉德國人的程度還要深刻。

種族主義底補助作用就是要在『理論上』論證日本帝國主義者企圖奴役亞洲各國人民以至取得世界統治的意圖。

事情竟弄到這種地步，甚至按職業說來應該態度愼重的日本外交代表，也毫無忌憚地表示出大國主義的意圖。 大家都記得，日本出席國聯大會代表內田伯爵早在一九三二年間舉行的一次正式記者招待會上就聲明說過：『日本人在地球上的使命，就是要領導全世界。 日本將是新救世主底搖籃』。

此外，東京審判會上底文件和證人供詞也證實着，在起訴書所包括的時期內，即自一九二八年起的時期內，日本曾經常和殘酷無情地撲滅過那裏原有的民主成份。當時日本國家機關一貫按法西斯式樣實行改造，對於任何一種反抗日本帝國主義和法西斯主義發展的表示都用最無情的恐怖手段加以鎮壓。

這裏不能不提到一件事實，就是在比日野豐教授著的一本日本學校教科書『日本神道論』中公然說道，天神下凡化身為日本皇帝，『以便治理替天行道的太和種族』。『我們的神聖帝國高踞在世界一切之上，享有唯一的不可侵犯的優勢』，——在這本教育日本幼年和青年的教科書上繼續說道。日本帝國主義領導集團得以做到了的事，就是在日本軍事機器被毀滅之前，幾乎每一個日本人都像是不言而喻地認為『太和族』是神的種族，其使命就是要征服一切民族和統治全世界。『八紘一宇』原則，卽世界上一切國家都應受『天皇』統治的原則，曾在各廟宇，各大學，各中小學，各街道，各家庭，各行政省區，卽在到處都加以宣傳。

審判員同志們，我想請諸位特別注意到，正是在我所辯護的這個山田受普通教育和專門軍訓時期，以及後來在前日軍中長期服務的年代內，曾把宗教學說和君主專制原則巧妙結合起來，藉以普遍培植認為日本及其皇帝是出自於上天的學說，以及崇拜『祖先精神』等等的思想。

在日本人腦筋中，特別是在日本軍人腦筋中，充滿了關於日本島國起源，關於日本皇室是出身於天照大神（太陽神），關於日本人民是出自於那大家都應絕對盲目服從的天皇神族等等的神話觀念。此外，還加上一種認為日本負有應把黃種人及其他有色種族『從白種人統治下』解放出來的『特殊』使命的侵略學說。由此得出的政治結論，便是認為

33—1808▲

戰爭『必要』以及認爲戰爭是實現『天命』和清除人間罪惡的一種『永不可免的』手段的學說。

審判員同志們，我想特別着重指出一件促進了日軍中間培植『武士道』精神的事實，卽日本軍隊遠自十九世紀八十年代起就是按普魯士榜樣進行訓練的。當時專門派去教練日軍的一個德國軍事代表團，曾在日本住過多年。該軍事團團長就是毛奇最親近的戰友麥克。

因此，具有反動思想，把紀律性變爲心理上的機械盲從主義的普魯士精神，同時也灌輸到了日本軍隊中，所以無怪日本在多年內都被稱呼爲『東方普魯士』。

審判員同志們，我覺得不妨來提到普魯士精神就是一味崇尙刑棍、馬刀和『法律』條文，就是在軍隊中培植粗暴軍規和刑棍紀律這點。

審判員同志們，同樣也要回憶起和估計到，日本軍事機器的直接組織者山縣元帥原是一個熱烈信仰俾士麥和毛奇以及崇拜威廉第二的人。

由元老院（天皇直屬的封建元老會）最著名的一個元老山縣所主持的武人朋黨，提出了『日本全部力量都在於它的軍事威力』的口號。山縣領導過日本軍事機器，他是軍官團和青年底『思想主宰』，他從十九世紀末起幾乎直到一九二二年死去時止都是日本國政機關的領導人。山縣是『突然打擊』戰術的倡導者。由他發起頒佈了規定海陸軍都直接服從天皇的法律。日本反動軍事政論家平田篠作在他著的那本載有荒木大將和岡田海軍大將所作序言的書上公開寫道：

『日本陸海軍官兵唯一服從天皇，他們決不能離開天皇意志而開放一槍一砲』。

審判員同志們，我對這些歷史事實、文件和各種情況所作出的分析，顯然證明出，以天皇爲首的現代日本『財閥』底壟斷工業康采恩和銀行康采恩，卽至今還擁有那種在半世紀內業已七次成爲日本侵略戰工具的現代工業機器，也就是日本運用百般殺人手段舉行的侵略戰爭底鼓舞者、指使者、組織者和領導者，同時也就是製造和使用細菌武器的發起者和組織者。

正是它們再三策劃、準備和發動過侵略戰爭；正是它們用宗教偏見和封建偏見抑壓過九千萬日本人民；正是它們始終用警察高壓手段控制過這些人民；正是它們用好戰的民族主義和野蠻的沙文主義毒藥毒化過日本人民意識；正是它們用其全部教育訓練制度把日本軍人變成了它們意志底機械執行者，而它們的意志就是要在全世界上建立其陸海軍統治和政治經濟統治。

被告山田也就是執行日本帝國主義罪惡辦法的許多人中間的一個。審判員同志們，我想諸位定會贊同我的觀點，卽認爲我所辯護的山田所犯的罪惡，乃是由於他在前日軍隊伍多年生活中不幸朝朝夕夕無意受過強迫性思想訓練的結果。

審判員同志們，這點是不能不承認的，而諸位承認這點時就應當爲了司法利益在自己所要作出的判決詞上指出說，在本案中不僅查明了被告山田所犯的罪過，並且查明了他遭到的不幸，而這種不幸就在於他是在使他不能不成爲這樣一個人的時代中和歷史環境內誕生、長大、生活和工作的。

審判員同志們，也許諸位認爲我所引的論據，卽證明社會存在條件以及由社會關係和國家制度所產生出的訓練和教育條件確定出人們底理性、意志、性格和道德面貌的論據是不充分的吧，換句話說，也許諸位懷疑我所辯護的山田及本案其他各被告不祗確實是違反戰爭法規和違反人類法律的罪犯，而且確實是日本帝國主義底犧牲者吧？

那末，爲了更切實論證我所作辯護詞底基本論旨起見，就請准許我來援引一些極有說服能力的歷史事實吧。

審判員同志們，現在不僅我們蘇維埃社會主義共和國聯盟底公民，不僅是我們那些人數衆多的國外朋友，並且連那些聰明的敵人也都知道，社會主義社會底條件便利着人們體力和智慧在各方面的發展，便利着他們的能力和天賦才能的發展。

審判員同志們，試舉我們時代成百成千在科學、藝術、軍事和體育等各部門方面實行創作的蘇維埃人來說吧。例如那些生在偉大十月社會主義革命以前從人民中出身的人，請諸位想想，假若在偉大十月以前的俄國實際生活條件下，那他們會成爲什麽樣的人，那他們的生活會是怎樣繼續下去；而在蘇維埃國家條件下，卽在斯大林憲法陽光照耀下，他們都已經成了什麽樣的人，他們的生活是已經怎樣開展了起來。我們看見，我們知道，原先受沙皇制度蹂躪、壓迫和窒息的千百萬人，現今已經能夠來伸直軀幹，揚眉吐氣，發揚他們所固有的那種豐富的創造天才，而在業已變更的社會關係條件下，能夠表露出他們原有的那些深藏蘊蓄的豐富智慧。昨天的工人和牧夫卽從人民中出身的人們，今天却已變成了極有名的學者，藝術工作者和國家活動家，而這一切一切都應歸功於業已變更了的社會關係及由這社會關係所產生的新的教育和訓練條件。在各人民民主國家內，全世界人也可以看到同樣的情形。

審判員同志們，現在請讓我從以上所說的一般意思中作出一個關於我所辯護的這個前任將軍山田的局部性的邏輯結論。

現在，我就要根據本案所有的文件材料，直接講到足以表明我所辯護的這個被告底個性及其行爲的一種『生活途程』史。

從本案材料中可以看出，被告山田是生於一八八一年間，出身於歷來替天皇和權勢王公服務的武士軍閥家庭中。

從一八八七年至一八九八年間，他是在普通小學和中學裏受過教育和訓練的。一八九八年間，山田進入士官軍校，以後轉入軍官學校，畢業後就於一九〇三年間獲得少尉銜，並在第三騎兵聯隊中服務。從一九〇四年五月至九月間，山田以騎兵小隊長資格在大連遼陽地區參加過日俄戰爭。由於軍備窳陋，加之是由以庸碌沙皇尼古拉第二爲首的拙劣指揮官們所領導，沙俄軍隊便遭到了失敗。

當時那種制度底失敗，即專制制度底失敗，竟被日本那裏的人們，不僅是日本那裏的，並且是其他資本主義國家那裏的人們看作是對於俄國的勝利，對偉大俄國人民的勝利。

被這次勝利衝昏了頭腦的不祗有當時的青年軍官山田，不祗有日本陸海軍，而且也有當時年輕的整個日本強盜帝國主義。

審判員同志們，眞令全世界各國愛好和平人民驚異的，就是在東京舉行的那次審案被告席上，未曾有過日本壟斷資本聯合組織即「財閥」底任何代表人物。那裏也未曾有過他們的大頭子日皇裕仁。　其所以如此，是因爲美國壟斷資本家和他們的日本同僚間無論過去和現在都有着非常牢固的聯系。正因爲如此，所以美方控訴人在該國際軍事法庭上甚至沒有敢於提到那些工業和財政大王們策劃和組織過第二次世界大戰的作用。

我們蘇維埃司法所特具的，乃是眞正的正義性；爲了維護正義起見，所以我請求軍事法庭在對我所辯護的山田作出判決詞時，要估計到他在日本帝國主義者違反戰爭法規和通例的罪行中所表現過的眞實的作用，而不是想像的作用。

本案查明，山田原是在這樣一種歷史時期，在這樣一種環境和這樣一種條件內誕生、長大、成人、生活和工作的，他在這種情形下也就成了無非是機械盲從主義的那種軍紀底體現人。

所以，山田不僅應受懲罰，並且也應受憐惜。

審判員同志們，最後，我還請諸位在實行判決時估計到一點，就是被告山田無論在預審時或在庭審時都曾表現出了胆量和勇氣來完全承認自己的罪過。他瞭解了自己罪行底全部深度。他既不辯護自己，也不憐惜自己，却詳細、眞誠和充分地說明了自己的罪行，同時也說明了業經本案材料查明的種種罪行底其他各主謀人和組織者所幹出的更大的罪行。

现在被告山田已在諸位面前俯首認罪，靜待諸位底公正判決。

審判員同志們，請讓我就此結束我替被告山田辯護的各種理由的說明吧。

審判長：現在請替被告川島作辯護的波羅維克律師講話。

波羅維克律師演詞寫入庭審記錄中。該律師演詞同時用日語廣播。

波羅維克律師爲被告川島清作辯護時的演詞

審判員同志們，軍事法庭委員同志們！

我們每個人都瞭解我們蘇聯人在本案審判期間所懷抱的那種心情。

在這些時日，我們每個人都滿懷着深刻的謝忱和愛戴，表示感謝還在很多年前就英明地預測到並向蘇聯人民預告過遠東方面有着致命危險籠罩在我們祖國頭上的那個人，感謝曾以其英明天才擋開了敵人已經躍躍欲試的毒手而把我們從奇災大禍中挽救出來了的那個人。

這裏被告席上諸被告所幹出的罪行，眞是嚴重到萬分了。

審判員同志們，但是，根據我國法律，我們蘇維埃律師被邀請到這裏來是要履行我們所担負的任務，即幫助諸位正確地來判決本案件，並把凡屬能於減輕各被告罪過的理由都提供給諸位。

現在我就盡我個人的力量來履行這一任務。

我是要爲前日軍軍醫少將醫學博士被告川島清作辯護。

在尙未作辯護以前，我要請諸位注意到，在本審案中，也如在不是審判一個被告而是審判若干被告的任何審案中一樣，最複雜的問題就是確定每一被告底作用及其參與底程度，確定每一被告個人對所犯罪行應負的責任。

正因爲如此，所以我就從確定本案中我所辯護的這個被告底作用和地位這點，來開始我的辯護詞。

大家知道，川島是因犯有種種罪惡被控的。

控訴條文上說：川島清同日軍特種細菌部隊中那些專門從事準備和進行細菌戰的負責工作員一起，積極參加過探求與製造大批殺人細菌武器的工作，他也和被告柄澤一起積極參加過對中國進行細菌戰一事，他又同其他幾個被告一起親身參加過用活人進行殘忍罪惡實驗的工作…

這就是川島被控的罪狀。

他的罪狀已由本案材料，如各被告和證人底供詞及法庭醫學檢驗委員會結論所證實，並且川島本人也未曾打算隱瞞什麼或掩蔽什麼，他簡直從預審開始時起直到庭審完結時止，都始終承認說自己犯了罪。

當然，在此種情況下，關於證據和事實問題，這裏決不會同國家公訴人發生什麼爭論。川島所幹出的一切罪行都已經證實，並且他本人也承認了這點。然而川島在此種罪行中所起的作用及其參加程度是與本案其他幾個被告底作用頗不相同，特別是與那些得以逍遙法外但遲早定會受到人民懲治的主要戰犯所起的作用大不相同的。

審判員同志們，雖然川島所犯罪惡十分嚴重，但我終究認爲川島並不是此種罪惡底主要和基本參加人。

今天，川島是因他在第七三一部隊內工作期間所幹出的種種行爲而受到審判的。所以我要簡略提到這個問題發生前所經過的情形。

我們要回憶到一九三六年，當時日皇曾頒佈祕令要在哈爾濱附近建立一個細菌部隊（以後命名爲滿洲第七三一部隊）。試問，川島當時在什麼地方呢？當時他在東京一個師團底軍醫處裏担任很平常的副處長職務。

一九三六年過去了。接着，一九三七年，一九三八年，一九三九年，一九四〇年也過去了。在這個時期內，第七三一部隊增大起來，部隊員額膨脹，工作範圍擴大，建築了飛機場和打靶場，出現了監獄和焚屍爐，建成了整整一個軍事市鎮。試問，川島當時又在幹什麽呢？

當時，川島以軍醫中校銜在東京軍事學校預科任病理學講師，爾後則前往北平工作。

那時，川島根本不知道，平房站那裏已有一個殺人工廠在加緊工作，根本不知道當時上海以南寧波地區已在用這殺人工廠底產品對中國人民舉行細菌攻擊，以及根據日皇新命令繼續在擴大該工廠底活動等等。

後來，對川島命運有過决定意義而充滿重大國際事變的一九四一年來到了。三月間，日本陸相頒佈了一道命令，於是川島初次知道存在有平房站部隊。而當時在完全受日本軍閥操縱的日本內部，在這最極端最野蠻反動黑暗勢力猖獗横行的日本內部，正在瘋狂地準備戰爭。

當時希特勒已經侵佔了歐洲許多國家，幾乎攫奪了西歐全境，這個癲狂元首所發出的勝利戰報惹得日本軍閥坐立不安。 日本反動勢力急忙起來，深恐有所遲誤，深恐遺誤良機。日本軍閥在這個時期內的行爲，已由在東京舉行的國際軍事法庭審案所有種種材料十分詳細地說明了。

日本軍閥這種戰爭狂熱浪潮，這種蠻横投機浪潮，就把川島也如把其他許多人一樣捲入了漩渦，所以他一落到第七三一部隊中時，就根本沒有考慮過，沒有思索過他究竟是在幹什麽，究竟是落到什麽地方了。

川島就是這樣開始墮落下去的。

川島在該部隊內的兩年工作期間幹出了許多罪惡事情，而且這點是已經查明了的。但他在那裏所起的作用是否是積極組織性的作用哩？他在那裏是否是一個主要人物呢？

關於怎樣實現對該部隊的領導以及誰是該部隊底眞正領導人這問題中很引人注意的詳細情形，已經在預審時，特別是在庭審時查明了。

這裏再三提到過那不斷關懷自己產兒命運的日皇裕仁，這裏也說到過那關注該部隊的日本陸相和日軍參謀本部。關東軍司令部及其他許多人都曾領導過這個部隊。

審判員同志們，諸位記得，川島在供述中，曾經說到他的直接長官石井四郎常常被召到東京去作關於部隊活動的報告，該部隊內常時有各種將軍以及關東軍司令部主要領導人員來觀察過。

當時川島必得向每個人作關於自己工作的報告！就連那個以關東軍司令部經常代表資格駐在該部隊內的山本中佐，即由川島在受預審時形容爲關東軍司令部在該部隊內『耳目』的這個人，也曾經常查問過川島及部隊內其他工作員所做的事情。如果還注意到該部隊長兼領導人乃是最大的細菌學專家，是極有名的細菌戰思想家石井四郎，那末大家就知道决不能把川島看作是這方面的領導人物了。

其實，川島不過是一個執行別人罪惡意志的人，固然是個負責的執行者，但他終歸祇是一個執行者。我以爲這種情况可能減輕他的罪狀，所以我請諸位審判員同志在確定我所辯護的這個被告底罪狀程度及其在本案中的作用和地位時，估計到這種情况。

審判員同志們！末了，我爲要充分執行我所負的任務起見，還要請諸位注意到另一種也很重要而能減輕川島淸罪狀的情况。

大家知道，川島已完全承認了他所犯過的罪狀。而且不僅如此。川島已經完全悔罪了；在我看來，若不相信他所說的話，若不相信他這行爲的眞誠性，那是沒有充分根據的。

川島底這種行爲究竟可以怎樣來解釋呢？

我以爲，他的出身無疑義對他的行爲是有影響的。須知川島原是出身於一個普通日本人的家庭。他並不是什麽世襲的武士，也不是大資本家大地主底兒子。他的父親是個普通農民。川島淸受到了高等醫學教育，曾想獻身於科學，甚至在一九三四年間用『假結核菌』這一很平常的主題寫成的論文考中了博士學位。所以我想，假使川島不曾落到我在上面已經說過的那種環境內去，那他還未必會落到本案的被告席上來。

川島淸確實是犯了罪，他瞭解並悟覺到這種罪惡是在高壓着他，必須選擇另一條道路即正直道路才對，並且川島表現出他有走上這條道路的力量和勇氣，不僅是承認自己犯過罪，而且在法庭上極力幫助澈底揭露一切罪行。

審判員同志們，諸位都記得他在一九四九年十月三十日受預審時所說的話，那時川島供稱：

『…我完全承認我有罪…現時我充分認識了我在第七三一部隊內活動底罪惡性質，這種活動就是要探求已爲人類所譴責的細菌戰底武器…

…我確認，我們當時在活人身上進行試驗以及用毒菌把他們大批害死，這乃是種反人類的野蠻罪行…當時我進入第七三一部隊不是自願的，而是奉行我所不能不執行的日本陸相命令…我承認，先後由石井將軍和北野將軍領導的第七三一部隊，原是一個罪惡的組織。我既參加過這一組織，所以我現在甘受懲罰…』

自然，川島所說的這番話並不是輕易說出來的。他爲要說出這番話來是費過很多功夫。他在毅然決然說出這番話之前，是經過了多番籌思和苦惱的。

我以爲，要是川島今天又講出同樣的話來，那就是證明川島心裏已發生了相當的轉變。究竟是什麼影響了他呢？究竟是什麼因素對他起了作用呢？我以爲這種因素無疑的就是時間。須知川島被俘已經有四年多了。在這個時期內，的確是有充分的時間來想清一些問題，並從新估計某種事物，譬如說，川島在這個時期內至少是不能不思考到這樣一個問題，即爲什麼蘇聯在與全副武裝敵人單獨作戰時雖曾失去過大片領土，但它終於不僅堅持住了自己，並且還完全殲滅了希特勒所有最精銳的師團。同時川島也不能不思考到一點，即爲什麼他那本國軍隊遭到了如此悲慘的結局。同時，川島也不能不注意到他那祖國日本內部由於戰爭結果所發生的種種變動，以及其他許多情形。

我以爲，這種思索，這種極有益處的思索，曾不能不影響到他的意識和心理。

據我看來，這就是使川島不得不在相當程度內改變本人立場的眞實原因。　這也就使我們可以得出結論說川島是在悔罪。

軍事法庭委員同志們！

我要結束我的話了。川島犯了極嚴重的罪。他此刻坐在被告席上是難受的。但有一點是無疑問的：川島離開這裏時一定會是心中感覺輕快，一定會是心中感覺到他在這法庭上所持態度是誠實的。

我請諸位審判員同志對他從輕懲罰。

審判長：現在請爲被告梶塚隆二作辯護的山尼科夫律師講話。各被告可聽該演詞日語譯文廣播。

山尼科夫律師演詞寫入庭審記錄中。該演詞同時用日語廣播。

山尼科夫律師爲被告梶塚隆二作辯護時的演詞

審判員同志們，我帶着很激昂的心情來履行我所担負的職任。我懂得，在本案中要爲一般被告作辯護，就中也爲我所辯護的梶塚隆二來作辯護，原是一件十分複雜而困難的事情。

在本案中作辯護這件事底複雜性，是由於各被告所作罪行底性質及已向他們宣佈的罪狀底嚴重性來决定的。

我們大家都在某種程度上目擊過，甚至參加過很多具有重大社會政治意義的審判案，但這次審判案按其特點和性質說來乃是一次絕無僅有的。法庭實踐中未曾有過這樣的審判案，並且人類歷史上也找不出這樣的審判案來。

本案被告席上各主要被告如山田，梶塚，高橋和佐藤等被控的罪狀是說，他們身任日軍中領導職位，主持過日軍特種細菌部隊，並使各該部隊的活動集中於從事製造細菌武器藉以準備細菌戰來反對蘇聯和其他國家。

從起訴書條文中可以看出，這罪狀實質就是準備細菌戰；前關東軍司令部醫務處長軍醫中將醫學博士被告梶塚，也是因犯此種罪惡受控。

微生物學已存在許多年了。世界先進學者如巴士特爾，科赫，麥奇尼科夫及其他人等曾多年致力於微生物的研究，他們把自己的智慧，健康和生命都貢獻出來而爲人類謀福利，他們曾與人類底死敵——流行疫症作鬥爭，力求延長人們底壽命。

可是本案被控諸日軍軍事專家和醫學專家，却曾把人道科學用在另一方向上，卽用去進行反人類的戰爭，使微生物學去服務於對蘇聯及對其他國家進行侵略戰的目的。

任何的戰爭都要消滅很多人命，都使人類受到深創鉅痛。這裏各被告準備過——據他們說，——最有效的戰爭武器，其實就是準備過用去反對人類的最駭人聽聞的武器。

我所辯護的梶塚隆二，也是因犯這種極惡大罪受控的。

被告梶塚在受預審和庭審時基本上已經承認對他宣佈的罪狀是正確的。

根據被告已承認所宣佈的罪狀這點出發，似乎可以做出結論，說我這個爲梶塚作辯護的人已無事可做，我的辯護詞已是多餘的了。其實不然，我國法律上英明地規定出了：不管罪狀屬於何種性質和證據如何嚴重，辯護人必須蒐集能減輕被告罪狀的證物，說出自己爲被告作辯護的意見。

旣然被告梶塚基本上已承認自己犯了罪，那末關於事實問題，我也就沒有什麽要來同國家公訴人爭論了。同樣，關於依法確定罪行性質一層，我也沒有什麽要來進行爭論。

審判員同志們，我要講到的，只是請諸位注意到我所辯護的被告所否認的個別情節。

當我說到被告梶塚在基本上已承認向他宣佈的罪狀是正確的時候，我所根據的是被告梶塚在受預審和庭審時都承認說，從一九三一年起，他就同意細菌戰思想家石井四郎底觀點。一九三六年間，梶塚贊成過關東軍總司令關於在關東軍建制內成立石井部隊的請求。在成立該部隊時，梶塚積極參加過配備該部隊醫務軍官人員一事。此外，梶塚當時就知道第七三一部隊在製備用以反對中國軍民的細菌武器。

一般說來，被告梶塚承認了自己直接參加過建立第七三一部隊以及他知道該部隊實際活動的事實。

同時，被告梶塚認定說第七三一部隊原是受兩重的管轄，所以該部隊活動中有些個別事實是他所未曾知道的。

第七三一部隊受兩重管轄這一事實，從各證人供詞及本案其他材料中可以看出。起訴書上說道：

> 『各細菌部隊及其各支隊均直接受日本關東軍總司令管轄…證實這點的…還有被蘇軍所繳獲的前日本關東軍總司令梅津美次郎一九四〇年十二月二日所發佈的命令』。

其次起訴書上又說道：

> 『繼梅津之後任日本關東軍總司令，現為本案被告的山田將軍在供詞中也證實說，各細菌部隊都是直接受他管轄的』。

這樣就已確切查明，第七三一部隊原是直接受總司令管轄的。在預審時曾發生過一個問題，究竟當時關東軍總司令是經過哪些部科來領導第七三一部隊。

第七三一部隊既屬於關東軍司令部醫務處系統內，那它的活動似乎是應完全受被告梶塚所主持的該司令部醫務處管轄的了。但本案所有的材料查明，第七三一部隊履行過許多戰略方面的職能，而該部隊在這方面的工作，據被告梶塚斷定說，是不屬於他的直接管轄範圍之內的。

究竟被告梶塚這種說法是否正確呢？我想請諸位注意到各證人所說出的那些與第七三一部隊活動直接有關並能說明對該部隊的領導問題的供詞。這些證人就是田村正大佐和松村少將。

證人田村正在預審時供稱：「第七三一部隊是受兩重管轄的：作爲戰鬥單位的第七三一部隊是由松村少將所主持的關東軍司令部第一部（作戰部）領導和監督，同時第七三一部隊又受關東軍司令部醫務處即受梶塚中將管轄」。

在預審時曾被訊問過的證人松村關於這個問題供述得更加明確，他說：

「關東軍總司令梅津以及後來——從一九四四年七月起——總司令山田對第七三一部隊活動的領導，關於戰略問題是經過…作戰部實現的，關於科學技術問題則是經過司令部醫務處長梶塚將軍實現的」。

其次，證人松村對直接提出的問題囘答說：「關東軍司令部作戰部是在研究和製造細菌武器問題方面具體領導過第七三一部隊」。而該證人松村在對質時又證實說：「關於在戰術上運用細菌武器諸問題，是由司令部作戰部領導的」。

根據田村和松村兩證人供詞可以作出結論說，第七三一部隊是受過兩重的管轄：關於研究、製造和戰術上運用細菌武器諸問題，它是受關東軍司令部作戰部管轄；而關於科學研究工作的問題，則是受被告梶塚所主持的關東軍司令部醫務處管轄。

第七三一部隊這樣受兩重管轄的情形，就可能造成一種條件，致使凡是有關製造細菌武器的消息以及與該部隊此種活動相聯系的一切問題都完全歸作戰部管轄，而身爲醫務處長的梶塚對於個別問題可能是不知道的。

我所提出的這些理由並不能解除被告梶塚所應負的責任，但這種理由可能成爲提出關於減輕被告罪狀及其同謀罪問題的根據。

同樣，我還想請諸位注意到一種情况，即在本案中業已查明，第七三一部隊是一九三六年奉日皇裕仁勅令建立起來的。細菌戰思想是出自於石井四郎將軍，成立第七三一部隊是由石井將軍發起，該部隊底實際活動也是由石井將軍指導的。至於在研究和製造細菌武器方面，對該部隊活動實行領導和監督之責，則屬於松村少將和關東軍參謀長笠原行雄中將，這點據我看來也是不能不減輕梶塚底罪狀。

在估計被告梶塚個人經歷時，我應當指出說，梶塚是一九一四年在東京大學醫科畢業，他既是一個官費生，所以他在高級學校畢業後就必須進日軍裏去服務。一九二四年三月間，梶塚獲得了醫學博士學位。

末了，我請諸位對梶塚定罪時估計到我所陳述的那些減輕罪狀的情况，同樣請估計到他眞心承認自己的罪過，並根據這點來決定對他施行懲治的辦法。

審判長：現在請爲被告高橋隆篤作辯護的玆維列夫律師講話。

玆維列夫律師演詞寫入庭審記錄中。該演詞同時用日語廣播。

玆維列夫律師爲被告高橋隆篤作辯護時的演詞

審判員同志們！

我所負的責任就是要爲前關東軍獸醫處長高橋隆篤中將作辯護。

我所辯護的高橋被控爲犯了反人類的罪行，犯了在任何文明國家都公認是極深重的罪行。

審判員同志們，這一案件具有極大的社會意義，它又一次提醒全人類說，法西斯勢力爲求達到世界統治而造成了多少不可勝數的災禍。

帝國主義日本是根本敵視戰爭法規和慣例的。日本軍界上層份子曾决心把全部科學成果不用去造福人類，而用去危害人類。

審判員同志們！世界上沒有一個國家裏不是爲使人們免除可怕瘟疫而從事研究種種防止此種病菌的手段和方法的。

歷來有過多少偉大學者畢生致力於這一高尙目的，有過多少這樣的勤勞人物在同疫症作鬥爭中捐棄了自己的生命，所以全人類都懷着愛感來頌揚和紀念塞淸諾夫、皮洛哥夫、菲諾格拉得斯基、麥奇尼科夫、巴士特爾以及其他科學泰斗底英名。但在帝國主義的日本，却有些學者居然利用世界科學的經驗和成果而把自己的知識用去研究與解决另一種問題，卽探求那種儘量大規模用人工散佈鼠疫、霍亂、鼻疽、炭疽熱、傷寒等等流行病的方法。

在日本那裏出現了一個細菌戰思想家學者石井將軍，而這個學者就領導了主張在當時所準備的反對各國和平人民的強盜戰爭中使用細菌武器的宣傳。

但問題不只在於石井一人。充滿侵略慾的日本軍界上層份子，曾一心指靠致命細菌這一新式武器。

身為日本陸海軍最高統帥的日皇裕仁已經確信蘇聯軍力強大（而日本是把蘇聯當作為第一號作戰對象的），並遭受了堅強保衛着本國人民和平勞動的蘇軍所屢次給予的慘痛失敗，就為實現種種侵略計劃而頒佈了一道祕令，內容是要準備細菌武器並以這種武器裝備日軍，以期在戰爭中利用這武器去反對蘇聯、中國、蒙古人民共和國，以及反對美國和英國。

為了執行這道勅令，於是就成立了兩個新軍事部隊，即劃歸關東軍建制內的第七三一部隊和第一〇〇部隊。

這兩個部隊，特別是第七三一部隊，逐漸擴大自己的活動，成立各個支隊，以至於在各部隊中建立了別動隊式的支部。

關東軍司令部內專門指導軍事破壞活動的第二偵探部，對這件事並未袖手旁觀。它也開始利用各該部隊底工作成果和工作員來進行軍事破壞動作。

關東軍中對第七三一部隊和第一〇〇部隊極為重視，把它們當作該軍建制內的特種戰鬥單位。所以這兩個部隊都直接受關東軍總司令山田將軍管轄。日本陸相經常知道各該部隊底活動，並洞悉它們的作戰準備程度。

可見，細菌戰思想是由日本上層統治集團中產生出來，是受到該統治集團支持，是按日皇勅令在作為日本帝國主義基本打擊力量的關東軍中具體實現了的。

審判員同志們，當檢討日本準備細菌戰的全部歷史時，須得指出一點，卽那班要比本案諸被告負更大責任的細菌戰主要思想家和組織者，却都是留在蘇聯境界以外，以致沒有被傳到庭受審。

審判員同志們，諸位在這裏所審判的乃是日本帝國主義罪惡計謀底傳達人和執行者，所以諸位在確定其中每個人底作用時，要按每個人所犯罪過的程度來給以懲治。

我以被告高橋底辯護人資格，對於各種事實完全不來爭論，同樣我也沒有任何根據反對控告機關所收集並交給了諸位的各種證據。

我所辯護的高橋不容爭辯地確實是犯了向他宣佈的罪狀。

高橋本人無論過去或現在都不否認自己是犯了罪。

高橋承認說，他所犯的罪就是他參與過準備關東軍去對蘇聯、中國和蒙古人民共和國進行細菌戰和破壞活動的工作。

高橋承認說，他所犯的罪就是他領導過受那個由他主持的獸醫處管轄的第一〇〇部隊底活動。

高橋已承認說，他所犯的罪就是他曾幫助過擴大第一〇〇部隊在探求最有效細菌方面以及在增加部隊內生產能力方面的種種活動。

高橋已承認說他所犯的罪就是他組織過偵察別動隊去進行軍事破壞的工作。

然而高橋以前否認過，現在還否認他曾知悉第一〇〇部隊內用活人進行實驗的事實。高橋雖否認這一事實，但他並不推卸自己也應對第一〇〇部隊所幹此種罪行負責。

高橋關於這點供稱：「我從各證人供詞中才知道有對活人進行實驗的事實。我個人雖不知道對活人進行實驗一事，但我並不推卸自己的責任，因為第一〇〇部隊是受我管轄的」。

高橋並不否認第一〇〇部隊內用活人進行過實驗的事實，並不否認被告三友及證人福住和畑木等人供詞確符實情，但他個人在這方面並沒有罪過。

我要重覆說一句，高橋認定，關於第一〇〇部隊所進行的此種試驗工作，他原先是不知道的。 我之所以要講到這點，是因為我認為這點對於確定高橋在本案中的作用一事具有重大的意義，因為根據俄羅斯蘇維埃聯邦社會主義共和國刑法第十八條規定，諸位審判員同志應該查明每一被告底作用，因而也就應該查明其社會危險性，所以諸位在對每個人判處刑罰時當然應該估計到這點。

審判員同志們，諸位現在是審判着高橋，他現已年逾六旬，所以你們不能不注意到他的生活歷程。

究竟他是怎樣落到這種境地的呢，究竟為什麼高橋竟走上了這條把他引到因犯極惡大罪受審地步的道路呢？

高橋原來是個很有才幹的人，他本來可以走上誠實勞作的大道，他本來能夠獻身於一種良善目的，即使本國免遭各種獸疫的災害，但是他沒有走上這條正路。

為什麼竟會弄成這樣了呢？

高橋曾肄業於東京大學醫科獸醫學系。他在大學時獲得了陸軍省官費生的資格，而這也就使他必須在畢業後進入日軍服務。

35*

高橋受到高等教育後就成了軍人，而最高軍事機關就把他看成是自己所培養出的一個很有才幹及大有希望的獸醫。

當時在高橋面前出現了一條新的道路，卽謀獲軍事祿位的道路，而他也就步步高陞起來了。一九四二年間，他已獲得獸醫少將銜，爾後卽晋陞爲獸醫中將。同年間，高橋便被任爲日軍精鋭部隊關東軍獸醫處長。

高橋受過盲目服從命令的精神教育，他所遵循的是日軍中唯一的法律——軍事典範，他也就再分辨不出何謂好壞，何謂可做不可做，他也就忘掉人類道德規範了。

從此高橋就一味執行各種罪惡命令，他已把自己獸醫底職責置之腦後。命令壓倒了他的理智，命令埋沒了他的良心。

審判員同志們，請諸位回憶到一九四九年十一月二十三日高橋在受審訊人審問時所供述的一段話，當時高橋說：

『一般說來，在日軍細菌學家中，老早就有過要建立獸疫部隊來準備作細菌戰的意見；我曾反對過這種辦法，認爲這是違反人道的』。

高橋在這裏受庭審時，不得不承認說，他不僅在任何地方都沒說出過自己的意見，都沒表露過自己的意見，反而始終把這種意見隱藏着，而當他奉到上級底罪惡命令時，就來執行那種正是有個時候爲他的良心所不容許的事情了。

高橋只是現在才把他在許多年前所想過的事情告訴給大家。只是當他看清了自己工作底後果，當他確信他的領導者們該是設計出如何駭人聽聞的罪行時，他才把這點說明出來。

高橋說他曾隱匿了他反對細菌戰的態度，他這番話在某種程度上可以用來說明當時高橋所處的環境，卽他的健全理性，他的良心是曾被日本當權集團所執行的刼掠政策底一般方針所埋沒了的。

審判員同志們，高橋底罪行只是與第一〇〇部隊相關聯，而高橋與第一〇〇部隊工作相接觸，只是一九四一年當該部隊內以及整個關東軍內都在大肆準備細菌戰的時候。從那時起，高橋才開始參加他在口供中所詳述過的那種罪行。

審判員同志們，根據這點，我認爲可以作出結論說，高橋雖確實犯過罪惡，但終歸不能把他算入細菌戰準備底鼓舞者和發起人之列。

審判員同志們，諸位聽過高橋在我們面前所說出的悔罪詞，他已充分責備了自己，他並沒企圖卸脫應負的責任。

當我向高橋發出問題，問他現在怎樣估計自己在準備細菌戰方面的活動時，高橋曾囘答說：

『我認爲這是慘無人道的事，所以我因我參預過此事而表示翻悔。我特別表示翻悔的，是因爲日本青年在我指導下作過這種惡事』。

高橋已經瞭解了他所犯種種罪惡底全部嚴重性，而他的自認以及他那揭穿日本帝國主義領導者面目的供詞，都足以證實這點。

我請諸位只按他所犯罪惡底程度，來決定對他施行懲治的辦法。

我請審判員同志們在對他判罪時要給他一種希望，使他能夠用自己的餘年去爲人類服務，這樣來不僅在我們面前，並且在他本國人民面前以及在全世界人面前將功贖罪。

在我爲高橋作辯護的這番話中，我是盡力想說出凡屬可能減輕我所辯護的這個被告所遭苦運的情由，我的辯護詞就此完結。

審判長：現在請爲被告佐藤俊二作辯護的波加切夫律師講話。

波加切夫律師演詞寫入庭審記錄中。該演詞同時用日語廣播。

波加切夫律師爲被告佐藤作辯護時的演詞

審判員同志們！

諸位所審判的那些罪惡行爲，實與德國法西斯蒂在其暫時佔領過的蘇聯地區和歐洲其他國家領土內所幹出的那種獸行有些共同之點。同時，這兩者彼此間又具有共同的思想基礎。

本案所審訊的罪行乃是帝國主義日本同法西斯德國互相聯盟底直接產物。其所以造成此種罪行是由於當時日本統治集團爲法西斯思想所陶醉，即妄圖統治世界，認爲日本民族優於全世界一切其他民族，同時企圖侵佔蘇聯遠東境土。

『日本時報』在一九四四年十二月間公然寫過：『迫使日本動用武器與迫使德國動用武器的基本目的，原來是一樣的』。

日本統治集團不惜採取任何手段來達成自己的目的。他們是按『只求目的，不擇手段』這一原則來行動的。

我們是斯大林時代的蘇聯人，是代表偉大人道主義思想的人物，我們所受到的是對人表示尊敬的教育，所以我們很難想像到可以利用細菌去大批消滅人命。我們這些身爲普希金，托爾斯泰和高爾基同胞的人，從來就認爲人是自然界底主宰，在我們看來，『人』這個字乃是一個極高尚的名詞。

我們所希望於一個人的品質，應該是寬宏大度，克己精神，熱愛祖國，但這種愛應該是高尚的愛，是爲了人類福利，爲了人類幸福未來而貢獻出自己所有一切，直至貢獻出最後一滴血爲止的愛。

我們希望人們要具有少年丹柯那樣的精神，他把自己那顆赤熱發光的心臟從胸腔中剜出來，高舉在自己頭上，這樣來給那些在黑夜中徘徊的人們照耀道路。

我國歷史上有過不少使我們引以自豪的人物。一九四一至一九四五年衛國戰爭所提出的猶如丹柯那樣獻出自己的心臟來拯救他人的英雄特別多，他們都是熱愛祖國，熱愛本國人民和熱愛自己家庭的，他們都曾勇往直前地去爲從法西斯鐵蹄下解放祖國領土而奮鬥過。這些人物底英名不僅已載入我國英勇史册上，並且我們始終虔誠懷念着它們，把它們當作愛國主義、勇敢和大無畏精神底象徵，當作應該倣法的榜樣。

那知我們在本次審案期間，又碰着了帝國主義世界中人們對於人品所持的另一種觀點。

所以，我在尙未直接替佐藤作辯護之前，首先想講講竟使此種罪行成爲可能的原因。

在資本主義社會裏，大家都崇拜着黃金偶像，崇拜這——迷惑了人們心靈的黃色妖怪。

『這種可惡的魔術，——高爾基說過，——迷惑了他們的心靈，它使人們成爲黃色妖怪任意玩弄的工具，成爲供這黃色妖怪經常用來提鍊金子作爲本身血肉的礦石』。

那裏，人們就是爲了這黃金妖怪而無惡不作。那裏對於每一個人底生命都是按他所應產生的收入多寡來加以估量的。那裏，人乃是商品。

那裏，根本就不知道什麼是祖國，那裏只知道營業謀利。

華爾街一個很有勢力的財閥波煦曾這樣來辯護自己的活

動，他說：『你們若消滅掉利潤底動機，那你們也就會消滅一切進步』。

我之所以講到利潤這個問題，並不是想要轉移諸位對我們所審查的這案件，對我所要辯護的這佐藤的注意力，而是因為這個問題對於本案，對於爲佐藤作辯護一事，具有重大的意義。

佐藤的名字在起訴書中是與山田列在一起，認爲他是一個領導者，是一個主持過各特種細菌部隊活動的人，是一個實現過帝國主義日本統治集團在發動侵略戰方面的罪惡計劃，準備過細菌武器去殲滅和平居民的人。

起訴書上所定的這個罪名是極嚴重的，並且基本上是理由充足的，但是我不能同意把佐藤與關東軍領導人員同等看待。起初，他本是一個部隊長，後來是第五軍團軍醫處長。他這職位距上層人物還遠。他僅僅是一個陸軍軍人，雖則他獲有將軍銜，他只是那些上層人物意旨底執行者，這些上層人物曾經一貫地在日本人意識中培養獸性的種族仇視主義思想，而於一九四五年間竟因絕望而兇狂地頒佈了準備進行細菌戰的命令，因而又一次證實他們根本不顧日本人民底利益而使國家必然遭受到無窮的犧牲。

罪行的主犯，乃是三井，三菱，住友和安田這班『財閥』。

罪行的主犯乃是日本帝國主義底那些喉舌和思想家，如荒木大將一類的人，這荒木曾鼓吹過，硬說日本是軍閥民族的思想，他也同戈林一樣曾在自己部屬中激起貪嗜人血的殘暴本能，他指使他們說：『毫不留情地殺吧！』，『表揚出敵視歐美的日本精神，亞洲精神吧』。

這種號召殺人的鼓吹不是沒有惡果的，並且也不會沒有惡果，因爲爲了實現這種思想，日本的國家機構向來就在這方面努力，因爲爲了實現這種思想，日本統治集團在幾十年內都用他們所要求的那種精神來教育過日本人，毒化了千百萬人底意識，拿神道思想這一奉爲宗教的特種愛國主義體系來從事投機。

而佐藤却不過是一個人，他本是一個醫學博士，軍醫學院講師和病理學專家，却被任命爲細菌部隊長。 當任命他時，並沒有問過他是否同意。 他是個軍人，上面有人命令他，他就得執行。

究竟誰是此種駭人聽聞戰爭武器底創始者，這是很難說的。 細菌戰問題還在一九二五年時，就由國聯軍縮會議審查過。那裏曾指出說，防止準備細菌武器是一件非常複雜的事情，因爲：

『決不能勉強限制病菌實驗工作而妨碍細菌學底發展，——專家結論上說，——因爲這種細菌研究工作首先是爲了人道目的…即同某種預想的危險作鬥爭…每個國家都應認識到由於在該國境內進行細菌研究工作這一事實不免發生的道義責任』。

顯然，日本帝國主義者是因考慮到這點而把細菌研究工作移至滿洲境內去進行。他們假冒發揮一般細菌學而發展了其中有軍事意義的方面，他們居然利用這一科學中的人道思想成分來達成自己的卑劣目的。

從前，祇得上校在他那本關於這個問題的『著作』中，說過可能投擲裝有霍亂菌、鼠疫菌和痘菌的炸彈。我們尙不知道，祇得在他這食人生番「著作」中究竟研究到了什麽程度，可是日本頭目們却已經經過石井將軍來具體實現該著作內所包含的思想了。

佐藤承認說自己所犯的罪就是他領導過「波」字和「榮」字兩個細菌部隊，指導過各該部隊去製造細菌武器以資準備對蘇聯及對其他國家進行細菌戰。他曾把這種任務當作自己的軍人職責來執行過。

此刻很難斷定的是，究竟佐藤奉到要準備細菌武器的任務時，他內心裏是否有過什麽鬥爭，究竟他當時對這一不僅遠遠超出軍醫普通職責，並且是與此種職責根本相反的任務採取了什麽態度。

此刻很難斷定，佐藤在担任這些職務時所表現的積極性確實是如起訴書上所說的以及國家公訴人所指出的那樣。我關於這個問題有點意見，我認爲把這種意見貢獻給諸位審判員同志們是必要的。

請諸位在會議室裏判決佐藤底命運時注意到我的這番意見。

佐藤是個病理學醫生，他按這一專門技能在軍醫學院當過講師，他用關於這類題目的論文考中了博士學位，自然，缺乏細菌學專門知識這點，雖沒阻碍他在領導各細菌部隊一事中的積極性，但至少是大大減輕了他的這種積極性。

其次，就是佐藤在一九四一至一九四五年被蘇軍俘虜以前這期間內，沒有得過一次獎章。這雖是一件小事情，但這件小事情在某種程度上却說明佐藤在執行其所負任務時並沒有表現出他很熱心。

我們知道，重大的功勞，特別是軍事功勞，何況還是特別祕密的軍事功勞，照例是要得到相當報償的。

既然沒有得到過獎章，那也就是說沒有過特殊功勞。

本案材料證實，佐藤被任爲『波』字部隊長是在一九四一年，卽在該部隊工作建立起來並佈置就緒後已經有幾年的時光了。

我並不是說此種情況能完全辯白佐藤，但這一事實可以減輕他的作用和責任。

說到這裏，我想請諸位注意到一件事情，佐藤在被告名單中佔第八名，卽在職位上比他較低的西俊英、柄澤、尾上等人後面。

而這並不是偶然的。佐藤底作用，較之當時所進行的細菌破壞活動和在活人身上所作的種種實驗，以及第七三一部隊內部監獄刑室中有三千人被害死的事實說來，是要輕得多。我有根據地認定，佐藤並沒有親身參預過殺害那些落到『特殊輸送』範圍內而被當作『受實驗材料』受過種種暴力和侮辱的不幸的人們。起訴書上並沒控訴佐藤有此種野蠻行爲，我對這點是同意的。

自一九四四年二月佐藤被任命爲第五軍團軍醫處長後，有個時期離開過領導各該細菌部隊的工作，並且一般地就離開了與準備細菌武器有關的活動。

祗是在一九四五年五月間，才由尾上向他提出請求，要他捕獲鼠類送到海拉爾第六四三支隊裏去。

佐藤爲實現這種請求而頒佈了相當的命令給第五軍團各部隊，因而他對準備細菌武器一事起過某種協助作用。

在庭審時，宣讀過關東軍司令部作戰部長松村底口供，其中說道，那時關東軍中幾乎所有各陸軍部隊都進行過捕鼠工作。所以，佐藤在此場合所給與的協助並沒起積極性的作用。他在這裏並沒表現過主動性，並沒有起過倡首作用。他不過是重覆了他周圍人們所幹的事情。

根據這一切實際材料，我請審判員同志們判明這樣一個問題，究竟把佐藤列到那些積極參與過實現帝國主義日本當權集團罪惡計劃的主犯們一起是否正確。

可否——例如說，——把佐藤與關東軍總司令山田將軍相提並列，認爲他們兩人所起的作用相等而將他們判處同樣的刑罰呢？

我請審判員同志們切實估計佐藤所幹出的一切罪行以及他在準備細菌戰中所起的那種遠非主要的作用。

審判員同志們，我希望諸位能作出人道爲懷的判决。

審判長：現在請爲被告西俊英和平櫻兩人作辯護的波爾霍維金諾夫律師講話。

波爾霍維金諾夫律師演詞寫入庭審記錄中。該演詞同時用日語廣播。

波爾霍維金諾夫律師為被告西俊英和平櫻全作作辯護時的演詞

軍事法庭委員同志們！

人類在有生以來的千百年內遭受過許多次的戰禍。

但戰爭史上還沒有過像細菌戰武器這樣可怕的殺人利器。

在本案審訊過程中已經查明出，日本統治集團在按日皇裕仁勅令建立的各祕密實驗室內，積聚了大批殲滅人命的可怕武器，如鼠疫，霍亂，傷寒，炭疽熱及其他種種致命病菌。

分佈在滿洲那些距我國邊界很近地區內的殺人工廠，曾按日皇意旨每天不斷地擴大過培養致命細菌的生產能力。

當時我們祖國以及盟國軍民已經有受到細菌戰禍的危險。

可以不庸置疑地說，當時日本帝國主義者是會要實施這種萬惡計劃的。

但是在英明戰略家斯大林同志領導下的我們光榮的蘇聯軍隊，由於採取急速進攻動作和澈底粉碎了關東軍的結果，終於阻止了此種萬惡計劃的實施。

審判員同志們！本案審判快要終結，不久諸位就會去商確要怎樣判決這些被告的命運。

我們蘇聯法庭是世界上最公正最人道的法庭，它對被告判罪時，始終都是依各被告已在庭審中證實的具體罪狀作出發點的。

不庸置疑，諸位對每一被告也會首先察明各人所犯罪行程度及各人社會危險程度，而嚴格分別加以處決的。

我是以辯護人資格把由我辯護的西俊英與平櫻全作所犯罪惡及其參加此種罪行程度加以分別看待的，所以我關於這個問題要簡略說出自己的見解。

我覺得，若來分析他們每個人所犯的罪，那就能正確斷定，無論是前日軍中佐西俊英，亦無論是前日軍中尉平櫻全作，都不能被歸入罪行底主使人和鼓舞者之列。事實證明恰恰相反，他們所起過的乃是一種次要的作用。他們都是本國統帥部命令的執行者，固然他們所執行的是罪惡命令，但既然他們不過是執行者，所以他們的罪惡顯然是輕一些。我所辯護的這兩個人都已經完全承認自己犯了罪，我有充分根據來斷言說，他們倆人都已覺悟到第七三一部隊和第一〇〇部隊內所幹罪行的嚴重性。

前日本關東軍軍醫中佐西俊英完全承認了自己所犯的罪，他對所控各節絲毫沒有表示否認。

西俊英在受預審時供稱：

『…我懂得，當時所準備的戰爭定會在和平居民中引起無數的犧牲；我懂得，此種細菌戰武器以及在活人身上強制進行細菌傳染實驗的辦法，乃是慘無人道的罪惡行爲…』

在庭審時，我曾問他是否瞭解該部隊工作終極目的底全部罪惡，當時西俊英回答說：「瞭解」。他並聲明說，他完全悔罪。

他這樣悔罪不是偶然的，所以我認爲他這悔罪是完全眞誠的。

爲要相信這點，就必須囘想起西俊英被俘以前是在什麽地方和什麽條件下生活和受教育的。從幼年時起，他那意識中所薰染的就是這樣一種思想：所謂日皇是天生的，凡是出自日皇的一切都應無條件執行，以及日本負有特殊的使命。

當時他每日每時都曾受到那種對其他一切民族包括蘇聯各族人民在內一律表示蔑視的狂熱沙文主義思想的薰陶。

他那些長官們代表日皇來命令他，而他也就盲目地執行過這種罪惡命令。

這是他在被俘以前的情形。

但西俊英被俘後所見到的戰後實際情形，却不能不觸動他的心靈，不能不引起他心理上重大的變動和轉變，不能不使他重新估計以前認爲天經地義的東西。

我覺得，根據這種情況就可以相信到，西俊英悔罪是眞誠的。

不能把西俊英看作是與那些罪行發起人和主使者一樣的罪犯。

我們已經很清楚地查明，建立第七三一部隊及其各支隊的發起人恰恰就是日皇裕仁。而第七三一部隊底直接組織者則是日本陸軍省，參謀本部和關東軍司令部。

主持第七三一部隊的是日本細菌戰思想家石井四郎將軍，那末難道可以把我所辯護的一個小小軍醫中佐來和在活人身上進行窮兇極惡試驗的頭子石井將軍混爲一談麽？

可見，只能把西俊英當作是日軍統帥部以及前日本關東軍總司令罪惡命令底一個執行人來看待。

講到我所辯護的第二個人，即前日本關東軍獸醫中尉平櫻全作時，我應當指出，他也完全承認了自己犯了罪，他無論在受預審或受庭審時都曾坦白詳細地供認說，他對自己的罪行表示慚愧，表示反悔。

平櫻也和西俊英一樣是在帝國主義日本的條件下誕生、長大、受到教育和從事作工的，而他只是受俘後蹬在蘇聯的期間，才覺悟到自己原來在第一〇〇部隊內作的是罪惡工作。

這個罪犯按其在全體被告中的作用也只能當作一個命令執行者看待。

這就是我關於能減輕被告西俊英和平櫻兩人罪狀的情形所要說出的簡略意見。

我覺得，我所列舉的這些理由是與實際情況完全相符合的，這也就使我有根據來請求諸位審判員同志從寬治罪。

審判長：現在請爲被告三友一男，菊地則光和久留島祐司三人作辯護的普羅珂坪科律師講話。

普羅珂坪科律師的演詞寫入庭審記錄中。該演詞同時用日語廣播。

普羅珂坪科律師為被告三友，菊地和久留島三人作辯護時的演詞

審判員同志們！

全世界都知道，日本當權的帝國主義集團曾在多年內一貫進行背信棄義的侵略政策，製出在太平洋和東亞各國實行掠奪的計劃。

日本帝國主義集團直到最終傾覆時止都沒有改變過自己的意圖。這個集團準備過反對人類的滔天罪行，即細菌戰爭，為此而採用過無數萬萬極可怕的病菌——鼠疫菌，霍亂菌，壞疽病菌，傷寒症菌，炭疽熱菌等作為戰爭利器。

他們把一種昆虫即跳蚤用致命鼠疫菌武裝起來當作這種史無先例的新軍隊中的一種兵員。

這就是已由軍事法庭查明了的實際情形。

我由於我國偉大憲法及本人職責關係，應該來為提付本案判決刑事處分的三個被告，即（一）三友一男，（二）菊地則光，（三）久留島祐司進行辯護。

在起訴書中向他們提出的總罪狀是說他們在日軍專為準備和進行細菌戰所設立的細菌部隊中供職時參加過各該部隊出產作為大批殺人手段的細菌武器的罪惡工作。

此外三友還被控為親身參加過用對活人施行殘忍試驗的辦法殺害人命的活動，並參加過對蘇聯進行的細菌破壞工作。

審判員同志們，讓我首先來為被告菊地作辯護。

菊地則光被控的罪名是說他在担任醫務實習員期間培養過傷寒菌，副傷寒菌，結核菌和赤痢菌，研究過營養液，改

善過營養液製造方法，以便大批出產進行細菌戰所需要的細菌。

菊地則光是日本國籍。他是按照兵役義務規章被徵入伍的。我得說明，軍隊中服務一事是與菊地本人願意與否無關的。在軍中服役原是他的義務，但這當然不是說他應該執行自己長官所發佈的那些分明是罪惡性的命令，即關於改善致命細菌製造法的命令。在本場合，他起了自己長官幫手的作用。

所以，替菊地則光作辯護的人，也如菊地本人承認了一樣，認爲他確實犯了罪過，並認爲按蘇聯最高蘇維埃主席團一九四三年四月十九日法令第一條確定他的罪狀是正當的。

至於處分問題，那末我請軍事法庭在討論此問題時估計到菊地是誕生和成長於資本主義社會裏這點。

他一向都是按資本主義社會獸性法則生活的。他一向都是從關東軍領導者方面受到這種思想陶養的。

同時我還請求法庭估計到，菊地所犯罪惡程度與現在同菊地並排坐着的將軍們所犯罪惡程度相較（順便說說，他現在是生平第一次同日本高級將官並列而坐）是要小得多。

此外我還請求法庭估計到我國法律所預計到的各種減輕罪狀的情由，特別是估計到被告誠懇承認本身罪過及悔悟自己所犯罪過的情由。並依其罪惡程度而從寬治罪。

辯護人相信軍事法庭將對菊地則光定出公道的判決。

至於同樣完全承認了自己罪過的三友一男，那末公訴方對他提出的罪名是更加沉重的。三友除製造致命細菌之外，還不只用動物而且用活人來進行過試驗。

他曾遵照自己主人命令殺害過許多人命，然後就把死者屍首加以剖開，檢查內面因中毒結果所發生的變化。當時他並沒認爲這是罪惡。日本軍閥集團教導給小兵三友的思想原是如此。

這是過去的事。但從前是個兵士的三友現在已成了另一個人了。他現在說的已是另一種話。　審判長和審判員同志們，我請你們諸位相信三友在預審時特別是在庭審時誠懇表示悔悟的態度。

三友痛斥自己過去所幹的罪惡活動，並承認說他自己犯了嚴重的罪惡。

我請諸位在對他判定處分時估計到一九四五年八月以前的三友所由以產生的那種環境底一切特點。

我請求法庭對他從輕治罪，因爲他在那副由日皇裕仁創立的萬惡殺人機器中並不是一種什麽特別重要的機件。

最後，我還要講到久留島祐司所犯罪惡程度及其所應負責任程度。他已承認他所犯的罪惡是：

（一）他在日軍第七三一部隊第一六二支隊中服過務；

（二）他於一九四四年十月參加過平房站附近試驗細菌彈的工作；

（三）他從一九四四年十一月起到日本投降時止担任過實驗員職務，培養過霍亂，傷寒，結核及其他種細菌，搜捕過鼠類動物，繁殖過跳蚤。

庭審查明了，久留島參加當時在平房站附近舉行的細菌彈實驗演習，只是表現於他以日軍兵士資格在試驗細菌彈時担任過打靶場護衛職務。第二，他計算過落到特備箱子內的跳蚤數量，藉以測量從飛機上投下跳蚤的散播程度。末了，他搜捕過田鼠和老鼠。

久留島祐司是於一九四四年一月應徵入伍的。他既深信他是『神明』種族中的一份子，所以他執行過長官命令他所作的一切。

久留島不過是一個兵士而已。

我毫不懷疑，一九四四年時的久留島已不存在了。現在所有的是另一個久留島，是一個誠懇斥責本人已往一切的久留島。

準備細菌戰的責任應該由那些鼓勵和組織過這戰爭的主犯去担負。

審判員同志們，我請諸位對久留島儘量從寬處罰。

審判長：現在請爲被告柄澤十三夫和尾上正男作辯護的魯克楊傑夫律師講話。

魯克楊傑夫律師底演詞寫入庭審記錄中。該律師演詞同時用日語廣播。

魯克楊傑夫律師爲被告柄澤和尾上作辯護時的演詞

審判長和審判員同志們！

日本戰犯審判案引起了我們偉大祖國全體社會人士底注意和興趣。

在法庭上業已查明，日本當權集團所準備的並不是普通的戰爭，而是不免要產生極可怕後果的戰爭，是人類史上空前未有的戰爭，其所使用的武器是普通眼目所看不見而能致人於死命的鼠疫，霍亂，炭疽熱，鼻疽，傷寒症及其他等細菌。

分析法庭審訊材料表明向各被告所提出的關於準備細菌戰爭反對蘇聯及其他國家的罪狀乃是證據確鑿的。

向各被告提出的罪狀已在庭審過程中得到證實，而我並沒有什麽可能推翻此種罪狀的材料。

當我在本法庭上開始執行我爲辯護人底職責時，我想簡略地說明日本這個帝國主義國家底實質，說明日本當權集團底思想，說明日本紀律底特點等問題，因爲這些問題對於我所辯護的柄澤和尾上有直接關係。但是，有一位和我一起担任辯護的同事，卽柏洛夫律師，在我以前講話時已經詳細說明了日本帝國主義國家機關和日本軍事機器底組織原則和方法。他講到了日本人民被宗教和封建偏見所壓制所鈍化的情形，講到了日本人民底意識被好戰民族主義和獸性沙文主義毒藥毒害的情形，講到了日本帝國主義當權集團用整個教育訓練系統把日本軍人變成他們意旨的機械執行者的情形，而這當權集團原是妄想建立世界統治權的。

為避免重覆起見，我不來講到這些對本案一切被告包括我所辯護的被告在內都有最重要意義的問題。

審判員同志們，現在就要講到那些與我所辯護的被告有直接關係的具體說明。

為着辯護柄澤十三夫和尾上正男，我要說明如下幾點意見和理由。

被告柄澤罪狀底要點諸位都很清楚知道，所以我認為再來詳細講到這點是不適當的。

柄澤犯過直接參加準備細菌戰反對蘇聯和其他國家的罪惡，這是沒有什麽疑義的。在柄澤領導下大量培養出的致命細菌，曾於一九四〇年和一九四二年間由細菌戰思想家石井將軍率領的遠征部隊在華中戰地上散播過。

柄澤既為戰爭培養過致命細菌，因而也就犯了違害人類的罪惡，這點是業已證明了的。

但是，諸位審判員同志不應該忽略一種情況，即柄澤在本案中並不是一個基本犯，不是主犯。柄澤按官銜說祗不過是個少校，他在職務方面是依賴於他人的，他只是執行過前部長川島將軍，前部隊長石井將軍，前關東軍總司令梅津大將底命令，以及日皇裕仁底意旨，而這一班人在我看來是應該對準備和使用細菌武器一事負主要責任的。

柄澤原是關東軍中的一個軍官，當時他認為在軍隊中服務首先就是要絕對執行各種軍事操典和各種軍事命令。因此，被告柄澤在本案中的作用是個執行者，而不是首犯，即不是罪行底組織者。

既然柄澤在職務方面曾是一個屬員，當時上級長官底意旨和命令高壓着他，而向來都是受着盲目服從教育的柄澤自然不能拒絕執行此種意旨和命令，所以辯護人抱有一種希望，希望審判員同志們在給柄澤判定處分時必會注意到這些情況，並把這些情況看成是能切實減輕我所辯護的這個被告所犯罪狀的情由。

我不企圖來辯駁向柄澤提出的罪狀，但是我不能不請諸位注意到一個在我看來有根本意義的辯護理由，即我所辯護的柄澤已承認說自己有罪。

在預審時，柄澤已誠懇承認了自己的罪過，說出了其他諸人所犯罪行，因而幫助了大家揭穿日本當權集團罪行的事情。柄澤曾供稱：

『我瞭解第七三一部隊是個罪惡組織，因爲它準備了用國際公法所禁止的野蠻手段來殺害人的那種工具』。

往下他又說過：

『我旣在本部隊內工作過，因而也就是這種罪惡行動底參加者，也就是在人類面前犯了罪過，所以我當然要受到處分。我瞭解了這點，因此自審訊開始時起我就努力忠誠地客觀地揭穿本部隊底罪行以及我個人在這方面的作用』。

我所辯護的柄澤眞正一貫忠實揭穿了他自己和他的同謀犯所犯的罪行。

我覺得，軍事法庭在對柄澤定下判決時應該對這一可能減輕他所犯罪狀的情況也加以注意。

現在我就要來爲被告尾上作辯護。

由本案材料中可以看出，尾上正男在任第七三一細菌部隊第六四三支隊長時所執行的工作，主要是組織搜捕並畜養鼠類動物——大小鼠——和培養跳蚤當作細菌武器。尾上在預審時供稱：

『我知道第七三一部隊內進行過研究和大量製造細菌武器以供進行反蘇細菌戰之用。在我所領導的第六四三支隊內進行過培養鼠類和跳蚤的工作，這種鼠類和跳蚤送到了第七三一部隊中，以供製造細菌武器之用』。

由尾上本人供詞中可以看出，他所主持的那個支隊共捕獲和繁殖了七千多隻老鼠，培養了大量跳蚤，這些老鼠和跳蚤後來都由他負責發送到了第七三一部隊中去。第六四三支隊領得了供培養細菌用的裝備品，以及七十五噸製造供培植致命細菌用的營養液的材料。

這就使我這辯護人必得同意向被告尾上提出的罪狀，並認爲他的罪狀是已經證明了的。

然而在尾上案件中我看到有可以大大減輕他所犯罪過的情況。

我所辯護的尾上，也如柄澤一樣，曾在最帶侵略性的，各方面最有準備的關東軍中服務。這支軍隊是日本帝國主義底突擊力量，是日皇大本營底驕子，其旗幟上所寫的是：『對蘇聯進行戰爭，侵佔蘇維埃遠東區，西伯利亞及烏拉爾』。

日皇裕仁，日本參謀本部和陸軍省專爲關東軍準備過最堅定，最忠於帝國的兵士和指揮官幹部。爲了對軍人養成這種品質起見，不僅由陸軍省，而且由教育部——有個時期教育部領導人曾是主張和蘇聯作戰的思想家荒木——極力利用過欺騙手段，在日本兵士和居民中燃起盲目仇視其他民族的心理，鼓吹必須絕對盲目服從長官，必須特別忠實於所謂替天行道的日皇，極力發揚武士道精神，野蠻殘暴對待敵人等等。

換句話說，關東軍底兵士和軍官們都受過了特別的教育。在他們中間培養渴望侵佔他國領土的心理，對他們灌輸過納粹主義和法西斯主義的思想。當時日軍兵士們都是唱着『日本征服全世界』的軍歌。

無怪乎在一九三七間，即在日本對華進行戰爭的時日，每當日本軍隊派往中國去時，各車站上總可看到日本兵士肩帶上寫有如下字樣：『我中村現在出征，是要征服他國人民和奪取他國領土』。

尾上也如其他派往關東軍去的軍官一樣，受過這種訓練，作過軍事宣誓，並誓死要忠於日皇裕仁。

尾上不經絲毫思索而盲目地執行過自己長官底命令，他曾是他那些長官手中的活機械，他本身的『我』是沒有過的。

由此可見，尾上在本案中遠不是一個首要人物。他也如我所辯護的柄澤一樣，不過是他人意志底執行者，是日本罪惡集團和日軍罪惡指揮機關的那些罪惡思想底執行者。

這使我有理由來請諸位審判員同志注意到上述種種情況，並把這些情況看成是很能減輕尾上罪狀的情由。

同時，我還希望諸位審判員同志在決定每一被告犯罪程度時，把被告尾上業已承認其所犯罪狀這點看成是足以減輕罪狀的事實。

他奉行的訓條曾是：『照自然衝動做去，服從國法』。但日本國法乃是日本當權者意志，乃是帝國主義者意志底表現，尾上不過是他們的一個僕役。

審判員同志們！我堅决相信，你們的判决是會本着維護法律的精神，本着保障愛好和平人類安平幸福的精神定出的，同時在規定判决和給由我所辯護的柄澤和尾上兩人確定處分時，將會估計到辯護人提出的理由，而你們的判决一定會是公允和人道爲懷的判决。

各被告底最後陳述

審判長：現在我宣佈雙方辯論已告終結。

被告川島，請到無線電播音機旁邊來。現在法庭讓你作最後陳述。

被告川島陳述說：

現在我經審判長准許來作最後陳述。當我尚未初次來到蘇聯以前，我對蘇聯曾抱有一種完全不正確的觀念。這種觀念祇是由於不瞭解實際情形的結果，所以當我在日本投降時被蘇軍俘虜來到蘇聯以後，才第一次瞭解到我原先的觀點全屬錯誤。

我所感覺到的第一件事情，而且是最淸楚明白感覺到的事情，就是蘇聯人以人道主義態度對待我。

我想了想蘇聯人用這種態度對待我的原因，結果我看出這並不是一件偶然的事，而是因爲在蘇聯這裏已經沒有什麽民族仇視觀念，因爲蘇聯是一個民主國家，這個國家關心人民福利，堅決捍衛和平。

這就使我覺悟到我所犯罪惡底全部深度。這就使我改變了我自己的觀點。

我已瞭解到，我所犯的罪惡不僅對於我本人，而且對於我國全體人民都是一種奇恥大辱，因此我對此完全懺悔。

這就使我瞭解到我以前對蘇聯所持的觀點是錯誤的。我開始瞭解到，日本在投降以後應該發展成爲一個民主國家，因此所有一切舊罪惡都應被揭穿，應被根本剷除。

我所說的這些話都是我的悔悟，都是我的虔誠懺悔。所以，在預審最初開始時，我便敘述與我所服務過的那個部隊底活動有關的各種罪惡的事實。這對於我本來是一件不容易而很痛苦的事情。

担任預審的人員們對我表示的人道主義態度，幫助我及時找到了擺脫這種困難狀態的正確出路。

我很清楚瞭解到我所犯的罪惡是危害人類的滔天罪惡。

我並不是現在才第一次這樣思想，而是早已發生了這樣的思想，但在這裏，在這法庭上，我已特別堅決相信我自己所發生的這種思想和感覺是正確的了。

我甘願接受法庭對我判定的最嚴厲的處分。

審判長：請坐下。 被告柄澤，請到無線電播音機旁邊來。現在法庭讓你作最後陳述。

被告柄澤陳述說：

還在一九四六年，即當東京國際法庭對主要戰犯案進行預審的時候，我便以證人資格受過審訊。

當時我把我個人和第七三一部隊所作的一切罪行都揭穿了。現在，我以一個尋常人，一個普通人的資格來把我內心裏沸騰着的一切統統說出來。

現時住在日本的有我的母親，她已年滿八十；此外，在那裏還有我的內人和兩個孩子。

他們先前都是靠我所領薪水養活。但是我瞭解我所犯罪惡底全部深重性，並對我所犯的罪行完全悔悟。

我將來一定要成爲一個嶄新的人。　我請求法庭給我公正判決。

審判長：請坐下。　被告山田，請到無線電播音機旁邊來。現在法庭讓你作最後陳述。

被告山田陳述說：

首先我要感謝法庭給我和其他各被告指定了辯護人來作辯護。

我想把我所有各次供詞總結一下，並把我個人先前所處地位確切說明一下。

我出生在一個軍人家庭，從幼年起就是在軍隊中生長和服務的。　我歷來受到的都是聽從長官命令和謹守軍人職責的教育。

我被任命担任關東軍總司令一職以後，始終忠實一貫地執行了日本陸軍省和參謀本部底一切命令和指示，這樣來努力加強關東軍底作戰準備。

我承認我自己在加強細菌戰戰鬥準備方面所應負的責任。

至於當時爲準備細菌戰而進行的那些滔天罪行，那末我明白瞭解，對此應負責任的有第七三一細菌部隊和第一〇〇細菌部隊各屆長官，以及關東軍各屆總司令，包括我個人在內。

但是我想說明一點，就是與這些部隊有關的一切人員都是按命令行事的，都是爲執行這些部隊長官和關東軍司令官底意旨而行動了的。

被告川島剛才講到了這些部隊中所幹出的罪惡行爲，以及一般爲準備細菌戰而幹出的罪惡行爲。 我對於他所說的這些話沒有什麽可以補充。 這些罪惡行爲是根本無法辯白的。

我已經說過，我承認我應對各該部隊在我任關東軍總司令一職時期，即從一九四四年七月至一九四五年八月時期，爲準備細菌戰而幹出的一切罪行負罪過責任。

我瞭解我所應負罪過責任底全部深重性。我瞭解我所犯罪惡底全部深重性，所以我並不去思想到法庭將來對我這種罪過判决的刑罰輕重如何的問題。

這就是我在最後陳述時所要講的話。

審判長：請坐下。被告西俊英，請到無線電播音機旁邊來。現在法庭讓你作最後陳述。

被告西俊英陳述說：

我十分感謝法庭在這次審案中指定辯護人來替我辯護的盛意。

我再沒有什麽話要說了。現在我祗是靜待蘇維埃法庭作出公允的判决。

審判長：請坐下。被告梶塚隆二，請到無線電播音機旁邊來。現在法庭讓你作最後陳述。

被告梶塚陳述說：

我承認我犯了向我所提出的罪狀，並甘願承受任何嚴厲的處分。

承蒙法庭讓我作最後陳述，但我並沒有什麼要想自行辯白的意圖。

我只把我的感覺說出來。

我研究醫學原是爲促進保健事業，是要造福人類。我是個醫生，是一個從事人道主義職業的人，而我竟不去執行醫學家底神聖天職，却走上了另一條道路，卽走上了準備利用細菌當作武器的細菌戰的道路。這點我認爲是我自己的奇恥大辱。這點我認爲是一個身爲醫生者的奇恥大辱。我很懊悔我以前曾參加過這種罪惡行爲。

我因我犯過種種罪惡而感覺在各國人民面前犯有罪過。

審判長：請坐下。 被告佐藤，請到無線電播音機旁邊來。現在法庭讓你作最後陳述。

被告佐藤陳述說：

從一九四一年起我担任過兩個細菌部隊底部隊長，並直接領導過準備細菌戰的工作。此外，我當第五軍團軍醫處長時也協助過準備細菌戰的工作。

我所犯的罪惡是與醫生職責相抵觸的，是與醫學道德相抵觸的。這種罪行是反對人類的。我的行爲是反對世上一切善良東西的。

此刻我在法庭上完全懺悔我所犯過的罪惡。我很感謝辯護人，同時我應該說明，當我聽到律師替我這樣一個罪犯辯護時，我眞是心中感覺慚愧。 我認爲我是配不上這點的。

現在我請法庭對我定出公允的判决，這種判决將是完全相當於我所犯的罪惡以及我所應負的罪過責任的。

審判長：請坐下。 被告平櫻，請到無線電播音機旁邊來。現在法庭讓你作最後陳述。

被告平櫻陳述說：

現在我經過審判長准許來作最後陳述。首先，在這次審判案中把國際反動勢力準備細菌戰的罪惡計劃澈底揭穿了。其所以能做到這步，只是因爲蘇軍及時地粉碎了日本軍閥準備進行細菌戰的全部計劃。

對我們這班參加過細菌戰準備工作的罪犯判處嚴厲懲罰，這對於那些現在正極力企圖準備第二次細菌戰的罪犯們乃是一種警告和告誡。我希望，那班應對準備細菌戰一事負主要責任的罪犯，卽日皇裕仁，石井將軍，若松將軍，將會受到嚴厲的懲罰。

我深信，並且希望，凡是那些犯有準備細菌戰罪而此刻未在受審者之列的罪犯們也將會受到嚴厲的懲罰。

審判長：請坐下。　被告三友，請到無線電播音機旁邊來。現在法庭讓你作最後陳述。

被告三友陳述說：

以前，當我在第一〇〇部隊中工作的時候，我沒有瞭解我所幹罪行底全部深度，然而當我在蘇聯這裏住過四年以後，特別是近幾日來在法庭這裏蹬過以後，我已深刻感覺到我所犯罪惡底全部深重性了。

在蘇聯這裏，我第一次認識了關於蘇聯的實情，我認識了蘇聯人，我看到了他們該是怎樣慈善和高尙。

我瞭解了我自己所應負的全部責任。我對於我曾參加過罪惡行爲這點表示懺悔。

審判長：請坐下。　被告高橋，請到無線電播音機旁邊來。現在法庭讓你作最後陳述。

被告高橋陳述說：

我只是在親眼看見了蘇聯實際生活情形後才最初認識了蘇聯。被告川島在最後陳述中所說日本應復興爲一個光明新國家的意見，是完全正確的。我完全同意這種意見，我再沒有什麽話可以補充。我感謝法庭敦請律師來爲我辯護，我感謝辯護人關於我個人說了一番溫存的好話，我對於我所犯那些罪行深表悔悟。我瞭解了這些罪行底全部深度和全部沉重性，但是今天我想請求法庭對我從輕處罰。　我請法庭對我定出公道的判决，好使我能把自己的力量貢獻於人類有益的事業。

審判長：請坐下。被告菊地，請到無線電播音機旁邊來。現在法庭讓你作最後陳述。

被告菊地陳述說：

我從幼年起就是受着叫我盡忠日本國家，叫我盡忠日皇的教育。我本以爲我能用自己的工作效勞於本國人民，但我受了欺騙。

我在居留蘇聯的四年期間內，由於蘇聯當局對我及其他日本人表示人道主義態度，我已瞭解到我該是如何受了欺騙，我在國內從幼年起所受到的該是如何虛僞荒謬的教育。

我已根據親身經驗認識蘇聯正確有理。我心靈中已發生了我畢生所不能發生的轉變，現在我正想要在將來改正我的一切錯誤。

在法庭這裏，我深以那班主要罪犯卽細菌戰底主要組織者和鼓勵者沒有到場受審爲憾。

我對於這班人充滿着仇視心和厭惡心。

我已明白瞭解我所應該走的那條道路。

我的最後陳述就是如此。

審判長：請坐下。　被告久留島，現在法庭讓你作最後陳述。

被告久留島陳述說：

我悟解我的罪狀底深重性，我悟解我任第七三一部隊第一六二支隊工作員時所幹的罪行底深重性，這個支隊曾大量製造過供大批消滅人命用的細菌。我完全瞭解自己所犯的罪過，並懺悔我所幹出的一切罪行。

我對那些把我捲入準備細菌戰罪惡勾當的軍閥們表示無限的痛恨。我從幼年起就是在不正確的環境中受着教育，受着腐敗思想的薰陶。但是正如我的辯護人所說的那樣，我已經不是四年前那個久留島了。

最後，我要感謝這裏對我及其他戰俘表示的誠摯待遇。

我感謝蘇聯不分種族而平等待遇我們的盛情。我感謝這裏在審判時用人道主義精神對待我的態度，感謝法庭爲我請律師來當辯護人的盛情。

審判長：請坐下。 被告尾上，現在法庭讓你作最後陳述。

被告尾上陳述：

在預審時，以及在法庭這裏，我都誠心誠意承認說我參加過由我個人以及第七三一部隊一般工作員所幹出的那些罪行。

我對於有我參加以及由我個人以該部隊支隊長資格親自幹出的那些罪行，都再次表示懺悔。

我感謝法庭懇請有威望的律師來爲我辯護。我悟解我所犯罪過底沈重性，我瞭解我曾不是一個普通的職員，我曾是一個担任領導工作的職員，是一個支隊長，我對於我所犯的罪惡都表示懺悔。

將來，我將儘量努力去反對此類非人道的行爲，去爲和平而鬥爭。

最後，我請求法庭對我從輕處罰，如果法庭認爲有這種可能的話。

審判長：請坐下。

法庭人員退堂商議，以便定出判决。

下午四點二十分，法庭人員一齊退堂去商議，以便定出判决書。

下午九時三十分，審判長宣讀判决書，然後就由翻譯員把判决書譯成日文。

下午十一時四十五分，審判長宣告庭審會閉幕。

審判長契爾特科夫

書記：科爾金

瓦拉弗科

軍事法庭判決書

代表蘇維埃社會主義共和國聯盟名義定出的

判決書

一九四九年十二月二十五至三十日，濱海軍區軍事法庭——由少將法官契爾特科夫任審判長，上校法官伊里尼茨基和中校法官沃羅比耶夫任審判員，科爾金上尉任書記，經國家公訴方代表人三級國家司法顧問斯米爾諾夫以及被告方辯護人波羅維克、柏洛夫、山尼科夫、茲維列夫、波加切夫、普羅珂坪科、魯克楊傑夫、波爾霍維金諾夫等律師參加——在伯力城公開舉行的庭審會上審理了日本戰犯被控一案，本案被告爲：

（一）山田乙三，一八八一年生於東京，日本人，將軍，前日本關東軍總司令；

（二）梶塚隆二，一八八八年生於田尻町城，日本人，軍醫中將，醫學博士，前日本關東軍醫務處長；

（三）川島清，一八九三年生於千葉郡，山武縣，蓮沼村，日本人，軍醫少將，醫學博士，前日本關東軍第七三一部隊生產部長；

（四）西俊英，一九〇四年生於鹿兒島郡，薩摩縣，樋脇村，日本人，軍醫中佐，細菌科醫生，前日本關東軍第七三一部隊訓練部長；

（五）柄澤十三夫，一九一一年生於長野郡，小縣縣，豐里村，日本人，軍醫少佐，細菌科醫生，前日本關東軍第七三一部隊生產部分部長；

（六）尾上正男，一九一〇年生於鹿兒島郡，出水縣，米津町城，日本人，軍醫少佐，細菌科醫生，前日本關東軍第七三一部隊第六四三支隊長；

（七）佐藤俊二，一八九六年生於愛知郡，豐橋城，日本人，軍醫少將，細菌科醫生，前日本關東軍第五軍團軍醫處長；

（八）高橋隆篤，一八八八年生於秋田郡，百合縣，本莊城，日本人，獸醫中將，生物化學家，前日本關東軍獸醫處長；

（九）平櫻全作，一九一六年生於石川郡，金澤城，日本人，獸醫中尉，獸醫，前日本關東軍第一〇〇部隊科學工作員；

（一〇）三友一男，一九二四年生於埼玉郡，秩父縣，原野村，日本人，上士，前日本關東軍第一〇〇部隊工作員；

（一一）菊地則光，一九二二年生於愛媛郡，日本人，上等兵，前日本關東軍第七三一部隊第六四三支隊實習衛生兵；

（一二）久留島祐司，一九二三年生於香川郡，小豆縣，苗羽村，日本人，前日本關東軍第七三一部隊第一六二支隊衛生兵兼實驗員；

上列十二人均犯有蘇聯最高蘇維埃主席團一九四三年四月十九日法令第一條上所定之罪。

濱海軍區軍事法庭根據預審和庭審材料查明：帝國主義日本當權集團，曾在多年以內準備進行侵略戰爭來反對蘇維埃社會主義共和國聯盟。

一九四八年在東京結束的對日本主要戰犯審訊過程中已經查明進行反對蘇聯的侵略戰爭乃是日本當權集團力求強佔蘇聯領土政策中的一個基本部分。

日本帝國主義者因醉心於日本種族優越和在日本支配下建立『大東亞共榮圈』底狂妄思想，並圖謀協同希特勒德國一起用侵略戰爭建立世界統治地位，曾不惜採取一切違害人類的極橫蠻罪惡手段來達成這個目的。

日本帝國主義者在其反對各愛好自由人民的罪惡侵略戰爭計劃中，曾預定要使用細菌武器去大規模消滅對方軍隊及和平居民，包括老弱婦孺在內，方法是散佈鼠疫、霍亂、炭疽熱等致命的流行病及他種嚴重疾病。

爲了上述目的，在日本軍隊內成立有特殊部隊來製造細菌武器，並訓練過專門軍事人員和軍事破壞工作匪幫，到遭受日軍侵犯的國家領土上去用細菌傳染城市和鄉村、蓄水池和水井、牲畜和莊稼。

還在一九三一年間，即自從日本佔領滿洲而將其變成進攻蘇聯的基地時起，在日本關東軍編制內已經爲準備細菌戰而成立有一個密號爲『東鄉部隊』的細菌實驗室，由身爲殘忍細菌戰思想家和組織者之一的石井四郎主持。

在一九三六年間，卽當日本反蘇戰爭的軍事準備工作加緊時，日軍參謀本部又遵照日皇裕仁勅令在滿洲境內建立了兩個細菌機構，其目的不僅是要探究進行細菌戰的方法，而且是要製造足供日軍使用的細菌武器。

這些機構都是嚴守秘密，並爲隱藏起見而命名爲『關東軍部隊防疫給水部』和『關東軍馬匹防疫部』。後來它們被改名爲『第七三一部隊』和『第一〇〇部隊』。

這兩個部隊都設立有許多支隊，分別交歸關東軍各部隊和各聯隊支配，而駐屯在日軍對蘇作戰計劃上所規定的主要打擊方面。

其實，這些支隊原是些戰鬥單位，能隨時遵照指揮部命令去使用細菌武器。

第七三一部隊和第一〇〇部隊連同其各個支隊，都是直接受關東軍總司令管轄的。證明這點的有附入本案文件的前關東軍總司令梅津將軍一九四〇年十二月二日頒佈的關於成立第七三一部隊四個新支隊的命令。

第七三一部隊是佈置在離哈爾濱二十公里遠的平房站附近特設的一個嚴加守衛的軍事市鎮中，這是一個準備細菌戰的強大研究所，擁有科學工作員和技術工作員約計三千人，以及多處用最新技術和完善儀器裝備的實驗室。

該部隊底使命及其實際工作性質，可從其機構上看出。該部隊分成若干部，其中只有設在哈爾濱市內的第三部才是主管軍隊給水事宜的。

第一部（即研究部）所負職能，是研究和繁殖各種效力最大的致命細菌，以便用作舉行細菌攻擊的武器。

第二部（即實驗部）曾用活人進行過檢驗培養出的細菌性能的工作，製造過預備把細菌撒放到敵軍方面的炸彈和特種施放器模型，繁殖過鼠疫跳蚤以便在敵軍領域散佈鼠疫流行病。 該部內設置有四千五百具繁殖器（孵育器），用來在老鼠身上繁殖跳蚤。在這批繁殖器中可能於短促期間內繁殖出大量鼠疫跳蚤。第二部爲進行罪惡實驗而管轄有一個位置在安達站附近的特備打靶場和配備有專門器皿的飛機的航空隊。

第四部（即生產部）所負任務是要繁殖各種已用實驗方法研究出來的細菌，儼然是一座出產各種烈性傳染病菌的製造廠。

該部曾擁有強大技術設備，以便大規模繁殖足供進行細菌戰用的各種細菌。

該部生產能力每月平均可以繁殖出三百公斤鼠疫細菌。

第五部（即訓練『教育』部）內培養過能夠使用細菌戰武器和用散佈細菌辦法引起鼠疫、霍亂、炭疽熱流行病及他種疾病的幹部。

由此可見，第七三一部隊大量製造烈性傳染病菌，預備用作細菌戰武器，以期毀滅對方許多地區和殺害無數和平居民。

據法庭醫學檢驗委員會結論上所說，這樣大規模繁殖細菌的目的是預定要進行積極的細菌戰。

第一〇〇部隊駐屯在離長春以南約十公里遠的孟家屯地方，也如第七三一部隊一樣進行過那種罪惡工作。

第一〇〇部隊生產部內設有六個分部，其中：第一分部製造炭疽熱細菌；第二分部製造鼻疽細菌；第三和第四分部製造可能引起他種牲畜傳染病的細菌；第五分部繁殖毒害禾苗穀穗的細菌，目的是要把禾苗穀穗消滅；第六分部製造牛瘟媒介物。

同時在預審和庭審過程中又已查明，在華中和華南動作的日軍部隊中也成立有兩個專門製造細菌武器的祕密部隊，並爲保守祕密起見而取名爲『榮』字部隊和『波』字部隊。這兩個部隊底活動性質完全與第七三一部隊及第一〇〇部隊活動性質一樣。

日軍指揮部曾預料到在使用細菌武器時將有使自己軍隊受到傳染的危險，所以在各營及各團內成立有防疫部隊，受各軍團軍醫處長節制。這原是準備細菌戰總計劃底一個組成部分。

在第七三一部隊和第一〇〇部隊內研究進行細菌戰的方法和武器時，曾用活人進行過殘忍罪惡實驗，以期檢驗細菌武器效力。在進行這類實驗時，日本惡魔用橫蠻方法害死了落入他們毒手的成千人命。

第七三一部隊和第一〇〇部隊在幾年以內用那些在實驗室裏繁殖出來的鼠疫菌、霍亂菌、傷寒症菌、炭疽熱菌及壞疽病菌等進行傳染活人的實驗。大多數染上病菌的人都在慘痛情況下死掉了。而那些痊愈過的人，則被用去重複實驗，結果也是都被害死了。

被用來殘忍殺害的人，是日本憲兵隊用所謂『特殊輸送』辦法押送到第七三一部隊特設內部監獄裏去的。這種死於日本惡魔毒手的犧牲者，都是些被視爲有反日活動嫌疑而注定要遭殺害的中國愛國志士和蘇聯公民。日本兇手眞是殘暴萬分，例如他們居然把拘禁在監獄內而預備進行罪惡實驗的人叫做『木頭』。

據被告川島供述，單只在第七三一部隊內每年就至少有六百個被拘禁者慘遭殺害，而從一九四〇年起至一九四五年日軍投降時止，被害死的不下三千人。

同時又用整批被拘禁者進行過罪惡實驗。在安達站附近的打靶場上，常把大羣犯人綁到鉄柱上，然後就在其近旁把裝有鼠疫菌、壞疽病菌及他種病菌的細菌炸彈爆裂去傳染他們。

例如一九四三年末，由被告柄澤參加在打靶場上進行過炭疽熱傳染十個中國公民的實驗。一九四四年春，又由他參加在這打靶場上用一批活人進行過傳染鼠疫細菌的實驗。一九四五年一月間，又由被告西俊英參加在同一打靶場上進行過用壞疽病菌傳染十個人的實驗。

受被告高橋總領導的第一〇〇部隊內也用活人進行過類此的殘忍實驗。

例如在一九四四年八九兩月間，第一〇〇部隊內曾把細菌放到飯食裏去傳染了八個中國公民和蘇聯公民，不久他們就全部死掉了。

除了用烈性傳染病菌對活人進行傳染的罪惡實驗之外，第七三一部隊還對被拘禁者進行過凍傷四肢的實驗。大多數不幸遭到這種殘暴實驗的人，都是在被染上壞疽病和脫掉四肢後就死掉了。

試驗細菌武器效能的工作，並不只是以在第七三一部隊和第一〇〇部隊內部進行實驗爲限。同時日本帝國主義者還在對中國的戰爭中和對蘇聯的軍事破壞動作中具體使用過細菌武器。

一九四〇年間第七三一部隊特編的遠征隊，曾由石井將軍率領開到華中戰爭地區去，在那裏曾把鼠疫跳蚤用特製的器具從飛機上撒放下來，結果在寧波一帶引起了鼠疫流行病。

這次害死了成千數中國和平居民的罪惡動作，曾攝照成影片，後來這部影片曾在第七三一部隊內放映給日軍高級將校——被告山田也在內——看過。

一九四一年間，第七三一部隊又派遣一個遠征隊到常德城一帶去動作過，結果常德一帶也受到鼠疫細菌的傳染。

一九四二年間，日軍又在中國境內使用過細菌武器。這次由被告柄澤和川島參加準備過的第七三一部隊遠征隊，是與曾有一個時期受被告佐藤指揮過的『榮』字部隊協同動作的，這次用各種烈性傳染病菌傳染過當時日軍在華軍壓擊下被迫退出的地區。

第一〇〇部隊曾於多年以內再三派遣細菌班到蘇聯邊界上去動作，這些細菌班中曾有被告平櫻和三友參加。這種細菌班對蘇聯進行過細菌軍事破壞，辦法是把細菌投入靠近邊界各地蓄水池中，包括三河區在內。

由此可見，在預審和庭審過程中已經查明，日本帝國主義者曾準備在對蘇聯及對其他國家開始侵略戰爭時，就大規模使用細菌武器，藉此而把人類捲入新災禍的苦海。

他們在進行準備細菌戰爭時不惜採取一切罪惡手段，在進行使用細菌武器的罪惡實驗時殺害過成千數的中國公民和蘇聯公民，在中國和平居民中間散佈過各種烈性疫症。

軍事法庭認爲本案各被告個人所犯罪惡已經確鑿查明如下：

（一）山田乙三，從一九四四年起至日本投降時止任日本關東軍總司令，曾領導其所轄第七三一部隊和第一〇〇部隊準備細菌戰的罪惡活動，鼓勵過該兩部隊在進行各種使用細菌武器實驗時橫蠻殺害成千人命的行爲。

山田採取過各種措施，使第七三一部隊和第一〇〇部隊能對進行細菌戰有充分準備，使其生產能力能充分保證日軍以細菌武器。

（二）川島清，在一九四一至一九四三年間任第七三一部隊生產部長，卽任該部隊領導工作員之一時，參加過準備細菌戰工作，曾知道該部隊各部工作情形，並親自領導過大批繁殖致命細菌，以期充分供給日軍以細菌武器的工作。

一九四二年間，川島參加過組織在華中作戰地區內實際使用細菌武器的工作。川島在第七三一部隊內服務期間，始終都親身參加過用拘禁在該部隊內部監獄裏的活人進行烈性病菌的殘忍實驗而將其大批害死的罪惡工作。

（三）柄澤十三夫，曾担任過第七三一部隊生產部分部長職務。他曾是細菌武器製造工作積極組織者之一，同時又是準備細菌戰工作的參加者。

在一九四〇年和一九四二年間，柄澤參加過組織遠征隊對中國和平居民散佈瘟疫病症的工作。

柄澤屢次親自參加過使用細菌武器的實驗，結果害死了許多被拘禁的中國公民和蘇聯公民。

（四）梶塚隆二，從一九三一年起就主張使用細菌武器。他在一九三六年任日本陸軍省軍醫署科長時，曾促成過建立和編成專門細菌部隊一舉，而石井將軍（當時還是大佐）就是由他推薦委任爲該部隊長的。

從一九三九年起，梶塚接任關東軍醫務處長而直接領導過第七三一部隊底工作，供給它以製造細菌所必需的一切物品。

梶塚經常到第七三一部隊去巡視過，洞悉其全部工作，曾知道用細菌傳染活人進行實驗時所作出的殘暴罪行，並贊許過這種罪行。

（五）西俊英，從一九四三年一月起至日本投降時止担任過第七三一部隊駐孫吳城第六七三支隊長，親自積極參加過製造細菌武器的工作。

西俊英在兼任第七三一部隊第五部長時，曾訓練過細菌戰專門幹部，以供關東軍各部隊直屬特別部隊任用。

他曾親自參加過殺害被拘禁的中國公民和蘇聯公民，辦法是用烈性傳染病菌來傳染他們。

為隱藏該支隊及第七三一部隊所作罪惡活動起見，西俊英於一九四五年當蘇軍逼近孫吳城時就下令焚燬該支隊所有一切房舍，設備及文件，而他這一命令也就立即執行了。

（六）尾上正男，在任第七三一部隊駐海林城第六四三支隊長時，曾進行研究各種新式細菌武器和製造各種器材，以供第七三一部隊使用。

由他領導培養過細菌專門幹部。

尾上曾知道第七三一部隊內大批殺害被拘禁者的事實，並以自己的工作助長了此種滔天的罪行。

一九四五年八月十三日，尾上為隱藏該支隊罪惡活動痕跡而親自焚燬了該支隊所有一切房舍，器材和文件。

（七）佐藤俊二，從一九四一年起，任廣州隱稱『波』字部隊的細菌部隊長，在一九四三年間又被任為與此相同的南京『榮』字部隊長。佐藤在先後主持這兩個部隊時，參加過製造細菌武器和準備細菌戰的工作。

後來佐藤担任關東軍第五軍團軍醫處長時又指導過第七三一部隊第六四三支隊，明知該部隊和該支隊工作帶有罪惡實質而協助過該部隊和該支隊製造細菌武器的工作。

（八）高橋隆篤，在任關東軍獸醫處長時，曾是細菌武器製造工作組織者之一，直接領導過第一〇〇部隊所進行的罪惡活動，因而應該對用各種烈性傳染病菌傳染被拘禁者而進行的殘忍實驗一舉負責。

（九）平櫻全作，在担任第一〇〇部隊工作員時，親自進行過關於製造和使用細菌武器的研究工作。

他屢次參加過在蘇聯邊界地方進行專門偵察以期探究對蘇聯舉行細菌攻擊最有效方法的工作，當時他曾把細菌投到各該地區蓄水池中，包括三河區在內。

（一〇）三友一男，以第一〇〇部隊工作員資格直接參加過製造細菌武器的工作，並親自對活人進行過檢查各種細菌效力的實驗，用此種慘痛手段害死這些受實驗的活人。

三友參加過在三河區一帶對蘇聯進行的細菌軍事破壞活動。

（一一）菊地則光，以實習衛生兵資格在第七三一部隊第六四三支隊實驗室內供職時，直接參加過探究新式細菌武器和培養副傷寒和痢疾病菌的工作。一九四五年間，菊地在造就供進行細菌戰用的幹部訓練班內受過專門訓練。

（一二）久留島祐司，受過專門訓練後在第七三一部隊支隊內担任實驗員時，參加過培養霍亂病菌，脫皮傷寒病菌和其他各種傳染病菌，以及實驗細菌炸彈的工作。

濱海軍區軍事法庭根據以上所述各節，認爲已充分證明上列各被告確犯有蘇聯最高蘇維埃主席團一九四三年四月十九日法令第一條所定之罪，同時依據蘇俄刑事訴訟法第三一九條及第三二〇條規定，並估計到每一被告犯罪程度，

茲判決如下：

對於山田乙三，根據蘇聯最高蘇維埃主席團一九四三年四月十九日法令第一條判决禁閉在勞動感化營內，期限二十五年。

對於梶塚隆二，根據蘇聯最高蘇維埃主席團一九四三年四月十九日法令第一條判決禁閉在勞動感化營內，期限二十五年。

對於高橋隆篤，根據蘇聯最高蘇維埃主席團一九四三年四月十九日法令第一條判決禁閉在勞動感化營內，期限二十五年。

對於川島清，根據蘇聯最高蘇維埃主席團一九四三年四月十九日法令第一條判決禁閉在勞動感化營內，期限二十五年。

對於西俊英，根據蘇聯最高蘇維埃主席團一九四三年四月十九日法令第一條判決禁閉在勞動感化營內，期限十八年。

對於柄澤十三夫，根據蘇聯最高蘇維埃主席團一九四三年四月十九日法令第一條判決禁閉在勞動感化營內，期限二十年。

對於尾上正男，根據蘇聯最高蘇維埃主席團一九四三年四月十九日法令第一條判決禁閉在勞動感化營內，期限十二年。

對於佐藤俊二，根據蘇聯最高蘇維埃主席團一九四三年四月十九日法令第一條判決禁閉在勞動感化營內，期限二十年。

對於平櫻全作，根據蘇聯最高蘇維埃主席團一九四三年四月十九日法令第一條判決禁閉在勞動感化營內，期限十年。

對於三友一男，根據蘇聯最高蘇維埃主席團一九四三年四月十九日法令第一條判決禁閉在勞動感化營內，期限十五年。

對於菊地則光，根據蘇聯最高蘇維埃主席團一九四三年四月十九日法令第一條判決禁閉在勞動感化營內，期限兩年。

對於久留島祐司，根據蘇聯最高蘇維埃主席團一九四三年四月十九日法令第一條判決禁閉在勞動感化營內，期限三年。

本判決書可在被判諸人收到判決書副本後七十二小時內，依上訴手續向蘇聯最高法院軍法處提出抗告。

審判長少將法官
契爾特科夫

審判員：上校法官
伊里尼茨基

中校法官
沃羅比耶夫

伯力审判庭审记录

（中、英、俄、德、日文版）

对日战犯审判文献丛刊编委会 编

2

國家圖書館出版社

伯力审判庭审记录

（英文版）

MATERIALS ON THE TRIAL OF FORMER SERVICEMEN OF THE JAPANESE ARMY CHARGED WITH MANUFACTURING AND EMPLOYING BACTERIOLOGICAL WEAPONS

MATERIALS ON THE TRIAL OF FORMER SERVICEMEN OF THE JAPANESE ARMY CHARGED WITH MANUFACTURING AND EMPLOYING BACTERIOLOGICAL WEAPONS

FOREIGN LANGUAGES PUBLISHING HOUSE
Moscow 1950

Printed in the Union of Soviet Socialist Republics

CONTENTS

Preface

During December 25-30, 1949, twelve former members of the Japanese armed forces were tried in Khabarovsk, charged with preparing and employing the bacteriological weapon.

The men brought to trial were: General Yamada Otozoo, formerly Commander-in-Chief of the Japanese Kwantung Army; Lieutenant General of the Medical Service Kajitsuka Ryuji, formerly Chief of the Medical Administration of the same army; Lieutenant General of the Veterinary Service Takahashi Takaatsu, formerly Chief of the Veterinary Service of the same army; Major General of the Medical Service Kawashima Kiyoshi, formerly Chief of a division of Bacteriological Detachment 731; Major of the Medical Service Karasawa Tomio, formerly Chief of a section of Detachment 731; Lieutenant Colonel of the Medical Service Nishi Toshihide, formerly Chief of a division of Detachment 731; Major of the Medical Service Onoue Masao, formerly Chief of a branch of Detachment 731; Major General of the Medical Service Sato Shunji, formerly Chief of the Medical Service of the 5th Army; Lieutenant Hirazakura Zensaku, formerly a researcher in Bacteriological Detachment 100; Senior Sergeant Mitomo Kazuo, formerly a member of the same detachment; Corporal Kikuchi Norimitsu, formerly probationer medical orderly of Branch 643 of Detachment 731, and Kurushima Yuji, formerly laboratory orderly of Branch 162 of Detachment 731.

The case was tried in open court sessions by the Military Tribunal of the Primorye Military Area consisting of Major General of Jurisprudence and President of the Court, C h e r t k o v, D. D., and members of the Court: Colonel of Jurisprudence I l n i t s k y, M. L., and Lieutenant Colonel of Jurisprudence V o r o b y o v, I. G. The Indictment was upheld by State Counsellor of Jurisprudence of Third Class S m i r n o v, L. N. Defence Counsel were: member of the Moscow Bar Association, B e l o v, N. P.—defending General Yamada; member of the Moscow Bar Association, S a n n i k o v, S. E.—defending Lieutenant General of the Medical Service Kajitsuka; member of the Moscow Bar Association, Z v e r y e v, A. V.—defending Lieutenant General of the Veterinary Service Takahashi; member of the Moscow Bar Association, B o r o v i k, N. K.—defending Major General of the Medical Service Kawashima; member of the Moscow Bar Association, B o g a c h o v, P. Y.—defending Major General of the Medical Service Sato; President of the Khabarovsk Territory Bar Association, L u k i a n t s e v, V. P.—defending Major of the Medical Service Karasawa and Major of the Medical Service Onoue; member of the Khabarovsk Territory Bar Association, B o l k h o v i t i n o v, D. E.—defending Lieutenant Colonel of the Medical Service Nishi and Lieutenant Hirazakura; President of the Primorye Territory Bar Association, P r o k o p e n k o, G. K.—defending Senior Sergeant Mitomo, Corporal Kikuchi and Kurushima.

The findings on matters of bacteriology and medicine were submitted to the Court by a commission of experts consisting of: member of the Academy of Medical Sciences of the U.S.S.R. Z h u k o v - V e r e z h n i k o v, N. N.; Colonel of the Medical Service K r a s n o v, V. D.; director of the Department of Microbiology in the Khabarovsk Medical Institute, Professor K o s a r y e v, N. N.; docent in the Department of Microbiology of the Khabarovsk Medical Institute, L i v k i n a, E. G.; Lieutenant Colonel of the Veterinary Service A l e x a n d r o v, N. A.; parasitologist K o z l o v s k a y a, O. L.

The present edition includes only the official materials relating to the trial.

Documents of the preliminary investigation: the Indictment and certain documentary evidence and records of the interrogation relating to the main points of the Indictment have been taken from the case files for publication.

The materials of the Court proceedings: testimony and last pleas of the accused, the testimony of Court witnesses (abridged), the findings of the medicolegal experts, the speeches of the State Prosecutor and Defence Counsel are given verbatim.

Documents of the Preliminary Investigation

INDICTMENT

IN THE CASE OF FORMER SERVICEMEN OF THE JAPANESE ARMY

YAMADA OTOZOO, KAJITSUKA RYUJI, TAKAHASHI TAKAATSU, KAWASHIMA KIYOSHI, NISHI TOSHIHIDE, KARASAWA TOMIO, ONOUE MASAO, SATO SHUNJI, HIRAZAKURA ZENSAKU, MITOMO KAZUO, KIKUCHI NORIMITSU AND KURUSHIMA YUJI CHARGED WITH MANUFACTURING AND EMPLOYING BACTERIOLOGICAL WEAPONS, i.e., WITH A CRIME PUNISHABLE UNDER ARTICLE 1 OF THE DECREE OF THE PRESIDIUM OF THE SUPREME SOVIET OF THE U.S.S.R. OF APRIL 19, 1943

Imperialist Japan was for many years the principal seat of aggression in the Far East.

Having entered into a criminal conspiracy with Hitler Germany and fascist Italy, the ruling clique of imperialist Japan planned, launched and waged aggressive wars against peaceable nations with the object, in conjunction with Hitler Germany, of establishing their domination over the world.

These aggressive wars were aimed at creating a so-called "Greater East Asia Co-Prosperity Sphere"—a colonial state under Japanese rule. The aim of creating such a state by the forcible severance of extensive territories from peaceable neighbours of Japan was a reflection of the extreme expansionist designs of the Japanese imperialists.

How voracious were the aggressive appetites of the Japanese ruling clique may be judged by a number of public statements made by responsible Japanese political leaders.

In an article entitled "The Greater East Asia Imperial Sphere," published on January 5, 1942, in the newspaper *Tayo Dainippon*, **Hashimoto Kingoro**, one of the major Japanese war criminals and "ideologist" of the aggressive Japanese militarist clique, wrote that this "sphere" was to include the following countries: "Japan, Manchuria, China, the Soviet Far East, Malaya, Netherlands India, British East India, Afghanistan, Australia, New Zealand, Hawaii, the Philippines and the islands of the Pacific and Indian oceans."

The borders of so-called "Greater East Asia" were similarly delineated in the plans and projects of the Institute of Total War, an institution set up by special command of the Japanese Emperor and directly controlled by the Japanese Prime Minister.

Aggression against the Soviet Union figured as the principal undertaking in the criminal plans of the Japanese imperialists. In the Japanese militarists' strategical plans for aggression, the U.S.S.R. was usually referred to as "Target No. 1."

Widespread propaganda in favour of a war of aggrandizement against the U.S.S.R. was carried on among the Japanese public. This war propaganda was conducted, in particular, in all the organs of the Japanese press, which was completely controlled by the Information Bureau of the Japanese government.

In furtherance of their criminal plans, the Japanese ruling clique committed a series of aggressive acts, to wit:

In 1931, Japanese armed forces provoked the so-called "Mukden incident" and thereafter invaded and occupied Manchuria;

In 1937, Japanese troops, after provoking the so-called "Marco Polo Bridge incident," invaded China;

In 1938, the Japanese military attacked the U.S.S.R. in the Lake Hasan area, but were routed by the Soviet Army;

In 1939, the Japanese imperialists attacked the Mongolian People's Republic, the friend of the U.S.S.R., in the Khalkhin-Gol area, but were likewise routed by the armed forces of the M.P.R. and the Soviet Union;

At the end of 1941, the Japanese militarists brought Japan into the second world war on the side of Hitler Germany.

Japanese aggression ended only with the surrender of Japan to the United Nations, following on the decisive defeat inflicted by the Soviet Army on Japan's main striking force—the Kwantung Army, which was concentrated in Manchuria.

The events relating to Japanese imperialist aggression were examined at the Tokyo international trial of the major Japanese war criminals. The International Military Tribunal found it fully established that the Japanese ruling clique had, in conjunction with Hitler Germany, planned, launched and waged aggressive wars, and had for many years engaged in active preparations for a large-scale aggressive war against the Soviet Union. The Tribunal placed on record the fact that Japan had conducted aggressive wars against the U.S.S.R. in the Lake Hasan area in 1938 and in the Khalkhin-Gol area in 1939. The Tribunal also attested the fact that Japan had entered into a criminal conspiracy with Hitler Germany and fascist Italy against peace and humanity.

The Tribunal further established that Japan had grossly violated the laws and customs of war, inasmuch as brutal and inhuman treatment had been meted out by the Japanese military to war prisoners and to civilian inhabitants of the occupied territories.

The preliminary investigation in the present case has established that, in planning and preparing aggressive war against the U.S.S.R. and other states, the Japanese imperialists intended to employ on a wide scale for the accomplishment of their aims, and in part did employ, a criminal means of mass extermination of human beings—the weapon of bacteriological warfare.

Formation of Special Units for the Preparation and Prosecution of Bacteriological Warfare

The preliminary investigation has established that, shortly after the seizure of Manchuria, the Japanese General Staff and Ministry for War set up there a bacteriological laboratory forming part of the Japanese Kwantung Army and headed by **Ishii Shiro**, who was well known in Japan as an ideologist of bacteriological warfare and who was subsequently made a lieutenant general in the Army Medical

Service. In this laboratory researches were conducted in the use of the germs of severe infectious diseases for purposes of offensive bacteriological warfare.

Accused **Kawashima Kiyoshi**, formerly Major General in the Japanese Army Medical Service, has testified that, acting upon secret instructions from Emperor **Hirohito**, the Japanese General Staff and Ministry for War already in 1935 and 1936 formed in Manchuria two top-secret units for preparing and conducting bacteriological warfare.

For purposes of secrecy, one of these institutions, which had **Ishii's** laboratory as its core, was given the name of "Water Supply and Prophylaxis Administration of the Kwantung Army," and the other the name of "Hippo-Epizootic Administration of the Kwantung Army." In 1941, after Hitler Germany's attack on the U.S.S.R. these institutions were given the code names of "Detachment 731" and "Detachment 100," respectively. Detachment 731 was placed in the charge of the afore-mentioned **Ishii Shiro**, and Detachment 100 in that of Major General **Wakamatsu** of the Veterinary Service.

These detachments were composed of expert bacteriologists and their extensive research and technical personnel was directed by some of the leading bacteriologists of Japan. The scale of the work conducted by the bacteriological detachments is indicated, among other things, by the fact that Detachment 731 alone had a personnel of about 3,000.

The Japanese Army Command allocated very considerable sums for the maintenance of the detachments engaged in the production of bacteriological weapons. For example, for the accommodation of Detachment 731, a large military cantonment, with numerous laboratories and service structures, had been erected by 1939 in the vicinity of Pingfan Station, 20 kilometres from Harbin. Considerable stocks of raw materials were laid in. For purposes of greater secrecy, the area around the cantonment was proclaimed a forbidden zone. The detachment had its own air force unit, as well as a special proving ground, located near Anta Station.

Detachment 100 likewise had extensive premises, special equipment and tracts of land for its use near the village of Mogatong, ten kilometres south of the town of Changchun.

Detachments 731 and 100 had numerous branches, which were attached to units and formations of the Japanese Kwantung Army and located in the principal strategical areas on the border with the Soviet Union. (Vol. 14, p. 29.)

The principal function of these branches was to prepare for the practical employment in war of the bacteriological weapons produced by the detachments.

The bacteriological detachments and their branches were directly subordinated to the Commander-in-Chief of the Japanese Kwantung Army.

This is corroborated, apart from the testimony of witnesses and accused, by a secret order issued on December 2, 1940, by General **Umezu Yoshijiro**, formerly Commander-in-Chief of the Japanese Kwantung Army, on the formation and location of four new branches of Detachment 731 (Vol. 15, p. 3), which order fell into the hands of Soviet troops in Manchuria in 1945.

General **Yamada**, one of the accused in this case, who succeeded **Umezu** as Commander-in-Chief of the Japanese Kwantung Army, has also confirmed in his testimony that the bacteriological units were directly subordinated to him. (Vol. 18, p. 383.)

Describing the functions of Detachment 731, accused **Yamada Otozoo** testified:

> ". . . Detachment 731 was formed for the purpose of preparing for bacteriological warfare, chiefly against the Soviet Union, but also against the Mongolian People's Republic and China." (Vol. 18, p. 382.)

Yamada testified that Japan was conducting preparations for bacteriological warfare against other states too. (Vol. 18, p. 383.)

Yamada also testified that the activities of Detachment 100 consisted in producing bacteriological weapons for purposes of bacteriological warfare. (Vol. 18, p. 382.)

Detachment 100, in addition—

> ". . . was charged with the duty of carrying out sabotage measures, i.e., infecting pastures, cattle and water sources with epidemic germs. In this part of its work Detachment 100 was closely connected with the Intelligence Division of the Kwantung Army Headquarters. . . ." (Vol. 18, p. 171.)

The accused Lieutenant General **Takahashi** of the Veterinary Service, formerly Chief of the Veterinary Service of the Japanese Kwantung Army, likewise testified that the function of the "epizootic detachments" was to prepare for and conduct bacteriological warfare and sabotage. (Vol. 11, p. 54.)

The detachments and their branches carried on systematic bacteriological research with the object of ascertaining which types of germs were most effective for use as bacteriological weapons, and also of devising methods for breeding them on a mass scale and techniques for utilizing them to exterminate large masses of people and cause economic damage by infecting cattle and crops with them.

Detachment 731 had eight divisions. Of these, only one (the 3rd) occupied itself with questions of water supply and prophylaxis. But the workshops even of the 3rd Division manufactured cases for special bacteria shells, which were called "Ishii aerial bombs." These shells were to be used for dropping plague-infected fleas from aircraft. (Vol. 2, p. 263.)

The other divisions of Detachment 731 worked exclusively on problems relating to preparation for and prosecution of bacteriological warfare.

The materials of the preliminary investigation have established that the special function of the 1st Division was research in, and the breeding of, the germs of plague, cholera, gas gangrene, anthrax, typhoid, paratyphoid fever and other diseases for their use in bacteriological warfare.

In the course of these researches experiments were conducted not only on animals, but also on human beings, for which purpose an inner prison capable of holding from 300 to 400 persons was set up.

The 2nd Division, known as the experimental, conducted tests of bacteriological weapons on the proving ground, and also under battle conditions.

The 2nd Division had under its control an aircraft unit with specially equipped planes and the proving ground near Anta Station. A section engaged in the cultivation and breeding of parasites intended to cause plague epidemics was also under the control of this division.

The 2nd Division designed special weapons for the dissemination of germs: sprayers in the form of fountain pens and walking sticks, porcelain aerial bombs, etc. A roster of weapons for the use of sabotage groups which was found in Japanese archives shows that the fountain-pen sprayers were part of the recognized armament of the Japanese Army. (Vol. 16, p. 16.)

One of the divisions was called the "Training and Education" Division; it trained special cadres skilled in the use of bacteriological weapons for combat units of the Japanese Army and for sabotage groups.

For the mass production of germs in quantities sufficient for bacteriological warfare, Detachment 731 had a production division (the 4th Division), which, in the words of its chief, the accused **Kawashima**, was a "factory" for the mass production of various bacteria.

This division had high-capacity equipment, divided into two sections, each of which could produce germs independently. The main equipment of the first section consisted of four boilers, each of one-ton capacity, for the preparation of the culture medium for the bacteria, and 14 autoclaves for sterilizing the medium, each 3 metres long and 1.5 metres in diameter. Each autoclave could hold 30 cultivators of a special design invented by **Ishii**, the Chief of Detachment 731. This first section had two cooling chambers for the medium, each of which could hold 100 cultivators simultaneously. This section also had five thermostats with a total capacity of 620 Ishii cultivators.

The second section had two boilers of two-ton capacity each, eight autoclaves, each capable of containing 60 cultivators, and other equipment.

The division also had a special refrigerator for preserving the finished "product."

Experts have calculated, on the basis of the available data regarding the capacity of its main items of germ-breeding equipment, that Detachment 731 alone was capable of breeding, in the course of one production cycle, lasting only a few days, no less than 30,000,000 billion microbes. The experts stress that this is an extraordinarily large quantity of microbes to be produced in such a space of time.

This intensive rate of production led the personnel of detachments 731 and 100 to measure the quantity of bacteria they bred in terms of kilograms. That explains why the accused in their testimony give bacteria quantities in kilograms, this referring to the weight of the thick, creamy bacteria mass skimmed directly from the surface of the culture medium.

For instance, describing the productive capacity of Detachment 731, the accused **Kawashima** stated:

> "... With the available equipment and its rate of output, the Production Division ... could manufacture as much as 300 kilograms of plague bacteria monthly." (Vol. 3, p. 317.)

Another accused, **Karasawa**, gave similar testimony:

> "... The monthly output of the germ-producing division could be raised ... if all its equipment were fully operated ... to about 300 kilograms of plague bacteria." (Vol. 4, p. 286.)

The preliminary investigation has established, and the experts have confirmed, that these huge masses of disease microbes, among them plague, cholera, typhoid, and other germs, were all intended for the manufacture of bacteriological weapons for the mass extermination of human beings.

Detachment 731 and its branches also engaged in the wholesale breeding of fleas for their infection with germs. For the breeding and infection of the fleas—rats, mice and other rodents were used, these being procured not only by the personnel of the bacteriological units, but also by special squads detailed from line troops of the Kwantung Army.

The scale on which fleas were bred may be deduced from the fact that Detachment 731 possessed 4,500 incubators for the breeding of fleas on rodents.

The output capacity of these incubators made it possible, as testified by the accused, to obtain in very short periods whole kilograms of plague-infected fleas, this being equivalent, according to calculations made by the experts, to many tens of millions of such parasites, which were exclusively intended for use as a bacteriological weapon.

The scale of work in the breeding of fleas is also indicated by the fact, attested by witness **Morita**, that a single branch—Branch 543, in Hailar—in the summer of 1945 had about 13,000 rats at one time. (Vol. 2, p. 239.)

The preliminary investigation has established that similar preparations for bacteriological warfare were carried on in Central and South China by Japanese bacteriological detachments designated by the code names "Nami" and "Ei," which in 1941-43 were commanded by the accused Major General of the Medical Service **Sato.**

The accused **Sato** has himself admitted that Detachment Ei possessed high-capacity equipment for the breeding of germs for bacteriological warfare.

The medicolegal experts state in their findings that the scale of the productive capacity of detachments 731 and 100, and the character of their activities, were designed for the active prosecution of bacteriological warfare. (Vol. 9, p. 155.)

The accused **Yamada** testified that the Japanese Army

> ". . . approved and adopted three basic methods of employing bacteriological weapons, namely, spraying of germs from aircraft, dropping of bacteria bombs and, lastly, sabotage. . . ." (Vol. 18, p. 131.)

According to the plans of the Japanese imperialists, specially equipped aircraft, specially trained army units, and sabotage squads were to disseminate large quantities of lethal germs of plague, cholera, typhoid, glanders, anthrax and other severe infectious diseases along the adversary's front and in his rear, contaminating inhabited localities, wells and other water sources, crops and cattle by every possible means. Counting on the capacity of these lethal bacteria for multiplying rapidly, the Japanese imperialists in their villainous plans intended to cause plague, cholera and other epidemics among the troops and the civilian population, which were to result in dreadful pestilences and the painful death of millions of people. They were prepared to employ this inhuman weapon, which constitutes a terrible menace to the population not only of belligerent states, but also of neutral countries.

Criminal Experiments on Human Beings

Criminal and inhuman experiments on living people were the chief method used for testing the action of bacteriological weapons, and they were practised systematically and on a mass scale.

These criminal experiments were performed on Chinese patriots—fighters in the resistance movement against the

Japanese invaders—and Soviet citizens whom the Japanese Gendarmerie had doomed to painful death.

The preliminary investigation has established that the brutal killing of human beings by criminal experiments upon them was practised by the Japanese bacteriological detachments with the knowledge and consent of the Commander of the Kwantung Army.

The accused **Yamada** has admitted that he sanctioned the performance of experiments on living people.

Yamada testified:

> "I . . . permitted them, and thereby virtually sanctioned the violent killing of Chinese, Russians and Manchurians, who were sent for experimental purposes by the Kwantung Gendarmerie and by the Japanese Military Missions which were subordinated to me. . . ." (Vol. 18, p. 174.)

Witness **Furuichi** testified that experiments had been performed in infecting human beings with typhoid.

He said:

> ". . . It was about the beginning of 1943 that, on the orders of **Tabei**, Chief of the lst Division, I first took part in typhoid-infection experiments on people confined in the prison of Detachment 731. I prepared one litre of sweetened water, which I infected with typhoid germs. This litre I then mixed with more water, and this was administered to about 50 imprisoned Chinese, war prisoners, if I remember rightly, only some of whom had been inoculated against typhoid." (Vol. 5, p. 308.)

Questioned as to the activities of the lst Division of Detachment 731, accused **Kawashima Kiyoshi** said:

> ". . . Detachment 731 experimented widely in the action of all lethal bacteria on human beings. For these purposes we used imprisoned Chinese patriots and Russians whom the Japanese counterespionage service had condemned to extinction. . . ." (Vol. 3, p. 59.)
>
> ". . . Detachment 731 had a special prison, where the persons designated for experimentation were kept under a strict regime and in close isolation; for purposes of secrecy, the detachment personnel usually referred to them as 'logs.'" (Vol. 3, p. 146.)

Inhuman experiments on living people were also performed under field conditions closely approximating those of battle, at specially equipped proving grounds. The prisoners were tied to iron stakes driven into the ground, and the action of various bacteria ammunition was tested on them.

Accused **Karasawa** testified:

"... I personally was present on two occasions at the Anta proving ground when the action of bacteria was tested on human beings under field conditions. The first time I was there towards the end of 1943. Some ten persons were brought to the proving ground, were tied to stakes which had been previously driven into the ground five metres apart, and a fragmentation bomb was exploded by electric current about 50 metres away from them. A number of the experimentees were injured by bomb splinters and simultaneously, as I afterwards learned, infected with anthrax, since the bomb was charged with these bacteria....

"The second time I visited the proving ground was in the spring of 1944; about ten people were brought there, and, as on the first occasion, tied to stakes. A cylinder filled with plague germs was then exploded at a distance of roughly ten metres from the experimentees." (Vol. 4, p. 42.)

Accused **Nishi Toshihide** who took part in similar criminal experiments at the Anta proving ground, testified:

"... In January 1945, in my presence, Lieutenant Colonel **Ikari**, Chief of the 2nd Division of Detachment 731, and **Futaki**, a research official of this division, performed an experiment at the detachment's proving ground near Anta Station in infecting ten Chinese war prisoners with gas gangrene. The ten Chinese prisoners were tied to stakes from 10 to 20 metres apart, and a bomb was then exploded by electricity. All ten were injured by shrapnel contaminated with gas gangrene germs, and within a week they all died in severe torment." (Vol. 7, p. 113.)

The corpses of the victims were burned in a special incinerator which Detachment 731 had built in close proximity to the prison.

Witnesses interrogated in the case, and the accused themselves, testified to the inhuman torture, violence and outrages to which all who were sent as "experimental material" to the torture chamber in the inner prison of Detachment 731 were subjected.

Witness **Kurakazu** stated:

"... On each floor there were several rooms used as laboratories, and in the middle were the cells where the experimentees, or 'logs,' as Sergeant Major **Tasaka** told me they were called in the detachment, were kept.... I remember clearly that, in addition to Chinese, there were Russians among the prisoners. In one cell I saw Chinese women.... All the people kept in the cells had chains on their legs.... Three Chinese had no fingers, and in the case of others, the finger bones could be seen.... **Yoshimura** told me that this was the result of freezing experiments which he had been performing...." (Vol. 2, p. 371.)

Yamagishi, formerly deputy chief of the Japanese Hogoin camp, who was interrogated as a witness, testified:

"... I do not remember the names of all the people sent to Detachment 731 for extermination. I recall the following persons ... D e m c h e n k o, a soldier of the Soviet Army, who categorically refused to give any information about the Soviet Union. Physical means of pressure were used on him with my permission. The questioners tortured him by tying him to a beam by the hands or the feet. Nevertheless, D e m c h e n k o gave no information.

"I then decided to have him physically exterminated, and sent him to Detachment 731 for this purpose." (Vol. 2, p. 174.)

That Soviet citizens were sent from the Hogoin camp for extermination was also attested by witness **Iijima**.

"... In all, I on various occasions sent about 40 Soviet citizens from the Hogoin camp to certain death; they all died under the experiments...." (Vol. 6, p. 242.)

The inhuman experiments on prisoners who fell into the hands of Detachment 731 went on until the victim died.

"If a prisoner survived the inoculation of lethal bacteria," accused **Kawashima** testified, "this did not save him from a repetition of the experiments, which were continued until death from infection supervened. The infected people were given medical treatment in order to test various methods of cure, they were fed normally, and after they had fully recovered, were used for the next experiment, but infected with another kind of germ. At any rate, no one ever left this death factory alive. . . ." (Vol. 3, p. 60.)

In accordance with their instructions and by arrangement with the chiefs of the detachments, the Japanese Gendarmerie and Japanese Military Missions in Manchuria sent imprisoned Chinese, Manchurians and Soviet citizens to the detachments to be used as "special material" for the so-called "researches." For the sake of secrecy, the term "special consignment" was used for their designation in the official documents of the gendarmerie.

Witness **Tachibana Takeo**, formerly Japanese adviser to the Gendarmerie of the Manchukuo Army, testified:

". . . There was a category of persons under investigation whom the special department of the gendarmerie administration under my charge desired to have put to death. These were . . . partisans, persons sharply opposed to the Japanese authorities in Manchuria, and others. No court proceedings were instituted against these prisoners, since we sent them to the 731st Bacteriological Detachment to be killed. . . ." (Vol. 6, p. 95.)

Another witness, **Kimura**, formerly adjutant to the Chief of the Japanese Gendarmerie in Harbin, confirmed when interrogated that in a conversation with **Kasuga Kaoru,** Chief of the Harbin Gendarmerie Administration, at which he, **Kimura**, was present, General **Ishii**, Chief of Detachment 731, had expressed the assurance that he would continue to receive arrested persons for "experimental" purposes in the same way as in the past. (Vol. 2, p. 194.)

Official documents of the Japanese Gendarmerie found by Soviet troops in Japanese archives in Manchuria corroborate that so-called "special consignments" of prisoners were practised in 1939 and later. Among the discoveries was Order 224 of Major General **Shirokura**, Chief of Gendarmerie of the Kwantung Army, in reference to sending a "special consignment" of 30 prisoners to **Ishii's** detachment in 1939. (Vol. 17, pp. 35-38.)

That prisoners were killed on a mass scale is shown by the testimony of accused **Kawashima Kiyoshi**:

"From 500 to 600 prisoners were consigned to Detachment 731 annually. I myself saw whole batches of them being received from the gendarmerie by personnel of the detachment's 1st Division." (Vol. 3, p. 59.)

". . . From information known to me because of the character of my duties in the detachment, I can say that not less than 600 persons died every year from experiments performed on them by Detachment 731." (Vol. 3, p. 146.)

". . . In the five years that the detachment was located at Pingfan Station, that is, from 1940 to 1945, not less than 3,000 persons passed through this death factory, and were killed by being infected with lethal bacteria. How many died before 1940, I do not know." (Vol. 3, pp. 60-61.)

Similar crimes were perpetrated by Detachment 100, the 6th Section of whose 2nd Division specially engaged in experiments on human beings.

Witness **Hataki Akira**, who was a laboratory assistant in Detachment 100, testified as to the activities of the detachment as follows:

". . . Detachment 100 of the Kwantung Army was called an antiepizootic unit, but actually it was a bacteriological unit, because it bred and cultivated the bacteria of glanders, anthrax and cattle plague, that is, the germs of epizootic diseases. Detachment 100 investigated the action of bacteria by means of experiments on domestic animals and human beings, for which purpose the detachment had horses, cows and other animals, and also kept human beings in its isolation cell, which I know from what I saw myself." (Vol. 13, p. 111.)

Another witness, **Fukuzumi Mitsuyoshi**, who served in Detachment 100 as a veterinary surgeon, testified:

". . . Being an experimental unit, Detachment 100 had a research staff of bacteriologists, chemists, veterinaries and agronomists. All the work of this detachment was conducted in preparation for bacteriological sabotage and warfare against the Soviet Union. The personnel of the detachment and its branches carried on research . . . in methods of employing bacteria and virulent poisons on a large scale for the mass extermination of animals and human beings.

". . . In order to ascertain the effectiveness of these poisons, experiments were performed on animals and living people. . . ." (Vol. 13, p. 48.)

Accused **Mitomo**, who likewise served in Detachment 100, admitted that he had himself killed a number of prisoners after performing inhuman experiments upon them. (Vol. 12, p. 192.)

Mitomo testified:

"There was a case of a Russian on whom, in August 1944, various experiments were performed for two weeks. His constitution having broken down, **Matsui** ordered that he should be killed with an injection of potassium cyanide. . . .

"On the pretext of giving him medical treatment, I made an injection . . . of potassium cyanide and the Russian died immediately. I made the injection in the solitary confinement cell. . . .

"At the beginning of September 1944, two Russians were shot dead in my presence by a gendarme at the cattle cemetery, and were buried there. This was done on the orders of Lieutenant **Nakazima**. They were shot because no more experiments could be performed on them in view of their exhausted state and unsuitability for further experimentation." (Vol. 12, p. 149.)

In addition to criminal experimentation in infecting prisoners with plague and other severe infectious diseases, Detachment 731 extensively practised inhuman experiments in freezing the limbs of living people. Prisoners were made to keep their arms and feet in special boxes filled with ice until the limbs froze.

Witness **Furuichi** testified:

". . . A group of Russians, Manchurians, Chinese and Mongolians, with their legs in chains, were led out into the frost in parties of from two to sixteen and, on pain of being shot, were made to plunge their bare hands (one or both) into barrels of water, and then to keep their bare wet hands out in the frost for from ten minutes to two hours, depending on the temperature of the atmosphere. When freezing had set in, they were taken to the prison laboratory." (Vol. 5, p. 317.)

In the majority of cases, these criminal experiments ended in gangrene, the amputation of the limbs, and the death of the people experimented on. The object of these experiments was to find means of preventing and treating frozen limbs in the projected military operations against the Soviet Union.

Employment of the Bacteriological Weapon in the War against China

The Japanese imperialists were preparing for bacteriological warfare on a big scale, and in 1940 they already made partial use of the bacteriological weapon in the aggressive war they had launched against China.

In the summer of 1940 a special bacteriological expedition, commanded by General **Ishii**, Chief of Detachment 731, was despatched to the theatre of hostilities in Central China. Aircraft of Detachment 731 disseminated plague in the adversary's territory in the Nimpo area with the help of plague-infected fleas, as a result of which a plague epidemic broke out. (Vol. 3, p. 73.)

Interrogated with regard to the organization of this expedition, accused **Karasawa Tomio** said:

> ". . . In the latter half of 1940, I was instructed by my immediate superior, Major **Suzuki**, to prepare 70 kilograms of typhoid bacteria and 50 kilograms of cholera bacteria. Major **Suzuki** told me that he had received instructions to prepare the bacteria from the Chief of the detachment, General **Ishii**, who was getting ready to organize a special expedition from the detachment to employ bacteria against the Chinese Army. . . . I carried out these orders. At the same time, I learned from personnel of the 2nd Division that that division had bred five kilograms of plague-infected fleas as the carriers of this infection for the use of General **Ishii's**

expedition. In September 1940, General **Ishii**, accompanied by a group of other officers of the detachment, left for Hankow, from which they returned in December 1940. The officers who had gone with General **Ishii** stated on their return to the detachment that the employment of plague-infected fleas had yielded good results. The dissemination of the fleas had caused a plague epidemic. One of the members of the expedition, Major **Nozaki**, showed me in proof of this a Chinese newspaper containing an article which reported that an outbreak of plague had occurred in the Nimpo area. The author of the article correctly concluded that the epidemic had been caused by the Japanese, since eyewitnesses had seen a Japanese plane flying over this area and dropping something from a low altitude. I read this article myself." (Vol. 4, p. 43.)

Accused **Nishi Toshihide,** who had himself seen at the quarters of Detachment 731 a secret documentary film showing the Japanese bacteriological unit in action against Chinese troops, testified:

". . . The following scenes were shown on the screen: special receptacles being attached to the planes, with a caption explaining that these receptacles contained plague-infected fleas. . . . An aircraft flying over the enemy's positions. On the ground could be seen Chinese troops in movement and an inhabited place."

Nishi further stated that the film showed the bacteriological attack itself, and also its conclusion:

"A plane is seen returning to the airfield. This is followed by the caption 'Operation Concluded.' **Ishii** and **Ikari** alight from the plane. Then comes the caption, 'Results.' A Chinese newspaper is shown on the screen, with a Japanese translation. The Chinese paper says that a severe plague epidemic has broken out suddenly in the Nimpo area." (Vol. 7, p. 58.)

Apart from this testimony of the accused **Karasawa** and **Nishi**, the fact that a special expedition was sent to the theatre of hostilities in Central China is corroborated by documents found in the archives of the Japanese Kwantung Army. One of them was Order No. 659-Hei issued on July 25, 1940, by General **Umezu**, formerly commander of the Japanese Army, in which the Chief of the Field Railway of the Kwantung Army was directed to transport a number of personnel of Detachment 731 and a special top-secret freight to Central China. Another of the discovered documents was Order No. 178 issued in pursuance of this order on July 26, 1940, by Lieutenant General **Kusaba**, Chief of the Field Railway of the Kwantung Army, which also stressed the especial secrecy of this freight, prescribing in view of this that its specifications should not be entered in the waybill, and in which the route was indicated to be Pingfan-Harbin-Mukden-Shanhaikwan and Tientsin. (Vol. 15, pp. 35-39.)

In 1941, Detachment 731 sent an expedition to the Changteh area in Central China. In the course of this expedition, Japanese aircraft infected the locality with plague-carrying fleas.

Another expedition was organized by Detachment 731 in 1942, at a time when the Japanese forces were retreating in one of the sectors in Central China.

Accused **Karasawa** testified regarding the preparations for this expedition as follows:

> ". . . An expedition against the Chinese troops was carried out in the middle of 1942, with General **Ishii** in charge.
>
> ". . . As a preliminary to this expedition, 130 kilograms of paratyphoid and anthrax bacteria were prepared under my direction, again on the orders of Major **Suzuki**. According to my information, fleas were also used as epidemic carriers in this expedition. . . . To carry out the expedition, General **Ishii** left with a party for Central China, where the Japanese troops were retreating at that time. The members of the expedition took advantage of the retreat to disseminate bacteria in the abandoned territory in order to cause outbreaks of epidemic among the advancing Chinese troops." (Vol. 4, p. 44.)

This testimony of accused **Karasawa** was fully confirmed by another accused, **Kawashima Kiyoshi**:

> ". . . In July 1942, after preliminary preparations had been made, the expedition left in several parties for Central China. . . ." "This time the bacteriological weapon was employed on the ground, the contaminating of the territory being done by sabotage action. . . ."
>
> "The advancing Chinese troops entered the contam-

inated zone and came under the action of the bacteriological weapon."

As established by the testimony of witness **Mishina Takayuki**, formerly Chief of the Information and Intelligence Division of the Headquarters of the 13th Japanese Army, members of Bacteriological Detachment Ei also took part in this operation. (Vol. 6, p. 307.)

Intensification of Preparations for Bacteriological Warfare against the U.S.S.R.

In 1941, after Hitler Germany's perfidious attack on the U.S.S.R., the Japanese militarists, while waiting for an opportune moment to enter the war against the Soviet Union, greatly accelerated in Manchuria the expansion and training of the bacteriological detachments and their branches, formed to wage bacteriological warfare.

In accordance with the "Kan-Toku-En" Plan (the plan for the deployment of the Japanese Kwantung Army for attack on the U.S.S.R., approved in the summer of 1941), detachments 731 and 100 organized the special training of officers and non-commissioned officers in the use of bacteriological weapons.

Lieutenant General **Takahashi Takaatsu,** formerly Chief of the Veterinary Service of the Kwantung Army, testified:

"... After the 'Kan-Toku-En' operations plan appeared, 'epizootic' units were formed under the headquarters of every army in Manchuria. The chiefs of these units were medical men, expert bacteriologists, detailed from Detachment 100. . . . The initiator of these units was the 1st Operations Division of the General Staff of the Japanese Army. . . . The function of the epizootic units was to prepare for and conduct bacteriological warfare and sabotage against the Soviet Union. . . ." (Vol. 11, pp. 53-54.)

Accused **Kawashima** testified as follows with regard to Japan's intensification of preparations for bacteriological warfare in 1941:

"... During one of my visits to General **Ishii** in the summer of 1941, after Germany had begun war on the

Soviet Union, General **Ishii**, referring in the presence of divisional chiefs Lieutenant Colonel **Murakami** and Colonel **Oota Akira** to the need for intensifying the detachment's activities, read out to us an order of the Chief of the Japanese General Staff insisting upon the speeding up of research work on plague bacteria as a means of bacteriological warfare. The order made special mention of the need for the mass breeding of fleas as plague carriers." (Vol. 3, pp. 28-29.)

Speaking of Japan's state of preparedness for bacteriological warfare at the time of Hitler Germany's attack on the U.S.S.R., accused **Nishi**, formerly Chief of the Training and Education Division of Detachment 731, testified:

". . . By the time of Germany's attack on the Soviet Union in 1941 and the concentration of the Kwantung Army in Manchuria on the borders of the Soviet Union, the research work of Detachment 731 in the sphere of devising effective means of bacteriological attack had in the main been completed, and the detachment's activities were now directed to perfecting the process of mass production of bacteria and the means for their dissemination. It was established that plague bacteria were the most effective means of attack." (Vol. 7, p. 124.)

In 1942, detachments 731 and 100 carried out special reconnoitring operations in the border areas of the Soviet Union in preparation for bacteriological warfare. For several years before that, on the orders of the Headquarters of the Japanese Kwantung Army, Detachment 100 had systematically sent bacteriological parties to the borders of the Soviet Union, where they had contaminated water sources, notably in the Tryokhrechye area, as a sabotage move.

These facts are established by the testimony of accused **Hirazakura** and **Mitomo**, as well as of **Yoshikawa** and other witnesses. (Vol. 12, pp. 94 and 192; Vol. 13, pp. 57-58.)

With the object of testing the effectiveness of bacteriological weapons, Detachment 100 in September 1944 held so-called manoeuvres on the Anta proving ground of Detachment 731. The manoeuvres were attended by representatives of the Headquarters of the Kwantung Army.

Witness **Fukuzumi Mitsuyoshi**, who was present at these manoeuvres, testified:

". . . Research in methods for the mass employment of bacteria was conducted by means of experiments on special proving grounds, special apparatus and aircraft being used. Large-scale experiments of this kind were called 'manoeuvres.' Such 'manoeuvres' were held in September 1944 at Anta Station. . . . The experiments were made on 300 cattle and sheep. This experiment showed good results, as all the animals were infected and died. Representatives of the Headquarters of the Kwantung Army arrived by plane to witness these manoeuvres." (Vol. 13, p. 49.)

In 1945 there was a second period of intensified activity by detachments 731 and 100 and their branches in preparation for bacteriological warfare against the Soviet Union.

Accused **Nishi** testified on this score:

". . . When I was making a personal report to General **Ishii** in May 1945, he laid particular stress on the need to speed up the work of producing bacteriological material, especially plague germs, since, he said, developments were taking such a turn that the necessity for bacteriological attack on the enemy might arise any day." (Vol. 7, p. 130.)

In line with these instructions, all the branches of Detachment 731 intensified their work in the mass trapping and propagation of the rodents (mice and rats) needed for breeding the fleas which were to be infected with plague. Special squads were formed for this purpose both in the branches and in combat units. (Vol. 10, pp. 30, 176 and 193; Vol. 2, p. 168.)

Experimental work was also intensified at this period, equipment was replaced with the object of increasing output capacity, and stocks of bacteriological material were built up.

Interrogated as to the production capacity of the bacteriological units subordinated to him, General **Yamada**, formerly Commander-in-Chief of the Japanese Kwantung Army, admitted that their capacity was so great that Detachment 731 alone "could, if necessary, supply the Japanese Army with sufficient weapons for bacteriological warfare." (Vol. 2, p. 6.)

* * *

The Soviet Union and its Armed Forces foiled the criminal schemes of the ruling clique of imperialist Japan to start bacteriological warfare.

Entering the territory of Manchuria, the Soviet troops dealt the enemy a swift paralyzing blow, in a very short period routed Japan's main military force, the Kwantung Army, and compelled imperialist Japan to surrender unconditionally.

> ". . . The Soviet Union's entry into the war against Japan, and the swift advance of the Soviet Army into the heart of Manchuria," testified accused **Yamada**, "deprived us of the possibility of employing the bacteriological weapon against the U.S.S.R. and other countries. . . ." (Vol. 18, p. 133.)

On the eve of the surrender, the Japanese Army Command, with the object of obliterating the traces of their villainies, destroyed the buildings, equipment and documents of the bacteriological detachments and their branches.

* * *

It has thus been established by the preliminary investigation that the practical activity of bacteriological detachments 731 and 100, directed by the Japanese General Staff and the Commander of the Kwantung Army, consisted in preparing and waging bacteriological warfare and formed a component part of the general plan of the criminal conspiracy of imperialist Japan's ruling clique.

It has likewise been established that, in order to accomplish their criminal plans, the Japanese militarists did not stop at any atrocity, even performing inhuman experiments on living people and exterminating several thousand prisoners by forcibly infecting them with lethal bacteria.

Personal Responsibility of the Accused

The criminal activity of each of the accused in this case took the following specific forms:

1. **Yamada Otozoo,** as Commander-in-Chief of the Japanese Kwantung Army, from 1944 till the day of the surrender of the Japanese Army supervised the activity of

special detachments 731 and 100 in the field of preparations for bacteriological warfare.

During this period **Yamada**, personally and through responsible staff officers, inspected these detachments, on repeated occasions heard the reports of their chiefs, and took measures to keep the detachments in a constant state of military preparedness.

From his personal observations and the reports of the commanders of the bacteriological detachments, accused **Yamada** was aware that criminal experiments were being performed on human beings, and he encouraged these atrocities. **Yamada** is thus responsible for the brutal killing of thousands of people, who were put to death by being infected with lethal bacteria.

Speaking of his role in the supervision of Detachment 731, accused **Yamada** testified:

> "Detachment 731 was directly subordinated to me, as Commander-in-Chief of the Kwantung Army. I had charge of the tactical direction of Detachment 731 in all matters concerning the production of bacteriological weapons and their use. This meant that if the necessity arose to employ bacteriological weapons against enemy forces, it was I that would have to give the order to this effect, since Detachment 731 was a special combat unit under my control." (Vol. 18, p. 383.)

Bacteriological Detachment 100 was subordinated to accused **Yamada** on the same basis. (Vol. 18, p. 392.)

2. **Kajitsuka Ryuji**, who from 1939 onward was Chief of the Medical Administration of the Kwantung Army, directly supervised the work of Detachment 731, which was engaged in active preparations for bacteriological warfare. **Kajitsuka** was one of the initiators of research on methods of employing bacteriological weapons.

As far back as 1931, **Kajitsuka** actively supported **Ishii Shiro**, one of the ideologists of bacteriological warfare, and his recommendations that research on bacteriological weapons of war be intensified.

In 1934-36, as head of a division of the Medical Administration of the Japanese War Ministry, accused **Kajitsuka** took an active part in the formation of Detachment 731 and in providing it with the necessary expert staff, and, in particular, was instrumental in having **Ishii Shiro** appointed Chief of Detachment 731.

Interrogated as an accused person, **Kajitsuka** admitted that he was fully informed of the activities of Detachment 731 and its branches, beginning with the criminal experiments on human beings and ending with the use of bacteriological weapons.

> ". . . I was well informed," accused **Kajitsuka** stated, "that Detachment 731 experimented continuously on human beings with the object of discovering the most effective types of bacteriological weapons. I knew that Detachment 731 employed bacteriological weapons in 1941-42 against the Chinese Army and Chinese civilians. . . .
>
> "The detachments and the army medical service under my charge were prepared for bacteriological warfare." (Vol. 1, pp. 115 and 119-21.)

Kajitsuka denies that he personally took part in the immediate practical work of preparing for bacteriological warfare against the U.S.S.R., but he is fully incriminated on this count by the testimony of accused **Yamada** and **Takahashi**, and of **Kawano Nobukatsi** and other witnesses. (Vol. 2, pp. 49-63 and Vol. 18, p. 427.)

3. **Takahashi Takaatsu**, who from 1941 until the day of Japan's surrender was Chief of the Veterinary Service of the Japanese Kwantung Army, and who directly supervised the activities of Detachment 100, took an active part in the preparations for bacteriological warfare.

Referring to his role in the activities of Detachment 100, accused **Takahashi** testified:

> ". . . I directed the preparations for bacteriological warfare and bacteriological sabotage against the Soviet Union.
>
> "I gave orders for Detachment 100 to prepare, and controlled its production of the bacteria of glanders and anthrax and the virus of cattle plague and mosaic disease, with a view to their employment in bacteriological warfare and bacteriological sabotage against the Soviet Union." (Vol. 11, p. 117.)

Besides supervising the work of Detachment 100, accused **Takahashi** constantly propagated the use of bacteriological weapons as one of the most effective means of warfare. (Vol. 11, pp. 113 and 117-20.)

4. **Kawashima Kiyoshi** was from 1941 to 1943 Chief of the Production Division of Detachment 731 and organized the mass production of bacteriological weapons.

Accused **Kawashima** himself took part in the criminal "researches" and "experiments" which the detachment performed on a mass scale on human beings.

Accused **Kawashima** testified on this point:

> ". . . I acknowledge that the methods we employed of experimenting on human beings and of their mass annihilation by the action of lethal bacteria were barbarous and a crime against humanity." (Vol. 3, p. 147.)

In 1942, accused **Kawashima** took part in supplying means of warfare to the special expedition sent to Central China for the purpose of employing bacteriological weapons in military operations. (Vol. 3, pp. 141 and 145-47.)

5. **Nishi Toshihide**, who from January 1943 till 1945 was Chief of Branch 673 of Detachment 731 in Sunyu, directed all the work of the branch under his charge in supplying Detachment 731 with material needed for the production of bacteriological weapons.

From July 1944 onward, accused **Nishi** was at the same time Chief of the so-called Training and Education Division of Detachment 731, and supervised the training of personnel for special units intended for bacteriological warfare.

Accused **Nishi** himself took part in criminal and inhuman experiments on living people.

In 1945, when the Soviet forces were drawing near, accused **Nishi**, in order to obliterate the traces of his criminal activity, destroyed by fire all the service premises and documents of Branch 673, which he directed. (Vol. 7, pp. 108 and 112-15).

6. **Karasawa Tomio**, who from 1943 to 1945 headed a section of the Production Division of Detachment 731, was one of the active organizers of the mass production of bacteriological weapons.

In 1940-42, accused **Karasawa** took an active part in supplying bacteria to the special expeditions sent by Detachment 731 to Central China for the purpose of employing bacteriological weapons in military operations.

In 1943-44, accused **Karasawa** took a direct part in criminal experiments in which lethal bacteria were tested on prisoners. (Vol. 4, pp. 158 and 162-65.)

7. **Onoue Masao**, who from October 1943 to 1945 was Chief of Branch 643 of Detachment 731, directly supervised diverse research work on the bacteriological weapons most effective for military use and on methods of producing them on a mass scale.

> ". . . I knew," accused **Onoue** testified, "that Detachment 731 was conducting research on, and mass production of, bacteria for use in bacteriological warfare against the Soviet Union. . . .
>
> "Branch 643, which was under my charge, bred rodents and plague-carrying fleas, which were consigned to Detachment 731, where they were used for the manufacture of bacteriological weapons." (Vol. 8, p. 102.)

Under the direction of accused **Onoue**, the branch's Training Division systematically trained special personnel for bacteriological warfare.

In 1945, with the object of covering up the crimes in the sphere of preparation for bacteriological warfare, accused **Onoue** destroyed the equipment and all the documents of the branch. (Vol. 8, pp. 98 and 102-04.)

8. **Sato Shunji** was from 1941 to 1943 Chief of the Nami and Ei detachments, and from 1944 onward, as Chief of the Medical Service of the 5th Army, which formed part of the Japanese Kwantung Army, he supervised the activities of Branch 643 of Detachment 731.

As Chief of the Nami and Ei detachments, accused **Sato** took an active part in research on, and production of, bacteriological weapons.

Later, as Chief of the Medical Service of the 5th Army, accused **Sato** actively assisted and supported Branch 643 in increasing its output of bacteriological material, and issued a special order to the troops of the 5th Army to procure rodents for this branch.

Interrogated as an accused person, **Sato** stated:

> "As Chief of Detachment Ei . . . I directed the detachment's work in devising bacteriological weapons and

producing them on a mass scale. For this purpose the Nanking Detachment Ei was supplied with high-capacity equipment and with bacteriological experts, and it produced lethal bacteria on a mass scale.

"Under my direction . . . the Training Division every year trained about 300 bacteriologists with the object of employing them in bacteriological warfare." (Vol. 9, pp. 150 and 154-57.)

Apart from his own testimony, **Sato** is incriminated by the testimony of the accused **Onoue**, and of **Mishina** and other witnesses. (Vol. 2, p. 251; Vol. 17, pp. 59-64.)

9. **Hirazakura Zensaku**, who from July 1942 till Japan's surrender served in Detachment 100, took an active part in research on, and the mass production of, bacteriological weapons for use in an attack on the Soviet Union.

In 1942-44, accused **Hirazakura** headed reconnoitring and sabotage groups made up of personnel of Detachment 100 and repeatedly took part in special reconnoitring operations against the Soviet Union with the object of ascertaining the most effective means of employing bacteriological weapons against the U.S.S.R. During this period, he also repeatedly contaminated water sources on the Soviet border, notably in the Tryokhrechye area, as a sabotage move. (Vol. 18, pp. 89 and 93-96.)

10. **Mitomo Kazuo** served from April 1941 to 1944 in Detachment 100 and took an active part in the breeding of lethal bacteria for use in bacteriological warfare and sabotage against the Soviet Union.

Mitomo himself took part in putting prisoners to painful death by testing the action of various bacteriological weapons upon them.

In July and August 1942, as a member of a reconnoitring and sabotage group made up of personnel of Detachment 100, accused **Mitomo** took part in sabotage operations against the Soviet Union in the Tryokhrechye area. (Vol. 12, pp. 187 and 191-93.)

11. **Kikuchi Norimitsu** served from April 1943 to August 1945 as a private in Branch 643 of Detachment 731. From February 1944 to February 1945 **Kikuchi** was a laboratory assistant in the 1st Section of this branch and helped in the

research work on bacteriological weapons by cultivating typhoid and dysentery germs. In June 1945 **Kikuchi** took a bacteriological course at the classes of Detachment 731, where personnel for bacteriological warfare were trained.

This is established both by **Kikuchi's** own admissions and by the testimony of **Saito Masateru, Okada Mitsushige** and other witnesses. (Vol. 19, pp. 11-15 and 25-27.)

12. **Kurushima Yuji**, after receiving special training in October 1944, served in Branch 162 of Detachment 731 and, as a laboratory orderly in the 1st Section of the branch, took part in cultivating cholera, typhoid and other germs.

Kurushima has admitted to having been aware that Detachment 731 was preparing for bacteriological warfare and was manufacturing bacteriological weapons. (Vol. 20, pp. 11-16.)

The accused **Yamada Otozoo, Takahashi Takaatsu, Karasawa Tomio, Kawashima Kiyoshi, Onoue Masao, Nishi Toshihide, Hirazakura Zensaku, Sato Shunji, Mitomo Kazuo, Kikuchi Norimitsu** and **Kurushima Yuji** have fully pleaded guilty to the charges preferred against them.

Accused **Kajitsuka Ryuji** has pleaded guilty in part.

Besides their own admissions, the guilt of all the accused in this case is established by abundant testimony of witnesses, documentary evidence and the findings of medicolegal experts.

On the Basis of the Aforesaid:

1. **Yamada Otozoo**, born 1881 in the city of Tokyo, General, formerly Commander-in-Chief of the Japanese Kwantung Army;

2. **Kajitsuka Ryuji,** born 1888 in the town of Tajiri, physician and bacteriologist, Lieutenant General of the Medical Service, formerly Chief of the Medical Administration of the Japanese Kwantung Army;

3. **Takahashi Takaatsu**, born 1888 in the Prefecture of Akita, Yuri County, town of Honze, biological chemist, Lieutenant General of the Veterinary Service, formerly Chief of the Veterinary Service of the Japanese Kwantung Army;

4. **Kawashima Kiyoshi**, born 1893 in the Prefecture of Chiba, Sanimu County, village of Hasunuma, physician and bacteriologist, Major General of the Medical Service, formerly Chief of the Production Division of Detachment 731 of the Japanese Kwantung Army;

5. **Nishi Toshihide**, born 1904 in the Prefecture of Kagoshima, Satsuma County, village of Hiwaki, physician and bacteriologist, Lieutenant Colonel of the Medical Service, formerly Chief of the Training and Education Division of Detachment 731 of the Japanese Kwantung Army;

6. **Karasawa Tomio**, born 1911 in the Prefecture of Nagano, Chisagata County, village of Toyosato, physician and bacteriologist, Major of the Medical Service, formerly sectional chief of the Production Division of Detachment 731 of the Japanese Kwantung Army;

7. **Onoue Masao**, born 1910 in the Prefecture of Kagoshima, Izumi County, town of Komenotsu, physician and bacteriologist, Major of the Medical Service, formerly Chief of Branch 643 of Detachment 731 of the Japanese Kwantung Army;

8. **Sato Shunji**, born 1896 in the Prefecture of Aichi, town of Toyohashi, physician and bacteriologist, Major General of the Medical Service, formerly Chief of the Medical Service of the 5th Army of the Japanese Kwantung Army;

9. **Hirazakura Zensaku**, born 1916 in the Prefecture of Ishikawa, town of Kanazawa, veterinary surgeon, Lieutenant of the Veterinary Service, formerly member of Detachment 100 of the Japanese Kwantung Army;

10. **Mitomo Kazuo**, born 1924 in the Prefecture of Saitama, Chichibu County, village of Haraya, Senior Sergeant, formerly member of Detachment 100 of the Japanese Kwantung Army;

11. **Kikuchi Norimitsu**, born 1922 in the Prefecture of Ehime, nine years of schooling, corporal, formerly probationer laboratory orderly of Branch 643 of Detachment 731 of the Japanese Kwantung Army;

12. **Kurushima Yuji**, born 1923 in the Prefecture of Kagawa, Shoozu County, village of Noo, eight years of schooling, formerly laboratory orderly of Branch 162 of Detachment 731 of the Japanese Kwantung Army—

ARE HEREBY CHARGED:

Yamada, Kajitsuka, Takahashi and **Sato**, with having, when occupying commanding positions in the Japanese Army, supervised the activities of the special bacteriological units of the Japanese Army and directed these activities to the production of bacteriological weapons in preparation for bacteriological warfare against the U.S.S.R. and other states.

Thereby these accused took an active part in implementing the criminal plans of the ruling clique of imperialist Japan to unleash aggressive wars and prepare bacteriological weapons for the mass extermination of civilians.

Furthermore, accused **Yamada, Kajitsuka** and **Takahashi** wittingly allowed criminal and inhuman experiments to be performed on living people, which resulted in the painful death of not less than 3,000 persons, while accused **Sato**, as Chief of the Nami and Ei detachments, personally directed the production of bacteriological weapons by these detachments.

The criminal actions of **Yamada, Kajitsuka, Takahashi** and **Sato** are punishable under Art. 1 of the Decree of the Presidium of the Supreme Soviet of the U.S.S.R. of April 19, 1943.

Kawashima, Karasawa, Nishi, Onoue and **Hirazakura**, with having, as responsible members of the special bacteriological units of the Japanese Army, which were engaged in preparing for and waging bacteriological warfare, taken an active part in research on, and the production of, bacteriological weapons for the mass extermination of human beings.

The accused **Kawashima** and **Karasawa** took an active part in bacteriological warfare against China, and **Hirazakura** in bacteriological sabotage against the U.S.S.R.

Furthermore, **Kawashima, Karasawa** and **Nishi** themselves took part in criminal and inhuman experiments on living people.

Their actions are punishable under Art. 1 of the Decree of the Presidium of the Supreme Soviet of the U.S.S.R. of April 19, 1943.

Mitomo, Kikuchi and **Kurushima**, with having, as members of the special bacteriological units formed in the Japanese Army for the purpose of preparing and waging bacterio logical warfare, taken part in the criminal activities of these units in producing bacteriological weapons for the mass extermination of human beings.

Mitomo is also charged with having personally taken part in the villainous killing of people by performing inhuman experiments upon them, and in bacteriological sabotage against the U.S.S.R.

These crimes are punishable under Art. 1 of the Decree of the Presidium of the Supreme Soviet of the U.S.S.R. of April 19, 1943.

All the accused are subject to trial by Military Tribunal.

Military Prosecutor
of the Primorye Military Area,
Colonel of Jurisprudence *A. BEREZOVSKY*

December 16, 1949

TESTIMONY OF ACCUSED AND WITNESSES

RECORD OF INTERROGATION OF ACCUSED YAMADA OTOZOO

December 6, 1949 *City of Khabarovsk*

The interrogation is conducted in Japanese through interpreter T s v i r o v, who was warned of his liability to prosecution for deliberately false interpretation under Art. 95 of the Criminal Code of the R.S.F.S.R.

Signed: *Tsvirov*

Question: Do you understand the substance of the charge brought against you in conformity with the order of December 5, 1949, under Art. 1 of the Decree of the Presidium of the Supreme Soviet of the U.S.S.R. of April 19, 1943?

Answer: I understand the charge brought against me under Art. 1 of the Decree of the Presidium of the Supreme Soviet of the U.S.S.R. of April 19, 1943 in conformity with the order of December 5, 1949.

Question: Do you plead guilty to the charge brought against you under Art. 1 of the Decree of the Presidium of the Supreme Soviet of the U.S.S.R. of April 19, 1943, in conformity with the order of December 5, 1949, of which you were informed?

Answer: Yes, I fully plead guilty on all the points of the charge brought against me and set forth in the order of December 5, 1949, to bring the charge against me.

Question: To what, concretely, do you plead guilty?

Answer: First of all I plead guilty to having, from 1944 to the day of surrender, as Commander-in-Chief of the Kwantung Army, exercised direct guidance of the activities of bacteriological detachments 731 and 100, which were under my command, and which were engaged in devising the most effective methods of employing bacteriological weapons and in their mass production for war purposes. In other words, I plead guilty to having exercised direct guidance of preparations for conducting bacteriological warfare against the U.S.S.R., China, the Mongolian People's Republic, England, the U.S.A. and other countries. I must also admit that, in the main, these preparations were directed against the Soviet Union. It is this that explains why bacteriological detachments 731 and 100, and their branches, were located near the frontier of the Soviet Union.

Concretely, my practical activities as Commander-in-Chief of the Japanese Kwantung Army in guiding the preparations for conducting bacteriological warfare consisted in the following:

On my arrival in Manchuria, after taking over the post of Commander-in-Chief of the Kwantung Army, I learned from reports submitted to me in July 1944 by my subordinates, Kajitsuka and Takahashi, chiefs of the medical and veterinary administrations, that bacteriological detachments 731 and 100 were engaged in devising and in the mass production of bacteriological weapons.

Somewhat later I myself visited Detachment 731 with the object of inspecting its work in making bacteriological weapons. I visited Detachment 731 in August 1944 and made myself familiar with this detachment's work in devising and in the mass production of bacteriological weapons. While inspecting the work of this detachment, I was amazed at the scale on which the work was proceeding for the purpose of producing huge quantities of bacteria intended for use as bacteriological weapons. After inspecting this work, I approved of it and thereby sanctioned its continuation. Thus, while I was Commander-in-Chief of the Kwantung Army, detachments 731 and 100, with my knowledge, continued to devise the most effective types of bacteriological weapons and to produce lethal bacteria on a mass scale to be used as war weapons. I received reports about the progress of this work from my subordinates and in this way was constantly informed about all the preparations that were being made to conduct bacteriological warfare. I received these reports from the chiefs of the medical and veterinary administrations to which I have already referred, from the Chief of Detachment 731, and from my subordinate staff officers who were directly connected with the activities of detachments 731 and 100 in preparing to conduct bacteriological warfare. As regards questions concerning the tactical employment of bacteriological weapons, I received reports on these from the Chief of Staff, and from the competent officers of the Operations Division.

Being informed about the work of these detachments I, as Commander-in-Chief, took the necessary measures to ensure that they were in a constant state of preparedness for action.

In June 1945, on my instructions, Chief of the Personnel Division of the Headquarters of the Kwantung Army, Tamura, inspected the work of Detachment 731. His inspection was called for by the necessity of taking proper measures to ensure an increase in the output of bacteriological weapons. On the results of this inspection, Tamura submitted a detailed report to me.

As Commander-in-Chief of the Kwantung Army I, personally, on reports submitted to me by the Chief of Detachment 731, approved two of the most effective methods of employing bacteriological weapons.

In November 1944, the Chief of Detachment 731 Kitano delivered a report to me in the presence of Chief of Staff Kasahara Yukio, Chief of the Operations Division Matsumura Tomokatsu, and staff officer of the Operations Division Lieutenant Colonel Miyata (Prince Takeda).

Kitano delivered his report at Headquarters of the Kwantung Army. Kitano, in his report, summed up the results of the experiments made in employing plague-infected fleas as a bacteriological weapon. Kitano's report was illustrated with various charts showing the results of the experiments, and with a special cinema film demonstrating experiments in causing plague infections with the aid of fleas.

I approved this report, and the method of using plague-infected fleas proposed by Kitano was regarded as accepted for practical use as one of the types of bacteriological weapons.

In the same year, 1944, at the end of July, I read a written report from Chief of Detachment 731 Ishii, in which the Ishii bacteria bomb and the method of employing it were described. I approved this report too and recognized the method proposed in it as effective.

In the spring of 1945, after the work of devising the most effective methods of using bacteriological weapons had been completed, orders were received from the Ministry for War to increase the output of bacteriological weapons. I, accordingly, took all the measures necessary to carry out these orders.

I remember that in this connection I instructed the Chief of the 1st Operations Division Matsumura to take measures through the Strategical Division to ensure the production of various kinds of bacteria in conformity with the orders received. At the same time I ordered that Detachment 731 be supplied with the necessary number of specialist officers and with the necessary equipment.

With reference to the work of Detachment 100 in preparing to conduct bacteriological warfare, I must say that Detachment 100 was charged with the duty of carrying out sabotage measures, i.e., infecting pastures, cattle and water sources with epidemic germs. In this part of its work, Detachment 100 was closely connected with the Intelligence Division of the Kwantung Army Headquarters. Bearing in mind the general function of Detachment 100, I knew that the detachment was conducting the necessary work in producing bacteriological weapons, and was also studying methods of employing them.

I did not, however, know how this work was proceeding practically, as all these questions were directly dealt with by the Intelligence Division under my command. In particular, I do not remember having received reports about the bacteriological reconnoitring operations carried out in the districts of the North Khingan Province bordering on the Soviet Union. I affirm that all this work was conducted by order of Headquarters of the Kwantung Army and I do not deny responsibility for it, as these operations were conducted at the time that I was Commander-in-Chief of the Kwantung Army. I do not deny that Detachment 100, the aims and objects of which were also to prepare for conducting bacteriological warfare, conducted researches to devise concrete methods of carrying out sabotage measures and made active preparations to carry out this sabotage against the Soviet Union, which followed logically from its practical functions; but I was not fully informed about this part of its work.

With the object of testing the effectiveness of the bacteriological weapons produced by Detachment 731, the detachment performed experiments in using these weapons on human beings under laboratory conditions and also under field conditions approximating to combat conditions. Detachment 731 conducted the experiments under field conditions on a proving ground especially equipped for the purpose at Anta Station.

I learned about the experiments on living people from the reports submitted by Kitano and Tamura. Furthermore, I also learned from the cinema film I saw that experiments in testing the action of bacteriological weapons were performed on living people. From the report submitted to me by Kitano in November 1944 I learned that experiments on living people were being made in the proving ground at Anta Station. From the report submitted to me by Tamura in June 1945 I learned that experimentees were confined in a special prison under the charge of Detachment 731.

Experiments on living people were sanctioned by my predecessors General Umezu, or Ueda. On this point, I plead guilty to the fact that, knowing that experiments were being performed on living people, I permitted them and thereby virtually sanctioned the killing of Chinese, Russians and Manchurians who were sent for experimental purposes by the Kwantung Gendarmerie and the Japanese Military Missions which were subordinated to me.

The sending of prisoners to be experimented on, or the so-called "special consignments," was also sanctioned by one of my predecessors, Ueda or Umezu. I did not cancel this sanction either, and the established system of "special consignments" continued to operate while I was in command. I do not know how many people were killed as a result of these experiments as I did not enquire.

As regards the training of special cadres to be employed in using bacteriological weapons, I must say that such cadres were indeed trained by detachments 731 and 100. As these cadres became trained they were distributed among the branches of the afore-mentioned detachments and among the units and formations of the Kwantung Army. These cadres were to be used in wartime for the formation of special bacteriological combat units, which were to use bacteriological weapons. I do not know how many of these cadres were trained, but I believe that their number was quite sufficient for the practical employment of means of bacteriological warfare.

When hostilities broke out in August 1945, in conformity with my orders, bacteriological detachments 731 and 100, and their branches, were completely liquidated with the object of wiping out the traces of the preparations that had been made for conducting bacteriological warfare. The personnel of the afore-mentioned detachments were withdrawn to Korea.

Question: How was it intended practically to employ bacteriological weapons against the Soviet Union in the event of the outbreak of hostilities?

Answer: Questions concerning the employment of bacteriological weapons were not included in plans of operation. However, in connection with the preparations that were being made for using bacteriological weapons, these questions were studied by the Operations Division of Headquarters.

I, as Commander-in-Chief of the Kwantung Army, was of the opinion that, in the event of the outbreak of hostilities against the Soviet Union, bacteriological weapons ought to be used against the Soviet Union with the aid of aircraft with the object of infecting the rear districts of the Soviet Union, and by means of sabotage measures to be conducted by Detachment 100.

If hostilities against the Soviet Union had not broken out, the bacteriological weapons could have been used against the U.S.A. and other countries.

Question: With what object were the 97th and 3rd infantry regiments formed?

Answer: I do not know anything about the existence of these regiments among the units under my command.

Question: With what object was Ishii reappointed to Detachment 731 in 1945?

Answer: Detachment 731 was of Ishii's making, and that is why he was reappointed chief of that detachment. I myself think that Ishii's appointment as Chief of Detachment 731 was directly connected with the task of activizing the work of the bacteriological detachments at that time, and with the orders of the Ministry for War to increase the output of bacteriological weapons. . . .

I have no more to say on the substance of the case, the statements I have made have been recorded correctly and have been read to me by the interpreter in Japanese.

Yamada

INTERROGATORS

Military Prosecutor,
Lieutenant Colonel
of Jurisprudence *BAZENKO*

Member of the staff
of the Office of the Ministry
for Internal Affairs
for the Khabarovsk Territory,
Captain *GOIKHMAN*

Present during interrogation:
Military Prosecutor
of the Primorye Military Area,
Colonel of Jurisprudence *BEREZOVSKY*

Interpreter *TSVIROV*

RECORD OF INTERROGATION OF ACCUSED KAJITSUKA RYUJI

December 6, 1949 *City of Khabarovsk*

The interrogation is conducted through interpreter B o l k h o v i t i n o v, who was warned of his liability to criminal prosecution for deliberately false interpretation under Art. 95 of the Criminal Code of the R.S.F.S.R.

Signed: *Bolkhovitinov*

Question: You are presented with the order to take proceedings against you as an accused in conformity with Art. 1 of the Decree of the Presidium of the Supreme Soviet of the U.S.S.R. of April 19, 1943. Do you understand what you are accused of?

Answer: Yes, I understand.

Question: Do you plead guilty to the charge brought against you in conformity with the order of December 5, 1949, of which you have been informed?

Answer: I plead guilty to the charge brought against me, except that part which accuses me of having directly guided the activities of Detachment 731 in making, testing and employing bacteriological weapons, as that work was directly guided by the chiefs of Detachment 731, Ishii and Kitano.

Question: To what, concretely, do you plead guilty?

Answer: Concretely, I plead guilty to the fact that, having shared since 1931 the idea of Ishii Shiro that Japan must prepare to conduct bacteriological warfare, I, as head of the Sanitary Division of the Medical Administration of the Japanese Ministry for War from 1934 to 1937, took an active part in forming within the Kwantung Army a special unit, Detachment 731, for the purpose of devising bacteriological weapons and for antiepidemic work, and also in supplying that detachment with specialists in these lines, and helping to secure the appointment of Ishii Shiro, one of the ideologists of bacteriological warfare, to the post of Chief of Detachment 731. Being, from December 1939 to August 1945, Chief of the Medical Administration of the Kwantung Army, I exercised general direction of the scientific research work conducted by Detachment 731 for the comprehensive study and cultivation of bacteria, for the study of insect disseminators of epidemic diseases, for the study of little-investigated epidemic diseases, and for devising the most effective means and methods of healing and preventing epidemic diseases.

I also admit that Detachment 731 conducted scientific research not only for antiepidemic purposes, but also for the purpose of devising, making and testing bacteriological weapons; but the work of making, testing and practically employing bacteriological weapons was conducted under the direct guidance of the chiefs of Detachment 731, Ishii and Kitano. In this work, Ishii and Kitano were guided by the orders of the Operations Division of the Kwantung Army Headquarters and of the Japanese General Staff.

I knew about the experiments conducted by Detachment 731 in devising and testing bacteriological weapons, and in devising means and methods of healing and preventing epidemic diseases, and I knew that these experiments were performed on living people.

Concerning the results of the experiments in testing bacteriological weapons, and the practical employment by Detachment 731 of bacteriological weapons against the Chinese Army and the local Chinese population in 1940-42, a verbal report was submitted to me by the Chief of Detachment 731, Kitano. Concerning the results of experiments in devising the most effective means and methods of healing epidemic diseases and in studying little-investigated epidemic diseases, and concerning freezing experiments, the chiefs of Detachment 731, Ishii and Kitano, periodically submitted to me written reports.

I took a direct part in forming, in 1940, along the frontier of the Soviet Union, four branches of Detachment 731: in Hailin, Linkow, Sunyu and Hailar; I supplied Detachment 731 and its branches with equipment and other technical appliances, and trained cadres for conducting bacteriological warfare.

I also admit that Japan prepared to conduct bacteriological warfare chiefly against the Soviet Union, the Mongolian People's Republic and China, and also against England and the United States of America.

Question: Tell us, what do you know about the freezing experiments that were performed by Detachment 731?

Answer: I know that Detachment 731 performed freezing experiments for the purpose of devising the most effective means and methods of healing frostbite. Concerning the results of these experiments the Chief of Detachment 731 submitted to me written reports in which it was stated that freezing experiments were made on animals.

Question: We will read to you the evidence of witnesses: that of Oosawa Matsuo of October 23, 1949, and of Furuichi Yoshio of December 5, 1949, to the effect that Detachment 731 performed freezing experiments on living people. Do you confirm the evidence of these witnesses?

Answer: I cannot deny the evidence read to me of the witnesses Oosawa Matsuo and Furuichi Yoshio on the question of the freezing experiments on living people conducted by Detachment 731, because Detachment 731 did perform freezing experiments, and the researcher of the 1st Division of Detachment 731 Yoshimura, to whom the witness Furuichi refers in his evidence, sent me written reports about the freezing experiments he performed and their results. But in his reports Yoshimura did not say that these experiments were performed on human beings.

Question: And so, you took part in forming Detachment 731 and its branches, which engaged in devising, making and testing bacteriological weapons intended for war chiefly against the Soviet Union, the Mongolian People's Republic and China, and also against England and the United States; you knew about the experiments Detachment 731 performed on human beings in testing bacteriological weapons, and you trained cadres for bacteriological warfare?

Answer: Yes, that is so.

This record of my statements is correct and was read to me in Japanese.

Kajitsuka

INTERROGATORS

Military Prosecutor,
Lieutenant Colonel
of Jurisprudence *KACHAN*

Member of the staff
of the Office of the Ministry
for Internal Affairs
for the Khabarovsk Territory,
Lieutenant Colonel *PAPKOV*

Interpreter *BOLKHOVITINOV*

RECORD OF INTERROGATION OF ACCUSED TAKAHASHI TAKAATSU

December 6, 1949 *City of Khabarovsk*

Interrogation conducted through interpreter Protasov, Anatoli Nikolayevich, who was warned of his liability to prosecution for deliberately false interpretation under Art. 95 of the Criminal Code of the R.S.F.S.R.

Signed: *Protasov*

Question: You are presented with the order to take criminal proceedings against you under Art. 1 of the Decree of the Presidium of the Supreme Soviet of the U.S.S.R. of April 19, 1943. The substance of the charge is set forth in the order which has been presented to you. Do you plead guilty?

Answer: Yes, I fully plead guilty to the charge under Art. 1 of the Decree of the Presidium of the Supreme Soviet of the U.S.S.R. of April 19, 1943. While in the post of Chief of the Veterinary Service of the Kwantung Army, from 1941 to August 1945, i.e., until the day of Japan's surrender, I took an active part in the Kwantung Army's preparations to conduct bacteriological warfare and sabotage against the Soviet Union.

I learned of the plan to prepare to conduct bacteriological warfare at a conference held in September 1941, from the lips of the Commander-in-Chief of the Kwantung Army Umezu.

My activities in the Kwantung Army's preparations to conduct bacteriological warfare and sabotage consisted in that while directing the practical work of Detachment 100, I gave orders for the mass production of bacteriological weapons, in particular, the germs of severe infectious diseases: glanders, anthrax, cattle plague, sheep plague and mosaic disease.

I kept check on the way Detachment 100 carried out these orders to produce bacteriological weapons on a mass scale. For this purpose I myself visited Detachment 100 about once a month and verified the execution of my orders as regards the manufacture of means of bacteriological warfare. In addition, I received verbal reports on these matters from the Chief of Detachment 100, Wakamatsu.

To increase the output of bacteriological weapons, in December 1943, by agreement with the 2nd Intelligence Division of Headquarters of the Kwantung Army, and on my orders, a sixth section was formed in the 2nd Division of Detachment 100, the function of which was to produce bacteriological weapons on a mass scale. . . .

For the purpose of devising bacteriological weapons and producing them on a mass scale, Detachment 100, on my orders, performed all sorts of experiments on animals.

In the summer of 1942, on my orders, a group of men from Detachment 100, headed by researcher Ida Kiyoshi, experimented in the region of the river Derbul, in the Tryokhrechye area, in infecting animals to test the effectiveness of bacteriological weapons under climatic conditions most closely approximating those prevailing on Soviet Union territory.

In March 1945, in conformity with my orders, an experiment in infecting animals with severe infectious diseases was made on the proving ground of Detachment 731 at Anta Station. I know from the report of Chief of Detachment 100, Wakamatsu, that this experiment was successful—all the ten cows that were experimented on died. In March 1944, on my orders and with the knowledge of the 2nd Intelligence Division of Headquarters of the Kwantung Army, a special expedition of members of Detachment 100—later headed by Lieutenant Hirazakura—was organized to the districts of North Khingan Province to reconnoitre the roads, summer and winter cattle pastures, the state of water sources and the number of cattle belonging to the local population, with the object of preparing to conduct bacteriological sabotage against the Soviet Union. This group was formed in conformity with an operations order of the Commander-in-Chief of the Kwantung Army.

While carrying out this order, Hirazakura reported to me twice on the work that he had performed. He made the first report in September 1944 in the office of the Chief of Detachment 100, Wakamatsu. In his report he gave the information he had collected about the number of cattle, pastures, water sources, the state of the roads and the nomad encampments of the population of North Khingan Province.

I received Hirazakura's second report in my office in March 1945. In his report Hirazakura indicated to me on the map the summer and winter pastures and water sources, the state of the roads and the number of cattle belonging to the local population.

Hirazakura's group was commissioned to conduct reconnoitring and also to purchase livestock: 500 sheep, 100 head of cattle and 90 horses, which were to be infected with severe infectious diseases and then left in the rear of the Soviet troops.

At the time Hirazakura made his second report I discussed with the researchers of Detachment 100, Osaka and Ida, and the Chief of Detachment 100, Wakamatsu, what bacteria should be used to infect the cattle belonging to the inhabitants in North Khingan Province. The following methods of infecting the cattle were agreed to: the cattle were to be infected with anthrax and cattle plague with the aid of aircraft belonging to Detachment 731. Only the cattle of the local population in the pastures was to be infected. The horses were to be infected with anthrax.

Later we decided that the livestock purchased by Hirazakura in 1945 be infected as follows: sheep—by the injection of sheep-plague germs; cattle—with cattle-plague germs, and horses with anthrax. The infected cattle, sheep and horses were to be dispersed in different directions so that they should wander into the area of the operations of the Soviet troops. I do not remember the details of all the measures we then decided on as it happened a long time ago.

Question: What other veterinary units of the Kwantung Army besides Detachment 100 made preparations to conduct bacteriological warfare and sabotage against the Soviet Union?

Answer: Detachment 100 had two branches, one in Dairen and the other in Rako. In addition, in July 1941, army epizootic detachments were formed in each army. All these detachments, located in the towns of Kokuzan, Toan, Keinei and Tonei, were to serve as special units for employing bacteriological weapons against the Soviet Union.

Question: Who trained the cadres of bacteriological specialists for these detachments?

Answer: The chiefs of the branches of Detachment 100 and of the epizootic detachments were bacteriologist physicians; the rest of the personnel of these detachments were veterinary surgeons who had no training in bacteriology. To train new bacteriologists and to improve the qualifications of the old specialists, the personnel of these detachments went through special courses organized by Detachment 100.

Question: What do you know about the experiments on living people that were performed by Detachment 100 that was under your command?

Answer: I learned of this from the evidence of witnesses that was read to me during the interrogation on November 24, 1949. I did not know that experiments were being made on living people, but I do not deny responsibility, as Detachment 100 was subordinated to me.

Question: When and what did you report to former Commander-in-Chief of the Kwantung Army Yamada about the activities of Detachment 100?

Answer: I reported three times to General Yamada about what Detachment 100 was doing in devising and making bacteriological weapons.

I made the first report to General Yamada in July 1944, a few days after I had officially presented myself to him, the new Commander-in-Chief. I reported to him on the secret work Detachment 100 was doing in making bacteriological weapons. In particular, I told him about the mass production of cattle-plague, sheep-plague, glanders and red-rust germs by the 6th Section of the 2nd Division of Detachment 100. In this connection I reported to Yamada the quantity of bacteria produced by Detachment 100.

I made the next report to Yamada in November 1944, in the presence of Chief of Staff Kasahara, his deputy Ikeda, Chief of the 2nd Division Sasai, Chief of Detachment 100 Wakamatsu and, I think, Chief of the 1st Division Matsumura. I reported on the results of the research work especially conducted by a group of members of Detachment 100 headed by Lieutenant Hirazakura for the purpose of investigating the possibility of infecting cattle in the districts of North Khingan Province. I received no comments on the report from Yamada, and I believe he approved the report.

In February 1945 I made a third report to General Yamada about the work Detachment 100 was doing in making bacteriological weapons. It was a very brief report. I informed him that the work was continuing as before, and that there had been no change. I did not receive any special instructions from Yamada on this report.

Question: Who financed the work of Detachment 100, and how?

Answer: The detachment was financed from two sources: the Japanese Ministry for War assigned funds for the maintenance of the personnel of Detachment 100 and for preparing substances for prophylactical work in the Kwantung Army.

Money for devising and making bacteriological weapons was provided out of the secret funds of Headquarters of the Kwantung Army through the 2nd Intelligence Division.

Question: What sum was assigned for these needs?

Answer: I well remember that for the period April 1, 1944, to April 1, 1945, the Japanese Ministry for War assigned for the maintenance of the personnel of Detachment 100 and for preparing prophylactical substances the sum of 600,000 yen. For devising and making bacteriological weapons, the 2nd Division of Headquarters of the Kwantung Army assigned for the same period the sum of 1,000,000 yen. This sum did not limit us in the least, however, for if necessity demanded, all the money requested would have been granted. What sums were granted before 1944, I do not remember.

Question: What do you know about the activities of Detachment 731 in preparing to conduct bacteriological warfare?

Answer: In September 1941, former Commander-in-Chief of the Kwantung Army, Umezu, stated at a conference of chiefs of divisions and administrations of the Army Headquarters that orders had been received from the General Staff of Imperial Headquarters that the Kwantung Army prepare to conduct bacteriological warfare. At this conference Umezu ordered the Chief of Detachment 731, Ishii, to start the mass production of the germs of infectious diseases. From that time onwards I knew that Detachment 731 was preparing to conduct bacteriological warfare.

Question: Who directed the practical work of Detachment 731 in preparing to conduct bacteriological warfare?

Answer: In September 1941, Commander-in-Chief Umezu imposed the function of directing and supervising the practical work of Detachment 731 in preparing to conduct bacteriological warfare upon Chief of the Medical Service of the Kwantung Army, Kajitsuka.

This record of my statements is correct and was read to me in Japanese.

Takahashi

INTERROGATORS

Military Prosecutor,
Lieutenant Colonel
of Jurisprudence *ANTONOV*

Member of the staff
of the Office of the Ministry
for Internal Affairs
for the Khabarovsk Territory,
Captain *SEROV*

Interpreter *PROTASOV*

RECORD OF INTERROGATION OF ACCUSED KAWASHIMA KIYOSHI

December 6, 1949 *City of Khabarovsk*

The interrogation is conducted through interpreter P l y a c h e n k o, who was warned of his liability to prosecution under Art. 95 of the Criminal Code of the R.S.F.S.R.

Signed: *Plyachenko*

Question: You are charged with a crime punishable under Art. 1 of the Decree of the Presidium of the Supreme Soviet of the U.S.S.R. of April 19, 1943. Do you plead guilty to the charge?

Answer: The substance of the charge set forth in the order of December 5, 1949 is clear to me. I fully plead guilty, and on the substance of the charge brought against me I admit that from 1941 to 1943 I served in Detachment 731, in which I performed the duties of Chief of the General, the 1st, the Production, and the 3rd divisions.

Detachment 731 of the Kwantung Army conducted research in bacteriological weapons, and with my active participation prepared large quantities of pathogenic germs for use as a weapon of war. I admit that Detachment 731 manufactured means of bacteriological warfare against the Soviet Union and China.

Detachment 731 was to have been a unit of about 3,000 officers, men and employees. A large part of the detachment's personnel consisted of men who had received special training in bacteriology and who used their knowledge to conduct scientific research and experimental work for the purpose of devising new types of bacteriological weapons and of manufacturing them on a mass scale as a means of active aggression.

Detachment 731 was supplied with equipment sufficient for the mass production of means of bacteriological warfare and could therefore meet the Kwantung Army's requirements in bacteriological weapons.

Detachment 731 had a number of divisions—the functions of which I described at previous interrogations—which engaged in devising new types of germs of infectious diseases suitable for war purposes, in devising methods of long storage of bacteria, of increasing their durability and of producing them on a mass scale.

The detachment's General Division, of which I was also in charge in the period of April-June 1941, dealt with the distribution of personnel, finance, the planning of the detachment's work and also with organizing supplies for the prisoners in the prison of Detachment 731. At that time, through the General Division of which I was in charge, I maintained contact with the Japanese Gendarmerie for the purpose of obtaining prisoners upon whom experiments in forcible injection with lethal bacteria were to be made.

The 4th (production) Division, of which I was in charge from 1941 to 1943, was actually a factory for the manufacture of pathogenic germs. The Production Division was supplied with excellent apparatus for cultivating bacteria and this enabled us to produce monthly in a pure form about 300 kilograms of plague germs, or 500-600 kilograms of anthrax germs, or 800-900 kilograms of typhoid, paratyphoid or dysentery germs, or as much as 1,000 kilograms of cholera germs. Such quantities of bacteria were not actually produced every month, they were the calculated wartime requirements. Actually, the division produced bacteria in the quantities needed for the detachment's current work.

For the purpose of testing the types of bacteriological weapons produced, and also of devising means of treating epidemic diseases, Detachment 731 constantly performed experiments on living people—Chinese and Russian prisoners, whom the Japanese Gendarmerie in Manchuria especially sent to the detachment for this purpose.

To keep the prisoner experimentees, Detachment 731 had a special prison situated in the interior of the detachment's premises; here the experimentees were kept in strict isolation. The members of the detachment called the prisoners "logs." I myself frequently heard this term applied to the experimentees by the Chief of Detachment 731, General Ishii.

Laboratory experiments on living people were performed by the 1st Division.

In the spring of 1942, in addition to my other duties, I, for one month, acted as Chief of the 1st Division.

The 1st Division conducted research work in the sphere of antiepidemic measures, but the main object of this work was to devise the most effective means of bacteriological warfare; and it tested the final results of its work on living people who were confined in the prison which was part of the 1st Division.

As Chief of the 1st Division I, in the period mentioned, directed the work of the division in the channel required to fulfil the division's tasks of devising bacteriological weapons.

In addition to the laboratory experiments performed by the 1st Division, experiments on living people were performed on the proving grounds of Detachment 731 and also under field conditions. On one occasion I myself took part in an experiment on living people.

In June 1941, I, with other members of the detachment, took part in the testing, on the detachment's proving ground at Anta Station, of bombs filled with plague-infected fleas. This experiment tested the action of bacteria aerial bombs on 10-15 prisoners who were tied to stakes. On that occasion more than ten bombs were dropped from an aeroplane.

I took part in this experiment as Chief of the detachment's General Division for the purpose of verifying the organization of the experiment and the execution of the order of the Chief of Detachment 731 on this matter, which I myself had drafted. Furthermore, I was also interested in this experiment as Chief of the Production Division; but practical direction of this experiment was exercised by the Chief of the 2nd Division, Colonel Oota.

On the grounds of the information at my disposal, which I obtained from the nature of my duties in the detachment, I can say that the number of prisoners of Detachment 731 who died from the effects of experiments in infecting them with severe infectious diseases was no less than about 600 per annum.

In 1942, by order of the Command of the Kwantung Army, Detachment 731 sent an expedition of about a hundred men into Central China for the purpose of using bacteriological weapons against the Chinese troops in the region of Chekang. Men from the 1st, 2nd and 4th divisions took part in this expedition. I assigned for it eight men from the Production Division. On my instructions, based on the order of General Ishii, the Production Division prepared about 130 kilograms of paratyphoid and anthrax germs, with which I supplied the expedition. In addition, the men of the 1st Division had with them cultures of cholera and plague germs which they had cultivated in the necessary quantities at the headquarters of the Nanking Detachment Ei. The men of the 2nd Division were supplied with a sufficient quantity of plague-infected fleas.

I know that the expedition carried out its assignment successfully.

Furthermore, in 1941, Detachment 731 also used bacteriological weapons against the Chinese troops in the region of Changteh, and in 1940, an expedition of Detachment 731 used bacteriological weapons against Chinese troops in the region of Nimpo.

As one of the leading members of the detachment I attended conferences called by the Chief of the detachment, General Ishii, and from the summer of 1942 onwards by General Kitano, at which questions were discussed connected with research, the preparation of bacteriological material and its practical employment in war.

I admit that in directing the Production Division of Detachment 731, which produced enormous quantities of bacteriological material as a weapon of war, and in exercising temporary direction of the 1st Division, which engaged in scientific research in devising new types of bacteriological weapons, I committed a crime against humanity.

I admit that testing the action of bacteriological weapons on living people by forcibly infecting them with severe infectious diseases, as was practised by the detachment with my participation, and also the wholesale slaughter of the experimentees with lethal bacteria are barbarous and criminal.

I admit that Detachment 731, commanded by General Ishii and later by General Kitano, was a criminal organization . . . and I, as a member of it, am ready to pay the penalty.

Question: What would you like to add to your testimony?

Answer: At all the previous interrogations I gave truthful testimony about the activities of Detachment 731 and set forth in detail the nature of the duties I performed during the period I served in that detachment. I have tried earnestly to help the investigation to expose the criminal character of Detachment 731 and quite objectively threw light on the facts known to me, hence I have nothing to add to my testimony. It is quite possible that I have not mentioned certain details of the criminal activities of Detachment 731 because I have forgotten them owing to the lapse of time.

This record of my statements is correct and was read to me in Japanese.

Kawashima

INTERROGATORS

Military Prosecutor,
Lieutenant Colonel
of Jurisprudence *BUSLOVICH*

Member of the staff
of the Office of the Ministry
for Internal Affairs
for the Khabarovsk Territory,
Captain *BRAVÉ*

Interpreter *PLYACHENKO*

RECORD OF INTERROGATION OF ACCUSED NISHI TOSHIHIDE

December 6, 1949 *City of Khabarovsk*

The interrogation is conducted through interpreter L a m a n o v, G e o r g i G r i g o r i e v i c h, who was warned of his liability to prosecution under Art. 95 of the Criminal Code of the R.S.F.S.R.

Signed: *Lamanov*

Question: You are charged with crimes punishable under Art. 1 of the Decree of the Presidium of the Supreme Soviet of the U.S.S.R. of April 19, 1943.

Do you plead guilty to the substance of the charge?

Answer: Yes, I fully plead guilty to the charge made against me in the order of December 6, 1949 under Art. 1 of the Decree of the Presidium of the Supreme Soviet of the U.S.S.R. of April 19, 1943, and I wish to state the following:

It is true, from January 1943 to the day I was taken prisoner (August 1945), I served in Detachment 731 of the Kwantung Army as Chief of Branch 673 and also as Chief of the Training Division of that detachment.

I took an active part in carrying out the chief function of Detachment 731, namely: manufacturing bacteriological weapons to be used for conducting war against the Soviet Union and the Mongolian People's Republic, devising methods of conducting this war and training cadres for this purpose.

I was well aware of the fact that Detachment 731 and its branches in Sunyu, Hailar, Linkow and Hailin were engaged in manufacturing weapons for conducting bacteriological warfare from the moment I arrived in Detachment 731, for already at that time I made myself familiar with the exhibits, charts and diagrams of the work done by the 1st, 2nd and 4th divisions of the detachment, with the secret data kept in a special room of the General Division of the headquarters of Detachment 731.

From January 1943 to July 1944, and then from June to August 1945, I was in charge of Branch 673 of Detachment 731 in the town of Sunyu, which was engaged in breeding white rats, mice and guinea pigs, in catching field rodents and in breeding fleas.

All these were sent to Detachment 731 for the purpose of making bacteriological weapons that had been taken into commission by the Japanese Army for the purpose of conducting bacteriological warfare.

In March 1945, owing to the military reverses sustained by the Japanese forces in the region of the South Seas and to the preparations for war against the Soviet Union, the work of the Sunyu Branch, as of Detachment 731 as a whole, began to be activized on orders from the Chief of Detachment 731, Lieutenant General Ishii, in conformity with the operation and strategical plans of the Kwantung Army.

In particular, the breeding and catching of rodents and the breeding of fleas to be sent to Detachment 731 were intensified, since the spreading of plague germs by scattering plague-infected fleas was regarded as the most effective means of bacteriological warfare.

On August 11-12, 1945, owing to the advance of the Soviet Army, and with the object of concealing the fact that weapons for conducting bacteriological warfare had been manufactured in the Japanese Kwantung Army and that Branch 673 of Detachment 731 under my command had been involved in these criminal activities, on my orders all the branch's service premises and living quarters, equipment, materials and documents were destroyed by fire, and for the same purpose, on my orders, on August 14, 1945, poison in the shape of potassium cyanide was issued to the entire personnel (120 men) to be taken by them to commit suicide in the event of the danger arising of their being captured by the Soviet forces. . . .

From July 1944 to August 1945 (i.e., until the day I was taken prisoner), I, as Chief of the Training Division of Detachment 731, directed the training of cadres, and the supplying of the detachment and its branches with same, for the purpose of waging aggressive bacteriological warfare.

Cadres were trained at courses, training camps and one-year training courses organized by the Training Division for men, mainly youths of 17-18, recruited in Japan for service in Detachment 731.

All those who joined and arrived in the detachment for service went through a seven-day course of preparation and instruction organized by the Training Division, after which the division certified as to their suitability for service in the detachment.

During the instruction course, special stress was laid on the secrecy of the work in which the detachment was engaged.

During the period I occupied the post of Chief of the Training Division of Detachment 731, a total of 15 officers, 60 employees and 150 privates went through a course of instruction and verification.

With the object of verifying the work of training cadres at the branches of Detachment 731, in connection with the graduation of medical orderly trainees, I, together with former Chief of Detachment 731, Major General of the Medical Service Kitano, in September 1944, inspected all the detachment's branches.

From the nature of my work in the detachment and the post I occupied, I knew that for the purpose of testing bacteriological weapons, experiments were performed in forcibly infecting with lethal bacteria people of Russian and Chinese nationality (including prisoners of war detained in the detachment's prison). These people were supplied to the detachment by the gendarmerie and the Japanese Military Mission.

These experiments were conducted all the year round, and when the people who had been forcibly infected with bacteria died, their bodies were incinerated at a crematorium kept for this purpose.

I know that in January-March 1945, experiments were performed in the prison in infecting Russians and Chinese with typhus; in October 1944, an experiment was performed on the proving ground at Anta Station in infecting five Chinese war prisoners with plague (by means of plague-infected fleas); in the winter of 1943-44, the detachment performed experiments on Russians and Chinese in freezing their limbs (I read about this in the experimenter's reports and saw a special cinema film depicting it).

Furthermore, in January 1945, an experiment, in which I participated, was performed in infecting ten Chinese war prisoners with gas gangrene. The object of the experiment was to ascertain whether it was possible to infect people with gas gangrene at a temperature of 20°C. below zero.

This experiment was performed in the following way: ten Chinese war prisoners were tied to stakes at a distance of 10-20 metres from a shrapnel bomb that was charged with gas gangrene.

To prevent the men from being killed outright, their heads and backs were protected with special metal shields and thick quilted blankets, but their legs and buttocks were left unprotected. The bomb was exploded by means of an electric switch and the shrapnel, bearing gas-gangrene germs, scattered all over the spot where the experimentees were bound. All the experimentees were wounded in the legs or buttocks, and seven days later they died in great torment.

I also know of two cases of the practical employment by the Japanese Army of bacteriological weapons manufactured by Detachment 731.

1. During the Japanese forces' operations against the Soviet and Mongolian forces in the region of Khalkhin-Gol, in 1939, bacteriological weapons—the germs of typhoid, paratyphoid and dysentery—were used to contaminate the river Khalkhin-Gol in the area of military operations.

2. In May-July 1940, in Central China, in the region of Nimpo, an expedition of Detachment 731 under the command of Lieutenant General Ishii employed plague germs against the Chinese forces by scattering plague-infected fleas.

I know this from documents that I myself found in the safe of the Training Division which contained the suicide pledges given by the members of the expedition who were commissioned to use the lethal germs. Furthermore, I myself saw a cinema film that was taken in the area of military operations at the place infected, illustrating the effectiveness of the bacteriological weapons employed.

On the basis of the foregoing, I admit that the purpose of the practical work I performed in Detachment 731 and at its branch in Sunyu was to prepare to conduct bacteriological warfare, mainly against the U.S.S.R. and the M.P.R.

I am aware that the war that was being prepared for would have caused great sacrifice of life among the civilian population, that these weapons of bacteriological warfare and the testing of bacteriological weapons upon living people by forcible infection were criminal and inhuman.

I have no more to say on the case, this record of my statement is correct and was read to me by interpreter of Japanese Lamanov.

Nishi

INTERROGATORS

Military Prosecutor,
Major of Jurisprudence *BOGOD*

Member of the staff
of the Office of the Ministry
for Internal Affairs
for the Khabarovsk Territory,
Major *NIKITIN*

Interpreter *LAMANOV*

RECORD OF INTERROGATION OF ACCUSED KARASAWA TOMIO

December 6, 1949 *City of Khabarovsk*

Interrogation conducted through interpreter Pakhomov, Mikhail Yakovlevich, who was warned of his liability to prosecution under Art. 95 of the Criminal Code of the R.S.F.S.R.

Signed: *Pakhomov*

Question: You are presented with the order of December 5, 1949, to charge you with crimes punishable under Art. 1 of the Decree of the Presidium of the Supreme Soviet of the U.S.S.R. of April 19, 1943. Do you plead guilty to the charge brought against you?

Answer: I fully plead guilty to the charge brought against me under Art. 1 of the Decree of the Presidium of the Supreme Soviet of the U.S.S.R. of April 19, 1943.

From 1939 to 1944 I did indeed serve in Detachment 731 of the Japanese Kwantung Army in Manchuria, which detachment carried on active research in devising the most perfect methods of producing bacteria on a mass scale and of using them as means of bacteriological warfare.

In performing its function of preparing to conduct bacteriological warfare, the detachment systematically performed experiments in forcibly infecting with contagious diseases people whom the Japanese Gendarmerie sent to Detachment 731 to be done away with.

In 1940 and in 1942, Detachment 731 carried out special expeditions for the purpose of employing bacteria as bacteriological weapons in the war against the Chinese people. . . .

Question: To what, concretely, do you plead guilty?

Answer: Concretely, I plead guilty to having for a long period of time, namely, from December 1939 to August 1944, served in the criminal organization, Detachment 731, first as an ordinary officer and later as Chief of a section, and from the end of 1942, or beginning of 1943, as Chief of a unit of the 4th (production) Division of Detachment 731.

The section, and later the unit, of which I was in charge, engaged in cultivating the germs of typhoid, paratyphoid, cholera, plague and anthrax in huge quantities in proportion as they were needed for practical use, in particular, for the performance of experiments in the employment of bacteria under field conditions on the proving ground at the Anta Station, and for the practical employment of bacteria as a bacteriological weapon in the war against the Chinese people.

While producing huge quantities of bacteria, I, as a bacteriologist physician, knew that they were intended for the purpose of exterminating human beings. Nevertheless, at that time, I was of the opinion that this was justified by my sense of duty as an officer of the Japanese Army and therefore did all in my power successfully to carry out my duties as defined in the orders of my superiors.

During my service in the detachment, I was in command of 50-70 officers, non-commissioned officers and civilian employees and had at my disposal all the equipment necessary for the production of bacteria on a mass scale. . . .

Utilizing the available equipment, the unit of which I was in command could produce the following quantity of a given type of bacteria per month: plague—100 kilograms, anthrax—200 kilograms, typhoid—300 kilograms, paratyphoid "A"—300 kilograms, cholera—330 kilograms, and dysentery—300 kilograms.

In the latter half of 1940, the group of which I was in charge produced 70 kilograms of typhoid germs and 50 kilograms of cholera germs for a special expedition of the detachment carried out under the command of former Chief of the detachment General Ishii, who, with a group of other detachment workers, went into Central China. In addition to typhoid and cholera germs, the afore-mentioned expedition used plague-infected fleas against the Chinese Army.

In the middle of 1942, the section of which I was in charge produced 130 kilograms of paratyphoid "A" and anthrax germs for an analogous expedition under General Ishii, which went into Central China with the object of using bacteria against the Chinese Army. As I have learned from the evidence of witnesses that has been presented to me, the afore-mentioned expedition also took with it typhoid germs, but I myself do not exactly remember this.

The object of General Ishii's expeditions of 1940 and 1942 was to perform experiments to devise methods for the mass dissemination of bacteria under definite fighting conditions. At the same time, however, there were actual cases of the practical employment of bacteria as a weapon of war against the Chinese Army. The plague-infected fleas used by General Ishii's expedition in 1940 caused outbreaks of plague in the area in which they were disseminated, concerning which I gave detailed evidence at the interrogation on October 22, 1949. Whether the object was achieved as a result of the use of the afore-mentioned bacteria, I do not know.

The bacteria that were produced under my direction were used for experiments to devise methods of disseminating bacteria under field conditions that were carried out on a proving ground especially equipped for this purpose at Anta Station. These experiments were performed on living people who were called "logs."

At the time I served in the detachment, I knew that the detachment had a special prison in which to keep the people to be experimented on, and who were doomed to die as a result of these experiments.

Experiments on the proving ground at Anta Station were carried out systematically. I myself took part in two of them—the first at the end of 1943, and the second in the spring of 1944.

On each occasion ten experimentees, who looked like Chinese, were brought to the proving ground; preliminary to the experiments they were tied to stakes driven into the ground, then bombs containing bacteria were exploded near them. As a result of the first of the afore-mentioned experiments, some of the experimentees were infected with anthrax and, as I learned later, they died.

On both these occasions I went to the Anta proving ground for the purpose of ascertaining on the spot the effectiveness of the action of the bacteria I produced. . . .

In addition to the foregoing, I know that Detachment 731 systematically performed experiments on living people under laboratory conditions. In these cases the experimentees were forcibly infected with various kinds of bacteria, after which they were kept under observation for the purpose of discovering the most effective infectious-disease germs.

The performance of experiments on living people accelerated the solution of the problem that confronted the detachment of devising the most active means of bacteriological warfare and methods of disseminating them for the purpose of infecting human beings.

Preparing to conduct bacteriological warfare, the Japanese High Command took measures to increase the potentialities of bacteria production. It was for this purpose that, in 1944, Detachment 731 began to receive from Japan new equipment which, as former Chief of the detachment's 4th Division, Oota Kiyoshi, told me, was more perfect than the old, and enabled the work of cultivating bacteria to be conducted on the conveyer system.

In the same year, on the orders of former Chief of the Detachment, Kitano Masazo, I myself visited the detachment's branches in Sunyu, Hailar, Hailin and Linkow for the purpose of investigating on the spot the possibility of installing at these branches equipment for cultivating bacteria on a mass scale. In briefing me before my departure on this tour, General Kitano told me that it was necessary to organize the production of bacteria at the branches, firstly, in order to increase bacteria output capacity, and secondly, to prevent the stoppage of bacteria production in the event of the detachment's equipment being put out of action by enemy aircraft.

As a result of my report, in the same year equipment was sent to the detachment's branches in Sunyu, Hailin, and Linkow, but what kind of equipment I do not know, nor do I know whether the equipment was installed.

As a bacteriologist physician and a specialist in the cultivation of bacteria, I attended the conferences of the officers and scientific personnel that were convened in the detachment, and at these conferences I reported on methods of cultivating bacteria on a mass scale and of employing already utilized media.

For the purpose of improving the qualifications of the personnel under my command, I conducted classes, and in the beginning of 1940 I was a lecturer on bacteriology at courses organized for new civilian employees who joined the detachment.

Question: What do you wish to add to your testimony?

Answer: I fully realize that Detachment 731 was a criminal organization which manufactured means for exterminating human beings by barbarous methods prohibited by international rules.

Serving in the detachment, I was a participant in these criminal activities and committed a crime against humanity, for which I must pay the penalty.

Realizing this, I have tried from the very beginning of the investigation earnestly and objectively to reveal the detachment's criminal activities and the part I myself played in them.

I have nothing further to add to my testimony, as in the course of the investigation I have related all the facts known to me about the detachment's criminal activities.

This record of my statements is correct. The Russian text of the record was read to me in Japanese.

Karasawa

INTERROGATORS

Military Prosecutor,
Lieutenant Colonel
of Jurisprudence *BUSLOVICH*

Member of the staff
of the Office of the Ministry
for Internal Affairs
for the Khabarovsk Territory,
Lieutenant Colonel *IVANOV*

Interpreter *PAKHOMOV*

RECORD OF INTERROGATION OF ACCUSED ONOUE MASAO

December 6, 1949 *City of Khabarovsk*

Interrogation conducted through interpreter G u r y a n o v, who was warned of his liability to prosecution for deliberately false interpretation under Art. 95 of the Criminal Code of the R.S.F.S.R.

Signed: *GURYANOV*

Question: In the order of December 5, 1949 you are charged under Art. 1 of the Decree of the Presidium of the Supreme Soviet of the U.S.S.R. of April 19, 1943. Do you understand what you are charged with and do you plead guilty to the charge?

Answer: I understand the nature of the charge brought against me. I plead guilty to the fact that Branch 643, of which I was in charge, trained cadres of bacteriologist laboratory assistants; during the period I was in charge of the branch 160 were trained. The branch also engaged in breeding and catching rodents (guinea pigs, white rats and mice and rabbits) which were sent to headquarters of Detachment 731, where they were used for making bacteriological weapons and for experiments in the study of "songo" fever. Furthermore, Branch 643 engaged in breeding fleas, which were also sent to Detachment 731 where, after being infected with plague germs, they served as one of the types of bacteriological weapons. The 1st Section of the branch engaged in research on grey rats for the purpose of devising the most effective means of breeding plague-infected fleas, but no favourable results were achieved and, consequently, all further research was conducted only on white rats and mice. By order of Lieutenant General of the Medical Service Ishii, Chief of Detachment 731, on August 13, 1945, I destroyed by fire Branch 643 with all its materials, equipment and documents, except for the code and 20-25 grams of fleas, which

I sent to the headquarters of Detachment 731. What the command of Detachment 731 had in view in ordering the branch to be destroyed by fire, I do not know. I knew that Detachment 731 engaged in devising and manufacturing large quantities of means of bacteriological warfare, such as the germs of plague, anthrax and other lethal bacteria, which were tested on living people, for which purpose the detachment had an inner prison and a proving ground where the experiments were performed. In the spring of 1944, I, together with the Chief of the General Division of Detachment 731, travelled by aeroplane to the proving ground where experiments were to have been made in practically testing bacteriological weapons on living people; but owing to the fact that the command of the detachment cancelled the experiments, for reasons unknown to me, I flew back to the detachment's headquarters next day.

As regards the charge that on my initiative Major General of the Medical Service Sato, Chief of the Medical Service of the 5th Army, issued an order obliging commanders of military units and hospital chiefs to organize the catching of rats and mice to be sent to Branch 643, I plead not guilty to this, for I never made such a request to General Sato.

Question: For what purpose did Detachment 731 manufacture bacteriological weapons?

Answer: Detachment 731 manufactured bacteriological weapons on a mass scale for the purpose of using them in war, but against which enemies of Japan these weapons were intended to be used, I do not know. . . .

Question: Were Branch 643, its equipment, and the work it engaged in, military secrets?

Answer: In my opinion, the branch as such, its equipment and the work it engaged in were not military secrets.

Question: Do you assert, then, that the breeding of fleas and rodents was not a military secret?

Answer: No, that is not so. The breeding of fleas by the branch was kept secret; as regards the breeding of rodents, in my opinion it was not a secret.

Question: Do you wish to add anything to your testimony?

Answer: I have nothing to add to my testimony.

This record of my statements, read to me by interpreter Guryanov in Japanese is correct, which I hereby certify.

Onoue

INTERROGATORS

Military Prosecutor,
Lieutenant Colonel
of Jurisprudence *BUSHUYEV*

Member of the staff
of the Office of the Ministry
for Internal Affairs
for the Khabarovsk Territory,
Major *FURSENKO*

Interpreter *GURYANOV*

RECORD OF INTERROGATION OF ACCUSED SATO SHUNJI

December 6, 1949 *City of Khabarovsk*

The interrogation is conducted through interpreter K o r n i l o v, who was warned of his liability to prosecution under Art. 95 of the Criminal Code of the R.S.F.S.R.

Signed: *Kornilov*

Question: By the order of December 5, 1949, you are charged under Art. 1 of the Decree of the Presidium of the Supreme Soviet of the U.S.S.R. of April 19, 1943. Do you understand the points of the charge, and do you plead guilty to the charge?

Answer: The points of the charge brought against me are clear. I fully plead guilty to the charges brought against me under Art. 1 of the Decree of the Presidium of the Supreme Soviet of the U.S.S.R. of April 19, 1943. My guilt lies in that I did, indeed, from December 1941 to February 1943, direct the activities of the Canton Detachment Nami 8604 and from February 1943 to March 1944, I also directed the activities of the Nanking Detachment Ei 1644. Both these detachments engaged in devising and producing on a mass scale lethal bacteria to be used as weapons against the Chinese forces and civilian population. . . . The Nanking Detachment Ei 1644, jointly with Bacteriological Detachment 731 of the Japanese Kwantung Army, took a direct part in employing bacteriological weapons against the Chinese forces and local inhabitants during the military operations of the Japanese troops. . . .

As Chief of Detachment Ei 1644, I directed the detachment's work in devising bacteriological weapons and producing them on a mass scale. For this purpose, the Nanking Detachment Ei 1644 was supplied with high-capacity equipment and with bacteriological experts and it produced lethal bacteria on a mass scale. It is true that under my direction, the Training Division of the Nanking Detachment Ei 1644 every

73

year trained about 300 bacteriologists with the object of employing them in bacteriological warfare. From March 1944 onwards, as Chief of the Medical Service of the 5th Army of the Japanese Kwantung Army, I rendered Branch 643 of Detachment 731 active assistance and support in increasing the output of bacteriological material.

With this object, in May 1945 I issued a special order to the units of the 5th Army to catch rodents, which were needed for the production of bacteriological weapons, and to send them to Branch 643 of Detachment 731.

Question: Precise your testimony as regards the output capacity of the Nanking Detachment Ei 1644 and its technical equipment.

Answer: The output capacity of the Nanking Detachment Ei 1644 for the production of lethal bacteria was up to 10 kilograms per production cycle. To produce this quantity of bacteria, Detachment Ei 1644 had the following equipment: Ishii cultivators, about 200; incubator room, 1, dimensions 5 × 5 × 3 metres; 2 cylindrical autoclaves, 1.5 metres in diameter and 2.5 metres long; incubators, about 40-50; steam sterilizers, 40-50, Koch boilers, about 40-50, and for cooking media, the detachment had large retorts, but how many I do not remember.

My statement has been recorded correctly and the record was read to me in Japanese.

Sato

INTERROGATORS

Military Prosecutor,
Lieutenant Colonel
of Jurisprudence *BUSHUYEV*

Member of the staff
of the Office of the Ministry
for Internal Affairs
for the Khabarovsk Territory,
Major *AGRYZKOV*

Interpreter *KORNILOV*

RECORD OF INTERROGATION OF ACCUSED HIRAZAKURA ZENSAKU

December 6, 1949 *City of Khabarovsk*

The interrogation is conducted through interpreter Y e l g i n, who was warned of his liability to prosecution for deliberately false interpretation under Art. 95 of the Criminal Code of the R.S.F.S.R.

Signed: *Yelgin*

Question: You have had read to you the order to charge you with a crime under Art. 1 of the Decree of the Presidium of the Supreme Soviet of the U.S.S.R. of April 19, 1943. Do you understand the substance of the charge brought against you, and do you plead guilty to it?

Answer: Yes, I fully plead guilty to the charge brought against me under Art. 1 of the Decree of the Presidium of the Supreme Soviet of the U.S.S.R. of April 19, 1943, and on the substance of it I wish to state the following.

It is true that from June 1942 to August 1945 I served in Detachment 100 of the Kwantung Army, the chief function of which, apart from taking prophylactic measures, was to manufacture active means of bacteriological warfare against the Soviet Union.

The bacteriologists, chemists and veterinary surgeons who constituted the staff of Detachment 100 engaged in the cultivation of various species of bacteria, in studying their properties, and in devising methods for the wholesale infection of animals and human beings. With this object, the detachment conducted experiments to test the action of bacteria and poisons on human beings and animals.

Being a veterinary surgeon, as a researcher, first in the 1st Section of the 2nd Division of the detachment, and later in the 6th Section of the same division formed in December 1943, I studied the action of glanders and anthrax germs, engaged in the breeding of these germs, and took part in devising all sorts of methods of using these germs in bacteriological warfare.

For this purpose, in July-August 1942, I took part in an expedition, called "summer manoeuvres," in the area of Tryokhrechye. The object of this expedition was to investigate the possibility of using anthrax and glanders germs under natural conditions approximating to those in the area of anticipated hostilities—on the frontier of the Soviet Union. During this expedition, experiments were made in contaminating the river Derbul and water sources with glanders, and the soil and grass surface with anthrax. The germs for this purpose were cultivated in a field laboratory and tested on horses, sheep and guinea pigs.

From June 1944 onwards, I was with a group of researchers from Detachment 100 in North Khingan Province and, on the orders of the Command of the Kwantung Army, conducted reconnoitring operations for the purpose of gaining information on the whereabouts and number of cattle belonging to the inhabitants of the districts bordering on the Soviet Union and the Mongolian People's Republic, on the condition of these cattle, the whereabouts of summer and winter pastures and hayfields, and the condition of the roads and water sources. The Japanese Command needed this information in order, in the event of war against the Soviet Union, to carry out the wholesale infection of cattle as a means of bacteriological sabotage.

In this group, from June to September 1944, I carried out a number of assignments on the orders of Captain Asao, and from September 1944 to the day I was taken prisoner (August 1945) I was in charge of this group for Asao had been recalled.

I knew from what I was told by the Chief of Detachment 100, Major General Wakamatsu, that in conformity with the information I had collected, aircraft were to spray the germs of glanders, anthrax and cattle plague for the purpose of infecting cattle in the districts bordering on the Soviet Union and Mongolia in the event of war breaking out.

Concerning the work of my group I made two written reports to Major General Wakamatsu, enclosing topographical maps giving reconnoitring results (condition of water sources, pastures, cattle, etc.). On one occasion I made a verbal report on the same subject to the Chief of the Veterinary Service of the Kwantung Army, Lieutenant General Takahashi Takaatsu.

Furthermore, I gave information on the work performed to Chief of the Hailar Military Mission, Lieutenant Colonel Amano, who, as I had learned from Major General Wakamatsu, was aware of the assignments my group had received. I know that in his report to the Kwantung Army Headquarters, Lieutenant Colonel Amano commended the work we had done.

Simultaneously with the afore-mentioned work, I, on the orders of Major General Wakamatsu, in the summer of 1945 purchased from the inhabitants of North Khingan Province 500 sheep, 100 head of cattle and 90 horses with the 80,000 yen which had been assigned for this purpose.

I knew from what Major General Wakamatsu had told me that in the event of war against the Soviet Union, the cattle were to be infected with anthrax and glanders and the sheep with sheep plague and, for sabotage purposes, left in the rear of the Soviet troops in order to cause outbreaks of severe infectious diseases. I knew that for this purpose the necessary quantities of the afore-mentioned germs were to be carried by aircraft to the places where the cattle I had bought would be, and the cattle were to be infected by sabotage groups formed for the purpose.

I also plead guilty to the fact that while I was in North Khingan Province, I, on the orders of Major General Wakamatsu, purchased cattle (10 calves) to be used for experiments conducted early in the spring of 1945 in the region of the river South Khan-gol. I learned from Major Yamaguchi, who took part in these experiments, that during the experiments called "winter manoeuvres," tests were made of the action of cattle-plague and sheep-plague germs under winter conditions by spraying these germs on the snow and on cattle feed scattered on the snow. These experiments were made under conditions similar to those under which bacteriological sabotage against the Mongolian People's Republic was to be conducted, for it is known that, in Mongolia, cattle gain their food in the winter time by grazing.

In addition to this, in the summer of 1943, with the object of ascertaining the amount of poison that was needed to kill horses (with potassium cyanide, strychnine, etc.), I, on the orders of Chief of the 2nd Division, Hasaka, experimented on 40-50 horses from units of the Kwantung Army. As a result of these experiments, ten horses died. I did not know for what purpose these experiments were made, but I presume that methods were being sought of using poisons for sabotage purposes.

I have nothing more to say on the case, the record of my statements is correct and was read to me in Japanese, which I hereby certify.

Hirazakura

INTERROGATORS

Military Prosecutor,
Major of Jurisprudence *BOGOD*

Member of the staff
of the Office of the Ministry
for Internal Affairs
for the Khabarovsk Territory,
Lieutenant *NAZAROV*

Interpreter *YELGIN*

40—II

RECORD OF INTERROGATION OF ACCUSED MITOMO KAZUO

December 6, 1949 *City of Khabarovsk*

Interrogation conducted through interpreter Yelgin, Grigori Georgievich, who was warned of his liability to prosecution under Art. 95 of the Criminal Code of the R.S.F.S.R.

Signed: *Yelgin*

Question: You are charged with crimes punishable under Art. 1 of the Decree of the Presidium of the Supreme Soviet of the U.S.S.R. of April 19, 1943. Do you plead guilty to the charge brought against you?

Answer: I fully plead guilty to the charge brought against me in conformity with the announced order of December 5, 1949, under Art. 1 of the Decree of the Presidium of the Supreme Soviet of the U.S.S.R. of April 19, 1943, the substance of which I understand.

Question: To what, concretely, do you plead guilty?

Answer: I plead guilty to the fact that in April 1941 I voluntarily joined Detachment 100 of the Kwantung Army which engaged in manufacturing germs of anthrax, glanders, cattle plague and sheep plague, and also that, knowing that these germs were being manufactured especially for the purpose of waging war against the Soviet Union, I took an active part in their manufacture in the special laboratory of Detachment 100.

On joining the afore-mentioned detachment I went through a special course of training in the cultivation of the germs of anthrax and glanders, which I myself cultivated in an incubator that was especially assigned to me. I conducted this work throughout the whole period I was in the detachment, i.e., from April 1941 to October 1944.

Furthermore, on many occasions I took part in experiments to test on animals and living people the effectiveness of the lethal bacteria I had cultivated in anticipation of their use by the Command of the Kwantung Army in war against the Soviet Union. Thus, in July-August 1942, I, with a group of researchers from Detachment 100, took part in an expedition in the area of Tryokhrechye, where the durability of glanders germs was tested in the river Derbul and of anthrax in stagnant water sources. This expedition was under the command of Chief of the 2nd Division of Detachment 100, Major Muramoto. There, too, I myself cultivated the germs of glanders and anthrax, which our group used for experiments on the river Derbul and in stagnant water sources. These tests were made . . . on the river Derbul, which flows into the river Argun on the frontier of the U.S.S.R.

In August-September 1944, under the direction of researcher Matsui Tsunetaka, at the headquarters of Detachment 100, I performed experiments on living people, to the number of 7-8 arrested Russian and Chinese citizens, to test on them the action of the poisonous substances with which I had poisoned the food issued to the prisoners.

At the end of August 1944, on the orders of Matsui, I put as much as a gram of heroin into some porridge and gave this porridge to an arrested Chinese citizen who ate it; about thirty minutes later he lost consciousness and remained in that state until he died 15-16 hours later. We knew that such a dose of heroin is fatal, but it did not make any difference to us whether he died or lived.

On some of the prisoners I experimented 5-6 times, testing the action of Korean bindweed, heroin, bactal and castor-oil seeds. One of the prisoners of Russian nationality became so exhausted from the experiments that no more could be performed on him, and Matsui ordered me to kill that Russian by giving him an injection of potassium cyanide. After the injection that man died at once.

I was also present when gendarmes shot three prisoners on whom I had performed experiments. . . .

Question: Do you wish to add anything to your testimony?

Answer: I have nothing more to add. This record of my statements is correct and was read to me in Japanese by interpreter Yelgin, which I hereby certify.

Mitomo

INTERROGATORS

Military Prosecutor,
Lieutenant Colonel
of Jurisprudence *ANTONOV*

Member of the staff
of the Office of the Ministry
for Internal Affairs
for the Khabarovsk Territory,
Senior Lieutenant *BOIKO*

Interpreter *YELGIN*

RECORD OF INTERROGATION OF ACCUSED KIKUCHI NORIMITSU

December 6, 1949 *City of Khabarovsk*

Interrogation conducted through interpreter P o l u y a n o v, who was warned of his liability to prosecution under Art. 95 of the Criminal Code of the R.S.F.S.R.

Signed: *Poluyanov*

Question: You are presented with the order to take proceedings against you for crimes punishable under Art. 1 of the Decree of the Presidium of the Supreme Soviet of the U.S.S.R. of April 19, 1943, the substance of which has been explained to you. Do you plead guilty to the charge brought against you?

Answer: I plead guilty to the charge under Art. 1 of the Decree of the Presidium of the Supreme Soviet of the U.S.S.R. of April 19, 1943.

Question: To what, concretely, do you plead guilty?

Answer: I plead guilty to having, while serving in Branch 643 of Detachment 731 in the period from April 1943 to the day I was taken prisoner, engaged in the cultivation of the germs of typhoid, paratyphoid, dysentery and tuberculosis for the purpose of research on these germs and of studying their properties and ability to cause epidemics. While engaged in the cultivation of bacteria I studied the media on which they bred in order to procure a medium on which they could be cultivated faster and preserve their vitality for a longer period.

I also tried to devise a faster method of preparing the medium for these bacteria. The objects of my work in cultivating bacteria and in studying media for them was to enable me, and the 1st Research Section as a whole, quickly to produce bacteria on a mass scale when orders from my superiors to do so were received.

I knew that the Japanese Kwantung Army was preparing to conduct bacteriological warfare against the Soviet Union, that preparations for this were also being made by Detachment 731 and Branch 643, which helped Detachment 731 in its preparations to conduct bacteriological warfare, and that the object of my work in the lst Research Section of the branch . . . was also to prepare to conduct bacteriological warfare. Consequently, I myself took part in the preparations to conduct this warfare, and to this I plead guilty.

I committed this crime not of my own free will, but by order of my superiors whom I obeyed. I could not refuse to obey their orders, for I would have been punished for refusal to obey orders.

Question: What do you wish to add to your testimony?

Answer: I have nothing more to add to my testimony. . . .

This record of my statement is correct and was read to me in Japanese.

Kikuchi

INTERROGATORS

Assistant Military Prosecutor
of the Primorye Military Area,
Lieutenant Colonel
of Jurisprudence *ANTONOV*

Member of the staff
of the Office of the Ministry
for Internal Affairs
for the Khabarovsk Territory,
Senior Lieutenant *BULANOV*

Interpreter *POLUYANOV*

6*

RECORD OF INTERROGATION OF ACCUSED KURUSHIMA YUJI

December 10, 1949 *City of Khabarovsk*

The interrogation is conducted through interpreter Storozhkov, who was warned of his liability to prosecution for deliberately false interpretation under Art. 95 of the Criminal Code of the R.S.F.S.R.

Signed: *Storozhkov*

Question: You are presented with a charge under Art. 1 of the Decree of the Presidium of the Supreme Soviet of the U.S.S.R. of April 19, 1943. Do you understand the substance of the charge against you, and do you plead guilty?

Answer: The substance of the charge against me set forth in the Military Prosecutor's order of December 9, 1949 and defined in Art. 1 of the Decree of the Presidium of the Supreme Soviet of the U.S.S.R. of April 19, 1943 is clear to me, and I fully plead guilty to the charge brought against me.

On the substance of the charge I wish to state the following:

It is true that after I was enrolled in the Japanese Army, and after going through general military training in the 97th Infantry Regiment, I, in April 1944, was sent to serve in Branch 162 of Detachment 731, located in Linkow.

Soon after my arrival at this branch I realized from the nature of the work that was conducted and from the warnings I received about the secret character of the activities of Detachment 731 that, although Detachment 731 was officially supposed to be engaged with questions concerning water supply and prophylaxis, it actually engaged in breeding the germs of severe infectious diseases (typhoid, paratyphoid, cholera, plague, etc.), and also in breeding fleas and rodents for this purpose.

While going through a six-month medical training course at Branch 162, I, with the other trainees, under the direction of Chief of the lst Section, Major Hosoya, paid special attention to the study of bacteriology.

On completing the course, I, in a group of servicemen under the command of Sergeant Hyodo Yoshitake, was sent to Detachment 731 to take part in the testing of bacteria bombs. These tests were called "manoeuvres."

While in Detachment 731, before leaving for the district where the tests were to be made, I learned from the members of the detachment that the germs of severe infectious diseases cultivated here on a mass scale were forcibly tested on living people of Russian and Chinese nationality, who were imprisoned by the detachment.

Here, too, I learned that I was to take part in tests to ascertain the possibility of disseminating fleas and infecting localities with them with the aid of aircraft.

From October 6 to 30, 1944, I took part in these manoeuvres near the village of Wutung, guarding the premises in which the testing staff was housed.

Furthermore, I took part in counting the fleas that were caught in boxes placed about in an area of 2 sq. km. after the porcelain bombs containing these fleas and dropped from an aeroplane had exploded.

On November 2, 1944, I arrived back in Branch 162 and was appointed to work in the bacteriological laboratory of the lst Section, where I performed the duties of a probationer laboratory assistant.

Here, under the direction of Senior Sergeant Kan Yutaka and of Chief of the lst Section, Major of the Medical Service Hosoya, I planted the germs of tuberculosis, typhoid and paratyphoid in media, prepared laboratory test tubes, regulated the temperature in the incubators for cultivating bacteria, and so forth.

Furthermore, on two occasions (for a period of seven days on each occasion) I went out into the fields to catch rodents. I caught a total of 300 such rodents, which were later sent to Detachment 731 to be used for the purpose of making bacteriological weapons.

I plead guilty to having, in all my practical activities in Detachment 731 and in its Branch 162, participated in the manufacture of bacteriological weapons for the wholesale extermination of human beings; I ask you to take into consideration, however, that in taking part in the performance of this crime, I was obeying the orders of the Japanese Military Command.

This record of my statement is correct and was read to me in Japanese.

Kurushima

INTERROGATORS

Military Prosecutor
Major of Jurisprudence *BOGOD*

Member of the staff
of the Office of the Ministry
for Internal Affairs
for the Khabarovsk Territory,
Major *KONONOV*

Interpreter *STOROZHKOV*

EXCERPT FROM RECORD OF INTERROGATION OF YAMADA OTOZOO

November 3, 1949 *City of Khabarovsk*

. . . The official name of Detachment 731 was "The Water Supply and Prophylaxis Administration of the Kwantung Army," and served as some disguise for the detachment's actual function. For the same purpose the members of Detachment 731 wore the ordinary army uniforms without the insignia of the Medical Service. We were afraid that the presence of a large number of medical servicemen would rouse undesirable suspicion concerning the actual character of the activities of Detachment 731.

. . . In August 1944, I visited Detachment 731 and inspected the work of all its divisions. During this inspection I received reports on the production processes in the cultivation and mass production of bacteria. I remember that in one of the divisions I saw a high-capacity system of special apparatus, with the aid of which it was possible to produce a large quantity of pathogenic germs. The chief of the division gave me the figures of the detachment's output capacity, but I cannot quote them now.

I must say that in this division the production of bacteria was organized on an immense scale, and it could produce quantities sufficient to enable them to be used on a mass scale. In another of the detachment's divisions, in which fleas were bred for the purpose of spreading epidemics of plague, I saw special repositories in which large quantities of fleas were kept. The officers of the detachment who accompanied me during the inspection informed me that the fleas were intended for the purpose of causing plague infection, and that they were one of the bacteriological weapons.

After I had inspected all the detachment's divisions, I and the officers accompanying me went up into a tower to watch control experiments in spraying fleas from aircraft, and from which I viewed the aerodrome. One of the officers informed me that plague-infected fleas, which were one of the bacteriological weapons, were tested on a special proving ground by spraying from aircraft. At the same time I was informed of the results of these tests under different weather conditions.

While inspecting Detachment 731, I was extremely amazed at the scale on which the detachment's research and production activities in preparing to conduct bacteriological warfare were carried on.

Question: Thus, Detachment 731 of the Kwantung Army was organized for the purpose of preparing for a bacteriological attack upon the Soviet Union?

Answer: I must admit that Detachment 731, posted in Manchuria, was formed for the purpose of producing weapons of bacteriological warfare to be used chiefly against the Soviet Union, but also against the Mongolian People's Republic and China. . . .

Question: To what degree was Detachment 731 subordinated to the Kwantung Army Headquarters?

Answer: Detachment 731 was directly subordinated to me as the Commander-in-Chief of the Kwantung Army.

Detachment 731 was subordinated to the Commander-in-Chief of the Kwantung Army by order of the Japanese Minister for War at the time the detachment was organized.

Tactical direction of Detachment 731 connected with all questions concerning the production and employment of bacteriological weapons was exercised by me. This means, that if the necessity arose of employing bacteriological weapons against enemy forces, the order to do so could come only from me, for Detachment 731 was a special military unit under my command. . . .

Yamada

INTERROGATORS

Members of the staff
of the Office of the Ministry
for Internal Affairs
for the Khabarovsk Territory,
BRAVÉ, GOIKHMAN Interpreter *TSVIROV*

EXCERPT FROM RECORD OF INTERROGATION OF YAMADA OTOZOO

November 5, 1949 *City of Khabarovsk*

Question: When did you visit Detachment 731?

Answer: I visited Detachment 731 only once. After taking over the post of Commander-in-Chief of the Kwantung Army I inspected all the units and sub-divisions under my command, including Detachment 731. This was in August 1944.

I was accompanied on my inspection of the detachment by staff officer of the Kwantung Army Lieutenant Colonel Hara. I left Harbin for the detachment's headquarters not in the evening, as I stated before, but at 12 noon, and stayed in the detachment about an hour and a half. I made an entry in my diary about this visit.

At the entrance to the detachment's premises I was met by Chief of Detachment 731 Major General Kitano and all the officers. After the welcome ceremony I proceeded to Major General Kitano's office where he informed me that the detachment consisted of seven divisions: General, Clinical, Materials, Production, Research and Training. I have forgotten the name of the seventh division.

In reporting on the detachment's objects and functions, Kitano said that the detachment had two functions, one of which was connected with the antiepidemic service and water supply of the Kwantung Army, while the other was to study various problems connected with preparing means for conducting bacteriological warfare. Furthermore, General Kitano informed me in broad outline of the detachment's numerical strength, but I do not remember the figures now.

Dealing with the character of the activities of each division he said that the Research Division studied forms and methods of employing bacteriological weapons. I understood that in the event of it being necessary to employ bacteria for sabotage purposes, they would be used on land, and for the extensive employment of bacteriological weapons, they would be used with the aid of aircraft.

Concerning the Production Division, General Kitano informed me that it was engaged in preparing special bacteria substances in large quantities, sufficient for conducting offensive operations.

Later, after I had fully acquainted myself with the activities of Detachment 731, I was convinced that its output capacity was sufficient for the employment of bacteriological weapons on an extensive scale, concerning which I gave evidence at the previous interrogation.

According to what General Kitano said, the Training Division of Detachment 731 trained cadres of medical men who were afterwards distributed among all the detachment's divisions, including those which devised and manufactured bacteriological weapons.

The Materials Division supplied the necessary materials and medical supplies needed by Detachment 731.

When General Kitano finished his report I proceeded to inspect the detachment. It is difficult for me now to recall what I saw in each division separately; I can describe what I saw only in general outline, without saying definitely which division carried out any particular process of the detachment's work. Nevertheless, I distinctly remember that I learned the character of the work carried on by all the most important of the detachment's divisions. In one division (production, I think) I saw the process of breeding bacteria in large quantities. That division had high-capacity equipment—boilers and other apparatus necessary for the mass production of bacteriological weapons.

In other premises I saw special boxes containing a vast quantity of live fleas. I was informed that these fleas were to be infected with plague, after which they could be used as carriers of plague epidemics. What I saw in other premises I cannot now recall.

After I had inspected the detachment's chief premises, I, and the officers who accompanied me, went up into the detachment's tower, from which I viewed the aerodrome, concerning which I gave detailed evidence at the previous interrogation.

After I had fully inspected the detachment's work and had gained an impression of the character of its activities, I was extremely amazed at the scale on which the research work was conducted and at the detachment's colossal potentialities for manufacturing bacteriological weapons.

Yamada

INTERROGATORS

Military Prosecutor,
Lieutenant Colonel
of Jurisprudence *BAZENKO*

Members of the staff
of the Office of the Ministry
for Internal Affairs
for the Khabarovsk Territory,
Senior Lieutenant *BRAVÉ*
Senior Lieutenant *GOIKHMAN*

Interpreter *TSVIROV*

EXCERPT FROM RECORD OF INTERROGATION OF YAMADA OTOZOO

November 17, 1949 *City of Khabarovsk*

. . . Among the units under my command engaged in devising and in the mass production of bacteriological weapons were Detachment 731, Detachment 100, and their branches.

. . . Concerning the activities of detachments 731 and 100 in the preparations to conduct bacteriological warfare, it must be said that Detachment 731 engaged in devising and producing bacteriological weapons intended for the wholesale extermination of human beings. The activities of Detachment 100, in this respect, were of somewhat narrower scope, and were limited to devising and producing bacteriological weapons of sabotage in the form of exterminating animals and contaminating crops.

. . . The Operations Division under my command exercised guidance in questions concerning the production of the necessary quantities of bacteria, supplying technical equipment, and also in training skilled cadres for the personnel of detachments 731 and 100. . . .

Question: That being the case, what did you have in mind when, during the interrogation on November 3, 1949, you said that the manufacture of means of bacteriological warfare was carried on chiefly against the Soviet Union?

Answer: I fully confirm that statement, but I must explain that preparations were made to conduct bacteriological warfare not only against the Soviet Union, but against other countries too.

Question: More precisely, what countries have you in mind?

Answer: Chiefly against the Soviet Union, but also against China, the Mongolian People's Republic, the United States of America and England.

Question: What concrete measures were taken in preparing to conduct bacteriological warfare against the Soviet Union?

Answer: The preparations to conduct bacteriological warfare against the Soviet Union consisted in a series of researches into methods of employing epidemic bacteria, the mass production of bacteriological weapons, and in experiments to test the effectiveness of the action of given species of bacteria.

Question: Tell us what methods of employing bacteriological weapons were devised?

Answer: As far as I remember, the chief and most effective methods of employing bacteriological weapons were: dropping bacteria from aircraft, and using bacteria on land. Bacteria were dropped from aircraft either in special bombs containing microbes, or were sprayed with the aid of special appliances fitted into the aircraft. The land method consisted in infecting water sources, pastures and cattle with bacteria.

. . . I must admit that in June 1945, I did, indeed, send Colonel Tamura to Detachment 731 to inspect the detachment's work on the spot and to ascertain whether it was necessary to increase the number of specialists. I sent Colonel Tamura to Detachment 731 because the Kwantung Army Headquarters had received orders from the Ministry for War to increase the output of bacteriological weapons. This order was conveyed for execution to the Chief of Detachment 731, Lieutenant General Ishii, who, in the execution of this order, wrote me a letter, in May 1945, requesting that the number of specialists assigned to him be increased. Incidentally, I have just recalled that I did indeed then have Ishii's report on bacteria bombs. I request that the testimony I gave before be accordingly amended on this point.

I had kept Ishii's report in my safe and later I handed it to the Chief of the Operations Division Major General Matsumura Tomokatsu. I well remember that this report was written on red-lined paper. I also remember that the report was headed: "The Ishii Bacteria Bomb," and I recall that during my visit to Ishii's detachment I myself saw specimens of these bombs that were intended for the purpose of using plague-infected fleas as bacteriological weapons.

. . . I remember that I saw such bombs in Detachment 731 during my inspection. Those bombs had been made by Detachment 731. I do not remember how many, but the number was determined by the necessary requirements. I have seen the illustration of the bomb given in the diagram presented to me in Ishii's report which I have mentioned. . . .

To study methods of employing bacteriological weapons, special commissions were set up, consisting of the Chief of Staff of the Kwantung Army, the Chief of the Operations Division, the Chief of Bacteriological Detachment 100 or 731, according to the one concerned, and of individual staff officers. The chairman of these commissions was the Chief of Staff. The Commander-in-Chief of the Kwantung Army took no part in the proceedings of these commissions. The decisions of the commissions concerning the employment of means of bacteriological warfare were submitted to the Commander-in-Chief of the Kwantung Army, and after he had endorsed them they were communicated to the Japanese General Staff. The General Staff informed the Kwantung Army Headquarters what method had been put in commission, and the Kwantung Army Headquarters accordingly issued orders to detachments 731 and 100 to proceed with the mass production of the necessary epidemic bacteria. Detachments 731 and 100 were supplied with the necessary equipment, raw materials and auxiliary materials by the Japanese Ministry for War in conformity with the General Staff's requirements in the production of any given type of bacteriological weapon.

The employment of bacteriological weapons, and the formation of the necessary units that were to employ bacteriological weapons in practice, were planned by the Japanese General Staff on the basis of information received from the Kwantung Army Headquarters.

Question: What methods of employing bacteriological weapons were put in commission in the Kwantung Army during the period you occupied the post of Commander-in-Chief?

Answer: All the methods of employing bacteriological weapons put in commission in the Kwantung Army were sanctioned before my appointment to the post of Commander-in-Chief of the Kwantung Army. I myself regarded the spraying of bacteria from aircraft as the most effective method, since it made it possible to infect larger areas.

Question: What type of aircraft had been chosen for the employment of bacteriological weapons?

Answer: In peacetime, Detachment 731 had several special aeroplanes at its disposal. In wartime, if it were necessary, the aircraft of any air unit could have been used after they had been equipped with the necessary appliances.

Question: In what concrete way did you as Commander-in-Chief take part in directing the preparations for conducting bacteriological warfare?

Answer: I have already stated that all the methods of employing the bacteriological weapons at the disposal of the Kwantung Army had been examined and sanctioned by the Japanese General Staff before I was appointed to the post of Commander-in-Chief. These methods remained in force while I was in command. Furthermore, through the divisions and administrations under my command, and in conformity with the orders of the Japanese Ministry for War and General Staff, I, as Commander-in-Chief, exercised direction of the activities of bacteriological detachments 731 and 100 in devising and producing bacteriological weapons. My function as Commander-in-Chief also included the exercise of tactical direction of the employment of means of bacteriological warfare in wartime. In this respect, it would have been my function in the event of war to determine what formations were to employ bacteriological weapons, and in what direction.

For the purpose of carrying out a bacteriological attack commanders of fronts and separate armies were to have had at their disposal special bacteriological detachments which were to have been formed on the basis of detachments 731 and 100 and their branches. . . .

. . . **Question:** What, concretely, did you do to increase the output of bacteriological weapons in conformity with the instructions of the Ministry for War?

Answer: As I have stated already, in conformity with the orders issued by the Deputy Minister for War, I sanctioned the increase in the output of bacteriological weapons within the limits of the orders received from the Ministry for War. I do not remember, however, how much the output was increased. . . .

. . . **Question:** From whom was the decision to employ bacteriological weapons to have come?

Answer: The order to employ bacteriological weapons was to have come from the Imperial Headquarters. . . .

Yamada

INTERROGATORS

Military Prosecutor,
Lieutenant Colonel
of Jurisprudence *BAZENKO*

Member of the staff
of the Office of the Ministry
for Internal Affairs
for the Khabarovsk Territory,
Captain *GOIKHMAN*

Interpreter *TSVIROV*

EXCERPT FROM RECORD OF INTERROGATION OF YAMADA OTOZOO

December 1 1949 *City of Khabarovsk*

. . . **Question:** Why was the production of bacteriological weapons activized in 1945?

Answer: The production of bacteriological weapons by detachments 731 and 100 was activized at that time because the preparatory period of the most effective bacteriological weapons that had been tested had ended. I have in mind the employment of the Ishii bacteria bomb, the spraying of plague-infected fleas from aircraft, and methods of bacteriological sabotage on land, about which I had learned from the reports of Generals Kitano and Takahashi, and from other persons.

In 1945, when all the preparatory work in perfecting the most effective means of employing bacteriological weapons had been successfuly completed, the period set in of the mass production of bacteriological weapons for the purpose of their practical employment in any direction, as soon as the order to do so was received from the Imperial Headquarters. In view of the aforesaid, and in conformity with the orders of the Japanese Deputy Minister for War, I, in the spring of 1945, ordered detachments 731 and 100 to increase the mass production of bacteriological weapons and, accordingly, to increase and improve the equipment of Detachment 731 and to provide it with the necessary number of additional specialists.

Furthermore, I think that the increase in the production of bacteriological weapons in 1945 was due to the worsening of the war situation in the different theatres of military operations. This, however, is my own personal opinion, as I did not receive any official information on this question.

Question: Precisely, when did the Kwantung Army Headquarters receive the order from the Japanese Deputy Minister for War to increase the production of bacteriological weapons?

Answer: As far as I remember, that order was received in March 1945. . . .

. . . **Question:** What changes took place during the period you occupied the post of Commander-in-Chief of the Kwantung Army in devising means and methods of employing bacteriological weapons?

Answer: As I have said already, the chief methods of employing bacteriological weapons had been put into commission in the Kwantung Army and sanctioned by the Japanese General Staff before I took up the post of Commander-in-Chief, and in this respect, no changes took place while I was in command. I, too, approved these methods and they remained in force. While I was in the Kwantung Army, however, work was conducted to improve the methods of employing one or another type of bacteriological weapon. This work was conducted by Detachment 731 and by Detachment 100. In particular, while I was in command, the method of using plague-infected fleas by spraying them from aircraft with the aid of special appliances and by dropping bombs was finally perfected. Concerning this method, General Kitano submitted a special report to me.

Question: What decision did you adopt on Ishii's report on the bacteria bomb?

Answer: The decision on Ishii's report on the employment of special bacteria bombs was taken by my predecessor, General Umezu. After reading Ishii's report I, too, approved this method. No further special sanction on this question was required.

. . . In October or November 1944, General Kitano submitted to me a detailed report on the results of experiments in employing plague-infected fleas as a means of bacteriological warfare. Kitano's report was accompanied by a special cinema film brought from Detachment 731, and also by maps showing the places where experiments had been made in spraying plague-infected fleas from aircraft. Kitano's report generalized all the experiments and researches that had been made in this direction and summed up all the work. While reporting, he exhibited various tables demonstrating the results of the researches and tests in infecting territory with plague germs. Being of the opinion that the plague-infected flea method was extremely effective, I approved

98

Kitano's report and the method of employing bacteriological weapons that he proposed.

The results of the experiments in using plague-infected fleas were communicated to the Imperial Headquarters direct by the commander of Detachment 731 and did not go through the Kwantung Army Headquarters.

Question: Previously you stated that all decisions on questions concerning devising and producing bacteriological weapons were endorsed by the Commander-in-Chief after these questions had been examined by a temporary commission, and that they were submitted to the General Staff and the Japanese Ministry for War by the Kwantung Army Headquarters. Which is the correct version?

Answer: I fully confirm what I said in previous testimony and it seems to me that there is no contradiction in my testimony. The point is that the reports I mentioned before concerned the more important questions and, as a rule, dealt with devising methods of employing bacteriological weapons, or other more urgent questions. Such reports were sent to the centre by the Kwantung Army Headquarters. Reports dealing with the solution of various particular problems, such as the study of the effectiveness of one or another type of bacteriological weapon were sent by the command of Detachment 731 direct, either to the Imperial Headquarters, to the Ministry for War, or to the Military Medical Academy, depending on their contents.

. . . **Question:** How was the work of devising and producing bacteriological weapons financed?

Answer: The work of devising and producing bacteriological weapons was financed by the Japanese Ministry for War through the Kwantung Army Headquarters. I have no detailed information about the amounts and methods of financing this work.

Question: Why were detachments 731 and 100, and their branches, posted in close propinquity to the frontier of the Soviet Union?

Answer: Nobody gave me any special explanation of this, but my own personal opinion is that it was done in order most conveniently and quickly to employ bacteriological weapons against the Soviet Union.

Question: How was it proposed to use bacteriological weapons against England, the U.S.A. and other countries?

Answer: I think bacteriological weapons would have been used against the U.S.A., England and other countries if the Soviet Union had not taken action against Japan. The Soviet Union's entry into the war against Japan, and the swift advance of the Soviet Army into the heart of Manchuria, deprived us of the possibility of employing the bacteriological weapon against the U.S.S.R. and other countries. . . .

Yamada

INTERROGATORS

Military Prosecutor,
Lieutenant Colonel
of Jurisprudence *BAZENKO*

Member of the staff
of the Office of the Ministry
for Internal Affairs
for the Khabarovsk Territory,
Captain *GOIKHMAN*

Interpreter *TSVIROV*

EXCERPT FROM RECORD OF INTERROGATION OF KAJITSUKA RYUJI

October 23, 1949 *City of Khabarovsk*

Question: What, concretely, was done by Detachment 731 in preparing to conduct bacteriological warfare?

Answer: In February 1941, the Chief of Detachment 731, Colonel of the Medical Service Ishii, in my office in Changchun, while reporting to me on the detachment's work, with the permission of Commander-in-Chief of the Kwantung Army Umezu, told me what the detachment had done in preparing to conduct bacteriological warfare, thereby fulfilling the promise he had given me when I visited Detachment 731 in 1940.

According to what Ishii said, researches carried out by the detachment had shown that the dropping of bacteria contained in aerial bombs was of little effect because, as a consequence of strong air pressure and excessively high temperature, the germs of dysentery, typhoid, paratyphoid, cholera, and plague, being frail, perish almost 100 per cent. Ishii said that great hopes had been reposed in these researches, but these hopes had been disappointed, as the bombs and also shells containing these bacteria did not spread infection on as wide an area as had been anticipated.

As regards the hardiest bacteria, such as the germs of anthrax, Ishii said that it was possible to use them in this way, and that further research was proceeding.

Research had also shown that the dropping of bacteria from aircraft, in the same way as was done with poisonous substances, had relatively large effect.

Ishii told me that bacteria could not be dropped from high altitudes, because the bacteria perished; they could be dropped from an altitude not exceeding 500 metres, but when dropped from a low altitude, the area over which the bacteria scatter is too small. . . .

I learned from Ishii that dropping cholera germs on enemy territory was of little effect and difficult to carry out, firstly, because they had to be dropped from a low altitude, which enables the enemy easily to fire at the aircraft, and secondly, because an excessively large quantity of germs is needed for this purpose.

Ishii told me further that it was much more effective to drop bacteria not in their "bare" shape, but in conjunction with an insect medium, fleas in particular. Fleas, being the most tenacious insects, were infected with plague and dropped from aircraft, and the plague germs, remaining in the fleas, successfully reached the ground with them. This method reduced the vulnerability of aircraft to enemy anti-aircraft artillery.

Ishii told me that the researches in this method had not yet been completed and, for example, the question as to what area the fleas dropped from high altitudes covered had not yet been cleared up.

Speaking about the infection of foodstuffs, Ishii told me that in the researches in this field, the germs of cholera, dysentery, typhoid and paratyphoid were being used, and that vegetables, fruit, fish and meat were so infected. Vegetables were found to be the most suitable for bacteriological warfare: especially such as had numerous leaves, cabbage, for example; root crops, having smooth surfaces, proved to be less suitable. The injection of bacteria into food products, fruit, for example, was found to be more effective than infecting their surfaces. The most suitable medium for spreading infectious diseases, according to what Ishii said, were vegetables; next in order came fruit, fish and, last, meat. . . .

In confirmation of this, Ishii told me that his detachment was conducting practical experiments: experiments with bacteria contained in artillery shells and aerial bombs; bacteria were dropped from aircraft on to a proving ground next to the detachment's aerodrome at Pingfan Station; experiments with the most dangerous kinds of bacteria were conducted on some uninhabited territory, but where, Ishii did not say. He also said that Detachment 731 was conducting experiments on living people, but who these people were, and when and where the experiments were performed, he did not say; he merely said that those people were Chinese and added that he had no right to say who these people were because that was a "secret of secrets."

In conclusion, Ishii told me that after all the experiments that had been conducted under his direction, he had arrived at the conclusion that the deliberate spreading of epidemics was not such an easy task as some people supposed, and as he himself had thought before. In nature, epidemics spread very easily, but the artificial spreading of epidemics encountered a number of obstacles which in some cases are overcome with great difficulty. In his opinion, success in undertakings of this kind depended on the individual susceptibility of people to various infectious diseases, and he had decided to study this problem.

... In March 1944, I had a similar conversation in my office with Major General of the Medical Service Kitano Masazo, who from August 1942 to March 1945 was Acting Chief of Detachment 731.

Supplementing what I had heard from Ishii, Kitano, in answer to my enquiry about the work the detachment was doing, told me that some success had been achieved since he had been in command of Detachment 731. In particular, he told me that a group of members of Detachment 731 had gone to the Chinese front, to a district south of Shanghai, and had there, from a high altitude, dropped a large quantity of plague-infected fleas on territory inhabited by Chinese. These fleas remained alive and an epidemic of plague broke out in the place in which they had dropped. Kitano added that it was not a big epidemic, but this method of bacteriological warfare could be regarded as effective.

Furthermore, Kitano told me that in the region of Anta Station experiments had been performed with delayed action bombs containing anthrax germs. The fragments of these bombs, on wounding human beings and cattle, infected them with anthrax.

According to what Kitano said, the detachment had commenced experiments for the purpose of ascertaining the susceptibility of human beings to infectious diseases. These experiments were directed by a researcher in the detachment, Professor Kawakami Zen, a specialist in pathology. These experiments had started with an analysis of the blood of healthy Japanese and Chinese, but they had stopped owing to the death of Kawakami.

As far as I know from what Ishii and Kitano said,

Detachment 731 engaged in the mass production of means of bacteriological warfare: germs of different infectious diseases, and also media of infection—fleas and mice.

I do not know in what quantities these were produced; at all events, they were considerable.

Question: When was Detachment 731 formed?

Answer: Detachment 731 was formed by command of the Emperor of Japan Hirohito, issued in 1936.

... The Emperor's command was printed and copies of it were sent to all the units of the Japanese Army for the information of all the officers. I myself was shown this command and the detachment's personnel list accompanying it, and certified the fact with my private seal.

After that I took part in recruiting the junior officer personnel of the detachment and in examining the list of proposed senior officers which had been sent me by the Personnel Administration of the Ministry for War.

The detachment's location was determined by the Kwantung Army Headquarters. Until 1941, the detachment had no number, but was called The Water Supply and Prophylaxis Administration of the Kwantung Army, and also the Ishii Detachment, because it was the custom in the Japanese Army to call army units by the names of their commanders.

The detachment was given the number 731 in 1941 by order of the Commander-in-Chief of the Kwantung Army, who gave definite numbers to all army units and institutions.

This record was read to me in Japanese, my statements are recorded correctly.

Kajitsuka

INTERROGATORS

Military Prosecutor,
Lieutenant Colonel
of Jurisprudence *DUBTSOV*

Member of the staff
of the Office of the Ministry
for Internal Affairs
for the Khabarovsk Territory,
Lieutenant Colonel *PAPKOV*

Interpreter *TSVIROV*

EXCERPT FROM RECORD OF INTERROGATION OF KAJITSUKA RYUJI

October 24, 1949 *City of Khabarovsk*

. . . Detachment 731 was reorganized in 1939-40 under a special secret decree issued by Emperor Hirohito of Japan in 1939. I was acquainted with this decree at the Kwantung Army Headquarters approximately in February 1940, signing a pledge of secrecy.

Besides this, by one or perhaps two secret decrees, issued by Emperor Hirohito in 1940, four branches of Detachment 731 were set up additionally in the second half of that year, to be located in the towns of Hailar and Sunyu, and at Hailin and Linkow stations, the dates of their formation being indicated. The appended tables of organization, signed by War Minister Tojo, showed that each of these branches had a personnel of up to 300 men.

Orders issued by Japanese War Minister Tojo in accordance with the emperor's decrees listed the hospitals and Detachment 731 which assigned a definite number of army medical specialists, non-commissioned officers and privates. The orders also indicated that civilians might be employed, but no more than 30 per cent of the entire personnel. . . .

Question: From whom did the idea of preparing for bacteriological warfare originate?

Answer: The idea of preparing bacteriological warfare originated from Ishii.

Ishii Shiro, born around 1893 in the Prefecture of Chiba, comes from the family of a wealthy landowner, and in 1919-20 graduated from the College of Medicine of the Imperial University in the town of Kyoto. He then entered the service of the Japanese Army as a volunteer. Soon after, he applied for enlistment in regular army service. Half a year later he received his first commission, as lieutenant, and was appointed army physician in an army unit. From there he was transferred to the First Military Hospital in the city of Tokyo, where I became acquainted with him in October 1922 as a colleague. From April 1924 to March 1926 he was a postgraduate student in pathology and bacteriology at the university from which he had graduated in 1919-20. Then, until April 1928, he worked as resident physician at the military hospital in the town of Kyoto, from where he was sent abroad on a mission, returning at the end of 1930.

On his mission abroad he visited almost all the countries of Europe, including the U.S.S.R., where he acquainted himself with the work of medical research institutes in Moscow and Leningrad.

Upon his return from abroad Ishii became an instructor of epidemiology at the Military Medical Academy of the Japanese Army in the city of Tokyo.

From this post he was appointed Chief of Detachment 731 in 1936 by an order of the Japanese Minister for War. His rank at the time was Lieutenant Colonel of the Medical Service.

In 1931, after returning from his mission abroad, in the circle of his comrades at the Military Medical Academy, of whom I was one, as well as among authoritative and influential officers of the Japanese General Staff, Ishii began to propagate Japan's need to prepare for bacteriological warfare. . . .

Beginning with 1933 Major General. Nagata, Chief of the Military Affairs Division of the Japanese Ministry for War, supported Ishii's idea, and beginning with 1935, also Colonel Suzuki Yorimichi, Chief of the 1st Section of the Strategical Division of the Japanese General Staff.

All these circumstances, as well as the fact that Ishii was a big specialist, led to his being appointed Chief of Detachment 731, and upon taking up this post he began research on weapons of bacteriological warfare.

As head of a division in the Medical Administration of the Japanese Ministry for War I went over the order drafted by the Appointments Section of the Personnel Division appointing Ishii Chief of the above-mentioned detachment. I agreed with this draft order and visaed it.

Soon after this there followed an order of the Japanese Minister for War appointing Ishii Chief of the detachment. . . .

Kajitsuka

INTERROGATORS

Military Prosecutor,
Lieutenant Colonel
of Jurisprudence *DUBTSOV*

Member of the staff
of the Office of the Ministry
for Internal Affairs
for the Khabarovsk Territory,
Lieutenant Colonel *PAPKOV*

Interpreter *TSVIROV*

EXCERPT FROM RECORD OF INTERROGATION OF TAKAHASHI TAKAATSU

October 30, 1949 *City of Khabarovsk*

. . . I gave orders for Detachment 100 to prepare, and controlled its production of the bacteria of glanders and anthrax and of cattle plague and mosaic disease, with a view to their employment in bacteriological warfare and bacteriological sabotage against the Soviet Union.

Question: When, and to whom, did you give orders to prepare germs of glanders, anthrax, cattle plague and mosaic disease?

Answer: In September 1941 I ordered the Chief of Detachment 100, Colonel Wakamatsu, subsequently Major General of the Veterinary Service, to begin production of the bacteria of glanders, anthrax and red rust. In March 1944 I ordered him to begin production of cattle-plague and mosaic-disease germs in place of red rust.

. . . **Question:** In what connection did you in September 1941 order the Chief of Detachment 100 to begin production of the bacteria of glanders, anthrax and red rust?

Answer: In connection with the receipt from the General Staff of Imperial Headquarters of instructions to the Commander of the Kwantung Army to launch preparations for bacteriological warfare against the Soviet Union.

Question: When were the instructions of the General Staff of Imperial Headquarters concerning preparations for bacteriological warfare received?

Answer: These instructions were received at the time the "Kan-Toku-En" Plan was being drawn up, in July 1941.

Question: How do you know this?

Answer: I learned it from the Commander of the Kwantung Army personally at a conference in September 1941.

The conference was conducted by the Commander of the Kwantung Army on the question of preparing for bacteriological warfare against the Soviet Union. He announced this to all present at the conference. . . .

Takahashi

INTERROGATORS

Military Prosecutor,
Lieutenant Colonel
of Jurisprudence *ANTONOV*

Member of the staff
of the Office of the Ministry
for Internal Affairs
for the Khabarovsk Territory
Captain *SEROV*

Interpreter *PROTASOV*

EXCERPT FROM RECORD OF INTERROGATION OF TAKAHASHI TAKAATSU

November 21, 1949 *City of Khabarovsk*

Question: What decisions were taken about ways and means of waging bacteriological warfare in the light of the data on bacteriological reconnoitring against the U.S.S.R. submitted by Hirazakura's group?

Answer: Wakamatsu, Hosaka and Ida were present when Lieutenant Hirazakura made his report. I do not remember who of those present voiced his opinions concerning the quantity of pathogenes of anthrax, glanders, cattle plague and sheep plague required to infect the district in which Hirazakura's group conducted bacteriological reconnoitring.

Everything was to be carried out during hostilities between the Soviet Union and Japan. On that same occasion ways and means of employing bacteriological weapons against the Soviet Union were discussed. We outlined methods of infecting livestock: cattle was to be infected with anthrax and cattle plague with the use of aircraft. It was also intended to infect livestock belonging to the local population and which was grazing in nomadic pasturages.

Horses were to be infected with anthrax by using aircraft.

Since the epizootic spread of glanders involves big difficulties we decided to infect horses only with anthrax. . . . The sheep which Hirazakura's group purchased were to be infected by inoculation with the pathogene of sheep plague and let loose for the purpose of sabotage against the Soviet Union. The cattle purchased was also to be infected, by inoculation with the virus of cattle plague.

The infected cattle, sheep and horses were to be loosed in various directions with the aim of their landing on the territory of the military operations of the Soviet troops. Owing to the long lapse of time I cannot recall the details of all the measures we then outlined.

Question: Did you report to the Commander-in-Chief of the Kwantung Army on the measures outlined?

Answer: Yes, I did. In particular, I reported to General Yamada.

Question: When and what did you report to him?

Answer: In November or December 1944 General Yamada summoned me and asked for a report on the plan of bacteriological sabotage against the Soviet Union with the use of aircraft. Basing myself on the bacteriological reconnoitring data received from Lieutenant Hirazakura, in the presence of General Kasahara and General Ikeda I reported to General Yamada my plan for bacteriological sabotage, which we subsequently discussed in March 1945 in my office, with Hirazakura present. Commander-in-Chief Yamada endorsed this plan.

I reported the plan in general outlines. The technical part of the plan I did not report. . . .

Takahashi

INTERROGATOR

Member of the staff
of the Office of the Ministry
for Internal Affairs
for the Khabarovsk Territory,
Captain *SEROV* Interpreter *PROTASOV*

EXCERPT FROM RECORD OF INTERROGATION OF KAWASHIMA KIYOSHI

October 21, 1949 *City of Khabarovsk*

Question: What do you know about the origin of Detachment 731 of the Kwantung Army and what were the reasons for its formation?

Answer: Detachment 731 was formed in 1936 by a secret decree of Emperor Hirohito of Japan. Originally the detachment was to be quartered in the city of Harbin, and by an order of the Japanese Minister for War, Colonel Ishii Shiro of the Medical Service was appointed Chief of Detachment 731.

I myself saw the decree of the Emperor of Japan in the detachment's files during my work as Chief of the General Division of Detachment 731, but I cannot now reproduce its appearance or detailed content since a considerable period of time has elapsed since then.

Immediately after the detachment was formed it received the official name of "The Water Supply and Prophylaxis Administration of the Kwantung Army" and nominally occupied itself with problems pertaining to water purification and water supply for the Kwantung Army, as well as the combating of epidemic diseases. It was known in the Kwantung Army by the name of "Manshu Detachment 731," that is, the 731st Manchurian Detachment of the Kwantung Army. This name was given the detachment because in addition to the functions it nominally carried out it had other, secret, tasks. As research in the detachment was activized and the significance and importance of its work grew, the need arose to increase the detachment's personnel and expand its laboratories and territory.

In connection with this, a new decree was issued by the Emperor of Japan in 1940, under which the main part of the detachment was transferred to the vicinity of Pingfan Station (approximately 30 kilometres south of Harbin). Here the detachment conducted its basic research, experimental and production work. All the construction work in the vicinity of Pingfan Station, where the detachment took up quarters, had been begun in 1939, and by the time the detachment moved there the construction work was completed.

In 1940 there thus remained in the city of Harbin the divisions dealing with purely antiepidemic work and medical treatment, while all the other divisions, which were engaged in work connected with preparing bacteriological warfare, had been transferred to Pingfan Station.

In addition, the emperor's decree of 1940 provided for increasing the personnel of the detachment to 3,000, this number including the branches set up in various districts of Manchuria by this same decree, as well as for the structural partitionment of the detachment into divisions.

Everything that I have told about the history of the origin of Detachment 731 I know from the documents of the detachment's General Division which I examined in 1941, and from the words of Colonel Oota, former Chief of the detachment's General Division, from whom I took over in 1941, as well as of Lieutenant Colonel Murakami Takashi of the Medical Service, Chief of the detachment's 2nd Division. . . .

During one of my visits to General Ishii in the summer of 1941, after Germany had begun war on the Soviet Union, General Ishii, referring in the presence of divisional chiefs Lieutenant Colonel Murakami and Colonel Oota Akira, to the need for intensifying the detachment's activity, read out to us an order of the Chief of the Japanese General Staff insisting upon the speeding up of research work on plague bacteria as a means of bacteriological warfare.

The order made special mention of the need for the mass breeding of fleas as plague carriers. This order was written by hand in India ink. At present I do not remember exactly by whom it was signed.

Once, during a talk with leading officials of the detachment in his office in the summer of 1941, General Ishii, speaking about the reasons that had prompted Japan's military circles to form such a research body as Detachment 731, said that Japan did not possess sufficient natural resources of metals and other raw materials required for the manufacture of weapons, and hence she had to develop new types of weapons, the bacteriological weapon being regarded as one of them at that time. Also, Ishii pointed out that all the great powers were carrying on corresponding work in this sphere and that Japan must not lag behind in this field.

Question: What organization existed in Manchuria prior to Detachment 731 and carried out tasks and functions similar to the duties of Detachment 731?

Answer: As I know from talks with Colonel Oota, the Chief of the General Division of Detachment 731, and with other colleagues, General Ishii was in Manchuria in 1932-33 (I do not remember the exact date) and conducted bacteriological research. Ishii's activity centred in the vicinity of the settlement of Hainga (near the city of Harbin), where were located his personnel, comprising a detachment which for purposes of secrecy bore the code name of Togo.

This detachment (its size I do not know) engaged in research on means of bacteriological warfare. For this purpose the Togo Detachment had been outfitted with the necessary equipment. It is easy to understand that the Togo Detachment conducted work on a smaller scale than Detachment 731. Subsequently it was with this detachment as the core that General Ishii formed Detachment 731 of the Kwantung Army.

The record has been read to me in Japanese. It has been taken down from my words faithfully, which I confirm by my signature.

Kawashima

INTERROGATORS

Military Prosecutor,
Captain of Jurisprudence *BELYUGA*

Member of the staff
of the Office of the Ministry
for Internal Affairs
for the Khabarovsk Territory,
Senior Lieutenant *BRAVÉ*

Interpreter *PLYACHENKO*

EXCERPT FROM RECORD OF INTERROGATION OF KAWASHIMA KIYOSHI

October 23, 1949 *City of Khabarovsk*

. . . The apparatus for breeding fleas as carriers of epidemic diseases consisted of the following: in the detachment's 2nd Division there were specially-equipped premises capable of housing approximately 4,500 incubators. Three or four white mice were put through each incubator in the course of a month; these mice were held in the incubator by means of a special attachment device. There was a nutritive medium and several kinds of fleas in the incubator. The incubation period lasted three to four months, in the course of which each incubator yielded about ten grams of fleas. Thus, in three to four months the detachment bred about 45 kilograms of fleas suitable for infection with plague.

I request it to be noted that the figures relating to the breeding of fleas are approximate, since I did not work in the 2nd Division.

When the detachment's work was planned, a steady increase in the productive capacity for cultivating bacteria and breeding fleas was provided for. Serious attention was paid to the work of the detachment by the Japanese General Staff.

I recall that in June 1941, upon his return from Tokyo, General Ishii assembled all the divisional chiefs of the detachment in his office and informed us that while in the Japanese General Staff he had reported that Detachment 731 had successfully worked out a method for employing plague-infected fleas as a bacteriological weapon, and that these achievements made possible their practical application for military purposes on a wide scale.

Ishii told us that members of the General Staff had given a high appraisal of the detachment's work and had issued instructions to pay special attention to the perfection and further development of bacteriological means of warfare. After giving us this information, General Ishii called upon us to work still more intensively to increase the detachment's flea-breeding productivity to a still larger amount. Ishii noted that the detachment had managed, in the most successful cases, to bring the breeding of fleas up to 60 kilograms in three to four months, but now the amount had to be increased to 200 kilograms for the same period. General Ishii explained to us that all these measures for expanding production of the bacteriological weapon were necessitated by the altered international situation, that is, by the war Germany had begun on the Soviet Union, and by the introduction into the Kwantung Army of the "Kan-Toku-En" Plan, which provided for the preparation of military measures against the U.S.S.R., and hence our army had to have the bacteriological weapon in readiness, to be able to employ it against the U.S.S.R. at the required moment.

At this conference, Oota, Chief of the 2nd Division, and Ootani, Chief of the Materials Division, advanced practical suggestions concerning expansion of the production of bacteriological means of warfare and investigation into the possibilities of procuring white mice in Manchuria in place of those hitherto received from Japan. . . .

. . . For the purpose of the fullest possible study of bacteria on human beings and the swiftest development of methods of preparing the bacteriological weapon for employment in war at the required moment, Detachment 731 experimented widely in the action of all lethal bacteria on human beings. . . .

From 500 to 600 prisoners were consigned to Detachment 731 annually. I myself saw whole batches of them being received from the gendarmerie by the personnel of the detachment's lst Division. They (the prisoners) were confined in two blocks of the prison. . . .

. . . If a prisoner survived the inoculation of lethal bacteria, this did not save him from a repetition of the experiments, which were continued until death from infection supervened. The infected people were given medical treatment in order to test various methods of cure, they were fed normally, and after they had fully recovered, were used for the next experiment, but infected with another kind of germ. At any rate, no one ever left this death factory alive.

Following anatomical study the bodies of the dead were burned in the detachment's incinerator. . . .

. . . On numerous occasions during my service in the detachment I inspected, together with General Ishii, various departments of the detachment, including the prison, and hence I know some details about the system, regime and maintenance of the prison inmates.

The prisoners were delivered to the prison through a secret tunnel dug under the façade of the central building. The detachment's gendarme department had at its disposal several special motor vehicles painted in dark colour, with no windows, and with a ventilation hole. In these vehicles the prisoners were delivered from the penal bodies to the prison of Detachment 731.

The prison office gave each prisoner designated for experimentation a number, which was his until he died. . . .

In the five years that the detachment was located at Pingfan Station, that is, from 1940 to 1945, not less than 3,000 persons passed through this death factory, and were killed by being infected with lethal bacteria. How many died before 1940, I do not know. . . .

. . . In April 1941, just after I arrived to take up my post in the detachment, I inspected the prison, and in one of the cells I saw two Russian women, one of whom had a year-old child, born in the detachment's prison. During the period I was with the detachment these women were alive. Their subsequent fate I do not know, but at any rate these women could not have left the prison alive, and the same lot as that of the other prisoners must have befallen them. . . .

Kawashima

INTERROGATORS

Military Prosecutor,
Captain of Jurisprudence *BELYUGA*

Member of the staff
of the Office of the Ministry
for Internal Affairs
for the Khabarovsk Territory,
Senior Lieutenant *BRAVÉ*

Interpreter *PLYACHENKO*

EXCERPT FROM RECORD OF INTERROGATION OF KAWASHIMA KIYOSHI

October 24, 1949 *City of Khabarovsk*

. . . There is no doubt that the conduct of experiments on human beings and the procurement of prisoners from the gendarmerie for this purpose could not have taken place without the knowledge of the Commander of the Kwantung Army, who was at the same time the Japanese Ambassador Extraordinary and Plenipotentiary to Manchuria, that is, the virtual master of the country. . . .

. . . The need to procure prisoners from the gendarmerie was determined in each particular instance by General Ishii personally on the basis of reports made by the direct executors of the experiments on people. When the Chief of the detachment considered it necessary to replenish the number of prisoners designated for experimentation he gave an order to this effect to the Chief of the Office of the General Division, who contacted the gendarmerie and received prisoners from it. . . .

. . . Proceeding from the history of the detachment's origin and its practical activity over the entire period of its existence, I can say that the reasons for the existence of Detachment 731 precisely in Manchuria were the following:

a) The need to have, in proximity to the borders of the Soviet Union, a base of bacteriological means of warfare for the purpose of a possible attack on the U.S.S.R., the Far East of which was included in the predatory plans of the Japanese military.

In addition, the conduct of bacteriological warfare research in Manchuria enabled us to carry out this work in climatic conditions identical with the climate of the Soviet Far East.

b) The possibility of obtaining in Manchuria a large amount of human material from among persons of non-Japanese nationality for bacteriological experiments, as well as Manchuria's large territory. . . .

Kawashima

INTERROGATORS

Military Prosecutor,
Captain of Jurisprudence *BELYUGA*

Member of the staff
of the Office of the Ministry
for Internal Affairs
for the Khabarovsk Territory,
Senior Lieutenant *BRAVÉ*

Interpreter *PLYACHENKO*

EXCERPT FROM RECORD OF INTERROGATION OF HIRAZAKURA ZENSAKU

October 21, 1949 *City of Khabarovsk*

Question: What do you know about Detachment 100 of the Kwantung Army?

Answer: Detachment 100 was the secret name of the veterinary-bacteriological experimental detachment of the Kwantung Army. This detachment was formed by the Kwantung Army Headquarters, but when, I cannot say. Detachment 100 carried out all its work under the immediate guidance of Lieutenant General Takahashi Takaatsu, Chief of the Veterinary Service of the Kwantung Army. The headquarters and main part of the personnel of the given detachment were stationed in the city of Changchun, in the vicinity of the Chinese settlement of Mênchiangtung and its branches were located in the towns of Kiamusze, Kokuzan and Dairen. As a bacteriological experimental detachment, Detachment 100 was staffed with researchers—bacteriologists, chemists and veterinaries, who were completely occupied in developing various types of germs and strong poisons; research was conducted on methods for the wholesale poisoning of both people and animals with these poisons. For this purpose the personnel of this detachment conducted experiments on animals and human beings. All the work of Detachment 100 and its branches was aimed at preparing for bacteriological warfare and sabotage against the Soviet Union. Detachment 100 consisted of four divisions, chief of them being the 2nd Division, which up to 1943 in turn consisted of five sections.

In December 1943, at a joint conference of senior personnel of Detachment 100 and representatives of the Kwantung Army Headquarters attended by: Major General Wakamatsu Yujiro, the Chief of Detachment 100, his deputies, Lieutenant Colonel Hosaka Koremichi and Major Yamaguchi Bunji, engineer Ida Kiyoshi, and Lieutenant General Takahashi Takaatsu, Chief of the Veterinary Service of the Kwantung Army (the present whereabouts of the above-mentioned persons I do not know), a plan was elaborated for forming under the 2nd Division a sixth section, called the "bacteriological." This section was designated for the mass preparation of germs and their storage in special basement storehouses.

After this conference, extensive construction work was indeed launched in Detachment 100 in accordance with the plan drawn up, that is, special one-storey buildings with basement storehouses were erected. The personnel of the detachment was increased.

Lieutenant General Takahashi Takaatsu, Chief of the Veterinary Service of the Kwantung Army, frequently visited Detachment 100 to give guidance on the spot and to intensify control over fulfilment of the given plan.

In conversations with a narrow circle of the personnel, the Chief of Detachment 100, Major General Wakamatsu, repeatedly said: "In the event of war between Japan and the Soviet Union, Detachment 100 must become a factory producing various germs and strong poisons on a mass scale for waging bacteriological warfare and sabotage against the Soviet Union."

And indeed, a large quantity of germs and chemical agents was prepared in the 6th Section. Several times I myself had occasion to visit the section's premises where germs and strong poisons were stored in special metal containers; on entering these storehouses strips of gauze impregnated with a special solution were placed over the mouth and the nose. It was permitted to touch the containers only with rubber gloves. For secrecy purposes these containers bore only numbers, written in paint, and had no other inscriptions. Research on forms and methods of carrying out sabotage was also conducted in Detachment 100; for instance, the question of employing aircraft for this purpose was worked out. . . .

Hirazakura

INTERROGATOR

Member of the staff
of the Office of the Ministry
for Internal Affairs
for the Khabarovsk Territory,
Senior Lieutenant *NAZAROV*

Interpreter *GERTSMAN*

RECORD OF INTERROGATION OF WITNESS MATSUMURA TOMOKATSU

October 27, 1949 *City of Khabarovsk*

I, Senior Lieutenant Korsakov, member of the staff of the Office of the Ministry for Internal Affairs of the U.S.S.R. for the Khabarovsk Territory, have interrogated as a witness **Matsumura Tomokatsu**, born 1899 in the city of Tokyo, a Japanese, a Japanese subject, higher education, before he was taken prisoner in 1945 was Assistant Chief of Staff of the Kwantung Army, is married to Matsumura Hideko, comes from a family of a salaried employee, formerly a Major General of the Japanese Army.

Witness Matsumura Tomokatsu was warned of the penalty for giving false testimony under Art. 95 of the Criminal Code of the R.S.F.S.R.

Signed: *Matsumura*

Question: In what language do you wish to give your testimony as witness?

Answer: I will give my testimony in my native Japanese language.

Question: Your interrogation will be conducted through interpreter Mikhail Yakovlevich Pakhomov. Do you have any objections?

Answer: No, I do not. I understand his speech very well.

Interpreter Pakhomov was warned of his liability to prosecution for deliberately false interpretation under Art. 95 of the Criminal Code of the R.S.F.S.R.

Signed: *Pakhomov*

Question: Describe your service in the Japanese Army.

Answer: In 1928 I graduated from the Military Academy, after which I was a platoon commander in the 34th Infantry Regiment for one year.

In 1929 I was assigned to the General Staff of the Japanese Army, where from 1929 to December 1932 I worked in the Military Formations Section of the 1st Division, and from 1932 to 1936 I was abroad on a mission from the General Staff. Upon my return from abroad I taught military history at the Military Academy during 1936.

From 1937 to October 1939 I worked in the Formations Division, and then, from October 1939 to October 1941, I worked in the Military History Division, first as a member of its personnel and then as the Chief of this division.

From October 1941 to August 1943 I headed the 5th Russian Division of the 2nd Intelligence Administration of the Japanese General Staff. In August 1943, by order of the Minister for War, I was appointed to the post of Chief of the 1st Operations Division of the Kwantung Army Headquarters, which post I held until March 1945. From March 1945 until the day Japan surrendered in August 1945 I held the post of Second Deputy Chief of Staff of the Kwantung Army.

Question: What do you know about the existence of bacteriological detachments on the territory of Manchuria?

Answer: I well know that two such detachments existed in the Kwantung Army, the first of which was named Detachment 731 and the second, Detachment 100.

Question: To what degree was Detachment 731, headed by Lieutenant General Ishii, subordinated to the Kwantung Army Headquarters?

Answer: Detachment 731, headed by Lieutenant General Ishii, was a detachment directly subordinate to the Commander of the Kwantung Army, at first Umezu, and then Yamada, and the detachment conducted all its work under the direct guidance of the Kwantung Army Headquarters.

Question: How did guidance of the activity of this detachment by the Commander-in-Chief, General Yamada Otozoo, and the Kwantung Army Headquarters express itself?

Answer: The Commander-in-Chief guided the activity of Detachment 731 through Lieutenant General Kajitsuka, Chief of the Medical Administration of the Kwantung Army, and hence the Kwantung Army Headquarters bore prime responsibility for this detachment's activity.

Question: In what did the preparation carried out by Detachment 731 for bacteriological warfare against the U.S.S.R. express itself?

Answer: The preparation of bacteriological means of warfare expressed itself in the fact that Detachment 731 studied the employment of the germs of plague, cholera, typhoid and other infectious diseases; for this purpose the detachment had special institutions where experiments were conducted and germs were cultivated.

Alongside this, Detachment 731 had branches in Mutankiang, Hailar, Sunyu and Toan, which also engaged in the breeding and testing of germs.

Question: What relation did you, as Chief of the Strategical Division and Deputy Chief of Staff of the Kwantung Army, have to Detachment 731?

Answer: My relation to Detachment 731 consisted in the preparation of passes to visit the detachment's territory for persons permitted to visit it. Permission to visit the detachment was granted personally by Commander Yamada. In immediate charge of issuing passes to Detachment 731 was Deputy Chief of the Strategical Division, which I headed, Prince Takeda, otherwise known as Lieutenant Colonel Miyata. The persons who visited the detachment returned the passes to Prince Takeda.

Question: To whom did the chiefs of the medical and veterinary administrations of the Kwantung Army report on the most important phases of their work?

Answer: Lieutenant General Kajitsuka, Chief of the Medical Administration, and Lieutenant General Takahashi Takaatsu, Chief of the Veterinary Administration, reported on the main phases of their work directly to Commander-in-Chief Yamada.

Question: How often did Commander-in-Chief of the Kwantung Army Yamada visit the Ishii Detachment?

Answer: I remember well that soon after his arrival in Manchuria, which was in July 1944, Commander-in-Chief Yamada visited the Ishii Detachment in Harbin, where he held an inspection of the detachment, but upon his return to Changchun Yamada did not share the details of his inspection with anyone, and I know nothing about it.

Question: What do you know about the destruction of the laboratories of detachments 731 and 100?

Answer: On August 9 or 10, 1945, in connection with the beginning of military operations, Commander-in-Chief Yamada took a decision to destroy all the laboratories and valuable equipment for cultivating bacteria, to prevent these scientific laboratories from falling into the hands of the Soviet Army; Colonel Kusaji, my subordinate, drafted an order concerning the destruction of the above-mentioned detachments and about the evacuation of the personnel of these detachments to the city of Seoul (South Korea). On that same day the order was signed by Commander-in-Chief Yamada and was sent to the chiefs of detachments 731 and 100 for fulfilment.

The order of the Commander-in-Chief was the basis on which Lieutenant General Ishii and Major General Wakamatsu received the assistance of local sapper detachments to blow up and destroy the above-mentioned detachments.

Question: Was laboratory equipment of these bacteriological detachments also shipped to Korea?

Answer: I find it difficult to answer this question since the statements said nothing about this, all the more since no report about the results of the evacuation of these detachments to Korea was received at the Kwantung Army Headquarters. In all likelihood the most valuable bacteriological equipment of detachments 731 and 100 was shipped to South Korea.

Taken down correctly from my words, the record has been read to me in Japanese, in confirmation of which I affix my signature.

Matsumura

INTERROGATOR

Member of the staff
of the Office of the Ministry
for Internal Affairs
for the Khabarovsk Territory,
Senior Lieutenant *KORSAKOV*

Interpreter *PAKHOMOV*

RECORD OF INTERROGATION OF WITNESS MATSUMURA TOMOKATSU

November 16, 1949 *City of Khabarovsk*

Witness **Matsumura** was warned of the penalty for giving false testimony under Art. 95 of the Criminal Code of the R.S.F.S.R.

Signed: *Matsumura*

The interrogation is conducted through interpreter Plyachenko, P. P., who was warned of his liability to prosecution for deliberately false interpretation under Art. 95 of the Criminal Code of the R.S.F.S.R.

Signed: *Plyachenko*

Question: When was Detachment 731 formed?

Answer: The detachment headed by General Ishii was formed approximately in 1934 and was stationed in Harbin.

Question: For what reasons was Detachment 731 formed precisely on the territory of Manchuria?

Answer: Detachment 731, being a big bacteriological works for research in, and the preparation of, bacteriological weapons, was formed on the territory of Manchuria because of strategic considerations, since Japan was preparing for war with the Soviet Union and the entire activity of this detachment resolved itself into preparing for bacteriological warfare against the U.S.S.R. Secondly, the expenditures involved in the formation of this detachment and with its researches in evolving bacteriological weapons came under the general extraordinary war budget of the Kwantung Army; special reports on this budget did not have to be rendered to parliament, which made it possible to maintain the detachment's activity in secrecy from persons sitting in parliament and not versed in military matters.

Question: What organizational measures did Detachment 731 carry out in preparing for bacteriological warfare against the Soviet Union?

Answer: The preparations for bacteriological warfare against the Soviet Union were expressed in the fact that Detachment 731 studied methods of employing the germs of plague, anthrax, cholera, typhoid and other diseases; for this purpose Detachment 731 had special institutions where experiments were conducted and germs were cultivated. Detachment 731 also had branches, about which I testified on October 27, 1949. What the branches of Detachment 731 engaged in is unknown to me.

Question: What category of persons were used as experimentees?

Answer: From the words of Colonel Tamura I know that Detachment 731 conducted experiments on living people from among soldiers and partisans of the Chinese People's Revolutionary Army.

Question: How do you know that the Ishii Detachment conducted research in the development and preparation of germs?

Answer: In August 1943, while taking over from the former Chief of the Operations Division of the Kwantung Army Headquarters, Major General Tamura Yoshitomi, I learned from him that the Ishii Detachment conducted research in developing bacteriological weapons and methods of employing them. In the summer of 1944, I do not remember the exact month, a report made by my subordinate, staff officer Lieutenant Colonel Miyata, whom at the order of Chief of Staff Lieutenant General Kasahara Yukio I personally had sent to the Ishii Detachment to check up on the state of the production of special bombs charged with epidemic germs, fully convinced me that Detachment 731 occupied itself with these matters. Besides this, I knew about the manufacture of bacteriological weapons in Detachment 731 from the reports that came in addressed to the Commander-in-Chief of the Kwantung Army, about which reports I shall speak later.

Question: Could Detachment 731, as it was in 1945, supply the Kwantung Army with sufficient bacteriological weapons?

Answer: On the basis of materials submitted to the Operations Division of the Kwantung Army Headquarters, and the report by Lieutenant Colonel Miyata, in 1945

Detachment 731 was able to produce a mass quantity of various epidemic germs sufficient for employment as bacteriological weapons. By that time intensive work was being carried out to develop special bombs as the most effective method of employing bacteriological weapons.

Question: Did you, in your strategical plans, provide for the employment of bacteriological weapons in a war against the Soviet Union?

Answer: In drawing up the operations and strategical plans, the employment of bacteriological weapons was not provided for, but in the event instructions came from Imperial Headquarters to use bacteriological weapons in a war against the U.S.S.R., the bacteriological weapons at hand would have been used, for the Ishii Detachment was ready for this.

Question: How, practically, was it intended to use germs in a war against the U.S.S.R.?

Answer: It was intended to use germs in a war against the U.S.S.R. by dropping bombs charged with germs and by spraying germs from aircraft. I did not know of other methods of employing bacteriological weapons in a war against the U.S.S.R.

Question: How did supervision of the activity of Detachment 731 by the Kwantung Army Headquarters express itself?

Answer: At the interrogation on October 27, 1949, I testified that Detachment 731, headed by Lieutenant General Ishii, was a detachment directly subordinated to the Commander of the Kwantung Army, and that this detachment conducted all its work under the direct supervision of the Kwantung Army Headquarters.

Commander-in-Chief Umezu, and then, beginning with July 1944, Yamada Otozoo, supervised the activity of Detachment 731 on strategical matters through the Operations Division, which I headed, and on scientific and technical matters through General Kajitsuka Ryuji, Chief of the Medical Division of the Kwantung Army Headquarters, who had charge of scientific and technical research in the sphere of bacteriology, the training of cadres of bacteriologists, and also the antiepidemic service and water supply.

Question: On what matters did the Operations Division which you headed supervise the detachment?

Answer: The Operations Division of the Kwantung Army Headquarters supervised Detachment 731 on matters pertaining to the development and preparation of bacteriological weapons.

Question: What reports on the activity of Detachment 731 addressed to the Commander-in-Chief were received and what decisions did he take on these reports?

Answer: As far as I can now recall, two such reports addressed to the Commander-in-Chief of the Kwantung Army were received. The first report from Detachment Chief Ishii—on methods of dropping germs from aircraft by spraying from special receptacles—was received in the second half of 1943.

The Commander-in-Chief—at that time General Umezu Yoshijiro—after acquainting himself with the methods advanced by General Ishii in this report, declared them to be of little effect, pointing out that with such a method of employing bacteriological weapons we would suffer big losses both in man power and in materiel, inasmuch as we would not be able to protect our troops from infection. Through Army Chief of Staff Kasahara, Commander-in-Chief Umezu ordered Detachment Chief Ishii to work out a different and more effective method of employing bacteriological weapons.

About a year later a report on new methods of employing bacteriological weapons was submitted to the Commander-in-Chief. In this report Lieutenant General Ishii expounded a method of employing bacteriological weapons by dropping special porcelain bombs charged with epidemic germs. Commander-in-Chief Umezu made no remarks concerning the report and kept this document in his own possession until he left the post of Commander-in-Chief, that is, until July 1944. From experience I know that if the commander does not issue any instructions concerning this or that report addressed to him, this means he agrees with the measures advanced in the document.

Such was also the case in this instance. Umezu regarded this method of employing bacteriological weapons in a war against the U.S.S.R. to be the most effective.

In July 1944, when General Yamada Otozoo took up the post of Commander-in-Chief of the Kwantung Army, his predecessor Umezu acquainted him with this document and with the activity of Ishii's detachment, and when this report came to me for custody, Yamada Otozoo did not give any instructions either, which meant that he also agreed with the measures advanced in the report concerning the employment of bacteriological weapons by dropping, from aircraft, special porcelain bombs charged with germs.

Since at that time Detachment 731 was not able to supply the Kwantung Army with sufficient bacteriological weapons, with Yamada's advent to the post of Commander of the Army, Detachment 731 was expanded considerably in the light of instructions from the Japanese War Ministry to increase the output of bacteriological weapons; the detachment received new laboratory equipment, and consequently, the manufacture of bacteriological weapons was increased. It is not accidental that in August 1944, soon after his arrival in Manchuria, Yamada visited and inspected Detachment 731.

Question: When were the instructions received from the War Ministry to increase the output of bacteriological weapons?

Answer: The instructions from the War Ministry to increase the output of bacteriological weapons were received by the Kwantung Army Headquarters, in the month of May, 1944, that is, before Yamada's arrival, and it seems to me, although I cannot affirm this, that the Ministry's instructions had in mind the ensuring of bacteriological weapons not only for the Kwantung Army but also for the army in the Pacific.

Question: Who of the leading personnel of the Kwantung Army Headquarters visited Detachment 731, and for what purpose?

Answer: Commander of the Kwantung Army Yamada and staff officer Lieutenant Colonel Miyata visited Detachment 731; concerning the purpose of their visits I have testified above. . . .

Question: Did the Commander's order which was issued on August 9 or 10, 1945, speak only about the destruction of Detachment 731, or did it include other matters relating to this detachment?

Answer: In addition to the destruction of Detachment 731 and Detachment 100 by blasting, the order of the Commander of the Kwantung Army, General Yamada, of August 9 or 10, 1945, also provided for the evacuation of the personnel and valuable equipment of both detachments to South Korea. In line with the same order the topographical detachment of the Kwantung Army was evacuated deep into the rear.

Question: Why was the valuable equipment of detachments 731 and 100 shipped precisely to Korea?

Answer: At that time South Korea was the safest place, and all the more because the troops stationed in Korea were subordinated to the Commander-in-Chief of the Kwantung Army, and we did not calculate that Korea would be captured by the adversary.

Question: Which units of the Kwantung Army were detailed to destroy Detachment 731?

Answer: At the time the order to destroy Detachment 731 was issued, the mixed brigade under Major General Ube was located in the vicinity of Harbin, and in all likelihood sappers of this brigade carried out the blasting of the detachment, but I am not able to affirm this, for the order did not directly stipulate which unit was to take part in destroying the detachment.

The testimony has been read to me in Japanese and I confirm its correctness.

Matsumura

INTERROGATOR

Member of the staff
of the Office of the Ministry
for Internal Affairs
for the Khabarovsk Territory,
Senior Lieutenant *KORSAKOV* Interpreter *PLYACHENKO*

9*

RECORD OF INTERROGATION OF WITNESS MATSUMURA TOMOKATSU

December 7, 1949 *City of Khabarovsk*

Witness **Matsumura Tomokatsu** was warned of the penalty for giving false testimony under Art. 95 of the Criminal Code of the R.S.F.S.R.

Signed: *Matsumura*

The interrogation is conducted through interpreter T s v i r o v, who was warned of his liability to prosecution for deliberately false interpretation under Art. 95 of the Criminal Code of the R.S.F.S.R.

Signed: *Tsvirov*

Question: State more explicitly when Detachment 731 was set up.

Answer: I do not remember exactly when Detachment 731 was formed. As far as I can recall, Detachment 731 was set up in 1934-36 in accordance with a decree of the Emperor of Japan.

Question: Since when did you work as Chief of the 1st Operations Division of the Kwantung Army Headquarters?

Answer: I worked as Chief of the Operations Division of the Kwantung Army Headquarters beginning with August 1943.

Question: Did you have any relation in your line of duty to the work of detachments 731 and 100 connected with the production of bacteriological weapons?

Answer: Yes, as Chief of the Operations Division I was connected with the work of bacteriological detachments 731 and 100 of the Kwantung Army. Concretely, this connection consisted in that reports by the chiefs of detachments 731 and 100 on various problems connected with the development and production of bacteriological weapons came to me, as Chief of the Operations

Division. As a rule, these reports were addressed to the Commander of the Kwantung Army, but insofar as they related to the work of one or another service the Adjutant Division (the secretariat) sent them to the appropriate division.

Reports having a bearing on the work of the Operations Division, that is, connected with the practical employment of bacteriological weapons, came to me. Reports connected with the employment of bacteriological weapons for sabotage were sent to the Chief of the Intelligence Division.

Upon receiving such reports, depending upon their importance I either settled them myself or else reported to the Chief of Staff of the Kwantung Army or to the Commander, at first Umezu, and later, beginning with July 1944, Yamada.

Question: In your testimony of November 16, 1949, you spoke about instructions which the Kwantung Army Headquarters received from the Japanese Ministry for War to increase the production of bacteriological weapons in detachments 731 and 100. State more explicitly when these instructions were received.

Answer: I cannot now recall the date when the Kwantung Army Headquarters received these instructions. I remember that it was either in spring or summer, but whether in 1944 or 1945 I do not remember exactly. I remember that in line with these instructions the Commander of the Kwantung Army, it was either Umezu or Yamada, instructed Detachment 731 to increase its equipment and the production of various epidemic germs designated for use as bacteriological weapons. By what amount the production of germs had to be increased I do not remember, but at any rate it was a matter of a considerable increase.

Question: What concrete measures did the Operations Division of the Kwantung Army Headquarters carry out in connection with the instructions received from the Ministry for War to increase the production of bacteriological weapons?

Answer: I now recollect that the War Ministry's instructions of which I have spoken above were received while Yamada was Commander-in-Chief. I remember that after the War Ministry's instructions were received, Commander-in-Chief Yamada issued a corresponding order to the Operations Division about their fulfilment.

In connection with this I gave an order in Yamada's name to the Chief of Detachment 731 to increase substantially the production of lethal bacteria, and simultaneously, in the name of the Chief of Staff, passed on instructions to the 4th Division of the Kwantung Army Headquarters to supply Detachment 731 with the requisite materials for equipment.

Question: What called forth the need to increase production of bacteriological weapons in line with the instructions you have mentioned?

Answer: The War Ministry's instructions did not indicate the actual reasons for increasing the production of bacteriological weapons. I, personally, as Chief of the Operations Division, considered this increase to have been called forth by two reasons.

Firstly, by the worsening of the military situation in the Pacific Ocean areas, in connection with which employment of the bacteriological weapon against the U.S.A., England and other countries was contemplated. In this event the bacteriological weapons produced by the bacteriological detachments in Manchuria were to be used.

On the other hand, this increase was called forth by corresponding preparations for employment of bacteriological weapons against the Soviet Union in the event of the outbreak of hostilities.

Question: How did the Kwantung Army intend to employ the bacteriological weapon against the Soviet Union?

Answer: Employment of bacteriological weapons against the Soviet Union was to have been in accordance with instructions from the General Staff. Employment of the bacteriological weapon against the Soviet Union was not included in the operations plans, since the employment of lethal bacteria was only one of the types of weapons designated for implementation of the already existing operations plans. However, these matters were discussed in the corresponding divisions of headquarters. Thus, after appropriate study of this matter, I, personally, for the Operations Division, submitted my views concerning methods of employing bacteriological weapons against the U.S.S.R. to Chief of Staff Kasahara Yukio. I reported to Kasahara that in the event of the outbreak of hostilities with the Soviet Union, bacteriological weapons should be employed with the aid of aircraft.

In particular, I reported to Kasahara that in the event of war with the Soviet Union bacteriological weapons should be employed in the area of the cities of Voroshilov, Khabarovsk, Blagoveshchensk and Chita, that is, in rear districts of the Soviet Union.

Infection of these districts was to have been carried out by dropping bacteria bombs and spraying germs from aircraft. Planes of Kwantung Army air formations were to have been used for this purpose.

Question: But were there not supposed to be special planes for this purpose?

Answer: No, ordinary planes could be used for this purpose. To drop bacteria bombs—ordinary bombers, and to spray germs—any plane, since the germ-spraying apparatus was very simple and could be attached to any plane.

These views of mine, as I have already said, I voiced to Chief of Staff Kasahara, and he endorsed them in general outline. None of these measures were included in the operations plan, but in studying these questions I proceeded from the general situation of the operations outlined by the operations plan.

I made this report to Kasahara after receipt of the War Ministry's instructions to increase the production of bacteriological weapons. The point is that after receipt of the instructions to increase the production of bacteriological weapons Kasahara commissioned me to study the possibilities of their employment against the Soviet Union in case of necessity. I studied this question and made a corresponding report to Kasahara, who, as I have already said, endorsed my views.

Question: What were the basic types of bacteriological weapons adopted by the Kwantung Army?

Answer: By 1945 the following were approved as the basic types of bacteriological weapons: the bacteria bomb, the method of spraying germs from aircraft, and the land method—sabotage. I think that these basic methods were approved by the Japanese General Staff.

Question: What types of bacteriological weapons were considered and approved by Commander-in-Chief Yamada?

Answer: While Yamada was Commander-in-Chief he considered and then approved the two basic methods which by that time had been completely perfected, as it were. I have in mind the Ishii bacteria bomb and the method of spraying plague-infected fleas from aircraft.

Question: How, practically, was it intended to employ the bacteriological weapon?

Answer: As Chief of the Operations Division of the Kwantung Army Headquarters I know that practical employment of the bacteriological weapon was to have been carried out through special cadres existing in the detachments and their branches. In other words, in case of need the detachments and branches were to detail an appropriate number of specialists at whose disposal were to be put soldiers who had gone through special training back in peacetime. In peacetime these soldiers were recruited from various units of the Japanese Army and sent to attend courses of study in detachments 731 and 100, where, together with medical training, they went through special training and acquired the necessary skill in bacteriology. The most loyal soldiers were selected for these courses, but the technique of the selection I do not know. Upon completion of the courses, in peacetime they were sent either to the branches or else to prophylaxis and water supply detachments, in units and formations of the Japanese Army. In wartime they were to be used for employing the bacteriological weapon.

I do not know the total number of such cadres trained by detachments 731 and 100.

Question: What rules and instructions existed for the employment of bacteriological weapons?

Answer: There were no such instructions for general use. I think there were provisional instructions and rules which were worked out in detachments 731 and 100 and were used in training cadres. Who approved them I do not know. These questions did not come within my competence.

Question: Who sent out a special group of Detachment 100 in 1944-45 to carry out bacteriological reconnoitring in the districts of North Khingan Province bordering on the Soviet Union?

Answer: In my presence, in 1944 or perhaps in 1945, Chief of the Veterinary Administration Takahashi reported either to Commander of the Kwantung Army Yamada or to Chief of Staff Kasahara Yukio about the work of a group from Detachment 100 in districts of North Khingan Province. Takahashi reported that Detachment 100 was carrying out reconnaissance in districts of North Khingan Province to determine the possibility of employing bacteriological weapons in these districts to infect livestock, pastures and water sources. I remember that in the report Takahashi offered his suggestions for the practical employment of germs. I recollect that he voiced suggestions about the necessity, in case of need, of infecting fodder and water sources in the vicinity of Hailar and the districts southeast of Lake Dalai-Nor.

In the Kwantung Army Headquarters, the work of Detachment 100 in carrying out sabotage measures was supervised by the Intelligence Division of the Kwantung Army Headquarters.

Question: Did you ever make a report concerning employment of the Ishii bacteria bomb?

Answer: Yes. In the autumn of 1944, approximately the month of November, at instructions from the Chief of Staff I made a report on the action of the Ishii bacteria bomb.

Ishii's written report on this question had reached headquarters before Yamada took up the post of Commander-in-Chief. Hence, when Yamada came I made an oral report at Kasahara's instructions. I made this report at headquarters. Present at the report were: Yamada, Kasahara, Assistant Chief of Staff Ikeda, and Miyata. On the basis of my report Yamada endorsed this method as being highly effective.

Question: Give the contents of the report Kitano made at the Kwantung Army Headquarters on the employment of plague-infected fleas.

Answer: I do not remember exactly when this report was made; it was either at the end of 1944 or the beginning of 1945. Kitano reported to Yamada upon the latest achievements in studying methods of employing plague-infected fleas as a combat weapon. I do not remember the details of this report. Present at this report were: Yamada, Kasahara, Chief of the Medical Administration Kajitsuka, myself, Miyata, Ikeda, and Kitano, who delivered the report.

After Kitano's report a special film about experiments in spreading infection by using plague fleas was demonstrated. However, I did not see the film, since I was called out to the Operations Division on business.

Question: What relation did staff officer Lieutenant Colonel Miyata (Prince Takeda) have to the work of Detachment 731?

Answer: Miyata was especially detailed from the Operations Division for liaison between the Operations Division and Detachment 731. Besides, other staff officers were also sometimes sent to detachments 731 and 100 so as to keep posted on the work of these detachments and maintain contact with them. As a rule, through these persons various daily instructions were passed on and fulfilment of these instructions was controlled.

Question: In your testimony of November 16, 1949, you said that it was from General Tamura you heard that Detachment 731 had a prison in which prisoners were confined. State more explicitly where the above-mentioned Tamura worked.

Answer: About the prison in Detachment 731 and about the experiments carried out upon the inmates of this prison I heard from my predecessor, the former Chief of the Operations Division, Colonel Tamura Yoshitomi, who later became a general. I do not know exactly who gave the sanction for experiments on human beings, but I think that these experiments were first sanctioned by Commander-in-Chief Ueda, or by his successor Umezu. While Yamada was Commander-in-Chief these experiments were also carried out, and Yamada did not revoke this previously-given sanction.

Question: By whom was the order to trap rodents and deliver them to Detachment 731 sanctioned?

Answer: In 1945 practically all the land units of the Kwantung Army engaged in trapping rats and delivering them to Detachment 731. It follows quite naturally that this work was sanctioned by Commander-in-Chief Yamada, since without his permission the units could not have engaged in it.

The Chief of Staff could have given the instructions to the units in the Commander-in-Chief's name, but undoubtedly only with the permission of the Commander-in-Chief. How this permission was issued practically, I do not remember.

Detachment 731 needed the rats to breed fleas designated for the spread of plague germs. I do not know the total number of rodents procured and delivered to Detachment 731.

Question: What called forth the need to appoint Ishii a second time to the post of Chief of Detachment 731, in 1945?

Answer: I do not remember exactly. I believe that this appointment of Ishii followed from the War Ministry's instructions to increase the production of germs and activize the preparations for bacteriological warfare. Hence Ishii, as an experienced worker, was reappointed to Detachment 731.

Question: What relation did Kajitsuka have to the work of Detachment 731 in developing and producing bacteriological weapons?

Answer: As far as I know, with respect to the preparation of bacteriological weapons Kajitsuka exercised general supervision of research in developing the most effective methods of employing germs as a combat weapon.

I have already said that Kajitsuka took part in the conferences at which questions of the practical employment of the bacteriological weapon were discussed, and hence he was undoubtedly posted on all this work. Kajitsuka was able to receive in the Operations Division all the information interesting him in his field, that is, connected with various scientific problems, but actually there was no need for him to do this, since these questions, as a rule, were settled at special conferences in which I participated, and Kajitsuka simply had no need to come to the Operations Division. It was thus, for instance, with Kitano's report on the employment of plague-infected fleas.

Question: What necessitated the destruction of detachments 731 and 100?

Answer: The order to destroy detachments 731 and 100 was issued by Commander-in-Chief Yamada. I think that the destruction of the detachments was necessitated by the following reasons: firstly, all the equipment of these detachments was secret, and it could not be left to fall into the hands of the adversary's army. In addition, the very work conducted in the detachments was also secret, hence measures had to be taken to conceal evidence of this work, or, in other words, to obliterate the traces of the work which the detachments conducted in preparing bacteriological warfare and of the experiments on living people.

And, finally, the swift advance of units of the Soviet Army did not permit the complete evacuation of these detachments into the interior of Manchuria or to any other place.

Question: What were the reasons why the Kwantung Army did not employ the bacteriological weapon against the Soviet Union?

Answer: I regard the basic reason why the bacteriological weapon was not employed against the Soviet Union from the beginning of hostilities to be the swift advance of the units of the Soviet Army. That is why the bacteriological weapon was not employed, notwithstanding the activization of the Kwantung Army's preparations to employ the bacteriological weapon and notwithstanding the fact that the Kwantung Army was capable of employing it.

Question: Against whom were all the measures to activize the preparations for bacteriological warfare which you have listed and which were carried out in 1945 aimed?

Answer: I have already said that the bacteriological weapon was aimed chiefly against the Soviet Union. A whole series of practical measures carried out by the Kwantung Army Headquarters testifies to this, and in particular: the endorsement by the Chief of Staff of the Kwantung Army of the considerations I voiced regarding the practical employment of the bacteriological weapon against the Soviet Union, of which I have spoken above; the bacteriological reconnoitring in North Khingan Province, bordering on the Soviet Union; General Takahashi's report on methods of sabotage being prepared against the Soviet Union in the event of hostilities.

All these circumstances bear witness to the fact that these preparations were aimed against the U.S.S.R. in the event of the outbreak of hostilities.

I have nothing more that is essential to the case to testify.

Taken down correctly from my words and read to me in Japanese.

Matsumura

INTERROGATORS

Military Prosecutor,
Guards Lieutenant Colonel
of Jurisprudence *BAZENKO*

Member of the staff
of the Office of the Ministry
for Internal Affairs
for the Khabarovsk Territory,
Senior Lieutenant *KORSAKOV*

Interpreter *TSVIROV*

EXCERPT FROM THE TESTIMONY OF THE WITNESS MATSUMURA AT THE CONFRONTATION WITH ACCUSED KAJITSUKA

December 8, 1949 *City of Khabarovsk*

Question to witness Matsumura: Tell us what you know about the reports made by the Chief of Detachment 731 to the Commander-in-Chief of the Kwantung Army at which Kajitsuka was present.

Answer: At the end of 1944, the Chief of Detachment 731, Kitano, made a report in the office of the Commander-in-Chief of the Kwantung Army. Kitano reported on the methods of employing plague-infected fleas as a bacteriological weapon. Present during this report were: the Commander-in-Chief of the Kwantung Army Yamada, Chief of Staff Kasahara Yukio, his deputy Ikeda, the Chief of the Medical Administration Kajitsuka, I, staff officer Lieutenant Colonel Miyata (Prince Takeda), Kitano, who made the report, and an officer who accompanied him whose name I do not know.

This was a secret conference. I remember that after this conference the written text of Kitano's report was sent to the Operations Division, where it was subsequently kept. Yamada approved the method proposed by Kitano of employing plague-infected fleas as a bacteriological weapon.

... After Kitano made his report, all those present at the conference went to see a cinema film which Kitano had brought. This film demonstrated the employment of the bacteriological weapon. I did not see this film because, just as I reached the hall where it was to be demonstrated, I was called to the Operations Division....

Matsumura

INTERROGATORS

Military Prosecutor,
Lieutenant Colonel
of Jurisprudence *KACHAN*

Member of the staff
of the Office of the Ministry
for Internal Affairs
for the Khabarovsk Territory,
Lieutenant Colonel *PAPKOV*

Interpreter *BOLKHOVITINOV*

RECORD OF INTERROGATION OF THE WITNESS IIJIMA YOSHIO

October 20, 1949 *City of Khabarovsk*

I, Captain Pisarev, member of the staff of the Office of the Ministry for Internal Affairs for the Khabarovsk Territory, interrogated as a witness, prisoner of war, formerly Major in the Japanese Army, **Iijima Yoshio,** born 1917, in Japan, in the Gumma Prefecture, Seta County, village of Arata, of a peasant family, of Japanese nationality, secondary education.

I was warned of my liability to prosecution for giving false testimony under Art. 95 of the Criminal Code of the R.S.F.S.R.

Signed: *Iijima*

Question: In what language do you wish to give testimony?

Answer: I can speak Russian and can read Russian, but I would like to give testimony in my native language.

Question: The interrogation will be conducted through interpreter Negorozhenko, Anatoli Nikolayevich. Have you any objection?

Answer: I have not.

Interpreter Negorozhenko, A. N., was warned of his liability to prosecution for deliberately false interpretation under Art. 95 of the Criminal Code of the R.S.F.S.R.

Signed: *Negorozhenko*

Question: Tell us briefly about your military service.

Answer: I was conscripted for military service as a private on April 20, 1938, before that I was engaged in agriculture. From September 1938 to March 1939 I attended the Sendai Reserve Officers' School and then served in the 15th Infantry Regiment in the city of Takasaki as probationer officer. In December 1939 I was promoted to the rank of sub-lieutenant and was among the first contingent of officers to be sent to the Nakano School in the city of Tokyo.

The Nakano School trained directors of intelligence service work for Japanese military missions. In the Nakano School there were three departments: Chinese, English and Russian. I was appointed to the Russian department where I first began to learn Russian and made good progress. In addition to Russian, I gained knowledge about the geographical, economic and political position of the Soviet Union. The chief subject in all three departments was a special subject, i.e., the methods of operation of foreign intelligence services, mainly Soviet, American, English and Chinese.

The instructors at the school illustrated to us students, by examples, whom it was possible and necessary to enlist for the intelligence service for espionage, sabotage and propaganda work, how to get into the good graces of Russian Whiteguard emigrants and Chinese marked out for enlistment. Thus, the school put out theoretically trained directors of intelligence service work.

In the beginning of November 1940, after graduating from the Nakano School, I was placed at the disposal of the Chief of the Harbin Military Mission, Major General Yanagita. I served in the Harbin J.M.M. for about three months and was then appointed Assistant Chief of the Tryokhrechye Japanese Military Mission in the village of Dragotsenka (Manchuria) where I served until the end of January 1945; in February 1945, I was transferred to the Hogoin camp as chief of the camp.

I served at the Hogoin, which in Russian means "Priyut" ("Refuge"), camp for about seven months, until I was taken prisoner by the Soviet troops, i.e., until August 15, 1945.

The Hogoin camp, or "Scientific Research Division," as it was otherwise called, was under the charge of the Harbin Military Mission, the chief of which at that time was Major General Akikusa. The Hogoin camp had accommodation for 150 men and in it were confined Soviet citizens who for various reasons had found themselves on Manchurian territory and had been arrested by Japanese frontier and police detachments. Only men were confined in the Hogoin camp, and they were employed on various agricultural work in the food supply farm. The camp regime was severe and for the slightest violation of the regime the offenders were punished, especially those who had intentions of escaping from the camp. Such men, with the permission of the Harbin J.M.M., I sent to Detachment 731 of the Kwantung Army.

Question: Tell us, what is this Detachment 731 of the Kwantung Army?

Answer: When I started work, after reading the instructions, I thought that Detachment 731 was a penal battalion of the Kwantung Army, but later I learned that Detachment 731 was a laboratory, where experiments were performed on Soviet citizens to test the action of all kinds of bacteria.

Question: When, from whom, and under what circumstances did you learn of this?

Answer: Approximately in the middle of April 1945, when I was at the Harbin J.M.M., I reported to the Deputy Chief of the J.M.M. Colonel Asada, on the state of the regime at the camp, and the latter ordered me to carry out the instructions of the Harbin J.M.M. and of the Kwantung Army Headquarters, which stated that all those who violated the camp regime, especially those who were inclined to escape, were to be sent to Detachment 731, located outside of Harbin, in the village of Heibo, 15-20 kilometres from the Hogoin camp. I well remember that during the conversation Colonel Asada said in general terms that this detachment was studying the action of bacteria, and mentioned that the Chief of the detachment was Lieutenant General Ishii, whom I never had occasion to meet.

A month after my conversation with Colonel Asada I learned, also at the Harbin J.M.M., from the Chief of the Medical Division, Army Surgeon Sub-Lieutenant Maekawa, that Detachment 731 was testing the action of bacteria on living people, in particular, on those men whom I sent to Detachment 731 from the Hogoin camp. In all, I on various occasions sent about 40 Soviet citizens from the Hogoin camp to certain death; they all died under the experiments.

Question: From whom did you learn such a detail?

Answer: I never visited Detachment 731 and never came in contact with any of its members, I do not even know their names. I never discussed this subject with any of the members of the Harbin J.M.M.; I drew the conclusion that the Soviet citizens sent from the Hogoin camp died while being experimented on from the fact that not one of the men sent from the Hogoin camp returned, and secondly, none of those sent to Detachment 731 had any correspondence either with the camp administration or with their comrades, whereas from other places, from the coal mines in particular, I received by post letters from former prisoners at the camp on various questions or requests, as for example: transfers of money, requests to send on things left in the camp.

Question: What was the established order of sending Soviet citizens from the Hogoin camp to Detachment 731?

Answer: At the Hogoin camp there was an Information-Investigation Department, the Chief of which was my deputy, Yamagishi Kenji. This department drew up a document concerning every offender against the camp regime, to which I attached my private seal. After that, I myself went to the J.M.M. in Harbin, reported the material to the Chief of the J.M.M. Akikusa, and only after endorsement by the J.M.M. did my deputy personally organize the despatch of the offenders to Detachment 731.

I was not present during the despatch of any of the Soviet citizens to Detachment 731. I knew from what Yamagishi told me, that members of Detachment 731 came in their own motor vehicles to take the offenders; I don't know the names of these members of the detachment and I never enquired which of the members of Detachment 731 came to take the people from the Hogoin camp.

Question: What do you wish to add to your testimony?

Answer: I have nothing to add to my testimony. The record has been taken down faithfully from my words and was read to me in Russian and in Japanese, which I confirm by my signature.

Iijima

INTERROGATOR

Member of the staff
of the Office of the Ministry
for Internal Affairs
for the Khabarovsk Territory,
Captain *PISAREV*

Interpreter *NEGOROZHENKO*

RECORD OF INTERROGATION OF THE WITNESS YAMAGISHI KENJI

October 21, 1949 *City of Khabarovsk*

I, Captain P i s a r e v, member of the staff of the Office of the Ministry for Internal Affairs for the Khabarovsk Territory, interrogated as a witness, prisoner of war, formerly Lieutenant in the Japanese Army, **Yamagishi Kenji**, born 1916, in the village of Zeigon, Niigata Prefecture, of Japanese nationality, Japanese subject, higher education, graduate of the Tokyo Institute of Foreign Languages.

I was warned of my liability to prosecution for giving false testimony under Art. 95 of the Criminal Code of the R.S.F.S.R.

Signed: *Yamagishi*

Question: In what language do you wish to give your testimony?

Answer: I know Russian, I can read Russian and can write Russian, but I request that I be interrogated in the presence of an interpreter, because I do not remember some Russian words and it will therefore be difficult for me to express my thoughts.

Question: The interrogation will be conducted through interpreter Negorozhenko, Anatoli Nikolayevich. Have you any objection?

Answer: No, I have not.

Interpreter N e g o r o z h e n k o, A. N., was warned of his liability to prosecution for deliberately false interpretation under Art. 95 of the Criminal Code of the R.S.F.S.R.

Signed: *Negorozhenko*

Question: Tell us briefly about your work.

Answer: In social origin I come from the peasantry; before entering the Tokyo Institute I lived with my parents, worked on their farm and at the same time attended high school. From 1935 to 1938 I lived in Tokyo, where I graduated from the Institute of Foreign Languages. In 1938, I was conscripted for the Japanese Army and was sent to serve in Manchuria, to Mulêng Station, in the 30th Infantry Regiment, as a private; here I served until 1941. In the beginning of 1942 I was transferred to the Harbin Japanese Military Mission. I was appointed Russian interpreter in the Special Investigation Division. This was the name used by the J.M.M. for the Hogoin, which in Russian means "Priyut" ("Refuge"), camp. In the Hogoin camp were confined Soviet citizens, mostly servicemen who for various reasons had found themselves on Manchurian territory.

In the beginning of 1944 I was promoted to the post of Deputy Chief of the Hogoin camp and simultaneously director of the Information-Investigation Department. The function of the Information-Investigation Department was to collect information about the economic, political and military position of the U.S.S.R. and also to detect prisoners who were inclined to escape, violators of camp regime and those who conducted anti-Japanese agitation among the camp prisoners. Those who were hostile to Japan and also those who refused to submit to the camp regime, I, with the consent of the Chief of the camp, Iijima, sent to Detachment 731, whither, at different times during 1945, about 40 Soviet citizens were sent.

In speaking of this I want to note that prisoners from the Hogoin camp began to be sent to Detachment 731 in the beginning of 1942, i.e., before I was one of the directors of the camp.

Detachment 731 that I have mentioned was located on the outskirts of Harbin, in the village of Heibo, 15-20 kilometres from the Hogoin camp.

I never visited Detachment 731; only once, in the autumn of 1944, did I drive past its grounds, but was unable to see anything as the entire area was enclosed by a high, close fence. At about 200 metres from the entrance to the detachment's premises there was a notice, the actual wording of which I do not remember, but the gist of which was that entrance to the detachment's premises was permitted only to those who had special permission from the Commander-in-Chief of the Kwantung Army.

From a number of the members of the 2nd Division of the Harbin J.M.M., I do not remember who in particular, I learned, as far back as 1942, that Detachment 731, or "the Ishii Detachment," as it was otherwise called, cultivated lethal bacteria and conducted experiments to test the action of bacteria on living people, which no human organism could stand, and in the end the man died.

Somewhat later, about the end of 1944 or beginning of 1945, having occasion to visit the Harbin J.M.M., I learned from some of the leading members of the Mission staff, who, in particular, I do not now remember, that Detachment 731 of the Kwantung Army Headquarters cultivated lethal bacteria and produced poison gases for the purpose of striking the enemy's army. Japan's enemy was the Soviet Union.

Question: What was the established order of sending Soviet citizens to Detachment 731?

Answer: In accordance with the written instructions of the Harbin J.M.M. signed by the Chief of the Mission Major General Akikusa, members of the Information-Investigation Department, with my consent, drew up lists in conformity with available incriminating material; these lists were endorsed by the Chief of the camp, Major Iijima, who affixed his private seal. Iijima took the aforesaid list and reported it to the Chief of the Mission Akikusa; the latter always agreed with our opinion and sanctioned the despatch of the Soviet citizens we had listed to Detachment 731 to be physically exterminated.

I do not remember the names of all the people sent to Detachment 731 for extermination. I recall Demchenko, a soldier of the Soviet Army, who categorically refused to give any information about the Soviet Union. Physical means of pressure were used on him with my permission. The questioners tortured him by tying him to a beam by the hands or the feet. Nevertheless, Demchenko gave no information. I then decided to have him physically exterminated, and sent him to Detachment 731 for this purpose....

The actual despatch of the doomed Soviet citizens was carried out by gendarme Shioda, who made arrangements by telephone with the gendarme in Detachment 731 about the time. Detachment 731 always sent their own motor vehicle for the people—a covered car holding about 20 people without belongings. In conformity with the instructions of the Harbin J.M.M., I ordered gendarme Shioda to send people to Detachment 731 without their personal belongings. These belongings were sent to the 4th Division of the Harbin J.M.M., and this division used the belongings, particularly army uniforms, for the needs of the Mission.

Dressed in these uniforms, Japanese spies were sent into Soviet Union territory. I learned this from members of the 4th Division. From whom in particular I do not now remember. A list of the names of all the people we sent to Detachment 731 was made in two copies; one copy was taken by the man from Detachment 731 and the other was kept at the Hogoin camp.

I myself did not ask the Detachment 731 men for a document certifying the receipt of the prisoners. During the whole period that I served at the Hogoin camp there was not a single case of any of the people despatched returning to the Hogoin camp.

This circumstance served to convince me still more of the truth of what I had heard, that in Detachment 731 Soviet citizens died from the tests made on them of the action of lethal bacteria and of poison gases.

Question: What do you wish to add to your testimony?

Answer: I have nothing more to add.

The record has been taken down faithfully from my words and was read to me in Russian and in Japanese, which I confirm by my signature.

Yamagishi

INTERROGATOR

Member of the staff
of the Office of the Ministry
for Internal Affairs
for the Khabarovsk Territory,
Captain *PISAREV*

Interpreter *NEGOROZHEHKO*

EXCERPT FROM RECORD OF INTERROGATION OF THE WITNESS TAMURA TADASHI

October 31, 1949 *City of Khabarovsk*

Tamura Tadashi, born 1905, in Japan, in the Koochi Prefecture, Takaoka County, the village of Ogawa, of Japanese nationality, higher education. Formerly Colonel in the Japanese Army, before being taken prisoner—Chief of the Personnel Division of the Kwantung Army Headquarters.

. . . Although the detachment was officially called The Water Supply and Prophylaxis Administration, this name was actually a screen to cover up its chief function—a special unit for preparing to conduct bacteriological warfare and for the mass production of bacteriological means of attack and defence, of which I myself became convinced when I visited Detachment 731.

Question: Tell us about this visit in detail.

Answer: I must add to my testimony, before speaking about my visit to Detachment 731, that I first heard about its function clearly and definitely on taking up my post as Chief of the Personnel Division of the Kwantung Army Headquarters in December 1944, or to be more precise, in the first days of January 1945.

. . . Lieutenant General Kasahara, at that time Chief of Staff of the Kwantung Army, told me that I will have to pay special attention to Detachment 731, since that detachment, as he told me frankly, was engaged in the manufacture of means of bacteriological attack and defence, i.e., was preparing to conduct bacteriological warfare.

True, General Kasahara did not tell me then that the detachment was preparing to conduct bacteriological warfare against the Soviet Union, but that was clear to me without him telling me, for I knew perfectly well that the function of the whole Kwantung Army was to prepare for an attack upon the Soviet Union.

During a conversation with Major General Matsumura, Chief of the 1st Division of Headquarters, which I had, soon after my appointment, General Matsumura told me that Detachment 731 and its experimental work in employing bacteriological means of warfare was directed by the 1st Division, of which he was in charge.

At the end of May 1945, a letter was received from Lieutenant General Ishii Shiro, addressed to the Commander-in-Chief of the Kwantung Army, requesting that the despatch of the required number of officers to Detachment 731 be hastened.

I do not remember the actual wording of that document, but the gist of it was that in order to speed up the production of bacteriological means of warfare, General Ishii needed additional officers.

In this connection, in the beginning of June 1945, Commander-in-Chief of the Kwantung Army, General Yamada, ordered me to visit Detachment 731 to investigate the actual situation as regards the detachment's personnel as a whole.

General Yamada gave me this order at the Harbin aerodrome at which I had arrived with him to attend the graduation ceremony of the combined non-commissioned officers' training units.

At this same aerodrome General Ishii had arrived and met us there. During our conversation with him General Yamada ordered me to visit Detachment 731, and I immediately obeyed, going with General Ishii in his car.

Arriving at the detachment's headquarters, I made a detailed investigation of the situation in the detachment as regards personnel, inspected the laboratories and production premises and here became definitely convinced that Detachment 731 was a large production base for preparations to conduct bacteriological warfare and for the mass production of means of such warfare.

In conversation with me, General Ishii frankly told me that the detachment was preparing to conduct bacteriological warfare against the Soviet Union, that the results achieved gave grounds for assuming that the problem of manufacturing bacteriological weapons had been solved, and that the production capacity created the possibility of manufacturing means of bacteriological attack on a mass scale.

General Ishii told me that he regarded bacteriological means of warfare as an exceptionally powerful weapon for the Kwantung Army, the effect of which had been tested by laboratory experiments as well as by experiments on living people.

General Ishii told me openly that if necessary, the detachment was in a position to hurl upon Soviet cities an enormous mass of bacteria, which would be spread, in the event of attack or defence, mainly by dropping them deep in the rear of the Soviet Army.

During my inspection of the detachment's laboratories and production premises, where lethal bacteria were produced in mass quantities, I became convinced of the truth of Ishii's statement that Detachment 731 was in a position to commence active bacteriological warfare against the Soviet Union. I must say frankly that I was literally amazed at the enormous dimensions on which this lethal production was being carried on, and what I saw exceeded all my expectations.

In General Ishii's office I saw on the walls several charts, drawings and diagrams, illustrating the results of experiments in scattering the germs of plague, cholera and other epidemic diseases with the aid of bombs, grenades, shells, etc., thanks to which I was able definitely to convince myself of the high effectiveness of bacteriological means of warfare.

Accompanied by General Ishii and three officers, whose names I do not remember, I inspected the laboratories and production premises. I am not a bacteriological specialist and cannot give an expert opinion of all that I saw, but I well remember how deeply I was amazed when I was told the figures, I remember that they were very big, of the amount of epidemical disease germs that had been manufactured.

In going over the premises I was taken to an inner building where, in special cells, each of which had a window in the door, living people were kept in chains, who, as Ishii himself told me, were used for experiments in infection with deadly diseases.

Among these experimentees I saw Chinese, Europeans and a woman. As General Ishii himself informed me, this woman and the Europeans were of Russian nationality who had been sent to the detachment by the Japanese Gendarmerie and

Military Missions in Manchuria from among those who, in the opinion of the Japanese penal authorities, were to be exterminated.

I myself saw that the people in these cells were lying on the bare floor and were in a very sick and helpless condition.

On my visit to this prison building I did not inspect the whole of it, but only a few cells, in which, I remember, I counted about fifty people. After the inspection, I again discussed the question of personnel with Ishii.

As a result of the discussion of the personnel question we arrived at the conclusion that the detachment was short of 10-15 per cent of officers it required, but that the general strength of the detachment was in a state of mobilization preparedness. During the discussion of the personnel question, General Ishii spoke of the branches on a par with the detachment; he considered them as being of equal importance, although he emphasized the necessity of giving priority to the staffing of the detachment's headquarters.

When speaking to me about his detachment's branches, General Ishii expressed the opinion that it was necessary, in the event of hostilities becoming imminent, to subordinate the branches to the headquarters of the armies and fronts of the Kwantung Army, so as to ensure, in the event of necessity, the employment by the armies of bacteriological weapons for combat purposes.

Subsequently, Ishii's opinion was confirmed and, as far as I remember, in August 1945 the Commander-in-Chief issued an order to subordinate the detachment's branches directly to the armies.

After my meeting with General Ishii I rode back in his car to Harbin, where, on the day after my return from the detachment, I joined the Commander-in-Chief's suite.

Question: Did you report the results of your visit to Detachment 731 to former Commander-in-Chief of the Kwantung Army General Yamada?

Answer: Yes, I did.

Question: What, precisely, did you report to General Yamada?

Answer: Presenting myself to General Yamada, Commander-in-Chief of the Kwantung Army, I gave him a circumstantial report of my conclusions and observations.

First of all, I reported to him that Detachment 731 was ready for action and could carry out the assignment—commence bacteriological warfare at any moment. I also reported to him that General Ishii insisted that additional specialists and officers for the material supplies section be placed at his disposal.

On this question, I expressed to General Yamada my own opinion that the situation as regards personnel was quite satisfactory and that in view of the general shortage of cadres I thought it was possible to refrain from sending General Ishii additional officers, and General Yamada agreed with this.

At the same time I expressed to General Yamada my admiration of the wealth of excellent equipment at the disposal of Detachment 731. From General Yamada's comments and questions I became convinced that he was very well informed about the situation in Detachment 731.

At the time I visited Detachment 731 General Ishii told me that General Yamada had himself visited Detachment 731 in the autumn of 1944 and had made himself thoroughly acquainted with the activities and location of Detachment 731.

At the same time that I reported the afore-mentioned, I reported to General Yamada the interesting experiments General Ishii and his men were performing on human beings, which I had heard about in Detachment 731, and told him about my visit to the detachment's prison, and about all I had seen there.

General Yamada expressed satisfaction with my information and soon after this we returned to Changchun....

Tamura

INTERROGATOR

Member of the staff
of the Office of the Ministry
for Internal Affairs
for the Khabarovsk Territory,
Captain *PETERS*

Interpreter *DEMCHENKO*

DOCUMENTARY PROOF

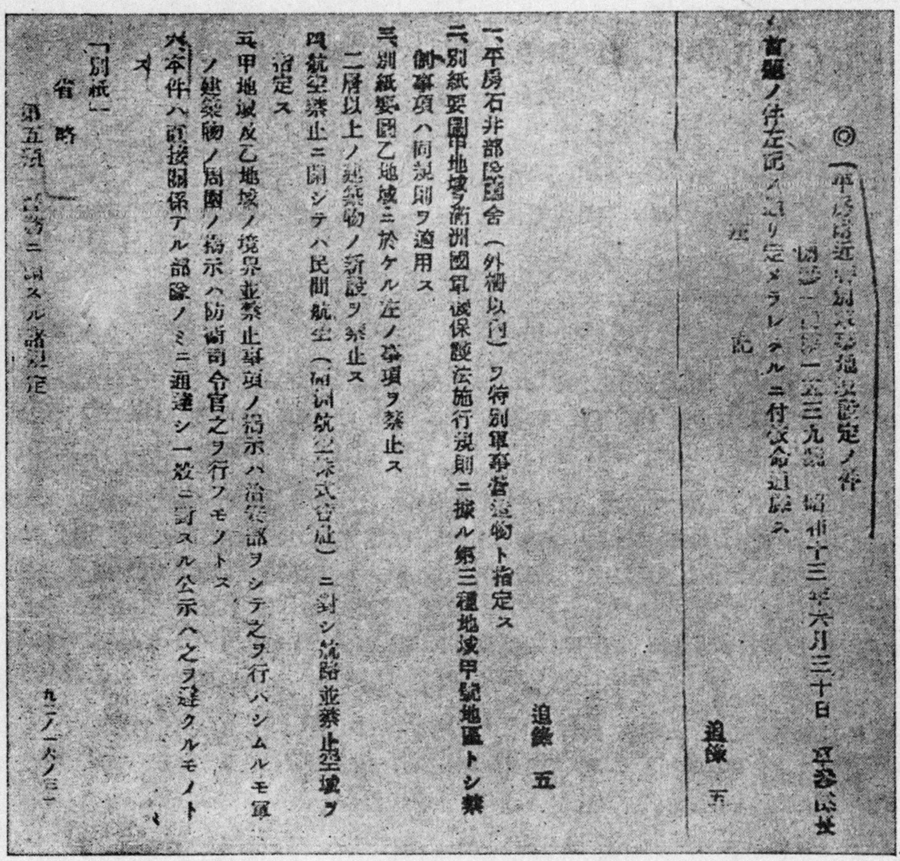
◎（平房附近[illegible]特別[illegible]地域設定ノ件）

関参一発第一五三九号　昭和十三年六月三十日　関参謀長

首題ノ件左記ノ通リ定メラレタルニ付依命通牒ス

追録　五

左記

追録　五

一、平房石井部隊営舎（外柵以内）ヲ特別軍事建造物ト指定ス

二、別紙要図甲地域ヲ満洲国軍機保護法施行規則ニ拠ル第三種地域甲號地区トシ禁制事項ハ同規則ヲ適用ス

三、別紙要図乙地域ニ於ケル左ノ事項ヲ禁止ス

二層以上ノ建築物ノ新設ヲ禁止ス

四、航空禁止ニ関シテハ民間航空（[illegible]）ニ対シ航路並禁止空域ヲ指定ス

五、甲地域及乙地域ノ境界並禁止事項ノ掲示ハ治安部ヲシテ之ヲ行ハシムルモ軍ノ建築物ノ周囲ノ掲示ハ防衛司令官之ヲ行フモノトス

六、本件ハ直接関係アル部隊ノミニ通達シ一般ニ対スル公示ハ之ヲ避クルモノトス

「別紙」

省略

第五類　[illegible]ニ関スル諸規定

九二ノ一六ノ三一

Instructions from the Kwantung Army Headquarters "Concerning the Establishment of a Special Military Zone in the Region of Pingfan."

File No. 869, pp. 31-32

File No. 869 *Translated from Japanese*
Pages 31, 32

"Supplement to Code of Laws and Regulations"

Page 31

KWANTUNG ARMY HEADQUARTERS
1st DIVISION

June 30, 1938. No. 1539

Chief of Staff of the Kwantung Army

CONCERNING THE ESTABLISHMENT OF A SPECIAL MILITARY ZONE IN THE REGION OF PINGFAN

In conformity with orders, I inform you that on the substance of this question the following decision has been adopted:

Page 32

1. The premises of the Ishii Detachment in Pingfan (on the section surrounded by an outer fence) be regarded as premises of special military importance.

2. In conformity with "Regulation Governing Observation of the Law Concerning the Preservation of Military Secrets in Manchuria," zone KO, indicated in the enclosed plan, be regarded as the KO section of a third-category zone. All the restrictive articles of the afore-mentioned regulations apply to it.

3. In zone OTSU indicated in the enclosed plan, the erection of new buildings higher than two storeys is prohibited.

4. Civil aircraft (of the Manshu Kabushiki Kaisha Aircraft Company) to be shown the air track and the prohibited air zone.

5. The borders of zones KO and OTSU and the restrictive articles to be announced by the Ministry of Public Order

159

of Manchukuo; the zone in which military buildings are situated to be announced by the defence commander.

6. All the aforegoing to be brought to the knowledge only of those units that are directly concerned; no official announcements to be made.

No inclosure.

Translated by Senior Interpreter, Master of Historical Sciences
Signed: (*PODPALOVA*)

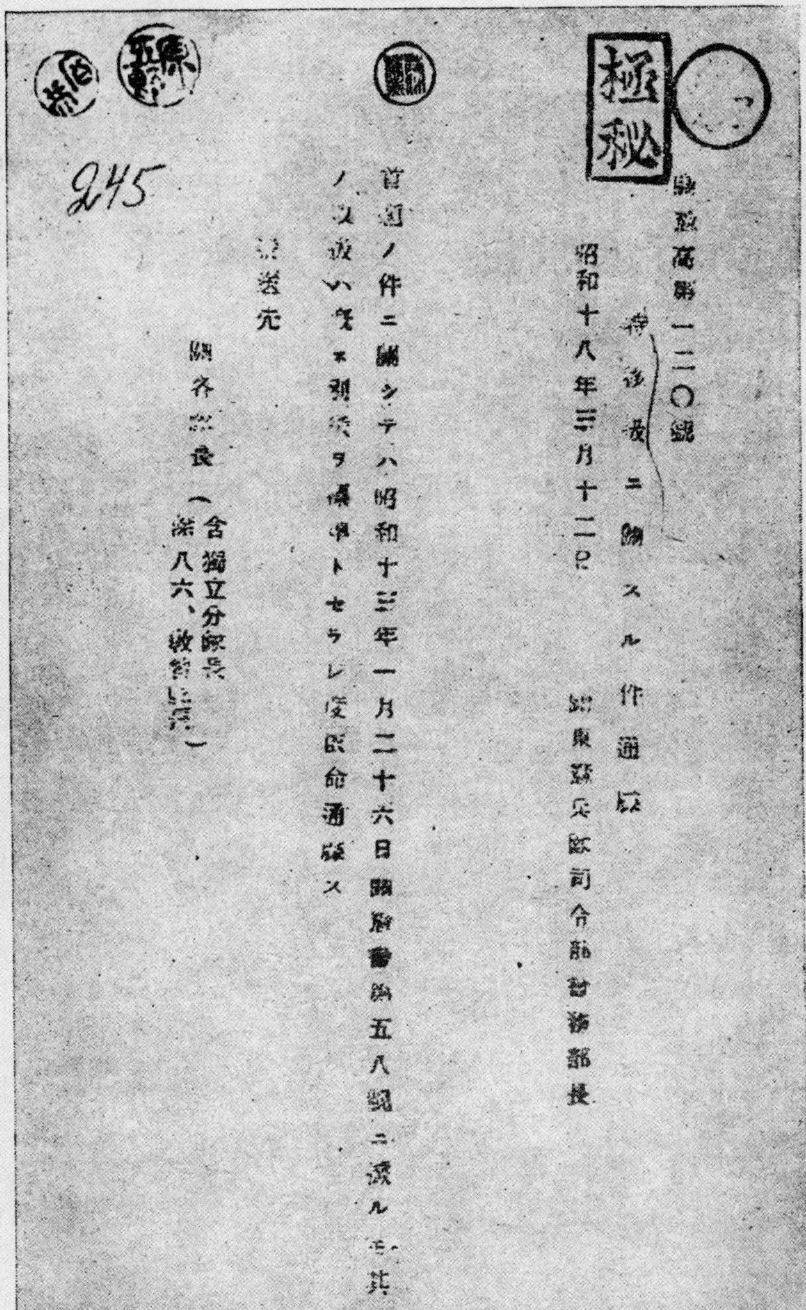
関憲高第一二〇號
特移扱ニ關スル件通牒
昭和十八年三月十二日　関東憲兵隊司令部警務部長
首題ノ件ニ關シテハ昭和十三年一月二十六日関憲警第五八號ニ據ルモ共
ノ取扱ハ左ノ列記ヲ標準トセラレ度依命通牒ス
送付先
関各隊長（含獨立分隊長　除八六、教習隊）

Notice issued by the Chief of the Police Service Division of the Kwantung Gendarmerie Headquarters concerning the categories of persons to be sent as "special consignments"

File No. 864, p. 245

11—520

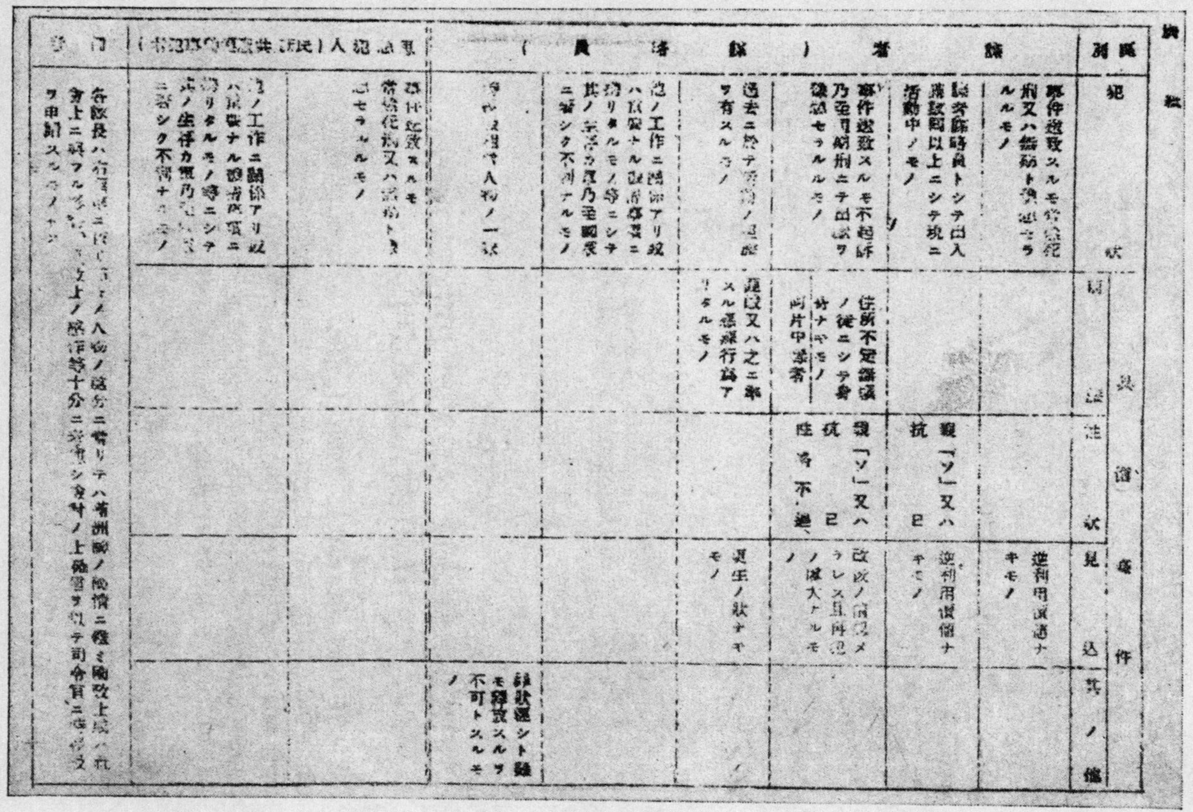

区別	犯状	具備条件 犯歴	具備条件 性状	具備条件 見込	具備条件 其ノ他
諜者(諜報員)	事件送致スルモ[illegible]刑又ハ無罪ト[illegible]セラルルモノ			逆利用価値ナキモノ	
諜者(諜報員)	諜者諜報員トシテ出入満数回以上ニシテ現ニ活動中ノモノ		親「ソ」又ハ抗日	逆利用価値ナキモノ	
諜者(諜報員)	事件送致スルモ不起訴乃至軽刑ニテ出獄ヲ豫想セラルルモノ	住所不定親族ノ縁ニシテ身寄ナキモノ / 阿片中毒者	親「ソ」又ハ抗日已ニ性格不逞	改悛ノ情認メラレス且再犯ノ虞大ナルモノ	
諜者(諜報員)	過去ニ於テ[illegible]ノ犯歴ヲ有スルモノ	前科又ハ之ニ準スル悪質行為アリタルモノ		更生ノ見込ナキモノ	
諜者(諜報員)	[illegible]ノ工作ニ関係アリ或ハ[illegible]ナル謀略事項ニ携リタルモノ等ニシテ其ノ[illegible]乃至国家ニ著シク不利ナルモノ				
諜者(諜報員)	[illegible]人物ノ一味				罪状軽シト雖モ釈放スルヲ不可トスルモノ
思想犯人(民族共産主義運動者)	事件送致スルモ常習化又ハ[illegible]セラルルモノ				
思想犯人(民族共産主義運動者)	[illegible]ノ工作ニ関係アリ或ハ[illegible]ナル謀略事項ニ携リタルモノ等ニシテ其ノ生存カ[illegible]乃至[illegible]ニ著シク不利ナルモノ				
備考	各隊長ハ右[illegible]ニ依[illegible]人物ノ[illegible]ニ当リテハ満洲国ノ[illegible]ニ鑑ミ[illegible]上ニ[illegible]上ノ[illegible]等十分ニ[illegible]シ[illegible]ノ上[illegible]ヲ以テ司令官ニ[illegible]申請スルモノトス				

Inclosure with notice issued by the Chief of the Police Service Division of the Kwantung Gendarmerie Headquarters: list indicating the categories of persons to be sent as "special consignments"

File No. 864, p. 246

File No. 864. Pages 245, 246. "Miscellaneous Correspondence" of the 1st Division of the Kwantung Gendarmerie Headquarters for 1943. Documents referring to questions concerning organization, staffing, training, etc.

Translated from Japanese

Strictly Confidential

Copy

Page 245

KWANTUNG GENDARMERIE HEADQUARTERS
EXCEPTIONALLY IMPORTANT AFFAIRS DIVISION

March 12, 1943
No. 120

Read: *Fujishige* (private seal)
Hara Goro (private seal)
Ishii (private seal)

Chief of the Police Service Division of the Kwantung Gendarmerie Headquarters

NOTICE
CONCERNING "SPECIAL CONSIGNMENTS" ("TOKUI-ATSUKAI")

In conformity with orders I inform you that although on this question it is necessary to be guided by document No. 58 of the Police Service Division of the Kwantung Gendarmerie Headquarters of January 26, 1938, nevertheless, in choosing, it is desirable to adhere to the standards indicated in the following inclosure:

To whom sent: To all chiefs of units of the Kwantung Gendarmerie (including chiefs of individual gendarme departments, but not including the chiefs of Unit 86 and the Training Unit).

Translated by Senior Interpreter, Master of Historical Sciences
Signed: (*PODPALOVA*)

Page 246
Inclosure

	Character of Crime	Other Supplementary Conditions			
		Biographical facts	Person's characteristics	Our appraisal	Other motives
SPIES (saboteurs)	Character of crime gives grounds for assuming that if legal proceedings are taken the person will be sentenced to lifelong penal servitude or to death.			If he is of no value for enlistment and sending back.	
	As a spy or saboteur the person had repeatedly crossed into Manchuria and had engaged in this until the last moment.		If he is pro-Soviet or anti-Japanese minded.	If he is of no value for enlistment and sending back.	
	Character of crime gives grounds for assuming that if legal proceedings are taken the person will be acquitted or sentenced to a short term and will soon leave prison.	If he is a vagrant, no permanent residence, no relatives. Opium smokers.	If the person is pro-Soviet or anti-Japanese minded. Disloyal elements.	If the person shows no feelings of repentance and thereisgrave danger that he will repeat the crime.	
	The person had engaged in such activities in the past.	If the person was a partisan or has conducted harmful activities of this nature.		If there is no hope of reeducating him.	
	The person was connected with other forms of operational activities, or if his existence is very much to the disadvantage of army and state in view of his connection with important secret matters.				

IDEOLOGICAL CRIMINALS (Criminals connected with the National and Communist movements)	Persons of like mind with those who come under the category of "special consignments" ("Tokui-Atsukai").				If, notwithstanding the minor character of the crime, their release is undesirable.
	Character of crime gives grounds for assuming that if legal proceedings are taken the person will be sentenced to death or lifelong penal servitude.				
	The person was connected with other forms of operational activities, or if his existence is very much to the disadvantage of army and state in view of his connection with important secret matters.				

NOTE: Chiefs of gendarme units, in deciding how to act with any given person in conformity with the above-enumerated standards, must carefully take into consideration from the point of view of the internal situation in Manchukuo, what effect it will have on state policy, on the public, on public morale and having weighed all this, may unhesitatingly apply to the Chief of the Kwantung Gendarmerie for permission to employ "special consignments" ("Tokui-Atsukai").

Translated by Senior Interpreter, Master of Historical Sciences Signed: (*PODPALOVA*)

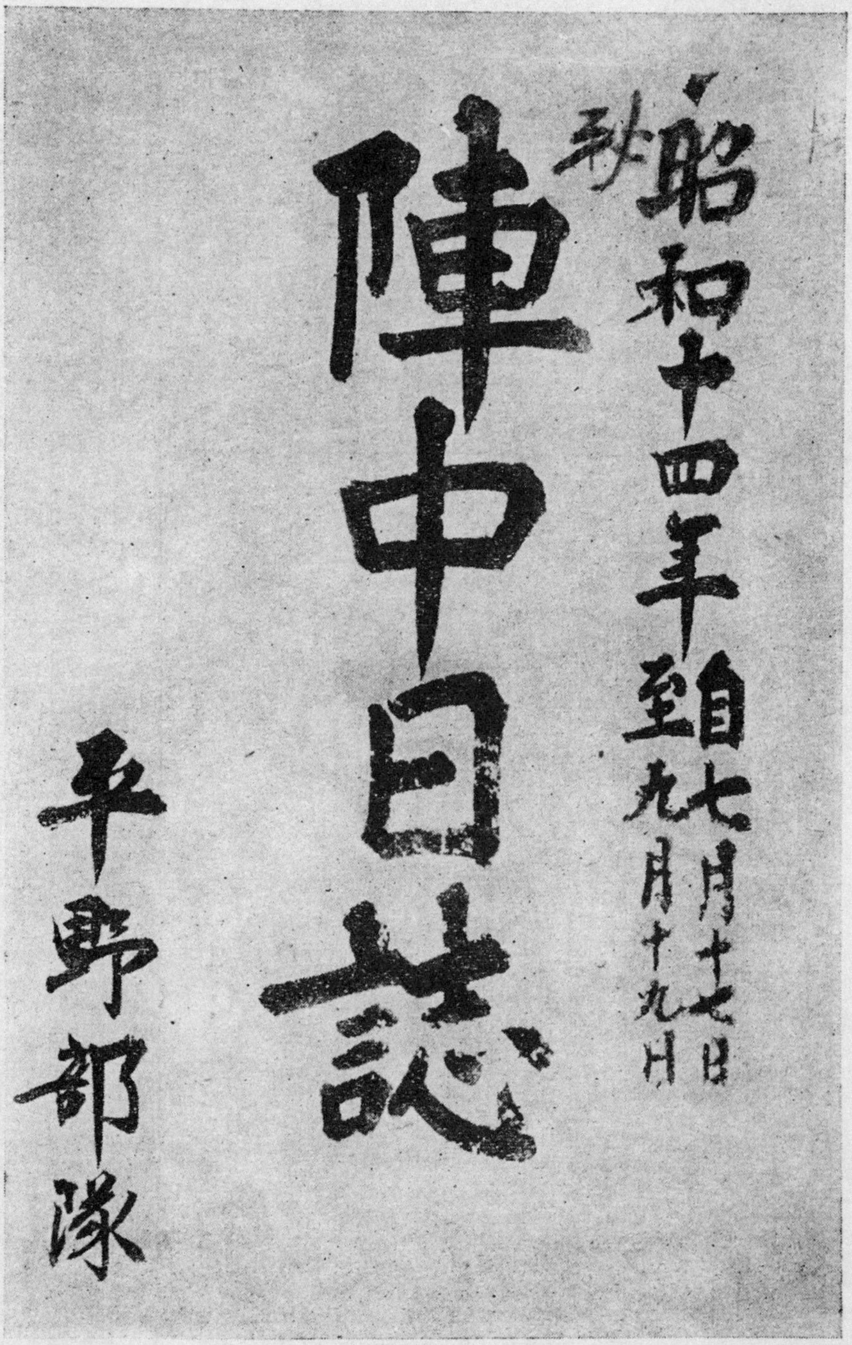

Service diary of the Hirano Gendarme Unit from July 17 to September 19, 1939 (mass "special consignments"). Title page

File No. 845

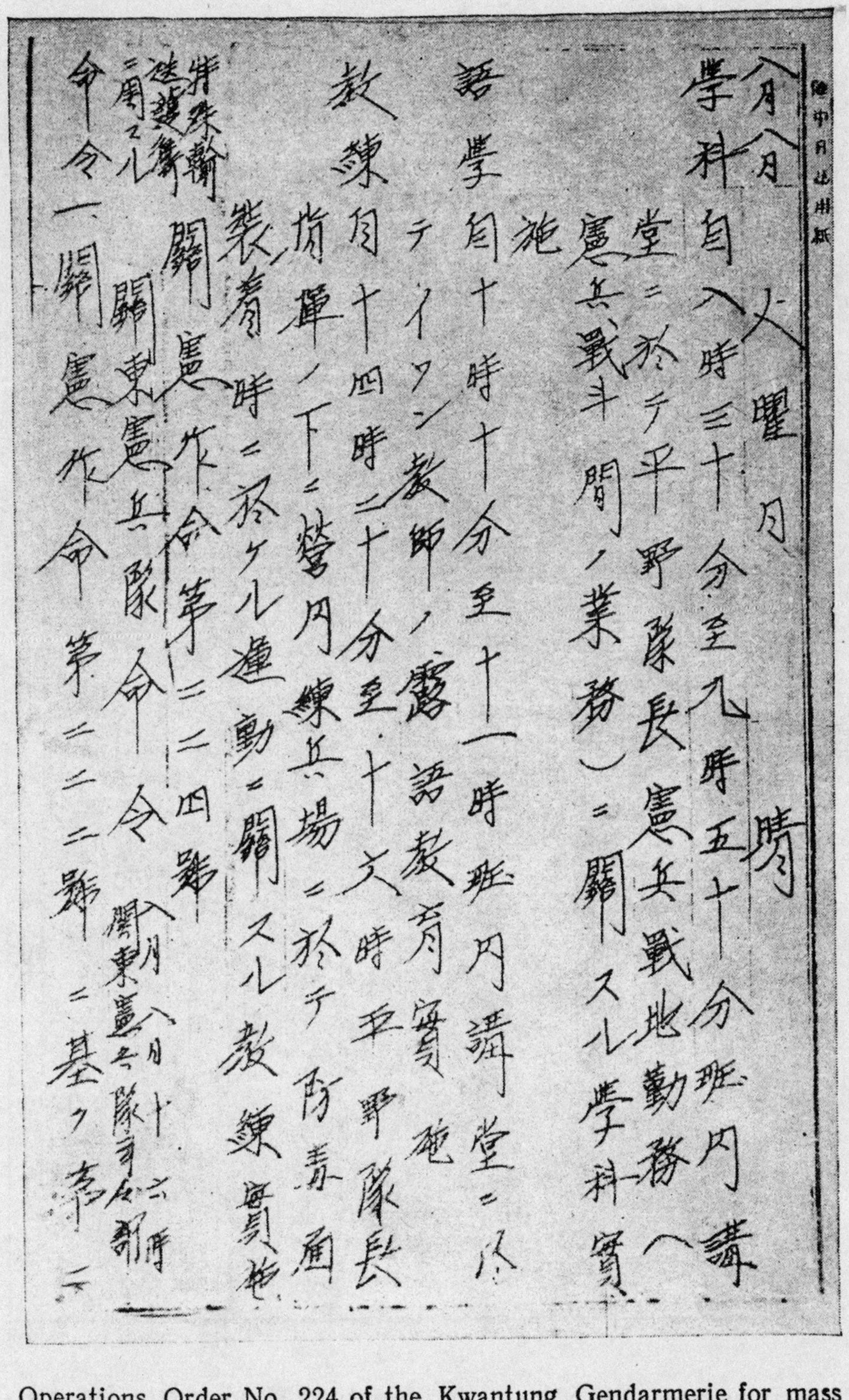

八月八日 月曜 晴

學科 自八時三十分至九時五十分 班内講堂ニ於テ平野隊長憲兵戰地勤務（憲兵戰斗間ノ業務）ニ關スル學科實施

語學 自十時十分至十一時 班内講堂ニ於テイタン教師ノ露語教育實施

教練 自十四時二十分至十六時 平野隊長指揮ノ下ニ營内練兵場ニ於テ防毒面裝着時ニ於ケル運動ニ關スル教練實施

特殊輸送護衛ニ關スル關憲作命第二二四號

關東憲兵隊命令

八月十一日十六時 關東憲兵隊司令部

命令一 關憲作命第二二二號ニ基ク第二

Operations Order No. 224 of the Kwantung Gendarmerie for mass "special consignments," page 1

File No. 845, p. 45

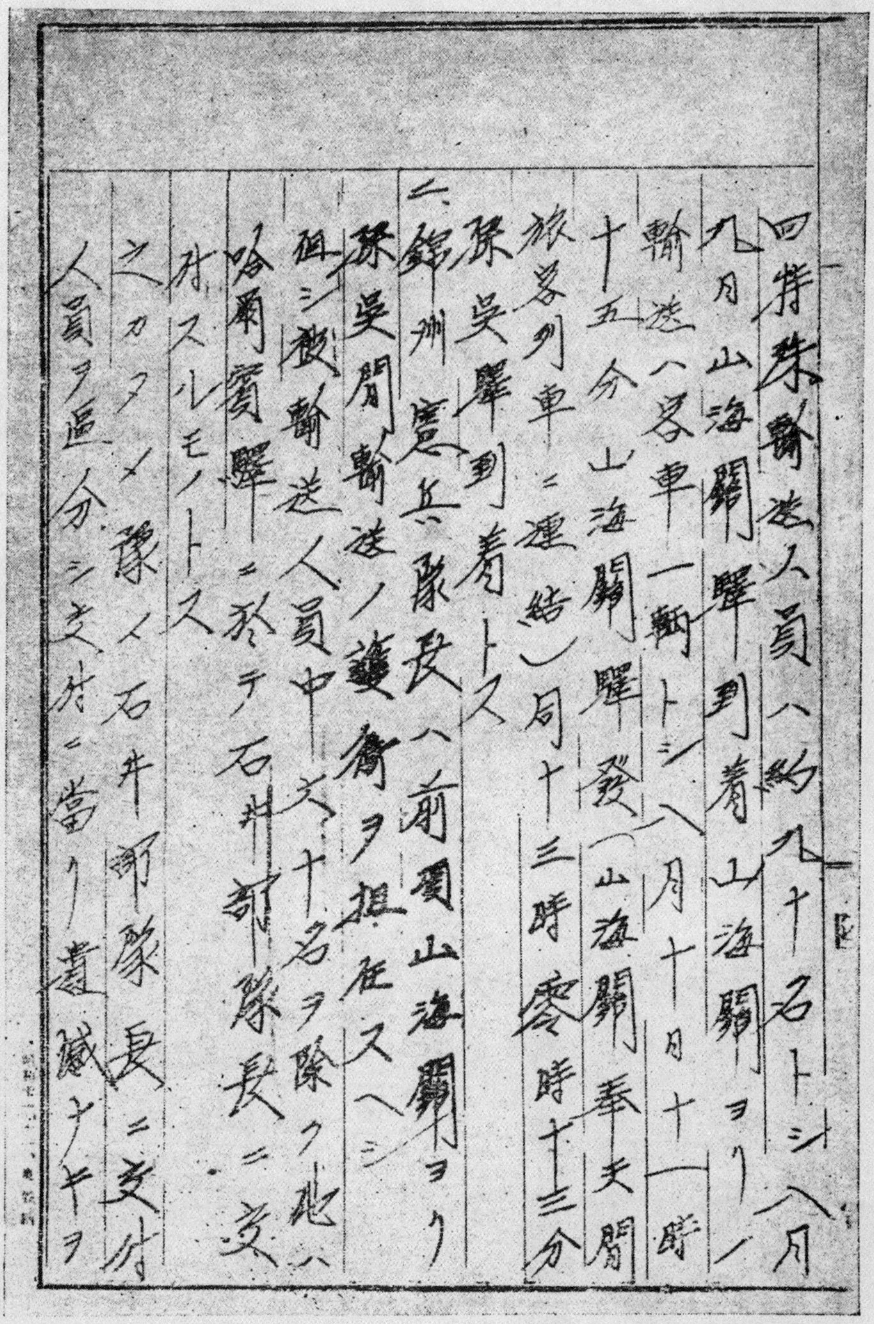

四、特殊輸送人員ハ約九十名トシ八月
九月山海關驛到着山海關ヨリノ
輸送ハ客車一輛トシ八月十日十一時
十五分山海關驛發（山海關奉天間
旅客列車ニ連結）同十三時零時十三分
孫呉驛到着トス
二、錦州憲兵隊長ハ前項山海關ヨリ
孫呉間輸送ノ護衛ヲ担任スヘシ
但シ護輸送人員中之十名ヲ除ク他ハ
哈爾賓驛ニ於テ石井部隊長ニ交
付スルモノトス
之カタメ隊ハ石井部隊長ニ交付
人員ヲ區分シ交付ニ當リ遺漏ナキヲ

Operations Order No. 224 of the Kwantung Gendarmerie for mass "special consignments," page 2

File No. 845, p. 45, continuation

期スヘシ
前頁護衛ノ為承徳憲兵隊ヨリ将
校一平野部隊ヨリ下士官兵
二五関東憲兵隊教習隊ヨリ衛生
下士官一ヲ配属ス
通訳一八錦州憲兵隊ヨリ差出ス
モノトス
三、承徳憲兵隊長ハ承徳憲兵分隊柴
田尾大尉ヲ平野部隊長ハ下士官
兵二五（曹長一ヲ含ム）ヲ関東憲兵
隊教習隊長ハ衛生下士官一ヲ
月九日中ニ山海関ニ派遣シ錦州憲
兵隊長ノ指揮ヲ受ケシムヘシ

Operations Order No. 224 of the Kwantung Gendarmerie for mass "special consignments," page 3

File No. 845, p. 46

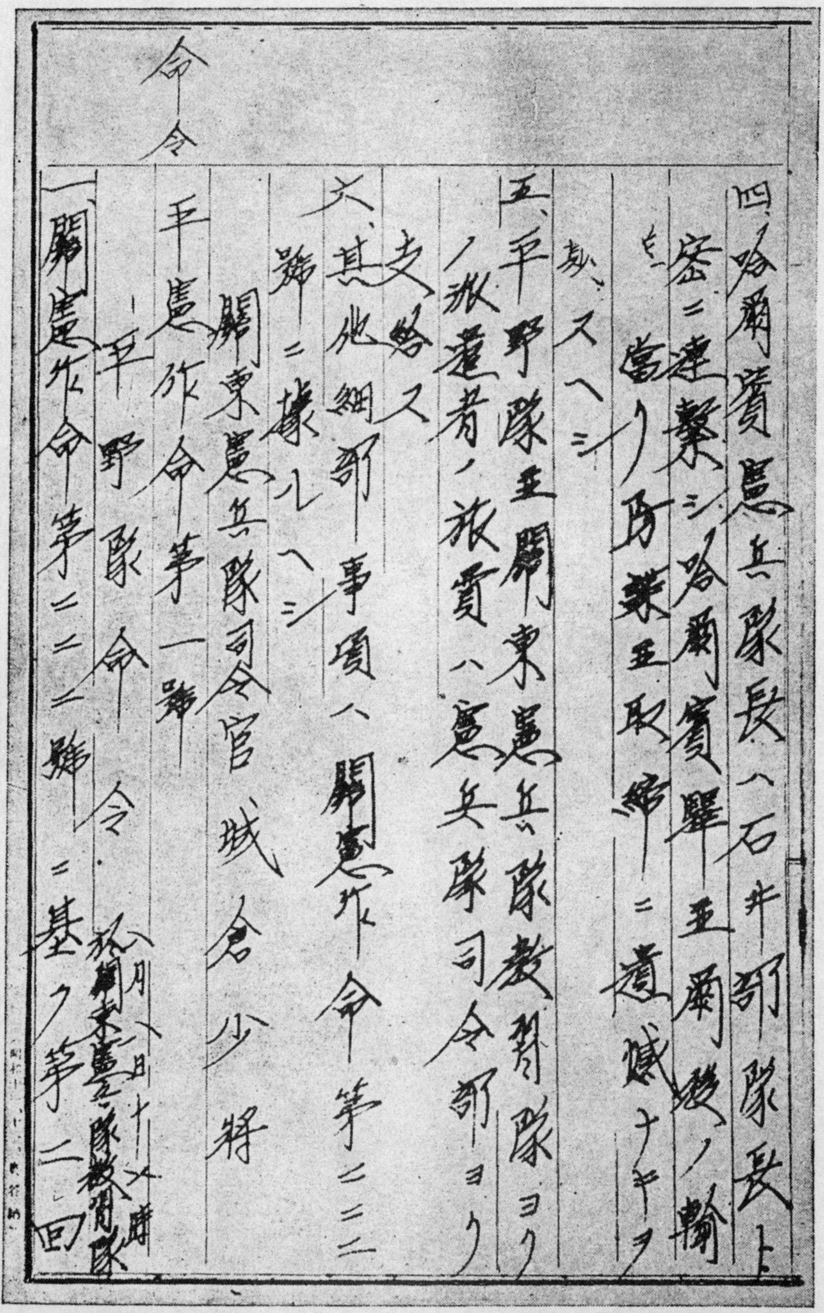

命令

四、哈爾賓憲兵隊長ハ石井部隊長ト密ニ連繋シ哈爾賓驛並爾後ノ輸送ニ當リ防諜並取締ニ遺憾ナキヲ期スヘシ

五、平野隊並關東憲兵隊教習隊ヨリノ派遣者ノ旅費ハ憲兵隊司令部ヨリ支給ス

六、其他細部事項ハ關東憲作命第二二號ニ據ルヘシ

關東憲兵隊司令官 城倉少将

平憲作命第一號

平野隊命令

八月十一日十八時 於關東憲兵隊教習隊

一、關憲作命第二二四號ニ基ク第二回

Operations Order No. 224 of the Kwantung Gendarmerie for mass "special consignments," and Operations Order No. 1 of the Hirano Detachment

File No. 845, p. 46, continuation

12—520

特殊輸送ノ状況關東憲作命第二二四
號第一號ノ如シ
二 平野部隊ハ一部ヲ以テ第二回特
種輸送ヲ實施セントス
三 稱邑曹長ハ別紙憲兵二十四及衛生
下士官一ヲ指揮シ速ニ新京ヲ出發シ
山海關ニ至リ錦州憲兵隊長ノ指揮
ヲ受クヘシ
出發前武具（足錠）一個手錠五二
個捕縄四ロ本、護送縄二五本）ヲ憲兵隊
司令部ヨリ又第六憲兵隊ヨリ手錠
三ロ個護送縄四ロ本ヲ受領シ携行人
ルモノトス

Operations Order No. 1 of the Hirano Detachment for mass "special consignments"

File No. 845, p. 47

12*

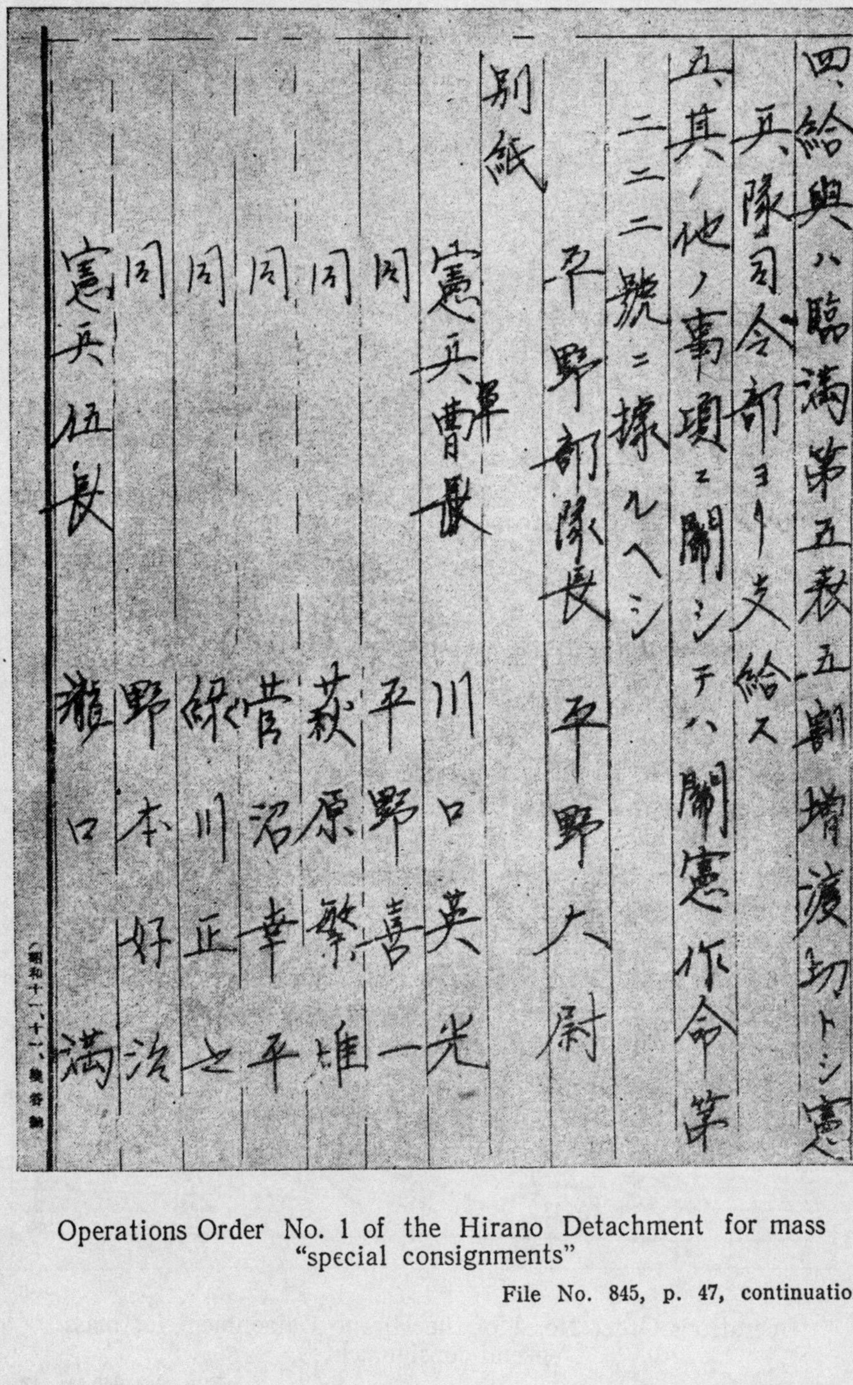

四、給與ハ臨満第五表五對増渡動トシ憲兵隊司令部ヨリ支給ス
五、其ノ他ノ事項ニ關シテハ關憲作命第二二二號ニ據ルヘシ
平野部隊長 平野大尉
別紙
憲兵曹長 川口英光
同 平野喜一
同 萩原繁雄
同 菅沼幸平
同 細川正之
同 野本好治
憲兵伍長 瀧口満

Operations Order No. 1 of the Hirano Detachment for mass "special consignments"

File No. 845, p. 47, continuation

File No. 845. Pages 45-47.
Service diary of the Hirano Gendarme Unit from July 17 to September 19, 1939.

Translated from Japanese
Confidential

Page 45
August 8

Tuesday. Bright
(9 lines extraneous to the subject omitted.—*Trans.*)

Order concerning the convoying of "special shipments"

OPERATIONS ORDER OF THE KWANTUNG GENDARMERIE No. 224

Order of the Kwantung Gendarmerie
KWANTUNG GENDARMERIE HEADQUARTERS
August 8, 16.00

1. The second contingent of "special shipments"* ("Tokushu yusho") convoyed in conformity with Operations Order of the Kwantung Gendarmerie No. 222, will contain about 90 men. The contingent will arrive at Shanhaikwan Station on August 9. Conveyance from Shanhaikwan Station to be in one passenger car. Despatch from Shanhaikwan Station—August 10 at 11.15 (car to be coupled to the Shanhaikwan-Mukden passenger train). Arrival at Sunyu Station—August 13 at 00.13.

2. Convoying of afore-mentioned contingent from Shanhaikwan to Sunyu to be arranged by the Chief of the Chinchow Gendarme Unit.

* This term is analogous to "special consignments."—*Trans.*

Of the total convoyed contingent, 60 men to go to destination, *the rest, at Harbin Station, to be handed over to Chief of the Ishii Detachment.* For this purpose the group of men to be handed over to the Chief of the Ishii Detachment to be separated beforehand to avoid complications during handing over.

Page 46

For convoying afore-mentioned contingent, the Chengteh Gendarme Unit to detail one officer, the Hirano Unit to detail 25 non-commissioned officers and privates, and the Training Unit of the Kwantung Gendarmerie one non-commissioned officer of the Medical Service. The Chinchow Gendarme Unit to detail one interpreter.

3. Not later than August 9, the Chief of the Chengteh Gendarme Unit to send to Shanhaikwan Captain *Shibao* of the Chengteh Gendarme Department, the Chief of the Hirano Unit to send 25 non-commissioned officers and privates (including one sergeant), the Chief of the Training Unit of the Kwantung Gendarmerie to send one non-commissioned officer of the Medical Service. The aforesaid persons to place themselves at the disposal of the Chief of the Chinchow Gendarme Unit.

4. *The Chief of the Harbin Gendarme Unit to establish close contact with the Chief of the Ishii Detachment and ensure at Harbin Station and along the route all measures of precaution against foreign espionage and the necessary surveillance measures.*

5. The travelling expenses of the men from the Hirano Unit and from the Training Unit of the Kwantung Gendarmerie to be met by the Kwantung Gendarmerie Headquarters.

184

6. On other matters, be guided by Operations Order No. 222 of the Kwantung Gendarmerie.

Chief of the Kwantung Gendarmerie,
Major General *Shirokura*

Order

OPERATIONS ORDER No. 1 OF THE HIRANO GENDARME UNIT

Order of Hirano Unit
TRAINING UNIT OF THE KWANTUNG GENDARMERIE
August 8, 17.00

1. The second "special shipment," made in conformity with Operations Order of the Kwantung Gendarmerie No. 222, to be carried out in conformity with par. 1 of Operations Order of the Kwantung Gendarmerie No. 224.

Page 47

2. The Hirano Unit to supply the second "special shipment" with part of its forces.

3. Sergeant *Inamura*, at the head of 24 gendarmes (named in inclosure), and one non-commissioned officer of the Medical Service forthwith to leave Hsinching and on arrival at Shanhaikwan to place himself at the disposal of the Chief of the Chinchow Gendarme Unit.

Before leaving for Shanhaikwan, to obtain from the Kwantung Gendarmerie Headquarters the means for convoying the prisoners (leg fetters—81 pair, handcuffs—52 pair, cord for binding while in custody—40 lengths, cord for binding while convoying—25 lengths), and from the Mukden Gendarme Unit, handcuffs—30 pair, and cord for binding the prisoners while under convoy—40 lengths.

4. Supplies on the journey with 50% addition on the basis of Table 5 of the pro-

visional supplies regulations in Manchuria, to be placed to the account of the Kwantung Gendarmerie Headquarters.

5. On other matters, to be guided by Operations Order of the Kwantung Gendarmerie No. 222.

Chief of the Hirano Unit,
Captain *Hirano*

Translated by Senior Interpreter, Master of Historical Sciences
Signed: (*PODPALOVA*)

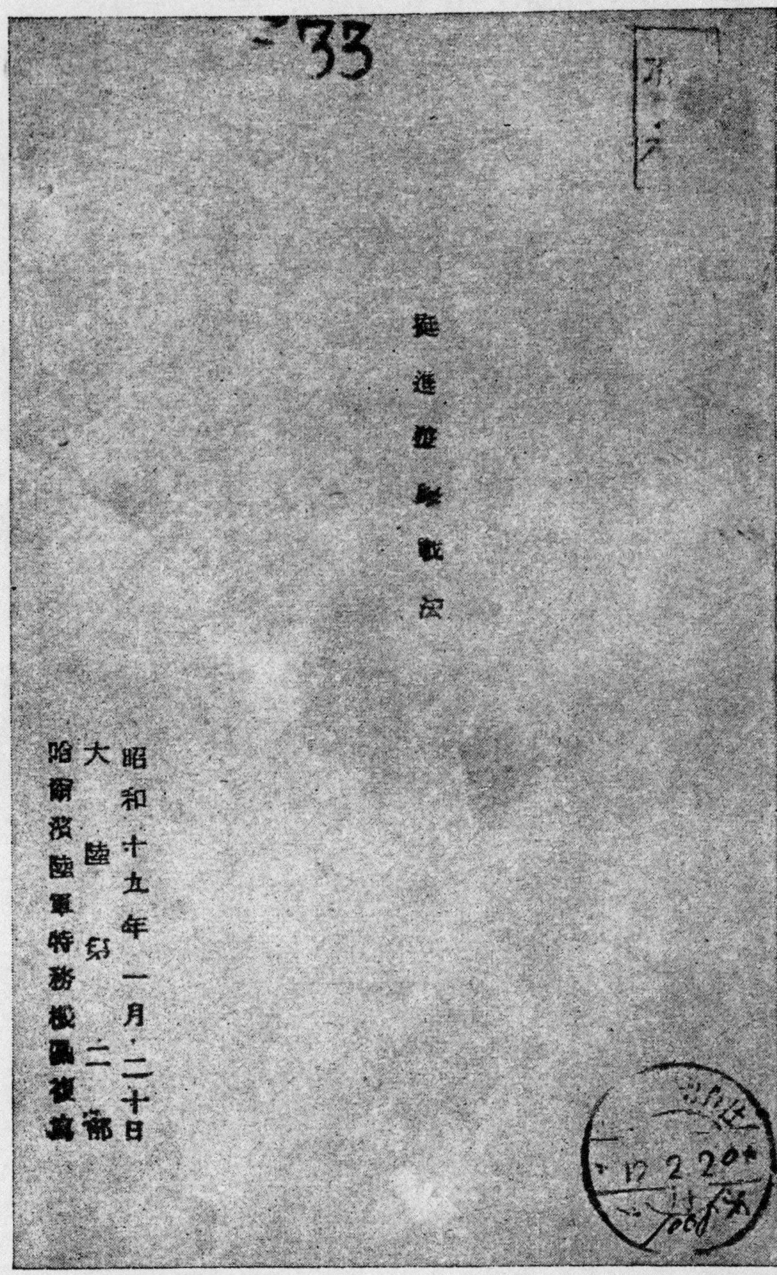

"Sabotage Raid Warfare Tactics." Title page

File No. 140, p. 33

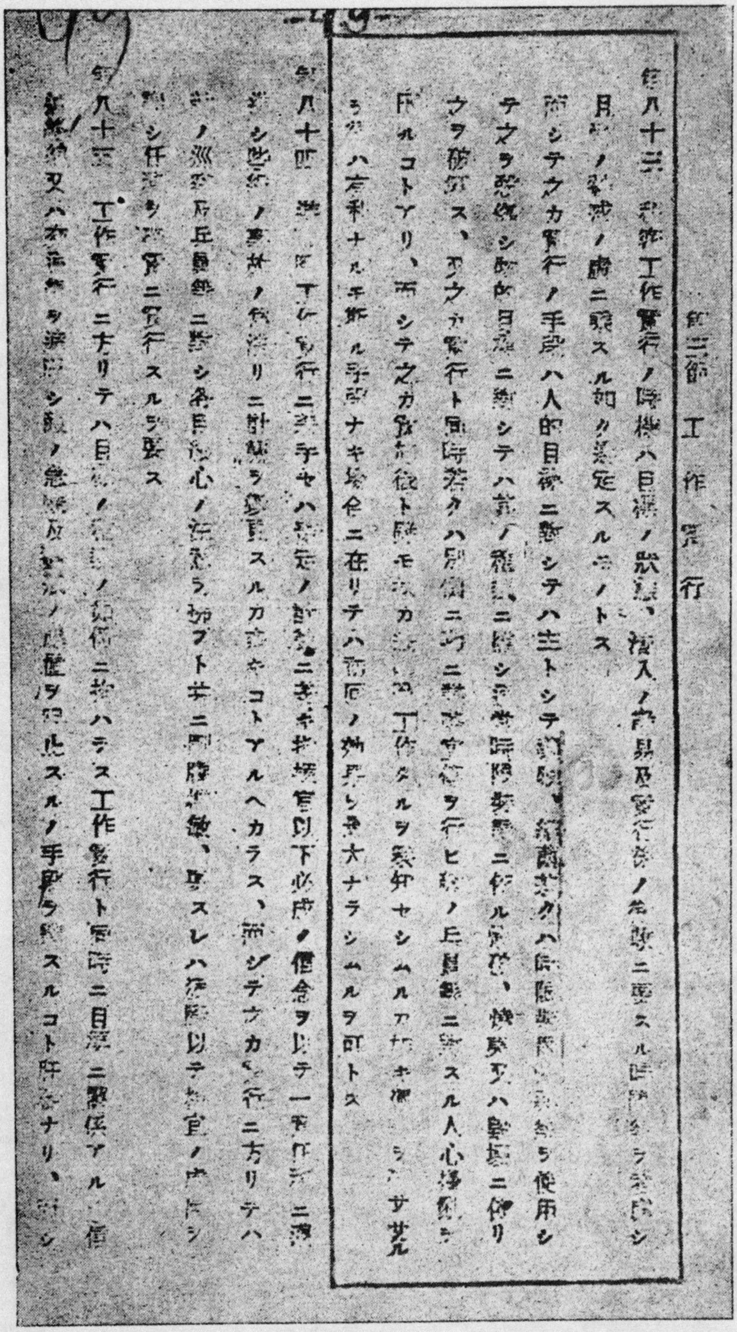

第三節 工作実行

第八十三 破壊工作実行ノ時機ハ目標ノ状況、潜入ノ難易及実行後ノ行動ニ要スル時間等ヲ考慮シ目標ノ破滅ノ為ニ最スル如ク選定スルヲ本則トス

而シテ之カ実行ノ手段ハ人的目標ニ対シテハ主トシテ[illegible]、[illegible]若クハ[illegible]ヲ使用シテ之ヲ殺傷シ物的目標ニ対シテハ其ノ種類ニ依リ[illegible]、焼夷又ハ[illegible]ニ依リ之ヲ破壊ス、而シテ之カ実行ト同時若クハ別個ニ巧ニ謀略宣伝ヲ行ヒ敵ノ兵員並ニ住民ノ人心ヲ攪乱スルコトアリ、而シテ之カ敵ノ[illegible]ニ依リ工作タルヲ察知セシムルカ如キ[illegible]ナカラシムルヲ可トス

[illegible]ハ有利ナル手段ナキ場合ニ在リテハ[illegible]ノ処置ヲ重大ナラシムルヲ可トス

第八十四 [illegible]工作実行ニ着手セハ予定ノ計画ニ基キ指揮官以下必成ノ信念ヲ以テ一意任務ニ邁進シ状況ノ変化ノ為濫リニ計画ヲ変更スルカ如キコトアルヘカラス、而シテ之カ実行ニ方リテハ特ニ巡察及兵員等ニ対シ各員細心ノ注意ヲ払フト共ニ剛胆果敢、要スレハ独断以テ指揮官ノ企図ニ即シ機敏ニ任務ノ遂行ニ邁進スルヲ要ス

第八十五 工作実行ニ方リテハ目標ノ種類ノ如何ニ拘ハラス工作実行ト同時ニ目標ニ関係アル通信線又ハ交通線ヲ破壊シ敵ノ急報及救援ノ増援ヲ阻止スルノ手段ヲ講スルコト肝要ナリ、而シ

"Sabotage Raid Warfare Tactics." Art. 83

File No. 140, p. 49

File No. 140. Pages 33, 49.
Materials on sabotage warfare.
From the files of the Mutankiang J.M.M. on the Russian Whiteguard unit in Hantaohêtzu.

Translated from Japanese

Strictly Confidential

Page 33

Seal: "MUTANKIANG J.M.M.
Received February 20, 1944
Inc. No. 1008."

SECOND LAND FORCES DIVISION OF IMPERIAL HEADQUARTERS

January 20, 1944

Copied by Harbin J.M.M.

SABOTAGE RAID WARFARE TACTICS

Page 49

CHAPTER 3

Conduct of Operations

83. When determining the moment to conduct a secret operation, consideration must be given to the location of the objective, the conditions of approach and the time required for withdrawal when the operation is completed. Furthermore, advantage must be taken of the weakest spots in the enemy's guard.

The means to be used for exterminating the enemy's man power during a secret attack operation are chemicals, *bacteria*, or clockwork explosives. Materiel is to be destroyed, depending on its nature, by explosions with the aid of clockwork explosives, incendiarism, or other means of destruction. It is also recommended, either simultaneously with these operations, or separately, skilfully to utilize sabotage propaganda with the object of breaking down the morale of the enemy's men. When the operation is completed, it is better not to leave any traces capable of showing that the operation was conducted by our sabotage unit. If this is impossible, efforts must be made to achieve the utmost results in the very first operation.

Translated by Senior Interpreter, Master of Historical Sciences
Signed: (*PODPALOVA*)

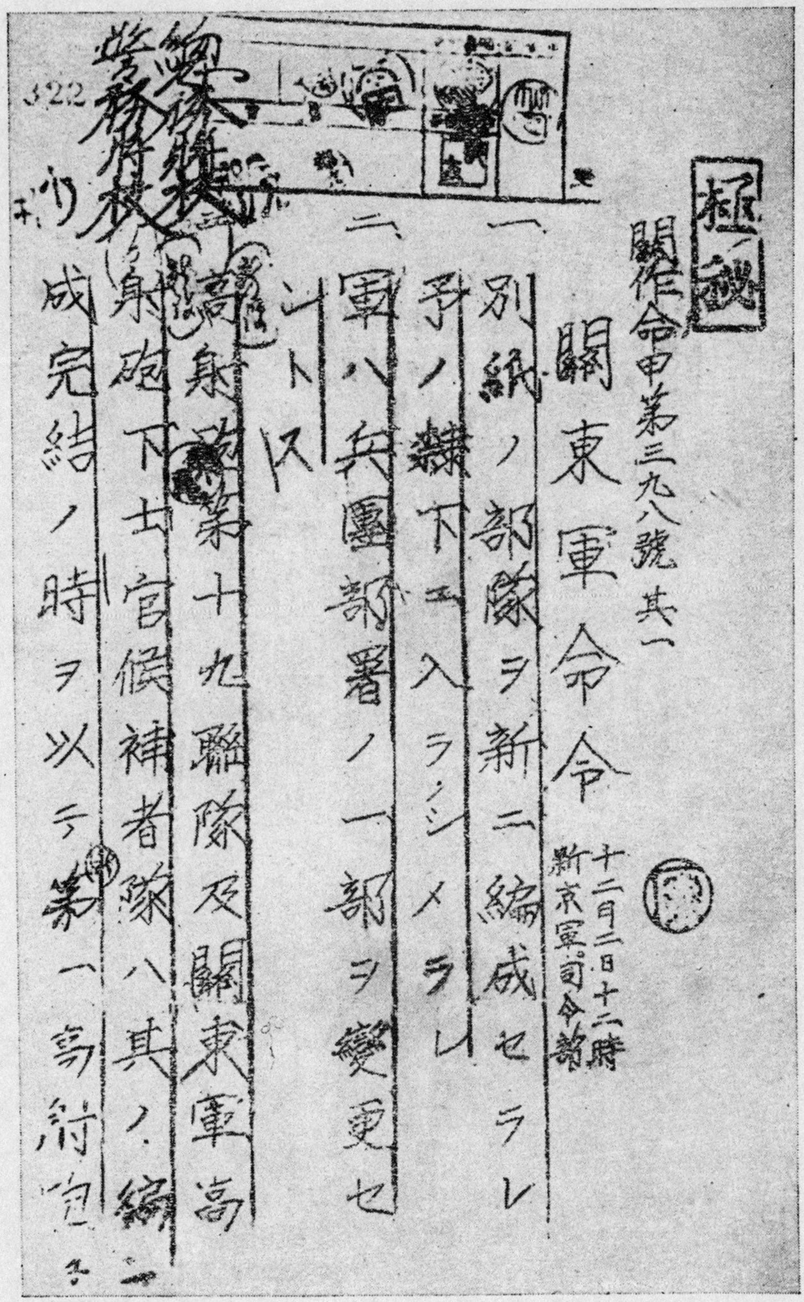

極秘

關作命甲第三九八號 其一

關東軍命令 十二月二日十二時 新京軍司令部

一、別紙ノ部隊ヲ新ニ編成セラレ予ノ隷下ニ入ラシメラル

二、軍ハ兵團部署ノ一部ヲ變更セントス

高射砲第十九聯隊及關東軍高射砲下士官候補者隊ハ其ノ編成完結ノ時ヲ以テ第一高射砲

Operations Order of the Kwantung Army No. 398/1-KO

File No. 830, p. 922

13—520

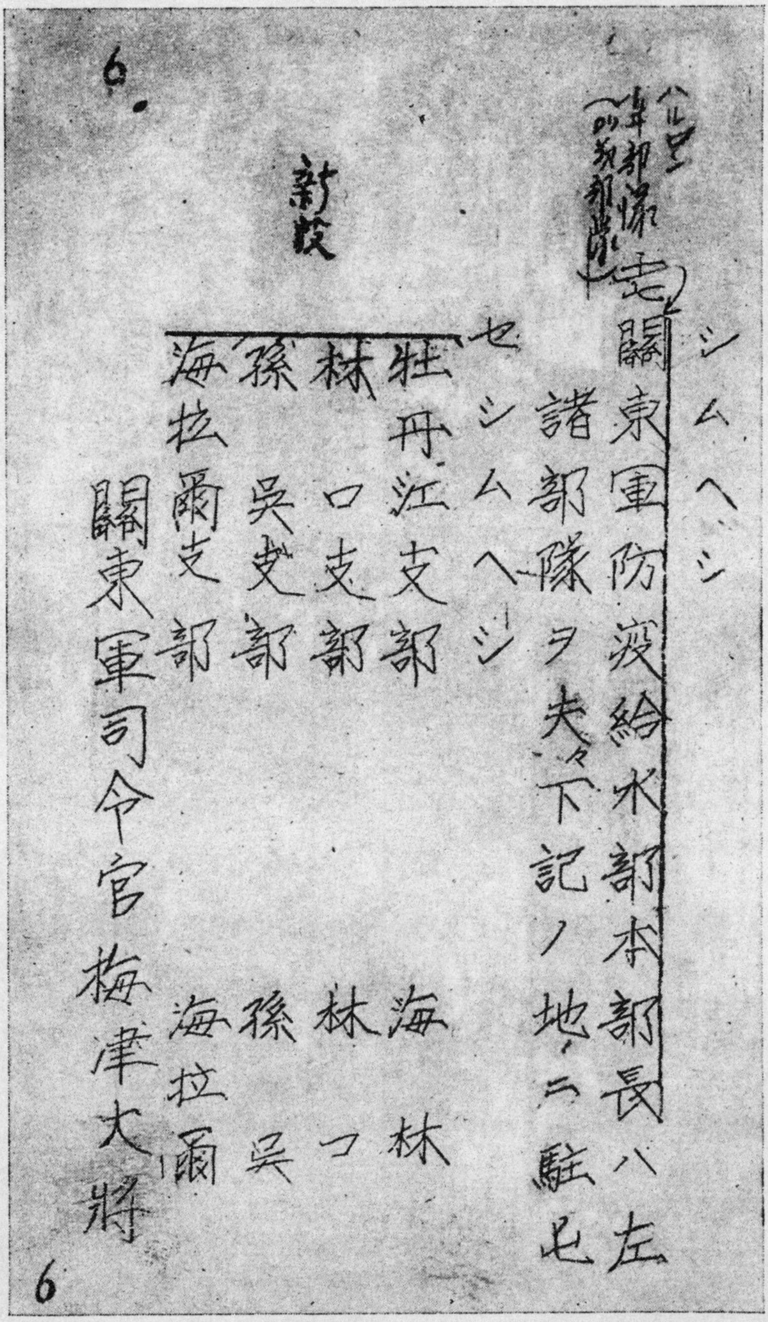

6.

シムヘシ
關東軍防疫給水部本部長ハ左
諸部隊ヲ夫々下記ノ地ニ駐屯
セシムヘシ

新設

牡丹江支部	海林
林口支部	林口
孫呉支部	孫呉
海拉爾支部	海拉爾

關東軍司令官梅津大将

6

Operations Order of the Kwantung Army No. 398/1-KO, point 17 of the order (enumerating the branches of Detachment 731)

File No. 830, p. 925

13*

File No. 830. Pages 922, 925. Operations orders, 1940, from the files of the Kwantung Gendarmerie Headquarters.

Translated from Japanese

Strictly Confidential

Page 922

Operations Order of the Kwantung Army No. 398/1-KO Hara*

Seal:

Received
Read: Chief of the Kwantung Gendarmerie *Takeuchi* (private seal). Chief of the General Division *Kikuchi* (private seal). Chief of Division *Honda* (private seal). Responsible executive *Kanazawa* (private seal). Executive officer (no seal). Chief of the Police Service Division *Nagatomo* (private seal). Officers concerned with matter: *Tsuzuki* (private seal). Officer from General Division *Fusano* (private seal). Officer from Police Service Division *Koi* (private seal).

OPERATIONS ORDER OF THE KWANTUNG ARMY

Hsinching, Army Command, December 2, 12.00

1. The units enumerated in separate inclosure are newly formed and are to be under my command.

(Points 2 to 16 inclusive, omitted from translation.—*Trans.*)

Page 925

17. The Chief of the Water Supply and Antiepidemic Administration of the Kwantung Army to locate the following units at the places enumerated below:

Mutankiang branch—in Hailin
Linkow branch—in Linkow

*Seal of the person who despatched the document.—*Trans.*

Sunyu branch—in Sunyu
Hailar branch—in Hailar.

Commander-in-Chief of the Kwantung Army, General *Umezu*

Page 925

Translator's remarks:

1. In front of the words "The Chief of the Water Supply and Antiepidemic Administration of the Kwantung Army" there are the marginal inscriptions in pencil: "Harbin, the *Ishii* Detachment (*Kamo* Detachment)."

2. The four branches enumerated are in brackets, in front of which there is the inscription in red pencil: "Newly formed."

3. A note is pasted to the document bearing the following inscription in ink: "It has been deemed necessary that the *Ishii* Detachment located in Harbin (Water Supply and Antiepidemic Administration of the Kwantung Army, otherwise known as *Kamo* Detachment), being a special unit, should be strengthened and have local branches. For the time being branches have been set up in four places (assigned —3 gendarmes)."

Translated by Senior Interpreter, Master of Historical Sciences
Signed: (*PODPALOVA*)

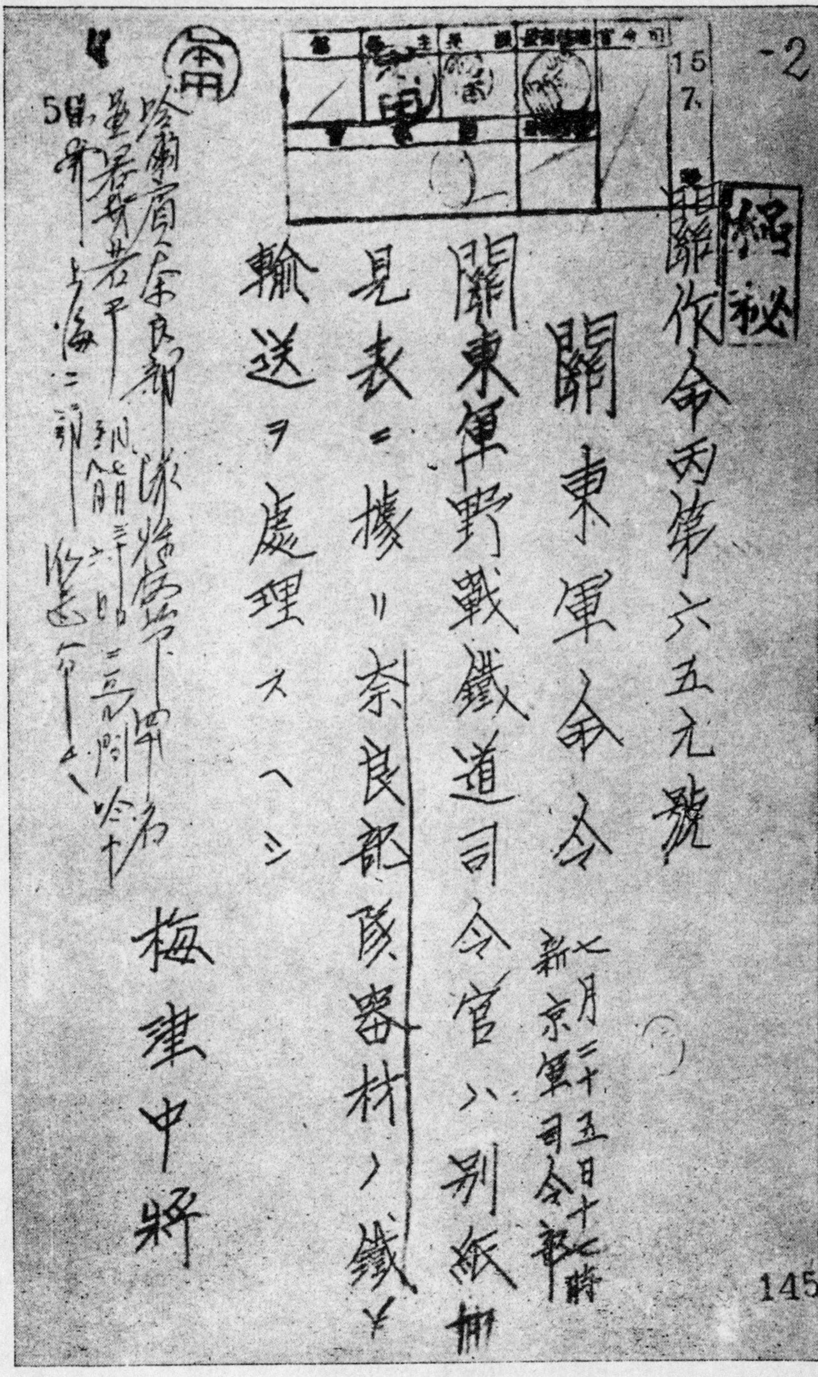

極秘

關作命丙第六五九號

關東軍命令

關東軍野戰鐵道司令官ハ別紙附表ニ據リ奈良部隊器材ノ鐵道輸送ヲ處理スヘシ

七月二十五日十七時 新京軍司令部

梅津中將

Operations Order of the Kwantung Army No. 659-Hei

File No. 830, p. 256

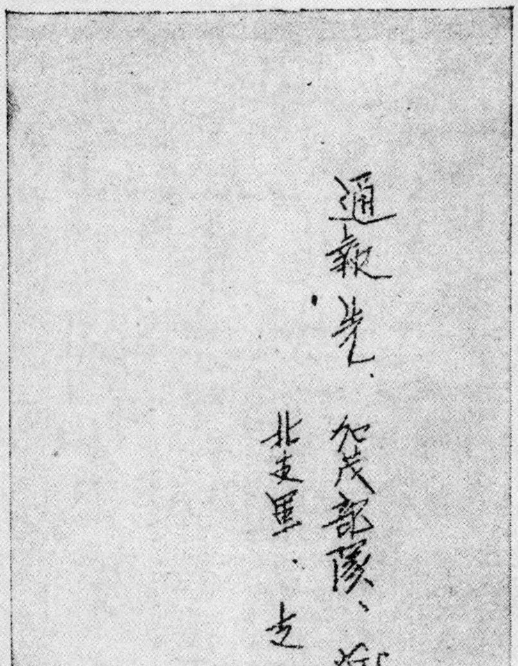

通報先、加茂部隊、4GS、2GS、1GS、憲司 部内
北支軍、支總軍

List of units informed about the Order of the Kwantung Army No. 659-Hei

File No. 830, p. 256, continuation

File No. 830. Page 256.
Operations orders, 1940. From files of the Kwantung Gendarmerie Headquarters.

Translated from Japanese

Strictly Confidential

Page 256

Operations order of the Kwantung Army No. 659-HEI Toda*

Seal:

Received July 1940
Read: Chief of Kwantung Gendarmerie (no seal). Chief of General Division *Kikuchi* (private seal). Chief of Division *Matsuura* (private seal). Responsible executive *Honda* (private seal). Executive officer (no seal). Chief of the Police Service Division (no seal). Officers concerned with the matter: *Kanazawa* (private seal).

OPERATIONS ORDER OF THE KWANTUNG ARMY

Hsinching. Army Command, July 25, 17.00

The Chief of the Field Railway of the Kwantung Army to despatch by railway the materiel of the Nara military unit in conformity with the inclosed waybill.

Commander-in-Chief of the Kwantung Army, Lieutenant General *Umezu*

Inform:

The Kamo military unit, lst, 2nd and 3rd special security detachments, the Kwantung Gendarmerie Headquarters, divisions of the Kwantung Army Headquarters, the Command of the North China Expeditionary Army, High Command of the Expeditionary Forces in China.

* Seal of the person who despatched the document.—*Trans.*

A note is pasted to the margin bearing the inscription, given below, in red ink. It bears the private seal of Honda, officer of the Kwantung Gendarmerie Headquarters.—*Trans.*

Translation of Note

"Order to despatch 40 officers and men and materiel of the Harbin military unit Nara from Harbin to Shanghai in the period between July 30 and August 6."

Translated by Senior Interpreter, Master of Historical Sciences
Signed: (*PODPALOVA*)

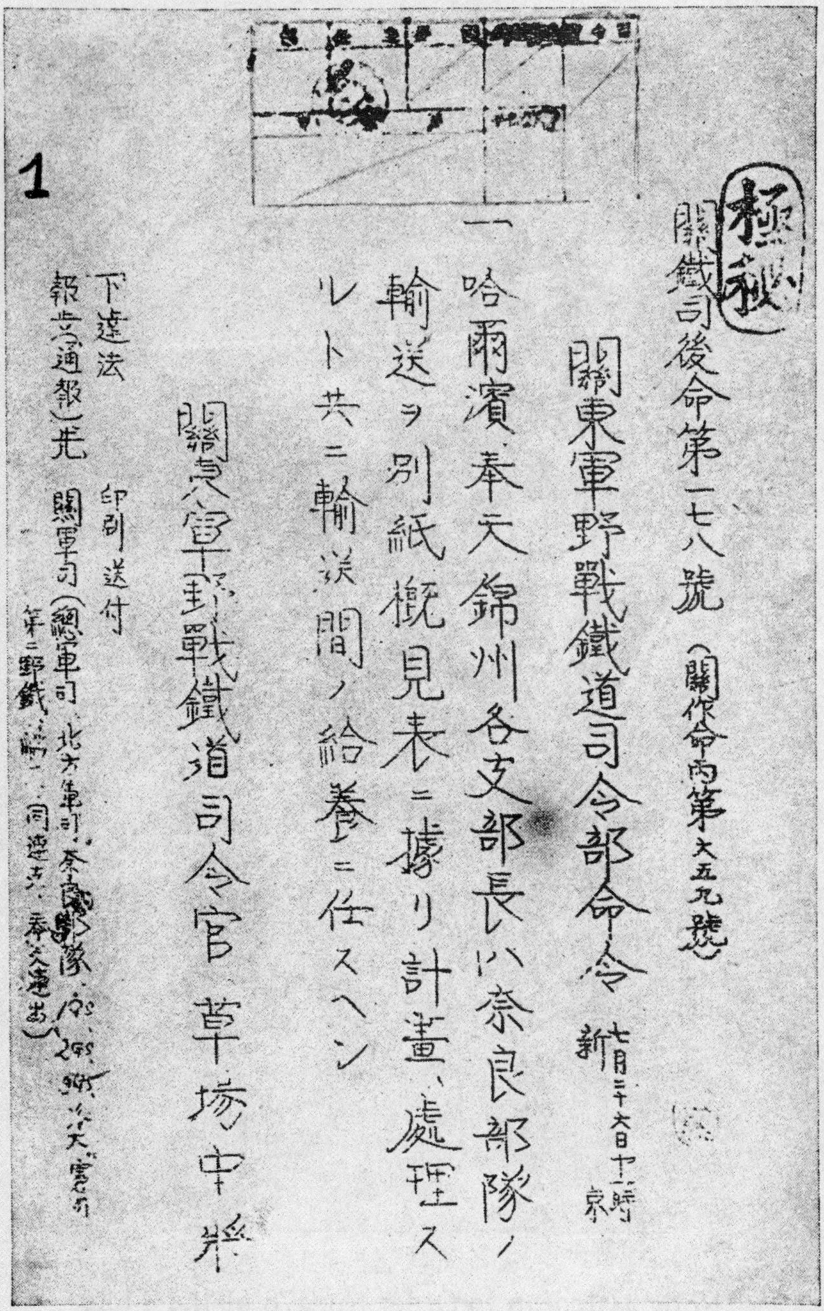

1

極秘

關鐵司後命第一七八號（關作命丙第六五九號）

關東軍野戰鐵道司令部命令　十一月二十六日十二時　新京

一　哈爾濱、奉天、錦州各支部長ハ奈良部隊ノ輸送ヲ別紙概見表ニ據リ計畫、處理スルト共ニ輸送間ノ給養ニ任スヘシ

關東軍野戰鐵道司令官　草場中將

下達法　印刷送付

報告（通報）先　關軍司（總軍司、北方軍司、奈良部隊、[illegible]）第二野鐵、[illegible]

Order No. 178 of the Field Railway Administration
of the Kwantung Army

File No. 830, p. 245

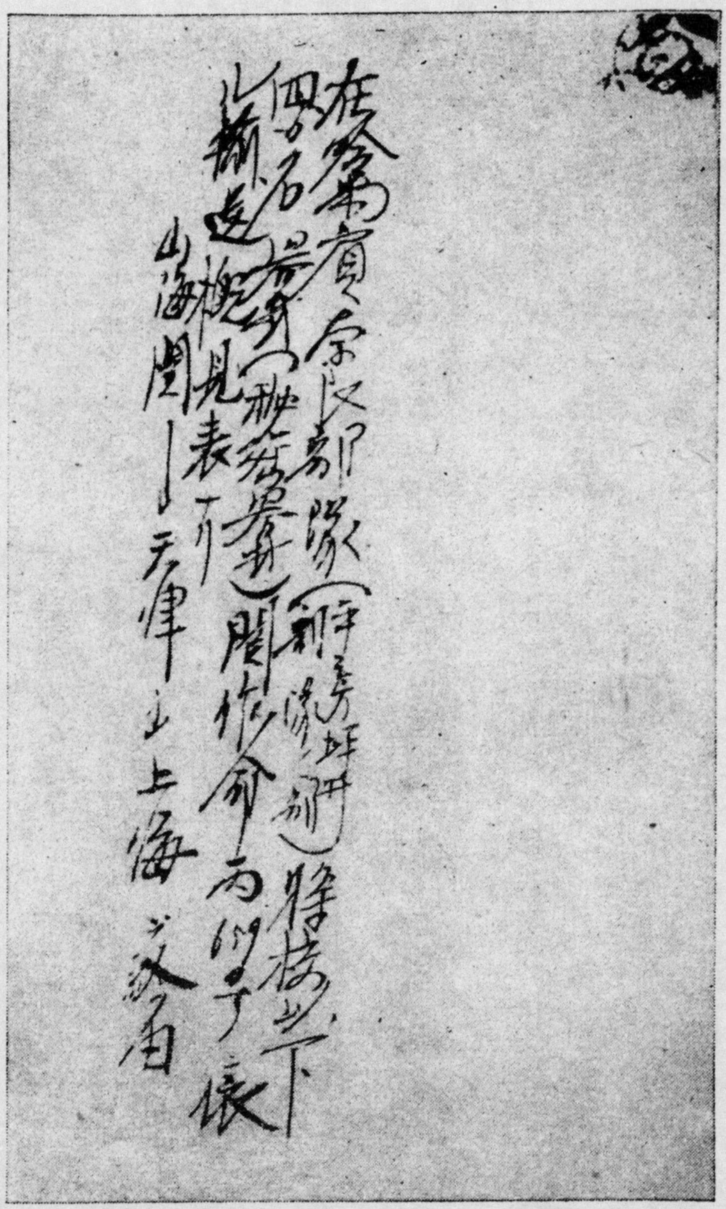

Note pasted on to Order No. 178 of the Field Railway Administration of the Kwantung Army

File No. 830, p. 245

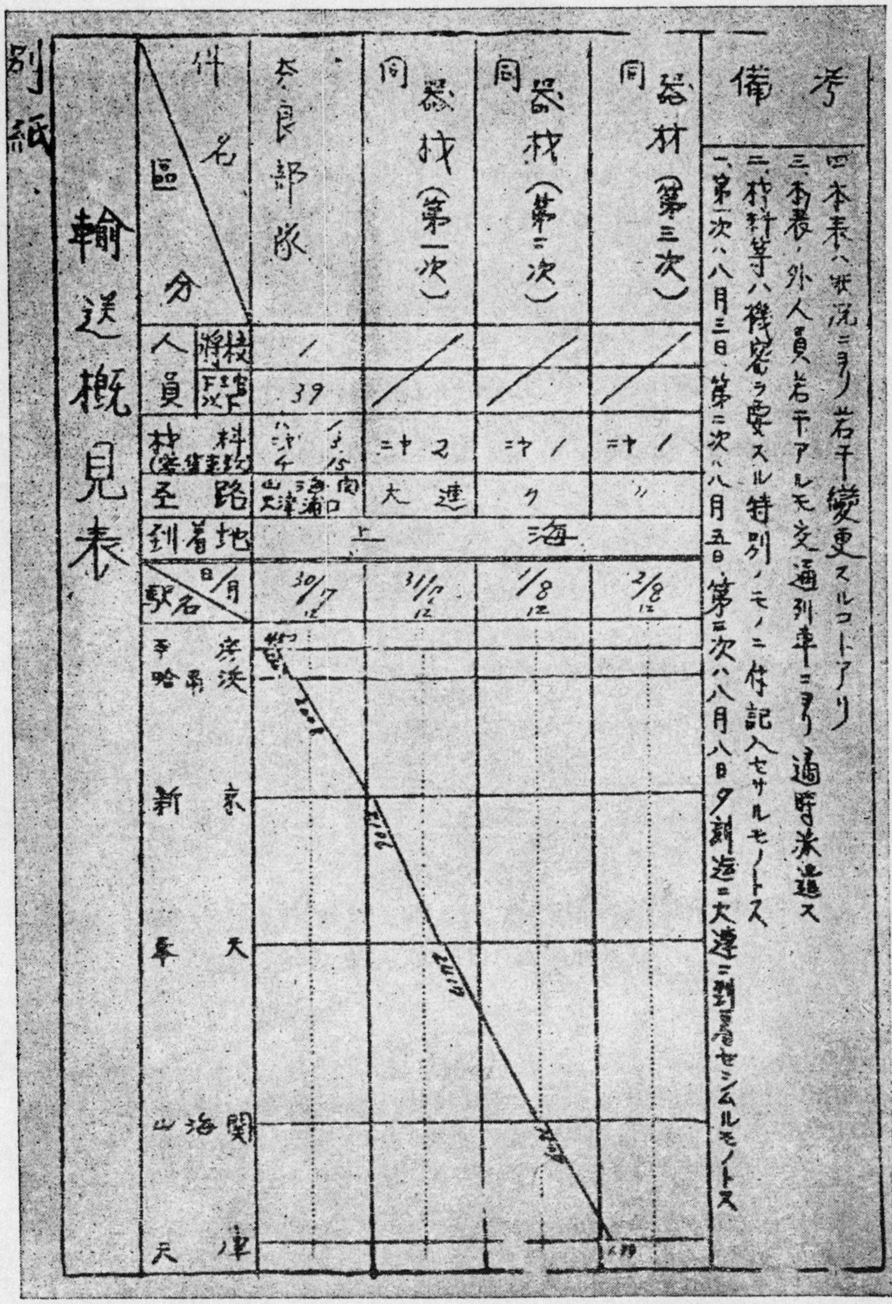

別紙

輸送概見表

件名 区分	奈良部隊	同 器材（第一次）	同 器材（第二次）	同 器材（第三次）
人員 将校	1	/	/	/
人員 下士官兵	39	/	/	/
材料	[illegible] 3/15	二十 2	二十 1	二十 1
至路	山海関 天津 浦口 南[illegible]	大連	〃	〃
到着地	上海			
駅名 日/月	30/7 12	31/7 12	1/8 12	2/8 12

駅名：平房、哈爾濱、新京、奉天、山海関、天津

備考

一、第一次ハ八月三日、第二次ハ八月五日、第三次ハ八月八日夕刻海ニ大連ニ到着セシムルモノトス

二、材料等ハ機密ヲ要スル特別ノモノニ付記入セサルモノトス

三、本表ノ外人員若干アルモ交通列車ニヨリ適時派遣ス

四、本表ハ状況ニヨリ若干變更スルコトアリ

Waybill of despatch of group from the Ishii Detachment (inclosed with Order No. 178 of the Field Railway Administration of the Kwantung Army)

File No. 830, p. 240

14—520

File No. 830. Pages 245, 246. Operations orders, 1940. From the files of the Kwantung Gendarmerie Headquarters.

Page 245

FIELD RAILWAY ADMINISTRATION OF THE KWANTUNG ARMY, ORDER FOR THE REAR, No. 178

Translated from Japanese

Strictly Confidential

Seal:

(Operations Order of the Kwantung Army, No. 659-HEI)
Sato*

Received July 1940
Read: Chief of the Kwantung Gendarmerie (no seal). Chief of the General Division (no seal). Chief of Division (no seal). Responsible executive *Honda* (private seal). Executive officer (no seal). Chief of the Police Service Division (no seal). Officers concerned with the matter (no seal).

ORDER OF THE FIELD RAILWAY ADMINISTRATION OF THE KWANTUNG ARMY

Hsinching, July 26, 11.00

The chiefs of the Harbin, Mukden and Chinchow departments to draw up a plan and despatch the military unit Nara in conformity with the inclosed waybill. The departments mentioned to be responsible for supplies along the route.

Chief of the Field Railway of the Kwantung Army,
Lieutenant General *Kusaba*

Mode of delivery: copy and send out.
Report to Command of the Kwantung Army.

---

* Seal of the person who despatched the document.—*Trans.*

Inform:

The High Command, Command of Northern Army, military unit Nara, lst, 2nd and 3rd special security detachments, the Ryodai Army* of Defence, Kwantung Gendarmerie Headquarters, 2nd Field Railway, Naval Transport Administration, Dairen branch of Naval Transport Administration and its agency in Mukden.

On the margin of this document is pasted a note in red ink, the translation of which is given below.—*Trans.*

Translation of Note

"Waybill drawn up in conformity with Operations Order of the Kwantung Army No. 659-Hei for the despatch of the military unit Nara now in Harbin (part of the military unit Tsuboi now in Pingfan), officers and lower ranks totalling 40, with equipment (secret weapons and materiel), to be despatched via Shanhaikwan, Tientsin, Shanghai."

* Abbreviation for Port Arthur-Dairen Army.—*Ed.*

Page 246

Inclosure

WAYBILL

Despatched		Nara unit	Nara unit's materiel (1st consignment)	Nara unit's materiel (2nd consignment)	Nara unit's materiel (3rd consignment)
Personnel	Officers	1	—	—	—
	Non-commissioned officers and men . . .	39	—	—	—
Freight (type and number of cars)		Ha-1 Niya-3 Ti-15	Niya-2	Niya-1	Niya-1
Route		Shanhai-kwan-Tientsin-Pukow	Dairen	Dairen	Dairen

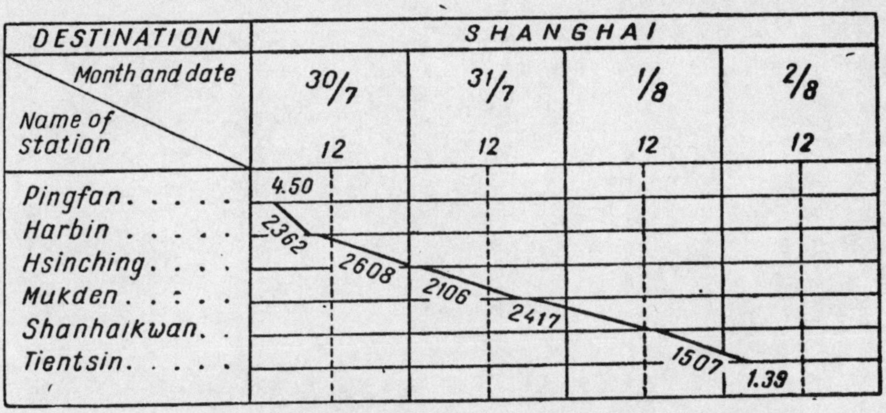

REMARKS:

1. The 1st consignment must arrive in Dairen by August 3, the 2nd by August 5 and the 3rd by the evening of August 8.
2. The freight consists of special material which calls for secrecy and for this reason is not named in the waybill.
3. In addition to the personnel enumerated in the waybill, a number of other men will travel, but they will go by railway another time.
4. Dependent on circumstances, necessary changes may be made in this waybill.

Translated by Senior Interpreter, Master of Historical Sciences

Signed: (*PODPALOVA*)

213

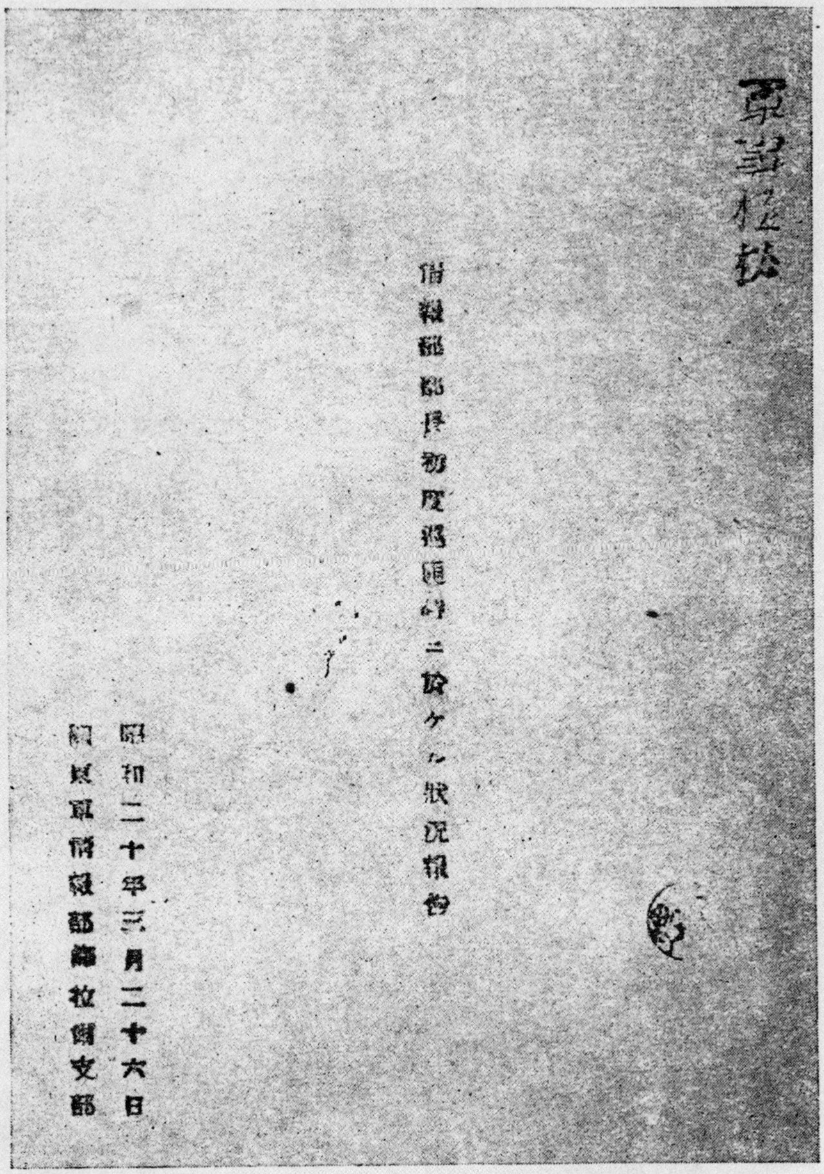

軍事極秘

情報部部長初度視察時ニ於ケル状況報告

昭和二十年三月二十六日

関東軍情報部海拉爾支部

Report of the activities of the Hailar J.M.M. Notice by the Chief of the Hailar J.M.M. on the expeditionary group of Detachment 100. Title page

File No. 19, p. 2

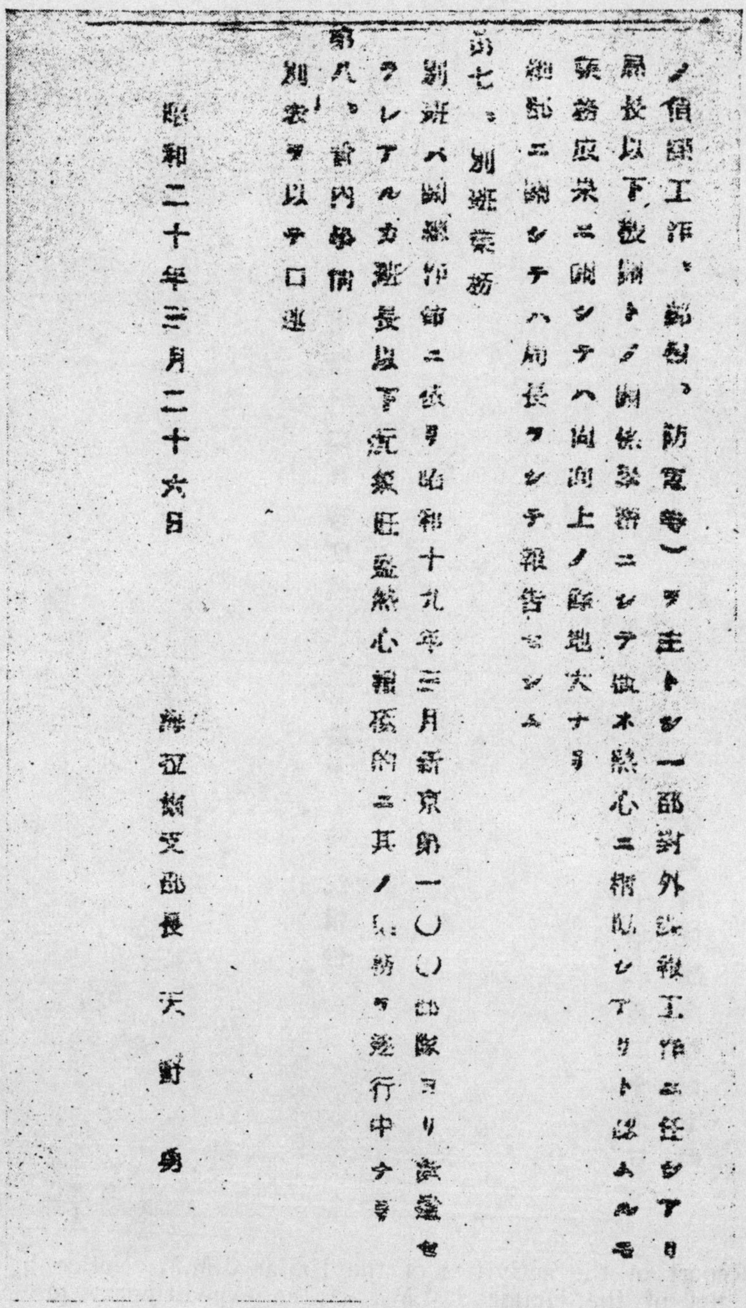
ノ偵諜工作（謀略、防諜等）ヲ主トシ一部對外諜報工作ニ任シアリ
局長以下被傭者トノ關係緊密ニシテ熱心ニ協力シアリト認ムルモ
業務區分ニ關シテハ尚向上ノ餘地大ナリ
細部ニ關シテハ局長ヲシテ報告セシム
第七、別班業務
別班ハ關東軍命令ニ依リ昭和十九年三月新京第一〇〇部隊ヨリ派遣セ
ラレアルカ班長以下志氣旺盛熱心積極的ニ其ノ業務ヲ遂行中ナリ
第八、管內警備
別表ヲ以テ口述
昭和二十年三月二十六日
海拉爾支部長　天野　勇

Point 7 of the report of the Chief of the Hailar J.M.M. (on Detachment 100)

File No. 19, p. 10

File No. 19. Pages 2, 10.
Reports on condition and work for 1945. From the files of the J.M.M., Manchouli Station.

Translated from Japanese
Military-confidential

Page 2

HAILAR BRANCH OF THE INTELLIGENCE DIVISION OF THE KWANTUNG ARMY (HAILAR J. M. M.—*Trans.*)

March 26, 1945
Amano*

REPORT ON WORK, COMPILED FOR FIRST INSPECTION TOUR OF THE CHIEF OF THE INTELLIGENCE DIVISION OF THE KWANTUNG ARMY

Points 1 to 6 inclusive, being extraneous, have been omitted.—*Trans.*

Page 10

7. On the work of the special group.

In conformity with the operations order of the High Command of the Kwantung Army, in March 1944, a special group was sent from the Hsinching Detachment 100, and at the present time, headed by the chief of the group, it is zealously and actively performing its duty.

(Point 8 is omitted.—*Trans.*)

March 26, 1945.

Chief of the Hailar Department *Amano Ishamu*

Translated by Senior Interpreter, Master of Historical Sciences
Signed: (*PODPALOVA*)

---

* Seal of the person who despatched the document.—*Ed.*

219

EXCERPT FROM THE VERBATIM RECORD OF THE SESSION OF THE INTERNATIONAL MILITARY TRIBUNAL FOR THE FAR EAST IN TOKYO

August 29, 1946

. . . **Mr. Sutton:** The Prosecution next tenders in evidence its document 1706, "Summary Report on the Investigations of Japanese War Crimes Committed in Nanking. Prepared by the Procurator of the District Court, Nanking."

The President: Admitted on the usual terms.

Clerk of the court: Prosecution document No. 1706 will be marked exhibit No. 327.

(Whereupon, Prosecution's exhibit No. 327 was received in evidence.)

Mr. Sutton: With the permission of the court I shall read only a portion of this document. . . .

. . . **Mr. Sutton** (reading):

"Particulars regarding other atrocities.

"The enemy's Tama Detachment carried off their civilian captives to the medical laboratory, where the reactions to poisonous serums were tested. This detachment was one of the most secret organizations. The number of persons slaughtered by this detachment cannot be ascertained. . . ."

. . . **The President:** Are you going to give us any further evidence of these alleged laboratory tests for reactions to poisonous serums?

That is something entirely new, we haven't heard about this before. Are you going to leave it at that?

Mr. Sutton: We do not at this time anticipate introducing additional evidence on that subject. . . . 25—I

Excerpt correct:

Manager of the Secretariat of the Soviet Section of the International Military Tribunal for the Far East
Colonel of Jurisprudence

Signed: (*N. VINOGRADOV*)

220

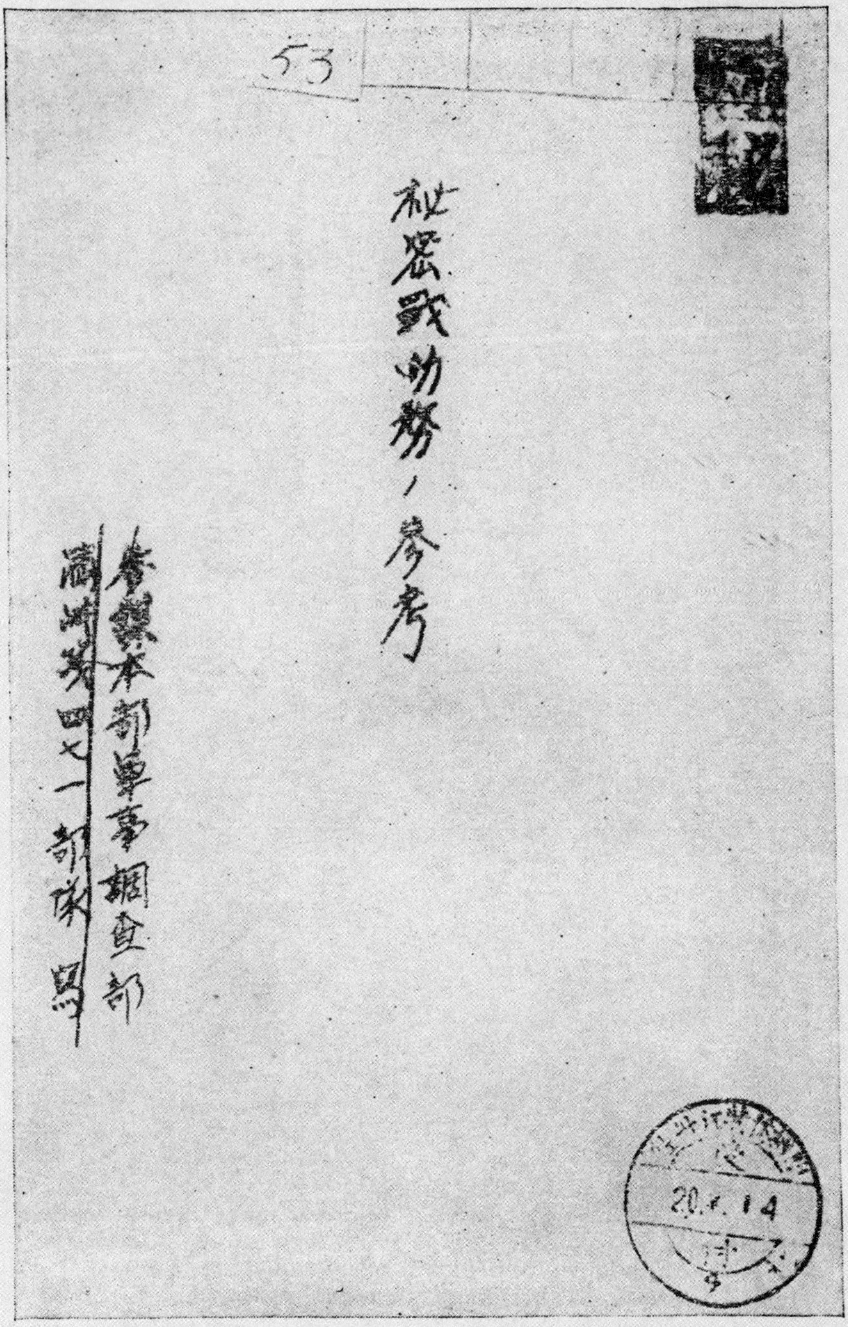

Secret War Service Guide. Title page

File No. 48, p. 90

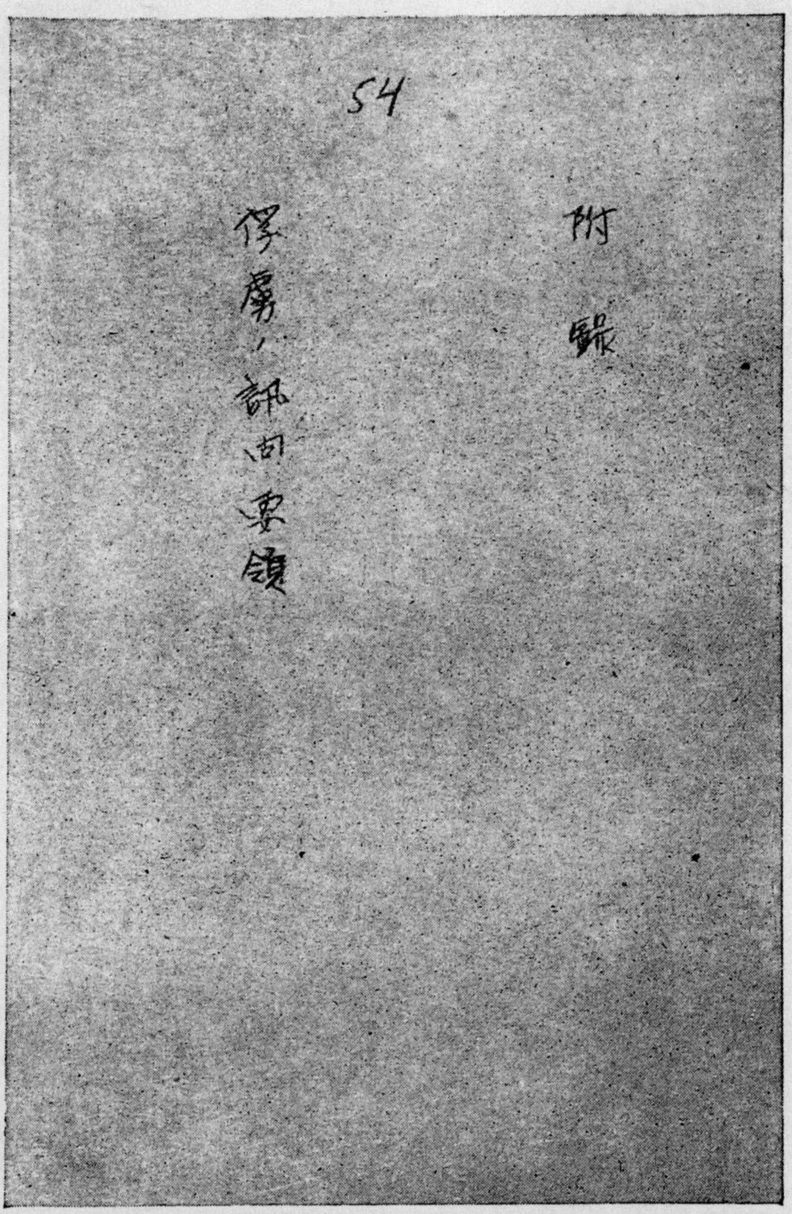

54

附録

俘虜ノ訊問要領

Fundamental Rules for Interrogating War Prisoners. Subheading

File No. 48, p. 112

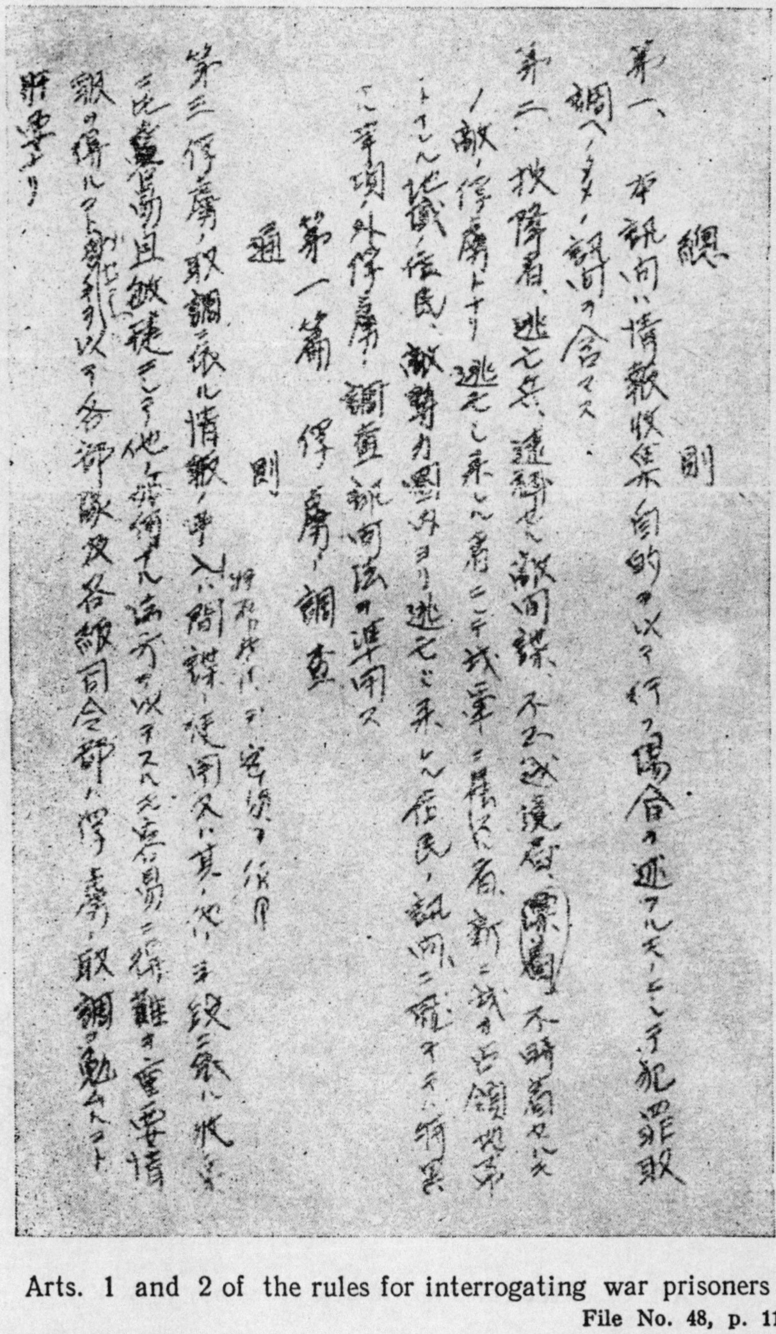

総　則

第一、本訊問ハ情報収集ノ目的ヲ以テ行フ場合ヲ述ブルモノニシテ犯罪取調ヘノタメノ訊問ヲ含マズ

第二、投降者、逃亡兵、逮捕セル敵間諜、不逞容疑者、[illegible]不時着セル[illegible]ノ敵ノ俘虜トナリ逃亡シ来レル者ニシテ我軍ニ[illegible]者、新ニ我ガ占領地帯トナレル地域ノ住民、敵勢力圏外ヨリ逃亡シ来レル住民ノ訊問ニ[illegible]ル事項ハ外俘虜ノ調査訊問法ヲ準用ス

第一篇　俘虜ノ調査

通　則

第三俘虜ノ取調ニ依ル情報ハ単ニ間諜ノ使用又ハ其ノ他ノ手段ニ依ル[illegible]ニ比シ直接且敏捷ニシテ他ノ方法ヲ以テスルモ[illegible]容易ニ得難キ重要情報ヲ得ルノ利アルヲ以テ各部隊及各級司令部ハ俘虜ノ取調ヲ勉ムルコト肝要ナリ

Arts. 1 and 2 of the rules for interrogating war prisoners

File No. 48, p. 113

15—520

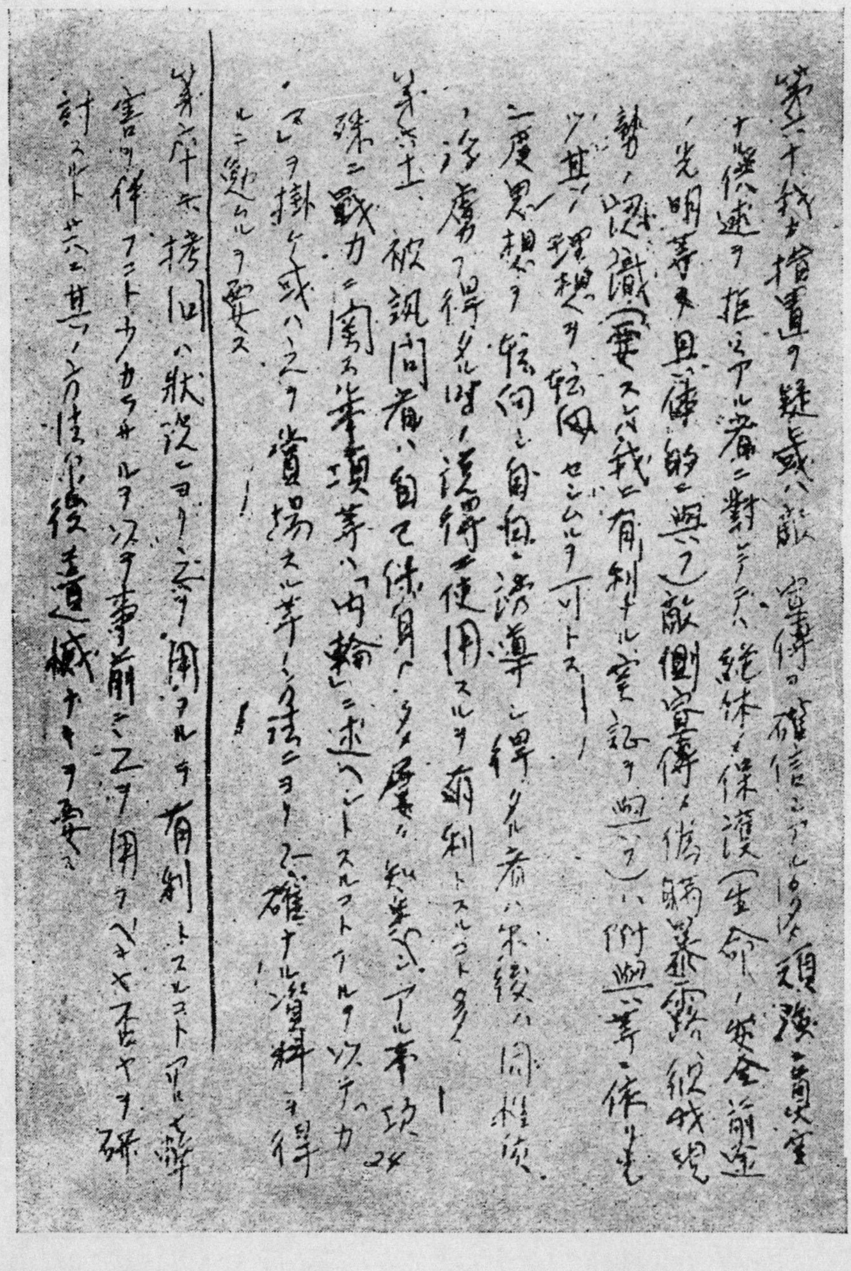

Art. 62 of the rules for interrogating war prisoners

File No. 48, p. 124

15*

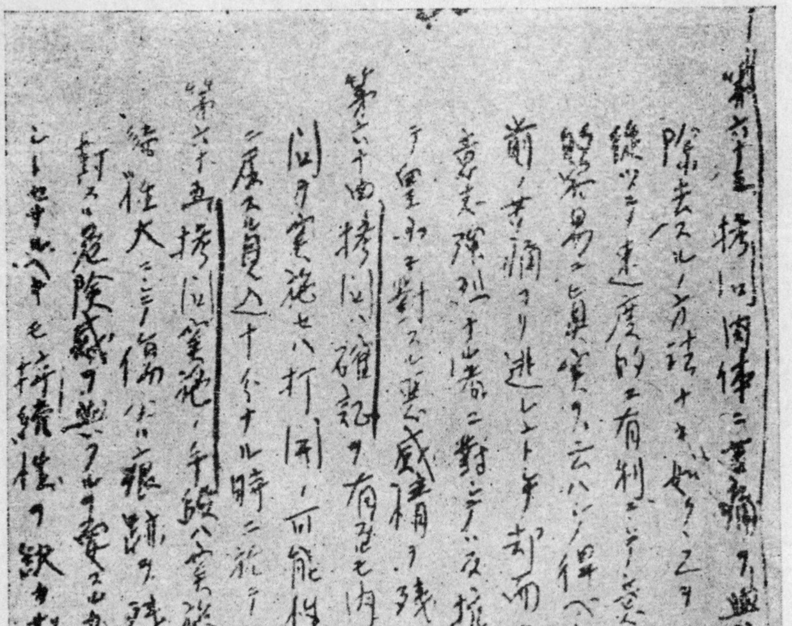

Arts. 63, 64 and 65 of the rules for interrogating war prisoners

File No. 48, p. 125

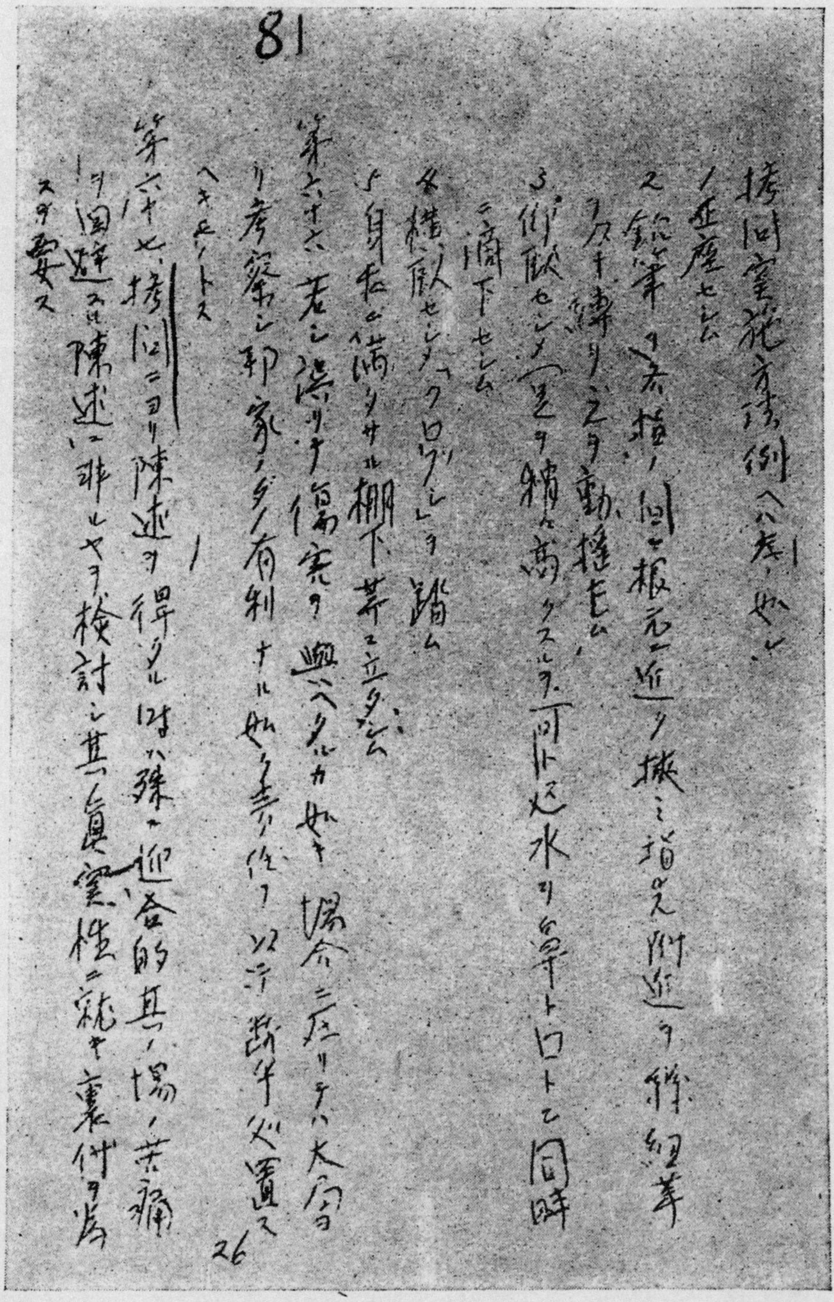

81

拷問実施方法例ハ左ノ如シ

1.正座セシム

2.鉛筆ヲ左指ノ間ノ根元ニ近ク挟ミ指尖附近ヲ紐ニテ縛リ之ヲ動揺セシム

3.仰臥セシメ足ヲ縛シ高クスルヲ可トス水ヲ鼻ト口トニ同時ニ滴下セシム

4.横臥セシメクロブシヲ踏ム

5.身長ニ満タサル棚下ニ立タシム

第六十六 若シ誤リテ傷害ヲ与ヘタルカ如キ場合ニ在リテハ大局ヨリ考察シ邦家ノ為ノ有利ナル如ク責任ヲ以テ断然処置スヘキモノトス

第六十七 拷問ニヨリ陳述ヲ得タル時ハ殊ニ迎合的其ノ場ノ苦痛ヲ回避スル陳述ニ非ルヤヲ検討シ其ノ真実性ニ就キ裏付ヲ為スヲ要ス

26

Examples of torture and Arts. 66 and 67 of the rules for interrogating war prisoners

File No. 48, p. 125, continuation

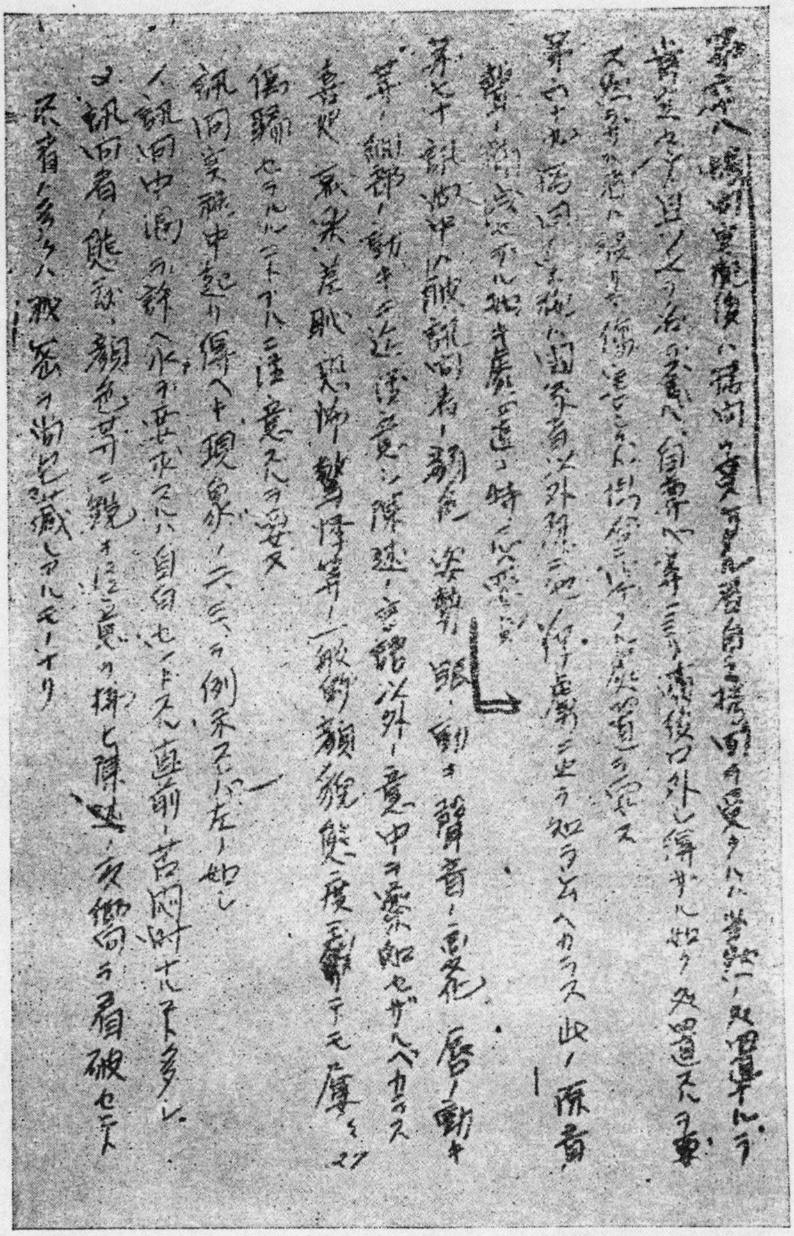

Arts. 68 and 69 of rules for interrogating war prisoners

File No. 48, p. 126

File No. 48. Pages 90, 112, 113, 124, 125, 126. "Operations Officer's Guide (Part I)." From the files of the Mutankiang J.M.M.

Translated from Japanese

Page 90 *Strictly Confidential*

MILITARY INVESTIGATION DIVISION
OF GENERAL HEADQUARTERS

Seal: "MUTANKIANG J.M.M.
Received June 14, 1945
Inc. No. 9."

Copied by Unit
No.471-MANSHU

SECRET WAR SERVICE GUIDE

Page 112

Inclosure

Fundamental Rules for Interrogating War Prisoners

Page 113

General Rules

1. The present rules relate to cases of interrogation with the view to obtaining information, but do not relate to the interrogation of criminals.

2. Persons who have surrendered, deserters, captured enemy spies, those who illegally cross the frontier, crews of aircraft compelled to make a forced landing or of vessels compelled to come to our shores, escaped war prisoners who had formerly served in our army, the inhabitants of districts we have newly occupied, and also civilian refugees from the sphere of enemy influence, except on special matters, are interrogated in conformity with the methods of investigating and interrogating war prisoners.

Page 124

62. Sometimes, depending on circumstances, it is advantageous to resort to torture, but often this may lead to harmful consequences, and therefore, before resorting to it, it is necessary carefully to consider whether this should be done

235

or not. Furthermore, torture must be applied in such a way as not to lead to bad consequences for us.

Page 125

63. Torture, the infliction of physical suffering, must be sustained and continued in such a way that there shall be no other way of relief from suffering except by giving truthful information.

Torture is advantageous because of the speed with which it is possible with relative ease to compel persons of weak will to give truthful testimony, but there is the danger that, in order to relieve himself from suffering, or in order to please the interrogator, the person interrogated will, on the contrary, distort the truth.

In the case of persons of strong will, torture may strengthen their will to resist and leave ill-feeling against the empire after the interrogation.

64. In relation to persons of weak will, torture is usually applied in those cases when the person interrogated does not speak the truth even in the face of evidence, but there is full reason to suppose that this person will speak frankly if torture is applied.

65. It is necessary to bear in mind that the methods of torture must be such as can be easily applied, as will sustain suffering without rousing feelings of pity, and as will not leave either wounds or scars. However, in those cases when it is necessary to create apprehension of death, the harm caused the person interrogated can be ignored, but this must be done in such a way as not to make it impossible to continue the interrogation.

The following examples of torture may be given:

1. Compelling the person to sit up straight and motionless.

2. Putting pencils between the fingers not far from their bases and tying the tops of the fingers with string and moving them.

3. Putting the person interrogated on his back (it is advisable to raise the feet a little) and dripping water into the nose and mouth simultaneously.

4. Putting the interrogated person on his side and stamp on his ankle.

5. Compelling the interrogated person to stand under a shelf that is too low to enable him to stand straight.

66. In a case when a wound is accidentally inflicted on the person interrogated, it is necessary, taking into account the general situation and the interests of our country, to take resolute measures, taking full responsibility for same.

67. On receiving testimony as a result of applying torture, it must be ascertained whether this testimony is the result of a desire to avoid further suffering and to please the interrogator; in such cases, some corroboration of the truth of the testimony is necessary.

Page 126

68. After the application of torture, it is necessary to convince the person who had undergone torture that the torture applied to him was quite a natural measure, or to take such measures as will induce him out of a sense of pride, sense of honour, etc., not to speak about it afterwards. In the case of persons from whom this cannot be expected, measures must be taken as in the case of those upon whom accidental wounds have been inflicted.

69. Nobody must know about the application of torture except the persons concerned with this. Under no circumstances must other prisoners know about it. It is very important to take measures to prevent shrieks from being heard.*

Translated by Senior Interpreter, Master of Historical Sciences
Signed: (*PODPALOVA*)

* The rest is omitted.—*Trans.*

Testimony of Accused and Witnesses at the Trial

RECORD OF COURT SESSION

December 25-30, 1949 *City of Khabarovsk*

Military Tribunal of the Primorye Military Area in open court session in the city of Khabarovsk, consisting of:

President: Major General of Jurisprudence Chertkov, D. D. Members: Colonel of Jurisprudence Ilnitsky, M. L., Lieutenant Colonel of Jurisprudence Vorobyov, I. G. Reserve judge: Lieutenant Colonel of Jurisprudence Shcherbakov, T. P. Secretaries: Senior Lieutenant Korkin, N. A., and Lieutenant Varavko, V. V. Participating: representative of the State Prosecution, State Counsellor of Jurisprudence Third Class Smirnov, L. N., and the defence in the persons of counsel: Belov, N. P., defending accused **Yamada**; Sannikov, S. E., defending accused **Kajitsuka**; Zveryev, A. V., defending accused **Takahashi**; Borovik, N. K., defending accused **Kawashima**; Bogachov, P. Y., defending accused **Sato**; Lukiantsev, V. P., defending accused **Karasawa** and

Onoue; B o l k h o v i t i n o v, D. E., defending accused **Nishi** and **Hirazakura**; P r o k o p e n k o, G. K., defending accused **Mitomo, Kikuchi** and **Kurushima**,

investigated the charges against **Yamada Otozoo, Kajitsuka Ryuji, Takahashi Takaatsu, Kawashima Kiyoshi, Nishi Toshihide, Karasawa Tomio, Onoue Masao, Sato Shunji, Hirazakura Zensaku, Mitomo Kazuo, Kikuchi Norimitsu** and **Kurushima Yuji.**

At 12 hours on December 25, the President declared the Court session open.

The President announced that the charges will be investigated in the case of **Yamada Otozoo, Kajitsuka Ryuji, Takahashi Takaatsu, Kawashima Kiyoshi, Nishi Toshihide, Karasawa Tomio, Onoue Masao, Sato Shunji, Hirazakura Zensaku, Mitomo Kazuo, Kikuchi Norimitsu** and **Kurushima Yuji**, accused of crimes punishable under Art. 1 of the Decree of the Presidium of the Supreme Soviet of the U.S.S.R. of April 19, 1943.

The Secretary reported that all the accused, who had been in custody until the trial, have been brought under escort and were now in court.

The President explains to interpreters P e r m y a k o v, K i m, T s v i r o v, B a i k o v and O g o r o d n i k o v, who had been summoned to court, their duties in the Court proceedings; he then warned the interpreters of their liability to prosecution for deliberately false interpretation under Art. 95 of the Criminal Code of the R.S.F.S.R. and took their signatures in receipt thereof.

The President assures himself of the presence of the accused who, to the questions put to them, answered:

Yamada: Yamada Otozoo, born in 1881 in the city of Tokyo, General, in 1902 graduated from an officers' school, in 1912 graduated from the Military Academy, served in the Japanese Army from 1903, last post—Commander-in-Chief of the Japanese Kwantung Army. Was taken prisoner by the Soviet troops in 1945.

I have received the indictment.

Kajitsuka: Kajitsuka Ryuji, born in 1888 in the town of Tajiri, in 1914 graduated from the Tokyo Medical Institute, physician, Lieutenant General of the Medical Service, served in the Japanese Army from 1914, last post—Chief of the Medical Administration of the Japanese Kwantung Army. Was taken prisoner by the Soviet troops in September 1945.

I have received the indictment.

Takahashi: Takahashi Takaatsu, born in 1888 in the Prefecture of Akita, Yuri County, the town of Honze, in 1928 graduated from the Agricultural Department of the Imperial University, physician, Lieutenant General of the Veterinary Service, served in the Japanese Army from 1915, last post—Chief of the Veterinary Service of the Japanese Kwantung Army. Was taken prisoner by the Soviet troops on September 1, 1945.

I have received the indictment.

Kawashima: Kawashima Kiyoshi, born in 1893 in the Prefecture of Chiba, Sanimu County, the village of Hasunuma, graduate of a medical institute, physician, Major General of the Medical Service, served in the Japanese Army from 1916, last post—Chief of the Medical Service of the First Front Headquarters of the Japanese Kwantung Army. Was taken prisoner by the Soviet troops on August 20, 1945.

I have received the indictment.

Nishi: Nishi Toshihide, born in 1904 in the Prefecture of Kagoshima, Satsuma County, the village of Hiwaki, graduate of the Tokyo Medical Institute, physician, Lieutenant Colonel of the Medical Service, served in the Japanese Army from 1927, last post—Chief of the Training Division of the Prophylaxis and Water Supply Administration of the Japanese Kwantung Army, simultaneously Chief of the Sunyu Branch of this division. Was taken prisoner by the Soviet troops in September 1945.

I have been handed the indictment.

Karasawa: Karasawa Tomio, born in 1911 in the Prefecture of Nagano, Chisagata County, the village of Toyosata, graduate of the Tokyo Medical Institute, physician, Major of the Medical Service, served in the Japanese Army from 1933, last post—officer in the Medical Division of the 2nd Army of the Japanese Kwantung Army. Was taken prisoner by the Soviet troops on September 1, 1945.

I have received the indictment.

Onoue: Onoue Masao, born in 1910 in the Prefecture of Kagoshima, Izumi County, the town of Komenotsu, graduate of the Tokyo Medical Institute, physician, Major of the Medical Service, served in the Japanese Army from 1932, last post—Chief of Branch 643 of Detachment 731 of the Japanese Kwantung Army. Was taken prisoner by the Soviet troops on August 17, 1945.

I have received the indictment.

Sato: Sato Shunji, born in 1896 in the Prefecture of Aichi, the town of Toyohashi, graduated from a medical institute in 1923, physician, Major General of the Medical Service, served in the Japanese Army from 1923, last post—Chief of the Medical Division of the 5th Army of the Japanese Kwantung Army. Was taken prisoner by the Soviet troops in August 1945.

I have received the indictment.

Hirazakura: Hirazakura Zensaku, born in 1916 in the Prefecture of Ishikawa, the town of Kanazawa, graduate of the Veterinary Department of the Tokyo Medical Institute, veterinary surgeon, Lieutenant of the Veterinary Service, served in the Japanese Army from 1939, last post—officer of Detachment 100 of the Japanese Kwantung Army. Was taken prisoner by the Soviet troops in September 1945.

I have received the indictment.

Mitomo: Mitomo Kazuo, born in 1924 in the Prefecture of Saitama, Chichibu County, the village of Haraya, graduate of agricultural school, have no profession, Senior Sergeant, served in the Japanese Army from August 1941, last post—member of Detachment 100 of the Japanese Kwantung Army. Was taken prisoner by the Soviet troops on August 15, 1945.

I have received the indictment.

Kikuchi: Kikuchi Norimitsu, born in 1922 in the Prefecture of Ehime, education—finished ninth grade, graduate of agricultural school, served in Japanese Army from 1943, Corporal, last post—medical orderly in Branch 643 of Detachment 731 of the Japanese Kwantung Army. Was taken prisoner by the Soviet troops in August 1945.

I have received the indictment.

Kurushima: Kurushima Yuji, born in 1923 in the Prefecture of Kagawa, Shoozu County, the village of Noo, education—finished eighth grade, have no special education, last post in Japanese Army—medical orderly in Branch 162 of Detachment 731 of the Japanese Kwantung Army. Was taken prisoner by the Soviet troops on August 23, 1945.

I have received the indictment.

The President announces the composition of the Court, after which he asks the parties whether they have any objection to make to the composition of the Court or to the Court secretaries, to which the representative of the State Prosecution, counsel for defence and the accused answer that they have no objection to the composition of the Court or to the Court secretaries.

The President asks counsel and accused whether they have any objection to make against the State Prosecutor, to which counsel and accused answer that they have no objection to the State Prosecutor.

The President asks the parties whether they have any objection to make against the interpreters, to which the State Prosecutor, counsel and accused answer that they have no objection to the interpreters.

The secretary announces that the following witnesses had been summoned to the court and had appeared: Tamura Tadashi, Ozeki Shigeo, Sasaki Kosuke, Segoshi Kenichi, Kurakazu Satoru, Tachibana Takeo, Furuichi Yoshio, Kanazawa Kazuhisa, Hotta Ryoichiro, Mineoi Kioyashi, Saito Masateru, Fukuzumi Mitsuyoshi, Kuwabara Akira, Sakurashita Kiyoshi, Hataki Akira, Mishina Takayuki.

The President assures himself of the presence of the witnesses, who, to the questions put to them, answered:

Tamura: Tamura Tadashi, born in 1905, Colonel, Chief of the Personnel Division of the Kwantung Army Headquarters.

Ozeki: Ozeki Shigeo, born in 1921, civilian employee of Detachment 731 of the Japanese Kwantung Army.

Sasaki: Sasaki Kosuke, born in 1921, Senior Corporal, in the Japanese Army served as a private.

Segoshi: Segoshi Kenichi, born in 1920, Lieutenant, pharmaceutist.

Kurakazu: Kurakazu Satoru, born in 1915, Sergeant Major, member of the Harbin Gendarmerie.

Tachibana: Tachibana Takeo, born in 1896, Colonel of the Gendarmerie, adviser on gendarme affairs to the government of Manchukuo.

Furuichi: Furuichi Yoshio, born in 1924, student at the Sunyu Branch of Detachment 731.

Kanazawa: Kanazawa Kazuhisa, born in 1917, Captain of the Medical Service, Chief of the 1st Division of Branch 673 of Detachment 731.

Hotta: Hotta Ryoichiro, born in 1920, Sub-Lieutenant of the Quartermaster Service, member of the Hailar Branch of Detachment 731.

Mineoi: Mineoi Kioyashi, born in 1922, civilian employee of Branch 643 of Detachment 731.

Saito: Saito Masateru, born in 1917, civilian employee of Branch 643 of Detachment 731.

Fukuzumi: Fukuzumi Mitsuyoshi, born in 1924, Sub-Lieutenant of the Veterinary Service, physician in Detachment 100.

Kuwabara: Kuwabara Akira, born in 1927, civilian employee of Detachment 160.

Sakurashita: Sakurashita Kiyoshi, born in 1921, civilian employee of Detachment 100.

Hataki: Hataki Akira, born in 1924, civilian employee of Detachment 100, later joined the army, served as infantry private.

Mishina: Mishina Takayuki, born in 1903, Colonel, Chief of Staff of the 39th Division.

The President explains to the witnesses their duties in the Court proceedings and then warns them of their liability to prosecution under Arts. 92 and 95 of the Criminal Code of the R.S.F.S.R. for refusing to give testimony or for deliberately giving false testimony, takes their signatures in receipt thereof and instructs the commandant of the Court to remove the witnesses from the Court.

The President announces that the Court had summoned the medicolegal experts: Member of the Academy of Medical Sciences of the U.S.S.R. Zhukov-Verezhnikov, N. N.; Colonel of the Medical Service Krasnov, V. D.; Director of the Department of Microbiology of the Khabarovsk Medical Institute, Prof. Kosaryev, N. N.; docent in the same department, Livkina, E. G.; Lieutenant Colonel of the Veterinary Service Alexandrov, N. A., and parasitologist Kozlovskaya, O. L.

The President asks the parties whether they have any objection to make against the experts, to which the State Prosecutor, counsel and accused answer that they have no objection to the experts.

The President explains to the experts their duties in the Court proceedings, warns them of their liability to prosecution under Art. 95 of the Criminal Code of the R.S.F.S.R. for deliberately submitting false findings and takes their signatures in receipt thereof.

The President asks the parties whether they wish to call additional witnesses and experts, or to call for other proofs and documents.

The State Prosecutor and counsel stated that they had no such request at the present moment, but requested that their right be reserved to make such application in the course of the Court proceedings.

The accused stated that they had no such applications.

The President explains to the accused that they have a right during the Court proceedings to put questions to witnesses, experts and to each other, and to make explanatory statements on the substance of the case.

At 13 hours an adjournment for 15 minutes was announced.

At 13.15 the Court proceedings were resumed.

The Court proceeds to investigate the case.

The President reads the indictment and the decision of the preparatory session of the Military Tribunal. At the same time the indictment is transmitted in Japanese.

At 14.50 an adjournment for 15 minutes is announced.

At 15.05 the Court proceedings are resumed.

President of the Court: Accused Yamada, do you understand the charge brought against you?

Accused Yamada: I do.

Question: Do you plead guilty to the charge brought against you?

Answer: I do.

President of the Court: Accused Kajitsuka, do you understand the charge brought against you?

Accused Kajitsuka: I do.

Question: Do you plead guilty to the charge brought against you?

Answer: I do.

President of the Court: Accused Kawashima, do you understand the charge brought against you?

Accused Kawashima: I do.

Question: Do you plead guilty to the charge brought against you?

Answer: I do.

President of the Court: Accused Nishi, do you understand the charge brought against you?

Accused Nishi: I do.

Question: Do you plead guilty to the charge brought against you?

Answer: I do.

President of the Court: Accused Karasawa, do you understand the charge brought against you?

Accused Karasawa: I do.

Question: Do you plead guilty to the charge brought against you?

Answer: I do.

President of the Court: Accused Onoue, do you understand the charge brought against you?

Accused Onoue: I do.

Question: Do you plead guilty to the charge brought against you?

Answer: I do.

President of the Court: Accused Sato, do you understand the charge brought against you?

Accused Sato: I do.

Question: Do you plead guilty to the charge brought against you?

Answer: I do.

President of the Court: Accused Takahashi, do you understand the charge brought against you?

Accused Takahashi: I do.

Question: Do you plead guilty to the charge brought against you?

Answer: I do.

President of the Court: Accused Hirazakura, do you understand the charge brought against you?

Accused Hirazakura: I do.

Question: Do you plead guilty to the charge brought against you?

Answer: I do.

President of the Court: Accused Mitomo, do you understand the charge brought against you?

Accused Mitomo: I do.

Question: Do you plead guilty to the charge brought against you?

Answer: I do.

President of the Court: Accused Kikuchi, do you understand the charge brought against you?

Accused Kikuchi: I do.

Question: Do you plead guilty to the charge brought against you?

Answer: I do.

President of the Court: Accused Kurushima, do you understand the charge brought against you?

Accused Kurushima: I do.

Question: Do you plead guilty to the charge brought against you?

Answer: I do.

President of the Court: The Court will hear the statements of the parties on the order in which the investigation of the case should proceed during the Court investigation.

State Prosecutor, what is your opinion on this matter?

State Prosecutor: In conformity with Art. 281 of the Code of Criminal Procedure of the R.S.F.S.R., I propose the following order of Court investigation: commence with the examination of accused in the following order: Kawashima Kiyoshi, Karasawa Tomio, Yamada Otozoo, Nishi Toshihide, Kajitsuka Ryuji, Sato Shunji, Hirazakura Zensaku, Mitomo Kazuo, Takahashi Takaatsu, Onoue Masao, Kikuchi Norimitsu, Kurushima Yuji.

The further Court investigation be conducted in the following order: examine the witnesses Tamura and Furuichi, after which put the questions to the experts and then examine the witnesses: Tachibana, Kurakazu, Hotta, Segoshi, Sasaki, Ozeki, Kanazawa, Mineoi, Saito, Kuwabara, Sakurashita, Fukuzumi, Hataki, Mishina.

After this hear the findings of the experts and examine them.

President of the Court: Defence, what is your opinion about the order of conducting the Court investigation?

Counsel Belov: The defence has no objection to the order of conducting the Court investigation proposed by the Prosecutor and considers it acceptable.

The order of conducting the Court investigation proposed by the Prosecutor is translated into Japanese.

The accused have no objection to the proposed order of conducting the Court investigation.

After conferring, the Military Tribunal ruled: to commence the Court investigation with the examination of the accused in the following order: Kawashima Kiyoshi, Karasawa Tomio, Yamada Otozoo, Nishi Toshihide, Kajitsuka Ryuji, Sato Shunji, Hirazakura Zensaku, Mitomo Kazuo, Takahashi Takaatsu, Onoue Masao, Kikuchi Norimitsu, Kurushima Yuji.

After the examination of accused, to examine the witnesses: Tamura and Furuichi.

Then to put to the experts for settlement the questions of the Court, the State Prosecutor, the defence and the accused, after which to examine the witnesses: Tachibana, Kurakazu, Hotta, Segoshi, Sasaki, Ozeki, Kanazawa, Mineoi, Saito, Kuwabara, Sakurashita, Fukuzumi, Hataki, Mishina.

After that to hear the findings of the experts and examine them in the established order.

The Court's ruling is translated into Japanese.

At 16 hours the President announced an adjournment until 19 hours.

EVENING SITTING, DECEMBER 25

EXAMINATION OF ACCUSED KAWASHIMA

State Prosecutor: At what period did you serve in Detachment 731?

Accused Kawashima: I served in Detachment 731 from April 1939 to March 1943.

Question: In what capacity?

Answer: By order of the Japanese Minister for War I served in Detachment 731 as Chief of the General Division, and at the same time I served as Chief of Detachment 731's 4th Division.

In June 1941 I ceased performing the functions of Chief of the General Division and worked as Chief of the 4th, or what was known as the production, Division of Detachment 731.

Throughout this period, by order of the Chief of Detachment 731, I periodically acted as Chief of the 1st Division, and also of the 3rd Division.

Question: Consequently, you practically served in all the basic divisions of the detachment. You were Chief of the General Division, then of the 1st, or experimental, Division, then of the 3rd Division, and, lastly, you were for quite a long time Chief of the 4th Division. Is that so?

Answer: Yes, that is correct.

Question: Hence you are well familiar with the structure and work of Detachment 731. Is that correct?

Answer: Yes, one may say that that is so.

Question: When and on whose orders was Detachment 731 formed?

Answer: Detachment 731 was formed in 1936 by order of the Emperor of Japan.

Question: Was this a secret order of the Emperor of Japan?

Answer: Yes, it was.

Question: Tell the Court when the service and production premises of the detachment at Pingfan Station were built.

Answer: I don't recall exactly, but I think that in 1936, when the order was issued to form Detachment 731, instructions were also given as to the size of the personnel and the erection of the detachment's buildings.

Question: Which divisions of the detachment were located in Harbin and which at Pingfan Station?

Answer: The 3rd, that is, the prophylaxis and water supply, Division, as well as the hospital, were located in Harbin; all the other divisions, including the lst Division, the 2nd Division and the 4th Division of the detachment, were located at Pingfan Station.

Question: What sum was allocated for the maintenance of the detachment?

Answer: I cannot recall the exact figure, but I know that in 1940 the sum of 10,000,000 yen was allocated for Detachment 731.

Question: Of these 10,000,000 yen, what sum was assigned for the detachment's experimental work?

Answer: I don't recall that exactly either, but I think that about 5,000,000 yen were spent on experimental work.

Question: What was the size of the detachment's personnel?

Answer: As far as I recollect, the emperor's order fixed the personnel of the detachment, together with that of its branches, at about 3,000 men.

Question: Will you tell the Court what work Detachment 731 engaged in, what was its real function?

Answer: Detachment 731 principally engaged in research work in preparation for bacteriological warfare.

Question: On what facts, on what specific features of the work of Detachment 731, do you base this conclusion?

Answer: I base this conclusion on the character of the personnel of the detachment, its equipment and its practical activity.

Question: Was the detachment's work secret?

Answer: Yes, it was secret.

Question: How was Detachment 731 guarded?

Answer: By order of the Commander-in-Chief, Detachment 731's site at Pingfan Station was proclaimed a special zone of the Kwantung Army. No one was allowed to reside in or near the territory of the detachment, and no unauthorized person was allowed to enter it. This was permitted only to the detachment's personnel, and other persons were allowed to enter the zone only with the permission of the Commander-in-Chief of the Kwantung Army; aircraft were forbidden to fly over the detachment's territory.

Question: Will you describe to the Court the structure of Detachment 731? Please do so in detail.

Answer: Detachment 731 consisted of its headquarters and its branches. I shall first speak of the detachment's headquarters. The headquarters were divided into eight divisions, viz.: 1st Division, 2nd Division, 3rd Division, 4th Division, Materials Division, Training and Education Division, Clinical Division, and General Division.

Question: What did the 1st Division do?

Answer: It was the function of the 1st Division to conduct basic research work in preparation for bacteriological warfare.

Question: Which division conducted experiments on human beings under so-called laboratory conditions?

Answer: Experiments on human beings under laboratory conditions were performed by the 1st Division. The 1st Division also had charge of the detachment's prison where the experimentees were kept.

Question: Where was Detachment 731's prison located?

Answer: The prison was located in the quadrangle of the main block.

Question: Consequently, the prison was concealed from outside view inside a closed quadrangle formed by the detachment's buildings. Is that so?

Answer: Yes.

Question: Was the prison housed in one block or in several?

Answer: In two blocks.

Question: What was the work of the 2nd Division?

Answer: The 2nd Division conducted field experiments with the lethal bacteria prepared by the 1st Division.

Question: Which division designed the models of the bacteriological weapons—the microbe-charged bombs, the plague-flea sprayers in the shape of fountain pens or walking sticks, and the other types of bacteriological weapons?

Answer: The 2nd Division.

Question: What special sections were subordinated to the 2nd Division?

Answer: Besides the functions I have just mentioned, that is, experimentation under field conditions, the 2nd

Division had a section which bred fleas for infection with the germs of plague.

Question: Who was in charge of the 2nd Division?

Answer: At the time I was appointed, Colonel Oota had charge of this division.

Question: Did engineer Tanaka take part in the division's flea-breeding work?

Answer: He did.

Question: Which division of the detachment had charge of the proving ground near Anta Station?

Answer: When I was working in the detachment, the proving ground was not under the direct charge of any particular division, but it may be said that it was attached to the 2nd Division. At all events, experiments on the proving ground were conducted most frequently by the detachment's 2nd Division, by its personnel.

Question: On whom were the bacteriological experiments at the proving ground near Anta Station conducted?

Answer: The experiments at the proving ground were as a rule performed on human beings.

Question: Did the detachment have its air unit?

Answer: It did.

Question: What types of planes did the air unit possess?

Answer: As far as I recollect, the detachment had two heavy bombers, one, or perhaps, two—I don't quite remember—light bombers, two old-type bombers, and several other planes of antiquated design, as well as transport planes.

Question: Which division had charge of the air unit and the detachment's airfield?

Answer: The 2nd Division.

Question: Which division made the porcelain cases for the bacteria bombs?

Answer: The 3rd Division.

Question: What did the 4th Division do?

Answer: The chief function of the 4th Division was to breed and cultivate microbes and, in addition, to prepare vaccines and immunity serums.

Question: You confirm that the chief function of the 4th Division was to cultivate lethal germs on a mass scale for purposes of bacteriological warfare?

Answer: That is true.

Question: Where were Detachment 731's branches located?

Answer: These branches were located in the immediate vicinity of the Soviet-Manchurian border. I shall enumerate them from east to west: first of all, Linkow, then Hailin Station, then the towns of Sunyu and Hailar.

Question: Why were all the detachment's branches stationed near the border of the U.S.S.R.?

Answer: These branches were to serve as support bases in the event of bacteriological warfare against the Soviet Union, and that is why they were stationed in the immediate vicinity of the Soviet border.

Question: What direction did the activities of the detachment take after Germany began war on the Soviet Union?

Answer: In the summer of 1941 the Chief of the detachment, Ishii, called a conference of all the chiefs of divisions and informed us that an instruction had been received from the Chief of Staff of the Japanese Army, the substance of which was as follows: Detachment 731 had done good work in preparation for bacteriological warfare, and, in particular, in the breeding of plague fleas on a mass scale. Plague fleas were of great operational and strategical interest, and it was therefore instructed that research work in this field should be intensified. The Chief of the detachment pointed out that one of the detachment's weakest points was its inadequate facilities for breeding fleas on a mass scale, and that all attention must be focussed on the mass production of fleas.

Question: Ishii said that these were the direct instructions of the General Staff?

Answer: Yes, that is so.

Question: Let us now pass to special questions. How long were you Chief of the 4th Division?

Answer: Two years.

Question: You are therefore well acquainted with the special equipment and production capacity of the 4th Division?

Answer: I am.

Question: What quantity of germs of each of the principal infectious diseases could Detachment 731's 4th Division produce in one month?

Answer: That is a rather difficult question, but I would say that if its production facilities and all its equipment were operated at maximum capacity, the 4th Division could produce in one month: 300 kilograms of plague germs, or 800 to 900 kilograms of typhoid germs, or 500 to 700 kilograms of anthrax germs, or one ton of cholera germs.

Question: Will you describe the equipment of the 4th Division?

Answer: The 4th Division had two production units, both of equal capacity.

Question: What was the capacity of the first unit's boilers, in which the culture medium was prepared?

Answer: It had eight boilers, each of one-ton capacity.

Question: That means that one of the 4th Division's units could produce eight tons of culture medium at one operation?

Answer: That is so.

Question: And what was the aggregate capacity of the boilers of the second unit?

Answer: The same.

Question: How many culture chambers were there in the first unit, and how many in the second?

Answer: Five in the first, four in the second.

Question: Who designed the cultivators for the breeding of germs?

Answer: The cultivator was invented by General Ishii.

Question: How many Ishii cultivators did the 4th Division have in all?

Answer: I don't remember exactly, but quite enough for the mass production of germs.

Question: When you spoke of the potential output of lethal germs, on what did you base your figures?

Answer: The capacity of the boilers and other equipment, and the number of cultivators.

Question: How much time was required for the breeding of bacteria of each type: typhoid, cholera, anthrax, plague.

Answer: Plague and anthrax germs required 48 hours, cholera, typhoid and other germs required 24 hours.

Question: What was the yield of anthrax germs per cultivator?

Answer: From 50 to 60 grams.

Question: And the yield of typhoid germs per cultivator?

Answer: From 40 to 45 grams.

Question: Plague?

Answer: Thirty grams.

Question: Cholera?

Answer: About 50 grams.

Question: How were the germs produced by the 4th Division preserved?

Answer: If for a short period, they were preserved in refrigerators.

Question: When you despatched germs for the bacteriological attacks on the Chinese population, how were the germs packed?

Answer: The germs were put into special bottles, each of which could hold 50 grams. The bottles were put into metal containers, which were packed into large special cases lined with ice, several containers to a case.

Question: Will you describe the methods and the special equipment employed by Detachment 731 for the large-scale breeding of fleas?

Answer: The 2nd Division had four special premises for the mass breeding of fleas, in which a fixed temperature of +30°C. was maintained. Metal jars, 30 cm. high and 50 cm. wide, were used for the breeding of the fleas. Rice husks were poured into the jars to keep the fleas in. After these preparations, a few fleas were put into each jar, and also a white rat for them to feed on. The rat was fastened in such a way as not to hurt the fleas. A constant temperature of +30°C. was maintained in the jars.

Question: What quantity of fleas could be obtained from each cultivator in one production cycle?

Answer: I don't remember exactly, but I should think from 10 to 15 grams.

Question: How long did a production cycle last?

Answer: Two or three months.

Question: How many cultivators were there in the special section which bred the parasites?

Answer: I don't recall the exact figure, but I should say from 4,000 to 4,500.

Question: Consequently, with its available equipment, the detachment could produce 45 kilograms of fleas in one production cycle?

Answer: Yes, that's true.

Question: What was intended to be done with these fleas in the event of bacteriological warfare?

Answer: They were to be infected with plague.

Question: And employed as a bacteriological weapon?

Answer: Yes, that is so.

Question: In what manner were the plague fleas to be used as a bacteriological weapon?

Answer: In my time, it was considered that the most effective method was to drop the fleas from aeroplanes.

Question: Were fleas dropped from aeroplanes by the expedition to China?

Answer: They were.

Question: Fleas infected with plague?

Answer: Yes. The bacteriological attack in China with the help of plague fleas was to cause a plague epidemic.

Question: Did I understand rightly, that when Germany began war on the Soviet Union, Ishii ordered that the first thing was to speed up the production of fleas?

Answer: Yes.

Question: In what way were the fleas infected with plague?

Answer: Rats were first infected by inoculating them with plague vaccine, and then the fleas were infected by these rats.

Question: Who was your predecessor in Detachment 731 as Chief of the 1st Division?

Answer: Colonel Kitagawa.

Question: It was from him you took over the affairs of the 1st Division?

Answer: Yes.

Question: The so-called laboratory experiments on living people were conducted by the 1st Division?

Answer: Yes.

Question: Will the accused please tell us where Detachment 731 got the people for the experiments?

Answer: As far as I know, the detachment got the people from the Harbin Gendarmerie Administration.

Question: Will you tell us what you know about the experiments performed by the 1st Division on living people?

Answer: The prisoners kept in Detachment 731's inner prison were used for various researches in preparation for bacteriological warfare. The object of the researches was: to increase the toxic effect of the lethal germs of various infectious diseases, and to study methods of employing these germs on human beings. I myself was never present at these experiments, and I am not in a position to give any details.

Question: Where were these experiments performed?

Answer: They were performed in the prison. In addition to the prison, there were special laboratories in which experiments were also performed on human beings.

Question: How many prisoners was the prison designed to hold at one time?

Answer: From 200 to 300, but it could hold up to 400.

Question: How many prisoners were sent to the detachment's prison in the course of a year?

Answer: I have no statistics on this point and do not know the exact figures, but roughly from 400 to 600 a year.

Question: After a person had been infected with a particular germ, was he given medical treatment in the detachment's prison, or not?

Answer: He was.

Question: And after he recovered, what happened to him?

Answer: As a rule, after he was cured he was used for other experiments.

Question: And this went on until the person died?

Answer: Yes.

Question: And every person who got into Detachment 731's prison was bound to die?

Answer: Yes. I know that in all the period the prison existed, not a single prisoner emerged from it alive.

Question: What was the nationality of the people who were subjected to these dreadful experiments?

Answer: They were chiefly Chinese and Manchurians, and there were also some Russians.

Question: Were there any women among the prisoners experimented on?

Answer: There were.

Question: Did you see any women in the prison when you visited it in April 1941?

Answer: I did.

Question: What was the nationality of these women?

Answer: I think they were Russians.

Question: Were there any women with children among the prisoners?

Answer: One of the women had a baby in arms.

Question: She was brought to Detachment 731's prison with her infant?

Answer: I heard that she gave birth to it in the prison.

Question: And this woman too was not destined to leave the prison alive?

Answer: Such was the rule when I served in the detachment, and that is what happened to this woman too.

Question: Do you recall the visit paid to the detachment by Quartermaster of the Kwantung Army, General Furuno, and Assistant Chief of Staff of the Kwantung Army, General Ayabe?

Answer: I do.

Question: Did these high officers of the Kwantung Army Headquarters inspect all the detachment's premises—in particular, its prison?

Answer: They did.

Question: What infectious diseases did the 1st Division employ most frequently in its experiments on human beings?

Answer: Chiefly plague.

Question: Besides the experiments under laboratory conditions, did the detachment perform other experiments on human beings?

Answer: Yes, experiments were made under field conditions.

Question: Where were these experiments conducted?

Answer: At a special proving ground at Anta Station.

Question: Will you tell us all that you know about these experiments?

Answer: Very soon after my appointment to Detachment 731, that is, in the summer of 1941, experiments were performed at Anta Station on the use of the Ishii porcelain bomb charged with plague fleas.

Question: Continue your testimony.

258

Answer: The site used for the tests was very carefully guarded and no one was allowed to pass through. Special sentry posts were stationed around it, which guarded the place so that no unauthorized person could enter it.

The persons used for these experiments, fifteen in number, were brought from the detachment's inner prison to the experimental ground and tied to stakes which had been driven into the ground for the purpose. Flags and smoke signals were used to guide the planes and enable them to find the proving ground easily. A special plane took off from Pingfan Station, and when it was over the site it dropped about two dozen bombs, which burst at about 100 or 200 metres from the ground, releasing the plague fleas with which they were charged. The plague fleas were dispersed all over the territory.

A long interval was allowed to pass after the bombs had been dropped in order that the fleas might spread and infect the experimentees. These people were then disinfected and taken back by plane to the inner prison at Pingfan Station, where observation was established over them to ascertain whether they had been infected with plague.

About the result of these experiments I ought to say the following. I was told by Colonel Oota, who was in charge of the tests, that the experiment did not yield good results. This was due to the high temperature, the great heat, owing to which the fleas were very sluggish. That is all I can say about this experiment.

Question: Who drew up the order for this experiment?

Answer: The order was drawn up by the Chief of the 2nd Division. I, as Chief of the General Division, that is, the secretariat of the detachment, acquainted myself with the order and submitted it for endorsement to the Chief of the detachment. The Chief of the detachment endorsed the order.

Question: What germs were tested most frequently on the proving ground?

Answer: Plague germs.

Question: Do you confirm the testimony you gave at the preliminary investigation to the effect that the bacteriological weapon was employed against China?

Answer: I do.

Question: Will you tell us about the expeditions to China?

Answer: I shall first speak of the period when I myself was serving with Detachment 731. In this period, there was one instance in 1941 and another in 1942 when Detachment 731 expeditions employed lethal germs as a weapon against Chinese troops in Central China.

Question: Continue your testimony.

Answer: The first instance, as I have said, was in the summer of 1941. One day, Colonel Oota, Chief of the 2nd Division, told me that he was going to Central China and said good-bye to me. Some time after his return he told me that plague fleas had been dropped from aircraft on the Chinese in the area of the city of Changteh, near Lake Tung Ting Hu, in Central China. This, in effect, was a bacteriological attack, which was the term he used.

After this, Colonel Oota made a report to Chief of Detachment 731 Ishii, at which I was present, to the effect that the Detachment 731 expedition had dropped plague fleas from an aeroplane in the Changteh area, and that an outbreak of plague epidemic had resulted, a number of persons being stricken with the disease, but how many, I do not know.

Question: How many members of Detachment 731 took part in this expedition?

Answer: About 40 or 50.

Question: What technique was used to contaminate localities with plague during the 1941 expedition?

Answer: Dropping plague fleas from aircraft at a high altitude.

Question: Was this done by dropping bacteria bombs or by spraying the fleas from aircraft?

Answer: By spraying.

Question: Will you tell us all you know about Detachment 731's expedition to China in 1942?

Answer: In June 1942, Lieutenant General Ishii, Chief of Detachment 731, called together the leading personnel of the detachment and informed us that an expedition to Central China would shortly be organized for the purpose of studying the best methods of employing bacteriological weapons. The expedition was organized and despatched in conformity with an order from the General Staff of the Japanese Army, and its chief purpose was to study what was called the ground method of contamination, that is, the dissemination of germs from the ground. An order was then issued by the Commander-in-Chief of the Kwantung Army to send a special group to Central China.

In pursuance of this order, General Ishii, Chief of Detachment 731, called together the leading personnel of the detachment and conferred with them on practical ways and means of organizing the expedition. The drawing up of the plan of the expedition was entrusted to Lieutenant Colonel Murakami, Chief of the 2nd Division. The group was to consist of from 100 to 300 men. It was decided to employ plague, cholera and paratyphoid germs.

At the end of June and the beginning of July the expedition proceeded in several contingents by air and rail to Detachment Ei in Nanking.

The expedition was to carry on its bacteriological activity in conjunction with the Chekang operation of the Japanese Army in Central China. The operation was appointed for the end of July. But owing to the fact that the Chekang operation, which was to be a strategical retreat of the Japanese forces, was somewhat delayed, the bacteriological operation was carried out at the end of August. This Detachment 731 expedition to Central China operated from the territory of Detachment Ei, where it set up its support bases.

The bacteriological operation was to be carried out in the area of the cities of Yüshan, Kinhwa and Futsing. I learned after the operation that plague, cholera and paratyphoid germs were employed against the Chinese by spraying. The plague germs were disseminated through fleas, the other germs in the pure form—by contaminating reservoirs, wells, rivers, etc. I know that the bacteriological operation was carried out fully in accordance with plan and was a complete success, but I do not know the details of its results; I know that the operation was successful from what General Ishii told me.

Question: What instructions did the 4th Division receive in connection with the preparations for the 1942 expedition?

Answer: The 4th Division was instructed to supply the germs for the Detachment 731 expedition; 130 kilograms of these germs were prepared and despatched by air to Central China.

Question: Will you tell us what germs specifically were prepared by the 4th Division?

Answer: We prepared only the germs of paratyphoid and anthrax.

Question: Did you yourself read General Umezu's order regarding the despatch of the expedition to China in 1942?

Answer: I did.

Question: What do you know of the expedition to China in 1940?

Answer: General Ishii showed me a Chinese medical journal in which the causes of an outbreak of plague in the Nimpo area in 1940 were discussed. After showing me the journal he told me that a Detachment 731 expedition had dropped plague fleas from an aeroplane in the Nimpo area, and that this was the cause of the outbreak of the epidemic.

Question: What opinion did Ishii give of the results of the 1940 expedition in his talk with you?

Answer: He considered the expedition a success.

State Prosecutor: With the Court's permission, I should like to have Vol. 20 of the record, which contains maps.

(On receiving Vol. 20, the State Prosecutor passes to accused Kawashima maps with markings on them.)

You have been handed maps of China. On these maps you crosshatched the sectors where bacteriological attacks were launched. Do you confirm that bacteriological attacks on the Chinese population were launched precisely in these areas?

Accused Kawashima: I do.

Question: And these are the maps on which you made your markings?

Answer: They are.

Question: And do you confirm that these are the areas in which the attacks on China were launched?

Answer: I do.

Question: For what reasons were the preparations for bacteriological warfare made in Manchuria, and not in Japan?

Answer: Manchuria is a country which borders on the Soviet Union, and in the event of war it would be easier and more convenient to employ the bacteriological means from there.

In addition, Manchuria was very convenient for experimentation in means of bacteriological warfare.

Question: In what precisely did the "convenience" of conducting experiments in Manchuria consist?

Answer: Manchuria was very convenient because there was adequate experimental material there.

Question: What do you mean by "experimental material"? People sent to the detachment for experimentation?

Answer: Exactly.

Question: What code word was used in the detachment to designate the victims of the experiments?

Answer: They were called "logs."

Question: Were the people held in the inner prison called by their names?

Answer: No, they were given numbers.

Question: And all these people were to be killed?

Answer: They were.

Question: You, as a bacteriological expert, knew of course that the dissemination of deadly infectious diseases as a means of warfare might cause dreadful pestilences?

Answer: Yes, I realized that.

Question: You knew of course that the dreadful pestilences caused by the dissemination of plague and other epidemics might also afflict neutral countries?

Answer: I did.

Question: As a doctor, you realized of course the inhumanity of experimenting on living people?

Answer: I did.

Question: You were for some time Chief of the 1st Division, which conducted experiments on human beings, and were then Chief of the 4th, or production, Division, which prepared huge quantities of disease microbes?

Answer: That is so.

Question: Do you admit your guilt in this?

Answer: I do.

State Prosecutor: I have no more questions.

Counsel Borovik: As is known, you served in the Japanese Army since 1916. Please tell us, was service in the army a tradition in your family, a tradition handed down from generation to generation? Was your father a military man?

Accused Kawashima: My father was a farmer.

Question: In the testimony you gave at the preliminary investigation, and also here, in the Military Tribunal, you stated that the bacteriological detachment subsequently known as Detachment 731 was formed in 1936. I request you to state briefly what duties you were performing in the Japanese Army at that period.

Answer: At that period I was serving in the Medical Department of a guards division in the city of Tokyo.

Question: In what capacity?

Answer: As Deputy Chief of the Medical Department.

Question: You also stated in your testimony at the preliminary investigation, and here too, that an order of the emperor in 1940 provided for the enlargement of the personnel of Detachment 731, as well as for the expansion of its work. Will you tell us what you were doing in 1940?

Answer: At that time I was Chief of the Medical Department of the 38th Division.

Question: Consequently, as I understand you, Detachment 731 was organized and its activities vastly expanded at a time when you still knew nothing of its existence. Have I understood you correctly?

Answer: Quite correctly.

MORNING SITTING, DECEMBER 26

EXAMINATION OF ACCUSED KARASAWA

State Prosecutor: Will you tell us, accused Karasawa, from when and till when you served in Detachment 731, and in what capacities?

Accused Karasawa: I served in Detachment 731 from December 1939 to August 1944, chiefly in the 4th, or production, Division, at first as an ordinary member of its staff. Then I was made Chief of one of the production units, and, then, after Major Suzuki, Chief of the Production Section, left (this was at the end of 1942 or the beginning of 1943, I cannot say exactly), I replaced him as Chief of the Production Section.

Question: Consequently, you served with Detachment 731 five years in all. Is that so?

Answer: Yes, approximately five years.

Question: Hence you were well familiar with the structure of the detachment and the work of the division?

Answer: Yes, I knew the work of the 4th Division of Detachment 731 very well. Since I worked in Detachment 731 so long, I have also a general knowledge of the tasks and functions of its other divisions.

Question: What were the functions of Detachment 731?

Answer: Detachment 731's chief function was to conduct active preparations for bacteriological warfare.

Question: For what purpose did the detachment systematically conduct experiments on human beings?

Answer: For the study of germs and their employment in bacteriological warfare: studies were made of the effectiveness of germs, methods of breeding them, methods of employing them, methods of producing them on a large scale, and also the storage of germs.

Question: You also confirm that the detachment conducted bacteriological attacks in China?

Answer: I do.

Question: Do you confirm the testimony you gave that the detachment's 4th Division was a huge factory for the large-scale production of germs for use in bacteriological warfare?

Answer: I do. As I stated, the 1st Division of Detachment 731 investigated problems of bacteriological warfare, the 2nd Division studied the employment of the bacteriological weapon under field conditions, the 4th Division engaged in the mass production of lethal germs and also studied methods of storing them.

Question: What division conducted experiments on human beings under laboratory conditions?

Answer: The 1st Division.

Question: Were the experiments on living people conducted only in the prison, or in other places as well?

Answer: They were conducted in two ways: in the prison and on the proving ground.

Question: Which of the detachment's divisions experimented on human beings on the proving ground?

Answer: The 2nd Division.

Question: Will you please describe the detachment's production equipment, its capacity, and how the bacteria were cultivated.

Answer: I worked as Chief of the 4th Division's Production Section, and I will therefore first tell about the production equipment of this section.

The equipment for the mass production of germs in this section consisted of two units. I shall begin with the first unit. It consisted, firstly, of boilers in which the medium for the cultivation of the germs was prepared. There were four of these boilers, each of about one-ton capacity. The medium was put into Ishii cultivators, which were contained in specially designed autoclaves; there were 14 of these autoclaves, each of them capable of holding about 30 cultivators. It was therefore possible, when working at full capacity, to have 420 cultivators in the autoclaves at one time. There were two refrigerators for cooling the cultivators. After the medium had cooled, the bacteria were inserted. The bacteria multiplied, and then were skimmed off. There were two special rooms for this purpose.

Question: What quantity of germs was produced in one month?

Answer: With the 4th Division's equipment operating at maximum capacity, and under optimum conditions, it was theoretically possible to produce in one month about

266

300 kilograms of plague germs. But, in practice, only 500 cultivators were used, which made it possible to produce in one cycle 10 kilograms of plague bacilli, each cultivator yielding 20 grams.

Question: What quantity of typhoid germs could be produced when operating at maximum capacity?

Answer: From 800 to 900 kilograms a month.

Question: And of anthrax?

Answer: About 600 kilograms.

Question: Cholera?

Answer: About one ton.

Question: Paratyphoid?

Answer: As much as typhoid.

Question: Dysentery?

Answer: The same quantity.

Question: Did I understand you rightly? Using all the boilers at the 4th Division's disposal, eight tons of culture medium could be produced?

Answer: That is correct. Four tons in the first unit, and the second unit could also produce four tons.

Question: Where were Detachment 731's branches located?

Answer: The detachment's branches were located at Hailar, Sunyu, and at Linkow and Hailin stations near the town of Mutankiang.

Question: These branches were located in the immediate vicinity of the frontier of the Soviet Union?

Answer: Yes, that is so.

Question: Were you ever yourself at these branches?

Answer: I visited each branch once.

Question: For what purpose did you visit these branches?

Answer: I visited the branches to ascertain whether they had accommodation for production equipment.

Question: That is, for the large-scale cultivation of bacteria in each branch?

Answer: Of course, that is what the Chief of the detachment planned to do.

Question: You are referring to General Kitano?

Answer: Yes.

Question: What caused the necessity for your being sent to these branches?

Answer: Before I left on this trip, the Chief of the detachment, General Kitano, told me what my mission was. The first thing was the necessity to enlarge the detachment's facilities for the mass production of bacteria; the second was the necessity, in view of the outbreak of war with America, to disperse the detachment's production equipment as a precaution against bombing by American aircraft, so that production might not be interrupted even during enemy air attack.

Question: Please tell us, did Detachment 731 study the immunity of Americans to infectious diseases?

Answer: As far as I can recall, that was at the beginning of 1943. I was in hospital at the time in Mukden, and Minata, one of the researchers of the detachment, came to see me. He told me about his work, and said that he had come to Mukden to study immunity among American war prisoners.

Minata was sent specially by Detachment 731 to camps where Allied war prisoners were kept in order to study the immunity of Anglo-Saxons to infectious diseases.

Question: And for this purpose tests were made of the blood of American war prisoners?

Answer: That is so.

Question: What was researcher Uchimi doing in 1943?

Answer: He made trips into Inner Mongolia, where he studied the blood of the Mongolians, also in connection with the question of immunity.

Question: Were you yourself ever present at experiments on human beings?

Answer: I was present on two occasions at experiments in infecting people under field conditions at the Anta Station proving ground. The first experiment was made towards the end of 1943 with anthrax bacteria. Ten persons were used for these experiments. They were brought to the proving ground and tied to stakes five metres apart from one another. A fragmentation bomb was used for the purpose, placed 50 metres from the people to be infected. The bomb was exploded by electric current. Some of the experimentees were infected as a result of these experiments. They were given certain treatments and then sent back to the detachment. I later learned from the report that the persons who had got infected with anthrax subsequently died.

The second occasion was in the spring of 1944. These were experiments in the use of plague germs. The infection was to be through the respiratory organs. The experimentees were handled in the same way as in the anthrax tests.

Question: That is, they were tied to stakes?

Answer: Just so. A cylinder containing fluid charged with plague germs was placed ten metres away from them. The cylinder exploded. But I know that infection did not result from these experiments; the infection failed to penetrate the respiratory organs.

Question: Which of the etachment's divisions engaged in breeding fleas?

Answer: The 2nd Division.

Question: Was there a special flea-breeding section?

Answer: This work was done by the 3rd Section of the 2nd Division.

Question: Who was the head of the 3rd Section of the 2nd Division?

Answer: The head of this section was Major Tanaka, a researcher.

Question: What was the job of the brother of Ishii Shiro, the Chief of the detachment?

Answer: He was in charge of the 1st Division's prison.

Question: Will you tell us everything you know about Detachment 731's expeditions to China?

Answer: As far as I know Detachment 731 sent expeditions to China twice, in 1940 and 1942.

The first expedition was in 1940, in the latter part of the year. My immediate superior, Major Suzuki, Chief of the Production Section, gave orders to prepare 70 kilograms of typhoid germs and 50 kilograms of cholera germs. I was told by Major Suzuki that these germs were to be used by a special expedition which was going to China under the command of General Ishii.

As head of a unit in the Production Section of the 4th Division, my job was to prepare the necessary quantity of germs for the expedition. I also learned that the expedition had taken along five kilograms of plague fleas.

As far as I can recall, the expedition headed by General Ishii went to the Hankow area, in Central China, where it employed plague fleas and bacteria as a weapon.

Inasmuch as these tests were made on enemy territory, their precise results were not known.

But a special group was left behind to gather information as to the results of the operation. It was headed by Major Nozaki, who managed to get hold of newspapers which told of the outbreak of an epidemic in the Nimpo area.

Question: What did the newspaper say?

Answer: As far as I recollect, it said that prior to the outbreak of the epidemic Japanese planes had flown over the Nimpo area and had dropped something from a high altitude.

Question: Did you see this article yourself?

Answer: Yes, I did.

The second expedition took place in 1942, roughly in the middle of the year. I was ordered by my immediate superior, Major Suzuki, to prepare the germs of paratyphoid and anthrax. How much exactly of each germ, paratyphoid and anthrax, I do not recollect, but the total quantity was 130 kilograms. The germs we prepared were sent by plane, and partly by rail, to Nanking, where the detachment's expedition had its base.

Question: This base was located in the territory of Detachment Ei in Nanking?

Answer: It was. I know that Detachment Ei prepared a certain amount of bacteria for this expedition, but how much I don't remember, nor do I remember of which particular bacteria. I also know that this detachment assigned a number of its medical orderlies to assist the expedition.

Question: Why, when telling about the expeditions to China, do you say nothing about the 1941 expedition?

Answer: That was spoken about at yesterday's sitting of the Tribunal. In this 1941 operation only plague fleas were used, and since we had no direct connection with this, we were not told anything about it.

Question: Will you tell us who headed the expedition to China in 1942?

Answer: That expedition was headed by General Ishii, Chief of the detachment.

Question: Did General Ishii himself go to China at the time of the expedition?

Answer: He did.

Question: And besides him, did any other of the detachment's leading personnel go to China?

Answer: I know that Lieutenant Colonel Ikari and researcher Tanaka, and some others as well, took part in this expedition.

Question: What do you know about the beginning of Ishii's experiments on human beings? When were the experiments started?

Answer: I am not certain, but I think these experiments were begun immediately after the so-called Mukden incidents.

Question: Did Ishii ever say anything to you on this subject?

Answer: I remember very well that I was told about it when I joined the detachment in 1939.

Question: Will you tell us which leading officers of the Kwantung Army visited the detachment when you were serving with it?

Answer: The detachment was visited by General Umezu, formerly Commander-in-Chief of the Japanese Kwantung Army, by his Chief of Staff Lieutenant General, later General, Kimura, Lieutenant Colonel Miyata, otherwise Prince Takeda, and Lieutenant General of the Medical Service Kajitsuka, formerly Chief of the Medical Administration of the Japanese Kwantung Army.

Question: Tell us, did you ever see persons being delivered to the detachment to be experimented on?

Answer: On occasions I acted as the detachment's officer-on-duty, and I saw people being delivered twice.

Question: Did anyone who was incarcerated in Detachment 731's prison ever regain his liberty?

Answer: No one, as far as I know.

Question: That is, all these people were killed?

Answer: That is so.

Question: Where were their bodies taken after they were killed?

Answer: To the detachment's incinerator.

Question: Will you tell us why you, who were attached to the 4th Division, attended experiments on human beings at the proving ground? What functions took you there?

Answer: Inasmuch as the bacteria used in the field experiments were produced by my section, I was in charge of the transportation of these bacteria to the proving ground. Besides that, I was interested in the tests of the effectiveness of the bacteria.

Member of the Tribunal Ilnitsky: With what object did the detachment perform experiments on human beings?

Accused Karasawa: With the object of ascertaining the most effective bacteriological weapon, and to increase its lethal power.

President of the Court: Accused Karasawa, you stated on December 6, during the preliminary investigation, that the formation of Detachment 731 in Manchuria was a concrete measure on the part of the Japanese militarists in preparation for bacteriological warfare against the Soviet Union. Do you confirm this statement?

Accused Karasawa: I do.

Counsel Lukiantsev: Accused Karasawa, will you state when and under what circumstances you joined the Japanese Army?

Accused Karasawa: In 1931, I entered the Medical Institute in Tokyo as a stipendiary of the Ministry for War, that is, I received an allowance from the Ministry. This carried with it the obligation, after my graduation from the institute, to serve in the army as a surgeon.

Question: Will you tell us why it was you the command of Detachment 731 chose to send to the branches to investigate what facilities they had for expanding the mass production of bacteria?

Answer: As I have already said, I worked for a long time on the production of bacteria, and in the opinion of the Chief of the detachment I was the most suitable for this mission, as a man who had had experience in the work.

Question: What is your opinion now of your work in Detachment 731 on the manufacture of a weapon for the annihilation of human beings?

Answer: As a physician, whose mission it is to heal people, I consider it an evil thing.

EXAMINATION OF ACCUSED YAMADA

President of the Court: Accused Yamada, will you tell us what positions you held during your period of service in the Japanese Army.

Accused Yamada: From July 1944 to August 1945 I was Commander-in-Chief of the Kwantung Army.

Question: And before that, what positions did you hold?

Answer: In 1903 I was promoted to the rank of Sub-Lieutenant of the Japanese Army, and in 1930 I was promoted to Major General rank.

Question: And what positions did you hold at that moment?

Answer: For the first year after I became a Major General I worked as director of the training department of a military cavalry school.

Question: What positions did you hold after that?

Answer: I was then commander of the 4th Cavalry Brigade.

Question: And after that?

Answer: And then for a year I was director of a military communications school. The next year I was Chief of the 3rd Division of the General Staff, and then for a year and one month I was Chief of the General Division of the General Staff. From December 1935 to March 1937 I was director of an army officers' school, and from March 1937 to December of the same year I was commander of the 12th Division in Mutankiang, Manchuria. From January 1938 to December 1938 I was commander of the 3rd Army, which was stationed in Mutankiang. From December 1938 to October 1939 I commanded the Japanese Expeditionary Army in Central China, which had its headquarters in Nanking. From October 1939 to July 1944 I was Inspector-General of Military Training of the Japanese Army. During this period I was also a member of the Supreme War Council, and from 1943 onward, Imperial Defence Commander. I have got that date wrong, I shall correct it: I was Imperial Defence Commander from August 1941 until the end of that year; later, in July 1944, I became commander of the Kwantung Army.

State Prosecutor: Who was your predecessor as Commander-in-Chief of the Kwantung Army?

Accused Yamada: General Umezu Yoshijiro.

Question: Accused Yamada, will you tell us what bacteriological detachments were attached to the Kwantung Army?

Answer: The Kwantung Army had two bacteriological detachments—Detachment 731 and Detachment 100, which were directly subordinated to the Commander-in-Chief of the Kwantung Army.

Question: Consequently, when General Umezu was Commander-in-Chief of the Kwantung Army the detachments were subordinated to him, and from July 1944, when you became Commander-in-Chief of the Kwantung Army, they were subordinated to you?

Answer: Yes.

Question: With whose permission were outside persons, persons not belonging to Detachment 731, staff officers of the Kwantung Army, for instance, allowed to enter the detachment's territory?

Answer: My permission in writing was required for that.

Question: When did the Chief of the Medical Administration of the Kwantung Army, General Kajitsuka, and the Chief of the Veterinary Administration of the Kwantung Army, General Takahashi, first make their reports to you?

Answer: Approximately towards the end of July 1944. Those were their first reports after my appointment.

Question: Did Generals Takahashi and Kajitsuka, when making their reports, tell you of the secret work of detachments 731 and 100?

Answer: Yes, they both spoke of it.

Question: Perhaps you recall the substance of General Kajitsuka's first report?

Answer: General Kajitsuka reported to me on the work of the Medical Administration of the Kwantung Army Headquarters. In particular, he told me that Detachment 731 was engaged on work connected with preparations for bacteriological warfare. He reported in particular that Detachment 731 was doing research work in bacteriological weapons and producing bacteriological weapons.

Question: Did you, in August 1944, inspect Detachment 731?

Answer: Yes, I did. On arriving in the detachment, I made a tour of its whole territory, and I was particularly impressed with its products, namely, the bacteria bombs which were intended to be dropped from aircraft, and also with the scale of production of bacteriological weapons, which exceeded all my expectations. Near the site of Detachment 731 there was an airfield, where, I recall, there were several light bombers. From all this I drew the conclusion that the preparations being made by this detachment for bacteriological warfare were on a very high level.

Question: When you were examining the detachment's premises, were you shown the fleas bred by the detachment?

Answer: Yes, I saw the fleas, and I remember that there was an enormous quantity of them.

Question: Did the officers who were showing you around the detachment's territory tell you for what purpose the detachment was breeding these fleas?

Answer: Yes, they told me that these fleas were intended to be infected with plague germs.

Question: Did you, when you visited Ishii's detachment, see specimens of the bomb designed by Ishii?

Answer: I did.

Question: What were these bombs intended for?

Answer: They were intended to be used for the dissemination of plague-infected fleas. At the required altitude the bombs would burst and release the fleas, thus infecting the territory with plague.

Question: Where were these bombs tested?

Answer: They were tested at the proving ground at Anta Station.

Question: When you visited Detachment 731, did General Kitano report to you on the work of the detachment's branches?

Answer: He did. General Kitano told me that Detachment 731's branches were also engaged on the production of means of bacteriological warfare.

Question: Did Colonel Tamura, Chief of the Personnel Division of the Kwantung Army, inspect Detachment 731, on your instructions, in June 1945?

Answer: Yes, he did inspect Detachment 731 in June 1945.

Question: To whom did Colonel Tamura report on the results of the inspection?

Answer: Colonel Tamura reported to me.

Question: Consequently, from the information you received, and from your personal visit to Detachment 731, you were aware of the work Detachment 731 and Detachment 100 were doing on the mass production of bacteriological weapons?

Answer: Yes, I knew that both detachments were conducting research on bacteriological weapons and methods of employing them.

Question: You testified on November 3, 1949, during the preliminary investigation, that Detachment 731, located in Manchuria, was formed with the object of preparing for bacteriological warfare, chiefly against the Soviet Union, Mongolia and China. Do you confirm this testimony?

Answer: I do.

Question: Was it only against the Soviet Union that the bacteriological weapon was to be employed?

Answer: No, not only against the Soviet Union. It was also intended to employ the bacteriological weapon against any other enemy state or enemy army.

Question: Which "other states" do you have in mind?

Answer: The United States and Great Britain in particular. It was intended to employ the bacteriological weapon against them too.

Question: Regarded in this light, Detachment 731, located in Manchuria, was a centre of preparation for bacteriological warfare against a number of states. Is that so?

Answer: Yes.

Question: Who from July 1944 onward directed the work of Detachment 731 in the sphere of preparation for bacteriological warfare and production of bacteriological weapons?

Answer: It was directed by me, as Commander-in-Chief of the Kwantung Army.

Question: What was the role of the Operations Division of the Kwantung Army Headquarters in directing the work of detachments 731 and 100?

Answer: Operations and strategical direction of the bacteriological detachments in preparation for bacteriological warfare.

Question: For what purpose were staff officers of the Operations and Intelligence divisions, notably Lieutenant Colonel Miyata, sent from time to time to Detachment 731?

Answer: In order to exercise operations and strategical direction of the detachment's preparations for bacteriological warfare it was necessary to have constant information about the work of the detachment, and it was for this, that is, for information purposes, that officers of the Operations and Intelligence divisions were sent there.

Question: In other words, the Operations Division of Headquarters, which was under your subordination, exercised permanent supervision of the work of Detachment 731 in producing bacteriological weapons, and elaborated concrete methods of employing these weapons for military purposes?

Answer: That is correct.

Question: Tell us, when going through the papers of your predecessor, General Umezu, did you find in the safe the latest blueprint of the Ishii bacteria bomb?

Answer: It was only a report on the Ishii bacteria bomb, to which a blueprint of the bomb was attached. I should say that I received these documents from the Chief of the Operations Division, and I kept them in my drawer. I acquainted myself with these documents.

Question: Did the Ishii bacteria bombs which you yourself saw when visiting Detachment 731 conform with the blueprint that was attached to the memorandum?

Answer: Yes, they were exactly alike. I don't remember the details, but the bomb on the blueprint attached to the report, and the specimens of the bombs which I saw in the detachment were quite identical.

Question: Will you tell us what was the substance of the report which General Kitano made to you in the autumn of 1944?

Answer: As far as I recall, it was in October 1944. Major General Kitano, Chief of Detachment 731, reported to me on the results of experiments and research in the employment of plague-infected fleas as a bacteriological weapon by dropping them from aircraft. The report was illustrated by a film.

Question: Who was present when Major General Kitano made this report?

Answer: Lieutenant General Kasahara, Chief of Staff of the Kwantung Army, Colonel Matsumura, Chief of the Operations Division, and Lieutenant Colonel Miyata, a staff officer.

Question: Do you confirm the testimony you gave on December 1, 1949, to the effect that General Kitano dealt in his report with the experiments and researches that were being conducted in the prosecution of bacteriological warfare with the help of plague fleas?

Answer: I do.

Question: How was the effectiveness of the bacteriological weapon produced by Detachment 731 tested?

Answer: There were various methods, and one of them was testing the bacteriological weapon on human beings and animals.

Question: Were you aware that the bacteriological weapon was being tested by experiments on human beings?

Answer: I was.

Question: Did Colonel Tamura report to you after he visited Detachment 731 that people were being kept in the detachment's prison for the purpose of being experimented on?

Answer: He did.

Question: Was the Gendarmerie under the subordination of the Commander-in-Chief of the Kwantung Army?

Answer: Yes, the Gendarmerie was directly under my subordination.

Question: Were the Japanese Military Missions in Manchuria under the subordination of the Commander-in-Chief of the Kwantung Army?

Answer: Yes, they were.

Question: Do you know that Detachment 731 received the people for the experiments from the Gendarmerie and the Japanese Military Missions?

Answer: At the preliminary investigation, when various documents were shown to me, I learned that large numbers of persons had been supplied to Detachment 731 by the Gendarmerie and the Military Missions. It had been my belief that it was prisoners sentenced to the death penalty that were sent to Detachment 731, and I inferred that they were persons sentenced to death by the courts of Manchukuo.

Question: What you mean to say is that before these documents were shown to you, you believed that the persons sent to Detachment 731 for annihilation had been sentenced to the death penalty by the courts, is that so?

Answer: Yes, I wanted to say that that is how I understood it.

State Prosecutor: I request the Court to have presented to accused Yamada the photostat of the document dated March 12, 1943, contained in Vol. 21, pp. 90-92.*

(The document is presented to accused Yamada.)

Accused Yamada, you have before you a photostat of an instruction of the Kwantung Gendarmerie dated March 12, 1943. Examine this document carefully. Accused Yamada, does not the document you have before you testify that persons were sent for annihilation to Detachment 731 without investigation or trial?

Accused Yamada: It does.

State Prosecutor: I request the Court to have read out the copy of Order 224 of the Kwantung Gendarmerie concerning the sending of 90 persons for annihilation under the name of a "special consignment." This document is to be found in Vol. 17, pp. 35-38.**

President of the Court: Operations Order No. 224 of the Kwantung Gendarmerie will be read out. Simultaneously, a translation of the document will be made in Japanese. The accused may use the earphones at their disposal.

State Prosecutor: Accused Yamada, was this order issued by the Gendarmerie subordinated to the Commander-in-Chief of the Kwantung Army?

Accused Yamada: It was an order of commander of Gendarmerie General Shirokura, who served prior to my appointment to the post of Commander-in-Chief of the Kwantung Army.

Question: I understand that. But when you took over the post of Commander-in-Chief of the Kwantung Army, did you abolish this practice of consigning human beings to the Ishii Detachment, or did you not?

---

* See p. 165.

** See pp. 183-86.

Answer: No, I did not annul this order, but I regarded it as a temporary order which did not have subsequent validity.

Question: You regarded it as a temporary order. But are you now convinced by the document just presented to you, that in 1943 people were being sent by the Kwantung Gendarmerie to the Ishii Detachment for annihilation?

Answer: Yes.

Question: Was the Kwantung Gendarmerie at that time under the subordination of the Commander-in-Chief of the Kwantung Army—General Umezu, your predecessor?

Answer: Yes.

Question: And when, in 1945, Colonel Tamura reported to you on the visit of inspection he made to Detachment 731 on your instructions, didn't he tell you that persons were being held for purposes of experimentation in Detachment 731's inner prison?

Answer: Yes, Colonel Tamura did tell me this.

Question: And when General Kitano reported to you on the researches on bacteriological weapons, did he not tell you that Detachment 731 was performing experiments on living people?

Answer: Yes, he did tell me this; but when it was, I cannot recall exactly. And it was just by way of information as to the results of experiments in sprinkling plague fleas from aircraft, but not in the form of a report.

Question: At any rate, it was quite clear from Colonel Tamura's report that Detachment 731 was conducting experiments on human beings?

Answer: Yes.

Question: Consequently, the inhuman experiments we are speaking of, and which were conducted by Detachment 731 while General Umezu was Commander-in-Chief of the Kwantung Army, were also conducted while you were Commander-in-Chief?

Answer: Yes.

Question: Will you tell us what were the chief methods of employing the bacteriological weapon adopted by the Japanese Army, and by the Kwantung Army in particular?

Answer: I know of three methods: first, by means of bombing, second by means of direct dispersion from aircraft, and, lastly, by means of dissemination from the ground.

Question: What procedure was adopted by the Kwantung Army for studying methods of bacteriological warfare?

Answer: For the study of methods of employing the bacteriological weapon, special commissions were set up under the Kwantung Army Headquarters composed of the Chief of Staff, the Chief of the Operations Division, the Chief of the detachment concerned, and several staff officers. When the commission's decisions were favourable, the results were reported to the Commander-in-Chief.

Question: And did the Commander-in-Chief of the Kwantung Army, in his turn, when he approved one or another method or type of weapon, make a report or communication on the subject anywhere else?

Answer: No reports were made in the name of the Commander-in-Chief of the Kwantung Army, but the Kwantung Army Headquarters informed the Japanese General Staff of such matters.

Question: Did the Kwantung Army Headquarters receive instructions from the Japanese Ministry for War to expand the production of bacteriological weapons?

Answer: Yes, such an instruction, as far as I remember, was received in March 1945.

Question: For what reason was Lieutenant General of the Medical Service Ishii again appointed Chief of Detachment 731 in March 1945?

Answer: This appointment was a concrete measure in furtherance of the designs of the Ministry for War and the General Staff.

Question: Was it in connection with the instructions of the Ministry for War that you ordered Matsumura, Chief of the Operations Division, to take measures for the production of bacteria and for the replenishment of Detachment 731 with the required number of officer-specialists?

Answer: Yes. But as regards increasing the personnel, I gave the order to Colonel Tamura, Chief of the Personnel Division.

Question: At the preliminary investigation, on December 6, 1949, you stated that the bacteriological weapon was to be employed against the Soviet Union with the help of aircraft for infecting highly important Soviet areas, and by sabotage measures. Do you confirm this statement?

Answer: I do.

State Prosecutor: I request the permission of the Court to have read out from the record the testimony given by witness Matsumura, former Chief of the Operations Division of the Headquarters of the Kwantung Army and former Major General of the Japanese Army. The testimony will be found in Vol. 3, p. 98.

President of the Court: After conferring here, the Military Tribunal has ruled that the testimony given by Matsumura at the preliminary investigation on December 7 (Vol. 3, p. 98)* shall be read out.

State Prosecutor: Do you confirm the testimony given by Matsumura to the effect that, at the time you were Commander-in-Chief of the Kwantung Army, two basic means to be used in future bacteriological warfare were considered and approved: the Ishii bacteria bomb charged with plague fleas, and the spraying of plague-infected fleas from aircraft?

Accused Yamada: I do.

Question: Of the methods of bacteriological warfare approved by you, which did you consider the most effective?

Answer: I considered that the most effective method of employing the bacteriological weapon was the method of bombing from aircraft, also the method of spraying plague fleas from aircraft.

Question: Do you remember the report made by Lieutenant General Takahashi, Chief of the Veterinary Administration of the Kwantung Army, regarding a bacteriological reconnaissance carried out by Detachment 100 in the North Khingan Province?

Answer: I do.

Question: Do you confirm Matsumura's testimony to the effect that in this report Takahashi expounded his views on the practical employment of bacteria, in particular the opinion that, in case of necessity, the water sources in the Tryokhrechye area and in the area southeast of Lake Dalai-Nor should be contaminated?

Answer: I do.

Question: With what purpose was a bacteriological

---

* See pp. 132-41.

reconnaissance made of areas contiguous with the Soviet Union?

Answer: By way of preparation in the event of war.

Question: Is it true that from October 1939 to July 1944 you were Inspector-General of Military Training of the Japanese Army?

Answer: It is.

State Prosecutor: In this connection, I request the permission of the Court to have read out an excerpt from a sabotage detachment field manual issued by the Office of the Inspector-General of Military Training in Japan in January 1944. The document is to be found in Vol. 22, p. 21.

President of the Court: An excerpt from the sabotage detachment field manual issued by the General Staff and Office of the Inspector-General of Military Training in January 1944 (Vol. 22, p. 21) will be read out.

State Prosecutor: Accused Yamada, this document was compiled by the Office of the Inspector-General of Military Training, which was under your direction, isn't that so?

Accused Yamada: Yes, this manual was drawn up by the Office of the Inspector-General of Military Training together with the General Staff.

Question: Does not this document testify that in January 1944, i.e., prior to your appointment to the post of Commander-in-Chief of the Kwantung Army, you were aware that the bacteriological weapon was being employed for sabotage purposes?

Answer: Yes, such was the case.

Question: When did you sign the order to destroy detachments 731 and 100?

Answer: About the 9th or 10th of August 1945.

Question: In other words, the swift advance of the Soviet Army made it impossible for either Detachment 100 or Detachment 731 to continue its activities?

Answer: That is so.

Counsel Belov: When did you learn that the detachments had been formed in 1935-36 by secret order of the emperor?

Accused Yamada: I learned of the exact date of this event from the testimony of witnesses and accused.

Question: Could you, as Commander-in-Chief of the Kwantung Army, have terminated the work of detachments 731 and 100 and disbanded these detachments?

Answer: The Commander-in-Chief of the Kwantung Army did not have the authority to terminate the work of the detachments or disband them.

Question: What is now your attitude towards the deeds of which you have confessed yourself guilty, and for which you have been brought to trial?

Answer: I must say that I consider all that I did an evil thing—I want to correct myself: I consider it a very evil thing.

Question: May I, your counsel, understand your reply to mean that you repent of your deeds?

Answer: Yes, I want it to be understood that way.

EVENING SITTING, DECEMBER 26

EXAMINATION OF ACCUSED NISHI

State Prosecutor: Accused Nishi, what positions did you hold in Detachment 731, and at what times?

Accused Nishi: From January 1943 to July 1944, I was Chief of Detachment 731's branch in the town of Sunyu. From July 1944 to July 1945, I was Chief of the Training Division of Detachment 731.

Question: What did Detachment 731 do? What were its functions?

Answer: Most of the work of Detachment 731 was concerned with preparation for waging bacteriological warfare.

Question: Which of Detachment 731's divisions were engaged in preparations for waging bacteriological warfare?

Answer: The 1st, 2nd and 4th divisions conducted preparations for waging bacteriological warfare.

Question: What bacteriological means did Detachment 731 employ?

Answer: Its accepted weapons were the germs of plague, anthrax and gas gangrene.

Question: Which of these disease carriers were considered the most effective?

Answer: Plague bacteria.

Question: What methods of employing these bacteriological means were adopted by the detachment?

Answer: First, spraying bacteria from aircraft, second, dropping of porcelain bacteria bombs.

Question: Were plague fleas employed to infect human beings?

Answer: Yes, they were employed in China.

Question: When you joined the detachment, its Chief was General Ishii?

Answer: No, the Chief of the detachment at that time was Major General Kitano.

Question: Then Major General Kitano was succeeded by General Ishii, isn't that so?

Answer: Yes.

Question: What instructions regarding the development of bacteriological means of warfare did General Ishii bring with him when he came to the detachment as its Chief?

Answer: After he assumed his duties, Lieutenant General Ishii used to tell us almost daily that the work on plague must be activized.

Question: On plague?

Answer: On plague and the breeding of fleas. After Ishii's arrival, and in connection with the instructions received by the detachment to expand the mass production of fleas, special courses of training on the mass breeding of these parasites were instituted.

Question: Did any of the workers from the branches attend these courses?

Answer: Five men attended from each branch, or twenty in all.

Question: Will you tell the Court about the sweets which were prepared by Colonel Oota?

Answer: They were not sweets, but ordinary chocolates, which were to be stuffed with bacteria and then wrapped in paper. The chocolates were to be of round shape.

Question: Did Colonel Oota show you specimens of these chocolates?

Answer: He showed us about ten chocolates he had prepared.

Question: What bacteria were these chocolates infected with?

Answer: Colonel Oota said that the chocolates contained the bacteria of anthrax. The chocolates were intended for sabotage actions.

Question: Will you tell us what you know about the practical employment of bacteriological means of warfare by Detachment 731?

Answer: I heard that the bacteriological weapon was employed against China in 1940. In August or September 1940, when I was at the headquarters of the Water Supply and Prophylaxis Administration in Peking, I heard there that bacteria were used in the Nimpo area, in Central China.

Question: From whom did you hear this? And under what circumstances?

Answer: While I was at the headquarters of the Water Supply and Prophylaxis Administration in Peking, a document was received from the headquarters of the Water Supply and Prophylaxis Administration in Nanking. From this document I learned that bacteria had been employed in the Nimpo area. Then Lieutenant Colonel Yoshimura, Chief of the Water Supply and Prophylaxis Administration in Peking, told me that the plague bacilli for China had been supplied by Ishii's detachment. In September or October 1940, my friend Major Seto stopped in Peking on his way from Nanking, and he told me that he had just returned from the operation in Central China. I thus know about the employment of plague fleas in Central China from three sources: first, from what I was told by Major Seto; secondly, from what I was told by Yoshimura; thirdly, from the document received by Peking headquarters from Nanking headquarters.

Question: Will you tell us what you yourself saw in Detachment 731 relating to the expedition in China?

Answer: I saw a documentary film showing the Detachment 731 expedition in action in Central China in 1940. It first showed a receptacle containing plague-infected fleas being attached to the fuselage of an aircraft. Then the spraying apparatus was shown being fastened to the aircraft's wings. An explanatory text was thrown on the screen, stating that the apparatus was charged with plague fleas. After this, four or five persons boarded the plane, but who they were I could not make out. The plane took off, and it was explained that it was on its way to the enemy's territory. The plane was next seen flying over the enemy's positions. Then followed shots of the aircraft, of Chinese troops in movement and of Chinese villages. A cloud of smoke was seen detaching itself from the aeroplane's wings, and it transpired from the explanation that this smoke consisted of plague fleas, which were being sprayed on the enemy. The plane then turned back to the airfield, and a caption appeared on the screen: "Operation Concluded." We then saw the plane landing. A squad of disinfection orderlies drove up to it, and the plane was shown being disinfected. People were seen alighting from the plane: the first to alight was Lieutenant General Ishii, and he was followed by Major Ikari. Who the rest were, I do not know. This was followed by a caption: "Results," and a Chinese newspaper was shown, with a

287

translation in Japanese. The explanatory text stated that a severe epidemic of plague had broken out in the Nimpo area. The concluding shot was of Chinese orderlies in white overalls disinfecting the plague area. It was from this film that I learned quite definitely that the bacteriological weapon was employed in the Nimpo area.

Question: What else do you know about the employment of the bacteriological weapon?

Answer: I know that the Ishii Detachment employed the bacteriological weapon at the time of the Khalkhin-Gol incident.

In July 1944, I was transferred from the Sunyu Branch to Detachment 731 at Pingfan Station, as Chief of the Training Division. I took over from my predecessor, Lieutenant Colonel Sanoda, who left for Japan the very same day. In his safe I found documents showing that the bacteriological weapon had been employed at the time of the Nominhan incident, that is, the incident at the river Khalkhin-Gol.

There were photographic negatives of that period, a list of the suicide-men who had taken part in the operation, and an order by Major Ikari. I remember that the Suicide Squad consisted of two officers and about twenty non-commissioned officers and privates. At the foot of the list were signatures written in blood.

Question: Whose was the first signature?

Answer: That of the Chief of the squad, Ikari. Then there were a number of detailed instructions by Ikari, as to how the men were to arrange themselves in the trucks, and how the kerosene tins were to be handled, and then a few instructions as to how the men were to make their way back.

It was clear to me from these two documents that a Suicide Squad consisting of about twenty to thirty men had contaminated a river with bacteria—I think it was the river Khalkha.

The following day I took these documents to Major Ikari. When I turned them over to him, I asked him what the results of the operation were. Ikari took the documents without saying a word.

That there was such an operation is indisputable, but what its results were, I do not know.

Question: What do you know about the freezing experiments conducted by the detachment?

Answer: I was told by researcher Yoshimura that at times of great frost, with temperatures below —20°, people were brought out from the detachment's prison into the open. Their arms were bared and made to freeze with the help of an artificial current of air. This was done until their frozen arms, when struck with a short stick, emitted a sound resembling that which a board gives out when it is struck. I also read his account of the experiments. A film was made on this subject too.

The picture showed four or five men, with their legs in chains, being led out into the open, dressed in warm clothing, but with their arms bare. Then the process of artificially accelerating the freezing with the help of a large fan was shown. Next one saw the men's arms being struck with a stick to test whether they had definitely frozen, and after that the men were brought into a room. Yoshimura told me that these researches were being conducted with a view to future war against the U.S.S.R.

Question: Will you tell us everything you know about the experiments on the proving ground at Anta Station?

Answer: Anta Station is situated 146 kilometres from Harbin. Near it the detachment had a proving ground, where the 2nd Division conducted various experiments under field conditions.

In January 1945, by order of the Chief of Detachment 731, I went to Anta Station. There I saw experiments in inducing gas gangrene, conducted under the direction of the Chief of the 2nd Division, Ikari, and researcher Futaki. Ten prisoners were used for the purpose. They were tied facing stakes, five to ten metres apart from one another. The prisoners' heads were covered with metal helmets, and their bodies with screens.

Each man's body was fully protected, only the naked buttocks being exposed. At about 100 metres away a fragmentation bomb was exploded by electricity, this being the means of causing the infection. All ten men were wounded in the exposed part. The experiment over, the ten men were put in a special automobile and sent back to the prison at Pingfan Station. I later asked Ikari and researcher Futaki what the results had been. They told me that all ten men had been injured and died of gas gangrene.

Question: Did you say that when General Ishii was appointed Chief of the detachment he began to hold conferences with the officers?

Answer: After his arrival in the detachment, Ishii arranged such talks every day.

One day he said in the presence of the chiefs of the divisions and a number of officers that if in the future it should be necessary to employ bacteriological weapons, the best and most effective weapon would be plague fleas. He said that headquarters and the branches must do their utmost to expand the mass production of plague fleas. It was after this that the training of about twenty men in breeding plague fleas, to which I have referred, was instituted.

In this connection, the personnel of Tanaka's section at detachment headquarters was increased. At the same time, headquarters' planning section drew up a project for the enlargement of the Ishii Detachment generally.

One day Ishii said that it was expected that the final and decisive battle would take place in 1945, between June and September, when America was expected to effect a landing operation on the territory of Japan proper, and he said that we must make most thorough preparation for action against America and the Soviet Union.

Question: I want to cite the testimony you gave, contained in Vol. 10, on page 157. You quoted Ishii as saying the following:

> "The military situation at the fronts is going from bad to worse . . . by the end of the spring, or in the summer of 1945, we shall have to employ our last means, among them the bacteriological weapon, in order to turn the tide in Japan's favour."

Do you confirm this testimony?

Answer: I do.

Question: Under what circumstances did Detachment 731's branch at Sunyu terminate its existence? Who gave the order for the destruction of the branch?

Answer: On August 9, 1945, war broke out. Late that night I received a coded telegram from headquarters. There was no doubt that it was from the Chief of the detachment, but I could not decipher it. I left it undeciphered, and proceeded together with the detachment to the positions in the Sunyu area. I ordered a group of five or six men, including Sub-Lieutenant Inoue, to remain behind and to proceed to the positions after the branch had been burned down.

Question: Consequently, it was you who gave the order for the destruction of the branch?

Answer: That is so.

Question: And what happened next?

Answer: I issued a dose of potassium cyanide to each member of the branch and said that if they should by any chance be taken prisoner by the Soviet Army, they were to swallow it. After that, I left for the positions. This was done because it never occurred to us that Japan might surrender, and we therefore decided to retire to the hills and there commit collective suicide.

Question: But you did not commit collective suicide?

Answer: Japan surrendered, and we received orders from the divisional commander and surrendered in full order.

Question: Did any of your men commit suicide?

Answer: One man did.

Question: You admit that you were an active member of Detachment 731, a secret bacteriological unit of the Japanese Army?

Answer: Yes.

Counsel Bolkhovitinov: Accused Nishi, did you join the army voluntarily, or were you enlisted?

Accused Nishi: I joined as a volunteer.

Question: Under what circumstances were you assigned to Detachment 731, and to its Branch 673 in particular?

Answer: In January 1943, I received an order of the Japanese War Minister appointing me Chief of the Sunyu Branch. In July 1944, also by order of the War Minister, I was appointed Chief of the Training Division, and from July 1945 on, parallel with this post, I also performed the duties of Chief of the Sunyu Branch.

Question: Do you now realize the utter criminality of the ultimate aims of the work of Detachment 731, and by its Branch 673 in particular, and do you now repent of your deeds?

Answer: I consider that the experiments on the people confined in Detachment 731's prison were inhuman. I also realize that the rats and fleas bred by my branch were the cause of great evil.

EXAMINATION OF ACCUSED KAJITSUKA

President of the Court: Accused Kajitsuka, what positions did you hold in the Japanese Army?

Accused Kajitsuka: In 1915 I received the rank of Lieutenant of the Medical Service of the Japanese Army. After this I worked in the 1st Military Hospital, and was then a teacher at the Military Medical Academy in the city of Tokyo and Chief of the Sanitary Division of the Medical Administration of the Ministry for War. In 1937 I was Chief of the Medical Division of the Japanese Army in China. That same year I was promoted to the rank of Major General of the Medical Service, and also in that year I was appointed Chief of the Medical Division of the 2nd Army. In 1938 I was Chief of the Medical Administration of the Japanese Army in Korea. From December 1939 until Japan's surrender, I was Chief of the Medical Administration of the Kwantung Army.

Question: What is your scientific degree?

Answer: I am a Doctor of Medical Sciences.

Question: When did you receive this degree?

Answer: In 1924.

Question: For what scientific work did you receive this degree?

Answer: For work on paratyphoid fever.

Question: What is your medical speciality?

Answer: I am a bacteriologist.

Question: Have you done research work in bacteriology?

Answer: I have.

Question: Have you any other work to your credit in bacteriology, besides those already mentioned?

Answer: I have written a work on questions connected with epidemic plague.

Question: What were your functions in the Sanitary Division of the Medical Administration of the War Ministry?

Answer: I was Chief of the Medical Division of the Administration. The Administration had two divisions, and I was Chief of one, the Medical Division.

Question: When did you receive your last military promotion?

Answer: My last promotion was to the rank of Lieutenant General; it was in August 1940.

MORNING SITTING, DECEMBER 27

EXAMINATION OF ACCUSED KAJITSUKA RESUMED

State Prosecutor: Accused Kajitsuka, when was Detachment 731 formed, and by whom?

Accused Kajitsuka: Detachment 731 was organized at the end of 1935 or the beginning of 1936, I don't remember exactly, by decree of the Emperor of Japan.

Question: Who in the Medical Administration visaed the draft of the order issued in pursuance of this decree?

Answer: It was done in the name of the Emperor of Japan.

Question: I understand that, but I am asking you whose visa was on the draft. Did the draft bear your visa?

Answer: My visa must have been on the draft.

Question: Do you confirm the testimony you gave on October 23 and 24, 1949?

Answer: I do.

Question: Now let us pass to the way the detachment was recruited. Did you take part in the recruiting of qualified bacteriological specialists for the detachment?

Answer: Yes, I did.

Question: Will you tell us, did you ever work in the 1st Military Hospital in Tokyo?

Answer: I did.

Question: And where did you make the acquaintance of Ishii Shiro, who was later Chief of Detachment 731?

Answer: I first became acquainted with Ishii Shiro in the 1st Military Hospital in Tokyo.

Question: When working together with Ishii?

Answer: Yes.

Question: Who was first appointed Chief of Detachment 731?

Answer: Ishii Shiro.

Question: The same Ishii Shiro who, after his return from a mission abroad, began to advocate the necessity of Japan's making active preparations to wage bacteriological warfare?

Answer: Yes, that is so.

Question: Did you share the views of Ishii Shiro?

Answer: Yes, I agreed with him as regards the necessity for such researches.

Question: Did you support the nomination of Ishii Shiro to the post of Chief of the detachment?

Answer: I did.

Question: By the way, you were a bacteriologist by speciality?

Answer: Yes.

Question: Will you tell us in greater detail what you know about Ishii Shiro? In particular, tell us which high-placed persons in the Japanese Ministry for War and the Japanese General Staff shared and supported his views regarding preparations for bacteriological warfare.

Answer: In 1931, after his return from Europe, Ishii Shiro taught at the Army Medical Academy in Tokyo. He began to say that the most powerful states were preparing for bacteriological warfare, and that if Japan did not do the same, she would in the future find herself in serious difficulties. I heard that Ishii was telling responsible leading officials of the Japanese Ministry for War and General Staff that, from the operations and strategical standpoint, the bacteriological weapon was very useful as a weapon of attack.

Question: And which of the leading officials of the General Staff and in the Ministry for War supported and shared Ishii's views?

Answer: As far as I know, his most active supporter was Lieutenant General Nagata, who was later Chief of the Military Affairs Department of the Ministry for War.

Question: And what about Colonel Suzuki, Chief of the 1st Section of the Strategical Division of the General Staff.

Answer: As to Colonel Suzuki, I know that he agreed with Ishii. That General Nagata was Ishii's most active supporter is borne out by the following fact. In Ishii's study in his laboratory at Pingfan Station there stood a bust of General Nagata. Ishii was so grateful to him, that he always kept his bust about him.

Question: To sum up your own personal participation in the formation of Detachment 731, would it be correct to say that, as Chief of the Sanitary Division of the Medical Administration of the Japanese Ministry for War, you took a direct part in the organization and formation of Detachment 731, and at any rate, agreed to and supported the appointment of Ishii Shiro as Chief of the detachment?

Answer: That is correct.

Question: Were you acquainted with the Japanese Emperor's second secret order, regarding the expansion and reorganization of Detachment 731?

Answer: I learned about it after I was transferred to the Kwantung Army.

Question: Will you tell us the substance of Emperor Hirohito's secret order, on the basis of which the detachment was reorganized?

Answer: For some time after its formation the detachment was called the "Prophylaxis Administration," or the "Antiepidemic Administration," but when it was reorganized it was called the "Prophylaxis and Water Supply Administration."

At first, the Prophylaxis Administration had a personnel of less than 1,000, but after the reorganization, the Prophylaxis and Water Supply Administration had a personnel of about 2,000.

In addition, after the reorganization the detachment was divided into divisions: General Division, 1st Division, 2nd Division, etc.

These were the principal changes introduced during the reorganization.

Question: Of the divisions which were instituted in accordance with the emperor's second order, which of them dealt with water supply?

Answer: The 3rd Division.

Question: Consequently, of all the eight divisions, only one dealt with questions of water supply. Is that correct?

Answer: Yes, that is so. The 3rd Division dealt with water supply, while all the other divisions had no relation to water supply whatever.

Question: Where was the 3rd Division located?

Answer: In the city of Harbin.

Question: And where were the other divisions located?

Answer: At Pingfan Station.

Question: Was the work of these divisions top-secret?

296

Answer: Yes.

Question: Is it true that permits to enter these divisions of the detachment could be issued only by the Commander-in-Chief of the Kwantung Army?

Answer: Yes.

Question: Where were the branches of Detachment 731 located?

Answer: In Linkow, Hailin, Sunyu and Hailar.

State Prosecutor: I request the permission of the Tribunal to have presented to the accused and read out Operations Order No. 398/1 of the Commander of the Kwantung Army of December 2, 1940, on the organization of the branches of the Water Supply and Antiepidemic Administration in Linkow, Hailin, Sunyu and Hailar (Vol. 15, p. 3).

President of the Court: The Military Tribunal has ruled that the order of the Commander of the Kwantung Army of December 2, 1940, shall be read out.*

State Prosecutor: Accused Kajitsuka, were you acquainted with this order of the Army Commander?

Accused Kajitsuka: I was.

Question: Why were all Detachment 731's branches located in the immediate vicinity of the borders of the Soviet Union?

Answer: The basic consideration was to have these branches located where the army formations of the first line were stationed.

Question: When you assumed your duties as administration chief of the Kwantung Army, did you proceed to inspect and familiarize yourself with the work of the institutions under your charge?

Answer: I did.

Question: Did you familiarize yourself with the activities of Detachment 731?

Answer: I did.

Question: Prior to familiarizing yourself with the activities and work of the institutions under your charge, did you receive corresponding instructions from the Commander-in-Chief, General Umezu?

Answer: I did.

---

* See pp. 197-98.

Question: Did General Umezu tell you anything about Detachment 731?

Answer: Before leaving to inspect Detachment 731, I went to report to General Umezu that I was setting out for the inspection, and it was then that he told me that Detachment 731 was engaged in preparations for bacteriological warfare.

Question: When did you make your first inspection of Detachment 731?

Answer: It was soon after my appointment as Chief of the Medical Administration, in March 1940.

Question: Who was then Chief of the detachment?

Answer: Ishii Shiro, who was a colonel at that time.

Question: What did Ishii Shiro tell you about the activities of Detachment 731?

Answer: Ishii made a general survey of the work of the detachment, referring mainly to that part of its work which was specified in the official instructions of the Kwantung Army.

Question: And when was it that Ishii Shiro spoke of the detachment's "secret of secrets"?

Answer: As far as I remember, it was in the early part of 1941.

Question: What was this "secret of secrets" of Detachment 731 that Colonel Ishii Shiro, the Chief of the detachment, told you about?

Answer: The "secret of secrets" was research and other work in preparation for bacteriological warfare, the results of this work and experiments on human beings.

Question: What did Ishii Shiro tell you in respect to this?

Answer: Ishii told me that there were various methods of waging bacteriological warfare, and among these methods were: first—sabotage, second—use of artillery shells, and third—use of aerial bombs.

Ishii Shiro further said that usually artillery shells and aerial bombs were made of metal, but that if such bombs and shells are loaded with bacteria, when the metal bursts, the high temperature developed by the explosion of the heavy charge kills the bacteria. The Ishii Detachment had therefore decided to use porcelain bombs, on which they were now conducting researches.

He said that if the method of spraying bacteria from aircraft is used, this has to be done from a high altitude and does not have the effect desired; if the bacteria are not to perish, they have to be sprinkled from a low altitude.

Ishii further said that if the bacteria are disseminated in pure form, they perish when sprinkled from a great altitude. They had to be put in some kind of envelope, and the best envelope was fleas. It was therefore decided to use plague-infected fleas.

Another effective way of employing the bacteriological weapon, according to Ishii, was to contaminate drinking water and food with the help of pathogenic agents.

Question: Which pathogenic agents did Ishii consider most suitable for use in a future bacteriological war?

Answer: Already at that time he considered plague fleas the most suitable.

Question: Will you tell the Court about this at greater length?

Answer: Ishii said that plague epidemics arose easily under natural conditions, but that it was not easy to induce them artificially. A study of the reasons for this showed, he said, that it was not enough to have the pathogenic agents to start an epidemic; it was necessary to have a good knowledge of physiological conditions and the physiological properties of human beings. And he said that only by studying the physiological properties of man could one learn how to provoke epidemics artificially.

Question: That is, this study of physiological properties was to be made by means of experiments on human beings?

Answer: That is so.

Question: Where were these experiments on human beings conducted? What did General Ishii tell you about these experiments?

Answer: All he told me was that Chinese were being used for the experiments, and that they were performed both in the detachment, that is, under laboratory conditions, and in field conditions. He did not tell me anything more on this subject.

Question: And this, according to Ishii, was the detachment's "secret of secrets"?

Answer: Yes.

Question: Did you know that the bacteriological weapon was used against the Chinese?

Answer: I learned of this in the early part of 1944 from Major General Kitano.

Question: What did Kitano tell you, and in whose presence?

Answer: He spoke of this in my office at the Headquarters of the Kwantung Army. No one else was present. He told me that a group of several men from Ishii's detachment had gone to an area south of Shanghai, taking with them the necessary materials, and had there disseminated plague fleas from the air, and that these experiments had proved effective. This was all he told me about the employment of the bacteriological weapon in China.

Question: Consequently, he told you that the bacteriological weapon had been employed in China in the form of masses of plague fleas, that is, fleas infected with plague. Is that so?

Answer: Yes, that is what he said. He said that this method could be used for spreading plague.

Question: Consequently, Major General Kitano reported to you that those same plague-infected fleas which Ishii was the first to tell you about were the most effective weapon of bacteriological warfare, had been practically employed against the Chinese. Is that so?

Answer: That is so.

Question: Consequently, you knew that the experiments which were originally conducted by Detachment 731 under laboratory conditions and on the proving ground, subsequently assumed a mass scale and passed into the category of bacteriological attacks on the civilian population of China?

Answer: That is so.

Question: Now let us pass to the question of how you yourself assessed these bacteriological attacks on the Chinese people.

I shall recall the testimony you gave on October 30, 1949, to be found in Vol. 8, p. 105. You then said:

> "I confirm that Detachment 731 employed the bacteriological weapon against Chinese troops and civilians in Central China. Undoubtedly, for the Chinese this was a weapon of attack, but for the Japanese, I consider it was an experimental one."

300

Perhaps you will explain these words and tell us what you meant when you said that for the Japanese this weapon was an experimental one.

Answer: This should be understood in the sense that the effect of this weapon had not been finally investigated, and that the experiments were being conducted to determine its effect.

Question: You are a physician by speciality?

Answer: Yes.

Question: And being a physician by speciality, a member of a humane profession, you nevertheless considered that the employment of tens of millions of plague fleas against the Chinese civilian population was only an experiment?

Answer: Of course, it was an experiment, but it was an inhuman experiment.

Question: What did General Kitano tell you about the experiments on human beings that were conducted on the proving ground at Anta Station?

Answer: He told me that on the detachment's proving ground at Anta Station experiments were being conducted in infecting human beings and animals with the help of a specially designed shell placed at a definite distance away from them, and that as a result of these experiments human beings and animals had been infected with anthrax. In other words, these experiments in infecting human beings and animals were performed with the help of bombs.

Question: What was the nationality of the people who were experimentally infected with anthrax?

Answer: Kitano did not expressly say what the nationality of these people was, but since Ishii had told me that the people held for the experiments were Chinese, I inferred that they were Chinese in this case too.

Question: I shall recall the testimony you gave at the preliminary investigation on November 15, 1949 (Vol. 8, p. 139). On the subject of these experiments, you said the following:

> "According to Kitano, these experiments were performed on animals and Chinese. Special bombs charged with anthrax bacteria were used for the experiments. The bomb was exploded from the ground, and after the

explosion the experimental animals and human beings were found to be infected with anthrax bacteria."

Do you confirm this testimony?

Answer: I do.

Question: Do you confirm your testimony to the effect that the Chief of the Medical Administration of the Kwantung Army exercised direction of Detachment 731's research work?

Answer: I do.

State Prosecutor: I request the Court to have read out the record of the confrontation between accused Kajitsuka and witness Matsumura, former Major General of the Japanese Army and former Chief of the Operations Division of the Kwantung Army Headquarters. The record of this confrontation is to be found in Vol. 8, on pp. 265-67.

President of the Court: The Military Tribunal rules that the record of the confrontation on December 8, 1949, between witness Matsumura, former Chief of the Operations Division of the Kwantung Army Headquarters, and accused Kajitsuka shall be read out.

(The President reads the record of the confrontation between Matsumura and Kajitsuka.

The record is simultaneously read in Japanese.)

Accused Kajitsuka, will you please go up to the microphone.

State Prosecutor: Do you confirm these statements you made at the confrontation?

Accused Kajitsuka: I do.

Question: When you directed Detachment 731's research work on the properties of bacteria, you knew that these experiments were being conducted on human beings?

Answer: I did.

Question: Does the name of researcher Yoshimura suggest anything to you?

Answer: It does.

Question: Will you tell the Court what Yoshimura did in Detachment 731?

Answer: I first learned that researcher Yoshimura was working in Detachment 731 when I made my first visit of inspection to the detachment in March 1940. While examining the detachment's laboratories, I made the acquaintance of researcher Yoshimura.

Here, in this laboratory, I learned that Yoshimura was engaged in investigating frostbite, in studying the causes leading to frostbite, in other words, the pathology of frostbite.

I subsequently familiarized myself with Yoshimura's scientific work. Essentially, the idea was that the best way to cure frostbite was to immerse the frozen extremity in warm water at a temperature of 37°. From this I knew that Yoshimura was engaged in researches on frostbite.

Question: And Yoshimura's work on the pathology of frostbite came within the purview of, and was of particular interest to, precisely the Medical Administration of the Kwantung Army, of which you were the head, in the event of winter operations by the Kwantung Army. Isn't that so?

Answer: Yes, they were of interest to us.

Question: And you knew about these experiments of Yoshimura?

Answer: I did.

Question: And you were familiar with his written reports?

Answer: Yes.

Question: Did you direct Detachment 731's researches in haemorrhagic fever, and also in vaccines of typhoid, plague and cholera?

Answer: Yes.

Question: And you knew that all these experiments were being conducted on human beings?

Answer: Yes, I was told about it.

Question: Hence, you knew Detachment 731 was conducting experiments on human beings on a very wide scale?

Answer: Yes.

Question: Did you report to General Yamada, Commander of the Kwantung Army, that Detachment 731 was conducting secret researches on the practical application of the bacteriological weapon?

Answer: Yes, I told him about this.

State Prosecutor (to the Court): Permit me, in this connection, to put a question to accused Yamada.

President of the Court: Accused Yamada, will you go up to the microphone.

State Prosecutor: Accused Yamada, from whom did you first learn that Detachment 731 was engaged in active work on the study and practical application of bacteriological weapons?

Accused Yamada: From Kajitsuka, Chief of the Medical Administration of the Kwantung Army Headquarters.

Question: The same Kajitsuka who is standing by your side?

Answer: Yes.

State Prosecutor: I have no more questions to put to accused Yamada.

President of the Court: Accused Yamada, please sit down. Accused Kajitsuka, go up to the microphone.

State Prosecutor: Accused Kajitsuka, will you tell us what uniform was worn by the military personnel of Detachment 731? Was it the usual uniform of the Medical Service, or ordinary army uniform?

Accused Kajitsuka: The personnel of the Army Medical Service working in Detachment 731 did not wear the insignia of their branch of the service.

Question: And what was the reason for this?

Answer: In order to keep the work of Detachment 731 secret.

State Prosecutor: In this connection, I would request the Court to have read out the circular of the Kwantung Army Headquarters No. 1539, of June 30, 1938, contained in Vol. 21, pp. 3-4. It is the circular about the establishment of a special military zone in the Pingfan area.

President of the Court: The Military Tribunal has ruled that the circular of the Kwantung Army Headquarters No.1539, of June 30, 1938, shall be read out. Accused Kajitsuka, please take your seat.

(The President reads out the circular of the Kwantung Army Headquarters No. 1539, of June 30, 1938, "On the Establishment of a Special Military Zone in the Pingfan Area."*

The document is also read out in Japanese.)

Accused Kajitsuka, please go up to the microphone. Continue your interrogation, State Prosecutor.

---

* See pp. 159-60.

State Prosecutor: Accused Kajitsuka, do you confirm that the special military zone at Pingfan Station was very strictly guarded, that it was a strictly secret military zone?

Accused Kajitsuka: I do.

Question: Did you know what was the productive capacity of the equipment of Detachment 731's 4th Division?

Answer: I knew that this division had a very high productive capacity, but I had no inkling it was as big as it appears to have been from the testimony of other accused.

Question: Were you familiar with the construction of the Ishii cultivator?

Answer: I was.

Question: Was it not clear to you, as a bacteriological specialist, that by the very nature of the process by which the bacteria were bred in the Ishii cultivator, these bacteria could not be used for the preparation of vaccines, and could only be used for the mass production of microbes for use in bacteriological warfare?

Answer: Yes, that was clear to me.

Question: Hence you were aware that the 4th Division of the Ishii Detachment was engaged in the mass cultivation of bacteria for purposes of bacteriological warfare?

Answer: Yes.

Question: Do you confirm the testimony you gave to the effect that you were fully aware that the experiments in testing deadly infectious diseases were being performed by Detachment 731 on human beings?

Answer: I do.

Question: You admit that you directed the detachment's research work on „songo" fever and on vaccines of typhus, plague and cholera?

Answer: I do.

Question: And you also admit that you were fully aware of the experiments being conducted by experimenter Yoshimura, researcher of Detachment 731, namely, his experiments on frostbite?

Answer: I do.

Question: You admit that, by their very nature, these experiments were such as to particularly interest the Medical Administration of the Kwantung Army?

Answer: I do.

Question: And do you admit, lastly, that you were informed of the attacks made by Detachment 731 on the Chinese population with the help of plague-infected fleas?

Answer: I do.

State Prosecutor: I have no more questions to put to accused Kajitsuka.

Counsel Sannikov: When Detachment 731 was being formed in 1936, did you know that its real purpose was to prepare for bacteriological warfare, or did you not?

Accused Kajitsuka: I knew that the detachment would engage in researches in this field, but I thought that it would chiefly function as part of the antiepidemic service.

Question: Will you tell us by whom, and when, you were first informed of Detachment 731's work in preparation for bacteriological warfare?

Answer: I definitely learned that the detachment was conducting such researches from what the Commander-in-Chief of the Kwantung Army told me when I was about to leave for my first inspection visit to this detachment.

Question: You knew definitely which part of Detachment 731's activities were under the direction of the Operations Division of the Kwantung Army Headquarters?

Answer: I did.

Question: When you visited Detachment 731 in March 1940, did you examine all the detachment's divisions, and if not, why?

Answer: When I visited Detachment 731 in March 1940, the written permit issued to me by the Kwantung Army Headquarters restricted the places I was allowed to visit. I recall, for instance, that I was not permitted to visit buildings 7 and 8, or it may have been 6 and 8, I cannot remember exactly. I might familiarize myself with everything else, and when I was met in the detachment, I was conducted through all its premises, but not through these. From this I understood that I was forbidden to visit and acquaint myself with the detachment's secret premises.

Question: That which Major General Ishii told you about the work of Detachment 731, did he tell it to you in performance of his official duties, or in the way of private conversation?

Answer: In the way of private conversation.

Question: You said, when replying to the President, that you had a scientific degree, and were the author of scientific works. Do you consider it compatible with your work as a physician and specialist to have shared the views of the advocates of bacteriological warfare?

Answer: I shared Ishii's opinions and ideas regarding the necessity for an antiepidemic service, but I consider all the subsequent activity of this detachment villainous; and that I myself was connected with this work and shared in it, I consider complicity in villainy, and repent of it.

EXAMINATION OF ACCUSED SATO SHUNJI

State Prosecutor: Accused Sato, when were you appointed Chief of Detachment Nami 8604, and how long did you hold this position?

Accused Sato: I was Chief of Detachment Nami 8604 in the city of Canton from December 1940 to February 1943.

Question: To what post were you transferred from Detachment Nami 8604 in Canton?

Answer: I was transferred to the post of Chief of Detachment Ei 1644 in Nanking.

Question: How long were you Chief of Detachment Ei 1644 in Nanking?

Answer: Exactly a year, until February 1944.

Question: When were detachments Nami 8604 and Ei 1644 formed?

Answer: In 1939.

Question: How many branches did Detachment Ei 1644 in Nanking have?

Answer: Twelve.

Question: What was the size of the personnel of Detachment Ei in Nanking, together with its branches?

Answer: About 1,500 men.

Question: What connection did Ishii Shiro have with Detachment Ei 1644 in Nanking?

Answer: When the detachment was formed, Ishii was its chief.

Question: You knew that Ishii Shiro was most active in research on bacteriological means of warfare?

Answer: Yes, I knew that.

Question: Who headed Detachment Ei 1644 when Ishii left?

Answer: The Chief of the Nanking Detachment after Ishii was Colonel Oota, who also served in the Ishii Detachment.

Question: What position did Lieutenant Colonel Onadera hold?

Answer: He was Chief of the General Division of Detachment Ei 1644.

Question: Let us now pass to the equipment of Detachment Ei 1644, which you headed. Will you describe the equipment Detachment Ei 1644 possessed for the mass cultivation of bacteria?

Answer: Of the equipment for the mass production of bacteria, I consider it necessary to mention the incubator room, whose dimensions were $5 \times 5 \times 2.5$ metres, two autoclaves of cylindrical form, 1.5 m. in diameter and 2.5 m. in length, and also about 200 Ishii cultivators.

Question: Did Detachment Ei 1644 in Nanking possess Koch boilers?

Answer: Detachment Ei 1644 had 50 Koch boilers. And another 10 in addition. Part of them were at headquarters, but the branches also had boilers.

Question: What output of bacteria substance was the detachment's equipment designed for?

Answer: With all the equipment operating, the output of bacteria substance was 10 kilograms per production cycle.

Question: Do you confirm the testimony you gave on December 9, 1949, which is to be found in Vol. 14, p. 302, to the effect that Detachment Ei 1644 in Nanking, which you directed, dealt not only with prophylaxis and water supply, but also engaged in researches on the mass production of bacteriological weapons? (This testimony is read out in Japanese.)

Answer: I do confirm it.

Question: Did Detachment Ei 1644 in Nanking engage in the breeding of fleas?

Answer: Yes, it did.

Question: Will you please tell us how the fleas were bred?

Answer: Detachment Ei 1644 bred fleas before I joined it, using for this purpose about 100 motor spirit cans.

Question: Accused Sato, will you please tell us what you know about the assistance Detachment Ei 1644 rendered Detachment 731 in bacteriological attacks on the Chinese population?

Answer: When I was serving with Detachment Ei 1644, I was told by Colonel Oota and Lieutenant Colonel Onadera that the bacteriological weapon was employed at Nimpo in 1940, at Changteh in 1941, and in the Chekang operation in 1942. Plague fleas were used, which were scattered from aircraft.

Some of the men of Detachment Ei 1644 assisted in the Chekang operation. In addition, many men were sent by Detachment 731. I don't know the exact details of the operation, but I do know that headquarters of Detachment Ei 1644 assisted the execution of this operation, in particular, by breeding fleas.

Question: In other words, Detachment Ei 1644 supplied the expeditionary group from the Ishii Detachment with a certain quantity of fleas for purposes of infection with plague? Is that so?

Answer: Yes.

Question: When Detachment 731's expeditionary group arrived in Nanking, where did it make its base?

Answer: At Detachment Ei 1644 in Nanking.

Question: Consequently, at the time of this expedition from the Ishii Detachment to Central China, Detachment Ei 1644 served as the base for the expeditionary group. Is that so?

Answer: Yes.

Question: While you were Chief of Detachment Ei 1644, who engaged in cultivating the bacteria of plague and in breeding fleas?

Answer: Captain Murata.

Question: Did the detachment's Bacteriological Division set up any special section or special sub-section for the breeding of fleas and the cultivation of plague germs?

Answer: Yes, it did.

Question: To what position were you transferred frcm Detachment Ei 1644 in Nanking?

Answer: To the position of Chief of the Medical Service of the 5th Army.

Question: What branch of Detachment 731 was based in the territory where your army was stationed?

Answer: There were two branches in the area of the 5th Army, one of them at Hailin Station, the other at Linkow.

Question: What branch was accused Onoue chief of?

Answer: He was Chief of Branch 643 at Hailin Station.

Question: Did you, at the request of accused Onoue, issue an order for the catching of rats to help the branch in the breeding of fleas?

Answer: It was not an order, it was a request to unit commanders. The Chief of the army's Medical Service had no right to issue orders to army units.

Question; So you wrote a special letter to the unit commanders on the subject?

Answer: Yes.

Question: What circumstances induced you to write this letter to the unit commanders?

Answer: Major Onoue had applied to me on the desirability of having rats. I therefore wrote a letter saying that rats which were caught in the army units should not be killed, but sent to Major Onoue. I should explain that it was not convenient to say in the letter that the army units should go in for rat catching, and so it was put in the form of a suggestion that they should not kill the rats they caught, but send them to Branch 643.

Question: As a bacteriologist, and, moreover, as former Chief of Detachment Ei 1644 in Nanking, it was of course clear to you that these rodents were to be used by Detachment 731 for the breeding of fleas?

Answer: Although Major Onoue did not say as much, I could guess that this was so.

Question: How many bacteriological units were there in Nanking?

Answer: If bacteriological detachments are meant, there were none besides Detachment Ei 1644.

Question: You know that Detachment Ei 1644 in Nanking was at one time designated by the code name "Tama"?

Answer: I do.

Question: Now, accused Sato, will you tell us what experiments on human beings were conducted by Detachment Ei 1644, of which you were Chief?

Answer: It did not conduct experiments on human beings.

State Prosecutor: Since the accused denies this fact, I have no more questions to put to him. But I have a request to make to the Court. I request the Court to have read out the stenographic record of the sitting of the International Military Tribunal of the Far East in Tokyo on August 29, 1946. At this sitting of the International Military Tribunal for the Far East in Tokyo a report of the District Prosecutor's Office of Nanking was read out of an investigation it had made of Japanese atrocities in Nanking, and, in particular, of the criminal activities of Detachment Tama, or Detachment Ei 1644. It was established that atrocities had been committed similar to those perpetrated by the Ishii Detachment. This excerpt from the stenographic record of the sitting of the International Military Tribunal for the Far East in Tokyo is to be found in Vol. 22, p. 36. I request the Tribunal to have this excerpt read out.

President of the Court: The Military Tribunal has ruled that the excerpt from the stenographic record of the sitting of the International Military Tribunal for the Far East in Tokyo shall be read out.

(The President reads the excerpt from the stenographic report of the sitting of the International Military Tribunal for the Far East. The document is also read in Japanese.*)

Counsel Bogachov: Accused Sato, what is your social origin?

Sato: I come from a family of nobles.

Question: What is your medical speciality?

Answer: Pathology.

Question: What is your scientific degree, when did you receive it and for what scientific work?

Answer: In 1931 I received the degree of Doctor of Medical Sciences for a work on "Experimental Infusion of Glucose Solutions."

Question: Did you specialize in bacteriology?

---

* See p. 220.

Answer: No.

Question: For what were you decorated, and when?

Answer: I was granted the Order of the Rising Sun, Fourth Class, for taking part in the Manchurian events, and the Order of the Golden Hawk and the Order of the Rising Sun, Third Class, for taking part in the Chinese events.

Question: Did you receive any decorations from 1941 on?

Answer: I did not.

EXAMINATION OF ACCUSED HIRAZAKURA

State Prosecutor: Accused Hirazakura, from what date, and in what capacity, did you serve in Detachment 100 of the Kwantung Army?

Accused Hirazakura: I served with Detachment 100 from July 1942.

Question: In what section of Detachment 100 did you serve?

Answer: From 1942 to December 1943, I worked in the 1st Section of the 2nd Division, then I worked in the newly-formed 6th Section, and from April 1944 until Japan's surrender I worked with an expedition of the detachment in the Hailar area.

Question: Will you tell the Court in detail what was the character of Detachment 100, in which you served since 1942?

Answer: According to its official name, Detachment 100 was outwardly a hippo-epizootic unit of the Kwantung Army. Actually, it engaged in preparations for bacteriological warfare.

Question: Where was the detachment's headquarters located?

Answer: Its headquarters were located in the village of Mênchiangtung, 10 kilometres south of the city of Changchun.

Question: To whom was Detachment 100 directly subordinated?

Answer: It was directly subordinated to the Command of the Kwantung Army.

Question: Who directed the activities of Detachment 100?

Answer: Lieutenant General Takahashi, who was then Chief of the Veterinary Administration of the Kwantung Army.

Question: Did Detachment 100 have branches?

Answer: The detachment had a branch in Dairen, and there were also hippo-epizootic branches in Dairen and Hailar, but the Hailar Branch was later transferred to Koshan.

Question: Of whom did the personnel of the detachment and its branches consist?

Answer: The personnel of the detachment consisted of chemists, bacteriologists, botanists and veterinary specialists.

Question: Will you tell what you know of the structure and work of Detachment 100?

Answer: The detachment had a personnel of roughly 600 to 800. The number varied from time to time, so I give an approximate figure. Besides the headquarters of the detachment, there was a General Division, and 1st, 2nd, 3rd and 4th divisions. The General Division consisted of several sections—a Planning Section, and a Research Section, for example—and it had a special plantation, or experimental field, at its disposal. The 1st Division chiefly engaged in making blood tests of the horses and other animals of the Kwantung Army for the purpose of determining such diseases as glanders, piroplasmose and infectious anemia.

The 1st Division was divided into several sections, but how many I do not recollect.

At first, until 1943, the 2nd Division consisted of five sections, and later of six sections, and chiefly engaged in experimental and research work in bacteriological warfare. The 1st Section was a bacteriological section, the 2nd a pathological section, the 3rd had charge of the experimental animals, the 4th was an organic chemistry section, the 5th botanical, and also dealt with questions of plant pathology, and the 6th engaged exclusively in preparations for bacteriological warfare.

The 3rd Section had experimental animals—horses, for example—at its disposal.

The chiefs of the sections, whether army officers or civilian scientific workers, were specialists in bacteriology, botany, organic chemistry, or pathology. After Lieutenant

General Takahashi, former Chief of the Veterinary Administration of the Kwantung Army, inspected the detachment in December 1943, a sixth section of the 2nd Division was organized. It engaged in preparation for bacteriological warfare. I should add that the 5th Section of the 2nd Division conducted research on means of poisoning, or infecting, plants with the help of bacteria. That is all I can say.

Question: What infectious diseases were adopted by the 2nd Division as the basic means of bacteriological warfare?

Answer: Glanders, sheep plague, cattle plague and anthrax, to my knowledge.

Question: How many men worked in the 2nd Division on the mass cultivation of microbes for bacteriological warfare?

Answer: I know that at the time of my transfer to the Hailar area, a group of about 20 men had been working for a long time under researcher Nishida and laboratory assistant Yamaguchi on research on anthrax and glanders. In addition, there was Captain Takaaki's group, which studied and also prepared mass quantities of cattle-plague and sheep-plague microbes; the 6th Section worked in this field too, and had 40 or 50 men.

Question: Do you confirm the testimony you gave at the preliminary investigation to the effect that the detachment's 2nd Division, which specialized in preparations for bacteriological warfare, had 20 officers, 30 researchers and 50 technical workers?

Answer: I said that this was the personnel of the 2nd Division.

Question: That is, you confirm this testimony?

Answer: I do.

Question: Will you tell us in greater detail about the history and functions of the 6th Section of the 2nd Division? What were the 6th Section's specific functions?

Answer: The 6th Section, as I recall it, was organized towards the end of 1943. As I have already said, Lieutenant General Takahashi, former Chief of the Veterinary Administration of the Kwantung Army, visited the detachment. Escorted by Lieutenant Colonel Yamaguchi and researcher Takase, he made an examination of the 2nd Division's laboratories. After this they conferred for a long time together in private. Then Chief of the Veterinary Administration Takahashi left, and a week later an order was issued to set up a new, the 6th, section of the 2nd Division. The functions which had until then belonged to the 1st Section, were turned over to the new, 6th Section, as well as part of the functions of other sections, and also personnel. All the cellars belonging to the 1st Section were turned over for the use of the new section. Together with this, the construction of new buildings for the needs of the 6th Section was begun, and the building work was still continuing in 1944, when I was transferred to Hailar.

Question: Did Detachment 100 perform experiments on human beings?

Answer: In 1944 I went to the detachment from Hailar to report on my work. This was in the month of September. When I entered the detachment's territory, I met researcher Matsui, carrying a vessel containing some sort of vegetable food. In answer to my enquiry, he said that he was taking the food to the confinement cells to make an experiment on human beings, but what sort of experiment he did not say.

Question: What do you know about tests and experiments conducted in Detachment 100 on the practical employment of various microbes in bacteriological warfare? Did you yourself take part in any expeditions?

Answer: In 1942, approximately in July and August, I took part in summer manoeuvres. Of these I shall now speak.

The contingent which took part in these summer manoeuvres was commanded by Major Muramoto. Besides him, there were several researchers, officers and technical workers, a total of about 30 men.

All the necessary apparatus and material were sent to Changchun, the transportation being directed by Sub-Lieutenant Kaneda.

The experiments under field conditions were conducted in the North Khingan Province, in the Tryokhrechye area, on the banks of the river Derbul, which flows near the Soviet border. The purpose of these experiments was to test the possibility of employing bacteria in the event of war.

Question: Which bacteria exactly?

Answer: The river and lakes were infected with glanders, and the ground with anthrax.

Question: Which river?

Answer: River Derbul, near the Soviet border. Tracts about a kilometre long were contaminated. The contamination was effected at definite intervals, approximately 100 metres apart. The contamination was done by researchers Mitsuda and Ida Kiyoshi, who used rubber boats for the purpose. How they scattered the bacteria, I do not know.

Question: Incidentally, accused Hirazakura, this is the river Derbul that falls into the Argun, which is contiguous with Soviet territory, is it not?

Answer: Yes, that is so. River Derbul falls into a river which flows along the Soviet-Manchurian border.

Question: And it was this river Derbul which was contaminated with glanders germs, is that so?

Answer: Yes, that is so.

Question: Will you now tell us about the next expedition in which you took part? I am referring to the 1944 expedition.

Answer: In April 1944, Lieutenant Colonel Osaka, Chief of the 2nd Division, summoned me and took me to the office of General Wakamatsu, the detachment chief, where I was informed of an order assigning me to take part in an expedition. The expedition was to consist of seven men, and was to be commanded by Captain Asao, but one of the group took sick, and I was appointed in his place. I was warned that the expedition was secret, and that it was going to the North Khingan Province. I was given two documents to read and was told that I would receive detailed instructions and explanations from Captain Asao on the spot.

One of the documents was an order which said that the group's mission was to investigate areas of the North Khingan Province and determine the total number of cattle in these areas. The cattle in these areas roamed freely in pastures, and our task was to make a survey of the cattle, pastures, water sources, roads and cattle diseases.

This order was a top-secret one, or as it was marked, a "military secret." It said that, in pursuance of an operations order of the Commander-in-Chief of the Kwantung Army

(I do not remember the number of that order, but it bore the letter Hei), in the event of war—war with the Soviet Union was meant—the cattle, of which there were large quantities in the North Khingan Province, were to be evacuated to the east of the Greater Khingan Mts. and, if this should prove impossible, were to be destroyed.

On receiving this order, I went alone to Hailar, where I placed myself at Captain Asao's disposal and worked as a member of the group until September 1944.

In September, a coded telegram was received, ordering Captain Asao to make his first report on the work done by the group. I proceeded with Captain Asao to Detachment 100, where he made the report to General Wakamatsu, Chief of the detachment. I was not present when the report was made. At this time Captain Asao was notified of his transfer to Tokyo, presumably to the veterinary school, and on his return to Hailar, he proceeded to Tokyo at once. After he left, I was appointed chief of the special group, the survey group. The following year, 1945, in the month of March, I proceeded to the city of Changchun to make a second report. I made the report to Major General Wakamatsu, Chief of Detachment 100, reviewing all the work done by the group. Lieutenant Colonel Osaka and researcher Ida were present. I drew up the report in writing, and illustrated it with maps and charts. Detachment Chief Major General Wakamatsu and Lieutenant Colonel Osaka took me along with them to the Kwantung Army Headquarters, where they ordered me to make the report to Lieutenant General Takahashi, Chief of the Veterinary Administration, which I did in his office. Shortly after I had made the report I returned to Hailar, carrying with me instructions from detachment chief Major General Wakamatsu to purchase cattle in Hailar. The cattle were to be purchased through Manchukuo government agencies. I was to receive the cattle from the Hailar Branch of the Agricultural Livestock Company. A member of the detachment named Hayashi came from Changchun bringing with him 80,000 yen, and we bought 500 sheep, as well as horses and cows to the number of 90 or 100 each. I knew from what detachment chief Major General Wakamatsu had told me that these animals were intended for sabotage purposes, that is, they were to be infected and used for spreading epizootic diseases.

Question: With what bacteria were these cattle to be infected?

Answer: I did not hear what bacteria they were to be infected with, but I presume it was anthrax, glanders and cattle plague.

The purchased cattle were despatched to a place 80 kilometres northwest of Hailar, and were kept there until Japan's surrender. When making my report to detachment chief Major General Wakamatsu in March 1945, I had told him that there were about one and a half million head of cattle in the North Khingan Province. He told me then that in the event of war, the cattle were to be infected with disease with the help of aircraft, and that the special sabotage squad which was to carry out this operation would be formed either by Detachment 100, or by the Kwantung Army Headquarters independently.

Question: And so, accused Hirazakura, have I understood you rightly, that beginning from March 1944, you were a member of a reconnaissance group which made a bacteriological reconnaissance of areas bordering on the Soviet Union, with a view to the waging of active bacteriological operations in the event of war with the Soviet Union. Is that correct?

Answer: It is.

EVENING SITTING, DECEMBER 27

EXAMINATION OF ACCUSED HIRAZAKURA RESUMED

State Prosecutor: What do you know about the expedition of Detachment 100 in the region of the river South Khan-Gol in March 1945?

Accused Hirazakura: The expedition was sent to the region of the river South Khan-Gol in March 1945. It was headed by Lieutenant Colonel Osaka who was later replaced by Major Yamaguchi.

The group included more than 20 researchers. When the group arrived I accompanied it from Hailar to its destination in the Hauno area, 20 kilometres to the south of Hailar.

Question: Tell the Court for what purpose this expedition was organized.

Answer: From what Major Yamaguchi told me about this after the manoeuvres, the object of the expedition was to ascertain the conditions and possibility of infecting cattle and sheep with plague in winter conditions by spraying snow and grass with bacteria.

Question: Do you confirm your testimony given during the interrogation on November 23, 1949? Then you stated the following:

> "As I have earlier stated these experiments had as their aim to test how the vitality of bacteria could be preserved under different conditions so as to employ the results obtained for bacteriological sabotage." (Vol. 17, p. 116.)

(The testimony is read in Japanese.)

State Prosecutor: Do you confirm this testimony?

Accused Hirazakura: Yes, I do.

Question: Accused Hirazakura, tell us how many times you reported to Lieutenant General Takahashi on the results of your bacteriological experiments in the areas bordering on the Soviet Union.

Answer: I reported on two occasions.

Question: Did Lieutenant General Takahashi tell you anything at the time about the methods whereby the cattle in those areas were to be infected in the event of bacteriological warfare?

Answer: In March Major General Wakamatsu told me that bacteriological warfare would be conducted by infecting cattle, using aircraft for the purpose.

Question: What was the nature of your report to Lieutenant General Takahashi?

Answer: I reported to Lieutenant General Takahashi in the presence of the Chief of Detachment 100 on the results of the investigation, that is, on the state of the rivers, water sources, their location, the location of roads, on changing cattle pastures and on the possibility of transferring cattle.

Question: Was there any talk, in the course of your report to Lieutenant General Takahashi, regarding the quantity of bacteria needed to infect those districts?

Answer: Yes, there was talk of that. I do not remember the exact figures, but I do recall that kilograms were mentioned.

Question: On whose orders did you purchase cattle from the people of North Khingan Province?

Answer: I purchased the cattle on the orders of Wakamatsu, Chief of Detachment 100, from an industrial company and not from the people.

Question: What was to happen to this cattle in the event of war? For what purpose did you purchase it?

Answer: Going by what Major General Wakamatsu said I know that this cattle was intended for bacteriological sabotage. In the event of war this cattle was to be infected and dispersed in order to infect the cattle in the enemy rear.

Question: To summarize your testimony: You personally took part in two expeditions of Detachment 100: in the expedition to the Tryokhrechye area and the expedition to North Khingan Province?

Answer: Yes, I did.

Question: The main purpose of these two expeditions was to prepare for bacteriological warfare against the U.S.S.R., is that not so?

Answer: That is correct.

Question: Were you on the staff of the 6th Section of Detachment 100?

Answer: That is correct.

Question: Was the principal assignment of Section 6 to prepare for bacteriological warfare against the Soviet Union?

Answer: Yes.

Question: And in particular to engage in bacteria research and its production on a mass scale for purposes of bacteriological warfare? Is that also right?

Answer: Yes.

State Prosecutor: I have no further questions to the accused.

Counsel Bolkhovitinov: Accused Hirazakura, on whose initiative were you enlisted in Detachment 100?

Accused Hirazakura: I was a veterinary surgeon at the time on the Japanese islands and do not know on whose initiative this was done, but it was either by order of the Divisional Commander or of the Minister for War.

Question: Were you mobilized into the army or did you volunteer for service?

Answer: I was mobilized.

Question: Do you condemn your activities in Detachment 100, and also the idea of bacteriological warfare in general?

Answer: Yes, very much so.

EXAMINATION OF ACCUSED MITOMO

State Prosecutor: Accused Mitomo, when did you first join Detachment 100?

Accused Mitomo: I joined Detachment 100 in April 1941.

Question: In what division of Detachment 100 did you serve?

Answer: In the 2nd Division.

Question: In what sections of the 2nd Division?

Answer: At first in the 1st Section of the 2nd Division. When the 6th Section was formed I began to work there.

Question: When did you begin to work in the 6th Section?

Answer: After April 1943.

Question: Tell us what activities were conducted by the 6th Section of the 2nd Division of Detachment 100.

Answer: The main function of the 6th Section of the 2nd Division was to devise methods of bacteriological warfare and sabotage and the production of bacteria on a mass scale.

This research was made in preparation for bacteriological warfare against the Soviet Union.

Question: What germs primarily were studied?

Answer: Glanders, anthrax, cattle and sheep plague.

Question: Have I understood you correctly in taking it that not only were definite kinds of infection for purposes of bacteriological warfare investigated in the 6th Section, but also bacteria cultivated on a mass scale?

Answer: Yes, that is correct.

Question: What were your functions in the 6th Section?

Answer: I was engaged, in the main, in cultivating the glanders germ. I also took part in experiments on human beings.

Question: Did you take part in any expedition of Detachment 100?

Answer: I took part in the expedition to the river Derbul in July and August 1942 when I worked in the 1st Section.

Question: Who went with this expedition?

Answer: The expedition was headed by Major Muramoto. In addition to him there were several officers and researchers and three technical workers. In all over 20 people.

Question: Was accused Hirazakura among the men who took part in the expedition?

Answer: Yes, he was.

Question: What was the purpose of this expedition?

Answer: The purpose of this expedition was to study the possibility of employing glanders and anthrax germs for sabotage purposes against the Soviet Union. During this expedition the waters of the river Derbul were contaminated with glanders germs and the reservoirs with anthrax germs.

Question: We will now pass over to the question of experiments on human beings. Tell us what experiments were performed on human beings in Detachment 100.

Answer: While serving in Detachment 100 I took part once in experiments on human beings.

Question: I am asking you about something else: were experiments performed on human beings in Detachment 100, or not?

Answer: Yes, they were.

Question: Who performed those experiments?

Answer: Four people conducted the experiments: Ida, a researcher, who supervised all the work, with Lieutenant Nakazima, Matsui, a laboratory assistant, and myself taking part.

Question: Where were the persons designated for experimentation kept in Detachment 100?

Answer: They were kept in an isolation cell of the detachment's guardroom.

Question: To whom personally was this isolation cell subordinated?

Answer: The isolation cell was subordinated to the chief of the office of the detachment's General Division.

Question: Tell us all you know about the experiments on human beings performed in Detachment 100.

Answer: Experiments on human beings were performed in August-September 1944. These experiments took the form of giving the experimentees, without their knowledge, soporific drugs and poisons. The experimentees included 7-8 Russians and Chinese. Korean bindweed, heroin and castor-oil seed were among the poisons used in the experiments. These poisons were put in the food.

The poisoned food was given to the experimentees five or six times over a period of two weeks. Korean bindweed was used mostly in soups, I think heroin in porridge, while tobacco was mixed with heroin and bactal. After eating the soup mixed with Korean bindweed the experimentees dropped off into a deep five-hour sleep 30 minutes or an hour later. After two weeks the experimentees were so weak that they could no longer be used.

Question: What happened to them then?

Answer: For purposes of secrecy all the experimentees were put to death.

Question: How?

Answer: There was the case of a Russian experimentee who, on the orders of Matsui, a researcher, was put to death with an injection of one-tenth of a gram of potassium cyanide.

Question: Who put him to death?

Answer: I made the injection of potassium cyanide.

Question: What did you do with the body of the Russian, whom you had killed?

21*

Answer: I dissected the body at the detachment's cattle cemetery.

Question: What did you do with the body afterwards?

Answer: I buried it.

Question: Where did you dig the pit?

Answer: In the cattle cemetery, at the back of the detachment's premises.

Question: In the same place where the carcases of cattle were buried?

Answer: The place is the same, only the pit different. (There is movement in the courtroom, a low murmur of indignation.)

Question: Tell us in what way you put this person to death, how you committed the murder.

Answer: In order to make the potassium cyanide injection the experimentee was first brought down with diarrhea on Matsui's orders. This served as a pretext to make the potassium cyanide injection.

Question: In other words, you deceived that person? You told him that you were going to give him an injection as a medical treatment, but actually gave him an injection of potassium cyanide, is that right?

Answer: That is correct.

Question: Was he the only person you killed, or have you killed others, too?

Answer: There was the Chinese experimentee who, after eating the porridge I had mixed with poison, wandered about distraught for several hours and then died.

Question: What poison was the porridge mixed with?

Answer: One gram of heroin.

Question: Did you know that you were mixing the porridge with a fatal dose of poison?

Answer: I did.

Question: So you committed this murder fully aware of what you were doing?

Answer: Yes.

Question: Where was the body of the person you killed buried?

Answer: In the same place where the Russian was buried.

Question: That is, in the cattle cemetery?

Answer: Yes.

Question: Do you know of other instances of experimentees being killed?

Answer: Two Russians and one Chinese were shot dead by gendarmes on the same place.

Question: That is, those people were shot dead right on the cattle cemetery?

Answer: Yes.

Question: Why were they killed by the gendarmes?

Answer: I think for purposes of secrecy.

Question: So it would be correct to say that all persons brought to Detachment 100 for experimental purposes, were doomed to die?

Answer: That is so.

State Prosecutor: I have no further questions to accused Mitomo.

Counsel Prokopenko: Accused Mitomo, what impelled you to volunteer for service in the detachment?

Accused Mitomo: I wanted to see Manchuria. Just then several of my friends were planning to join Detachment 100, and I left together with them.

Question: You have just told the Prosecutor in answer to his question that you experimented on human beings. What was your purpose in doing so, why did you do it? Did you personally benefit by this?

Answer: I, personally, did not in any way benefit by this.

Question: How do you look upon your actions now?

Answer: I repent having taken part in these inhuman experiments on living people, in bacteriological sabotage and in the preparations for bacteriological warfare against the Soviet Union.

EXAMINATION OF ACCUSED TAKAHASHI

State Prosecutor: Tell us, accused Takahashi, from when and till when did you serve in the Kwantung Army and in what capacity.

Accused Takahashi: I served in the Kwantung Army as Chief of the Veterinary Administration of Kwantung Army Headquarters from March 1941 up to August 1945, when I was taken prisoner by Soviet troops.

Question: Is your military rank Lieutenant General of the Veterinary Service?

Answer: Yes.

Question: When was Detachment 100 of the Kwantung Army formed?

Answer: The Kwantung Army Administration of the Antiepizootic Protection of Horses was organized at the end of 1935 or beginning of 1936.

Question: At any rate, when you reported for service in the Kwantung Army this administration was already functioning?

Answer: Yes, that is correct.

Question: Tell the Court what functions were assigned Detachment 100 in 1941.

Answer: In March 1941, when I was in charge, the administration's activities centred on manufacturing vaccine and serum, mainly for the horse herd, and on research in infectious diseases.

In September 1941 the detachment was given the assignment to prepare for bacteriological warfare and bacteriological sabotage, to study these questions and devise the means.

Question: Against what country chiefly was bacteriological warfare intended?

Answer: Chiefly against the Soviet Union.

Question: What bacteria was it decided to cultivate in Detachment 100 as a weapon of bacteriological warfare?

Answer: In the main glanders and anthrax germs, later red-rust and mosaic-disease germs and afterwards cattle- and sheep-plague germs.

Question: What pathogenic germs did you consider most suitable for purposes of bacteriological warfare?

Answer: The anthrax, cattle- and sheep-plague germs.

Question: Who was the Chief of Detachment 100?

Answer: Wakamatsu, Major General of the Veterinary Service.

Question: Who, in September 1941, ordered General Wakamatsu, Chief of Detachment 100, to begin manufacturing the germs just mentioned by you in Court, for purposes of bacteriological warfare?

Answer: I, Takahashi, Chief of the Veterinary Administration. The order was given in the name of the Commander-in-Chief of the Kwantung Army. I personally issued the order.

Question: Who was Commander-in-Chief of the Kwantung Army at the time?

Answer: General Umezu.

Question: Thus, the order to prepare actively for bacteriological warfare came from General Umezu?

Answer: Yes.

Question: And you, in your turn, transmitted General Umezu's order to Detachment 100?

Answer: Yes, I supervised its execution. According to Regulations the Commander-in-Chief had to issue the order.

Question: Tell us, accused, what division of the detachment engaged in producing the bacteriological weapons?

Answer: The 6th Section of the 2nd Division.

Question: Did Detachment 100 have its branches?

Answer: Yes, it did.

Question: What branches were these?

Answer: There was the branch at Rako Station and a small section in the town of Dalny.

Question: Were hippo-epizootic detachments or administrations formed in the armies in 1941?

Answer: Yes, they were.

Question: Please tell us where such hippo-epizootic administrations were set up.

Answer: In the towns of Tunan, Tungning, Koshan, Chining.

Question: Who was the initiator of forming such detachments?

Answer: The General Staff.

Question: What department of the General Staff?

Answer: The 1st Strategical Division.

Question: Tell us what functions were assigned these detachments.

Answer: In the event the Kwantung Army began bacteriological warfare, these detachments were to wage it.

Question: That is, they were to be the bacteriological support bases of Detachment 100?

Answer: Yes, that is correct.

Question: Tell us, accused Takahashi, who trained cadres for the epizootic detachments?

Answer: Detachment 100 trained these cadres.

Question: Thus, Detachment 100 was not only a centre for devising and manufacturing the means of bacteriological warfare, but also a centre for training cadres for this war, is that right?

Answer: Yes, that is correct.

Question: Please tell us whether Detachment 100 devised means of bacteriological warfare only for spreading epizooty among cattle or was research conducted also in the sphere of infecting vegetation?

Answer: As far as vegetation is concerned, research was carried on in pathogenic germs, but I am not an authority on this question and therefore cannot go into details.

Question: Was research conducted in mosaic disease or wheat rust?

Answer: At first research was conducted in red rust but when no headway was made in the cultivation and breeding of germs we went over to mosaic disease.

Question: Thus, you decided on cultivation of the mosaic-disease germ instead of red rust for purposes of bacteriological warfare?

Answer: Yes, that is correct.

Question: Tell us, did you have to submit a report to General Umezu, Commander-in-Chief of the Kwantung Army, regarding the preparedness of Detachment 100 for bacteriological warfare?

Answer: Yes.

Question: Please tell us about the reports you made to General Umezu in this connection.

Answer: Detachment 100 began to work in all earnestness in the sphere of bacteriological warfare beginning with December 1943. Different experts were detailed to the 6th Section of the detachment and began research on glanders, anthrax, mosaic disease, cattle and sheep plague. In view of the fact that Japan was waging war against the United States and Britain at the time it was very difficult to secure the necessary equipment, but the detachment directed all its efforts toward research in pathogenic microbes, and their cultivation.

Question: When you reported to General Umezu the first time regarding the preparedness of Detachment 100 to start work to manufacture bacteriological weapons, did you suggest definite figures for cultivating the corresponding germs?

Answer: Yes, I did.

Question: Did General Umezu accept the figures you proposed?

Answer: He did.

Question: In your report to General Umezu at the time what germs did you propose as the most effective means of bacteriological warfare?

Answer: The glanders, anthrax, cattle-plague, sheep-plague and mosaic-disease germs.

Question: Did you report to Umezu on the concrete amount of germs Detachment 100 could produce?

Answer: Yes, I did at the time.

Question: Name the figures.

Answer: I reported that Detachment 100 could produce in the course of the year: 1,000 kilograms of anthrax germs, 500 kilograms of glanders germs, 100 kilograms of red-rust germs. I submitted these figures, and it was possible to do it, providing there was sufficient equipment. This equipment began to arrive beginning with December 1943, and began to be installed in the 6th Section of the 2nd Division. But we did not succeed in carrying out this plan and at the end of March 1944 I reported to the Commander-in-Chief that only 200 kilograms of anthrax germs, 100 kilograms of glanders and 20-30 kilograms of red rust had been produced.

Question: Did you reckon that the amount of bacteria produced by Detachment 100 would meet the demands of bacteriological warfare?

Answer: No, I did not consider it was enough.

Question: At any rate, after 1941 measures were taken, on your insistence, to increase the mass production of bacteria for purposes of bacteriological warfare?

Answer: Yes.

Question: Who was the initiator in sending a group of members of Detachment 100 to the district of North Khingan Province in 1944?

Answer: The Sabotage Section of the 2nd Intelligence Division of the Kwantung Army.

Question: Did you take part in this?

Answer: Yes, on the orders of the Commander-in-Chief.

Question: What document authorized the despatch of this group to the district of North Khingan Province?

Answer: Operations Order of the Commander-in-Chief of the Kwantung Army.

Question: Who was Commander-in-Chief of the Kwantung Army at the time?

Answer: General Umezu.

Question: What assignment was given the group sent to North Khingan Province?

Answer: This group was given the assignment of inspecting rivers, reservoirs, pastures, the number of cattle and also the seasonal transfer of cattle.

Question: What was the ultimate aim of this reconnaissance?

Answer: General Umezu told me that in the event of war against the Soviet Union and if the Japanese Army retreated to Greater Khingan, where it would go over to defence, Detachment 100 was to infect all the cattle of North Khingan Province with epizootic diseases and if possible, destroy it, so that the enemy should not be able to use this cattle. As for the horses, seeing they could move swiftly, they were to be transferred to the east of Khingan.

Question: In other words, this reconnaissance in North Khingan Province was conducted also for the purpose of preparing bacteriological warfare against the Soviet Union. Is that right?

Answer: Yes, it is.

Question: Did Hirazakura report to you on the results of his reconnaissance group in the district of North Khingan Province?

Answer: Yes.

Question: How many times?

Answer: In September 1944 and in March 1945.

Question: What did Hirazakura report to you?

Answer: I do not recall the exact content of his report, but I corroborate Hirazakura's testimony which he gave today. As for the report he submitted in March 1945, it was a detailed report, illustrated with charts and maps.

Question: During the second report was there any discussion about what germs it would be best to employ to infect the cattle belonging to the local population of North Khingan Province?

Answer: Aircraft was to be employed to spread infection with the germs of anthrax and cattle plague.

Question: Tell us for what purpose was the expedition sent to the Tryokhrechye area in the summer of 1942?

Answer: It was manoeuvres in preparation for sabotage which was to be carried out in the event of Japan starting war against the Soviet Union.

Question: What concrete measures were carried out during this expedition?

Answer: As concerns the reservoirs and rivers they were contaminated with glanders germs and the ground sprayed with anthrax germs. Afterwards their durability was tested.

Question: Tell us, accused Takahashi, when General Yamada was appointed Commander of the Kwantung Army, did you report to General Yamada on the activities of Detachment 100?

Answer: Yes.

Question: Did you report to the new Commander-in-Chief that Detachment 100 was engaged in secret work in preparation for bacteriological warfare?

Answer: Yes, I did.

Question: Tell us, how many times did you report to General Yamada regarding this activity by Detachment 100?

Answer: The first time I reported at the end of July 1944, the second time in November 1944 and the third time in February 1945.

Question: Tell us the contents of your first report to General Yamada.

Answer: In my first report I orally informed the Commander-in-Chief, Yamada, about the work of the Veterinary Administration. After giving a description of the work of the Veterinary Service of the Kwantung Army I briefly outlined the work of Detachment 100. As for the secret work that Detachment 100 was conducting I told General Yamada that Detachment 100 was cultivating anthrax, glanders, mosaic, cattle- and sheep-plague germs on the orders of General Umezu, former Commander-in-Chief. I also reported on the quantity of germs being produced.

Question: What was the contents of your second report to General Yamada?

Answer: In my report in November 1944 I informed the Commander-in-Chief of the Kwantung Army of the order I had received in my time from General Umezu, former Commander-in-Chief, and which had been signed by Colonel Sasai, Chief of the Sabotage Section. The order stated that in the event of the Japanese Army having to retreat beyond the Greater Khingan line Detachment 100 was to infect the cattle on this territory. I also informed him that the group under Lieutenant Hirazakura, detailed by Detachment 100, was engaged in reconnaissance on this territory.

Question: Tell us the contents of the third report to General Yamada in February 1945.

Answer: I simply informed Commander-in-Chief Yamada at the time that Detachment 100 was continuing on its assignment.

Question: What was General Yamada's attitude to the reports you submitted?

Answer: He heard me out and said: "Continue along the same line."

Question: Was it clear from this that the instructions given by General Umezu Yoshijiro in this respect were left in force by General Yamada?

Answer: Yes, it was clear.

Question: Accused Takahashi, you heard the testimony of accused Mitomo regarding the experiments performed in Detachment 100 on living people?

Answer: Yes, I heard it.

Question: Are you responsible for these experiments?

Answer: Yes, I am responsible for these experiments. But I did not know about the experiments at the time, they were made without my knowledge. Nonetheless I recognize the great responsibility for these experiments.

Question: Accused Takahashi, to summarize your testimony. Do you admit that it was you precisely who supervised the work of Detachment 100 in actively preparing for bacteriological warfare?

Answer: Yes, I do.

Question: And the active preparations for bacteriological warfare conducted by Detachment 100 under your supervision were directed, chiefly, against the Soviet Union. Is that right?

Answer: Yes, that is correct.

State Prosecutor: I have no further questions to accused Takahashi.

Counsel Zveryev: Accused Takahashi, why were you receiving a stipend from the War Ministry when a student of the Tokyo University?

Accused Takahashi: I was in great financial straits at the time I entered the University. I had to pay for my brother and therefore was compelled myself to accept a stipend.

Question: Tell us, did not the War Ministry stipend oblige you to enter the army after graduating the educational establishment?

Answer: Yes, it imposed such an obligation.

Question: Tell us, did you visit England on a scientific mission? When in England did you not study problems relating to bacteriology?

Answer: I studied vitamins in England.

Question: How do you account for your ignorance about the experiments on human beings in Detachment 100?

Answer: Before any new experiment could be started there had to be a War Ministry order; it could only be done by order of the Ministry for War, but there was no such order; at the same time, when sanction for this had to be obtained at Headquarters of the Kwantung Army, it was granted not by me, the Chief of the Veterinary Administration, but by the Commander-in-Chief of the Kwantung Army. But no such request was addressed to the Commander of the Kwantung Army. I have just heard, during the examination of another accused, about the different experiments. But I did not know of them at the time.

Question: During the interrogation on October 23, you said that you, personally, were opposed to the idea of bacteriological warfare. I am interested in knowing where and when you expressed this view?

Answer: I did not express this view anywhere after receiving the order of my appointment to the Kwantung Army. But when in the veterinary school I was opposed to this idea.

However, not being a bacteriologist, nobody considered my opinion.

Question: How do you now look upon your activities in preparing for bacteriological warfare?

Answer: I think it was very inhuman and I repent of having had anything to do with it. I repent particularly the fact that under my direction young Japanese committed such atrocities.

Expert Zhukov-Verezhnikov: Are you aware of the fact, accused Takahashi, that glanders and anthrax microbes cause disease not only in animals but also in human beings.

Answer: Yes, I am.

MORNING SITTING, DECEMBER 28

EXAMINATION OF ACCUSED ONOUE

State Prosecutor: Accused Onoue, from when and till when did you serve in Detachment 731 and in what capacities?

Accused Onoue: From September 1943 until the capitulation of Japan I served as Chief of the Mutankiang Branch of Detachment 731.

Question: This branch was given the number 643?

Answer: Yes.

Question: Where were you serving before your appointment to this post?

Answer: Before that I worked in the Water Supply and Prophylaxis Section of the 11th Division, located in the town of Hulin.

Question: What is your speciality?

Answer: Bacteriologist.

Question: What is your education?

Answer: I graduated a special higher educational establishment.

Question: Did you take a special training course in the school for army surgeons in Tokyo from 1935 to 1936?

Answer: Yes, I did.

Question: You also studied in this school from 1933 to 1934?

Answer: Yes, I did.

Question: While studying in this school did you receive special training in bacteriology?

Answer: Yes.

Question: Thus, you have the special training of a bacteriologist?

Answer: Yes.

Question: What divisions did Branch 643 of Detachment 731 have?

Answer: The branch had the following divisions: the General Division, the 1st Division, 2nd Division, the Supply Division and the Training Division.

Question: What division of the branch engaged in the wholesale breeding of parasites and rodents?

Answer: Fleas were bred in a special flea-breeding section which was headed by Nakamura, who was also Chief of the 1st Division, and rodents in the division headed by Kamio, who was also Chief of Supplies.

Question: What functions were assigned your branch at the end of 1943 by Major General Kitano, Chief of Detachment 731?

Answer: Major General Kitano set our detachment the following tasks at the end of 1943: to strengthen the anti-epidemic service in the Mutankiang area, to breed rodents, white mice and other rodents on a mass scale, and also to increase the equipment for the mass production of bacteria. But we did not carry out the latter assignment.

Question: What was the purpose of Major Karasawa's visit to you?

Answer: Major Karasawa visited our branch in order to find out whether it was possible to install cultivator boilers in the branch and the conditions under which these boilers could be installed.

Question: Did you after this receive the boilers for preparing the culture medium?

Answer: Yes, these were received.

Question: Were there four boilers?

Answer: I recall six.

Question: What was the size of each boiler?

Answer: The boilers were each 1.5 metres in diameter and 2.5 metres long.

Question: That is, they were big boilers?

Answer: Yes.

Question: Hence, the question of the mass production of bacteria was put on a practical footing?

Answer: The equipment was not ready as yet, there was therefore no practical basis.

Question: I am asking you about something else: were the boilers for preparing the culture medium delivered to you, or not?

(Silence.)

Yes, or no? Were these six boilers delivered to you, or not?

Answer: Yes, these boilers were received.

Question: Can this be considered as a practical measure directed at the mass production of bacteria?

Answer: Yes, it can.

Question: Now tell us, were only boilers delivered or did you also receive peptone, agar-agar, sodium chloride and other matter needed to prepare the culture medium and to breed the bacteria on it.

Answer: They were received, but I do not recall the exact quantity.

Question: I should like to refresh your memory, accused Onoue, and read your testimony of October 27, 1949.

> "It is necessary to point out that at the beginning of 1945 I received from the Materials Division, on the orders of Major General of the Medical Service Kitano, Chief of the detachment, three carloads (25 tons each) of materials consisting of peptone, agar-agar, meat extract and sodium chloride for storage in my branch."

(The testimony is read in Japanese.)

Does this testimony correspond to the facts? Do you confirm it?

Answer: I confirm that this took place.

Question: Hence, 75 tons of different kinds of materials necessary for preparing the culture medium for breeding bacteria were concentrated in your branch?

Answer: That is correct.

Question: And shortly before this, six big boilers were brought to the detachment, is that right?

Answer: That is correct.

Question: Thus, had the boilers been assembled and these materials used, the detachment could have started producing bacteria on a mass scale? Is that also right?

Answer: Yes, it is.

Question: Along what lines were the activities of your branch directed after Lieutenant General Ishii was reappointed Chief of the detachment. To be more concrete, what functions did Lieutenant General Ishii Shiro assign the branch?

Answer: In the beginning he did not set the branch any assignment. But in April-May he informed us that our job would be the breeding of fleas on a mass scale.

Question: Go into greater detail.

Answer: I received the order regarding the fleas round about April-May 1945. I recall that similar instructions were issued to all branches of Detachment 731. As I have already stated I received the order in April-May. However, I did not immediately carry it out because, due to a number of circumstances, I could not at once send the men to the headquarters of Detachment 731 to be trained for the purpose. It was only in June, when I received a coded telegram instructing that such men immediately be sent, that I did so and sent two members of my branch to the special courses.

I do not recall exactly how long they studied at these courses, but I do remember that it was from half a month to a month. When they returned from these courses we began to prepare for the mass breeding of fleas. An additional three men were sent to the courses. Afterwards the group, consisting of 5-6 persons, headed by a junior lieutenant, was sent to Detachment 731, where it received the necessary number of fleas for further breeding in the branch. This was approximately in July. I also recall that in the initial period of our work in the mass breeding of fleas we used from 6 to 10 cans for the purpose.

Later, in pursuance of the order addressed to us, we received some 200 empty benzine cans from the warehouse in Mutankiang which we used for breeding fleas. I do not exactly remember, and therefore cannot say whether all these cans were used for mass breeding.

Then war started with the Soviet Union, and, as I know from the report of my subordinates, about 20-25 grams of fleas were sent to Detachment 731 headquarters on August 9, 1945, and the rest destroyed on August 13 when the detachment moved to the front line at Ai-hê Station.

Question: Do you confirm your testimony that you received a coded telegram instructing you to increase to the maximum the mass breeding of fleas?

Answer: Yes, I do.

Question: In connection with this telegram were at first two members of your branch—N.C.O. Yabuki and Suzuki, a civilian employee, sent to the special training courses for the mass breeding of fleas in Detachment 731?

Answer: Yes, I confirm this testimony. At the preliminary investigation I testified to this and said that I had sent N.C.O. Yabuki and civilian employee Suzuki, but on second thought I think it was somebody else and not Suzuki who had been sent.

Question: According to instructions received from Detachment 731, 200 incubators were to be used for cultivating fleas, is that right?

Answer: The instructions concerned only the receipt of the 200 cans, there were no other instructions.

Question: Did your branch receive 200 cans, or didn't it?

Answer: It did.

Question: Were fleas bred in these cans? What was the method used?

Answer: As far as I can remember the method was the following: first thinly-cut straw was placed at the bottom of the can, and then one or two rats infested with fleas put inside.

Question: As a bacteriological expert you knew what diseases the fleas could be infected with?

Answer: Yes, I knew.

Question: Which?

Answer: Plague.

Question: Thus, the fleas bred in your branch and in other branches of Detachment 731 were intended for plague infection?

Answer: Yes, so it seems.

Question: Good. Tell the Court what Sub-Lieutenant Kamio was doing in your branch.

Answer: Sub-Lieutenant Kamio was Chief of the branch's Supply Division, but in view of the shortage of cadres in the branch he also had to carry out the duties of chief of the group engaged in trapping field rodents and engage in the breeding of white rats and mice.

At first there were 10 men in the squad. They received trapped field rodents from army units and the civilian population, brought them to the branch, from where they were sent on to the base of Detachment 731.

In addition to this, a special squad headed by Sub-Lieutenant Kamio engaged in the mass trapping of field rodents in the town of Mutankiang. This squad consisted of about 10-14 or 15 men. In 1945 the squad was brought up to 30 men and the mass trapping of rats intensified. Apart from this, a squad of five began the breeding of white rats and another squad, also numbering five men—white mice. I do not recall the month. But the branch was short of white mice and white rats at the time and 500 white mice and 500 white rats were received from the Harbin Supply Division of Detachment 731 for mass breeding. This mass breeding was started in the branch.

Question: Accused Onoue, when your soldiers were trapping field rodents were they dressed in uniform or civilian clothes?

Answer: They were in workers' overalls.

Question: That is, in civilian clothes?

Answer: Yes.

After this work was started on the mass breeding of white rats and white mice and their despatch to the headquarters of Detachment 731. I recall that 100 to 150 rats and 150 to 200 mice were despatched to the detachment's headquarters every month.

Question: And what about grey rats and mice?

Answer: Altogether up to 200 field rodents were despatched every month.

Question: What was Lieutenant Kamiyama doing in the branch?

Answer: As far as I can remember Kamiyama first reported for service in the branch in March 1945. He was appointed Chief of the branch's office and also of its lst Division. When he arrived at the branch he told me that the Mutankiang Branch was making great headway in the trapping of rodents and asked me to give him the assignment.

Question: Was he given the assignment?

Answer: No, I did not charge him exclusively with the job. But he was in charge together with Sub-Lieutenant Kamio.

Question: Was the number of rat trappers increased after Lieutenant Kamiyama reported to the branch of the detachment?

Answer: Yes, it was.

Question: Up to how many?

Answer: Approximately up to 30 persons.

Question: Do you know how many rodents were kept in the Hailar Branch at one time?

Answer: Yes, about 13,000 field rodents.

Question: Will you now please tell us the nature of your talk with Takahashi, Chief of the office of the General Division of Detachment 731.

Answer: I do not recall the exact date of my talk with Major Takahashi, Chief of the office of the General Division of Detachment 731. But the substance of his talk was information about the experiments on living people, and also about the research on plague and the work on fleas in Detachment 731. He told me that experiments on living people were being performed on a special proving ground by dropping bacteria bombs from aircraft from an altitude of from 1,000 to 100 metres.

There was also another Takahashi in Detachment 731 who told me that plague was being tested in the detachment. This Takahashi was also a major.

Question: Was your branch given the assignment of breeding parasites on a mass scale?

Answer: Yes.

Question: Did you know that Detachment 731 was conducting special courses for training specialists in the mass breeding of fleas?

Answer: Yes, I did.

Question: Did you realize that these parasites which were being bred in tens of kilograms were not needed for research, that the scale on which they were being bred exceeded the scale of all scientific research?

Answer: Yes.

Question: As a bacteriological expert were you aware of the fact that these fleas could be infected with only one disease—plague?

Answer: Yes.

Question: As a bacteriological expert were you aware of the terrible danger to mankind these tens of millions, hundreds of millions of parasites infected with plague would be if they started an epidemic?

Answer: Yes, I was.

Question: Thus, you knew what you were doing when you bred these fleas in your Branch 643?

Answer: Yes.

State Prosecutor: I have no further questions to the accused.

Counsel Lukiantsev: Please specify the number of rodents trapped by you during your period of service in the branch.

Accused Onoue: I remember that it was about 7,000.

Question: State more explicitly how you used the 75 tons of raw materials for the culture medium.

Answer: They were not used, they were destroyed.

Question: State more explicitly over what period of time fleas were bred in your branch.

Answer: As far as I can remember, a half a month or a month.

Counsel Bogachov: Accused Onoue, do you remember the date when you asked the Medical Division of the 5th Army for permission to trap rodents?

Accused Onoue: As I have already stated at the preliminary investigation during confrontation I did not put in any request to trap rodents.

Accused Nishi: I, Nishi, formerly Chief of the Sunyu Branch of Detachment 731, ask Onoue, formerly Chief of the Mutankiang Branch of the detachment to tell the substance of Ishii's order to destroy the Mutankiang Branch, if accused Onoue remembers the substance of this order.

Accused Onoue: On the evening of August 9, 1945, I was put in direct telephone communication with Lieutenant Colonel Tanaka, who informed me that I was instructed to act at my own discretion. I don't remember the rest of the conversation for I handed over the receiver to Junior Sergeant Yabuki; going by what he reported to me I know that it was proposed, in a coded telegram, to despatch the fleas to Detachment 731 and destroy everything else.

EXAMINATION OF ACCUSED KIKUCHI

State Prosecutor: Accused Kikuchi, from what date did you serve in Branch 643 of Detachment 731?

Accused Kikuchi: Near Hailin Station I worked from April 1943 to the time of Japan's surrender.

Question: In what capacity?

Answer: As a laboratory assistant in that branch.

Question: What did you do?
Answer: I cultivated bacteria, in particular, typhoid.
Question: What other bacteria did you cultivate?
Answer: Paratyphoid and fever.
Question: Do you reaffirm the testimony you gave on December 5, 1949, recorded in Vol. 13, p. 285, when you testified as follows:

"We were told that this was necessary in order that, if need be, we may be able quickly to prepare a medium with which we could quickly cultivate bacteria and store them for a long time"?

(This testimony is read in Japanese.)

Answer: Yes, I do.
Question: In the branch in which you served, was work organized for the mass breeding of rodents?
Answer: Yes, such work was done.
Question: Were fleas bred in this branch?
Answer: Yes, fleas were bred in the basement under the premises of the 1st Section.
Question: Who engaged in the work of breeding fleas on a mass scale?
Answer: As far as I remember, this was done by Senior Sergeant Suda, Aito, Private First Class Nishiyama, Sergeant Okiyama, and Suzuki.
Question: More briefly, the five members of the detachment you have mentioned were especially engaged in this section, is that right?
Answer: Yes.
Question: Where did Branch 643 send the parasites and rodents it bred?
Answer: To Detachment 731.
Question: For what purpose did the branch send these rodents and fleas to Detachment 731? What do you know about this, accused?
Answer: At first I did not know for what purpose the fleas that were bred and the rodents that were caught were sent there, but gradually this question as to why this was being done rose in my mind and later I learned that these mice and rats were sent to Detachment 731 for the purpose of bacteriological research.

Question: With what ultimate object?

Answer: In preparation to conduct bacteriological warfare.

Question: While you were at the medical orderly courses conducted by the 3rd Division of Detachment 731, did you hear anything from the men of that division about the activities of Detachment 731?

Answer: Yes. I heard that Detachment 731 was breeding germs for war purposes.

Question: Was it said in your branch that Detachment 731 needed rats, mice and fleas for the purpose of preparing to conduct bacteriological warfare?

Answer: Yes.

Question: Will it be correct to say that Branch 643, being a section of Detachment 731, helped that detachment to prepare to conduct bacteriological warfare?

Answer: Yes.

Question: Do you know against whom the Kwantung Army was preparing for war?

Answer: Yes, I do.

Question: Against whom, against which country?

Answer: Against the Soviet Union.

Question: How do you know this, accused Kikuchi?

Answer: Although we were never told directly that we were to attack the Soviet Union, this was evident from all the preparations, and during tactical exercises there was talk about war against the Soviet Union.

Question: Thus, during tactical exercises you were told that the Kwantung Army was preparing for war against the Soviet Union. Is that so?

Answer: Yes.

Question: The last question to you, accused Kikuchi. You worked in Branch 643, which actively assisted Detachment 731 to prepare to conduct bacteriological warfare. Do you admit that you are answerable for this?

Answer: Yes, I do.

Counsel Prokopenko: Accused Kikuchi, please tell us, how many bacteriological "researchers" like yourself worked with you?

Accused Kikuchi: Five or six privates and four civilian employees.

Question: How do you now, in 1949, appraise the activities you conducted in the detachment?

Answer: I have realized that I committed a crime against humanity.

EXAMINATION OF ACCUSED KURUSHIMA

State Prosecutor: Accused Kurushima, when did you commence service in Detachment 731 of the Kwantung Army?

Accused Kurushima: In October 1944.

Question: In what capacity?

Answer: From October to November 1944 I served as a guard during manoeuvres.

Question: During the manoeuvres of Detachment 731?

Answer: Yes.

Question: Before arriving in Detachment 731, had you gone through any training?

Answer: Yes, I had a six-month medical orderly course in Branch 162.

Question: What did you study at this six-month course?

Answer: Methods of breeding germs.

Question: To the cultivation of what germs was most attention devoted?

Answer: Typhoid, recurrent typhoid, cholera and tuberculosis.

Question: Were you taught methods of bayonet fighting at this course?

Answer: We were taught methods of bayonet fighting in the 97th Regiment, which was located near Harbin.

Question: Tell us briefly how you were taught methods of bayonet fighting.

Answer: I do not remember the name of the man who conducted the bayonet exercises, but he was a junior lieutenant, and he said that Soviet men are tall and, therefore, it is necessary to stab higher.

Question: Was it clear to you, even from these bayonet fighting exercises, that you were being trained for war against Russian soldiers?

Answer: Yes, of course.

Question: On your arrival in Detachment 731, were you warned about anything by your superior officers?

Answer: Major Nishi told us that we must guard against spies.

Question: Where were you sent when you had finished the course of training?

Answer: To Detachment 731.

Question: What did you do in Detachment 731 after you had finished the training course?

Answer: I was a guard during manoeuvres.

Question: Tell us about these manoeuvres.

Answer: These manoeuvres consisted of dropping bombs containing fleas from aircraft. That was all the manoeuvres consisted of.

Question: Where were these manoeuvres conducted?

Answer: I cannot say what the exact distance was, but about three kilometres from the headquarters of Detachment 731, in the village of Wutung.

Question: During these manoeuvres was the dispersion of fleas over the area of the manoeuvres verified?

Answer: Yes, it was.

Question: Tell us, what special technical methods were employed for this?

Answer: Boxes were placed in the area of the manoeuvres about two metres from each other, I do not remember the exact number of boxes, but approximately about 1,000.

Question: Over approximately what area?

Answer: I cannot say exactly, but I believe it was about two square kilometres. In these boxes there was sticky paper and the fleas dispersed by the explosion of the bomb were caught on the paper in these boxes and afterwards they were counted.

Question: Did you yourself count the fleas at the bottom of these boxes?

Answer: Yes, I did.

Question: Do you know for what purpose these tests were made?

Answer: Yes, I do.

Question: Tell us about it.

Answer: Although these fleas were not infected with germs, I knew that this was being done for the purpose of preparing to conduct bacteriological warfare, in which event, these fleas, infected with plague, would be dropped from aircraft.

Question: At approximately what distance from the ground did the bacteria bombs containing fleas explode?

Answer: At a height of about 100 metres.

Question: While working in Branch 162, did you take part in cultivating bacteria?

Answer: Yes, I took part in cultivating bacteria.

Question: Tell us, did you with a group of members of your branch go out to catch rodents?

Answer: Yes, I did.

Question: Once, or more times?

Answer: Twice.

Question: How many days on each occasion did you spend in catching rodents?

Answer: A week.

Question: How many rodents did you yourself catch?

Answer: In all I caught 200-300.

Question: Were these rodents kept in Branch 162, or were they sent somewhere?

Answer: The rodents we caught were sent to Detachment 731.

Question: Do you know in what consignments they were sent from your branch?

Answer: I do not know exactly, but they were sent to Detachment 731 in large consignments.

Question: Tell us, accused Kurushima, when you were catching rodents, cultivating bacteria and counting the fleas on the sticky paper on the proving ground, did you understand that you were thereby helping in the preparations to conduct bacteriological warfare?

Answer: I did.

Counsel Prokopenko: Accused Kurushima. Please tell us, to what, concretely, do you plead guilty?

Accused Kurushima: Firstly—to having belonged to Branch 162 of Detachment 731. Secondly—to having taken part in manoeuvres, the ultimate object of which was the mass extermination of human beings. That is all.

EXAMINATION OF WITNESS TAMURA

President of the Court: Witness Tamura, I warn you of your liability to prosecution for giving false testimony, you must tell the Court all the facts you know about the case, and speak nothing but the truth. Tell us, witness Tamura, when were you taken prisoner by the Soviet Army?

Witness Tamura: On September 1, 1945.

Question: Where were you at the time, and what duties were you performing?

Answer: At that time I was in the city of Changchun (Manchuria) and was Chief of the Personnel Division of the Kwantung Army Headquarters.

Question: What was your military rank?

Answer: Colonel.

State Prosecutor: Witness Tamura, what information did you receive from the Chief of Staff of the Kwantung Army, Hata, concerning the aims and objects of Detachment 731?

Witness Tamura: Lieutenant General Hata informed me that Detachment 731 of the Kwantung Army was officially called the Prophylaxis and Water Supply Administration, but was engaged mainly in preparations to conduct bacteriological warfare against the Soviet Union. He gave me instructions to pay special attention to this detachment in matters of personnel.

Question: When, under what circumstances and on whose orders did you inspect Detachment 731?

Answer: I received the order to inspect Detachment 731 in June 1945 at the Harbin Aerodrome from former Commander-in-Chief of the Kwantung Army, General Yamada.

Question: In what connection did General Yamada give you this order, and what was the reason for inspecting Detachment 731?

Answer: In May 1945, the Kwantung Army Headquarters received a document, addressed to the Commander-in-Chief, from the Chief of Detachment 731 Ishii, in which Ishii requested that conditions be created for activizing the work of Detachment 731. Ishii also requested that army surgeons be sent to Detachment 731 and that its staff be enlarged. After this I waited for the opportunity to meet Ishii and to investigate this matter in greater detail. This opportunity occurred when the Commander-in-Chief went to the town of Tsitsihar to attend the graduation ceremony at the training courses. We arrived in Harbin and there met General Ishii.

Question: Tell us, how did you inspect Detachment 731 and what did you yourself see there?

Answer: After arriving at the Ishii Detachment I inspected all the production premises—the detachment's laboratories and the prison in which the detachment's prisoners were kept. When inspecting the production premises of the Production Division I saw equipment intended for the mass production of bacteriological means of warfare. Furthermore, I saw rodents that were bred for the purpose of breeding fleas. In the detachment's premises I saw specimens of artillery bacteria shells and aerial bombs. Furthermore, in Ishii's office I acquainted myself with a number of diagrams and drawings illustrating the effectiveness of the action of bacteriological weapons. I also inspected the inner prison and saw some of the prison cells. There I saw 40-50 prisoners of Russian and Chinese nationality. Among the Russians I saw a woman.

Question: In what condition were these prisoners and how were they distributed among the cells, how many were kept in each cell, what were the conditions in these cells, if you remember?

Answer: From the corridor, through small windows in the cell doors, I saw that some of the prisoners were fettered by the legs. Some moved about, but most of them were lying on the floor. How many there were in each cell I don't exactly remember.

Question: What did General Ishii tell you about the objects for which these people were collected in the cells of the inner prison in Detachment 731?

Answer: General Ishii told me that these prisoners were used as experimentees to test the action of bacteria. I saw that among the prisoners who had been experimented on, two or three were in a very bad condition.

Question: Tell us, witness, who supplied Detachment 731 with people upon whom experiments were to be made?

Answer: From what Ishii told me I know that these people were supplied by the gendarmerie and Japanese Military

Missions from among people in custody and classed as criminals to be sentenced to death.

Question: I ask you, witness, to relate what Ishii told you when inspecting Detachment 731 about the detachment's objects, on the one hand, and about the detachment's preparedness to carry out combat assignments, on the other.

Answer: Ishii told me that the effectiveness of the bacteria had been tested by experiments on living people under laboratory as well as field conditions and that the bacteriological weapon is the most powerful weapon possessed by the Kwantung Army. He informed me that Detachment 731 was quite ready for action and that, in the event of necessity, when war broke out, the detachment would be able to hurl directly upon the enemy troops enormous masses of lethal bacteria, that the detachment was also able, with the aid of aircraft, to carry out bacteriological warfare operations in the enemy's rear, over his towns.

Question: Tell us, witness, what impression did you yourself have, after your inspection of the detachment, concerning the scale of activities of Detachment 731 and of its readiness for active bacteriological warfare?

Answer: After I had inspected all the premises of Detachment 731, after I had inspected this detachment's equipment, I was extremely amazed at the scale of this detachment's work; this scale exceeded all my expectations. Both the state the work was in and the equipment I saw in this detachment convinced me of the truth of what Ishii had said, that the detachment was quite ready for action.

Question: To whom did you report the results of your inspection of Detachment 731?

Answer: I reported to Commander-in-Chief Yamada.

Question: I ask you to reconstruct the content of the report you made to Yamada.

Answer: I reported to Yamada that there was equipment in the production premises and that work was carried on for the mass production of bacteria, that work was carried on for the breeding of rodents to be used for breeding fleas, and also for the production of bacteria shells and aerial bombs. I reported to Commander-in-Chief Yamada what I had seen in the prison, that in the part of the prison I saw there were 40-50 prisoners of Chinese and Russian nationality, and that among them there was a Russian woman. I informed General Yamada that these prisoners, as far as I saw them, were fettered by the legs and that according to what the Chief of the detachment, General Ishii, said, they were used to test the effectiveness of lethal bacteria as bacteriological weapons.

Question: Did you report to General Yamada that Detachment 731 was ready to conduct bacteriological warfare?

Answer: Yes, I did.

Question: What did you report to him?

Answer: I reported to Commander-in-Chief Yamada that I knew from what General Ishii had told me that Detachment 731 was ready to conduct bacteriological warfare. I also reported to General Yamada that after my inspection of the production premises and prison of Detachment 731 I was convinced of the truth of what General Ishii had said about the detachment being quite ready for action.

EVENING SITTING, DECEMBER 28

EXAMINATION OF WITNESS FURUICHI

President of the Court: Witness Furuichi, I warn you of your liability to criminal prosecution for giving false testimony. In court you must speak nothing but the truth.

Witness Furuichi: I understand that.

Question: Tell us, witness Furuichi, when were you taken prisoner by the Soviet Army?

Answer: On August 17, 1945.

Question: Where were you at the time?

Answer: At Hantaohêtzu Station.

Question: What post did you occupy?

Answer: At that time I was a medical orderly in Branch 643 and worked in a group in research on pathogenic germs.

State Prosecutor: Witness Furuichi, tell us, under what circumstances, and when, you began to serve in Detachment 731?

Witness Furuichi: I joined Detachment 731 in July 1941. I was born in the Prefecture of Tottori, in Japan. Before joining this detachment I looked for a job through an employment agency and I got a place as a civilian employee in the Kwantung Army. We were sent to the town of Shimonoseki, and in Shimonoseki I was put into a group that was being sent to Detachment 731.

Question: Into which division of Detachment 731, and how long did you work there?

Answer: From July 1941 to February 1945 I worked in the 1st Section of the 1st Division.

Question: What have you to say about the work Detachment 731 as a whole was engaged in?

Answer: Although outwardly Detachment 731 was the Prophylaxis and Water Supply Administration, actually, it prepared for the conduct of bacteriological sabotage.

Question: What were you warned about when you started work in the detachment?

Answer: Captain of the Medical Service Yamashita warned me that everything I got to know while at work in Detachment 731 I must keep absolutely secret in view of military secrecy and that no matter where or when I was engaged in other work, I must not talk about the secret work of Detachment 731.

Question: Did you take part in any expedition carried out by Detachment 731?

Answer: Yes, in 1942, I took part in an expedition into Central China.

Question: Tell us, what were the objects of this expedition and what did you yourself do during this expedition?

Answer: The chief object of the expedition into Central China was to carry on sabotage against the Chinese troops and the civilian population in the region of the town of Yüshan.

In July 1942, a group from Detachment 731, consisting of 120 officers and civilian employees left Harbin by train. We arrived in Central China, in the city of Nanking, the headquarters of the Water Supply and Prophylaxis Administration of the Japanese Expeditionary Army in Central China, and from this administration a group of privates and officers joined us. The final number of men in our expedition was 150-160.

Question: You said that you arrived in Nanking?

Answer: Yes, in Nanking.

Question: There you were joined by a group of servicemen from the Nanking Detachment Ei 1644?

Answer: Yes.

Question: Thus, the Nanking Detachment Ei 1644 assisted Ishii's detachment in its expedition in China?

Answer: Yes.

Question: Who headed the expedition of Detachment 731?

Answer: The expedition of Detachment 731 was headed by Major General Ishii.

Question: What did the expedition do in Central China?

Answer: The work of the expedition in which I took part consisted in the following: this was a bacteriological attack by contaminating water sources, wells and buildings with the germs of typhoid and paratyphoid. Detachment 731 sent the expedition these germs, which had been produced in large quantities by the 4th Division of this detachment. The bacteria were put into peptone bottles and these bottles were placed in boxes marked "Water Supply." These boxes were sent to Nanking by aeroplane.

Question: Well, what did you do with the contents of these boxes?

Answer: On their arrival in the Nanking Detachment, we transferred part of the bacteria from the bottles to metal flasks of the kind that are ordinarily used for drinking water. The rest remained in the bottles. All these flasks together with the bottles were placed in boxes and then sent by aeroplane to the place where it was proposed to make the attacks. The attacks were carried out in the following way: the flasks and bottles were thrown into wells, marshes and in villagers' homes. Some of the peptone bottles were used to breed bacteria in a special bouillon. The composition of this bouillon I don't remember.

Question: What did you yourself do during these acts of sabotage?

Answer: I helped to throw the flasks containing bacteria into wells, marshes and the homes of civilians.

At that time there were at this place two camps for Chinese war prisoners, numbering about three thousand. Three thousand rolls were especially made; members of the expedition took part in making these rolls. A little later, these rolls were contaminated with bacteria with the aid of a syringe.

Question: Who contaminated these rolls with the aid of a syringe?

Answer: All the members of the 1st Section of the 1st Division taking part in the expedition.

Question: Did you, in particular, take part in this?

Answer: Yes, I did.

Question: With what bacteria were these three thousand rolls contaminated?

Answer: The bacteria of typhoid and paratyphoid were used.

Question: What was done with the three thousand rolls after that?

Answer: After the rolls had been contaminated with bacteria they were sent to the camp and handed out to the Chinese war prisoners by interpreter Kasuga, who could speak Chinese.

I know that these rolls were given to the Chinese, if only from the fact that I saw a photograph of a Chinese holding one of these rolls.

Question: Thus, when the Chinese war prisoners were given these paratyphoid rolls, the scene was photographed as if it were a charitable act?

Answer: Yes.

Question: What was done with the Chinese war prisoners after they had eaten these germ-contaminated rolls?

Answer: They were released from the camp in order to cause an epidemic of typhoid and paratyphoid.

Question: Tell us about the cakes that were made by Ishii's order.

Answer: There were two kinds of cakes—egg-shaped and oval. They were made from flour and contaminated with bacteria, like the rolls. Then these cakes were distributed among the Japanese soldiers who were warned of the kind of cakes they were, and the Japanese soldiers left them—300 to 400 in all—near fences, at the foot of trees and at bivouac places as if they had forgotten them there.

Question: Was this also a method of bacteriological sabotage?

Answer: Yes.

Question: What do you know about the results of the Ishii Detachment's expedition?

Answer: When the operation was finished I learned at the base, in Detachment 731, from scientific researcher Kagi that typhoid and paratyphoid germs had been used and that paratyphoid had proved to be the most effective.

Question: It follows, then, that as a result of the expedition epidemics broke out and centres of epidemics were formed?

Answer: Yes.

Question: Did you take part in experiments on living people?

Answer: Yes, this was at the end of 1943. To test the effectiveness of vaccines 50 Chinese and Manchurians were used as experimental material. First these 50 men were given preventive inoculations, but these were differentiated inoculations—some prisoners were given one, others were given two. Furthermore, different men were inoculated with different quantities of vaccine, and some of these 50 men were not inoculated at all.

Thus, these 50 men were divided into five different groups.

All these men were forced to drink water contaminated with typhoid germs and then observation was kept to see what effect these pathogenic germs had in the different cases, depending on whether preventive inoculations had been performed on the man or not, how many times, and in what quantities.

Question: Well, what was the result of this experiment?

Answer: Most of these men contracted typhoid. Exactly what percentage I do not remember, at all events 12 or 13 of the men died.

Question: Were wicked experiments of this kind on human beings to test the effectiveness of infection performed many times?

Answer: I myself know of one other case of such infection, this was at the end of 1944 or beginning of 1945, when infection was caused by similar methods.

Question: Did you take part in experiments in contaminating fruit with typhoid germs?

Answer: Yes, I did.

Question: Tell us about these experiments.

Answer: I do not remember exactly in what year it was, 1943 or 1944, when experiments were made in contaminating fruit; these were melons and cantaloups; this was just the period of their ripening. Some melons and cantaloups were inoculated with bacteria and contaminated, some were left uncontaminated.

After this fruit was contaminated with typhoid with the aid of a syringe, the density of the bacteria was tested; for this purpose the fruit was taken to the laboratory and there analyzed to see how much these bacteria had multiplied in the fruit. After this test, when the presence of a large quantity of bacteria was established, the fruit was given to eat to five or six Chinese and Manchurians.

Question: What happened to the unfortunate people who ate this fruit?

Answer: All were infected.

Question: Thus, all those who ate the typhoid-infected fruit fell sick?

Answer: Yes.

Question: Tell us, do you know anything about the experiments performed on the detachment's proving ground near Anta Station?

Answer: Yes.

Question: Tell the Court what you know.

Answer: Experiments on the proving ground at Anta Station were performed in 1944, in the autumn and winter. In these experiments the germs of typhoid and plague, and also of anthrax were used.

Question: Which division of the detachment was in charge of the prison?

Answer: The 1st Division.

Question: Were only men confined in that prison, or women too?

Answer: Women too.

Question: Were any specific experiments performed on the women confined in the Ishii Detachment's prison?

Answer: I did not take part in these experiments, but they were infected with syphilis with the object of investigating preventive means against this disease.

Question: Thus, women confined in the prison of Detachment 731 were infected with venereal diseases?

Answer: Yes.

Question: Tell us, were freezing experiments performed in Detachment 731?

Answer: Yes, I saw such experiments performed.

Question: Which of the researchers directed these experiments?

Answer: Researcher Yoshimura.

Question: Tell us about the experiments in freezing human beings.

Answer: Experiments in freezing human beings were performed every year in the detachment, in the coldest months of the year: November, December, January and February. The technique of these experiments was as follows: the experimentees were taken out into the frost at night, at about 11 o'clock, and compelled to dip their hands into a barrel of cold water. Then they were compelled to take their hands out and stand with wet hands in the frost for a long time. Or else the following was done: the people were taken out dressed, but with bare feet and compelled to stand at night in the frost in the coldest period of the year.

When these people had gotten frostbite, they were taken to a room and forced to put their feet in water of 5°C. temperature, and then the temperature was gradually increased. In this way means for healing frostbite were investigated. I myself did not see the subsequent experiments when the people were taken into the room; I only saw, when I was on duty, people being taken out into the frost and there getting frostbitten, but about the experiments in the rooms where the people kept their hands in water, I heard from eyewitnesses.

Question: What other experiments and tests were made on human beings?

Answer: I know that researcher Yoshimura performed experiments in applying ulcerating gas to people. I saw people in the prison on whom the action of this ulcerating gas had been tested, but what the technique of these experiments was I do not know.

Question: In what condition were these people? What symptoms of illness did they show?

Answer: I saw people with big ulcers on their hands and feet; I know nothing more.

President of the Court: In conformity with the order of procedure adopted by the Court, the Court will proceed to discuss what questions should be put in connection with this case to the medicolegal experts.

State Prosecutor, what questions have you to put to the medicolegal experts?

State Prosecutor: In conformity with Art. 63 of the Code of Criminal Procedure of the R.S.F.S.R., the State Prosecution requests that the following questions be put to the experts:

1. What was the object of the experimental and production activities of detachments 731 and 100 of the Japanese Kwantung Army and of Detachment Ei 1644 of the Japanese Expeditionary Army in China?

2. What was the production potential of these detachments for supplying the Japanese Army with bacteriological weapons?

3. What might have been the consequences of the employment of the bacteriological weapons produced by detachments 731, 100 and Ei 1644?

I place these questions in writing at the disposal of the Court.

President of the Court: Interpreter, please translate into Japanese all the questions the State Prosecutor is submitting to the experts.

(The interpreter translates.)

Has the defence any questions to put to the medicolegal experts?

Counsel Belov: Our clients, having acquainted themselves during the preliminary investigation with the findings of the medicolegal experts, fully agree with them. No unclarity or questions have arisen in their minds, consequently, at the present moment the defence has no supplementary questions to put to the medicolegal experts.

President of the Court: Have the accused any questions to put to the medicolegal experts?

The interpreter: The accused have no questions.

President of the Court: In addition to the questions put, the Court puts a fourth question to the experts: what degree of danger was there in the bacteriological attacks carried out by Detachment 731 in districts of Central China in 1940, 1941 and 1942.

The Military Tribunal rules that the four questions read be submitted to the experts.

Interpreter, please translate the fourth question into Japanese.

(The interpreter translates the fourth question into Japanese.)

Medicolegal experts, the Court submits for your consideration four questions. Please prepare to give your findings on these questions.

EXAMINATION OF WITNESS TACHIBANA

President of the Court: Witness Tachibana, I warn you of your liability to prosecution for giving false evidence. You must tell the Court nothing but the truth. When were you taken prisoner by the Soviet Union?

Witness Tachibana: On August 15, 1945.

Question: What post did you occupy at that time?
Answer: Adviser to the government of Manchukuo.
Question: What was your military rank?
Answer: Colonel of Gendarmerie.

(A stir in courtroom.)

State Prosecutor: Tell us in what period you served as Chief of the Kiamusze Gendarmerie Administration.

Witness Tachibana: From 1939 to 1941.

Question: What do you know about the sending of prisoners to Detachment 731?

Answer: In 1940 I occupied the post of Chief of the Gendarmerie Administration in the town of Kiamusze. It was then that I first learned of the existence and the character of the work of Detachment 731. I learned that Detachment 731 was called the Prophylaxis and Water Supply Administration of the Kwantung Army, but actually engaged in preparations for conducting bacteriological warfare, in particular, by performing experiments on living people. I learned that this detachment was preparing for the mass extermination of the enemy's man power and was preparing to conduct bacteriological warfare.

At the time I was serving in the Kiamusze Gendarmerie Administration, a definite category of persons from among people taken in custody and arrested by the gendarmerie on suspicion of having committed crimes, we sent to Detachment 731 to be used as experimental material. We sent these people to Detachment 731 after preliminary, partial investigation, without trial, without sending their cases to court, in conformity with instructions received from the higher gendarme authorities. This was a measure of a special character and therefore this arrangement was called "special consignments" (in Japanese—"Tokui-Atsukai."—*Trans.*).

The people sent in such "special consignments," so-called "Tokui-Atsukai," were of the following categories: persons accused of espionage on behalf of foreign states, or suspected of being implicated in foreign espionage, and also so-called hunghutzu, that is, Chinese partisans; then came the category of anti-Japanese elements, incorrigible criminal elements—recidivists. Persons in these categories we sent to Detachment

731 as "special consignments." During the period I served as Chief of the Kiamusze Gendarmerie Administration, my administration sent to Detachment 731 no less than six people, who never returned from there and perished there as a result of experiments.

Question: Did you already know at the time of despatch that the people you were sending to Detachment 731 would be subjected to torturous experiments in infection with epidemic diseases?

Answer: I knew that these people were being sent to Detachment 731 to be used as experimental material for testing bacteria.

State Prosecutor: I request the permission of the Court to show witness Tachibana a document that has already been read in Court. I request that witness be shown the first page of the Japanese text of the document—the notice of the Headquarters of the Kwantung Gendarmerie of March 12, 1943, concerning "special consignments." Furthermore, I request that witness Tachibana be shown the inclosure with that notice, namely, the second column headed "Ideological Criminals (criminals connected with the National and Communist movements)."

(The interpreter shows witness Tachibana a photostatic copy of the document.)

Witness Tachibana, have you seen this document?

Witness Tachibana: Yes, I have seen this document before.

Question: This document regulated the order of despatching "special consignments," isn't that so?

Answer: Yes.

Question: And defined the category of persons liable to be despatched, in "special consignments"?

Answer: Yes.

Question: In other words, this document defined the order of sending to Detachment 731 those people who were to be exterminated, isn't that so?

Answer: Yes.

Question: In this document, on page 92, we can read the following: "Ideological criminals (criminals connected with the National and Communist movements)," and further: "If, notwithstanding the minor character of the crime, their release is undesirable."

(The passages are read in Japanese.)

State Prosecutor: Do you recognize the document I have shown you as the official document that regulated the order of despatching "special consignments"?

Witness Tachibana: Yes, I do.

Question: Do you know the members of the gendarmerie who took part in defining the categories of persons liable to be despatched in "special consignments"?

Answer: Yes, I can name them.

Question: Do, please.

Answer: The document shown me was drawn up in 1943. At that time I was serving at the Chief Administration of the Kwantung Gendarmerie as an officer of the Administration. At that time I was serving in the Criminal Division of the Chief Administration of the Kwantung Gendarmerie, and an order was received from the Kwantung Army Headquarters to draw up such a document. In March 1943, I was sent to Mukden to inspect the gendarmerie administration. During my absence, Major Tsujimoto, who served in my division, edited the document. When I returned I saw the document and now affirm that it is genuine.

Question: What formalities were connected with the despatch of "Tokui-Atsukai"? What documents were drawn up by the gendarmerie in this connection?

Answer: Copies of the document just shown me were sent to the gendarmerie administrations in different towns in Manchuria. The people who were to be despatched in "special consignments" were kept in the places of detention at the gendarmerie administrations. Then excerpts from the records of their interrogation, and certificates with applications for permission to despatch them in "special consignments" were sent to the Chief Gendarmerie Administration. There, the case was examined, the question was settled, and the gendarmerie administration that had made the application was sent an order to despatch these people to Detachment 731 as "special consignments." When the Chief Gendarmerie Administration received such documents from a local administration, they were sent through the secretariat to the Criminal Division and from there to the Intelligence Section, of which I was the Chief. An assistant in my section, Tsujimoto, examined these documents, took a decision and submitted the decision to me. I endorsed it and sent it on to the Chief of the Criminal Division. The Chief of the Criminal Division, after receiving the sanction of the Commander of the Kwantung Gendarmerie, sent an order in the name of the Commander of the Gendarmerie to the gendarmerie administration from which the document had been received.

Question: During the period that you served in the Kwantung Gendarmerie Headquarters, did you sanction the despatch of people to Detachment 731 as "special consignments"?

Answer: I examined these cases, discussed them. I remember that during the period I was there over a hundred people were sent.

Question: Were people sent by the gendarmerie to Detachment 731 to be exterminated with the sanction of the Commander of the Kwantung Army?

Answer: Of course, the Kwantung Gendarmerie did this in conformity with the orders of the Commander of the Kwantung Army. As a rule, the gendarmerie sent criminal cases to court, to the Military Tribunal, but in these cases a special order overrid the law and the people were despatched without trial.

Question: You confirm the fact that, in conformity with the instructions drawn up by your subordinate Tsujimoto, people connected with the national-liberation movement were sent in "special consignments" to Detachment 731 to be exterminated.

Answer: The people who were sent in these consignments were criminals of various categories. Among these categories were also participants in the national-liberation movement, but all were Communists or nationalists.

(Murmur of indignation in courtroom.)

Question: Tell us, witness Tachibana, how the people were sent to Detachment 731, what was the order of despatching, convoying, guarding, secrecy, etc.

Answer: As I have said already, a gendarmerie administration sent to the Chief Gendarmerie Administration an application for permission to send a "special consignment." For this purpose an application was drawn up in three copies, one of which remained in the local gendarmerie administration, and two were sent to the Chief Gendarmerie Administration. After official sanction for the "special consignment" had been received from the Chief Gendarmerie Administration, one of the copies of the application was returned from there and the prisoner was kept in the gendarmerie administration. Then, when a request was received from Detachment 731 for experimental material, that is, for people doomed to be sent in "special consignments," the prisoner, with a copy of the application, was sent to Harbin where, on the Harbin railway station, the prisoner was handed over to members of the gendarmerie. These people were convoyed by gendarmes.

Question: Were the people under convoy chained, or bound?

Answer: Chains were not put on.

State Prosecutor: In view of this answer by witness Tachibana, I request that the Court read the second part of the already read Operations Order of the Kwantung Gendarmerie No. 224, of August 8, 1939. That document is directly related to the question I have put to the witness, and therefore I request that this document be read.

President of the Court: The Military Tribunal rules that this document be read. The document will simultaneously be read in Japanese.

(The accused put on their earphones. The President reads the Russian translation of the afore-mentioned document. Simultaneously, the document is read in Japanese and shown to witness Tachibana.*)

State Prosecutor: Well, witness Tachibana, perhaps, having seen the authentic document, you will now confirm that when "special consignments" were sent, manacles and chains and cord were used?

Witness Tachibana: This document is totally unknown to me. It is possible that manacles were used in this case for special reasons. While I was there, no manacles were used.

---

*See pp. 185-86.

Question: You want to say that you sent people to certain death under torment, and, whereas other gendarmerie administrations used manacles, the administration of which you were in charge never used these manacles. Is that what you want to say?

(Sounds of indignation in courtroom.)

(Witness Tachibana is silent.)

State Prosecutor: What will you say in answer to this?

Witness Tachibana: When I was Chief of the Kiamusze Gendarmerie Administration manacles were used, but chains were not put on the legs.

(Commotion in courtroom.)

EXAMINATION OF WITNESS KURAKAZU

President of the Court: Witness Kurakazu, have you signed a warning that you must speak nothing but the truth and that you are liable to prosecution if you give false evidence?

Witness Kurakazu: Yes.

Question: Witness Kurakazu, how did you come to be in the Soviet Union?

Answer: In August 1945 I was taken prisoner by the Soviet troops and on September 12, 1945, I was sent to the Soviet Union via Pogranichnaya Station.

Question: Where were you serving at the time you were taken prisoner?

Answer: In the Harbin Gendarmerie Administration.

Question: What post did you occupy?

Answer: I was Chief of a section of the Special Division of the Gendarmerie Administration.

Question: What was your military rank?

Answer: Sergeant Major of Gendarmerie.

State Prosecutor: Tell us, witness Kurakazu, when were you sent to Detachment 731, how long and in what capacity did you serve in that detachment?

Witness Kurakazu: In Detachment 731 I served as a gendarme in the gendarme group of the detachment from March 1940, for one year. My functions were to perform operative service for the officers of the detachment.

Question: What other functions did you have?

Answer: In addition, it was my duty to convoy prisoners sent from Harbin to Detachment 731. In the detachment, these prisoners were called "logs" and they were used for experiments.

Question: That is to say, you convoyed from Harbin to Detachment 731, people who were to be used for experiments, and who were sent to the detachment in "special consignments"—"Tokui-Atsukai"?

Answer: Yes.

Question: Tell us about the order in which these people were taken to Detachment 731.

Answer: First of all the Gendarmerie Administration telephoned us and ordered us to come to take the people. These orders were communicated to Sergeant Major Tasaka.

Besides me there were two other men in the gendarme group in Detachment 731, we were three in all.

Sergeant Major Tasaka gave us instructions and we, in a special convoy car, drove to Harbin railway station and there went to the gendarme picket in the station, where, in the presence of the senior gendarme of the station, we took over from gendarmes from other towns such as Linkow, Kiamusze and others, people who were to be sent to Detachment 731.

Question: When were prisoners sent to the detachment, in the daytime or at night?

Answer: Mainly at night. After taking over the prisoners, we put them into the convoy car and drove to Pingfan Station to the headquarters of Detachment 731. There we pulled up at the main gates, one of us went to the guardroom and reported to the guard, and he telephoned to the man on duty in the inner prison, then that man sent somebody to convoy these prisoners to the prison.

Question: Who was the warden of the prison?

Answer: Civilian employee Ishii, the elder brother of the Chief of the detachment, General Ishii Shiro.

Question: Did you yourself visit the prison?

Answer: Yes, I visited the prison twice.

Question: Describe this prison.

Answer: I visited the prison for the first time in March 1940. This was soon after my arrival in Detachment 731.

On arriving in the detachment I learned that the detachment had an inner prison, then this prison interested me and I asked Sergeant Major Tasaka, who was the senior in our group, to allow me to go into the prison to see it. He asked for permission from the warden of the prison, civilian employee Ishii; he consented and the three of us: Tasaka, Ishii and I, went over the prison. We went to the main building of Detachment 731, which was of rectangular shape, in the middle of which was the prison building hidden from the view of strangers. The prison was divided into two wings—left and right. On my first visit I inspected the left wing. We entered the building and passed through a corridor; on the left was the guardroom, to the right there was a staircase, then another room and beyond that the cells.

Question: Did you look into the cells when you inspected the prison building?

Answer: I did not go into the cells, but I looked through the peepholes.

Question: Of what nationality were the people confined in the prison?

Answer: Mainly Chinese, but there were also Russians among them, and among the Chinese there were five women.

Question: Consequently, women were also confined in the Ishii Detachment prison?

Answer: Yes. I forgot to say that on one occasion I convoyed a woman from Harbin Station. I also forgot to say that the prison was a two-storey building.

Question: Did you yourself see experiments performed on human beings?

Answer: Yes, I did. I saw experiments performed on living people for the first time in December 1940. I was shown these experiments by researcher Yoshimura, a member of the 1st Division. These experiments were performed in the prison laboratory.

When I walked into the prison laboratory, five Chinese experimentees were sitting on a long form; two of these Chinese had no fingers at all, their hands were black; in those of three others the bones were visible. They had fingers, but they were only bones. Yoshimura told me that this was the result of freezing experiments.

Question: What do you know about the fate of the people who got into the detachment's prison?

Answer: The people who got into this prison never came out.

Question: Do you know of even a single case, during the period you served in the detachment, of a man being released from the Ishii Detachment's prison?

Answer: I don't know of any such cases.

Question: Thus, those who got into that prison—men and women—were bound to perish?

Answer: Yes.

MORNING SITTING, DECEMBER 29

EXAMINATION OF WITNESS HOTTA

President of the Court: Witness Hotta, have you signed the warning that you must speak the truth and that you are liable to criminal prosecution if you give false evidence?

Witness Hotta: Yes.

Question: When were you taken prisoner by the Soviet Army?

Answer: On August 20, 1945.

Question: Where were you at the time?

Answer: At that time I was in Hailar, working in the branch of the Prophylaxis and Water Supply Administration.

Question: What post did you occupy there?

Answer: Quartermaster.

Question: Were you in military service?

Answer: Yes.

Question: What was your military rank?

Answer: At that time I was probationer officer in the Quartermaster Service.

State Prosecutor: Tell us, witness Hotta, did you serve in the Quartermaster's Section of Detachment 731?

Witness Hotta: Yes.

Question: When did you arrive to serve in Detachment 731?

Answer: I arrived in Detachment 731 on November 29, 1944, and began to take up my duties a week later; I was in Detachment 731 until August 1945.

Question: To whom did you present yourself on arrival in Detachment 731?

Answer: First of all I presented myself to the Chief of Detachment 731, Major General of the Medical Service Kitano. This was on November 30, 1944.

Question: Did you have any conversation with anyone after your arrival in Detachment 731?

Answer: Yes. With the Chief of the Training Division of the detachment, Lieutenant Colonel Nishi.

Question: What did Nishi talk to you about?

Answer: On November 30, 1944, I presented myself to the Chief of the detachment, after which I went to the Chief of the Training Division of the detachment, Lieutenant Colonel of the Medical Service Nishi. I was ordered to go through a seven-day course in the detachment's Training Division. During that week, under Lieutenant Colonel Nishi's direction, I studied the internal service regulations, and the internal service regulations concerning Detachment 731.

Question: Did Nishi warn you about the character of the detachment's work?

Answer: Yes, he said that research work on bacteria was being carried on in Detachment 731 and that exceptional secrecy had to be maintained in relation to everything that concerned the work of Detachment 731.

Question: Tell us precisely what premises and what branches you had occasion to visit during your service in the Quartermaster's Section of this detachment.

Answer: During my service in the Quartermaster's Section of Detachment 731 I had occasion to visit the detachment's 1st Division, 3rd Division and the proving ground at Anta Station. As regards branches, in February and March 1945 I visited the Sunyu, Linkow and Mutankiang branches. At that time, together with the Quartermaster, Major Sato, I inspected the stores, but in August 1945, I was promoted to Quartermaster of the Hailar Branch. In addition, I had occasion to visit the Clinical Division, and the 3rd Division in Harbin, in the Nantung district. Furthermore, when receiving stores, I, on two occasions, visited the Transport Section of Detachment 731.

Question: Do you know what purpose was served by Detachment 731's proving ground near Anta Station?

Answer: That proving ground was intended for experiments in connection with preparations to conduct bacteriological warfare.

Question: On whom were these bacteriological experiments performed?

Answer: I know that for these experiments prisoners confined in Detachment 731's inner prison were used.

Question: Where was this prison?

Answer: This prison was situated inside the quadrangle of the detachment's three-storey main building. These were two-storey buildings, numbered 7 and 8.

Question: From where were people upon whom experiments were to be made supplied to Detachment 731?

Answer: I know that these people were supplied by the Japanese Military Missions and by the Gendarmerie; in addition, people were supplied for the prison from among Chinese war prisoners.

Question: Did you have occasion to inspect the detachment's stores?

Answer: I would ask you to say more precisely what stores you have in mind?

Question: The detachment's stores in the proving ground near Anta Station.

Answer: I do not remember the exact date, it was in the summer of 1945; together with Quartermaster Tomizuka I went to the proving ground near Anta Station where we were to inspect the stores.

We took stock of all the materials, goods and equipment in the stores.

While inspecting one of the stores I found some iron shields and I asked civilian employee Tomizuka what these shields were used for. He answered that although they were not supplied by the Quartermaster's Section, they were kept in the stores and were used in experiments on living people, that they were fastened to the chests and backs of experimentees to protect them from being injured.

Then civilian employee Tomizuka showed me a pile of blankets and requested to be allowed, whenever possible, to strike them off the list as unfit for use. There were about eighty of these blankets. Dried blood was visible on them. These blankets were extremely tattered. In reply to my enquiry as to why they were in that condition, he said that they, too, were used to protect the bodies of experimentees while experiments were being performed on them.

Question: And on these padded blankets you yourself saw the dried blood of the experimentees?

Answer: Yes.

Question: Tell us, when did the Chief of the detachment, Ishii Shiro, arrive at Detachment 731?

Answer: In March 1945.

Question: What changes in the work of the detachment took place after Ishii's arrival?

Answer: I will not be able to describe exactly all the changes in the work of the detachment that took place after General Ishii's return to the post of Chief of Detachment 731. However, after his arrival in the detachment he spoke to us often about the important tasks that confronted Detachment 731. He said that between June and September 1945 there would be war against the Soviet Union and that it was necessary to make intense preparations for this war, for this decisive war, as he put it. I also know that the work of breeding rodents was activized.

Question: Did you have to make any kind of calculations connected with the possible increase in the number of rodents?

Answer: Yes, I did.

Question: By whose orders were these calculations made?

Answer: By order of the Chief of the detachment, Ishii. The Chief of the Quartermaster's Section, Major Sato, ordered me to calculate the quantity of feed and nutritive substances that would be required for 3,000,000 rodents that were to be bred by September.

Question: Thus, General Ishii counted on raising the number of rats and mice in the possession of the detachment to 3,000,000 by September 1945. Is that right?

Answer: Yes, that was his plan.

Question: What do you know about the financial expenditure connected with Detachment 731's work and with the maintenance of its apparatus?

Answer: From what the Chief of the Quartermaster's Section, Major Sato, and Quartermaster Nakamura, told me, I know that the budget for 1945 fixed Detachment 731's expenditure at 10,000,000 yen. Furthermore, I know that out of this 10,000,000—3,000,000 was assigned for provisions for Detachment 731's personnel and the rest, 7,000,000, for the production of bacteria and research work. Furthermore, out of this sum—200,000-300,000 yen were assigned for the branches.

Question: Thus, the predominant place in the detachment's budget was occupied by expenditure connected with preparations to conduct bacteriological warfare, that is, expenditure connected with experiments and the breeding of bacteria on a mass scale. Is that correct?

Answer: Yes.

Question: Tell us, were experiments on human beings conducted in Detachment 731 that were not connected with bacteriology?

Answer: One of my fellow trainees in the detachment's Training Division was officer of the Medical Service Megura, we shared a room together. One day he came into the room with some kind of a document. This was a report on freezing experiments. He also showed me some photographs depicting 2-3 prisoners being exposed to frost; one of the photographs showed a man wearing a fur coat and hat sitting next to what looked like a bucket. Another photograph showed a Chinese lying on a bed with his feet uncovered. One foot was sound, the other was frostbitten. It looked as though the feet were being compared to show the effectiveness of the freezing experiment.

Question: Thus, you know that in addition to bacteriological experiments on living people, Detachment 731 also conducted freezing experiments?

Answer: Yes, that is so.

Question: Tell us, did the people in the prison who were to be experimented on implicitly submit to these experiments, or were there cases of resistance on the part of prisoners?

Answer: In the summer of 1945, Megura invited me to visit him in the laboratory. I came somewhat late, but when I came in I saw that he was extremely agitated and angry about something. I asked him what he was angry about and he told me that the prisoners had offered resistance in the prison. By way of the third floor I went to the prison. This was my first visit to the prison.

From a roof two men armed with rifles were watching the prison. Near the prison doors there were 4-5 men, also armed with rifles. The first two and the group of 4-5, were all members of the Special Group. By this time, however, all was quiet in the prison.

Two or three days later, Megura told me that one of the experimentees had shown violence and had struck the experimenter with a door handle.

Question: What happened to this prisoner?

Answer: After striking the experimenter with a door handle, this prisoner jumped out of the cell and ran down the corridor, seized the keys and opened some of the cells. Some of the prisoners managed to jump out, but these were only the bold ones. These bold ones were shot.

Question: Thus, people who resisted the experiments were shot? Is that correct?

Answer: Yes, that is correct.

EXAMINATION OF WITNESS SEGOSHI

President of the Court: Witness Segoshi, have you signed a warning that you must tell the Court nothing but the truth and that you are liable to prosecution if you give false evidence?

Witness Segoshi: Yes.

Question: When were you taken prisoner by the Soviet Army?

Answer: On August 22, 1945.

Question: Where were you serving at the time?

Answer: At that time I was serving in the Hailar Branch of Detachment 731.

Question: How did you come to be in that branch?

Answer: I was appointed to serve there by order.

Question: What was your military rank?

Answer: Sub-Lieutenant.

State Prosecutor: Tell us, witness Segoshi, did you, for some time, serve as a laboratory assistant in the 4th Section of the Materials Division of Detachment 731?

Witness Segoshi: Yes, I served as a laboratory assistant in the 4th Section of the Materials Division.

Question: What did this section engage in?

Answer: The 4th Section engaged in the manufacture of filters, ceramic bodies for bacteria bombs and porcelain bulbs.

Question: Did you see how the ceramic bodies of bacteria bombs were made?

Answer: Yes, I had occasion to see it. I tested the composition of the clay used for the manufacture of these bodies.

Question: Describe the bombs and the technique of their manufacture.

Answer: To manufacture these bombs, clay was taken, ground to a powder, mixed with water and then brought to the required consistency. The stuff was then poured into a special plaster mould. This mould was shaped like a shell. In view of the fact that plaster absorbs moisture, the upper surface of this stuff dried. Later, the plaster mould was removed, the liquid stuff that had remained was poured away and ceramic vessels were obtained in the shape of shells. The finished bodies of the bombs were then dried in special kilns. These bombs were from 70 to 80 centimeters long and 20 centimeters in diameter. At the bottom there was a screw-threaded aperture. The interiors of the bombs were hollow. A time fuse tube was inserted into the screw-threaded aperture. Zigzag grooves were cut on the outer surface of these bodies. On the upper part of the bombs there were attachments for stabilizers. Explosives were fastened into the grooves for the purpose of exploding the bombs. Dropped from aircraft, these bombs were supposed to explode above the ground.

Question: With what were the bombs filled?

Answer: From what Major Suzuki, the Chief of the section, told me, I know that small bulbs containing plague-infected fleas were placed into these bodies.

Question: In what way did the construction of the bombs ensure the preservation of the fleas when the bombs exploded and protect them from the effect of high temperatures?

Answer: Major Suzuki told me that since the bodies of these bombs were ceramic and thin-walled, a very small quantity of explosive was needed to explode them, consequently the explosion was of low power, and this saved the fleas from destruction, as the force of the explosion, the resistance of the air and the temperature had practically no effect upon them.

EXAMINATION OF WITNESS SASAKI

President of the Court: Witness Sasaki, have you signed a warning that you are liable to prosecution if you give false evidence?

Witress Sasaki: Yes.

Question: You must tell the Court nothing but the truth. When were you taken prisoner by the Soviet Army?

Answer: On August 15, 1945.

Question: Where were you serving at the time?

Answer: On the Kuril Islands, Urup Island.

Question: Did you serve in Detachment 731?

Answer: Yes.

Question: What work did you do there?

Answer: I worked in Karasawa's sub-section, in the 4th Division, as a storekeeper.

Question: What was your military rank?

Answer: I had no military rank.

Question: Were you in military service at the time you served in Detachment 731, or not?

Answer: In 1942 I finished my term of military service and went to work as a civilian employee in Detachment 731.

State Prosecutor: Tell us, witness Sasaki, what was the sub-section headed by Major Karasawa Tomio engaged in?

Witness Sasaki: That sub-section engaged in the mass production of bacteria.

Question: What were your functions?

Answer: I was a storekeeper in Major Karasawa's sub-section and gave out the materials for the mass production of bacteria.

Question: Did you give out agar-agar, peptone?

Answer: Yes, I gave it out, but under the supervision of the stores manager.

Question: Did you receive from Karasawa's sub-section finished bacteria substance?

Answer: Yes, I did.

Question: Do you know anything about the practical employment of bacteria by Detachment 731?

Answer: One day, during morning inspection, Major Karasawa announced that he had received orders from the Chief concerning the mass production of bacteria and said that we must carry out this task successfully.

Furthermore, he said, that 15 men of our sub-section, headed by the Chief of the section, were to go to China.

Question: Did you send bacteria to China?

Answer: Yes.

Question: Where did you get these bacteria from, how were they packed, and where were they sent to?

Answer: I do not remember exactly when this was. Matsushima, the stores manager, announced that the infection bottles that were in the store had to be packed in boxes. We packed them and sent them to the aerodrome.

Question: Which bottles?

Answer: These were bottles filled with bacteria.

Question: How did you pack these bottles in the boxes?

Answer: We covered the mouths of these bottles with paraffin wax and then with cellophane, the cellophane was tied with special strings. Then we packed them all in zinc boxes.

Question: How many bottles containing bacteria went into a box?

Answer: 15 or 16.

Question: Where did you take these boxes containing bacteria substance?

Answer: We took these boxes on a motor truck to the aerodrome that was about a kilometre away from the detachment's main building.

Question: How many journeys did you make to the aerodrome?

Answer: I do not remember exactly, I think we drove there three times.

Question: What was the load capacity of the trucks on which you took the boxes to the aerodrome?

Answer: I do not remember exactly.

Question: Perhaps you remember something else—approximately, how many boxes were taken to the aerodrome?

Answer: I do not remember this exactly, either.

Question: At all events, you made three journeys to the aerodrome, is that right?

Answer: Yes, that's right. I remember that we drove to the aerodrome three times.

EXAMINATION OF WITNESS OZEKI

President of the Court: Witness Ozeki, you have signed the Court's warning that you are liable to prosecution if you give false evidence. You must tell the Court nothing but the truth.

Witness Ozeki: I understand.

Question: How long did you serve in Detachment 731?

Answer: I served in Detachment 731 from May 1939 to April 1942.

Question: What post did you occupy in the detachment and what work did you do there?

Answer: In May 1939 I joined the youths' training course at Detachment 731 and when I finished the course I worked in the 4th Division.

State Prosecutor: Witness Ozeki, hence you worked mainly in the 4th Division of Detachment 731?

Witness Ozeki: That's right.

Question: What was the 4th Division of Detachment 731 engaged in?

Answer: That division engaged in the mass production of bacteria.

Question: Are you, member of the detachment's 4th Division, familiar with the process of production?

Answer: Yes.

Question: Describe the process of production in the cultivation of bacteria.

Answer: For cultivating bacteria we took agar-agar, or peptone, and also meat bouillon, and in special boilers we made the culture medium for cultivating the bacteria, then this culture medium was poured into Ishii cultivators that were kept in special autoclaves under high pressure.

Then this culture medium was cooled in special refrigerators, after which the cultivators were carried to a special room where the bacteria were planted. Later, the bacteria were sent on a conveyor into special incubators in which a definite temperature was maintained, for plague germs, for example, +35°.

Question: What were these incubators like?

Answer: They were chambers that were protected by metal walls, and in them there was apparatus for maintaining a constant temperature and humidity.

Question: How was the finished bacteria substance taken out?

Answer: From the incubators, the cultivators were sent by conveyor to another chamber. There were special instruments for taking out the bacteria—spoons, with the aid of which the bacteria were taken out and put into bottles.

Question: What do you know about member of the 4th Division of Detachment 731, Major Karasawa Tomio?

Answer: I first made the acquaintance of Major Karasawa in January 1940, when he was an instructor at the youths' training courses in Detachment 731.

Question: What work did Major Karasawa do in Detachment 731?

Answer: In May 1940, when I was transferred to the Production Section, this section consisted of two groups which engaged in the mass production of bacteria. The chief of one of these groups was Major Karasawa. From 1942 onwards, Major Karasawa served as Chief of one of the sections of this division, and later he took Major Suzuki's place as Chief of the section.

Question: That is, latterly, he was Chief of the very section of the 4th Division which engaged in the mass breeding of bacteria, is that right?

Answer: That's right.

Question: What post did General Kawashima occupy?

Answer: Chief of the 4th Division.

EXAMINATION OF WITNESS SAITO

President of the Court: Witness Saito, you have signed a warning that you are liable to prosecution if you give false evidence. You must tell the Court nothing but the truth.

Witness Saito: I understand.

Question: Did you serve in the Japanese Army?

Answer: Yes, I did.

Question: What was the last post you occupied?

Answer: I occupied the post of clerk in the office of Branch 643 of Detachment 731.

Question: Did you have military rank?

Answer: No, I did not have military rank, I was a civilian employee.

Question: How long did you serve in this detachment?

Answer: From March 1942.

Question: Until what date?

Answer: Until Japan's surrender.

Question: How did you come to work in the detachment?

Answer: At first I joined the detachment as a truck driver, later I was offered a job as an employee of the detachment in the capacity of office clerk.

State Prosecutor: Tell us, witness Saito, when was a special section for the mass breeding of fleas organized at the Mutankiang Branch?

Witness Saito: The section that began to breed fleas was organized on June 13, 1945.

Question: How is it that you so well remember the date when this section was organized?

Answer: Because, from May 31, 1945 to June 13, I was absent, I was not in the detachment, I was away on matters of the service. When I returned on June 13, I read the order to form this section, so that I remember that date without mistake.

Question: By whose order was the section for the mass breeding of fleas organized?

Answer: This section was organized by order of the Chief of Branch 643, Major Onoue.

Question: Look at the defendants' box, is that the Major Onoue who is seated in the box?

Answer: Yes, that's the one.

Question: What number was this section given?

Answer: Number three.

Question: Who was the Chief of the 3rd Section?

Answer: Sergeant Major Yamada Tadashi.

Question: Who directly engaged in the breeding of fleas?

Answer: Two members engaged in this: Onizaki and Suzuki, who went through a special training course in Detachment 731.

Question: How long did they go through this special course?

Answer: I do not remember exactly, ten days or two weeks.

Question: Thus, in Detachment 731, special training courses were organized for the personnel of the detachment's branches to teach them the methods of breeding fleas on a mass scale?

Answer: Yes, that's right.

Question: What were your functions at the time you served in the 3rd Section of the Mutankiang Branch?

Answer: I served in the 3rd Section as office clerk, and my function was to calculate the number of rodents required for breeding fleas, and also to keep account of the quantity of fleas bred.

Question: Tell us, witness, do you know how the fleas were bred?

Answer: Yes, I often had occasion to be in the basement where these fleas were bred, and I myself saw the equipment with which the fleas were bred. For this purpose they used 18-litre cans in which the rats were kept.

Question: Where did the 3rd Section send the fleas that were bred?

Answer: The first time, July 24-25, 1945, these fleas were sent to the Harbin Detachment 731, and the second time, on August 4 or 5 of the same year, they were also taken to Detachment 731 by civilian employee Suzuki.

Question: Thus, the fleas bred by your branch were sent to Detachment 731 at Pingfan Station, is that right?

Answer: That's right.

Question: Please tell us now how many cans were used at one time to breed fleas?

Answer: In the 3rd Section 200 benzine cans were prepared for use as cultivators. The first time 60 cans were used, but this was an unsuccessful attempt. The second time 120 cultivators were used, and the third time 30.

Question: From where did Branch 643 obtain the rodents?

Answer: In June and July 1945, nearly all the privates of Detachment 643 were mobilized for catching rats.

Question: How was the catching of rodents organized by the branch?

Answer: Rat catching was most successful in the town of Mutankiang itself. Although the branch was situated outside the town, soldiers were sent to Mutankiang with the special assignment to catch rats. I myself saw soldiers who engaged in catching rats in Mutankiang.

Question: Were the soldiers sent to catch rats in military uniform?

Answer: They were all dressed in civilian clothes to hide the fact that they were in military service.

Question: Were all the rats that were caught kept in Branch 643, or were some of them sent to another place?

Answer: Some of the rodents were used in the 3rd Section of Branch 643, but most of them were sent to Detachment 731.

Question: Did you yourself see these rats being sent to Detachment 731, or are you saying this from what somebody told you?

Answer: I myself saw it. I saw special trucks leaving the premises of Branch 643 for the Hailar railway station for this purpose.

Question: When and by whose orders was the Mutankiang Branch of Detachment 731 destroyed?

Answer: The branch was destroyed on August 13, 1945, in the morning, by order of the Chief of the branch, Major Onoue.

EXAMINATION OF WITNESS KUWABARA

President of the Court: You have signed a warning that you are liable to prosecution if you give false evidence. You must tell the Court the truth.

Witness Kuwabara: I understand.

Question: Did you serve in the Japanese Army?

Answer: I did.

Question: In what capacity?

Answer: In the capacity of a civilian employee in the detachment for the antiepizootic protection of horses.

Question: How long did you serve in this detachment?

Answer: I worked from January 19, 1944 to the end of the war.

Question: In what capacity did you work?

Answer: In the capacity of a technical worker.

Question: What work did you perform?

Answer: I performed the work of analyzing blood and engaged in pathological research.

State Prosecutor: Where did you serve?

Witness Kuwabara: In Branch 2630 of Detachment 100.

Question: Tell the Court what you know about the infection of horses with glanders.

Answer: This was on August 20, 1945. I was then on the way to the stables of our branch and near the stables I saw six members from our branch. These were detachment members Kubota, Ikeda, Yada, Kimura, Ishii and Hasegawa. In those stables there were 60 horses that were kept in the detachment. Before I could reach this group I was warned that they were engaged in infecting the horses with glanders by contaminating the oats with glanders germs. I went back to the branch's laboratory. When I got back to the laboratory I saw empty test tubes that had contained cultures of glanders; then I asked researcher Kimura whether the horses had been infected with these germs. He confirmed this and said that the horses had been infected with glanders.

Question: What was done with those horses later?

Answer: The group that had caused the infection broke down the fences and drove the horses in different directions. All the horses scattered to the near-by villages and along different roads.

Question: Were the horses which had been infected with glanders to have served as the cause for the outbreak of a glanders epidemic?

Answer: Yes.

Question: This took place on August 20, 1945?

Answer: Yes.

Question: That is, after the order for the surrender of the Japanese Army?

Answer: Yes.

Question: Where were the glanders germs with which the animals were infected cultivated?

Answer: For this purpose, glanders germs cultivated in the Bacteriological Section of Detachment 2630 were used.

EXAMINATION OF WITNESS HATAKI

President of the Court: Witness Hataki, you have given the Court your signature to the warning that you are liable to prosecution if you give false evidence. You must tell the Court nothing but the truth.

In what capacity did you serve in the Japanese Army?

Witness Hataki: At one time I worked in Detachment 100 in Changchun, and later in a military unit in the town of Kunchuling.

Question: Are you a private?

Answer: Yes, a private.

Question: What duties did you perform in the latter period?

Answer: I was a rifleman.

Question: And in Detachment 100?

Answer: In Detachment 100 I was a civilian employee of the detachment.

State Prosecutor: What work did you do in the detachment?

Witness Hataki: I worked on bacteriological research.

Question: In what capacity?

Answer: As a technical worker.

Question: Tell us, do you know anything about experiments having been performed on living people?

Answer: Yes, I do.

Question: Where were the people kept upon whom experiments were to be made?

Answer: In an isolation cell in the guardroom of Detachment 100.

Question: Did you yourself see these people?

Answer: I myself saw them when I took them food.

Question: How many people were in the isolation cell when you went there?

Answer: Four.

Question: Of what nationality?

Answer: Two Chinese and two Russians.

Question: Do you know what kind of experiments were performed?

Answer: Yes.

Question: Tell us about them.

Answer: When I took food from the laboratory for the prisoners, researcher Matsui gave me a white liquid for them. That was poison.

Question: What did you do with that white liquid?

Answer: I only brought it.

Question: You gave it to the prisoners?

Answer: No, I myself did not give it to them, it was given by gendarme Mizuno.

Question: Do you know what the fate was of those people to whom gendarme Mizuno gave poisoned food?

Answer: I know that two or three days later they died.

Question: Where did you bury their bodies?

Answer: We buried these bodies in the cattle cemetery at the back of the detachment's premises.

Question: Do you know what the fate of other experimentees was?

Answer: Yes, I do.

Question: Tell us about it.

Answer: I know that gendarme Mizuno shot one of the Russians with a pistol.

Question: Tell us about it in greater detail.

Answer: I was in the laboratory when the telephone rang. I was ordered to take a spade and go to the cattle cemetery. There, at a hundred metres from the road, was a Russian, he was kneeling on the ground, and gendarme Mizuno killed him by shooting him in the back of the head.

Question: Where did you bury the body of this Russian whom gendarme Mizuno had murdered?

Answer: There, in the cattle cemetery, a pit had already been dug, and he was shot on the edge of this pit.

Question: And you yourself buried his body?

Answer: It was thrown into the pit and I covered it with earth.

Question: Did you take part in the manoeuvres in infecting cattle on Detachment 731's proving ground at Anta Station?

Answer: Yes, I did.

Question: Tell us what you saw at these manoeuvres.

Answer: I was in the barracks taking meteorological observations when an aeroplane flew over the camp. The aeroplane dropped something of a yellow colour and at once flew off again. I was not on the proving ground myself, so I don't know the details.

Question: The infection of cattle was conducted during the manoeuvres with the aid of aircraft?

Answer: Yes, that's correct.

Question: And, finally, the last question to you, witness Hataki. You said that you worked in Detachment 100 under the direction of a certain Mitomo. Is that right?

Answer: Yes.

Question: Now look at the defendants' box and tell the Court whether among the accused is Mitomo, under whom you worked in the detachment.

Answer: Yes, that same Mitomo is there.

EXAMINATION OF WITNESS MISHINA

President of the Court: Witness Mishina, you have given the Court your signature to the warning that you are liable to prosecution if you give false testimony. You must tell the Court the truth.

Witness Mishina: I understand.

Question: Tell us, witness, how long did you serve in the Japanese Army in Manchuria?

Answer: I served in Manchuria four times.

Question: What posts did you occupy during your service in the Japanese Army in Manchuria?

Answer: The first time I served in the Special Security Detachment in the capacity of company officer. This was during the Manchurian events. The second time I served in 1934-35 as an officer in the Operations Division of the Kwantung Army Headquarters. The third time I served from 1937 to 1941 as an officer in the Kwantung Army Headquarters. And finally, the last time I served in Manchuria in the period of the second world war. I was Chief of Staff of the 39th Division. I was appointed to this post on April 25, 1945.

Question: What was your last military rank?

Answer: Colonel.

State Prosecutor: How long and in what capacity did you serve in the Headquarters of the 13th Army?

Witness Mishina: I served in the 13th Army from 1941 to 1943 as Chief of the Intelligence Division of the Headquarters of the 13th Army.

Question: Where was the 13th Army located?

Answer: The Headquarters of the Army was located in Shanghai.

Question: What, in essence, was the so-called Chekang operation conducted by the 13th Army? When was the order received to commence this operation?

Answer: The Chekang operation was conducted in 1942; this operation was conducted by order of the Commander-in-Chief of the Japanese Expeditionary Force in China, General Hata. The order was dated March 1942.

Question: What was the nature of the Chekang operation?

Answer: The object of this operation, according to the Commander-in-Chief's order, was to exterminate China's armed forces, namely, the Chungking camp and other forces located in the region of Chekang along the main railway line that connected the towns of Kinhwa, Lungyu, Chuhsien and Yüshan (I am not sure that this is exact).

Question: Which Japanese armies took part in the Chekang operation?

Answer: Nearly the whole of the 13th Army, and also separate units of the 11th Army, the Headquarters of which was located in Hankow. In addition, special units were attached.

Question: What do you know about the special bacteriological units that were attached to units of the 13th Army?

Answer: To the 13th Army was attached a special bacteriological unit consisting of the personnel of the Nanking Detachment Ei.

Question: When did the retreat of the 11th and 13th armies commence?

Answer: The 13th Army began to retreat in August 1942. The 11th—also at that time. These armies began to retreat to their former positions.

Question: Tell us, when did Major General Ishii Shiro arrive in the area of hostilities?

Answer: Major General Ishii Shiro arrived in the area of hostilities on August 24 or 25.

Question: Was a conference called at the Headquarters of the 13th Army in connection with the arrival of Major General Ishii Shiro?

Answer: After the arrival of Major General Ishii Shiro, a secret conference was held at the Headquarters of the 13th Army, at which, besides Ishii Shiro, were present the Commander of the 13th Army, the Chief of Staff of that army, and the Chief of the Operations Division of the Headquarters of that army.

Question: Did Major General Ishii Shiro arrive in the area of the 13th Army alone, or with a group of accompanying officers?

Answer: I remember that Major General Ishii Shiro was accompanied by two or three army surgeons.

Question: After this conference, did Major General Ishii Shiro remain at the 13th Army Headquarters, or did he leave?

Answer: Major General Ishii Shiro left that very day after dinner in an aeroplane for Nanking, but the two, or three officers who had arrived with him at Army Headquarters, remained.

Question: Tell us all you know about the employment of plague germs by the Japanese troops during the Chekang operation.

Answer: As I have already said, the 13th Army began to retreat, in conformity with the orders of the Commander-in-Chief of the Japanese Expeditionary Forces in China, on August 20. The Headquarters of the Army retreated from Chuhsien on August 31, but the officers who had arrived with General Ishii, two or three, remained in Chuhsien. I, as an officer of the 13th Army Headquarters, know that these officers who remained behind, together with the antiepidemic units of the forward detachments, sprayed plague germs at the front. Later I will say how I know this. Army Headquarters retreated from Chuhsien and arrived in Kinhwa, where it stayed for about two weeks, and then, September 18-19, set out for Shanghai.

I was given a document that had been captured by the units operating at the front. This was a document of the Chinese Army, which I received in September. The document had been captured by one of our units when it occupied the place where the headquarters of an unknown Chinese division was located. This document speaks of the following.

As far as I remember it was dated beginning of September. It was a radiogram containing an order by the Headquarters of the Chinese Army to a divisional commander. It was stated in the order that the Japanese Army, on retreating during the Chekang operation, had infected the localities in the region of Chuhsien with plague, that special attention had to be paid to this and measures of precaution taken. This order was copied on a hectograph. In it special emphasis was laid on the brutal character of the Japanese actions.

Question: Did you report to the Commander of the 13th Army about the Chinese document in your possession reporting the employment by the Japanese troops of means of bacteriological warfare in the Chekang operations?

Answer: Yes, I reported to the Army Commander and to the Chief of Staff.

Question: How did they react to your report?

Answer: They received my information, signed that they had read the document and did not react in any way.

Question: Who, concretely, contaminated with plague germs the locality that was mentioned in the Chinese document?

Answer: I did not witness this operation, but the conference convened by General Ishii and the Commander of the 13th Army on August 24 or 25, the fact that Ishii left three officers of Detachment 731 with the 13th Army, and lastly, the fact that a special antiepidemic service group from the Nanking Detachment Ei was attached to the 13th Army—all this gives me ground for drawing the conclusion that this operation was conducted by the members of the Nanking Detachment, under the general direction of Major General Ishii and under the immediate direction of the officers he left behind.

State Prosecutor: I have no more questions to put to the witness..

President of the Court: In addition to the witnesses who have been examined, the witnesses Kanazawa, Mineoi, Sakurashita and Fukuzumi have been summoned to the Court session. In view of the fact that the circumstances concerning which these witnesses were summoned have been sufficiently cleared up and that the examination of these witnesses would be superfluous, the Military Tribunal, in conformity with Art. 394 of the Code of Criminal Procedure of the R.S.F.S.R., rules: not to examine the aforesaid witnesses.

The Court will now hear the findings of the experts. The experts' written findings will at the same time be translated through the transmitter into Japanese for the benefit of the accused.

Member of the Academy of Medical Sciences of the U.S.S.R. Zhukov-Verezhnikov is called upon to read the written findings of the experts.

(Expert Zhukov-Verezhnikov reads the experts' findings, which are placed in the record of the Court session.*)

---

*See pp. 395-404.

President of the Court: Comrade State Prosecutor, have you any questions to put to the experts?

State Prosecutor: The State Prosecution has no questions to put to the experts.

President of the Court: Defence, have you any questions to put to the experts?

Counsel Borovik: The defence has no questions to put to the experts.

President of the Court: Interpreter, explain to the accused that the parties, that is, the State Prosecution and the defence, have not put supplementary questions to the experts.

(The interpreter translates the explanation of the President of the Tribunal into Japanese.)

Accused, have any of you supplementary questions to put to the experts?

Interpreter: Yes.

President of the Court: Which of the accused has questions to put?

Interpreter: Accused Sato Shunji.

President of the Court: Accused Sato, step up to the microphone. Tell the Court what supplementary questions you have to put to the experts.

Accused Sato: I beg to amend the statement concerning the output capacity of Detachment Ei 1644. I must say that it produced not plague germs 10 kilograms—plague germs perish quickly—but of those germs that can easily be stored—typhoid, paratyphoid and others.

President of the Court: Expert Zhukov-Verezhnikov. What is your opinion concerning the statement of accused Sato?

Expert Zhukov-Verezhnikov: The experts will discuss the matter and submit their opinion later.

President of the Court: Accused Sato, your statement will be examined by the experts and you will be informed of the results. Sit down, accused Sato. Have the other accused any questions to put?

Interpreter: Accused Karasawa has a question.

President of the Court: Accused Karasawa, step up to the microphone. Tell the Court what supplementary question you have to put to the experts.

Accused Karasawa: I too beg to amend the findings of the committee of experts concerning the output capacity of Detachment 731. There is a passage which says that the detachment usually produced up to 300 kilograms of bacteria a month. But that was not usual. This was possible only under optimal conditions, if the detachment's equipment were used to its utmost capacity. Usually, however, only a third of this quantity was produced, 300 kilograms of bacteria was not produced.

President of the Court: Experts, please take this statement into consideration.

Expert Zhukov-Verezhnikov: Accused Karasawa did not sufficiently well understand the translation. In our findings it says: "Accused Karasawa stated during the investigation that this capacity could be raised to an output of 300 kilograms of germs a month."

Accused Karasawa: If that means that it was possible to raise it to that quantity, then I agree, I simply misheard then.

President of the Court: That is precisely the meaning of that statement in the findings.

Accused Karasawa: In that case, I have no questions.

President of the Court: Sit down, accused Karasawa. Are there any other questions?

Interpreter: There are no more questions.

President of the Court: The Court asks the parties whether they wish to add anything to the Court investigation.

State Prosecutor: In conformity with Art. 303 of the Code of Criminal Procedure of the R.S.F.S.R., the State Prosecution requests that the Tribunal read a number of documents in the case. In particular, the State Prosecution requests the Court to read the depositions of witness Yamagishi (Vol. 2, p. 174) and of witness Iijima (Vol. 6, p. 242).

Furthermore, I request that the Court read Operations Order of the Kwantung Army No. 659-Hei, filed in Vol. 15, p. 35. I also request that the Order of the Field Railway Administration of the Kwantung Army No. 176, filed in Vol. 15, p. 37, be read.

Furthermore, I request that the Court read the excerpts from the stenographic record of the meeting of the Central Defence Committee of so-called Manchukuo (Vol. 22, p. 3).

The State Prosecution requests that the Tribunal also read an excerpt, of material importance as proof, from chapter three of the manual on sabotage raid warfare tactics issued by the 2nd Land Forces Division of the Japanese Imperial Headquarters, dated January 20, 1944 (Vol. 22, p. 24). Lastly, I request that the Court certify that the instruction to employ sabotage detachments, on pages 28-29, Vol. 22, issued by the Japanese Imperial Headquarters, contains a reference to bacteria "pistol sprayers" of the fountain-pen type.

This is all that I apply for to the Tribunal as regards supplementary Court investigation.

(The Prosecutor's application is translated into Japanese.)

President of the Court: The Military Tribunal rules that the depositions of Iijima, who was examined as a witness on October 20, 1949, be read. The accused may simultaneously hear the witness' depositions in Japanese.

(Witness' depositions are simultaneously read in Japanese.*)

The depositions of Yamagishi Kenji of October 21, 1949, will be read. The accused may also hear these depositions in Japanese through the transmitter.

(The depositions are read in Japanese.**)

The Operations Order of the Kwantung Army No. 659-Hei will be read.

(The order is also read in Japanese.***)

The order of the Field Railway Administration of the Kwantung Army of July 26, 1940, will be read.

State Prosecutor: I request that in this order the note to it be read stating that the waybill shows the following route: Pingfan-Harbin-Hsinching-Mukden-Shanhaikwan-Tientsin-Shanghai.

---

* See pp. 143-46.
** See pp. 147-50.
*** See pp. 203-04.

President of the Court: The order and the note will be read in Japanese.*

The following document is read: "Sabotage Raid Warfare Tactics."

This document is also read in Japanese.**

On the application of the State Prosecution, the Court certifies that Volume 22, pages 28-29, contains an instruction to employ sabotage detachments drawn up by the 2nd Land Forces Division of Imperial Headquarters on January 20, 1944. In it there is a reference to "pistol-sprayers of the fountain-pen type."

Comrade State Prosecutor, have you any more applications to make?

State Prosecutor: No.

President of the Court: Defence, what applications have you as regards supplementary Court investigation?

Counsel Borovik: The defence has nothing to add to the Court investigation.

President of the Court: Accused, have you any applications to make as regards supplementing the Court investigation?

Interpreter: The accused ask, how is this to be understood, what applications are meant?

President of the Court: Do they wish to read any documents, supplement their explanations, read the depositions of witnesses whom the Court has not examined, but depositions known to the accused?

(The interpreter translates the President's explanation into Japanese.)

Accused Yamada: I have one supplementary statement to make.

President of the Court: Accused Yamada, step up to the microphone. What application have you to make?

Accused Yamada: I want to make a general summary of all that I have heard here, at the Court session, and at the preliminary investigation.

---

* See pp. 211-13.

** See p. 191.

President of the Court: Interpreter, explain to accused Yamada that he can do that in his final plea, which he will be able to make later. At present we wish to know whether there are any applications for supplementary investigation, the reading of depositions, and so forth.

(The interpreter tells accused Yamada what the President of the Court had said.)

Accused Yamada: I understand.

President of the Court: Sit down, accused Yamada. Medicolegal experts, please give us your opinion on accused Sato's application.

Expert Zhukov-Verezhnikov: We have examined accused Sato's application. The findings in this part should read: "judging from the testimony of accused Sato," and not "according to the testimony of accused Sato."

President of the Court: Translate the explanation of the medicolegal experts.

(The experts' explanation is translated into Japanese.)

Accused Sato, do you understand the explanation given by the experts?

Accused Sato: If you delete from the text of your findings the words "plague germs" 10 kilograms, I will then have no objection. It must be understood as 10 kilograms of bacteria, but not of plague bacteria.

President of the Court: Accused Sato, the Court will take your statement into consideration and will discuss it. Please sit down.

Findings of the Experts

FINDINGS

OF THE MEDICOLEGAL EXPERTS ON THE QUESTIONS DEFINED BY THE MILITARY TRIBUNAL AT THE TRIAL OF THE CRIMINAL CASE OF FORMER SERVICEMEN OF THE JAPANESE ARMY YAMADA OTOZOO, KAJITSUKA RYUJI, TAKAHASHI TAKAATSU, KAWASHIMA KIYOSHI, SATO SHUNJI, KARASAWA TOMIO, NISHI TOSHIHIDE, ONOUE MASAO, HIRAZAKURA ZENSAKU AND OTHERS, CHARGED WITH MANUFACTURING AND EMPLOYING BACTERIOLOGICAL WEAPONS

We, the undersigned: Member of the Academy of Medical Sciences of the U.S.S.R. Zhukov-Verezhnikov, N. N.; Colonel of the Medical Service Krasnov, V. D.; Director of the Department of Microbiology of the Khabarovsk Medical Institute, Professor Kosaryev, N. N.; docent in the Department of Microbiology of the Khabarovsk Medical Institute, Livkina, E. G.; Lieutenant Colonel of the Veterinary Service Alexandrov, N. A.; and parasitologist Kozlovskaya, O. L., on the basis of the ruling of the Military Tribunal of December 28, 1949, having been present at the trial and having acquainted ourselves with the materials of the preliminary investigation of the afore-mentioned case, find as follows on the questions formulated in the afore-mentioned ruling:

I. Question: What was the object of the experimental and production activities of detachments 731 and 100 of the Japanese Kwantung Army and of Detachment Ei 1644 of the Japanese Expeditionary Army in China?

Answer: *The object of the experimental and production work carried on by detachments 731, 100 and 1644, by its specific character and special content, was to devise and produce bacteriological weapons, and also to study methods of employing them.*

This finding is based on the following data:

1. The work conducted by detachments 731, 100 and 1644 was based on the utilization for aggressive war purposes the ability of disease germs to breed quickly and to spread among human beings, animals and vegetation. The entire trend of the research work of these detachments was of a special character incompatible with the aims of humane science and diametrically opposite to those aims.

Whereas the efforts of medicinal microbiology are directed towards the creation of immunity, towards lessening the virulence and toxical nature of microbes, the aforementioned detachments of the Japanese Army intensively engaged in increasing the pathological action of microorganisms.

Whereas epidemiologists have been for centuries studying and devising methods to stop and prevent epidemics, these detachments devised methods artificially to cause and spread epidemics.

Whereas the object of sanitation is to remove factors that facilitate the development of diseases, these detachments studied, bred and dispersed tens of millions of plague-carrying fleas.

Whereas the agricultural and veterinary sciences, as a result of immense labour, ensure an increase in crops of useful plants and of herds of useful animals, these detachments devised methods of destroying rye and wheat crops and also cows, horses and sheep, and even set themselves the aim of permanently contaminating the soil with anthrax in the endeavour to make the very earth almost unusable by man.

2. The detachments studied the pathological action of different kinds of microbes for the purpose of choosing

the kinds that would be most effective for bacteriological warfare.

In the course of this study, extensive, inhuman experiments were performed on living people who were kept in a prison especially built for this purpose and the warden of which was a "scientific researcher."

3. The detachments studied and devised methods of intensively breeding large quantities of disease microbes. These methods were later employed in the cultivation of microbes on a mass scale in the practical process of manufacturing bacteriological weapons.

The possibility that these bacteria substances were intended for the purpose of manufacturing vaccines is absolutely precluded. It is characteristic that in utilizing the special Ishii Shiro cultivators, it was difficult, as the accused have testified, to ensure the sterility that was absolutely necessary if that apparatus were intended for producing vaccines. Other specific features of the production of bacteria substances by the detachments incontrovertibly prove that it was intended for the purpose of conducting bacteriological warfare. A most important feature was the culminating phase of production. The production cycle ended with the output of virulent microbes, which were not killed, as would have been done in the production of vaccines, for example, but were given out alive and were used for artificially infecting people on a mass scale.

4. The research and production work conducted by Detachment 731 in the breeding of fleas and their subsequent infection with plague, considering the enormous scale on which it was conducted and its very character, cannot be connected with any kind of scientific medical work, and could have the sole object of manufacturing bacteriological weapons for the purpose of the inhuman extermination of people on a mass scale.

Science is aware of the biological phenomenon of the natural adaptability of plague germs to lengthy existence and even to breeding in the organisms of fleas. The detachments used this phenomenon for aggressive war purposes. From the materials of the Court investigation it is evident that detachments 731 and 1644 utilized fleas on the basis of the "theory" of the ideologist of bacteriological warfare,

Ishii Shiro, from which it follows that in this case the fleas served to protect the plague germs from the action of external environment factors. According to this "theory," the germs, being within the organisms of the fleas, thereby acquired, as it were, a living, protective integument. Attacking human beings when in search of food, the plague-infected fleas bit them and thereby infected them. Thus, the fleas were intended for the purpose of preserving the germs, of carrying them, and of directly infecting human beings.

The experts affirm that Detachment 731, under the direction of Ishii Shiro, devised methods for the mass breeding of fleas, for their subsequent infection with plague and utilization for war purposes.

5. The object of the experimental work conducted by detachments 731 and 100 is also sufficiently clearly indicated by such work as the devising of bacteria aerial bombs, artillery shells and contrivances for spraying bacteria and fleas from aircraft, and the study of methods of contaminating water sources, food, fodder and the soil.

6. Detachment 100 conducted research for the purpose of devising the most effective methods of infecting cattle and agricultural plants. For this purpose the detachment used the germs of anthrax, glanders and of other diseases that affect animals and vegetation. This detachment also performed experiments in contaminating the soil with anthrax germs for the purpose of making this soil unfit for agricultural use by man.

7. All the research work indicated in the aforegoing points culminated in the performance of experiments on a proving ground with the object of testing the effectiveness of the given type of bacteriological weapon, or method of employing it. In the process of performing these experiments, as well as under laboratory conditions, living people were used as "objects of experiment." A bacteriological weapon was deemed fit for testing under war conditions if the employment of this weapon on the proving ground already led to the achievement of the criminal aim, namely, the forcible infection and death of human beings. In this way bombs containing plague and anthrax germs were tested, and the effectiveness of bombs containing plague-infected fleas was

studied. Types of bacteriological weapons approved after proving-ground tests were tried under war conditions.

Thus, the object of the detachments' production and experimental work was to study and produce bacteriological weapons and to study methods of employing them for the purpose of conducting aggressive bacteriological warfare.

II. Question: What was the production potential of these detachments for supplying the Japanese Army with bacteriological weapons?

Answer: *For supplying the Japanese Army with bacteriological weapons, the detachments' production potential was large.*

This finding is based on the following data:

1. For the mass breeding of disease germs, Detachment 731 possessed special bacteriological apparatus of large output capacity that enabled it in short periods of time to breed enormous quantities of microbes, such as the germs of plague, cholera, typhoid, anthrax and others.

Judging from the testimony of accused Karasawa concerning the output capacity of the chief link in Detachment 731's equipment for breeding microbes, namely, the boilers for preparing culture media, the experts calculate that in one ordinary production cycle, lasting only a few days, these and other equipment in the possession of the detachment could ensure the output of no less than 30,000,000 billions of microbes of average breeding intensity. The experts emphasize that such a quantity of microbes, considering the short period required for its production and the ultimate purpose of the "product," must be regarded as exceptionally large. By using the boilers for preparing culture media to full capacity and by speeding up production the detachment could, in one production cycle, produce 40,000,000 billions of microbes and more, depending upon the kind of microbe.

Obtaining enormous quantities of bacteria for the manufacture of bacteriological weapons, the members of the detachments measured these quantities in kilograms, and this refers to the weight of the thick creamy bacteria substance taken directly from the surface of the hard culture medium. Thus, in defining the output capacity of Detachment 731, accused Karasawa stated during the preliminary investigation that this capacity could be raised to an output of 300 kilograms of plague germs a month. Another accused, Kawashima, also deposed that the detachment ". . . could manufacture as much as 300 kilograms of plague bacteria monthly." Both these accused confirmed these figures during the Court investigation, and it was also affirmed that the detachment could produce every month anthrax germs 800-900 kilograms, and cholera germs 1,000 kilograms. An analysis of the detachment's monthly output capacity revealed that the system of arranging the equipment made it possible greatly to increase the tempo of production in a given period of time. This feature of the production system was undoubtedly connected with the specifically war character of Detachment 731's work. In conformity with this, the arrangement of the equipment and its quantity could enable Detachment 731 to carry out several production cycles simultaneously, which brought the detachment's monthly output capacity to many hundred million billions of bacteria of even average breeding rapidity.

The output capacity of Detachment Ei 1644 was slightly less. Judging from the evidence given by accused Sato, it can be taken that this detachment could produce no less than 10 kilograms of plague germs in a production cycle. Detachment 100 also possessed equipment of sufficient output capacity for breeding germs of animal and plant diseases.

2. Detachment 731's production potential for the breeding of fleas was determined by its possession of 4,500 "flea nurseries" (incubators) which served the purpose of breeding fleas. These incubators made it possible in short periods of time to obtain scores of kilograms of fleas, which is equal to many tens of millions of fleas, which were infected with plague with the object of using them as bacteriological weapons.

The actual "output" of Detachment 731 equalled 45 kilograms of fleas in the course of 3-4 months. It must be noted that, on the average, 45 kilograms of fleas could contain about 145,000,000 specimens of these parasites. The detachment's potential in this respect was larger, however, for in 1945, its Chief, Ishii Shiro, planned to raise the output of plague-infected fleas to 60, and later, to 200 kilograms in the same period of time. Detachment 1644 also possessed a large flea-breeding potential. Both these detachments had a network of branches with hundreds of members who were employed in catching wild rodents, which served for the maintenance of fleas and for breeding these parasites.

3. For the purpose of testing the effectiveness of the bacteriological weapons they manufactured, the detachments were able to use a proving ground, an aerodrome, and aircraft, and to spend large sums of money on experimental work.

The Command of the Kwantung Army allowed the detachments wide scope for conducting with incredible cruelty "experiments" on hundreds and thousands of "human experimentees" who were kept in Detachment 731's prison. In this prison, and also on the proving ground, about 3,000 people were killed by forcible infection and other methods.

Thus, the potential of detachments 731, 100 and 1644 for producing and testing bacteriological weapons was exceptionally large, and was placed at the disposal of the detachments for the purpose of most fully supplying the Japanese troops with bacteriological weapons.

III. Question: What degree of danger was there in the bacteriological attacks carried out by Detachment 731 in districts of Central China in 1940, 1941 and 1942?

Answer: *The degree of danger in the attacks carried out by Detachment 731 in districts of Central China in 1940, 1941 and 1942 was very great, due both to the choice of microbes employed—the germs of dangerous infections, and to the method of spreading these microbes in the bacteriological attacks.*

This finding is based on the following data:

The many years of preparation for bacteriological warfare conducted by Detachment 731 headed by Ishii Shiro, went beyond the limits of purely experimental work and led to the possibility of employing bacteriological weapons in practice. In conformity with this, Detachment 731 sent out military expeditions to employ bacteriological weapons in a number of districts in China.

In1940, a military expedition of Detachment 731, under the personal direction of Ishii Shiro, was sent into China, in the region of Nimpo, supplied with bacteria substances, the germs of typhoid and cholera, and also with a large quantity of plague-infected fleas. As a result of the employment of infected fleas by scattering them from an aeroplane, an epidemic of plague broke out in the region of Nimpo. The technical features of the organization and actions of this expedition point to the extensive scale on which the mass infection of people was carried out. Bearing in mind the wartime conditions and the migration of inhabitants due to them, the activities of this expedition, especially the spreading of plague, must be deemed to have been extremely dangerous for the population not only in the region of Nimpo but of many of the adjacent districts of China.

A similar expedition was sent out in 1941 to the region of Changteh, where the locality was infected with plague-infected fleas scattered from an aeroplane. The danger created by this expedition was no less than that created by the preceding one.

In 1942, Detachment 731, assisted by Detachment 1644, sent another military expedition, also headed by Ishii Shiro, into Central China. In this case, the main object was infection on land for the purpose of creating an infected zone for the advancing Chinese troops. Here, water sources and food were contaminated with typhoid and paratyphoid germs, and plague-infected fleas were also spread. Analyzing the specific features of the actions of this expedition, the experts emphasize that in this case too, the danger was very great, particularly for the Chinese civilian population. On the retreat of the Japanese troops public water sources and the homes of the local inhabitants were contaminated, and food products infected with typhoid and paratyphoid germs were distributed. Consequently, with this method of employing bacteriological weapons, the first to be affected were the civilian population, and then the advancing Chinese troops who came into contact with this population.

Thus, the degree of danger in the attacks carried out by Detachment 731 was very great owing to the mass dissemination of the germs of exceptionally dangerous diseases during movements of inhabitants and troops, and also to the diversity in the methods of employing this weapon.

IV. Question: What might have been the consequences of the employment of the bacteriological weapons produced by detachments 731, 100 and Ei 1644?

Answer: *The employment of the bacteriological weapons produced by detachments 731, 100 and Ei 1644 might have caused epidemics threatening troops as well as the civilian population, particularly women, children and the aged. The dimensions of these epidemics would have been determined by, apart from other factors, the standard of sanitation and medical service of the objects of attack.*

This finding is based on the following data:

The specific epidemiological features of infectious diseases of man such as, for example, plague and cholera, are their rapid spread over a wide area, their severity and high mortality among the inhabitants of the towns and villages affected. Dangerous animal diseases such as cattle plague and, under certain circumstances, anthrax, are analogous for their tendency to spread rapidly. For the purpose of causing economic damage, the detachments, in addition to bacteriological weapons for destroying domesticated animals, devised methods for destroying agricultural crops. The history of natural outbreaks of epidemics in the past contains numerous cases of devastating epidemics caused by the very same germs of infectious diseases that were chosen by these detachments of the Japanese Army as bacteriological weapons.

It must be emphasized that under natural conditions, some of the germs used by the detachments possess the ability to create, under definite conditions, more or less permanent seats of infectious diseases, which have now been liquidated or restricted by the progress of science, and which the accused tried to create anew.

Thus, the Japanese bacteriological detachments 731, 100 and 1644, when devising bacteriological weapons, counted on the employment of these weapons causing the extensive spread of devastating epidemics and the death of masses of people. The realization of these intentions would have created a menace also for neutral countries, which follows from the very nature of epidemic diseases and the manner in which they spread.

Member of the Academy
of Medical Sciences of the USSR
(ZHUKOV-VEREZHNIKOV, N. N.)

Colonel of the Medical Service
(KRASNOV, V. D.)

Director of the Department of Microbiology
of the Khabarovsk Medical Institute
Professor *(KOSARYEV, N. N.)*

Docent in the Department of Microbiology
of the Khabarovsk Medical Institute
(LIVKINA, E. G.)

Lieutenant Colonel of the Veterinary Service
(ALEXANDROV, N. A.)

Parasitologist
(KOZLOVSKAYA, O. L.)

December 29, 1949

Speech by the State Prosecutor

EVENING SITTING OF DECEMBER 29

President of the Court: I pronounce the Court investigation in the case concluded. The Court will now hear the sides.

The speech of the State Prosecutor and the speeches of the defence counsels will be transmitted in Japanese for the accused.

The accused may listen to these speeches in Japanese.

The State Prosecutor, State Counsellor of Jurisprudence of the Third Class Comrade Smirnov, will now speak.

The State Prosecutor delivers a speech, which is appended to the record.

Simultaneously the speech is transmitted in Japanese.

SPEECH BY THE STATE PROSECUTOR, STATE COUNSELLOR OF JURISPRUDENCE OF THE THIRD CLASS L. N. SMIRNOV

1. Significance of the Trial

Comrades Judges, Members of the Military Tribunal,

The significance of the case which you have investigated so carefully during the past few days extends far beyond the limits of establishing the personal guilt and of defining the degree of responsibility of the criminals in the defendants' box.

It is indisputable that a single chain of most heinous crimes against peace and humanity binds General **Yamada**, the former Commander of the Japanese Kwantung Army, with the executors of the vile plans of the Japanese militarists—the bacteriologists of the special, secret units of the Kwantung Army.

But, as has been established during the Court investigation, this chain does not break off in the defendants' box.

The bacteriological warfare that was planned and prepared for by criminal Japanese imperialism was part of a general conspiracy of aggression against the peaceful nations.

For many years imperialist Japan was the principal seat of aggression in the Far East.

At the international trial of the major Japanese war criminals that ended in Tokyo in 1948, it was most clearly established that for many years Japan had engaged in preparations for an attack upon the Soviet Union. In the verdict of the International Military Tribunal it is written:

> "The Tribunal is of the opinion that a war of aggression against the U.S.S.R. was contemplated and planned throughout the period under consideration (i.e., from 1928), that it was one of the principal elements of Japan's national policy and that its object was the seizure of territories of the U.S.S.R. in the Far East."

Instigated by the huge Japanese monopolist combines, the so-called zaibatsu, which had merged with the military-feudal upper class of the country, the Japanese imperialists, in anticipation, "included" the Soviet Far East, and even "Siberia up to the Urals," in the so-called "Greater East Asia Co-Prosperity Sphere."

But it is one thing to "plan" aggression against the U.S.S.R. in the offices of the General Staff, in the laboratories of the Imperial Institute of Total War, or in the special committees of the notorious "research society" of the Japanese imperialists, the so-called "Koku-saku-kenkyu-kai"; to carry out such aggression is another thing.

The Japanese General Staff drafted and redrafted aggressive plans of war against the Soviet Union many times, and, of course, it was not due to the Japanese generals' love of peace, or to the humanity of the Japanese "zaibatsu" who were ready to commit any crime for the sake of an extra per cent of profit, that the execution of these plans was postponed.

Peace in the Soviet Far East was maintained only as a result of the genius of Stalin's policy, as a result of the victorious consummation of the Stalin five-year plans, as a result of the vigilant concern displayed by the Bolshevik Party and the Soviet Government for the strengthening of the Soviet Armed Forces.

Imperialist Japan did not cease to prepare for an aggressive war against the U.S.S.R.

The invasion and occupation of Manchuria in 1931 marked a new stage in the development of Japanese aggression. For the Japanese imperialists, military occupation was not an end in itself; it was a step in preparation for the seizure of new territories and for new acts of aggression. Manchuria was for them a most important base for an attack upon the Soviet Union and for the invasion of China.

That is why, after seizing Manchuria, from the very first days of their rule in that country, they began to prepare it as the base of attack upon our Motherland.

In Manchuria they concentrated the major striking force of Japanese imperialism—the Kwantung Army. To Manchuria they sent the most up-to-date weapons produced by Japanese industry. The occupied country was covered with a dense network of aerodromes and strategical roads. And, as the Court knows, it was in Manchuria that they displayed the secret units of the Japanese Army that were preparing for bacteriological warfare—Japanese imperialism's secret weapon.

In 1936 there definitely took shape the criminal conspiracy against peace, into which imperialist Japan entered with Hitler Germany by concluding with her a military-political treaty of alliance, the so-called Anti-Comintern Pact.

Some time later, fascist Italy joined it.

This treaty, as was established by the Tokyo International Tribunal, was directed primarily against the U.S.S.R.

> "The anti-Comintern pact," says the verdict in the case of the major Japanese war criminals, "served as a basis of Japan's policy vis-a-vis the U.S.S.R. in subsequent years. This military alliance with Germany

played an important part in Japan's policy and preparations against the U.S.S.R. . . ."

It seemed to the Japanese ruling clique that its criminal designs to sever the Soviet Primorye region, to seize the Soviet Far East, and to enslave the great Chinese people were nearing accomplishment.

The Japanese Kwantung Army rapidly grew in numbers and was equipped with new weapons. Manchuria was converted into an arsenal for war against the Soviet Union.

In 1937, the Japanese militarists provoked the so-called "Marco Polo Bridge incident" and invaded China.

Like the preceding acts of aggression this act of aggression was performed without a declaration of war. Right up to 1942, the sanguinary war in China, which carried away millions of victims, was referred to in official Japanese sources as the "China incident," in just the same way as the military occupation of Manchuria was called the "Manchuria incident."

In 1938, the Japanese militarists attacked the Soviet Union in the area of Lake Hasan. Hostilities in the region of Zaozernaya Hill lasted ten days. During these ten days of short, sharp fighting, the picked Japanese forces that were thrown into action were utterly routed by the Soviet Army. This trial of strength turned out to be obviously unfavourable for the Japanese militarists; they hastened to retreat and called this aggressive war which they had launched and lost the "Changkufeng incident."

In 1939, the Kwantung Army, on the orders of the Japanese General Staff, started war against the Mongolian People's Republic and the Soviet Union in the area of river Khalkhin-Gol. Hostilities commenced in May 1939 and continued until September. They were conducted by the best units of the Kwantung Army, backed by large masses of aircraft, artillery and tanks. As a result of this fight, the Soviet and Mongolian armed forces annihilated a large part of the Japanese troops. Imperialist Japan lost the war in the area of Khalkhin-Gol, just as she had lost the war in the area of Lake Hasan.

Twice the Japanese imperialists launched aggressive war against the Soviet Union, and twice they were defeated in open battle and felt the crushing weight of the blows struck by the Soviet Army.

Nor did this put a stop to the criminal preparations for aggressive war against the Soviet Union and other peaceful nations with the object of creating "Greater East Asia," a Japanese colonial state in which the vanquished peoples were assigned the role of slaves doomed to poverty and extinction.

Together with the Hitlerite cannibals, the Japanese imperialists dreamed of establishing their rule over the world. To achieve this aim they made preparations to employ the most painful and inhuman means for the extermination of people on a mass scale. They wanted to establish their rule on the ruins of human civilization. In this criminal conspiracy against peace and humanity, such as the alliance between Hitler Germany and imperialist Japan was, bacteriological warfare was one of the means, planned beforehand, for the extermination of one part of the population of the world for the purpose of completely enslaving the other part.

The masters of imperialist Japan found executors of their vile plans in the persons of the corrupt representatives of reactionary bourgeois science.

It is common knowledge that, like chemical and atomic weapons, bacteriological weapons are means of aggressive war, and, moreover, exceptionally cruel and inhuman means, principally because the victims of these types of weapons are civilians—women, children and the aged.

This is exactly why, in condemning aggressive war in general, the whole of progressive mankind particularly condemns bacteriological, chemical and atomic warfare, and demands the prohibition of these means of warfare as being contrary to the elementary principles of humanity.

This is exactly why the Soviet Union and the majority of other civilized states have pledged themselves not to employ chemical and bacteriological weapons in war, and have signed and ratified the Geneva Protocol of June 17, 1925, prohibiting the use in war of asphyxiating, poison and other gases of the same nature, and of bacteriological weapons.

Since the first days of its existence, the Soviet Union has been fighting undeviatingly and consistently for lasting, democratic peace. Being a genuine bulwark of peace and herald of the ideas of socialist humanism, the Soviet Union, marching at the head of the democratic forces of the world, emphatically repudiates the employment of inhuman means of mass extermination. This is exactly why, despite all the efforts of the instigators of a new war in the Anglo-American bloc, the Soviet Union has been for a number of years striving in the United Nations organization to secure the absolute prohibition of atomic weapons.

This trial has shown that the Japanese militarists were engaged in most active preparations for bacteriological warfare, that they sought the most effective weapons for such warfare and the methods of employing them.

In preparing to conduct bacteriological warfare, Japanese imperialism created high-capacity bacteriological equipment. Like the Hitlerites, the Japanese militarists utilized most up-to-date technology, which should have served to promote the progress of mankind, for the purpose of painfully exterminating human beings.

In the report of the medicolegal experts it is especially stated: "It is necessary to emphasize that some of the germs utilized by the detachments possess the power, under natural conditions, to form more or less stable seats of infectious diseases which have been liquidated or restricted by the progress of science, and which the accused tried artificially to revive."

Thus, these miscreants, some of whom are in this defendants' box, tried to turn mankind back to the times of the pestilence, to the fatal epidemics of cholera and plague, to the darkest periods of the Middle Ages.

One's attention cannot help being drawn to the similarity in the methods of destroying human beings on a mass scale employed by the Hitlerite war criminals and by the Japanese imperialists. Nor can one's attention help being drawn to the blasphemous desecration of science, to the mocking of its humane principles, which is common to the vile deeds of the Hitlerite and of the Japanese war criminals.

When, in single combat with Hitlerite Germany, the troops of the Soviet Army, smashing the enemy's resistance, marched westward, they met on their road the smoking ruins of Tremblinka, the gas chambers at Majdanek, and the incinerators at Oswiecim—the vile death industry that was called into being by criminal German fascism.

In the special "medical" quarters at these extermination camps, fascist physician-experimenters tested on their helpless victims lethal, infectious and poisonous substances, they subjected living people to slow freezing in ice baths, and put people to a painful death in pressure chambers. In the laboratories of the Poznan Bacteriological Institute, the Hitlerite bacteriologists cultivated the bacteria of plague and made preparations for employing the bacteriological weapon against millions of civilians; for it is for the purpose of murdering the civilian population and causing them the direst suffering, for the purpose of causing epidemics in the enemy's rear, that bacteriological warfare is primarily waged.

It was only the crushing blow of the Soviet Armed Forces that then saved mankind from the horrors of bacteriological warfare into which the Hitlerite miscreants were preparing to plunge the world.

And when, after the Hitler war machine was smashed, the Soviet Army, faithfully performing its duty as an ally, with a swift blow shattered the major striking force of criminal Japanese imperialism—the Kwantung Army—it again saved mankind from the horrors of bacteriological warfare.

Twenty kilometres from Harbin are situated the ruins of the blown-up and gutted buildings of a large military cantonment. As has been established by the preliminary investigation and at the present trial, that cantonment served as the quarters of the special bacteriological unit of the Kwantung Army—Detachment 731, or "the Ishii Detachment"—which for a number of years had been systematically preparing for bacteriological warfare—beginning with the selection of lethal infectious substances, testing them on thousands of helpless victims and working out methods of cultivating bacteria, and ending with the mass production of all that is needed for waging aggressive bacteriological warfare on an immense scale.

We know that General **Yamada**, the former Commander of the Kwantung Army and now one of the accused at this trial, was of the opinion that the Ishii Detachment was in a state of military preparedness and capable of carrying out any assignment. We know what this "state of military preparedness" of the Ishii Detachment meant.

From **Yamada's** testimony it is evident that the Japanese General Staff sanctioned three chief methods of utilizing bacteria for war purposes: the spraying of bacteria from combat aircraft, the dropping of special bacteria bombs from aircraft, and the infection of land of inhabited localities, water sources, pastures, etc., on the lines of bacteriological sabotage.

By the very nature of the bacteriological weapon, its area of operation is not limited to the lines of the enemy's armed forces, or even to the territory of the country attacked. The bacteriological warfare started by the Japanese imperialists would have caused untold disaster not only to the inhabitants of the country attacked, but also to the peoples of neutral countries. This was part of the wicked plan of the Japanese war criminals, for whom the neutral countries were to have been objects of new acts of aggression.

Thus, dreaming of world domination, of a "Greater East Asia" under Japan's hegemony, the ruling clique of imperialist Japan prepared to turn against mankind its worst enemies—the invisible world of the most dangerous bacteria. For the sake of these criminal expansionist aims, hundreds of millions of fleas were bred in special chambers, and these fleas were to have been infected with plague and, enclosed in special bombs, or sprayed from aircraft, were to have served as carriers of infection. For the sake of this criminal aim, high-capacity special equipment was installed and in the course of one "production" cycle the 4th Division of Detachment 731 produced scores of kilograms of bacteria—millions of billions of microbes, which were to have contaminated water sources and pastures, were to have been thrown on to towns and villages and to have caused the death of thousands and thousands of civilians.

For the sake of this criminal aim, Chinese patriots and Soviet people, manacled and helpless in the hands of villainous experimenters, were doomed to a painful death, were brutally murdered in the inner prison of the Ishii Detachment.

For the sake of this criminal aim, Chinese women and children were done to death, were infected with cholera and plague, during the Ishii Detachment's expedition in China.

II. The Special Units Organized by the Japanese Imperialists to Prepare for and Conduct Bacteriological Warfare

During this Court investigation the course of formation of special, secret bacteriological units of the Japanese Army in Manchuria has been traced in the minutest detail and their structure, purpose and practical potentialities have been fully established.

The Japanese Army began to prepare for the purpose of conducting bacteriological warfare soon after it seized Manchuria.

At first, the Japanese militarists set up a small bacteriological laboratory, the head of which was the Japanese army bacteriologist **Ishii Shiro**, who already before that had been engaged at the Army Medical Academy in research on bacteriological weapons and was known in military circles as an ardent advocate of bacteriological warfare. From the testimony given by the accused **Kajitsuka**, it is evident that from the very outset of his criminal activities **Ishii** received the backing of the Strategical Division of the Japanese General Staff. All **Ishii's** researches were wrapped in profound secrecy. Since his very name might have revealed the purpose of the work conducted in the laboratory, he changed it to **Togo**, and his institution began to be called the Togo Detachment.

From the testimony given by the accused **Karasawa** it is evident that already at that time **Ishii** was performing criminal experiments on living people, testing the effect of bacteria upon Chinese partisans who had been taken prisoner by the Japanese.

In 1936, at the request of the Japanese General Staff and by command of Emperor **Hirohito**, high-capacity bases were organized for the purpose of carrying out the wicked designs and criminal experiments which **Ishii** had hitherto conducted in his laboratory. In Manchuria, two large bacteriological units were formed and attached to the Kwantung Army for the purpose of ensuring the mass production of bacteriological weapons to an amount sufficient to enable the Japanese Army to conduct bacteriological warfare on a big scale.

During the course of a number of years the names of these bacteriological units were changed. It goes without saying that the Japanese High Command could not call them by their real names, for that would have roused indignation not only among people throughout the world, but also among their own people. That is why the bacteriological death factories were always masked as ordinary medical or veterinary institutions. Thus, **Ishii's** laboratory, known as the Togo Detachment, grew into an enormous bacteriological warfare institute bearing the innocent name of "The Water Supply and Prophylaxis Administration of the Kwantung Army."

Sometimes this unit was called the Kamo Detachment. Later, it was given an ordinary army unit number and was called the Manchuria Detachment 731. The second bacteriological unit was at first called "The Hippo-Epizootic Administration of the Kwantung Army," and later, Detachment 100.

Both detachments had numerous branches. The Japanese High Command located these branches according to a definite plan in the most important strategical directions in conformity with the directions of the main drives laid down in the Japanese plan of war against the Soviet Union. Evidence of this is provided by the order of the Commander-in-Chief of the Kwantung Army, General **Umezu**, of December 2, 1940, No. 398/1-KO, which figures in this case, concerning the formation of four new branches of Detachment 731 in Hailin, Linkow, Sunyu and Hailar.

But, in concentrating the principal branches of the secret bacteriological units in the directions of the main drives against the Soviet Union as laid down in their plans of war, the Japanese militarists, as has been fully established by the Court investigation, made preparations for bacteriological warfare not only against the Soviet Union.

In 1940, the Ishii Detachment began to make bacteriological attacks upon the Chinese troops, and during these attacks all types of bacteriological weapons were tested, including the dissemination of plague-infected fleas from aircraft, bacteria rain, contamination of water sources, food and inhabited localities on the lines of sabotage methods.

Systematic preparations were made for waging bacteriological warfare against the Mongolian People's Republic.

Accused **Yamada** confirmed during the Court investigation that the Japanese Army intended to rain lethal bacteria upon the peoples of other countries, in particular, upon the peoples and armies who were at war with Japan, namely, the United States and Great Britain.

This is also confirmed by other proof that was submitted to the Court. In April 1945, General **Ishii**, having received secret orders from the Japanese General Staff to activize the preparation of bacteriological weapons, stated definitely at an operations conference of the leading officers of Detachment 731 that bacteriological warfare against the U.S.A. and Great Britain was inevitable.

Analyzing the situation in the South Seas, **Ishii** mentioned the date on which bacteriological warfare was to start—1945, and he said:

> "We will have to turn to the last resort, including bacteriological weapons, in order to bring about a turn in favour of Japan."

As early as 1943, **Minata**, a researcher belonging to Detachment 731, was sent to prisoner-of-war camps to test the properties of the blood and immunity to contagious diseases of American soldiers.

In the spring of 1945, all the preparations for bacteriological warfare conducted by Ishii's detachment were turned towards the mass production of bacteriological weapons on a scale that can be explained only by the shortness of time that remained before the date of commencing bacteriological warfare.

It was only the rout of the Kwantung Army by the Soviet Armed Forces that deprived the Japanese imperialists of the opportunity to employ bacteriological weapons against the Allied Nations.

The criminal character of the activities of the secret bacteriological units of the Kwantung Army is proved not only by the testimony of the accused and witnesses who were examined during the Court investigation, but also by the very structure of detachments 731 and 100, by their special technical equipment and the scale of their operations.

In this respect, Detachment 731 is particularly characteristic.

This was a high-capacity military bacteria factory with a staff of about 3,000 scientific and technical workers.

Problems connected with water supply and prophylaxis were only a screen to mask the actual character of the Ishii Detachment's activities.

Only one division of Ishii's detachment dealt with prophylaxis and water supply, viz., the 3rd Division, which, as a blind, was quartered in a conspicuous part of the city of Harbin, but twenty kilometres from Harbin, in the region of the out-of-the-way Pingfan Station, there was erected a big military cantonment equipped with high-capacity special machines and improved apparatus; and all the activities conducted in this cantonment were diverted towards devising and manufacturing secret bacteriological weapons.

The Court had submitted to it the circular of the Chief of Staff of the Kwantung Army (No. 1539, dated 30-VI-1938), concerning the establishment of a special military zone in the region of Pingfan Station.

The entire activities of Detachment 731 were wrapped in the strictest secrecy. Even aircraft were not allowed to fly in the vicinity of Pingfan Station, where, according to Par. 1 of the afore-mentioned circular, the Ishii Detachment premises "of special military importance" were situated. In accordance with Par. 4 of the circular, a special air track and a prohibited air zone were established for aircraft.

The Ishii Detachment was separated from the outside world by a high earthwork wall and a barbed wire fence. The detachment's principal building was built in the form of a closed quadrangle within which was situated a prison where infamous experiments on human beings were performed. There was an underground passage that connected this prison with the place to which the people doomed to a painful death were brought in covered police wagons.

The inhabitants of the villages in the vicinity were kept under close scrutiny by the gendarmerie.

Only members of the detachment supplied with passes were allowed to enter the detachment's premises. Outsiders—even top-rank officers of the Japanese Army—were allowed to enter the detachment's premises only with special passes signed by the Commander-in-Chief of the Kwantung Army. To avoid rousing suspicion and conjectures among the surrounding population about the true character of the activities of Detachment 731, its officers did not wear the insignia of the Medical Service to which they were entitled, but wore the ordinary army uniform.

During the Court investigation the activities of Detachment 731 were investigated in detail. None of the divisions of this detachment that was hidden from the outside world behind the walls of the military cantonment in the region of Pingfan Station had anything to do with water supply or prophylaxis.

The 1st, research, Division was engaged in devising means for bacteriological warfare. For this purpose, in special laboratories, all sorts of research and experiments were conducted and types of bacteria were cultivated such as in the opinion of the Japanese bacteriologists could be most effectively employed in war.

The 1st Division had under its charge the secret prison in which the people to be experimented on were kept and where frightful experiments, which I will deal with later, were performed.

The 2nd, experimental, Division made practical tests of the results of the researches of the Research Division. For this purpose, the Experimental Division had at its disposal an experimental proving ground in the region of Anta Station, and also a special aircraft unit.

The Experimental Division conducted research for devising bacteria shells for sending bacteria to the enemy's side. It invented and tested ceramic bombs and special bacteria artillery shells, and also special parachutes for dropping death-dealing loads from aircraft. The members of this detachment devised models of special pistol sprayers, designed in the form of fountain pens and walking sticks, with the aid of which bacteria were to be conveyed or plague-infected fleas disseminated. Evidently, these researches were successful, for as early as 1944, a draft roster of weapons for the use of a sabotage group drawn up by the 2nd Land Forces Division of Japanese Imperial Headquarters contained pistol sprayers of the fountain-pen type to be issued at the rate of four per platoon and three per company headquarters.

For the purpose of sabotage the Ishii Detachment made chocolates infected with the bacteria of anthrax.

The 2nd Division had under its charge a special section which bred huge quantities of fleas for the purpose of causing epidemics of plague. I will deal with this in greater detail later.

The 4th, "production," Division was an actual bacteria factory, the output capacity of which was enough to breed bacteria in enormous quantities. This division put into practice the results of the work of the 1st Research and 2nd Experimental divisions. Infection carriers which had been chosen for bacteriological warfare, which had been put to experimental tests and had passed these tests, were then produced on a mass scale.

When the accused Kawashima and Karasawa, the former chiefs of the 4th Division, testified, you heard, Comrades Judges, that Detachment 731 possessed all the equipment necessary for the manufacture in the course of several days of 30 kilograms of plague microbes and a corresponding quantity of other disease-causing microbes.

The 4th Division could produce per month as much as 300 kilograms of plague bacteria, 600 kilograms of anthrax bacteria and a ton of cholera bacteria.

These frightful figures alone prove that Detachment 731 was intended for the mass production of bacteriological weapons for a war of aggression.

This conclusion is fully confirmed by the report of the medicolegal experts. The Committee of Experts noted that "the equipment of the 4th Division of Detachment 731 was sufficient for the production of an enormous quantity of live disease-causing microbes . . . in one production cycle this equipment ensured the output of no less than 30,000,000 billions of microbes."

The construction of this equipment, and its amount, enabled the detachment to carry out several production cycles simultaneously, which brought the monthly output capacity of the equipment at the disposal of Detachment 731 up to many hundred millions of billions of microbes of even medium rate of multiplication.

"All these vast masses of disease-causing microbes," says the report of the experts further, "among which were the germs of plague, cholera, typhoid, etc., were intended for the production of bacteriological weapons for the purpose of exterminating people on a mass scale."

The materials of the Court investigation have established that the bacteriologists of Ishii's detachment devoted most of their attention to criminal experiments with microbes that caused infection with anthrax, cholera and particularly with plague.

As a result of a number of inhuman experiments on people and of the bacteriological attacks upon the Chinese population during its expedition in China, **Ishii**, the Chief of the detachment, chose as the principal methods of causing epidemics of plague, firstly, the dropping from aircraft of ceramic bombs containing plague-infected fleas, secondly, scattering plague-infected fleas from aircraft with the aid of special appliances.

A method was devised for cultivating on a mass scale those species of fleas that could serve as the carriers of plague. **Ishii** regarded the devising of this method as the special merit of the detachment. The parasites were kept in special incubators where they multiplied and fed on the blood of rodents put into the incubators for the purpose.

The testimony given by **Kawashima** shows that after every so-called "production cycle," from each incubator was taken about ten grams, i.e., approximately, 30,000 fleas.

As was established by accused **Kawashima's** testimony and confirmed by other materials in the case, in one special section alone of the 2nd Division, headed by a certain engineer **Tanaka**, there were 4,500 such incubators. This meant that Ishii's detachment alone, without its branches, could at a minimum calculation produce in one "production cycle" 45 kilograms of parasites.

The report of the medicolegal experts shows that this quantity is equal to "many tens of millions" of fleas—disseminators of lethal infection of plague.

In testifying before the Court, accused **Yamada** said that after his inspection of Ishii's detachment he particularly remembered the high-capacity equipment for producing bacteria and the special boxes containing, as **Yamada** said, "enormous quantities" of live fleas which, after being infected, were to have been used for the purpose of causing epidemics of plague.

Ascending to a turret on the roof of the building to survey the detachment's proving ground and aerodrome, the former Commander-in-Chief of the Kwantung Army listened with interest and pleasure to the report of the officers who accompanied him that the plague-infected fleas were tested on another special proving ground by spraying them from an aeroplane and, as experiments had proved, were an effective weapon in bacteriological warfare.

"I was extremely amazed," said **Yamada** in concluding his testimony, "at the scale on which the research work was conducted and at the detachment's colossal potentialities for manufacturing bacteriological weapons."

It is scarcely possible, however, to believe **Yamada's** statement that the detachment's "colossal possibilities" for preparing for bacteriological warfare first became evident to him, and so astonished him, only after he had personally inspected Ishii's detachment.

Yamada's own testimony shows that immediately after his appointment to the post of Commander of the Kwantung Army, he found among other top-secret documents kept in the safe of his predecessor, General **Umezu**—the major Japanese war criminal who was convicted by the International Military Tribunal—drawings and descriptions of bacteria "Ishii bombs" containing plague-infected fleas. This type of bomb had been sanctioned by General **Umezu**, and **Yamada** concurred in his predecessor's opinion. During his visit to Ishii's detachment, **Yamada** himself saw samples of these bombs.

The Ishii Detachment's "colossal possibilities" for the painful destruction of human beings must have become quite evident to **Yamada** after he had received the report of the former Chief of the Medical Administration of the Kwantung Army, accused **Kajitsuka**, who gave him detailed information concerning the secret operations of Detachment 731 in devising and manufacturing bacteriological weapons.

But it has been established beyond dispute that after his visit to Detachment 731, **Yamada** sanctioned the criminal plans that **Ishii** had long been developing for waging bacteriological warfare with plague-carrying fleas.

Yamada himself does not deny this. He said:

"When I was in command the method of using plague-infected fleas by spraying them from aircraft with the aid of special appliances and by dropping special bombs was finally perfected."

In August 1944, General **Kitano**, who replaced **Ishii** in the post of Chief of Detachment 731, submitted a special report to **Yamada** on the results of experiments in using plague-infected fleas on the proving ground near Anta Station.

At the end of 1944, as is seen from the testimony of General **Matsumura**, the former Chief of the Operations Division of the Headquarters of the Kwantung Army, **Yamada** convened an operations conference of high staff officers at the office of the Commander of the Kwantung Army to discuss the question of plague-carrying fleas in the event of war. Present at this conference were **Yamada**; **Kasahara Yukio**, Chief of Staff of the Kwantung Army; his deputy, General **Ikeda**; Prince **Takeda**, an officer of the Strategical Division of Headquarters and a cousin of Emperor **Hirohito**; and **Matsumura**, Chief of the Operations Division of the Kwantung Army. A detailed report on methods of using plague-infected fleas as a bacteriological weapon was made by General **Kitano.**

Yamada's testimony shows that the question of using plague-infected fleas for bacteriological warfare was also discussed by a special commission of the Kwantung Army Headquarters.

In March 1945, **Ishii**, reappointed Chief of Detachment 731, and receiving orders from the Japanese Ministry for War to speed up preparations for bacteriological warfare, returned to Manchuria and at once devoted his main attention to the cultivation of fleas and the breeding of rodents on a mass scale.

At the very first operations conference he convened in the detachment, **Ishii** stated that the weapon that could be used with the maximum of success in bacteriological warfare was the "Tanaka section's weapon," i.e., plague-carrying fleas. Coded telegrams were sent to the detachment's branches ordering them to speed up the cultivation of fleas to the utmost.

In Detachment 731, special lessons were arranged for members of the branches who were undergoing a course of training in the cultivation of fleas. After that, all the detachment's branches speeded up the cultivation of parasites, and these were sent to Ishii's detachment.

In view of the fact that the fleas were bred in incubators and fed on the blood of rodents, the detachment's branches received orders to catch larger numbers of mice and rats. The Court knows from the evidence given by the witness **Morita** that in the summer of 1945, the Hailar Branch of Detachment 731 alone kept a stock of about 13,000 rats.

The witness **Hotta**, former quartermaster of the detachment, testified that in 1945 **Ishii** counted on using about three million rats for the purpose of breeding fleas, and that in this connection too, **Hotta** made calculations as to how much feed he would have to prepare for them.

There cannot be any doubt that all these activities of **Ishii** were approved and sanctioned by the Japanese General Staff.

As early as 1941, when the Kan-Toku-En Plan was put into operation and preparations for war against the Soviet Union were begun, **Ishii**, referring to direct orders from the General Staff, set the members of his detachment the task of immensely speeding up the work of cultivating parasites.

On this point accused **Kawashima** testified as follows:

> "**Ishii** informed us that members of the General Staff had given a high appraisal of the detachment's work and had issued instructions to pay special attention to the perfection and further development of bacteriological means of warfare. After giving us this information, General **Ishii** called upon us to work still more intensively to increase the detachment's flea-breeding productivity to a still larger amount.
>
> "**Ishii** noted that the detachment had managed in the most successful cases to bring the breeding of fleas up to 60 kg. in three to four months, but now the amount had to be increased to 200 kg. for the same period. General **Ishii** explained to us that all these measures for expanding production of the bacteriological weapon was necessitated by the altered international situation, that is, by the war Germany had begun on the Soviet Union and by the introduction into the Kwantung Army of the Kan-Toku-En Plan."

The feverish activities in preparing for bacteriological warfare begun by Detachment 731 and its branches in the beginning of 1945, activities to increase the output of bacteria substance, to accumulate huge quantities of live plague-carrying fleas and to breed rodents as feed for the parasites and as the source of their infection, were also conducted on direct orders of the Japanese General Staff and Ministry for War. This has been fully established by the testimony of the accused **Yamada**, **Kajitsuka**, **Nishi** and **Onoue**, by the witness **Matsumura**, and others.

I am dwelling in such detail on the abominable activities of Detachment 731 in the mass cultivation of parasites for the purpose of causing outbreaks of plague because it is evident from the proof that has been submitted to you that to this particular type of bacteriological weapon was assigned one of the principal places in bacteriological warfare for which the Japanese aggressors were preparing.

The entire activities of the Ishii Detachment and of other bacteriological units of the Japanese Army are proof of the truly monstrous conspiracy against peace and humanity hatched by the Japanese imperialists, a conspiracy to use the lethal weapons of bacteriological warfare.

The name of the so-called Training and Education Division, which trained cadres of bandits to employ lethal weapons of bacteriological warfare for wiping out defenceless people and laying waste to entire districts, may be qualified only as an evil mockery.

You heard during the Court investigation the testimony of one of the murderers who had been trained in Detachment 731, the former trainee in the detachment, **Furuichi Yoshio**, who personally, during the Ishii Detachment's expedition in China, handed out to starving Chinese prisoners of war 3,000 rolls which he had previously infected with typhoid bacteria.

The Ishii Detachment trained the actual perpetrators of bacteriological sabotage and participants in bacteriological attacks, men trained for calculated, cold-blooded and unpunishable murder.

Such was the chief secret bacteriological unit of the Japanese Army—General **Ishii's** detachment.

Approximately similar was the structure of Detachment

100. The number of the divisions in this detachment was different, but this did not alter the nature of its activities. It too conducted research for the purpose of devising the most effective types of bacteriological weapons; it too conducted experiments to test the suitability of different cultures of bacteria; it too produced on a mass scale the specimens that had stood the tests; and lastly, it too trained cadres to handle bacteriological weapons.

Unlike the Ishii Detachment, which devoted all its activities to devising means of exterminating human beings, Detachment 100 also engaged in research to devise methods of infecting animals and vegetation, and it manufactured bacteriological warfare weapons for this purpose. But in addition to this, as was proved during this Court investigation, Detachment 100, like Detachment 731, conducted experiments on human beings. The wholesale epizooties prepared for by Detachment 100, such as glanders and anthrax, constituted a grave danger to the human inhabitants of the areas subjected to bacteriological attack.

The third secret bacteriological unit of the Japanese Army, the activities of which the Court has investigated, was the Nanking Detachment Ei 1644. Like the other Japanese secret bacteriological detachments, Detachment Ei 1644 changed its name several times and at one time was called the Tama Detachment.

The proof submitted to the Court establishes the fact that the Nanking Detachment also possessed high-capacity equipment for cultivating bacteria for bacteriological warfare purposes.

For some time the Nanking Detachment was also under the command of **Ishii**, and this in itself determined the nature of its activities, for, as is evident from the materials in this case, the object of all **Ishii's** activities was to prepare for bacteriological warfare. Later, the Nanking Detachment was put under the command of the accused **Sato.**

About the inhuman experiments upon human beings that were performed in the Nanking Detachment I will speak later on.

It has been fully proved that Detachment Ei 1644 helped the Ishii Detachment to conduct bacteriological attacks upon Chinese troops.

Thus, the Nanking Detachment was just such a secret bacteriological unit as the Ishii Detachment, yielding to the latter only in output capacity.

As regards Detachment 731, all the proof collected and investigated at this trial gives grounds for characterizing it as the principal secret bacteriological centre created on the continent by the Japanese imperialists, and which systematically conducted researches in the field of bacteriological weapons and preparations for bacteriological warfare, and possessed immense technical possibilities for this purpose.

A number of testimonies characterize Detachment 731 as the principal centre of preparation for bacteriological warfare.

In conformity with instructions received from the Japanese General Staff, the Kwantung Army Headquarters adopted a decision, in the event of war with the Soviet Union, to bomb Soviet cities in the Far East with aerial bombs containing plague-infected fleas and to spread infection in the Soviet rear areas by spraying bacteria from aircraft.

The author of this criminal and inhuman plan, the former Chief of the Operations Division of the Kwantung Army Headquarters, General **Matsumura,** testified:

> "In the event of war with the Soviet Union, bacteriological weapons should be employed in the area of the cities of Voroshilov, Khabarovsk, Blagoveshchensk and Chita."

Propinquity to the frontiers of the Soviet Union was the first and most important reason why Detachment 731 was deployed in Manchuria.

But accused **Kawashima** gave a second reason. This criminal research in the methods of conducting bacteriological warfare called for numerous human victims. The utterly immoral and cruel experiments on human beings were to be kept in profound secrecy.

That is why accused **Kawashima** gave as the second reason for deploying the Ishii Detachment in Manchuria the following (I am quoting from his testimony):

> "The possibility of obtaining a large amount of human material from among persons of non-Japanese nationalities for bacteriological experiments, as well as Manchuria's large territory."

III. Criminal Experiments on Human Beings

Comrades Judges.

It is with profound grief for the people who were put to a painful death by the Japanese monsters that I pass to the investigation of the monstrous crimes, until recently wrapped in profound secrecy, that were committed by the Ishii Detachment in conducting inhuman experiments on human beings.

During the Court investigation this aspect of the case was investigated to the fullest extent.

The slow and painful murder of thousands of people whom the Japanese gendarmes delivered for torment into the hands of the vile experimenters has been fully proved not only by the evidence given by the accused and by witnesses, but also by authentic documents taken from the archives of the Japanese Gendarmerie that were captured by the Soviet Army.

We know the details of the experiments on people the Ishii Detachment performed, and the manner in which they were performed, and also the fact, about which there cannot be the slightest doubt, that none of the hapless ones who were delivered to the Ishii Detachment in the so-called "Tokui-Atsukai"—"special consignments"—ever came out alive.

From the detachment's inner prison, of which the brother of **Ishii Shiro** was the warden, the prisoners were taken, after they had been experimented on, only to the incinerators in the crematorium.

The Japanese Gendarmerie sent to the Ishii Detachment's prison for extermination people of different nationality, sex and age; among them were aged people and young, men and women, and even children.

The lives of some of them were cut off a few days after their arrival. The painful existence of others dragged on for many months.

These people, seized by the Japanese Gendarmerie and delivered into the cruel hands of the experimenters, were subjected to incredible physical suffering and lived in constant fear of death. From the documents of the Japanese Gendarmerie captured by the Soviet Army we know the names of some of these victims. We know about the old railwayman Sung Chao-sang from Mutankiang, about the carpenter Wu Tien-sing, about the repairman Chu Chih-men, about the Chinese patriot Wang Ying from Mukden, whose only crimes were that they refused to resign themselves to the fact that the Japanese invaders were lording it in their native land.

We know about the Chinese Communist Chih Tieh-en from Huan County, Shantung Province, whom the Ishii Detachment put to a painful death because, while undergoing torture by the Japanese Gendarmerie, he remained loyal to his people to the end, did not become a traitor.

We know about the honest Chinese commercial clerk Chun Ming-chi from Dairen, whom the gendarmes suspected of having sent through the post an article to a newspaper denouncing the Japanese occupational regime.

Sacred is the memory of Private Demchenko, of the Soviet Army, who fell into the hands of the Japanese gendarmes and to the end remained loyal to his duty as a Soviet citizen and loyal to his military oath. Under frightful torture Demchenko refused to give the gendarmes who were interrogating him any information about the Soviet Union. "I then decided," said witness **Yamagishi**, former Deputy Chief of the Hogoin Camp, "to have him physically exterminated, and sent him to Detachment 731 for this purpose."

I could continue this mournful enumeration of the people, mostly Chinese and Russians, who were murdered in the Ishii Detachment's prison.

But we do not know the names of the majority of the victims. On arriving at the Ishii Detachment's prison, people lost their names and were given a number, which they retained until their death. When a man died after the experiments he had been subjected to, a clerk of the 1st Division struck his number off the index card, his body was incinerated at the crematorium, and the manacles taken from it were put on the next victim.

Accused **Kawashima** told the Court the truth when he said that in Japanese-occupied Manchuria, the Ishii Detachment suffered no shortage of people for experiments. We know this from the authentic reports of the gendarmerie.

One cannot imagine a more cynical and more inhuman document than the top-secret instructions of the Kwantung Gendarmerie Headquarters, dated March 12, 1943, which the Court has at its disposal, concerning the categories of people liable to be sent as "special consignments" to the Ishii Detachment. According to these instructions, not only could all "pro-Soviet and anti-Japanese minded" persons be sent to destruction, but all persons suspected by the Japanese Gendarmerie of activities or sentiments hostile to the government, even in those cases, as is stated in the instructions, "when the nature of the offence gives grounds for the assumption that, if sent for trial, the person will be acquitted or given a light sentence."

Not only were those suspected of anti-Japanese activities liable to be sent to destruction as "special consignments," but so also, according to these instructions, were "persons who shared the sentiments of those coming under the 'special consignment' ("Tokui-Atsukai") category . . . if, notwithstanding the insignificance of the offence, their release is undesirable. . . ." According to these instructions, all the best, progressive people—designated in the instructions under the special heading: "Ideological Criminals Connected with the National and Communist Movements"—who fell into the hands of the gendarmerie, were also liable to destruction.

In a "note" to the instructions it was emphasized that chiefs of gendarme units could quite resolutely apply to the Chief of the Kwantung Gendarmerie for permission to put in "special consignments" ("Tokui-Atsukai") all the categories of arrested persons enumerated in the instructions.

It can be seen from the instructions that the Ishii Detachment put to death not only persons who had actively fought against Japanese oppression, but even suspects who could not be sent for trial because of the complete absence of any proof of guilt.

The witness **Tachibana**, Japanese Adviser to the Gendarmerie in so-called Manchukuo, in giving evidence before the Court, related in detail how the "special consignments" were sent off, and he showed that the question of a man's life or death was settled at the arbitrary discretion of a chief of gendarmerie, who simply wrote his decision on the gendarmerie certificate.

People were sent to death in the Ishii Detachment not only by the Gendarmerie, but also by the so-called Japanese Military Missions, the Intelligence Service of the Japanese Army.

In particular, it has been established at this trial that the Central Japanese Military Mission in Harbin had under its charge a special camp for Russians known as Hogoin, from which many scores of Russians were sent to Detachment 731 to be exterminated. These were people who refused to obey the demands of the Japanese Intelligence Service that they should conduct hostile activities against the U.S.S.R. They were people with anti-Japanese sentiments, but they could not be sent for trial because, even according to Japanese law, they had committed no crime for which they were liable to punishment by a court. The fate of these people was entirely in the hands of the Chief of the Hogoin Camp, **Iijima**, and his deputy, **Yamagishi**, a mere note from whom was enough to have the intended victim seized and sent to Detachment 731, from which there was no return.

I have already said that not only men, but women too were sent to the prison controlled by Detachment 731.

Tamura, former Chief of the Personnel Division of the Kwantung Army, who in the summer of 1945 was sent by **Yamada** to inspect the work of Detachment 731, testified as follows:

> "In going over the premises I was taken to an inner building where, in special cells, living people were kept in chains, who, as **Ishii** himself told me, were used for experiments.... Among these experimentees I saw Chinese, Europeans and a woman. As General **Ishii** himself informed me, this woman and the Europeans were of Russian nationality who had been sent to the detachment by the Japanese Gendarmerie and Military Missions in Manchuria from among those who, in the opinion of the Japanese penal authorities, were to be exterminated."

Proof has been submitted to the Court that Russian and Chinese women seized by the Japanese Military Missions and Gendarmerie were sent to their death in the prison of Detachment 731 in all the years the prison existed.

Can any of us forget the mournful image of the unknown Russian woman with her infant in her arms who died under torture in Ishii's detachment? Accused **Kawashima** spoke about this unhappy Russian mother at this trial. She was pregnant when she was brought to the prison and gave birth to her child there. For two years she was in the hands of wicked experimenters and, subjected to frightful torture, forgetting her own pain, was in constant fear for the fate of her child. Both mother and child died because, as **Kawashima** said here, nobody who entered that prison could ever leave it alive.

The people doomed to extermination as "special consignments" were brought to Harbin in special prison vans, or in special motorcars, with every measure of precaution to maintain the utmost secrecy. The gendarmerie issued special orders that on the journey, the people in the "Tokui-Atsukai" were to be handcuffed and fettered, or tightly bound hand and foot with cord.

The Court has had submitted to it the authentic Operations Order of the Gendarmerie of the Kwantung Army, dated August 8, 1939, No. 224, which proves that at that time there had been a "special consignment" of thirty prisoners to the Ishii Detachment, and that the manner of sending prisoners to Detachment 731 was exactly as I have just told the Court. You were able to convince yourselves of the tremendous precautions that were taken during this operation of transporting these prisoners, of what care was taken in choosing the members of the escort that guarded the doomed people on the way to the place where they were to be exterminated.

The number of victims exterminated by the Japanese bacteriologists in the course of their criminal experiments is enormous. According to the testimony of the accused **Kawashima**, who was not in the least interested in exaggerating the number that were killed, Detachment 731 alone exterminated 600 people per annum, and from 1940 to the day the Japanese Army surrendered no less than 3,000 people were deprived of life. The proof submitted to the Court, in particular, the figures of the number of experiments performed by the detachment in this period, show that the number of victims given by the accused **Kawashima** can be taken as the very minimum.

It has been documentarily proved that prisoners were

sent to the Ishii Detachment by all the Japanese gendarme units and Military Missions in Manchuria in parties of different sizes, ranging from several persons to several score of victims.

Ishii did all in his power to obtain the largest possible number of victims for his detachment in the shape of "special consignments." When high gendarme officials visited the detachment, **Ishii** himself showed them round the place so that they could convince themselves that the people sent by the gendarmerie were actually done away with, and that the same would be done with new arrivals. Evidence about one such conversation between Ishii and the Chief of the Harbin Gendarmerie Administration, **Kasuga**, was given by the latter's adjutant, the witness **Kimura**.

Thus, the wholesale extermination of living people by the Ishii Detachment is fully proved by the materials in the case, and I will now deal with the proof of the inhuman methods of experimenting on living people that were employed by the detachment, and about which one cannot speak without horror and disgust.

It has been proved that Detachment 731 performed criminal experiments on living people both under so-called laboratory conditions, i.e., in the inner prison and the adjacent laboratories, and on the detachment's special bacteriological proving ground near Anta Station.

Experiments under laboratory conditions were performed mainly by the men of the 1st Division; the experiments on the proving ground were performed by the 1st, 2nd and 4th divisions, but most of them were performed by the men of the 2nd Division, who tested samples of new bacteriological weapons upon their defenceless victims.

In all cases, the experiments inflicted the most terrible torments upon the experimenters' victims.

In the "laboratories," the experimentees were inoculated with the most virulent diseases—plague, anthrax, glanders, various kinds of typhoid and other diseases.

In performing these experiments on living people, these miscreants, in a number of cases, employed methods known to science but which are employed only on animals. Thus, to ascertain the effectiveness of vaccines, the Japanese experimenters picked a large group of prisoners, vaccinated part of them, and then infected the whole group with the corresponding diseases and watched for the results, i.e., the death or severe illness of the people who had not been vaccinated. In the majority of cases, when new types of vaccines were tested, the entire group subjected to experiment perished. The bodies of the dead were subjected to pathologo-anatomical inspection and then incinerated in the crematorium, and the criminal experiments were continued on a fresh party of prisoners.

The witness **Furuichi** told us about one of the experiments to test an antityphoid vaccine. By order of Chief of the 1st Division, **Tabei**, he contaminated water with typhoid germs and gave this water to drink to 50 Chinese, some of whom had been inoculated against typhoid. As a result of this experiment the majority of the victims were infected with typhoid and died.

Careful records were kept of all the criminal experiments. In a number of cases the results of the experiments were photographed on plates or on cinema films. In all cases, the records of experiments stated to what races the experimentees belonged.

I would like to draw your attention, Comrades Judges, to one circumstance that has been established at this trial.

It has been proved that Detachment 731 performed on living people not only inhuman experiments connected with preparations for bacteriological warfare, but also others, no less inhuman and painful, not directly connected with preparations for bacteriological warfare, but nevertheless conducted on an extensive scale. The object of these experiments was to ascertain the limits of endurance of the human organism under definite conditions, to study various problems of prophylaxis and treatment of non-infectious diseases which could have interested only the special divisions of the Medical Administration of the Headquarters of the Japanese Kwantung Army.

For the purpose of performing such experiments on living people, Detachment 731 had a pressure chamber in which the limits of endurance of the human organism at high altitudes were ascertained. Thus, the experimenters in the Ishii Detachment performed the same experiments as those performed by that sinister S.S. experimenter Dr. **Rascher**, which the Nuremberg International Tribunal quite justly classed among the cruelest and most inhuman of the experiments on human beings performed by the vile Hitlerites.

In this pressure chamber a man died a slow and incredibly painful death.

The evidence given by the witness **Nishi** shows that the extermination of people in the pressure chamber was carefully recorded on cinema films.

Considering their nature, these pressure chamber experiments could have been performed by the detachment only at the request of the Command of the Japanese Air Force.

Detachment 731 performed other painful experiments on human beings similar to those performed by **Rascher** at the death camp at Dachau, namely, freezing experiments, performed at the request of the Medical Administration. The Ishii Detachment performed freezing experiments on a mass scale in the course of many years.

These inhuman experiments have been described in detail by a number of the accused and by witnesses. They were performed on Russians and on Chinese.

The experimentees were taken out into the frost and sometimes were compelled to dip their hands and feet in water. Some of the victims were compelled to move about, others were compelled to remain still. By tapping the bare limbs with a stick, the experimenter (we know his name—it was the detachment's so-called "scientific researcher" Dr. **Yoshimura**) ascertained whether they were completely frozen.

When the victims were frozen they were taken back to the cell; some of them were left without any medical treatment and died of gangrene. In the case of the rest of these victims, their frozen limbs were amputated: they were given medical treatment in order to perform fresh experiments on them, or to kill them, after they had recovered.

Photographs of the freezing experiments were taken. Reports of the experiments were sent to the Medical Administration of the Kwantung Army.

The former Chief of the Training and Education Division, **Nishi**, told the Court about a cinema film, that was taken by the detachment, demonstrating freezing experiments. It showed how people, taken out to a field in the frost and wind, stretched their bare arms to the wind. **Yoshimura** ascertained whether they were completely frozen by tapping them with a stick.

Preparing for war against the Soviet Union under winter conditions, the Japanese medical men conducted these cruel freezing experiments on a very wide scale. Special premises were built for them, in which low temperatures and blasts of icy wind had to be created artificially.

None of these experiments had any direct connection with bacteriological attacks, but they must be classed among the cruelest and most criminal experiments made on human beings.

In the laboratories of the 1st Division of the detachment, no less than 30 bacteriologists were engaged in the study of different bacteria and viruses. It has been proved that each of them performed experiments on human beings.

I am not able to dwell on all the experiments on living people that were performed by the detachment under so-called "laboratory conditions," but I want to remind the Court that the victims of these horrible and inhuman experiments were 200-300 captives that were always kept in the detachment's prison at any given time, that none of the victims was left alive, and that no less than 600 doomed people arrived at this inner prison in the course of a year.

As I have said already, the prison was under the charge of the 1st Division of the detachment. Some of the prisoners who were to be used for experimental purposes were handed over to the 2nd Division for criminal experiments on a mass scale; the division performed these experiments on a special proving ground under conditions approximating as closely as possible to battlefield conditions.

When these experiments were performed, the experimenters took cover in safe dugouts situated about a kilometre from the spot where the experiments were performed. The victims were left in an open space bound hand and foot; or tightly tied to iron stakes driven into the ground.

When fragmentation bacteria shells were used, it was not the intention of the experimenters to kill their victims outright. To prevent this, the heads and most vulnerable vital parts of the bodies of the experimentees were protected with special metal shields or with thick padded quilts.

These quilts and metal shields, impregnated with human blood, were afterwards disinfected and kept in the detachment's storehouse for further experiments. You know about them from the evidence given by the witness **Hotta Ryoichiro.**

At the Anta proving ground, several methods of experimenting on living people were employed.

Those most frequently employed were the dropping of bacteria shells and the spraying of plague-infected bacteria and parasites from low-flying aircraft.

In other cases, the bacteria shells were placed on the ground at a measured distance from the people tied to the stakes and exploded by means of an electric switch in the dugout where the experimenters took cover.

The victims of these experiments were released from their bonds an hour and a half or two hours after the experiment was started. They were taken to the detachment's inner prison in covered police vans and kept under observation.

In the overwhelming majority of cases, the people subjected to experiments on the proving ground were given no medical assistance whatever. The proving ground was used to test the effectiveness of weapons, and for that reason, the experimenters attached most value to those experiments which resulted in the painful death of all the victims subjected to them.

The proving ground was used for testing on living people the effects of most of the lethal bacteria on which the 1st Division was conducting research.

During these proving-ground tests, however, most attention was paid to bacteria which the Japanese regarded as the most suitable for conducting bacteriological warfare on a mass scale—the germs of plague, anthrax, cholera, etc.

In January 1945, the accused **Nishi** was present at one of these experiments, the object of which was to ascertain whether it was possible to cause infection of gas gangrene at a temperature lower than —20°C. The experiment was conducted under the direction of the Chief of the 2nd Division, Colonel **Ikari**, and research worker **Futaki**.

Ten prisoners were tied in a semicircle to iron stakes. The heads and backs of the victims were protected with iron shields and padded quilts. A shell containing bacteria was exploded by an electric current.

This experiment caused the death of all the victims; they died in dreadful torment several days later.

The Court has also heard detailed descriptions of a large number of experiments made to cause infection with plague—the kind of experiments most often made on human beings on the proving ground.

All these experiments led to the painful death of the victims.

I will not stop to describe individual experiments performed on human beings on the proving ground. The members of the Court remember these criminal experiments.

Inhuman and violent experiments on living people were also performed by Detachment 100. The accused **Mitomo** and the witnesses **Fukuzumi**, **Sakurashita** and **Hataki** admitted that this detachment tested on prisoners the effects of various poisons. As the accused **Mitomo** testified, when the unfortunate victims of these criminal experiments became so feeble that it was no longer possible to continue the experiments on them, they were killed and their bodies were buried in the cattle cemetery. **Mitomo** himself killed a prisoner of Russian nationality on whom he had experimented by giving him an injection of potassium cyanide. Three Russians who had been reduced to utter exhaustion by these experiments were shot by Japanese gendarmes in **Mitomo's** presence.

These unheard-of atrocities on living people were perpetrated by members of detachments 731 and 100 in close cooperation with the Japanese Gendarmerie and Military Missions. Proof has been presented to the Court that the bacteriological detachments, the Gendarmerie and the Military Missions in Manchuria were all directly subordinated to one person—the Commander-in-Chief of the Japanese Kwantung Army, the accused **Yamada**, who thus bears full responsibility for the villainies perpetrated upon the victims of the painful experiments performed by the bacteriological units, for the deliberate murder of hundreds and thousands of people. This responsibility is shared by the accused **Kajitsuka** and **Takahashi**, who directed the activities of detachments 731 and 100 respectively.

The experiments on human beings constitute one of the most frightful pages of this case concerning the heinous crimes committed by the Japanese ruling clique and its hired assassins.

In the perpetration of these crimes, the achievements of modern science obtained by the greatest effort and sacrifice by humanist scientists, the fighters against death for the benefit of mankind, were used for the painful extermination of human beings.

Only men devoid of honour, men who grovel before Japanese imperialism, morally corrupt haters of mankind could have committed these crimes so abhorrent to human nature. The people who fell into the hands of the Ishii Detachment to be exterminated were not regarded as human. With blasphemous mockery a special conventional term was invented for them—"logs."

IV. Employment of Bacteriological Weapons in the Attack on the Mongolian People's Republic and in the War against China

Comrades Judges,

I now pass to the proof submitted to the Court that by 1939 the bacteriological units of the Japanese Army had already passed the research stage in the production of bacteriological weapons, had passed the stage of testing them on human beings in the laboratory and proving ground, and had begun actually to employ the weapons they had created in the military operations which the Japanese Army was conducting in different theatres of war.

The testimony of the accused **Nishi** shows that the sabotage groups of the Ishii Detachment, the so-called Suicide Squad, commanded by one of the cruelest experimenters on human beings and a participant in nearly all the bacteriological attacks, Lieutenant Colonel **Ikari**, employed bacteriological warfare weapons under war conditions for the first time against the Soviet and Mongolian troops. This was in 1939, at the time of Japan's treacherous attack on the Mongolian People's Republic in the area of the river Khalkhin-Gol. When the Japanese troops retreated, the Suicide Squad—which had given a special pledge sealed with its hieroglyph written in blood (**Nishi** himself saw this pledge when he took over affairs)—being the last to retreat after the rout of the Japanese forces, contaminated the water of the river Khalkhin-Gol with the germs of severe intestinal diseases. In reward for this criminal "feat," General **Ogisu Rippo**, the Commander-in-Chief of the Japanese forces at Khalkhin-Gol which had been thoroughly beaten by the Soviet and Mongolian troops, and who himself had barely escaped, granted the Ishii Detachment a testimonial of praiseworthy conduct and recommended **Ikari** for promotion to Colonel.

But the bacteriological attack upon the Soviet and Mongolian troops by **Ikari's** so-called Suicide Squad, which was accustomed with impunity to murder defenceless people in the detachment's laboratories, was only a preliminary to the extensive employment of bacteriological weapons under war conditions which the Ishii Detachment commenced in 1940.

During bacteriological attacks upon the Chinese civilian population, extensive use was made of those types of bacteriological weapons which the Japanese war criminals regarded as the major weapons of the bacteriological warfare they had planned. In particular, exceptionally extensive use was made during these bacteriological attacks of plague-infected fleas dropped from aircraft with the aid of special appliances.

The first expedition into Central China was sent in 1940. This expedition was headed by **Ishii** himself. During the expedition a whole region near the town of Nimpo was infected with the aid of plague-carrying fleas and an epidemic of plague was caused among the Chinese inhabitants.

That this expedition was sent to Central China is fully proved not only by the confessions of the accused and the evidence of witnesses, but also by official documents captured by the Soviet Army in the Japanese archives.

In this connection I take the liberty to draw the Court's attention to two official Japanese documents. The first is an order issued by the Commander of the Kwantung Army, General **Umezu**, dated July 25, 1940, No. 659-HEI, instructing the Chief of the Field Railway to transport the Nara Detachment from the Kamo army unit. General **Umezu** ordered that this detachment of 40 men, with its baggage, be transported to Central China. The second document is an order issued by the Chief of the Field Railway Administration of the Kwantung Army, Lieutenant General **Kusaba,** dated July 26, 1940, No. 178, in which the route of this detachment is worked out from Pingfan Station to Shanghai via Harbin, Changchun, Mukden, Shanhaikwan and Tientsin. A note to the order states (I am quoting) "the freight consists of special material which calls for secrecy and for this reason is not named in the waybill."

The reference in these documents to the Kamo Detachment (we already know that that was how the Ishii Detachment was called at that time) and to the despatch of the Nara Detachment from Pingfan Station indisputably establishes that in July 1940 a group of men from Detachment 731 was sent into Central China with secret baggage, that this group was the very expedition about which the accused **Kawashima, Karasawa, Nishi, Kajitsuka** and others testified, and that this expedition was disguised by the name Nara Detachment.

We know also what baggage was disguised by the words "materials which call for exceptional secrecy."

Before the detachment's departure for China, the accused **Karasawa** had received instructions to prepare for the expedition 70 kilograms of typhoid germs, and 50 kilograms of cholera germs. Furthermore, the 2nd Division of the detachment supplied the expedition with 5 kilograms of plague-infected fleas, i.e., approximately 15,000,000 plague-infected parasites, packed in special appliances fixed in an aeroplane for spraying them from the air.

This death-dealing load was the "secret baggage" which the **Ishii** expedition took to China. The expedition needed typhoid and cholera germs to infect water sources; plague-infected fleas were dropped from aircraft over towns and inhabited localities.

After their return to the detachment, the members of the expedition gave highest approval to the lethal effect of plague germs disseminated by means of infected parasites.

This view was shared by the criminal Chief of Detachment 731, who had personally headed the expedition in China—**Ishii Shiro.**

In 1941, on entering **Ishii's** office, the accused **Kawashima,** who was then the Chief of the detachment's General Division, found **Ishii** engrossed in reading a Chinese medical journal. Some of the passages from the article that interested him, **Ishii** read aloud. Chinese medical men described severe outbreaks of plague in the region of Nimpo, south of Shanghai. Special reference was made to the unusual character of the outbreak of this epidemic of plague, in which human beings were affected, but which was not accompanied by an epidemic among rodents as is usually the case.

Commenting on this article by a Chinese author, **Ishii** observed with satisfaction that it proved the success of the bacteriological attack on the Chinese population that he had conducted in 1940, and during which plague-infected fleas had been sprayed from aircraft.

Thus, already in 1940, Detachment 731 in the opinion of its criminal chief, had settled the problem of the major weapon to be used in bacteriological attacks and had begun to use this weapon in military operations with the object of disorganizing the enemy's rear and of spreading deadly epidemics among the civilian population of the country attacked.

Ishii attached such great importance to the 1940 expedition that he ordered a special documentary film to be made of it.

Evidence about this film was given in Court by accused **Nishi.** The film showed various phases of the preparations for the bacteriological attack, and of the attack itself: the way the special appliances for spraying plague-infected fleas was fixed to the aeroplane, and the actual spraying of the plague-infected fleas from the aeroplane. The film ended with a special reel entitled "Results of the Work," and on the screen were projected articles from Chinese magazines and newspapers describing outbreaks of plague in the region of the town of Nimpo. This film was shown when "distinguished" visitors came to the detachment: the Commander-in-Chief of the Kwantung Army **Yamada**; members of the Japanese imperial family—Princes **Takeda** and **Mikasa**; high staff officers of the Kwantung Army, and representatives of the Japanese General Staff.

The Ishii Detachment made repeated expeditions into China for the purpose of carrying out bacteriological attacks upon the civilian population.

In the summer of 1941, a second expedition set out for China under the command of divisional chief of the detachment, Colonel **Oota**. This expedition was sent with the special object of spreading epidemics of plague. The chief task the Japanese High Command set the expedition was to dislocate the communications of the Chinese forces; an important point in these communications was the city of Changteh, among the inhabitants of which an epidemic of plague was to be caused. Thirty bacteriological specialists were assigned for the expedition; the total number of men participating in it was 100. On returning from the expedition, Colonel **Oota**, in the presence of accused **Kawashima**, Chief of the General Division of the detachment, reported to **Ishii**. He reported to him that the expedition had dropped on the city of Changteh and other inhabited localities in the area of Lake Tung Ting Hu a large quantity of plague-infected fleas.

Both **Oota** and **Ishii** very highly appraised the results of this expedition, during which a severe epidemic of plague was caused among the Chinese population of the Changteh region.

A third expedition was sent into Central China in 1942. The preparations for this expedition were made with exceptional care.

In May 1942, on returning from Tokyo, General **Ishii** called a secret conference of all the chiefs at which he announced that in conformity with instructions he had received from the Japanese General Staff, the detachment was to send a big expedition into Central China for the purpose of carrying out bacteriological attacks upon the Chinese forces. These bacteriological attacks were to be carried out near the railway lines during a so-called "strategical retreat" of the Japanese forces.

In preparing for this expedition, **Ishii** called several conferences of divisional chiefs to discuss what bacteria should be chosen for causing epidemics. As a result of these conferences it was decided to use the bacteria of plague, cholera, typhoid, paratyphoid and anthrax.

An active part in the bacteriological attack on the Chinese population in 1942 was taken by the Nanking Detachment Ei 1644.

On orders from **Ishii**, accused **Kawashima** prepared in the "Production" Division 130 kilograms of paratyphoid and anthrax germs for the expedition. The other types of lethal germs that were used during the expedition were cultivated by the Nanking Detachment. The 2nd Division of the detachment supplied the expedition with a large quantity of fleas to be used for causing outbreaks of plague.

During this third expedition the Ishii Detachment operated against the Chinese civilian population and the Chinese Army mainly by means of the vile method called land bacteriological sabotage. When the Japanese troops retreated, the members of the Ishii Detachment contaminated water sources, rivers, ponds and fields. The infection with bacteria of various kinds of food ostensibly left in dwelling houses by accident, was practised on a large scale.

A participant in this expedition into China was **Furuichi Yoshio**, one of the witnesses at this trial, who, in his evidence, gave a detailed description of the vile methods of exterminating human beings that were employed by the miscreants of the Ishii Detachment during the third expedition into China. **Furuichi** told the Court that in the summer of 1942, he was assigned to the group commanded by General **Ishii**, which used against the Chinese people the germs of typhoid, paratyphoid, cholera and plague in the region of Chekang.

> "I myself," testified **Furuichi**, "in the region mentioned, infected water sources, houses and wells with the germs of typhoid and paratyphoid supplied by aircraft of Detachment 731. . . . By order of Major General **Ishii**, 3,000 rolls were baked. These rolls were infected with the germs of typhoid and paratyphoid and handed out to Chinese prisoners of war who, after they were infected, were let out of the camp in order to spread infectious disease. Also by order of **Ishii**, 300-400 biscuits were baked and infected with typhoid. I injected typhoid germs into those biscuits, after which they were distributed among the members of the sabotage group who left them in the houses of the local inhabitants as if they had forgotten them. . . . I know that as a result of the infection we caused in Chekang Province, an epidemic of typhoid broke out."

As I have already stated, during the 1942 expedition, Detachment 731 was actively assisted by the so-called Nanking Epidemics Detachment, Ei 1644. This secret bacteriological unit of the Japanese Army was well known to the inhabitants of the city of Nanking under the name of the Tama Detachment, which conducted cruel experiments on human beings. We find mention of the Tama Detachment in the materials of the Tokyo trial of the major Japanese war criminals.

The International Military Tribunal in Tokyo had submitted to it the report of the Public Prosecutor of the Nanking City Court, in which it was expressly stated that the Tama Detachment, one of the top-secret units of the Japanese Army, had systematically conducted wicked experiments on living people, inoculating them with poisoned serums. The report stated that the number of the detachment's victims is incalculable.

This report of the atrocities committed by the Japanese aggressors attracted the attention of the International Military Tribunal, it requested the American prosecution, which represented the interests of Kuomintang China at the Tokyo trial, to submit more detailed proof of the criminal activities of the Tama Detachment.

Shortly after this, the Soviet prosecution at the International Tribunal handed **Joseph B. Keenan**, the chief American prosecutor, the written evidence of **Kawashima** and **Karasawa**, which contained a sufficiently full exposure of the crimes committed by the Japanese ruling clique in performing wicked experiments on human beings to test bacteriological weapons.

Certain influential persons, however, were evidently interested in preventing the exposure of the monstrous crimes of the Japanese militarists, for the documents on the activities of the Tama Detachment, and on similar experiments performed by the Ishii Detachment, were not submitted to the Tribunal.

Nevertheless, the fact that Detachment Ei 1644 took part in the 1942 expedition is fully established by the evidence of the former Chief of this detachment, accused **Sato**, of the accused **Kawashima** and **Karasawa**, by the evidence of ex-Colonel of the Japanese Army **Mishina**, and by other proof.

When the 1942 expedition in China was completed, General **Ishii** made an official statement at an operations conference of the detachment's leading personnel to the effect that the results of employing bacteriological weapons in the Chekang region had been considerable, and had caused several severe outbreaks of infectious diseases. This statement by **Ishii** was true, as is evident, in particular, from the documents of the Chinese High Command that had been captured by the Japanese 13th Army, in which reference is made to outbreaks of plague caused by the Japanese in the area from which they had retreated.

V. Bacteriological Sabotage on U.S.S.R. and M.P.R. Territory and the Activization of Preparations for Bacteriological Warfare against the Soviet Union

Accused **Kawashima** testified that, in his opinion, by 1942, Detachment 731 had definitely solved the problem of producing effective types of bacteriological weapons suitable for employment on a mass scale under war conditions, had tested them on an enormous number of human victims and had repeatedly tried them in bacteriological attacks against China.

Detachment 100, which was subordinated to the Veterinary Service of the Japanese Kwantung Army, also carried out assignments of the Army Command in carrying out bacteriological sabotage. Evidence of this was given before the Military Tribunal by participants in this sabotage—the accused **Hirazakura** and **Mitomo**, and also by the witnesses **Kuwabara** and others. In 1944, an expedition of Detachment 100 in the area of Tryokhrechye contaminated water sources on the frontier of the Soviet Union. Accused **Hirazakura** and **Mitomo** took part in this expedition. In 1945, accused **Hirazakura** headed an expedition in the region of Hailar, the object of which was to conduct bacteriological sabotage against the Mongolian People's Republic.

From evidence given by accused and witnesses we know that the members of the Hailar expedition of Detachment 100 operated incognito. To avoid rousing suspicion they called themselves members of the Japanese Military Mission in Hailar. The Japanese documents of the Hailar Japanese

Military Mission, captured by the Soviet forces, contain confirmation of the fact that **Hirazakura's** group worked very energetically. The report of the Chief of the Mission, **Amano**, dated March 26, 1945, contains the following note under point 7:

> "In conformity with the operations order of the Commander-in-Chief of the Kwantung Army, in March 1944 a special group was sent from the Hsinching Detachment 100, and at the present time, headed by the Chief of the detachment, it is zealously and actively performing its duty."

Proof was submitted to the Court that already before this, sabotage-reconnoitring parties had been repeatedly sent to the Hailar region from Detachment 100 for the purpose of ascertaining the actual possibilities of infecting cattle with the object of carrying epizooties of severe infectious diseases to Mongolian territory.

All these data show that by orders of the Commander-in-Chief of the Kwantung Army, Detachment 100 not only prepared for bacteriological warfare and sabotage against the U.S.S.R., China and the Mongolian People's Republic, but actually conducted sabotage and put bacteriological weapons to use.

It has been proved during this trial that the activities of the Japanese war criminals in preparing for and launching bacteriological warfare on a big scale increased exceptionally after Hitler Germany's treacherous attack upon the Soviet Union on June 22, 1941. At that time the ruling clique in imperialist Japan intensified its preparations for war in all arms and all branches of its armed forces and, banking on Germany's victory over the U.S.S.R. on the western fronts, merely waited for the opportune moment to invade the Soviet Far East and seize Soviet territory.

By this time the Japanese imperialists' preparations for conducting bacteriological warfare had been in the main completed, and all the conditions had been created for the production of bacteriological weapons on a mass scale.

I have already said that in 1944, when accused **Yamada** took over the post of Commander-in-Chief of the Japanese Kwantung Army, preparations for conducting bacteriological warfare were greatly speeded up. Special orders were again received from the Japanese General Staff to speed up the work of producing plague-carrying fleas. These orders were strictly obeyed. All the branches of Detachment 731 received instructions to increase to the utmost the stocks of rats that served for the purpose of breeding fleas. You heard from the lips of accused **Onoue** and **Nishi**, and also from a number of witnesses, how eagerly the branches set to work to fulfil this assignment. Special squads of soldiers in civilian clothes scoured houses, barns and fields for rats. Rat catchers who caught the largest number of rats were rewarded. The breeding of fleas on a mass scale was organized.

In detachments 731 and 100, improvement courses were arranged to train cadres for the practical conduct of bacteriological warfare. The branches of these detachments were subordinated to the commanders of fronts and armies. Accused **Sato**, who at that time occupied the post of Chief of the Medical Service of the 5th Army, rendered Branch 643 active assistance in obtaining rats by ordering all the units of the 5th Army to catch rats and send them to the branch.

Accused **Yamada** repeatedly verified the preparedness of the bacteriological units for war, personally inspected them and ensured their preparedness.

Everything was ready. They waited only for the signal from Tokyo to commence hostilities against the U.S.S.R.

But the signal never came. The mighty Soviet Union and its heroic army frustrated the aggressors' plans. The decisive victory of the Hitler forces on the Soviet front for which the Japanese militarists waited so long failed to materialize, and this frustrated the plans for an attack on the Soviet Far East. Nevertheless, the rulers of imperialist Japan continued intensively to prepare for war. The Japanese High Command clung to their piratical plan to employ bacteriological weapons against the U.S.S.R. until the last day of the Japanese Army's existence. All the time, until the Japanese Army actually surrendered, the commanders of the bacteriological units sustained the spirit of aggression among their subordinates, impressed upon them the potency of bacteriological weapons and foretold their speedy utilization in war.

Thus, the seat of danger of bacteriological warfare continued to exist.

In view of Japan's obviously hostile policy towards the U.S.S.R., a policy incompatible with the pact of neutrality, the Soviet Government, in April 1945, denounced that pact. In August 1945, faithful to its duty as an ally, and with the object of bringing World War II to the speediest end, the Soviet Union ordered its armed forces to rout the Japanese Kwantung Army, the striking force of imperialist Japan. This order was carried out in a short space of time and the heroic Soviet Army thereby compelled the Japanese armed forces to surrender. The end of World War II arrived.

Just before the surrender of the Kwantung Army, by order of the High Command, the criminals wiped out the traces of the atrocities they had committed; they destroyed the premises and equipment of detachments 731 and 100, and also those of their branches.

The Soviet Union and its armed forces performed the immense service of saving mankind from the horrors of bacteriological warfare.

VI. Analysis of Proof of the Personal Guilt of Accused

Comrades Judges,

I will now proceed to analyze the proof that establishes the guilt of each of the accused.

I am of the opinion that the Court investigation has fully established the guilt of all the criminals who have been put on trial. All of them, from the former Commander-in-Chief of the Kwantung Army, the accused **Yamada**, to the laboratory assistant of Detachment 100 **Mitomo**, in different degrees, of course, took an active part in the preparations to conduct bacteriological warfare, were aware of the frightful consequences of such warfare, and were aware of the criminal nature of their actions.

The majority of them took an active part in, or initiated, criminal experiments on human beings. No pleading with reference to orders from superiors or to the status of servicemen can serve as justification for the heinous crimes they committed, and which have been fully proved in Court.

Only a few years ago these criminals were confident that they were safe from punishment, and therefore went on cruelly tormenting their defenceless victims. In the offices of headquarters and in secret laboratories hidden from the world, they hatched villainous plans for putting millions of people to a painful death. In anticipation of the launching of bacteriological warfare, they tested the lethal effects of bacteria on peaceful Chinese women and children, on thousands of defenceless people who had been placed in their hands by the merciless machine of the gendarmerie.

They gave no thought to the hour of retribution at that time.

But now, caught by the hand of justice and placed in the defendants' box, they cravenly try to justify their conduct. Some of them, including even such like the major criminal in this trial, who by rights should be classed among the major Japanese war criminals, accused **Yamada**, pretend to be shocked by what they have heard in Court.

These cruel misanthropes are now trying to pose as people who had an inkling that crimes were being committed, but had not been fully informed about them, or of people who had blindly obeyed orders without reflecting on their criminal nature.

But these craven half-confessions of captured and exposed miscreants can deceive nobody.

I will commence my analysis of the proof of the personal guilt of accused with that of accused **Yamada Otozoo**, former Commander-in-Chief of the Kwantung Army.

In order properly to define the degree of his responsibility for the crimes against peace and humanity which are the object of judicial investigation in this case, it is necessary, first of all, to ascertain the role played in the Japanese colony that was called Manchukuo by the Commander-in-Chief of the Kwantung Army.

He was complete master of the country and of the Japanese armed forces that were quartered in it; a dictator, in whose hands the "Emperor" of Manchuria, Henry Pu-yi, was no more than a puppet. The post of Commander-in-Chief of the Kwantung Army was filled only by the most trusted and influential members of the Japanese ruling clique, by the most active participants in the criminal conspiracy of aggression whom the Japanese imperialists entrusted with the task of carrying out their most cherished piratical plans.

Subordinated to the Commander-in-Chief of the Kwantung Army were all the Japanese armed forces and all the organs of administration in the occupied country. In particular, those organs of the Japanese Gendarmerie, espionage and counter-espionage which exercised the cruel reign of terror over the population of Manchuria, were completely subordinated to him. As **Yamada** confessed during the Court investigation, the so-called "Tokui-Atsukai," the "special consignments" sent to the Ishii Detachment, could have been sent only after this wicked method of doing away with people whom the Japanese regarded as undesirable had been sanctioned by the Commander-in-Chief of the Kwantung Army.

During the trial **Yamada** tried to minimize the rôle he played in the performance of these vile deeds by arguing that the "special consignments" had been sanctioned by his predecessor, General **Umezu**, and that he had not rescinded that order on replacing **Umezu** because he had not realized the dimensions which the extermination of people through the "special consignments" had assumed.

A miserable attempt to minimize his own responsibility! **Yamada** himself inspected the Ishii Detachment, and he could not but have seen the hundreds of prisoners who were being subjected to torturous experiments in the detachment's inner prison. During the trial **Yamada** asserted that he "did not remember" whether he visited the prison when inspecting the detachment.

But also this assertion of **Yamada's** is utterly refuted by the proof submitted to the Court.

I will remind the Court that in the beginning of June 1945, Colonel **Tamura**, former Chief of the Personnel Division of the Kwantung Army Headquarters, inspected the Ishii Detachment on **Yamada's** instructions.

Tamura inspected the whole detachment. He was conducted to the prison and there saw the people who were being subjected to experiments.

"In going over the premises," **Tamura** testified, "I was taken to an inner building where, in special cells, each of which had a window in the door, people were kept in chains, who, as **Ishii** himself told me, were used for experiments. . . .

"Among these experimentees I saw Chinese, Europeans and a woman. As General **Ishii** himself informed me, this woman and the Europeans were of Russian nationality . . . from among those who, in the opinion of the Japanese penal authorities, were to be exterminated.

"I myself saw that the people in these cells were lying on the bare floor and were in a very sick and helpless condition."

After making a detailed inspection of the Ishii Detachment, **Tamura**, to quote his own words, "was literally amazed by the vast dimensions of this lethal production," and what he saw exceeded all his expectations.

On returning to the Kwantung Army Headquarters, **Tamura** immediately reported all he had seen to General **Yamada.**

In particular, as **Tamura** himself testified:

"I reported to General **Yamada** the interesting experiments General **Ishii** and his men were performing on human beings. . . . I told him about my visit to the prison and about all I had seen there."

Was **Yamada** surprised or "shocked" by what he heard from **Tamura?** Not a bit. **Yamada** had long known about all that **Tamura** told him, and it could not have surprised him in the least.

"From General **Yamada's** comments and questions," **Tamura** testified, "I became convinced that he was very well informed about the situation in Detachment 731."

And how could this Commander-in-Chief not be "well informed" about everything that went on in the detachment, considering that he closely watched the criminal researches in employing for war purposes the bacteria of the most dangerous diseases (you remember that **Yamada**, on his own initiative, summoned General **Kitano** to Headquarters to report on the results of the experiments in using plague-infected fleas on the Anta proving ground—in all cases those experiments were made on human beings); considering that he appointed special commissions of high staff officers to sanction types of bacteriological weapons and to draw up plans for using them; that he himself inspected the detachment and was of the opinion that the Ishii Detachment, as this same **Tamura** said, was "capable of carrying out any assignment"?

The attempt on accused **Yamada's** part to pose as a soldier who only knew something about the crimes that were being perpetrated by detachments 731 and 100, but was not aware of their scale and vile character, although not repudiating responsibility—this attempt failed utterly.

He not only knew about all the crimes perpetrated by **Ishii**, **Kajitsuka** and **Takahashi**, about the vile deeds performed by detachments 731 and 100; he planned and directed them; he hurried the criminal experimenters, for the use of bacteriological weapons formed part of the plan of the ruling clique of Japan to wage an aggressive war.

In **Yamada's** hands **Ishii** himself, and all the other criminals who were engaged in devising and perfecting means for the wicked extermination of human beings, were but instruments for carrying out the plans of Japanese aggression.

That is why, as has been documentarily proved during the trial, the secret bacteriological units were directly subordinated to the Commander-in-Chief of the Kwantung Army, **Yamada**, and it was from him that the order to employ means of bacteriological warfare was expected.

Yamada's attempt to minimize his guilt by arguing that the criminal experiments on living people had been sanctioned by his predecessor, General **Umezu**, whom the Tokyo Tribunal sentenced to lifelong imprisonment, is futile if only for the reason that he, **Yamada**, having replaced **Umezu**, with greater zeal than his predecessor, began to activize the work of the detachments in practically applying the most dangerous means of bacteriological warfare.

The testimony of all the accused and witnesses who were examined in the course of the trial shows that with **Yamada's** appointment to the post of Commander-in-Chief of the Kwantung Army, the preparations for conducting bacteriological warfare sharply intensified, and the scale and number of victims of the criminal experiments increased—the criminal bacteriological weapons were tested on defenceless victims once again before being hurled against mankind as a striking force in a big war of aggression.

In preparing in profound secrecy to conduct bacteriological

warfare against peaceful nations, accused **Yamada** acted as one of the major Japanese conspirators against mankind. **Yamada** devoted his whole life to the achievement of this criminal aim. He was Inspector-General of Military Training, a member of the Supreme War Council of Japan, he was in command of the largest army units in China, he took part in preparing for an attack upon the U.S.S.R., and lastly, it was he who was entrusted with the post of Commander-in-Chief of the major force of Japanese imperialism—the Kwantung Army—and was Japan's "ambassador" in puppet Manchukuo, where he exercised a fierce occupational regime.

The guilt of this criminal is fully proved. For the crimes he has committed he deserves the supreme penalty provided by the law.

The criminal activities of accused **Yamada** are directly related to Detachment 731 and to Detachment 100.

Both these detachments were subordinated to **Yamada**, he directed all the work of the secret bacteriological units of the Kwantung Army and, therefore, this accused occupies a special place among the rest.

I will now deal with the proof of guilt of accused **Kajitsuka.**

Kajitsuka Ryuji occupied the post of Chief of the Medical Administration of the Kwantung Army from December 1939. He was appointed to this important military post at the time when the Ishii Detachment had already developed its criminal activities and had made the first bacteriological attacks against the Soviet and Mongolian troops in the area of the river Khalkhin-Gol.

When testifying during the preliminary investigation and during this trial, **Kajitsuka** laid special emphasis on this circumstance. As a matter of fact, his whole line of defence in Court amounts to an attempt to prove that he learned about the secret work conducted by the Ishii Detachment after he had taken up his post in the Kwantung Army, and that, although he knew about this work, and about the Ishii Detachment's "secret of secrets," to use his own expression, i.e., the experiments on human beings, he took no active part in these crimes. We will prove that these assertions of the accused are false and futile.

It has been fully proved, in particular, that much earlier than the time he occupied the post of Chief of the Medical

Administration of the Kwantung Army, as early as 1936, when he was Chief of the Sanitary Division of the Medical Administration of the Japanese Ministry for War, **Kajitsuka** actively helped to form a special secret bacteriological unit to prepare to conduct bacteriological warfare.

With **Kajitsuka's** consent and backing, the post of Chief of this unit, subsequently called Detachment 731, was given to **Ishii Shiro,** with whom **Kajitsuka** had established close personal relations, and whose criminal idea of preparing to conduct aggressive bacteriological warfare **Kajitsuka** backed and shared.

Thus, **Kajitsuka** took an active part in the very formation of the Ishii Detachment.

The draft of the order appointing **Ishii** Chief of the detachment was drawn up and visaed by none other than **Kajitsuka**. After that the order was signed by the Minister for War.

Describing **Ishii**, and referring to his own relations with him, **Kajitsuka** said:

> "After his return from his mission abroad, **Ishii** began, in 1931, to urge among his friends at the Military Medical Academy, of whom I was one, and also among authoritative and influential persons and servicemen at the General Staff of the Japanese Army, the necessity of Japan preparing to conduct bacteriological warfare. . . . I agreed with **Ishii's** ideas and arguments."

Kajitsuka does not deny that he knew about the secret work of the Ishii Detachment in preparing to conduct bacteriological warfare. He was also obliged to admit that he "was well informed" about the criminal experiments on living people.

At the confrontation with accused **Yamada**, exposed by the latter, he admitted that he had been kept informed about nearly all the "bacteriological work" performed by Detachment 731.

He does not deny that he directed the research work of Detachment 731 in testing the effectiveness of inoculations of the vaccines of plague, cholera and typhus.

We know from the materials of the Court investigation that in all cases these criminal researches were conducted by means of cruel experiments upon human beings.

Kajitsuka tries to minimize the degree of his responsibility by saying that he knew about the experiments on human beings only from what **Ishii** and **Kitano** had told him, but had taken no direct part in these experiments.

Kajitsuka's explanations of the part he took in the criminal activities of Detachment 731 are contradictory and hollow. **Kajitsuka** is trying to pose as a man who knew about everything, but had taken no part in anything. He says, for example (I quote his testimony):

> "Actually, I directed the work of Detachment 731 in studying from all aspects and cultivating different kinds of epidemic bacteria without reference to the way they were to be used later. That question did not interest me as Chief of the Medical Administration.
>
> "But, knowing that the bacteria produced by Detachment 731 was used for experiments on human beings and was intended for bacteriological weapons, I thereby assisted Detachment 731 in the production of bacteriological weapons.
>
> "Concretely, my direction of the work of Detachment 731 consisted in exercising control over the work performed by the detachment in the general study and cultivation of different kinds of epidemic bacteria.
>
> "In this I gave the Chief of Detachment 731 all the necessary instructions relating to the afore-mentioned problems. I, in my turn, as Chief of the Medical Administration, received reports from the Chief of Detachment 731 on problems relating to the study and cultivation of different kinds of epidemic bacteria.
>
> "Moreover, being a bacteriologist, I gave various advice in these problems."

The Court knows that all the work, which, in his testimony **Kajitsuka** stated came within his jurisdiction, was conducted by Detachment 731 by means of experiments on living people. This confirms the fact that **Kajitsuka** was not a passive onlooker, but an active participator in the heinous crimes perpetrated by Detachment 731. Nay more, these crimes were committed by orders directly given by **Kajitsuka.**

At the confrontation with the laboratory assistant of Detachment 731, **Segoshi, Kajitsuka** was forced to admit that the so-called "freezing researches" came within his jurisdiction. Hence, the only correct deduction to be drawn is that these exceptionally cruel experiments were conducted by his orders. **Kajitsuka** also admitted that he received written reports from **Yoshimura,** who had conducted freezing experiments.

I will not repeat to you the description of the frightful experiments conducted by **Yoshimura.** Detachment 731 conducted these experiments on orders directly received from **Kajitsuka**, and I consider it proved that accused did not simply know, as he asserts, about the "secret of secrets" of Detachment 731—experiments on living people—but was the initiator and director of the most cruel and inhuman of them.

Kajitsuka was fully informed about the bacteriological attacks Detachment 731 made upon the civilian population of China.

Kajitsuka, however, is trying to make it appear that these open attacks of aggressive bacteriological warfare were nothing more than experiments.

> "Undoubtedly, for China, this was a weapon of attack," says **Kajitsuka,** "but for Japan, I consider it was an experimental one."

The cynical sophistry of these arguments about the "experimental nature" of the bacteriological attacks upon the Chinese people only reveal **Kajitsuka** once again as a merciless misanthrope who still regards the Ishii Detachment's expeditions to China as having been only as experiments preceding aggressive bacteriological warfare.

Unlike other high staff officers of the Kwantung Army, **Kajitsuka** suffered from no restrictions whatever as regards familiarizing himself with all the work conducted by Detachment 731. It has been proved that he regularly visited Detachment 731 and was fully informed about all its activities.

Accused **Yamada** testified that after he had taken up his post in the Kwantung Army, none other than **Kajitsuka,** at the end of July 1944, gave him a detailed report on the work of Detachment 731, in the course of which he stated that this detachment was conducting secret work in devising and producing bacteriological weapons.

The same **Yamada** testified:

> "Lieutenant General of the Medical Service **Kajitsuka** exercised direction of the scientific experimental work

conducted by Detachment 731 in devising and producing bacteriological weapons on a mass scale."

Kajitsuka himself formed the branches of Detachment 731, the direct function of which was to make a bacteriological attack upon the U.S.S.R.

Thus, all the materials in the case prove that from the moment Detachment 731 was formed to Japan's surrender, **Kajitsuka** was one of the most active participants in the preparations for conducting bacteriological warfare. He took part in all the secret operations conferences convened at Headquarters of the Kwantung Army for the purpose of discussing practical problems connected with the employment of bacteriological weapons in a war of aggression.

It was **Kajitsuka** who served as the direct link between Detachment 731 and the High Command of the Kwantung Army.

The guilt of accused **Kajitsuka** has been proved by the Court investigation and, as State Prosecutor, I reaffirm the charge against him in its full scope.

Accused **Kawashima** must be regarded as one of the criminals who was most fully informed about all the activities of Detachment 731. During the period of his service in the detachment he occupied the post of Chief of the General Affairs Division and Chief of the 4th "production" Division. In 1941, he was, in addition, Chief of the 1st, so-called research, Division, the most secret of all the detachment's divisions.

Kawashima carefully concealed his work in this division from the investigation authorities for a long time until he was exposed by the witness **Furuichi**, who had worked in the 1st Division under **Kawashima's** direction, and who identified him as his former chief.

The post that **Kawashima** occupied for the longest period was that of head of the 4th, so-called production, Division, which engaged in the mass production of bacteria. He served in this post from 1941 to 1943. During this period the output capacity of Detachment 731 was raised, as we know from the report of the medicolegal experts and from the testimony of accused and witnesses, to colossal dimensions—to many hundred million billions of microbe bodies per month.

Kawashima took a direct part in experiments on human beings. It has been proved that in some cases he himself drew up plans for criminal experiments; in particular, in June 1941, he himself wrote out the order to make experiments on human beings to test the effect of the Ishii bomb that contained plague-infected fleas. **Kawashima's** testimony shows that the victims of this experiment were 15 Chinese prisoners. **Kawashima** took a direct part in conducting this criminal experiment.

Equally, **Kawashima** took part in making bacteriological weapons for an attack upon the Chinese civilian population.

The accused's own testimony establishes the fact that to supply the Ishii Detachment's expedition into China in May-June 1942, an enormous quantity of typhoid, paratyphoid and anthrax germs were prepared under **Kawashima's** direction.

The evidence of the witness **Furuichi** proves that, directing the detachment's 1st, the research, Division, **Kawashima** performed criminal experiments on a mass scale in forcibly infecting living people and other inhuman experiments on human beings.

Thus, **Kawashima** bears direct responsibility for the brutal extermination of many hundreds of prisoners in the inner prison of the Ishii Detachment.

Admitting all these facts, **Kawashima** confirmed in Court that he participated both in preparing to conduct bacteriological warfare and in inhuman experiments on living people. Thus, **Kawashima's** guilt is fully proved.

The guilt is equally fully proved of accused **Karasawa Tomio**, who in 1933 entered the Japanese Army, obtained a medical education paid for by the General Staff, went through two special refresher courses in bacteriology in a military medical college, and in December 1939 was appointed to the Ishii Detachment, where he specialized in the mass production of bacteriological weapons.

In this detachment **Karasawa** was soon promoted to the post of Chief of a section. In the words of his immediate superior **Kawashima**, **Karasawa** "loved" his work and in every way strove to improve the mass production of lethal bacteria.

It was **Karasawa** who supplied huge quantities of bacteria for all the expeditions organized by the Ishii Detachment for conducting bacteriological attacks upon the Chinese population.

When studying the lethal effectiveness of the bacteria cultivated by his division, **Karasawa**, in 1943-44, took part in the experiments made on the Anta proving ground to infect human beings by the explosion of bacteria shells.

During the war accused **Karasawa** was commissioned to study the problem of decentralizing the production of bacteria and distributing it among all the detachment's branches. With this object, **Karasawa**, in 1944, visited the detachment's branches in Sunyu, Hailar, Linkow and Hailin, and drew up a plan for supplying these branches with the apparatus necessary for the mass production of bacteria to serve as weapons in bacteriological warfare.

To all this **Karasawa** has confessed full guilt.

In addition to his own confession, his guilt is proved by the testimony of a number of other accused and witnesses, in particular, by the testimony of **Kawashima** and **Nishi**, who described accused as an efficient and active participant in the preparations to conduct aggressive bacteriological warfare.

During the Court investigation the guilt of two other accused was fully established: **Nishi Toshihide** and **Onoue Masao**. The former—**Nishi**, was Chief of the detachment's Branch 673; the latter was Chief of Branch 643.

Both these accused were fully aware of the nature of the criminal activities of Detachment 731 in preparing to conduct bacteriological warfare, and took an active part in this work.

Accused **Nishi** took part in experiments on human beings. Thus, the materials in the case have established that in January 1945, **Nishi** took part in experiments to infect human beings with gas gangrene. The victims of these experiments were 10 Chinese patriots who, after the experiments, as is evident from **Nishi's** own testimony, died in great torment.

When our Soviet troops were approaching the town of Sunyu, **Nishi** ordered all the premises and equipment of Branch 673 to be burnt in order to wipe out the traces of the branch's activities.

Nishi handed out to his subordinates potassium cyanide and ordered them to poison themselves if they were taken prisoner by the Soviet troops.

Nishi's subordinates did not carry out this order, with a few exceptions they preferred to surrender.

Both **Nishi** and **Onoue** were among General **Ishii's** most active assistants in the preparations for conducting bacteriological warfare and were fully aware of **Ishii's** plans to use bacteriological weapons.

Both accused have pleaded guilty to the charges brought against them; moreover their guilt is proved by the evidence of witnesses and by documents that have been submitted to the Court.

Accused **Sato Shunji** entered the Japanese Army in 1922; like most of the other accused, he went through two special courses of training at the Military Medical Academy, and for a considerable period served in various posts in the Medical Service and as an instructor at the Academy.

In 1941, in the rank of Colonel, **Sato** was appointed in the city of Canton to the post of Chief of Bacteriological Detachment 8604, known as the "Nami Detachment," and in February 1943 he was transferred to Nanking to take the post of Chief of Bacteriological Detachment Ei 1644.

I have already described in detail the activities conducted by the Nanking Detachment Ei 1644. Like detachments 731 and 100, the Nanking Detachment was a secret bacteriological unit of the Japanese Army, formed for the purpose of conducting aggressive bacteriological warfare.

It has been proved that it was Detachment Ei 1644, together with the Ishii Detachment, that made a bacteriological attack upon the Chinese civilian population. It has also been proved that Detachment Ei 1644 conducted cruel experiments on living people. The very fact that **Sato** was appointed Chief of Detachment Ei 1644 is in itself proof that he was an active participant in aggressive bacteriological warfare.

This is confirmed by the data on the output capacity of the detachment's special apparatus that was intended for the cultivation of bacteria on a mass scale.

These microbes, cultivated in large quantities, were to have served for the purpose of conducting bacteriological warfare, for, as was established during the Court investigation, the Nanking detachment scarcely engaged in the production of vaccines.

For a long time **Sato** stubbornly denied his guilt; but the weight of proof brought against him compelled him to admit that he was in command of detachments that were special bacteriological units intended for the purpose of conducting bacteriological warfare.

During the Court investigation **Sato** also admitted that he was fully informed about the participation of Detachment Ei 1644 in the bacteriological attack on the Chinese forces in Central China in 1942, during the so-called Chekang operation.

He also admitted that this detachment, of which he was the head, was the bacteriological arsenal of the Japanese Army.

In 1944 **Sato** was the Chief of the Medical Service of the 5th Kwantung Army and in that post rendered the Hailin Branch of the Ishii Detachment practical assistance.

He issued a special order to form squads to catch rodents and to deliver them to the Hailin Branch of Detachment 731.

Sato was one of the active participants in the preparations for conducting bacteriological warfare and I consider his guilt proved by the materials in this case.

Accused **Kikuchi** and **Kurushima** served as laboratory assistants. One served in Branch 643 and the other in Branch 162 of Detachment 731. Both helped the officers of these branches to cultivate bacteria, and were fully aware that the purpose of their work was to prepare to conduct bacteriological warfare.

Moreover, in the summer of 1945, **Kikuchi** went through a course of training in classes organized by Detachment 731 for training cadres for the purpose of conducting active bacteriological warfare. Accused **Kikuchi** and **Kurushima** themselves do not deny these facts.

Thus, both must answer for having been participants in preparations for conducting bacteriological warfare.

Appointed in March 1941 to the post of Chief of the Veterinary Service of the Kwantung Army, accused Lieutenant General of the Veterinary Service **Takahashi Takaatsu** had under his command Detachment 100, which was a special unit for preparing and conducting bacteriological warfare and for carrying out bacteriological sabotage. Immediately on taking up this post, **Takahashi** developed enormous activity and secured an increase in Detachment 100's potential output capacity in the production of germs of severe infectious diseases among animals: glanders, cattle plague, and anthrax diseases, and also poisons and exciters of diseases among grain crops.

On **Takahashi's** direct initiative the so-called 6th Section was formed in Detachment 100; this section cultivated bacteria on a mass scale to be used in bacteriological warfare and sabotage, and also conducted criminal experiments on living people.

Among the units of the Kwantung Army accused **Takahashi** formed a network of branches of Detachment 100, which also engaged in the production of bacteriological weapons and were intended for the purpose of directly carrying out bacteriological attacks and bacteriological sabotage during war.

Personally directing the work of devising means of bacteriological warfare, **Takahashi** considerably enlarged Detachment 100's potential output capacity by forming new divisions for the production of bacteria and poisons.

The Japanese Gendarmerie supplied Detachment 100 with prisoners from the same contingents as those that were sent for extermination to Detachment 731, and on these prisoners wicked experiments were performed for the purpose of studying the effects of the poisons that were injected into their bodies. After this all the experimentees were murdered so that no witnesses of these atrocities should be left. Since **Takahashi** directed the work of Detachment 100, he bears responsibility for these atrocities too.

Takahashi also directed the sabotage activities of Detachment 100.

This detachment purchased large consignments of animals on which experiments in wholesale infection from the air were conducted in preparation for conducting sabotage.

On orders from accused **Takahashi**, for the purpose of studying the effect of bacteriological weapons under natural conditions, tests were made on Detachment 731's proving ground in the region of Anta Station, where cattle were infected by the spraying of bacteria on their feed from aircraft. Moreover, after the districts of the North Khingan Province bordering on the Soviet Union had been systematically reconnoitred, accused **Takahashi** sent out expeditions from Detachment 100, which contaminated the tributaries of the frontier river Argun with the object of testing the effect of bacteriological sabotage on rivers.

Accused **Takahashi** confirmed all these facts in Court.

The Tribunal has also heard the testimony of accused **Hirazakura**, who confirmed the fact that accused **Takahashi** took an active part in the preparations to conduct bacteriological warfare and in carrying out bacteriological sabotage against the U.S.S.R. and the Mongolian People's Republic. Thus, the guilt of accused **Takahashi** has been fully established.

Accused **Hirazakura Zensaku**, veterinary surgeon, was enrolled in the Japanese Army in December 1939 and in June 1942 was appointed to Detachment 100. Knowing that the detachment engaged in the mass production of different kinds of bacteria and virulent poisons intended for sabotage and bacteriological warfare against the Soviet Union, **Hirazakura**, until the moment he was taken prisoner, actively took part in the preparations for conducting bacteriological warfare against the U.S.S.R. and the Mongolian People's Republic. He himself conducted researches in devising and employing bacteriological weapons. In July 1942, **Hirazakura** took part in an expedition in the valley of Tryokhrechye, in the North Khingan Province bordering on the U.S.S.R., where, after experiments had been made in contaminating water sources and pastures, the tributary of the frontier river Argun was, with his participation, infected with anthrax.

In June 1944, at the head of a reconnoitring-sabotage group of seven members of Detachment 100, **Hirazakura** conducted reconnoitring operations with the object of ascertaining whether it was possible to contaminate from aircraft water sources, summer and winter pastures, hayfields and roads in the Soviet frontier districts. Accused **Hirazakura** submitted a detailed written report on the results of the reconnoitring operation to the Chief of Detachment 100, and made a verbal report to the Chief of the Veterinary Service of the Kwantung Army, accused **Takahashi**.

Accused **Hirazakura**, in conformity with orders received from **Takahashi**, purchased in the region of Hailar large consignments of cattle, which were to be infected with severe infectious diseases and then driven into the Mongolian People's Republic as a means of bacteriological sabotage. Owing to the rapid advance of the forces of the Soviet Army, however, **Hirazakura** did not manage to carry this out, because soon after his arrival in Hailar he was taken prisoner by the advancing forces of the Soviet Army.

Accused **Hirazakura** is proved guilty of these crimes by his own confession, as well as by the testimony of accused **Takahashi** and **Mitomo**, and of witnesses **Kuwabara** and others.

Accused **Mitomo Kazuo** in 1941 voluntarily joined Detachment 100 as a laboratory assistant, and knowing that Detachment 100 was making preparations for conducting bacteriological warfare, worked actively to cultivate the germs of anthrax, glanders, and other diseases.

In July 1942, together with accused **Hirazakura**, accused **Mitomo** took part in a sabotage expedition to contaminate a tributary of the river Argun. In August-September 1944, working under the direction of **Ida Kiyoshi**, a member of Bacteriological Detachment 100, **Mitomo** systematically conducted criminal experiments on human beings.

Accused **Mitomo** has admitted that he himself tested the action of different kinds of poisons on living people. As a result of **Mitomo's** experiments, one of the prisoners died; **Mitomo** murdered another with an injection of potassium cyanide in order to keep the experiments secret. For the same reason three others were shot in his presence by a Japanese gendarme.

Although **Mitomo** was only an ordinary laboratory assistant in Detachment 100, his hands are stained with the blood of the people he tortured to death, and the deliberate object of his activities was to prepare for the conduct of bacteriological warfare. This has been clearly established not only by **Mitomo's** own admissions, but also by the testimony of accused **Hirazakura** and of a number of witnesses.

VII. Conclusion

Comrades Judges,

Horrible and revolting are the crimes committed by the miscreants now sitting in the defendants' box.

The atrocities committed by these misanthropes from the secret bacteriological units of the Japanese Army verily have no equal.

In defining the responsibility of the criminals on trial, we must take into account not only the crimes they committed, those that are past and over. Monstrous as these crimes are, we cannot for a moment forget that they served the object of preparing for the commission of other, still more monstrous crimes. The painful death to which thousands of people were put, was to have prepared for the murder of millions.

The merciless experiments on living people were to have been the preliminary to epidemics of black death and cholera.

According to the plans of the Japanese imperialists, bacteriological weapons were to have caused incalculable disaster and suffering to the whole of peace-loving mankind, were to have caused the extermination of millions of people and the devastation of vast areas.

That is why, in deciding the fate of the criminals, the Court must bear in mind the ultimate aims of this criminal conspiracy against peace and humanity, in pursuit of which the weapons of bacteriological warfare were manufactured.

We know that not all the criminals are in the defendants' box. The chain of participants in this criminal conspiracy—I mentioned this at the opening of my speech—does not end with the criminals on whom you will pass sentence.

We know that the secret bacteriological units of the Japanese Army which were commissioned to prepare for and conduct bacteriological warfare were formed by command of the Japanese Emperor **Hirohito.**

We know the names of the criminals in the Japanese General Staff and Ministry for War who backed and directed the clandestine work of the secret bacteriological units, lavishly financed them, sanctioned types of bacteriological weapons and planned the day for launching bacteriological attacks. In justice, they should have been here by the side of the former member of the Supreme War Council of Japan and Commander-in-Chief of the Kwantung Army, accused **Yamada.**

We know the names of the contemptible, morally corrupt servitors of Japanese imperialism, generals of the former Japanese Army—the bacteriological scientists **Ishii Shiro, Kitano, Wakamatsu Yujiro**, who were ready to place their special knowledge at the service of the ruling clique of Japan for the purpose of preparing to conduct criminal bacteriological warfare.

We know the names of those wicked misanthropes, the former members of Detachment 731, physicians and engineers of the Japanese Army, **Oota, Murakami, Ikari, Tanaka, Yoshimura** and many others, who mercilessly and in cold blood murdered defenceless people and bred many millions of plague-infected parasites and hundreds of kilograms of lethal microbes for the extermination of mankind.

Those miscreants are not in the defendants' box. Outside the borders of our country, they enjoy the protection of those reactionary forces in the imperialist camp who are themselves dreaming of the time when they will be able to hurl upon mankind loads of T.N.T., atomic bombs and lethal bacteria.

But those of the murderers who are facing this Court today must be sternly brought to book for all the heinous crimes they have committed.

In view of the nature of these crimes, in view of their object brutally to exterminate vast masses of absolutely innocent people—the aged, women and children—in view of the fact that the criminals performed inhuman experiments that caused the death of thousands of defenceless victims, the State Prosecution is of the opinion that all the accused should be punished in conformity with Art. 1 of the Decree of the Presidium of the Supreme Soviet of the U.S.S.R. of April 19, 1943.

All the accused committed heinous crimes, and all are deserving of severe punishment. But, Comrades Judges, in defining the measure of punishment, you will discriminatingly approach each of the accused.

As the representative of the State Prosecution, I am of the opinion that accused **Yamada, Kajitsuka, Takahashi, Kawashima** and **Sato** should be subjected to the maximum penalty—deprivation of liberty for twenty-five years.

Accused **Karasawa, Nishi, Onoue, Hirazakura** and **Mitomo**—deprivation of liberty for fifteen to twenty years.

As regards accused **Kikuchi** and **Kurushima**, taking into account that they merely obeyed orders—although knowing them to be criminal—I deem it possible for the sentence on each of them to be limited to deprivation of liberty for three years.

Comrades Judges, the significance of this trial lies in that it, with extraordinary clarity, revealed the brutal face of piratical Japanese imperialism, which, in profound secrecy, prepared to conduct bacteriological warfare—one of the most inhuman weapons of aggression.

The hour in which the frightful force of incalculable billions of disease-causing microbes were to have been hurled against mankind was quite near; it was only the swift crushing blow of the Armed Forces of the Soviet Union that paralyzed the enemy, saved the world from the horrors of bacteriological warfare.

It is with feelings of pride for our mighty Socialist Motherland, which saved human civilization from doom, that we today recall the great feat the Soviet people performed in the Patriotic War.

Your verdict must not only sternly and justly punish the criminals on trial and condemn the crimes perpetrated by the Japanese aggressors.

Your verdict must sound as a stern warning to the instigators of a new world war, misanthropes as merciless and cruel as those whose crimes you are about to condemn.

Let all those who are contemplating new crimes against mankind, and preparing new means for the wholesale extermination of human beings, remember that the world has not forgotten the lessons of World War II.

Peace and security is being guarded by millions of common people, by the mighty front of democratic forces headed by the great Soviet Union.

It is a mighty and all-conquering force, which will be able to check and sternly punish all instigators of a new war.

Let your verdict sound as a stern reminder of this, Comrades Judges!

Speeches for the Defence

MORNING SITTING, DECEMBER 30

President of the Court: The sitting of the Court continues. Counsel Belov, defending accused Yamada, will now speak. The accused may listen to the lawyer's speech transmitted in Japanese.

Counsel Belov delivers a speech, the text of which is appended to the record of the Court proceedings. Simultaneously the lawyer's speech is transmitted in Japanese.

SPEECH BY COUNSEL BELOV, N. P., IN DEFENCE OF ACCUSED YAMADA

Comrades Judges!

At the present trial my colleagues for the defence and I, defence counsel for the former Commander-in-Chief of the former Kwantung Army General Yamada, put few questions to the accused. This followed logically from the fact that the indictment was corroborated by the testimony of the accused and the witnesses, as well as by the documents appended to the case.

The biggest difficulty of the defence in the present trial lies in that here there is no room for debate concerning the facts and proofs as such.

The evidence of the witnesses, the original documents at hand in the case, which were collected during the stage of preliminary investigation, and the detailed explanations given by the accused themselves, have confirmed in their sum total the factual side of the indictment.

In the light of these facts and circumstances of both material-legal and procedural nature, the role of the defence in the present trial is not easy or simple, but the defence counsel is obliged to carry out his duty with the utmost thoroughness dictated by the interests of justice.

Naturally, I do not intend to defend those truly extraordinarily grave crimes about which the State Prosecutor spoke in such detail in his speech. I am defending only a man well on in years, the accused Yamada, who by virtue of a chain of causes and circumstances fateful for him took a definite part in violating the laws and customs of war, in committing crimes against mankind.

Grave is the guilt of my client before the law, as well as before the reason and conscience of the peoples upon whose sons and daughters he, together with others, employed the bacteriological weapon, but there is also a number of features and circumstances which explain and extentuate his guilt and which, in the name of justice, you, Comrades Judges, should take into account in passing sentence.

In his speech the State Prosecutor, adducing numerous facts and documents, spoke about the grave crimes committed by the accused in the present case, and in particular by the former General Yamada.

I wish to tell about those factors under the influence of which the mind, will, character and moral complexion of my client Yamada, who is now already about 70 years old, were formed.

Indeed, a clear and precise answer must be given to this question which has a most essential bearing on the case. Our Soviet science of criminal law has never made common cause with the so-called anthropological school of criminal law and its doctrine of the born criminal.

The outstanding thinkers, scientists and political figures of the era when the bourgeoisie was still a revolutionary, progressive social class, also advanced and substantiated the viewpoint that man is born without ideas, without passions or character.

It is common knowledge that such outstanding thinkers as John Locke and Jean Jacques Rousseau affirmed in their works that "there is no inborn depravity in the human heart. . . ."

Considering the question of heredity and upbringing, Konstantin Dimitrievich Ushinsky, the great Russian educator of the 19th century, pointed out that if in infancy the child of the greatest of musicians were transported to an island inhabited by savages, then the savage, discordant sounds with which his musical creative efforts began would be very remote from the musical culture of his parents.

It seems to me, Comrades Judges, in place, further, to call to mind that such investigators of genius as Karl Marx and Frederick Engels noted in their works that the historical environment, the conditions of social being and the conditions of the education of people engendered by the social relations form their mind, interests, will, character and moral complexion. Engels, in particular, testifies that as late as in the middle of the 19th century the English worker and the English bourgeois so little resembled one another even in appearance that they might have belonged to two different nations, and that this difference in their appearance, in their character and in their entire spiritual complexion was the result of the different conditions of life, of the different influences to which they were subjected in the social environment.

I think that the age and the position occupied in the trial by my client Yamada oblige me to dwell as fully as possible on the question of the influence which social, state-political and ideological factors played in forming his will and character.

Moreover, we can, and should, have in mind the will and character not only, and not so much, of separate individuals as of whole social classes, and at times of whole nations as well.

Permit me, Comrades Judges, to ask you to recall that, as is apparent from the materials of the case, my client Yamada was born in 1881. About the Japan of that time Karl Marx, the greatest of thinkers, wrote:

"Japan, with its purely feudal organization of landed property and its developed *petite culture*, gives a much truer picture of the European middle ages than all our history books, dictated as these are, for the most part, by bourgeois prejudices."

It was precisely as the *Middle Ages* with its sway of brute force and arbitrary rule, with its lack of political rights, the darkness and ignorance of the popular masses, the rule of the church, the persecution of science, brutal reprisals against the advanced people of the time—it was precisely thus that the founder of scientific Communism characterized the historical environment and conditions of social being in which my client Yamada was born and spent his early years.

It was at that time, in the second half of the 19th century, that the four wealthiest families—the Mitsui, Mitsubishi, Sumitomo and Yasuda—appeared on Japan's political arena. They quickly turned into imperialist monopolies, enjoying assistance from the state and all possible support by the Imperial Court.

The revolution of 1868 preserved the feudal pillars in Japan. The absolute monarchy set up in Japan after 1868 was, in essence, preserved almost up until recently, for the constitution of 1889, modeled after the Prussian constitution, left the emperor *unlimited* power.

During the revolution of 1868 the house of Mitsui rendered the imperial dynasty financial aid in its struggle against the shogunate, the government of feudal Japan. The Mitsui and Mitsubishi helped enthrone the 15-year-old Mutsuhito, the years of whose rule were named the Meiji.

The capital investments in the imperial house proved to be of mutual advantage. Exploitation rights to the mines, forests and factories were given to the house of Mitsui. Almost all of Japan's economic resources became the monopoly property of the Mitsui, Mitsubishi, Sumitomo and Yasuda.

During the period which has elapsed since the restoration, the imperial family has become the richest dynasty in the world, the possessor of incalculable wealth.

Since the second half of the last century the above-mentioned four all-powerful families, together with the imperial family, hold and control the banks, factories, mines, forests, the land, and all the country's economic resources. The giant industrial and banking monopolies which they head are called in Japan the "zaibatsu." An exact translation of the word "zaibatsu" is—financial clique. The big specialist in the history of the "zaibatsu," Toyohara Ichiro, calls the "zaibatsu" monopoly capital which developed in feudal conditions. Cheap labour helped the "zaibatsu" grow rich. The aggressive wars which Japan waged in China and Manchuria for half a century showed the entire world the methods by which the Mitsui, Mitsubishi, Sumitomo and Yasuda were consolidating their might. Emperor Hirohito of Japan called the second world war "Japan's sacred war," although everyone knew that it was the "zaibatsu" which had hatched and was waging it; Tojo and Araki were merely their ideological brothers. The war enriched primarily and chiefly the Mitsui, Mitsubishi, Sumitomo and Yasuda, and twenty families of what were called the new "zaibatsu." It is not for nothing that the "land of the rising sun" was and is called the "kingdom of the 'zaibatsu.'" During the five-year period preceding the war the "zaibatsu" doubled its capital, and in the five years of the war increased it tenfold. Three hundred and sixty new huge mills fed this gigantic "human meat-grinder" which was so highly profitable for the "zaibatsu." They shipped guns, shells, bombs and planes to the battlefields. It was at the will of the "zaibatsu" that the bacteriological weapon, also, was prepared and employed.

It was they, the most predatory and brigandish Japanese imperialists, who, realizing the impossibility of waging wars without mobilizing the broad masses of the population, established a state system of poisoning the minds of the Japanese people with the venom of bellicose nationalism and bestial chauvinism. The chauvinistic education of children in the family and in school, militarist propaganda in the press and in art, the system of gendarme espionage and police terror, the religious temples and their priests, the prisons, the social-fascist parties and similar attributes of the imperialist state machine were rigidly developed and put into action for the reactionary moulding of the broad popular masses, and in the first place the servicemen of the army and the navy. At the basis of all these forms and methods by which Japanese imperialism shaped the submissive serviceman was placed the principle that Japanese monarchism is of divine origin, eternal, and immutable.

Characteristic of Japanese militarism and imperialism as a whole was the combination of modern, "up-to-date capitalist" forms of organization, especially in the field of armaments, tactics and strategy, with the old, *feudal* forms of military relationships. The ideology in which the Japanese military man was brought up was the samurai ideology, that is, feudal once again. The entire military moral code ("bushido") by which the Japanese officer was to guide himself, beginning with deification of the samurai sword and worship of the emperor as the supreme being, and ending with hara-kiri in the event of a military setback or "loss of face," was permeated with ideas and emotions profoundly feudal.

Not only the military men but the entire Japanese population was trained in this same spirit from early age right up to old age through the school, the press, the theatre, the cinema, and so on. Widely cultivated in training the army and the population at large in a warlike and aggressive spirit was indoctrination of what is called the "samurai spirit," by which is meant the spirit of the superiority of the Japanese as *a special nation chosen from above, the spirit of contempt for and boundless cruelty toward the enemy*, as an inferior being, a "barbarian." This spirit produced fanatics who believed that death would make them saints.

Call to mind, Comrades Judges, the so-called "kamikaze" ("divine wind"—so were called fliers who endeavoured to put an enemy's ship out of commission at the cost of their own life). Not only Japanese propaganda but the world bourgeois press as well extolled the fanatical acts of these fliers as the newest manifestation of "the Japanese spirit" ("Yamato damashi"), while the Shinto religion taught that the soul of such a "fortunate" who had died for the "divine" emperor would become a divinity and, hence, would be assured immortality.

During the last two decades Japanese imperialism "modernized" the feudal samurai ideology by combining it with the most reactionary, predatory, piratical present-day ideology of fascism, thereby lending Japanese militarism a military-fascist character. This combination of the most reactionary of ideologies only redoubled the brigand character of Japan's entire war machine and foreign policy.

A political consequence of this was, as is known, the conclusion of the "anti-Comintern" pact with Hitler Germany and fascist Italy in 1936 and the three-power military pact in 1940.

The wild theory of "the superior race" was inculcated even deeper in the servicemen of the Japanese Army and in the Japanese people than it was inculcated in the Germans by the aryan führers and professors.

The function of racism was to give a "theoretical" substantiation for the striving of the Japanese imperialists to enslave the peoples of Asia, and then to attain world domination.

Matters reached a point where even Japanese diplomatic representatives, who by the nature of their profession are obliged to conduct themselves with restraint, gave full rein to their Great-Power aspirations. Everyone remembers how the Japanese Count Uchida, when a delegate at a League of Nations conference in 1932, declared in an official interview: "The mission of the Japanese on earth is to guide the world. Japan will be the cradle of the new Messiah."

Alongside this, as was proved by the documentary evidence and testimony of witnesses at the Tokyo trial, throughout the period embraced by the indictment, that is, beginning with 1928, the elements of democracy that existed in Japan were systematically and ruthlessly wiped out. The state apparatus in Japan was rigidly rebuilt after the fascist model, and every hint of resistance to the development of Japanese imperialism and fascism was suppressed by the most ruthless terrorist measures.

It is difficult to pass over in silence the fact that *Nippon Shinto ron*—a Japanese school textbook written by Professor Yutaka Hibino—teaches that god descended to earth and took the incarnation of the Japanese emperor "for the purpose of ruling the race of Yamato, the race of god-men." "Our sacred empire stands above all else in the world in single and unattainable superiority," this catechism for Japanese adolescents and youth declares further. The leading clique of Japanese imperialism managed to achieve a situation whereby up to the time of the defeat of the Japanese war machine, almost every Japanese considered it as taken for granted that "the race of Yamato" was a divine race whose mission was to subordinate all the nations and rule the world. The principle of "Hakko ichiu," that is, that all the countries of the world must come under the sceptre of the "mikado," was propagated in the temples and universities, in the schools and in the streets, in the family and in the departments—everywhere.

I should like, Comrades Judges, especially to ask you to take into account that it was just during the years of my client Yamada's upbringing, general education and specialized military education, and subsequent long years of service in the former Japanese Army, that the doctrine of the divine origin of Japan and her emperors, worship of the "spirit of the ancestors," and so on were widely cultivated by the artful grafting of religious doctrines with the principles of absolute monarchy.

The brain of the Japanese, and in particular of the serviceman, was stuffed with sundry mythology about the origin of the Japanese islands, about the descent of the imperial house from Amaterasu-o-mikami (goddess of the sun), and about the descent of the Japanese people from the divine family of the emperor, who had to be obeyed blindly and unquestioningly. To this was added the aggressive doctrine of Japan's "special" mission in emancipating the coloured peoples "from the domination of the whites." The political conclusion drawn from all this was the doctrine of the "necessity" of war and its "eternal inevitability" as a means of carrying out the "divine plans" and purging the earth of evil and sin.

I should like, Comrades Judges, especially to stress that the inculcation of the "samurai spirit" in the Japanese Army was promoted by the fact that beginning with the eighties of the last century the Japanese Army began to be trained along Prussian lines. A German military mission spent long years in Japan, instructing the Japanese Army. This mission was headed by Meckel, closest associate of Moltke.

Thus Prussianism with its reactionary ideology, with its conversion of discipline into mental automatism, was inculcated in the Japanese Army too, and it is not for nothing that for long years Japan was called the "Prussia of the East."

It seems to me, Comrades Judges, permissible to call to mind the fact that Prussianism is the rule of the knout, the sword and the letter of "the law," is the implantation of brutal drill and discipline of the cane in the army.

It is also necessary, Comrades Judges, to recall and bear in mind that the direct organizer of the Japanese war machine, Marshal Yamagata, was an ardent admirer of Bismarck and Moltke, a worshipper of Wilhelm II.

The military party, which was headed by Yamagata, the most prominent member of the genro (emperor's council of elder feudal lords) advanced the slogan: "All Japan's strength lies in her military might." Yamagata headed the war machine and was the "sovereign of the thoughts" of the officer corps and the youth, and was the leader of the Japanese state apparatus from the end of the 19th century almost up to his death in 1922. Yamagata was an ideologist of the tactics of the "sudden blow." He was the initiator of the law on the direct subordination of the army and navy to the emperor. The reactionary Japanese military publicist Hirata Shinsaku, in a book carrying a foreword by General Araki and Admiral Okada, stated outright:

"The Japanese officer, soldier and sailor are subordinate to the emperor alone, apart from whose will they cannot fire a single shot."

Comrades Judges, the analysis of historical facts, documents and circumstances which I have presented testifies eloquently to the fact that the modern industrial and banking "zaibatsu" monopolies headed by the emperor, which to this day hold the modern industrial machine that already seven times in the course of half a century was an instrument for Japanese aggressive wars—that precisely they were the inspirers, instigators, organizers and leaders of Japanese aggression with its rich arsenal of weapons of destruction, and, in particular, were the initiators and organizers of the preparation and employment of bacteriological weapons.

It was they who planned, prepared and unleashed aggression; it was they who weighed down the Japanese nation of 90 million with religious and feudal prejudices; it was they who held it under a police yoke; it was they who poisoned its mind with the venom of bellicose nationalism and bestial chauvinism; it was they who by the entire system of upbringing and education converted the members of the armed forces into mechanical executors of their will for the purpose of establishing military, naval, political and economic domination throughout the world.

The accused Yamada was one of the many executors of the heinous crimes of Japanese imperialism. I hope, Comrades Judges, you will share my conviction that the crime committed by my client Yamada was the outcome of the tragic priming and drilling of thought to which he was forcibly subjected day in and day out in the ranks of the former Japanese Army throughout his long life.

This cannot but be admitted, Comrades Judges, and once it is admitted, in the name of justice you must state by your sentence that the present case has established not only the guilt of the accused Yamada but also his misfortune, which consisted in that he was born, grew up, was formed, lived and worked at such a time, in such a historical environment and under such conditions that he could not have become anything else.

It is highly possible, Comrades Judges, that you will find insufficient the arguments I have adduced demonstrating that the conditions of social being and the conditions of upbringing and education engendered by the social relations and the state structure form the mind, will, character and moral complexion of people, that is, in other words, perhaps you will doubt that my client Yamada and the other accused in the present case are not only criminals against the laws of warfare and of mankind but are also victims of Japanese imperialism.

In that case permit me, in order the better to substantiate the basic theses of my speech for the defence, to refer to historical data that carry exceptional force of conviction.

Comrades Judges, by now not only we ourselves, citizens of the Union of Soviet Socialist Republics, and not only our numerous friends abroad, but also our sensible enemies know that the conditions of socialist society favour the all-round development of man's physical and spiritual forces, abilities and gifts.

Comrades Judges, take the hundreds and thousands of Soviet men and women of our time who are working creatively in various fields of science, art, technique, in the military field, in sports. Take those of them who were born before the Great October Socialist Revolution, those who sprang from the people, and ask yourselves what they would have become, how their lives would have developed, in the conditions of Russian reality before the Great October. Then look at what they have become, how their lives have developed under the conditions of the Soviet Land, under the sun of the Stalin Constitution. We see and know that millions of people whom tsarism trampled, crushed and stifled have received the opportunity to straighten out, to square their shoulders, to unfold the rich creative gifts with which they are endowed, and, under the conditions of the changed social relations, to reveal the deep, hidden, rich spiritual forces they possessed. Yesterday's worker and shepherd, men and women of the people, have today become prominent scientists, art workers, statesmen, and all this they owe to the changed social relations and the new conditions of upbringing and education engendered by them. The world is observing an analogous situation in the People's Democracies.

Permit me, now, Comrades Judges, to go from the general thought to the particular and draw a logical conclusion with regard to my client, the former General Yamada.

Permit me on the basis of the documentary data in the case to present the story, as it were, of my client's "life path," which characterizes his personality and actions.

From the materials of the case it is seen that the accused Yamada was born in 1881 and comes from the military caste of the samurai, who since the days of yore were in the service of the emperor and reigning princes.

From 1887 to 1898 he was brought up and educated in the general elementary and secondary school. In 1898 Yamada entered the cadet corps. From there he went into an officers' school, upon his graduation from which, in 1903, he was given the rank of sub-lieutenant and served in the 3rd Cavalry Regiment. From May through September 1904 Yamada fought in the Russo-Japanese War, on the Dalny-Liaoyang sector, as the commander of a cavalry unit. The tsarist army, poorly armed and led by mediocre men headed by Nicholas II, that enthroned nonentity, suffered defeat.

The defeat of a system, the defeat of autocracy, was interpreted in Japan, and not only in Japan but in other capitalist countries, too, as a victory over Russia, over the great Russian people.

This victory turned the head not only of the young officer Yamada, not only of the Japanese Army and Navy, but of young predatory Japanese imperialism as a whole.

Comrades Judges, to the amazement of the peace-loving peoples of all the countries of the world, in the dock at the Tokyo trial there was not a single representative of the "zaibatsu"—the combines of Japanese monopoly capital. Nor was their head, Emperor Hirohito, there. The reason for this was the ties that bound, and bind, the American monopolists with their Japanese colleagues are too strong. That is precisely why the American prosecutor could not bring himself to speak before the International Tribunal of the role played by the industrial and financial magnates in planning and organizing the second world war.

Our Soviet justice is genuine justice, and in its name I ask the Military Tribunal, in passing sentence upon my client Yamada, to take into account his real, and not seeming, role in the crimes of the Japanese imperialists against the laws and customs of warfare.

It has been established in the case that Yamada was born, grew up, was formed, lived and worked in such a historical period, in such an environment and under such conditions that he became an embodiment of a form of military discipline which was nothing more nor less than mental automatism.

Hence Yamada is not only to be condemned but also to be pitied.

And, finally, Comrades Judges, in passing sentence I ask you to take into account also the fact that the accused Yamada found in himself the strength and the courage to confess his guilt during both the preliminary investigation and in court. He has come to realize the full depth of his fall. Without trying to clear or spare himself he described fully, in detail, sincerely, both his own criminal activity and the still more criminal activity of the other inspirers and organizers of the crimes established at the present trial.

And now the accused Yamada has bowed his guilty head before you and awaits your just sentence.

With this, Comrades Judges, permit me to conclude my explanations in defence of the accused Yamada.

President of the Court: Counsel Borovik, defending accused Kawashima Kiyoshi, will now speak.

Counsel Borovik delivers a speech, the text of which is appended to the record of the Court proceedings. Simultaneously, the speech is transmitted in Japanese.

SPEECH BY COUNSEL BOROVIK, N. K., IN DEFENCE OF ACCUSED KAWASHIMA KIYOSHI

Comrades Judges, Comrades Members of the Military Tribunal!

The feeling that we Soviet people experience in the days of this trial is comprehensible to each of us.

In these days the thoughts of each of us have involuntarily turned again and again with the profoundest gratitude and love to the man whose wisdom foresaw and warned the Soviet people many, many years ago of the deadly danger that hung over our Motherland in the Far East; to the man whose bright genius turned aside the raised hand of the enemy and saved us from frightful calamity and suffering.

Great is the gravity of the crimes committed by the accused sitting here in the dock.

But, Comrades Judges, in keeping with our fundamental law we Soviet lawyers have been called here to carry out the task with which we have been charged of helping you correctly to decide this case and to present to you all that mitigates the guilt of the accused.

To the extent of my abilities I shall endeavour to fulfil this task.

I am defending the accused Kawashima Kiyoshi, former Major General of the Medical Service of the Japanese Army, Doctor of Medical Sciences.

Before embarking on his defence I shall remind you that in this case, just as in every case where not one but several accused are in the dock, perhaps the most difficult problem is that of determining the role and degree of complicity of each of the accused individually, of determining the personal responsibility of each of the accused in the commitment of the crime.

That is why I venture to begin my speech for the defence with just this, with a definition of the role and place of my client in the present case.

As is known, Kawashima Kiyoshi is charged with having committed a number of crimes.

The formula of the indictment declares that Kawashima Kiyoshi, conjointly with a group of responsible officers of special bacteriological formations of the Japanese Army, the activity of which group was directed toward preparing and waging bacteriological warfare, took an active part in research on and production of bacteriological weapons for the mass extermination of people, that together with the accused Karasawa he likewise took an active part in waging bacteriological warfare against China, that together with a number of the other accused he personally participated in criminal, inhuman experiments on living people....

This is what Kawashima is charged with.

His guilt has been proven by the materials of the case: the testimony of the accused and of witnesses, and the findings of the medicolegal experts. Nor did Kawashima himself intend to keep anything back, to hide anything, and literally from the very first days of the preliminary investigation right up to the end of the Court investigations he has fully pleaded guilty.

Naturally, in such a situation there can be no room here for any debate with the representative of the State Prosecution on the question of proofs or facts. Everything Kawashima committed has been proven, and he has confessed it. However, Kawashima's role and degree of complicity in this case differ substantially from the role of a number of the other accused; especially do they differ from the role of those major war criminals who have managed to evade responsibility but whom the retributive hand of the peoples will reach sooner or later.

Comrades Judges! Despite the gravity of the crimes committed by Kawashima I nevertheless venture to hold that Kawashima is not a chief or main participant in these crimes.

Kawashima is today being tried for actions committed in the period of his work in Detachment 731. Let us recall in brief the prehistory of this question.

Let us call to mind the year 1936, the year when the Emperor of Japan issued a secret decree on the formation in the vicinity of Harbin of a bacteriological detachment later named the Manshu Detachment 731. Where do we find Kawashima at this time? At this time he occupied the modest post of assistant to the Chief of the medical administration of a Tokyo division.

The year 1936 passes. The years 1937, 1938, 1939, and 1940 pass. In this time Detachment 731 grows, its personnel is inflated, the scale of its work expands, aerodromes and proving grounds are laid out, a prison and cremation furnaces appear, an entire military cantonment is erected. And what has Kawashima been doing in this time?

A Lieutenant Colonel of the Medical Service, he is an instructor of hygiene in the preparatory department of a Tokyo military school. Later he moves to the city of Peking to take up a position there.

At this time Kawashima has no inkling that there exists at Pingfan Station such a death factory, already operating at full capacity, that at this time south of Shanghai, in the vicinity of Nimpo, bacteriological military operations are being conducted against the Chinese people with the products of this ghastly factory, that in line with a new imperial decree the further expansion of this factory's activity is continuing, and so on.

And now comes the year 1941, a year fateful for Kawashima, a year filled with major international events. The month of March. There is an order of the Japanese War Minister, and Kawashima for the first time learns of the existence of the Pingfan Detachment. Meanwhile, in the country completely in the grip of the Japanese military, in the country where the most extreme, the wildest forms of reaction and obscurantism are in full flower, frenzied preparations for war are going on.

The victorious communiques of the mad führer, who by this time has already seized a number of European countries and has marched through almost all of Western Europe, give the Japanese militarists no peace of mind. Japanese reaction is in a hurry; it is afraid of being late; it is afraid of letting the opportune moment slip by. The behaviour of the Japanese military at that period receives quite detailed treatment in the materials of the International Military Tribunal in Tokyo.

This wave of war hysteria and psychosis, this wave of the wild paroxysm of the Japanese military, engulfed Kawashima, as it did many others, and upon landing in Detachment 731 he gave little heed or thought to what he was doing or where he had landed.

Thus did Kawashima's fall begin.

In the two years that he worked in this detachment Kawashima committed a number of crimes, and this has been established. However, was his role one of an active organizer, was he one of the chief figures there?

At the preliminary investigation, and especially here, at the Court investigation, interesting details came to light concerning the manner in which this detachment was directed, and who was its actual director.

The name of Emperor Hirohito was pronounced here, who constantly looked out for his creation, and the War Minister and the General Staff of the Japanese Army, who displayed solicitude for the detachment, were spoken of. The detachment was directed by the Command of the Kwantung Army, and by many others.

You remember, Comrades Judges, Kawashima's testimony about how often his immediate Chief, Ishii Shiro, was called to Tokyo to report on the detachment's activity, how often this detachment underwent visits of inspection by all sorts of generals and responsible leaders of the Kwantung Army Command.

To whom only did Kawashima not have to render an account of his work! Even a certain Lieutenant Colonel Yamamoto, permanent representative of the Command of the Kwantung Army in the detachment, constantly interested himself in what Kawashima and other members of the detachment personnel were doing; he was, as Kawashima so aptly put it at the preliminary investigation, the "eyes and ears" of the Kwantung Army Headquarters in the detachment. If we add to this the fact that the immediate chief and director of the detachment was Ishii Shiro, the major specialist in the field of bacteriology and a well-known ideologist of bacteriological warfare, then it becomes clear that against this background Kawashima can hardly be considered a chief, leading figure.

In reality Kawashima was only one of the executors of the criminal bidding of others; true, a responsible executor, but just the same only an executor. It appears to me that this circumstance is an extentuating one, and I ask you, Comrades Judges, to take this into consideration in determining my client's degree of guilt and his role and position in this case.

Comrades Judges! I should consider my task incompletely fulfilled if I did not call your attention to another circumstance of no inconsiderable weight that mitigates the guilt of Kawashima Kiyoshi.

Kawashima, as is known, fully pleaded guilty of having committed crimes. Moreover, he has fully repented them, and in my opinion there are insufficient grounds for not believing him, for not believing in the sincerity of his behaviour.

How can Kawashima's behaviour be explained?

It seems to me that his origin undoubtedly exercised an influence on his behaviour. After all, Kawashima comes from a common Japanese family. He does not come from a family of samurais, nor is he the son of a big capitalist or landowner. His father was a common peasant. Kawashima Kiyoshi managed to obtain a higher medical education; he thought of devoting himself to science, and as early as in 1934 he defended his doctor's dissertation on the highly innocent theme of "pseudotubercular bacteria." And I think that if Kawashima had not fallen into the situation of which I have spoken, it is improbable that he would have found himself in the dock.

Kawashima committed a crime; he realized, came to understand, that the burden of these crimes weighed him down, that he had to choose another path, an honest path, and he found the strength and courage to take this path; and not only to confess his crime but to help the Court to the utmost to disclose the entire crime to the end.

You remember, Comrades Judges, what he said already at the preliminary investigation, when he was interrogated on October 30, 1949. At that time Kawashima said:

> "... I fully plead guilty ... at the present time I have fully realized the criminal nature of my activity in Detachment 731 directed toward research in weapons of bacteriological warfare, the waging of which has been condemned by mankind. ...
>
> "... I acknowledge that the methods we employed of experimenting on human beings and of their mass annihilation by the action of lethal bacteria were barbarous and a crime against humanity. ... I did not join Detachment 731 voluntarily but by order of the Japanese War Minister, which I could not but carry out. I realize that Detachment 731 was a criminal organization. And I, as a member of it, am ready to pay the penalty. ..."

Naturally, these words did not come easily to Kawashima.

He had a difficult time of it. He pondered over and lived through a great deal before he found in himself the staunchness and determination to pronounce them.

It seems to me that Kawashima's pronouncement of such words today testifies to a definite turn that has taken place in his psychology. What was it that influenced him? What factor influenced him? It seems to me that this factor was undoubtedly time. After all, Kawashima had been a prisoner of war for more than four years. It is a sufficiently long time in which to think things over, and to recast certain values. After all, Kawashima could not but have given thought say, to how it happened that the Soviet Union, which at one time had lost extensive territory, was able not only to hold out single-handed against an enemy armed to the teeth, but also to achieve the utter rout of the crack Hitlerite divisions. Kawashima could not but have pondered, also, on the reasons for the sorry fate of his own army. Nor could Kawashima not have been interested in the changes that occurred in his native land, in Japan, as a result of the war, and in many other things.

I think these thoughts, extremely beneficial thoughts, could not but have influenced his consciousness and psychology.

This is what seems to me to be the true roots of what caused Kawashima to reconsider his position to a certain degree. This is what brings one to the conclusion that we are dealing here with the repentance of Kawashima.

Comrades Members of the Military Tribunal!

I am concluding my speech. Kawashima has committed a grave crime. He is not having an easy time of it here now in the dock. But one thing is certain: Kawashima will leave here with a feeling of relief, with a feeling that here, in court, he behaved honestly.

I ask you, Comrades Judges, to mitigate his sentence.

President of the Court: Counsel Sannikov, defending accused Kajitsuka Ryuji, will now speak. The accused may listen to a translation of his speech into Japanese over the transmitter.

Counsel Sannikov delivers a speech, the text of which is appended to the record of the Court proceedings. Simultaneously, the speech is transmitted in Japanese.

SPEECH BY COUNSEL SANNIKOV, S. E., IN DEFENCE OF ACCUSED KAJITSUKA RYUJI

Comrades Judges, it is with feelings of deep emotion that I am proceeding to perform the duty that has been imposed upon me. I appreciate the complexity and difficulty of the defence in the present case in general, and of the defence of my client Kajitsuka Ryuji in particular.

The complexity and difficulty of the defence in the present case spring from the character of the deeds committed by the accused and from the gravity of the charges brought against them.

All of us in a greater or lesser degree have witnessed and have even participated in court trials of great public and political importance, but the present trial is an exceptional one in view of the specific character of the crimes. There have been no such trials in juridical practice before, and history knows none like it.

The principal accused in the present case, Yamada, Kajitsuka, Takahashi and Sato, who are now in the defendants' box, are charged with having, while occupying leading posts in the Japanese Army, headed special bacteriological units of the Japanese Army and directed their activities in the production of bacteriological weapons in preparation for the conduct of bacteriological warfare against the Soviet Union and other states.

As formulated in the indictment, the basis of the charge is—preparation to conduct bacteriological warfare; this charge is also brought against accused Kajitsuka, former Chief of the Medical Administration of the Kwantung Army Headquarters, Lieutenant General of the Medical Service, Doctor of Medical Sciences.

The science of bacteriology has existed for many years. The advanced scientists of the world, Pasteur, Koch, Mechnikov and others toiled for many years studying microbes; devoting their labours, their minds, their health and their lives to the welfare of mankind, they fought that scourge of mankind—epidemic diseases, fought to prolong human life.

But in this case we see that the military and medical experts of the Japanese Army now in the defendants' box utilized humane science for a different purpose—for the purpose of waging war against mankind; they adapted the science of bacteriology to the aims of an aggressive war against the Soviet Union and other states.

Every war imposes a heavy toll of human life and inflicts great suffering upon mankind. The accused manufactured what they called the most effective weapons of war, but what were actually the most horrible weapons against mankind.

My client Kajitsuka Ryuji too stands charged with this heinous crime.

During the preliminary and the Court investigation, accused Kajitsuka admitted in the main that the charge brought against him is correct.

From the fact that the accused has admitted the charge brought against him it would seem possible to draw the conclusion that I, Kajitsuka's counsel, had nothing to do, and that my speech is superfluous. Our laws, however, wisely lay it down that irrespective of the character of the crime and the weight of evidence, it is the duty of the defence to speak in defence of the accused and to sum up the evidence that serves to mitigate his guilt.

Since accused Kajitsuka has in the main pleaded guilty, there is no dispute between me and the State Prosecutor as regards facts. Nor is there any legal dispute concerning the qualification of the crime.

I will draw your attention, Comrades Judges, only to certain points which my client challenges.

When I say that accused Kajitsuka in the main has admitted the charge brought against him, I base this statement on the fact that during the preliminary investigation and during the Court session accused Kajitsuka admitted that from 1931 onwards he shared the views of the ideologist of bacteriological warfare, Ishii Shiro. In 1936, Kajitsuka supported the application of the Commander of the Kwantung Army to form the Ishii Detachment within the Kwantung Army. At the time this detachment was being formed, Kajitsuka took a direct part in staffing it with Medical Service officers. Furthermore, Kajitsuka knew that Detachment 731 was manufacturing bacteriological weapons for use against the Chinese Army and civilian population.

In general, accused Kajitsuka has admitted that he took a direct part in forming Detachment 731 and that he was aware of the practical activities it was engaged in.

At the same time, accused Kajitsuka asserts that Detachment 731 was under double subordination, as a consequence of which he was unaware of certain facts concerning the activities of this detachment.

That Detachment 731 was under double subordination follows from the evidence of witnesses and from other materials in the case. In the descriptive part of the indictment it says:

> "The bacteriological detachments and their branches were directly subordinated to the Commander-in-Chief of the Japanese Kwantung Army. . . . This is corroborated . . . by the order—captured by the Soviet forces—issued on December 2, 1940 by General Umezu Yoshijiro, formerly Commander-in-Chief of the Japanese Kwantung Army."

Further on in the indictment it says that

> "General Yamada, one of the accused in this case, who succeeded Umezu as Commander-in-Chief of the Japanese Kwantung Army, has also confirmed in his testimony that the bacteriological units were directly subordinated to him. . . ."

Thereby it is established that Detachment 731 was directly subordinated to the Commander-in-Chief. During the preliminary investigation the question arose, through which divisions and administrations did the Commander of the Kwantung Army exercise control over Detachment 731?

One would think that, considering the nature of its activities and the fact that it came within the Medical Administration of the Kwantung Army Headquarters, Detachment 731 should have been completely subordinate to this Medical Administration of the Headquarters that was headed by accused Kajitsuka. It has been proved, however, that Detachment 731 performed a number of strategical functions and, as accused Kajitsuka asserts, this part of its work was not directly subordinated to him.

Is accused Kajitsuka right in making these assertions? I would like to draw your attention to the evidence given by witnesses that directly relates to Detachment 731's activities and throws light on the question of the leadership of this detachment. These witnesses are Colonel Tamura Tadashi and Major General Matsumura.

Witness Tamura Tadashi deposed during the preliminary investigation:

> "Detachment 731, in conformity with regulations, was under double subordination: as an operations-combat unit, Detachment 731 was directed and controlled by the 1st (operations) Division of the Headquarters of the Kwantung Army, headed by Major General Matsumura. Simultaneously, Detachment 731 was subordinated to the Medical Administration of the Headquarters of the Kwantung Army, to Lieutenant General Kajitsuka."

More distinct evidence on this question was given by the witness Matsumura, who was interrogated during the preliminary investigation; he said:

> "Commander-in-Chief Umezu, and then, beginning with July 1944, Yamada, supervised the activity of Detachment 731 on strategical matters through the Operations Division . . . and on scientific and technical matters—through General Kajitsuka, the Chief of the Medical Administration of Headquarters."

Further, in answer to direct questions, witness Matsumura said that

> "The Operations Division of the Kwantung Army Headquarters supervised Detachment 731 on matters pertaining to the development and preparation of bacteriological weapons."

At a confrontation the same witness Matsumura confirmed that "questions concerning the tactical employment of bacteriological weapons were directed by the Operations Division of Headquarters."

From the evidence of these witnesses, Tamura and Matsumura, the conclusion can be drawn that Detachment 731 was under double subordination, and on questions concerning the devising, manufacture and tactical employment of bacteriological weapons was subordinated to the Operations Division of the Kwantung Army Headquarters, and on questions concerning scientific research work—to the Medical Administration of the headquarters of the same army headed by accused Kajitsuka.

Such a double subordination of Detachment 731 could create conditions under which information concerning the manufacture of bacteriological weapons, and all questions connected with these activities of the detachment, could all come within the competence of the Operations Division, and Kajitsuka, as Chief of the Medical Administration, might not have known anything about certain questions.

The arguments I have advanced do not relieve accused Kajitsuka from responsibility, but they can serve as a basis for raising the question of mitigating his guilt and his complicity.

I would also like to draw your attention to one other circumstance: it has been proved that Detachment 731 was organized in 1936 by command of the Emperor of Japan, Hirohito. The idea of bacteriological warfare, the initiative in organizing Detachment 731, came from General Ishii Shiro, the practical activities of the detachment were also directed by General Ishii. Direction and control of the detachment's activities in matters concerning the devising and manufacture of bacteriological weapons were exercised by Major General Matsumura and Chief of Staff of the Kwantung Army Lieutenant General Kasahara Yukio, which, in my opinion, cannot but mitigate the guilt of Kajitsuka.

As regards the personality of accused Kajitsuka, I must observe that in 1914 Kajitsuka graduated from the Medical Department of the Tokyo University and, having received his education at state expense, was obliged, on graduating, to serve in the Japanese Army. In March 1924 Kajitsuka received the degree of Doctor of Medical Sciences.

In conclusion, I ask you to take into consideration in relation to Kajitsuka the mitigating circumstances I have advanced; I ask you also to take into consideration his frank confession of guilt and determine his penalty accordingly.

President of the Court: Counsel Zveryev, defending accused Takahashi Takaatsu, will now speak.

Counsel Zveryev delivers a speech, the text of which is appended to the record of the Court proceedings. Simultaneously, the speech is transmitted in Japanese.

SPEECH BY COUNSEL ZVERYEV, A. V., IN DEFENCE OF ACCUSED TAKAHASHI

Comrades Judges,

It is my duty to defend the former Chief of the Veterinary Service of the former Kwantung Army, Lieutenant General Takahashi Takaatsu.

My client Takahashi is guilty of crimes against humanity, of deeds that in every civilized country are regarded as heinous crimes.

This case, Comrades Judges, is of enormous public importance, for it once again reminds mankind of the incalculable calamities fascism caused in its striving for world domination.

The laws and customs of war were alien to imperialist Japan. The top rank of the Japanese military clique resolved to convert all the achievements of science from a boon into a bane to mankind.

Comrades Judges, there is not a country in the world in which, with the object of ridding mankind of frightful epidemics and diseases, research is not being conducted to devise means and methods of combating the germs of these diseases.

How many great scientists have devoted their lives to this noble object, how many have laboured and have sacrificed their lives in the struggle against epidemics? The whole of mankind loves and honours the names of Sechenov, Pirogov, Vinogradsky, Mechnikov, Pasteur and other coryphae of science! But in imperialist Japan, certain scientists, utilizing the achievements of world science, directed their knowledge towards the study and solution of problems of a different kind, towards seeking methods of artificially spreading as widely as possible epidemics of plague, cholera, glanders, anthrax, typhoid, and other diseases.

In Japan was found the ideologist of bacteriological warfare, the scientist General Ishii; and this scientist took the lead in advocating the employment of bacteriological weapons in the war of aggrandizement that was being prepared against peaceful nations.

But Ishii was not the only one. The top rank of the Japanese military clique, imbued with strivings towards aggrandizement, banked on a new type of weapon—lethal bacteria.

The Emperor of Japan, Hirohito, head of the army and navy, having convinced himself of the power of Soviet arms (and for Japan, the Soviet Union was target No. 1), and having repeatedly suffered cruel defeat at the hands of the troops of the Soviet Union, who staunchly protect the peaceful labours of their people, issued, with the object of carrying out aggressive plans, a secret order—to manufacture bacteriological weapons and to equip his troops with this type of weapon for the purpose of employing it in war against the Soviet Union, China, the Mongolian People's Republic and also the United States and Great Britain.

In the execution of this imperial decree two new military units came into being—detachments 731 and 100, units of the Kwantung Army.

These detachments, particularly Detachment 731, gradually expanded their activities, organized branches and finally created their nuclei in the shape of sub-units of army units.

The 2nd Intelligence Division of the Kwantung Army Headquarters, which directed sabotage activities, did not keep aloof from this business. It began to utilize the achievements and the personnel of these detachments for the commission of acts of sabotage.

In the Kwantung Army, great importance was attached to detachments 731 and 100 as special combat units of the army. Because of this, both detachments were subordinated directly to the Commander-in-Chief of the Kwantung Army, General Yamada. The Minister for War of Japan kept himself constantly informed about the activities of the two detachments and was informed about their being ready for action.

Thus, the idea of waging bacteriological warfare arose in the top ranks of the ruling clique in Japan, was fostered by them, and by command of the Emperor of Japan found practical application in the Kwantung Army, the chief striking force of Japanese imperialism.

Tracing the whole history of the development of the preparations made in Japan to conduct bacteriological warfare, it must be affirmed, Comrades Judges, that the chief ideologists and organizers of bacteriological warfare who should be not less but more answerable than the accused in the present trial, remain beyond the frontiers of the Soviet Union; we do not see them in the defendants' box.

Comrades Judges, today you are trying those who served as the vehicles and executors of the criminal designs of Japanese imperialism; you will determine the role played by each of them in this, and determine the penalty of each of them in accordance with the degree of his guilt.

I, Takahashi's counsel for defence, do not dispute the facts, nor have I grounds for disputing the proofs that have been collected and submitted to you by the prosecuting authorities.

My client Takahashi is undoubtedly guilty of the charges brought against him.

Takahashi himself has not denied and does not deny his guilt.

Takahashi pleads guilty to having taken part in preparing the Kwantung Army for conducting bacteriological warfare and for committing sabotage against the Soviet Union, China and the Mongolian People's Republic.

Takahashi pleads guilty to having directed the activities of Detachment 100, one of the units that were subordinated to him as Chief of the Veterinary Administration.

Takahashi has pleaded guilty to having facilitated the expansion of Detachment 100's activities both in choosing the most effective bacteria and in increasing the detachment's output capacity.

Takahashi pleaded guilty to having organized reconnoitring expeditions of a sabotage character.

But Takahashi has denied and now denies that he knew of the cases of experiments on human beings performed by Detachment 100. While denying this, Takahashi does not deny the responsibility he bears for these crimes committed by Detachment 100.

On this point Takahashi says:

> "I learned about the experiments on human beings from the evidence of witnesses. I did not know that experiments were being made on living people, but I do not deny responsibility, as Detachment 100 was subordinated to me."

Takahashi does not deny that Detachment 100 performed experiments on living people, nor does he challenge the testimony of accused Mitomo and of witnesses Fukuzumi and Hataki, but he himself is not guilty of this.

I repeat, Takahashi asserts that he had at that time no knowledge of this experimental work conducted by Detachment 100. I dwell on this circumstance because I think it is of material importance in determining the role Takahashi played in this matter, for Art. 18 of the Criminal Code of the R.S.F.S.R. imposes on you, Comrades Judges, the obligation to determine the role played, and hence, the degree of public danger represented by each of the accused and, of course, to take this into consideration in determining the penalty for each of them.

Comrades Judges, you are trying Takahashi, he is over 60, and his career is not a matter of indifference to you.

How did he come to this state, how and why did Takahashi pursue a path that led him into the defendants' box on the charge of such heinous crimes?

Takahashi was a man of talent, a wide road of honest labour was open before him, he could have devoted himself to the noble aim of ridding his country of various kinds of animal diseases, but he did not take this good road.

Why did this happen?

Takahashi studied at the Tokyo University, in the Veterinary Department of the Medical School. When a student he succeeded in obtaining a stipend from the Ministry for War, but this carried the obligation to enter the Japanese Army on graduating from the university.

After receiving a higher education Takahashi became a soldier, and the army command singled him out from among their charges as a capable and promising veterinary surgeon.

A new road opened for Takahashi—the road of a military career, and he received rapid promotion. In 1942 we already see him in the rank of Major General, and later in the rank of Lieutenant General of the Veterinary Service. In that same year Takahashi was appointed Chief of the Veterinary Administration of the Kwantung Army, the crack army of the Japanese armed forces.

Trained in the spirit of blind obedience to orders, guided by the only law of the Japanese Army—Army Regulations,

Takahashi ceased to distinguish between good and bad, between the permissible and impermissible, he forgot the laws of human ethics.

Takahashi began to carry out criminal orders, he forgot his duty as a veterinary surgeon. Orders drowned the voice of reason, the voice of his conscience.

Recall, Comrades Judges, the evidence Takahashi gave during his interrogation by the investigator on November 23, 1949. Takahashi said then:

> "In general, the idea had long existed among bacteriologists in the Japanese Army of forming epizootic detachments for the purpose of preparing to conduct bacteriological warfare; I was opposed to this method because I regarded it as inhuman."

Here, during the Court session, Takahashi was obliged to admit that not only did he fail to give utterance to his opinion anywhere, fail to give it outward expression, but, on the contrary, concealed it and, on receiving the criminal order from his superiors, he did what at one time his conscience had revolted against.

Only now did Takahashi inform us of what he had thought many years ago. He talked about it only now, when he saw the fruit of his labours, after he became convinced of the monstrous crimes his superiors had contemplated.

Takahashi's story of how he concealed his opposition to bacteriological warfare is to a certain degree characteristic and throws light on the environment in which he found himself: his common sense and his conscience were overwhelmed by the general current of the predatory policy pursued by the Japanese ruling clique.

Comrades Judges, Takahashi's criminal activities were connected only with Detachment 100; and he came in contact with the work of Detachment 100 only in 1941, when in that detachment, and in the Kwantung Army as a whole, preparations for conducting bacteriological warfare were already in full swing. That was the time when he became an accomplice in the crimes he spoke about in detail in his confessions.

On these grounds, Comrades Judges, I deem it possible to draw the conclusion that although Takahashi is guilty of crimes, he, nevertheless, cannot be classed among the instigators and initiators of the preparations to conduct bacteriological warfare.

Comrades Judges, you have heard the words of repentance Takahashi uttered before you; he unreservedly condemned himself, he made no attempt to shirk responsibility.

In answer to the question I put to him as to how he appraised his activities in the preparations to conduct bacteriological warfare, he said:

> "I think it was very inhuman and I repent of having had anything to do with it. I repent particularly of the fact that, under my direction, young Japanese committed such atrocities."

Takahashi has realized the whole weight of the crimes he committed, and his confession, his testimony, which exposed the leaders of Japanese imperialism, sufficiently confirms this.

I ask you to determine Takahashi's penalty only to the degree commensurate with his deeds.

I ask you, Comrades Judges, to determine such a penalty for Takahashi as will give him hope of being able to devote the remaining years of his life to the service of mankind and thereby expiate his guilt not only towards us, but also towards his own people, towards the whole world.

Permit me with this to conclude my speech in defence of Takahashi in which I have tried as far as was in my power to express all that may mitigate the lot of my client.

President of the Court: Counsel Bogachov, defending accused Sato Shunji, will now speak.

Counsel Bogachov delivers a speech, the text of which is appended to the record of the Court proceedings. Simultaneously, the speech is transmitted in Japanese.

SPEECH BY COUNSEL BOGACHOV, P. Y., IN DEFENCE OF ACCUSED SATO

Comrades Judges,

The evil deeds which have been the objects of your investigation have something in common with the atrocities committed by the German fascists in the territory of the Soviet Union and of other European countries they temporarily occupied. They have the same ideological basis.

The crimes investigated were the direct result of the alliance between imperialist Japan and fascist Germany, the result of the fact that the ruling clique of Japan was carried away by the fascist ideas of world domination, of the racial superiority of the Japanese nation over the other nations of the world and, in particular, of conquering the Far Eastern territories of the Soviet Union.

The Japanese newspaper *Nippon Times* frankly wrote in December 1944 that "the chief aims that compelled Japan and Germany to take to arms were the same."

To achieve these aims, the ruling clique of Japan stuck at nothing. It acted on the principle: "the aim justifies the means."

We, the Soviet people of the Stalin epoch, the vehicles of the great ideas of humanism, brought up to respect human personality, find it hard to conceive of the employment of bacteria for the wholesale extermination of human beings. We, the fellow countrymen of Pushkin, Tolstoy and Maxim Gorky, are accustomed to regard man as the king of nature, to our ears there is a proud ring in the word "man."

We wish to see men generous, self-sacrificing and imbued with a love for their country, but with a noble love that prompts them to give the last drop of their blood for the benefit of mankind, for its glorious and happy future.

We wish to see men resembling the youth Danko who tore his burning heart out of his breast and held it high above his head to light up the path of those who had lost their way in the darkness.

Our history contains the names of no few men of whom we are proud. The Patriotic War of 1941-45 in particular revealed an exceptionally large number of heroes who, like Danko, gave their hearts to save others, heroes who ardently loved their country, their people, their families, who went out to fight to liberate their native land from the fascist yoke. Not only are their names inscribed in the pages of our glorious history; we sacredly preserve them in our memories as symbols of patriotism, fearlessness and courage, as examples to be followed.

But at this trial we, once again, encountered a different conception of the value of man, of man in the imperialist world.

That is why, before speaking in defence of Sato, I would like to dwell on the causes that made the perpetration of crimes of this kind possible.

In the capitalist world they worship the golden idol, that yellow devil that has cast an evil spell over man.

"The vile wizardry," said Maxim Gorky, "lulls their souls, makes them flexible tools in the hands of the Yellow Devil, the metal out of which He smelts unceasingly the Gold that is His flesh and blood."

For the sake of gold, people in the capitalist world are ready to commit any crime. There, a man's life is appraised according to the profit that can be made out of it. There, man is a commodity.

There, they have no conception of love of one's country; there, the concept "business" reigns supreme.

An influential Wall Street financier, Jules Boche, said in justification of his actions: "Abolish the profit motive and you abolish all progress."

I have touched upon this matter of profit not because I want to distract your minds from the case we are examining, from Sato, whom I am defending, but because this subject is of material importance for the case in hand, for the defence of Sato.

Sato stands indicted, on a par with Yamada, as a leader, as a man who directed the activities of the special bacteriological units, and took part in carrying out the criminal plans of the ruling clique of imperialist Japan to launch a war of aggression and in manufacturing bacteriological weapons for the purpose of exterminating the civilian population.

The charge is a grave one and, in the main, substantiated, but I cannot agree to Sato being raised to the level of the top-rank leadership of the Kwantung Army. First he was Chief of a detachment and later Chief of the Medical Service of the 5th Army. That is far from the top. He was only a soldier, although of General's rank. He merely obeyed the will of those who were systematically imbuing the minds of the Japanese with the brutal ideology of race hatred, of those who in 1945, in their impotent rage, gave the order to prepare to conduct bacteriological warfare, thereby proving once again that they had not the interests of the Japanese people at heart in dooming the country to incalculable sacrifice.

The organizers of these crimes were the monopolist associations of Japan, the "zaibatsu": Mitsui, Mitsubishi, Sumitomo and Yasuda.

They were the heralds and ideologists of Japanese imperialism like General Araka, who preached the idea that Japan was a militarist nation, who, like Goering, roused bloodthirsty instincts in his subordinates, urged them to "kill ruthlessly," to "demonstrate the spirit of Japan, of Asia hostile to Europe and America."

This preaching of murder did not remain without response, nor could it have been otherwise, for the machinery of state was put in motion to carry out this idea; to achieve this object the ruling clique of Japan for decades trained the Japanese in the required spirit, poisoned the minds of millions of people and played up Shintoism—that special system of patriotism reduced to religion.

Sato is only a human being. He, a Doctor of Medical Sciences, a lecturer at the Military Medical Academy, a specialist in pathology, was appointed Chief of a bacteriological detachment. His consent was not asked for. He was a soldier. He received orders, and he obeyed.

It is hard to say who initiated this monstrous mode of warfare. As far back as 1925, the subject of bacteriological warfare was the subject of discussion at the Disarmament Conference of the League of Nations. There, note was taken of the extreme difficulty of combating the manufacture of bacteriological weapons, as was stated in the findings of the experts,

"it would be wrong to hinder the development of bacteriology by putting a restriction on experiments that bring virulent cultures into action, for these researches lead primarily to humane ends . . . having in mind the struggle against some kind of presumed danger. . . . Every state must be conscious of the moral responsibility that springs from the conduct of bacteriological research on its territory."

As is evident, prompted by these considerations, the Japanese imperialists transferred bacteriological research to the territory of Manchuria. On the pretext of developing bacteriology in general, they developed the military side of it, they utilized this humane science for their base aims.

Colonel Vauthier, in his "works" on this subject, once reported the possibility of dropping bombs containing the germs of cholera, plague and small pox. We do not know what pinnacles of success were reached by Vauthier's cannibal "works," but the Japanese rulers, in the person of General Ishii, began to put them into practice.

Sato has pleaded guilty to having directed the bacteriological detachments Nami and Ei, to having directed their activities in preparing to conduct bacteriolcgical warfare against the U.S.S.R. and other countries. He performed this function as his military duty.

It is hard to say now whether Sato fought a battle with his conscience when he received the assignment to manufacture bacteriological weapons, it is hard to say what his attitude was towards this assignment, which was not only far outside the boundaries of the ordinary duties of an army surgeon, but actually conflicted with these duties.

It is difficult now to judge of Sato's activities in these parts as described in the indictment and to which the State Prosecutor pointed. Certain thoughts arise in my mind on this question, which I deem it necessary to inform you of, Comrades Judges.

In your consulting chamber, when you will be deciding Sato's fate, you will take them into consideration.

Sato is a pathologist; he was a lecturer on this subject at the Military Medical Academy; this was the subject of his dissertation when he took his Doctor's degree. Naturally, his lack of special knowledge on bacteriology, if it did not hinder, at all events diminished his activity in directing the bacteriological detachments.

Secondly, from 1941 to 1945, that is, to the day he was taken prisoner by the Soviet troops, Sato did not receive a single reward. This is a minor detail, but it to a certain degree indicates a lack of zeal on Sato's part in carrying out the assignment given him.

We know that as a rule important services are suitably rewarded, especially military services, and exceptionally secret services at that.

Since there have not been any rewards it shows that there had not been any exceptional service.

From the materials in the case it is evident that Sato was appointed Chief of the Nami Detachment in 1941, that is, several years after the work of this detachment had been organized and arranged.

I do not say that this circumstance fully absolves Sato, but it does diminish his role and responsibility.

In this connection, I take the liberty of reminding you that in the list of accused, Sato occupies eighth place, coming after Nishi, Karasawa and Onoue, who are several degrees lower in rank than he is.

This is by no means an accident. Against the background of bacteriological sabotage and experiments on human beings, against the background of the 3,000 people who were tortured to death in the inner prison in Detachment 731, Sato's role is less conspicuous. I have grounds for asserting that his hands are not stained with the blood of those unfortunate people who, falling into the "special consignments," were subjected to violence and tortured as "experimental material." The indictment does not charge Sato with these atrocities, and I agree with this.

After his appointment to the post of Chief of the Medical Service of the 5th Army in February 1944, Sato, for a time, ceased to direct the bacteriological detachments and activities connected with the manufacture of bacteriological weapons in general.

It was not until May 1945 that Onoue crossed his path with the request to catch rodents and send them to the Hailin Branch 643.

In obedience to this request, Sato issued corresponding orders to the units of the 5th Army, and in this way rendered some assistance in the manufacture of bacteriological weapons.

During the Court investigation the depositions were read of the Chief of the Operations Division of the Kwantung Army Headquarters, Matsumura, from which it was evident that nearly all the land units of the Kwantung Army engaged in the catching of rodents. Consequently, the assistance Sato rendered in this case was not active. He did not take the initiative, he did not lead. He did what everybody else around him was doing.

In the light of these facts, I ask you, Comrades Judges, to discuss whether it is right to class Sato among the group of leading criminals who actively participated in the carrying out of the criminal plans of the ruling clique of imperialist Japan.

Can Sato be placed on a par with, for example, the Commander-in-Chief of the Kwantung Army General Yamada, to say that they played an equal role, and to mete out the same penalty to them?

I ask you, Comrades Judges, realistically to weigh up all that Sato is guilty of and his far from fundamental role in the preparations to conduct bacteriological warfare.

I rely, Comrades Judges, on your humane sentence.

President of the Court: Counsel Bolkhovitinov, defending accused Nishi and Hirazakura, will now speak.

Counsel Bolkhovitinov delivers a speech, the text of which is appended to the record of the Court proceedings. Simultaneously, the speech is transmitted in Japanese.

SPEECH BY COUNSEL BOLKHOVITINOV, D. E., IN DEFENCE OF ACCUSED NISHI TOSHIHIDE AND HIRAZAKURA ZENSAKU

Comrades Members of the Military Tribunal,

During the many centuries of its existence, mankind has been repeatedly subjected to the upheavals of war.

The history of war, however, has no record of such a frightfully destructive weapon as bacteriological warfare.

As has been established during the present trial, in secret laboratories set up by decree of the Emperor of Japan, Hirohito, the Japanese ruling clique accumulated frightful means for the mass extermination of human beings, namely, the deadly germs of plague, cholera, typhoid, anthrax and other infectious diseases.

The death factories situated in Manchuria, close to our frontiers, in obedience to the will of the emperor, day after day increased their output capacity in the manufacture of lethal bacteria.

Over our Motherland, over the troops and civilian populations of the Allied Powers, hovered the danger of bacteriological warfare.

There can be no doubt that the Japanese imperialists would have carried out this wicked design.

But, by its swift offensive and utter defeat of the Kwantung Army, our glorious Soviet Army, led by the military genius of Comrade Stalin, prevented the execution of this villainous plan.

Comrades Judges, this trial is drawing to a close, and soon you will retire to your consulting chamber where you will decide the fate of these people.

Our Soviet Court is the most just and humane Court in the world, and in determining a penalty, is always guided by the degree of the accused's individual guilt proved during the Court session.

There is no doubt that your decision in relation to each of the accused will also be strictly individual, and will take into account the decree of guilt of and the public danger represented by each one separately.

On this point, as a representative of the defence, individualizing the degree of guilt and complicity in the crimes committed by my clients Nishi Toshihide and Hirazakura Zensaku, I will briefly expound my views.

It seems to me that, analyzing the guilt of each one of them, it will be right to say that neither former Lieutenant Colonel of the Japanese Army Nishi Toshihide, nor former Lieutenant Hirazakura Zensaku, can be classed in the group of organizers and instigators of the crimes. On the contrary, it has been proved that their role was a secondary one. They belong to the group which obeyed the orders of their superiors; criminal orders it is true, but this is, undoubtedly, a circumstance that mitigates their guilt. Both my clients have fully admitted their guilt. I have every ground for asserting that both are conscious of the heinousness of the crimes that were committed by detachments 731 and 100.

Nishi Toshihide, former Lieutenant Colonel of the Medical Service of the Japanese Kwantung Army, has admitted his guilt fully, without any deviation from the charge formulated in the indictment.

During the preliminary investigation Nishi said:

> ". . . I am aware that the war that was being prepared for would have caused great sacrifice of life among the civilian population, that these weapons of bacteriological warfare and the testing of bacteriological weapons on living people by forcible infection were criminal and inhuman. . . ."

During the Court session, in answer to the question I put to him as to whether he realized the utter criminality of the ultimate objectives of the work conducted by the detachment, Nishi said: "Yes." He also said that he repents of what had been done.

This repentance cannot be accidental, and it seems to me that it is quite sincere.

To be convinced of this it is necessary to recall where and under what conditions Nishi had lived and had been brought up before he was taken prisoner. From his earliest youth he had dinned into his mind the idea of the divine origin of the emperor and of implicit obedience to all his commands, the idea of Japan's special mission.

Day after day he breathed the fumes of chauvinism, of contempt for other nations, including the peoples of the Soviet Union.

His superiors gave him orders in the name of the emperor, and Nishi blindly obeyed these criminal orders.

All this happened before he was taken prisoner.

As a prisoner of war, Nishi came in contact with everyday postwar reality which could not but have an effect upon him, could not but affect his mentality, cause profound changes in outlook and compel him to revalue the values that had formerly seemed to him to be immutable.

It seems to me that in the light of this it is possible to believe that Nishi's repentance is sincere.

As a subject of the crimes, Nishi cannot be classed in the category of initiators and organizers of the crimes.

We have established with sufficient clarity that the initiator in the organization of Detachment 731 and its branches was none other than the Emperor of Japan Hirohito. The direct organizers of Detachment 731 were the Ministry for War, the Japanese General Staff, and the Command of the Kwantung Army.

Detachment 731 was headed by the Japanese ideologist of bacteriological warfare General Ishii Shiro, and can my client, a humble Lieutenant Colonel of the Medical Service, be put on a par with the sinister and criminal experimenter on human beings, General Ishii?

Consequently, Nishi can be classed only in the group of executors of the criminal orders of the Japanese High Command, in particular, the former Commander-in-Chief of the Japanese Kwantung Army.

Passing to my second client, former Lieutenant of the Veterinary Service of the Japanese Kwantung Army, Hirazakura Zensaku, I must observe that he too has fully admitted his guilt, and during the preliminary and the Court investigations gave frank and detailed testimony, regretted what had been done and repented of the crime that was committed.

Hirazakura was born, grew up, was educated and worked under conditions like those of Nishi Toshihide, in imperialist Japan, and only in the Soviet Union as a prisoner of war did he realize the criminality of the work he had done in Detachment 100.

According to the role he played in the group of accused, he, as a subject of the crimes, must also be classed in the group of executors of orders.

Such are my brief views on the circumstances that mitigate the guilt of accused Nishi and Hirazakura.

It seems to me that the arguments I have adduced in no way contradict the facts, and this gives me ground for appealing to you, Comrades Judges, for clemency.

President of the Court: Counsel Prokopenko will now speak in defence of accused Mitomo Kazuo, Kikuchi Norimitsu and Kurushima Yuji.

Counsel Prokopenko delivers a speech, the text of which is appended to the record of the Court proceedings. Simultaneously, the speech is transmitted in Japanese.

SPEECH BY COUNSEL PROKOPENKO, G. K., IN DEFENCE OF ACCUSED MITOMO, KIKUCHI AND KURUSHIMA

Comrades Judges,

The whole world knows that for many years, the imperialist clique in power in Japan, pursuing a perfidious, aggressive policy, harboured plans of aggrandizement in the Pacific and Eastern Asia.

This clique clung to its intentions until its utter collapse. It made preparations to commit a most heinous crime against mankind—to conduct bacteriological warfare, and adopted as its weapons for this billions of germs of the most frightful diseases—plague, cholera, gas gangrene, typhoid, anthrax, and others.

In the personnel of this new army, unknown in human history, were included insects—fleas armed with deadly plague germs.

Such are the facts that have been established by the Military Tribunal.

By virtue of the great Constitution of our State and of my professional duty, it is my task to defend the following accused in the criminal proceedings taken against them: 1) Mitomo Kazuo, 2) Kikuchi Norimitsu, 3) Kurushima Yuji.

They are indicted on the general charge of having been members of special bacteriological units of the Japanese Army formed for the purpose of preparing and conducting bacteriological warfare, and, as such, taking part in the criminal activities of these units in manufacturing bacteriological weapons for the mass extermination of human beings.

Mitomo, in addition, is charged with complicity in the murder of people by performing inhuman experiments on them, and with having participated in bacteriological sabotage against the U.S.S.R.

Permit me, Comrades Judges, to begin with the defence of accused Kikuchi.

Kikuchi Norimitsu is charged with having, as a probationer medical orderly, cultivated the germs of typhoid, paratyphoid, tuberculosis and dysentery, tested culture medium and perfected methods of preparing them for the purpose of breeding germs on a mass scale for bacteriological warfare.

Kikuchi Norimitsu is a Japanese subject. Under the law of compulsory military service he was drafted into the ranks of the Japanese Army. I must say that service in the Japanese Army did not depend upon Kikuchi's wishes, he was obliged to serve, but he, of course, should not have carried out the obviously criminal orders of his superiors to perfect the methods of breeding lethal bacteria. In this case he was an accomplice of his superiors.

Thus, the defence, and Kikuchi Norimitsu himself, admit guilt and regard the definition of the crime according to Art. 1 of the Decree of the Presidium of the Supreme Soviet of the U.S.S.R. of April 19, 1943, as correct.

As regards the penalty, I ask the Military Tribunal, when discussing this question, to take into consideration that Kikuchi was born and brought up in capitalist society.

He lived according to the jungle laws of capitalist society. This ideology was fostered in his mind by the Command of the Kwantung Army.

I ask that you also take into consideration the minor degree of his guilt compared with that of the generals sitting at Kikuchi's side (incidentally, this is the first time in his life that he has had the opportunity of sitting next to top-rank generals).

I also ask you to take into consideration the mitigating circumstances, for which provision is made by our law, particularly his frank confession of guilt, his repentance of the crime he committed, and to sentence him to a minor penalty in conformity with the deed.

The defence has no doubt that the Military Tribunal's sentence on Kikuchi Norimitsu will be a just one.

As regards accused Mitomo Kazuo, who too has fully admitted guilt, he is charged with a graver crime. In addition to manufacturing lethal bacteria, Mitomo performed experiments not only on animals, but also on human beings.

In obedience to the orders of his masters, he killed people, and then dissected them to see what changes had taken place as a result of poisoning. At that time he did not think this was a crime. Such was the ideology of the soldier Mitomo, inculcated in him by the bellicose clique in Japan.

This was in the past, but today, ex-soldier Mitomo is a different man. He now speaks a different language. I take the liberty of asking you, Comrades President and Members of the Military Tribunal, to verify the sincerity of the repentance Mitomo expressed at the preliminary and particularly at this Court investigation.

Mitomo condemns his past criminal activities, admits that he committed heinous deeds.

I ask you to sentence him to a penalty that takes into account all the specific features of the environment which made Mitomo such as he was up to August 1945.

I ask you to pass a lighter sentence upon him because he was not an exceptionally important detail in the deadly infernal machine set up by the Emperor of Japan, Hirohito.

Lastly, I must define the degree of guilt and responsibility of accused Kurushima Yuji. He has pleaded guilty to having:

1. served in the Japanese Army, in Branch 162 of Detachment 731;

2. in October 1944, taken part in the testing of bacteria shells in the region of Pingfan Station;

3. from November 1944 to the day of Japan's surrender, performed the duties of laboratory assistant, cultivated the germs of cholera, typhoid, tuberculosis and other diseases, collected rodents and bred fleas.

The Court investigation has established that the only part Kurushima took in the experimental manoeuvres that were carried out in the region of Pingfan Station to test bacteria shells was that he, as a soldier in the Japanese Army, was on guard duty on the proving ground while the shells were being tested. Secondly, he counted the fleas in the boxes that were placed around especially for the purpose of determining the degree of dispersion of the fleas that had been dropped from aircraft. Lastly, he caught field rats and mice.

Kurushima Yuji was drafted into the Japanese Army in January 1944. Convinced that he was a member of the "divine" race, he did everything he was ordered to do.

Kurushima was a soldier, and nothing more.

I have no doubt that the Kurushima of 1944 no longer

exists. Before you is a different Kurushima, Kurushima who sincerely condemns his past.

Let the instigators and organizers of the preparations to conduct bacteriological warfare answer for this crime.

Therefore, Comrades Judges, I plead for the utmost clemency in the case of Kurushima.

President of the Court: Counsel Lukiantsev, defending accused Karasawa Tomio and Onoue Masao, will now speak.

Counsel Lukiantsev delivers a speech, the text of which is appended to the record of the Court proceedings. Simultaneously, the speech is transmitted in Japanese.

SPEECH BY COUNSEL LUKIANTSEV, V. P., IN DEFENCE OF ACCUSED KARASAWA AND ONOUE

Comrades President and Members of the Military Tribunal,

This trial of the Japanese war criminals has riveted the attention and roused the interest of the entire public of our great Motherland.

It has been established in Court that the ruling clique in Japan made preparations to conduct not an ordinary war, but one that would have had frightful consequences, a war unprecedented in the entire history of mankind, the weapons of which, invisible to the naked eye, were deadly germs of plague, cholera, anthrax, glanders, typhoid and other diseases.

The analysis of the materials in the Court investigation shows that the charge against the accused of having prepared to conduct bacteriological warfare against the Soviet Union and other countries has been proved.

The charges against the accused have been proved in the course of the Court investigation and I have no grounds for disputing these charges.

Proceeding to perform my professional duty as counsel for defence in the present trial, I would have liked to speak briefly about the nature of imperialist Japan as a state, about the ideology of the ruling clique in Japan, about the specific features of the discipline that reigned in the Japanese Army, because these matters have direct relation to my clients Karasawa and Onoue. My fellow counsel for defence Belov, however, who has spoken before me, dealt in detail in his speech with the principles and methods of organization of the Japanese imperialist state apparatus and of the Japanese military machine. He spoke of the way the Japanese people were oppressed and stupefied by religious and feudal prejudices, of the way their minds were poisoned with bellicose nationalism and brutal chauvinism, of the way the entire system of training and instruction converted the Japanese soldiers into mechanical executors of the will of the ruling clique in imperialist Japan which was possessed with the insane idea of world domination.

To avoid repetition, I will not dwell on these matters which are of major importance for all the accused in the present case, including my clients.

Permit me, Comrades Judges, to pass to the concrete explanations directly concerning my clients.

In defence of accused Karasawa Tomio and Onoue Masao, I have, with your permission, the following views and arguments to advance.

You are familiar with the substance of the charge against accused Karasawa and I deem it inexpedient to detain your attention on the details of it.

Karasawa's guilt in taking a direct part in the preparations to conduct bacteriological warfare against the U.S.S.R. and other countries leaves no room for doubt. The lethal bacteria that were cultivated in mass quantities under Karasawa's direction were in 1940 and in 1942 scattered in the fields of Central China by the expeditionary detachments led by the ideologist of bacteriological warfare General Ishii.

It has been proved that Karasawa cultivated lethal microbes for war purposes, that he committed crimes against humanity.

Nevertheless, you, Comrades Judges, must not ignore the fact that in this case Karasawa is not the principal and chief criminal. Being only a major in rank and subordinate to others, Karasawa obeyed the orders of former Chief of the division General Kawashima, of former Chief of the detachment General Ishii, of former Commander-in-Chief of the Kwantung Army General Umezu, and lastly, he obeyed the will of the Emperor of Japan, Hirohito, all of whom, it seems to me, ought to be chiefly answerable for the manufacture and employment of bacteriological weapons.

Karasawa was an officer in the Japanese Army; to him military service was primarily implicit obedience to military regulations and military orders. Consequently, accused Karasawa's role in the present case is that of executor, but not of leader and organizer of the crime.

In view of the fact that Karasawa was a subordinate in the service, that he was under the will and orders of his superiors which, having been brought up in the spirit of blind obedience, he, of course, could not disobey, the defence hopes that you, Comrades Judges, in determining the penalty to be meted out to Karasawa, will take these circumstances into consideration and appraise them as such that considerably mitigate the guilt of my client.

While not trying to dispute the charge against Karasawa, I cannot help drawing your attention to one other argument, fundamental in my opinion, of the defence, namely, my client Karasawa's confession of guilt.

During the preliminary investigation, Karasawa frankly confessed his guilt, told about the crimes committed by the others and thereby helped to expose the evil deeds committed by the ruling clique in Japan. Karasawa said:

> "I realize that Detachment 731 was a criminal organization which manufactured means for exterminating human beings by barbarous methods, prohibited by international rules."

And further:

> "Serving in the detachment, I was a participant in these criminal activities and committed a crime against humanity, for which I must pay the penalty. Realizing this, I have tried from the very beginning of the investigation earnestly and objectively to reveal the detachment's criminal activities and the part I myself played in them."

My client Karasawa did indeed consistently and honestly expose his own crimes and those of his accomplices.

It seems to me that in passing sentence on Karasawa, the Tribunal must also take this mitigating circumstance into consideration.

I pass to the defence of Onoue.

As is evident from the materials in the case, Onoue Masao devoted his service as Chief of Branch 643 of Bacteriological Detachment 731 mainly to the organization of the catching and breeding of rodents—rats and mice—and the breeding of fleas as a type of bacteriological weapon. During the investigation Onoue testified:

> "I knew that Detachment 731 engaged in research and in the manufacture of large quantities of bacteriological weapons intended for use in bacteriological warfare against the Soviet Union. Branch 643, of which I was in charge, bred rodents and fleas which were sent

to Detachment 731, where they were used for the manu facture of bacteriological weapons."

As is evident from Onoue's own testimony, his branch caught and bred over 7,000 rats and bred fleas, which were subsequently sent to Detachment 731. Branch 643 received equipment for cultivating bacteria, and 75 tons of materials for preparing the culture medium necessary for the production of lethal bacteria.

This obliges me, counsel for defence, to agree with the charge brought against accused Onoue and to regard his guilt as having been proved.

But in Onoue's case too I find circumstances that considerably mitigate his guilt.

My client Onoue, like Karasawa, served in the Kwantung Army, the most aggressive and in all respects the most prepared army. This army was the striking force of Japanese imperialism, the pride of the Japanese Imperial Headquarters, on whose banner was inscribed: "War against the Soviet Union and the Conquest of the Soviet Far East, Siberia and the Urals."

For the Kwantung Army, the Japanese Emperor Hirohito, the General Staff and the Ministry for War of Japan trained the staunchest cadres of soldiers and officers most devoted to the empire. For the purpose of cultivating these qualities in their soldiers, not only the Ministry for War, but also the Ministry for Education, at one time headed by that ideologist of war against the Soviet Union, Araki, resorted to deception, roused among the soldiers and civilian population of Japan blind hatred for other peoples, preached the necessity of implicit, blind obedience to superiors, exceptional devotion to the Japanese Emperor—God's Vicar on earth, cultivated the samurai spirit, inhuman treatment of enemies, and so on and so forth.

In other words, the officers and men of the Kwantung Army received special training. They were imbued with the lust to seize alien territory and with the ideas of Nazism and fascism. In the Japanese Army rang the song: *Japan Will Conquer the Whole World.*

It was no accident that in 1937, during Japan's war against China, when Japanese troops were being sent to China, Japanese soldiers could be seen on the railway stations with sashes across their shoulders bearing inscriptions like the following: "I, Nakamura, am going to war to vanquish and to conquer."

Onoue, like the other officers sent to the Kwantung Army, received such a training, took the military oath and swore to be loyal to Emperor Hirohito.

Without the slightest reflection, Onoue blindly obeyed the orders of his superiors, he was a living tool in the hands of his rulers, his own ego did not exist.

Thus, in the present trial Onoue is far from being a principal figure. Like my client Karasawa, he merely obeyed another's will, put into execution the criminal ideas of his criminal superiors and of the criminal ruling clique in Japan.

This enables me to ask you, Comrades Judges, to take these circumstances into consideration and to appraise them as such that greatly mitigate Onoue's guilt.

I also hope that you, Comrades Judges, in determining the degree of responsibility of each of the accused, will take into consideration as a mitigating circumstance the fact that accused Onoue confessed his guilt in the crimes he committed.

He obeyed the precept: "Follow natural promptings and obey the laws of the state." But the law of the state of Japan was the will of the ruling clique, the will of the imperialists. Onoue was merely their servant.

Comrades Judges, I am firmly convinced that you will pass sentence in conformity with the law, for the sake of the peace and welfare of peace-loving mankind and that, at the same time, in determining your sentence on my clients Karasawa and Onoue, you will take into account the arguments of the defence, and that the penalty will be just and humane.

THE ACCUSED'S LAST PLEAS

President of the Court: I declare the argument of the parties finished.

Accused Kawashima, please step up to the microphone. You may make your last plea.

ACCUSED KAWASHIMA:

With your permission, I will make my last plea. Before I arrived in the Soviet Union for the first time, I had a totally wrong opinion about it. This was due only to lack of understanding, and only when I arrived in the Soviet Union after I was taken prisoner by the Soviet troops following Japan's surrender did I, for the first time, realize that my views were mistaken.

The first thing I felt, and I felt it very distinctly, was the humane treatment accorded me by the Soviet people.

I pondered over the reason for this treatment of me by the Soviet people and I realized that it was not accidental, that it was due to the fact that there is no national animosity in the Soviet Union, that the Soviet Union is a democratic country which cares for the welfare of the people and stands on guard for peace.

This made me realize the entire depth of my crime. It compelled me to alter my views.

I realized that the crimes I had committed were shameful not only for me, but for the whole of my country, and I repented of them.

It made me realize that my former opinion about the Soviet Union had been mistaken. I began to understand that after the surrender Japan must develop as a democratic country, and that in order that she may do so, all the old evils must be exposed and uprooted.

What I have related was my repentance, it was my confession. That is why, from the very beginning of the preliminary investigation, I told the facts about the criminal activities of the detachment in which I had served. This was a difficult and painful task for me.

The humane way I was treated by the investigation authorities helped me in time to find the right way out of this difficult situation

I fully realize that the crime I committed was a very heinous crime against humanity.

This is not the first time I think so, these thoughts are not new to me, but here, in this court, I became particularly strengthened in these thoughts and feelings.

I am ready to accept the severest sentence the Court may pronounce.

President of the Court: Please sit down.

Accused Karasawa, please step up to the microphone. You may make your last plea.

ACCUSED KARASAWA:

Already in 1946, at the time the preliminary investigation in the case of the chief war criminals was being conducted by the Tokyo International Tribunal, I was examined as a witness.

I exposed all the crimes I and Detachment 731 had committed. Now, as a plain man, as an ordinary person, I will say all that has accumulated in my heart.

My mother is now living in Japan, she is 80 years old, in addition there are my wife and two children.

Formerly they lived on my pay. But I realize the full gravity of my guilt and I repent of the crimes I committed.

I promise to be an entirely different man in the future. I beg the Court to pass a just decision.

President of the Court: Please sit down.

Accused Yamada, please step up to the microphone. You may make your last plea.

ACCUSED YAMADA:

First of all I thank the Court for providing me and the other accused with defence counsel.

I want to generalize all the testimony I have given and to make my position clear.

I was born in a military family. From my early years I served in the army and was trained to obey orders and to be conscious of my military duty and responsibility.

After I was appointed to the post of Commander-in-Chief of the Kwantung Army, I faithfully and consistently carried out all the orders and instructions of the Ministry for War and the General Staff of Japan, thereby striving to increase the fighting preparedness of the Kwantung Army.

I admit my responsibility for increasing the preparedness to conduct bacteriological warfare.

As for the monstrous crimes that were committed for the sake of preparing to conduct bacteriological warfare, I realize that responsibility for this rests upon the chiefs of detachments 731 and 100 and upon all the Commanders-in-Chief of the Kwantung Army, ending with myself.

But I want to say that all those who were connected with these detachments acted in conformity with orders, in obedience to the will of the chiefs of these detachments and of the Commanders.

About the crimes that were committed by these detachments, in general about the crimes that were committed for the sake of preparing to conduct bacteriological warfare, accused Kawashima has just spoken. I have nothing to add to what he said. There is no justification for these crimes.

As I have said already, I admit my guilt in all the crimes that were committed by these detachments for the sake of preparing to conduct bacteriological warfare during the period in which I was Commander-in-Chief of the Kwantung Army, that is, from July 1944 to August 1945.

I realize the whole gravity of my guilt. I realize the whole weight of my crimes and I give no thought to the question as to whether the penalty will be severe or light for me.

This is all I have to say in my last plea.

President of the Court: Please sit down.

Accused Nishi, please step up to the microphone. You may make your last plea.

ACCUSED NISHI:

I express my gratitude to the Court for having provided me with defence counsel at this trial.

I have nothing more to say. I now await the just sentence of the Soviet Court.

President of the Court: Please sit down.

Accused Kajitsuka Ryuji, please step up to the microphone. You may make your last plea.

ACCUSED KAJITSUKA:

I plead guilty to the charges against me and am ready to bear any penalty, however severe.

I am given the opportunity to make a last plea, but I do not intend to justify myself.

I will only express my feelings.

I began to study medicine in order to improve the protection of public health, to work for the benefit of mankind. I think it shameful to myself that I, a physician, a member of a humane profession, instead of performing my sacred duty, the duty of a medical man, took a different path, the path of preparing to conduct bacteriological warfare, in which bacilli are used as weapons. I regard this as shameful to myself as a physician. I repent of having been implicated in these crimes.

I feel guilty towards the people for the crimes I committed.

President of the Court: Please sit down.

Accused Sato, please step up to the microphone. You may make your last plea.

ACCUSED SATO:

From 1941 I was the chief of two bacteriological detachments and was in direct charge of preparations to conduct bacteriological warfare. Furthermore, as Chief of the Medical Service of the 5th Army, I facilitated the preparations to conduct bacteriological warfare.

The crimes I committed run counter to the duty of a physician, run counter to the ethics of the medical profession. These crimes were committed against humanity. My activities were directed against all that is good.

Now, in Court, I fully repent of the crimes I committed. I thank counsel for defence, and I must say that I felt ashamed that a lawyer was defending a criminal like me. I think I am unworthy of this.

Now I ask for a just sentence that will fully correspond to the crimes I committed and my guilt.

President of the Court: Please sit down.

Accused Hirazakura, please step up to the microphone. You may make your last plea.

ACCUSED HIRAZAKURA:

With your permission, I will make my last plea. First of all, at this trial, the criminal plans of international reaction to prepare to conduct bacteriological warfare have been utterly exposed. This was possible only because the Soviet Army had in time shattered all the plans of Japanese militarism, which was preparing to conduct bacteriological warfare.

Stern punishment of us, the participants in the preparations to conduct bacteriological warfare, will be a warning and a lesson for those criminals who are now trying to prepare to conduct a second bacteriological war. I hope that those who are guilty of preparing to conduct bacteriological warfare and bear most responsibility for these preparations, namely, the Japanese Emperor Hirohito, General Ishii and General Wakamatsu, will be severely punished.

I am sure, I hope, that the criminals guilty of preparing to conduct bacteriological warfare, who are not at present in the defendants' box, will be severely punished.

President of the Court: Please sit down.

Accused Mitomo, please step up to the microphone. You may make your last plea.

ACCUSED MITOMO:

At the time I was serving in Detachment 100 I did not realize the full depth of my wicked deeds and crimes, but having lived in the Soviet Union for four years, and also, and particularly, having been in this Court for the past few days, I deeply feel the whole weight of the crimes I committed.

Here, for the first time, I learned the truth about the Soviet Union, I learned to know the Soviet people, I saw that they are humane and noble.

I fully realize my responsibility. I repent of having participated in the crimes.

President of the Court: Please sit down.

Accused Takahashi, please step up to the microphone. You may make your last plea.

ACCUSED TAKAHASHI:

I first learned what the Soviet Union really is only after I had seen with my own eyes how the Soviet Union is living.

What accused Kawashima said in his last plea about the rebirth of a new, bright Japan, is absolutely correct. I fully agree with this and have nothing more to add.

I express thanks for the defence counsel that was provided me, I thank him for the kind words he found to say about me, I deeply repent of the crimes I committed. I have realized the full depth, the full weight of these crimes, but today I want to beg for clemency. I ask for a just sentence in order that I may devote my strength to the benefit of mankind.

President of the Court: Please sit down.

Accused Kikuchi, please step up to the microphone. You may make your last plea.

ACCUSED KIKUCHI:

From my earliest childhood I was taught to be devoted to the Japanese state, to be devoted to the Japanese Emperor. I thought that by my work I would serve the welfare of my people, but I was deceived.

Here, during the four years I have been in the Soviet Union, thanks to the humane way I and the other Japanese have been treated by the Soviet authorities, I realized how much I had been deceived, how false and wrong had been the upbringing I had received from my childhood in my own country.

I became convinced by experience that the Soviet Union is right. I underwent a change of heart that I could not have undergone all my life, and now I want to rectify all my mistakes.

Here, in Court, I regret that the chief criminals, the chief organizers and chief instigators of bacteriological warfare are not in the defendants' box.

I am filled with hatred and disgust towards them.

The path that I must take is clear to me.

With this I conclude my last plea.

President of the Court: Please sit down.

Accused Kurushima, you may make your last plea.

ACCUSED KURUSHIMA:

I realize the gravity of my guilt, the weight of the crimes I committed as a member of Branch 162 of Detachment 731, which engaged in the mass production of bacteria intended for the purpose of exterminating many people. I fully admit my guilt and repent of the crimes I committed.

I am filled with infinite hatred for the militarists who dragged me into this wicked business—participation in preparations to conduct bacteriological warfare. From childhood I was brought up in a false environment, brought up on the principles of a decayed ideology. But, as my counsel for defence said, I am not the same Kurushima that I was four years ago.

In conclusion, I express thanks for the kind way in which I and the other prisoners of war here have been treated.

I express thanks for the fact that in the Soviet Union we were treated without race discrimination. I express thanks for the humane way I have been treated here, and for having been provided with a lawyer to defend me.

President of the Court: Please sit down.

Accused Onoue, you may make your last plea.

ACCUSED ONOUE:

During the preliminary investigation, and here in Court, I sincerely admitted my complicity in the crimes that were committed by me and by all the members of Detachment 731 in general.

Once again I express repentance of the crimes in which I was implicated and which I myself committed as Chief of a branch of this detachment.

I thank the Court for providing me with competent defence. I realize the gravity of my guilt, I realize that I was not just a rank and filer, I was a leading officer, the Chief of the branch, and I repent of the crimes I committed.

I will strive in future to devote my strength to the fight against such inhuman acts, to the fight for peace.

In conclusion, I beg the Court for clemency, if the Court deems this possible.

President of the Court: Please sit down.

The Court retires to consider its verdict.

At 16.20 hours, the Court retired to consider its verdict.

At 21.30 hours, the Court pronounced its verdict, after which the verdict was translated into Japanese.

At 23.45 hours the President declared the Court session closed.

President: *CHERTKOV*

Secretaries: *KORKIN*
VARAVKO

The Verdict of the Military Tribunal

VERDICT

IN THE NAME OF THE UNION OF SOVIET SOCIALIST REPUBLICS

The Military Tribunal of the Primorye Military Area, consisting of:

President—Major General of Jurisprudence Chertkov, D. D., and Members: Colonel of Jurisprudence Ilnitsky, M. L. and Lieutenant Colonel of Jurisprudence Vorobyov, I. G., and Secretary, Senior Lieutenant Korkin, N. A., with the participation of the State Prosecutor, State Counsellor of Jurisprudence of the Third Class, Smirnov, L. N., and Defence Counsels: Comrades Borovik, N. K., Belov, N. P., Sannikov, S. E., Zveryev, A. V., Bogachov, P. Y., Prokopenko, G. K., Lukiantsev, V. P., and Bolkhovitinov, D. Y., in an open Court session, in the City of Khabarovsk, on December 25-30, 1949, heard the case against the Japanese war criminals:

1. **Yamada Otozoo**, born 1881 in the city of Tokyo, a Japanese, General, formerly Commander-in-Chief of the Japanese Kwantung Army;

2. **Kajitsuka Ryuji**, born 1888 in the town of Tajiri, a Japanese, Lieutenant General of the Medical Service, Doctor of Medical Sciences, formerly Chief of the Medical Administration of the Japanese Kwantung Army;

3. **Kawashima Kiyoshi**, born 1893 in the Prefecture of Chiba, Sanimu County, the village of Hasunuma, a Japanese, Major General of the Medical Service, Doctor of Medical Sciences, formerly Chief of the Production Division of Detachment 731 of the Japanese Kwantung Army;

4. **Nishi Toshihide**, born 1904 in the Prefecture of Kagoshima, Satsuma County, the village of Hiwaki, a Japanese, Lieutenant Colonel of the Medical Service, physician and bacteriologist, formerly Chief of the Training and Education Division of Detachment 731 of the Japanese Kwantung Army;

5. **Karasawa Tomio**, born 1911 in the Prefecture of Nagano, Chisagata County, the village of Toyosato, a Japanese, Major of the Medical Service, physician and bacteriologist, formerly section chief of the Production Division of Detachment 731 of the Japanese Kwantung Army;

6. **Onoue Masao**, born 1910 in the Prefecture of Kagoshima, Izumi County, the town of Komenotsu, a Japanese, Major of the Medical Service, physician and bacteriologist, formerly Chief of Branch 643 of Detachment 731 of the Japanese Kwantung Army;

7. **Sato Shunji**, born 1896 in the Prefecture of Aichi, the town of Toyohashi, a Japanese, Major General of the Medical Service, physician and bacteriologist, formerly Chief of the Medical Service of the 5th Army of the Japanese Kwantung Army;

8. **Takahashi Takaatsu**, born 1888 in the Prefecture of Akita, Yuri County, the town of Honze, a Japanese, Lieutenant General of the Veterinary Service, chemist and biologist, formerly Chief of the Veterinary Service of the Japanese Kwantung Army;

9. **Hirazakura Zensaku**, born 1916 in the Prefecture of Ishikawa, the town of Kanazawa, a Japanese, Lieutenant of the Veterinary Service, veterinary surgeon, formerly a researcher in Detachment 100 of the Japanese Kwantung Army;

10. **Mitomo Kazuo**, born 1924 in the Prefecture of Saitama, Chichibu County, the village of Haraya, a Japanese, Senior Sergeant, formerly a member of Detachment 100 of the Japanese Kwantung Army;

11. **Kikuchi Norimitsu**, born 1922 in the Prefecture of Ehime, a Japanese, Corporal, formerly probationer medical

orderly in Branch 643 of Detachment 731 of the Japanese Kwantung Army;

12. **Kurushima Yuji**, born 1923 in the Prefecture of Kagawa, Shoozu County, the village of Noo, a Japanese, formerly laboratory orderly in Branch 162 of Detachment 731 of the Japanese Kwantung Army;

all twelve—charged with having committed crimes covered by Art. 1 of the Decree of the Presidium of the Supreme Soviet of the U.S.S.R. of April 19, 1943.

From the materials of the preliminary and Court investigations the Military Tribunal of the Area has established:

Over a number of years the ruling clique of imperialist Japan was preparing an aggressive war against the Union of Soviet Socialist Republics.

It was established at the trial of the chief Japanese war criminals which ended in Tokyo in 1948 that an aggressive war against the U.S.S.R. was one of the basic elements of the policy of the Japanese ruling circles, who set themselves the objective of seizing Soviet territories.

The Japanese militarists, obsessed by the insane idea of the superiority of the Japanese race and of creating a "Greater East Asia" under the aegis of Japan, and having set themselves the objective of establishing world domination jointly with Hitler Germany by unleashing aggressive wars, did not stop at any crimes against mankind, however monstrous, to achieve this objective.

In their criminal plans for aggressive wars against peace-loving nations the Japanese imperialists planned to employ bacteriological weapons for the mass extermination of troops and the civilian population, including old people, women and children, by spreading lethal epidemics of plague, cholera, anthrax and other grave diseases.

With these aims in view, special formations for the production of bacteriological weapons were set up in the Japanese Army, and special army squads and sabotage bands were trained to contaminate with germs towns and villages, water sources and wells, livestock and crops on the territory of the states subjected to Japanese aggression.

As early as 1931, after the Japanese had seized Manchuria and turned it into a springboard for an attack on the Soviet Union, a bacteriological laboratory with the code name of the Togo Detachment, headed by **Ishii Shiro**, one of the ideologists and organizers of inhuman bacteriological warfare, was set up in the Japanese Kwantung Army for the purpose of preparing bacteriological warfare.

In 1936, when Japan's military preparations for war against the Soviet Union were intensified, the General Staff of the Japanese Army, in line with a decree issued by Emperor **Hirohito**, developed on the territory of Manchuria two large bacteriological institutions intended not only for evolving methods of waging bacteriological warfare but also for producing bacteriological weapons on a scale sufficient fully to supply the Japanese Army.

These were top-secret institutions, and for purposes of disguise were given the names: "Water Supply and Prophylaxis Administration of the Kwantung Army" and "Hippo-Epizootic Administration of the Kwantung Army." Subsequently they were renamed "Detachment 731" and "Detachment 100."

Both detachments had numerous branches, which were attached to units and formations of the Kwantung Army and were located in the sectors of the main blows envisaged by the Japanese operations plan for a war against the Soviet Union.

These branches were actually combat units, prepared at any moment to employ bacteriological weapons at orders from the command.

Detachment 731 and 100, as well as their branches, were subordinated to the Commander-in-Chief of the Kwantung Army, as is corroborated by an order issued on December 2, 1940, by General **Umezu Yoshijiro**, formerly the army's Commander-in-Chief, on the formation of four new branches of Detachment 731, which order is appended to the case.

Detachment 731 was quartered in a specially-built and strictly-guarded military cantonment in the vicinity of Pingfan Station, 20 kilometres from the city of Harbin, and was a high-capacity institute for the preparation of bacteriological warfare, with a personnel of about 3,000 scientific and technical workers, and laboratories equipped with the latest machinery and perfected apparatus.

The functions and practical activity of this detachment followed from its structure. It consisted of several divisions, of which only the 3rd Division, located in the city of Harbin, occupied itself with army water supply problems.

The functions of the 1st (research) Division included research in, and the breeding of, lethal bacteria most effective for employment as weapons of bacteriological attack.

The 2nd (experimental) Division tested on living people the action of the germs evolved as a result of the researches, devised types of shells and special sprayers for transferring the germs to the enemy's side, and bred fleas infected with plague for the purpose of spreading plague epidemics on the adversary's territory. The division had 4,500 incubators for breeding fleas on rodents. Scores of millions of plague fleas could be bred in these incubators in a short space of time. For conducting its criminal experiments the 2nd Division had at its disposal a special proving ground in the vicinity of Anta Station and an air unit with specially equipped planes.

The 4th (production) Division was designated for propagating the germs evolved by laboratory methods, and was a sort of germ factory of severe infectious diseases.

This division possessed high-capacity technical equipment calculated for the mass propagation of germs on the scale necessary for the prosecution of bacteriological warfare.

The division's production capacity enabled it to breed up to 300 kg. of plague germs per month.

The 5th (training and "education") Division trained cadres capable of employing bacteriological warfare weapons and of causing epidemics of plague, cholera, anthrax and other grave diseases by disseminating germs.

Thus, Detachment 731 engaged in the preparation of a vast quantity of germs of severe infectious diseases designated for employment as bacteriological weapons for laying waste to entire districts and killing the civilian population.

According to the findings of the medicolegal experts, the breeding of germs on such a scale was calculated for the prosecution of active bacteriological warfare.

Detachment 100 was located in the small town of Mogatong, 10 kilometres south of the city of Changchun, and engaged in the same criminal activity as Detachment 731.

The Production Division of Detachment 100 had six sections, which prepared: the 1st Section—anthrax germs; the 2nd Section—glanders germs; the 3rd and 4th sections—germs causing other infectious livestock diseases; the 5th Section engaged in the cultivation of microbes for the infection and destruction of cereals; the 6th Section—the pathogenes of cattle plague.

As has been established at the preliminary and Court investigations, two secret formations designated for the preparation of bacteriological weapons, under the code names of Ei Detachment and Nami Detachment, were also set up in the Japanese forces operating on the territory of Central and South China. Their activity was analogous to that of detachments 731 and 100.

Taking into consideration the fact that employment of bacteriological weapons was fraught with the danger of infecting their own troops, the Japanese Command formed in all the battalions and regiments antiepidemic detachments subordinated to the chiefs of the medical administrations of the armies. This was a component part of the general plan of bacteriological warfare preparations.

The research which was conducted in detachments 731 and 100 on ways and means of waging bacteriological warfare was accompanied by criminal, inhuman experiments to test the effect of bacteriological weapons on living people. In the course of these experiments the Japanese fiends brutally killed thousands of victims who had fallen into their hands.

For several years detachments 731 and 100 performed experiments in infecting people with the germs of plague, cholera, typhus, anthrax and gas gangrene which were cultivated in the laboratories. The majority of the people infected died in horrible agony. Those who recovered were again subjected to experiments, and finally they were killed.

The people designated for agonizing annihilation were delivered to the special inner prison which existed in Detachment 731 by the Japanese Gendarmerie, which had the code name of "special consignments" for these operations. These victims of the Japanese fiends were Chinese patriots and Soviet citizens suspected of anti-Japanese activity and doomed to annihilation. The exceptional cynicism of the Japanese murderers expressed itself, in particular, in the fact that they euphemistically called "logs" the people confined in the prison and designated for criminal experiments.

As established by the testimony of the accused **Kawashima**, no less than 600 prisoners were killed annually in Detachment 731 alone, and from 1940 to the day the Japanese Army surrendered in 1945, no less than 3,000 persons were put to death.

Criminal experiments were also conducted on entire groups of prisoners. At the proving ground in the vicinity of Anta Station, people were tied to iron stakes and then bacteria shells filled with the germs of plague, gas gangrene and other grave diseases were exploded in their direct proximity for the purpose of infecting them.

Thus, at the end of 1943, with the participation of accused **Karasawa**, an experiment in infecting ten Chinese citizens with anthrax was conducted at the proving ground. In the spring of 1944, also with his participation, a group of people were infected with plague germs at the proving ground. In January 1945 accused **Nishi** took part in infecting ten people with gas gangrene at that same proving ground.

Analogous inhuman experiments on living people were also carried out in Detachment 100, which was under the general direction of accused **Takahashi**.

Thus, in August-September 1944, Detachment 100 infected, through food, eight Chinese and Soviet citizens, who died soon after.

In addition to criminal experiments in infecting people with the germs of severe infectious diseases, Detachment 731 conducted experiments in freezing the limbs of prisoners. In the majority of cases these brutal experiments ended in gangrene, the amputation of the limbs, and the death of the unfortunate victims.

The testing of bacteriological weapons was not limited to the experiments carried out inside detachments 731 and 100. The Japanese imperialists employed bacteriological weapons in the war against China and in sabotage raids against the U.S.S.R.

In 1940 a special expedition of Detachment 731 commanded by General **Ishii** was despatched to the theatre of hostilities in Central China, where, by dropping plague-infected fleas from aircraft with special apparatus, it caused a plague epidemic in the Nimpo area.

This criminal operation which brought in its wake thousands of victims among the peaceful Chinese population was filmed, and this film was later demonstrated in Detachment 731 to representatives of the High Command of the Japanese Army, among them accused **Yamada.**

In 1941 Detachment 731 sent an analogous expedition to the Changteh area, which was also infected with plague germs.

In 1942 bacteriological weapons were again employed on the territory of China. This time an expedition of Detachment 731, in the preparation of which accused **Karasawa** and **Kawashima** took part, operated jointly with the Ei Detachment, which at one time was under the command of accused **Sato**. It disseminated the germs of severe infectious diseases on territory which the Japanese troops were forced to abandon under pressure from the Chinese Army.

Over a period of a number of years Detachment 100 systematically sent bacteriological groups, of which accused **Hirazakura** and **Mitomo** were members, to the borders of the U.S.S.R. These groups carried out bacteriological sabotage against the Soviet Union by contaminating water sources on the border, in particular in the Tryokhrechye area.

Thus, the preliminary and Court investigations have established that the Japanese imperialists prepared to employ bacteriological weapons extensively in an aggressive war unleashed against the U.S.S.R. and other states, and thereby plunge mankind into the abyss of new calamities.

In carrying out preparations for bacteriological warfare they stopped at no crimes, putting to death thousands of Chinese and Soviet citizens in the course of their criminal experiments in the employment of bacteriological weapons and spreading epidemics of grave diseases among the civilian population of China.

The Military Tribunal considers the following established with regard to each of the accused in the present case:

1. **Yamada Otozoo**, as Commander-in-Chief of the Japanese Kwantung Army from 1944 to the day of Japan's surrender, supervised the criminal activity of detachments 731 and 100, subordinated to him, in preparing bacteriological

warfare, encouraging the brutal murder of thousands of people in these detachments during the performance of all manner of experiments in the employment of bacteriological weapons.

Yamada took measures to keep detachments 731 and 100 in full preparedness for bacteriological warfare and to have their productive capacity able to supply the army's requirements in bacteriological weapons.

2. **Kawashima Kiyoshi**, as Chief of the Production Division of Detachment 731 from 1941 to 1943, was one of the detachment's executive personnel, took part in the preparation of bacteriological warfare, was informed about the work of all the detachment's divisions, and personally directed the breeding of lethal germs in quantities sufficient fully to supply the Japanese Army with bacteriological weapons.

In 1942 **Kawashima** took part in organizing the employment of bacteriological weapons in military operations on the territory of Central China. Throughout the entire period of his service in Detachment 731 **Kawashima** personally took part in the mass killing of the inmates of the detachment's inner prison in the course of criminal experiments in infecting them with the germs of grave infectious diseases.

3. **Karasawa Tomio** held the post of Chief of a section of the Production Division of Detachment 731. He was one of the active organizers of the work to create bacteriological weapons and a participant in the bacteriological warfare preparations.

In 1940 and 1942 **Karasawa** took part in organizing the expeditions sent to spread epidemics among the civilian population of China.

Karasawa himself repeatedly took part in the experiments in employing bacteriological weapons as a result of which imprisoned Chinese and Soviet citizens were wiped out.

4. **Kajitsuka Ryuji** as far back as 1931 was a supporter of the employment of bacteriological weapons. In 1936, as head of a division in the Medical Administration of the Japanese War Ministry, he helped to set up and staff a special bacteriological formation, at the head of which, upon his recommendation, was placed Colonel Ishii, subsequently a general.

From 1939 onward **Kajitsuka** was Chief of the Medical Administration of the Kwantung Army and directly supervised the work of Detachment 731, supplying it with all the requisites for the production of bacteriological weapons.

Kajitsuka regularly visited Detachment 731, was fully informed about its activity, knew about the villainous crimes committed during the experiments in infecting people with germs, and approved these villainies.

5. **Nishi Toshihide** held the post of Chief of Branch 673 of Detachment 731 in the town of Sunyu from January 1943 to the day of Japan's surrender, and personally took an active part in the preparation of bacteriological weapons.

Being at the same time Chief of the 5th Division of Detachment 731, **Nishi** trained bacteriological warfare personnel for special groups in army units.

He himself took part in killing confined Chinese and Soviet citizens by infecting them with the germs of severe infectious diseases.

In order to conceal the criminal activity of the branch and of Detachment 731, in 1945, when the Soviet forces were drawing near the town of Sunyu, **Nishi** ordered all the buildings of the branch and the equipment and documents to be destroyed by fire, which was done.

6. **Onoue Masao**, as Chief of Branch 643 of Detachment 731 in the town of Hailin, engaged in research on new types of bacteriological weapons and in the preparation of materials for Detachment 731.

Under his supervision special personnel for bacteriological warfare was trained.

Onoue knew about the mass killing of prisoners in Detachment 731, and by his work furthered these most heinous crimes.

On August 13, 1945, with the object of covering up the traces of the criminal activity of the branch, **Onoue** himself destroyed by fire all the buildings of the branch, the stocks of materials and the documents.

7. **Sato Shunji** was from 1941 onward Chief of the bacteriological detachment in the city of Canton which had the code name of Nami, and in 1943 he was appointed Chief of the analogous Ei Detachment in the city of Nanking. As head of these detachments **Sato** took part in the creation of bacte-

riological weapons and the preparation of bacteriological warfare.

Later, as Chief of the Medical Service of the 5th Army of the Kwantung Army, **Sato** supervised Branch 643 of Detachment 731, and, aware of the criminal nature of the work of the detachment and the branch, rendered them assistance in the production of bacteriological weapons.

8. **Takahashi Takaatsu**, as Chief of the Veterinary Service of the Kwantung Army, was one of the organizers of the production of bacteriological weapons, directly supervised the criminal activity of Detachment 100, and bears personal responsibility for the practice of inhuman experiments in infecting prisoners with the germs of severe infectious diseases.

9. **Hirazakura Zensaku**, who served in Detachment 100, personally conducted research in the field of developing and employing bacteriological weapons.

He repeatedly took part in special reconnoitring operations on the borders of the Soviet Union with the object of ascertaining the most effective means of bacteriological attack on the U.S.S.R., during which operations he contaminated water sources, in particular, in the Tryokhrechye area.

10. **Mitomo Kazuo**, who served in Detachment 100, took a direct part in the preparation of bacteriological weapons and personally tested the action of germs on living people, killing them by this agonizing method.

Mitomo was a participant in the bacteriological sabotage operations against the U.S.S.R. in the Tryokhrechye area.

11. **Kikuchi Norimitsu**, serving as a probationer medical orderly in Branch 643 of Detachment 731, took a direct part in the research work on new types of bacteriological weapons and in cultivating typhoid and dysentery germs. In 1945 **Kikuchi** took a special course at the classes where personnel for bacteriological warfare was trained.

12. **Kurushima Yuji**, who served as a laboratory assistant in a branch of Detachment 731 and who had had special training, took part in cultivating the germs of cholera, typhus and other infectious diseases and in testing bacteria shells.

On the basis of the aforesaid the Military Tribunal of the Area has established the guilt of all the enumerated accused in having committed crimes covered by Art. 1 of the Decree of the Presidium of the Supreme Soviet of the U.S.S.R. of April 19, 1943, and, guided by Arts. 319 and 320 of the Code of Criminal Procedure of the R.S.F.S.R., taking into account the degree of guilt of each of the accused,

HAS SENTENCED:

Yamada Otozoo, on the basis of Art. 1 of the Decree of the Presidium of the Supreme Soviet of the U.S.S.R. of April 19, 1943, to confinement in a labour correction camp for a term of twenty-five years.

Kajitsuka Ryuji, on the basis of Art. 1 of the Decree of the Presidium of the Supreme Soviet of the U.S.S.R. of April 19, 1943, to confinement in a labour correction camp for a term of twenty-five years.

Takahashi Takaatsu, on the basis of Art. 1 of the Decree of the Presidium of the Supreme Soviet of the U.S.S.R. of April 19, 1943, to confinement in a labour correction camp for a term of twenty-five years.

Kawashima Kiyoshi, on the basis of Art. 1 of the Decree of the Presidium of the Supreme Soviet of the U.S.S.R. of April 19, 1943, to confinement in a labour correction camp for a term of twenty-five years.

Nishi Toshihide, on the basis of Art. 1 of the Decree of the Presidium of the Supreme Soviet of the U.S.S.R. of April 19, 1943, to confinement in a labour correction camp for a term of eighteen years.

Karasawa Tomio, on the basis of Art. 1 of the Decree of the Presidium of the Supreme Soviet of the U.S.S.R. of April 19, 1943, to confinement in a labour correction camp for a term of twenty years.

Onoue Masao, on the basis of Art. 1 of the Decree of the Presidium of the Supreme Soviet of the U.S.S.R. of April 19, 1943, to confinement in a labour correction camp for a term of twelve years.

Sato Shunji, on the basis of Art. 1 of the Decree of the Presidium of the Supreme Soviet of the U.S.S.R. of April 19, 1943, to confinement in a labour correction camp for a term of twenty years.

Hirazakura Zensaku, on the basis of Art. 1 of the Decree of the Presidium of the Supreme Soviet of the U.S.S.R. of April 19, 1943, to confinement in a labour correction camp for a term of ten years.

Mitomo Kazuo, on the basis of Art. 1 of the Decree of the Presidium of the Supreme Soviet of the U.S.S.R. of April 19, 1943, to confinement in a labour correction camp for a term of fifteen years.

Kikuchi Norimitsu, on the basis of Art. 1 of the Decree of the Presidium of the Supreme Soviet of the U.S.S.R. of April 19, 1943, to confinement in a labour correction camp for a term of two years.

Kurushima Yuji, on the basis of Art. 1 of the Decree of the Presidium of the Supreme Soviet of the U.S.S.R. of April 19, 1943, to confinement in a labour correction camp for a term of three years.

The sentence may be appealed in the Military Collegium of the Supreme Court of the U.S.S.R. within 72 hours from the day a copy of it has been handed to the convicted persons.

President: Major General of Jurisprudence
D. CHERTKOV

Members: Colonel of Jurisprudence
M. ILNITSKY

Lieutenant Colonel of Jurisprudence
I. VOROBYOV

伯力审判庭审记录

（中、英、俄、德、日文版）

对日战犯审判文献丛刊编委会　编

3

國家圖書館出版社

伯力审判庭审记录

（俄文版）

МАТЕРИАЛЫ СУДЕБНОГО ПРОЦЕССА

ПО ДЕЛУ БЫВШИХ ВОЕННОСЛУЖАЩИХ ЯПОНСКОЙ АРМИИ, ОБВИНЯЕМЫХ В ПОДГОТОВКЕ И ПРИМЕНЕНИИ БАКТЕРИОЛОГИЧЕСКОГО ОРУЖИЯ

МАТЕРИАЛЫ СУДЕБНОГО ПРОЦЕССА ПО ДЕЛУ БЫВШИХ ВОЕННОСЛУЖАЩИХ ЯПОНСКОЙ АРМИИ, ОБВИНЯЕМЫХ В ПОДГОТОВКЕ И ПРИМЕНЕНИИ БАКТЕРИОЛОГИЧЕСКОГО ОРУЖИЯ

1950
ГОСУДАРСТВЕННОЕ ИЗДАТЕЛЬСТВО
ПОЛИТИЧЕСКОЙ ЛИТЕРАТУРЫ

Предисловие

С 25 по 30 декабря 1949 года в гор. Хабаровске происходил судебный процесс по делу двенадцати бывших военнослужащих японской армии, обвиняемых в подготовке и применении бактериологического оружия.

Суду были преданы бывший главнокомандующий японской Квантунской армией генерал Ямада Отозоо, бывший начальник санитарного управления той же армии генерал-лейтенант медицинской службы Кадзицука Рюдзи, бывший начальник ветеринарной службы той же армии генерал-лейтенант ветеринарной службы Такахаси Такаацу, бывший начальник отдела бактериологического отряда № 731 генерал-майор медицинской службы Кавасима Киоси, бывший начальник отделения отряда № 731 майор медицинской службы Карасава Томио, бывший начальник отдела отряда № 731 подполковник медицинской службы Ниси Тосихидэ, бывший начальник филиала отряда № 731 майор медицинской службы Оноуэ Масао, бывший начальник санитарной службы 5-й армии генерал-майор медицинской службы Сато Сюндзи, бывший научный работник бактериологического отряда № 100 поручик Хиразакура Дзенсаку, бывший сотрудник того же отряда старший унтер-офицер Митомо Кадзуо, бывший санитар-практикант филиала № 643 отряда № 731 ефрейтор Кикучи Норимицу и бывший санитар-лаборант филиала № 162 отряда № 731 Курусима Юдзи.

Дело рассматривалось в открытых судебных заседаниях Военным трибуналом Приморского военного округа в составе председательствующего генерал-майора юстиции Черткова

Д. Д. и членов: полковника юстиции Ильницкого М. Л. и подполковника юстиции Воробьёва И. Г. Государственное обвинение поддерживал государственный советник юстиции 3-го класса Смирнов Л. Н. Подсудимых защищали: генерала Ямада — член Московской коллегии адвокатов Белов Н. П.; генерал-лейтенанта медицинской службы Кадзицука — член Московской коллегии адвокатов Санников С. Е.; генерал-лейтенанта ветеринарной службы Такахаси — член Московской коллегии адвокатов Зверев А. В.; генерал-майора медицинской службы Кавасима — член Московской коллегии адвокатов Боровик Н. К.; генерал-майора медицинской службы Сато — член Московской коллегии адвокатов Богачёв П. Я.; майора медицинской службы Карасава и майора медицинской службы Оноуэ — председатель Хабаровской краевой коллегии адвокатов Лукьянцев В. П.; подполковника медицинской службы Ниси и поручика Хиразакура — член Хабаровской краевой коллегии адвокатов Болховитинов Д. Е.; старшего унтер-офицера Митомо, ефрейтора Кикучи и Курусима — председатель Приморской краевой коллегии адвокатов Прокопенко Г. К.

Заключение по бактериологическим и медицинским вопросам давала на суде экспертная комиссия в составе Действительного члена Академии медицинских наук Союза ССР Жукова-Вережникова Н. Н., полковника медицинской службы Краснова В. Д., заведующего кафедрой микробиологии Хабаровского медицинского института профессора Косарева Н. Н., доцента кафедры микробиологии Хабаровского медицинского института Ливкиной Е. Г., подполковника ветеринарной службы Александрова Н. А., паразитолога Козловской О. Л.

В настоящее издание включены только официальные материалы процесса.

Документы предварительного следствия: обвинительное заключение, а также некоторые документальные доказательства и протоколы допросов по основным моментам обвинения взяты для публикации из судебного дела.

Материалы судебного разбирательства: показания и последние слова подсудимых, показания свидетелей на судебном следствии (в сокращённом виде), заключение экспертизы, речи государственного обвинителя и защиты, публикуются по официальной стенограмме процесса.

Документы предварительного следствия

ОБВИНИТЕЛЬНОЕ ЗАКЛЮЧЕНИЕ

ПО ДЕЛУ БЫВШИХ ВОЕННОСЛУЖАЩИХ ЯПОНСКОЙ АРМИИ:

ЯМАДА ОТОЗОО, КАДЗИЦУКА РЮДЗИ, ТАКАХАСИ ТАКААЦУ, КАВАСИМА КИОСИ, НИСИ ТОСИХИДЭ, КАРАСАВА ТОМИО, ОНОУЭ МАСАО, САТО СЮНДЗИ, ХИРАЗАКУРА ДЗЕНСАКУ, МИТОМО КАДЗУО, КИКУЧИ НОРИМИЦУ И КУРУСИМА ЮДЗИ, ОБВИНЯЕМЫХ В ПОДГОТОВКЕ И ПРИМЕНЕНИИ БАКТЕРИОЛОГИЧЕСКОГО ОРУЖИЯ, Т. Е. В ПРЕСТУПЛЕНИИ, ПРЕДУСМОТРЕННОМ СТ. 1 УКАЗА ПРЕЗИДИУМА ВЕРХОВНОГО СОВЕТА СССР ОТ 19 АПРЕЛЯ 1943 ГОДА.

На протяжении многих лет империалистическая Япония являлась главным очагом агрессии на Дальнем Востоке.

Вступив в преступный заговор с гитлеровской Германией и фашистской Италией, правящая клика империалистической Японии планировала, развязывала и вела агрессивные войны против миролюбивых народов, в целях установления совместно с гитлеровской Германией мирового господства.

Эти агрессивные войны имели целью создание так называемой «сферы сопроцветания Великой Восточной Азии»—колониального государства под японским господством. В создании такого государства путём насильственного отторжения обширных территорий миролюбивых соседей Японии выражались крайне экспансионистские намерения японских империалистов.

Насколько велики были агрессивные вожделения японской правящей клики, можно судить по целому ряду открытых заявлений ответственных руководителей японской политики.

Один из главных японских военных преступников — «идеолог» агрессивной японской милитаристской клики **Хасимото Кингоро** в статье «Императорская сфера Великой Восточной Азии», опубликованной 5 января 1942 года в газете «Тайо Дайниппон», писал, что в состав этой «сферы» должны будут войти следующие страны: «Япония, Маньчжурия, Китай, Дальний Восток СССР, Малайя, Голландская Индия, Британская Восточная Индия, Афганистан, Австралия, Новая Зеландия, Гавайя, Филиппины и острова Тихого и Индийского океанов».

Точно так же определялись границы так называемой «Великой Восточной Азии» в планах и разработках подчинённого непосредственно японскому премьер-министру, учреждённого специальным указом японского императора «института тотальной войны».

В преступных планах японских империалистов агрессия против Советского Союза рассматривалась как главная задача. В стратегических агрессивных планах японских милитаристов СССР обычно назывался «объект № 1».

Захватническая война против СССР широко пропагандировалась среди японского населения. Эта пропаганда войны велась в частности во всех органах японской печати, полностью контролируемой японским правительственным информационным бюро.

Реализуя свои преступные планы, правящая клика Японии совершила ряд актов агрессии:

в 1931 году японские вооружённые силы, спровоцировав так называемый «мукденский инцидент», вторглись в Маньчжурию и оккупировали её;

в 1937 году японские войска вторглись в Китай, спровоцировав так называемый «инцидент на мосту Марко Поло»;

в 1938 году японская военщина напала на СССР в районе озера Хасан, но была разбита Советской Армией;

в 1939 году японские империалисты напали на дружественную СССР Монгольскую народную республику в районе реки Халхин-Гол, но также были разбиты вооружёнными силами МНР и Советского Союза;

в конце 1941 года японские милитаристы втянули Японию во вторую мировую войну на стороне гитлеровской Германии.

Японская агрессия была прекращена лишь в результате капитуляции Японии перед Объединёнными нациями, последовавшей после решающего разгрома Советской Армией главной ударной силы Японии — Квантунской армии, сконцентрированной в Маньчжурии.

События, связанные с японской империалистической агрессией, были рассмотрены на международном процессе по обвинению главных японских военных преступников в Токио. Международный военный трибунал признал полностью установленным, что японская правящая клика совместно с гитлеровской Германией планировала, развязывала и вела агрессивные войны, что она на протяжении многих лет активно готовила агрессивную войну больших масштабов против Советского Союза. Трибунал установил факты ведения Японией агрессивных войн против СССР в районе озера Хасан в 1938 году и в районе реки Халхин-Гол в 1939 году. Трибунал признал также факт вступления Японии в преступный заговор с гитлеровской Германией и фашистской Италией против мира и человечества.

Трибунал также установил грубое нарушение со стороны Японии законов и обычаев войны, выражающееся в зверском, бесчеловечном обращении японской военщины с военнопленными и мирным населением оккупированных территорий.

Следствием по настоящему делу установлено, что, планируя и готовя агрессивную войну против СССР и против других государств, японские империалисты для достижения своих целей намеревались в широких масштабах использовать и частично использовали преступные средства массового истребления людей — оружие бактериологической войны.

Организация специальных формирований для подготовки и ведения бактериологической войны

Как установлено расследованием, японским генеральным штабом и военным министерством вскоре после захвата Маньчжурии на её территории была организована и включена в состав японской Квантунской армии бактериологическая лаборатория, возглавляемая известным в Японии идеологом бактериологической войны, впоследствии генерал-лейтенантом медицинской службы **Исии Сиро,** в которой производились изыскания в области использования бактерий острых инфекционных заболеваний для ведения наступательной бактериологической войны.

Согласно показаниям обвиняемого бывшего генерал-майора медицинской службы японской армии **Кавасима Киоси,** генеральным штабом и военным министерством Японии в соответствии с секретными указами императора **Хирохито** в 1935—1936 годах на территории Маньчжурии были уже развёрнуты два совершенно секретных формирования, предназначенные для подготовки и ведения бактериологической войны.

В целях конспирации одному из этих учреждений, организованному на базе лаборатории **Исии,** было присвоено название «Управления по водоснабжению и профилактике частей Квантунской армии», другому — «иппоэпизоотического Управления Квантунской армии». В 1941 году, после нападения гитлеровской Германии на СССР, эти учреждения были зашифрованы соответственно как «отряд № 731» и «отряд № 100». Во главе «отряда № 731» был поставлен упоминавшийся выше **Исии Сиро.** Во главе «отряда № 100» — генерал-майор ветеринарной службы **Вакамацу.**

Эти отряды были укомплектованы специалистами бактериологами; их личный состав насчитывал значительное число научных и технических сотрудников, руководимых виднейшими бактериологами Японии. Об объёме проводимых бактериологическими отрядами работ свидетельствует в частности тот факт, что только в отряде № 731 имелось около 3 000 сотрудников.

На содержание отрядов, подготавливавших оружие для бактериологической войны, японское командование отпускало весьма значительные суммы. Так, для развёртывания отряда № 731 в районе станции Пинфань, расположенной в 20 км. от Харбина, к 1939 году был отстроен большой военный городок с многочисленными лабораториями и служебными зданиями. Были созданы значительные запасы сырья. Вокруг городка в целях обеспечения особой секретности работ была создана запретная зона.

Отряд имел свою авиационную часть, а на ст. Аньда — специальный полигон.

Отряд № 100 также располагал обширными помещениями, специальным оборудованием и земельными участками в районе местечка Могатон в 10 км. южнее гор. Чанчунь.

Отряды №№ 731 и 100 имели густую сеть филиалов, приданных частям и соединениям японской Квантунской армии, расположенных на основных стратегических направлениях на границе с Советским Союзом (т. 14, л. д. 29).

Главная задача филиалов состояла в подготовке к практическому применению в войне бактериологического оружия, вырабатываемого отрядами.

Бактериологические отряды и их филиалы непосредственно подчинялись главнокомандующему японской Квантунской армией.

Это, помимо показаний свидетелей и обвиняемых, подтверждается захваченным советскими частями в 1945 году в Маньчжурии секретным приказом бывшего главнокомандующего японской Квантунской армией генерала **Умедзу Иосидзиро** от 2 декабря 1940 года об организации и дислокации четырёх новых филиалов отряда № 731 (т. 15, л. д. 3).

Сменивший **Умедзу** на посту главнокомандующего японской Квантунской армией генерал **Ямада,** обвиняемый по настоящему делу, в своих показаниях также подтвердил, что бактериологические формирования подчинялись непосредственно ему (т. 18, л. д. 383).

Характеризуя назначение отряда № 731, обвиняемый **Ямада Отозоо** показал:

«...отряд № 731 был организован в целях подготовки бактериологической войны, главным образом против Советского Союза, а также против Монгольской народной республики и Китая» (т. 18, л. д. 382).

Как показал **Ямада,** подготовка бактериологической войны велась Японией и против других государств (т. 18, л. д. 383).

Ямада также показал, что деятельность отряда № 100 заключалась в производстве бактериологического оружия для бактериологической войны (т. 18, л. д. 382).

Помимо этого на отряд № 100

«...возлагалась задача по проведению диверсионных мероприятий, т. е. заражению эпидемическими бактериями пастбищ скота и водоёмов. В этой части отряд № 100 в своей работе был тесно связан с разведывательным отделом штаба Квантунской армии...» (т. 18, л. д. 171).

Бывший начальник ветеринарной службы японской Квантунской армии обвиняемый генерал-лейтенант ветеринарной службы **Такахаси** также показал, что задачей «эпизоотических отрядов» являлись подготовка и ведение бактериологической войны и диверсий (т. 11, л. д. 54).

В отрядах и их филиалах систематически производились изыскания в области бактериологии с целью установления наиболее эффективных видов бактерий, пригодных в качестве бактериологического оружия, а также изыскания способов их массового производства и техники их использования для истребления больших масс людей и нанесения экономического ущерба путём заражения скота и посевов.

В отряде № 731 имелось восемь отделов. Из них только один (третий отдел) занимался вопросами водоснабжения и профилактики. Но и в 3 отделе производственные мастерские, имевшиеся в составе этого отдела, вырабатывали корпуса для специальных бактериологических снарядов, названных «авиабомбами системы Исии». Эти снаряды предназначались для сбрасывания с самолётов блох, заражённых чумой (т. 2, л. д. 263).

Остальные отделы отряда № 731 целиком занимались вопросами подготовки и ведения бактериологической войны.

Материалами предварительного следствия установлено, что отдел № 1 специально занимался исследованием и выращиванием для бактериологической войны возбудителей: чумы, холеры, газовой гангрены, сибирской язвы, брюшного тифа, паратифа и других, в целях их использования в бактериологической войне.

В процессе этих исследований производились опыты не только над животными, но и над живыми людьми, для чего была организована внутренняя тюрьма, рассчитанная на 300—400 человек.

Второй отдел — так называемый экспериментальный — производил проверку бактериологического оружия в условиях полигона, а также в боевой обстановке.

Второму отделу подчинялась специальная авиационная часть с самолётами, оборудованными аппаратурой, и полигон на станции Аньда. Этому же отделу подчинялось отделение по культивированию и размножению паразитов для распространения эпидемий чумы.

Второй отдел разрабатывал специальные виды вооружения для распространения бактерий: распылители в виде автоматических ручек, тросточек, фарфоровые авиабомбы и т. п. Из обнаруженного в японских архивах табеля вооружения диверсионных групп видно, что распылители-авторучки были приняты японцами на вооружение (т. 16, л. д. 16).

Один из отделов именовался «учебно-просветительным» и готовил для боевых подразделений японской армии и диверсионных групп специальные кадры, умеющие пользоваться оружием бактериологической войны.

В целях массового изготовления бактерий в количестве, достаточном для обеспечения бактериологической войны, отряд № 731 имел производственный (четвёртый) отдел, представлявший из себя, по выражению его начальника — обвиняемого **Кавасима**, «фабрику» по массовому изготовлению различных бактерий.

Этот отдел имел мощную аппаратуру, разделённую на две секции, каждая из которых могла самостоятельно производить бактерии. Первая секция имела следующее основное оборудование: 4 котла для приготовления питательной среды для бактерий, ёмкостью в одну тонну каждый; 14 автоклавов для стерилизации питательной среды, длиной 3 метра и диаметром 1,5 метра каждый. В таком автоклаве помещалось до 30 культиваторов особой системы, изобретённой начальником отряда № 731 **Исии**. В первой секции имелись две комнаты для охлаждения питательной среды. В каждой из них могло быть одновременно помещено до 100 культиваторов. В этой же секции имелось пять термостатов общей ёмкостью в 620 культиваторов системы Исии.

Вторая секция имела два котла ёмкостью 2 тонны каждый, 8 автоклавов вместимостью каждый по 60 культиваторов и другое оборудование.

В отделе также имелся особый холодильник для хранения готовой «продукции».

Исходя из имеющихся данных о мощности ведущих звеньев оборудования для выращивания бактерий в отряде № 731, экспертиза определила, что за один производственный цикл, длящийся всего несколько дней, это оборудование могло обеспечить выход в одном только отряде № 731 не менее 30 000 000 миллиардов микробов. Экспертиза подчёркивает, что это количество микробов, учитывая срок изготовления, следует считать исключительно большим.

Такое интенсивное производство привело работников отрядов №№ 731 и 100 к измерению производимой ими бактериальной массы килограммами. Этим и объясняется, что в показаниях обвиняемых фигурирует измерение количества бактерий килограммами, причём речь идёт о весе густой сметанообразной бактериальной массы, непосредственно снятой с поверхности питательной среды.

Так, определяя производственную мощность отряда № 731, обвиняемый **Кавасима** показал:

> «...Производственный отдел, исходя из наличия производственной аппаратуры и степени её мощности... мог ежемесячно изготавливать до 300 кг. бактерий чумы» (т. 3, л. д. 317).

Другой обвиняемый, **Карасава**, дал аналогичные показания:

> «...Производственную мощность отдела по изготовлению бактерий в течение одного месяца можно было довести... при условии переключения всей аппаратуры... до 300 кг. бактерий чумы» (т. 4, л. д. 286).

Как установлено следствием и подтверждено экспертизой, все эти огромные массы болезнетворных микробов, в числе которых были возбудители чумы, холеры, брюшного тифа и другие, предназначались для производства бактериологического оружия с целью массового истребления людей.

В отряде № 731 и его филиалах производилось также массовое выращивание блох для последующего заражения их бактериями. Для разведения и заражения блох применялись крысы, мыши и другие грызуны, которые заготовлялись не только личным составом бактериологических формирований, но и специальными командами, выделяемыми линейными частями Квантунской армии.

Что касается масштабов выращивания блох, то они определялись наличием в отряде № 731 — 4 500 питомников (инкубаторов), предназначенных для разведения блох путём вскармливания их на грызунах.

Производственная мощность этих инкубаторов позволяла на протяжении коротких сроков получать, как об этом показывают обвиняемые, килограммы блох, заражённых чумой, что соответствует, по исчислению экспертов, многим десяткам миллионов экземпляров этих паразитов, которые были предназначены исключительно в качестве бактериологического оружия.

О масштабах работ по разведению блох свидетельствует хотя бы тот факт, что только в одном филиале № 543 в Хайларе летом 1945 года, по показаниям свидетеля **Морита,** одновременно содержалось около 13 000 крыс (т. 2, л. д. 239).

Как установлено предварительным следствием, такая же подготовка к бактериологической войне велась японскими бактериологическими отрядами, имевшими условные наименования «Нами» и «Эй» в Центральном и Южном Китае, которыми командовал в 1941—1943 годах обвиняемый генерал-майор медицинской службы **Сато.**

По личному признанию обвиняемого **Сато,** отряд «Эй» располагал большой производственной мощностью по выращиванию бактерий для ведения бактериологической войны.

По заключению судебно-медицинской экспертизы, производственная мощность отрядов №№ 731 и 100 и характер их деятельности были рассчитаны на ведение активной бактериологической войны (т. 9, л. д. 155).

Как показал обвиняемый **Ямада,** японской армией

> «...были утверждены и приняты на вооружение 3 основных метода применения бактериологического оружия, т. е. распыление бактерий с самолёта, сбрасывание бактериологических бомб и, наконец, метод диверсий...» (т. 18, л. д. 131).

По планам японских империалистов, специально оборудованные самолёты, особо обученные воинские команды, банды диверсантов должны были распространять на фронте и в тылу противника в больших количествах смертоносные бактерии чумы, холеры, тифа, сапа, сибирской язвы и других острых инфекционных болезней, заражая всевозможными способами населённые пункты, водоёмы, колодцы, посевы и скот. Рассчитывая использовать свойства быстрого размножения смертоносных бактерий, злодейские планы японских империалистов предусматривали распространение среди войск и мирного населения эпидемий чумы, холеры и др., которые, по их замыслам, должны были повлечь за собой страшный мор, мучительную смерть миллионов людей. Они готовы были применить это бесчеловечное оружие, представляющее собой громадную угрозу не только для населения воюющих стран, но и для нейтральных государств.

Преступные опыты над живыми людьми

Основным методом проверки действия бактериологического оружия являлись преступные, бесчеловечные опыты над живыми людьми, проводившиеся систематически и в массовых масштабах.

Преступные опыты производились над китайскими патриотами, участниками движения сопротивления против японских оккупантов, и над советскими гражданами, которых органы японской жандармерии обрекали на мучительное уничтожение.

Как установлено следствием, зверское умерщвление людей путём производства над ними преступных опытов производилось работниками японских бактериологических отрядов с ведома и согласия командующего Квантунской армией.

Обвиняемый **Ямада** признал, что он допускал производство опытов над живыми людьми.

Ямада показал:

«Я... допускал их проведение и тем самым фактически санкционировал насильственное умерщвление китайцев, русских и маньчжур, направленных для производства опытов подчинёнными мне органами Квантунской жандармерии и японских военных миссий...» (т. 18, л. д. 174).

О производстве опытов по заражению людей тифом показал допрошенный в качестве свидетеля **Фуруичи**.

Он показал:

«...Примерно в начале 1943 года я впервые принял участие в опытах по заражению тифом людей, содержащихся в тюрьме 731-го отряда, по указанию начальника 1-го отдела **Табеи.** Я приготовил один литр подслащённой воды, которую заразил бактериями тифа. Этот литр впоследствии был мною разведён водой, которая была роздана, примерно, 50-ти заключённым китайцам, насколько я помню, военнопленным, причём только некоторым из них до этого была сделана противотифозная прививка» (т. 5, л. д. 308).

Допрошенный по поводу деятельности 1-го отдела отряда № 731 обвиняемый **Кавасима Киоси** показал:

«...В 731 отряде широко применялись эксперименты по действию всех смертоносных бактерий на живых людях. Материалом для этого являлись заключённые китайские патриоты и русские, которых органы японской контрразведки обрекали на истребление...» (т. 3, л. д. 59).

«...для размещения и содержания заключённых 731 отряд имел специальную тюрьму, где в условиях строгого режима и изоляции содержались подопытные, которые сотрудниками отряда в целях конспирации обычно назывались «брёвнами»» (т. 3, л. д. 146).

Бесчеловечные опыты над живыми людьми проводились также и в полевых условиях, близких к боевой обстановке, на специально оборудованных полигонах. Заключённых привязывали в поле к железным столбам, после чего на них испытывали действие различных бактериологических снарядов.

Обвиняемый **Карасава** показал:

«...Мне лично пришлось дважды присутствовать на полигоне Аньда при производстве испытаний действия бактерий на живых людях в полевых условиях. Первый раз я был на полигоне в конце 1943 года; в этом случае на полигон было доставлено человек 10, которых привязали к заранее вкопанным в землю столбам, в пяти метрах один от другого, и метрах в пятидесяти от них была взорвана с помощью электрического тока осколочная бомба. В результате часть подопытных людей была ранена осколками бомбы и одновременно, как потом мне стало известно, заражена сибирской язвой, т. к. бомба была начинена этими бактериями...»

«Второй раз я присутствовал на полигоне весной 1944 года; было доставлено человек 10, которые, как и в первом случае, были привязаны к столбам. Затем был взорван баллон, наполненный бактериями чумы, примерно в 10 метрах от подопытных людей» (т. 4, л. д. 42).

Другой участник аналогичных преступных опытов на полигоне в районе ст. Аньда, обвиняемый **Ниси Тосихидэ,** показал:

«...В январе 1945 года в моём присутствии на полигоне отряда № 731 ст. Аньда начальником второго отдела отряда подполковником **Икари**, вместе с научным сотрудником того же отдела **Футаки,** был произведён опыт над 10 военнопленными китайцами по заражению газовой гангреной. Все 10 человек пленных китайцев на расстоянии 10—20 метров один от другого были привязаны к столбам, затем электротоком была взорвана бомба, в результате все 10 человек получили ранения шрапнелью, заражённой газовой гангреной, и через неделю все они умерли в тяжёлых мучениях» (т. 7, л. д. 113).

Трупы замученных сжигались в специальном крематории, оборудованном в отряде № 731 в непосредственной близости тюрьмы.

Допрошенные по делу свидетели и обвиняемые показали о бесчеловечных пытках, насилиях и издевательствах, которым подвергались все, кто попадал в качестве «подопытного материала» в застенки внутренней тюрьмы отряда № 731.

Свидетель **Куракадзу** показал:

«...На каждом из этажей было по нескольку комнат для лабораторий, а в середине размещались камеры, где содержались подопытные люди, или, как мне говорил фельдфебель **Тасака,** эти люди назывались в отряде «брёвнами»... Среди содержавшихся в тюрьме людей, кроме китайцев, я хорошо помню, что были и русские люди. В одной из камер я видел женщин китаянок... Все люди, содержащиеся в камерах, на ногах имели кандалы... у 3 китайцев пальцы на руках отсутствовали, а у остальных видны были кости пальцев.

Иосимура мне пояснил, что это результат проводимых им опытов по обмораживанию...» (т. 2, л. д. 371).

Допрошенный в качестве свидетеля бывший заместитель начальника японского лагеря «Хогоин» **Ямагиси** показал:

«...Фамилий всех лиц, отправленных на уничтожение в 731 отряд, я не помню. До сего времени сохранились в памяти следующие лица: ...Солдат Советской Армии Д е м ч е н к о, который в категорической форме отказался давать какие-либо сведения о Советском Союзе. С моего разрешения к нему применялись меры физического воздействия. Его следователи подвергали пытке, подвешивая за руки, за ноги к балке. Д е м ч е н к о всё же показаний не давал.

Тогда я решил его физически уничтожить и с этой целью отправил его в 731 отряд» (т. 2, л. д. 174).

Об отправке из лагеря «Хогоин» советских людей для уничтожения показал также и свидетель **Иидзима.**

«...Всего мною за несколько раз из лагеря «Хогоин» на верную смерть было отправлено около 40 советских граждан, которые под опытами умирали...» (т. 6, л. д. 242).

Над заключёнными, попавшими в отряд № 731, бесчеловечные опыты продолжались до тех пор, пока не наступала смерть.

«Если заключённый, несмотря на заражение его смертоносными бактериями, выздоравливал,— показал обвиняемый **Кавасима,**— то это не спасало его от повторных опытов, которые продолжались до тех пор, пока не наступала смерть от заражения. Лиц, подвергавшихся заражению, лечили, исследуя различные методы лечения, нормально питали и после того, как они окончательно поправлялись, их использовали для следующего эксперимента, заражая другим видом бактерий. Во всяком случае живым из этой фабрики смерти никто никогда не выходил...» (т. 3, л. д. 60).

Органы японской жандармерии и японских военных миссий в Маньчжурии в соответствии с имевшимися у них указаниями и по договорённости с начальниками отрядов направляли в отряды заключённых из числа китайцев, маньчжур и советских граждан, которые и служили в качестве «специального материала» для так называемых «исследований». Для конспирации в официальных жандармских документах был выработан специальный термин — «особые отправки».

Бывший японский советник жандармерии армии Маньчжоу-Го свидетель **Тачибана Такео** показал:

«...была категория таких подследственных, которая по линии особого отдела вверенного мне жандармского управления подлежала уничтожению. К ним относились... партизаны, лица, резко настроенные против японских властей в Маньчжурии и др. На этих арестованных дела в суд не оформлялись, т. к. мы их направляли для уничтожения в 731 бактериологический отряд...» (т. 6, л. д. 95).

Другой свидетель, **Кимура,** бывший адъютант начальника японской жандармерии в гор. Харбине, на допросе подтвердил, что в его присутствии начальник отряда № 731 генерал **Исии** в разговоре с начальником харбинского управления жандармерии **Касуга Каору** выражал уверенность в том, что и впредь он будет получать для «экспериментов» арестованных таким же образом, как он получал их ранее (т. 2, л. д. 194).

Официальные документы японских жандармских управлений, захваченные советскими войсками в японских архивах в Маньчжурии, подтверждают, что с 1939 года и позже существовали так называемые «особые отправки» заключённых. В частности был обнаружен приказ № 224 начальника жандармерии Квантунской армии генерал-майора **Сирокура** об «особой отправке» в 1939 году 30 заключённых отряду **Исии** (т. 17, л. д. 35—38).

О массовом характере истребления заключённых свидетельствуют показания обвиняемого **Кавасима Киоси:**

«В 731 отряд ежегодно доставлялось от 500 до 600 заключённых. Я видел, как сотрудники 1 отдела отряда принимали их от жандармерии целыми партиями» (т. 3, л. д. 59).

«...На основании известных мне сведений, которыми я располагаю по роду своей службы в отряде, я могу сказать, что в 731 отряде ежегодно умирало от производства опытов, примерно, не менее 600 человек» (т. 3, л. д. 146).

«...За пять лет пребывания отряда на станции Пинфань, т. е. с 1940 по 1945 год, через эту фабрику смерти было пропущено не менее трёх тысяч человек, уничтоженных путём заражения смертоносными бактериями. Какое количество погибло до 1940 года, мне неизвестно» (т. 3, л. д. 60—61).

Аналогичные преступления совершались и в отряде № 100, где производством опытов над живыми людьми специально занималось 6-е отделение 2-го отдела.

Характеризуя деятельность отряда № 100, лаборант этого отряда свидетель **Хатаки Акира** заявил:

«...отряд № 100 Квантунской армии назывался противоэпизоотическим, фактически же он являлся бактериологическим отрядом, т. к. там размножались и культивировались бактерии сапа, сибирской язвы, чумы рогатого скота, т. е. возбудителей эпизоотических болезней. В отряде № 100 исследование действия бактерий производилось путём опытов над домашними животными и живыми людьми, для чего в отряде имелись лошади, коровы и др. животные, а также в изоляторе содержались и живые люди, о чём мне известно из того, что я видел сам лично» (т. 13, л. д. 111).

Другой свидетель, **Фукузуми Мицуёси**, служивший в отряде № 100 ветеринарным врачом, показал:

«...Отряд № 100, как экспериментальный, был укомплектован научными работниками бактериологами, химиками, ветеринарными врачами и агрономами. Вся работа, проводимая в данном отряде, была направлена на подготовку диверсионно-бактериологической войны против Советского Союза. Сотрудниками данного отряда и его филиалов велась научно-исследовательская работа... по изысканию способов массового применения бактерий и остро-действующих ядов для массового уничтожения животных и людей».

«...Чтобы устанавливать эффективность действия этих ядов, производились эксперименты над животными и живыми людьми...» (т. 13, л. д. 48).

Обвиняемый **Митомо**, служивший в отряде № 100, признал, что лично им был умерщвлён ряд заключённых после производства над ними бесчеловечных опытов (т. 12, л. д. 192).

Митомо показал:

«...Был такой случай. Над одним русским в течение двух недель в августе месяце 1944 года проводились различные опыты. Организм его истощал, и **Мацуи** дал указание убить этого русского путём введения в организм цианистого калия...

Под видом лечения ему был сделан укол... цианистого калия, и русский сразу же после укола умер. Укол сделал я в карцере...

Двое русских при мне были расстреляны жандармом в начале сентября 1944 года на скотомогильнике и там зарыты в землю. Они были расстреляны по указанию поручика **Накадзима.** Расстреляли их потому, что над ними нельзя было больше проводить опыты ввиду их истощённости и непригодности для дальнейших опытов» (т. 12, л. д. 149).

Помимо преступных опытов по заражению заключённых чумой и другими острыми инфекционными заболеваниями, в отряде № 731 широко производились бесчеловечные эксперименты по обмораживанию конечностей живых людей. Заключённых заставляли держать руки и ноги в специальных ящиках со льдом, до тех пор пока не наступало обмораживание конечностей.

Свидетель **Фуруичи** показал:

«...Группа русских, маньчжур, китайцев, монголов с закованными в кандалы ногами каждый раз в количестве от 2 до 16 человек выводились на мороз, где их под угрозой оружия заставляли погружать оголённые руки (иногда по одной, иногда обе сразу) в бочки с водой, затем оголённые смоченные руки заставляли держать на морозе от 10 минут до 2 часов, в зависимости от температуры воздуха и, когда наступало обморожение, отводили их (людей) в лабораторию при тюрьме» (т. 5, л. д. 317).

В большинстве случаев эти преступные опыты кончались гангреной, ампутацией конечностей и смертью подопытных людей. Целью этих опытов было изыскание способов борьбы с обмораживанием конечностей во время запланированных боевых действий против Советского Союза.

Применение бактериологического оружия для войны против Китая

Готовясь к бактериологической войне в крупных масштабах, японские империалисты уже в 1940 году частично применили бактериологическое оружие в ходе развязанной ими агрессивной войны против Китая.

Летом 1940 года специальная бактериологическая экспедиция, возглавляемая начальником 731 отряда генералом **Исии**, была направлена в район боевых действий в Центральный Китай. В районе Нимбо самолёты отряда № 731 произвели заражение территории противника чумой с помощью чумных блох, в результате чего там вспыхнула эпидемия чумы (т. 3, л. д. 73).

Допрошенный по поводу организации указанной экспедиции обвиняемый **Карасава Томио** показал:

> «...Во второй половине 1940 года от моего непосредственного начальника майора **Судзуки** я получил приказание изготовить 70 кг. бактерий брюшного тифа и 50 кг. бактерий холеры. При этом майор **Судзуки** мне пояснил, что распоряжение об изготовлении бактерий он получил от начальника отряда генерала **Исии**, который готовился для осуществления специальной экспедиции отряда по применению бактерий против китайской армии... Мною это распоряжение было выполнено. Одновременно, со слов сотрудников 2-го отдела, мне было известно, что для экспедиции генерала **Исии** 2-м отделом было выращено 5 кг. блох, заражённых чумой, как распространителей этой инфекции. В сентябре месяце 1940 года генерал **Исии** с группой других офицеров отряда выехали в гор. Ханькоу и возвратились обратно в декабре 1940 года. Офицеры, выезжавшие с генералом **Исии**, по возвращении в отряд рассказывали, что применение блох, заражённых чумой, дало положительные результаты. В результате распространения блох вспыхнула эпидемия чумы. Один из участников этой экспедиции, майор **Нодзаки**, в качестве доказательства показал мне китайскую газету, где была помещена статья, в которой указывалось, что в районе города Нимбо вспыхнула эпидемия чумы. Далее автор статьи делал правильный вывод о том, что виновниками

этой вспышки чумы являются японцы, так как очевидцы видели японский самолёт, пролетавший в этом районе и что-то сбрасывавший на небольшой высоте. Указанную статью я читал лично сам» (т. 4, л. д. 43).

Обвиняемый **Ниси Тосихидэ**, лично видевший в отряде № 731 секретный документальный кинофильм, отображавший боевые действия японского бактериологического отряда против китайских войск, показал:

«...На экране были показаны следующие кадры: к самолётам прикрепляют специальные сосуды, причём в пояснении говорилось, что в этих сосудах помещены блохи, заражённые чумой... Самолёт снят в воздухе над расположением противника. На земле видно какое-то движение китайских войск и населённый пункт».

Далее **Ниси** показал, как на экране демонстрировался момент самой бактериологической атаки и её окончание:

«Самолёт возвращается на аэродром. Следует надпись «операция закончена». Из самолёта выходят **Исии** и **Икари.** Следует надпись «результаты». На экране показана китайская газета и японский перевод. В китайской газете написано, что в районе Нимбо внезапно вспыхнула сильная эпидемия чумы» (т. 7, л. д. 58).

Помимо приведённых выше показаний обвиняемых **Карасава** и **Ниси,** факт переброски специальной экспедиции в район боевых действий в Центральном Китае подтверждается обнаруженными в архивах японской Квантунской армии документами. В частности был обнаружен приказ бывшего командующего японской Квантунской армией генерала **Умедзу** от 25 июля 1940 года № 659-Хэй, которым начальнику полевой железной дороги Квантунской армии предписывалось произвести переброску в Центральный Китай группы сотрудников отряда № 731 и специального особо секретного груза. Был также найден изданный во исполнение этого приказа приказ начальника полевой железной дороги Квантунской армии генерал-лейтенанта **Кусаба** от 26 июля 1940 года за № 178, в котором также была подчёркнута особая секретность груза, ввиду чего предлагалось не вписывать в график его наименования, и был указан маршрут станция Пинфань—Харбин—Мукден—Шаньхайгуань и Тяньцзин (т. 15, л. д. 35—39).

В 1941 году состоялась экспедиция отряда № 731 в Центральный Китай в район гор. Чандэ. Во время этой экспедиции японские самолёты произвели заражение местности чумными блохами.

В 1942 году, в момент отступления японских войск на одном из участков боевых действий в Центральном Китае, отрядом № 731 была организована ещё одна экспедиция.

О подготовке этой экспедиции обвиняемый **Карасава** показал:

> «...Экспедиция под руководством генерала **Исии** против китайских войск состоялась в середине 1942 года.
>
> ...Перед этой экспедицией, для её осуществления, под моим руководством, по распоряжению того же майора **Судзуки** было изготовлено 130 кг. бактерий паратифа и сибирской язвы. Насколько мне известно, в этой экспедиции использовались и блохи, как распространители эпидемий... Для проведения экспедиции генерал **Исии** с группой выезжал в Центральный Китай, где в это время японские войска отступали. Используя отступление войск, участники экспедиции распространяли бактерии на оставляемой территории для поражения эпидемиями наступающих китайских войск» (т. 4, л. д. 44).

Это показание обвиняемого **Карасава** полностью подтвердил другой обвиняемый — **Кавасима Киоси:**

> «...В июле 1942 года, после предварительной подготовки, экспедиция несколькими партиями направилась в Центральный Китай...» «Способ применения бактериологического оружия в этом случае являлся наземным и заражение территории производилось по принципу диверсионных действий...»
>
> «Наступающие китайские войска вступали в заражённую зону и подвергались действию бактериологического оружия».

В этой операции, как устанавливается показаниями свидетеля **Мисина Такаюки**, бывшего начальника информационно-разведывательного отдела штаба 13 японской армии, участвовали также сотрудники бактериологического отряда «Эй» (т. 6, л. д. 307).

Активизация подготовки бактериологической войны против СССР

В 1941 году, после вероломного нападения гитлеровской Германии на СССР, японские милитаристы, выжидая удобный момент для вступления в войну против Советского Союза, деятельно форсировали развёртывание и подготовку в Маньчжурии бактериологических отрядов и их филиалов, созданных для ведения бактериологической войны.

В соответствии с планом «Кан-Току-Эн» (т. е. планом развёртывания японской Квантунской армии для нападения на СССР, принятым летом 1941 года) отрядами №№ 731 и 100 была организована специальная подготовка кадров офицеров и унтер-офицеров по освоению и применению бактериологического оружия.

Бывший начальник ветеринарной службы Квантунской армии генерал-лейтенант **Такахаси Такаацу** показал:

«...После выхода в свет оперативного плана «Кан-Току-Эн», при штабе каждой армии, находившейся в Маньчжурии, были созданы «эпизоотические» отряды. Начальниками этих отрядов были врачи специалисты бактериологи, направленные из отряда № 100... Инициатором создания таких отрядов являлось первое оперативное управление генерального штаба японской армии... Задачами эпизоотических отрядов являлись подготовка и ведение бактериологической войны и диверсии против Советского Союза...» (т. 11, л. д. 53—54).

Обвиняемый **Кавасима,** касаясь вопроса об усилении Японией подготовки к бактериологической войне в 1941 году, показал:

«...Летом в 1941 году, после начала войны Германии с Советским Союзом, в одно из моих посещений генерала **Исии,** в присутствии начальников отделов подполковника **Мураками** и полковника **Оота Акира** генерал **Исии,** говоря о необходимости усиления работы отряда, зачитал нам приказ начальника генерального штаба Японии, который требовал форсировать работы по исследованию бактерий чумы, как средства бактериологической войны. В приказе особо отмечалась необходимость массового выращивания блох — **переносчиков** чумных болезней» (т. 3, л. д. 28—29).

Характеризуя состояние готовности Японии к бактериологической войне к моменту нападения гитлеровской Германии на СССР, бывший начальник учебно-просветительного отдела отряда № 731, обвиняемый **Ниси** показал:

«...К моменту нападения Германии в 1941 году на Советский Союз и сосредоточения Квантунской армии в Маньчжурии на границе Советского Союза в отряде № 731 научно-исследовательские работы по созданию эффективных средств бактериологического нападения были в основном решены и дальнейшая деятельность отряда шла по линии усовершенствования процесса массового производства бактерий и способов их распространения. Было установлено, что наиболее эффективным средством нападения являются бактерии чумы» (т. 7, л. д. 124).

В 1942 году отрядами №№ 731 и 100 была произведена специальная разведка пограничных районов Советского Союза для подготовки к ведению бактериологической войны. Ещё ранее отрядом № 100 по указанию штаба японской Квантунской армии систематически направлялись на границы Советского Союза бактериологические группы, производившие на протяжении ряда лет в диверсионных целях заражение пограничных водоёмов, в частности в районе Трёхречья.

Факты эти устанавливаются показаниями обвиняемых **Хиразакура, Митомо**, а также свидетелей **Ёсикава** и др. (т. 12, л. д. 94 и 192; т. 13, л. д. 57—58).

В сентябре 1944 года с целью испытания эффективности бактериологического оружия на полигоне отряда № 731 в районе ст. Аньда отрядом № 100 были проведены так называемые манёвры с участием представителей штаба Квантунской армии.

Один из участников этих манёвров, свидетель **Фукузуми Мицуёси**, показал:

«...Изыскания способов массового применения бактерий производились путём проведения экспериментов на специальных полигонах с применением специальных аппаратов и самолётов. Такие эксперименты в большом разрезе назывались «манёврами». Такие «манёвры» были проведены в сентябре 1944 года на ст.

Аньда... Эксперименты были произведены над стадом в 300 голов рогатого скота и овец. Данный эксперимент показал хороший результат, так как все животные были поражены и пали. На эти манёвры на самолёте прилетали представители из штаба Квантунской армии» (т. 13, л. д. 49).

Второй период особо активной деятельности отрядов №№ 731 и 100 и их филиалов по подготовке бактериологической войны против Советского Союза относится к 1945 году.

Обвиняемый **Ниси** по этому поводу показал:

«...В мае 1945 года, во время моего личного доклада генералу **Исии**, он мне особенно подчеркнул необходимость усилить работу по производству бактериологического материала и в первую очередь по чуме, так как, по его словам, события развиваются так, что в любой день может возникнуть необходимость бактериологического нападения на противника» (т. 7, л. д. 130).

В связи с этими указаниями все филиалы отряда № 731 усилили свою деятельность по массовой ловле и разведению грызунов (мышей и крыс), необходимых для размножения блох с последующим заражением их чумой. Для этой цели как в филиалах, так и в воинских частях создавались специальные команды (т. 10, л. д. 30, 176 и 193; т. 2, л. д. 168).

В тот же период времени усилилась деятельность по экспериментальным работам, была произведена замена оборудования в целях увеличения производственной мощности и создания запасов бактериологических материалов.

Бывший главнокомандующий японской Квантунской армией генерал **Ямада**, допрошенный по поводу производственного потенциала подчинённых ему бактериологических отрядов, признал, что эта мощность являлась настолько значительной, что один только «731 отряд в необходимых случаях мог бы обеспечить своим оружием японскую армию для ведения бактериологической войны» (т. 2, л. д. 6).

* *
*

Советский Союз и его вооружённые силы сорвали преступные замыслы правящей клики империалистической Японии по развязыванию бактериологической войны.

Вступив на территорию Маньчжурии, советские войска нанесли стремительный парализующий противника удар, в кратчайшие сроки разгромили главную военную силу Японии — Квантунскую армию и принудили империалистическую Японию к безоговорочной капитуляции.

«...Вступление в войну против Японии Советского Союза и стремительное продвижение Советской Армии в глубь Маньчжурии,— показал обвиняемый **Ямада,**— лишило нас возможности применять бактериологическое оружие против СССР и других стран...» (т. 18, л. д. 133).

Накануне капитуляции в целях сокрытия следов совершённых злодеяний японское командование уничтожило здания, оборудование и документы бактериологических отрядов и их филиалов.

* *
*

Таким образом, предварительным следствием установлено, что направляемая генеральным штабом Японии и командующим Квантунской армией практическая деятельность бактериологических отрядов №№ 731 и 100 заключалась в подготовке и ведении бактериологической войны и входила составной частью в общий план преступного заговора правящей клики империалистической Японии.

Установлено также, что для достижения своих преступных планов японские милитаристы не останавливались ни перед какими злодеяниями, вплоть до бесчеловечных опытов над живыми людьми и истребления нескольких тысяч заключённых путём насильственного заражения их смертоносными бактериями.

Персональная ответственность обвиняемых

Преступная деятельность каждого из обвиняемых, привлечённых по настоящему делу, конкретно выражалась в следующем:

1. **Ямада Отозоо** с 1944 года по день капитуляции японской армии, являясь главнокомандующим японской

Квантунской армией, руководил деятельностью специальных отрядов №№ 731 и 100 по подготовке бактериологической войны.

На протяжении этого времени **Ямада** лично и через ответственных штабных офицеров инспектировал эти отряды, неоднократно выслушивал доклады руководителей отрядов и принимал меры к тому, чтобы эти отряды были в состоянии постоянной боевой готовности.

Из личных наблюдений и докладов командования бактериологических отрядов обвиняемый **Ямада** был в курсе преступных опытов над живыми людьми и поощрял эти злодеяния. Таким образом, **Ямада** ответственен за зверские убийства тысяч людей, которые были умерщвлены путём заражения их смертоносными бактериями.

Обвиняемый **Ямада**, характеризуя свою роль в руководстве отрядом № 731, показал:

> «Отряд № 731 был подчинён непосредственно мне, как главнокомандующему Квантунской армией. Тактическое руководство отрядом № 731, связанное со всеми вопросами производства бактериологического оружия и его применения, принадлежало мне. Это означало, что если бы возникла необходимость в применении бактериологического оружия против войск противника, то приказ об этом должен был исходить только от меня, поскольку отряд № 731 являлся особой войсковой частью моего подчинения» (т. 18, л. д. 383).

На тех же основаниях обвиняемому **Ямада** был подчинён бактериологический отряд № 100 (т. 18, л. д. 392).

2. **Кадзицука Рюдзи**, занимая с 1939 года должность начальника санитарного управления Квантунской армии, непосредственно руководил работой отряда № 731, осуществлявшего деятельную подготовку к бактериологической войне. **Кадзицука** являлся одним из инициаторов изыскания способов применения бактериологического оружия.

Уже в 1931 году **Кадзицука** активно поддерживал одного из идеологов бактериологической войны, **Исии Сиро**, в его требованиях усилить изыскания бактериологического оружия для военных целей.

В 1934—1936 годах, возглавляя отдел санитарного управления военного министерства Японии, обвиняемый

Кадзицука принимал активное участие в создании и комплектовании отряда № 731 соответствующими специалистами и в частности способствовал назначению на должность начальника отряда № 731 **Исии Сиро.**

Допрошенный в качестве обвиняемого **Кадзицука** признал свою полную осведомлённость о всей деятельности отряда № 731 и его филиалов, начиная от преступных опытов над живыми людьми и кончая применением бактериологического оружия.

«...Я был хорошо осведомлён,— заявил обвиняемый **Кадзицука,**— о том, что в целях изыскания наиболее эффективных видов бактериологического оружия в 731 отряде непрерывно велись опыты над живыми людьми. Я знал, что 731 отряд применял бактериологическое оружие в 1941—1942 годах против китайской армии и мирного населения...

Отряды и войсковая медико-санитарная служба, возглавляемая мною, были готовы к бактериологической войне» (т. 1, л. д. 115, 119—121).

Кадзицука отрицает своё личное участие в непосредственной практической деятельности по подготовке бактериологической войны против СССР, однако в этом полностью изобличается показаниями обвиняемых **Ямада, Такахаси** и свидетелей **Кавано Нобукацу** и других (т. 2, л. д. 49—63 и т. 18, л. д. 427).

3. **Такахаси Такаацу,** занимая с 1941 года по день капитуляции Японии пост начальника ветеринарной службы японской Квантунской армии и осуществляя непосредственное руководство деятельностью отряда № 100, принимал активное участие в подготовке бактериологической войны.

Касаясь своей роли в деятельности отряда № 100, обвиняемый **Такахаси** показал:

«...Я руководил подготовкой бактериологической войны и бактериологических диверсий против Советского Союза».

«Я приказывал изготовлять и контролировал производство бактерий сапа, сибирской язвы, вирусов чумы рогатого скота и мозаики в отряде № 100 с целью применения их в бактериологической войне и бактериологических диверсиях против Советского Союза» (т. 11, л. д. 117).

Руководя работой отряда № 100, обвиняемый **Такахаси** постоянно пропагандировал идею бактериологического оружия, как одного из наиболее эффективных средств войны (т. 11, л. д. 113, 117—120).

4. **Кавасима Киоси** с 1941 по 1943 год являлся начальником производственного отдела отряда № 731 и организовывал массовое производство бактериологического оружия.

Обвиняемый **Кавасима** принимал личное участие в проводимых отрядом массовых преступных «исследованиях» и «опытах» над живыми людьми.

По этому поводу обвиняемый **Кавасима** показал:

> «...Я сознаю, что применявшиеся нами методы производства опытов над живыми людьми, массовое умерщвление их путём воздействия смертоносных бактерий, являются варварскими и преступными против человечества» (т. 3, л. д. 147).

В 1942 году обвиняемый **Кавасима** принял участие в обеспечении боевыми средствами специальной экспедиции, направленной в Центральный Китай для боевого применения там бактериологического оружия (т. 3, л. д. 141, 145—147).

5. **Ниси Тосихидэ,** занимая с января 1943 года по 1945 год должность начальника филиала № 673 отряда № 731 в гор. Суньу, руководил всеми работами возглавляемого им филиала по обеспечению отряда № 731 необходимыми материалами для производства бактериологического оружия.

С июля 1944 года обвиняемый **Ниси,** являясь по совместительству начальником так называемого учебно-просветительного отдела отряда № 731, руководил подготовкой кадров для специальных подразделений, предназначенных для ведения бактериологической войны.

Обвиняемый **Ниси** лично участвовал в преступных, бесчеловечных опытах над людьми.

В 1945 году, при приближении советских войск, обвиняемый **Ниси** для сокрытия следов своей преступной деятельности сжёг все служебные помещения и документы возглавляемого им филиала № 673 (т. 7, л. д. 108, 112—115).

6. **Карасава Томио,** занимая с 1943 по 1945 год должность начальника отделения производственного отдела от-

ряда № 731, являлся одним из активных организаторов массового производства бактериологического оружия.

В 1940—1942 годах обвиняемый **Карасава** принял деятельное участие в обеспечении бактериями специальных экспедиций 731 отряда, направленных в Центральный Китай для боевого применения бактериологического оружия.

В 1943—1944 годах обвиняемый **Карасава** принимал непосредственное участие в преступных опытах по применению смертоносных бактерий на заключённых (т. 4, л. д. 158, 162—165).

7. **Оноуэ Масао,** занимая с октября 1943 года по 1945 год должность начальника филиала № 643 отряда № 731, непосредственно руководил всевозможными изысканиями наиболее эффективных боевых видов бактериологического оружия и способов его массового производства.

> «...Мне было известно,— показал обвиняемый **Оноуэ,**— что в 731 отряде производились работы по изысканию и изготовлению в массовом количестве бактериологических средств, предназначенных для бактериологической войны против Советского Союза...»
>
> «В руководимом мной 643 филиале производилось культивирование грызунов и чумных блох, которые направлялись в 731 отряд, где они использовались для изготовления бактериологического оружия» (т. 8, л. д. 102).

Под руководством обвиняемого **Оноуэ** имевшийся в филиале учебный отдел систематически готовил специальные кадры для ведения бактериологической войны.

В 1945 году в целях сокрытия совершённых преступлений, связанных с подготовкой бактериологической войны, обвиняемый **Оноуэ** уничтожил оборудование филиала и все его документы (т. 8, л. д. 98, 102—104).

8. **Сато Сюндзи** с 1941 по 1943 год являлся начальником отрядов «Нами» и «Эй», а с 1944 года в качестве начальника санитарной службы 5-й армии, входящей в состав японской Квантунской армии, руководил деятельностью филиала № 643 отряда № 731.

Возглавляя отряды «Нами» и «Эй», обвиняемый **Сато** принимал активное участие в изыскании и производстве бактериологического оружия.

Впоследствии, занимая пост начальника санитарной службы 5-й армии, обвиняемый **Сато** оказывал активную помощь и поддержку филиалу № 643 в увеличении производства бактериологического материала и отдал специальный приказ частям 5-й армии о заготовке грызунов для этого филиала.

Допрошенный в качестве обвиняемого **Сато** показал:

«Я, занимая пост начальника отряда «Эй»... возглавлял руководство отрядом по изысканию и массовому производству бактериологического оружия. С этой целью нанкинский отряд «Эй» был снабжён мощным оборудованием, укомплектован специалистами бактериологами и в массовом масштабе изготовлял смертоносные бактерии.

Действуя под моим руководством... учебный отдел готовил кадры бактериологов ежегодно до 300 человек с целью использования их в бактериологической войне» (т. 9, л. д. 150, 154—157).

Помимо своих показаний **Сато** изобличается показаниями обвиняемого **Оноуэ**, свидетелей **Мисина** и других (т. 2, л. д. 251; т. 17, л. д. 59—64).

9. **Хиразакура Дзенсаку** с июля 1942 года до капитуляции Японии, являясь сотрудником отряда № 100, принимал активное участие в изыскании и массовом производстве бактериологического оружия, предназначенного для нападения на Советский Союз.

В 1942—1944 годах обвиняемый **Хиразакура**, во главе разведывательно-диверсионных групп сотрудников отряда № 100, неоднократно принимал участие в специальной разведке против Советского Союза в целях изыскания наиболее эффективных способов применения бактериологического оружия против СССР. В тот же период он неоднократно в диверсионных целях производил отравление водоёмов на границе Советского Союза, в частности в районе Трёхречья (т. 18, л. д. 89, 93—96).

10. **Митомо Кадзуо** с апреля 1941 года по 1944 год являлся сотрудником отряда № 100 и принимал активное участие в изготовлении смертоносных бактерий для ведения бактериологической войны и осуществления диверсий против Советского Союза.

Митомо принимал личное участие в умерщвлении мучительным способом заключённых, на которых испытывалось действие отдельных видов бактериологического оружия.

В июле — августе 1942 года в составе разведывательно-диверсионной группы сотрудников отряда № 100 обвиняемый **Митомо** принимал участие в диверсионных операциях против Советского Союза в районе Трёхречья (т. 12, л. д. 187, 191—193).

11. **Кикучи Норимицу** с апреля 1943 года по август 1945 года служил рядовым в филиале № 643 отряда № 731. С февраля 1944 года по февраль 1945 года **Кикучи** являлся лаборантом 1 отделения этого филиала и помогал производить изыскания бактериологического оружия, занимаясь культивированием бактерий брюшного тифа и дизентерии. В июне 1945 года **Кикучи** прошёл переобучение на бактериологических курсах при отряде № 731, где готовились кадры для ведения бактериологической войны.

Это установлено как признанием самого **Кикучи,** так и показаниями свидетелей **Сайто Масатеру, Окада Мицусиге** и других (т. 19, л. д. 11—15 и 25—27).

12. **Курусима Юдзи** после получения в октябре 1944 года специальной подготовки служил в филиале № 162 отряда № 731 и в качестве санитара-лаборанта 1 отделения филиала принимал участие в культивировании бактерий холеры, тифа и др.

Курусима признал, что он был осведомлён о том, что отряд № 731 готовился к бактериологической войне и производил бактериологическое оружие (т. 20, л. д. 11—16).

Привлечённые в качестве обвиняемых **Ямада Отозоо, Такахаси Такаацу, Карасава Томио, Кавасима Киоси, Оноуэ Масао, Ниси Тосихидэ, Хиразакура Дзенсаку, Сато Сюндзи, Митомо Кадзуо, Кикучи Норимицу** и **Курусима Юдзи** в предъявленном им обвинении виновными себя признали полностью.

Обвиняемый **Кадзицука Рюдзи** виновным себя признал частично.

Помимо личных признаний, виновность всех обвиняемых по делу установлена многочисленными свидетельскими показаниями, документальными доказательствами и заключением судебно-медицинской экспертизы.

На основании изложенного

1. **Ямада Отозоо,** 1881 года рождения, уроженец города Токио, генерал, бывший главнокомандующий японской Квантунской армией;

2. **Кадзицука Рюдзи,** 1888 года рождения, уроженец города Тадзири, врач-бактериолог, генерал-лейтенант медицинской службы, бывший начальник медицинского управления японской Квантунской армии;

3. **Такахаси Такаацу,** 1888 года рождения, уроженец префектуры Акита, уезда Юри, города Хондзё, химик-биолог, генерал-лейтенант ветеринарной службы, бывший начальник ветеринарной службы японской Квантунской армии;

4. **Кавасима Киоси,** 1893 года рождения, уроженец префектуры Чиба, уезда Саниму, деревни Хасунума, врач-бактериолог, генерал-майор медицинской службы, бывший начальник производственного отдела отряда № 731 японской Квантунской армии;

5. **Ниси Тосихидэ,** 1904 года рождения, уроженец префектуры Кагосима, уезда Сацума, села Хиваки, врач-бактериолог, подполковник медицинской службы, бывший начальник учебно-просветительного отдела отряда № 731 японской Квантунской армии;

6. **Карасава Томио,** 1911 года рождения, уроженец префектуры Нагано, уезда Чисагата, деревни Тёосато, врач-бактериолог, майор медицинской службы, бывший начальник отделения производственного отдела отряда № 731 японской Квантунской армии;

7. **Оноуэ Масао,** 1910 года рождения, уроженец префектуры Кагосима, уезда Идзуми, города Комэноцу, врач-бактериолог, майор медицинской службы, бывший начальник филиала № 643 отряда № 731 японской Квантунской армии;

8. **Сато Сюндзи,** 1896 года рождения, уроженец префектуры Аичи, города Тоёхаси, врач-бактериолог, генерал-майор медицинской службы, бывший начальник санитарной службы пятой армии японской Квантунской армии;

9. **Хиразакура Дзенсаку,** 1916 года рождения, уроженец префектуры Исикава, города Каназава, ветеринарный врач, поручик ветеринарной службы, бывший сотрудник отряда № 100 японской Квантунской армии;

10. **Митомо Кадзуо,** 1924 года рождения, уроженец префектуры Сайтама, уезда Чичибу, деревни Харая, старший унтер-офицер, бывший сотрудник отряда № 100 японской Квантунской армии;

11. **Кикучи Норимицу,** 1922 года рождения, уроженец префектуры Эхиме, образование 9 классов, ефрейтор, бывший санитар-практикант лаборатории филиала 643 отряда № 731 японской Квантунской армии;

12. **Курусима Юдзи,** 1923 года рождения, уроженец префектуры Кагава, уезда Сёодзу, деревни Ноо, образование 8 классов, бывший санитар-лаборант филиала № 162 отряда № 731 японской Квантунской армии;—

ОБВИНЯЮТСЯ:

Ямада, Кадзицука, Такахаси и **Сато** в том, что они, занимая руководящие посты в японской армии, возглавляли деятельность специальных бактериологических формирований японской армии и направляли эту деятельность на производство бактериологического оружия для подготовки бактериологической войны против СССР и других государств.

Таким образом, эти обвиняемые активно участвовали в реализации преступных планов правящей клики империалистической Японии по развязыванию агрессивных войн и подготовке бактериологического оружия для массового истребления мирного населения.

Кроме того, обвиняемые **Ямада, Кадзицука** и **Такахаси** сознательно допускали производство преступных и бесчеловечных опытов над живыми людьми, в результате которых было умерщвлено мучительным способом не менее 3 000 человек, а обвиняемый **Сато,** руководя отрядами «Нами» и «Эй», лично возглавлял производство в них бактериологического оружия.

Преступные действия **Ямада, Кадзицука, Такахаси** и **Сато** предусмотрены ст. 1 Указа Президиума Верховного Совета СССР от 19 апреля 1943 года.

Кавасима, Карасава, Ниси, Оноуэ и **Хиразакура** — в том, что, являясь ответственными сотрудниками специальных бактериологических формирований японской армии, деятельность которых была направлена на подготовку и ведение бактериологической войны, принимали активное участие в изысканиях и производстве бактериологического оружия для массового истребления людей.

Обвиняемые **Кавасима** и **Карасава** принимали активное участие в ведении бактериологической войны против Китая, а **Хиразакура** — в бактериологических диверсиях против СССР.

Кроме того, **Кавасима, Карасава** и **Ниси** лично участвовали в преступных бесчеловечных опытах над живыми людьми.

Их действия предусмотрены ст. 1 Указа Президиума Верховного Совета СССР от 19 апреля 1943 года.

Митомо, Кикучи и **Курусима** — в том, что, являясь сотрудниками специальных бактериологических формирований японской армии, созданных для подготовки и ведения бактериологической войны, принимали участие в преступной деятельности этих формирований по производству бактериологического оружия для массового истребления людей.

Митомо также и в том, что принимал личное участие в злодейском умерщвлении людей путём производства над ними бесчеловечных опытов и в бактериологических диверсиях против СССР.

Эти преступления предусмотрены ст. 1 Указа Президиума Верховного Совета Союза ССР от 19 апреля 1943 года.

Все обвиняемые подлежат суду Военного Трибунала.

Военный прокурор Приморского военного округа
полковник юстиции *А. БЕРЕЗОВСКИЙ*.

16 декабря 1949 года.

ПОКАЗАНИЯ ОБВИНЯЕМЫХ И СВИДЕТЕЛЕЙ

ПРОТОКОЛ ДОПРОСА ОБВИНЯЕМОГО ЯМАДА ОТОЗОО

6 декабря 1949 года *Гор. Хабаровск*

Допрос ведётся на японском языке через переводчика Цвирова, который предупреждён об ответственности за заведомо ложный перевод по ст. 95 УК РСФСР.

Подпись *Цвиров.*

Вопрос: Понятна ли вам сущность предъявленного вам обвинения в соответствии с постановлением от 5 декабря 1949 года по ст. 1 Указа Президиума Верховного Совета Союза ССР от 19 апреля 1943 года?

Ответ: Предъявленное мне обвинение по ст. 1 Указа Президиума Верховного Совета Союза ССР от 19 апреля 1943 года в соответствии с постановлением от 5 декабря 1949 года мне понятно.

Вопрос: Признаёте ли вы себя виновным в предъявленном вам обвинении по ст. 1 Указа Президиума Верховного Совета Союза ССР от 19 апреля 1943 года в соответствии с объявленным вам постановлением от 5 декабря 1949 года?

Ответ: Да, я полностью признаю себя виновным по всем пунктам предъявленного мне обвинения, изложенным в постановлении о предъявлении обвинения от 5 декабря 1949 года.

Вопрос: В чём конкретно вы признаёте себя виновным?

Ответ: Прежде всего я признаю себя виновным в том, что с 1944 года по день капитуляции, являясь главнокомандующим Квантунской армией, я осуществлял непосредственное руководство работой подчинённых мне бактериологических отрядов № 731 и № 100 по изысканиям наиболее эффективных способов применения бактериологического оружия и его массовому производству для военных целей. Другими словами, я признаю себя виновным в том, что я осуществлял непосредственное руководство подготовкой бактериологической войны против СССР, Китая, Монгольской народной республики, Англии, США и других стран. Я также должен признать, что в основном эта подготовка была направлена против Советского Союза. Именно этим и объясняется, что бактериологические отряды 731-й и 100-й и их филиалы были расположены поблизости от границы с Советским Союзом.

Конкретно моя практическая деятельность как главнокомандующего японской Квантунской армией в руководстве по подготовке бактериологической войны выразилась в следующем:

С приездом в Маньчжурию, после вступления на пост главнокомандующего Квантунской армией, из докладов, сделанных мне в июле 1944 года подчинёнными мне начальниками санитарного управления и ветеринарного управления Кадзицука и Такахаси, я узнал о том, что подчинённые мне бактериологические отряды № 731 и № 100 занимаются изысканием и массовым производством бактериологического оружия.

Несколько позже я лично посетил отряд № 731 с целью инспектирования его работы по подготовке бактериологического оружия. Отряд № 731 я посетил в августе 1944 года и лично ознакомился с работой этого отряда по изысканиям и массовому производству бактериологического оружия. Причём при ознакомлении с работой этого отряда я был поражён размахом работ, которые проводились в направлении производства огромного количества бактерий, предназначенных для использования в качестве бактериологического оружия. После ознакомления с этими работами я их одобрил и тем самым санкционировал дальнейшее проведение. Таким образом, в мою бытность командующим Квантунской армией отряды № 731 и № 100 с моего ведома продолжали работы по изысканиям наиболее эффективных видов бактериологического оружия и массовому производству смертоносных бактерий, предназначенных для применения в качестве боевого оружия. О ходе этих работ я получал информацию от моих подчинённых и таким образом был постоянно в курсе всей подготовки бактериологической войны. Эту информацию я получал от начальников санитарного и ветеринарного управлений, о чём я показал выше, от начальника 731-го отряда и от подчинённых мне работников штаба, которые имели непосредственное отношение к деятельности отрядов № 731 и № 100 по подготовке бактериологической войны. Вопросы, связанные с тактическим применением бактериологического оружия, мне докладывались начальником штаба и соответствующими работниками оперативно-стратегического отдела.

Будучи осведомлённым о работе этих отрядов, я как командующий принимал все необходимые меры по обеспечению их постоянной боевой готовности.

В июне 1945 года, по моему заданию, начальник отдела кадров штаба Квантунской армии Тамура инспектировал работу отряда № 731. Это инспектирование было вызвано необходимостью принятия надлежащих мер по обеспечению увеличения производства бактериологического оружия. О результатах этого инспектирования Тамура представил мне подробный доклад.

Будучи главнокомандующим Квантунской армией, я лично одобрил два наиболее эффективных способа применения бактериологического оружия по представленным мне докладам начальника отряда № 731.

В ноябре 1944 года начальник 731-го отряда Китано сделал мне доклад в присутствии начальника штаба Касахара Юкио, начальника оперативно-стратегического отдела Мацумура Томокацу и штаб-офицера оперативно-стратегического отдела подполковника Мията (принц Такеда).

Доклад Китано состоялся в штабе Квантунской армии. Китано сделал мне доклад, обобщающий результаты опытов по применению в качестве бактериологического оружия блох, заражённых чумой. Доклад Китано сопровождался иллюстрацией различных схем о результатах опытов и просмотром специального кинофильма об опытах по заражению чумой с помощью блох.

Этот доклад мной был одобрен, и предложенный Китано способ применения чумных блох считался принятым для практического использования как один из видов бактериологического оружия.

В том же 1944 году, в конце июля, я ознакомился с письменным докладом начальника отряда № 731 Исии, в котором излагалось описание бактериологической бомбы «системы Исии» и способа её применения. Этот доклад мной также был одобрен, и предложенный в нём способ мной был признан эффективным.

Весной 1945 года, после завершения работ по изысканию наиболее эффективных способов применения бактериологического оружия, последовало указание военного министерства об увеличении производства бактериологического оружия. В связи с этим указанием мной были приняты все необходимые меры по выполнению этого указания.

Я помню, что в связи с этим я поручил начальнику 1-го оперативно-стратегического управления Мацумура принять меры по линии стратегического отдела к обеспечению производства различных бактерий в соответствии с полученным указанием. Одновременно мной было дано указание об укомплектовании отряда № 731 необходимым количеством офицеров-специалистов и обеспечении необходимым оборудованием.

Касаясь работы отряда № 100 по подготовке бактериологической войны, я должен сказать, что на отряд № 100 возлагались задачи по проведению диверсионных мероприятий, т. е. заражению эпидемическими бактериями пастбищ, скота и водоёмов. В этой части отряд № 100 в своей работе был тесно связан с разведывательным отделом штаба Квантунской армии. Исходя из общих задач отряда № 100, я знал, что в отряде ведутся соответствующие работы по производству бактериологического оружия, а также изучению способов его применения.

Однако как практически проходили эти работы, я не знал, так как всеми этими вопросами непосредственно занимался подчинённый мне разведывательный отдел. В частности я не помню, чтобы мне докладывали о работе по проведению бактериологической разведки пограничных с Советским Союзом районов Северо-Хинганской провинции. Я подтверждаю, что все эти работы проводились по указанию штаба Квантунской армии, и в этой части я не снимаю с себя ответственности, так как эти действия имели место в мою бытность главнокомандующим Квантунской армией. Я не отрицаю, что отряд № 100, цели и задачи которого заключались также в подготовке бактериологической войны, занимался изысканиями конкретных способов проведения диверсионных мероприятий и вёл активную подготовку к проведению этих диверсий против Советского Союза, что прямо вытекало из его практических задач, но в этой части я достаточным образом осведомлён не был.

В целях испытания эффективности производимого в отряде № 731 бактериологического оружия отрядом производились опыты по применению этого оружия над живыми людьми в лабораторных условиях и в полевых условиях, приближённых к боевой обстановке. Опыты в полевых условиях производились отрядом № 731 на специально оборудованном полигоне на ст. Аньда.

Об опытах над живыми людьми мне стало известно из докладов Китано и Тамура. Кроме того, из просмотренного мной кинофильма я также знал, что опыты по испытанию действия бактериологического оружия производились над живыми людьми. Из доклада Китано в ноябре 1944 года я узнал о том, что на полигоне ст. Аньда производятся опыты над живыми людьми. Из доклада Тамура в июне 1945 года я узнал о том, что подопытные люди содержатся в специальной тюрьме отряда № 731.

Опыты над живыми людьми были санкционированы моими предшественниками генералом Умедзу или Уэда. В этой части я признаю себя виновным в том, что я, зная о производстве опытов над живыми людьми, допускал их проведение и тем самым фактически санкционировал умерщвление китайцев, русских и маньчжур, направленных для производства опытов подчинёнными мне органами квантунской жандармерии и японских военных миссий.

Направление подопытных заключённых для производства опытов, или так называемые «особые отправки», также было санкционировано одним из моих предшественников, Уэда или Умедзу. Эта санкция мной также не отменялась, и установленный порядок «особых отправок» продолжал действовать и при мне. Я не знаю, сколько людей было умерщвлено в результате этих опытов, так как я этим не интересовался.

В части подготовки специальных кадров, предназначенных для использования при применении бактериологического оружия, я должен сказать, что такие кадры действительно готовились отрядами № 731 и № 100. По мере подготовки эти кадры рассредоточивались по филиалам указанных отрядов и частям и соединениям Квантунской армии. Эти кадры в военное время должны были использоваться для формирования специальных бактериологических боевых отрядов, предназначенных для практического применения бактериологического оружия. Сколько всего было подготовлено таких кадров, я не знаю, но полагаю, что их было вполне достаточно для практического применения средств бактериологической войны.

С началом военных действий, в августе 1945 года, в соответствии с моим приказом бактериологические отряды № 731 и № 100 и их филиалы были полностью уничтожены с целью сокрытия следов подготовки бактериологической войны. Личный состав указанных отрядов был эвакуирован в Корею.

Вопрос: Каким образом предполагалось практическое применение бактериологического оружия против Советского Союза в случае возникновения военных действий?

Ответ: Вопросы применения бактериологического оружия не включались в оперативные планы. Однако в связи с проводившейся подготовкой применения бактериологического оружия эти вопросы изучались в оперативно-стратегическом отделе штаба.

Лично я как командующий Квантунской армией считал, что бактериологическое оружие против Советского Союза должно быть применено в случае возникновения военных действий с Советским Союзом с помощью авиации для заражения тыловых районов Советского Союза и путём проведения диверсионных мероприятий по линии отряда № 100.

Если бы военные действия с Советским Союзом не возникли, то бактериологическое оружие могло быть применено против США и других стран.

Вопрос: С какой целью были созданы 97-й и 3-й стрелковые полки?

Ответ: О наличии этих полков в составе подчинённых мне частей я ничего не знаю.

Вопрос: С какой целью в 1945 году Исии снова был назначен в отряд № 731?

Ответ: Отряд № 731 был детищем Исии, и поэтому в 1945 году он снова был назначен на должность начальника этого отряда. Лично я считаю, что назначение Исии на должность начальника отряда № 731 находилось в прямой связи с задачами активизации работы бактериологических отрядов в это время и в связи с указаниями военного министерства об увеличении производства бактериологического оружия...

Больше по существу дела показать ничего не имею, записано с моих слов правильно и мне через переводчика прочитано на японском языке.

Ямада.

ДОПРОСИЛИ:

Военный прокурор
подполковник юстиции *БАЗЕНКО.*

Сотрудник УМВД
по Хабаровскому краю
капитан *ГОЙХМАН.*

На допросе присутствовал
военный прокурор
Приморского военного округа
полковник юстиции *БЕРЕЗОВСКИЙ.*

Переводчик *ЦВИРОВ.*

ПРОТОКОЛ ДОПРОСА ОБВИНЯЕМОГО КАДЗИЦУКА РЮДЗИ

1949 года, декабря 6 дня *Гор. Хабаровск*

Допрос производится через переводчика Болховитинова, который предупреждён об уголовной ответственности за заведомо ложный перевод по ст. 95 УК РСФСР.

Подпись *Болховитинов.*

Вопрос: Вам предъявляется постановление о привлечении вас в качестве обвиняемого по ст. 1 Указа Президиума Верховного Совета Союза ССР от 19 апреля 1943 года. Вам понятно, в чём вы обвиняетесь?

Ответ: Да, понятно.

Вопрос: Признаёте ли вы себя виновным в предъявленном вам обвинении согласно объявленного вам постановления от 5 декабря 1949 года?

Ответ: В предъявленном мне обвинении я виновным себя признаю, за исключением непосредственного руководства работой 731-го отряда по изготовлению, испытанию и применению бактериологического оружия, так как этой работой непосредственно руководили начальники 731-го отряда Исии и Китано.

Вопрос: В чём конкретно вы признаёте себя виновным?

Ответ: Конкретно я признаю себя виновным в том, что, разделяя с 1931 года идею Исии Сиро о подготовке Японии к бактериологической войне, я, возглавляя с 1934 по 1937 год санитарный отдел медицинского управления военного министерства Японии, активно участвовал в создании в составе Квантунской армии специального формирования, отряда № 731, предназначенного для изыскания бактериологического оружия и противоэпидемической работы, а также в укомплектовании этого отряда соответствующими специалистами, содействовал назначению на должность начальника 731-го отряда одного из идеологов бактериологической войны, Исии Сиро. Являясь с декабря 1939 года по август 1945 года начальником санитарного управления Квантунской армии, я осуществлял общее руководство научно-исследовательской работой 731-го отряда по всестороннему изучению и культивации бактерий, изучению насекомых — распространителей эпидемических заболеваний, изучению мало изученных эпидемических заболеваний, изысканию наиболее эффективных средств и способов излечения и предупреждения эпидемических заболеваний.

Я также признаю, что научно-исследовательская работа 731-го отряда проводилась не только для противоэпидемических целей, но и для изыскания, изготовления и испытания бактериологического оружия, но в части изготовления, испытания и практического применения бактериологического оружия непосредственное руководство осуществлялось начальниками 731-го отряда Исии и Китано. В этой части Исии и Китано руководствовались указаниями оперативно-стратегического отдела штаба Квантунской армии и японского генерального штаба.

Я знал о проводимых 731-м отрядом опытах по изысканию и испытанию бактериологического оружия, по изысканию средств и способов излечения и предупреждения эпидемических заболеваний и что эти опыты проводятся на живых людях.

О результатах опытов по испытанию бактериологического оружия и о практическом применении 731-м отрядом боевых бактериологических средств против китайской армии и местного китайского населения в 1940—1942 годах мне докладывал в устной форме начальник 731-го отряда Китано. О результатах опытов по изысканию наиболее эффективных средств и способов излечения эпидемических заболеваний, по изучению малоизвестных эпидемических заболеваний, об опытах по обмораживанию начальники 731-го отряда Исии и Китано периодически докладывали мне в письменной форме.

Я принимал непосредственное участие в создании в 1940 году расположенных вдоль границы с Советским Союзом четырёх филиалов 731-го отряда: в Хайлине,

Линькоу, Суньу и Хайларе, обеспечивал 731-й отряд и его филиалы оборудованием и другими техническими средствами и готовил кадры для ведения бактериологической войны.

Я также признаю, что Японией бактериологическая война готовилась главным образом против Советского Союза, Монгольской народной республики, Китая, а также против Англии и Соединённых Штатов Америки.

Вопрос: Расскажите, что вам известно об опытах по обмораживанию, проводимых 731-м отрядом?

Ответ: Мне известно, что 731-й отряд проводил опыты по обмораживанию с целью изыскания наиболее эффективных средств и способов излечения обмораживания. О результатах этих опытов начальник 731-го отряда представлял мне доклады в письменной форме, в которых указывалось, что опыты по обмораживанию производились на животных.

Вопрос: Вам зачитываются показания свидетелей: Оосава Мацуо от 23 октября 1949 года и Фуруичи Ёсио от 5 декабря 1949 года о том, что опыты по обмораживанию проводились в 731-м отряде над живыми людьми. Вы подтверждаете показания этих свидетелей?

Ответ: Зачитанные мне показания свидетелей Оосава Мацуо и Фуруичи Ёсио по вопросу о проведении в 731-м отряде опытов по обмораживанию над живыми людьми я отрицать не могу, поскольку опыты по обмораживанию в 731-м отряде проводились, причём научный сотрудник 1-го отдела 731-го отряда Иосимура, о котором свидетель Фуруичи указывает в своих показаниях, докладывал мне в письменной форме о проводимых им опытах по обмораживанию и их результатах. Однако в докладах Иосимура не было сказано, что эти опыты производились на людях.

Вопрос: Значит, вы принимали участие в создании 731-го отряда и его филиалов, которые занимались изысканием, изготовлением и испытанием бактериологического оружия, предназначенного для войны главным образом против Советского Союза, Монгольской народной республики, Китая, а также против Англии и США, знали о проводимых 731-м отрядом опытах на людях по испытанию бактериологического оружия, занимались подготовкой кадров для бактериологической войны?

Ответ: Да, это так.

Протокол записан с моих слов верно и мне прочитан на японском языке.

Кадзицука.

ДОПРОСИЛИ:

Военный прокурор
подполковник юстиции *КАЧАН.*

Сотрудник УМВД
по Хабаровскому краю
подполковник *ПАПКОВ.*

Переводчик *БОЛХОВИТИНОВ.*

ПРОТОКОЛ ДОПРОСА ОБВИНЯЕМОГО ТАКАХАСИ ТАКААЦУ

6 декабря 1949 года *Гор. Хабаровск*

Допрос произведён через переводчика Протасова Анатолия Николаевича, который об ответственности за заведомо ложный перевод по ст. 95 УК РСФСР предупреждён.

Подпись *Протасов.*

Вопрос: Вам предъявляется постановление о привлечении вас к уголовной ответственности по ст. 1 Указа Президиума Верховного Совета СССР от 19 апреля 1943 года. Сущность обвинения изложена в объявленном вам постановлении. Вы признаёте себя виновным?

Ответ: Да, в предъявленном мне обвинении по ст. 1 Указа Президиума Верховного Совета Союза ССР от 19 апреля 1943 года виновным себя признаю полностью. Действительно, находясь в должности начальника ветеринарной службы Квантунской армии с 1941 года по август месяц 1945 года, т. е. по день капитуляции Японии, я принимал активное участие в подготовке Квантунской армии к бактериологической войне и диверсиям против Советского Союза.

О плане подготовки к бактериологической войне мне стало известно на совещании в сентябре месяце 1941 года лично от командующего Квантунской армией Умедзу.

Моя деятельность по подготовке Квантунской армии к бактериологической войне и диверсиям заключалась в том, что я, руководя практической деятельностью отряда № 100, давал указания о массовом изготовлении бактериологического оружия, в частности возбудителей остроинфекционных болезней: сапа, сибирской язвы, чумы рогатого скота, овечьей оспы и мозаики.

Я контролировал, как отрядом № 100 выполняются эти задания по изготовлению в массовом масштабе бактериологического оружия. С этой целью примерно один раз в месяц я лично приезжал в отряд № 100, где проверял исполнение моих приказов в области изготовления бактериологических средств войны. Кроме того, по этим вопросам я принимал устные доклады от начальника отряда № 100 Вакамацу.

Для увеличения производства бактериологического оружия в декабре месяце 1943 года по согласованию со 2-м разведывательным отделом штаба Квантунской армии и по моему указанию в отряде № 100 в составе 2-го отдела было создано 6-е отделение, в задачу которого входило массовое изготовление бактериологического оружия...

В целях изыскания и массового производства бактериологического оружия по моему указанию в отряде № 100 производились всевозможные эксперименты на животных.

Летом 1942 года по моему указанию в районе Трёхречья на реке Дербул группой сотрудников отряда № 100, во главе с научным сотрудником Ида Киёси, был произведён опыт заражения животных для проверки эффективности бактериологического оружия в наиболее приближённых к территории Советского Союза климатических условиях.

В марте месяце 1945 года, на основании моего распоряжения, на полигоне отряда № 731 на ст. Аньда производился эксперимент по заражению животных острыми инфекционными болезнями. Из доклада начальника отряда № 100 Вакамацу мне известно, что результат этого опыта был удачным — все 10 подопытных коров пали. В марте месяце 1944 года по моему указанию и с ведома 2-го разведывательного отдела штаба Квантунской армии из работников отряда № 100 была организована специальная экспедиция в районы Северо-Хинганской провинции, которая впоследствии возглавлялась поручиком Хиразакура, для разведки наличия дорог, летних и зимних пастбищ скота, состояния водоёмов и наличия скота у местного населения с целью подготовки бактериологических диверсий против Советского Союза. Назначение этой группы было оформлено оперативным приказом главнокомандующего Квантунской армией.

Выполняя этот приказ, Хиразакура дважды докладывал мне о проделанной им работе. Первый доклад он сделал в сентябре 1944 года в кабинете начальника отряда № 100 Вакамацу. В своём докладе он рассказал о собранных им данных, о наличии у местного населения Северо-Хинганской провинции скота, пастбищ, водоёмов, состоянии дорог и местах кочевья скота.

Второй доклад Хиразакура мною был принят в моём рабочем кабинете в марте месяце 1945 года. В своём докладе Хиразакура доложил мне по карте о наличии летних и зимних пастбищ скота, водоёмов, состоянии дорог и о наличии скота у местного населения.

На группу Хиразакура возлагалась задача проведения разведки, а также закупка скота: 500 овец, 100 голов крупного рогатого скота и 90 лошадей, с целью их заражения острыми инфекционными болезнями с последующим оставлением этого скота в тылу Советских войск.

Во время второго доклада Хиразакура я вместе с научными сотрудниками отряда № 100 Осака, Ида и начальником отряда № 100 Вакамацу обсуждал вопрос, какими бактериями нужно заразить скот, находившийся у местного населения Северо-Хинганской провинции. Способы заражения скота намечены были следующие: рогатый скот должен быть подвергнут заражению сибирской язвой и чумой рогатого скота при помощи самолётов, принадлежащих отряду № 731. Имелось в виду, что заражению должен быть подвергнут скот только местного населения на пастбищах. Лошадей предполагалось заразить сибирской язвой.

Скот, закупленный Хиразакура в 1945 году, впоследствии мы решили заразить: овец — посредством впрыскивания им возбудителя овечьей оспы, рогатому скоту — вируса чумы рогатого скота, а лошадям — сибирской язвы. Заражённый рогатый скот, овец и лошадей намечалось распустить в разные стороны с целью, чтобы скот попал на территорию действия Советских войск. Подробностей всех намеченных тогда нами мероприятий из-за давности времени не помню.

Вопрос: Какие ветеринарные части Квантунской армии, кроме отряда № 100, готовились к бактериологической войне и диверсиям против Советского Союза?

Ответ: Отряд № 100 имел два филиала, в городах Дайрен и Рако. Кроме того, при каждой армии в июле 1941 года были созданы армейские эпизоотические отряды, которые дислоцировались в городах Кокузан, Тоан, Кэйнэй и Тонэй. Все эти отряды предназначались для использования их как специальные подразделения для применения бактериологического оружия против Советского Союза.

Вопрос: Кто готовил кадры специалистов-бактериологов для этих отрядов?

Ответ: Начальниками филиалов отряда № 100 и эпизоотических отрядов были врачи-бактериологи; остальной состав этих отрядов были ветеринарные врачи, не имеющие подготовки в области бактериологии. Для подготовки новых бактериологов и переподготовки старых специалистов личный состав этих отрядов проходил специальную подготовку при отряде № 100.

Вопрос: Что вам известно об опытах над живыми людьми, которые проводились в подчинённом вам отряде № 100?

Ответ: Об этом мне стало известно из показаний свидетелей, которые мне были зачитаны на допросе 24 ноября 1949 года. Лично я хотя о производстве опытов над живыми людьми и не знал, но с себя ответственности не снимаю, так как отряд № 100 был подчинён мне.

Вопрос: Когда и что вы докладывали бывшему главнокомандующему Квантунской армией Ямада о деятельности отряда № 100?

Ответ: Я трижды докладывал генералу Ямада о работе отряда № 100 по изысканию и производству бактериологического оружия.

Первый доклад генералу Ямада я сделал в июле 1944 года, через несколько дней после моего официального представления ему как новому главнокомандующему. Я ему доложил о секретной работе по производству бактериологического оружия, производившейся в отряде № 100. В частности я ему рассказал об изготовлении 6-м отделением 2-го отдела отряда № 100 в массовом масштабе возбудителей чумы рогатого скота, овечьей оспы, бактерий сапа и красной ржавчины. В этой связи я доложил Ямада о количестве бактерий, производимых в отряде № 100.

Следующий доклад Ямада я сделал в ноябре месяце 1944 года. Во время моего доклада присутствовали: начальник штаба Касахара, его заместитель Икеда, начальник 2-го отдела Сасаи, начальник отряда № 100 Вакамацу и, кажется, начальник 1-го отдела Мацумура. Я доложил о результатах исследовательской работы специально направленной группы работников отряда № 100 во главе с поручиком Хиразакура с целью изучения возможностей заражения скота в районах Северо-Хинганской провинции. Замечаний по поводу доклада от Ямада я не получил и полагаю, что доклад им был одобрен.

В феврале 1945 года я сделал третий доклад генералу Ямада о работе отряда № 100 по производству в отряде № 100 бактериологического оружия. Мною был сделан очень небольшой доклад, я проинформировал его о том, что работы в отряде ведутся попрежнему и никаких изменений не произошло. По этому докладу специальных указаний от Ямада я не получил.

Вопрос: Кем и как финансировалась деятельность отряда № 100?

Ответ: Отряд финансировался по двум источникам: военное министерство Японии выделяло средства на содержание личного состава отряда № 100 и на изготовление препаратов для профилактической работы в Квантунской армии.

На изыскание и производство бактериологического оружия средства отпускались по линии секретных фондов штаба Квантунской армии, через 2-й разведывательный отдел.

Вопрос: Какая сумма денег отпускалась на эти нужды?

Ответ: Я хорошо помню, что военным министерством Японии на период с 1 апреля 1944 года по 1 апреля 1945 года на содержание личного состава отряда № 100 и на изготовление профилактических средств было отпущено 600 000 иен. На изыскание и производство бактериологического оружия 2-м отделом штаба Квантунской армии на указанный период было отпущено 1 000 000 иен. Однако эта сумма ни в коей мере нас не лимитировала, ибо при необходимости было бы отпущено столько средств, сколько бы потребовалось. Какие средства отпускались до 1944 года, сейчас не помню.

Вопрос: Что вам известно о деятельности отряда № 731 по подготовке к бактериологической войне?

Ответ: В сентябре 1941 года бывший командующий Квантунской армией Умедзу на совещании начальников отделов и управлений штаба армии сказал, что из генерального штаба императорской ставки получено указание о подготовке Квантунской армии к бактериологической войне. На этом же совещании Умедзу приказал начальнику 731-го отряда Исии начать массовое производство возбудителей инфекционных заболеваний. С этого времени я знаю, что отряд № 731 готовился к бактериологической войне.

Вопрос: Кто руководил практической деятельностью отряда № 731 по подготовке к бактериологической войне?

Ответ: Руководство и контроль за практической деятельностью 731-го отряда по подготовке к бактериологической войне командующим Умедзу в сентябре 1941 года были возложены лично на начальника санитарной службы Квантунской армии Кадзицука.

Протокол с моих слов записан верно, мне прочитан на японском языке.

Такахаси.

ДОПРОСИЛИ:

Военный прокурор
подполковник юстиции *АНТОНОВ.*

Сотрудник УМВД
по Хабаровскому краю
капитан *СЕРОВ.*

Переводчик *ПРОТАСОВ.*

ПРОТОКОЛ ДОПРОСА ОБВИНЯЕМОГО КАВАСИМА КИОСИ

6 декабря 1949 года *Гор. Хабаровск*

Допрос ведётся через переводчика Пляченко, который об ответственности по ст. 95 УК РСФСР предупреждён.

Подпись *Пляченко.*

Вопрос: Вам предъявлено обвинение в преступлении, предусмотренном ст. 1 Указа Президиума Верховного Совета СССР от 19 апреля 1943 года. Признаёте ли вы себя виновным в предъявленном обвинении?

Ответ: Сущность предъявленного обвинения, изложенная в постановлении от 5 декабря 1949 года, мне ясна. Виновным себя я признаю полностью и по существу предъявленного мне обвинения признаю, что с 1941 по 1943 год я состоял на службе в 731-м отряде, выполняя обязанности начальника общего, 1-го, производственного и 3-го отделов.

731-й отряд Квантунской армии вёл изыскания в области бактериологического оружия и при моём активном участии изготовлял в больших размерах патогенные возбудители, применяя их как оружие войны. Я признаю, что 731-й отряд готовил бактериологические средства войны против Советского Союза и Китая.

Отряд № 731 предусматривал объединение около 3 000 офицеров, солдат и вольнонаёмных работников. Значительная часть личного состава отряда имела специальную подготовку в области бактериологии и свои знания употребляла для производства научно-исследовательской и экспериментальной работы с целью изготовления новых видов бактериологического оружия и массового производства его — как средства активного нападения.

Отряд № 731 был оснащён достаточным количеством оборудования, нужного для массового изготовления бактериологических средств войны, и поэтому мог обеспечить потребности Квантунской армии в бактериологическом оружии.

731-й отряд имел целый ряд отделов, о назначении которых я показал на предыдущих допросах и которые занимались изысканием новых видов возбудителей заразных болезней, годных к применению в войне, методов длительного хранения бактерий, увеличения их стойкости и возможностей их массового изготовления.

Общий отдел отряда, которым я по совместительству руководил в период апреля — июня 1941 года, ведал вопросами распределения кадров, финансов, планирования работ отряда, а также организацией снабжения заключённых тюрьмы 731-го отряда. В то время я через подчинённый мне аппарат общего отдела поддерживал связь с японской жандармерией в целях получения заключённых для последующего производства над ними опытов путём насильственного их заражения смертоносными бактериями.

Четвёртый (производственный) отдел, руководителем которого я был с 1941 по 1943 год, по существу представлял собой фабрику отряда по изготовлению патогенных возбудителей. Производственный отдел был оснащён хорошей аппаратурой для культивирования бактерий, которая давала нам возможность ежемесячно изготавливать в чистом виде примерно до 300 килограммов бактерий чумы, или до 500—600 килограммов бактерий сибирской язвы, или до 800—900 килограммов бактерий брюшного тифа, паратифа или дизентерии, или до 1 000 килограммов бактерий холеры. Такое количество бактерий в действительности изготавливалось не ежемесячно, так как такие потребности были рассчитаны на время войны. Фактически производственный отдел изготавливал бактерии в количествах, нужных для текущих работ отряда.

В целях проверки изготавливаемых образцов бактериологического оружия, а также изыскания способов лечения эпидемических болезней в 731-м отряде постоянно велись опыты над живыми людьми — заключёнными из числа китайцев и русских, которые специально для этой цели доставлялись в отряд из органов японской жандармерии в Маньчжурии.

Для содержания подопытных заключённых отряд 731 имел специальную тюрьму, которая помещалась внутри отряда, где в условиях строгой изоляции содержались подопытные, именуемые сотрудниками отряда «брёвнами». Такое название подопытных я сам неоднократно слышал от начальника 731-го отряда генерала Исии.

Лабораторные опыты над живыми людьми проводились в 1-м отделе.

Весной 1942 года я в течение одного месяца выполнял по совместительству обязанности начальника 1-го отдела.

Первый отдел вёл научно-исследовательскую работу в области противоэпидемических мероприятий, но главным образом для подготовки наиболее эффективных бактериологических средств войны и окончательные результаты своих изысканий проверял на живых людях, которые содержались в тюрьме, входившей в состав 1-го отдела.

Являясь начальником 1-го отдела, я в указанный период времени руководил работами отдела, направляя их на осуществление стоявших перед отделом задач по изысканиям в области бактериологического оружия.

Помимо проводимых опытов в лабораториях 1-го отдела, эксперименты над живыми людьми проводились также на полигонах 731-го отряда и в боевой обстановке. Однажды в производстве опыта над живыми людьми принимал участие и я.

В июне 1941 года я вместе с другими сотрудниками отряда принимал участие в испытаниях бомб, начинённых чумными блохами, на полигоне отряда в районе ст. Аньда. Этим экспериментом было проверено действие бактериологических авиабомб на 10—15 заключённых, которые были привязаны к столбам. Всего с самолёта тогда было сброшено свыше 10 бомб.

В проведении этого опыта я принимал участие как начальник общего отдела отряда с целью проверки организации опыта и выполнения по этому вопросу приказа начальника 731-го отряда, проект которого был составлен мной. Наряду с этим данный эксперимент меня интересовал и как начальника производственного отдела, однако практическое руководство этим опытом осуществлял начальник 2-го отдела полковник Оота.

На основании тех сведений, которыми я располагаю и которые мне были известны по роду моей службы в отряде, я могу сказать, что в 731-м отряде ежегодно умирало от производства опытов по заражению заключённых острыми инфекционными болезнями примерно не менее 600 человек.

В 1942 году по приказу командования Квантунской армии 731-й отряд выслал в Центральный Китай свою экспедицию в количестве около 100 человек для применения бактериологического оружия против китайских войск в районе Чжеган. В экспедиции принимали участие сотрудники 1, 2 и 4-го отделов. Из производственного отдела я выделил восемь человек. Производственный отдел на основании приказа генерала Исии по моему указанию изготовил около 130 килограммов бактерий паратифа и сибирской язвы, которыми я снабдил экспедицию. Кроме этого сотрудники 1-го отдела имели с собой выращенные ими штамы бактерий холеры и чумы, которые в необходимых количествах выращивались ими на месте в нанкинском отряде «Эй». Сотрудники 2-го отдела были снабжены достаточным количеством блох, заражённых чумой.

Мне известно, что экспедиция свою задачу выполнила успешно.

Кроме этого в 1941 году 731-й отряд также применял бактериологическое оружие против китайских войск в районе гор. Чандэ, и в 1940 году бактериологическое оружие против китайских войск экспедицией 731-го отряда применялось в районе Нимбо.

Являясь одним из руководящих работников отряда, я принимал участие в совещаниях, проводимых начальником отряда генералом Исии, а с лета 1942 года — генералом Китано, где обсуждались вопросы, связанные с исследованиями, изготовлением бактериологического материала и его практическим применением в войне.

Я признаю, что, руководя производственным отделом отряда № 731, который изготавливал в огромных количествах бактериологический материал как оружие войны, и осуществляя временное руководство 1-м отделом, занимавшимся научно-исследовательской работой в области изысканий новых видов бактериологического оружия, я совершил преступление против человечества.

Я признаю, что применявшиеся нами методы проверки действия бактериологического оружия на живых людях путём насильственного их заражения острыми инфекционными болезнями, в чём принимал участие и я, а также массовое умерщвление подопытных людей смертоносными бактериями являются варварскими и преступными.

Я признаю, что 731-й отряд, руководимый генералом Исии, а затем генералом Китано, являлся преступной организацией... и я как участник её готов теперь нести наказание.

Вопрос: Чем вы желаете дополнить свои показания?

Ответ: На всех предыдущих допросах я правдиво давал свои показания о деятельности 731-го отряда и подробно изложил характер выполняемых мною работ за время службы в этом отряде. Я искренно пытался помочь следствию в разоблачении преступного характера 731-го отряда и вполне объективно осветил известные мне факты, поэтому дополнений к своим показаниям я не имею. Вполне возможно, что отдельных случаев преступной деятельности 731-го отряда я не указал, поскольку из-за давности времени я их не помню.

Протокол с моих слов записан верно, мне прочитан на японском языке

Кавасима.

ДОПРОСИЛИ:

Военный прокурор
подполковник юстиции *БУСЛОВИЧ.*

Сотрудник УМВД
по Хабаровскому краю
капитан *БРАВЕ.*

Переводчик *ПЛЯЧЕНКО.*

ПРОТОКОЛ ДОПРОСА ОБВИНЯЕМОГО НИСИ ТОСИХИДЭ

6 декабря 1949 года *Гор. Хабаровск*

Допрос ведётся через переводчика Ламанова Георгия Григорьевича, который предупреждён об ответственности по ст. 95 УК РСФСР.

Подпись *Ламанов*.

Вопрос: Вам предъявляется обвинение в преступлениях, предусмотренных ст. 1 Указа Президиума Верховного Совета Союза ССР от 19 апреля 1943 года.

Признаёте ли вы себя виновным по существу предъявленного обвинения?

Ответ: Да, в предъявленном мне постановлением от 6 декабря 1949 года обвинении по ст. 1 Указа Президиума Верховного Совета Союза ССР от 19 апреля 1943 года виновным признаю себя полностью и хочу показать следующее:

Действительно, с января 1943 года по день моего пленения (август 1945 года) я проходил службу в 731-м отряде Квантунской армии в должности начальника филиала № 673 и начальника учебного отдела этого отряда.

Своей работой я активно участвовал в выполнении основной задачи, стоявшей перед отрядом № 731, а именно: в подготовке бактериологического оружия, предназначенного для ведения войны против Советского Союза и Монгольской народной республики, разработке методов ведения этой войны и подготовке кадров для её ведения.

О том, что отряд № 731 с его филиалами в Суньу, Хайларе, Линькоу, Хайлине работал по изготовлению боевых средств ведения бактериологической войны, мне было хорошо известно ещё с момента прибытия в отряд № 731, ибо я уже в тот период лично ознакомился с экспонатами, графиками и диаграммами работы 1, 2 и 4-го отделов отряда, с секретными данными, находившимися в специальной комнате при общем отделе штаба отряда № 731.

С января 1943 года по июль 1944 года, а затем с июня по август 1945 года я руководил филиалом № 673 отряда № 731 в гор. Суньу, который занимался выращиванием белых крыс, мышей, морских свинок, ловлей полевых грызунов и культивированием блох.

Всё это направлялось в отряд № 731 для приготовления боевых бактериологических средств, принятых на вооружение японской армии, для ведения бактериологической войны.

Начиная с марта 1945 года в связи с военными неудачами японских войск в районе Южных морей и подготовкой войны против Советского Союза, в соответствии с приказанием начальника отряда № 731 генерал-лейтенанта Исии, исходившим из оперативно-стратегических планов Квантунской армии, работа филиала в Суньу, как и в целом отряда № 731, была активизирована.

В частности было усилено выращивание и вылавливание грызунов и культивирование блох, направляемых в отряд 731, поскольку наиболее эффективным средством бактериологической войны считалось распространение бактерий чумы путём рассеивания чумных блох.

11—12 августа 1945 года, в связи с наступлением Советской Армии, с целью сокрытия факта производства в японской Квантунской армии боевых средств ведения бактериологической войны и причастности к этой преступной деятельности возглавляемого мной филиала № 673 отряда 731, по моему приказанию были уничтожены путём сожжения все служебные и жилые помещения, оборудование, материалы, документация филиала и с этой же целью по моему приказанию 14 августа 1945 года всему личному составу (120 человек) был роздан яд — цианистый калий — для принятия его с целью самоубийства при угрозе пленения Советскими войсками...

С июля 1944 года по август 1945 года (т. е. по день моего пленения), работая начальником учебного отдела отряда № 731, я проводил работу по подготовке кадров и обеспечению ими отряда и его филиалов для агрессивной бактериологической войны.

Подготовка кадров производилась путём организации учебным отделом курсов, сборов и годичной учёбы для лиц, прибывавших по вербовке из Японии для работы в отряд 731, главным образом молодёжи 17—18 лет.

Все лица, поступившие и прибывшие на работу в отряд, проходили 7-дневную подготовку и инструктаж при учебном отделе; после этого учебным отделом давалось заключение о возможности их использования для работы в отряде.

При проведении инструктажа особое внимание обращалось на сохранение в секрете работы, проводимой отрядом.

Всего за период моей работы в должности начальника учебного отдела отряда 731 прошли инструктаж и проверку 15 офицеров, 60 вольнонаёмных и 150 человек рядового состава.

С целью проверки работы с кадрами, проводимой в филиалах отряда 731, в связи с выпуском курсантов-санитаров я совместно с бывшим начальником отряда № 731 генерал-майором медслужбы Китано в сентябре 1944 года инспектировал все филиалы отряда.

По роду моей работы в отряде и занимаемому положению мне было известно, что с целью испытания бактериологических средств проводились опыты по насильственному заражению смертоносными бактериями людей русской и китайской национальности (в том числе военнопленных, содержавшихся в тюрьме отряда). Люди эти доставлялись в отряд из жандармерии и японской военной миссии.

Опыты эти проводились в течение всего года, причём, после того как люди, насильственно заражённые бактериями, погибали, их сжигали в имевшемся для этой цели крематории.

Так, мне известно о том, что в январе — марте 1945 года в тюрьме были проведены опыты по заражению русских и китайцев сыпным тифом; на полигоне ст. Аньда в октябре 1944 года был проведён опыт по заражению чумой (чумными блохами) пяти военнопленных китайцев; зимой 1943—44 года в отряде на русских и китайцах проводились опыты по обмораживанию конечностей (о чём я читал в отчётах экспериментатора и видел специальный кинофильм).

Кроме того, в январе 1945 года при моём участии был произведён опыт по заражению десяти военнопленных китайцев газовой гангреной. Целью опыта было выяснить возможность заражения людей газовой гангреной в условиях мороза в 20°.

Техника проведения этого опыта была следующая: 10 китайцев-военнопленных были привязаны к столбам на расстоянии 10—20 метров от бомбы шрапнельного действия, заражённой газовой гангреной.

Чтобы люди сразу не были убиты, их головы и спины защищались специальными металлическими щитами и толстыми ватными одеялами, а ноги и ягодицы оставлялись незащищёнными. После включения тока бомба разорвалась, засыпав площадку, где размещались подопытные, шрапнелью с бактериями газовой гангрены. В результате все подопытные были ранены в ноги или ягодицы и по истечении 7 дней умерли в тяжёлых мучениях.

Мне известны также 2 случая практического применения японской армией боевых бактериологических средств, изготовляемых отрядом № 731.

1. Во время военных действий японских войск против Советских и Монгольских войск в 1939 году в районе Халхин-Гол были применены боевые бактериологические средства — бактерии брюшного тифа, паратифа, дизентерии — путём заражения реки Халхин-Гол в районе военных действий.

2. В мае — июле 1940 года в Центральном Китае, в районе Нимбо, экспедицией отряда 731 под руководством генерал-лейтенанта Исии были применены бактерии чумы против китайских войск путём рассеивания чумных блох.

Это мне известно из документов, лично мной обнаруженных в сейфе учебного отдела, содержавших обязательства смертников — участников экспедиции, на которых возлагалась задача применения смертоносных бактерий. Кроме того, я лично видел кинофильм, заснятый в районе военных действий на месте заражения, свидетельствующий о действенности применённых бактериологических средств.

На основании всего изложенного я признаю, что та практическая работа, которая выполнялась мной в отряде 731 и филиале в Суньу, была направлена на подго-

62

товку бактериологической войны главным образом против СССР и МНР.

Я понимаю, что готовившаяся война должна была повлечь многочисленные жертвы среди мирного населения, что средства этой бактериологической войны и методы испытания бактериологических средств на живых людях путём их насильственного заражения являлись преступными и бесчеловечными.

Больше по делу ничего показать не могу, протокол записан с моих слов правильно и через переводчика японского языка Ламанова мне прочитан.

Ниси.

ДОПРОСИЛИ:

Военный прокурор
майор юстиции *БОГОД*.

Сотрудник УМВД
по Хабаровскому краю
майор *НИКИТИН*.

Переводчик *ЛАМАНОВ*.

ПРОТОКОЛ ДОПРОСА ОБВИНЯЕМОГО КАРАСАВА ТОМИО

6 декабря 1949 года *Гор. Хабаровск*

Допрос произведён через переводчика Пахомова Михаила Яковлевича, который об ответственности по ст. 95 УК РСФСР предупреждён.

Подпись *Пахомов.*

Вопрос: Вам предъявляется постановление от 5 декабря 1949 года о предъявлении обвинения в преступлениях, предусмотренных ст. 1 Указа Президиума Верховного Совета СССР от 19 апреля 1943 года. Признаёте ли вы себя виновным в предъявленном вам обвинении?

Ответ: В предъявленном мне обвинении по ст. 1 Указа Президиума Верховного Совета СССР от 19 апреля 1943 года виновным себя признаю полностью.

Я действительно с 1939 года по 1944 год состоял на службе в отряде 731 японской Квантунской армии в Маньчжурии, в котором велась активная исследовательская работа по изысканию наиболее совершенных способов массового изготовления бактерий и их применения как средства бактериологической войны.

В порядке осуществления стоявших перед отрядом задач по подготовке бактериологической войны в нём систематически проводились опыты по насильственному заражению инфекционными болезнями людей, доставлявшихся в отряд 731 органами японской жандармерии для уничтожения.

В 1940 и 1942 годах отрядом 731 были осуществлены специальные экспедиции по применению бактерий в качестве бактериологического оружия в войне против китайского народа...

Вопрос: В чём конкретно вы признаёте себя виновным?

Ответ: Признаю виновным себя конкретно в том, что я длительное время, а именно с декабря 1939 года по август 1944 года, состоял на службе в преступной организации — отряде 731, вначале рядовым сотрудником, затем начальником секции, а с конца 1942 года или с начала 1943 года — начальником отделения 4-го (производственного) отдела отряда 731.

Возглавлявшиеся мною секция, а затем отделение занимались выращиванием бактерий брюшного тифа, паратифа, холеры, чумы и сибирской язвы в массовом количестве по мере необходимости в них для практического применения, в частности для производства опытов по применению бактерий в полевых условиях на полигоне отряда 731 на ст. Аньда и для практического применения бактерий как бактериологического оружия в войне против китайского народа.

Производя бактерии в массовом количестве, я как врач-бактериолог знал, что они предназначаются для уничтожения людей. Однако в то время я считал, что это оправдывается понятиями долга офицера японской армии, и потому делал всё от меня зависящее для успешного выполнения возложенных на меня обязанностей, определённых приказами вышестоящих начальников.

В период моей работы в отряде в моём подчинении работало 50—70 человек офицерского, унтер-офицерского и вольнонаёмного состава и имелось всё необходимое оборудование для культивирования бактерий в массовом количестве...

Используя имеющееся оборудование, возглавлявшееся мною отделение могло производить следующее количество одного из видов бактерий в месяц: чумы — 100 килограммов, сибирской язвы — 200 килограммов, брюшного тифа — 300 килограммов, паратифа «А» — 300 килограммов, холеры — 330 килограммов и дизентерии — 300 килограммов.

Во второй половине 1940 года возглавлявшейся мною группой было выращено 70 килограммов бактерий брюшного тифа и 50 килограммов бактерий холеры для специальной экспедиции отряда, осуществлённой во главе с бывшим начальником отряда генералом Исии, выезжавшим с группой других работников отряда в Центральный Китай. Кроме брюшного тифа и холеры указанной экспедицией использовались против китайской армии заражённые чумой блохи.

В середине 1942 года возглавлявшейся мною секцией было изготовлено 130 килограммов бактерий паратифа «А» и сибирской язвы для аналогичной экспедиции генерала Исии, выезжавшей в Центральный Китай с целью применения бактерий против китайской армии. С указанной экспедицией, как мне стало известно из предъявленных мне показаний свидетелей, направлялись также бактерии брюшного тифа, однако я лично этого точно не помню.

Экспедициями генерала Исии, осуществлёнными в 1940 и 1942 годах, преследовалась цель проведения опытов для изыскания способов массового распространения бактерий в конкретной боевой обстановке. Однако фактически это вместе с тем являлось практическим применением бактерий как оружия войны против китайской армии. Применение в 1940 году экспедицией генерала Исии заражённых чумой блох привело к вспышке чумы в районе их распространения, о чём подробно мною даны показания на допросе от 22 октября 1949 года. Была ли достигнута цель в результате применения названных мною выше бактерий, я не знаю.

Изготовлявшиеся под моим руководством бактерии использовались при проведении на специально для этого оборудованном полигоне отряда на ст. Аньда опытов по изысканию способов распространения бактерий в полевых условиях. При проведении этих опытов использовались живые люди, называвшиеся «брёвнами».

В период моей службы в отряде я знал, что в последнем имеется специальная тюрьма, в которой содержатся подопытные люди, обречённые в результате проводившихся над ними опытов на уничтожение.

Опыты на полигоне на ст. Аньда проводились систематически. При проведении двух таких опытов мне пришлось участвовать лично, первый раз — в конце 1943 года и второй раз — весной 1944 года.

В каждом из этих случаев на полигон было доставлено по 10 подопытных людей, по виду китайцев, которые перед производством опытов привязывались к вкопанным в землю столбам, и затем вблизи них взрывались заполненные бактериями бомбы. В результате проведения первого из названных мною опытов часть подопытных людей была заражена сибирской язвой и, как мне потом стало известно, умерла.

Я лично в обоих этих случаях на полигон Аньда выезжал с целью установления на месте, при производстве опытов, эффективности действия изготовленных мною бактерий...

Кроме изложенного, мне известно, что в отряде 731 также систематически велись опыты над живыми людьми в лабораторных условиях. В этих случаях подопытные люди насильственно заражались различными бактериями, и затем за подопытными людьми велись наблюдения с целью изыскания наиболее эффективных возбудителей инфекционных болезней.

Проведение опытов непосредственно на живых людях ускоряло разрешение стоявшей перед отрядом задачи изыскания наиболее активных средств бактериологической войны и способов их распространения для заражения людей.

Готовясь к бактериологической войне, японское командование принимало меры к увеличению возможностей производства бактерий. Именно в связи с этим в 1944 году в отряд 731 из Японии стало поступать новое оборудование, которое, как мне говорил бывший начальник 4-го отдела отряда Оота Киёси, было более совершенным и позволяло вести работу по выращиванию бактерий конвейерной системой.

В том же году по заданию бывшего начальника отряда Китано Масадзо я лично выезжал в филиалы отряда в городах Суньу, Хайлар, Хайлин и Линькоу с целью изучения на месте вопроса о возможности установки в этих филиалах оборудования для выращивания бактерий в массовом количестве. Инструктируя меня перед выездом в командировку, генерал Китано указывал, что организация работы по выращиванию бактерий в филиалах необходима, с одной стороны, для увеличения мощности производства бактерий и, с другой стороны, для того, чтобы исключить возможность приостановки производства бактерий в случае вывода из строя оборудования отряда при возможных бомбардировках авиацией противника.

В результате данного мною заключения в филиалы отряда в городах Суньу, Хайлин и Линькоу в том же году было направлено оборудование, но какое именно, я не знаю, и было ли оно там установлено, мне также неизвестно.

Являясь врачом-бактериологом и специалистом по культивированию бактерий, я участвовал в проводившихся в отряде совещаниях офицерского состава и научных работников, на которых делал доклады о способах массового культивирования бактерий и использования отработанной питательной среды.

В целях повышения квалификации подчинённого мне состава работников я проводил занятия, а в начале 1940 года был преподавателем бактериологии на курсах вновь принятых в отряд вольнонаёмных сотрудников.

Вопрос: Чем вы желаете дополнить свои показания?

Ответ: Я полностью сознаю, что отряд 731 являлся преступной организацией, готовившей средства уничтожения людей варварскими методами, запрещёнными международными правилами.

Работая в отряде, я являлся участником этой преступной деятельности и совершил преступление перед человечеством, за что и должен нести наказание.

Осознав это, я с самого начала следствия стремился к тому, чтобы искренне и объективно вскрыть преступную деятельность отряда и мою личную роль в этом.

Дополнить свои показания я больше ничем не могу, так как в ходе следствия я рассказал о всех известных мне фактах, характеризующих преступную деятельность отряда.

Протокол допроса с моих слов записан правильно. Русский текст протокола допроса переведён мне на японский язык.

Карасава.

ДОПРОСИЛИ:

Военный прокурор
подполковник
юстиции *БУСЛОВИЧ.*

Сотрудник Управления МВД
по Хабаровскому краю
подполковник *ИВАНОВ.*

Переводчик *ПАХОМОВ.*

ПРОТОКОЛ ДОПРОСА ОБВИНЯЕМОГО ОНОУЭ МАСАО

6 декабря 1949 года *Гор. Хабаровск*

Допрос произведён через переводчика Гурьянова, который об ответственности за заведомо ложный перевод предупреждён по ст. 95 УК РСФСР.

Подпись *Гурьянов.*

Вопрос: В постановлении от 5 декабря 1949 года вам предъявлено обвинение по ст. 1 Указа Президиума Верховного Совета Союза ССР от 19 апреля 1943 года. Понятно ли, в чём вы обвиняетесь, и признаёте ли вы себя виновным в предъявленном вам обвинении?

Ответ: Содержание предъявленного обвинения мне понятно. Виновным себя признаю в том, что в руководимом мною 643-м филиале производилась подготовка кадров лаборантов-бактериологов, которых всего за время моей работы в филиале было подготовлено 160 человек. Филиалом также производилось размножение и вылавливание грызунов (морских свинок, белых крыс, мышей и кроликов), которые направлялись в штаб 731-го отряда, где они использовались для изготовления бактериологического оружия и производства опытов для изучения лихорадки «Сонго». Кроме того, 643-м филиалом производилось размножение блох, которые также направлялись в 731-й отряд, где после заражения чумными бактериями они являлись одним из видов бактериологического оружия. 1-м отделением филиала производилась исследовательская работа над серыми крысами по изысканию наиболее эффективных способов размножения чумных блох, но положительных результатов достигнуто не было, и поэтому дальнейшее размножение блох производилось только на белых крысах и мышах. По приказанию начальника 731-го отряда генерал-лейтенанта медицинской службы Исии мною 13 августа 1945 года был уничтожен путём сожжения 643-й филиал со всеми находившимися в нём материалами, оборудованием и документами, за исключением кода и блох в количестве 20—25 граммов, которые мною были направлены в штаб 731-го отряда. Какую цель преследовало командование 731-го отряда, отдавая приказ о сожжении филиала, мне неизвестно. Мне было известно, что в 731-м отряде производились работы по изысканию и изготовлению в массовом количестве бактериологических средств, как-то: бактерий чумы, сибирской язвы и других смертоносных бактерий, которые испытывались на живых людях, для чего отряд имел внутреннюю тюрьму и учебный полигон, на котором производились опыты. Весной 1944 года я вместе с начальником общего отдела 731-го отряда вылетел самолётом на учебный полигон, где должны были проводиться опыты по практическому испытанию бактериологического оружия над живыми людьми, но ввиду того, что командованием отряда по неизвестным для меня причинам эти опыты были отменены, я на следующий день возвратился в штаб отряда.

Что же касается предъявленного мне обвинения в том, что по моей инициативе начальником санитарного управления 5-й армии генерал-майором медицинской службы Сато был издан приказ, обязывающий командиров войсковых частей и начальников госпиталей организовать вылавливание крыс и мышей с последующей их отправкой в 643-й филиал, то в этом я себя виновным не признаю, так как с такой просьбой к генералу Сато я не обращался.

Вопрос: Для какой цели отрядом № 731 изготовлялось бактериологическое оружие?

Ответ: Массовое изготовление бактериологического оружия 731-м отрядом производилось с целью применения его в войне, но против какого противника Японии имелось в виду применить это оружие, мне неизвестно...

Вопрос: 643-й филиал, его оборудование и работы, производившиеся в нём, являлись военной тайной?

Ответ: Я считаю, что сам филиал, его оборудование и работы, производившиеся в нём, не являлись военной тайной.

Вопрос: Следовательно, размножение блох и грызунов по вашему утверждению не являлось секретом?

Ответ: Нет, это не так. Размножение блох в филиале было засекречено, а что касается размножения грызунов, то я считаю, что это не было тайной.

Вопрос: Что желаете дополнить к своим показаниям?

Ответ: Дополнить к своим показаниям я больше ничего не могу.

Протокол прочитан через переводчика Гурьянова на японском языке, показания записаны с моих слов правильно, в чём и расписываюсь.

Оноуэ.

ДОПРОСИЛИ:

Военный прокурор
подполковник
юстиции *БУШУЕВ.*

Сотрудник УМВД
по Хабаровскому краю
майор *ФУРСЕНКО.*

Переводчик *ГУРЬЯНОВ.*

ПРОТОКОЛ ДОПРОСА ОБВИНЯЕМОГО САТО СЮНДЗИ

6 декабря 1949 года *Гор. Хабаровск*

Допрос ведётся через переводчика Корнилова, который предупреждён об ответственности по ст. 95 УК РСФСР.

Подпись *Корнилов.*

Вопрос: Постановлением от 5 декабря 1949 года вам предъявлено обвинение по ст. 1 Указа Президиума Верховного Совета СССР от 19 апреля 1943 года. Понятны вам пункты обвинения и признаёте ли себя виновным в предъявленном вам обвинении?

Ответ: Предъявленные мне пункты обвинения ясны. В предъявленном мне обвинении по ст. 1 Указа Президиума Верховного Совета СССР от 19 апреля 1943 года признаю себя виновным полностью. Моя вина заключается в том, что я действительно с декабря 1941 года по февраль 1943 года руководил деятельностью кантонского отряда «Нами» № 8604, а затем, с февраля 1943 года по март 1944 года, я также возглавлял руководство работой нанкинского отряда «Эй» № 1644. Оба эти отряда занимались изысканиями и массовым производством смертоносных бактерий, предназначенных для боевого применения против китайских войск и мирного населения. ...Нанкинский отряд «Эй» № 1644 совместно с бактериологическим отрядом № 731 японской Квантунской армии принимал непосредственное участие в применении бактериологического оружия против китайских войск и местного населения во время боевых операций японских войск...

Я, занимая пост начальника отряда «Эй» № 1644, возглавлял руководство отрядом по изысканию и массовому производству бактериологического оружия. С этой целью нанкинский отряд «Эй» № 1644 был снабжён мощным оборудованием, укомплектован специалистами-бактериологами и в массовом масштабе изготовлял различные смертоносные бактерии. Действительно, под моим руководством имевшийся в нанкинском отряде «Эй» № 1644 учебный отдел готовил кадры бактериологов ежегодно до 300 человек с целью использования их в бактериологической войне. Я, с марта 1944 года будучи начальником санитарного управления 5-й армии, входившей в состав японской Квантунской армии, оказывал активную помощь и поддержку филиалу № 643 отряда № 731 в увеличении производства бактериологического материала.

С этой целью в мае 1945 года мною был издан специальный приказ частям 5-й армии о вылавливании грызунов, необходимых для производства бактериологического оружия, и направлении их в филиал № 643 отряда № 731.

Вопрос: Уточните свои показания относительно производственной мощности нанкинского отряда «Эй» № 1644 и о наличии в нём технического оборудования.

Ответ: Производственная мощность нанкинского отряда «Эй» № 1644 по изготовлению смертоносных бактерий была до 10 килограммов за цикл. Для изготовления этого количества бактерий в отряде «Эй» № 1644 имелось техническое оборудование: культиваторов Исии — около 200, инкубатор-комната — 1 размером 5×5×3 метра, 2 автоклава цилиндрической формы размером в диаметре 1,5 метра, длиной 2,5 метра, инкубаторов — примерно 40—50, паровых стерилизаторов — 40—50, котлов Коха — примерно 40—50, и для варки питательной среды в отряде имелись большие стеклянные колбы, но сколько их было, я сейчас не помню.

С моих слов записано правильно, мне протокол допроса прочитан на японском языке.

Сато.

ДОПРОСИЛИ:

Военный прокурор
подполковник
юстиции *БУШУЕВ.*

Сотрудник УМВД
по Хабаровскому краю
майор *АГРЫЗКОВ.*

Переводчик *КОРНИЛОВ.*

ПРОТОКОЛ ДОПРОСА ОБВИНЯЕМОГО ХИРАЗАКУРА ДЗЕНСАКУ

1949 года, декабря 6 дня *Гор. Хабаровск*

Допрос ведётся через переводчика Елгина, который предупреждён об ответственности за заведомо ложный перевод по ст. 95 УК РСФСР.

Подпись *Елгин.*

Вопрос: Вам зачитано постановление о предъявлении вам обвинения по ст. 1 Указа Президиума Верховного Совета СССР от 19 апреля 1943 года. Понятна ли вам сущность предъявленного обвинения и признаёте ли вы себя в нём виновным?

Ответ: Да, в предъявленном мне обвинении по ст. 1 Указа Президиума Верховного Совета СССР от 19 апреля 1943 года признаю себя виновным полностью и по существу его хочу показать следующее.

Действительно, с июня 1942 года по август 1945 года я проходил службу в отряде № 100 Квантунской армии, основной задачей которого помимо профилактических мероприятий была подготовка активных средств для ведения бактериологической войны против Советского Союза.

Бактериологи, химики, ветеринарные врачи, которыми был укомплектован отряд № 100, были заняты культивированием отдельных видов бактерий, изучением их свойств, изысканиями способов массового заражения животных и людей. С этой целью в отряде № 100 проводились опыты по испытанию действенности бактерий и ядов на людях и животных.

Являясь ветеринарным врачом, я в качестве научного сотрудника сначала 1-го отделения 2-го отдела отряда, а затем созданного в декабре 1943 года 6-го отделения того же отдела исследовал действие бактерий сапа и сибирской язвы, занимался их размножением, принимал участие в разработке возможных способов применения этих бактерий в бактериологической войне.

С этой целью в июле — августе 1942 года я принял участие в экспедиции в район Трёхречья, называвшейся «летними манёврами». Эта экспедиция имела своей целью исследовать возможности применения бактерий сибирской язвы и сапа в естественных условиях, приближённых к району вероятных военных действий — у границ Советского Союза. Во время этой экспедиции проводились опыты по заражению сапом реки Дербул и водоёмов, а также опыты по заражению сибирской язвой почвы и травяного покрова. Микробы для этой цели вырабатывались в походной лаборатории и испытывались на лошадях, овцах и морских свинках.

С июня 1944 года я в группе научных сотрудников отряда № 100 находился в Северо-Хинганской провинции и по приказанию командования Квантунской армии занимался сбором сведений разведывательного характера, а именно: выявлял наличие и количество скота у населения в пограничных с Советским Союзом и Монгольской народной республикой районах, устанавливал состояние этого скота, наличие летних и зимних пастбищ, участков сенокошения, состояние дорог и водоёмов. Эти сведения необходимы были японскому командованию для того, чтобы в случае войны с Советским Союзом произвести массовое заражение скота с целью бактериологических диверсий.

В этой группе с июня по сентябрь 1944 года я выполнял отдельные задания капитана Асао, а с сентября 1944 года по день моего пленения (август 1945 года) руководил данной группой, ибо Асао из группы был отозван.

Как мне было известно от начальника отряда № 100 генерал-майора Вакамацу, авиация на основании собранных мною сведений будет производить распыление бактерий сапа, сибирской язвы и вируса чумы рогатого скота для заражения скота в пограничных с Советским Союзом и Монголией районах в случае возникновения войны.

О проделанной моей группой работе я дважды представлял генерал-майору Вакамацу письменные отчёты, прилагая к ним топографические карты с нанесёнными на них данными разведывательного характера (состояние водоёмов, пастбищ, скота и т. д.). Один раз по этому же вопросу я сделал устный доклад начальнику ветеринарной службы Квантунской армии генерал-лейтенанту Такахаси Такаацу.

Кроме того, о проведённой работе я информировал начальника Хайларской военной миссии подполковника Амано, который, как мне известно от генерал-майора Вакамацу, был осведомлён о целях и задачах, поставленных перед моей группой. Как мне известно, в своём отчёте, представленном в штаб Квантунской армии, подполковник Амано дал хорошую оценку нашей работе.

Одновременно с указанной работой я по приказанию генерал-майора Вакамацу летом 1945 года закупил у населения Северо-Хинганской провинции 500 овец, 100 голов рогатого скота и 90 лошадей на отпущенные для этой цели 80 000 иен.

От генерал-майора Вакамацу мне было известно, что в случае войны с Советским Союзом этот скот будет заражён сибирской язвой, сапом, чумой рогатого скота и овечьей оспой и с диверсионной целью оставлен в тылу Советских войск, чтобы вызвать вспышку остроинфекционных заболеваний. Мне было известно, что для этой цели в места нахождения закупленного мною скота будет на самолётах доставлено необходимое количество вышеперечисленных бактерий и скот будет заражён созданными диверсионными группами.

Признаю виновным себя также и в том, что во время нахождения в Северо-Хинганской провинции я по приказанию генерал-майора Вакамацу закупил скот (10 телят) для использования его при опытах, проводимых ранней весной 1945 года в районе реки Южный Хангол. От участника этих опытов майора Ямагучи мне известно, что во время опытов, именуемых «зимними манёврами», проверялось действие вируса чумы рогатого скота и овечьей оспы в зимних условиях путём их распыления по снегу и по разбросанному по нему корму. Опыты эти проводились в условиях, в которых должны были осуществляться бактериологические диверсии против Монгольской народной республики, ибо известно, что скот в Монголии в зимнее время питается подножным кормом.

Кроме того, летом 1943 года, в целях установления количества ядов, потребных для умерщвления лошадей (цианистым калием, стрихнином и др.), мной по приказанию начальника 2-го отдела Хасака проводились опыты над 40—50 лошадьми частей Квантунской армии. В результате этих опытов 10 лошадей пало. Для какой цели производились эти опыты, мне не было известно, но предполагаю, что изыскивались способы применения ядов для диверсий.

Больше по делу показать ничего не могу, протокол с моих слов записан правильно и мне на японском языке прочитан, в чём и расписываюсь.

Хиразакура.

ДОПРОСИЛИ:

Военный прокурор
майор юстиции *БОГОД.*

Сотрудник УМВД
по Хабаровскому краю
лейтенант *НАЗАРОВ.*

Переводчик *ЕЛГИН.*

ПРОТОКОЛ ДОПРОСА ОБВИНЯЕМОГО МИТОМО КАДЗУО

От 6 декабря 1949 года *Гор. Хабаровск*

Допрос произведён через переводчика Елгина Григория Георгиевича, который предупреждён об ответственности по ст. 95 УК РСФСР.

Подпись *Елгин.*

Вопрос: Вам предъявлено обвинение в совершении вами преступлений, предусмотренных ст. 1 Указа Президиума Верховного Совета Союза ССР от 19 апреля 1943 года. Признаёте ли вы себя виновным в предъявленном вам обвинении?

Ответ: В предъявленном мне обвинении согласно объявленного постановления от 5 декабря 1949 года по ст. 1 Указа Президиума Верховного Совета Союза ССР от 19 апреля 1943 года, суть которого мне понятна, виновным себя признаю полностью.

Вопрос: В чём конкретно вы признаёте себя виновным?

Ответ: Виновным себя признаю в том, что я в апреле месяце 1941 года добровольно поступил на работу в отряд № 100 Квантунской армии, занимавшийся приготовлением возбудителей сибирской язвы, сапа, чумы рогатого скота и овечьей оспы, а также, зная о том, что эти возбудители приготовляются специально для ведения войны против Советского Союза, принял активное участие в их приготовлении в специальной лаборатории отряда № 100.

Поступив на работу в указанный отряд, я прошёл специальные курсы по культивированию бактерий сибирской язвы и сапа, которые лично мною и культивировались в специально закреплённом за мной инкубаторе. Эту работу я выполнял на протяжении всего времени моей работы в этом отряде, т. е. с апреля месяца 1941 года по октябрь месяц 1944 года.

Кроме того, я неоднократно принимал участие в проведении опытов по проверке на животных и живых людях действенности изготовляемых мною смертоносных бактерий с целью их применения командованием японской армии в войне против Советского Союза. Так, в июле — августе 1942 года я в составе работников отряда № 100 принимал участие в экспедиции в районе Трёхречья, где проверялась устойчивость бактерий сапа в реке Дербул и сибирской язвы в стоячих водоёмах. Данной экспедицией руководил начальник 2-го отдела отряда № 100 майор Мурамото. Там же я лично производил культивирование бактерий сапа и сибирской язвы, которые нашей группой использовались для опытов на реке Дербул и в стоячих водоёмах. Эти испытания проводились... на реке Дербул, впадающей в пограничную с СССР реку Аргунь.

В августе — сентябре 1944 года я под руководством научного сотрудника Мацуи Цунэтака производил в расположении отряда № 100 опыты над живыми людьми в количестве 7—8 арестованных русских и китайских граждан, проверяя на них действие ядовитых веществ, которыми мною отравлялась пища, выдаваемая этим арестованным.

В конце августа месяца 1944 года по указанию Мацуи мною было положено в кашу до одного грамма героина; эту кашу я отдал арестованному китайскому гражданину, который съел её, и минут через 30 после этого он потерял сознание и в таком состоянии через 15—16 часов умер. Давая такую дозу героина, мы знали, что она смертельная, но для нас было безразлично, умрёт ли он или будет жив.

Над некоторыми из арестованных я проводил опыты по 5—6 раз, проверяя действие корейского вьюнка, героина, бактала и зёрен касторника. Один из арестованных, русской национальности, в результате проводимых опытов ослабел, и над ним больше нельзя было производить опытов. Мацуи дал мне указание убить этого русского путём введения ему уколом цианистого калия. После укола этот человек сразу умер.

Затем я присутствовал при расстрелах жандармами трёх арестованных, над которыми мною производились опыты...

Вопрос: Чем желаете дополнить свои показания?

Ответ: Дополнить больше ничего не могу. Показания с моих слов записаны верно и мне прочитаны на японском языке через переводчика Елгина, в чём и расписываюсь.

Митомо.

ДОПРОСИЛИ:

Военный прокурор
подполковник юстиции *АНТОНОВ.*

Сотрудник УМВД
по Хабаровскому краю
старший лейтенант *БОЙКО.*

Переводчик *ЕЛГИН.*

ПРОТОКОЛ ДОПРОСА ОБВИНЯЕМОГО КИКУЧИ НОРИМИЦУ

6 декабря 1949 г. *Гор. Хабаровск*

Допрос произведён через переводчика Полуянова, который предупреждён об ответственности по ст. 95 УК РСФСР.

Подпись *Полуянов.*

Вопрос: Вам предъявлено постановление о привлечении вас в качестве обвиняемого в преступлениях, предусмотренных ст. 1 Указа Президиума Верховного Совета Союза ССР от 19 апреля 1943 года, сущность которого вам разъяснена. Признаёте ли вы себя виновным в предъявленном вам обвинении?

Ответ: В предъявленном мне обвинении по ст. 1 Указа Президиума Верховного Совета Союза ССР от 19 апреля 1943 года я виновным себя признаю.

Вопрос: В чём конкретно вы признаёте себя виновным?

Ответ: Я признаю себя виновным в том, что я, находясь на службе в филиале № 643 отряда 731, в период с апреля месяца 1943 года по день пленения занимался культивированием бактерий тифа, паратифа, дизентерии и туберкулёза для исследования этих бактерий и изучения их свойств и способности вызывать эпидемии. Занимаясь культивированием бактерий, я изучал питательную среду, на которой они размножаются, и этим добивался приготовления такой питательной среды, на которой быстрее культивируются и более длительное время сохраняют свою живучесть бактерии.

Я добивался также того, чтобы быстрее приготовлять питательную среду для бактерий. Моя работа по культивированию бактерий и изучению питательной среды для них была направлена к тому, чтобы, когда поступит приказание моих начальников, я лично и 1-е исследовательское отделение в целом смогли бы быстро производить массовое культивирование бактерий.

Я знал, что японская Квантунская армия подготовляет бактериологическую войну против Советского Союза и к этому готовились отряд № 731 и филиал № 643, который помогал отряду № 731 в подготовке к бактериологической войне, и моя работа в 1-м исследовательском отделении филиала... тоже была направлена на подготовку бактериологической войны. Следовательно, и я лично принимал участие в подготовке этой войны, в чём я признаю себя виновным.

Преступления, которые я совершил, я делал не по своей воле, а по приказаниям начальников, которым я подчинялся. Не выполнить их приказаний я не мог, так как за невыполнение приказаний я был бы наказан.

Вопрос: Чем вы желаете дополнить свои показания?

Ответ: К своим показаниям я дополнить больше ничего не могу...

Показания с моих слов записаны правильно, мне прочитаны на японском языке.

Кикучи.

ДОПРОСИЛИ:

Помощник военного прокурора Приморского военного округа подполковник юстиции *АНТОНОВ.*

Сотрудник Управления МВД по Хабаровскому краю старший лейтенант *БУЛАНОВ.*

Переводчик *ПОЛУЯНОВ.*

ПРОТОКОЛ ДОПРОСА ОБВИНЯЕМОГО КУРУСИМА ЮДЗИ

10 декабря 1949 года *Гор. Хабаровск*

Допрос ведётся через переводчика Сторожкова, который об ответственности за заведомо ложный перевод по ст. 95 УК РСФСР предупреждён.

Подпись *Сторожков.*

Вопрос: Вам предъявляется обвинение по ст. 1 Указа Президиума Верховного Совета СССР от 19 апреля 1943 года. Понятна ли вам сущность предъявленного обвинения и признаёте ли вы себя виновным?

Ответ: Сущность предъявленного мне обвинения, изложенного в постановлении военного прокурора от 9 декабря 1949 года, предусмотренного ст. 1 Указа Президиума Верховного Совета СССР от 19 апреля 1943 года, мне ясна и виновным в предъявленном мне обвинении я себя полностью признаю.

По существу хочу показать следующее:

Действительно, после призыва меня в ряды японской армии, после прохождения общевойсковой подготовки в 97-м пехотном полку я в апреле 1944 года был направлен для прохождения службы в 162-й филиал отряда № 731, дислоцированный в Линькоу.

Вскоре после прибытия в этот филиал из характера производимой работы, а также предупреждений о секретности деятельности отряда № 731 я понял, что хотя отряд № 731 официально призван заниматься вопросами водоснабжения и профилактики, но на самом деле он занимается выращиванием бактерий остроинфекционных заболеваний (тифа, паратифа, холеры, чумы и др.), а также выращиванием блох и размножением с этой целью грызунов.

Находясь на шестимесячных курсах санитаров при филиале № 162, я в числе других курсантов под руководством начальника 1-го отделения майора Хосоя уделял особое внимание изучению бактериологии.

По окончании курсов я в составе группы военнослужащих, руководимых младшим унтер-офицером Хиодо Иоситаке, был направлен в 731-й отряд для участия в испытаниях бактериологических снарядов. Испытания эти именовались «манёврами».

Находясь в отряде № 731, перед отъездом в район испытаний я от сотрудников отряда узнал, что культивируемые здесь в массовом количестве бактерии остроинфекционных заболеваний испытываются насильственным путём на живых людях русской и китайской национальности, содержащихся в отряде.

Здесь же я узнал, что мне придётся участвовать в испытании для установления возможного распыления блох и заражения ими местности при помощи авиации.

С 6 по 30 октября 1944 года близ местечка Утон я принимал участие в этих манёврах, охраняя помещения личного состава испытателей.

Кроме того, я принимал участие в подсчёте блох, попадавших в ящики, расставленные на территории в 2 квадратных километра, после разрыва сброшенных с самолёта фарфоровых бомб, начинённых этими блохами.

2 ноября 1944 года я возвратился в 162-й филиал и был назначен для работы в бактериологическую лабораторию 1-го отделения, где выполнял обязанности стажёра-лаборанта.

Здесь под непосредственным руководством старшего унтер-офицера Кан Ютака и начальника 1-го отделения майора медицинской службы Хосоя я занимался посадкой бактерий туберкулёза, тифа и паратифа на питательную среду, подготовкой лабораторных приборов для исследований; регулировал температуру инкубаторов при культивировании бактерий и т. д.

Кроме того, я дважды (по 7 дней каждый раз) выезжал для ловли полевых грызунов. Всего мной было поймано до 300 таких грызунов, впоследствии направленных в отряд № 731 для использования при изготовлении бактериологического оружия.

Я признаю себя виновным, что всей своей практической деятельностью в отряде № 731 и его филиале № 162 я участвовал в подготовке бактериологического оружия для массового истребления людей, однако прошу учесть, что, будучи участником этого преступления, я являлся исполнителем приказов японского военного командования.

Протокол с моих слов записан правильно и мне зачитан на японском языке.

Курусима.

ДОПРОСИЛИ:

Военный прокурор
майор юстиции *БОГОД.*

Сотрудник УМВД
по Хабаровскому краю
майор *КОНОНОВ.*

Переводчик *СТОРОЖКОВ.*

ВЫПИСКА ИЗ ПРОТОКОЛА ДОПРОСА ЯМАДА ОТОЗОО

3 ноября 1949 года *Гор. Хабаровск*

...731-й отряд официально именовался «Управлением профилактики и водоснабжения Квантунской армии», что являлось известным прикрытием действительного назначения отряда. С этой же целью работники 731-го отряда носили общевойсковую форму, без знаков различия медицинской службы. Мы опасались, что большое скопление медицинских работников может вызвать нежелательные подозрения относительно действительного характера работ 731-го отряда.

...В августе 1944 года при посещении мною 731-го отряда я лично ознакомился с работой всех отделов, во время осмотра которых мне докладывали о производственных процессах культивирования и массового выращивания бактерий. Помню, что в одном из отделов я видел мощную систему специальной аппаратуры, с помощью которой можно изготавливать большое количество патогенных возбудителей. Начальник отдела мне докладывал цифры производственной мощности отряда, но привести их я сейчас не могу.

Должен сказать, что в этом отделе производство бактерий было налажено в огромном количестве и в таких размерах, которые могли бы обеспечить массовое их применение. В другом отделе отряда, где занимались выращиванием блох как переносчиков эпидемии чумы, я видел специальные хранилища, в которых содержалось большое количество блох. Сопровождавшие меня сотрудники отряда доложили, что блохи предназначены для заражения чумой и что это является одним из видов бактериологического оружия.

После того как все отделы отряда мною были осмотрены, я и сопровождавшие меня лица поднялись на вышку, которая предназначалась для наблюдения за контрольными опытами по рассеиванию блох с самолётов и с которой я осматривал аэродром. Кто-то из офицеров мне доложил, что блохи, заражённые чумой, являясь одним из видов бактериологического оружия, испытываются на специальном полигоне путём рассеивания их с самолётов. При этом мне привели данные испытаний в различных условиях погоды.

При осмотре 731-го отряда я был крайне поражён размахом исследовательской и производственной деятельности отряда по изготовлению бактериологических средств войны.

Вопрос: Следовательно, 731-й отряд Квантунской армии был организован в целях подготовки бактериологического нападения на Советский Союз?

Ответ: Должен признать, что 731-й отряд, расположенный на территории Маньчжурии, был организован в целях подготовки бактериологических средств войны главным образом против Советского Союза, а также против МНР и Китая...

Вопрос: В какой мере 731-й отряд был подчинён штабу Квантунской армии?

Ответ: 731-й отряд был подчинён непосредственно мне как командующему Квантунской армией.

Подчинённость 731-го отряда командованию Квантунской армии была определена приказом военного министра Японии во время организации отряда.

Тактическое руководство 731-м отрядом, связанное со всеми вопросами производства бактериологического оружия и его применения, принадлежало мне. Это означает, что если бы возникла необходимость в применении бактериологического оружия против войск противника, то приказ об этом должен был исходить только от меня, поскольку 731-й отряд являлся особой войсковой частью моего подчинения...

Ямада.

ДОПРОСИЛИ:

Сотрудники УМВД
по Хабаровскому краю
БРАВЕ, ГОЙХМАН.

Переводчик *ЦВИРОВ.*

ВЫПИСКА ИЗ ПРОТОКОЛА ДОПРОСА ЯМАДА ОТОЗОО

5 ноября 1949 года *Гор. Хабаровск*

Вопрос: Когда вы лично посещали отряд № 731?

Ответ: Отряд № 731 я посетил всего один раз. После вступления на пост командующего Квантунской армией я знакомился со всеми подчинёнными мне частями и подразделениями, в том числе и с отрядом № 731. Это было в августе 1944 года.

В расположение отряда меня сопровождал штаб-офицер штаба Квантунской армии подполковник Хара. В расположение отряда я выехал из гор. Харбина не вечером, как показывал ранее, а в 12 часов дня и пробыл в отряде около полутора часов. Об этом посещении я сделал запись в своём дневнике.

У входа на территорию отряда меня встретили начальник 731-го отряда генерал-майор Китано и все офицеры. После окончания церемонии встречи я прошёл в кабинет генерал-майора Китано, который мне доложил, что отряд состоит из семи отделов: общего, клинического, материального, производственного, научно-исследовательского и учебного. Название седьмого отдела я забыл.

Докладывая о целях и задачах отряда, Китано указал, что по своему характеру отряд имеет две задачи, одна из которых состоит в противоэпидемической службе и водоснабжении Квантунской армии, другой задачей являлось изучение различных вопросов, связанных с подготовкой средств для ведения бактериологической войны. Кроме этого, генерал Китано мне докладывал в общих чертах о численности личного состава отряда, но эти цифры я сейчас не помню.

Освещая характер деятельности каждого отдела в отдельности, он говорил, что научно-исследовательский отдел разрабатывает формы и методы применения бактериологического оружия. Я понял, что при необходимости применения бактерий в диверсионных целях они используются наземным путём, а для широкого применения бактериологическое оружие используется с помощью авиации.

О производственном отделе генерал Китано мне доложил, что этот отдел занимается изготовлением специальных бактериологических препаратов в больших размерах, достаточных для проведения наступательных операций.

Позже, когда я полностью ознакомился с деятельностью 731-го отряда, я убедился в том, что его производственная мощность была достаточной для применения бактериологического оружия в широких масштабах, о чём я дал показания на предыдущем допросе.

Со слов генерала Китано, учебный отдел 731-го отряда готовил кадры медицинских работников, которыми затем пополнялись все отделы отряда и в том числе отделы, которые вели изыскания в области бактериологического оружия и его изготовления.

Материальный отдел обеспечивал необходимыми материалами и медицинским имуществом нужды 731-го отряда.

По окончании доклада генерала Китано я приступил к осмотру отряда. Мне сейчас трудно восстановить в памяти раздельно, что я видел в каждом отделе отряда, и поэтому всё виденное мною я могу изложить только в общих чертах, не определяя, к какому именно из отделов относится тот или иной процесс работы отряда. Но тем не менее я точно помню, что ознакомился с характером работ всех важнейших отделов отряда. В одном отделе (кажется, в производственном) я ознакомился с процессом выращивания бактерий в больших количествах. Там имелось мощное оборудование — котлы и другая аппаратура, необходимая для массового изготовления бактериологического оружия.

В другом помещении я видел специальные ящики с огромнейшим количеством живых блох. Мне говорили, что эти блохи предназначены для заражения их чумой, после чего они могли быть использованы как переносчики чумной эпидемии. Что я осматривал в других помещениях, я сейчас вспомнить не могу.

После осмотра основных помещений отряда я и сопровождавшие меня офицеры поднялись на вышку отряда, откуда я осмотрел аэродром, о чём я подробно показал на предыдущем допросе.

После того как я полностью ознакомился с работой отряда и получил впечатление о характере его деятельности, я был крайне поражён размахом исследовательских работ и колоссальными возможностями отряда по изготовлению бактериологического оружия.

Ямада.

ДОПРОСИЛИ:

Военный прокурор
подполковник юстиции *БАЗЕНКО.*

Сотрудники Управления МВД
по Хабаровскому краю
старший лейтенант *БРАВЕ,*
старший лейтенант *ГОЙХМАН.*

Переводчик *ЦВИРОВ.*

ВЫПИСКА ИЗ ПРОТОКОЛА ДОПРОСА ЯМАДА ОТОЗОО

17 ноября 1949 года *Гор. Хабаровск*

...К числу подчинённых мне частей, занимавшихся изысканиями и массовым производством бактериологического оружия, относятся отряд № 731, отряд № 100 и их филиалы.

...Касаясь вопроса о деятельности отрядов № 731 и 100 по подготовке бактериологической войны, следует отметить, что отряд № 731 занимался изысканием и производством бактериологического оружия, предназначавшегося для массового уничтожения людей. Деятельность отряда № 100 в этом направлении была несколько у́же и сводилась к изысканиям и производству бактериологического оружия для осуществления диверсий по уничтожению скота и заражению злаков.

...Подчинённый мне оперативно-стратегический отдел осуществлял руководство в вопросах производства необходимого количества бактерий, обеспечения техническим оборудованием, а также подготовки квалифицированных кадров для укомплектования штатов отрядов № 731 и № 100...

Вопрос: В таком случае, что вы имели в виду, заявив на допросе 3 ноября 1949 года о том, что подготовка бактериологических средств войны велась главным образом против Советского Союза?

Ответ: Эти показания я полностью подтверждаю, однако я должен пояснить, что подготовка бактериологической войны велась не только против Советского Союза, но и против других государств.

Вопрос: Уточните, какие государства вы имеете в виду?

Ответ: Главным образом Советский Союз, а также Китай, Монгольскую народную республику, Соединённые Штаты Америки и Англию.

Вопрос: Какие конкретные мероприятия были проведены по подготовке бактериологической войны против СССР?

Ответ: Применительно к Советскому Союзу подготовка бактериологической войны сводилась к проведению целого ряда исследований методов применения эпидемических бактерий, массовому производству бактериологического оружия и проведению опытов для установления эффективности действия тех или иных видов бактерий.

Вопрос: Расскажите, какие же были выработаны методы применения бактериологического оружия.

Ответ: Насколько мне помнится, основными и наиболее эффективными методами применения бактериологического оружия являлись: сбрасывание бактерий с самолётов и наземный способ применения бактерий. При помощи самолётов бактерии сбрасывались либо в специальных начинённых бомбах, или распылялись с помощью специальных приспособлений, имевшихся на самолётах. Наземный способ состоял в заражении бактериями водоёмов, пастбищ и скота.

...Должен признать, что действительно в июне 1945 года я направил полковника Тамура в 731-й отряд для ознакомления на месте с работой отряда и выяснения вопроса о необходимости увеличения количества специалистов. Полковник Тамура в 731-й отряд мной был направлен в связи с тем, что штабом Квантунской армии было получено указание военного министерства об увеличении производства бактериологического оружия. Это указание для исполнения было передано начальнику отряда № 731 генерал-лейтенанту Исии, который во исполнение этого указания обратился ко мне с письмом в мае 1945 года и просил увеличить количество необходимых ему специалистов. Кстати, сейчас я вспоминаю, что я действительно имел у себя доклад Исии по поводу бактериологических бомб. И в этой части прошу внести соответствующие изменения в ранее данные мной показания.

Доклад Исии хранился у меня в сейфе и затем мной был передан начальнику оперативно-стратегического отдела генерал-майору Мацумура Томокацу. Я хорошо помню, что этот доклад был написан на бумаге, разграфлённой красными линиями. Я также помню, что доклад имел наименование «О бактериологической бомбе системы Исии», причём я припоминаю, что при посещении отряда Исии я лично видел образцы бомб, предназначенных для применения блох, заражённых чумой, в качестве бактериологического оружия.

...Мне помнится, что такие бомбы я видел в отряде № 731 в момент инспектирования. Эти бомбы изготовлялись отрядом № 731. Количества их я не помню, но оно определялось необходимой потребностью. Изображение бомбы, указанное на предъявленной мне схеме, я видел в упомянутом мной докладе Исии...

Для изучения способов применения бактериологического оружия создавались специальные комиссии, в состав которых входили: начальник штаба Квантунской армии, начальник оперативно-стратегического отдела, соответствующий начальник бактериологического отряда № 100 или № 731 и отдельные штаб-офицеры. Председателем этих комиссий был начальник штаба. Командующий Квантунской армией в работе комиссий не участвовал. Решения комиссий по применению бактериологических средств войны представлялись командующему Квантунской армией и после его утверждения докладывались в генеральный штаб Японии. О принятии того или иного способа на вооружение генеральный штаб ставил в известность штаб Квантунской армии, в свою очередь штаб Квантунской армии отдавал соответствующее распоряжение отрядам № 731 и № 100 о массовом производстве необходимых эпидемических бактерий. Обеспечение бактериологических отрядов № 731 и № 100 всем необходимым оборудованием, сырьём и материалами осуществлялось военным министерством Японии в соответствии с требованиями генерального штаба о производстве того или иного вида бактериологического оружия.

Применение бактериологического оружия и формирование необходимых частей, предназначенных для практического использования бактериологического оружия, планировались генеральным штабом Японии на основании соответствующей информации штаба Квантунской армии.

Вопрос: Какие способы применения бактериологического оружия были приняты на вооружение Квантунской армии в период вашего пребывания на посту главнокомандующего?

Ответ: Все принятые на вооружение Квантунской армии способы применения бактериологического оружия были утверждены до моего назначения на пост главнокомандующего Квантунской армией. Лично я наиболее эффективным считал способ рассеивания бактерий с самолётов, так как он давал возможность поражения большей площади.

Вопрос: Какие самолёты предназначались для использования по применению бактериологического оружия?

Ответ: В мирное время в распоряжении отряда № 731 было несколько специальных самолётов. В военное время в случае необходимости могли быть использованы самолёты любой авиачасти, предварительно оборудованные необходимыми приспособлениями.

Вопрос: В чём конкретно выражалось ваше личное участие как командующего в руководстве по подготовке бактериологической войны?

Ответ: Я уже говорил о том, что все способы применения бактериологического оружия, которыми располагала Квантунская армия, были рассмотрены и утверждены генштабом Японии до назначения меня на пост главнокомандующего. Эти способы продолжали оставаться в силе и при мне. Кроме того, я как командующий через подчинённые мне отделы и управления штаба в соответствии с указаниями военного министерства и генштаба Японии осуществлял руководство деятельностью бактериологических отрядов № 731 и № 100 по изысканию и производству бактериологического оружия. Моя роль как командующего Квантунской армией заключалась также и в том, что я должен был в военное время осуществлять тактическое руководство по применению средств бактериологической войны. В этом смысле в случае возникновения военных действий я должен был определить, какими соединениями и на каком направлении должно было быть применено бактериологическое оружие.

Для осуществления бактериологического нападения в распоряжение командующих фронтов и отдельных армий должны были быть выделены специальные бактериологические отряды, созданные на базе отрядов № 731 и № 100 и их филиалов...

...**Вопрос:** Что конкретно вами было сделано для увеличения производства бактериологического оружия в соответствии с указаниями военного министерства?

Ответ: Как я уже ранее показал, в соответствии с указанием, которое исходило от заместителя военного министра, я санкционировал увеличение производства бактериологического оружия в пределах тех указаний, которые были получены из военного министерства. Однако, насколько было увеличено производство, я не помню...

...Вопрос: От кого должно было исходить решение о применении бактериологического оружия?

Ответ: Приказ о применении бактериологического оружия должен был исходить из императорской ставки.

Ямада.

ДОПРОСИЛИ:

Военный прокурор
подполковник юстиции *БАЗЕНКО*.

Сотрудник УМВД
по Хабаровскому краю
капитан *ГОЙХМАН*.

Переводчик *ЦВИРОВ*.

ВЫПИСКА ИЗ ПРОТОКОЛА ДОПРОСА ЯМАДА ОТОЗОО

1 декабря 1949 года *Гор. Хабаровск*

...**Вопрос:** В связи с чем было активизировано производство бактериологического оружия в 1945 году?

Ответ: Производство бактериологического оружия отрядами № 731 и № 100 было активизировано к тому времени в связи с окончанием подготовительного периода проводившихся испытаний наиболее эффективных средств бактериологического оружия. Я имею в виду применение бактериологической бомбы «системы Исии», рассеивание при помощи авиации блох, заражённых чумой, и способы наземных бактериологических диверсий, о чём мне было известно из соответствующих докладов генералов Китано, Такахаси и других лиц.

В 1945 году, в связи с успешным завершением всех подготовительных работ по усовершенствованию наиболее эффективных способов применения бактериологического оружия, наступил период массового производства бактериологического оружия в целях его практического применения в любом направлении по первому указанию императорской ставки. На основании изложенного и в соответствии с указанием заместителя военного министра Японии весной 1945 года мной было дано распоряжение об увеличении массового производства бактериологического оружия отрядами № 731 и № 100 и в связи с этим об увеличении и усовершенствовании оборудования и доукомплектовании отряда № 731 необходимыми специалистами.

Кроме того, лично я считаю, что увеличение производства бактериологического оружия в 1945 году было связано с ухудшением военной обстановки на различных театрах военных действий. Однако это моё личное мнение, так как официальной информации по этому вопросу я не имел.

Вопрос: Уточните, когда в штаб Квантунской армии поступило указание заместителя военного министра Японии об увеличении производства бактериологического оружия.

Ответ: Насколько мне помнится, это указание было получено в марте 1945 года...

...**Вопрос:** Какие изменения произошли за время вашего пребывания на посту главнокомандующего Квантунской армией в разработке способов и методов применения бактериологического оружия?

Ответ: Как я уже сказал, основные методы применения бактериологического оружия были приняты на вооружение Квантунской армии и утверждены генеральным штабом Японии до моего вступления на пост главнокомандующего и в этом отношении при мне никаких изменений не произошло. Эти методы мной также были одобрены и остались в силе. Однако за время моего пребывания в Квантунской армии проводились работы по усовершенствованию способов применения того или иного вида бактериологического оружия. Эта работа производилась как в отряде № 731, так и в отряде № 100. В частности при мне был окончательно усовершенствован способ применения блох, заражённых чумой, путём рассеивания их с самолётов с помощью специальных приспособлений и сбрасывания специальных бомб. По поводу этого способа генерал Китано сделал мне специальный доклад.

Вопрос: Какое решение вами было принято по докладу Исии о бактериологической бомбе?

Ответ: Решение по докладу Исии о применении специальной бактериологической бомбы было принято моим предшественником генералом Умедзу. Я, ознакомившись с докладом Исии, также одобрил этот способ. Никакого специального утверждения по этому вопросу больше не требовалось.

...В октябре или ноябре 1944 года генерал Китано сделал мне подробный доклад о результатах опытов по применению чумных блох как средства бактериологической войны. Доклад Китано сопровождался специальным кинофильмом, привезённым из отряда № 731, а также схемами, на которых были обозначены участки, где производились опыты по рассеиванию с помощью авиации блох, заражённых чумой. По своему содержанию доклад Китано обобщал все опыты и изыскания, которые производились в этом направлении, и подводил итоги всей работы. Во время доклада он демонстрировал различные таблицы, наглядно показывающие результаты проводимых исследований и испытаний по заражению территории бактериями чумы. Лично я, считая способ применения блох, заражённых чумой, весьма эффективным, одобрил доклад Китано и предложенный им способ применения бактериологического оружия.

Результаты опытов по применению блох, заражённых чумой, были представлены в императорскую ставку непосредственно руководством отряда № 731, минуя штаб Квантунской армии.

Вопрос: Ранее вы показали, что все решения по вопросам изысканий и производству бактериологического оружия утверждались главнокомандующим, после рассмотрения этих вопросов временной комиссией, и представлялись в генеральный штаб и военное министерство Японии штабом Квантунской армии. Что же в конечном итоге следует считать правильным?

Ответ: Я полностью подтверждаю ранее данные мной показания, и мне кажется, что в моих показаниях никаких расхождений нет. Дело в том, что доклады, о которых я говорил ранее, касались более важных вопросов и, как правило, относились к разработке методов применения бактериологического оружия или других более актуальных вопросов. Эти доклады в центр направлялись штабом Квантунской армии. Доклады, связанные с разработкой различных частных проблем, вроде изучения эффективности того или иного способа бактериологического оружия, направлялись непосредственно руководством отряда № 731, в зависимости от их содержания, либо в императорскую ставку, либо в военное министерство, или в Военно-медицинскую академию.

...**Вопрос:** Каким образом финансировалась работа по изысканиям и производству бактериологического оружия?

Ответ: Финансирование изысканий и производства бактериологического оружия производилось военным министерством Японии через штаб Квантунской армии. Подробно о размерах и способах финансирования мне неизвестно.

Вопрос: Чем было вызвано размещение отрядов № 731 и № 100 и их филиалов в непосредственной близости от границы Советского Союза?

Ответ: По этому вопросу никаких специальных разъяснений мне никто не давал, но я лично считаю, что это было сделано с целью наиболее удобного и быстрого применения бактериологического оружия против Советского Союза.

Вопрос: Каким образом предполагалось использовать бактериологическое оружие против Англии, США и других стран?

Ответ: Я считаю, что бактериологическое оружие было бы применено против США, Англии и других государств в том случае, если бы Советский Союз не выступил против Японии. Вступление в войну против Японии Советского Союза и стремительное продвижение Советской Армии в глубь Маньчжурии лишило нас возможности применить бактериологическое оружие против СССР и других стран.

Ямада.

ДОПРОСИЛИ:

Военный прокурор
подполковник юстиции *БАЗЕНКО.*

Сотрудник УМВД
по Хабаровскому краю
капитан *ГОЙХМАН.*

Переводчик *ЦВИРОВ.*

7*

ВЫПИСКА ИЗ ПРОТОКОЛА ДОПРОСА КАДЗИЦУКА РЮДЗИ

23 октября 1949 года *Гор. Хабаровск*

Вопрос: Что конкретно было проделано отрядом № 731 по подготовке к бактериологической войне?

Ответ: В феврале 1941 года начальник отряда № 731 полковник медицинской службы Исии в гор. Чанчунь в моём служебном кабинете во время доклада мне о работе отряда с разрешения командующего Квантунской армией Умедзу также рассказал о том, что было проделано отрядом по подготовке к бактериологической войне, выполнив тем самым то обещание, которое он дал мне при моём посещении отряда № 731 в 1940 году.

По словам Исии, в результате исследований, проведённых отрядом, было установлено, что сбрасывание бактерий, заключённых в авиабомбы, мало эффективно, потому что от сильного сопротивления воздуха и слишком высокой температуры маловыносливые бактерии, какими являются бактерии дизентерии, тифа, паратифа, холеры и чумы, гибнут почти на 100%. При этом Исии высказался, что на эти исследования возлагались большие надежды, но эти надежды не оправдались, и бомбы, а также снаряды с этими бактериями не распространяли инфекции в широких масштабах, как это ожидалось.

Что касалось наиболее выносливых бактерий, к которым относились бактерии сибирской язвы, то Исии заявил, что их возможно использовать таким путём и что в настоящее время ведутся дальнейшие исследования.

В результате исследований было также установлено, что сравнительно большой эффект имеет сбрасывание бактерий с самолётов, подобно тому как это делается с отравляющими веществами.

Исии рассказал мне, что с большой высоты сбрасывать бактерии нельзя, так как они гибнут, и что их нужно сбрасывать с высоты не более 500 метров, но при малой высоте площадь распыления бактерий получается слишком незначительной...

От Исии я узнал, что сбрасывание бактерий холеры на территории противника малоэффективно и трудно осуществимо, во-первых, потому, что сбрасывать нужно с малой высоты, что даёт возможность противнику свободно обстреливать самолёт, а во-вторых, потому, что для этого потребовалось бы слишком большое количество бактерий.

Далее Исии рассказал мне, что гораздо более эффективно сбрасывание бактерий не в «голом» виде, а вместе с посредниками — насекомыми и в частности с блохами. Блохи, являющиеся наиболее живучими насекомыми, заражались чумой и сбрасывались с самолётов, и бактерии чумы, оставаясь в блохах, благополучно опускались вместе с ними на землю. Это обстоятельство уменьшало уязвимость самолёта со стороны зенитной артиллерии противника.

При этом Исии заявил мне, что исследования по этому вопросу всё ещё не закончены, оставался, например, невыясненным вопрос, на какую площадь распространяются блохи, сброшенные с большой высоты.

Говоря о заражении пищи, Исии рассказал мне, что при исследованиях в этой области применялись бактерии холеры, дизентерии, тифа и паратифа. При этом заражали овощи, фрукты, рыбу и мясо. Наиболее пригодными для бактериологической войны оказались овощи, особенно такие, которые имеют много листьев, как, например, капуста; корнеплоды же, имея гладкую поверхность, оказались менее пригодными. Впрыскивание бактерий в продукты, например во фрукты, оказалось более эффективным, чем заражение этих же фруктов снаружи. Наиболее пригодными посредниками распространения инфекционных болезней, по словам Исии, являются овощи, за ними идут фрукты, затем рыба и, наконец, мясо...

В подтверждение этого Исии рассказал мне, что в его отряде проводятся практические опыты: опыты с бактериями, заключёнными в артиллерийские снаряды и авиабомбы; сбрасывание бактерий с самолётов производится на опытном полигоне, находящемся рядом с аэродромом отряда на ст. Пинфань, а с наиболее опасными бактериями — на какой-то необитаемой территории, но где именно, Исии не сказал. Он же говорил, что в отряде № 731 производятся опыты над живыми людьми, но что это за люди, когда и где производились над ними опыты, он мне не говорил, сказав только, что те люди были китайцы, пояснив тут же, что рассказывать о том, кто они были, он не имеет права, поскольку это является «тайной из тайн».

В заключение Исии сказал мне, что после всех проведённых под его руководством исследований он пришёл к выводу, что умышленное распространение эпидемии — не такая лёгкая вещь, как кажется некоторым людям и как ранее считал он сам. В природе естественное распространение эпидемии происходит очень легко, но искусственное распространение эпидемии встречает целый ряд препятствий, которые приходится преодолевать иногда с большим трудом. Успех подобных предприятий зависит, по его мнению, от индивидуальной подверженности людей различным инфекционным болезням, и он решил заняться изучением этой проблемы.

...В марте 1944 года подобный разговор произошёл у меня в кабинете с генерал-майором медицинской службы Китано Масадзо, исполнявшим обязанности начальника отряда № 731 с августа 1942 года по март 1945 года.

В дополнение к тому, что я слышал от Исии, Китано в ответ на мой вопрос о работе отряда рассказал мне, что за время его пребывания на посту начальника отряда № 731 были достигнуты некоторые успехи. В частности он рассказал о том, что группа работников отряда № 731 выезжала на китайский фронт, в район южнее Шанхая, где с большой высоты сбрасывала на территорию с китайским населением массы блох, заражённых чумой. Эти блохи оставались живы, и в том месте, где они упали, возникла эпидемия чумы. Китано пояснил, что большой эпидемии не возникло, но этот способ бактериологической войны нужно считать эффективным.

Кроме того, Китано рассказал мне о том, что в районе ст. Аньда производились опыты с бомбами замедленного действия, начинёнными бактериями сибирской язвы. Осколки этой бомбы, ранившие людей и животных, заражали их сибирской язвой.

По словам Китано, в отряде были начаты опыты по исследованию подверженности людей инфекционным болезням. Этими опытами руководил научный сотрудник отряда профессор Каваками Дзэн, специалист-патолог. Эти опыты начались с анализа крови здоровых японцев и китайцев, но в связи со смертью Каваками они были приостановлены.

В отряде № 731, насколько мне известно со слов Исии и Китано, осуществлялось массовое производство средств бактериологической войны: бактерий — возбудителей различных инфекционных болезней, а также посредников инфекции — блох и мышей.

В каком именно количестве их производили, мне неизвестно, но во всяком случае это количество было немалым.

Вопрос: Когда был сформирован отряд № 731?

Ответ: Отряд № 731 был сформирован по указу императора Японии Хирохито от 1936 года.

...Этот указ императора был размножен и разослан во все части японской армии для ознакомления с ним всего офицерского состава. Я лично с данным указом и приложенным к нему штатом отряда был ознакомлен под расписку, путём приложения к нему своей собственной печати.

После этого я принимал участие в подборе для отряда младшего офицерского состава и в рассмотрении кандидатур старшего офицерского состава, список которых был представлен мне управлением кадров военного министерства.

Дислокация отряда была установлена самим штабом Квантунской армии. До 1941 года отряд номера не имел и назывался «Управлением водоснабжения и профилактики» Квантунской армии, а также отрядом Исии, так как вообще было принято в японской армии называть воинские части по фамилии командира.

Отряду был присвоен № 731 в 1941 году приказом командующего Квантунской армией, которым присваивались определённые номера всем воинским частям и учреждениям армии.

Протокол допроса зачитан мне на понятном японском языке, записан он с моих слов правильно.

Кадзицука.

ДОПРОСИЛИ:

Военный прокурор
подполковник юстиции *ДУБЦОВ.*

Сотрудник УМВД
по Хабаровскому краю
подполковник *ПАПКОВ.*

Переводчик *ЦВИРОВ.*

ВЫПИСКА ИЗ ПРОТОКОЛА ДОПРОСА КАДЗИЦУКА РЮДЗИ

24 октября 1949 года *Гор. Хабаровск*

...Отряд № 731 был реорганизован в 1939—1940 годах по специальному секретному указу императора Японии Хирохито от 1939 года. С этим указом я был ознакомлен под расписку примерно в феврале 1940 года в штабе Квантунской армии...

Кроме того, одним или двумя секретными указами императора Хирохито от 1940 года во второй половине этого года дополнительно были созданы четыре филиала отряда № 731 с дислокацией их в городах Хайларе, Суньу и на станциях Хайлин, Линькоу, с указанием сроков их формирования. Из приложенных штатов этих филиалов, подписанных военным министром Тодзио, было видно, что каждый из них имел личного состава до 300 человек.

В приказах военного министра Японии Тодзио, изданных в соответствии с указами императора, были перечислены госпитали и отряд № 731, которые выделяли определённое количество военных врачей-специалистов, унтерофицерского и рядового состава, а также было указано, что можно принимать вольнонаёмных, но не свыше 30 процентов штатной численности всего личного состава...

Вопрос: От кого исходила идея подготовки бактериологической войны?

Ответ: Идея подготовки бактериологической войны исходила от Исии.

Исии Сиро, примерно 1893 года рождения, уроженец префектуры Чиба, происходит из семьи богатого помещика, в 1919—1920 годах окончил медицинский факультет императорского университета в гор. Киото. После этого он добровольно поступил на службу в японскую армию вольноопределяющимся. Вскоре он подал заявление о зачислении его на действительную военную службу, а через полгода он получил первый офицерский чин поручика и был назначен военным врачом одной воинской части, откуда был переведён в 1-й военный госпиталь гор. Токио, где в октябре 1922 года я с ним и познакомился, как с сослуживцем. С апреля 1924 года до марта 1926 года он был аспирантом того университета, который окончил в 1919—1920 годах, где занимался изучением патологии и бактериологии. Затем до апреля 1928 года он работал врачом-ординатором военного госпиталя в гор. Киото, откуда был послан в заграничную командировку, из которой вернулся в конце 1930 года.

В заграничной командировке он был почти во всех европейских странах, в том числе и в СССР, где знакомился с работой научно-исследовательских медицинских институтов в Москве и Ленинграде.

Вернувшись из-за границы, Исии стал работать преподавателем эпидемиологии в Военно-медицинской академии японской армии в гор. Токио.

С этой должности в 1936 году он был назначен приказом военного министра Японии начальником отряда № 731. Чин он тогда имел подполковника медицинской службы.

Исии после возвращения из заграничной командировки, начиная с 1931 года, в кругу своих товарищей по Военно-медицинской академии, к которым относился и я, а также среди авторитетных, влиятельных лиц из работников генерального штаба японской армии стал вести агитацию о необходимости подготовки Японии к бактериологической войне...

С 1933 года идею Исии стал поддерживать начальник управления по военным делам военного министерства Японии генерал-майор Нагата, а с 1935 года и начальник 1-го отдела стратегического управления генерального штаба японской армии полковник Сузуки Ёримичи.

Все эти обстоятельства, а также и то, что Исии был большим специалистом, привели к тому, что он был назначен начальником отряда № 731 и с вступлением на эту должность стал заниматься изысканием средств для ведения бактериологической войны.

Проект приказа, составленный отделом назначений управления кадров, о назначении Исии начальником указанного отряда мною рассматривался как начальником

105

отдела санитарного управления военного министерства Японии. Я согласился с этим проектом приказа и завизировал его.

После этого вскоре последовал приказ военного министра Японии о назначении Исии начальником отряда.

Кадзицука.

ДОПРОСИЛИ:

Военный прокурор
подполковник юстиции *ДУБЦОВ.*

Сотрудник УМВД
по Хабаровскому краю
подполковник *ПАПКОВ.*

Переводчик *ЦВИРОВ.*

ВЫПИСКА ИЗ ПРОТОКОЛА ДОПРОСА ТАКАХАСИ ТАКААЦУ

30 октября 1949 г. *Гор. Хабаровск*

...Я приказывал изготовлять и контролировал производство бактерий сапа, сибирской язвы, чумы рогатого скота и мозаики в отряде № 100, с целью применения их в бактериологической войне и бактериологических диверсиях против Советского Союза.

Вопрос: Когда и кому вы приказывали изготовлять бактерии сапа, сибирской язвы, чумы рогатого скота и мозаики?

Ответ: В сентябре 1941 года я приказывал начальнику отряда № 100 полковнику Вакамацу, впоследствии генерал-майору ветеринарной службы, начать производство бактерий сапа, сибирской язвы и красной ржавчины. В марте 1944 года я приказал ему же начать производство бактерий чумы рогатого скота и мозаики — вместо красной ржавчины.

...Вопрос: В связи с чем вы приказали начальнику отряда № 100 в сентябре 1941 года начать производство бактерий сапа, сибирской язвы и красной ржавчины?

Ответ: В связи с тем, что от генерального штаба императорской ставки было получено указание командующему Квантунской армией приступить к подготовке бактериологической войны против Советского Союза.

Вопрос: Когда было получено указание генерального штаба императорской ставки о подготовке к бактериологической войне?

Ответ: Это указание было получено во время создания плана «Кан-Току-Эн», в июле 1941 года.

Вопрос: Откуда это вам известно?

Ответ: Об этом я узнал на совещании в сентябре 1941 года лично от командующего Квантунской армией. Совещание проводил командующий Квантунской армией по вопросу подготовки бактериологической войны против Советского Союза. Он объявил об этом всем присутствующим на совещании...

Такахаси.

ДОПРОСИЛИ:

Военный прокурор
подполковник юстиции *АНТОНОВ.*

Сотрудник УМВД
по Хабаровскому краю
капитан *СЕРОВ.*

Переводчик *ПРОТАСОВ.*

ВЫПИСКА ИЗ ПРОТОКОЛА ДОПРОСА ТАКАХАСИ ТАКААЦУ

21 ноября 1949 года *Гор. Хабаровск*

Вопрос: Какие были приняты решения о методах и способах бактериологической войны в связи с представленными группой Хиразакура данными бактериологической разведки против СССР?

Ответ: Во время доклада поручика Хиразакура присутствовали Вакамацу, Хосака и Ида. Не помню, кто из присутствовавших высказал свои соображения о необходимом количестве возбудителей болезней: сибирской язвы, сапа, чумы рогатого скота и овечьей оспы, предназначенных для заражения района, подвергавшегося бактериологической разведке группой Хиразакура.

Всё предполагалось произвести во время военных действий между Советским Союзом и Японией. Тогда же обсуждался вопрос о способах и методах применения бактериологических средств против Советского Союза. Способы заражения скота нами были намечены: рогатый скот должен был быть подвергнут заражению сибирской язвой и чумой рогатого скота при помощи авиации. Имелось также в виду, что заражению должен быть подвергнут скот, принадлежащий местному населению, находящийся на пастбищах (кочевьях).

Лошадей предполагалось заразить сибирской язвой при помощи авиации.

Распространение эпизоотии сапа связано с большими трудностями, поэтому нами было решено конское поголовье заразить только сибирской язвой. ...Закупленные группой Хиразакура овцы посредством впрыскивания им возбудителя овечьей оспы должны были быть заражены и распущены с целью диверсии против Советского Союза. Закупленный рогатый скот также предполагалось заразить посредством впрыскивания вируса чумы рогатого скота.

Заражённый рогатый скот, овец и лошадей намечалось распустить в разные стороны с целью, чтобы этот скот попал на территорию военных действий Советских войск. Подробностей всех намеченных нами тогда мероприятий из-за давности времени вспомнить я не могу.

Вопрос: О намеченных мероприятиях вы докладывали главнокомандующему Квантунской армией?

Ответ: Да, докладывал. В частности я докладывал генералу Ямада.

Вопрос: Расскажите, когда и что вы ему докладывали.

Ответ: В ноябре или декабре 1944 года меня вызвал генерал Ямада и потребовал доложить план бактериологической диверсии против Советского Союза при помощи авиации. Основываясь на полученных бактериологических разведывательных данных от поручика Хиразакура, я доложил генералу Ямада в присутствии генерала Касахара и генерала Икеда свой план бактериологической диверсии, который нами впоследствии обсуждался в марте 1945 года в моём кабинете, в присутствии Хиразакура. Этот план главнокомандующий Ямада одобрил.

План мною был доложен в общих чертах. Техническую часть плана я не докладывал...

Протокол записан с моих слов верно и мне зачитан на японском языке.

Такахаси.

ДОПРОСИЛ

Сотрудник Управления МВД
по Хабаровскому краю
капитан *СЕРОВ.*

Переводчик *ПРОТАСОВ.*

ВЫПИСКА ИЗ ПРОТОКОЛА ДОПРОСА КАВАСИМА КИОСИ

21 октября 1949 г. *Гор. Хабаровск*

Вопрос: Что вам известно о возникновении 731-го отряда Квантунской армии и каковы причины его организации?

Ответ: 731-й отряд был организован по секретному указу императора Японии Хирохито в 1936 году. Первоначально размещение отряда было определено в гор. Харбине, и согласно приказу военного министра Японии начальником 731-го отряда был назначен полковник медицинской службы Исии Сиро.

Указ императора Японии я видел сам в делах отряда в период моей работы в должности начальника общего отдела 731-го отряда, однако воспроизвести его внешний вид и подробное содержание я сейчас не сумею, так как с тех пор прошёл значительный период времени.

Сразу же после организации отряда он получил официальное название «Управление водоснабжения и профилактики Квантунской армии» и формально занимался вопросами, связанными с очисткой воды и снабжением водой Квантунской армии, а также борьбой с эпидемическими заболеваниями. В Квантунской армии он был известен под названием «отряда Мансю № 731», т. е. 731-го маньчжурского отряда Квантунской армии. Это название было присвоено отряду потому, что кроме формально выполняемых им функций он имел ещё и другие, секретные задачи.

По мере активизации исследовательской работы отряда, роста его значения и степени серьёзности выполняемых им работ появилась необходимость в увеличении его штатов, расширении лабораторий и территории отряда.

В связи с этим в 1940 году императором Японии был издан новый указ, согласно которому главная часть отряда была перемещена в район ст. Пинфань (примерно в 30 километрах к югу от Харбина), где производилась основная исследовательская, экспериментальная и производственная деятельность отряда. Все строительные работы в районе ст. Пинфань, где располагался отряд, были начаты в 1939 году, и к моменту перехода туда отряда строительство было закончено.

Таким образом, в 1940 году в гор. Харбине остались отделы, ведающие чисто противоэпидемической и лечебной работами, а все остальные отделы, занимавшиеся работами, связанными с подготовкой бактериологической войны, были переведены на ст. Пинфань.

Указ императора от 1940 года, кроме того, предусматривал увеличение штатов отряда до 3 000 человек, включая сюда и вновь сформированные этим указом филиалы в различных районах Маньчжурии, а также структурное деление отряда на отделы.

Всё изложенное мною по поводу истории возникновения 731-го отряда мне известно из просмотренных мною в 1941 году документов общего отдела отряда и со слов полковника Оота — бывшего начальника общего отдела отряда, у которого я в 1941 году принимал дела, и подполковника медицинской службы Мураками Такаси — начальника второго отдела отряда...

Летом в 1941 году, после начала войны Германии с Советским Союзом, в одно из моих посещений генерала Исии, в присутствии начальников отделов, подполковника Мураками и полковника Оота Акира, генерал Исии, говоря о необходимости усиления работы отряда, зачитал нам приказ начальника генерального штаба Японии, который требовал форсировать работы по исследованию бактерий чумы как средства бактериологической войны.

В приказе особо отмечалась необходимость массового выращивания блох — переносчиков чумных бактерий. Этот приказ был написан тушью от руки. Кем именно он был подписан, я сейчас не помню.

Однажды, во время беседы с руководящими работниками отряда, летом 1941 года, генерал Исии у себя в кабинете, рассказывая о причинах, побудивших военные круги Японии организовать такой исследовательский орган, как 731-й отряд, говорил, что Япония не имеет достаточных природных запасов металла и других видов сырья, нужного для изготовления оружия, поэтому Японии необходимо изыскивать новые виды оружия, одним из которых в то время считалось бактериологическое оружие. Кроме этого, Исии указал, что все великие державы ведут в этой области соответствующие работы и Япония в этом вопросе не должна отставать.

Вопрос: Какая существовала организация до 731-го отряда в Маньчжурии, выполнявшая задачи и функции, подобные обязанностям 731-го отряда?

Ответ: Как мне известно из бесед с начальником общего отдела 731-го отряда полковником Оота и другими сослуживцами, генерал Исии в 1932—1933 годах (точную дату я не помню) находился в Маньчжурии и вёл исследовательскую работу в области бактериологии. Центром деятельности Исии являлся район пос. Хайнга (вблизи гор. Харбина), в котором находились его сотрудники, сведённые в отряд, носивший в целях конспирации условное название «Того».

Этот отряд (численности его я не знаю) занимался научными работами по изучению средств бактериологической войны. Для этой цели отряд «Того» был оснащён необходимым оборудованием. Легко понять, что отряд «Того» вёл работы в меньших масштабах, чем 731-й отряд. Впоследствии на базе этого отряда генералом Исии и был создан 731-й отряд Квантунской армии.

Протокол прочитан мне на японском языке, записан с моих слов верно, что и подтверждаю своей подписью.

Кавасима.

ДОПРОСИЛИ:

Военный прокурор
капитан юстиции *БЕЛЮГА.*

Сотрудник УМВД
по Хабаровскому краю
старший лейтенант *БРАВЕ.*

Переводчик *ПЛЯЧЕНКО.*

ВЫПИСКА ИЗ ПРОТОКОЛА ДОПРОСА КАВАСИМА КИОСИ

23 октября 1949 года *Гор. Хабаровск*

...Аппаратура по выращиванию блох как передатчиков эпидемических заболеваний представляла собой следующее: во 2-м отделе отряда имелись специально оборудованные помещения, которые могли вместить примерно 4 500 инкубаторов. В каждом инкубаторе последовательно менялись в течение месяца 3—4 белые мыши; эти мыши прикреплялись в инкубаторе при помощи специального фиксатора. В инкубаторе имелась питательная среда и несколько особей блох. Инкубационный период длился 3—4 месяца, в течение которых каждый инкубатор давал около 10 граммов блох. Таким образом, за 3—4 месяца отряд выращивал около 45 килограммов блох, годных для заражения чумой.

Прошу отметить, что цифры, касающиеся размножения блох, являются примерными, так как во 2-м отделе я не работал.

При планировании работы отряда предусматривалось постоянное повышение производственной мощности по выращиванию бактерий и размножению блох. На работу отряда обращалось серьёзное внимание со стороны генерального штаба Японии.

Я помню, что в июне 1941 года генерал Исии, вернувшись из Токио, собрал в своём кабинете всех начальников отделов отряда и сообщил нам, что, будучи в генеральном штабе Японии, он доложил о том, что 731-м отрядом успешно разработан способ применения блох, заражённых бактериями чумы, в качестве бактериологического оружия, и достигнутые в этом успехи позволяют практическое применение их в широких масштабах для военных целей.

Исии передал нам, что в генеральном штабе высоко оценили результаты работ отряда и дали указание обратить особое внимание на усовершенствование и дальнейшую разработку бактериологических средств войны. После этой информации генерал Исии призвал нас к ещё более напряжённому труду для увеличения производительности отряда по размножению блох в ещё большем количестве. Тут же Исии отметил, что отряду удавалось в самых удачных случаях доводить размножение блох до 60 килограммов в 3—4 месяца, но теперь это количество необходимо довести до 200 килограммов за этот же период. Генерал Исии нам разъяснил, что все эти мероприятия по расширению производства бактериологического оружия необходимы в связи с изменившейся международной обстановкой, т. е. началом войны Германии против Советского Союза, и введением в Квантунской армии плана «Кан-Току-Эн», который предусматривал подготовку военных мероприятий против СССР, и поэтому наша армия должна была иметь в готовности бактериологическое оружие, чтобы в нужный момент использовать его против СССР.

На этом совещании выступали начальник 2-го отдела Оота, начальник отдела материального обеспечения Оотани с практическими предложениями по вопросу расширения производства бактериологических средств войны и изыскания возможностей к получению белых мышей в Маньчжурии взамен получаемых до этого из Японии...

...В целях наиболее полного исследования бактерий на людях и быстрейшего изыскания способов изготовления бактериологического оружия для применения его в нужный момент войны, в 731-м отряде широко применялись эксперименты по действию всех смертоносных бактерий на живых людях...

В 731-й отряд ежегодно доставлялось от 500 до 600 человек заключённых. Я видел, как сотрудники 1-го отдела отряда принимали заключённых от жандармерии целыми партиями. Они (заключённые) содержались в двух корпусах тюрьмы...

...Если заключённый, несмотря на заражение его смертоносными бактериями, выздоравливал, то это не спасало его от повторных опытов, которые продолжались до тех пор, пока не наступала смерть от заражения. Лиц, подвергавшихся заражению, лечили, исследуя различные методы лечения, нормально питали и после того, как они окончательно поправлялись, их использовали для следующего эксперимента, заражая другими видами бактерий. Во всяком случае живым из этой фабрики смерти никто и никогда не выходил.

Трупы умерших после предварительного анатомического исследования сжигали в крематории отряда...

...За время моей службы в отряде я неоднократно вместе с генералом Исии осматривал различные службы отряда и в том числе тюрьму, поэтому мне известны некоторые подробности о системе, режиме и содержании заключённых в тюрьме.

Доставка заключённых в тюрьму осуществлялась тайным ходом через туннель, сооружённый под фасадом центрального здания. Жандармская служба отряда имела в своём распоряжении несколько специальных машин, окрашенных в тёмный цвет, без окон, с отверстием для вентиляции. В этих машинах заключённые доставлялись из карательных органов в тюрьму 731-го отряда.

Каждому подопытному заключённому канцелярией тюрьмы присваивался номер, который закреплялся за ним до его смерти...

За пять лет пребывания отряда на ст. Пинфань, т. е. с 1940 по 1945 год, через эту фабрику смерти было пропущено не менее трёх тысяч человек, уничтоженных путём заражения смертоносными бактериями. Какое количество людей погибло до 1940 года, мне неизвестно...

...В апреле 1941 года, когда я только прибыл по назначению в отряд, я осматривал тюрьму и увидел в одной из камер двух русских женщин, у одной из которых был годовалый ребёнок, родившийся в тюрьме отряда. В период моего пребывания в отряде эти женщины были живы. Какова их дальнейшая судьба, мне неизвестно, но во всяком случае они живыми из этой тюрьмы выйти не могли и их должна была постичь та же участь, что и остальных заключённых...

Кавасима.

ДОПРОСИЛИ:

Военный прокурор
капитан юстиции *БЕЛЮГА*.

Сотрудник УМВД
по Хабаровскому краю
старший лейтенант *БРАВЕ*.

Переводчик *ПЛЯЧЕНКО*.

8*

ВЫПИСКА ИЗ ПРОТОКОЛА ДОПРОСА КАВАСИМА КИОСИ

24 октября 1949 года *Гор. Хабаровск*

...Безусловно, что производство опытов над живыми людьми и получение для этой цели заключённых от жандармерии не могло происходить без ведома командующего Квантунской армией, являвшегося одновременно полномочным и чрезвычайным послом Японии в Маньчжурии, то-есть фактическим хозяином страны...

...Необходимость в получении заключённых от жандармерии в каждом отдельном случае определял лично генерал Исии, исходя при этом из докладов непосредственных исполнителей опытов над людьми. Когда начальник отряда считал необходимым пополнить количество подопытных заключённых, он об этом давал приказание начальнику канцелярии общего отдела, который, связавшись с жандармерией, получал там заключённых...

...Исходя из истории возникновения отряда и его практической деятельности за весь период его существования, я могу сказать, что причины существования отряда № 731 именно в Маньчжурии были следующими:

а) Необходимость иметь вблизи границ Советского Союза базу бактериологических средств войны в целях возможного нападения на СССР, Дальний Восток которого входил в план захватнической политики японской военщины.

Кроме этого, производство исследований действия бактериологического оружия в Маньчжурии давало нам возможность проводить эту работу в климатических условиях, идентичных климату Советского Дальнего Востока.

б) Возможность получения в Маньчжурии большого количества людского материала из числа лиц неяпонской национальности для производства бактериологических опытов над ними, а также большая территория Маньчжурии.

Кавасима.

ДОПРОСИЛИ:

Военный прокурор
капитан юстиции *БЕЛЮГА.*

Сотрудник Управления МВД
по Хабаровскому краю
старший лейтенант *БРАВЕ.*
Переводчик *ПЛЯЧЕНКО.*

ВЫПИСКА ИЗ ПРОТОКОЛА ДОПРОСА ХИРАЗАКУРА ДЗЕНСАКУ

21 октября 1949 года *Гор. Хабаровск*

Вопрос: Расскажите, что вам известно о 100-м отряде Квантунской армии?

Ответ: Под 100-м отрядом был засекречен ветеринарно-бактериологический экспериментальный отряд Квантунской армии. Данный отряд был организован штабом Квантунской армии, но когда, сказать не могу. Отряд № 100 всю свою работу проводил под непосредственным руководством начальника ветеринарной службы штаба Квантунской армии генерал-лейтенанта Такахаси Такаацу. Штаб данного отряда с основной частью личного состава дислоцировался в гор. Чанчуне, в районе китайского посёлка Мынцзятунь, а его филиалы были в городах Цзямусы, Кокузан и Дайрен. 100-й отряд как бактериологический экспериментальный отряд был укомплектован научными работниками — бактериологами, химиками, ветеринарными врачами, которые всецело были заняты изысканиями отдельных видов бактерий, сильно действующих ядов; велась научная работа по изысканию способов массового отравления этими ядами как людей, так и животных. С этой целью сотрудниками данного отряда проводились эксперименты над животными и живыми людьми. Вся работа, проводившаяся в отряде № 100 и в его филиалах, была направлена на подготовку диверсионно-бактериологической войны против Советского Союза. Отряд № 100 состоял из четырёх отделов, из которых 2-й отдел являлся главным и до 1943 года в свою очередь состоял из пяти отделений.

В декабре 1943 года на совместном совещании старших сотрудников 100-го отряда и представителя штаба Квантунской армии, где присутствовали: начальник отряда 100 генерал-майор Вакамацу Юдзиро, его заместители подполковник Хосака Коремичи, майор Ямагучи Бундзи, инженер Ида Киёси, начальник ветеринарной службы штаба Квантунской армии генерал-лейтенант Такахаси Такаацу (где находятся все перечисленные лица, не знаю), был разработан план создания при 2-м отделе 6-го отделения, так называемого «бактериологического». Это отделение было предназначено для массового изготовления бактерий и хранения их в специальных подвальных складах.

Действительно, после данного совещания согласно разработанному плану в отряде 100 развернулись большие строительные работы, т. е. строились специальные одноэтажные здания с подвальными складами. Увеличено было количество личного состава отряда.

Для осуществления руководства на месте и усиления контроля за выполнением данного плана начальник ветеринарной службы Квантунской армии генерал-лейтенант Такахаси Такаацу часто посещал отряд 100.

В узком кругу сотрудников, в беседе с последними, начальник отряда 100 генерал-майор Вакамацу неоднократно говорил: «На случай войны Японии с Советским Союзом 100-й отряд должен стать фабрикой по выпуску в массовом количестве различных бактерий и сильно действующих ядов для ведения диверсионно-бактериологической войны против Советского Союза».

И действительно, в 6-м отделении было изготовлено большое количество бактерий и химических веществ. Мне лично несколько раз приходилось бывать в помещении отделения, где хранились в особых металлических сосудах бактерии и сильнодействующие яды, причём при входе в эти склады на рот и нос накладывались марлевые повязки, пропитанные специальным раствором. Прикасаться к сосудам разрешалось только в резиновых перчатках. На этих сосудах с целью засекречивания имелись только номера, написанные краской, а никаких других надписей не было. В 100-м отряде также велась работа по изысканию форм и методов проведения диверсий; так, например, разрабатывался вопрос об использовании самолётов для таких целей...

Хиразакура.

ДОПРОСИЛ

Сотрудник УМВД
по Хабаровскому краю
старший лейтенант *НАЗАРОВ.* Переводчик *ГЕРЦМАН.*

ПРОТОКОЛ ДОПРОСА СВИДЕТЕЛЯ МАЦУМУРА ТОМОКАЦУ

27 октября 1949 года *Гор. Хабаровск*

Я, сотрудник Управления МВД СССР по Хабаровскому краю старший лейтенант Корсаков, допросил в качестве свидетеля **Мацумура Томокацу,** 1899 года рождения, уроженца гор. Токио, японца, подданного Японии, с высшим образованием, до пленения в 1945 году — заместитель начальника штаба Квантунской армии, женатого, жена — Мацумура Хидэко, из семьи служащего, бывшего генерал-майора японской армии.

Свидетель Мацумура Томокацу об ответственности за дачу ложных показаний предупреждён по ст. 95 УК РСФСР.

Подпись *Мацумура.*

Вопрос: На каком языке вы желаете давать свои свидетельские показания?

Ответ: Свои показания я буду давать на родном японском языке.

Вопрос: Ваш допрос будет производиться через переводчика Пахомова Михаила Яковлевича. Возражений не имеете?

Ответ: Нет, не имею. Его разговорная речь мне хорошо понятна.

Переводчик Пахомов об ответственности за заведомо ложный перевод предупреждён по ст. 95 УК РСФСР.

Подпись *Пахомов.*

Вопрос: Расскажите о вашей службе в японской армии.

Ответ: В 1928 году я закончил Военную академию, после чего в течение одного года работал командиром взвода в 34-м пехотном полку.

В 1929 году я был направлен для работы в генеральный штаб японской армии, где работал: с 1929 года по декабрь 1932 года — в отделении военных формирований 1-го отдела, с 1932 по 1936 год по заданию генштаба находился в заграничной командировке. По возвращении из-за границы в течение 1936 года преподавал военную историю в Военной академии.

С 1937 года и до октября 1939 года я являлся сотрудником отдела формирований, затем, с октября 1939 года по октябрь 1941 года, работал в отделе военной истории, вначале сотрудником, а затем начальником этого отдела.

С октября 1941 года по август 1943 года возглавлял 5-й русский отдел 2-го разведывательного управления генштаба Японии. В августе 1943 года приказом военного министра я был назначен на должность начальника 1-го оперативно-стратегического отдела штаба Квантунской армии и в этой должности состоял до марта 1945 года. С марта 1945 года до дня капитуляции Японии в августе 1945 года занимал пост второго заместителя начальника штаба Квантунской армии.

Вопрос: Что вам известно о существовании на территории Маньчжурии бактериологических отрядов?

Ответ: Мне хорошо известно, что в составе Квантунской армии существовали два таких отряда, которые именовались: первый 731-м отрядом и второй — сотым.

Вопрос: В какой мере 731-й отряд, возглавляемый генерал-лейтенантом Исии, был подчинён штабу Квантунской армии?

Ответ: 731-й отряд, возглавляемый генерал-лейтенантом Исии, являлся отрядом непосредственного подчинения командующему Квантунской армией, вначале Умедзу, а затем Ямада, и вся работа, проводимая отрядом, проходила под непосредственным руководством штаба Квантунской армии.

Вопрос: В чём выражалось руководство деятельностью этого отряда со стороны главнокомандующего полного генерала Ямада Отозоо и штаба. Квантунской армии?

Ответ: Руководство деятельностью 731-го отряда главнокомандующий осуществлял через начальника санитарного управления Квантунской армии генерал-лейтенанта Кадзицука, следовательно штаб Квантунской армии в первую очередь нёс ответственность за деятельность этого отряда.

Вопрос: В чём выражалась подготовка бактериологической войны против СССР, которую проводил 731-й отряд?

Ответ: Подготовка бактериологических средств войны выражалась в том, что 731-й отряд занимался изучением применения бактерий чумы, холеры, тифа и других заразных заболеваний; для этой цели отряд имел специальные учреждения, где производились опыты и выращивание бактерий.

Наряду с этим 731-й отряд имел свои филиалы в Муданьцзяне, Хайларе, Суньу и Тоане, в которых также занимались выращиванием и испытанием бактерий.

Вопрос: Вы как начальник стратегического отдела и заместитель начальника штаба Квантунской армии какое имели отношение к 731-му отряду?

Ответ: Моё отношение к 731-му отряду заключалось в оформлении пропусков на право посещения территории этого отряда лицам, которым было разрешено посетить отряд. Разрешение на право посещения 731-го отряда выдавал лично командующий Ямада. Непосредственно выдачей пропусков в 731-й отряд ведал заместитель начальника стратегического отдела, возглавляемого мною, принц Такеда, он же подполковник Мията. Лица, посетившие отряд, пропуска сдавали обратно принцу Такеда.

Вопрос: Скажите, кому докладывали важнейшие моменты своей работы начальники санитарного и ветеринарного управлений штаба Квантунской армии?

Ответ: Начальник санитарного управления генерал-лейтенант Кадзицука и начальник ветеринарного управления генерал-лейтенант Такахаси Такаацу важнейшие моменты своей работы докладывали непосредственно главнокомандующему Ямада.

Вопрос: Как часто главнокомандующий Квантунской армией Ямада посещал отряд Исии?

Ответ: Я хорошо помню, что главнокомандующий Ямада вскоре после своего приезда в Маньчжурию, что было в июле 1944 года, посетил отряд Исии в Харбине, где провёл инспектирование этого отряда, но деталями этой инспекторской проверки Ямада при возвращении в Чанчунь ни с кем не делился, и мне об этом ничего неизвестно.

Вопрос: Что вам известно об уничтожении лабораторий отрядов 731 и 100?

Ответ: 9 или 10 августа 1945 года в связи с началом военных действий главнокомандующий Ямада принял решение уничтожить все лаборатории и ценное оборудование по культивированию бактерий, с тем чтобы эти научные лаборатории не попали в руки Советской Армии; моим подчинённым полковником Кусадзи был составлен приказ об уничтожении вышеуказанных отрядов и об эвакуации личного состава этих отрядов в гор. Сеул (Южная Корея). В тот же день приказ был подписан главнокомандующим Ямада и для исполнения направлен начальникам 731-го и 100-го отрядов.

Приказ главнокомандующего явился основанием, по которому генерал-лейтенант Исии и генерал-майор Вакамацу получили содействие местных сапёрных отрядов для подрыва и разрушения названных отрядов.

Вопрос: Лабораторное оборудование этих бактериологических отрядов также было вывезено в Корею?

Ответ: На этот вопрос дать ответ затрудняюсь, так как в сообщениях об этом не говорилось, тем более о результатах эвакуации этих отрядов в Корею доклада в штаб Квантунской армии не поступало. По всей вероятности, наиболее ценное бактериологическое оборудование 731-го и 100-го отрядов было вывезено в Южную Корею.

Записано с моих слов правильно, протокол мне прочитан на японском языке, в чём и подписываюсь.

Мацумура.

ДОПРОСИЛ

Сотрудник Управления МВД
по Хабаровскому краю
старший лейтенант *КОРСАКОВ.* Переводчик *ПАХОМОВ.*

ПРОТОКОЛ ДОПРОСА СВИДЕТЕЛЯ МАЦУМУРА ТОМОКАЦУ

16 ноября 1949 года *Гор. Хабаровск*

Свидетель **Мацумура** об ответственности за дачу ложных показаний предупреждён по ст. 95 УК РСФСР.

Подпись *Мацумура.*

Допрос ведётся через переводчика Пляченко П. П., который за заведомо ложный перевод предупреждён по ст. 95 УК РСФСР.

Подпись *Пляченко.*

Вопрос: Когда был организован 731-й отряд?

Ответ: Отряд, возглавляемый генералом Исии, был организован примерно в 1934 году с местом дислокации в гор. Харбине.

Вопрос: По каким причинам 731-й отряд был организован именно на территории Маньчжурии?

Ответ: 731-й отряд, являющийся крупным бактериологическим комбинатом по изысканию и изготовлению бактериологического оружия, был организован на территории Маньчжурии из стратегических соображений, так как Япония готовилась к войне с Советским Союзом и вся деятельность этого отряда сводилась к подготовке бактериологической войны против СССР. Во-вторых, расходы, связанные с организацией этого отряда и исследовательскими работами по изысканию бактериологического оружия, которые проводились в отряде, входили в общий чрезвычайный военный бюджет Квантунской армии, не требовавший специальных отчётов перед парламентом, что давало возможность законспирировать деятельность отряда от лиц, сидевших в парламенте и не сведущих в военных вопросах.

Вопрос: Какие организационные мероприятия проводились 731-м отрядом в области подготовки бактериологической войны против Советского Союза?

Ответ: Подготовка бактериологической войны против Советского Союза выражалась в том, что 731-й отряд занимался изучением методов применения бактерий чумы, сибирской язвы, холеры, тифа и других заболеваний; для этой цели отряд № 731 имел специальные учреждения, где производились опыты и выращивание бактерий. Отряд № 731 имел также свои филиалы, о которых я показал 27 октября 1949 года. Чем занимались в филиалах отряда № 731, мне неизвестно.

Вопрос: Какая категория лиц использовалась в качестве подопытных?

Ответ: Со слов полковника Тамура мне известно, что в 731-м отряде опыты производились на живых людях из числа солдат и партизан Китайской народно-революционной армии.

Вопрос: Откуда вам известно, что отряд Исии вёл научно-исследовательскую работу в области изыскания и изготовления бактерий?

Ответ: В августе 1943 года во время приёма дел от бывшего начальника оперативно-стратегического отдела штаба Квантунской армии генерал-майора Тамура Ёситоми я узнал от него, что отряд Исии вёл научно-исследовательскую работу в области изыскания бактериологического оружия и способов его применения. Летом 1944 года, месяца точно не помню, я окончательно убедился, что 731-й отряд занимается этими вопросами из доклада моего подчинённого штаб-офицера подполковника Мията, которого по приказанию начальника штаба генерал-лейтенанта Касахара Юкио я лично направлял в отряд Исии для проверки состояния производства специальных бомб, начинённых эпидемическими бактериями. Кроме того, о производстве бактериологического оружия в 731-м отряде я знал из поступавших докладов на имя главнокомандующего Квантунской армией, о которых я укажу ниже.

Вопрос: Мог ли 731-й отряд по состоянию на 1945 год обеспечить Квантунскую армию нужным количеством бактериологического оружия?

Ответ: На основании материалов, представленных в оперативно-стратегический отдел штаба Квантунской армии, и доклада подполковника Мията 731-й отряд по состоянию на 1945 год мог производить массовое количество различных эпидемических бактерий, достаточное для применения их в качестве бактериологического оружия. К тому времени велись усиленные работы по изысканию специальных бомб как наиболее эффективного способа применения бактериологического оружия.

Вопрос: Вы в своих стратегических планах предусматривали применение бактериологического оружия в войне против СССР?

Ответ: При составлении оперативно-стратегических планов применение бактериологического оружия не предусматривалось, но в том случае, если бы поступило указание от императорской ставки об использовании бактериологического оружия в войне против СССР, имевшееся бактериологическое оружие было бы использовано, ибо отряд Исии к этому был подготовлен.

Вопрос: Как практически предусматривалось использование бактерий в войне против СССР?

Ответ: Использование бактерий в войне против СССР предусматривалось путём сбрасывания бомб, начинённых бактериями, и путём рассеивания бактерий с самолётов. Других методов применения бактериологического оружия в войне против СССР я не знал.

Вопрос: В чём выражалось руководство деятельностью отряда № 731 со стороны штаба Квантунской армии?

Ответ: На допросе 27 октября 1949 года я показал, что 731-й отряд, возглавляемый генерал-лейтенантом Исии, являлся отрядом непосредственного подчинения командующему Квантунской армией и вся работа этого отряда проходила под непосредственным руководством штаба Квантунской армии.

Главнокомандующий Умедзу, а затем, с июля 1944 года, Ямада Отозоо руководство деятельностью отряда № 731 по стратегическим вопросам осуществляли через оперативно-стратегический отдел, возглавляемый мною, а по вопросам научно-техническим — через начальника санитарного управления штаба Квантунской армии генерала Кадзицука Рюдзи, в ведение которого входили вопросы научно-технического исследования в области бактериологии, вопросы подготовки кадров бактериологов, а также вопросы противоэпидемической службы и водоснабжения.

Вопрос: По каким вопросам осуществлял руководство отрядом оперативно-стратегический отдел, возглавляемый вами?

Ответ: Руководство 731-м отрядом со стороны оперативно-стратегического отдела штаба Квантунской армии осуществлялось по вопросам изыскания и изготовления бактериологического оружия.

Вопрос: Какие поступали доклады о деятельности 731-го отряда на имя главнокомандующего и какие по этим докладам им были приняты решения?

Ответ: Насколько я сейчас припоминаю, таких докладов на имя главнокомандующего Квантунской армией поступило два. Первый доклад от начальника отряда Исии — о методах сбрасывания бактерий с самолётов путём рассеивания их из специальных резервуаров — поступил во второй половине 1943 года.

Главнокомандующий,— в то время полный генерал, Умедзу Иосидзиро,— ознакомившись с методами, выдвигаемыми генералом Исии в данном докладе, признал их малоэффективными, указав при этом, что при таком методе применения бактериологического оружия мы понесём большие потери как в живой силе, так и в технике, ибо не сможем оградить свои войска от заражения. Главнокомандующий Умедзу через начальника штаба армии Касахара приказал начальнику отряда Исии разработать другой метод применения бактериологического оружия, который бы являлся более эффективным.

Примерно через год на имя главнокомандующего поступил доклад о новых методах применения бактериологического оружия. В этом докладе генерал-лейтенантом Исии был разработан метод применения бактериологического оружия путём сбрасывания специальных фарфоровых бомб, начинённых эпидемическими бактериями. Главнокомандующий Умедзу никаких замечаний по докладу не дал и этот документ хранил у себя до своего ухода с поста командующего, т. е. до июля 1944 года. Из практики работы мне известно, что если командующий не даёт никаких указаний по тому или иному докладу, который поступает на его имя, значит он согласен с мероприятиями, выдвигаемыми в документе.

Так было и в данном случае. Умедзу считал этот метод использования бактериологического оружия в войне против СССР наиболее подходящим.

Полный генерал Ямада Отозоо в июле 1944 года, при вступлении на пост главнокомандующего Квантунской армией, с этим документом и деятельностью отряда Исии был ознакомлен своим предшественником Умедзу, и, когда данный доклад поступил для хранения ко мне, Ямада Отозоо также никаких указаний не дал, что означало, что и он был согласен с мероприятиями, выдвинутыми в докладе, об использовании бактериологического оружия путём сбрасывания с самолётов специальных фарфоровых бомб, начинённых бактериями.

Поскольку в то время 731-й отряд нужным количеством бактериологического оружия обеспечить Квантунскую армию не мог, поэтому с приходом Ямада на пост командующего армией, в свете указаний военного министерства Японии об увеличении выпуска бактериологического оружия, 731-й отряд был значительно расширен, он получил новое лабораторное оборудование, следовательно, было увеличено производство и бактериологического оружия. Не случайно, что Ямада вскоре после своего приезда в Маньчжурию, в августе 1944 года, посетил 731-й отряд и произвёл его инспектирование.

Вопрос: Когда было получено указание военного министерства об увеличении выпуска бактериологического оружия?

Ответ: Указание военного министерства об увеличении выпуска бактериологического оружия в штаб Квантунской армии поступило в мае месяце 1944 года, т. е. до приезда Ямада, и мне кажется, хотя утверждать этого не могу, что указание министерства предусматривало обеспечение бактериологическим оружием не только Квантунской армии, но и армии на Тихом океане.

Вопрос: Кто из руководящего состава штаба Квантунской армии посещал 731-й отряд и с какой целью?

Ответ: 731-й отряд посещал командующий Квантунской армией Ямада и штаб-офицер подполковник Мията; о целях их посещений я показал выше...

Вопрос: В приказе командующего, который был издан 9 или 10 августа 1945 года, только ли говорилось об уничтожении 731-го отряда или включались и другие вопросы, касающиеся этого отряда?

Ответ: В приказе командующего Квантунской армией генерала Ямада от 9 или 10 августа 1945 года помимо уничтожения путём подрыва 731-го отряда и отряда № 100 также предусматривалась эвакуация личного состава и ценного оборудования обоих отрядов в Южную Корею. Согласно этому же приказу был эвакуирован в глубокий тыл топографический отряд Квантунской армии.

Вопрос: Почему именно в Корею было вывезено ценное оборудование отрядов № 731 и 100?

Ответ: В то время Южная Корея являлась наиболее безопасным местом, тем более войска, дислоцирующиеся в Корее, были подчинены главнокомандующему Квантунской армией, и мы не рассчитывали, что Корея будет захвачена противником.

Вопрос: На какие части Квантунской армии было возложено уничтожение 731-го отряда?

Ответ: В момент издания приказа об уничтожении 731-го отряда в районе Харбина находилась смешанная бригада генерал-майора Убэ, и, по всей вероятности, подрыв отряда производили сапёры данной бригады, но утверждать этого не могу, так как в приказе прямо не предусматривалось, какая часть должна участвовать в уничтожении отряда.

Показания с моих слов записаны правильно, мне прочитаны на японском языке, правильность их подтверждаю.

Мацумура.

ДОПРОСИЛ

Сотрудник УМВД
по Хабаровскому краю
старший лейтенант *КОРСАКОВ.*

Переводчик *ПЛЯЧЕНКО.*

ПРОТОКОЛ ДОПРОСА СВИДЕТЕЛЯ МАЦУМУРА ТОМОКАЦУ

7 декабря 1949 года *Гор. Хабаровск*

Свидетель **Мацумура Томокацу** об ответственности за дачу ложных показаний и за отказ от дачи показаний предупреждён по ст. 95 УК РСФСР.

Подпись *Мацумура.*

Допрос ведётся через переводчика Цвирова, который об ответственности за заведомо ложный перевод предупреждён по ст. 95 УК РСФСР.

Подпись *Цвиров.*

Вопрос: Уточните, когда был создан отряд № 731.

Ответ: Время организации отряда № 731 я точно не помню. Насколько я припоминаю, 731-й отряд был создан в соответствии с указом императора Японии в 1934—1936 годах.

Вопрос: С какого времени вы работали начальником 1-го оперативно-стратегического отдела штаба Квантунской армии?

Ответ: Начальником оперативно-стратегического отдела штаба Квантунской армии я работал с августа 1943 года.

Вопрос: Приходилось ли вам по долгу своей службы иметь отношение к работе отрядов № 731 и № 100, связанной с производством бактериологического оружия?

Ответ: Да, работая начальником оперативно-стратегического отдела, я был связан с работой бактериологических отрядов Квантунской армии № 731 и № 100. Причём конкретно эта связь заключалась в том, что ко мне как начальнику оперативно-стратегического отдела поступали доклады начальников отрядов № 731 и № 100 по различным вопросам, связанным с изысканиями и производством бактериологического оружия. Как правило, эти доклады были адресованы командующему Квантунской армией, но поскольку они имели отношение к работе той или иной службы, из адъютантского отдела (секретариата) они направлялись в соответствующий отдел.

Доклады, имеющие отношение к работе оперативно-стратегического отдела, т. е. связанные с практическим использованием бактериологического оружия, поступали ко мне. Доклады, связанные с использованием бактериологического оружия для диверсионных целей, поступали начальнику разведывательного отдела.

Получив такие доклады, я в зависимости от их важности либо разрешал их сам, либо докладывал начальнику штаба Квантунской армии или командующему, сначала Умедзу, а позже, с июля 1944 года, Ямада.

Вопрос: В своих показаниях от 16 ноября 1949 года вы говорили об указании военного министерства Японии, полученном штабом Квантунской армии, об увеличении производства бактериологического оружия отрядами № 731 и № 100. Уточните, когда поступило это указание.

Ответ: Сейчас я не могу вспомнить дату, когда штабом Квантунской армии было получено это указание. Я помню, что это было весной или летом, но было ли это в 1944 году или в 1945 году, я точно не помню. Помню, что в соответствии с этим указанием командующий Квантунской армией, не то Умедзу, не то Ямада, дал указание отряду № 731 увеличить оборудование и производство различных эпидемических бактерий, предназначенных для использования в качестве бактериологического оружия. На сколько надо было увеличить производство бактерий, я не помню, но во всяком случае речь шла о значительном увеличении.

Вопрос: Какие конкретные мероприятия были проведены оперативно-стратегическим отделом штаба Квантунской армии в связи с полученным указанием военного министерства об увеличении производства бактериологического оружия?

Ответ: Сейчас я припоминаю, что названное мной выше указание военного министерства было получено в бытность главнокомандующим Ямада. Я помню, что после получения указания военного министерства главнокомандующий Ямада отдал соответствующее распоряжение о его выполнении оперативно-стратегическому отделу.

В этой связи я от имени Ямада дал распоряжение начальнику отряда № 731 о значительном увеличении производства смертоносных бактерий и одновременно от имени начальника штаба передал указание в 4-й отдел штаба Квантунской армии об обеспечении отряда № 731 необходимыми материалами, предназначенными для оборудования.

Вопрос: Чем была вызвана необходимость увеличения бактериологического оружия в соответствии с названным вами указанием?

Ответ: В указании военного министерства не были указаны действительные причины увеличения производства бактериологического оружия. Лично я как начальник оперативно-стратегического отдела считал, что это увеличение вызывалось двумя причинами.

Во-первых, ухудшением военной обстановки в районах Тихого океана, в связи с чем мыслилось применение бактериологического оружия против США, Англии и других стран. В этом случае должно было использоваться бактериологическое оружие, которое производилось бактериологическими отрядами в Маньчжурии.

С другой стороны, это увеличение было вызвано соответствующей подготовкой применения бактериологического оружия против Советского Союза на случай возникновения военных действий.

Вопрос: Скажите, каким образом предполагалось применение бактериологического оружия Квантунской армией против Советского Союза?

Ответ: Применение бактериологического оружия против Советского Союза должно было быть в соответствии с указаниями генерального штаба. В оперативные планы применение бактериологического оружия против Советского Союза не включалось, так как применение смертоносных бактерий являлось только одним из видов оружия, предназначенного для осуществления уже имевшихся оперативных планов. Однако эти вопросы обсуждались в соответствующих отделах штаба. Так, лично я по оперативному отделу после соответствующего изучения этого вопроса представил свои соображения о способах применения бактериологического оружия против СССР начальнику штаба Касахара Юкио. Я доложил Касахара о том, что в случае возникновения с Советским Союзом военных действий бактериологическое оружие должно быть применено с помощью авиации.

В частности я доложил Қасахара о том, что на случай войны с Советским Союзом бактериологическое оружие должно быть применено в районе городов: Ворошилова, Хабаровска, Благовещенска и Читы, т. е. в тыловых районах Советского Союза.

Заражение этих районов должно было производиться путём сбрасывания бактериологических бомб и распыления бактерий с самолётов. Для этой цели должны были быть использованы самолёты авиационных соединений Квантунской армии.

Вопрос: Однако для этой цели должны быть специальные самолёты?

Ответ: Нет, для этой цели могли быть использованы обычные самолёты. Для сбрасывания бактериологических бомб — обычные бомбардировщики, а для распыления бактерий — любые самолёты, так как аппаратура, необходимая для распыления бактерий, была очень несложной и её можно было приспособить на любой самолёт.

Эти свои соображения, как я уже сказал, я высказал начальнику штаба Қасахара, и он в общих чертах их одобрил. Все эти мероприятия не включались в оперативный план, но при изучении этих вопросов я исходил из общей обстановки операций, намеченных оперативным планом.

Этот доклад Қасахара я сделал после полученных указаний военного министерства об увеличении производства бактериологического оружия. Дело в том, что после получения указаний об увеличении производства бактериологического оружия Қасахара мне поручил изучить вопрос о возможностях его применения против Советского Союза в случае необходимости. Я этот вопрос изучил и сделал соответствующий доклад Қасахара, который, как я уже сказал, одобрил мои соображения.

Вопрос: Какие основные виды бактериологического оружия были приняты на вооружение Квантунской армией?

Ответ: К 1945 году в качестве основных видов бактериологического оружия были утверждены: бактериологическая бомба, способ распыления бактерий с самолётов и наземный способ — диверсии. Я думаю, что эти основные способы были утверждены генеральным штабом Японии.

Вопрос: Какие виды бактериологического оружия были рассмотрены и утверждены главнокомандующим Ямада?

Ответ: В бытность главнокомандующим Ямада им были рассмотрены и затем утверждены два основных способа, которые были как бы окончательно усовершенствованы к этому времени. Я имею в виду бактериологическую бомбу «системы Исии» и способ распыления с самолётов блох, заражённых чумой.

Вопрос: Каким образом предполагалось практическое применение бактериологического оружия?

Ответ: Мне как начальнику оперативно-стратегического отдела штаба Квантунской армии известно, что практическое применение бактериологического оружия должно было осуществляться с помощью специальных кадров, имевшихся в отрядах и их филиалах. Другими словами, в случае необходимости отряды и филиалы должны были выделить соответствующее количество специалистов, в распоряжение которых должны были быть приданы прошедшие специальную подготовку ещё в мирное время солдаты. Эти солдаты в мирное время набирались из различных частей японской армии и направлялись на курсы в отряды № 731 и № 100, где они вместе с санитарным делом проходили специальную подготовку и приобретали необходимые навыки по бактериологии. На эти курсы отбирали наиболее преданных солдат, но техники отбора я не знаю. После окончания курсов, в мирное время, они направлялись либо в филиалы, либо в отряды профилактики и водоснабжения, имевшиеся при частях и соединениях японской армии. В военное время они должны были быть использованы для применения бактериологического оружия.

Сколько всего было подготовлено отрядами № 731 и № 100 таких кадров, я не знаю.

Вопрос: Какие существовали наставления и инструкции по применению бактериологического оружия?

Ответ: Для широкого использования таких инструкций не было. Думаю, что были временные инструкции и наставления, которые разрабатывались в отрядах № 731 и № 100 и использовались при подготовке кадров. Кто их утверждал, я не знаю. Эти вопросы не входили в круг моей компетенции.

Вопрос: Кем была направлена в 1944—1945 годах специальная группа отряда № 100 для проведения бактериологической разведки пограничных с Советским Союзом районов Северо-Хинганской провинции?

Ответ: В моём присутствии в 1944 или в 1945 году начальник ветеринарного управления Такахаси докладывал или командующему Квантунской армией Ямада, или начальнику штаба Касахара Юкио о работе группы отряда № 100 в районах Северо-Хинганской провинции. Такахаси докладывал о том, что отрядом № 100 производится разведка районов Северо-Хинганской провинции для установления возможностей применения бактериологического оружия в этих районах для заражения скота, пастбищ и водоёмов. В докладе, мне помнится, Такахаси предложил свои соображения по практическому применению бактерий. Я припоминаю, что он высказал соображения о необходимости в случае надобности заразить корма и водоёмы в районе Хайлара и районах юго-восточнее озера Далай-Нур.

По линии штаба Квантунской армии руководство работой отряда № 100 по проведению диверсионных мероприятий осуществлялось разведывательным отделом штаба Квантунской армии.

Вопрос: Приходилось ли вам делать доклад по поводу применения бактериологической бомбы «системы Исии»?

Ответ: Да, осенью 1944 года, примерно в ноябре месяце, я по указанию начальника штаба делал доклад по поводу действия бактериологической бомбы «системы Исии».

Письменный доклад Исии по этому вопросу поступил в штаб до прихода на пост главнокомандующего Ямада. Поэтому с его приходом я по поручению Касахара сделал устный доклад. Этот доклад был в штабе. На докладе присутствовали: Ямада, Касахара, заместитель начальника штаба Икеда и Мията. По моему докладу Ямада одобрил этот способ как весьма эффективный.

Вопрос: Расскажите содержание доклада Китано, сделанного им в штабе Квантунской армии по поводу применения блох, заражённых чумой.

Ответ: Когда был этот доклад, я точно не помню, это было либо в конце 1944 года, либо в начале 1945 года.

Китано докладывал Ямада о последних достижениях в изучении способов применения блох, заражённых чумой, как боевого оружия. Подробностей этого доклада я не помню. На этом докладе присутствовали: Ямада, Касахара, начальник санитарного управления Кадзицука, я, Мията, Икеда и Китано, который и делал этот доклад.

После доклада Китано был продемонстрирован специальный кинофильм об опытах по заражению с помощью чумных блох. Однако кинофильма я не видел, так как по делам службы был вызван в оперативно-стратегический отдел

Вопрос: Какое отношение к работе отряда № 731 имел штаб-офицер подполковник Мията (принц Такеда)?

Ответ: Мията от оперативно-стратегического отдела был специально выделен для связи оперативно-стратегического отдела с отрядом № 731. Кроме того, в отряды № 731 и № 100 иногда направлялись и другие офицеры штаба, с тем чтобы быть в курсе работ этих отрядов и поддерживать с ними связь. Как правило, через этих лиц передавались различные повседневные указания и контролировалось исполнение этих указаний.

Вопрос: В своих показаниях от 16 ноября 1949 года вы говорили, что от генерала Тамура вы слышали о том, что в 731-м отряде была тюрьма, где содержались заключённые. Уточните, где работал названный вами Тамура.

Ответ: О тюрьме отряда № 731 и опытах над заключёнными, содержавшимися в этой тюрьме, я слышал от моего предшественника, бывшего начальника оперативно-стратегического отдела, полковника, а затем генерала Тамура Ёситоми. Кем была дана санкция на проведение опытов над людьми, я точно не знаю, но думаю, что впервые эти опыты были санкционированы главнокомандующим Уэда или его преемником Умедзу. В бытность главнокомандующим Ямада эти опыты также производились, и Ямада эту, ранее данную, санкцию не отменял.

Вопрос: Скажите, кем был санкционирован приказ о ловле грызунов и их доставке в 731-й отряд?

Ответ: В 1945 году ловлей крыс и их доставкой в отряд № 731 занимались почти все наземные части Квантунской армии. Совершенно естественно, что это занятие было санкционировано главнокомандующим Ямада, так как без его разрешения части не могли бы заниматься этой работой.

Указание частям мог дать от имени главнокомандующего начальник штаба, но безусловно только с разрешения главнокомандующего. Как практически было оформлено это разрешение, я не помню.

Крысы были нужны 731-му отряду для разведения блох, предназначенных для распространения бактерий чумы. Сколько всего было заготовлено грызунов и доставлено в отряд № 731, я не знаю.

Вопрос: Скажите, чем была вызвана необходимость вторичного назначения Исии на должность начальника 731-го отряда в 1945 году?

Ответ: Этого я точно не помню. Я полагаю, что это назначение Исии вытекало из указаний военного министерства об увеличении производства бактерий и активизации подготовки бактериологической войны. Поэтому Исии как опытный работник был снова назначен в 731-й отряд.

Вопрос: Какое отношение имел к работе отряда № 731 по изысканию и производству бактериологического оружия Кадзицука?

Ответ: Насколько мне известно, в части подготовки бактериологического оружия Кадзицука осуществлял общее руководство научно-исследовательской работой по изысканию наиболее эффективных способов применения бактерий как боевого оружия.

Я уже говорил, что Кадзицука принимал участие в совещаниях, где обсуждались вопросы практического применения бактериологического оружия, поэтому безусловно он был в курсе всех этих работ. Все интересующие Кадзицука сведения, касающиеся его компетенции, т. е. связанные с различными научными вопросами, он мог получать в оперативно-стратегическом отделе, но практически в этом не было необходимости, так как эти вопросы, как правило, решались на специальных совещаниях с моим участием, и у Кадзицука просто не было надобности самому приходить в оперативно-стратегический отдел. Так было, например, при докладе Китано о применении блох, заражённых чумой.

Вопрос: Чем была вызвана необходимость уничтожения отрядов № 731 и № 100?

Ответ: Приказ об уничтожении отрядов № 731 и № 100 был отдан главнокомандующим Ямада. Я думаю, что уничтожение отрядов было вызвано следующими причинами: во-первых, всё оборудование этих отрядов было секретным, и его нельзя было оставлять в руках неприятельской армии. Кроме того, сами работы, проводившиеся в отрядах, были также секретными, поэтому надо было принять меры к сокрытию фактов этих работ, или, другими словами, уничтожить следы той работы, которая производилась в отрядах по подготовке бактериологической войны, и опытов над живыми людьми.

И, наконец, стремительное наступление частей Советской Армии не дало возможности полностью эвакуировать эти отряды в глубь Маньчжурии или в какое-либо другое место.

Вопрос: В чём заключались причины неприменения Квантунской армией бактериологического оружия против Советского Союза?

Ответ: Я считаю, что основной причиной неприменения бактериологического оружия против Советского Союза с началом военных действий явилось стремительное наступление частей Советской Армии. Поэтому, несмотря на активизацию работы по подготовке применения бактериологического оружия, проводившейся Квантунской армией, и несмотря на то, что Квантунская армия была в состоянии применить бактериологическое оружие, оно применено не было.

Вопрос: Против кого были направлены все перечисленные вами меры активизации подготовки бактериологической войны, проводившиеся в 1945 году?

Ответ: Я уже говорил, что бактериологическое оружие главным образом было направлено против Советского Союза. Об этом свидетельствует целый ряд практических мероприятий, проведённых штабом Квантунской армии, и в частности: утверждение начальником штаба Квантунской армии высказанных мной соображений о практическом применении бактериологического оружия против Советского Союза, о чём я говорил выше; бактериологическая разведка пограничной с Советским Союзом Северо-Хинганской провинции; доклад генерала Такахаси о способах готовящихся диверсий против Советского Союза на случай военных действий.

Все эти обстоятельства являются свидетельством того, что эта подготовка была направлена против СССР на случай возникновения военных действий.

Больше по существу дела показать ничего не имею.

Записано с моих слов правильно и мне прочитано на японском языке.

Мацумура.

ДОПРОСИЛИ:

Военный прокурор
гвардии подполковник
юстиции *БАЗЕНКО.*

Сотрудник УМВД
по Хабаровскому краю
старший лейтенант *КОРСАКОВ.*

Переводчик *ЦВИРОВ.*

ВЫПИСКА ИЗ ПОКАЗАНИЙ СВИДЕТЕЛЯ МАЦУМУРА НА ОЧНОЙ СТАВКЕ С ОБВИНЯЕМЫМ КАДЗИЦУКА

1949 года 8 декабря *Гор. Хабаровск*

Вопрос свидетелю Мацумура: Расскажите, что вам известно о докладах начальника 731-го отряда командующему Квантунской армией, на которых присутствовал Кадзицука.

Ответ: В конце 1944 года в кабинете командующего Квантунской армией состоялся доклад начальника отряда № 731 Китано. Китано делал доклад о способах применения в качестве бактериологического оружия блох, заражённых чумой. На этом докладе присутствовали: главнокомандующий Квантунской армией Ямада, начальник штаба Касахара Юкио, его заместитель Икеда, начальник санитарного управления Кадзицука, я, штаб-офицер подполковник Мията (принц Такеда), Китано, который делал доклад, и сопровождавший его офицер, фамилию которого я не знаю.

Это совещание было секретное. Я помню, что текст письменного доклада Китано после названного мною совещания был передан в оперативно-стратегический отдел, где он впоследствии и хранился. Ямада одобрил предложенный Китано способ применения блох, заражённых чумой, как бактериологического оружия.

...после доклада Китано все присутствовавшие на совещании пошли смотреть кинофильм, который был привезён Китано. Этот фильм показывал применение бактериологического оружия. Данный фильм я не видел, так как, дойдя до зала, где должен был демонстрироваться фильм, я был вызван в оперативно-стратегический отдел.

Мацумура.

ДОПРОСИЛИ:

Военный прокурор
подполковник юстиции *КАЧАН.*

Сотрудник УМВД
по Хабаровскому краю
подполковник *ПАПКОВ.*

Переводчик *БОЛХОВИТИНОВ.*

ПРОТОКОЛ ДОПРОСА
СВИДЕТЕЛЯ ИИДЗИМА ЁСИО

20 октября 1949 года *Гор. Хабаровск*

Я, сотрудник УМВД по Хабаровскому краю капитан Писарев, допросил в качестве свидетеля военнопленного бывшего майора японской армии **Иидзима Ёсио**, 1917 года рождения, уроженца Японии, префектуры Гумма, уезда Сета, дер. Арата, из крестьян, по национальности японца, со средним образованием.

Об ответственности за дачу ложных показаний предупреждён по ст. 95 УК РСФСР.

Подпись *Иидзима.*

Вопрос: На каком языке вы желаете давать показания?

Ответ: Я владею русским языком, могу читать по-русски, но показания хотел бы давать на родном японском языке.

Вопрос: Допрос будет производиться через переводчика Негороженко Анатолия Николаевича. Возражений вы не имеете?

Ответ: Не имею.

Переводчик Негороженко А. Н. об ответственности за заведомо ложный перевод предупреждён по ст. 95 УК РСФСР.

Подпись *Негороженко.*

Вопрос: Кратко расскажите о прохождении вами военной службы.

Ответ: На военную службу в качестве рядового я был призван 20 апреля 1938 года, до этого занимался сельским хозяйством. С сентября 1938 года по март 1939 года учился в запасной офицерской школе «Сэндай», а затем проходил службу в 15-м пехотном полку в гор. Такасаки в качестве стажёра-офицера. В декабре 1939 года получил чин подпоручика и в числе первой партии офицеров был направлен в школу «Накано» в гор. Токио.

Школа «Накано» подготавливала для японских военных миссий руководителей агентурно-разведывательной работы. В школе «Накано» было три отделения: китайское, английское и русское. Я был зачислен на русское отделение, где впервые начал изучать русский язык, освоил его не плохо. Кроме русского языка я получил познания о географическом, экономическом и политическом положении Советского Союза. Основным предметом для всех трёх отделений являлась специальная дисциплина о методах работы иностранных разведывательных органов, главным образом советских, американских, английских и китайских.

Преподаватели школы нам, курсантам, на примерах объясняли, кого можно и нужно вербовать в контрразведку для разведывательной, диверсионной и пропагандистской работы, как располагать к себе намеченных к вербовке белоэмигрантов, китайцев. Таким образом, школа «Накано» выпускала теоретически подготовленных руководителей агентурно-разведывательной работы.

В начале ноября 1940 года, по окончании школы «Накано», я был направлен в распоряжение начальника Харбинской военной миссии генерал-майора Янагита. В Харбинской ЯВМ я прослужил около трёх месяцев и затем был назначен на должность помощника начальника Трёхреченской японской военной миссии в селе Драгоценка (Маньчжурия), где проработал до конца января 1945 года, а в феврале 1945 года был переведён в лагерь «Хогоин» на должность начальника лагеря.

Я проработал в лагере «Хогоин», что по-русски называется «Приют», около семи месяцев, до момента пленения Советскими войсками, т. е. до 15 августа 1945 года.

Лагерь «Хогоин», или, как он иначе назывался, «Научно-исследовательский отдел», находился в ведении Харбинской военной миссии, начальником которой в то время был генерал-майор Акикуса. Лагерь «Хогоин» рассчитан был на 150 человек, в нём содержались советские граждане, оказавшиеся по разным причинам на территории Маньчжурии и задержанные японскими пограничными и полицейскими отрядами. В лагере «Хогоин» содержались исключительно мужчины, которые работали на разных сельскохозяйственных работах в подсобном хозяйстве. Режим в лагере был строгий, за малейшие нарушения режима виновных наказывали, особенно тех лиц, которые имели намерения совершить побег из лагеря. Таких лиц с разрешения Харбинской ЯВМ я отправлял в 731-й отряд Квантунской армии.

Вопрос: Расскажите, что это за 731-й отряд Квантунской армии?

Ответ: В начале своей работы при ознакомлении с директивами я предполагал, что этот 731-й отряд является штрафным батальоном Квантунской армии, впоследствии мне стало известно, что 731-й отряд есть лаборатория, где над советскими людьми производили опыты, исследуя действие всевозможных бактерий.

Вопрос: Когда, от кого и при каких обстоятельствах вы узнали о вышесказанном?

Ответ: Примерно в середине апреля 1945 года, когда я был в Харбинской ЯВМ и докладывал помощнику начальника ЯВМ полковнику Асада о состоянии режима в лагере, последний мне предложил выполнять директивы Харбинской ЯВМ и штаба Квантунской армии, где говорилось, что всех нарушителей лагерного режима, особенно тех, которые склонны к побегу, направлять в 731-й отряд, расположенный за городом Харбином, в местечке Хейбо, в 15—20 километрах от лагеря «Хогоин». Хорошо помню, что при беседе полковник Асада в общих словах сказал, что в этом отряде изучают действие бактерий, упомянув при этом, что начальником отряда является генерал-лейтенант Исии, с которым мне ни разу не приходилось сталкиваться.

Спустя месяц после беседы с полковником Асада также в Харбинской ЯВМ от начальника санитарного отдела военного врача подпоручика Маэкава я узнал, что в 731-м отряде испытывают действие бактерий на живых людях, в частности над теми лицами, которых я направлял в 731-й отряд из лагеря «Хогоин». Всего мною за несколько раз из лагеря «Хогоин» на верную смерть было отправлено около 40 человек советских граждан, которые под опытами умирали.

Вопрос: От кого вам известна такая деталь?

Ответ: На территории 731-го отряда я ни разу не был и ни с кем из работников отряда не сталкивался, даже не знаю их фамилий. С сотрудниками Харбинской ЯВМ я на эту тему разговоров не вёл и пришёл к заключению, что отправляемые из лагеря «Хогоин» советские граждане под опытами умирали, так как ни один из отправленных в лагерь «Хогоин» обратно не возвращался и, во-вторых, никто из направленных в 731-й отряд не имел переписки ни с администрацией лагеря, ни с товарищами, тогда как из других мест, в частности с угольных шахт, я получал по почте от бывших лагерников письма по разным вопросам, связанным с той или иной просьбой, как, например: о переводе денег, о высылке вещей, оставленных в лагере.

Вопрос: Какой был установлен порядок отправки советских граждан из лагеря «Хогоин» в 731-й отряд?

Ответ: В лагере «Хогоин» имелось информационно-следственное отделение, начальником которого являлся мой заместитель Ямагиси Кендзи. Это отделение на каждого нарушителя лагерного режима составляло документ, на котором я ставил свою фамильную печать. После этого я лично выезжал в Харбин в ЯВМ, докладывал материал начальнику ЯВМ Акикуса, и только после утверждения в ЯВМ мой заместитель Ямагиси лично организовывал отправку нарушителей в 731-й отряд.

При отправке советских граждан в 731-й отряд я ни разу не присутствовал. Со слов Ямагиси мне было известно, что за нарушителями приезжали на своём автотранспорте работники 731-го отряда; фамилий работников отряда я не знаю и не интересовался, кто именно из работников 731-го отряда приезжал за людьми в лагерь «Хогоин»...

Вопрос: Чем желаете дополнить свои показания?

Ответ: Дополнить свои показания больше ничем не могу. Протокол допроса записан с моих слов правильно и мне прочитан на русском и японском языках, в чём и расписываюсь.

Иидзима.

ДОПРОСИЛ

Сотрудник УМВД
по Хабаровскому краю
капитан *ПИСАРЕВ*.

Переводчик *НЕГОРОЖЕНКО*.

ПРОТОКОЛ ДОПРОСА СВИДЕТЕЛЯ ЯМАГИСИ КЕНДЗИ

21 октября 1949 года *Гор. Хабаровск*

Я, сотрудник УМВД по Хабаровскому краю капитан Писарев, допросил в качестве свидетеля военнопленного бывшего поручика японской армии **Ямагиси Кендзи,** 1916 года рождения, уроженца деревни Дзейгон, префектуры Ниигата, по национальности японца, японского подданного, с высшим образованием, окончил Токийский институт иностранных языков.

Об ответственности за дачу ложных показаний предупреждён по ст. 95 УК РСФСР.

Подпись *Ямагиси.*

Вопрос: На каком языке вы желаете давать показания?

Ответ: Я знаю русский язык, могу читать русский текст, умею писать по-русски, но допрашивать прошу в присутствии переводчика, так как некоторых русских слов я не помню, поэтому трудно мне будет излагать свою мысль.

Вопрос: Допрос будет производиться через переводчика Негороженко Анатолия Николаевича. Возражений не имеете?

Ответ: Нет, не имею.

Переводчик Негороженко А. Н. об ответственности за заведомо ложный перевод предупреждён по ст. 95 УК РСФСР.

Подпись *Негороженко.*

Вопрос: Расскажите кратко о вашей трудовой деятельности.

Ответ: По социальному происхождению я из крестьян; до учёбы в Токийском институте я проживал вместе с родными, занимался в хозяйстве родителей и одновременно учился в гимназии. С 1935 по 1938 год проживал в Токио, где и окончил институт иностранных языков. В 1938 году я был призван в японскую армию и для прохождения службы был направлен в Маньчжурию, на ст. Мулин, в 30-й пехотный полк в качестве рядового, где прослужил до 1941 года. С начала сентября 1942 года я был переведён на работу в Харбинскую японскую военную миссию. Назначен был в качестве переводчика русского языка в особый исследовательский отдел. Под этим наименованием в ЯВМ значился лагерь «Хогоин», что обозначает на русском языке «Приют». В лагере «Хогоин» содержались советские люди, в большинстве своём военнослужащие, оказавшиеся по разным причинам на территории Маньчжурии.

С начала 1944 года я был переведён на должность заместителя начальника лагеря «Хогоин», одновременно руководя информационно-следственным отделением. В задачи информационно-следственного отделения входило собирать сведения об экономическом, политическом и военном положении СССР, а также выявлять лиц, склонных к побегу, нарушающих лагерный режим и ведущих среди лагерного контингента антияпонскую агитацию. Лиц, враждебно настроенных к Японии, а также тех, которые не желали подчиниться лагерному режиму, я с согласия начальника лагеря Иидзима отправлял в 731-й отряд, куда в разное время за 1945 год было отправлено около 40 советских граждан.

Говоря об этом, хочу отметить, что в 731-й отряд впервые стали отправлять заключённых из лагеря «Хогоин» с начала 1942 года, т. е. с того времени, когда я ещё не являлся одним из руководителей лагеря.

Упоминаемый мною отряд 731-й был размещён на окраине гор. Харбина, в местечке Хейбо, в 15—20 километрах от лагеря «Хогоин».

В 731-м отряде я ни разу не был, один лишь раз, осенью 1944 года, проезжал мимо территории отряда, но видеть ничего не мог, так как вся территория была обнесена плотным высоким забором. Метрах в 200 от входа на территорию отряда было вывешено объявление, дословно содержание которого сейчас не помню, но смысл сводился к тому, что на территорию отряда заходить имели право лица, имеющие специальное разрешение от командующего Квантунской армией.

От ряда работников 2-го отдела Харбинской ЯВМ, не помню только, от кого персонально, ещё в 1942 году я знал, что 731-й отряд, или, как его иначе называли, «отряд Исии», производил выращивание смертоносных бактерий и путём производства опытов проверял действие бактерий над живыми людьми, чего любой организм человека не выдерживал, и в конечном итоге человек умирал.

Несколько позднее, примерно в конце 1944 года или в начале 1945 года, бывая в Харбинской ЯВМ, я от руководящих работников миссии, но от кого именно, сейчас не помню, узнал, что 731-й отряд штаба Квантунской армии изготовляет смертоносные бактерии и ядовитые газы с целью поражения армии противника. Противником Японии являлся Советский Союз.

Вопрос: Какой был установлен порядок отправки советских граждан в 731-й отряд?

Ответ: Согласно письменному указанию Харбинской ЯВМ за подписью начальника миссии генерал-майора Акикуса работники информационно-следственного отделения с моего согласия составляли по имеющимся компрометирующим материалам списки, которые утверждались начальником лагеря майором Иидзима, последний ставил свою фамильную печать. Иидзима упомянутый список возил на доклад начальнику миссии Акикуса, последний всегда соглашался с нашим мнением и разрешал отправлять в 731-й отряд для физического уничтожения намеченных нами советских граждан.

Фамилий всех лиц, отправленных на уничтожение в 731-й отряд, я не помню. До сего времени сохранился в памяти солдат Советской Армии Демченко, который в категорической форме отказался давать какие-либо сведения о Советском Союзе. С моего разрешения к нему применялись меры физического воздействия, его следователи подвергали пытке, подвешивая его за руки, за ноги к балке. Демченко всё же показаний не давал. Тогда я решил его физически уничтожить и с этой целью отправил его в 731-й отряд...

Непосредственно отправку советских людей, обречённых на смерть, осуществлял жандарм Сиода, который по телефону договаривался с жандармом 731-го отряда о времени отправки. Всегда 731-й отряд за людьми высылал свой автотранспорт — крытую автомашину, в которой вмещалось без вещей около 20 человек. Жандарму Сиода согласно указанию Харбинской ЯВМ я давал приказания направлять в 731-й отряд людей без их личных вещей. Вещи же направлялись в 4-й отдел Харбинской ЯВМ, а данный отдел вещи, особенно военное обмундирование, использовал для нужд миссии.

В этой одежде засылались японские разведчики на территорию Советского Союза. Об этом известно мне было от сотрудников 4-го отдела. Но от кого именно, сейчас не помню. На всех лиц, которых мы отправляли в 731-й отряд, составляли именные списки в двух экземплярах, один экземпляр списка брал с собой сотрудник 731-го отряда, а другой экземпляр оставался в лагере «Хогоин».

Документа о приёме людей я лично от работников 731-го отряда не требовал. За всё время моей работы в лагере «Хогоин» не было ни одного случая, чтобы из числа направляемых людей кто-либо обратно вернулся в лагерь «Хогоин».

Это обстоятельство лишний раз убеждало меня в правильности слышанного, что в 731-м отряде советские граждане умирали от производимых над ними испытаний действия смертоносных бактерий и ядовитых газов.

Вопрос: Чем желаете дополнить свои показания?

Ответ: Дополнить мне больше нечего.

Протокол допроса с моих слов правильно записан и мне прочитан на русском и японском языках, в чём и расписываюсь.

Ямагиси.

ДОПРОСИЛ

Сотрудник УМВД
по Хабаровскому краю
капитан *ПИСАРЕВ.* Переводчик *НЕГОРОЖЕНКО.*

10*

ВЫПИСКА ИЗ ПРОТОКОЛА ДОПРОСА СВИДЕТЕЛЯ ТАМУРА ТАДАСИ

31 октября 1949 года *Гор. Хабаровск*

Тамура Тадаси, 1905 года рождения, уроженец Японии, префектуры Коочи, уезда Такаока, дер. Огава, японец, с высшим образованием. Бывший полковник японской армии, до пленения — начальник отдела кадров штаба Квантунской армии.

...Хотя отряд официально и носил название «Управления водоснабжения и профилактики», но фактически это название являлось только прикрытием его основного назначения — специального отряда по подготовке бактериологической войны и массовому производству бактериологических средств нападения и защиты, в чём я убедился лично при своём посещении 731-го отряда.

Вопрос: Расскажите об этом посещении подробно.

Ответ: Должен добавить к своим показаниям, прежде чем рассказать о своём посещении 731-го отряда, что о его назначении я впервые ясно и определённо услышал при моём прибытии на должность начальника отдела кадров штаба Квантунской армии в декабре 1944 года или, точнее, в первых числах января 1945 года.

...бывший в то время начальником штаба Квантунской армии генерал-лейтенант Касахара мне сказал, что я должен буду относиться с особым вниманием к отряду № 731, поскольку этот отряд, как он мне заявил прямо, занимается подготовкой бактериологических средств нападения и защиты, т. е. готовится к бактериологической войне.

Правда, генерал Касахара мне тогда не сказал, что отряд готовит бактериологическую войну против Советского Союза, но мне это ясно было и без слов, так как я отлично знал, что назначение всей Квантунской армии — подготовка нападения на Советский Союз.

В личном разговоре с начальником 1-го отдела штаба генерал-майором Мацумура, который состоялся у меня с ним вскоре после моего назначения, генерал Мацумура мне объяснил, что отрядом № 731 и его опытно-экспериментальной работой по боевому применению бактериологических средств войны руководит возглавляемый им 1-й отдел.

В конце мая 1945 года на имя командующего Квантунской армией поступило письмо генерал-лейтенанта Исии Сиро с просьбой ускорить направление в 731-й отряд нужного количества офицеров.

Текстуально содержания этого документа я сейчас не помню, но основной смысл его сводился к тому, что для ускорения производства бактериологических средств войны генералу Исии дополнительно нужны офицеры.

В связи с этим главнокомандующий Квантунской армией генерал Ямада в начале июня 1945 года предложил мне лично выехать в 731-й отряд и ознакомиться с фактическим состоянием кадров и отряда в целом.

Данное распоряжение генерал Ямада отдал мне на аэродроме в гор. Харбине, куда я с ним прилетел для присутствия на церемонии выпуска сводных унтер-офицерских учебных отрядов.

На этот же аэродром прибыл и встретил нас генерал Исии. Во время разговора с ним генерал Ямада предложил мне выехать в 731-й отряд, что я незамедлительно выполнил, выехав вместе с генералом Исии на его машине в отряд.

По прибытии в отряд я подробно ознакомился с положением в отряде с кадрами, осмотрел лаборатории, производственные помещения и тут наглядно, лично убедился в том, что отряд № 731 представляет большую производственную базу подготовки и массового изготовления средств бактериологической войны.

В беседе со мною генерал Исии мне прямо заявил, что отряд готовит бактериологическую войну против Советского Союза, что достигнутые результаты дают основание считать задачу подготовки бактериологических средств выполненной и что производственные мощности дают возможность массового изготовления средств бактериологического нападения.

Генерал Исии мне говорил, что он считает бактериологические средства исключительно сильным оружием в руках Квантунской армии, эффект которого проверен как лабораторным, так и опытным путём на живых людях.

Генерал Исии прямо мне заявил, что, если понадобится, отряд в состоянии обрушить на советские города огромную массу бактерий, которые будут распространяться в случае нападения или обороны главным образом путём заброски их в глубокий тыл Советской Армии.

Во время посещений лабораторий и производственных помещений отряда, где изготовлялись в массовом количестве смертоносные бактерии, я убедился в правильности слов Исии, говорившего мне, что отряд № 731 может начать активную бактериологическую войну против Советского Союза. Должен прямо сказать, что я был буквально поражён огромными размерами этого смертоносного производства, и то, что я увидел, превзошло все мои ожидания.

Я видел в кабинете генерала Исии ряд схем, чертежей и рисунков, размещённых на стенах и иллюстрирующих результаты опытов по разбрасыванию бактерий чумы, холеры и других эпидемических заболеваний при помощи бомб, гранат, снарядов и т. д., благодаря которым я имел возможность наглядно убедиться в высокой эффективности бактериологических средств.

В сопровождении генерала Исии и трёх офицеров, фамилий которых я сейчас не помню, я осмотрел лаборатории и производственные помещения. Я не являюсь специалистом-бактериологом и не могу дать квалифицированной оценки всего того, что я видел, но хорошо помню, как глубоко я был поражён, когда мне назвали цифры, помнится, очень большие, заготовленных бактерий эпидемических заболеваний.

При обходе помещений я был сопровождён во внутренний корпус, где в специальных камерах, в дверях которых были окна, содержались живые люди, закованные в цепи и используемые, как мне объяснил лично Исии, для опытов по заражению смертоносными болезнями.

Среди этих подопытных я видел китайцев, европейцев, одну женщину. Как мне лично объяснил генерал Исии, эта женщина и европейцы являются русскими по национальности, доставленными в отряд жандармерией и военными миссиями Японии в Маньчжурии, из числа подлежащих, по мнению карательных органов Японии, уничтожению.

Как я лично заметил, в тех камерах, которые я видел, люди лежали прямо на полу и находились в тяжёлом, беспомощном состоянии.

При посещении этого тюремного корпуса я весь его не осматривал, а только просмотрел несколько камер, в которых, помнится, насчитал около 50 человек. После осмотра я ещё переговорил с Исии по вопросу о кадрах.

В результате обсуждения вопроса о кадрах мы пришли к выводу, что отряду недостаёт около 10—15% нужного состава офицеров, но по общему комплектованию отряд развёрнут по мобилизационной готовности. При обсуждении вопроса о кадрах генерал Исии говорил о филиалах наравне с отрядом, считал их одинаково важными, хотя он и подчёркивал необходимость укомплектовать в первую очередь штаб отряда.

Говоря со мной о филиалах своего отряда, генерал Исии высказал мне соображение о необходимости в случае непосредственной близости военных действий подчинить филиалы штабам армий и фронтов Квантунской армии, с тем чтобы обеспечить в случае необходимости возможность боевого использования армиями бактериологических средств.

Эти слова Исии впоследствии оправдались, и, насколько мне помнится, в августе 1945 года был издан приказ главнокомандующего о подчинении филиалов отряда непосредственно армиям.

После окончания свидания с генералом Исии я выехал на его машине в Харбин, где на следующий день по возвращении из отряда присоединился к свите главнокомандующего.

Вопрос: Вы доложили о результате своей поездки в отряд № 731 бывшему главнокомандующему Квантунской армией генералу Ямада?

Ответ: Да, доложил.

Вопрос: Что именно вы доложили генералу Ямада?

Ответ: Представившись генералу Ямада, главнокомандующему Квантунской армией, я обстоятельно доложил ему о всех своих выводах и наблюдениях.

Прежде всего я ему доложил, что отряд № 731 находится в состоянии боевой готовности и может выполнить задание — начать в любое время бактериологическую войну. Вместе с тем я ему доложил, что генерал Исии настаивает на дополнительном командировании в его распоряжение специалистов и офицеров по материальному обеспечению.

По этому вопросу я высказал генералу Ямада своё мнение, что считаю положение с кадрами вполне благополучным и ввиду общей нехватки кадров считаю возможным воздержаться от дополнительного командирования офицеров к генералу Исии, с чем генерал Ямада согласился.

Одновременно с этим я высказал генералу Ямада своё восхищение той богатой оснащённостью и прекрасным оборудованием, которым располагает отряд № 731. По репликам и вопросам генерала Ямада я убедился, что он прекрасно осведомлён о положении в отряде № 731.

Ещё когда я был в отряде № 731, генерал Исии мне говорил, что генерал Ямада лично посетил отряд № 731 осенью 1944 года и обстоятельно познакомился с деятельностью и размещением отряда № 731.

Одновременно с тем, что я сказал выше, я доложил генералу Ямада о тех интересных опытах, которые генерал Исии и его сотрудники проводят над живыми людьми, о которых я слышал в 731-м отряде, и рассказал ему о своём посещении тюремного корпуса отряда и обо всём, что я там видел.

Генерал Ямада выразил своё удовлетворение моей информацией, и вскоре после этого мы вернулись в Чанчунь.

Тамура.

ДОПРОСИЛ

Сотрудник УМВД
по Хабаровскому краю
капитан *ПЕТЕРС.*

Переводчик *ДЕМЧЕНКО.*

ДОКУМЕНТАЛЬНЫЕ ДОКАЗАТЕЛЬСТВА

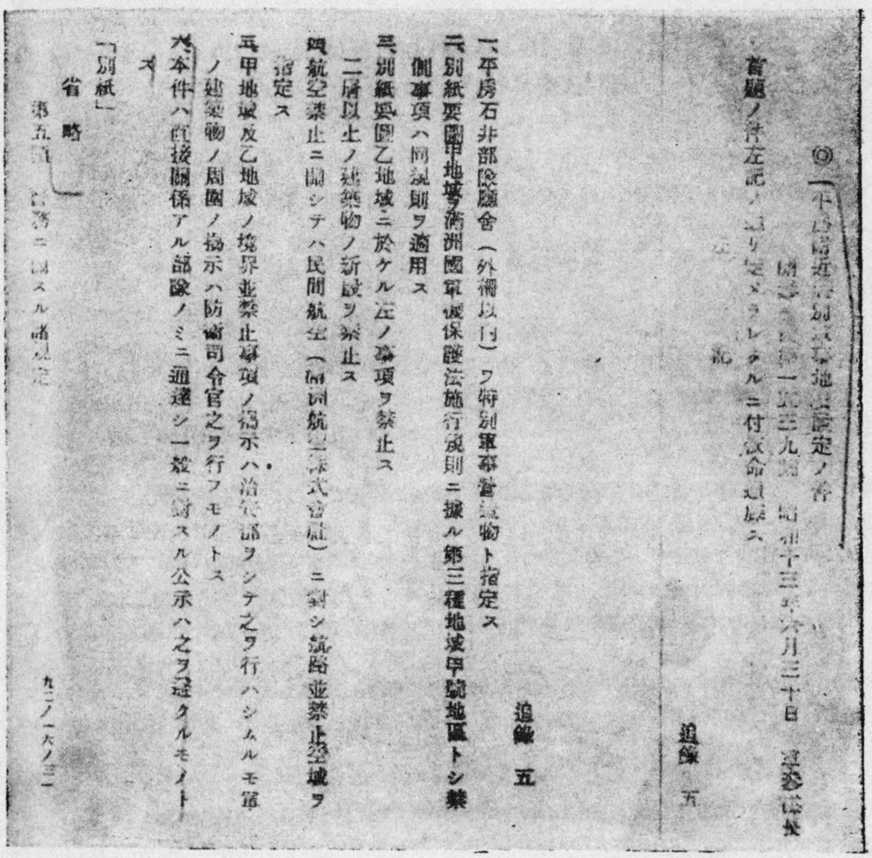

◎平房附近特別軍事地域設定ノ件　關參一發第一五三九號　昭和十三年六月三十日　軍參謀長

追錄　五

首題ノ件左記ノ通リ定メラレタルニ付依命通牒ス

左記

追錄　五

一、平房石井部隊廠舍（外郭以內）ヲ特別軍事警護物ト指定ス

二、別紙要圖甲地域ヲ滿洲國軍機保護法施行規則ニ據ル第三種地域甲號地區トシ禁制事項ハ同規則ヲ適用ス

三、別紙要圖乙地域ニ於ケル左ノ事項ヲ禁止ス

二層以上ノ建築物ノ新設ヲ禁止ス

四、航空禁止ニ關シテハ民間航空（[illegible]航空株式會社）ニ對シ航路並禁止空域ヲ指定ス

五、甲地域及乙地域ノ境界並禁止事項ノ揭示ハ治安部ヲシテ之ヲ行ハシムルモ軍ノ建築物ノ周圍ノ揭示ハ防衛司令官之ヲ行フモノトス

六、本件ハ直接關係アル部隊ノミニ通達シ一般ニ對スル公示ハ之ヲ避クルモノトス

「別紙」

省略

第五[illegible]　[illegible]ニ關スル諸規定

九二ノ一六ノ三一

Директива штаба Квантунской армии
«Об установлении особой военной зоны в районе Пинфань»

Арх. дело № 869, стр. 31—32.

Арх. дело № 869. *Перевод с японского.*
Страницы 31, 32.

Подшивка «Дополнения к сборнику законов и указаний».

Страница 31.

ШТАБ КВАНТУНСКОЙ АРМИИ.
1-Й ОТДЕЛ.

30 июня 1938 г. № 1539.

Начальник штаба Квантунской армии.

ОБ УСТАНОВЛЕНИИ ОСОБОЙ ВОЕННОЙ ЗОНЫ В РАЙОНЕ ПИНФАНЬ

На основании приказа довожу до сведения, что по существу данного вопроса принято нижеследующее решение:

Страница 32.

1. Постройки отряда Исии в Пинфань (на участке, обнесённом внешним забором) считать постройками особого военного значения.

2. Согласно «Правилам о соблюдении закона о сохранении военной тайны в Маньчжурии» зону «КО», обозначенную на прилагаемой схеме, считать участком «КО» зоны третьего разряда. На него распространяются все ограничительные статьи упомянутых выше правил.

3. В зоне «ОЦУ», обозначенной на прилагаемой схеме, запрещается строительство новых построек свыше двух этажей.

4. Гражданской авиации (авиационной компании «Мансю кабусики кайся») указываются воздушная трасса и запретная воздушная зона.

5. О границах зон «КО» и «ОЦУ» и об ограничительных статьях объявляет министерство общественного

спокойствия Маньчжоу-Го, а о зоне, в которой находятся военные сооружения, объявляет командующий обороной.

6. Всё вышеизложенное довести до сведения лишь тех частей, которые имеют к этому непосредственное касательство; никаких официальных объявлений не делать.

Без приложения.

Перевела: Старший переводчик кандидат исторических наук подпись: (*ПОДПАЛОВА*).

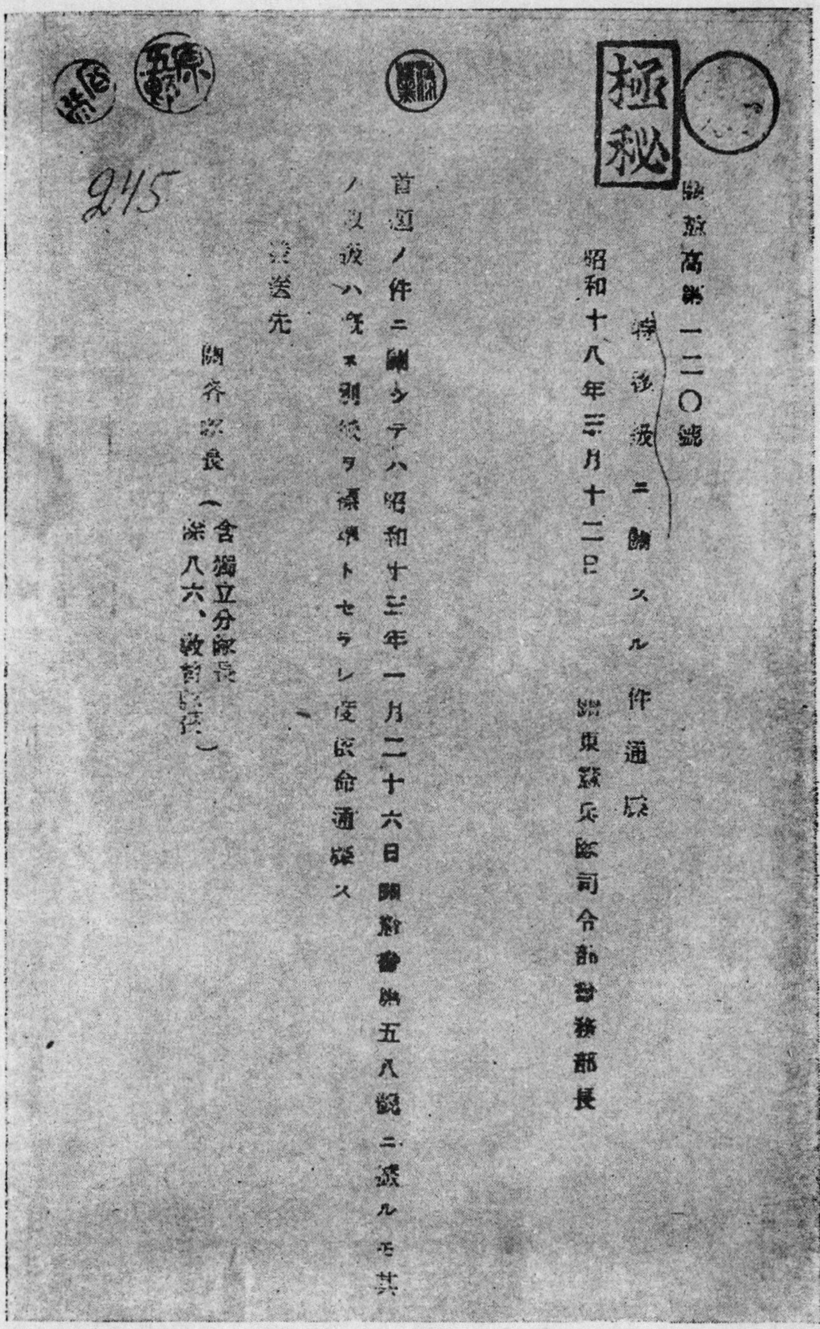
極秘

關憲高第一二〇號

特移扱ニ關スル件通牒

昭和十八年三月十二日　關東憲兵隊司令部警務部長

首題ノ件ニ關シテハ昭和十三年一月二十六日關憲警第五八號ニ據ルモ共ノ取扱ハ更ニ別紙ヲ標準トセラレ度依命通牒ス

送付先

關各隊長（含獨立分隊長　除八六、教育隊長）

245

Уведомление начальника отдела полицейской службы штаба квантунской жандармерии о категориях лиц. направляемых в порядке «особых отправок» (спецотправок).

Арх. дело № 834, стр. 245.

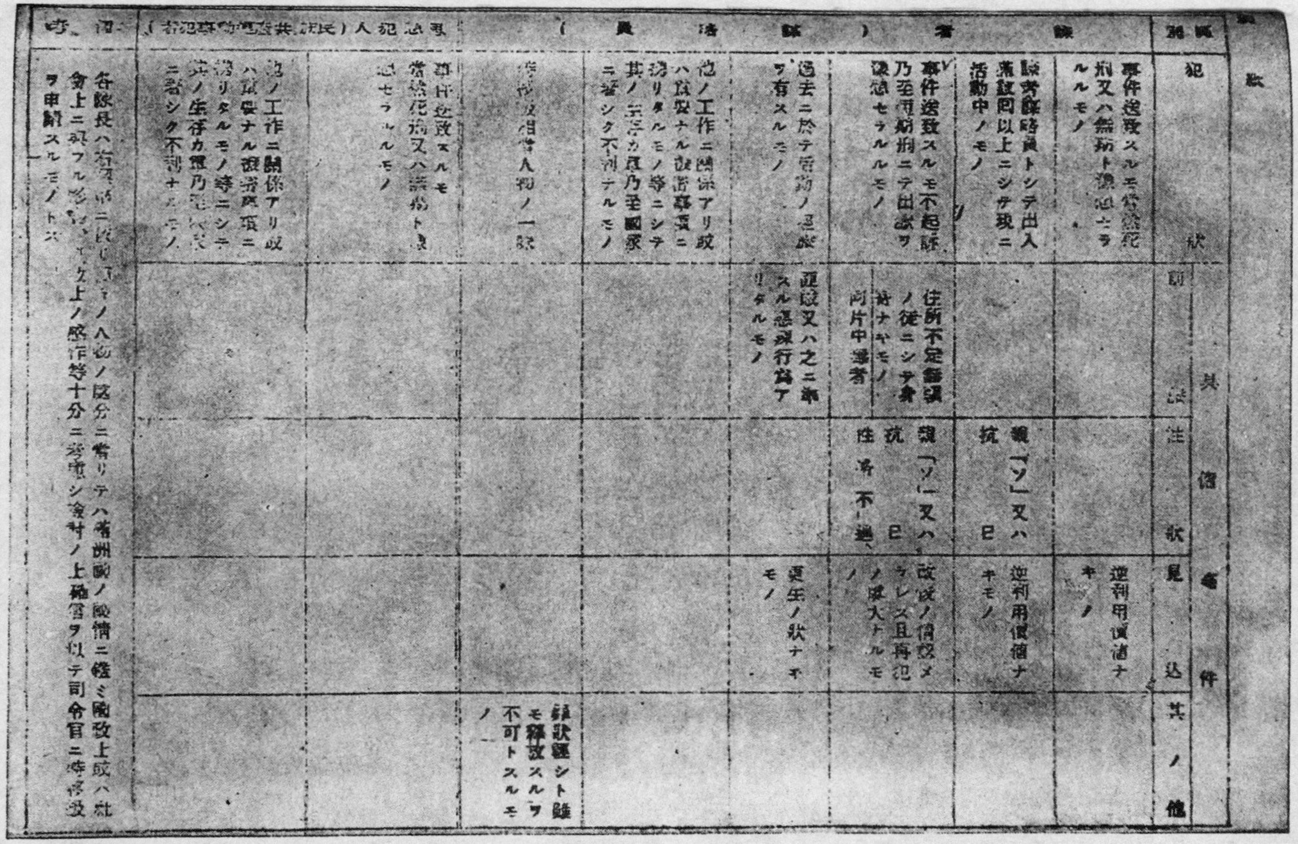

Приложение к уведомлению начальника отдела полицейской службы штаба квантунской жандармерии: список с указанием категорий лиц, направляемых в порядке «особых отправок».

Арх. дело № 864, стр. 216,

Арх. дело № 864. Страницы 245, 246. Подшивка «Разная переписка» 1-го отдела штаба квантунской жандармерии за 1943 г. Документы относятся к вопросам организации, комплектования, обучения и т. д.

Перевод с японского.

Совершенно секретно.

Копия.

Страница 245.

ШТАБ КВАНТУНСКОЙ ЖАНДАРМЕРИИ.
ОТДЕЛ ПО ОСОБО ВАЖНЫМ ДЕЛАМ.

12 марта 1943 г.
№ 120.

Читали: *ФУДЗИСИГЕ* (личная печать).
ХАРА ГОРО (личная печать).
ИСИИ (личная печать).

Начальник отдела полицейской службы штаба квантунской жандармерии.

УВЕДОМЛЕНИЕ ПО ПОВОДУ «ОСОБЫХ ОТПРАВОК» («ТОКУИ-АЦУКАИ»)

На основании приказа довожу до сведения, что, хотя в данном вопросе следует руководствоваться документом № 58 отдела полицейской службы штаба квантунской жандармерии от 26 января 1938 г., тем не менее при отборе желательно придерживаться норм, изложенных в нижеследующем приложении.

Р а з о с л а н о: Всем начальникам отрядов квантунской жандармерии (включая начальников отдельных жандармских отделений и исключая начальников 86-го и учебного отрядов).

Перевела: Старший переводчик кандидат исторических наук
подпись: *(ПОДПАЛОВА).*

11 Судебный процесс 161

Страница 246.

Приложение.

	Характер преступления	Прочие дополнительные условия			
		Факты из биографии	Характеристика лица	Наши расчёты	Другие мотивы
ЧИКИ (диверсанты)	Состав преступления даёт основание предполагать, что при передаче дела в суд лицо будет приговорено к пожизненной каторге или смертной казни			Если оно не представляет ценности для перевербовки и обратной заброски	
	В качестве разведчика или диверсанта лицо неоднократно переправлялось в Маньчжурию и до последнего момента занималось этой деятельностью		Если оно просоветски или антияпонски настроено	Если оно не представляет ценности для перевербовки и обратной заброски	
	Состав преступления даёт основание предполагать, что при передаче дела в суд лицо будет оправдано или осуждено на короткий срок и вскоре выйдет из тюрьмы	Если это бродяга, не имеющий постоянного места жительства и родственников. Опиокурильщики	Если лицо просоветски или антияпонски настроено. Нелойяльные элементы	Если лицо не проявляет чувства раскаяния и есть серьёзная опасность, что оно снова повторит преступление	
	Лицо занималось этой деятельностью в прошлом	Если лицо было партизаном или совершало подобные этому		Если нет надежд на его перевоспитание	

11*

Р А З В Е Д		вредоносные действия			
	Лицо было связано с другими видами оперативной деятельности или же если его существование весьма невыгодно для армии и государства, в связи с причастностью к важным секретным вопросам				
	Единомышленники лиц, подпадающих под категорию «особые отправки» («Токуи-Ацукаи»)				Если, несмотря на незначительность преступления, освобождение их нежелательно
ИДЕЙНЫЕ ПРЕСТУПНИКИ (преступники, связанные с национальным и коммунистическим движениями)	Состав преступления даёт основание предполагать, что при передаче дела в суд лицо будет приговорено к смертной казни или пожизненной каторге				
	Лицо было связано с другими видами оперативной деятельности или же если его существование весьма невыгодно для армии и государства в связи с причастностью к важным секретным вопросам				

ПРИМЕЧАНИЕ: Начальники жандармских отрядов при определении того, как поступить, исходя из перечисленных выше норм, с тем или иным лицом, должны тщательно учесть с точки зрения внутренней обстановки в Маньчжоу-Го, как это отразится на государственной политике, на обществе, на общественной морали, и, взвесив всё это, с полной решимостью могут ходатайствовать перед начальником квантунской жандармерии о применении «особой отправки» («Токуи-Ацукаи»).

Перевела: Старший переводчик кандидат исторических наук подпись: *(ПОДПАЛОВА).*

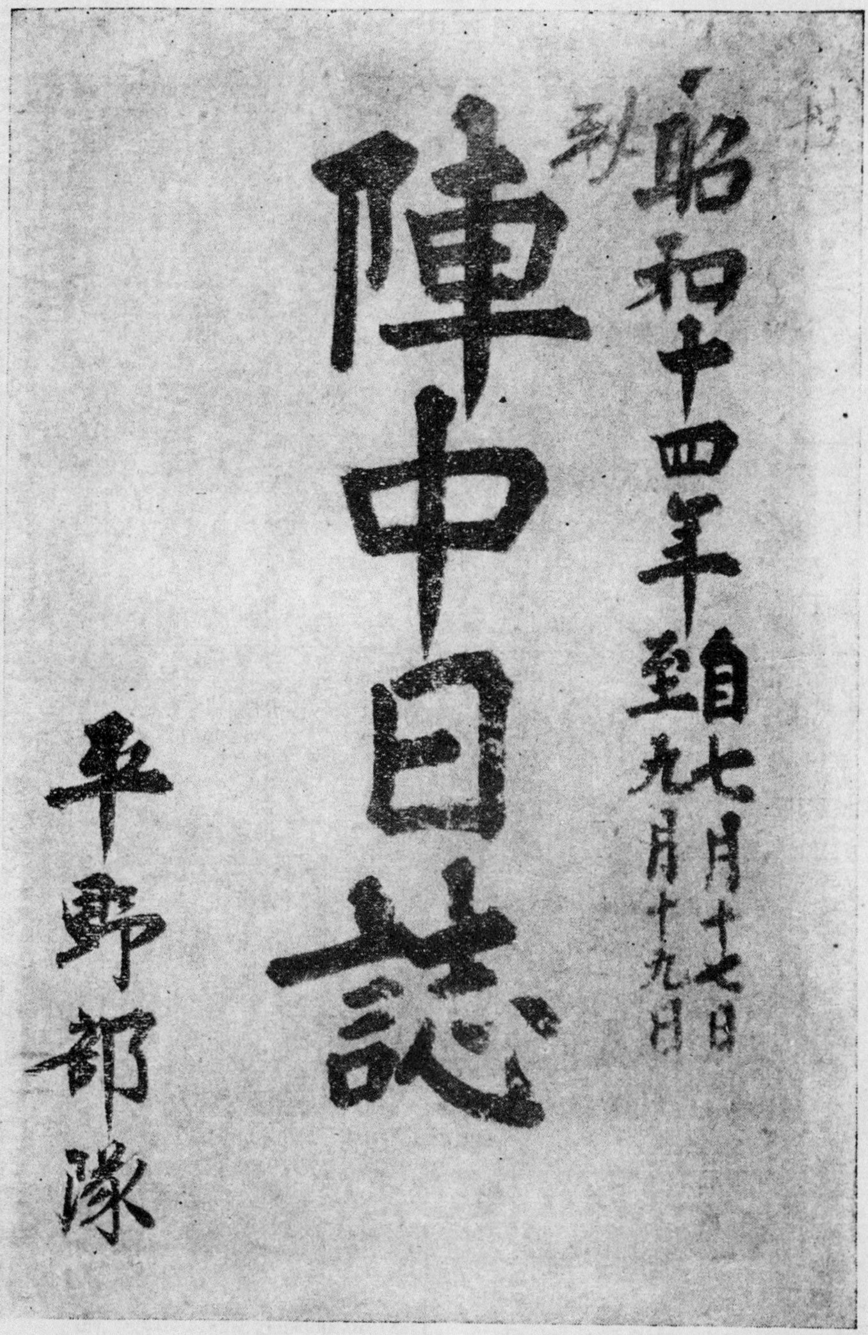

秘

昭和十四年 自七月十七日 至九月十九日

陣中日誌

平野部隊

Служебный дневник жандармской части Хирано
с 17 июля по 19 сентября 1939 года (массовая «особая отправка»).
Заглавный лист.

Арх. дело № 845.

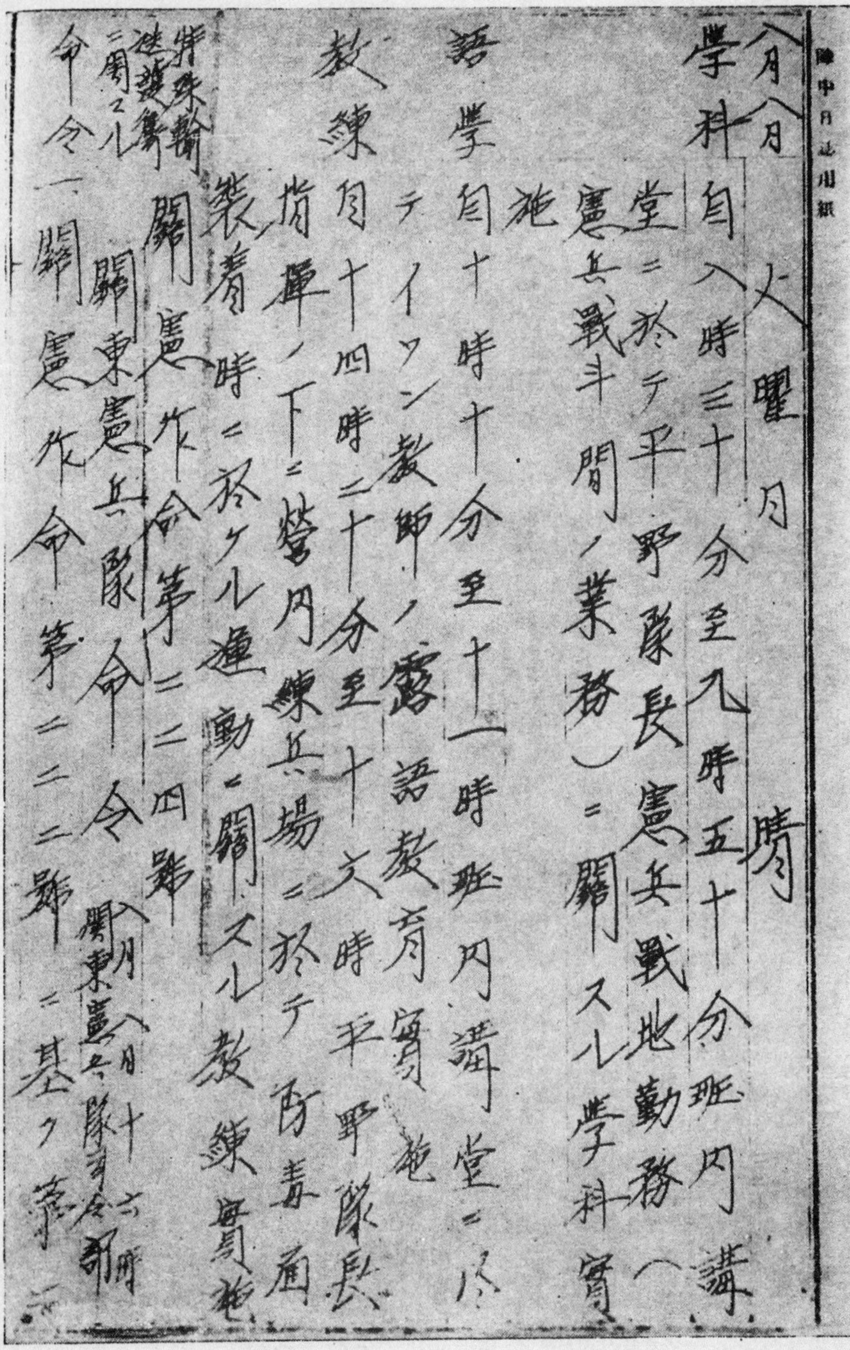

八月八日 火曜日 晴

學科 自八時三十分至九時五十分班内講堂ニ於テ平野隊長憲兵戦地勤務（憲兵戦斗間ノ業務）ニ關スル學科實施

語學 自十時十分至十一時班内講堂ニ於テイワン教師ノ露語教育實施

教練 自十四時二十分至十六時平野隊長指揮ノ下ニ營内練兵場ニ於テ防毒面装着時ニ於ケル運動ニ關スル教練實施

關憲作命第二二四號

特殊輸送護衛ニ關スル

關東憲兵隊命令

八月十六日
關東憲兵隊司令部

命令一、關憲作命第二二二號ニ基ク第一

Оперативный приказ № 224 квантунской жандармерии о массовой «особой отправке», стр. 1.

Арх. дело № 845, стр. 45.

四、特別輸送人員ハ約九十名トシ八月
九日山海關驛着山海關ヨリノ
輸送（客車一輛トシ八月十日十一時
十五分山海關驛發（山海關奉天間
旅客列車ニ連結）同十三時零時十三分
孫呉驛到着トス
二、錦州憲兵隊長ハ前項山海關ヨリ
孫呉間輸送ノ護衛ヲ担任スヘシ
但シ護送人員中ヨリ十名ヲ除ク他ハ
哈爾賓驛ニ於テ石井部隊長ニ交
付スルモノトス
之カタメ隊ハ石井部隊長ニ交付
人員ヲ區分シ交付ニ當リ遺憾ナキヲ

Оперативный приказ № 224 квантунской жандармерии о массовой «особой отправке», стр. 2.

Арх. дело № 845, стр. 45 — продолжение.

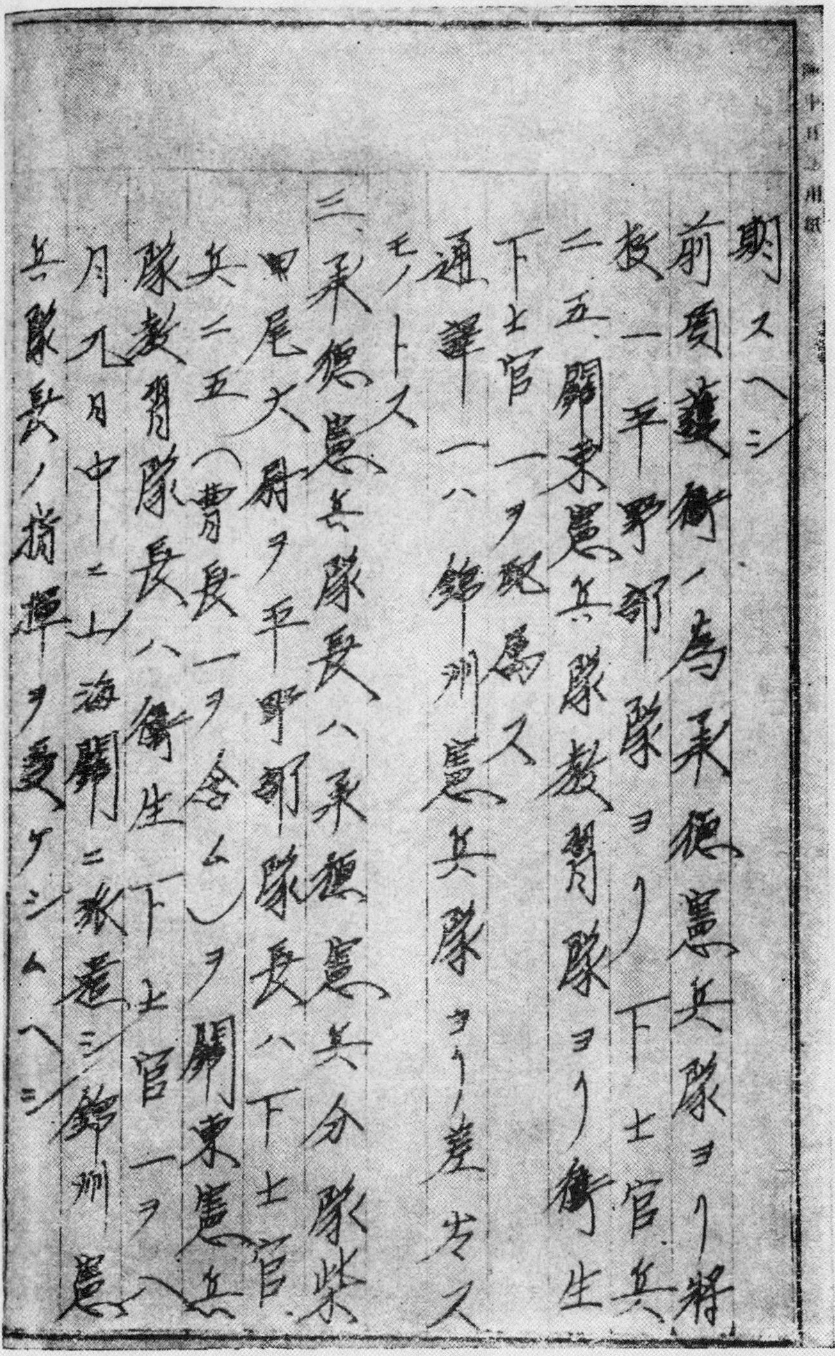

期ス（ニ）
前項護衛ノ為承徳憲兵隊ヨリ将
校一平野部隊ヨリ下士官兵
二五、関東憲兵隊教習隊ヨリ衛生
下士官一ヲ配属ス
通訳一ハ錦州憲兵隊ヨリ差出ス
モノトス
三、承徳憲兵隊長ハ承徳憲兵分隊紫
田尾大尉ヲ平野部隊長ハ下士官
兵二五（曹長一ヲ含ム）ヲ関東憲兵
隊教習隊長ハ衛生下士官一ヲ
月九月中ニ山海関ニ派遣シ錦州憲
兵隊長ノ指揮ヲ受ケシムヘシ

Оперативный приказ № 224 квантунской жандармерии о массовой «особой отправке», стр. 3.

Арх. дело № 845, стр. 46.

四、哈爾賓憲兵隊長ハ石井部隊長ト
密ニ連繋シ哈爾賓驛ニ至リ爾後ノ輸
送ニ當リ所要ノ取締ニ遺憾ナキヲ
期スヘシ
五、平野隊至關東憲兵隊教習隊ヨリ
ノ旅遣者ノ旅費ハ憲兵隊司令部ヨリ
支給ス
六、其他細部事項ハ關憲作命第二二三
號ニ據ルヘシ
關東憲兵隊司令官 城倉少将

命令
平憲作命第一號
平野隊命令
八月八日十八時 於關東憲兵隊教習隊
一、關憲作命第二二二號ニ基ク第二回

Оперативный приказ № 224 квантунской жандармерии
о массовой «особой отправке»
и оперативный приказ № 1 по отряду Хирано.

Арх. дело № 845, стр. 46 — продолжение.

特殊輸送ノ状況關東憲作命第二二四
號第一項ノ如シ
二 平野部隊ハ一部ヲ以テ第二四特
種輸送ヲ實施セシトス
三 稲邑曹長ハ別紙憲兵二十四及衛生
下士官一ヲ指揮シ速ニ新京ヲ出發シ
山海關ニ至リ錦州憲兵隊長ノ指揮
ヲ受クヘシ
出發前武具（足錠ハ一個手錠五二
個捕縄四〇本、護送縄二五本）ヲ憲兵隊
司令部ヨリ又奉天憲兵隊ヨリ手錠
三〇個護送縄四〇本ヲ受領シ携行ス
ルモノトス

Оперативный приказ № 1 по отряду Хирано
о массовой «особой отправке».

Арх. дело № 845, стр. 47.

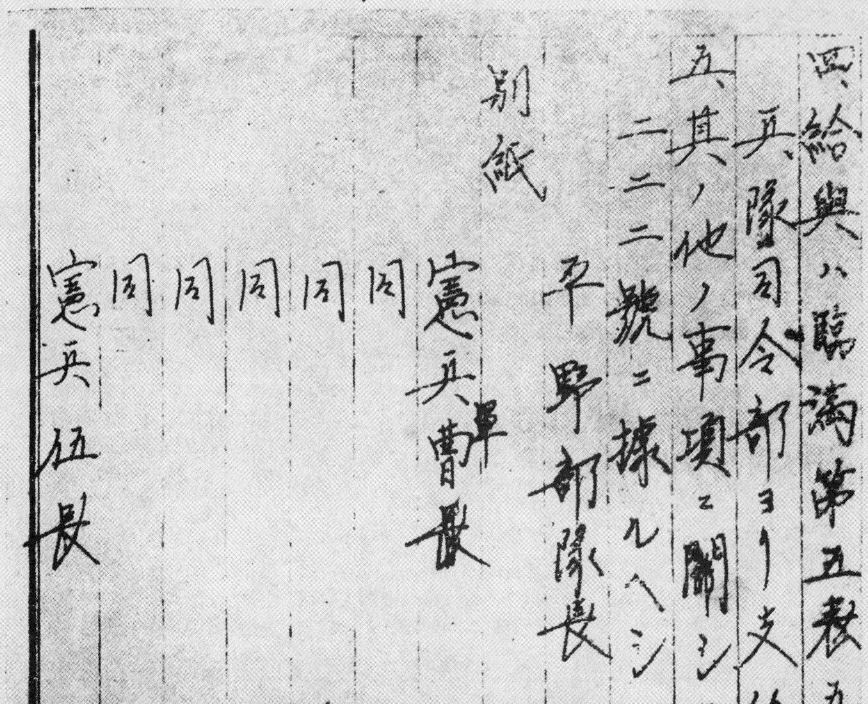

四、給與ハ臨滿第五表五割増渡切トシ憲
兵隊司令部ヨリ支給ス
五、其ノ他ノ事項ニ關シテハ關憲作命第
二二二號ニ據ルヘシ
平野部隊長 平野大尉
別紙
憲兵曹長 川口英光
同 平野喜一
同 荻原繁雄
同 菅沼幸平
同 綿川正之
同 野本好治
憲兵伍長 瀧口滿

Оперативный приказ № 1 по отряду Хирано
о массовой «особой отправке».

Арх. дело № 845, стр. 47 — продолжение.

Арх. дело № 845. Страницы 45—47.
Служебный дневник жандармской части Хирано с 17 июля по 19 сентября 1939 гола.

Перевод с японского.
Секретно.

Страница 45.
8 августа.

Вторник. Ясно.
(Не относящиеся к делу 9 строк текста опускаются. — *Перев.*)

Приказ о конвоировании «специальных перевозок».

ОПЕРАТИВНЫЙ ПРИКАЗ КВАНТУНСКОЙ ЖАНДАРМЕРИИ № 224

Приказ квантунской жандармерии.
ШТАБ КВАНТУНСКОЙ ЖАНДАРМЕРИИ.
8 августа 16.00.

1. Во второй партии «специальных перевозок» [1] («Токусю юсо»), проводимой на основании оперативного приказа квантунской жандармерии № 222, следует около 90 человек. Партия прибывает на станцию Шаньхайгуань 9 августа. Перевозка со станции Шаньхайгуа́нь производится в одном пассажирском вагоне. Отправка со станции Шаньхайгуань — 10 августа в 11.15 (вагон прицепляется к пассажирскому поезду Шаньхайгуань — Мукден). Прибытие на станцию Суньу — 13 августа в 00.13.

2. Конвоирование вышеозначенной партии от Шаньхайгуань до Суньу возлагается на начальника цзиньчжоуского жандармского отряда.

Из общего числа этапируемых до конца следует 60 человек, *остальные*

[1] Термин, аналогичный «особым отправкам».— *Перев.*

на станции Харбин передаются начальнику отряда Исии. Для этого заранее отделить группу людей, предназначенных для передачи начальнику отряда Исии, чтобы во время передачи не было никаких осложнений.

Страница 46.

Для конвоирования означенной партии из жандармского отряда в Чэндэ выделяется один офицер, из отряда Хирано — 25 унтер-офицеров и солдат и из учебного отряда квантунской жандармерии — один унтер-офицер медицинской службы. Цзиньчжоуский жандармский отряд выделяет одного переводчика.

3. Не позже 9 августа начальник жандармского отряда в Чэндэ направляет в Шаньхайгуань капитана *Сибао* из чэндэского жандармского отделения, начальник отряда Хирано — 25 унтер-офицеров и солдат (в том числе одного фельдфебеля), начальник учебного отряда квантунской жандармерии — одного унтер-офицера медицинской службы. Означенные лица должны поступить в распоряжение начальника цзиньчжоуского жандармского отряда.

4. Начальнику харбинского жандармского отряда установить тесную связь с начальником отряда Исии и обеспечить на станции Харбин и в дальнейшем пути следования все меры предохранения от иностранной разведки и необходимые меры надзора.

5. Путевые расходы лиц, направляемых из отряда Хирано и из учебного отряда квантунской жандармерии, покрываются за счёт штаба квантунской жандармерии.

180

6. В остальных вопросах руководствоваться оперативным приказом № 222 квантунской жандармерии.

Начальник квантунской жандармерии
генерал-майор *Сирокура*.

Приказ.

ОПЕРАТИВНЫЙ ПРИКАЗ № 1 ЖАНДАРМСКОГО ОТРЯДА ХИРАНО

Приказ по отряду Хирано.
УЧЕБНЫЙ ОТРЯД КВАНТУНСКОЙ ЖАНДАРМЕРИИ.
8 августа 17.00.

1. Вторая «специальная перевозка», проводимая на основании оперативного приказа квантунской жандармерии № 222, производится согласно параграфу 1 оперативного приказа квантунской жандармерии № 224.

Страница 47.

2. Отряд Хирано обеспечивает вторую «специальную перевозку» частью своих сил.

3. Фельдфебелю *Инамура* во главе 24 жандармов (поименованных в приложении) и одного унтер-офицера медицинской службы немедленно выехать из Синьцзина и по прибытии в Шаньхайгуань поступить в распоряжение начальника цзиньчжоуского жандармского отряда.

До отправления в Шаньхайгуань получить из штаба квантунской жандармерии средства для сопровождения арестованных (ножных кандалов — 81 шт., ручных кандалов — 52 шт., верёвок для связывания при задержании — 40 шт., верёвок для связывания при конвоировании — 25 шт.) и из

181

мукденского жандармского отряда ручных кандалов — 30 шт. и верёвок для связывания арестованных при конвоировании — 40 шт.

4. Снабжение в пути с 50% надбавкой, на основании таблицы 5 временных правил довольствия в Маньчжурии, производится за счёт штаба квантунской жандармерии.

5. В остальных вопросах руководствоваться оперативным приказом квантунской жандармерии № 222.

Начальник отряда Хирано
капитан *Хирано*.

Перевела: Старший переводчик кандидат исторических наук
подпись: *(ПОДПАЛОВА)*.

-33-

挺進遊撃戦法

昭和十五年一月二十日
大陸第二部
哈爾濱陸軍特務機関複寫

Тактика рейдовой диверсионной войны. Заглавный лист.

Арх. дело № 140, стр. 33.

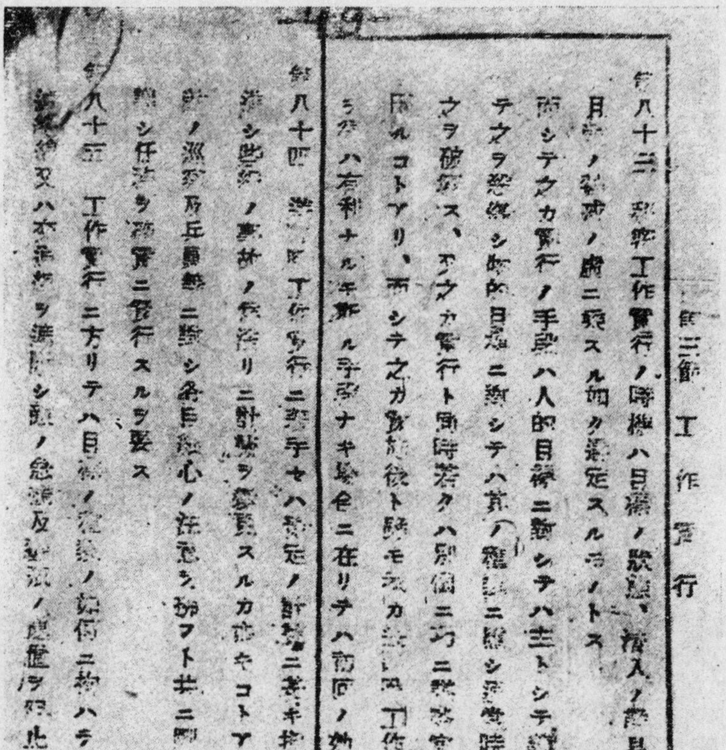

第三節　工作實行

Тактика рейдовой диверсионной войны. Статья 83.

Арх. дело № 140, стр. 49.

Арх. дело № 140. Страницы 33, 49. Подшивка материалов по диверсионной войне. Из дел Муданьцзянской ЯВМ по русскому белогвардейскому отряду в Хандаохэцзы.

Перевод с японского.

Совершенно секретно.

Страница 33.

Печать: «МУДАНЬЦЗЯНСКАЯ ЯВМ.
Получено 20 февраля 1944 г.
Вх. № 1008».

ВТОРОЙ ОТДЕЛ СУХОПУТНЫХ СИЛ ИМПЕРАТОРСКОЙ СТАВКИ.
20 января 1944 года.

Перепечатано Харбинской ЯВМ.

ТАКТИКА РЕЙДОВОЙ ДИВЕРСИОННОЙ ВОЙНЫ

Страница 49.

ГЛАВА 3

Проведение операции

83. При определении момента для проведения секретной операции следует учитывать положение объекта, условия подхода и время, необходимое для отхода по окончании операции. Кроме того, необходимо пользоваться наиболее слабыми местами в охране противника.

В качестве средств для уничтожения людского состава противника во время операции по секретному нападению используются химикалии, *бактерии* или же подрывные средства с часовыми механизмами. Материальная часть разрушается в зависимости от её вида взрывами с применением подрывных средств с часовыми механизмами, поджогами или другими средствами разрушения. Вместе с тем рекомендуется или одновременно с этими действиями, или особо искусно использовать диверсионную пропаганду в целях подрыва морального духа солдат противника. По окончании дела лучше не оставлять следов, по которым можно было бы определить, что операция произведена нашим диверсионным отрядом. Если это невозможно, необходимо добиться наибольшего эффекта в первой же операции.

Перевела: Старший переводчик кандидат исторических наук
подпись: *(ПОДПАЛОВА).*

187

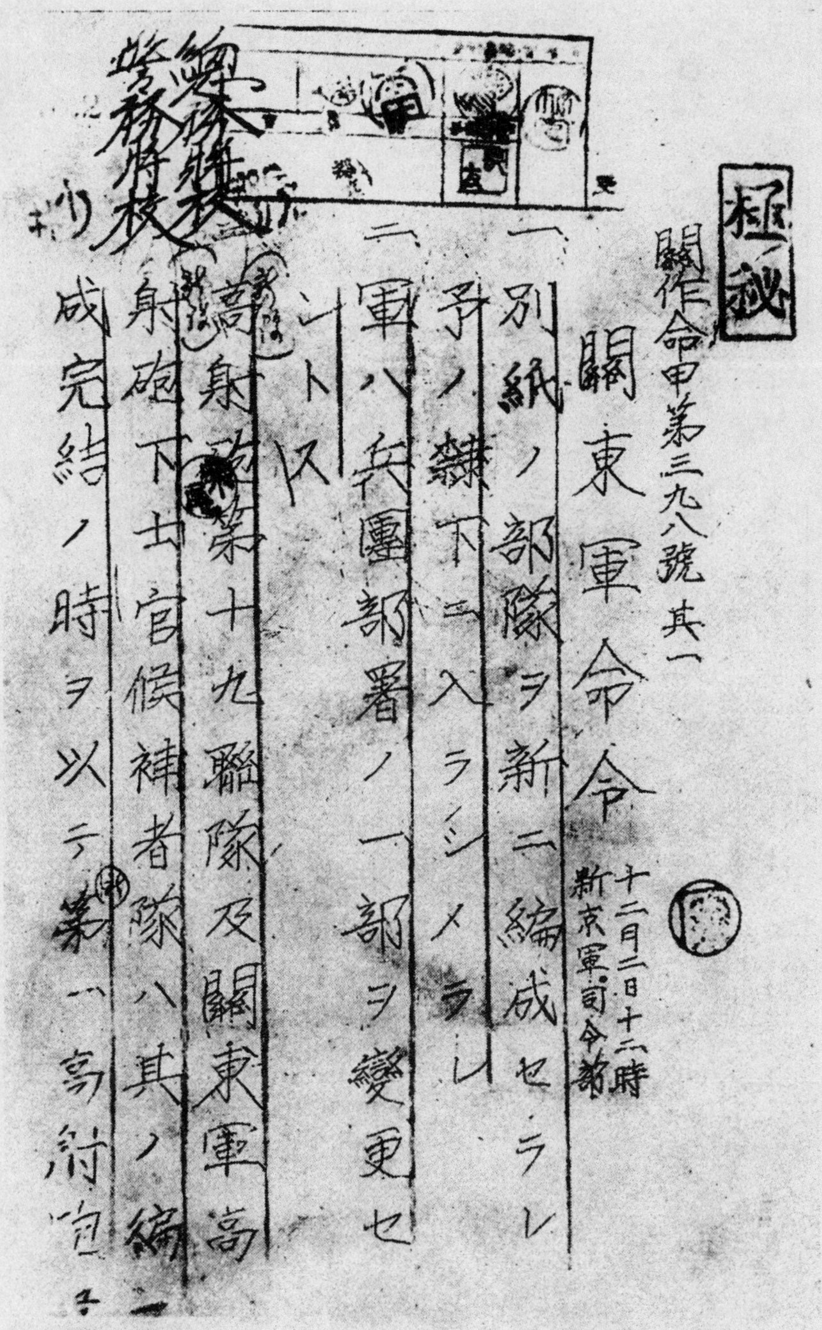

極秘

關作命甲第三九八號　其一

關東軍命令

十二月二日十二時　新京軍司令部

一、別紙ノ部隊ヲ新ニ編成セラレ予ノ隷下ニ入ラシメラル

二、軍ハ兵團部署ノ一部ヲ變更セントス

三、高射砲第十九聯隊及關東軍高射砲下士官候補者隊ハ其ノ編成完結ノ時ヲ以テ第一[illegible]

Оперативный приказ Квантунской армии № 398/1-КО.

Арх. дело № 830, стр. 922.

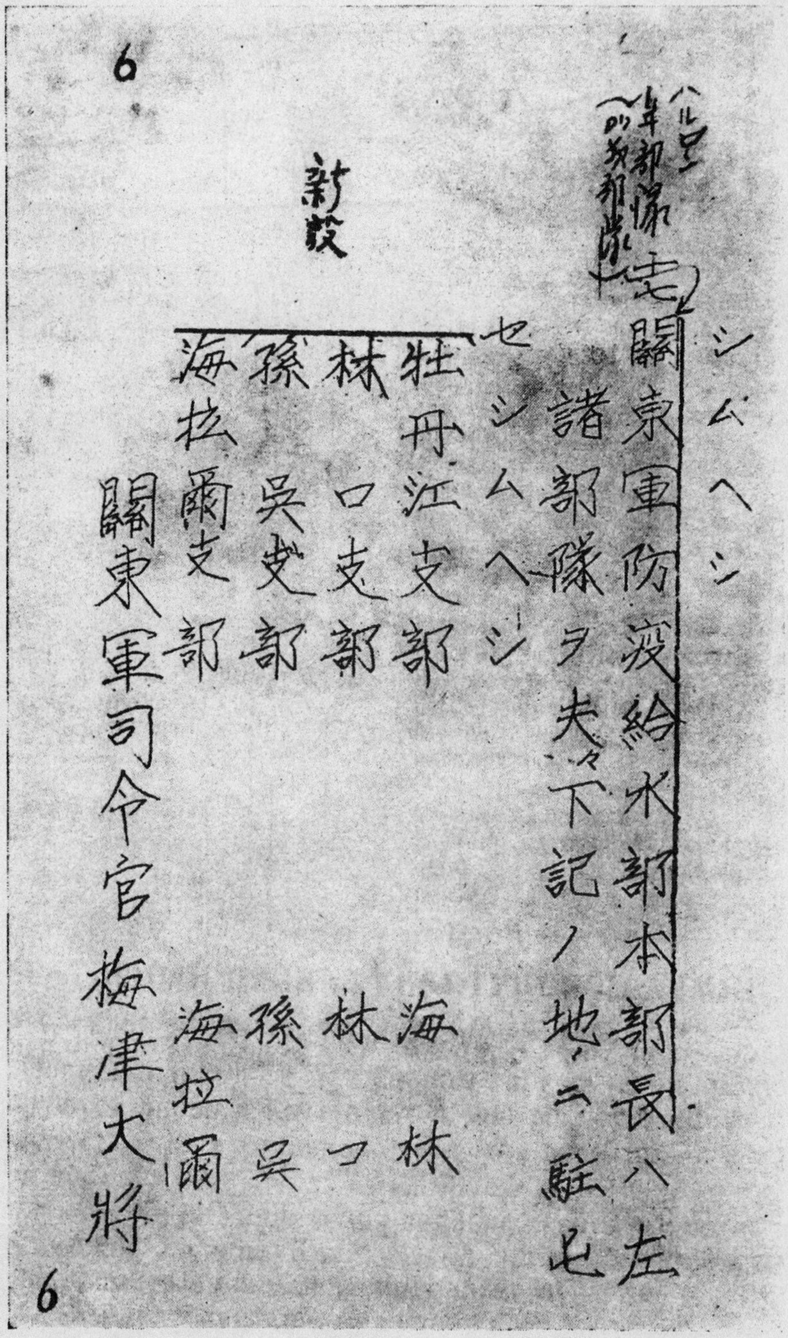
6

新設

シムヘシ

關東軍防疫給水部本部長ハ左

諸部隊ヲ夫々下記ノ地ニ駐屯

セシムヘシ

牡丹江支部	海林
林口支部	林口
孫呉支部	孫呉
海拉爾支部	海拉爾

關東軍司令官梅津大將

6

Оперативный приказ Квантунской армии № 398/1-КО. Пункт 17 приказа (перечень филиалов отряда № 731).

Арх. дело № 830, стр. 925.

Арх. дело № 830. Страницы 922, 925. Подшивка оперативных приказов за 1940 г. Из дел штаба квантунской жандармерии.

Страница 922.

Перевод с японского.

Совершенно секретно.

Оперативный приказ
Квантунской армии
№ 398/1-КО
Хара [1]

Штамп:

Получено	
Читали:	Начальник квантунской жандармерии *Такэути* (личная печать).
	Начальник общего отдела *Кикути* (личная печать).
	Начальник отдела *Хонда* (личная печать).
	Ответственный исполнитель *Канадзава* (личная печать).
	Сотрудник исполнитель (печати нет).
	Начальник отдела полицейской службы *Нагатомо* (личная печать).
	Сотрудники, имеющие отношение к делу: *Цудзуки* (личная печать).
	Офицер из общего отдела *Фусано* (личная печать).
	Офицер из отдела полицейской службы *Кои* (личная печать).

ОПЕРАТИВНЫЙ ПРИКАЗ КВАНТУНСКОЙ АРМИИ

Синьцзин. Командование армии, 2 декабря, 12.00.

1. Поименованные в отдельном приложении части формируются вновь и поступают в моё распоряжение.

(Пункты от 2 до 16 включительно в переводе опускаются.—*Перев.*)

Страница 925.

17. Начальнику Управления водоснабжения и противоэпидемической службы Квантунской армии расположить следующие части в поименованных ниже пунктах:

Муданьцзянский филиал — в Хайлине
Филиал в Линькоу — в Линькоу

[1] Печать лица, отправившего документ.—*Перев.*

Филиал в Суньу — в Суньу
Филиал в Хайларе — в Хайларе.

Командующий Квантунской армией генерал *Умедзу.*

Страница 925.

Примечание переводчика:

1. Перед словами «Начальнику управления водоснабжения и противоэпидемической службы Квантунской армии» имеется надпись на полях карандашом: «Харбин, отряд *Исии* (отряд *Камо*)».

2. Четыре перечисленных филиала заключены в скобку, перед которой сделана пометка красным карандашом: «Вновь сформированные».

3. К документу подклеена записка, на которой написано чернилами следующее: «Сочтено необходимым, чтобы отряд *Исии,* находящийся в Харбине (Управление водоснабжения и противоэпидемической службы Квантунской армии, другое его название — отряд *Камо*), был как особая часть усилен и имел филиалы на местах. На этот раз филиалы созданы в четырёх местах (прикомандировано — 3 жандарма)».

Перевела: Старший переводчик кандидат исторических наук
подпись: *(ПОДПАЛОВА).*

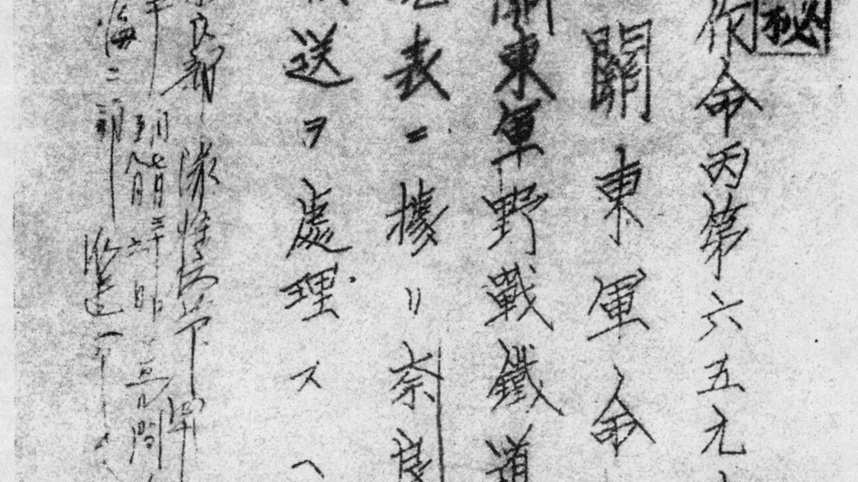

極秘

関作命丙第六五九號

関東軍命令

七月二十五日十一時
新京軍司令部

関東軍野戦鉄道司令官ハ別紙附表ニ據リ奈良部隊器材ノ鉄道輸送ヲ處理スヘシ

梅津中将

145

Оперативный приказ Квантунской армии № 659-Хэй.

Арх. дело № 830, стр. 256.

13*

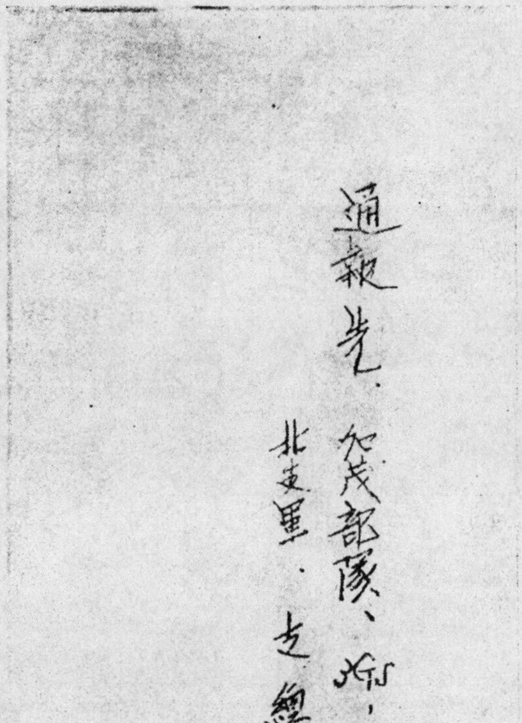
通報先、加茂部隊、3GS、2GS、1GS、憲司 部内
北支軍、支總軍、

Список частей, информированных
о приказе Квантунской армии № 659-Хэй.
Арх. дело № 830, стр. 256—продолжение.

Арх. дело № 830. Страница 256.
Подшивка оперативных приказов за 1940 г. Из дел штаба квантунской жандармерии.

Перевод с японского.
Совершенно секретно.

Страница 255.
Оперативный приказ Квантунской армии.
№ 659-ХЭЙ
Тода[1]

Штамп:

Получено июля 1940 г.	
Читали:	Начальник квантунской жандармерии (печати нет). Начальник общего отдела *Кикути* (личная печать). Начальник отдела *Мацуура* (личная печать). Ответственный исполнитель *Хонда* (личная печать). Исполнитель (печати нет). Начальник отдела полицейской службы (печати нет). Сотрудники, имеющие отношение к делу: *Канадзава* (личная печать).

ОПЕРАТИВНЫЙ ПРИКАЗ КВАНТУНСКОЙ АРМИИ

Синьцзин. Командование армии, 25 июля, 17.00.

Начальнику полевой железной дороги Квантунской армии произвести перевозку по железной дороге материалов воинской части «Нара» согласно прилагаемой таблице.

Командующий Квантунской армией генерал-лейтенант *Умедзу.*

Информировать:

Воинскую часть «Камо», 1, 2 и 3-й отдельные охранные отряды, штаб квантунской жандармерии, отделы штаба Квантунской армии, командование Северо-китайской экспедиционной армии, главное командование экспедиционных войск в Китае.

---

[1] Печать лица, отправившего документ. — *Перев.*

199

На полях приклеена записка с надписью красными чернилами, перевод которой даётся ниже. На ней поставлена личная печать Хонда, сотрудника штаба квантунской жандармерии. — *Перев.*

Перевод текста записки:

«Приказ об отправке 40 человек офицеров и солдат с материальной частью харбинской воинской части «Нара» из Харбина в Шанхай в течение периода между 30 июля и 6 августа».

Перевела: Старший переводчик кандидат исторических наук
подпись: *(ПОДПАЛОВА)*.

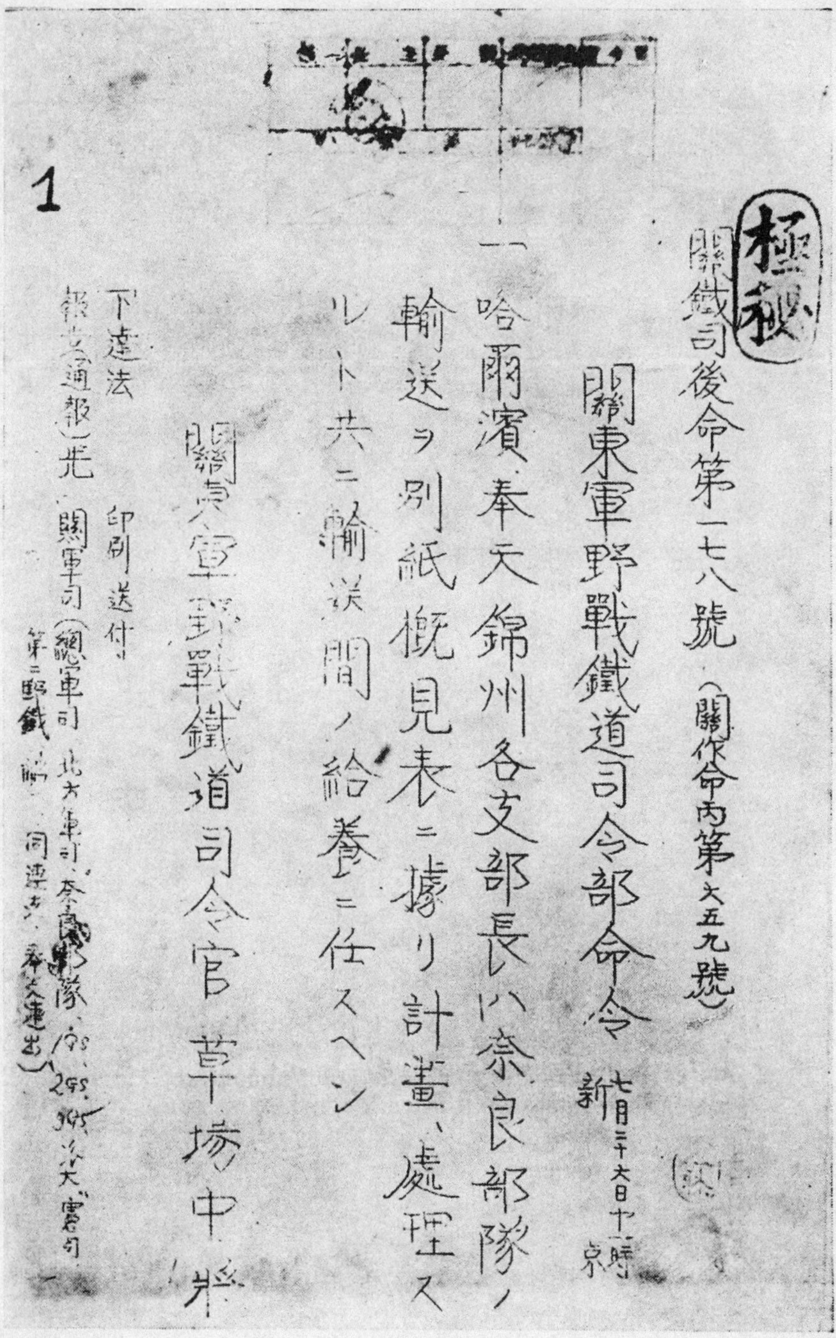
極秘

關鐵司後命第一七八號（關作命丙第六五九號）

關東軍野戰鐵道司令部命令　七月二十六日十一時　新京

一　哈爾濱、奉天、錦州各支部長ハ奈良部隊ノ輸送ヲ別紙概見表ニ據リ計畫、處理スルト共ニ輸送間ノ給養ニ任スヘシ

關東軍野戰鐵道司令官　草場中將

下達法　印刷送付

報告通報先　關軍司（總軍司、北方軍司、[illegible]部隊、[illegible]、[illegible]大、憲司）第二野鐵、[illegible]、同連支、奉天連出

1

Приказ № 178 Управления полевой железной дороги Квантунской армии.

Арх. дело № 830, стр. 245.

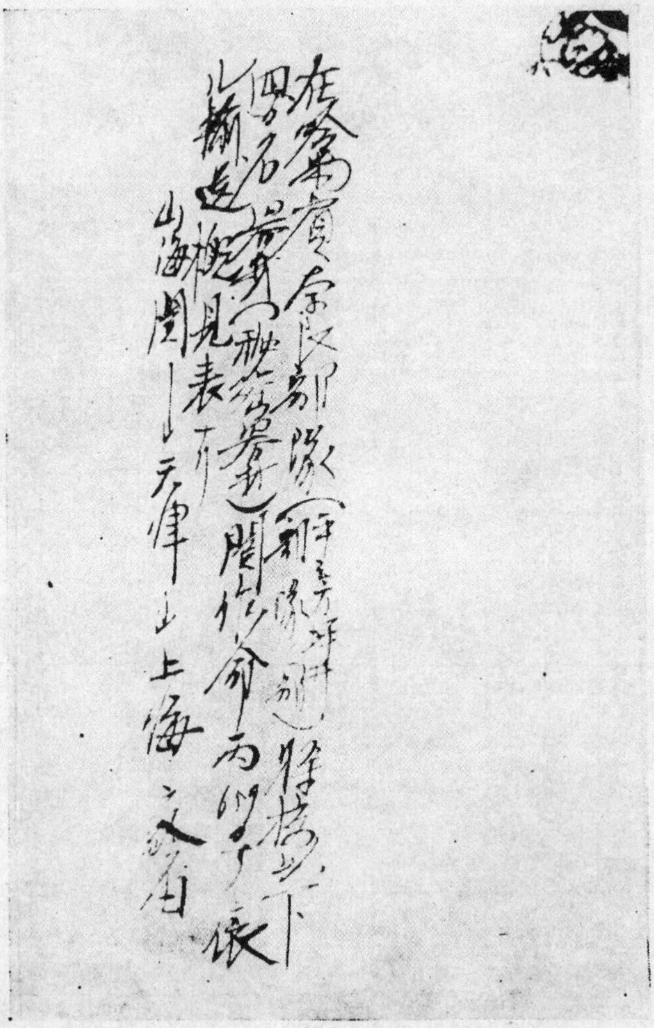

Наклейка к приказу № 178 Управления полевой железной дороги Квантунской армии.

Арх. дело № 830, стр. 245.

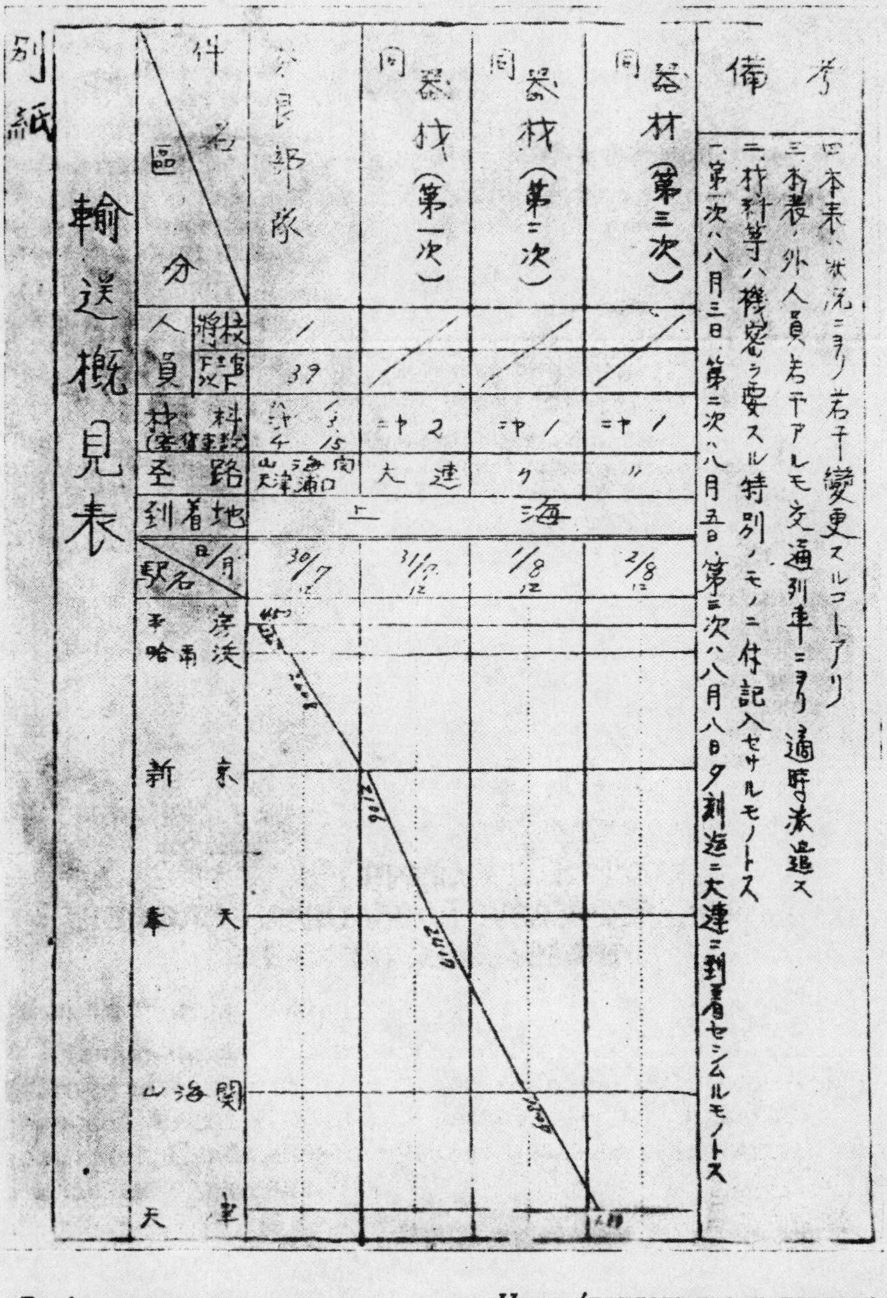

График перевозки группы из отряда Исии (приложение к приказу № 178 Управления полевой железной дороги Квантунской армии).

Арх. дело № 830, стр. 246.

Арх. дело № 830. Страницы 245, 246. Подшивка оперативных приказов за 1940 г. Из дел штаба квантунской жандармерии.

Страница 245.

Перевод с японского.

Совершенно секретно.

УПРАВЛЕНИЕ ПОЛЕВОЙ ЖЕЛЕЗНОЙ ДОРОГИ КВАНТУНСКОЙ АРМИИ. ПРИКАЗ ПО ТЫЛУ № 178.

(Оперативный приказ Квантунской армии № 659-ХЭЙ).

Сато [1]

Штамп:

Получено июля 1940 г.	
Читали:	Начальник квантунской жандармерии (печати нет). Начальник общего отдела (печати нет). Начальник отдела (печати нет). Ответственный исполнитель *Хонда* (личная печать). Исполнитель (печати нет). Начальник отдела полицейской службы (печати нет). Сотрудники, имеющие отношение к делу (печати нет).

ПРИКАЗ
УПРАВЛЕНИЯ ПОЛЕВОЙ ЖЕЛЕЗНОЙ ДОРОГИ КВАНТУНСКОЙ АРМИИ

Синьцзин, 26 июля, 11.00.

Начальникам харбинского, мукденского и цзиньчжоуского отделений разработать план и произвести перевозку воинской части «Нара» в соответствии с прилагаемым графиком. Снабжение в пути следования возлагается на указанные отделения.

Начальник полевой железной дороги
Квантунской армии генерал-лейтенант *Кусаба.*

Способ доставки — разослать в отпечатанном виде.
Доложить командованию Квантунской армии.

[1] Печать лица, отправившего документ. — *Перев.*

207

Информировать:

Главное командование, командование Северной армии, воинскую часть «Нара», 1, 2 и 3-й отдельные охранные отряды, Рёдайскую армию обороны, штаб квантунской жандармерии, 2-ю полевую железную дорогу, управление морского транспорта, отделение управления морского транспорта в Дайрене и его агентство в Мукдене.

На полях документа подклеена записка с надписью красными чернилами, перевод которой даётся ниже. — *Перев.*

Перевод текста записки:

«График перевозки, составленный на основании оперативного приказа Квантунской армии № 659-Хэй, воинской части «Нара», находящейся в Харбине (часть воинской части «Цубой», находящейся в Пинфане), в составе офицеров и нижестоящих чинов общим количеством 40 человек, с вооружением (секретные средства и материалы); перевозка производится через Шаньхайгуань, Тяньцзин, Шанхай».

Страница 246.

Приложение ГРАФИК ПЕРЕВОЗКИ

Что перевозится		Часть «Нара»	Материалы части «Нара» (1-я партия)	Материалы части «Нара» (2-я партия)	Материалы части «Нара» (3-я партия)
Личный состав	Офицеры	1	—	—	—
	Унтер-офицеры и солдаты . . .	39	—	—	—
Грузы (тип и количество вагонов) . . .		«Ха»-1 «Ния»-3 «Ти»-15	«Ния»-2	«Ния»-1	«Ния»-1
Маршрут		Шаньхайгуань — Тяньцзин — Пукоу	Дайрен	Дайрен	Дайрен

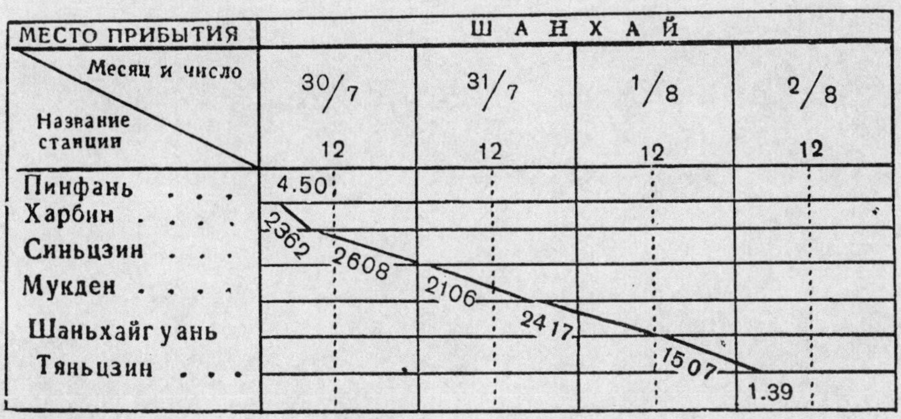

ПРИМЕЧАНИЯ:
1. 1-я партия должна прибыть в Дайрен к 3 августа, 2-я—к 5 августа, 3-я — к вечеру 8 августа.
2. Груз представляет собою особые материалы, требующие секретности, вследствие чего его название в график не вписано.
3. Кроме перечисленного в таблице личного состава следует ещё некоторое количество лиц, но они будут своевременно командированы по железной дороге.
4. В зависимости от обстановки в настоящем графике могут производиться необходимые изменения.

Перевела: Старший переводчик кандидат исторических наук подпись: *(ПОДПАЛОВА).*

14 Судебный процесс 209

Отчёт о работе ЯВМ в Хайларе. Сообщение начальника Хайларской ЯВМ об экспедиционной группе отряда № 100. Заглавный лист.

Арх. дело № 19, стр. 2.

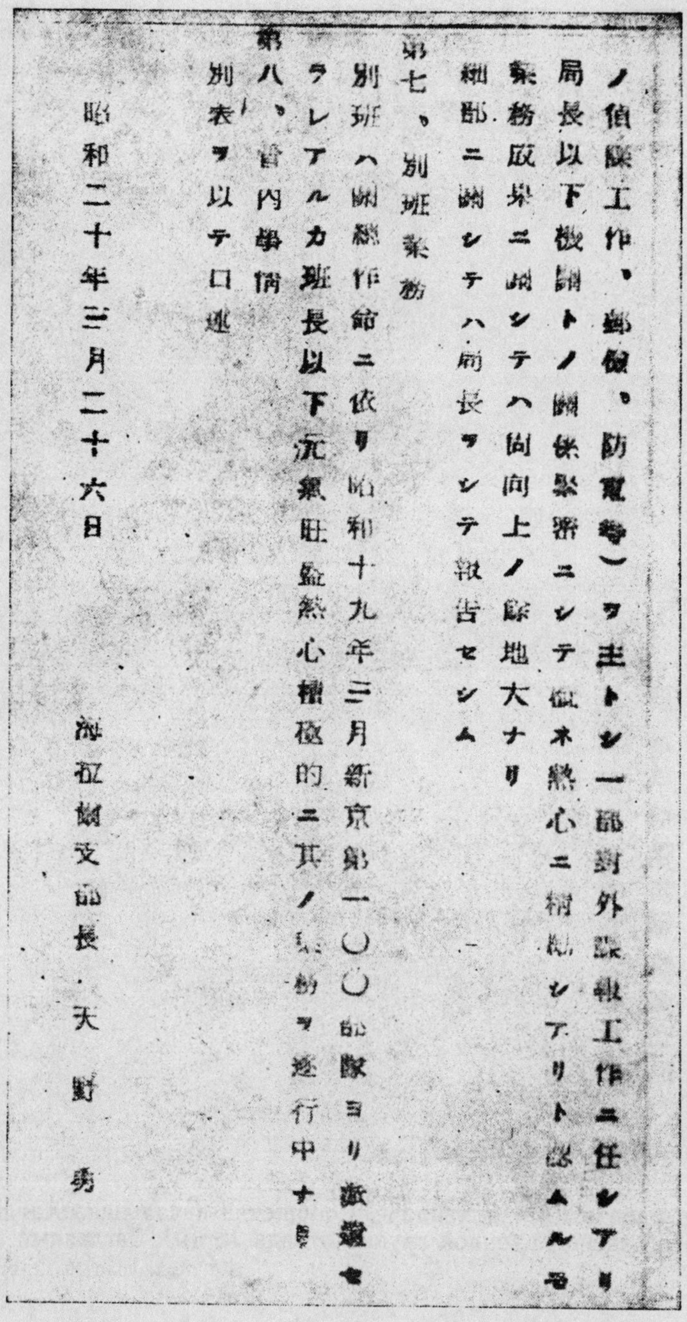

ノ偵諜工作、郵便、防電等）ヲ主トシ一部對外諜報工作ニ任シアリ
局長以下機關トノ關係緊密ニシテ極メテ熱心ニ精勵シアリト認ムル者
業務成果ニ關シテハ尚向上ノ餘地大ナリ
細部ニ關シテハ局長ヲシテ報告セシム
第七、別班業務
別班ハ關總作命ニ依リ昭和十九年三月新京第一〇〇部隊ヨリ派遣セ
ラレアルカ班長以下士氣旺盛熱心積極的ニ其ノ業務ヲ遂行中ナリ
第八、管內準備
別表ヲ以テ口述

昭和二十年三月二十六日

海拉爾支部長　天野勇

Пункт 7 отчёта о работе начальника ЯВМ
в Хайларе (об отряде № 100).

Арх. дело № 19, стр. 10.

Арх. дело № 19. Страницы 2, 10. Подшивка отчётов о состоянии и работе за 1945 г. Из дел ЯВМ на ст. Маньчжурия.

Перевод с японского.
Военно-секретно.

Страница 2.

ХАЙЛАРСКОЕ ОТДЕЛЕНИЕ РАЗВЕДЫВАТЕЛЬНОГО УПРАВЛЕНИЯ КВАНТУНСКОЙ АРМИИ (ХАЙЛАРСКАЯ ЯВМ. — *Перев.*).

26 марта 1945 года.

Амано [1]

ОТЧЁТ О РАБОТЕ, СОСТАВЛЕННЫЙ К ПЕРВОМУ ОЗНАКОМИТЕЛЬНОМУ ОБЪЕЗДУ НАЧАЛЬНИКА РАЗВЕДЫВАТЕЛЬНОГО УПРАВЛЕНИЯ КВАНТУНСКОЙ АРМИИ

Пункты с 1 по 6 включительно, как не относящиеся к делу, опускаются.— *Перев.*

Страница 10.

7. О работе особой группы.

На основании оперативного приказа главного командования Квантунской армии в марте 1944 года из синьцзинского отряда № 100 была послана особая группа, и в настоящее время она во главе с начальником группы ревностно и активно выполняет свои обязанности.

(Пункт 8 опускается.— *Перев.*)

26 марта 1945 г.

Начальник Хайларского отделения *Амано Исаму.*

Перевела: Старший переводчик кандидат исторических наук подпись: *(ПОДПАЛОВА).*

---

[1] Печать лица, отправившего документ.— *Перев.*

215

ВЫПИСКА ИЗ СТЕНОГРАММЫ ЗАСЕДАНИЯ МЕЖДУНАРОДНОГО ВОЕННОГО ТРИБУНАЛА ДЛЯ ДАЛЬНЕГО ВОСТОКА В ТОКИО

от 29 августа 1946 г.

...Г-н Саттон: Обвинение далее предлагает в качестве доказательства документ № 1706. Это «Итоговый доклад о расследовании японских военных преступлений, совершённых в Нанкине». Доклад составлен прокурором районного суда Нанкина.

Председатель: Принят на общих условиях.

Секретарь суда: Документ обвинения № 1706 будет помечен как экзибит № 327.

(После чего экзибит обвинения № 327 был принят в качестве доказательства.)

Г-н Саттон: С разрешения суда я зачитаю только часть этого документа...

...Г-н Саттон (читает):

«Подробности относительно других зверств.

Подразделение противника «Тама» отвозило захваченных гражданских лиц в медицинскую лабораторию, где на них испытывали действие отравленных сывороток. Это подразделение было одной из самых секретных организаций. Количество людей, убитых этим подразделением, нельзя точно установить».

Председатель: Не собираетесь ли вы дать нам ещё какие-нибудь доказательства о так называемых лабораторных испытаниях на действие отравленных сывороток?

Это что-то совершенно новое, мы об этом до сих пор не слыхали. Неужели вы собираетесь остановиться на этом?

Г-н Саттон: В настоящее время мы не собираемся вносить дополнительные доказательства по этой теме...

Выписка верна:

Заведующий Секретариатом Советской части
в Международном военном трибунале для Дальнего Востока
Полковник юстиции
подпись: (*Н. ВИНОГРАДОВ*).

89-2

216

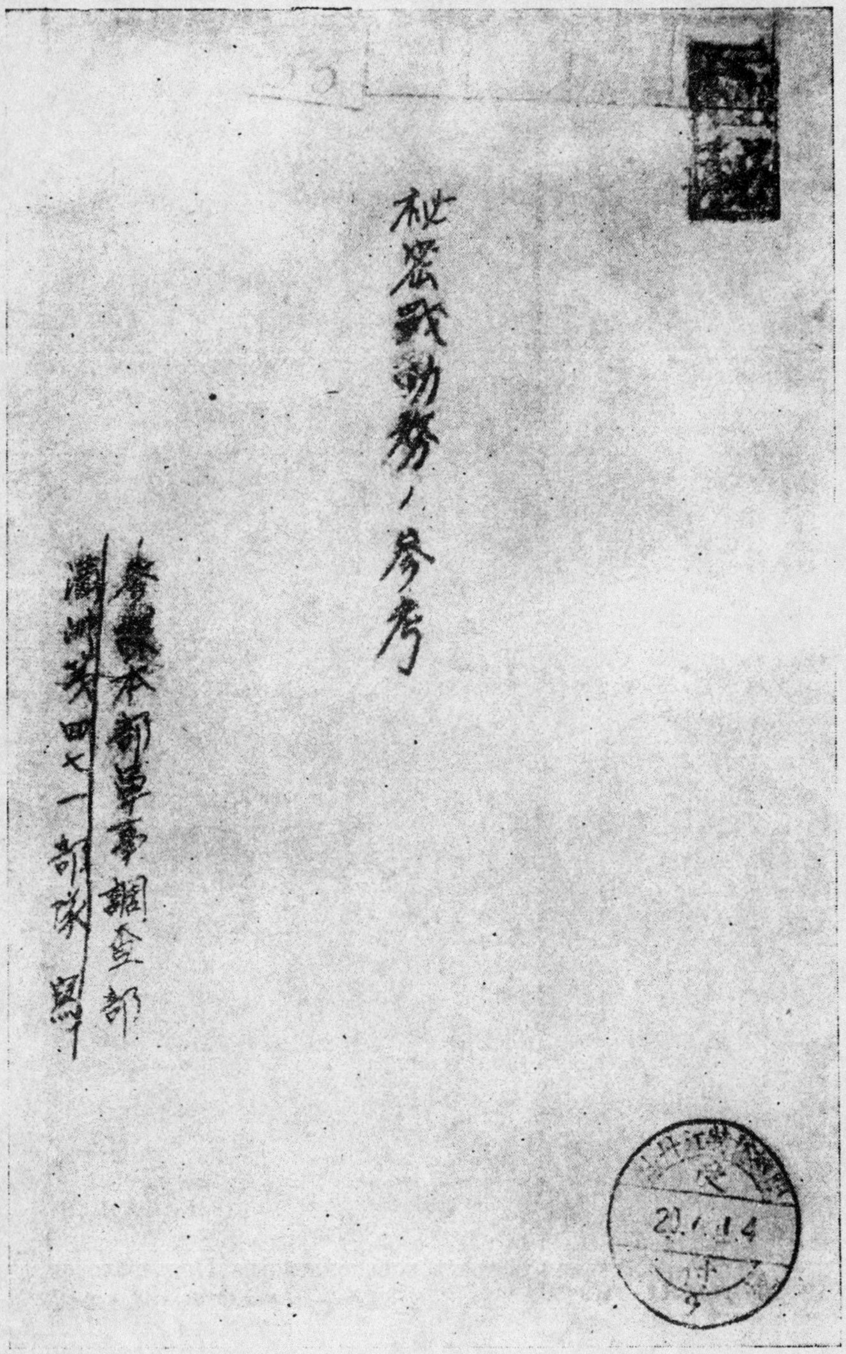

秘密戦勤務ノ参考

Руководство по службе секретной войны. Заглавный лист.

Арх. дело № 48, стр. 90.

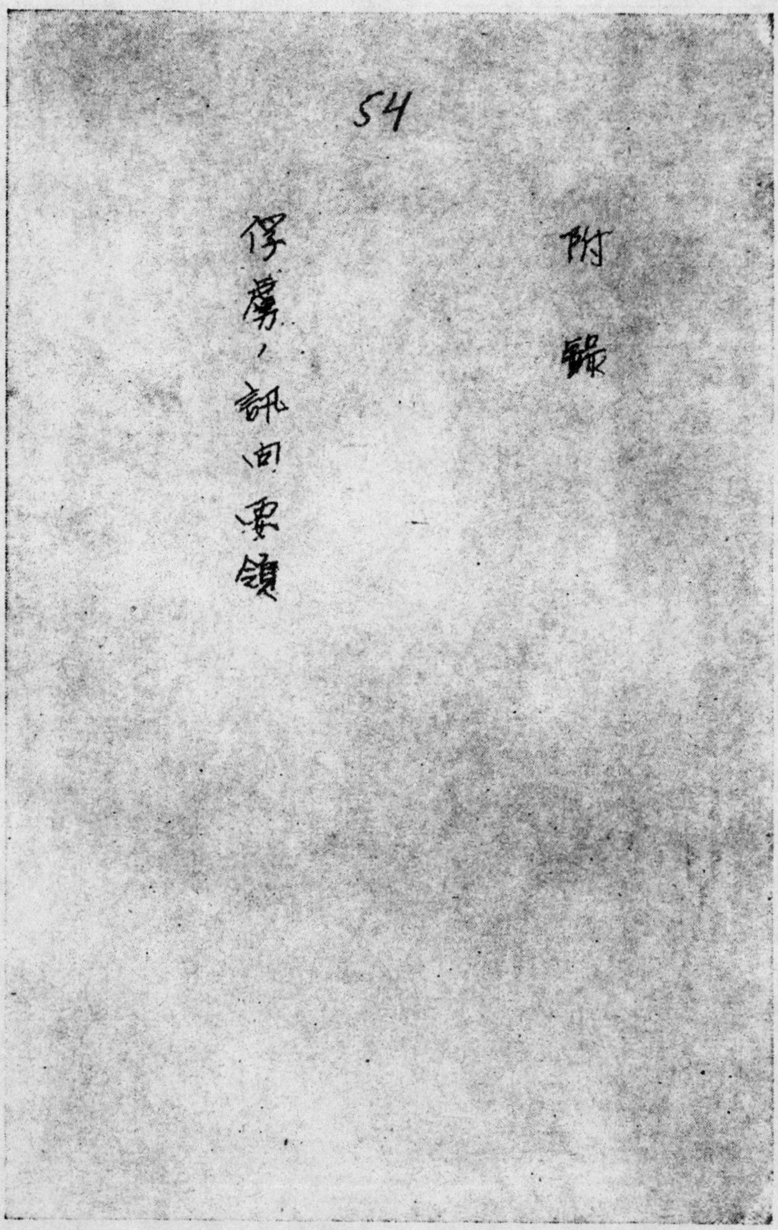

54

附録

俘虜ノ訊問要領

Основные положения допроса военнопленных. Подзаголовок.

Арх. дело № 48, стр. 112.

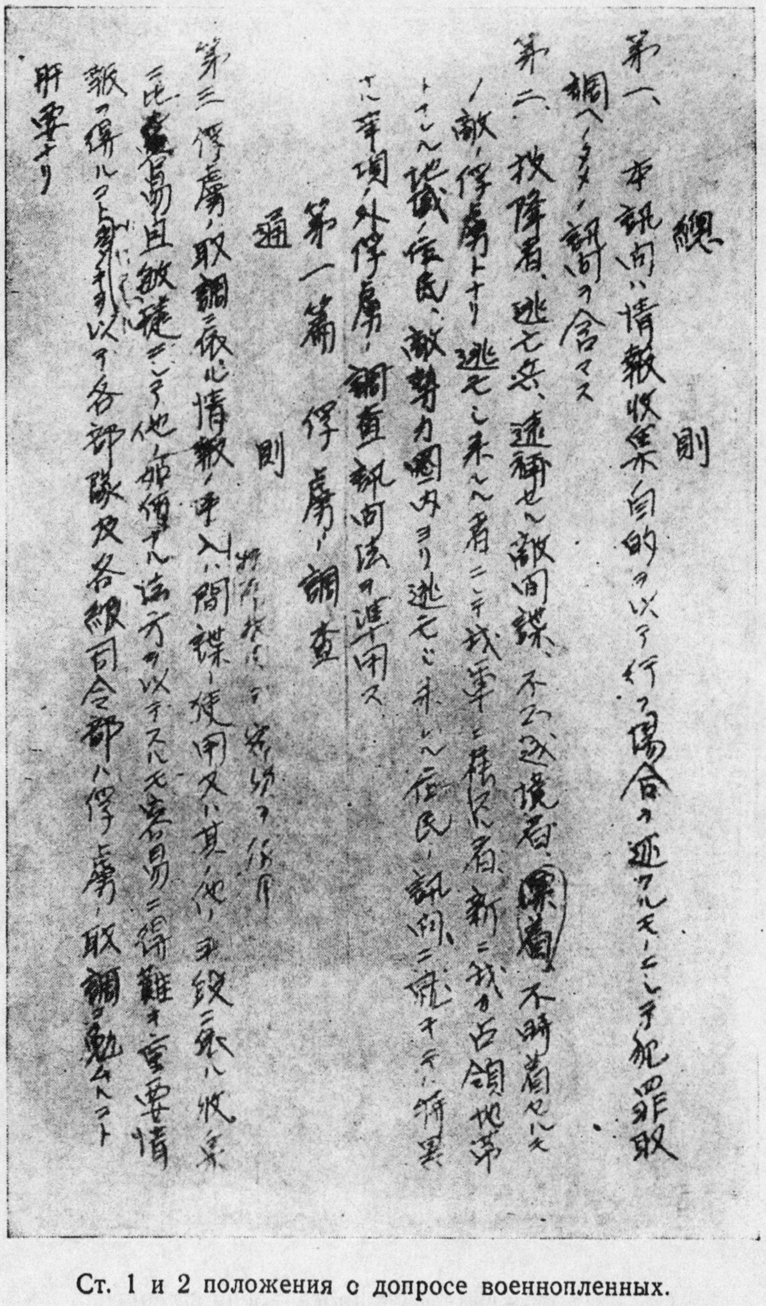

總　則

第一、本訊問ハ情報收集目的ヲ以テ行フ場合ヲ述フルモノニシテ犯罪取調ヘノ爲ノ訊問ヲ含マス

第二、投降者、逃亡兵、越境セル敵間諜、不法越境者、諜者、不時着セルモノ敵ノ俘虜トナリ逃亡シ來ル者ニシテ我軍ニ信スル者、新ニ我カ占領地帶トナレル地域ノ住民、敵勢力圏内ヨリ逃亡シ來レル住民ノ訊問ニ就キテハ將來セル事項ノ外俘虜ノ調査訊問法ヲ準用ス

第一篇　俘虜ノ調査

通　則

第三　俘虜ノ取調ニ依ル情報ノ蒐集ハ間諜ノ使用又ハ其ノ他ノ手段ニ依ル收集ニ比シ最モ簡易且敏速ニシテ他ノ方法ヲ以テスルモ容易ニ得難キ重要情報ヲ得ルコトアリ以テ各部隊及各級司令部ハ俘虜ノ取調ニ勉ムルコト肝要ナリ

Ст. 1 и 2 положения о допросе военнопленных.

Арх. дело № 48, стр. 113.

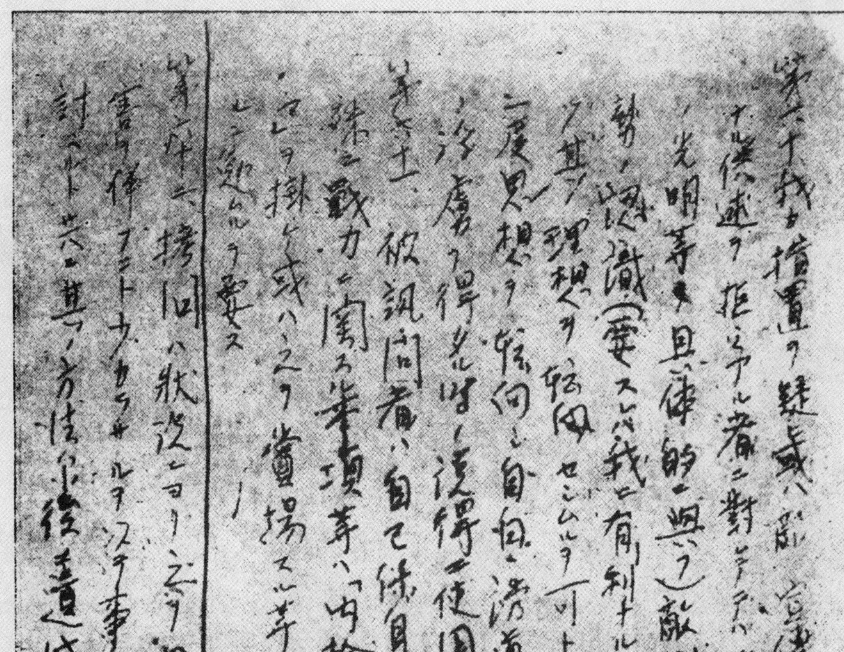

Ст. 62 положения о допросе военнопленных.

Арх. дело № 48, стр. 124.

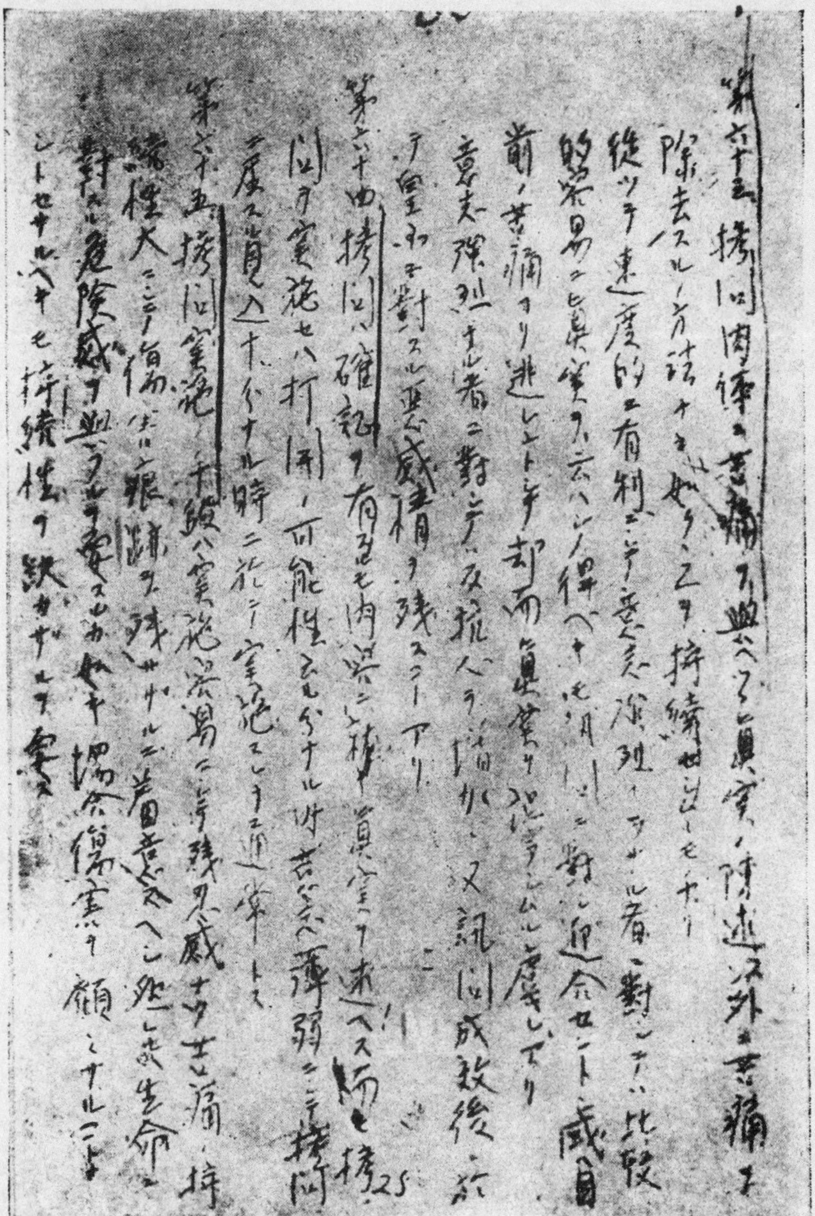

Ст. 63, 64, 65 положения о допросе военнопленных.

Арх. дело № 48, стр. 125.

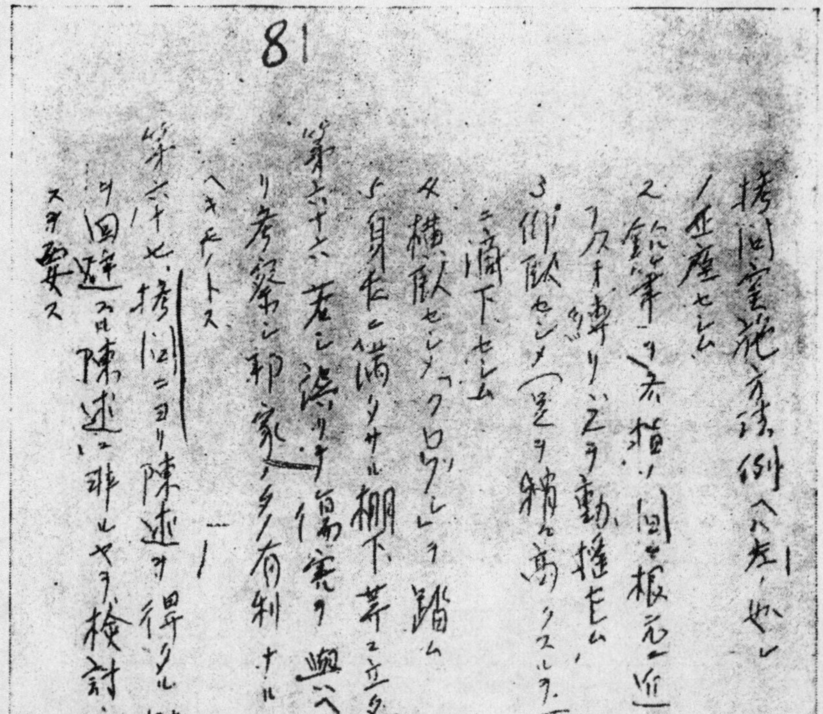

81

拷問実施方法例ハ左ノ如シ

1 正座セシム

2 鉛筆ヲ示指ノ間ニ根元ニ近ク挟ミ指尖附近ヲ緊縛シ手ヲ縛リ之ヲ動揺セシム

3 仰臥セシメ足ヲ稍々高クスルヲ可トシ水ヲ鼻ト口トニ同時ニ滴下セシム

4 横臥セシメ「クロブシ」ヲ踏ム

5 身長ニ満タザル棚下等ニ立タシム

第六十六 若シ誤リテ偏寛ヲ與ヘタルガ如キ場合ニ在リテハ大局ヨリ考察シ邦家ノ為有利ナルガ如ク責任ヲ以テ断乎処置スヘキモノトス

第六十七 拷問ニヨリ陳述ヲ得タル時ハ殊ニ迎合的其ノ場ノ苦痛ヲ回避スル陳述ニ非ルヤヲ検討シ其ノ真実性ニ就キ裏付ヲ為スヲ要ス

26

Примеры пыток и ст. 66 и 67 положения о допросе военнопленных.

Арх. дело № 48, стр. 125 — продолжение.

15*

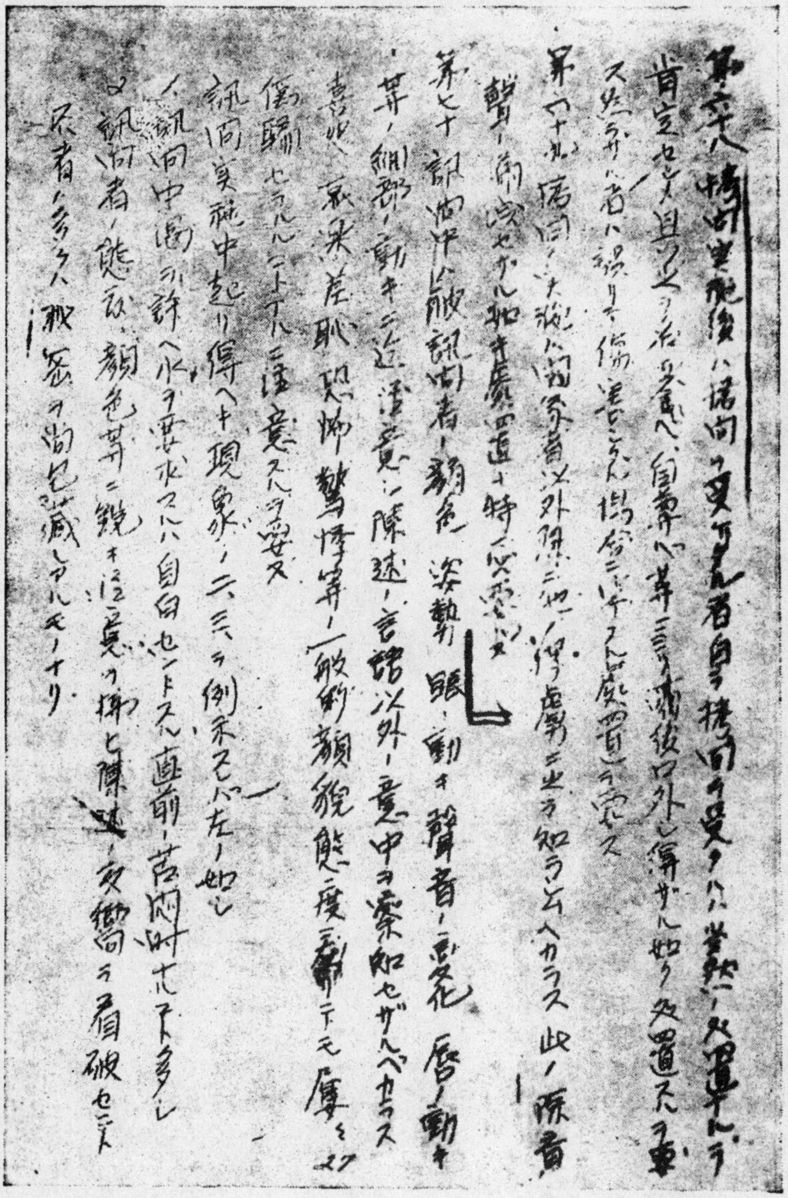

第六十八 訊問実施後ハ訊問セラレタル者自ラ訊問ノ要アリシハ当然ノ処置ナルヲ
肯定セシメ且ツ之ヲ諒解シ自尊心等ヲ害スルコトナク以後口外シ得ザル如ク処置スルヲ要ス
又然ラザル者ハ誤リナキ様注意スル場合ニ於テモ処置ヲ定ムヘシ
第六十九 訊問ノ大部ハ訊問者以外ノ陳述ニ拘ラス理解ニ止メヲ知ラシムヘカラス 此ノ際音
声ノ漏洩セザル如キ配慮ヲ置クハ特ニ必要ナリ
第七十 訊問中ハ被訊問者ノ顔色 姿勢 眼ノ動キ 声音ノ変化 唇ノ動キ
等ノ細部ノ動キニ注意シ陳述ノ言語以外ノ意中ヲ察知セザルヘカラス
喜怒、哀楽 羞恥 恐怖 驚愕等ノ一般的顔貌態度ニ於テモ屡々之ヲ
偽瞞セラルルコトナキニ注意スルヲ要ス 又
訊問実施中起リ得ヘキ現象ノ二三ヲ例示スレハ左ノ如シ
一 訊問中捕虜ノ許ヘ水ヲ要求スルハ自白セントスル直前ノ苦悶ナルコト多シ
二 又訊問者ノ態度 顔色等ニ鋭キ注意ヲ払ヒ陳述ノ矛盾ヲ看破セントス
ル者ノ多クハ秘密ヲ胸中ニ包蔵シアルモノナリ

Ст. 68 и 69 положения о допросе военнопленных.

Арх. дело № 48, стр. 126.

Арх. дело № 48. Страницы 90, 112, 113, 124, 125, 126. Подшивка «Руководство для оперативного сотрудника (часть 1-я)».
Из дел Муданьцзянской ЯВМ.

Пгревод с японского.

Страница 90. *Совершенно секретно.*

ВОЕННО-ИССЛЕДОВАТЕЛЬСКИЙ ОТДЕЛ ГЕНЕРАЛЬНОГО ШТАБА.

Печать: «МУДАНЬЦЗЯНСКАЯ ЯВМ.
Получено 14 июня 1945 г.
Вх. № 9».

Перепечатано частью
№ 471-МАНСЮ.

РУКОВОДСТВО ПО СЛУЖБЕ СЕКРЕТНОЙ ВОЙНЫ

Страница 112.

Приложение.

Основные положения допроса военнопленных

Страница 113.

Общие положения

1. В настоящих положениях предусматриваются случаи производства допроса в целях сбора информации, но сюда не включается допрос преступников.

2. Лица, сдавшиеся в плен, перебежчики, захваченные шпионы противника, нарушители границы, экипажи самолётов, совершивших вынужденную посадку, или кораблей, вынужденно приставших к нашим берегам, бежавшие из плена лица, служившие ранее в нашей армии, население вновь оккупированных нами районов, а также бежавшие к нам мирные жители из сферы влияния противника допрашиваются, за исключением особых вопросов, применительно к методам ведения следствия и допроса военнопленных.

Страница 124.

62. Иногда, в зависимости от обстановки, выгодно применять пытку, но нередко это может вызвать вредные последствия, и поэтому, прежде чем применять её,

231

необходимо тщательно взвесить, следует ли это делать или нет. Вместе с тем пытка должна производиться таким образом, чтобы это не имело для нас дурных последствий.

Страница 125.

63. Пытка, причиняя физические страдания, должна поддерживаться и продолжаться таким образом, чтобы не было иных способов избавиться от страданий, кроме дачи правдивых показаний.

Пытка является выгодной с точки зрения скорости, с которой сравнительно легко можно заставить лиц со слабой силой воли дать правдивые показания, но при этом имеется опасность, что допрашиваемый, чтобы избежать страданий или стараясь угодить допрашивающему, наоборот, исказит истину.

У лиц с сильной волей пытка может усилить волю к сопротивлению и после допроса оставить озлобление против империи.

64. В отношении лиц со слабой силой воли пытка обычно применяется в тех случаях, когда даже при наличии улик допрашиваемый не говорит правду, но имеются полные основания полагать, что этот человек в случае применения пытки будет говорить откровенно.

65. Необходимо иметь в виду, что способы пытки должны быть такими, чтобы их было легко применять, чтобы можно было без чувства жалости поддерживать страдания и чтобы в результате их не оставалось ни ран, ни шрамов. Однако, в тех случаях когда необходимо вызвать чувство опасения за жизнь, можно не считаться с причинением допрашиваемому вреда, но необходимо делать это так, чтобы не лишиться возможности продолжать допрос.

Можно привести следующие примеры пыток:

1. Заставлять сидеть прямо и неподвижно.

2. Заложив между пальцами по карандашу недалеко от оснований пальцев, связать концы пальцев верёвкой и шевелить их.

3. Положив допрашиваемого на спину (ноги рекомендуется положить немного выше), капать воду одновременно в нос и в рот.

4. Положив допрашиваемого боком, топтать ему щиколотку.

232

5. Ставить под полку, находящуюся на такой высоте, чтобы под нею допрашиваемый не мог стоять прямо.

66. В том случае, если допрашиваемому случайно нанесено ранение, необходимо, учитывая общую обстановку и пользу родины, принимать решительные меры, беря за это на себя ответственность.

67. При получении показаний в результате применения пыток следует проверить, не являются ли эти показания результатом стремления избежать мучений и угодить допрашивающему; в этих случаях необходимы какие-либо подтверждения правдивости показаний.

Страница 126.

68. После применения пытки необходимо убедить человека, подвергнутого пытке, в том, что применение к нему пытки было вполне естественной мерой, или же принять такие меры, чтобы он из чувства самолюбия, из чувства чести и т. п. не сказал об этом впоследствии. В отношении же лиц, от которых нельзя этого ожидать, принимать такие же меры, как указано в отношении случаев случайного нанесения ранений.

69. О применении пыток не должен знать никто, кроме лиц, имеющих к этому отношение. Ни в коем случае нельзя, чтобы об этом знали другие пленные. Очень важно принимать меры к тому, чтобы не были слышны крики [1].

Перевела: Старший переводчик кандидат исторических наук
подпись: *(ПОДПАЛОВА).*

---

1 Остальное опускается. — *Перев.*

Показания подсудимых и свидетелей на суде

ПРОТОКОЛ СУДЕБНОГО ЗАСЕДАНИЯ

1949 года 25—30 декабря *Гор. Хабаровск*

Военный трибунал Приморского военного округа в открытом судебном заседании в гор. Хабаровске, в составе:

Председательствующего генерал-майора юстиции Черткова Д. Д., членов: полковника юстиции Ильницкого М. Л., подполковника юстиции Воробьёва И. Г., при запасном члене суда подполковнике юстиции Щербакове Т. П., при секретарях: старшем лейтенанте Коркине Н. А. и лейтенанте Варавко В. В., с участием: представителя государственного обвинения государственного советника юстиции 3-го класса Смирнова Л. Н. и защиты в лице адвокатов: Белова Н. П., защищающего подсудимого **Ямада,** Санникова С. Е., защищающего подсудимого **Кадзицука,** Зверева А. В., защищающего подсудимого **Такахаси,** Боровик Н. К., защищающего подсудимого **Кавасима**, Богачёва П. Я., защищающего подсудимого **Сато**, Лукьянцева В. П., защищающего подсудимых **Карасава** и **Оноуэ**, Болховитинова Д. Е., защищающего подсудимых **Ниси** и **Хиразакура**, Прокопенко Г. К., защищающего подсудимых **Митомо**, **Кикучи** и **Курусима**,

рассмотрел дело по обвинению **Ямада Отозоо, Кадзицука Рюдзи, Такахаси Такаацу, Кавасима Киоси, Ниси Тосихидэ, Карасава Томио, Оноуэ Масао, Сато Сюндзи, Хиразакура Дзенсаку, Митомо Кадзуо, Кикучи Норимицу** и **Курусима Юдзи.**

В 12 часов дня 25 декабря председательствующий объявляет судебное заседание открытым.

Председательствующий объявляет, что будет рассматриваться дело по обвинению **Ямада Отозоо, Кадзицука Рюдзи, Такахаси Такаацу, Кавасима Киоси, Ниси Тосихидэ, Карасава Томио, Оноуэ Масао, Сато Сюндзи, Хиразакура Дзенсаку, Митомо Кадзуо, Кикучи Норимицу** и **Курусима Юдзи,** обвиняемых в преступлении, предусмотренном ст. 1 Указа Президиума Верховного Совета СССР от 19 апреля 1943 года.

Секретарь доложил, что все подсудимые, находившиеся до суда под стражей, в судебное заседание доставлены под конвоем и находятся в зале суда.

Председательствующий объясняет вызванным в суд переводчикам Пермякову, Ким, Цвирову, Байкову и Огородникову их обязанности в судебном процессе, затем предупреждает переводчиков об их ответственности за заведомо ложный перевод по ст. 95 УК РСФСР, о чём отбирает от них подписки.

Председательствующий удостоверяется в самоличности подсудимых, которые на заданные им вопросы ответили:

Ямада: Ямада Отозоо, 1881 года рождения, уроженец гор. Токио, генерал, в 1902 году окончил офицерское училище, в 1912 году окончил военную академию, в японской армии служил с 1903 года, последняя должность — главнокомандующий японской Квантунской армией. Советскими войсками пленён в 1945 году.

Обвинительное заключение мною получено.

Кадзицука: Кадзицука Рюдзи, 1888 года рождения, уроженец гор. Тадзири, в 1914 году окончил медицинский институт в гор. Токио, врач, генерал-лейтенант медицинской службы, в японской армии служил с 1914 года, последняя должность — начальник медицинского управления японской Квантунской армии. Советскими войсками пленён в сентябре 1945 года.

Обвинительное заключение мною получено.

Такахаси: Такахаси Такаацу, 1888 года рождения, уроженец префектуры Акита, уезда Юри, гор. Хондзё, в 1928 году окончил сельскохозяйственное отделение императорского университета, врач, генерал-лейтенант ветеринарной службы, в японской армии служил с 1915 года, последняя должность — начальник ветеринарной службы японской Квантунской армии. Советскими войсками пленён 1 сентября 1945 года.

Обвинительное заключение мною получено.

Кавасима: Кавасима Киоси, 1893 года рождения, уроженец префектуры Чиба, уезда Саниму, дер. Хасунума, окончил медицинский институт, врач, генерал-майор медицинской службы, в японской армии служил с 1916 года, последняя должность — начальник санитарного управления штаба Первого фронта японской Квантунской армии. Советскими войсками пленён 20 августа 1945 года.

Обвинительное заключение мною получено.

Ниси: Ниси Тосихидэ, 1904 года рождения, уроженец префектуры Кагосима, уезда Сацума, сел. Хиваки, окончил медицинский институт в гор. Токио, врач, подполковник медицинской службы, в японской армии служил с 1927 года, последняя должность — начальник учебного отдела Управления профилактики и водоснабжения японской Квантунской армии и по совместительству — начальник филиала этого отдела в гор. Суньу. Советскими войсками пленён в сентябре 1945 года.

Обвинительное заключение мне вручено.

Карасава: Карасава Томио, 1911 года рождения, уроженец префектуры Нагано, уезда Чисагата, дер. Тёосата, окончил медицинский институт в гор. Токио, врач, майор медицинской службы, в японской армии служил с 1933 года, последняя должность — сотрудник санитарного отдела 2-й армии японской Квантунской армии. Советскими войсками пленён 1 сентября 1945 года.

Обвинительное заключение мною получено.

Оноуэ: Оноуэ Масао, 1910 года рождения, уроженец префектуры Кагосима, уезда Идзуми, гор. Комэноцу, окончил медицинский институт в гор. Токио, врач, майор медицинской службы, на службе в японской армии с 1932 года, последняя должность — начальник филиала № 643 отряда № 731 японской Квантунской армии. Советскими войсками был пленён 17 августа 1945 года.

Обвинительное заключение мною получено.

Сато: Сато Сюндзи, 1896 года рождения, уроженец префектуры Аичи, гор. Тоёхаси, в 1923 году окончил медицинский институт, врач, генерал-майор медицинской службы, на службе в японской армии с 1923 года, последняя должность — начальник санитарного отдела 5-й армии японской Квантунской армии. Советскими войсками пленён в августе 1945 года.

Обвинительное заключение мною получено.

Хиразакура: Хиразакура Дзенсаку, 1916 года рождения, уроженец префектуры Исикава, гор. Каназава, окончил ветеринарное отделение медицинского института в гор. Токио, ветеринарный врач, поручик ветеринарной службы, на службе в японской армии с 1939 года, последняя должность — сотрудник отряда № 100 японской Квантунской армии. Советскими войсками пленён в сентябре 1945 года.

Обвинительное заключение мною получено.

Митомо: Митомо Кадзуо, 1924 года рождения, уроженец префектуры Сайтама, уезда Чичибу, дер. Харая, окончил сельскохозяйственную школу, специальности не имею, старший унтер-офицер, на службе в японской армии с августа 1941 года, последняя должность — сотрудник отряда № 100 японской Квантунской армии. Советскими войсками пленён 15 августа 1945 года.

Обвинительное заключение мною получено.

Кикучи: Кикучи Норимицу, 1922 года рождения, уроженец префектуры Эхиме, образование — 9 классов, окончил сельскохозяйственную школу, на службе в японской армии с 1943 года, ефрейтор, последняя должность — санитар филиала № 643 отряда № 731 японской Квантунской армии. Советскими войсками пленён в августе 1945 года.

Обвинительное заключение мною получено.

Курусима: Курусима Юдзи, 1923 года рождения, уроженец префектуры Кагава, уезда Сёодзу, дер. Ноо, образование — 8 классов, специального образования не имею, последняя должность в японской армии — санитар филиала № 162 отряда № 731 японской Квантунской армии. Советскими войсками пленён 23 августа 1945 года.

Обвинительное заключение мною получено.

Председательствующий объявляет состав суда, после чего опрашивает стороны, имеют ли они заявления об отводе состава суда и секретарей суда, на что представитель государственного обвинения, адвокаты и подсудимые заявили, что отвода составу суда и секретарям суда они не имеют.

Председательствующий опрашивает адвокатов и подсудимых, имеют ли они заявления об отводе государственного обвинителя, на что адвокаты и подсудимые заявили, что отвода государственному обвинителю они не имеют.

Председательствующий опрашивает стороны, имеют ли они заявления об отводе переводчиков, на что государственный обвинитель, адвокаты и подсудимые заявили, что отвода переводчикам они не имеют.

Секретарь доложил, что в судебное заседание вызывались и явились следующие свидетели: Тамура Тадаси, Озеки Сигео, Сасаки Косуке, Сегоси Кеничи, Куракадзу Сатору, Тачибана Такео, Фуруичи Ёсио, Каназава Казухиса, Хотта Рёочиро, Минеой Киояси, Сайто Масатеру, Фукузуми Мицуёси, Кувабара Акира, Сакурасита Киёси, Хатаки Акира, Мисина Такаюки.

Председательствующий удостоверяется в самоличности явившихся свидетелей, которые на заданные им вопросы ответили:

Тамура: Тамура Тадаси, 1905 года рождения, полковник, начальник отдела кадров штаба Квантунской армии.

Озеки: Озеки Сигео, 1921 года рождения, вольнонаёмный отряда № 731 японской Квантунской армии.

Сасаки: Сасаки Косуке, 1921 года рождения, старший ефрейтор, в японской армии занимал должность рядового.

Сегоси: Сегоси Кеничи, 1920 года рождения, поручик, фармацевт.

Куракадзу: Куракадзу Сатору, 1915 года рождения, фельдфебель, сотрудник харбинской жандармерии.

Тачибана: Тачибана Такео, 1896 года рождения, полковник жандармской службы, советник по делам жандармерии правительства Маньчжоу-Го.

Фуруичи: Фуруичи Ёсио, 1924 года рождения, курсант филиала отряда № 731 в гор. Суньу.

Каназава: Каназава Казухиса, 1917 года рождения, капитан медицинской службы, начальник 1-го отдела филиала № 673 отряда № 731.

Хотта: Хотта Рёочиро, 1920 года рождения, подпоручик интендантской службы, сотрудник хайларского филиала отряда № 731.

Минеой: Минеой Киояси, 1922 года рождения, вольнонаёмный филиала № 643 отряда № 731.

Сайто: Сайто Масатеру, 1917 года рождения, вольнонаёмный сотрудник филиала № 643 отряда № 731.

Фукузуми: Фукузуми Мицуёси, 1924 года рождения, подпоручик ветеринарной службы, врач отряда № 100.

Кувабара: Кувабара Акира, 1927 года рождения, вольнонаёмный сотрудник отряда № 160.

Сакурасита: Сакурасита Киёси, 1921 года рождения, вольнонаёмный сотрудник отряда № 100.

Хатаки: Хатаки Акира, 1924 года рождения, вольнонаёмный сотрудник отряда № 100, позже поступил в армию и был рядовым стрелком.

Мисина: Мисина Такаюки, 1903 года рождения, полковник, начальник штаба 39-й дивизии.

Председательствующий разъясняет свидетелям их обязанности в судебном процессе, затем предупреждает свидетелей об их ответственности за отказ от дачи показаний и за дачу заведомо ложных показаний по ст. 92 и 95 УК РСФСР, о чём отбирает от них подписку, и даёт указание коменданту суда об удалении свидетелей из зала суда.

Председательствующий объявляет, что в суд вызваны судебно-медицинские эксперты: Действительный член Академии медицинских наук СССР Жуков-Вережников Н. Н., полковник медицинской службы Краснов В. Д., заведующий кафедрой микробиологии Хабаровского медицинского института профессор Косарев Н. Н., доцент той же кафедры Ливкина Е. Г., подполковник ветеринарной службы Александров Н. А., паразитолог Козловская О. Л.

Председательствующий опрашивает стороны, имеют ли они заявления об отводе экспертов, на что государственный обвинитель, адвокаты и подсудимые заявили, что отвода экспертам они не имеют.

Председательствующий разъясняет экспертам их обязанности в судебном процессе, затем предупреждает экспертов об ответственности за дачу заведомо ложного заключения по ст. 95 УК РСФСР, о чём отбирает от них подписку.

Председательствующий опрашивает стороны, имеются ли у них ходатайства о вызове новых свидетелей и экспертов или об истребовании других доказательств и документов.

Государственный обвинитель и адвокаты заявили, что в данный момент у них подобного рода ходатайств нет, но они просят сохранить за ними право на заявление ходатайств в ходе судебного следствия.

Подсудимые заявили, что никаких ходатайств они не имеют.

Председательствующий разъясняет подсудимым, что в ходе судебного следствия они имеют право задавать вопросы свидетелям, экспертам, другим подсудимым и давать объяснения по существу дела.

В 13 часов объявлен перерыв на 15 минут.

В 13.15 судебное заседание продолжается.

Суд переходит к судебному следствию.

Председательствующий оглашает обвинительное заключение и определение подготовительного заседания Военного трибунала. Одновременно обвинительное заключение оглашается на японском языке по трансляции.

В 14.50 объявлен перерыв на 15 минут.

В 15.05 судебное заседание продолжается.

Председатель суда: Подсудимый Ямада, понятно ли вам предъявленное обвинение?

Подсудимый Ямада: Понятно.

Вопрос: Признаёте ли вы себя виновным в предъявленном вам обвинении?

Ответ: Признаю.

Председатель суда: Подсудимый Кадзицука, понятно ли вам предъявленное обвинение?

Подсудимый Кадзицука: Понятно.

Вопрос: Признаёте ли вы себя виновным в предъявленном вам обвинении?

Ответ: Признаю.

Председатель суда: Подсудимый Кавасима, понятно ли вам предъявленное обвинение?

Подсудимый Кавасима: Понятно.

Вопрос: Признаёте ли вы себя виновным в предъявленном вам обвинении?

Ответ: Признаю.

Председатель суда: Подсудимый Ниси, понятно ли вам предъявленное обвинение?

Подсудимый Ниси: Понятно.

Вопрос: Признаёте ли вы себя виновным в предъявленном вам обвинении?

Ответ: Признаю.

Председатель суда: Подсудимый Карасава, понятно ли вам предъявленное обвинение?

Подсудимый Карасава: Понятно.

Вопрос: Признаёте ли вы себя виновным в предъявленном вам обвинении?

Ответ: Признаю.

Председатель суда: Подсудимый Оноуэ, понятно ли вам предъявленное обвинение?

Подсудимый Оноуэ: Понятно.

Вопрос: Признаёте ли вы себя виновным в предъявленном вам обвинении?

Ответ: Признаю.

Председатель суда: Подсудимый Сато, понятно ли вам предъявленное обвинение?

Подсудимый Сато: Понятно.

Вопрос: Признаёте ли вы себя виновным в предъявленном вам обвинении?

Ответ: Признаю.

Председатель суда: Подсудимый Такахаси, понятно ли вам предъявленное обвинение?

Подсудимый Такахаси: Понятно.

Вопрос: Признаёте ли вы себя виновным в предъявленном вам обвинении?

Ответ: Признаю.

Председатель суда: Подсудимый Хиразакура, понятно ли вам предъявленное обвинение?

Подсудимый Хиразакура: Понятно.

Вопрос: Признаёте ли вы себя виновным в предъявленном вам обвинении?

Ответ: Признаю.

Председатель суда: Подсудимый Митомо, понятно ли вам предъявленное обвинение?

Подсудимый Митомо: Понятно.

Вопрос: Признаёте ли вы себя виновным в предъявленном вам обвинении?

Ответ: Признаю.

Председатель суда: Подсудимый Кикучи, понятно ли вам предъявленное обвинение?

Подсудимый Кикучи: Понятно.

Вопрос: Признаёте ли вы себя виновным в предъявленном вам обвинении?

Ответ: Признаю.

Председатель суда: Подсудимый Курусима, понятно ли вам предъявленное обвинение?

Подсудимый Курусима: Понятно.

Вопрос: Признаёте ли вы себя виновным в предъявленном вам обвинении?

Ответ: Признаю.

Председатель суда: Суд выслушает заявления сторон по вопросу о том, в каком порядке должно производиться исследование дела во время судебного следствия.

Государственный обвинитель, какое Ваше мнение по этому вопросу?

Государственный обвинитель: В соответствии со ст. 281 УПК РСФСР я предлагаю следующий порядок судебного следствия: начать с допроса подсудимых в следующей очерёдности: Кавасима Киоси, Карасава Томио, Ямада Отозоо, Ниси Тосихидэ, Кадзицука Рюдзи, Сато Сюндзи, Хиразакура Дзенсаку, Митомо Кадзуо, Такахаси Такаацу, Оноуэ Масао, Кикучи Норимицу, Курусима Юдзи.

Дальнейшее судебное следствие вести в следующем порядке: допросить свидетелей Тамура и Фуруичи, после этого поставить вопросы экспертам и затем допросить свидетелей: Тачибана, Куракадзу, Хотта, Сегоси, Сасаки, Озеки, Каназава, Минеой, Сайто, Кувабара, Сакурасита, Фукузуми, Хатаки, Мисина.

После этого заслушать заключение экспертов и произвести их допрос.

Председатель: Защита, каково Ваше мнение по вопросу о порядке ведения судебного следствия?

Адвокат Белов: Защита не возражает против порядка ведения судебного следствия, предложенного прокурором, и считает его приемлемым.

Порядок ведения судебного следствия, предложенный прокурором, переводится на японский язык.

У подсудимых нет возражений против предложенного порядка судебного следствия.

Военный трибунал, совещаясь на месте, определил: судебное следствие начать с допроса подсудимых в следующей очерёдности: Кавасима Киоси, Карасава Томио, Ямада Отозоо, Ниси Тосихидэ, Кадзицука Рюдзи, Сато Сюндзи, Хиразакура Дзенсаку, Митомо Кадзуо, Такахаси Такаацу, Оноуэ Масао, Кикучи Норимицу, Курусима Юдзи.

После допроса подсудимых допросить свидетелей: Тамура и Фуруичи.

Затем поставить на разрешение экспертизы вопросы суда, государственного обвинителя, защиты и подсудимых, после чего допросить свидетелей: Тачибана, Куракадзу, Хотта, Сегоси, Сасаки, Озеки, Каназава, Минеой, Сайто, Кувабара, Сакурасита, Фукузуми, Хатаки, Мисина.

После этого заслушать заключение экспертизы и произвести допрос экспертов в установленном порядке.

Определение суда переводится на японский язык.

В 16 часов председательствующий объявляет перерыв до 19 часов.

ВЕЧЕРНЕЕ ЗАСЕДАНИЕ 25 ДЕКАБРЯ

ДОПРОС ПОДСУДИМОГО КАВАСИМА

Государственный обвинитель: В какое время вы служили в отряде № 731?

Подсудимый Кавасима: В 731-м отряде я служил с апреля 1939 года по март 1943 года.

Вопрос: В качестве кого вы служили?

Ответ: По приказу военного министра Японии я служил в 731-м отряде в качестве начальника общего отдела, а также одновременно в качестве начальника 4-го отдела 731-го отряда.

С июня 1941 года я прекратил исполнение служебных обязанностей в качестве начальника общего отдела и работал начальником 4-го, так называемого производственного, отдела 731-го отряда.

За всё это время мне периодически приходилось исполнять по приказу начальника 731-го отряда обязанности начальника 1-го отдела, а также 3-го отдела.

Вопрос: Таким образом, фактически вы служили почти во всех основных отделах этого отряда. Вы были начальником отдела общих дел, затем начальником 1-го, исследовательского, отдела, начальником 3-го отдела и, наконец, в течение длительного времени начальником 4-го отдела. Это так?

Ответ: Да, правильно.

Вопрос: Стало быть, вы являлись лицом, хорошо знакомым со структурой и работой отряда № 731. Это правильно?

Ответ: Да, можно сказать, что так.

Вопрос: Когда и по чьему указанию был организован отряд № 731?

Ответ: 731-й отряд был организован в 1936 году по указу императора Японии.

Вопрос: Это был секретный указ императора Японии?

Ответ: Да, это так.

Вопрос: Расскажите суду, когда были выстроены служебные и производственные помещения отряда на ст. Пинфань?

Ответ: Точно не помню, но, кажется, в 1936 году, когда был издан указ о создании 731-го отряда, было также указано о численности личного состава и о постройке зданий отряда.

Вопрос: Какие отделы отряда размещались в Харбине и какие отделы размещались на ст. Пинфань?

Ответ: В Харбине находился 3-й отдел, т. е. отдел профилактики и водоснабжения, а также госпиталь; все остальные отделы отряда, в том числе 1-й отдел, 2-й отдел, 4-й отдел, размещались на ст. Пинфань.

Вопрос: Какая сумма ассигновывалась на содержание отряда?

Ответ: Точной цифры я не помню, но знаю, что в 1940 году на 731-й отряд была ассигнована сумма в 10 000 000 иен.

Вопрос: Из этих 10 000 000 какая сумма была ассигнована на экспериментальную работу отряда?

Ответ: Этого я тоже точно не помню, но предполагаю, что около 5 000 000 иен были израсходованы на экспериментальную работу.

Вопрос: Какова была численность личного состава отряда?

Ответ: Насколько я помню, по указу императора численность этого отряда определялась вместе с филиалами около 3 000 человек.

Вопрос: Расскажите суду, чем занимался отряд 731, что было истинным назначением этого отряда?

Ответ: 731-й отряд занимался главным образом научно-исследовательской деятельностью по подготовке бактериологической войны.

Вопрос: Из чего вы делаете этот вывод, из каких конкретных особенностей работы отряда № 731?

Ответ: Такой вывод я сделал исходя из состава отряда, того оборудования, которое он имел, и из его практической работы.

Вопрос: Являлась ли работа отряда секретной работой?

Ответ: Да, она была секретной.

Вопрос: Как охранялся отряд 731?

Ответ: Расположение 731-го отряда на ст. Пинфань было объявлено по приказу главнокомандующего особой зоной Квантунской армии. В расположении отряда и поблизости от него запрещалось поселяться и проходить посторонним лицам. Это разрешалось только сотрудникам отряда, а вход в этот отряд посторонним разрешался только с особой санкции главнокомандующего Квантунской армией; самолётам запрещалось пролетать над расположением отряда.

Вопрос: Опишите суду структуру отряда 731, причём сделайте это подробно.

Ответ: 731-й отряд делился на штаб отряда и его филиалы. Я сначала расскажу о штабе отряда. Штаб делился на 8 отделов, а именно: 1-й отдел, 2-й отдел, 3-й отдел, 4-й отдел, материальный отдел, учебно-просветительный отдел, клинический отдел и общий отдел.

Вопрос: Чем занимался 1-й отдел?

Ответ: В функции 1-го отдела входили основные исследовательские работы в области подготовки бактериологической войны.

Вопрос: Какой отдел производил опыты над живыми людьми в так называемых «лабораторных условиях»?

Ответ: Опыты над живыми людьми в лабораторных условиях производил 1-й отдел. Тюрьма отряда, в которой находились подопытные люди, также подчинялась 1-му отделу.

Вопрос: Где помещалась тюрьма отряда № 731?

Ответ: Тюрьма находилась посредине квадрата основного корпуса.

Вопрос: Следовательно, тюрьма была скрыта от постороннего взора внутри замкнутого четырёхугольника зданий отряда. Это правда?

Ответ: Да, это правда.

Вопрос: Тюрьма размещалась в одном корпусе или в нескольких корпусах?

Ответ: В двух корпусах.

Вопрос: Чем занимался 2-й отдел отряда?

Ответ: 2-й отдел отряда проводил в полевых условиях эксперименты над теми смертоносными бактериями, которые изготовлялись в 1-м отделе.

Вопрос: Каким отделом разрабатывались образцы бактериологического оружия — бомбы, начинённые бактериями, распылители чумных блох в виде автоматических ручек или тросточек и прочие виды бактериологического оружия?

Ответ. 2-м отделом.

Вопрос: Какие специальные отделения подчинялись 2-му отделу?

Ответ: Кроме той функции 2-го отдела, о которой я уже говорил, т. е. производство экспериментов в полевых условиях, во 2-м отделе было отделение, которое занималось размножением блох, предназначенных для заражения бактериями чумы.

Вопрос: Кто ведал 2-м отделом?

Ответ: В то время, когда я был назначен, этим отделом ведал полковник Оота.

Вопрос: А инженер Танака принимал участие в работе отделения по размножению блох?

Ответ: Да, принимал участие.

Вопрос: Какому отделу отряда подчинялся полигон близ ст. Аньда?

Ответ: Когда я работал в этом отряде, то полигон не подчинялся непосредственно какому-либо определённому отделу, но можно сказать, что этот полигон относился ко 2-му отделу. Во всяком случае, наиболее часто на этом полигоне опыты производились 2-м отделом отряда, его сотрудниками.

Вопрос: Над кем производились бактериологические опыты на полигоне близ ст. Аньда?

Ответ: Опыты на полигоне, как правило, производились над живыми людьми.

Вопрос: Имел ли отряд свою авиачасть?

Ответ: Да, имел.

Вопрос: Какие типы самолётов имелись в этой авиачасти?

Ответ: Насколько я помню, в отряде имелось тяжёлых бомбардировщиков 2, лёгких бомбардировщиков — 1 или 2, точно не помню, старого типа бомбардировщиков — 2 и несколько других самолётов старой системы, а также транспортные самолёты.

Вопрос: Какому отделу подчинялись авиачасть и аэродром отряда?

Ответ: 2-му отделу.

Вопрос: Какой отдел изготовлял фарфоровые оболочки бактериологических бомб?

Ответ: 3-й отдел.

Вопрос: Чем занимался 4-й отдел отряда?

Ответ: Главной функцией 4-го отдела являлось размножение и культивирование бактерий и, кроме того, изготовление вакцин и иммунных сывороток.

Вопрос: Вы подтверждаете, что основной задачей 4-го отдела являлось культивирование в массовом масштабе смертоносных бактерий для целей бактериологической войны?

Ответ: Да, это правильно.

Вопрос: Где были расположены филиалы отряда 731?

Ответ: Эти филиалы были расположены в непосредственной близости от советско-маньчжурской границы (я буду перечислять их с востока на запад) — это прежде всего Линькоу, затем ст. Хайлин, города Суньу и Хайлар.

Вопрос: Почему все филиалы отряда были размещены вблизи от границы СССР?

Ответ: Эти филиалы должны были явиться опорными пунктами в случае начала бактериологической войны против Советского Союза, и поэтому филиалы были расположены в непосредственной близости от советской границы.

Вопрос: Какое направление получила деятельность отряда после начала войны Германии с Советским Союзом?

Ответ: Летом 1941 года начальник отряда Исии собрал всех начальников отделов отряда на совещание, где информировал нас о том, что получено указание начальника генерального штаба японской армии, содержание которого сводится к следующему: 731-й отряд достиг известных результатов в области подготовки бактериологической войны и в частности в размножении массового количества чумных блох. Чумные блохи представляют большой оперативно-стратегический интерес, и поэтому предлагается усилить исследовательскую работу в этом направлении. Начальник отряда при этом указал нам, что одним из самых слабых мест работы отряда являются плохие возможности в смысле массового размножения блох и что нужно сосредоточить всё внимание на массовом размножении блох.

Вопрос: По словам Исии, это была прямая установка генерального штаба?

Ответ: Да, правда.

Вопрос: Теперь перейдём к специальным вопросам. Вы были начальником 4-го отдела в течение какого времени?

Ответ: В течение двух лет.

Вопрос: Следовательно, вы хорошо знаете специальное оборудование и мощность 4-го отдела?

Ответ: Да, знаю.

Вопрос: Какое количество бактерий могло быть выработано 4-м отделом отряда № 731 в один месяц по основным видам инфекций?

Ответ: Это несколько трудный вопрос, но я должен сказать, что при максимальном использовании имевшейся в 4-м отделе производственной мощности и всего оборудования этот отдел мог производить в месяц: чумных бактерий — 300 килограммов или тифозных бактерий — от 800 до 900 килограммов, бактерий сибирской язвы — от 500 до 700 килограммов, бактерий холеры — 1 тонну.

Вопрос: Опишите имевшееся в 4-м отделе производственное оборудование.

Ответ: В 4-м отделе имелись две системы оборудования, которые имели одинаковую мощность.

Вопрос: Какая была ёмкость котлов для варки питательной среды первой системы?

Ответ: 8 котлов по одной тонне каждый.

Вопрос: Следовательно, это будет 8 тонн питательной среды, которую 4-й отдел в одной системе мог давать одновременно?

Ответ: Да, правильно.

Вопрос: А ёмкость котлов второй системы выражалась в каком общем объёме?

Ответ: Такой же ёмкости.

Вопрос: Сколько камер культивирования имелось в первой системе и сколько камер культивирования имелось во второй системе?

Ответ: В первой — 5, во второй — 4.

Вопрос: Кем была разработана система культиваторов для выращивания бактерий?

Ответ: Культиватор изобретён генералом Исии.

Вопрос: Какое общее количество культиваторов системы Исии имелось в 4-м отделе?

Ответ: Точного количества не помню, но их было достаточно для массового производства бактерий.

Вопрос: Когда вы говорили относительно возможной выработки смертоносных бактерий, из чего вы исходили?

Ответ: Из ёмкости котлов, из мощности прочего оборудования, а также из количества культиваторов.

Вопрос: Какое время было необходимо для выращивания бактерий определённого вида: бактерий тифа, холеры, сибирской язвы и чумы?

Ответ: Для чумных бактерий и бактерий сибирской язвы требовалось 48 часов, а для бактерий холеры, тифа и пр. — 24 часа.

Вопрос: Какое количество бактерий сибирской язвы снималось с одного культиватора?

Ответ: От 50 до 60 граммов.

Вопрос: Какое количество бактерий тифа снималось с одного культиватора?

Ответ: От 40 до 45 граммов.

Вопрос: Чумы?

Ответ: 30 граммов.

Вопрос: Холеры?

Ответ: Приблизительно 50 граммов.

Вопрос: Как хранились изготовленные 4-м отделом бактерии?

Ответ: При кратковременном хранении они хранились в холодильниках.

Вопрос: Когда вы отправляли бактерии для бактериологических атак против китайского населения, как тогда упаковывали эти бактерии?

Ответ: Бактериями наполнялись специальные бутылочки, в каждую бутылочку входило по 50 граммов. Затем эти бутылочки укладывались в металлические футляры, несколько этих футляров упаковывалось в специальные большие ящики, которые внутри обкладывались льдом.

Вопрос: Опишите методы и специальное оборудование, применявшееся в отряде 731 для выращивания в большом количестве блох.

Ответ: Для массового размножения блох 2-й отдел имел четыре специальных помещения. В них поддерживалась определённая температура +30° по Цельсию. Для размножения блох использовались металлические банки в 30 сантиметров высотой и 50 сантиметров шириной. Для содержания блох в эти банки засыпалась рисовая шелуха. Когда была закончена такая подготовка, в банку сначала помещалось несколько блох, а также для их питания помещалась белая крыса, которая закреплялась так, чтобы она не могла повредить блохам. В банке поддерживалась постоянная температура +30° по Цельсию.

Вопрос: Какое количество блох получалось за один производственный цикл из одного культиватора?

Ответ: Точно не помню, но припоминаю, что от 10 до 15 граммов.

Вопрос: Сколько времени длится такой производственный цикл?

Ответ: Два или три месяца.

Вопрос: Какое количество культиваторов имелось в специальном отделении по выращиванию паразитов?

Ответ: Точной цифры я не помню, но могу сказать, что от 4 000 до 4 500.

Вопрос: Следовательно, при имевшемся оборудовании за один производственный цикл отряд мог дать 45 килограммов блох?

Ответ: Да, правда.

Вопрос: Что имелось в виду делать с этими блохами в случае бактериологической войны?

Ответ: Они должны были заражаться чумой.

Вопрос: И применяться в качестве бактериологического оружия?

Ответ: Да, правильно.

Вопрос: Каким путём хотели применять чумных блох как бактериологическое оружие?

Ответ: При мне самым эффективным способом считался способ сбрасывания блох с самолёта.

Вопрос: Во время экспедиции в Китай блох тоже сбрасывали с самолёта?

Ответ: Да, это было так.

Вопрос: Это были блохи, заражённые чумой?

Ответ: Правильно. Бактериологическая атака с помощью чумных блох в Китае должна была вызвать эпидемию чумы.

Вопрос: Я правильно понял, что, когда началась война Германии с Советским Союзом, Исии приказал в первую очередь форсировать производство блох?

Ответ: Правильно.

Вопрос: Каким образом производилось заражение блох чумой?

252

Ответ: Крысы предварительно заражались чумой при помощи впрыскивания им чумной вакцины, а потом блохи заражались от этих крыс.

Вопрос: Кто был вашим предшественником в отряде № 731 по должности начальника 1-го отдела?

Ответ: Полковник Китагава.

Вопрос: Именно от него вы принимали дела 1-го отдела?

Ответ: Да, правильно.

Вопрос: Опытами над людьми, которые производились в так называемых лабораторных условиях, занимался 1-й отдел?

Ответ: Да, правильно.

Вопрос: Скажите, подсудимый, откуда отряд 731 получал людей для производства опытов?

Ответ: Насколько я знаю, отряд получал живых людей из харбинского жандармского управления.

Вопрос: Расскажите, что вам известно об опытах над живыми людьми, производившихся 1-м отделом?

Ответ: Заключённые, содержавшиеся во внутренней тюрьме 731-го отряда, использовались для проведения различных исследований в целях подготовки бактериологической войны. Исследования были следующего порядка: для усиления токсичности смертоносных бактерий различных инфекционных заболеваний, для изучения способов применения этих бактерий на живых людях. На этих экспериментах я сам лично не присутствовал и подробностей рассказать не имею возможности.

Вопрос: Где производились эти эксперименты?

Ответ: Они производились в тюрьме. Кроме тюрьмы имелись специальные лаборатории, в которых также производились опыты над живыми людьми.

Вопрос: На содержание какого количества заключённых одновременно была рассчитана тюрьма?

Ответ: От 200 до 300 человек, но возможно было содержать и 400 человек.

Вопрос: Какое количество заключённых доставлялось в тюрьму отряда в течение года?

Ответ: Статистические данные по этому вопросу и точные цифры мне неизвестны, но приблизительно от 400 до 600 человек в год.

Вопрос: После того когда человек подвергался заражению соответствующими бактериями, его лечили в тюрьме, находившейся при отряде, или нет?

Ответ: Лечили.

Вопрос: А после того, когда он выздоравливал, что с ним происходило?

Ответ: Обычно после излечения его использовали для других экспериментов.

Вопрос: И так делалось до смерти человека?

Ответ: Да, так делалось.

Вопрос: И каждый попавший в тюрьму отряда 731 должен был умереть?

Ответ: Да, это так. За всё время существования тюрьмы, известное мне, ни один из заключённых живым оттуда не вышел.

Вопрос: Какой национальности были люди, подвергавшиеся этим страшным опытам?

Ответ: Это были главным образом китайцы и маньчжуры и небольшое число русских.

Вопрос: Были ли среди подопытных заключённых женщины?

Ответ: Были.

Вопрос: Видели ли вы в тюрьме женщин, когда вы посещали тюрьму в апреле 1941 года?

Ответ: Видел.

Вопрос: Какой национальности были эти женщины?

Ответ: Я думаю, что это были русские.

Вопрос: Были ли в числе заключённых женщины с детьми?

Ответ: Одна из этих женщин имела грудного ребёнка.

Вопрос: Её доставили в тюрьму отряда 731 с ребёнком?

Ответ: Как я слышал, она родила в тюрьме.

Вопрос: И эта женщина также не могла выйти живой из тюрьмы?

Ответ: В то время, когда я служил в отряде, это было так, и с этой женщиной произошло именно так.

Вопрос: Вы вспоминаете посещение отряда интендантом Квантунской армии генералом Фуруно и заместителем начальника штаба Квантунской армии генералом Аябе?

Ответ: Помню.

254

Вопрос: Осматривали ли эти высшие офицеры штаба Квантунской армии все помещения отряда и в частности тюрьму отряда?

Ответ: Да, осматривали.

Вопрос: Какие инфекции наиболее часто испытывались 1-м отделом при опытах над живыми людьми?

Ответ: Главным образом чума.

Вопрос: Кроме опытов в лабораторных условиях производились ли в отряде другие опыты над живыми людьми?

Ответ: Да, производились в полевых условиях.

Вопрос: Где производились эти опыты?

Ответ: На специальном полигоне, имевшемся на ст. Аньда.

Вопрос: Расскажите всё, что вам известно об этих опытах.

Ответ: Это было вскоре после моего назначения для работы в 731-й отряд, т. е. летом 1941 года, когда на ст. Аньда производились эксперименты по применению фарфоровых бомб «системы Исии», начинённых чумными блохами.

Вопрос: Продолжайте свои показания.

Ответ: Место, использовавшееся для опытов, тщательно охранялось и проход через него запрещался. Вокруг него стояли специальные посты, которые охраняли это место, чтобы никто посторонний не мог пройти туда.

Подопытные люди, использовавшиеся для этих экспериментов, в количестве 15 человек были доставлены из внутренней тюрьмы отряда и привязаны на территории, где производился опыт, к специально врытым в землю столбам. Для того чтобы самолёты могли легче ориентироваться, легче заметить полигон, на полигоне были вывешены флажки и пущен дым. Со ст. Пинфань прилетел специальный самолёт. Он пролетел над расположением полигона и, когда находился над полигоном, сбросил около двух десятков бомб, которые, не долетев до земли от 100 до 200 метров, разорвались, и из них выпали чумные блохи, которыми были начинены бомбы. Эти чумные блохи распространились по всей территории.

После того как бомбометание было произведено, выждали значительный промежуток времени, для того чтобы блохи могли распространиться и заразить подопытных людей. Потом этих людей дезинфицировали и на самолёте

255

привезли на ст. Пинфань во внутреннюю тюрьму, где над ними было установлено наблюдение, чтобы выяснить, заражены ли эти люди чумой.

О результатах этих экспериментов должен сказать следующее: мне известно со слов ответственного руководителя опытов полковника Оота, что эксперимент не имел хороших результатов, что было вызвано высокой температурой — большой жарой, отчего активность блох была очень слабой. Вот всё, что я могу сказать об этом эксперименте.

Вопрос: Кто составлял приказ об этом эксперименте?

Ответ: Приказ об этом составил начальник 2-го отдела. Я как начальник общего отдела, т. е. секретариата отряда, ознакомился с этим приказом и представил его начальнику отряда на утверждение. Начальник отряда утвердил приказ.

Вопрос: Какие бактерии испытывались наиболее часто в условиях полигона?

Ответ: Бактерии чумы.

Вопрос: Вы подтверждаете свои показания на предварительном следствии о применении бактериологического оружия против Китая?

Ответ: Подтверждаю.

Вопрос: Расскажите об экспедициях в Китай.

Ответ: Прежде всего я расскажу о том периоде, когда я лично служил в 731-м отряде. За это время в 1941 году был один случай, а также в 1942 году был один случай, когда экспедиции 731-го отряда применяли смертоносные бактерии в качестве оружия против китайских войск в Центральном Китае.

Вопрос: Продолжайте ваши показания.

Ответ: Первый случай, как я сказал, был в 1941 году летом. Начальник 2-го отдела полковник Оота как-то сказал мне, что он едет в Центральный Китай, и при этом попрощался со мной. Через некоторое время после того, как он вернулся, он рассказал мне о том, что в районе гор. Чандэ, который расположен вблизи озера Дунтин-ху, в Центральном Китае, с самолётов на китайцев были сброшены чумные блохи. Была, таким образом, произведена бактериологическая атака, как он выразился.

После этого полковник Оота в моём присутствии сделал доклад начальнику отряда 731 Исии о том, что в рай-

256

оне гор. Чандэ экспедицией 731-го отряда были сброшены с самолёта чумные блохи, и о том, что в результате этого возникла эпидемия чумы, появилось некоторое количество больных чумой, но какое именно количество, мне неизвестно.

Вопрос: Какое количество сотрудников отряда № 731 участвовало в этой экспедиции?

Ответ: Примерно 40—50 человек.

Вопрос: Какова была техника заражения местности чумой во время этой экспедиции в 1941 году?

Ответ: Путём сбрасывания с самолётов чумных блох с большой высоты.

Вопрос: Делалось ли это путём сбрасывания бактериологических бомб или путём рассеивания блох с самолёта?

Ответ: Путём рассеивания.

Вопрос: Расскажите всё известное вам об экспедиции отряда 731 в Китай в 1942 году.

Ответ: В июне 1942 года начальник 731-го отряда генерал-лейтенант Исии собрал руководящий состав отряда и объявил нам, что в скором времени организуется экспедиция в Центральный Китай, которая должна заняться изысканием наилучших способов применения бактериологического оружия. Эта экспедиция была организована и направлена по приказу генерального штаба японской армии, и главная цель её заключалась в изучении так называемого наземного способа заражения, т. е. распространения бактерий на земле. Затем был издан приказ командующего Квантунской армией, который предписывал направить в Центральный Китай специальную группу.

На основании этого приказа начальник 731-го отряда генерал Исии собрал руководящий состав отряда и провёл с ним совещание о том, как практически проводить эту экспедицию, причём план проведения этой экспедиции было предложено составить начальнику 2-го отдела подполковнику Мураками. Численность этой группы должна была быть от 100 до 300 человек. Решено было применять чумные бактерии, бактерии холеры и паратифа.

С конца июня по начало июля месяца эта экспедиция несколькими группами направилась самолётами и поездом в Нанкин в отряд «Эй».

Бактериологические действия этой экспедиции должны были производиться параллельно с Чжеганской операцией японских войск в Центральном Китае. Время операции назначалось на конец июля. Но в связи с тем, что проведение Чжеганской операции, выражавшееся в стратегическом отступлении японских войск, несколько опоздало, эта бактериологическая операция была произведена в конце августа. Эта экспедиция 731-го отряда в Центральный Китай базировалась на отряд «Эй», где она создала свои опорные пункты.

Бактериологическая операция должна была производиться в районе городов Юйшань, Цзиньхуа и Фуцзинь. После того как эта операция была окончена, мне стало известно о том, что против китайцев применялись чумные бактерии, бактерии холеры и паратифа путём распыления их. Чумные бактерии распространялись при помощи блох, а остальные бактерии распространялись в чистом виде, путём заражения водохранилищ, колодцев, рек и т. п. Я знаю, что бактериологическая операция была проведена полностью по плану и полностью удалась, но подробности о результатах этой операции мне неизвестны; я знаю со слов генерала Исии о том, что операция удалась.

Вопрос: Какие 4-й отдел получил поручения в связи с подготовкой экспедиции 1942 года?

Ответ: 4-й отдел получил поручение обеспечить снабжение бактериями экспедиции 731-го отряда; эти бактерии были приготовлены в количестве 130 килограммов и самолётами направлены в Центральный Китай.

Вопрос: Уточните, какие именно бактерии были изготовлены 4-м отделом?

Ответ: Мы изготовили только бактерии паратифа и сибирской язвы.

Вопрос: Вы лично читали приказ генерала Умедзу об отправлении в Китай экспедиции в 1942 году?

Ответ: Да, читал.

Вопрос: Что вам известно относительно экспедиции в Китай в 1940 году?

Ответ: Генерал Исии показывал мне китайский медицинский журнал, в котором рассказывалось о причинах возникновения эпидемии чумы в районе Нимбо в 1940 году. После того как он показал этот журнал, он рассказал мне, что экспедиция 731-го отряда в районе гор. Нимбо с самолёта разбрасывала чумных блох и что это явилось причиной возникновения эпидемии.

Вопрос: Как оценивались результаты экспедиции 1940 года Исии в разговоре с вами тогда?

Ответ: Он считал, что эта экспедиция была успешной.

Государственный обвинитель: Я прошу разрешения суда получить 20-й том дела, где находятся карты.

Государственный обвинитель получает том 20 и передаёт для обозрения карты с отметками подсудимому Кавасима.

Государственный обвинитель: Вам предъявляются карты Китая, на этих картах вы заштриховали участки, на которых производились бактериологические атаки. Вы подтверждаете проведение бактериологических атак против китайского населения именно в этих районах Китая?

Подсудимый Кавасима: Да, подтверждаю.

Вопрос: Это именно те карты, на которых вами сделаны отметки?

Ответ: Именно так.

Вопрос: И вы подтверждаете, что именно в этих районах были произведены атаки против Китая?

Ответ: Подтверждаю.

Вопрос: Вследствие каких причин подготовка бактериологической войны велась в Маньчжурии, а не в Японии?

Ответ: Маньчжурия является страной, сопредельной с Советским Союзом, и в случае начала войны оттуда легче и удобнее всего использовать бактериологические средства.

Кроме того, Маньчжурия очень удобна для экспериментов по изучению средств бактериологической войны.

Вопрос: В чём, собственно, заключалось это «удобство» для проведения экспериментов в Маньчжурии?

Ответ: Маньчжурия являлась очень удобной потому, что там было достаточно подопытного материала.

Вопрос: Что значит «подопытного материала»? Людей, которые доставлялись в отряд для опытов?

Ответ: Именно так.

Вопрос: Какое условное наименование было создано в отряде для жертв экспериментов?

Ответ: Они назывались «брёвнами».

Вопрос: Эти люди содержались во внутренней тюрьме под их именами?

Ответ: Нет, они имели номера.

Вопрос: И все эти люди должны были умереть?

17* 259

Ответ: Именно так.

Вопрос: Как специалист-бактериолог вы понимали, что распространение смертельных инфекций как средство войны грозит страшными бедствиями?

Ответ: Да, я представлял себе.

Вопрос: Вы понимали, что страшные бедствия, вызванные распространением чумы и других эпидемий, могли обрушиться и на нейтральные государства?

Ответ: Да, понимал.

Вопрос: Как врач вы понимали бесчеловечность экспериментов над живыми людьми?

Ответ: Да, понимал.

Вопрос: Вы были некоторое время начальником 1-го отдела, производившего опыты над живыми людьми, а потом были начальником 4-го, производственного, отдела, который готовил колоссальные массы болезнетворных микробов?

Ответ: Да, именно так.

Вопрос: Вы признаёте свою виновность в этом?

Ответ: Признаю.

Государственный обвинитель: Я не имею больше вопросов.

Адвокат Боровик: Как известно, вы служили в японской армии с 1916 года. Прошу уточнить,— служба в армии была у вас семейной традицией, и эта традиция переходила из рода в род? Кем был ваш отец, военным?

Подсудимый Кавасима: Мой отец занимался сельским хозяйством.

Вопрос: В своих показаниях на предварительном следствии, а также здесь, на заседании Военного трибунала, вы заявили, что организация бактериологического отряда, впоследствии названного № 731, относится ещё к 1936 году. Я прошу напомнить вкратце, какие обязанности вы выполняли в этот период времени в японской армии.

Ответ: В то время я работал в санитарном отделе гвардейской дивизии в гор. Токио.

Вопрос: В качестве кого?

Ответ: В качестве помощника начальника санитарного отдела.

Вопрос: В своих показаниях на предварительном следствии и здесь вы также показывали, что указом императора от 1940 года предусматривалось увеличение штата отряда № 731, а также расширение масштаба его работы. Я прошу сказать, чем вы занимались в 1940 году.

Ответ: В то время я был начальником санитарного отдела 38-й дивизии.

Вопрос: Таким образом, насколько я понял вас, организационный период создания отряда № 731, огромное расширение масштаба его деятельности происходили в то время, когда вы ещё не знали о его существовании. Правильно я вас понял?

Ответ: Совершенно правильно.

УТРЕННЕЕ ЗАСЕДАНИЕ 26 ДЕКАБРЯ

ДОПРОС ПОДСУДИМОГО КАРАСАВА

Государственный обвинитель: Скажите, подсудимый, с какого времени и по какое время и в каких должностях вы служили в отряде 731?

Подсудимый Карасава: В отряде 731 я служил с декабря 1939 года по август 1944 года, главным образом в 4-м, т. е. в производственном, отделе, первое время в качестве рядового сотрудника отдела, затем я работал в качестве начальника производственной системы, а после того как начальник производственного отделения майор Судзуки выбыл (это было в конце 1942 года или в начале 1943 года, точно не могу сказать), я заменил его на посту начальника производственного отделения.

Вопрос: Таким образом, вы служили в общей сложности в отряде 731 в течение 5 лет, так?

Ответ: Да, приблизительно 5 лет.

Вопрос: Следовательно, вы хорошо знакомы со структурой отряда и с работой отдела?

Ответ: Да, работу 4-го отдела 731-го отряда я хорошо знаю. В связи с тем, что я долго работал в 731-м отряде, мне в общих чертах знакомы задачи и функции и других отделов отряда.

Вопрос: Какие задачи были у отряда № 731?

Ответ: Основной задачей отряда 731 являлась активная подготовка к бактериологической войне.

Вопрос: С какой целью в отряде систематически проводились опыты над живыми людьми?

Ответ: Это делалось для исследования бактерий и их применения в бактериологической войне: исследовалась эффективность бактерий, методы размножения бактерий, методы их применения, методы массового производства бактерий, а также способы сохранения этих бактерий.

Вопрос: Вы подтверждаете также, что отряд проводил бактериологические атаки в Китае?

Ответ: Да, подтверждаю.

Вопрос: Вы подтверждаете свои показания по поводу того, что 4-й отдел отряда являлся мощной фабрикой по производству в массовом масштабе бактерий для бактериологической войны?

Ответ: Да, подтверждаю. Как я уже говорил, 1-й отдел 731-го отряда занимался исследованием вопросов бактериологической войны, 2-й отдел занимался вопросами изучения применения бактериологического оружия в полевых условиях, 4-й отдел занимался массовым производством смертоносных бактерий, а также вопросами их сохранения.

Вопрос: Каким отделом проводились в лабораторных условиях опыты над живыми людьми?

Ответ: 1-м отделом.

Вопрос: Опыты над живыми людьми проводились только в условиях тюрьмы или также и в других местах?

Ответ: Они проводились двояким образом: в тюрьме и на полигоне.

Вопрос: Какой отдел отряда производил опыты над живыми людьми в условиях полигона?

Ответ: 2-й отдел отряда.

Вопрос: Я прошу вас описать производственное оборудование отряда, его мощность и способы производства бактерий.

Ответ: Я работал в качестве начальника производственного отделения 4-го отдела и поэтому расскажу сначала о производственном оборудовании этого отделения.

Оборудование для массового производства бактерий в этом отделении состояло из двух систем. Сначала я расскажу о первой системе. Это прежде всего котлы для изготовления питательной среды для выращивания бактерий. Таких котлов было четыре, каждый из них был ёмкостью примерно около 1 тонны. Питательная среда помещалась в специальные культиваторы «системы Исии», которые помещались в специальные автоклавы; таких автоклавов было 14, каждый из автоклавов вмещал около 30 культиваторов. Таким образом, было возможно при полной загрузке поместить одновременно в автоклавы 420 культиваторов. Для охлаждения культиваторов существовало два холодильника. Затем, после того как питательная среда остывала, производили посадку бактерий. Эти бактерии размножались, затем производили снятие их. Для этого имелись две специальные комнаты.

263

Вопрос: Какое количество бактерий производилось за один месяц?

Ответ: При максимальном использовании производственной мощности 4-го отдела и наилучших условиях возможно было теоретически производить чумных бактерий в течение месяца до 300 килограммов, но практически для этого использовались всего только 500 культиваторов, которые давали возможность производить за один цикл 10 килограммов чумных бацилл, каждый культиватор давал по 20 граммов.

Вопрос: Сколько бактерий брюшного тифа можно было производить при максимальной загрузке?

Ответ: За месяц от 800 до 900 килограммов.

Вопрос: Сибирской язвы?

Ответ: Около 600 килограммов.

Вопрос: Холеры?

Ответ: Около одной тонны.

Вопрос: Паратифа?

Ответ: Так же, как и тифа.

Вопрос: Дизентерии?

Ответ: Так же.

Вопрос: Я правильно вас понял, что во всех котлах, которые имелись в отделе № 4, можно было изготовить 8 тонн питательной среды?

Ответ: Да, правильно. В первой системе — 4 тонны, во второй системе также можно было изготовить 4 тонны.

Вопрос: Где размещались филиалы отряда № 731?

Ответ: Филиалы отряда размещались в Хайларе, Суньу, на станциях Линькоу и Хайлин, поблизости от гор. Муданьцзян.

Вопрос: Эти филиалы помещались в непосредственной близости от границ Советского Союза?

Ответ: Да, это так.

Вопрос: Вы лично бывали в этих филиалах?

Ответ: По одному разу я был в каждом филиале.

Вопрос: С какими заданиями вы выезжали в эти филиалы?

Ответ: Я ездил в филиалы для выяснения вопроса, имеется ли место для размещения производственного оборудования.

Вопрос: То-есть для массового культивирования бактерий в каждом филиале?

Ответ: Несомненно, начальник отряда был намерен сделать так.

Вопрос: Вы говорите о генерале Китано?

Ответ: Да.

Вопрос: Чем была вызвана необходимость командирования вас в филиалы?

Ответ: Перед моим отправлением в эту командировку начальник отряда генерал Китано объяснил цель поездки. Первая цель — увеличение производственной мощности отряда по массовому производству бактерий, а вторая цель — в связи с тем, что началась война с Америкой, необходимо было на случай бомбардировки со стороны американской авиации заранее рассредоточить производственное оборудование отряда, с тем чтобы даже при воздушном нападении противника не прекращать дальнейшего производства.

Вопрос: Скажите, занимался ли отряд 731 выяснением иммунитета американцев к заразным болезням?

Ответ: Насколько я припоминаю, это было в начале 1943 года. Я в то время лежал в госпитале в гор. Мукдене, и ко мне приехал навестить меня научный сотрудник отряда Мината, который поделился со мной сообщением о своей работе и рассказал о том, что он находится в Мукдене для изучения вопроса об иммунитете военнопленных американцев.

Мината специально командировался отрядом 731 в лагери союзных военнопленных для исследования иммунитета англо-саксов к заразным болезням.

Вопрос: И с этой целью производилось исследование свойств крови американских военнопленных?

Ответ: Именно так.

Вопрос: Чем занимался научный сотрудник Учими в 1943 году?

Ответ: Он ездил во Внутреннюю Монголию, где занимался исследованием крови монголов также по вопросам, связанным с иммунитетом монголов.

Вопрос: Вы сами присутствовали при опытах над живыми людьми?

Ответ: Я дважды участвовал в экспериментах по заражению людей в полевых условиях на полигоне ст. Аньда. Первый опыт производился в конце 1943 года с бактериями сибирской язвы. Для этих экспериментов было использовано 10 подопытных человек, которые были привезены на полигон. Эти люди были привязаны к специальным столбам на расстоянии 5 метров друг от друга. Для заражения этих людей была применена осколочная бомба, которая находилась на расстоянии 50 метров от подопытных. Эту бомбу взрывали при помощи электрического тока. В результате этих опытов часть подопытных людей была заражена. После мер, принятых в отношении их, они были увезены в отряд. Затем из доклада я узнал, что те подопытные, которые были заражены сибирской язвой, умерли.

Второй раз это было весной 1944 года. Это были эксперименты применения чумных бактерий. Путь заражения был через дыхательные органы. С подопытными поступали так же, как при опытах сибирской язвы.

Вопрос: Привязывали к столбам?

Ответ: Да, именно так. В 10 метрах от этих подопытных поместили баллон, в котором находилась жидкость с чумными бактериями. Этот баллон взрывался. Но, как мне известно, после этих опытов выяснилось, что заражение не удалось, что инфекция через дыхательные органы не проникла.

Вопрос: Какой отдел отряда занимался культивированием блох?

Ответ: 2-й отдел.

Вопрос: Имелось ли специальное отделение по выращиванию блох?

Ответ: Этой работой занималось 3-е отделение 2-го отдела.

Вопрос: Кто был начальником 3-го отделения 2-го отдела?

Ответ: Начальником этого отделения был научный сотрудник майор Танака.

Вопрос: А чем занимался брат начальника отряда Исии Сиро?

Ответ: Он ведал тюрьмой 1-го отдела.

Вопрос: Расскажите всё, что вам известно относительно экспедиций отряда № 731 в Китай.

Ответ: Насколько мне известно, экспедиции из отряда № 731 в Китай посылались дважды, в 1940 и 1942 годах.

Первая экспедиция была в 1940 году. Это было во второй половине года. Мой непосредственный начальник —

начальник производственного отделения майор Судзуки — распорядился об изготовлении бактерий брюшного тифа в количестве 70 килограммов и бактерий холеры в количестве 50 килограммов. Со слов майора Судзуки я узнал, что эти бактерии изготовляются для особой экспедиции, направляющейся в Китай, которой руководит генерал Исии.

Я занимался в качестве начальника группы производственного отделения 4-го отдела обеспечением этой экспедиции необходимым количеством бактерий. Одновременно с этим я узнал, что экспедиция захватила с собой 5 килограммов чумных блох.

Экспедиция, возглавлявшаяся генералом Исии, насколько я помню, направилась в Центральный Китай, в район гор. Ханькоу, где практически применила в качестве оружия чумных блох и бактерии.

Поскольку эти опыты были произведены на территории противника, результаты их точно неизвестны.

Но для сбора информации о результатах действия оставалась специальная группа, возглавлявшаяся майором Нодзаки, которому удалось достать газеты, в которых освещался факт распространения эпидемии в районе гор. Нимбо.

Вопрос: Что было сказано в этой газете?

Ответ: Насколько я припоминаю, в этой газете говорилось о том, что перед возникновением этой эпидемии в районе гор. Нимбо пролетели японские самолёты, которые с большой высоты что-то сбрасывали.

Вопрос: Вы эту статью видели сами?

Ответ: Да, я видел сам.

Вторая экспедиция состоялась в 1942 году, примерно в середине 1942 года. Мой непосредственный начальник майор Судзуки дал мне распоряжение об изготовлении бактерий паратифа и сибирской язвы. Раздельно, какое было количество микробов паратифа и сибирской язвы, я не помню, но общее количество было 130 килограммов, и изготовленные нами бактерии были отправлены на самолёте и частично на поезде в гор. Нанкин, где была база экспедиции отряда.

Вопрос: Эта база экспедиции находилась в нанкинском отряде «Эй»?

Ответ: Именно так. Мне известно о том, что отряд «Эй» изготовлял для этой экспедиции некоторое количество бактерий, какое именно количество, я не помню и не помню, каких именно бактерий. Кроме того, мне известно, что этот отряд выделил в помощь экспедиции несколько человек из числа своих санитаров.

Вопрос: Почему, рассказывая об экспедициях в Китай, вы умалчиваете об экспедиции 1941 года?

Ответ: Об этом было выяснено на вчерашнем заседании Трибунала. При этой операции в 1941 году применялись только чумные блохи, и нам, не имеющим к этому непосредственного отношения, об этом не говорили.

Вопрос: Скажите, кто возглавлял экспедицию в Китай в 1942 году?

Ответ: Эту экспедицию возглавлял начальник отряда генерал Исии.

Вопрос: Генерал Исии выезжал лично в Китай во время экспедиции?

Ответ: Да, выезжал.

Вопрос: А кроме него кто из руководящих сотрудников отряда выезжал в Китай?

Ответ: Я знаю о том, что в этой экспедиции также участвовали подполковник Икари и научный сотрудник Танака, а также и другие.

Вопрос: Что вам известно относительно начала опытов Исии над живыми людьми, с какого времени производились опыты?

Ответ: Я точно не знаю, но думаю, что эти опыты были начаты сразу после так называемых Мукденских событий.

Вопрос: Вам что-нибудь по этому поводу говорил сам Исии?

Ответ: Я точно помню, что в 1939 году при моём поступлении в этот отряд мне об этом говорили.

Вопрос: Скажите, какие руководящие офицеры Квантунской армии в бытность вашу в отряде посещали отряд?

Ответ: В отряд приезжали бывший главнокомандующий японской Квантунской армией генерал Умедзу, начальник штаба бывший генерал-лейтенант, а впоследствии полный генерал Кимура, подполковник Мията, он же принц Такеда, генерал-лейтенант медицинской службы Кадзицука, бывший начальник санитарного управления японской Квантунской армии.

Вопрос: Скажите, вы видели, как в отряд доставлялись люди, предназначенные для опытов?

Ответ: Мне приходилось исполнять обязанности дежурного офицера отряда, и я дважды видел, когда привозили людей.

Вопрос: Возвращался ли кто-нибудь из заключённых в тюрьму отряда 731 на свободу?

Ответ: Насколько мне известно, не возвращался.

Вопрос: Значит, все люди погибали?

Ответ: Да, именно так.

Вопрос: Куда поступали после гибели подопытных их тела?

Ответ: В крематорий отряда.

Вопрос: Скажите, почему вы, сотрудник 4-го отдела, присутствовали при опытах над живыми людьми на полигоне, в силу каких своих функций?

Ответ: Поскольку все применявшиеся в полевых условиях бактерии производились в моём отделении, я ведал вопросами транспортировки этих бактерий на полигон. Кроме того, я был заинтересован в проверке эффективности этих бактерий.

Член Трибунала Ильницкий: С какой целью производились в отряде опыты над живыми людьми?

Подсудимый Карасава: Это делалось для изыскания наиболее эффективного бактериологического оружия и для увеличения его смертоносности.

Председатель суда: Подсудимый Карасава, на следствии 6 декабря вы показали, что создание в Маньчжурии отряда 731 явилось конкретным проявлением подготовки японской военщины к бактериологической войне против Советского Союза. Подтверждаете вы эти свои показания?

Подсудимый Карасава: Подтверждаю.

Адвокат Лукьянцев: Подсудимый Карасава, прошу уточнить, когда и каким образом вы поступили на службу в японскую армию?

Подсудимый Карасава: В 1931 году я поступил в медицинский институт гор. Токио на правах стипендиата военного министерства, получая, таким образом, от министерства материальную помощь. Это обязывало к тому, чтобы после окончания этого учебного заведения поступить на военную службу в качестве военного врача.

269

Вопрос: Уточните, почему именно вас командование 731-го отряда командировало в филиалы для обследования условий, позволяющих развернуть массовое производство бактерий?

Ответ: Как я уже говорил, я долго работал по изготовлению бактерий и, по мнению начальника отряда, наиболее соответствовал этому назначению как человек, опытный в этой работе.

Вопрос: Как вы оцениваете свою работу в 731-м отряде по изготовлению оружия для уничтожения людей?

Ответ: С точки зрения врача, призванного лечить людей, я считаю это плохим делом.

ДОПРОС ПОДСУДИМОГО ЯМАДА

Председатель суда: Подсудимый Ямада, скажите, какие должности вы занимали в японской армии за время своей службы?

Подсудимый Ямада: С июля 1944 года по август 1945 года я занимал должность главнокомандующего Квантунской армией.

Вопрос: А до этого времени какие должности вы занимали?

Ответ: В 1903 году я был произведён в чин подпоручика японской армии, а в 1930 году я был произведён в чин генерал-майора.

Вопрос: А какие должности вы в тот момент занимали?

Ответ: После того как я стал генерал-майором, первый год я работал в качестве начальника учебного отдела военного кавалерийского училища.

Вопрос: Какие должности вы занимали в последующее время?

Ответ: Затем я был командиром 4-й кавалерийской бригады.

Вопрос: А позже?

Ответ: Затем в течение одного года был начальником военной школы связи. Следующий год был начальником 3-го управления генерального штаба, затем год и один месяц был начальником управления по общим делам генерального штаба. С декабря 1935 года по март

1937 года я был начальником военного офицерского училища, а с марта 1937 года по декабрь того же года я был командиром 12-й дивизии в гор. Муданьцзяне (Маньчжурия). С января 1938 года по декабрь 1938 года я был командующим 3-й армией, которая находилась в гор. Муданьцзяне. С декабря 1938 года по октябрь 1939 года я был командующим японской экспедиционной армией в Центральном Китае, штаб которой находился в гор. Нанкине. С октября 1939 года по июль 1944 года я был генеральным инспектором по обучению японской армии. За этот период мне приходилось по совместительству исполнять обязанности члена высшего военного совета, а с 1943 года — командующего обороной Японии. Я ошибся в дате, поправляюсь: с августа 1941 года до конца этого года я был командующим обороны Японии, а затем, с июля 1944 года, я был командующим Квантунской армией.

Государственный обвинитель: Кто был вашим предшественником на посту главнокомандующего Квантунской армией?

Подсудимый Ямада: Генерал Умедзу Иосидзиро.

Вопрос: Скажите, подсудимый Ямада, какие бактериологические отряды находились в составе войск Квантунской армии?

Ответ: В Квантунской армии имелось два бактериологических отряда — отряд № 731 и отряд № 100, которые находились в непосредственном подчинении главнокомандующего Квантунской армией.

Вопрос: Значит, когда главнокомандующим Квантунской армией был генерал Умедзу, то отряды подчинялись ему, а когда, с июля 1944 года, главнокомандующим Квантунской армией стали вы, то отряды стали подчиняться вам лично?

Ответ: Да.

Вопрос: С чьей санкции могли пройти на территорию отряда № 731 посторонние лица, не являвшиеся сотрудниками этого отряда, в частности штаб-офицеры Квантунской армии?

Ответ: На это требовалось моё разрешение в письменном виде.

Вопрос: Когда вы впервые приняли доклады начальника санитарного управления Квантунской армии генерала Кадзицука и начальника ветеринарного управления Квантунской армии генерала Такахаси?

Ответ: Примерно в конце июля 1944 года. Это были их первые доклады после моего назначения.

Вопрос: В своих докладах генералы Такахаси и Кадзицука говорили вам о секретной работе отрядов № 731 и 100?

Ответ: Да, оба они говорили.

Вопрос: Может быть, вы вспомните сейчас содержание первого доклада генерала Кадзицука?

Ответ: Генерал Кадзицука докладывал мне о той работе, которой занималось санитарное управление штаба Квантунской армии, и в частности доложил мне о том, что отряд № 731 занимается вопросами подготовки к бактериологической войне. В частности он доложил о том, что в отряде № 731 производилась работа по изысканию бактериологического оружия и по производству бактериологического оружия.

Вопрос: Скажите, инспектировали ли вы в августе 1944 года отряд № 731?

Ответ: Да, инспектировал. Прибыв в отряд, я осмотрел всё расположение этого отряда, и мне особенно запечатлелась продукция этого отряда, именно бактериологические бомбы, которые должны были сбрасываться с самолётов, а также размах производства бактериологического оружия, который превосходил все ожидания. Рядом с расположением 731-го отряда находился аэродром, на котором, как мне запомнилось, имелось несколько лёгких бомбардировщиков, и из этого я сделал вывод, что подготовка к бактериологической войне, производимая этим отрядом, находится на весьма высоком уровне.

Вопрос: Когда вы осматривали помещение отряда, вам были продемонстрированы блохи, выращиваемые в этом отряде?

Ответ: Да, я их видел, и я помню, что это было колоссальное количество блох.

Вопрос: Офицеры, которые сопровождали вас по территории отряда, доложили вам, для какой цели предназначались эти блохи, выращенные в отряде?

Ответ: Да, они мне доложили, что эти блохи предназначены для заражения чумными бактериями.

Вопрос: Видели ли вы при посещении отряда Исии образцы бомб конструкции Исии?

Ответ: Да, видел.

Вопрос: Для чего были предназначены эти бомбы?

Ответ: Эти бомбы предназначались для рассеивания чумных блох. Бомбы на необходимой высоте взрывались, и чумные блохи высыпались, заражая территорию.

Вопрос: Где производились испытания этих бомб?

Ответ: Опыты эти производились на ст. Аньда, на полигоне.

Вопрос: При посещении вами отряда сделал ли вам генерал Китано доклад о работе филиалов отряда № 731?

Ответ: Да, сделал. Генерал Китано информировал о том, что филиалы 731-го отряда также занимаются подготовкой средств для ведения бактериологической войны.

Вопрос: Инспектировал ли отряд № 731 в июне 1945 года по вашему указанию полковник Тамура — начальник отдела кадров Квантунской армии?

Ответ: Да, он инспектировал отряд № 731 в июне 1945 года.

Вопрос: Кому докладывал полковник Тамура о результатах проведённого им инспектирования?

Ответ: Полковник Тамура докладывал мне.

Вопрос: Следовательно, из получаемых вами информаций и личного посещения отряда № 731 вы были в курсе тех работ, которые велись в отряде № 731 и отряде № 100 по изысканию и массовому производству бактериологического оружия?

Ответ: Да, я знал, что оба отряда занимались исследованиями в области бактериологического оружия и его применения.

Вопрос: 3 ноября 1949 года вы на следствии показали, что 731-й отряд, расположенный на территории Маньчжурии, был организован с целью подготовки бактериологической войны главным образом против Советского Союза, Монголии и Китая. Вы подтверждаете эти показания?

Ответ: Да, подтверждаю.

Вопрос: Скажите, только ли против Советского Союза должно было быть применено бактериологическое оружие?

Ответ: Нет, не только против Советского Союза. Имелась в виду также возможность применения бактериологического оружия и против любого другого враждебного государства и враждебной армии.

Вопрос: Какие «другие государства» вы имеете в виду?

Ответ: В частности против США и Великобритании. Имелось в виду применение бактериологического оружия и против них.

Вопрос: С этой точки зрения 731-й отряд, размещённый в Маньчжурии, являлся центром подготовки бактериологической войны против ряда государств. Так ли это?

Ответ: Да.

Вопрос: Кто осуществлял с июля 1944 года руководство деятельностью 731-го отряда, направленной на подготовку бактериологической войны и производство бактериологического оружия?

Ответ: Это руководство осуществлял я как главнокомандующий Квантунской армией.

Вопрос: В чём заключалась роль оперативно-стратегического отдела штаба Квантунской армии в руководстве деятельностью отрядов № 731 и 100?

Ответ: В оперативно-стратегическом руководстве бактериологическими отрядами в области подготовки к бактериологической войне.

Вопрос: С какой целью в отряд № 731 направлялись отдельные штабные офицеры из оперативного и разведывательного отделов, в частности подполковник Мията?

Ответ: При осуществлении оперативно-стратегического руководства подготовкой отряда к бактериологической войне необходимо было быть постоянно в курсе работы этого отряда и для этого, т. е. с целью ознакомления, туда посылались офицеры оперативного и разведывательного отделов.

Вопрос: Таким образом, подчинённый вам оперативно-стратегический отдел штаба постоянно контролировал работу отряда № 731 по производству бактериологического оружия и разрабатывал конкретные способы применения этого оружия в военных целях?

Ответ: Да, правильно.

Вопрос: Скажите, разбирая бумаги вашего предшественника генерала Умедзу, не обнаружили ли вы в сейфе

274

последнего чертёж бактериологической бомбы «системы Исии»?

Ответ: Это был просто доклад о бактериологической бомбе «системы Исии», к которому прилагался чертёж этой бомбы. Причём эти документы я получил от начальника оперативно-стратегического отдела и затем хранил их у себя в ящике. Я ознакомился с этими документами.

Вопрос: Соответствовали ли тому чертежу, который был приложен к докладной записке, образцы бактериологических бомб «системы Исии», которые вы видели лично при посещении отряда № 731?

Ответ: Да, они были совершенно одинаковы. Точно я не помню, но бомба на чертеже, приложенном к докладу, и те модели бомб, которые я видел в отряде, были совершенно одинаковы.

Вопрос: Расскажите о содержании доклада генерала Китано, сделанного вам осенью 1944 года.

Ответ: Насколько я припоминаю, это было в октябре 1944 года. Начальник 731-го отряда генерал-майор Китано сделал мне доклад о результатах опытов и исследований по применению чумных блох в качестве бактериологического оружия путём сбрасывания их с самолётов. Этот доклад сопровождался демонстрацией кинофильма.

Вопрос: Кто присутствовал при этом докладе генерал-майора Китано?

Ответ: При этом присутствовали начальник штаба Квантунской армии генерал-лейтенант Касахара, начальник оперативно-стратегического отдела полковник Мацумура и штабной офицер подполковник Мията.

Вопрос: Вы подтверждаете свои показания от 1 декабря 1949 года о том, что в своём докладе генерал Китано осветил все опыты и изыскания, которые производились для ведения бактериологической войны с помощью чумных блох?

Ответ: Подтверждаю.

Вопрос: Каким образом испытывалась эффективность бактериологического оружия, производимого в отряде № 731?

Ответ: Были различные способы, и в числе этих способов — испытания бактериологического оружия на живых людях и на животных.

Вопрос: Были ли вы информированы о том, что бактериологическое оружие испытывается путём опытов над живыми людьми?

Ответ: Да, был.

Вопрос: Докладывал ли вам полковник Тамура после посещения им отряда № 731 о том, что в тюрьме отряда содержатся люди, предназначенные для опытов над ними?

Ответ: Да, докладывал.

Вопрос: Подчинялась ли жандармерия главнокомандующему Квантунской армией?

Ответ: Да, жандармерия непосредственно подчинялась мне.

Вопрос: Подчинялись ли главнокомандующему Квантунской армией японские военные миссии в Маньчжурии?

Ответ: Да, подчинялись.

Вопрос: Известно ли вам, что люди для производства над ними опытов получались отрядом № 731 именно от жандармерии и от японских военных миссий?

Ответ: На предварительном следствии после предъявления мне различных документов я узнал, что люди в большом количестве поставлялись отряду № 731 из жандармерии и из военных миссий. Я себе представлял это дело так, что в 731-й отряд направляли заключённых, приговорённых к смертной казни, и я сделал вывод, что это были люди, осуждённые судами Маньчжоу-Го к смерти.

Вопрос: То-есть вы хотите сказать, что до предъявления вам документов вы считали, что в отряд № 731 направлялись для уничтожения люди, приговорённые к смертной казни по суду, не так ли?

Ответ: Да, я хотел сказать, что я так понимал.

Государственный обвинитель: Я обращаюсь к суду с просьбой предъявить подсудимому Ямада фотодокумент от 12 марта 1943 года. Этот документ имеется в томе 21, л. д. 90—92[1].

(Документ предъявляется подсудимому Ямада.)

Государственный обвинитель: Подсудимый Ямада, вам предъявлена фотокопия директивы квантунской жандармерии от 12 марта 1943 года. Посмотрите внимательно этот

---

[1] См. стр. 161.

документ. Не свидетельствует ли предъявленный вам, подсудимый Ямада, документ о том, что отправка живых людей для уничтожения в отряд № 731 происходила без всякого следствия и суда?

Подсудимый Ямада: Да.

Государственный обвинитель: Я обращаюсь к суду с ходатайством об оглашении копии приказа квантунской жандармерии за № 224 о направлении для уничтожения в порядке «особых отправок» 90 человек. Этот документ имеется в томе 17, л. д. 35—38[1].

Председатель суда: Оглашается оперативный приказ квантунской жандармерии № 224. Одновременно этот документ будет переводиться на японский язык. Подсудимые могут пользоваться имеющейся у них аппаратурой.

Государственный обвинитель: Скажите, подсудимый Ямада, этот приказ был издан жандармерией, подчинённой главнокомандующему Квантунской армией?

Подсудимый Ямада: Это был приказ командующего жандармерией генерала Сирокура, служившего до назначения меня на пост главнокомандующего Квантунской армией.

Вопрос: Я понимаю. Но когда вы заняли пост главнокомандующего Квантунской армией, вы отменили этот порядок отправки живых людей в отряд Исии или вы этого не сделали?

Ответ: Нет, я не отменил этого приказа, но я расценивал этот приказ как временный, который не имел впоследствии силы.

Вопрос: Вы это расценивали как временный приказ. Убедились ли вы из предъявленного вам сейчас документа в том, что в 1943 году люди для уничтожения отправлялись в отряд Исии квантунской жандармерией?

Ответ: Да.

Вопрос: Была ли квантунская жандармерия подчинена тогда главнокомандующему Квантунской армией — вашему предшественнику генералу Умедзу?

Ответ: Да.

Вопрос: А когда в 1945 году полковник Тамура докладывал вам относительно инспектирования им по вашему

---

[1] См. стр. 179—182.

приказу отряда № 731, не говорил ли он вам, что в отряде № 731 во внутренней тюрьме содержатся люди для того, чтобы на них производились опыты?

Ответ: Да, полковник Тамура мне об этом докладывал.

Вопрос: А когда генерал Китано докладывал относительно итогов изыскания бактериологического оружия, говорил ли он вам о том, что в отряде № 731 производятся опыты над живыми людьми?

Ответ: Да, он мне докладывал это; вот только относительно времени, когда это было сделано, я точно не помню. Это было сделано в виде информации о результатах опытов рассеивания чумных блох с самолёта, но не в виде доклада.

Вопрос: Во всяком случае, из доклада полковника Тамура совершенно очевидно явствовало, что опыты в 731-м отряде производились над живыми людьми?

Ответ: Да.

Вопрос: Следовательно, те безжалостные опыты, о которых идёт речь и которые производились в отряде № 731 в бытность главнокомандующим Квантунской армией генерала Умедзу, производились и в вашу бытность главнокомандующим?

Ответ: Да.

Вопрос: Скажите, какие основные методы применения бактериологического оружия были приняты японской армией, в частности Квантунской армией?

Ответ: Я насчитываю три метода: прежде всего метод бомбометания, затем метод непосредственного рассеивания с самолёта и, наконец, метод наземного разбрасывания.

Вопрос: Какой порядок был принят в Квантунской армии для изучения способов бактериологической войны?

Ответ: Для изучения способов применения бактериологического оружия при штабе Квантунской армии выделялись специальные комиссии, в состав которых входили: начальник штаба, начальник оперативно-стратегического отдела, соответствующий начальник отряда и отдельные штабные офицеры. В том случае, когда дело разрешалось комиссией положительно, результаты докладывались главнокомандующему.

Вопрос: В свою очередь представлял ли куда-либо главнокомандующий Квантунской армией в случае утверждения им того или иного метода или вида оружия доклад или сообщение по этому поводу?

Ответ: От имени главнокомандующего Квантунской армией такие доклады не делались, но штаб Квантунской армии информировал генеральный штаб Японии по таким вопросам.

Вопрос: Было ли штабом Квантунской армии получено указание военного министерства Японии относительно увеличения производства бактериологического оружия?

Ответ: Да, такое указание было получено, насколько я помню, в марте 1945 года.

Вопрос: В связи с чем в марте 1945 года генерал-лейтенант медицинской службы Исии снова был назначен на должность начальника отряда № 731?

Ответ: Это назначение было конкретизацией замыслов военного министерства и генерального штаба.

Вопрос: В связи с указаниями военного министерства поручали ли вы начальнику оперативно-стратегического отдела Мацумура принять меры по обеспечению производства бактерий и по укомплектованию отряда 731 необходимым количеством офицеров-специалистов?

Ответ: Да. Но в отношении увеличения кадров я дал распоряжение начальнику отдела кадров полковнику Тамура.

Вопрос: На допросе от 6 декабря 1949 года вы заявили, что бактериологическое оружие против Советского Союза должно было быть применено с помощью самолётов для заражения особо важных районов Советского Союза и путём проведения диверсионных мероприятий. Вы подтверждаете эти показания?

Ответ: Да, подтверждаю.

Государственный обвинитель: Я обращаюсь с ходатайством к суду об оглашении имеющегося в деле показания свидетеля Мацумура — бывшего начальника оперативно-стратегического отдела штаба Квантунской армии, бывшего генерал-майора японской армии. Эти показания находятся на л. д. 98 в томе 3.

Председатель суда: Совещаясь на месте, Военный трибунал определил: огласить показания Мацумура, данные им на предварительном следствии 7 декабря (том 3, л. д. 98) [1].

Государственный обвинитель: Подтверждаете ли вы показание Мацумура о том, что в бытность вашу главнокомандующим Квантунской армией были рассмотрены и одобрены два основных способа будущей бактериологической войны, а именно: способ использования бактериологических бомб «системы Исии», начинённых чумными блохами, и способ рассеивания блох, заражённых чумой, с самолётов?

Подсудимый Ямада: Подтверждаю.

Вопрос: Какой способ ведения бактериологической войны вы лично считали наиболее эффективным из числа одобренных вами способов?

Ответ: Наиболее эффективным методом применения бактериологического оружия я считал метод бомбометания при помощи авиации, а также метод рассеивания чумных блох с самолёта.

Вопрос: Помните ли вы доклад генерал-лейтенанта Такахаси — начальника ветеринарного управления Квантунской армии — относительно бактериологической разведки, произведённой отрядом № 100 в Северо-Хинганской провинции?

Ответ: Да, помню.

Вопрос: Вы подтверждаете показания Мацумура о том, что в этом докладе Такахаси изложил свои соображения по практическому применению бактерий и в частности высказывал соображение о необходимости заражения в случае надобности водоёмов в районе Трёхречья и в районе юго-восточнее озера Далай-Нур?

Ответ: Да, подтверждаю.

Вопрос: С какой целью велась бактериологическая разведка районов, прилегающих к Советскому Союзу?

Ответ: В порядке подготовки к возможной войне.

Вопрос: Правильно ли то, что с октября 1939 года по июль 1944 года вы являлись генеральным инспектором военного обучения японской армии?

Ответ: Да, правильно.

Государственный обвинитель: В связи с этим я обращаюсь к суду с ходатайством об оглашении выдержки

---

[1] См. стр. 129—138.

из наставления по бою диверсионных отрядов, опубликованного генеральной инспекцией военного обучения в Японии в январе 1944 года. Этот документ содержится в томе 22, л. д. 21.

Председатель суда: Оглашается наставление по бою диверсионных отрядов, изданное генеральным штабом и инспекцией военного обучения в январе 1944 года (том 22, л. д. 21).

Государственный обвинитель: Скажите, подсудимый Ямада, этот документ был разработан подчинённым вам аппаратом генеральной инспекции военного обучения? Не так ли?

Подсудимый Ямада: Да, это наставление было разработано генеральной инспекцией военного обучения совместно с генеральным штабом.

Вопрос: Не свидетельствует ли этот документ о том, что в январе 1944 года, т. е. до назначения вас на должность главнокомандующего Квантунской армией, вы были осведомлены о применении бактериологического оружия в диверсионных целях?

Ответ: Да, это так было.

Вопрос: Когда вы подписывали приказ об уничтожении отрядов № 731 и № 100?

Ответ: Примерно 9—10 августа 1945 года.

Вопрос: Таким образом, стремительное наступление частей Советской Армии не дало возможности ни отряду № 100, ни отряду № 731 продолжать свою деятельность?

Ответ: Да, это так.

Адвокат Белов: Когда вам стало известно, что отряды были организованы в 1935—1936 годах по секретному указу императора?

Подсудимый Ямада: О точной дате этого события я узнал из показаний свидетелей и обвиняемых.

Вопрос: Могли ли вы как главнокомандующий Квантунской армией прекратить работу отрядов № 731 и № 100 и расформировать эти отряды?

Ответ: Главнокомандующий Квантунской армией не имел полномочий прекратить работу отрядов и расформировать их.

Вопрос: Как вы теперь относитесь к тем деяниям, в которых вы признали себя виновным и за которые вы преданы суду?

Ответ: Я должен ответить, что всё, что я сделал, я считаю плохим делом, поправляюсь, очень нехорошим делом.

Вопрос: Могу ли я, ваш защитник, понять ваш ответ так, что вы раскаиваетесь в совершённых деяниях?

Ответ: Да, я хочу, чтобы так признали.

ВЕЧЕРНЕЕ ЗАСЕДАНИЕ 26 ДЕКАБРЯ

ДОПРОС ПОДСУДИМОГО НИСИ

Государственный обвинитель: Скажите, подсудимый Ниси, с какого по какое время и в каких должностях вы служили в отряде № 731?

Подсудимый Ниси: С января 1943 года по июль 1944 года я был начальником филиала 731-го отряда в гор. Суньу. С июля 1944 года по июль 1945 года я был начальником учебного отдела 731-го отряда.

Вопрос: Чем занимался отряд 731, каково было назначение этого отряда?

Ответ: Бóльшая часть работы 731-го отряда была посвящена подготовке бактериологической войны.

Вопрос: Какие отделы 731-го отряда занимались подготовкой бактериологической войны?

Ответ: Подготовка к бактериологической войне велась 1-м, 2-м, 4-м отделами.

Вопрос: Какие бактериологические средства применялись отрядом 731?

Ответ: На вооружение были приняты бактерии чумы, сибирской язвы и газовой гангрены.

Вопрос: Какие из этих возбудителей считались наиболее эффективными?

Ответ: Бактерии чумы.

Вопрос: Какие методы применения этих бактериологических средств были приняты отрядом?

Ответ: Во-первых, распыление бактерий с самолёта, во-вторых, сбрасывание фарфоровых бактериологических бомб.

Вопрос: Были ли чумные блохи применены для заражения людей?

Ответ: Да, были применены в Китае.

Вопрос: Вы начали работать в отряде, когда начальником отряда был генерал Исии?

Ответ: Нет, тогда начальником отряда был генерал-майор Китано.

Вопрос: Затем генерал-майора Китано сменил генерал Исии, не так ли?

Ответ: Да.

Вопрос: Какие установки по поводу развития средств бактериологической войны привёз с собой генерал Исии тогда, когда он прибыл в отряд на должность начальника отряда?

Ответ: Генерал-лейтенант Исии после вступления на должность почти ежедневно говорил нам, что работу в области чумы надо активизировать.

Вопрос: Именно в области чумы?

Ответ: В области чумы и размножения блох. После приезда Исии, в связи с поставленной перед отрядом задачей усилить массовое разведение блох, были созданы курсы, где специально изучался вопрос массового выращивания этих паразитов.

Вопрос: Среди учащихся на этих курсах были ли работники филиалов?

Ответ: От филиалов обучалось по 5 человек, т. е. всего 20 человек.

Вопрос: Расскажите суду о конфетах, которые изготовлял полковник Оота.

Ответ: Речь идёт не о конфетах, а об обыкновенном шоколаде, который должен был быть начинён бактериями и затем обёрнут в бумагу. Форма этого шоколада должна была быть круглой.

Вопрос: Полковник Оота показывал вам образцы такого шоколада?

Ответ: Он показывал примерно 10 изготовленных им шоколадок.

Вопрос: Какими бактериями были заражены эти шоколадки?

Ответ: Полковник Оота сказал, что внутри шоколадки были бактерии сибирской язвы. Эти шоколадки были предназначены для диверсионных целей.

Вопрос: Расскажите, что вам известно о практическом применении отрядом № 731 средств бактериологической войны?

Ответ: Я слышал о применении бактериологического оружия против Китая в 1940 году. В августе или в сентябре 1940 года я был в Пекине, в штабе Управления водоснабжения и профилактики и слышал там об использовании бактерий в Центральном Китае в районе гор. Нимбо.

284

Вопрос: От кого вы это слышали и при каких обстоятельствах?

Ответ: Когда я находился в штабе Управления водоснабжения и профилактики в Пекине, туда поступил документ из штаба нанкинского Управления водоснабжения и профилактики. Из этого документа мне стало известно о применении бактерий в районе гор. Нимбо. Затем подполковник Иосимура — начальник Управления водоснабжения и профилактики в гор. Пекине — сообщил мне, что чумные бациллы для Китая были доставлены из отряда Исии. В сентябре или октябре 1940 года мой друг майор Сэто заехал в Пекин из Нанкина и сообщил мне, что он возвращается с операции, проведённой в Центральном Китае. Таким образом, я знаю о применении чумных блох в Центральном Китае по источникам: первый — сообщение майора Сэто, второй — сообщение Иосимура и третий — документ, пришедший из нанкинского штаба в пекинский штаб.

Вопрос: Расскажите, что вы сами видели в отряде 731, относившееся к экспедиции в Китае.

Ответ: Я видел документальный фильм о действиях экспедиции 731-го отряда в Центральном Китае в 1940 году. Вначале на экране было показано, как аппарат, содержащий блох, заражённых чумой, прикрепляется к фюзеляжу самолёта. Дальше показывается, как к крыльям самолёта прикрепляется аппарат для распыления. Затем следует пояснение, что в аппарат вложены чумные блохи. После этого 4 или 5 человек садятся на самолёт, но кто это садится, я не знаю. Затем самолёт поднимается в воздух, и следует объяснение, что самолёт летит в сторону противника. Затем самолёт показывается над противником. Затем показываются кадры, изображающие самолёт, передвижение китайских воинских частей и китайские деревушки. Затем виден дым, отделяющийся от крыльев самолёта. Затем из последующего объяснения становится понятным, что этот дым — чумные блохи, рассеиваемые на противника. Самолёт возвращается на аэродром. На экране появляется надпись: «операция окончена». Затем самолёт приземляется, подъезжают люди — дезинфекторы, и показана дезинфекция самолёта. Затем показываются люди: первым из самолёта показывается генерал-лейтенант Исии, за ним майор Икари, остальные лица мне не знакомы. После этого появляется надпись: «результаты», и показывается китайская газета и перевод на японский язык. В объяснении говорится, что в районе Нимбо внезапно появилась сильная вспышка чумы. Наконец, последний кадр. Китайцы-санитары в белых халатах работают над дезинфекцией в чумном районе. Я со всей отчётливостью узнал о применении бактериологического оружия в районе Нимбо именно из этой картины.

Вопрос: Что ещё вам известно о применении бактериологического оружия?

Ответ: Мне известно о применении отрядом Исии бактериологического оружия во время инцидента у Халхин-Гола.

В июле 1944 года я из филиала Суньу был переведён на должность начальника учебного отдела 731-го отряда на ст. Пинфань. Работу я принимал от своего предшественника подполковника Санода. В тот же день подполковник Санода выехал в Японию. Я вскрыл его сейф и нашёл документы, говорившие о применении бактериологического оружия во время Номанганского инцидента, т. е. инцидента у реки Халхин-Гол.

Тут имелись негативы фотографий того времени, список смертников, принимавших участие в этой операции, и приказ майора Икари. Я помню сейчас, что в отряд смертников входили два офицера, около 20 унтер-офицеров и рядовых. Под этим списком шли подписи, сделанные кровью.

Вопрос: Чья была первая подпись?

Ответ: Начальника отряда Икари. Далее следовал целый ряд детализирующих приказов Икари, а именно, как рассаживаться на автомашины, как использовать банки из-под керосина, затем несколько указаний о том, как возвращаться.

Из этих двух документов мне стало понятным, что отряд смертников из 20—30 человек заразил бактериями реку, я думаю, что реку Халха.

На следующий же день я принёс эти документы и вручил их майору Икари. Когда я вручал эти документы Икари, то я поинтересовался, а каковы же были результаты. Икари молча принял документы.

Факт проведения этой операции бесспорен, но о её результатах я ничего не знаю.

Вопрос: Что вам известно о производившихся в отряде опытах по обмораживанию?

Ответ: От научного сотрудника Иосимура я слышал, что в большой мороз — речь идёт о температуре ниже 20 градусов — людей выводили из тюрьмы отряда, затем оголяли их руки, и с помощью искусственного ветра руки обмораживались. После этого небольшой палочкой стучали по обмороженным рукам, пока они не издавали звук, подобный звуку дощечки. Кроме того, я читал его отчёт об экспериментах. На эту тему была снята также и кинокартина.

На картине показывается, как четыре или пять человек в ножных кандалах выводятся на улицу в тёплой одежде, руки у них оголены. Затем большой вентилятор искусственным образом ускоряет обмораживание. Затем показывается, как ударяют палочкой по рукам с тем, чтобы проверить, обморожены ли окончательно руки, или нет. Затем показывается, как обмороженные люди вводятся в комнату. Иосимура сказал мне, что это изыскание ведётся в целях будущей войны против СССР.

Вопрос: Расскажите всё известное вам об опытах на полигоне на ст. Аньда.

Ответ: В 146 километрах от Харбина находится ст. Аньда, вблизи неё находился полигон отряда. На этом полигоне 2-й отдел проводил различные эксперименты в полевых условиях.

По приказу начальника 731-го отряда в январе 1945 года я отправился на ст. Аньда. Здесь я видел, как проводились опыты по заражению газовой гангреной под руководством начальника 2-го отдела Икари и научного сотрудника Футаки. Для этой цели было использовано 10 узников. Эти люди были привязаны лицом к столбам на расстоянии 5—10 метров друг от друга. Головы этих заключённых были закрыты металлическими шлемами, тело — щитком.

Тело всё было закрыто, были оставлены оголёнными только ягодицы. Примерно в ста метрах электрическим током была взорвана осколочная бомба для заражения. Все 10 человек были ранены в оголённую часть. После окончания этого опыта все 10 человек были помещены в специальный автомобиль и отправлены обратно в тюрьму на ст. Пинфань. Позднее я спрашивал у Икари и научного сотрудника Футаки о результатах. Они сказали, что все 10 человек были ранены и умерли от заражения газовой гангреной.

Вопрос: Вы упомянули, что после прибытия генерала Исии на должность начальника отряда он начал проводить совещания офицерского состава отряда?

Ответ: Исии после прибытия в отряд каждый день устраивал такие собеседования.

Однажды в присутствии начальников отделов и ряда офицеров Исии заявил, что если в будущем придётся использовать бактериологическое оружие, то наилучшим и наиболее эффективным оружием будут чумные блохи. Он говорил, что штаб и филиалы должны приложить все усилия для массового производства чумных блох. Вот после этого было введено то обучение, о котором я уже говорил, примерно 20-ти человек, по размножению чумных блох.

В этой связи численность сотрудников отделения Танака в штабе отряда была увеличена. Кроме того, плановое отделение штаба разработало проект увеличения численности штатов в отряде Исии.

Однажды Исии сказал, что в 1945 году между июнем и сентябрём предвидится решающая, окончательная битва, когда ожидается десантная операция Америки на территории собственно Японии, и он сказал, что нам необходимо тщательнейшим образом готовиться к войне против Америки и против Советского Союза.

Вопрос: Я процитирую вам ваше показание, находящееся в томе 10 на л. д. 157. Вы, передавая то, что говорил Исии, показывали следующее: «Военное положение на фронтах ухудшается... нам придётся в конце весны или летом 1945 года применить последние средства, в том числе и бактериологическое оружие, для того чтобы добиться перелома в пользу Японии».

Вы подтверждаете эти показания?

Ответ: Подтверждаю.

Вопрос: При каких обстоятельствах прекратил своё существование филиал отряда 731 в Суньу, кто отдал приказ относительно уничтожения филиала?

Ответ: 9 августа 1945 года началась война. В ночь на 10 августа я получил шифртелеграмму из штаба. Было бесспорно, что эта шифртелеграмма исходит от начальника отряда, но расшифровать её мне не удалось. Я оставил телеграмму в нерасшифрованном виде и вместе с отрядом отправился на позиции в районе Суньу. Я приказал группе из 5—6 человек, в том числе подпоручику Иноуэ, остаться в отряде и явиться на позицию после сожжения филиала.

Вопрос: Следовательно, вы отдали приказ об уничтожении филиала?

Ответ: Да, правильно.

Вопрос: А как было далее?

Ответ: Я выдал каждому сотруднику филиала цианистый калий и сказал, что если вы, паче чаяния, попадёте в плен к Советской Армии, выпейте цианистый калий. После этого я отправился на позицию. Это было вызвано следующим: мы никак не думали, что Япония капитулирует, и поэтому решили удалиться в горы и там совершить коллективное самоубийство.

Вопрос: Но вы не совершили коллективного самоубийства?

Ответ: Япония капитулировала, и мы получили приказ от командира дивизии и капитулировали в полном порядке.

Вопрос: Скажите, кто-нибудь из подчинённого вам персонала покончил самоубийством?

Ответ: Один человек покончил с собой.

Вопрос: Вы признаёте, что являлись активным и деятельным сотрудником отряда № 731 секретного бактериологического формирования японской армии?

Ответ: Да.

Адвокат Болховитинов: Подсудимый Ниси, скажите, вы в армию вступили добровольно или по мобилизации?

Подсудимый Ниси: Вступил добровольно.

Вопрос: При каких обстоятельствах вы были зачислены на службу в отряд № 731 и в частности в его филиал № 673?

Ответ: В январе 1943 года я получил приказ военного министра Японии о назначении меня начальником суньуского филиала. В июле 1944 года, опять по приказу военного министра, я был назначен начальником учебного отдела, а с июля 1945 года я стал вновь совмещать работу начальника филиала в Суньу.

Вопрос: Осознали ли вы в настоящее время всю преступность конечных целей работы, выполнявшейся в отряде 731 и в частности в его филиале 673, и раскаиваетесь ли в настоящее время в содеянном?

Ответ: Я считаю бесчеловечными эксперименты на людях, находившихся в тюрьме 731-го отряда. Я вместе с тем понимаю, что выращенные мною в филиале крысы и блохи также причинили большое зло.

ДОПРОС ПОДСУДИМОГО КАДЗИЦУКА

Председатель суда: Подсудимый Кадзицука, какие должности вы занимали в японской армии?

Подсудимый Кадзицука: В 1915 году я был произведён в чин поручика медицинской службы японской армии. После этого работал в 1-м военном госпитале, затем был преподавателем Военно-медицинской академии в гор. Токио и начальником санитарного отдела сануправления военного министерства. В 1937 году я был начальником санитарного отдела японской армии в Китае. В том же году я был произведён в чин генерал-майора медицинской службы. В том же году был назначен начальником санитарного отдела 2-й армии. В 1938 году я был начальником сануправления японской армии в Корее. С декабря 1939 года до капитуляции Японии я был начальником санитарного управления штаба Квантунской армии.

Вопрос: Какую вы имеете учёную степень?

Ответ: Доктора медицинских наук.

Вопрос: В каком году вам присвоена учёная степень?

Ответ: В 1924 году.

Вопрос: За какую научную работу была присвоена учёная степень?

Ответ: За научную работу в области паратифа.

Вопрос: Какова ваша врачебная специальность?

Ответ: Бактериолог.

Вопрос: Вы вели научную работу в области бактериологии?

Ответ: Да, вёл.

Вопрос: Какие научные труды, кроме уже названного, имеете вы по специальности бактериолога?

Ответ: Мною был написан труд по изучению вопросов, связанных с чумной эпидемией.

Вопрос: В чём заключались ваши функции во время работы в санитарном отделе санитарного управления военного министерства?

Ответ: Я работал начальником санитарного отдела этого управления. В этом управлении было два отдела, и вот начальником одного из этих отделов (санитарного отдела) был я.

Вопрос: Когда вам присвоено последнее воинское звание?

Ответ: Последнее звание генерал-лейтенанта мне было присвоено в 1940 году в августе месяце.

19*

УТРЕННЕЕ ЗАСЕДАНИЕ 27 ДЕКАБРЯ

ПРОДОЛЖЕНИЕ ДОПРОСА ПОДСУДИМОГО КАДЗИЦУКА

Государственный обвинитель: Скажите, подсудимый Кадзицука, когда и кем был создан отряд № 731?

Подсудимый Кадзицука: 731-й отряд был организован в конце 1935 года или в начале 1936 года, точно не помню, по указу японского императора.

Вопрос: Кто завизировал в санитарном управлении проект приказа, изданного в соответствии с этим указом?

Ответ: Это было сделано от имени императора Японии.

Вопрос: Я понимаю, от чьего имени, но я вас спрашиваю, чья виза стояла на проекте. Ваша виза стояла под проектом?

Ответ: Должна была быть моя виза на проекте приказа.

Вопрос: Вы подтверждаете ваши показания, данные 23 и 24 октября 1949 года?

Ответ: Да, подтверждаю.

Вопрос: Теперь перейдём к вопросу об укомплектовании отряда. Вы принимали участие в укомплектовании отряда кадрами квалифицированных специалистов-бактериологов?

Ответ: Да, я в этом участвовал.

Вопрос: Скажите, вы работали в 1-м токийском госпитале?

Ответ: Да, работал.

Вопрос: Где вы познакомились с Исии Сиро, впоследствии начальником отряда № 731?

Ответ: Впервые с Исии Сиро я познакомился в токийском 1-м военном госпитале.

Вопрос: По совместной работе с Исии?

Ответ: Да.

Вопрос: Кто был назначен впервые на должность начальника отряда 731?

Ответ: Исии Сиро.

Вопрос: Тот самый Исии Сиро, который, возвратившись из заграничной командировки, начал развивать планы о необходимости активной подготовки Японии к бактериологической войне?

Ответ: Да, правильно.

Вопрос: Вы разделяли эти взгляды Исии Сиро?

Ответ: Да, я был согласен с ним в части необходимости таких исследований.

Вопрос: Вы поддерживали назначение на должность начальника отряда Исии Сиро?

Ответ: Да, поддерживал.

Вопрос: Кстати, вы являлись по специальности бактериологом?

Ответ: Да.

Вопрос: Расскажите подробнее, что вы знаете об Исии Сиро, в частности расскажите о том, кто из высокостоящих должностных лиц в военном министерстве Японии и японском генеральном штабе разделял взгляды по поводу подготовки к бактериологической войне и поддерживал их?

Ответ: После возвращения из заграничной командировки из Европы Исии Сиро в 1931 году работал преподавателем Военно-медицинской академии в Токио. Он стал говорить, что наиболее могущественные государства ведут подготовку бактериологической войны и если Япония не будет вести подобную подготовку, то в будущей войне она встретится с большими трудностями. Я слышал, что в кругу руководящих ответственных работников военного министерства и генерального штаба Японии Исии говорил о том, что бактериологическое оружие с оперативно-стратегической точки зрения является очень выгодным как оружие нападения.

Вопрос: И кто же из руководящих работников генерального штаба и военного министерства поддерживал и разделял взгляды Исии?

Ответ: Насколько я знаю, наиболее активно его поддерживал генерал-лейтенант Нагата, впоследствии начальник военного управления военного министерства.

Вопрос: А начальник первого отдела стратегического управления генерального штаба полковник Судзуки?

Ответ: Что касается полковника Судзуки, то я знаю, что он был согласен с Исии. О том, что генерал Нагата наиболее активно поддерживал Исии, свидетельствует следующий факт: в лаборатории Исии на ст. Пинфань в его рабочем кабинете стоял гипсовый бюст генерала

293

Нагата. Исии настолько был благодарен ему, что хранил у себя его бюст.

Вопрос: Суммируем ваше личное участие в организации отряда № 731.

Правильно ли будет сказать, что как начальник санитарного отдела военно-санитарного управления военного министерства Японии вы принимали непосредственное участие в организации и формировании отряда № 731 и во всяком случае были согласны и поддерживали назначение Исии Сиро на должность начальника отряда?

Ответ: Правильно.

Вопрос: Вы знакомы со вторым секретным указом японского императора о расширении и реорганизации отряда № 731?

Ответ: После того как я был переведён в Квантунскую армию, мне стало известно об этом.

Вопрос: Расскажите содержание секретного указа императора Хирохито, на основании которого был реорганизован отряд.

Ответ: Первое время после организации отряд носил наименование «Управление профилактики» или «Управление противоэпидемической службы», а после реорганизации он стал называться «Управление профилактики и водоснабжения».

Первое время Управление профилактики имело численный состав менее 1 000 человек, а Управление профилактики и водоснабжения после реорганизации имело численность до 2 000 человек.

Кроме того, после реорганизации отряд стал делиться на отделы: общий отдел, 1-й отдел, 2-й и т. д.

Вот это главные изменения, происшедшие во время реорганизации.

Вопрос: Из тех отделов, которые были учреждены по второму указу императора, какой отдел занимался водоснабжением?

Ответ: 3-й отдел.

Вопрос: Значит, из всех восьми отделов вопросами водоснабжения занимался только один отдел. Это так?

Ответ: Да, правильно, 3-й отдел занимался работой по водоснабжению, а все остальные отделы никакого отношения к водоснабжению не имели.

Вопрос: Где помещался 3-й отдел?

Ответ: В гор. Харбине.

Вопрос: А где помещались остальные отделы?

Ответ: На ст. Пинфань.

Вопрос: Являлась ли работа этих отделов чрезвычайно секретной?

Ответ: Да.

Вопрос: Верно ли, что пропуска в эти отделы отряда могли быть выданы только главнокомандующим Квантунской армией?

Ответ: Да.

Вопрос: Где помещались филиалы отряда № 731?

Ответ: В Линькоу, Хайлине, Суньу и Хайларе.

Государственный обвинитель: Я обращаюсь с ходатайством к Трибуналу о предъявлении подсудимому и оглашении оперативного приказа командующего Квантунской армией за № 398/I от 2 декабря 1940 года об организации филиалов Управления водоснабжения и противоэпидемической службы в Линькоу, Хайлине, Суньу, Хайларе (том 15, л. д. 3).

Председатель суда: Военный трибунал определил: огласить приказ командующего Квантунской армией от 2 декабря 1940 года [1].

Государственный обвинитель: Были ли вы знакомы с этим приказом командующего армией, подсудимый Кадзицука?

Подсудимый Кадзицука: Да, был знаком.

Вопрос: Почему все филиалы отряда № 731 были размещены в непосредственной близости от границы Советского Союза?

Ответ: Основной причиной этого являлось распределение этих филиалов там, где находились армейские соединения первой линии.

Вопрос: Прибыв на пост начальника управления Квантунской армии, вы занялись инспектированием и ознакомлением с работой вверенных вам учреждений?

Ответ: Да, правильно.

Вопрос: Ознакомились ли вы с деятельностью отряда № 731?

Ответ: Да, ознакомился.

---

[1] См. стр. 193—194.

Вопрос: Перед тем как знакомиться с деятельностью и работой вверенных вам учреждений, получили ли вы соответствующее инструктирование от главнокомандующего генерала Умедзу?

Ответ: Да.

Вопрос: Говорил ли вам что-либо генерал Умедзу относительно отряда 731?

Ответ: Перед тем как отправиться в 731-й отряд для инспектирования, я пошёл с рапортом доложить главнокомандующему генералу Умедзу о том, что отправляюсь в инспекцию, и он мне сказал при этом, что 731-й отряд занимается подготовкой бактериологической войны.

Вопрос: Когда вы произвели первое инспектирование отряда № 731?

Ответ: Это было вскоре после моего назначения на должность начальника санитарного управления, в марте 1940 года.

Вопрос: Кто был тогда начальником отряда?

Ответ: Исии Сиро, в то время полковник.

Вопрос: Что вам рассказывал Исии Сиро относительно деятельности отряда № 731?

Ответ: Исии сделал общий обзор работы этого отряда и говорил главным образом о той работе, которая предусматривалась официальными уставами Квантунской армии.

Вопрос: А когда вам Исии Сиро рассказал о «тайне из тайн» отряда?

Ответ: Как я помню, в начале 1941 года.

Вопрос: В чём заключалась эта «тайна из тайн» отряда 731, о которой вам рассказал начальник отряда полковник Исии Сиро?

Ответ: «Тайна из тайн» — это были исследования и другие работы по подготовке бактериологической войны, результаты этой работы и опыты над живыми людьми.

Вопрос: Что рассказывал вам об этом Исии Сиро?

Ответ: Исии рассказал мне, что для бактериологической войны существуют различные методы и такими методами являются: во-первых, метод диверсий, во-вторых, применение артиллерийских снарядов и, в-третьих, применение авиабомб.

Исии Сиро дальше рассказывал мне, что обычно артиллерийские снаряды и авиабомбы делаются из металла, но если начинить эти бомбы и снаряды бактериями, то при разрыве металла, вследствие высокой температуры, развивающейся в результате взрыва большого заряда, бактерии гибнут. Поэтому в отряде Исии остановились на фарфоровых бомбах, исследования над которыми ведутся.

Он говорил о том, что если применять бактерии путём рассеивания их с самолётов, то рассеивать приходится с большой высоты, но это не даёт должного эффекта, и для того, чтобы бактерии не гибли, необходимо рассеивать их с небольшой высоты.

Далее Исии говорил, что если разбрасывать бактерии в чистом виде, то при рассеивании с большой высоты они гибнут. Надо придать им какую-то оболочку. Этой самой оболочкой являются блохи. Поэтому остановились на том, чтобы применять заражённых чумой блох.

Затем, по словам Исии, применение патогенных возбудителей путём заражения питьевой воды, продовольствия является удачным методом применения бактериологического оружия.

Вопрос: Какой патогенный возбудитель Исии считал наиболее подходящим для целей будущей бактериологической войны?

Ответ: Уже в то время он считал наиболее подходящими чумных блох.

Вопрос: Расскажите об этом суду подробнее.

Ответ: Исии говорил о том, что в естественных условиях эпидемия чумы легко возникает, но искусственное создание эпидемии не так легко. Изучая причины, почему это так, он говорил, что недостаточно иметь одни только патогенные возбудители, чтобы при помощи их можно было создать эпидемию, нужно хорошо знать физиологические условия и физиологические особенности людей. И он говорил, что только при условии изучения физиологических особенностей человека можно узнать условия возбуждения искусственной эпидемии.

Вопрос: Значит, это изучение физиологических свойств должно было производиться путём опытов на живых людях?

Ответ: Да, правильно.

297

Вопрос: Где производились эти опыты на живых людях, что вам об этих опытах рассказывал генерал Исии?

Ответ: Он мне рассказал только о том, что для опытов используются китайцы и что эти эксперименты происходят как в отряде, т. е. в лабораторных условиях, так и в полевых условиях, и больше ничего он мне по этому вопросу не сказал.

Вопрос: И это по словам Исии являлось «тайной из тайн» отряда?

Ответ: Да.

Вопрос: Было ли вам известно о применении бактериологического оружия против китайцев?

Ответ: Об этом я узнал в начале 1944 года от генерал-майора Китано.

Вопрос: Что вам рассказал Китано и в присутствии кого?

Ответ: Он рассказывал это в штабе Квантунской армии, в моём кабинете. При этом никого не было. Он рассказывал мне о том, что из отряда Исии выехала группа в несколько человек, которая взяла с собой необходимые материалы и в районе к югу от гор. Шанхая разбрасывала чумных блох с воздуха и что эти эксперименты оказались эффективными. Что касается применения бактериологического оружия в Китае, то он мне рассказывал только это.

Вопрос: Следовательно, он рассказал вам о том, что в Китае применялось бактериологическое оружие в виде массы чумных блох, т. е. блох, заражённых чумой. Это правильно?

Ответ: Да, он так говорил. Он говорил, что этот способ применим для распространения чумы.

Вопрос: Следовательно, генерал-майор Китано доложил вам о практическом применении против китайского населения тех самых блох, заражённых чумой, о которых вам, как о наиболее эффективном оружии бактериологической войны, говорил впервые Исии. Это правильно?

Ответ: Да, правильно.

Вопрос: Следовательно, вы знали о том, что опыты, которые первоначально производились в отряде № 731 в лабораторных условиях и в условиях полигона, в дальнейшем приняли массовые масштабы и перешли в разряд

298

бактериологических атак против мирного китайского населения?

Ответ: Да, правильно.

Вопрос: Теперь перейдём к вопросу о том, как вы сами расценивали эти бактериологические атаки против китайского населения?

Я напомню ваши показания, данные 30 октября 1949 года и находящиеся в томе 8 на л. д. 105. Вы говорили тогда:

> «Применение бактериологического оружия 731-м отрядом против китайских войск и мирного населения Центрального Китая я подтверждаю. Безусловно, что для китайцев это оружие было наступательным, а для японцев, я считаю, оно было экспериментальным».

Может быть, вы поясните эти слова, что вы подразумевали, говоря, что для японцев это оружие считалось экспериментальным?

Ответ: Это нужно понимать в том смысле, что эффект этого оружия не был окончательно исследован и велись эксперименты по определению этого эффекта.

Вопрос: Вы врач по специальности?

Ответ: Да.

Вопрос: И будучи врачом по специальности, представителем гуманной профессии, вы считали, что применение десятков миллионов чумных блох против китайского мирного населения является только экспериментом?

Ответ: Конечно, это было экспериментом, но это было бесчеловечным экспериментом.

Вопрос: Что говорил вам генерал Китано об опытах на живых людях, которые проводились на полигоне на ст. Аньда?

Ответ: Он мне рассказывал о том, что на полигоне отряда на ст. Аньда производились эксперименты по заражению людей и животных при помощи специального снаряда, установленного на определённом расстоянии, и что в результате этих опытов люди и животные были заражены сибирской язвой. Таким образом, эти эксперименты по заражению людей и животных производились при помощи бомб.

Вопрос: Какой национальности были люди, на которых производились опыты по заражению их сибирской язвой?

Ответ: Китано мне не сказал прямо, кто были эти люди по национальности, но поскольку Исии мне говорил, что подопытными лицами были китайцы, я понял, что и в данном случае это были китайцы.

Вопрос: Я напоминаю ваше показание, которое было дано вами при допросе от 15 ноября 1949 года (л. д. 139 тома 8). Вы показали тогда об этих опытах следующее:

> «Со слов Китано, эти эксперименты производились над животными и китайцами. При этих опытах использовались специальные бомбы, начинённые бактериями сибирской язвы. Бомба была подорвана на земле, и после её разрыва подопытные животные и люди были заражены бактериями сибирской язвы».

Подтверждаете вы это своё показание?

Ответ: Да, подтверждаю.

Вопрос: Вы подтверждаете своё показание о том, что как начальник санитарного управления Квантунской армии вы осуществляли руководство научно-исследовательской работой отряда 731?

Ответ: Да, подтверждаю.

Государственный обвинитель: Я обращаюсь к суду с ходатайством об оглашении протокола очной ставки между подсудимым Кадзицука и свидетелем бывшим начальником оперативного отдела штаба Квантунской армии, бывшим генерал-майором японской армии Мацумура. Протокол этой очной ставки находится в томе 8 на л. д. 265—267.

Председатель суда: Военный трибунал определил: огласить протокол очной ставки между свидетелем Мацумура, бывшим начальником оперативного отдела штаба Квантунской армии, и подсудимым Кадзицука от 8 декабря 1949 года [1].

Председатель оглашает протокол очной ставки между Мацумура и Кадзицука.

Одновременно протокол оглашается на японском языке.

Председатель суда: Подсудимый Кадзицука, прошу подойти к микрофону.

---

[1] См. стр. 139.

Государственный обвинитель: Вы подтверждаете эти свои показания, данные вами на очной ставке?

Подсудимый Кадзицука: Да, подтверждаю.

Вопрос: Руководя научно-исследовательской работой отряда № 731 в области изучения свойств бактерий, вы знали, что все эти опыты проводятся на живых людях?

Ответ: Да, знал.

Вопрос: Вам говорит что-нибудь фамилия научного сотрудника Иосимура?

Ответ: Да, говорит.

Вопрос: Расскажите суду о том, чем занимался Иосимура в отряде № 731.

Ответ: Впервые о том, что в отряде № 731 работает научным сотрудником Иосимура, я узнал, когда в первый раз был в этом отряде для инспекции, в марте 1940 года. Осматривая лаборатории отряда, я там познакомился с научным сотрудником Иосимура.

Здесь, в этой лаборатории, я узнал о том, что Иосимура занимается исследованиями в области обмораживания, он изучал вопрос о причине возникновения обмораживания, иначе говоря, занимался патологией обмораживания.

Позднее я познакомился с научным трудом этого Иосимура. Смысл этого труда сводился к тому, что наиболее эффективным способом лечения обмораживания является погружение обмороженных конечностей в тёплую воду температурой 37 градусов. Из этого я знаю, что Иосимура занимался исследованиями обмораживания.

Вопрос: Эти работы Иосимура в области изучения патологии обмораживания относились к компетенции и представляли особый интерес именно для санитарного управления Квантунской армии, возглавляемого вами, на случай зимней операции Квантунской армии. Не так ли?

Ответ: Да, для нас они представляли интерес.

Вопрос: И вы были в курсе этих опытов Иосимура?

Ответ: Да, правильно.

Вопрос: И вы знакомы с его письменными отчётами?

Ответ: Да.

Вопрос: Вы руководили исследовательскими работами отряда 731 по изучению кровоточащей лихорадки, а также по вакцинам брюшного тифа, чумы и холеры?

Ответ: Да.

Вопрос: Вы знали о том, что все эти опыты проводятся на живых людях?

Ответ: Да, мне об этом докладывали.

Вопрос: И, следовательно, вы знали, что в отряде 731 в весьма широких масштабах производятся опыты на живых людях?

Ответ: Да.

Вопрос: Вы докладывали командующему Квантунской армией генералу Ямада о том, что в отряде № 731 проводятся секретные работы по изучению на практике бактериологического оружия?

Ответ: Да, говорил, что это делается.

Государственный обвинитель (обращаясь к суду): Разрешите в связи с этим вопрос подсудимому Ямада.

Председатель суда: Подсудимый Ямада, подойдите к микрофону.

Государственный обвинитель: Скажите, подсудимый Ямада, от кого первого вы узнали, что в отряде 731 проводится активная работа по изысканию и практическому применению бактериологического оружия?

Подсудимый Ямада: От начальника санитарного управления штаба Квантунской армии Кадзицука.

Вопрос: Того самого Кадзицука, который стоит рядом с вами?

Ответ: Да.

Государственный обвинитель: У меня нет больше вопросов к подсудимому Ямада.

Председатель суда: Прошу садиться, подсудимый Ямада. Подсудимый Кадзицука, подойдите к микрофону.

Государственный обвинитель: Скажите, подсудимый Кадзицука, какую форму носили военнослужащие отряда 731? Это была обычная медицинская форма или это была общевойсковая форма?

Подсудимый Кадзицука: Военнослужащие медицинской службы отряда № 731 не носили знаков различия своего рода войск.

Вопрос: А для чего это было сделано?

Ответ: С целью конспирирования работы 731-го отряда.

Государственный обвинитель: В связи с этим я обращаюсь к суду с ходатайством огласить циркуляр штаба Квантунской армии от 30 июня 1938 года № 1539 в томе 21, л. д. 3—4. Это — циркуляр об установлении особой военной зоны в районе Пинфань.

Председатель суда: Военный трибунал определил: огласить циркуляр штаба Квантунской армии от 30 июня 1938 года № 1539. Подсудимый Кадзицука, прошу садиться.

Председатель оглашает циркуляр штаба Квантунской армии от 30 июня 1938 года № 1539 «Об установлении особой военной зоны в районе Пинфань» [1].

Документ оглашается также на японском языке.

Председатель суда: Подсудимый Кадзицука, прошу подойти к микрофону. Государственный обвинитель, продолжайте допрос.

Государственный обвинитель: Вы подтверждаете, подсудимый Кадзицука, что особая военная зона на ст. Пинфань являлась особо строго охраняемой, строго секретной военной зоной?

Подсудимый Кадзицука: Подтверждаю.

Вопрос: Была ли вам известна мощность производственного оборудования, которое находилось в 4-м отделе отряда № 731?

Ответ: Я знал, что этот отдел располагал значительной производственной мощностью, но не предполагал, что она имеет такие размеры, как это следует из показаний других подсудимых.

Вопрос: Вы знакомы с конструкцией культиватора «системы Исии»?

Ответ: Знаком.

Вопрос: Как специалисту-бактериологу было ли вам ясно, что особенности процесса выращивания бактерий в культиваторах «системы Исии» обусловливали, что эти бактерии не могли употребляться для выработки вакцин, а могли применяться лишь в целях массовой фабрикации бактерий для бактериологической войны?

Ответ: Да, было ясно.

Вопрос: Таким образом, вы были осведомлены о том, что 4-й отдел отряда Исии занимался массовым выращиванием бактерий для целей бактериологической войны?

Ответ: Да.

---

[1] См. стр. 155—156.

Вопрос: Вы подтверждаете свои показания о том, что были вполне осведомлены о том, что опыты по испытанию смертоносных инфекций производились в отряде 731 на живых людях?

Ответ: Подтверждаю.

Вопрос: Вы признаёте, что руководили исследовательскими работами отряда по изучению лихорадки «Сонго», по вакцинам сыпного тифа, чумы, холеры?

Ответ: Подтверждаю.

Вопрос: Вы признаёте также, что были вполне в курсе опытов, которые производил экспериментатор Иосимура — научный сотрудник отряда 731, а именно опытов по обмораживанию?

Ответ: Подтверждаю.

Вопрос: Вы признаёте, что эти опыты в силу самой специфики их должны были в первую очередь интересовать именно санитарное управление Квантунской армии?

Ответ: Признаю.

Вопрос: Вы признаёте, наконец, что были осведомлены об атаках против китайского населения, произведённых отрядом 731 с помощью блох, заражённых чумой?

Ответ: Подтверждаю.

Государственный обвинитель: Больше вопросов к подсудимому Кадзицука не имею.

Адвокат Санников: В 1936 году во время формирования 731-го отряда вы знали его подлинное направление — подготовку бактериологической войны или нет?

Подсудимый Кадзицука: Я знал о том, что этот отряд будет заниматься исследованиями в этой области, но думал, что главной функцией этого отряда будет противоэпидемическая служба.

Вопрос: Скажите, от кого и когда вы получили первые сведения о работе 731-го отряда по подготовке бактериологической войны?

Ответ: О том, что в этом отряде ведутся подобные исследования, я точно узнал со слов главнокомандующего Квантунской армией перед моей первой инспекцией этого отряда.

Вопрос: Вы знали конкретно, какая часть деятельности 731-го отряда была подчинена оперативно-стратегическому отделу штаба Квантунской армии?

Ответ: Да, знал.

304

Вопрос: В марте месяце 1940 года, когда вы были в отряде 731, все ли отделы отряда вами были проверены во время этой поездки, если нет, то почему?

Ответ: В марте 1940 года, когда я посетил 731-й отряд, в письменном разрешении, выданном мне в штабе Квантунской армии, было ограничение, что не все места мне разрешалось посещать. Так, я помню, что 7 и 8-й корпуса мне не разрешалось посетить или 6 и 8-й, точно не могу сказать. Со всеми остальными я мог ознакомиться, и когда меня встретили в этом отряде и проводили по всем помещениям отряда, то в эти именно помещения не вводили. Таким образом, я понял, что посетить и ознакомиться с секретными помещениями отряда мне запрещено.

Вопрос: То, что вам сообщил генерал-майор Исии о работе 731-го отряда, он сообщил вам в порядке служебной обязанности или это носило характер беседы?

Ответ: Это было в форме беседы.

Вопрос: На вопрос председателя вы ответили, что имеете учёную степень, имеете учёные труды. Считаете ли вы совместимыми ваши труды врача и специалиста с тем, что вы разделяли взгляды сторонников бактериологической войны?

Ответ: Я разделял мнение и идеи Исии с точки зрения необходимости противоэпидемической службы, но всю дальнейшую деятельность этого отряда я считаю злодейской, и тем, что я сам имел отношение к этой работе и участвовал в ней, я также считаю себя причастным к злодействам и раскаиваюсь.

ДОПРОС ПОДСУДИМОГО САТО СЮНДЗИ

Государственный обвинитель: Подсудимый Сато, когда вы были назначены на должность начальника отряда «Нами» № 8604 и как долго вы работали в этой должности?

Подсудимый Сато: Я был начальником отряда «Нами» № 8604 в гор. Кантоне с декабря 1940 года до февраля 1943 года.

Вопрос: На какую должность вы были переведены из кантонского отряда «Нами» № 8604?

Ответ: Я был переведён в Нанкин начальником отряда «Эй» № 1644.

Вопрос: Как долго вы работали начальником нанкинского отряда «Эй» № 1644?

Ответ: Ровно год, до февраля 1944 года.

Вопрос: Когда были созданы отряды «Нами» № 8604 и «Эй» № 1644?

Ответ: В 1939 году.

Вопрос: Сколько филиалов имел нанкинский отряд «Эй» № 1644?

Ответ: 12 филиалов.

Вопрос: Назовите численный состав нанкинского отряда «Эй» вместе с филиалами этого отряда.

Ответ: Около 1 500 человек.

Вопрос: Какое отношение к нанкинскому отряду «Эй» № 1644 имел Исии Сиро?

Ответ: При создании отряда Исии был начальником отряда.

Вопрос: Вам известно, что Исии Сиро наиболее активно занимался изысканиями бактериологических средств войны?

Ответ: Да, знал.

Вопрос: Кто возглавлял отряд «Эй» № 1644 после ухода Исии?

Ответ: Следующим начальником нанкинского отряда после Исии был полковник Оота, служивший также в отряде Исии.

Вопрос: Какую должность занимал подполковник Онадера?

Ответ: Начальника общего отдела отряда «Эй» № 1644.

Вопрос: Теперь перейдём к вопросу об оборудовании, которое имел вверенный вам отряд «Эй» № 1644; опишите имевшееся в отряде «Эй» № 1644 оборудование для массового культивирования бактерий.

Ответ: Из числа оборудования для массового производства бактерий я считаю необходимым отметить инкубаторную комнату, размером пять на пять на два с половиной метра, затем два автоклава цилиндрической формы, диаметром полтора метра и длиной два с половиной метра, кроме того, около 200 культиваторов «системы Исии».

Вопрос: Имел ли нанкинский отряд «Эй» № 1644 котлы Коха?

Ответ: В отряде «Эй» № 1644 имелось 50 котлов Коха. Кроме того, ещё 10. Из них часть была в штабе, а также котлы имелись в филиалах.

Вопрос: На какой выход бактериальной массы было рассчитано оборудование отряда?

Ответ: При использовании всего оборудования выход бактериальной массы составлял 10 килограммов за производственный цикл.

Вопрос: Подтверждаете ли вы свои показания от 9 декабря 1949 года, находящиеся в томе 14, л. д. 302, о том, что руководимый вами нанкинский отряд «Эй» № 1644 занимался не только профилактикой и водоснабжением, но и изысканиями для массового производства бактериологического оружия? (Эти показания оглашаются на японском языке.)

Ответ: Да, подтверждаю.

Вопрос: Занимался ли нанкинский отряд «Эй» № 1644 размножением блох?

Ответ: Да, занимался.

Вопрос: Я прошу вас рассказать, каким образом производилось размножение блох.

Ответ: Разведение блох происходило ещё до прибытия моего на службу в отряд «Эй» № 1644, для этого имелось около 100 банок из-под бензина.

Вопрос: Я прошу вас, подсудимый Сато, рассказать всё, что вам известно о помощи, которую оказывал отряд «Эй» 1644 отряду № 731 в бактериологических атаках против китайского населения.

Ответ: Когда я находился в отряде «Эй» 1644, то я слышал лично от полковника Оота и подполковника Онадера о том, что в 1940 году в гор. Нимбо, в 1941 году в гор. Чандэ и в 1942 году в Чжеганской операции применялось бактериологическое оружие. Причём использовались чумные блохи, рассеиваемые с самолёта.

Во время Чжеганской операции часть людей из отряда «Эй» № 1644 оказывала помощь в проведении этой операции. Кроме того, в это время приехало очень много военнослужащих, командированных из отряда № 731. Как проходила конкретно операция, я не знаю, но в штабе отряда «Эй» № 1644 содействовали проведению этой операции в частности путём разведения блох.

Вопрос: Иначе говоря, отряд «Эй» 1644 поставлял

экспедиционной группе отряда Исии некоторое количество блох для заражения чумой. Правильно?

Ответ: Да.

Вопрос: Когда экспедиционная группа отряда № 731 прибыла в Нанкин, то где эта группа базировалась?

Ответ: На нанкинском отряде «Эй» № 1644.

Вопрос: Следовательно, отряд «Эй» 1644 во время этой экспедиции отряда Исии в Центральный Китай служил базой экспедиционной группы? Это правильно?

Ответ: Да.

Вопрос: Скажите, кто в бытность вашу начальником отряда «Эй» 1644 занимался культивированием бактерий чумы и выращиванием блох?

Ответ: Капитан Мурата.

Вопрос: Было ли для этой цели создано в бактериологическом отделе отряда специальное отделение или специальная секция по разведению блох и выращиванию бактерий чумы?

Ответ: Да, это было сделано.

Вопрос: Скажите, на какую должность вы были переведены из нанкинского отряда «Эй» 1644?

Ответ: Я был переведён начальником санитарной службы 5-й армии.

Вопрос: Какой филиал отряда № 731 базировался на территории, где дислоцировалась ваша армия?

Ответ: В районе расположения 5-й армии дислоцировалось два филиала, один из них находился на ст. Хайлин, а другой — в Линькоу.

Вопрос: Начальником какого филиала являлся подсудимый Оноуэ?

Ответ: Начальником филиала № 643 на ст. Хайлин.

Вопрос: Был ли вами по просьбе подсудимого Оноуэ отдан приказ о ловле крыс в помощь филиалу для размножения блох?

Ответ: Это был не приказ, а просьба, обращённая к командирам частей, поскольку начальник санотдела армии не мог издавать приказа по частям армии.

Вопрос: Следовательно, вами было написано командирам частей специальное письмо по этому поводу?

Ответ: Да.

Вопрос: Расскажите, при каких обстоятельствах вами было написано это письмо командирам частей.

Ответ: От майора Оноуэ я получил просьбу о желательности получать крыс, и поэтому я написал письмо, что необходимо было бы не убивать тех крыс, которые вылавливались в частях, а направлять их в распоряжение майора Оноуэ. Хочу ещё объяснить, что в письме неудобно было указывать частям о том, чтобы они занимались ловлей крыс, и поэтому в письме было сформулировано, чтобы части не убивали пойманных крыс и сдавали их филиалу № 643.

Вопрос: Как бактериологу и, кроме того, как бывшему начальнику отряда «Эй» 1644 в Нанкине вам, очевидно, было ясно, что эти грызуны употребляются для выращивания на них блох в отряде 731?

Ответ: Хотя майор Оноуэ мне об этом не говорил, но я мог об этом догадываться.

Вопрос: Сколько бактериологических формирований было в Нанкине?

Ответ: Если говорить о бактериологических отрядах, то кроме отряда «Эй» 1644 других не было.

Вопрос: Вам известно, что нанкинский отряд «Эй» 1644 в своё время имел условное название отряда «Тама»?

Ответ: Известно.

Вопрос: Теперь скажите, подсудимый Сато, какие опыты над людьми производил вверенный вам нанкинский отряд «Эй» 1644?

Ответ: Опытов над людьми он не производил.

Государственный обвинитель: У меня нет больше вопросов к подсудимому ввиду отрицания им этого обстоятельства, но у меня имеется ходатайство к суду. Я прошу суд об оглашении выписки из стенограммы заседания Международного военного трибунала для Дальнего Востока в Токио от 29 августа 1946 года. Во время этого заседания Международного военного трибунала в Токио был оглашён доклад районной прокуратуры гор. Нанкина, которая производила расследование японских зверств в Нанкине и в частности преступной деятельности отряда «Тама» или отряда «Эй» № 1644. В результате этого были установлены зверства, аналогичные тем, которые совершались в отряде Исии. Эта выписка из стенограммы заседания Международного военного трибунала для Дальнего Востока в Токио имеется в томе 22, л. д. 36. Об оглашении этой выписки я и ходатайствую перед Трибуналом.

Председатель суда: Военный трибунал определил: огласить выписку из указанной стенограммы заседания Международного военного трибунала для Дальнего Востока в Токио.

Председательствующий оглашает выписку из стенограммы заседания Международного военного трибунала для Дальнего Востока. Этот документ оглашается также на японском языке [1].

Адвокат Богачёв: Подсудимый Сато, скажите, из какого социального сословия вы происходите?

Сато: Из дворян.

Вопрос: Какую медицинскую специальность имеете?

Ответ: Патолог.

Вопрос: Какую учёную степень вы имеете, когда получили и за какие научные работы?

Ответ: В 1931 году я получил учёную степень доктора медицинских наук за работу «Опытное настаивание глюкозных растворов».

Вопрос: В области бактериологии вы специализировались?

Ответ: Нет.

Вопрос: Когда и за что вы награждены орденами?

Ответ: За участие в маньчжурских событиях получил орден «Восходящего солнца» 4-й степени и за китайские события награждён орденом «Золотого коршуна» и «Восходящего солнца» 3-й степени.

Вопрос: За период с 1941 года какие награды имели?

Ответ: Не получал.

ДОПРОС ПОДСУДИМОГО ХИРАЗАКУРА

Государственный обвинитель: Подсудимый Хиразакура, с какого времени и в качестве кого вы проходили службу в отряде № 100 Квантунской армии?

Подсудимый Хиразакура: Я работал с июля 1942 года в качестве сотрудника отряда № 100.

[1] См. стр. 216.

Вопрос: В качестве сотрудника какого отделения 100-го отряда вы работали?

Ответ: С 1942 года по декабрь 1943 года я работал в 1-м отделении 2-го отдела, после этого работал во вновь организованном 6-м отделении, а с апреля 1944 года до капитуляции Японии я работал в районе Хайлара в составе экспедиции отряда.

Вопрос: Расскажите подробно суду, что представлял собой отряд № 100, в котором вы проходили службу с 1942 года?

Ответ: Отряд № 100 внешне был по своему официальному названию отрядом противоэпизоотической защиты конского поголовья Квантунской армии, а в действительности он занимался подготовкой бактериологической войны.

Вопрос: Где помещался штаб отряда?

Ответ: Штаб отряда помещался в местечке Мынцзятунь, в 10 километрах к югу от гор. Чанчунь.

Вопрос: Кому непосредственно подчинялся отряд № 100?

Ответ: Этот отряд непосредственно подчинялся командованию Квантунской армии.

Вопрос: Кто осуществлял руководство деятельностью отряда № 100?

Ответ: Бывший начальник ветеринарного управления штаба Квантунской армии генерал-лейтенант Такахаси.

Вопрос: Имел ли отряд № 100 свои филиалы?

Ответ: У отряда № 100 был филиал в гор. Дайрене, а кроме того, имелись отделы по противоэпизоотической защите конского поголовья в городах Дайрене и Хайларе, но позднее хайларский филиал был перемещён в гор. Кэйшань.

Вопрос: Кем был укомплектован этот отряд и его филиалы?

Ответ: В состав отряда входили химики, бактериологи, ботаники и ветеринары.

Вопрос: Расскажите, что вам известно относительно структуры и работы отряда № 100?

Ответ: Численный состав отряда достигал примерно 600—800 человек, иногда численность менялась, поэтому называю примерно такую цифру. Был штаб отряда и, кроме того, общий отдел, 1-й, 2-й, 3-й, 4-й отделы.

Общий отдел состоял из нескольких отделений, как, например, плановое отделение и отделение исследований, и имел в своём распоряжении специальную плантацию или опытное поле. 1-й отдел занимался главным образом исследованием крови у конского поголовья частей Квантунской армии и тех животных, которые были в распоряжении частей Квантунской армии на предмет определения таких болезней, как сап, пироплазмоз и инфекционная анемия.

1-й отдел делился на несколько отделений, но количества этих отделений я не помню.

2-й отдел первое время, т. е. до 1943 года, состоял из пяти отделений, а позднее — из шести отделений и занимался главным образом исследовательской работой, изысканиями в области бактериологической войны. 1-е отделение было бактериологическое, 2-е отделение — патологическое, 3-е отделение ведало подопытными животными, 4-е отделение было отделением органической химии, 5-е отделение — ботаническое, а также ведало вопросами патологии растений и 6-е — занималось исключительно вопросами подготовки бактериологической войны.

3-е отделение имело в своём распоряжении подопытных животных, как, например, лошадей.

Начальниками отделений были специалисты-бактериологи, специалисты-ботаники, специалисты по органической химии или специалисты-патологи, как офицеры, так и вольнонаёмные научные сотрудники. После того, как в декабре 1943 года в отряд для инспектирования приезжал бывший начальник ветеринарного управления Квантунской армии генерал-лейтенант Такахаси, при 2-м отделе отряда № 100 было организовано 6-е отделение, которое занималось подготовкой бактериологической войны. Должен добавить, что 5-е отделение 2-го отдела занималось изысканием средств для отравления растений или их инфицирования при помощи бактерий. Вот всё, что я могу сказать.

Вопрос: Какие инфекции были приняты 2-м отделом в качестве основных для бактериологической войны?

Ответ: Мне известно, что это был сап, овечья оспа, чума рогатого скота и сибирская язва.

Вопрос: Сколько человек работало во 2-м отделе над

массовым культивированием бактерий для бактериологической войны?

Ответ: До моего отправления в район Хайлара мне известно, что в 1-м отделении под руководством научного сотрудника Нисида и лаборанта Ямагучи группа в количестве примерно 20 человек долгое время занималась исследованиями в области сибирской язвы и сапа. Кроме того, существовала группа капитана Такааки, которая исследовала, а также изготовляла в массовом количестве микробы чумы рогатого скота и овечьей оспы, а 6-е отделение работало в этом же направлении и имело численность от 40 до 50 человек.

Вопрос: Подтверждаете ли вы свои показания на предварительном следствии о том, что во 2-м отделе отряда, специально занимавшемся подготовкой бактериологической войны, работало 20 офицеров, 30 научных сотрудников и 50 человек технического персонала?

Ответ: Я говорил, что это состав 2-го отдела.

Вопрос: Значит, вы подтверждаете это своё показание?

Ответ: Да, подтверждаю.

Вопрос: Расскажите более подробно относительно истории создания и функций 6-го отделения 2-го отдела. Что относилось к числу специальных функций 6-го отделения?

Ответ: 6-е отделение было организовано, как я помню, в конце 1943 года. Как я уже говорил, в отряд приехал бывший начальник ветеринарного управления Квантунской армии генерал-лейтенант Такахаси, который в сопровождении подполковника Ямагучи и научного сотрудника Такасэ посетил и осмотрел лаборатории 2-го отдела. Они о чём-то совещались долгое время, разговаривали, потом начальник управления Такахаси уехал, и через неделю вышел приказ о создании нового, 6-го отделения 2-го отдела. Функции, которые принадлежали в то время 1-му отделению, были переданы новому, 6-му отделению, а также часть функций других отделений и людской состав. При этом все подвальные помещения, находившиеся в распоряжении 1-го отделения, были переданы новому, 6-му отделению. Одновременно с этим началось возведение новых построек для нужд нового, 6-го отделения, и постройки эти продолжались и в 1944 году, т. е. в то время, когда я отправился в Хайлар.

Вопрос: Производились ли опыты над живыми людьми в отряде № 100?

Ответ: В 1944 году я приехал из Хайлара в отряд, для того чтобы сделать доклад о работе. Это было в сентябре месяце. Когда я приехал в отряд и вошёл в расположение отряда, я встретил научного сотрудника Мацуи. Научный сотрудник Мацуи имел в руках посуду с какой-то растительной пищей. На мой вопрос, куда он несёт её, он ответил, что несёт в карцер, для того чтобы произвести опыт над живыми людьми, но какой это опыт, он мне не сказал.

Вопрос: Что вам известно об опытах и экспериментах, производимых отрядом № 100 по практическому применению отдельных бактерий для целей бактериологической войны? Расскажите, принимали ли вы лично участие в каких-либо экспедициях?

Ответ: Летом 1942 года, примерно в июле — августе, я участвовал в летних манёврах. Вот о них я сейчас расскажу.

Группой, участвовавшей в этих летних манёврах, руководил майор Мурамото. Кроме него, в состав этой группы входило несколько научных сотрудников, офицеров и технических работников общей численностью до 30 человек.

Вся необходимая аппаратура и материалы были доставлены в Чанчунь, отправкой материальной части ведал подпоручик Канэда.

Эксперименты были произведены в полевых условиях в Северо-Хинганской провинции, в районе Трёхречья, на берегу реки Дербул, протекающей поблизости от советской границы. Цель этих экспериментов была: изучить возможности применения бактерий в случае войны.

Вопрос: Каких именно бактерий?

Ответ: Река и озёра заражались сапом, а земля — сибирской язвой.

Вопрос: Какая река?

Ответ: Река Дербул, находящаяся невдалеке от советской границы. При этом были заражены районы протяжением около 1 километра. Заражение производилось с определёнными интервалами, приблизительно в 100 метров. Заражение производили научные сотрудники Мицуда и Ида Киёси, которые отправились на резиновых лодках. Как они разбрасывали бактерии, я не знаю.

Вопрос: Кстати, подсудимый Хиразакура, это та самая река Дербул, которая впадает в Аргунь, пограничную с советской территорией?

Ответ: Да, это правильно. Река Дербул впадает в реку, протекающую по советско-маньчжурской границе.

Вопрос: И именно эта река Дербул была заражена бактериями сапа, это правильно?

Ответ: Да, правильно.

Вопрос: Я прошу вас перейти к следующей экспедиции, в которой вы приняли участие, я говорю об экспедиции 1944 года.

Ответ: В апреле 1944 года начальник 2-го отдела подполковник Осака вызвал меня к себе; мы прошли в кабинет начальника отряда генерала Вакамацу, где мне был объявлен приказ о том, что я должен направиться в составе экспедиции. Экспедиция должна была состоять из семи человек и должна была возглавляться капитаном Асао, но один человек из этой группы по болезни не смог ехать, и вместо него был назначен я. При этом меня предупредили, что эта экспедиция носит секретный характер, она направлялась в Северо-Хинганскую провинцию. Меня ознакомили с двумя документами и сказали, что подробную инструкцию я получу от капитана Асао, который поедет на место и там даст подробные указания и разъяснения.

В одном из документов, в приказе, было сказано, что задачей этой группы является обследование районов Северо-Хинганской провинции и подсчёт общего количества скота в этих районах; скот там свободно находился на пастбищах, и перед нами была поставлена задача произвести обследование этого скота, пастбищ, водохранилищ, дорог и болезней скота.

Этот приказ был совершенно секретный, или, как было написано на нём, «военно-секретный». Там было сказано, что на основании оперативного приказа главнокомандующего Квантунской армией (номера этого приказа я не помню, на нём стоял литер «Хэй») в случае войны — подразумевалась война против Советского Союза — скот, в большом количестве имевшийся в Северо-Хинганской провинции, должен быть переброшен и эвакуирован к востоку от Большого Хингана, а если такой возможности не будет, то уничтожен.

Получив этот приказ, я один направился в Хайлар, где поступил в распоряжение капитана Асао и работал в качестве сотрудника этой группы до сентября 1944 года.

В сентябре была получена шифртелеграмма, которой предписывалось капитану Асао сделать первый доклад о произведённой этой группой работе. Для этого доклада я отправился вместе с капитаном Асао в отряд № 100, где капитан Асао сделал этот доклад начальнику отряда № 100 генералу Вакамацу. При этом я не присутствовал. Тогда же капитан Асао получил приказ о переводе его в Токио, повидимому в ветеринарную школу, и, возвратившись в Хайлар, сразу выехал в Токио. После его отъезда я был назначен начальником этой особой группы, группы обследования. В следующем, т. е. в 1945, году в марте месяце для второго доклада я отправился в гор. Чанчунь и сделал начальнику отряда № 100 генерал-майору Вакамацу доклад, обобщающий все результаты работы, проведённой группой. При этом присутствовал подполковник Осака, научный сотрудник Ида. Доклад я составил письменно и иллюстрировал картами, схемами. Начальник отряда генерал-майор Вакамацу вместе с подполковником Осака захватили меня с собой и повезли в штаб Квантунской армии, где предложили сделать доклад начальнику ветеринарного управления генерал-лейтенанту Такахаси, что я и сделал в его кабинете. После того как доклад был мною сделан, я через некоторое время вернулся в гор. Хайлар и при этом получил от начальника отряда генерал-майора Вакамацу задание закупить в Хайларе скот. Скот должен был быть закуплен через правительственные органы Маньчжоу-Го. Скот я должен был получить в хайларском отделении сельскохозяйственной животноводческой компании. Из Чанчуня приехал сотрудник отряда Хаяси, который привёз с собой деньги в сумме 80 тысяч иен, и мы закупили 500 овец, лошадей и коров в количестве от 90 до 100 голов. Со слов начальника отряда генерал-майора Вакамацу мне известно о том, что этот скот был предназначен для диверсионных целей, а именно, чтобы заразить этот скот и через него распространить эпизоотию.

Вопрос: Какими бактериями должен был быть заражён скот?

Ответ: Я не слышал о том, какими бактериями предполагалось заразить этот скот, но считаю, что сибирской язвой, сапом и чумой рогатого скота.

Закупленный скот был отправлен за 80 километров северо-западнее гор. Хайлар и там содержался вплоть до капитуляции Японии. При докладе в марте 1945 года я сообщил начальнику отряда генерал-майору Вакамацу, что в Северо-Хинганской провинции численность скота достигает полутора миллиона голов. При этом он мне сказал, что этот скот в случае войны должен быть заражён с самолётов и что специальный диверсионный отряд, который будет выполнять эту операцию, будет сформирован либо на базе 100-го отряда, либо самостоятельно штабом Квантунской армии.

Вопрос: Таким образом, подсудимый Хиразакура, я правильно вас понял, что начиная с марта 1944 года вы участвовали в работе разведывательной группы, которой была проведена бактериологическая разведка в пограничных с Советским Союзом районах для ведения активных бактериологических действий на случай войны с Советским Союзом. Это правильно?

Ответ: Да, правильно.

ВЕЧЕРНЕЕ ЗАСЕДАНИЕ 27 ДЕКАБРЯ

ПРОДОЛЖЕНИЕ ДОПРОСА ПОДСУДИМОГО ХИРАЗАКУРА

Государственный обвинитель: Что вам известно по поводу экспедиции отряда № 100 в район реки Южный Хангол в марте 1945 года?

Подсудимый Хиразакура: Экспедиция в район реки Южный Хангол состоялась в марте 1945 года. Возглавлял эту экспедицию подполковник Осака, а затем его сменил майор Ямагучи.

В эту группу входили научные сотрудники общей численностью свыше 20 человек. После прибытия группы я из Хайлара сопровождал её на место назначения в район Хауно, который находится в 20 километрах к югу от Хайлара.

Вопрос: Расскажите суду, с какой целью была организована эта экспедиция.

Ответ: Как я знаю со слов майора Ямагучи, который мне сообщил об этом после окончания манёвров, целью этой экспедиции было выяснить условия и возможности заражения скота чумой и овец оспой в зимних условиях путём оставления бактерий на снегу и траве.

Вопрос: Подтверждаете ли вы свои показания, данные при допросе 23 ноября 1949 года? Вы тогда показали следующее: «Как я уже показал ранее, эти опыты имели целью проверить сохранение жизненности бактерий в тех или иных условиях для использования полученных данных при бактериологической диверсии» (том 17, л. д. 116). (Показания оглашаются на японском языке.)

Государственный обвинитель: Эти показания вы сейчас подтверждаете?

Подсудимый Хиразакура: Да, подтверждаю.

Вопрос: Скажите, подсудимый Хиразакура, сколько раз вы делали доклад генерал-лейтенанту Такахаси по поводу результатов проведённых вами бактериологических экспериментов в пограничных с Советским Союзом районах?

Ответ: Я докладывал два раза.

Вопрос: При этом говорил ли вам что-нибудь генерал-лейтенант Такахаси относительно того, при помощи каких методов должно было быть произведено заражение скота в этих районах в случае начала бактериологической войны?

Ответ: В марте от генерал-майора Вакамацу я слышал, что бактериологическая война будет проводиться путём заражения скота при помощи авиации.

Вопрос: Каково содержание вашего доклада генерал-лейтенанту Такахаси?

Ответ: Я докладывал генерал-лейтенанту Такахаси в присутствии начальника отряда № 100 о результатах обследования, а именно, о состоянии рек, водохранилищ, их местонахождении, местонахождении дорог, о смене пастбищ и о возможности перемещения скота.

Вопрос: Во время этого вашего доклада генерал-лейтенанту Такахаси шла ли речь относительно необходимого количества бактерий для заражения этих районов?

Ответ: Да, об этом говорили. Точно цифры не помню, но припоминаю, что упоминались килограммы.

Вопрос: По чьему приказанию вами закупался скот у населения Северо-Хинганской провинции?

Ответ: Скот был мною закуплен по приказанию начальника отряда № 100 Вакамацу, но не у населения, а у промышленной компании.

Вопрос: Что должно было быть с этим скотом в случае войны? Для какой цели он был вами закуплен?

Ответ: Со слов генерал-майора Вакамацу мне известно, что этот скот предназначался для бактериологической диверсии. В случае войны этот скот должен был быть заражён и распущен, для того чтобы заразить в тылу противника скот.

Вопрос: Суммирую ваше показание. Вы лично принимали участие в двух экспедициях отряда № 100: в экспедиции в район Трёхречья и в экспедиции в Северо-Хинганскую провинцию?

Ответ: Да, принимал участие.

Вопрос: Обе эти экспедиции основной целью имели подготовку бактериологической войны против СССР. Не так ли?

Ответ: Правильно.

Вопрос: Вы состояли в штате 6-го отделения отряда № 100?

Ответ: Правильно.

319

Вопрос: Основная задача всего 6-го отделения заключалась в подготовке бактериологической войны против Советского Союза?

Ответ: Правильно.

Вопрос: И в частности в изыскании и массовом изготовлении бактерий для целей бактериологической войны? Это тоже правильно?

Ответ: Да, правильно.

Государственный обвинитель: У меня нет больше вопросов к подсудимому.

Адвокат Болховитинов: Подсудимый Хиразакура, прошу ответить, от кого исходила инициатива зачисления вас в отряд № 100?

Подсудимый Хиразакура: Я в то время работал ветеринарным врачом на островах Японии и не знаю, от кого исходила эта инициатива, но я был назначен туда приказом или командира дивизии, или военного министра.

Вопрос: Скажите, вас мобилизовали или вы добровольно поступили в армию?

Ответ: Я поступил по мобилизации.

Вопрос: Осуждаете ли вы в настоящее время свою деятельность в отряде № 100, а также идею бактериологической войны в целом?

Ответ: Да, очень осуждаю.

ДОПРОС ПОДСУДИМОГО МИТОМО

Государственный обвинитель: Подсудимый Митомо, когда вы поступили на службу в отряд № 100?

Подсудимый Митомо: В 100-й отряд я поступил в апреле 1941 года.

Вопрос: В каком отделе отряда № 100 вы работали?

Ответ: Я работал во 2-м отделе.

Вопрос: В каких отделениях 2-го отдела вы работали?

Ответ: Вначале я работал в 1-м отделении 2-го отдела. После создания 6-го отделения я стал работать в нём.

Вопрос: Когда вы начали работать в 6-м отделении?

Ответ: После апреля 1943 года.

Вопрос: Расскажите, чем занималось 6-е отделение 2-го отдела отряда № 100.

Ответ: Главной задачей 6-го отделения 2-го отдела было изучение способов бактериологической войны и диверсий, а также массовое изготовление бактерий. Это изучение производилось для подготовки бактериологической войны против Советского Союза.

Вопрос: Какие бактерии изучались главным образом?

Ответ: Сап, сибирская язва, чума рогатого скота, овечья оспа.

Вопрос: Правильно ли я вас понял, что в 6-м отделении не только изыскивались определённые виды инфекций для целей бактериологической войны, но и культивировались в массовом масштабе бактерии?

Ответ: Да, правильно.

Вопрос: Чем занимались вы сами, работая в 6-м отделении?

Ответ: Я занимался главным образом культивированием бактерий сапа, а также участвовал в экспериментах над живыми людьми.

Вопрос: Принимали ли вы участие в какой-нибудь экспедиции отряда № 100?

Ответ: В 1942 году в июле и августе месяцах, когда я работал в 1-м отделении, я участвовал в одной экспедиции на реку Дербул.

Вопрос: Кто выезжал в эту экспедицию?

Ответ: Возглавлял эту экспедицию майор Мурамото, помимо него было несколько офицеров и научных сотрудников, три технических работника, всего свыше 20 человек.

Вопрос: Был ли подсудимый Хиразакура в числе тех лиц, которые принимали участие в экспедиции?

Ответ: Да, был.

Вопрос: Какова была цель этой экспедиции?

Ответ: Целью этой экспедиции было изучение возможности применения бактерий сапа и сибирской язвы в диверсионных целях против Советского Союза. Во время этой экспедиции производилось заражение воды в реке Дербул бактериями сапа, а стоячих водоёмов — бактериями сибирской язвы.

Вопрос: Перейдём к вопросу относительно опытов над живыми людьми. Расскажите, какие производились опыты в отряде № 100 над живыми людьми?

Ответ: За время моей службы в 100-м отряде я участвовал один раз в экспериментах над людьми.

Вопрос: Я вас спрашиваю относительно другого: в отряде № 100 проводились опыты над живыми людьми или нет?

Ответ: Да, производились.

Вопрос: Кто занимался подобными опытами?

Ответ: Экспериментами над людьми занимались четыре человека: руководил всеми работами научный сотрудник Ида, участвовали поручик Накадзима, лаборант Мацуи и я.

Вопрос: Где содержались подопытные люди в отряде № 100?

Ответ: Эти люди содержались в изоляторе при караульном помещении отряда.

Вопрос: Кому персонально был подчинён этот изолятор?

Ответ: Этот изолятор подчинялся начальнику канцелярии общего отдела отряда.

Вопрос: Расскажите всё, что вам известно относительно опытов над живыми людьми, которые производились в отряде № 100.

Ответ: Эксперименты над живыми людьми проводились в августе — сентябре месяцах 1944 года. Содержанием этих экспериментов было — незаметно от подопытных лиц давать им снотворные средства и яды. Подопытных людей было семь-восемь человек русских и китайцев. В числе медикаментов, использованных на опытах, были: корейский вьюнок, героин и зёрна касторника. Эти яды примешивались к пище.

За две недели каждому подопытному такая пища с ядом давалась пять или шесть раз. В суп примешивался главным образом корейский вьюнок, в кашу, кажется, героин, в табак примешивался героин и бактал. Подопытные, которым подавался суп с корейским вьюнком, через 30 минут или через час засыпали на пять часов.

Все подопытные через две недели ослабевали после проводимых над ними опытов, и их больше использовать нельзя было.

Вопрос: Что тогда делали с ними?

Ответ: С целью конспирации все эти подопытные умерщвлялись.

322

Вопрос: Каким путём?

Ответ: Один подопытный русский по приказу научного сотрудника Мацуи был умерщвлён путём введения ему одной десятой грамма цианистого калия.

Вопрос: Кто его умертвил?

Ответ: Я ввёл ему цианистый калий.

Вопрос: Что вы сделали с трупом этого русского, которого вы умертвили?

Ответ: Я анатомировал труп на скотомогильнике в отряде.

Вопрос: Что вы сделали потом с этим трупом?

Ответ: Зарыл этот труп.

Вопрос: Где была вырыта яма?

Ответ: На скотомогильнике на задах отряда.

Вопрос: Там же, где хоронились туши скота?

Ответ: Место одно и то же, но ямы другие. (В зале движение, гул возмущения.)

Вопрос: Расскажите, каким способом был убит вами этот человек, как вы осуществили это убийство?

Ответ: Для введения этому подопытному человеку цианистого калия у него, по указанию Мацуи, был вызван понос, это и послужило предлогом для введения цианистого калия.

Вопрос: Это значит, что вы обманули этого человека? Говоря ему, что вы сделаете ему укол с целью лечения, вы в действительности ввели цианистый калий, это было так?

Ответ: Правильно.

Вопрос: Это был единственный человек, убитый вами, или вы убивали и других людей?

Ответ: Один подопытный китаец съел кашу с ядом, который мной был примешан, после чего он умер, пробыв несколько часов в невменяемом состоянии.

Вопрос: Какой яд был подмешан к каше?

Ответ: Один грамм героина.

Вопрос: Вы знали, что подмешиваете в кашу смертельную дозу яда?

Ответ: Знал.

Вопрос: Значит это было убийство, совершённое вами вполне сознательно?

Ответ: Правильно.

Вопрос: Где был похоронен труп этого человека, убитого вами?

Ответ: Там же был зарыт, где и русский.

Вопрос: То-есть на скотомогильнике?

Ответ: Да.

Вопрос: Вам известны другие случаи убийства подопытных людей?

Ответ: Два русских подопытных и один китаец жандармерией были расстреляны на том же месте.

Вопрос: То-есть эти люди были расстреляны прямо на скотомогильнике?

Ответ: Да.

Вопрос: За что они были убиты жандармами?

Ответ: Я думаю, для того чтобы сохранить тайну.

Вопрос: Значит будет правильно сказать, что все люди, которые попадали в отряд № 100 для производства над ними опытов, должны были погибнуть?

Ответ: Это будет правильно.

Государственный обвинитель: У меня больше нет вопросов к подсудимому Митомо.

Адвокат Прокопенко: Подсудимый Митомо, что вас заставило добровольно поступить в отряд?

Подсудимый Митомо: Я хотел повидать Маньчжурию. Как раз в это время несколько моих друзей собирались в 100-й отряд, и я вместе с ними поехал.

Вопрос: Вы сейчас ответили на вопрос прокурора, что вы экспериментировали над людьми. Для каких целей вы делали это, почему вы это делали? Была ли у вас в этом личная выгода?

Ответ: Лично для меня выгоды никакой не было.

Вопрос: Как вы сейчас расцениваете ваши действия?

Ответ: Я раскаиваюсь, что принимал участие в этих бесчеловечных опытах над людьми, а также в бактериологической диверсии и в подготовке бактериологической войны против Советского Союза.

ДОПРОС ПОДСУДИМОГО ТАКАХАСИ

Государственный обвинитель: Скажите, подсудимый Такахаси, с какого и по какое время и в каких должностях вы служили в Квантунской армии?

Подсудимый Такахаси: В Квантунской армии я служил с марта 1941 года по август 1945 года, до пленения меня Советскими войсками, в должности начальника ветеринарного управления штаба Квантунской армии.

324

Вопрос: Ваше военное звание — генерал-лейтенант ветеринарной службы?

Ответ: Да.

Вопрос: Когда был организован отряд 100 Квантунской армии?

Ответ: Управление противоэпизоотической защиты конского поголовья Квантунской армии было организовано в конце 1935 или в начале 1936 года.

Вопрос: Во всяком случае тогда, когда вы пришли на службу в Квантунскую армию, это управление уже функционировало?

Ответ: Да, правильно.

Вопрос: Расскажите суду, какие задачи были поставлены перед отрядом № 100 в 1941 году.

Ответ: В марте 1941 года, во время моего назначения, это управление имело своими задачами изготовление вакцин и сывороток главным образом для конского поголовья, а также изучение инфекционных болезней.

В сентябре 1941 года перед отрядом были поставлены задачи подготовки бактериологической войны и бактериологических диверсий, изучения этих вопросов и изыскания средств.

Вопрос: Против какой страны в первую очередь имелась в виду бактериологическая война?

Ответ: Главным образом против Советского Союза.

Вопрос: Какие бактерии решено было культивировать в отряде № 100 как оружие бактериологической войны?

Ответ: Бактерии сапа и сибирской язвы в первую очередь, а затем бактерии красной ржавчины, мозаики, потом чумы рогатого скота и овечьей оспы.

Вопрос: Какие патогенные возбудители вы считали наиболее приемлемыми для целей бактериологической войны?

Ответ: Бактерии сибирской язвы, чумы рогатого скота и овечьей оспы.

Вопрос: Кто был начальником отряда № 100?

Ответ: Генерал-майор ветеринарной службы Вакамацу.

Вопрос: Кто приказал начальнику отряда № 100 генералу Вакамацу в сентябре 1941 года начать производство тех бактерий, о которых только что вы показывали суду, для целей бактериологической войны?

Ответ: Я, Такахаси, начальник ветеринарного управления. Приказ был дан от имени главнокомандующего Квантунской армией, непосредственное приказание было моё.

Вопрос: Кто в то время являлся главнокомандующим Квантунской армией?

Ответ: Полный генерал Умедзу.

Вопрос: Таким образом, приказ об активной подготовке бактериологической войны исходил от генерала Умедзу?

Ответ: Да.

Вопрос: И вы в свою очередь этот приказ генерала Умедзу передали отряду № 100?

Ответ: Да, я руководил исполнением, а приказ согласно уставу должен был отдавать главнокомандующий.

Вопрос: Расскажите, подсудимый, какой отдел отряда занимался изготовлением бактериологического оружия?

Ответ: 6-е отделение 2-го отдела.

Вопрос: Отряд № 100 имел филиалы?

Ответ: Да, имел.

Вопрос: Какие это были филиалы?

Ответ: Филиал на ст. Рако и небольшое отделение в гор. Дальнем.

Вопрос: Были ли созданы в 1941 году иппоэпизоотические отряды или управления при армиях?

Ответ: Да, были организованы.

Вопрос: Прошу вас сказать, где были организованы подобные иппоэпизоотические управления?

Ответ: В городах Дунан, Дунин, Кэйшань, Цзинин.

Вопрос: Кто был инициатором создания подобного рода отрядов?

Ответ: Генеральный штаб.

Вопрос. Какой отдел генерального штаба?

Ответ: 1-е стратегическое управление.

Вопрос: Скажите, какие задания ставились перед этими отрядами?

Ответ: В том случае, когда Квантунская армия начнёт бактериологическую войну, эти отряды будут проводить её.

Вопрос: То-есть они должны были быть во всяком случае бактериологическими опорными базами 100-го отряда?

Ответ: Да, правильно.

326

Вопрос: Скажите, подсудимый Такахаси, кто готовил кадры для эпизоотических отрядов?

Ответ: Отряд № 100 готовил эти кадры.

Вопрос: Таким образом, отряд № 100 являлся не только центром изыскания и подготовки средств бактериологической войны, но и центром подготовки кадров для этой войны, правильно?

Ответ: Да, правильно.

Вопрос: Я вас прошу рассказать, велись ли в отряде № 100 изыскания средств бактериологической войны только для распространения эпизоотий среди скота, или же, кроме того, велись изыскания в области заражения растений?

Ответ: Что касается растений, то велись исследования по патогенным возбудителям, но я не являюсь знатоком в этом вопросе и подробно рассказать не могу.

Вопрос: Велись ли изыскания по мозаике или по пшеничной ржавчине?

Ответ: Вначале велись исследования по красной ржавчине, но затем культивирование и размножение возбудителей не удались, и мы перешли к мозаике.

Вопрос: Таким образом, в целях бактериологической войны решили остановиться на культуре мозаики вместо красной ржавчины?

Ответ: Да, правильно.

Вопрос: Скажите, вам приходилось делать доклад главнокомандующему Квантунской армией генералу Умедзу относительно готовности отряда № 100 к бактериологической войне?

Ответ: Да.

Вопрос. Я прошу вас рассказать о тех докладах, которые вы делали по этому поводу генералу Умедзу.

Ответ: Отряд № 100 стал вплотную заниматься работами в области бактериологической войны с декабря 1943 года. В отряд, в 6-е отделение, были направлены различные специалисты, которые и начали исследования по сапу, сибирской язве, мозаике, чуме рогатого скота и овечьей оспе. В связи с тем что Япония в то время вела войну против Америки и Англии, вопрос обеспечения оборудованием был очень затруднён, но отряд направил свои усилия на изучение и размножение патогенных микробов.

Вопрос: Докладывая генералу Умедзу первый раз по поводу готовности отряда № 100 к развёртыванию работы по подготовке бактериологического оружия, вы предложили ему определённые цифры по изготовлению соответствующих бактерий?

Ответ: Да, предлагал.

Вопрос: Генерал Умедзу согласился с этими предложенными вами цифрами?

Ответ: Согласился.

Вопрос: Какие бактерии были тогда предложены вами при докладе генералу Умедзу как наиболее эффективные средства бактериологической войны?

Ответ: Бактерии сапа, сибирской язвы, чумы рогатого скота, овечьей оспы и мозаики.

Вопрос: Докладывали ли вы Умедзу о конкретном количестве бактерий, которое может производить отряд № 100?

Ответ: Да, тогда я докладывал.

Вопрос: Назовите эти цифры.

Ответ: Я докладывал, что отряд 100 может производить в год: бактерий сибирской язвы — 1 000 килограммов, бактерий сапа — 500 килограммов, бактерий красной ржавчины — 100 килограммов. Эти цифры я докладывал, и это было возможно при достаточном оборудовании. Затем оборудование стало прибывать с декабря 1943 года и стало устанавливаться в 6-м отделении 2-го отдела, но этот план выполнить не удалось, и к концу марта 1944 года я докладывал главнокомандующему о том, что бактерий сибирской язвы изготовлено только 200 килограммов, сапа — 100 килограммов и красной ржавчины — 20—30 килограммов.

Вопрос: Считали ли вы, что то количество бактерий, которое вырабатывается отрядом 100, обеспечивает потребности бактериологической войны?

Ответ: Нет, не считал достаточным.

Вопрос: Во всяком случае после 1941 года по вашему настоянию были приняты меры к увеличению массового производства бактерий для целей бактериологической войны?

Ответ: Да.

Вопрос: Кто был инициатором посылки группы сотрудников отряда № 100 в 1944 году в район Северо-Хинганской провинции?

328

Ответ: Диверсионное отделение 2-го разведывательного отдела Квантунской армии.

Вопрос: А вы принимали в этом участие?

Ответ: Да, участвовал по приказу главнокомандующего.

Вопрос: Каким документом была оформлена посылка этой группы в район Северо-Хинганской провинции?

Ответ: Оперативным приказом главнокомандующего Квантунской армией.

Вопрос: Кто был тогда главнокомандующим Квантунской армией?

Ответ: Генерал Умедзу.

Вопрос: Какая задача была поставлена перед группой, посланной в Северо-Хинганскую провинцию?

Ответ: Перед этой группой была поставлена задача обследовать реки, водохранилища, пастбища, численность скота, а также перемещение скота по сезону.

Вопрос: С какой конечной целью производилась эта разведка?

Ответ: Генерал Умедзу сказал мне, что в том случае, когда начнётся война против Советского Союза и если японская армия отступит до Большого Хингана, где она будет вести оборону, 100-й отряд должен будет при этом заразить эпизоотическими заболеваниями весь скот Северо-Хинганской провинции и по мере возможности уничтожить его, для того чтобы противник не смог воспользоваться этим скотом. Что касается лошадей, то лошади, как способные быстро передвигаться, должны были быть переброшены на восток от Хингана.

Вопрос: Иначе говоря, эта разведка в Северо-Хинганской провинции проводилась также с целью подготовки бактериологической войны против Советского Союза. Это правильно?

Ответ: Да, правильно.

Вопрос: Вы выслушивали доклады Хиразакура о результатах работы его разведывательной группы в районе Северо-Хинганской провинции?

Ответ: Да, слушал.

Вопрос: Сколько раз?

Ответ: В сентябре 1944 года и в марте 1945 года.

Вопрос: О чём вам докладывал Хиразакура?

Ответ: Сейчас я точно не помню содержания его доклада, но подтверждаю показания Хиразакура, которые он давал сегодня. Что касается доклада, сделанного им в марте 1945 года, это был подробный доклад, сопровождавшийся иллюстрацией схем и карт.

Вопрос: Во время второго доклада обсуждался ли вопрос, какими бактериями лучше заразить скот, принадлежащий местному населению Северо-Хинганской провинции?

Ответ: Заражение должно было производиться с самолёта бактериями сибирской язвы, чумы рогатого скота.

Вопрос: Скажите, с какой целью посылалась летом 1942 года экспедиция в район Трёхречья?

Ответ: Это были манёвры для подготовки диверсий, которые должны были производиться в случае начала войны Японии против Советского Союза.

Вопрос: Какие конкретные действия производились во время этой экспедиции?

Ответ: Что касается водоёмов, рек, то там разбрасывались бактерии сапа, а на земле разбрасывались бактерии сибирской язвы, затем проверяли, насколько долго они там сохраняются.

Вопрос: Скажите, подсудимый Такахаси, после того как должность командующего Квантунской армией занял генерал Ямада, вы докладывали генералу Ямада о деятельности отряда № 100?

Ответ: Да.

Вопрос: Доложили ли вы новому главнокомандующему о том, что отряд 100 проводит секретную работу по подготовке бактериологической войны?

Ответ: Да, докладывал.

Вопрос: Скажите, сколько раз вы докладывали генералу Ямада о подобной деятельности отряда № 100?

Ответ: Первый раз я докладывал в конце июля 1944 года, второй раз — в ноябре 1944 года и третий раз — в феврале 1945 года.

Вопрос: Расскажите о содержании вашего первого доклада генералу Ямада.

Ответ: Во время своего первого доклада я докладывал главнокомандующему Ямада устно о работе ветеринарного управления. Окончив описание работы ветеринарной службы Квантунской армии, я коротко рассказал о работе отряда № 100. Что касается секретной работы отряда № 100, я рассказал генералу Ямада о том, что по приказу бывшего главнокомандующего генерала Умедзу в отряде № 100 изготовляются бактерии сибирской язвы, сапа, мозаики, чумы рогатого скота и овечьей оспы. Я также доложил о том количестве, в котором эти бактерии изготовляются.

Вопрос: Каково было содержание вашего второго доклада генералу Ямада?

Ответ: В своём докладе в ноябре 1944 года я информировал главнокомандующего Квантунской армией о том приказании, которое я в своё время получил от бывшего главнокомандующего генерала Умедзу и которое было подписано начальником диверсионного отделения полковником Сасаи. В приказании говорилось о том, что в случае отступления японской армии за линию Большого Хингана отряд № 100 должен произвести заражение скота, находящегося на этой территории. Я информировал его также о том, что группа поручика Хиразакура, выделенная отрядом № 100, работает по разведке на этой территории.

Вопрос: Расскажите о содержании третьего доклада генералу Ямада в феврале 1945 года.

Ответ: Я тогда просто сообщил главнокомандующему Ямада о том, что отряд № 100 продолжает выполнять свои задачи.

Вопрос: Каково было отношение генерала Ямада к тем докладам, которые вы ему сделали?

Ответ: Он выслушал меня и сказал: «Продолжайте в том же направлении».

Вопрос: Явствовало ли из этого, что указания, которые были сделаны по этому поводу генералом Умедзу Иосидзиро, были генералом Ямада оставлены в силе?

Ответ: Да, явствовало.

Вопрос: Подсудимый Такахаси, вы слышали показания подсудимого Митомо об опытах над людьми, которые производились в отряде № 100?

Ответ: Да, слышал.

Вопрос: Вы несёте ответственность за эти опыты?

Ответ: Да, я несу ответственность за эти опыты, но я тогда не знал об этих опытах, они делались без моего ведома, тем не менее я сознаю большую ответственность за эти опыты.

Вопрос: Подсудимый Такахаси, суммируем ваши показания. Признаёте ли вы, что именно вы руководили деятельностью отряда № 100 по активной подготовке бактериологической войны?

Ответ: Да, признаю.

Вопрос: И эта активная подготовка бактериологической войны, которая велась отрядом № 100 под вашим руководством, была направлена в первую очередь против Советского Союза, это так?

Ответ: Да, правильно.

Государственный обвинитель: У меня нет больше вопросов к подсудимому Такахаси.

Адвокат Зверев: Подсудимый Такахаси, скажите, почему вы, будучи студентом Токийского университета, получали стипендию от военного министерства?

Подсудимый Такахаси: Я находился в тяжёлом материальном положении перед поступлением в высшее учебное заведение. Я вынужден был платить за брата и поэтому вынужден был потом сам получать стипендию.

Вопрос: Скажите, получение стипендии военного министерства не возлагало на вас обязанность непременно после окончания учебного заведения поступить в армию?

Ответ: Да, возлагало такую обязанность.

Вопрос: Скажите, вы ездили в Англию в научную командировку. Не работали ли вы в Англии над изучением проблем, связанных с бактериологией?

Ответ: В Англии я изучал витамины.

Вопрос: Чем вы объясняете свою неосведомлённость в проведении отрядом № 100 экспериментов над живыми людьми?

Ответ: В том случае, когда начинались какие-либо новые эксперименты, необходим был приказ военного министерства; это могло делаться только по приказу военного министерства, но подобного приказа не было; в то же время, когда добивались этой санкции в штабе Квантунской армии, то санкция исходила не от меня, начальника ветеринарного управления, а от главнокомандующего Квантунской армией, но и такого ходатайства на имя командующего Квантунской армией не поступало. Я сейчас, при допросе другого подсудимого, слышал о различных экспериментах, но в то время я не знал этого.

Вопрос: На допросе 23 октября вы говорили, что вы лично против идеи бактериологической войны. Меня интересует, где и когда вы высказывали эти свои взгляды?

Ответ: После получения приказа о назначении в Квантунскую армию я нигде не высказывал этого, но когда я был в ветеринарной школе, тогда был противником этой идеи, но так как я не был бактериологом, с моим мнением не считались.

Вопрос: Как вы теперь оцениваете свою деятельность по подготовке бактериологической войны?

Ответ: Я считаю это очень бесчеловечным и раскаиваюсь в том, что имел отношение к этому. Особенно раскаиваюсь в том, что под моим руководством молодые японцы совершали подобные злодеяния.

Эксперт Жуков-Вережников: Известно ли вам, подсудимый Такахаси, что микробы сапа и сибирской язвы болезнетворны не только для животных, но и для человека?

Ответ: Да, известно.

УТРЕННЕЕ ЗАСЕДАНИЕ 28 ДЕКАБРЯ

ДОПРОС ПОДСУДИМОГО ОНОУЭ

Государственный обвинитель: Подсудимый Оноуэ, с какого и по какое время и в каких должностях вы служили в отряде № 731?

Подсудимый Оноуэ: С сентября 1943 года до капитуляции Японии я работал начальником муданьцзянского филиала отряда № 731.

Вопрос: Этому филиалу был присвоен № 643?

Ответ: Да.

Вопрос: До назначения на эту должность где вы служили?

Ответ: До этого я работал в отделе профилактики и водоснабжения 11-й дивизии, дислоцировавшейся в гор. Хулинь.

Вопрос: Какова ваша специальность?

Ответ: Бактериолог.

Вопрос: Каково ваше образование?

Ответ: Окончил специальное высшее учебное заведение.

Вопрос: С 1935 по 1936 год вы проходили специальную подготовку в Токио в школе военных врачей?

Ответ: Да, проходил.

Вопрос: А с 1933 по 1934 год тоже учились в этой школе?

Ответ: Учился.

Вопрос: Обучаясь в этой школе, получили ли вы специальную квалификацию в области бактериологии?

Ответ: Так точно.

Вопрос: Таким образом, вы имеете специальную подготовку бактериолога?

Ответ: Так точно.

Вопрос: Какие отделы имел филиал № 643 отряда № 731?

Ответ: Филиал имел следующие отделы: общий отдел, 1-й отдел, 2-й отдел, отдел снабжения и учебный отдел.

Вопрос: В каком отделе филиала происходило массовое выращивание паразитов и разведение грызунов?

334

Ответ: Блохи разводились в специальном отделении по размножению блох, которое по совместительству возглавлял начальник 1-го отдела Накамура, а грызуны разводились в отделе, возглавлявшемся по совместительству начальником снабжения Камио.

Вопрос: Какие задачи были поставлены перед вашим филиалом в конце 1943 года начальником отряда № 731 генерал-майором Китано?

Ответ: Задачи, которые перед нашим отрядом поставил генерал-майор Китано в конце 1943 года, заключались в следующем: усиление противоэпидемической службы в Муданьцзянском районе, массовое разведение грызунов и размножение белых мышей и прочих грызунов, а также увеличение оборудования для массового производства бактерий, но последняя задача нами выполнена не была.

Вопрос: С какой целью приезжал к вам майор Карасава?

Ответ: Майор Карасава приезжал к нам в филиал для того, чтобы выяснить, возможно ли установить паровые культивационные котлы в филиале и чтобы выявить условия установки этих котлов.

Вопрос: После этого были ли вами получены котлы для варки питательной среды?

Ответ: Да, были получены.

Вопрос: Это были четыре котла?

Ответ: Я помню, что было шесть.

Вопрос: Какой ёмкости был каждый котёл?

Ответ: Это были котлы диаметром полтора метра и длиною два с половиной метра.

Вопрос: То-есть это были большие котлы?

Ответ: Так точно.

Вопрос: Следовательно, вопрос о массовом производстве бактерий был поставлен на практическую основу?

Ответ: Оборудование ещё не было готово, поэтому практической основы ещё не было.

Вопрос: Я вас спрашиваю относительно другого: котлы для варки питательной среды были к вам привезены или нет?

(Молчание.)

Да или нет? Были к вам привезены эти шесть котлов или нет?

Ответ: Да, эти котлы были получены.

Вопрос: Можно ли это рассматривать, как практические действия, направленные на массовое производство бактерий?

Ответ: Да, можно.

Вопрос: Теперь скажите, вам были привезены только котлы или вам были привезены, кроме того, пептон, агар-агар, соль и другие вещества, которые нужны для производства питательной среды и выращивания на ней бактерий?

Ответ: Были получены, но точно количества не помню.

Вопрос: Я хотел бы освежить вашу память, подсудимый Оноуэ, и огласить показания, данные вами 27 октября 1949 года:

«Необходимо указать, что в начале 1945 года по приказанию начальника отряда генерал-майора медицинской службы Китано из материального отдела я получил для хранения в своём филиале три вагона (двадцатипятитонных) материалов, состоявших из пептона, агара, мясного экстракта и поваренной соли».

(Показания оглашаются на японском языке.)

Эти показания соответствуют действительности? Вы их подтверждаете?

Ответ: Подтверждаю, это имело место.

Вопрос: Следовательно, в вашем филиале сосредоточено было 75 тонн различных материалов, которые необходимы были для изготовления питательной среды, для выращивания бактерий?

Ответ: Правильно.

Вопрос: А немного ранее этого в отряд было привезено шесть котлов большой ёмкости. Это правильно?

Ответ: Правильно.

Вопрос: Значит, если бы котлы были смонтированы и если бы были использованы эти материалы, то отряд мог бы в массовых масштабах начать выработку бактерий. Это тоже правильно?

Ответ: Правильно.

Вопрос: Какое направление получила работа вашего филиала после повторного назначения на должность начальника отряда генерал-лейтенанта Исии? Конкретнее, какие задачи поставил перед филиалом генерал-лейтенант Исии Сиро?

Ответ: Первое время никаких задач перед филиалом он не ставил, но в апреле — мае поставил перед нами задачу массового размножения блох.

Вопрос: Остановитесь на этом более подробно.

Ответ: Приказ о блохах я получил примерно в апреле — мае 1945 года. Я помню, что в это время подобные указания давались всем филиалам отряда № 731. Как я уже сказал, приказ мною был получен в апреле — мае, однако к исполнению его сразу не приступили, потому что по различным обстоятельствам сразу не удалось послать в штаб отряда № 731 курсантов для обучения этому делу, и только после того, как в июне поступила шифртелеграмма, предписывавшая немедленно выслать этих курсантов, я выполнил это и послал на курсы двух работников своего филиала.

Я не помню точно, сколько времени они обучались на этих курсах, припоминаю только, что от полумесяца до одного месяца. После того как они вернулись с этих курсов, мы организовали подготовку для массового размножения блох. Кроме того, дополнительно ко всему этому было послано на курсы ещё три человека, а затем группа, возглавлявшаяся прапорщиком, в количестве 5—6 человек, была послана в отряд № 731, где получила необходимое количество блох для дальнейшего размножения их в филиале. Это было примерно в июле месяце. Затем я припоминаю, что в первоначальный период нашей работы по массовому размножению блох мы использовали для этой цели банки в количестве от 6 до 10.

Затем, во исполнение приказа, присланного нам, мы получили со склада в гор. Муданьцзяне пустые банки из-под бензина около 200 штук, которые нами были использованы для размножения блох. Были ли практически использованы для массового размножения все эти банки, я точно не помню, поэтому сейчас сказать об этом не могу.

Затем началась война с Советским Союзом и, как я знаю из доклада моих подчинённых, в штаб отряда № 731 9 августа 1945 года было выслано около 20—25 граммов блох, а все остальные были нами уничтожены 13 августа при выступлении отряда на первую линию позиции на ст. Эхо.

Вопрос: Подтверждаете ли вы ваши показания о том, что вами была получена шифртелеграмма, обязывающая вас максимально усилить массовое разведение блох?

Ответ: Да, подтверждаю.

Вопрос: В связи с этой телеграммой были отправлены на специальные курсы по массовому размножению блох в отряд 731 сперва два сотрудника вашего филиала — младший унтер-офицер Ябуки и вольнонаёмный Судзуки?

Ответ: Да, эти показания подтверждаю. На предварительном следствии я давал такие показания и сказал, что мною были отправлены младший унтер-офицер Ябуки и вольнонаёмный Судзуки, но потом я подумал, и мне кажется, что был послан не Судзуки, а кто-то другой.

Вопрос: Согласно указаний, полученных из отряда № 731, культивирование блох должно было производиться в двухстах инкубаторах, это правильно?

Ответ: Указания касались только получения этих 200 банок, но больше ничего указано не было.

Вопрос: 200 банок были получены вашим филиалом или нет?

Ответ: Были получены.

Вопрос: Размножение блох производилось в этих банках? Каким это делалось методом?

Ответ: Метод был таков, как я помню: на дно банки укладывали мелко нарезанную солому, затем в банку сажали одну или две крысы, закрепляли их и на этих крыс сажали блох.

Вопрос: Вы как специалист-бактериолог знали, какими инфекциями могут быть заражены блохи?

Ответ: Да, знал.

Вопрос: Какими?

Ответ: Чумой.

Вопрос: Значит, те блохи, которые выращивались в вашем филиале и в других филиалах отряда № 731, предназначались для заражения их чумой?

Ответ: Да, так получается.

Вопрос: Хорошо. Расскажите суду, чем занимался у вас подпоручик Камио.

Ответ: Подпоручик Камио являлся начальником отдела снабжения филиала, но в связи с недостатком кадров в филиале ему приходилось исполнять обязанности начальника группы по вылавливанию полевых грызунов, а

338

также заниматься размножением белых крыс и белых мышей.

Вначале эта команда состояла из 10 человек. Они принимали от воинских частей и от гражданского населения выловленных полевых грызунов, привозили в филиал, откуда они направлялись на базу отряда № 731.

Кроме того, специальная команда, возглавлявшаяся подпоручиком Камио, занималась массовым вылавливанием полевых грызунов в гор. Муданьцзяне. Эта команда состояла примерно из 10—14 или 15 человек. В 1945 году эта команда была увеличена до 30 человек, и массовое вылавливание крыс было активизировано. Кроме того, командой в количестве пяти человек было начато размножение белых крыс и другой командой, в количестве также пяти человек,— белых мышей. Я не помню месяца, когда это было. Но в то время белых мышей и белых крыс в филиале было очень мало, и из отдела снабжения отряда 731 из гор. Харбина было получено 500 белых мышей и 500 белых крыс, для того чтобы начать массовое размножение. Это массовое размножение в филиале было начато.

Вопрос: Подсудимый Оноуэ, когда ваши солдаты занимались ловлей полевых крыс, они были одеты в солдатскую форму или гражданскую одежду?

Ответ: Они были в рабочей одежде.

Вопрос: То-есть в гражданской одежде?

Ответ: Так точно.

После этого было начато массовое разведение белых крыс и белых мышей и отправление их в штаб отряда 731. Как я помню, в штаб отряда ежемесячно направлялось крыс от 100 до 150 и мышей — в количестве от 150 до 200.

Вопрос: А серых крыс и мышей?

Ответ: Всего в месяц направлялось полевых грызунов до 200.

Вопрос: Чем занимался у вас поручик Камияма?

Ответ: Насколько я помню, Камияма прибыл в филиал в марте 1945 года. Он был назначен на должность начальника канцелярии и по совместительству начальником 1-го отдела филиала. Прибыв в филиал, он сказал мне, что муданьцзянский филиал показывает большие успехи в вылавливании грызунов и что он просит меня поручить ему это дело.

Вопрос: Было ли ему поручено это дело?

Ответ: Нет, исключительно ему одному эту работу я не поручил, а руководил этой работой он совместно с подпоручиком Камио.

Вопрос: Было ли увеличено количество крысоловов после прибытия поручика Камияма в филиал отряда?

Ответ: Да, было увеличено.

Вопрос: До какого числа?

Ответ: Примерно до 30 человек.

Вопрос: Известно ли вам, сколько грызунов одновременно содержалось в хайларском филиале?

Ответ: Да, около 13 тысяч полевых грызунов.

Вопрос: Я прошу вас теперь рассказать о содержании вашей беседы с начальником канцелярии общего отдела отряда № 731 Такахаси.

Ответ: Даты, когда имела место моя беседа с майором Такахаси, являвшимся начальником канцелярии общего отдела отряда № 731, я точно не помню, но содержание этой беседы сводилось к его информации об опытах над живыми людьми, а также об исследованиях чумы в отряде № 731 и о работе с блохами. Он мне рассказал о том, что опыты над живыми людьми производятся на специальном полигоне путём сбрасывания бактериологических бомб с самолёта с высоты от 1 000 до 100 метров над землёй.

Кроме того, в отряде № 731 был ещё один Такахаси, который мне рассказывал о том, что в отряде производятся исследования чумы. Этот Такахаси — также майор.

Вопрос: Была ли перед вашим филиалом поставлена задача массового выращивания паразитов?

Ответ: Так точно.

Вопрос: Вы знали, что отряд 731 проводит особые курсы специалистов по массовому выращиванию блох?

Ответ: Да, знал.

Вопрос: Вы понимали, что эти выращиваемые в десятках килограммов паразиты не нужны были для научных изысканий, что эти масштабы перерастают масштабы всяких научных исследований?

Ответ: Да.

Вопрос: Как специалист-бактериолог вы понимали, что эти блохи могут быть заражены единственной инфекцией — чумой?

Ответ: Так точно.

Вопрос: Как специалист-бактериолог вы понимали, какую страшную опасность для человечества представляют эти десятки миллионов, сотни миллионов паразитов, заражённых чумой, если они вызовут эпидемию чумы?

Ответ: Да, знал.

Вопрос: Значит, вы понимали, что вы делали, когда выращивали этих блох в своём филиале 643?

Ответ: Так точно.

Государственный обвинитель: Не имею больше вопросов к подсудимому.

Адвокат Лукьянцев: Уточните количество пойманных вами грызунов за время вашей службы в филиале.

Подсудимый Оноуэ: Я припоминаю, что примерно около 7 тысяч.

Вопрос: Уточните, куда вами было израсходовано 75 тонн сырья для питательной среды.

Ответ: Они израсходованы не были, они были уничтожены.

Вопрос: Уточните, сколько времени в вашем филиале культивировались блохи.

Ответ: Как я помню, полмесяца или месяц.

Адвокат Богачёв: Подсудимый Оноуэ, помните ли вы тот момент, когда вы обращались в санитарный отдел 5-й армии за распоряжением о ловле грызунов?

Подсудимый Оноуэ: Как я показывал уже на очной ставке во время предварительного следствия, с просьбой о вылавливании грызунов я не обращался.

Подсудимый Ниси: Я, Ниси, бывший начальник филиала отряда № 731 в Суньу, обращаюсь к Оноуэ, бывшему начальнику муданьцзянского филиала отряда, с просьбой рассказать содержание приказа Исии об уничтожении муданьцзянского филиала, если подсудимый Оноуэ это содержание помнит.

Подсудимый Оноуэ: 9 августа 1945 года вечером я был вызван к телефону непосредственно подполковником Танака, который сообщил мне, что приказано действовать по собственному усмотрению. Дальнейшего содержания этого приказания я не помню, так как передал трубку младшему унтер-офицеру Ябуки; с его слов, как он мне докладывал, мне известно, что шифртелеграммой предлагается отправить блох в отряд № 731, а остальное всё уничтожить.

ДОПРОС ПОДСУДИМОГО КИКУЧИ

Государственный обвинитель: Подсудимый Кикучи, с какого времени вы работали в филиале 643 отряда 731?

Подсудимый Кикучи: Вблизи ст. Хайлин я работал с апреля 1943 года до капитуляции Японии.

Вопрос: В качестве кого?

Ответ: Лаборанта этого филиала.

Вопрос: Чем вы занимались?

Ответ: Я занимался культивированием бактерий, в частности тифа.

Вопрос: Культивированием каких ещё бактерий приходилось вам заниматься?

Ответ: Паратифа и лихорадки.

Вопрос: Подтверждаете ли вы ваши показания, данные 5 декабря 1949 года, имеющиеся в томе 13, л. д. 285, когда вы показывали следующее:

«Нам говорили, что это необходимо было для того, чтобы в случае, если потребуется, мы могли быстро готовить такую питательную среду, на которой можно быстро культивировать и долго сохранять бактерии»?

(Показания оглашаются на японском языке.)

Ответ: Да, подтверждаю.

Вопрос: В том филиале, где вы работали, были ли организованы работы по массовому размножению грызунов?

Ответ: Да, такие работы проводились.

Вопрос: Выращивались ли блохи в этом филиале?

Ответ: Да, разведение блох производилось в подвале, который помещался под 1-м отделением.

Вопрос: Кто занимался работой по массовому выращиванию блох?

Ответ: Насколько я помню, этим занимались старший унтер-офицер Суда, также Аито, солдат 1-го разряда Нисияма, унтер-офицер Окияма и Судзуки.

Вопрос: Короче говоря, в этом отделении специально работало пять названных вами сотрудников отряда, правильно?

Ответ: Да, так точно.

Вопрос: Куда отправлял филиал 643 выращенных в нём паразитов и грызунов?

Ответ: В отряд 731.

Вопрос: Для какой цели эти грызуны и блохи отправлялись филиалом в отряд 731? Что вам по этому поводу известно, подсудимый?

Ответ: Сперва я не знал, для чего отправлялись выращенные блохи и пойманные грызуны, но постепенно у меня стал возникать вопрос, для чего это производится, и позднее я узнал, что эти мыши и крысы отправляются в 731-й отряд, для того чтобы производить над ними бактериологические исследования.

Вопрос: Для какой конечной цели?

Ответ: Для подготовки бактериологической войны.

Вопрос: Находясь на санитарных курсах при 3-м отделе отряда № 731, вы слышали что-либо от солдат этого отдела о деятельности отряда № 731?

Ответ: Так точно. Я слышал, что отряд № 731 выращивает бактерии для войны.

Вопрос: В вашем филиале говорили о том, что крысы, мыши и блохи нужны отряду № 731 для подготовки бактериологической войны?

Ответ: Так точно.

Вопрос: Правильно ли будет сказать, что филиал № 643, являясь подразделением отряда № 731, помогал этому отряду готовиться к бактериологической войне?

Ответ: Так точно.

Вопрос: Вам известно, против кого Квантунская армия готовила войну?

Ответ: Так точно, известно.

Вопрос: Против кого, против какой страны?

Ответ: Против Советского Союза.

Вопрос: Откуда это вам известно, подсудимый Кикучи?

Ответ: Хотя нам непосредственно не говорили, что мы должны будем напасть на Советский Союз, но это было понятно из всей подготовки, и на тактических занятиях говорилось о войне против Советского Союза.

Вопрос: Значит, на тактических занятиях вам говорили о том, что Квантунская армия готовит войну против Советского Союза. Это так?

Ответ: Так точно.

Вопрос: Последний вопрос к вам, подсудимый Кикучи. Вы работали в филиале № 643, активно помогавшем отряду № 731 готовить бактериологическую войну. Признаёте ли вы свою ответственность за это?

Ответ: Да, признаю.

Адвокат Прокопенко: Подсудимый Кикучи, скажите, пожалуйста, сколько человек таких же «исследователей» бактерий, как вы, работало вместе с вами?

Подсудимый Кикучи: Солдат человек пять-шесть, вольнонаёмных — четыре человека.

Вопрос: Как вы расцениваете сейчас, в 1949 году, свою деятельность в отряде?

Ответ: Я понял, что я совершил преступление против человечества.

ДОПРОС ПОДСУДИМОГО КУРУСИМА

Государственный обвинитель: Подсудимый Курусима, когда вы начали службу в отряде № 731 Квантунской армии?

Подсудимый Курусима: С октября 1944 года.

Вопрос: В качестве кого?

Ответ: С октября по ноябрь 1944 года я служил охранником во время манёвров.

Вопрос: Во время манёвров отряда № 731?

Ответ: Так точно.

Вопрос: До прибытия в отряд № 731 проходили ли вы какое-либо обучение?

Ответ: Да, на шестимесячных курсах санитаров, в филиале № 162.

Вопрос: Что вы изучали на этих шестимесячных курсах?

Ответ: Изучал способы разведения бактерий.

Вопрос: Культивированию каких бактерий уделялось при этом особое внимание?

Ответ: Брюшного тифа, возвратного тифа, холеры и туберкулёза.

344

Вопрос: Обучали ли вас на этих курсах приёмам штыкового боя?

Ответ: Приёмам штыкового боя мы обучались в 97-м полку, который находился около Харбина.

Вопрос: Расскажите коротко, как вас обучали приёмам штыкового боя.

Ответ: Фамилию человека, который проводил обучение, я не помню, но он был по званию прапорщик, он говорил, что советский солдат высокий, поэтому надо колоть повыше.

Вопрос: Было ли вам ясно, хотя бы из этих приёмов обучения штыковому бою, что вас готовят к войне против русских солдат?

Ответ: Да, конечно.

Вопрос: По прибытии в отряд 731 вы предупреждались о чём-либо военным командованием?

Ответ: Майор Ниси говорил нам о необходимости конспирации против разведчиков.

Вопрос: Куда вы были отправлены после окончания курсов?

Ответ: В отряд № 731.

Вопрос: Что вы делали в отряде 731 после окончания курсов?

Ответ: Я был охранником во время манёвров.

Вопрос: Расскажите об этих манёврах.

Ответ: Эти манёвры проводились путём сбрасывания с самолёта бомб, начинённых блохами. Манёвры заключались только в этом.

Вопрос: В каком месте проводились эти манёвры?

Ответ: Точно определить расстояние я не могу, но приблизительно в трёх километрах от отряда № 731, в местечке Утунь.

Вопрос: Проверялось ли во время манёвров рассеивание блох на месте манёвров?

Ответ: Да, проверялось.

Вопрос: Расскажите, при помощи каких специальных технических приёмов это делалось?

Ответ: На месте манёвров были расположены ящики примерно в интервалах в 2 метра друг от друга, точное число ящиков я не помню, но приблизительно было около 1 000 штук.

345

Вопрос: На какой примерно площади?

Ответ: Точно я не могу сказать, но предполагаю, что на площади около 2 квадратных километров. Внутри этих ящиков находилась клейкая бумага и рассеиваемые при взрыве блохи попадали в эти ящики на бумагу, после чего их подсчитывали.

Вопрос: Вы сами подсчитывали блох на дне этих ящиков?

Ответ: Да, подсчитывал.

Вопрос: Вам известно, с какой целью производились эти испытания?

Ответ: Так точно, известно.

Вопрос: Расскажите об этом.

Ответ: Хотя эти блохи и не были заражены бактериями, но я знал, что это делается в целях подготовки бактериологической войны, в случае которой эти блохи, заражённые чумой, будут сбрасываться с самолётов.

Вопрос: На каком примерно расстоянии от земли происходили разрывы бактериологической бомбы, начинённой блохами?

Ответ: Приблизительно на высоте 100 метров.

Вопрос: Работая в филиале № 162, участвовали ли вы в культивировании бактерий?

Ответ: Да, я участвовал в культивировании бактерий.

Вопрос: Скажите, вы с группой работников вашего филиала выезжали для ловли грызунов?

Ответ: Да, выезжал.

Вопрос: Один раз или больше?

Ответ: Два раза.

Вопрос: Сколько дней вы занимались каждый раз ловлей грызунов?

Ответ: Неделю.

Вопрос: Сколько грызунов лично вы поймали?

Ответ: Всего я поймал 200—300 штук.

Вопрос: Эти грызуны потом постоянно находились в филиале № 162 или их куда-либо отправляли?

Ответ: Пойманные грызуны отправлялись в отряд № 731.

Вопрос: Вам известно, какими партиями отправлялись они из вашего филиала?

Ответ: Точно я не знаю, но в отряд № 731 они отправлялись большими партиями.

346

Вопрос: Скажите, подсудимый Курусима, когда вы ловили грызунов, культивировали бактерии, подсчитывали на клейкой бумаге блох на полигоне, вы понимали, что этим самым способствовали подготовке бактериологической войны?

Ответ: Знал.

Адвокат Прокопенко: Подсудимый Курусима, я прошу сказать, в чём вы себя конкретно признаёте виновным?

Подсудимый Курусима: Первое — в том, что я принадлежал к филиалу № 162 отряда № 731. Второе — в том, что я участвовал в манёврах, конечная цель которых заключалась в массовом истреблении людей. Это всё.

ДОПРОС СВИДЕТЕЛЯ ТАМУРА

Председатель суда: Свидетель Тамура, вы предупреждены об ответственности за дачу ложных показаний, вы должны показывать суду все известные вам факты по делу, говорить только правду. Скажите, свидетель Тамура, когда вы были пленены Советской Армией?

Свидетель Тамура: 1 сентября 1945 года.

Вопрос: Где вы в то время находились и какие выполняли обязанности?

Ответ: В то время я находился в гор. Чанчунь (Маньчжурия) и являлся начальником отдела кадров штаба Квантунской армии.

Вопрос: Какое было у вас воинское звание?

Ответ: Полковник.

Государственный обвинитель: Свидетель Тамура, какую информацию вы получили от начальника штаба Квантунской армии Хата по поводу целей и задач отряда № 731?

Свидетель Тамура: Генерал-лейтенант Хата информировал меня о том, что отряд № 731 Квантунской армии хотя и носит официальное название Управления профилактики и водоснабжения, но занимается главным образом подготовкой бактериологической войны против Советского Союза. Он мне давал указания, чтобы в вопросах кадров обращать на этот отряд особое внимание.

Вопрос: Когда и при каких обстоятельствах, по чьему поручению вы инспектировали отряд № 731?

Ответ: Приказание об инспектировании отряда № 731 я получил в июне 1945 года на Харбинском аэродроме от бывшего главнокомандующего Квантунской армией генерала Ямада.

Вопрос: В связи с чем вам было отдано такое приказание генералом Ямада и что послужило поводом для инспектирования отряда № 731?

Ответ: В мае 1945 года в штаб Квантунской армии на имя главнокомандующего поступил документ от начальника отряда № 731 Исии, в котором Исии ходатайствовал о предоставлении условий для активизации работ отряда 731. Исии просил также о посылке в отряд 731 военных врачей и увеличении штатов. Я после этого ждал случая, чтобы встретиться с самим Исии и подробнее выяснить этот вопрос. Этот случай мне представился, когда главнокомандующий направился в гор. Цицикар, для того чтобы присутствовать на выпуске курсантов. Мы прибыли в Харбин и там встретили генерала Исии.

Вопрос: Расскажите, каким образом производилось вами инспектирование отряда 731 и что вы лично видели в этом отряде?

Ответ: Прибыв в отряд Исии, я осмотрел все производственные помещения — лаборатории отряда и тюрьму, где содержались заключённые этого отряда. При осмотре производственных помещений производственного отдела я видел оборудование, предназначенное для массового производства бактериологических средств войны. Кроме того, я видел грызунов, которые разводились с целью их использования для размножения блох. Я видел в помещении отряда образцы артиллерийских бактериологических снарядов и авиабомб. Кроме того, в кабинете Исии я ознакомился с рядом схем и чертежей, иллюстрировавших эффективность действия бактериологического оружия. Я осматривал и внутреннюю тюрьму, видел часть тюремных камер. Я видел там около 40—50 заключённых, по национальности это были китайцы и русские. Среди этих русских я видел одну женщину.

Вопрос: В каком состоянии находились заключённые и как они были размещены в этих камерах, сколько человек содержалось в каждой камере, какова была обстановка этих камер, если вы помните её?

Ответ: Из коридора через маленькое смотровое окошко в дверях камеры я видел, что некоторые из заключённых были закованы в ножные кандалы. Одни передвигались, а бо́льшая часть лежала на полу. Сколько было человек в каждой камере, точно не помню.

Вопрос: Что вам говорил генерал Исии относительно тех целей, ради которых были собраны люди в камеры внутренней тюрьмы отряда № 731?

Ответ: Генерал Исии говорил мне, что эти заключённые используются в качестве подопытных для испытания действия бактерий. Я видел, что среди заключённых, являвшихся подопытными, человека два или три находились в тяжёлом состоянии.

Вопрос: Скажите, свидетель, кем доставлялись в отряд № 731 люди, предназначенные для совершения над ними опытов?

Ответ: Со слов Исии мне известно, что эти люди доставлялись жандармерией и японскими военными миссиями из числа задержанных и приравненных к преступникам, которые должны быть осуждены на смертную казнь.

Вопрос: Я прошу вас, свидетель, рассказать о том, что вам доложил Исии при инспектировании вами отряда № 731 о целях отряда, с одной стороны, и о готовности отряда выполнять боевые задания — с другой.

Ответ: Исии рассказал мне, что эффективность бактерий проверена на опытах над живыми людьми как в лабораторных условиях, так и полевых и что бактериологическое оружие является наиболее мощным оружием в руках Квантунской армии. Он информировал меня о том, что отряд № 731 находится в полной боевой готовности, и в случае необходимости, когда начнётся война, отряд в состоянии обрушить непосредственно на войска противника громадные массы смертоносных бактерий, что отряд может также при помощи авиации провести операции по бактериологической войне в тылу противника над его городами.

Вопрос: Скажите, свидетель, какое личное впечатление создалось у вас после инспектирования отряда о масштабах деятельности отряда № 731 и о готовности его к активной бактериологической войне?

Ответ: После осмотра всех помещений отряда № 731, после того как я осмотрел оборудование этого отряда, я был крайне поражён размахом работ этого отряда; размах этот превосходил все мои ожидания. И состояние работ, и то оборудование, которое я видел в этом отряде, убедили меня в правильности слов Исии, который говорил, что отряд находится в полной боевой готовности.

Вопрос: Кому вы доложили о результатах проведённого вами инспектирования отряда № 731?

Ответ: Я доложил главнокомандующему Ямада.

Вопрос: Я прошу вас восстановить содержание доклада, который вы сделали Ямада.

Ответ: Я доложил Ямада, что в производственных помещениях имеется оборудование и ведутся работы по массовому производству бактерий, ведутся работы по разведению грызунов, предназначенных для размножения блох, а также по производству бактериологических снарядов и авиабомб. Я доложил главнокомандующему Ямада о виденном мною в тюрьме, что в той части тюрьмы, которую я видел, находилось от 40 до 50 заключённых, по национальности китайцы, русские, и что среди них имелась одна русская женщина. Я сообщил генералу Ямада, что эти заключённые, насколько я их видел, закованы в ножные кандалы и что, по словам начальника отряда генерала Исии, они используются для испытания эффективности смертоносных бактерий как бактериологического оружия.

Вопрос: Докладывали ли вы генералу Ямада о готовности отряда № 731 к бактериологической войне?

Ответ: Да, докладывал.

Вопрос: Что вы доложили ему?

Ответ: Я доложил главнокомандующему Ямада о том, что со слов генерала Исии мне известно, что отряд 731 готов к бактериологической войне. Я также доложил генералу Ямада о том, что после осмотра производственных помещений и тюрьмы отряда 731 я убедился в правильности слов генерала Исии о полной боевой готовности отряда.

ВЕЧЕРНЕЕ ЗАСЕДАНИЕ 28 ДЕКАБРЯ

ДОПРОС СВИДЕТЕЛЯ ФУРУИЧИ

Председатель суда: Свидетель Фуруичи, вы предупреждены об уголовной ответственности за дачу ложных показаний. На суде вы должны говорить только правду.

Свидетель Фуруичи: Понятно.

Вопрос: Скажите, свидетель Фуруичи, когда вы были пленены Советской Армией?

Ответ: 17 августа 1945 года.

Вопрос: Где вы в это время находились?

Ответ: На ст. Хандаохэцзы.

Вопрос: Какую вы занимали должность?

Ответ: В то время я являлся санитаром филиала № 643 и работал в группе по исследованию патогенных возбудителей.

Государственный обвинитель: Свидетель Фуруичи, расскажите, при каких обстоятельствах и когда вы впервые поступили на службу в отряд № 731?

Свидетель Фуруичи: В отряд № 731 я поступил в июле 1941 года. Я являюсь уроженцем префектуры Тоттори, в Японии. Перед моим поступлением в этот отряд я искал службу при посредстве конторы по найму, и я устроился на службу вольнонаёмным в Квантунскую армию. Нас отправили до гор. Симоносеки, и в Симоносеки меня включили в группу, направлявшуюся в отряд № 731.

Вопрос: В каком отделе отряда № 731 и сколько времени вы работали?

Ответ: Я работал с июля 1941 года по февраль 1945 года в 1-м отделении 1-го отдела.

Вопрос: Что вы имеете сказать о том, чем занимался отряд № 731 в целом?

Ответ: 731-й отряд внешне хотя и являлся Управлением профилактики и водоснабжения, но практически готовил бактериологические диверсии.

Вопрос: О чём вас предупредили, когда вы приступили к работе в отряде?

Ответ: Капитан медицинской службы Ямасита меня предупредил о том, чтобы всё, что станет мне известно во время работы в 731-м отряде, я сохранил в полной тайне ввиду военной конспирации и, где бы и когда бы я ни работал на другой работе, не рассказывал о секретной работе 731-го отряда.

Вопрос: Принимали ли вы участие в какой-либо экспедиции отряда № 731?

Ответ: Да, в 1942 году я участвовал в экспедиции в Центральный Китай.

Вопрос: Расскажите, какие цели стояли перед экспедицией и что делали во время экспедиции лично вы?

Ответ: Самой главной целью экспедиции в Центральный Китай являлось проведение диверсии против китайских войск и мирного населения в районе гор. Юйшань.

В июле 1942 года группа 731-го отряда в количестве 120 человек офицеров и вольнонаёмных выехала из гор. Харбина на поезде. Мы приехали в Центральный Китай, в гор. Нанкин, где находилось Управление водоснабжения и профилактики японской экспедиционной армии в Центральном Китае, и из этого управления к нам присоединилась группа солдат и офицеров. Окончательная численность нашей экспедиции была 150—160 человек.

Вопрос: Вы сказали, что приехали в Нанкин?

Ответ: Так точно, в Нанкин.

Вопрос: Там к вам присоединилась группа военнослужащих из нанкинского отряда «Эй» 1644?

Ответ: Так точно.

Вопрос: Значит, нанкинский отряд «Эй» 1644 помогал отряду Исии в его экспедиции в Китай?

Ответ: Так точно.

Вопрос: Кто возглавлял экспедицию отряда № 731?

Ответ: Экспедицию отряда 731 возглавлял генерал-майор Исии.

Вопрос: Чем занималась экспедиция в Центральном Китае?

Ответ: Работа экспедиции, в которой я участвовал, заключалась в следующем: это была бактериологическая атака путём заражения водоёмов, колодцев, построек бактериями тифа и паратифа. Отряд 731 направил для этой экспедиции указанные бактерии, производившиеся в массовом количестве в 4-м отделе этого отряда. Бактерии были помещены в бутылки из-под пептона. Эти склянки помещались в ящики, на которых было написано «Водоснабжение». Эти ящики были на самолёте направлены в Нанкин.

Вопрос: И что же вы делали с содержимым этих ящиков?

Ответ: По прибытии в нанкинский отряд часть бактерий, находившихся в склянках, мы помещали в металлические фляги, какие обычно применялись для питьевой воды, а остальную часть оставляли в склянках. Все эти фляги вместе со склянками складывали в ящики, затем на самолётах направляли на то место, где предполагалось делать атаки. Атаки производились следующим образом: фляги и склянки бросали в колодцы, болота, в дома жителей посёлков. Часть пептоновых склянок была использована для размножения бактерий на специальном бульоне. Состава этого бульона я не помню.

Вопрос: Чем лично вы занимались во время этих диверсионных актов?

Ответ: Я участвовал в разбрасывании фляг, наполненных бактериями, в колодцы, болота, дома мирных жителей.

В то время в этом месте были два лагеря китайских военнопленных общей численностью около трёх тысяч человек. Были приготовлены три тысячи специальных булочек; в приготовлении булочек участвовали члены экспедиции. Через некоторое время эти булочки при помощи шприца заражались бактериями.

Вопрос: Кто заразил эти булочки при помощи шприца?

Ответ: Это делали все сотрудники 1-го отделения 1-го отдела, участвовавшие в экспедиции.

Вопрос: В частности вы сами принимали в этом участие?

Ответ: Да, принимал участие.

Вопрос: Какими бактериями были заражены эти три тысячи булочек?

Ответ: Были применены бактерии тифа и паратифа.

Вопрос: Что дальше сделали с этими тремя тысячами булочек?

Ответ: После того как булочки были заражены бактериями, их направляли в лагери, где военнопленным китайцам эти булочки роздал переводчик Касуга, владевший китайским языком.

О том, что эти булочки были переданы китайцам, мне известно хотя бы из того, что я видел фотокарточку, где был изображён китаец с булочкой в руках.

Вопрос: Значит, когда китайцев-военнопленных кормили булочками, заражёнными паратифом, это одновременно фотографировали как акт благодеяния?

Ответ: Так точно.

Вопрос: Как потом поступили с китайскими военнопленными, после того как их покормили булочками, заражёнными бактериями?

Ответ: Их всех распустили из лагерей с тем, чтобы вызвать эпидемию тифа и паратифа.

Вопрос: Расскажите о печенье, изготовленном по приказу Исии.

Ответ: Это было печенье двух видов — яйцевидной и продолговатой формы. Оно приготовлялось из муки и так же, как булочки, заражалось бактериями. Затем это печенье выдавалось японским солдатам, заранее предупреждённым, что́ это за печенье, и японские солдаты разбрасывали это печенье, общим количеством от 300 до 400 штук, под заборами, под деревьями, в местах привала, как будто бы они это печенье забыли.

Вопрос: Это тоже был метод бактериологической диверсии?

Ответ: Так точно.

Вопрос: Что вам известно относительно результатов этой экспедиции отряда Исии?

Ответ: После окончания операции я узнал на базе в отряде 731 от научного сотрудника Каги, что были применены бактерии тифа и паратифа и что эффективнее всего оказался паратиф.

Вопрос: Выходит, что в результате экспедиции вспыхнула эпидемия и образовались очаги эпидемии?

Ответ: Так точно.

Вопрос: Принимали ли вы участие в экспериментах над людьми?

Ответ: Да, это было в конце 1943 года. Для испытания эффективности вакцин было использовано в качестве подопытного материала 50 человек китайцев и маньчжур. Сначала этим 50 человекам произвели предохранительные прививки, причём делали диференцированные прививки, одним заключённым по одному разу, другим —

по два раза. Кроме того, разным лицам вводили различное количество вакцин, и части из этих 50 человек совсем не произвели вакцинации.

Таким образом, эти 50 человек были разделены на пять различных групп. Всех этих людей насильно напоили водой, заражённой тифозными бактериями, и затем наблюдали, какой эффект произведут эти патогенные возбудители в разных случаях, в зависимости от того, сделали ли этому человеку предварительно прививку или нет, сколько раз и в каком количестве.

Вопрос: Каков же был результат этого опыта?

Ответ: Большая часть этих людей заражалась тифом. Какой именно процент, я не помню, но во всяком случае 12 или 13 человек из них погибли.

Вопрос: Много ли раз проделывались подобного рода злодейские опыты над людьми для проверки эффективности заражения?

Ответ: Мне лично известен ещё один случай подобного заражения, это было в конце 1944 года или начале 1945 года, когда заражение производилось аналогичными методами.

Вопрос: Участвовали ли вы в экспериментах по заражению тифозными бактериями фруктов?

Ответ: Да, участвовал.

Вопрос: Расскажите об этих опытах.

Ответ: Точно не помню, в каком году это было, в 1943 или 1944, когда производили эксперименты заражения фруктов; это были арбузы и дыни; как раз это был период их созревания. В одну часть арбузов и дынь впрыскивали бактерии и заражали их, а другую часть оставляли незаражённой.

После того как эти фрукты были заражены тифом при помощи шприца, проверяли густоту бактерий, для чего брали эти фрукты в лабораторию и там анализировали, насколько размножились эти бактерии во фруктах. После этой проверки в случае установления большого количества бактерий кормили этими фруктами китайцев и маньчжур в количестве 5—6 человек.

Вопрос: Что случилось с несчастными, которые съедали эти фрукты?

Ответ: Все заражались.

Вопрос: Значит все, съевшие фрукты, заражённые бактериями тифа, заболели?

Ответ: Так точно.

Вопрос: Скажите, вам известно что-либо об опытах на полигоне отряда близ ст. Аньда?

Ответ: Да.

Вопрос: Расскажите суду, что вам известно.

Ответ: Эксперименты на полигоне на ст. Аньда происходили в 1944 году осенью и зимой. При этом были применены бактерии тифа и чумы, а также сибирской язвы.

Вопрос: Какому отделу отряда была подчинена тюрьма?

Ответ: 1-му отделу.

Вопрос: В этой тюрьме содержались только мужчины или в ней содержались и женщины?

Ответ: Были и женщины.

Вопрос: Производились ли над женщинами, содержавшимися в тюрьме отряда Исии, какие-нибудь специфические опыты?

Ответ: Я в этих экспериментах не участвовал, но их заражали сифилисом, для того чтобы исследовать предохранительные средства против этой болезни.

Вопрос: Таким образом, женщин, содержавшихся в тюрьме отряда № 731, заражали венерическими болезнями?

Ответ: Так точно.

Вопрос: Скажите, в отряде 731 производились опыты по обмораживанию?

Ответ: Да, я такие опыты видел.

Вопрос: Под руководством какого научного сотрудника производились эти опыты?

Ответ: Научного сотрудника Иосимура.

Вопрос: Расскажите об опытах по обмораживанию людей.

Ответ: Эксперименты по обмораживанию людей производились ежегодно в отряде в самые холодные месяцы года: в ноябре, декабре, январе и феврале. Техника этих опытов заключалась в следующем: подопытных людей выводили вечером, часов в 11, на мороз и заставляли их опускать руки в бочку с холодной водой. Затем их заставляли вынимать руки и с мокрыми руками простаивать на морозе долгое время. Или поступали таким образом:

выводили людей одетых, но с босыми ногами и заставляли стоять ночью в самое холодное время на морозе.

После того как люди получали обморожение, их вводили в комнату, где заставляли класть ноги в воду с температурой примерно $+5°$, затем температуру воды постепенно повышали. Таким образом происходило изыскание средств лечения обморожения. Я сам лично дальнейших экспериментов, когда этих людей вводили в комнату, не видел, мне только приходилось наблюдать, когда я был дежурным, как люди выводились на мороз и там обмораживались, а об опытах в комнате, когда люди держали руки в воде, я слышал со слов очевидцев.

Вопрос: Какие ещё эксперименты и опыты производились над людьми?

Ответ: Мне известно о том, что научный сотрудник Иосимура проводил опыты по применению к людям нарывного газа. Я видел в тюрьме людей, на которых испытывали действие этого нарывного газа. Но какова была техника этих экспериментов, я не знаю.

Вопрос: В каком состоянии находились эти люди? Какие болезненные явления обнаруживались у них?

Ответ: Мне пришлось видеть людей с большими нарывами на руках и ногах, больше ничего не знаю.

Председатель суда: Согласно принятому судом порядку ведения судебного следствия суд приступает к обсуждению, какие именно вопросы должны быть поставлены по настоящему делу судебно-медицинской экспертизе.

Государственный обвинитель, какие у Вас вопросы имеются для постановки их судебно-медицинской экспертизе?

Государственный обвинитель: В порядке статьи 63 УПК РСФСР государственное обвинение просит поставить перед экспертами следующие вопросы:

1. Каково было назначение экспериментальной и производственной деятельности отрядов №№ 731 и 100 японской Квантунской армии и отряда «Эй» 1644 японской экспедиционной армии в Китае?

2. Какие у этих отрядов имелись производственные возможности для обеспечения японской армии бактериологическим оружием?

3. Каковы могли быть последствия применения бакте-

риологического оружия, вырабатываемого отрядами №№ 731, 100 и «Эй» 1644?

Вопросы эти в письменной форме я передаю на распоряжение суда.

Председатель суда: Переводчик, прошу перевести на японский язык все вопросы, которые государственным обвинителем ставятся на разрешение экспертизы.

(Переводчик переводит.)

Защита, есть ли у Вас вопросы к судебно-медицинской экспертизе?

Адвокат Белов: Наши подзащитные, ознакомившись в стадии предварительного следствия с выводами судебно-медицинской экспертизы, полностью с ними согласились. Никаких неясностей или вопросов у них не возникло, поэтому у защиты в данный момент дополнительных вопросов к судебно-медицинской экспертизе нет.

Председатель суда: Подсудимые, имеются ли у вас какие-либо вопросы для постановки их судебно-медицинским экспертам?

Переводчик: У подсудимых вопросов нет.

Председатель суда: В дополнение к поставленным вопросам суд ставит на разрешение экспертов четвёртый вопрос: какова степень опасности бактериологических нападений, совершённых отрядом 731 на районы Центрального Китая в 1940, 1941 и 1942 годах.

Военный трибунал определил поставить на разрешение экспертизы четыре оглашённых вопроса.

Переводчик, прошу перевести четвёртый вопрос на японский язык.

(Переводчик переводит четвёртый вопрос на японский язык.)

Судебно-медицинские эксперты, суд передаёт Вам для дачи заключения четыре вопроса. Прошу приготовиться к даче заключения по этим вопросам.

ДОПРОС СВИДЕТЕЛЯ ТАЧИБАНА

Председатель суда: Свидетель Тачибана, вы предупреждены об ответственности за ложные показания. Вы должны говорить суду только правду. Когда вы пленены Советской Армией?

Свидетель Тачибана: 15 августа 1945 года.

Вопрос: Какую должность вы в то время занимали?

Ответ: Советника при правительстве Маньчжоу-Го.

Вопрос: Какое вы имели воинское звание?

Ответ: Полковник жандармерии.

(Движение в зале.)

Государственный обвинитель: Укажите время вашей работы в должности начальника цзямусинского жандармского управления.

Свидетель Тачибана: С 1939 по 1941 год.

Вопрос: Что вам известно об отправке заключённых в отряд № 731?

Ответ: В 1940 году я занимал пост начальника жандармского управления в гор. Цзямусы. Тогда я впервые узнал о существовании и характере работы отряда № 731. Я узнал о том, что отряд № 731, называясь Управлением профилактики и водоснабжения Квантунской армии, в действительности занимается подготовкой бактериологической войны, в частности путём производства опытов над живыми людьми. Я узнал о том, что этот отряд готовит массовое уничтожение живой силы противника и готовит бактериологическую войну.

В то время когда я работал в жандармском управлении в гор. Цзямусы, определённую категорию лиц из задержанных и арестованных жандармерией людей, подозреваемых в каких-либо преступлениях, мы направляли в отряд № 731 в качестве подопытного материала. Этих людей мы направляли в отряд № 731 после предварительного частичного расследования, без суда, не направляя их дела в суд, согласно указаниям, полученным нами от руководства жандармерии. Это были меры особого характера, поэтому такой порядок назывался «особой отправкой» (по-японски — «Токуи-Ацукаи». — *Перев.*)

Лица, подвергавшиеся подобным «особым отправкам», так называемым «Токуи-Ацукаи», были следующих категорий: это были лица, обвиняемые в шпионаже в пользу чужих государств или подозреваемые в причастности к иностранной разведке, а также так называемые хунхузы, т. е. китайские партизаны; затем категория антияпонских элементов, неисправимые уголовные элементы — рецидивисты. Лица этих категорий направлялись нами в отряд № 731 в порядке «особых отправок». За время моего пребывания в должности начальника жандармского управления в гор. Цзямусы моим управлением было отправлено в отряд № 731 не менее 6 человек, которые оттуда уже не вернулись и погибли там в результате опытов.

Вопрос: Было ли вам известно уже в момент отправки, что люди, отправляемые вами в отряд № 731, будут подвергаться мучительным экспериментам по заражению эпидемическими болезнями?

Ответ: Я знал, что эти люди отправлялись в отряд № 731 для использования в качестве подопытных по испытанию бактерий.

Государственный обвинитель: Я обращаюсь к суду с ходатайством о предъявлении свидетелю Тачибана уже оглашённого в суде документа. Я прошу предъявить первый лист японского текста документа — уведомления штаба квантунской жандармерии от 12 марта 1943 года по поводу «особых отправок». Кроме того, прошу предъявить свидетелю Тачибана приложение к этому уведомлению, а именно, вторую графу, озаглавленную «Идейные преступники (преступники, связанные с национальным и коммунистическим движениями)».

(Переводчик предъявляет фотокопию документа свидетелю Тачибана.)

Свидетель Тачибана, вы видели этот документ?

Свидетель Тачибана: Да, я раньше видел этот документ.

Вопрос: Этот документ регулировал порядок «особых отправок», не так ли?

Ответ: Точно так.

Вопрос: И определял категории лиц, которые подлежали «особой отправке»?

Ответ: Точно так.

Вопрос: Иными словами, этот документ определял порядок направления в отряд 731 тех людей, которые подлежали уничтожению, не так ли?

Ответ: Так точно.

Вопрос: Вот в этом документе, на л. д. 92, можно прочесть следующее: «Идейные преступники (преступники, связанные с национальным и коммунистическим движениями)» и далее: «Если, несмотря на незначительность преступления, освобождение их нежелательно».

(Цитаты оглашаются на японском языке.)

360

Государственный обвинитель: Документ, который я вам предъявил, вы опознаёте как официальный документ, регулировавший порядок «особых отправок»?

Свидетель Тачибана: Да, опознаю.

Вопрос: Знаете ли вы тех сотрудников жандармерии, которые принимали участие в установлении категорий лиц, подлежащих «особым отправкам»?

Ответ: Да, могу назвать.

Вопрос: Пожалуйста.

Ответ: Предъявленный мне документ был составлен в 1943 году. Я в то время работал в главном управлении квантунской жандармерии в качестве сотрудника управления. Я в то время работал в уголовном отделе главного управления квантунской жандармерии, и из штаба Квантунской армии поступило указание, предписывавшее составить подобный документ. В марте 1943 года я выезжал в командировку в гор. Мукден для инспектирования жандармского управления. В моё отсутствие майор Цузимото, работавший в моём отделе, редактировал документ. При возвращении я документ видел и сейчас подтверждаю его подлинность.

Вопрос: Какая существовала практика оформления отправок в порядке «Токуи-Ацукаи»? Какие документы составлялись по этому поводу жандармерией?

Ответ: Только что предъявленный мне документ в размноженном виде был разослан по жандармским управлениям различных городов Маньчжурии. Людей, которые подлежали «особой отправке», содержали в местах заключения при жандармских управлениях. Затем выдержки из протоколов их допросов и справки с ходатайством о разрешении подвергнуть их «особой отправке» направляли в главное жандармское управление. Там это дело рассматривалось, решался вопрос, и тому жандармскому управлению, которое сделало запрос, направлялось приказание об отправлении этих людей в отряд № 731 под видом «особых отправок». Когда такие документы поступали из местного управления в главное управление жандармерии, то через секретариат они передавались в уголовный отдел, оттуда в секцию контрразведки, начальником которой я был. Работник моей секции Цузимото рассматривал эти документы, выносил решения, затем эти решения представлял мне. Я утверждал это и направлял

361

дальше, начальнику уголовного отдела. Начальник уголовного отдела после получения санкции командующего квантунской жандармерией направлял приказание от имени командующего жандармерией в то управление жандармерии, откуда этот документ поступил.

Вопрос: Санкционировали ли вы за время вашей работы в штабе квантунской жандармерии передачу людей для «особой отправки» в отряд № 731?

Ответ: Я рассматривал эти дела, обсуждал их. Я помню, что при мне было направлено свыше 100 человек.

Вопрос: Производились ли отправки людей для уничтожения в отряд 731 жандармерией с санкции командующего Квантунской армией?

Ответ: Конечно, квантунская жандармерия делала это согласно указаниям командующего Квантунской армией. Обычно жандармерия направляла дела о преступниках в суд или Военный трибунал, но в этих случаях особый приказ заменял закон и людей направляли без суда.

Вопрос: Вы подтверждаете, что в соответствии с разработанной вашим подчинённым Цузимото инструкцией «особым отправкам» в отряд 731 для уничтожения подвергались лица, связанные с национально-освободительным движением?

Ответ: Люди, которые подвергались этим отправкам, были преступники различных категорий. Среди этих категорий были также участники национально-освободительного движения, но все они были коммунисты или националисты.

(В зале гул возмущения.)

Вопрос: Расскажите, свидетель Тачибана, как отправляли людей в отряд 731, какой существовал порядок отправки, конвоя, охраны, конспирации и т. д.

Ответ: Как я уже говорил, жандармское управление посылало в главное жандармское управление запрос о разрешении на «особую отправку». Для этого составлялась в трёх экземплярах справка, один экземпляр которой оставался в местном управлении жандармерии, а два экземпляра направляли в главное жандармское управление. После того как официальная санкция на «особую отправку» была получена из главного жандармского управления, оттуда возвращался один экземпляр справки,

362

а заключённого оставляли при жандармском управлении. Затем, после того как из отряда 731 поступало требование о присылке подопытного материала, т. е. людей, обречённых на «особую отправку», заключённого с одним экземпляром справки направляли в Харбин, где на Харбинском вокзале заключённого передавали сотрудникам жандармерии. Людей этих конвоировала жандармерия.

Вопрос: Конвоировали ли этих людей закованными в кандалы или связанными?

Ответ: Кандалы не надевали.

Государственный обвинитель: В связи с этим ответом свидетеля Тачибана я ходатайствую перед судом об оглашении второй части уже оглашённого оперативного приказа квантунской жандармерии № 224 от 8 августа 1939 года. Этот документ имеет прямое отношение к вопросу, который я задал свидетелю, поэтому я прошу суд огласить этот документ.

Председатель суда: Военный трибунал определил огласить этот документ. Одновременно документ оглашается на японском языке.

(Подсудимые надевают наушники.)

Председатель огласил названный документ в русском переводе. Одновременно документ был оглашён на японском языке и предъявлен свидетелю Тачибана [1].

Государственный обвинитель: Что же, свидетель Тачибана, может быть, теперь, когда вы посмотрели подлинный документ, вы подтвердите, что во время «особых отправок» применялись ножные и ручные кандалы и верёвки?

Свидетель Тачибана: Этот документ мне совершенно неизвестен. Возможно, что здесь кандалы применялись по особым причинам. При мне кандалы не применялись.

Вопрос: Вы хотите сказать, что вы отправляли людей на верную мучительную смерть, причём в других управлениях жандармерии применялись кандалы, а в управлении, вверенном вам, эти кандалы никогда не применялись. Это вы, что ли, хотите сказать?

(В зале шум возмущения.)

(Свидетель Тачибана молчит.)

Государственный обвинитель: Что вы на это ответите?

---

[1] См. стр. 181—182.

Свидетель Тачибана: Когда я был начальником управления цзямусинской жандармерии, ручные кандалы применялись, но на ноги кандалы не надевались.

(В зале шум.)

ДОПРОС СВИДЕТЕЛЯ КУРАКАДЗУ

Председатель суда: Свидетель Куракадзу, дали ли вы подписку о том, что вы должны говорить только правду и что за ложные показания несёте ответственность?

Свидетель Куракадзу: Да.

Вопрос: Свидетель Куракадзу, каким образом вы оказались в Советском Союзе?

Ответ: В августе 1945 года я был пленён Советскими войсками и 12 сентября 1945 года через ст. Пограничная направлен в Советский Союз.

Вопрос: Где вы служили в момент пленения?

Ответ: В харбинском жандармском управлении.

Вопрос: Какую должность вы занимали?

Ответ: Я был начальником отделения особого отдела управления жандармерии.

Вопрос: Какое воинское звание вы имели?

Ответ: Фельдфебель жандармерии.

Государственный обвинитель: Скажите, свидетель Куракадзу, когда вы были направлены в отряд 731, сколько времени и в качестве кого служили в этом отряде?

Свидетель Куракадзу: В отряде № 731 я работал в качестве жандарма в жандармской группе при отряде с марта 1940 года, в течение одного года. Функции мои заключались в оперативном обслуживании работников отряда.

Вопрос: Что ещё входило в ваши функции?

Ответ: Кроме этого, в мои обязанности входило конвоирование заключённых, направляемых из Харбина в отряд 731. Этих заключённых в отряде называли «брёвнами» и использовали для опытов.

Вопрос: То-есть вы конвоировали из Харбина в отряд 731 тех людей, которые предназначались для опытов и которые направлялись в отряд в порядке «особой отправки» — «Токуи-Ацукаи»?

Ответ: Так точно.

Вопрос: Расскажите о порядке доставки этих людей в отряд № 731.

364

Ответ: Прежде всего из жандармского управления нам звонили по телефону и сообщали о том, чтобы мы приезжали за людьми. Эти сообщения делались фельдфебелю Тасака.

Кроме меня в жандармской группе отряда № 731 были ещё два человека, всего нас было три человека.

Фельдфебель Тасака давал нам указания, и мы направлялись на специальной конвойной машине к Харбинскому вокзалу, там заходили в жандармский пикет при вокзале, где в присутствии старшего жандарма вокзала получали от работников жандармерии других городов — как Линькоу, Цзямусы и других — людей, предназначенных для отправки в 731-й отряд.

Вопрос: В какое время суток происходила доставка арестованных в отряд?

Ответ: Главным образом ночью. Получив этих заключённых, мы сажали их на конвойную машину и направлялись на ст. Пинфань, в расположение отряда № 731. Там мы останавливались у главных ворот, один из нас заходил в караульное помещение и сообщал часовому, который звонил по телефону дежурному по внутренней тюрьме, затем этот дежурный направлял кого-нибудь для конвоирования этих заключённых в тюрьму.

Вопрос: Кто был начальником тюрьмы?

Ответ: Вольнонаёмный Исии, являвшийся старшим братом начальника отряда генерала Исии Сиро.

Вопрос: Вы лично посещали тюрьму отряда?

Ответ: Да, я два раза посещал тюрьму.

Вопрос: Опишите эту тюрьму.

Ответ: Первый раз я посетил тюрьму в марте 1940 года. Это было вскоре после моего прибытия в отряд 731. Прибыв в отряд, я узнал, что в отряде имеется внутренняя тюрьма, тогда я заинтересовался этой тюрьмой и попросил фельдфебеля Тасака, являвшегося старшим в группе, допустить меня в эту тюрьму посмотреть. Он испросил разрешение начальника тюрьмы вольнонаёмного Исии, тот согласился, и мы втроем: Тасака, Исии и я, осмотрели тюрьму. Мы подошли к главному зданию отряда 731, имевшему прямоугольную форму, в середине которого стояло скрытое от постороннего взгляда помещение тюрьмы. Помещение тюрьмы делилось на два корпуса — на левый и на правый. Я, придя в первый раз, осмотрел левый корпус. Мы пришли в это помещение, прошли через коридор; слева была караульная комната, направо была лестница, затем ещё одна комната и далее шли камеры.

Вопрос: Вы заглядывали вовнутрь камер, когда осматривали помещение тюрьмы?

Ответ: В камеры я не заходил, но видел через смотровые окошки.

Вопрос: Какой национальности были люди, содержавшиеся в тюрьме?

Ответ: Это были главным образом китайцы, но были среди них и русские, и среди китайцев было пять женщин.

Вопрос: Следовательно, в тюрьме отряда Исии содержались и женщины?

Ответ: Так точно. Я забыл сказать, что однажды мне пришлось конвоировать с Харбинского вокзала одну женщину. А также и то, что тюрьма была двухэтажной.

Вопрос: Вы лично видели опыты над живыми людьми?

Ответ: Да, видел. Опыты над живыми людьми я впервые видел в декабре 1940 года. Мне показал эти опыты работник 1-го отдела научный сотрудник Иосимура. Эти опыты производились в тюремной лаборатории.

Когда я зашёл в лабораторию тюрьмы, там на длинной скамейке сидело пять подопытных китайцев, у двоих из этих китайцев совсем не было пальцев, руки у них были чёрные, а у троих — виднелись кости. Пальцы хотя и были, но оставались одни кости. Как я узнал со слов Иосимура, это получилось у них в результате опытов по обмораживанию.

Вопрос: Что вам известно о судьбе людей, которые попадали в тюрьму отряда?

Ответ: Люди, однажды попавшие в эту тюрьму, оттуда не возвращались.

Вопрос: Вам за время вашей работы в отряде известен случай освобождения хотя бы одного человека из внутренней тюрьмы отряда Исии?

Ответ: Мне такие случаи неизвестны.

Вопрос: Значит, все попавшие в тюрьму — и мужчины и женщины — должны были погибнуть?

Ответ: Так точно.

УТРЕННЕЕ ЗАСЕДАНИЕ 29 ДЕКАБРЯ

ДОПРОС СВИДЕТЕЛЯ ХОТТА

Председатель суда: Свидетель Хотта, вы дали подписку о том, что должны показывать правду и что за ложные показания будете нести уголовную ответственность?

Свидетель Хотта: Да.

Вопрос: Когда вы были пленены Советской Армией?

Ответ: 20 августа 1945 года.

Вопрос: Где вы в это время находились?

Ответ: В это время я находился в гор. Хайларе, работал в филиале Управления профилактики и водоснабжения.

Вопрос: Какую должность вы там занимали?

Ответ: Интенданта.

Вопрос: Вы были на военной службе?

Ответ: Да.

Вопрос: Какое воинское звание вы имели?

Ответ: В то время я был офицером-стажёром интендантской службы.

Государственный обвинитель: Скажите, свидетель Хотта, в отряде 731 вы служили в интендантской части?

Свидетель Хотта: Так точно.

Вопрос: Когда вы прибыли на службу в 731-й отряд?

Ответ: В отряд № 731 я прибыл 29 ноября 1944 года и через неделю приступил к исполнению своих служебных обязанностей; в отряде № 731 я находился до августа 1945 года.

Вопрос: К кому вы явились после прибытия в отряд № 731?

Ответ: Прежде всего я явился к начальнику отряда № 731 генерал-майору медицинской службы Китано. Это было 30 ноября 1944 года.

Вопрос: Имели ли вы какую-нибудь беседу после прибытия в отряд № 731?

Ответ: Так точно. С начальником учебного отдела отряда подполковником Ниси.

Вопрос: О чём с вами говорил Ниси?

Ответ: 30 ноября 1944 года я явился к начальнику отряда, после этого зашёл к начальнику учебного отдела отряда подполковнику медицинской службы Ниси. Мне было приказано пройти семидневные курсы в учебном отделе отряда. Эту неделю мы под руководством подполковника Ниси изучали устав внутренней службы и наставление по внутренней службе, касавшееся отряда № 731.

Вопрос: Предупреждал ли вас Ниси о характере работы отряда?

Ответ: Да, он говорил, что в отряде № 731 ведётся исследовательская работа по бактериям и о необходимости сохранения особой тайны в отношении всего, что относилось к работе отряда 731.

Вопрос: Уточните, в каких помещениях и в каких филиалах отряда 731 вам приходилось бывать во время службы в интендантской части этого отряда?

Ответ: За время моей работы в интендантском отделении отряда № 731 мне приходилось бывать в 1-м отделе отряда, 3-м отделе и на полигоне на ст. Аньда. Что касается филиалов, то в феврале и марте 1945 года я побывал в филиалах в городах Суньу, Линькоу, Муданьцзян. При этом я вместе с интендантом майором Сато проводил интендантскую инспекцию, а в августе 1945 года я был переведён интендантом хайларского филиала. Кроме того, мне приходилось бывать в клиническом отделе и в 3-м отделе, находившихся в гор. Харбине, в районе Наньтунь. Кроме того, получая товары на товарном складе, мне два раза приходилось бывать в транспортном отделении отряда № 731.

Вопрос: Вам известно, для каких целей служил полигон отряда № 731, находившийся близ ст. Аньда?

Ответ: Этот полигон предназначался для экспериментов, направленных к подготовке бактериологической войны.

Вопрос: Над кем производились бактериологические эксперименты?

Ответ: Мне известно о том, что для этих экспериментов использовались заключённые, содержавшиеся во внутренней тюрьме отряда № 731.

Вопрос: Где помещалась эта тюрьма?

Ответ: Тюрьма находилась внутри прямоугольника трёхэтажного главного здания отряда. Это были двухэтажные корпуса, носившие номера 7 и 8.

Вопрос: Откуда доставлялись в отряд № 731 люди, предназначенные для опытов?

Ответ: Как мне известно, эти люди доставлялись органами японских военных миссий и жандармерии, кроме того в тюрьму доставлялись люди из числа китайских военнопленных.

Вопрос: Приходилось ли вам производить осмотр складов отряда?

Ответ: Я прошу уточнить, какие склады вы имеете в виду?

Вопрос: Склады отряда на полигоне близ ст. Аньда.

Ответ: Точно даты не помню, это было летом 1945 года; я вместе с интендантом Томидзука направился на полигон близ ст. Аньда, где мы должны были произвести интендантскую инспекцию.

Мы проверили наличие всех имевшихся там материалов, товаров и оборудования.

Осматривая одно складское помещение, я обнаружил железные щиты и спросил вольнонаёмного Томидзука, для чего используются эти щиты. Он ответил, что хотя они и не являются предметами интендантского снабжения, но находятся в складе и используются для опытов над живыми людьми, при этом их надевают на грудь и спину подопытных людей, для того чтобы предохранить их от ранений.

Затем вольнонаёмный Томидзука показал мне кипу одеял и попросил при этом по возможности списать эти одеяла как непригодные к употреблению. Этих одеял было общим количеством до 80 штук. На них была видна запёкшаяся кровь. Эти одеяла были сильно изорваны. На мой вопрос, почему это так, он сказал, что эти одеяла также используются для предохранения туловища подопытных людей во время проводившихся над ними экспериментов.

Вопрос: И на этих ватных одеялах вы сами видели запёкшуюся кровь подопытных людей?

Ответ: Да.

Вопрос: Скажите, когда в отряд 731 прибыл начальник отряда Исии Сиро?

Ответ: В марте 1945 года.

Вопрос: Какие изменения произошли в работе отряда после приезда Исии?

Ответ: Я не смогу точно описать все изменения в работе отряда, которые произошли после возвращения генерала Исии на пост начальника отряда 731. Однако после его прибытия в отряд он стал часто говорить нам о важных задачах, стоящих перед отрядом 731. Он говорил, что в период с июня до сентября 1945 года будет война против Советского Союза и что нужно к этой войне, как он сказал, решающей войне, усиленно готовиться. Мне далее известно, что были активизированы работы по выращиванию грызунов.

Вопрос: Вам приходилось делать какие-нибудь подсчёты, связанные с возможным увеличением количества грызунов?

Ответ: Да, приходилось.

Вопрос: По чьему приказанию производились эти подсчёты?

Ответ: По приказанию начальника отряда Исии. Начальник интендантского отделения майор Сато приказал мне подсчитать, какое количество фуража и питательных веществ потребуется для 3 000 000 штук грызунов, которые должны быть выращены до сентября месяца.

Вопрос: Таким образом, к сентябрю 1945 года генерал Исии рассчитывал довести количество крыс и мышей, находящихся в отряде, до 3 000 000 штук. Это правильно?

Ответ: Да, он составил такой план.

Вопрос: Что вам известно относительно денежных затрат, связанных с работой отряда 731 и с содержанием его аппарата?

Ответ: Со слов начальника интендантского отделения майора Сато и интенданта Накамура мне известно, что по бюджету 1945 года на расходы отряда 731 определялась сумма в 10 000 000 иен. Кроме того, мне известно, что из этих 10 000 000—3 000 000 предназначались для довольствия личного состава отряда 731, а остальные 7 000 000 — на производство бактерий и на исследовательские работы. Кроме того, из этой суммы на филиалы выделялось 200 000—300 000 иен.

Вопрос: Таким образом, доминирующее место в бюджете отряда занимали расходы, связанные с подготовкой к бактериологической войне, т. е. расходы, связанные с экспериментами и с массовым выращиванием бактерий. Это правильно?

370

Ответ: Так точно.

Вопрос: Скажите, проводились ли в отряде № 731 над живыми людьми опыты, непосредственно не связанные с бактериологией?

Ответ: Вместе со мной в учебном отделе отряда учился офицер медслужбы Мэгура, мы с ним жили в одной комнате. Однажды он вернулся в комнату с каким-то документом. Это был отчёт об опытах по обмораживанию. При этом он показал мне фотографии, где были сфотографированы 2—3 человека, подвергшиеся обмораживанию, причём на одной из фотографий был изображён человек, сидящий в шубе и шапке, рядом с чем-то вроде ведра. На другой фотографии был китаец, который лежал на койке с открытыми ногами. Одна нога у него была здоровая, другая обмороженная. Эти ноги как бы сравнивались, для того чтобы можно было видеть эффективность опыта по обмораживанию.

Вопрос: Таким образом, вам известно, что кроме бактериологических опытов над живыми людьми в отряде 731 проводились опыты и по обмораживанию?

Ответ: Да, это так.

Вопрос: Скажите, люди, находившиеся в тюрьме и предназначенные для опытов, беспрекословно переносили эти опыты или были случаи сопротивления заключённых?

Ответ: Летом 1945 года Мэгура пригласил меня зайти к нему в лабораторию в гости. Я несколько задержался, а потом, когда пришёл, то увидел, что он чем-то чрезвычайно взволнован и на что-то разозлён. Я спросил, на что он так разозлился, и он мне разъяснил, что заключённые в тюрьме оказали сопротивление. Я через третий этаж пошёл в помещение тюрьмы. Тогда я побывал в тюрьме впервые.

Сверху с крыши за тюрьмой наблюдали два человека, вооружённые винтовками. Около дверей тюрьмы стояли 4—5 человек, также вооружённые винтовками. Как первые два, так и группа в 4—5 человек были работниками особой группы. Но к этому времени в тюрьме было уже всё спокойно.

Через два-три дня после этого Мэгура рассказал мне, что один подопытный проявил буйство и ударил экспериментатора дверной ручкой.

Вопрос: Как поступили с этим заключённым?

Ответ: Ударив своего экспериментатора, этот заключённый выскочил из камеры и побежал по коридору, захватил ключи и открыл несколько камер. Часть заключённых успела выскочить, но это были только смельчаки. Причём эти смельчаки были расстреляны.

Вопрос: Значит, люди, которые оказали сопротивление экспериментаторам, были расстреляны? Это правильно?

Ответ: Да, правильно.

ДОПРОС СВИДЕТЕЛЯ СЕГОСИ

Председатель суда: Свидетель Сегоси, вы дали подписку о том, что обязаны говорить суду только правду и что вы несёте ответственность за дачу ложного показания?

Свидетель Сегоси: Так точно.

Вопрос: Когда вы пленены Советской Армией?

Ответ: 22 августа 1945 года.

Вопрос: Где вы в то время служили?

Ответ: В то время я служил в хайларском филиале отряда № 731.

Вопрос: Каким образом вы оказались в этом филиале?

Ответ: Был назначен туда по приказу.

Вопрос: Какое воинское звание вы имели?

Ответ: Подпоручик.

Государственный обвинитель: Скажите, свидетель Сегоси, вы работали некоторое время в качестве лаборанта 4-го отделения материального отдела отряда № 731?

Свидетель Сегоси: Так точно, я работал в качестве лаборанта 4-го отделения материального отдела.

Вопрос: Чем занималось это отделение?

Ответ: 4-е отделение занималось производством фильтров, керамических корпусов для бактериологических бомб и фарфоровых колбочек.

Вопрос: Вы видели, как изготовляются керамические корпуса бактериологических бомб?

Ответ: Да, приходилось. Я занимался исследованием состава глины, применявшейся для изготовления этих корпусов.

Вопрос: Дайте описание бомбы и техники её изготовления.

Ответ: Для изготовления бомбы брали глину, размельчали её в порошок, разбавляли водой, затем приготовляли состав необходимой густоты. Этот состав вливался в специальную гипсовую форму. Эта форма имела вид снаряда. Ввиду того, что гипс впитывает в себя влагу, поверхностный покров этого состава засыхал. Затем гипсовую форму снимали, выливали при этом оставшуюся внутри жидкую массу и получали керамические изделия в виде корпусов снарядов. Изготовленные корпуса бомб высыхали в специальных печах. Эти бомбы были от 70 до 80 сантиметров длиной и 20 сантиметров диаметром. Внизу было нарезное отверстие. Внутренность корпуса была полая. В нарезное отверстие вставлялась дистанционная трубка. На поверхности стенок этих корпусов делались зигзагообразные каналы. В верхней части бомбы были приспособления для прикрепления стабилизаторов. В каналы заключали взрывчатое вещество, с помощью которого бомбы взрывались. Эти бомбы, сбрасываемые с самолёта, должны были взрываться над землёй.

Вопрос: Чем начинялись бомбы?

Ответ: Со слов начальника отделения майора Судзуки мне известно, что в эти корпуса помещались колбочки, начинённые чумными блохами.

Вопрос: Каким образом конструкция бомбы обеспечивала сохранение чумных блох при разрыве и предохраняла их от действия высокой температуры?

Ответ: Майор Судзуки мне рассказал, что поскольку корпус этих бомб керамический и тонкий, то взрывчатого вещества требовалось очень мало, поэтому взрыв получается небольшой силы, и это спасало блох от уничтожения, так как на них практически не действовали ни сила взрыва, ни сопротивление воздуха, ни температура.

ДОПРОС СВИДЕТЕЛЯ САСАКИ

Председатель суда: Свидетель Сасаки, вы дали подписку об ответственности за дачу ложных показаний?

Свидетель Сасаки: Так точно.

Вопрос: Суду вы должны показывать только правду. Когда вы были пленены Советской Армией?

373

Ответ: 15 августа 1945 года.

Вопрос: Где вы в это время служили?

Ответ: На Курильских островах, на острове Уруп.

Вопрос: Работали ли вы в 731-м отряде?

Ответ: Так точно.

Вопрос: Какую работу вы там выполняли?

Ответ: Я работал в секции Карасава, в 4-м отделе, кладовщиком.

Вопрос: Какое воинское звание вы имели?

Ответ: Я звания не имел.

Вопрос: В то время, когда вы служили в 731-м отряде, вы были военнослужащим или нет?

Ответ: В 1942 году я окончил срок службы и поступил в качестве вольнонаёмного в отряд № 731.

Государственный обвинитель: Скажите, свидетель Сасаки, чем занималась секция майора Карасава Томио?

Свидетель Сасаки: Эта секция занималась массовым производством бактерий.

Вопрос: Что относилось к числу ваших служебных функций?

Ответ: Я работал в качестве кладовщика в секции майора Карасава и выдавал материалы для массового производства бактерий.

Вопрос: Выдача агар-агара, пептона производилась вами?

Ответ: Да, выдача производилась мною, но под руководством заведующего складом.

Вопрос: Получали ли вы из секции Карасава готовую бактериологическую массу?

Ответ: Да, получал.

Вопрос: Известно ли вам что-либо о практическом применении отрядом № 731 бактерий?

Ответ: Однажды, на утренней поверке, майор Карасава объявил о том, что получил указание руководства о массовом производстве бактерий и о том, что эту задачу мы должны успешно выполнить.

Кроме того, он сказал, что 15 человек из работников нашей секции во главе с начальником отделения должны будут направиться в Китай.

Вопрос: Отправляли ли вы в Китай бактерии?

Ответ: Так точно.

374

Вопрос: Откуда вы получали эти бактерии, как производилась их упаковка, куда затем отвозились бактерии?

Ответ: Когда это было, я точно не помню. Заведующий складом Мацусима объявил о том, что имевшиеся на складе инфекционные склянки должны быть упакованы в ящики. Мы их упаковали и отправили на аэродром.

Вопрос: Какие склянки?

Ответ: Это были склянки, наполненные бактериями.

Вопрос: Каким образом вы упаковывали эти склянки в ящики?

Ответ: Мы заливали отверстия этих склянок парафином, обвязывали целлофаном, и этот целлофан был завязан специальными шнурками. Затем всё это укладывали в цинковые ящики.

Вопрос: Сколько таких склянок с бактериями входило в один ящик?

Ответ: 15 или 16.

Вопрос: Куда вы отвозили эти ящики с бактериальной массой?

Ответ: Эти ящики мы отвозили на автомобиле на аэродром, находившийся в одном километре от главного здания отряда.

Вопрос: Сколько поездок вы сделали на аэродром?

Ответ: Я точно не помню, кажется, мы ездили три раза.

Вопрос: Какой грузоподъёмности были машины, на которых вы отвозили ящики на аэродром?

Ответ: Этого я точно не помню.

Вопрос: Может быть, вы вспомните другое — сколько примерно ящиков было вывезено на аэродром?

Ответ: Этого я также точно не помню.

Вопрос: Во всяком случае всего вы совершили три поездки на аэродром, это правильно?

Ответ: Да, правильно. Я помню, что мы ездили на аэродром три раза.

ДОПРОС СВИДЕТЕЛЯ ОЗЕКИ

Председатель суда: Свидетель Озеки, вы дали суду подписку об ответственности за дачу ложных показаний, суду вы должны говорить только правду.

Свидетель Озеки: Так точно.

Вопрос: Сколько времени вы работали в отряде № 731?

Ответ: В отряде № 731 я работал с мая 1939 года по апрель 1942 года.

Вопрос: Какую должность вы занимали в отряде и какую работу выполняли там?

Ответ: Поступив в мае 1939 года на молодёжные курсы отряда № 731, я после окончания их работал в качестве сотрудника 4-го отдела.

Государственный обвинитель: Свидетель Озеки, следовательно, в основном вы работали в 4-м отделе отряда № 731?

Свидетель Озеки: Правильно.

Вопрос: Чем занимался 4-й отдел отряда № 731?

Ответ: Этот отдел занимался массовым производством бактерий.

Вопрос: Вам как сотруднику 4-го отдела отряда известен производственный процесс?

Ответ: Да.

Вопрос: Расскажите о производственном процессе культивирования бактерий.

Ответ: Для культивирования бактерий брали агар-агар или пептон, а также мясной бульон и в специальных котлах готовили питательную среду для культивирования бактерий, затем эту питательную среду наливали в культиваторы Исии, которые помещались в специальных автоклавах с высоким давлением.

Затем эта питательная среда охлаждалась в специальном холодильнике, после чего культиваторы переносились в специальное помещение, где производился посев бактерий. Дальше бактерии направлялись на конвейере в специальные инкубаторы, где поддерживалась определённая температура, например для бактерий чумы +35°.

Вопрос: Что представляли собой эти инкубаторы?

Ответ: Это были камеры, которые были защищены металлическими стенками, там имелось оборудование для поддержания постоянной температуры и влажности.

Вопрос: Каким образом производился съём готовой бактериальной массы?

Ответ: Из инкубатора культиваторы направлялись на конвейере в другую камеру. Для снятия бактерий существовал специальный инструмент — ложечки, при помощи которых бактерии снимались и помещались в склянки.

Вопрос: Что вам известно относительно сотрудника 4-го отдела отряда 731 майора Карасава Томио?

Ответ: Майора Карасава я впервые узнал в январе 1940 года, когда он был преподавателем на курсах молодёжи в отряде № 731.

Вопрос: Какую работу исполнял майор Карасава в отряде 731?

Ответ: В мае 1940 года, когда я был переведён в производственное отделение, это отделение состояло из двух групп, занимавшихся массовым производством бактерий. Начальником одной из этих групп был майор Карасава. С 1942 года майор Карасава работал начальником одного из отделений этого отдела, а затём сменил майора Судзуки на посту начальника отделения.

Вопрос: То-есть последнее время он работал начальником того самого отделения 4-го отдела, которое занималось массовым выращиванием бактерий, правильно?

Ответ: Правильно.

Вопрос: Какую должность занимал генерал Кавасима?

Ответ: Начальника 4-го отдела.

ДОПРОС СВИДЕТЕЛЯ САЙТО

Председатель суда: Свидетель Сайто, вы дали подписку об ответственности за дачу ложных показаний, суду вы должны говорить только правду.

Свидетель Сайто: Так точно.

Вопрос: Вы в японской армии служили?

Ответ: Да, служил.

Вопрос: Какую последнюю должность вы занимали?

Ответ: Я занимал должность работника канцелярии филиала № 643 отряда № 731.

Вопрос: Имели ли вы воинское звание?

Ответ: Нет, воинского звания я не имел, я был вольнонаёмным.

Вопрос: Сколько времени вы служили в этом отряде?

Ответ: С марта 1942 года.

Вопрос: По какое время?

Ответ: До капитуляции Японии.

Вопрос: Каким образом вы поступили на работу в отряд?

Ответ: Сначала я поступил в отряд в качестве шофёра-водителя, затем мне предложили работать в качестве сотрудника отряда, в качестве канцелярского работника.

Государственный обвинитель: Скажите, свидетель Сайто, когда в муданьцзянском филиале было организовано специальное отделение по массовому выращиванию блох?

Свидетель Сайто: Отделение, которое стало заниматься размножением блох, было организовано 13 июня 1945 года.

Вопрос: Почему вы так хорошо помните дату организации этого отделения?

Ответ: Дело в том, что с 31 мая 1945 года по 13 июня я отсутствовал, меня не было в отряде, я ездил тогда по делам службы. Вернувшись 13 июня, я ознакомился с приказом о создании этого отделения, так что эту дату я помню безошибочно.

Вопрос: По чьему приказанию было организовано отделение по массовому выращиванию блох?

Ответ: Это отделение было организовано по приказу начальника филиала 643 майора Оноуэ.

Вопрос: Поглядите на скамью подсудимых, это тот самый майор Оноуэ, который занимает место на ней?

Ответ: Да, это он.

Вопрос: Какой номер был присвоен этому отделению?

Ответ: Номер три.

Вопрос: Кто был начальником 3-го отделения?

Ответ: Фельдфебель Ямада Тадаси.

Вопрос: Кто непосредственно занимался выращиванием блох?

Ответ: Этим занимались два работника: Онизаки и Судзуки, которые прошли специальную подготовку в отряде № 731.

Вопрос: В течение какого времени они проходили эту специальную подготовку?

Ответ: Я точно не помню, десять дней или две недели.

Вопрос: Таким образом, в отряде № 731 были созданы особые курсы для работников филиалов отрядов для изучения методов массового выращивания блох?

Ответ: Да, правильно.

Вопрос: Что входило в ваши служебные обязанности во время вашей работы в 3-м отделении муданьцзянского филиала?

Ответ: Я работал в 3-м отделении в качестве канцелярского работника, и в мои обязанности входил подсчёт количества грызунов, необходимых для размножения блох, а также количества выращенных блох.

Вопрос: Скажите, свидетель, известно ли вам, каким образом производилось выращивание блох?

Ответ: Да, мне часто приходилось бывать в подвале, где выращивались эти блохи, и я сам лично видел оборудование, где выращивались блохи. Для этого применялись 18-литровые банки, в которые сажали крыс.

Вопрос: Куда отправляло 3-е отделение выращенных блох?

Ответ: Первый раз, 24—25 июля 1945 года, эти блохи были отправлены в харбинский отряд 731, а второй раз, 4 или 5 августа того же года, они также были доставлены в отряд № 731 вольнонаёмным Судзуки.

Вопрос: Таким образом, выращенные вашим филиалом блохи отправлялись в отряд 731 на ст. Пинфань, это правильно?

Ответ: Правильно.

Вопрос: Я прошу вас рассказать сейчас о том, сколько банок использовалось одновременно для выращивания блох?

Ответ: В 3-м отделении было приготовлено 200 бензиновых банок, которые должны были применяться как культиваторы. Причём в первый раз было использовано 60 банок, но это была неудачная попытка. Второй раз использовали 120 культиваторов и третий раз — 30.

Вопрос: Откуда филиал № 643 получал грызунов?

Ответ: В июне — июле месяцах 1945 года почти весь рядовой состав отряда 643 был мобилизован на ловлю крыс.

Вопрос: Как была организована в филиале ловля грызунов?

Ответ: Ловля крыс проводилась наиболее успешно в самом гор. Муданьцзяне. Несмотря на то, что филиал находился вне пределов города, в Муданьцзян направлялись солдаты, специально командированные для вылавливания крыс. Я сам лично видел солдат, которые занимались ловлей крыс в гор. Муданьцзяне.

Вопрос: Эти солдаты отправлялись на ловлю крыс в военной форме?

Ответ: Все они были переодеты в гражданскую одежду, для того чтобы скрыть свою принадлежность к военной службе.

Вопрос: Все ли выловленные крысы оставлялись в филиале 643 или часть из них направлялась в другое место?

Ответ: Некоторая часть грызунов использовалась 3-м отделением филиала 643, но большая часть направлялась в отряд 731.

Вопрос: Вы сами видели, как отгружались крысы в отряд 731, или говорите об этом с чьих-нибудь слов?

Ответ: Я это видел сам лично. Я видел, как из расположения филиала № 643 на вокзал ст. Хайлар направлялись с этой целью специальные машины.

Вопрос: Когда и по чьему приказанию был уничтожен муданьцзянский филиал отряда № 731?

Ответ: Филиал был уничтожен 13 августа 1945 года утром по приказу начальника филиала майора Оноуэ.

ДОПРОС СВИДЕТЕЛЯ КУВАБАРА

Председатель суда: Вы дали подписку о том, что предупреждены об ответственности за ложные показания. Вы должны говорить суду правду.

Свидетель Кувабара: Так точно.

Вопрос: Вы служили в японской армии?

Ответ: Служил.

Вопрос: В качестве кого?

Ответ: В качестве вольнонаёмного отряда противоэпизоотической защиты конского поголовья.

Вопрос: Сколько времени вы служили в этом отряде?

Ответ: Я работал с 19 января 1944 года по день окончания войны.

Вопрос: В качестве кого вы работали?

Ответ: В качестве технического работника.

Вопрос: Какую работу вы выполняли?

Ответ: Я выполнял работу по анализу крови и занимался патологическими исследованиями.

Государственный обвинитель: Где вы служили?

Свидетель Кувабара: В филиале № 2630 отряда № 100.

Вопрос: Расскажите суду, что вам известно о факте заражения лошадей сапом.

Ответ: Это было 20 августа 1945 года. Я направился тогда в конюшню нашего филиала и там около конюшни увидел шесть работников нашего филиала. Это были сотрудники отряда Кубота, Икеда, Яда, Кимура, Исии и Хасегава. В этих конюшнях имелось 60 лошадей, которые содержались при отряде. Я не успел подойти к этой группе, как меня предупредили, что они производят заражение этих лошадей сапом путём введения бактерий сапа в овёс. Тогда я ушёл обратно в лабораторию филиала. Вернувшись в лабораторию, я увидел там пустые пробирки из-под культур сапа; затем я спросил у научного сотрудника Кимура, производили ли они заражение лошадей этими бактериями. Он подтвердил это и сказал, что лошадей заразили сапом.

Вопрос: Как потом поступили с лошадьми?

Ответ: Группа, производившая заражение, сломала изгороди и распустила лошадей в разные стороны. Все лошади разбежались в ближайшие селения и по разным дорогам.

Вопрос: Не должны ли были заражённые сапом лошади служить источником возникновения эпидемии сапа?

Ответ: Да.

Вопрос: Этот факт имел место 20 августа 1945 года?

Ответ: Да.

Вопрос: То-есть после приказа о капитуляции японской армии?

Ответ: Да.

Вопрос: Где были выращены бактерии сапа, которыми были заражены животные?

Ответ: Для этого использовались бактерии сапа, выращенные в бактериологическом отделении отряда 2630.

ДОПРОС СВИДЕТЕЛЯ ХАТАКИ

Председатель суда: Свидетель Хатаки, вы дали суду подписку об ответственности за ложные показания. Вы должны суду говорить только правду.

В качестве кого вы служили в японской армии?

Свидетель Хатаки: Я одно время работал в отряде 100 в Чанчуне, а затем в воинской части в гор. Гунчжулине.

Вопрос: Вы рядовой?

Ответ: Да, рядовой.

Вопрос: Какие обязанности вы выполняли последнее время?

Ответ: Я был стрелком.

Вопрос: А в отряде № 100?

Ответ: В отряде 100 был вольнонаёмным сотрудником отряда.

Государственный обвинитель: Какую работу вы выполняли в отряде?

Свидетель Хатаки: Я работал по бактериологическим исследованиям.

Вопрос: Кем?

Ответ: Техническим работником.

Вопрос: Скажите, известно ли вам что-либо о производстве опытов над живыми людьми?

Ответ: Да, известно.

Вопрос: Где содержались люди, предназначенные для опытов?

Ответ: В изоляторе, находившемся при караульном помещении отряда 100.

Вопрос: Вы сами видели этих людей?

Ответ: Я сам видел их, когда приносил им пищу.

Вопрос: Сколько человек содержалось в изоляторе, когда вы посещали его?

Ответ: Четыре человека.

Вопрос: Какой национальности?

Ответ: Два китайца и два русских.

Вопрос: Вам известно, какие производились опыты?

Ответ: Да.

Вопрос: Расскажите об этом.

Ответ: Когда я нёс пищу для этих заключённых из лаборатории, научный сотрудник Мацуи дал мне белую жидкость для них. Это был яд.

Вопрос: Что вы сделали с этой белой жидкостью?

Ответ: Я только принёс её.

Вопрос: Вы её отдали заключённым?

Ответ: Нет, я сам не отдавал, отдавал жандарм Мизуно.

Вопрос: Вам известна судьба людей, которым жандарм Мизуно дал отравленную пищу?

Ответ: Мне известно, что через 2—3 дня после этого они умерли.

Вопрос: Где вы похоронили их трупы?

Ответ: Эти трупы мы похоронили на скотомогильнике, на задах отряда.

Вопрос: Вам известна судьба других подопытных людей?

Ответ: Да, известна.

Вопрос: Расскажите об этом.

Ответ: Мне известно, что жандарм Мизуно стрелял в одного русского из пистолета.

Вопрос: Расскажите об этом подробнее.

Ответ: Я находился в лаборатории, когда туда позвонили по телефону. Мне было приказано взять лопату и отправиться на скотомогильник. Там в ста метрах от дороги находился русский, он стоял на коленях на земле, и жандарм Мизуно убил его выстрелом в затылок.

Вопрос: Где вы закопали тело этого русского человека, умерщвлённого жандармом Мизуно?

Ответ: Там же, на скотомогильнике, была приготовлена заранее яма, и он был расстрелян у этой ямы.

Вопрос: И вы сами зарывали его тело?

Ответ: Оно было сброшено в яму, и я его забросал землёй.

Вопрос: Вы принимали участие в манёврах по заражению скота на полигоне 731-го отряда на ст. Аньда?

Ответ: Да, участвовал.

Вопрос: Расскажите, что вы видели на этих манёврах?

Ответ: Я находился в бараке и занимался метеорологическими наблюдениями, когда над расположением лагеря пролетел самолёт. Сбросив в воздухе что-то жёлтое, самолёт сразу же после этого улетел. Я сам на полигоне не был и подробностей не знаю.

Вопрос: Заражение скота проводилось во время манёвров с помощью авиации?

Ответ: Да, правильно.

Вопрос: И, наконец, последний вопрос к вам, свидетель Хатаки. Вы говорили о том, что работали в отряде № 100 под руководством некоего Митомо. Это правильно?

Ответ: Да.

383

Вопрос: Поглядите сейчас на скамью подсудимых и скажите суду, находится ли в числе подсудимых Митомо, под начальством которого вы работали в отряде?

Ответ: Да, там находится тот самый Митомо.

ДОПРОС СВИДЕТЕЛЯ МИСИНА

Председатель суда: Свидетель Мисина, вы дали суду подписку об ответственности за дачу ложных показаний. Вы должны говорить суду правду.

Свидетель Мисина: Да.

Вопрос: Скажите, свидетель, сколько времени вы состояли на службе в японской армии в Маньчжурии?

Ответ: В Маньчжурии я служил четыре раза.

Вопрос: Какие должности вы занимали на службе в японской армии в Маньчжурии?

Ответ: Первый раз я работал в отдельном охранном отряде в качестве ротного офицера. Это было во время маньчжурских событий. Второй раз я работал в 1934—1935 годах в качестве сотрудника оперативно-стратегического отдела штаба Квантунской армии. Третий раз я работал с 1937 по 1941 год в качестве сотрудника штаба Квантунской армии. И, наконец, последний раз я служил в Маньчжурии уже в период второй мировой войны. Я был начальником штаба 39-й дивизии. На эту должность я был назначен 25 апреля 1945 года.

Вопрос: Какое у вас было последнее воинское звание?

Ответ: Полковник.

Государственный обвинитель: Сколько времени и в качестве кого вы служили в штабе 13-й армии?

Свидетель Мисина: В 13-й армии я служил с 1941 по 1943 год в качестве начальника разведывательного отдела штаба 13-й армии.

Вопрос: Где дислоцировалась 13-я армия?

Ответ: Штаб армии дислоцировался в гор. Шанхае.

Вопрос: В чём заключалось существо так называемой Чжеганской операции, которую проводила 13-я армия? Когда был получен приказ о начале этой операции?

Ответ: Чжеганская операция была проведена в 1942 году; эта операция была проведена по приказу главнокомандующего японскими экспедиционными войсками в Китае генерала Хата. Приказ был датирован мартом 1942 года.

Вопрос: В чём заключалась Чжеганская операция?

Ответ: Цель этой операции, согласно приказу главнокомандующего, заключалась в уничтожении вооружённых сил Китая, а именно Чунцинского лагеря и других сил, расположенных в районе Чжеган вдоль железнодорожной магистрали, соединяющей города Цзиньхуа, Луньи, Цзюйсянь, Юйшань (за точность не ручаюсь).

Вопрос: Какие японские армии участвовали в Чжеганской операции?

Ответ: В этой операции участвовала почти вся 13-я армия, а также отдельные части 11-й армии, штаб которой дислоцировался в гор. Ханькоу. Кроме того, были приданы специальные части.

Вопрос: Что вам известно о специальных бактериологических формированиях, которые были приданы частям 13-й армии?

Ответ: 13-й армии была придана особая бактериологическая часть, состоявшая из работников нанкинского отряда «Эй».

Вопрос: Когда было начато отступление 11 и 13-й армий?

Ответ: 13-я армия начала отступление в августе 1942 года. 11-я армия — также в это время. Эти армии начали отступление к своим прежним позициям.

Вопрос: Расскажите, когда в район боевых действий прибыл генерал-майор Исии Сиро?

Ответ: Генерал-майор Исии Сиро прибыл к месту действия 24 или 25 августа.

Вопрос: Созывалось ли какое-нибудь совещание в штабе 13-й армии в связи с приездом генерал-майора Исии Сиро?

Ответ: После прибытия генерал-майора Исии Сиро в штабе 13-й армии созывалось секретное совещание, на котором присутствовали кроме Исии Сиро командующий 13-й армией, затем начальник штаба армии и начальник оперативно-стратегического отдела штаба армии.

Вопрос: Генерал-майор Исии Сиро прилетел в расположение 13-й армии один или с группой сопровождавших его офицеров?

Ответ: Я помню, что с генерал-майором Исии Сиро прилетели два или три военных врача.

Вопрос: После этого совещания генерал-майор Исии Сиро остался в штабе 13-й армии или он уехал оттуда?

Ответ: Генерал-майор Исии Сиро в тот же день после обеда улетел на самолёте в Нанкин, а два или три офицера, которые прибыли с ним в штаб армии, остались.

Вопрос: Расскажите всё, что вам известно о применении японскими войсками во время Чжеганской операции бактерий чумы.

Ответ: Как я уже сказал, 13-я армия начала отступление согласно приказу главнокомандующего японскими экспедиционными войсками в Китае 20 августа. Штаб армии отступил из Цзюйсяня 31 августа, но офицеры, которые прибыли вместе с генералом Исии в количестве двух или трёх человек, остались тогда в Цзюйсяне. И мне как работнику штаба 13-й армии известно о том, что эти оставшиеся офицеры совместно с противоэпидемическими командами передовых отрядов распыляли чумные бактерии на фронте. Дальше я скажу, почему я это знаю. Штаб армии отступил из Цзюйсяня, прибыл в Цзиньхуа, где пробыл около двух недель, а затем 18—19 сентября направился в Шанхай.

Мне был доставлен один документ, захваченный действовавшими на фронте частями. Это был документ китайской армии, который был мне доставлен в сентябре. Документ был захвачен нашей частью, когда она заняла место, где находился штаб неизвестной китайской дивизии. Этот документ гласил следующее.

Насколько я помню, он был датирован началом сентября. Это была радиограмма, содержавшая приказ штаба китайской армии командиру дивизии. В приказе было написано, что японская армия при отступлении во время Чжеганской операции производила заражение местности в районе Цзюйсянь чумой и что следует обратить на это особое внимание, принять меры предосторожности. Этот приказ был отпечатан на гектографе. Там особенно подчёркивался зверский характер японских действий.

Вопрос: Докладывали ли вы командующему 13-й армией о находившемся у вас китайском документе, в котором сообщалось о применении японскими войсками в Чжеганской операции средств бактериологической войны?

Ответ: Да, я докладывал командующему армией и начальнику штаба.

Вопрос: Как реагировали они на ваш доклад?

Ответ: Они ознакомились с моей информацией, расписались в том, что ознакомились с документом, и никак не реагировали.

Вопрос: Кем конкретно было произведено заражение бактериями чумы той местности, которая упоминалась в китайском документе?

Ответ: Я не был очевидцем этой операции, но факт созыва совещания, проведённого генералом Исии с командующим 13-й армией 24 или 25 августа, затем факт оставления Исии в 13-й армии трёх офицеров 731-го отряда, наконец факт, что к 13-й армии была прикомандирована специальная группа противоэпидемической службы от нанкинского отряда «Эй» — всё это даёт мне основание сделать вывод, что эта операция была проведена под общим руководством генерал-майора Исии и под непосредственным руководством тех офицеров, которых он оставил, силами сотрудников нанкинского отряда.

Государственный обвинитель: У меня больше вопросов к свидетелю нет.

Председатель суда: Помимо допрошенных свидетелей в судебное заседание вызваны свидетели Каназава, Минеой, Сакурасита, Фукузуми. Ввиду того что обстоятельства, по поводу которых вызывались эти свидетели, выяснены на суде с достаточной полнотой и допрос их является излишним, Военный трибунал на основании ст. 394 УПК РСФСР определил: допрос указанных свидетелей не производить.

Председатель суда: Суд переходит к оглашению заключения экспертизы. Письменное заключение экспертов будет одновременно транслироваться для подсудимых на японском языке.

Слово для оглашения письменного заключения экспертизы предоставляется Действительному члену Академии медицинских наук СССР Жукову-Вережникову.

Эксперт Жуков-Вережников зачитывает заключение экспертизы, которое приобщается к протоколу судебного заседания [1].

Председатель суда: Товарищ государственный обвинитель, у Вас имеются вопросы к экспертам?

Государственный обвинитель: Государственное обвинение не имеет вопросов к экспертам.

Председатель суда: Защита, у Вас имеются вопросы к экспертам?

Адвокат Боровик: Защита не имеет вопросов к экспертам.

Председатель суда: Переводчик, разъясните подсудимым, что стороны, т. е. государственное обвинение и защита, дополнительных вопросов экспертам не поставили.

(Переводчик передаёт на японском языке разъяснение председателя Трибунала.)

Подсудимые, имеются ли у вас какие-либо дополнительные вопросы к экспертам?

Переводчик: Есть.

Председатель суда: У кого из подсудимых имеются вопросы?

Переводчик: У подсудимого Сато Сюндзи.

Председатель суда: Подсудимый Сато, подойдите к микрофону. Изложите суду, какие вы имеете дополнительные вопросы к экспертам.

Подсудимый Сато: Прошу внести поправку относительно производственной мощности отряда «Эй» № 1644. Надо сказать, что производилось не чумных бактерий 10 килограммов — чумные бактерии быстро погибают,— а тех бактерий, которые легко сохранить,— тифа, паратифа и других.

Председатель суда: Эксперт Жуков-Вережников, Ваше мнение по поводу заявления подсудимого Сато?

Эксперт Жуков-Вережников: Экспертиза обсудит этот вопрос и своё мнение дополнительно доложит суду.

Председатель суда: Подсудимый Сато, ваше заявление будет рассмотрено экспертизой и о результатах вам будет объявлено. Садитесь, подсудимый Сато. Другие подсудимые вопросов не имеют?

---

1 См. стр. 393—402.

Переводчик: Подсудимый Карасава имеет вопрос.

Председатель суда: Подсудимый Карасава, подойдите к микрофону. Изложите суду, какой у вас имеется дополнительный вопрос к экспертизе.

Подсудимый Карасава: Я также хочу внести в заключение экспертной комиссии поправку относительно производственной мощности отряда 731. Есть место, где сказано, что отряд производил обычно в месяц до 300 килограммов бактерий. Но это не было обычным. Это было возможно только при оптимальных условиях, при условиях использования всей производственной мощности оборудования отряда. Обычно же практически производилась только одна треть этого количества, а 300 килограммов бактерий не производились.

Председатель суда: Эксперты, прошу учесть это заявление.

Эксперт Жуков-Вережников: Подсудимый Карасава недостаточно хорошо уловил перевод. В заключении сказано: «Подсудимый Карасава на следствии показал, что эту мощность можно было довести до изготовления в месячный срок 300 килограммов бактерий».

Подсудимый Карасава: Если это сказано в смысле, что возможно довести до такого количества, то я согласен, я просто ослышался тогда.

Председатель суда: В таком именно смысле и сказано в заключении.

Подсудимый Карасава: Тогда у меня вопросов нет.

Председатель суда: Садитесь, подсудимый Карасава. Вопросов больше нет?

Переводчик: Вопросов больше нет.

Председатель суда: Суд опрашивает стороны, чем они желают дополнить судебное следствие.

Государственный обвинитель: В соответствии со ст. 303 УПК РСФСР государственное обвинение просит Трибунал огласить ряд документов, находящихся в судебном деле. В частности государственное обвинение ходатайствует перед судом об оглашении показаний свидетеля Ямагиси (том 2, л. д. 174) и свидетеля Иидзима (том 6, л. д. 242).

Кроме того, я прошу суд огласить оперативный приказ Квантунской армии № 659-Хэй, который содержится в томе 15, л. д. 35. Я ходатайствую также об оглашении приказа Управления полевой железной дороги Квантунской армии за № 176, находящегося в томе 15, л. д. 37.

Кроме того, я прошу суд огласить выдержки из стенографической записи заседания Центрального комитета обороны так называемого Маньчжоу-Го (том 22, л. д. 3).

Государственное обвинение просит Трибунал огласить, кроме того, имеющую существенное доказательственное значение выдержку из третьей главы изданного 2-м отделом управления сухопутных сил японской императорской ставки наставления по тактике рейдовой диверсионной войны от 20 января 1944 года (том 22, л. д. 24). Наконец, я прошу суд удостоверить тот факт, что в содержащейся на листах 28—29 в томе 22 директиве о применении диверсионных отрядов, изданной японской императорской ставкой, содержится упоминание о бактериологических «пистолетах-распылителях» типа автоматической ручки.

Этим ограничиваются мои ходатайства перед Трибуналом о дополнении судебного следствия.

(Ходатайство прокурора переводится на японский язык.)

Председатель суда: Военный трибунал определил огласить показание Иидзима, допрошенного в качестве свидетеля 20 октября 1949 года. Одновременно подсудимые могут слушать показания свидетеля на японском языке.

Показания свидетеля оглашаются одновременно на японском языке [1].

Председатель суда: Оглашаются показания Ямагиси Кендзи от 21 октября 1949 года. Подсудимые это показание также могут слушать на японском языке по трансляции.

(Показания оглашаются на японском языке [2].)

Председатель суда: Оглашается оперативный приказ Квантунской армии № 659-Хэй.

Приказ оглашается также на японском языке [3].

Председатель суда: Оглашается приказ Управления полевой железной дороги Квантунской армии от 26 июля 1940 года.

---

[1] См. стр. 140—143.
[2] См. стр. 144—147.
[3] См. стр. 199—200.

Государственный обвинитель: Прошу в этом приказе огласить примечание к нему о том, что в графике перевозок имеется следующий маршрут: Пинфань — Харбин — Синьцзин — Мукден — Шаньхайгуань — Тяньцзин — Шанхай.

Председатель суда: Приказ и примечание оглашаются на японском языке [1].

Председатель суда: Далее оглашается следующий документ: «Тактика рейдовой диверсионной войны».

Указанный документ оглашается также на японском языке [2].

Председатель суда: По ходатайству государственного обвинителя суд удостоверяет, что в томе 22, л. д. 28—29 имеется директива о применении диверсионных отрядов, составленная 2-м отделом сухопутных сил императорской ставки 20 января 1944 года. В ней упоминаются «пистолеты-распылители типа автоматической ручки».

Товарищ государственный обвинитель, у Вас больше ходатайств нет?

Государственный обвинитель: Нет.

Председатель суда: Защита, какие у Вас имеются ходатайства о дополнении судебного следствия?

Адвокат Боровик: Защита дополнить судебное следствие ничем не имеет.

Председатель суда: Подсудимые, имеются ли у вас какие-либо ходатайства о дополнении судебного следствия?

Переводчик: Подсудимые спрашивают, как это можно понимать, о каких ходатайствах идёт речь?

Председатель суда: Желают ли они огласить какие-либо документы, дополнить свои объяснения, огласить показания свидетелей, которые не допрашивались судом, но показания которых известны подсудимым.

Переводчик переводит разъяснение председателя суда на японский язык.

Подсудимый Ямада: У меня есть одно дополнение.

Председатель суда: Подсудимый Ямада, подойдите к микрофону. Какое у вас имеется ходатайство?

Подсудимый Ямада: Я хочу сделать общий итог всему,

---

[1] См. стр. 207—209.

[2] См. стр. 187.

что я слышал здесь, на заседании суда, и на предварительном следствии.

Председатель суда: Переводчик, разъясните подсудимому Ямада, что он может сделать это в последнем слове, которое будет предоставлено ему впоследствии, а сейчас речь идёт о том, нет ли ходатайств о дополнении следствия: оглашении показаний и т. д.

Переводчик разъясняет подсудимому Ямада сказанное председателем суда.

Подсудимый Ямада: Понятно.

Председатель суда: Садитесь, подсудимый Ямада. Судебно-медицинская экспертиза, прошу сообщить Ваше мнение по ходатайству, заявленному подсудимым Сато.

Эксперт Жуков-Вережников: Мы рассмотрели ходатайство подсудимого Сато. В заключении следует читать «исходя из показания подсудимого Сато», а не «по показанию подсудимого Сато».

Председатель суда: Переведите пояснение судебно-медицинской экспертизы.

Пояснение эксперта переводится на японский язык.

Председатель суда: Подсудимый Сато, понятна ли вам справка, данная экспертизой?

Подсудимый Сато: Если в тексте Вашего заключения вычеркнуть слова «чумных бактерий» 10 килограммов, тогда я возражений не имею. Здесь нужно понимать 10 килограммов бактерий, но не чумных бактерий.

Председатель суда: Подсудимый Сато, суд учтёт ваше заявление и обсудит его. Прошу садиться.

Заключение экспертизы

ЗАКЛЮЧЕНИЕ

СУДЕБНО-МЕДИЦИНСКОЙ ЭКСПЕРТИЗЫ ПО ВОПРОСАМ, ОПРЕДЕЛЁННЫМ ВОЕННЫМ ТРИБУНАЛОМ НА СУДЕ ПО УГОЛОВНОМУ ДЕЛУ БЫВШИХ ВОЕННОСЛУЖАЩИХ ЯПОНСКОЙ АРМИИ ЯМАДА ОТОЗОО, КАДЗИЦУКА РЮДЗИ, ТАКАХАСИ ТАКААЦУ, КАВАСИМА КИОСИ, САТО СЮНДЗИ, КАРАСАВА ТОМИО, НИСИ ТОСИХИДЭ, ОНОУЭ МАСАО, ХИРАЗАКУРА ДЗЕНСАКУ И ДРУГИХ, ОБВИНЯЕМЫХ В ПОДГОТОВКЕ К ПРИМЕНЕНИЮ БАКТЕРИОЛОГИЧЕСКОГО ОРУЖИЯ

Мы, нижеподписавшиеся: Действительный член Академии медицинских наук СССР Жуков-Вережников Н. Н., полковник медицинской службы Краснов В. Д., заведующий кафедрой микробиологии Хабаровского медицинского института профессор Косарев Н. Н., доцент кафедры микробиологии Хабаровского медицинского института Ливкина Е. Г., подполковник ветеринарной службы Александров Н. А. и паразитолог Козловская О. Л., на основании определения Военного трибунала от 28 декабря 1949 года, лично присутствуя на суде и ознакомившись с материалами предварительного следствия по делу, названному выше, даём следующее заключение по вопросам, изложенным в указанном определении:

I. Вопрос: Каково было назначение экспериментальной и производственной деятельности отрядов №№ 731 и 100 японской Квантунской армии и отряда «Эй» № 1644 японской экспедиционной армии в Китае?

Ответ: *Экспериментальная и производственная работа отрядов №№ 731, 100 и № 1644 по своему специфическому характеру и особому содержанию была предназначена для изыскания и производства бактериологического оружия, а также для изучения способов его применения.*

Это заключение основывается на следующих данных:

1. Работа отрядов №№ 731, 100 и 1644 строилась на основе использования в агрессивных военных целях способности болезнетворных бактерий к быстрому размножению и распространению среди людей, животных и растений. Всё направление исследовательской деятельности этих отрядов имело особый характер, несовместимый с задачами гуманной науки и прямо противоположный этим задачам.

Если усилия медицинской микробиологии устремлены на создание невосприимчивости, на ослабление вирулентности и ядовитости микробов, то указанные отряды японской армии усиленно занимались увеличением болезнетворного действия микроорганизмов.

Если эпидемиология столетиями изучает и разрабатывает способы прекращения и предупреждения эпидемий, то отряды разрабатывали методы искусственного возбуждения и распространения этих эпидемий.

Если санитарное дело направлено на устранение факторов, способствующих развитию болезней, то отряды занимались изучением, разведением и распространением десятков миллионов блох, переносчиков чумы.

Если сельскохозяйственные и ветеринарные науки путём огромного труда обеспечивают увеличение урожаев полезных растений и поголовья полезных животных, то отряды разрабатывали способы уничтожения посевов ржи и пшеницы, а также коров, лошадей и овец и даже ставили перед собой задачу стойкого заражения почвы сибирской язвой, стремясь самую землю сделать труднодоступной для использования её человеком.

2. В отрядах изучалось болезнетворное действие различного рода микробов с целью выбора наиболее эффективных для бактериологической войны видов.

В процессе этого изучения широко использовались бесчеловечные эксперименты на живых людях, которые содержались в специально выстроенной для этой цели тюрьме, начальником которой был «научный сотрудник».

3. В отрядах изучались и разрабатывались способы интенсивного выращивания больших количеств болезнетворных микробов. Эти способы применялись затем для культивирования микробов в массовых масштабах в процессе практического изготовления бактериологического оружия.

Возможность того, что эти бактериальные массы могли предназначаться для изготовления вакцин, абсолютно исключается. Характерно, что при пользовании специально сконструированными культиваторами системы Исии Сиро было трудно, как показали обвиняемые, обеспечить стерильность, абсолютно необходимую, если бы эта аппаратура предназначалась для производства вакцин. Другие особенности производства бактериальных масс в отрядах неоспоримо свидетельствуют о его предназначении для целей бактериологической войны. Важнейшей из этих особенностей являлась завершающая фаза производства. Рабочий цикл оканчивался выходом вирулентных микробов, которые не убивались, как это имело бы место, например, в вакцинном производстве, а выдавались живыми и использовались для массового искусственного заражения людей.

4. Исследовательская и производственная деятельность отряда № 731 в области выращивания блох с последующим заражением их чумой по своим громадным масштабам и самому характеру своему не может быть связана с какой бы то ни было научно-медицинской работой и могла иметь своей целью только производство бактериологического оружия для осуществления бесчеловечного массового истребления людей.

В науке известно биологическое явление, которое состоит в естественной приспособленности чумного микроба к длительному существованию и даже размножению в организме блох. Это явление было использовано отрядами в военно-агрессивных целях. Из материалов судебного следствия следует, что блохи применялись в отрядах №№ 731 и 1644 на основе «теории» идеолога бактериологической войны Исии Сиро, из которой следует, что блохи

395

в данном случае служили для предохранения чумных бактерий от действия факторов внешней среды. Бактерии, согласно этой «теории», находясь в организме блохи, тем самым получали как бы живую предохранительную оболочку. Нападая в поисках пищи на человека, чумные блохи при укусе заражали его. Таким образом, блохи предназначались для сохранения бактерий, переноса их и непосредственного заражения человека.

Экспертиза констатирует, что в отряде № 731 под руководством Исии Сиро были разработаны методы массового размножения блох, их последующего заражения чумой и использования в военных целях.

5. О назначении экспериментальной деятельности отрядов №№ 731 и 100 достаточно ясно говорят также такие работы, как изыскания по конструированию бактериологических авиабомб, артиллерийских снарядов, приспособлений для рассеивания с самолётов бактерий и блох, изучение способов заражения водоёмов, продовольствия, фуража и почвы.

6. В отряде № 100 производились работы в области изучения наиболее эффективных способов заражения скота и сельскохозяйственных растений. Для этих целей отряд использовал микробы сибирской язвы, сапа, а также других возбудителей болезней животных и растений. В этом же отряде производились опыты по заражению почвы микробами сибирской язвы с целью сделать эту почву непригодной для хозяйственного использования её человеком.

7. Все указанные в предыдущих пунктах изыскания завершались опытами на полигоне, направленными на оценку эффективности того или иного вида бактериологического оружия или способа его применения. В процессе осуществления этих опытов, точно так же как и в лабораторных условиях, в качестве «подопытных объектов» использовались живые люди. Бактериологическое оружие считалось пригодным для испытания его в боевой обстановке, если уже в условиях полигона применение этого оружия приводило к преступным целям, а именно, к насильственному заражению и гибели людей. Так, испытывались бомбы, начинённые микробами чумы и сибирской язвы, изучалась эффективность бомб, снаряжённых чумными блохами. Образцы бактериологического оружия,

396

одобренные после полигонных опытов, испытывались в боевой обстановке.

Таким образом, предназначением производственной и экспериментальной работы отрядов являлось изучение и производство бактериологического оружия, а также способов его применения в целях ведения агрессивной бактериологической войны.

II. Вопрос: Какие у этих отрядов имелись производственные возможности для обеспечения бактериологическим оружием японской армии?

Ответ: *Для обеспечения японской армии бактериологическим оружием отряды располагали большими производственными возможностями.*

Это заключение основывается на следующих данных:

1. Для массового выращивания болезнетворных микробов отряд № 731 обладал мощной специальной бактериологической техникой, позволявшей ему в короткие сроки выращивать огромные количества таких болезнетворных микробов, как возбудители чумы, холеры, брюшного тифа, сибирской язвы и др.

Исходя из показаний подсудимого Карасава о производственной мощности ведущего звена оборудования 731-го отряда по выращиванию микробов, а именно, котлов для изготовления питательных сред, экспертиза определила, что за один рядовой производственный цикл, длящийся всего несколько дней, это и другое имевшееся в отряде оборудование могло обеспечить выход не менее 30 000 000 миллиардов микробов для видов со средней интенсивностью размножения. Экспертиза подчёркивает, что такие количества микробов, учитывая короткие сроки изготовления и конечное предназначение «продукции» этого производства, следует считать исключительно большими. При полной загрузке котлов для изготовления питательных сред и форсировании производства отряд мог изготовить за один цикл 40 000 000 миллиардов микробов и более, в зависимости от вида возбудителя.

Получая огромные массы бактерий для изготовления бактериологического оружия, работники отрядов измеряли количество этой массы килограммами, причём речь идёт о весе густой сметанообразной бактериальной массы, непосредственно снятой с поверхности твёрдой питательной среды. Так, определяя производственную мощность отряда № 731, подсудимый Карасава на предварительном следствии показал, что эту мощность можно было довести до изготовления в месячный срок 300 килограммов бактерий чумы. Другой подсудимый, Кавасима, также показал, что отряд «...мог ежемесячно изготавливать до 300 килограммов бактерий чумы». Эти же цифры оба подсудимых подтвердили в своих показаниях и на судебном следствии, при этом было показано также, что отряд мог приготовлять ежемесячно микробов сибирской язвы 800—900 килограммов и микробов холеры — 1 000 килограммов. При анализе месячной производительности отряда выяснилось, что система комплектования оборудования позволяла осуществлять значительное повышение темпов производства на определённых отрезках времени. Эта черта производственной системы была несомненно связана с военной спецификой работы отряда 731. В соответствии с этим устройство оборудования и его количество могли позволить отряду № 731 осуществлять проведение нескольких производственных циклов одновременно, что делало месячную производительность отряда равной многим сотням миллионов миллиардов бактерий даже для возбудителей со средней скоростью размножения.

Производительность отряда «Эй» № 1644 была несколько меньшей. Исходя из показаний подсудимого Сато, можно принять, что этот отряд мог изготовлять не менее 10 килограммов бактерий чумы за рабочий цикл. Отряд № 100 также располагал достаточно мощным оборудованием для размножения микробов, вызывающих болезни животных и растений.

2. Производственные возможности отряда № 731 в отношении выращивания блох определялись наличием 4 500 «блошиных питомников» (инкубаторов), служащих для размножения блох. Эти инкубаторы давали возможность на протяжении коротких сроков получать десятки килограммов блох, что соответствует многим десяткам миллионов блох, заражавшихся затем чумой с целью применения их в качестве бактериологического оружия.

Фактическая «производительность» отряда № 731 равнялась 45 килограммам блох за 3—4 месяца. Необходимо отметить, что в среднем 45 килограммов блох могли содержать около 145 000 000 экземпляров этих паразитов. Однако потенциальная мощность отряда была больше, так как его начальник Исии Сиро в 1945 году планировал повышение выходов чумных блох до 60, а затем и до 200 килограммов в те же сроки. Отряд № 1644 также располагал значительными возможностями для разведения блох. Оба эти отряда имели сеть филиалов с сотнями сотрудников, которые использовались для заготовки диких грызунов, служащих для питания блох и размножения этих паразитов.

3. Для проверки эффективности производившегося бактериологического оружия отряды имели возможность пользоваться полигоном, аэродромом, самолётами и расходовать большие суммы денег на обеспечение экспериментальной работы.

Командованием Квантунской армии отрядам была предоставлена широкая возможность с невероятной жестокостью производить «опыты» над сотнями и тысячами «экспериментальных людей», содержавшихся в тюрьме 731-го отряда. В этой тюрьме и на полигоне путём насильственного заражения и другими способами было умерщвлено около 3 000 людей.

Таким образом, возможности отрядов №№ 731, 100 и 1644 в области производства и испытания бактериологического оружия были исключительно велики и предоставлялись отрядам в целях наиболее полного обеспечения бактериологическим оружием японских войск.

III. Вопрос: Какова степень опасности бактериологических нападений, совершённых отрядом № 731 на районы Центрального Китая в 1940, 1941 и 1942 годах?

Ответ: *Степень опасности нападений, осуществлённых отрядом № 731 на районы Центрального Китая в 1940, 1941 и 1942 годах, была очень большая и определялась как выбором применявшихся микробов — возбудителей опасных инфекций, так и характером распространения этих микробов при бактериологическом нападении.*

Это заключение основывается на следующих данных:

Многолетняя подготовка возглавляемого Исии Сиро отряда № 731 к бактериологической войне вышла из рамок чисто экспериментальной работы и привела к возможности практического применения бактериологического оружия. В соответствии с этим отряд 731 практиковал снаряжение военных экспедиций для применения бактериологического оружия в ряде районов Китая.

В 1940 году под личным руководством Исии Сиро в Китай, в район Нимбо, была направлена военная экспедиция отряда № 731, снабжавшаяся бактериальными массами возбудителей брюшного тифа и холеры, а также большим количеством чумных блох. В результате применения заражённых блох путём рассеивания их с самолёта в районе Нимбо вспыхнула эпидемия чумы. Технические особенности организации и действий этой экспедиции указывают на широкие масштабы осуществлявшихся массовых заражений людей. Учитывая же условия военного времени и связанные с ними передвижения населения, следует признать, что деятельность этой экспедиции, особенно в области распространения чумы, была весьма опасной для населения не только района Нимбо, но и многих прилежащих районов Китая.

Аналогичная экспедиция имела место и в 1941 году в районе гор. Чандэ, где производилось заражение местности чумными блохами с самолёта. Опасность этой экспедиции была не меньшая, чем предыдущей.

В 1942 году в Центральный Китай отрядом № 731 с помощью отряда 1644 была направлена новая военная экспедиция, возглавляемая также Исии Сиро. В данном случае основной целью являлось наземное заражение, производимое для того, чтобы создать инфицированную зону для наступающих китайских войск. При этом применялось заражение водоисточников и пищи брюшнотифозными и паратифозными микробами, а также распространение чумных блох. Анализируя особенности действий этой экспедиции, экспертиза подчёркивает, что и в данном случае была налицо большая опасность, причём особенно для мирного китайского населения. При отступлении японских войск заражались водоисточники общего пользования, дома местных жителей, распространялись продукты питания, заражённые брюшнотифозными и паратифозными микробами. Следовательно, при таком способе применения бактериологического оружия прежде всего поражалось мирное население, а затем наступающие китайские войска, которые приходили с этим населением в соприкосновение.

Таким образом, степень опасности нападений отряда № 731 была очень велика ввиду массового распространения возбудителей особо опасных болезней в условиях передвижения населения и войск, а также разнообразия способов применения этого оружия.

IV. Вопрос: Каковы могли быть последствия применения бактериологического оружия, вырабатываемого отрядами №№ 731, 100 и «Эй» 1644?

Ответ: *Применение бактериологического оружия, которое вырабатывалось отрядами №№ 731, 100 и «Эй» 1644, могло вызвать эпидемии, угрожающие как войскам, так и мирному населению и в частности женщинам, детям и старикам. Размеры этих эпидемий помимо других факторов определялись бы уровнем санитарного состояния и медицинского обслуживания объектов нападения.*

Это заключение основывается на следующих данных:

По своим эпидемиологическим особенностям такие заразные заболевания человека, как, например, чума и холера, характеризуются быстротой и большими масштабами распространения, тяжестью течения и большой смертностью среди населения поражённых городов и сёл. Аналогичны по склонности к быстрому распространению такие опасные болезни животных, как чума рогатого скота и, при известных условиях, сибирская язва. В целях нанесения экономического ущерба отрядами наряду с бактериологическим оружием, служащим для уничтожения домашних животных, разрабатывались способы уничтожения урожая сельскохозяйственных культур. История эпидемических вспышек естественного происхождения знает в прошлом много примеров опустошительных эпидемий, вызванных именно теми возбудителями заразных заболеваний, которые были избраны отрядами японской армии в качестве бактериологического оружия.

Необходимо подчеркнуть, что некоторые возбудители, применявшиеся отрядами, в естественной обстановке обладают способностью вызывать при определённых условиях более или менее стойкие очаги заразных болезней, которые ныне ликвидированы или ограничены прогрессом науки и которые подсудимые пытались вновь насаждать.

Таким образом, японские бактериологические отряды №№ 731, 100 и 1644, разрабатывая бактериологическое оружие, рассчитывали на то, что применение этого оружия приведёт к широкому распространению опустошительных эпидемий и массовой гибели людей. В случае реализации этих намерений создалась бы угроза также и для нейтральных стран, что вытекает из самой природы эпидемических болезней и характера их распространения.

Действительный член
Академии медицинских наук Союза ССР
(ЖУКОВ-ВЕРЕЖНИКОВ Н. Н.)

Полковник медицинской службы
(КРАСНОВ В.Д.)

Заведующий кафедрой микробиологии
Хабаровского медицинского института
Профессор *(КОСАРЕВ Н. Н.)*

Доцент кафедры микробиологии
Хабаровского медицинского института
(ЛИВКИНА Е. Г.)

Подполковник ветеринарной службы
(АЛЕКСАНДРОВ Н. А.)

Паразитолог
(КОЗЛОВСКАЯ О. Л.)

29 декабря 1949 года.

Речь государственного обвинителя

ВЕЧЕРНЕЕ ЗАСЕДАНИЕ 29 ДЕКАБРЯ

Председатель суда: Судебное следствие по делу объявляю законченным. Суд приступает к выслушиванию прений сторон.

Речь государственного обвинителя и речи защитников для подсудимых будут транслироваться на японском языке.

Подсудимые могут слушать эти речи на японском языке.

Слово предоставляется государственному обвинителю государственному советнику юстиции 3-го класса т. Смирнову.

Государственный обвинитель произносит речь, которая прилагается к протоколу.

Речь транслируется одновременно на японском языке.

РЕЧЬ ГОСУДАРСТВЕННОГО ОБВИНИТЕЛЯ ГОСУДАРСТВЕННОГО СОВЕТНИКА ЮСТИЦИИ 3-го КЛАССА Л. Н. СМИРНОВА

1. Значение процесса

Товарищи судьи, товарищи члены Военного трибунала!

Значение дела, которое в течение этих дней столь тщательно исследовалось Вами, далеко выходит за пределы установления личной вины и определения степени ответственности преступников, сидящих на скамье подсудимых.

Бесспорно, что единая цепь тягчайших преступлений против мира и человечества связывает бывшего командующего японской Квантунской армией генерала **Ямада** с исполнителями злодейских предначертаний японских милитаристов — бактериологами из специальных секретных формирований Квантунской армии.

Но, как было установлено на судебном следствии, эта цепь не обрывается на скамье подсудимых.

Бактериологическая война планировалась и готовилась преступным японским империализмом как часть общего заговора агрессии против миролюбивых народов.

В течение многих лет империалистическая Япония была главным очагом агрессии на Дальнем Востоке.

На закончившемся в 1948 году международном процессе главных японских военных преступников в Токио со всей очевидностью было установлено, что Япония на протяжении многих лет готовилась напасть на Советский Союз. В приговоре Международного военного трибунала записано:

> «Трибунал считает, что агрессивная война против СССР предусматривалась и планировалась Японией в течение рассматриваемого периода (т. е. с 1928 года); что она была одним из основных элементов японской национальной политики и что её целью был захват территорий СССР на Дальнем Востоке».

Подстрекаемые сросшимися с военно-феодальной верхушкой страны крупнейшими японскими монополистическими объединениями, так называемыми «дзайбацу», японские империалисты заранее включили Советский

Дальний Восток и даже «Сибирь до Урала» в состав так называемой «сферы сопроцветания великой Восточной Азии».

Однако одно дело «планировать» агрессию против СССР в кабинетах генерального штаба, лабораториях императорского института тотальной войны или специальных комитетах пресловутого «исследовательского общества» японских империалистов, так называемого «Кокусаку-кенкью-кай», другое дело осуществить эту агрессию на практике.

Много раз японский генеральный штаб составлял и пересоставлял агрессивные планы войны с Советским Союзом, и, конечно, не миролюбием японских генералов и не гуманностью готовых на любое преступление ради лишнего процента прибылей японских «дзайбацу» нужно объяснить то, что эти планы откладывались исполнением.

Мир на Советском Дальнем Востоке поддерживался только в результате гениальной сталинской политики, в результате победоносного завершения сталинских пятилеток, в результате неусыпной заботы большевистской партии и Советского правительства об укреплении советских вооружённых сил.

Империалистическая Япония не переставала готовить агрессивную войну против СССР.

Вторжение в Маньчжурию и оккупация её в 1931 году означали новый этап развития японской агрессии. Для японских империалистов военная оккупация не была самоцелью, она должна была подготовить новые территориальные захваты и новые акты агрессии. Маньчжурия имела для них значение важнейшего плацдарма для нападения на Советский Союз и для вторжения в Китай.

Вот почему, захватив Маньчжурию, они с первых же дней установления своего господства в этой стране стали готовить её как плацдарм для нападения на нашу Родину.

В Маньчжурии была сконцентрирована основная ударная сила японского империализма — Квантунская армия. В Маньчжурию направлялась новейшая военная техника, создаваемая японской промышленностью. Оккупированная страна покрывалась густой сетью аэродромов и стратегических дорог. И, как известно суду, именно в

Маньчжурии были развёрнуты секретные формирования японской армии, готовившие бактериологическую войну — тайное оружие японского империализма.

В 1936 году окончательно оформился преступный заговор против мира, в который империалистическая Япония вступила с гитлеровской Германией, заключив с нею договор о военно-политическом союзе — так называемый антикоминтерновский пакт.

Через некоторое время к нему присоединилась фашистская Италия.

Этот договор, как установлено Токийским международным трибуналом, был направлен в первую очередь против СССР. «Антикоминтерновский пакт,— говорится в приговоре по делу главных японских военных преступников,— составлял основу политики Японии в последующие годы. Этот военный союз с Германией играл важную роль в политике Японии против СССР».

Японской правящей клике казались близкими к осуществлению преступные замыслы, направленные на отторжение Советского Приморья, захват Советского Дальнего Востока и порабощение великого китайского народа.

Японская Квантунская армия быстро росла количественно и вооружалась новой техникой. Маньчжурия была превращена в арсенал войны против Советского Союза.

В 1937 году японская военщина спровоцировала так называемый «инцидент на мосту Марко Поло» и вторглась в Китай.

Этот акт агрессии был совершён так же, как предшествовавшие ему агрессивные акты, без объявления войны. Вплоть до 1942 года кровопролитная война в Китае, унесшая миллионы жертв, в японских официальных источниках называлась «Китайским инцидентом», так же как «Маньчжурским инцидентом» именовалась военная оккупация Маньчжурии.

В 1938 году японские милитаристы напали на Советский Союз в районе озера Хасан. Боевые действия в районе сопки Заозёрной продолжались десять дней. За эти десять дней короткой и напряжённой борьбы брошенные в бой отборные японские войска были разбиты наголову Советской Армией. Проба сил оказалась явно не в пользу японской военщины, и она поспешно отступила, назвав эту начатую ею и проигранную агрессивную войну «Чанкуфынским инцидентом».

В 1939 году Квантунская армия по указанию японского генерального штаба начала войну против Монгольской народной республики и Советского Союза в районе реки Халхин-Гол. Начатые в мае 1939 года бои продолжались до сентября. В них принимали участие лучшие соединения Квантунской армии при поддержке больших масс авиации, артиллерии и танков. В результате этой борьбы советские и монгольские вооружённые силы уничтожили большую часть японских войск. Война в районе реки Халхин-Гол была проиграна империалистической Японией так же, как и война в районе озера Хасан.

Так, дважды начав агрессивную войну против Советского Союза, японские империалисты оба раза были разбиты в открытом бою, испытав на себе сокрушительную мощь ударов Советской Армии.

Но и это не остановило преступную подготовку агрессии против Советского Союза и других миролюбивых народов, во имя создания «Великой Восточной Азии» — японского колониального государства, в котором побеждённым народам отводилась роль рабов, обрекаемых на нищету и вымирание.

Вместе с гитлеровскими людоедами японские империалисты мечтали об установлении господства над миром. Для достижения этой цели они готовились применить наиболее мучительные и бесчеловечные средства массового истребления людей. Они хотели утвердить своё господство на развалинах человеческой цивилизации. В этом преступном заговоре против мира и человечества, каким являлся союз гитлеровской Германии и империалистической Японии, бактериологическая война была одним из средств заранее планируемого истребления одной части населения мира, для полного порабощения другой.

В лице растленных представителей реакционной буржуазной науки хозяева империалистической Японии нашли исполнителей своих злодейских предначертаний.

Общеизвестно, что бактериологическое оружие наряду с химическим и атомным оружием являются средствами агрессивной войны, причём средствами исключительно жестокими и бесчеловечными, главным образом в силу того, что жертвами этих видов оружия становятся мирные люди — женщины, дети, старики.

Именно поэтому всё передовое человечество, осуждая агрессивную войну вообще, особенно осуждает войну бактериологическую, химическую и атомную и требует запрещения применения этих средств войны, как противоречащих элементарным понятиям гуманности.

Именно поэтому Советский Союз и большинство других цивилизованных государств обязались не применять на войне химическое и бактериологическое оружие, подписав и ратифицировав женевский протокол от 17 июня 1925 года «О запрещении применения на войне удушливых, ядовитых или других подобных газов и бактериологических средств».

Советский Союз с первых дней своего существования неуклонно и последовательно борется за прочный, демократический мир. Являясь подлинным оплотом мира и глашатаем идей социалистического гуманизма, Советский Союз, идя во главе демократических сил мира, решительно отвергает применение бесчеловечных средств массового истребления. Именно поэтому вопреки всем усилиям поджигателей новой войны из англо-американского блока Советский Союз уже в течение ряда лет добивается в Организации Объединённых наций безусловного запрещения атомного оружия.

Судебный процесс показал, что японские милитаристы самым деятельным образом готовились к бактериологической войне, изыскивая наиболее эффективные средства этой войны и способы их применения.

Готовя бактериологическую войну, японский империализм создал мощное бактериологическое оборудование. Так же как и гитлеровцы, японские милитаристы использовали новейшую технику, призванную служить прогрессу человечества, для целей мучительного человекоистребления.

В акте судебно-медицинской экспертизы особо отмечено: «Необходимо подчеркнуть, что некоторые возбудители из числа применявшихся отрядами в естественной обстановке обладают способностью образовывать более или менее стойкие очаги заразных болезней, которые были ликвидированы или ограничены прогрессом науки и которые обвиняемые пытались вновь искусственно насаждать».

Так пытались вернуть человечество ко временам моровой язвы, к губительным эпидемиям холеры и чумы, к наиболее мрачным периодам средневековья злодеи, часть которых посажена на скамью подсудимых.

Невольно привлекает внимание единство методов массового истребления людей, которые применялись гитлеровскими военными преступниками и японскими империалистами. Невольно привлекает внимание и то кощунственное осквернение науки, глумление над её гуманными принципами, которое объединяет злодеяния гитлеровских и японских военных преступников.

Когда в единоборстве с гитлеровской Германией войска Советской Армии, ломая сопротивление врага, шли на Запад, они встречали на своём пути дымящиеся развалины Треблинки, газовые камеры Майданека, печи крематориев Освенцима — злодейскую индустрию смерти, вызванную к жизни преступным германским фашизмом.

В специальных «медицинских блоках» этих лагерей уничтожения фашистские врачи-экспериментаторы испытывали на беззащитных жертвах смертоносные инфекции и отравляющие вещества, медленно замораживали живых людей в ледяных ваннах, мучительно умерщвляли их в барокамерах. В лабораториях Познанского бактериологического института гитлеровские бактериологи культивировали бактерии чумы и готовились к применению бактериологического оружия против миллионов мирных людей, ибо в первую очередь на умерщвление мирного населения и причинение ему тягчайших страданий, на возбуждение эпидемий в тылу врага направлена бактериологическая война.

Только сокрушающий удар советских вооружённых сил спас тогда человечество от ужасов бактериологической войны, в которые готовились ввергнуть мир гитлеровские злодеи.

И когда, после разгрома гитлеровской военной машины, войска Советской Армии, верные своему союзническому долгу, стремительным ударом разгромили основную ударную силу преступного японского империализма —

Квантунскую армию, они вновь спасли человечество от ужасов бактериологической войны.

В двадцати километрах от Харбина находятся разрушенные взрывами и пожаром строения большого военного городка. Как это установлено на предварительном следствии и на суде, там помещалось специальное бактериологическое формирование Квантунской армии — отряд № 731, или «отряд Исии»,— в течение ряда лет планомерно готовившее бактериологическую войну, начиная от выбора смертоносных инфекций, испытания их на тысячах беззащитных жертв и разработки методов культивирования бактерий, кончая массовым производством всего необходимого для ведения в громадных масштабах агрессивной бактериологической войны.

Мы знаем, что бывший командующий Квантунской армией, ныне подсудимый на этом процессе, генерал **Ямада** считал отряд Исии находившимся в боевой готовности и способным выполнить любые задания. Мы знаем также, что означала эта «боевая готовность» отряда Исии.

Из показаний **Ямада** видно, что японским генеральным штабом были утверждены три основных метода применения бактерий для целей войны: распыление бактерий с боевых самолётов, сбрасывание с самолётов специальных бактериологических бомб и наземное заражение населённых пунктов, водоёмов, пастбищ и т. д. по методу бактериологических диверсий.

Сама природа бактериологического оружия такова, что пределы его действия не ограничиваются линией фронта, вооружёнными силами противника или даже территорией подвергшейся нападению страны. Развязываемая японскими империалистами бактериологическая война принесла бы неисчислимые бедствия не только населению страны, подвергшейся нападению, но и народам нейтральных стран. Это входило в злодейские планы японских военных преступников, для которых нейтральные государства должны были являться объектами новых актов агрессии.

Так, мечтая о мировом господстве, о «Великой Восточной Азии» под гегемонией Японии, правящая клика империалистической Японии готовилась обратить против человечества злейших его врагов — невидимый мир наиболее опасных бактерий. Ради достижения этих преступных экспансионистских целей в специальных камерах выращивались сотни миллионов блох, которые должны были быть заражены чумой и, помещённые в специальные бомбы или развеянные с самолёта, служить переносчиками инфекции. Ради этой преступной цели устанавливалось мощное специальное оборудование и четвёртый отдел отряда № 731 в течение одного «производственного» цикла вырабатывал десятки килограммов бактерий — миллионы миллиардов микробов, которые должны были заразить водоёмы и пастбища, быть сброшены на города и сёла и привести к гибели тысяч и тысяч мирных людей.

Ради этой преступной цели обрекались на мучительную гибель китайские патриоты и советские люди, закованные в кандалы и беззащитные в руках злодеев-экспериментаторов, мучительно умерщвляемые во внутренней тюрьме отряда Исии.

Ради этой преступной цели умерщвлялись китайские женщины и дети, заражённые холерой и чумой во время экспедиций отряда Исии в Китай.

II. Организация японскими империалистами специальных формирований для подготовки и ведения бактериологической войны

На судебном следствии была с исчерпывающей полнотой исследована история создания специальных секретных бактериологических формирований японской армии в Маньчжурии и вполне установлена их структура, назначение и практические возможности.

Подготовка бактериологической войны была начата японской армией вскоре после захвата Маньчжурии.

Первоначально японская военщина создала небольшую бактериологическую лабораторию, начальником которой был назначен японский военный бактериолог **Исии Сиро,** который ещё до этого занимался в военно-медицинской академии изысканиями бактериологического оружия и был известен в военных кругах как ярый поборник бактериологической войны. Из показаний подсудимого **Кадзицука** видно, что с самого начала преступной деятельности **Исии** он получал поддержку со стороны стратегического отдела японского генерального штаба. Все исследования **Исии** были окружены глубокой тайной. Так как одно его имя могло расшифровать направление работы лаборатории, он изменил своё имя на **Того** и его учреждение стало называться «отрядом Того».

Из показаний подсудимого **Карасава** видно, что уже в то время **Исии** совершал преступные эксперименты на живых людях, испытывая действие бактерий на взятых японцами в плен китайских партизанах.

В 1936 году по требованию японского генерального штаба и по указу императора **Хирохито** были созданы мощные базы для претворения в жизнь злодейских замыслов и преступных экспериментов, проводившихся до этого **Исии** в лабораторных условиях. В Маньчжурии были созданы и приданы Квантунской армии два крупных бактериологических формирования, которые должны были обеспечить массовое производство средств бактериологической войны в количествах, достаточных для ведения японской армией бактериологической войны в больших масштабах.

На протяжении ряда лет бактериологические формирования меняли свои наименования. Разумеется, японское командование не могло называть их настоящими именами, чтобы не вызывать возмущения не только людей всего мира, но и собственного народа. Поэтому бактериологические фабрики смерти всегда маскировались под обычные медицинские или ветеринарные учреждения. Так, именуемая «отрядом Того» лаборатория **Исии** развернулась в огромный институт бактериологической войны под нейтральным названием «Управления водоснабжения и профилактики Квантунской армии».

Иногда это формирование называлось «отрядом Камо». Впоследствии оно получило обычный номер войсковой части и стало называться «Маньчжурским отрядом № 731». Второе бактериологическое формирование сперва называлось «Иппоэпизоотическим управлением Квантунской армии», а затем — «отрядом № 100».

Оба отряда имели многочисленные филиалы. Японское военное командование располагало эти филиалы по определённому плану на важнейших стратегических направлениях, соответствующих направлениям главных ударов, намеченных японским планом войны против Советского

Союза. Об этом свидетельствует имеющийся в деле приказ главнокомандующего японской Квантунской армией генерала **Умедзу** от 2 декабря 1940 года за № 398/1-КО об учреждении четырёх новых филиалов отряда № 731 в Хайлине, Линькоу, Суньу и Хайларе.

Но, сосредоточивая основные филиалы секретных бактериологических формирований на намеченных военными планами направлениях главных ударов против Советского Союза, японская военщина готовила, как это вполне установлено на судебном следствии, бактериологическую войну не только против СССР.

Начиная с 1940 года отряд Исии проводил бактериологические атаки против китайских войск. Во время этих нападений исследовались все виды бактериологического оружия, в том числе рассеивание чумных блох с самолётов, бактериальный дождь, заражение водоёмов, пищи, населённых пунктов по методу диверсий.

Систематически готовилась бактериологическая война против Монгольской народной республики.

Подсудимый **Ямада** подтвердил на судебном следствии, что японская армия намеревалась обрушить град смертоносных бактерий на народы других государств, в частности на народы и армии, нахсдившиеся в состоянии войны с Японией — США и Великобритании.

Об этом свидетельствуют также и другие предъявленные суду доказательства. В апреле 1945 года генерал **Исии,** получивший секретные указания японского генерального штаба об активизации подготовки бактериологического оружия, прямо говорил на оперативном совещании руководящего офицерского состава отряда № 731 о неизбежности бактериологической войны против США и Великобритании.

Анализируя положение в районе Южных морей, **Исии** называл дату начала бактериологической войны — 1945 год. Он заявил тогда: «Нам придётся применить последние средства, в том числе и бактериологическое оружие, для того чтобы добиться перелома в пользу Японии».

Ещё в 1943 году научный сотрудник отряда № 731 **Мината** был командирован в лагери военнопленных для исследования свойств крови и иммунитета к заразным болезням у американских солдат.

413

С весны 1945 года вся подготовка бактериологической войны в отряде Исии шла в направлении массового производства бактериологического оружия в таких масштабах, которые могли объясняться лишь короткими сроками, остающимися до дня начала бактериологических атак.

Только разгром Квантунской армии советскими вооружёнными силами лишил японских империалистов возможности применить бактериологическое оружие против союзных наций.

Преступный характер деятельности секретных бактериологических формирований Квантунской армии доказывается не только показаниями допрошенных на судебном следствии подсудимых и свидетелей, но и самой структурой отрядов 731 и 100, их специальным техническим оснащением, размахом их работы.

В этом отношении особенно характерен отряд № 731.

Это был мощный военный бактериологический комбинат со штатом около трёх тысяч научных и технических работников.

Вопросы водоснабжения и профилактики были не более чем ширмой, маскировавшей действительный характер деятельности отряда Исии.

Профилактикой и водоснабжением занимался лишь один отдел отряда Исии — третий отдел, размещённый для отвода глаз на видном месте в гор. Харбине, а в двадцати километрах от Харбина, в районе глухой станции Пинфань, был выстроен большой военный городок, оснащённый мощной специальной техникой и усовершенствованной аппаратурой, городок, вся деятельность которого была рассчитана на изыскание и производство секретного бактериологического оружия.

Суду был предъявлен циркуляр начальника штаба Квантунской армии (№ 1539 от 30 июня 1938 года) об установлении особой военной зоны в районе Пинфань.

Строжайшей тайной была окружена вся деятельность отряда № 731. Даже самолёты не могли пролетать вблизи станции Пинфань, где согласно 1-му параграфу приведённого выше циркуляра размещались «имеющие особое военное значение» постройки отряда Исии. Для авиации согласно 4-му параграфу циркуляра была установлена особая воздушная трасса и запретная воздушная зона.

От внешнего мира помещения отряда Исии были

ограждены высоким земляным валом и колючей проволокой. Главное здание отряда было выстроено в виде замкнутого четырёхугольника, скрывающего размещённые внутри двора корпуса тюрьмы, в которой производились злодейские эксперименты над живыми людьми. Особый подземный ход соединял эту тюрьму с местом, к которому закрытые полицейские машины подвозили обречённых на мучительную смерть людей.

Население близлежащих деревень тщательно проверялось жандармерией.

Проникнуть на территорию отряда могли лишь его сотрудники по служебным пропускам. Посторонним лицам — даже высшим чинам японской армии — разрешалось входить на служебную территорию только по специальным пропускам за подписью главнокомандующего Квантунской армией. Для того, чтобы не возбуждать у окрестного населения подозрений и догадок о подлинном характере деятельности отряда № 731, его офицерский состав не носил присвоенных ему знаков различия медицинской службы, а одевался в общевойсковую форму.

На судебном следствии была детально исследована деятельность отряда № 731. Все отделы этого отряда, спрятанные от внешнего мира за стенами военного городка в районе станции Пинфань, ничего общего не имели с водоснабжением и профилактикой.

Первый, исследовательский, отдел занимался изобретением средств бактериологической войны. Для этого в специальных лабораториях производились всякого рода изыскания и опыты, велись работы по выращиванию таких типов бактерий, которые, по мнению японских бактериологов, были бы наиболее эффективными для применения на войне.

Первому отделу подчинялась секретная тюрьма, в которой содержались подопытные люди и производились страшные эксперименты, на которых я остановлюсь далее.

Второй, экспериментальный, отдел занимался проверкой на практике результатов изысканий, произведённых исследовательским отделом. Для этого в распоряжении экспериментального отдела имелись опытный полигон в районе станции Аньда и специальная авиационная часть.

В экспериментальном отделе велись работы по изысканию бактериологических снарядов для переноса бактерий на сторону противника. Там изобретались и испытывались керамические бомбы и особые бактериологические артиллерийские снаряды, а также специальные парашюты для сбрасывания смертоносного груза с самолётов. Сотрудники этого отдела работали над изготовлением образцов специальных пистолетов-распылителей, похожих на авторучки и тросточки, с помощью которых должны были переноситься бактерии или распространяться чумные блохи. Очевидно, что эти изыскания были небезуспешными, так как уже в 1944 году в проекте табеля вооружения диверсионного отряда, разработанного 2-м отделом управления сухопутных сил японской императорской ставки, значились пистолеты-распылители типа автоматической ручки по четыре на взвод и по три в штабе роты.

Для целей диверсий отряд Исии изготовлял шоколадные конфеты, заражённые бактериями сибирской язвы.

Второму отделу было подчинено специальное отделение, в котором в громадных количествах выращивались блохи предназначавшиеся для распространения эпидемии чумы. Я ещё остановлюсь на этом более подробно.

Четвёртый, «производственный», отдел являлся настоящей фабрикой бактерий, производственная мощность которой позволяла выращивать бактерии в огромных количествах. В этом отделе практически претворялись в жизнь результаты работ первого, исследовательского, и второго, экспериментального, отделов. Выбранные для целей бактериологической войны, испытанные экспериментальным путём и выдержавшие эти испытания возбудители инфекций вводились в массовое производство.

Из показаний подсудимых Кавасима и Карасава, бывших руководителей четвёртого отдела, Вы слышали, товарищи судьи, что отряд № 731 располагал всем необходимым оборудованием для изготовления в течение нескольких дней 30 килограммов чумных микробов и соответствующего количества других болезнетворных микробов.

В месяц 4-й отдел мог производить до трёхсот килограммов бактерий чумы, до шестисот килограммов бактерий сибирской язвы, до одной тонны бактерий холеры.

Уже эти страшные цифры свидетельствуют о том, что отряд № 731 был предназначен для массового изготовления бактериологического оружия для агрессивной войны.

Этот вывод полностью подтверждается заключением судебно-медицинской экспертизы. Экспертная комиссия отметила, что «оборудование четвёртого отдела 731-го отряда позволяло развернуть производство огромного количества живых болезнетворных микробов... за один производственный цикл это оборудование могло обеспечить выход не менее 30 000 000 миллиардов микробов».

Устройство оборудования и его количество позволяли отряду осуществлять проведение нескольких производственных циклов одновременно, что делало месячную производительность оборудования отряда № 731 равной многим сотням миллионов миллиардов бактерий даже для микробов со средней скоростью размножения.

«Все эти огромные массы болезнетворных микробов,— говорится далее в заключении экспертизы,— в числе которых были возбудители чумы, холеры, брюшного тифа и др., предназначались для производства бактериологического оружия, с целью массового истребления людей».

Материалами судебного следствия установлено, что наибольшее внимание бактериологи из отряда Исии уделяли преступным экспериментам с возбудителями инфекций сибирской язвы, холеры и в особенности чумы.

В результате ряда бесчеловечных опытов над людьми и в результате бактериологических атак против китайского населения во время экспедиций в Китай начальник отряда **Исии** в качестве основных методов распространения эпидемии чумы принял, во-первых, сбрасывание с самолёта керамических бомб, начинённых заражёнными чумой блохами, и, во-вторых, рассеивание чумных блох с помощью особых приспособлений с самолёта.

Был разработан способ культивирования в массовом масштабе тех видов блох, которые могли быть переносчиками чумы. Разработку этого способа **Исии** считал особой заслугой отряда. Паразиты помещались в специальные ящики-инкубаторы и размножались там, питаясь кровью подсаживаемых в ящик грызунов.

Из показаний **Кавасима** видно, что за так называемый «производственный цикл» с каждого инкубатора снималось около десяти граммов, т. е. примерно тридцать тысяч, блох.

Как установлено показаниями подсудимого **Кавасима** и подтверждено другими материалами дела, в одном лишь специальном отделении второго отдела отряда, возглавляемом неким инженером **Танака,** находилось 4 500 таких инкубаторов. Это означало, что только непосредственно отряд Исии, без его филиалов, мог, по минимальным подсчётам, произвести за один «производственный цикл» 45 килограммов паразитов.

Из заключения судебно-медицинской экспертизы видно, что это количество соответствовало «многим десяткам миллионов» блох — распространителей смертельной инфекции чумы.

Давая показания суду, подсудимый **Ямада** заявил, что после инспекторского смотра отряда Исии ему особенно запомнились мощное оборудование для производства бактерий и специальные ящики с содержавшимися в них, как говорит сам **Ямада,** «в огромном количестве» живыми блохами, которые после заражения их должны были быть использованы для возбуждения эпидемии чумы.

Поднявшись на вышку здания для того, чтобы осмотреть сверху первый полигон и аэродром отряда, бывший главнокомандующий Квантунской армией с интересом и удовлетворением выслушал доклад сопровождавших его офицеров о том, что заражённые чумой блохи испытываются на другом специальном полигоне путём рассеивания их с самолёта и, как показали эксперименты, являются эффективным оружием бактериологической войны.

«Я был крайне поражён,— заканчивает эти свои показания **Ямада,**— размахом исследовательских работ и колоссальными возможностями отряда по изготовлению бактериологического оружия».

Вряд ли мы можем, однако, поверить заявлению **Ямада** о том, что «колоссальные возможности» отряда в области подготовки бактериологической войны стали ему впервые ясны и так поразили его только после личного инспекторского смотра отряда Исии.

Из показаний самого **Ямада** видно, что непосредственно после назначения на должность командующего Квантунской армией он нашёл в числе других наиболее секретных документов, хранившихся в личном сейфе его предшественника, ныне осуждённого Международным военным трибуналом — главного японского военного преступника генерала **Умедзу,** чертёж и описание бактериологической бомбы «системы Исии», наполняемой чумными блохами. Этот тип бомбы был утверждён генералом **Умедзу,** и **Ямада** согласился с мнением своего предшественника. При посещении отряда Исии **Ямада** лично осмотрел образцы этих бомб.

«Колоссальные возможности» отряда Исии в деле мучительного человекоистребления должны были быть вполне ясны **Ямада** уже после доклада бывшего начальника санитарного управления Квантунской армии, подсудимого **Кадзицука,** подробно информировавшего **Ямада** о секретной работе отряда № 731 по изысканию и подготовке бактериологического оружия.

Бесспорно установлено, однако, что после личного посещения отряда № 731 **Ямада** согласился с давно развиваемыми **Исии** преступными планами использования для бактериологической войны чумоносящих блох.

Этого не отрицает сам **Ямада,** заявляя: «При мне был окончательно усовершенствован способ применения блох, заражённых чумой, путём рассеивания их с самолётов с помощью специальных приспособлений и сбрасывания специальных бомб».

В августе 1944 года сменивший **Исии** на должности начальника отряда № 731 генерал **Китано** специально докладывал **Ямада** о результатах опытов по применению чумных блох на полигоне близ станции Аньда.

В конце 1944 года, как это видно из показаний бывшего начальника оперативного отдела штаба Квантунской армии генерала **Мацумура,** по инициативе **Ямада** в кабинете командующего Квантунской армией состоялось оперативное совещание высших штабных офицеров, посвящённое вопросу о применении в случае войны чумоносящих блох. На этом совещании присутствовали **Ямада,** начальник штаба Квантунской армии **Касахара Юкио,** его заместитель генерал **Икеда,** офицер стратегического отдела штаба двоюродный брат императора **Хирохито** — принц **Такеда** и начальник оперативного отдела штаба Квантунской армии **Мацумура.** Подробный доклад о способах применения в качестве бактериологического оружия блох, заражённых чумой, сделал генерал **Китано.**

Из показаний **Ямада** видно, что вопрос о применении для целей бактериологической войны блох, заражённых чумой, был рассмотрен также специальной комиссией при штабе Квантунской армии.

В марте 1945 года, будучи вновь назначен начальником отряда № 731 и получив указание военного министерства Японии об усилении подготовки бактериологической войны, **Исии** сразу же после возвращения в Маньчжурию основное внимание уделил массовому культивированию блох и разведению грызунов.

Уже на первом оперативном совещании, проведённом им в отряде, **Исии** заявил, что с максимальным успехом в бактериологической войне может быть использовано именно «оружие секции Танака», т. е. чумоносящие блохи. В филиалы отряда были направлены шифрованные телеграммы, предлагающие всячески усилить культивирование блох.

В отряде № 731 были проведены специальные занятия с сотрудниками филиалов, которые изучали на курсах способы культивирования блох. После этого все филиалы отряда начали усиленное культивирование паразитов, которые направлялись затем в отряд Исии.

Так как блохи размножались в инкубаторах, питаясь кровью грызунов, филиалы отряда получили задание усилить ловлю мышей и крыс. Из показаний свидетеля **Морита** суду известно, что лишь в одном Хайларском филиале отряда № 731 летом 1945 года одновременно содержалось около 13 000 крыс.

Бывший интендант отряда — свидетель **Хотта** показал, что в 1945 году **Исии** рассчитывал использовать для разведения блох около трёх миллионов крыс, в связи с чем **Хотта** производил подсчёты заготовки необходимых кормов.

Не подлежит сомнению, что все эти действия **Исии** были одобрены и санкционированы генеральным штабом Японии.

Ещё в 1941 году, в связи с введением в действие плана «Кан-Току-Эн» и подготовкой войны против Советского Союза, **Исии,** ссылаясь на прямые указания генштаба, ставил перед сотрудниками отряда задачу — в громадных размерах усилить работу по культивированию паразитов.

Подсудимый **Кавасима** по этому поводу показал:

> «**Исии** передал нам, что в генеральном штабе высоко оценили результаты работы отряда и дали указание обратить особое внимание на усовершенствование и дальнейшую разработку бактериологиче-

ских средств войны. После этой информации генерал **Исии** призвал нас к ещё более напряжённому труду для увеличения производительности отряда по размножению блох в ещё большем количестве.

Тут же **Исии** отметил, что отряду удавалось в самых удачных случаях доводить размножение блох до 60 килограммов в 3—4 месяца, но теперь это количество необходимо довести до 200 килограммов за этот же период. Генерал **Исии** нам разъяснил, что все эти мероприятия по расширению производства бактериологического оружия необходимы в связи с изменившейся международной обстановкой, т. е. началом войны Германии против Советского Союза и введением в Квантунской армии плана «Кан-Току-Эн»».

Та лихорадочная работа по подготовке к бактериологической войне, которую развернули с начала 1945 года отряд № 731 и его филиалы, работа которых заключалась в увеличении производства бактериальных масс, в накапливании в громадных количествах живых чумоносящих блох и разведении грызунов, служащих для паразитов пищей и являвшихся источником их заражения, также проводилась по прямым указаниям генерального штаба и военного министерства Японии. Это вполне установлено показаниями подсудимых **Ямада, Кадзицука, Ниси, Оноуэ,** свидетеля **Мацумура** и других.

Я останавливаюсь столь подробно на омерзительной работе отряда № 731 по массовому культивированию предназначенных для заражения чумой паразитов, так как из прошедших перед Вами доказательств очевидно, что в подготавливаемой японскими агрессорами бактериологической войне этому виду бактериологического оружия отводилось одно из основных мест.

Вся деятельность отряда Исии и других бактериологических формирований японской армии является доказательством поистине чудовищного заговора японских империалистов против мира и человечества, заговора, который предусматривал применение смертоносного оружия бактериологической войны.

Только как зловещая насмешка может быть воспринято название так называемого «учебно-просветительного» отдела, занимавшегося подготовкой кадров бандитов, обучаемых применять смертоносное оружие бактериологической войны для истребления беззащитных людей и опустошения целых районов.

Вы слышали во время судебного следствия показания одного из таких обученных в этом отряде убийц — бывшего курсанта отряда № 731 **Фуруичи Ёсио**, лично раздававшего во время экспедиции отряда Исии в Китай голодным китайским военнопленным три тысячи булочек, которые он перед этим заразил бактериями брюшного тифа.

В отряде Исии подготовлялись непосредственные исполнители бактериологических диверсий и участники бактериологических атак, люди, обученные убивать расчётливо, хладнокровно и безнаказанно.

Таково было основное секретное бактериологическое формирование японской армии — отряд генерала **Исии.**

Примерно такой же была структура отряда № 100. Нумерация отделов в этом отряде была другой, но от этого не менялась сущность производимых отрядом работ. И там велись изыскания наиболее эффективных видов бактериологического оружия; и там экспериментировали в целях испытания пригодности тех или иных культур бактерий; и там вводились в массовое производство выдержавшие испытание образцы; и там, наконец, готовились кадры людей, умеющих обращаться с бактериологическим оружием.

В отличие от отряда Исии, вся деятельность которого была направлена на уничтожение людей, отряд № 100 занимался также изысканиями способов заражения животных и растений и в этом направлении готовил оружие бактериологической войны. Но кроме того, как это было доказано на судебном следствии, в отряде № 100, так же как и в отряде № 731, производились опыты над живыми людьми. Подготовляемые отрядом № 100 массовые эпизоотии таких болезней, как сап и сибирская язва, представляли громадную опасность для населения подвергшихся бактериологическим атакам районов.

Третьим секретным бактериологическим формированием японской армии, деятельность которого исследовалась судом, являлся нанкинский отряд «Эй» 1644. Подобно другим японским секретным бактериологическим отрядам, отряд «Эй» № 1644 несколько раз менял свои наименования и одно время назывался отрядом «Тама».

Представленные суду доказательства устанавливают, что нанкинский отряд также располагал мощным оборудованием по культивированию бактерий для целей бактериологической войны.

Некоторое время нанкинский отряд возглавлялся тем же **Исии**, что уже предопределяло направление его деятельности, ибо все работы **Исии**, как это видно из материалов дела, преследовали цели подготовки бактериологической войны. Затем нанкинский отряд возглавлялся подсудимым **Сато.**

О производившихся в нанкинском отряде бесчеловечных опытах над людьми я скажу позднее.

Вполне доказано, что отряд «Эй» 1644 помогал отряду Исии в проведении бактериологических атак против китайских войск.

Таким образом, нанкинский отряд являлся таким же секретным бактериологическим формированием, как и отряд Исии, уступая, однако, последнему в производственной мощности.

Что касается отряда № 731, то все собранные и исследованные на суде доказательства дают основание характеризовать его как основной секретный бактериологический центр, созданный японскими империалистами на материке, систематически производивший изыскания в области бактериологического оружия и подготовку бактериологической войны и располагавший для этой цели громадными техническими возможностями.

Ряд показаний характеризует отряд № 731 как основной центр подготовки бактериологической войны.

В соответствии с указаниями японского генерального штаба штабом Квантунской армии было принято решение — при возникновении войны с Советским Союзом бомбить авиационными снарядами, заражёнными чумными блохами, дальневосточные советские города и производить заражение советских тыловых районов путём распыления бактерий с самолётов.

Автор этого преступного и бесчеловечного плана бывший начальник оперативно-стратегического отдела штаба Квантунской армии генерал **Мацумура** показал:

423

«На случай войны с Советским Союзом бактериологическое оружие должно быть применено в районе городов Ворошилова, Хабаровска, Благовещенска и Читы».

Близость границ Советского Союза была первой и наиболее важной причиной того, что отряд № 731 был развёрнут именно в Маньчжурии.

Но подсудимый **Кавасима** указал и вторую причину. Преступные изыскания в области ведения бактериологической войны требовали многих человеческих жертв. Глубоко безнравственные и жестокие эксперименты над живыми людьми должны были сохраняться в глубокой тайне.

Вот почему в качестве второй причины развёртывания отряда Исии в Маньчжурии подсудимый **Кавасима** указал (я цитирую его показания): «Возможность получения большого количества людского материала из числа лиц не японской национальности для производства бактериологических опытов над ними, а также большая территория Маньчжурии».

III. Преступные опыты над живыми людьми

Товарищи судьи!

С чувством глубокой скорби о мучительно умерщвлённых японскими извергами людях я перехожу к исследованию тех окружённых до недавнего прошлого глубокой тайной чудовищных преступлений, которые совершались в отряде Исии при производстве бесчеловечных опытов над живыми людьми.

На судебном следствии эта сторона дела была исследована с максимальной полнотой.

Медленное, мучительное умерщвление тысяч живых людей, переданных японскими жандармами на растерзание злодеям-экспериментаторам, полностью доказано не только показаниями подсудимых и свидетелей, но и подлинными документами, извлечёнными из захваченных войсками Советской Армии архивов японской жандармерии.

Мы знаем детали и порядок производившихся в отряде Исии опытов над людьми, так же как никаких сомнений не оставляет и тот факт, что ни один из тех несчастных, которые были отправлены в отряд Исии в порядке так называемых «Токуи-Ацукаи» — «особых отправок»,— не вышел оттуда живым.

Из внутренней тюрьмы отряда, начальником которой являлся родной брат **Исии Сиро,** заключённые туда люди попадали после произведённых над ними экспериментов только в печь крематория.

Японская жандармерия отправляла для уничтожения в тюрьму отряда Исии людей различных национальностей, пола, возраста. Среди них были старики и юноши, мужчины, женщины и даже дети.

Жизнь некоторых из них обрывалась через несколько дней после поступления в отряд. Мучительное существование других тянулось многие месяцы.

Эти люди, схваченные японской жандармерией и отданные на произвол экспериментаторов, подвергались невероятным физическим страданиям и беспрерывно находились под страхом смерти. Из захваченных Советской Армией документов японской жандармерии нам известны имена некоторых жертв. Мы знаем о старом железнодорожнике Сун Чжао-сане из Муданьцзяна, о плотнике У Дян-сине, о ремонтном рабочем Чжу Чи-мэне, о китайском патриоте Ван Ине из Мукдена, вина которых заключалась в том, что они не хотели смириться с тем, что японские захватчики хозяйничают на китайской земле.

Мы знаем о китайском коммунисте Чы Де-эне из уезда Хуан, Шаньдунской провинции, мучительно умерщвлённом в отряде Исии за то, что, претерпев пытки в японской жандармерии, он остался до конца верен своему народу и не стал предателем.

Мы знаем о честном китайском торговом служащем Цзюн Мин-ци из Дайрена, заподозренном жандармами в том, что он послал по почте в газету статью, обличающую японский оккупационный режим.

Священна память о солдате Советской Армии Демченко, попавшем в руки японских жандармов и до конца оставшемся верным долгу советского человека и принесённой воинской присяге. Под ужасными пытками Демченко отказался дать допрашивавшим его жандармам какие-либо сведения о Советском Союзе. «Тогда,— говорит свидетель, бывший заместитель начальника лагеря

«Хогоин» **Ямагиси,**— я решил его уничтожить и с этой целью отправил его в 731-й отряд».

Можно продолжить этот скорбный перечень имён людей, преимущественно китайцев и русских, умерщвлённых в тюрьме отряда Исии.

Мы не знаем, однако, имён большинства жертв. Попадавшие в тюрьму отряда Исии люди теряли имя. Им присваивали номер, остававшийся за ними до смерти. Когда после произведённых над ним опытов человек умирал, писарь первого отдела вычёркивал номер из учётной карточки, тело умерщвлённого сжигалось в печи крематория, а в снятые с него кандалы заковывалась очередная жертва.

Подсудимый **Кавасима** говорил суду правду, заявляя, что в оккупированной японцами Маньчжурии отряд Исии не испытывал недостатка в людях для опытов. Мы знаем это из подлинных жандармских отчётов.

Невозможно представить себе более циничный и бесчеловечный документ, чем имеющаяся в распоряжении суда совершенно секретная инструкция штаба квантунской жандармерии от 12 марта 1943 года о контингенте лиц, подлежащих уничтожению в порядке «особых отправок» в отряде Исии. Согласно этой инструкции, могли подвергнуться уничтожению не только все лица «просоветски или антияпонски настроенные», но вообще все лица, заподозренные японской жандармерией в антиправительственной деятельности или настроениях, даже в тех случаях, когда, как говорится в инструкции, «состав преступления даёт основание предполагать, что при передаче дела в суд лицо будет оправдано или осуждено на короткий срок».

Уничтожению в порядке «особых отправок» подлежали не только сами заподозренные в антияпонской деятельности, но, как гласила инструкция, «единомышленники лиц, подпадающих под категорию «спецотправки» («Токуи-Ацукаи»)... если, несмотря на незначительность преступления, освобождение их нежелательно». Уничтожению по этой инструкции подлежали также попавшие в руки жандармерии лучшие, передовые люди, которые были обозначены в инструкции особой графой — «идейные преступники, связанные с национальным и коммунистическим движением».

В «примечании» инструкции подчёркивалось, что начальники жандармских отрядов «с полной решимостью» могут ходатайствовать перед начальником квантунской жандармерии о применении «спецотправки» («Токуи-Ацукаи») ко всем перечисленным в инструкции категориям арестованных.

Из этой инструкции видно, что в отряде Исии уничтожались не только лица, активно боровшиеся против японского гнёта, но даже и те заподозренные, дела в отношении которых не могли быть направлены в японский суд ввиду полной недоказанности какой-либо их вины.

Дававший показания перед судом японский советник жандармерии в так называемом Маньчжоу-Го свидетель **Тачибана** подробно рассказал о порядке «особых отправок», при котором вопрос о жизни и смерти человека решался по произволу начальника жандармерии, простой его резолюцией на жандармской справке.

Обречённых на смерть людей направляли в отряд Исии не только органы японской жандармерии, но и так называемые «японские военные миссии» — разведывательные органы японской армии.

На судебном следствии было установлено в частности, что в Харбине при центральной японской военной миссии существовал специальный лагерь для русских, называемый «Хогоин», из которого систематически отправлялись в отряд № 731 для истребления многие десятки русских людей. Это были люди, не желавшие выполнять требований японских разведывательных органов — вести враждебную работу против СССР. Это были люди, настроенные антияпонски, но судить их было не за что, так как даже по японским законам они не совершили никаких преступлений, за которые их можно было бы наказать по суду. Судьбой этих людей полновластно распоряжался начальник лагеря «Хогоин» **Иидзима** и его заместитель **Ямагиси**, простой записки которых было достаточно для того, чтобы схватить намеченную жертву и отправить её в отряд № 731, откуда не было возврата.

Я говорил уже, что в тюрьму отряда № 731 доставлялись для уничтожения не только мужчины, но и женщины.

Бывший начальник отдела кадров Квантунской армии полковник **Тамура**, направленный **Ямада** летом 1945 года для инспектирования работы отряда № 731, показал:

«При обходе помещений меня провели во внутренний корпус, где содержались в специальных камерах живые люди, закованные в цепи и используемые, как мне объяснил лично **Исии,** для опытов... Среди этих подопытных я видел китайцев, европейцев, одну женщину. Как мне лично объяснил генерал **Исии,** эта женщина и европейцы являются русскими по национальности, доставленными в отряд жандармерией и военными миссиями Японии в Маньчжурии из числа подлежащих, по мнению карательных органов Японии, уничтожению».

Суду представлены доказательства того, что на протяжении всех лет, в течение которых существовала тюрьма отряда № 731, в неё доставлялись обрекаемые на смерть русские женщины и китаянки, схваченные японскими военными миссиями и жандармерией.

И сможет ли кто-нибудь из нас позабыть скорбный образ неизвестной русской женщины с грудным ребёнком на руках, погибшей под пытками в отряде Исии! Об этой несчастной русской матери рассказал на суде подсудимый **Кавасима.** Она была доставлена в отряд беременной и родила в тюрьме. В течение двух лет она оставалась в руках злодейских экспериментаторов, подвергаясь страшным мучениям, забывая о собственной боли, в постоянном страхе за судьбу ребёнка. Оба они умерли, мать и её дитя, потому что, как говорил здесь **Кавасима,** никто из попавших в тюрьму отряда выйти оттуда живым не мог.

Обрекаемые на уничтожение в порядке «особых отправок» люди доставлялись в Харбин в особых тюремных вагонах или специальных автомашинах с максимальными мерами предосторожности, с сохранением глубокой тайны. Особыми жандармскими приказами тщательно регламентировалось, что подвергаемые «Токуи-Ацукаи» должны быть в пути закованы в ручные и ножные кандалы или крепко связаны по рукам и ногам верёвками.

Суду представлен подлинный оперативный приказ жандармерии Квантунской армии от 8 августа 1939 года за № 224, свидетельствующий о том, что в это время имела место «особая отправка» 30 заключённых в отряд Исии и что порядок отправки заключённых в отряд № 731 был именно таков, как я только что доложил суду. Вы имели возможность убедиться, какими громадными предосторожностями была обставлена операция по транспортировке этих заключённых, как тщательно подбирался конвой, сопровождавший обречённых на гибель людей к месту их уничтожения.

Количество жертв, уничтоженных японскими бактериологами во время производства преступных экспериментов, было огромно. По показаниям подсудимого **Кавасима,** который никак не заинтересован в том, чтобы преувеличить количество погибших, только в отряде № 731 ежегодно истреблялось до 600 человек, а с 1940 года по день капитуляции японской армии было лишено жизни не менее 3 000 человек. Представленные суду доказательства и в частности данные о произведённых в отряде за эти годы экспериментах свидетельствуют о том, что названное подсудимым **Кавасима** число жертв является самым минимальным.

Документально установлено, что заключённые доставлялись в отряд Исии всеми японскими жандармскими отрядами и военными миссиями в Маньчжурии партиями различной численности — от нескольких человек до нескольких десятков жертв.

Исии делал всё, что только мог, чтобы увеличить число жертв, доставляемых в отряд в порядке «особых отправок». Когда отряд посещали руководители жандармерии, **Исии** лично показывал им свой отряд, чтобы эти посетители могли убедиться в том, что присланные жандармерией люди действительно истреблены и что та же участь ожидает новые жертвы. Об одном из таких разговоров **Исии** с начальником харбинского управления жандармерии **Касуга** показал адъютант последнего — свидетель **Кимура**.

Таким образом, массовое уничтожение живых людей, совершавшееся в отряде Исии, полностью доказано материалами дела, и я перехожу к доказательствам тех бесчеловечных методов экспериментирования на живых людях, которые применялись в отряде, о которых невозможно говорить без содрогания и отвращения.

Доказано, что преступные опыты на живых людях производились в отряде № 731 как в так называемых «лабораторных условиях», т. е. во внутренней тюрьме и в прилегающих к ней лабораториях, так и на специальном бактериологическом полигоне отряда близ ст. Аньда.

Опыты в лабораторных условиях производились главным образом сотрудниками первого отдела; опыты на полигоне производились 1, 2 и 4-м отделами, но преимущественно эти опыты на полигоне проводили сотрудники второго отдела, испытывавшие на беззащитных жертвах образцы нового бактериологического оружия.

Во всех случаях опыты доставляли тягчайшие мучения жертвам экспериментов.

В лабораторных условиях подопытным людям делались прививки наиболее опасных инфекций — чумы, сибирской язвы, сапа, различных тифов и других болезней.

Производя эти эксперименты на живых людях, злодеи в ряде случаев повторяли методы экспериментирования, известные науке, но применявшиеся только на животных. Так, для исследования эффективности вакцины японские экспериментаторы отбирали большую группу арестованных и часть из них вакцинировали. Затем производилось заражение соответствующим заболеванием всей группы людей, и экспериментаторы ожидали результатов, т. е. смерти или тяжёлых заболеваний не подвергшихся вакцинации людей. В большинстве случаев при испытании новых видов вакцин умирала вся группа, подвергавшаяся эксперименту. Тела погибших подвергались патолого-анатомическому исследованию и сжигались в крематории, а преступные опыты продолжались на новых партиях заключённых.

Об одном из таких опытов по испытанию противотифозной вакцины рассказал свидетель **Фуруичи.** По указанию начальника 1-го отдела **Табеи** он заразил воду бактериями брюшного тифа и напоил ею 50 заключённых китайцев, части которых была сделана противотифозная прививка. В результате этого эксперимента большинство жертв заразилось брюшным тифом и умерло.

Все преступные эксперименты тщательно протоколировались. В ряде случаев результаты экспериментов фотографировались или снимались на киноплёнку. В протоколах экспериментов во всех случаях указывалась расовая принадлежность подвергшихся опытам людей.

Мне хотелось бы привлечь Ваше внимание, товарищи судьи, к одному обстоятельству, установленному на судебном следствии.

Доказано, что в отряде № 731 производились на живых людях бесчеловечные эксперименты, не только связанные с подготовкой бактериологической войны, но и другие не менее бесчеловечные и мучительные опыты, которые не были непосредственно связаны с подготовкой бактериологической войны, но тем не менее велись в широких масштабах. Эти опыты преследовали цели изучения пределов выносливости организма человека в определённых условиях, изучения отдельных вопросов профилактики и лечения не инфекционных заболеваний, которые могли интересовать только специальные отделы или санитарное управление штаба японской Квантунской армии.

Для производства подобных опытов над живыми людьми отряд № 731 имел барокамеру, в которой выяснялись пределы выносливости организма человека на больших высотах. Таким образом экспериментаторы из отряда Исии производили те же опыты зловещего эсэсовского экспериментатора — доктора **Рашера,** которые Нюрнбергский международный трибунал, по справедливости, отнёс к числу наиболее жестоких и бесчеловечных экспериментов над живыми людьми, совершавшихся гитлеровскими злодеями.

Помещаемый в барокамеру человек умирал медленной смертью, в невероятных мучениях.

Из показаний подсудимого **Ниси** видно, что уничтожение людей в барокамере тщательно фиксировалось на киноплёнку.

По самой природе их опыты в барокамере могли быть поставлены отрядом только по заданию командования военно-воздушных сил Японии.

В отряде № 731 были повторены и другие мучительные эксперименты над людьми, подобные производившимся **Рашером** в лагере смерти Дахау, а именно опыты по обмораживанию, выполняемые по заданию санитарного управления. Опыты по обмораживанию производились отрядом Исии в массовых масштабах в течение многих лет.

Эти бесчеловечные опыты подробно описаны рядом подсудимых и свидетелей. Они производились на русских людях и на китайцах.

Подвергавшихся экспериментам людей выводили на мороз, иногда заставляя их опускать руки и ноги в воду. Некоторых из жертв заставляли двигаться, других оставляли неподвижными. Постукивая деревянным бруском по обнажённым конечностям, экспериментатор (мы знаем его имя: это был так называемый «научный сотрудник» отряда — врач **Иосимура**) определял наступление полного обмораживания.

После наступления обмораживания жертвы водворялись в камеры. Часть из них оставлялась без лечения и умирала от гангрены. Другой части заключённых производилась ампутация обмороженных конечностей, их лечили для того, чтобы подвергнуть затем новым экспериментам или убить после выздоровления.

Опыты по обмораживанию фотографировались. Отчёты об экспериментах направлялись в санитарное управление Квантунской армии.

Бывший начальник учебно-просветительного отдела **Ниси** рассказал суду о заснятом в отряде кинофильме, демонстрировавшем опыты по обмораживанию. Было показано, как люди, выведенные в поле на мороз с ветром, протягивали навстречу ветру оголённые руки. Наступление полного обмораживания **Иосимура** устанавливал постукиванием палочкой по рукам.

Готовясь к войне с Советским Союзом в зимних условиях, японские врачи ставили эти жестокие опыты по обмораживанию весьма широко. Для них строилось специальное помещение, в котором низкие температуры и подача леденящего ветра должны были создаваться искусственно.

Все эти опыты не имели прямого отношения к подготовке бактериологических атак, но они должны быть отнесены к числу наиболее жестоких и преступных экспериментов на живых людях.

В лабораториях 1-го отдела отряда над вопросами изучения различных бактерий и вирусов работало не менее тридцати бактериологов. Доказано, что каждый из них производил опыты над живыми людьми.

Я не имею возможности остановиться на всех опытах над живыми людьми, совершавшихся в отряде в так называемых «лабораторных условиях», но я напоминаю суду о том, что жертвами этих ужасных и бесчеловечных опытов одновременно служили двести-триста человек заключённых, содержавшихся в тюрьме отряда, что ни одна из жертв не оставалась в живых и что в год во внут-

432

реннюю тюрьму отряда поступало не менее шестисот обречённых на смерть людей.

Тюрьма, как я уже говорил, подчинялась первому отделу отряда. Часть предназначенных для опытов заключённых передавалась для массовых преступных экспериментов второму отделу, который производил эти эксперименты на особом полигоне, в условиях, максимально приближённых к боевой обстановке.

При этих опытах экспериментаторы скрывались в безопасных блиндажах, размещённых примерно в одном километре от места производства эксперимента. Жертвы опытов оставлялись на открытой площадке, связанные по рукам и ногам или крепко привязанные к особым врытым в землю железным столбам.

При применении осколочных бактериологических снарядов немедленная смерть жертв не входила в расчёты экспериментаторов. Поэтому головы и наиболее уязвимые жизненные центры людей, подвергавшихся экспериментам, покрывались особыми металлическими щитами или толстыми ватными одеялами.

Эти пропитанные человеческой кровью одеяла и металлические щиты хранились после дезинфекции до нового эксперимента в материальном складе отряда. Вы знаете о них из показаний свидетеля **Хотта Рёочиро.**

На полигоне Аньда было принято несколько способов экспериментирования на живых людях.

Наиболее часто применялось сбрасывание бактериологических снарядов, а также распыление бактерий и паразитов, заражённых чумой, с самолётов, пролетавших на небольшой высоте.

В других случаях бактериологические снаряды располагались на земле на определённом, заранее рассчитанном расстоянии от привязанных к столбам людей. Подрыв снаряда производился при помощи электровзрывателя из блиндажа, в котором находились экспериментаторы.

Жертвы эксперимента освобождались от связывавших их пут через полтора-два часа после начала опыта. На специальных закрытых полицейских машинах они доставлялись во внутреннюю тюрьму отряда, где над ними производились наблюдения.

В абсолютном большинстве случаев никакой медицинской помощи людям, подвергшимся опытам на полигоне, не оказывалось. В условиях полигона испытывалось оружие, рассчитанное на поражение, и потому наиболее высоко экспериментаторы оценивали те опыты, в результате которых наступала мучительная смерть всех подвергшихся эксперименту жертв.

В условиях полигона было испытано на живых людях действие большинства смертоносных бактерий, над которыми производил исследования первый отдел.

Однако основное внимание при проведении опытов на полигоне было уделено бактериям, которые японцами считались наиболее пригодными для целей массовой бактериологической войны — бактериям чумы, сибирской язвы, холеры и т. п.

В январе 1945 года подсудимый **Ниси** присутствовал на одном из таких опытов, целью которого было выяснение возможности заражения газовой гангреной при температуре ниже 20° мороза. Опытом руководили начальник 2-го отдела полковник **Икари** и научный сотрудник **Футаки**.

Десять заключённых были привязаны полукругом к железным столбам. Головы и спины жертв были защищены железными щитами и ватными одеялами. Подрыв заряженного бактериями снаряда был произведён при помощи электрического тока.

Этот эксперимент повлёк гибель всех жертв, умерших через несколько дней в тяжёлых мучениях.

Суду также известны подробные описания большого количества наиболее часто производившихся на полигоне опытов над людьми по заражению их чумой.

Все эти опыты влекли мучительную смерть жертв.

Я не буду останавливаться на описании отдельных экспериментов, производившихся над людьми на полигоне. Эти преступные опыты памятны членам суда.

Бесчеловечные насильственные опыты над живыми людьми производились и в отряде № 100. Подсудимый **Митомо** и свидетели **Фукузуми, Сакурасита** и **Хатаки** признали, что в этом отряде над заключёнными испытывалось действие различных ядов. Как показал подсудимый **Митомо,** когда несчастные жертвы преступных экспериментов настолько ослабевали, что над ними уже нельзя было продолжать опыты, их убивали и тела их зарывали на скотомогильнике. Сам **Митомо** умертвил одного подопытного заключённого, русского по национальности, которому он сделал инъекцию цианистого калия. Трёх русских, дошедших в результате опытов до полного истощения сил, расстреляли в присутствии **Митомо** японские жандармы.

Эти неслыханные зверства над живыми людьми творились сотрудниками отрядов №№ 731 и 100 при ближайшем соучастии японской жандармерии и японских военных миссий. Перед судом было доказано, что и бактериологические отряды, и жандармерия, и военные миссии в Маньчжурии подчинялись непосредственно одному и тому же лицу — главнокомандующему японской Квантунской армией подсудимому **Ямада,** который, таким образом, несёт полную ответственность за злодеяния, совершённые над жертвами мучительных экспериментов в бактериологических формированиях, за сознательное умерщвление сотен и тысяч людей. Вместе с ним разделяют эту ответственность подсудимые **Кадзицука** и **Такахаси,** руководившие соответственно деятельностью 731-го и 100-го отрядов.

Опыты над живыми людьми являются одной из страшных страниц этого дела о тягчайших злодеяниях японской правящей клики и её наёмных убийц.

В этих злодеяниях достижения современной науки, добытые величайшими усилиями и жертвами учёных-гуманистов, борцов со смертью во имя блага человечества, ставились на службу мучительному человекоистреблению.

Только лишённые чести, пресмыкающиеся перед японским империализмом, морально растленные человеконенавистники могли совершать эти противные природе человека преступления. В отряде Исии поступившие туда для уничтожения люди не считались людьми. С кощунственным глумлением для них было создано особое условное название «брёвна».

IV. Применение бактериологического оружия при нападении на Монгольскую народную республику и в войне против Китая

Товарищи судьи!

Я перехожу к доказательствам, представленным суду в подтверждение того, что уже к 1939 году бактериологические формирования японской армии вышли из области исследования бактериологического оружия, из области лабораторных и полигонных испытаний этого оружия над людьми и встали на путь практического применения созданного ими оружия в боевых действиях, которые в то время вела японская армия на разных театрах войны.

Из показаний подсудимого **Ниси** видно, что впервые диверсионные группы отряда Исии, так называемый «отряд смертников», под командованием одного из наиболее жестоких экспериментаторов над людьми и участника почти всех бактериологических атак, подполковника **Икари,** применили в боевой обстановке оружие бактериологической войны против советско-монгольских войск. Это было в 1939 году, во время вероломного нападения Японии на Монгольскую народную республику в районе реки Халхин-Гол. При отступлении японских войск «отряд смертников», давший особое обязательство и скрепивший его иероглифами, написанными кровью (**Ниси** лично видел это обязательство при приёмке дел), отступая последним после разгрома японских войск, заразил воды реки Халхин-Гол бактериями острокишечных заболеваний. За этот преступный «подвиг» командовавший японскими войсками под Халхин-Голом, жестоко битый советско-монгольскими войсками и сам еле унёсший ноги японский генерал **Огису Риппо** наградил отряд Исии похвальной грамотой и ходатайствовал о производстве **Икари** в полковники.

Однако бактериологическая атака против советско-монгольских войск, совершённая так называемыми смертниками **Икари,** привыкшими безнаказанно умерщвлять беззащитных людей в лабораториях отряда, была только началом широкого применения бактериологического оружия в военной обстановке, к которому с 1940 года перешёл отряд Исии.

Во время бактериологических нападений на мирное китайское население были широко применены те виды бактериологического оружия, которые, по мнению японских военных преступников, являлись основными в планируемой ими бактериологической войне. В частности особенно широко были применены во время этих бактериологических атак заражённые чумой блохи, сбрасываемые с самолётов с помощью особых приспособлений.

Первая экспедиция в Центральный Китай была направлена в 1940 году. Эту экспедицию возглавлял сам

Исии. Во время экспедиции был заражён с помощью чумоносящих блох целый район близ города Нимбо и вызвана эпидемия чумы среди китайского населения.

Факт направления этой экспедиции в Центральный Китай полностью доказан не только признанием подсудимых и свидетельскими показаниями, но также официальными документами, захваченными Советской Армией в японских архивах.

В этой связи я позволю себе обратить внимание суда на два официальных японских документа. Первый из них — это приказ командующего японской Квантунской армией генерала **Умедзу** от 25 июля 1940 года за № 659-Хэй, которым предписывается начальнику полевой железной дороги произвести перевозку отряда «Нара» из воинской части «Камо». Генерал **Умедзу** распорядился перевезти этот отряд, состоявший из 40 человек, вместе с грузом в Центральный Китай. Второй документ — это приказ начальника управления полевой железной дороги Квантунской армии генерал-лейтенанта **Кусаба** от 26 июля 1940 года за № 178, в котором разработан маршрут этой перевозки со станции Пинфань через Харбин, Чанчунь, Мукден, Шаньхайгуань, Тяньцзин в Шанхай. В примечании к приказу отмечено, что (я цитирую) «груз представляет собою особые материалы, требующие секретности, вследствие чего его название в график не вписано».

Ссылки в этих документах на отряд «Камо» (мы знаем уже, что так назывался в то время отряд Исии) и на отправку отряда «Нара» со станции Пинфань с бесспорностью устанавливают, что в июле 1940 года происходила отправка из отряда 731 группы сотрудников с секретным грузом в Центральный Китай, что эта группа является той самой экспедицией, о которой давали показания суду подсудимые **Кавасима, Карасава, Ниси, Кадзицука** и другие, что эта экспедиция была зашифрована под названием отряд «Нара».

Мы знаем также, какой груз был зашифрован словами «материалы, требующие особой секретности».

Перед направлением отряда в Китай подсудимый **Карасава** получил задание изготовить для экспедиции 70 килограммов бактерий брюшного тифа и 50 килограммов бактерий холеры. Кроме того, второй отдел отряда снабдил экспедицию пятью килограммами заражённых чумой блох, т. е. примерно пятнадцатью миллионами заражённых чумой паразитов, упакованных в особые, устанавливаемые на самолёте приспособления для рассеивания их с воздуха.

Этот смертоносный груз и был тем «секретным грузом», который увезла с собой в Китай экспедиция **Исии**.

Бактерии брюшного тифа и холеры были нужны участникам экспедиции для заражения водоёмов. Заражённые чумой блохи сбрасывались с самолётов над городами и населёнными пунктами.

После возвращения в отряд участники экспедиции наиболее высоко оценивали смертоносное действие чумных бактерий, распространявшихся с помощью заражённых паразитов.

Этого же мнения придерживался и сам преступный руководитель отряда № 731, лично возглавивший экспедицию в Китай **Исии Сиро.**

В 1941 году, зайдя в служебный кабинет **Исии,** подсудимый **Кавасима,** являвшийся тогда начальником общего отдела отряда, увидел, что **Исии** внимательно читает китайский медицинский журнал. Некоторые отрывки из заинтересовавшей его статьи **Исии** прочитал вслух. Китайские врачи описывали сильные вспышки эпидемии чумы в районе гор. Нимбо, южнее Шанхая. Особо отмечался необычный характер вспышки этой эпидемии чумы, поражавшей людей, но не сопровождавшейся, как обычно, эпидемией среди грызунов.

Комментируя эту статью китайского автора, **Исии** удовлетворённо отметил, что она подтверждает успешность проведённой им в 1940 году бактериологической атаки против китайского населения, во время которой совершалось разбрасывание с самолётов блох, заражённых чумой.

Таким образом, уже в 1940 году отряд № 731, по мнению его преступного руководителя, разрешил задачу выбора основного оружия бактериологических атак и начал применение этого оружия во время военных действий с целью дезорганизации тыла противника и распространения смертоносных эпидемий среди мирного населения страны, подвергшейся нападению.

Исии придавал настолько важное значение экспедиции 1940 года, что приказал изготовить специальный фильм, посвящённый экспедиции.

Об этом фильме дал суду показания подсудимый **Ниси.** На киноплёнке были запечатлены различные моменты подготовки и проведения бактериологической атаки: укрепление на самолёте особых приспособлений для рассеивания заражённых чумой блох и сам процесс рассеивания чумных блох с самолёта. Фильм заканчивался особым разделом — «результаты работы». На экране проицировались статьи из китайских журналов и газет, описывающие вспышки чумы в районе гор. Нимбо. Этот фильм демонстрировался в тех случаях, когда отряд посещали какие-либо «знатные» посетители: главнокомандующий Квантунской армией **Ямада,** члены японской императорской семьи принцы **Такеда** и **Микаса,** высшие штабные офицеры Квантунской армии и представители японского генерального штаба.

Экспедиции в Китай с целью проведения бактериологических атак против мирного населения совершались отрядом Исии неоднократно.

Летом 1941 года в Китай отправилась вторая экспедиция, которой руководил начальник отдела отряда полковник **Оота.** Экспедиция была направлена со специальной целью распространения эпидемии чумы. Японское командование поставило перед экспедицией в качестве основной задачи нарушение коммуникаций китайских войск, важным пунктом которых являлся гор. Чандэ, среди населения которого должна была быть вызвана эпидемия чумы. Для участия в экспедиции было выделено 30 специалистов-бактериологов, а общее количество участников достигало 100 человек. По возвращении из экспедиции полковник **Оота** в присутствии начальника общего отдела отряда подсудимого **Кавасима** сделал доклад **Исии.** Он доложил ему о том, что экспедиция произвела над гор. Чандэ и другими населёнными пунктами в районе озера Дунтин-ху сбрасывание большого количества блох, заражённых чумой.

Как **Оота,** так и **Исии** весьма высоко оценивали результаты этой экспедиции, во время которой среди китайского населения района Чандэ была вызвана сильная эпидемия чумы.

Третья экспедиция в Центральный Китай относится к 1942 году. Эта экспедиция подготовлялась особо тщательно.

В мае 1942 года, вернувшись из Токио, генерал **Исии** созвал секретное совещание всех начальников отделов, на котором объявил, что в соответствии с полученными им указаниями японского генерального штаба отрядом должна быть направлена большая экспедиция в Центральный Китай для производства бактериологических атак против китайских войск. Бактериологические атаки должны были производиться близ железнодорожной линии, во время так называемого «стратегического отступления» японских войск.

Подготовляя эту экспедицию, **Исии** провёл несколько совещаний начальников отделов, посвящённых вопросам выбора бактерий для возбуждения эпидемических вспышек. В результате этих совещаний было решено использовать бактерии чумы, холеры, брюшного тифа, паратифа, сибирской язвы.

Активное участие в бактериологической атаке против китайского населения в 1942 году принял нанкинский отряд «Эй» 1644.

По приказанию **Исии** подсудимый **Кавасима** изготовил в «производственном» отделе для экспедиции 130 килограммов бактерий паратифа и сибирской язвы. Остальные смертоносные бактерии, применявшиеся во время экспедиции, были выращены нанкинским отрядом. Второй отдел отряда снабдил экспедицию большим количеством блох, которые должны были быть применены для распространения эпидемии чумы.

В этой третьей экспедиции в Китай отряд Исии действовал против мирного китайского населения и китайской армии преимущественно подлым способом так называемых наземных бактериологических диверсий. При отступлении японских войск сотрудники отряда Исии производили заражение водоёмов, рек, прудов, полей. Широко практиковалось заражение бактериями различных пищевых продуктов, которые якобы случайно оставлялись в жилых домах.

Участником этой экспедиции в Китай был один из свидетелей на настоящем процессе **Фуруичи Ёсио,** показания которого подробно характеризуют те подлые методы человекоистребления, которые были применены злодеями из отряда Исии во время третьей экспедиции в Китай. **Фуруичи** показал суду о том, что летом 1942 года он был включён в состав группы, руководимой генералом **Исии**, которая применила против китайского населения бактерии тифа, паратифа, холеры и чумы в Чжеганском районе.

«Я лично,— показывал **Фуруичи,**— в указанном районе заражал водоёмы, квартиры, колодцы бактериями тифа и паратифа, доставленными на самолётах отряда 731... По приказанию генерал-майора **Исии** было приготовлено три тысячи булочек. Эти булочки были заражены бактериями тифа и паратифа и розданы военнопленным китайцам, которых после заражения с целью распространения инфекционного заболевания выпустили из лагеря. Также по приказанию **Исии** было заражено тифом 300—400 штук специально изготовленного печенья. В это печенье я впрыскивал бактерии тифа, это печенье было роздано участникам диверсионной группы, которые оставляли его в домах местных жителей под видом забытых продуктов... Как мне известно, в результате произведённого нами заражения в районе Чжеган вспыхнула эпидемия тифа».

Как я упоминал уже об этом ранее, во время экспедиции 1942 года отряду № 731 оказал активную помощь так называемый нанкинский эпидемический отряд «Эй» 1644. Это засекреченное бактериологическое формирование японской армии было хорошо известно жителям гор. Нанкина под наименованием отряда «Тама», производившего жестокие эксперименты над живыми людьми. Упоминание об отряде «Тама» встречается в материалах токийского процесса над главными японскими военными преступниками.

Международному военному трибуналу в Токио был представлен отчёт прокурора нанкинского городского суда, в котором особо отмечалось, что отряд «Тама» — одно из наиболее секретных учреждений японской армии, систематически производивших зловещие эксперименты над живыми людьми, делая им прививки отравленными сыворотками. В отчёте указывалось, что количество жертв отряда не поддаётся исчислению.

Это сообщение о зверствах японских захватчиков привлекло внимание Международного военного трибунала, который попросил американское обвинение, представлявшее на токийском процессе интересы гоминдановского

Китая, представить более подробные доказательства преступной деятельности отряда «Тама».

Вскоре после этого советское обвинение в Международном военном трибунале передало американскому главному обвинителю **Джозефу Б. Кинану** письменные показания **Кавасима** и **Карасава**, с достаточной полнотой раскрывавшие преступления японской правящей клики по производству злодейских опытов над живыми людьми при испытании бактериологического оружия.

Но, повидимому, какие-то влиятельные лица были заинтересованы в том, чтобы воспрепятствовать разоблачению чудовищных преступлений японской военщины, и документы о деятельности отряда «Тама» и об аналогичных опытах, производившихся в отряде Исии, Трибуналу не были представлены.

Между тем факт участия отряда «Эй» 1644 в экспедиции 1942 года полностью установлен показаниями бывшего начальника этого отряда подсудимого **Сато,** подсудимых **Кавасима** и **Карасава,** показаниями бывшего полковника японской армии **Мисина** и рядом других доказательств.

После окончания экспедиции 1942 года в Китай генерал **Исии** сделал официальное заявление на оперативном совещании руководящего состава отряда о том, что применение бактериологического оружия в Чжеганском районе дало значительные результаты и вызвало ряд эпидемий тяжких инфекционных заболеваний. Это заявление **Исии** соответствовало действительности, что видно в частности из захваченных в своё время японской 13-й армией документов китайского командования, в которых говорилось о вспышке чумы, вызванной японцами на оставленной ими территории.

V. Бактериологические диверсии на территории СССР и МНР и активизация подготовки бактериологической войны против Советского Союза

Подсудимый **Кавасима** заявил в своих показаниях, что, по его мнению, уже к 1942 году отряд № 731 окончательно разрешил проблему выработки действенных видов бактериологического оружия, годного к массовому применению в условиях войны, испытанного на громадном количестве человеческих жертв и неоднократно проверенного в бактериологических атаках против Китая.

Отряд № 100, находившийся в ведении ветеринарной службы японской Квантунской армии, также выполнял задания военного командования по совершению бактериологических диверсий. Об этом дали показания Военному трибуналу участники этих диверсий подсудимые **Хиразакура** и **Митомо,** а также свидетели **Кувабара** и другие. В 1944 году экспедицией отряда № 100 в районе Трёхречья было произведено заражение водоёмов на границе Советского Союза. В этой экспедиции участвовали подсудимые **Хиразакура** и **Митомо.** В 1945 году подсудимый **Хиразакура** возглавлял экспедицию в районе Хайлара, имевшую целью произвести бактериологическую диверсию против Монгольской народной республики.

Из показаний свидетелей и подсудимых мы знаем, что сотрудники Хайларской экспедиции отряда № 100 действовали инкогнито. Чтобы не вызывать ни в ком подозрений, они именовали себя сотрудниками японской военной миссии в Хайларе. В захваченных советскими войсками японских документах хайларской японской военной миссии имеется подтверждение того, что группа **Хиразакура** действовала весьма энергично. В отчёте начальника миссии **Амано** от 26 марта 1945 года под пунктом 7 значится следующая запись: «На основании оперативного приказа главного командования Квантунской армии в марте 1944 года из Синьцзинского отряда 100 была послана особая группа, и в настоящее время она во главе с начальником группы ревностно и активно выполняет свои обязанности».

Перед судом было доказано, что ещё до этого в район Хайлара неоднократно высылались из отряда № 100 диверсионно-разведывательные партии, которые должны были выяснить реальные возможности заражения скота с целью заноса эпизоотий остроинфекционных заболеваний на монгольскую территорию.

Все эти данные свидетельствуют о том, что отряд № 100 по приказам командования Квантунской армии не только готовил бактериологическую войну и диверсии против СССР, Китая и Монгольской народной республики, но и фактически производил диверсии и применял бактериологическое оружие.

На судебном следствии было доказано, что активность японских военных преступников по подготовке и развязыванию бактериологической войны в больших масштабах особенно возросла после вероломного нападения гитлеровской Германии 22 июня 1941 года на Советский Союз. В это время правящая клика империалистической Японии усилила свои военные приготовления по всем видам вооружения и по всем родам войск и, рассчитывая на победу Германии над СССР на западных фронтах, выжидала лишь удобный момент, чтобы вторгнуться на Советский Дальний Восток и захватить советские территории.

К этому времени в основном были закончены приготовления японских империалистов к бактериологической войне и созданы все условия для массового изготовления бактериологического оружия.

Я говорил уже, что в 1944 году, с прибытием подсудимого **Ямада** на пост главнокомандующего японской Квантунской армией, приготовления к бактериологической войне значительно активизировались. Были ещё раз получены специальные указания японского генерального штаба о форсировании работ с чумоносящими блохами. Это указание было принято к неуклонному исполнению. Все филиалы отряда № 731 получили задания максимально усилить заготовку крыс, служивших для разведения блох. Вы слышали от подсудимых **Оноуэ** и **Ниси,** а также от ряда свидетелей, как рьяно филиалы взялись за выполнение этого задания. Специальные команды солдат, переодетых в штатское платье, принялись шарить по домам, по амбарам, по полям для поимки крыс. Поощрялись крысоловы, давшие наилучшие показатели в охоте за грызунами. Было налажено массовое выращивание блох.

В отрядах №№ 731 и 100 были переподготовлены кадры для непосредственного ведения бактериологической войны. Филиалы этих отрядов были переданы в подчинение командующих фронтами и армиями. Подсудимый **Сато,** занимавший в то время должность начальника санитарной службы 5-й армии, оказывал филиалу № 643 активное содействие в заготовке крыс, обязав все воинские части 5-й армии ловить крыс и передавать их филиалу.

Подсудимый **Ямада** неоднократно проверял готовность бактериологических формирований к войне, лично инспектировал их и обеспечивал их готовность.

Всё было готово. Ждали лишь сигнала из Токио — начать военные действия против СССР.

Но такого сигнала не последовало. Могучий Советский Союз и его героическая армия сорвали планы агрессоров. Долгожданной для японских милитаристов решающей победы гитлеровских войск на советском фронте не наступило, и это сорвало планы нападения на Советский Дальний Восток. Тем не менее заправилы империалистической Японии продолжали усиленно готовиться к войне. Разбойничьи планы применения бактериологического оружия против СССР не были оставлены японским военным командованием до последнего дня существования японской армии. Руководители бактериологических отрядов всё время — до самой капитуляции японской армии — поддерживали в своих подчинённых наступательный дух, ориентируя их на мощь бактериологического оружия и предсказывая скорое применение его в войне.

Таким образом, продолжал существовать очаг опасности бактериологической войны.

Ввиду явно враждебной политики Японии к СССР, несовместимой с пактом о нейтралитете, Советское правительство в апреле 1945 года денонсировало этот пакт. В августе 1945 года верный своему союзническому долгу Советский Союз в целях скорейшего окончания второй мировой войны отдал приказ своим вооружённым силам разгромить японскую Квантунскую армию, являвшуюся ударной силой империалистической Японии. Приказ был выполнен в короткий срок, и этим героическая Советская Армия принудила к капитуляции японские вооружённые силы. Наступил конец второй мировой войны.

Перед самой капитуляцией японской Квантунской армии по приказу военного командования преступники, заметая следы совершённых злодеяний, уничтожили помещения и оборудование отрядов №№ 731 и 100, а также их филиалов.

Советскому Союзу и его вооружённым силам принадлежит величайшая заслуга избавления человечества от ужасов бактериологической войны.

VI. Анализ доказательств персональной виновности подсудимых

Товарищи судьи!

Я перехожу к анализу доказательств, устанавливающих личную ответственность каждого из подсудимых.

Я считаю, что в результате судебного следствия полностью установлена виновность всех преданных суду преступников. Все они — от бывшего главнокомандующего японской Квантунской армией подсудимого **Ямада** до лаборанта отряда № 100 **Митомо**, но, конечно, в разной степени, активно участвовали в подготовке бактериологической войны, знали о страшных последствиях этой войны и понимали преступность своих действий.

Большинство из них были активными участниками или инициаторами преступных опытов над живыми людьми. Никакая ссылка на приказ вышестоящего начальника или на положение военнослужащего не может служить оправданием тех тягчайших преступлений, которые были совершены ими и полностью доказаны перед судом.

Ещё несколько лет назад преступники были уверены в безнаказанности и, пользуясь ею, они свирепо глумились над беззащитными жертвами. В штабных кабинетах и в спрятанных от мира секретных лабораториях они вынашивали злодейские планы мучительного умерщвления миллионов людей. В ожидании начала бактериологической войны они проверяли смертоносное действие бактерий на мирных китайских женщинах и детях, на тысячах беззащитных людей, переданных в их руки безжалостной жандармской машиной.

Они не думали тогда о часе расплаты.

Сейчас, схваченные рукой правосудия и посаженные на скамью подсудимых, они пытаются трусливо оправдываться. Некоторые из них, в том числе даже такие, как главный преступник на этом процессе, который по справедливости должен быть отнесён к числу главных японских военных преступников — подсудимый **Ямада**, — делают вид, что они потрясены услышанным на суде.

Жестокие человеконенавистники пытаются ныне принять вид людей, догадывавшихся о преступлениях, но не вполне осведомлённых о них, или замаскироваться под слепых исполнителей приказа, не размышлявших о его преступном характере.

Но никого не смогут обмануть эти трусливые полупризнания пойманных и изобличённых злодеев.

Анализ доказательств личной вины подсудимых я начинаю с подсудимого **Ямада Отозоо,** бывшего главнокомандующего Квантунской армией.

Для того чтобы правильно определить степень его ответственности за те преступления против мира и человечества, которые являются предметом судебного рассмотрения по настоящему делу, необходимо прежде всего вполне уяснить роль, которую играл в японской колонии, так называемом «государстве Маньчжоу-Го», главнокомандующий Квантунской армией.

Это был полновластный хозяин страны и базировавшихся на её территории японских вооружённых сил, диктатор, в руках которого не более чем марионеткой являлся «император» Маньчжурии Генри Пу-И. На должность главнокомандующего Квантунской армией назначались наиболее доверенные и влиятельные члены японской правящей клики, наиболее активные и деятельные участники преступного заговора агрессии, которым японские империалисты вверяли осуществление своих самых сокровенных разбойничьих планов.

Главнокомандующему Квантунской армией подчинялись все японские вооружённые силы и все органы управления оккупированной страны. В частности ему полностью подчинялись те органы японской жандармерии, разведки и контрразведки, через которые осуществлялся безжалостный террор в отношении населения Маньчжурии. Как признал это на судебном следствии сам **Ямада,** так называемые «Токуи-Ацукаи» — «особые отправки» в отряд Исии — могли производиться только после санкционирования главнокомандующим Квантунской армией этого злодейского порядка расправы с нежелательными для японцев людьми.

На суде **Ямада** пытался преуменьшить свою роль в этом злодеянии, ссылаясь на то, что «особые отправки» были санкционированы ещё его предшественником генералом **Умедзу,** а, сменив **Умедзу,** он не стал отменять этого распоряжения, не представляя себе, какие масштабы приняло уничтожение людей в порядке «особых отправок».

Жалкая попытка уменьшить свою собственную ответственность! Лично инспектируя отряд Исии, **Ямада** не мог не видеть сотен заключённых, подвергавшихся мучительным опытам во внутренней тюрьме отряда. На суде **Ямада** пытался утверждать, что он «не помнит», посетил ли он тюрьму, инспектируя отряд.

Но и это утверждение **Ямада** полностью опровергается представленными суду доказательствами.

Я напоминаю суду о том, что в начале июня 1945 года бывший начальник отдела кадров штаба Квантунской армии полковник **Тамура** по заданию **Ямада** инспектировал отряд Исии.

Тамура осмотрел весь отряд. Он был проведён в тюрьму и видел там подвергавшихся опытам людей.

«При обходе помещений,— показал **Тамура,**— я был сопровождён во внутренний корпус, где содержались в специальных камерах,— в каждой из которых в дверях были окна,— живые люди, закованные в цепи и используемые, как мне объяснил лично **Исии,** для опытов...

Среди этих подопытных я видел китайцев, европейцев, одну женщину. Как мне лично объяснил генерал **Исии,** эта женщина и европейцы являются русскими по национальности... из числа подлежащих, по мнению карательных органов Японии, уничтожению.

Как я лично заметил, в тех камерах, которые я видел, люди лежали прямо на полу и находились в тяжёлом, беспомощном состоянии».

Детально ознакомившись с отрядом Исии, **Тамура,** по его словам, «был буквально поражён огромным размахом этого смертоносного производства», и то, что он увидел, превзошло все его ожидания.

Вернувшись в штаб Квантунской армии, **Тамура** немедленно доложил обо всём, что видел, генералу **Ямада.**

В частности, как показывает сам **Тамура:**

> «Я доложил генералу **Ямада** о тех интересных опытах, которые генерал **Исии** и его сотрудники проводят над живыми людьми... Я рассказал ему о своём посещении тюремного корпуса и обо всём, что я там видел».

Был ли **Ямада** удивлён или «потрясён» услышанным от **Тамура?** Отнюдь нет. Всё, что рассказал **Тамура,** было давно известно **Ямада** и ни в коей мере не могло удивить его.

«По репликам и вопросам генерала **Ямада,**— показал **Тамура,**— я убедился, что он прекрасно осведомлён о положении в отряде № 731».

Да и как мог не быть «прекрасно осведомлённым» обо всём том, что происходило в отряде, этот главнокомандующий, тщательно следивший за преступными изысканиями в области применения для военных целей бактерий наиболее опасных заболеваний (Вы помните, что **Ямада** по собственной инициативе вызывал в штаб генерала **Китано** для доклада о результатах опытов по применению чумных блох на полигоне Аньда — эти опыты производились во всех случаях на живых людях), создававший специальные комиссии высших штабных офицеров для утверждения образцов бактериологического оружия и разработки планов его применения, лично инспектировавший отряд и считавший отряд Исии, как говорил тот же **Тамура,** «способным выполнить любые задания»?

Попытка загримироваться под солдата, лишь кое-что знавшего о преступлениях, совершавшихся в отрядах №№ 731 и 100, но не вполне отдававшего себе отчёт в масштабах и злодейском характере преступлений, хотя и не снимающего с себя ответственность за них,— эта попытка явно не удалась подсудимому **Ямада.**

Он не только знал о всех преступлениях **Исии, Кадзицука, Такахаси,** о злодеяниях, совершавшихся в отрядах №№ 731 и 100. Он планировал и направлял эти злодеяния, он торопил преступных экспериментаторов, ибо использование бактериологического оружия было включено японской правящей кликой в план ведения агрессивной войны.

Сам **Исии** и все другие преступники, изыскивавшие и совершенствовавшие средства злодейского человекоистребления, были в руках **Ямада** одними из орудий для осуществления планов японской агрессии.

Именно поэтому, как документально доказано на процессе, секретные бактериологические формирования были подчинены непосредственно главнокомандующему

Квантунской армией **Ямада** и от него ожидали приказа о применении средств бактериологической войны.

Попытка **Ямада** уменьшить свою вину, ссылаясь на то, что преступные опыты над живыми людьми были санкционированы его предшественником, осуждённым токийским трибуналом к пожизненному тюремному заключению генералом **Умедзу**, несостоятельна уже потому, что, сменив **Умедзу**, **Ямада** с рвением ещё большим, чем у его предшественника, стал активизировать работу отрядов в области практического применения наиболее опасных средств бактериологической войны.

Из показаний всех допрошенных на судебном следствии подсудимых и свидетелей видно, что с приходом **Ямада** на должность главнокомандующего японской Квантунской армией интенсивность подготовки бактериологической войны резко возросла, масштабы и число жертв преступных экспериментов увеличились — преступное бактериологическое оружие проверялось на беззащитных жертвах ещё раз перед тем, как быть обрушенным на человечество как ударное средство большой агрессивной войны.

Подготовляя в глубокой тайне бактериологическую войну против миролюбивых народов, подсудимый **Ямада** действовал как один из главных японских заговорщиков против человечества. Достижению преступных целей этого заговора была посвящена вся жизнь **Ямада.** Он был генеральным инспектором военного обучения, членом высшего военного совета Японии, командовал крупнейшими военными соединениями в Китае, участвовал в подготовке нападения на СССР и, наконец, именно ему были доверены должности главнокомандующего основной силой японского империализма — Квантунской армией — и «посла» Японии в марионеточном Маньчжоу-Го, осуществлявшего там свирепый оккупационный режим.

Вина этого преступника доказана полностью. За совершённые преступления он заслуживает высшей меры наказания, предусмотренного законом.

Преступная деятельность подсудимого **Ямада** имеет непосредственное отношение как к отряду № 731, так и к отряду № 100.

Оба эти отряда были подчинены **Ямада,** им направлялась вся работа секретных бактериологических формирований Квантунской армии, и, таким образом, этот подсудимый занимает особое место в ряду других.

Перехожу к доказательствам виновности подсудимого **Кадзицука.**

Кадзицука Рюдзи занимал должность начальника санитарного управления Квантунской армии с декабря 1939 года. Он получил этот важный военный пост в то время, когда отряд Исии уже вполне развернул свою преступную деятельность и провёл первые бактериологические атаки против советско-монгольских войск в районе реки Халхин-Гол.

Кадзицука, давая показания на предварительном следствии и на суде, старался особенно подчеркнуть это обстоятельство. По существу вся линия его защиты на суде сводится к попытке доказать, что о секретной работе отряда Исии он узнал лишь после прихода на службу в Квантунскую армию, что, будучи осведомлён об этой работе и, употребляя его выражение, о «тайне из тайн» отряда Исии — опытах над живыми людьми, он не принимал в этих преступлениях активного участия. Мы докажем, что эти утверждения подсудимого лживы и несостоятельны.

Полностью доказано в частности, что значительно раньше того времени, когда он занял должность начальника санитарного управления Квантунской армии, ещё в 1936 году, будучи начальником санитарного отдела военно-санитарного управления военного министерства Японии, **Кадзицука** активно способствовал созданию специального секретного бактериологического формирования для подготовки бактериологической войны.

С согласия и при поддержке **Кадзицука** на должность начальника этого отряда, впоследствии названного отрядом № 731, был назначен **Исии Сиро,** с которым **Кадзицука** связывали близкие личные отношения, преступные идеи которого о подготовке агрессивной бактериологической войны **Кадзицука** поддерживал и разделял.

Таким образом, само создание отряда Исии произошло при активном участии **Кадзицука.**

Проект приказа о назначении **Исии** начальником отряда был подготовлен и завизирован не кем иным, как **Кадзицука.** После этого приказ был подписан военным министром.

Характеризуя **Исии** и касаясь личных отношений с ним, **Кадзицука** показывает:

> «**Исии** после возвращения из заграничной командировки, начиная с 1931 года, в кругу своих товарищей по Военно-медицинской академии, к которым относился и я, а также среди авторитетных и влиятельных лиц и работников генерального штаба японской армии стал вести агитацию о необходимости подготовки Японии к бактериологической войне... Я лично соглашался с идеей и доводами **Исии**».

Кадзицука не отрицает своей осведомлённости о секретной работе отряда Исии по подготовке бактериологической войны. Он вынужден также признать, что «был хорошо осведомлён» о преступных опытах над живыми людьми.

На очной ставке с подсудимым **Ямада,** изобличённый последним, он подтвердил, что находился в курсе почти всех «бактериологических работ», производимых в отряде № 731.

Он не отрицает и того, что руководил исследовательскими работами 731-го отряда по проверке эффективности прививок вакцин чумы, холеры, сыпного тифа.

Из материалов судебного следствия мы знаем, что эти преступные изыскания во всех случаях производились путём жестоких опытов над живыми людьми.

Кадзицука пытается уменьшить степень своей ответственности, говоря, что он знал об опытах над людьми только со слов **Исии** и **Китано,** но не принимал в этих опытах непосредственного участия.

Объяснения **Кадзицука** по поводу его личного участия в преступной деятельности отряда № 731 противоречивы и совершенно несостоятельны. **Кадзицука** старается представить себя человеком, обо всём знавшим, но ни в чём не участвовавшим. Он говорит, например (я цитирую его показания):

> «Фактически я руководил работами отряда № 731 по всестороннему изучению и культивированию различных эпидемических бактерий, безотносительно к тому, куда они затем должны были быть использованы. Этот вопрос меня как начальника санитарного управления не интересовал.

> Однако, зная о том, что производившиеся в отряде № 731 бактерии используются для опытов над живыми людьми и предназначены в качестве бактериологического оружия, я тем самым способствовал отряду № 731 в производстве бактериологического оружия.
>
> Конкретно моё руководство работой отряда № 731 заключалось в осуществлении контроля за производившимися в отряде работами по общему изучению и культивированию различных эпидемических бактерий.
>
> В этом направлении мною отдавались все необходимые указания начальнику отряда № 731, касающиеся вышеуказанных вопросов. В свою очередь я как начальник санитарного управления получал доклады начальника отряда № 731 по вопросам изучения и культивирования различных эпидемических бактерий.
>
> Кроме того, являясь специалистом-бактериологом, я давал различные советы по вышеуказанным вопросам».

Суду известно, что все те работы, которые в этом показании отнёс к своей компетенции **Кадзицука**, в отряде № 731 производились путём опытов над живыми людьми. Это подтверждает, что **Кадзицука** был не пассивным наблюдателем, а активным участником тягчайших преступлений, совершавшихся в отряде № 731. Более того, эти преступления совершались по прямому приказанию **Кадзицука.**

На очной ставке с лаборантом отряда № 731 **Сегоси Кадзицука** вынужден был признать, что так называемые «исследования по обмораживанию» относились к его компетенции. Отсюда единственно верный вывод, что эти особо жестокие по своему характеру опыты были проведены по его приказанию. **Кадзицука** признал также, что получал письменные отчёты **Иосимура**, производившего опыты по обмораживанию.

Я не буду повторять перед Вами описание страшных экспериментов, производившихся **Иосимура.** Эти опыты были произведены в отряде № 731 по прямому приказанию **Кадзицука**, и я считаю доказанным, что подсудимый не просто знал, как это он пытался утверждать, о «тайне из тайн» отряда № 731 — опытах над живыми людьми, но был инициатором и руководителем наиболее жестоких и бесчеловечных экспериментов.

Кадзицука был полностью осведомлён о бактериологических атаках, проведённых отрядом № 731 против мирного населения Китая.

Однако **Кадзицука** пытается объявить эти открытые атаки агрессивной бактериологической войны не более чем экспериментами. «Безусловно, что для Китая это оружие было наступательным,— заявляет **Кадзицука,**— но для Японии, я считаю, оно было экспериментальным».

Циничная софистика этих рассуждений об «экспериментальном характере» бактериологических атак против китайского народа только лишний раз характеризует **Кадзицука** как безжалостного человеконенавистника, до сих пор считающего, что экспедиции отряда Исии в Китай — это только эксперименты, предшествующие агрессивной бактериологической войне.

В отличие от других высших штабных офицеров Квантунской армии **Кадзицука** не имел никаких ограничений в ознакомлении со всей работой отряда № 731. Доказано, что он систематически посещал отряд № 731 и был полностью в курсе всей его деятельности.

Подсудимый **Ямада** показал, что после его прибытия в Квантунскую армию не кто иной, как **Кадзицука,** в конце июля 1944 года сделал подробный доклад о работе отряда № 731, причём указал, что этот отряд занимается секретной работой по изысканию и производству бактериологического оружия.

По показаниям того же **Ямада,**

> «Генерал-лейтенант медицинской службы **Кадзицука** осуществлял руководство научно-экспериментальной работой отряда № 731 по изысканию и массовому производству бактериологического оружия».

Кадзицука лично сформировал филиалы отряда № 731, имевшие непосредственной задачей проведение бактериологического нападения на СССР.

Таким образом, всеми материалами дела доказано, что с момента организации отряда № 731 и вплоть до капитуляции Японии **Кадзицука** был одним из наиболее активных участников подготовки бактериологической войны. Он являлся участником всех секретных оперативных совещаний при штабе Квантунской армии, на которых обсуждались вопросы практического применения бактериологического оружия в агрессивной войне.

Именно **Кадзицука** осуществлял непосредственную связь между отрядом № 731 и высшим командованием Квантунской армии.

Виновность подсудимого **Кадзицука** доказана на судебном следствии, и как государственный обвинитель я в полном объёме поддерживаю обвинение против него.

Подсудимого **Кавасима** следует признать одним из преступников, наиболее осведомлённых о всей деятельности отряда № 731. За время своей службы в отряде он занимал должности начальника отдела общих дел и начальника четвёртого, «производственного», отдела. В 1941 году он являлся, кроме того, начальником первого, так называемого «исследовательского», отдела, самого секретного из всех отделов отряда.

Свою работу в этом отделе **Кавасима** долго и тщательно скрывал от следствия, пока не был разоблачён свидетелем **Фуруичи,** работавшим в первом отделе под руководством **Кавасима** и опознавшим в нём своего бывшего начальника.

Наиболее долгое время **Кавасима** возглавлял занимавшийся массовым изготовлением бактерий четвёртый, так называемый «производственный», отдел отряда. В этой должности он прослужил с 1941 по 1943 год. В этот период времени производственная мощность отряда № 731 была доведена, как мы знаем это из заключения судебно-медицинской экспертизы и показаний подсудимых и свидетелей, до колоссальной цифры — многих сотен миллионов миллиардов микробных тел в месяц.

Кавасима принимал непосредственное участие в опытах над живыми людьми. Доказано, что в некоторых случаях он сам разрабатывал планы преступных экспериментов и в частности в июне 1941 года лично составил приказ о проведении опыта над людьми для испытания действия «бомб Исии», наполненных чумными блохами. Из показаний **Кавасима** видно, что жертвами этого эксперимента были 15 заключённых китайцев. **Кавасима** принял непосредственное участие в проведении этого преступного опыта.

Равным образом **Кавасима** принимал участие в подготовке бактериологического оружия для нападения на мирное китайское население.

Показаниями самого подсудимого установлено, что для экспедиции отряда Исии в Китай в мае — июне 1942 года под руководством **Кавасима** было изготовлено огромное количество бактерий брюшного тифа, паратифа, сибирской язвы.

Показаниями свидетеля **Фуруичи Кавасима** изобличён в том, что он, руководя первым, исследовательским, отделом отряда, производил массовые преступные опыты по насильственному заражению живых людей и другие бесчеловечные эксперименты над людьми.

Таким образом, **Кавасима** несёт прямую ответственность за зверское истребление многих сотен заключённых во внутренней тюрьме отряда Исии.

Признавая все эти факты, **Кавасима** подтвердил на суде своё участие как в подготовке к бактериологической войне, так и в бесчеловечных опытах над живыми людьми. Таким образом, виновность **Кавасима** полностью доказана.

Равным образом полностью доказана виновность подсудимого **Карасава Томио,** в 1933 году поступившего на службу в японскую армию, обучавшегося на медицинском факультете на средства генерального штаба, дважды прошедшего специальную бактериологическую переподготовку в военно-медицинской школе и назначенного в декабре 1939 года на службу в отряд Исии, где он специализировался на массовом изготовлении бактериологического оружия.

В этом отряде **Карасава** быстро выдвинулся на должность начальника отделения. По выражению его непосредственного начальника **Кавасима,** подсудимый **Карасава** «любил» своё дело и стремился всячески усовершенствовать массовое производство смертоносных бактерий.

Именно **Карасава** снабдил громадным количеством бактерий все экспедиции, организованные отрядом Исии для проведения бактериологических атак против китайского населения.

Изучая эффективность смертоносного действия бактерий, вырабатываемых его отделом, **Карасава** в 1943—1944 годах участвовал в опытах на полигоне Аньда по заражению людей путём взрыва бактериологических снарядов.

Во время войны подсудимому **Карасава** была поручена разработка вопроса о рассредоточении производства бактерий по всем филиалам отряда. С этой целью **Карасава** в 1944 году посетил филиалы отряда в городах Суньу, Хайларе, Линькоу и Хайлине и разработал проекты оборудования этих филиалов аппаратурой, необходимой для массового производства бактерий, служащих оружием бактериологической войны.

Во всём этом **Карасава** признал себя полностью виновным.

Помимо личного признания он изобличается показаниями ряда других подсудимых и свидетелей, в частности показаниями **Кавасима, Ниси,** характеризующих подсудимого как деятельного и активного участника подготовки агрессивной бактериологической войны.

На судебном следствии была полностью установлена виновность двух других подсудимых: **Ниси Тосихидэ** и **Оноуэ Масао.** Первый из подсудимых — **Ниси** являлся начальником филиала отряда № 673, а второй — начальником филиала № 643.

Оба этих подсудимых были полностью осведомлены о содержании преступной работы отряда № 731 по подготовке бактериологической войны и принимали активное участие в этой работе.

Подсудимый **Ниси** принимал участие в опытах над живыми людьми. Так, материалами дела установлено, что в январе 1945 года **Ниси** участвовал в опытах по заражению людей газовой гангреной. Жертвами этих опытов пали 10 китайских патриотов, умерших после эксперимента, как это видно из показаний самого **Ниси,** в тяжёлых мучениях.

При приближении советских войск к гор. Суньу **Ниси,** для того чтобы скрыть преступную деятельность филиала № 673, приказал сжечь все помещения и оборудование филиала.

Ниси роздал подчинённому ему личному составу цианистый калий, приказав отравиться в случае пленения Советскими войсками.

Этот приказ не был выполнен подчинёнными **Ниси,**

которые, за исключением единичных случаев, предпочли сдаться в плен.

Как **Ниси,** так и **Оноуэ** являлись одними из наиболее деятельных помощников генерала **Исии** в подготовке бактериологической войны, полностью осведомлённых о планах **Исии** по применению бактериологического оружия.

Оба этих подсудимых признали свою вину в предъявленных им обвинениях. Они изобличаются, кроме того, показаниями свидетелей и предъявленными суду документами.

Подсудимый **Сато Сюндзи** вступил в 1922 году в японскую армию. Он дважды прошёл, как и большинство остальных подсудимых, специальный курс Военно-медицинской академии, прослужив значительное время на разных военно-врачебных должностях и в качестве преподавателя академии.

Сато в 1941 году в чине полковника был назначен в гор. Кантон на должность начальника бактериологического отряда № 8604, имевшего условное наименование «Нами», а в феврале 1943 года переведён в Нанкин на должность начальника бактериологического отряда «Эй» 1644.

Я уже останавливался подробно на характеристике деятельности нанкинского отряда «Эй» 1644. Так же как и отряд № 731 и отряд № 100, нанкинский отряд являлся секретным бактериологическим формированием японской армии, созданным для целей агрессивной бактериологической войны.

Доказано, что именно отряд «Эй» 1644 вместе с отрядом Исии проводил бактериологические атаки против китайского мирного населения. Также доказано, что в отряде «Эй» 1644 производились жестокие эксперименты над живыми людьми. Сам факт назначения **Сато** на должность начальника отряда «Эй» 1644 уже свидетельствует о том, что он является активным участником агрессивной бактериологической войны.

Это же подтверждается и данными о производственной мощности специальной аппаратуры отряда, предназначенной для массового культивирования бактерий.

Эти микробы, вырабатываемые в больших количествах, должны были быть использованы для целей бактериологической войны, так как на судебном следствии было установлено, что производством вакцин нанкинский отряд почти не занимался.

Сато долго и упорно отрицал свою вину. Под тяжестью предъявленных доказательств он вынужден был признать, что командовал отрядами, являвшимися специальными бактериологическими формированиями, предназначенными для ведения бактериологической войны.

На судебном следствии **Сато** признал также свою полную осведомлённость об участии отряда «Эй» 1644 в бактериологическом нападении в 1942 году на китайские войска в Центральном Китае во время так называемой Чжеганской операции.

Он признал также, что этот возглавляемый им отряд являлся бактериологическим арсеналом японской армии.

Являясь с 1944 года начальником санитарной службы 5-й Квантунской армии, **Сато** оказывал практическую помощь филиалу отряда Исии в Хайлине.

Он издал приказ об организации специальных команд для ловли грызунов и доставки их в хайлинский филиал отряда № 731.

Сато являлся одним из активных участников подготовки бактериологической войны, и я считаю виновность его доказанной материалами дела.

Подсудимые **Кикучи** и **Курусима** служили лаборантами, один — в филиале № 643, другой — в филиале № 162 отряда № 731. Оба они помогали офицерам этих отрядов в культивировании бактерий, будучи вполне осведомлёнными о том, что их работа направлена на подготовку бактериологической войны.

Кикучи, кроме того, прошёл летом 1945 года подготовку на курсах при отряде № 731, где готовились кадры для ведения активной бактериологической войны. Этих фактов не отрицают сами подсудимые **Кикучи** и **Курусима.**

Таким образом, оба они должны отвечать за то, что являлись участниками подготовки бактериологической войны.

Назначенный в марте 1941 года на должность начальника ветеринарной службы Квантунской армии подсудимый генерал-лейтенант ветеринарной службы **Такахаси Такаацу** имел в своём подчинении отряд № 100, который являлся специальным формированием по подготовке и ведению бактериологической войны и производству бактериологических диверсий. Сразу же по вступлении в должность **Такахаси** развил огромную активность и добился увеличения производственного потенциала отряда № 100 по изготовлению возбудителей остроинфекционных заболеваний животных: сапа, чумы рогатого скота, сибироязвенных заболеваний, а также ядов и возбудителей болезней зерновых культур.

По прямой инициативе **Такахаси** в отряде № 100 было создано так называемое 6-е отделение, производившее в массовых масштабах культивирование бактерий для целей бактериологической войны и диверсий, а также занимавшееся преступными опытами над живыми людьми.

Подсудимым **Такахаси** была создана в соединениях Квантунской армии сеть филиалов отряда № 100, которые также занимались производством бактериологического оружия и были предназначены для непосредственного осуществления бактериологического нападения во время войны и бактериологических диверсий.

Лично руководя изысканиями бактериологических средств войны, **Такахаси** значительно расширил производственные возможности отряда № 100 путём создания новых отделений по производству бактерий и ядов.

Японской жандармерией доставлялись в отряд № 100 заключённые из тех же контингентов, которые направлялись для истребления в отряд № 731, и над ними производились злодейские опыты по изучению действия введённых в организм ядов. Все подопытные люди затем умерщвлялись, чтобы не оставалось свидетелей совершённых злодеяний. Поскольку **Такахаси** осуществлял руководство отрядом № 100, он несёт ответственность и за эти злодеяния.

Такахаси руководил и диверсионной деятельностью отряда № 100.

Этим отрядом закупались большие партии животных, над которыми в целях подготовки диверсий производились опыты массового заражения с воздуха.

Для изучения действия бактериологического оружия в естественных условиях по указаниям подсудимого **Такахаси** производились испытания на полигоне отряда № 731, в районе ст. Аньда, где скот заражался путём опыления кормов с самолёта. Кроме того, подсудимый **Такахаси** после систематической разведки приграничных с Советским Союзом районов Северо-Хинганской провинции направлял из отряда № 100 экспедиции, производившие заражение притоков пограничной реки Аргунь с целью проверки эффективности бактериологических диверсий в реках.

Все эти факты подсудимый **Такахаси** подтвердил перед судом.

Трибунал выслушал также показания подсудимого **Хиразакура**, который подтверждает активную роль подсудимого **Такахаси** в подготовке бактериологической войны и совершении бактериологических диверсий против СССР и Монгольской народной республики. Таким образом, вина подсудимого **Такахаси** полностью установлена.

Подсудимый **Хиразакура Дзенсаку**, ветеринарный врач, призванный в декабре 1939 года в японскую армию, в июне 1942 года был назначен в отряд № 100. Зная о том, что отряд занимается массовым изготовлением различных бактерий и сильнодействующих ядов, предназначенных для диверсий и бактериологической войны с Советским Союзом, **Хиразакура** до момента его пленения активно участвовал в подготовке бактериологической войны против СССР и Монгольской народной республики. Он лично вёл изыскания в области разработки и применения бактериологического оружия. В июле 1942 года **Хиразакура** принял участие в экспедиции в долину Трёхречья, в пограничной с СССР Северо-Хинганской провинции, где после проведения опытов по заражению водоёмов и пастбищ при его личном участии был заражён сибирской язвой приток пограничной реки Аргунь.

В июне 1944 года, возглавляя разведывательно-диверсионную группу из семи сотрудников отряда № 100, **Хиразакура** произвёл разведку с целью установления, возможно ли заразить с самолётов в приграничных советских районах водоёмы, летние и зимние пастбища скота, сенокосные угодья и дороги. Подробный письменный доклад о результатах разведки подсудимый **Хиразакура** представил начальнику отряда № 100 и устно доложил начальнику ветеринарной службы японской Квантунской армии подсудимому **Такахаси.**

Подсудимый **Хиразакура** в соответствии с распоряжением **Такахаси** произвёл в районе гор. Хайлар закупку крупной партии рогатого скота, которая должна была быть заражена остроинфекционными болезнями и переправлена в целях бактериологической диверсии на территорию МНР. Однако в связи с быстрым наступлением частей Советской Армии **Хиразакура** этого выполнить не успел, так как вскоре после прибытия в Хайлар он был пленён наступавшими частями Советской Армии.

В этих преступлениях подсудимый **Хиразакура** полностью изобличается как собственным признанием, так и показаниями подсудимых **Такахаси, Митомо,** свидетелей **Кувабара** и других.

Подсудимый **Митомо Кадзуо** в 1941 году добровольно вступил в отряд № 100 на должность лаборанта и, зная о том, что отряд № 100 ведёт подготовку к бактериологической войне, активно работал над изготовлением бактерий сибирской язвы, сапа и др.

В июле 1942 года совместно с подсудимым **Хиразакура** подсудимый **Митомо** участвовал в диверсионной экспедиции по заражению притока реки Аргунь. В августе — сентябре 1944 года, работая под руководством сотрудника бактериологического отряда № 100 **Ида Киёси, Митомо** систематически производил преступные опыты над живыми людьми.

Подсудимый **Митомо** признал, что он лично испытывал на живых людях действие различных ядов. В результате опытов **Митомо** один из заключённых умер, другой был умерщвлён **Митомо** инъекцией цианистого калия с целью сохранения тайны опытов, а трое из тех же соображений были в его присутствии расстреляны японским жандармом.

Хотя **Митомо** является рядовым лаборантом отряда № 100, но руки его обагрены кровью замученных им людей и деятельность его была сознательно направлена на подготовку бактериологической войны. Это со всей очевидностью установлено признанием не только самого **Митомо,** но и показаниями подсудимого **Хиразакура** и ряда свидетелей.

VII. Заключение

Товарищи судьи! Ужасны и отвратительны преступления, совершённые злодеями, посаженными на скамью подсудимых.

Те злодеяния, которые совершались этими человеко-

462

ненавистниками из секретных бактериологических формирований японской армии, воистину не имеют себе равных.

Определяя ответственность преданных суду преступников, мы должны учитывать не только уже содеянные ими преступления, уже совершённые и законченные. Несмотря на всю чудовищность этих преступлений, мы ни на одну минуту не можем забывать о том, что они служили целям подготовки новых, ещё более чудовищных злодеяний. Мучительные убийства тысяч людей должны были подготовить убийства миллионов.

Безжалостные опыты над живыми людьми должны были предшествовать эпидемиям чёрной смерти и холеры.

По замыслам японских империалистов, бактериологическое оружие должно было принести неисчислимые бедствия и страдания всему миролюбивому человечеству, повлечь истребление миллионов людей и опустошение необозримых пространств.

Вот почему, решая судьбу преступников, суд должен иметь в виду конечные цели этого преступного заговора против мира и человечества, во имя которых готовилось оружие бактериологической войны.

Мы знаем о том, что не все злодеи посажены на скамью подсудимых. Цепь участникsв преступного заговора — я говорил об этом в начале своей речи — не заканчивается преступниками, которым Вы вынесете свой приговор.

Мы знаем, что секретные бактериологические формирования японской армии, перед которыми ставились преступные задачи подготовки и ведения бактериологической войны, были созданы по указу японского императора **Хирохито.**

Мы знаем имена тех преступников из японского генерального штаба и военного министерства Японии, которые поддерживали и направляли тайную работу секретных бактериологических формирований, щедро финансировали их, утверждали образцы бактериологического оружия и планировали день начала бактериологических атак. По справедливости, они должны были бы находиться рядом с бывшим членом высшего военного совета Японии и главнокомандующим Квантунской армией подсудимым **Ямада.**

Мы знаем имена презренных, морально растленных служителей японского империализма — генералов бывшей японской армии, учёных бактериологов **Исии Сиро, Китано, Вакамацу Юдзиро,** в лице которых правящая клика Японии нашла людей, готовых отдать свои специальные знания для подготовки преступной бактериологической войны.

Мы знаем имена злых человеконенавистников, бывших сотрудников отряда № 731 — врачей и инженеров японской армии **Оота, Мураками, Икари, Танака, Иосимура** и многих других, хладнокровно и безжалостно умерщвлявших беззащитных людей, выращивавших на погибель человечеству многие миллионы заражённых чумой паразитов и сотни килограммов смертоносных микробов.

Этих злодеев нет на скамье подсудимых. Находясь за пределами нашей страны, они пользуются покровительством тех реакционных сил империалистического лагеря, которые сами мечтают о времени, когда смогут обрушить на человечество груз тринитротолуола, атомных бомб и смертоносных бактерий.

Но те из убийц, которые ныне находятся перед судом, подлежат строжайшей ответственности за все тягчайшие преступления, совершённые ими.

Исходя из характера этого злодеяния, его направленности на зверское истребление огромных масс ни в чём неповинных людей — стариков, женщин и детей,— исходя из того, что преступниками производились бесчеловечные опыты, повлекшие гибель тысяч беззащитных жертв, государственное обвинение считает, что все подсудимые должны понести наказание в соответствии со ст. 1 Указа Президиума Верховного Совета СССР от 19 апреля 1943 года.

Все подсудимые совершили тягчайшие преступления, и все они заслуживают сурового наказания.

Но Вы, товарищи судьи, при определении мер наказания подойдёте диференцированно к каждому подсудимому.

Как представитель государственного обвинения я считаю, что к подсудимым **Ямада, Кадзицука, Такахаси, Кавасима** и **Сато** должна быть применена максимальная санкция — 25 лет лишения свободы.

К подсудимым **Карасава, Ниси, Оноуэ, Хиразакура** и **Митомо** — от 15 до 20 лет лишения свободы.

Что касается подсудимых **Кикучи** и **Курусима,** то, учитывая, что они являлись лишь исполнителями приказов, хотя и заведомо для них преступных, считаю возможным ограничиться осуждением каждого из них к 3 годам лишения свободы.

Товарищи судьи! Значение этого процесса состоит в том, что он с необычайной ясностью показал звериное лицо разбойничьего японского империализма, в глубокой тайне подготовлявшего бактериологическую войну — одно из самых бесчеловечных орудий агрессии.

Час, когда против человечества должны были быть брошены страшные силы неисчислимых миллиардов болезнетворных микробов, был совсем близок, и только стремительный, парализующий противника, сокрушительный удар Вооружённых Сил Советского Союза спас мир от ужасов бактериологической войны.

С гордостью за свою могучую социалистическую Родину, спасшую человеческую цивилизацию от гибели, мы вспоминаем сегодня о великом подвиге советского народа в Отечественной войне.

Ваш приговор должен не только сурово и справедливо покарать преданных суду преступников и заклеймить злодеяния японских агрессоров.

Этот приговор должен прозвучать как грозное предостережение для поджигателей новой мировой войны, таких же безжалостных и жестоких человеконенавистников, как и те, преступления которых будут осуждены Вами.

Пусть помнят все замышляющие новые злодеяния против человечества и готовящие новые средства массового человекоистребления, что мир не забыл уроков второй мировой войны.

На страже мира и безопасности стоят миллионы простых людей, могучий фронт демократических сил, возглавляемый великим Советским Союзом.

Это могучая и всепобеждающая сила, которая сумеет остановить и сурово покарать любых поджигателей новой войны.

Грозным напоминанием об этом пусть прозвучит Ваш приговор, товарищи судьи!

Речи защитников

УТРЕННЕЕ ЗАСЕДАНИЕ 30 ДЕКАБРЯ

Председатель суда: Заседание суда продолжается. Слово предоставляется адвокату Белову, защищающему подсудимого Ямада. Подсудимые могут слушать речь адвоката по трансляции на японском языке.

Адвокат Белов произносит речь, текст которой прилагается к протоколу судебного заседания. Одновременно речь адвоката передаётся на японском языке.

РЕЧЬ АДВОКАТА БЕЛОВА Н. П. В ЗАЩИТУ ПОДСУДИМОГО ЯМАДА

Товарищи судьи!

На данном судебном процессе мои товарищи по защите и я, защищающий бывшего главнокомандующего бывшей Квантунской армией генерала Ямада, мало задавали вопросов подсудимым. Это явилось логическим следствием того, что обвинение было подтверждено показаниями подсудимых и свидетелей, а также приобщёнными к делу документами.

Наибольшая трудность защиты на данном судебном процессе заключается в том, что здесь нет места каким-либо прениям относительно самих фактов и доказательств.

И свидетельские показания, и имеющиеся в деле подлинные документы, собранные в стадии предварительного следствия, и подробные объяснения самих подсудимых в совокупности своей подтвердили фактическую сторону обвинения.

В свете этих фактов и обстоятельств как материально-правового, так и процессуального характера не легка и не проста роль защиты в данном судебном процессе, но защитник обязан исполнить свой долг со всей тщательностью, диктуемой интересами правосудия.

Разумеется, я не собираюсь защищать те поистине исключительные по своей тяжести преступления, о которых так подробно говорил в своей речи государственный обвинитель. Я защищаю только уже совсем немолодого человека — подсудимого Ямада, принимавшего в силу целого ряда роковых для него причин и обстоятельств определённое участие в попрании законов и обычаев войны, в совершении преступлений против человечества.

Тяжка вина моего подзащитного перед законом, а также перед разумом и совестью тех народов, над сынами и дочерьми которых он вместе с другими применял бактериологическое оружие, но есть и ряд моментов и обстоятельств, которые объясняют и смягчают его вину и которые во имя правосудия должны быть учтены Вами, товарищи судьи, при вынесении приговора.

Государственный обвинитель, оперируя многочисленными фактами и документами, в своей речи говорил о тяжких преступлениях, совершённых подсудимыми по настоящему делу, и в частности бывшим генералом Ямада.

Я хочу сказать о том, под влиянием каких именно факторов формировались разум, воля, характер и моральный облик моего подзащитного Ямада, которому теперь уже около 70 лет.

Ведь на этот имеющий для дела существеннейшее значение вопрос необходимо ясно и чётко ответить. Наша советская наука уголовного права никогда не солидаризировалась с так называемой антропологической школой уголовного права и её учением о прирождённом преступнике.

И крупнейшие мыслители, учёные и политические деятели той эпохи, когда буржуазия была ещё революционным, прогрессивным общественным классом, тоже выдвигали и обосновывали ту точку зрения, что человек рождается без идей, без страстей и характера.

Общеизвестным является, что такие корифеи человеческой мысли, как Джон Локк и Жан Жак Руссо, в своих трудах утверждали, что «нет прирождённой испорченности в сердце человеческом»...

Константин Дмитриевич Ушинский, великий русский педагог XIX века, рассматривая вопрос о наследственности и воспитании, указывал на то, что если в младенчестве перенести дитя величайшего музыканта на остров, населённый дикарями, то дикие, раздирающие слух звуки, с которых начнётся его музыкальное творчество, будут очень далеки от музыкальной культуры его родителей.

Мне кажется, товарищи судьи, уместным далее напомнить, что такие гениальные исследователи, как Карл Маркс и Фридрих Энгельс, в своих трудах отмечали, что историческая среда, условия общественного бытия и порождённые общественными отношениями условия воспитания людей формируют их разум, интересы, волю, характер и моральный облик. Энгельс в частности свидетельствует о том, что ещё в середине XIX века английские рабочие и английские буржуа даже внешне настолько непохожи были друг на друга, как будто принадлежали к двум различным нациям, и что это различие в их внешнем облике, в их характере, во всём их духовном облике являлось результатом различных условий жизни, различных воздействий, которым подвергались они в условиях общественной среды.

Мне думается, что возраст и положение в процессе моего подзащитного Ямада обязывают меня по возможности подробно остановиться на вопросе о влиянии социальных, государственно-политических и идеологических факторов на формирование воли и характера.

При этом можно и должно иметь в виду волю и характер не только и не столько отдельных индивидуумов, сколько целых общественных классов, а иногда и целых народов.

Позвольте мне, товарищи судьи, просить Вас вспомнить, что, как это видно из материалов дела, мой подзащитный Ямада родился в 1881 году. Величайший мыслитель Карл Маркс о Японии того времени писал:

«Япония с ее чисто феодальной организацией землевладения и с ее широко развитым мелко-крестьянским хозяйством дает гораздо более верную картину европейского средневековья, чем все наши исторические книги, проникнутые по большей части буржуазными предрассудками».

Именно *средневековьем* с его господством грубой силы, произвола, с его политическим бесправием, темнотой и забитостью народных масс, владычеством церкви, преследованием науки, зверскими расправами с передовыми людьми того времени,— именно так охарактеризовал основоположник научного коммунизма ту историческую среду и условия общественного бытия, в которых родился и провёл свои ранние годы мой подзащитный Ямада.

Тогда же, во второй половине XIX века, на политической арене Японии появились четыре богатейших семьи — Мицуи, Мицубиси, Сумитомо и Ясуда. Они быстро превратились в империалистические монополии, пользуясь государственной помощью и всемерной поддержкой императорского двора.

Революция 1868 года сохранила феодальные устои в Японии. Создавшаяся в Японии после 1868 года абсолютная монархия по существу сохранилась почти до последнего времени, так как конституция 1889 года, составленная по образцу прусской конституции, сохраняла за императором *неограниченную* власть.

В период революции 1868 года дом Мицуи оказал финансовую помощь императорской династии в её борьбе против сёгуната — правительства феодальной Японии. Мицуи и Мицубиси содействовали возведению на трон 15-летнего Муцухито, годы правления которого были названы именем Мейдзи.

Капиталовложения в императорский дом оказались взаимовыгодными. Дому Мицуи были переданы права на горные разработки, леса и заводы. Почти все экономические ресурсы Японии стали монопольной собственностью Мицуи, Мицубиси, Сумитомо, Ясуда.

Императорская фамилия за период, истекший после реставрации, превратилась в богатейшую в мире династию, которая владеет несметными богатствами.

Названные четыре могущественнейшие семьи вместе с императорской фамилией со второй половины прошлого века держат в своих руках и контролируют банки, заводы, шахты, леса, землю и все экономические ресурсы страны. Возглавляемые ими гигантские монополистические промышленные и банковские концерны в Японии называют «дзайбацу». Точный перевод слова «дзайбацу» — финансовая клика. Крупный знаток истории «дзайбацу» Тойохара Ичиро называет «дзайбацу» монополистическим капиталом, развившимся в феодальных условиях. Дешёвый труд способствовал обогащению «дзайбацу». Агрессивные войны в Китае и Маньчжурии, которые вела Япония в течение полувека, показали всему миру, какими путями Мицуи, Мицубиси, Сумитомо и Ясуда укрепляли своё могущество. Японский император Хирохито назвал вторую мировую войну «священной войной Японии», хотя все знали, что её подготовили и вели «дзайбацу»; Тодзио и Араки были лишь их идеологическими собратьями. Война обогащала прежде всего и главным образом Мицуи, Мицубиси, Сумитомо и Ясуда да ещё двадцать семей так называемых новых «дзайбацу». Недаром «страну восходящего солнца» называли и называют «царством «дзайбацу»». За пятилетний период, предшествовавший войне, капиталы «дзайбацу» удвоились, а за пять лет войны эти капиталы увеличились в 10 раз. 360 новых громадных заводов питали эту гигантскую и весьма выгодную для «дзайбацу» «человеческую мясорубку». Они выбрасывали на поля сражений пушки, снаряды, бомбы, самолёты. Это по воле «дзайбацу» готовилось и применялось и бактериологическое оружие.

Именно они, наиболее хищнические и разбойничьи японские империалисты, понимая невозможность ведения войн без мобилизации широких масс населения, установили государственную систему отравления сознания японского народа ядом воинствующего национализма и звериного шовинизма. Шовинистическое воспитание детей в семье и школе, милитаристическая пропаганда в печати и искусстве, система жандармского шпионажа и полицейского террора, религиозные храмы с их жрецами, тюрьмы, социал-фашистские партии и тому подобные атрибуты империалистической государственной машины неукоснительно развивались и приводились в действие в целях реакционной обработки широких народных масс и в первую очередь военнослужащих армии и флота. В основу всех форм и методов, посредством которых японский империализм формировал послушного военнослужащего, был положен принцип божественного происхождения, вечности и незыблемости японского монархизма.

Характерным для японского милитаризма и империализма в целом являлось сочетание современных, «новейше-капиталистических» форм организации, особенно в отношении вооружения, тактики и стратегии, со старыми, *феодальными* формами воинских взаимоотношений. Идеология, в которой воспитывался японский военный человек,— самурайская, т. е. опять-таки феодальная. Весь кодекс военной морали («бусидо»), которым должен был руководствоваться японский офицер, начиная с обожествления самурайского меча и преклонения перед императором как высшим существом и кончая совершением харакири в случае военной неудачи или «потери лица», проникнут глубоко феодальными идеями и чувствами.

В таком же духе через школу, печать, театр, кино и т. д. воспитывались не только военные, но и всё японское население начиная с раннего возраста вплоть до преклонных лет. Для воспитания армии и всего населения в воинственно-агрессивном духе широко культивировалось внедрение так называемого «самурайского духа». Под этим разумеется дух превосходства японцев как *особой, избранной свыше нации, дух презрения и безграничной жестокости к врагу,* как к существу низшему, «варвару». Этот дух вырабатывал фанатиков, веривших, что смерть сделает их святыми.

Припомните, товарищи судьи, так называемых «камикадзе» («божественный ветер» — так назывались лётчики, стремившиеся ценой собственной жизни вывести из строя вражеский корабль). Фанатические действия этих лётчиков превозносились не только японской пропагандой, но и мировой буржуазной прессой как новейшее проявление «японского духа» («Ямато дамаси»), а религия Синто учила, что дух такого «счастливца», умершего за «божественного» императора, превращается в божество и, следовательно, ему обеспечено бессмертие.

В течение последних двух десятилетий японский империализм «модернизировал» феодально-самурайскую идеологию, сочетав её с современной, наиболее реакционной, хищнической, грабительской идеологией фашизма, тем самым придав японскому милитаризму военно-фашистский характер. Это сочетание реакционнейших идеологий только усугубило разбойничий характер всей военной машины и внешней политики Японии.

Политическим следствием этого явилось, как известно, заключение с гитлеровской Германией и фашистской Италией «антикоминтерновского» пакта в 1936 году и военного пакта трёх держав в 1940 году.

Бредовая теория «высшей расы» внушалась военнослужащим японской армии и японскому народу ещё более глубоко, чем она была внушена немцам арийскими фюрерами и профессорами.

Служебная же роль расизма заключалась в том, чтобы «теоретически» обосновать стремление японских империалистов к порабощению народов Азии, а затем и к мировому господству.

Дело дошло до того, что даже дипломатические представители Японии, по своей профессии обязанные вести себя сдержанно, давали полную волю великодержавным устремлениям. Всем памятно, как японский граф Уцида, будучи делегатом на конференции Лиги наций, ещё в 1932 году заявил в официальном интервью: «Миссия японцев на земле — руководить миром. Япония будет колыбелью нового мессии».

Наряду с этим, как это доказано документальными данными и свидетельскими показаниями на токийском процессе, в течение всего периода, охваченного обвинительным актом, т. е. начиная с 1928 года, в Японии систематически и беспощадно уничтожались те элементы демократии, которые там были. Государственный аппарат Японии неукоснительно перестраивался по фашистскому образцу, и всякий намёк на сопротивление развитию японского империализма и фашизма подавлялся самыми беспощадными террористическими мерами.

Трудно обойти молчанием тот факт, что «Ниппон синто-рон» — учебник для японских школ, написанный профессором Ютака Хибино,— поучает, что бог снизошёл на землю и воплотился в японском императоре, «имея целью управление расой Ямато, расой бого-человеков». «Наша священная империя стоит в мире над всем в единственном и недосягаемом превосходстве»,— говорится дальше в этом катехизисе для японского юношества и молодёжи. Руководящей клике японского империализма удалось добиться того, что до разгрома японской военной машины почти любой японец считал за нечто само собой разумеющееся, что «раса Ямато» — божественная раса, миссия которой — подчинить все народы и господствовать над миром. Принцип «Хакко ичиу», т. е. что все страны света должны находиться под скипетром «микадо», пропагандировался в храмах и университетах, в школах и на улицах, в семьях и департаментах — везде и всюду.

Мне хотелось бы, товарищи судьи, особо просить Вас принять во внимание, что именно в годы воспитания, общего и специально-военного обучения и в последующие долгие годы службы в бывшей японской армии моего подзащитного Ямада путём искусного сращивания религиозных учений с принципами монархического абсолютизма широко культивировалось учение о божественном происхождении Японии и её императоров, почитание «духа предков» и т. п.

Мозг японца, и в особенности военнослужащего, забивался всякой мифологией о происхождении японских островов, о происхождении императорского дома от Аматерасу-о-миками (богини солнца), о происхождении японского народа от божественного рода императора, которому нужно слепо и беспрекословно подчиняться. К этому прибавлялась агрессивная доктрина об «особой» миссии Японии по освобождению цветных народов «от господства белых». Политическим выводом из всего этого являлось учение о «необходимости» войны и её «вечной неизбежности» как средства осуществления «божественных предначертаний» и очищения земли от зла и грехов.

Мне хотелось бы, товарищи судьи, особо подчеркнуть, что внедрению «самурайского духа» в японской армии способствовало то, что японская армия ещё с 80-х годов прошлого столетия стала обучаться по прусским образцам. Долгие годы в Японии пребывала немецкая военная миссия, инструктировавшая японскую армию. Во главе этой миссии стоял Мекель — ближайший сподвижник Мольтке.

Таким образом, пруссачество с его реакционной идеологией, с превращением дисциплинированности в психический автоматизм внедрялось и в японской армии, и недаром Япония долгие годы называлась «Пруссией Востока».

Мне кажется, товарищи судьи, позволительным напомнить, что пруссачество — это господство кнута, сабли и буквы «закона», это насаждение грубой военной муштры и палочной дисциплины в армии.

Необходимо также, товарищи судьи, вспомнить и учесть, что непосредственный организатор японской военной машины маршал Ямагата был горячим почитателем Бисмарка и Мольтке, преклонялся перед Вильгельмом II.

Военная партия, возглавляемая Ямагата, виднейшим членом генро (совет старейших феодалов при императоре), выдвинула лозунг: «Вся сила Японии — в её военном могуществе». Ямагата возглавлял военную машину и был «властителем дум» офицерского корпуса, молодёжи и руководителем государственного аппарата Японии с конца XIX века почти до самой его смерти в 1922 году. Ямагата был идеологом тактики «внезапного удара». Он был инициатором закона о непосредственном подчинении армии и флота императору. Реакционный японский военный публицист Хирата Синсаку в своей книге, снабжённой предисловием генерала Араки и адмирала Окада, прямо писал:

«Японский офицер, солдат, моряк подчинены одному лишь императору, помимо воли которого они не могут сделать ни одного выстрела».

Товарищи судьи, изложенный мною анализ исторических фактов, документов и обстоятельств наглядно свидетельствует о том, что современные монополистические промышленные и банковские концерны «дзайбацу» во главе с императором, владеющие до сих пор современной промышленной машиной, которая уже семь раз в течение полувека была средством японских агрессивных войн,— именно они являлись вдохновителями, подстрекателями, организаторами и руководителями японской агрессии с её богатейшим арсеналом средств уничтожения и в частности были инициаторами и организаторами изготовления и применения бактериологического оружия.

Это они планировали, подготовляли и развязывали агрессию; это они подавляли религиозными и феодальными предрассудками 90-миллионный японский народ; это они держали его под полицейским гнётом; это они отравляли его сознание ядом воинствующего национализма и звериного шовинизма; это они всей системой воспитания и обучения превращали военнослужащих в механических исполнителей своей воли с целью установления военного, морского, политического и экономического господства во всём мире.

Подсудимый Ямада был одним из многих исполнителей злодейских преступлений японского империализма. Я надеюсь, товарищи судьи, что Вы разделите моё убеждение в том, что совершённое моим подзащитным Ямада преступление явилось итогом трагической дрессировки и муштровки мысли, которой поневоле изо дня в день, в течение долгой своей жизни он подвергался в рядах бывшей японской армии.

Не признать этого, товарищи судьи, нельзя, а признав, Вы должны будете во имя правосудия своим приговором сказать, что по делу установлена не только вина подсудимого Ямада, но и беда его, заключающаяся в том, что он родился, рос, формировался, жил и работал в такое время, в такой исторической обстановке и в таких условиях, в которых он не мог стать иным.

Очень может быть, товарищи судьи, что Вам покажутся недостаточными приведённые мною аргументы, доказывающие, что условия общественного бытия и порождённые общественными отношениями и государственным устройством условия воспитания и образования формируют разум, волю, характер и моральный облик людей, т. е., другими словами, может быть, Вы усомнитесь в том, что мой подзащитный Ямада и другие подсудимые по настоящему делу являются не только преступниками против законов войны и человечества, но и жертвами японского империализма?

В таком случае позвольте мне для лучшего обоснования основных тезисов моей защитительной речи сослаться на исторические данные, исключительные по силе своей убедительности.

Товарищи судьи, теперь уже не только мы сами, граждане Союза Советских Социалистических Республик, не только наши многочисленные зарубежные друзья, но и умные враги знают, что условия социалистического общества благоприятствуют всестороннему развитию физических и духовных сил, способностей и дарований человека.

Товарищи судьи, возьмите сотни и тысячи советских людей нашего времени, которые творчески работают в различных областях науки, искусства, техники, военного дела, спорта. Возьмите тех из них, которые родились до Великой Октябрьской социалистической революции, тех, кто вышел из народа, и скажите себе, кем стали бы они, как развернулась бы их жизнь в условиях российской действительности до Великого Октября и кем стали они, как развернулась их жизнь в условиях Советской страны, под солнцем Сталинской Конституции. Мы видим и знаем, что миллионы людей, которых царизм мял, давил, душил, получили возможность распрямиться, разогнуть свои плечи, раскрыть богатые творческие дарования, в них заложенные, и в условиях изменившихся общественных отношений обнаружить те глубокие, скрытые богатые духовные силы, которые были у них. Вчерашний рабочий, пастух, люди из народа сегодня стали крупнейшими учёными, деятелями в области искусства, государственными деятелями, и всем этим они обязаны изменившимся общественным отношениям и порождённым ими новым условиям воспитания и просвещения людей. Аналогичное положение наблюдает весь мир в странах народно-демократического строя.

Разрешите мне теперь, товарищи судьи, из изложенной общей мысли сделать частный логический вывод в отношении моего подзащитного бывшего генерала Ямада.

Позвольте мне на основе имеющихся в деле документальных данных вплотную подойти к изложению своего рода истории «жизненного пути», характеризующего личность и дела моего подзащитного.

Из материалов дела видно, что подсудимый Ямада родился в 1881 году и происходит из военной касты самураев, с давних времён находившихся на службе у императора и владетельных князей.

С 1887 года и до 1898 года он воспитывался и обучался в общеобразовательной начальной и средней школе.

В 1898 году Ямада поступил в кадетский корпус, затем перешёл в офицерскую школу, по окончании которой, в 1903 году, он был произведён в подпоручики и служил в 3-м кавалерийском полку. С мая по сентябрь 1904 года Ямада в качестве командира кавалерийского подразделения участвовал в русско-японской войне на участке Дальний — Ляоян. Плохо вооружённая, руководимая бездарными военачальниками во главе с ничтожеством на троне Николаем II царская армия потерпела поражение.

Поражение системы, поражение самодержавия было истолковано в Японии, да и не только в Японии, а и в других капиталистических странах, как победа над Россией, над великим русским народом.

Эта победа вскружила голову не только молодому офицеру Ямада, не только японской армии и флоту, но и молодому хищному японскому империализму в целом.

Товарищи судьи, на удивление миролюбивым народам всех стран мира на скамье подсудимых на токийском процессе не было ни одного представителя «дзайбацу» — объединений японского монополистического капитала. Не было и их главы императора Хирохито. Это произошло потому, что слишком крепкие нити связывали и связывают американских монополистов с их японскими собратьями. Именно поэтому американский обвинитель и не решился перед лицом Международного трибунала заговорить о роли промышленных и финансовых магнатов в планировании и организации второй мировой войны.

Нашему, советскому правосудию присуща подлинная справедливость, во имя которой я и прошу Военный трибунал при вынесении приговора моему подзащитному Ямада учесть его подлинную, а не кажущуюся роль в преступлениях японских империалистов против законов и обычаев войны.

Установлено по делу, что Ямада родился, рос, формировался, жил и работал в такой исторический период, в такой обстановке и в таких условиях, в которых он стал олицетворением такой военной дисциплинированности, которая являлась не чем иным, как психическим автоматизмом.

Ямада поэтому достоин не только осуждения, но и сожаления.

И, наконец, товарищи судьи, при вынесении приговора я прошу учесть и то, что подсудимый Ямада нашёл в себе силу и мужество как на предварительном следствии, так и в судебном заседании полностью признать свою вину. Он осознал всю глубину своего падения. Не выгораживая и не щадя самого себя, он подробно, искренне, полно осветил как свою преступную деятельность, так и ещё более преступную деятельность других вдохновителей и организаторов преступлений, установленных данным судебным процессом.

И теперь подсудимый Ямада склонил перед Вами свою повинную голову и ждёт Вашего справедливого приговора.

На этом, товарищи судьи, разрешите мне объяснения в защиту подсудимого Ямада закончить.

Председатель суда: Слово предоставляется адвокату Боровик, защищающему подсудимого Кавасима Киоси.

Адвокат Боровик произносит речь, текст которой прилагается к протоколу судебного заседания. Одновременно речь передаётся на японском языке.

РЕЧЬ АДВОКАТА БОРОВИК Н. К. В ЗАЩИТУ ПОДСУДИМОГО КАВАСИМА КИОСИ

Товарищи судьи, товарищи члены Военного трибунала!

Каждому из нас понятно то чувство, которое испытываем мы, советские люди, в дни этого процесса.

Каждый из нас в эти дни невольно вновь и вновь мысленно обращался с чувством глубочайшей благодарности и любви к тому, чей мудрый разум ещё за много, много лет предугадал и предупредил советских людей о той смертельной опасности, которая нависла над нашей родиной на Дальнем Востоке, к тому, чей светлый гений отвёл уже занесённую было руку врага и спас нас от ужасных бедствий и страданий.

Велика тяжесть преступлений, совершённых сидящими здесь на скамье подсудимых обвиняемыми.

Но, товарищи судьи, в силу нашего основного закона мы, советские адвокаты, призваны сюда, чтобы осуществить возложенную на нас задачу помочь Вам правильно разрешить настоящее дело и донести до Вас всё то, что смягчает вину подсудимых.

В меру своих сил я постараюсь выполнить эту задачу.

Я защищаю бывшего генерал-майора медицинской службы японской армии, доктора медицинских наук, подсудимого Кавасима Киоси.

Прежде чем перейти к его защите, я напомню Вам, что в этом деле, как и в каждом деле, где скамью подсудимых занимает не один, а несколько обвиняемых, пожалуй, самым сложным вопросом является вопрос определения роли и степени участия каждого из подсудимых в отдельности, определение персональной ответственности каждого из обвиняемых в совершении преступления.

Вот почему я позволю себе начать защитительную речь именно с этого, с определения роли и места моего подзащитного в настоящем деле.

Как известно, Кавасима Киоси вменяется в вину совершение ряда преступлений.

Формула обвинения гласит, что Кавасима Киоси совместно с группой ответственных сотрудников специальных бактериологических формирований японской армии, деятельность которой была направлена на подготовку и ведение бактериологической войны, принимал активное участие в изысканиях и производстве бактериологического оружия для массового истребления людей, что совместно с обвиняемым Карасава он также принимал активное участие в ведении бактериологической войны против Китая, что совместно с рядом других обвиняемых он лично участвовал в преступных, бесчеловечных опытах над живыми людьми...

Это то, что вменяется в вину Кавасима.

Его вина материалами дела: показаниями обвиняемых, свидетелей и заключением судебно-медицинской экспертизы доказана, да и сам Кавасима не собирался что-либо утаивать, что-либо скрывать и буквально с первых же дней предварительного расследования и до конца судебного следствия полностью признал себя виновным.

Естественно, что при таком положении здесь не могут иметь место какие-либо споры с представителем государственного обвинения по вопросу доказательств или фактов. Всё содеянное Кавасима доказано, и он это признал. Однако роль и степень участия Кавасима в этом деле во многом отлична от роли ряда других сообвиняемых и особенно отличается от роли тех главных военных преступников, которые сумели уклониться от ответственности, но которых рано или поздно настигнет карающая рука народов.

Товарищи судьи! Несмотря на тяжесть совершённых Кавасима преступлений, я всё же позволю себе считать, что Кавасима не является главным и основным участником этих преступлений.

Кавасима судят сегодня за действия, совершённые в период его работы в отряде № 731. Напомним вкратце предисторию этого вопроса.

Вспомним 1936 год, год издания императором Японии секретного указа об образовании в районе Харбина бактериологического отряда, названного впоследствии отрядом Маньсю № 731. Где мы застаём в это время Кавасима? Он в это время занимает скромную должность помощника начальника санитарного управления одной токийской дивизии.

Проходит 1936 год. Проходят 1937, 1938, 1939, 1940 годы. Отряд № 731 за это время увеличивается, разбухают его штаты, расширяется масштаб его работы, строятся аэродромы, полигоны, появляются тюрьма, печи-крематории, создаётся целый военный городок. А чем занимается в это время Кавасима?

Он в чине подполковника медицинской службы состоит на работе преподавателя гигиены на подготовительном отделении Токийского военного училища, а затем переезжает на работу в гор. Пекин.

Кавасима в это время и понятия не имеет, что существует такая фабрика смерти на ст. Пинфань, работающая уже на полный ход, что в это время южнее Шанхая, в районе Нимбо, ведутся бактериологические военные операции против китайского народа с использованием продукции этой страшной фабрики, что на основании нового императорского указа продолжается дальнейшее расширение деятельности этой фабрики и т. п.

И вот наступает роковой для Кавасима 1941 год, год, насыщенный крупнейшими международными событиями. Март месяц. Приказ военного министра Японии, и Кавасима впервые узнаёт о существовании пинфаньского отряда. А в это время в стране, полностью захваченной японской военщиной, в стране, где пышным цветом расцвели самые крайние, самые дикие формы реакции и мракобесия, идёт бешеная подготовка к войне.

Победоносные реляции бесноватого фюрера, захватившего к этому времени уже ряд европейских стран и прошедшего почти по всей Западной Европе, не дают покоя японским милитаристам. Японская реакция торопится, она боится опоздать, она боится упустить благоприятный момент. В материалах Международного военного трибунала в Токио поведение японской военщины в этот период времени весьма подробно освещается.

Эта волна военной истерии и психоза, волна дикого ажиотажа японской военщины захлестнула Кавасима, как и многих других, и он, попав в отряд № 731, меньше всего рассуждал и думал о том, чтó он делает и куда он попал.

Так началось грехопадение Кавасима.

Кавасима за два года работы в этом отряде совершил ряд преступлений, и это установлено. Однако была ли его роль при этом активно организующей, был ли он там основной фигурой?

На предварительном, но особенно здесь, на судебном следствии выяснились интересные подробности того, каким образом осуществлялось руководство этим отрядом, кто являлся его фактическим руководителем.

Тут произносились имена и императора Хирохито, непрерывно пекущегося о судьбе своего детища, тут говорили и о военном министре и генеральном штабе японской армии, заботящихся об отряде. Отрядом руководило и командование Квантунской армии и многие другие.

Вы помните, товарищи судьи, показания Кавасима о том, как часто вызывался с докладом о деятельности отряда в Токио его непосредственный начальник Исии Сиро, как часто этот отряд подвергался инспекционным наездам всевозможных генералов и ответственных руководителей командования Квантунской армии.

Перед кем только не приходилось отчитываться о своей работе Кавасима! Даже какой-то подполковник Ямамото, постоянный представитель командования Квантунской армии в отряде, и тот непрерывно интересовался тем, что делал Кавасима и другие сотрудники отряда, являясь, по образному выражению Кавасима на предварительном следствии, «глазами и ушами» штаба Квантунской армии в отряде. Если к этому ещё прибавить, что непосредственным начальником и руководителем отряда был крупнейший специалист в области бактериологии, известный идеолог бактериологической войны Исии Сиро, то тогда станет ясно, что на этом фоне вряд ли можно считать Кавасима основной руководящей фигурой.

Фактически Кавасима был лишь одним из исполнителей чужой преступной воли, правда, ответственным исполнителем, но всё же только исполнителем. Мне представляется, что это обстоятельство является смягчающим вину, и я прошу Вас, товарищи судьи, учесть его при определении Вами степени виновности, роли и места в этом деле моего подзащитного.

Товарищи судьи! Я бы считал свою задачу выполненной не полностью, если бы я не обратил Вашего внимания ещё на одно очень немаловажное обстоятельство, смягчающее вину Кавасима Киоси.

Кавасима, как известно, полностью признал себя виновным в совершении преступлений. Но этого мало. Кавасима полностью раскаялся в них, и не верить ему, не верить в искренность его поведения, по-моему, нет достаточных оснований.

Чем же можно объяснить это поведение Кавасима?

Мне представляется, что на его поведение, несомненно, оказало влияние его происхождение. Ведь Кавасима происходит из простой японской семьи. Он не потомственный самурай, он не сын крупного капиталиста или помещика. Его отец был простым крестьянином. Кавасима Киоси сумел получить высшее медицинское образование, думал посвятить себя науке и даже в 1934 году защитил докторскую диссертацию на весьма безобидную тему о «псевдотуберкулёзных бактериях». И я думаю, что если бы Кавасима не попал в ту обстановку, о которой я говорил уже выше, вряд ли он смог бы оказаться на скамье подсудимых.

Кавасима совершил преступление, он понял, осознал, что тяжесть этих преступлений его обременяет, что нужно избрать какой-то иной путь, честный путь, и Кавасима находит в себе силу и мужество встать на этот путь и не только сознаться в совершении преступления, но и максимально помочь на суде раскрыть всё преступление до конца.

Вы помните, товарищи судьи, его слова, произнесённые им ещё на предварительном следствии, на допросе от 30 октября 1949 года. Кавасима тогда сказал:

«...виновным себя признаю полностью... в настоящее время полностью осознал преступный характер моей деятельности в 731-м отряде, направленной на изыскание средств бактериологической войны, ведение которой осуждено человечеством...

...Я сознаю, что применявшиеся нами методы производства опытов над живыми людьми, массовое умерщвление их путём воздействия смертоносных бактерий являются варварскими и преступными против человечества... Я в 731-й отряд поступил не добровольно, а по приказу военного министра Японии, который не выполнить я не мог. Я сознаю, что 731-й отряд являлся преступной организацией. И как участник его готов в настоящее время понести наказание...»

Естественно, нелегко дались эти слова Кавасима. Трудно пришлось ему. Многое он передумал и пережил, прежде чем найти в себе твёрдость и решимость их произнести.

Мне представляется, что если Кавасима сегодня произносит подобные слова, то это — свидетельство известного перелома, происшедшего в психологии Кавасима. Что же на него повлияло? Какой фактор оказал на него действие? Мне представляется, что этим фактором, несомненно, явилось время. Ведь более четырёх лет находится в плену Кавасима. Срок вполне достаточный, чтобы за это время можно было кое о чём подумать, да и коекакие ценности переоценить. Ведь Кавасима не мог не задуматься над тем хотя бы, как так получилось, что Советский Союз, потеряв в своё время большие территории, воюя один на один с вооружённым до зубов врагом, не только сумел выстоять, но и добиться полного разгрома отборнейших гитлеровских дивизий. Кавасима не мог также не призадуматься и над причинами столь плачевной судьбы своей собственной армии. Не могли не интересовать Кавасима и те сдвиги, происшедшие в результате войны у него на родине — в Японии, и многое другое.

Я думаю, что эти мысли, весьма полезные мысли, не могли не оказать влияния на его сознание и психологию.

Вот в чём мне представляются истинные корни того, что заставило Кавасима в известной степени пересмотреть свои позиции. Вот что приводит к выводу, что здесь мы имеем дело с раскаянием Кавасима.

Товарищи члены Военного трибунала!

Я заканчиваю свою речь. Тяжёлое преступление совершил Кавасима. Нелегко ему сейчас здесь, на скамье подсудимых. Но одно несомненно: уйдёт отсюда Кавасима с чувством облегчения, с чувством того, что здесь, на суде, он вёл себя честно.

Я прошу Вас, товарищи судьи, о смягчении ему наказания.

Председатель суда: Слово предоставляется адвокату Санникову, защищающему подсудимого Кадзицука Рюдзи. Подсудимые могут слушать перевод речи на японском языке по трансляции.

Адвокат Санников произносит речь, текст которой прилагается к протоколу судебного заседания. Одновременно речь передаётся на японском языке.

РЕЧЬ АДВОКАТА САННИКОВА С. Е. В ЗАЩИТУ ПОДСУДИМОГО КАДЗИЦУКА РЮДЗИ

Товарищи судьи, с чувством глубокого волнения я приступаю к выполнению возложенных на меня обязанностей. Я понимаю сложность и трудность защиты по настоящему делу вообще и в частности защиты моего подзащитного Кадзицука Рюдзи.

Сложность защиты в настоящем деле обусловлена характером совершённых подсудимыми действий и тяжестью предъявленного им обвинения.

Все мы в той или иной степени были свидетелями и даже участниками многих судебных процессов, имевших большое общественное и политическое значение, но настоящее дело по своей специфике и характеру преступных действий является исключительным. Таких процессов в судебной практике не было, и история их не знает.

Сидящие на скамье подсудимых главные обвиняемые по данному делу Ямада, Кадзицука, Такахаси и Сато обвиняются в том, что они, занимая руководящие посты в японской армии, возглавляли специальные бактериологические формирования японской армии и направляли их деятельность на производство бактериологического оружия для подготовки бактериологической войны против Советского Союза и других государств.

Из формулы обвинительного заключения следует, что основа обвинения — подготовка бактериологической войны; в этом обвиняется и подсудимый Кадзицука, бывший начальник санитарного управления штаба Квантунской армии, генерал-лейтенант медицинской службы, доктор медицинских наук.

Много лет существует учение о микробах. Передовые учёные мира Пастер, Кох, Мечников и другие долгие годы трудились над изучением микробов, отдавая свой труд и свой ум, здоровье и жизнь на благо человечеству, боролись с ужасным бичом человечества — эпидемическими болезнями, боролись за продление человеческой жизни.

Но в этом деле мы видим, что находящиеся на скамье подсудимых военные и медицинские специалисты японской армии использовали гуманную науку в ином направлении — в интересах войны против человечества, приспособили учение о микробах для целей агрессивной войны против Советского Союза и других государств.

Всякая война уносит много человеческих жизней и приносит тяжкие страдания человечеству. Подсудимые, как они выражаются, готовили самое эффективное оружие войны, на самом деле самое ужасное оружие, направленное против человечества.

В этом тяжёлом преступлении обвиняется и мой подзащитный Кадзицука Рюдзи.

Подсудимый Кадзицука на предварительном и судебном следствии в основном признал правильным предъявленное ему обвинение.

Исходя из того, что подсудимый признал предъявленное обвинение, казалось, можно было бы сделать вывод, что мне как защитнику Кадзицука делать нечего и моя речь излишня. Однако наш законодатель мудро установил, что независимо от характера преступления и тяжести улик защита обязана сказать своё слово в защиту подсудимого, суммировав смягчающие его вину доказательства.

Поскольку подсудимый Кадзицука в основном признал себя виновным, у меня нет спора с государственным обвинителем о фактах. У меня нет также юридического спора о квалификации преступления.

Я остановлю, товарищи судьи, Ваше внимание лишь на отдельных моментах, которые мой подзащитный оспаривает.

Когда я говорю, что подсудимый Кадзицука в основном признал правильным предъявленное ему обвинение, я исхожу из того, что подсудимый Кадзицука на предварительном следствии и в судебном заседании признал, что с 1931 года разделял взгляды идеолога бактериологической войны Исии Сиро. В 1936 году Кадзицука поддержал ходатайство командующего Квантунской армией о создании в составе Квантунской армии отряда Исии. Во время формирования этого отряда Кадзицука непосредственно принимал участие в его комплектовании офицерским составом медицинской службы. Кроме того, Кадзицука знал, что 731-й отряд готовил бактериологическое оружие против китайской армии и мирного населения.

В общем подсудимый Кадзицука признал своё непосредственное участие в формировании 731-го отряда и то, что он знал о его практической деятельности.

Вместе с тем подсудимый Кадзицука утверждает, что 731-й отряд находился в двойном подчинении, вследствие чего отдельные факты деятельности этого отряда ему не были известны.

То, что 731-й отряд находился в двойном подчинении, вытекает из показаний свидетелей и из других материалов дела. В описательной части обвинительного заключения сказано: «Бактериологические отряды и их филиалы непосредственно подчинялись главнокомандующему японской Квантунской армией... Это подтверждается захваченным советскими частями... приказом бывшего главнокомандующего японской Квантунской армией генералом Умедзу Иосидзиро от 2 декабря 1940 года». И далее в обвинительном заключении говорится, что «сменивший Умедзу на посту главнокомандующего японской Квантунской армией генерал Ямада, обвиняемый по настоящему делу, в своих показаниях также подтвердил, что бактериологические формирования подчинялись непосредственно ему».

Тем самым установлено, что 731-й отряд находился в непосредственном подчинении главнокомандующего. На предварительном следствии возник вопрос, через какие отделы и управления командующий Квантунской армией руководил 731-м отрядом.

Казалось бы, что 731-й отряд по своей деятельности должен был, входя в систему санитарного управления штаба Квантунской армии, полностью находиться в подчинении этого санитарного управления штаба, возглавляемого подсудимым Кадзицука. Однако установлено, что 731-й отряд выполнял ряд стратегических функций, и эта часть работы отряда, как утверждает подсудимый Кадзицука, не находилась в его непосредственном подчинении.

Прав ли в своих утверждениях подсудимый Кадзицука? Я хочу обратить Ваше внимание на показания свидетелей, имеющие прямое отношение к деятельности 731-го отряда и освещающие вопрос руководства этим отрядом. Свидетели эти — полковник Тамура Тадаси и генерал-майор Мацумура.

Свидетель Тамура Тадаси на предварительном следствии показал: «Отряд № 731 по положению имел двойное подчинение: как оперативно-боевая единица 731-й отряд руководился и контролировался первым (оперативно-стратегическим) отделом штаба Квантунской армии, возглавляемым генерал-майором Мацумура. Одновременно отряд 731 подчинялся санитарному управлению штаба Квантунской армии генерал-лейтенанту Кадзицука».

Более чётко по этому вопросу даёт показания допрошенный на предварительном следствии свидетель Мацумура; он говорит: «Главнокомандующий Умедзу, а затем, с июля 1944 года, Ямада руководство деятельностью отряда 731 по стратегическим вопросам осуществляли через оперативно-стратегический отдел..., а по вопросам научно-техническим — через начальника санитарного управления штаба генерала Кадзицука». И далее, на прямо поставленные вопросы свидетель Мацумура ответил, что «руководство 731-м отрядом со стороны оперативно-стратегического отдела штаба Квантунской армии осуществлялось по вопросам изыскания и изготовления бактериологического оружия». А на очной ставке тот же свидетель Мацумура подтвердил, что «вопросами тактического использования бактериологического оружия руководил оперативно-стратегический отдел штаба».

На основании показаний этих свидетелей, Тамура и Мацумура, можно притти к выводу, что 731-й отряд находился в двойном подчинении и по вопросам изыскания, изготовления и тактического использования бактериологического оружия подчинялся оперативно-стратегическому отделу штаба Квантунской армии, а по вопросам научно-исследовательской работы — санитарному управлению штаба той же армии, возглавлявшемуся подсудимым Кадзицука.

Такое двойное подчинение отряда 731 могло создать условия, при которых сведения, относящиеся к изготовлению бактериологического оружия, и все вопросы, связанные с этой деятельностью отряда, могли целиком относиться к компетенции оперативно-стратегического отдела, и Кадзицука как начальник санитарного управления мог отдельных вопросов не знать.

Приведённые мною соображения не снимают ответственности с подсудимого Кадзицука, но они могут служить основанием для постановки вопроса о смягчении его вины и его соучастия.

Мне также хочется остановить Ваше внимание ещё на одном обстоятельстве: по делу установлено, что 731-й отряд был организован в 1936 году по указу императора Японии Хирохито. Идея бактериологической войны, инициатива организации отряда 731 исходили от генерала Исии Сиро, практическая деятельность отряда также направлялась генералом Исии. Руководство и контроль за деятельностью отряда по вопросам изыскания и изготовления бактериологического оружия принадлежали генерал-майору Мацумура и начальнику штаба Квантунской армии генерал-лейтенанту Касахара Юкио, что, на мой взгляд, также не может не смягчить вины Кадзицука.

Обращаясь к оценке личности подсудимого Кадзицука, я должен отметить, что Кадзицука в 1914 году окончил медицинский факультет Токийского университета и как обучавшийся на казённый счёт был обязан после окончания высшего учебного заведения поступить на службу в японскую армию. В марте 1924 года Кадзицука получил учёную степень доктора медицинских наук.

Заканчивая, я прошу учесть в отношении Кадзицука изложенные мною смягчающие обстоятельства, прошу учесть также чистосердечное признание им своей вины и в соответствии с этим определить ему меру наказания.

Председатель суда: Слово предоставляется адвокату Звереву, защищающему подсудимого Такахаси Такаацу.

Адвокат Зверев произносит речь, текст которой прилагается к протоколу судебного заседания. Одновременно речь передаётся на японском языке.

РЕЧЬ АДВОКАТА ЗВЕРЕВА А. В. В ЗАЩИТУ ПОДСУДИМОГО ТАКАХАСИ

Товарищи судьи!

На меня возложена защита бывшего начальника ветеринарной службы бывшей Квантунской армии генерал-лейтенанта Такахаси Такаацу.

Мой подзащитный Такахаси обвиняется в преступных действиях, направленных против человечества, в деяниях, которые в любой цивилизованной стране признаются тяжким преступлением.

Это дело, товарищи судьи, имеет огромное общественное значение, оно ещё раз напоминает человечеству, какие неисчислимые бедствия нёс с собой фашизм, добиваясь мирового господства.

Империалистической Японии были чужды законы и обычаи войны. Верхушка японской военной клики решила обратить все достижения науки не на пользу людей, а во вред человечеству.

Товарищи судьи! Нет ни одной страны в мире, где бы в целях избавления людей от страшных эпидемий и мора не велась бы работа по изысканию способов и методов борьбы с возбудителями этих болезней.

Сколько великих учёных посвятило свою жизнь этой благородной цели, сколько таких тружеников пожертвовало своей жизнью в борьбе с эпидемиями, и всё человечество с любовью произносит и чтит имена Сеченова, Пирогова, Виноградского, Мечникова, Пастера и других корифеев науки. А в империалистической Японии отдельные учёные, используя опыт и достижения мировой науки, направили свои знания на разработку и решение иных проблем — проблем изыскания способов искусственного распространения в возможно широких размерах эпидемий: чумы, холеры, сапа, сибирской язвы, тифа и пр.

В Японии нашёлся идеолог бактериологической войны, учёный генерал Исии, и этот учёный возглавил пропаганду применения бактериологического оружия в готовившейся захватнической войне против мирных народов.

Но дело не только в Исии. Верхушка японской военной клики, обуреваемая захватническими стремлениями, делала ставку на новый вид оружия — на смертоносные бактерии.

Император Японии Хирохито как глава армии и флота, убедившись в силе советского оружия (а Советский Союз для Японии был объектом № 1) и испытав неоднократно жестокие поражения от войск Советского Союза, стойко охранявших мирный труд своего народа, в целях осуществления агрессивных планов издал секретный указ готовить бактериологическое оружие и оснастить войска этим видом вооружения для использования его в войне против Советского Союза, Китая, Монгольской народной республики, а также Соединённых Штатов Америки и Англии.

Во исполнение этого императорского указа родились два новых военных формирования — отряды 731 и 100, включённые в состав Квантунской армии.

Эти отряды, особенно отряд 731, постепенно расширяли свою деятельность, организовывали филиалы и, наконец, создали свои ячейки в виде подразделений при армейских частях.

Второй разведывательный отдел штаба Квантунской армии, руководивший диверсионной деятельностью, не оставался в стороне от этого дела. Он начал использовать достижения и личный состав этих отрядов для совершения диверсионных актов.

Отрядам 731 и 100 было придано в Квантунской армии большое значение как особым боевым единицам армии. В силу этого оба отряда были подчинены непосредственно главнокомандующему Квантунской армией генералу Ямада. Военный министр Японии постоянно находился в курсе деятельности обоих отрядов и был осведомлён об их боевой готовности.

Таким образом, идея бактериологической войны родилась в верхах правящей клики Японии, поддерживалась ею и нашла по указу императора Японии своё практическое осуществление в Квантунской армии, представлявшей собой основную ударную силу японского империализма.

Исследуя всю историю развития подготовки бактериологической войны в Японии, товарищи судьи, необходимо констатировать, что основные идеологи и организаторы бактериологической войны, которые должны нести не меньшую, а бо́льшую ответственность, чем подсудимые на настоящем процессе, остаются за пределами Советского Союза, и мы не видим их на скамье подсудимых.

491

Товарищи судьи, сегодня Вы судите тех, кто был проводником и исполнителем преступных замыслов японского империализма, и Вы будете определять роль каждого из них, и каждому будет назначено наказание с учётом степени его вины.

Я, защитник Такахаси, не спорю о фактах, а также не имею оснований оспаривать доказательства, собранные и представленные Вам обвинительной властью.

Мой подзащитный Такахаси бесспорно виновен в предъявленном ему обвинении.

Такахаси и сам не отрицал и не отрицает своей вины.

Такахаси признаёт свою вину в том, что он принимал участие в подготовке Квантунской армии к бактериологической войне и к диверсиям против Советского Союза, Китая и Монгольской народной республики.

Такахаси признаёт себя виновным в том, что он руководил деятельностью отряда № 100, который входил в число частей, подведомственных ему как начальнику ветеринарного управления.

Такахаси признал себя виновным в том, что он способствовал расширению деятельности отряда 100 как в части изыскания наиболее эффективно действующих бактерий, так и в части увеличения производственной мощности отряда.

Такахаси признал себя виновным в организации разведывательных экспедиций диверсионного порядка.

Такахаси отрицал и отрицает, однако, тот факт, что ему были известны случаи производства в отряде № 100 экспериментов над живыми людьми. Отрицая этот факт, Такахаси вместе с тем не снимает с себя ответственности и за эти преступления, совершённые в отряде № 100.

Такахаси по этому поводу говорит: «Об опытах с людьми мне стало известно из показаний свидетелей. Лично я, хотя о производстве опытов над живыми людьми и не знал, но с себя ответственности не снимаю, так как отряд 100 был подчинён мне».

Такахаси не отрицает факта производства опытов над живыми людьми в отряде № 100 и не оспаривает показаний подсудимого Митомо и свидетелей Фукузуми и Хатаки, но его личной вины в этом нет.

Повторяю, Такахаси утверждает, что об этой экспериментальной работе отряда 100 ему ранее не было известно. Я остановился на этом обстоятельстве потому, что считаю его имеющим существенное значение для определения роли Такахаси в этом деле, ибо статья 18 Уголовного кодекса РСФСР обязывает Вас, товарищи судьи, установить роль, а отсюда и социальную опасность каждого из подсудимых и, разумеется, учесть это при определении наказания каждому из них.

Товарищи судьи, Вы судите Такахаси, ему больше 60 лет, и для Вас не безразлично, как он прошёл свой жизненный путь.

Как он дошёл до такого состояния, как и почему случилось, что Такахаси пошёл по пути, который привёл его на скамью подсудимых в качестве обвиняемого в столь тяжких преступлениях?

Такахаси был человеком одарённым, перед ним была широкая дорога честного труда, он мог посвятить себя служению благим целям избавления своей страны от разного рода эпизоотий, но он не пошёл по этому хорошему пути.

Почему так случилось?

Такахаси обучался в Токийском университете на ветеринарном факультете медицинского отделения. Состоя студентом, он добился зачисления на стипендию военного министерства, а это влекло за собой обязанность по окончании университета вступить в ряды японской армии.

Такахаси, получив высшее образование, стал военным, и военное командование выделяло его из числа своих питомцев как способного, многообещающего ветеринарного врача.

Перед Такахаси открылась новая дорога — путь военной карьеры, он быстро шёл в гору. В 1942 году мы его видим в звании генерал-майора, а затем в звании генерал-лейтенанта ветеринарной службы. В этом же году Такахаси назначается начальником ветеринарного управления Квантунской армии, отборной армии японских вооружённых сил.

Будучи воспитан в духе слепого повиновения приказам, руководствуясь единственным законом японской армии — военным уставом, Такахаси перестал отличать хорошее от плохого, допустимое от недопустимого, он забыл законы человеческой морали.

Такахаси стал выполнять преступные приказы, он забыл свой долг ветеринарного врача. Приказ глушил голос его разума, голос его совести.

Вспомните, товарищи судьи, показания Такахаси, данные им при допросе его следователем 23 ноября 1949 года. Такахаси тогда говорил: «Вообще среди бактериологов японской армии давно было мнение о создании эпизоотических отрядов для подготовки ведения бактериологической войны; я был против этого метода, считая его антигуманным».

Здесь, на судебном заседании Такахаси вынужден был признать, что своё мнение он не только нигде не высказывал, не выявлял во вне, а, наоборот, скрывал и, получив преступный приказ начальства, проводил в жизнь именно то, с чем когда-то не мирилась его совесть.

Такахаси поведал нам только теперь то, о чём он думал много лет тому назад. Он рассказал это только тогда, когда он увидел плоды своей работы, когда он убедился в том, какое чудовищное злодеяние замышляли его руководители.

Рассказ Такахаси о том, как он скрывал своё отрицательное отношение к бактериологической войне, в известной степени характерен для выяснения обстановки, в которой находился Такахаси: его здравый рассудок, его совесть были заглушены общим направлением грабительской политики, проводимой японской правящей кликой.

Товарищи судьи, преступная деятельность Такахаси связана только с отрядом 100, а с работой отряда № 100 Такахаси столкнулся лишь в 1941 году, когда в этом отряде и вообще в Квантунской армии подготовка бактериологической войны была уже в полном разгаре. С этого времени Такахаси стал участником преступлений, о которых он подробно рассказал в своих признаниях.

Основываясь на этом, я, товарищи судьи, считаю возможным сделать вывод, что при наличии вины Такахаси в преступлениях он всё же не может быть отнесён к числу вдохновителей и инициаторов подготовки бактериологической войны.

Товарищи судьи, Вы слышали слова раскаяния, которые произнёс Такахаси перед нами, он полным голосом осудил себя, он не пытался уйти от ответственности.

На заданный мной вопрос, как он расценивает свою деятельность по подготовке бактериологической войны, Такахаси ответил: «Я считаю, что это очень бесчеловечно, и раскаиваюсь в том, что имел отношение к этому. Особенно раскаиваюсь в том, что под моим руководством молодые японцы совершали подобные злодеяния».

Такахаси осознал всю тяжесть совершённых им преступлений, и его признания, его показания, разоблачающие руководителей японского империализма, достаточно подтверждают это.

Я прошу Вас определить Такахаси наказание лишь в меру содеянного им.

Я прошу, товарищи судьи, определить Такахаси такое наказание, которое дало бы ему надежду остаток своей жизни посвятить служению человечеству и тем искупить свою вину не только перед нами, но и перед своим народом, перед всем миром.

На этом разрешите кончить свою речь в защиту Такахаси, в которой я по мере своих сил пытался высказать всё, что могло бы облегчить участь моего подзащитного.

Председатель суда: Слово предоставляется адвокату Богачёву, защищающему подсудимого Сато Сюндзи.

Адвокат Богачёв произносит речь, текст которой прилагается к протоколу судебного заседания. Одновременно речь передаётся на японском языке.

РЕЧЬ АДВОКАТА БОГАЧЁВА П. Я. В ЗАЩИТУ ПОДСУДИМОГО САТО

Товарищи судьи!

Те злодеяния, которые были предметом Вашего разбирательства, имеют нечто общее со зверствами, чинимыми немецкими фашистами на временно оккупированной ими территории Советского Союза и других стран Европы. Они имеют под собой и единую идеологическую основу.

Рассматриваемые преступления есть прямой результат союза империалистической Японии с фашистской Германией, они являются следствием того, что правящая клика Японии увлеклась фашистскими идеями о мировом господстве, о расовом превосходстве японской нации над всеми другими народами земного шара, в частности о завоевании дальневосточных территорий Советского Союза.

Японская газета «Ниппон Таймс» в декабре 1944 года откровенно писала, что «основные цели, которые заставили Японию и Германию взяться за оружие, были одни и те же».

Для достижения своей цели правящая клика Японии не стеснялась никакими средствами. Она действовала по принципу «цель оправдывает средства».

Нам, советским людям сталинской эпохи, носителям великих идей гуманизма, воспитанным в духе уважения к человеку, трудно себе представить допустимость использования бактерий для массового уничтожения людей. Мы, соотечественники Пушкина, Толстого и Максима Горького, привыкли видеть в человеке царя природы, для нас человек — это звучит гордо.

Мы хотим видеть в человеке великодушие, самоотверженность, любовь к своей родине, но любовь благородную, такую любовь, когда человек отдаёт всего себя до последней капли крови для блага человечества, во славу его счастливого будущего.

Мы хотим видеть людей, подобных юноше Данко, который вырвал из своей груди горящее сердце и высоко поднял его над головой, освещая им путь людям, заблудившимся во тьме.

Наша история немало знает таких имён, которыми мы гордимся. Отечественная война 1941—1945 годов особенно много выдвинула героев, которые подобно Данко отдавали свои сердца для спасения других, героев, которые горячо любили свою родину, свой народ и свою семью, они шли и боролись за освобождение родной земли от фашистского ига. Эти имена не только записаны на страницах нашей героической истории, но мы свято их храним в своей памяти как символ патриотизма, мужества и бесстрашия, как пример, по которому надо равняться.

И вот за эти дни процесса мы вновь столкнулись с иными взглядами на ценность человека в империалистическом мире.

Вот почему, прежде чем приступить к непосредственной защите Сато, я хотел бы остановиться на причинах, породивших вообще возможность такого рода преступлений.

В капиталистическом обществе поклоняются золотому идолу, этому жёлтому дьяволу, который околдовал сердца людей.

«Это скверное волшебство,— говорил Максим Горький,— усыпляет их души, оно делает людей гибкими орудиями в руке Жёлтого Дьявола, рудой, из которой Он неустанно плавит Золото, свою плоть и кровь».

Там ради него люди идут на любое преступление. Там жизнь человека оценивается с точки зрения дохода, который он должен принести. Там он — товар.

Там нет понятия — родина, там есть понятие — бизнес.

Один влиятельный финансист Уолл-стрита, Жюль Бош, так выразился в оправдание своих действий: «Уничтожьте мотив прибыли, и вы уничтожите весь прогресс».

Я коснулся этого вопроса о прибыли не потому, что хотел отвлечь Ваше внимание от дела, которое мы рассматриваем, от Сато, которого я защищаю, а потому, что это обстоятельство имеет существенное значение для дела, для защиты Сато.

Сато по обвинительному заключению стоит наряду с Ямада как руководитель, как человек, возглавлявший деятельность специальных бактериологических формирований, участвовавший в реализации преступных планов правящей клики империалистической Японии по развязыванию агрессивных войн и подготовке бактериологического оружия для истребления мирного населения.

Обвинение тяжёлое и в основном обоснованное, но я не могу согласиться с тем, что Сато поднят на высоту руководящего состава Квантунской армии. Вначале — он начальник отряда, а потом — начальник санотдела 5-й армии. Это далеко до верхушки. Он только военнослужащий, хотя и в генеральском звании. Он лишь исполнитель воли тех, кто систематически вколачивал в сознание японцев звериную идеологию расовой ненависти, кто в 1945 году в бессильной злобе отдал приказ быть готовым к бактериологической войне, ещё раз подтвердив этим, что он не считается с интересами японского народа, обрекая страну на неисчислимые жертвы.

Организаторы преступлений — это монополистические объединения Японии, это «дзайбацу»: Мицуи, Мицубиси, Сумитомо и Ясуда.

Это глашатаи и идеологи японского империализма вроде генерала Араки, который проповедывал идеи о том, что Япония — нация милитаристов, который подобно Герингу возбуждал в своих подчинённых кровожадные инстинкты, внушая им: «убивайте безжалостно», «продемонстрируйте дух Японии, Азии, враждебный Европе и Америке».

Эта проповедь убийства не оставалась без ответа, да иначе и не могло быть, так как для осуществления этих идей работала государственная машина, для осуществления их правящая клика Японии десятилетиями воспитывала японцев в требуемом духе, отравляя сознание миллионов людей, спекулируя синтоизмом — этой особой системой патриотизма, возведённой в религию.

А Сато — только человек. Он, доктор медицинских наук, преподаватель Военно-медицинской академии, патолог по специальности, назначается начальником бактериологического отряда. При назначении не спрашивали его согласия. Он военный, ему приказывают, а он исполняет.

Трудно сказать, кто является автором этого чудовищного способа войны. Ещё в 1925 году вопрос о бактериологической войне был предметом рассмотрения конференции по разоружению Лиги наций. Там была отмечена чрезвычайная сложность борьбы с подготовкой бактериологического оружия, так как:

«Нельзя же мешать,— говорится в заключении экспертов,— развитию бактериологии, ограничивая опыты, приводящие в действие вирулентные культуры, так как эти исследования ведут прежде всего к гуманной цели... имея в виду борьбу против какой-либо предполагаемой опасности... Каждое государство должно сознавать моральную ответственность, вытекающую из факта производства на его территории бактериологических исследований».

Как видно, японские империалисты из этих соображений перенесли бактериологические исследования на территорию Маньчжурии. Они под видом развития бактериологии вообще развивали военную сторону её, они использовали гуманизм этой науки в своих низменных целях.

В своё время полковник Вотье в своих «трудах» на эту тему сообщал о возможности сбрасывания бомб, наполненных возбудителями холеры, чумы и оспы. Нам неизвестно, каких вершин достигли людоедские «труды» Вотье, но японские заправилы в лице генерала Исии стали их практически осуществлять.

Сато признал себя виновным в том, что, руководя бактериологическими отрядами «Нами» и «Эй», он направлял их деятельность на производство бактериологического оружия для подготовки бактериологической войны против СССР и других государств. Он выполнял эти обязанности как свой воинский долг.

Трудно сейчас сказать, была ли какая-нибудь внутренняя борьба у Сато, когда он получил задание готовить оружие бактериологической войны, как он отнёсся к этому заданию, не только выходящему далеко за пределы обычных обязанностей военного врача, но находящемуся в прямой коллизии с этими обязанностями.

Трудно сейчас судить об активности Сато на этих должностях, как об этом говорится в обвинительном заключении и на что указывал государственный обвинитель. У меня по этому вопросу возникают некоторые соображения, которые я считаю необходимым довести до Вашего сведения, товарищи судьи.

Там, в совещательной комнате, когда Вы будете решать судьбу Сато, Вы их учтёте.

Сато — врач-патолог, он по этой специальности преподавал в Военно-медицинской академии, он на эту тему защищал докторскую диссертацию. Естественно, отсутствие специальных бактериологических познаний если не мешало, то существенно снижало его активность в руководстве бактериологическими отрядами.

Второе — Сато в период с 1941 по 1945 год, т. е. по день пленения его Советскими войсками, не получил ни одной награды. Это маленькая деталь, но она в известной мере характеризует отсутствие усердия со стороны Сато в выполнении возложенных на него заданий.

Мы знаем, что важные услуги, как правило, соответствующим образом компенсируются, особенно услуги военные, да к тому же и особо секретные.

Если нет наград, значит нет и особых заслуг.

Из материалов дела видно, что Сато был назначен начальником отряда «Нами» в 1941 году, т. е. несколько лет спустя после того, как работа этого отряда была организована и налажена.

Я не говорю, что это обстоятельство полностью оправдывает Сато, но оно снижает его роль и ответственность.

В связи с этим я разрешу себе напомнить Вам, что Сато числится по списку обвиняемых на восьмом месте, после Ниси, Карасава и Оноуэ, стоящих по должностной лестнице на несколько ступеней ниже его.

И это вовсе не случайно. На фоне проводимых бактериологических диверсий и экспериментов над живыми людьми, на фоне 3 000 человек, замученных в застенках внутренней тюрьмы отряда № 731, роль Сато значительно смягчается. У меня есть основание утверждать, что он не обагрил свои руки кровью тех несчастных, которые, попав в «особые отправки», подвергались насилиям и издевательствам, находясь на положении «подопытного материала». Обвинительное заключение не вменяет в вину Сато этих зверств, и я с этим согласен.

После назначения в феврале 1944 года на должность начальника санитарного отдела 5-й армии Сато на некоторое время отошёл от руководства бактериологическими отрядами и вообще от деятельности, связанной с подготовкой бактериологического оружия.

Лишь в мае месяце 1945 года на его пути становится Оноуэ со своей просьбой о вылавливании грызунов и отправке их в хайлинский филиал № 643.

Сато во исполнение этой просьбы дал соответствующее указание частям 5-й армии, чем оказал некоторое содействие в подготовке бактериологического оружия.

Во время судебного следствия были оглашены показания начальника оперативного отдела штаба Квантунской армии Мацумура, из которых видно, что ловлей грызунов занимались почти все наземные части Квантунской армии. Следовательно, помощь, оказанная в данном случае Сато, не являлась активной. Здесь нет его инициативы, его возглавляющего начала. Он повторил то, что делалось кругом него.

В свете всех этих данных я прошу, товарищи судьи, обсудить вопрос о правильности отнесения Сато к той группе руководящих преступников, которые активно участвовали в реализации преступных планов правящей клики империалистической Японии.

Можно ли, например, Сато поставить рядом с главнокомандующим Квантунской армией генералом Ямада, признав их роль равной, и вынести им одинаковую меру наказания?

Я прошу, товарищи судьи, реально оценить всё содеянное Сато и его далеко не основную роль в подготовке бактериологической войны.

Я надеюсь, товарищи судьи, на Ваш гуманный приговор.

Председатель суда: Слово предоставляется адвокату Болховитинову, защищающему подсудимых Ниси и Хиразакура.

Адвокат Болховитинов произносит речь, текст которой прилагается к протоколу судебного заседания. Одновременно речь передаётся на японском языке.

33*

РЕЧЬ АДВОКАТА БОЛХОВИТИНОВА Д. Е. В ЗАЩИТУ ПОДСУДИМЫХ НИСИ ТОСИХИДЭ И ХИРАЗАКУРА ДЗЕНСАКУ

Товарищи члены Военного трибунала!

На протяжении многих веков своего существования человечество неоднократно подвергалось военным потрясениям.

Однако история войн не знала ещё такого страшного истребительного оружия, как бактериологические средства ведения войны.

Как установлено на настоящем процессе, в секретных лабораториях, созданных по указу императора Японии Хирохито, японская правящая клика накапливала страшные средства массового истребления людей — смертоносные бактерии чумы, холеры, тифа, сибирской язвы и других инфекционных болезней.

Фабрики смерти, расположенные в Маньчжурии вблизи нашей границы, выполняя волю императора, с каждым днём увеличивали свою производственную мощность, вырабатывая смертоносные бактерии.

Над нашей Родиной, над войсками и мирным населением союзных держав нависла опасность бактериологической войны.

Можно не сомневаться в том, что японские империалисты осуществили бы эти свои злодейские планы.

Но наша славная Советская Армия под руководством гениального полководца товарища Сталина в результате стремительного наступления и полного разгрома Квантунской армии помешала осуществлению этих злодейских планов.

Товарищи судьи! Процесс подходит к концу, и скоро Вы удалитесь в совещательную комнату, где будете решать судьбу этих людей.

Самый справедливый и гуманный суд в мире — наш советский суд — при определении наказания всегда исходит из доказанной на судебном следствии индивидуальной вины подсудимого.

Нет сомнения в том, что Ваше решение в отношении каждого подсудимого также будет строго индивидуально, с учётом степени виновности и социальной опасности каждого в отдельности.

По этому вопросу я как представитель защиты, индивидуализируя вину и степень участия в совершённых преступлениях своих подзащитных Ниси Тосихидэ и Хиразакура Дзенсаку, коротко изложу свои соображения.

Мне кажется, что, анализируя вину каждого из них, будет правильным утверждать, что ни бывший подполковник японской армии Ниси Тосихидэ, ни бывший поручик Хиразакура Дзенсаку не могут быть отнесены к группе организаторов и вдохновителей преступлений. Наоборот, доказано, что их роль была второстепенной. Они относятся к группе исполнителей приказа своего командования, правда, приказа преступного, но это обстоятельство бесспорно является смягчающим их вину. Оба моих подзащитных полностью признали свою виновность. Я имею все основания утверждать, что оба они осознали тяжесть преступлений, совершавшихся в отрядах № 731 и № 100.

Ниси Тосихидэ, бывший подполковник медицинской службы японской Квантунской армии, вину свою признал полностью, без каких-либо отклонений от формулы обвинения.

На предварительном следствии Ниси заявил:

«...Я понимаю, что готовившаяся война должна была повлечь многочисленные жертвы среди мирного населения, что средства этой бактериологической войны и методы испытания бактериологических средств на живых людях путём их насильственного заражения являются преступными и бесчеловечными...»

На судебном заседании на мой вопрос, осознал ли он всю преступность конечных целей работы, выполнявшейся в отряде, Ниси ответил: «да». Он заявил также, что раскаивается в совершённом.

Это раскаяние не может быть случайным, и, мне кажется, оно вполне искренне.

Чтобы убедиться в этом, необходимо вспомнить, где и в каких условиях жил и воспитывался Ниси до его пленения. Ему с малых лет внедрялась в сознание идея о божественном происхождении императора и о безоговорочном выполнении всего, что от него исходит, об особой миссии Японии.

Ему повседневно прививался угар шовинизма, презрительное отношение к другим нациям, в том числе и к народам Советского Союза.

От имени императора ему отдавали приказы его начальники, и Ниси слепо исполнял эти преступные приказы.

Всё это было до пленения.

Оказавшись же в плену, Ниси встретился с послевоенной действительностью, которая не могла для него пройти бесследно, не задев его психологии, не произведя в ней глубоких сдвигов и перелома, не заставив переоценить казавшиеся ранее незыблемыми ценности.

Мне кажется, что в свете этого можно поверить, что раскаяние Ниси искренне.

Как субъект преступления Ниси не может быть отнесён к категории инициаторов и организаторов преступления.

Мы с достаточной ясностью установили, что инициатором организации отряда № 731 и его филиалов был не кто иной, как император Японии Хирохито. Непосредственным организатором отряда № 731 являлись военное министерство, генеральный штаб Японии и командование Квантунской армии.

Отряд № 731 возглавил японский идеолог бактериологической войны генерал Исии Сиро, и разве может быть поставлен мой подзащитный, скромный подполковник медицинской службы, рядом с фигурой зловещего преступного экспериментатора на живых людях генерала Исии?

Следовательно, Ниси может быть отнесён только к группе исполнителей преступных приказов японского главного командования, в частности бывшего главнокомандующего японской Квантунской армией.

Переходя ко второму моему подзащитному, бывшему поручику ветеринарной службы японской Квантунской армии Хиразакура Дзенсаку, я должен отметить, что он также полностью признал свою вину и как на предварительном, так и судебном следствии дал откровенные подробные показания, сожалея о содеянном и раскаиваясь в совершённом преступлении.

Хиразакура родился, вырос, воспитывался и работал в аналогичных условиях с Ниси Тосихидэ, в империалистической Японии, и, только находясь в советском плену, он осознал преступность проводимой им работы в отряде № 100.

По своей роли в группе подсудимых он как субъект преступления также должен быть отнесён к группе исполнителей.

Таковы мои краткие соображения об обстоятельствах, смягчающих вину подсудимых Ниси и Хиразакура.

Мне кажется, что приведённые мною доводы ни в чём не расходятся с действительностью, и это даёт мне основание просить Вас, товарищи судьи, о снисхождении.

Председатель суда: Слово для защитительной речи предоставляется адвокату Прокопенко, защищающему подсудимых Митомо Кадзуо, Кикучи Норимицу и Курусима Юдзи.

Адвокат Прокопенко произносит речь, текст которой прилагается к протоколу судебного заседания. Одновременно речь передаётся на японском языке.

РЕЧЬ АДВОКАТА ПРОКОПЕНКО Г. К. В ЗАЩИТУ ПОДСУДИМЫХ МИТОМО, КИКУЧИ И КУРУСИМА

Товарищи судьи!

Всему миру известно, что на протяжении многих лет стоящая у власти японская империалистическая клика, ведя вероломную агрессивную политику, вынашивала захватнические планы на Тихом океане и в Восточной Азии.

До окончательного краха японская империалистическая клика не изменяла своим намерениям. Она, эта клика, готовила величайшее преступление против человечества — бактериологическую войну,— приняв на вооружение миллиарды возбудителей страшнейших болезней — бактерии чумы, холеры, газовой гангрены, тифа, сибирской язвы и т. д.

В качестве личного состава этой новой, невиданной в истории человечества армии были призваны насекомые — блохи, вооружённые смертоносными бактериями чумы.

Такова действительность, установленная Военным трибуналом.

В силу Великой Конституции нашего государства и в силу своего профессионального долга я призван осуществить защиту привлечённых по данному делу к уголовной ответственности подсудимых: 1) Митомо Кадзуо, 2) Кикучи Норимицу, 3) Курусима Юдзи.

В обвинительном заключении им предъявлено общее обвинение в том, что они, являясь сотрудниками специальных бактериологических формирований японской армии, созданных для подготовки и ведения бактериологической войны, принимали участие в преступной деятельности этих формирований по производству бактериологического оружия для массового истребления людей.

Митомо, кроме того, обвиняется и в том, что принимал личное участие в умерщвлении людей путём производства над ними бесчеловечных опытов и в бактериологических диверсиях против СССР.

Разрешите, товарищи судьи, начать с защиты подсудимого Кикучи.

Кикучи Норимицу обвиняется в том, что, будучи санитаром-практикантом, он культивировал бактерии тифа, паратифа, туберкулёза и дизентерии, исследовал питательную среду, совершенствовал методы её приготовления в целях массового изготовления бактерий для бактериологической войны.

Кикучи Норимицу является подданным Японии. В порядке прохождения обязательной военной службы он был призван в ряды японской армии. Я должен сказать, что служба в японской армии от желания Кикучи не зависела, он обязан был служить, но он, разумеется, не должен был выполнять явно преступные приказы своих начальников — совершенствовать методы изготовления смертоносных бактерий. В данном случае он явился пособником своих начальников.

Таким образом, защита Кикучи Норимицу, так же как и он сам, считает его виновным и полагает квалификацию его преступления по ст. 1 Указа Президиума Верховного Совета СССР от 19 апреля 1943 года правильной.

Что же касается меры наказания, то я прошу Военный трибунал при обсуждении этого вопроса учесть, что Кикучи родился и вырос в капиталистическом обществе.

Он жил по звериным законам капиталистического общества. Он питался этой идеологией у руководства Квантунской армии.

Прошу также учесть незначительность степени его вины по сравнению с генералами, сидящими с Кикучи рядом (кстати, ему удалось впервые за свою жизнь сидеть рядом с японскими генералами высоких рангов).

Я также прошу учесть все смягчающие обстоятельства, предусмотренные нашим материальным законом, в особенности чистосердечное признание вины, раскаяние в совершённом преступлении, и определить небольшую меру наказания в соответствии с содеянным.

Защита не сомневается, что приговор Военного трибунала в отношении Кикучи Норимицу будет справедлив.

Что касается подсудимого Митомо Кадзуо, также признавшего свою вину полностью, то ему предъявлено более тяжкое обвинение. Митомо кроме изготовления смертоносных бактерий производил опыты не только на животных, но и на людях.

Выполняя приказание своих хозяев, он умерщвлял людей, затем анатомировал их — интересовался изменениями, происшедшими в результате отравлений. Он тогда не считал это преступлением. Такова была идеология солдата Митомо, привитая ему воинствующей кликой Японии.

Так было в прошлом, но сейчас бывший солдат Митомо другой. Он говорит на другом языке. Я позволю себе просить Вас, товарищи председатель и члены Военного трибунала, поверить чистосердечному раскаянию Митомо, высказанному им на предварительном и в особенности на судебном следствии.

Митомо осуждает свою преступную деятельность в прошлом, считает, что он совершил тяжкое злодеяние.

Прошу определить ему меру наказания с учётом всех особенностей обстановки, породившей Митомо таким, каким он был до августа 1945 года.

Прошу смягчить ему меру наказания, так как он не был особо важным механизмом в адской машине смерти, организованной императором Японии Хирохито.

Наконец, я должен характеризовать степень вины и ответственности подсудимого Курусима Юдзи. Он признал себя виновным в том, что:

1) служил в японской армии в 162-м филиале отряда № 731;

2) в октябре 1944 года принимал участие в испытании бактериологических снарядов в районе ст. Пинфань;

3) с ноября 1944 года и до капитуляции Японии исполнял обязанности лаборанта, культивировал бактерии холеры, тифа, туберкулёза и другие, заготавливал грызунов, выращивал блох.

Судебным следствием установлено, что участие Курусима в экспериментальных манёврах, проводившихся для испытания бактериологических снарядов в районе ст. Пинфань, выразилось только в том, что он как солдат японской армии нёс охрану учебного полигона во время испытания этих снарядов. Во-вторых, он подсчитывал блох в специально расставленных ящиках, для того чтобы определить степень рассеивания блох, сбрасываемых с самолётов. Наконец, он ловил полевых крыс и мышей.

Курусима Юдзи призван в японскую армию в январе 1944 года. Убеждённый в том, что он является представителем «божественной» расы, он выполнял всё, что ему приказывали.

Курусима — только солдат.

Я не сомневаюсь, что Курусима 1944 года уже нет. Есть Курусима другой, Курусима, искренне осуждающий своё прошлое.

Пусть падёт ответственность за подготовку бактериологической войны на её вдохновителей и организаторов.

Поэтому, товарищи судьи, я прошу в отношении Курусима максимального снисхождения.

Председатель суда: Слово предоставляется адвокату Лукьянцеву, защищающему подсудимых Карасава Томио и Оноуэ Масао.

Адвокат Лукьянцев произносит речь, текст которой прилагается к протоколу судебного заседания. Одновременно речь передаётся на японском языке.

РЕЧЬ АДВОКАТА ЛУКЬЯНЦЕВА В. П. В ЗАЩИТУ ПОДСУДИМЫХ КАРАСАВА И ОНОУЭ

Товарищ председательствующий и товарищи члены Военного трибунала!

Судебный процесс о японских военных преступниках приковал внимание и вызвал интерес всей общественности нашей великой Родины.

На суде установлено, что правящая клика Японии готовила не обычную, а страшную по своим последствиям войну, невиданную за всю историю человечества, войну, оружием которой являлись незримые простым глазом, но смертоносные бактерии чумы, холеры, сибирской язвы, сапа, тифа и другие.

Анализ материалов судебного следствия свидетельствует о доказанности предъявленного подсудимым обвинения в подготовке бактериологической войны против Советского Союза и других государств.

Предъявленные подсудимым обвинения нашли своё подтверждение в процессе судебного следствия, и я не имею данных, которые давали бы мне основание опровергать эти обвинения.

Приступая к выполнению своей профессиональной обязанности защитника в данном судебном процессе, я хотел кратко сказать о сущности империалистической Японии как государства, об идеологии правящей клики Японии, об особенностях дисциплины японской армии, так как эти вопросы имеют прямое отношение к моим подзащитным Карасава и Оноуэ. Однако выступавший ранее меня мой товарищ по защите адвокат Белов в своей речи подробно говорил о принципах и методах организации японского империалистического государственного аппарата и японской военной машины. Он говорил о том, как религиозными и феодальными предрассудками подавлялся и отуплялся японский народ, как отравлялось его сознание ядом воинствующего национализма и звериного шовинизма, как при помощи всей системы воспитания и обучения японских военнослужащих превращали в механических исполнителей воли правящей клики империалистической Японии, одержимой бредовой идеей установления мирового господства.

Во избежание повторения я не буду останавливаться на этих вопросах, имеющих важнейшее значение для всех подсудимых по настоящему делу, в том числе и для моих подзащитных.

Позвольте мне, товарищи судьи, перейти к конкретным объяснениям, касающимся непосредственно моих подзащитных.

В защиту подсудимых Карасава Томио и Оноуэ Масао я, с Вашего разрешения, имею сообщить следующие соображения и доводы.

Фабула обвинения подсудимого Карасава Вам хорошо известна и подробно останавливать на ней Ваше внимание считаю нецелесообразным.

Вина Карасава в прямом участии в подготовке бактериологической войны против СССР и других государств не вызывает сомнений. Изготовленные под руководством Карасава в массовых количествах смертоносные бактерии были рассеяны в 1940 и 1942 годах на полях Центрального Китая экспедиционными отрядами, руководимыми идеологом бактериологической войны генералом Исии.

Доказано, что Карасава, культивируя смертоносные микробы для войны, совершил преступление против человечества.

Вместе с этим Вы, товарищи судьи, не должны пройти мимо того, что в настоящем деле Карасава — не основной, не главный преступник. Карасава, будучи лишь майором по чину и человеком, зависимым по службе, выполнял приказы бывшего начальника отдела генерала Кавасима, бывшего начальника отряда генерала Исии, бывшего главнокомандующего Квантунской армией генерала Умедзу и, наконец, волю императора Японии Хирохито, которые, как мне представляется, должны нести главную ответственность за подготовку и применение бактериологического оружия.

Карасава являлся офицером Квантунской армии, для него служба в армии была прежде всего беспрекословным исполнением воинских уставов и воинских приказов. Следовательно, подсудимому Карасава в настоящем деле принадлежит роль исполнителя, но не роль главаря — организатора преступления.

В связи с тем что Карасава был лицом подчинённым по службе, что над ним довлели воля и приказы командования, от исполнения которых он, воспитанный в духе слепого повиновения, естественно, отказаться не мог, у защиты имеется надежда на то, что Вы, товарищи судьи, при определении меры наказания для Карасава примете во внимание эти обстоятельства и оцените их как серьёзно смягчающие вину моего подзащитного.

Не пытаясь оспаривать предъявленное Карасава обвинение, я не могу не остановить ещё Вашего внимания на одном из основных, на мой взгляд, аргументов защиты — признании моим подзащитным Карасава своей вины.

На предварительном следствии Карасава чистосердечно признал свою вину, рассказал о преступлениях других, тем самым помог разоблачить злодеяния правящей клики Японии. Карасава заявил:

«Сознаю, что отряд 731 являлся преступной организацией, готовившей средства уничтожения людей варварскими методами, запрещёнными международными правилами».

И далее:

«Работая в отряде, я являлся участником этой преступной деятельности и совершил преступление перед человечеством, за что и должен нести наказание. Осознав это, я с самого начала следствия стремился к тому, чтобы искренне и объективно вскрыть преступную деятельность отряда и мою личную роль в этом».

Мой подзащитный Карасава действительно последовательно и честно разоблачал преступления свои и своих сообщников.

Мне представляется, что при вынесении Карасава приговора Трибунал должен учесть и это смягчающее его вину обстоятельство.

Перехожу к защите подсудимого Оноуэ.

Как это вытекает из материалов дела, Оноуэ Масао свою службу в качестве начальника филиала № 643 бактериологического отряда № 731 посвятил главным образом организации ловли и культивирования грызунов — крыс и мышей — и разведению блох как вида бактериологического оружия. На следствии Оноуэ показал:

«Мне было известно, что в 731-м отряде производились работы по изысканию и изготовлению в массовом количестве бактериологических средств, предназначенных для бактериологической войны против Советского Союза.

В руководимом мною 643-м филиале производилось культивирование грызунов и блох, которые направлялись в 731-й отряд, где они использовались для изготовления бактериологического оружия».

Как вытекает из собственных показаний Оноуэ, его филиал выловил и размножил более 7 000 крыс и выращивал блох, которых он впоследствии отправил в 731-й отряд. В филиал № 643 поступило оборудование для культивирования бактерий и 75 тонн материалов для изготовления питательной среды, необходимой в целях производства смертоносных бактерий.

Это обязывает меня как защитника согласиться с предъявленным подсудимому Оноуэ обвинением и его вину считать установленной.

Однако и в деле Оноуэ я нахожу обстоятельства, значительно смягчающие его вину.

Мой подзащитный Оноуэ, как и Карасава, служил в Квантунской армии, армии наиболее агрессивной, армии наиболее подготовленной во всех отношениях. Эта армия была ударной силой японского империализма, гордостью японской императорской ставки, на знамени которой было написано: «Война с Советским Союзом и завоевание Советского Дальнего Востока, Сибири и Урала».

Для Квантунской армии японский император Хирохито, генеральный штаб и военное министерство Японии готовили наиболее стойкие и преданные империи кадры солдат и офицеров. В целях воспитания у военнослужащих таких качеств не только военным министерством, но и министерством образования, во главе которого стоял в своё время идеолог войны с Советским Союзом Араки, использовались обман, разжигание у солдат и населения Японии слепой ненависти к другим народам, проповедывалась необходимость беспрекословного, слепого подчинения командованию, особой преданности японскому императору — наместнику бога на земле, прививались дух самурайства, бесчеловечное отношение к врагам и т. д. и т. п.

Другими словами, офицеры и солдаты Квантунской армии получали особое воспитание. Им прививалась жажда к захвату чужих территорий, в них внедрялись идеи нацизма и фашизма. В японской армии солдаты распевали песню: «Япония покорит весь мир».

Не случайно в 1937 году, в дни войны Японии с Китаем, во время отправки в Китай японских войск на вокзалах можно было видеть японских солдат с лентами через плечо, на которых было написано: «Я, Накамура, выступаю в поход, чтобы покорять и завоёвывать».

Оноуэ, как и прочие офицеры, направлявшиеся в Квантунскую армию, получил такое же воспитание, принял военную присягу и клялся в верности императору Хирохито.

Оноуэ без малейшего раздумья, слепо выполнял приказы своего командования, он был живым механизмом в руках своих господ, его собственного «я» не существовало.

Таким образом, Оноуэ в настоящем процессе — далеко не первостепенная фигура. Как и мой подзащитный Карасава, он лишь исполнитель чужой воли, претворявший в жизнь преступные идеи своего преступного командования и преступной правящей клики Японии.

Это позволяет мне просить у Вас, товарищи судьи, принять во внимание эти обстоятельства и оценить их как весьма смягчающие вину Оноуэ.

Я надеюсь также на то, что Вы, товарищи судьи, при определении степени ответственности каждого из подсудимых, примете во внимание как смягчающее вину обстоятельство и признание подсудимым Оноуэ своей вины в совершённых им преступлениях.

Он следовал заповеди: «Следуйте естественным побуждениям и повинуйтесь государственным законам». А государственный закон Японии — это воля его правящей клики, это воля империалистов. Оноуэ же был лишь их слугой.

Товарищи судьи! Я твёрдо убеждён в том, что Ваш приговор будет вынесен во имя закона, во имя спокойствия и благополучия миролюбивого человечества, что вместе с тем при вынесении приговора и определении моим подзащитным Карасава и Оноуэ мер наказания будут учтены доводы защиты и Ваш приговор будет справедливым и гуманным.

ПОСЛЕДНИЕ СЛОВА ПОДСУДИМЫХ

Председатель суда: Объявляю прения сторон законченными.

Подсудимый Кавасима, прошу подойти к микрофону. Вам предоставляется последнее слово.

ПОДСУДИМЫЙ КАВАСИМА:

С Вашего разрешения я скажу своё последнее слово. До того как я впервые приехал в Советский Союз, я имел о нём совершенно неверное представление. Это было вызвано только недопониманием, и впервые после того, как я прибыл в Советский Союз, пленённый советскими войсками после капитуляции Японии, я понял ошибочность своих взглядов.

Первое, что я почувствовал, и почувствовал очень отчётливо,— это гуманное отношение ко мне со стороны советских людей.

Я задумался о причинах такого отношения ко мне со стороны советских людей и увидел, что это не случайно, что это вызвано тем, что в Советском Союзе нет национальной вражды, что Советский Союз является демократической страной, которая заботится о благосостоянии народа и стоит на страже мира.

Это заставило меня осознать всю глубину моего преступления. Это заставило меня изменить мои взгляды.

Я понял, что совершённые мною преступления позорны не только для меня одного, но для всей моей страны, и раскаялся в них.

Это заставило меня понять, что раньше я ошибался в своих взглядах на Советский Союз. Я стал понимать, что Япония после капитуляции должна развиваться как демократическое государство, что для этого все старые злодейства должны быть разоблачены и вырваны с корнем.

То, что я сказал, явилось моим раскаянием, это явилось моей исповедью. Поэтому с самого начала предварительного следствия я стал рассказывать о преступных фактах, связанных с деятельностью того отряда, в котором я служил. Для меня это было нелёгким и мучительным делом.

Гуманное отношение со стороны следствия помогло мне во-время найти для себя правильный выход из этого нелёгкого положения.

Я хорошо чувствую, что совершённые мною преступления являются громадным злодеянием против человечества.

Сейчас я не впервые так думаю, эти мысли не новые для меня, но здесь, в зале суда, я особенно укрепился в этих мыслях, в своих чувствах.

Я готов принять самый строгий приговор суда.

Председатель суда: Прошу садиться.

Подсудимый Карасава, прошу подойти к микрофону. Вам предоставляется последнее слово.

ПОДСУДИМЫЙ КАРАСАВА:

Ещё в 1946 году, в то время, когда велось предварительное следствие по делу главных военных преступников в токийском международном трибунале, я допрашивался в качестве свидетеля.

Я разоблачил все преступления, которые были совершены мною и отрядом № 731. Сейчас я, как простой человек, как рядовой человек, выскажу всё, что накипело у меня на сердце.

516

В Японии сейчас проживает моя мать, ей 80 лет, кроме того жена и двое детей.

Раньше они существовали на мою заработную плату. Но я понимаю всю тяжесть моей вины и раскаиваюсь в преступлениях, совершённых мною.

Я обещаю в будущем стать совершенно новым человеком. Прошу у суда справедливого решения.

Председатель суда: Прошу садиться.

Подсудимый Ямада, прошу подойти к микрофону. Вам предоставляется последнее слово.

ПОДСУДИМЫЙ ЯМАДА:

Прежде всего я приношу благодарность суду за предоставление мне и другим подсудимым защитников.

Я хочу обобщить все мои показания и уточнить моё положение.

Я родился в семье военного. С юных лет я вырос и служил в армии и воспитан в духе послушания приказу и сознания своего воинского долга и ответственности.

После своего назначения на пост главнокомандующего Квантунской армией я верно и последовательно выполнял все приказы и указания военного министерства и генерального штаба Японии, таким образом стараясь усилить боевую подготовку Квантунской армии.

Я признаю свою ответственность в деле усиления боевой готовности по подготовке к бактериологической войне.

Что касается тех чудовищных преступлений, которые были совершены ради подготовки бактериологической войны, то я понимаю, что ответственность за это ложится на начальников бактериологических отрядов 731 и 100 и всех главнокомандующих Квантунской армией, кончая мною.

Но я хочу сказать, что все, кто имел отношение к этим отрядам, действовали согласно приказанию, действовали, выполняя волю начальников этих отрядов и командующих.

О злодеяниях в этих отрядах, вообще о злодеяниях, совершённых ради подготовки бактериологической войны, сейчас говорил подсудимый Кавасима. Я не имею ничего больше добавить к его словам. Нет никаких оправданий для этих злодеяний.

Как я уже говорил, я признаю свою вину за все злодеяния, которые были совершены в этих отрядах ради подготовки к бактериологической войне в тот период, когда я был главнокомандующим Квантунской армией, т. е. с июля 1944 года до августа 1945 года.

Я понимаю всю тяжесть своей вины. Я понимаю всю тяжесть своих преступлений и не задумываюсь о том, будет ли наказание за это мне суровым или лёгким.

Вот всё, что я имел сказать в своём последнем слове.

Председатель суда: Прошу садиться.

Подсудимый Ниси, прошу подойти к микрофону. Вам предоставляется последнее слово.

ПОДСУДИМЫЙ НИСИ:

Я приношу признательность суду за предоставление мне защитника на этом процессе.

Больше ничего сказать я не имею. Теперь я жду справедливого приговора от Советского суда.

Председатель суда: Прошу садиться.

Подсудимый Кадзицука Рюдзи, прошу подойти к микрофону. Вам предоставляется последнее слово.

ПОДСУДИМЫЙ КАДЗИЦУКА:

Я признаю себя виновным в предъявленных мне обвинениях и готов понести любое суровое наказание.

Мне предоставлена возможность сказать моё последнее слово, но у меня нет намерения оправдываться.

Я выскажу только свои чувства.

Я стал изучать медицину для того, чтобы послужить усилению здравоохранения, для того, чтобы послужить на благо человечеству. Я считаю для себя позором, что я, врач, представитель гуманной профессии, вместо того, чтобы выполнять свой священный долг, долг медика, пошёл по иному пути, по пути подготовки к бактериологической войне, где бациллы используются в качестве оружия. Я считаю это позором для себя, как для врача. Я раскаиваюсь в том, что имел к этим злодеяниям отношение.

Я чувствую себя виновным перед народами за совершённые мною преступления.

Председатель суда: Прошу садиться.

Подсудимый Сато, прошу подойти к микрофону. Вам предоставляется последнее слово.

ПОДСУДИМЫЙ САТО:

С 1941 года я был начальником двух бактериологических отрядов и непосредственно руководил подготовкой бактериологической войны. Кроме того, являясь начальником санитарного отдела 5-й армии, я оказывал содействие в подготовке бактериологической войны.

Совершённое мною преступление противоречит долгу врача, противоречит медицинской этике. Эти преступления были направлены против человечества. Моя деятельность была направлена против всего хорошего.

Сейчас в суде я полностью раскаиваюсь в совершённых мною преступлениях. Я благодарю защиту и должен сказать, что мне стыдно было, что такого преступника, как я, защищает адвокат. Я считаю себя недостойным этого.

Теперь я прошу справедливого приговора, который будет полностью соответствовать совершённым мною преступлениям и моей вине.

Председатель суда: Прошу садиться.

Подсудимый Хиразакура, прошу подойти к микрофону. Вам предоставляется последнее слово.

ПОДСУДИМЫЙ ХИРАЗАКУРА:

Я скажу с Вашего разрешения своё последнее слово. Прежде всего на этом процессе до конца разоблачены преступные планы международной реакции по подготовке бактериологической войны. Это могло произойти только потому, что Советская Армия во-время разрушила все планы японского милитаризма, готовившего бактериологическую войну.

Суровое наказание нас, участников подготовки бактериологической войны, явится предостережением и назиданием для тех преступников, которые и сейчас пытаются подготовить вторую бактериологическую войну. Я надеюсь, что несущие вину за подготовку бактериологической войны и наиболее ответственные за эту подготовку, а именно, японский император Хирохито, генерал Исии и генерал Вакамацу, будут строго наказаны.

Я уверен и надеюсь, что те преступники, виновные в подготовке бактериологической войны, которых нет сейчас на скамье подсудимых, будут также сурово наказаны.

Председатель суда: Прошу садиться.

Подсудимый Митомо, прошу подойти к микрофону. Вам предоставляется последнее слово.

ПОДСУДИМЫЙ МИТОМО:

В то время, когда я работал в отряде № 100, я не сознавал всей глубины своих злодеяний и преступлений, но, прожив четыре года здесь, в Советском Союзе, а также, особенно, пробыв здесь эти дни на суде, я глубоко прочувствовал всю тяжесть совершённых мной преступлений.

Здесь я впервые узнал правду о Советском Союзе, я узнал советских людей, я увидел, как они гуманны и благородны.

Я понял всю свою ответственность. Я раскаиваюсь в своём участии в злодеяниях.

Председатель суда: Прошу садиться.

Подсудимый Такахаси, прошу подойти к микрофону. Вам предоставляется последнее слово.

ПОДСУДИМЫЙ ТАКАХАСИ:

Я впервые узнал Советский Союз только после того, как сам воочию увидел, как живёт Советский Союз.

То, о чём говорил в своём последнем слове подсудимый Кавасима, а именно, о возрождении новой, светлой Японии, совершенно справедливо. Я полностью с этим согласен и не могу добавить больше ничего.

Я благодарю за предоставление мне защитника, я благодарю за те тёплые слова, которые он нашёл сказать обо мне, и я глубоко раскаиваюсь в совершённых преступлениях. Я осознал всю глубину, всю тяжесть этих преступлений, но сегодня я хочу просить смягчения наказания. Я прошу справедливого приговора для того, чтобы я мог отдать свои силы на пользу людям.

Председатель суда: Прошу садиться.

Подсудимый Кикучи, подойдите к микрофону. Вам предоставляется последнее слово.

ПОДСУДИМЫЙ КИКУЧИ:

С самого раннего детства меня учили быть преданным японскому государству, быть преданным японскому императору. Я думал, что я своей работой послужу на пользу своему народу, но меня обманули.

Здесь, за четыре года моего пребывания в Советском Союзе, благодаря человечному отношению ко мне и другим японцам со стороны советских властей, я понял, как я был обманут, каким ложным и неправильным было воспитание, которое я получал с детских лет у себя на родине.

Я убедился воочию в правоте Советского Союза. В моей душе произошёл перелом, который не смог бы произойти за всю мою жизнь, и теперь я хочу в будущем исправить все свои ошибки.

И здесь, на суде, я сожалею о том, что на скамье подсудимых не сидят главные преступники, главные организаторы и вдохновители бактериологической войны.

Я преисполнен чувства ненависти и отвращения к ним.

Мне ясен тот путь, по которому я должен итти.

На этом я заканчиваю своё последнее слово.

Председатель суда: Прошу садиться.

Подсудимый Курусима, вам предоставляется последнее слово.

ПОДСУДИМЫЙ КУРУСИМА:

Я сознаю тяжесть своей вины, тяжесть своих преступлений, которые были совершены мной как работником филиала 162 отряда 731, занимавшегося массовым изготовлением бактерий, которые были предназначены для уничтожения многих людей. Я полностью сознаю свою вину и раскаиваюсь в совершённых мною злодеяниях.

Я чувствую бесконечную ненависть к военщине, которая втянула меня в злодейское дело — участие в подготовке бактериологической войны. Меня с детства воспитывали в неправильной обстановке, воспитывали на основах прогнившей идеологии. Но я, как сказал мой защитник, уже не тот Курусима, каким я был четыре года тому назад.

В заключение я благодарю за то, что здесь ко мне, как и к другим военнопленным, относились сердечно.

Я благодарю за то, что Советский Союз относился к нам без расовой дискриминации. Благодарю за человечное отношение ко мне здесь, во время суда, благодарю за предоставление мне адвоката в качестве защитника.

Председатель суда: Прошу садиться.

Подсудимый Оноуэ, вам предоставляется последнее слово.

ПОДСУДИМЫЙ ОНОУЭ:

И на предварительном следствии и здесь, в суде, я искренне признался в моём участии в тех злодеяниях, которые были совершены мной лично и вообще работниками отряда 731.

Я раскаиваюсь ещё раз в тех преступлениях, к которым я имел отношение и которые я сам совершал в качестве начальника филиала этого отряда.

Я благодарю суд за предоставление мне авторитетной защиты. Я понимаю тяжесть своей вины, я понимаю то, что я не был рядовым сотрудником, я был руководящим сотрудником, был начальником филиала и раскаиваюсь в совершённых мною преступлениях.

В будущем я постараюсь направить свои силы на борьбу против подобных бесчеловечных актов, на борьбу за мир.

В заключение я прошу суд о смягчении мне наказания, если это суд сочтёт возможным.

Председатель суда: Прошу садиться.

Суд удаляется на совещание для вынесения приговора.

В 16.20 суд удалился на совещание для вынесения приговора.

В 21. 30 председатель суда оглашает приговор, затем приговор переводится на японский язык.

В 23.45 председатель суда объявляет судебное заседание закрытым.

Председательствующий *ЧЕРТКОВ.*

Секретари: *КОРКИН.*
ВАРАВКО.

Приговор Военного трибунала

ПРИГОВОР

ИМЕНЕМ СОЮЗА СОВЕТСКИХ СОЦИАЛИСТИЧЕСКИХ РЕСПУБЛИК

25—30 декабря 1949 года Военный трибунал Приморского военного округа в составе:

Председательствующего — генерал-майора юстиции Черткова Д. Д. и членов: полковника юстиции Ильницкого М. Л. и подполковника юстиции Воробьёва И. Г., при секретаре старшем лейтенанте Коркине Н. А., с участием государственного обвинителя — государственного советника юстиции 3-го класса Смирнова Л. Н. и защиты — адвокатов: тт. Боровика Н. К., Белова Н. П., Санникова С. Е., Зверева А. В., Богачёва П. Я., Прокопенко Г. К., Лукьянцева В. П. и Болховитинова Д. Е. в открытом судебном заседании в городе Хабаровске рассмотрел дело японских военных преступников, по которому обвиняются:

1. **Ямада Отозоо**, 1881 года рождения, уроженец города Токио, японец, генерал, бывший главнокомандующий японской Квантунской армией;

2. **Кадзицука Рюдзи,** 1888 года рождения, уроженец города Тадзири, японец, генерал-лейтенант медицинской службы, доктор медицинских наук, бывший начальник санитарного управления японской Квантунской армии;

3. **Кавасима Киоси,** 1893 года рождения, уроженец префектуры Чиба, уезда Саниму, деревни Хасунума, японец, генерал-майор медицинской службы, доктор медицинских наук, бывший начальник производственного отдела отряда № 731 японской Квантунской армии;

4. **Ниси Тосихидэ,** 1904 года рождения, уроженец префектуры Кагосима, уезда Сацума, села Хиваки, японец, подполковник медицинской службы, врач-бактериолог, бывший начальник учебно-просветительного отдела отряда № 731 японской Квантунской армии;

5. **Карасава Томио,** 1911 года рождения, уроженец префектуры Нагано, уезда Чисагата, деревни Тёосато, японец, майор медицинской службы, врач-бактериолог, бывший начальник отделения производственного отдела отряда № 731 японской Квантунской армии;

6. **Оноуэ Масао,** 1910 года рождения, уроженец префектуры Кагосима, уезда Идзуми, города Комэноцу, японец, майор медицинской службы, врач-бактериолог, бывший начальник филиала № 643 отряда № 731 японской Квантунской армии;

7. **Сато Сюндзи,** 1896 года рождения, уроженец префектуры Аичи, города Тоёхаси, японец, генерал-майор медицинской службы, врач-бактериолог, бывший начальник санитарной службы 5-й армии японской Квантунской армии;

8. **Такахаси Такаацу,** 1888 года рождения, уроженец префектуры Акита, уезда Юри, города Хондзё, японец, генерал-лейтенант ветеринарной службы, химик-биолог, бывший начальник ветеринарной службы японской Квантунской армии;

9. **Хиразакура Дзенсаку,** 1916 года рождения, уроженец префектуры Исикава, города Каназава, японец, поручик ветеринарной службы, ветеринарный врач, бывший научный работник отряда № 100 японской Квантунской армии;

10. **Митомо Кадзуо,** 1924 года рождения, уроженец префектуры Сайтама, уезда Чичибу, деревни Харая, японец,

нец, старший унтер-офицер, бывший сотрудник отряда № 100 японской Квантунской армии;

11. **Кикучи Норимицу,** 1922 года рождения, уроженец префектуры Эхиме, японец, ефрейтор, бывший санитар-практикант филиала № 643 отряда № 731 японской Квантунской армии;

12. **Курусима Юдзи,** 1923 года рождения, уроженец префектуры Кагава, уезда Сёодзу, деревни Ноо, японец, бывший санитар-лаборант филиала № 162 отряда № 731 японской Квантунской армии;

все двенадцать — в совершении преступления, предусмотренного статьёй 1 Указа Президиума Верховного Совета СССР от 19 апреля 1943 года.

Материалами предварительного и судебного следствия Военный трибунал округа установил:

Правящая клика империалистической Японии в течение ряда лет подготавливала агрессивную войну против Союза Советских Социалистических Республик.

На процессе главных японских военных преступников, закончившемся в Токио в 1948 году, было установлено, что агрессивная война против СССР была одним из основных элементов политики японских правящих кругов, ставивших своей целью захват советских территорий.

Охваченные бредовой идеей превосходства японской расы и создания под эгидой Японии «Великой Восточной Азии» и поставив себе целью установление совместно с гитлеровской Германией мирового господства путём развязывания агрессивных войн, японские милитаристы не останавливались для достижения этой цели ни перед какими чудовищными преступлениями против человечества.

В своих преступных планах агрессивных войн против миролюбивых народов японские империалисты предусматривали применение бактериологического оружия для массового истребления войск и мирного населения, в том числе стариков, женщин и детей, путём распространения смертоносных эпидемий чумы, холеры, сибирской язвы и других тяжёлых болезней.

В этих целях в японской армии были созданы особые формирования, предназначенные для производства бактериологического оружия, и подготавливались специальные воинские команды и диверсионные банды для заражения бактериями городов и сёл, водоёмов и колодцев, скота и посевов на территории государств, подвергшихся японской агрессии.

Ещё в 1931 году, после захвата японцами Маньчжурии и превращения её в плацдарм для нападения на Советский Союз, в составе японской Квантунской армии в целях подготовки бактериологической войны была создана под зашифрованным наименованием «отряд Того» бактериологическая лаборатория под начальством одного из идеологов и организаторов бесчеловечной бактериологической войны **Исии Сиро.**

В 1936 году, когда военные приготовления Японии к войне против СССР были усилены, по указу императора **Хирохито,** генеральный штаб японской армии развернул на территории Маньчжурии два крупных бактериологических учреждения, рассчитанных не только на изыскания способов ведения бактериологической войны, но и на производство бактериологического оружия в размерах, достаточных для полного снабжения японской армии.

Учреждения эти были строго засекречены и в целях маскировки получили наименования: «Управление по водоснабжению и профилактике частей Квантунской армии» и «Иппоэпизоотическое управление Квантунской армии». Впоследствии они были переименованы в «отряд № 731» и «отряд № 100».

Оба отряда имели многочисленные филиалы, приданные частям и соединениям Квантунской армии и расположенные на направлениях главных ударов, намеченных японским оперативным планом войны против Советского Союза.

Эти филиалы являлись фактически боевыми подразделениями, готовыми в любой момент по приказу командования применить бактериологическое оружие.

Отряды №№ 731 и 100 вместе со своими филиалами находились в подчинении главнокомандующего Квантунской армией, что подтверждается приобщённым к делу приказом бывшего главнокомандующего армией генерала **Умедзу Иосидзиро** от 2 декабря 1940 года о формировании четырёх новых филиалов отряда № 731.

Отряд № 731 был размещён в специально выстроенном и строго охраняемом военном городке в районе ст. Пинфань, в 20 км. от гор. Харбина, и представлял из себя мощный институт по подготовке бактериологической войны со штатом, насчитывающим около 3 000 научных и технических работников, и лабораториями, оснащёнными новейшей техникой и усовершенствованной аппаратурой.

Назначение этого отряда и его практическая деятельность вытекали из его структуры. Он состоял из нескольких отделов, причём только 3-й отдел, расположенный в гор. Харбине, занимался вопросами водоснабжения армии.

В функции 1-го (исследовательского) отдела входило изыскание и выращивание смертоносных бактерий, наиболее эффективных для использования их в качестве средств бактериологического нападения.

Второй (экспериментальный) отдел занимался проверкой действия выведенных в результате изысканий бактерий на организм живых людей, разрабатывал образцы снарядов и специальных распылителей, с помощью которых бактерии должны были перебрасывать на сторону противника, и выращивал блох, заражённых чумой, для распространения при их помощи эпидемии чумы на неприятельской территории. В отделе было 4 500 питомников (инкубаторов) для разведения блох на грызунах. В этих питомниках в короткие сроки могли быть выращены многие десятки миллионов чумных блох. 2-й отдел имел в своём распоряжении для проведения преступных экспериментов особый полигон в районе станции Аньда и авиационную часть с самолётами, оборудованными специальной аппаратурой.

4-й (производственный) отдел был предназначен для размножения выведенных лабораторным путём бактерий и представлял из себя как бы фабрику бактерий острых инфекционных болезней.

Этот отдел располагал мощным техническим оборудованием, рассчитанным на массовое размножение бактерий в размерах, необходимых для ведения бактериологической войны.

Производственная мощность отдела давала возможность выращивать до 300 кг. бактерий чумы в месяц.

В 5-м (учебно-«просветительном») отделе подготавливались кадры, способные применять средства бактериологической войны и путём распространения бактерий вызывать эпидемии чумы, холеры, сибирской язвы и других тяжёлых заболеваний.

Таким образом, отряд № 731 изготавливал огромное количество бактерий острых инфекционных заболеваний, предназначенных к использованию в качестве бактериологического оружия для опустошения целых районов и умерщвления гражданского населения.

По заключению судебно-медицинской экспертизы, выращивание бактерий в таких размерах было рассчитано на ведение активной бактериологической войны.

Отряд № 100 был расположен в м. Могатон, в 10 км. южнее гор. Чанчунь, и занимался той же преступной деятельностью, что и отряд № 731.

Производственный отдел отряда № 100 имел шесть отделений, которые изготовляли: 1-е отделение — бактерии сибирской язвы; 2-е отделение — бактерии сапа; 3 и 4-е отделения — бактерии, вызывающие иные инфекционные заболевания скота; 5-е отделение занималось выращиванием микробов для заражения хлебных злаков с целью их уничтожения; 6-е отделение — возбудителей чумы рогатого скота.

Как установлено на предварительном и судебном следствии, в японских войсках, действовавших на территории Центрального и Южного Китая, также были созданы два секретных формирования, предназначенные для подготовки бактериологического оружия, зашифрованные наименованиями отряд «Эй» и отряд «Нами». Деятельность их была аналогична деятельности отрядов №№ 731 и 100.

Имея в виду, что при применении бактериологического оружия возникает опасность заражения собственных войск, японское командование создало противоэпидемические отряды при всех батальонах и полках с подчинением их начальникам санитарных управлений армий. Это являлось составной частью общего плана подготовки к бактериологической войне.

Изыскания способов и средств ведения бактериологической войны, проводившиеся в отрядах №№ 731 и 100, сопровождались преступными, бесчеловечными опытами по проверке действенности бактериологического оружия на живых людях. Во время этих опытов японские изуверы умертвили зверским способом тысячи попавших им в руки жертв.

На протяжении нескольких лет в отрядах №№ 731 и 100 производились опыты по заражению людей выращенными в лабораториях бактериями чумы, холеры, тифа, сибирской язвы, газовой гангрены. Большинство заражённых умирало в страшных мучениях. Те же, кто выздоравливал, подвергались повторным опытам и в конце концов умерщвлялись.

Люди, предназначенные для мучительного истребления, доставлялись в специальную внутреннюю тюрьму, существовавшую в отряде № 731, японской жандармерией, имевшей для подобных операций условное название «особые отправки». Этими жертвами японских изуверов были китайские патриоты и советские граждане, заподозренные в антияпонской деятельности и обречённые на уничтожение. Исключительный цинизм японских убийц выражался в частности и в том, что содержавшиеся в тюрьме и предназначенные для преступных экспериментов люди условно назывались ими «брёвнами».

Как установлено показаниями подсудимого **Кавасима,** только в отряде № 731 ежегодно истреблялось не менее 600 заключённых, а с 1940 года по день капитуляции японской армии в 1945 году было умерщвлено не менее 3 000 человек.

Преступные эксперименты производились и над целыми группами заключённых. На полигоне в районе ст. Аньда людей привязывали к железным столбам, а затем в целях их заражения в непосредственной близости от них взрывали бактериологические снаряды, наполненные бактериями чумы, газовой гангрены и других тяжёлых болезней.

Так, в конце 1943 года при участии подсудимого **Карасава** на полигоне был произведён опыт по заражению сибирской язвой 10 китайских граждан. Весной 1944 года при его же участии группа людей на полигоне была заражена чумными бактериями. В январе 1945 года на том же полигоне подсудимый **Ниси** участвовал в заражении 10 человек газовой гангреной.

Аналогичные бесчеловечные опыты над живыми людьми производились и в отряде № 100, находившемся под общим руководством подсудимого **Такахаси**.

Так, в августе — сентябре 1944 года в отряде № 100 было произведено заражение через пищу 8 китайских и советских граждан, которые вскоре после этого умерли.

Помимо преступных экспериментов по заражению людей бактериями острых инфекционных заболеваний, отряд № 731 производил опыты по обмораживанию конечностей заключённых. Большинство несчастных жертв зверских опытов после заболевания гангреной и ампутации конечностей умирало.

Испытания бактериологического оружия не ограничивались только опытами, проводимыми внутри отрядов №№ 731 и 100. Японские империалисты применяли бактериологическое оружие в войне против Китая и диверсионных вылазках против СССР.

В 1940 году специальная экспедиция отряда № 731 под руководством генерала **Исии** была командирована на место боевых действий в Центральный Китай, где через блох, заражённых чумой, сброшенных при помощи специальных приборов с самолёта, возбудила эпидемию чумы в районе Нимбо.

Эта преступная операция, повлёкшая за собой тысячи жертв среди мирного китайского населения, была заснята на киноплёнку, и этот фильм впоследствии был показан в отряде № 731 представителям высшего командования японской армии, в том числе и подсудимому **Ямада.**

Аналогичная экспедиция была направлена отрядом № 731 в 1941 году в район гор. Чандэ, который также был заражён бактериями чумы.

В 1942 году бактериологическое оружие было вновь применено на территории Китая. В этом случае экспедиция отряда № 731, в подготовке которой принимали участие подсудимые **Карасава и Кавасима,** действовала совместно с отрядом «Эй», находившимся одно время под командованием подсудимого **Сато,** и заразила бактериями острых инфекционных заболеваний территорию, которую японские войска были вынуждены оставить под натиском китайской армии.

Отрядом № 100 на протяжении ряда лет на границу СССР направлялись бактериологические группы, в состав которых входили подсудимые **Хиразакура** и **Митомо.** Эти группы проводили бактериологические диверсии против Советского Союза путём заражения пограничных водоёмов, в частности в районе Трёхречья.

530

Таким образом, предварительным и судебным следствием установлено, что японские империалисты готовились к тому, чтобы, развязав агрессивную войну против СССР и других государств, широко применить в ней бактериологическое оружие и этим ввергнуть человечество в пучину новых бедствий.

Осуществляя подготовку к бактериологической войне, они не останавливались ни перед какими злодеяниями, умерщвляя во время своих преступных опытов по применению бактериологического оружия тысячи китайских и советских граждан и распространяя эпидемии тяжёлых заболеваний среди мирного населения Китая.

Персонально в отношении подсудимых по настоящему делу Военный трибунал считает установленным следующее:

1. **Ямада Отозоо,** являясь с 1944 года по день капитуляции Японии главнокомандующим японской Квантунской армией, руководил преступной деятельностью подчинённых ему отрядов №№ 731 и 100 по подготовке бактериологической войны, поощряя производимые в этих отрядах зверские убийства тысяч людей во время производства всевозможных экспериментов по применению бактериологического оружия.

Ямада принимал меры к тому, чтобы отряды №№ 731 и 100 были полностью подготовлены к бактериологической войне и чтобы их производственная мощь обеспечивала потребности армии в бактериологическом оружии.

2. **Кавасима Киоси,** будучи с 1941 по 1943 год начальником производственного отдела отряда № 731, являлся одним из руководящих работников отряда, принимал участие в подготовке бактериологической войны, был в курсе работы всех отделов отряда и лично руководил выращиванием смертоносных бактерий в количествах, достаточных для полного снабжения японской армии бактериологическим оружием.

В 1942 году **Кавасима** принимал участие в организации боевого применения бактериологического оружия на территории Центрального Китая. На протяжении всего времени своей службы в отряде № 731 **Кавасима** принимал личное участие в массовом умерщвлении заключённых во внутренней тюрьме при отряде во время преступных опытов по заражению их бактериями тяжёлых инфекционных болезней.

3. **Карасава Томио** занимал должность начальника отделения производственного отдела отряда № 731. Он был одним из активных организаторов работы по созданию бактериологического оружия и участником подготовки бактериологической войны.

В 1940 и 1942 годах **Карасава** участвовал в организации экспедиций по распространению эпидемий среди мирного населения Китая.

Карасава неоднократно лично участвовал в опытах по применению бактериологического оружия, в результате которых истреблялись заключённые китайские и советские граждане.

4. **Кадзицука Рюдзи** ещё с 1931 года был сторонником применения бактериологического оружия. Являясь в 1936 году начальником отдела военно-санитарного управления военного министерства Японии, он способствовал созданию и комплектованию специального бактериологического формирования, во главе которого по его представлению был поставлен полковник, а впоследствии генерал Исии.

С 1939 года **Кадзицука** был назначен начальником санитарного управления Квантунской армии и осуществлял непосредственное руководство деятельностью отряда № 731, снабжая его всем необходимым для производства бактериологического оружия.

Кадзицука систематически посещал отряд № 731, был полностью в курсе всей его деятельности, знал о злодейских преступлениях, совершавшихся при производстве экспериментов по заражению людей при помощи бактерий, и одобрял эти злодеяния.

5. **Ниси Тосихидэ** с января 1943 года по день капитуляции Японии занимал должность начальника филиала № 673 отряда № 731 в гор. Суньу и лично активно участвовал в изготовлении бактериологического оружия.

Будучи по совместительству начальником 5-го отдела отряда № 731, **Ниси** подготавливал кадры специалистов по ведению бактериологической войны для специальных подразделений при армейских частях.

Он лично участвовал в убийствах заключённых китайских и советских граждан путём заражения их при помощи бактерий остроинфекционными болезнями.

В целях сокрытия преступной деятельности филиала и отряда № 731 **Ниси** в 1945 году при приближении советских войск к гор. Суньу приказал сжечь все помещения филиала, оборудование и документы, что и было выполнено.

6. **Оноуэ Масао,** являясь начальником филиала № 643 отряда № 731 в гор. Хайлине, занимался изысканиями новых видов бактериологического оружия и подготовкой материалов для отряда № 731.

Под его руководством готовились кадры специалистов по бактериологической войне.

Оноуэ знал о массовых умерщвлениях заключённых в отряде № 731 и своей работой способствовал этим тягчайшим преступлениям.

13 августа 1945 года в целях сокрытия следов преступной деятельности филиала **Оноуэ** лично сжёг все здания филиала, запасы материалов и документы.

7. **Сато Сюндзи** с 1941 года являлся начальником бактериологического отряда в гор. Кантоне, имевшего условное наименование «Нами», а в 1943 году был назначен начальником аналогичного отряда «Эй» в гор. Нанкине. Возглавляя эти отряды, **Сато** принимал участие в создании бактериологического оружия и подготовке бактериологической войны.

Будучи впоследствии начальником санитарной службы 5-й армии, входившей в состав Квантунской армии, **Сато** руководил филиалом № 643 отряда № 731 и, будучи осведомлён о преступном характере деятельности отряда и филиала, оказывал им содействие в работе по производству бактериологического оружия.

8. **Такахаси Такаацу,** будучи начальником ветеринарной службы Квантунской армии, являлся одним из организаторов производства бактериологического оружия, осуществлял непосредственное руководство преступной деятельностью отряда № 100 и несёт ответственность за проведение бесчеловечных опытов по заражению заключённых бактериями острых инфекционных болезней.

9. **Хиразакура Дзенсаку,** являясь сотрудником отряда № 100, лично вёл исследования в области выработки и применения бактериологического оружия.

Он неоднократно принимал участие в специальной разведке на границах Советского Союза в целях изыскания наиболее эффективных способов бактериологического нападения на СССР и при этом производил отравление водоёмов, в частности в районе Трёхречья.

10. **Митомо Кадзуо,** сотрудник отряда № 100, принимал непосредственное участие в изготовлении бактериологического оружия и лично испытывал действие бактерий на живых людях, умерщвляя их этим мучительным способом.

Митомо являлся участником бактериологических диверсий против СССР в районе Трёхречья.

11. **Кикучи Норимицу,** санитар-практикант, работая в лаборатории филиала № 643 отряда № 731, принимал непосредственное участие в работах по изысканиям новых видов бактериологического оружия и культивированию бактерий брюшного тифа и дизентерии. В 1945 году **Кикучи** прошёл специальную переподготовку на курсах, готовивших кадры для ведения бактериологической войны.

12. **Курусима Юдзи,** работая лаборантом филиала отряда № 731 и имея специальную подготовку, принимал участие в культивировании бактерий холеры, сыпного тифа и других инфекционных болезней и в испытаниях бактериологических снарядов.

На основании изложенного Военный трибунал округа признал виновность всех перечисленных подсудимых в совершении преступлений, предусмотренных ст. 1 Указа Президиума Верховного Совета СССР от 19 апреля 1943 года, доказанной и, руководствуясь ст. ст. 319 и 320 Уголовно-Процессуального Кодекса РСФСР, с учётом степени виновности каждого подсудимого,

ПРИГОВОРИЛ:

Ямада Отозоо на основании ст. 1 Указа Президиума Верховного Совета СССР от 19 апреля 1943 года заключить в исправительно-трудовой лагерь сроком на двадцать пять лет.

Кадзицука Рюдзи на основании ст. 1 Указа Президиума Верховного Совета СССР от 19 апреля 1943 года заключить в исправительно-трудовой лагерь сроком на двадцать пять лет.

Такахаси Такаацу на основании ст. 1 Указа Президиума Верховного Совета СССР от 19 апреля 1943 года заключить в исправительно-трудовой лагерь сроком на двадцать пять лет.

Кавасима Киоси на основании ст. 1 Указа Президиума Верховного Совета СССР от 19 апреля 1943 года заключить в исправительно-трудовой лагерь сроком на двадцать пять лет.

Ниси Тосихидэ на основании ст. 1 Указа Президиума Верховного Совета СССР от 19 апреля 1943 года заключить в исправительно-трудовой лагерь сроком на восемнадцать лет.

Карасава Томио на основании ст. 1 Указа Президиума Верховного Совета СССР от 19 апреля 1943 года заключить в исправительно-трудовой лагерь сроком на двадцать лет.

Оноуэ Масао на основании ст. 1 Указа Президиума Верховного Совета СССР от 19 апреля 1943 года заключить в исправительно-трудовой лагерь сроком на двенадцать лет.

Сато Сюндзи на основании ст. 1 Указа Президиума Верховного Совета СССР от 19 апреля 1943 года заключить в исправительно-трудовой лагерь сроком на двадцать лет.

Хиразакура Дзенсаку на основании ст. 1 Указа Президиума Верховного Совета СССР от 19 апреля 1943 года заключить в исправительно-трудовой лагерь сроком на десять лет.

Митомо Кадзуо на основании ст. 1 Указа Президиума Верховного Совета СССР от 19 апреля 1943 года заключить в исправительно-трудовой лагерь сроком на пятнадцать лет.

Кикучи Норимицу на основании ст. 1 Указа Президиума Верховного Совета СССР от 19 апреля 1943 года заключить в исправительно-трудовой лагерь сроком на два года.

Курусима Юдзи на основании ст. 1 Указа Президиума Верховного Совета СССР от 19 апреля 1943 года заключить в исправительно-трудовой лагерь сроком на три года.

Приговор может быть обжалован в кассационном порядке в Военную Коллегию Верховного Суда СССР в течение 72 часов со дня вручения копии его осуждённым.

Председательствующий генерал-майор юстиции *Д. ЧЕРТКОВ.*

Члены: полковник юстиции *М. ИЛЬНИЦКИЙ,*
подполковник юстиции *И. ВОРОБЬЁВ.*

СОДЕРЖАНИЕ

Подписано в печать 23 марта 1950 г. Тираж 50 000 экз.
А01043. Объём $33^3/_4$ п. л. 24,5 уч. изд. л.
Заказ № 1354. Цена 8 р. 65 к.

Первая Образцовая типография имени А. А. Жданова
Главполиграфиздата при Совете Министров СССР.
Москва, Валовая, 28.

伯力审判庭审记录

（中、英、俄、德、日文版）

对日战犯审判文献丛刊编委会　编

5

國家圖書館出版社

伯力审判庭审记录

（日文版）

細菌戰用兵器ノ準備及ビ使用ノ廉デ起訴サレタ元日本軍軍人ノ事件ニ關スル公判書類

外國語圖書出版所
モスクワ・一九五〇年

940041 j

~~811278~~

細菌戰用兵器ノ準備及ビ使用ノ廉デ起訴サレタ元日本軍軍人ノ事件ニ關スル公判書類

外國語圖書出版所

モスクワ・一九五〇年

出版所より

本版は、一九五〇年、モスクワの國立政治圖書出版所から刊行されたロシア語原書「細菌戰用兵器の準備及び使用の廉で起訴された元日本軍軍人の事件に關する公判書類」を譯出したものであります。

目次

緒言

一九四九年十二月二五日より三〇日に至る迄ハバロフスク市では、細菌兵器の準備及び使用の廉で起訴された元日本軍軍人一二名の公判が行われた。

裁判に附された者は、元日本關東軍司令官山田乙三大將、元同軍軍醫部長梶塚隆二軍醫中將、元同軍獸醫部長高橋隆篤獸醫中將、元第七三一細菌戰部隊部長川島清軍醫少將、元第七三一部隊課長柄澤十三夫軍醫少佐、元第七三一部隊部長西俊英軍醫中佐、元第七三一部隊支部長尾上正男軍醫少佐、元第五軍軍醫部長佐藤俊二軍醫少將、元第一〇〇細菌戰部隊研究員平櫻全作中尉、元同部隊員三友一男軍曹、元第七三一部隊第六四三支部衛生兵・見習菊池則光上等兵及び元第七三一部隊第一六二支部衛生兵・實驗手久留島祐司、――以上の者であつた。

本件は、沿海州軍管區軍事裁判所の公判に於て審理され、同軍事裁判所の構成は、裁判長――チエルトコフ・デ・デ・法務少將、判事――イリニツキー・エム・エル・法務大佐及びヴオロビヨフ・イ・ゲ・法務中佐から成り、國家公訴を支持したのは、スミルノフ・エル・エヌ・國家三等法務官であり、被告を辯護したのは左記の人々であつた――山田大將――モスクワ辯護士會員ベロフ・エヌ・ペ・、梶塚軍醫中將――モスクワ辯護士會員サンニコフ・エス・エ・、高橋獸醫中將――モスクワ辯護士會員ズヴエレフ・ア・ヴエ・、川島軍醫少將——モスクワ辯護士會員ボロヴイク・エヌ・カ・、佐藤軍醫少將——モスクワ辯護士會員ボガチヨフ・ペ・ヤ・、柄澤軍醫少佐及び尾上軍醫少佐——ハバロフスク地方辯護士會長ルキヤンツエフ・ヴエ・ペ・、西軍醫中佐及び平櫻中尉——ハバロフスク地方辯護士會員ボルホヴイチノフ・デ・エ・、三友軍曹、菊池上等兵及び久留島——沿海州辯護士會長プロコペンコ・ゲ・カ。

法廷で、細菌學及び醫學上の諸問題に關し鑑定を下した鑑定委員會の成員は、ソヴエト同盟醫學學士院會員ジユーコフ・ヴエレジユニコフ・エヌ・エヌ、軍醫大佐クラスノフ・ヴエ・デ・、ハバロフスク醫科大學微生物學講座主任教授コーサレフ・エヌ・エヌ・、ハバロフスク醫科大學微生物學講座助教授リヴキナ・エ・ゲ・、獸醫中佐アレクサンドロフ・エヌ・ア・、寄生虫學專門家コズロフスカヤ・オ・エルであつた。

本版に收載したのは、裁判の公文書だけである。

尙、起訴狀並に若干の證據書類及び主要罪狀に關する訊問調書の如き豫審書類は、裁判記錄の中から集錄して玆に發表する。

被告の供述及び最後の陳述、法廷審理に於ける證人の證言（要約したもの）、鑑定人側の鑑定書、國家檢事の論告及び辯護人側の辯論の如き法廷審理の記錄は、公式の公判速記錄に據つて玆に發表する。

豫審書類

起訴狀

細菌兵器ノ準備及ビ使用、即チ、一九四三年四月一九日付ノソ同盟最高ソヴエト常任委員會法令第一條ニ該當スル犯罪ノ廉デ起訴サレタ元日本軍軍人——山田乙三、梶塚隆二、高橋隆篤、川島清、西俊英、柄澤十三夫、尾上正男、佐藤俊二、平櫻全作、三友一男、菊池則光、久留島祐司等ニ關スル件。

多年ニ亘リ帝國主義日本ハ、極東ニ於ケル侵略ノ主ナル根源地デアッタ。帝國主義日本ノ支配閥ハ、ヒトラー・ドイツ、ファシスト・イタリアト共ニ犯罪的陰謀ヲ企テ、ヒトラー・ドイツト共ニ世界征覇ヲ確立センガ爲、平和愛好諸國ノ人民ニ對シテ、侵略戰爭ヲ計畫シ、開始シ、遂行シテ來タ。

此等ノ侵略戰爭ハ、日本ヲ支配者トスル植民地國家タル所謂「大東亞共榮圈」ノ建設ヲ目的トシタ。日本ノ平和愛好隣國ノ厖大ナル領土ノ強奪ニ依ル斯クノ如キ國家ノ建設ニ、日本帝國主義者共ノ極端ナル擴張主義的意圖ガ現ワレテイタノデアル。

日本支配閥ノ侵略的野望ガ如何ニ甚大デアッタカハ、日本ノ政策ノ樞要ナ指導者連ノ屢次ニ亘ル公然タル言明ニヨリ判斷シ得ル。

日本主要戰爭犯罪人ノ一人タル、侵略的日本軍閥ノ『理論家』橋本欣五郎ハ、一九四二年一月五日付ノ『タイヨウ大日本』紙上ニ『天皇大東亞圈』ナル論文ヲ發表シテ、此ノ『圈內』ニハ、『日本、滿洲、中國、ソ同盟極東、マレー、蘭印、英領東印度、アフガニスタン、濠洲、ニユージランド、ハワイ、比律賓、太平洋及ビ印度洋諸島』ガ入ル可キコトヲ論ジタ。

天皇ノ特別勅令ニヨリ創設サレ、日本總理大臣ノ直轄下ニアッタ『總力戰研究所』ノ諸計畫及ビ草案ニモ亦、全ク同樣ニ、所謂『大東亞』ノ境界ガ規定サレテイタ。

日本帝國主義者共ノ犯罪的諸計畫デハ、ソヴエト同盟ニ對スル侵略ガ、ソノ主要ナ任務トナッテイタ。日本軍國主義者共ハ、ソノ侵略的ナ諸戰略計畫ニ於テ、ソ同盟ヲ通常、『第一號目標』ト稱シタ。

對ソ同盟侵略戰ハ、日本國民ノ間ニ廣ク宣傳サレ、就中、日本政府情報局ノ完全ナ統制下ニアッタ日本ノスベテノ新聞雜誌ガ、此ノ戰爭宣傳ヲ行ッタ。

日本ノ支配閥ハ、其ノ犯罪的諸計畫ヲ實行シッッ、幾度トナク侵略行爲ヲ行ッタ。

卽チ、

一九三一年ニ日本軍ハ、所謂『柳條溝事件』ヲ挑發シテ、滿洲ニ侵入シコレヲ占領シタ。

一九三七年、日本軍ハ、所謂『盧溝橋事件』ヲ挑發シテ、中國ニ侵入シタ。

一九三八年、日本軍閥ハ、ハサン湖（張鼓峯——譯註）方面ニ於テ、ソ同盟ニ對シ襲擊ヲ加エタガ、ソヴエト軍ニ擊破サレタ。

一九三九年、日本帝國主義者共ハ、ハルハ河方面ニ於テ、ソ同盟ノ友邦蒙古人民共和國ニ襲擊ヲ加エタガ、蒙古人民共和國軍及ビソヴエト同盟軍ニ依ッテ又モヤ擊破サレタ。

一九四一年ノ末、日本軍國主義者共ハ、ヒトラー・ドイツ側ニ加擔シテ、日本ヲ第二次世界大戰ニ引入レタ。

ソヴエト軍ガ、滿洲ニ集結サレタ日本ノ主要ナル攻擊力デアッタ關東軍ヲ決定的ニ破碎シタ後、日本ハ連合國ニ降伏スルニ至リ、ソノ結果初メテ、日本ノ侵略ガ斷絶サレタノデアル。

日本ノ帝國主義的侵略ニ關連スル諸事件ハ、日本主要戰爭犯罪人ニ對スル東京國際軍事裁判ニ於テ審理サレタ。國際軍事裁判所ハ、日本ノ支配閥ガヒトラー・ドイツト共ニ侵略戰爭ヲ計畫シ、開始シ、實行シタコト、日本ノ支配閥ガ多年ニ亘リ、ソヴエト同盟ニ對スル大規模ナ侵略戰爭ヲ積極的ニ準備シタコトヲ既定ノ事實トシテ完全ニ確認シタ。同裁判所ハ、日本ガ、一九三八年ニハ、ハサン湖方面ニ於テ、又一九三九年ニハハルハ河方面ニ於テ、ソ同盟ニ對スル侵略戰ヲ實行シタ事實ヲ認定シタ。同裁判所ハ、日本ガ、ヒトラー・ドイツ及ビファシスト・イタリアト共ニ、平和ト人類ニ對スル犯罪的陰謀ニ參加シタ事實ヲモ亦認定シタ。

同裁判所ハ、俘虜及ビ占領地域内ノ平和的住民ニ對スル、日本軍閥ノ野獸的、非人道的虐待ノ如キ、戰爭關係法規及ビ慣習ニ對スル日本側ノ暴戾ナル違反行爲ヲモ認定シタ。

加之、ソ同盟及ビ其ノ他ノ諸國家ニ對スル侵略戰爭ヲ計畫シ、準備シツツ、日本帝國主義者共ガ其ノ諸目的ヲ遂ゲル爲、犯罪的ナ大量殺人手段タル細菌戰用兵器ノ大規模ナ使用ヲ企圖シ且ツ部分的ニ之ヲ使用シタコトガ、本件ノ豫審ニヨッテ判明シタ。

細菌戰ノ準備及ビ實行ノ爲ノ特殊部隊ノ編成

調査ノ結果判明セル如ク、滿洲占領直後、日本ノ參謀本部及ビ陸軍省ハ、日本ノ有名ナ細菌戰提唱者石井四郎（後ニ軍醫中將）ヲ長トシ、攻擊的細菌戰遂行ノ爲ノ急性流行病菌ノ利用法ノ研究ニ當ル細菌研究室ヲ滿洲ニ創設シ、之ヲ日本關東軍ニ編入シタ。

元日本軍軍醫少將被告川島清ノ供述ニ依レバ、日本ノ參謀本部及ビ陸軍省ハ、天皇裕仁ノ秘密勅令ニ依リ、既ニ一九三五——三六年ニ、満領内ニ細菌戰ノ準備及ビ遂行ニ任ズベキ二カノ極秘部隊ヲ編成シタ。

石井研究所ヲ基礎トシテ編成サレタ部隊中ノ一ハ、秘密保持ノ爲、「關東軍防疫給水部」ト稱シ、他ノ一カ部隊ハ、「關東軍軍馬防疫廠」ト稱シタ。一九四一年、ヒトラー・ドイツノ對ソ同盟攻撃後、兩部隊ニハ各々第七三一部隊及ビ第一〇〇部隊ナル秘匿名稱ガ附サレ、上記ノ石井四郎ガ第七三一部隊長ニ任命サレ、獸醫少將若松ガ第一〇〇部隊長ニ任命サレタ。

此等ノ部隊ハ、細菌學ノ專門家ヲ擁シ、其ノ要員ノ中ニハ日本ノ有名ナ細菌學者ノ指導ヲ受ケル多數ノ研究員並ビニ技術員ガイタ。第七三一部隊ノミデモ、約三千名ノ勤務員ヲ有シテイタ事實ニ徴シテモ、細菌戰部隊ノ業務ノ規模ハ明ラカデアル。

日本軍統帥部ハ、細菌戰用兵器ヲ準備シテイタ諸部隊ノ維持費トシテ極メテ莫大ナ金額ヲ支出シテイタ。一九三九年頃、哈爾濱カラ二十粁隔タッタ平房驛ノ附近ニ、第七三一部隊ヲ配置スル爲、多數ノ研究室、業務用建物ヲ有スル大軍事部落ガ建設サレ、大量ノ原料ガ貯藏サルルタ。而シテ、業務ヲ極秘裡ニ實施スル爲、該部落ノ周圍ニ、立入禁止地帶ガ設ケラレタ。同部隊ハ、飛行隊ヲ有シ、安達驛ニ特設實驗場ヲ有シテイタ。

第一〇〇部隊モ亦、長春南方十粁ノ孟家屯附近ニ、大建築物、特殊設備及ビ地所ヲ有シテイタ。

第七三一部隊及ビ第一〇〇部隊ハ、ソヴエト同盟トノ國境線上ノ主ナル戰略方面ニ位置シ、日本關東軍ノ諸軍及ビ諸部隊ニ直屬スル稠密ナ支部網ヲ有シテイタ（第一四冊二九頁）。

各支部ノ主要ナ任務ハ、各部隊ノ製造シタ細菌兵器ヲ實戰ニ使用スル爲ノ準備ヲ行ウ事デアッタ。

各細菌戰部隊及ビ其ノ支部ハ、日本關東軍司令官ノ直轄デアッタ。

上記ノ事實ハ、證人等及ビ被告等ノ供述ノ外、一九四五年ニ滿洲ニ於テソヴエト軍部隊ガ押收シタ元日本關東軍司令官梅津美次郎大將ノ一九四〇年十二月二日附ノ秘密命令、卽チ第七三一部隊ノ新シキ四支部創設並ニ駐在地ニ關スル秘密命令ニヨリ重ネテ確證サレテイル（第一五冊三頁）。

日本關東軍司令官梅津ノ後任者デ本件ノ被告タル山田大將モ、其ノ供述ニ於テ細菌戰部隊ガ彼ニ直屬シテ居タコトヲ確認シタ（第一八冊三八三頁）。

被告山田乙三ハ、第七三一部隊ノ使命ニツキ次ノ如ク供述シタ——

『…第七三一部隊ハ、主トシテソヴエト同盟並ニ蒙古人民共和國及ビ中國ニ對スル細菌戰ノ準備ヲ目的トシテ編成サレタモノデアル』（第一八冊三八二頁）。

山田ガ供述シタ如ク、日本ハ細菌戰ノ準備ヲ其ノ他ノ諸國ニ對シテモ行ッテイタ（第一八册三八三頁）。

山田ハ、第一〇〇部隊ノ業務ガ細菌戰用細菌兵器ノ製造デアルコトヲモ供述シタ（第一八册三八二頁）。

加之、第一〇〇部隊ノ任務ハ、

『…謀略行爲ノ實行、卽チ流行病菌ヲ以テ家畜ヲ感染セシメ、牧場、貯水池及ビ河川ヲ汚染スルコトデアッタ。此ノ關係ニテ、第一〇〇部隊ハ、關東軍司令部諜報部（第二部――譯註）ト密接ナル業務上ノ連絡ヲ取ッテイタ…』（第一八册一七一頁）。

元日本關東軍獸醫部長被告高橋獸醫中將モ、各『軍馬防疫隊』ノ任務ハ、細菌戰及ビ謀略ノ準備ト實行デアッタト供述シタ（第一一册五四頁）。

各部隊及ビ其ノ支部デハ、細菌兵器トシテ使用シ得ル最モ有効ナ細菌ノ檢定ヲナサンガ爲、細菌學關係ノ研究ヲ系統的ニ行イ、且ッ人間ノ大量殺戮ノ爲及ビ家畜、作物ノ汚染ヲ以テ經濟的ナ損害ヲ與エンガ爲ノ此等細菌ノ大量生產方法及ビ其ノ用法ヲモ研究シタ。

第七三一部隊ニハ八部ガアリ、其中ノ一部（第三部）ノミガ防疫給水ヲ擔任シタガ、第三部所屬ノ諸製作場デモ、『石井式爆彈』ト稱サレタ特殊細菌彈用彈筒ヲ製造シタ。

此等ノ爆彈ハ、飛行機ヨリ、ペスト菌ニ感染セシメラレタ蚤ヲ投下スル爲ノモノデアッタ（第二册二六三頁）。

第七三一部隊ノ其ノ他各部ハ、專ラ、細菌戰ノ準備及ビ遂行ノミヲ擔當シテイタ。豫審ノ資料ニヨリ、第一部ハ、細菌戰用ペスト菌、コレラ菌、ガス壊疽菌、炭疽菌、腸チブス菌、パラチブス菌等ヲ細菌戰ニ使用スル爲、此等ノ研究及ビ培養ヲ專門ニ擔當シテイタコトガ判明シタ。

此ノ研究ノ過程ニ於テ、動物實驗ノミデナク、生キタ人間ヲ使用スル實驗モ行ワレ、此ノ爲三〇〇—四〇〇人ヲ收容シ得ル構内監獄ガ設置サレタ。

第二部（所謂實驗部）ハ、特設實驗場及ビ戰場ノ條件下デ細菌兵器ヲ試驗シテイタ。

特殊器具ヲ備エタ飛行機カラナル特別飛行隊及ビ安達驛ノ特設實驗場ハ、第二部ノ所屬デアッタ。　ペスト病蔓延用寄生虫ノ培養、繁殖ヲ擔當シタ課モ亦同部ニ屬シテイタ。

第二部ハ、細菌撒布用ノ特殊兵器類、即チ萬年筆形、ステッキ形ノ撒布器並ニ陶器製爆彈等ヲ研究シ製造シテイタ。日本側ノ記錄中ニ發見サレタ謀略班用兵器表ニヨレバ日本側ハ、萬年筆形ノ撒布器ヲ装備シテイタ（第一六册一六頁）。

他ノ一部ハ、『教育』部ト稱サレ、日本軍戰闘部隊及ビ謀略班ノ爲ニ、細菌兵器ヲ使用デキル特殊要員ヲ養成シテイタ。

細菌戰ノ遂行ヲ確保スル爲ニ充分ナ量ノ細菌ヲ大量生産スル目的デ、第七三一部隊ハ製造部（第四部）ヲ有シテイタ。同部ノ部長デアッタ被告川島ノ言ニ依レバ、同部ハ、各種細菌ノ大量生産ノ『工場』デアッタ。

同部ハ、二班ニ別レテ強力ナ器材ヲ有シ、各班ハ獨立シテ細菌ヲ製造シ得タ。第一班ハ次ノ如キ主ナル設備ヲ有シタ。卽チ、細菌培養基製造用ノ容積各一噸ノ鑵四カ、長サ三米直徑一米半ノ培養基滅菌用ノ自閉鑵一四ヲ有シ、斯ル鑵内ニハ、第七三一部隊長石井ガ發明シタ特別式培養器ヲ三〇カ迄入レ得タ。第一班ハ、二カノ培養基冷藏室ヲ有シタ。各室ハ、一度ニ培養器百カヲ收容シ得タ。同班ハ、更ニ、石井式培養器六二〇カヲ收容シ得ル調温器五カヲ有シタ。

第二班ハ、容積各々二噸ノ鑵二カ、各々培養器六〇カヲ收容シ得ル自閉鑵八カ及ビ其ノ他ノ設備ヲ有シテ居タ。

同部ニハ、『製品』貯藏用ノ特殊ノ冷藏庫ガアッタ。

第七三一部隊ノ有シテ居タ細菌培養用設備ノ主ナル部分ノ能率ニ關スル資料ニ徵シ、鑑定人側ハ、僅カ數日間ノ一製造周期ニ第七三一部隊ノ設備ガ、此ノ部隊内ノミデ最少限三千萬兆ノ細菌ノ製造ヲ確保シ得タコトヲ鑑定シタ。鑑定人側ハ、短時日ノ製造期間トシテハ、上記ノ細菌量ハ極メテ莫大ナモノタルコトヲ認メザルヲ得ナイコトヲ強調シテイル。

斯クノ如キ高速度細菌製造ノ結果、第七三一部隊及ビ第一〇〇部隊ノ勤務員ハ、其ノ製造シタ細菌體ヲ、キログラムヲ單位トシテ計算スルニ至ッタ。被告等ノ供述ニ、細菌ノ量ガキログラムデ示サレテアルノハ此ノ故デアル。尚、是レハ、直接培養基ノ上面ヨリ掻取ッタ濃粘液狀ノ細菌體ニ關スルモノデアル。

第七三一部隊ノ生産能力ヲ算定シテ被告川島ハ、次ノ如く供述シタ――

「製造部ハ、同部ニ有ッタ製造用設備及ビ其ノ生産能力カラシテ……一カ月間ニ三〇〇キログラム迄ノペスト菌ヲ製造シ得タ」（第三册三一七頁）。

更ニ、被告柄澤モ同樣ノ供述ヲ行ッタ――

「……細菌製造部ノ一カ月間ノ生産能力ハ……全設備ノ使用ヲ集注シタ場合……ペスト菌三〇〇キログラム迄製造シ得タ」（第四册二八六頁）。

審理ニヨリ判明シ、鑑定人側ニヨリ認定サレタ如ク、ペスト、コレラ、腸チブス及ビ其ノ他ノ病原體ヲ含ム上記ノ莫大ナ量ノ病原菌ハスベテ、人間ノ大量殺戮用細菌兵器ノ製造ニ用イラレルベキモノデアッタ。

第七三一部隊及ビ其支部デハ、病菌ニ感染セシムル爲、蚤ノ大量繁殖モ行ワレテイタ。蚤ノ繁殖ト感染ニハ、鼠、二十日鼠、其他齧齒類ガ用イラレ、此等ヲ捕捉スル爲、細菌關係部隊要員ノミデナク、關東軍一般部隊特殊班モ使用サレタ。

蚤ノ繁殖ノ規模ニ關シテハ、其レハ、第七三一部隊ニ有ツタ四五〇〇カノ飼育器（培養器）ニヨリ推定サレテイタ。該飼育器ハ、齧齒類ヲ以テ蚤ヲ飼育スル爲ノモノデアツタ。

被告等ガ供述シテイル如ク、該培養器ノ生產能力ハ、短期間ニ、ペスト菌ニ感染セシメラレタ蚤數キログラムヲ飼育スルコトヲ可能ナラシメタ。是レハ、專門家等ノ算定ニヨレバ、何千萬匹ト言ウ莫大ナ量ノ蚤デ、夫レハ專ラ細菌兵器トシテ使用サレル筈デアッタ。

蚤ノ繁殖業務ノ規模ニ就イテハ、海拉爾支部—第五四三部隊ノミデ、一九四五年夏、約一萬三千匹ノ鼠ガ一時ニ飼育サレテイタ——證人森田ノ供述ニヨル——ト言ウ一事ヲ以ヲシテモ推察シ得ル（第二冊二三九頁）。

豫審ノ結果判明シタ如ク、斯クノ如キ細菌戰準備ハ、中國中部及ビ中國南部ニ派遣サレタ『波』及ビ『榮』トイウ祕匿名稱ヲ附ケタ日本軍細菌戰部隊デモ行ワレテイタ。被告軍醫少將佐藤ハ、一九四一—一九四三年ニ於テ兩部隊ノ長デアッタ。

被告佐藤ノ自白ニヨレバ、『榮』部隊ハ、細菌戰遂行用ノ細菌ヲ繁殖スル大キナ生產能力ヲ有シテイタ。

法醫學鑑定人側ノ鑑定ニヨレバ、第七三一部隊及ビ第一〇〇部隊ノ生産能力並ニ業務ノ性格ハ、積極的細菌戰ノ遂行ヲ確保スルコトヲ目的トシタ（第九册一五五頁）。

被告山田ガ供述シタ如ク、日本軍ニ於テ——

『……認可サレ、採用サレタ細菌兵器ノ用法ノ主ナルモノハ、三ツアリ、飛行機ヨリノ細菌撒布、細菌爆彈ノ投下及ビ謀略工作ガ之レデアッタ……』（第一八册一三一頁）。

日本帝國主義者共ノ諸計畫ニヨレバ、特殊器具ヲ備エタ飛行機、特殊教育ヲ受ケタ部隊及ビ謀略工作團ガ、戰場並ニ敵ノ後方ニ於テ、殺人細菌タルペスト菌、コレラ菌、チブス菌、鼻疽菌、炭疽菌等ノ急性流行病菌ヲ多量ニ撒布シ、アラユル手段ヲ以テ、住民地點、貯水池、井戸及ビ作物ヲ汚染シ家畜ヲ感染セシメル筈デアッタ。日本帝國主義者共ノ兇悪ナ計畫ハ、猛毒細菌ノ繁殖ガ急速デアルト言ウ特性ヲ利用シテ、軍隊及ビ平和的住民ノ間ニ、ペスト、コレラ等ノ猛烈ナ流行病ヲ蔓延サセルコトヲ豫定シ、斯クテ、恐ルベキ疫病ノ生地獄ヲ現出セシメ、幾百萬ト言ウ人間ヲ慘死セシメル筈デアッタ。彼等ハ、交戰國ノミデナク、中立國ノ住民ニ對シテモ亦、甚大ナ脅威デアル此ノ非人道的ナ兵器ヲ使用スベク待機シテイタノデアル。

生キタ人間ヲ使用スル犯罪的實驗

細菌兵器ノ効力ヲ試験スル主ナ方法ハ、組織的且ツ大規模ニ實施サレタ生キタ人間ニ對スル犯罪的、非人道的實驗デアッタ。

犯罪的實驗ハ、日本憲兵隊ガ虐殺ニ供シタトコロノ、日本侵略者共ニ對スル反抗運動ノ參加者タル中國愛國者及ビソ同盟市民ニ對シテ實施サレタ。

審理ニヨッテ判明シタ如ク、日本ノ細菌戰部隊勤務員ガ犯罪的實驗ヲ以テ人間ヲ虐殺シタノハ、關東軍司令官ノ承知ト許可ニ基クノデアッタ。

被告山田ハ、本人ガ生キタ人間ヲ使用スル實驗ノ實施ヲ許可シタコトヲ確認シタ。

山田ハ次ノ如ク供述シタ——

『私ハ……生キタ人間ヲ使用スル實驗ノ實施ヲ默認シ、從ッテ、事實上ニ於テ、隷下ノ關東軍憲兵隊及ビ日本陸軍特務機關ガ實驗ノ爲送致シタ中國人、ロシア人、滿洲人ノ虐殺ヲ認可シタコトトナッタ……』(第一八册一七四頁)。

證人トシテ訊問ヲ受ケタ古都ハ、人間ノチブス感染ニ就キ次ノ如ク供述シタ——

『……一九四三年始頃、私ハ、第一部長田部井ノ令ニヨリ、第七三一部隊構内監獄ニ收容セル人間ノチブス感染實驗ニ初メテ參加シタ。私ハ、一リットルノ甘水ヲ作リ、之ニチブス菌ヲ以テ汚染シタ後、其ノ一リツトルニ水ヲ入加エタ。コノ水ガ約五〇名ノ中國人ノ囚人(俘虜ト記憶ス)ニ與エラレタ。其ノ中數名ニ對シテノミ、豫メ、チブス豫防注射ガ施サレタ』(第五册三〇八頁)。

第七三一部隊第一部ノ業務ニ就キ訊問ヲ受ケタ被告川島清ハ、次ノ如ク供述シタ——

『……第七三一部隊ニ於テハ、生キタ人間ニ對シテアラユル殺人細菌ノ効力ノ實驗ガ廣範ニ行ワレ、是レガ爲ノ材料ハ、日本防諜機關ガ殺戮ニ供シタ囚人——中國愛國者及ビロシア人デアツタ……』(第三册五九頁)。

『……囚人ヲ收容スル爲ニ、第七三一部隊ハ、特設監獄ヲ有シ、其處ニハ、部隊員ガ祕密保持ノ爲ニ通常『丸太』ト稱シタトコロノ被實驗者ガ嚴重ナル規律及ビ隔離ノ下ニ收容サレテイタ』(第三册一四六頁)。

生キタ人間ヲ使用スル非人道的實驗ハ、同樣ニ、特設實驗場デ、實戰ニ準ズル野外狀況下デモ實施サレ、囚人ヲ野外デ、鐵ノ杜ニ縛リ付ケ、各種細菌彈ノ効力ヲ試驗シテイタ。

被告柄澤ハ、次ノ如ク供述シタ——

『……私ハ、安達實驗場ニ於テ野外ノ狀況下ニ生キタ人間ニ對シテ行ワレタ細菌ノ効力試驗ニ二回立會ツタ。第一回ハ、一九四三年末デ、其ノ時ニ、約十名ガ實驗場ニ送致サレタ。同人等ヲ、前以テ五米置ニ地中ニ埋メラレタ柱ニ縛リ付ケ、同所ヨリ五〇米離レタル地點ニテ、電流ヲ以テ破片彈ヲ爆破シタ。同實驗ノ結果、被實驗者ノ一部ハ、彈片ニヨリ負傷シ、私ガ其後ニ於テ承知シタ所ニ依レバ、破片彈ニ炭疽菌ガ塡メテアッタ爲、負傷ト同時ニ炭疽ニ感染シタ……

二回目ニ、私ガ實驗場ニ行ッタノハ、一九四四年ノ春デアッタ。約十名ガ送致サレ、前回ノ如ク柱ニ縛リ付ケラレ、被實驗者ヨリ約十米離レタ地點デ、ペスト菌ヲ以テ充滿サレタ容器ヲ爆破セラレタ』（第四册四二頁）。

同ジク、安達驛附近ノ實驗場ニ於ケル同樣ノ犯罪的實驗ノ參加者タル被告西俊英ハ、次ノ如ク供述シタ——

『……一九四五年一月、私ノ立會イノ下ニ、第七三一部隊安達實驗場ニ於テ、同部隊ノ第二部長碇中佐及ビ同部員二木技師ニヨリ、中國捕虜十名ニ對スル瓦斯脫疽ノ感染實驗ガ實施サレタ。中國人捕虜ハ、一〇名共一〇—二〇米置ニ柱ニ縛リ付ケラレ、ソノ後電流ニヨッテ爆彈ガ爆破サレタ。其ノ結果、一〇名共、ガス脫疽ヲ以テ汚染セル榴霰彈ニヨリ負傷シ、一週間後悶死シタ』（第七册一一三頁）。

虐殺サレタ者ノ死體ハ、第七三一部隊監獄ニ隣接スル特別ノ火葬場デ燒却サレタ。

事件ニ關シ訊問サレタ證人及ビ被告ハ、拷問場タル第七三一部隊構內監獄ニ『被實驗材料』トシテ投獄サレタスベテノ者ニ對スル非人道的拷問、暴行及ビ侮辱行爲ニ就キ供述シタ。

證人倉員ハ、次ノ如ク供述シタ——

『……各階ニハ、研究室用ノ數室ガアリ、中間ニハ、被實驗者或ハ、田坂曹長ガ私ニ語ツタ如ク、部隊內デ『丸太』ト稱シタ囚人ヲ收容スル監房ガアツタ……監獄ニ收容サレタ者ノ中ニハ、中國人ノ外ニ、ロシア人モ居タコトヲ私ハ確ニ記憶シテイル。或監房ニ於テハ、私ハ、中國婦人ヲ見タ……監房ニアツタ者ハスベテ、足枷ヲ嵌メラレテイタ……。三名ノ中國人ハ手ノ指ヲ切取ラレ他ノ者ハ、指ノ骨ガ露出シテイタ。吉村ハ、是レガ彼ノ實施シタ凍傷實驗ノ結果デアルコトヲ私ニ說明シタ……』（第二册三七一頁）。

證人トシテ訊問サレタ元『保護院』收容所々長補佐山岸ハ、次ノ如ク供述シタ——

『…殺戮スベク第七三一部隊ニ送致サレタ全員ノ氏名ハ、コレヲ記憶シテ居リマセン。現在迄記憶ニアル者ハ、次ノ者デアル…ソヴエト同盟ニ關スル如何ナル資料ノ提供ヲモ絕對ニ拒絕シタソヴエト軍兵士デムチエンコ。私ノ許可ニヨリ、彼ニ對シテハ、肉體的制裁ガ加エラレタ。訊問者ハ、彼ノ手足ヲ縛ツテ柱ニ吊上ゲ、拷問シタ。然シデムチエンコハ其レニモ拘ラズ、供述ヲシナカツタ。

其ノ結果、私ハ、彼ヲ殺害スルコトニ決シ第七三一部隊ニ送致シタ』(第二冊一七四頁)。

収容所――『保護院』ヨリ、ソ同盟人ヲ殺戮スベク送致シタコトニ關シテハ、證人飯島モ供述シタ――

『………「保護院」カラ、私ハ、數回ニ亘ツテ、合計約四〇名ノソ同盟市民ヲ必殺セシムベク送致シタ。彼等ハ、實驗ニヨツテ死亡シタ………』(第六冊二四二頁)。

第七三一部隊ニ送致サレタ囚人ニ對シテハ、死ヌ迄、非人道的實驗ガ續行サレタ。

被告川島ハ、次ノ如ク供述シタ――

『殺人細菌ニ感染サセラレタニモ拘ラズ、囚人ガ囘復スル場合モ、同人ハ、之ニヨリ、再實驗ヲ免レ得ナカツタ。實驗ハ、感染ニヨリ、死ニ至ル迄續行サレタ。被感染者ハ、之レヲ治療シ、其ノ種々ナル治療方法ヲ研究シ、常食ヲ與エ、全快後ハ、次次ト他ノ細菌ニヨル感染實驗ニ使用サレタ。トニ角、從來此ノ『死ノ工場』カラ生キテ出ル者ハ一人モイナカツタ………』(第三冊六〇頁)。

在滿日本憲兵隊及ビ日本特務機關ハ、其ノ受領シタ命令ニ應ジテ且ツ各細菌戰部隊ノ長トノ打合セニヨリ、中國人、滿洲人及ビソ同盟市民ヨリナル囚人ヲ各部隊ニ送致シ、是等ノ囚人ハ、所謂『研究』用ノ『特殊材料』トナッタ。祕密保持ノ爲、憲兵隊ノ公式書類ニハ、『特移扱』ト言ウ特殊用語ガ用イラレテイタ。

元滿洲國軍憲兵團日本人顧問證人橘猛男ハ、次ノ如ク供述シタ——

『……被訊問者ノ中ニハ、私ガ擔任シテイタ憲兵隊本部特高課關係デ處置サレルベキ部類ノ者ガアッタ。此ノ部類ニ該當シタ者ハ……パルチザン、在滿日本當局ニ對シ極度ニ反感ヲ有スル者等デアッタ。斯ル囚人ニ對シテハ、私達ハ、コレヲ處置スベク第七三一細菌戰部隊ニ送致シタ故、裁判手續ハ行ワナカッタ……』（第六册九五頁）。

他ノ證人、元哈爾濱憲兵隊長副官木村ハ、本人立會ノ下ニ、第七三一部隊長石井中將ガ、哈爾濱憲兵隊長春日馨トノ談話ニ於テ、今後モ、從來通リノ方法デノ『實驗』用ノ被檢擧人ヲ受領シ得ルコトヲ確信スル旨言明シタコトヲ訊問ニ於テ確認シタ（第二册一九四頁）。

ソヴエト軍ガ押收シタ在滿日本當局ノ諸記錄中ニアッタ日本憲兵隊本部ノ公式書類ハ、一九三九年及ビ夫レ以後ニ囚人ノ所謂『特移扱』ガ行ワレテイタコトヲ重ネテ確證シテイル。就中、一九三九年、囚人三〇名ヲ『特移扱』ニヨリ、石井部隊ニ送致スル事ニ關スル關東軍憲兵司令官白倉少將ノ命令第二二四號ガ發見サレタ（第一七册三五——三八頁）。

囚人ノ大量殺戮ハ、被告川島清ノ供述ニヨッテ立證サレテイル——

『第七三一部隊ニハ、毎年、五〇〇——六〇〇名ノ囚人ガ送致サレタ。私ハ、同部隊第一部勤務員ガ憲兵隊ヨリ囚人ノ多人數ノ組ヲ受領シテイルノヲ見タ』（第三册五九頁）。

『……私ハ、部隊ニ於ケル私ノ職務上承知スル資料ニ基キ、第七三一部隊デハ、實驗ノ結果、毎年少クトモ約六〇〇名ノ人間ガ死亡シタコトヲ言明シ得ル』（第三册一四六頁）。

『……部隊ガ五カ年間、卽チ一九四〇——一九四五年ニ平房驛ニ所在シタ期間中ニ、三千名ヲ下ラナイ人間ガ、此ノ『死ノ工場』ヲ通過セシメラレ、殺人細菌ノ感染ニヨッテ殺戮サレタ。一九四〇年迄ニ殺戮サレタ人數ニ就イテハ、私ハ之ヲ知ラヌ』（第三册六〇——六一頁）。

同樣ノ犯罪ガ、第一〇〇部隊ニ於テモ行ワレ、同部隊デハ、第二部第六課ガ、生キタ人間ヲ使用スル實驗ヲ專門ニ擔當シテイタ。

第一〇〇部隊實驗手證人畑木章ハ、同部隊ノ業務ヲ性格ズケテ、次ノ如ク述ベタ――

「……關東軍第一〇〇部隊ハ、『軍馬防疫廠』ト稱サレテイタガ、鼻疽菌、炭疽菌、牛疫菌、卽チ獸疫ノ病原體ヲ培養シ、繁殖シテイタカラ、實際ニハ、細菌戰部隊デアッタ。第一〇〇部隊ニ於ケル細菌ノ効力試驗ハ、家畜及ビ生キタ人間ヲ使用スル實驗ニヨッテ行ワレタ。是レガ爲、同部隊ニハ、馬、牛及ビ其ノ他ノ家畜ガ有リ、亦隔離所ニハ、人間ガ留置サレテイタ。私ハ、コレヲ直接見テ知ッテイル」（第一三册一一一頁）。

第一〇〇部隊ニ獸醫トシテ勤務シタ他ノ證人福住光由ハ、次ノ如ク供述シタ――

「……第一〇〇部隊ハ、實驗隊トシテ、細菌學者、化學者、獸醫及ビ農業技師ノ如キ研究員ヲ擁シテイタ。該部隊ニ於ケル全業務ハ、ソヴエト同盟ニ對スル謀略・細菌戰ノ準備ヲ目的トシテイタ。該部隊ノ勤務員及ビ其ノ各支部員ハ、家畜及ビ人間ノ大量殺戮ノ爲ノ細菌並ニ猛毒ノ大量用法ニ關スル研究ヲ行ッテイタ」。

「……是等ノ毒藥ノ効力ヲ檢定スル爲、家畜及ビ生キタ人間ニ對スル實驗ヲ行ッテ來タ……」（第一三册四八頁）。

第一〇〇部隊ニ勤務シテイタ被告三友ハ、非人道的實驗ヲ行ッタ揚句、本人ガ被實驗者タル囚人數名ヲ殺害シタコトヲ認メタ（第一二册第一九二頁）。

三友ハ、次ノ如ク供述シタ――

『……次ノ様ナコトガ有ッタ。一名ノロシア人ニ對シテ、一九四四年八月ニ、二週間ニ亘リ、各種ノ實驗ガ行ワレタ。其ノロシア人ハ、衰弱ノ極ニ達シ、其ノ結果、松井ハ、此ノロシア人ヲ青酸加里ノ注入デ殺害スルコトヲ命ジタ……

治療ヲ装イ、此ノロシア人ニ青酸加里ヲ注射シタ所、注射後直チニ死亡シタ。注射ハ、營倉デ私ガ行ッタ……

二名ノロシア人ハ、一九四四年九月初メニ私ノ立會ノ下ニ、家畜墓地デ憲兵ニ射殺サレ、其ノ場ニ埋メラレタ。彼等ハ、中島中尉ノ命令ニヨッテ射殺サレタ。射殺シタ理由ハ、彼等ガ極度ニ衰弱シ、其ノ後ノ實驗ニ使用シ得ナカッタ為デアル』（第一二冊一四九頁）。

囚人ニ對スルペスト其ノ他ノ急性流行病感染ノ犯罪的實驗ノ外、第七三一部隊デハ、生キタ人間ノ手足ヲ凍傷ニ罹ラセル非人道的ナ實驗ガ廣範ニ實施サレテイタ。囚人ニ、其ノ手足ヲ、特別ノ冰入リノ箱ニ入レシメ、手足ガ凍傷ニ罹ル迄、其ノ箱カラ出サセナカッタ。

證人古都ハ、次ノ如ク供述シタ――

『……毎回二名乃至一六名ノ、足枷ヲ嵌メラレタロシア人、滿洲人、中國人及ビ蒙古人ヲ、寒氣ニ曝シ、武器ヲ以テ脅迫シ、裸手（時ニハ片手、時ニハ同時ニ兩手）ヲ水ヲ入レタ桶ニ漬ケシメ、然ル後、濡レ手ヲ、十分乃至二時間ノ間、寒氣ニ曝サシメタ。曝ス時間ハ、氣温ニヨツテ異ナツタ。而シテ、彼等ガ凍傷ニ罹ルヤ、之ヲ監獄内ノ研究室ニ連レ込ンダ」（第五册三一七頁）。

此等ノ犯罪的實驗ノ結果ハ、多クノ場合、被實驗者ノ壞疽、四肢切斷及ビ死亡デアツタ。此等ノ實驗ノ目的ハ、計畫サレタ對ソ戰鬪行動ノ際ニ於ケル四肢ノ凍傷豫防法ノ研究デアツタ。

對中國戰爭ニ於ケル細菌兵器ノ使用

日本帝國主義者共ハ、大規模ニ細菌戰ヲ準備シツツ、彼等ガ中國ニ對シテ開始シタ侵略戰爭中、既ニ一九四〇年ニ、細菌兵器ヲ部分的ニ使用シタ。

一九四〇年ノ夏ニ、第七三一部隊長石井中將ヲ長トスル特別細菌戰派遣隊ガ、中國中部ノ戰鬪行動地域ニ派遣サレタ。寧波方面デ、第七三一部隊ノ飛行機ハ、ペスト蚤ヲ以テ、敵軍ノ地域ヲペスト病ニ感染セシメ、其ノ結果、其處ニハペスト流行病ガ發生シタ（第三册七三頁）。

上記派遣隊ノ派遣ニ就キ訊問サレタ被告柄澤十三夫ハ、次ノ如ク供述シタ——

『……一九四〇年ノ後半、私ハ、直屬上官タル鈴木少佐ヨリ、腸チブス菌七〇キログラム及ビコレラ菌五〇キログラムヲ製造スルコトヲ命ジラレタ。鈴木少佐ハ、同時ニ、細菌製造ニ關スル命令ハ、第七三一部隊長石井中將ヨリ受ケタモノデアルコト及ビ石井中將ガ中國軍ニ對シテ細菌ヲ使用スベキ特別派遣隊ノ派遣準備ヲシテイルコトニ就キ私ニ說明シタ……私ハ、上述ノ命令ヲ實行シタ。同時ニ、第二部員ノ言ニヨリ、石井中將ノ派遣隊用トシテ、ペストノ媒介體タルペスト蚤ヲ五キログラムガ第二部デ飼育サレタコトヲ私ハ知ッタ。一九四〇年九月ニ、石井中將ハ、同部隊將校一行ヲ伴ッテ漢口ニ赴キ、一九四〇年十二月ニ歸隊シタ。石井中將ニ同伴シタ將校ハ、歸隊後、ペスト蚤ノ使用ガ好結果ヲ齎シタコトヲ語ッテイタ。ペスト蚤ヲ撒散ラシタ結果、ペスト流行病ガ發生シタ。該派遣隊ノ參加ノ者一人デアッタ野崎少佐ハ、證據トシテ、寧波方面デペストガ發生シタコトヲ論ジタ一文ガ掲載サレタ中國紙ヲ私ニ見セタ。尙此ノ記事ノ筆者ハ、此ノ方面ノ低空ヲ日本側ノ飛行機ガ飛ビ、何物カヲ投下シタコトヲ目擊シタ證人ガ居ルト言ウコトニ基キ、ペスト勃發ノ責任ハ、日本側ニアルト正當ナル結論ヲ下シタ。私ハ、此ノ記事ヲ閱讀シタ』（第四册四三頁）。

第七三一部隊ニ於テ、日本ノ一細菌戰部隊ノ中國軍ニ對スル戰鬪行動ノ祕密記錄映畫ヲ見タ被告西俊英ハ、次ノ如ク供述シタ——

『……次ノ場面ガ上映サレタ。飛行機ニ特殊容器ヲ据付ケル。説明ニハ、該容器ニハ、ペスト菌ニ感染セシメラレタ蚤ガ入レテアルト述ベラレタ……飛行機ハ、敵地ノ上空デ撮影サレタモノデ、地上ニハ、中國軍ノ移動及ビ部落ガ見エタ』。

西ハ、續イテ此ノ秘密記錄映畫ノ、細菌攻擊及ビ其ノ終了ノ場面ニ就キ供述シタ——

『飛行機ガ飛行場ニ戻ル。「作戰終了」ノ字幕ガ現ワレル。飛行機ヨリ、石井及ビ碇ガ降リル。「結果」ノ字幕ガ現ワレ、中國紙及ビ其ノ日譯文ガ上映サレル。中國紙ニハ、寧波方面デ、突然、猛烈ナペストガ發生シタコトニ關スル記事ガ掲載サレテアッタ』（第七册五八頁）。

中國中部ノ戰鬪地域ニ、特別派遣隊ヲ派遣シタ事實ハ、上記被告柄澤及ビ西ノ供述ノ外ニ、日本關東軍ノ諸記錄中ニ發見サレタ書類ニヨッテモ重ネテ確證サレル。例エバ、關東軍野戰鐵道司令官ニ、第七三一部隊員一行及ビ極秘ノ特別貨物ノ中國中部ヘノ輸送ヲ命ジタ、一九四〇年七月二五日付元關東軍司令官梅津大將ノ「關作命丙第六五九號」ガ發見サレタ。上記ノ命令ヲ遂行スベク、關東軍野戰鐵道司令官草場中將ガ下セル一九四〇年七月二六日付ノ命令——『關鐵司後命第一七八號』モ同ジク發見サレタ。同命令ニハ、貨物ノ極祕ナルコトガ特記サレ、其レ故、『輸送概見表』ニハ貨物ノ名稱ヲ記入シナイ旨記サレテアル。徑路ハ、平房——哈爾濱——奉天——山海關——天津デアッタ（第一五册三五——三九頁）。

一九四一年、第七三一部隊ハ、中國中部、常德方面ヘ派遣隊ヲ送ッタ。派遣中、日本軍ノ飛行機ハ、ペスト蚤ニヨッテ該領域ヲ汚染シタ。

一九四二年、中國中部ノ某戰鬪地域カラ日本軍ガ退却シタ際、第七三一部隊ハ、更ニ一派遣隊ヲ派遣シタ。

本派遣隊ノ準備ニ就キ被告柄澤ハ、次ノ如ク供述シタ——

『……中國軍ニ對スル石井中將ノ指揮スル派遣隊ハ、一九四二年半バ頃ニ派遣サレタ。

……本派遣隊ハ、出發準備トシテ、例ノ鈴木少佐ノ命令ニヨリ、又私ノ指揮下ニ、パラチブス菌及ビ炭疽菌一三〇キログラムヲ製造シタ。私ノ知ル所デハ、本派遣隊ハ、流行病ノ媒介體トシテ蚤ヲモ使用シタ……派遣隊ノ活動ヲ指導スベク石井中將ハ、一行ヲ同伴シテ、當時日本軍ガ退却シツツアッタ中國中部ニ赴イタ。軍ノ退却ニ乘ジテ、派遣隊員ハ、進撃シ來ッタ中國軍ヲ流行病ニ感染サセルベク退却地域ニ細菌ヲ撒布シタ』（第四册四四頁）。

被告柄澤ノ本供述ハ、他ノ被告川島淸ガ是レヲ全部確認シタ——

『……一九四二年七月、豫行演習ノ後派遣隊ハ、數カノ組ニ分レ、各々中國中部ニ赴イタ……』。『本回ノ細菌兵器用法ハ、地上用法デ、領域ノ汚染ハ、謀略行動ノ方針ニ基キ行ワレタ……』。

『進擊シテ來タ中國軍ハ、汚染地域ニ入リ、細菌兵器ノ爲ニ被害ヲ蒙ツタ』。元日本第一三軍參謀部情報・諜報課長證人三品隆行ノ供述ニヨリ判明シテイル如ク、本作戰ニハ、『榮』細菌戰部隊ノ勤務員モ參加シタ（第六册三〇七頁）。

ハ、ソ同盟ニ對スル細菌戰準備ノ積極化

一九四一年、ソ同盟ニ對スルヒトラー・ドイツノ背信的攻擊ノ後、日本ノ軍國主義者共ハ、對ソ戰參加ノ好機ヲ待チ、細菌戰遂行ノ爲ニ編成シタ細菌戰部隊及ビ其ノ支部ノ展開ト整備ヲ滿洲デ積極的ニ促進シタ。

『關特演』（即チ、一九四一年夏ニ採用サレタ對ソ攻擊ノ爲ノ日本關東軍ノ展開計畫）ニ從イ、第七三一部隊及ビ第一〇〇部隊ハ、細菌兵器ノ用法ノ徹底及ビ其ノ使用ノ爲、將校、下士官ノ特別教育ヲ組織シタ。

元關東軍獸醫部長高橋隆篤中將ハ、次ノ如ク供述シタ——

『……「關特演」ト稱スル作戰計畫作成後在滿各軍司令部ニ「軍馬防疫」隊ヲ編成シ、第一〇〇部隊ヨリ派遣シタ獸醫・細菌專門家ヲ各部隊ノ長トシタ……。此等ノ部隊編成ハ、日本軍參謀本部第一作戰部ガ發案シタモノデアル……。「軍馬防疫」隊ノ任務ハ、ソヴエト同盟ニ對スル細菌戰及ビ謀略ノ準備ト實行デアツタ……』（第一一册五三——五四頁）。

被告川島ハ、一九四一年ニ於ケル日本ノ細菌戰準備強化ニ關シ供述シタ際、次ノ如ク述ベタ——

『……一九四一年夏、獨ソ戰開戰後、私ガ石井中將ヲ訪レタ際、石井中將ハ、村上中佐及ビ太田章大佐——各部長出席ノ下ニ、部隊ノ活動強化ノ必要ナルコトニ就キ述ベ、細菌戰用兵器トシテノ、ペスト菌ノ研究ヲ促進スベシトノ日本軍參謀總長ノ命令ヲ私達ニ讀聞カセタ。同命令ニハ、ペスト病ノ媒介體タル蚤ノ大量飼育ノ必要ニ關シ特記サレテアツタ』（第三册二八——二九頁）。

元第七三一部隊教育部長被告西ハ、ヒトラー・ドイツノ對ソ攻擊當時ニ於ケル日本ノ細菌戰待機態勢ニ就キ、次ノ如ク供述シタ——

『……一九四一年、ドイツノ對ソ同盟攻擊及ビ滿洲ニ於ケル關東軍ノ滿ソ國境集結時ニ於テ、第七三一部隊ニ於ケル効果的細菌攻撃用兵器ノ製造ニ關スル研究業務ハ、大體ニ於テ完成サレ、同部隊ノ爾後ノ業務ハ、細菌ノ大量生産過程及ビ細菌撒布方法ノ改良ニ關シテ實施サレタ。最モ有效ナ攻撃手段ハ、ペスト菌ナルコトガ判明シタ』（第七册一二四頁）。

一九四二年、第七三一部隊及ビ第一〇〇部隊ハ、細菌戰遂行準備ノ爲、ソヴエト同盟トノ國境地帶ノ特殊偵察ヲ行ッタ。ソレ以前ニ、日本關東軍司令部ノ指令ニヨリ、第一〇〇部隊ハ、系統的ニ、ソヴエト同盟トノ國境線ニ細菌班ヲ派遣シ、謀略ノ目的ヲ以テ、此等ノ班ハ、數年ニ亘リ國境、就中三河方面ニ於ケル貯水池ヲ汚染シタ。

此等ノ事實ハ、被告平櫻、三友並ニ證人吉川其ノ他ノ供述ニヨリ確定サレタモノデアル（第一二册九四、一九二頁、第一三册五七——五八頁）。

細菌兵器ノ効力ヲ試驗スル爲、第一〇〇部隊ハ、一九四四年九月、第七三一部隊安達實驗場デ、關東軍司令部代表者ノ立會ノ下ニ、所謂『演習』ヲ行ッタ。

其ノ參加者ノ一人、證人福住光由ハ、次ノ如ク供述シタ——

『……細菌ノ大量使用方法ノ研究ハ、特殊器具及ビ飛行機ヲ以テ特設實驗場ニ於テ實施シタ實驗ニヨリ行ワレタ。斯ル實驗中、大規模ニ行ワレタモノハ「演習」ト稱シタ。一九四四年九月安達驛ニ於テ、斯ル「演習」ガ行ワレタ……。實驗ハ、三〇〇頭ノ牛及ビ羊ニ對シテ行ワレタ。卽チ此ノ實驗ノ結果ハ良好デアッタ。此等ノ動物ハ全部感染シ、斃死シタノデアル。該「演習」ニハ、關東軍司令部ノ代表等ガ飛行機デヤッテ來タ』（第一三册四九頁）。

第七三一部隊及ビ第一〇〇部隊並ニ其ノ各支部ニ於ケル、ソヴエト同盟ニ對スル細菌戰ノ準備活動ガ、特ニ積極的ニナッテ來タ第二期ハ一九四五年デアッタ。

被告西ハ、此ノ點ニ關シ、次ノ如ク供述シタ——

『………一九四五年五月、私ガ直接、石井中將ニ報告シタ際、石井中將ハ、私ニ對シ、細菌材料、就中ペストニ關スルモノノ製造強化ノ必要ヲ特ニ強調シタ。石井ノ言ニヨルト、是レハ、當時、情勢ノ發展ガ、何時敵ニ對スル細菌攻撃ノ必要ガ生ズルカモ知レナイ狀態ニ有ッタ爲デアル』（第七册一三〇頁）。

此ノ指令ニヨリ、第七三一部隊ノ各支部ハ、蚤ノ繁殖ニ必要ナル齧齒類（二十日鼠、鼠）ノ大量捕捉、繁殖及ビ之レノペスト感染ニ關スル業務ヲ強化シ、ソノ爲各支部及ビ一般部隊ニモ特別班ヲ組織シタ（第一〇册三〇、一七六、一九三頁、第二册一六八頁）。

此ノ時期ニ、實驗業務ガ強化サレ、生產能力ヲ增大シ、細菌戰材料ヲ貯藏スル爲、設備ガ更ニ更新サレタ。

元日本關東軍司令官山田大將ハ、彼ノ直轄部隊デアッタ細菌戰部隊ノ潛在生產能力ニ就キ訊問サレタ際、其レガ極メテ大ナルコトヲ確認シ、『必要ノ場合ニハ、第七三一部隊ノミデモ、其ノ兵器デ、日本軍ノ細菌戰遂行ヲ確保シ得タ』ト述ベタ（第二册六頁）。

＊　＊　＊

ソヴエト同盟及ビ其ノ軍事力ハ、帝國主義日本ノ支配閥ノ細菌戰開始ノ犯罪的企圖ヲ挫折セシメタ。

ソヴエト軍ハ、滿領ニ進出シ、敵ヲ痲痺サセル急速ナ打擊ヲ敵ニ與エ、日本ノ主要ナ軍事力タル關東軍ヲ最短期間ニ擊破シ、帝國主義日本ヲ無條件降伏ノ餘儀ナキニ至ラシメタ。

被告山田ハ、次ノ如ク供述シタ――

『……ソヴエト同盟ガ對日戰ニ參加シ、ソヴエト軍ガ急速ニ滿領內深ク進擊シ來ッタ爲、吾々ハ、ソ同盟及ビ其ノ他ノ諸外國ニ對シテ細菌兵器ヲ使用スル機會ヲ奪ワレテ了ッタ……』（第一八册一三三頁）。

降伏直前、日本軍統帥部ハ、彼等ガ爲シタ兇惡ナ行爲ノ證跡ヲ湮滅スル爲、各細菌戰部隊及ビ其ノ支部ノ建物、設備、書類等ヲ絕滅シタ。

＊　＊　＊

斯クノ如ク、日本ノ參謀本部及ビ關東軍司令官ガ指導シタ第七三一部隊並ニ第一〇〇部隊ノ實際上ノ業務ハ、細菌戰ノ準備及ビ遂行ヲ目的トシ、帝國主義日本ノ支配閥ノ犯罪的陰謀ノ一般計畫ノ一構成部分デアッタコトガ、豫審ニヨッテ判明シタ。

同樣ニ、日本軍國主義者共ガ、其ノ犯罪的諸計畫ヲ遂行スル爲ニ、生キタ人間ヲ使用スル非人道的實驗及ビ殺人細菌ノ強制感染ニヨッテ數千人ノ囚人ヲ殺戮スルガ如キ、アラユル兇惡ナ行爲ヲ敢エテ爲シタコトモ判明シタ。

各被告ノ責任

本事件ノ關係者トシテ起訴サレタ各被告ノ具體的ナ犯罪行爲ハ、次ノ如クデアル。

一、山田乙三。本人ハ、一九四四年ヨリ日本軍ガ降伏シタ日迄、日本關東軍司令官トシテ、第七三一及ビ第一〇〇特殊部隊ノ細菌戰準備業務ヲ指導シタ。

此ノ期間ヲ通ジテ、山田ハ、直接或ハ、要職ニアッタ參謀將校ヲ通ジテ此等ノ部隊ヲ監督シ、且ッ一度ナラズ此等ノ部隊ノ指導者ノ報告ヲ聽取シ、該部隊ガ常ニ戰鬪待機態勢ニ有ル如ク處置ヲ構ジタ。

自己ノ觀察及ビ細菌戰部隊幹部ノ報告ニヨリ被告山田ハ、生キタ人間ヲ使用スル犯罪的實驗ニ就キ充分承知シテイタシ、ソレラノ兇惡ナ行爲ヲ激勵シタ。斯クノ如ク、山田ハ、殺人細菌ノ感染ニヨリ慘殺サレタ幾千人ノ野獸的殺人行爲ニ對シ責任ヲ負ウベキデアル。

被告山田ハ、第七三一部隊ノ指導ニ於ケル自己ノ役割ヲ説明シ、次ノ如ク供述シター

『第七三一部隊ハ、關東軍司令官タル私ノ直轄下ニ在ツタ。第七三一部隊ニ對スル、細菌兵器ノ製造並ニ其ノ實用等ノ諸問題ニ關係アル戰術上ノ指導權ハ私ガ有シテ居タ。之ハ、敵國ノ軍隊ニ對シテ細菌兵器使用ノ必要ガ發生シタ場合、之ニ關スル命令權ハ、私ノミニ在ルコトヲ意味シタ、何故ナレバ第七三一部隊ハ關東軍司令官タル私ノ直轄特殊部隊デアッタカラデアル。』（第一八册三八三頁）。

第一〇〇細菌戰部隊モ亦、同樣ノ條件デ被告山田ニ隷屬シテイタ（第一八册三九二頁）。

二、梶塚隆二。本人ハ、一九三九年ヨリ關東軍軍醫部長ノ地位ニ在ッテ、積極的ニ細菌戰準備ヲ實施シテイタ第七三一部隊ノ業務ヲ直接指導シテ來タ。梶塚ハ、細菌兵器ノ使用方法研究ノ發案者ノ一人デアッタ。

既ニ、一九三一年、梶塚ハ、細菌戰理論家ノ一人タル石井四郎ノ實戰用細菌兵器ノ研究強化ニ關スル要求ヲ積極的ニ支持シテイタ。

一九三四——一九三六年間ニ、被告梶塚ハ、日本陸軍省醫務局ノ一部長トシテ、第七三一部隊ノ創設及ビ適當ナ專門家ノ人選ニ積極的ニ參加シタ。尙、石井四郎ヲ、第七三一部隊長ニ任命スルコトニ盡力シタ。

被告トシテ訊問サレタ梶塚ハ、第七三一部隊及ビ其ノ各支部ニ於ケル生キタ人間ヲ使用スル犯罪的實驗ヲ始メ、細菌兵器使用ニ至ル迄ノ全業務ヲ知悉シテイタコトヲ確認シタ。

被告梶塚ハ、次ノ如ク供述シタ——

『…私ハ、第七三一部隊ニ於テ、最有効細菌兵器研究ノ爲常時、生キタ人間ヲ使用スル實驗ガ行ワレテイタコトヲ熟知シテイタ。私ハ、第七三一部隊ガ、一九四一—一九四二年間ニ、中國軍並ニ平和ナ中國人民ニ對シ、細菌兵器ヲ實用シタ事實ヲ承知シテイタ…

私ノ管下ニアツタ各部隊及ビ軍醫部ハ、細菌戰ノ準備ヲ整エテイタ』（第一册一一五頁、一一九——一二一頁）。

梶塚ハ、ソ同盟ニ對スル細菌戰準備ノ直接ノ實務ニ、本人ガ參加シタコトヲ否定シテイルガ、被告山田、高橋及ビ證人河野信勝其他ノ供述ニヨリ完全ニ此ノ罪狀ガ判明シテイル（第二册四九——六三頁及ビ第一八册四二七頁）。

三、高橋隆篤。本人ハ、一九四一年ヨリ日本ノ降伏ノ日迄、日本關東軍獸醫部長ノ地位ニ在ッテ、第一〇〇部隊ノ業務ヲ直接指導シ、細菌戰準備ニ積極的ニ參加シタ。

被告高橋ハ、第一〇〇部隊ニ於ケル自己ノ役割ニ就キ、次ノ如ク供述シタ――

『…私ハ、ソ同盟ニ對スル細菌戰及ビ細菌謀略ノ準備ヲ指導シタ』。

『私ハ、ソ同盟ニ對スル細菌戰及ビ細菌謀略ニ使用スル目的ヲ以テ、第一〇〇部隊ニテ、鼻疽菌、炭疽菌、及ビ牛疫ト「モザイク」ノヴァイラスヲ製造スル様命ジ、其ノ生産ヲ監督シタ』（第一一册一一七頁）。

被告高橋ハ、第一〇〇部隊ノ業務ヲ指導スルニ當リ、細菌兵器ガ、最有効兵器ノ一ツデアルト言ウ觀念ヲ徹底サセルコトニ常ニ努力シテ來タ（第一一册一一三頁、一一七――一二〇頁）。

四、川島清。本人ハ、一九四一年ヨリ一九四三年ニ至ル迄、第七三一部隊製造部長トシテ、細菌兵器ノ大量生産ヲ組織シタ。

被告川島ハ、部隊内デ行ワレタ、生キタ人間ヲ使用スル大規模ナ犯罪的『研究』及ビ『實驗』ニ直接參加シタ。

此ノ点ニ就キ、被告川島ハ、次ノ如ク供述シタ――

『…私達ガ用イタ生キタ人間ヲ使用スル實驗方法及ビ殺人細菌ニ依ル人間ノ大

量殺戮ガ、野蠻的ニシテ、人類ニ對スル犯罪ナルコトヲ自認シテイル』（第三冊一四七頁）。

一九四二年、被告川島ハ、現地デ、細菌兵器ヲ實戰ニ使用スル目的ヲ以テ、中國中部ニ派遣サレタ特殊派遣隊ニ對スル兵器確保ニ盡力シタ（第三冊一四一頁、一四五——一四七頁）。

五、西俊英。本人ハ、一九四三年一月ヨリ一九四五年ニ至ル迄、在孫呉第七三一部隊第六七三支部長ノ地位ニ在ッテ、第七三一部隊ニ於ケル細菌兵器ノ製造ニ必要ナ材料確保ノ爲ノ隷下同支部ノ全業務ヲ指導シタ。

一九四四年七月ヨリ、被告西ハ、第七三一部隊ノ所謂『教育』部長ヲ兼任シ、細菌戰遂行ニ使用スベキ特殊部隊要員ノ育成ヲ指導シタ。

被告西ハ、生キタ人間ヲ使用スル犯罪的、非人道的實驗ニ直接參加シタ。

一九四五年、ソヴエト軍ノ接近ト共ニ、被告西ハ、自己ノ犯罪行爲ノ證跡ヲ湮滅スル爲、本人ガ長デアッタ第六七三支部ノ業務用建物及ビ書類ヲ悉ク燒却シタ（第七冊一〇八頁、一一二——一一五頁）。

六、柄澤十三夫。本人ハ、一九四三年ヨリ一九四五年ニ至ル迄、第七三一部隊製造部ノ一課長ノ地位ニ在ッテ、細菌兵器ノ大量生産ヲ積極的ニ組織シタ一人デアル。

一九四〇――一九四二年間ニ、被告柄澤ハ、細菌兵器ヲ實戰ニ使用スル目的デ中國中部ニ派遣サレタ第七三一部隊特殊派遣隊ニ對スル細菌確保ニ積極的ニ參加シタ。

一九四三――一九四四年間、被告柄澤ハ、四人ニ對スル殺人細菌使用ノ犯罪的實驗ニ直接參加シタ（第四册一五八頁、一六二――一六五頁）。

七、尾上正男。本人ハ、一九四三年十月ヨリ一九四五年ニ至ル迄、第七三一部隊第六四三支部長ノ地位ニ在ッテ、最モ有効ナ實戰用細菌兵器ノ種類及ビ其ノ大量生產方法ニ關スルアラユル研究ヲ直接指導シテ來タ。

被告尾上ハ、次ノ如ク供述シタ――

『…第七三一部隊ニ於テ、ソヴェト同盟ニ對スル細菌戰用細菌兵器ノ研究及ビ大量生產業務ガ行ワレテイタコトヲ、私ハ承知シテイタ…』。

『私ノ指導シタ第六四三支部ニ於テハ、齧齒類及ビペスト蚤ガ飼育サレ、是等ノ動物ハ細菌兵器ノ製造ニ利用セシムル爲第七三一部隊ニ送達サレタ』（第八册一〇二頁）。

被告尾上ヲ長トスル支部內ノ教育部ハ、細菌戰ノ遂行ニ使用スベキ特殊要員ヲ、系統的ニ養成シタ。

一九四五年、細菌戰準備ニ關係アル彼等ガ犯シタ犯罪行爲ヲ秘匿スル爲、被告尾上ハ同支部ノ設備及ビ書類ヲ悉ク燒却シタ（第八册九八頁、一〇二――一〇四頁）。

八、佐藤俊二。本人ハ、一九四一年ヨリ一九四三年ニ至ル迄、「波」及ビ「榮」兩部隊ノ長デアッタシ、一九四四年以降ハ、日本關東軍第五軍軍醫部長トシテ、第七三一部隊第六四三支部ノ業務ヲ指導シタ。

被告佐藤ハ、「波」及ビ「榮」兩部隊ノ長トシテ、細菌兵器ノ研究及ビ製造ニ、積極的ニ參加シタ。

其後、第五軍軍醫部長ノ地位ニ在ッテ、被告佐藤ハ、細菌戰用材料ノ增產ニツキ、第六四三支部ヲ積極的ニ支援シタ。亦同支部用齧齒類ノ捕捉ニ關スル特別命令ヲ、第五軍ノ各部隊ニ發シタ。

被告トシテ訊問ヲ受ケタ佐藤ハ、次ノ如ク供述シタ——

「…「榮」部隊長ノ職ニ在ッテ、私ハ、細菌兵器ノ研究及ビ大量生產ニ關スル部隊業務ヲ統轄シタ。其ノ爲、南京「榮」部隊ハ、強力ナ設備並ビニ細菌專門家ヲ擁シ、大規模ニ殺人細菌ヲ製造シテイタ。

私ノ指揮下ニ…教育部ハ、每年、三〇〇名迄ノ細菌專門家ヲ細菌戰ニ利用セシムベク養成敎育シタ」（第九册一五〇頁、一五四——一五七頁）。

佐藤ノ罪狀ハ、彼ノ供述ノ外、被告尾上、證人三品其ノ他ノ供述ニヨッテモ、實證サレテイル（第二册二五一頁及ビ第一七册五九——六四頁）。

九、平櫻全作。本人ハ、一九四二年ヨリ日本ノ降伏ノ日迄、第一〇〇部隊勤務員トシテ、ソヴェト同盟ニ對スル攻擊用細菌兵器ノ研究及ビ大量生産ニ積極的ニ參加シタ。

一九四二——一九四四年間、被告平櫻ハ、第一〇〇部隊勤務員カラナル偵察・謀略別隊長トシテ、ソヴェト同盟ニ對スル最モ有効ナ細菌兵器ノ使用方法ヲ研究スル目的ヲ以テ、一再ナラズ、ソヴェト同盟ニ對スル特殊偵察ニ參加シタ。同期間ニ本人ハ、ソヴェト同盟トノ國境、就中三河方面ニ於テ、謀略ノ目的ヲ以テ、一度ナラズ貯水池ヲ汚染シタ（第一八册八九頁、九三——九六頁）。

十、三友一男。本人ハ、一九四一年四月ヨリ一九四四年ニ至ル迄、第一〇〇部隊員トシテ、ソヴェト同盟ニ對スル細菌戰遂行及ビ謀略實施ノ爲ノ殺人細菌製造ニ積極的ニ參加シタ。

三友ハ、一定ノ細菌兵器ノ効力實驗ノ被實驗體ト爲スガ如キ慘虐ナ方法ニヨル囚人ノ慘殺ニ直接參加シタ。

一九四二年七——八月ニ、第一〇〇部隊勤務員ヲ以テ構成セル偵察・謀略別隊ノ一員トシテ、被告三友ハ、三河方面ニ於テ、ソヴェト同盟ニ對スル謀略工作ニ參加シタ（第一二册一八七頁、一九一——一九三頁）。

十一、菊池則光。本人ハ、一九四三年四月ヨリ一九四五年八月ニ至ル迄、兵士トシ

3*

テ、第七三一部隊第六四三支部ニ勤務シタ。一九四四年二月ヨリ一九四五年二月迄、菊池ハ、同支部第一課ノ實驗手トシテ、腸チブス菌及ビ赤痢菌ノ培養ニ從事シ、斯クテ、細菌兵器ノ研究ヲ援助シタ。一九四五年六月ニ、菊池ハ、第七三一部隊ニ於ケル細菌戰教習所デ再教育ヲ受ケタ。此ノ細菌戰教習會デハ、細菌戰ヲ遂行スル爲ノ要員ヲ養成シテイタ。之レハ、菊池ノ自白並ニ證人齋藤政輝、岡田光重及ビ其ノ他ノ者ノ供述ニヨリ判明シタ（第一九冊一一——一五頁及ビ二五——二七頁）。

十二、久留島祐司。本人ハ、一九四四年十月特別教育ヲ受ケタ後、第七三一部隊第一六四支部ニ勤務シ、同支部第一課ノ衛生兵・實驗手トシテ、コレラ菌、チブス菌等ノ培養ニ參加シタ。

久留島ハ、第七三一部隊ガ、細菌戰ヲ準備シ、細菌兵器ヲ製造シテイタコトヲ承知シテイタコトヲ自認シタ（第二〇冊一一——一六頁）。

被告トシテ起訴サレタ山田乙三、高橋隆篤、柄澤十三夫、川島清、尾上正男、西俊英、平櫻全作、佐藤俊二、三友一男、菊池則光、久留島祐司ハ、彼等ニ提示サレタ起訴事項ニツキ、有罪ナルコトヲ完全ニ自認シタ。

被告梶塚隆二ハ、自己ノ有罪ヲ部分的ニ承認シタ。

本件ノ全被告ノ有罪ハ、本人ニヨル承認ノ外、多數ノ證言、證據書類及ビ法醫學鑑定ニヨリ確定サレタ。

上記ニ基キ——

一、山田乙三。一八八一年生、出生地東京市、大將、元日本關東軍司令官

二、梶塚隆二。一八八八年生、出生地田尻市、細菌學者ニシテ醫師、軍醫中將、元日本關東軍軍醫部長

三、高橋隆篤。一八八八年生、出生地秋田縣由利郡本ジョ町、生物化學者、獸醫中將、元日本關東軍獸醫部長

四、川島清。一八九三年生、出生地千葉縣山武郡蓮沼村、細菌學者ニシテ醫師、軍醫少將、元日本關東軍第七三一部隊製造部長

五、西俊英。一九〇四年生、出生地鹿兒島縣薩摩郡樋脇村、細菌學者ニシテ醫師、軍醫中佐、元日本關東軍第七三一部隊教育部長

六、柄澤十三夫。一九一一年生、出生地長野縣小縣郡豐里村、細菌學者ニシテ醫師、軍醫少佐、元日本關東軍第七三一部隊製造部課長

七、尾上正男。一九一〇年生、出生地鹿兒島縣出水郡米ノ津町、細菌學者ニシテ醫師、軍醫少佐、元日本關東軍第七三一部隊第六四三支部長

八、佐藤俊二。一八九六年生、出生地愛知縣豐橋市、細菌學者ニシテ醫師、軍醫少將、元日本關東軍第五軍軍醫部長

九、平櫻全作。一九一六年生、出生地石川縣金澤市、獸醫、獸醫中尉、元日本關東軍第一〇〇部隊員

十、三友一男。一九二四年生、出生地埼玉縣秩父郡原谷村、軍曹、元日本關東軍第一〇〇部隊員

十一、菊池則光。一九二二年生、出生地愛媛縣、教育程度九ヵ年、上等兵、元日本關東軍第七三一部隊第六四三支部實驗室衞生兵見習

十二、久留島祐司。一九二三年生、出生地香川縣小豆郡苗羽村、尋常高等小學校卒業、元日本關東軍第七三一部隊第一六二支部衞生兵・實驗手

以上ノ者ヲ左ノ如キ犯行ノ廉デ告發スル

山田、梶塚、高橋、佐藤ニ對スル告發事項ハ、彼等ガ日本軍ノ要職ニ在ッテ、特殊細菌戰部隊ノ業務ヲ統轄シ、此ノ業務ヲ、ソ同盟並ニ其ノ他ノ諸國ニ對スル細菌戰準備ノ爲ノ細菌兵器ノ製造ヘト方向ヅケタコトデアル。

斯クシテ、此等ノ被告ハ、侵略戰爭ノ開始並ビニ平和的住民ヲ大量殺戮用細菌兵器ノ準備ニ關スル帝國主義日本ノ支配閥ノ犯罪的諸計畫ノ實施ニ積極的ニ參加シタ。

加之、被告山田、梶塚及ビ高橋ハ、生キタ人間ヲ使用スル犯罪的非人道的實驗ノ實施ヲ故意ニ容認シタ。其ノ結果、三〇〇〇名以上ノ人間ガ殘虐ナ方法ニヨリ殺害サレタ。被告佐藤ハ、『波』及ビ『榮』兩部隊ヲ指揮シ、同部隊ニ於ケル細菌兵器ノ製造ヲ自ラ統轄シタ。

山田、梶塚、高橋及ビ佐藤ノ犯罪行爲ハ、一九四三年四月一九日付ソ同盟最高ソヴェト常任委員會法令第一條ニ該當スル。

川島、柄澤、西、尾上及ビ平櫻ニ對スル告發事項ハ、彼等ガ細菌戰ノ準備及ビ遂行ヲ任務トシテ活躍シタル日本軍特殊細菌戰部隊ノ樞要ナ職員トシテ、人間ノ大量殺戮用細菌兵器ノ研究及ビ製造ニ積極的ニ參加シタコトデアル。

被告川島及ビ柄澤ハ、中國ニ對スル細菌戰ノ遂行ニ積極的ニ參加シ、被告平櫻ハ、ソ同盟ニ對スル細菌謀略ニ積極的ニ參加シタ。

加之、川島、柄澤及ビ西ハ、生キタ人間ヲ使用スル犯罪的非人道的實驗ニ直接參加シタ。彼等ノ犯行ハ、一九四三年四月一九日付ソ同盟最高ソヴェト常任委員會法令第一條ニ該當スル。

三友、菊池、久留島ハ、細菌戰ノ準備及ビ遂行ノ爲編成サレタ日本軍特殊細菌戰部隊隊員トシテ、人間ノ大量殺戮用細菌兵器ノ製造ト言ウ此等部隊ノ犯罪的業務ニ參加シタ廉ニヨリ起訴サレル。

三友ハ更ニ、生キタ人間ヲ使用スル非人道的實驗ニ依ル人間虐殺並ビニソ同盟ニ對スル細菌謀略ニ直接參加シテ來タ廉ニ依リ起訴サレル。

是等ノ犯罪ハ、一九四三年四月十九日付ソ同盟最高ソヴェト常任委員會法令第一條ニ該當スル。

全被告ハ、軍事裁判ニ付サレル。

沿海州軍管區軍事
檢事法務大佐　ア・ベレゾフスキー

一九四九年十二月一六日

被告及ビ證人ノ供述

被告山田乙三ノ訊問調書

一九四九年十二月六日、ハバロフスク市

訊問ハ通譯官ツヴィロフヲ通ジテ日本語ニテ行ワル。通譯官ハ、故意ニ爲シタル虛僞ノ通譯ニ對スル責任ニツイテロシア連邦共和國刑法第九五條ニヨリ警告サレアリ。

署名　ツヴィロフ

（問）。被告ハ、一九四三年四月一九日付ノソ同盟最高ソヴエト常任委員會法令第一條ニ基キ、一九四九年十二月五日ノ決定ニ依リ被告ニ提起セラレタ告發事項ノ要旨ヲ理解スルカ？

（答）。私ハ、一九四九年十二月五日ノ決定ニ依リ、一九四三年四月一九日付ノソ同盟最高ソヴエト常任委員會法令第一條ニ基イテ私ニ提示セラレタ告發事項ヲ了解シマス。

（問）。被告ハ、被告ニ告知濟ノ一九四九年十二月五日ノ決定ニ依リ、一九四三年四月一九日付ノソ同盟最高ソヴエト常任委員會法令第一條ニ基イテ、被告ニ提示セラレタ告發ニ關シ、自己ヲ有罪ト認メルカ？

（答）。ハイ、私ハ、告發提起ニ關スル一九四九年十二月五日ノ決定中ニ記載セラレタ私ニ對スル告發ノ全事項ニ就キ有罪ナルコトヲ全面的ニ認メマス。

（問）。具體的ニ如何ナル罪狀ヲ認メルカ？

（答）。私ハ先ズ左ノ如キ罪狀ヲ認メマス。卽チ一九四四年ヨリ日本降伏ニ至ル間、關東軍司令官トシテ、細菌戰用兵器ノ最モ効果的ナル用法ノ研究並ビニ其ノ大量生產ニ關スル隷下第七三一、第一〇〇兩細菌戰部隊ノ業務ヲ直接ニ指導シマシタ。換言スレバ、私ハソヴエト同盟、中國、蒙古人民共和國、イギリス、アメリカ合衆國其ノ他ノ諸外國ニ對スル細菌戰ノ準備ヲ直接ニ指導シタ事ニ對シ自己ヲ有罪ト認メルノデアリマス。私ハ又、此ノ準備ガ主トシテソヴエト同盟ヲ目標トシテ行ワレタコトヲ認メネバナリマセン。第七三一、第一〇〇兩細菌戰部隊並ビニ其ノ各支部ガソヴエト同盟ノ國境ニ近接シテ配置セラレタノハ實ニ此ノ爲デアリマス。

細菌戰準備ノ指導ニ於ケル、日本關東軍司令官トシテノ私ノ實踐的活動ハ、具體的ニ言エバ、次ノ樣ナモノデアリマシタ。

私ハ關東軍司令官トシテ渡滿着任後、部下タル梶塚軍醫部長及ビ高橋獸醫部長ノ一九四四年七月ノ報告ニ依リ、私ノ隷下ニアル第七三一、第一〇〇兩細菌戰部隊ガ細菌兵器ノ研究及ビ其ノ大量生産ニ從事シテ居ル事實ヲ知リマシタ。

其ノ後間モナク私ハ、細菌兵器ノ準備ニ關スル第七三一部隊ノ業務ヲ點檢スル爲自ラ同部隊ニ赴キマシタ。卽チ、私ハ一九四四年八月第七三一部隊ヲ訪レ、同部隊ニ於ケル細菌兵器ノ研究並ビニ大量生産ノ狀況ヲ親シク視察シタノデアリマス。而シテ、同部隊ノ業務視察ノ際私ハ、細菌兵器トシテ使用スベキ細菌ノ大量生産ノ規模ニ一驚ヲ喫シマシタ。因ッテ第七三一、第一〇〇兩部隊ハ、私ガ關東軍司令官トシテ在任中、私ノ承知ノ上デ、細菌兵器ノ最モ効果的ナル種類ノ研究、並ビニ兵器トシテ使用スベキ殺人細菌ノ大量生産ヲ續行シタノデアリマス。私ハ是等ノ業務ノ進行狀態ニ就キ部下ヨリ情報ヲ受ケ、常ニ細菌戰準備ノ全般ニ通曉シテ居リマシタ。私ハ此ノ情報ヲ、既ニ供述シタ如ク軍醫部長及ビ獸醫部長ヨリ入手シ、更ニ又、第七三一部隊長並ビニ細菌戰ノ準備ニ關スル第七三一、第一〇〇兩部隊ノ業務ト直接ノ關係ヲ有シテ居タ部下ノ參謀等ヨリ入手シテ居リマシタ。細菌兵器ノ戰術的用法ノ問題ニ關スル報告ハ、之レヲ參謀長並ビニ作戰部ノ關係者等ヨリ受ケマシタ。

是等ノ部隊ノ業務ヲ熟知シテ居タ私ハ、司令官トシテ、兩部隊ヲ常ニ戰鬪態勢ニ置ク爲ニ必要ナアラユル措置ヲ講ジマシタ。

關東軍司令部ノ人事部長田村ハ、私ノ命ヲ受ケテ一九四五年六月第七三一部隊ノ業務狀況ヲ視察シマシタガ、此ノ視察ハ、細菌兵器ノ增產對策ヲ講ズル必要カラ行ワレタモノデアリマス。田村ハ、此ノ視察ノ結果ニ就イテ、詳細ナル報告書ヲ私ノ手許ニ提出シマシタ。

關東軍司令官トシテ在任中私ハ、第七三一部隊長ノ提出セル報告書ニ依リ、細菌兵器ノ最モ効果的ナル二用法ヲ適當ナルモノト認メマシタ。

一九四四年十一月、第七三一部隊長北野ハ參謀長笠原幸雄、作戰部長松村知勝、作戰部參謀宮田中佐（竹田宮）立會ノ下ニ、私ニ對シ報告ヲ行イマシタ。

北野ノ報告ハ、關東軍司令部內デ行ワレマシタ。北野ガ私ニ對シテ行ッタ報告ハ、細菌兵器トシテノペスト蚤使用實驗ノ結果ヲ綜合シタモノデアリマス。北野ハ其ノ報告ニ當リ、實驗ノ結果ニ關スル各種ノ圖表並ビニ蚤ヲ媒介體トスルペスト感染ノ實驗ニ關スル特殊映畫ヲ示シマシタ。

私ハ此ノ報告ヲ是認シ、北野ノ提案セルペスト蚤ノ用法ハ、細菌兵器ノ一種トシテ實用ニ適スルモノト認メラレマシタ。

私ハ同ジ一九四四年ノ七月末、『石井式』細菌爆彈並ビニ其ノ用法ヲ說明シタ第七三一部隊長石井ノ報告書ヲ閱讀シマシタ。私ハ此ノ報告モ是認シ、報告中ニ提案サレタ用法ヲ効果的ナモノト認メマシタ。

一九四五年春、細菌兵器ノ最モ効果的ナル用法ノ研究ガ完了シタ後、細菌兵器ヲ增產スベシトノ陸軍省ノ通牒ニ接シタノデ、私ハ此ノ通牒ヲ實行スル爲ニ必要ナ一切ノ處置ヲ講ジマシタ。

記憶ニ依レバ、私ハ此ノ通牒ニ基キ松村第一（作戰）部長ニ、各種細菌ノ培養ニ萬全ヲ期スル爲作戰部關係ノ處置ヲトルコトヲ委任シマシタ。其レト同時ニ私ハ、第七三一部隊ニ要スル專門家將校ノ補充並ビニ所要設備ノ確保ニ關スル指令ヲ發シマシタ。

細菌戰準備關係ノ第一〇〇部隊ノ業務ニ關シテハ、謀略工作、即チ流行病細菌ニヨッテ牧場、家畜、貯水池、河川ソノ他ヲ感染サセル等ノ任務ガ第一〇〇部隊ニ課セラレタコトヲ言ワネバナリマセン。之レニ關シテ第一〇〇部隊ハ、其ノ業務上關東軍司令部情報部ト密接ナル關係ヲ保ッテ居マシタ。第一〇〇部隊ノ一般的任務ニ鑑ミ私ハ、同部隊ニ於テ細菌兵器ノ製造並ビニ其ノ用法ノ研究ニ關スル然ルベキ業務ガ行ワレテイタ事ヲ知ッテ居リマシタ。

併シナガラ、隷下ノ情報部ガ直接是等ノ諸問題ヲ擔當シテ居タノデ、私ハ其ノ實施狀況ヲ知リマセンデシタ。就中、北興安省ノ對ソ國境地域ニ於テ實施サレタ細菌使用ノ爲ノ調査ニ關シテ報告ヲ受ケタ記憶ハアリマセン。私ハ、是等ノ業務ガ總テ關東軍司令部ノ指示ニ依リ行ワレタ事ヲ確認シマス。之レハ私ノ關東軍司令官在任中ニ行ワレタ事デアリマスカラ、私ハ之レニ對スル責任ヲ回避スルモノデハアリマセン。矢張リ細菌戰ノ準備ヲ其ノ目的及ビ任務トスル第一〇〇部隊ガ、謀略工作實施ノ具體的方法ノ研究ニ從事シ、對ソ謀略工作實施ノ積極的準備ヲ進メタ事實ヲ私ハ否認シマセン。之レハ、同部隊ノ實踐上ノ任務ニ直接基クモノデアリマシタガ、併シ私ハ之レニ關スル詳細ヲ知リマセンデシタ。

第七三一部隊ハ、同部隊デ製造中ノ細菌兵器ノ效力ヲ試驗スル爲、研究室內及ビ戰時狀況ニ近キ野外條件ニ於テ、同兵器ヲ生キタ人間ニ對シテ使用スル實驗ヲ行イマシタ。第七三一部隊ニ依ル野外實驗ノ場所ハ、安達驛特設實驗場デアリマシタ。

生キタ人間ヲ實驗ニ使用シタ事ニ就イテハ、北野及ビ田村ノ報告ニ依リ之レヲ知ッテ居リマシタ。加之、私ハ觀覽セル映畫ニ依ッテモ、細菌兵器ノ效力試驗ガ生キタ人間ヲ使用シテ行ワレタ事ヲ知ッテ居タノデアリマス。一九四四年十一月北野ヨリ報告ヲ受ケ、安達驛實驗場ニ於テ生キタ人間ヲ使用スル實驗ガ行ワレテイル事ヲ知リ、一九四五年六月田村ノ報告ニ依リ、被實驗者ガ第七三一部隊內ノ特別監獄ニ收容サレテ居タ事ヲ知リマシタ。

生キタ人間ヲ使用スル實驗ハ、私ノ前任者梅津大將又ハ植田大將ニ依ッテ認可サレタモノデアリマス。之レニ關シテ認メル私ノ罪ハ、生キタ人間ニ對スル實驗ガ行ワレテ居ル事ヲ知リナガラ、其ノ續行ヲ默認シタ事、從ッテ隷下ノ關東軍憲兵隊及ビ日本ノ諸特務機關ガ實驗ノ爲送致セル中國人、ロシア人、滿洲人ノ虐殺ヲ事實上認可スル結果ニナッタ事デアリマス。

實驗ノ爲ニ囚人ヲ送致スルコト、即チ所謂『特移扱』モ、矢張リ私ノ前任者植田大將又ハ梅津大將ガ認可シタノデアリマスガ、私モ此ノ認可ヲ廢止シナカッタノデ、『特移扱』ニ關スル規定ハ私ノ在任中ニモ其ノ効力ヲ持續シマシタ。斯カル實驗ノ結果、虐殺セラレタ人數ニ就イテハ、私ハ興味ヲ持タナカッタノデ之レヲ知リマセン。

細菌兵器ノ使用ニ任ズベキ特殊要員ノ養成ニ關シテハ、斯カル要員ガ事實第七三一、第一〇〇兩部隊ニ依ッテ養成サレタ事ヲ言ワネバナリマセン。養成サレタ要員ハ、ソノ都度以上ノ兩部隊ノ各支部及ビ關東軍各部隊ニ配屬サレマシタ。戰時ニハ此等ノ要員ニ依リ、細菌兵器ノ實地使用ニ任ズベキ特殊細菌戰鬪部隊ガ編成サレル豫定ニナッテ居リマシタ。斯カル要員ガドレダケ養成サレタカ私ハ知リマセンガ、細菌兵器ヲ實地ニ使用スル爲ニハ十分ナ人員ト思イマス。

一九四五年八月開戰ト共ニ、私ノ命ニ依リ第七三一、第一〇〇兩細菌戰部隊並ビニ其ノ各支部ハ細菌戰準備ノ證跡ヲ秘匿スル爲完全ニ破壞サレ、コレラノ部隊ノ人員ハ朝鮮ニ撤退シマシタ。

（問）。戰爭勃發ノ場合、ソヴエト同盟ニ對シテ細菌兵器ヲ如何ニ使用スル豫定ニナツテ居タカ？

（答）。細菌兵器使用ノ問題ハ、作戰計畫ニ含マレテ居マセンデシタガ、併シ細菌兵器使用ノ準備ガ行ワレタ關係上、以上ノ問題ハ司令部ノ作戰部デ研究サレテ居マシタ。私ハ關東軍司令官トシテ、對ソ戰ノ場合ニ於ケル細菌兵器ノ對ソ使用ハ、ソヴエト同盟銃後地域汚染ノ爲ノ飛行機利用ト、第一〇〇部隊關係ノ謀略工作トニ依ルベキモノト考エテ居マシタ。

對ソ戰ガ起ラナケレバ、細菌兵器ハアメリカ合衆國其ノ他ノ諸外國ニ對シテ使用サレル可能性ガアリマシタ。

（問）。歩兵第九七連隊及ビ第三連隊ハ如何ナル目的ヲ以テ編成サレタカ？

（答）。隷下部隊中ニ此等ノ連隊ガ有ツタ事ヲ私ハ全ク知リマセン。

（問）。如何ナル目的デ、一九四五年石井ハ再ビ第七三一部隊長ニ任命サレタカ？

（答）。第七三一部隊ハ元來石井ノ編成シタモノデアリマス。從ツテ彼ハ、一九四五年再ビ其ノ部隊長ニ任命サレタノデアリマス。私ノ意見トシテハ、石井ノ第七三一部隊長任命ハ當時ニ於ケル各細菌戰部隊ノ業務積極化ト直接ノ關係ガアリ、又細菌兵器ノ增產ニ關スル陸軍省ノ通牒ニ關係アルモノト思イマス……………………

本件ノ要點ニ關シテ供述スル事ハ之レ以上何モアリマセン。以上私ノ言葉通リ正シク書キ取ラレ、私ノ爲通譯官ヲ通ジテ日本語デ讀ミ上ゲラレマシタ。

山田

訊問者　軍事檢事法務中佐　バゼンコ

仝　內務省ハバロフスク地方管理局勤務員大尉　ゴイホマン

訊問立會者　沿海州軍管區軍事檢事法務大佐　ベレゾフスキー

通譯官　ツヴイロフ

被告梶塚隆二ノ訊問調書

一九四九年十二月六日、ハバロフスク市

訊問ハ通譯官ボルハホヴイチハフヲ通ジテ行ワル。通譯官ハ、故意ニ爲シタル虚僞ノ通譯ニ對スル責任ニツイテロシア連邦共和國刑法第九五條ニ依リ警告サレアリ。

署名　ボルハホヴイチハフ

(問)。被告ハ、一九四三年四月一九日付ノソ同盟最高ソヴェト常任委員會法令第一條ニ基キ被告ヲ公判ニ付スル旨ノ決定ヲ告知セラレタ。被告ハ告發事項ヲ理解スルカ？

(答)。ハイ、理解シマス。

(問)。被告ハ、被告ニ告知濟ノ一九四九年十二月五日付ノ決定書ニ從ッテ被告ニ提起セラレタ告發事項ニ就イテ有罪ト認メルカ？

(答)。私ニ對シテ提起セラレタ告發事項ノ內、第七三一部隊ニ於ケル細菌兵器ノ製造、實驗及ビ使用ノ直接指導ニ關スル部分ヲ除ク他ノ事項ニ就イテ有罪ト認メマス。其ノ業務ヲ直接ニ指導シタ者ハ、第七三一部隊長石井及ビ北野デアリマス。

（問）。被告ハ具體的ニ如何ナル點ニ於テ有罪ト認メルカ？

（答）。私ガ具體的ニ有罪ト認メルノハ、次ノ諸點デアリマス。卽チ、日本ハ細菌戰ヲ準備スベキデアル、トノ石井四郎ノ思想ニ一九三一年ヨリ共鳴シタ私ハ、一九三四年ヨリ一九三七年迄日本陸軍省醫務局衛生課長トシテ、細菌兵器ノ研究及ビ防疫事務ヲ任務トスル關東軍內ノ特別部隊タル第七三一部隊ノ編成並ビニ然ルベキ専門家ノ任命ニ依ル同部隊ノ整備ニ積極的ニ關與シ、且ツ細菌戰提唱者ノ一人タル石井四郎ノ第七三一部隊長任命ニ盡力シマシタ。私ハ、一九三九年十二月カラ一九四五年八月迄、關東軍司令部軍醫部長トシテ第七三一部隊ニ於ケル科學的研究業務、卽チ細菌ノ全面的研究及ビ其ノ培養、傳染病媒介虫ノ研究、餘リヨク知ラレテ居ナイ傳染病ノ研究、傳染病ノ治療及ビ豫防ノ最モ効果的ナ藥物及ビ方法ノ研究ヲ全般的ニ指導シマシタ。

私ハ、第七三一部隊ノ科學的研究業務ガ單ニ防疫ヲ目的トシテ行ワレタバカリデナク、更ニ細菌兵器ノ研究、製造、實驗ヲ目的トシテ行ワレタ事ヲ同ジク認メマスガ、細菌兵器ノ製造、實驗、實用ヲ直接ニ指導シタ者ハ、第七三一部隊長タル石井ト北野デアリマス。石井ト北野ハ本業務ニ關シ、關東軍司令部作戰部及ビ日本參謀本部ノ指令ニ從ッテ行動シタノデアリマス。私ハ、第七三一部隊ニ於テ細菌兵器ノ研究ト實驗、並ビニ傳染病ノ治療及ビ豫防ノ藥劑ト方法トノ研究ガ行ワレテ居タ事、又本實驗ガ生キタ人間ヲ使用シテ行ワレタ事ヲ知ッテ居リマシタ。

第七三一部隊長北野ハ私ニ對シ、細菌兵器ノ實驗ノ結果、並ビニ一九四〇——一九四二年第七三一部隊ガ細菌兵器ヲ中國軍並ビニ現地ノ中國住民ニ對シテ實地ニ使用シタ事實ニ就キ口頭報告ヲ行イマシタ。第七三一部隊長石井及ビ北野ハ、私ニ對シ、傳染病治療ノ最モ効果的ナ藥劑及ビ方法ノ研究ト餘リヨク知ラレテ居ナイ傳染病ノ研究トノ結果、並ビニ凍傷ノ實驗ニ就イテ定期的ニ報告書ヲ提出シマシタ。

私ハ、一九四〇年ソヴエト同盟トノ國境ニ沿ッテ配置セラレタ第七三一部隊ノ四支部、卽チ海林、林口、孫呉、海拉爾支部ノ編成ニ直接關與シ、第七三一部隊及ビ其ノ各支部ノ爲設備其ノ他ノ技術的器材ヲ確保シ、且ツ細菌戰ノ遂行ニ任ズベキ要員ヲ養成シマシタ。

私ハ、日本ガ細菌戰ヲ主トシテソヴエト同盟、蒙古人民共和國、中國並ビニイギリストアメリカ合衆國ニ對シテ準備シタ事ヲモ同ジク認メマス。

（問）。第七三一部隊ニ依ッテ行ワレタ凍傷ノ實驗ニ就イテ、被告ノ知ッテ居ル事ヲ陳述シテ貰イ度イ。

（答）。私ハ、第七三一部隊ガ凍傷治療ノ最モ効果的ナ薬劑及ビ方法ヲ研究スル目的ヲ以テ凍傷ノ實驗ヲ行ツタ事ヲ知ツテ居リマス。第七三一部隊長ハ、其ノ實驗ノ結果ニ就イテ私ニ報告書ヲ提出シマシタガ、此ノ報告書ニハ、凍傷ノ實驗ガ動物ヲ用イテ行ワレタ旨記載シテアリマシタ。

（問）。第七三一部隊ニ於ケル凍傷ノ實驗ガ生キタ人間ヲ使用シテ行ワレタ旨ノ、大澤松雄ノ一九四九年十月二三日付ノ證言及ビ古都義雄ノ一九四九年十二月五日付ノ證言ガ被告ノ爲ニ朗讀サレタガ、被告ハ此ノ證言ヲ認メルカ？

（答）。第七三一部隊ニ於テ凍傷ノ實驗ガ行ワレタノデ、私ノ爲ニ朗讀サレタ大澤松雄及ビ古都義雄ノ證言、卽チ第七三一部隊ニ於テ人間ヲ使用シテ凍傷ノ實驗ガ行ワレタ旨ノ證言ヲ否認スル事ガ出來マセン。且ツ古都ノ證言中ニ指名サレテ居ル第七三一部隊第一部ノ研究員吉村ハ、彼ガ行ツタ凍傷ノ實驗及ビ其ノ結果ニ就イテ私ニ報告書ヲ提出シマシタガ、併シ吉村ノ報告書ニハ、其ノ實驗ガ人間ヲ使用シテ行ワレタ事ニ就イテハ記載サレテ居マセンデシタ。

（問）。デハ被告ハ、主トシテソヴエト同盟、蒙古人民共和國、中國並ビニイギリストアメリカ合衆國ニ對スル戰爭ニ使用スベキ細菌兵器ノ研究、製造、實驗ニ從事シタ第七三一部隊及ビ其ノ支部ノ編成ニ關與シ、第七三一部隊ニ依ッテ人間ヲ使用スル細菌兵器ノ實驗ガ行ワレタ事ヲ知リ、且ツ細菌戰ノ遂行ニ任ズベキ要員ヲ養成シタノカ？

（答）。ハイ、其ノ通リデアリマス。

訊問調書ハ私ノ言葉通リ正シク書キ取ラレ、私ノ爲日本語デ讀ミ上ゲラレマシタ。

梶塚

訊問者　軍事檢事法務佐中　カチャン

仝　內務省ハバロフスク地方管理局勤務員佐中　バプコフ

通譯官　ボルホヴィチハフ

被告高橋隆篤ノ訊問調書

一九四九年十二月六日、ハバロフスク市

訊問ハ通譯官プロターソフ・アナトリー・ニコラエヴイツチヲ通ジテ行ワル。通譯官ハ、故意ノ虚僞ニ爲シタル通譯ニ對スル責任ニツイテロシア連邦共和國刑法第九五條ニ依リ警告サレアリ。

署名　プロターソフ

（問）。貴方ハ、一九四三年四月一九日付ノソ同盟最高ソヴエト常任委員會法令第一條ニ基キ貴方ニ刑事責任ヲ問ウ旨ノ決定ヲ告知セラレタ。告發ノ要旨ハ、貴方ニ告知濟ノ決定書ニ記載セラレテ居ル通リデアル。貴方ハ自己ヲ有罪ト認メルカ？

（答）。ハイ、一九四三年四月一九日附ノソ同盟最高ソヴエト常任委員會法令第一條ニ基イテ爲サレタ告發ニ對シ、私ハ全面的ニ有罪ト認メマス。事實私ハ、一九四一年ヨリ一九四五年八月、卽チ日本降伏ノ日迄、關東軍ノ獸醫部長トシテ在任中、關東軍ニヨル對ソ細菌戰及ビ對ソ謀略ノ準備ニ積極的ニ關與シマシタ。

細菌戰準備ノ計畫ニ就イテハ、一九四一年九月ニ行ワレタ會議ノ席上當時ノ關東軍司令官梅津ヨリ直接之ヲ聞知シマシタ。

關東軍ノ細菌戰及ビ謀略ノ準備ニ關シテ私ノ爲シタ仕事ハ、第一〇〇部隊ノ實踐活動ヲ指導シテ、細菌兵器、就中、鼻疽、炭疽、牛疫、羊痘、モザイクノ如キ急性傳染病病原體ノ大量生産ニ關スル指令ヲ發シタ事デアリマス。

私ハ、第一〇〇部隊ガ細菌兵器ノ大量生産ニ關スル是等ノ任務ヲ如何ニ遂行シテ居ルカヲ監督シ、其ノ目的ヲ以テ毎月約一回自ラ第一〇〇部隊ニ赴キ、細菌戰用兵器ノ製造ニ關スル私ノ命令ノ遂行狀態ヲ査閲シマシタ。加之、私ハ是等ノ問題ニ關シ第一〇〇部隊長若松カラ口頭報告ヲ受ケテ居マシタ。

細菌兵器增産ノ爲、關東軍司令部第二（諜報）部トノ打合セ並ビニ私ノ指令ニ基キ、一九四三年十二月第一〇〇部隊第二部内ニ、細菌兵器ノ大量生産ヲ其ノ任務トスル第六課ガ編成サレマシタ……

私ノ指令ニ基キ、細菌兵器ノ研究及ビ其ノ大量生産ヲ目的トシテ、動物ヲ使用スルアラユル實驗ガ第一〇〇部隊ニ於テ行ワレテイマシタ。

一九四二年夏私ノ指令ニ依リ、研究員井田清ヲ長トスル第一〇〇部隊員ノ一隊ガ、ソヴエト同盟地方ニ最モ近似セル氣候條件下ニ於ケル細菌兵器ノ效力ヲ試驗スル目的ヲ以テ、デルブル河流域ノ三河地方ニ於テ動物ノ感染實驗ヲ行イマシタ。

一九四五年三月私ノ指令ニ基キ、動物ヲ急性傳染病ニ感染サセル實驗ガ第七三一部隊ノ安達驛實驗場ニ於テ行ワレマシタ。私ハ第一〇〇部隊長若松ノ報告ニ依リ、此ノ實驗ノ結果ガ良好デアツタコトヲ知リマシタ。卽チ此ノ實驗ニ於テハ、十頭ノ被實驗牛ガ悉ク死亡シタノデアリマス。　一九四四年三月私ノ指令ニ依リ、且ツ關東軍司令部第二（諜報）部ノ承知ノモトニ、北興安省各地ヘ派遣スベキ特別派遣隊ガ第一〇〇部隊員ヨリ編成セラレ、後ニ平櫻陸軍中尉ガ之ヲ統率シマシタ。同隊ノ任務ハ、對ソ細菌謀略ヲ準備スル目的ヲ以テ、道路、夏季用及ビ冬季用牧場ノ有無、貯水池ノ狀態、現地住民ノ所有スル家畜ノ頭數ヲ偵察スルニアリマシタ。　同隊ノ派遣ハ、關東軍司令官ノ作命ニ依リ定メラレタノデアリマス。

平櫻ハ此ノ命令ヲ遂行中、彼ノ爲シタ業務ニ就イテ、二回ニ亘リ私ニ報告シマシタ。彼ノ第一回報告ハ、一九四四年九月第一〇〇部隊長若松ノ事務室ニ於テ行ワレマシタ。彼ハ此ノ報告ニ於テ、彼ノ蒐集シタ資料、卽チ北興安省ノ現地住民ガ所有スル家畜、牧場及ビ貯水池、道路ノ狀態並ビニ家畜遊牧ノ場所ニ就イテ述ベマシタ。

私ハ平櫻ノ二度目ノ報告ヲ、一九四五年三月私ノ事務室ニ於テ聽取シマシタ。其ノ際平櫻ハ地圖ヲ用イテ、夏季用及ビ冬季用牧場、貯水池ノ有無、道路ノ狀態、並ビニ現地住民ノ所有スル家畜ニ就イテ私ニ報告シマシタ。

平櫻隊ニ對シテハ、偵察ヲ行イ、家畜、卽チ羊五〇〇頭、牛一〇〇頭、馬九〇頭ヲ購入スル任務ガ課セラレマシタ。 家畜購入ノ目的ハ、家畜ヲ急性傳染病ニ感染サセ、次イデ之ヲソヴエト軍ノ後方ニ遺棄スルニアリマシタ。

平櫻ノ第二回報告ノ時、私ハ第一〇〇部隊ノ研究員保坂、井田及ビ第一〇〇部隊長若松ト共ニ、北興安省住民ノ有スル家畜ヲ如何ナル細菌ニヨッテ感染サセルベキカト言ウ問題ヲ討議シ、家畜ヲ感染サセル方法ヲ次ノ如ク立案シマシタ。 卽チ、牛ハ第七三一部隊所屬ノ飛行機ニヨッテ之ヲ炭疽及ビ牛疫ニ感染サセル手筈ニナッテ居マシタ。 而シテ、家畜ヲ感染サセル場合ニハ、牧場ニ放牧中ノ現地住民ノ家畜ノミヲ感染サセル筈ニナッテ居マシタ。 馬ハ、之レヲ炭疽ニ感染サセル豫定ニナッテ居マシタ。

其ノ後吾々ハ、平櫻ガ一九四五年ニ購入シタ家畜ヲ感染サセル事ヲ決定シマシタ。卽チ羊ハ羊痘ノ病原菌注射ニヨリ、牛ハ牛疫ヴアイラスノ注射ニヨリ、馬ハ炭疽菌ノ注射ニヨリ、其々之レヲ感染サセル事ヲ決シタノデアリマス。 感染サレタ牛、羊及ビ馬ハ、ソヴエト軍ノ行動地域内ニ入レル目的ヲ以テ、之ヲ方々ヘ放ス豫定ニナッテ居マシタ。當時吾々ガ立案シタ總テノ事ノ詳細ニ關シテハ、其ノ後長年月ヲ經過シタノデ之ヲ記憶シテ居リマセン。

（問）。第一〇〇部隊以外ニ、關東軍ノ如何ナル獸醫部隊ガ對ソ細菌戰及ビ對ソ謀略ヲ準備シタカ？

（答）。第一〇〇部隊ハ、大連市及ビ拉古市ニ二個ノ支部ヲ有シテ居マシタ。夫レ以外ニ、一九四一年七月各軍ニ軍馬防疫廠ガ編成セラレマシタ。是等ノ軍馬防疫廠ハ克山、東安、鷄寧、東寧ノ各市ニ配置セラレマシタ。是等ノ軍馬防疫廠ハ總テ、ソヴエト同盟ニ對スル細菌兵器ノ使用ニ任ズベキ特殊部隊トシテ之レヲ利用スル豫定ニナッテ居リマシタ。

（問）。誰ガ以上ノ諸部隊ノ爲ニ細菌學專門家ヲ教育シタカ？

（答）。第一〇〇部隊ノ各支部長及ビ軍馬防疫廠長等ハ細菌學專門醫デアリマシタガ、是等ノ諸部隊ノ殘餘ノ勤務員ハ細菌學ヲ修メヌ獸醫デアリマシタ。因ッテ細菌學專門家ノ新規養成並ビニ既成細菌學專門家ノ再教育ヲ目的トシテ、是等部隊勤務員ノ特別教育ガ第一〇〇部隊ニ於テ實施セラレマシタ。

（問）。被告ハ、隷下ノ第一〇〇部隊ニ於テ行ワレタ生キタ人間ニ對スル實驗ニ關シ何ヲ知ッテ居ルカ？

（答）。私ハ、一九四九年十一月二四日ノ訊問ニ於テ私ノ爲ニ朗讀セラレタ證人等ノ供述ニヨリ其ノ事實ヲ知リマシタ。私自身ハ生キタ人間ニ對スル實驗ガ行ワレタ事ヲ知ラナカッタトハ言エ、第一〇〇部隊ハ私ノ隷下ニ在ッタノデアリマスカラ、之レニ對スル責任ヲ回避スル意志ハアリマセン。

（問）。被告ハ、第一〇〇部隊ノ業務ニ關シ何時如何ナル事ヲ元關東軍司令官山田ニ報告シタカ？

（答）。私ハ、細菌兵器ノ研究及ビ其ノ製造ニ關スル第一〇〇部隊ノ業務ニ就キ、三度山田大將ニ報告シマシタ。

山田大將ニ對スル私ノ最初ノ報告ハ、一九四四年七月私ガ新任司令官タル彼ニ謁見シテカラ數日後ニ行ワレマシタ。私ハ其ノ時、第一〇〇部隊ニ於テ行ワレタ細菌兵器製造ノ秘密業務ニ關シテ報告シマシタ。例エバ私ハ、第一〇〇部隊第二部第六課ニヨル牛疫毒、羊痘毒、鼻疽菌及ビ赤黴菌ノ大量生産ニ關シテ報告シマシタ。而シテ、私ハ之レニ伴イ、第一〇〇部隊ニ於ケル細菌生産高ヲ山田ニ報告シタノデアリマス。

私ハ山田ニ對スル次回ノ報告ヲ一九四四年十一月ニ行イマシタ。私ノ報告ニ立會ツタ者ハ、笠原參謀長、池田參謀副長、笹井第二課長、若松第一〇〇部隊長デアリマシタ。松村第一課長モ亦此ノ報告ニ立會ツタ樣ニ思イマス。其ノ時私ハ、第一〇〇部隊員ヨリ編成サレ、平櫻陸軍中尉ヲ隊長トスル特別派遣隊ノ調査作業ノ成果ヲ報告シタノデアリマス。同隊特派ノ目的ハ、北興安省各地ニ於テ家畜ヲ感染サセル事ノ可能性ヲ調査スルニアリマシタ。私ハ此ノ報告ニ關シ山田カラ注意ヲ受ケマセンデシタ。從ツテ私ハ、山田ガ此ノ報告ヲ是認シタモノト考エマス。

一九四五年二月、私ハ山田大將ニ對シ三度目ノ報告ヲ行イマシタ。之レハ、第一〇〇部隊ニ於ケル細菌兵器製造ノ業務ニ關スル報告デ、極メテ短イモノデアリマシタ。卽チ私ハ、部隊內ノ業務ガ從前通リニ行ワレテ居リ、如何ナル變化モ生ジナカツタ旨山田ニ報告シタノデアリマス。私ハ此ノ報告ニ關シ山田ヨリ特別ノ指示ヲ受ケマセンデシタ。

（問）。誰ガ如何ニシテ第一〇〇部隊ノ活動費ヲ供給シタカ？

（答）。第一〇〇部隊ノ維持費ハ、二ツノ經路ニヨツテ供給サレマシタ。卽チ、第一〇〇部隊勤務員維持費並ビニ關東軍內ノ防疫事務ニ必要ナル藥劑ノ製造費ハ日本陸軍省ガ之レヲ供給シ、細菌兵器ノ研究及ビ製造ノ經費ハ、第二（諜報）部ヲ通ジテ關東軍司令部ノ機密費中カラ支出サレマシタ。

（問）。是等ノ費用トシテ幾何ノ金額ガ支出サレタカ？

（答）。一九四四年四月一日カラ一九四五年四月一日迄ノ期間ニ於ケル第一〇〇部隊勤務員維持費並ビニ防疫用藥劑製造費トシテ、日本陸軍省ヨリ六十萬圓供給サレタ事ヲ私ハ判然ト記憶シテ居マス。又以上ノ期間ニ於ケル細菌兵器ノ研究及ビ製造ノ經費トシテ、關東軍司令部第二部ヨリ百萬圓供給サレマシタ。併シナガラ、必要ノ場合ニハ入用ナ丈資金ノ供給ヲ仰ギ得タノデ、吾々ノ支出ハ決シテ上記ノ金額ニ制限サレマセンデシタ。一九四四年以前ニ幾何ノ資金ガ供給サレタカニ就イテハ、今私ハ記憶シテ居リマセン。

（問）。被告ハ、細菌戰ノ準備ニ關スル第七三一部隊ノ活動ニ關シ何ヲ知ッテ居ルカ？

（答）。一九四一年九月元關東軍司令官梅津ハ軍司令部ノ部・課長會議ニ於テ、大本營參謀本部ヨリ關東軍ハ細菌戰ヲ準備スベシトノ指令ヲ接受シタ旨述ベマシタ。同會議ノ席上梅津ハ、第七三一部隊長石井ニ傳染病病原體ノ大量生產ヲ開始スル樣命ジマシタ。其ノ時ヨリ私ハ、第七三一部隊ニヨル細菌戰ノ準備ニ就イテ知ッタノデアリマス。

（問）。誰ガ細菌戰ノ準備ニ關スル第七三一部隊ノ實踐活動ヲ指導シタカ？

（答）。一九四一年九月梅津司令官ハ、細菌戰ノ準備ニ關スル第七三一部隊ノ實踐活動ノ指導及ビ監督ヲ關東軍軍醫部長梶塚ニ命ジマシタ。

調書ハ私ノ言葉通リニ正シク書キ取ラレ、私ノ爲ニ日本語デ讀ミ上ゲラレマシタ。

高橋

訊問者 軍事檢事法務中佐 アントーノフ

仝 內務省ハバロフスク地方管理局勤務員大尉 セロフ

通譯官 プロターソフ

被告川島清ノ訊問調書

一九四九年十二月六日、ハバロフスク市

訊問ハ通譯官プリヤチエンコヲ通ジテ行ワル。通譯官ハ、ロシア連邦共和國刑法第九五條ニ基ク責任ニ就イテ警告サレアリ。

署名　プリヤチエンコ

(問)。被告ハ、一九四三年四月一九日付ノソ同盟最高ソヴエト常任委員會法令第一條ニ該當スル罪ヲ犯シタ廉ニヨリ告發セラレタ。被告ハ告發ニ對シテ自己ヲ有罪ト認メルカ?

(答)。私ハ、一九四九年十二月五日付ノ決定書ニ記載シテアル告發ノ要旨ヲ理解シマス。而シテ、私ハ自己ヲ全面的ニ有罪ト認メ、私ニ對スル告發ノ要旨ニ從ツテ左ノ事實ヲ認メマス。卽チ、私ハ一九四一年ヨリ一九四三年ニ至ル迄關東軍第七三一部隊ニ勤務シ、庶務部長、第一部長、製造部長、第三部長ノ職務ヲ遂行シマシタ。

關東軍第七三一部隊ハ細菌兵器ノ研究ヲ行イ、私ノ積極的ナル參加ノ下ニ多量ノ病原體ヲ製造シ、之ヲ戰用兵器トシテ使用シマシタ。私ハ、第七三一部隊ガソヴエト同盟及ビ中國ヲ目標トシテ細菌兵器ヲ準備シタ事ヲ認メマス。

第七三一部隊ノ定員ハ將校、兵、軍屬約三〇〇〇名ニ達スル豫定デアリマシタ。部隊員ノ多數ハ細菌學ノ特殊教育ヲ受ケ、其ノ知識ヲ利用シテ、新シキ種類ノ細菌兵器ノ製造並ビニ積極的ナル攻撃ノ手段トシテノ細菌兵器ノ大量生産ヲ目的トスル科學的研究及ビ實驗ニ當ッタノデアリマス。

第七三一部隊ハ細菌戰用兵器ノ大量生産ニ必要ナル設備ヲ十分ニ有シテ居マシタ。夫レ故ニ同部隊ハ、關東軍ノ細菌兵器必要量ヲ確保スル可能性ヲ有シテ居マシタ。

第七三一部隊ハ數箇ノ部ニ分レテ居マシタ。是等ノ部ノ任務ハ、以前ノ訊問ノ際ニ供述シタ通リデアリマス。而シテ、是等ノ部ハ、戰爭ニ使用シ得ル傳染病病原菌ノ新種ノ研究、細菌ノ長期保存方法ノ研究、細菌ノ持久性增大ノ研究及ビ細菌ノ大量生産方法ノ研究ニ從事シタノデアリマス。

一九四一年四月——六月ノ間私ノ兼攝指導セル庶務部ハ、人員ノ配置、會計、部隊業務計畫ノ作成及ビ第七三一部隊監獄囚人ノ給養ニ從事シマシタ。當時私ハ、強制的ニ殺人細菌ニ感染サセル實驗ニ必要ナル囚人ヲ受領スル目的ヲ以テ、部下タル庶務部員ヲ通ジテ日本憲兵隊ト常ニ連絡ヲ保ツテ居マシタ。

一九四一年ヨリ一九四三年ニ至ル迄私ノ指導セル第四部（製造部）ハ、實際ニ於テハ同部隊ノ病原體製造工場デアリマシタ。　製造部ハ細菌培養ノ立派ナ設備ヲ有シテ居マシタ。此ノ設備ニヨレバ、純粋ナル細菌トシテペスト菌約三〇〇キログラム、或ハ炭疽菌五〇〇——六〇〇キログラム、或ハ腸チブス菌、パラチブス菌又ハ赤痢菌八〇〇——九〇〇キログラム、或ハコレラ菌約一〇〇〇キログラムヲ毎月製造スル事ガ可能デアリマシタ。併シ、實際ニ於テハ以上ノ菌量ハ毎月製造サレマセンデシタ。斯カル生産高ハ戰時ノ需要ヲ目標トシテ定メラレタノデアツテ、實際ニ於テハ、製造部ハ部隊ノ當面ノ業務ニ必要ナル細菌量ヲ製造シタノデアリマス。

細菌兵器ノ製造見本ヲ試驗シ、傳染病ノ治療方法ヲ研究スル目的ヲ以テ、生キタ人間ニ對スル、即チ中國人及ビロシア人ノ囚人ニ對スル實驗ガ、第七三一部隊ニ於テ不斷ニ行ワレマシタ。是等ノ囚人ハ、以上ノ實驗ニ專用スル爲在滿日本憲兵隊ヨリ第七三一部隊ニ送致セラレタノデアリマス。

被實驗囚人ヲ收容スル爲第七三一部隊ハ特設構内監獄ヲ有シテ居マシタ。其處ニハ、部隊員カラ『丸太』ト呼バレタ所ノ被實驗者ガ、嚴重ニ隔離サレテイタノデアリマス。

私自身、被實驗者ノ斯カル名稱ヲ第七三一部隊長石井中將ヨリ度々聞イタ事ガアリマス。

生キタ人間ヲ使用スル實驗室内ノ實驗ハ、第一部ニ於テ行ワレテ居マシタ。

一九四二年春、私ハ一カ月間第一部長ヲ兼務シマシタ。

第一部ハ防疫對策ニ關シテ、併シ主トシテ最モ効果的ナル細菌戰用兵器ヲ準備スル爲ニ、科學的研究ヲ行イ、第一部所屬監獄ニ收容中ノ生キタ人間ヲ使用シテ、其ノ研究ノ最後的結果ヲ試驗シタノデアリマス。

上記ノ期間、私ハ第一部長トシテ第一部ノ業務ヲ指導シ、細菌兵器ノ研究ニ關スル部隊ノ任務ノ遂行ヲ計リマシタ。

第一部ノ各實驗室ニテ行ワレタ實驗以外ニ、第七三一部隊特設實驗場及ビ戰場ニ於テモ、生キタ人間ヲ使用スル實驗ガ行ワレマシタ。私モ一度、生キタ人間ヲ用イタ實驗ニ參加シタ事ガアリマス。

一九四一年六月私ハ他ノ部隊員等ト共ニ、安達驛附近ノ部隊實驗場ニ於ケルペスト蚤ヲ以テ充塡セル爆彈ノ試驗ニ參加シマシタ。同實驗ニヨリ、柱ニ縛リ付ケラレタ一〇名乃至一五名ノ囚人ニ對スル細菌爆彈ノ作用ガ試驗セラレタノデアリマス。此ノ實驗ニ當ツテハ、合計一〇箇以上ノ爆彈ガ飛行機ヨリ投下セラレマシタ。

私ハ、庶務部長トシテ同實驗ニ參加シタノデアリマスガ、參加ノ目的ハ、實驗ノ準備狀況並ビニ私ノ起案セル、實驗ニ關スル第七三一部隊長命令ノ遂行狀況ヲ查閱スルニアリマシタ。夫レ以外ニ私ハ、製造部長トシテ同實驗ニ關心ヲ持ッテ居マシタ。併シ實驗ノ實際指導ハ第二部長太田大佐ガ之ヲ擔當シマシタ。

私ノ有スル資料ニ基イテ、即チ部隊ニ於ケル職務ノ性質上私ガ知ッテ居タ資料ニ基イテ、私ハ次ノ如ク陳述スル事ガ出來マス。即チ第七三一部隊ニ於テハ、急性傳染病ノ感染實驗實施ノ結果、毎年少クトモ約六〇〇名ノ囚人ガ死亡シタノデアリマス。

第七三一部隊ハ、一九四二年關東軍司令部ノ命令ニヨリ、浙贛地區ノ中國軍ニ對シテ細菌兵器ヲ使用スル爲、約一〇〇名ヨリ成ル派遣隊ヲ中國中部ヘ派遣シマシタ。派遣隊ニハ第一部、第二部及ビ第四部ノ部員ガ參加シ、製造部カラハ、私ノ選拔ニヨリ八名ガ參加シマシタ。製造部ハ石井中將ノ命令ニ基ク私ノ指令ニ依リ、パラチブス菌及ビ炭疽菌約一三〇キログラムヲ製造シ、私ハ之ヲ派遣隊ニ支給シマシタ。其ノ外第一部々員ハ第一部ニテ培養セルコレラ菌株及ビペスト菌株ヲ携行シ、現場、即チ南京『榮』部隊ニ於テ必要量ノ細菌ヲ繁殖シタノデアリマス。又第二部ノ部員ハ必要量ノペスト蚤ヲ支給セラレマシタ。

私ノ知ル所ニ依レバ、同派遣隊ハ其ノ任務ヲ首尾ヨク遂行シマシタ。

以上ノ外ニ、一九四一年ニハ第七三一部隊ガ常德市附近ノ中國軍ニ對シテ同樣ニ細菌兵器ヲ使用シ、一九四〇年ニハ第七三一部隊派遣隊ガ寧波市附近ノ中國軍ニ對シテ細菌兵器ヲ使用シマシタ。

私ハ部隊幹部ノ一人トシテ、部隊長タル石井中將ノ主催セル諸會議ニ出席シ、一九四二年夏ヨリ後任部隊長北野少將ノ主催セル諸會議ニ出席シマシタ。是等ノ會議ニ於テハ細菌ノ研究、製造及ビ其ノ實戰應用ニ關スル問題ガ審議サレマシタ。

私ハ、戰用兵器トシテノ細菌ヲ多量ニ製造セル第七三一部隊ノ製造部ヲ指導シ、新シキ種類ノ細菌兵器ノ研究ニ關スル科學的研究ニ從事セル第一部ヲ臨時ニ指導シ、以テ人類ニ對スル罪ヲ犯シタ事ヲ認メマス。

私ハ、吾々ノ用イタル方法、卽チ生キタ人間ヲ強制的ニ急性傳染病ニ感染セシメテ細菌兵器ノ効力ヲ試驗スルト言ウ方法——私モ之ニ參加シマシタ——及ビ殺人細菌ヲ以テスル被實驗者ノ集團的殺害ガ野蠻且ツ犯罪的ナル事ヲ認メマス。

私ハ、石井中將ニヨリ、後ニ北野少將ニヨリ指揮セラレタル第七三一部隊ガ犯罪團體タル事ヲ認メマス……而シテ、斯カル團體ノ參加者トシテ私ハ現在處罰ヲ受ケル覺悟ガアリマス。

（問）。被告ハ、自己ノ供述ニ何カ補足シ度イ事ガアルカ？

（答）。以前ノ總テノ訊問ニ於テ、私ハ第七三一部隊ノ業務ニ就イテ正シク供述シ、私ガ第七三一部隊ニ勤務中遂行セル職務ノ性質ヲ詳細ニ供述シマシタ。私ハ、審問者側ガ第七三一部隊ノ犯罪的性格ヲ暴露スル事ヲ誠心誠意援助セント努メ、私ノ知ッテ居ル事實ヲ十分客觀的ニ解明シマシタ。從ッテ自己ノ供述ニ附言シ度イ事ハアリマセン。併シ第七三一部隊ノ若干ノ犯罪事件ヲ落シタカモ知レマセン。夫レハ、事件以後長年月ヲ經過シ、私ノ記憶ニ無イ爲デアリマス。

調書ハ正ニ私ノ言葉通リニ書キ取ラレ、私ノ爲日本語デ讀ミ上ゲラレマシタ。

川島

訊問者　軍事檢事法務中佐　ブスロヴイチ

仝　內務省ハバロフスク地方管理局勤務員大尉　ブラーヴエ

通譯官　ブリヤチエンコ

5—962

被告西俊英ノ訊問調書

一九四九年十二月六日、ハバロフスク市

訊問ハ通譯官ラマハフ・ゲオルギー・グリゴリエヴイッチヲ通ジテ行ワル。通譯官ハ、ロシア連邦共和國刑法第九五條ニ基ク責任ニ就キ警告セラル。

署名　ラマハフ

（問）。貴方ハ、一九四三年四月一九日付ノソ同盟最高ソヴェト常任委員會法令第一條ニ該當スル罪ヲ犯シタ廉デ告發サレタ。貴方ハ告發事項ニ關シ自己ヲ有罪ト認メルカ？

（答）。ハイ、一九四三年四月一九日付ノソ同盟最高ソヴェト常任委員會法令第一條ニ基キ、一九四九年十二月六日ノ決定ニ依リ爲サレタ私ニ對スル告發ニ關シ全面的ニ有罪ト認メ、次ノ事ヲ供述致シ度イノデス。

事實私ハ、一九四三年一月カラ俘虜ニナル迄（一九四五年八月）關東軍ノ第七三一部隊第六七三支部長及ビ同部隊教育部長トシテ第七三一部隊ニ勤務シマシタ。

私ハ自己ノ業務ヲ通ジテ第七三一部隊ノ主要任務ノ遂行ニ積極的ニ參與シマシタ。即チ、ソヴエト同盟及ビ蒙古人民共和國ニ對スル戰爭ニ使用スベキ細菌兵器ノ準備、細菌戰ヲ遂行スル方法ノ立案、細菌戰ノ遂行ニ任ズベキ要員ノ養成ニ參與シタノデアリマス。

第七三一部隊並ビニ孫呉、海拉爾、林口、海林ニ在ツタ其ノ支部ガ細菌戰用兵器ノ製造ニ從事シテ居タ事ニ就イテハ、私ハ第七三一部隊ニ着任シタ時カラ既ニ之レヲ熟知シテ居リマシタ。蓋シ私ハ當時既ニ、第一部、第二部及ビ第四部ノ作成セル標本、一覽圖、圖表、並ビニ第七三一部隊本部庶務部ノ特別室ニ在ツタ秘密資料ヲ自ラ閱覽シタノデアリマス。

一九四三年一月カラ一九四四年七月迄、次イデ一九四五年七月カラ一九四五年八月ニ至ル間、私ハ第七三一部隊ノ孫呉第六七三支部ヲ指導シマシタ。同支部ハ白鼠、二十日鼠、モルモツトノ飼育、齧齒類ノ捕獲及ビ蚤ノ繁殖ニ從事シテイマシタ。

是等ノ動物ハ總テ、日本軍ノ武器トシテ採用濟ノ細菌戰用兵器ヲ製造スル爲第七三一部隊ニ送附サレマシタ。

南洋方面ニ於ケル戰局ガ日本軍ニ不利トナリ、對ソ戰ノ準備ガ進メラレルニ至ツタ爲、關東軍ノ作戰計畫ニ基ク第七三一部隊長石井中將ノ命令ニ依リ、一九四五年三月カラ孫呉支部ノ業務ハ第七三一部隊全體ノ業務ト同樣ニ積極化サレマシタ。

就中、第七三一部隊ニ送附スベキ齧齒類ノ繁殖ト捕獲並ビニ蚤ノ飼育ニ拍車ガ加エラレマシタ。之レハ、ペスト菌保有蚤ノ撒布ニヨル細菌ノ傳播ガ、細菌戰ノ最モ効果的ナ方法ト見做サレテ居タ爲デアリマス。

ソヴエト軍ガ進擊シタ爲、日本關東軍ニ於ケル細菌戰用兵器製造ノ事實並ビニ私ノ率イル第七三一部隊第六七三支部ガ此ノ犯罪行爲ニ關係シタ事實ヲ秘匿スル目的ヲ以テ、一九四五年八月一一――一二ノ兩日私ノ命ニ依ッテ業務用建物、宿舍、設備、資材、支部ノ書類ガ悉ク燒却サレマシタ。同ジ目的ヲ以テ、一九四五年八月一四日私ノ命ニ依ッテ全部員(一二〇名)ニ毒藥――青酸加里――ガ分配サレマシタ。之レハ、ソヴエト軍ノ俘虜ニナル虞アル場合、自殺ヲ目的トシテ服用スル爲ニ分配サレタノデアリマス……

一九四四年七月カラ一九四五年八月迄(卽チ私ガ俘虜ニナル迄)第七三一部隊教育部長トシテ勤務中、私ハ侵略的細菌戰ノ爲ニ要員ヲ教育シ、之レヲ部隊及ビ其ノ支部ニ配屬シマシタ。

要員ノ教育ハ、教育部ガ之レヲ實施シマシタ。卽チ教育部ハ講習、集合教育ヲ行イ、又日本ニ於テ募集サレ第七三一部隊ニ來着シタモノ――主トシテ一七―八歳ノ青年――ニ對シ、一年間ノ教育ヲ施シタノデアリマス。

入隊者ハ總テ、教育部ニ於テ一週間ノ豫備教育及ビ教練ヲ受ケマシタ。然ル後ニ教育部ハ、是等ノ者ガ部隊ノ作業ニ適スルカ否カニ就キ斷定ヲ下シタノデアリマス。

教練ヲ實施スル際、部隊ガ行ッテ居ル業務ノ秘密保持ニ特別ノ注意ガ拂ワレマシタ。

私ガ第七三一部隊ノ教育部長トシテ在任中、合計一五名ノ將校、六〇名ノ軍屬、一五〇名ノ兵ガ教練及ビ檢査ヲ受ケマシタ。

一九四四年九月衛生兵ノ教育終了ニ當リ、第七三一部隊ノ各支部ニ於ケル要員養成ノ狀況ヲ點檢スル目的ヲ以テ、私ハ元第七三一部隊長北野軍醫少將ニ隨從シテ部隊ノ全支部ヲ査閱シマシタ。

私ハ、部隊ニ於ケル私ノ職務及ビ地位ノ性質上次ノ事實ヲ知ッテ居マシタ。卽チ、細菌戰用兵器ノ試驗ヲ目的トシテ、ロシア人及ビ中國人（部隊ノ監獄ニ收容中ノ俘虜ヲ含ム）ヲ强制的ニ殺人細菌ニ感染サセル實驗ガ行ワレマシタ。是等ノ人々ハ、憲兵隊及ビ日本特務機關カラ部隊ニ送致サレタノデアリマス。

以上ノ實驗ハ一年間ヲ通ジテ行ワレ、然モ強制的ニ細菌ニ感染サレタ者ハ、其ノ死後專用ノ火葬場ニ於テ焚燒サレマシタ。

例エバ、私ハ次ノ事實ヲ知ッテ居マス。卽チ、一九四五年一月――三月ニハ監獄ニ於テロシア人及ビ中國人ヲ發疹チブスニ感染サセル實驗ガ行ワレ、一九四四年十月ニハ安達實驗場ニ於テ五名ノ中國人俘虜ヲペストニ感染サセル（ペスト蚤ニ依ル）實驗ガ行ワレマシタ。一九四三年――一九四四年冬、部隊ニ於テロシア人及ビ中國人ニ對スル四肢凍傷實驗ガ行ワレマシタ（私ハ此ノ實驗ニ關スル實驗者ノ報告並ビニ特殊映畫ヲ閲覽シタノデアリマス）。

夫レ以外ニ、一九四五年一月私ノ參加ノ下ニ、ガス壞疽ノ感染實驗ガ一〇名ノ中國人俘虜ニ對シテ行ワレマシタ。實驗ノ目的ハ、零下二〇度ノ氣温ニ於テ人間ヲ瓦斯壞疽ニ感染サセ得ルカ否カヲ確メルニアッタノデス。

此ノ實驗ハ次ノ樣ナ方法ニ依ッテ行ワレマシタ。卽チ一〇名ノ中國人俘虜ガ、瓦斯壞疽菌ヲ附着セル榴霰彈ヨリ一〇米乃至二〇米離レタ地點ニアル柱ニ縛リ付ケラレマシタ。被實驗者ノ卽死ヲ防グ爲、其ノ頭部及ビ背部ハ特殊ノ鉄板及ビ綿布團ヲ以テ蔽ワレマシタガ、足部及ビ臀部ハ被覆サレナカッタノデス。スイッチガ入レラレルト榴霰彈ハ破裂シ、被實驗者ヲ配置セル廣場ニ、瓦斯壞疽菌ノ附着セル榴霰彈子ガ散亂シマシタ。其ノ結果スベテノ被實驗者ハ足部若シクハ臀部ヲ負傷シ、一週間後ニ苦悶死ヲ遂ゲマシタ。

私ハ又、日本軍ガ第七三一部隊ニヨッテ製造サレタ細菌戰用兵器ヲ實地ニ使用シタ二ツノ事實ヲ知ッテ居マス。

一、一九三九年ハルハ河附近ニテ日本軍ノソ・蒙軍ニ對スル戰鬪ガ行ワレタ時細菌兵器ガ使用サレ、戰地ノハルハ河ニ腸チブス菌、パラチブス菌、赤痢菌ガ投入サレマシタ。

二、一九四〇年五月—六月中國中部ノ寧波地區ニ於テ、第七三一部隊派遣隊ハ石井中將ノ指導ノ下ニ、ペスト蚤撒布ノ方法ニヨリ中國軍ニ對シペスト菌ヲ使用シマシタ。

私ハ此ノ事實ヲバ、私自身ガ教育部ノ金庫內ニ發見シタ書類、卽チ殺人細菌使用ノ任務ヲ帶ビテ派遣隊ニ參加シタ決死隊員ノ誓約書ニヨッテ知ッタノデアリマス。夫レ以外ニ私ハ、戰地ノ細菌使用現場ニ於テ撮影サレタ映畫、卽チ使用サレタ細菌戰用兵器ノ効果ヲ證明スル映畫ヲ閱覽シマシタ。

以上ノ陳述ニ基イテ私ハ次ノ事ヲ認メマス。卽チ、私ガ第七三一部隊及ビ孫吳支部ニ於テ實際ニ遂行シタ職務ハ、主トシテソヴエト同盟及ビ蒙古人民共和國ニ對スル細菌戰ノ準備ヲ目的トスルモノデアッタノデス。

準備サレタ細菌戰ガ平和的住民ニ多數ノ犧牲ヲ齎スモノデアル事、此ノ細菌戰用兵器並ビニ生キタ人間ノ強制感染ニヨル細菌戰用兵器ノ試驗方法ガ犯罪的ニシテ非人道的ナル事ヲ私ハ了解シマス。

本件ニツイテ之レ以上供述スル事ハ何モアリマセン。調書ハ私ノ言葉通リニ書キ取ラレ、日本語通譯官ラマノフヲ通ジテ私ノ爲ニ讀ミ上ゲラレマシタ。

西

訊問者　軍事檢事法務少佐　ボゴット

仝　內務省ハバロフスク地方管理局勤務員少佐　ニキチン

通譯官　ラマノフ

被告柄澤十三夫ノ訊問調書

一九四九年十二月六日、ハバロフスク市

訊問ハ通譯官バホーモフ・ミハイル・ヤコヴレヴイッチヲ通ジテ行ワル。通譯官ハ、ロシア連邦共和國刑法第九五條ニ基ク責任ニ關シ警告セラル。

署名　バホーモフ

（問）。被告ハ、一九四三年四月一九日付ノソ同盟最高ソヴエト常任委員會法令第一條ニ該當スル犯罪ヲ告發スル旨ノ一九四九年十二月五日付ノ決定書ヲ告知セラレタ。被告ハ被告ニ對シテ爲サレタ告發ニ關シ有罪ト認メルカ？

（答）。私ハ、一九四三年四月一九日付ノソ同盟最高ソヴエト常任委員會法令第一條ニ基イテ爲サレタ私ニ對スル告發ニ關シ、全面的ニ有罪ト認メマス。

事實私ハ、一九三九年ヨリ一九四四年ニ至ル間在滿日本關東軍第七三一部隊ニ勤務シマシタ。而シテ同部隊ニ於テハ、細菌大量生産ノ最モ完全ナル方法ノ研究並ビニ細菌戰用兵器トシテノ其ノ用法ノ研究ガ活潑ニ行ワレタノデアリマス。

第七三一部隊ニ於テハ、細菌戰ノ準備ニ關スル同部隊ノ任務ヲ遂行スル爲、人間ヲ強制的ニ傳染病ニ感染セシムル實驗ガ間斷無ク行ワレマシタ。實驗ニ用イラレタ是等ノ人々ハ、殺害ノ爲日本憲兵隊ニヨリ同部隊ニ送致セラレタノデアリマス。

一九四〇年並ビニ一九四二年第七三一部隊ハ、中國人民ニ對スル戰爭ニ細菌兵器トシテ細菌ヲ使用スベキ特別派遣隊ヲ派遣シマシタ……

（問）。被告ハ具體的ニ如何ナル點ニ於テ有罪ト認メルカ?

（答）。私ハ具體的ニ左ノ點ニ於テ有罪ト認メマス。私ハ長期ニ亘リ、即チ一九三九年十二月ヨリ一九四四年八月ニ至ル間、犯罪團體タル第七三一部隊ニ勤務シマシタ。即チ最初ハ平隊員トシテ勤務シ、次イデ班長トナリ、更ニ一九四二年ノ末又ハ一九四三年ノ始メヨリ同部隊第四部（製造部）ノ課長トシテ勤務シタノデアリマス。

私ノ指導セル班及ビ課ハ、實地使用ノ爲必要ニ應ジテ腸チブス菌、パラチブス菌、コレラ菌、ペスト菌及ビ炭疽菌ヲ大量ニ培養シマシタ。例エバ、安達驛ノ第七三一部隊特設實驗場ニ於テ野外條件下ニ於ケル細菌使用ノ試驗ヲ實施スル爲、又中國人民ニ對スル戰爭ニ細菌兵器トシテ細菌ヲ實地ニ使用スル爲ニ、之ヲ培養シタノデアリマス。

細菌學專門醫タル私ハ、細菌ノ大量生産ニ當リ、其ノ細菌ガ人間ヲ殺害スル爲ノモノデアル事ヲ知ツテ居マシタ。併シナガラ當時私ハ、其ノ事ガ日本軍將校ノ義務概念トシテ許サレルモノト考エテ居マシタ。故ニ、上官ノ命令ニ依ツテ定メラレタ自己ノ任務ヲ完全ニ遂行スル爲、出來得ル限リノ努力ヲ拂ツタノデアリマス。

私ガ部隊ニ勤務中、私ノ隷下ニハ五〇名乃至七〇名ノ將校、下士官、軍屬ガ居リ、又細菌ノ大量培養ニ必要ナル總テノ設備ガアツタノデアリマス……

私ノ指導セル課ハ、現存設備ヲ使用シテ一カ月ニ次ノ細菌量ヲ各個ニ生産シ得マシタ。ペスト菌一〇〇キログラム、炭疽菌二〇〇キログラム、腸チブス菌三〇〇キログラム、パラチブス「A」菌三〇〇キログラム、コレラ菌三三〇キログラム、赤痢菌三〇〇キログラム。

一九四〇年後半期、私ノ指導セル班ハ、他ノ部隊員ノ一隊ト共ニ中國中部ニ赴ケル元部隊長石井中將ヲ隊長トスル特別派遣隊ノ爲ニ、腸チブス菌七〇キログラム、コレラ菌五〇キログラムヲ製造シマシタ。尙同派遣隊ハ中國軍ニ對シ、腸チブス菌、コレラ菌以外ニペスト蚤ヲ使用シマシタ。

一九四二年中頃私ヲ長トスル班ハ、中國軍ニ對シテ細菌ヲ使用スル目的ヲ以テ中國中部ニ赴ケル、石井中將ヲ隊長トスル同樣ナル派遣隊ノ爲ニ、パラチブス「A」菌、炭疽菌一三〇キログラムヲ製造シマシタ。私ハ、私ニ告知セラレタ證言ニ依リ、同派遣隊ト共ニ腸チブス菌モ送ラレタ事ヲ知ツタノデアリマスガ、併シ、私自身ハ夫レヲ確實ニ記憶シテ居リマセン。

一九四〇年並ビニ一九四二年ニ派遣セラレタ石井中將ヲ隊長トスル派遣隊ハ、實戰ニ於ケル細菌ノ大量撒布方法ヲ研究スベキ實驗ノ實施ヲ其ノ目的トシタノデアリマスガ、實際ニ於テハ夫レハ、中國軍ニ對スル戰用兵器トシテノ細菌ノ實地使用デモアツタノデス。一九四〇年石井中將ヲ隊長トスル派遣隊ガペスト蚤ヲ使用シタ事ハ、ペスト蚤使用地帶ニペストヲ發生セシムル結果トナツタノデアリマスガ、之ハ、一九四九年十月二二日ノ訊問ノ際ニ私ガ詳細ニ供述シタトコロデアリマス。以上ニ列擧セル細菌使用ノ結果、所期ノ目的ガ達セラレタカ否カニ就イテハ私ハ之ヲ知リマセン。

私ノ指導下ニ製造セラレタ細菌ハ、安達驛ノ部隊特設實驗場ニ於テ野外條件下ノ細菌撒布方法研究ノ爲ノ試驗ガ行ワレタ際ニ使用セラレマシタ。斯カル試驗ガ行ワレタ際ニ、『丸太』ト呼バレル生キタ人間ガ使用セラレタノデアリマス。

私ハ部隊ニ勤務中、部隊構內ニ特別監獄ガアリ、其處ニ實驗ノ後殺害サルベキ被實驗者ガ收容サレテ居ル事ヲ知ツテ居マシタ。

安達驛特設實驗場ニ於ケル試驗ハ間斷ナク行ワレマシタ。私ハ斯カル試驗ノ實施ニ直接二回參加シマシタ。卽チ第一回目ハ一九四三年ノ終リデ、第二回目ハ一九四四年ノ春デアリマシタ。

右ノ何レノ場合ニモ、中國人ラシキ十名ノ被實驗者ガ特設實驗場ニ送致セラレマシタ。是等ノ被實驗者ハ試驗ノ實施前ニ、地面ニ打込マレタ柱ニ縛リ付ケラレ、次イデ彼等ノ近クデ細菌爆彈ガ破裂セシメラレタノデアリマス。私ノ述ベタ第一回目ノ試驗ガ實施セラレタ結果、被實驗者ノ一部分ハ炭疽ニ感染サレマシタ。後ニ私ノ知ツタトコロニ依レバ、彼等ハ其ノ後死亡シタトノコトデアリマス。

私ガ以上ノ如ク二回ニ亘ツテ安達特設實驗場ニ赴イタ目的ハ、現場ニ於テ、卽チ試驗實施ノ際ニ、私ノ製造セル細菌ノ効力ヲ確メルニアツタノデアリマス……

私ハ以上ニ陳述シタ事以外ニ、第七三一部隊ニ於テ生キタ人間ヲ使用スル實驗室内ノ實驗ガ間斷ナク行ワレテイタ事ヲ知ツテ居マス。其ノ際被實驗者ハ強制的ニ各種細菌ニ感染セシメラレ、次イデ、最モ効果的ナル傳染病病原體ヲ研究スル目的ヲ以テ、是等ノ被實驗者ニ對スル觀察ガ行ワレタノデアリマス。

直接生キタ人間ニ對シテ實驗ヲ行ツタ事ハ、最モ効果的ナル細菌戰用兵器ノ研究並ビニ人間ノ感染ヲ目的トスル細菌ノ撒布方法ノ研究ト言ウ部隊任務ノ遂行ヲ促進シタノデアリマス。

日本軍統帥部ハ、細菌戰ノ準備ニ伴イ、細菌生産能力向上ノ對策ヲ講ジマシタ。一九四四年日本ヨリ第七三一部隊ヘ新式ノ設備ノ輸送ガ開始セラレタ所以ハ實ニ茲ニ存スルノデアリマス。元部隊第四部長太田・キヨシガ私ニ語ッタトコロニ依レバ、是等ノ設備ハ從來ノ夫ヨリ更ニ完全ナモノデアッテ、細菌培養業務ヲコンヴエーヤー式ニ實施シ得ルモノデアリマシタ。

同年私ハ元部隊長北野政次ノ命令ニ依リ、自ラ孫呉、海拉爾、海林、林口ノ部隊各支部ニ出張シマシタ。出張ノ目的ハ、細菌大量培養用ノ設備ヲ是等ノ支部ニ据附ケル事ガ可能ナルヤ否ヤノ問題ヲ現場ニ於テ研究スルニアッタノデアリマス。北野少將ハ私ノ出張前ニ訓示ヲ與エ、支部ニ於ケル細菌培養業務ノ創設ハ、一方ニ於テハ細菌生産能力ノ増加ノ爲ニ、他方ニ於テハ有リ得ベキ敵ノ空襲ニヨリ部隊ノ設備ガ破壞セラレタ場合細菌ノ生産ヲ中止セヌ爲ニ必要デアルト指摘シマシタ。

私ノ提出セル意見書ニ依リ、同年部隊ノ孫呉支部、海林支部及ビ林口支部ニ設備ガ送附セラレマシタガ、如何ナル設備ガ送附セラレタカ私ハ知リマセン。又是等ノ設備器具ガ以上ノ支部ニ据附ケラレタカ否カニ就イテモ私ハ知リマセン。

細菌學專門醫及ビ細菌培養專門家タル私ハ、部隊ニ於テ行ワレタ將校・研究員ノ諸會議ニ出席シ、細菌ノ大量培養ノ方法並ビニ使用濟培養基ノ用法ニ關シテ報告ヲ行イマシタ。

私ハ部下職員ノ技能向上ノ爲授業ヲ行イ、一九四〇年ノ初頭ニハ、新規ニ部隊ニ採用サレタ軍屬ノ講習ニ於テ細菌學教官トシテ教鞭ヲ取リマシタ。

（問）。被告ハ自己ノ供述ニ附言シ度イ事ガアルカ？

（答）。私ハ、第七三一部隊ガ國際法ニヨリ禁ゼラレタ野蠻ナル方法ニヨル人間殺害ノ兵器ヲ製造セル犯罪團體ナル事ヲ全面的ニ認メマス。

私ハ部隊ニ勤務シテ此ノ犯罪活動ニ參加シ、人類ニ對スル罪ヲ犯シタノデアッテ、私ハ之ニ對スル處罰ヲ受ケネバナリマセン。

私ハ之ヲ認識シテ、審問ノ最初ヨリ部隊ノ犯罪活動並ビニ其ノ活動ニ於ケル私ノ役割ヲ正直且ツ客觀的ニ暴露セント努メマシタ。

私ハ審問中ニ、部隊ノ犯罪活動ヲ證明スル、私ノ知ッテ居ル事實ヲ供述シタノデ、最早自己ノ供述ニ附言スル事ハアリマセン。

訊問調書ハ私ノ言葉通リ正シク書キ取ラレ、露文訊問調書ハ私ノ爲ニ和譯セラレマシタ。

柄澤

訊問者　軍事檢事法務中佐　ブスロヴイチ

仝　內務省ハバロフスク地方管理局勤務員中佐　イワノフ

通譯官　バホトモフ

6*

被告尾上正男ノ訊問調書

一九四九年十二月六日、ハバロフスク市

訊問ハ通譯官グリヤノフヲ通ジテ行ワル。通譯官ハ、故意ニ為シタル虚偽ノ通譯ニ對スル責任ニ就キロシア連邦共和國刑法第九五條ニヨリ警告セラル。

署名　グリヤノフ

(問)。被告ハ、一九四九年十二月五日付ノ決定書ニ於テ、一九四三年四月一九日付ノソ同盟最高ソヴエト常任委員會法令第一條ニ依リ告發セラレタ。被告ハ何故告發セラレタカヲ理解スルカ、又告發ニ對シテ有罪ト認メルカ?

(答)。私ハ告發ノ要旨ヲ理解シマス。而シテ、次ノ點ニ於テ有罪ト認メテイマス。即チ、私ノ指揮下ニ在ッタ第六四三支部ニ於テ、細菌學専門ノ實驗手ガ養成セラレ、私ノ在任中ニ合計一六〇名ノ實驗手ガ養成セラレタコトヲ認メマス。同支部ハ更ニ齧齒類（モルモット、白鼠、二十日鼠、家兎）ノ繁殖及ビ捕獲ニ從事シマシタ。是等ノ動物ハ第七三一部隊本部ニ送附セラレ、細菌兵器ノ製造並ビニ「孫呉」熱研究ノ爲ノ實驗ニ利用セラレタノデアリマシタ。夫レ以外ニ、第六四三支部ニヨリ蚤ノ繁殖ガ行ワレテイマシタ。是等ノ蚤モ亦第七三一部隊ニ送ラレ、同部隊ニ於テペスト菌ニ感染サレタ後ニ細菌兵器ノ一種トナツタノデアリマス。ペスト蚤繁殖ノ最モ効果的ナル方法ヲ研究スル爲、支部ノ第一課ニヨリ普通ノ鼠ヲ材料トスル研究ガ行ワレテイマシタガ、良好ナル結果ガ得ラレナカツタノデ、其ノ後ノ蚤繁殖ハ白鼠及ビ二十日鼠ノミヲ利用シテ行ワレテイマシタ。第七三一部隊長石井軍醫中將ノ命令ニ依リ、私ハ一九四五年八月一三日第六四三支部並ビニ其ノ一切ノ材料、設備、書類——暗號書及ビ私ガ第七三一部隊本部ニ送附シタ二〇——二五グラムノ蚤ヲ除ク——ヲ燒却シタノデアリマス。第七三一部隊ノ幹部ガ如何ナル目的ヲ以テ支部燒却ノ命令ヲ發シタノカ私ハ知リマセン。私ガ知ツテイタノハ左ノ事柄デアリマス。卽チ、第七三一部隊ニ於テハ細菌兵器、例エバペスト菌、炭疽菌、其ノ他ノ殺人細菌ノ研究及ビ大量生産ガ行ワレテイマシタ。是等ノ細菌ノ試驗ハ生キタ人間ヲ用イテ實施セラレテイマシタ。其ノ爲ニ部隊ハ、構内監獄及ビ特設實驗場——ソコデ實驗ガ行ワレマシタ——ヲ有シテイタノデアリマス。一九四四年春私ハ第七三一部隊ノ庶務部長ト飛行機ニ同乘シ、生キタ人間ニ對シテ細菌兵器ノ實地試驗ガ行ワレル筈ノ特設實驗場ニ赴キマシタ。併シ、部隊幹部ガ何等カノ理由デ同實驗ヲ廢止シタノデ、私ハ其ノ翌日部隊本部ニ歸還シマシタ。

私ニ對シテ提起セラレタ左ノ告發事項、即チ私ノ發意ニ依リ第五軍軍醫部長佐藤軍醫少將ガ、鼠及ビ二十日鼠ノ捕獲並ビニ第六四三支部ヘノ其ノ送附方ヲ各部隊長及ビ病院長ニ命ジタト言ウ事ニ關シテハ、私ハ斯カル事ヲ佐藤少將ニ依賴シナカッタガ故ニ、以上ノ告發事項ニ關シ自己ノ有罪ヲ認メナイモノデアリマス。

（問）。第七三一部隊ハ如何ナル目的ヲ以テ細菌兵器ヲ製造シタカ？

（答）。第七三一部隊ニヨル細菌兵器ノ大量生産ハ、夫レヲ戰爭ニ使用スル目的ノ下ニ行ワレタノデアリマスガ、日本ノ如何ナル敵ニ對シテ其ノ兵器ヲ使用スル豫定ニナッテ居タカハ、私ニハ分リマセン……

（問）。第六四三支部並ビニ其ノ設備ト業務ハ軍機デアッタカ？

（答）。支部自體並ビニ其ノ設備ト業務ハ軍機デハナカッタト私ハ考エマス。

（問）。然ラバ蚤、齧齒類ノ繁殖ハ、被告ノ意見ニ依レバ、秘密デハナカッタノカ？

（答）。否、支部内ノ蚤繁殖ハ秘密デアリマシタ。併シナガラ、齧齒類ノ繁殖ハ秘密デハナカッタト私ハ考エマス。

（問）。自己ノ供述ニ何カ附言シ度イ事ガアルカ？

（答）。自己ノ供述ニ附言シタイ事ハ何モアリマセン。

調書ハ通譯官グリヤノフガ日本語デ之ヲ通讀シ、供述ハ私ノ言葉通リニ正シク書キ取ラレマシタ。左署名ヲ以テ確認致シマス。

尾上

訊問者　軍事檢事法務中佐　ブシユエフ

仝　内務省ハバロフスク地方管理局勤務員少佐　フルセンコ

通譯官　グリヤノフ

被告佐藤俊二ノ訊問調書

一九四九年十二月六日、ハバロフスク市

訊問ハ通譯官コルニーロフヲ通ジテ行ワル。通譯官ハ、ロシア連邦共和國刑法第九五條ニ基ク責任ニ就キ警告セラル。

署名　コルニーロフ

（問）。被告ハ、一九四三年四月一九日付ノソ同盟最高ソヴエト常任委員會法令第一條ニ基ク一九四九年十二月五日付ノ決定書ニ依リ告發セラレタ。被告ハ告發事項ヲ理解スルカ、又告發ニ對シテ有罪ト認メルカ？

（答）。私ニ對シテ提起セラレタル告發事項ハ明瞭デアリマス。一九四三年四月一九日付ノソ同盟最高ソヴエト常任委員會法令第一條ニ基イテ爲サレタ告發ニ對シ、自己ノ有罪ヲ全面的ニ認メマス。私ノ罪狀ハ次ノ通リデアリマス。卽チ、事實私ハ一九四一年十二月ヨリ一九四三年二月ニ至ル間廣東『波』第八六〇四部隊ノ業務ヲ指導シ、其ノ後一九四三年二月ヨリ一九四四年三月ニ至ル迄南京『榮』第一六四四部隊ノ業務ヲ同様ニ指導シマシタ。以上ノ兩部隊ハ、中國軍及ビ中國ノ平和的住民ニ對シテ使用スベキ殺人細菌ノ研究及ビ大量生產ニ從事シタノデアリマス。……南京ノ『榮』第一六四四部隊ハ日本關東軍ノ第七三一細菌戰部隊ト共ニ、日本軍ノ戰鬪行動ニ於ケル中國軍及ビ中國住民ニ對スル細菌兵器ノ使用ニ直接參加シマシタ……

私ハ、『榮』第一六四四部隊長トシテ、同部隊ニヨル細菌兵器ノ研究及ビ其ノ大量生產ヲ指導シマシタ。此ノ業務ヲ遂行スル爲、南京ノ『榮』第一六四四部隊ハ強力ナル設備並ビニ細菌專門家ヲ有シ、各種ノ殺人細菌ヲ多量ニ培養シタノデアリマス。南京ノ『榮』第一六四四部隊內ニ在ツタ教育部ハ、事實私ノ指導ノ下ニ、細菌戰ノ遂行ニ任ズベキ細菌專門家ヲ每年約三〇〇名養成シタノデアリマス。私ハ一九四四年三月ヨリ日本關東軍第五軍ノ軍醫部長トシテ、第七三一部隊ノ第六四三支部ノ細菌增產ヲ積極的ニ支援シマシタ。

此ノ目的ヲ以テ、一九四五年五月私ハ第五軍各部隊ニ對シ、細菌兵器ノ製造ニ必要ナル齧齒類ヲ捕獲シ、之ヲ第七三一部隊第六四三支部ニ送致セヨトノ特別命令ヲ發シマシタ。

（問）。南京『榮』第一六四四部隊ノ生產能力及ビ同部隊ノ有スル技術的設備ニ關スル貴方ノ供述ヲ精確ニシテ貰イタイ。

（答）。南京「榮」第一六四四部隊ノ殺人細菌生産能力ハ、一製造周期間ニ約一〇キログラムデアリマシタ。此ノ細菌量ヲ製造スル爲、「榮」第一六四四部隊ニ次ノ如キ技術的設備ガアリマシタ。石井式培養鑵約二〇〇個、培養室（容積五・五・三米）一、圓筒形自閉器（直徑一米半、長サ二米半）二個、培養器約四〇——五〇個、蒸氣殺菌器約四〇——五〇個、コッホ式釜約四〇——五〇個。而シテ夫レ以外ニ、培養基煮沸用ノガラス製大形フラスコガアリマシタガ、其ノ數量ハ今記憶シテ居リマセン。

訊問調書ハ正ニ私ノ言葉通リニ書キ取ラレ、私ノ爲ニ日本語デ讀ミ上グラレマシタ。

佐藤

訊問者　軍事檢事法務中佐　ブシユエフ

仝　內務省ハバロフスク地方管理局勤務員少佐　アグルイズコフ

通譯官　コルニーロフ

被告平櫻全作ノ訊問調書

一九四九年十二月六日、　ハバロフスク市

訊問ハ通譯官ヨルギンヲ通ジテ行ワル。通譯官ハ、故意ニ爲シタル虛僞ノ通譯ニ對スル責任ニ就キロシア連邦共和國刑法第九五條ニ依リ警告セラル。

署名　ヨルギン

（問）。被告ノ爲ニ、一九四三年四月一九日付ノソ同盟最高ソヴエト常任委員會法令第一條ニ基キ被告ヲ告發スル旨ノ決定書ガ讀ミ上ゲラレタ。被告ハ、告發ノ要旨ヲ理解スルカ、マタ此ノ告發ニ對シテ自己ヲ有罪ト認メルカ？

（答）。ハイ、一九四三年四月一九日付ノソ同盟最高ソヴエト常任委員會法令第一條ニ依ッテ爲サレタ私ニ對スル告發ニ對シ、自己ノ有罪ヲ全面的ニ認メ、告發ノ要旨ニ從ッテ次ノ如キ供述ヲ行イタイト思イマス。

事實、一九四二年六月ヨリ一九四五年八月ニ至ル迄、私ハ關東軍第一〇〇部隊ニ勤務シマシタ。同部隊ノ主ナ任務ハ、防疫事務以外ニ、對ソ細菌戰遂行ノ爲ノ積極的手段ノ準備ニアリマシタ。

第一〇〇部隊付ノ細菌學者、化學者、獸醫等ハ、各種細菌ノ培養、細菌ノ性狀ノ研究、家畜及ビ人間ノ集團的感染方法ノ研究ニ從事シテ居マシタ。此ノ目的ヲ以テ、第一〇〇部隊ニ於テ人間及ビ動物ニ對スル細菌及ビ毒藥ノ効力試驗ガ行ワレマシタ。

獸醫タル私ハ研究員トシテ、最初ハ部隊第二部ノ第一課ニ於テ、次イデ一九四三年十二月ニ編成サレタ同部ノ第六課ニ於テ、鼻疽菌及ビ炭疽菌ノ効力ヲ研究シ、是等ノ細菌ヲ繁殖シ、細菌戰ニ於ケル是等細菌ノ可能ナル使用方法ノ立案ニ參加シマシタ。

此ノ目的ヲ以テ私ハ、一九四二年七—八月三河地方ヘノ派遣隊ノ工作ニ參加シマシタ。此ノ派遣隊ノ工作ハ『夏期演習』ト呼バレ、ソノ目的ハ、ソヴエト同盟國境附近ノ豫想戰鬪地域ニ近似セル自然的狀況ニ於テ、炭疽菌及ビ鼻疽菌ヲ使用スル事ガ可能ナルヤ否ヤヲ研究スルニアリマシタ。此ノ派遣隊ノ工作中ニ、鼻疽菌ヲ以テデルブル河及ビ貯水池ヲ汚染セシムル實驗並ビニ炭疽菌ヲ以テ地上及ビ草ヲ汚染セシムル實驗ガ行ワレマシタ。此ノ目的ノ爲ニ移動實驗室ニ於テ細菌ガ製造セラレ、馬、羊、モルモットヲ使用シテ其ノ實驗ガ行ワレマシタ。

私ハ一九四四年六月ヨリ第一〇〇部隊研究隊ノ一員トシテ北興安省ニ出張シ、關東軍司令部ノ命令ニ依リ情報ノ蒐集ニ從事シマシタ。卽チ、ソヴエト同盟國境及ビ蒙古人民共和國國境地帶住民ノ家畜ノ有無、其ノ頭數及ビ狀態、夏期用及ビ冬期用牧場、草刈場ノ有無、道路及ビ貯水池ノ狀況ヲ調査シタノデアリマス。此ノ情報ハ、對ソ開戰ノ際細菌謀略ヲ目的トシテ多數ノ家畜ヲ細菌ニ感染サセル爲ニ、日本軍統帥部ニ必要デアリマシタ。

此ノ隊ニ於テ私ハ、一九四四年六月ヨリ同年九月ニ至ル迄、淺尾大尉ヨリ與エラレタ若干ノ任務ヲ遂行シマシタ。其ノ後淺尾大尉ガ轉任シタ爲、一九四四年九月ヨリ私ガ俘虜トナル迄（一九四五年八月）私ガ此ノ隊ヲ指導シマシタ。

第一〇〇部隊長若松少將ヨリ聞知シタ所ニ依レバ、飛行隊ハ私ノ蒐集セル情報ニ基キ、開戰ノ場合ソヴエト同盟及ビ蒙古人民共和國ノ國境地帶ニ於テ、家畜ヲ感染サセル爲ニ鼻疽菌、炭疽菌、牛疫毒ヲ撒布スル豫定ニナッテ居マシタ。

私ハコノ隊ノ遂行セル業務ニ就キ二回ニ亘リ若松少將ニ報告書ヲ提出シ、此ノ報告書ニ情報（貯水池、牧場、家畜等々ノ狀態）ノ記入セラレタ地形圖ヲ添附シマシタ。此ノ問題ニ就イテ、私ハ一度關東軍獸醫部長高橋隆篤中將ニ對シ口頭報告ヲ行イマシタ。

其ノ外ニ私ハ、實行セラレタ業務ニ就イテ海拉爾特務機關長天野中佐ニ報告シタ事ガアリマス。私ガ若松少将ヨリ聞知シタ所ニ依レバ、天野中佐ハ私ノ隊ノ目的及ビ任務ヲ知ッテ居タノデアリマス。私ノ知ッタ所ニ依レバ、天野中佐ハ關東軍司令部ニ提出シタ其ノ報告書ニ於テ、吾々ノ實行セル業務ヲ推奨シタトイウ事デアリマス。

以上ノ業務ト同時ニ、私ハ若松少將ノ命令ニ依リ、一九四五年夏北興安省ノ住民ヨリ羊五〇〇頭、牛一〇〇頭、馬匹九〇頭ヲ購入シ、家畜購入費トシテ特ニ支給セラレタ八萬圓ヲ其ノ代價トシテ支拂イマシタ。

私ガ若松少將ヨリ聞知シタ所ニ依レバ、對ソ開戰ノ際ニ是等ノ家畜ハ炭疽、鼻疽、牛疫、羊痘ニ感染サレ、謀略的目的ヲ以テ急性傳染病ヲ發生セシムル爲ニ、ソヴエト軍ノ後方ニ遺棄セラレル豫定デアリマシタ。又私ノ購入セル家畜ノ所在地迄、以上ニ列擧セル細菌ノ必要量ガ飛行機ニテ送達セラレ、編成サレル謀略部隊ガ此ノ家畜ヲ感染サセル豫定ニナッテ居ル事ヲ私ハ知ッテ居リマシタ。

私ハ次ノ點ニ於テモ同様ニ自己ノ有罪ヲ認メマス。即チ私ハ北興安省ニ滯在中若松少將ノ命令ニ依リ、一九四五年ノ早春ニ南ハンゴル河流域ニ於テ行ワレタ實驗ノ爲ニ、家畜(仔牛一〇頭)ヲ購入シマシタ。『冬期演習』ト呼バレタ此ノ實驗ニ際シ、冬期ノ狀況下ニ於テ雪上及ビ雪上ニ散亂セル秣ノ上ニ羊痘毒及ビ牛疫毒ヲ撒布シテ、其ノ效力試驗ヲ行ッタ事ヲ、私ハ此ノ實驗ノ參加者タル山口少佐ヨリ聞知シマシタ。以上ノ實驗ハ、蒙古人民共和國ニ對シテ實施スベキ細菌謀略ノ際ノ狀況ト同ジ狀況ノ下ニ行ワレマシタ。之ハ、蒙古ニ於ケル家畜ガ冬期中牧草ヲ常食トシテ居ル爲デアリマス。

夫レ以外ニ、馬匹殺害ニ必要ナル毒藥（青酸加里、ストリキニーネ其ノ他）ノ量ヲ判定スル目的ヲ以テ、一九四三年夏、第二部長保坂ノ命令ニヨリ私ハ關東軍部隊ノ馬匹四〇―五〇頭ニ對スル實驗ヲ行イマシタ。此ノ實驗ノ結果馬匹一〇頭ガ死亡シマシタ。此ノ實驗ガ如何ナル目的ヲ以テ行ワレタカ私ニハ分リマセンガ、謀略ノ爲毒藥ノ用法ヲ研究シタモノト考エマス。

本件ニ就イテ他ニ供述シ度キ事ハアリマセン。調書ハ私ノ言葉通リニ書キ取ラレ、私ノ爲日本語デ讀ミ上ゲラレマシタ。左署名ヲ以テ確認致シマス。

平櫻

訊問者　軍事檢事法務少佐　ボゴツド

仝　内務省ハバロフスク地方管理局勤務員少尉　ナザロフ

通譯官　ヨルギン

被告三友一男ノ訊問調書

一九四九年十二月六日、ハバロフスク市

訊問ハ通譯官ヨルギン・グリゴリー・ゲオルゲヴイチヲ通ジテ行ワル。通譯官ハ、ロシア連邦共和國刑法第九五條ニ基ク責任ニ關シ警告セラル。

署名　ヨルギン

（問）。貴方ハ、一九四三年四月一九日付ノソ同盟最高ソヴエト常任委員會法令第一條ニ該當スル罪ヲ犯シタ廉ニヨリ告發セラレタ。貴方ハ貴方ニ提起サレタ告訴ニ對シ自己ノ有罪ヲ認メルカ？

（答）。告知セラレタ一九四九年十二月五日付ノ決定書ニ依リ、一九四三年四月一九日付ノソ同盟最高ソヴエト常任委員會法令——私ハ其ノ要旨ヲ理解シマス——第一條ニ基イテ爲サレタ告發ニ對シ、自己ノ有罪ヲ全面的ニ認メマス。

（問）。被告ハ具體的ニ如何ナル點ニ於テ有罪ト認メルカ？

（答）。私ハ左ノ點ニ於テ自己ヲ有罪ト認メマス。即チ、一九四一年四月私ハ炭疽、鼻疽、牛疫、羊痘ノ病原菌ヲ製造スル關東軍第一〇〇部隊ニ志願兵トシテ入隊シ、更ニ、是等ノ病原菌ガ特ニ對ソ戰ノ爲ニ製造サレル事ヲ知リナガラ、第一〇〇部隊ノ特別實驗室ニ於ケル是等細菌ノ製造ニ積極的ニ參加シタノデアリマス。

上記ノ部隊ニ入隊後、私ハ炭疽菌及ビ鼻疽菌ノ培養ニ關スル特別講習ヲ受ケ、是等ノ細菌ヲ私ノ擔當スル培養器ヲ以テ培養シマシタ。私ハ此ノ職務ヲ、同部隊ニ於ケル全服務期間ニ亘ツテ、即チ一九四一年四月ヨリ一九四四年十月ニ至ル迄遂行シマシタ。

夫レ以外ニ私ハ、動物及ビ生キタ人間ヲ使用シテ、私ノ製造セル殺人細菌ノ効力ヲ檢査スル實驗ニ度々參加シマシタ。此ノ實驗ハ、日本軍統帥部ガ是等ノ細菌ヲ對ソ戰ニ使用スル爲ニ行ワレタノデアリマス。例エバ、一九四二年七月——八月私ハ第一〇〇部隊ノ他ノ勤務員達ト共ニ、三河地方ヘノ派遣隊ニ參加シマシタ。同地デハ、鼻疽菌ノ持久性試驗ガデルブル河ニ於テ、炭疽菌ノ持久性試驗ガ貯水池ニ於テソレゾレ實施セラレマシタ。本派遣隊ノ指揮者ハ、第一〇〇部隊第二部長村本少佐デアリマシタ。同地ニ於テ、私ハ鼻疽菌、炭疽菌ヲ自ラ培養シマシタ。而シテ派遣隊ハ是等ノ細菌ヲ、デルブル河及ビ貯水池ニ於ケル試驗ニ使用シマシタ。此ノ實驗ハ……ソヴエト同盟國境ノアルグン河ニ注グデルブル河ニ於テ行ワレタノデアリマス。

一九四四年八月——九月、私ハ研究員タル松井經孝ノ指導ノ下ニ、第一〇〇部隊内ニ於テロシア人及ビ中國人ノ囚人七——八名ニ對スル實驗ヲ行イ、是等ノ生キタ人間ヲ使用シテ毒藥ノ効力ヲ試驗シマシタ。卽チ、私ハ是等ノ毒藥ヲ食物ニ混入シ、之ヲ以上ノ囚人達ニ與エタノデアリマス。

一九四四年八月末、私ハ松井ノ指圖ヲ受ケ、粥ニ約一グラムノヘロインヲ混入シ、之ヲ中國人ノ囚人ニ與エマシタ。同人ハ此ノ粥ヲ食シ、食後約三〇分ニテ人事不省トナリ、人事不省ノ儘約一五——一六時間經過シタ後ニ死亡シマシタ。以上ノ用量ノヘロインヲ與エタ時、吾々ハ夫レガ致死量デアルコトヲ知ッテ居リマシタガ、併シ、吾々ニトッテハ、彼ノ生死ハ問題デハナカッタノデアリマス。

私ハ朝鮮朝顏、ヘロイン、バクタル、ヒマシノ種子ノ効力ヲ調ベル爲、若干名ノ囚人ニ對シテソレゾレ五——六回宛實驗ヲ行イマシタ。ロシア人ノ囚人ハ實驗ノ結果衰弱シ、實驗ニ使用スルコトガ不可能トナッタノデ、松井ハ私ニ、青酸加里ノ注射ニヨッテ此ノロシア人ヲ殺害スル樣命ジマシタ。注射後此ノロシア人ハ卽死シマシタ。

私ハ又、私ガ實驗ニ使用シタ囚人三名ヲ憲兵ガ銃殺シタ時ニ臨場シマシタ……

（問）。自己ノ供述ニ附言シ度イ事ガアルカ？

（答）。附言シタイコトハ何モアリマセン。供述ハ私ノ言葉通リ正シク書キ取ラレ、私ノ爲ニ通譯官ヨルギンガ日本語デ讀ミ上ゲラレマシタ。左署名ヲ以テ確認致シマス。

三友

訊問者　軍事檢事法務中佐　アントーノフ

仝　内務省ハバロフスク地方管理局勤務員中尉　ボイコ

通譯官　ヨルギン

7*

被告菊池則光ノ訊問調書

一九四九年十二月六日、ハバロフスク市

訊問ハ通譯官ポルヤーノフヲ通ジテ行ワル。通譯官ハ、ロシア連邦共和國刑法第九五條ニ基ク責任ニ關シ警告セラル。

署名　ポルヤーノフ

（問）。貴方ハ、一九四三年四月一九日付ノソ同盟最高ソヴエト常任委員會法令——其ノ要旨ハ被告ニ説明濟デアル——第一條ニ該當スル罪ヲ犯シタ廉ニヨリ貴方ヲ告發スル旨ノ決定書ヲ告知セラレタ。貴方ハ貴方ニ提起サレタ告訴ニ對シ自己ノ有罪ヲ認メルカ？

（答）。一九四三年四月一九日付ノソ同盟最高ソヴエト常任委員會法令第一條ニ基イテ爲サレタ告發ニ對シ、私ハ自己ノ有罪ヲ認メマス。

（問）。具體的ニ如何ナル事項ニ就キ有罪ト認メルカ？

（答）。私ハ次ノ事項ニ就イテ有罪ト認メマス。卽チ、私ハ第七三一部隊第六四三支部ニ勤務中、一九四三年四月ヨリ俘虜ニナル日迄、チブス菌、パラチブス菌、赤痢菌及ビ結核菌ヲ研究シ、且ツ其ノ性狀並ビニ流行病ヲ發生セシムル其ノ能力ヲ研究スル爲ニ、是等細菌ノ培養ニ從事シマシタ。私ハ細菌ノ培養ニ當ル一方、細菌繁殖用ノ培養基ヲ研究シ、此ノ研究ニヨッテ、細菌ガヨリ短期間ニ培養サレ、ヨリ長期間ニ亘ッテ其ノ生命力ヲ持續シ得ル樣ナ培養基ヲ製造スル爲ニ努力シマシタ。

私ハ更ニ、細菌培養基ノ製造期間ヲ短縮スベク努力シマシタ。細菌ノ培養及ビ細菌培養基ノ研究ニ關スル私ノ業務ハ、上官ノ命令ガアリ次第私及ビ第一研究課全體ガ迅速ニ細菌ノ大量培養ヲ爲シ得ルコトヲ目標トシテ行ワレマシタ。

私ハ、日本關東軍ガ對ソ細菌戰ヲ準備シテ居ルコトヲ知ッテ居リマシタ。而シテ、第七三一部隊並ビニ其ノ第六四三支部ハ、此ノ細菌戰ヲ目指シテ準備ヲ整エ、第六四三支部ハ第七三一部隊ノ細菌戰準備ヲ援助シマシタ。又、支部第一課、卽チ研究課ニ於ケル私ノ業務モ……細菌戰ノ準備ヲ目的トスルモノデアリマシタ。從ッテ、私モ此ノ戰爭ノ準備ニ直接參加シタ譯デアリ、私ハ之ニ對シテ自己ノ有罪ヲ認メルモノデアリマス。

私ノ犯シタ罪ハ自發的ニ爲シタモノデハナク、直屬上官ノ命令ニヨッテ行ッタモノデアリマス。私ハ直屬上官ノ命令ヲ遂行シナイ譯ニハ行キマセンデシタ。何故ナラバ、直屬上官ノ命令ヲ實行シナケレバ罰セラレルカラデアリマス。

(問)。自己ノ供述ニ附言シタイ事ガアルカ？

(答)。自己ノ供述ニ附言シタイ事ハ何モアリマセン……………

供述ハ私ノ言葉通リ正シク書キ取ラレ、私ノ爲ニ日本語デ讀ミ上ゲラレマシタ。

菊池

訊問者　沿海州軍管區軍事檢事補法務中佐　アントーノフ

仝　內務省ハバロフスク地方管理局勤務員中尉　ブラートフ

通譯官　ボルヤーノフ

被告久留島祐司ノ訊問調書

一九四九年十二月十日、ハバロフスク市

訊問ハ通譯官ストロジユコフヲ通ジテ行ワル。通譯官ハ、故意ニ爲シタル虚僞ノ通譯ニ對スル責任ニ就キロシア連邦共和國刑法第九五條ニ依リ警告セラル。

署名　ストロジユコフ

（問）。被告ハ、一九四三年四月一九日付ノソ同盟最高ソヴエト常任委員會法令第一條ニ依リ告發セラレタ。被告ハ告發ノ要旨ヲ理解スルカ、又自己ヲ有罪ト認メルカ？

（答）。私ハ、一九四三年四月一九日付ノソ同盟最高ソヴエト常任委員會法令第一條ニ基ク一九四九年十二月九日付ノ軍事檢事ノ決定書中ニ記載サレテ居ル私ニ對スル告發ノ要旨ヲ理解シマス。又告發ニ對シテ自己ノ有罪ヲ全面的ニ認メマス。

私ハ本件ニ就イテ次ノ如ク供述シタイト思イマス。

事實私ハ、徵集サレテ日本軍隊ニ入營シ、第九七歩兵連隊ニ於テ一般軍事教練ヲ受ケタ後、一九四四年四月第七三一部隊ノ林口第一六二支部ニ派遣サレマシタ。

私ハ此ノ支部ニ來テ間モナク、仕事ノ性格ヲ知リ、第七三一部隊ノ業務ノ秘密性ニ關スル注意ヲ受ケ、第七三一部隊ガ公式ニハ給水及ビ防疫ヲ其ノ任務トシテ居ルガ、實際ニハ急性傳染病（チブス、パラチブス、コレラ、ペスト等）菌ノ培養並ビニ蚤ノ飼育及ビ之ニ必要ナ齧歯類ノ繁殖ニ從事シテ居ルコトヲ知リマシタ。

第一六二支部ニ於テ六カ月間ノ衛生兵教育ヲ受ケタ時、私ハ他ノ生徒達ト一緒ニ、第一課長細屋少佐ノ指導ノ下ニ細菌學ノ學習ニ特別ナ注意ヲ拂イマシタ。

教育終了後、私ハ伍長兵頭・ヨシタケニ引率サレル軍人ノ一行ト共ニ、細菌彈ノ試驗ニ參加スベク第七三一部隊ニ派遣サレマシタ。此ノ試驗ハ『演習』ト呼バレテ居マシタ。

第七三一部隊ニ滯在中、試驗豫定地ニ出發スル前ニ私ハ部隊ノ勤務員カラ、同部隊ニ於テ多量ニ培養サレル急性傳染病菌ガ、強制的ナ方法ニヨリ、生キタ人間、即チ部隊ニ收容中ノロシア人及ビ中國人ヲ用イテ試驗サレテ居ルコトヲ知リマシタ。

又同部隊ニ於テ私ハ、飛行機ニヨリ蚤ヲ撒布シテ地方ニ傳染病ヲ發生セシムル事ガ可能デアルカドウカヲ確メル爲ノ實驗ニ、私ガ參加シナケレバナラナイコトヲ知リマシタ。

一九四四年ノ十月六日ヨリ同月三〇日ニ至ル迄、私ハ呉屯附近デ此ノ演習ニ參加シ、實驗者達ノ宿舍ヲ警備シマシタ。

其ノ外私ハ、飛行機ヨリ投下セラレタ蚤ヲ充塡セル陶器爆彈ノ破裂後、二平方キロメートルノ地域內ニ配置サレタ箱ノ中ニ落下セル蚤ノ數ノ計算ニ參加シマシタ。

一九四四年十一月二日私ハ第一六二支部ニ歸隊シ、第一課ノ細菌實驗室勤務ヲ命ゼラレ、實驗室助手見習トシテ服務シマシタ。

此ノ實驗室ニ於テ私ハ、軍曹官豐及ビ第一課長細屋軍醫少佐ノ直接ノ指導ヲ受ケテ、結核菌、チブス菌、パラチブス菌ヲ培養基ニ扶植シタリ、研究ノ爲實驗用器具ヲ準備シタリ、細菌培養ニ當リ培養器ノ溫度ヲ調節シタリシマシタ。

夫レ以外ニ、私ハ二回（每回七日宛）野生齧齒類ヲ取リニ出掛ケマシタ。私ガ捕獲シ、ソノ後細菌兵器製造ニ際シ利用スル爲第七三一部隊ニ送ラレタ野生齧齒類ノ數ハ、合計約三〇〇匹ニ達シマシタ。

私ハ、第七三一部隊及ビ其ノ第一六二支部ニ於ケル自己ノ全實踐活動ニヨッテ、多數ノ人間ヲ殺害スベキ細菌兵器ノ製造ニ參加シタ點ニ於テ、自己ヲ有罪ト認メルモノデアリマス。併シ、私ガ此ノ犯罪ニ參加シタノハ日本軍統帥部ノ命令ニ從ッタ爲デアルト言ウ事情ヲ酌量シテ頂キタイト思イマス。

訊問ハ私ノ言葉通リ正シク書キ取ラレ、私ノ爲ニ日本語デ讀ミ上ゲラレマシタ。

久留島

訊問者　軍事檢事法務少佐　ボゴッド

仝　內務省ハバロフスク地方管理局勤務員少佐　コノハフ

通譯官　ストロジユロフ

山田乙三ノ訊問調書（抄録）

一九四九年十一月三日、ハバロフスク市

……第七三一部隊ノ公式名稱ハ「關東軍防疫給水部」トナッテ居マシタガ、之ハ部隊ノ實際ノ任務ヲ隱蔽スル爲ノ名稱デアリマシタ。同樣ノ目的ヲ以テ、第七三一部隊員ハ軍醫部ノ兵種識別記號ヲ附ケズニ一般兵種ノ服裝ヲシテ居リマシタ。卽チ吾々ハ、多數醫員ノ集結ガ第七三一部隊ノ實際ノ業務ニ關シテ望マシカラザル疑惑ヲ招クコトヲ恐レタノデアリマス。

……一九四四年八月私ハ第七三一部隊ニ赴イタ際、各部ノ業務ヲ直接視察シマシタ。此ノ視察ニ當リ、私ハ細菌ノ培養及ビ大量繁殖過程ニ關シ報告ヲ受ケマシタ。私ハ、或ル部ニ於テ病原體ヲ多量ニ培養シ得ル強力ナ器械設備ヲ見タコトヲ記憶シテ居リマス。部長ハ私ニ、部隊ノ生産能力ニ關スル數字ヲ報告シマシタガ、併シ、今此ノ數字ヲ引用スル事ハ出來マセン。

私ハ、此ノ部ニ於テ細菌ノ大量生産ガ行ワレ、此ノ生産高ガ細菌ヲ大規模ニ使用スル爲ニ十分デアッタコトヲ指摘セネバナリマセン。ペスト媒介體タル蚤ノ飼育ニ從事セル他ノ部ニ於テ、私ハ多數ノ蚤ガ入ッテ居ル特製ノ容器ヲ見マシタ。私ヲ案内シタ部隊員ハ、是等ノ蚤ガペスト感染用ノ蚤デアルコト、夫レガ細菌兵器ノ一種デアルコトヲ報告シマシタ。

部隊各部ノ巡視ヲ終了シタ後、私ハ私ニ隨行セル人々ト共ニ展望台ニ上リ、飛行場ヲ展望シマシタ。此ノ展望台ハ、飛行機ヨリ蚤ヲ撒布スル檢査的試驗ヲ觀察スル爲ノモノデアリマシタ。一將校ハ私ニ、ペストニ感染セシメラレタ蚤ハ細菌兵器ノ一種トシテ特設實驗場ニ於ケル飛行機ヨリノ撒布ニヨッテ試驗セラレルコトヲ報告シマシタ。此ノ際私ハ、樣々ナ氣候ノ下デ行ワレタ試驗ノ成果ニ就イテ說明ヲ受ケマシタ。

第七三一部隊視察ノ際私ハ、同部隊ニ於ケル細菌戰用兵器ノ研究並ビニ製造ノ規模ニ驚倒シマシタ。

(問)。デハ、關東軍第七三一部隊ハ細菌兵器ニヨル對ソ攻撃ノ準備ヲ目的トシテ編成セラレタノカ?

(答)。私ハ、滿洲ニ在ッタ第七三一部隊ガ主トシテソヴエト同盟並ビニ蒙古人民共和國及ビ中國ニ對スル細菌戰用兵器ノ準備ヲ目的トシテ編成セラレタコトヲ認メネバナリマセン……

（問）。第七三一部隊ハ如何ナル程度ニ於テ關東軍司令部ニ隷屬シテ居タカ？

（答）。第七三一部隊ハ關東軍司令官タル私ニ直屬シテ居マシタ。

關東軍司令部ニ對スル第七三一部隊ノ隷屬關係ハ、同部隊ノ編成當時日本陸軍大臣ノ命令ニヨッテ定メラレタノデアリマス。

第七三一部隊ニ對スル、細菌兵器ノ製造並ビニ其ノ使用ノ諸問題ニ關係アル作戰上ノ指導ハ、私ガ之ヲ司ッテ居リマシタ。之ハ、敵軍ニ對シテ細菌兵器ヲ使用スル必要ガ生ジタ場合、之ニ關スル命令ヲ發シ得ル者ハ私以外ニ無イト言ウ事ヲ意味シマス。何故ナラバ第七三一部隊ハ私ニ隷屬スル特殊部隊デアッタカラデアリマス……

山田

訊問者　内務省ハバロフスク地方管理局勤務員中尉　ブラーヴエ

仝　内務省ハバロフスク地方管理局勤務員中尉　ゴイフマン

通譯官　ツヴイロフ

山田乙三ノ訊問調書（抄錄）

一九四九年十一月五日、ハバロフスク市

…（問）。被告ガ親シク第七三一部隊ニ赴イタノハ何時カ？

（答）。私ガ第七三一部隊ニ赴イタノハ一回ダケデアリマス。私ハ關東軍司令官トシテ着任後隷下ノ各部隊ヲ巡視シタ時ニ、第七三一部隊ヲモ視察シタノデアリマス。夫レハ一九四四年八月ノコトデアリマシタ。部隊所在地迄私ニ隨行シタノハ關東軍參謀原中佐デアリマス。私ハ正午ニ（前ニハ夕方ト陳述シマシタガ、併シ、實際ニハ夕方デハアリマセンデシタ）ハルビン市ヨリ第七三一部隊所在地ニ向ッテ出發シ、約一時間半同部隊ニ居リマシタ。私ハ此ノ視察ニ就イテ自分ノ日記ニ記入シマシタ。

私ハ部隊所在地ノ正門デ第七三一部隊長北野少將ヲ始メ全將校ニ出迎エラレマシタ。閲兵式終了後私ハ部隊長室ニ這入リ、同室ニ於テ北野少將カラ、部隊ガ七ツノ部、即チ庶務部、診療部、材料部、製造部、研究部、教育部（七ツ目ノ部ノ名稱ハ忘レマシタ）ニ分レテ居ル旨ノ報告ヲ聽取シマシタ。

北野少將ハ部隊ノ目的及ビ任務ニ就イテ報告シタ際、部隊ガ其ノ業務ノ性質上二ツノ任務、即チ關東軍各部隊ニ對スル防疫及ビ給水並ビニ細菌戰用兵器ノ準備ニ關スル諸問題・研究ト言ウ任務ヲ帶ビテ居ルコトヲ指摘シマシタ。夫レ以外ニ、北野少將ハ部隊人員ノ概數ヲ私ニ報告シマシタガ、私ハ今其ノ數字ヲ記憶シテ居リマセン。

北野少將ハ各部ノ業務ノ性質ヲ說明シタ際、研究部ガ細菌兵器ノ形態及ビ用法ヲ研究シテ居ル旨述ベマシタ。斯クテ私ハ、細菌ヲ謀略ニ用イル必要ガアル場合ニハ地上撒布ノ方法ニヨリ、細菌兵器ヲ大規模ニ使用スル爲ニハ飛行機ニヨルト言ウコトヲ知ッタノデアリマス。

北野少將ハ製造部ニ關シテ、此ノ部ガ攻擊作戰ノ需要ヲ充スニ足ル細菌ノ特殊製品ヲ大量ニ製造シテ居ルコトヲ私ニ報告シマシタ。

其ノ後、第七三一部隊ノ業務ヲ十分ニ視察シタ時、私ハ同部隊ノ生產能力ガ細菌兵器ノ大規模使用ニ足ルモノト確信シマシタ。之ハ、前回ノ訊問ニ於テ供述シタトコロデアリマス。

北野少將ノ言葉ニ依レバ、第七三一部隊ノ教育部ハ醫務要員ヲ養成シ、之ヲ細菌兵器ノ研究及ビ製造ニ從事スル部ヲ含ム同部隊ノ各部ニ配屬シマシタ。

材料部ハ第七三一部隊ノ必要ナ材料、衛生材料ニ對スル需要ヲ充シマシタ。

北野少將ノ報告終了後私ハ部隊ヲ巡視シ始メマシタ。私ガ各部ニ於テ何ヲ視察シタカヲ今ハツキリ思イ出スコトハ困難デアリマス。從ツテ私ハ、如何ナル業務ガ何部ニ屬スルカヲ斷定セズニ、私ノ視察セル總テノ事ヲ略述シ得ルニ過ギマセン。併シソレニモ拘ラズ、私ハ、重要ナル各部ノ業務狀況ヲ視察シタコトヲハツキリ記憶シテ居リマス。某部（製造部デアツタト思イマス）ニ於テ、私ハ細菌ノ多量培養ノ狀況ヲ視察シマシタ。同部ニハ、強力ナ設備、卽チ細菌兵器ノ大量生產ニ要スル鑵ソノ他ノ器具ガアリマシタ。

他ノ建物內ニ於テ、私ハ無數ノ生キタ蚤ヲ收容セル特製ノ箱ヲ目擊シマシタ。說明ニ依レバ、是等ノ蚤ハペスト感染用ノ蚤デアツテ、感染後ニハペスト流行病ノ媒介體トシテ之ヲ使用シ得ルノデアリマス。其ノ他ノ建物內デ見タコトハ今思イ出セマセン。

部隊ノ主ナル建物內ヲ巡視セル後、私ハ隨行セル將校等ト共ニ部隊ノ展望台ニ上ツテ飛行場ヲ展望シマシタガ、之ハ、前回ノ訊問ニ於テ詳細ニ供述シタトコロデアリマス。

部隊ノ業務ヲ十分ニ視察シ其ノ活動ニ就イテ一應ノ認識ヲ得タ後、私ハ同部隊ニ於ケル研究ノ規模並ビニ部隊ノ細菌兵器生産能力ノ強大サニ驚倒シマシタ…………

山田

訊問者 軍事検事法務中佐 バゼンコ

仝 内務省ハバロフスク地方

管理局勤務員中尉 ブラーヴエ

仝 ゴイフマン

通譯官 ツヴイロフ

山田乙三ノ訊問調書（抄錄）

一九四九年十一月一七日、ハバロフスク市

…私ノ隷下部隊中、細菌兵器ノ研究及ビ其ノ大量生産ニ從事シタノハ、第七三一部隊、第一〇〇部隊並ビニ此等部隊ノ各支部デアリマス。

…細菌戰準備ニ關スル第七三一、第一〇〇兩部隊ノ業務ニ就イテハ、第七三一部隊ガ多數ノ人間ヲ殺害スベキ細菌兵器ノ研究及ビ生産ニ從事シタ事ヲ指摘セネバナリマセン。此ノ方面ニ於ケル第一〇〇部隊ノ業務範圍ハ稍々狹ク、家畜ノ撲滅及ビ穀物ノ汚染ニヨル謀略ヲ實施スルタメノ細菌兵器ノ研究及ビ其ノ生産ニ限ラレタノデアリマス。

…私ノ隷下ニ在ッタ作戰部ハ、細菌ノ必要量ノ生産、技術的設備ノ確保並ビニ第七三一、第一〇〇兩部隊ノ人員ヲ補充スルタメノ專門家ノ養成ニ關スル指導ニ當リマシタ……

（問）。デハ、一九四九年十二月三日ノ訊問ニ際シテ、被告ガ細菌戰用兵器ハ主トシテソヴエト同盟ニ對シテ準備サレタト述ベタノハ何ヲ意味スルノカ？

（答）。私ハ此ノ供述ヲ全面的ニ確認シマスガ、併シ、細菌戰ガソヴエト同盟ニ對シテ準備サレタバカリデナク、夫レ以外ノ國々ニ對シテモ準備サレタコトヲ明ラカニシテ置ク必要ガアリマス。

（問）。被告ハ如何ナル國々ヲ指シテ居ルノカ？

（答）。主トシテソヴエト同盟ヲ指シ、更ニ中國、蒙古人民共和國、アメリカ合衆國及ビイギリスヲ指シマス。

（問）。對ソ細菌戰ノ準備ニ關シテ、如何ナル具體的措置ガ講ゼラレタカ？

（答）。ソヴエト同盟ニ對スル細菌戰ノ準備トシテ、流行病菌ノ使用方法ニ關スル各種ノ研究、細菌兵器ノ大量生産及ビ各種細菌ノ効力査定ノタメノ實驗ガ行ワレマシタ。

（問）。細菌兵器ノ如何ナル用法ガ考案セラレタカ？

（答）。私ノ記憶ニ依レバ、細菌兵器ノ主ナル且ツ最モ効果的ナル使用方法ハ、飛行機ニヨル細菌ノ投下並ビニ地上ニ於ケル細菌使用ノ方法デアリマシタ。細菌ハ、飛行機ニヨリ特殊爆彈トシテ投下セラレ、或ハ飛行機ニアル特殊裝置ヲ以テ撒布セラレマシタ。地上ニ於ケル細菌使用ノ方法ハ、細菌ニヨル貯水池、牧場ノ汚染及ビ家畜ノ感染デアリマシタ。

……現地ニ於テ部隊ノ業務狀況ヲ視察シ、專門家增員ノ必要ニ關スル問題ヲ明カニスルタメ、一九四五年六月私ガ田村大佐ヲ第七三一部隊ニ派遣シタ事實ヲ認メネバナリマセン。

8*

私ガ田村大佐ヲ第七三一部隊ニ派遣シタノハ、關東軍司令部ガ細菌兵器ノ増産ニ關スル陸軍省ノ命令ニ接シタタメデアリマス。此ノ命令ハ、夫レヲ遂行スルタメ第七三一部隊長石井中將ニ通達セラレマシタ。ソコデ石井中將ハ、本命令ヲ遂行スベク一九四五年五月私ニ書簡ヲ送リ、必要ナル專門家ノ員數ヲ増加スルヨウ依賴シマシタ。尚、私ガ事實細菌爆彈ニ關スル石井ノ報告書ヲ有シテ居タコトヲ今思イ出シマシタ。ソレデ、本件ニ關シテ前ニ私ガ行ツタ供述ニ然ルベキ訂正ヲ加エテ頂キタイト思イマス。

石井ノ報告書ハ私ノ金庫内ニ保存シテアリマシタガ、其ノ後私ハ之レヲ作戰部長松村知勝少將ニ手渡シマシタ。此ノ報告ガ赤線ノ罫紙ニ記載シテアツタコトヲ私ハ明確ニ記憶シテ居リマス。又報告ノ題名ガ『石井式細菌爆彈ニ就イテ』トナツテ居タコトモ記憶シテ居リマス。尚、私ガ石井部隊ニ赴イタ際、ペスト蚤ヲ細菌兵器トシテ使用スルタメノ爆彈ノ見本ヲ見タコトヲ思イ出シマシタ。

……第七三一部隊視察ノ際、同部隊ニ於テ斯カル爆彈ヲ見タコトヲ私ハ記憶シテ居リマス。此等ノ爆彈ハ第七三一部隊ニ於テ製造サレタモノデアリマス。其ノ製造量ハ記憶シテ居リマセンガ、爆彈ハ必要ナダケ製造サレタノデアリマス。私ハ、私ニ提示セラレタ設計圖中ノ爆彈ノ圖形ヲバ、以上ニ述ベタ石井ノ報告書ノ中デ見タコトガアリマス。……

細菌兵器ノ用法ヲ研究スルタメ、關東軍參謀長、作戰部長、第一〇〇細菌戰部隊長或ハ第七三一細菌戰部隊長及ビ若干ノ參謀ヨリ成ル特別委員會ガ設ケラレマシタ。此等委員會ノ委員長ハ參謀長デ、關東軍司令官ハ同委員會ノ業務ニ關與シマセンデシタ。細菌戰兵器ノ使用方法ニ關スル委員會ノ諸決定ハ關東軍司令官ニ提出セラレ、軍司令官ノ認可ヲ受ケタ上デ日本ノ參謀本部ニ報告セラレマシタ。一定ノ方法ヲ軍備ノタメニ採用スル場合、參謀本部ハ關東軍司令部ニ之ヲ通知シ、一方關東軍司令部ハ、第七三一部隊及ビ第一〇〇部隊ニ對シ必要ナル流行病菌ノ大量生產ニ關スル命令ヲ發シタノデアリマス。第七三一、第一〇〇兩細菌戰部隊ガ必要トスル一切ノ機械・器具、原料及ビ器材ハ、一定ノ細菌兵器ノ生產ニ關スル參謀本部ノ要求ニ基イテ、日本陸軍省ガ之ヲ確保シマシタ。

細菌兵器ノ使用並ビニ細菌兵器ノ實地使用ニ任ズベキ必要部隊ノ編成ハ、關東軍司令部ヨリノ然ルベキ報告ニ基イテ日本ノ參謀本部ガ之ヲ立案シマシタ。

（問）。被告ガ軍司令官トシテ在任中、關東軍ノ軍備ノタメ細菌兵器ノ如何ナル用法ガ採用セラレタカ？

（答）。關東軍ノ軍備ノタメ採用セラレタ細菌兵器ノ使用方法ハ總テ、私ガ關東軍司令官ニ任命セラレル前ニ認可サレタノデアリマス。私ハ飛行機ニヨル細菌ノ撒布方法ヲ最モ効果的ナモノト認メマシタ。何故ナラバ、此ノ方法ニヨレバ、廣大ナル地域ノ汚染ガ可能ダカラデアリマス。

8—962

（問）。細菌兵器使用ノタメニ如何ナル飛行機ヲ利用スル豫定ニナッテ居タカ？

（答）。平時ニ於テハ、第七三一部隊ハ數台ノ特別飛行機ヲ有シテ居マシタ。戰時ニ於テ必要ナ場合ニハ、各航空部隊ノ飛行機ニ必要ナル裝置ヲ施シタ上デ之ヲ利用スルコトガ出來タノデアリマス。

（問）。被告ハ關東軍司令官トシテ、細菌戰ノ準備ノ指導ニ具體的ニ如何ニシテ參與シテイタカ？

（答）。私ノ既ニ陳述セル如ク、關東軍ノ管理セル細菌兵器ノ使用方法ハ總テ、私ガ軍司令官トシテ任命サレル前ニ日本ノ參謀本部ニヨリ審査サレ認可サレタノデアリマス。此等ノ方法ハ私ノ在任中モ其ノ効力ヲ繼續シマシタ。ソノ外、私ハ軍司令官トシテ、日本ノ陸軍省及ビ參謀本部ノ命令ニヨリ、私ノ隷下ニアッタ司令部ノ各部及ビ各課ヲ通ジテ、細菌兵器ノ研究及ビ生產ニ關スル第七三一、第一〇〇兩細菌戰部隊ノ業務ヲ指導シマシタ。戰時ニ於テ細菌戰兵器ノ使用ニ關スル戰術上ノ指導ヲ行ウコトモ亦、關東軍司令官トシテノ私ノ役目デアリマシタ。從ッテ、開戰ノ場合ニハ、如何ナル兵團ガ細菌兵器ヲ使用スベキカ又如何ナル方面ニ之ヲ使用スベキカヲ私ガ決定スル予定ニナッテ居マシタ。

又細菌攻擊實施ノタメニ、第七三一部隊、第一〇〇部隊及ビ此等部隊ノ各支部ヲ基礎トシテ編成サレル特別細菌戰部隊ヲ、各方面軍司令官及ビ各軍司令官ニ隷屬セシムル予定ニナッテ居マシタ。……

…（問）。被告ハ陸軍省ノ命令ニ依リ、細菌兵器增產ノタメ具體的ニ如何ナル事ヲ爲シタカ？

（答）。私ガ先ニ供述セル如ク、陸軍次官ノ發セル命令ニ依リ私ハ、陸軍省ヨリ接受セル命令ノ範圍內ニ於テ細菌兵器ノ增產ヲ認可シマシタ。併シ、ドレダケ增產サレタカ私ハ記憶シテ居リマセン……

…（問）。細菌兵器使用ノ決定ハ誰ガ行ウ予定デアッタカ？

（答）。細菌兵器使用ノ命令ハ大本營ヨリ發セラレル予定ニナッテ居マシタ……

山田

訊問者　軍事檢事法務中佐　バゼンコ

仝　內務省ハバロフスク地方管理局勤務員大尉　ゴイフマン

通譯官　ツヴイロフ

山田乙三ノ訊問調書（抄錄）

一九四九年十二月一日、ハバロフスク市

…（問）。一九四五年ニ細菌兵器ノ生産ガ活潑化セラレタノハ何故カ？

（答）。當時、第七三一部隊及ビ第一〇〇部隊ニヨル細菌兵器ノ生産ガ活潑化サレタノハ、最モ効果的ナル細菌兵器ノ試驗準備時代ガ終了シタタメデアリマス。最モ効果的ナル細菌兵器トハ、「石井式」細菌爆彈ノ使用、飛行機ニヨルペスト蚤ノ撒布及ビ地上細菌謀略ノ方法ヲ意味シマス。私ハ之ヲ北野少將、高橋中將其ノ他ノ報告ニヨツテ知ツタノデアリマス。

一九四五年細菌兵器ノ最モ効果的ナル用法ノ改良ニ關スル諸準備ガ成功裡ニ完了シタノデ、大本營ノ命令ガアリ次第アラユル方面ニ於テ細菌兵器ヲ實地ニ使用スルコトヲ目的トシテ、細菌兵器ノ大量生產時代ガ開始セラレマシタ。上述ノ事情ニ基キ、又日本陸軍次官ノ通牒ニ依リ、一九四五年春私ハ第七三一部隊及ビ第一〇〇部隊ニ對シ細菌兵器ノ大量生産ノ増強ヲ命ジ、又之ニ伴イ、設備ノ増強及ビ改良並ビニ第七三一部隊ガ必要トスル專門家ノ補充方ヲ命ジタノデアリマス。

夫レ以外ニ、一九四五年ニ於ケル細菌兵器ノ増産ハ各方面ノ戰場ニ於ケル戰局ノ惡化ニ關係ガアルト私ハ考エマス。併シ、之ハ私見デアッテ、之ニ關シ公式ノ通報ヲ受ケタワケデハアリマセン。

（問）。細菌兵器ノ増産ニ關スル日本陸軍次官ノ通牒ガ關東軍司令部ニ到達シタノハ何時カ？

（答）。私ノ記憶ニ依レバ、此ノ通牒ニ接シタノハ一九四五年三月デアリマシタ……

…（問）。被告ガ關東軍司令官トシテ在任中、細菌兵器ノ用法ノ研究上如何ナル變化ガ生ジタカ？

（答）。私ガ既ニ陳述シタ通リ、細菌兵器ノ主ナル用法ハ、私ガ軍司令官トシテ就任スル前ニ、關東軍ノ軍備ノタメニ採用サレ、日本參謀本部ニヨッテ認可サレタノデアッテ、私ノ在任中ニハ以上ノ點ニ於テ何等ノ變化モ起リマセンデシタ。以上ノ用法ハ、私モ之ヲ是認シタノデ、依然トシテ其ノ効力ヲ繼續シマシタ。併シナガラ、私ノ關東軍司令官在任中ニ、或ル種ノ細菌兵器用法ノ改良ニ關スル業務ガ行ワレマシタ。斯カル業務ハ、第七三一部隊ニ於テモ、又第一〇〇部隊ニ於テモ行ワレタノデアリマス。例エバ、特別裝置ヲ利用スル飛行機ヨリノ撒布ト特殊爆彈ノ投下トニヨルペスト蚤ノ用法ガ、私ノ在任中ニ完成シマシタ。北野少將ハ特ニ上記ノ用法ニ關シテ私ニ報告シタノデアリマス。

（問）。細菌爆彈ニ關スル石井ノ報告書ニ就イテ、被告ハ如何ナル決定ヲ行ツタカ？

（答）。特殊ノ細菌爆彈ノ使用ニ關スル石井ノ報告書ニ對スル決定ハ、私ノ前任者タル梅津大將ガ之ヲ行イマシタ。私ハ石井ノ報告書ヲ閲覽シ、此ノ用法ヲ同樣ニ是認シマシタガ、之ニ對シテ如何ナル特別ノ認可モ必要トシマセンデシタ。

……一九四四年十月或ハ十一月北野少將ハ私ニ對シ、ペスト蚤ヲ細菌戰兵器トシテ使用スル實驗ノ成果ニ關シ詳細ナル報告ヲ行イマシタ。北野少將ハ此ノ報告ニ當リ、第七三一部隊ヨリ携行セル特殊映畫並ビニ飛行機ニヨルペスト蚤撒布ノ實驗地域ガ標示セラレタ圖面ヲ提示シマシタ。北野少將ノ報告ハ、以上ノ領域ニ於テ行ワレタ諸實驗及ビ諸研究ノ總合並ビニ全業務ノ結果ニ關スル結論ヲ內容トスルモノデアリマシタ。彼ハ此ノ報告ニ際シ、ペスト菌ニヨル地域汚染ノ諸研究並ビニ試驗ノ成果ヲ明示スル各種ノ圖表ヲ提示シマシタ。私ハペスト蚤ノ用法ヲ非常ニ效果的ナモノト考エ、北野少將ノ報告並ビニ同人ノ提案セル細菌兵器ノ用法ヲ是認シタノデアリマス。

ペスト蚤用法ノ實驗ノ成果ニ關スル報告ハ、關東軍司令部ヲ經ズニ、直接第七三一部隊ノ幹部カラ大本營ニ送達セラレマシタ。

（問）。被告ハ先ニ、細菌兵器ノ研究及ビ生産ニ關スル決定ハ總テ、臨時委員會ノ審議ヲ經タ後、軍司令官ノ認可ヲ受ケ、關東軍司令部カラ日本參謀本部及ビ陸軍省ニ提出サレタト供述シタ。結局何レノ供述ヲ正當ト見做スベキカ？

（答）。私ハ以前ノ供述ヲ全面的ニ確認シ、而シテ、私ノ供述ニハ何等ノ矛盾モナイト思イマス。ツマリ、私ガ以前ニ言及セル報告ハ、モット重要ナル問題、即チ通常細菌兵器用法ノ研究或ハ其ノ他ノモット焦眉ノ問題ニ關スル報告デアリマス。此等ノ報告ハ關東軍司令部カラ中央部ニ送達サレテ居マシタ。細菌兵器ノ或ル用法ノ効果ニ關スル研究ノ如キ細部ノ問題ノ研究ニ關係アル報告ハ、其ノ内容ノ如何ニヨリ第七三一部隊ノ幹部カラ直接大本營乃至陸軍省又ハ軍醫學校ニ送達サレテ居マシタ。

（問）。細菌兵器ノ研究費及ビ生産費ハ如何ニシテ供給セラレタカ？

（答）。細菌兵器ノ研究費及ビ生産費ノ供給ハ、日本陸軍省ガ關東軍司令部ヲ通ジテ之ヲ行イマシタ。私ハ供給サレタ金額及ビ供給方法ニ就イテ詳シイコトハ存ジマセン。

（問）。第七三一、第一〇〇兩部隊並ビニ此等部隊ノ各支部ガ、ソヴエト同盟國境ニ近接シテ配置セラレタノハ如何ナル理由ニ依ルカ？

（答）。此ノ問題ニ就イテ誰カラモ特ニ説明ヲ受ケタコトハアリマセンガ、私一個人トシテハ、之ハ最モ容易且ツ迅速ニソヴエト同盟ニ對シテ細菌兵器ヲ使用スルタメダト思イマス。

（問）。イギリス、アメリカ合衆國其ノ他ノ國々ニ對スル細菌兵器ノ使用ハ如何ナル予定ニナッテ居タカ？

（答）。ソヴエト同盟ガ日本ニ宣戰ヲ布告シナカッタナラバ、細菌兵器ハアメリカ合衆國、イギリス其ノ他ノ國々ニ對シテ使用サレタモノト私ハ考エマス。ソヴエト同盟ノ對日本參戰並ビニ滿洲國内ヘノソヴエト軍ノ迅速ナル進攻ハ、ソヴエト同盟其ノ他ノ諸外國ニ對シテ細菌兵器ヲ使用スル可能性ヲ吾々カラ奪ッタノデアリマス……

山田

訊問者　軍事檢事法務中佐　バゼンコ

仝　内務省ハバロフスク地方管理局勤務員大尉　ゴイフマン

通譯官　ツヴイロフ

梶塚隆二ノ訊問調書（抄録）

一九四九年十月二三日、ハバロフスク市

（問）。第七三一部隊ハ細菌ノ準備ノタメ具體的ニ何ヲ爲シタカ？

（答）。一九四一年二月第七三一部隊長石井軍醫大佐ハ、長春市ニ有ツタ私ノ事務室ニ於テ部隊ノ業務ニ就キ私ニ報告シタ際、梅津關東軍司令官ノ許可ヲ受ケテ、部隊ガ細菌戰ノ準備ニ關シ如何ナル業務ヲ遂行シタカヲモ述べ、ソレニヨツテ、一九四〇年私ガ第七三一部隊ヲ視察シタ際ニ彼ノ行ツタ約束ヲ果シタノデアリマス。

石井ノ言葉ニ依レバ、部隊ニ於ケル研究ノ結果、細菌爆彈ノ投下ガ効果ノ少イモノデアルコトガ判明シマシタ。其ノ理由ハ、空氣ノ強度ノ抵抗力ヤ過度ノ高温ノタメ、赤痢菌、チブス、パラチブス、コレラ、ペストノ如キ抵抗力ノ弱イ細菌ガ殆ド一〇〇%死滅スルカラデアリマス。其ノ際石井ハ、此ノ研究ニハ大キナ期待ガカケラレテ居タガ、此ノ期待ハ裏切ラレ、細菌ニヨツテ裝塡セラレタ爆彈ヤ砲彈ハ予期サレタヨウナ大キナ規模デ傳染病ヲ弘メナカツタ、ト述べマシタ。

炭疽菌ノ如キ最モ抵抗力ノ強イ細菌ニ關シテ石井ハ、斯カル方法ニヨッテ之ヲ使用スルコトガ可能デアリ、現在更ニ其ノ研究ガ續ケラレテ居ルト述ベマシタ。

研究ノ結果、飛行機ヨリノ細菌ノ投下ガ、飛行機ヨリノ毒物ノ投下ト同樣ニ、比較的大キナ効果ヲ有シテ居ルコトモ判明シマシタ。

石井ハ私ニ、高空ヨリ細菌ヲ投下スレバ、細菌ハ死滅スルカラ、五〇〇メートル以下ノ低空ヨリ之ヲ投下セネバナラヌガ、併シ、低空ヨリ投下スレバ、撒布面積ガ非常ニ狹クナルト言ウコトヲ語リマシタ……

私ガ石井カラ聞知シタトコロニ依レバ、コレラ菌ヲ敵地ニ撒布スルコトハ効果ガ少ク且ッ實現ガ困難デアリマス。其ノ理由ハ、第一ニ、コレラ菌ハ之ヲ低空カラ投下セネバナラヌノデ、飛行機ヲ自由ニ射撃スル可能性ヲ敵ニ與エルコトニナルカラデアリ、第二ニ、此ノタメニハ非常ニ大量ノ細菌ヲ必要トスルカラデアリマス。

石井ハ更ニ次ノヨウニ語リマシタ――細菌ヲ『裸』デ投下スルヨリ、細菌ニ感染シタ其ノ媒介虫、例エバ蚤ヲ投下スル方ガ遙カニ効果的デアル。最モ生活力ノ強イ昆虫タル蚤ヲペストニ感染セシメテ飛行機カラ投下スレバ、ペスト菌ハ蚤ノ體内ニ棲息シタ儘蚤ト共ニ無事ニ地上ニ落下スル。敵ノ高射砲ニヨル飛行機ノ被害率ハ此ノ方法ニヨッテ減少サレルノデアル。

其ノ際石井ハ、此ノ問題ノ研究ガ尚未完成デアリ、例エバ高空ヨリ投下セラレタ蚤ハドレダケノ面積ニ散亂スルカト言ウ問題ガ未解決ノ儘殘サレタ旨私ニ語リマシタ。

食物ノ汚染ニ關シテ石井ハ私ニ次ノ如ク語リマシタ——食物ノ汚染ニ關スル研究ニ當ツテハ、コレラ菌、赤痢菌、チブス菌、パラチブス菌ガ使用サレ、汚染材料トシテハ野菜、果物、魚、肉ガ用イラレタ。細菌戰ニ最モ適スルモノハ、野菜、特ニ葉ノ多イ野菜、例エバキャベツデアリ、表面ノ滑カナ根菜類ハ餘リ適シナイ。食料、例エバ果物ニ細菌ヲ注射スルコトハ、其ノ外面ニ細菌ヲ塗布スルコトヨリ効果ガ多イ。石井ノ言葉ニ依レバ、傳染病ノ傳播ニ最モ適スル媒介體ハ野菜デ、果物ガ之ニ次ギ、其ノ次ハ魚、最後ニ肉ト言ウ順序ニナッテ居マス……

之ヲ證明スルモノトシテ、石井ハ私ニ、彼ノ部隊ニ於テ實施試驗、即チ砲彈及ビ爆彈ニ裝塡セラレタ細菌ノ實驗ガ行ワレテ居ルト語リマシタ。石井ハ、飛行機ニヨル細菌ノ投下ハ平房驛ノ部隊飛行場ニ隣接スル特設實驗場ニ於テ行ワレ、特ニ危險率ノ多イ細菌ノ實驗ハ或ル人跡未到ノ地ニ於テ行ワレタト語リマシタガ、其ノ具體的ナ場所ヲ指摘シマセンデシタ。彼ハ第七三一部隊ニ於テ生キタ人間ヲ使用スル實驗ガ行ワレテ居ルト述ベマシタガ、夫レガ如何ナル人間デアリ、何時又何處デ彼等ニ對スル實驗ガ行ワレタカヲ私ニ語ラズニ、唯此等ノ人間ガ中國人デアッタト言ウコトヲ述べ、之ハ『秘密中ノ秘密』デアルカラ彼等ガ何人デアッタカヲ語ル權利ヲ有シテ居ナイト説明シマシタ。

最後ニ石井ガ私ニ語ッタトコロニ依レバ、彼ノ指導ノ下ニ行ワレタ一切ノ研究ノ後ニ、次ノ如キ結論、即チ傳染病ヲ計畫的ニ蔓延セシムルコトハ或ル人々ノ考エルヨウニ、又彼自身ガ以前ニ考エタヨウニ爾ク簡單ナモノデハナイ。自然ニ於テハ傳染病ハ非常ニ容易ニ蔓延スルガ、併シ、傳染病ヲ人工的ニ蔓延セシムル場合ニハ幾多ノ障害ニ遭遇シ、時ニハ非常ニ苦心シテ之ヲ克服シナケレバナラナイ。斯カル事業ノ成否ハ(彼ノ意見ニ依レバ)各種ノ傳染病ニ對スル個々人ノ感染性ノ如何ニヨッテ決ルト言ウ結論ニ達シ、此ノ問題ノ研究ニ携ワル決心ヲシタノデアリマス。

…一九四四年三月私ノ事務室デ、一九四二年八月ヨリ一九四五年三月ニ至ル迄第七三一部隊長デアッタ北野正次軍醫少將ト面談シタ際ニモ、右ト同樣ナコトガ話題ニ上リマシタ。

私ガ石井カラ聞イタコト以外ニ、北野ハ部隊ノ業務ニ關スル私ノ質問ニ答エテ、彼ノ第七三一部隊長在任中ニ或ル程度ノ成果ガ擧ゲラレタ旨語リマシタ。例エバ彼ハ、第七三一部隊員ノ一隊ガ中國軍ト對峙スル上海南方ノ戰線ニ派遣サレテ、高空カラ中國住民地ニ大量ノペスト蚤ヲ投下シタコト、此等ノ蚤ガ生キタ儘落下シ、落下シタ場所ニペストガ流行シタコトヲ語リマシタ。北野ハ、ペスト流行ノ規模ハ大キクハナカッタガ、併シ、斯カル細菌戰法ヲ有効ト認メルベキデアルト述ベマシタ。

夫レ以外ニ北野ハ、安達驛附近ニ於テ炭疽菌ヲ裝塡セル時限爆彈ノ實驗ガ行ワレタコト、其ノ破片ハ人間ヤ動物ヲ傷ケ、炭疽菌ニ感染セシメタコトヲ私ニ語リマシタ。

北野ノ言葉ニ依レバ、部隊內ニハ傳染病ニ對スル人間ノ感染性ノ研究ニ關スル實驗ガ開始サレ、病理學者タル部隊研究員川上・ゼン博士ガ其ノ指導ニ當リマシタ。此ノ研究ハ健康ナル日本人及ビ中國人ノ血液檢査ヲ以テ開始サレマシタガ、川上ガ死亡シタタメ中止セラレタノデアリマス。

私ガ石井及ビ北野カラ聞知シタトコロニ依レバ、第七三一部隊ニ於テハ細菌戰兵器、卽チ各種傳染病ノ病原體タル細菌及ビ其ノ媒介體タル蚤、鼠類ノ大量生產ガ行ワレマシタ。

私ハ其ノ正確ナル生產高ヲ知リマセンガ、併シ、夫レガ少量デナカッタコトハ確カデアリマス。

（問）。第七三一部隊ハ何時編成サレタカ？

（答）。第七三一部隊ハ一九三六年ノ天皇裕仁ノ軍令ニヨリ編成サレマシタ。

…此ノ軍令ハ複寫サレ、全將校ニ示スタメ日本軍ノ全部隊ニ配布サレマシタ。私ハ部隊定員表ヲ添エタ軍令ヲ閱覽シテ之ニ捺印シマシタ。

其ノ後私ハ、同部隊ニ任命サルベキ尉官級將校ノ人選並ビニ陸軍省人事局ヨリ私ニ送達セラレタ候補者名薄中ノ佐官級將校ノ審査ニ參與シマシタ。

部隊ノ配置ニ關スル事項ハ、關東軍司令部ガ自ラ之ヲ決定シマシタ。部隊ハ一九四一年迄番號ガナク、關東軍『防疫給水部』又ハ石井部隊ト呼バレテ居マシタ。卽チ、部隊長ノ苗字ヲ冠シテ部隊ヲ呼ブノガ日本軍ノ習慣ニナッテ居タノデアリマス。

部隊ハ、一九四一年關東軍司令官ノ命令ニ依リ第七三一ナル番號ガ付與サレマシタ。此ノ命令ニヨッテ、全部隊及ビ全軍衙ニ一定ノ番號ガ付與セラレタノデアリマス。

訊問調書ハ私ノタメ日本語デ通讀セラレ、正ニ私ノ言葉通リニ記錄シテアリマス。

梶塚

訊問者　軍事檢事法務中佐　ドウブツオフ

仝　內務省ハバロフスク地方管理局勤務員中佐　バブコフ

通譯官　ツヴイロフ

梶塚隆二ノ訊問調書（抄錄）

一九四九年十月二四日、ハバロフスク市

…一九三九年ニ發セラレタ天皇裕仁ノ秘密特令ニ依リ、一九三九―一九四〇年第七三一部隊ノ再編成ガ行ワレマシタ。私ハ此ノ軍令ヲバ、一九四〇年二月頃關東軍司令部ニ於テ閲覧シ、之ニ捺印シマシタ…

尙一九四〇年ニ發セラレタ天皇裕仁ノ秘密軍令（一囘乃至二囘）ニ依リ、一九四〇年後半更ニ第七三一部隊ノ四支部ガ編成セラレ、海拉爾市、孫呉市、海林驛、林口驛ニ配置セラレマシタ。以上ノ軍令ニ依リ、此等支部ノ編成期日モ指定セラレタノデアリマス。又此ノ軍令ニ添付サレタ東條陸軍大臣署名ノ定員表ニヨリ、各支部ノ人員ガ三〇〇名内外デアルコトヲ知リマシタ。

天皇ノ軍令ニ基イテ發セラレタ日本陸軍大臣東條ノ各命令ニハ、一定數ノ專門軍醫、下士官及ビ兵ヲ選拔スベキ各病院及ビ第七三一部隊名ガ列記サレ、又軍屬ヲ採用シテモ差支エナイガ、其ノ員數ハ人員總數ノ三割ヲ超エヌヨウニトノ指示ガ記載シテアリマシタ…

9*

（問）。細菌戰準備ノ發案者ハ誰カ？

（答）。細菌戰準備ノ發案者ハ石井デアリマス。

石井四郎ハ一八九三年頃千葉縣ノ富裕ナ地主ノ家庭ニ生レ、一九一九―一九二〇年頃京都帝國大學ノ醫學部ヲ卒業シマシタ。醫學部卒業後彼ハ幹部候補生トシテ日本軍ニ入營シマシタ。其ノ後間モナク彼ハ現役ヲ志願シ、半年後ニ始メテ軍醫中尉ニ任官シ、或ル部隊ノ部隊付軍醫ニ任命サレ、同部隊カラ東京第一陸軍病院ニ轉任シマシタ。同病院ニ於テ、一九二二年十月私ハ同僚トシテ彼ト知リ合ニナッタノデアリマス。一九二四年四月ヨリ一九二六年三月迄彼ハ京都帝大ノ大學院學生トナリ、病理學及ビ細菌學ヲ研究シマシタ。其ノ後一九二八年四月迄京都陸軍病院ニ軍醫トシテ勤務シ、同病院カラ海外出張ヲ命ゼラレ、一九三〇年末ニ歸國シマシタ。

海外出張中彼ハヨーロッパ各國ヲ殆ド殘ラズ歷訪シ、ソヴエト同盟ニモ滯在シテ醫學研究所（モスクワ、レニングラード）ノ業務ヲ視察シマシタ。

海外カラ歸朝シタ後、石井ハ東京ノ陸軍軍醫學校ノ教官トナリ、傳染病學ヲ擔當シマシタ。

一九三六年陸軍大臣ノ命令ニ依リ、彼ハ教官ヲ止メテ第七三一部隊長ニ任命サレマシタ。當時ノ彼ノ階級ハ軍醫中佐デアリマシタ。

石井ハ海外出張カラ歸國後、一九三一年カラ私ヲモ含ム軍醫學校内ノ同僚達並ビニ日本軍參謀本部ノ有力者等ノ間デ、日本ガ細菌戰ヲ準備スルコトノ必要ヲ説キ始メマシタ…一九三三年カラハ陸軍省ノ軍務局長永田少將ガ、一九三五年カラハ日本軍參謀本部作戰局第一部長鈴木率道大佐ガ、ソレゾレ石井ノ意見ニ同意スルヨウニナリマシタ。

以上ノ事情ト石井ガ一流ノ專門家デアッタコトトハ、彼ガ第七三一部隊長ニ任命サレル原因トナッタノデアリマス。石井ハ第七三一部隊長ニ就任後、細菌戰用兵器ノ研究ニ着手シマシタ。

人事局補任部ニヨリ起草サレタ、石井ヲ第七三一部隊長ニ任命スル旨ノ命令案ヲバ、私ハ日本陸軍省醫務局ノ部長トシテ閲覽シマシタ。私ハ此ノ命令案ニ贊成シ、之ニ捺印シマシタ。

其ノ後間モナク、石井ヲ部隊長ニ任命スル旨ノ陸軍大臣命令ガ發セラレタノデアリマス。

梶塚

訊問者　軍事檢事法務中佐　ドウブツオフ

仝　内務省ハバロフスク地方管理局勤務員中佐　バブコフ

通譯官　ツヴイロフ

9—962

高橋隆篤ノ訊問調書（抄錄）

一九四九年十月三〇日、ハバロフスク市

……鼻疽菌、炭疽菌、牛疫菌及ビモザイク菌ヲ對ソ細菌戰及ビ對ソ謀略ニ使用スル目的ヲ以テ、私ハ第一〇〇部隊ニ於ケル此等細菌ノ製造ヲ命ジ、其ノ製造ヲ監督シマシタ。

（問）。被告ハ何時又誰ニ鼻疽菌、炭疽菌、牛疫菌及ビモザイク菌ノ製造ヲ命ジタカ？

（答）。一九四一年九月私ハ第一〇〇部隊長若松獸醫大佐（後ノ獸醫少將）ニ、鼻疽菌、炭疽菌、赤黴菌ノ製造開始ヲ命ジマシタ。一九四四年三月私ハ、赤黴菌ノ代リニ牛疫菌及ビモザイク菌ヲ製造スルヨウ若松ニ命ジマシタ。

……（問）。如何ナル理由ニヨリ、貴方ハ一九四一年九月鼻疽菌、炭疽菌及ビ赤黴菌ノ製造開始ヲ第一〇〇部隊長ニ命ジタノカ？

（答）。大本營ノ參謀本部カラ關東軍司令官ニ對シ、對ソ細菌戰ノ準備ヲ開始セヨトノ指令ガ與エラレタカラデアリマス。

（問）。細菌戰ノ準備ニ關スル大本營參謀本部ノ指令ヲ接受シタノハ何時カ？

（答）。此ノ指令ハ、『關特演』計畫作成中ニ、卽チ一九四一年七月ニ接受シマシタ。

（問）。貴方ハ何故其ノコトヲ知ッテ居ルノカ？

（答）。私ハ此ノコトヲバ、一九四一年九月ノ會議デ關東軍司令官ヨリ直接聞知シマシタ。同會議ニ於テ關東軍司令官ハ對ソ細菌戰ノ準備ニ關シテ議事ヲ進メ、以上ノ指令ニ就イテ會議出席者等ニ發表シタノデアリマス……

高橋

訊問者　軍事檢事法務中佐　アントーノフ

仝　內務省ハバロフスク地方管理局勤務員大尉　セロフ

通譯官　プロターツフ

高橋隆篤ノ訊問調書（抄錄）

一九四九年十一月二一日、ハバロフスク市

（問）。平櫻特別隊ノ提示セル對ソ細菌偵察ノ結果ニ關スル資料ニ基イテ、細菌戰法ニ關シ如何ナル決定ガ行ワレタカ？

（答）。平櫻中尉ノ報告ニ際シテハ若松、保坂及ビ井田ガ出席シマシタ。其ノ内ノ誰ガ、平櫻特別隊ノ細菌偵察地區ヲ汚染セシムルタメニ必要ナ炭疽、鼻疽、牛疫、羊痘ノ病原菌量ニ就イテ意見ヲ披瀝シタカ、私ハ記憶シテ居リマセン。

此等ノ處置ハ總テ、日ソ戰ノ場合ニ講ゼラレル予定ニナッテ居マシタ。以上ノ報告ニ當リ、ソヴエト同盟ニ對スル細菌戰兵器ノ使用方法ニ關スル問題モ審議サレマシタ。吾々ハ次ノ如キ家畜感染ノ方法ヲ立案シマシタ。卽チ牛ハ、飛行機ニヨリ之ヲ炭疽及ビ牛疫ニ感染セシムル予定ニナッテ居マシタ。又吾々ハ、遊放地ニ放牧中ノ現住民ノ家畜ヲ感染セシムルコトヲ予定シマシタ。

馬匹ハ、飛行機ニヨリ之ヲ炭疽ニ感染セシムル予定ニナッテ居マシタ。鼻疽ヲ流行サセルコトハ極メテ困難デアリマスカラ、吾々ハ馬匹ヲ炭疽ノミニ感染セシムルコトヲ決定シマシタ……平櫻特別隊ノ購入セル羊ハ、羊痘病原菌ノ注射ニヨッテ之ヲ感染セシメ、對ソ謀略ノタメニ放ツ筈ニナッテ居マシタ。購入セル牛モ牛疫毒ノ皮下注入ニヨッテ感染セシムルコトヲ予定シマシタ。

感染セシメラレタ牛、羊、馬匹ハ、ソヴエト軍ノ軍事行動地域内ニ入レル目的ヲ以テ之ヲ方々ニ放ツコトヲ決定シマシタ。當時吾々ガ立案シタ各種手段ノ詳細ニ就イテハ、其ノ後長年月ヲ經過シタタメ記憶シテ居リマセン。

(問)。被告ハ立案シタ諸手段ニ就イテ關東軍司令官ニ報告シタカ?

(答)。ハイ、報告シマシタ。山田大將ニ報告シマシタ。

(問)。何時、如何ナルコトヲ山田ニ報告シタカ?

(答)。一九四四年十一月或ハ十二月山田大將ハ私ヲ招致シ、飛行機ヲ以テスル對ソ細菌謀略案ニ關シテ報告スルコトヲ要求シマシタ。私ハ平櫻中尉カラ入手シタ細菌偵察資料ニ基キ、笠原中將及ビ池田中將列席ノ下ニ、私ノ作成セル細菌謀略案ヲ山田大將ニ報告シマシタ。此ノ案ハ、其ノ後一九四五年三月私ノ事務室ニ於テ、平櫻ノ臨席ノ下ニ吾々ノ間デ審議サレ、山田軍司令官ハ此ノ案ヲ認可シマシタ。

私ガ報告シタノハ案ノ概要デアッテ、案ノ技術的ナ部分ニ就イテハ報告シマセンデシタ……

高橋

訊問者 内務省ハバロフスク地方
管理局勤務員大尉 セロフ

通譯官 プロタートツフ

川島清ノ訊問調書（抄録）

一九四九年十月二一日、ハバロフスク市

（問）。被告ハ關東軍第七三一部隊ノ編成ニ就イテ何ヲ知ッテ居ルカ、又其ノ編成ノ原因ハ何カ？

（答）。第七三一部隊ハ、一九三六年ニ發セラレタ天皇裕仁ノ秘密軍令ニヨッテ編成サレマシタ。最初ハ其ノ所在地トシテハルビン市ガ選バレ、日本陸軍大臣ノ命令ニ依リ石井四郎軍醫大佐ガ第七三一部隊長ニ任命サレマシタ。

私ハ第七三一部隊庶務部長在職中、部隊ノ書類中ニ日本天皇ノ軍令ヲ見マシタガ、其ノ後、相當ノ時日ガ經過シタノデ、其ノ外觀及ビ詳細ナル内容ヲ説明スルコトハ出來マセン。

同部隊ハ編成直後正式ニ『關東軍防疫給水部』ト命名サレ、形式上關東軍内ノ濾水、給水及ビ防疫事務ニ從事シマシタ。關東軍内デハ、同部隊ハ『滿洲第七三一部隊』ナル名稱ヲ以テ知ラレテ居マシタ。此ノ名稱ガ同部隊ニ付與サレタノハ、部隊ガ形式的ナ任務以外ニ秘密任務ヲ有シテ居タタメデアリマス。

部隊ノ研究ガ活潑化サレ、部隊ノ意義並ビニ其ノ業務ノ重要性ガ増大スルニツレテ、部隊ノ人員ヲ増加シ、部隊ノ實驗室及ビ用地ヲ擴大スル必要ガ生ジマシタ。

其ノタメ一九四〇年日本天皇ハ新ニ軍令ヲ發シ、此ノ軍令ニヨッテ、第七三一部隊ノ主力ハ平房驛（ハルビン南方約三〇キロメートルノ地點ニ在ル）附近ニ移動セラレ、其處デ部隊内ノ主ナル研究、實驗及ビ生産業務ガ行ワレマシタ。部隊ノ所在地タル平房驛附近ニ於ケル工事ハ總テ一九三九年ニ開始サレ、第七三一部隊ノ移動迄ニ完成シマシタ。

斯クテ一九四〇年ハルビン市ニハ、專ラ防疫及ビ治療ヲ掌ル各部ガ殘置サレ、細菌戰準備關係ノ業務ヲ行ウ各部ハ悉ク平房驛ニ移動セラレタノデアリマス。

一九四〇年ニ發セラレタ天皇ノ軍令ハ夫レ以外ニ、第七三一部隊（此ノ軍令ニヨリ滿洲各地ニ新設セラレタ各支部ヲ含ム）ノ人員ヲ三〇〇〇人迄増員スルコト、及ビ部隊ヲ各部ニ區分スルコトヲ定メマシタ。

第七三一部隊編成ノ經緯ニ關シテ私ガ陳述シタコトハ總テ、一九四一年ニ閲覽セル部隊庶務部關係ノ書類並ビニ元庶務部長太田大佐（私ハ一九四一年ニ彼カラ事務ヲ引繼イダノデアリマス）及ビ部隊第二部長村上軍醫中佐ノ話ニヨッテ之ヲ知ッタノデアリマス……

一九四一年夏獨ソ戰勃發後、私ガ石井中將ヲ訪問シタ際、石井中將ハ部隊ノ各部長―村上中佐、太田章大佐列席ノ下ニ、部隊ノ業務強化ノ必要ニ就イテ述ベ、日本參謀總長ノ大陸令ヲ朗讀シマシタ。此ノ命令ハ、細菌戰用兵器トシテノペスト菌研究ノ促進ヲ要求スルモノデアリマシタ。

此ノ命令ニハ、ペスト菌ノ媒介體タル蚤ヲ大量ニ飼育スルコトノ必要ガ強調サレテ居マシタ。此ノ命令ハ墨デ書カレタモノデアリマス。其ノ署名者ノ名前ハ今記憶シテ居リマセン。

石井中將ハ、一九四一年夏自室ニ於テ部隊幹部等ト會談シタ際、日本軍部ガ第七三一部隊ノ如キ研究機關ヲ創設シタ原因ヲ次ノ如ク述ベマシタ——日本ハ兵器製造ニ必要ナル金屬其ノ他ノ原料ノ埋藏量ガ十分デナイ。故ニ日本ハ新兵器ヲ研究セネバナラヌ。而シテ、細菌兵器ハ、當時斯カル新兵器ノ一種ト見做サレテ居タノデアル。石井ハ更ニ、目下スベテノ世界列強ハ此ノ領域ニ於テ然ルベキ研究ヲ行ツテ居ルカラ、日本モ此ノ點ニ於テ後レヲ取ツテハナラヌ、ト指摘シマシタ。

（問）。第七三一部隊ガ編成サレル前ニ、第七三一部隊ノ任務ト同樣ナ任務ヲ遂行セル機關ガ滿洲ニ在ツタカ？

（答）。第七三一部隊庶務部長太田大佐其ノ他ノ同僚ノ話シニヨレバ、石井中將ハ一九三二——一九三三年（正確ナ年月日ヲ記憶シテ居リマセン）滿洲ニ在ッテ細菌學ヲ研究シテ居マシタ。石井ノ活動ノ中心地ハハインガ（ハルビン市附近）デアリマシタ。同地ニハ彼ノ共働者達ガ居テ、『東郷』ナル暗號名稱ヲ有スル部隊ヲ形成シテ居マシタ。同部隊（私ハ其ノ人員數ヲ知リマセン）ハ細菌戰兵器ノ研究ニ從事シマシタ。『東郷』部隊ハ此ノ目的ノタメニ必要ナ設備ヲ有シテ居マシタ。『東郷』部隊ノ業務ハ、固ヨリ第七三一部隊ノ夫レヨリ小サナ規模デ行ワレマシタ。石井中將ハ其ノ後、此ノ部隊ヲ基礎トシテ關東軍第七三一部隊ヲ編成シタノデアリマス。

調書ハ私ノタメ日本語デ通讀セラレマシタ。調書ハ正ニ私ノ陳述通リニ記錄シテアリマス。左署名ヲ以テ確認致シマス。

川島

訊問者　軍事檢事法務大尉　ベリユガ

仝　內務省ハバロフスク地方管理局勤務員中尉　ブラーヴエ

通譯官　プリヤチエンコ

川島清ノ訊問調書（抄録）

一九四九年十月二三日、ハバロフスク市

……傳染病媒介體タル蚤ノ飼育器具ハ次ノヨウナモノデアリマシタ。卽チ部隊第二部ニハ特別設備ヲ有スル屋舍ガアリ、其處ニハ、約四五〇〇箇ノ培養器ヲ置クコトガ出來マシタ。各培養器内ノ白鼠ハ一カ月間ニ三―四匹宛取替エラレマシタ。此等ノ白鼠ハ特殊ノ仕掛ニヨッテ培養器内ニ縛リ付ケラレテアリ、培養器内ニハ培養基ト數匹ノ蚤ガ入レラレテアリマシタ。培養期ハ三―四カ月ニ亘ッテ續キ、此ノ期間内ニ各培養器ニヨリ約一〇グラムノ蚤ガソレゾレ飼育サレマシタ。斯クテ部隊ハ三―四カ月間ニ、ペスト感染用ノ蚤ヲ約四五キログラム飼育シタノデアリマス。

私ハ第二部ニ勤務シマセンデシタ。從ッテ、蚤ノ繁殖ニ關スル數字ガ大體ノ數字デアルコトヲオ含ミ願イマス。

部隊ノ業務計畫作成ニ當ッテハ、細菌ノ培養並ビニ蚤ノ繁殖ヲ不斷ニ増強スルコトガ予定サレマシタ。日本參謀本部ハ第七三一部隊ノ業務ヲ重視シマシタ。

私ノ記憶ニヨレバ、一九四一年六月東京カラ歸隊シタ石井中將ハ部隊ノ各部長ヲ自宅ニ集メ、第七三一部隊ガ細菌兵器トシテノペスト蚤ノ用法ヲ成功裡ニ完成シ、其ノタメ實戰ニ於ケルペスト蚤ノ大規模使用ガ可能トナツタトノ報告ヲ、彼ガ日本參謀本部ニ於テ行ツタ旨述ベマシタ。

石井ガ吾々ニ傳エタトコロニ依レバ、參謀本部デハ部隊ノ業務成果ヲ高ク評價シ、細菌戰用兵器ノ改良及ビ今後ノ研究ニ特ニ留意スルヨウニトノ指示ヲ與エマシタ。石井ハ以上ノコトヲ傳エタ後、蚤ノ繁殖ニ關スル部隊ノ業務能率ヲ增進スルタメニ一層奮勵努力スルヨウ吾々ヲ督勵シマシタ。其ノ席上石井ハ、部隊ガ三—四カ月間ニ於ケル蚤ノ最高繁殖量ヲ六〇キログラムニ迄增大シ得タガ、今後ハ以上ノ期間ニ於ケル蚤繁殖量ヲ二〇〇キログラムニ迄引上ゲネバナラヌト力說シマシタ。石井中將ハ吾々ニ對シ次ノヨウニ說明シマシタ——細菌兵器ノ增產ニ關スル以上ノ方策ハ總テ、國際情勢ガ變化シタタメニ、卽チ獨ソ間ニ戰端ガ開カレタガタメニ、又對ソ戰ノ準備ヲ予定スル『關特演』計畫ガ關東軍ニ於テ實行ニ移サレタガ故ニ必要ナノデアル。從ツテ、我ガ軍ハ、必要ナ場合ソヴエト同盟ニ對シテ使用スベキ細菌兵器ノ用意ヲ整エネバナラヌ。

同會議ノ席上太田第二部長及ビ大谷材料部長ハ、細菌戰用兵器ノ增產並ビニ夫レ迄內地ヨリ入手シテ居タ白鼠ノ代リニ滿洲產ノ白鼠ヲ獲得スル方法ニ就イテ具體的ナ提案ヲ行イマシタ……

……人間ニ對スル細菌ノ作用ヲ最モ完全ニ研究シ、必要ナ場合、實戰ニ使用スベキ細菌兵器ノ製造方法ヲ最モ速ニ研究スル目的ヲ以テ、第七三一部隊ニ於テ生キタ人間ニ對スルアラユル殺人細菌ノ效力試驗ガ盛ニ行ワレマシタ……

第七三一部隊ニハ毎年五〇〇乃至六〇〇名ノ囚人ガ送致セラレマシタ。私ハ部隊ノ第一部ノ職員達ガ憲兵隊ヨリ多數ノ囚人ヲ受領スルノヲ目撃シタコトガアリマス。彼等(囚人達)ハ二棟ノ監獄ニ收容サレテ居マシタ……

……殺人細菌ニ感染セシメラレテモ囚人ガ死亡セズニ快癒シタ場合ニハ、再ビ實驗ガ行ワレ、夫レハ被實驗者ガ感染ニヨッテ死亡スル迄續ケラレマシタ。被感染者ハ、各種ノ治療方法ヲ研究スルタメニ之ヲ治療シ、普通ノ食事ヲ支給シ、彼等ガ全快シタ後ニハ之ヲ次ノ實驗ニ使用シ、他ノ種類ノ細菌ニ感染セシメマシタ。何レニシテモ、此ノ殺人工場ヨリ生キテ出タ者ハ曾テアリマセンデシタ。

死亡者ノ死體ハ、解剖後ニ部隊所屬ノ火葬場デ焼却サレマシタ……

……私ハ部隊ニ勤務中石井中將ト共ニ部隊ノ各部ヲ幾度モ巡視シ、監獄ヲモ視察シマシタノデ、構內監獄ノ制度、獄則、給養ニ就イテ多少知ッテ居リマス。

囚人ハ、表側ノ中央建築物ノ下ニ設ケラレタトンネル狀ノ秘密路ヲ通ジテ監獄內ニ送リ込マレマシタ。部隊憲兵班ハ、窓ガナク通風口ノアル黑塗ノ特別自動車數台ヲ有シテ居マシタ。囚人達ハ、此等ノ自動車ニヨッテ懲罰機關カラ第七三一部隊所屬監獄ニ送致セラレタノデアリマス。

監獄當局ハ各囚人ニ番號ヲ付ケ、此ノ番號ハ囚人ガ死ヌ迄用イラレマシタ……部隊ガ平房驛ニ在ツタ五年間ニ、卽チ一九四〇年ヨリ一九四五年ニ至ル間ニ、此ノ殺人工場内デ殺人細菌ニ感染セシメラレテ殺害サレタ者ノ數ハ、少クトモ三〇〇〇名ニ達シマシタ。一九四〇年以前ノ死亡者數ハ知リマセン……

……私ハ一九四一年四月着任直後、構内監獄ヲ巡視シタ際、或ル監房ニ於テ二人ノロシア人ノ女ヲ見マシタ。其ノ内ノ一人ニハ、部隊所屬ノ監獄デ生レタ一歲ノ幼兒ガアリマシタ。私ノ在隊中此等ノ女ハ生キテ居リマシタ。私ハ彼女達ガ其ノ後如何ナッタカ知リマセンガ、併シ、何レニシテモ生キテ出獄出來ズニ、他ノ囚人達ガ陷ッタ運命ト同ジ運命ヲ辿ッタモノト考エマス……

川島

訊問者　軍事檢事法務大尉　ベリユガ

全　內務省ハバロフスク地方管理局勤務員中尉　ブラーヴェ

通譯官　プリヤチエンコ

川島清ノ訊問調書(抄錄)

一九四九年十月二四日、ハバロフスク市

…滿洲駐劄特命全權大使ヲ兼攝スル關東軍司令官、卽チ滿洲ノ事實上ノ支配者タル關東軍司令官ノ認可ナクシテ、生キタ人間ニ對スル實驗ヲ行イ、其ノ目的ヲ以テ憲兵隊ヨリ囚人ヲ受領スルヨウナコトハ絕對ニ出來マセンデシタ……

…石井中將ハ、生キタ人間ニ對スル實驗ヲ直接ニ遂行スル者ノ報告ニ基イテ、憲兵隊ヨリ受領スベキ囚人ノ數ヲ其ノ都度自ラ決定シマシタ。部隊長ハ、被實驗囚人ノ數ヲ補充スルコトヲ必要ト認メタ場合、之ニ關シ庶務部庶務課長ニ命令ヲ與エ、庶務課長ハ憲兵隊ト連絡ヲ取ッテ囚人ヲ受領シマシタ…

…部隊編成ノ經緯並ビニ編成以來ノ其ノ實踐活動ニ鑑ミ、私ハ第七三一部隊ガ滿州ニ存置セラレタ理由トシテ次ノ事柄ヲ擧ゲルコトガ出來マス。

(イ)ソヴエト同盟ニ對スル有リ得ベキ攻擊ヲ目的トシテ(ソ同盟ノ極東ハ日本軍部

10*

ノ侵略計畫中ニ含マレテ居タ）、ソヴエト同盟國境附近ニ細菌戰用基地ヲ有スル必要ガアツタコト。

尙滿洲ニ於テ細菌兵器ノ效力ヲ硏究シタコトハ、吾々ガソ同盟極東ノ氣候ト同ジ氣候條件ノ下デ此ノ硏究ヲ行ウコトヲ可能ニシマシタ。

（ロ）滿洲ニ於テハ細菌ノ實驗ヲ行ウタメニ必要ナ、日本人以外ノ人體材料ノ大量入手ガ可能デアルコト、並ビニ滿洲ノ領土ガ廣大デアルコト。

川島

訊問者　軍事檢事法務大尉　ベリユガ

仝　內務省ハバロフスク地方管理局勤務員中尉　ブラーヴエ

通譯官　プリヤチエンコ

平櫻全作ノ訊問調書（抄錄）

一九四九年十月二一日、ハバロフスク市

（問）。關東軍第一〇〇部隊ニ就キ被告ノ知レルトコロヲ述ベテ貰イタイ。

（答）。第一〇〇部隊ハ、關東軍獸醫學細菌實驗部隊ヲ隱蔽スルタメノ名稱デアリマシタ。同部隊ハ關東軍司令部ノ編成シタ部隊デアリマスガ、併シ、何時編成サレタカ私ハ知リマセン。第一〇〇部隊ノ全業務ハ、關東軍司令部獸醫部長高橋隆篤中將ノ直接ノ指導ノ下ニ行ワレマシタ。同部隊ノ本部ハ部隊ノ主力ト共ニ長春市郊外ノ孟家屯ニアリ、其ノ支部ハ佳木斯、克山及ビ大連ノ各市ニアリマシタ。細菌戰實驗部隊タル第一〇〇部隊ハ細菌學專門家、化學者、獸醫等ノ研究員カラ成リ、此等ノ研究員ハ專ラ各種細菌及ビ猛毒ノ研究ニ從事シテ居マシタ。又此等ノ毒物ニヨッテ人畜ヲ集團的ニ殺害スル方法ノ研究ガ行ワレマシタ。其ノタメ、同部隊ノ勤務員等ハ動物及ビ生キタ人間ニ對スル實驗ヲ行イマシタ。第一〇〇部隊及ビ其ノ支部ノ業務ハ總テ、對ソ細菌謀略戰ノ準備ヲ目的トシテ行ワレタノデ

10—962

アリマス。第一〇〇部隊ハ四ツノ部ヨリ成リ、其ノ内第二部ハ部隊ノ基幹デアッテ、一九四三年迄五ツノ課ヨリ成ッテ居マシタ。

一九四三年十二月第一〇〇部隊幹部ト關東軍代表者トノ共同會合ガ行ワレ、第一〇〇部隊長若松有次郎少將、其ノ補佐官タル保坂斯道中佐、山口文二少佐、井田清技師及ビ關東軍司令部獸醫部長高橋隆篤中將ガ出席シマシタ（私ハ以上ニ列擧シタ人々ノ現任所ヲ知リマセン）。同會合ニ於テハ、第二部ニ第六課通稱『細菌』課ヲ設置スル計畫ガ立案サレマシタ。第六課ハ、細菌ノ大量生産及ビ特設地下倉庫ニ於ケル其ノ保管ヲ任務トシマシタ：：

事實、以上ノ會合ガ行ワレタ後、立案サレタ計畫ニ基キ第一〇〇部隊ニ於テ大規模ナ建築工事ガ開始サレマシタ。即チ、地下倉庫ヲ有スル一階建ノ特別ナ建物ガ建築サレタノデアリマス。又部隊人員ノ數モ增加サレマシタ。

以上ノ計畫ノ實行ヲ現地ニ於テ指導シ、之ニ對スル監督ヲ嚴重ニスル目的ヲ以テ、關東軍獸醫部長高橋隆篤中將ハ度々第一〇〇部隊ニ來訪シマシタ。

少數ノ勤務員トノ談話ニ於テ第一〇〇部隊長若松少將ハ、『日ソ戰ニ備エテ第一〇〇部隊ハ對ソ謀略・細菌戰用ノ各種細菌及ビ猛毒ノ大量生産工場ニナラネバナラヌ』ト屢々語リマシタ。

事實、第六課ニ於テハ多量ノ細菌及ビ化學物ガ製造サレマシタ。私ハ同課ヲ數回訪レ、特製ノ金屬容器中ニ細菌及ビ猛毒ガ保管シテアルノヲ見マシタ。然モ、此等ノ倉庫ニ這入ル時ニハ、口ト鼻ヲ覆ウタメ、特殊ノ溶液ニ浸シタガーゼ製ノマスクヲ掛ケサセラレマシタ。此等ノ容器ニ觸レルコトハ、ゴム手袋ヲ嵌メタ場合ニノミ許サレマシタ。秘密保持ノタメ、此等ノ容器ニハペンキデ書カレタ番號ガ付イテ居ルダケデ、他ニハ何等ノ表記モアリマセンデシタ。第一〇〇部隊ニ於テハ、謀略實施ノ様式及ビ方法ノ研究モ行ワレテ居マシタ。例エバ、謀略ヲ目的トスル飛行機利用ノ問題ガ研究サレテ居タノデアリマス……

平櫻

訊問者　內務省ハバロフスク地方
管理局勤務員中尉　ナザーロフ
通譯官　ゲルツマン

証人松村知勝ノ訊問調書

一九四九年十月二七日、ハバロフスク市

本官、ソ同盟内務省ハバロフスク地方管理局勤務員中尉コルサコフハ、松村知勝ヲ證人トシテ訊問セリ。同人ハ、一八九九年東京市ニ生レ、日本ノ國籍ヲ有スル日本人ニシテ、高等教育ヲ受ケ、一九四五年捕虜ニナル迄、關東軍參謀副長ヲ勤メ、妻帯者（妻松村ヒデ子）ニシテ、事務員ノ家庭ノ出身、元日本軍陸軍少將ナリ。

證人松村知勝ハ、虚僞ノ供述ニ對スル責任ニ就キ、ロシア連邦共和國刑法第九五條ニヨリ警告セラル。

署名　松村

（問）。貴方ハ、何語デ自分ノ證言ヲ行ウ事ヲ希望スルカ？

（答）。自分ノ供述ハ、私ノ母國語デアル日本語デ致シマス。

(問)。貴方ノ訊問ハ、パホモフ・ミハイル・ヤコヴレヴイッチ通譯官ヲ通ジテ行ワレルガ、異議ハナイカ？

(答)。異議アリマセン。彼ガ話スコトハ、私ニハヨク判リマス。

通譯官パホモフハ故意ニ爲シタル虚僞ノ通譯ニ對スル責任ニ就キ、ロシア連邦共和國ノ刑法第九五條ニヨリ警告セラル。

署名　パホモフ

(問)。日本軍ニ於ケル貴方ノ職歴ニツイテ話シテ貰イ度イ。

(答)。私ハ、一九二八年陸軍大學ヲ卒業シ、其ノ後、一カ年間、歩兵第三四連隊小隊長トシテ勤務シマシタ。

一九二九年、私ハ、日本軍參謀本部附トナリ、一九二九年ヨリ一九三二年十二月迄第一部ノ編制課ニ勤務シ、一九三二年カラ一九三六年迄參謀本部ヨリ任務ヲ受ケ、海外ニ出張シテイマシタ。歸國後、一九三六年中、陸軍大學校デ戰史ヲ教エマシタ。

一九三七年カラ一九三九年十月迄、私ハ、編制課員ヲ勤メ、次イデ、一九三九年十月カラ一九四一年十月迄、戰史課ニ勤務シ、當初、勤務員デアリマシタガ、後ニハ、同課ノ課長トシテ勤務シマシタ。

一九四一年十月カラ一九四三年八月迄、日本參謀本部第二（諜報）部第五（ロシア）

課長ヲ勤メマシタ。一九四三年八月、私ハ、陸軍大臣ノ命令ニヨッテ、關東軍司令部第一作戰部長ノ職ニ任ゼラレ、一九四五年三月迄、此ノ職ニアリマシタ。一九四五年三月カラ一九四五年八月、日本ノ降伏ノ日迄、關東軍ノ後任參謀副長ノ地位ニアリマシタ。

（問）。滿洲領土内ニ於ケル細菌戰部隊ノ存在ニツイテ、貴方ハ、何ヲ承知シテイルカ？

（答）。關東軍ノ編成中ニ、夫々、第七三一部隊、第一〇〇部隊ト呼稱サレテイタ二ツノ此ノ樣ナ部隊ガ存在シテイタ事ハ、ヨク承知シテ居リマス。

（問）。石井中將ヲ長トシテイタ第七三一部隊ハ、ドノ程度、關東軍司令部ニ隷屬シテイタカ？

（答）。石井中將ヲ長トスル第七三一部隊ハ、關東軍司令官、卽チ、最初、梅津、次イデ山田ニ直屬スル部隊デアリ、部隊ノ行ウアラユル業務ハ關東軍司令部ノ直接ノ統轄ノ下ニ行ワレテイマシタ。

（問）。此ノ部隊ノ業務ニ對スル軍司令官山田乙三大將及ビ關東軍司令部ノ統轄ハ如何ナル點ニアッタノカ？

（答）。軍司令官ハ、關東軍軍醫部長梶塚中將ヲ通ジテ、第七三一部隊ノ業務ヲ統轄シテイマシタ。從ッテ、此ノ部隊ノ業務ニ對シテハ先ズ關東軍司令部ニ責任ガアリマス。

（問）。第七三一部隊ガ行ツテ來タ對ソ同盟細菌戰準備ハ、如何ナル點ニアツタカ？

（答）。細菌兵器ノ準備ハ、次ノ點ニアリマシタ。卽チ、第七三一部隊ハ、ペスト、コレラ、チブス其ノ他ノ傳染病菌使用ノ研究ニ從事シ、此ノ目的ノ爲、部隊ハ實驗及ビ細菌ノ培養ガ行ワレテイタ特殊施設ヲ持ツテイマシタ。之レト共ニ、第七三一部隊ハ、牡丹江、海拉爾、孫呉、東安ニ、夫々、ソノ支部ヲ有シ、各支部デモ同樣ニ、細菌ノ培養及ビ實驗ニ從事シテイマシタ。

（問）。貴方ハ、關東軍ノ作戰部長及ビ參謀副長トシテ、第七三一部隊ニ對シテ如何ナル關係ヲ持ツテイタカ？

（答）。第七三一部隊ニ對スル私ノ關係ハ、同部隊ヲ訪レル事ヲ許サレテイタ人間ニ、部隊ノ地域ヘノ通行許可證ヲ書ク事ニアリマシタ。第七三一部隊ヘノ通行許可ハ、山田司令官ガ自ラ與エテイマシタ。コノ通行許可證ノ交付ヲ直接行ツテイタノハ、私ヲ長トスル作戰部副長、宮田中佐コト、竹田宮デアリマス。部隊ヲ訪レタ者ハ、通行許可證ヲ竹田宮ニ返還スル樣ニナツテイマシタ。

（問）。關東軍司令部軍醫部及ビ獸醫部ノ各部長ハ、其ノ業務ノ最モ重要ナ點ヲ誰ニ報告シテイタカ話シテ貰イタイ。

（答）。軍醫部長梶塚中將及ビ獸醫部長高橋隆篤中將ハ、其ノ業務ノ最モ重要ナ點ヲバ、直接山田司令官ニ報告シテイマシタ。

（問）。山田關東軍司令官ハ、屢々石井部隊ヲ視察シタカ？

（答）。山田司令官ガ、滿洲到着後間モナク、ソレハ一九四四年七月ノコトデスガ、哈爾濱ノ石井部隊ヲ訪レ、同部隊ノ檢閲ヲ行ッタ事ハ、ヨク覺エテ居リマスガ、此ノ檢閲ノ細部ニツイテハ、山田ハ長春歸着ニ際シテ、誰ニモ語ラズ、コレニツイテハ私ニモ全然判リマセン。

（問）。貴方ハ、第七三一及ビ第一〇〇各部隊ノ實驗室絶滅ニツイテ、何ヲ承知シテイルカ？

（答）。一九四五年八月九日或ハ十日、軍事行動開始ニ關連シテ、山田司令官ハ、總テノ實驗室及ビ貴重ナ細菌培養設備ヲ絶滅スル事ニ決シマシタガ、コレハ、之等ノ科學實驗室ガソヴエト軍ノ手ニ落チナイ爲デアリマシタ。私ノ部下草地大佐ニヨッテ、上述ノ諸部隊ノ解消及ビ之等ノ部隊員ノ京城市（南朝鮮）ヘノ引揚ゲニ關スル命令ガ作成サレ、同日、命令ハ、山田司令官ニヨッテ署名サレ、ソノ遂行ノ爲、第七三一及ビ第一〇〇各部隊長宛送ラレマシタ。

石井中將及ビ若松少將ハ、軍司令官ノ命令ヲ根據トシテ、上述諸部隊ノ營舍、設備ソノ他ノ爆破破壞ノ爲、當該地域ノ工兵諸部隊ノ協力ヲ得マシタ。

(問)。之等細菌戰部隊ノ實驗室ノ設備モ同樣朝鮮ニ搬出サレタカ?

(答)。之レニ關シテハ、諸報道ニ一言モ述ベラレテ居ラズ、況シテ之等部隊ノ朝鮮ヘノ引揚ゲノ結果ニツイテハ、關東軍司令部ニ報告ガ入リマセンデシタノデ、此ノ質問ニ對シテ回答スル事ハ困難デアリマス。恐ラク第七三一及ビ第一〇〇部隊ノ最モ貴重ナ細菌設備ハ、南朝鮮ニ搬出サレタデショウ。

以上、私ノ言葉通リ正シク書キ取ラレ、本調書ハ私ノ爲ニ日本語デ讀ミ上ゲラレマシタ。

松村

訊問者　内務省ハバロフスク地方管理局勤務員中尉　コルサコフ

通譯官　パホモフ

證人松村知勝ノ訊問調書

一九四九年十一月一六日、ハバロフスク市

證人松村ハ、虛僞ノ供述ニ對スル責任ニ就キロシア連邦共和國刑法第九五條ニヨリ警告セラル。

署名　松村

訊問ハ、ペ・ペ・プリヤチエンコ通譯官ヲ通ジテ行ワル。同通譯官ハ、故意ノ虛僞ノ通譯ニ對スル責任ニ就キロシア連邦共和國刑法第九五條ニヨリ警告セラル。

署名　プリヤチエンコ

（問）。第七三一部隊ガ編成サレタノハ何時カ？

（答）。石井中將ヲ長トスル部隊ハ一九三四年頃、哈爾濱市ヲ所在地トシテ編成サレマシタ。

(問)。第七三一部隊ガ、特ニ滿洲領土内ニ編成サレタノハ如何ナル理由ニヨッテカ?

(答)。細菌兵器ノ研究及ビ製造關係ノ大細菌兵器廠デアル第七三一部隊ガ滿洲領土内ニ編成サレタノハ、戰略的考慮カラデアリマス。何故ナラバ、日本ハ對ソ同盟戰爭ヲ準備シテイマシタシ、此ノ部隊ノ全業務ハ、歸スル所、對ソ同盟細菌戰準備デアッタカラデアリマス。第二ニ、此ノ部隊ノ編成及ビ部隊デ行ワレテイタ細菌兵器研究業務ニ關連スル費用ハ、議會ニ對スル特別報告ヲ必要トシナイ關東軍非常軍事總豫算ニ繰入レラレテ居マシタ。此ノ事ハ、議會ニ席ヲ占メ、軍事問題ニ疎イ人物ニ對シテ部隊ノ業務ヲ極秘ニシテ置ク可能性ヲ與エマシタ。

(問)。對ソ同盟細菌戰準備ノ面デ第七三一部隊ニヨッテ行ワレタ組織的方策ハ如何ナルモノカ?

(答)。ソヴエト同盟ニ對スル細菌戰準備ハ、第七三一部隊ガペスト菌、炭疽病菌、コレラ菌、チブス菌及ビ其ノ他ノ病菌ノ使用方法ノ研究ニ従事シ、此ノ目的ノ爲、第七三一部隊ガ細菌ノ實驗ト培養ヲ行ウ特殊施設ヲ持ッテイタト言ウ點ニ現ワレテ居リマス。第七三一部隊ハ又支部ヲ持ッテ居リマシタガ、コレニツイテハ私ガ、一九四九年十月二七日供述シタ通リデアリマス。第七三一部隊ノ各支部デ何ヲシテイタカハ、私ニハ判リマセン。

（問）。被實驗者トシテ使用サレテイタノハ、ドンナ部類ノ人物カ？

（答）。田村大佐ノ言ニヨリ私ガ承知シテイル所デハ、第七三一部隊デ人體實驗ニ使用サレタ人物ハ、中國人民革命軍ノ兵士及ビパルチザンデアリマス。

（問）。石井部隊ガ細菌ノ研究及ビ製造關係ノ科學・研究業務ヲ行ツテイタトイウ事ヲ、貴方ハ何處カラ承知シタカ？

（答）。一九四三年八月元關東軍司令部作戰部長田村・ヨシトミ少將カラ事務ヲ引繼イダ時、私ハ、彼カラ石井部隊ガ細菌兵器ノ研究及ビソノ使用方法ニ關スル科學・研究業務ヲ行ツテイル事ヲ知ル様ニナリマシタ。一九四四年ノ夏、何月デシタカ、正確ニ記憶シテ居リマセンガ、參謀長笠原幸雄中將ノ命令ニヨツテ、傳染病菌ヲ充塡セル特殊爆彈ノ製造狀態檢閲ノ爲、私自ラ、石井部隊ニ派遣シタ私ノ部下ノ參謀宮田中佐ノ報告カラ、私ハ、第七三一部隊ガ之等ノ業務ニ從事シテイル事ヲ最後的ニ確信シマシタ。ノミナラズ、第七三一部隊ニ於ケル細菌兵器ノ製造ニ關シテハ、私ハ、關東軍司令官宛ニ入ツテ來テイタ報告カラ知リマシタ。コレニツイテハ、後ニ申シ上ゲマス。

（問）。一九四五年現在ノ狀態デ、第七三一部隊ハ關東軍ニ所要量ノ細菌兵器ヲ確保シ得ルノデアツタカ？

（答）。關東軍司令部作戰部ニ提出サレタ資料及ビ宮田中佐ノ報告ニ基ケバ、一九四五年現在ノ狀態デ、第七三一部隊ハ、細菌兵器トシテ使用スルニ十分ナ各種傳染病菌ヲ多量製造シ得ルノデシタ。當時迄ニ、最モ有効ナ細菌兵器使用方法トシテノ特殊爆彈ノ研究業務ガ強力ニ進メラレテイマシタ。

（問）。貴方ハ、自分ノ諸戰略計畫中デ、對ソ同盟戰爭ニ於ケル細菌兵器ノ使用ヲ豫定シテイタカ？

（答）。諸戰略作戰計畫作成ニ際シテハ細菌兵器ノ使用ハ豫定サレナカッタガ、若シ對ソ同盟戰爭ニ於ケル細菌兵器ノ使用ニ關シ大本營カラ命令ガアレバ、當時有ッタ細菌兵器ハ使用サレタノデアリマショウ。何故ナラバ、石井部隊ハ此ノ準備ヲ完了シテイタカラデアリマス。

（問）。對ソ同盟戰ニ於ケル細菌ノ使用ハ實際ニハ如何ニ實施サレル豫定デアッタカ？

（答）。對ソ同盟戰ニ於ケル細菌ノ使用ハ細菌ヲ充塡セル爆彈ノ投下及ビ飛行機カラノ細菌ノ撒布トイウ方法ニヨッテ豫定サレテイマシタ。對ソ同盟戰ニ於ケル細菌兵器ノ他ノ使用方法ハ私ハ知リマセンデシタ。

（問）。第七三一部隊ノ活動ニ對スル關東軍司令部ノ指導ハ如何ナル點ニアッタカ？

（答）。石井中將ヲ長トスル第七三一部隊ガ關東軍司令官ノ直屬部隊デアリ、同部隊ノ全業務ガ關東軍司令部ノ直轄下ニ行ワレテイタ事ハ、私ガ一九四九年十月二七日ノ訊問デ供述シタ通リデアリマス。

梅津司令官、次イデ一九四四年七月以降山田乙三ハ、第七三一部隊ノ業務ノ統轄ニ際シテ、其ノ戰略上ノ諸問題ニ關シテハ、私ヲ長トスル作戰部ヲ通ジテ、又科學技術上ノ諸問題ニ關シテハ、細菌學ノ分野ニ於ケル科學技術的研究ノ諸問題、細菌專門家ノ要員ノ養成問題、更ニ防疫勤務及ビ給水ノ諸問題等ヲ取扱ッテイタ關東軍司令部軍醫部長梶塚隆二中將ヲ通ジテ行ッテイマシタ。

（問）。貴方ヲ長トスル作戰部ハ、如何ナル問題ニツイテ第七三一部隊ヲ指導シテイタカ？

（答）。第七三一部隊ニ對スル關東軍司令部作戰部ノ指導ハ、細菌兵器ノ研究及ビ製造ノ諸問題ニツイテ行ワレテイマシタ。

（問）。司令官宛ニ、第七三一部隊ノ業務ニ就イテ如何ナル報告ガ入ッテイタカ？又之等ノ報告ニ對シテ司令官ハ如何ナル決定ヲ行ッタカ？

（答）。私ガ現在想イ起ス限リデハ、關東軍司令官宛ニ來タ此ノ様ナ報告ハ二ツデシタ。初メノ報告ハ、特製ノ貯藏器カラノ撒布ニヨル飛行機ノ細菌投下方法ニ關スル石井部隊長カラノ報告デ、之ハ一九四三年ノ後半ニ來マシタ。

軍司令官――當時ハ梅津美次郎大將デアリマシタガ――ハ此ノ報告ニ於テ石井中將ガ提唱シテイル方法ヲ知リ、之ヲ効果少キモノト認メ、此ノ際、カカル細菌兵器ノ使用方法デハ我ガ軍ハ兵員並ニ兵器ニ大キナ損害ヲ蒙ルノデアロウ、何故ナラバ、我ガ軍ヲ感染カラ守ルコトガ出來ナイカラダト指摘シマシタ。梅津司令官ハ、軍參謀長笠原ヲ通ジテ、石井部隊長ニ對シテ、ヨリ有効ナ他ノ細菌兵器使用方法ヲ研究完成スル樣命令シマシタ。

コレカラ約一年後、細菌兵器ノ新用法ニ關スル報告ガ司令官宛ニ來マシタ。此ノ報告デハ傳染病細菌ヲ充塡セル特製ノ陶器爆彈ノ投下ニヨル細菌兵器ノ用法ガ石井中將ニヨッテ作成サレテイマシタ。梅津司令官ハ、此ノ報告ニ就イテハ何ラノ意見モ述ベズ、此ノ文書ヲ司令官ノ職ヲ去ル迄、卽チ一九四四年七月迄自分ノ許ニ保管シテイマシタ。軍司令官宛ニ來ル彼是ノ報告ニ就イテ司令官ガ何ラ指示ヲ與エナイ場合ハ、司令官ハ、文書中デ提案サレテイル措置ニ同意デアルトイウ事ヲ、從來ノ勤務カラ私ハ承知シテイマス。

此ノ場合モソウデアリマシタ。梅津ハ、對ソ同盟戰ニ於ケル細菌兵器ノ此ノ使用方法ヲ最モ適當デアルト看做シテイマシタ。

一九四四年七月、山田乙三大將ハ關東軍司令官ニ就任シタ際、前任者梅津カラ、此ノ文書及ビ石井部隊ノ業務ニ關シ説明サレ、當該報告ガ保管ノ爲私ノ所ヘ廻サレタ時、山田乙三ハ、又何等ノ指示モ與エマセンデシタガ、之ハ細菌ヲ充塡セル特製陶器爆彈ヲ飛行機カラ投下スル事ニヨル細菌兵器使用法ニ關シ報告ノ中デ提案サレテイル措置ニ彼モ同意デアッタ事ヲ意味シテイマシタ。

當時第七三一部隊ガ必要量ノ細菌兵器ヲ關東軍ニ確保スル事ガ出來ナカッタ爲、山田ノ軍司令官赴任ト同時ニ、細菌兵器ノ製造増加ニ關スル日本陸軍省ノ指令ニ鑑ミ、第七三一部隊ハ著シク擴張サレ、新シイ實驗室ノ設備ヲ受取リ、從ッテ細菌兵器ノ製造モ增加シマシタ。山田ガ滿洲到着後間モナク、一九四四年八月ニ第七三一部隊ヲ訪レ、ソノ檢閲ヲ行ッタノハ偶然デハアリマセン。

（問）。細菌兵器製造増加ニ關スル陸軍省ノ指令ハ何時受領サレタカ？

（答）。細菌兵器製造増加ニ關スル陸軍省ノ指令ガ關東軍司令部ニ來タノハ、一九四四年五月、卽チ、山田ノ到着スル前デアリマシテ、確言スルコトハ出來マセンガ、省令ハ、關東軍ノミナラズ、太平洋方面ノ軍ニモ細菌兵器ヲ確保スル事ヲ豫定シテイタ樣ニ思ワレマス。

（問）。關東軍司令部ノ幹部中誰ガ、ソシテ如何ナル目的デ、第七三一部隊ヲ訪レタカ？

(答)。第七三一部隊ヲ訪レタノハ山田關東軍司令官ト參謀宮田中佐デアリ、彼等ノ視察目的ニ就イテハ、私ガ先ニ供述シタ通リデアリマス……。

(問)。一九四五年八月九日或ハ十日ニ出サレタ司令官ノ命令ニハ、第七三一部隊ノ解消ニ就イテ述ベラレテイタ丈カ、或ハ此ノ部隊ニ關スル他ノ諸問題モ含マレテイタカ?

(答)。一九四五年八月九日或ハ十日付ノ關東軍司令官山田大將ノ命令ニハ爆破ニヨル第七三一部隊及ビ第一〇〇部隊ノ解消ノ外ニ、兩部隊ノ勤務員及ビ貴重ナ設備ノ南朝鮮ヘノ引揚ゲモ豫定サレテイマシタ。此ノ同ジ命令ニ從ッテ、關東軍測量部隊ハ後方深ク引揚ゲラレマシタ。

(問)。第七三一部隊及ビ第一〇〇部隊ノ貴重ナ設備ハ、何故特ニ朝鮮ニ搬出サレタカ?

(答)。當時、南朝鮮ハ最モ安全ナ地域デアリ、加ウルニ朝鮮ニ配置サレテイタ軍隊ハ、關東軍司令官ニ隷屬シテイタシ、吾々ハ、朝鮮ガ敵ニ占領サレルトイウ事ヲ豫期シテイマセンデシタ。

(問)。第七三一部隊ノ解消トイウ任務ハ、關東軍ノ如何ナル部隊ニ課セラレタカ?

(答)。第七三一部隊ノ絕滅ニ關スル命令ガ出タ當時、哈爾濱附近ニ宇部少將ノ混成旅團ガアッタノデ、十中八九、部隊ノ爆破ハ、同旅團ノ工兵ガ行ッタモノト思ワレマス。

11—962

シカシ、部隊ノ爆破ニ如何ナル部隊ガ加ワルベキカトイウコトハ直接命令デ豫定サレテイナカッタノデ、之ヲ確言スル事ハ出來マセン。

以上ノ供述ハ私ノ言葉通リ正シク書キ取ラレテ居リ、私ノ爲ニ日本語デ讀ミ上グラレマシタ。ソノ正シキ事ヲ確證シマス。

松村

訊問者　内務省ハバロフスク地方管理局勤務員中尉　コルサコフ

通譯官　プリヤチェンコ

證人松村知勝ノ訊問調書

一九四九年十二月七日、ハバロフスク市

證人松村知勝ハ、虚僞ノ供述及ビ供述拒否ニ對スル責任ニ關シロシア連邦共和國刑法第九五條ニヨリ警告セラル。

署名　松村

訊問ハ通譯官ツヴイロフヲ通ジテ行ワル。通譯官ハ故意ニ爲シタル虚僞ノ通譯ニ對スル責任ニ關シロシア連邦共和國刑法第九五條ニヨリ警告セラル。

署名　ツヴイロフ

（問）。第七三一部隊ガ何時編成サレタカヲ明確ニシテ貰イタイ。

（答）。私ハ、第七三一部隊ノ編成月日ハ正確ニ覺エテイマセン。私ガ想イ起ス所デハ、第七三一部隊ハ、天皇ノ軍令ニ從ッテ、一九三四年乃至一九三六年ノ間ニ編成サレマシタ。

(問)。貴方ハ、何時カラ關東軍司令部第一作戰部長トシテ勤務シ始メタカ？

(答)。私ガ關東軍司令部作戰部長トシテ勤務シ始メタノハ、一九四三年八月カラデス。

(問)。貴方ハ、職責上、細菌兵器ノ製造ニ關連スル第七三一ト第一〇〇部隊ノ業務ニ關係シタ事ハナカッタカ？

(答)。ハイ、作戰部長トシテ勤務シツツ、私ハ第七三一及ビ第一〇〇各關東軍細菌戰部隊ノ業務ニ關係シテ居リマシタ。尙具體的ニハ、此ノ關係ハ作戰部長トシテノ私ニ、細菌兵器ノ研究ト製造上ノ各種ノ問題ニ就イテ、第七三一及ビ第一〇〇兩部隊長ノ報告ガ來テイタトイウ點ニアリマス。通例トシテ、コレラノ報告ハ、關東軍司令官宛ニナッテイマシタガ、之等ノ報告ガ彼是ノ部ノ業務ニ關係ヲ持ッテイル以上副官部(秘書部)カラ、ソレラハ關係部ニ送ラレテイマシタ。

作戰部ノ業務上ノ報告、卽チ、細菌兵器ノ實用ニ關係アル報告ハ、私ノ所ニ來テイマシタ。謀略工作ヲ目的トスル細菌兵器ノ使用ニ關係アル報告ハ、情報(諜報)部長ノ許ニ來テイマシタ。

カカル報告ヲ受ケタ私ハ、報告ノ重要性ニ應ジテ或ハ自身デ解決シ、或ハ關東軍參謀長若シクハ司令官、最初ハ梅津、後ニ至ッテ一九四四年七月以降ハ山田ニ報告シテイマシタ。

（問）。一九四九年十一月一六日ノ供述ノ中デ、貴方ハ、關東軍司令部ガ受取ツタ第七三一及ビ第一〇〇部隊ニヨル細菌兵器ノ製造增加ニ關スル日本陸軍省ノ指令ニツイテ述ベタガ、此ノ指令ガ何時來タカ明確ニシテ貰イ度イ。

（答）。私ハ此ノ指令ヲ、關東軍司令部ガ何時受領シタカ、日附ヲ今思イ出セマセン。春或ハ夏ノ事デアツタトハ記憶シテ居リマスガ、ソレガ一九四四年デアツタカ、一九四五年デアツタカハ正確ニ記憶シテ居リマセン。此ノ指令ニ從ツテ、梅津デアツタカ、山田デアツタカ、トニ角關東軍司令官ガ設備及ビ細菌兵器トシテ使用スベク豫定サレテイタ各種傳染病細菌ノ製造ヲ擴張スル樣、第七三一部隊ニ命令ヲ出シタ事ヲ記憶シテイマス。細菌ノ製造ヲドレ丈增加シナケレバナラナカツタカ、私ハ記憶シテイマセンガ、トニ角相當ノ增加ガ問題ニナツテイマシタ。

（問）。受領セル細菌兵器製造增加ニ關スル陸軍省ノ指令ニヨリ、關東軍司令部作戰部ハ、如何ナル具體的措置ヲ講ジタカ？

（答）。私ガ上述シマシタ陸軍省ノ指令ガ受領サレタノハ、今想イ出シマスト、山田ノ司令官在職中デアリマシタ。陸軍省ノ指令受領後山田司令官ハ作戰部ニ對シテ、ソノ遂行ニ關スル然ルベキ命令ヲ出シマシタ。

コレニ關連シテ、私ハ山田ノ名義デ、殺人細菌ノ製造ヲ著シク增加スル事ニ關スル命令ヲ第七三一部隊長ニ出シ、同時ニ參謀長ノ名義デ設備用必需材料ヲ第七三一部隊ニ確保スル事ニ關スル指示ヲ關東軍司令部第四部ニ傳達シマシタ。

(問)。貴方ガ述ベタ指令ニヨル細菌兵器增產ノ必要性ハ何ニ起因スルカ?

(答)。陸軍省ノ指令ニハ、細菌兵器ノ製造增加ノ實際ノ原因ハ述ベラレテイマセンデシタ。作戰部長デアッタ私自身トシテハ、此ノ增加ハ、二ツノ原因ニヨッテ必要トナッタノダト考エテイマシタ。

第一ニハ、太平洋諸地域ニ於ケル戰況ノ惡化デ、此ノ爲、アメリカ、イギリス、其ノ他ノ國々ニ對シテ細菌兵器ヲ使用スル事ガ豫想サレテイマシタ。此ノ場合、滿洲ニアル細菌戰部隊ニヨッテ製造サレテイタ細菌兵器ガ使用サレル筈デシタ。

他方、此ノ增加ノ原因トナッタノハ、軍事行動勃發ノ場合、ソヴエト同盟ニ對シテ細菌兵器ヲ使用スル爲ノ然ルベキ準備デアリマシタ。

(問)。關東軍ニヨルソヴエト同盟ニ對スル細菌兵器ノ使用ハ、如何ニ豫定サレテイタカ述ベテ貰イ度イ。

(答)。ソヴエト同盟ニ對スル細菌兵器ノ使用ハ、參謀本部ノ指示ニ從ウベキデアリマシタ。殺人細菌ノ使用ハ、既ニ現存シテイタ作戰計畫遂行ノ爲ニ豫定サレタ武器ノ諸種ノ中ノ一ツニ過ギナカッタノデ、ソヴエト同盟ニ對スル細菌兵器ノ使用ハ、作戰計畫ニハ含マレマセンデシタ。シカシナガラ、之等ノ問題ハ、司令部ノ然ルベキ諸部デ、夫々審議サレマシタ。デ、作戰部デ、本問題ノ然ルベキ研究ヲ行ツタ後、私自身ハ、ソ同盟ニ對スル細菌兵器ノ使用方法ニツイテ、自分ノ意見書ヲ笠原幸雄參謀長ニ提出シマシタ。私ハ、笠原ニ對シ、ソヴエト同盟ト軍事行動ガ勃發セル場合、細菌兵器ハ飛行隊ニヨッテ使用サレルベキデアルト報告シマシタ。

特ニ、私ハ、笠原ニ對シテ、ソヴエト同盟ニ對スル戰爭ノ場合、細菌兵器ハ、ヴオロシロフ、ハバロフスク、ブラゴヴエシチエンスク、チタ——諸都市附近一帶、即チ、ソヴエト同盟ノ後方地域ニ於テ使用サレルベキデアルトイウ事ニツイテ報告シマシタ。

之等諸地域ノ汚染ハ、細菌爆彈ノ投下ト、飛行機カラノ細菌ノ撒布ニヨッテ行ワレル筈デシタ。此ノ目的ノ爲ニ、關東軍飛行隊ノ飛行機ガ使用サレル筈デシタ。

(問)。シカシ此ノ目的ノ爲ニハ、特別ナ飛行機ガナクテハナラナイノデハナイカ?

(答)。イイエ、此ノ目的ノ爲ニハ、普通ノ飛行機ヲ使用シ得ルノデシタ。細菌爆彈投下ノ爲ニハ普通ノ爆擊機デ、又細菌ノ撒布ニハ、ドノ飛行機デモヨイノデアリマス。細菌撒布ノ爲ニ必要ナ裝置ハ極ク簡單デアッテ、ドノ飛行機ニデモ取リツケル事ガ出來タカラデス。

コウシタ私ノ意見ヲ、先程述ベマシタ樣ニ、私ハ笠原參謀長ニ上申シマシタガ、彼ハ、概ネ、是レヲ可トシマシタ。スベテコレラノ措置ハ、作戰計畫ニハ含マレテイマセンデシタガ、之等ノ問題ノ研究ニ際シテ私ハ、作戰計畫ニヨリ豫定サレタ全般的作戰狀況ヲ基礎トシマシタ。

笠原ニ對シテ私ガ此ノ報告ヲ行ツタノハ、細菌兵器ノ製造增加ニ關スル陸軍省ノ指令ヲ受領シタ後デシタ。是レハ、細菌兵器ノ製造增加ニ關スル指令ヲ受領シタ後、笠原ガ私ニ、必要ナ場合、ソヴエト同盟ニ對シテ細菌兵器ヲ使用スル可能性ニ關スル問題ノ研究ヲ委託シタ事ニヨルノデアリマス。私ハ、此ノ問題ヲ研究シ、笠原ニ然ルベキ報告ヲ行イマシタ。笠原ハ、既ニ述ベマシタ樣ニ、私ノ意見ヲ承認シマシタ。

（問）。關東軍ノ兵器トシテ採用サレタ主要ナル細菌兵器ノ種類ハ如何ナルモノカ？

（答）。一九四五年迄ニ細菌兵器ノ主要ナ種類トシテ認可サレテイタノハ、次ノ通リデアリマス。卽チ、細菌爆彈、飛行機カラ細菌ヲ撒布スル方法、地上方法トシテノ謀略デアリマス。私ハ、之等主要ナ方法ハ日本參謀本部ニヨツテ認可サレテイタト考エルノデアリマス。

（問）。山田司令官ニヨツテ檢討サレ、認可サレテイタ細菌兵器ノ種類ハ、イカナルモノカ？

（答）。山田司令官在職中、彼ニヨツテ檢討サレ、次イデ認可サレタノハ、二ツノ主要ナ方法デ、之ハ當時迄ニ最後的ニ完成サレタ様デアリマシタ。私ガ茲デ申シマスノハ、「石井式」細菌爆彈ト、ペスト菌デ汚染シタ蚤ヲ飛行機カラ撒布スル方法デアリマス。

（問）。細菌兵器ノ實用ハ、如何ニ豫定サレテイタカ？

（答）。關東軍司令部作戰部長トシテ私ハ、細菌兵器ノ實用ガ細菌戰部隊及ビ其ノ各支部ニイタ特別要員ノ援助ニヨッテ行ワレルベキデアッタトイウ事ヲ承知シテイマス。言葉ヲ換エテ言イマスト、必要ノ場合ニハ各細菌戰部隊及ビ其ノ支部ハ適當ナ人數ノ專門家ヲ選抜シ、既ニ平時ニ特別教練ヲ受ケタ兵員ヲ、其ノ指揮下ニ附ケルベキデアッタトイウ事デアリマス。之等ノ兵員ハ、平時ニ日本軍ノ各部隊カラ募集サレ、講習ヲ受ケル爲、第七三一部隊及ビ第一〇〇部隊ニ派遣サレ、ソコデ彼等ハ、衛生業務ト共ニ、特別教練ヲ受ケ、細菌學ニ關シ必要ナル熟練ヲ得テイタノデアリマス。之等ノ講習ニハ最モ忠實ナ兵隊ガ選抜サレテイマシタガ、ソノ選抜ノ手續ハ、私ハ知リマセン。講習修了後、平時ニハ、彼等ハ支部ニ派遣サレルカ、或ハ日本軍各部隊及ビ各兵團ニ附設サレテイタ防疫給水部隊ニ派遣サレテイマシタ。戰時ニハ、彼等ハ、細菌兵器ノ使用ニ利用サレル筈デシタ。

第七三一部隊及ビ第一〇〇部隊ニヨッテカカル要員ガドレ丈養成サレテイタカ、私ハ知リマセン。

（問）。細菌兵器ノ使用ニ關シテ如何ナル教範、訓令ガアッタカ？

（答）。廣汎ナ使用ニ供スル爲ノ斯樣ナ訓令ハアリマセンデシタ。第七三一及ビ第一〇〇各部隊デ作成サレ、要員ノ養成ニ當ッテ利用サレテイタ臨時訓令、臨時教範ハアッタト思イマス。ソレヲ誰ガ承認シタカ、私ハ知リマセン。此ノ問題ハ私ノ權限外ノモノデアリマシタ。

（問）。ソヴエト同盟ト境ヲ接スル北興安省諸地域ノ細菌偵察ヲ行ウ爲、一九四四—一九四五年ニ第一〇〇部隊特別隊ヲ派遣シタノハ誰カ？

（答）。私ノ立會ノ下デ、一九四四年或ハ一九四五年ニ、高橋獸醫部長ハ山田關東軍司令官、笠原幸雄參謀長ノ中何レカニ北興安省諸地域ニ於ケル第一〇〇部隊特別隊ノ業務ニツイテ報告シテイマシタ。高橋ハ、北興安省ノ諸地域デ第一〇〇部隊ニヨッテ偵察ガ行ワレテ居リ、ソレハ、家畜、牧地、貯水池汚染ノ爲ニ、之等諸地域ニ於テ、細菌兵器ヲ使用スル可能性ヲ究明スル爲デアルト報告シテイマシタ。報告ノ中デ高橋ガ細菌ノ實用ニ關スル自分ノ意見ヲ述ベテイタノヲ記憶シテイマス。私ガ想イ起シテイル所デハ、彼ハ必要ナ場合ニハ、海拉爾地域、ダライ・ノル湖東南方地域ノ牧地及ビ貯水池ヲ汚染スル事ガ必須デアルトイウ意見ヲ述ベタノデアリマス。

關東軍司令部ノ方トシテハ、謀略工作實施ニ關スル第一〇〇部隊ノ業務ノ統轄ハ、關東軍司令部情報（諜報）部ニヨッテ行ワレテイマシタ。

(問)。貴方ハ『石井式』細菌爆彈ノ使用ニ關シテ報告スル機會ガアッタカ？

(答)。アリマシタ。一九四四年ノ秋、十一月頃、私ハ、參謀長ノ指令ニヨッテ、『石井式』細菌爆彈ノ効力ニツイテ報告ヲ行イマシタ。

此ノ問題ニ關スル石井ノ報告書ハ、山田司令官ノ就任前ニ司令部ニ屆キマシタ。從ッテ、彼ノ就任ト共ニ、私ハ笠原ノ委任ニヨッテ口頭デ報告シマシタ。此ノ報告ハ司令部デ行ワレマシタ。報告ニ立アッタノハ、山田、笠原、池田參謀副長及ビ宮田デアリマス。私ノ報告ニヨッテ、山田ハ極メテ有効ナ方法トシテ、此ノ方法ニ贊同シマシタ。

(問)。ペスト菌ニヨッテ感染シタ蚤ノ使用ニ關シテ、北野ガ關東軍司令部デ行ッタ報告ノ内容ヲ述ベラレ度イ。

(答)。此ノ報告ガ何時行ワレタカ私ハ正確ニ記憶シテ居リマセン。一九四四年ノ末デアッタカ、或ハ一九四五年ノ初メデアリマシタ。北野ハ、戰鬪武器トシテ、ペスト菌ニヨッテ感染シタ蚤ヲ使用スル方法ノ研究ニ於ケル最近ノ成果ヲ、山田ニ報告シマシタ。私ハ此ノ報告ノ細部ハ記憶シテ居リマセン。此ノ報告ニ立會ッタノハ、山田、笠原、梶塚軍醫部長、私、宮田、池田、ソレニ此ノ報告ヲ行ッタ北野デアリマス。

北野ノ報告ノ後、ペスト蚤ニ依ル汚染實驗ニ關スル特別映畫ガ上映サレマシタガ、私ハ部ノ業務ノ都合上、作戰部ニ呼バレ、映畫ハ見マセンデシタ。

(問)。參謀宮田中佐(竹田宮)ハ、第七三一部隊ノ業務ニ如何ナル關係ヲ有シテイタカ？

(答)。宮田ハ、作戰部ト第七三一部隊トノ連絡ニ作戰部カラ振當テラレテイマシタ。其ノ他、第七三一部隊及ビ第一〇〇部隊ヘハ、之等部隊ノ業務ニ通曉セシメ、連絡ヲ保ツ為、他ノ參謀モ派遣サレテイマシタ。之等ノ者ヲ通ジテ各種ノ日常的指示ガ傳エラレ、之等ノ指示ノ遂行ガ監督サレルノガ常例デアリマシタ。

(問)。一九四九年十一月一六日付ノ供述中、貴方ハ、第七三一部隊ニハ四人ヲ監禁シテイタ監獄ガアツタトイウ事ヲ田村少將カラ聞イタト述ベタガ、貴方ノ言ウ田村ハ何處デ勤務シテイタカ明確ニシテ貰イ度イ。

(答)。第七三一部隊ノ監獄及ビ此ノ監獄ニ監禁サレテイタ四人ヲ使用スル實驗ニ就イテハ、私ハ、私ノ前任者タル元作戰部長田村ヨシトミ大佐(後ニ少將)カラ聞キマシタ。人體實驗ノ實施ヲ誰ガ認可シタカ私ハ正確ニハ知リマセンガ、最初ニ此ノ實驗ヲ認可シタノハ、植田司令官カ、或ハソノ後任者タル梅津デアルト思イマス。山田ノ司令官在職中ニモ此ノ實驗ハ行ワレテイマシタガ、山田ハ此ノ、先ニ行ワレタ認可ヲ撤回シマセンデシタ。

(問)。齧歯類ノ捕捉及ビ其ノ第七三一部隊ヘノ送致ニ關スル命令ヲ認可シタノハ誰カ述ベテ貰イタイ。

(答)。一九四五年ニハ關東軍ノ殆ド全地上部隊ガ鼠類ノ捕捉及ビ其ノ第七三一部隊ヘノ送致ニ當ツテイマシタ。山田司令官ノ許可ナクシテハ部隊ハ、此ノ様ナ業務ニ從事スル事ハ出來ナカツタデアリマシヨカラ、此ノ業務ガ山田司令官ニ依ツテ認可サレタ事ハ至極當然デアリマス。

各部隊ヘノ指示ハ、司令官ノ名義デ參謀長ガ出スコトガ出來マスガ、司令官ノ許可ヲ得テノミ出來ルトイウ事ハ勿論デアリマス。此ノ許可ガ事實上如何ニ爲サレタカハ、私ハ記憶シテ居リマセン。

鼠類ハペスト菌傳播用ノ蚤ノ繁殖ノ爲、第七三一部隊ニ入用デシタ。齧齒類ガ全部デドレ程捕捉サレ、第七三一部隊ニ送ラレタカ私ハ知リマセン。

(問)。一九四五年石井ヲ再ビ第七三一部隊長ノ職ニ任命シタノハ、如何ナル理由ニヨルノカ述ベテ貰イ度イ。

(答)。コレハ、私ハ正確ニ記憶シテイマセン。私ノ考エル所デハ、此ノ石井ノ任命ハ細菌ノ製造増加及ビ細菌戰準備ノ積極化ニ關スル陸軍省ノ指令ニヨルモノト思ワレマス。從ツテ、石井ハ經驗アル者トシテ再ビ第七三一部隊長ニ任命サレタノデス。

(問)。細菌兵器ノ研究及ビ製造面ニ於テ梶塚ハ、第七三一部隊ノ業務ニ如何ナル關係ヲ有シテイタカ？

（答）。私ノ承知シテイル所デハ、細菌兵器準備ノ點デ、梶塚ハ戰鬪兵器トシテ細菌ノ最モ有効ナ使用方法ノ研究ニ關スル科學研究業務ノ全般的ナ指導ヲ行ツテイマシタ。

私ガ既ニ述ベタ様ニ、梶塚ハ細菌兵器ノ實用問題ガ審議サレタ諸會議ニ參加シテイマシタカラ、彼ガスベテ之等ノ業務」ニ精通シテイタ事ハ勿論デス。梶塚ハ、自分ガ關心ヲ寄セ、其ノ權限ニ關運アル資料、卽チ各種科學的諸問題ニ關スル資料ヲ作戰部デ入手スル事ガ出來タガ、實際ニハ、之等ノ問題ハ私ガ參加シテイタ特別會議デ決セラレルノガ通例デアツタ爲、コンナ必要ハナク、梶塚ガ自分デ作戰部ニ足ヲ運ブ必要ナド毛頭アリマセンデシタ。例エバペスト菌ニヨツテ感染サレタ蚤ノ使用ニ關スル北野ノ報告ノ際モソウデシタ。

（問）。第七三一部隊及ビ第一〇〇部隊ノ解消ハ何故必要トナツタカ？

（答）。第七三一部隊及ビ第一〇〇部隊ノ解消ニ關スル命令ハ、山田司令官ガ發シマシタ。私ハ、之等部隊ノ解消ハ次ノ諸原因ニヨルト思イマス。卽チ、第一ニ、之等部隊ノスベテノ設備ハ秘密ニサレテイテ、之ヲ敵軍ノ手ニ殘スコトハ出來ナカツタカラデス。ノミナラズ、之等部隊デ行ワレテイタ業務自體モ亦秘密デアツタ爲、之等ノ業務ガ行ワレタト言ウ事實ヲ隱蔽スル爲、對策ヲ講ジナケレバナラナカツタノデアリマス。換言スレバ、細菌戰準備ニ關シテ部隊デ行ワレテイタ業務及ビ生キタ人間ヲ使用スル實驗ノ痕跡ヲ湮滅スル事ガ必要ダツタノデス。

最後ニ、ソヴエト軍部隊ノ迅速ナ進撃ハ之等部隊ヲ滿洲ノ奥地或ハ、何處カ他ノ場所ニ完全ニ撤退サセル可能性ヲ與エマセンデシタ。

(問)。關東軍ガソヴエト同盟ニ對シテ細菌兵器ヲ使用シナカツタ原因ハ、何處ニアツタカ?

(答)。私ハ、軍事行動開始ト同時ニ、ソヴエト同盟ニ對シテ細菌兵器ガ使用サレナカツタ主ナ原因ハ、ソヴエト軍部隊ノ迅速ナ進撃デアツタト考エテイマス。從ツテ、關東軍ニヨツテ行ワレタ細菌兵器ノ使用準備業務ノ積極化ニモ拘ラズ、又關東軍ガ細菌兵器ヲ使用シ得ル狀態ニアツタニモ拘ラズ、細菌兵器ガ使用サレナカツタノデス。

(問)。一九四五年ニ行ワレタ細菌戰準備ノ積極化對策トシテ、貴方ガ列擧シタスベテノ對策ハ誰ニ對シテ其ノ鋒先ヲ向ケテイタノカ?

(答)。私ガ既ニ述ベマシタ樣ニ、細菌兵器ハ主トシテ、ソヴエト同盟ニ對シテ向ケラレテイマシタ。關東軍司令部ガ行ツタ多數ノ具體的措置ハ之ヲ立證シテイマス。例エバ、私ガ前ニ述ベタ樣ニ、ソヴエト同盟ニ對スル細菌兵器ノ實用ニ關シテ、私ガ述ベタ意見ヲ、關東軍參謀長ガ承認シタ事、ソヴエト同盟ト境ヲ接スル北興安省諸地域ノ細菌偵察、軍事行動ノ場合ヲ顧慮シ、ソヴエト同盟ニ對シテ準備中ノ、謀略方法ニ關スル高橋中將ノ報告等デアリマス。

総テ之等ノ事情ハ、此ノ準備ガ軍事行動開始ヲ考慮シ、ソヴエト同盟ヲ目標トシテイタ事ノ證據デアリマス。

本件ノ要點ニ關シテ供述スル事ハ、之以上何モアリマセン。私ノ言葉通リ正シク書キ取ラレテ居リ、私ノ為ニ日本語デ讀ミ上ゲラレマシタ。

松村

訊問者　軍事檢事親衛隊法務中佐　バゼンコ

仝　內務省ハバロフスク地方管理局勤務員中尉　コルサコフ

通譯官　ツヴイロフ

被告梶塚トノ對決ニ於ケル證人松村ノ供述（抄錄）

一九四九年十二月八日、ハバロフスク市

（證人松村ニ對スル問）。第七三一部隊長ガ梶塚ノ立會ノ下ニ關東軍司令官ニ對シテ行ッタ報告ニ就キ貴方ノ知レルトコロヲ述ベテ貰イタイ。

（答）。一九四四年末關東軍司令官室ニ於テ第七三一部隊長北野ノ報告ガ行ワレマシタ。北野ハ、細菌戰用兵器トシテノペスト蚤ノ使用方法ニ就イテ報告ヲ行ッタノデアリマス。此ノ報告ニ當ッテハ次ノ人々ガ列席シマシタ——關東軍司令官山田、參謀長笠原幸雄、池田副參謀長、梶塚軍醫部長、私、參謀宮田中佐（竹田宮）、報告者北野及ビ彼ニ隨行シタ將校（私ハ此ノ將校ノ姓名ヲ存ジマセン）等。

此ノ會合ハ秘密ノ會合デアリマシタ。私ノ記憶ニ依レバ、北野ノ報告書ハ此ノ會合終了後作戰部ニ渡サレ、夫レ以後同部ニ保存サレマシタ。山田ハ、北野ノ提案セル細菌兵器トシテノペスト蚤ノ用法ニ贊成シマシタ。

12—962

……北野ノ報告後、列席者ハ皆北野ノ携行セル映畫ヲ觀覽ニ出掛ケマシタ。此ノ映畫ハ、細菌兵器ノ使用狀況ヲ示スモノデアリマシタ。私ハ、映寫室ニ着クト間モナク作戰部ニ呼ビ出サレタタメ、此ノ映畫ヲ觀覽シマセンデシタ。

松村

訊問者　軍事檢事法務中佐・カチヤン

仝　內務省ハバロフスク地方管理局勤務員中佐　バブコフ

通譯官　ボルホヴイチノフ

證人飯島良雄ノ訊問調書

一九四九年十月二〇日、ハバロフスク市

本官内務省ハバロフスク地方管理局勤務員大尉ピサレフハ、一九一七年、日本群馬縣勢多郡荒田村生レ、農民出身、中等教育ヲ有スル日本人、軍人俘虜、元日本軍少佐、飯島良雄ヲ證人トシテ訊問セリ。虚僞ノ供述ニ對スル責任ニ關シロシア連邦共和國刑法第九五條ニヨリ警告セラル。

署名　飯島

(問)。貴方ハ何語デ供述ヲ行イタイカ？

(答)。私ハロシア語ヲ修得シ、ロシア語デ讀ム事ハ出來マスガ、供述ハ母國語デサセテ頂キタイ。

(問)。訊問ハ、ネゴロジエンコ・アナトーリー・ニコラエヴイッチ通譯官ヲ通ジテ行ワレルガ、異議ハナイカ？

(答)。アリマセン。

通譯官ア・エヌ・ネゴロジエンコハ、故意ニ爲シタル虚僞ノ通譯ニ對スル責任ニ就キロシア連邦共和國刑法第九五條ニヨリ警告セラル。

署名　ネゴロジエンコ

（問）。軍務ノ經歷ヲ簡單ニ述ベテ貰イタイ。

（答）。兵トシテ軍務ニ召集サレタノハ、一九三八年四月二〇日デアリマシテ、ソレ迄ハ農業ニ從事シテイマシタ。一九三八年九月カラ一九三九年三月迄「仙台」ノ豫備士官學校デ學ビ、其ノ後高崎市第一五歩兵連隊ニ見習士官トシテ勤務シマシタ。一九三九年十二月少尉ニ任官サレ、第一將校團ノ中ニ入ッテ東京市ノ「中野」學校ニ派遣サレマシタ。

「中野」學校ハ、日本特務機關ノ爲ニ諜報業務ノ幹部ヲ養成シテイマシタ。「中野」學校ニハ、中國部、イギリス部、ロシア部ノ三部ガアリマシタ。私ハロシア部ニ編入サレ、ソコデ初メテロシア語ヲ學ビ、相當修得シマシタ。ロシア語ノ他ニ、私ハソヴエト同盟ノ地理、經濟、政治狀勢ニ關スル智識ヲ得マシタ。全三部ヲ通ジテ、基本課目ハ外國、主トシテ、ソヴエト、アメリカ、イギリス及ビ中國ノ諜報機關ノ活動方法ニ關スル特殊學科デアリマシタ。

諜報、謀略、宣傳活動ノタメ誰ヲ軍事諜報機關ニ募集出來、又募集スルコトガ必要デアルカ、更ニ募集ヲ豫定サレテイル白系露人、中國人ヲ如何ニシテ獲得スルカトイウコトニ就イテ、教師ハ我々教育受講生ニ實例ヲアゲテ説明シテ呉レマシタ。斯様ニシテ「中野」學校ハ理論的素養ノ出來タ諜報業務ノ幹部ヲ送リ出シテイマシタ。

一九四〇年十一月始メ「中野」學校卒業ト共ニ私ハ哈爾濱特務機關長柳田少將ノ隷下ニ派遣サレマシタ。哈爾濱ノ日本特務機關デ、私ハ約三カ月勤務シ、次イデ、ドラゴッエンカ村（滿洲）ノ三河日本特務機關長補佐ノ職ニ任ゼラレ、ソコデ一九四五年一月ノ末マデ勤務ヲツヅケ、一九四五年二月「保護院」ト稱スル收容所ノ所長ニ轉勤シマシタ。

ロシア語デ云ウ「プリユート」デアル「保護院」デ私ハ約七カ月間、ソヴエト軍ニヨッテ俘虜ニサレル迄、卽チ一九四五年八月十五日迄勤務シマシタ。

「保護院」或ハ別名「科學研究部」ハ、哈爾濱特務機關ノ管轄下ニアリ、同特務機關長ハ、當時秋草少將デシタ。「保護院」ハ、一五〇名ノ收容ヲ期シ、同院ニハ様々ノ原因デ、滿洲領土ニ入リ、日本ノ國境守備隊及ビ警察部隊ニヨッテ取押エラレタソヴエト市民ガ監禁サレテイマシタ。「保護院」ニハ男子丈ガ監禁サレ、彼等ハ色々ノ副業經營的ナ農事ニ從事シテイマシタ。院内ノ規律ハ嚴重デ、一寸シタ規律違反ニ對シテモ、之ヲ犯シタモノヲ處罰シ、特ニ收容所カラノ逃亡ヲ企圖セルモノヲ處罰シマシタ。私ハ哈爾濱ノ日本特務機關ノ許可ヲ得テ、此ノ様ナ人物ヲ關東軍第七三一部隊ニ送リマシタ。

（問）。關東軍第七三一部隊トハドンナ部隊カ述ベテ貰イタイ。
（答）。私ハ勤務當初指令ヲ見タ時、コノ第七三一部隊ハ關東軍懲罰大隊ダト思ッテイマシタガ、後ニ至ッテ、第七三一部隊ハ、アラユル種類ノ細菌ノ効力ヲ研究シツツ、ソヴエト人ヲ使用スル實驗ヲ行ッテイル實驗所デアルトイウ事ガ、明カニナリマシタ。
（問）。今貴方ガ述ベタ事ニツイテ、貴方ハ何時、誰カラソシテ、如何ナル事情ノ下ニ知ッタカ？
（答）。一九四五年四月ノ半頃、私ガ哈爾濱ノ日本特務機關ニ行ッテ日本特務機關長補佐淺田大佐ニ收容所内ノ規律ノ狀況ヲ報告シタ際、同大佐ハ、哈爾濱ノ日本特務機關及ビ關東軍司令部ノ指令ヲ遂行スル樣ニススメマシタ。ソレニハ、收容所内ノ規律ニ違反セルモノ、特ニ逃亡セントシテイル者ヲスベテ哈爾濱郊外、『保護院』カラ一五乃至二〇キロメートルノ平房トイウ所ニアル第七三一部隊ニ送ル樣述ベラレテイマシタ。淺田大佐ト面談シタ際、同大佐ガ、コノ部隊デハ、細菌ノ効力ヲ研究シテイルトイウ事ヲ概略語リ、尙コノ際、自分ハ今迄一度モ顏ヲ合セル機會ガナカッタガ、同部隊長ガ石井中將デアルト述ベタノヲヨク記憶シテイマス。
淺田大佐ト面談シテカラ一カ月後、同ジク哈爾濱日本特務機關ノ軍醫部長前川軍醫少尉カラ第七三一部隊デハ生キタ人間、就中私ガ『保護院』カラ第七三一部隊ニ送ッタ人間ヲ使用シテ細菌ノ効力實験ガ行ワレテイルトイウ事ヲ知リマシタ。數回ニ亘ツテ私ガ「保護院」カラ避ケ難イ死ニ送ツタモノハ全部ソヴエト市民約四〇名デアリ、彼等ハ實験サレテイル中ニ死亡シマシタ。

(問)。ソノ様ナ委シイ事ヲ貴方ハ誰カラ知ツタカ?

(答)。私ハ第七三一部隊ノ隊内ニハ一度モ行ツタ事ハナク、部隊ノ勤務員ノ中誰トモ會ツタ事ハアリマセンシ、ソノ名前サエモ知リマセン。哈爾濱ノ日本特務機關ノ勤務員トモ、コノ問題ニ就イテ話シタコトモアリマセンガ、私ハ「保護院」カラ送ラレタソヴエト市民ハ實験ニ依ツテ死亡シタト云ウ結論ニ到達シマシタ。何故ナラバ、「保護院」カラ送ラレタモノノ中誰一人トシテ再ビ歸ツテ來マセンデシタシ、第二ニハ、他ノ場所、特ニ炭坑カラハ、私ハ郵便デ、元「保護院」ニ收容サレテイタ者カラ、例エバ、現金ノ郵送トカ、「保護院」ニ殘シタ物品ノ發送トカ、アレコレノ依頼ニ絡ンダ色々ノ問題ニツイテノ手紙ヲ受ケトツテイマシタガ、第七三一部隊ニ送ラレタモノハ、誰モ、「保護院」當局トモ、友人達トモ文通シテイマセンデシタ。

(問)。「保護院」カラ第七三一部隊ヘノソヴエト市民ノ送致ニハ、ドンナ手續ガ定メラレテイタカ?

(答)。「保護院」ニハ情報調査課ガアリ、ソノ課長ハ私ノ代理、山岸健二デアリマシタ。

此ノ課ハ收容所內規律ノ各違反者ニ對シテ文書ヲ作成シ、私ハコレニ捺印シテイマシタ。ソノ後私ハ、自ラ哈爾濱ノ日本特務機關ニ赴キ、秋草特務機關長ニ資料ヲ報告シ、日本特務機關デ承認ヲ受ケタ後初メテ私ノ補佐山岸ハ、自ラ違反者ノ第七三一部隊移送ヲ組織シテイマシタ。

第七三一部隊ヘノソヴエト市民ノ移送ニハ私ハ一度モ立會ツタ事ハアリマセン。山岸ノ言ニ依リ、私ハ、第七三一部隊勤務員ガ自隊ノ自動車デ違反者受領ノ爲ニ來ル事ヲ知ッテイマシタガ、同部隊ノ勤務員ノ名前ハ知リマセンシ、第七三一部隊ノ勤務員ノ誰ガ「保護院」ニ人間受領ニ來テイタカ興味ヲ持チマセンデシタ。

（問）。何カ自分ノ供述ニ附ケ加エタイ事ガアルカ？

（答）。自分ノ供述ニ附ケ加エル事ハ何モアリマセン。訊問調書ハ、私ノ言葉通リ正シク書キ取ラレテオリ、私ノ爲ニロシア語及ビ日本語デ讀ミ上ゲラレマシタ。

飯島

訊問者　內務省ハバロフスク地方
管理局勤務員大尉　ピサレフ

通譯官　ネゴロジエンコ

證人山岸健二ノ訊問調書

一九四九年十月二一日、ハバロフスク市

本官、內務省ハバロフスク地方管理局勤務員大尉ピサレフハ、一九一六年、新潟縣ゼイゴン村生レ、日本人ニシテ、日本ノ國籍ヲ有シ、高等教育ヲ受ケ、東京外國語學校ヲ卒業セル軍人俘虜、元日本軍中尉山岸健二ヲ證人トシテ訊問ス。

虛僞ノ供述ニ對スル責任ニ關シロシア連邦共和國刑法第九五條ニ依リ警告セラル。

署名　山岸

（問）。何語デ貴方ハ供述ヲ行ウ事ヲ希望スルカ？

（答）。私ハロシア語ヲ知ツテオリ、ロシア語ヲ讀ム事モ出來、ロシア語モ書ケルガ、ロシア語ノ單語デ、若干記憶シテイナイモノモアリマスノデ、自分ノ考エヲノベルノハ難カシイト思イマス。從ツテ訊問ハ通譯官ノ立會ノ下ニ行ツテ頂キタイ。

（問）。訊問ハ、ネゴロジエンコ・アナトーリー・ニコラエヴィチ通譯官ヲ通ジテ行ワレルガ、異議ナイカ？

（答）。ハイ、アリマセン。

通譯官ア・エヌ・ネゴロジエンコハ、故意ニ爲シタル虛僞ノ通譯ニ對スル責任ニ關シロシア連邦共和國刑法第九五條ニヨリ警告セラル。

署名　ネゴロジエンコ

（問）。貴方ノ勤務ノ經歴ヲ簡單ニ述ベテ貰イタイ。

（答）。社會的出身ハ農民デアリマス。東京外國語學校デ勉強スル迄家族ト共ニ住ミ、家事ヲ手傳イ、中學校ニ通イマシタ。一九三五年カラ一九三八年迄東京ニ住ミ、ソコデ外國語學校ヲ卒業シマシタ。一九三八年、日本軍ニ入營シ、勤務ノ爲、滿洲穆稜第三〇歩兵連隊ニ兵卒トシテ入隊シ、同部隊ニ一九四一年迄勤務シマシタ。一九四二年九月ノ初メカラ、哈爾濱日本特務機關ニ轉屬セシメラレ、『特別研究部』ノロシア語通譯官ニ任ゼラレマシタ。コノ名稱ハ日本特務機關デハ『保護院』ノ事デ、ロシア語デハ『ブリユート』ニ當リマス。『保護院』ニハ、ソヴエト人ガ監禁サレテオリ、ソノ中大部分ハ軍人デ、色々ノ原因デ、滿洲領內ニ入ッタ人々デス。

一九四四年ノ初メ『保護院』長補佐ニ轉任セシメラレ、同時ニ情報調査課ヲ指導シテイマシタ。情報調査課ノ任務ハ、ソ同盟ノ經濟政治軍事情勢ニ關スル情報ヲ蒐メルト同時ニ、又逃亡ヲ企圖スル傾向ヲ有シ、收容所內規律ヲ犯シ、院內監禁者ノ間ニ抗日煽動ヲ行ウ者ヲ摘發スル事デシタ。抗日思想ヲ抱ク者及ビ收容所內規則ニ從ウ事ヲ欲セザル者ヲ、私ハ收容所長飯島ノ同意ヲ得テ第七三一部隊ニ送リマシタガ、同部隊ヘハ一九四五年中各時期ニ至ッテ約四〇名ノソヴエト市民ガ移送サレマシタ。

コノ事ヲ言ウト同時ニ強調シタイ事ハ、第七三一部隊ニ『保護院』ノ被監禁者ヲ移送シ始メタノハ、一九四二年ノ始メ、卽チ私ガマダ同收容所ノ指導者ノ一人ニナラナイ頃カラデアルトイウ事デアリマス。

私ガ述ベタ第七三一部隊ハ哈爾濱郊外、『保護院』カラ一五乃至二〇キロメートルノ平房トイウ所ニ配置サレテイマシタ。

第七三一部隊ヘハ一度モ行ッタ事ハナク、只一度丈、一九四四年ノ秋、同部隊地域ノ側ヲ通リ過ギタ事ガアリマスガ、全地域ニ亘ッテ隙間ノナイ高イ塀ガハリメグラサレテイル爲何モ見ル事ハ出來マセンデシタ。同部隊地域ノ入口カラ約二〇〇メートルノ所ニ告示板ガアリ、ソノ內容ハ文字通リハ覺エテイマセンガ、部隊內ニ立寄ル權利ヲ有ッテイルノハ關東軍司令官ノ特別ノ許可ヲ有スルモノデアルトイウ意味デシタ。

既ニ一九四二年、誰カラダッタカ記憶シテイマセンガ、哈爾濱日本特務機關第二部ノ一連ノ勤務員カラ、第七三一部隊——別名『石井部隊』ト言ッテイタ——此ノ部隊ガ殺人細菌ノ培養ヲ行イ、生キタ人間ヲ使用スル實驗ニヨッテ細菌ノ効力ヲ點檢シテイタガ、如何ナル人間ノ身體ヲソレニ耐エズ、結局、人間ハ死亡シテイタト言ウ事ヲ知リマシタ。

ソレカラ少シ後ニ至ッテ、一九四四年ノ末或ハ一九四五年ノ初メ頃哈爾濱日本特務機關ニ行ッテ、特ニ誰カラダッタカ今記憶シテイナイガ、特務機關ノ幹部ノ言ニヨッテ、關東軍司令部第七三一部隊ガ、敵軍ヲ敗北セシムル爲ニ、殺人細菌及ビ毒ガスヲ製造シテイルト言ウ事ヲ知リマシタ。

(問)。第七三一部隊ヘノソヴエト市民ノ移送手續ハ如何ナルモノデアッタカ?

(答)。特務機關長秋草少將ノ署名入リノ哈爾濱日本特務機關ノ指令書ニ依ッテ情報調査課ノ勤務員ハ、私ノ同意ヲ得テ現存ノ罪證資料ニ依ッテ名簿ヲ作成シ、收容所所長飯島少佐ノ承認ヲ經テ、飯島少佐ハ之ニ捺印シマシタ。飯島ハ上述ノ名簿ヲ報告ノ爲秋草特務機關長ノ許ニ持ッテ行キマシタガ、特務機關長ハ常ニ吾々ノ意見ニ同意シ、殺戮ノ爲吾々ガ豫定シタソヴエト市民ヲ第七三一部隊ニ移送スル事ヲ許可シマシタ。

殺戮ノ爲第七三一部隊ニ送致シタ者全部ノ名前ハ記憶シテイマセン。今マデ記憶ニ殘ッテイマスノハ、デムチエンコト云ウソヴエト軍ノ兵士デ、彼ハソヴエト同盟ニ關スル如何ナル情報ノ提供ヲモ絶對ニ拒ミマシタ。私ノ許可ヲ得テ彼ニ對シテ肉體的制裁ガ加エラレ、彼ノ取調ヲ行ッテイタ者ガ彼ノ手足ヲ縛ッテ梁ニ吊下ゲ、拷問ヲ加エタニモ拘ラズ、デムチエンコハナオ供述シマセンデシタ。ソコデ私ハ彼ヲ處置スル事ニ決シ、コノ爲第七三一部隊ニ送致シマシタ……

死ヲ決セラレタソヴエト人々ノ移送ヲ直接行ッテイタノハ、鹽田憲兵デ、彼ハ移送ノ時刻ニツイテ、第七三一部隊ノ憲兵ト電話デ打合セテイマシタ。第七三一部隊ハ、常ニ人間受領ニ自隊ノ自動車ヲ差廻シテイマシタ。覆イノツイタ自動車デ、ソレニハ携帯品ヲ持タズ二〇名位乗レマシタ。哈爾濱日本特務機關ノ指令ニ従ッテ私ハ、第七三一部隊ヘハ個々ノ携帯品ヲ持タサズ人間丈ヲ移送スル様鹽田憲兵ニ命令シテイマシタ。携帯品ハ哈爾濱日本特務機關ノ第四部ニ送ラレ、同部ハコノ携帯品特ニ軍服ヲ特務機關ノ爲ニ利用シマシタ。

コノ衣服ヲ着セラレテ、日本ノ諜者ガソヴエト領土内ニ潛入サセラレテイタノデス。コレニ就イテハ私ハ第四部ノ勤務員カラ聞イテ承知シテイマシタ。シカシ、誰カラ聞イタカ今記憶シテイマセン。吾々ガ第七三一部隊ニ送致シタ人間全部ニ關シテ、名簿ガ二部作成サレ一部ハ第七三一部隊ノ勤務員ガ持ッテ行キ、モウ一部ハ『保護院』ニ殘ッテイマシタ。

人間受領ニ關スル書類ハ、私自ラ第七三一部隊ノ勤務員ニハ要求シマセンデシタ。私ガ「保護院」ニ勤務シテイタ全期間ヲ通ジテ移送サレタ人間ノ中誰カガ「保護院」ニ歸ッテ來タトイウ様ナ事ハ一度モ有リマセンデシタ。

私ハ、第七三一部隊デハソヴエト市民ガ、彼等ニ對シテ行ワレル殺人細菌及ビ毒ガスノ効力實驗ノタメ死亡シテイタトイウ事ヲ聽イテイマシタガ、前述ノ事情ハ此ノ事ガ正シイ事ヲ愈々私ニ確信サセマシタ。

（問）。自分ノ供述ニ何カ補充スル事ガアルカ？

（答）。補充スル事ハ何モアリマセン。

訊問調書ハ私ノ言葉通リ正シク書キ取ラレ、私ノ爲ニロシア語及ビ日本語デ讀ミ上ゲラレマシタ。

山岸

訊問者　内務省ハバロフスク地方管理局勤務員大尉　ピサレフ

通譯官　ネゴロジエンコ

證人田村正ノ訊問調書（抄錄）

一九四九年十月三一日、ハバロフスク市

田村正、一九〇五年日本高知縣高岡郡小川村ニ生レ、日本人、高等教育ヲ受ク。元日本陸軍大佐、俘虜トナル迄關東軍司令部人事部長。

…部隊ハ形式上『防疫給水部』ナル名稱ヲ有シテハ居マシタガ、併シ、事實上之ハ、特殊部隊トシテノ其ノ本務、即チ細菌戰準備及ビ攻防用細菌兵器ノ大量生産ヲ隱蔽センガタメノ名稱ニ過ギマセンデシタ。之ハ、私ガ第七三一部隊ヲ視察シタ際自ラ確認シタトコロデアリマス。

（問）。其ノ視察ニ就キ詳細ニ述べテ貰イタイ。

（答）。第七三一部隊ノ視察ニ就イテ述ベルニ先立チ、次ノコトヲ自己ノ供述ニ附言シナケレバナリマセン。即チ、私ガ第七三一部隊ノ任務ニ就イテ初メテ明確ニ聞知シタノハ、關東軍司令部人事部長ニ着任シタ當時、即チ一九四四年十二月、正確ニ言エバ一九四五年一月初旬ノコトデアリマシタ。

…當時ノ關東軍參謀長笠原中將ハ私ニ對シテ、第七三一部隊ハ（彼ハ率直ニ打明ケマシタ）攻防用細菌兵器ノ生産、卽チ細菌戰準備ヲ擔當シテ居ルカラ、同部隊ニ對シテ特ニ注意ヲ拂ワネバナラヌト述ベタノデアリマス。

尤モ、其ノ時笠原中將ハ同部隊ガソヴエト同盟ニ對シテ細菌戰ヲ準備シテ居ルトハ言イマセンデシタ。併シ、彼ニ言ワレナクトモ、私ハ夫レヲ知ッテ居マシタ。何故ナラバ、私ハ關東軍全體ノ任務ガソヴエト同盟攻擊ノ準備ニアルコトヲ十分ニ認識シテ居タカラデアリマス。

私ノ着任直後、司令部第一部長松村少將ト面談シタ際、私ハ松村少將ヨリ、第七三一部隊及ビ同部隊ニ於ケル細菌兵器ノ實戰使用ニ關スル實驗ヲ指導スルノハ、彼ヲ長トスル第一部デアルトノ說明ヲ受ケマシタ。

一九四五年五月下旬石井四郎中將ヨリ關東軍司令官宛ノ書簡ガ到來シマシタ。此ノ書簡ハ、第七三一部隊ヘノ所要將校ノ派遣ヲ促進スルヨウ依賴シタモノデアリマス。

私ハ今、此ノ書簡ノ內容ヲ原文通リ記憶シテ居リマセンガ、第七三一部隊ニ於ケル細菌戰用兵器ノ生産ニ拍車ヲ加エルタメニ將校ノ補充ガ必要デアルト言ウノガ其ノ要旨デアリマシタ。

之ニ關連シテ、關東軍司令官山田大將ハ一九四五年六月上旬私ニ對シ、第七三一部隊ニ赴キ同部隊ノ人事及ビ部隊全體ノ實狀ヲ視察スルヨウ命ジマシタ。

此ノ命令ハ、山田大將ガハルビン市ノ飛行場ニ於テ私ニ與エタモノデアリマス。私ガ山田大將ニ隨行シテ空路ハルビンニ赴イタノハ、混成下士官教習隊ノ卒業式ニ參列スルタメデアリマシタ。

同飛行場ニハ石井中將モ來着シ、吾々ヲ出迎エマシタ。山田大將ハ石井中將ト會談シタ際、第七三一部隊ニ赴クヨウ私ニ命ジマシタ。夫レデ私ハ、直チニ此ノ命令ヲ遂行シ、石井中將ノ自動車ニ彼ト同乘シテ出發シタノデアリマス。

部隊ニ到着後、私ハ部隊人事ノ狀況ヲ詳細ニ視察シ、各實驗室及ビ製造場ヲ巡視シ、其ノ場デ目擊シタコトニ基イテ、第七三一部隊ガ細菌戰用兵器ノ準備及ビ大量生產ノ大基地タルコトヲ確信シタノデアリマス。

石井中將ハ私ト懇談シタ際率直ニ次ノ如ク述ベマシタ——部隊ハ今對ソ細菌戰ヲ準備シテ居ル。今迄ニ擧ゲラレタ成果ヲ見ルナラバ、細菌兵器準備ノ任務ハ遂行サレタモノト考エルコトガ出來ル。部隊ノ生產能力ニヨレバ、細菌攻擊用兵器ヲ大量ニ製造スルコトガ可能デアル。

石井中將ハ私ニ對シテ、彼ハ細菌兵器ヲ關東軍ノ手中ニアル非常ニ強力ナル兵器ト見做シテ居ルコト、其ノ效力ハ實驗室內ノ實驗並ビニ生キタ人間ニ對スル實驗ニヨリ試驗濟デアルコトヲ述ベマシタ。

13—962

石井中將ガ私ニ對シテ打明ケタトコロニ依レバ、必要ナ場合部隊ハ多量ノ細菌ヲソヴエト同盟ノ各都市ニ對シテ投下スルコトガ出來ルノデアッテ、此等ノ細菌ハ、攻擊乃至防禦ノ場合、主トシテソヴエト軍ノ遙カ後方ニ撒布セラレルノデアリマス。

各實驗室及ビ殺人細菌ヲ大量ニ製造スル製造場ヲ巡視シタ際私ハ、第七三一部隊ガソヴエト同盟ニ對シテ積極的ナル細菌戰ヲ開始スルコトガ出來ルト述ベタ石井ノ言葉ニ誤リノナイコトヲ確信シマシタ。私ガ此ノ殺人用生產ノ巨大ナル規模ニ文字通リ喫驚シタコト、及ビ私ガ部隊ニ於テ目擊シタコトガ私ノ豫想以上ノモノデアッタコトヲ直言シナケレバナリマセン。

私ハ石井中將ノ事務室ニ於テ、爆彈、榴彈、砲彈其ノ他ニヨルペスト菌、コレラ菌其ノ他ノ流行病菌撒布實驗ノ成果ヲ示ス各種ノ設計圖、圖面、縮圖ガ壁ニ掛ケテアルノヲ見マシタ。私ハ夫レヲ見テ、細菌兵器ガ高度ノ効力ヲ有スルコトヲ明瞭ニ確認シ得タノデアリマス。

私ハ石井中將及ビ三名ノ將校（其ノ氏名ハ今記憶シテ居リマセン）ニ案內サレテ各實驗室及ビ製造場ヲ視察シマシタ。私ハ細菌學ノ專門家デハアリマセンカラ、私ノ見タコトニ對シテ專門的ナ評價ヲ與エルコトハ出來マセンガ、併シ、既製流行病菌ノ貯藏高ニ關スル數字（厖大ナ數字デアッタト記憶シテ居マス）ヲ聞カサレテ非常ニ驚イタコトヲハッキリ記憶シテ居リマス。

各室ノ巡視ニ當リ、私ハ内庭ノ建物ニ案内サレマシタ。此ノ建物内ニ特設サレタ、扉ニ小窓ノ付イテ居ル各監房ニハ、鎖デ繋ガレタ生キタ人間ガ收容サレテ居マシタ。此等ノ人々ハ、石井自身ノ説明ニ依レバ、殺人疾病感染ノ實驗ニ使用サレタノデアリマス。

私ハ此等ノ被實驗者中ニ、中國人、西洋人及ビ一人ノ婦人ヲ見マシタ。石井中將ガ私ニ説明シタトコロニ依レバ、此ノ婦人及ビ西洋人等ハ、日本ノ懲罰機關ガ殺害ノ必要アリト認メ、在滿日本憲兵隊及ビ陸軍特務機關ガ第七三一部隊ニ送致シタロシア人デアリマシタ。

私ノ巡視セル各監房内ニハ人々ガ直ニ床ノ上ニ横タワリ、衰弱シテ重態ニ陷ツテ居リマシタ。

私ハ獄舍ヲ視察シタ際、其ノ全部ヲ視察セズニ若干ノ監房ヲ視察シタニ過ギマセンガ私ノ記憶ニ依レバ、此等ノ監房内ニハ約五〇名ガ收容サレテ居マシタ。視察終了後、私ハ人員ノ問題ニ關シ再ビ石井中將ト相談シマシタ。

人員ノ問題ヲ討議シタ結果吾々ハ、部隊ノ所要將校數ガ一〇―一五%不足シテ居ルガ、部隊ノ定員ガ部隊ノ動員準備ニ十分デアルトノ結論ニ到達シマシタ。人員ノ問題ヲ討議シタ際石井中將ハ、各支部ヲ本部隊ト同様ニ重大視シマシタガ、併シ、彼ハ先ズ部隊本部ノ人員補充ノ必要ヲ主張シタノデアリマス。

石井中將ハ部隊ノ各支部ニ關シテ私ニ語ツタ際、戰爭ガ切迫シタ場合ニハ、必要ノ場合各軍ガ細菌兵器ヲ實戰ニ使用シ得ルヨウニスルタメニ、各支部ヲ關東軍ノ各軍司令部及ビ各方面軍司令部ニ隸屬セシムル必要ガアルトノ意見ヲ表明シマシタ。

其ノ後、石井ノ言ツタコトガ實現サレ、私ノ記憶ニ依レバ、一九四五年八月第七三一部隊ノ各支部ヲ各軍ニ直屬セシムル旨ノ關東軍司令官命令ガ發セラレマシタ。

石井中將トノ會見終了後、私ハ彼ノ自動車デハルビン市ニ赴キ、部隊カラ歸還シタ翌日同市ニ於テ軍司令官ノ隨員一行ト合シタノデアリマス。

（問）。貴方ハ、第七三一部隊視察ノ結果ニ就キ元關東軍司令官山田大將ニ報告シタカ？

（答）。ハイ、報告シマシタ。

（問）。貴方ハ、如何ナルコトヲ山田大將ニ報告シタカ？

（答）。山田關東軍司令官ニ對シ、自分ノ所見及ビ感想ヲ詳細ニ報告シマシタ。私ハ軍司令官ニ對シテ、先ズ第七三一部隊ノ戰闘態勢ガ整ツテ居ルコト、同部隊ハ細菌戰ノ隨時開始ト言ウ任務ヲ遂行シ得ルコトヲ報告シマシタ。夫レト同時ニ私ハ、石井中將ガ専門家及ビ經理關係將校ノ補充ヲ主張シテ居ルコトヲ彼ニ報告シマシタ。

私ハ此ノ問題ニ關シ山田大將ニ對シテ、第七三一部隊ノ人事狀況ヲ順調ト認メ、全般的ナ人員ノ不足ニ鑑ミ、石井部隊ニ對スル將校ノ補充ヲ見合セテモ差支エナイト考エル旨ノ私見ヲ述べ、山田大將ハ之ニ同意シマシタ。

夫レト同時ニ私ハ山田大將ニ對シテ、第七三一部隊ノ完備シタ裝備ト立派ナ設備トニ驚嘆シタ旨述べマシタ。私ハ山田大將ノ話振リヤ質問振リカラ察シテ、彼ガ第七三一部隊ノ狀況ニ通曉シテ居ルコトヲ確認シマシタ。

私ガ第七三一部隊ヲ訪レタ際、石井中將ハ、山田大將ガ一九四四年秋親シク第七三一部隊ヲ訪レテ同部隊ノ業務並ビニ配置狀況ヲ詳細ニ視察シタ事實ニ就イテ私ニ語リマシタ。

以上ニ述べタコト以外ニ私ハ、私ガ第七三一部隊ニ於テ聞知セル興味深キ實驗、即チ石井中將以下ノ部隊員ガ生キタ人間ニ對シテ行ッテ居ル實驗ニ就イテ山田大將ニ報告シ、部隊所屬ノ獄舍ノ視察狀況及ビ同部隊デ目擊セルコトニ就イテ彼ニ話シマシタ。

山田大將ハ私ノ報告ニ對シテ滿足ノ意ヲ表シ、其ノ後間モナク吾々ハ長春ニ歸還シタノデアリマス。

田村

訊問者　內務省ハバロフスク地方管理局勤務員大尉　ペテルス

通譯官　デムチエンコ

證據書類

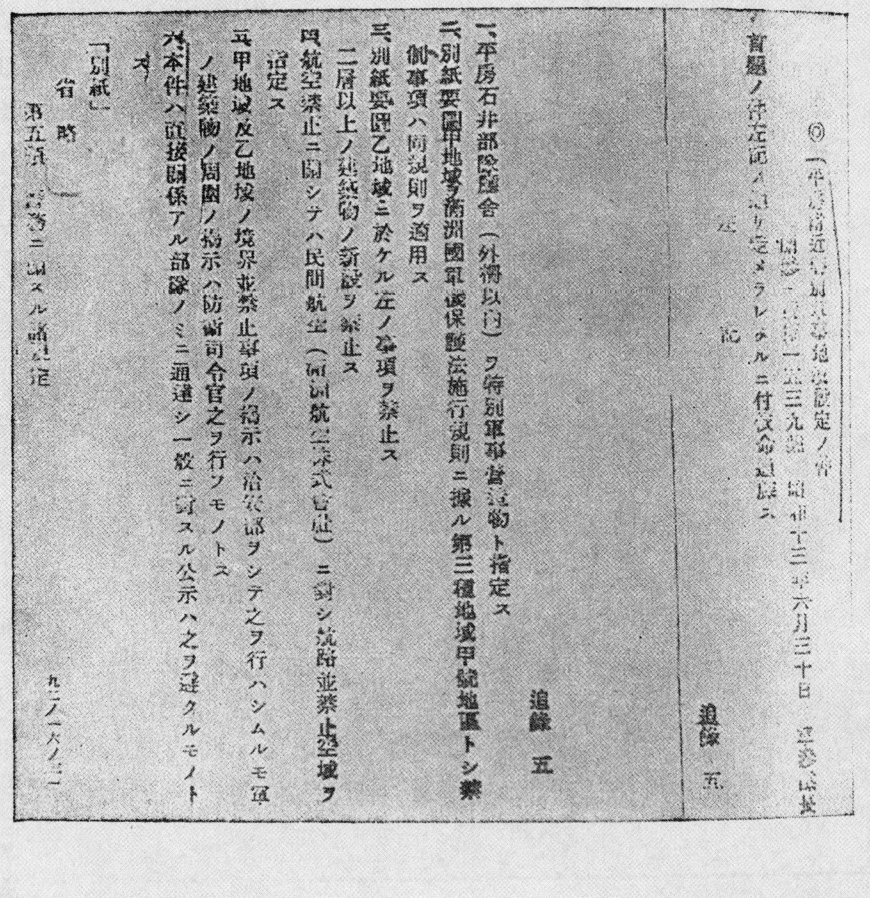

追錄　五

一、平房石井部隊營舍（外溝以內）ヲ特別軍事營造物ト指定ス
二、別紙要圖甲地域ヲ滿洲國軍機保護法施行規則ニ據ル第三種地域甲號地區トシ禁制事項ハ同規則ヲ適用ス
三、別紙要圖乙地域ニ於ケル左ノ事項ヲ禁止ス
　二層以上ノ建築物ノ新設ヲ禁止ス
四、航空禁止ニ關シテハ民間航空（滿洲航空株式會社）ニ對シ航路並禁止空域ヲ指定ス
五、甲地域及乙地域ノ境界並禁止事項ノ掲示ハ治安部ヲシテ之ヲ行ハシムルモ軍ノ建築物ノ周圍ノ掲示ハ防衛司令官之ヲ行フモノトス
六、本件ハ直接關係アル部隊ノミニ通達シ一般ニ對スル公示ハ之ヲ避クルモノトス

「別紙」
　省略

「平房附近特別軍事地域設定」ニ關スル關東軍參謀部訓令。

保管文書第八六九號、三一・三二頁。

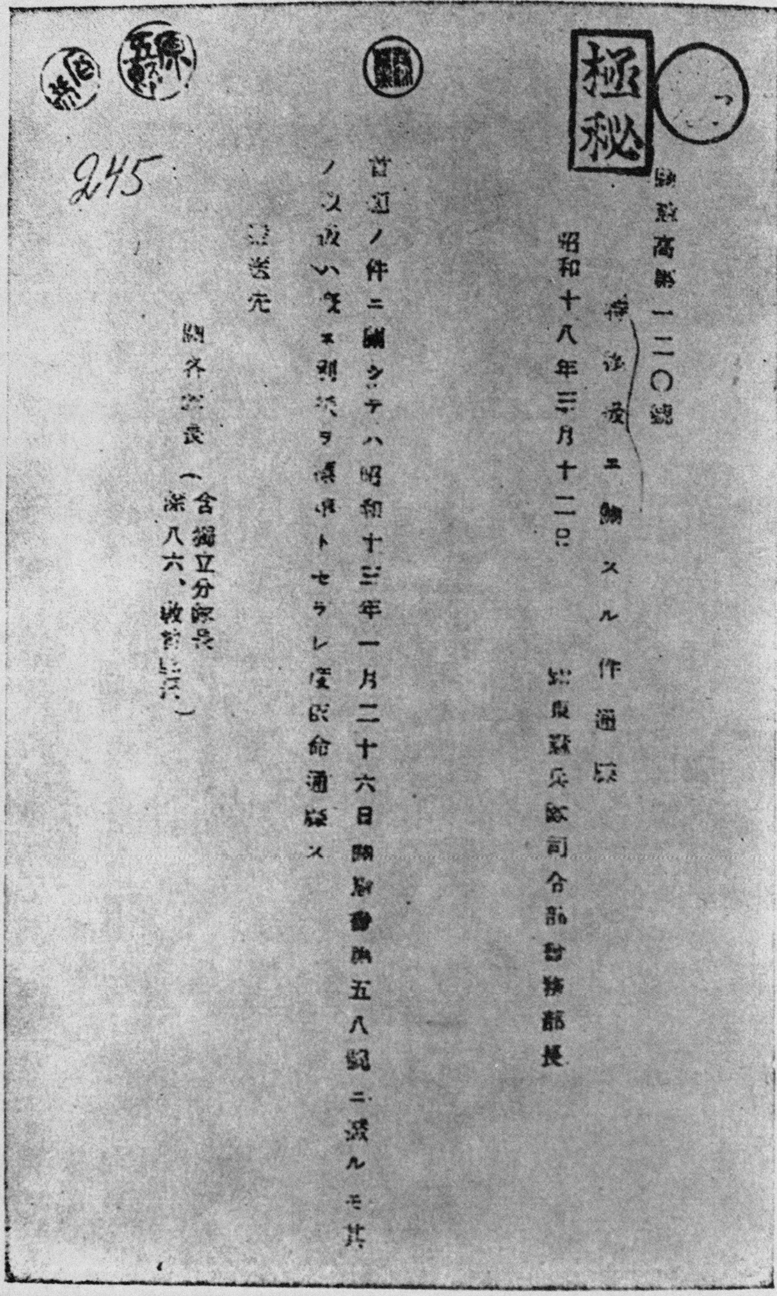

極秘

關憲高第一二〇號

特移扱ニ關スル件通牒

昭和十八年三月十二日　關東憲兵隊司令部警務部長

首題ノ件ニ關シテハ昭和十三年一月二十六日關憲警第五八號ニ據ルモ其ノ取扱ハ左ノ別紙ヲ標準トセラレ度依命通牒ス

配布先

關各隊長（含獨立分隊長　ﾛ八六、教習隊）

保管文書第八六四號、二四五—二四六頁。關東軍憲兵隊司令部第一課一九四三年度「各種往復文書」綴。文書ハ編成、補充、教育等々ニ關スルモノデアル。

「特移扱」ニヨリ輸送サレル者ノ區別ニ關スル關東軍憲兵隊司令部警務部長ノ通牒。

保管文書第六八四號、二四五頁。

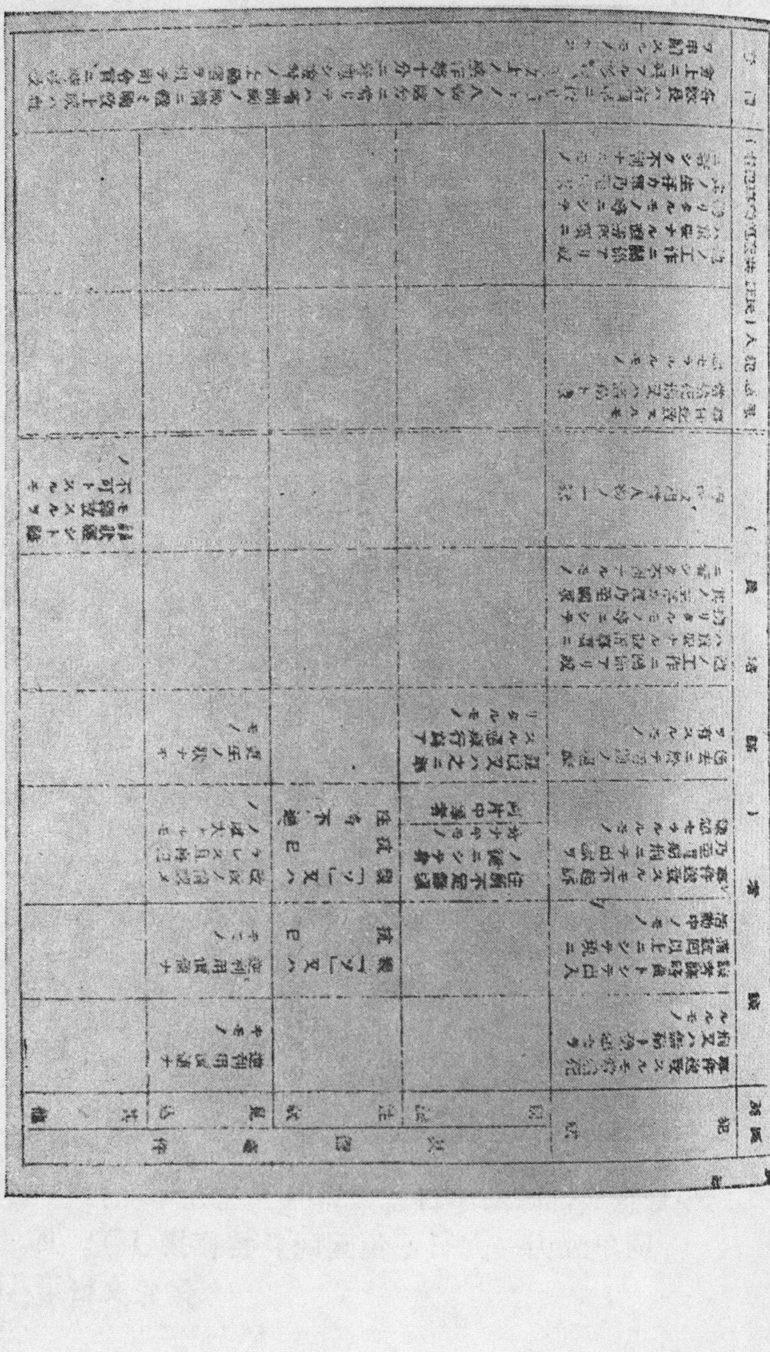

關東軍憲兵隊司令部警務部長通牒ノ別紙—『特移扱』ニヨリ輸送サレル者ノ區別表。
保管文書第八六四號，二四六頁。

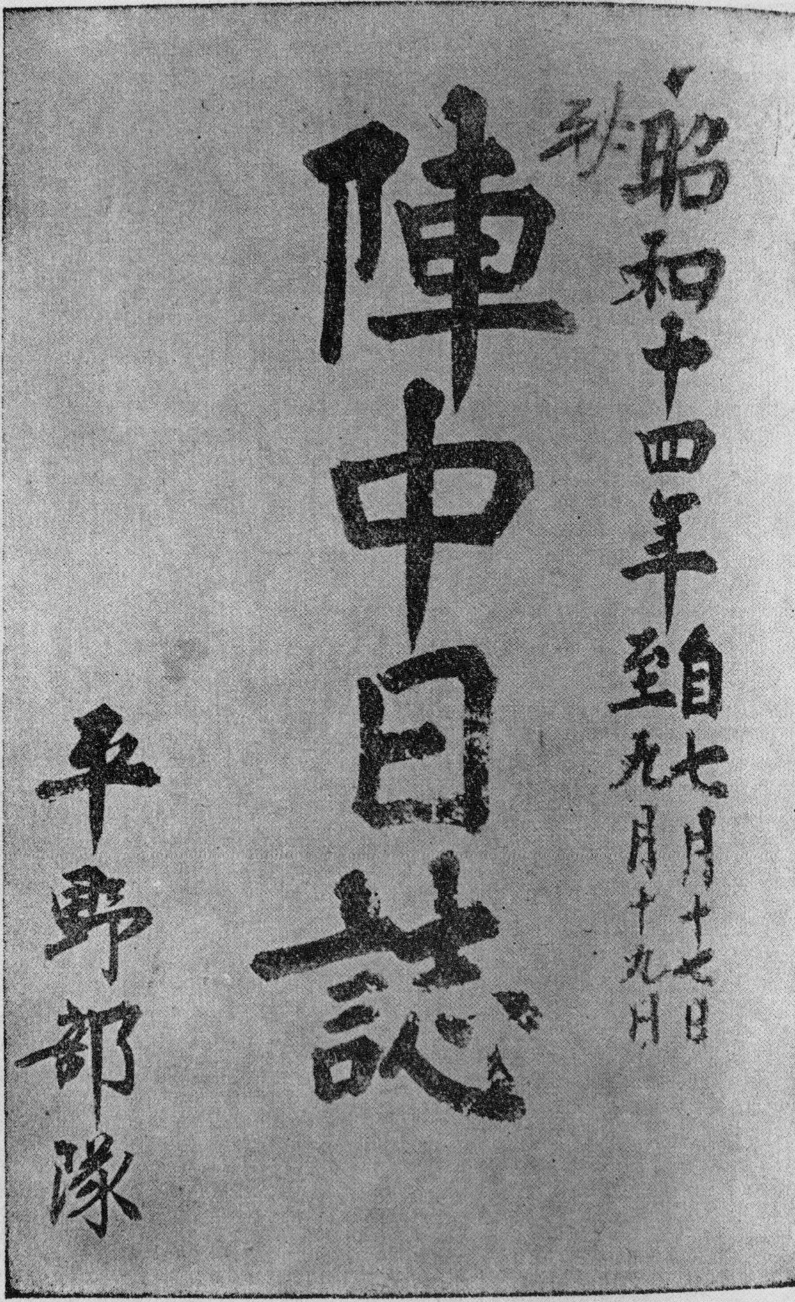

平野憲兵部隊陣中日誌、自一九三九年七月一七日至同年九月一九日（集團的「特移扱」）。扉。

保管文書第八四五號。

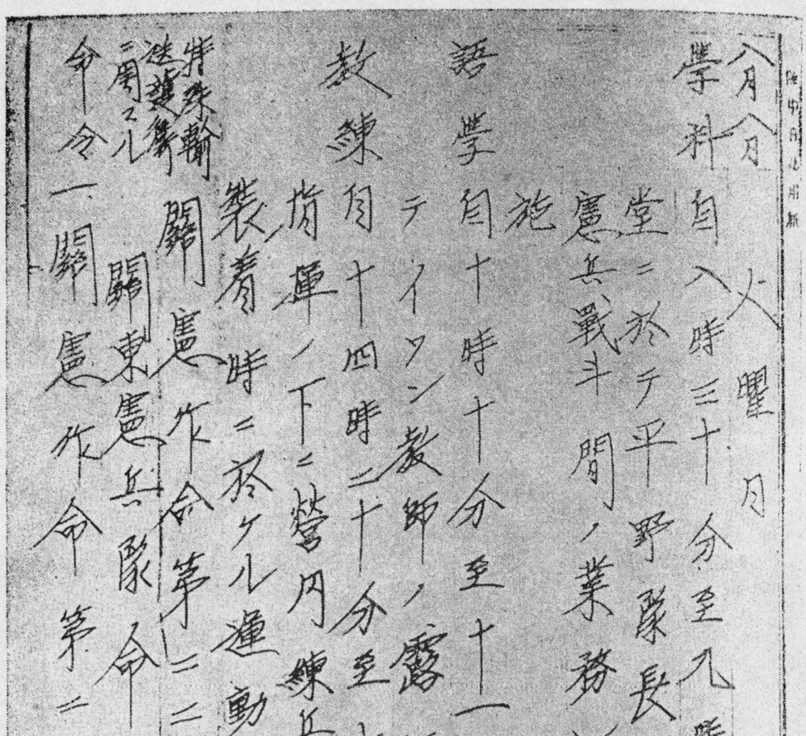

八月八日　火曜日　晴

學科自八時三十分至九時五十分班内講堂ニ於テ平野隊長憲兵戰地勤務（憲兵戰斗間ノ業務）ニ關スル學科實施

語學自十時十分至十一時班内講堂ニ於テイワン教師ノ露語教育實施

教練自十四時二十分至十六時平野隊長指揮ノ下ニ營内練兵場ニ於テ防毒面裝着時ニ於ケル運動ニ關スル教練實施

特殊輸送護衛ニ關スル　關憲作命第二二四號

關東憲兵隊命令　八月八日十六時　關東憲兵隊司令部

命令一、關憲作命第二二二號ニ基ク第二

集團的「特移扱」ニ關スル關東軍憲兵隊作戰命令第二二四號，一頁。

保管文書第八四五號，四五頁。

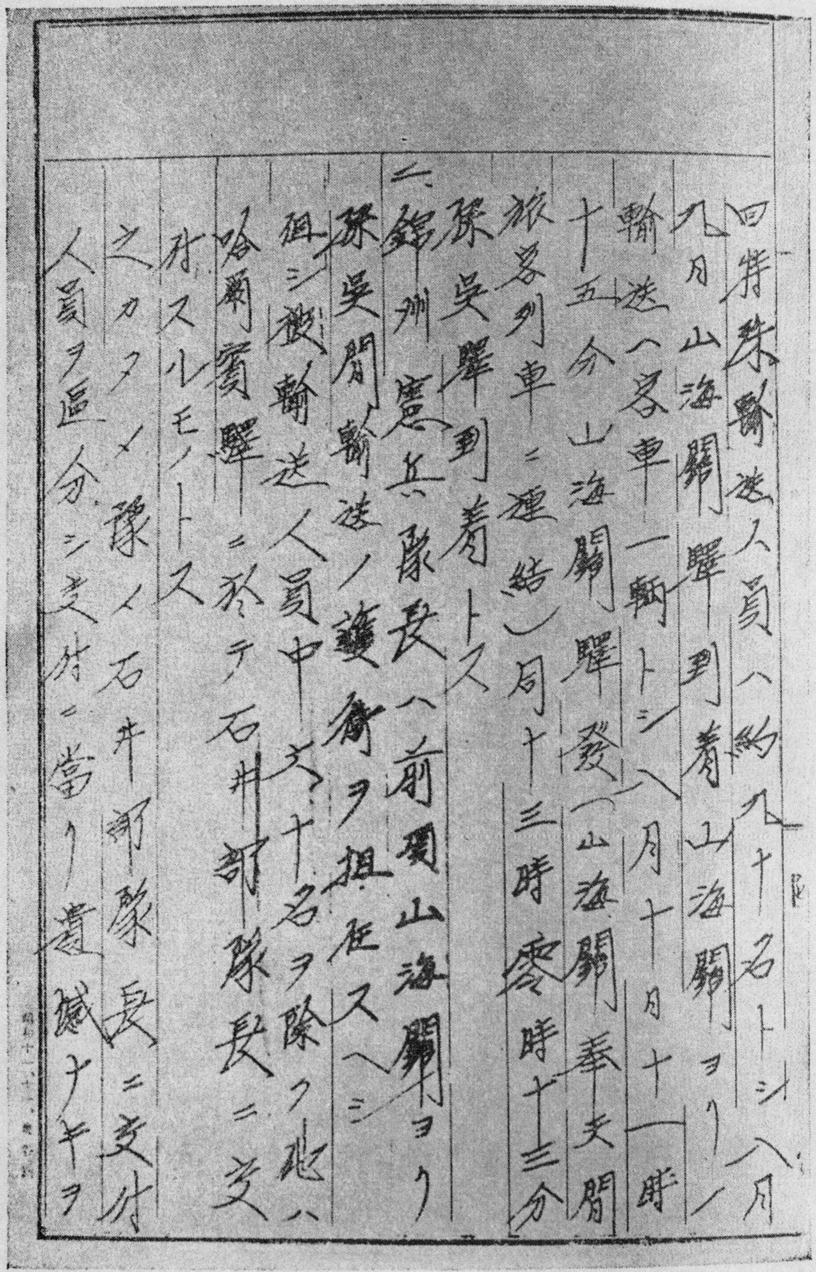

四、特殊輸送人員ハ約九十名トシ八月
九日山海關驛到着山海關ヨリノ
輸送ハ客車一輛トシ八月十日十一時
十五分山海關驛發（山海關奉天間
旅客列車ニ連結）同十三時零時十三分
孫吳驛到着トス
二、錦州憲兵隊長ハ前記山海關ヨリ
孫吳間輸送ノ護衛ヲ擔任スヘシ
但シ該輸送人員中六十名ヲ除ク外ハ
哈爾賓驛ニ於テ石井部隊長ニ交
付スルモノトス
之カ為メ部隊ハ石井部隊長ニ交付
人員ヲ區分シ交付ニ當リ遺憾ナキヲ

集團的「特移扱」ニ關スル關東軍憲兵隊作戰命令

第二二四號、 二頁。

保管文書第八四五號，四五頁——續キ。

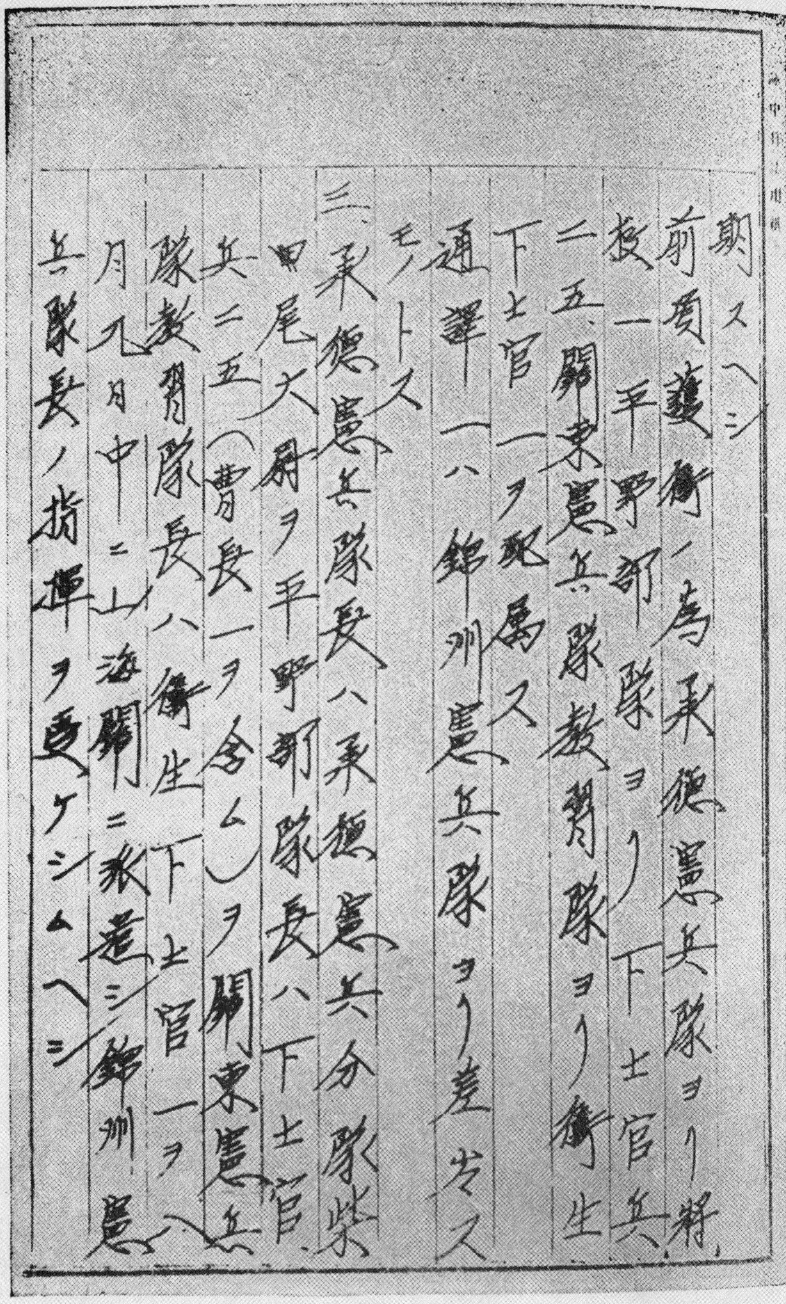

期スヘシ
前項護衛ノ為東寧憲兵隊ヨリ将
校一平野部隊ヨリ下士官兵
二五関東憲兵隊教習隊ヨリ衛生
下士官一ヲ配属ス
通譯一八錦州憲兵隊ヨリ差出ス
モノトス
三、東寧憲兵隊長ハ東寧憲兵分隊柴
田尾大尉ヲ平野部隊長ハ下士官
兵二五（曹長一ヲ含ム）ヲ関東憲兵
隊教習隊長ハ衛生下士官一ヲ八
月九日中ニ山海関ニ派遣シ錦州憲
兵隊長ノ指揮ヲ受ケシムヘシ

集團的『特移扱』ニ關スル關東軍憲兵隊作戰命令
第二二四號、三頁。
保管文書第八四五號、四六頁。

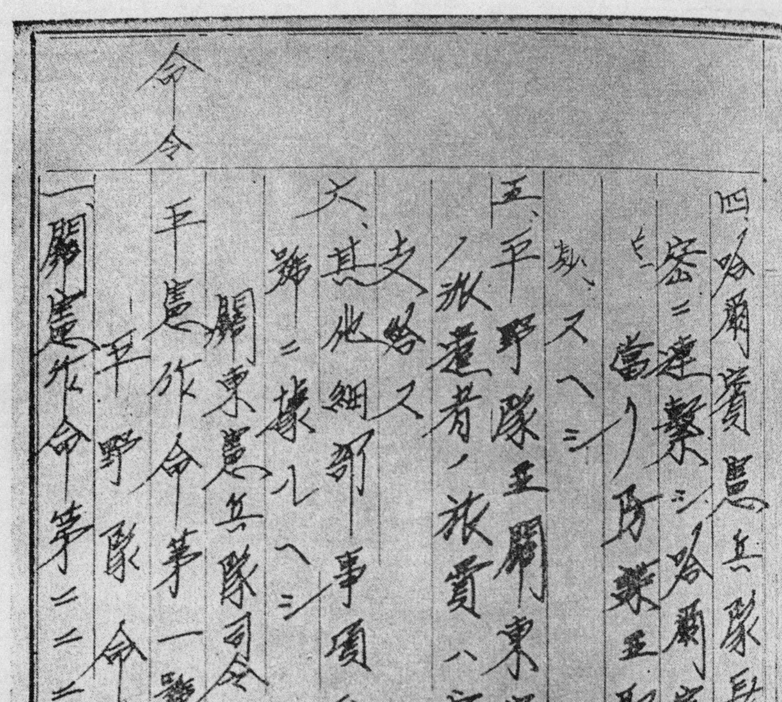

命令

四、哈爾賓憲兵隊長ハ石井部隊長ト
密ニ連繋シ哈爾賓驛至哈爾賓ノ輸
兵ニ當リ萬般ノ取締ニ遺憾ナキヲ
期スヘシ
五、平野隊ヨリ關東憲兵隊教習隊ヨリ
ノ派遣者ノ旅費ハ憲兵隊司令部ヨリ
支給ス
六、其他細部事項ハ關憲作命第二二二
號ニ據ルヘシ
關東憲兵隊司令官　城倉少将

平憲作命第一號
平野隊命令
八月十八日　於關東憲兵隊教習隊
一、關憲作命第二二二號ニ基ク第二回

〔集團的「特移扱」ニ關スル關東軍憲兵隊作戰命令
第二二四號及ビ平野隊作戰命令第一號。
保管文書第八四五號、四六頁ニ續キ。

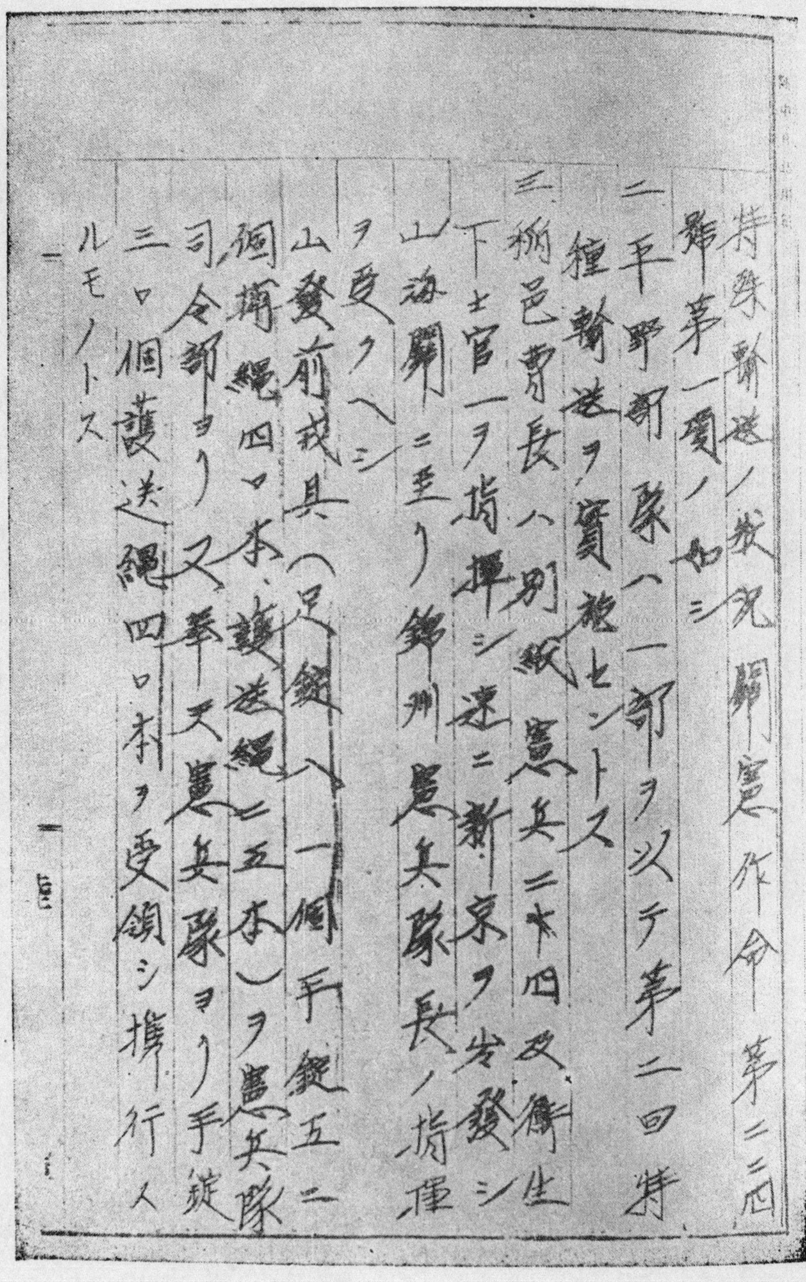
特移送ノ状況報告（作命第二三四）
錦第一項ノ如シ
二、平野部隊ハ一部ヲ以テ第二回特
種移送ヲ實施セントス
三、溝邑曹長ハ別紙憲兵二十四及傳生
下士官一ヲ指揮シ速ニ新京ヲ出發シ
山海關ニ至リ錦州憲兵隊長ノ指揮
ヲ受クヘシ
出發前戒具（足錠一個手錠五二
個捕縄四ロ本、護送縄二五本）ヲ憲兵隊
司令部ヨリ又奉天憲兵隊ヨリ手錠
三ロ個護送縄四ロ本ヲ受領シ携行ス
ルモノトス
一

集團的「特移扱」ニ關スル平野隊作戰命令第一號。
保管文書第八四五號、四七頁。

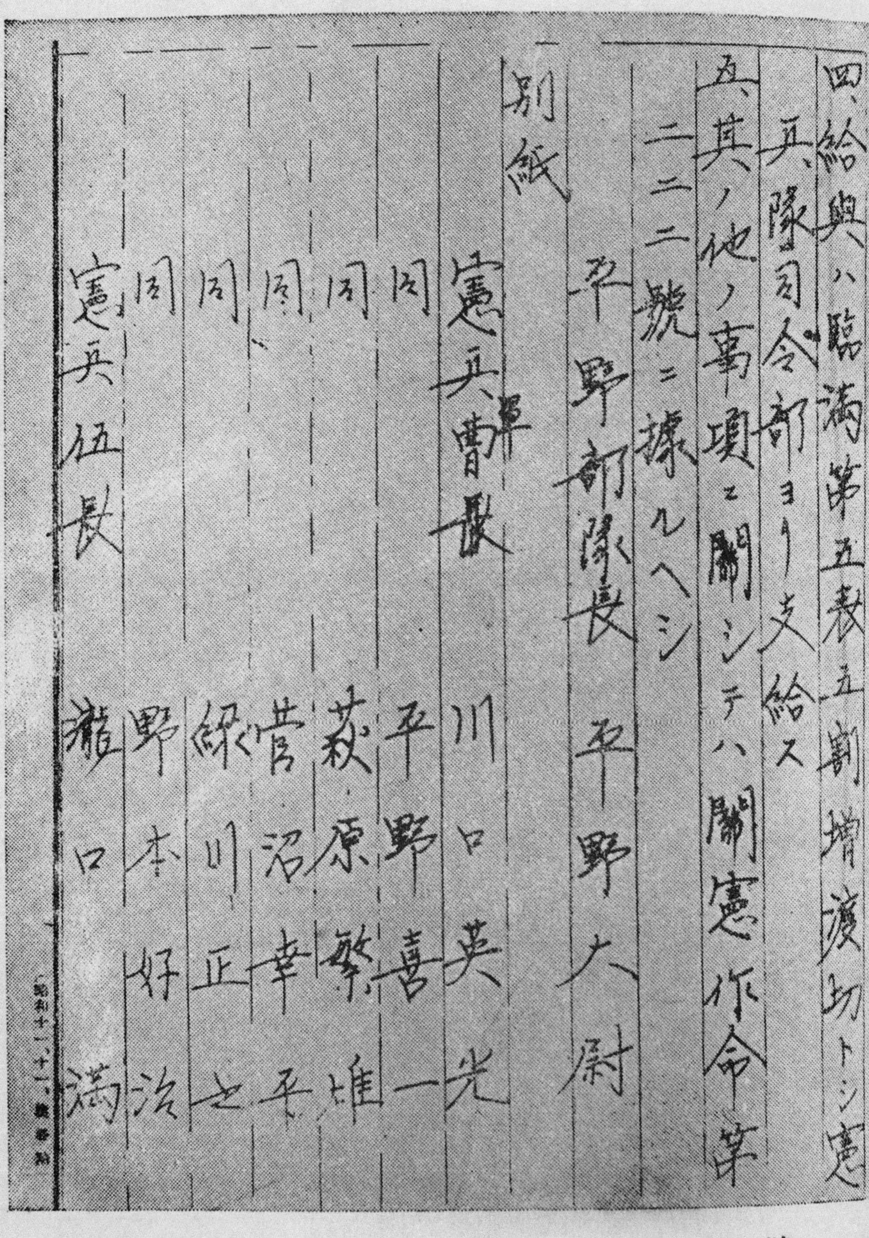

四、給與ハ臨満第五表五割増渡切トシ憲
兵隊司令部ヨリ支給ス
五、其ノ他ノ事項ニ關シテハ關憲作命第
二二二號ニ據ルヘシ
平野部隊長 平野大尉
別紙
憲兵曹長 川口英光
同 平野喜一
同 萩原繁雄
同 菅沼幸平
同 綠川正之
同 野本好治
憲兵伍長 瀧口満

集團的「特移扱」ニ關スル平野隊作戰命令第一號。
保管文書第八四五號、四七頁——續キ。

保管文書第一四〇號、三三、四九頁。謀略戰關係資料綴。ロシア白衛軍橫道河子部隊ニ關スル陸軍特務機關牡丹江支部書類中ヨリ。

挺進遊擊戰法

昭和十九年一月二十日
大陸第二部
哈爾濱陸軍特務機關復寫

挺進遊擊戰法。扉。

保管文書第一四〇號、三三頁。

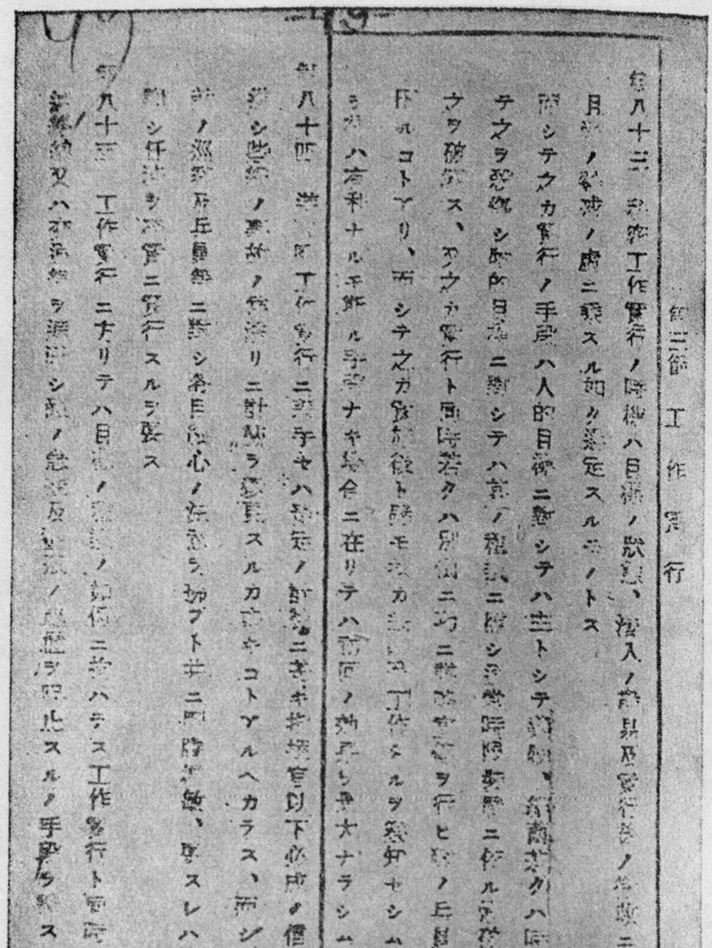

第三節　工作實行

第八十三　諜報工作實行ノ時機ハ目標ノ狀態、潛入ノ難易及實行者ノ準備ニ要スル時間等ニ依リテ判斷シ目標ノ警戒ノ虛ニ乘スル如ク選定スルモノトス

而シテ之カ實行ノ手段ハ人的目標ニ對シテハ主トシテ[illegible]、[illegible]若クハ時限裝置ヲ使用シテ之ヲ殺傷シ物的目標ニ對シテハ其ノ種類ニ應シ爆藥、時限裝置ニ依ル燒燬、燒夷又ハ爆破等ニ依リ之ヲ破壞ス、而シテ之カ實行ト同時若クハ別個ニ巧ニ謠言ヲ流布シ敵ノ兵團等ニ對スル人心擾亂ヲ圖ルコトアリ、而シテ之カ實施後ト雖モ敵カ[illegible]工作者タルヲ發見セシムルカ如キ痕跡ヲ殘ササルヲ要ス[illegible]ハ有利ナル[illegible]ル手段ナキ場合ニ在リテハ前項ノ效果ヲ更ニ大ナラシムルヲ可トス

第八十四　諜報工作實行ニ關シテハ豫定ノ計畫ニ基キ指揮官以下必成ノ信念ヲ以テ一意任務ニ邁進シ些細ノ事故ノ爲遲延ニ計畫ヲ變更スルカ如キコトアルヘカラス、而シテ之カ實行ニ方リテハ敵ノ狀況殊ニ兵團等ニ對シ各員細心ノ注意ヲ拂フト共ニ周到綿密、要スレハ擬裝ヲ以テ監督ノ目ヲ眩シ沈着ニ任務ヲ遂行スルヲ要ス

第八十五　工作實行ニ方リテハ目標ノ如何ニ拘ハラス工作實行ト同時ニ目標ニ關係アル通信交通機關又ハ水源施設ヲ破壞シ敵ノ急速反撃又ハ應援ヲ阻止スルノ手段ヲ講スルコト肝要ナリ、而シ

挺進遊擊戰法。第八三條。

保管文書第一四〇號、四九頁。

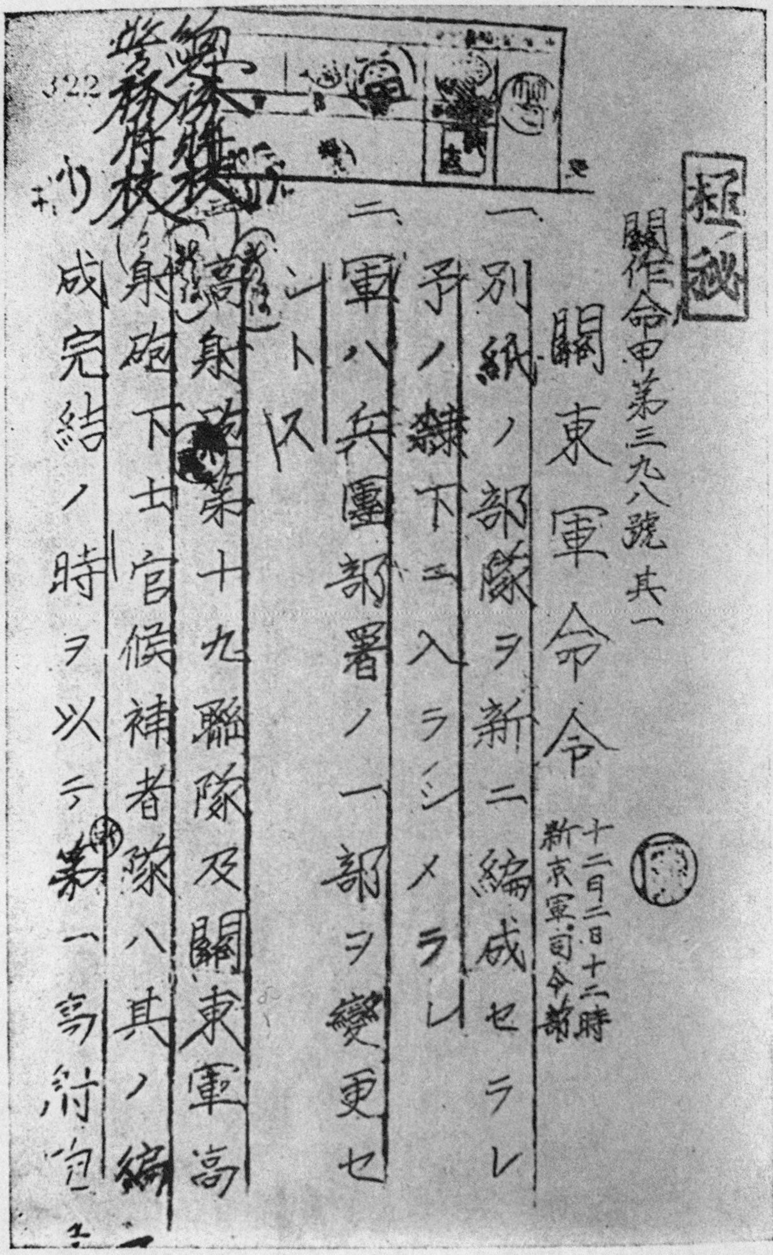

極秘

關作命甲第三九八號 其一

關東軍命令 十二月二日十二時 新京軍司令部

一、別紙ノ部隊ヲ新ニ編成セラレ予ノ隷下ニ入ラシメラレ

二、軍ハ兵團部署ノ一部ヲ變更セントス

高射砲第十九聯隊及關東軍高射砲下士官候補者隊ハ其ノ編成完結ノ時ヲ以テ第一高射[illegible]

保管文書第八三〇號、九二二、九二五頁。一九四〇年度作命綴。關東軍憲兵隊司令部書類中ヨリ。

關東軍作戰命令甲第三九八號其ノ一。

保管文書第八三〇號、九二二頁。

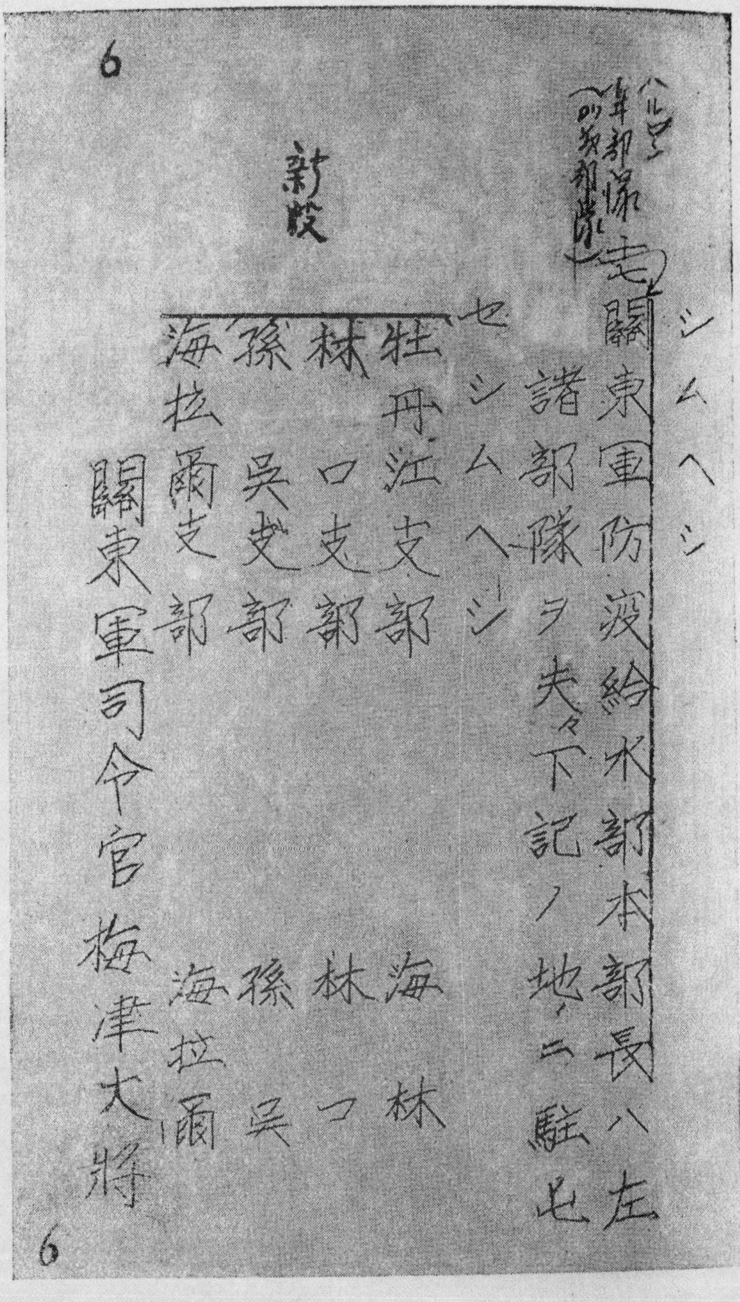
6

新設

七　関東軍防疫給水部本部長ハ左諸部隊ヲ夫々下記ノ地ニ駐屯セシムヘシ

牡丹江支部	海林
林口支部	林口
孫呉支部	孫呉
海拉爾支部	海拉爾

関東軍司令官梅津大将

6

關東軍作戰命令甲第三九八號其ノ一。命令第一七條

（第七三一部隊各支部名列記）。

保管文書第八三〇號、九二五頁。

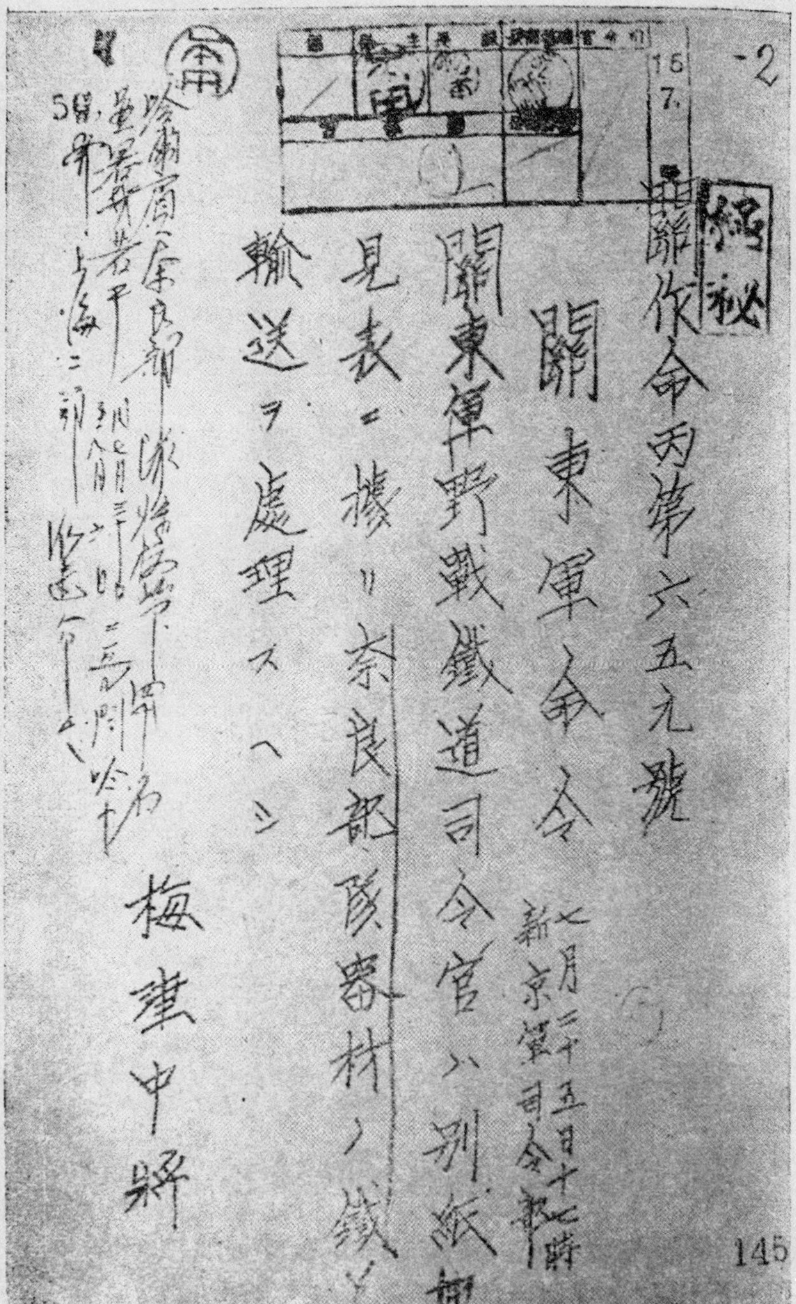
極秘

關作命丙第六五九號

關東軍命令　七月二十五日十七時　新京軍司令部

關東軍野戰鐵道司令官ハ別紙附見表ニ據リ奈良部隊器材ノ鐵Y輸送ヲ處理スヘシ

梅津中將

145

關東軍作戰命令丙第六五九號。
保管文書第八三〇號、二五六頁。

保管文書第八三〇號、二五六頁。一九四〇年度作命綴。關東軍憲兵隊司令部書類中ヨリ。

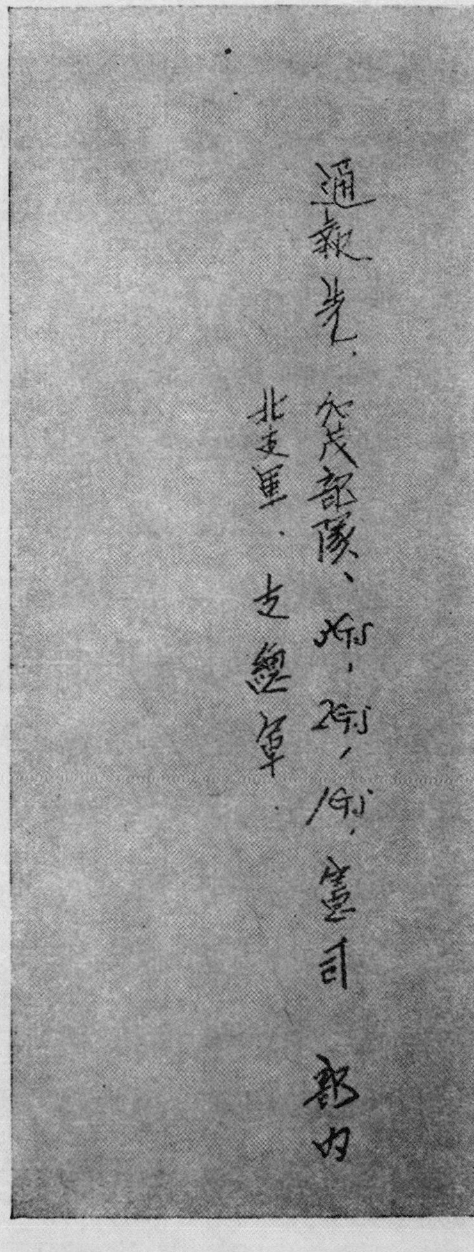
通報先、[illegible]茂部隊、8D、2D、1D、憲司　部内
北支軍、支總軍

關東軍命令丙第六五九號ヲ通報セラレタ各部隊名。保管文書第八三〇號、二五六頁——續キ。

保管文書第八三〇號、二四五、二四六頁。一九四〇年度作命綴。關東軍憲兵隊司令部書類中ヨリ。

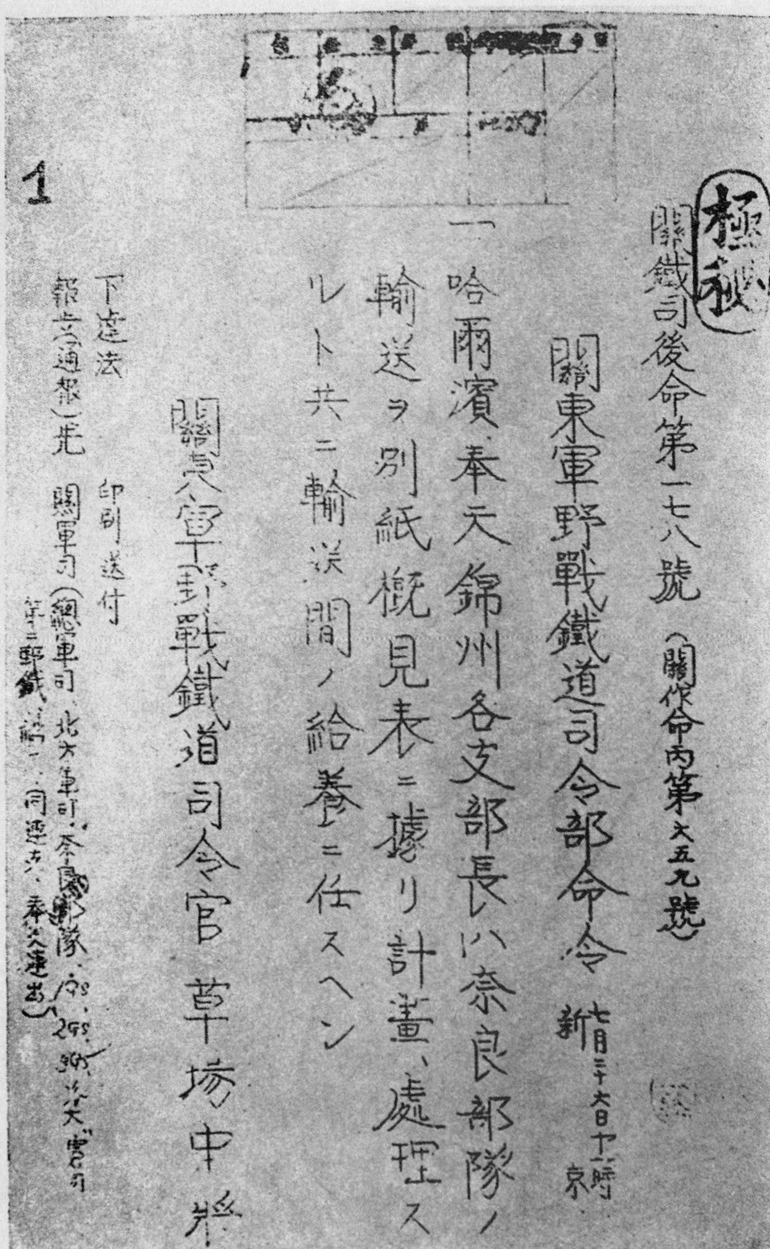
1

極秘

關鐵司後命第一七八號（關作命丙第六五九號）

關東軍野戰鐵道司令部命令　七月二十六日十一時　新京

一　哈爾濱、奉天、錦州各支部長ハ奈良部隊ノ輸送ヲ別紙概見表ニ據リ計畫、處理スルト共ニ輸送間ノ給養ニ任スヘシ

關東軍野戰鐵道司令官　草場中將

下達法　印刷送付

報告（通報）先　關軍司（總軍司、北大軍司、奈良部隊、第二野鐵、同運輸、奉天運出）

關東軍野戰鐵道司令部命令第一七八號。

保管文書第八三〇號、二四五頁。

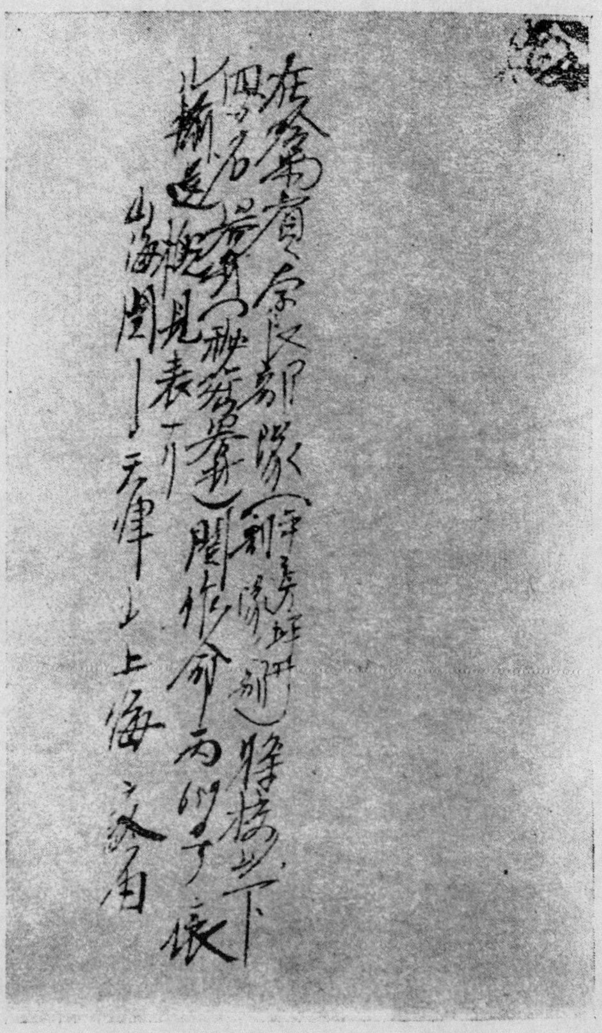

關東軍野戰鐵道司令部命令

第一七八號ノ附箋。

保管文書第八三〇號、二四五頁。

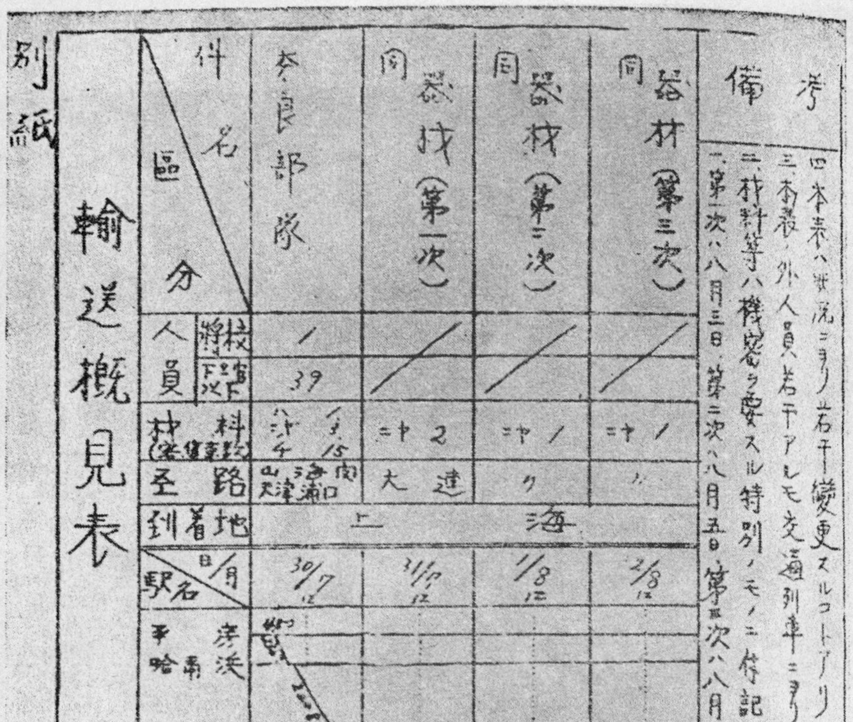

別紙

輸送概見表

件名 / 區分	本部部隊	同 器材（第一次）	同 器材（第二次）	同 器材（第三次）
人員 將校	1	／	／	／
人員 下士官以下	39	／	／	／
材料	八トン 15	二十 2	二十 1	二十 1
經路	山海關 天津 浦口	大連	〃	〃
到着地	上海			
驛名 ＼ 日/月	30/7 12	31/7 12	1/8 12	2/8 12

驛名：平房、哈爾濱、新京、奉天、山海關、天津

備考
四、本表ハ狀況ニヨリ若干變更スルコトアリ
三、本表以外人員若干アルモ交通列車ニヨリ適時派遣ス
二、材料等ハ機密ヲ要スル特別ノモノニ付記入セサルモノトス
一、第一次ハ八月三日、第二次ハ八月五日、第三次ハ八月八日夕刻迄ニ大連ニ到着セシムルモノトス

石井部隊ヨリノ人員輸送概見表（關東軍野戰鐵道司令部命令第一七八號別紙）。

保管文書第八三〇號、二四六頁。

保管文書第一九號、二、一〇頁。一九四五年度狀況・業務報告綴。陸軍特務機關滿洲里支部書類中ヨリ。

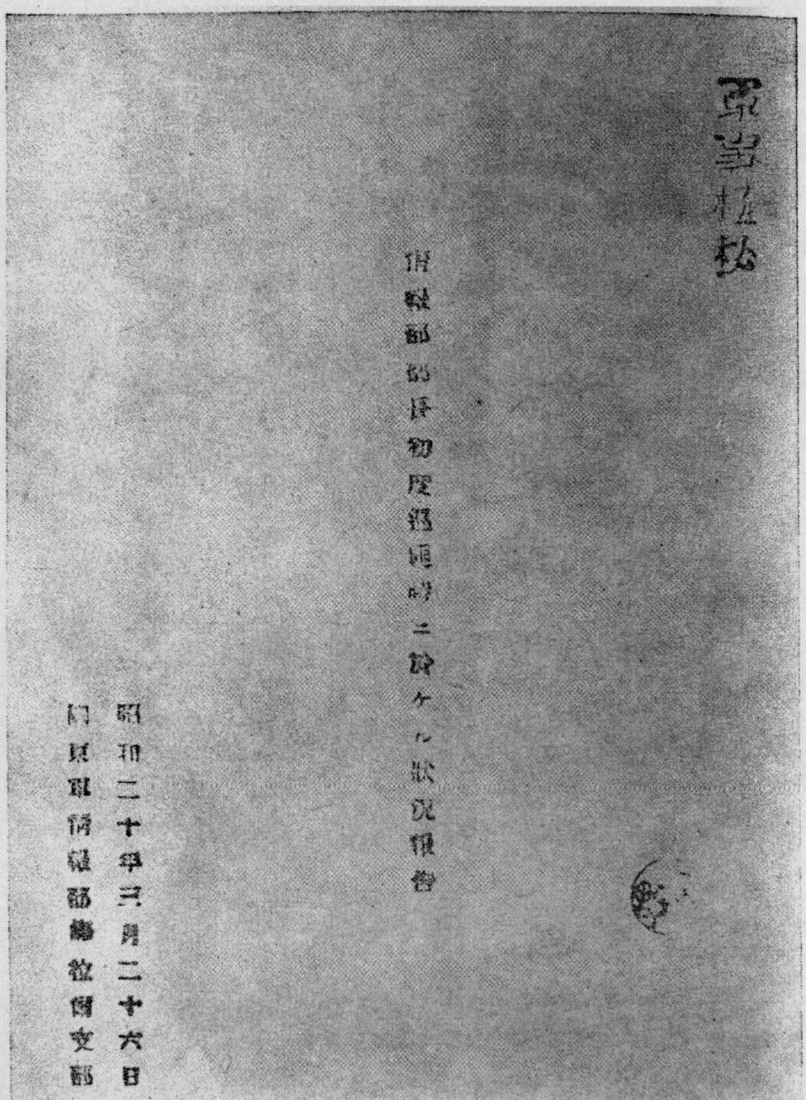

軍事極秘

情報部部長初度巡視時ニ於ケル狀況報告

昭和二十年三月二十六日

關東軍情報部海拉爾支部

陸軍特務機關海拉爾支部ノ業務報告。

第一〇〇部隊派遣隊ニ關スル陸軍特務機關海拉爾支部長ノ通牒。扉。

保管文書第一九號、二頁。

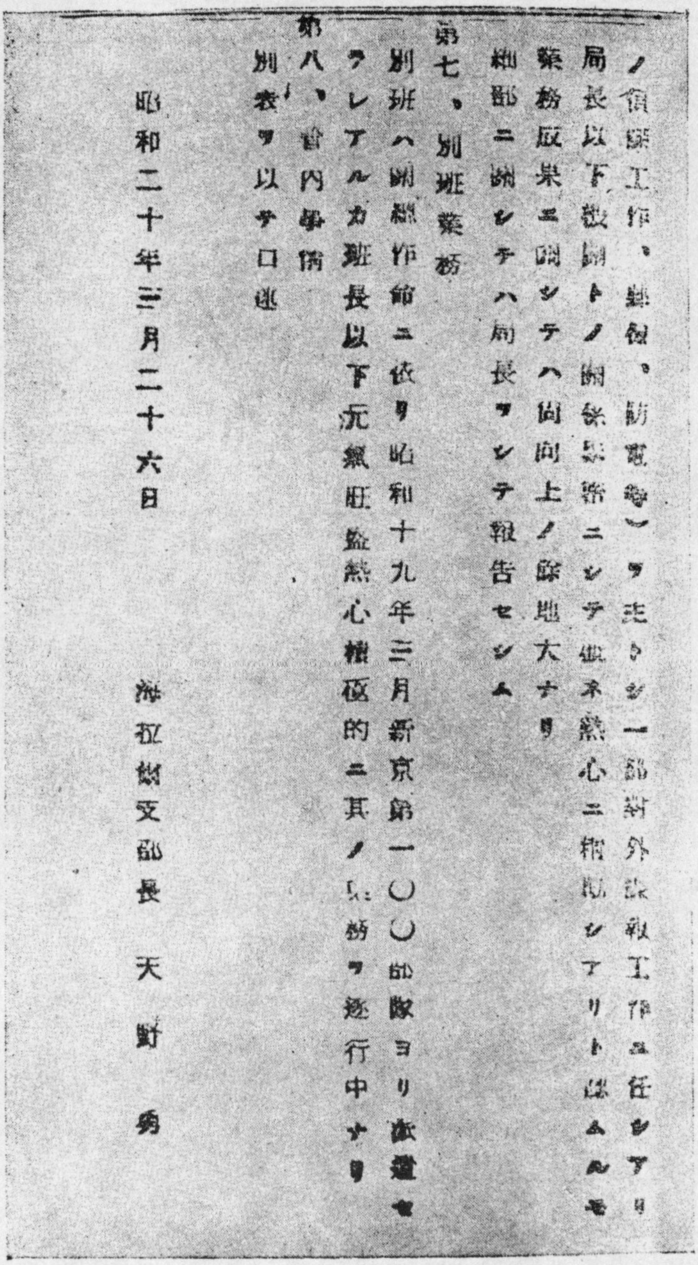

ノ偵諜工作、謀略、防諜等）ヲ主トシ一部對外諜報工作ニ任シアリ
局長以下教關トノ關係緊密ニシテ概ネ熱心ニ精勵シアリト認ムルモ
業務成果ニ關シテハ尙向上ノ餘地大ナリ
細部ニ關シテハ局長ヲシテ報告セシム

第七、別班業務

別班ハ關東軍作命ニ依リ昭和十九年三月新京第一〇〇部隊ヨリ派遣セラレアルカ班長以下元氣旺盛熱心積極的ニ其ノ業務ヲ遂行中ナリ

第八、管内事情

別表ヲ以テ[illegible]述

昭和二十年三月二十六日

海拉爾支部長　天野勇

陸軍特務機關海拉爾支部長ノ（第一〇〇部隊ニ關スル）業務報告第七項。
保管文書第一九號、一〇頁。

東京極東國際軍事裁判公判速記錄抄本

一九四六年八月二九日

……サットン氏——告發側ハ更ニ文書第一七〇六號ヲ書證トシテ提出致シマス。之ハ『日本軍ガ南京デ行ツタ犯罪ノ審理ノ結果ニ關スル總括的報告』デアツテ、南京地方裁判所檢事ノ作成ニカカルモノデアリマス。

……裁判長——一般的ナ條件デ受理シマス。

……裁判所書記——告發側提出ノ文書第一七〇六號ハ證據物第三二七號トシテ之ヲ取扱ウコトニ致シマス。

（爾後、告發側提出ノ證據物第三二七號ハ書證トシテ受理セラル。）

……サットン氏——私ハ裁判官ノ許可ヲ得テ、此ノ文書ノ一部ノミヲ朗讀致シマス……

……サットン氏（讀ム）——

『他ノ野蠻行爲ノ詳細ニ就イテ。

敵ノ「タマ」部隊ハ逮捕シタ市民ヲ醫學實驗所ニ連レ去リ、其處デ彼等ニ對シテ毒性血清ノ効力試驗ヲ行ツタ。同部隊ハ極秘機關中ノ一デアツタ。同部隊ノ殺害セル人間ノ員數ヲ正確ニ測定スルコトハ不可能デアル」。

裁判長――貴方ハ、所謂實驗室內ニ於ケル毒性血清ノ效力實驗ニ就イテ更ニ何カ證據ヲ提出スル意圖ガアリマスカ？

夫レハ全ク新シイ事ノ樣ニ思ワレマス。吾々ハ今迄其ノ事ヲ聞イタコトガアリマセン。貴下ハ夫レデ止メル積リデハナイデショウネ？

サットン氏――現在吾々ハ、此ノ問題ニ關シテ更ニ證據ヲ提出シ樣トハ思イマセン……

抄本認證者

極東國際軍事裁判ソヴエト部書記課課長、法務大佐　署名（エヌ・ヴイノグラードフ）

16—962

保管文書第四八號、九〇、一一二、一一三、一二四、一二五、一二六頁。『特務員ノ參考（第一篇）』綴。陸軍特務機關牡丹江支部書類中ヨリ。

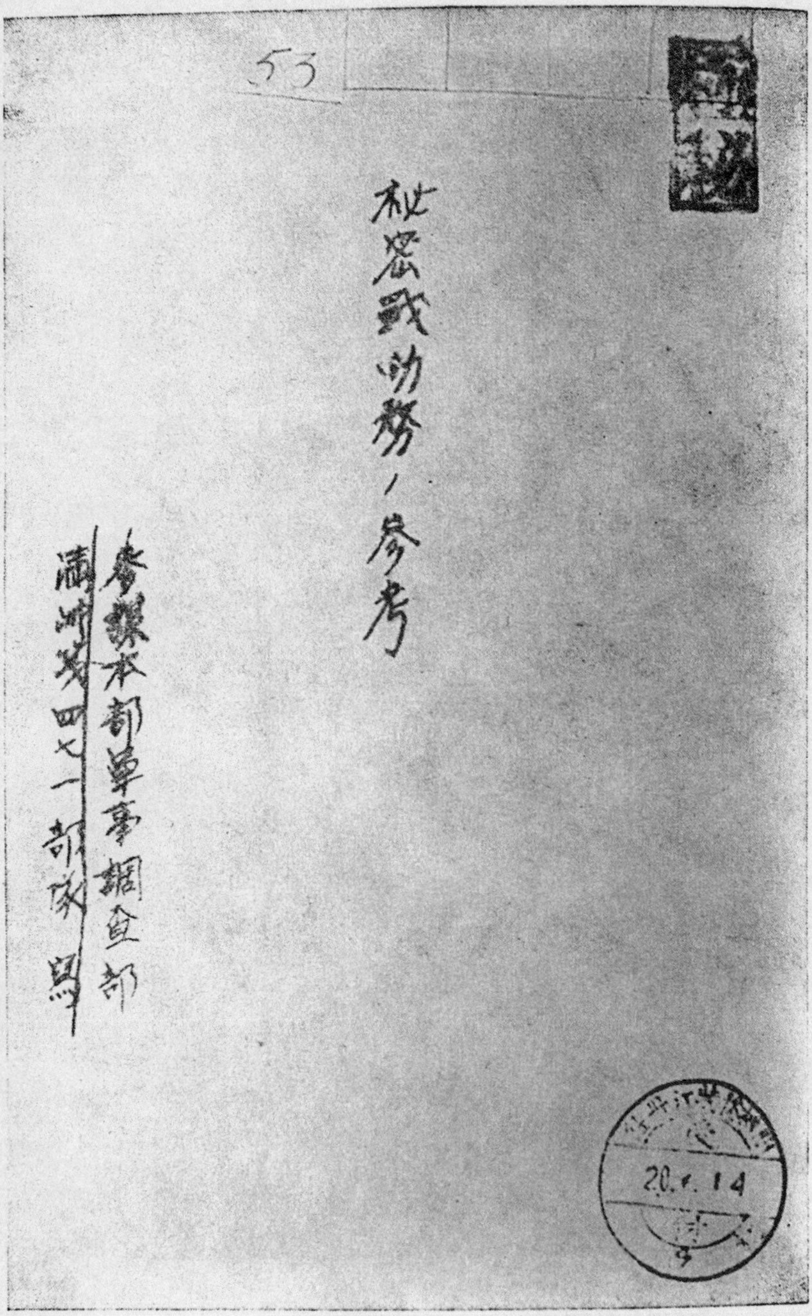

秘密戰勤務ノ參考。扉。

保管文書第四八號、九〇頁。

54

附録

俘虜ノ訊問要領

俘虜ノ訊問要領。傍題。

保管文書第四八號、一一二頁。

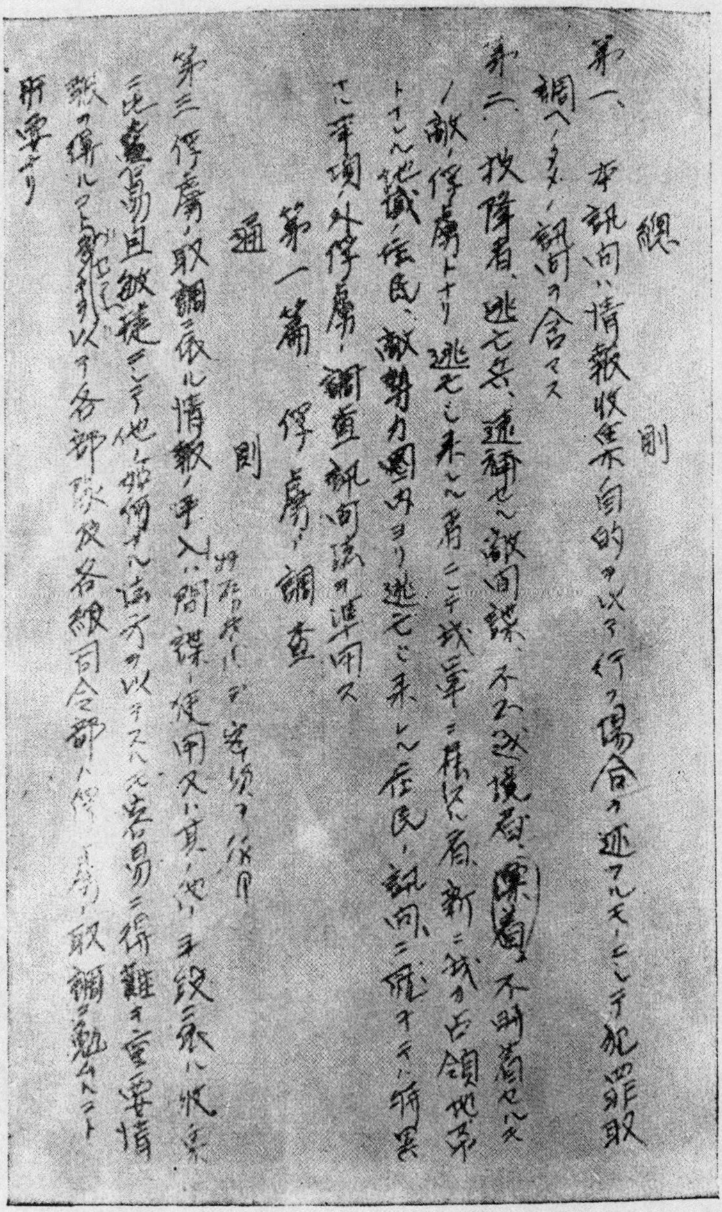
總　則

第一、本訊問ハ情報收集ノ目的ヲ以テ行フ場合ヲ述ブルモノニシテ犯罪取調ベノ為ノ訊問ヲ含マス

第二、投降者、逃亡兵、遊離セル敵間諜、不正越境者、嫌疑者、不時着セル飛ノ敵ノ俘虜トナリ逃亡シ来レル者ニシテ我軍ニ採用セル者、新ニ我カ占領地トトナレル地域ノ住民、敵勢力圏内ヨリ逃亡シ来レル住民ノ訊問ニ属スルモノハ特異ナル事項ノ外俘虜ノ調査訊問要領ヲ準用ス

第一篇　俘虜ノ調査

通　則

第三　俘虜ノ取調ニ依ル情報ノ手入ハ間諜ノ使用又ハ其ノ他ノ手段ニ依ル收集ニ比シ容易且敏捷ニシテ他ノ類例ナキ方法ヲ以テスルハ比較的容易ニ俘難ナル重要情報ヲ得ルコト多キヲ以テ各部隊及各級司令部ハ俘虜ノ取調ヲ勉ムヘキコト所要ナリ

俘虜訊問規則第一條及ビ第二條。

保管文書第四八號、一一三頁。

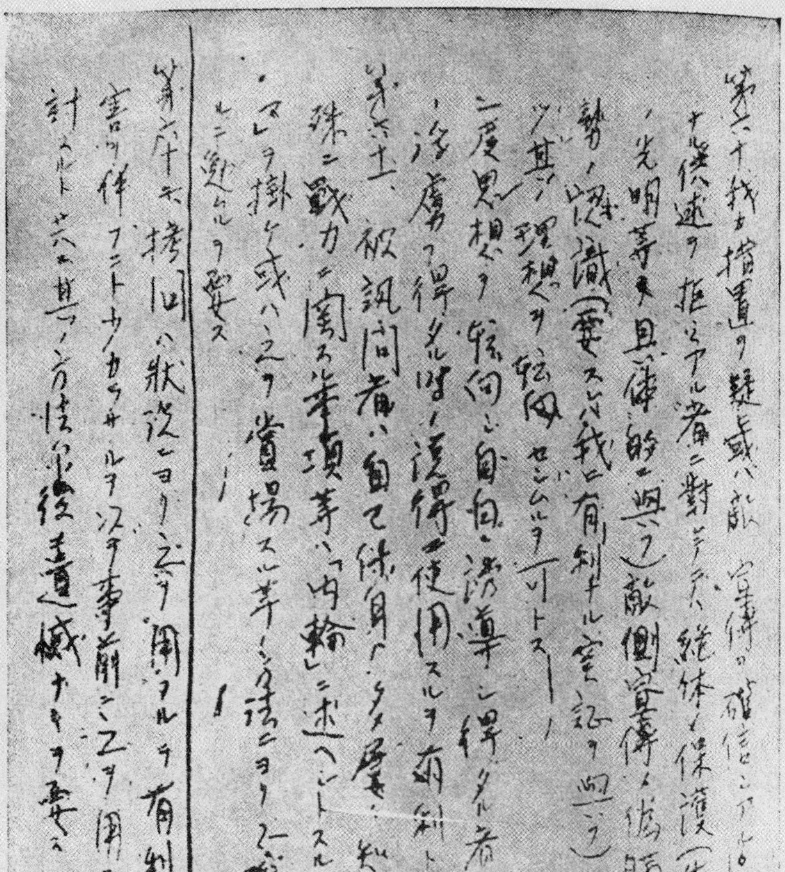

第六十一條 措置ノ疑惑ハ敵ノ宣傳ヲ確信シアルヲ以テ積極的ニ解決セ
ナル供述ヲ拒ミアル者ニ對シテハ絶体ノ保護（生命ノ安全）並ニ前途
ノ光明等ヲ具体的ニ與ヘ（テ）敵側宣傳ノ偽瞞暴露並我ガ現
勢ノ認識（要スレバ我ニ有利ナル實証ヲ與ヘテ）ハ附與等ニ依リ先
ヅ其ノ理想ヲ払拭セシムルヲ可トス
二度思想ヲ転向セシメ自由ニ誘導シ得タル者ハ爾後ハ同様ニ彼
ノ俘虜ヲ得タルトキノ説得ニ使用スルヲ有利トスルコト多シ
第六十二條 被訊問者ハ自己ノ保身ノ為屡々知悉シアル事項
殊ニ戦力ニ関スル事項等ハ「内輪」ニ述ベントスルコトアルヲ以テ之カ
ノマヽヲ掛ケ或ハ之ヲ賞揚スル等ノ方法ニヨリ正確ナル資料ヲ得
ルニ努ムルヲ要ス
第六十三條 拷問ハ状況ニヨリ之ヲ用フルヲ有利トスルコトアルモ弊
害ヲ伴フコト少カラサルヲ以テ事前ニ之ヲ用フヘキヤ否ヤヲ殊ニ検
討スルト共ニ其ノ方法爾後處置ニ遺憾ナキヲ要ス

俘虜訊問規則第六二條。

保管文書第四八號、一二四頁。

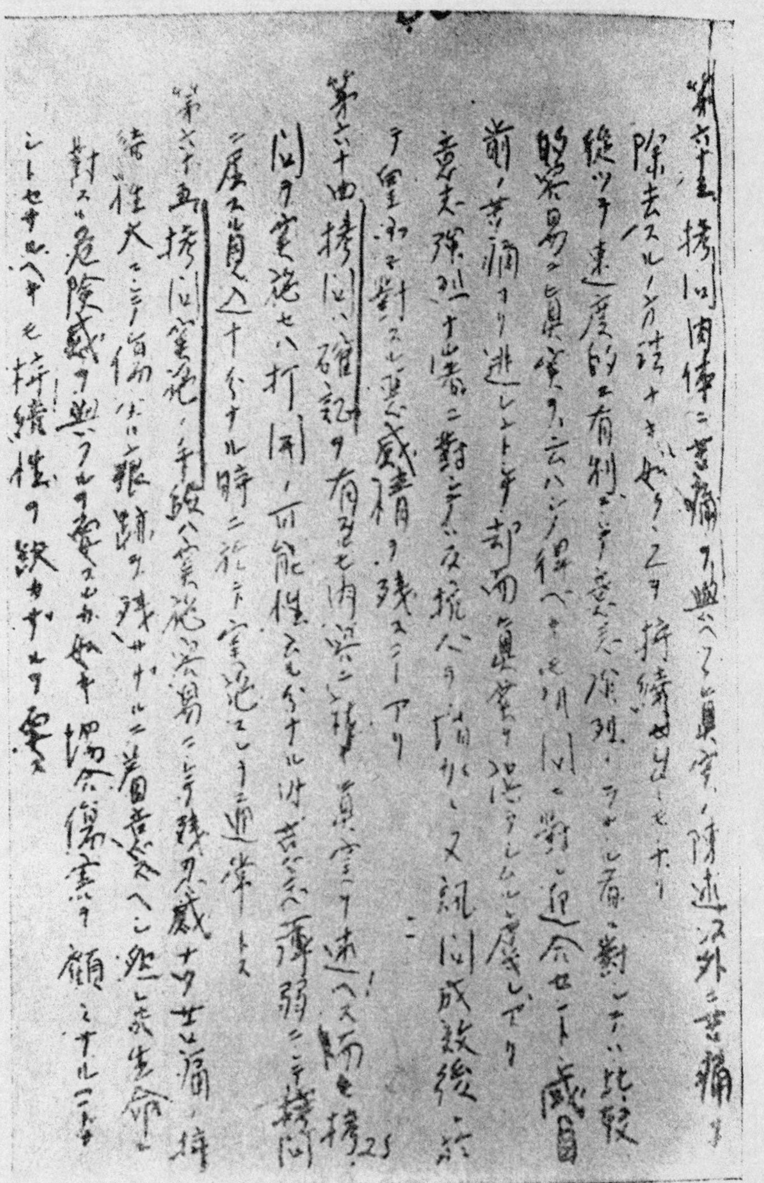

俘虜訊問規則第六三條、第六四條、第六五條。

保管文書第四八號、一二五頁。

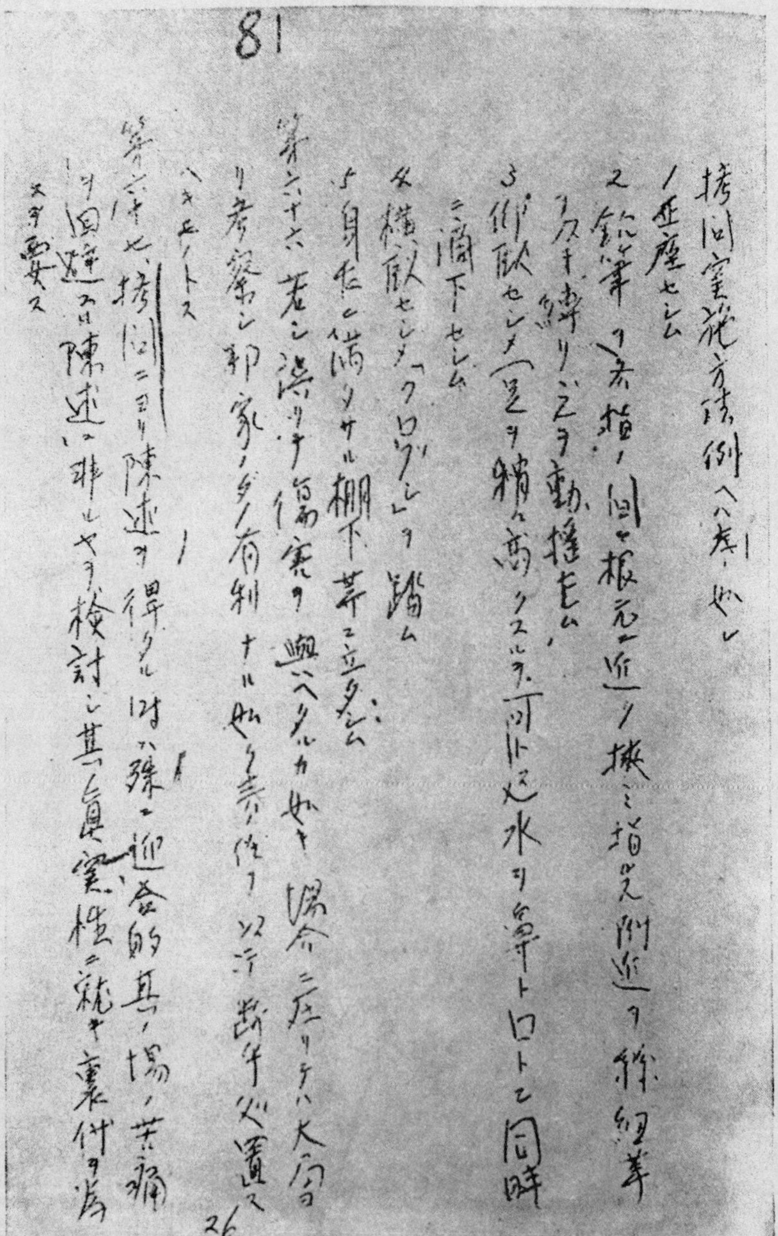

81

拷問實施方法例ヘハ左ノ如シ

1 正座セシム
2 鉛筆ヲ左指ノ間ニ根元近ク挾ミ指先附近ヲ細紐ニテ[illegible]縛リ之ヲ動揺セシム
3 仰臥セシメ足ヲ稍々高クスルヲ可トス水ヲ鼻ト口トニ同時ニ滴下セシム
4 横臥セシメ「クロブシ」ヲ踏ム
5 身丈ニ満タサル棚下ニ立タシム

第六十六 若シ誤リテ傷害ヲ與ヘタルカ如キ場合ニ在リテハ大ニ留リ考察シ部隊ノ為ノ有利ナル如ク責任ヲ以テ断乎処置スヘキモノトス

第六十七 拷問ニヨリ陳述ヲ得タル時ハ殊ニ迎合的其ノ場ノ苦痛ヨリ逃レンカ為ノ陳述ニ非ルヤヲ検討シ其ノ真實性ニ就キ裏付ヲ為スヲ要ス

26

拷問ノ例並ビニ俘虜訊問規則第六六條、第六七條。
保管文書第四八號、一二五頁——續キ。

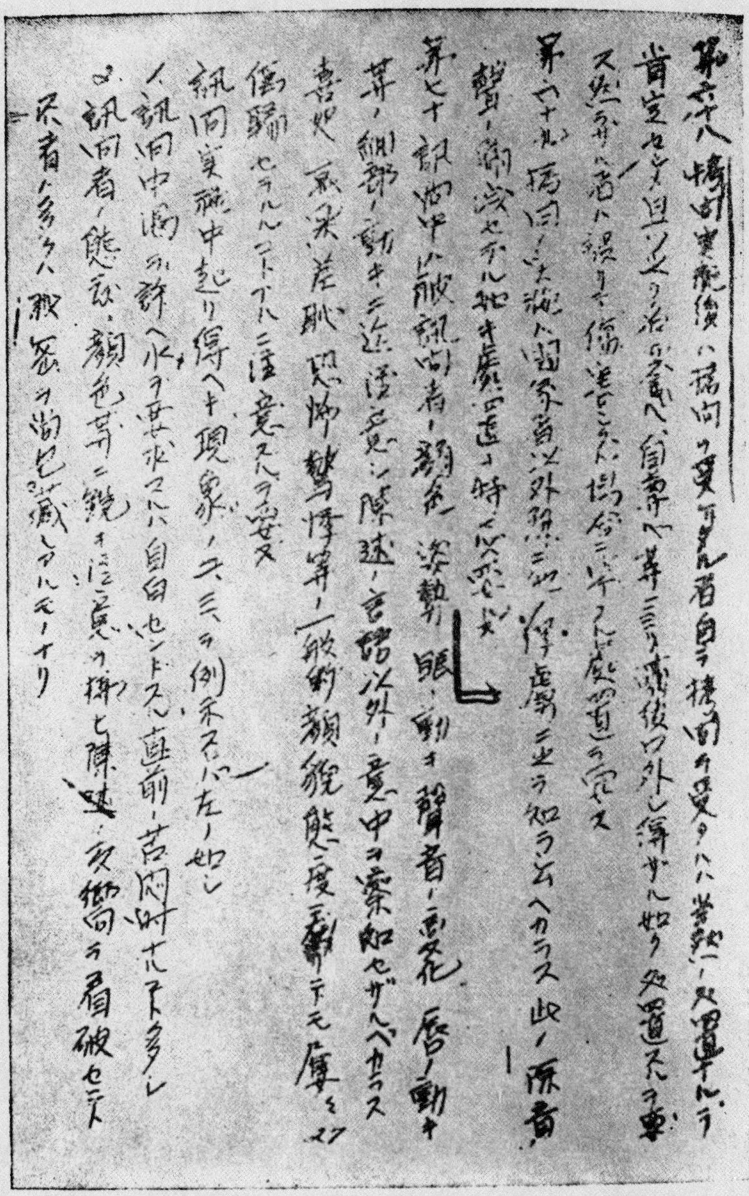

第六十八 訊問實施後ハ訊問ヲ受ケタル者自ラ訊問ヲ受ケタルハ當然ノ處置ナルヲ
肯定セシメ且ツ之ヲ治ヲ爲ヘ自害ヘ某二三ノ訊後口外シ得ザル如ク處置スルヲ要
又然ラザル者ハ退リテ偽造セシメ處分ニ至ラシメ處置ヲ完ス
第六十九 訊問ノ実施ハ當事者以外絶對ニ秘シ俘虜ニ至ラ知ラシムヘカラス 此ノ際音
聲ノ漏洩セザル如キ處置ヲ特ニ必要トス
第七十 訊問中ハ被訊問者ノ顔色姿勢眼ノ動キ聲音ノ変化唇ノ動キ
等ノ細部ノ動キニ迄注意シ陳述ノ言語以外ノ意中ヲ察知セザルヘカラス
喜怒哀楽差恥恐怖驚愕等ノ一般的顔貌態度ニ於テモ虞ヲ
偽騙セラルルコトアルニ注意スルヲ要ス
訊問實施中起リ得ヘキ現象ノ二三ヲ例示スレハ左ノ如シ
1、訊問中過ヲ許ヘ水ヲ要求スルハ自白セントスル直前ノ苦悶ナルコト多シ
2、訊問者ノ態度顔色等ニ鋭キ注意ヲ拂ヒ陳述ノ矛盾ヲ看破セント
示ス者ハ多クハ秘密ヲ包蔵シアルモノナリ

俘虏訊問規則第六八條、第六九條。

保管文書第四八號、一二六頁。

法廷ニ於ケル被告及ビ證人ノ供述

裁判記錄

一九四九年十二月二五日——三〇日、ハバロフスク市

沿海州軍管區軍事裁判所ハ、ハバロフスク市公判廷ニテ次ノ軍事裁判ノ構成、即チ

軍事裁判長法務少將デ・デ・チエルトコフ

軍事裁判委員法務大佐エム・エル・イリニツキー

軍事裁判委員法務中佐イ・ゲ・ヴオロビヨーフ

裁判豫備委員法務中佐テ・ペ・シチエルバコフ

書記　中尉エヌ・ア・コルキン

書記　少尉ヴエ・ヴエ・ワラヴコ

國家檢事側代表國家三等法務官エル・エヌ・スミルノフ

辯護人側――

被告山田ノ辯護人エ、ヌ、・ペ、・ベロフ辯護士
被告梶塚ノ辯護人エス・エ・サンニコフ辯護士
被告高橋ノ辯護人ア・ヴエ・ズヴエレフ辯護士
被告川島ノ辯護人エヌ・カ・ボロヴィク辯護士
被告佐藤ノ辯護人ペ・ヤ・ボガチヨフ辯護士
被告柄澤及ビ尾上ノ辯護人ヴエ・ペ・ルキヤンツエフ辯護士
被告西及ビ平櫻ノ辯護人デ・エ・ボルホヴィチノフ辯護士
被告三友、菊池及ビ久留島ノ辯護人ゲ・カ・プロコペンコ辯護士ノ參加ノ下ニ

山田乙三、梶塚隆二、高橋隆篤、川島清、西俊英、柄澤十三夫、尾上正男、佐藤俊二、平櫻全作、三友一男、菊池則光及ビ久留島祐司ノ告訴事件ヲ審理シタ。

十二月二五日午前一二時議長ハ開廷ヲ宣言シタ。

一九四三年四月十九日付ノソ同盟最高ソヴエト常任委員會法令第一條ニ該當スル犯罪ノ廉デ起訴サレタ山田乙三、梶塚隆二、高橋隆篤、川島清、西俊英、柄澤十三夫、尾上正

男、佐藤俊二、平櫻全作、三友一男、菊池則光及ビ久留島祐司ニ對スル告訴事件審理ヲ議長ガ宣言スル。

公判迄拘禁サレテイタ全被告ガ警護兵附デ法廷ニ送致サレ、法廷内ニイル事ヲ書記ガ報告スル。

議長ハ、裁判ニ招致サレタ通譯官ペルミヤコフ、キム、ツヴイロフ、バイコフ及ビオゴロドニコフニ對シ裁判中ニ於ケル其ノ義務ヲ説明シタ後、ロシア連邦共和國刑法第九五條ニ依リ、故意ニ行エル虚僞ノ通譯ニ對スル責任ニ關シ、通譯官ニ警告ヲ發シ、之ニ對シ彼等カラ誓約書ヲ取ル。

議長ハ、被告ヲ個別的ニ確認シ、各被告ハ質問ニ對シ次ノ如ク回答スル——

山田。山田乙三、一八八一年生、出生地東京市、大將、一九〇二年士官學校ヲ卒業シタ後、一九一二年陸軍大學校ヲ卒業シ、日本軍ニハ一九〇三年ヨリ勤務シ、最後ノ職ハ、日本關東軍司令官。一九四五年ソヴエト軍ニヨリ俘虜ニサレマシタ。

起訴狀ハ受領濟デアリマス。

梶塚。梶塚隆二、一八八八年生、出生地田尻市、一九一四年東京市ニ於テ醫科大學ヲ卒業シ、醫師、軍醫中將、日本軍ニハ一九一四年ヨリ勤務シ、最後ノ職ハ、日本關東軍軍醫部長。一九四五年九月ソヴエト軍ニヨリ俘虜ニサレマシタ。

起訴狀ハ受領濟デアリマス。

高橋。高橋隆篤、一八八八年生、出生地秋田縣由利郡本ジョ市、一九二八年帝大農學部ヲ卒業シ、醫師、獸醫中將、日本軍ニハ一九一五年ヨリ勤務シ、最後ノ職ハ、關東軍獸醫部長。一九四五年九月一日ソヴエト軍ニヨリ俘虜ニサレマシタ。

起訴狀ハ受領濟デアリマス。

川島。川島清、一八九三年生、出生地千葉縣山武郡蓮沼村、醫科大學ヲ卒業シ、醫師、軍醫少將、日本軍ニハ一九一六年ヨリ勤務シ、最後ノ職ハ、日本關東軍第一戰線司令部軍醫部長。一九四五年八月二〇日ソヴエト軍ニヨリ俘虜ニサレマシタ。

起訴狀ハ受領濟デアリマス。

西。西俊英、一九〇四年生、出生地鹿兒島縣薩摩郡樋脇村、東京市ニ於テ醫科大學ヲ卒業シ醫師、軍醫中佐、日本軍ニハ一九二七年ヨリ勤務シ、最後ノ職ハ、日本關東軍防疫給水部教育部長、孫呉市ニアル同部ノ支部長ヲ兼任シマシタ。一九四五年九月ソヴエト軍ニヨリ俘虜ニサレマシタ。

起訴狀ハ受領濟デアリマス。

柄澤。柄澤十三夫、一九一一年生、出生地長野縣小縣郡豐里村、東京市ニ於テ醫科大學ヲ卒業シ、醫師、軍醫少佐、日本軍ニハ一九三三年ヨリ勤務シ、最後ノ職ハ、日本關東軍第二軍軍醫部部員。一九四五年九月一日ソヴエト軍ニヨリ俘虜ニサレマシタ。

起訴狀ハ受領濟デアリマス。

尾上。尾上正男、一九一〇年生、出生地鹿兒島縣出水郡米ノ津町、東京市ニ於テ醫科大學ヲ卒業シ、醫師、軍醫少佐、日本軍ニハ一九三二年ヨリ勤務シ、最後ノ職ハ、關東軍第七三一部隊第六四三支部長。一九四五年八月一七日ソヴエト軍ニヨリ俘虜ニサレマシタ。

起訴狀ハ受領濟デアリマス。

佐藤。佐藤俊二、一八九六年生、出生地愛知縣豐橋市、一九二三年醫科大學ヲ卒業シ、醫師、軍醫少將、日本軍ニハ一九二三年ヨリ勤務シ、最後ノ職ハ、日本關東軍第五軍軍醫部長。一九四五年八月ソヴエト軍ニヨリ俘虜ニサレマシタ。

起訴狀ハ受領濟デアリマス。

平櫻。平櫻全作、一九一六年生、出生地石川縣金澤市、東京市ニ於テ醫科大學獸醫部ヲ卒業シ、獸醫、獸醫中尉、日本軍ニハ一九三九年ヨリ勤務シ、最後ノ職ハ、日本關東軍第一〇〇部隊員。一九四五年九月ソヴエト軍ニヨリ俘虜ニサレマシタ。

起訴狀ハ受領濟デアリマス。

三友。三友一男、一九二四年生、出生地埼玉縣秩父郡原谷村、農業學校ヲ卒業シ、特技ナシ、軍曹、日本軍ニハ一九四一年八月ヨリ勤務シ、最後ノ職ハ、日本關東軍第一〇〇部隊員。一九四五年八月一五日ソヴエト軍ニヨリ俘虜ニサレマシタ。

起訴狀ハ受領濟デアリマス。

菊池。菊池則光、一九二二年生、出生地愛媛縣、教育程度ハ九學級、農業學校ヲ卒業シ、日本軍ニハ一九四三年ヨリ勤務シ、上等兵、最後ノ職ハ、日本關東軍第七三一部隊第六四三支部衛生兵。一九四五年八月ソヴエト軍ニヨリ俘虜ニサレマシタ。

起訴狀ハ受領濟デアリマス。

久留島。久留島祐司、一九二三年生、出生地香川縣小豆郡苗羽村、教育程度八學級、特別教育ハ受ケズ、日本軍ニ於ケル最後ノ職ハ、日本關東軍第七三一部隊第一六二支部衛生兵。一九四五年八月二三日ソヴエト軍ニヨリ俘虜ニサレマシタ。

起訴狀ハ受領濟デアリマス。

議長ハ、裁判構成員ヲ發表シタ後、各當事者ニ對シ、裁判ノ構成員及ビ裁判ノ書記ニ對スル忌避ノ中立ノ有無ヲ問イ、之ニ對シ國家檢事、辯護人及ビ被告ハ裁判ノ構成員及ビ裁判ノ書記ニ對スル忌避ノ中立ナキ旨言明スル。

議長ハ、辯護人及ビ被告ニ對シ、國家檢事ニ對スル忌避ノ中立ノ有無ヲ問イ、コレニ對シ辯護人及ビ被告ハ國家檢事忌避ノ中立ナキ旨言明スル。

議長ハ、各當事者ニ對シ、通譯官ニ對スル忌避ノ中立ノ有無ヲ問イ、之ニ對シ國家檢事、辯護人及ビ被告ハ通譯官忌避ノ中立ナキ旨言明スル。

書記ハ、左記ノ證人ガ法廷ニ呼出サレ出頭セル事ヲ報告スル。卽チ、田村正、尾關・シゲオ、佐々木・コオスケ、瀬越・ケンイチ、倉員・サトル、橘武夫、古都・ヨシオ、金澤・

カズヒサ、堀田良一郎、ミネオイ・キヨシ、齊藤・マサテル、福住・ミツヨシ、桑原・アキラ、櫻下・キヨシ、畑木・アキラ、三品・タカユキ。

議長ハ、出頭セル證人ヲ個別的ニ確認シ、證人ハ質問ニ對シ囘答スル——

田村。田村正、一九〇五年生、大佐、關東軍司令部人事部長。

尾關。尾關・シゲオ、一九二一年生、日本關東軍第七三一部隊軍屬。

佐々木。佐々木・コオスケ、一九二一年生、兵長、日本軍ノ兵士。

瀨越。瀨越・ケンイチ、一九二〇年生、中尉、藥劑官。

倉員。倉員・サトル、一九一五年生、曹長、哈爾濱憲兵隊員。

橘。橘武夫、一八九六年生、憲兵大佐、滿洲國政府憲兵團顧問。

古都。古都・ヨシオ、一九二四年生、孫呉市第七三一部隊支部教習生。

金澤。全澤・カズヒサ、一九一七年生、軍醫大尉、第七三一部隊第六七三支部第一課長。

堀田。堀田良一郎、一九二〇年生、主計少尉、第七三一部隊海拉爾支部員。

ミネオイ。ミネオイ・キヨシ、一九二二年生、第七三一部隊第六四三支部軍屬。

齊藤。齊藤・マサテル、一九一七年生、第七三一部隊第六四三支部軍屬。

福住。福住・ミツヨシ、一九二四年生、獸醫少尉、第一〇〇部隊軍醫。
桑原。桑原・アキラ、一九二七年生、第一六〇部隊軍屬。
櫻下。櫻下・キヨシ、一九二一年生、第一〇〇部隊軍屬。
畑木。畑木・アキラ、一九二四年生、第一〇〇部隊軍屬、後入隊シ、兵卒トナル。
三品。三品・タカユキ、一九〇三年生、大佐、第三九師團參謀長。

議長ハ、證人ニ對シ、裁判中ニ於ケル彼等ノ義務ヲ説明シタ後、ロシア連邦共和國刑法第九二條及ビ第九五條ニ據リ、供述ノ拒否及ビ故意ニ行エル虚僞ノ供述ニ對スル責任ニツイテ證人ヲ警告シ、コレニ對シ證人カラ誓約書ヲ取リ、法廷衛戍官ニ證人ヲ法廷カラ退場セシメル樣指示スル。

議長ハ、左ノ如キ法廷鑑定人ガ裁判ニ招致サレテイル事ヲ發表スル。即チ、ソ同盟醫學學士院會員エヌ・エヌ・ジユーコフ・ヴエレジユニコフ、軍醫大佐ヴエ・デ・クラスノフ、ハバロフスク醫科大學微生物學講座主任教授エヌ・エヌ・コサレフ、同講座助教授エ・ゲ・リヴキナ、獸醫中佐エヌ・ア・アレクサンドロフ、寄生虫學專門家オ・エル・コズロフスカヤ。

議長ハ、各當事者ニ對シ、鑑定人忌避ノ申立ノ有無ヲ問イ、之ニ對シ國家檢事、辯護人、被告ハ鑑定人忌避ノ申立ナキ旨言明スル。

議長ハ、鑑定人ニ對シ、裁判中ニ於ケル彼等ノ義務ヲ說明シタ後、ロシア連邦共和國刑法第九五條ニ據リ、故意ニ行エル虛僞ノ鑑定ニ對スル責任ニツイテ鑑定人ヲ警告シ、是レニ對シ鑑定人カラ誓約書ヲ取ル。

議長ハ、各當事者ニ對シ、新タナ證人及ビ鑑定人ノ召喚或ハ他ノ證據並ニ文書ノ請求ニ關スル要請ノ有無ヲ問ウ。

國家檢事及ビ辯護人ハ、現在ノ所斯樣ナ要請ハナイガ、法廷審理中要請ヲ申立テル權利ヲ保留サレン事ヲ依賴スル旨言明スル。

被告ハ何等ノ要請ナキ旨言明スル。

議長ハ、被告ニ對シ、法廷審理中被告ガ證人、鑑定人、他ノ被告ニ對シ質問ヲ行イ、本件ノ要點ニ關スル說明ヲ行ウ權利ヲ有シテイル事ヲ說明スル。

十三時。十五分間ノ休憩宣言。

十三時十五分。開廷。

裁判ハ法廷審理ニ移ル。

議長ハ起訴狀及ビ軍事裁判所準備會議ノ決定ヲ朗讀スル。同時ニ起訴狀ハ室內放送ニテ日本語デ中繼サレル。

十四時五十分。十五分間ノ休憩宣言。

十五時五分。開廷。

裁判長——被告山田、貴方ニ提示サレタ告訴ヲ了解シタカ?

被告山田——了解シマシタ。

(問)。貴方ハ貴方ニ提示サレタ告訴ニ對シ自分ノ有罪ヲ認メルカ?

(答)。認メマス。

裁判長——被告梶塚、貴方ニ提示サレタ告訴ヲ了解シタカ?

被告梶塚——了解シマシタ。

(問)。貴方ハ貴方ニ提示サレタ告訴ニ對シ自分ノ有罪ヲ認メルカ?

（答）。認メマス。

裁判長——被告川島、貴方ニ提示サレタ告訴ヲ了解シタカ？

被告川島——了解シマシタ。

（問）。貴方ハ貴方ニ提示サレタ告訴ニ對シ自分ノ有罪ヲ認メルカ？

（答）。認メマス。

裁判長——被告西、貴方ニ提示サレタ告訴ヲ了解シタカ？

被告西——了解シマシタ。

（問）。貴方ハ貴方ニ提示サレタ告訴ニ對シ自分ノ有罪ヲ認メルカ？

（答）。認メマス。

裁判長——被告柄澤、貴方ニ提示サレタ告訴ヲ了解シタカ？

被告柄澤——了解シマシタ。

（問）。貴方ハ貴方ニ提示サレタ告訴ニ對シ自分ノ有罪ヲ認メルカ？

（答）。認メマス。

裁判長——被告尾上、貴方ニ提示サレタ告訴ヲ了解シタカ？

被告尾上——了解シマシタ。

（問）。貴方ハ貴方ニ提示サレタ告訴ニ對シ自分ノ有罪ヲ認メルカ？

（答）。認メマス。

裁判長——被告佐藤、貴方ニ提示サレタ告訴ヲ了解シタカ？

被告佐藤——了解シマシタ。

（問）。貴方ハ貴方ニ提示サレタ告訴ニ對シ自分ノ有罪ヲ認メルカ？

（答）。認メマス。

裁判長——被告高橋、貴方ニ提示サレタ告訴ヲ了解シタカ？

被告高橋——了解シマシタ。

（問）。貴方ハ貴方ニ提示サレタ告訴ニ對シ自分ノ有罪ヲ認メルカ？

（答）。認メマス。

裁判長——被告平櫻、貴方ニ提示サレタ告訴ヲ了解シタカ？

被告平櫻——了解シマシタ。

（問）。貴方ハ貴方ニ提示サレタ告訴ニ對シ自分ノ有罪ヲ認メルカ？

（答）。認メマス。

裁判長——被告三友、貴方ニ提示サレタ告訴ヲ了解シタカ？

被告三友——了解シマシタ。

（問）。貴方ハ貴方ニ提示サレタ告訴ニ對シ自分ノ有罪ヲ認メルカ？

（答）。認メマス。

裁判長——被告菊池、貴方ニ提示サレタ告訴ヲ了解シタカ？

被告菊池——了解シマシタ。

（問）。貴方ハ貴方ニ提示サレタ告訴ニ對シ自分ノ有罪ヲ認メルカ？

（答）。認メマス。

裁判長——被告久留島、貴方ニ提示サレタ告訴ヲ了解シタカ？

被告久留島——了解シマシタ。

（問）。貴方ハ貴方ニ提示サレタ告訴ニ對シ自分ノ有罪ヲ認メルカ？

（答）。認メマス。

裁判長——裁判ハ法廷審理中ニ於ケル事件ノ審理ヲ如何ナル順序デ行ウベキカノ問題ニツイテ各當事者ノ申立ヲ聽取スル。

國家檢事、コノ問題ニ關スル貴方ノ意見ハ如何？

國家檢事——ロシア連邦共和國刑事訴訟法第二八一條ニ據リ私ハ次ノ順序デ法廷審理ヲ行ウ事ヲ提議スル。卽チ次ノ順序ニヨル被告ノ訊問カラ始メル事。卽チ川島淸、柄澤十三夫、山田乙三、西俊英、梶塚隆二、佐藤俊二、平櫻全作、三友一男、高橋隆篤、尾上正男、菊池則光、久留島祐司。

更ニ法廷審理ヲ次ノ順序デ行ウ事。卽チ證人田村及ビ古都ヲ訊問シ、其後鑑定人ニ質問ヲ提起シ、更ニ續イテ橋、倉員、堀田、瀬越、佐々木、尾關、金澤、ミネオイ、齊藤、桑原、櫻下、福住、畑木、三品ノ各證人ヲ訊問ス。

ツズイテ鑑定人側ノ鑑定ヲ聽取シ、ソノ訊問ヲ行ウ——以上ノ如ク提議スル。

裁判長・・・——辯護人側、法廷審理ノ進行順序ノ問題ニツイテノ意見如何？

辯護士ベロフ——辯護人側ハ檢事ノ提議セル法廷審理進行順序ニ異議ナク、コレヲ容認シ得ルモノト看做シマス。

檢事ガ提議シタ法廷審理進行順序ハ日本語デ通譯サレル。

提議サレタル法廷審理進行順序ニ對シテ被告ハ異議アリマセン。

軍事裁判ハ其ノ場デ協議シ、法廷審理ヲ左ノ如ク決定ス。卽チ次ノ順番ニヨル被告ノ訊問カラ開始スル。卽チ、川島清、柄澤十三夫、山田乙三、西俊英、梶塚隆二、佐藤俊二、平櫻全作、三友一男、高橋隆篤、尾上正男、菊池則光、久留島祐司。

被告ノ訊問ノ後證人田村及ビ古都ヲ訊問スル。

ツヅイテ裁判官側、國家檢事、辯護人側及ビ被告ノ諸質問ヲ究明スル爲、コレヲ鑑定人側ニ提起スル。ソノ後證人――橋、倉員、堀田、瀬越、佐々木、尾關、金澤、ミネオイ、齊藤、桑原、櫻下、福住、畑木、三品ヲ訊問スル。

ツヅイテ鑑定人側ノ鑑定ヲ聽取シ、所定ノ順序ニ從ッテ鑑定人ノ訊問ヲ行ウ。

裁判ノ決定ハ日本語デ通譯サレル。

十六時。議長ハ十九時迄休憩ヲ宣言スル。

十二月二五日午後ノ公判

被告川島ハ訊問

國家檢事――貴方ガ第七三一部隊ニ勤務シテイタノハ何時カ？

被告川島――私ハ第七三一部隊ニハ一九三九年四月カラ一九四三年三月迄勤務シマシタ。

（問）。如何ナル職務ニツイテイタカ？

（答）。日本陸軍大臣ノ命令デ、私ハ第七三一部隊庶務部長及ビ第七三一部隊第四部長ヲ兼任シテイマシタ。

一九四一年六月カラ、私ハ庶務部長ノ職務ヲ辭任シ、第七三一部隊第四部、所謂製造部ノ長トシテ勤務シマシタ。

此ノ全期間ヲ通ジテ、第七三一部隊長ノ命令ニヨッテ定期的ニ第一部長及ビ第三部長ノ職責モ遂行シナケレバナリマセンデシタ。

（問）。ソウスルト、事實上貴方ハ、此ノ部隊ノ殆ドスベテノ主要ナ部デ勤務シテイタワケデアル。貴方ハ庶務部長、ツヅイテ、第一部、即チ研究部長、第三部長、最後ニ長期ニ亘ッテ、第四部長デアッタト言ウガ、ソノ通リカ？

（答）。ハイ、ソノ通リデアリマス。

（問）。従ッテ、貴方ハ第七三一部隊ノ編制及ビ業務ニ精通シテイル人物デアッタ譯ダガ、間違イナイカ？

（答）。ハイ、ソウ言エマス。

（問）。第七三一部隊ハ、何時、誰ノ指示デ編成サレタカ？

（答）。第七三一部隊ハ、一九三六年天皇ノ軍令ニヨッテ編成サレマシタ。

（問）。之ハ天皇ノ秘密軍令デアッタカ？

（答）。ハイ、其ノ通リデアリマス。

（問）。平房驛ニ部隊ノ業務用及ビ生産用造營物ガ建築サレタノハ何時カ、裁判官側ニ述べテ貰イタイ。

（答）。正確ニハ記憶シテイマセンガ、第七三一部隊ノ編成ニ關スル軍令ガ出タ一九三六年ダッタ様ニ思イマス。コレニハ又部隊員ノ總數及ビ造營物ノ建築ニツイテモ指示シテアリマシタ。

（問）。部隊ノ如何ナル部ガ哈爾濱ニ、ソシテ、如何ナル部ガ平房驛ニ配置サレテイタカ？

（答）。哈爾濱ニアツタノハ、第三部、卽チ防疫給水部ト病院デ、部隊ノ他ノ部ハスベテ、第一部、第二部、第四部ヲ含メテ何レモ平房驛ニ配置サレテイマシタ。

（問）。部隊ノ維持費トシテドレ程ノ金額ガ支出サレテイタカ？

（答）。正確ナ數字ハ記憶シテイマセンガ、一九四〇年ニ第七三一部隊ニ對シテ一千萬圓支出サレタ事ヲシツテイマス。

（問）。此ノ一千萬圓ノ中、ドレ丈ノ金額ガ部隊ノ實驗業務費トシテ支出サレタカ？

（答）。コレモ正確ニハ記憶シテイマセンガ、五百萬圓位實驗業務費トシテ支出サレタト思イマス。

（問）。部隊員ハ何人デアツタカ？

（答）。私ノ記憶スル所デハ、天皇ノ軍令ニヨツテ、此ノ部隊ノ勤務人員ハ支部ヲ含メテ三千人位ニ定メラレテイマシタ。

（問）。第七三一部隊ガ何ニ從事シテイタカ、此ノ部隊ノ眞ノ使命ハ何デアツタカヲ裁判官側ニ述ベテ貰イタイ。

（答•）。第七三一部隊ハ、主トシテ、細菌戰準備ニ關スル科學研究業務ニ從事シテイマシタ。

（問•）。何カラ、第七三一部隊ノ業務ノ如何ナル具體的特質カラ、貴方ハ、此ノ結論ヲ下シテイルカ？

（答•）。私ガ此ノ樣ナ結論ヲ下シテイルノハ、部隊ノ構成員、部隊ガ所有シテイタ設備及ビ部隊ノ實際ノ業務カラデス。

（問•）。部隊ノ業務ハ秘密業務デアッタカ？

（答•）。ハイ、ソレハ機密ニナッテイマシタ。

（問•）。第七三一部隊ハ如何ニ警備サレテイタカ？

（答•）。平房驛ニ於ケル第七三一部隊ノ所在地ハ、軍司令官ノ命令ニヨッテ關東軍特別地域トサレ、部隊所在地及ビソノ近邊ハ、局外者ニハ、居住スル事モ、通行スルコトモ禁止サレマシタ。之ガ許サレテイタノハ、部隊ノ勤務員ノミデ、局外者ハ、關東軍司令官ノ特別許可アル場合ニ限ッテ、此ノ部隊ニ立入ル事ヲ許サレテイマシタ。部隊所在地上空ノ航空ハ禁止サレテイマシタ。

（問•）。第七三一部隊ノ編制ヲ裁判官側ニ述ベテ貰イ度イ。詳細ニ說明シテ貰イ度イ。

（答）。第七三一部隊ハ、部隊本部ト其ノ支部ニ分レテイマシタ。私ハ先ズ部隊本部ニツイテ申上ゲマス。本部ハ八ツノ部ニ分レテ居リマシタ。卽チ、第一部、第二部、第三部、第四部、材料部、教育部、診療部及ビ庶務部デアリマス。

（問）。第一部ハ何ニ從事シテイタカ？

（答）。第一部ノ任務ハ、細菌戰準備關係ノ主要ナ硏究業務デアリマス。

（問）。所謂『實驗室ノ條件』ニ於テ生キタ人間ヲ使用スル實驗ヲ行ツテイタノハ何部か？

（答）。實驗室ノ條件ニ於テ、生キタ人間ヲ使用スル實驗ヲ行ツテイタノハ、第一部デアリマス。被實驗者ガ收容サレテイタ部隊ノ監獄モ第一部ニ所屬シテイマシタ。

（問）。第七三一部隊ノ監獄ハ、何處ニ位置シテイタカ？

（答）。監獄ハ正方形ノ本館ノ內庭ノ中央所ニアリマシタ。

（問）。從ツテ、監獄ハ、部隊廳舍ノ閉サレタ四角形ノ中央デ局外者ノ視線カラ隱サレテイタト言ウノハ眞實カ？

（答）。ハイ、ソレハ本當デアリマス。

（問）。監獄ハ、一ツノ建物ニナツテイタカ、ソレトモ幾ツカノ建物ニ分散配置サレテイタカ？

（答）。二ツノ建物ニ亘ツテイマシタ。

（問）。部隊ノ第二部ハ何ニ従事シテイタカ？

（答）。部隊ノ第二部ハ、第一部デ製造サレタ殺人細菌ヲ野外ノ條件ニ於テ實驗シテイマシタ。

（問）。細菌ヲ充塡セル爆彈、萬年筆及ビステッキ型ノペスト蚤撒布器ノ如キ細菌兵器ノ見本及ビ其ノ他ノ型ノ細菌兵器ヲ創案製作シテイタノハ何部カ？

（答）。第二部デアリマス。

（問）。如何ナル特別ノ課ガ第二部ニ所屬シテイタカ？

（答）。私ガ既ニ述ベタ第二部ノ任務、卽チ、野外ノ條件下ニ於ケル實驗ノ外ニ、第二部ニハ、ペスト菌ニヨル汚染用ノ蚤ノ繁殖ニ従事シテイタ課ガアリマシタ。

（問）。第二部ヲ統轄シテイタノハ誰カ？

（答）。私ガ任命サレタ當時、此ノ部ヲ統轄シテイタノハ太田大佐デアリマス。

（問）。田中技師ハ此ノ課ノ蚤ノ繁殖業務ニ參加シタカ？

（答）。ハイ、參加シテイマシタ。

（問）。安達驛附近ノ特設實驗場ハ部隊ノ何部ニ所屬シテイタカ？

（答）。私ガ此ノ部隊デ勤務シテイタ當時、特設實驗場ハ、一定ノ如何ナル部ニモ直屬シテイマセンデシタガ、此ノ特設實驗場ハ、第二部ト關係ヲ有シテイタト言エマショウ。トニ角、此ノ特設實驗場デ一番度々實驗ヲ行ッタノハ、部隊第二部、即チ其ノ勤務員デアリマス。

(問)。安達驛附近ノ特設實驗場デハ、誰ヲ「材料」ニシテ細菌實驗ヲ行ッタカ？

(答)。實驗場ニ於ケル實驗ハ、生キタ人間ヲ使用シテ行ワレルノガ通例デアリマシタ。

(問)。部隊ハ、自隊ノ飛行隊ヲ持ッテイタカ？

(答)。ハイ、持ッテイマシタ。

(問)。此ノ飛行隊ニハ、ドンナ型ノ飛行機ガアッタカ？

(答)。私ノ記憶シテイル所デハ、部隊ニハ重爆撃機二、輕爆撃機一或ハ二、正確ニ記憶シテイマセン。舊式爆撃機二、ソレカラ、他ノ舊式飛行機若干及ビ輸送機ガアリマシタ。

(問)。部隊ノ飛行隊及ビ飛行場ハ何部ニ附屬シテイタカ？

(答)。第二部デス。

(問)。細菌爆彈ノ陶器製彈筒ヲ製造シテイタノハ何部カ？

(答)。第三部デス。

(問)。部隊第四部ハ、何ニ從事シテイタカ？

（答）。第四部ノ主要任務ハ細菌ノ繁殖、培養ノ外、ワクチン及ビ免疫性血精ノ製造デアリマシタ。

（問）。第四部ノ主要任務ガ、細菌戰ノ諸目的ノ爲ノ殺人細菌ノ大規模ナ培養デアッタ事ヲ貴方ハ確認スルカ？

（答）。ハイ、ソノ通リデアリマス。

（問）。第七三一部隊ノ各支部ハ何處ニ配置サレテイタカ？

（答）。之等ノ支部ハ、ソ滿國境ニ極メテ近接シタ地點ニ配置サレテイマシタ。（私ハ東カラ西ニソレヲ列擧シマス）。先ズ林口、ツイデ海林驛、孫呉市、海拉爾市デアリマス。

（問）。部隊ノ全支部ガ、何故ソヴエト同盟ノ國境近ク配置サレテイタカ？

（答）。之等支部ハ、ソヴエト同盟ニ對スル細菌戰開始ニ當ッテ、據點トナルベキモノデアリ、從ッテ、各支部ハソヴエト國境ニ極メテ近接シタ地點ニ配置サレテイマシタ。

（問）。ソヴエト同盟ニ對シドイツガ戰爭ヲ開始シタ後、部隊ノ活動ハ如何ナル方針ニ副ッテ進メラレタカ？

（答）。一九四一年夏、石井部隊長ハ部隊ノ部長全員ヲ會議ニ召集シ、其處デ、日本軍參謀總長ノ指令ヲ受ケタ旨吾々ニ通達シマシタガ、其ノ指令ノ內容ハ次ノ通リデス。卽チ、第七三一部隊ハ、細菌戰準備分野、特ニペスト蚤ノ大量繁殖ニ於テ、或程度ノ成果ヲ収メタ。ペスト蚤ハ、戰略・作戰上大キナ意義ヲ有スルモノデアル。從ツテ、此ノ方面ニ於ケル研究業務ノ強化ヲ命ズルト言ウノデアリマス。此ノ際、部隊長ハ部隊ノ業務デ最大ノ弱點ノ一ハ蚤ノ大量繁殖ノ見地カラシテ可能性ガ乏シイ事デアル。アラユル注意ヲ蚤ノ大量繁殖ニ集中スル事ガ必要デアル旨吾々ニ指摘シマシタ。

（問）。石井ノ言葉ニヨルト、之ハ參謀本部ノ直接ノ方針デアッタト言ウ事ニナルノカ？

（答）。ハイ、ソウデアリマス。

（問）。デハ、專門的ナ諸問題ニ移ルコトニスル。貴方ハ、何年間、第四部長ヲシテイタカ？

（答）。二年間デアリマス。

（問）。從ッテ貴方ハ、第四部ノ專門的ナ設備及ビソノ能力ヲヨク承知シテイルワケカ？

（答）。ハイ、知ッテイマス。

（問）。主ナ種類ノ傳染病ニツイテ言エバ、第七三一部隊ノ第四部デ一ヵ月ニドレ程ノ細菌ヲ製造出來タカ？

（答）。ソレハ、若干答エ難イ質問デアリマスガ、第四部ニアッタ生産能力及ビ全設備ヲ最大限ニ利用スレバ、此ノ部ガ一カ月ニ、ペスト菌——三〇〇キログラム、或ハ、チブス菌——八〇〇乃至九〇〇キログラム、炭疽病菌——五〇〇乃至七〇〇キログラム、コレラ菌——一トン製造出來タノデアルト言ワネバナリマセン。

(問)。第四部ニアッタ生産設備ヲ説明シテ貰イタイ。

(答)。第四部ニハ、同一ノ能力ヲモッタ二式ノ設備ガアリマシタ。

(問)。第一式ノ培養基ノ煮釜ノ容量如何?

(答)。容量一トン宛デ八釜デス。

(問)。デハ、第四部ガ一式デ一度ニ出シ得ル培養基ハ八トントイウ事ニナルノカ?

(答)。ハイ、ソウデアリマス。

(問)。デハ、第二式ノ釜ノ容量ハ總容量イクラデアッタカ?

(答)。第一式ト同容量デアリマシタ。

(問)。第一式ニハ培養室ガ幾ツ、第二式ニハ幾ツアッタカ?

(答)。第一式ニ五、第二式ニ四デアリマシタ。

(問)。細菌培養器ハ誰ノ考案ニナル式カ?

(答)。培養器ハ石井中將ニヨッテ發明サレタモノデアリマス。

(問)。第四部ニハ、石井式培養器ガ全部デ幾ツアッタカ?

（答）。正確ナ数字ハ記憶シテイマセンガ、ソレハ、細菌ノ大量生産ニハ充分デシタ。

（問）。貴方ノ言ウ殺人細菌生産能力ハ如何ナル根據ニ依ルノカ？

（答）。私ハ、釜ノ容量、其ノ他ノ設備ノ能力及ビ培養器ノ數量ヲ根據ニシマシタ。

（問）。一定種ノ細菌、即チ、チブス菌、コレラ菌、炭疽病菌、ペスト菌ノ培養ニハ、ドレ丈ノ時間ヲ要シタカ？

（答）。ペスト菌ト炭疽病菌ニハ、四八時間、コレラ、チブス其ノ他ノ細菌ニハ、二四時間ガ必要デシタ。

（問）。炭疽病菌ハ一ツノ培養器カラドレ丈取レタカ？

（答）。五〇乃至六〇グラムデス。

（問）。チブス菌ハ一ツノ培養器カラドレ丈取レタカ？

（答）。四〇乃至四五グラムデス。

（問）。ペスト菌ハ？

（答）。三〇グラムデス。

（問）。コレラ菌ハ？

（答）。五〇グラム位デス。

（問）。第四部ガ製造シタ細菌ハ、如何ニ保存サレテイタカ？

(答)。短期保存ニ當ツテハ、冷藏庫ニ保存サレテイマシタ。

(問)。中國ノ住民ニ對スル細菌攻擊ニ細菌ヲ送ツタ時ニハ、之等ノ細菌ノ梱包ハドンナニシタカ？

(答)。五〇グラム宛入ル特製ノ小形壜ニ細菌ヲ充填シ、此ノ小形壜ハ金屬製ノサックニ包マレ、若干個ノ之等ノ金屬製ノサックハ、又特製ノ大キナ箱ニ梱包サレ、此ノ箱ノ内部ノ周圍ヲ氷デ包ミマシタ。

(問)。蚤ノ大量培養ノ爲ニ、第七三一部隊デ用イラレタ方法及ビ特別設備ヲ説明シテ貰イ度イ。

(答)蚤ノ大量繁殖ノ爲、第二部ニハ特別室ガ四ツアリマシタ。室温ハ一定温度、即チ攝氏三〇度ニ保持サレテイマシタ。蚤ノ繁殖ニハ高サ三〇糎、幅五〇糎ノ金屬製ノ罐ガ使用サレ、蚤ノ居場所トシテ、此ノ罐ニモミガラヲ撒キマシタ。此ノ様ナ準備ガ終リマスト、先ズ罐ニ若干ノ蚤ヲ入レ、飼料トシテ白鼠ヲ入レ、此ノ白鼠ハ蚤ニ危害ヲ加エナイ様ニ縛リ付ケラレテイマシタ。罐ノ中ハ常ニ攝氏三〇度ノ温度ガ保持サレテイマシタ。

(問)。一ツノ培養器カラ一製造周期ニドレ程ノ蚤ガ取レタカ？

(答)。正確ニ記憶シテイマセンガ、一〇グラムカラ一五グラム迄ダト言ウ事ヲ想イ起シマス。

（問）。此ノ製造周期ハドレ位ノ期間續クノカ？
（答）。二乃至三ヵ月デス。
（問）。蚤培養特別ナ課ニハ、幾ツ培養器ガアツタカ？
（答）。正確ナ數字ハ記憶シテイマセンガ、四〇〇〇乃至四五〇〇ト言エマス。
（問）。デハ、部隊ニアツタ設備デ一製造周期ニ、部隊ハ、四五キログラムノ蚤ヲ取リ得タノカ？
（答）。ハイ、其ノ通リデアリマス。
（問）。細菌戰ノ際、此ノ蚤ヲドウスル積リダツタカ？
（答）。ソレハ、ペスト菌デ汚染サレル筈デアリマシタ。
（問）。ソシテ、細菌兵器トシテ使用スルノカ？
（答）。ハイ、其ノ通リデアリマス。
（問）。ペスト蚤ヲドンナ方法デ、細菌兵器トシテ使用シヨウトシタノカ？
（答）。私ノイタ時ハ、蚤ヲ飛行機カラ投下スル方法ガ最モ有効ナ方法デアルト看做サレテイマシタ。
（問）。中國派遣ノ時モ、蚤ヲ飛行機カラ投下シタカ？
（答）。ハイ、ソウデアリマス。

（問）。ソレハ、ペスト菌デ汚染サレタ蚤ダッタカ？
（答）。其ノ通リデス。中國ニ於ケルペスト蚤ニヨル細菌攻撃ハ、ペスト流行病ヲ發生セシムル筈デシタ。
（問）。ソヴエト同盟ニ對シテドイツガ戰爭ヲ開始シタ時、石井ガ先ズ蚤ノ培養ヲ強化スル樣ニ命令シタト言ウ、私ノ理解ハ正シイカ？
（答）。正シイデス。
（問）。如何ニシテ、蚤ヲペスト菌デ汚染シタカ？
（答）。鼠ハ豫メペストノワクチン注射ニヨッテペストニ感染セシメラレ、ソレカラ、蚤ガ之等ノ鼠ヲ媒介體トシテ汚染セシメラレマシタ。
（問）。第一部長ノ職デ第七三一部隊デハ、貴方ノ前任者ハ誰ダッタカ？
（答）。北川大佐デアリマシタ。
（問）。確カニ彼カラ貴方ハ、第一部ノ業務ヲ引繼イダノカ？
（答）。ハイ、其ノ通リデアリマス。
（問）。所謂實驗室ノ條件デ、生キタ人間ヲ使用スル實驗ニ從事シテイタノハ、第一部カ？
（答）。ハイ、其ノ通リデアリマス。

19*

(問)。被告、第七三一部隊ハ實驗用ノ人間ヲ、何處カラ受取ツテイタカ述ベテ貰イタイ。

(答)。私ノ知ツテイル限リデハ、部隊ハ生キタ人間ヲ哈爾濱ノ憲兵隊カラ受取ツテイマシタ。

(問)。第一部ガ行ツテイタ生キタ人間ヲ使用スル實驗ニ關シテ貴方ノ知ツテイル事ヲ述ベテ貰イタイ。

(答)。第七三一部隊構内ノ監獄ニ監禁サレテイタ囚人ガ、細菌戰準備ノ諸目的ニ於ケル、色々ナ研究ヲ行ウタメニ使用サレテイマシタ。研究ハ次ノ様ナ部門、卽チ種々ナル傳染病ノ殺人細菌ノ毒力增強ノ爲、之等細菌ノ生キタ人間ニ對スル使用方法研究ノ爲デアリマシタ。之等ノ實驗ニ直接立會ツタ事ハアリマセンノデ、詳細ヲ述ベル事ハ出來マセン。

(問)。之等ノ實驗ハ何處デ行ワレタカ?

(答)。監獄デ行ワレマシタ。監獄ノ外ニ特別實驗室ガアツテ、其處デモ、生キタ人間ヲ使用スル實驗ガ行ワレマシタ。

(問)。監獄ハ、一度ニ何名ノ囚人ヲ收容スル樣豫定サレテイタカ?

(答)。二〇〇名カラ三〇〇名迄デスガ、四〇〇名デモ收容スルコトハ出來マシタ。

（問）。一年間ニ部隊ノ監獄ニ何人囚人ガ送リ届ケラレタカ？
（答）。此ノ問題ニ關スル統計資料及ビ正確ナ數字ハ、私ニハ分リマセンガ、一年間ニ約四〇〇名カラ六〇〇名迄デシタ。
（問）。人間ガ一定ノ細菌デ感染サレタ後、ソノ人間ハ部隊構内ノ監獄デ治療シタカ否カ？
（答）。治療シマシタ。
（問）。彼ガ健康ヲ回復シタ時彼ヲドウシタカ？
（答）。治療シタ後、他ノ實驗ニ使用スルノガ常デシタ。
（問）。ソウシテ人間ガ死ヌ迄行ワレテイタノカ？
（答）。ハイ、ソウデアリマス。
（問）。第七三一部隊ノ監獄ニ入レラレタモノハ、誰デモ死ナナケレバナラナカツタノカ？
（答）。ソウデアリマス。監獄ノアツタ全期間ヲ通ジテ私ノ承知シテイルトコロデハ監獄カラ生キテ出テ來タモノハ一人モイマセンデシタ。
（問）。コノ様ナ恐シイ實驗ニ使用サレタ人々ノ國籍ハ如何？
（答）。主トシテ中國人、滿洲人、ソレカラロシア人ガ少シデアリマシタ。

（問）。實驗用囚人中ニ婦人ガイタカ？

（答）。イマシタ。

（問）。貴方ガ一九四一年四月監獄ヲ訪レタ時、監獄デ婦人ヲ見タカ？

（答）。見マシタ。

（問）。コレラノ婦人ノ國籍如何？

（答）。ロシア人ダッタト思イマス。

（問）。囚人中ニ子供ヲ連レタ婦人ガイタカ？

（答）。其ノ中一人ノ婦人ガ乳呑兒ヲ抱エテイマシタ。

（問）。彼女ヲ子供ト一諸ニ第七三一部隊ノ監獄ニ送リ届ケタノカ？

（答）。私ノ聞イタ所デハ、監獄デ生ンダ様デシタ。

（問）。コノ婦人モ生キテ監獄カラ出ルコトハ出來ナカッタカ？

（答）。私ガ部隊ニ勤務シテイタ當時ハソウデシタシ、コノ婦人モ正ニ其ノ様ニナリマシタ。

（問）。貴方ハ關東軍主計古野將軍及ビ關東軍參謀次長綾部中將ガ部隊ヲ視察シタコトヲ想イ起スカ？

（答）。記憶シテ居リマス。

（問）。關東軍司令部ノ之等ノ高級將校ハ、部隊ノ全テノ部屋特ニ部隊ノ監獄ヲ視察シタカ？

（答）。ハイ、視察シマシタ。

（問）。生キタ人間ヲ使用スル實驗ニ際シテ如何ナル傳染病菌ヲ最モ屢々第一部ハ實驗シタカ？

（答）。主トシテペスト菌デアリマス。

（問）。實驗室ノ條件ニ於ケル實驗ノ外ニ部隊デ、生キタ人間ヲ使用スル他ノ實驗ガ行ワレテイタカ？

（答）。ハイ、野外ノ條件ニ於テ行ワレテイマシタ。

（問）。ソノ實驗ハ何處デ行ワレテイタカ？

（答）。安達驛ニアッタ特設實驗場デ行ワレテイマシタ。

（問）。コレラノ實驗ニ關シテ貴方ノ知ッテイルコトヲ全部述ベテ貰イタイ。

（答）。ソレハ、私ガ第七三一部隊勤務ヲ任ゼラレテカラ間モナク、卽チ一九四一年ノ夏ノコトデシタ。安達驛デペスト蚤ヲ充塡セル『石井式』陶器製爆彈の使用實驗ガ行ワレマシタ。

（問）。供述ヲ續ケテ貰イタイ。

（答）。實驗ニ使用サレタ場所ハ入念ニ警備サレ、其處ヲ通過スルコトハ禁止サレテイマシタ。其ノ周圍ニハ、特別ナ歩哨ガ立チ、局外者ガ誰モ其處ニ行ケナイ様ニ警備シテイマシタ。

コノ實驗ニ使用サレタ一五名ノ被實驗者ハ部隊構内ノ監獄カラ屆ケラレ、實驗ガ行ワレテイタ地域デ特別ニ地中ニ埋メタ柱ニ縛リツケラレテイマシタ。飛行機ガ容易ニ方位ヲ定メ、容易ニ特設實驗場ヲ認メ得ルタメニ特設實驗場ニハ旗ガ掲揚サレ、煙ヲ昇ラセマシタ。平房驛カラ特別飛行機ガ飛來シマシタ。飛行機ハ實驗場地域上空ヲ飛行シ、實驗場ノ上空ニキタ時二〇個バカリノ爆彈ヲ投下シマシタガ、爆彈ハ地上一〇〇乃至二〇〇米ノ所ニ達セヌ内ニ炸裂シ、中カラ爆彈ニ充塡サレテイタペスト蚤ガ飛出シマシタ。此等ノペスト蚤ハ全地域ニ蔓延シマシタ。

爆彈投下ガ行ワレタ後、蚤ガ蔓延シ、被實驗者ヲ感染サセルコトガ出來ル爲、相當ノ時間待チマシタ。其ノ後コレラノ人間ヲ消毒シテ、飛行機デ平房驛ノ部隊構内監獄ニ送リ、ソコデコレラノ人間ガペストニ感染シタカドウカヲ明ラカニスルタメ彼等ニ監視ガツケラレマシタ。

此等ノ實驗ノ結果ニツイテ中上ゲタイコトハ次ノ事デアリマス。卽チ、實驗ノ責任指導者太田大佐ノ言カラ私ガ知ツテイルコトハ、實驗ハ好結果ヲ生マズ、是レハ高溫、卽チ非常ナ暑サニ起因スルモノデ、ソノ爲蚤ノ作用ガ非常ニ弱カツタトイウコトデアリマス。

コノ實驗ニツイテ私ガ言エル事ハ、コレ丈デアリマス。

（問）。コノ實驗ニ關スル命令ヲ作成シタノハ誰カ？

（答）。コレニ關スル命令ヲ作成シタノハ第二部長デアリマス。庶務部長、卽チ部隊ノ書記部長トシテ私ハコノ命令ヲ閲覧シ、裁決ヲ受ケルタメ部隊長ニ提出シマシタ。部隊長ハ命令ヲ裁決シマシタ。

（問）。特設實驗場ノ條件下デハ如何ナル細菌ガ最モ屢々實驗サレテイタカ？

（答）。ペスト菌デアリマス。

（問）。貴方ハ、中國ニ對スル細菌兵器ノ使用ニ關シテ豫審ニ於ケル自分ノ供述ヲ確認スルカ？

（答）。確認シマス。

（問）。中國派遣隊ニツイテ述ベテ貰イ度イ。

（答）。先ズ私ガ第七三一部隊ニ勤務シテイタ時期ニツイテ述ベマス。コノ期間ヲ通ジテ第七三一部隊ノ派遣隊ガ中國中部ニ於ケル中國軍ニ對シテ兵器トシテ殺人細菌ヲ使用シタコトガ一九四一年ニ一度、一九四二年ニモ一度アリマシタ。

（問）。貴方ノ供述ヲ續ケテ貰イ度イ。

（答）。第一回目ハ、私ガ述ベマシタ様ニ、一九四一年ノ夏デシタ。第二部長太田大佐ガ何カノ拍子ニ中國中部ニ行クト語リ、其ノ時私ニ別レヲ告ゲマシタ。歸ツテ來テ間モ無ク、彼ハ私ニ中國中部洞庭湖近邊ニアル常德市附近一帶ニ飛行機カラ中國人ニ對シテペスト蚤ヲ投下シタ事ニツイテ語リマシタ。斯樣ニシテ、彼ガ述ベタ樣ニ、細菌攻擊ガ行ワレタノデアリマス。其ノ後太田大佐ハ、私ノ臨席ノ下ニ第七三一部隊長石井ニ、常德市附近一帶ニ第七三一部隊派遣隊ガ飛行機カラペスト蚤ヲ投下シタ事及ビ此ノ結果ペスト傳染病ガ發生シ、若干ノペスト患者ガ出タトイウ事ニ關シテ報告シマシタガ、サテ其ノ數ガドノ位カハ私ハ知リマセン。

(問)。此ノ派遣隊ニ第七三一部隊ノ勤務員ハ何人位參加シタカ?

(答)。四〇人——五〇人位デス。

(問)。一九四一年ニ於ケル此ノ派遣當時ノペスト菌ニヨル地域ノ汚染方法如何?

(答)。ペスト蚤ヲ非常ナ高空カラ飛行機デ投下スル方法デアリマス。

(問)。コレハ細菌爆彈ノ投下ニヨッテ行ワレタノカ、ソレトモ飛行機カラ蚤ヲ撒布スル方法ニヨッテカ?

(答)。撒布ニヨッテデアリマス。

(問)。一九四二年ニ第七三一部隊ガ中國へ送ッタ派遣隊ニツイテ貴方ノ知ッテイルコトヲ全部述ベテ貰イタイ。

(答)。一九四二年六月第七三一部隊長石井中將ハ、部隊ノ幹部ヲ集メテ、近ク中國中部派遣隊ガ編成サレ、コレハ細菌兵器ノ最良ノ使用方法ノ研究ニ當ル筈デアルト吾々ニ語ツタノデアリマス。此ノ派遣隊ハ、日本軍參謀本部ノ命令ニヨッテ編成サレ派遣サレタモノデ其ノ主要ナ目的ハ、所謂地上汚染方法、卽チ地上ニ於ケル細菌ノ傳播方法ノ研究デシタ。ツイデ、中國中部ニ特別隊ヲ派遣スルコトヲ命ジタ關東軍司令官ノ命令ガ出マシタ。

此ノ命令ニ基イテ、第七三一部隊長石井中將ハ、部隊ノ幹部ヲ集メテ、實際上如何ニ此ノ派遣ヲ行ウカニツイテ打合セヲシ、其ノ際此ノ派遣隊工作ノ實施計畫ノ作成ハ、第二部長村上中佐ニ命ゼラレマシタ。コノ特別隊ノ人數ハ、一〇〇名カラ三〇〇名迄ニナル筈デアリマシタ。ソシテ、ペスト菌、コレラ菌、パラチブス菌ガ使用サレルコトニ決マリマシタ。

六月ノ末カラ七月ノ初メ迄、該派遣隊ハ數カ班ニ分レテ、飛行機及ビ汽車デ南京「榮」部隊ニ派遣サレマシタ。

該派遣隊ノ細菌工作ハ、中國中部ニ於ケル日本軍ノ浙贛作戰ト平行シテ行ワレル筈デシタ。作戰ノ時期ハ七月ノ末ト指定サレマシタ。シカシ、日本軍ノ戰略的退却ヲ意味シテイタ浙贛作戰ノ實施ガ若干遲レタコトニ鑑ミ、此ノ細菌作戰ハ、八月ノ末ニ行ワレマシタ。第七三一部隊ノ此ノ中國中部派遣隊ハ『榮』部隊ヲ基地トシ、同部隊ニ據點ヲ創設シマシタ。

細菌作戰ハ、玉山、金華、浦江ノ諸都市附近一帶デ行ワレル筈デアリマシタ。此ノ作戰ガ終了シタ後、中國人ニ對シテペスト菌、コレラ菌、パラチブス菌ガ撒布法ニヨッテ使用サレタ事ヲ私ハ知ル樣ニナリマシタ。ペスト菌ハ蚤ニヨッテ傳播サレ、他ノ細菌ハ其儘ノ型デ貯水池、井戸、河川等々ノ汚染ニヨッテ傳播サレマシタ。細菌作戰ガ全ク計畫的ニ實施サレ、完全ニ成功シタコトヲ知ッテイマスガ、此ノ作戰ノ結果ニ關スル詳細ハ、私ニハ不明デアリマス。作戰ガ成功シタコトハ石井中將ノ言ニヨッテ知ッテイマス。

(問)。一九四二年ノ派遣隊準備ニ關連シテ第四部ハ如何ナル任務ヲ受ケタカ?

(答)。第四部ハ第七三一部隊ノ派遣隊ニ細菌ノ供給ヲ確保セヨトイウ任務ヲ受ケ、此等ノ細菌ハ一三〇キログラム準備サレ、飛行機デ中國中部ニ送ラレマシタ。

(問)。第四部デ如何ナル細菌ガ製造サレタカ明確ニシテ貰イタイ。

(答)。吾々ハパラチブス菌ト炭疽菌ノミヲ製造シマシタ。

(問)。一九四二年ノ中國派遣隊ノ派遣ニ關スル梅津大將ノ命令ヲ貴方ハ自分デ讀ンダカ?

(答)。ハイ、讀ミマシタ。

(問)。一九四〇年ノ中國派遣隊ニ關シテ貴方ハ何ヲ知ッテイルカ?

(答)。石井中將ハ私ニ中國ノ醫學雜誌ヲ見セテ呉レマシタガ、ソレニハ一九四〇年ニ於ケル寧波附近一帶ノペスト流行ノ原因ニツイテ述ベラレテイマシタ。彼ハ私ニ此ノ雜誌ヲ見セタ後、寧波附近一帶デ第七三一部隊ノ派遣隊ガ飛行機カラペスト蚤ヲ投下シ、之ガ傳染病流行ノ原因トナッタ事ヲ話シマシタ。

（問）。當時貴方トノ話デ石井ハ一九四〇年ノ派遣隊ノ工作ノ結果ヲ如何ニ評價シテイタカ？

（答）。彼ハコノ派遣隊ノ工作ハ成功シタト考エテイマシタ。

國家檢事——地圖ノアル本件ノ記錄第二〇册ヲ頂キタイ、裁判官側ノ許可ヲオ願イスル。

（國家檢事ハ第二〇册ヲ受取リ、檢分ノタメ記號附キノ地圖ヲ被告川島ニ手渡ス）。

貴方ノ手許ニ中國ノ地圖ガ渡ッテイルガ、貴方ハ此ノ地圖ノ中デ細菌攻擊ノ行ワレタ地區ニ陰影ヲツケタ。中國ノ正ニ此ノ地區デ中國住民ニ對スル細菌攻擊ガ實施サレタ事ヲ貴方ハ確認スルカ？

被告川島——ハイ、確認シマス。

（問）。コレハ確カニ貴方ガ記號ヲツケタ地圖デアルカ？

（答）。正ニ其ノ通リデアリマス。

（問）。確カニ此ノ地域デ、中國ニ對スル攻擊ガ行ワレタ事ヲ確認スルカ？

（答）。確認シマス。

（問）。細菌戰準備ガ日本デナクテ滿洲デ行ワレタノハ如何ナル理由ニヨルノカ？

（答）。滿洲ハソヴエト同盟ト境ヲ接シテ居ル國デアリ、戰爭開始ノ場合滿洲カラ細菌戰兵器ヲ使用スルノガ一番容易デアリ便利デアリマス。ノミナラズ、滿洲ハ細菌戰兵器ノ研究ニ關スル實驗ノタメ非常ニ便利デアリマス。

（問）。滿洲ニ於ケル實驗實施ノ『便宜性』ハソモソモドウイウ點ニアルノカ？

（答）。滿洲ガ非常ニ便利デアツタノハ、被實驗材料ガ充分アツタカラデス。

（問）。『被實驗材料』トハ何ノコトカ？實驗用トシテ部隊ニ屆ケラレテイタ人間カ？

（答）。全クソノ通リデアリマス。

（問）。實驗ノ犧牲者ヲ呼稱スルノニ部隊デハ如何ナル隱語ガ用イラレテイタカ？

（答）。彼等ハ『丸太』ト呼バレテイマシタ。

（問）。コレラノ人々ハ構內監獄デ夫々ノ姓名デ監禁サレテイタカ？

（答）。イヤ、彼等ハ番號ヲ有ツテイマシタ。

（問）。デ、コレラノ人々ハ誰デモ死ナナケレバナラナカツタノカ？

（答）。正ニソノ通リデアリマス。

（問）。細菌專門學者トシテ貴方ハ、戰爭ノ手段トシテ殺人的傳染病ヲ蔓延セシメルコトガ恐ルベキ災厄ノ脅威ヲ與エルトイウコトヲ理解シテイタカ？

（答）。ハイ、私ハ理解シテイマシタ。

（問）。ペスト及ビ他ノ傳染病ノ蔓延ニ起因スル恐ルベキ災厄ガ中立諸國ニモ襲イカカリ得ルトイウコトヲ貴方ハ理解シテイタカ？

（答）。ハイ、理解シテイマシタ。

（問）。醫師トシテ貴方ハ、生キタ人間ヲ使用スル實驗ガ非人道的デアルコトヲ理解シテイタカ？

（答）。ハイ、理解シテイマシタ。

（問）。貴方ハ或期間ニ互ツテ生キタ人間ヲ使用スル實驗ヲ行ツテイタ第一部ノ部長デアリ、ツイデ第四部、卽チ病原菌ヲ多量製造シテイタ製造部ノ部長デアツタカ？

（答）。ハイ、ソノ通リデアリマス。

（問）。貴方ハコレニツイテ自分ノ罪ヲ認メテイルカ？

（答）。認メテイマス。

國家檢事——私ニハコレ以上質問ハナイ。

ボロヴィク辯護士——周知ノ樣ニ、貴方ハ一九一六年カラ日本軍ニ勤務シテイタガ、軍務ハ貴方ノ家庭ノ傳統デアツタカドウカ、更ニ此ノ傳統ハ代々傳ワツテイタカ、明確ニシテ頂キタイ。貴方ノ父ハ何ヲシテイタノカ、軍人デアツタカ？

被告川島——私ノ父ハ農業ニ從事シテイマシタ。

（問）。豫審及ビココ軍事裁判ノ法廷ニ於ケル供述デ貴方ハ、後ニ第七三一部隊ト稱セラルルニ至ツタ細菌戰部隊ノ編成ガ早クモ一九三六年ノ事デアツタト述ベタ。此ノ當時貴方ガ日本軍デ如何ナル職責ヲ果シテイタカ重ネテ簡單ニ話シテ頂キタイ。

（答）。當時私ハ東京市近衛師團ノ軍醫部ニ勤務シテイマシタ。

（問）。職務ハ？

（答）。軍醫部長補佐デシタ。

（問）。豫審及ビココニ於ケル供述デ貴方ハ、一九四〇年ノ天皇ノ軍令ニヨツテ第七三一部隊ノ定員增加及ビソノ業務規模ノ擴張ガ豫定サレテイタト述ベタガ、一九四〇年貴方ハ何ニ從事シテイタカ話シテ下サイ。

（答）。當時私ハ第三八師團ノ軍醫部長デシタ。

（問）。斯樣ニシテ、私ガ理解シタ所デハ、第七三一部隊創立ノ準備期及ビソノ業務規模ノ大擴張ハ貴方ガコノ部隊ノ存在ニ關シテ知ラナカツタ時期ニ行ワレタ。私ハ貴方ノ言ウコトヲ正シク理解シタカ？

（答）。全ク正シク理解サレテイマス。

十二月二六日午前ノ公判

被告柄澤ノ訊問

國家檢事——被告、貴方ハ第七三一部隊デ何時カラ何時迄、ソシテ、イカナル職責ヲツトメテイタカ？

被告柄澤——第七三一部隊ニハ私ハ一九三九年十二月カラ一九四四年八月迄、主トシテ第四部、卽チ製造部デ初メハ部ノ普通ノ勤務員トシテ、ツイデ製造係長トシテ勤務シテイマシタガ、製造課長鈴木少佐ガ轉任シタ後（コレハ一九四二年末或ハ一九四三年始メデアリマシタガ、正確ニ述ベルコトハ出來マセン）私ハ彼ニ代ッテ製造課長ノ地位ニツキマシタ。

（問）。斯クシテ、貴方ハ第七三一部隊ニ平均シテ、五年間勤務シタワケカ？

（答）。ハイ、大體五年デアリマス。

（問）。デハ、貴方ハ部隊ノ機構及ビ製造部ノ業務ヲヨク承知シテイルワケカ？

（答）。ソウデアリマス。第七三一部隊第四部ノ業務ハ、ヨク知ッテ居リマス。第七三一部隊ニ永ク勤務シタ關係上部隊ノ他ノ部ノ任務ヤ機能モ私ハ概略知ッテ居リマス。

(問)。第七三一部隊ニハ、如何ナル任務ガ課セラレテイタカ？

(答)。第七三一部隊ノ主要ナ任務ハ、細菌戰ノ積極的ナ準備デアリマシタ。

(問)。部隊内デ、生キタ人間ヲ使用スル實驗ガ系統的ニ行ワレテイタノハ、如何ナル目的ニヨルノカ？

(答)。コレハ細菌ノ研究及ビ細菌戰ヘノ其ノ使用ノタメニ行ワレテイマシタ。卽チ、研究サレテイマシタノハ、細菌ノ効力、細菌ノ繁殖方法及ビ其ノ使用方法、細菌ノ大量生産方法並ビニ此等細菌ノ保存方法デアリマス。

(問)。部隊ガ中國ニ於テ細菌攻擊ヲ行ツテイタコトヲモ、貴方ハ確認スルカ？

(答)。ハイ、確認シマス。

(問)。部隊ノ第四部ガ細菌戰用細菌ノ大規模製造ノ強力ナ工場デアツタトイウコトニ關スル自分ノ供述ヲ、貴方ハ確認スルカ？

(答)。ハイ、確認シマス。私ガ既ニ述ベマシタ如ク、第七三一部隊ノ第一部ハ細菌戰諸問題ノ研究ニ從事シ、第二部ハ野外ノ條件ニ於ケル細菌兵器使用ノ研究ニ關スル諸問題ヲ取扱イ、第四部ハ殺人細菌ノ大量生産及ビ其ノ保存方法ノ諸問題ニ從事シテイマシタ。

(問)。實驗室ノ條件ニ於テ、生キタ人間ヲ使用シテ實驗ヲ行ツテイタノハ何部カ？

(答)。第一部デアリマス。

(問)。生キタ人間ヲ使用スル實驗ハ、監獄ノ條件下デノミ行ワレテイタカ、或ハ其ノ他ノ場所デモ行ワレタカ？

(答)。實驗ハ二樣ニ行ワレマシタ。卽チ、監獄ト特設實驗場デアリマス。

(問)。部隊ノ何部ガ特設實驗場ノ條件下デ生キタ人間ヲ使用スル實驗ヲ行ッテイタカ？

(答)。部隊ノ第二部デアリマス。

(問)。部隊ノ生產設備、其ノ能力及ビ細菌製造方法ヲ說明シテ貰イタイ。

(答)。私ハ第四部ノ製造課長トシテ勤務シテイマシタノデ、先ズ同課ノ生產設備ニツイテ話シマス。

同課ニ於ケル細菌大量生產設備ハ、二式カラ成ッテイマシタ。私ハ先ズ、第一式ニツイテ述ベマス。コレハ先ズ、細菌ヲ培養スルタメノ培養基製造ノ釜デアリマス。此ノ樣ナ釜ガ四ツアリ、各々ノ容量ハ約一トンデアリマシタ。培養基ハ特製ナル『石井式』培養器ニ收メラレマシタガ、此ノ培養器ハ又特製ノ自閉罐ニ入レラレマシタ。此ノ自閉罐ガ一四アリ、各自閉罐ニハ約三〇ノ培養器ヲ入レルコトガ出來マシタ。斯樣ニシテ、一杯ニツメタ場合、一度ニ、コレラノ自閉罐ニ四二〇ノ培養器ヲ入レルコトガ出來マシタ。培養器冷却

20*

ノタメ、冷藏庫ガ二ツアリマシタ。培養基ガ冷却シタ後、細菌ヲ入レマシタ。コノ細菌ガ繁殖サレタ後、ソレヲ取リ出シマシタ。コノタメニ特別室ガ二ツアリマシタ。

（問）。細菌ノ一カ月製造量ハイクラカ？

（答）。第四部ノ生産能力ヲ最大限ニ利用シタラ、最良ノ條件下ニ於テ、理論的ニハペスト菌、一カ月間三〇〇キログラム迄製造シ得ルコトニナッテイマシタガ、實際ニハコノタメニ使用サレテイタノハ培養器五〇〇丈デ、ソレニヨッテ、一製造周期間ニ、ペスト菌一〇キログラムヲ製造スルコトガ出來マシタ。卽チ各培養器カラ二〇グラム宛取レマシタ。

（問）。腸チブス菌ハ最大限、ドノ位製造シ得タカ？

（答）。一カ月間、八〇〇乃至九〇〇キログラムデアリマシタ。

（問）。炭疽菌ハ？

（答）。約六〇〇キログラムデス。

（問）。コレラ菌ハ？

（答）。約一噸デス。

（問）。パラチブス菌ハ？

（答）。チブス菌ト同ジデス。

（問）。赤痢菌ハ？

(答)。同ジデス。

(問)。私ハ貴方ノ言ニヨッテ、第四部ニアッタ釜全部ヲ以テ、八噸ノ培養基ヲ製造シ得タト理解シタガ、コレハ正シイカ？

(答)。ハイ、正シイデス。第一式デ四噸、第二式デモ同様四噸製造スルコトガ出來マシタ。

(問)。第七三一部隊ノ支部ハ、何處ニ配置サレテイタカ？

(答)。部隊ノ支部ハ、海拉爾、孫呉及ビ林口、海林ノ各驛、牡丹江市近邊ニ配置サレテイマシタ。

(問)。此等ノ支部ハ、ソヴエト同盟ノ國境ニ極メテ近接シタ地點ニ配置サレテイタノカ？

(答)。ハイ、ソウデアリマス。

(問)。貴方ハ自ラコレラノ支部ニ行ッタコトガアルカ？

(答)。各支部ニ、一回宛行ッタコトガアリマス。

(問)。貴方ハ、如何ナル任務ヲ持ッテ、コレラノ支部ニ行ッタカ？

(答)。私ハ、生産設備ヲ配置スル場所ガアルカドウカ、トイウ問題ヲ明ラカニスルタメコレラノ支部ニ行ッテ來マシタ。

（問）。卽チ、各支部ニ於ケル細菌ノ大量培養ノ爲ニカ？

（答）。部隊長ノ意圖ガソウデアッタコトハ疑イアリマセン。

（問）。貴方ガ言ウノハ、北野中將ノコトカ？

（答）。ソウデアリマス。

（問）。貴方ガ各支部ニ出張シナケレバナラナカッタノハ、ドウシテカ？

（答）。出張前、部隊長北野中將ハ出張ノ目的ヲ説明シマシタ。第一ノ目的ハ細菌ノ大量生産部門ニ於ケル部隊ノ生產能力ヲ增加スルコト、第二ノ目的ハアメリカトノ戰爭開始ニ關連シテ、敵空軍ノ攻擊下ニ於テサエモ生產ノ續行ヲ中止セザル樣、アメリカ空軍ノ爆擊ニ當ッテ、部隊ノ生產設備ヲ事前ニ分散スルコトガ必要デアリマシタ。

（問）。第七三一部隊ハ、各種傳染病ニ對スルアメリカ人ノ免疫性ノ研究ニ從事シテイタカ、ドウカ？

（答）。一九四三年ノ始メノコトダッタト記憶シテオリマス。當時、私ハ奉天ノ病院ニ入院シテオリマシタガ、私ノトコロヘ、部隊ノ研究員湊ガ訪ネテ來マシテ、自分ノ業務ニツイテ私ニ知ラセマシタ。彼ハ、アメリカ軍ノ俘虜ノ免疫性ニ關スル問題ヲ研究スル爲、奉天ニイルコトヲ語リマシタ。湊ハ各種傳染病ニ對スルアングロ・サクソン民種ノ免疫性研究ノ爲、第七三一部隊ニヨツテ特ニ連合國軍ノ俘虜ノ收容所ニ出張サセラレテイタノデアリマス。

（問）。アメリカ軍ノ俘虜ノ血液ノ特質研究モ、コノ目的デ行ワレテイタノカ？

（答）。全クソノ通リデアリマス。

（問）。內見研究員ハ、一九四三年、何ニ從事シテイタカ？

（答）。彼ハ、內蒙古ニ行ツテ、ソコデコレモ蒙古人ノ免疫性ニ關スル問題デ、蒙古人ノ血液研究ニ從事シテイマシタ。

（問）。貴方ハ自分デ生キタ人間ヲ使用スル實驗ニ立會ツタカ？

（答）。私ハ、安達驛ノ特設實驗場デ野外ノ條件下ニ於ケル人間ノ感染實驗ニ二度參加シマシタ。第一ノ實驗ハ、一九四三年末、炭疽菌デ行ワレマシタ。コノ實驗ノタメニ、特設實驗場ニ連レテコラレタ一〇名ノ被實驗者ガ使用サレマシタ。コレラノ人々ハ、五米間隔デ特殊ノ柱ニ縛リツケラレテイマシタ。コレラノ人々ノ感染ノタメニハ、被實驗者カラ五〇米ノ所ニアツタ榴散爆彈ガ使用サレマシタ。此ノ爆彈ハ電流ニヨツテ爆發セシメラレマシタ。此ノ實驗ノ結果、一部ノ被實驗者ハ感染サレマシタ。彼等ニ對シテ或ル措置ガ施サレタ後、彼等ハ部隊ニ連レテ行カレマシタガ、其ノ後、私ハ、罹炭疽シタ被實驗者ガ死亡シタコトヲ報告カラ知リマシタ。

二度目ハ、一九四四年ノ春デシタ。コレハ、ペスト菌ノ使用實驗デアリマシタ。方法ハ呼吸器ヲ通ジテノ感染デアリマシタ。被實驗者ハ、炭疽菌ノ實驗ノ際ト同ジ様ニ取扱レマシタ。

(問)。柱ニ縛リツケタノカ?

(答)。ハイ、正ニソウデアリマス。被實驗者カラ一〇米ノ所ニ試驗管ガ置カレ、ソノ中ニハペスト菌デ汚染サレタ液體ガ入ツテイマシタ。コノ試驗管ハ爆發セシメラレマシタガ、私ノ知ツテイル所デハ、コノ實驗ノ結果、感染ハ成功セズ、傳染病菌ハ呼吸器ヲ通ジテ浸透シナカツタコトガ明ラカニサレマシタ。

(問)。蚤ノ培養ニ従事シテイタノハ何部カ?

(答)。第二部デアリマス。

(問)。蚤ノ培養ノタメ、特別ノ課ガアツタカ?

(答)。コノ業務ニハ第二部ノ第三課ガ當ツテイマシタ。

(問)。第二部第三課長ハ誰デアツタカ?

(答)。此ノ課長ハ、研究員田中少佐デアリマシタ。

(問)。所デ、部隊長石井四郎ノ弟ハ何ヲシテイタカ?

(答)。彼ハ、第一部ノ監獄ヲ管理シテイマシタ。

（問）。中國ヘノ第七三一部隊派遣隊ニツイテ、貴方ノ知ツテイルコトヲ全部述ベテ貰イタイ。

（答）。私ノ知ツテイル限リデハ、第七三一部隊カラノ中國派遣隊ハ、一九四〇年マタ一九四二年ノ二回派遣サレマシタ。

第一回目ノ派遣隊ハ一九四〇年デシタ。コレハ同年ノ後半デシタ。私ノ直接上官デアル製造課長鈴木少佐ハ、腸チブス菌七〇キログラム、コレラ菌五〇キログラムヲ製造スル様、命令シマシタ。鈴木少佐ノ言葉カラ私ハ、此等ノ細菌ガ石井中將ノ指揮スル中國特殊派遣隊ノタメニ製造サレテイルコトヲ知リマシタ。

私ハ、第四部製造課班長トシテ、コノ派遣隊ヘノ所要量ノ細菌確保ニ當リマシタ。之レト同時ニ、私ハ派遣隊ガペスト蚤ノ五キログラムヲ携行シタコトヲ知リマシタ。石井中將ヲ長トスル派遣隊ハ、私ノ記憶スル所デハ、中國中部ノ漢口市附近ニ出動シ、ソコデペスト蚤及ビ細菌ヲ兵器トシテ實用シマシタ。

此等ノ實驗ガ敵領内ニ於テ行ワレタ以上、ソノ正確ナ結果ハ不明デアリマス。

シカシ、工作ノ結果ニ關スル情報蒐集ノタメ、野崎少佐ヲ長トスル特別班ガ殘リ、野崎少佐ハ、寧波市附近ニ於ケル傳染病蔓延ノ事實ヲ報道セル新聞ヲ手ニ入レルコトニ成功シマシタ。

（問）。ソノ新聞ニハ何ント書カレテアッタカ？

（答）。私ノ記憶スル限リデハ、コノ新聞ニハ、寧波市附近デ此ノ傳染病ノ流行ガ發生スル前ニ、日本ノ飛行機ガ飛翔シ、高空カラ何カヲ投下シタトイウコトニツイテ書イテアリマシタ。

（問）。貴方ハ此ノ記事ヲ自分デ見タカ？

（答）。ハイ、自分デ見マシタ。

第二回目ノ派遣隊ノ工作ハ一九四二年、大體一九四二年ノ中頃實施サレマシタ。私ノ直接上官鈴木少佐ハ、パラチブス菌ト炭疽菌ヲ製造スル様、私ニ命令シマシタ。個別的ニ、パラチブス菌ガ幾ラ、炭疽菌ガ幾ラトイウコトハ記憶シテイマセンガ、總量ハ、一三〇キログラムデ、吾々ノ製造シタ細菌ハ、飛行機及ビ一部汽車デ部隊派遣隊ノ基地ガアッタ南京ニ發送サレマシタ。

（問）。コノ派遣隊ノ基地ハ、南京『榮』部隊ニ在ッタノカ？

（答）。正ニ其ノ通リデアリマス。『榮』部隊ガコノ派遣隊ノタメニ若干量ノ細菌ヲ製造シテイタコトヲ私ハ知ッテイマスガ、果シテドレダケノ量ヲ、又如何ナル細菌ヲ製造シテイタノカハ、記憶シテイマセン。此ノ外、『榮』部隊ガ派遣隊援助ノタメ自隊ノ衛生兵若干名ヲ派遣シテイタコトヲ知ッテイマス。

（問）。中國派遣隊ノコトヲ語リ乍ラ、貴方ハ何故一九四一年ノ派遣隊ニツイテ沈默シテイルカ？

（答）。コレニツイテハ、昨日ノ軍事裁判ノ法廷デ明ラカニサレテイマシタ。一九四一年ノ、コノ作戰ニ際シテハペスト蚤ダケガ使用サレマシタガ、之ニ直接關係ヲ有タナイ吾々ニハ、コレニツイテ何モ話サレマセンデシタ。

（問）。一九四二年ノ中國派遣隊ノ長ハ、誰ダッタカヲ述ベテ貰イタイ。

（答）。此ノ派遣隊ノ長ハ、部隊長石井中將デアリマシタ。

（問）。派遣ニ當ッテハ、石井中將自ラ、中國ニ赴イタノカ？

（答）。ハイ、赴キマシタ。

（問）。彼ノ外ニ、部隊ノ幹部中、誰ガ中國ニ赴イタカ？

（答）。私ハコノ派遣隊ニハ、又、碇中佐、田中研究員及ビ其ノ他ノモノガ參加シタコトヲ知ッテイマス。

（問）。生キタ人間ヲ使用スル石井ノ實驗開始ニ關シ、貴方ハ何ヲ知ッテイルカ？何時カラ實驗ガ行ワレタカ？

（答）。私ハ、正確ニハ知リマセンガ、コレラノ實驗ハ、所謂柳條溝事件ノ後、直チニ始メラレタト思イマス。

（問）。コレニツイテ石井自身ハ、貴方ニ何カ言ツタカ？

（答）。一九三九年、私ガ此ノ部隊ニ入ツタ時、コレニツイテ私ニ言ツタコトヲ正確ニ記憶シテイマス。

（問）。貴方ガ部隊ニイタ當時、關東軍ノ高級將校中、誰ガ部隊ヲ視察シタカ述ベテ貰イ度イ。

（答）。部隊ニ來タノハ、元關東軍司令官梅津大將、參謀長木村中將（後ニ大將）、宮田中佐、卽チ竹田宮、日本關東軍元軍醫部長梶塚軍醫中將デアリマス。

（問）。貴方ハ、實驗用ノ人間ガ部隊ニ送ラレテイル所ヲ目撃シタカ？

（答）。私ハ部隊ノ週番將校ノ職責ヲ果スコトガアリマシテ、コレラノ人間ヲ連レテキタ所ヲ二度目撃シマシタ。

（問）。第七三一部隊ノ監獄ニ監禁サレテイタ者ノ中、自由ノ身トナツテ歸ツテキタ者ガイルカ？

（答）。私ノ知ツテイル限リデハ、誰モ歸ツテ來マセンデシタ。

（問）。デハ、全部虐殺サレタワケカ？

（答）。ハイ、正ニ其ノ通リデアリマス。

（問）。被實驗者ノ虐殺ノ後、其ノ死體ハ何處ニ送ラレタカ？

（答）。部隊ノ火葬場デアリマス。

（問）。第四部勤務員デアル貴方ガ特設實驗場ニ於ケル生キタ人間ヲ使用スル實驗ニ立會ツタ理由ハ何カ、貴方ノ如何ナル職務柄立會ツタカ述ベテ貰イタイ。

（答）。野外條件下ニ使用サレタスベテノ細菌ガ私ノ課デ製造サレテイタ以上、私ハ特設實驗場ヘノ、此等細菌ノ轉送問題ヲ管轄シテイマシタ。ノミナラズ、私ハ此等細菌ノ効力檢査ニ關心ヲ寄セテイマシタ。

軍事裁判官イリニツキー——部隊デ生キタ人間ヲ使用スル實驗ハ如何ナル目的ノタメニ行ワレテイタカ？

被告柄澤——コレハ、最モ有効ナ細菌兵器ノ研究及ビソノ殺人能力増強ノ爲ニ行ワレマシタ。

裁判長——被告柄澤、十二月六日ノ豫審デ貴方ハ、滿洲ニ第七三一部隊ガ創設サレタ事ハ、日本軍閥ノソヴエト同盟ニ對スル細菌戰準備ノ具體的ナ現ワレデアツタト供述シタガ、貴方ハ自分ノ此ノ供述ヲ重ネテ確認スルカ？

被告柄澤——確認シマス。

辯護士ルキヤンツエフ——被告柄澤、貴方ガ何時、如何ニシテ、日本軍ニ勤務スルニ至ツタカ明確ニシテ頂キタイ。

被告柄澤——一九三一年、私ハ陸軍省依託生トシテ東京市ノ醫大ニ入學シ、カクシテ陸軍省カラ物質的援助ヲ受ケテイマシタ。コレニヨッテ、私ハコノ醫大卒業後、軍醫トシテ軍務ニツク義務ヲ有ッテイマシタ。

（問）。細菌ノ大量生産ヲ展開シ得ル諸條件ノ調査ノタメ、第七三一部隊長ガ特ニ貴方ヲ各支部ニ出張セシメタノハ、何故カ、明確ニシテ貰イタイ。

（答）。既ニ述ベマシタ如ク、私ハ細菌製造部門デ永ク勤務シテイマシタノデ、部隊長ハ私ヲコノ業務ニ於ケル經驗アル人物トシテ適任者デアルト考エタモノト思ワレマス。

（問）。人間殺戮用兵器ノ製造トイウ第七三一部隊ニ於ケル自分ノ業務ヲ、貴方ハ如何ニ考エテイルカ？

（答）。人間ヲ治療スル使命ヲ持ツ醫師ノ見地カラシテ、コレハ惡イコトデアルト考エマス。

被告山田ノ訊問

裁判長——被告山田、貴方ノ勤務期間ヲ通ジテ、日本軍デ如何ナル職責ニツイテイタカ述ベテ貰イタイ。

被告山田——一九四四年七月カラ一九四五年八月迄、私ハ關東軍司令官ノ職ニアリマシタ。

(問•)。ソレ迄ニ貴方ハ如何ナル職ニツイテイタカ?

(答•)。一九〇三年私ハ、日本軍陸軍少尉ニ任官サレ、一九三〇年ニハ陸軍少將ニ任官サレマシタ。

(問•)。ソノ期間ニ貴方ハ如何ナル職ニツイテイタカ?

(答•)。陸軍少將ニナツテカラ一年間、私ハ陸軍騎兵學校教育部長トシテ勤務シマシタ。

(問•)。ツズイテ、如何ナル職ニツイタカ?

(答•)。ツズイテ、私ハ第四騎兵旅團長ニナリマシタ。

(問•)。ソレカラ後ハ?

(答•)。ソレカラ一年間、陸軍通信學校長、翌年參謀本部第三部長、ツズク一年ト一カ月ハ參謀本部總務長、一九三五年十二月カラ一九三七年三月迄陸軍士官學校長、一九三七年三月カラ同年十二月迄牡丹江市(滿洲)第一二師團長、一九三八年一月カラ一九三八年十二月迄牡丹江市ニ在ツタ第三軍ノ司令官、一九三八年十二月カラ一九三九年十月迄南京ニ司令部ノアツタ中國中部派遣軍司令官、一九三九年十月カラ一九四四年七月迄日本軍教育總監デアリマシタ。此ノ期間、私ハ軍事參議官、一九四三年カラハ、日本防衛司令官ノ職ヲ兼任シテイマシタ。日附ヲ間違イマシタノデ、訂正イタシマス。一九四一年八月カラ同年末迄日本防衛司令官ヲツトメ、ツズイテ、一九四四年七月カラ關東軍司令官ヲツトメテイマシタ。

國家檢事――關東軍司令官ノ前任者ハ誰カ?

被告山田――梅津美次郎大將デアリマス。

（問）。被告山田、關東軍ノ編成中ニハ如何ナル細菌戰部隊ガアツタカ述ベテ貰イタイ。

（答）。關東軍ニハ第七三一部隊、第一〇〇部隊トイウ二ツノ細菌戰部隊ガアリ、コレハ、關東軍司令官直轄デアリマシタ。

（問）。デハ、梅津大將ガ關東軍司令官デアツタ當時ニハ此等ノ部隊ハ、彼ノ直轄下ニ、一九四四年七月貴方ガ關東軍司令官ニナツテカラハ、貴方ノ直轄下ニアツタノカ?

（答）。ソウデアリマス。

（問）。第七三一部隊員デナイ局外者特ニ關東軍參謀ハ、誰ノ許可ヲ得テ、同部隊區域ニ入ル事ガ出來タカ?

（答）。コレニハ、書面ニアル私ノ許可ヲ要シマシタ。

（問）。貴方ガ關東軍軍醫部長梶塚中將及ビ關東軍獸醫部長高橋中將ノ報告ヲ最初ニ受領シタノハ何時カ?

（答）。一九四四年七月末頃デアリマス。コレガ私ノ就任後彼等ノ最初ノ報告デアリマシタ。

（問）。ソノ報告ノ中デ、高橋ト梶塚兩中將ハ、第七三一及ビ一〇〇部隊ノ秘密業務ニツイテ貴方ニ語ッテイタカ？

（答）。ハイ、兩人ハ語ッテオリマシタ。

（問）。梶塚中將ノ最初ノ報告内容ヲ、今想起出來ナイカ？

（答）。梶塚中將ハ、關東軍司令部軍醫部ガ管掌シテイタ業務ニ關シテ私ニ報告シ、特ニ第七三一部隊ガ細菌戰準備問題ヲ取扱ッテイルコトヲ報告シマシタ。特ニ、彼ハ第七三一部隊デハ細菌兵器ノ研究及ビ細菌兵器ノ製造ニ關スル業務ガ行ワレテイルコトヲ報告シマシタ。

（問）。貴方ハ、一九四四年八月第七三一部隊ノ査閲ヲ行ッタカドウカ？

（答）。ハイ、行イマシタ。部隊ニ到着シタ私ハ、此ノ部隊ノスベテノ建物ヲ巡視シマシタガ、特ニ記憶ニ殘ッテイルノハ、此ノ部隊ノ製品、即チ飛行機カラ投下サルベキ細菌爆彈並ビニ全ク豫期以上デアッタ細菌兵器ノ製造規模デアリマシタ。第七三一部隊ノ位置ト並ンデ飛行場ガアリ、ソコニハ輕爆撃機ガ數機在ッタ樣ニ記憶シテイマス。コノコトカラ、私ハ、同部隊ガ行ツテイル細菌戰準備ガ極メテ高イ水準ニ在ルトイウ判斷ヲ下シマシタ。

（問）。貴方ガ部隊ノ廳舍ヲ視察シタ際、此ノ部隊デ繁殖サレテイル蚤ヲ、貴方ニ見セタカ？

（答）。ハイ、私ハ是レヲ見マシタ。シカモ、莫大ナ數ノ蚤デアツタト記憶シテオリマス。

（問）。部隊内デ貴方ヲ案内シテ廻ツタ將校達ハ、部隊デ繁殖サレタ此等ノ蚤ノ用途ヲ貴方ニ報告シタカ？

（答）。ハイ、彼等ハ、此等ノ蚤ガペスト菌ニ依ル汚染ノ爲ニ繁殖サレタト私ニ報告シマシタ。

（問）。石井部隊ヲ訪レタ時、貴方ハ石井式爆彈ノ見本ヲ見タカ？

（答）。ハイ、見マシタ。

（問）。此等ノ爆彈ノ用途ハ？

（答）。此等爆彈ハ、ペスト蚤ノ撒布用デアリマシタ。爆彈ハ、所要ノ高度ニ於テ爆發セシメ、ペスト蚤ガ雨下シ、地域ヲ汚染シマシタ。

（問）。此等爆彈ノ實驗ハ、何處デ行ワレタカ？

（答）。實驗ハ、安達驛ノ特設實驗場デ行ワレマシタ。

（問）。貴方ガ部隊ヲ訪レタ時、北野少將ハ貴方ニ第七三一部隊ノ支部ノ業務ニツイテ報告ヲ行ッタカ？

（答）。ハイ、行イマシタ。北野少將ハ第七三一部隊ノ各支部モ、細菌戰實行用兵器ノ準備ヲ行ッテイルコトヲ報告シマシタ。

（問）。一九四五年六月、貴方ノ指示ニヨッテ關東軍人事部長田村大佐ハ、第七三一部隊ヲ査閲シタカ？

（答）。ソノ通リ、一九四五年六月彼ハ、第七三一部隊ヲ査閲シマシタ。

（問）。田村大佐ハ、自分ノ行ッタ査閲ノ結果ニツイテ誰ニ報告シタカ？

（答）。田村大佐ハ、私ニ報告シマシタ。

（問）。デハ、貴方ガ受取ッタ報告及ビ貴方自身、第七三一部隊ヲ訪レタ事カラシテ、貴方ハ、第七三一部隊及ビ第一〇〇部隊デ行ワレテイタ細菌兵器ノ研究及ビ大量生産關係ノ業務ニ通ジテイタ譯カ？

（答）。ハイ、私ハ兩部隊共、細菌兵器及ビ其ノ使用ニ關スル研究ヲ行ッテイルコトヲ承知シテイマシタ。

（問）。一九四九年十一月三日豫審ニ於テ貴方ハ、滿洲領內ニ配置サレテイタ第七三一部隊ガ主トシテソヴエト同盟、蒙古及ビ中國ニ對スル細菌戰準備ノタメ、編成サレタコトヲ供述シタ。貴方ハ、此ノ供述ヲ重ネテ確認スルカ？

（答）。ハイ、確認シマス。

（問）。細菌兵器ハ、ソヴエト同盟ニ對シテノミ使用サレル筈デアツタカドウカ？

（答）。イヤ、ソヴエト同盟バカリデハアリマセン。任意ノ他ノ敵國及ビ敵軍ニ對シテモ、細菌兵器ヲ使用スル可能性ガ考慮サレテイマシタ。

（問）。貴方ノ言ウ『他國』トハ、ドノ國ノ事カ？

（答）。特ニアメリカト大英帝國デアリマシテ、コレラノ國ニ對シテモ、細菌兵器ヲ使用スルコトガ考慮サレテイマシタ。

（問）。此ノ觀點ヨリシテ、滿洲ニ配置サレタ第七三一部隊ハ、一連ノ國々ニ對スル細菌戰準備ノ中心據點デアツタ。ソノ通リカ？

（答）。ソウデアリマス。

（問）。細菌戰準備及ビ細菌兵器ノ製造ヲ目指ス第七三一部隊ノ業務ヲ一九四四年七月以降統轄シタノハ、誰カ？

（答）。關東軍司令官トシテ私ハ、コレヲ統轄シマシタ。

（問）。第七三一部隊及ビ第一〇〇部隊ノ業務ノ統轄ニ於ケル關東軍司令部作戰部ノ役割ハ、如何ナル點ニアツタカ？

（答）。細菌戰準備關係ノ細菌戰諸部隊ノ作戰指導ニアリマシタ。

（問）。作戰部及ビ諜報部カラ、個々ノ參謀、特ニ宮田中佐ガ第七三一部隊ニ派遣サレタノハ何ノ爲カ？

（答）。部隊ノ細菌戰準備ニ對スル作戰指導ニ當ツテハ、常ニ同部隊ノ業務ニ通ジテイルコトガ肝要デアツテ、此ノ爲ニ、即チ狀況視察ノ爲ニ、作戰部及ビ諜報部ノ將校ガ同部隊ヘ派遣サレマシタ。

（問）。斯クシテ、貴方ノ直轄スル司令部ノ作戰部ハ、常ニ細菌兵器ノ製造ニ關スル第七三一部隊ノ業務ヲ監督シ、此ノ兵器ヲ軍事目的ニ使用スル具體的ナ方法ヲ研究シテイタ。ソノ通リカ？

（答）。ハイ、ソノ通リデアリマス。

（問）。貴方ノ前任者梅津大將ノ書類ヲ整理シツツ、貴方ハ彼ノ秘密文庫ノ中ニ『石井式』細菌爆彈ノ圖面ヲ發見シナカツタカ？

（答）。之ハ、『石井式』細菌爆彈ニ關スル單ナル報告デアリ、コレニ此ノ爆彈ノ圖

21—962

面ガ添附シテアリマシタ。尚、私ハ此ノ書類ヲ作戰部長カラ受取ッタ後、コレヲ自分ノ所ノ箱ニ保存シマシタ。私ハ此ノ書類ヲ閲覧シマシタ。

（問）。貴方ガ直接第七三一部隊ヲ訪レタ時見タ「石井式」細菌爆彈ノ見本ト、報告書ニ添附サレタ圖面トハ一致シテイタカ？

（答）。ハイ、全ク同一デアリマシタ。正確ニハ記憶シテオリマセンガ、報告ニ添附サレタ圖面上ノ爆彈ト私ガ部隊デ見タ爆彈ノ模型トハ、全ク同ジデアリマシタ。

（問）。一九四四年ノ秋、北野少將ガ貴方ニ對シテ行ッタ報告ノ内容ヲ述ベテ貰イ度イ。

（答）。記憶シテイル限リデハ、コレハ一九四四年十月デアリマシタ。第七三一部隊長北野少將ハ私ニ對シテ、飛行機カラノ投下ニヨル細菌兵器トシテノ、ペスト蚤使用ノ實驗ト研究ノ結果ニ關スル報告ヲ行イマシタ。コノ報告ハ、映畫ノ上映ト共ニ行ワレマシタ。

（問）。北野少將ノ此ノ報告ニ、誰ガ立會ッタカ？

（答）。之ニ立會ッタノハ、關東軍參謀長笠原中將、作戰部長松村大佐及ビ參謀宮田中佐デアリマス。

（問）。ペスト蚤ニヨル細菌戰實施ノタメ行ワレテイタアラユル實驗ト研究ヲ、北野少將ガソノ報告ノ中デ説明シタトイウ一九四九年十二月一日附ノ自分ノ供述ヲ貴方ハ重ネテ確認スルカ？

（答）。確認シマス。

（問）。第七三一部隊デ製造サレル細菌兵器ノ効力ハ、如何ニシテ實驗サレテイタカ？

（答）。色々ノ方法ガ有リマシタガ、ソノ中、生キタ人間及ビ動物ヲ使用スル細菌兵器ノ實驗ガアリマシタ。

（問）。細菌兵器ガ生キタ人間ヲ使用スル實驗ニヨツテ試驗サレテイルト云ウ報告ヲ貴方ハ受ケテイタカ？

（答）。ハイ、受ケテイマシタ。

（問）。田村大佐ハ、彼ガ第七三一部隊ヲ訪レタ後、部隊ノ監獄ニ於ケル實驗用ノ人間ガ監禁サレテイタコトニツイテ貴方ニ報告シタカ？

（答）。ハイ、報告シマシタ。

（問）。憲兵隊ハ、關東軍司令官ニ隷屬シテイタカ？

（答）。ハイ、憲兵隊ハ、私ノ直轄デアリマシタ。

（問）。滿洲ニ於ケル日本陸軍特務機關ハ、關東軍司令官ニ隷屬シテイタカ？

（答）。ハイ、隷屬シテイマシタ。

（問）。實驗サレル人々ヲ第七三一部隊ガ確カニ憲兵隊ト日本陸軍特務機關カラ受領シテイタコトヲ、貴方ハ承知シテイルカ？

（答）。豫審ニ於テ私ニ各種ノ書類ガ呈示サレタ後、私ハ、多數ノ人間ガ憲兵隊及ビ陸軍特務機關カラ第七三一部隊ニ送致サレテイタコトヲ知ル様ニナリマシタ。私ハ、第七三一部隊ヘハ死刑ヲ宣告サレタ四人ガ送ラレテ居ルモノト思ッテイマシタ。ソシテ、私ハ、彼等ガ滿洲國ノ裁判ニヨッテ死刑ヲ宣告サレタ人間ダトイウ判斷ヲ下シテイマシタ。

（問）。即チ、書類ヲ貴方ニ呈示スル迄ハ、貴方ハ、裁判ニヨッテ死刑ヲ宣告サレタ人々ガ殺戮ノタメ第七三一部隊ニ送ラレテイタト思ッテイタト言イ度イノデアル。ソウデハナイカ？

（答）。ハイ、私ハ、自分ガソノ様ニ理解シテイタト言ウ意味デ言イマシタ。

國家檢事——被告山田ニ對シテ一九四三年三月一二日附文書ノ寫眞コピーヲ呈示スル様裁判官側ニ要望スル。コノ文書ハ第二冊九〇——九二頁ニアル（證據書類ノ部參照）。

（書類ガ被告山田ニ呈示サレル）。

被告山田、貴方ニ一九四三年三月一二日附關東憲兵隊司令部通牒ノ寫眞コピーガ呈示サレテイル。此ノ文書ヲ注意深ク見テ貰イ度イ。被告山田、貴方ニ呈示サレタ文書ハ、生キタ人間ヲ殺戮ノ爲第七三一部隊ニ發送シタコトガ何ラノ取調モ裁判モナシニ行ワレタ事ヲ立證シテハイナイダロウカ？

被告山田――ソウデアリマス。

國家檢事――九〇名ヲ殺戮ノタメ「特移扱」トシテ送致スルコトニ關スル關憲作命第二二四號ノ寫シヲ讀ミ上ゲルコトヲ裁判官側ニ要請スル。此ノ文書ハ第一七册三五――三八頁ニアル（證據書類ノ部參照）。

裁判長――關東憲兵隊司令部作戰命令第二二四號ガ讀ミ上ゲラレ、同時ニ、此ノ文書ハ日本語デ通譯サレル。被告ハ、自分ノ所ニアルレシーバーヲ利用シテヨロシイ。

國家檢事――被告山田、此ノ命令ハ關東軍司令官直轄ノ憲兵隊司令部ニヨッテ出サレタモノデアルカ？

被告山田――コレハ、私ガ關東軍司令官ノ地位ニ任命サレル迄、憲兵隊司令官デアッタ白倉少將ノ命令デアリマス。

（問）。ソレハ分ル。シカシ、關東軍司令官ノ地位ニ就イタ時、貴方ハ斯カル石井部隊ヘノ生キタ人間ノ移送制度ヲ撤廢シタカ、ソレトモシナカッタカ？

（答）。イヤ、私ハコノ命令ヲ撤廢シマセンデシタガ、私ハ此ノ命令ガ臨時命令デアッテ、其ノ後ニ至ッテソノ効力ヲ失ッタモノト看做シテイマシタ。

（問）。貴方ハコレヲ臨時命令ト看做シテイタ。今、貴方ニ呈示サレタ文書カラ、一九四三年ニ人間ガ殺戮用トシテ關東憲兵隊ニヨッテ石井部隊ニ送ラレテイタコトヲ貴方ハ確信シタカ？

（答）。ソウデアリマス。

（問）。當時、關東憲兵隊ハ關東軍司令官タル貴方ノ前任者梅津大將ノ直轄デアッタカ？

（答）。ソウデアリマス。

（問）。一九四五年田村大佐ガ貴方ノ命令ニヨッテ行ッタ第七三一部隊ノ查閲ニ關シテ貴方ニ報告シタ際、田村大佐ハ第七三一部隊構內監獄ニ實驗用ノ人間ガ監禁サレテイタコトヲ貴方ニ語ラナカッタカ？

（答）。ハイ、田村大佐ハ之ニツイテ私ニ報告シマシタ。

（問）。北野少將ガ細菌兵器ノ研究ノ總決算ニツイテ報告シタ時、彼ハ、第七三一部隊デ生キタ人間ヲ使用スル實驗ガ行ワレテイルコトヲ貴方ニ語ッタカドウカ？

（答）。ハイ、彼ハ私ニコノ事ヲ報告シマシタ。只時期ニツイテハ、コレガ何時デアッタカ正確ニ記憶シテイマセン。コレハ、飛行機ニヨルペスト蚤撒布ノ實驗結果ニ關スル情報ノ形デ行ワレタノデアッテ、報告ノ形デハアリマセン。

（問）。トニ角、第七三一部隊デ生キタ人間ヲ使用スル實驗ガ行ワレテイタコトハ、田村大佐ノ報告カラ全ク明々白々デハナイカ？

（答）。ソウデアリマス。

（問）。從ッテ、今問題トナッテ居リ、關東軍司令官梅津大將ノ在職中、第七三一部隊デ行ワレテイタ殘忍極リナキ實驗ガ貴方ノ軍司令官在職中ニモ行ワレテイタワケデハナイカ？

（答）。ソウデアリマス。

（問）。日本軍、就中關東軍ニヨッテ採用サレテイタ細菌兵器ノ主要ナル使用方法ヲ述ベテ貰イタイ。

（答）。私ハ三方法アルト思イマス。卽チ、先ズ爆彈投下ニヨル方法、次ニ飛行機カラ直接撒布スル方法、最後ニ地上撒布法デアリマス。

（問）。細菌戰實行方法ノ研究ノ爲、關東軍デ採用サレテイタ制度ハ、如何ナルモノカ？

（答）。細菌兵器使用方法研究ノタメニハ、關東軍司令部ニ特別委員會ガ設ケラレ、ソノ構成ニハ參謀長、作戰部長、關係部隊長、個々ノ參謀將校ガ入ッテイマシタ。委員會ガ肯定的ナ判定ヲ下シタ場合ニハ、ソノ結果ガ、軍司令官ニ報告サレマシタ。

(問)。關東軍司令官ガ或ル一定ノ方法ヤ兵器ノ種類ヲ認可シタ場合、コレニ關シテ報告或ハ通報ヲ何處カニ提出シタカ？

(答)。關東軍司令官ノ名義デハ此ノ樣ナ報告ハ行ワレマセンデシタガ、關東軍司令部ハ、此ノ樣ナ問題ニツイテ日本軍參謀本部ニ通報シマシタ。

(問)。關東軍司令部ハ、細菌兵器ノ製造擴張ニ關スル日本陸軍省ノ指令ヲ受ケ取ッタカ？

(答)。記憶シテイル所デハ、一九四五年三月ニ此ノ樣ナ指令ヲ受ケ取リマシタ。

(問)。一九四五年三月、石井軍醫中將ガ再ビ第七三一部隊長ノ職ニ任ゼラレタノハ、何ト關係ガアルノカ？

(答)。此ノ任命ハ、陸軍省ト參謀本部ノ意圖ノ具體化デアリマシタ。

(問)。陸軍省ノ指示ニ關連シテ、貴方ハ作戰部長松村ニ細菌製造ノ確保並ビニ所要數ノ專門將校ヲ第七三一部隊ニ補充スルコトニ關シ、策ヲ講ズル樣命ジタカ？

(答)。ソウデアリマス。但シ、定員ノ增加ニ關シテハ、私ハ人事部長田村大佐ニ指示ヲ與エマシタ。

(問)。一九四九年十二月六日ノ訊問ニ於テ貴方ハ、ソヴエト同盟ニ對シテハ、細菌兵器ガソヴエト同盟ノ特ニ重要ナ地域ノ汚染ノ爲飛行機ニヨリ、又謀略工作實施ニヨッテ使用サレル筈デアッタト供述シタ。此ノ供述ヲ重ネテ確認スルカ？

（答）。ハイ、確認シマス。

國家檢事——本件ノ記錄ニ有ル元關東軍司令部作戰部長、元日本軍少將證人松村ノ供述ヲ讀ミ上ゲルコトヲ裁判官側ニ要請スル。尙、供述ハ第三册九八頁ニアル。

裁判長——ココデ協議シタ結果、軍事裁判ハ十二月七日ノ豫審ニ於テ行ワレタ松村ノ供述ヲ讀ミ上ゲルコトニ決定シタ（第三册九八頁）（本記錄被告及ビ證人ノ供述ノ部參照）。

國家檢事——貴方ノ關東軍司令官在職中、將來ノ細菌戰ノ二ツノ主要ナ方法ガ檢討サレ、認可サレタコト、卽チ、コレハペスト蚤ヲ充塡シタ『石井式』細菌爆彈ヲ使用スル方法及ビペスト菌デ感染シタ蚤ヲ飛行機カラ撒布スル方法デアルトイウコトニ關スル松村ノ供述ヲ確認スルカ？

被告山田——確認シマス。

（問）。貴方自身、貴方ガ認可シタ方法ノ中デ、細菌戰實施ノ方法トシテハドレガ一番有効デアルト看做シテイタカ？

（答）。細菌兵器ノ最モ有効ナ使用方法トシテハ、私ハ飛行機ニヨル爆彈投下方法並ビニ飛行機カラペスト蚤ヲ撒布スル方法デアルト看做シテイマシタ。

（問）。北興安省デ第一〇〇部隊ニヨッテ行ワレタ細菌兵器使用調査ニ關スル關東軍獸醫部隊長高橋中將ノ報告ヲ、貴方ハ記憶シテイルカ？

（答）。ハイ、記憶シテイマス。

（問）。此ノ報告ノ中デ高橋ガ細菌ノ實用ニ關スル自分ノ意見ヲ述ベ、特ニ必要ナ場合ニハ、三河及ビダライ・ノル湖東南地帶ノ貯水池ヲ汚染シナケレバナラナイトイウ意見ヲ述ベタトイウ松村ノ供述ヲ貴方ハ確認スルカ？

（答）。ハイ、確認シマス。

（問）。ソヴエト同盟ニ接スル地帶ノ細菌兵器使用調査ハ何ノ爲ニ行ワレタカ？

（答）。豫想サレル戰爭ノ準備トシテ行ワレマシタ。

（問）。一九三九年十月カラ一九四四年七月迄、貴方ガ日本軍教育總監デアッタトイウノハ正シイカ？

（答）。ハイ、ソウデアリマス。

國家檢事――コレニ關連シテ、一九四四年一月日本軍教育總監部發行ノ謀略隊戰鬪教範ノ拔萃ヲ讀ミ上ゲルコトヲ裁判官側ニ要請スル。此ノ文書ハ第二二冊二一頁ニアル。

裁判長――參謀本部及ビ教育總監部ニヨリ一九四四年ノ一月發サレタ謀略隊戰鬪教範ガ讀ミ上ゲラレル（第二二冊二一頁）。

國家檢事——被告山田、此ノ文書ハ貴方直轄ノ教育總監部ノ勤務員ニヨッテ作成サレタモノデアロウ。ソウデハナイカ?

被告山田——ソウデアリマス。此ノ教範ハ教育總監部ト參謀本部共同デ作成サレタモノデアリマス。

(問)。一九四四年一月、卽チ貴方ガ關東軍司令官ノ職ニ任命サレル以前ニ、貴方ハ細菌兵器ノ謀略目的ヘノ使用ヲ承知シテイタトイウコトヲ此ノ文書ハ證明シテイルデアロウカ?

(答)。ハイ、ソノ通リデアリマス。

(問)。第七三一部隊ト第一〇〇部隊解消ニ關スル命令ニ、貴方ハ何時署名シタカ?

(答)。一九四五年八月九日——一〇日頃デアリマシタ。

(問)。此ノ樣ニシテ、ソヴエト軍部隊ノ急速ナ進擊ガ第一〇〇部隊ニモ、第七三一部隊ニモ、夫々ノ業務ヲ續行スル餘裕ヲ與エナカツタワケカ?

(答)。ハイ、其ノ通リデアリマス。

ベロフ辯護士——細菌戰部隊ガ一九三五——一九三六年ニ天皇ノ秘密軍令ニヨッテ編成サレタトイウコトハ、貴方ニ何時分ッタカ?

被告山田——其ノ正確ナ日附ハ、私ハ是レヲ證人ヤ被告ノ供述カラ知リマシタ。

（問）。貴方ハ、關東軍司令官トシテ第七三一部隊及ビ第一〇〇部隊ノ業務ヲ中止セシメ、コレラノ部隊ヲ解散セシメルコトガ出來タカ？

（答）。關東軍司令官ハ、コレラ部隊ノ業務ヲ中止セシメ、部隊ヲ解散セシメル全權ヲ持ツテイマセンデシタ。

（問）。貴方ガ自分ノ罪狀ヲ認メ、又貴方ガ裁判ニ附サレル原因トナツタ行爲ニ對シテ貴方ハ、現在、如何ナル態度ヲ取ツテイルカ？

（答）。私ガ行ツタ事總テハ、惡イコト、訂正致シマス、非常ニ惡イコトデアツタト考エテイルトイワネバナリマセン。

（問）。貴方ノ辯護人デアル私ハ、貴方ノ囘答ヲ、貴方ガ自分ノ犯シタ行爲ヲ悔悟シテイル證據デアルト理解シテヨイデアロウカ？

（答）。ハイ、ソノ樣ニ認メテ頂キ度イノデス。

十二月二六日午後ノ公判

被告西ノ訊問

國家檢事——被告西、何時カラ何時迄第七三一部隊ノ如何ナル職ニツイテイタカ述ベテ貰イ度イ。

被告西——一九四三年一月カラ一九四四年七月迄、私ハ第七三一部隊ノ孫呉市ニアッタ支部長デアリ、一九四四年七月カラ一九四五年七月迄、私ハ第七三一部隊教育部長デアリマシタ。

（問）。第七三一部隊ハ何ニ從事シテ居リ、此ノ部隊ノ任務ハ何デアッタカ？

（答）。第七三一部隊業務ノ大部分ハ、細菌戰準備ニ當テラレテイマシタ。

（問）。細菌戰準備ニ當ッテイタノハ、第七三一部隊ノ何部カ？

（答）。細菌戰準備ハ第一、第二、第四部ニヨッテ行ワレテイマシタ。

（問）。第七三一部隊ガ使用シテイタ細菌戰用兵器ハ如何ナルモノカ？

（答）。武器トシテハ、ペスト菌、炭疽菌、ガス壞疽菌ガ採用サレテイマシタ。

（問）。之等病原菌ノ中、何ガ最モ有効ト看做サレテイタカ？

（答）。ペスト菌デス。

（問）。之等細菌戰用兵器ノ使用方法トシテ、如何ナル方法ガ部隊ニ依ッテ採用サレテイタカ？

（答）。第一ニハ、飛行機カラノ細菌ノ撒布、第二ニハ、陶器製細菌爆彈投下デアリマス。

（問）。人間ニ感染サセルタメ、ペスト蚤ガ實用サレテイタカ？

（答）。ハイ、中國デ實用サレテイマシタ。

（問）。貴方ガ部隊デ勤務シ始メタノハ、石井中將ガ部隊長ノ時カ？

（答）。イイエ、當時部隊長ハ北野少將デアリマシタ。

（問）。其ノ後、北野少將ニ代ッテ石井中將ニナッタノデハナイカ？

（答）。ソウデアリマス。

（問）。石井中將ガ部隊長トシテ着任シタ時、彼ハ細菌戰用兵器ノ發達ニ關シ如何ナル指令ヲ持ッテ來タカ？

（答）。石井中將ハ、着任シタ後、ペスト關係ノ業務ヲ活潑ニスル必要ガアルト殆ド毎日吾々ニ言イマシタ。

（問・）。確カニペスト關係カ？

（答・）。ペスト及ビ蚤ノ繁殖部門デス。石井ノ着任後、蚤ノ大量繁殖ヲ強化スルトイウ部隊ニ課セラレタ任務ニ關連シテ、教習會ガ開カレ、ソコデ、蚤ノ大量繁殖問題ガ専門ニ研究サレテイマシタ。

（問・）。此ノ教習會デ教育ヲ受ケタモノノ中ニ、各支部員モ居タカ？

（答・）。各支部カラ五名宛、即チ合計二〇名教育ヲ受ケテイマシタ。

（問・）。太田大佐ガ造ッタ菓子ニツイテ裁判官側ニ述ベテ貰イタイ。

（答・）。コレハ菓子デナクテ、極ク普通ノチヨコレートデ、細菌ヲ充塡シタ後包裝紙ニ包マレルベキモノデシタ。コノチヨコレートノ形ハ圓形ノ筈デアリマシタ。

（問・）。太田大佐ハ貴方ニ此ノ様ナチヨコレートノ見本ヲ見セタカ？

（答・）。彼ハ、自分ガ造ツタ小形ノチヨコレートノ中一〇コ位見セテ呉レマシタ。

（問・）。コノ小形ノチヨコレートハ如何ナル細菌デ汚染サレテイタカ？

（答・）。太田大佐ハ小形ノチヨコレートノ中ニハ炭疽菌ガ入ッテイルト語リマシタ。コノ小形ノチヨコレートハ謀略工作ニ使用サレル筈デアリマシタ。

（問・）。第七三一部隊ニヨル、細菌戰用兵器ノ實用ニツイテ貴方ノ知ッテイルコトヲ述べテ貰イタイ。

22*

（答）。私ハ、一九四〇年中國ニ對シテ細菌兵器ガ使用サレタコトヲ聞キマシタ。一九四〇年八月或ハ九月ニ私ハ北京ノ防疫給水部本部ニ居リ、ソコデ中國中部ノ寧波市附近デ細菌ガ使用サレタコトヲ耳ニシマシタ。

（問）。誰カラ、ソシテ如何ナル事情デ貴方ハコレヲ聞イタカ？

（答）。私ガ北京防疫給水部本部ニ居タ時、其處ニ南京ノ防疫給水部本部ノ書類ガ來マシタ。コノ書類カラ寧波市附近デ細菌ガ實用サレタコトガ私ニ明ラカニナリマシタ。ツイデ、北京ノ防疫給水部長吉村中佐ガ中國ニ對シテ實用シタペスト菌ハ石井部隊カラ取寄セラレタモノデアルコトヲ私ニ知ラセマシタ。一九四〇年九月或ハ十月私ノ友人瀬戸少佐ガ南京カラ北京ニ立寄リ、彼ガ中國中部デ行ワレタ作戰ノ帰途ニアルコトヲ傳エマシタ。斯クシテ、私ガ中國中部ニ於ケルペスト蚤ノ實用ニ關シ知ッテイルノハ、次ノ筋カラ、卽チ第一ハ、瀬戸少佐ノ報道、第二ハ、吉村ノ報道、第三ハ、南京ノ本部カラ北京ノ本部ニ來タ文書カラデアリマス。

（問）。中國派遣隊ニ關シ、貴方自身第七三一部隊デ見タコトヲ述ベテ貰イタイ。

（答）。私ハ一九四〇年ノ中國中部ヘノ第七三一部隊派遣隊ノ活動ニ關スル記錄映畫ヲ見マシタ。先ズ映畫ニハ、ペストデ感染サレタ蚤ノ特殊容器ガ飛行機ノ胴體ニ装着サレテイル場面ガアリマシタ。ツイデ飛行機ノ翼ニ撒布器ガ取附ケラレテイル場面ガ映サレ、更ニ特別容器ニハペスト蚤ガ入レテアルトイウ説明ガアッテ、ソレカラ四人或ハ五人ガ飛行機ニ乗リマスガ、誰ガ乗ルノカ判リマセン。ソレカラ飛行機ガ上昇シ、飛行機ハ敵方ニ向ッテ飛翔シテイルトイウ説明ガアリ、次イデ飛行機ハ敵ノ上空ニ現ワレマス。次イデ飛行機、中國軍部隊ノ移動、中國ノ農村ナドヲ示ス場面ガ現ワレ、飛行機ノ翼カラ出ル煙ガ見エマス。次ニ出テクル説明カラ此ノ煙ガ敵ニ對シテ撒布サレルペスト蚤デアルコトガ判ッテ來マス。飛行機ハ飛行場ニ歸ッテ來マス。スクリーンニ「作戰終了」トイウ字ガ現ワレマス。ツイデ、飛行機ハ着陸シ、人々ガ飛行機ニ驅ケ寄リマスガ、コレハ消毒者デ、飛行機ヲ消毒スル様子ガ上映サレ、ソノ後、人間ガ現ワレマス。先ズ飛行機カラ石井中將ガ姿ヲ現ワシ、ツイデ碇少佐、ソノ他ノ者ハ私ノ知ラナイ人デス。コノ後「結果」トイウ文字ガ現ワレ、中國ノ新聞及ビソノ日本語飜譯文ガ上映サレマス。説明ノ中デ、寧波附近デ突然ペストガ猛烈ナ勢イデ流行シ始メタト述ベラレテイマス。最後ニ、終リノ場面デ中國ノ衛生兵ガ白イ作業衣ヲ着テペスト流行地區デ消毒ヲ行ッテイル様子ガ上映サレテイマス。正ニ此ノ映畫カラ、私ハ寧波附近デ細菌兵器ガ使用サレタコトヲハッキリト知ル様ニナリマシタ。

（問）。細菌兵器ノ使用ニ關シテ未ダ貴方ノ知ッテイルコトガアルカ？

（答）。ハルハ河方面事件ノ際、石井部隊ガ細菌兵器ヲ實用シタコトヲ知ッテイマス。

一九四四年七月、私ハ孫呉ノ支部カラ平房驛ノ第七三一部隊教育部長ニ轉任セシメラレマシタ。私ハ前任者サノダ中佐カラ事務ヲ引繼ギマシタ。同日、サノダ中佐ハ日本ニ向ケテ出發シマシタ。私ハ彼ノ書類箱ヲ開ケ、ノモンハン事件、即チ、ハルハ河畔ノ事件デ、細菌兵器ヲ使用シタコトニツイテノ書類ヲ發見シマシタ。其處ニハ當時ノ寫眞ノ原版、此ノ作戰ニ參加シタ決死隊員ノ名簿、碇少佐ノ命令ガアリマシタ。決死隊ハ將校ガ二人、下士官、兵約二〇名カラ成ツテイマシタガ、此ノ名簿ノ下ニハ血デ認メタ署名ガアツタノヲ記憶シテイマス。

(問)。第一番目ニ誰ノ署名ガアツタカ?

(答)。隊長碇ノ署名デス。ツイデ碇ノ一連ノ詳細ナ命令、即チ如何ニ自動車ニ分乘シ、如何ニガソリン瓶ヲ利用スルカ等、更ニ如何ニ歸還スルカニツイテノ指示ガ若干有リマシタ。

之等二ツノ文書カラ二〇人乃至三〇人カラ成ル決死隊ガ河——私ハハルハ河ト思イマスガ——ヲ汚染シタコトガ明ラカニナリマシタ。

翌日私ハ、之等ノ書類ヲ碇少佐ニ手渡シマシタ。私ガ之等ノ書類ヲ碇ニ手渡シタ時、サテ此ノ結果ガドウデアツタカト興味ヲ持チマシタ。碇ハ默ツタマヽ書類ヲ引取リマシタ。

此ノ作戰ガ行ワレタ事實ハ爭ウ餘地ガアリマセンガ、ソノ結果ニツイテハ、私ハ何モ知リマセン。

(問)。部隊デ行ワレテイタ凍傷實驗ニツイテ貴方ハ何ヲ知ッテイルカ?

(答)。吉村研究員カラ聞イタ所ニヨリマスト、酷寒——零下二〇度以下トノコトデス——ニ部隊ノ監獄カラ人々ヲ引出シ、素手ニサセ、人工風ニヨッテ手ヲ凍ラセテイマシタ。ソレカラ、小サナ棒ヲモッテ凍傷ニカヽッタ手ヲ、小板ヲ叩ク樣ナ音ガ出ル迄叩キ續ケマシタ。此ノ外、私ハ實驗ニ關スル吉村ノ報告ヲ讀ミマシタ。コレニツイテ、映畫モ撮影サレマシタ。

畫面ニ、足錠ヲ嵌メラレタ人間ガ四——五人、防寒服ヲ着、手ニハ何モ纏ワズ表ニ引出サレテ來ル場面ガ現ワレ、ツイデ大形ノ扇風機ガ人工的方法ニヨッテ凍傷ヲ早メマス。ソレカラ、手ガ完全ニ凍傷ニカカツタカドウカヲ點檢スルタメ、手ヲ小サイ棒デ叩ク所ガ上映サレ、ツズイテ、凍傷ニカカツタ人間ガ部屋ニ入レラレル所ガ上映サレマス。吉村ハ、コノ研究ガ將來ノ對ソ戰ヲ目的トシテ行ワレテイルノダト私ニ語リマシタ。

(問)。安達驛ノ特設實驗場ニ於ケル實驗ニツイテ貴方ノ知ッテイル事ヲ全部述ベテ貰イ度イ。

(答)。安達驛ハ、哈爾濱カラ一四六キロメートルノ地點ニアリ、ソノ近邊ニ部隊ノ特設實驗場ガ有リマシタ。此ノ特設實驗場デ、第二部ガ野外ノ條件下デ各種ノ實驗ヲ行ッテイマシタ。

第七三一部隊長ノ命令デ、一九四五年一月私ハ安達驛ニ赴キマシタ。ココデ私ハ第二部長碇ト二木研究員ノ指導下ニ、ガス壞疽菌ニヨル感染實驗ガ如何ニ行ワレテイタカヲ見マシタ。此ノ爲ニ囚人ガ一〇人使用サレマシタ。此等ノ人々ハ柱ニ面ト向ッテ縛リツケラレ、相互ノ間隔ハ五乃至一〇メートルデシタ。囚人ノ頭ハ鐵帽デ、胴體ハ楯デ夫々覆ワレテイマシタ。

身體ハ全部覆イ隱サレ、只臀部丈ガ露出サレテイマシタ。感染ノ爲ニ約一〇〇メートルノ所デ電流ニヨッテ榴散爆彈ガ爆發セシメラレマシタ。一〇人共全部露出部分ニ負傷シマシタ。此ノ實驗ガ終了シタ後一〇人共、特別ノ自動車ニ乘セラレ、再ビ平房驛ノ監獄ヘ運バレマシタ。後ニ至ッテ、私ハ碇及ビ二木研究員ニ、結果ニツイテ質問シマシタ所、彼等ハ、一〇人全部負傷シ、ガス壞疽ニ感染サレテ死亡シタト語リマシタ。

（問）。石井中將ガ部隊長ノ職ニ着任シタ後、彼ハ部隊將校團ノ會議ヲ行イ始メタト貴方ハ述ベタカ？

（答）。石井ハ部隊ニ到着後、毎日此ノ様ナ座談會ヲ行イマシタ。

或時、各部長及ビ一連ノ將校ノ列席ノ下ニ、石井ハ若シ將來細菌兵器ヲ使用スル様ニナレバ、最良ノ最モ有効ナ兵器ハペスト蚤デアロウト言明シマシタ。彼ハ、本部及ビ各支部ガペスト蚤ノ大量生産ノ為、全力ヲ傾注スベキデアルト語リマシタ。ソシテ其ノ後、私ガ既ニ述ベマシタ二〇名許リノペスト蚤繁殖教育ガ施行サレタノデアリマス。

コレニ關連シテ、部隊本部デ田中課ノ勤務員ガ増員サレマシタ。此ノ外、本部ノ計畫課ハ、石井部隊定員ノ増員計畫ヲ作成シマシタ。

曾テ、石井ハ一九四五年六月カラ九月ニカケテ、天下分目ノ大激戦ガ豫想サレ、其ノ時ニハ日本本土ヘノアメリカノ上陸作戦ガ豫測サレルト述べ、更ニ吾々ハ最モ綿密ニアメリカ及ビソヴエト同盟ニ對スル戦争ニ備エナケレバナラヌト語リマシタ。

（問）。私ハ第一〇冊、一五七頁ニアル貴方ノ供述ヲ引用スル、貴方ハ、石井ガ語ッタコトヲ傳エナガラ、次ノ様ニ供述シタ——

「戦況ハ悪化シツツアル……吾々ハ、一九四五年春ノ末或ハ夏ニ日本ノ好轉ヲ期シテ、細菌兵器ヲモ含ム最後ノ手段ヲ用イナケレバナラナイデアロウ」。

貴方ハ此ノ供述ヲ重ネテ確認スルカ？

（答）。確認シマス。

（問）孫呉ノ第七三一部隊支部ハ、如何ナル情況下ニ、ソノ存在ヲ中止シタカ？　誰ガ支部解消ノ命令ヲ出シタカ？

（答）。一九四五年八月九日戰爭ガ始マリマシタ。八月九日夜、私ハ本部カラ暗號電報ヲ受取リマシタガ、此ノ暗號電報ガ部隊長カラノモノデアルコトハ爭ウ餘地ハアリマセンデシタ。私ハ、ソノ暗號ヲ解クコトガ出來マセンデシタ。私ハ電報ヲ解讀シナイマヽニ殘シ、部隊ト共ニ孫呉地區ノ陣地ニ赴キマシタ。私ハ井上少尉ヲ含ム五—六名ノ班ニ部隊ニ殘ッテ、支部ヲ燒拂ッタ後、陣地ニ來ル樣命令シマシタ。

（問）。從ッテ、貴方ガ支部絶滅ノ命令ヲ出シタワケカ？

（答）。ハイ、其ノ通リデアリマス。

（問）。ソレカラドウナッタカ？

（答）。私ハ、支部勤務員各人ニ青酸加里ヲ支給シ、若シ諸君ガ萬一ノ場合、ソヴエト軍ノ俘虜ニナル樣ナコトガアレバ、青酸加里ヲ飲メト言イマシタ。ソレカラ私ハ陣地ニ赴キマシタ。コレハ、吾々ハ日本ガ降伏スルトハ決シテ考エテイマセンデシタカラデアリマス。從ッテ、山中ニ遠ザカリ、ソコデ集團自殺ヲ行ウコトニ決メタノデアリマス。

（問）。シカシ、貴方ガタハ枕ヲ並ベテ自殺シハシナカッタデハナイカ？

（答）。日本ハ降伏シ、吾々ハ師團長カラ命令ヲ受領シ、完ク整然ト降伏シマシタ。

（問）。貴方ノ部下ノ者ノ中デ自殺シタモノガイルカドウカ？

（答）。一人自殺シマシタ。

（問）。貴方ハ、貴方ガ日本軍ノ細菌戰秘密部隊第七三一部隊ノ積極的且ツ活動的勤務員デアツタコトヲ認メルカ？

（答）。認メマス。

ボルホヴイチノフ辯護士――被告西、貴方ハ志願デ入隊シタノカ、ソレトモ召集デスカ？

被告西――志願デ入隊シマシタ。

（問）。如何ナル事情ノ下ニ、貴方ハ第七三一部隊、特ニソノ第六七三支部ノ勤務ニ編入サレタカ？

（答）。一九四三年一月、私ハ孫呉支部長任命ニ關スル日本陸軍大臣ノ命令ヲ受領シマシタ。一九四四年七月、再ビ陸軍大臣ノ命令ニヨツテ、私ハ教育部長ニ任命サレ、一九四五年七月カラ私ハ再ビ孫呉支部長ノ業務ヲ兼任スルヨウニナリマシタ。

（問）。第七三一部隊、從ツテ又第六七三支部ニ於テ行ワレテイタ業務ノ究極ノ目的ノ犯罪的ナコトヲ現在、貴方ハ今十分自覺シ、又、犯シタコトヲ今悔悟シテイルカドウカ？

（答）。私ハ第七三一部隊ノ監獄ニイタ人間ニ對スル實驗ヲ非人道的デアルト考エテイマス。コレト共ニ私ハ、支部デ私ガ繁殖シタ鼠ヤ蚤ガ大キナ罪惡ヲモタラシタ事ヲ理解シテイマス。

被告梶塚ノ訊問

裁判長——被告梶塚、貴方ハ日本軍デ如何ナル職ニツイテイタカ？

被告梶塚——一九一五年、私ハ日本軍軍醫中尉ニ任官サレマシタ。其ノ後第一陸軍病院ニ勤務シ、續イテ、東京陸軍軍醫學校ノ教官トナリ、陸軍省醫務局衛生課長トナリマシタ。一九三七年私ハ、在中國ノ日本軍軍醫部長トナリ、同年軍醫少將ニ任官サレ、同年第二軍軍醫部長ニ任ゼラレマシタ。一九三八年在鮮日本軍軍醫部長トナリ、一九三九年十二月カラ日本降伏迄關東軍司令部軍醫部長デアリマシタ。

（問）。如何ナル學位ヲ持ツテイルカ？

（答）。醫學博士デアリマス。

（問）。何年ニ學位ヲ受ケタカ？

（答）。一九二四年デアリマス。

（問）。如何ナル科學研究ニ對シテ學位ヲ受ケタカ？

（答）。パラチブス關係ノ科學研究ニ對シテデアリマス。

（問）。醫師トシテノ專門ハ何カ？

（答）。細菌專門家デアリマス。

(問)。貴方ハ細菌學分野デ科學研究ヲ行ツタカ？

(答)。ハイ、行イマシタ。

(問)。既ニ上述シタモノノ外ニ細菌學者ノ專門トシテ、如何ナル科學的著作ヲ貴方ハ持ツテイルカ？

(答)。ペスト流行病ニ關スル諸問題ノ研究ニ關スル論文ヲ書キマシタ。

(問)。陸軍省醫務局衞生課デ勤務シテイタ當時ノ貴方ノ任務ハ何デアツタカ？

(答)。私ハ同局ノ衞生課長トシテ勤務シマシタ。同局ニハ二課アリ、私ハ其ノ中ノ一ツノ課(衞生課)ノ長ヲシテイマシタ。

(問)。最後ノ階級ニハ何時任官サレタカ？

(答)。私ハ一九四〇年八月ニ中將ニ任官サレマシタ。

十二月二七日午前ノ公判

被告梶塚ハ訊問續行

國家檢事——被告梶塚、第七三一部隊ハ何時、誰ニヨッテ創設サレタカ？

被告梶塚——第七三一部隊ハ一九三五年末或ハ一九三六年ノ始メ、正確ニ記憶シテ居リマセンガ、天皇ノ軍令ニヨッテ編成サレマシタ。

（問）。此ノ軍令ニ據ッテ出サレタ命令案ヲ陸軍省醫務局デ捺印シタノハ誰カ？

（答）。コレハ、天皇ノ名ニ於テ行ワレマシタ。

（問）。誰ノ名デ行ワレタカ、私ハ分ッテイル。シカシ、命令案ニ誰ノ捺印ガアッタカヲ貴方ニ尋ネテイルノデアル。貴方ノ捺印ハアッタカ？

（答）。命令案ニハ私ノ捺印ガ在ルベキデシタ。

（問）。一九四九年十月二三日—二四日ニ行ワレタ貴方ノ供述ヲ重ネテ確認スルカ？

（答）。ハイ、確認シマス。

（問）。デハ、部隊ノ補充問題ニ移ル。部隊ヘノ熟練シタ細菌專門家デアル幹部ノ補充ニ貴方ハ參加シタカ？
（答）。ハイ、私ハ是レニ參加シマシタ。
（問）。貴方ハ東京第一陸軍病院ニ勤務シテイタカ？
（答）。ハイ、勤務シマシタ。
（問）。後ニ第七三一部隊長ニナツタ石井四郎ト貴方ハ何處デ知リ合イニナツタカ？
（答）。最初石井四郎ヲ知ツタノハ、東京ノ第一陸軍病院デアリマス。
（題）。石井ト一緒ニ勤務シテイタカ？
（答）。ソウデアリマス。
（問）。第七三一部隊ノ最初ノ部隊長トシテ任命サレタノハ誰カ？
（答）。石井四郎デアリマス。
（問）。海外ヘノ出張カラ歸國シ、日本ガ細菌戰ヲ積極的ニ準備スル必要ガアルトイウ計畫ヲ發展サセ始メタ、當ノ石井四郎カ？
（答）。ハイ、ソノ通リデアリマス。
（問）。貴方モ石井四郎ト同ジ意見デアツタノカ？
（答）。ソウデアリマス。カヽル研究ノ必要性ニツイテハ、彼ト同意見デアリマシタ。

(問)。石井四郎ノ部隊長任命ヲ貴方ハ支持シタカ？

(答)。ハイ、支持シマシタ。

(問)。序デダガ、貴方ノ専門ハ細菌専門家デアッタカ？

(答)。ソウデアリマス。

(問)。貴方ガ石井四郎ニツイテ知ッテイルコト、特ニ、日本陸軍省及ビ日本參謀本部ノ高官中誰ガ細菌戰ノ準備ニ關シ意見ヲ同ジクシ、ソレヲ支持シタカトイウコトニツイテ詳シク述ベテ貰イタイ。

(答)。ヨーロッパヘノ海外出張カラ歸國シタ後、石井四郎ハ一九三一年東京陸軍軍醫學校ノ教官トシテ勤務シテイマシタ。彼ハ、最強諸國ガ細菌戰ノ準備ヲ行ッテ居リ、若シ、日本ガカカル準備ヲ行ワナイナラバ、將來戰ニ於テ日本ハ、大キナ困難ニ遭遇スルデアロウトイウコトヲ語リ始メマシタ。日本陸軍省及ビ參謀本部ノ樞要ナ幹部達ノ間デ、石井ガ細菌兵器ハ作戰的觀點カラ攻撃兵器トシテ非常ニ有利デアルト語ッタコトヲ私ハ聞キマシタ。

(問)。參謀本部及ビ陸軍省ノ指導者達ノ中誰ガ石井ヲ支持シ、彼ト意ヲ同ジクシテイタカ？

(答)。私ノ知ッテイル限リ、後陸軍省軍務局長ニナッタ永田中將ガ最モ積極的ニ彼ヲ支持シマシタ。

(問)。シテ、參謀本部作戰部第一課長鈴木大佐ハドウデアッタカ?

(答)。私ハ鈴木大佐ニツイテハ彼ガ石井ニ同意シテイタコトヲ知ッテイマス。永田中將ガ最モ積極的ニ石井ヲ支持シタトイウコトハ次ノ事實ガ立證シテイマス。即チ、平房驛ノ石井ノ實驗室ニアル彼ノ事務室ニハ、永田中將ノ石膏半身像ガ据置シテ居リ、石井ハ、自分ノ所ニ半身像ヲ置ク程永田ニ感謝シテイタノデアリマス。

(問)。第七三一部隊ノ編成ニ貴方自身ガドノ程度參加シタカヲ纏メテ見ヨウ。日本陸軍省醫務局衛生課長トシテ貴方ハ、第七三一部隊ノ組織編成ニ直接參加シ、トモ角、部隊長ヘノ石井ノ任命ニ同意シ、コレヲ支持シテイタト言ウノハ正シイカ?

(答)。正シイデス。

(問)。第七三一部隊ノ擴張及ビ再編成ニ關スル天皇ノ第二ノ秘密軍令ヲ貴方ハ知ッテイルカ?

(答)。私ガ關東軍ニ轉任セシメラレタ後、私ハ是レヲ承知スルヨウニナリマシタ。

(問)。部隊ガ再編成サレル根據トナッタ天皇裕仁ノ秘密軍令ノ内容ヲ述ベテ貰イタイ。

(答)。編成後初期ノ間、部隊ハ『防疫部』或ハ『防疫勤務部』トイウ名稱ヲ有シテイマシタガ、再編成後『防疫給水部』ト呼バレル様ニナリマシタ。

当初防疫部ハ勤務人員一〇〇〇名以下デアリマシタガ、再編成後ノ防疫給水部ハ二〇〇名迄ノ人員ヲ有シテイマシタ。

コノ外、再編成後、部隊ハ庶務部、第一部、第二部等々ノ各部ニ分レル様ニナリマシタ。コレガ再編成時行ワレタ主要ナル變化デアリマス。

(問)。天皇ノ第二ノ軍令ニヨッテ設立サレタ部ノ中給水ニ當ッテイタノハ何部カ?

(答)。第三部デアリマス。

(問)。デハ、全八部ノ中、給水問題ヲ取扱ッテイタノハ只一部ノミカ? ソノ通リカ?

(答)。ハイ、ソノ通リデアリマス。第三部ガ給水關係ノ業務ヲ行イ、他ノスベテノ部ハ給水ニハ何ノ關係モ持ッテイマセンデシタ。

(問)。第三部ハ何處ニ所在シテイタカ?

(答)。哈爾濱市内デアリマス。

(問)。他ノ部ハ何處ニ所在シテイタカ?

(答)。平房驛デアリマス。

(問)。コレラノ部ノ業務ハ極秘デアッタカ?

(答)。ソウデアリマス。

(問)。コレラノ部ヘノ通行許可證ハ關東軍司令官ノミガ交付シ得タトイウノハ本當カ？

(答)。ソウデアリマス。

(問)。第七三一部隊ノ各支部ハ何處ニ位置シテイタカ？

(答)。林口、海林、孫吳、海拉爾デアリマス。

國家檢事——防疫給水部支部ヲ林口、海林、孫吳、海拉爾ニ編成スルコトニ關スル一九四〇年十二月二日付關作命第三九八號其ノ一ヲ被告ニ呈示シ、之ヲ讀上ゲルコトヲ軍事裁判ニ要請スル（第一五册三頁）。

裁判長——軍事裁判ハ一九四〇年十二月二日付關東軍司令官ノ命令ヲ讀上ゲルコトヲ決定シタ（證據書類ノ部參照）。

國家檢事——被告梶塚、貴方ハ軍司令官ノ此ノ命令ヲ承知シテイタカ？

被告梶塚——ハイ、承知シテイマシタ。

(問)。第七三一部隊ノ支部ガ總テソヴェト同盟ノ國境ニ極メテ近接シテイル地點ニ配置サレテイタノハ何故カ？

(答)。コノ主要ナ原因ハ、第一線ノ兵團ガ駐屯シテイタ地點ニ支部ヲ配置スルコトデアリマス。

(問)・。貴方ハ關東軍軍醫部長ノ職ニ就任シ、貴方ノ直轄下ニ置カレタ諸機關ノ査閲、其ノ業務視察ヲ行ッテイタカ?。

(答)・。ハイ、ソノ通リデアリマス。

(問)・。第七三一部隊ノ業務視察ヲ貴方ハ行ッタカ?

(答)・。ハイ、視察シマシタ。

(問)・。貴方ノ直轄下ニ在ッタ諸機關ノ業務・活動ヲ視察スル前ニ、貴方ハ軍司令官梅津大將カラ然ルベキ指示ヲ受ケタカ?

(答)・。ソウデアリマス。

(問)・。梅津大將ハ、第七三一部隊ニ關シテ貴方ニ何カ語ッタカ?

(答)・。第七三一部隊ノ査閲ニ赴ク前ニ、私ハ査閲ニ行クトイウ報告書ヲ持ッテ軍司令官梅津大將ノ許ヘ報告ニ行キマシタガ、此ノ時彼ハ私ニ第七三一部隊ガ細菌戰準備ニ從事シテイルコトヲ語リマシタ。

(問)・。貴方ガ第七三一部隊ノ第一囘目ノ査閲ヲ行ッタノハ何時カ?

(答)・。コレハ、私ガ軍醫部長ニ任命サレテカラ間モナク、卽チ、一九四〇年ノ三月デアリマシタ。

(問)・。當時ノ部隊長ハ誰ダッタカ?

（答）。石井四郎デ當時大佐デアリマシタ。

（問）。第七三一部隊ノ業務ニ關シ石井四郎ハ貴方ニ何ヲ語ツタカ？

（答）。石井ハ、此ノ部隊業務ノ概觀ヲ述ベタ後、主トシテ關東軍公規ニ規定サレテイタ業務ニツイテ語リマシタ。

（問）。部隊ノ「秘密中ノ秘密」ニツイテ何時石井四郎ハ貴方ニ語ツタカ？

（答）。私ガ記憶シテイル所デハ、一九四一年ノ初メデアリマス。

（問）。部隊長石井四郎大佐ガ貴方ニ語ツタ第七三一部隊ノ「秘密中ノ秘密」トハ何ノコトカ？

（答）。「秘密中ノ秘密」——之ハ細菌戰準備ニ關スル研究及ビ其ノ他ノ業務、此ノ業務ノ結果、生キタ人間ヲ使用スル實驗デアリマシタ。

（問）。コレニツイテ石井四郎ハ貴方ニ何ヲ語ツタカ？

（答）。石井ハ私ニ、細菌戰ノ爲ニハ各種ノ方法ガアル。其ノ方法トイウノハ、第一、謀略ニヨル方法、第二、砲彈ノ使用、第三、爆彈ノ使用デアルト語リマシタ。

更ニ石井四郎ハ、私ニ普通砲彈・爆彈ハ金屬製デアルガ、之等ノ爆彈、砲彈ニ細菌ヲ充塡スルナラバ、金屬ノ炸裂ニ際シテ、大彈筒ノ爆發ニヨツテ起ル高熱ノ結果、細菌ガ死滅スル、従ツテ、石井部隊デハ陶器製爆彈ニ注意ヲ拂イ、ソノ研究ガ續ケラレテイルト語リマシタ。

彼ハ、若シ飛行機カラノ撒布方法デ細菌ヲ使用スルナラバ、非常ナ高空カラ撒布スルコトニナルガ、コレハ所期ノ効果ヲ齎ラサナイ、ソシテ又細菌ヲ死滅セシメナイ爲ニハソレヲ低空カラ撒布シナケレバナラナイト語リマシタ。

更ニ石井ハ、若シ細菌ヲ其ノ儘撒布スル場合、非常ナ高空カラ撒布スレバ、細菌ハ死滅スル、細菌ニ何ラカノ殼ヲ着セネバナラナイ、コノ殼コソガ蚤デアル。従ツテ、ペスト菌デ感染シタ蚤ヲ使用スルニ至ツタト語リマシタ。

又石井ハ飲料水、食糧ノ汚染ニヨル病原菌ノ使用ハ細菌兵器使用ノ効果的方法デアルト語ツテイマシタ。

（問）。石井ハ如何ナル病原菌ヲ將來ノ細菌戰ノ爲ニ最モ適當ナモノト看做シテイタカ？

（答）。既ニ當時、彼ハペスト蚤ガ最モ適當デアルト看做シテイマシタ。

（問）。コレニツイテ裁判官側ニ、ヨリ詳細ニ述ベテ貰イタイ。

（答）。石井ハ、自然的條件ニ於テハペスト傳染病ハ容易ニ發生スルガ、ソノ傳染病ヲ人工的ニ發生サセルノハソレ程容易デハナイト語リマシタ。何故ソウデアルカトイウ原因ヲ研究シテ、彼ハ病原菌ヲ持ツテイル丈デハ、ソレニヨツテ傳染病ヲ發生セシメルニハ不充分デアツテ、人間ノ生理的條件及ビ生理的特質ヲヨク知ル必要ガアルト語リ、又、人間ノ生理的特質ヲ研究スル場合ニ於テノミ、人工的傳染病ヲ起サセル條件ヲ知リ得ルト語リマシタ。

（問）。此ノ生理的特質ノ研究ガ生キタ人間ヲ使用スル實驗ニヨツテ行ワレル筈デアツタトイウコトニナルノカ？

（答）。ハイ、其ノ通リデアリマス。

（問）。生キタ人間ヲ使用スル此等ノ實驗ガ何處デ行ワレ、又、此等ノ實驗ニ關シ石井中將ハ貴方ニ何ヲ話シタカ？

（答）。彼ハ、私ニ實驗ニハ中國人ガ使用サレ、此等ノ實驗ハ、部隊內、即チ、實驗室ノ條件下デ行ワレルト共ニ野外ノ條件下デモ行ワレテイルト語ツタ丈デ、コレ以上、此ノ問題ニ關シテハ話シマセンデシタ。

（問）。コレガ石井ノ言ウ部隊ノ『秘密中ノ秘密』デアツタノカ？

（答）。ソウデアリマス。

（問）。中國人ニ對スル細菌兵器ノ實用ニツイテ貴方ハ承知シテイタカ？

（答）。コレニツイテ、私ハ一九四四年ノ初メ北野少將カラ聞イテ知ルヨウニナリマシタ。

（問）。北野ハ、貴方ニ何ヲ語リ、誰ガ其處ニ居合セテイタカ？

（答）。彼ハ關東軍司令部ノ私ノ事務室デコレニツイテ語リマシタ。コノ時ハ誰モ居マセンデシタ。彼ハ私ニ石井部隊カラ若干名カラ成ル隊ガ出發シ、此ノ隊ハ所要材料ヲ携行シ、上海南方ノ地區デ上空ヨリペスト蚤ヲ撒布シタガ、此ノ實驗ハ効果的デアッタト語リマシタ。彼ハ、中國ニ於ケル細菌兵器ノ實用ニ關シテハ、私ニコノ事ヲ話シタ丈デアリマス。

（問）。從ッテ、彼ハ貴方ニ中國デ大量ノペスト蚤、即チペスト菌デ感染サレタ蚤ノ形デ細菌兵器ガ實用サレタコトヲ話シタ。ソノ通リカ？

（答）。ハイ、ソウデアリマス。彼ハソノ様ニ語リマシタ。彼ハ此ノ方法ガペストヲ蔓延セシメルタメ使用出來ルト語リマシタ。

（問）。從ッテ、北野少將ハ、最モ有効ナ細菌戰兵器トシテ石井ガ初メテ貴方ニ話シタ當ノペスト菌デ感染シタ蚤ヲ中國住民ニ對シテ實用シタコトヲ貴方ニ報告シタノデアル。ソノ通リカ？

（答）。ハイ、ソノ通リデアリマス。

（問）。從ッテ、貴方ハ最初第七三一部隊デ、實驗室ノ條件及ビ特設實驗場ノ條件下デ行ワレテイタ實驗ガ其ノ後、大規模ニナリ、中國ノ平和的住民ニ對スル細菌攻擊ノ段階ニ移ッタコトヲ知ッテイタノデアルカ？

（答）。ハイ、ソノ通リデアリマス。

（問）。デハ、中國住民ニ對スル此等ノ細菌攻擊ヲ貴方自身如何ニ評價シテイタカトイウ問題ニ移ル。

私ハ、（第八册一〇五頁ニアル）一九四九年十月三〇日ノ貴方ノ供述ヲ想起サセル。貴方ハ當時次ノ樣ニ述ベタ——

『中國中部ノ中國軍及ビ平和的住民ニ對スル第七三一部隊ニヨル細菌兵器ノ使用ヲ私ハ重ネテ確認シマス。此ノ兵器ガ中國側ニトッテハ攻擊的デアリ、日本側ニトッテハ私ノ考エデハ試驗的デアッタ事ハ勿論デアリマス』。

コノ言葉ヲ說明シテ貰イエイカ？日本側ニ取ッテハ此ノ兵器ハ試驗的デアルト考エラレテイタト言ウノハ如何ナル意味デアルカ？

（答）。コレハ、此ノ兵器ノ効果ガ研究シ盡サレテ居ラズ、此ノ効果ヲ決定スルタメニ實驗ガ行ワレテイタトイウ意味ニ理解スベキデアリマス。

（問）。貴方ハ專門ハ醫師カ？

（答）。ソウデアリマス。

（問）。醫師ト言ウ人道的ナ職業ノ代表者デアリ作ラ、貴方ハ中國ノ平和的住民ニ對スル幾千萬ノペスト蚤ノ使用ヲ只ノ實驗ト考エタノカ？

（答）。勿論之ハ實驗デシタ。シカシ、コレハ非人道的ナ實驗デアリマシタ。

（問）。安達驛ノ特設實驗場デ行ワレテイタ生キタ人間ヲ使用スル實驗ニツイテ北野少將ハ貴方ニ何ヲ語ツタカ？

（答）。彼ハ、私ニ安達驛ノ部隊ノ特設實驗場デハ、一定ノ距離ノ所ニ置カレタ特製爆彈ニヨル人間及ビ動物ノ感染實驗ガ行ワレテ居タシ、コノ實驗ノ結果、人間及ビ動物ハ炭疽ニ感染シタコトヲ話シマシタ。此ノ樣ニ、人間及ビ動物ノ感染實驗ハ爆彈ニ依ツテ行ワレテイマシタ。

（問）。炭疽病ノ感染實驗ニ供セラレタ人間ハ何ノ國ノ人カ？

（答）。民族別ニ言ツテコレガ誰デアツタカハ北野ハハツキリ言ワナカツタノデスガ、石井ガ私ニ語ツタトコロデハ、被實驗者ハ中國人デアリマシタ。私ハ此ノ場合モ其レガ中國人デアツタト分リマシタ。

（問）。私ハ一九四九年十一月一五日ノ訊問デノ貴方ノ供述ヲ想起サセル（第八冊一三九頁）。貴方ハ當時コノ實驗ニツイテ次ノ樣ニ供述シタ——

『北野ノ言ニヨレバ、コレラノ實驗ハ、動物及ビ中國人ニ對シテ行ワレテイマシタ。之等ノ實驗ニ際シテハ炭疽菌ヲ充塡セル特殊爆彈ガ使用サレマシタ。爆彈ハ地上デ爆破サレ、其ノ炸裂後被實驗動物及ビ人間ハ炭疽病菌デ感染サレマシタ」。

貴方ハ自分ノ此ノ供述ヲ重ネテ確認スルカ？

（答）。ハイ、確認シマス。

（問）。關東軍軍醫部長トシテ貴方ハ、第七三一部隊ノ科學的研究業務ヲ統轄シテ來タトイウ自分ノ供述ヲ重ネテ確認スルカ？

（答）。ハイ、確認シマス。

國家檢事——私ハ被告梶塚及ビ證人元關東軍司令部作戰部長、元日本軍少將松村ノ對審調書ヲ讀ミ上ゲルコトヲ裁判官側ニ要請スル。此ノ對審ノ調書ハ第八册二六五—二六七頁ニアル。

裁判長——軍事裁判ハ證人元關東軍司令部作戰部長松村及ビ被告梶塚ノ一九四九年十二月八日ノ對審調書ヲ讀ミ上ゲルコトヲ決定シタ。

（議長ハ松村及ビ梶塚ノ對審調書ヲ朗讀スル。同時ニ調書ハ日本語デ朗讀サレル）。

被告梶塚、マイクノ前ニ立ツテ頂キ度イ。

國家檢事——對審デ貴方ガ行ツタコレラノ自分ノ供述ヲ重ネテ確認スルカ？

被告梶塚——ハイ、確認シマス。

（問）。細菌ノ特質研究分野ニ於ケル第七三一部隊ノ科學的研究業務ヲ指導シツツ、貴方ハ此等ノ實驗ガスベテ、生キタ人間ヲ使用シテ行ワレテイルコトヲ知ツテイタカ？

（答）。ハイ、知ツテイマシタ。

（問）。吉村研究員ト言エバ、貴方ハ彼ニ就イテ何カ想起シナイカ？

（答）。想起シマス。

（問）。吉村ガ第七三一部隊デ何ニ従事シテイタカ、裁判官側ニ話シテ貰イタイ。

（答）。第七三一部隊ニ吉村ガ研究員トシテ勤務シテイルトイウコトヲ知ルヨウニナツタノハ、私ガ初メテ同部隊ノ査閲ニ行ツタ一九四〇年三月デアリマシタ。部隊ノ實驗室ヲ視察シタ私ハ其處デ吉村研究員ヲ知リマシタ。

ココデ、此ノ實驗室デ私ハ吉村ガ凍傷關係ノ研究ヲ行ツテ居ル事ヲ知リマシタ。彼ハ凍傷發生ノ原因ニ關スル問題ヲ研究シテイマシタ。換言スレバ、凍傷ノ病理學的研究ニ従事シテイタノデアリマス。

其ノ後私ハ、此ノ吉村ノ研究論文ヲ見マシタガ、此ノ論文ノ論旨ハ、最モ効果的ナ凍傷治療法ガ凍傷ニカカツタ手足ヲ三七度ノ温水ニ浸スコトダトイウノデアリマス。此ノ事カラ私ハ、吉村ガ凍傷ノ研究ニ従事シテイタコトヲ承知シテイマス。

（問）。凍傷病理學ノ研究分野ニ於ケル吉村ノ此ノ業務ハ、貴方ヲ長トスル關東軍軍醫部ノ權限ニ屬シ、關東軍ノ冬期作戰ニ當ツテハ正ニ同部ニ取ツテ特別ノ意義ヲ有スルモノデアツタノデハナイカ?

(答•)。ハイ、吾々ニ取ツテハ其レハ意義ヲ有スルモノデアリマシタ。

(問•)。貴方ハ吉村ノ此等ノ實驗ニ精通シテイタカ?

(答•)。ハイ、ソノ通リデアリマス。

(問•)。貴方ハ彼ノ書面ノ報告ヲ承知シテイルカ?

(答•)。承知シテイマス。

(問•)。貴方ハ、出血熱ノ研究並ニ腸チブス、ペスト、コレラノワクチンニ關スル第七三一部隊ノ研究業務ヲ統轄シテイタカ?

(答•)。ソウデアリマス。

(問•)。貴方ハ、此等ノ實驗ガスベテ生キタ人間ヲ使用シテ行ワレテイル事ヲ知ツテイタカ?

(答•)。私ハコレニツイテノ報告ニ接シタコトガアリマシタ。

(問•)。從ツテ、貴方ハ第七三一部隊デハ生キタ人間ヲ使用スル實驗ガ極メテ廣汎ナ規模デ行ワレテイルコトヲ知ツテイタカ?

(答•)。ソウデアリマス。

（問）。第七三一部隊デ細菌兵器ノ實踐研究ヲ目的トスル秘密業務ガ行ワレテイルコトニツイテ貴方ハ、關東軍司令官山田大將ニ報告シタカ？

（答）。ハイ、コレガ行ワレテイルコトヲ語リマシタ。

國家檢事——（裁判官側ニ向ツテ）コレニ關シ被告山田ニ質問ヲ許サレ度イ。

裁判長——被告山田、マイクノ前ニ立チナサイ。

國家檢事——被告山田、第七三一部隊デ細菌兵器ノ研究及ビ實用ニ關スル積極的ナ活動ガ行ワレテイルコトヲ貴方ハ先ズ誰ヲ通ジテ承知シタカ？

被告山田——關東軍司令部軍醫部長梶塚ヲ通ジテデアリマス。

（問）。貴方ト並ンデ立ツテイル其ノ梶塚カラカ？

（答）。ソウデアリマス。

國家檢事——被告山田ニ對スル私ノ質問ハコレダケデアリマス。

裁判長——被告山田、着席シテ頂キ度イ。被告梶塚、マイクノ前ニ立チナサイ。

國家檢事——被告梶塚、第七三一部隊ニ勤務シテイタ軍人ハ如何ナル服裝ヲシテイタカ？普通ノ軍醫部ノ軍服カ、ソレトモ一般兵科ノ軍服カ？

被告梶塚——第七三一部隊ノ軍醫部員ハ、軍醫部ノ記章ヲ附ケテイマセンデシタ。

（問）。ドウシテソウシタカ？

（答）。第七三一部隊ノ業務ヲ陰蔽スルタメデアリマス。

國家檢事——之ニ關連シテ（第二一册三—四頁ニアル）一九三八年六月三〇日付關東軍司令部ノ通牒第一五三九號ヲ讀上ゲルコトヲ裁判官側ニ要請スル。是レハ平房附近特別軍事地域設定ニ關スル通牒デアル。

裁判長——軍事裁判ハ次ノ如ク決定シタ——一九三八年六月三〇日付關東軍司令部通牒第一五三九號ヲ讀上ゲル。被告梶塚、着席シテ頂キ度イ。

（議長ガ『平房附近特別軍事地域設定ノ件』一九三八年六月三〇日付關東軍司令部通牒第一五三九號ヲ讀上ゲル（證據書類ノ部參照）

（之等ハ日本語デモ讀上ゲラレル）。

被告梶塚、マイクノ前ニ立ツテ頂キ度イ。國家檢事、訊問ヲ續ケテ下サイ。

國家檢事——被告梶塚、平房驛ノ特別軍事地域ハ特別ニ嚴重ニ警備サレル地域デアリ、軍事極秘地域デアツタコトヲ重ネテ確認スルカ？

被告梶塚——確認シマス。

（問）。第七三一部隊第四部ニアツタ生産設備ノ性能ヲ貴方ハ知ツテイタカ？

（答）。私ハ此ノ部ガ相當ノ生産能力ヲ持ツテイタコトハ知ツテイマシタガ、他ノ被告ノ供述ニアル樣ナ規模ヲ持ツテイルトハ想像シテイマセンデシタ。

（問）。貴方ハ『石井式』培養器ノ構造ヲ知ツテイルカ？

（答）。知ツテイマス。

（問）。『石井式』培養器ニ於ケル細菌培養過程ノ特殊性ニヨツテ、此等ノ細菌ガ、ワクチンノ製造ニハ使用出來ズ、細菌戰ノタメノ細菌ノ大量生産ノ爲ニシカ使用出來ナカツタコトガ制約サレタトイウコトハ細菌專門家タル貴方ニトツテ明瞭デハナカツタカ？

（答）。ハイ、明瞭デアリマシタ。

（問）。此ノ樣ニシテ、貴方ハ、石井部隊ノ第四部ガ細菌戰ノ目的ノ爲、細菌ノ大量生産ニ當ツテイタ事ヲ充分承知シテイタデアルカ？

（答）。ソウデアリマス。

（問）。殺人細菌試驗ノ實驗ガ第七三一部隊デ、生キタ人間ヲ使用シテ行ワレテイタコトニツイテ充分承知シテイタコトニ關スル自分ノ供述ヲ重ネテ確認スルカ？

（答）。確認シマス。

（問）。『孫呉』熱ノ研究及ビ發疹チブス、ペスト及ビコレラノワクチンニ關スル部隊ノ研究業務ヲ指導シテ來タ事ヲ貴方ハ認メテイルカ？

（答）。確認シマス。

（問）。又第七三一部隊ノ研究員タル吉村實驗者ガ行ッテイタ實驗、卽チ凍傷實驗ヲ充分承知シテイタコトヲ貴方ハ認メルカ？

（答）。確認シマス。

（問）。此等ノ實驗ガ、ソレ自體ノ特殊性カラシテ、先ズ外ナラヌ關東軍軍醫部ノ注意ヲ惹クモノデアッタコトヲ認メルカ？

（答）。認メマス。

（問）。最後ニ、ペストデ感染シタ蚤ニヨル第七三一部隊ガ行ッタ中國住民ニ對スル攻擊ヲ承知シテイタコトヲ認メルカ？

（答）。確認シマス。

國家檢事——被告梶塚ニ對シテハモウ質問スルコトハナイ。

サンニコフ辯護士——一九三六年第七三一部隊ノ編成當時、貴方ハ細菌戰準備ト言ウ其ノ眞ノ目的ヲ知ッテイタカドウカ？

被告梶塚——私ハ此ノ部隊ガ此ノ分野ニ於ケル研究ヲ行ウコトハ知ッテイマシタガ、此ノ部隊ノ主要任務ハ防疫勤務デアルト考エマシタ。

（問）。細菌戰準備ニ關スル第七三一部隊ノ業務ニツイテ貴方ハ誰カラ、ソシテ何時最初ノ情報ヲ受ケタカ？

（答）。此ノ部隊デ此ノ様ナ研究ガ行ワレテイルコトニツイテ正確ニ知ツタノハ、私ガ初メテ此ノ部隊ヲ查閱スル前、關東軍司令官ノ言ニヨリマス。

（問）。第七三一部隊ノ業務ノ如何ナル部分ガ關東軍司令部作戰部ニ屬シテイタカ、貴方ハ具體的ニ知ツテイタカ？

（答）。ハイ、知ツテイマシタ。

（問）。一九四〇年三月貴方ガ第七三一部隊ニ行ツタ時、貴方ハ此ノ出張中部隊ノ各部ヲ悉ク檢閱シタカ、若シソウデナケレバ、ソレハ何故カ？

（答）。一九四〇年三月私ガ第七三一部隊ヲ訪レタ時、關東軍司令部デ私ニ與エラレタ許可證ニハ制限ガアリ、全部ノ場所ヲ訪レルコトハ許サレマセンデシタ。例エバ、第七、第八廳舍デアツタカ、第六、第八廳舍デアツタカハ正確ニ言ウコトハ出來マセンガ、此等ヲ訪レルコトハ許サレナカツタ事ヲ記憶シテイマス。他ノ所ハスベテ視察スルコトガ出來マシタガ、私ヲ此ノ部隊デ迎エ、部隊ノ廳舍ヲ案內シテ吳レタ時モ、此等ノ部ニ丈ハ、私ヲ入レマセンデシタ。斯クテ、私ハ、部隊ノ秘密ノ場所ヲ訪レ、視察スルコトハ私ニハ禁ジラレテイルコトヲ知リマシタ。

（問）。第七三一部隊ノ業務ニ關シ石井少將ガ貴方ニ報告シタノハ、職責柄ノコトカ、或ハ、コレハ面談ト言ウ性質ノモノデアッタカ？

（答）。是レハ面談ノ形式デ行ワレマシタ。

（問）。議長ノ質問ニ對シテ貴方ハ學位及ビ學位論文ヲ有シテイルト答エタ。貴方ハ醫師・專門家トシテノ貴方ノ職務ト、貴方ガ細菌戰提唱者達ト意見ヲ同ジクシテ來タコトハ兩立シ得ルト考エテイルカ？

（答）。私ガ石井ト意見、思想ヲ同ジクシテ來タノハ、防疫勤務ノ必要トイウ觀點カラデ、此ノ部隊ノソレ以外ノスベテノ活動ハ兇惡行爲デアルト考エテ居リ、私自身此ノ活動ニ關係シ、ソレニ參加シテ來タ事ニヨッテ私自身モ此ノ極惡行爲ニ關與シテイルト看做シ、コレヲ悔悟シテイマス。

被告佐藤俊二ノ訊問

國家檢事——被告佐藤、貴方ハ何時『波』第八六〇四部隊長ニ任ゼラレ、又此ノ職ニドレ程ノ期間勤務シタカ？

被告佐藤——私ガ廣東『波』第八六〇四部隊長ニ任ゼラレタノハ、一九四〇年十二月カラ一九四三年二月迄デアリマシタ。

（問）。廣東『波』第八六〇四部隊カラ如何ナル職ニ轉任セシメラレタカ？

（答）。私ハ南京『榮』第一六四四部隊長ニ轉任セシメラレマシタ。

（問）。南京『榮』第一六四四部隊長トシテドレ程ノ期間勤務シタカ？

（答）。一九四四年二月迄ノ丁度一ヵ年デアリマス。

（問）。『波』第八六〇四部隊及ビ『榮』第一六四四部隊ハ何時編成サレタカ？

（答）。一九三九年デアリマス。

（問）。南京ノ『榮』第一六四四部隊ハ支部ヲ幾ツ持ツテイタカ？

（答）。一二支部アリマシタ。

（問）。南京ノ『榮』部隊ハ其ノ支部共勤務人員ハ何人デアツタカ？

（答）。約一五〇〇名デアリマス。

（問）。石井四郎ハ、南京ノ『榮』第一六四四部隊ニ如何ナル關係ヲ持ツテイタカ？

（答）。部隊創設當時石井ハ部隊長デアリマシタ。

（問）。石井四郎ガ最モ積極的ニ細菌戰用兵器ノ研究ヲ行ツテイタコトヲ貴方ハ知ツテイタカ？

（答）。ハイ、知ツテイマシタ。

（問）。石井ノ後、「榮」第一六四四部隊長ハ誰カ？

（答）。次ノ南京部隊長ハ、同ジク石井部隊ニ勤務シテイタ太田大佐デアリマシタ。

（問）。小野寺中佐ハ如何ナル職ニ在ツタカ？

（答）。「榮」第一六四四部隊庶務課長デアリマシタ。

（問）。デハ、貴方ノ隷下ノ「榮」第一六四四部隊ガ持ツテイタ設備ニ關スル問題ニ移ル。「榮」第一六四四部隊ニ在ツタ細菌ノ大量生產用ノ設備ヲ說明シテ貰イタイ。

（答）。細菌ノ大量生產用設備ノ中、私ハ五米・五米・二米半ノ大キサノ細菌培養室、直徑一米半、長サ二米半ノ圓筒形ノ二ツノ自閉罐、ソノ外「石井式」培養器約二〇〇ヲ強調スル必要ガアルト思イマス。

（問）。南京ノ「榮」第一六四四部隊ハコッホ式釜ヲ持ツテイタカ？

（答）。コッホ式釜ハ「榮」第一六四四部隊ニハ五〇アリ、又ソノ外更ニ一〇アリマシタ。其ノ中ノ一部ハ本部ニアリ、各支部ニモ釜ガアリマシタ。

（問）。部隊ノ設備ハ、幾何ノ細菌製造量ヲ豫定シテイタカ？

（答）。全設備ヲ使用セル場合、細菌製造量ハ一製造周期ニ一〇キログラムデアリマシタ。

（問）。貴方ガ指揮シタ南京ノ「榮」第一六四四部隊ハ、防疫給水ニ當ツテイタノミナ

24—962

ラズ、亦細菌兵器ノ大量生産研究ニモ從事シテイタトイウコトニ關スル（第一四冊三〇二頁ニ收メラレテイル）一九四九年十二月九日ノ自分ノ供述ヲ貴方ハ重ネテ確認スルカ？（コノ供述ハ日本語デ讀上ゲラレル）。

（答）。ハイ、確認シマス。

（問）。南京ノ『榮』第一六四四部隊ハ蚤ノ繁殖ニ從事シテイタカ？

（答）。ハイ、從事シテイマシタ。

（問）。蚤ノ繁殖ガ如何ニ行ワレテイタカ話シテ貰イ度イ。

（答）。蚤ノ繁殖ハ、私ガ『榮』第一六四四部隊ノ勤務ニナル迄ニ既ニ行ワレテ居リ、コノタメニガソリン罐ガ百箇許リアリマシタ。

（問）。被告佐藤、中國住民ニ對スル細菌攻擊ニ於テ、『榮』第一六四四部隊ガ第七三一部隊ニ與エタ援助ニツイテ貴方ノ知ッテイル事ヲ全部述べテ頂キタイ。

（答）。私ハ『榮』第一六四四部隊ニイタ時、太田大佐及ビ小野寺中佐カラ一九四〇年ニ寧波市、一九四一年ニ常德市、一九四二年ニ浙贛作戰デソレゾレ細菌兵器ガ實用サレタコトヲ聞キマシタ。尚飛行機カラ撒布サレルペスト蚤ガ利用サレマシタ。

浙贛作戰中『榮』第一六四四部隊ノ一部ノ人員ハ、此ノ作戰ノ實施ヲ援助シマシタ。コノ外、當時第七三一部隊カラ非常ニ多數ノ軍人ガ出張シテ來マシタ。具體的ニ、作戰ガ如何ニ行ワレタカ私ハ知リマセンガ、「榮」第一六四四部隊本部デハ特ニ蚤ノ繁殖ニヨッテ、此ノ作戰ノ實施ヲ促進シマシタ。

（問）。換言スレバ、「榮」第一六四四部隊ハ、石井部隊派遣隊ニペスト感染用ノ蚤ヲ若干量供給シタコトニナルガ間違イナイカ？

（答）。ソウデアリマス。

（問）。第七三一部隊派遣隊ガ南京ニ到着シタ時、派遣隊ハ何處ニ配置サレテイタカ？

（答）。南京「榮」第一六四四部隊デアリマス。

（問）ッ。從テ、「榮」第一六四四部隊ハ石井部隊ノ中國中部ヘノ此ノ派遣當時、派遣隊ノ基地トナツタデアロウ？　間違イナイカ？

（答）。ソウデアリマス。

（問）。貴方ガ「榮」第一六四四部隊長在職中、ペスト菌ノ培養、蚤ノ繁殖ニ當ッテイタノハ誰カ？

（答）。村田大尉デアリマス。

（問）。此ノ爲、部隊ノ細菌部ニ蚤ノ繁殖及ビペスト菌培養ノ特別ナ課或ハ特別ナ班ガ設ケラレテイタカ？

（答）。ハイ、設ケラレテイマシタ。

（問）。南京『榮』第一六四四部隊カラ貴方ハ如何ナル職ニ轉任セシメラレタカ？

（答）。私ハ第五軍軍醫部長ニ轉任セシメラレマシタ。

（問）。第五軍ガ駐屯シテイタ地區ニ基地ヲ置イテイタノハ第七三一部隊ノ如何ナル支部カ？

（答）。第五軍配置地域ニハ二ツノ支部ガアリ、一ツハ海林ニ、他ハ林口ニアリマシタ。

（問）。被告尾上ハドノ支部ノ支部長デアツタカ？

（答）。海林驛ノ第六四三支部長デアリマシタ。

（問）。蚤ノ繁殖ノタメノ支部援助トシテ貴方ハ被告尾上ノ要請ニヨリ鼠ノ捕捉命令ヲ出シタカ？

（答）。コレハ命令デナク、各部隊長宛ノ依賴デアリマシタ。何故ナラバ、軍ノ軍醫部長ハ軍各部隊ニ命令ヲ出スコトハ出來マセンデシタカラ。

（問）。從ツテ、コレニ關スル各部隊長宛ノ特別ノ書簡ハ貴方ガ書イタノカ？

（答）。ソウデアリマス。

(問)。貴方ガ各部隊長宛ノ此ノ書簡ヲ書イタノハ如何ナル事情ノ下ニカ？

(答)。私ハ鼠ヲ貰イタイトイウ要請ヲ尾上少佐カラ受取リマシタ。從ツテ、私ハ部隊デ捕捉サレテイタ鼠ヲ殺サズ、尾上少佐ノ許ニ送ル事ガ肝要デアルトイウ書簡ヲ書キマシタ。更ニ説明シタイト思イマス。卽チ鼠ノ捕捉ニ從事スル様、各部隊ニ要望スルノハ工合ガ惡カッタノデ、書簡ニハ部隊ガ捕捉シタ鼠ヲ殺サズ、ソレヲ第六四三支部ニ納メル様ニ書キマシタ。

(問)。細菌專門醫トシテ、又コノ外、元南京「榮」第一六四四部隊長トシテノ貴方ニハ、コノ齧齒類ガ第七三一部隊デソレニ蚤ヲ培養スル爲ニ使用サレルトイウ事ハ恐ラク明ラカデアッタノデアロウ？

(答)。尾上少佐ハコレニツイテハ私ニ語リマセンデシタガ、私ハコレヲ推測出來マシタ。

(問)。南京ニハ細菌戰部隊ガ幾ツアッタカ？

(答)。細菌戰部隊ニ關シテ言ウナラバ、「榮」第一六四四部隊ノ外ニハアリマセンデシタ。

(問)。南京『榮』第一六四四部隊ガ曾テ『タマ』部隊トイウ假稱ヲ有シテイタコトヲ貴方ハ承知シテイルカ？

（答）。承知シテイマス。

（問）。被告佐藤、デハ、貴方ノ隷下ノ南京「榮」第一六四四部隊ハ、如何ナル人體實驗ヲ行ツテイタカ？

（答）。部隊ハ人體實驗ヲ行ツテイマセンデシタ。

國家檢事――被告ニヨル此ノ事情ノ否定ニ關シテ私ニハ被告ニ對シテ之以上質問ハナイガ、裁判官側ニ要請ガアル。東京ニ於ケル極東國際軍事裁判ノ一九四六年八月二九日ノ公判速記錄ノ拔萃ヲ朗讀スルコトヲ裁判官側ニ要望スル。東京ニ於ケル國際軍事裁判ノ公判デ、南京ニ於ケル日本側ノ野獸行爲、特ニ「タマ」或ハ「榮」第一六四四部隊ノ犯罪行爲ノ調査ヲ行ツタ南京市地方檢事ノ報告ガ朗讀サレタ。此ノ結果、石井部隊デ行ワレタト同樣ノ野獸行爲ガ判明シタ。東京ニ於ケル極東國際軍事裁判ノ公判速記錄カラノ此ノ拔萃ハ第二二冊三六頁ニアル。コノ拔萃ノ朗讀ヲ軍事裁判ニ要請スル次第デアル。

裁判長――軍事裁判ハ、東京ニ於ケル極東國際軍事裁判ノ公判速記錄カラノ上記拔萃ヲ朗讀スルコトヲ決定シタ。

（裁判長ハ極東國際軍事判ノ公判裁速記錄カラノ拔萃ヲ朗讀スル。此ノ文書ハ日本語デモ朗讀サレル）（證據書類ノ部參照）。

ボガチョフ辯護士――被告佐藤、貴方ハ如何ナル社會的階級出身デアルカ？
被告佐藤――士族出身デアリマス。
（問）。醫學ノ如何ナル部門ヲ專門トシテイルカ？
（答）。病理學デアリマス。
（問）。如何ナル學位ヲ持チ、又何時ソレヲ受ケ、如何ナル學術論文ニ對シテ受ケタカ？
（答）。一九三一年「葡萄糖液ノ實驗」トイウ論文ニ對シ醫學博士ノ學位ヲ受ケマシタ。
（問）。細菌學部門ノ研究ヲ行イ、其ノ專門ヲ受ケタカ？
（答）。受ケマセン。
（問）。何時、何ニ對シテ勳章デ表彰サレタカ？
（答）。滿洲事變參加ニ對シテ第四級「旭日章」ヲ受ケ、中國事變ニ對シテ「金鵄勳章」及ビ第三級「旭日章」デ表彰サレマシタ。
（問）。一九四一年以後ノ期間ニ如何ナル勳章ヲ持ツテイタカ？
（答）。受ケ取リマセンデシタ。

被告平櫻ノ訊問

國家檢事——被告平櫻、貴方ハ關東軍第一〇〇部隊デ何時カラ、ソシテ如何ナル職ニツイテ勤務シテイタカ？

被告平櫻——私ハ一九四二年七月カラ第一〇〇部隊勤務員トシテ勤務シテ來マシタ。

（問）。第一〇〇部隊何部ノ勤務員トシテ勤務シテ來タカ？

（答）。一九四二年カラ一九四三年十二月迄第二部第一課デ勤務シ、其ノ後、新設サレタ第六課デ勤務シ、更ニ一九四四年四月カラ日本ノ降伏迄、部隊派遣隊ニ入ッテ海拉爾方面デ勤務シテ來マシタ。

（問）。貴方ガ一九四二年カラ勤務シテイタ第一〇〇部隊ハ如何ナル部隊デアッタカ裁判官側ニ詳細ニ述ベテ貰イタイ。

（答）。第一〇〇部隊ハ外面ハソノ公式名稱ニヨッテ關東軍軍馬防疫廠デアリマシタガ、實際ハ細菌戰ノ準備ニ從事シテイマシタ。

（問）。部隊本部ハ何處ニ配置サレテイタカ？

（答）。部隊本部ハ長春市カラ南方一〇キロメートルノ所ニアル孟家屯トイウ所ニ在リマシタ。

（問）。第一〇〇部隊ハ誰ノ直轄デアツタカ？

（答）。此ノ部隊ハ、關東軍統帥部ノ直轄デアリマシタ。

（問）。第一〇〇部隊業務ノ指導ヲ行ツテイタノハ誰カ？

（答）。元關東軍司令部獸醫部長高橋中將デアリマス。

（問）。第一〇〇部隊ハソノ支部ヲ有シテイタカ？

（答）。第一〇〇部隊ハ大連市ニ其ノ支部ガアリ、此ノ外ニ大連及ビ海拉爾各市ニ軍馬防疫部ガアリマシタガ、其ノ後、海拉爾支部ハ克山市ニ移サレマシタ。

（問）。此ノ部隊及ビソノ各支部ハ如何ナル專門家ヲ以テ補充サレタカ？

（答）。部隊ノ構成ニハ化學、細菌學及ビ植物學ノ專門家並ニ獸醫ガ入ツテイマシタ。

（問）。第一〇〇部隊ノ機構及ビ其ノ業務ニ關シ貴方ノ知ツテイルコトヲ述ベテ貰イタイ。

（答）。部隊勤務人員ハ約六〇〇名乃至八〇〇名ニ達シマシタガ、時ニハ此ノ數字ハ動キマシタノデ、大體此ノ數字ヲ上ゲテ置キマス。部隊本部ガアリ、此ノ外ニ、庶務部、第一、第二、第三、第四部ガアリマシタ。庶務部ハ例エバ計畫課、研究課トイウ風ニ若干ノ課カラ成ツテ居リ、特別ノ栽培地即チ試驗場ヲ自己ノ管理下ニ所有シテイマシタ。第一部ハ主トシテ、關東軍ノ軍馬並ニ鼻疽、紅榴石血漿、傳染性貧血症ノ如キ病氣ノ病名決定用トシテ關東軍部隊ノ所有シテイタ動物ノ血液研究ニ當ツテイマシタ。

第一部ハ若干ノ課ニ分レテイマシタガ、コレラ各課ノ數ハ私ハ記憶シテイマセン。

第二部ハ當初、即チ一九四三年迄ハ五課カラ成リ、後ニ至ッテ六課カラ成ル様ニナリ、主トシテ細菌戰分野ニ於ケル調査業務、研究ヲ行ッテイマシタ。第一課ハ細菌課、第二課ハ病理學課、第三課ハ實驗用動物ヲ管理シ、第四課ハ有機化學課、第五課ハ植物課、デ同時ニ植物病理學問題ヲ取扱イ、第六課ハ專ラ細菌戰準備ノ諸問題ヲ取扱ッテイマシタ。

第三課ハ、例エバ馬ノ如キ實驗用動物ヲ有シテイマシタ。

各課長ハ將校モ、軍屬ノ研究員モ、細菌專門家、植物專門家、有機化學專門家マタハ病理學專門家デアリマシタ。一九四三年十二月元關東軍獸醫部長高橋中將ガ部隊查閲ニ來テカラ、第一〇〇部隊第二部ニ細菌戰準備ニ當ツテイタ第六課ガ設ケラレタノデアリマス。第二部第五課ハ、細菌ニヨル植物ノ毒害及ビソノ汚染ノ爲ノ手段研究ニ從事シテイタコトヲ補足シナケレバナラナイト思イマス。私ノ言イ得ルコトハコレデ全部デス。

（問）。第二部ハ細菌戰ノタメ主要ナ傳染病トシテ如何ナルモノヲ採用シテイタカ？

（答）。私ハ鼻疽、羊痘、牛疫及ビ炭疽病デアッタコトヲ承知シテイマス。

（問）。第二部デハ細菌戰用細菌ノ大量培養ノ爲ニ何人勤務シテイタカ？

（答）。第一課デ、西田研究員ト山口實驗手ノ指導ノ下ニ約二〇名カラ成ル班ガ長イ間、炭疽病ト鼻疽ノ分野ノ研究ニ從事シテイタコトハ私ガ海拉爾方面ニ送ラレル迄ニ承知シテイマシタ。此ノ外ニ、タカアキ大尉ノ班ガアッテ、同班ハ牛疫菌、羊痘菌ヲ研究シ、之ヲ大量ニ製造シテイマシタシ、第六課モ此ノ方面ノ業務ヲ行イ、四〇名乃至五〇名ノ人員ヲ有シテイマシタ。

（問）。專門ニ細菌戰ノ準備ニ當ッテイタ部隊第二部デ將校二〇名、研究員三〇名、技術員五〇名ガ勤務シテイタ事ニ關スル豫審ニ於ケル自分ノ供述ヲ貴方ハ重ネテ確認スルカ？

（答）。私ハ、コレハ第二部ノ人員デアルト言イマシタ。

（問）。デハ、貴方ハ此ノ自分ノ供述ヲ重ネテ確認スルカ？

（答）。ハイ、確認シマス。

（問）。第二部第六課ノ創設ノ經緯及ビソノ任務ニ關シテ、更ニ詳細ニ述ベテ貰イタイ。第六課ノ特種任務ノ中ニハ何ガ入ッテイタカ？

（答）。私ノ記憶シテイル所デハ、第六課ハ一九四三年末ニ設ケラレマシタ。既ニ私ガ述ベマシタ様ニ、元關東軍獸醫部長高橋中將ガ部隊ニ來テ山口中佐、高瀬研究員ノ案内デ第二部ノ實驗室ヲ視察シマシタ。彼等ハ何カニツイテ長イ間打合セヲ行イ、話シ合ッタ後、高橋部長ハ出發シマシタガ、ソレカラ一週間後新タニ第二部ノ第六課ノ創設ニ關スル命令ガ出マシタ。當時第一課ニ屬シテイタ機能及ビ他ノ諸課ノ機能ノ一部、更ニ人員モ新シイ第六課ニ移サレマシタ。此ノ際、第一課ノ管轄ニ入ッテイタ地下室ハスベテ新設ノ第六課ニ移讓サレマシタ。之ト同時ニ新シイ第六課ニ必要ナ新建築ガ建設サレ始メ、此ノ建築ハ、一九四四年、卽チ、私ガ海拉爾ニ行ッタ年ニモ續ケラレマシタ。

（問）。第一〇〇部隊デハ、生キタ人間ヲ使用スル實驗ガ行ワレテイタカ？

（答）。一九四四年私ハ業務報告ヲ行ウタメ海拉爾カラ部隊ニ到着シマシタ。コレハ九月ノコトデシタ。私ハ部隊ニツイテ、部隊ノ地域ニ入ッタトコロ松井研究員ニ會イマシタ。松井研究員ハ、何カ植物性食料ノ入ッタ食器ヲ手ニ持ッテイマシタ。何處ニ持ッテ行クノカトイウ私ノ質問ニ彼ハ生キタ人間ヲ使用スル實驗ヲ行ウタメ隔離所ニ持ッテ行クノダト答エマシタガ、如何ナル實驗ヲ行ウカニツイテハ何モ語リマセンデシタ。

（問）。細菌戰ヲ目的トスル個々ノ細菌ノ實用ニ關シテ第一〇〇部隊ニヨッテ行ワレテイル試驗、實驗ニ就イテ何ヲ貴方ハ承知シテイルカ？　貴方自身何ラカノ派遣隊ニ參加シタコトガアルカドウカ？

（答）。一九四二年夏七月カラ八月頃私ハ夏期演習ニ參加シマシタ。コレニツイテ只今申上ゲマス。

コノ夏期演習ニ參加シタ隊ヲ指揮シタノハ村本少佐デアリマス。彼ノ外ニ此ノ隊ニハ若干ノ研究員、將校、技術員等總數三〇名迄ノ人間ガ入ッテイマシタ。

所要ノ器材ハ長春ニ送ラレ、資材部分品ノ發送ニハ金田少尉ガ當リマシタ。

實驗ハ、北興安省三河附近ノソヴエト國境近クヲ流レテイルデルブル河畔デ野外ノ條件下デ行ワレマシタ。コノ實驗ノ目的ハ、實戰ニ於ケル細菌使用ノ可能性ヲ研究スルコトデアリマシタ。

（問）。如何ナル細菌カ？

（答）。河、湖ハ鼻疽菌デ、土地ハ炭疽菌デ汚染シマシタ。

（問）。何河カ？

（答）。ソヴエト國境カラ程遠クナイデルブル河デアリマス。此ノ際、延長約一キロメートルニ亘ル地域ガ汚染サレマシタ。汚染ハ、約一〇〇メートル宛ノ一定ノ間隔ヲ置イテ行ワレ、三田及ビ井田清兩研究員ガゴム製ノボートニ乘ッテ汚染ヲ行イマシタ。彼等ガイカニ細菌ヲ撒布シタカ私ハ知リマセン。

（問）。序デデアルガ、被告平櫻、コレハソヴエト領土ニ境ヲ接スルアルグン河ヘ流レ込ムアノデルブル河カ？

（答）。ハイ、ソノ通リデアリマス。デルブルハ河ハソ満國境ニ沿ッテ流レテイル河ニ流レ込ンデイマス。

（問）。此ノデルブルハ河ガ鼻疽菌デ汚染サレタノカ？　其ノ通リカ？

（答）。ハイ、ソノ通リデアリマス。

（問）。貴方ガ參加シタ次ノ派遣隊ニ移ッテ貰イ度イ。私ハ一九四四年ノ派遣隊ノコトヲ言ッテイル。

（答）。私ハ一九四四年四月第二部長尾坂中佐ノ許ニ呼出サレマシタ。吾々ハ部隊長若松少將ノ事務室ヘ通リ、其處デ私ハ派遣隊ニ加ッテ出發セヨト命ゼラレマシタ。派遣隊ハ七人カラ成ルベキデアリ、其ノ長ハ淺尾大尉ノ筈デアリマシタガ、此ノ隊ノ中ノ一人ガ病氣デ出發出來ナカッタ爲、其ノ代リニ私ガ指令サレタノデアリマス。此ノ際私ハ此ノ派遣隊ガ秘密ノ性格ヲ帶ビテイルコトヲ警告サレ、北興安省ニ向ケテ出發スルコトニナッテイマシタ。【私ハ文書ヲ二ツ見セラレ、詳細ナ指示ハ淺尾大尉カラ受取ル事、淺尾大尉ハ現地ニ赴キ、其處デ更ニ詳細ナ指示、說明ヲ與エルデアロウトイウ事ヲ言渡サレマシタ。

此ノ文書ノ一ツ、命令ニハ此ノ隊ノ任務ガ北興安省諸地域ノ調査、之等諸地域ニ於ケル家畜總數ノ計算デアル事ガ述ベラレテイマシタ。因ミニ、此ノ地域デハ家畜ハ牧地ニ放牧サレテ居リ、吾々ニハ此ノ家畜、牧地、貯水池、道路、家畜病ノ研究ヲ行ウトイウ任務ガ課セラレマシタ。

此ノ命令ハ全ク秘密デ、命令ニハ「軍秘」ト書イテアリマシタ。命令ニハ、關東軍司令官ノ作戰命令（此ノ命令ノ番號ハ記憶シテオリマセン、ソレニハ「丙」トイウ活字ガ入ッテイマシタ）ニ基キ戰爭ノ場合ニハ——ソヴエト同盟ニ對スル戰爭ヲ意味シテ居リマシタ——北興安省ニ多數イタ家畜ガ大興安嶺カラ東方ニ向ケテ移送サレル筈デアリ、若シモカカル可能性ガナケレバ、ソレハ絶滅サレル筈デアルト述ベラレテイマシタ。

此ノ命令ヲ受領シタ私ハ一人デ海拉爾ニ赴キ、其處デ淺尾大尉ノ指揮下ニ入リ、此ノ隊ノ勤務員トシテ一九四四年九月迄勤務シマシタ。

九月暗號電報ヲ受取リマシタガ、ソレニハ、此ノ隊ガ行ッタ業務ニ關スル第一報告ヲ行ウ樣、淺尾大尉ニ命令サレテイマシタ。此ノ報告ノ爲、私ハ淺尾大尉ト共ニ第一〇〇部隊ニ赴キ、其處デ淺尾大尉ハ第一〇〇部隊長若松少將ニ報告ヲ行イマシタ。コレニハ私ハ出席シマセンデシタ。其ノ當時、淺尾大尉ハ東京轉勤ノ命令ヲ受ケ、恐ラク獸醫學校ヘデショウ、海拉爾ニ歸ッタ後、直チニ東京ニ向ケテ出發シマシタ。彼ガ出發シタ後、私ハ此ノ特別隊、調査隊ノ長ニ任命サレマシタ。翌年、即チ一九四五年三月第二回目ノ報告ノ爲、私ハ長春市ニ赴キ、第一〇〇部隊長若松少將ニ對シ、コノ隊ノ活動ノ總結果ヲ總括スル報告ヲ行イマシタ。之ニハ尾坂中佐、井田研究員ガ出席シマシタ。報告ハ文書デ行イ、コレヲ地圖ヤ要圖ニ基イテ註譯ヲ加エマシタ。部隊長若松少將ハ尾坂中佐ト共ニ私ヲ伴イ、關東軍司令部ニ行キ、ソコデ獸醫部長高橋中將ニ報告スル樣命ゼラレ、私ハ同中將ノ事務室デ報告ヲ行ッタ次第デアリマス。報告ノ後、暫ク經ッテ、私ハ海拉爾ニ歸リ、部隊長若松少將カラ海拉爾デ家畜ヲ買入レル任務ヲ受領シマシタ。家畜ハ滿洲國政府諸機關ヲ通ジテ購入サレル筈デアリマシタ。私ハ家畜ヲ農產公社海拉爾支社デ受領スル筈デシタ。長春カラ部隊勤務員林ガ八萬圓携エテヤッテ來、吾々ハ羊五〇〇頭、牛及ビ馬九〇乃至一〇〇頭購入シマシタ。部隊長若松少將ノ言ニヨリ此ノ家畜ガ謀略目的ニ、即チ、此ノ家畜ヲ感染セシメ、ソレヲ通ジテ家畜流行病ヲ蔓延セシメルノニ使用サレルベキモノデアルコトヲ私ハ承知シテイマス。

（問）。家畜ハ如何ナル細菌デ感染サレル筈デアッタカ？

（答）。如何ナル細菌デ此ノ家畜ヲ感染サセルコトニナッテイタカハ聞イタコトガアリマセンガ、炭疽菌、鼻疽菌、牛疫菌デアルト考エテ居マス。

購入サレタ家畜ハ、海拉爾市西北方八〇キロメートルノ地點ニ送ラレ、其處デ日本ノ降伏迄保持サレテイマシタ。一九四五年三月ノ報告ノ際、私ハ部隊長若松少將ニ對シテ北興安省デハ家畜數百五十萬頭ニ達シテイルコトヲ傳エマシタ。此ノ際、彼ハ、私ニ戰爭ノ場合ニハ此ノ家畜ハ飛行機カラ感染サレル筈デアルコト、此ノ作戰ヲ行ウ特別謀略隊ハ第一〇〇部隊ヲ基地トシテ編成サレルカ、或ハ關東軍司令部ニヨッテ獨立ニ編成サレルデアロウト語リマシタ。

（問）。斯樣ニシテ、被告平櫻、貴方ハ一九四四年三月ヲ皮切リニ、ソヴエト同盟ニ對スル戰爭ノ場合積極的ナ細菌作戰ヲ行ウ爲、ソヴエト同盟ト境ヲ接スル地域デ細菌使用調査ヲ行ッタ偵察隊ノ工作ニ參加シテイタノデアルト私ハ貴方ノ述ベタコトヲ理解シタガ、コレハ其ノ通リカ？

（答）。ハイ、ソノ通リデアリマス。

十二月七日午後ノ公判

被告平櫻ノ訊問續行

國家檢事——一九四五年三月ノ南ハン・ゴール河地區ヘノ第一〇〇部隊派遣隊ニ關シ、貴方ハ何ヲ知ッテイルカ？

被告平櫻——南ハン・ゴール河地區ヘノ派遣隊ハ一九四五年三月編成サレ派遣サレマシタ。此ノ派遣隊ノ長ハ尾坂中佐デアリマシタガ、後ニ山口少佐ガ彼ニ代リマシタ。

此ノ隊ニハ總員二〇名以上ニ上ル研究員ガ入ッテイマシタ。コノ隊ガ到着シタ後、私ハソレヲ海拉爾南方二〇キロメートルノ地點ニアル指定地ハウハノ地區ニ海拉爾カラ誘導シマシタ。

（問）。此ノ派遣隊ガ如何ナル目的デ編成サレタカ、裁判官側ニ述ベテ貰イタイ。

（答）。演習修了後、コレニツイテ私ニ傳エタ山口少佐ノ言ニヨリ知ッテイル所デハ、此ノ派遣隊ノ目的ハ、細菌ヲ雪ノ上、草ノ上ニ放置スル方法ニヨリ冬季ニ家畜ヲペストニ、羊ヲ羊痘ニ感染セシメル條件及ビ可能性ヲ明ラカニスルコトデアリマシタ。

（問）。貴方ハ一九四九年十一月二三日ノ訊問ニ於テ行ッタ自分ノ供述ヲ重ネテ確認スルカ？　貴方ハ其ノ時次ノ樣ニ供述シタ——「既ニ以前ニ供述シマシタ如ク、之等ノ實驗ハ、細菌謀略ニ際シテ、得ラレタ資料ヲ利用スル爲、彼此ノ條件ニ於ケル細菌ノ活力保持狀態ヲ檢ベル事ヲ目的トシテイタ」（第一七册一一六頁）（供述ハ日本語デ朗讀サレル）。

國家檢事——貴方ハ今、コノ供述ヲ重ネテ確認スルカ？

被告平櫻——ハイ、確認シマス。

（問）。被告平櫻、ソヴエト同盟ト境ヲ接スル地域デ貴方ガ行ッタ細菌實驗ノ結果ニ關シテ貴方ハ高橋中將ニ何度報告ヲ行ッタカ？

（答）。私ハ二度報告シマシタ。

（問）。其ノ際、高橋中將ハ、細菌戰開始ノ際之等ノ地區ニ於ケル家畜ノ感染ガ如何ナル方法ニヨッテ行ワレルベキカトイウコトニ關シテ貴方ニ何カ言ッタカ、ドウカ？

（答）。三月ニ私ハ若松少將カラ細菌戰ガ飛行機ニヨル家畜感染ヲ以テ行ワレルコトヲ聞キマシタ。

（問）。高橋中將ニ行ッタ貴方ノ報告ノ內容如何？

（答）。私ハ第一〇〇部隊長列席ノ下高橋中將ニ對シ、調査ノ結果、即チ河川、貯水池ノ狀態、ソノ所在地、道路ノ位置、牧地ノ變化、家畜ノ置換エノ可能性ニツイテ報告シマシタ。

（問）。貴方ガ高橋中將ヘコノ報告ヲシタ時、此ノ地區汚染ノタメノ細菌ノ所要量ニハ觸レナカツタカ？

（答）。コレニツイテ語リマシタ。正確ナ數字ハ記憶シテイマセンガ、數キログラムト言ワレテイタト思イマス。

（問）。貴方ガ北興安省ノ住民カラ家畜ヲ購入シタノハ、誰ノ命令ニヨルノカ？

（答）。私ガ家畜ヲ購入シタノハ、第一〇〇部隊長若松ノ命令ニヨツテヾアリマスガ、住民カラデハナク、農産公社カラデアリマス。

（問）。戰爭ノ場合此ノ家畜ヲドウスル積リデアツタカ？　如何ナル目的デ貴方ハソレヲ購入シタカ？

（答）。私ハ若松少將ノ言ニヨリ、此ノ家畜ガ細菌謀略用デアツタコトヲ承知シテイマス。戰爭ノ場合、敵ノ後方ノ家畜感染ノ爲、此ノ家畜ハ傳染病ニ感染セシメラレテ、放サレル筈デアリマシタ。

（問）。貴方ノ供述ヲ總計スル。第一〇〇部隊ノ二ツノ派遣隊——三河地區ヘノ派遣隊、北興安省ヘノ派遣隊——ニ貴方ハ直接參加シタカ？

（答）。ハイ、參加シマシタ。

（問）。コノ派遣隊ハ何レモ對ソ同盟細菌戰準備ヲ其ノ主ナ目的トシテイタノデハナイカ？

（答）。ソノ通リデアリマス。

（問）。貴方ハ第一〇〇部隊第六課ノ定員ニ入ッテイタカ？

（答）。ソノ通リデアリマス。

（問）。第六課ノ主要任務ハ、ソヴエト同盟ニ對スル細菌戰準備ニアッタカ？

（答）。ソノ通リデアリマス。

（問）。特ニ細菌戰ノタメノ細菌ノ研究及ビ大量生産ニアッタトイウノモ正シイカ？

（答）。ハイ、ソノ通リデアリマス。

國家檢事——私ニハ被告ニ對スル質問ハモウナイ。

ボルホヴイチノフ辯護士——被告平櫻、第一〇〇部隊ニ貴方ヲ編入スルトイウコトハ誰ノ發意ニヨルノデスカ？

被告平櫻——私ハ當時內地デ獸醫ヲシテイマシタノデ、誰ノ發意ニヨルカトイウコトハ知リマセン。シカシ、私ノ部隊編入ハ師團長カ、陸軍大臣ノ命令ニ依リマス。

（問）。貴方ハ召集デ軍隊ニ入ッタノカ、或ハ志願デスカ？
（答）。私ハ召集デ入リマシタ。
（問）。現在貴方ハ第一〇〇部隊ニ於ケル自分ノ行爲並ビニ總ジテ細菌戰ノ思想ヲ非難シテイルカ？
（答）。ソノ通リ、大イニ非難シテイマス。

被告三友ノ訊問

國家檢事——被告三友、貴方ハ何時第一〇〇部隊ニ勤務シ始メタカ？
被告三友——第一〇〇部隊ニ入隊シタノハ一九四一年四月デシタ。
（問）。第一〇〇部隊ノ何部ニ勤務シテイタカ？
（答）。私ハ第二部ニ勤務シテイマシタ。
（問）。貴方ハ第二部ノ第何課ニ勤務シテイタカ？
（答）。最初私ハ第二部第一課デ勤務シ、第六課創設後私ハ同課デ勤務スルヨウニナリマシタ。
（問）。貴方ガ第六課デ勤務シ始メタノハ何時カ？

（答）。一九四三年四月以降デアリマス。

（問）。第一〇〇部隊第二部第六課ハ何ニ従事シテイタカ述ベテ貰イタイ。

（答）。第二部第六課ノ主要ナ任務ハ、細菌戰及ビ謀略ノ方法ノ研究並ビニ細菌ノ大量生産デアリマシタ。此ノ研究ハソヴエト同盟ニ對スル細菌戰準備ノ爲ニ行ワレテイマシタ。

（問）。主トシテ如何ナル細菌ガ研究サレテイタカ？

（答）。鼻疽菌、炭疽菌、牛疫菌、羊痘菌デアリマス。

（問）。第六課デハ細菌戰用ノ一定ノ種類ノ傳染病ガ研究サレテイタノミナラズ、細菌ノ大量培養ガ行ワレテイタト貴方ノ言ッタコトヲ理解スルノハ正シイカ？

（答）。ハイ、ソノ通リデアリマス。

（問）。貴方自身ハ第六課ニ勤務シテ何ヲシテイタカ？

（答）。私ハ主トシテ鼻疽菌ノ培養ニ従事シ、同時ニ生キタ人間ヲ使用スル實驗ニ參加シテイマシタ。

（問）。貴方ハ第一〇〇部隊ノ何レカノ派遣隊ニ參加シタカ？

（答）。一九四二年七月及ビ八月私ガ第一課ニ勤務シテイタ當時、私ハデルハブルハ河ヘノ派遣隊ニ參加シマシタ。

（問）。誰ガ此ノ現地工作ニ行ッタカ？

（答）。コノ派遣隊ノ長ハ村本少佐デ、彼ノ外ニ將校、研究員若干名、技術員三名、全部デ二〇名以上デアリマシタ。

（問）。派遣隊ニ參加シタ者ノ中ニ被告平櫻ガイタカ？

（答）。ハイ、居マシタ。

（問）。此ノ派遣隊ノ目的ハ何デアッタカ？

（答）。此ノ派遣隊ノ目的ハ、ソヴエト同盟ニ對スル謀略目的ニ鼻疽菌、炭疽菌ヲ使用スル可能性ノ研究デアリマシタ。此ノ派遣隊ノ工作中、デルブル河ハ鼻疽菌ニヨリ、溜リ水ノ貯水池ハ炭疽菌ニヨリ夫々汚染サレマシタ。

（問）。生キタ人間ヲ使用スル實驗ニ關スル問題ニ移ル。第一〇〇部隊デハ生キタ人間ヲ使用シテ、如何ナル實驗ガ行ワレタカ？

（答）。第一〇〇部隊勤務中、私ハ人體實驗ニ一度參加シマシタ。

（問）。私ハ別ノ事ヲ質問シテイル。第一〇〇部隊デハ生キタ人間ヲ使用スル實驗ガ行ワレテイタカドウカ？

（答）。ハイ、行ワレテイマシタ。

（問）。誰ガ此ノ様ナ實驗ヲ行ッテイタカ？

（答）。人體實驗ヲ行ツテイタノハ四人デアリマス。即チ全業務ノ指導ヲシテイタノハ井田研究員、コレニ參加シタノハ中島中尉、松井實驗手、ソレカラ私デアリマス。

（問）。被實驗者ハ第一〇〇部隊ノ何處ニ監禁サレテイタカ？

（答）。之等ノ人間ハ部隊衛兵所ノ隔離室ニ監禁サレテイマシタ。

（問）。此ノ隔離室ハ誰ノ直轄デアツタカ？

（答）。此ノ隔離室ハ部隊庶務部事務課長直轄デアリマシタ。

（問）。第一〇〇部隊デ行ワレテイタ生キタ人間ヲ使用スル實驗ニ關シ貴方ノ知ツテイルコトヲスツカリ話シテ貰イタイ。

（答）。生キタ人間ヲ使用スル實驗ハ一九四四年八月—九月ニ行ワレマシタ。コレラ實驗ノ內容ハ、被實驗者ニ氣附レナイ様ニ彼等ニ催眠劑及ビ毒ヲ與エルコトデアリマシタ。被實驗者ハ七—八名ノ中國人トロシア人デアリマシタ。實驗ニ使用サレタ藥品ノ中ニハ朝鮮朝顏、ヘロイン、ヒマシ油ノ種子ガアリマシタ。之等ノ毒劑ハ食物ニ混入サレマシタ。

二週間ニ亘ツテ各被實驗者ニ毒劑ヲ盛ツタ此ノヨウナ食事ガ五—六囘支給サレマシタ。汁ニハ主トシテ朝鮮朝顏ヲ混入シ、粥ニハヘロイン、煙草ニハヘロイントバクタルヲ混入シタト思イマス。朝鮮朝顏ヲ混入シタ汁ヲ與エラレタ被實驗者ハ三〇分乃至一時間後ニハ眠ニ落チ五時間眠リ續ケマシタ。

被實驗者ハ皆、二週間後ニハ彼等ニ對シテ行ワレタ實驗ノ後衰弱シ、實驗ノ役ニハ立タナクナリマシタ。

（問）。ソシテ彼等ヲドウシタカ？

（答）。機密保持ノタメ、被實驗者ハ皆殺サレマシタ。

（問）。ドンナ方法デカ？

（答）。或ロシア人ノ被實驗者ハ、松井研究員ノ命令デ青酸加里ヲ十分ノ一グラム注射サレテ殺サレマシタ。

（問）。誰ガ彼ヲ殺シタノカ？

（答）。私ガ彼ニ青酸加里ヲ注射シマシタ。

（問）。貴方ニ殺サレタロシア人ノ死體ヲ貴方ハドウシタカ？

（答）。私ハ部隊ニアツタ家畜墓地デ死體ヲ解剖シマシタ。

（問）。ソレカラ貴方ハコノ死體ヲドウシタカ？

（答）。此ノ死體ヲ埋メマシタ。

（問）。穴ヲ何處ニ掘ツタカ？

（答）。部隊裏ノ家畜墓地デス。

（問）。家畜ノ死體ヲ埋メテイタ同ジ所カ？

（答）。場所ハ同ジデアリマスガ、穴ハ違イマス。（場内動メキ憤激ノ聲満ツ）。

（問）。此ノ人間ガ如何ナル方法デ貴方ニ殺サレタカ？　貴方ハ如何ニ此ノ殺人ヲ行ツタカ述ベテ貰イタイ。

（答）。此ノ被實驗者ニ青酸加里ヲ注射スル爲、松井ノ指示ニヨツテ下痢ヲ起サセマシタ。之ガ青酸加里ヲ注射スル口實ニナリマシタ。

（問）。デハ、貴方ハ此ノ人間ヲ欺シタノカ？　治療ノタメ注射ヲスルト言イナガラ、貴方ハ實際ニハ青酸加里ヲ入レタト言ウガソウカ？

（答）。ソノ通リデアリマス。

（問）。貴方ニ殺サレタノハ此ノ一人カ、或ハ貴方ハ他ノ人間ヲモ殺シタカ？

（答）。中國人ノ被實驗者ガ一人、私ガ毒ヲ混入シタ粥ヲ食べ、數時間意識不明ノ狀態ヲツヅケタ後死亡シマシタ。

（問）。粥ニハ如何ナル毒ガ混入サレタカ？

（答）。ヘロイン一グラムデアリマス。

（問）。貴方ハ致死量ノ毒劑ヲ粥ニ盛ツテイルコトヲ承知シテイタカ？

（答）。承知シテイマシタ。

（問）。デハ、之ハ貴方ガ全ク意識シテ行ツタ殺人デアルカ？

（答）。ソノ通リデアリマス。

（問）。貴方ニ殺サレタ此ノ人ノ死體ハ何處ニ葬ラレタカ？

（答）。ロシア人ト同ジ場所ニ埋メラレマシタ。

（問）。卽チ、家畜墓地カ？

（答）。ソウデアリマス。

（問）。被實驗者殺害ノ他ノ實例ヲ知ツテイルカ？

（答）。ロシア人ノ被實驗者ガ二人ト中國人ガ一人同ジ場所デ憲兵ニ射殺サレマシタ。

（問）。卽チ、之等ノ人々ハ直接家畜墓地デ射殺サレタノカ？

（答）。ソウデアリマス。

（問）。ドウシテ彼等ハ憲兵ニ殺サレタノカ？

（答）。私ハ秘密保持ノ爲ト思イマス。

（問）。實驗用トシテ第一〇〇部隊ニ送致サレタ人々ハ皆死ナナケレバナラナカツタト言ウガ、是レハ正シイカ？

（答）。ソレハ正シクアリマス。

國家檢事——私ニハ被告三友ニ對スル質問ハモウナイ。

プロコペンコ辯護士——被告三友、部隊ニ志願デ入ッタ動機如何？

被告三友——私ハ滿洲ヲ見タカッタノデス。丁度當時私ノ友人ガ數名第一〇〇部隊ニ行コウトシテイマシタノデ、私モ一緒ニ行キマシタ。

（問）。貴方ハ今檢事ノ質問ニ對シテ貴方ガ人體實驗ヲ行ッタト答エタガ、何ノ爲ニ又何故貴方ハ之ヲ行ッタカ？　貴方ハ之ニ個人的ナ利益ヲ感ジテイタカ？

（答）。個人的ナ利益ハ何モアリマセンデシタ。

（問）。貴方ハ今貴方ノ行動ヲ如何ニ考エテイルカ？

（答）。コレラノ非人道的ナ人體實驗及ビソヴエト同盟ニ對スル細菌謀略ト細菌戰準備ニ參加シタコトヲ悔悟シテイマス。

被告高橋ノ訊問

國家檢事——被告高橋、貴方ハ關東軍ニ何時カラ何時迄如何ナル職ニツイテ勤務シテイタカ？

被告高橋——關東軍ニハ私ハ一九四一年三月カラ一九四五年八月迄、卽チソヴエト軍部隊ニヨッテ俘虜ニサレル迄關東軍司令部獸醫部長トシテ勤務シテイマシタ。

（問・）。貴方ノ軍隊ノ階級ハ獸醫中將カ？
（答・）。ソウデアリマス。
（問・）。關東軍第一〇〇部隊ガ編成サレタノハ何時カ？
（答・）。關東軍軍馬防疫廠ガ編成サレタノハ一九三五年末カ一九三六年ノ始メデアリマス。
（問・）。トモ角、貴方ガ關東軍ノ勤務ニ附イタ時ハ此ノ軍馬防疫廠ハ既ニ活動シテイタカ？
（答・）。ハイ、ソノ通リデアリマス。
（問・）。一九四一年第一〇〇部隊ニハ如何ナル任務ガ課セラレテイタカヲ裁判官側ニ述ベテ貰イタイ。
（答・）。一九四一年三月私ガ任命サレタ時、此ノ軍馬防疫廠ハ主トシテ馬ノワクチン、血清ノ製造及ビ傳染病ノ研究ヲ其ノ任務トシテイマシタ。
一九四一年九月部隊ニハ細菌戰及ビ細菌謀略ノ準備、之等ノ問題ノ研究、手段ノ究明トイウ任務ガ課セラレマシタ。
（問・）。先ズ何ノ國ヲ目標トシテ細菌戰ガ考慮サレテイタカ？
（答・）。主トシテソヴエト同盟デアリマス。

(問)。細菌戰兵器トシテ第一〇〇部隊デ如何ナル細菌ノ培養ガ決定サレタカ？

(答)。鼻疽ト炭疽菌ガ先ズ第一、次イデ赤穗病、モザイク、ソレカラ牛疫菌、羊痘菌デアリマス。

(問)。貴方ハ細菌戰ノタメニハ、如何ナル病原菌ガ最モ是認シ得ベキモノト見做シテイタカ？

(答)。炭疽菌、牛疫菌及ビ羊痘菌デアリマス。

(問)。第一〇〇部隊長ハ誰デアッタカ？

(答)。若松獸醫少將デアリマシタ。

(問)。細菌戰ノタメニ、貴方ガ今法廷デ供述シタバカリノ各種細菌ノ繁殖ヲ開始スル樣、一九四一年九月第一〇〇部隊長若松少將ニ命令シタノハ誰カ？

(答)。私、獸醫部長高橋デアリマス。命令ハ關東軍司令官ノ名義ニナッテイマスガ、直接命令ハ私カラノモノデアリマス。

(問)。當時ノ關東軍司令官ハ誰カ？

(答)。梅津大將デアリマス。

(問)。斯樣ニシテ、細菌戰ノ積極的準備ニ關スル命令ハ梅津大將カラ出タノカ？

(答)。ソウデアリマス。

（問）。ソシテ貴方トシテハ梅津大將ノ此ノ命令ヲ第一〇〇部隊ニ傳達シタノカ？

（答）。ソウデアリマス。私ハソノ實行ヲ指導シマシタ。命令ハ規定ニ從ッテ司令官ガ出スベキデアリマシタ。

（問）。被告、細菌兵器ノ製造ニ當ッテイタノハ部隊ノ何部カヲ述ベテ貰イタイ。

（答）。第二部第六課デアリマス。

（問）。第一〇〇部隊ハ支部ヲ有ッテイタカ？

（答）。ハイ、持ッテイマシタ。

（問）。其レハ如何ナル支部デアッタカ？

（答）。拉古驛ノ支部及ビ大連市ニ小サイ課ガアリマシタ。

（問）。一九四一年ニ各軍ニハ軍馬防疫部隊或ハ本部ガ附設サレタカ？

（答）。ハイ、附設サレマシタ。

（問）。此ノ様ナ軍馬防疫本部ガ何處ニ創立サレタカ述ベテ頂キタイ。

（答）。東安、東寧、克山ト雞寧ノ各都市デアリマス。

（問）。斯様ナ部隊創立ノ發起者ハ誰カ？

（答）。參謀本部デアリマス。

（問）。參謀本部ノ何部カ？

（答）。第一（作戰部）デアリマス。

（問）。此等諸部隊ニハ如何ナル任務ガ課セラレテイタカ？

（答）。關東軍ガ細菌戰ヲ開始セル場合、此等諸部隊ガソレヲ實施スルコトニナツテイマシタ。

（問）。即チ、此等諸部隊ハトモ角第一〇〇部隊ノ支柱タル細菌根據地トナルベキデアツタノカ？

（答）。ハイ、ソノ通リデアリマス。

（問）。被告高橋、軍馬防疫隊ノ中堅幹部ヲ養成シタノハ誰カ？

（答）。第一〇〇部隊ガ此等ノ中堅幹部ヲ養成シテイマシタ。

（問）。斯クシテ、第一〇〇部隊ハ單ニ細菌戰用兵器ノ研究及ビ製造ノ中心基地タルノミナラズ、又、此ノ戰爭ノ爲中堅幹部養成ノ中心基地デモアツタノデアル。ソノ通リカ？

（答）。ハイ、ソノ通リデアリマス。

（問）。第一〇〇部隊デハ家畜ノ間ニ於ケル流行病蔓延ノ爲ニノミ細菌戰用兵器ノ研究ガ行ワレテイタノカ、或ハ其ノ外ニ植物汚染ノ分野デモ研究ガ行ワレテイタノカヲ述ベテ貰イタイ。

（答）。植物ニ關シテハ、病原菌ノ研究ガ行ワレテイマシタガ、私ハ此ノ問題ノ專門家デアリマセンノデ、詳細ニ話スコトハ出來マセン。
（問）。モザイク或ハ赤穗病ニ關スル研究ハ行ワレテイタカ？
（答）。最初赤穗病ノ研究ガ行ワレテイマシタガ、其ノ後、病原菌ノ培養ト繁殖ガウマク行カズ、吾々ハモザイクニ移リマシタ。
（問）。斯クシテ、細菌戰ノタメニ赤穗菌ノ代リニモザイク菌ヲ更ニ詳細ニ研究スルコトニ決シタノカ？
（答）。ハイ、ソノ通リデアリマス。
（問）。貴方ハ第一〇〇部隊ノ細菌戰待期態勢ニ關シテ關東軍司令官梅津大將ニ報告ヲ行ツタコトガアルカ？
（答）。アリマス。
（問）。コレニツイテ梅津大將ニ行ツテイタ報告ニツイテ述ベテ頂キタイ。
（答）。第一〇〇部隊ガ細菌戰ノ分野デ本格的ナ活動ヲ行イ始メタノハ、一九四三年十二月カラデアリマス。部隊第六課ニ各種專門家ガ派遣サレ、彼等ハ鼻疽菌、炭疽菌、モザイク菌、牛疫菌、羊痘菌ニ關スル研究ヲ始メタ。日本ガ當時アメリカ及ビイギリスト戰爭シテイタコトニ鑑ミ、設備ノ確保問題ハ非常ニ困難デアリマシタガ、部隊ハソノ努力ヲ病原菌ノ研究ト繁殖ニ向ケマシタ。

（問）。第一〇〇部隊ノ細菌兵器ノ製造業務展開態勢ニ關シテ初メテ梅津大將ニ報告シタ時、貴方ハ彼ニ然ルベキ細菌製造ニ關スル一定ノ數字ヲ提案シタカ？

（答）。ハイ、提案シマシタ。

（問）。貴方ガ提案シタ此等ノ數字ニ梅津大將ハ同意シタカ？

（答）。同意シマシタ。

（問）。梅津大將ニ對スル報告ニ際シ、當時如何ナル細菌ガ最モ有効ナ細菌戰兵器トシテ貴方ニ依ッテ提案サレタカ？

（答）。鼻疽菌、炭疽菌、牛疫菌、羊痘菌、モザイク菌デアリマス。

（問）。第一〇〇部隊ガ製造シ得ル細菌ノ具體的ナ量ニツイテ貴方ハ梅津ニ報告シタカ？

（答）。ハイ、當時私ハ報告シマシタ。

（問）。其ノ數字ヲ言ッテ貰イ度イ。

（答）。第一〇〇部隊ノ一年間生産能力ハ――炭疽菌一〇〇〇キログラム、鼻疽菌五〇〇キログラム、赤穗病菌一〇〇キログラムデアルト報告シマシタ。私ハ此ノ様ナ數字ヲ報告シマシタガ、コレハ十分ナ設備ノ下ニ可能デアリマシタ。其ノ後、設備ハ一九四三年十二月カラ到着シ始メ、第二部第六課デ据エ附ケラレ始メマシタ。シカシ、此ノ計畫ヲ遂行スルコトハ出來ズ、一九四四年三月末、私ハ炭疽菌ガ僅カ二〇〇キログラム、鼻疽菌一〇〇キログラム、赤穂病菌ガ二〇乃至三〇キログラムヲ製造サレテイルコトニツイテ司令官ニ報告シマシタ。

（問）。貴方ハ第一〇〇部隊デ製造サレテイル細菌ノ量ガ細菌戰ノ需要ヲ充タスト見做シテイタカ？

（答）。イヤ、十分ナモノトハ見做シテイマセンデシタ。

（問）。トモ角一九四一年以後細菌戰用細菌ノ大量生産ノ擴張策ハ貴方ノ主張ニ依ツテ採擇サレタノデアルカ？

（答）。ソウデアリマス。

（問）。一九四四年第一〇〇部隊勤務員ノ隊ヲ北興安省地區ニ派遣シタ發起者ハ誰カ？

（答）。關東軍第二（課報）部謀略課デアリマス。

（問）。貴方ハ之ニ加ワツタカ？

（答）。ハイ、軍司令官ノ命令ニ依ツテ加ワリマシタ。

（問）。北興安省ヘノ此ノ隊ノ派遣ハ如何ナル文書ニ述ベラレテイルカ？

（答）。關東軍司令官ノ作戰命令デアリマス。

（問）。當時誰ガ關東軍司令官デアッタカ？

（答）。梅津大將デアリマス。

（問）。北興安省ニ派遣サレタ隊ニ課セラレテイタ任務如何？

（答）。此ノ隊ニ課セラレテイタ任務ハ河川、貯水池、牧地、家畜頭數ノ調査及ビ季節ニヨル家畜ノ移動調査デアリマス。

（問）。此ノ偵察ハ如何ナル究極ノ目的ヲ以テ行ワレタカ？

（答）。梅津大將ハ私ニ次ノヨウニ語リマシタ。即チ、對ソ戰ガ始マッタ場合、若シ日本軍ガ防禦ヲ行ウベキ大興安嶺迄退却スルナラバ、第一〇〇部隊ハ此ノ際北興安省ノ家畜ヲ總テ家畜傳染病デ感染サセ、尙敵ガ此ノ家畜ヲ利用出來ナイ様ニ出來ル丈コレヲ殺スベキデアル。馬ニ關シテハ馬ハ迅速ニ移動シ得ルノデ、興安嶺カラ東ヘ移動セシメラレルベキデアル、ト。

（問）。換言スレバ、北興安省ニ於ケル此ノ偵察モ對ソ細菌戰ヲ目的トシテ行ワレタモノデアッタ。ソノ通リカ？

（答）。ハイ、ソノ通リデアリマス。

（問•）。貴方ハ北興安省地域ニ於ケル平櫻ノ偵察隊ノ業務遂行結果ニ關スル平櫻ノ報告ヲ聞イタカ？

（答•）。ハイ、聞キマシタ。

（問•）。何度聞イタカ？

（答•）。一九四四年九月ト一九四五年三月デス。

（問•）。平櫻ハ貴方ニ何ヲ報告シタカ？

（答•）。報告ノ内容ハ今正確ニ記憶シテイマセンガ、平櫻ガ今日行ツタ供述ヲ重ネテ確認シマス。一九四五年三月ニ彼ガ行ツタ報告ニ關シテ言ウナラバ、之ハ要圖地圖ノ説明ヲ伴ウ詳細ナ報告デアリマシタ。

（問•）。第二回目ノ報告ノ時、北興安省ノ現地住民ノ所有セル家畜ノ感染ニハ如何ナル細菌ガ最モ良イカトイウ問題ガ審議サレタカドウカ？

（答•）。感染ハ、炭疽菌、牛疫菌ヲ以テ飛行機カラ行ウ筈デアリマシタ。

（問•）。一九四二年夏三河附近ヘノ派遣隊ハ如何ナル目的デ送ラレタカ？

（答•）。之ハソヴエト同盟ニ對スル日本ノ戰爭開始ノ場合、行ワレル筈デアツタ謀略準備ノ演習デアリマシタ。

（問•）。此ノ派遣隊ノ現地工作中、如何ナル具體的ナ行動ガ行ワレタカ？

（答）。其處デハ貯水池、河川ニ對シテハ鼻疽菌ヲ、地上ニハ炭疽菌ヲ撒布シ、次イデソレ等ガドレ程長ク保持サレテイルカヲ檢定シマシタ。

（問）。被告高橋、山田大將ガ關東軍司令官ノ職ヲ占メテカラ貴方ハ第一〇〇部隊ノ業務ニツイテ山田大將ニ報告シタカ？

（答）。シマシタ。

（問）。第一〇〇部隊ガ細菌戰準備ニ關スル秘密業務ヲ行ツテイルコトヲ新軍司令官ニ報告シタカ？

（答）。ハイ、報告シマシタ。

（問）。第一〇〇部隊ノ此ノ樣ナ活動ニツイテ山田大將ニ何回報告シタカ？

（答）。第一回目ハ一九四四年ノ七月末、第二回目ハ一九四四年ノ十一月、第三回目ハ一九四五年二月ニ私ガ報告シマシタ。

（問）。山田大將ヘノ第一回目ノ報告ノ內容ニ就イテ話シテ貰イ度イ。

（答）。第一回目ノ報告ノ時、私ハ獸醫部ノ業務ニツイテ山田軍司令官ニ口頭デ報告シマシタ。關東軍獸醫部ノ業務ヲ說明シタ後、私ハ簡單ニ第一〇〇部隊ノ業務ニツイテ申シ上ゲマシタ。第一〇〇部隊ノ秘密業務ニ關シテハ、私ハ元軍司令官梅津大將ノ命令ニヨッテ、第一〇〇部隊デハ炭疽菌、鼻疽菌、モザイク菌、牛疫菌、羊痘菌ノ細菌ガ製造サレテイル事ニツイテ山田大將ニ申上ゲマシタ。私ハ製造サレテイル細菌ノ量ニツイテモ報告シマシタ。

（問）。貴方ノ第二回目ノ山田大將ヘノ報告内容如何？

（答）。一九四四年十一月ノ自分ノ報告デ私ハ曾テ元軍司令官梅津大將カラ受ケ、且ツ謀略課長佐々井大佐ノ署名セル命令ニ關シ關東軍司令官ニ申上ゲマシタ。同命令ニハ日本軍ガ大興安嶺ノ線ヲ超エテ退却スル場合ニハ、第一〇〇部隊ハ此ノ地域内ニイル家畜ヲ感染セシムベシト述ベラレテイマシタ。私ハ又、第一〇〇部隊カラ派遣サレタ平櫻中尉指揮下ノ隊ガ此ノ地域ノ偵諜業務ニ當ツテイルコトニツイテモ軍司令官ニ申シ上ゲマシタ。

（問）。一九四五年二月ニ行ワレタ山田大將ヘノ第三回目ノ報告ノ内容ニツイテ述ベテ貰イ度イ。

（答）。當時私ハ只、第一〇〇部隊ガソノ任務ノ遂行ヲ續ケテイルコトニツイテ山田軍司令官ニ報告シタ丈デアリマス。

（問）。貴方ガ行ツタ諸報告ニ對スル山田大將ノ態度如何？

（答）。彼ハ私ノ報告ヲ聞イテカラ『同ジ方針デ續行スル樣ニ』ト言イマシタ。

（問）。此ノ事ヨリシテ、コレニ關シ、梅津美次郎大將ニ依ツテ行ワレタ指示ハ山田大將ニヨツテ其ノ儘効力ヲ保持サレタ事ガ明ラカデアツタカ？

（答）。ハイ、明ラカデアリマシタ。

（問）。被告高橋、貴方ハ第一〇〇部隊デ行ワレテイタ人體實驗ニ關スル被告三友ノ供述ヲ聞イタカ？

（答）。ハイ、聞キマシタ。

（問）。コレラノ實驗ニ對スル責任ハ貴方ガ負ウノカ？

（答）。ハイ、コレラノ實驗ニ對スル責任ハ私ニ有リマス。シカシ、當時私ハコレラノ實驗ニツイテ知リマセンデシタ。ソレハ私ニ知ラセルコトナク行ワレテイマシタ。シカシ、ソレニモ拘ラズ、私ハコレラノ實驗ニ對スル重大ナ責任ヲ自覺シテイマス。

（問）。被告高橋、貴方ノ供述ヲ總計シヨウ、細菌戰ノ積極的準備ニ關スル第一〇〇部隊ノ活動ヲ指導シテ來タノハ正ニ貴方デアル事ヲ自認スルカ？

（答）。ハイ、認メマス。

（問）。貴方ノ指導ノ下ニ第一〇〇部隊ガ行ッテ來タ此ノ積極的ナ細菌戰準備ハ、先ズ第一ニソヴエト同盟ヲ目標トシテイタノデアル。ソノ通リカ？

（答）。ハイ、ソノ通リデアリマス。

國家檢事——私ニハ被告高橋ニ對スル質問ハモウナイ。

ズヴェレフ辯護士——被告高橋、貴方ハ東京ノ大學生トシテ何故陸軍省カラ給費ヲ受ケテイタノカ？

被告高橋——大學ニ進ム前ニ私ハ物質的ニ苦シイ立場ニアリマシタ。私ハ弟ノ爲ニ支拂イヲシナケレバナリマセンデシタ。從ッテ、私自身給費ヲ受ケザルヲ得ナカッタノデアリマス。

（問）。陸軍省ノ給費ヲ受ケル事ニヨッテ貴方ハ大學卒業後必ズ軍隊ニ入ルトイウ義務ヲ負ワナカッタカ？

（答）。ハイ、其ノ様ナ義務ヲ負イマシタ。

（問）。貴方ハ研究出張トシテイギリスニ赴イタガ、貴方ハイギリスデ細菌學關係ノ諸問題ノ研究ニ從事シナカッタカ？

（答）。イギリスデハ私ハビタミンヲ研究シマシタ。

（問）。第一〇〇部隊ガ生キタ人間ヲ使用スル實驗ヲ實施シテイタ事ヲ貴方ガ承知シテイナカッタコトヲ何ニヨッテ説明スルカ？

（答）。何カ新タナ實驗ガ始マル場合、陸軍省ノ命令ガ必須デアリマシタ。コレハ陸軍省ノ命令ニ依ッテノミ行ウコトガ出來タノデアリマスガ、コノ様ナ命令ハアリマセンデシタ。此ノ裁決ヲ關東軍司令部デ得タトシテモ此ノ裁決ハ獸醫部長デアッタ私カラ出タモノデハナク、關東軍司令官カラ出タモノデアリマス。シカシ、關東軍司令官宛ノ此ノ様ナ申請モ來マセンデシタ。私ハ今、他ノ被告ノ訊問デ各種ノ實驗ニツイテ耳ニシマシタガ、當時私ハコレヲ知リマセンデシタ。

(問)。十月二三日ノ訊問ニ際シテ貴方ハ、貴方ガ個人的ニハ細菌戰ノ思想ニ反對デアルト述べタ。何時、何處デ貴方ガコノ様ナ自分ノ見解ヲ述べタカヲ私ハ知リタイト思ウ。

(答)。關東軍ヘノ赴任命令ヲ受領シテカラハ、私ハ何處デモコノコトヲ言ツタコトハナイノデスガ、私ガ獸醫學校ニ居タ當時ハ此ノ思想ニ反對デアリマシタ。シカシ、私ガ細菌學者デナカツタノデ、私ノ意見ハ考慮サレマセンデシタ。

(問)。細菌戰準備ニ關スル自分ノ行爲ヲ貴方ハ現在如何ニ考エテイルカ?

(答)。私ハコレヲ非常ニ非人道的デアルト見做シ、コレニ關係ヲ持ツタコトヲ悔悟シテイマス。特ニ私ノ指導ノ下ニ若イ日本人ガ此ノ様ナ惡事ヲ犯シタコトヲ悔悟シテイマス。

鑑定人ジユーコフ・ヴエレジユニコフ——被告高橋、鼻疽菌、炭疽菌ハ單ニ動物ノミナラズ、人間ニトツテモ發病ヲ促スモノデアルコトヲ貴方ハ承知シテイルカ?

(答)。ハイ、承知シテイマス。

十二月二八日午前ノ公判

被告尾上ハ訊問

國家檢事——被告尾上、貴方ハ第七三一部隊ニ何時カラ何時迄如何ナル職ニアッテ勤務シタカ？

被告尾上——一九四三年九月カラ日本ノ降伏迄私ハ第七三一部隊牡丹江支部長トシテ勤務シマシタ。

（問）。此ノ支部ニハ第六四三トイウ番號ガ與エラレテイタカ？

（答）。ソウデアリマス。

（問）。此ノ職ニ任命サレル迄、貴方ハ何處デ勤務シタカ？

（答）。コレ迄私ハ虎林市ニ配置サレテイタ第一一師團ノ防疫給水部デ勤務シマシタ。

（問）。貴方ノ專門ハ？

（答）。細菌専門家デアリマス。
（問）。貴方ノ教育程度ハ？
（答）。専門的ナ高等學校ヲ卒業シマシタ。
（問）。一九三五年カラ一九三六年迄、貴方ハ東京ノ軍醫學校デ特別教育ヲ受ケタカ？
（答）。ハイ、受ケマシタ。
（問）。一九三三年カラ一九三四年迄同様、同校デ勉強シタカ？
（答）。勉強シマシタ。
（問）。此ノ學校デ教育ヲ受ケツツ、貴方ハ細菌學部門ノ専門技能ヲ得タカ？
（答）。ソノ通リデアリマス。
（問）。斯クシテ、貴方ハ細菌専門家トシテ特別教育ヲ受ケタワケカ？
（答）。ソノ通リデアリマス。
（問）。第七三一部隊第六四三支部ハ如何ナル部カラ成ツテイタカ？
（答）。支部ハ次ノ如キ部カラ成ツテイマシタ。即チ、庶務部、第一部、第二部、保給部、教育部デアリマス。
（問）。蚤ノ大量繁殖、齧歯類ノ繁殖ハ何部デ行ワレタカ？

(答)。蚤ノ繁殖ハ第一部長中村ガ兼任デ指導シテイタ特別ノ蚤繁殖課デ行ワレ、齧歯類ハ保給部長カミオガ兼任デ指導シタ部デ行ワレマシタ。

(問)。一九四三年末、第七三一部隊長北野少将ガ貴方ノ支部ニ課シタ任務ハ、如何ナルモノデアッタカ?

(答)。一九四三年末北野少將ガ吾ガ支部ニ課シタ任務ハ次ノ如キモノデアリマス。卽チ牡丹江地區ニ於ケル防疫ノ強化、白鼠及ビ他ノ齧歯類ノ大量繁殖並ビニ細菌ノ大量繁殖用設備ノ增強、シカシ、最後ノ任務ハ遂行サレマセンデシタ。

(問)。柄澤少佐ハ如何ナル目的デ貴方ノ許ニヤッテ來タカ?

(答)。柄澤少佐ガ吾々ノ支部ニヤッテ來タノハ、支部ニ蒸氣培養釜ヲ設置スルコトガ出來ルカドウカヲ明ラカニシ、此ノ釜ノ設置條件ヲ明ラカニスル爲デアリマシタ。

(問)。此ノ後貴方方ハ培養基ヲ炊ク釜ヲ受領シタカ?

(答)。ソウデス。受領シマシタ。

(問)。釜ハ四ツデアッタカ?

(答)。六ツデアッタト私ハ記憶シテイマス。

(問)。各釜ノ容量如何?

（答）。釜ハ直徑一メートル半、長サ二メートル半デアリマシタ。
（問）。即チ、其レハ大キナ釜デアッタカ？
（答）。ソノ通リデアリマス。
（問）。從ッテ、細菌ノ大量生産ニ關スル問題ハ實際的ナ根據ニ基ズイテ提起サレテイタノカ？
（答）。設備ガ未ダ整備サレテイナカッタノデ、實際的ナ基礎ハ未ダアリマセンデシタ。
（問）。私ガ貴方ニ尋ネテイルノハ別ノ事デアル。培養基ヲ炊ク釜ハ貴方ノ許ニ屆ケラレテイタカドウカ？
（沈默）
屆ケラレテイタカ、イナイカ？　此等六ツノ釜ハ貴方ノ所ニ屆ケラレテイタカ、ドウカ？
（答）。ハイ、此等ノ釜ハ屆イテイマシタ。
（問）。コレヲ細菌ノ大量生産ヲ目標トスル實際的活動ト看做スコトガ出來ルカ？
（答）。ハイ、出來マス。
（問）。デハ、貴方ノ許ニ屆ケラレテイタモノハ釜ダケダッタカ、或ハ其ノ他ニベプトン、寒天、鹽、其ノ他ノ培養基製造及ビソレニ細菌ヲ培養スルタメ必要ナモノモ届ケラレテイタカ？

（答）。ソノ様ナモノモ受領シテイマシタ。シカシ、數量ハ記憶シテイマセン。

（問）。被告尾上、私ハ貴方ノ記憶ヲ新ニスル爲一九四九年十月二七日貴方ガ行ツタソノ次ノ供述ヲ讀ミ上ゲタイト思ウ——

『一九四五年ノ初メ、部隊長北野軍醫少將ノ命令ニヨッテ、私ハ材料部カラペプトン、寒天、壓搾肉、精製鹽カラ成ル材料三貨車（二五トン貨車）ヲ吾ガ支部ニ保管スル爲受領シタコトヲノベル必要ガアル』。

（供述ハ日本語デ讀ミ上ゲラレル）。

此ノ供述ハ事實カ？貴方ハ重ネテ之ヲ確認スルカ？

（答）。確認シマス。實際ニソウイウコトガアリマシタ。

（問）。従ツテ、貴方ノ支部ニハ、培養基製造ト細菌培養ノ爲必要ナル各種ノ材料ガ七五トン集中サレテイタワケデアルカ？

（答）。ソノ通リデアリマス。

（問）。コレヨリ少シ前、大キナ容量ノ釜ガ六ツ部隊ニ届ケラレタ。ソノ通リデアルカ？

（答・）。ソノ通リデアリマス。

（問・）。ツマリ、コノ蚤ガ据エツケラレ、此等ノ材料ガ利用サレテイタナラバ、部隊ハ細菌ノ培養ヲ大規模ニ始メルコトガ出來タソケデアル。コレモ正シイカ？

（答・）。正シクアリマス。

（問・）。石井中將ガ再ビ部隊長ニ任命サレタ後、貴方ノ支部ノ業務ハ如何ナル方針ヲ取ッタカ？　更ニ具體的ニ、石井四郎中將ハ支部ニ如何ナル任務ヲ課シタカ？

（答・）。當初支部ニ何ラ任務ヲ課シマセンデシタガ、四月——五月ニ蚤ノ大量繁殖トイウ任務ヲ課シマシタ。

（問・）。コレニツイテヨリ詳細ニ説明シテ貰イ度イ。

（答・）。蚤ニ關スル命令ヲ私ハ一九四五年四——五月頃受領シマシタ。私ハ當時此ノ様ナ命令ガ第七三一部隊ノ全支部ニ發セラレタ事ヲ記憶シテイマス。私ハ既ニ述べマシタ様ニ、自分ガ命令ヲ受領シタノハ四——五月頃デスガ、ソノ實行ニハ直チニ取リ掛リマセンデシタ。何故ナラバ、色々ノ事情ノ爲、此ノ仕事ヲ習得サセルタメニ教習生ヲ第七三一部隊本部ニ直チニ送ルコトガ出來ナカッタカラデアリマス。ソシテ、六月此等ノ教習生ヲ直チニ派遣セヨトイウ指示ノ暗號電報ガ來タ後始メテ私ハ、コレヲ實行シ、我ガ支部勤務員二名ヲ教習生トシテ派遣シマシタ。

27—962

ソコデドノ位ノ期間彼等ガ教育ヲ受ケタカ私ハ正確ニ記憶シテイマセンガ、只半月乃至一カ月デアツタト思イマス。彼等ガ教習ヲ受ケテ歸ツテ來タ後、吾々ハ蚤ノ大量繁殖準備ヲ行イマシタ。此ノ外、更ニ三名ガ教育ニ派遣サレ、ツイデ見習士官ヲ長トスル五——六名カラナル班ガ第七三一部隊ニ派遣サレ、此ノ班ハ、支部デ將來繁殖スルニ必要ナ量ノ蚤ヲ受領シマシタ。コレガ七月頃デシタ。ソレカラ想イ出スノハ、吾々ガ蚤ノ大量繁殖ヲ始メタ初期吾々ハ此ノ目的ノ爲、六乃至一〇ノ罐ヲ利用シタ事デアリマス。

ソレカラ吾々ニ與エラレタ命令ヲ實行スル爲、吾々ハ牡丹江ノ倉庫カラ空ノ石油罐ヲ二〇〇許リ受領シ、コレヲ吾々ハ蚤ノ繁殖ニ利用シマシタ。此ノ罐ガ全部大量繁殖ノ爲實用サレタカドウカ正確ニ記憶シテイマセン。從ツテ、今コレニツイテ言ウコトハ出來マセン。

ツイデ、ソヴエト同盟トノ戰爭ガ始マリ、私ハ、部下ノ報告カラ知ツテイル様ニ、一九四五年八月九日第七三一部隊本部ニ約二〇乃至二五グラムノ蚤ガ送ラレマシタ。殘部ハ總テ八月一三日部隊ガ愛河ノ陣地第一線ニ進出シタ際絶滅シマシタ。

(問)。蚤ノ大量繁殖ヲ最大限ニ強化スル義務ヲ貴方ニ負ワセル暗號電報ヲ貴方ガ受領シタトイウコトニ關スル自分ノ供述ヲ重ネテ確認スルカ？

(答)。ハイ、確認シマス。

（問）。此ノ電報ニ鑑ミ、蚤ノ大量繁殖特別教習會ニ第七三一部隊ニ先ズ貴方ノ支部ノ勤務員二名——矢吹伍長ト鈴木軍屬ガ派遣サレタノデアルカ？

（答）。ハイ、此ノ供述ヲ確認シマス。豫審デ私ハ此ノ様ナ供述ヲ行イ、私ガ矢吹伍長ト鈴木軍屬ヲ派遣シタト述ベマシタガ、後デ考エテ見テ、派遣サレタノハ鈴木デナクテ、誰カ他ノ人間デアッタ様ニ思イマス。

（問）。第七三一部隊カラ受領シタ指示ニ従ッテ、蚤ノ培養ハ二〇〇ノ培養器デ行ワレル筈デアッタト言ウガ、コレハ正シイカ？

（答）。指示ハコレラノ二〇〇罐ノ受領ノミニ關スルモノデ、ソレ以上何モ指示シテイマセンデシタ。

（問）。貴方ノ支部ハ二〇〇罐受領シタカシナカッタカ？

（答）。確カニ受領シマシタ。

（問）。蚤ノ繁殖ハ此ノ罐デ行ワレタカ？　之ハ如何ナル方法デ行ワレタカ？

（答）。私ノ記憶シテイル所デハ、罐ノ底ニ細ク刻ンダ藁ヲ敷キ、ソレカラ罐ニ一匹カ二匹ノ鼠ヲ入レテ縛リツケ、ソレニ蚤ヲツケル方法デシタ。

（問）。貴方ハ細菌專門家トシテ蚤ガ如何ナル傳染病ニ感染サレ得ルカヲ知ッテイタカ？

（答）。ハイ、知ッテイマシタ。
（問）。如何ナル傳染病カ？
（答）。ペストデアリマス。
（問）。デハ、貴方ノ支部及ビ第七三一部隊ノ他ノ各支部デ繁殖サレタ蚤ハペスト菌ニヨル感染用デアッタカ？
（答）。ソウ言ウコトニナリマス。
（問）。ヨロシイ。貴方ノ所デカミオ少尉ハ何ヲシテイタカヲ裁判官側ニ述ベテ貰イ度イ。
（答）。カミオ少尉ハ支部保給部長デアリマシタガ、支部ニ幹部ガ不足シテイタ爲、彼ハ野ノ齧齒類捕捉班長ノ職務モ遂行シナケレバナラズ、又白二十日鼠、白鼠ノ繁殖ニモ當ラナケレバナリマセンデシタ。

當初此ノ班ハ一〇名カラ成ッテイマシタ。彼等ハ部隊ヤ市民カラ捕捉サレタ齧齒類ヲ受取リ、之ヲ支部ニ持ッテ來、ソコカラ第七三一部隊ノ本部ニ送ラレマシタ。

此ノ外カミオ少尉ヲ長トスル特別班ハ、牡丹江市デ野齧齒類ノ大量捕捉ニ當ッテイマシタ。此ノ班ハ一〇人乃至一四——一五人バカリカラ成ッテイマシタ。一九四五年ニハ此ノ班ハ三〇人迄増員サレ、鼠ノ大量捕捉ハ活潑化サレマシタ。此ノ外、五名カラナル班デ白鼠ノ繁殖ガ始メラレ、五名カラナル他ノ班デ白二十日鼠ノ繁殖ガ始メラレマシタ。此レガ何月デアッタカ記憶シテイマセン。シカシ、當時支部ニハ白二十日鼠ト白鼠ガ非常ニ少カッタノデ、大量繁殖ヲ始メルタメ、哈爾濱市ノ第七三一部隊補給部カラ白鼠五〇〇匹、白二十日鼠五〇〇匹夫々受領シマシタ。此ノ大量繁殖ハ支部デ始メラレマシタ。

(問)。被告尾上、貴方ノ兵隊ガ野鼠ノ捕捉ヲ行ウ時、彼等ハ軍服ヲ着テイタカ、民間ノ服裝ヲシテイタカ?

(答)。彼等ハ作業衣ヲ着テイマシタ。

(問)。即チ、民間ノ服裝ヲシテイタカ?

(答)。ソノ通リデアリマス。

其ノ後白二十日鼠、白鼠ノ大量繁殖及ビソノ第七三一部隊本部ヘノ發送ガ始メラレマシタ。私ノ記憶シテイル所デハ、部隊本部ヘハ毎月二十日鼠ガ一〇〇匹乃至一五〇匹、鼠ガ一五〇匹乃至二〇〇匹送ラレマシタ。

(問)。灰色ノ鼠ヤ二十日鼠ハ?

(答)。齧齒類ハ全部デ一ヵ月ニ二〇〇匹迄送ラレマシタ。

(問)。神山中尉ハ貴方ノ所デ何ヲシテイタカ?

(答)。私ノ記憶シテイル限リ、神山ハ一九四五年三月ニ支部ニ來マシタ。彼ハ庶務課長ニ任ゼラレ、兼任トシテ支部第一部長トシテ勤務シテイマシタ。支部ニ來テ彼ハ私ニ牡丹江支部ハ齧齒類ノ捕捉ニ大キナ成果ヲ示シテイルコトヲ述べ、此ノ業務ヲ彼ニ委シテ頂キタイト依賴シマシタ。

(問)。之ハ彼ニ委任サレタカ？

(答)。彼一人丈ニ此ノ業務ヲ委任シタノデハナイノデス。彼ハ此ノ業務ヲカミオ少尉ト共ニ指導シテイマシタ。

(問)。神山中尉ガ部隊支部ニ來タ後鼠狩リノ人員ハ増員サレタカ？

(答)。ハイ、増員サレマシタ。

(問)。何人迄増員サレタカ？

(答)。約三〇名迄増員サレマシタ。

(問)。海拉爾支部ニ同時ニドレ程ノ齧齒類ガイタカ貴方ハ知ツテイルカ？

(答)。ハイ、約一萬三千匹デス。

(問)。デハ、コレカラ貴方ト第七三一部隊庶務部庶務課長高橋トノ面談ノ内容ヲ話シテ頂キ度イ。

(答)。第七三一部隊庶務部庶務課長デアツタ高橋少佐ト私ガ何時面談シタカ日附ハ正確ニ記憶シテイマセンガ、コノ面談ノ内容ハ第七三一部隊ニ於ケル生キタ人間ヲ使用スル實驗並ビニペストノ研究及ビ蚤關係ノ業務ニ關スル情報デアリマシタ。彼ハ地上一〇〇〇米カラ一〇〇米迄ノ高度デ飛行機カラ細菌爆彈ヲ投下スル方法ニ依ッテ生キタ人間ヲ使用スル實驗ガ特設實驗場デ行ワレテイル事ニツイテ私ニ語リマシタ。

此ノ外、第七三一部隊ニハ、モウ一人高橋トイウノガイテ、彼ハ部隊デペスト菌ノ研究ガ行ワレテイルコトヲ私ニ語リマシタ。此ノ高橋モ少佐デシタ。

(問)。蚤ノ大量繁殖トイウ任務ガ貴方ノ支部ニ課セラレテイタカ?

(答)。ソノ通リデアリマス。

(問)。第七三一部隊ガ蚤ノ大量繁殖ニ關スル特別教習會ヲ設ケテイルコトヲ貴方ハ知ッテイタカ?

(答)。ハイ、知ッテイマシタ。

(問)。幾十キログラムトナク繁殖サレル蚤ガ科學的研究ニハ必要ナイモノデアリ、シカモ、ソノ規模ガアラユル科學的研究ノ規模ヲ超エテイルコトヲ貴方ハ理解シテイタカ?

(答)。理解シテイマシタ。

(問)。細菌專門家トシテ貴方ハ、コレラノ蚤ガペストトイウ唯一ノ傳染病ニヨッテ感染サレ得ルトイウコトヲ理解シテイタカ?

（答）。ソノ通リデアリマス。

（問）。細菌專門家トシテ貴方ハ、コレラノ幾千萬、幾億トイウペスト菌デ感染サレタ蚤ガ、其レガペストノ流行ヲ引起スナラバ、人類ニトッテ如何ニ恐ルベキ危險トナルカヲ理解シテイタカ？

（答）。ハイ、知ッテイマシタ？

（問）。デハ、貴方ハ、貴方ヲ長トスル第六四三支部デ蚤ヲ繁殖シテイタ時、貴方ガ何ヲシテイルカヲ理解シテイタワケカ？

（答）。ソノ通リデアリマス。

國家檢事——被告ニ對スル質問ハモウナイ。

ルキヤンツエフ辯護士——貴方ノ支部勤務中貴方ガ捕捉シタ齧齒類ノ數ヲ明確ニシテ貰イ度イ。

被告尾上——記憶シテイル所デハ、約七〇〇〇匹デアリマス。

（問）。培養基ノ爲ノ材料七五トンハ何ニ使用サレタノカヲ明確ニシテ貰イ度イ。

（答）。ソレハ使用サレズ、絶滅サレマシタ。

（問）。貴方ノ支部デ如何程ノ期間蚤ガ繁殖サレテイタカヲ明確ニシテ貰イ度イ。

（答）。私ハ記憶シテイル限リ、半月或ハ一カ月デアリマス。

ボガチョフ辯護士——被告尾上、貴方ハ留齒類捕捉ニ關スル指示ヲ第五軍軍醫部ニ要請シタ事ヲ記憶シテイルカ？

被告尾上——豫審中ノ對審デ既ニ供述シマシタ通リ、留齒類ノ捕捉ヲ要請シマセンデシタ。

被告西——私、元第七三一部隊孫呉支部長西ハ同部隊ノ元牡丹江支部長尾上ニ對シ、若シ被告尾上ガ記憶シテイルナラバ、牡丹江支部ノ絶滅ニ關スル石井ノ命令ノ内容ヲ話シテ貰ウ様依頼シマス。

被告尾上——一九四五年八月九日夕刻私ハ直接田中中佐ニ電話口迄呼出サレマシタガ、彼ハ自己ノ裁量ニ任セテ行動スル様命令サレテイル旨私ニ傳エマシタ。此ノ命令ノソレカラ先ノ内容ハ、矢吹伍長ニ受話器ヲ渡シタタメ、記憶シテイマセンガ、彼ガ私ニ報告シタ言葉カラ、暗號電報デハ蚤ヲ第七三一部隊ニ送リ、殘餘一切ノモノハ絶滅スル様命ゼラレテイタコトヲ知ッテイマス。

被告菊池ノ訊問

國家檢事——被告菊池、貴方ハ第七三一部隊第六四三支部ニ何時カラ勤務シタカ？

被告菊池——海林驛近傍デ私ハ一九四三年四月カラ日本ノ降伏迄勤務シマシタ。

(問)。職責ハ？
(答)。支部ノ實驛手デアリマス。
(問)。何ヲシテイタカ？
(答)。私ハ細菌、特ニチブス菌ノ培養ニ從事シテイマシタ。
(問)。其ノ他、如何ナル細菌ノ培養ヲ行ッタカ？
(答)。パラチブスト熱病デアリマス。
(問)。貴方ハ本件ノ記錄第一三册二八五頁ニアル一九四九年十二月五日ノ貴方ノ供述ヲ重ネテ確認スルカ？ 當時貴方ハ次ノ樣ニ供述シタ——
「之ハ、必要ナ場合、吾々ガ細菌ヲ迅速ニ培養シ、長期間保存スル事ノ出來ル樣ナ培養基ヲ迅速ニ製造シ得ル爲、必須デアッタト吾々ニ話シマシタ」。
（供述ハ日本語デ讀ミ上ゲラレル）。
(答)。ハイ、確認シマス。
(問)。貴方ガ勤務シテイタ支部デ齧齒類ノ大量繁殖業務ガ行ワレテイタカ？
(答)。ハイ、斯樣ナ業務ハ行ワレテイマシタ。
(問)。此ノ支部デハ蚤ガ繁殖サレテイタカ？

（答）。蚤ノ繁殖ハ第一課ノ下ニアッタ地下室デ行ワレテイマシタ。

（問）。蚤ノ大量繁殖業務ニハ誰ガ從事シテイタカ？

（答）。私ノ記憶シテイル限リ、之ニ從事シテイタノハ、須田軍曹、愛戸軍曹、西山一等兵、置山下士官及ビ鈴木デアリマス。

（問）。要スルニ、此ノ課デハ今貴方ガ擧ゲタ五名ノ部隊勤務員ガ專門ニ勤務シテイタワケデアル。其ノ通リカ？

（答）。ハイ、ソノ通リデアリマス。

（問）。第六四三支部ハ同支部デ繁殖サレタ寄生虫及ビ齧齒類ヲ何處ニ送ッテイタカ？

（答）。第七三一部隊デアリマス。

（問）。支部ハ如何ナル目的デコレラノ齧齒類ヤ蚤ヲ第七三一部隊ニ送ッタカ？ 被告、コレニツイテ貴方ハ何ヲ知ッテイルカ？

（答）。最初、何ノ爲ニ繁殖サレタ蚤ヤ捕捉サレタ齧齒類ガ發送サレテイルノカ知リマセンデシタガ、段々ト、ドウシテコンナ事ガ行ワレテイルノカトイウ疑問ガ私自身ニ起ッテ來、後ニ至ッテ私ハコレラノ鼠ヤ二十日鼠ガ第七三一部隊ニ送ラレテイルノハソレヲ使用シテ細菌研究ヲ行ウタメデアルコトヲ知ルヨウニナリマシタ。

（問）。ソノ究極ノ目的如何？

（答）。細菌戰ノ準備ノ爲デアリマス。

（問）。第七三一部隊第三部ニ於ケル衞生講習會ニ參加シテイテ、貴方ハコノ部ノ兵隊カラ第七三一部隊ノ業務ニツイテ何カ聞イタカ？

（答）。ソノ通リデアリマス。私ハ、第七三一部隊ガ戰爭ノタメ、細菌ヲ培養シテイルコトヲ聞キマシタ。

（問）。貴方ノ支部デハ齧齒類及ビ蚤ガ細菌戰準備ノタメ第七三一部隊ニ必要デアルトイウ事ニツイテ話シテイタカ？

（答）。ソノ通リデアリマス。

（問）。第六四三支部ハ、第七三一部隊ノ一支部トシテ、第七三一部隊ノ細菌戰準備ヲ援助シテイタトイウノハ正シイカ？

（答）。ソノ通リデアリマス。

（問）。關東軍ガドノ國ニ對シテ戰爭ヲ準備シテイタカ、貴方ハ知ツテイルカ？

（答）。ソノ通リデアリマス。知ツテイマス。

（問）。誰ニ對シテドノ國ニ對シテカ？

（答）。ソヴエト同盟ニ對シテデアリマス。

（問）。被告菊池、ソレヲ貴方ガドウシテ知ッテイルカ？

（答）。吾々ハソヴエト同盟ヲ攻撃シナケレバナラナイト吾々ニ直接ニハ話シマセンデシタガ、アラユル準備カラ察知サレ、野外教練デハソヴエト同盟ニ對スル戰爭ニツイテ語ラレテイマシタ。

（問）。ソウスルト、野外教練デハ關東軍ガソヴエト同盟ニ對スル戰爭ヲ準備シテイルコトニツイテ語ラレテイタトイウコトニナルガ、ソノ通リカ？

（答）。ソノ通リデアリマス。

（問）。被告菊池、貴方ニ最後ノ質問ヲスル。貴方ハ第七三一部隊ノ細菌戰準備ヲ積極的ニ援助シテイタ第六四三支部デ勤務シテイタ。貴方ハコレニ對スル自分ノ責任ヲ認メテイルカ？

（答）。ハイ、認メテイマス。

プロコペンコ辯護士――被告菊池、貴方ノ様ナ細菌「研究者」ガ貴方ト共ニ何人勤務シテイタカ述ベテ頂キ度イ。

被告菊池――五―六名ノ兵隊ト軍屬四名デアリマス。

（問）。現在、一九四九年、貴方ハ部隊ニ於ケル自分ノ活動ヲ如何ニ考エテイルカ？

（答）。私ハ、自分ガ人類ニ對スル犯罪ヲ犯シタ事ガ判リマシタ。

被告久留島ノ訊問

國家檢事——被告久留島、貴方ガ關東軍第七三一部隊デ勤務シ始メタノハ何時カ？
被告久留島——一九四四年十月カラデアリマス。
（問）。職名ハ？
（答）。一九四四年十月カラ十一月迄私ハ演習間ノ衛兵勤務ニ當ッテイマシタ。
（問）。第七三一部隊ノ演習間ノカ？
（答）。ソノ通リデアリマス。
（問）。第七三一部隊ニ來ル迄貴方ハ何ラカノ教育ヲ受ケタカ？
（答）。ハイ、第一六二支部デ六カ月衛生兵教育ヲ受ケマシタ。
（問）。此ノ六カ月講習會デ何ヲ習ッテイタカ？
（答）。細菌繁殖法ヲ習ッテイマシタ。
（問）。此ノ際、如何ナル細菌ノ培養ニ特ニ注意ガ拂ワレタカ？
（答）。腸チブス菌、回歸熱菌、コレラ菌及ビ結核菌デアリマス。
（問）。此ノ講習會デ貴方ニ突擊戰鬪法ヲ教エテイタカ？
（答）。吾々ハ、突擊戰鬪法ハ哈爾濱近郊ニ在ッタ第九七連隊デ教ワリマシタ。

マシタ。

(答)。教育ヲ實施シタ人ノ名前ハ記憶シテイマセンガ、彼ノ階級ハ見習士官デシタ。彼ハ、ソヴエトノ兵隊ハ背ガ高イカラ、モット高ク突カナケレバナラナイト教エテイ

(問)。突擊戰鬪法ヲ如何ニ教エタカ簡單ニ話シテ貰イタイ。

(問)。突擊戰鬪ノ之等ノ教育法カラデモ、貴方方ヲロシアノ兵隊ニ對スル戰爭ニ準備シテイルトイウ事ヲ貴方ハハッキリ知ッテイタカ？

(答)。勿論ソウデアリマス。

(問)。第七三一部隊ニ來タ時、貴方ハ上官カラ何カ警告サレタカ？

(答)。西少佐ガ間諜ニ對シテ秘密ヲ守ルコトガ必要デアルト吾々ニ語リマシタ。

(問)。教育ヲ卒エタ後貴方ハ何處ニ送ラレタカ？

(答)。第七三一部隊デアリマス。

(問)。教育終了後、貴方ハ第七三一部隊デ何ヲ行ッタカ？

(答)。私ハ演習中ノ衛兵デアリマシタ。

(問)。此ノ演習ニツイテ話シテ貰イ度イ。

(答)。此ノ演習ハ飛行機カラ蚤ヲ充塡シタ爆彈ヲ投下スル方法ニヨッテ行ワレマシタ。演習ノ主眼ハ之丈デアリマシタ。

28*

（問）。コノ演習ガ行ワレタ場所ハ何處カ？

（答）。距離ヲ正確ニイウ事ガ出來マセンガ、第七三一部隊カラ三キロメートルバカリノ所デ呉屯トイウ所デス。

（問）。演習中、演習地デ蚤ノ撒布ガ檢定サレテイタカ？

（答）。ハイ、檢定サレテイマシタ。

（問）。如何ナル特別ノ技術的方法ニヨッテコレガ行ワレタカヲ述ベテ貰イタイ。

（答）。演習地ニハ、約二メートル間隔デ箱ガ置カレテイマシタ。箱ノ數ハ正確ニハ記憶シテイマセンガ、約一〇〇〇個位デシタ。

（問）。約ドレ位ノ面積ニカ？

（答）。私ハ正確ニイウ事ガ出來マセンガ、約二平方粁ノ面積デアッタト思イマス。此等ノ箱ノ中ニ粘着性ノ紙ガ置カレ、爆發ニ際シテ撒布サレタ蚤ガ此等ノ箱ノ中ノ紙ニ附キ、後デ附イタ蚤ヲ計算シマシタ。

（問）。此等ノ箱ノ底ノ蚤ヲ貴方自身計算シタカ？

（答）。ハイ、計算シマシタ。

（問）。此ノ實驗ガ何ノ爲ニ行ワレタカ貴方ハ知ッテイルカ？

（答）。ソノ通リ、知ッテイマス。

（問）。コレニ就イテ述ベテ貰イ度イ。

（答）。此等ノ蚤ハ細菌デ感染サレテハイマセンデシタガ、之ガ細菌戰準備ノ爲ニ行ワレテ居リ、ソノ場合、ペスト菌デ感染サレタコレラノ蚤ハ飛行機カラ投下サレル筈デアツタ事ヲ知ッテイマシタ。

（問）。蚤ヲ充塡シタ細菌爆彈ハ地上ドノ位ノ處デ爆發シタカ？

（答）。地上約一〇〇メートルノ所デアリマス。

（問）。第一六二支部ニ勤務シテイテ、貴方ハ細菌ノ培養ニ參加シテイタカ？

（答）。ハイ、私ハ細菌ノ培養ニ參加シテイマシタ。

（問）。貴方ノ支部ノ勤務員ノ班ト共ニ貴方ハ齧齒類捕捉ニ出張シタカ？

（答）。ハイ、出張シマシタ。

（問）。一度カ、或ハソレ以上カ？

（答）。二度デアリマス。

（問）。每度齧齒類ノ捕捉ニ何日位從事シタカ？

（答）。一週間宛デアリマス。

（問）。貴方ハ自分デ齧齒類ヲ何匹捕捉シタカ？

（答）。私ガ捕捉シタノハ全部デ二〇〇乃至三〇〇匹デアリマス。

（問）。コノ齧歯類ハ後ニ第一六二支部ニ恒常的ニ置カレテイタカ、或ハソレハ何處カヘ送ラレタカ？

（答）。捕捉サレタ齧歯類ハ第七三一部隊ニ送ラレマシタ。

（問）。貴方ノ支部カラドレ位宛送ラレタカ貴方ハ知ツテイルカ？

（答）。私ハ正確ニ知リマセンガ、第七三一部隊ヘハ大口デ送ラレマシタ。

（問）。被告久留島、貴方ガ齧歯類ヲ捕捉シ、細菌ヲ培養シ、特設實驗場デ粘着性ノ紙上ノ蚤ヲ計算シテイタ時、貴方ハコレニヨツテ細菌戰準備ヲ促進シテイルノダトイウ事ヲ理解シテイタカ？

（答）。知ツテイマシタ。

ブロコペンコ辯護士――被告久留島、貴方ハ具體的ニ如何ナル點デ自分ノ有罪ヲ認メテイルカ述べテ頂キタイ。

被告久留島――第一ニ、私ガ第七三一部隊ノ第一六二支部員デアツタコト、第二ニ、人間ノ大量殺戮ヲ究極ノ目的トスル演習ニ參加シタトイウ事デアリマス。コレ丈デアリマス。

證人田村ノ訊問

裁判長——證人田村、貴方ハ虛僞ノ供述ニ對シ責任ヲ負ウベキコトヲ警告サレタ。貴方ハ法廷ニ於テ貴方ノ知ッテイル本件ニ關スルスベテノ事實ヲ供述シ、眞實ノミヲ語ラネバナラナイ。證人田村、貴方ハ何時ソヴエト軍ニヨッテ俘虜ニサレタカ?

證人田村——一九四五年九月一日デアリマス。

(問)。當時、貴方ハ何處ニ居ッテ、如何ナル職務ヲ執ッテイタノカ?

(答)。當時、私ハ長春市(滿洲)ニ居リマシテ、關東軍司令部人事部長デアリマシタ。

(問)。貴方ハ如何ナル軍隊階級ヲ有シタノカ?

(答)。大佐デアリマス。

國家檢事——證人田村、貴方ハ第七三一部隊ノ目的及ビ任務ニ關シテ關東軍參謀長秦カラ如何ナル通知ヲ受ケタノカ?

證人田村——秦中將ハ、關東軍第七三一部隊ガ防疫給水部ノ公式名稱ヲ有シテイルトハ言エ、主トシテソヴエト同盟ニ對スル細菌戰ノ準備ニ從事シテイル旨、私ニ通知シマシタ。彼ハ人事問題ニ於テ此ノ部隊ニ特ニ留意セヨトノ指示ヲ私ニ與エマシタ。

（問）。何時、如何ナル狀況下ニ、誰ノ命令デ貴方ハ第七三一部隊ヲ檢閱シタノカ？

（答）。第七三一部隊檢閱ノ命令ハ一九四五年六月、哈爾濱飛行場ニ於テ元關東軍司令官山田大將カラ私ガ受領シタノデアリマス。

（問）。如何ナル理由デ山田大將カラ貴方ニ斯ル命令ガ發セラレ、又第七三一部隊檢閱ノ動機ハ何デアッタカ？

（答）。一九四五年五月、第七三一部隊長石井カラ軍司令官宛、關東軍司令部ニ一文書ガ入リマシタガ、石井ハ此ノ文書ヲ以テ第七三一部隊ノ業務ヲ活潑化スル條件ヲ與エテ貰イ度イ旨要請シマシタ。石井ハ亦、第七三一部隊ニ軍醫ヲ送リ、定員ヲ增加スルコトヲ要請シマシタ。其ノ後、私ハ直接石井ト逢ッテ此ノ問題ヲ詳細ニ究明スベキ機會ヲ待ッテイマシタガ、軍司令官ガ豫備士官學校ノ卒業式ニ立會ウタメ、齊々哈爾ニ赴イタ時ニハ、私ガ其ノ機會ヲ得ルコトガ出來タ。吾々ハ哈爾濱ニ到着シマシタ時、其處デ石井中將ニ逢イマシタ。

（問）。貴方ハ如何ニシテ第七三一部隊ヲ檢閱シタカ、又貴方自身、此ノ部隊デ何ヲ見タカヲ話シテ貰イ度イ。

（答）。石井部隊ニ到着シタ私ハ、部隊ノスベテノ業務用建物、卽チ實驗室及ビ此ノ部隊ノ四人ガ收容サレテイタ監獄ヲ巡視シマシタ。製造部ノ作業場ヲ巡視シタ時、私ハ細菌兵器ノ大量生産用ノ設備ヲ見マシタ。更ニ私ハ蚤ノ繁殖ニ利用スル爲飼育シテイタ齧歯類ヲ見マシタ。部隊內デ私ハ、細菌砲彈及ビ爆彈ノ見本ヲ見、又、石井ノ私室デ私ハ細菌兵器ノ効力ヲ說明スル一連ノ要圖ト設計圖ヲ見マシタシ、更ニ構內監獄ヲ巡視シテ、監房ノ一部ヲ見マシタ。其處デ私ハ、約四〇——五〇名ノ囚人ヲ見マシタガ、其ノ民族別ハ中國人トロシア人デ、此等ロシア人ノ中ニハ一人ノ婦人ガ交ツテイルノヲ私ガ見マシタ。

（問）。囚人ハ如何ナル狀態ニ置カレ、彼等ハ如何ニ此等ノ監房ニ配置サレ、一ツノ監房ニハ何人入レラレテオリ、又、貴方ガ記憶シテイルナラバ、此等ノ監房ニハ如何ナル設備ガアツタノカ？

（答）。廊下カラ監房ノ扉ノ小サナ監視窓越シニ私ハ、若干ノ囚人ガ足錠ヲ嵌メラレテイルノヲ見マシタ。或ル者ハ動イテイマシタガ、大部分ハ床ニ横ニナツテイマシタ。各監房ニ何人居ツタノカ正確ニ記憶シテイマセン。

（問）。石井中將ハ、第七三一部隊ノ構內監獄ノ監房ニ人間ヲ集メタ目的ニ就イテ、貴方ニ何ヲ語ツタカ？

（答）。石井中將ハ、此等ノ囚人ガ細菌ノ効力試驗ノ爲、被實驗者トシテ利用サレテイル旨私ニ語リマシタ。私ハ、被實驗者デアツタ囚人ノ中二——三人ノ者ガ非常ニ衰弱シテイルノヲ見マシタ。

イ度イ。

（問）。證人、人體實驗用ノ人間ハ、誰ガ第七三一部隊ニ送致シテイタノカ話シテ貰イ度イ。

（答）。石井ノ言ニヨリ私ガ承知シテイル所デハ、此等ノ人間ハ、日本ノ憲兵隊及ビ陸軍特務機關ガ拘引シ、死刑宣告ヲ受ケルベキ犯罪人ト看做シタ者ノ中カラ送致シテイタノデアリマス。

（問）。證人、私ハ、貴方ガ第七三一部隊ヲ檢閲シタ際、部隊ノ目的並ビニ戰鬪任務ヲ遂行スベキ部隊ノ態勢ニ關シ石井ガ貴方ニ報告シタ事ニ就イテ話シテ頂キ度イ。

（答）。石井ハ、細菌ノ効力ガ實驗室ノ條件及ビ野外ノ條件下ニ生キタ人間ヲ使用スル實驗ニヨッテ檢査サレ、細菌兵器コソ、關東軍ガ持ッテイル最モ威力アル兵器デアルコトヲ私ニ語リマシタ。彼ハ、第七三一部隊ガ完全ナ戰鬪態勢ニ在リ、戰爭ガ始マッテイザト言ウ場合ニハ、部隊ガ敵軍ニ莫大ナ量ノ殺人細菌ヲ直接浴セカケ得ル狀態ニ在リ、亦、部隊ガ飛行隊ニヨッテ敵ノ後方ニ於テ、其ノ都市ニ對シ細菌戰上ノ作戰ヲ實施シ得ル旨私ニ說明シマシタ。

（問）。證人、部隊檢閲後、第七三一部隊ノ業務ノ規模及ビ積極的ナ細菌戰ヘノ其ノ態勢ニ關シ貴方自身、如何ナル印象ヲ受ケタカ話シテ貰イタイ。

（答）。第七三一部隊ノスベテノ建物ヲ巡視シ、同部隊ノ設備ヲ見タ後、私ハ同部隊ノ業務ノ規模ニ全ク驚嘆サセラレマシタ。其ノ規模ハ私ノ豫想ヲ遙カニ越エルモノデアリマシタ。業務ノ狀況ト言イ、私ガ同部隊デ見タ設備ト言イ、部隊ガ完全ナ戰鬪態勢ニ在ル旨語ッタ石井ノ言ガ正シイコトヲ私ニ確信セシメタノデアリマス。

（問）。貴方ガ行ッタ第七三一部隊ノ檢閲ノ結果ヲ、貴方ハ誰ニ報告シタカ？

（答）。私ハ山田軍司令官ニ報告シマシタ。

（問）。私ハ、貴方ガ山田ニ行ッタ報告ノ內容ヲ此處デ繰返シテ述ベテ頂キ度イト思ウ。

（答）。私ハ、作業場ニハ設備ガアリ、細菌ノ大量生産業務ガ實施サレ、蚤ノ繁殖用ノ齧齒類ヲ繁殖スル業務ガ行ワレ、亦細菌砲彈及ビ細菌爆彈ノ製造ガ行ワレテイルコトヲ山田ニ報告シマシタ。私ハ、私ガ監獄內デ見タコトニ就イテ、又私ガ見タ監獄ノ一部ニハ中國人、ロシア人ノ囚人ガ合計四〇——五〇名居タシ、其ノ中ニハ一人ノロシア婦人ガ居タコトヲ山田軍司令官ニ報告シマシタ。私ハ、此等ノ囚人ガ、私ガ見タトコロデハ、足錠ヲ嵌メラレテ居タシ、部隊長石井中將ノ言ニヨレバ、彼等ガ細菌兵器トシテノ殺人細菌ノ效力試驗ニ利用サレテイルコトヲ山田大將ニ申上ゲマシタ。

（問）。貴方ハ、第七三一部隊ノ細菌戰態勢ニ關シ山田大將ニ報告シタカ？

（答）。ハイ、報告シマシタ。

（問）。貴方ハ、何ント彼ニ報告シタカ？

（答）。私ハ、石井中將ノ言ニヨッテ、第七三一部隊ガ細菌戰開始態勢ニアルコトヲ承知シテイル旨山田軍司令官ニ報告シマシタ。私ハ亦第七三一部隊ノ作業場及ビ監獄ヲ巡視シタ後、部隊ガ完全ナ戰鬪態勢ニ在ルトノ石井中將ノ言ガ正シイコトヲ確信シタ旨山田大將ニ報告シマシタ。

〔十二月二八日午後ノ公判〕

證人古都ノ訊問

裁判長——證人古都、貴方ハ虛僞ノ供述ニ對スル刑法上ノ責任ヲ警告サレタ。貴方ハ法廷ニ於テ、眞實ノミヲ語ラネバナラナイ。

證人古都——分リマシタ。

（問）。證人古都、何時貴方ハソヴエト軍ニヨツテ俘虜ニサレタカ話シテ頂キ度イ。

（答）。一九四五年八月一七日デアリマス。

（問）。當時、貴方ハ何處ニ居ツタカ？

（答）。橫道河子驛デアリマス。

（問）。如何ナル職責ニアツタカ？

（答）。當時、私ハ第六四三支部衛生兵デ、病原菌研究班デ勤務シテイマシタ。

國家檢事——證人古都、貴方ガ第七三一部隊ニ初メテ勤務スルニ至ツタ狀況ト時ヲ話シテ貰イ度イ。

證人古都——私ハ、一九四一年七月ニ、第七三一部隊ニ入隊シマシタ。私ハ、鳥取縣出身デアリマス。同部隊入隊前、私ハ職業紹介所ノ斡旋デ、求職シテイマシタ所、關東軍軍屬ノ職ヲ求メマシタ。吾々ハ、下關市迄送ラレ、下關デ私ハ、第七三一部隊ニ送ラレル班ニ加エラレマシタ。

(問)。貴方ハ、第七三一部隊ノ何部デ、ドレダケノ間勤務シタカ?

(答)。私ハ、一九四一年七月ヨリ一九四五年二月迄、第一部第一課デ勤務シマシタ。

(問)。第七三一部隊全體ガ何ニ從事シテイタカニ就イテ、貴方ハ何カ言イ度イコトガ有ルカ?

(答)。第七三一部隊ハ、外見デハ、防疫給水部デアリマシタモノノ、實際ニハ細菌謀略ヲ準備シテイマシタ。

(問)。貴方ハ、部隊デ勤務シ始メタ時、何ヲ警告サレタカ?

(答)。山下軍醫大尉ガ、第七三一部隊デノ勤務中私ニ知ラレル様ニナル一切ノコトハ、軍機保持ノ見地カラ極秘ニシ、私ガ何時、何處デ、他ノ仕事ヲヤル様ニナッテモ、第七三一部隊ノ秘密業務ニ就イテハ口外シナイ様ニト私ニ警告シマシタ。

(問)。貴方ハ、第七三一部隊ノ派遣隊ニ參加シタコトガアルカ?

（答）。ハイ、私ハ一九四二年ニ、中國中部派遣隊ニ參加シマシタ。

（問）。派遣隊ガ如何ナル目的ヲ持チ、派遣隊ノ現地工作中、貴方自身ハ何ヲシタカ話シテ貰イ度イ。

（答）。中國中部派遣隊ノ最モ主要ナ目的ハ、玉山市附近ノ中國軍及ビ平和的住民ニ對スル謀略實施デアリマシタ。

一九四二年七月ニ、一二〇名ノ將校及ビ軍屬カラナル第七三一部隊別班ガ汽車デ哈爾濱市ヲ出發シマシタ。吾々ハ、日本ノ中國中部派遣軍防疫給水部ガ所在シタ中國中部、南京市ニ到着シマシテ、其處ノ防疫給水部カラ將校、兵ノ一團ガ吾々ニ加ワリマシタ。吾々ノ派遣隊ノ人員ハ結局、一五〇—一六〇名デアリマシタ。

（問）。貴方ハ、南京ニ到着シタト言ツタネ？

（答）。其ノ通リ、南京ニデス。

（問）。其處デ南京「榮」一六四四部隊カラ一團ノ軍人ガ貴方ガタト合流シタカ？

（答）。其ノ通リデアリマス。

（問）。ツマリ、南京「榮」一六四四部隊ガ石井部隊ノ中國デノ現地工作ヲ援助シテイタノカ？

（答）。其ノ通リデアリマス。

（問•）。第七三一部隊ノ派遣隊ヲ指揮シタノハ誰カ？

（答•）。第七三一部隊ノ派遣隊ハ、石井少將ガ指揮シマシタ。

（問•）。派遣隊ハ、中國中部デ何ニ從事シテイタカ？

（答•）。私ガ參加シタ派遣隊ノ業務ハ、何カト言イマスト、其レハ、貯水池、河川、井戸、建物ヲチブス菌及ビパラチブス菌ニヨッテ汚染スル方法ニヨル細菌攻擊デアリマシタ。第七三一部隊ハ、同部隊第四部デ大量製造シタ前述細菌ヲ、此ノ派遣隊ノ爲ニ送リマシタ。細菌ハ、ペプトン用ノ罎ニ詰メラレテイマシタ。此等ノ罎ハ、「給水」ト表書キシタ箱ニ詰メラレテイマシタ。ソシテ、此等ノ箱ハ、飛行機デ南京ニ送ラレマシタ。

（問•）。所デ、此等ノ箱ニ詰メラレテイタ物ヲ貴方ガタハドウシタカ？

（答•）。南京部隊ニ到着次第、罎ニ詰メラレタ細菌ノ一部ハ、是レヲ通常、飲料水用ノ金屬製水筒ニ入レ替エ、殘リノ部分ハ、罎ノ中ニ殘シマシタ。罎ト一緒ニ、水筒ハスベテ是レヲ、箱詰メニシ、次イデ飛行機デ攻擊豫定地ニ送リマシタ。攻擊ハ、水筒及ビ罎ヲ井戸、濕地、村落ノ民家ニ投込ム方法ニヨッテ行ワレマシタ。ペプトン用罎ノ一部ハ、特製ノ肉汁デ細菌ヲ繁殖スルノニ利用サレマシタガ、此ノ肉汁ノ成分ハ、記憶シテイマセン。

（問•）。此等ノ謀略工作中貴方自身ハ何ヲシテイタカ？

参加シマシタ。

（答）。私ハ、細菌ヲ充塡シタ水筒ヲ井戸、湿地、平和的住民ノ住居ニ投込ムコトニ

當時、其處ニハ、總數約三〇〇〇人カラナル中國軍ノ俘虜ノ收容所ガ二ツアリマシタ

ガ、三〇〇〇個ノ特製ノ饅頭ガ製造サレマシタ。饅頭ノ製造ニハ、派遣隊員ガ參加シ、暫

クシテ此等ノ饅頭ニハ、注射器デ細菌ガ注入サレマシタ。

（問）。注射器ヲ使ツテ此等ノ饅頭ヲ汚染シタノハ誰カ？

（答）。其レハ、派遣隊ニ參加シタ第一部第一課ノ勤務員全員ガ行イマシタ。

（問）。貴方自身モ、其レニ參加シタカ？

（答）。ハイ、參加シマシタ。

（問）。此等三〇〇〇個ノ饅頭ハ、如何ナル細菌デ汚染サレタカ？

（答）。チブス菌トパラチブス菌ガ使用サレマシタ。

（問）。ソレカラ、此等三〇〇〇個ノ饅頭ハ、ドウシタカ？

（答）。饅頭ハ、細菌デ汚染シタ後、收容所ニ送リ、其處デ、中國語ヲ知ツテイタ通

譯春日ガ此等ノ饅頭ヲ中國軍ノ俘虜ニ配布シマシタ。

此等ノ饅頭ガ中國人ニ配ラレタコトハ、饅頭ヲ手ニシタ中國人ヲ撮シタ寫眞ヲ私自身

ガ見タコトニヨツテモ確カデアリマス。

(問)。卽チ、パラチブス菌デ汚染シタ饅頭ヲ中國人ノ俘虜ニ食ベサセタ時、是レヲ善行トシテ同時ニ寫眞ニ撮ツタノカ?

(答)。其ノ通リデアリマス。

(問)。細菌デ汚染シタ饅頭ヲ食ベサセタ後、中國軍ノ俘虜ハドウ處置シタカ?

(答)。チブス及ビパラチブスノ流行ヲ惹起スル爲、收容所カラ全員ヲ出シテヤリマシタ。

(問)。石井ノ命令デ製造シタビスケツトノ事ニツイテ話シテ貰イ度イ。

(答)。其レハ、卵形ノモノト細長イ形ノ二種ノビスケツトデアリマシタ。其レハ、小麥粉デ作ラレ、饅頭同樣、細菌デ汚染サレマシタ。其ノ後、此ノビスケツトハ、是レガドンナビスケツトデアルカヲ豫メ警告サレタ日本軍兵士ニ引渡サレ、日本軍兵士ハ、垣根ノ下、木ノ下、休憩地等ニ、彼等ガ置忘レタカノ樣ニ此等ノビスケツトヲ撒キマシタ。其ノ數ハ、三〇〇乃至四〇〇個デアリマス。

(問)。是レモ、細菌謀略ノ方法デアツタノカ?

(答)。其ノ通リデアリマス。

(問)。石井部隊ノ此ノ派遣隊現地工作ノ結果ニ就イテ、貴方ハ何ヲ知ツテイルカ?

(答)。工作完了後、私ハ、第七三一部隊ノ基地デ、研究員カギカラ、チブス菌トパラチブス菌ガ使用サレタコト及ビ最モ有効デアッタノハ、パラチブス菌デアッタコトヲ聞キマシタ。

(問)。ツマリ、派遣隊現地工作ノ結果、傳染病ノ流行ガ突發シ、傳染病流行地ガ出來タ譯カ?

(答)。其ノ通リデアリマス。

(問)。貴方ハ、人體實驗ニ參加シテイタカ?

(答)。ハイ、其レハ、一九四三年末ノコトデアリマス。ワクチンノ効力ヲ試驗スル爲ニ、實驗材料トシテ五〇名ノ中國人ト滿洲人ガ使用サレマシタ。始メ、此等五〇名ニ豫防注射ヲヤリマシタガ、或ル四人ニハ、一囘、他ノ者ニハ二囘宛ト言ッタ工合ニ區分シテ注射ヲヤリマシタ。亦、或ル者ニハ、夫々異ナッタ量ノワクチンヲ注射シ、此等五〇名ノ中ノ一部ニハ、全然ワクチン注射ヲシマセンデシタ。

斯ウシテ、此等五〇名ハ、五ツノ各組ニ分ケラレ、全員ニ、チブス菌デ汚染シタ水ヲ強制的ニ飲マセタ後、豫防注射ノ有無、其ノ囘數ト量ニヨッテ、夫々ノ場合、此ノ病原菌ガドンナ効力ヲ示スカヲ觀察シマシタ。

(問)。此ノ實驗ノ結果ハ、ドウデアッタカ?

29*

（答）。大部分ノ者ハ、チブスニ罹リマシタ。何%カ、確カニハ覺エテイマセンガ、トニ角一二名カ一三名ガ死ニマシタ。

（問）。感染ノ効力檢査ノ爲ニ、斯カル殘虐ナ人體實驗ガ澤山行ワレテイタカ？

（答）。私ハ、コンナ感染實驗ヲモウ一ツ知ッテイマス。其レハ、一九四四年末カ一九四五年ノ初メノコトデ當時モ同樣ノ方法デ感染ガ行ワレマシタ。

（問）。貴方ハ、チブス菌ニヨル果物ノ汚染實驗ニ參加シタカ？

（答）。ハイ、參加シマシタ。

（問）。此等ノ實驗ニ就イテ話シテ貰イ度イ。

（答）。果物ノ汚染實驗ガ行ワレタノハ、一九四三年カ一九四四年カ確カニハ覺エテイマセンガ、使用サレタノハ西瓜ト甜瓜デ、丁度、此等ガ熟シテイタ時期デアリマシタ。西瓜、甜瓜ノ一部ニハ、細菌ヲ注射シテ汚染シ、他ノ一部ハ、汚染シナイ儘ニシテオキマシタ。

注射器ヲ使ッテ此等ヲチブス菌デ汚染シタ後、細菌ノ濃サヲ檢査シテイマシタ。此ノ爲ニ此等ノモノヲ實驗室ニ取寄セテ、此等ノモノ中デ此等ノ細菌ガ何レ程繁殖シタカヲ分析シテイマシタ。此ノ檢査ノ後、細菌量ガ多イコトガ判定サレタ場合、中國人ト滿洲人五―六名ニ此等ノ西瓜、甜瓜ヲ食ベサセマシタ。

（問）。此等ノ果物ヲ食ベタ不幸ナ人々ハドウナツタカ？

（答）。全員感染シマシタ。

（問）。チブス菌デ汚染サレタ果物ヲ食ベタ全員ガ罹病シタノカ？

（答）。其ノ通リデアリマス。

（問）。安達驛附近ノ部隊特設實驗場デノ實驗ニ就イテ貴方ハ何カ知ツテイルカ？

（答）。ハイ、知ツテイマス。

（問）。貴方ガ知ツテイルコトヲ裁判官側ニ話シテ貰イ度イ。

（答）。安達驛特設實驗場デノ實驗ハ、一九四四年ノ秋ト冬ニ行ワレマシタ。其ノ時、チブス菌及ビペスト菌ガ使用サレ、炭疽病菌モ使用サレマシタ。

（問）。監獄ハ、部隊ノ何部ニ從屬シテイタノカ？

（答）。第一部デアリマス。

（問）。此ノ監獄ニハ、男子ダケガ收容サレテイタノデスカ、或ハ、婦人モ收容サレテイタノカ？

（答）。婦人モ居リマシタ。

（問）。石井部隊ノ監獄ニ收容サレテイタ婦人ニ對シテ何等カノ特殊實驗ガ行ワレテイタカ？

（答）。私ハ、此等ノ實驗ニハ參加シマセンデシタガ、彼女等ハ、黴毒ノ豫防手段ノ研究ノ爲ニ黴毒ニ感染セシメラレマシタ。

（問）。斯ウ言ウ譯デ、第七三一部隊ノ監獄ニ收容サレテイタ婦人ハ、花柳病ニ感染サセラレテイタノカ？

（答）。其ノ通リデアリマス。

（問）。第七三一部隊デ凍傷實驗ガ行ワレテイタカ？

（答）。ハイ、私ハ斯カル實驗ヲ見マシタ。

（問）。此等ノ實驗ハ、何ノ研究員ノ指導下ニ行ワレテイタノカ？

（答）。吉村研究員デアリマス。

（問）。人體凍傷實驗ニ就イテ話シテ貰イ度イ。

（答）。人體凍傷實驗ハ、每年、一年ノ中デ一番寒イ月——十一月、十二月、一月、二月ニ部隊內デ行ワレマシタ。此ノ實驗ノ方法ハ次ノ通リデアリマス。卽チ、被實驗者ヲ夜十一時頃、酷寒ノ戶外ニ連レ出シ、冷水ノ入ッタ桶ニ兩手ヲ入レサセ、其レカラ手ヲ出サセテ、濡手ノ儘、長時間寒氣ニ立タセマシタ。或ハ亦、コウモシマシタ。着物ハ着テモ裸足ノ人間ヲ戶外ニ連レ出シテ、夜、一番寒イ時ニ寒氣ニ立タセマシタ。

人間ガ凍傷ニ罹ッタ後、室內ニ連レ込ミ、凡ソ五度ノ温水ニ足ヲ入レサセ、徐々ニ水温ヲ上ゲマシタ。コウシテ、凍傷ノ治療方法ガ研究サレテイマシタ。私ハ、此等ノ人間ガ室内ニ連レ込マレテカラノ實驗ハ直接見マセンデシタガ、私ガ不寢番ニ立ッテイマシタ時、人間ヲ寒氣ニ連レ出シ、其處デ凍傷ニ罹ラセラレテイルノヲ見タ丈デアリマス。人間ニ手ヲ水ニ漬ケサス室内ノ實驗ニ就イテハ、目擊者ノ話デ聞キマシタ。

（問）。又、ドンナ人體實驗ガ行ワレテイタカ？

（答）。吉村研究員ガ、人間ニ對スル糜爛瓦斯使用實驗ヲ行ッテイタコトヲ私ハ知ッテイマス。私ハ、糜爛瓦斯ノ効力ヲ試驗スルノニ使用サレテイタ人間ヲ監獄ノ中デ見マシタガ、此ノ實驗ノ方法ガドウダッタカハ、知リマセン。

（問）。此等ノ人々ハドウ言ウ狀態ニ置カレテイタカ？　彼等ニハ、ドウ言ウ症狀ガ現ワレタカ？

（答）。私ハ、手、足ニ大キナ糜爛ガ生ジテイル人々ヲ見タコトガアリマスガ、此レ以上何モ知リマセン。

裁判長——裁判ニヨッテ決定サレタ法廷審理進行順序ニ從ッテ、裁判ハ、本件ニ關シ如何ナル質問ヲ法醫學鑑定人側ニ提起スベキカヲ審議スルコトニスル。

國家檢事、貴方ハ法醫學鑑定人側ニ提起スベキ如何ナル問題ヲ有スルヤ？

國家檢事——ロシア連邦共和國刑事訴訟法第六三條ニ從ツテ、國家告發側ハ、次ノ如キ諸質問ヲ鑑定人側ニ提起センコトヲ要望スル。

一、日本關東軍第七三一部隊及ビ第一〇〇部隊並ビニ日本中國派遣軍「榮」一六四四部隊ノ實驗業務及ビ生產業務ノ目的如何？

二、此等ノ部隊ガ、日本軍ニ細菌兵器ヲ確保スル爲ニ有セル生產能力如何？

三、第七三一部隊、第一〇〇部隊及ビ「榮」一六四四部隊ニヨツテ製造セラレタル細菌兵器ノ使用ノ場合生ジ得タ結果如何？

此等ノ問題ハ、書面デ裁判官側ニ提出シ、處置ヲ依賴スル。

裁判長——通譯官、國家檢事ガ鑑定ヲ俟ツ爲ニ提起シタ全問題ヲ日本語デ通譯サレ度イ。

（通譯官通譯スル）。

辯護人側、法醫學鑑定人側ニ對スル質問ガ有リマスカ？

ベロフ辯護士——豫審ノ段階デ、法醫學鑑定人側ノ諸結論ヲ知ラサレタ吾々ノ被辯護人ハ、之ニ完全ニ同意シタ。彼等ニハ、如何ナル不明ノ點乃至質問モ生ジナカツタ。此ノ故ニ、辯護人側トシテハ今ノ所、法醫學鑑定人側ニ對スル追加的質問ハアリマセン。

裁判長——被告、貴方ガタハ、法醫學鑑定人側ニ提起スベキ何等カ質問ガ有ルカ？

通訳官――被告ニハ、質問ハ有リマセン。

裁判長――提起サレタ質問ニ追加シテ、第四ノ質問――第七三一部隊ガ一九四〇年、一九四一年、一九四二年ニ中國中部諸地區ニ對シテ實施シタ細菌攻擊ノ危險程度如何？ト言ウ質問ヲ鑑定人側ノ鑑定ニ俟ツコトトスル。

軍事裁判ハ、讀ミ上ゲラレタ四ツノ質問ヲ鑑定人側ノ解決ニ俟ツコトニ決定シタ。

通譯官、第四ノ質問ヲ日本語デ通譯シテ頂キ度イ。

（通譯官、第四ノ質問ヲ日本語デ通譯スル）。

法醫學鑑定人側、裁判官側ハ、四ツノ質問ニ對シ、鑑定ヲ依賴スル。此等ノ質問ニ關スル鑑定ヲ準備シテ頂キ度イ。

證人橘ノ訊問

裁判長――證人橘、貴方ハ虛僞ノ供述ニ對スル責任ヲ警告サレタ。貴方ハ裁判官ニ眞實ノミヲ語ラネバナラナイ。貴方ハ、何時、ソヴエト軍ニヨッテ俘虜ニサレタカ？

證人橘――一九四五年八月一五日デアリマス。

（問）。當時、貴方ハドンナ地位ニ在ッタカ？

（答）。滿洲國政府參事官デアリマシタ。

（問）。貴方ハ、ドンナ軍隊階級ヲ持ッテイタカ?

（答）。憲兵大佐デアリマス。

（法廷内、ザワメク）。

國家檢事——佳木斯憲兵隊長ノ地位ニ於ケル貴方ノ業務期間ヲ話シテ貰イ度イ。

證人橋——一九三九年ヨリ一九四一年迄デアリマス。

（問）。第七三一部隊ヘノ囚人送致ニ關シ貴方ハ何ヲ知ッテイルカ?

（答）。一九四〇年、私ハ、佳木斯市ノ憲兵隊長ノ地位ニ在リマシタ。其ノ時、私ハ初メテ、第七三一部隊ノ存在ト其ノ業務ノ性格ヲ知ル様ニナリマシタ。私ハ、關東軍防疫給水部ト稱サレテイタ第七三一部隊ガ、實際ニハ細菌戰ノ準備、更ニ生キタ人間ヲ使用スル實驗ノ實施ニヨッテ是レヲ行ッテイルコトヲ知ル様ニナリマシタ。私ハ、同部隊ガ敵ノ人力ノ大量殺戮ヲ準備シ、細菌戰ヲ準備シテイルコトヲ知ル様ニナリマシタ。

私ガ佳木斯ノ憲兵隊デ勤務シテイマシタ當時、何等カノ犯罪ノ嫌疑デ憲兵隊ガ拘引シ檢擧シタ者ノ一定ノ部類ヲ、吾々ハ實驗材料トシテ第七三一部隊ニ送致シテイマシタ。吾々ハ、此等ノ者ヲ、豫備的ナ、部分的取調ベノ後、裁判ニ附サズ、事件送致ヲセズニ、憲兵隊司令部ヨリ吾々ガ受領シタ指令ニヨッテ第七三一部隊ニ送ッテイマシタ。是レハ、特殊ノ措置デアリマシタノデ、斯ル取扱ハ『特移扱』ト呼バレテイマシタ。

斯ル所謂「特移扱」ニサレタ者ハ、次ノ如キ部類ノ者デアリマシタ。即チ、他國家ヲ利スル諜報行爲ノ罪ヲ負ワサレル者、或ハ外國諜報機關ノ關係者ノ嫌疑ヲカケラレタ者並ビニ所謂匪賊、即チ中國ノパルチザン、ソレカラ、抗日分子ノ部類、改悛ノ見込ナキ刑事犯、即チ常習犯ガ其レデアリマス。此等ノ部類ノ者ヲ、吾々ハ、「特移扱」トシテ第七三一部隊ニ送致シテイマシタ。私ノ佳木斯憲兵隊長在職中、私ノ隷下憲兵隊本部ニヨッテ少クトモ六人ガ第七三一部隊ニ送ラレ、此等ノ者ハ、其處カラ戻ラズ、實驗ニ使用サレタ結果、其處デ死亡シマシタ。

（問）。貴方ハ送致スル時ニ、第七三一部隊ニ送ラレル者ガ傳染病感染ノ殘虐ナ實驗ニ使用サレルコトニナルコトヲ既ニ知ッテ居タカ？

（答）。私ハ、細菌試驗ノ被實驗者トシテ利用スル爲、此等ノ者ガ第七三一部隊ニ送ラレルコトヲ承知シテイマシタ。

國家檢事——私ハ、法廷デ既ニ讀上ゲラレタ文書ヲ證人橘ニ提起スルコトヲ裁判官側ニ要請スル。私ハ、「特移扱」ニ關スル一九四三年三月一二日附關東憲兵隊司令部ノ通牒ナル文書ノ日本文第一頁ヲ提起スルコトヲ要望スル。更ニ、此ノ通牒ノ別紙第二項——「思想犯人（民族、共産運動事犯者）」ノ項ヲ證人橘ニ提起スルコトヲ要望スル。

（通譯官ガ、同文書ノ寫眞コピーヲ證人橘ニ提起スル）。

證人橘、貴方ハ此ノ文書ヲ見タカ？
證・人・橘・――ハイ、私ハ以前此ノ文書ヲ見マシタ。
（問・）。此ノ文書ハ『特移扱』ヲ調整スルモノデアツタ譯ダネ？
（答・）。其ノ通リデアリマス。
（問・）。而シテ、『特移扱』ニ該當スル人物ノ部類ヲ規定スルモノデアツタネ？
（答・）。其ノ通リデアリマス。
（問・）。換言スレバ、此ノ文書ハ、殺戮サレルベキ人々ヲ第七三一部隊ニ送ル手續ヲ規定シタモノデアル譯ダネ？
（答・）。ソウデアリマス。
（問・）。所デ、此ノ文書ノ中ニ、卽チ調書ノ第九二頁ニハ、『思想犯人（民族、共產運動事犯者）』ト書カレ、次イデ、『罪狀輕シト雖モ釋放スルヲ不可トスルモノ』ト書カレテイル。

（引用文ガ日本語デ讀ミ上ケラレル）。

國・家・檢・事・――私ガ貴方ニ提起シタ文書ヲ、貴方ハ『特移扱』ノ手續ヲ規定スル公文書トシテ認定スルカ？
證・人・橘・――ハイ、認定シマス。

（問）。貴方ハ、「特移扱」ニ該當スル人物ノ部類ノ決定ニ參加シタ憲兵隊勤務員ヲ知ッテイルカ？

（答）。ハイ、其ノ名前ヲ擧ゲルコトガ出來マス。

（問）。ドウゾ。

（答）。私ニ提起サレタ文書ハ一九四三年ニ作成サレマシタ。私ハ、當時、司令部員トシテ關東憲兵隊司令部ニ勤務シテイマシタ。當時、私ハ關東憲兵隊司令部刑事部ニ勤務シテイマシタ所、斯ル文書ノ作成ヲ命ズル指令ガ、關東軍司令部カラ入リマシタ。一九四三年三月私ハ、憲兵隊本部ヲ檢閲スル爲、奉天市ニ出張シマシタガ、私ノ不在中私ノ部デ勤務シテイタ辻本少佐ガ文書ノ編集ヲヤリ、私ハ歸來後此ノ文書ヲ見マシタ。私ハ、現在、此ノ文書ガ本物デアルコトヲ確認シマス。

（問）。「特移扱」ニヨル移送ハ、實際ニハ如何ナル手續ニヨッテ實施サレテイタカ？　此ノ件ニ關シ、憲兵隊ハ如何ナル書類ヲ作成シテイタカ？

（答）。只今私ニ提起サレタ文書ハ、タイプデ打タレテ、滿洲各都市ノ憲兵隊本部ニ送達サレマシタ。「特移扱」ニ該當スル人物ハ、憲兵隊本部ノ留置場ニ留置サレ、而ル後、彼等ノ訊問調書ノ拔萃及ビ「特移扱」許可申請書ヲ憲兵隊司令部ニ送リマシタ。其處デハ、此ノ書類ヲ檢討シ、問題ヲ決定シテ、申請シテ來タ當該憲兵隊本部ニ此等ノ人物ヲ「特移扱』ノ名目デ第七三一部隊ニ送致スベキコトニ關スル命令ガ發セラレマシタ。斯ル書類ガ地方ノ本部カラ憲兵隊司令部ニ入リマスト、庶務部ヲ經テ、其等ハ刑事部ニ引渡サレ、ソレカラ、私ガ長デアリマシタ防諜班ニ渡サレマシタ。私ノ班ノ勤務員辻本ハ、此等ノ書類ヲ檢討シ、決定ヲ下シ、而ル後、此等ノ決定ヲ私ニ提出シマシタ。私ハ、是レヲ承認シテ、更ニ刑事部長ニ送リマシタ。刑事部長ハ、關東憲兵隊司令官ノ裁決ヲ得タ後、憲兵隊司令官ノ名ヲ以テ該書類ヲ提出シタ憲兵隊本部ニ命令ヲ發シマシタ。

（問）。貴方ハ、關東憲兵隊司令部ニ勤務中、『特移扱』トシテ、人間ヲ第七三一部隊ニ引渡スコトヲ裁決シテイタノカ？

（答）。私ハ、此等ノ書類ヲ檢討シ、審議シマシタ。私ハ、私ノ在職中、一〇〇名以上ノ者ガ送致サレタコトヲ記憶シテイマス。

（問）。第七三一部隊ニ、殺戮用トシテ人間ヲ移送スルコトハ、關東軍司令官ノ裁決ニヨッテ實施サレテイタノカ？

（答）。勿論、關東憲兵隊ハ、關東軍司令官ノ指令ニヨッテ是レヲ行ッテイマシタ。通常、憲兵隊ハ事犯者ノ事件ヲ裁判所或ハ軍事裁判ニ送致シテイマシタガ、此等ノ場合ニハ、特別命令ガ法律ニ代リ、人間ハ裁判ナシデ送致サレテイマシタ。

(問)。貴方ハ、貴方ノ部下ノ辻本ガ作成シタ通牒ニヨッテ、民族解放運動ノ關係者ガ殺戮用トシテ第七三一部隊ヘノ「特移扱」ニサレテイタコトヲ確認スルカ？

(答)。コンナ扱イヲ受ケテイタ人物ハ、種々ナ部類ノ犯罪人デアリマシタ。此等ノ部類ノ中ニハ、亦民族解放運動ノ参加者モ居リマシタガ、彼等ハスベテ、共産主義者若シクハ民族主義者デアリマシタ。

(法廷ニ憤激ノザワメキ起ル)。

(問)。證人橘、第七三一部隊ヘノ人間送致ノ方法、即チ、發送、警護、警戒、機密保持等ノ方法ハドウデアッタカ話シテ貰イ度イ。

(答)。既ニ私ガ述ベタ如ク、憲兵隊本部ハ、憲兵隊司令部ニ「特移扱」許可申請書ヲ提出シテイマシタ。此ノ爲、申請書ガ三部作成サレ、其ノ中一部ハ地方ノ憲兵隊本部ニ保管サレ、他ノ二部ハ、憲兵隊司令部ニ送ラレテイマシタ。憲兵隊司令部カラ「特移扱」ノ正式裁決ガアッテ後、申請書一部ガ戻サレ、四人ハ、憲兵隊本部ニ留置サレテイマシタ。

其ノ後、第七三一部隊カラ實驗材料、即チ「特移扱」ニ運命ズケラレタ人間ノ送致要求ガ有ッテ後、四人ハ、調書一部ト共ニ哈爾濱ニ送ラレ、哈爾濱驛デ憲兵隊員ニ四人ガ引渡サレテイマシタ。此等ノ人々ノ警護ハ、憲兵隊ガヤリマシタ。

（問）。此等ノ人間ハ、手錠、足錠或ハ護送繩ニヨッテ護送シテイタノカ？

（答）。手錠、足錠ハ嵌メマセンデシタ。

國家檢事——證人橘ノ此ノ答ト關連シテ、私ハ既ニ讀上ゲラレタ一九三九年八月八日附關憲作命第二二四號第二部ノ朗讀ヲ裁判官側ニ要請スル。此ノ文書ハ、私ガ證人ニ發シタ質問ト直接ノ關係ヲ有スル。此ノ故ニ、私ハ此ノ文書ヲ讀上ゲルコトヲ裁判官側ニ要望スル。

裁判長——軍事裁判ハ、此ノ文書ヲ讀上ゲルコトヲ決定シタ。同時ニ、文書ハ日本語デ讀上ゲラレル。

（被告ハ、レシーバーヲ被ル。

裁判長ガ露文飜譯デ上記文書ヲ讀上ゲ、同時ニ文書ハ日本語デ讀上ゲラレ、證人橘ニ提起サレル）（證據書類ノ部參照）。

國家檢事——ドウカ、證人橘、貴方ハ今原本ノ文書ヲ見タガ、『特移扱』ノ際、足錠、手錠及ビ捕繩、護送繩ガ使用サレタコトヲ確認スルノカ？

證人橘——私ハ此ノ文書ヲ全ク承知シテイマセン。此ノ場合ニハ、特別ノ理由デ足錠、手錠ガ使用サレタカモ知レマセンガ、私ノ許デハ使用サレテイマセンデシタ。

（問）。貴方ハ、貴方ガ必ズ虐殺セシメルベク人間ヲ送致シテイタシ、尙、他ノ憲兵隊本部デハ足錠、手錠ガ使用サレテイタガ、貴方ノ管下ノ本部デハ、此等ノ錠ガ決シテ使用サレナカッタト言イ度イ譯ダネ！　貴方ハ、コウ言イ度イノカ？

（法廷ニ憤激ノ騷音起ル）。

（證人橘沈默ス）。

國家檢事——是レニ對シ、貴方ハ何ント答エルカ？

證人橘——私ガ佳木斯憲兵隊長デアッタ時ニハ、手錠ハ使用サレテイタガ、足ニハ錠ヲ嵌メテイナカッタノデアリマス。

（法廷内ザワメク）。

證人倉員ノ訊問

裁判長——證人倉員、貴方ハ眞實ノミヲ語ルベキコト及ビ虛僞ノ供述ニ對シ責任ヲ負ウベキコトニ關スル誓約書ヲ書イタカ？

證人倉員——ハイ。

（問）。證人倉員、貴方ハ如何ニシテソヴェト同盟ニ來タノカ？

日、ポグラニーチナヤ驛經由デソヴエト同盟ニ送ラレマシタ。

（問）。俘虜ニサレル當時、貴方ハ何處ニ勤務シテイタカ？

（答）。哈爾濱憲兵隊本部デアリマス。

（問）。貴方ハ、如何ナル地位ニ在ツタカ？

（答）。私ハ、憲兵隊本部特高課ノ班長デアリマシタ。

（問）。貴方ハ、如何ナル軍隊階級ヲ有シタカ？

（答）。憲兵曹長デアリマス。

國家檢事——證人倉員、貴方ハ、何時第七三一部隊ニ配屬サレ、同部隊內デ、ドレダケノ期間、如何ナル職務ニ就イテ勤務シテイタノカ？

證人倉員——私ハ、一九四〇年三月以降一年間部隊附憲兵班ノ憲兵トシテ第七三一部隊ニ勤務シマシタ。私ノ職責ハ、部隊勤務員ニ對スル憲兵業務デアリマシタ。

（問）。亦、何ガ貴方ノ職務デアツタノカ？

（答）。此ノ外、哈爾濱カラ第七三一部隊ニ送致サレル囚人ノ護送ガ私ノ職務デアリマシタ。部隊デハ、此等ノ囚人ヲ『丸太』ト稱シ、被實驗者ニ利用シテイマシタ。

（問）。即チ、貴方ハ、被實驗者トシテ「特移扱」ニヨッテ部隊ニ送致サレタ人物ヲ哈爾濱カラ第七三一部隊ニ護送シテイタノカ？

（答）。其ノ通リデアリマス。

（問）。此等ノ人物ヲ第七三一部隊ニ送致スル手續ヲ話シテ貰イ度イ。

（答）、先ズ、憲兵隊本部カラ吾々ニ電話ヲカケテ參リマシテ、人員受領ニ來ル樣通知シテイマシタ。此ノ通知ハ、田坂曹長ニ對シテ行ワレテイマシタ。

私以外ニ、第七三一部隊憲兵班ニハモウ二人居リマシテ、都合、三人デアリマシタ。田坂曹長カラ吾々ニ指示ガ有リマシテ、吾々ハ特別ノ護送車ニ便乘シテ哈爾濱驛ニ向イ、其處デ驛ノ憲兵分遣所ニ立寄リ、驛詰メノ憲兵長立會ノ下ニ、林口、佳木斯等ノ他ノ都市ノ憲兵隊員カラ第七三一部隊向ケ移送用ノ人員ヲ受領シテイマシタ。

（問）。被檢擧者ノ部隊送致ハ一晝夜間ノ中何時行ワレタカ？

（答）。主トシテ夜間デアリマシタ。吾々ハ、此等ノ囚人ヲ受領シテカラ護送車ニ乘セテ、第七三一部隊ニ引渡ス爲平房驛ニ向イ、其處デ、吾々ハ、表門ノ所デ自動車ヲ止メ、一人ダケ衛兵所ニ立寄リ、衛兵ニ連絡ヲトリマスト、衛兵ハ構內監獄ノ當直ニ電話ヲカケ、ソレカラ此ノ當直ガ誰カヲ、此等ノ囚人ヲ監獄ニ護送スル爲ニ寄越シテ來マシタ。

30*

（問）。誰ガ典獄デアッタカ？

（答）。部隊長石井四郎中將ノ兄デアッタ石井軍屬デアリマス。

（問）。貴方自身、部隊ノ監獄ニ出入リシテイタノカ？

（答）。ハイ、私ハ二回、監獄ニ出入リシマシタ。

（問）。此ノ監獄ノ狀況ヲ說明シテ貰イ度イ。

（答）。最初、私ガ監獄ニ行ッタノハ一九四〇年ノ三月デアリマス。是レハ、私ガ第七三一部隊ニ着任シテ間モナクノ事デアリマス。部隊ニ着任シタ私ハ、部隊ニ構內監獄ガ有ルコトヲ知リ、此ノ監獄ニ興味ヲ持チマシテ、班長デアッタ田坂曹長ニ、此ノ監獄ヲ見セテ貰イ度イト賴ミマシタ。ソコデ彼ハ、典獄ノ石井軍屬ニ許可ヲ乞ウタ所、許可ガ出マシテ吾々ハ、田坂、石井、私ノ三人デ監獄ヲ見マシタ。吾々ハ、長方形ヲシタ第七三一部隊本館ニ近寄リマシタ所、其ノ中央ニ關係者以外ノ目ヲ避ケテ隱蔽サレタ監獄ノ建物ガ立ッテイマシタ。監獄ノ建物ハ、左右ノ二部ニ區分サレテイマシタ。初メテヤッテ來タ私ハ、左半部ヲ見マシタ。吾々ハ、此ノ建物ニ着イテ廊下ヲ通リマシタ。左側ニ衛兵室ガ有リ、右側ニ階段ガ有ッテ、其レカラモウ一ツノ室ガアッテカラ先ハ監房ニナッテイマシタ。

（問）。監獄ノ建物ヲ見テ廻ッタ時、貴方ハ監房ノ中ヲ覗イテ見タノカ？

（答）。私ハ、監房ニハ立寄リマセンデシタガ、監視窓越シニ覗キマシタ。

（問）。監獄ニ收容サレテイタ人々ハ、ドノ民族ノ人デアッタノカ？

（答）。其レハ、主トシテ中國人デアリマシタガ、其ノ中ニハ、ロシア人モ居リマシタシ、中國人ノ中ニハ五人ノ婦人ガ居リマシタ。

（問）。ツマリ、石井部隊ノ監獄内ニハ、婦女子モ收容サレテイタノカ？

（答）。其ノ通リデアリマス。私ハ言イ忘レマシタガ、或時私ハ哈爾濱驛カラ一人ノ婦人ヲ護送シタコトガアリマス。亦、監獄ガ二階建デアルコトモ言イ忘レマシタ。

（問）。貴方ハ、自分デ生キタ人間ヲ使用スル實驗ヲ見タカ？

（答）。ハイ、見マシタ。生キタ人間ヲ使用スル實驗ヲ私ガ初メテ見タノハ、一九四〇年十二月ノコトデアリマス。第一部員デアル吉村研究員ガ此ノ實驗ヲ私ニ見セテ吳レマシタ。此ノ實驗ハ、監獄ノ實驗室デ行ワレテイタノデアリマス。

私ガ監獄ノ實驗室ニ立寄リマシタ時、其處ニハ長椅子ニ五人ノ中國人ノ被實驗者ガ坐ッテイマシタガ、此等ノ中國人ノ中二人ニハ、指ガ全ク缺ケ、彼等ノ手ハ黑クナッテイマシタシ、三人ノ手ニハ骨ガ見エテイマシタ。指ハ有ルニハ有リマシタガ、骨ダケガ殘ッテイマシタ。私ガ吉村ノ話シカラ知ッタ所ニヨリマスト、是レハ、彼等ニ對シテ、凍傷實驗ヲシタ結果デアリマシタ。

（問）。部隊ノ監獄ニ投込マレタ人々ノ運命ニ就イテ、貴方ハ何ヲ承知シテイルカ？

（答）。一度此ノ監獄ニ投込マレタ人間ハ、其處カラ戻リマセンデシタ。

（問）。貴方ガ部隊ニ勤務シタ期間ヲ通ジテ、石井部隊ノ構内監獄カラ、唯ノ一人デモ釋放サレタ場合ヲ貴方ハ知ッテイルカ？

（答）。私ハ、其ンナ事實ハ知リマセン。

（問）。男子デモ、婦女子デモ、監獄ニ入レラレタ者ハスベテ、殺サレネバナラナカッタ譯ダネ？

（答）。其ノ通リデアリマス。

十二月二九日午前ノ公判

證人堀田ノ訊問

裁判長——證人堀田、貴方ハ眞實ヲ語ルベキコト及ビ虛僞ノ供述ニ對シテハ刑法上ノ責任ヲ負ウベキコトニ關シ誓約書ヲ書イタノカ？

證人堀田——ハイ。

（問）。貴方ハ、何時ソヴエト軍ニヨッテ俘虜ニサレタカ？

（答）。一九四五年八月二〇日デアリマス。

（問）。貴方ハ、當時何處ニ居ッタノカ？

（答）。當時私ハ、海拉爾ニ居リマシテ、防疫給水部支部ニ勤務シテイマシタ。

（問）。其處デ貴方ハ、如何ナル職務ニ就イテイタノカ？

（答）。主計デアリマス。

（問）。貴方ハ軍務ニ就イテイタノカ？

（答）。ハイ。

（問）。貴方ハ、如何ナル軍隊階級ヲ有シタノカ？
（答）。當時私ハ、經理部見習士官デアリマシタ。
國家檢事――證人堀田、貴方ハ第七三一部隊ノ經理課ニ勤務シテイタノカ？
證人堀田――其ノ通リデアリマス。
（問）。貴方ハ、何時第七三一部隊ニ着任シタノカ？
（答）。私ハ、一九四四年十一月二九日ニ第七三一部隊ニ到着シ、一週間後職務遂行ニ着手シマシタ。第七三一部隊ニハ一九四五年八月迄居リマシタ。
（問）。第七三一部隊到着後貴方ハ誰ノ前ニ出頭シタノカ？
（答）。先ズ私ハ、第七三一部隊長北野軍醫少將ノ前ニ出頭シマシタ。是レハ、一九四四年十一月三〇日ノコトデアリマス。
（問）。第七三一部隊到着後貴方ハ、誰カラカ何カ言ワレタカ？
（答）。其ノ通リデアリマス。部隊教育部長西中佐カラ話シガ有リマシタ。
（問）。西ハ、貴方ニ何ヲ話シタカ？
（答）。一九四四年十一月三〇日、私ハ部隊長ノ前ニ出頭シ、其ノ後、部隊ノ教育部長西軍醫中佐ノ許ニ立寄リマシタ。私ハ、部隊教育部デ七日間ノ教習ヲ受ケル樣命ゼラレ規定ヲ學ビマシタ。

（問）。西ハ、部隊業務ノ性格ニ關シテ貴方ニ警告シタノカ？

（答）。ハイ、彼ハ第七三一部隊内デハ、細菌研究業務ガ行ワレテオリ、第七三一部隊ノ業務ニ關係ノアル一切ノ事ニ關シテハ特ニ機密ヲ保持セネバナラヌコトヲ述ベマシタ。

（問）。第七三一部隊經理課ニ勤務中、貴方ハ同部隊ノ如何ナル建物及ビ如何ナル支部ニ行ッテ見タコトガアルカヲ明確ニシテ貰イ度イ。

（答）。私ハ、第七三一部隊經理課ニ勤務中、第一部、第三部及ビ安達驛ノ特設實驗場ニ行ッテ見タコトガアリマス。支部ニ就イテ申シマスナラバ、一九四五年ノ二月ト三月ニ、私ハ孫呉、林口、牡丹江ノ各支部ニ行ッテ來マシタ。其ノ時、私ハ、部隊主計佐藤少佐ト共ニ經理檢閲ヲ實施シ、一九四五年八月ニハ、私ハ海拉爾支部主計ニ轉任サレマシタ。此ノ外、私ハ哈爾濱市内南屯ニ在ッタ附屬病院及ビ第三部ニ行ッテ見タコトガアリマス。更ニ、物品倉庫デ物品ヲ受領シタ際、私ハ第七三一部隊輸送課ニ二囘行ッタコトガアリマス。

（問）。貴方ハ、安達驛附近ニ在ッタ第七三一部隊特設實驗場ガ如何ナル目的ニ使用サレテイタカヲ承知シテイルノカ？

（答）。此ノ特設實驗場ハ、細菌戰準備ヲ目標トスル實驗用デアリマシタ。

（問）。細菌實驗ハ、誰ヲ使用シテ實施サレテイタノカ？

（答）。私ハ、第七三一部隊ノ構内監獄ニ收容サレテイタ囚人ガ此等ノ實驗ニ使用サレテイタコトヲ承知シテイマス。

（問）。此ノ監獄ハ、何處ニ所在シテイタカ？

（答）。監獄ハ、長方形三階建ノ部隊本館ノ中ニ在リマシタ。是レハ第七及ビ第八ノ番號ヲ附サレタ二階建ノ附屬建築物デアリマシタ。

（問）。實驗用ノ人間ハ、何處カラ第七三一部隊ニ送致サレテイタカ？

（答）。私ノ承知シテイル所デハ、此等ノ人々ハ、日本ノ特務機關及ビ憲兵隊ニヨッテ送ラレ、且ツ、中國軍ノ俘虜モ監獄ニ送致サレテイマシタ。

（問）。貴方ハ、部隊倉庫ノ檢閲ヲシタコトガアルカ？

（答）。私ハ、如何ナル倉庫ヲ考慮シテ居ラレルカヲ明確ニシテ頂キ度イト思イマス。

（問）。安達驛附近ノ部隊特設實驗場ノ倉庫ヲデアル。

（答）。正確ナ日附ハ記憶シテ居マセンガ、其レハ、一九四五年夏ノコトデアリマシタ。私ハ、富塚主計ト共ニ經理檢閲ヲ行ウベキ安達驛附近特設實驗場ニ赴キマシタ。吾々ハ、其處ニ現存シタ資材、物品、設備ヲスベテ點檢シマシタ。

一ツノ倉庫ヲ検閲シタ際、私ハ鐵製ノ防楯ヲ發見シマシテ、此等ノ防楯ハ何ニ用イラレルノカト富塚軍屬ニ尋ネマシタ所、彼ハ、其等ハ經理給與物品デハナイガ、倉庫ニ入レテアリ、生キタ人間ヲ使用スル實驗ニ使用サレ、其ノ際、被實驗者ノ胸部及ビ背部ヲ負傷セシメナイ爲此等ヲ着用セシメル旨答エマシタ。

ソレカラ富塚軍屬ハ、蒲團ノ束ヲ私ニ示シテ、出來レバ、此等ノ蒲團ヲ使用不能品トシテ記入スルヨウ依頼シマシタ。コンナ蒲團ハ、總數八〇迄アリマシタ。其等ニハ、血痕ガ見エ、ヒドク破損シテイマシタ。是レハ、ドウシテカト言ウ私ノ質問ニ對シ、彼ハ此等ノ蒲團モ實驗ニ使用サレル際被實驗者ノ上半身ヲ護ル爲ニ使用サレテイル旨述ベマシタ。

（問）。而シテ、此等ノ綿入レノ蒲團ニ被實驗者ノ血痕ガツイテイルノヲ貴方自身見タノカ？

（答）。ハイ。

（問）。何時、石井四郎部隊長ガ第七三一部隊ニ着任シタカヲ話シテ貰イ度イ。

（答）。一九四五年三月デアリマス。

（問）。石井ノ着任後部隊ノ業務上、如何ナル變化ガ生ジタノカ？

（答）。私ハ石井中將ガ第七三一部隊長ノ地位ニ復任シタ後起ツタ部隊業務上ノ一切ノ變化ヲ嚴密ニ説明スルコトハ出來マセンガ、併シ、部隊着任後彼ハ、第七三一部隊ニ課サレタ重大ナ任務ニ就イテ吾々ニ屢々語ル様ニナリマシタ。彼ハ、一九四五年六月ヨリ九月迄ノ時期ニ、ソヴエト同盟ニ對スル戰爭ガアル筈デアルガ、此ノ戰爭――彼ノ言ニヨレバ――決戰ノ準備ニ拍車ヲカケネバナラナイ旨語リマシタ。更ニ、私ハ、齧齒類ノ繁殖業務ガ活潑化サレタコトヲ知ツテイマス。

(問・)。貴方ハ、齧齒類ノ見込ミ增加量ノ何等カノ計算ヲシタコトガアルカ?

(答・)。ハイ、アリマス。

(問・)。誰ノ命令デ此ノ計算ガ行ワレタノカ?

(答・)。石井部隊長ノ命令ニヨリマス。經理課長佐藤少佐ハ、九月迄ニ繁殖サレルベキ齧齒類三百萬匹ノ爲ニハ如何程ノ飼料ト榮養物ヲ要スルカノ算定ヲ私ニ命ジマシタ。

(問・)。斯クテ、石井中將ハ、一九四五年九月頃迄ニ部隊內ノ現存ノ二十日鼠及ビ鼠ノ量ヲ三百萬匹迄ニ增加セントシテイタ譯デアルガ、確カニソノ通リカ?

(答・)。ハイ、彼ハコウ言ウ計畫ヲ樹テマシタ。

(問・)。第七三一部隊ノ業務及ビ其ノ勤務員ノ給與ニ關係スル費用ニ就イテ貴方ハ何ヲ承知シテイルカ?

(答・)。經理課長佐藤少佐及ビ中村主計ノ言ニヨツテ、私ハ、一九四五年度會計デ第七三一部隊ノ支出ハ、一千萬圓デアツタコトヲ知ツテイマス。更ニ私ハ、此ノ一千萬圓ノ中、三百萬圓ハ、第七三一部隊員ノ給與ニ當テラレ、殘高七百萬圓ハ、細菌培養及ビ研究業務ニ當テラレテイタシ、亦、此ノ總額カラ支部ニハ二〇——三〇萬圓支出サレテイタコトヲモ承知シテイマス。

(問)。斯クテ、部隊ノ會計ノ中デハ、細菌戰準備ニ關係スル支出、卽チ實驗及ビ細菌ノ大量繁殖ニ關係スル支出ガ壓倒的部分ヲ占メテイタ譯デアル、ガ、確カニソウデアルカ？

(答)。其ノ通リデアリマス。

(問)。細菌學ト直接關係ハナイガ、生キタ人間ヲ使用スル實驗ガ第七三一部隊デ實施サレテイタカヲ話シテ貰イ度イ。

(答)。目黑軍醫ガ私ト共ニ教育部デ學ビマシタガ、吾々ハ一ツノ部屋ニ生活シテイマシタ。或時彼ハ、或ル書類ヲ持ッテ部屋ニ歸ッテ來マシタ。其レハ、凍傷實驗ノ報告書デアリマシタ。其ノ時、彼ハ、罹凍傷サレタ二——三人ヲ寫シタ寫眞ヲ私ニ見セマシタガ、其ノ中一枚ニハ、防寒外套ト防寒帽ヲ着用シタ人間ノ傍ニバケツノ樣ナモノガ置カレテイル所ガ寫サレテアリ、他ノ一枚ニハ、兩脚ヲ露出シテ寢台ニ橫ニナッテイル中國人ガ寫サレテイマシタ。彼ノ一本ノ脚ハ健全デ、他ノ一本ハ凍傷ニ罹ッテイマシタ。兩脚ハ、凍傷實驗ノ効力ヲ看テ取レル樣ニト恰モ比較シテイル樣デシタ。

(問)。其クテ、貴方ハ、生キタ人間ヲ使用スル細菌實驗ノ外、第七三一部隊デハ凍傷實驗モ實施サレテイタコトヲ承知シテイル譯ダネ？

(答)。ハイ、ソウデアリマス。

(問)。監獄ニ在ッテ實驗用ニサレテイタ人々ガ、此等ノ實驗ヲ從順ニ堪エ忍ンデイタノカ、或ハ四人ガ反抗シタ事例ガアルカ？

(答)。一九四五年夏目黒ハ、彼ノ實驗室ニ遊ビニ來テ呉レト私ヲ招キマシタ。私ハ、若干手間取リマシテ、其處ニ行キマシタ所、彼ハ何カニ非常ニ興奮シテ、何ンダカヒドク腹ヲ立テテイマシタ。私ガ何デ其ンナニ腹ヲ立テテイルノカト彼ニ尋ネタ所、彼ハ監獄ニ收容サレテイル者ガ反抗シテ來タト私ニ話シマシタ。私ハ三階ヲ通ッテ監獄ノ建物ニ行キマシタ。其ノ時、私ハ初メテ監獄ニ行ッテ見タ譯デアリマス。

屋根ノ上カラ小銃デ武裝シタ二人ガ監獄ヲ監視シ、監獄ノ扉ノ傍ニハ同樣小銃デ武裝シタ四—五人ガ立ッテ居マシタ。前ノ二人モ、四—五人ノ組モ、特殊班員デアリマシタ。併シ、此ノ頃迄ニハ監獄內ハ既ニ鎭マリ返ッテイマシタ。

此ノ事ガ有ッテ二—三日經ッテ、目黑ハ一人ノ被實驗者ガ暴レ出シ、扉ノ把手デ實驗者ヲ投リツケタコトヲ私ニ語リマシタ。

(問)。此等ノ四人ニ對シテ如何ナル處置ヲトッタノカ？

（答•）。實驗者ヲ投リツケタ此ノ四人ハ、監房カラ跳ビ出シ廊下ヲ走リ、鍵ヲ手ニ入レテ數監房ヲ開キ、一部ノ四人ハ跳ビ出スコトガ出來マシタガ、其レハ、大膽ナ者ダケデアリマシタ。尙、此等ノ大膽ナ者ハ、銃殺サレマシタ。

（問•）。ツマリ、實驗者ニ反抗シタ人々ハ銃殺サレタノダネ？　是レハ確カカ？

（答•）。ハイ、確カデアリマス。

證人瀨越ノ訊問

裁判長——證人瀨越、貴方ハ法廷ニ於テ眞實ノミヲ語ルベキコト及ビ虛僞ノ供述ニ對シテ責任ヲ負ウベキコトニ關シ誓約書ヲ書イタノカ？

證人瀨越——其ノ通リデアリマス。

（問）。貴方ハ、何時ソヴエト軍ニヨッテ俘虜ニサレタカ？

（答）。一九四五年八月二二日デアリマス。

（問）。當時、貴方ハ何處ニ勤務シテイタカ？

（答）。當時、私ハ第七三一部隊海拉爾支部ニ勤務シテイマシタ。

（問）。貴方ハ、此ノ支部ニ勤務スルヨウニナッタノハ如何ナル理由ニヨルノカ？

(答)。命令ニヨッテ其處ニ任命サレマシタ。

(問)。貴方ハ、如何ナル軍隊階級ヲ有シタノカ？

(答)。少尉デアリマス。

國家檢事――證人瀨越、貴方ハ暫クノ間、第七三一部隊材料部第四課ノ實驗手トシテ勤務シタノカ？

證人瀨越――其ノ通リ、私ハ材料部第四課ノ實驗手トシテ勤務シマシタ。

(問)。此ノ課ハ、何ニ從事シテイタノカ？

(答)。第四課ハ、濾過器、細菌彈用ノ陶器製彈筒及ビ陶器製毛樣筋ノ製造ニ從事シテイマシタ。

(問)。貴方ハ、如何ニ細菌彈用ノ陶器製彈筒ガ製造サレルカヲ目擊シタノカ？

(答)。ハイ、見タコトガアリマス。私ハ、此ノ彈筒製造用ニ使用サレル粘土ノ成分ノ研究ヲヤッテイマシタ。

(問)。爆彈及ビ其ノ製造技術ヲ說明シテ貰イ度イ。

(答)。爆彈製造ノ爲ニ粘土ヲトリ、其レヲ粉末ニ碎キ、水デ粘リ、必要ナ粘リ氣ノ成分ニシマシタ。此ノ粘土ヲ特製ノ石膏ノ型ニ流シ込ミマス。其ノ型ハ、佝彈形デアリマス。石膏ガ濕氣ヲ吸收シマス關係上、此ノ粘土ノ表殼ガ乾燥シマス。ソレカラ、石膏ノ型ヲ外シ、內部ニ殘ッタ粘々シタ粘土ヲ取リ出シマスト、砲彈ノ彈筒形ノ陶器製品ガ出來上ルト言ッタ工合デシタ。出來上ッタ彈筒ハ特別ノ竈デ燒キマシタ。此等ノ爆彈ハ長サ七〇乃至八〇糎、直徑二〇糎デアリマシタ。底ニハ、螺旋ノ小サイ穴ガアリ、內部ハ虛ニナッテオリ、螺旋ノ小サイ穴ニハ、曳火信管ガ嵌メラレ、彈筒ノ表壁ニハ、ジグザグノ溝ガ刻マレ、爆彈ノ上部ハ、安定裝置ヲ裝着出來ル樣ニナッテオリ、溝ニハ爆藥ヲ充塡シ、爆彈ハ是レデ爆破サレル樣ニナッテイマシタ。飛行機カラ投下サレル此等ノ爆彈ハ、地上デ爆破サレル筈デアリマシタ。

（問）。爆彈ニハ、何ヲ充塡シタカ？

（答）。課長ノ鈴木少佐ノ言ニヨリマシテ、私ハ此等ノ彈筒ニハ、ペスト蚤ヲ一杯ツメタ毛樣筋ヲ充塡シテイタコトヲ知ッテイマス。

（問）。爆彈ガ爆破スル時、彈體內ノペスト蚤ヲ保護シ、其レヲ高溫ノ作用カラ護ル仕組ハ如何ニナッテイタカ？

（答）。鈴木少佐カラ私ガ聞イタ所デハ、此ノ爆彈ノ筒ハ陶器製デ、薄ク出來テイル關係上爆藥ハ極小量デ濟ミ、此ノ故ニ爆破力ハ小サク、從ッテ、蚤ニ對シテハ爆破力モ、空氣ノ抵抗モ、溫度モ作用シマセンデシタカラ、蚤ハ殺サレナイデ濟ンダ譯デアリマス。

證人佐々木ノ訊問

裁判長——證人佐々木、貴方ハ虛僞ノ供述ニ對シテ責任ヲ負ウベキコトニ關スル誓約書ヲ書イタノカ？

證人佐々木——其ノ通リデアリマス。

（問）。貴方ハ、法廷ニ於テ眞實ノミヲ語ラネバナラナイ。貴方ハ何時ソヴエト軍ニヨッテ俘虜ニサレタカ？

（答）。一九四五年八月一五日デアリマス。

（問）。當時、貴方ハ何處ニ勤務シテイタカ？

（答）。千島列島、ウルップ島デアリマス。

（問）。貴方ハ、第七三一部隊ニ勤務シタコトガアルカ？

（答）。其ノ通リデアリマス。

（問）。其處デ、貴方ハ如何ナル業務ヲ實行シタカ？

（答）。私ハ、第四部、柄澤班デ倉庫係ヲシテイマシタ。

（問）。貴方ハ、如何ナル軍隊階級ヲ有シタカ？

（答）。私ハ、軍隊階級ヲ持ッテイマセンデシタ。

（問）。貴方ハ、第七三一部隊ニ勤務シテイタ當時、軍人デアッタノカ、否カ？

（答）。一九四二年、私ハ除隊シマシテ、軍屬トシテ、第七三一部隊ニ入リマシタ。

國家檢事——證人佐々木、柄澤十三夫少佐ノ班ハ何ニ従事シテイタノカ話シテ貰イ度イ。

證人佐々木——此ノ班ハ、細菌ノ大量生産ニ従事シテイマシタ。

（問）貴方ノ職務ハ、何デアッタノカ？

（答）。私ハ、柄澤班デ倉庫係トシテ勤務シ、細菌ノ大量生産用材料ヲ引渡シテイマシタ。

（問）。寒天、ペプトンノ引渡シハ、貴方ガヤッテイタノカ？

（答）。ハイ、引渡シハ私ガヤリマシタガ、併シ、倉庫主任ノ指揮下ニヤッタノデアリマス。

（問）。貴方ハ、柄澤班カラ出來上リノ細菌體ヲ受領シテイタノカ？

（答）。ハイ、受領シテイマシタ。

（問）。貴方ハ、第七三一部隊ガ細菌ヲ實用シタコトニ就イテ何カ知ッテイル？

（答）。或時、日朝點呼ノ時柄澤少佐ハ、細菌ノ大量生産ニ關スル指示ヲ上司カラ受ケタコト、吾々ハ此ノ任務ヲ完徹スベキコトヲ公言シマシタ。

更ニ、彼ハ吾ガ班員一五名ハ課長ヲ初メトシテ、中國ニ赴クコトニナル旨述べマシタ。

（問）。貴方ハ、中國ニ細菌ヲ送ツテイタノカ？

（答）。其ノ通リデアリマス。

（問）。貴方ガタハ、何處カラ此ノ細菌ヲ受領シ、其ノ梱包ハ如何ニ行ワレ、其レカラ何處ニ細菌ハ運バレテ行ツタノカ？

（答）。其レハ、何時ノ事カ私ハ確カニハ記憶シテイマセン。倉庫主任松島ハ、在庫ノ傳染病菌入リノ罐ハ、箱ニ梱包セネバナラヌト言イマシテ、吾々ハ其レヲ梱包シ、飛行場ニ送リマシタ。

（問）。如何ナル罐カ？

（答）。其レハ、細菌ヲ詰メタ罐デアリマス。

（問）。貴方ガタハ、如何ニシテ、此等ノ罐ヲ箱ニ梱包シタノカ？

（答）。吾々ハ、此等ノ罐ノ穴ヲパラフインデ詰メ、セロファン紙デ包ミ、此ノセロファン紙ハ特別ノ紐デ結バレ、ソレカラ悉ク其レヲ亞鉛ノ箱ニ梱包シマシタ。

（問）。一ツノ箱ニ、コンナ罐ハ幾ツ入ツタノカ？

（答）。一五乃至一六デアリマス。

（問）。細菌體入リノ此等ノ箱ヲ何處ニ運ンデ行ツタノカ？

（答）。吾々ハ、此等ノ箱ヲ、部隊本館カラ一粁離レタ飛行場ニ自動車デ運ンデ行キマシタ。

（問）。貴方ガタハ、飛行場ニ何回往復シタノカ？

（答）。私ハ、ハツキリハ記憶シテイマセンガ、三回往復シタ樣ニ思イマス。

（問）。貴方ガタガ箱ヲ飛行場ニ運ンデ行ツタ時ノ自動車ノ積載量ハ、ドンナモノカ？

（答）。其レハ、私ハ正確ニハ記憶シテイマセン。

（問）。或ハ、貴方ハ、デハ、概ネ何箱ヲ飛行場ニ運ンダカヲ覺エテイルノカ？

（答）。是レモ、私ハハツキリ記憶シテイマセン。

（問）。トニ角、貴方ガタハ都合三回飛行場ヲ往復シタト言ウガ、是レハ確カカ？

（答）。ハイ、確カデアリマス。私ハ、吾々ガ三回飛行場迄往復シタコトヲ記憶シテイマス。

31—962

証人尾關ノ訊問

裁判長——證人尾關、貴方ハ虚僞ノ供述ニ對シ責任ヲ負ウベキコトニ關シ裁判官側ニ誓約書ヲ提出シタ。貴方ハ法廷ニ於テ眞實ノミヲ語ラネバナラナイ。

證人尾關——其ノ通リデアリマス。

（問）。貴方ハ、ドレ程第七三一部隊ニ勤務シタカ？

（答）。第七三一部隊ニ、私ハ一九三九年五月ヨリ一九四二年四月迄勤務シマシタ。

（問）。貴方ハ、部隊デ如何ナル職責ニアリ、又其處デ如何ナル業務ヲ執ッテイタノカ？

（答）。一九三九年五月、第七三一部隊青年教習會ニ入リ、終了後私ハ、第四部員トシテ勤務シマシタ。

國家檢事——證人尾關、從ッテ、貴方ハ主トシテ第七三一部隊第四部ニ勤務シテイタノカ？

證人尾關——ソウデアリマス。

（問）。第七三一部隊第四部ハ、何事ニ從事シテイタノカ？

（答）。此ノ部ハ細菌ノ大量生産ニ從事シテイマシタ。

(問)。部隊第四部員トシテ、貴方ハ製造過程ヲ知ッテイルカ?

(答)。ハイ。

(問)。細菌培養ノ製造過程ニ關シ話シテ貰イ度イ。

(答)。細菌培養ノ爲ニ寒天又ハペプトン並ビニ肉汁ガ利用サレ、特殊ノ釜デ細菌培養用ノ培養基ガ製造サレタ後、此ノ培養基ヲ石井式培養器ニ流シ込ムノデスガ、培養器ハ特殊ノ高壓自閉器ノ中ニ入レテアリマシタ。

ソレカラ、此ノ培養基ハ、特殊ノ冷却器ノ中デ冷却サレタ後、培養器ハ特別ノ一室ニ移サレ、其處デ細菌ノ植付ケガ行ワレマシタ。次イデ細菌ハ、ベルト・コンヴエーヤデ特殊培養室ニ送ラレ、此ノ中デハ例エバペスト菌ノ爲ニハ、三五度ノ一定温度ガ保持サレテイマシタ。

(問)。此等ノ培養室ハドンナモノカ?

(答)。其レハ、金屬製ノ壁デ保護サレタ小サナ室デ、其處ニハ一定不變ノ温度ト濕度ヲ保持スル爲ノ設備ガアリマシタ。

(問)。出來上リノ細菌體ノ搔取リハ如何ニ行ワレテイタカ?

(答)。培養室カラ培養器ハ、ベルト・コンヴエーヤデ他ノ室ニ送ラレマスト、細菌播取リ用ノ特殊ノ道具――匙ガアリ、是レデ細菌ガ播取ラレ、罎ノ中ニ詰メラレテイマシタ。

（問）。第七三一部隊第四部勤務員柄澤十三夫少佐ニ關シテ貴方ハ何ヲ知ッテイルカ？

（答）。私ハ、柄澤少佐ガ第七三一部隊青年教習會ノ教官デアッタ一九四〇年一月ニ初メテ知ルヨウニナリマシタ。

（問）。柄澤少佐ハ、第七三一部隊デ如何ナル業務ヲ執ッテイタノカ？

（答）。一九四〇年五月、私ガ製造課ニ轉任サレタ時、此ノ課ハ、細菌ノ大量生産ニ従事シテイタ二班カラナッテイマシタ。ソシテ其ノ中一ツノ班長ガ柄澤少佐デアリマシタ。一九四二年以降柄澤少佐ハ、同部ノ一課長トシテ勤務シ、其ノ後、鈴木少佐ニ代ッテ課長ノ地位ニ就キマシタ。

（問）。卽チ、最後ニ彼ハ、細菌ノ大量生産ニ従事シテイタ第四部ノ一課ノ長デアッタト言ウガ、確カニソウカ？

（答）。確カニソウデアリマス。

（問）。川島少將ハ、如何ナル地位ニアッタカ？

（答）。第四部長デアリマス。

証人齊藤ノ訊問

裁判長——證人齊藤、貴方ハ虚僞ノ供述ニ對シ責任ヲ負ウベキコトニ關シ誓約書ヲ書イタ。貴方ハ、法廷デ眞實ノミヲ語ラネバナラナイ。

證人齊藤——其ノ通リデアリマス。

（問）。貴方ハ、日本軍ニ勤務シタカ？

（答）。ハイ、勤務シマシタ。

（問）。最後ニ貴方ハ、如何ナル職責ニアッタノカ？

（答）。私ハ、第七三一部隊第六四三支部事務員ノ職責ニアリマシタ。

（問）。貴方ハ、軍隊階級ヲ有シタカ？

（答）。イヤ、私ハ軍隊階級ハ持ッテイマセンデシタ。私ハ軍屬デアリマシタ。

（問）。此ノ部隊デ貴方ハドレ程ノ期間勤務シタカ？

（答）。一九四二年三月以降デアリマス。

（問）。何時迄？

（答）。日本ノ降伏迄デアリマス。

（問）。貴方ハ、如何ニシテ部隊ニ勤務スル様ニナッタノカ？

（答）。始メ、私ハ運轉手トシテ部隊ニ入リマシタガ、其ノ後部隊勤務員トシテ、事務員トシテ勤務スルヨウ言ワレマシタ。

國家檢事——證人齊藤、牡丹江支部ニ蚤ノ大量繁殖特別ノ課ガ設置サレタノハ何時カ？

證人齊藤——蚤ノ繁殖ニ從事スルニ至ツタ課ハ、一九四五年六月一三日ニ設置サレマシタ。

（問）。何故、貴方ハ此ノ課ガ編制サレタ日附ヲソンナニ良ク記憶シテイルカ？

（答）。ト申シマスノハ、一九四五年五月三一日カラ六月一三日迄私ハ不在デ、部隊ニ居リマセンデシタ。私ハ其ノ時、公務出張中デアリマシタ。六月一三日歸ッテ來タ時、私ハ此ノ課ノ設置ニ關スル命令ヲ讀ミマシタ。デスカラ此ノ日附ハ間違イナク記憶シテイマス。

（問）。誰ノ命令デ、蚤ノ大量繁殖特別ノ課ガ設置サレタノカ？

（答）。此ノ課ハ、第六四三支部長尾上少佐ノ命令ニヨッテ設置サレマシタ。

（問）。被告席ヲ見ナサイ。彼處ニ坐ッテイルノハ尾上少佐ニ間違イナイカ？

（答）。ハイ、彼デス。

（問）。此ノ課ニハ何番ガ附サレタカ？

（答・）。第三番デアリマス。
（問・）。誰ガ第三課長デアッタノカ？
（答・）。山田正曹長デアリマス。
（問・）。誰ガ直接蚤ノ繁殖ニ従事シテイタノカ？
（答・）。是レニ従事シテイタノハ、第七三一部隊デ特殊教育ヲ受ケタ鬼崎及ビ鈴木ノ兩勤務員デアリマス。
（問・）。彼等ガ其ノ特殊教育ヲ受ケタ期間ハ？
（答・）。私ハハッキリ記憶シテイマセンガ、一〇日カ二週間デアリマス。
（問・）。ツマリ、第七三一部隊ニハ蚤ノ大量繁殖方法ヲ教エル特殊教習會ガ部隊支部員ノ爲ニ設ケラレテイタ譯ダネ？
（答・）。ハイ、ソウデアリマス。
（問・）。貴方ノ牡丹江支部第三課在勤中ノ職務ハ如何ナルモノデアッタカ？
（答・）。私ハ、事務員トシテ第三課ニ勤務シマシタシ、私ノ職務ハ、蚤ノ繁殖ニ必要ナ齧齒類並ビニ繁殖サレタ蚤ノ量ノ計算デアリマシタ。
（問・）。證人、貴方ハ蚤ノ繁殖ガ如何ナル方法ニヨッテ行ワレタカヲ知ッテイルカ？
（答・）。ハイ、私ハ此等ノ蚤ガ繁殖サレテイタ地下室ニ屢々行ッテ見タコトガアリマシテ、私自身、蚤ヲ繁殖スル設備ヲ見マシタ。此ノ為ニ一八リットル入リノ罐ガ使用サレ、此ノ中ニ鼠類ヲ入レテイマシタ。

（問）。第三課ハ、繁殖シタ蚤ヲ何處ニ送ッテイタノカ？

（答）。第一回目、一九四五年七月二四—二五日ニハ、此等ノ蚤ハ哈爾濱第七三一部隊ニ、第二回目、同年八月四日カ五日ニモ同様ニ、鈴木軍屬ニヨッテ第七三一部隊ニ送致サレマシタ。

（問）。ツマリ、貴方ノ支部ガ繁殖シタ蚤ハ、平房驛ノ第七三一部隊ニ送ラレテイタ譯ダガ、是レハ確ニソウデアルカ？

（答）。ソウデアリマス。

（問）。蚤ヲ繁殖スルノニハ、一時ニ幾ツノ罐ガ使用サレタカヲ話シテ貰イタイ。

（答）。第三課ニハ、培養器トシテ使用サレルベキ二〇〇ノガソリン罐ガ準備サレテイマシタガ、最初ニハ、六〇罐ガ使用シタ所、是レハ失敗シ、第二回目ニハ、一二〇ノ培養器、第三回目ニハ、三〇ノ培養器ガ夫々使用サレマシタ。

（問）。第六四三支部ハ、何處カラ齧齒類ヲ手ニ入レテイタノカ？

（答）。一九四五年六—七月ニハ、第六四三支部ノ兵隊ハ殆ンド全員鼠捕リニ動員サレマシタ。

（問）。支部デハ、齧歯類ノ捕捉ガ如何ニ組織サレテイタノカ？

（答）。鼠類ノ捕捉ハ、牡丹江市内デ一番好成績ニ行ワレマシタ。支部ハ牡丹江市外ニアリマシタガ、市内ニハ鼠捕リノ爲特ニ兵隊ガ送ラレテイマシタ。私ハ、牡丹江市内デ鼠捕リヲヤツテイタ兵隊ヲ自分デ見マシタ。

（問）。此等ノ兵隊ハ、軍服ヲ着テ鼠捕リヲシテイタノカ？

（答）。彼等ハ、軍人デアルコトヲ隱ス爲ニ全員民間服ニ着替エテイマシタ。

（問）。捕捉サレタ鼠ハ全部第六四三支部デ使用シタカ、或ハ其ノ一部ハ他ノ所ニ送ラレテイタノカ？

（答）。齧歯類ノ一部ハ第六四三支部第三課デ使用サレテイマシタガ、大部分ハ第七三一部隊ニ送ラレテイマシタ。

（問）。貴方自身、第七三一部隊ニ鼠ヲ荷下シスルノヲ見タノカ、ソレトモ、誰カラカ聞イタ話カ？

（答）。是レハ、私ガ直接自分デ見マシタ。私ハ、第六四三支部カラ、此ノ目的ノ爲ニ特別ノ自動車デ海拉爾驛ニ送ラレテイル所ヲ目擊シマシタ。

（問）。何時、誰ノ命令デ、第七三一部隊牡丹江支部ガ破壞サレタノカ？

（答）。支部ハ、一九四五年八月一三日朝、支部長尾上少佐ノ命令デ破壞サレマシタ。

證人桑原ノ訊問

裁判長――貴方ハ、虚僞ノ供述ニ對シ責任ヲ負ウベキコトヲ警告サレタコトニ關シ誓約書ヲ書イタ。貴方ハ、法廷ニ於テ眞實ヲ語ラネバナラナイ。

證人桑原――其ノ通リデアリマス。

（問）。貴方ハ、日本軍ニ勤務シタカ？

（答）。勤務シマシタ。

（問）。如何ナル身分デカ？

（答）。軍馬防疫隊ノ軍屬トシテデアリマス。

（問）。此ノ部隊デ貴方ハドレ程ノ期間勤務シタカ？

（答）。私ハ、一九四四年一月一九日ヨリ終戰ノ日迄勤務シマシタ。

（問）。如何ナル地位ニ在ツテ勤務シタカ？

（答）。技術員トシテ。

（問）。貴方ハ、如何ナル業務ヲ執ツタノカ？

（答）。私ハ、血液ノ分析及ビ病理學的研究ニ從事シテイマシタ。

國家檢事――貴方ハ、何處ニ勤務シテイタノカ？

證人桑原――第一〇〇部隊第二六三〇支部デアリマス。

（問）。馬ノ鼻疽感染ノ事實ニ就イテ承知シテイルコトヲ裁判官ニ話シテ貰イ度イ。

（答）。其レハ、一九四五年八月二〇日ノコトデアリマス。私ハ其ノ時、支部ノ厩舍ニ行キマシタ所、厩舍ノ傍ニ支部ノ勤務員ガ六名居リマシタ。其レハ、部隊員――窪田、池田、矢田、木村、石井及ビ長谷川デアリマシタ。其處ノ厩舍ニハ、部隊デ飼ッテイタ六〇頭ノ馬ガ有リマシタ。私ガ彼等ニ近ズコウトシマシタラ、彼等ハ鼻疽菌ヲ燕麥ニ介入サセテ馬ヲ鼻疽ニ感染サセテイルカラト私ニ注意サセマシタ。ソコデ、私ハ支部ノ實驗室ニ戻リマシタ。實驗室ニ戻ッタ時私ハ、鼻疽菌入レノ試驗管ガ空ニナッテイルノヲ見マシテ、研究員ノ木村ニ、此ノ細菌デ馬ヲ感染サセタノカト尋ネタラ、彼ハソウダト頷キ、馬ヲ鼻疽ニ感染サセタト語リマシタ。

（問）。ソレカラ、馬ハドウシタノカ？

（答）。感染ヲ實施シタ部隊員達ハ、柵ヲ壊シテ馬ヲ四方八方ニ放シテヤリマシタ。馬ハ全部、附近ノ村落ニ向ッテ思イ思イノ道ヲ驅ケ出シマシタ。

（問）。罹鼻疽サレタ馬ハ、鼻疽流行ヲ惹起スル媒介體トナル筈デアッタノカ？

（答）。ハイ。

（問）。此ノ事實ハ、一九四五年八月二〇日ニ有ッタコトカ？

（答）。ハイ。
（問）。卽チ、日本軍ノ降伏命令ノ後ニカ？
（答）。ハイ。
（問）。動物感染ニ使用サレタ鼻疽菌ハ、何處デ培養サレタノカ？
（答）。其レニハ、第二六三〇支部細菌課デ培養サレタ鼻疽菌ガ利用サレマシタ。

証人畑木ノ訊問

裁判長――証人畑木、貴方ハ虛僞ノ供述ニ對シ責任ヲ負ウベキコトニ關スル誓約書ヲ裁判官側ニ提出シタ。貴方ハ、法廷ニ於テ眞實ノミヲ語ラネバナラナイ。

貴方ハ、如何ナル身分デ日本軍ニ勤務シタノカ？
証人畑木――私ハ、一時、長春ニ有ッタ第一〇〇部隊ニ、其ノ後公主嶺ノ一般部隊ニ勤務シマシタ。
（問）。貴方ハ、兵隊カ？
（答）。ハイ、兵隊デアリマス。
（問）。最後ニ貴方ハ、如何ナル職務ヲ執ッタカ？

（答）。私ハ、小銃手デアリマシタ。
（問）。第一〇〇部隊デハ？
（答）。第一〇〇部隊デハ、私ハ部隊軍屬デアリマシタ。
國家檢事——貴方ハ、部隊デ如何ナル業務ヲ執ッテイタノカ？
證人畑木——私ハ、細菌研究關係ノ業務ヲ執ッテイマシタ。
（問）。地位ハ？
（答）。技術員デアリマス。
（問）。生キタ人間ヲ使用スル實驗ニ關シテ貴方ハ、何カ知ッテイルカ？
（答）。ハイ、知ッテイマス。
（問）。實驗用ノ人間ハ、何處ニ收容サレテイタノカ？
（答）。第一〇〇部隊衛兵所附ノ隔離室デアリマス。
（問）。貴方ハ、自分デ此等ノ人間ヲ見タノカ？
（答）。私ハ、彼等ニ食事ヲ運ンデイッタ時自分デ見マシタ。
（問）。貴方ガ其處ニ通ッテイタ時、隔離室ニハ何人收容サレテイタノカ？
（答）。四人デアリマス。
（問）。其ノ民族ハ？

（答）。中國人二人トロシア人二人デアリマシタ。

（問）。ドンナ實驗ガ行ワレテイタノカ貴方ハ承知シテイルカ？

（答）。ハイ。

（問）。其レニ就イテ語シテ貰イ度イ。

（答）。私ガ實驗室カラ此等ノ囚人ニ食事ヲ運ンデイマシタ時、松井研究員ガ白イ溶液ヲ彼等ニヤルヨウニト私ニ呉レテイマシタ。其レハ、毒藥デアリマシタ。

（問）。貴方ハ、此ノ白イ溶液ヲドウシタノカ？

（答）。私ハ、其レヲ運ンダダケデアリマス。

（問）。貴方ハ、其レヲ囚人ニ渡シテイタノカ？

（答）。イヤ、私自身ガ渡シタノデハナク、水野憲兵ガ渡シテイマシタ。

（問）。水野憲兵ガ毒入リノ食事ヲ與エテイタ人々ノ運命ヲ貴方ハ承知シテイルカ？

（答）。其ノ後二—三日シテ彼等ガ死ンダコトヲ私ハ承知シテイマス。

（問）。貴方ガタハ、彼等ノ死體ヲ何處ニ埋葬シタノカ？

（答）。吾々ハ、此等ノ死體ヲ部隊ノ裏ニアッタ家畜墓地ニ埋葬シマシタ。

（問）。貴方ハ、他ノ被實驗者ノ運命ヲ承知シテイルカ？

（答）。ハイ、知ッテイマス。

(問)。其レニ就イテ語シテ貰イ度イ。

(答)。水野憲兵ガ一人ノロシア人ヲ拳銃デ射ッタコトヲ知ッテイマス。

(問)。其レニ就イテモット詳細ニ話シテ貰イ度イ。

(答)。私ガ實驗室ニ居リマシタ時、其處ニ電話ガ掛ッテ來マシタ。私ハ圓匙ヲ持ッテ、家畜墓地ニ行クヨウ命ゼラマシテ、其處ニ行キマシタ所、道路カラ一〇〇米ノ所ニ一人ノロシア人ガ地ニ膝ヲツイテイマシタ。ソシテ水野憲兵ハ彼ノ後頭部ヲ射ッテ殺シマシタ。

(問)。水野憲兵ニ虐殺サレタ此ノロシア人ノ身體ヲ貴方ハ、何處ニ埋メタノカ?

(答)。其處ノ家畜墓地デアリマス。豫メ穴ガ掘ラレテアリマシテ、彼ハ此ノ穴ノ傍デ銃殺サレタノデアリマス。

(問)。貴方自身モ、彼ノ身體ヲ埋メタノカ?

(答)。身體ハ、穴ニ落込ンデイマシタシ、私ハ土ヲ覆セマシタ。

(問)。貴方ハ、安達驛第七三一部隊特設實驗場デノ家畜感染演習ニ參加シタノカ?

(答)。ハイ、參加シマシタ。

(問)。此ノ演習デ、貴方ガ見タコトヲ話シテ貰イ度イ。

(答)。私ガバラックノ中デ氣象觀測ヲヤッテイタ時、飛行機ガ天幕ガ張ラレタ場所

32*

ノ上空ヲ飛ンデイマシタ。空中ニ何カ黄色イモノヲ投ゲタ飛行機ハ、スグ樣、飛ビ去リマシタ。私自身ハ、特設實驗場ニハ居マセンデシタシ、詳細ノ點ハ存ジマセン。
（問）。演習中、飛行隊ヲ使ッテ家畜ノ感染ガ行ワレタノカ？
（答）。ハイ、ソウデアリマス。
（問）。證人畑木、是レガ貴方ニ對スル最後ノ質問ダ。貴方ハ、三友ナル者ノ指揮下ニ第一〇〇部隊デ勤務シタトノベタガ、是レハ確カデアルカ？
（答）。ハイ。
（問）。被告席ヲ見ナサイ。被告ノ中ニ、貴方ガ部隊勤務中指揮ヲ受ケタ三友ガ居ルカドウカ裁判官側ニ言ッテ貰イ度イ。
（答）。ハイ、彼處ニ、當ノ三友ガ居リマス。

證人三品ノ訊問

裁判長——證人三品、貴方ハ虛僞ノ供述ニ對シ責任ヲ負ウベキコトニ關シ誓約書ヲ裁判官側ニ提出シタ。貴方ハ、法廷ニ於テ眞實ヲ語ラネバナラナイ。
證人三品——ハイ。

（問）。證人、滿洲內ノ日本軍ニ貴方ハ、ドレ程ノ期間勤務シタノカ？

（答）。滿洲デ私ハ、四回勤務シマシタ。

（問）。滿洲內ノ日本軍勤務中貴方ハ如何ナル地位ニアッタノカ？

（答）。私ハ、第一回目ニ、中隊附將校トシテ獨立守備隊ニ勤務シマシタ。是レハ、滿洲事變ノ時ノコトデアリマス。第二回目、一九三四―一九三五年間、私ハ關東軍司令部作戰部員トシテ勤務シ、第三回目、一九三七年ヨリ一九四一年迄、私ハ、關東軍司令部員トシテ勤務シ、最後ニ既ニ第二次世界大戰中私ハ滿洲デ勤務シマシタ。私ハ第三九師團參謀長デアリマシタ。此ノ職務ニ任命サレタノハ、一九四五年四月二五日デアリマス。

（問）。貴方ノ最後ノ軍隊階級ハ？

（答）。大佐デアリマス。

國家檢事――貴方ハ、ドレ程ノ期間、如何ナル地位ニアッテ、第一三軍司令部ニ勤務シテイタノカ？

證人三品――第一三軍ニ私ガ勤務シタノハ、一九四一年ヨリ一九四三年迄デ第一三軍司令部諜報部長トシテデアリマス。

（問）。第一三軍ハ、何處ニ配置サレテイタノカ？

（答）。軍司令部ハ上海市ニ配置サレテイマシタ。

32—962

(問)。第一三軍ガ實施シタ所謂浙贛作戰ハ要スルニ如何ナルモノデアッタノカ？此ノ作戰ノ開始命令ハ、何時受領サレタカ？

(答)。浙贛作戰ハ、一九四二年ニ實施サレマシタ。本作戰ハ日本ノ中國派遣軍總司令官畑大將ノ命令ニヨッテ實施サレタモノデ、命令ノ日附ハ、一九四二年三月トナッテイマシタ。

(問)。浙贛作戰ハ、要スルニ如何ナルモノデアッタカ？

(答)。總司令官ノ命令ニヨレバ、本作戰ノ目的ハ、中國、卽チ重慶陣營ノ武裝力及ビ金華—龍游—衢縣—玉山(此等ノ地名ハ正確デナイカモ知レマセン)ヲ連結スル浙贛鐵道幹線ノ沿線一帶ニ配置サレテイタ兵力ノ掃蕩デアリマシタ。

(問)。日本側ノ如何ナル軍ガ浙贛作戰ニ參加シタノカ？

(答)。本作戰ニハ、殆ンド全部ノ第一三軍並ビニ第一一軍ノ個々ノ部隊(其ノ司令部ハ漢口市ニ配置サレテイマシタ)ガ參加シマシタ。此ノ外、特殊部隊ガ配屬サレマシタ。

(問)。第一三軍部隊ニ配屬サレタ細菌戰特殊部隊ニ就イテ貴方ハ何ヲ知ッテイルカ？

(答)。第一三軍ニハ、南京『榮』部隊員カラナル細菌戰特殊部隊ガ配屬サレマシタ。

（問）。第一一、第一三軍ノ退却ハ、何時開始サレタノカ？

（答）。第一三軍ハ一九四二年八月ニ退却ヲ始メ、第一一軍モ亦、此ノ時デアリマス。兩軍ハ、舊陣地ニ退却ヲ始メマシタ。

（問）。戰鬪地區ニハ何時、石井四郎少將ガ到着シタノカ話シテ貰イ度イ。

（答）。石井四郎少將ガ現地ニ到着シタノハ、八月二四日カ二五日ノコトデアリマス。

（問）。石井四郎少將ノ到着ニ關連シテ第一三軍司令部デハ、何等カノ會議ガ召集サレタカ？

（答）。石井四郎少將到着後第一三軍司令部デハ秘密會議ガ召集サレ、是レニハ、石井四郎ノ外、第一三軍司令官、ソレカラ、軍參謀長及ビ軍司令部作戰部長ガ參加シマシタ。

（問）。石井四郎少將ガ第一三軍ノ配置地域ニ飛行機デ來タノハ、一人カ又ハ同伴ノ將校團ト共ニカ？

（答）。私ノ記憶デハ、石井四郎少將ト共ニ二―三人ノ軍醫ガ到着シマシタ。

（問）。此ノ會議ノ後石井四郎少將ハ、第一三軍司令部ニ殘ッタカソレトモ、何處カニ去ッタノカ？

（答）。石井四郎少將ハ、晝食後、其日ノ中ニ飛行機デ南京ニ赴キ、彼ト共ニ軍司令部ニ到着シタ二八カ三八ノ將校ハ殘留シマシタ。

（問）。浙贛作戰中ニ於ケル日本軍ノペスト菌實用ニ關シテ承知シテイルコト一切ヲ話シテ貰イ度イ。

（答）。既ニ私ガ述ベタ如ク、日本ノ中國派遣軍總司令官ノ命令ニヨリ第一三軍ハ、八月二〇日ニ退却ヲ開始シマシタ。軍司令部ハ、八月三一日衢縣カラ退却シマシタガ、石井少將ト共ニ到着シタ二一三八ノ將校ハ、當時、衢縣ニ殘留シマシタ。而シテ、第一三軍司令部員トシテ私ハ、殘留シタ此等ノ將校ガ前哨部隊ノ防疫班ト共ニ戰線ニペスト菌ヲ撒布シタコトヲ承知シテイマス。更ニ、何故、私ガ是レヲ承知シテイルカハ後ニ述ベマス。軍司令部ハ衢縣カラ退却シテ金華ニ到着シ、其處ニ約二週間駐在シ、其ノ後九月一八一一九日ニ上海ニ赴キマシタ。

所デ、戰線デ行動シタ部隊ガ押收シタ一文書ガ私ノ許ニ届ケラレマシタ。是レハ、中國軍ノ文書デ、私ノ許ニ届ケラレタノハ九月デアリマス。文書ハ、吾ガ部隊ガ或ル中國軍師團司令部ノ所在シタ地點ヲ占領シタ際押收シタモノデ、是レニハ次ノ如ク述ベラレテイマシタ。私ガ記憶シテイル限リ、其レハ、九月上旬ノ日附ニナツテイマシタ。其レハ、師團長ヘノ中國軍司令部ノ命令ヲ内容トスル無電デ、命令ニハ浙贛作戰中、日本軍ガ退却ニ際シテ衢縣附近一帶ヲペスト菌デ汚染シタコト、是レニ特ニ留意シ、豫防措置ヲ構ズベキコトガ書カレテイマシタ。此ノ命令ハ、蒟蒻版デ印刷サレテイマシタ。是レニハ、日本側ノ行動ノ野獸的性格ガ特ニ強調サレテイマシタ。

(問)。貴方ハ、日本軍部隊ガ浙贛作戰中細菌戰兵器ヲ實用シタコトヲ報ジタ、貴方ノ許ニ有ッタ中國側ノ文書ニ就イテ第一三軍司令官ニ報告シタカ?

(答)。ハイ、私ハ軍司令官及ビ參謀長ニ報告シマシタ。

(問)。彼等ハ、貴方ノ報告ニ對シテ如何ナル態度ヲ示シタカ?

(答)。彼等ハ、私ノ報告書ヲ讀ンデ、文書ヲ讀ンダトノ署名ヲシタノミデ、別ニ如何ナル態度モ闡明シマセンデシタ。

(問)。中國側ノ文書デ述ベラレテイル地域ハ、具體的ニ誰ガペスト菌デ汚染シタノカ?

(答)。私ハ、此ノ工作ノ目擊者デハナイ。併シ、八月二四日カ二五日ニ第一三軍司令官ト共ニ石井少將ガ會議ヲ召集シタ事實、又、石井ガ第一三軍ニ第七三一部隊ノ三名ノ將校ヲ殘留セシメタ事實、最後ニ、南京「榮」部隊カラ特別防疫班ガ第一三軍ニ出張セシメラレタ事實——以上ノ事ニ基イテ私ハ、本工作ガ石井少將ノ統轄下ニ、彼ガ殘留セシメタ將校達ノ直接指揮下ニ、南京部隊員ニヨッテ實施サレタトノ結論ヲ下ス根據ガ有ルト思ウノデアリマス。

國家檢事――私ハ、之レ以上、證人ニ對スル質問ヲ持タナイ。

裁判長――訊問サレタ證人ノ外、公判廷ニハ證人金澤、ミネオイ、櫻下、福住ガ召喚サレテイルガ、此等ノ證人ノ喚問ヲ必要トシタ事情ガ法廷ニ於テ、十分完全ニ究明サレ、從ッテ此等ノ證人ノ訊問ハ餘計デアルコトニ鑑ミ、軍事裁判ハロシア連邦共和國刑事訴訟法第三九四條ニ據ッテ、上記證人ノ訊問ヲ行ワナイコトニ決定シタ。

裁判ハ、鑑定人側ノ鑑定ノ發表ニ移ル。鑑定書ハ同時ニ被告ニハ室内放送ニヨッテ日本語デ通譯サレル。鑑定人側ノ鑑定書發表ノ爲ニソ同盟醫學學士院會員ジューコフ・ヴェレジュニコフニ發言ガ許可サレル。

鑑定人ジューコフ・ヴェレジュニコフハ鑑定人側ノ鑑定ヲ讀上ゲ、鑑定書ハ、公判記錄ニ添附サレル（鑑定人側ノ鑑定ノ部參照）。

裁判長――同志國家檢事、貴方ノ方デ、鑑定人側ニ質問ガ有リマスカ？

國家檢事――國家檢事側ハ、鑑定人側ニ質問ヲ有シナイ。

裁判長――辯護人側、貴方ガタノ方デ鑑定人側ニ質問ガ有リマスカ？

ボロヴィク辯護士――辯護人側ハ、鑑定人側ニ質問ヲ有シナイ。

裁判長――通譯官、當事者、卽チ國家檢事側及ビ辯護人側ハ鑑定人側ニ追加的質問ヲ提起シナカッタ旨被告ニ説明シナサイ。

（通譯官ガ裁判長ノ説明ヲ日本語デ傳エル）

被告ニハ鑑定人側ニ對スル何等カノ追加的質問ガ有ルカ？

通譯官——有リマス。

裁判長——ドノ被告ニ質問ガ有ルカ？

通譯官——被告佐藤俊二デアリマス。

裁判長——被告佐藤、マイクノ前ニ立チナサイ。貴方ノ有スル鑑定人ニ對スル追加的質問ヲ法廷デ述ベナサイ。

被告佐藤——『榮』第一六四四部隊ノ生産能力ニ關シ修正ヲ加エラレンコトヲ要望シマス。一〇キログラムノペスト菌デハナク——ペスト菌ハ早ク死ニマス——保存ガ容易ナル、チブス、パラチブス等ノ細菌ガ製造サレタトスベキデアリマス。

裁判長——鑑定人ジユーコフ・ヴエレジユニコフ、被告佐藤ノ言明ニ關スル貴方ノ意見ハ？

鑑定人ジユーコフ・ヴエレジユニコフ——鑑定人側ハ、此ノ問題ヲ審議シ、自己ノ意見ヲ追加シテ裁判ニ報告シマス。

裁判長——被告佐藤、貴方ノ言明ハ鑑定人側ニヨツテ検討サレ、結果ニ關シテハ、貴方ニ知ラサレルデアロウ。被告佐藤、着席シナサイ。他ノ被告ハ、質問ガ無イカ？

・通・譯・官――被告柄澤ニ質問ガ有リマス。

・裁・判・長――被告柄澤、マイクノ前ニ立チナサイ。貴方ノ有スル鑑定人ニ對スル追加的質問ヲ法廷デ述ベナサイ。

・被・告・柄・澤――私モ、第七三一部隊ノ生産能力ニ關スル鑑定委員會ノ鑑定ニ修正ヲ加エタイト思イマス。部隊ガ通常、一カ月ニ三〇〇キログラム迄ノ細菌ヲ製造シタト述ベラレタ箇所ガ有リマスガ、是レハ、通常デハ有リマセンデシタ。是レハ、最良ノ條件下、部隊設備ノ全生産能力ヲ利用スル條件下ニ於テノミ可能デアリマシタ。通常、實際ニハ此ノ量ノ三分ノ一ガ製造サレテイタノデアリマシテ、三〇〇キログラムノ細菌ハ製造サレテイマセンデシタ。

・裁・判・長――鑑定人側、此ノ言明ヲ考慮スルヨウ要望スル。

・鑑・定・人・ジ・ユ・ー・コ・フ・・ヴ・エ・レ・ジ・ユ・ニ・コ・フ――被告柄澤ハ、飜譯ノ意ヲ若干不十分ニ理解シタ。鑑定ニハ、『豫審ニ於テ、被告柄澤ハ、此ノ能力ヲ一カ月間ニ三〇〇キログラム迄ノ細菌ヲ製造スベク増大セシメ得タ旨供述シタ』ト述ベラレテイル。

・被・告・柄・澤――若シ斯ル量迄ニ増大セシメルコトガ可能デアルト言ウ意味デ述ベラレテイルノデアッタラ、私モ同意見デアリマス。私ノ聞キ違イデアリマシタ。

・裁・判・長――鑑定書ニハ、正ニ斯ル意味デ述ベラレテイル。

被告柄澤――ソレデハ、私ニハ質問ガ有リマセン。
裁判長――被告柄澤、着席シナサイ。質問ハモウ無イカ？
通譯官――質問ハ、モウ有リマセン。
裁判長――裁判ハ、法廷審理ニ追加スベキ事項ヲ當事者ニ問ウ。
國家檢事――ロシア連邦共和國刑事訴訟法第三〇三條ニ據ッテ國家檢事側ハ、本件關係ノ一連ノ書類ヲ讀上ゲルコトヲ軍事裁判ニ要望スル。特ニ國家檢事側ハ、證人山岸ノ供述（第二册一七四頁）及ビ證人飯島ノ供述（第六册二四二頁）ヲ讀上ゲルコトヲ裁判官側ニ要請スル。

加之、私ハ、第一五册三五頁ニ含マレテイル關作命丙第六五九號ヲ讀上ゲルコトヲ裁判官側ニ要望スル。亦、私ハ、第一五册三七頁ニ有ル關東軍野戰鐵道司令部命令第一七八號ヲ讀上ゲルコトヲ要請スル。

更ニ、私ハ、所謂滿洲國中央防衛委員會會議ノ速記錄ノ拔萃（第二二册三頁）ヲ讀上ゲルコトヲ裁判官側ニ要望スル。

國家檢事側ハ、加ウルニ證據書類トシテ重要ナ意義ヲ有スル一九四四年一月二〇日附大陸第二部（日本ノ大本營陸軍部第二部――譯註）發行ノ挺進遊擊戰法第三節（第二二册二四頁）ノ拔萃ヲ讀上ゲルコトヲ軍事裁判ニ要望スル。最後ニ私ハ、第二二册二八――二九頁ニ含マレテイル、日本大本營ガ謀略隊使用ニ關スル其ノ指令デ、萬年筆形「拳銃撒布器」ナル細菌兵器ニ言及シテイル事實ヲ確認サレンコトヲ裁判官側ニ要望スル。

法廷審理ノ追加ニ關スル軍事裁判ヘノ私ノ要請ハ以上ニ止マル。

（檢事ノ要請ハ、日本語デ通譯サレル）。

裁判長——軍事裁判ハ、一九四九年十月二〇日訊問サレタ飯島ノ供述ヲ讀上ゲルコトニ決定シタ。同時ニ、被告ハ、此ノ證言ヲ日本語デ聽取シ得ル。

（證言ガ、同時ニ日本語デ讀上ゲラレル）（飯島ノ訊問調書參照）。

一九四九年十月二一日附山岸健二ノ供述ガ讀上ゲラレル。被告ハ、此ノ供述ヲモ日本語室內放送デ聽取シ得ル。

（供述ガ日本語デ讀上ゲラレル）（山岸ノ訊問調書參照）。

裁判長——關作命丙第六五九號ガ讀上ゲラレル。

本命令モ亦、日本語デ讀上ゲラレル（證據書類ノ部參照）。

一九四〇年七月二六日附關東軍野戰鐵道司令部命令ガ讀上ゲラレル。

國家檢事——本命令ニ於テ別紙輸送概見表中ニ、平房—哈爾濱—新京—奉天—山海關—天津—上海ノ輸路經路ガ記入サレテイル所ヲ讀上ゲルコトヲ要望スル。

裁判長——命令及ビ別紙ハ、日本語デ讀上ゲラレル（證據書類ノ部參照）。

次イデ、「挺進遊撃戰法」ナル次ノ文書ガ讀上ゲラレル。

該文書モ亦、日本語デ讀上ゲラレル（證據書類ノ部參照）。

國家檢事ノ要請ニヨリ裁判ハ、第二二册二八——二九頁ニ、一九四四年一月二〇日大本營陸軍部第二部ニヨッテ作成サレタ謀略隊ノ使用ニ關スル指令ガ現存スルコトヲ確認スル。此ノ中ニハ「萬年筆形拳銃撒布器」ノ用語ガ用イラレテイル。

同志國家檢事、貴方ニハモウ要請事項ハ有リマセンカ？

國家檢事——有リマセン。

裁判長——辯護人側、貴方ニハ法廷審理ノ補充ニ關スル如何ナル要請事項ガアリマスカ？

ボロヴィク辯護士——辯護人側ハ、法廷審理ヲ補充スベキ何等ノ事項ヲモ有シマセン。

裁判長——被告ニハ、法廷審理ノ補充ニ關スル何等カノ要請事項ガアルカ？

通譯官——如何ナル要請ニ就イテ言ワレルノカト被告ガ尋ネテイマス。

裁判長——何等カノ文書ヲ讀上ゲ、自分ノ説明ヲ補充シ、法廷デ喚問サレナカッタ證人ノ證言デ被告ノ承知シテイル證言ヲ讀上ゲルコトヲ被告ガ希望スルカ、問ウテイル。

（通譯官ガ裁判長ノ説明ヲ日本語デ通譯スル）。

被告山田——私ニ、一ツ補充シタイ事項ガ有リマス。

裁判長――被告山田、マイクノ前ニ立チナサイ。貴方ニハ、如何ナル要請事項ガアルカ？

被告山田――私ハ、此ノ法廷及ビ豫審ニ於テ私ガ聞イタ一切ノ事ニ一般結論ヲ下シタイト思イマス。

裁判長――通譯官、後ニ許可サレル被告ノ最後ノ陳述ニ於テ、其ノ事ヲ爲シ得ルガ、現在ハ、審理ノ補充、卽チ供述ノ讀上ゲ等ニ關スル要請事項ノ有無ガ問題ニサレテイルコトヲ被告山田ニ説明シナサイ。

（通譯官ガ裁判長ノ述ベタコトヲ被告山田ニ説明スル）。

被告山田――分リマシタ。

裁判長――被告山田、着席シナサイ。法醫學鑑定人側、被告佐藤ノ述ベタ要請ニ關スル諸君ノ意見ヲ述ベテ頂キ度イ。

鑑定人ジユーコフ・ヴエレジユニコフ――吾々ハ、被告佐藤ノ要請ヲ檢討シマシタ。鑑定書デハ、『被告佐藤ノ供述ニヨレバ』デハナク、『被告佐藤ノ供述ヨリ出發シテ』ト讀ムベキデアリマス。

裁判長――法醫學鑑定人側ノ説明ヲ通譯シナサイ。

（鑑定人ノ説明ガ日本語デ通譯サレル）。

被告佐藤、鑑定人側ノ説明ガ分ッタカ？

被告佐藤——若シソチラノ鑑定書ノ中デ一〇キログラムノ「ペスト菌」ト言ウ言葉ヲ削除スレバ、異議ハアリマセン。此處デハ、ペスト菌デハナク、細菌一〇キログラムト理解スベキデアリマス。

裁判長——被告佐藤、裁判ハ貴方ノ言明ヲ考慮シ、審議スルデアロウ。着席シテ頂キ度イ。

鑑定

細菌戰兵器ノ準備及ビ使用ノ廉デ起訴サレル元日本軍軍人——山田乙三、梶塚隆二、高橋隆篤、川島清、佐藤俊二、柄澤十三夫、西俊英、尾上正男、平櫻全作等ニ對スル刑事裁判ニ於テ、軍事裁判所ガ規定シタ諸問題ニ關スル法醫學鑑定人側ノ鑑定

鑑定人

ソ同盟醫學學士院會員ジューコフ・ヴェレジュニコフ・エヌ・エヌ・、軍醫大佐クラスノフ・ヴェ・デ、ハバロフスク醫科大學微生物學講座主任教授コサレフ・エヌ・エヌ、ハバロフスク醫科大學微生物學講座助教授リヴキナ・エ・ゲ・、獸醫中佐アレクサンドロフ・エヌ・ア・、寄生虫學專門家コズロフスカヤ・オ・エル・

右記署名シタ鑑定人一同ハ、一九四九年十二月二八日付ノ軍事裁判所ノ判定ヲ根據トシ且ツ直接、法廷ノ審理ニ立會イ、冒頭ニ列擧セル者ニ對スル事件ノ豫審資料ヲ閲覽シタ後、上記判定ニ記載サレタ諸問題ニ關シ、左ノ如キ鑑定ヲ下ス者デアル。

一、問。日本關東軍第七三一部隊及ビ第一〇〇部隊並ニ日本ノ中國派遣軍第一六四四部隊──「榮」部隊ノ實驗及ビ生產業務ノ目的如何？

答。第七三一部隊及ビ第一〇〇部隊並ニ第一六四四部隊ノ實驗及ビ生產業務ハ、其ノ特定ノ性格及ビ特殊ノ內容ニ於テ、細菌戰用兵器ノ研究及ビ製造並ニ其ノ實用方法ノ研究ヲ目的トシタモノデアル。

此ノ鑑定ハ、次ノ如キ諸事實ヲ根據トスル──

一、第七三一部隊及ビ第一〇〇部隊並ニ第一六四四部隊ノ業務ハ、病原菌ノ極メテ旺盛ナ繁殖力及ビ人間、動植物間ニ於ケル其ノ蔓延力ヲ、侵略的軍事目的ニ利用スルコトヲ基調トシタ。此等ノ諸部隊ノ研究業務ノ全方針ハ、人道的ナ科學ノ諸任務ト兩立シ得ズ、且ツ此等ノ任務ト全ク相對立スル特殊ノ性格ヲ有シテイタ。

微生物醫學ノ努力ハ、免疫性ノ創出及ビ細菌ノ有毒性ノ弱化ニ傾注サレテイルノニ對シ、日本軍ノ上記諸部隊ハ、微生物ノ病毒ノ強化ニ沒頭シテ來タ。

幾世紀ニモ亘ッテ、傳染病學ハ、傳染病ノ豫防及ビ撲滅ノ諸方法ヲ研究シ、完成シ來ッタノニ對シ、此等ノ諸部隊ハ、此等ノ傳染病ノ人工的觸發及ビ傳播ノ諸方法ヲ完成シ來ッタ。

衛生事業ノ本領ハ、疾病ノ發生及ビ蔓延ヲ助長スル諸要因ノ排除デアルノニ對シテ、此等ノ諸部隊ハ、ペスト媒介體タル蚤ヲ研究シ且ツ此等ヲ幾千萬トナク繁殖シ、傳播シ來ッタ。

農業科學及ビ獸醫學ハ、莫大ナ努力ヲ拂ッテ、有用植物ノ收穫及ビ有用動物ノ頭數ノ增大ヲ確保シテイルノニ對シテ、此等ノ諸部隊ハ、ライ麥及ビ小麥ノ播種地並ニ牛、馬及ビ羊ヲ撲滅シ、一掃スル諸方法ヲ研究シテ來タシ、土地其物迄、人間ガ之ヲ利用スルノヲ困難ナラシメントシテ、炭疽病ニヨル土壤ノ持久的汚染スラ自己ノ任務トシテイタノデアル。

二、此等ノ諸部隊デハ、細菌戰ニ最モ有効ナ細菌ヲ選擇スル目的ヲ以テ、種々ナル細菌ノ病毒性ガ研究サレテ來タ。

此ノ研究過程ニ於テ、生キタ人間ヲ使用スル非人道的實驗ガ廣範ニ行ワレテ來タ。尙此ノ實驗ノ犧牲者ハ、此ノ目的ノ爲特設サレタ監獄ニ收容サレ、「研究員」ナル者ガ其ノ典獄デアッタ。

三、此等ノ諸部隊デハ、大量ノ諸病原菌ヲ迅速ニ培養スル諸方法ガ研究完成サレテ來タ。而シテ、此等ノ方法ハ、細菌兵器ノ製造過程ニ於テ、大規模ニ細菌ヲ繁殖スル爲ニ應用サレテ來タ。

此等ノ細菌體ヲワクチン製造ニ供シウル可能性ハ、皆無デアッタ。注目スベキハ、石井四郎式培養器ナル特製ノ培養器ヲ使用スル際ニハ、諸被告ガ供述シタ如ク、若シモ、此ノ器具ガワクチン製造用デアッタナラバ、絶對ニ具備スベキ條件タル殺菌ノ確保ガ困難デアッタ。此等ノ諸部隊ニ於ケル細菌體製造ノ他ノ諸特色モ、其レガ細菌戰ノ諸目的ノ達成ヲ期スルモノデアッタコトヲ、爭論ノ余地ナク立證シテイル。此等ノ特色ノ中、最モ注目スベキハ、製造ノ最終過程デアル。一製造周期ハ、有毒細菌ノ摘出ヲ以テ終了シタガ、若シワクチン製造ヲ例ニトレバ、此等ノ有毒細菌ハ殺菌サレタ筈デアルニモ拘ラズ、活キタ儘有毒細菌ガ摘出サレ、人間ニ對スル人工的大規模感染ニ使用サレテ來タ。

四、蚤ノ培養及ビ其ノペスト汚染ノ分野ニ於ケル第七三一部隊ノ研究及ビ生産業務ハ、其ノ極メテ巨大ナ規模ト性格其ノモノニ於テ、何等カノ科學的醫學研究ト關係ヲ有シ得ズ、且ツ人間ノ非人道的大量殺戮ヲ行ウ爲ノ細菌兵器ノ製造ノミヲ其ノ目的トスルノデアッタ。

ペスト菌ガ蚤ノ體内デ長期ノ生存力ヲ有シ、繁殖スラ行ウガ如キ順應力ヲ有スルト言ウ生物現象ハ、科學ノ知ル所デアル。而シテ此ノ現象ヲバ、此等ノ諸部隊ハ、侵略的軍事目的ニ利用シタノデアル。審埋ノ資料ニ徵シテ、第七三一部隊及ビ第一六四四部隊ハ、細菌戰提唱者石井四郎ノ「理論」ニ基イテ蚤ヲ利用シテイタモノデ、此ノ「理論」ニ依レバ、此ノ際ニハ、蚤ガペスト菌ヲ外界ノ諸要因ノ影響カラ保護スル役目ヲ果シタ。コノ「理論」ニ依レバ、細菌ハ、蚤ノ體内ニ寄生スルコトニ依ッテ言ワバ、生キタ保護膜内ニ保護サレル。斯クテ、ペスト蚤ハ、血ヲ吸ウ爲ニ人間ヲ襲イ、皮膚面ヲ刺スト同時ニ人間ヲペストニ感染サセル。斯クノ如ク、蚤ハ、細菌ノ保存、ソノ媒介及ビ人間ニ對スル直接感染用ニ供サレテイタノデアル。

鑑定人側ハ、石井四郎ノ指導下ニ第七三一部隊ガ蚤ノ大量繁殖、其ノペスト感染及ビ軍事目的ノ爲ノ利用ノ諸方法ヲ完成シテイタトノ鑑定ヲ下ス。

五、第七三一部隊及ビ第一〇〇部隊ノ實驗業務ノ目的ガ那邊ニ在ルカニ就イテハ、細菌爆彈、細菌砲彈、細菌及ビ蚤ノ飛行機雨下用器具ノ製造研究並ニ貯水池、食糧、馬糧及ビ土壤汚染方法ノ研究ノ如キ諸業務モ亦是レヲ充分明確ニシテイル。

六、第一〇〇部隊ハ、家畜及ビ農業用植物ノ最モ有効ナ汚染方法ノ研究分野ノ諸業務ヲ行ッテ來タ。之レガ爲、同部隊ハ、炭疽病菌、鼻疽病菌並ニ動植物ニ對スル他ノ諸病原菌ヲ利用シタ。而シテ、同部隊ハ、土壤ヲ經濟的利用ニ不適ナラシメル目的ヲ以テ、炭疽病菌ニヨル土壤汚染ノ實驗ヲ行ッテ來タノデアル。

七、上記諸項目ニ列擧サレタ研究ハスベテ、イズレカノ細菌兵器ノ有効程度又ハ其ノ實用方法ノ判定ヲ期スル特設實驗場内實驗ニカケラレタ。此等ノ實驗ノ實施中ニハ、實驗室ニ於ケル場合ト全ク同樣、「被實驗材料」トシテ、生キタ人間ガ使用サレタ。而シテ、一定ノ細菌兵器ヲ特設實驗場デ使用シタ結果、人間ノ強制感染ト慘死ト言ウ犯罪的目的ヲ達成シタ後、此ノ細菌兵器ハ、實戰ニ於ケル試驗ニ適スルモノト看做サレタ。ペスト菌ト炭疽病菌ヲ充塡シタ爆彈ハ、斯クノ如ク試驗サレ、ペスト蚤ヲ充塡シタ爆彈ノ効力ハ、斯クノ如ク研究サレタ。特設實驗場內實驗ノ後認可サレタ細菌兵器ハ、實戰ニ於テ試驗サレテイタ。

斯クノ如ク、此等ノ部隊ノ生產及ビ實驗業務ノ所期ノ目的ハ、細菌兵器ノ研究及ビ製造並ニ侵略的細菌戰ノ實行ヲ目的トスル其ノ實用方法ノ研究デアッタ。

二、問。此等ノ部隊ガ日本軍ヲ細菌兵器ニヨッテ裝備スル爲ニ有シタ生產能力ハ如何？

答。日本軍ヲ細菌兵器ニヨッテ裝備スル爲ニ、此等ノ部隊ハ、強大ナル生產能力ヲ有シテイタ。

此ノ鑑定ハ、次ノ如キ諸事實ヲ根據トスル——

一、諸病原菌ノ大量培養ノ爲、第七三一部隊ハ、ペスト菌、コレラ菌、腸チブス菌、炭疽病菌等ノ如キ病原菌ヲ短期間ニ極メテ多量ニ培養シ得ル強大ナル細菌培養特殊設備ヲ有シテイタ。

第七三一部隊ガ有シタ細菌培養設備ノ主要ナ器具、卽チ培養基製造鑵ノ生產能力ニ關スル被告柄澤ノ供述カラシテ、鑑定人側ハ、同部隊ニアッタ之レ及ビ他ノ設備ハ、僅カ數日ニ過ギナイ通常ノ一製造周期間ニ、中程度ノ繁殖速度ヲ有スル種類ノ最少限三百萬兆ノ細菌ノ製造ヲ確實スルコトヲ可能ナラシメタコトヲ判定シタ。鑑定人側ハ、製造期間ガ短時日ナルコト及ビ此ノ生産ノ『製品』ノ終極ノ用途ヲ考慮シテ、細菌ノ斯ル量ハ、極メテ尨大デアルト看做スベキコトヲ強調スル者デアル。同部隊ハ、培養基製造鑵ヲ一〇〇%利用シ、製造過程ヲ促進スレバ、一周期間ニ四百萬兆或ハ、病原菌ノ種類ニヨッテハ其レ以上ノ細菌ヲ培養シ得ルノデアッタ。

細菌兵器製造用ノ莫大ナ細菌體ヲ製造シテイタ關係上、此等ノ部隊ノ勤務員ハ、此ノ細菌體ノ量ヲキログラムデ計ッテイタ。尙、茲ニ細菌體ト稱スルノハ、堅イ培養基ノ表面カラ直接播取ッタ濃厚ナ乳様狀ノ細菌體デアル。因ミニ、豫審ニ於テ、被告柄澤ハ、第七三一部隊ノ生産能力ヲ判定シテ、此ノ能力ヲ一カ月間ニ三〇〇キログラム迄ノペスト菌ヲ製造スベク增大セシメ得タ旨供述シタ。他ノ被告川島モ、同部隊ハ、『……毎月、三〇〇キログラム迄ノペスト菌ヲ製造シ得ルモノデアッタ』ト供述シタ。兩被告ハ、法廷審理ニ於テモ、亦其ノ供述ノ中デ、コレラノ數字ヲ重ネテ確認シ、此ノ際更ニ、同部隊ガ毎月八〇〇——九〇〇キログラムノ炭疽病菌及ビ一〇〇〇キログラムノコレラ菌ヲ製造シ得ルモノデアッタコトヲモ供述シタ。同部隊ノ一カ月生産能力ヲ分析シタ結果、設備ヲ完備スレバ、一定ノ期間ニ製造速度ヲ著シク高メルコトガ可能デアッタコトガ判明シタ。生産シスラムノ此ノ特徴ハ、疑イノ余地ナク、第七三一部隊ノ業務ガ軍事的特殊性ヲ有シテイタコトト關連シテイタ。斯クノ如クシテ、第七三一部隊ハ、其ノ設備ノ構造ト規模ニ基ズイテ同時ニ數製造周期ノ製造ヲ實施シ得ルモノデアッタシ、此ノ際ノ同部隊ノ一カ月生產能力ハ、中程度ノ繁殖速度ヲ有スル病原菌デスラ、幾千萬兆トナク製造シ得ル如キモノデアッタ。

第一六四四部隊—「榮」部隊ノ生產能力ハ、若干コレヨリ小規模デアッタ。被告佐藤ノ供述ニヨレバ、同部隊ハ、一製造周期間ニ、最少限一〇キログラムノペスト菌ヲ製造シ得ルモノデアッタト看做シ得ル。第一〇〇部隊モ亦、動植物ノ疾病ヲ惹起セシメル細菌ヲ繁殖スル爲ノ充分強力ナ設備ヲ有シテイタ。

二、第七三一部隊ガ蚤ヲ培養スル生產能力ハ、蚤ノ繁殖ニ使用サレテイタ「蚤ノ飼育器」（培養器）ガ四五〇〇有ッタコトニヨリ推定サレタ。此等ノ培養器ヲ使用シテ、同部隊ハ、短時日間ニ、數一〇キログラムノ蚤ヲ培養シ得ルモノデアッタ。是レハ、幾千萬匹ノ蚤ニ相當シ、此等ノ蚤ハ、細菌戰用兵器トシテ利用スル爲ニ、ペスト菌ヲ以テ汚染サレテイタ。

第七三一部隊ノ實際ノ『生產能力』ハ、三——四カ月間ニ蚤ノ繁殖量四五キログラムデアッタ。特記スベキハ、四五キログラムノ蚤ハ、平均約一億四千五百萬匹ノ蚤ニ相當シタコトデアル。併シ乍ラ、同部隊ノ有シタ潜在的生産能力ハ、更ニ大デアッタ。何故ナラバ、同部隊長石井四郎ハ、一九四五年ニ、ペスト蚤ノ繁殖ヲ三——四カ月間ニ六〇キログラム迄ニ擴大シ、更ニ、二〇〇キログラム迄ニ増加セシメル計畫ヲ樹テテイタカラデアル。第一六四四部隊モ亦、蚤ノ繁殖ニツキ、相當ナ能力ヲ有シテイタ。此等ノ兩部隊ハ、數百名ノ勤務員ヲ有スル支部網ヲ有シ、此等ノ勤務員ハ、寄生虫ノ飼育及ビ繁殖用ニ使用サレタ齧齒類ノ捕捉ニ従事シタ。

三、製造サレタ細菌兵器ノ効力檢定ノ爲ニ、諸部隊ハ、特設實驗場、飛行場、飛行機ヲ利用シ且ツ實驗業務ヲ圓滑ニ進行セシメル爲莫大ナ金額ヲ使用スルコトガ出來タ。

此等ノ部隊ハ、關東軍統帥部ノ認可ニヨリ、幾百幾千ノ「實驗用ノ人間」ニ對スル「實驗」ヲ、言語同斷ノ慘虐サデ實施スル廣範ナ機會ヲ有シタ。尙此等ノ「實驗用ノ人間」ハ、第七三一部隊ノ監獄ニ收容サレテイタモノデ、此ノ監獄ト特設實驗場ニ於テ、強制的感染其他ノ方法ニヨリ、約三〇〇〇名ガ慘殺サレタ。

斯クノ如ク、第七三一部隊、第一〇〇部隊及ビ第一六四四部隊ガ細菌兵器ノ製造ト試驗ノ分野ニ於テ有シテイタ可能性ハ、甚大ナモノデアリ、此等ノ可能性ハ、日本軍ヲ細菌兵器ニヨッテ最モ完全ニ裝備スル目的ヲ以テ此等ノ部隊ニ與エラレテイタノデアル。

三、問。第七三一部隊ガ一九四〇、一九四一、一九四二年ニ於テ、中國中部諸地區ニ對シ行ッタ細菌攻撃ノ危險性ノ程度ハ如何？

答。一九四〇、一九四一及ビ一九四二年ニ於テ、第七三一部隊ガ中國中部諸地區ニ對シテ行ッタ攻撃ノ危險性ハ、極メテ大キク、其レハ、使用サレタ細菌ノ種類（危險ナル流行病ノ病原菌）並ニ細菌攻撃ニ際シテノ此等ノ細菌ノ傳播方法ノ性格ニヨルモノデアッタ。

此ノ鑑定ハ、次ノ如キ諸事實ヲ根據トスル——石井四郎ヲ長トスル第七三一部隊ノ多年ニ亘ル細菌戰準備ハ、純然タル實驗業務ノ域ヲ脱シ、同部隊ハ、細菌兵器ヲ實戰ニ使用シ得ルニ至ッタ。斯クテ、第七三一部隊ハ、中國ノ一連ノ地區ニ細菌兵器ヲ使用セシムベク數回ニ亘ッテ派遣部隊ノ派遣ヲ實施シタ。

一九四〇年、大量ノ腸チブス菌及ビコレラ菌並ニ多量ノペスト蚤ヲ供給サレタ第七三一部隊派遣隊ガ石井四郎ノ直接指揮下ニ、中國ノ寧波方面ニ送ラレタ。飛行機雨下法ニヨリ、ペスト蚤ヲ使用シタ結果、寧波方面デペスト病ガ突發シ流行スルニ至ッタ。同派遣隊ノ組織及ビ行動ノ技術上ノ諸特徴ハ、人間ノ大量感染ガ廣範ナ規模デ實施サレタコトヲ示スノデアル。斯ル大量感染ガ、戰時ニ行ワレタコト及ビ戰時條件ト關連シテ住民ノ移動ガ激シカッタ事實ヲ考慮スル時、同派遣隊ノ工作ハ、特ニペスト流行ノ點ニ於テ、寧波地區ノミニ止マラズ、之レト隣接スル中國各地域ノ住民ニトッテモ極メテ危險ナモノデアッタコトヲ認定セザルヲ得ナイ。

一九四一年ニモ、同様ノ派遣隊ガ常徳市方面ニ派遣サレ、該方面ヲ飛行機雨下ニヨリ、ペスト蚤ヲ以テ汚染シタ。此ノ派遣隊ノ工作ハ、前回ニ劣ラズ、危険ナモノデアッタ。

一九四二年ニハ、第一六四四部隊ノ援助下ニ、同様ニ石井四郎ヲ長トスル派遣隊ガ新タニ第七三一部隊カラ中國中部ニ送ラレタ。今回ノ主要目的ハ、進撃シ來ル中國軍ニ對シテ流行病菌ニヨル汚染地帯ヲツクル爲ニ實施サレタ地上汚染デアッタ。此ノ際ニハ、腸チブス菌及ビパラチブス菌ニヨル水源地、井戸及ビ食糧ノ汚染並ニペスト蚤ノ傳播ガ實施サレタ。同派遣隊ノ工作ノ諸特徴ヲ分析シテ、鑑定人側ハ、今回ニ於テモ大キナ危険ヲ孕ンデイタシ、シカモ是レハ、中國ノ平和的住民ニトッテ、特ニ然リデアッタコトヲ強調スル。日本軍ノ退却ニ際シテ、水源地及ビ共同井戸、當地住民ノ住居ガ汚染サレ、腸チブス菌及ビパラチブス菌ヲ以テ汚染シタ食糧品ガ流布サレタ。從ッテ、細菌兵器ヲ斯ル方法ニヨリ使用シタ際、最先ニ大被害ヲ蒙ッタノハ、平和的住民デアリ、次イデ、コノ住民ト接觸スルニ至ッタ進撃中ノ中國軍デアッタ。

斯クノ如ク、第七三一部隊ノ數次ノ攻撃ノ危険性ハ、住民ト軍隊ノ移動ノ状況下ニ、最急性流行病ノ病原菌ガ大量傳播サレ、且ツ此ノ兵器ノ使用方法ガ多種多様デアッタコトニ鑑ミ甚大ナモノデアッタ。

四、問。第七三一部隊、第一〇〇部隊及ビ第一六四四部隊——「榮」部隊ガ製造シタ細菌兵器ノ使用ハ如何ナル結果ヲ生ジ得ルデアロウカ？

答。第七三一部隊、第一〇〇部隊及ビ第一六四四部隊——「榮」部隊ガ製造シテイタ細菌兵器ノ使用ハ、軍隊ノミデハナク、平和的住民、就中婦女子、幼兒及ビ老人ニ對スル脅威タル流行病ヲ惹起セシメ得ルノデアッタ。而シテ、此等流行病ノ流行ノ規模ハ、他ノ諸要因ヲ暫ク措イテモ、攻擊對象ノ衞生保健ノ狀態及ビ醫療ノ水準ニヨッテ左右サレタデアロウ。

此ノ鑑定ハ、次ノ如キ諸事實ヲ根據トスル——

ペスト及ビコレラノ如キ人間ノ傳染病ハ、其ノ傳染病學上ノ諸特徵ヨリシテ、傳播ガ急速且ツ大規模ニ亘リ、病氣ノ經過ガ苦痛ヲ齎シ、流行地域內ノ都市、農村ノ住民ニ高度ノ死亡率ヲ伴ウ點ヲ特異點トスル。牛ペスト及ビ、一定ノ條件下ニ於テハ、炭疽病ノ如キ動物ノ危險ナ疫病モ其ノ急速ナル流行傾向ニ於テ類似シテイル。此等ノ部隊ハ、經濟的損害ヲ與エル目的ヲ以テ、家畜殺戮用ノ細菌兵器ト共ニ、農作物ノ收穫ヲ絕滅スル諸方法ヲモ研究シ完成シテ來タ。過去ニ於ケル流行病ノ自然發生的蔓延ノ實例ニ徵スレバ、殲滅的流行病ハ、日本軍ノ部隊ガ細菌兵器トシテ選擇シタ傳染病ノ病原菌、正ニ此等ノ病原菌ニヨッテ誘發サレタノデアッタ。

此等ノ部隊ガ使用シタ若干ノ病原菌ハ、自然條件下ニ於テ一定ノ狀況ノ下デハ、相當持久力ノアル傳染病發源地ヲ創出スル能力ヲ有スルコトヲ強調セザルヲ得ナイ。現在デハ、科學ノ進步ニヨリ、傳染病發源地ハ一掃サレ、或ハ狹イ地域ニ局限セシメラレテイルニモ拘ラズ、被告等ハ、此等ヲ新タニ創出セント試ミタ。

斯クノ如ク、日本ノ細菌戰部隊タル第七三一部隊、第一〇〇部隊及ビ第一六四四部隊ハ、細菌兵器ヲ研究シ製造シツツ、此ノ兵器ノ使用ニヨッテ、殲滅的傳染病ノ廣範ナ傳播及ビ人間ノ大量殺戮ヲ齎スコトヲ期シタ。若シモ、此ノ意圖ガ實現サレタナラバ、傳染病ノ本性其ノモノ及ビ其ノ傳播ノ性格カラシテ、中立國ニ對シテモ脅威ガ惹起サレタコトデアロウ。

ソ同盟醫學學士院會員ジューコフ・ヴェレジュニコフ・エヌ・エヌ・
軍醫大佐クラスノフ・ヴェ・デ・
ハバロフスク醫科大學微生物學講座主任教授コサレフ・エヌ・エヌ・
ハバロフスク醫科大學微生物學講座助教授リヴキナ・エ・ゲ・
獸醫中佐アレクサンドロフ・エヌ・ア・
寄生虫學專門家コズロフスカヤ・オ・エル・

一九四九年十二月二十九日

國家検事ノ論告

十二月二九日午後ノ公判

裁判長——本事件ニ關スル審理ノ終結ヲ宣言スル。裁判ハ檢事ノ論告及ビ辯護人ノ辯論ノ聽取ニ入ル。

國家檢事ノ論告並ビニ各被告ノ辯護人ノ辯論ハ、室内放送ニヨッテ日本語デ通譯サレル。

各被告ハ、論告及ビ辯論ヲ日本語デ聽取シ得ル。

國家三等法務官國家檢事同志スミルノフニ發言ヲ許可スル。

國家檢事ノ論告ハ、本事件ノ記錄ニ加エラレル。

論告ハ、同時ニ室内放送ニヨリ日本語デ通譯サレル。

國家三等法務官國家檢事エル・エヌ・スミルノフノ論告

一、本裁判ノ意義

裁判官同志諸君、軍事裁判委員同志諸君！

此ノ數日間、諸君ガ斯クモ細密ニ審理シテ來タ本事件ノ意義ハ、現在、被告席ニ坐ッテイル犯罪人等ガ負ウベキ個人的ナ罪ノ判定及ビ責任ノ程度ノ規定ノ範圍ヲ遙カニ越エルモノデアル。

元日本關東軍司令官山田大將ト、日本軍國主義者共ノ兇惡ナ企圖ノ實行者タル關東軍特殊秘密部隊ノ細菌專門家共トガ、平和ト人類ニ對スル最モ重イ犯罪ノ一貫セル鎖ニヨッテ結バレテイルコトハ、爭論ノ餘地ガナイ。

併シ、本件ノ審理ニヨッテ判明セル如ク、此ノ鎖ハ本法廷ノ被告席ヲ以テ、中斷サレテイルノデハナイ。

細菌戰ハ、平和愛好諸人民ニ對スル侵略ノ一般的陰謀ノ一部トシテ、犯罪的日本帝國主義ガ之ヲ計畫シ、準備シテ來タ。

多年ニ亘ッテ、帝國主義日本ハ、極東ニ於ケル侵略ノ主要ナ根源地デアッタ。

34—962

一九四八年ニ終了シタ日本主要戰爭犯罪人ニ對スル東京國際裁判ニ於テ、日本ガ多年ニ亘ツテ、ソヴエト同盟ニ對スル攻撃ヲ準備シテ來タコトハ、全ク明瞭ニ既定ノ事實トシテ明ラカニサレタ所デアル。國際軍事裁判ノ判決書ニハ、次ノ如ク記サレテイル——

「軍事裁判ハ、日本ガソ同盟ニ對スル侵略戰爭ヲ豫定シ、計畫シテ來タノハ本件ノ關係スル全期間（卽チ一九二八年以降）ニ亘リ、其レハ、日本ノ國策ノ一根本要素デアツタシ、其ノ目的ハ、極東ニ於ケルソ同盟領土ノ奪取デアツタト看做ス」。

日本ノ軍事的・封建的上層支配閥ト堅ク結合シテイル日本ノ大獨占的連合——所謂「財閥」ニ教唆サレタ日本帝國主義者共ハ、所謂「大東亞共榮圈」內ニソヴエト極東及ビ「ウラル迄ノシベリア」スラ、豫メ含メタ。

併シ乍ラ、日本ノ參謀本部ノ諸事務室、帝國總力戰研究所ノ諸研究室或ハ、日本帝國主義者共ノ惡評ノ高イ「研究協會」タル所謂「國策研究會」ノ諸特別委員會內デ、ソ同盟ニ對スル侵略ヲ「計畫スル」コトト、此ノ侵略ヲ實現スルコトトハ、全ク別問題デアル。

日本ノ參謀本部ハ、ソヴエト同盟ニ對スル侵略的ナ戰爭計畫ヲ何回トナク、作成シテハ、再作成シテ來タガ、此等ノ計畫ガ次々ト實現延期トナツテ來タ理由ハ、勿論、日本ノ將軍連ノ平和愛好精神トカ、一%デモ餘計ニ利潤ヲ得ルタメニハ如何ナル犯罪ヲモ犯ス用意ノアル日本ノ財閥ノ人道的精神ニヨツテ說明スベキデハナイ。

ソヴエト極東ニ於ケル平和ハ唯、卓越シタスターリン政策ノ結果、スターリン五カ年計畫ノ勝利ニ輝ク完遂ノ結果、ソヴエト武裝力ノ強化ニ關スルボルシエヴイキ黨及ビソヴエト政府ノ熱心ナ配慮ノ結果、始メテ維持サレテ來タノデアル。

帝國主義日本ハ、ソ同盟ニ對シテ侵略戰爭ヲ絶間ナク準備シテイタ。

一九三一年ニ於ケル滿洲ヘノ侵入ト其ノ占領ハ、日本ノ侵略展開ノ新段階デアッタ。日本帝國主義者共ニトッテ、軍事的占領其ノモノガ終極ノ目的デハナク、ソレハ、次々ト新タナ領土奪取及ビ新タナ侵略行爲ノ決行ヲ準備スベキデアッタ。彼等ニ取ッテ、滿洲ハ、ソヴエト同盟ニ對スル攻擊及ビ中國ヘノ侵入ノ爲ノ最モ重要ナ軍事基地トシテノ意義ヲ有シタ。

此ノ故ニコソ、日本ノ帝國主義者共ハ滿洲ヲ占領シ、滿洲內ニ自己ノ支配ヲ確立シテカラ直グニ、滿洲ヲ吾ガ祖國ニ對スル攻擊ノ爲ノ軍事基地タラシメント努力シ始メタ。

滿洲內ニハ、日本帝國主義ノ主要攻擊力タル關東軍ガ集中サレテイタ。滿洲ニハ、日本ノ工業ガ生產スル最新鋭ノ兵器其他ノ軍需品ガ送ラレ、此ノ被占領地域ハ、飛行場及ビ戰略的鐵道・道路ノ稠密ナ網ニ覆ワレルニ至ッタ。而シテ、本裁判ノ承知シテイル如ク、正ニ、滿洲內ニ於テ、日本帝國主義ノ秘密侵略手段タル細菌戰ヲ準備シタ日本軍特殊秘密部隊ガ展開サレテイタノデアル。

一九三六年ニハ、平和ニ對スル犯罪的陰謀計畫ガ完全ニ出來上ッタ。帝國主義日本トヒトラー・ドイツハ、軍事的・政治的同盟條約タル所謂『防共協定』ヲ締結スルコトニヨッテ此ノ犯罪的陰謀計畫ヲ完成セシメタ。

暫クシテ、ファシスト・イタリアガコノ防共協定ニ參加シタ。

東京國際軍事裁判ニヨッテ判明シタ如ク、此ノ條約ハ、最先ニソ同盟ニ鋒先ヲ向ケタモノデアッタ。日本主要戰爭犯罪人ノ事件ニ關スル判決ニハ次ノ如ク述ベラレテイル――『防共協定ハ、其ノ締結後ノ日本ノ政策ノ根本ヲ成シテイタ。ドイツトノ此ノ軍事的同盟ハ、ソ同盟ニ對スル日本ノ政策上、重大ナ役割ヲ演ジテ來タ』。

日本ノ支配閥ハ、ソヴエト沿海州ノ略取、ソヴエト極東ノ奪取及ビ偉大ナ中國人民ノ奴隷化ヲ目指ス彼等ノ犯罪的企圖ノ實現ノ日ガ近イト思ッテイタ。

日本關東軍ハ、急速ニ增員サレ、新式ノ技術裝備ニヨッテ武裝サレッツアッタ。滿洲ハ、ソヴエト同盟ニ對スル戰爭ノ武器庫ニ轉化シタ。

一九三七年、日本軍閥ハ、所謂『盧溝橋事件』ヲ挑發シテ、中國ニ侵入シタ。

此ノ侵略行爲ハ、其レ以前ノ諸侵略行爲ト全ク同樣ニ、宣戰ノ布告ナシニ行ワレタ。幾百萬ノ犠牲者ヲ齎シタ、中國ニ於ケル慘憺タル戰爭ハ、一九四二年ニ至ル迄日本ノ公式筋デハ、滿洲ノ武力占領ガ『滿洲事變』ト呼稱サレタト同樣、『支那事變』ト呼バレタ。

一九三八年、日本軍國主義者共ハ、ハサン湖（張鼓峰附近――譯註）方面デソヴェト同盟ヲ攻撃シタ。ザオジョールナヤ高地デノ戰鬪行動ハ、十日間繼續シタ。短期間ノ激鬪ガ行ワレタ此ノ十日間、戰鬪ニ投ジラレタ日本ノ精鋭部隊ハ、ソヴェト軍ニヨッテ粉碎サレタ。此ノ小手調ベハ、明ラカニ、日本軍閥ニトッテ有利ナ結果ヲ齎サズ、斯クテ、日本軍閥ハ、彼等ガ開始シ、敗北ヲ喫シタ侵略戰爭ヲ「張鼓峰事件」ト稱シ、周章狼狽シテ退却シタ。

一九三九年關東軍ハ、日本ノ參謀本部ノ命令ニヨッテ、ハルハ河方面ニ於テ蒙古人民共和國トソヴェト同盟ニ對スル戰爭ヲ開始シタ。一九三九年五月ニ開始サレタ戰鬪ハ、九月迄繼續シタ。此レニハ、多數ノ飛行隊、砲兵隊及ビ戰車隊ノ協同下ニ關東軍ノ最精鋭部隊ガ參加シタガ、戰鬪ノ結果ソヴェト軍ト蒙古軍ハ、日本軍ノ大部分ヲ擊滅シ去ッタ。帝國主義日本ハ、ハサン湖方面ニ於ケル戰爭ト同樣、ハルハ河方面ニ於ケル戰爭デ敗北ヲ喫シタ。

斯クノ如ク、日本帝國主義者共ハ、二回ニ亘ッテ、ソヴェト同盟ニ對スル侵略戰爭ヲ開始シタガ、二回共、ソヴェト軍ノ壞滅的打擊ノ威力ヲ身ヲ以テ體驗シ公然タル戰鬪デ擊破サレタ。

其レニモ拘ラズ、敗戰諸國ノ人民ニ貧困ト死滅ヲ避ケラレナイ奴隷ノ運命ヲ約東シタ日本ノ植民地支配國家タル『大東亞』建設ヲ目的トシテ、日本帝國主義者共ハ、ソヴェト同盟及ビ他ノ平和愛好諸國ノ人民ニ對スル侵略ノ犯罪的準備ヲ中止シナカッタ。

ヒトラー徒黨ノ人非人達ト共ニ、日本帝國主義者共ハ、世界征覇ノ確立ヲ夢ミタ。此ノ目的ヲ達成スル爲ニ彼等ハ、人間大量殺戮用ノ最モ殘虐ナ、非人道的兵器ヲ使用セント準備シテ來タ。彼等ハ、人類文明ノ廢墟ノ上ニ、自己ノ支配ヲ打樹テント欲シタ。ヒトラー・ドイツト帝國主義日本ノ同盟ノ如キ、平和ト人類ニ對スル此ノ犯罪的陰謀ノ中デ細菌戰ハ、彼等ガ豫メ計畫シタ世界人口ノ一部ノ虐殺、他ノ部分ノ完全ナル奴隷化ノ爲ノ手段ノ一ツデアッタ。

帝國主義日本ノ支配者共ハ、反動的ブルジョア科學ノ墮落シタ代表者達ヲ、自己ノ兇惡ナ企圖ノ實行者トシテ登用シタ。

一般周知ノ如ク、細菌兵器ハ、化學兵器及ビ原子兵器ト共ニ、侵略戰爭ノ武器デアリ、且ツ亦、婦女子、子供、老人ノ如キ平和的住民ガ、此等ノ兵器ノ犧牲トナルコトカラシテモ其等ガ、極メテ慘酷且ツ非人道的ナ武器デアルコトハ周知ノ事實デアル。

正ニ、此ノ故ニコソ、全進歩人類ハ、侵略戰爭ヲ全般的ニ糾彈スルト同時ニ、特ニ細菌戰、化學戰及ビ原子戰ヲ糾彈シ、且ツ人道主義ノ基本的概念ニ反スルモノトシテ、此等ノ武器ノ使用禁止ヲ要求シテイルノデアル。

正ニ、此ノ故ニコソ、ソヴエト同盟及ビ他ノ大多數ノ文明國ハ、一九二五年六月十七日付、「窒息ガス、毒ガス乃至他ノ類似ノガス及ビ細菌兵器ノ戰爭ニ於ケル使用禁止」ニ關スルジユネーヴ議定書ニ調印シ之レヲ批准シ、以テ、化學兵器及ビ細菌兵器ヲ戰爭ニ使用シナイト言ウ義務ヲ負ウタノデアル。

ソヴエト同盟ハ、其ノ樹立當初カラ、鞏固ナ民主的平和ノタメ、不斷ニ、終始一貫鬪ッテイル。平和ノ眞ノ城砦、社會主義的人道主義思想ノ宣布者タルソヴエト同盟ハ、世界民主勢力ノ先頭ヲ進ミッツ、非人道的ナ大量殺戮武器ノ使用ヲ斷固トシテ排擊シテイル。正ニ、コノ故ニコソ、米英ブロックノ新戰爭挑發者共ノアラユル策動ヲ押切ッテ、ソヴエト同盟ハ、既ニ數年間、國際連合ニ於テ原子兵器ノ無條件禁止ヲ實現セント努力シテイルノデアル。

裁判ハ、日本軍國主義者共ガ細菌戰用ノ最モ有効ナ武器ト其ノ使用方法ヲ研究シッツ、最モ活潑ニ細菌戰ノ準備ヲシテ來タコトヲ明ラカニシタ。

細菌戰ヲ準備スルニ際シテ、日本帝國主義ハ、強大ナ細菌戰施設ヲ設置シタ。ヒトラー一味ト全ク同様ニ、日本軍國主義者共ハ、人類ノ進步ニ奉仕スベキ使命ヲ有スル最新技術ヲ、人間ノ慘殺ニ利用シタ。

法醫學鑑定人側ノ鑑定ニハ、特ニ次ノ如ク指摘サレテイル——『此等ノ部隊ガ使用シタ若干ノ病原菌ハ、自然條件下ニ於テ、一定ノ狀況ノ下デハ、相當持久力ノアル傳染病發源地ヲ創出スルコトヲ強調セザルヲ得ナイ。現在デハ、科學ノ進歩ニヨリ傳染病發源地ハ一掃サレ、或ハ狭イ地域ニ局限セシメラレテイルニモ拘ラズ、被告等ハ、此等ヲ新タニ人工的ニ創出セント試ミタ』。

斯クノ如ク、極惡人共――其ノ一部ガ、現在、被告席ニ坐ラセラレテイル――ハ、人類ヲ疫病ノ時代ニ、コレラ及ビペストノ慘澹タル蔓延ノ時代ニ、中世紀ノ最モ悲慘ナ時期ニ引戻ソウト試ミタノデアル。

而シテ、ヒトラー一味ノ戰爭犯罪人共ト日本帝國主義者共ガ使用シタ人間大量殺戮ノ方法ガ全ク其ノ軌ヲ一ニスル事實ニ注目セザルヲ得ナイ。且ツ亦、ヒトラー一味ト日本ノ戰爭犯罪人共ノ鬼畜ノ如キ殘虐行爲ヲ一貫スルトコロノ科學ノ冒瀆、其ノ人道的諸原則ノ蹂躪ト言ウ事實ニモ注目セザルヲ得ナイ。

ヒトラー・ドイツトノ一騎打ノ激闘ヲ續ケナガラ、敵ノ抵抗ヲ粉砕シテ西方ヘト進擊シテ行ッタ時、ソヴエト軍ノ部隊ハ、ソノ途上ニ煙ヲ吐クトレブリンカノ廢墟、マイダネックノ毒瓦斯室、オスヴエンツイムノ火葬場ノ釜ノ如キ犯罪的ドイツ・フアシズムガ生ミ出シタ惡虐ナ死ノ工業ニ遭遇シタ。（トレブリンカ、マイダネック及ビオスヴエンツイムハヒトラー一味ニヨッテ幾百萬ノ人々ガ虐殺サレタ死ノ集中營舍――譯註）

此等ノ虐殺的收容所ノ特設『醫務室』デハ、ファシスト實驗專門醫共ガ、無防備ノ犧牲者ヲ使用シテ、殺人傳染及ビ毒藥ノ試驗ヲ行イ、生キタ人間ヲ氷風呂ニ入レテ、徐々ニ凍死セシメタリ、氣壓室ニ入レテ悶死セシメテイタ。亦、ポズナンハ細菌研究所ノ實驗室デハ、ヒトラー一味ノ細菌專門家共ガ、ペスト菌ヲ培養シ、幾百萬ノ平和ナ人々ニ對スル細菌兵器ノ使用ヲ準備シタ。ソレハ、細菌戰ノ主眼ガ先ズ第一ニ、平和的住民ヲ殺戮シ、言語ニ絶スル苦難ヲ齎シ、敵ノ後方ニ流行病ヲ惹起セシメルコトニアルカラデアル。

ヒトラー一味ノ極惡人共ガ、世界ヲ捲込モウト準備シタ細菌戰ノ慘禍カラ、當時、人類ヲ救イ出シタノハ、外ナラヌソヴエト軍ノ潰滅的打擊デアッタ。

而シテ、ヒトラー一味ノ軍事機構ヲ粉碎シタ後、連合國トシテノ自己ノ責務ニ忠實ナソヴエト軍ガ、犯罪的日本帝國主義ノ主要攻擊力タル關東軍ヲ疾風迅雷ノ如キ猛擊ヲ以テ壞滅セシメタ時、此等ソヴエト軍ハ、再ビ細菌戰ノ慘禍カラ人類ヲ救イ出シタノデアル。

哈爾濱ヲ去ル二〇粁ノ地點ニハ、爆破ト火事ニヨッテ破壞サレタ大軍事部落ノ建築物ノ殘骸ガ有ル。豫審及ビ法廷ノ審理ニヨッテ判明セル如ク、其處ニハ、關東軍特殊細菌戰部隊タル第七三一部隊―別名『石井部隊』ガ所在シ、同部隊ハ、殺人的傳染病菌ノ選擇、無防備ノ幾千人ノ犧牲者ヲ使用スルソノ病菌ノ試驗及ビ細菌培養方法ノ研究完成ヲ始メトシ、尨大ナ規模デ侵略的ナ細菌戰ヲ實行スルタメニ必要ナ一切ノ兵器ノ大量製造ニ至ル迄ノ業務ニ從事シテ、數年間ニ亘ッテ計畫的ニ細菌戰ヲ準備シテ來タ。

現在、本裁判ノ一被告タル元關東軍司令官山田大將ガ、石井部隊ヲ戰闘態勢ニ在リ、任意ノ命令ヲ實行シ得ルモノト看做シテイタコトヲ吾々ハ承知シテイル。吾々ハ亦、石井部隊ノ此ノ『戰闘態勢』ガ何ヲ意味スルモノデアツタカヲ承知シテイル。山田ノ諸供述ヨリ次ノ事ガ明白デアル。即チ、日本ノ參謀本部ハ、軍用機ニヨル細菌雨下、飛行機ノ特殊細菌爆彈投下及ビ住民地點、貯水池、河川及ビ井戸、牧地等ニ對スル細菌謀略ノ方法ニヨル地上汚染ノ如キ、細菌ヲ實戰ニ使用スル三ツノ主要ナル方法ヲ認可シタ。

細菌兵器ノ本性ハ、其ノ有効限界ガ戰線、敵ノ軍事力乃至更ニ攻撃ヲ受ケタ國ノ領土ニヨツテ局限サレナイトコロニアル。日本帝國主義者共ガ開始シツツアツタ細菌戰ハ、攻撃ヲ受ケタ國ノ住民ノミデハナク、中立國ノ人民ニモ、計リ知レナイ慘禍ヲ齎シタデアロウ。此ノ事ハ、中立國ヲ新タナ侵略行爲ノ目標タラシメント欲シタ日本戰爭犯罪人共ノ兇惡ナ諸計畫ニ組マレテイタ。

斯クノ如ク、世界征覇、日本ヲ盟主トスル『大東亞』ノ建設ヲ夢ミツツ、帝國主義日本ノ支配閥ハ、目ニ見エナイ最モ危險ナ細菌ノ世界——人類ノ最惡ノ敵ヲ人類ニ對シテ差向ケヨウト準備シテ來タ。此ノ犯罪的擴張主義的目的ノ達成ノ爲、彼等ハ、幾億匹トナク蚤ヲ特殊ノ罐デ繁殖シ、ペスト菌ヲ以テ汚染シ、特殊爆彈ニ充塡スルカ、飛行機ヨリ雨下スルコトニ依ッテ、傳染病ノ媒介體トシテノ役割ヲ果サシメントシタ。此ノ犯罪的目的ノ爲ニ、強大ナ特殊設備ガ設置サレ、第七三一部隊第四部ハ「一製造」周期間ニ數十キログラムノ細菌卽チ數萬兆ノ細菌ヲ培養シテイタシ、此等ノ細菌ハ、貯水池、河川、井戸及ビ牧地ノ汚染ニ使用サレ、都市及ビ農村ニ撒布サレ、幾百萬ノ平和ナ人々ヲ死ニ至ラシメルノニ使用サレル筈デアッタ。

此ノ犯罪的目的ノタメニ、手錠ヤ足錠ヲハメラレ、鬼畜ノ如キ實驗者共ノ手中ニ陷ッタ無防備ノ中國愛國者及ビソヴエト人ハ、石井部隊ノ構內監獄デ、生地獄ノ責苦ニ遭イ、慘死シテ行ッタノデアル。

此ノ犯罪的目的ノ爲ニ、中國ノ婦女子及ビ子供ガ石井部隊ノ中國派遣中コレラ及ビペストニ感染セシメラレテ、慘殺サレタノデアル。

二、日本帝國主義者共ニヨル細菌戰ノ準備及ビ實行ノ爲ノ特殊部隊ノ編成

本事件ノ審理ニヨッテ、滿洲內ニ於ケル日本軍特殊細菌戰秘密部隊ガ編成サレルニ至ッタ經緯ガ餘蘊ナク究明サレ、該部隊ノ機構、任務及ビ實力ガ完全ニ判明シタ。

日本軍ガ細菌戰ノ準備ヲ開始シタノハ、滿洲奪取直後デアッタ。

當初、日本軍閥ハ、小規模ナ細菌實驗所ヲ創設シ、其ノ所長ニハ、從來陸軍軍醫學校ニ於テ、細菌兵器ノ研究ニ從事シ、軍部筋デハ、細菌戰ノ熱烈ナ提唱者トシテ知ラレテイタ日本軍細菌專門家石井四郎ヲ任命シタ。被告梶塚ノ供述ニヨッテ、石井ガ、其ノ犯罪的活動ノ當初カラ日本參謀本部作戰部ノ支援ヲ受ケテイタコトガ明ラカニナッタ。石井ノ一切ノ研究ハ、極秘ニ附サレテイタ。彼ノ苗字ノミニヨッテモ、實驗所ノ業務方針ヲ推定スルノニ十分デアッタ關係上、彼ハ、東郷ト改名シ、其ノ施設ハ「東鄉部隊」ト稱サレルニ至ッタ。

被告柄澤ノ供述ニヨレバ、既ニ當時石井ハ、日本側ノ捕虜ニサレタ中國ノパルチザンヲ使用シテ細菌ノ効力ヲ試驗スルガ如キ、生キタ人間ヲ使用スル犯罪的實驗ヲ行ッテイタコトガ明白デアル。

一九三六年ニハ、日本參謀本部ノ指令ト天皇裕仁ノ勅令ニヨッテ、彼ラノ兇惡ナル企圖ヲ實現シ、從來、石井ガ實驗所ノ條件下デ實施シテイタ犯罪的實驗ヲ續行スル爲ニ、強大ナ諸基地ガ設定サレタ。大規模ノ二ツノ細菌戰部隊ガ滿洲內ニ編成サレ、關東軍ニ配屬セシメラレタ。此等ノ部隊ハ、日本軍ガ大規模ニ細菌戰ヲ實行スルノニ充分ナ量ノ細菌戰兵器ノ大量製造ヲ確保スベキモノデアッタ。

數年間ニ細菌戰部隊ハ、一再ナラズ其ノ名稱ヲ變更シタ。勿論、日本軍統帥部トシテハ全世界ノ人々ノミデナク、自國人民ノ憤激ヲ呼起サナイタメニモ此等ノ部隊ヲ本名デ呼稱出來ナカッタノデアル。コノ故ニ、コレラノ細菌戰用ノ死ノ工場ハ、通常ノ醫療機關乃至獸醫機關トシテ、常ニ僞装サレテイタ。斯クテ、「東郷部隊」ト呼バレタ石井實驗所ハ、「關東軍防疫給水部」ナル當リ觸リノナイ名稱ノ下ニ巨大ナ細菌戰研究所ニ擴張サレタ。

時ニ、此ノ部隊ハ、「加茂部隊」ト呼稱サレタ。後ニ、同部隊ハ、通常ノ部隊番號ヲ附サレ、「滿洲第七三一部隊」ト呼バレルニ至ッタ。第二ノ細菌戰部隊ハ、初メ、「關東軍軍馬防疫廠」ト呼バレ、後ニ「第一〇〇部隊」ト呼稱サレルニ至ッタ。

兩部隊共、夫々多數ノ支部ヲ有シタ。日本軍統帥部ハ、ソヴエト同盟ニ對スル戰爭ノ日本側ノ計畫ニ豫定サレタ攻擊重點ト一致スル最モ重要ナ戰略的方面ニ一定ノ計畫ニ基ズイテ此等ノ支部ヲ配置シタ。此ノ證據文書トシテハ、本件ノ書類ニ含マレテイル一九四〇年十二月二日付ノ海林、林口、孫呉、海拉爾ニ第七三一部隊ノ四ツノ支部ヲ新設スルコトニ關スル日本關東軍司令官梅津大將ノ命令―「關作命甲第三九八號其一」ガ有ル。

併シ、諸軍事計畫ニヨッテ豫定サレタソヴエト同盟ニ對スル攻擊ノ重點的方面ニ秘密細菌戰部隊ノ主ナル支部ヲ集中セシメツツ、日本軍閥ハ、本件ノ審理ニヨッテ完全ニ判明セル如ク、ソ同盟ニ對シテノミ細菌戰ヲ準備シテイタノデハナイ。

一九四〇年以降、石井部隊ハ、中國軍ニ對シテ細菌攻撃ヲ實施シ來ッタ。此等ノ攻撃中、アラユル種類ノ細菌兵器ガ試驗サレ、就中、飛行機ニヨルペスト蚤ノ撒布、細菌雨下、貯水池、河川、井戸、食糧、住民地點ニ對スル謀略ノ方法ニヨル汚染等ガ實施サレタ。

蒙古人民共和國ニ對スル細菌戰モ系統的ニ準備サレテイタ。

本件ノ審理ニ於テ、被告山田ハ、他ノ諸國家ノ人民、就中日本ト交戰狀態ニアッタ米國及ビ英國ノ人民ト軍隊ニ對シテモ殺人細菌ヲ雨霰ノ如ク降ラソウトスル意圖ヲ日本軍ガ有シタコトヲ確認シタ。

是レニ關シテハ、亦、裁判ニ提示セラレタ他ノ證據モアル。一九四五年四月、細菌兵器準備ノ活潑化ニ關スル日本參謀本部ノ秘密命令ヲ受ケタ石井中將ハ、第七三一部隊ノ高級將校團ノ作戰會議ノ席上、米國及ビ英國ニ對スル細菌戰ノ必至ナルコトヲ公然ト放言シタ。

南洋方面ノ情勢判斷ヲ行イッツ、石井ハ、一九四五年ヲ細菌戰開始ノ時機ト稱シタ。彼ハ其時、『戰局ヲ我ガ方ニ有利ナル如ク轉換センガ爲、吾々ハ、細菌兵器ヲモ含ム最後的手段ヲ使用スルニ至ルデアロウ』ト言明シタ。

既ニ、一九四三年第七三一部隊ノ研究員湊ハ、アメリカ兵ノ血液ノ特質及ビ傳染病ニ對スル免疫性ノ研究ノタメ捕虜收容所ニ派遣サレタ。

一九四五年ノ春以降、石井部隊ニ於ケル細菌戰ノ一切ノ準備ハ、細菌攻擊開始ノ日ガ短時日ニ迫ツタコトニヨツテノミ納得ノ行クガ如キ規模ニ於テ細菌兵器ノ大量製造ノ方針ニ副ウテ進メラレタ。

斯クテ、ソ同盟ノ陸海空軍ガ關東軍ヲ壞滅セシメタコトニヨツテ、初メテ、日本帝國主義者共ハ、同盟國ニ對シテ細菌兵器ヲ使用スル可能性ヲ奪ワレルニ至ツタ。

關東軍秘密細菌戰部隊ノ業務ノ犯罪的性格ハ、本件ノ審理中訊問サレタ被告及ビ證人ノ供述ノミデナク、第七三一部隊及ビ第一〇〇部隊ノ機構其ノモノ、其ノ特殊技術裝備、其ノ業務ノ規模ニヨツテモ立證サレル。

此ノ點ニ於テ、第七三一部隊ハ、特ニ際立ツテイル。

是レハ、研究員及ビ技術員約三千名ノ定員ヲ有シタ強大ナ細菌戰用綜合工場デアツタ。

給水防疫問題ハ、石井部隊ノ業務ノ眞相ヲ秘匿スル表看板ニ過ギナカツタ。

防疫給水ニ從事シテイタノハ、石井部隊ノ僅カ一ツノ部ノミデ、衆目ヲ誤魔化ス爲、哈爾濱市内ノ目立ツ場所ニ配置シタ第三部ガ是レデアル。而シテ、哈爾濱ヲ去ル二十粁ノ一小驛平房附近ニハ強大ナ特殊技術裝備ト高性能ノ機械器具ヲ有スル一大軍事村落ガ建設サレテイタシ、此ノ村落ノ一切ノ業務ハ、秘密細菌兵器ノ研究及ビ製造ヲ目的トシテイタ。

35*

平房附近特別軍事地域設定ノ件ニ關スル（一九三八年六月三〇日付、第一五三九號）關東軍參謀長ノ通牒ガ裁判ニ提示サレテイル。

第七三一部隊ノ全業務ハ、極秘ニ附サレテイタ。前記引用セル通牒ノ第一項ニヨレバ、石井部隊ノ『特別軍事』造營物ガ配置サレテイタ平房驛附近ノ上空ハ、飛行機デ飛翔スルコトスラ出來ナカッタ。航空ニ對シテハ、通牒第四項ニヨリ、特別ノ航路及ビ禁止空域ガ指定サレテイタ。

石井部隊ノ建築物ハ、高イ土壘ト有針鐵條網ヲ以テ、外部カラ遮蔽サレテイタ。同部隊ノ主ナ建物ハ、閉サレタ四角形狀ニ建テラレ、生キタ人間ヲ使用スル殘虐ナ實驗ガ行ワレテイタ構內ノ監獄ヲ隱蔽シテイタ。而シテ、囚人用ノ密閉サレタ自動車ガ悶死ニ運命ズケラレタ人々ヲ運ンデ來ル場所ト此ノ監獄トハ、特別ノ地下道デ連結サレテイタ。

近傍ノ村落ノ住民ハ、憲兵隊ニヨッテ綿密ニ取調ベラレタ。

同部隊ノ地域內ニ立入ルコトハ、通行證ニヨッテ部隊員ノミガ出來タ。關係者以外ノ者——例エ、日本軍ノ高官ニセヨ——ニ對シテハ、關東軍司令官ノ署名入リノ特別通行證ニヨッテノミ構內ヘノ立入リガ許可サレタ。亦近邊ノ住民ガ、第七三一部隊ノ業務ノ眞相ニ就キ不審ヲ抱キ或ハ是レヲ察知スルノヲ避ケルタメニ同部隊ノ將校ハ、下附サレタ軍醫章ヲ着用セズ、一般兵科ノ軍服ヲ着テイタ。

本件ノ審理ニ於テハ、第七三一部隊ノ業務ガ詳細ニ究明サレタ。平房驛附近ノ軍事村落ノ壁ニ圍マレテ外部カラ隱蔽サレテイタ同部隊ノスベテノ部ハ、給水及ビ防疫トハ、無緣デアツタ。

第一卽チ研究部ハ、細菌戰兵器ノ發明ニ從事シテイタ。是レガ爲、諸特殊實驗室デハ、有リトアラユル研究ト實驗ガ實施サレ、日本ノ細菌專門家ノ意見デハ、戰爭ニ使用スル上ニ、最モ有効ナモノト看做サレタ種類ノ細菌ノ培養業務ガ行ワレテイタ。

被實驗者ガ收容サレ、恐ルベキ實驗ガ行ワレテイタ秘密監獄ハ、第一部ニ所屬シタ。尙、斯ル實驗ニ關シテハ、後ニ言及スル。

第二卽チ實驗部ハ、研究部ノ行ツタ研究ノ結果ヲ實地ニ檢査シテイタ。此ノタメ、實驗部ハ、安達驛附近ニ特設實驗場ヲ有シ、又、特殊飛行隊ヲ有シタ。

實驗部デハ、敵側ニ細菌ヲ轉移スル爲ノ細菌彈ノ研究業務ガ實施サレテイタ。此處デ、陶器製爆彈及ビ特殊細菌砲彈並ビニ殺人資材ノ飛行機投下用特殊落下傘ガ發明サレ、試驗サレテイタ。此ノ部ノ勤務員ハ、細菌ノ撒布乃至ペスト蚤ノ傳播ニ使用サレルベキ萬年筆形及ビステツキ形ノ特殊細菌撒布拳銃ノ見本ノ製造ニ從事シテイタ。明ラカニ、此等ノ研究ハ、成果ナキニシモアラザリシ如ク、既ニ一九四四年、日本大本營陸軍部第二部ノ作成セル謀略隊ノ兵器一覽表案ニハ、萬年筆形撒布拳銃ガ一カ小隊四、中隊指揮班三宛記入サレル程ノ意義ヲ有スルニ至ツタ。

謀略ノ目的ノ爲、石井部隊ハ、炭疽病菌ヲ以テ汚染セルチヨコレート菓子ヲ製造シテイタ。

第二部ニハ、ペスト病菌傳播用ノ蚤ヲ極メテ大量ニ繁殖シテイタ特別ノ一課ガ所屬シテイタ。此ノ點ニ關シテハ、更ニヨリ詳細ニ言及スル。

第四即チ製造部ハ、莫大ナ量ノ細菌ヲ培養シ得ル生産能力ヲ有スル本格的ナ細菌工場デアツタ。此ノ部ニ於テ、第一（研究）部及ビ第二（實驗）部ノ業務ノ結果實地ニ應用サレテイタノデアル。細菌戰ノ諸目的ノ爲ニ選擇サレ、實驗ニヨツテ試驗サレ、此ノ試驗ニ合格シタ傳染病ノ病原菌ガ大量製造ニ移サレテイタ。

元第四部部長デアル被告川島及ビ柄澤ノ供述ニ於テ、裁判官同志諸君ハ、第七三一部隊ガ數日間ニ三〇〇キログラムノペスト菌及ビ之レニ匹敵スル量ノ他ノ諸病原菌ヲ繁殖スルノニ必要ナ一切ノ設備ヲ有シテイタコトヲ聞知シタ。

一カ月間ニ第四部ハ、三〇〇〇キログラム迄ノペスト菌、六〇〇〇キログラム迄ノ炭疽病菌、一噸迄ノコレラ菌ヲ繁殖シ得タ。

此等ノ恐ルベキ數字ノミヲ以テシテモ、第七三一部隊ノ任務ガ侵略戰争用ノ細菌兵器ノ大量生産デアツタコトガ立證サレル。

此ノ結論ハ、法醫學鑑定人側ノ鑑定ニヨツテ、完全ニ確認サレテイル。鑑定委員會ハ

「第七三一部隊」（第四部）「ニアッタ之レ及ビ他ノ設備」ハ、極メテ多量ノ活キタ病原菌ノ製造ヲ可能ナラシメテ…「僅カ數日ニ過ギナイ通常ノ一製造周期間ニ…最少限三百萬兆ノ細菌ノ製造ヲ確保スルコトヲ可能ナラシメタ」ト指摘シタ。

同部隊ノ設備ノ構造及ビ其ノ規模ハ、同時ニ、數製造周期ノ生産ヲ可能ナラシメ、斯クテ、第七三一部隊ノ有シタ設備ノ一カ月生産力ハ、中程度ノ繁殖速度ヲ有スル細菌デスラ、數千萬兆繁殖シ得ル如キモノデアッタ。

次イデ、鑑定人側ノ鑑定ニハ、「ペスト、コレラ、腸チブス等ノ病原菌ヲ含ム此等ノ極メテ多量ノ病原菌體ハスベテ、人間ノ大量殺戮ヲ目的トスル細菌兵器ノ製造用デアッタ」ト述ベラレテイル。

石井部隊ノ細菌専門家共ガ炭疽病、コレラ及ビ特ニペストノ病原菌ニヨル犯罪的實驗ニ最大ノ注意ヲ拂ッテイタコトガ本件ノ審理資料ニヨッテ判明シテイル。

一連ノ非人道的人體實驗ヲ重ネ、中國派遣中、中國ノ住民ニ對シテ細菌攻擊ヲ實施シタ結果、同部隊長石井ハ、第一ニ、ペスト蚤ヲ充塡シタ陶器製爆彈ノ飛行機投下及ビ第二ニ、ペスト蚤ノ特殊器具ニヨル飛行機雨下ヲ、ペスト病蔓延ノ主要方法トシテ採用シタ。

ペストノ媒介體トナリ得ル種類ノ蚤ノ大規模ナ培養方法ガ完成サレタ。石井ハ、此ノ方法ノ完成ヲバ、部隊ノ殊勳ト看做シタ。蚤ハ、特殊飼育器ニ入レラレテ、函ニ投入サレル齧歯類ノ血液ヲ吸ッテ器内デ繁殖シタ。

川島ノ供述ニヨレバ、所謂「一製造周期」間ニ、各飼育器カラ約十グラム卽チ概ネ三萬匹ノ蚤ガ收集サレタコトガ明ラカトナッテイル。

被告川島ノ供述ニヨッテ判明シ、本件ノ他ノ諸資料ニヨッテ確證サレテイル如ク、同部隊第二部ノ特別ノ一課（田中技師ナル者ヲ長トスル）ノミデモ、斯ル飼育器四千五百ヲ有シタ。斯クテ、支部ヲ除ク石井部隊本隊ノミデモ、最少限ニ見積ッテ、「一製造周期」間ニ四五キログラムノ蚤ヲ繁殖スルコトガ出來タノデアル。

法醫學鑑定人側ノ鑑定ニヨレバ、此ノ量ハ、猛毒ヲ有スルペスト病菌ヲ傳播スル蚤「數千萬匹」ニ相當スルコトガ明白デアル。

法廷ニ於テ供述シタ被告山田ハ、石井部隊査閲後特ニ記憶ニ殘ッタモノハ、細菌繁殖用ノ強大ナ設備並ビニ感染後ペスト流行ノ惹起ニ利用サレルベキ、「極メテ多量ノ」――山田自身ノ言――生キタ蚤ヲ入レタ特殊ノ箱デアルト言明シタ。

高所カラ第一特設實驗場及ビ部隊專用飛行場ヲ俯瞰スル爲ニ屋上ノ櫓ニ上ッタ元關東軍司令官ハ、ペスト菌ニ感染セシメラレタ蚤ガ、他ノ特設實驗場内デ、飛行機カラノ雨下ニヨリ試驗サレ且ッ、實驗ガ立證スル如ク、其レガ有効ナ細菌戰兵器デアルトノ同伴ノ將校等ノ報告ヲ興味深ク、滿足シテ聽取シタ。

山田ハ、此ノ自供ヲ次ノ言葉デ結ンデイル――「私ハ、同部隊ノ細菌兵器研究業務ノ規模及ビ其ノ厖大ナ生產能力ニハ全ク驚嘆シマシタ」。

併シ乍ラ、細菌戰準備ノ分野ニ於ケル同部隊ノ「厖大ナ生產能力」ガ彼自身ノ石井部隊査閲後初メテ明白トナリ、彼ヲ斯クモ驚嘆サセタトノ山田ノ言明ヲ吾々ハ、信ジカネル。

山田自身ノ供述ニヨレバ、次ノ事ガ明白デアル。即チ、關東軍司令官ニ任命サレタ直後、彼ハ、其ノ前任者、既ニ國際軍事裁判ニヨッテ處斷サレタ日本主要戰爭犯罪人、梅津大將ノ私用金庫ニ保管サレテイタ他ノ最モ機密ヲ要スル文書ト共ニ、ペスト蚤ヲ以テ充填サレル「石井式」細菌爆彈ノ設計圖ト說明書ヲ發見シタ。此ノ型ノ爆彈ハ、梅津大將ニヨッテ認可サレ、且ッ山田ハ、其ノ前任者ノ意見ニ同意シタ。石井部隊視察ノ際山田ハ、直接此等ノ爆彈ノ見本ヲ檢分シタ。

人間虐殺ノ爲ノ石井部隊ノ「厖大ナ生產能力」ハ、細菌兵器ノ研究及ビ準備ニ關スル第七三一部隊ノ秘密業務ニ就キ山田ニ詳細ナ說明ヲシタ元關東軍軍醫部長被告梶塚ノ報告ヲ受ケタ後既ニ山田ニハ、充分明瞭ニナッタ筈デアル。

併シ乍ラ、第七三一部隊ノ視察後山田ガ石井ニヨッテ遙カ以前カラ發展セシメラレテイタペスト蚤ノ細菌戰ヘノ利用ニ關スル犯罪的諸計畫ニ同意シタコトハ、爭論ノ餘地ナタ判明シテイル。

山田自身、コノ事ヲ否定セズ、「私ノ在職中ニ、ペスト菌ヲ以テ汚染シタ蚤ノ使用方法、即チ特殊器具ニヨッテ飛行機カラ撒布シ又ハ特殊爆彈ヲ投下スル使用方法ガ最後的ニ完成サレタ」ト言明シテイル。

一九四四年八月、石井ニ代ッテ、第七三一部隊長ノ職ニ就イタ北野中將ハ、安達驛附近ノ特設實驗場ニ於ケルペスト蚤使用實驗ノ結果ニ關シ、特ニ山田ニ報告シタ。

元關東軍作戰部長松村少將ノ供述ニヨリ明ラカナル如ク、一九四四年末、山田ノ發意ニヨリ、戰爭ノ際ニペスト蚤ヲ使用スル問題ニ關シ高級參謀作戰會議ガ關東軍司令官室ニ於テ行ワレタ。本會議ニハ、山田、關東軍參謀長笠原幸雄、同副參謀長池田少將、戰略部ノ參謀デ天皇裕仁ノ從弟竹田宮及ビ關東軍作戰部長松村ガ參加シタ。北野中將ハ、ペスト菌ヲ以テ汚染セル蚤ヲ細菌兵器トシテ使用スル諸方法ニ就キ詳細ナ報告ヲ行ッタ。

山田ノ供述ニヨレバ、同樣ニ、關東軍司令部附屬ノ特別委員會ガペスト菌ヲ以テ汚染サレタ蚤ヲ細菌戰ノ諸目的ニ使用スル問題ヲ檢討シタコトハ、明ラカデアル。

一九四五年三月、第七三一部隊長ニ再任サレ、細菌戰準備ノ強化ニ關スル日本陸軍省ノ指令ヲ受ケタ石井ハ、滿洲歸着後直チニ、蚤ノ大量培養及ビ齧齒類ノ繁殖ニ主眼ヲ置イタ。

石井ハ、彼ガ部隊内デ開イタ第一次作戰會議席上既ニ、『田中班ノ兵器』即チペスト蚤コソ、細菌戰ニ於テ最大限ノ成功ヲ收メ得ル旨言明シタ。同部隊各支部ニハ、蚤ノ培養ヲ極力強化スルコトヲ命ズル暗號電報ガ發送サレタ。

第七三一部隊デハ、支部勤務員ニ特別教練ヲ施シ、彼等ハ、教習會デ、蚤ノ培養方法ヲ學ンダ。其ノ後、同部隊支部ハスベテ、蚤ノ培養ニ拍車ヲカケ、培養シタ蚤ハ、次々ト石井部隊ニ送致シタ。

蚤ハ、齧齒類ノ血液ヲ吸ッテ飼育器ノ中デ繁殖スル仕組ニナッテイタ關係上、同部隊支部ハ、鼠、二十日鼠ノ捕捉ヲ強化セヨトノ命令ヲ受ケタ。證人森田ノ供述ニヨリ、裁判ハ、第七三一部隊海拉爾支部ノミデモ、一九四五年夏約一萬三千匹ノ鼠ヲ同時ニ飼育シテイタコトヲ承知シテイル。

元同部隊主計、證人堀田ハ、一九四五年、石井ガ約三百萬匹ノ鼠ヲ、蚤ノ繁殖ニ利用セント企テタノデ、堀田ハ之レニ必要ナ飼料ノ確保ニ關スル計算ヲ行ッタコトヲ供述シタ。

石井ノ此等一切ノ行動ガ日本參謀本部ノ承認ト認可ヲ受ケタコトハ、疑問ノ餘地ガナイ。

早クモ、一九四一年、『關特演』計畫ガ實行ニ移サレ、ソヴェト同盟ニ對スル戰爭準備ガ行ワレタコトニ關連シテ、石井ハ、參謀本部ノ直接指令ヲ理由トシテ、寄生虫培養業務ヲ極メテ大規模ニ強化スルト言ウ任務ヲ部隊勤務員ニ課シタ。

被告川島ハ、此ノ點ニ關シ次ノ如ク供述シタ――

『石井ハ、參謀本部デハ、部隊ノ業務結果ヲ高ク評價シ、細菌戰用兵器ノ完成化ト今後一層研究ニ特別ノ注意ヲ拂ウベシトノ指令ヲ發シタ旨吾々ニ傳達シマシタ。石井中將ハ此ノ旨傳達シタ後部隊ノ蚤繁殖能力ノ擴張ヲ一層大規模ニ推進スベク更ニ更ニ精勵ヲ勵ムコトヲ吾々ニ呼ビカケマシタ。

序ニ、石井ハ、成績優秀ナル場合、部隊ハ三―四カ月間ニ六〇キログラム迄ノ蚤ヲ繁殖シ得タガ、今後此レヲ、同一期間ニ、二〇〇キログラム迄ニ増大セシメルコトガ是非必要デアルコトヲ指摘シマシタ。石井中將ハ、細菌兵器ノ製造擴張ニ關スル此等ノ方策ハスベテ、國際情勢ノ變化、卽チソヴエト同盟ニ對スルドイツノ開戰及ビ關東軍ニ於ケル『關特演』計畫ノ施行ニ關連シテ必要不可缺デアルコトヲ吾々ニ說明シマシタ』。

一九四五年初メカラ第七三一部隊ト其ノ支部ガ展開シタ狂熱的ナ細菌戰準備活動卽チ、細菌體ノ製造擴張、生キタペスト蚤ノ莫大ナ量ノ蓄積並ビニ寄生虫ノ食物デアリ、其ノ汚染原體タル齧齒類ノ繁殖ヲ主ナ内容トスル活動モ亦、日本ノ參謀本部及ビ陸軍省ノ直接指令ニヨッテ行ワレテイタ。是レハ、被告山田、梶塚、西、尾上、證人松村等ノ供述ニヨッテ充分明確ニサレテイル。

私ガペスト菌感染用ノ寄生虫ノ大量培養ノ分野ニ於ケル第七三一部隊ノ醜悪ナ業務ヲ斯クモ詳細ニ述ベル理由ハ、以上諸君ノ前ニ提示シタ諸證據ニヨリ、日本侵略者共ガ準備シテ來タ細菌戰ニ於テ、此ノ種類ノ細菌兵器ガ最モ主要ナモノノ一ツトナッテイタコトガ明瞭ニナルコトニアル。

石井部隊及ビ日本軍ノ他ノ細菌戰諸部隊ノ全業務ハ、平和及ビ人類ニ對スル日本帝國主義者共ノマコトニ瞠目スベキ陰謀、殺人細菌戰兵器ノ使用ヲ豫定シタ陰謀ノ證據デアル。

無防備ノ人々ノ殺戮及ビ廣大ナ地域ノ荒廢ノ爲ニ、殺人細菌戰兵器ヲ使用スル方法ヲ教エラレタ惡黨要員ヲ養成シテイタ部ノ所謂「教育」部ナル名稱ハ、唯陰險ナ愚弄トシテ看做ス外ナイ。

本件ノ審理中ニ諸君ハ、同部隊デ斯ル教育ヲ受ケタ殺人犯ノ一人——元第七三一部隊教習生古都ヨシオノ供述ヲ聽取シタ。彼ハ、石井部隊ノ中國派遣中、彼自身豫メ腸チブス菌ヲ以テ汚染シタ三千個ノ饅頭ヲ中國軍ノ飢エタ俘虜ニ直接分配シタコトヲ述ベタ。

石井部隊デハ、細菌謀略ノ直接ノ實行者及ビ細菌攻擊實行者、卽チ、愼重冷靜ニ、且ツ本人ハ處罰サレナイ如ク人間ヲ殺戮スル方法ヲ仕込マレタ者ガ養成サレテイタノデアル。

日本軍ノ主要ナ細菌戰秘密部隊タル石井中將ノ部隊ハ、斯クノ如キモノデアッタ。

第一〇〇部隊ノ機構モ、概ネ斯クノ如キモノデアッタ。同部隊各部ノ一連番號ハ異ナッテイタトハ言エ、決シテ、之レニヨッテ部隊ノ從事シタ業務ノ本質ハ變更サレテイナカッタ。ココデモ、最モ有効ナ細菌兵器ノ研究ガ行ワレ、此處デモ、一定ノ細菌ノ培養ノ有用性ヲ試驗スル目的デ實驗ガ行ワレ、此處デモ、試驗ニ合格シタ種類ノ細菌ガ大量繁殖サレルニ至リ、ココデモ亦、細菌兵器ノ使用法ニ習熟セル要員ガ養成サレテイタノデアル。

全業務ヲ、殺人ニ集中シテイタ石井部隊ト異ナッテ、第一〇〇部隊ハ、亦動植物ノ感染方法ノ研究ニモ從事シ且ツ此ノ方針ニ副ウテ、細菌兵器ヲ製造シテイタ。併シ、更ニ、本件ノ審理ニ於テ立證サレタ如ク、第七三一部隊ニ於ケルト全ク同様ニ第一〇〇部隊デモ生キタ人間ヲ使用スル實驗ガ行ワレテイタ。第一〇〇部隊ガ培養シテイタ鼻疽及ビ炭疽病ノ如キ流行獸疫ノ大量ノ病原菌ハ、細菌攻撃ヲ受ケタ諸地域ノ住民ニ對スル極メテ重大ナ危險トナッテイタ。

裁判ニヨッテ其ノ業務ヲ究明サレタ第三ノ日本軍細菌戰秘密部隊ハ、南京『榮』一六四四部隊デアッタ。日本ノ他ノ細菌戰秘密部隊ノ如ク、『榮』一六四四部隊ハ、其ノ名稱ヲ數回變更シ、一時、『タマ』部隊ト呼稱サレタコトモアル。

裁判ニ提示サレタ諸證據ハ、南京部隊モ亦、細菌戰ノ諸目的ノ爲ノ強大ナ細菌培養設備ヲ有シテイタコトヲ明ラカニシテイル。

一定期間、南京部隊ハ、前記石井ニ指揮サレテイタガ、此ノ事ハ、既ニ、同部隊ノ業務方針ヲ豫メ決定シタ。何故ナラバ、本件ノ資料ニヨリ明白ナル如ク、石井ノ全活動ハ、細菌戰準備ノ諸目的ヲ追求シテイタカラデアル。其後、南京部隊ハ、被告佐藤ニ指揮サレテ來タ。

南京部隊デ行ワレタ非人道的人體實驗ニ就イテハ、後程述ベル。

『榮』一六四四部隊ガ、中國軍ニ對シ細菌攻擊ヲ實行スル上ニ、石井部隊ヲ援助シタコトハ、充分立證サレテイル。

斯クシテ、南京部隊ハ、其ノ生産能力ニ於テ劣ルトハ言エ、石井部隊ト同樣ノ細菌戰秘密部隊デアッタ。

第七三一部隊ニ關シテ言ウナラバ、裁判ニヨッテ蒐集、究明サレタ一切ノ證據ハ、日本帝國主義者共ニヨッテ大陸ニ創設サレ、細菌兵器關係ノ研究ヲ系統的ニ行イ、細菌戰ヲ準備シ且ツ此ノ目的ノ爲ニ、極メテ尨大ナ技術能力ヲ有シタ主要ナ細菌戰秘密中心機關トシテ同部隊ヲ特徵ズケル根據ヲ與エテイル。

一連ノ供述ハ、細菌戰準備ノ主要ナ中心機關トシテ第七三一部隊ヲ特徵ズケテイル。

ソヴェト同盟ニ對スル戰爭ガ勃發シタ場合、ペスト蚤ヲ充塡シタ爆彈ヲ以テ極東ノソヴェト側諸都市ヲ爆撃シ、飛行機ニヨル細菌雨下ノ方法ニヨリ、ソヴェト側ノ銃後ノ諸地域ノ汚染ヲ行ウト言ウ決定ガ、日本参謀本部ノ指令ニ從ツテ、關東軍司令部ニヨツテ採擇サレテイタ。

此ノ犯罪的、非人道的計畫ノ創案者元關東軍司令部作戰部長松村少將ハ、『ソヴェト同盟ニ對スル戰爭ノ際ニハ、ヴオロシロフ、ハバーロフスク、ブラゴヴェシチンスク及ビチタ市一帶ニ對シテ細菌兵器ガ使用サレル筈デアツタ』ト供述シタ。

第七三一部隊ガ殊更ニ滿洲內ニ展開サレタ第一ノ最モ主要ナ原因ハ、ソヴェト同盟ノ國境ガ近イコトデアツタ。

併シ、被告川島ハ、第二ノ原因ヲモ擧ゲタ。細菌戰實行ニ關スル犯罪的研究ハ、多數ノ人的犧牲ヲ要シタ。生キタ人間ヲ使用スル、全ク道德ヲ蹂躪シタ慘酷ナ實驗ハ、極秘ニ附サルベキデアツタ。

此ノ故ニコソ、滿洲內ニ石井部隊ガ展開サレタ第二ノ原因トシテ被告川島ハ、（以下本人ノ供述カラ引用スル）『人體細菌實驗ヲ行ウ爲ノ多數ノ人的材料ヲ日本人以外ノ民族ニ屬スル者ノ中カラ得ルコトガ出來、亦、滿洲ノ領土ガ廣大デアルコト』ヲ擧ゲタノデアル。

三、生キタ人間ヲ使用スル犯罪的實驗

裁判官同志諸君！

石井部隊ニ於テ、生キタ人間ヲ使用スル非人道的實驗ノ實施ニ際シテ犯サレ、且ツ最近迄、極秘ニ附サレテイタ驚クベキ犯罪ノ究明ニ移ルニ當ツテ、私ハ、日本ノ鬼畜共ノ手ニ掛ツテ、虐殺サレタ人々ニ對スル衷心ヨリノ哀悼ノ情ヲ禁ジ得ナイ。

本件ノ審理ニ於テハ、此ノ點ガ餘蘊ナク究明シ盡サレタ。

幾千人ノ生キタ人間ガ、日本ノ憲兵ニヨツテ虐殺ノ爲ニ鬼畜ノ如キ實驗者共ノ手ニ引渡サレ、寸斷ノ責苦ヲ受ケテ、徐々ニ悶死シテ行ツタコトハ、被告及ビ證人ノ供述ニヨルノミデナク、ツヴエト軍部隊ニ押收サレタ日本憲兵隊ノ記錄カラ拔萃サレタ原本ノ文書ニヨツテモ完全ニ立證サレテイル。

吾々ハ、石井部隊デ實施サレテイタ人體實驗ノ細部及ビ其ノ手續ヲ承知シテイル。

亦、所謂『特移扱』トシテ、石井部隊ニ送致サレタ不幸ナ人々ノ中、一人モ其處カラ生キテ出ナカツタト言ウ事實モ、何等疑問ノ餘地ガナイ。

石井四郎ノ實弟ヲ典獄トスル同部隊ノ構内監獄ニ監禁サレタ人々ハ、次々ト實驗ニ使用サレタ揚句、專ラ火葬場ノ釜ニ投込マレテ行ツタ。

日本ノ憲兵隊ハ、種々ナ民族、性別、年齢ノ人々ヲ、石井部隊ノ監獄ニ送致シテ、殺戮セシメタ。其ノ中ニハ、老人、青年、男子、女子及ビ子供サヘ居ッタ。

其ノ中或ル者ハ、部隊ニ送致サレタ後數日ヲ經テ死亡シタガ、他ノ者ハ、幾カ月ニ亘ッテ、苦難ノ生存ヲ續ケタ。

日本ノ憲兵隊ニ捕エラレ、實驗者共ノ横暴ニ委ネラレタ此等ノ人々ハ、想像モ及バナイ苦痛ヲ肉體ニ受ケ、不斷ニ、死ノ恐怖ニ曝サレテイタ。ソヴエト軍ガ押收シタ日本憲兵隊ノ書類ニヨッテ、吾々ハ、若干ノ犠牲者ノ名ヲ知ッテイル。牡丹江出身ノ老鐵道員、孫朝山、大工ノ呉殿興、修理工ノ朱志敏、奉天出身ノ中國愛國者王英ノ事ヲ吾々ハ知ッテイルシ、彼等ノ罪ト言エバ、中國ノ國土ニ於テ日本侵略者共ガ主人顔ニ振舞ウコトニ、彼等ガ妥協セント欲シナカッタ事ニ歸スルノデアル。

吾々ハ、山東省黄縣出身ノ中國共産黨員邱德恩ガ、日本ノ憲兵隊ノ拷問ニ耐エ抜キ、最後迄自己ノ人民ヘノ忠實ヲツクシ、裏切者ト成ラナカッタタメニ、石井部隊デ慘殺サレタ事ヲ承知シテイル。

吾々ハ、日本ノ占領體制ヲ糾彈スル論文ヲ新聞ニ郵送シタトノ嫌疑ヲ憲兵カラ受ケタ大連出身ノ良心的ナ中國ノ商事會社員鐘氏慈ノ名ヲ知ッテイル。

日本憲兵ノ手中ニ陷リ、最後迄ソヴエト人ノ責務及ビ自己ノ軍人トシテノ宣誓ヲ忠實ニ固守シタソヴエト軍兵士デムチエンコノ面影ハ、神聖デアル。恐ルベキ拷問ニカケラレツツモ、デムチエンコハ、彼ヲ訊問シタ憲兵共ニ、ソヴエト同盟ニ關スル一切ノ情報ノ提供ヲ拒絶シタ。證人、元『保護院』長補佐山岸ハ、『其ノ結果、私ハ、彼ヲ處置スルコトニ決シ、此ノ爲ニ、彼ヲ第七三一部隊ニ送致シタ』ト述ベテイル。

石井部隊ノ監獄内デ虐殺サレタ人々（大部分ハ、中國人及ビロシア人）ノ悼シキ名前ヲ更ニ列擧シ得ル。

併シ乍ラ、吾々ハ、大部分ノ犧牲者ノ名ヲ知ラナイ。石井部隊ノ監獄ニ投込マレタ人々ハ、名前ヲ失ッタ。彼等ニハ、番號ガ附サレ、是レハ、死亡ノ時迄殘ッタ。人間ガ、其ノ生身ヲ次々ト實驗ニ使用サレタ後死亡スレバ、第一部ノ書記ガ登錄カードノ番號ヲ抹消シ、虐殺サレタ人々ノ死體ハ、火葬場ノ釜デ燒キ、死者カラ外サレタ手錠、足錠ハ、次ノ新シイ犧牲者ニハメラレタ。

被告川島ハ、日本ニ占領サレタ滿洲内デ石井部隊ガ實驗用ノ人間ノ不足ヲ感ジナカッタト法廷ニ於テ言明シタガ、是レハ、眞實デアル。吾々ハ、憲兵隊ノ報告原本ニヨッテ此ノ事ヲ知ッテイル。

裁判ハ、『特移扱』トシテ、石井部隊デ殺戮サレルベキ人員ニ關スル一九四三年三月一二日付、關東憲兵隊司令部ノ極秘ノ指令書ヲ有シテイルガ、此ノ文書以上ニ、破廉恥且ッ非人道的ナ文書ハ、考エラレナイ。此ノ指令書ニヨレバ、『親ソ又ハ反日』感ヲ抱ク一切ノ人物ノミデナク、凡ソ、日本ノ憲兵隊ニヨッテ、反政府活動乃至感情ノ嫌疑ヲカケラレタ一切ノ人物——指令書ニ述ベラレテイル如ク、『ソノ罪體ニ徴シテ事件送致スルモ、不起訴乃至短期刑ノ判決ヲ受クルコトガ豫想セラルル』モノスラ、殺戮ニ供セラレル事ニナッテイタ。

『特移扱』トシテ殺戮セラルベキ人物ハ、反日活動ノ嫌疑ヲカケラレタ本人ノミデナク、指令書ニ述ベラレテイル如ク、『特移扱相當人物ノ一味ニシテ、罪狀輕シト雖モ、釋放スルヲ不可トスルモノ』モ加エラレテイタ。亦、指令書ノ特別欄——『民族運動及ビ共産運動ニ關係アル思想犯人』——ノ欄ニ記入サレタ事項ニ該當スル優レタ先驅的ナ人々ノ中デ憲兵ノ手中ニ陷ッタ人々モ此ノ指令書ニヨレバ、殺戮セラレルベキデアッタ。

指令書ノ『備考』ニハ、各憲兵隊長ハ、指令書ニ列擧サレタ一切ノ部類ノ被檢擧人ニ對シテ關東憲兵司令官ニ、『確信ヲ以テ』『特移扱』ヲ申請シ得ルコトガ強調サレテイル。

此ノ指令書ニヨレバ、日本ノ壓制ニ對シテ積極的ニ闘ッタ人物ノミデナク、本人ノ何等カノ罪狀ニ關スル證據ガ全ク缺如シテイル爲、日本ノ裁判所ニ事件送致ヲ爲シ得ナイ容疑者スラモ石井部隊ニ於テ殺戮サレテイタコトガ明白ニナル。

所謂滿洲國憲兵團ノ日本人顧問デアッタシ、本裁判ニ於テ、證言ヲ行ッタ證人橋•ハ、「特移扱」ノ手續ニ關シ詳細ニ語ッタガ、コノ手續ニヨレバ、憲兵隊長ノ獨斷デ、憲兵ノ取調ニ於ケル其ノ決定ノミニヨッテ、人間ノ生死ノ問題ガ決定サレテイタ。

日本ノ憲兵隊ノミデナク、所謂「日本陸軍特務機關」、即チ、日本軍ノ諜報機關モ亦、死ニ運命ズケラレタ人々ヲ、石井部隊ニ送致シテイタ。

例エバ、日本ノ中央特務機關ニ所屬シテ、哈爾濱ニ「保護院」ト稱サレルロシア人關係ノ特別收容所ガ存在シタガ、此處カラ幾十名ノロシア人ガ殺戮用トシテ、第七三一部隊ニ系統的ニ送致サレテイタコトガ本件ノ審理ニヨッテ判明シタ。是レハ、ソ同盟ニ對スル敵對活動ヲ行ウベシトノ日本諜報機關ノ諸要求ヲ實行セント欲シナカッタ人々デアル。是レハ、反日感ヲ抱イテイタ人々デアルガ、日本ノ法律ニ照シテモ、裁判ニヨッテ處罰シ得ル如キ如何ナル犯罪ヲモ犯サナカッタ爲、彼等ヲ裁判ニ附ス根據ヲ與エナカッタ人々デアル。「保護院」長飯島及ビ其ノ補佐官山岸ハ、此等ノ人々ニ對シ、生殺與奪ノ全權ヲ有シ、兩人ガ一筆書ケバ、指名サレタ犧牲者ハ捕エラレ生還ノ道ナキ第七三一部隊ニ送致サレテイタ。

第七三一部隊ノ監獄ニハ、男子ノミデナク、婦女子モ、殺戮用トシテ送致サレテイタコトハ、私ガ既ニ述ベタ所デアル。

一九四五年夏、第七三一部隊ノ業務檢閲ノ爲、山田ニヨッテ派遣サレタ元關東軍司令部人事部長田村大佐ハ、次ノ如ク供述シタ——

『建物ノ巡視ニ際シテ、私ハ、構內監獄ニ案內サレマシタ。其處ノ特殊監房ニハ、石井ガ直接私ニ說明シマシタ如ク、實驗ニ使用サレル生キタ人間ガ鐵鎖ニ繋ガレテ收容サレテイタノデアリマス……此等ノ被實驗者ノ中ニ、私ハ、中國人、ヨーロッパ人、一人ノ婦人ヲ見タノデアリマス。石井中將ガ直接私ニ說明シマシタ如ク、此ノ婦人トヨーロッパ人ハ、民族ハロシア人デアリ、日本ノ懲罰機關ノ意見デハ、處分サレルベキ人物ノ中カラ、在滿日本憲兵隊及ビ特務機關ガ同部隊ニ送致シタモノデアリマス』。

第七三一部隊ノ監獄ガ存在シタ全期間ヲ通ジテ、日本ノ特務機關ト憲兵隊ニ捕エラレ、死ニ運命ズケラレタロシア婦人及ビ中國婦人ガ同監獄ニ送致サレテイタ事實ノ諸證據ガ裁判ニ提示サレテイル。

而シテ、乳飲子ヲ抱イテ、石井部隊內デ拷問ノ爲ニ絕命シタ某ロシア婦人ノ傷々シキ面影ヲ、吾々ノ中、誰ガ忘却シ得ヨウカ！此ノ不幸ナロシア人ノ母ニ就イテハ、法廷ニ於テ被告川島ガ語ッタ。彼女ハ、妊娠中ニ同部隊ニ送致サレ、監獄內デ分娩シタ。二カ年ノ間、彼女ハ、恐ルベキ受難ノ中ニモ、我ガ身ノ苦痛ヲ忘レテ常ニ我ガ子ノ運命ヲ氣ズカイツツ、鬼畜ノ如キ實驗者共ノ手中ニ生キ拔イタ。母モソノ子モ、共ニ死亡シタ。何故ナラバ、此處デ川島ガ述ベタ如ク、同部隊ノ監獄ニ投込マレタ人々ハ、誰一人トシテ其處カラ生キテ出ルコトガ出來ナカッタカラデアル。

『特移扱』トシテ、虐殺ニ運命ズケラレタ人々ハ、特殊ノ四人輸送貨車乃至特殊自動車ヲ以テ、最大限ノ警戒手段ヲ盡シ、極秘裡ニ哈爾濱ニ送致サレテイタ。憲兵隊ノ特殊命令ニヨッテ、『特移扱』ニサレル人々ハ、輸送中、手錠及ビ足錠ヲハメラレルカ、手足ヲ捕縄デ堅ク結縛サレルベキコトガ綿密ニ規定サレテイタ。

裁判ニハ、一九三九年八月八日付關憲作命第二二四號ノ原本ガ提示サレテイルガ、是レハ、此ノ時石井部隊ヘノ三〇名ノ囚人ノ『特移扱』ガ行ワレ、且ツ第七三一部隊ヘノ囚人送致ノ手續ガ、正ニ私ガ只今裁判官側ニ申上ゲタ通リデアルコトヲ立證シテイル。

諸君ハ、此等ノ囚人ノ輸送業務ガ如何ニ嚴重ナ警戒ノ裡ニ行ワレ且ツ虐殺ニ運命ズケラレタ人々ヲ殺戮現場ニ護送スル護衛要員ガ如何ニ綿密ニ選拔サレタカヲ納得スル機會ヲ得タ。

犯罪的實驗ノ實施中日本ノ細菌專門家共ニ殺戮サレタ犧牲者ノ數ハ、極メテ莫大デアル。死亡者ノ人數ヲ誇張スルコトニハ、何等利益ヲ感ジテイナイ被告川島ノ供述ニヨレバ、第七三一部隊ノミデモ、毎年六〇〇名迄殺戮シ、一九四〇年ヨリ日本軍ノ降伏ノ日迄ニ最少限三千人ガ其ノ生命ヲ奪ワレタ。裁判ニ提示サレタ諸證據、特ニ、同部隊ガ此ノ年間ニ實施シタ實驗ニ關スル資料ハ、被告川島ガ述ベタ犧牲者數ガ、最少限ノ數字ニ過ギナイコトヲ立證シテイル。

滿洲內ノ日本ノ一切ノ憲兵隊及ビ特務機關ガ數人乃至數十人ノ犧牲者カラナル大小ノ組ニシテ、囚人ヲ石井部隊ニ送致シテイタコトガ證據書類ニヨッテ立證サレテイル。石井ハ、『特移扱』トシテ同部隊ニ送致サレル犧牲者ノ數ヲ增加セシメル爲、出來ル限リノ手段ヲ講ジタ。憲兵隊ノ幹部連ガ同部隊ヲ訪問シタ際石井ハ、憲兵隊ガ送致シタ人人ガ實際ニ殺戮サレテイルシ、新タナ犧牲者ヲモ同樣ノ運命ガ待ッテイルコトヲ納得シ得ル樣ニト、此等ノ外來者ニ直接自分ノ部隊ヲ見セテイタ。石井ガ哈爾濱憲兵隊長春日ト行ッタ斯ル談話ノ一ツニ關シ、春日ノ副官デアッタ證人木村ガ供述シタ。

斯クノ如ク、石井部隊內デ行ワレタ生キタ人間ノ大量殺戮ハ、本件ノ諸資料ニヨッテ完全ニ立證サレテイル。従ッテ、私ハ、石井部隊デ用イラレタ生キタ人間ニ對スル非人道的實驗方法ノ論證ニ移ル。斯ル方法ニ關シテハ、戰慄ト嫌惡ナシニハ、到底語リ得ナイ。

第七三一部隊ニ於テ、所謂『實驗室ノ條件下』、即チ、構內監獄及ビ之レニ隣接スル實驗室並ビニ安達驛附近ニ在ッタ同部隊ノ特設細菌兵器實驗場ニ於テ、生キタ人間ヲ使用スル犯罪的實驗ヲ行ッテイタコトガ立證サレテイル。

實驗室ノ條件下ニ於ケル實驗ハ、主トシテ、第一部員ニヨッテ行ワレ、特設實驗場ニ於ケル實驗ハ、第一、第二及ビ第四ノ各部ニヨッテ行ワレタガ、就中、主ニ第二部員ガ特設實驗場デノ此等ノ實驗ヲ行イ、新式ノ細菌兵器ヲ無防備ノ犠牲者ヲ使用シテ試驗シテイタ。

毎回、實驗ハ、實驗ノ犠牲者ニ堪エ難イ苦痛ヲ齎シタ。

實驗室ノ條件下デハ、ペスト、炭疽、鼻疽、種々ノチブス其ノ他ノ如キ最モ危險ナ流行病菌ノ注射ガ被實驗者ニ對シテ行ワレタ。

生キタ人間ヲ使用スル此等ノ實驗ヲ行イッツ、極惡人共ハ、多クノ場合、科學上知ラレテイルガ、從來動物ニ對シテノミ行ワレタ實驗方法ヲ反復實施シタ。例エバ、ワクチンノ効力研究ノ爲ニ日本ノ實驗者共ハ、多數ノ被檢擧人ヲ選擇シ、其ノ一部ニワクチンヲ注射シタ。其ノ後、全員ヲ當該疾病ニ感染セシメテ、實驗者共ハ、ワクチン注射ヲ受ケナカッタ人々ガ死亡スルカ、重病ニ罹ルト言ウ結果ヲ待ッタ。大多數ノ場合、新種ノワクチン試驗ノ際ニハ、實驗サレタ全員ガ死亡シタ。死亡シタ人々ノ身體ハ、病理學的・解剖學的研究ニ使用サレタ後、火葬場デ燒カレ、次々ト、四人ノ新シイ組ニ對シテ犯罪的實驗ガ續行サレタ。

チブス・ワクチンノ試驗ニ關スル斯ル實驗ノ一ツニ關シテハ、證人古都ガ説明シタ。

第一部長田部井ノ指示ニヨリ、彼ハ、腸チブス菌デ水ヲ汚染シ、之レヲ五〇名ノ中國人ノ四人ニ飲マセタ。尚、此ノ一部ノ者ニノミ腸チブス豫防注射ヲ豫メ行ッタ。此ノ實驗ノ結果、大部分ノ犧牲者ハ、腸チブスニ罹リ死亡シタ。

一切ノ犯罪的實驗ハ、綿密ニ記錄サレテイタ。屢々、實驗ノ結果ハ、寫眞ニ撮ラレタリ、映畫フイルムニ撮影サレタ。毎回、實驗ノ記錄ニハ、實驗ニ使用サレタ人々ノ人種ガ記入サレテイタ。

裁判官同志諸君、私ハ、本件ノ審理ニヨッテ判明シタ一事實ニ、諸君ノ注意ヲ喚起シタイ。

細菌戰準備ニ關係スル非人道的實驗ノミデナク、亦細菌戰準備トハ、直接關係ヲ有シナカッタガ、其レデモ尚、廣汎ナ規模デ行ワレ、前者ニ劣ラズ非人道的且ツ慘酷ナ實驗ガ第七三一部隊內デ生キタ人間ヲ使用シテ實施サレタコトガ立證サレテイル。此等ノ實驗ハ、一定條件下ニ於ケル人體ノ耐久力ノ限界ノ研究、防疫及ビ非傳染病治療ノ個々ノ問題ノ研究ノ如キ、特殊ノ各部乃至日本關東軍司令部軍醫部ノミガ關心ヲ有シ得ル研究ノ諸目的ヲ追求シテイタ。

生キタ人間ヲ使用スル斯ル實驗ヲ行ウ爲、第七三一部隊ハ、非常ナ高所ニ於ケル人體ノ耐久力ノ限界ヲ明ラカニスル氣壓室ヲ有シタ。斯クノ如ク、石井部隊ノ實驗者共ハ、兇惡ナヒトラー親衛隊ノ實驗者ラシエル博士ガ行ッタ實驗、卽チ、正シクモ、ニュールンベルグ國際軍事裁判ガ、ヒトラー一味ノ人非人共ガ行ッタ生キタ人間ヲ使用スル最モ惨忍且ッ非人道的實驗ノ一ッニ加エタ實驗ヲ實施シテイタ。

氣壓室ニ入レラレタ人間ハ、想像モ及バナイ苦痛ノ裡ニ、徐々ニ斃レテ行ッタ。

被告西ノ供述ニヨレバ、氣壓室内デノ人間殺戮ハ、映畫フィルムニ綿密ニ撮影サレテイタコトガ明瞭デアル。

其ノ本性カラシテ、氣壓室内デノ彼等ノ實驗ハ、日本ノ空軍統帥部ノ指示ニヨッテノミ、同部隊ガ之レヲ實施シ得タモノデアル。

第七三一部隊デハ、ダハウノ死ノ收容所デ、ラシエルガ行ッタ如キ他ノ惨酷ナ人體實驗、即チ、凍傷實驗ガ軍醫部ノ指示ニヨッテ繰返サレテイタ。凍傷實驗ハ、石井部隊ニヨリ多年ニ亘ッテ大規模ニ行ワレテ來タ。

此ノ非人道的實驗ハ、一連ノ被告及ビ證人ニヨッテ詳細ニ述ベラレテイル。是レハ、ロシア人ト中國人ニ對シテ行ワレタ。

實驗ニ使用サレル人々ハ、寒氣ニ曝サレ、時ニハ、其ノ手足ヲ水ニ漬ケサセラレタ。犠牲者ノ或ル者ニハ運動ヲサセ、亦、他ノ者ニハ不動ノ姿勢ヲトラセタ。實驗者（吾々ハ、彼ノ名ヲ知ッテイル——是レハ、部隊ノ所謂『研究員』——吉村醫師デアッタ）ハ、木ノ角棒デ露出サレタ四肢ヲ叩キッツ、完全凍傷ノ時機ヲ判定シテイタ。

凍傷ニ罹ラセラレタ後、犧牲者等ハ、監房ニ投ゲ込マレタ。其ノ中一部ハ、治療ヲシナイデ放置サレ、壞疽ニ罹ッテ死亡シタ。四人ノ他ノ一部ニ對シテハ、凍傷ニ罹ッタ四肢ノ切斷ガ行ワレ、彼等ヲ治療シタガ、ソレハ再ビ彼等ヲ實驗ニ使用スルカ又ハ全快後殺害スルタメナサレタノデアル。

凍傷實驗ハ、寫眞ニ撮ラレタ。實驗報告ハ、關東軍軍醫部ニ送致サレテイタ。

元教育部長西ハ、部隊內デ撮影サレタ凍傷實驗ノ實況映畫フィルムニ關シ、法廷デ說明シタ。其レニハ、寒風吹キ荒ブ野外ニ引出サレタ人々ガ裸ノ手ヲ向風ニ曝シテイル實況ガ示サレテイタ。吉村ハ、被實驗者ノ手ヲ捧デ叩クコトニヨッテ完全凍傷ノ時機ヲ判定シタノデアル。

冬期ノ條件下ニ於ケル對ソヴエト同盟戰爭ヲ準備シッツ、日本ノ醫師共ハ、此ノ殘忍ナ凍傷實驗ヲ極メテ廣範ニ實施シタ。此ノ爲ニ、特殊ノ家屋ガ建設中デアッタシ、其處デハ、人工的ニ、低温ガ保持サレ、寒風ガ吹キ込マレル筈デアッタ。

スベテ此等ノ實驗ハ、細菌攻擊ノ準備トハ直接ノ關係ヲ有シナカッタガ、併シ此等ハ、生キタ人間ヲ使用スル最モ殘忍ナ犯罪的實驗ト見做スベキモノデアル。

部隊第一部ノ諸實驗室デハ、三〇名ヲ下ラナイ細菌專門家ガ、種々ノ細菌及ビ傳染病病原菌ノ研究ニ従事シテイタ。而シテ其ノ各人ガ、生キタ人間ヲ使用スル實驗ヲ實施シタコトガ立證サレテイル。

私ハ、同部隊內デ、所謂『實驗室ノ條件下』ニ於テ行ワレタ生キタ人間ヲ使用スル一切ノ實驗ニ一々言及スル時間ヲ有シナイ。然シナガラ私ハ、同部隊ノ監獄ニ收容サレテイタ四人二―三百名ガ同時ニ、此等ノ恐ルベキ非人道的實驗ノ犧牲トナッテイタコト、一人ノ犧牲者モ生キ殘ラナカッタコト及ビ少クトモ六百名ノ、死ニ運命ズケラレタ人々ガ年年同部隊ノ構內監獄ニ入レラレタコトヲ裁判ニ想起セシメル。

私ガ既ニ述ベタ如ク、監獄ハ、部隊第一部ニ所屬シテイタ。而シテ、實驗用ノ四人ノ一部ハ、大規模ノ犯罪的實驗ノ爲ニ第二部ニ引渡サレタ。第二部ハ、出來ル限リ實戰ノ狀況ニ準ジタ條件下デ、特設實驗場ニ於テ此等ノ實驗ヲ行ッタ。

此等ノ實驗ニ際シテハ、實驗者共ハ、實驗ノ現場カラ概ネ一粁ノ地點ニ設置サレタ安全ナ掩蔽部ニ隱レテイタ。實驗ノ犧牲者ハ、手足ヲ縛ラレ、或ハ地中ニ打込ンダ特殊ノ鐵柱ニ堅ク結縛サレ、露天ニ殘サレタ。

細菌裂片彈ヲ使用スル際ノ犧牲者ノ卽死ガ實驗者共ノ目當デハナカッタ。コノ故ニ、實驗ニ使用サレル人々ノ頭部及ビ最モ傷ツキ易イ人間ノ生命中樞ハ、特殊ノ金屬製防楯或ハ、厚イ綿入レノ防彈巾デ覆ワレタ。

人間ノ血ガ惨ミ込ンダ此等ノ防彈巾及ビ金屬製ノ防楯ハ、消毒ノ後、次ノ實驗迄部隊ノ器材倉庫ニ保管サレタ。諸君ハ、證人堀田良一郎ノ供述ニヨッテ此等ノ物件ヲ承知シテイル。

安達特設實驗場デハ、數種類ノ、生キタ人間ヲ使用スル實驗方法ガ利用サレテイタ。最モ屢々用イラレタ方法ハ、細菌彈ノ投下並ビニ低空飛行中ノ飛行機カラノ、細菌及ビペスト菌ヲ以テ汚染シタ寄生虫ノ雨下デアッタ。

或ル場合ニハ、細菌彈ハ、人間ヲ縛リツケタ柱カラ、豫メ算定シタ一定距離ノ地點ニ配置サレ、爆彈ノ爆破ハ、實驗者共ガ隱レテイタ掩蔽部カラ電氣爆破器ニヨッテ之ヲ行ッテイタ。

實驗ノ犧牲者等ハ、實驗開始後一時間半乃至二時間ヲ經テ、捕繩ヲ解カレ、特殊ノ密閉サレタ囚人護送車ニ乘セラレテ、部隊ノ構內監獄ニ送致サレ、其處デ經過ノ觀察ニ使用サレタ。

殆ンドスベテノ場合、特設實驗場デ實驗ニ使用サレタ人々ニハ、何等ノ手當治療モ行ワナカッタ。特設實驗場ノ條件下デハ、セン滅ヲ目的トスル兵器ガ試驗サレテイタ關係上、實驗ノ結果、實驗ニ使用サレタ犧牲者全員ガ悶死スル場合、實驗者共ハ、此ノ實驗ヲ最モ好成績ナリト看做シタ。

特設實驗場ノ條件下デハ、第一部ガ研究シタ大多數ノ殺人細菌ノ効力ヲ生キタ人間ヲ使用シテ試驗シテイタ。

併シ乍ラ、特設實驗場ニ於ケル實驗ノ際、主要ナ注意ヲ拂ツタノハ、日本側ガ大規模ナ細菌戰ノ諸目的ニ最モ適シタモノト看做シタ細菌、即チ、ペスト菌、炭疽菌、コレラ菌等ニ對シテデアル。

一九四五年一月ニ被告西ハ、斯ル實驗ノ一ツニ立會ツタガ、此ノ實驗ノ目的ハ、零下二〇度以下ノ氣温ニ於ケルガス壞疽感染ノ可能性ヲ究明スルコトデアッタ。實驗ヲ指導シタノハ、第二部長碇大佐及ビ研究員二木デアッタ。

一〇名ノ囚人ガ半圓狀ニ鐵柱ニ縛リツケラレ、犧牲者ノ頭部ト背部ハ、鐵製ノ防楯及ビ綿入レノ防彈巾デ保護サレ、細菌ヲ以テ汚染シタ爆彈ハ、電流ニヨッテ爆破サレタ。

此ノ實驗ノ結果、犧牲者全員ガ數日後苦悶ノ末、遂ニ死亡シタ。

裁判ハ、特設實驗場デ、最モ頻繁ニ行ワレタペスト感染ノ人體實驗ノ夥シイ實例ノ詳細ナ狀況ヲモ承知シテイル。

スベテ此等ノ實驗ノ結果、犧牲者等ハ悶死シタ。

私ハ、特設實驗場デ行ワレタ個々ノ人體實驗ノ狀況ニハ言及シナイ。此等ノ犯罪的實驗ハ、裁判官一同ノ良ク承知シテイルトコロデアル。

生キタ人間ニ對スル非人道的ナ強制實驗ハ、第一〇〇部隊ニ於テモ實施サレテイタ。被告三友及ビ證人福住、櫻下及ビ畑木ハ、同部隊ニ於テ、囚人ヲ使用シテ、種々ノ毒藥ノ効力ガ試驗サレテイタコトヲ確認シタ。被告三友ガ供述シタ如ク、犯罪的實驗ノ不幸ナ犧牲者等ガ衰弱ノ極ニ達シ、最早實驗ノ役ニ立タナクナレバ、彼等ハ殺害サレ、死體ハ家畜墓地ニ埋葬サレテイタ。三友自身、民族ハロシア人ノ被實驗囚人一名ニ對シテ青酸加里ノ注射ヲ行ッテ、彼ヲ致死セシメタ。日本ノ憲兵共ハ、三友ノ立會ノ下ニ、屢次ノ實驗ノ結果、體力ヲ完全ニ消耗シツクシタ三名ノロシア人ヲ銃殺シタ。

第七三一部隊及ビ第一〇〇部隊ノ勤務員ハ、日本ノ憲兵隊及ビ日本陸軍特務機關ト緊密ニ共謀シテ生キタ人間ニ對スル此等未聞ノ野獸的行爲ヲ行ッテ來タ。而シテ、細菌戰部隊モ、在滿憲兵隊モ、特務機關モスベテ同一ノ人物、卽チ、日本關東軍司令官被告山田ノ直轄下ニアッタシ、斯クテ被告山田ハ、細菌戰部隊內ニ於テ、殘忍ナ實驗ノ犧牲者等ニ對シテ行ワレタ野獸的行爲、幾百、幾千ノ人々ガ故意ニ殺戮サレタコトニ對シ全責任ヲ負ウベキデアルコトハ、裁判官一同ノ前ニ立證サレタ。第七三一部隊及ビ第一〇〇部隊ノ業務ヲ夫々指導シタ被告梶塚及ビ被告高橋ハ、被告山田ト共ニ此ノ責任ヲ分擔スベキデアル。

生キタ人間ヲ使用スル實驗ハ、日本支配閥及ビ其ノ雇イノ殺人犯共ノ惡質極リナイ野獸的行爲ニ對スル本件ノ恐ルベキ一頁デアル。

此等ノ野獸的行爲ニ於テハ、人道主義者タル學者―人類ノ幸福ノ爲死ト闘ッタ闘士ノ偉大ナ努力ト犧牲ニヨッテ達成サレタ現代科學ノ成果ガ、殘忍ナ人間殺戮ニ役立テラレテイタ。

良心ヲ失イ、日本帝國主義ニ媚ビ諂ウ墮落シ切ッタ人間嫌ノ惡黨共ノミガ、人間ノ本性ニ反スル此等ノ犯罪ヲ犯シ得タノデアル。石井部隊デハ、殺戮用トシテ送致サレタ人々ヲ人間トハ看做シテイナカッタ。彼等ノ爲ニハ、「丸太」ナル特殊ノ秘匿名稱ヲ作ッテ、人間ヲ冒瀆シ愚弄シテイタノデアル。

四、蒙古人民共和國ニ對スル攻撃ノ際及ビ對中國戰ニ於ケル細菌兵器ノ使用

裁判官同志諸君!

私ハ、既ニ一九三九年頃日本軍細菌戰部隊ガ細菌兵器ノ研究ノ域ヲ脱シ、實驗室及ビ特設實驗場ニ於ケル此ノ兵器ノ人體試驗ノ域ヲ脱シ、當時日本軍ガ種々ナル戰場ニ於テ實行シテイタ戰闘行動ニ於テ彼等ガ製造シタ兵器ヲ實用スル道ニ入ッタコトヲ確證スルモノトシテ裁判ニ提示サレタ諸證據ニ言及スル。

被告西ノ供述ニヨレバ、最モ慘酷ナ人體實驗者ノ一人デアリ、殆ンドスベテノ細菌攻

撃ニ參加シタ碇中佐指揮下ノ所謂『決死隊』ナル石井部隊謀略班ガ初メテ、實戰ノ狀況下ニ於テ、ソヴエト・蒙古軍隊ニ對シ、細菌戰兵器ヲ使用シタコトガ明白デアル。コレハ、一九三九年ハルハ河方面ニ於テ日本ガ蒙古人民共和國ニ對シ背信的攻擊ヲ行ッタ時ノ事デアル。特別ノ宣誓ヲシ、之レヲ血デ綴ッタ（西ハ、書類受理ノ際、此ノ血書ヲ直接見タ）『決死隊』ハ、日本軍隊ノ退却ニ際シテ壞滅セシメラレタ日本軍隊ノ最後尾ニ附イテ退却シツツ、急性胃腸病菌ヲ以テハルハ河水ヲ汚染シタ。ソヴエト・蒙古軍隊ニヨッテ散々打チノメサレ、本人モ辛ウジテ逃ゲノビタハルハ河方面日本軍司令官荻洲中將ハ、此ノ犯罪的『勳功』ニ對シテ石井部隊ニ賞狀ヲ授ケ、碇ノ大佐進級ヲ申請シタ。

併シ乍ラ、部隊ノ實驗室ニ於テ、無防備ノ人々ヲ處罰サレルコトナク殺害スルコトニ慣レタ碇ノ所謂決死隊員共ガ行ッタソヴエト・蒙古軍隊ニ對スル細菌攻擊ハ、石井部隊ガ一九四〇年以來移行シタ實戰ノ狀況下ニ於ケル細菌兵器ノ廣汎ナ使用ノ端緒ニ過ギナカッタ。

中國ノ平和的住民ニ對スル細菌攻擊ノ時ニハ、日本戰爭犯罪人共ガ彼等ノ計畫シテイタ細菌戰ニ於ケル主要ナルモノト看做シタ種類ノ細菌兵器ガ廣汎ニ使用サレタ。例エバ、此等ノ細菌攻擊ノ時ニハ、ペスト菌ヲ以テ汚染サレタ蚤ガ特ニ廣汎ニ使用サレ、特殊器具ヲ利用シテ、飛行機カラ之ヲ投下シタ。

第一次中國中部派遣隊ハ、一九四〇年ニ派遣サレタ。而シテ、石井自身ガ此ノ派遣隊ヲ指揮シタ。同部隊ノ現地工作中、寧波市附近一帶ガペスト蚤ニヨッテ汚染サレ、中國住民間ニ、ペストノ蔓延ガ惹起サレタ。

此ノ派遣隊ガ中國中部ニ派遣サレタ事實ハ、被告及ビ證人ノ供述ニヨルノミデナク、亦、ソヴエト軍ガ日本側ノ記錄カラ押收シタ公文書ニヨッテモ、完全ニ立證サレテイル。

此ノ事ニ關連シテ、私ハ、日本側ノ二ツノ公文書ニ、裁判ノ注意ヲ喚起シ度イ。其ノ中ノ一ツハ、『加茂』部隊カラ派遣サレル『奈良』部隊ノ輸送ヲ野戰鐵道司令官ニ命ズル一九四〇年七月二五日付、日本關東軍司令官梅津ノ命令——關作命丙第六五九號デアル。梅津ハ、四〇名カラナル此ノ部隊ヲ貨物ト共ニ中國中部ニ輸送スルコトヲ命ジタ。第二ノ文書ハ、一九四〇年七月二六日付關東軍野戰鐵道司令官草場中將ノ命令——關鐵司後命第一七八號デアル。此ノ命令ニハ、此ノ輸送經路ヲ、平房驛—哈爾濱—新京—奉天—山海關—天津—上海トスル旨決定サレテイル。命令ノ備考ニハ、（以下原文ヨリ引用スル）『材料等ハ、機密ヲ要スル特別ノモノニ付、記入セサルモノトス』ト述ベラレテイル。

此等ノ文書中デ、『加茂』部隊（當時、石井部隊ガ斯ク呼稱サレタコトヲ吾々ハ既ニ承知シテイル）及ビ平房驛ヨリノ『奈良』部隊ノ發送ニ言及シテイルコトハ、一九四〇年七月ニ第七三一部隊カラ、一團ノ勤務員ガ秘密貨物ヲ携行シテ中國中部ニ派遣サレタヨ

37*

ト、此ノ一團ハ、被告川島、柄澤、西、梶塚等ガ裁判ニ於テ供述シタ當該派遣隊デアルコト、此ノ派遣隊ハ、『奈良』部隊ノ名稱ヲ以テ秘匿サレテイタコトヲ爭論ノ餘地ナク明確ニシテイル。

亦吾々ハ、如何ナル貨物ガ『機密ヲ要スル特別ノモノ』ト言ウ言葉デ秘匿サレテイタカヲモ承知シテイル。

部隊ノ中國派遣前、被告柄澤ハ、派遣隊用トシテ、腸チブス菌七〇キログラム及ビコレラ菌五〇キログラムヲ準備スベシトノ命令ヲ受ケタ。加之、部隊第二部ハ、ペスト菌ヲ以テ汚染サレタ蚤五キログラム、卽チ、ペスト菌ヲ以テ汚染サレタ寄生虫約千五百萬匹ヲ、飛行機上ニ装置サレル特別ノ空中撒布用器具ニ梱包シテ、之レヲ派遣隊ニ提供シタ。

此ノ殺人器材コソ、石井派遣隊ガ中國ニ携エテ行ッタ『秘密貨物』デアッタ。派遣隊員ガ腸チブス及ビコレラノ細菌ヲ必要トシタノハ、貯水池、河川及ビ井戸ヲ汚染スル爲デアッタ。ペスト菌ヲ以テ汚染サレタ蚤ハ、諸都市及ビ住民地點ニ對シ、飛行機デ投下サレタ。

歸隊後、派遣隊員ハ、汚染サレタ寄生虫ヲ利用シテ傳播シタペスト菌ノ殺人効力ヲ最モ高ク評價シテイタ。

直接、中國派遣隊ヲ指揮シタ第七三一部隊ノ犯罪的指導者石井四郎自身モ、此ノ意見ヲ持シテイタ。

一九四一年、當時部隊ノ庶務部長デアッタ被告川島ハ、石井ノ事務室ニ立寄ッタ時、石井ガ中國ノ醫學雜誌ヲ丹念ニ讀ンデイルノヲ見タ。石井ハ、自分ノ關心ヲ引イタ論文ノ若干ノ拔萃ヲ音讀シタ。中國ノ醫師等ハ、上海南方ノ寧波市附近ニ於ケルペスト流行ノ激發ノ狀況ヲ記シテイタノデアルガ、人間ハ罹病シタガ、通例ヲ破ッテ、齧齒類面ノ蔓延ヲ伴ワナイト言ウ此ノペスト流行ノ發生ノ異常ナ性格ガ特記サレテイタノデアル。

中國ノ筆者ガ書イタ此ノ論文ヲ論評シッツ、石井ハ、一九四〇年、ペスト菌ヲ以テ汚染シタ蚤ノ飛行機撒布ノ方法ニヨッテ彼ガ實施シタ中國住民ニ對スル細菌攻擊ノ成功ガ此ノ論文ニヨッテ確認サレテイルコトヲ滿足シテ指摘シタ。

斯クノ如ク、既ニ一九四〇年第七三一部隊ハ、其ノ犯罪的指導者ノ意見ニヨレバ、細菌攻擊ノ主要ナ兵器選擇ノ課題ヲ解決シ、敵ノ後方攪亂並ビニ攻擊サレタ國ノ平和的住民間ノ殺人流行病ノ蔓延ヲ目的トシテ、軍事行動中ニ此ノ兵器ヲ使用シ始メタノデアル。

石井ハ、一九四〇年ノ派遣隊ノ工作ニ極メテ重大ナ意義ヲ認メ、此レニ關スル特別映畫ノ製作ヲ命ジタ程デアル。

此ノ映畫ニ關シテハ、被告西ガ法廷ニ於テ供述シタ。映畫フイルムニハ、ペスト菌ヲ以テ汚染シタ蚤ノ特殊撒布器具ノ飛行機着装及ビペスト蚤ノ飛行機撒布ノ實況其ノモノノ如キ、細菌攻撃ノ準備及ビ實施ノ種々ノ場面ガ撮影サレテイタ。フイルムハ、『工作ノ結果』ト言ウ特別ノ部ヲ以テ終ッテイタ。スクリーンニハ、寧波市附近ニ於ケルペストノ發生ヲ記述シタ中國ノ雜誌新聞ノ論文ガ上映サレタ。此ノ映畫ハ、關東軍司令官山田、日本ノ皇族竹田宮及ビ三笠宮、關東軍ノ高級參謀及ビ日本參謀本部カラノ代表者ノ如キ『高貴』ノ訪問者ガ部隊ヲ訪問シタ場合ニ、觀覽セシメタ。

平和的住民ニ對スル細菌攻撃ノ實施ヲ目的トスル派遣隊ノ中國派遣ハ、石井部隊ガ一再ナラズ行ッタ所デアル。

一九四一年夏、部隊ノ一部長太田大佐ノ指揮スル第二次派遣隊ガ中國ニ派遣サレタ。派遣隊ハ、ペスト流行病ノ蔓延ト言ウ特殊目的ヲ以テ派遣サレタ。日本軍統帥部ハ、常德市ヲ重要地點トスル中國軍隊ノ交通路ノ遮斷ヲ主要任務トシテ派遣隊ニ課シ、常德市ノ住民間ニペスト流行ヲ惹起スベキコトヲ命ジタ。派遣隊ニ參加セシメル爲三〇名ノ細菌專門家ガ割出サレ、參加者總數ハ一〇〇名ニ達シタ。派遣先カラ歸還シタ太田大佐ハ、部隊庶務部長被告川島ノ立會ノ下ニ、石井ニ報告ヲシタ。太田ハ、常德市及ビ洞庭湖附近ノ他ノ住民地點ニ對シ派遣隊ガペスト菌ヲ以テ汚染シタ蚤ヲ大量投下シタコトヲ石井ニ報告シタ。

太田、石井ノ兩人ハ、此ノ派遣隊ノ工作ノ結果ヲ極メテ高ク評價シタ。尙此ノ工作中、常德附近ノ中國住民間ニ猛烈ナペスト流行ガ突發シタ。

中國中部ヘノ第三次派遣ハ、一九四二年ノコトデアル。此ノ派遣隊ハ、特ニ綿密ニ準備サレテイタ。

一九四二年五月、東京カラ歸隊シタ石井中將ハ、全部長ノ秘密會議ヲ開キ、其ノ席上、彼ガ日本參謀本部カラ受領シタ指令ニ從ッテ、部隊ハ、中國軍隊ニ對シ細菌攻擊ヲ實施スル爲、中國中部ニ大派遣隊ヲ派遣セントスル旨公言シタ。細菌攻擊ハ、日本軍ノ所謂「戰略的退却」中、鐵道線路附近デ行ワレル筈デアッタ。

此ノ派遣準備中石井ハ、流行病ノ蔓延觸發用細菌ノ選擇問題ニ關シ數回、部長會議ヲ行ッタ。此等ノ會議ノ結果、ペスト菌、コレラ菌、腸チブス菌、パラチブス菌、「炭疽菌ヲ利用スルコトガ決定サレタ。

一九四二年ニ於ケル中國住民ニ對スル細菌攻擊ニ積極的ニ參加シタノハ、南京「榮」一六四四部隊デアル。

石井ノ命令ニヨリ被告川島ハ、派遣隊用トシテ、パラチブス菌及ビ炭疽菌計一三〇キログラムヲ「製造」部デ製造シタ。此ノ派遣隊ノ工作中使用サレタ爾餘ノ殺人細菌ハ、南京部隊ニヨッテ培養サレタモノデアル。部隊第二部ハ、ペスト流行病ノ蔓延ニ使用サレルベキ大量ノ蚤ヲ派遣隊ニ供給シタ。

此ノ第三次中國派遣中、石井部隊ハ、主ニ所謂地上細菌謀略ナル卑劣ナ方法ニヨッテ、中國ノ平和的住民及ビ中國軍ニ對スル工作ヲ行ッタ。日本軍隊ノ退却ニ際シテ、石井部隊員ハ、貯水池、河川、池、耕作地ノ汚染ヲ行ッタ。種々ノ食料品ノ細菌汚染モ廣範ニ實施サレ、此等ノ食料品ハ、偶然ヲ裝ウテ、住宅内ニ放置サレタ。

本裁判ニ於ケル證人ノ一人古都良雄ハ、此ノ中國派遣隊員デアッタ。彼ノ證言ハ、第三次中國派遣隊ノ工作中石井部隊ノ人非人共ガ使用シタ卑劣ナ人間殺戮方法ヲ詳細ニ明ラカニシテイル。古都ハ、一九四二年夏石井中將ノ指揮スル班員ニ編入サレ、此ノ班ハ、浙贛方面ニ於テ、チブス菌、パラチブス菌、コレラ菌及ビペスト菌ヲ中國住民ニ對シテ使用シタコトヲ法廷ニ於テ供述シタ。

古都ハ次ノ如ク供述シタ――

『私自身、前述ノ方面ニ於テ、第七三一部隊ノ飛行機デ屆ケラレタチブス菌及ビパラチブス菌ヲ以テ、貯水池、住居、井戸ヲ汚染シマシタ……。當時少將デアッタ石井ノ命令デ、三千個ノ饅頭ガ製造サレタノデアリマス。此等ノ饅頭ハ、チブス菌及ビパラチブス菌デ汚染シマシタ後、中國軍ノ捕虜ニ配給シマシタ。尚、感染後、彼等ハ、流行病ヲ蔓延セシメル目的デ收容所カラ釋放サレマシタ。亦、石井ノ命令デ、特製ノビスケット三〇〇——四〇〇個ガチブス菌デ汚染サレマシタ。私ハ、此ノビスケットニチブス菌ヲ注入シマシタ。而シテ此ノビスケットハ謀略班員ニ分配サレ、班員ハ、置忘レノ食物ノ如ク之レヲ現地住民ノ家屋內ニ放置シマシタ…。私ガ承知シテイル所デハ、吾々ガ行ッタ汚染ノ結果、浙贛方面デハチブスノ流行ガ突發シマシタ」。

私ガ既ニ一言シタ如ク、一九四二年ノ現地工作中所謂南京「榮」一六四四細菌戰部隊ガ第七三一部隊ヲ積極的ニ援助シタ。此ノ日本軍秘密細菌戰部隊ハ、生キタ人間ヲ使用スル殘忍ナ實驗ヲ行ッタ「タマ」部隊ナル名稱ノ下ニ南京市民ニ良ク知ラレテイタ。「タマ」部隊ニ關シテハ、日本主要戰爭犯罪人ニ對スル東京裁判ノ資料デモ言及シテイル。

東京國際軍事裁判所ニハ、南京市裁判所ノ檢事ノ報告ガ提出サレタ。此ノ報告ニハ、「タマ」部隊ガ、生キタ人間ヲ使用スル陰慘ナ實驗ヲ系統的ニ實施シタ日本軍內ノ最秘部隊ノ一ツデアリ、生キタ人間ニ有毒血清ヲ注射シテイタコトガ特記サレテイル。報告ニハ、同部隊ニヨル犧牲者ハ無數デアッタコトガノベラレテイタ。

日本侵略者共ノ野獸的行爲ニ關スル此ノ通報ハ、國際軍事裁判所ノ注意ヲ喚起シ、國際軍事裁判所ハ、國民黨支配下ノ中國ノ利益ヲ東京裁判デ代表シタアメリカ側告發人ニ、「タマ」部隊ノ犯罪的業務ニ關スルヨリ詳細ナ證據ノ提示ヲ要請シタ。

其後間モナク、國際軍事裁判ニ於ケルソヴエト側檢事ハ細菌戰用兵器ノ試驗ニ際シテ、生キタ人間ヲ使用スル極惡非道ノ實驗ヲ實施シタト言ウ日本支配閥ノ犯罪ヲ充分完全ニ暴露シタ川島及ビ柄澤ノ供述書ヲアメリカ側主席檢事ジヨゼフ・ビ・キーナンニ傳達シタ。

併シ、日本軍閥ノ瞠目スベキ犯罪ノ暴露ヲ妨害スルコトニ或ル有力ナ人物等ガ利益ヲ感ジテイタ模樣デ、『タマ』部隊ノ業務及ビ石井部隊內デ實施サレタ類似ノ實驗ニ關スル諸文書ハ、軍事裁判ニ提示サレナカツタ。

併シ乍ラ、『榮』一六四四部隊ガ一九四二年ノ現地工作ニ參加シタ事實ハ、元同部隊長被告佐藤、被告川島及ビ被告柄澤ノ供述、元日本軍大佐三品ノ供述並ビニ他ノ一連ノ證據ニヨツテ、完全ニ判明シテイル。

一九四二年中國派遣終了後、石井中將ハ、部隊幹部ノ作戰會議ノ席上、浙贛方面ニ於ケル細菌兵器ノ使用ガ顯著ナ結果ヲ齎シ、悲慘ナ流行病ガ數回蔓延セシメラレタコトニ關シ公式言明ヲ行ツタ。石井ノ此ノ言明ハ、實情ト一致シテイタ。此ノ事ハ、當時、日本ノ第一三軍ガ押收シタ中國軍統帥部ノ文書——日本側ガ其ノ放棄シタ領域ニ於テ惹起セシメタペスト流行ノ突發ニ就イテ述べラレテイル文書ニヨツテモ明白デアル。

五、ソヴエト同盟及ビ蒙古人民共和國ノ領土ニ對スル細菌謀略並ビニ
ソヴエト同盟ニ對スル細菌戰準備ノ積極化

被告川島ハ、第七三一部隊ガ極メテ多數ノ人的犧牲ニヨッテ試驗シ、對中國細菌攻擊ニ於テ一再ナラズ檢査シタ結果、實戰ニ於ケル大量使用ニ適スル細菌戰用兵器ノ有効ナ種類ヲ製造スル問題ヲ既ニ一九四二年頃迄ニハ終局的ニ解決シタコトヲ其ノ供述ニ於テ自己ノ意見トシテ言明シタ。

日本關東軍ノ獸醫部ノ管下ニ在ッタ第一〇〇部隊モ亦、細菌謀略實施ニ關スル軍統帥部ノ命令ヲ實行シテ來タ。此ノ點ニ關シテハ、此等ノ謀略ノ參加者タル被告平櫻及ビ三友並ビニ證人桑原等ガ軍事裁判所ノ前ニ供述シタ。一九四四年、第一〇〇部隊派遣隊ハ、三河方面ニ於テソヴエト同盟ノ國境線上ニ在ル貯水池、河川等ノ汚染ヲ實施シタ。被告平櫻ト三友ハ、此ノ派遣隊ニ參加シタ。一九四五年被告平櫻ハ、蒙古人民共和國ニ對スル細菌謀略ノ實施ヲ目的トスル海拉爾方面ニ派遣隊ヲ指揮シタ。

證人及ビ被告ノ供述ニヨリ、吾々ハ、第一〇〇部隊海拉爾派遣隊員ガ身分本名ヲ秘匿シテ行動シタコトヲ承知シテイル。何人ノ不審ヲモ買ワナイ爲ニ、彼等ハ、海拉爾日本陸軍特務機關員ト詐稱シタ。ソヴエト軍隊ガ押收シタ海拉爾日本特務機關ノ日本側文書中ニハ、

平櫻隊ガ極メテ精力的ニ活動シタコトヲ確證スル證據ガ有ル。一九四五年三月二六日、同機關長天野ノ報告書第七項ニハ次ノ如ク記入サレテイル――『別班ハ、關總作命ニ依リ、昭和十九年三月新京第一〇〇部隊ヨリ派遣セラレアルカ、班長以下元氣旺盛熱心積極的ニ其ノ業務ヲ遂行中ナリ』。

尙、此レ以前ニ、急性ノ傳染獸疫ヲ蒙古領內ニ持込ムコトヲ目的トスル家畜感染ノ實際上ノ可能性ヲ究明スベキ謀略・諜報工作隊ガ第一〇〇部隊ヨリ海拉爾方面ニ一再ナラズ潛入セシメラレタコトガ裁判ニ於テ立證サレテイル。

スベテ此等ノ資料ハ、關東軍統帥部ノ命令ニヨッテ、第一〇〇部隊ガソ同盟、中國及ビ蒙古人民共和國ニ對スル細菌戰及ビ謀略ヲ準備シタノミデナク、亦、事實上謀略ヲ實行シ且ツ細菌兵器ヲ使用シテイタコトヲ立證シテイル。

本件ノ審理ニ於テ、一九四一年六月二二日ノソヴエト同盟ニ對スルヒトラー・ドイツノ背信的攻擊ノ後、大規模ニ細菌戰ヲ準備シ、開始スル方面デノ日本戰爭犯罪人共ノ積極性ガ、特ニ增大シタコトガ立證サレテイル。當時、帝國主義日本ノ支配閥ハ、アラユル種類ノ兵器及ビアラユル兵科ノ部隊ニ亘ッテ、其ノ戰爭準備ヲ強化シ、且ツドイツガ西方ノ戰線ニ於テソ同盟ニ對シ勝利スルコトヲ豫想シテ、ソヴエト極東ニ侵入シ、ソヴエト領土ヲ奪取セントシテ虎視耽々トシテ好機ヲ狙ッテイタ。

此ノ時期迄ニ、日本帝國主義者共ノ細菌戰準備ガ概ネ完了シ、細菌戰用兵器ヲ大量生産スル爲ノ一切ノ條件ガ整ッテイタ。

既ニ私ハ、一九四四年、被告山田ガ日本關東軍司令官ノ地位ニ着任スルト共ニ、細菌戰準備ガ著シク積極化サレタコトヲ述ベタ。ペスト蚤關係業務ノ促進ニ關スル日本參謀本部ノ特別指令ガ重ネテ受領サレタ。此ノ指令ハ、確實ニ實行サレルコトニナッタ。第七三一部隊ノ各支部ハ、蚤ノ飼育用ニ使用サレル鼠ノ捕捉ヲ最大限ニ強化スベシトノ命令ヲ受領シタ。諸君ハ、被告尾上及ビ西並ビニ一連ノ證人カラ、各支部ガ此ノ命令ノ實行ニ如何ニ熱心ニ着手シタカヲ聽取シタ。民間人ノ衣服ニ着更エタ兵士カラ成ル特殊班ガ、鼠ヲ捕捉スル爲ニ、住宅、倉庫、畠ヲ驅ズリ廻リ始メタノデアル。鼠狩リデ優秀ナ成績ヲ擧ゲタ者ハ表彰サレテイタ。蚤ノ大量飼育業務モ順調ニ進ンデイタ。

第七三一部隊及ビ第一〇〇部隊デハ、細菌戰ヲ實際ニ實行スル爲ノ要員ガ再教育サレタ。此等ノ部隊ノ各支部ハ、戰線及ビ軍ノ司令官ノ隷下ニ移サレタ。當時、第五軍軍醫部長ノ職ニ在ッタ被告佐藤ハ、第五軍ノ各部隊ニ對シ、鼠ヲ捕捉シ且ツ其レヲ第六四三支部ニ引渡スベシトノ命令ニヨッテ、同支部ガ鼠ヲ調達スルコトヲ積極的ニ援助シタ。

被告山田ハ、細菌戰部隊ノ戰闘態勢ヲ一再ナラズ檢閲シ、直接監督シ且ツ其ノ態勢ニ遺漏ナキ樣處置ヲ講ジタ。

萬端ノ準備ガ出來上ッテイタ。待ッハ――ソ同盟ニ對シ軍事行動ヲ開始スベシノ東京カラノ合圖ノミデアッタ。

併シ、斯ル合圖ハ發サレナカッタ。強大ナソヴエト同盟ト其ノ英雄的軍隊ガ、侵略者共ノ諸計畫ヲ挫折セシメタカラデアル。日本軍國主義者共ガ首ヲ長クシテ待ッタ對ソ戰線ニ於ケルヒトラー軍ノ決定的勝利ハ到來セズ、斯クテ、ソヴエト極東ニ對スル攻擊計畫ハ、水泡ニ歸シタ。ニモ拘ラズ、帝國主義日本ノ親分共ハ、相變ラズ戰爭準備ニ狂奔シタ。日本軍統帥部ハ、日本軍ガ存在シタ最後ノ日迄、ソ同盟ニ對シ細菌兵器ヲ使用セントスル強盜的計畫ヲ放棄シナカッタ。細菌戰部隊ノ指導者共ハ、常時――日本軍ノ降伏ノ瞬間ニ至ル迄――部下ノ間ニ攻擊精神ヲ保持シ、細菌戰用兵器ノ威力ヲ確信セシメ、其レヲ實戰ニ使用スル時ガ近イコトヲ豫告シテ來タ。

斯クノ如ク、細菌戰ノ危險ノ根源地ハ存在シ續ケタ。

中立條約ト兩立シ得ナイ日本ノソ同盟ニ對スル露骨ナ敵對政策ニ鑑ミ、ソヴエト政府ハ、一九四五年四月ニ、此ノ條約ノ廢棄ヲ通告シタ。一九四五年八月、連合國トシテノ自己ノ責務ニ忠實ナソヴエト同盟ハ、第二次世界大戰ヲ最モ速カニ終結セシメル目的ヲ以テ、帝國主義日本ノ攻擊力タリシ日本關東軍ヲ壞滅セシムベキコトヲ自己ノ陸海空軍ニ命令シタ。命令ハ、短期間ニ實行サレ、斯クテ、英雄的ソヴェト軍ハ、日本軍ヲ降伏ノ餘儀ナキニ立至ラシメタ。第二次世界大戰ハ終焉ヲ告ゲタ。

日本關東軍ノ降伏直前、軍統帥部ノ命令ニヨリ、犯人共ハ、犯シタ惡事ノ跡ヲ湮滅スル爲ニ、第七三一部隊及ビ第一〇〇部隊並ビニ兩部隊ノ支部ノ建物及ビ設備ヲ根絶シタ。

人類ヲ細菌戰ノ慘禍カラ救イ出シタ極メテ偉大ナ功績ハ、ソヴェト同盟ト其ノ陸海空軍ニ屬スル。

六、各被告ノ有罪證據ノ分析

裁判官同志諸君！

私ハ、各被告ノ個人的責任ヲ明ラカニスル證據ノ分析ニ移ル。

裁判ニ附サレタ全犯罪人ノ有罪ハ、本件ノ審理ノ結果、完全ニ判明シタト私ハ看做ス。彼等全員――元日本關東軍司令官被告山田ヨリ第一〇〇部隊實驗手三友ニ至ル迄――ハ、勿論、程度ニ差コソ有レ、各々、細菌戰ノ準備ニ積極的ニ參加シ、此ノ戰爭ノ恐ルベキ結果ヲ知リ且ツ自己ノ行爲ノ犯罪性ヲ了解シテイタ。

彼等ノ大多數ハ、生キタ人間ヲ使用スル犯罪的實驗ノ積極的ナ參加者乃至提唱者デアッタ。上官ノ命令乃至軍人タル立場ノ如何ナル援用モ、彼等ガ犯シ、裁判ニ於テ完全ニ立證サレタ極メテ重大ナ犯罪ノ正當性ノ證明トハナリ得ナイ。

數年前ニハ犯人等ハ、罰セラレナイコトヲ確信シ、且ツ是レニ乘ジテ、彼等ハ、自己防衛ノ手段ヲ持タナイ犧牲者ヲ殘忍ニ愚弄シテ來タ。司令部ノ事務室デ、世界ノ目カラ隱サレタ祕密實驗室デ彼等ハ、幾百萬ノ人間ヲ慘殺セントスル兇惡ナ諸計畫ヲ廻ラシテイタ。彼等ハ、細菌戰開始ヲ待期シテ、平和的ナ中國婦女子及ビ子供ニ對シ、冷酷ナ憲兵機關ニヨッテ彼等ノ手ニ引渡サレタ幾千人ノ無防備ノ人間ニ對シ、細菌ノ殺人効力ヲ檢査シテ來タ。

彼等ハ當時、當然ノ處罰ヲ受ケル時ノコトハ考エテイナカッタ。

今ヤ、公正ナル裁判ノ手ニ捕エラレ、被告席ニ坐ラセラレタ彼等ハ、臆病ニモ、自己ヲ辯明セント試ミテイル。彼等ノ中若干ノ者、例エバ、當然日本主要戰爭犯罪人ニ加エラレルベキ本裁判ノ主要犯罪人タル被告山田ノ如キ者デスラ、彼ガ法廷ニ於テ耳ニシタコトニ驚愕シタカノ如キ裝イヲシテイル。

殘酷ナ人間憎惡者共ハ、現在デハ、犯罪ヲ察知シテイタガ、是レヲ充分ニハ承知シテイナカッタカノ如キ人々ヲ裝イ、或ハ、命令ノ犯罪的性格ニ關シテハ考エナカッタ盲目的ナ命令實行者ノ假面ヲ被ロウト試ミテイル。

併シ、捕エラレ、罪證ヲ上ゲラレタ人非人共ノ此等ノ臆病ナ、中途半端ナ自白ハ、何人ヲモ欺瞞シ得ナイデアロウ。

各被告ノ罪ノ證據分析ニ當ツテ、私ハ、元關東軍司令官被告山田乙三カラ始メル。

本件ノ審理事項タル平和及ビ人類ニ對スル犯罪ニ於ケル彼ノ責任程度ヲ正シク判定スル爲ニハ日本ノ植民地タル所謂『滿洲國』ニ於テ關東軍司令官ガ演ジタ役割ヲ、充分解明スルコトガ何ヨリモ先ズ必要デアル。

彼ハ、國及ビ其ノ領土ニ駐屯シテイタ日本武裝力ノ全權力ヲ掌握スル主人、獨裁者デアツタシ、彼ノ手中ニアツタ滿洲『皇帝』ヘンリー溥儀ハ、傀儡ニ過ギナカツタ。關東軍司令官ノ職ニハ、日本支配閥ノ信任ガ最モ篤ク、有力ナソノ構成員、犯罪的侵略陰謀ノ最モ積極的且ツ行動的參加者共ガ任命サレ、日本帝國主義者共ハ、其ノ最モ内密ノ強盜的諸計畫ノ實現ヲ彼等ニ委託シテイタ。

占領サレタ此ノ領域ノ一切ノ日本軍事力及ビ一切ノ統治機關ハ、關東軍司令官ニ隷屬シテイタ。例エバ、滿洲ノ住民ニ對スル殘酷ナテロ行爲ヲ實施シテ來タ日本ノ憲兵隊、諜報及ビ反諜報ノ諸機關モ、完全ニ彼ニ隷屬シテイタ。山田自身ガ本件ノ審理ニ於テ自認シタ如ク、石井部隊ヘノ所謂『特移扱』ハ、日本側ニトッテ望マシクナイ人々ニ對スル此ノ鬼畜ノ如キ處分方法ヲ關東軍司令官ガ認可シタ後、初メテ實施サレルニ至ツタ。

法廷ニ於テ山田ハ、『特移扱』ハ彼ノ前任者梅津大將ニヨッテ既ニ認可サレタモノデ、梅津ニ代ッタ彼ハ、『特移扱』ノ方法ニヨル人間殺戮ガ如何ナル規模ニ達シタカヲ知ラナイ儘ニ、此ノ命令ヲ廢スル擧ニ出ナカッタコトヲ援用シテ、此ノ惡虐行爲ニ於ケル自己ノ役割ヲ減少セシメント試ミタ。

自己自身ノ責任ヲ輕減セントスル憐レナ試ミデアル！ 山田ハ、直接、石井部隊ヲ查閱シタ時、部隊ノ構內監獄デ殘酷ナ實驗ニ使用サレテイタ幾百名ノ囚人ヲ見ナイ譯ニハ行カナカッタ。法廷ニ於テ山田ハ、部隊ヲ查閱シタ時、彼ガ監獄ニ立寄ッタカドウカヲ『記憶シテイナイ』コトヲ主張セント試ミタ。

併シ、山田ノ此ノ主張モ、裁判ニ提示サレタ諸證據ニヨッテ完全ニ覆エサレテイル。私ハ、一九四五年六月ノ初メ、元關東軍司令部人事部長田村大佐ガ山田ノ委任ニヨリ、石井部隊ヲ查閱シタコトヲ裁判官一同ニ想起セシメル。

田村ハ、全部隊ヲ巡視シタ。彼ハ、監獄ニ案內サレ、其處デ實驗ニ使用サレテイタ人々ヲ見タ。

田村ハ、次ノ如ク供述シタ——『建物ノ巡視ノ際、私ハ、構內ノ附屬建築物ニ案內サレマシタ。其處ニハ、特殊ノ監房——各監房ノ扉ニハ窓ガ有ッタ——內ニ、鎖ニ繫ガレ、石井自身ガ、私ニ說明シマシタ如ク、實驗ニ利用サレル生キタ人間ガ收容サレテイマシタ……

此等ノ被實驗者ノ中ニ、私ハ、中國人、ヨーロッパ人、一人ノ婦人ヲ見マシタ。石井中將ガ直接私ニ說明シマシタ如ク、此ノ婦人トヨーロッパ人ハ、民族ハロシア人デアッテ日本ノ懲罰機關ノ意見ニヨレバ殺害サレルベキ者ノ中ニ入ッテイマシタ。

私ガ直接氣ズイタ如ク、私ガ見マシタ監房內ニハ、人々ハ、床ニ轉寢シテオリマシタ、甚ダ慘メナ狀態ニ置カレテイマシタ」。

石井部隊ヲ詳細ニ視察シタ田村ハ、彼ノ言葉ニヨレバ「此ノ死ノ製造ノ極メテ巨大ナ規模ニ文字通リ啞然トシタ」シ、彼ガ見タコトハ、彼ノ一切ノ豫想外ノモノデアッタノデアル。

關東軍司令部ニ歸ッタ田村ハ、見タ一切ノ事ニ關シ直チニ、山田大將ニ報告シタ。例エバ、田村ハ、次ノ如ク自供シテイル——

「私ハ、石井中將ト其ノ部隊員ガ生キタ人間ヲ使用シテ實施シテイル興味深イ實驗ニ關シ山田大將ニ報告シマシタ…。私ハ、監獄ノ建物ヲ訪レタコト及ビ其處デ私ガ見マシタ一切ノコトニ關シテ、彼ニ說明シマシタ」。

山田ハ、田村カラ聞イタ事ニ驚クカ或ハ「驚愕」シタデアロウカ？ 斷ジテ、否デアル。田村ガ語ッタコトハスベテ、遙カ以前カラ山田ノ承知シテイル所デアッタシ、些カナリトモ、山田ヲ驚カシ得ルモノデハナカッタ。

田村ハ、『山田大將ノ合槌ノ言葉ャ質問ニヨッテ、私ハ、彼ガ第七三一部隊内ノ狀況ニ精通シテイルコトヲ確信シマシタ』ト供述シタ。

然リ、最モ危險ナ病菌ヲ軍事的ナ諸目的ニ使用スルコトニ關係スル犯罪的硏究ヲ綿密ニ見守リ、（山田ガ、安達特設實驗場ニ於ケルペスト蚤使用實驗——此等ノ實驗ハ、一々、生キタ人間ヲ使用シテ行ワレタ——ノ結果ヲ報告セシメル爲北野中將ヲ、自分自身ノ發意デ、司令部ニ呼ビ出シタコトヲ諸君ハ承知シテイル）、種々ノ細菌兵器ノ見本ヲ認可シ、其ノ使用計畫ヲ作成スル爲ニ、高級參謀カラナル諸特別委員會ヲ設置シ、部隊ヲ直接檢閱シ、石井部隊ヲバ、同ジク田村ガ述ベタ如ク、『任意ノ任務ヲ實行シ得ル』モノト看做シテイタ此ノ司令官ニシテ、部隊內デ行ワレテイタ一切ノ事ニ『精通』シテイナイ譯ニハ行カナカッタノデアル。

第七三一部隊及ビ第一〇〇部隊デ行ワレテイタ犯罪ニ關シ、唯幾ラカ承知シテイタノミデ、犯罪ノ規模及ビ野獸的性格ヲ充分明瞭ニ、理解シテイナカッタ一兵卒——其レニシテモ、犯罪ニ對スル責任ヲ免レナイ——ノメーキャップヲセントスル試ミ——此ノ試ミハ、明ラカニ、被告山田ノ不成功ニ終ッタ。

彼ハ、石井、梶塚、高橋ノ一切ノ犯罪、第七三一部隊及ビ第一〇〇部隊デ行ワレタ野獸的行爲ヲ承知シテイタノミデナク、此等ノ野獸的行爲ヲ企畫シ、統轄シ、犯罪的實驗者共ヲ急ギ立テテイタ。何故ナラバ、細菌戰用兵器ノ利用ハ、日本ノ支配閥ニヨッテ侵略戰爭ノ實行計畫ニ含メラレテイタカラデアル。

石井自身及ビ鬼畜ノ如キ人間殺戮手段ヲ研究シ完成シテイタ他ノ一切ノ犯罪人共ハ、日本ノ諸侵略計畫實現ノ爲ノ道具ノ一ツトシテ、山田ニ掌握サレテイタノデアル。

正ニ、此ノ故ニコソ、本裁判デ證據書類ニヨッテ立證サレタ如ク、細菌戰秘密部隊ハ、關東軍司令官山田ノ直轄下ニアッタシ、彼ガ細菌戰兵器ノ使用命令ヲ發スルコトニナッテイタ。

生キタ人間ヲ使用スル犯罪的實驗ガ、東京軍事裁判所ニヨッテ終身禁錮刑ニ處セラレタ彼ノ前任者梅津大將ニヨッテ認可サレタコトヲ援用シテ、自己ノ罪ヲ輕減セントスル山田ノ試ミハ一切ノ根據ヲ缺イテイル。何故ナラ、梅津ト代ッタ山田ガ、彼ノ前任者ヨリ一層熱心ニ、最モ危險ナ細菌戰兵器ノ實用關係ノ諸部隊ノ業務ヲ積極化シ始メタカラデアル。

日本關東軍司令官ノ地位ニ山田ガ着任スルト共ニ、細菌戰準備ノ積極性ガ急激ニ高マリ、犯罪的實驗ノ犧牲者ノ使用規模ト數ガ增大シ、斯クテ、犯罪的細菌戰用兵器ハ、大規模ノ侵略戰爭ノ攻擊手段トシテ、人類ニ對シテ大々的ニ使用サレル前ニ、モウ一度無防備ノ犧牲者ヲ使用シテ、檢査サレテイタト言ウコトハ、本件ノ審理ニ於テ、訊問サレタスベテノ被告及ビ證人ノ供述ニヨリ明白デアル。

平和愛好諸國人民ニ對スル細菌戰ヲ極祕裡ニ準備シタ被告山田ハ、人類ニ對シテ、日本ノ主要ナ陰謀家ノ一人トシテ行動シタ。山田ノ全生涯ハ、此ノ陰謀ノ犯罪的諸目的ノ達成ニ捧ゲラレテイタ。彼ハ、教育總監及ビ軍事參議官ヲ歴任シ、中國デ大兵團ヲ指揮シ、ソ同盟ニ對スル攻擊ノ準備ニ參加シ、斯クテ遂ニ、日本帝國主義ノ主力タル關東軍司令官及ビ傀儡滿洲國デ横暴ナ占領體制ヲ施行シテイタ日本『大使』ノ地位ガ、外ナラヌ彼ニ委託サレルニ及ンダ。

此ノ犯罪人ノ罪ハ、完全ニ立證サレテイル。彼ハ、其ノ犯シタ犯罪ニヨッテ、法律ニ規定サレタ最モ嚴重ナ處罰ヲ受ケルベキ者デアル。

被告山田ノ犯行ハ、第七三一部隊並ビニ第一〇〇部隊ニ對シ、直接ノ關係ヲ有スル。此等ノ兩部隊ハ、夫々、山田ニ隷屬シ、關東軍細菌戰秘密部隊ノ全業務ハ、彼ニヨッテ統轄サレテイタ。斯クテ、此ノ被告ハ、他ノ被告ト比ベテ特別ノ存在デアル。

被告梶塚ノ有罪證據ニ移ル。

梶塚隆二ハ、一九三九年十二月以降關東軍軍醫部長ノ地位ニ在ッタ。彼ガ此ノ軍事的要職ニ任命サレタノハ、石井部隊ガ既ニ、其ノ犯罪的業務ヲ充分展開シ、且ツハルハ河方面ニ於テ、ソヴエト・蒙古軍隊ニ對シ最初ノ細菌攻擊ヲ實施シタ當時デアル。

梶塚ハ、豫審及ビ法廷ニ於テ供述シタ際、特ニ此ノ事情ヲ強調セントト努メテ來タ。本質上、法廷ニ於ケル彼ノ全辯論方針ハ、彼ガ石井部隊ノ秘密業務ニ關シテ知ル様ニナツタノハ、關東軍勤務ニ着任シタ後ニ過ギズ、此ノ業務及ビ彼ノ言葉ヲ使用スレバ、石井部隊ノ『秘密中ノ秘密』タル生キタ人間ヲ使用スル實驗ニ關シ承知シテイテモ、此等ノ犯罪ニ彼ハ積極的ニ參加シナカツタコトヲ立證セントスル試ミニ歸スル。吾々ハ、被告ノ此等ノ主張ガ虛僞デアリ、根據ヲ缺イテイルコトヲ證明スル。

例エバ、彼ガ關東軍軍醫部長ノ地位ニ就任シタ時ヨリ相當以前ノ一九三六年ニ既ニ、日本陸軍省軍醫部衛生課長トシテ梶塚ハ、細菌戰準備ノ爲ノ特殊細菌戰秘密部隊ノ編成ヲ積極的ニ促進シタコトガ完全ニ立證サレテイル。

梶塚ノ同意ト支持ヲ以テ、後ニ第七三一部隊ト呼稱サレタ此ノ部隊ノ長ノ地位ニ任命サレタノハ石井四郎デアツテ、梶塚ハ石井ト親密ナ個人的關係ヲ結ビ、石井ノ侵略的ナ細菌戰準備ノ犯罪的提唱ヲ支持シ、且ツ同一ノ意見ヲ持シテイタ。

斯クノ如ク、石井部隊ノ編成自體ガ梶塚ノ積極的參加ノ下ニ行ワレタノデアル。

石井ノ部隊長任命ノ命令案ハ、外ナラヌ梶塚ニヨツテ作成サレ、裏書サレタ。其ノ後命令ハ、陸軍大臣ニヨツテ署名サレタ。

石井ノ人物ヲ特徴ズケ、彼トノ個人的關係ニ言及シテ、梶塚ハ、次ノ如ク供述シテイル——

『海外出張カラ歸ッタ後石井ハ、一九三一年以來、陸軍軍醫學校ノ同僚ノ間デ——私モ之レニ加ッテイマシタ——亦、權威アル有力ナ人物及ビ日本軍參謀本部ノ勤務員ノ間デ、日本ガ、細菌戰ノ準備ヲスルコトガ必要不可缺デアルトノ宣傳ヲ始メマシタ…。私自身、石井ノ提唱ト論據ニ同意シテイマシタ』。

梶塚ハ、石井部隊ノ細菌戰準備關係ノ秘密業務ヲ本人ガ承知シテイタコトヲ否定シテイナイ。彼ハ亦、生キタ人間ヲ使用スル犯罪的實驗ニ關シ『熟知シテイタ』コトヲ餘儀ナク認メテイル。

被告山田トノ對決ニ於テ山田ニヨッテ罪證ヲ上ゲラレタ彼ハ、第七三一部隊デ實施サレテイタ殆ンド一切ノ『細菌業務』ヲ知悉シテイタコトヲ承認シタ。

彼ハ亦、ペスト、コレラ、發疹チブスワクチン注射ノ効力檢査關係ノ第七三一部隊ノ研究業務ヲ指導シタ事ヲ否定シテイナイ。

本件ノ審理ノ資料ニヨリ、吾々ハ、此等ノ犯罪的硏究ガ一々、生キタ人間ヲ使用スル殘忍ナ實驗ニヨッテ實施サレテイタコトヲ承知シテイル。

梶塚ハ、彼ハ石井ト北野ノ言ニヨッテノミ、人間ヲ使用スル實驗ヲ知ッテイタガ、併シ、此ノ實驗ニ直接參加シナカッタト述ベテ、自己ノ責任ノ程度ヲ輕減セント試ミテイル。

第七三一部隊ノ犯罪的業務ノ自己ノ直接ノ參加ニ關スル梶塚ノ説明ハ、矛盾ニ滿チ、荒唐無稽ノ辯デアル。梶塚ハ、一切ノ事ヲ承知シテイタガ、併シ何事ニモ參加シナカツタ人間ノ如ク自分ヲ見セカケヨウト努メテイル。彼ハ、例エバ、次ノ如ク述ベテイル（彼ノ供述ヲ引用スル）——

「事實上、私ハ、種々ノ傳染病菌ノ全般的研究及ビ培養ニ關スル第七三一部隊ノ業務ヲ指導シマシタガ、是レハ、其等ノモノガ何ニ利用サレルベキカトハ無關係デアツタノデアリマス。此ノ問題ハ、軍醫部長タル私ノ關心事デハアリマセンデシタ。併シ乍ラ、第七三一部隊内デ製造サレタ細菌ガ、人間ヲ使用スル實驗ニ利用サレ且ツ細菌戰用兵器トシテ使用サレル筈デアルコトヲ承知シテイマシタカラ、私ハ、此ノ點、第七三一部隊ノ細菌戰用兵器製造ヲ援助シマシタ。

第七三一部隊ノ業務ヲ私ガ指導シタト言ウコトハ、具體的ニハ、種々ノ傳染病菌ノ一般的研究及ビ培養ニ關スル部隊内ノ業務ニ對スル監督ヲ行ツタコトニ歸シマス。

此ノ方向ニ、私ハ前述諸問題ニ關スル一切ノ必要ナ指令ヲ第七三一部隊長ニ與エテ來タノデアリマス。自分ノ方デモ、私ハ軍醫部長トシテ、種々ノ傳染病菌ノ研究及ビ培養ノ諸問題ニ關スル第七三一部隊長ノ報告ヲ受ケテイマシタ。

加ウルニ、私ハ細菌專門家トシテ、前述諸問題ニ就キ種々ノ助言ヲ與エテ來タノデアリマス』。

梶塚ガ此ノ供述ニ於テ、自己ノ權限ニ含メタ一切ノ業務ハ、第七三一部隊デ、生キタ人間ヲ使用スル實驗ニヨッテ實施サレテイタコトヲ、裁判ハ承知シテイル。此ノ事ハ、梶塚ガ第七三一部隊内デ犯サレテイタ極メテ重大ナ犯罪ノ消極的ナ傍觀者デハナク、積極的ナ參加者デアッタコトヲ確證シテイル。加之、此等ノ犯罪ハ、梶塚ノ直接ノ命令ニヨッテ犯サレテイタノデアル。

第七三一部隊ノ實驗手瀬越トノ對審ニ於テ、梶塚ハ、所謂『凍傷硏究』ガ彼ノ權限ニ屬シテイタコトヲ承認スルヲ餘儀ナクサレタ。此處カラ抽キ出サレル唯一ノ正シイ結論ハ、其ノ性質上特ニ殘忍ナ此等ノ實驗ガ彼ノ命令ニヨッテ實施サレテイタト言ウコトデアル。梶塚ハ亦、凍傷實驗ヲ實施シテイタ吉村ノ報告書ヲ受領シテイタコトヲ承認シタ。

私ハ、吉村ガ實施シタ恐ルベキ實驗ヲ諸君ノ前ニ繰返シテ說明シナイ。此等ノ實驗ハ、梶塚ノ直接ノ命令ニヨリ第七三一部隊内デ實施サレテイタシ、且ツ私ハ、被告ハ第七三一部隊ノ『祕密中ノ祕密』タル生キタ人間ヲ使用スル實驗ヲ、本人ガ主張セント試ミタ如ク、單ニ承知シテイタノミデハナク、被告ハ、最モ殘忍ナ非人道的ナ實驗ノ發案者デアッタシ、指導者デアッタコトハ、證明サレタモノト看做ス。

梶塚ハ、中國ノ平和的住民ニ對シテ第七三一部隊ガ實施シタ細菌攻撃ヲ充分承知シテイタ。

併シ乍ラ、梶塚ハ侵略的ナ細菌戰ノ此等ノ露骨ナ攻撃ヲ、實驗ニ過ギナイト公言セント試ミテイル。梶塚ハ、『勿論、中國ニトッテ、此ノ武器ハ攻撃的ナモノデアッタガ、併シ、日本ニトッテハ、私ノ所存デハ、是レハ實驗的ナモノデアリマシタ』ト言明シテイル。

中國人民ニ對スル細菌攻撃ノ『實驗的性格』ニ關スル此等ノ厚顏無恥ナ詭辯ハ、今日ニ至ル迄、石井部隊中國派遣隊ノ現地工作ヲ侵略的細菌戰ニ先行スル實驗ニ過ギナカッタト看做シテイル冷酷ナ人間憎惡者トシテ、梶塚ノ眞面目ヲ今一度明ラカニシテイルノミデアル。

關東軍ノ他ノ高級參謀ト異ナッテ、梶塚ハ、第七三一部隊ノ全業務ニ精通スル上ニ何等ノ制約ヲ受ケナカッタ。彼ガ系統的ニ第七三一部隊ヲ視察シ且ツ其ノ全業務ヲ充分知悉シテイタコトガ立證サレテイル。

被告山田ハ、彼ノ關東軍着任後、他ナラヌ梶塚ガ一九四四年七月末ニ、第七三一部隊ノ業務ニ關スル詳細ナ報告ヲ行イ、シカモ、此ノ部隊ガ細菌兵器ノ研究及ビ製造ニ關スル秘密業務ニ從事シテイルコトヲ述ベタコトヲ供述シタ。

同ジク山田ノ供述ニヨレバ、

『梶塚軍醫中將ハ、細菌兵器ノ研究及ビ大量生産關係ノ第七三一部隊ノ研究・實驗業務ノ指導ニ當リマシタ』ノデアル。

梶塚ハ、ソ同盟ニ對スル細菌攻撃ノ實行ヲ直接ノ任務トシテイタ第七三一部隊諸支部ヲ自ラ編成シタ。

斯クノ如ク、第七三一部隊ノ編成ノ時カラ日本ノ降伏ニ至ル迄、梶塚ガ細菌戰準備ノ最モ積極的ナ參加者ノ一人デアッタコトガ本件ノ一切ノ資料ニヨッテ立證サレテイル。彼ハ、侵略戰爭ニ於ケル細菌兵器ノ實用問題ヲ檢討シタ關東軍司令部內ノ一切ノ秘密作戰會議ノ參加者デアッタ。

正ニ、梶塚コソ、第七三一部隊及ビ關東軍最高統帥部間ノ直接的連繫ニ當ッテイタノデアル。

被告梶塚ノ有罪ハ、本件ノ審理ニ於テ立證サレタ所デアリ、國家檢事トシテ私ハ、彼ニ對スル告發事項ヲ全面的ニ支持スル者デアル。

被告川島ハ、第七三一部隊ノ全業務ヲ最モ熟知シテイタ犯罪人ノ一人デアルト認定サレルベキデアル。部隊ニ勤務中、彼ハ庶務部長及ビ第四『製造』部長ノ地位ヲ占メタ。加之、一九四一年ニ彼ハ、第一部、卽チ所謂「研究」部——部隊ノスベテノ部ノ中デ最モ秘密ナ部ノ長デアッタ。

川島ハ、彼ノ指導下ニ第一部デ働キ、彼ガ自分ノ元部長デアルコトヲ認知シタ證人古都ニヨッテ暴露サレル迄ハ、此ノ部ニ於ケル自分ノ業務ヲ取調官カラ長イ間、極力ニ隱シテ來タ。

川島ガ最モ長イ間指導シタノハ、細菌ノ大量培養ニ從事シテイタ部隊ノ第四部、卽チ「製造」部デアル。彼ハ一九四一年ヨリ一九四三年ニ至ル迄此ノ地位ニ在ッテ勤務シタ。此ノ時期ニ、第七三一部隊ノ生產能力ハ、吾々ガ法醫學鑑定人側ノ鑑定並ビニ被告及ビ證人ノ供述ニヨッテ承知シテイル如ク、一カ月間幾千萬兆ノ細菌ト言ウ尨大ナ數字ニ迄達セシメラレタ。

川島ハ、生キタ人間ヲ使用スル實驗ニ直接參加シテ來タ。若干ノ場合ニハ、彼自身、犯罪的實驗ノ諸計畫ヲ樹テ、例エバ、一九四一年六月ニハ、ペスト蚤ヲ充塡シタ「石井爆彈」ノ効力ヲ試驗スル爲ニ、人間ヲ使用スル實驗ヲ實施スベキコトニ關スル命令ヲ自ラ書イタコトガ證明サレテイル。川島ノ供述ニヨレバ、此ノ實驗ノ犧牲者ハ、中國人ノ四人一五名デアッタコトガ明白デアル。川島ハ此ノ犯罪的實驗ノ實施ニ直接參加シタ。

全ク同樣ニ、川島ハ平和的中國住民ニ對スル攻擊用ノ細菌兵器ノ準備ニ參加シタ。

被告ノ自供ニヨリ、一九四二年ノ五—六月ニ於テ、石井部隊ノ中國派遣隊ノタメニ、川島ノ指導ノ下ニ、極メテ多量ノ腸チブス菌、パラチブス菌、炭疽菌ガ繁殖サレタコトガ判明シテイル。

證人古都ノ證言ニヨリ、川島ハ彼ガ部隊ノ第一部、即チ研究部ヲ指導中、生キタ人間ヲ使用スル大規模ノ犯罪的強制感染實驗及ビ生キタ人間ヲ使用スル其他ノ非人道的實驗ヲ實施シテイタト言ウ罪證ヲ上ゲラレテイル。

斯クノ如ク、川島ハ石井部隊構内監獄ニ於ケル幾百名ノ囚人ノ野獸的慘殺ニ對シ、直接ノ責任ヲ負ウベキデアル。

スベテ此等ノ事實ヲ承認シテ、川島ハ細菌戰ノ準備並ビニ生キタ人間ヲ使用スル非人道的實驗ノイズレニモ自ラ參加シテ來タコトヲ法廷デ確認シタ。斯クノ如ク、川島ノ有罪ハ完全ニ立證サレテイル。

被告柄澤十三夫ノ有罪モ、全ク同樣ニ立證サレテイル。彼ハ、一九三三年、日本軍ニ勤務シ始メ、參謀本部カラ學資金ヲ受ケテ醫學部ニ學ビ、軍醫學校ニ於テ、二回ニ亘ツテ特殊細菌再教育ヲ受ケ、一九三九年十二月ニハ、石井部隊勤務ヲ命ゼラレ、專門的ニ細菌兵器ノ大量生產ニ從事スルニ至ツタ者デアル。

此ノ部隊ニ於テ、柄澤ハ急速ニ課長ノ地位ニ昇進シタ。彼ノ直屬上官川島ノ言ニヨレバ、被告柄澤ハ自分ノ仕事ヲ「愛シ」、殺人細菌ノ大量生產ノ改善ニ、極力努メテ來タノデアル。

正ニ柄澤コソ、中國住民ニ對スル細菌攻擊ヲ實施スル爲ニ、石井部隊カラ派遣サレタ每次ノ派遣隊ニ極メテ多量ノ細菌ヲ供給シタ。

柄澤ハ、「彼ノ部ニヨッテ培養サレル細菌ノ殺人効力ヲ研究シッツ、一九四三—一九四四年間ニ安達特設實驗場ニ於ケル細菌彈ノ爆破ニヨル人間感染ノ實驗ニ參加シタ。

戰爭中、部隊全支部ニ細菌製造ヲ分散スル問題ノ研究ガ被告柄澤ニ委託サレタ。此ノ目的ノタメニ柄澤ハ、一九四四年、孫吳、海拉爾、林口及ビ海林ノ各市ニ所在シタ部隊ノ支部ヲ巡ッテ、細菌戰ノ兵器トナル細菌ノ大量生產ニ必須ナ機械器具ヲ此等ノ支部ニ設備スル案ヲ作成シタ。

此等一切ノ點ニ就キ、柄澤ハ自分ノ有罪ヲ完全ニ認メタ。

彼ハ、自白ニヨル外、他ノ一連ノ被告及ビ證人ノ供述、例エバ、被告ヲ侵略的ナ細菌戰準備ノ活動的ナ、積極的參加者トシテ特徵ズケテイル川島、西ノ供述ニヨッテ罪證ヲ上グラレテイル。

本件ノ審理ニ於テ、他ノ二人ノ被告——西俊英及ビ尾上正男ノ有罪モ、完全ニ判明シテイル。前者——被告西ハ、部隊第六七三支部長デアッタシ、後者ハ、第六四三支部長デアッタ。

此ノ兩被告ハ何レモ、細菌戰ノ準備ニ關スル第七三一部隊ノ犯罪的業務ノ內容ヲ完全ニ承知シテイタシ、此ノ業務ニ積極的ニ參加シテ來タ。

被告西ハ、生キタ人間ヲ使用スル實驗ニ參加シテ來タ。例エバ、一九四五年一月、西ガ人間ニ對スル瓦斯壞疽感染實驗ニ參加シタコトガ、本件ノ資料ニヨッテ判明シテイル。此ノ實驗ノ犧牲者トシテ、一〇名ノ中國愛國者ガ斃レタ。彼等ハ、西ノ自供ニヨリ明白ナル如ク、實驗後、苦悶ノ中ニ死亡シタ。

ソヴエト軍隊ガ孫呉市ニ接近シタ際西ハ、第六七三支部ノ犯罪的業務ヲ秘匿スル爲ニ、支部ノ一切ノ建物及ビ設備ノ燒却ヲ命令シタ。

西ハ、隷下ノ勤務員ニ青酸加里ヲ配布シ、ソヴエト軍隊ニヨッテ捕虜ニサレタ場合ニハ、自殺スルコトヲ命ジタ。西ノ部下ハ、此ノ命令ヲ實行セズ、二—三ノ者ヲ例外トシテ、彼等ハ、捕虜ニナル方ヲ選ンダ。

西並ビニ尾上ハ、細菌戰準備ニ於ケル石井中將ノ最モ活動的ナ援助者ノ中ニ加エラレ、石井ノ細菌兵器使用計畫ヲ知悉シテイタ。

此等、兩被告ハ何レモ、彼等ニ提示サレタ起訴事項ニ關シ自分ノ有罪ヲ認メタ。尙、彼等ハ、證言及ビ裁判ニ提出サレタ書類ニヨッテ罪證ヲ上ゲラレテイル。

被告佐藤俊二ハ、一九二二年ニ、日本軍ニ入隊シタ。彼ハ、爾餘ノ大多數ノ被告同様、陸軍軍醫學校ノ特殊講習ヲ二回ニ亘ツテ受ケ、相當ノ期間、軍醫トシテ種々ナル職務ニ歴任シ、軍醫學校教官トシテモ勤務シタ。

一九四一年、佐藤ハ「波」ナル秘匿名稱ヲ有シタ第八六〇四細菌戰部隊長ノ地位ニ任命サレ、大佐ノ階級デ廣東ニ赴キ、一九四三年二月ニハ、「榮」一六四四細菌戰部隊長ノ地位ニ任命サレテ、南京ニ轉勤シタ。

既ニ私ハ、「榮」一六四四南京部隊ノ業務ニツイテ詳細ニ叙述シ、其ノ性格ヲ明ラカニシタ。第七三一部隊及ビ第一〇〇部隊ト同様、南京部隊ハ、侵略的ナ細菌戰ノ諸目的ノ爲ニ編成サレタ日本軍細菌戰秘密部隊デアッタ。

正ニ「榮」一六四四部隊コソ、石井部隊ト共ニ、中國ノ平和的住民ニ對スル細菌攻擊ヲ實施シタコトガ立證サレテイル。亦、「榮」一六四四部隊ニ於テ、生キタ人間ヲ使用スル殘忍ナ實驗ガ實施サレテイタコトモ證明サレテイル。佐藤ヲ、「榮」一六四四南京部隊長ノ地位ニ任命シタト言ウ事實自體、既ニ、彼ガ侵略的ナ細菌戰ノ積極的參加者デアルコトヲ裏書シテイル。

是レハ、細菌ノ大量培養用タル同部隊特殊機械器具ノ生産能力ニ關スル資料ニヨッテモ確證サレテイル。

多量繁殖サレテイタ此等ノ細菌ハ、細菌戰ノ諸目的ニ利用サレルベキデアッタ。何故ナラバ、南京部隊ガワクチン製造ニハ殆ンド從事シテイナカツタコトガ本件ノ審理ニヨツテ判明シテイルカラデアル。

佐藤ハ、長イ間、頑張ニ自分ノ有罪ヲ否定シタ。提示サレタ諸證據ノ前ニハ如何トモシ難ク、彼ハ細菌戰ノ實施ヲ目的トシタ細菌戰特殊部隊デアツタ諸部隊ヲ指揮シタコトヲ餘儀ナク承認スルニ至ツタ。

本件ノ審理ニ於テ、佐藤ハ亦、『榮』一六四四部隊ガ所謂淅贛作戰中一九四二年、中國中部ノ中國軍隊ニ對スル細菌攻擊ニ參加シタコトヲ自分ガ充分承知シテイルコトモ承認シタ。

彼ハ亦、彼ガ指揮シタ此ノ部隊ガ日本軍ノ細菌兵器庫デアツタコトヲモ認メタ。

一九四四年以降、關東軍第五軍軍醫部長デアツタ佐藤ハ、石井部隊海林支部ニ實際的ナ援助ヲ與エタ。

彼ハ、齧齒類ノ捕捉及ビ第七三一部隊海林支部ヘノ其ノ送致ノ爲ノ特殊班ノ編成ニ關スル命令ヲ發シタ。

佐藤ハ、細菌戰準備ノ積極的參加者ノ一人デアツタシ、私ハ、彼ノ有罪ハ本件ノ資料ニヨリ立證サレタモノト看做ス。

被告菊池及ビ被告久留島ハ實驗手トシテ、前者ハ第七三一部隊ノ第六四三支部ニ於テ、後者ハ第一六二支部ニ於テ勤務シタ。彼等ハ、何レモ、其ノ業務ガ細菌戰準備ヲ目的トシテイルコトヲ充分承知シテイナガラ、細菌培養ノ點デ、此等ノ支部ノ將校ヲ援助シテ來タ。

加之、菊池ハ積極的ナ細菌戰ヲ實行スル爲ノ要員ヲ養成シテイタ第七三一部隊附設ノ教習會デ一九四五年ノ夏、教育ヲ受ケタ。此等ノ事實ハ、被告菊池及ビ被告久留島自身否定シテイナイ。

斯クノ如ク、彼等兩人ハ細菌戰準備ノ參加者デアッタコトニ對シ、責任ヲ負ウベキデアル。

一九四一年三月、關東軍獸醫部長ノ地位ニ任命サレタ被告高橋隆篤獸醫中將ハ、細菌戰ノ準備及ビ實行並ビニ細菌謀略實行ノ特殊部隊デアッタ第一〇〇部隊ヲ統轄シテイタ。

就任ト同時ニ、高橋ハ非常ナ積極性ヲ發揮シ、鼻疽、牛疫、炭疽病系統ノ諸疾病ノ如キ急性流行性獸疫ノ病原菌並ビニ毒藥及ビ穀物ノ病原菌ノ培養及ビ製造ニ關スル第一〇〇部隊ノ潛在的生産能力ヲ增大セシメタ。

高橋ノ直接ノ發意ニヨッテ、第一〇〇部隊ニハ、所謂第六課ガ創設サレ、同課ハ細菌戰及ビ謀略ノ諸目的ノ爲ノ細菌培養ヲ大規模ニ實施シ、亦、生キタ人間ヲ使用スル犯罪的實驗ニ從事シテイタノデアル。

39*

被告高橋ニヨッテ、關東軍諸兵團内ニ、第一〇〇部隊ノ支部網ガ設置サレ、是レモ亦、細菌兵器ノ製造ニ從事シ、且ツ戰爭中ノ細菌攻撃及ビ細菌謀略ヲ直接實行スル任務ヲ有シテイタ。

高橋ハ、細菌兵器ノ研究ヲ自ラ指導シツツ、細菌及ビ毒物製造關係ノ新シイ課ヲ設置スルコトニヨッテ、第一〇〇部隊ノ生産能力ヲ著シク擴大シタ。

日本憲兵隊ハ、殺戮用トシテ第七三一部隊ニ四人ヲ送致シテイタガ、コノ様ナ四人ヲ同ジク第一〇〇部隊ニ提供シ、彼等ヲ使用シテ、有機體内ニ注入サレタ毒物ノ効力研究ニ關スル兇惡ナ實驗ガ實施サレタ。而シテ、被實驗者ハスベテ、行ワレタ野獸的行爲ノ證人ヲ殘サナイタメニ、殺害サレテイタ。高橋ハ、第一〇〇部隊ヲ統轄シテイタ以上、此等ノ野獸的行爲ニ對シテモ責任ヲ負ウベキデアル。

高橋ハ、第一〇〇部隊ノ謀略工作ヲモ指導シテイタ。

此ノ部隊ハ、多數ノ動物ヲ大量購入シ、謀略準備ノ爲ニ、此等ヲ使用シテ、空中カラノ大量感染實驗ヲ實施シテイタ。

被告高橋ノ指令ニヨリ、自然條件下ノ細菌兵器ノ効力ヲ研究スル爲ニ、安達驛附近ノ第七三一部隊特設實驗場ニ於テ、飛行機ヨリノ飼料汚染ニヨル家畜感染ノ試驗ガ實施サレテイタ。加之、被告高橋ハ北興安省方面ノソヴェト同盟トノ國境地域ニ對スル系統的ナ偵察ノ後、第一〇〇部隊ヨリ派遣隊ヲ派遣シ、此等ノ派遣隊ハ、河川ニ對スル細菌謀略ノ効力檢査ノ目的ヲ以テ、國境ヲ流レルアルグン河支流ノ汚染ヲ實施シタ。

被告高橋ハ、スベテ此等ノ事實ヲ法廷ニ於テ確認シタ。

軍事裁判所ハ亦、ソヴエト同盟及ビ蒙古人民共和國ニ對スル細菌戰ノ準備及ビ細菌謀略ノ實行ニ於ケル被告高橋ノ積極的ナ役割ヲ確證スル被告平櫻ノ供述ヲ聽取シタ。斯クテ、被告高橋ノ罪ハ、完全ニ究明サレテイル。

被告平櫻全作——獸醫、一九三九年十二月、日本軍ニ召集——ハ、一九四二年六月、第一〇〇部隊勤務ヲ命ゼラレタ。部隊ガソヴエト同盟ニ對スル謀略及ビ細菌戰用ノ種々ナ細菌及ビ猛毒物ノ大量繁殖及ビ製造ニ從事シテイタコトヲ承知ノ上デ、平櫻ハ、彼ガ捕虜ニサレル時迄、ソヴエト同盟及ビ蒙古人民共和國ニ對スル細菌戰準備ニ積極的ニ參加シテ來タ。彼ハ、自ラ細菌兵器ノ製造及ビ使用ニ關スル研究ヲ行ッタ。一九四二年七月、平櫻ハソ同盟ト國境ヲ接スル北興安省三河盆地ニ於ケル現地工作ニ參加シ、其處デ貯水池、河川及ビ牧地ノ汚染實驗後、彼ノ直接參加ノ下、國境ヲ流レルアルグン河ノ支流ガ炭疽菌ヲ以テ汚染サレタ。

一九四四年六月、第一〇〇部隊員七名カラナル偵諜・謀略隊ヲ指揮シテ、平櫻ハ、ソヴエト領ノ國境地帶ニアル貯水池、河川、井戸、夏季及ビ冬季ノ牧地、草刈場及ビ道路ヲ、飛行機ニヨッテ汚染シ得ルカドウカヲ究明スル目的ヲ以テ偵察ヲ實行シタ。被告平櫻ハ、偵察ノ結果ニ關スル詳細ナ報告書ヲ第一〇〇部隊長ニ提出シ、日本關東軍獸醫部長被告高橋ニ口頭デ報告シタ。

高橋ノ指令ニ從ッテ、被告平櫻ハ、急性流行病ニ感染セシメ、細菌謀略ノ目的ヲ以テ、蒙古人民共和國領內ニ潛入セシムベキ大量ノ牛ヲ海拉爾市附近デ購入シテイタ。併シ乍ラ、ソヴエト軍部隊ノ急進擊ニヨッテ、平櫻ハ此レヲ完全ニ實行デキナカッタ。何故ナラバ、海拉爾到着後間モナク彼ハ、進擊シ來ッタソヴエト軍部隊ニヨッテ捕虜ニサレタカラデアル。

被告平櫻ハ、自白ニヨッテモ亦、被告高橋、三友、證人桑原等ノ供述ニヨッテモ、此等ノ犯罪ノ罪證ヲ完全ニ上ゲラレテイル。

被告三友一男ハ、一九四一年志願シテ、第一〇〇部隊ニ入隊シテ實驗手トナリ、第一〇〇部隊ガ細菌戰準備ヲ實施シテイルコトヲ承知ノ上デ、炭疽菌、鼻疽菌等ノ細菌繁殖ニ、積極的ニ從事シテ來タ。

一九四二年七月、被告平櫻ト共ニ被告三友ハ、アルグン河支流汚染ノ現地謀略工作ニ參加シタ。一九四四年八—九月、第一〇〇細菌戰部隊勤務員井田清ノ指導下ニ働キッツ、三友ハ、生キタ人間ヲ使用スル犯罪的實驗ヲ系統的ニ實施シタ。

被告三友ハ、彼自身、生キタ人間ヲ使用シテ、種々ノ毒物ノ効力ヲ試験シテイタコトヲ認メタ。三友ノ實驗ノ結果、一人ノ囚人ハ死亡シ、他ノ一人ハ、實驗ノ機密保持ノ目的ヲ以テ、青酸加里ノ注射デ三友ニ殺害サレ、他ノ三名ハ、同樣ノ見地カラ、彼ノ立會ノ下ニ、日本ノ一憲兵ニヨッテ銃殺サレタ。

三友ハ、第一〇〇部隊ノ一實驗手ニ過ギナイトハ言エ、彼ノ手ハ、彼ニヨッテ慘殺サレタ人々ノ鮮血ニ染メラレ、彼ノ業務ハ、細菌戰準備ニ意識的ニ向ケラレテイタ。是レハ、三友自身ノ自白ノミデナク、亦、被告平櫻及ビ一連ノ證人ノ供述ニヨッテ全ク明瞭ニ究明サレテイル。

七、論告

裁判官同志諸君！　被告席ニ坐ラセラレタ人非人共ガ犯シタ犯罪ハ、恐ルベキモノデアリ、醜惡ナモノデアル。

日本軍細菌戰秘密部隊ノ此等ノ人間憎惡者共ガ犯シタ野獸的行爲ハ、實ニ他ニ比肩シ得ルモノガナイ。

裁判ニ附サレタ犯罪人共ノ責任ヲ判定スル際、吾々ハ、彼等ガ既ニ犯シタ——既ニ實現シ完結シタ犯罪ノミヲ考慮スベキデハナイ。此等ノ犯罪ガ殘虐極リナイ驚クベキモノタルコトヲ充分考慮スルト同時ニ、吾々ハ、其等ガ新タナ、ヨリ一層驚クベキ野獸的行爲ヲ準備スル目的ニ從ツテイタコトヲ瞬時モ忘却シ得ナイ。幾千人ノ人間ノ慘殺ハ、幾百萬ノ人間ノ殺戮ヲ準備スベキデアツタ。

生キタ人間ヲ使用スル冷酷ナ實驗ハ、黑死病及ビコレラノ蔓延ニ先立ツ筈デアツタ。日本帝國主義者共ノ腹案ニヨレバ、細菌兵器ハ平和愛好全人類ニ限リナイ災厄ト苦難ヲ齎シ、幾百萬ノ人間ノ殺戮ト極メテ廣大ナ地域ノ荒廢ヲ招ク筈デアツタ。

此ノ故ニコソ、裁判ハ、犯罪人共ノ運命ヲ決定スルニ當ツテ、平和及ビ人類ニ對スル犯罪的陰謀ノ終局ノ目的――細菌兵器ハコノ目的達成ノタメニ準備サレテイタ――ヲ考慮スベキデアル。

吾々ハ、スベテノ人非人共ガ被告席ニ坐ラセラレタノデハナイコトヲ知ツテイル。犯罪的陰謀ノ參加者共ノ鎖ハ――私ガ論告ノ冒頭ニ於テ述ベタ如ク――諸君ニヨツテ斷罪サレントスル犯罪人共ヲ以テ終ツテイルノデハナイ。

吾々ハ、細菌戰ノ準備及ビ實行ノ犯罪的任務ヲ課セラレタ日本軍細菌戰秘密部隊ガ日本ノ天皇裕仁ノ軍令ニヨツテ編成サレタコトヲ知ツテイル。

吾々ハ、細菌戰秘密部隊ノ秘密業務ヲ支持シ、統轄シ、惜シミナク資金ヲ與エ、細菌兵器ノ諸種類ヲ認可シ且ツ細菌攻撃開始ノ日ヲ計畫シテイタ日本參謀本部及ビ日本陸軍省内ノ犯罪人共ノ名ヲ知ッテイル。彼等ハ、元軍事參議官、關東軍司令官被告山田ト並ンデ坐ラセラレテイルベキガ當然デアル。

吾々ハ、日本支配閥ガ自己ノ専門知識ヲ犯罪的ナ細菌戰ノ準備ニ注グ用意アルモノトシテ利用シタ。日本帝國主義ノ唾棄スベキ墮落シ切ッタ從僕――石井四郎、北野、若松・ユジロウノ如キ元日本軍將官タル細菌學者ノ名ヲ知ッテイル。

吾々ハ無防備ノ人々ヲ冷酷、殘忍ニ殺戮シ、人類ヲ破滅セシメントシテ、ペスト菌ヲ以テ汚染シタ幾千萬ノ寄生虫及ビ幾百キログラムト言ウ殺人細菌ヲ培養シテイタ惡辣ナ人間憎惡者共、元第七三一部隊勤務員タル日本軍ノ軍醫及ビ技師――太田、村上、碇、田中、吉村ソノ他多數ノ者ノ名ヲ知ッテイル。

此等ノ人非人共ハ、被告席ニハ居ナイ。吾ガ國ノ國外ニ在ッテ彼等ハ、トリニトロトルオール、原子爆彈及ビ殺人細菌ヲ人類ノ頭上ニ雨霰ノ如ク降シ得ル時機ヲ自ラモ夢ミテイル帝國主義陣營ノ反動勢力ノ庇護ヲ受ケテイル。

併シ、殺人犯ノ中デ、現在、法廷デ裁カレテイル者ハ、彼等ガ犯シタ一切ノ重大ノ犯罪ニ對シ、最モ嚴重ニ責任ヲ糾彈サレルベキデアル。

此ノ兇惡ナ行爲ノ性格、無辜ノ人々――老人、婦女子及ビ子供――ノ厖大ナ多數ノ野獸的殺戮ヲ期シタ其ノ方針カラ出發シテ、犯罪人共ガ、幾千ノ無防備ノ犧牲者ヲ悶死セシメタ非人道的實驗ヲ實施シテ來タコトカラ出發シテ、國家檢事側代表ハ、全被告ハ一九四三年四月一九日付ソ同盟最高ソヴェト常任委員會法令第一條ニ從ッテ、處罰サレルベキデアルト看做ス。

全被告ハ、最モ重大ナ犯罪ヲ犯シ、彼等ハスベテ、峻嚴ナ處罰ヲ受ケルベキデアル。併シ、裁判官同志諸君、諸君ハ刑罰處分ノ決定ニ當ッテ、各被告別ニ取扱ッテ頂キ度イ。

國家檢事側代表トシテ私ハ、山田、梶塚、高橋、川島及ビ佐藤ノ各被告ニ對シテハ、自由剝奪二五年ノ極刑ガ適用サレルベキデアルト看做ス。

柄澤、西、尾上、平櫻及ビ三友ノ各被告ニ對シテハ、自由剝奪一五年乃至二〇年。

菊池及ビ久留島ノ各被告ニ對シテハ、彼等ガ犯罪的ナルコトヲ承知シテイタトハ言エ命令ノ實行者ニ過ギナカッタコトヲ考慮シテ、各々ニ對シ、自由剝奪三年ノ刑罰ヲ加エルニ止マリ得ルト看做ス。

裁判官同志諸君！ 本裁判ノ意義ハ、其レガ極秘裡ニ細菌戰――侵略ノ最モ非人道的ナ手段ノ一ツ――ヲ準備シテ來タ強盜的日本帝國主義ノ野獸的正體ヲ、非常ナ明確サヲ以テ明ラカニ示シタコトニ有ル。

人類ニ對シテ、幾十億萬ノ病原菌ノ恐ルベキ力ガ向ケラレントシタ秋ハ、焦眉ニ迫ッテイタ。而シテ、ソヴエト同盟陸海空軍ノ疾風迅雷、敵ノ行動ヲ麻痺サセル潰滅的打撃ニヨッテ初メテ、世界ハ、細菌戰ノ慘禍カラ救イ出サレタノデアル。

人類文明ヲ破滅カラ救イ出シタ強大ナ吾ガ社會主義祖國ノ誇リヲ高揚シツツ、吾々ハ、今日、祖國防衛戰爭ニ於ケルソヴエト人民ノ偉大ナ功績ヲ囘想スル。

諸君ノ判決ハ、唯ニ、裁判ニ附サレタ犯罪人共ヲ峻嚴且ツ公正ニ處斷シ、日本侵略者共ノ野獸的行爲ニ恥辱ノ烙印ヲ押スニ止マルベキデハナイ。

此ノ判決ハ、新世界戰爭ノ挑發者——諸君ニヨッテ斷罪サレントスル者同樣ノ冷酷、殘忍ナ人間憎惡者共ノ心膽ヲ寒カラシメルガ如キ警告トシテ響キ渡ラネバナラナイ。

人類ニ對スル新タナ惡事ヲ企圖シ、新タナ人間大量殺戮手段ヲ準備シツツアルスベテノ者ヲシテ、世界ハ、第二次世界大戰ノ教訓ヲ忘却シテイナイコトヲ銘記セシメヨ。

幾億ノ一般大衆、偉大ナソヴエト同盟ヲ先頭トスル民主勢力ノ強大ナ戰線ガ平和ト安全保障ノ護リニ立ッテイル。

是レハ、如何ナル新戰爭挑發者共ヲモ制止シ且ツ峻嚴ニ處斷シ得ル強大ナ、必勝ノ勢力デアル。

裁判官同志諸君！　諸君ノ判決ヲシテ、此ノ事ヲ想起セシムル恐ルベキ警鐘ノ如ク鳴リ響カシメンコトヲ！

辩護人ノ辯論

十二月三〇日午前ノ公判

裁判長——公判ヲ續行スル。被告山田ヲ辯護スルベロフ辯護士ニ發言ヲ許可スル。被告ハ、室内放送ニヨリ日本語デ辯論ヲ聽取シ得ル。

ベロフ辯護士ハ辯論ヲ行イ、其ノ全文ハ公判記錄ニ添附サレル。辯論ハ同時ニ、日本語デ通譯サレル。

被告山田ノ爲ノベロフ・エヌ・ペ・辯護士ノ辯論

裁判官同志諸君！

本裁判ニ於テ、私ノ同僚タル辯護人及ビ關東軍元司令官山田大將ヲ辯護スル私ハ、被告ニ僅カシカ質問ヲシナカッタ。是レハ、被告及ビ證人ノ供述並ビニ本件ノ關係書類ニヨッテ告訴ガ確證サレタ論理的歸結デアル。

本裁判ニ於ケル辯護ノ最大ノ困難ハ、本件ニ關シテハ事實及ビ證據其ノモノニ對スル討論ノ餘地ガ全クナイコトニ歸スル。

證言モ、豫審ノ段階デ蒐集サレタ本件關係ノ原本ノ文書モ、被告自身ノ詳細ナ說明モ、之レヲ綜合スルニ告訴ノ事實問題ヲ確證シタ。

實體法上及ビ訴訟法上ノ此等ノ事實及ビ事情ニ照ラシテ、本裁判ニ於ケル辯護ノ役割ハ、容易、簡單デハナイガ、併シ、辯護人ハ、公正ナ裁判ノ利益ガ要求スル最大限ノ周密細心サヲ以テ、自己ノ責務ヲ履行スル義務ヲ有スル。

勿論、私ハ、國家檢事ガ其ノ論告ノ中デ斯クモ詳細ニ述ベタ、極メテ重イ犯罪ヲ辯護セントスル者デハナイ。私ハ、唯、既ニ相當老齡ノ人——本人ニトツテハ、數々ノ宿命的ナ原因ト事情ニヨツテ、戰爭關係ノ法規及ビ慣習ノ蹂躪、人類ニ對スル犯罪ニ一定ノ參加ヲシテ來タ被告山田ヲ辯護スル。

私ノ被辯護人ノ法ニ對スル罪ハ重イ。彼ハ諸人民ノ息子ト娘達ヲ對象トシテ他ノ者ト共ニ細菌兵器ヲ使用シタ。コレラノ諸人民ノ理性ト良心ニ對スル彼ノ罪ハ重イ。併シ、彼ノ罪ヲ辯明シ、輕減スル一連ノ情狀モ有リ、裁判官同志諸君ハ、公正ナ裁判ノ爲ニ、判決ノ言渡ニ際シ、此等ノ情狀ヲ酌量スベキデアル。

國家檢事ハ、其ノ論告ノ中デ本件ニ就キ、山田元大將ヲ含ム被告ガ犯シタ重大ナ犯罪ニ關シ、多數ノ事實及ビ文書ニ基イテ論ジタ。

私ハ、現在既ニ約七〇歳ノ私ノ被辯護人山田ノ理性、意志、性格及ビ道德的風貌ガ、實際上、如何ナル要因ノ影響下ニ形成サレテ來タカヲ述ベタイ。

事件上、極メテ本質的意義ヲ有スル此ノ問題ヲ明確ニ解明スルコトハ必須デアル。吾ガソヴエト刑法學ハ、所謂刑法人類學派及ビ生來的犯罪人ニ關スル其ノ學説ニ組シタコトハ曾テナイ。

ブルジヨアジーガ未ダ革命的、進歩的ナ社會階級デアツタ時代ノ大思想家、學者及ビ政治家モ亦、人間ハ思想、慾情及ビ性格ナシニ生レルト言ウ見解ヲ掲ゲ、根據ズケタ。ジヨン・ロツク及ビジヤン・ジヤク・ルツソーノ如キ人類思想ノ大家ガ其ノ勞作ノ中デ、『人間ノ心ニハ生來ノ汚損ハナイ』…コトヲ主張シタコトハ一般周知ノ所デアル。

一九世紀ノロシアノ偉大ナ教育學者コンスタンチン・ドミートリエヴイチ・ヴシンスキーハ、遺傳ト教育ノ問題ヲ検討シツツ、最モ偉大ナ音樂家ノ子供ヲ、若シモ幼年時代ニ野蕃人ノ棲ム島ニ移住セシメレバ、其ノ子ノ音樂的創作ノ端緒トナル粗野ナ、耳ヲツン裂ク音響ガ兩親ノ音樂文化カラ極メテ離レタモノトナルデアロウコトヲ述ベタモノデアル。

裁判官同志諸君、更ニ私ハ、カール・マルクス及ビフリードリツヒ・エンゲルスノ如キ天才的研究家ガ、自己ノ勞作ノ中デ歴史的環境、社會生活ノ條件及ビ社會關係ニヨツテ生成サレタ人間ノ教育條件ガ人間ノ理性、關心、意志、性格及ビ道德的風貌ヲ形成スルコトヲ述ベテイタ事實ヲ想起セシメルコトハ當ヲ得タコトデアルト私ニハ思ワレル。例エバ、エンゲルスハ、未ダ一九世紀中葉ニハ、イギリスノ勞動者トブルジョアトガ恰モ異ナル二ツノ民族ニ屬シテイタカノ如ク外見ニヨッテサエ、相互ニ似テモ似ツカナカッタシ、且ツ、其ノ外貌、其ノ性格、其ノ一切ノ精神的風貌ニ於ケル此ノ相違ハ、異ナル生活條件、兩者ガ社會的環境ノ下ニ受ケテ來タ異ナル感化ノ結果デアルコトヲ證明シテイル。

私ノ被辯護人山田ノ年齢及ビ裁判上ノ立場ニヨリ私ハ、意志ト性格ノ形成ニ對スル社會的、國家・政治的及ビ思想的要因ノ影響ニ關スル問題ヲ可及的、詳細ニ述ベル義務ヲ負ウ者デアルト私ハ考エル者デアル。

此ノ際、個別的ナ個人ノミデハナク、寧ロ社會的階級全體、時ニハ國民全體ノ意志及ビ性格ヲ考慮シ得ルシ、又セネバナラナイ。

裁判官同志諸君、甚ダ恐縮乍ラ、本件ノ資料ニヨリ、私ノ被辯護人山田ガ一八八一年ニ出生シタコトガ明ラカデアルコトヲ想起セラレンコトヲ。最モ偉大ナ思想家カール・マルクスハ、當時ノ日本ニ關シ次ノ如ク述ベテイル——

『純封建的土地所有制度及ビ廣範ニ發展シタ小農經營ヲ伴ウ日本ハ、大部分、ブルジョア的偏見デ貫カレタ吾々ノ一切ノ史書ヨリモ遙カニヨリ正シイヨーロッパノ中世紀相ヲ示シテイル』。（カール・マルクス、『資本論』、第二四章第二節、脚註一九二。黨圖書出版所、一九三五年、五七五頁――編集部註）

暴力、專横ノ支配、其ノ政治的無權利、人民大衆ノ蒙昧、窮狀、神社寺院ノ支配、科學ノ迫害、當時ノ先驅者ニ對スル野獸的彈壓ヲ伴ウ中世紀トシテ――正ニ斯クノ如ク、科學的共產主義ノ創始者ハ、私ノ被辯護人山田ガ生レ、幼年時代ヲ過シタ歷史的環境及ビ社會生活ノ條件ヲ特徵ズケタ。

當時一九世紀後半ニ、日本ノ政治舞台ニハ三井、三菱、住友、安田ノ四大富豪ガ現ワレタ。此等ハ、國家ノ援助及ビ皇室ノ全面的支持ヲ得テ、帝國主義的獨占資本ニ急速ニ變化シタ。

一八六八年ノ革命ハ、封建制度ヲ日本ニ溫存シタ。一八六八年以後日本ニ樹立サレタ絕對君主制ハ、本質上、殆ンド最近年迄維持サレタ。何故ナラバ、プロシャ憲法ニ倣ッテ作成サレタ一八八九年ノ憲法ハ、天皇ニ專制權力ヲ確保シテ來タカラデアル。

一八六八年ノ革命ノ時期ニ三井家ハ、封建日本ノ政府――幕府ニ對スル鬪爭ニ於テ、皇室ニ財政的援助ヲ與エタ。三井及ビ三菱ハ、一五歲ノ睦仁ノ卽位ヲ援助シ、彼ノ統治期ハ明治ト稱サレテイタ。

皇室ヘノ投資ハ、互惠的ナモノデアッタ。鑛山、山林ノ開發、工場經營ノ權利ガ三井家ニ譲渡サレタ。日本ノ殆ンド全經濟資源ハ、三井、三菱、住友、安田ノ獨占的所有トナッタ。

皇室ハ、「維新」以降ノ時期ニ極メテ尨大ナ富ヲ占有スル世界最富ノ王家ニ變ッタ。

前述最強ノ四大家ハ、皇室ト共ニ、前世紀ノ後半以降、銀行、工場、炭坑、山林、土地等國内ノ一切ノ經濟資源ヲ其ノ手中ニ握リ、之ヲ統制シテイル。其等ニ牛耳ラレテイル日本内ノ巨大ナ獨占的工業及ビ銀行コンツエルンハ「財閥」ト稱サレテイル。「財閥」ナル言葉ノ嚴密ナ譯語ハ、金融閥デアル。「財閥」史ノ屈指ノ識者豐原一郎ハ、「財閥」ヲ、封建的條件下ニ發展シタ獨占資本ト稱シテイル。安イ勞動ハ、「財閥」ノ富強化ヲ促進シテ來タ。日本ガ半世紀間ニ行ッタ中國及ビ滿洲ニ於ケル侵略戰爭ハ、三井、三菱、住友、安田ガ如何ナル方法ニヨッテ其ノ威力ヲ強化シテ來タカヲ、全世界ニ明示シタ。日本天皇裕仁ハ、第二次世界大戰ヲ「日本ノ聖戰」ト稱シタガ、併シ、「財閥」ガ其レヲ準備シ、實行シタノデアリ、東條及ビ荒木ハ其ノ思想的ナ仲間ニ過ギナカッタコトハ、萬人ノ知ル所デアッタ。戰爭ハ、先ズ第一ニ、主ニ、三井、三菱、住友、安田及ビ所謂新興「財閥」ナル二〇家族ヲ富マシテ來タ。「日出ル國」ヲ「「財閥」ノ王國」ト稱シテ來タシ、稱シテイルノハ故ナキコトデハナイ。戰爭前ノ五カ年間ニ「財閥」ノ資本ハ、二倍ニナリ、戰爭中ノ五ヵ年間ニハ、此等ノ資本ハ、十倍ニ增大シタ。三六〇ノ新シイ巨大ナ工場ガ『財閥』ニトッテ極メテ有利ナ、此ノ巨大ナ『人間ノ肉挽器』ヲ養ッテ來タ。此等ノ工場ハ、戰場ニ大砲、砲彈、爆彈、飛行機ヲ投込ンデ來タ。細菌兵器モ亦、『財閥』ノ意志ニヨッテ準備サレ、使用サレテ來タ。

正ニ彼等、最モ野獸的且ッ強盜的ナ日本帝國主義者共コソ、廣汎ナ人民大衆ノ動員ナシニハ、戰爭ノ實行ガ不可能ナルコトヲ理解シテ、好戰的民族主義ト野獸的排外主義ノ毒ヲ以テ、日本人民ノ意識ヲ中毒サセル國家制度ヲ確立シタ。家庭ト學校ニ於ケル子供ノ排外主義的教育、出版物及ビ藝術ニ於ケル軍國主義ノ宣傳、憲兵的スパイ行爲及ビ警察テロノ制度、神社ト神官、監獄、社會・ファッショ的諸政黨等々ノ如キ、帝國主義的國家機構ノ屬性ガ、廣汎ナ人民大衆、就中、陸海軍人ニ對スル反動的宣傳及ビ教育ノ爲ニ、遲滯ナク發展セシメラレ、動員セシメラレテ來タ。日本帝國主義ガ從順ナ軍人ヲ養成スル上ニ利用シタ一切ノ形態ト方法ノ根底ニハ、日本君主制ノ神的起源、永遠不動ノ原則ガ置カレテイタ。

日本ノ軍國主義及ビ帝國主義全體ヲ通ジテ其ノ特徵ハ、特ニ軍備、戰術、戰略ノ點ニ於テ、近代的、『最新・資本主義的』組織形態ガ舊來ノ、封建的ナ、軍人ノ相互關係形態ト結合シテイルコトデアッタ。日本ノ軍人ガ教育サレテ來タ思想ハ、武士的ナ、卽チ之亦、封建的ナモノデアル。日本ノ將校ガ從ウベキ軍人道德ノ全規範（「武士道」）ハ、日本刀ノ偶像化及ビ最高ノ存立トシテノ天皇ヘノ拜跪ヨリ、軍事上ノ不成功或ハ「面目ヲ失ウ」場合ニハ切腹スルコトニ至ル迄封建的觀念及ビ感情ニヨツテ、深ク貫カレテイル。斯ル精神ニヨツテ、學校、出版物、劇場、映畫等ヲ通ジ、幼少ノ頃カラ老年ニ至ル迄、軍人ノミデハナク、全日本國民ガ教育サレテイタ。好戰的・侵略精神ニヨツテ軍隊及ビ全國民ヲ教育スルタメニ、所謂「武士道精神」ノ涵養ガ廣範ニ行ワレテイタ。是レハ、特別ノ選民トシテノ日本人ノ優越性ノ精神、低劣ナ存立、「野蠻人」ニ對スルガ如ク敵ヲ侮蔑シ際限ナキ殘酷サヲ以テ遇スル精神ノ謂イデアル。此ノ精神ハ、死ガ彼等ヲ神聖ニスルコトヲ信ズル狂信者ヲ生ミ出シテイタ。

裁判官同志諸君、所謂「神風」（自分ノ身命ヲ代價ニシテ、敵ノ艦船ヲ破壞セントシタ飛行士ガ斯ク呼バレタ）ヲ想起セラレヨ。此等ノ飛行士ノ狂信的行動ハ、日本側ノ宣傳ノミデハナク、世界ノブルジヨア言論機關ニヨツテモ「日本精神」（「大和魂」）ノ最新ノ發露トシテ賞讚サレタシ、神道ハ、「現人神」天皇ノ爲ニ死ンダ斯ル「幸運兒」ノ魂ガ神ニ變リ、從ツテ、永遠ニ生キルコトガ出來ルコトヲ教エタ。

最近二〇年間ニ日本帝國主義ハ、封建的・武士道的思想ヲ近代的ナ、最モ反動的、野獸的、掠奪的ファシズム思想ト結合シテ、其レヲ「近代化」シ、斯クテ、日本軍國主義ニ軍事

・ファシズム的性格ヲ附與シタ。極反動思想ノ此ノ結合ハ、日本ノ全軍事機構及ビソノ對外政策ノ強盜的性格ヲ專ラ濃厚ニシタ。

此ノ政治的歸結ハ、周知ノ如ク、一九三六年ニ於ケルヒトラー・ドイツ及ビファシスト・イタリアトノ『防共』協定及ビ一九四〇年ニ於ケル三國軍事協定ノ締結トナッタ。『高等人種』ノ妄說ハアーリヤ族ノフューラー及ビ教授ニヨッテドイツ人ニ鼓吹サレタヨリモ一層深刻ニ、日本軍ノ軍人及ビ日本國民ニ鼓吹サレテ來タ。

人種論ノ使命ハ、アジア諸人民ノ奴隷化、次イデ世界征覇ヲ達成セントスル日本帝國主義者ノ野望ヲ『理論的ニ』根據ズケルコトニ在ッタ。

斯クテ、日本ノ外交代表デスラ、其ノ職業柄、控エ目ナ擧動ヲトルベキデアルニモ拘ラズ、全ク大強國的野望ヲ曝ケダス迄ニナッタ。國際連盟會議ノ日本代表デアッタ內田伯爵ガ既ニ一九三二年公式會見ニ於テ、『地球上ニ於ケル日本人ノ使命ハ、世界ヲ指導スルコトデアル。日本ハ、新シイ救世主ノ搖籃トナルデアロウ』ト言明シタコトハ、萬人ノ記憶ニ殘ッテイル。

之レト共ニ、東京裁判ニ於テ證據書類及ビ證言ニヨッテ立證サレタ如ク、起訴狀ノ關係スル全期間、卽チ一九二八年以降、日本デハ、國內ニ有ッタ民主々義ノ要素ガ系統的且ッ冷酷ニ根絕サレタ。日本ノ國家機關ハ、ファッショ的典型ニ基イテ徹底的ニ再編成サレ、日本帝國主義及ビファシズムノ發展ニ對スル反抗ノ一切ノ暗示スラ、最モ冷酷ナテロ手段ニヨッテ彈壓サレテ來タ。

比日野豊教授ガ著シタ日本ノ學校ノ教科書「日本神道論」ガ、「大和族、卽チ神人族ヲ統ベ給ウ爲」神ガ地上ニ降臨シ、日本天皇ニ假現シタコトヲ教エテイル事實ヲ默殺スルコトハ出來ナイ。次イデ、日本ノ青少年ノ此ノ問答示教書ニハ、「聖ナル吾ガ帝國ハ、唯一ノ比類ナキ尊嚴ヲ以テ、世界ノスベテノモノノ上ニ君臨シテイル」ト述ベラレテイル。日本帝國主義ノ支配閥ハ、日本ノ軍事機構ノ潰滅迄ニハ、殆ンドスベテノ日本人ニ、「大和族」ハ神ノ一族デアリ、其ノ使命ハ、スベテノ人民ヲ隷屬セシメ、世界ヲ支配スルコトデアルト言ウコトヲ全ク當然至極ノ理デアルト考エシメルコトガ出來タ。「八紘一宇」ノ原理、卽チ世界ノスベテノ國ハ、「帝」ノ王笏ノ下ニ在ルベキデアルトノ原理ハ、神社、大學、學校、街頭、家庭、官廳等、随所デ宣傳サレテイタ。

裁判官同志諸君ニ、私ガ特ニ要望シ度イコトハ、次ノ點ニ留意サレルコトデアル。卽チ、私ノ被辯護人山田ガ養育サレ、一般教育及ビ專門的軍事教育ヲ受ケタ時期及ビ元日本軍ニ勤務シタ其ノ後ノ長年ノ間、宗教ノ教理ヲ君主制的絶對主義ノ諸原理ト巧ミニ結合スルコトニヨッテ、日本ト其ノ天皇ガ神ニ起源シテイルトノ教理、「先祖ノ精神」ヲ尊崇スルコト等ガ廣ク扶植サレテイタノデアル。

日本人ノ、特ニ軍人ノ頭ハ、日本列島ノ起源、天照大神ニ發スル天皇家ノ起源、盲目的且ツ絶對的服從ノ對象タル天皇ノ神族ニ發スル日本國民ノ起源ニ關スルアラユル神話ヲ詰メ込マレテ來タ。而シテ、「白人ノ支配」カラノ有色民族ノ解放トイウ、日本ノ「特殊」ノ使命ニ關スル侵略的教義ガ之ニ附加サレテイタ。スベテ、コレラノコトノ政治的結論ハ、「神意」ヲ實現シ、地上ヲ惡ト罪惡カラ淨メル手段トシテノ戰爭ノ「必要性」及ビ其ノ「永遠ノ必然性」ニ關スル教義デアッタ。

裁判官同志諸君、私ハ、日本軍ガ早クモ、前世紀ノ八〇年代カラプロシャ式教育ヲ受ケルヨウニナッタコトガ日本軍ニ於ケル「武士道精神」ノ浸透ヲ促進シテ來タ點ヲ特ニ強調シタイト思ウ。永年ノ間、日本ニハドイツノ軍事使節ガ滯在シ、日本軍ヲ教育シタ。コノ使節ノ長ハ、モルトケノ最モ親密ナ親友、メケルデアッタ。

斯クノ如ク、反動思想ニ貫カレ、規律ヲ心理的自動作用ニ轉化スルプロシャ主義ガ、日本軍内デモ浸透シテ來タシ、斯クテ日本ガ永年ノ間「東洋ノプロシャ」ト稱サレテ來タコトモ故ナキコトデハナイ。

裁判官同志諸君、プロシャ主義、此レコソ、鞭、サーベル、「法律」ト云ウ文字ノ支配デアリ、コレコソ、軍隊内デノ粗暴ナ軍事教練及ビ鞭ノ規律ノ徹底デアルコトヲ想起セシメテモヨイト思ウ。

又同様ニ、裁判官同志諸君、日本軍事機構ノ直接ノ組織者、山縣元帥ガ、ビスマルク及ビモルトケノ熱烈ナ崇拝者デアッタシ、ウイルヘルム二世ヲ尊崇シテイタコトヲ想起シ、念頭ニ置クコトガ必要デアル。

最モ著名ナ元老ノ一人デアッタ山縣ヲ頭トスル軍事グループハ、『日本ノ一切ノ國力ハ、ソノ軍事的威力ニアル』トイウスローガンヲ掲ゲタ。山縣ハ、軍事機構ヲ統轄シ、將校團、青年ノ『思想ノ總元締』デアッタシ、十九世紀末ヨリ殆ンド一九二二年、死ノ直前マデ、日本ノ國家機關ノ指導者デアッタ。山縣ハ、『奇襲攻擊』戰術ノ主唱者デアッタ。彼ハ陸海軍ヲ天皇ノ直接統帥下ニ置ク法律ノ發案者デアッタ。日本ノ反動的軍事評論家平田振策ハ、荒木陸軍大將及ビ岡田海軍大將ノ序文ヲ貫ッタ其ノ著書ノ中デ、露骨ニモ次ノ如ク書イテイル——

『日本ノ將校、陸海軍ノ兵士ハ、天皇御一人ノミニ隷屬シ、天皇ノ意志ヲ措イテハ、一發モ發砲スルコトガ出來ナイ』。

裁判官同志諸君、歴史的事實、文書及ビ事情ニ對シテ、私ガ加エタ分析ハ、次ノコトヲ明瞭ニ裏書シテイル。卽チ、半世紀間ニ既ニ、七回モ日本ノ侵略戰爭ノ道具トナッタ近代的工業機構ヲ現在ニ至ルマデ占有シ、天皇ヲ頭トスル近代的ナ獨占的工業及ビ銀行コンツエルン（『財閥』）——此レコソガ、日本ノ侵略ヲ使嗾シ、激勵シ、組織シ、指導シ、其ノ極メテ豊富ナ殺戮用具ノ武器庫ヲ維持シテ來タシ、又、特ニ細菌兵器ノ製造及ビ使用ノ發意者、組織者デモアッタノデアル。

「財閥」コソガ、侵略ヲ計畫準備シ、開始シテ來タノデアル。「財閥」コソガ、九千萬日本住民ヲ宗教的及ビ封建的偏見ニ依ッテ壓服シ、警察的壓制ノ下ニ統御シテ來タノデアル。「財閥」コソガ、好戰的民族主義及ビ野獸的排外主義ノ毒ヲ以テ、日本住民ノ意識ヲ中毒セシメテ來タノデアル。「財閥」コソガ、全世界ニ對スル陸上並ビニ海上、政治的經濟的支配權ヲ確立スルタメニ、一切ノ教育及ビ訓練ノ體系ヲ以テ、軍人ヲ、「財閥」ノ意志ノ機械的實行者ニ變エタノデアル。

被告山田ハ、日本帝國主義ノ兇惡ナ犯罪ノ多數ノ實行者ノ中ノ一人デアッタ。裁判官同志諸君、私ハ、諸君ガ次ノ如キ私ノ見解ニ同感サレルコトヲ期待スルモノデアル。私ハ、私ノ被辯護人山田ガ犯シタ犯罪ハ、山田ガ元日本軍內ニ在ッテ、其ノ長イ生涯ヲ通ジ、日日ニ否應ナシニ受ケテ來タ歪メラレタ思想ノ悲劇的ナ仕込ミト訓練ノ歸結デアッタト確信スルモノデアル。

裁判官同志諸君、コノ事ヲ認メナイ譯ニハユカナイ。然シテ、諸君ガコレヲ認メルナラバ、諸君ハ本件ニ依ッテ、被告山田ノ罪ノミガ確定サレタバカリデナク、又、彼ガ今日ノ彼以外ノ者ニハ、成リ得ナカッタガ如キ、斯ル歴史的環境ト斯ル狀件ノ下ニ生レ育チ、成人シ、生活シ、働イタコトニ在ル彼ノ不幸モ判明シタコトヲ、公正ナ裁判ノ見地カラ、諸君ノ判決ニ含メネバナラヌデアロウ。

然シ、裁判官同志諸君、社會生活ノ諸條件、加ウルニ社會關係ト國家機構ニ依ッテ生成サレタ訓育及ビ教育ノ諸條件ガ、人間ノ理性、意志、性格及ビ道德的風貌ヲ形成スルコトヲ立證スル私ガ引用シタ論據ハ、諸君ニハ不充分ト思ワレル向キガ強イカモ知レナイ。卽チ、換言スレバ或ハ諸君ハ、本件ノ關係者タル私ノ被辯護人山田及ビ他ノ被告ガ戰爭關係ノ法規及ビ人類ニ對スル犯罪人タルノミデナク、又、日本帝國主義ノ犧牲者デモアルコトニ疑問ヲ抱カレルデアロウカ？

然ラバ、私ノ辯論ノ基本的ナ命題ノ根據ヲ、一層確固タラシメルタメ、充分ニ信憑スベキ根據ヲ有スル歷史的資料ヲ引用サセテ頂キ度イ。

裁判官同志諸君、既ニ現在デハ、ソヴエト社會主義共和國同盟ノ市民タル吾々自身ノミデナク、吾々ノ多數ノ外國ノ親友ノミデナク、更ニ、賢イ敵共デスラ、社會主義社會ノ諸條件ガ、人間ノ體力、精神力、才能及ビ天稟ノ全面的發展ヲ促シテイルコトヲ知ッテイル。

裁判官同志諸君、科學、藝術、技術、軍事、スポーツノ各分野デ、創造的ニ活動シテイル現代ノ幾百幾千ノソヴエト人ハドウデアロウカ。彼等ノウチ、偉大ナ十月社會主義革命以前ニ生レ、人民ノ中カラ輩出シタ人々ガ、若シ偉大ナ十月革命以前ノロシアノ現實ノ中ニ置カレテイタナラバ、彼等ハ一體ドウイウ人間ニナリ、彼等ノ生活ハドノヨウニ繰リ展ゲラレタデアロウカ、又、スターリン憲法ノ太陽ノ下、ソヴエト國ノ諸條件下ニ於テ彼等ガドンナ人間ニナリ、彼等ノ生活ガドノヨウニ繰リ展ゲラレタカニ思イヲ致シテ頂キタイ。ツアーリズムガ踏ミニジリ、抑エツケ、締メツケタ幾千萬ノ人々ガ、肩ヲ開イテ胸ヲ張リ、彼等ノ中ニ秘メラレタ豊カナ創造的天稟ヲ發揮シ、且ツ變化シタ社會關係ノ諸條件ノ下デ、彼等ガ持ツテイタ潛在的ナ、深ク豊カナ精神力ヲ發現スル機會ヲ得タコトヲ吾々ハ見テ知ツテイル。昨日マデノ勞働者、牧人、人民ノ中カラ出タ人々ガ、今日ハ優レタ大學者、藝術家、國家活動家トナツテイル。然シテ、彼等ノ今日アルハ、變化シタ社會關係及ビ其レニ依ツテ生成サレタ人間ノ養育啓蒙ノ新條件ニ依ルノデアル。全世界ハ、人民民主主義制度ノ國々ニ於テ、同樣ノ狀態ヲ目擊シテイル。

デハ、裁判官同志諸君、以上述ベタ一般的ナ見解カラ、私ノ被辯護人元大將山田ニ關スル部分的ナ論理的結論ヲ引キ出スコトヲ許シテ頂キタイ。

本件ノ關係書類ニ基イテ私ノ被辯護人ノ人物及ビ活動ヲ特徵ズケル『人生行路』ノ一種ノ歷史ヲ詳述スルコトヲ許サレヨ。

本件ノ資料ニ依レバ、被告山田ハ一八八一年生レデ、昔カラ天皇及ビ大名ニ仕エテ來タ士族ノ出身デアル。一八八七年ヨリ一八九八年ニ至ルマデ、彼ハ、一般教育ヲ授ケル初等及ビ中等學校デ訓育サレタ。一八九八年山田ハ、陸軍幼年學校ニ入リ、次イデ陸軍士官學校ニ學ビ、一九〇三年、同校ヲ卒業スルト共ニ、少尉ニ任官サレ、第三騎兵連隊ニ勤務シタ。一九〇四年五月カラ九月マデ山田ハ、騎兵隊長トシテ日露戰爭ニ參加シ、大連——遼陽戰區デ戰ツタ。暗愚ノ帝王ニコライ二世ヲ初メトスル無能ナ將官ニ指導サレ、裝備ガ惡カツタツアーノ軍隊ハ敗北ヲ喫シタ。

制度ノ敗北、專制ノ敗北ハ、日本ニ於テハ、更ニ日本ノミデハナク、他ノ資本主義諸國ニ於テハ、ロシアニ對スル勝利、偉大ナロシア人民ニ對スル勝利ノ如ク誤解サレテイタ。

コノ勝利ハ、獨リ、青年將校山田、獨リ日本ノ陸海軍ノミデナク、若イ野獸的日本帝國主義全體ヲ眩惑サセタ。

裁判官同志諸君、世界ノ總テノ國ノ平和愛好人民ニトツテ驚クベキコトニハ、日本ノ獨占資本ノ連合タル『財閥』ノ代表ガ、東京裁判ノ被告席ニハ一人モ居ナカツタノデアル。其ノ首領天皇裕仁モ居ナカツタ。コレハ、餘リニモ強イ糸ガ、アメリカノ獨占資本家共ト其ノ日本ノ仲間ヲ連繫シテイタシ、又、連繫シテイルタメデアル。正ニ、コノ故ニコソ、アメリカ側ノ檢事ハ、第二次世界大戰ノ計畫及ビ組織ニ於ケル工業及ビ金融巨頭連ノ役割ニ就イテ、國際軍事裁判ノ前デ話シ出スコトヲ決シカネタノデアル。

吾ガソヴエト裁判ハ、本來、眞ニ公正ナモノデアリ、コノ公正ナ見地カラ私ハ、私ノ被辯護人山田ニ對シテ判決ヲ言渡ス際ニ、戰爭關係ノ法規及ビ慣習ニ對スル日本帝國主義者共ノ犯罪ニ於ケル彼ノ表面的役割デハナク、眞ノ役割ヲ考慮サレンコトヲ軍事裁判ニ切望スル次第デアル。

本件ニ依ッテ判明シタトコロニ依レバ、山田ハ、彼ヲシテ心理的自動作用以外ノ何モノデモナイガ如キ軍規ノ體現者タラシメタ歷史的時期、環境及ビ諸條件ノ下デ生レ、育チ、成人シ、生活シ、働イテ來タノデアル。

コノ故ニ山田ハ、糾彈サレルノミデハナク、憐憫ニモ價スル。

最後ニ、裁判官同志諸君、私ハ、被告山田ガ豫審並ビニ法廷ノ審理ニ於テ、自己ノ罪ヲ完全ニ承認スル意志ト勇氣ヲ見出シタコトヲモ判決言渡シノ際ニ考慮サレンコトヲ要望スルモノデアル。彼ハ、自分ノ失錯ガ如何ニ重大ナモノデアルカヲ充分自覺シタ。彼ハ、自分自身ヲ惜ミ、辯明スルコトナク、自分ノ犯罪的行爲並ビニ本裁判ニ依ッテ判明セル犯罪ノ、他ノ皷舞者及ビ組織者ノヨリ一層犯罪的ナ行爲ヲ詳細ニ衷心カラ完全ニ明ラカニシタノデアル。

然シテ現在、被告山田ハ、諸君ノ前ニ罪ヲ悔悟シ、諸君ノ正シイ判決ヲ待ツテイル。裁判官同志諸君、私ハ、コレヲ以テ、被告山田ヲ辯護スル辯論ヲ終リタイト思ウモノデアル。

裁判長——被告川島清ヲ辯護スルボロヴィク辯護士ニ發言ヲ許可スル。

ボロヴィク辯護士ハ辯論ヲ行イ、其ノ全文ハ、公判記錄ニ添附サレル。同時ニ辯論ハ日本語デ通譯サレル。

被告川島清ノタメノ辯護士ボロヴィク・エヌ・カ・ノ辯論

裁判官同志諸君、軍事裁判委員同志諸君！

コノ裁判ガ行ワレテイル日日ニ於テ吾々ソヴエト人ガ痛感シテイルコトハ、吾々各人ニヨク理解出來ル。

コノ日日、吾々各人ハ深イ深イ感謝ト愛情ヲモツテ知ラズ識ラズノウチニ繰リ返シ繰リ返シ吾々ノ指導者ニ思イヲ致スノデアル。吾ガ祖國ノ極東ニ切迫シテ來タ致命的危險ニツイテ彼ノ賢明ナ理性ハ早クモ數十年前ニ此レヲ看破シ、ソヴエト人ヲ警告シ、彼ノ輝シイ天才ハ、既ニ振リ上ゲラレタ敵ノ手ヲ拂イ除ケ、吾々ヲ慘憺タル災厄ト苦難カラ救イ出シタノデアル。

此ノ法廷ノ被告席ニ坐ツテイル被告ガ犯シタ犯罪ハ、極メテ重大デアル。

然シ、裁判官同志諸君、我國ノ基本法ニ依ツテ吾々ソヴエト辯護士ハ、本件ヲ正シク解決スルコトヲ諸君ニ助ケ、被告ノ罪ヲ輕減スル一切ノコトヲ諸君ニ諒解セシメルトイウ吾々ニ課サレタ任務ヲ實行スルタメニ、コノ席ニ呼バレタノデアル。

私ハ自分ノ力ノ及ブ限リ、コノ任務ヲ果スコトニ努メルデアロウ。

私ハ、元日本軍軍醫少將醫學博士被告川島清ヲ辯護スル。

彼ノ辯護ニ移ル前ニ私ハ、一人デハナク、數人ノ被告ヲ有スルスベテノ事件ト同樣、本件ニ於テモ各被告別ノ役割ト罪狀ヲ判定スル問題、犯罪ニ對スル各被告ノ個人ノ責任ノ判定ガ、恐ラク最モ複雜ナ問題デアルコトヲ諸君ニ想起セシメルモノデアル。

コノ故ニ私ハ、本件ニ於ケル私ノ被辯護人ノ役割ト地位ノ判定ト言ウ此ノコトカラ、私ノ辯論ヲ始メタイト思ウ者デアル。

周知ノ如ク、川島清ハ、一連ノ犯罪ニ對スル罪ヲ負ウベキデアル。

起訴狀ニ依レバ、川島清ハ、細菌戰準備及ビ實行ヲ目的トシタ日本軍細菌戰特殊部隊ノ樞要ナ勤務員ノグループト共ニ人間大量殺戮用ノ細菌兵器ノ研究及ビ製造ニ積極的ニ參加シ、被告柄澤ト共ニ、彼ハ又、中國ニ對スル細菌戰ノ實施ニ、積極的ニ參加シ、一連ノ他ノ被告ト共ニ、彼ハ、生キタ人間ヲ使用スル犯罪的ナ非人道的實驗ニ直接參加シテ來タ等々ト述ベラレテイル。

コレハ、川島ガ罪ヲ負ウベキ罪狀デアル。

彼ノ罪狀ハ、本件ノ書類、卽チ、被告、證人ノ供述及ビ法醫學鑑定人側ノ鑑定ニ依ッテ立證サレテイルシ、更ニ川島自身モ何事モ秘匿又ハ隱蔽シヨウトセズ、豫審ノ文字通リ第一日目カラ、法廷審理ノ最後ニ至ルマデ、完全ニ自己ノ有罪ヲ認メテ來タ。

斯ル事情ノ下デハ、茲ニ證據乃至事實ノ問題ニ關シ、國家告發代表トノ何ラカノ爭論モ有リ得ナイコトハ當然デアル。川島ガ犯シタ一切ノコトハ立證サレ且ツ彼ガ之ヲ確認シタ。然シナガラ、本件ニ於ケル川島ノ役割ト罪狀ハ、他ノ一連ノ關係被告ノ役割ト大イニ異ナッテオリ、且ツ特ニ責任ヲ廻避スルコトガ出來タ主要戰爭犯罪人ノ役割トハ異ナッテイル。尙彼等主要戰爭犯罪人共ニ對シテハ、諸人民ノ斷罪ノ手ガ、早晚下サレルデアロウ。

裁判官同志諸君！　川島ガ犯シタ犯罪ガ重大デアルトハ言エ私ハ、川島ガ此等ノ犯罪ノ主犯デハナイト敢エテ見ナスモノデアル。

今日川島ハ、彼ガ第七三一部隊ニ勤務シテイタ時期ニ犯シタ行爲ヲ裁カレテイル。コノ問題ノ前史ヲ簡單ニ想起セシメヨウ。

日本ノ天皇ガ哈爾濱附近ニ於ケル細菌戰部隊（後ニ滿洲第七三一部隊ト稱セラル）ノ編成ニ關スル秘密軍令ヲ發シタ年デアル一九三六年ヲ想起シヨウ。當時川島ハ、一體何處ニ居ッタデアルカ？　當時彼ハ、一東京師團ノ軍醫部長補佐ノ低イ職ニ在ッタ。

斯クテ、一九三六年ガ經過スル。而シテ、一九三七年、一九三八年、一九三九年、一九四〇年ガ經過スル。第七三一部隊ハコノ間擴張サレ、其ノ定員ハ著シク膨張シ、其ノ業務ノ規模ガ擴大サレ、飛行場、特設實驗場ガ建設サレ、監獄、火葬釜ガ現ワレ、一大軍事村落ガ建設サレテイル。一方、コノ間川島ハ、何事ニ從事シテ居タデアロウカ？

彼ハ軍醫中佐ノ階級デ、東京陸軍士官學校豫科ニ於テ衛生教官ノ業務ヲ執リ、其ノ後北京市ニ轉勤シテイル。

川島ハ此ノ間、既ニ全能力ヲ發揮シテ活動シテイタ斯ル死ノ工場ガ平房驛ニ存在シ、當時又上海南方寧波附近デハ、コノ恐ルベキ工場ノ製品ヲ使用シテ、中國人民ニ對スル細菌作戰ガ實施サレ、更ニ新シイ天皇ノ軍令ニ基イテコノ工場ノ一層ノ業務擴張ガ續行サレテイタコト等々ニ關シテハ、全ク承知シテイナカツタ。

而シテ、遂ニ川島ニトツテハ宿命ノ年一九四一年、大國際事件ガ頻發シタ年ガ到來スル。三月、日本陸軍大臣ノ命令ガ下リ、斯クテ、川島ハ始メテ平房部隊ノ存在ヲ知ルノデアル。一方、當時、完全ニ日本軍閥ノ掌中ニ握ラレタ國內デハ、反動ト非文化主義ノ最モ極端ナ、最モ野蠻ナ形態ガ華カニ研ヲ競ツテ咲キ出タ國內デハ、氣狂イ染ミタ戰爭準備ガ進メラレテイル。

此ノ時期迄、既ニ一連ノヨーロツパ諸國ヲ侵略シ、殆ンド全西ヨーロツパヲ踏破シタ狂亂シタフユーラーノ戰勝ノ報告ハ、日本軍國主義者共ヲ、ジツトサセテ置カナイ。日本反動ハ、遲レルコトヲ恐レテ急ギ、好機ヲ逸スルコトヲ恐レテイル。東京國際軍事裁判所ノ記錄ニハ、此ノ時期ニ於ケル日本軍閥ノ行爲ガ極メテ詳細ニ明ラカニサレテイル。

戰爭ヒステリー及ビ戰爭熱ノ此ノ波、日本軍閥ノ兇暴ナ投機ノ波ハ、他ノ多クノ者同様、川島ヲ捲込ミ、斯クテ、第七三一部隊ニ入レラレタ彼ハ、彼ガ何ヲ爲シ且ツ彼ガ何處ニ入レラレタカヲ殆ンド判斷シ、思慮シナカッタ。

斯クテ、川島ノ墮罪ガ始マッタ。

川島ハ、此ノ部隊ニ於ケル二年間ノ勤務中、一連ノ犯罪ヲ犯シ、且ツ是レハ究明サレテイル。併シ乍ラ、此ノ際、彼ノ役割ハ積極的ナ組織的役割デアリ、其處デ彼ハ、主要ナ存在デアッタノデアロウカ？

豫審、特ニ此ノ法廷ノ審理ニ於テ、此ノ部隊ノ指導ガ如何ニ實施サレ、誰ガ其ノ事實上ノ指導者デアッタカノ興味深イ詳細ガ究明サレタ。

此ノ席上デハ、其ノ產ミノ子ノ部隊ノ運命ニ關シ不斷ニ焦慮シタ天皇裕仁ノ名モ呼バレ、此處デハ又、部隊ノコトデ心ヲ砕イテ居タ陸軍大臣及ビ日本軍ノ參謀本部ニ就イテモ語ラレタ。關東軍ノ統帥部及ビ他ノ多數ノモノモ部隊ヲ指導シテ來タ。

裁判官同志諸君、諸君ハ部隊ノ業務報告ノタメ、川島ノ直屬上官石井四郎ガ如何ニ屢々東京ニ呼ビ出サレ、又、關東軍統帥部ノアリトアラユル將官及ビ樞要ナ幹部ガ如何ニ屢々此ノ部隊ヲ查閲シテ居タカニ關スル川島ノ供述ヲ記憶シテイル。

川島ハ、如何ニ多クノ者ニ自己ノ業務報告ヲ爲サネバナラナカッタコトカ！　關東軍統帥部ノ部隊付常任代表山本中佐ナル者デスラ、部隊內ニ於ケル關東軍司令部ノ「耳目」

——豫審ニ於ケル川島ノ比喩的ナ表現ニ依ル——トシテ川島及ビ他ノ部隊員ガ行ツテ居タコトニ絶エズ關心ヲ示シテ居タ。更ニ、是レニ加ウルニ、細菌學關係ノ大專門家デアリ、細菌戰爭ノ有名ナ提唱者石井四郎ガ部隊ノ直接ノ長及ビ指導者デアツタコトヲ述ベレバ、斯ル事情ノ下デハ、川島ヲ主要指導的人物トハ到底見ナシ難イコトガ明瞭トナル。

事實上、川島ハ矢張リ他ノ者ノ犯罪的意志ノ實行者ノ一人ニ過ギナカツタシ、成程、樞要ナ實行者デアツタトハ言エ、實行者タルノミニ止ツテ居タ。私ニハ、此ノ事情ハ罪ヲ輕減スルモノデアルト考エラレル。而シテ私ハ、裁判官同志諸君、諸君ガ本件ニ於ケル私ノ被辯護人ノ罪ノ程度、役割及ビ地位ヲ判定サレル際、此ノ事ヲ酌量サレル樣要望スル次第デアル。

裁判官同志諸君！　私ハ、川島清ノ罪ヲ輕減スル更ニ一ツノ相當重要ナ事情ニ諸君ノ注意ヲ喚起シナイ限リ、自己ノ任務ヲ充分ニハ果シ得ナイト考エテモ良イト思ウ。

周知ノ如ク川島ハ、自分ノ犯シタ犯罪ニ對シテ、有罪ヲ完全ニ自認シタ。然シ是レノミニ止マラズ、川島ハ是レヲ完全ニ悔悟シテ來タシ、彼ノ行爲ノ誠意ヲ信ゼズ、彼ヲ信用シナイコトハ私ノ考エデハ、充分ナル根據ヲ缺イテイル。

川島ノ此ノ行爲ハ、一體何ニ依ツテ説明出來ルデアロウカ？

私ニハ、疑イモ無ク、彼ノ出身ガ其ノ行爲ニ影響ヲ及ボシタト思ワレル。川島ハ、日本ノ

41—962

平凡ナ家庭ノ出身デハナイカ。彼ハ、先祖代々ノ武士デハ無ク、又、大資本家乃至大地主ノ息子デモ無イ。彼ノ父ハ、一介ノ農民デアッタ。川島清ハ高等ノ醫學教育ヲ受ケルコトガ出來、科學ニ一身ヲ捧ゲヨウト考エ、一九三四年ニ於テスラ「假性結核菌」ニ關スル極メテ平凡ナテーマノ論文ニ依ッテ博士號ヲ得タ。斯クテ私ハ、川島ガ若シ私ガ前述シタ如キ環境ニ陷ラナカッタトスルナラバ、彼ハ恐ラク被告席ニ坐ラサレナカッタダロウト思ウ。

川島ハ、犯罪ヲ犯シタガ、彼ハ此等ノ重罪ガ彼ノ肩ニ重クノシカカリ、又何等カノ他ノ道、誠實ナ道ヲ選バネバナラナイコトヲ理解シ自覺シテ來タシ、又川島ハ此ノ道ニ立チ上リ、單ニ犯シタ犯罪ヲ自白スルノミデハナク、更ニ裁判ニ於テ一切ノ犯罪ヲ徹底的ニ究明スルコトヲ最大限ニ援助スルダケノ力ト勇氣ヲ見出シタノデアル。

裁判官同志諸君、諸君ハ彼ガ既ニ予審ニ於テ述ベタ言葉ヲ記憶シテイル。一九四九年十月三〇日ノ訊問ニ於テ川島ハ次ノ如ク述ベタ——

『……私ハ自分ノ有罪ヲ完全ニ認メマス……、人類ニ依ッテ糾彈サレタ細菌戰兵器ノ研究ヲ目的トスル第七三一部隊ニ於ケル私ノ活動ノ犯罪的性格ヲ現在デハ完全ニ悟ッタ……私ハ、吾々ガ用イタ生キタ人間ニ對スル實驗方法、殺人細菌ノ作用ニ依ル彼等ノ大量殺戮ガ野蠻的デアリ、人類ニ對スル犯罪的ナモノデアルコトヲ自覺シテイマス……私ハ、自發的ニデハ無ク、私ガ實行セザルヲ得ナイ日本陸軍大臣ノ命令ニ基イテ第七三一部隊ニ入ツタ。私ハ、第七三一部隊ガ犯罪的團體デアッタコトヲ自覺シテイマス。斯クテ其ノ參加者トシテ現在處罰ヲ受ケル覺悟デアリマス……」。

……當然、川島ニトッテ此等ノコトヲ述ベルノハ容易ナコトデハ無カッタ。彼ハ良心ノ苛責ニ苦シンダ。彼ハ此レヲ述ベル強イ覺悟ト決意ヲ固メルニ先立ッテ多クノコトヲ考エ直シ、苦シンダ。

今日、川島ガ斯ル言葉ヲ口ニスルナラバ、其レハ川島ノ心理ニ起ッタ或ル轉換ヲ裏書スルモノデアルト私ニハ思エル。一體何ガ彼ニ影響ヲ及シテ來タデアルカ？ 如何ナル要因ガ彼ニ働キカケタノデアルカ？ 疑イモ無ク、時コソ、コノ要因デアルト私ニハ思エル。四年以上モ川島ハ、俘虜ノ境遇ニ置カレテイル。此ノ期間ハ其ノ間ニ何等カノ事ヲ考エ、更ニ何等カノ貴重ナモノヲ改メテ評價シ得ルニハ全ク充分ナモノデアル。川島ハ、一時廣大ナ領土ヲ失イ、爪先マデ武裝シタ敵ニ對シテ一騎討ヲ行ッタソヴエト同盟ガ單ニ守リ拔クコトガ出來タバカリデ無ク又、ヒトラー軍ノ最精鋭師團ヲ完全ニ壞滅セシメルコトガ出來タノハ一體ドウシタ譯カ？ トイウ位ハ考エザルヲ得ナカッタノデアル。川島ハ又、自國軍ガ斯クモ悲慘ナ運命ニ遭ッタ原因ニモ思イヲ至サザルヲ得ナカッタ。川島ハ更ニ、戰爭ノ結果、彼ノ故國日本ニ起ッタ變動ニモ又他ノ多クノコトニモ關心ヲ寄セザルヲ得ナカッタノデアル。

私ハ、是等ノ思考、極メテ有益ナ思考ガ、彼ノ意識ト心理ニ影響ヲ及ボサザルヲ得ナカッタモノト思ウ。

是レコソ、川島ヲシテ或程度其ノ立場ヲ再検討セシメタ眞ノ根本原因デアルト私ニハ考エラレルノデアル。此ノ故ニ、茲ニ吾々ハ、川島ガ悔悟シテイル者デアルトイウ結論ヲ引キ出ス根據ガアル。

軍事裁判委員同志諸君！

私ハ、自分ノ辯論ヲ終リタイト思ウ。川島ハ、重イ犯罪ヲ犯シタ。現在、此ノ法廷ノ被告席ニ坐ッテイル彼ノ心中ハ容易デハナイ。然シ、疑問ノ余地ノ無イ一ツノコトハ、清々シタ氣持チデ、此ノ法廷デ正直ナ言動ヲ取ッタトイウ氣持チデ、川島ガ此ノ席ヲ去ルデアロウトイウコトデアル。

裁判官同志諸君、私ハ彼ニ對スル刑罰ノ輕減ヲ諸君ニ要望スルモノデアル。

裁判長——被告梶塚隆二ヲ辯護スルサンニコフ辯護士ニ發言ヲ許可スル。被告ハ中継ニ依ッテ辯論ノ日本語通譯ヲ聽取シ得ル。

サンニコフ辯護士ハ辯論ヲ行イ、其ノ全文ハ公判記録ニ添附サレル。同時ニ辯論ハ日本語デ通譯サレル。

被告梶塚隆二ノタメノサンニコフ・エス・エ・辯護士ノ辯論

裁判官同志諸君、私ハ深イ興奮ノ中ニ私ニ課サレタ義務ノ履行ニ着手スル。私ハ、本件ノ辯護一般、就中私ノ被辯護人梶塚隆二ノ辯護ノ復雜サト困難ヲ理解シテイル。

本件ニ於ケル辯護ノ複雜サハ、被告ガ爲シタ行爲ノ性格及ビ彼等ニ提示サレタ起訴事項ノ重大サニ依ツテ條件ズケラレテイル。

吾々全員ハ、大キナ社會的及ビ政治的意義ヲ有シタ多數ノ裁判ニ於テ、夫々ノ程度ニ於テ、目撃者デアツタシ、又參加者デサエ有ツタガ、然シ、本件ハ其ノ犯罪行爲ノ特殊性及ビ性格ノ點デ例外的ノモノデアル。從來ノ裁判デハ、斯ル裁判ガ無カツタシ、歷史ハソレヲ知ラナイ。

被告席ニ坐ツテイル本件ノ主要被告――山田、梶塚、高橋及ビ佐藤ハ、彼等ガ日本軍ノ指導的地位ニアツテ、ソヴエト同盟及ビ他ノ諸國家ニ對スル細菌戰ノ準備ノタメニ日本軍細菌戰特殊部隊ヲ統轄シ、其ノ業務ヲ細菌兵器ノ製造ニ方向ズケテ來タ廉ニ依ツテ起訴サレテイル。

起訴狀ニ依レバ、基本的起訴事項ハ細菌戰ノ準備デアルガ、元關東軍司令部軍醫部長、軍醫中將、醫學博士被告梶塚モ此ノ廉デ起訴サレテイル。

細菌學ハ、永年ノ間存在シテイル。世界ノ先驅的ナ學者パステル、コッホ、メチニコフ等ハ永年ノ間、細菌ノ研究ニ盡瘁シ、人類ノ幸福ノタメニ自己ノ勞力及ビ叡智、健康ト生活ヲ捧ゲ盡シ、人類ニ對スル恐ルベキ鞭タル傳染病ニ對シテ鬪イ、人命ヲ延バスタメニ鬪ッテ來タ。

然シ、本件ニ於テハ、被告席ニアル日本軍ノ軍人及ビ醫學專門家ガ他ノ方向ニ、卽チ人類ニ對スル戰爭ノタメニ、人道的科學ヲ濫用シ、ソヴエト同盟及ビ他ノ諸國家ニ對スル侵略戰爭ノ諸目的ノタメニ細菌學ヲ應用シタコトヲ吾々ハ目擊スルノデアル。

アラユル戰爭ハ、多クノ人命ヲ奪イ、人類ニ慘憺タル苦難ヲ齎ラスモノデアル。被告ハ、彼等ガ述ベテイル如ク、最モ有効ナ兵器、卽チ事實上、人類ニ對スル最モ恐ルベキ兵器ヲ製造シテ來タノデアル。

此ノ重イ犯罪ノ廉デ私ノ被辯護人梶塚隆二モ起訴サレテイル。

被告梶塚ハ、予審及ビ法廷審理ニ於テ彼ニ提起サレタ告訴ヲ概ネ正シイコトヲ認メタ。

被告ガ提起サレタ告訴ヲ認メタコトカラスレバ、梶塚ノ辯護人タル私ニハ何等ナスベキコトガ無ク、私ノ辯論ハ蛇足デアルトイウ結論ヲ引キ出シ得ルノデハナイカトモ思ワレル。然シ乍ラ、我ガ國ノ立法ハ、犯罪ノ性格及ビ證據ガ極メテ重イニモ拘ラズ、辯護人側ガ被告ノ罪ヲ輕減スル證據ヲ綜合シテ、被告ヲ辯護スルタメニ自分ノ見解ヲ述ベル義務ヲ有スルコトヲ、賢明ニモ規定シタ。

被告梶塚ガ根本的ニハ自分ノ有罪ヲ認メタ以上、私ハ事實ニ關シ國家檢事ト爭論ヲ有シナイ。私ハ又、犯罪ノ規定ニ關シテ法律上ノ爭論ヲ有シナイ。

私ハ、裁判官同志諸君、私ノ被辯護人ガ爭論ヲ有スル個々ノ點ニノミ諸君ノ注意ヲ喚起セントスルモノデアル。

私ハ、被告梶塚ガ彼ニ提起サレタ告訴ヲ根本的ニハ正シイモノト認メタト言ウノハ、被告梶塚ガ予審及ビ公判ニ於テ細菌戰提唱者石井四郎ノ見解ニ一九三一年以來同意シテイタコトヲ認メタ事實ニ依ルモノデアル。一九三六年梶塚ハ、石井部隊ヲ關東軍内ニ編成スルコトニ關スル關東軍司令官ノ申請ヲ支持シタ。此ノ部隊ノ編成ノ際、梶塚ハ軍醫將校ヲ以テ同部隊ヲ補充スルコトニ直接參加シタ。加之、梶塚ハ、第七三一部隊ガ中國ノ軍隊及ビ平和的住民ニ對スル細菌兵器ヲ製造シテイタコトヲ承知シテイタ。

總ジテ、被告梶塚ハ第七三一部隊ノ編成ニ直接參加シタコト及ビ彼ガ其ノ實際ノ業務ヲ承知シテイタコトヲ認メタ。

是レト共ニ被告梶塚ハ、第七三一部隊ガ二重ノ隷屬下ニ置カレテイタシ、コノ結果此ノ部隊ノ業務ノ個々ノ事實ガ彼ニ不明デアッタコトヲ主張シテイル。

第七三一部隊ガ二重ノ隷屬下ニ置カレテイタトイウコトハ、證言及ビ本件ノ他ノ書類ニ依ッテ自ラ明カデアル。起訴狀ノ序述的部分ニハ次ノ如ク述ベラレテイル——「細菌戰部隊及ビ其ノ支部ハ、日本關東軍司令官ノ直轄デアッタ……上記ハ、ソヴエト軍ガ押收シタ元日本關東軍司令官梅津美次郞大將ノ一九四〇年十二月二日付……命令ニ依リ重ネテ確證サレテイル」。次イデ起訴狀ニハ「日本關東軍司令官梅津ノ後任者デ本件ノ被告タル山田大將モ亦、其ノ供述ニ於テ細菌戰部隊ガ彼ノ直轄デアッタコトヲ確認シタ」ト述ベラレテイル。

斯クテ、第七三一部隊ガ軍司令官ノ直轄下ニ置カレテイタコトガ確定サレテイル。豫審ニ於テハ關東軍司令官ガ如何ナル部ヲ通ジテ、第七三一部隊ヲ統轄シテイタカトイウ問題ガ起ッタ。

第七三一部隊ハ、其ノ業務カラシテ、關東軍司令部軍醫部ノ系統ニ入リ、當然、被告梶塚ヲ長トシタ同司令部軍醫部ノ隷下ニノミ置カレテイタ筈デアルト思ワレル。然シ乍ラ、第七三一部隊ガ一連ノ戰略的機能ヲ果シテイタシ、且ツ部隊業務ノ此ノ部分ガ、被告梶塚ガ主張シテイル如ク、彼ノ直轄デハナカッタトイウコトガ確カメラレタ。

被告梶塚ノ主張ハ正シイデアルカ？ 私ハ、第七三一部隊ノ業務ニ對シテ直接ノ關係ヲ有シ、此ノ部隊ニ對スル指導權ノ問題ヲ明カニスル證言ニ諸君ノ注意ヲ喚起シタイト思ウ。此等ノ證人ハ田村正大佐及ビ松村少將デアル。

證人田村ハ、豫審ニ於テ次ノ如ク供述シタ――「第七三一部隊ハ、ソノ地位ニ於テ二重ノ隷屬下ニ置カレテイタ。卽チ作戰・戰鬪單位トシテ第七三一部隊ハ、松村少將ヲ長トスル關東軍司令部第一（作戰）部ニ依ッテ指導サレ、監督サレテイタ。同時ニ、第七三一部隊ハ、關東軍司令部軍醫部、卽チ梶塚中將ニ隷屬シテイタ」。

豫審ニ於テ喚問サレタ證人松村ハ次ノ如ク供出シ、此ノ問題ニ關スル理解ヲ、ヨリ明確ニシテイル。卽チ「梅津軍司令官、次イデ一九四四年七月以降ハ山田ハ戰略的諸問題ニ關シテノ第七三一部隊ノ業務指導ヲ、作戰部ヲ通ジテ行ッテイタ……而シテ、科學的・技術的諸問題ニ關シテハ、司令部軍醫部長梶塚中將ヲ通ジテ行ワレテイタ」。而シテ、更ニ單刀直入ノ質問ニ對シテ證人松村ハ、次ノ如ク答エタ――「關東軍司令部作戰部側カラノ第七三一部隊ニ對スル指導ハ、細菌兵器ノ研究及ビ製造ノ諸問題ニ關シテ行ワレテイタ」。更ニ證人松村ハ對審ニ於テ「司令部作戰部ガ細菌兵器ノ戰術的使用諸問題ヲ指導シテイタ」コトヲ確證シタ。

此等ノ證人田村及ビ松村ノ供述ニ依ッテ、次ノ如キ結論ヲ引出シ得ル。卽チ第七三一部隊ハ二重ノ隷屬下ニ置カレテイタシ、斯クテ、細菌兵器ノ研究、製造及ビ戰術的使用ノ諸問題ニ關シテハ、關東軍司令部作戰部ニ隷屬シ、科學的・研究業務ノ諸問題ニ關シテハ、被告梶塚ニ指導サレタ同軍司令部軍醫部ニ隷屬シテイタノデアル。

第七三一部隊ノ斯ル二重ノ隷屬ノ下デハ、細菌兵器ノ製造ニ關係スル情報及ビ部隊ノ此ノ業務ニ關連スル一切ノ問題ガ全面的ニ作戰部ノ權限ニ屬スルコトトナリ、斯クテ梶塚ハ、軍醫部長トシテ、個々ノ問題ヲ知ラナイコトモ有リ得ル如キ事情ガ生ジ得タノデアル。

私ガ列擧シタ見解ハ、被告梶塚ノ責任ヲ免ズルモノデハナイガ、然シ、其等ハ彼ノ罪及ビ共犯罪ヲ輕減スル問題ヲ提起スル根據トナリ得ルモノデアル。

同樣ニ私ハ、更ニ一ツノ事情ニ諸君ノ注意ヲ止メタイト思ウ。是レハ卽チ、第七三一部隊ガ一九三六年、日本ノ天皇裕仁ノ軍令ニ依ッテ組織サレタコトガ本件ニ依ッテ判明シタコトデアル。細菌戰ノ思想、第七三一部隊編成ノ發意ハ、石井四郞中將ニ發シ、部隊ノ實際業務モ又石井中將ニ統轄サレテイタ。細菌兵器ノ研究及ビ製造ノ諸問題ニ關スル部隊業務ノ指導及ビ監督權ハ、松村少將及ビ關東軍參謀長笠原幸雄中將ニ屬シテイタシ、コノコトハ、私ノ見解デハ、同樣ニ梶塚ノ罪ヲ輕減セザルヲ得ナイ。

被告梶塚ノ人物評價ニ移ルニ當ッテ私ハ、梶塚ガ一九一四年、東京大學醫學部ヲ卒業シ、官費デ學ンダ者トシテ大學卒業後、日本軍ニ勤務スル義務ヲ有シタコトヲ指摘セネバナラナイ。一九二四年三月梶塚ハ、醫學博士ノ學位ヲ授ケラレタ。

終リニ臨ンデ私ハ、以上私ガ述ベタ情狀ヲ梶塚ニ關シテ酌量シ、又、彼ガ自己ノ罪ヲ眞心カラ認メタコトヲモ考慮シ、是レニ依ツテ、彼ニ對スル刑罰ヲ決定サレンコトヲ要望スル者デアル。

裁判長——被告高橋隆篤ヲ辯護スルズヴエレフ辯護士ニ發言ヲ許可スル。

ズヴエレフ辯護士ハ辯論ヲ行イ、其ノ全文ハ公判記錄ニ添附サレル。同時ニ辯論ハ、日本語デ通譯サレル。

被告高橋ノタメノハズヴエレフ・ア・ヴエ・辯護士ノ辯論

裁判官同志諸君！

私ハ、元關東軍元獸醫部長高橋隆篤中將ノ辯護ヲ擔當シテイル。

私ノ被辯護人高橋ハ、人類ニ鋒先ヲ向ケタ犯罪的行爲、任意ノ文明國ニ於テハ、重罪ト認定サレテイル犯罪ノ廉デ起訴サレテイル。

裁判官同志諸君、本件ハ極メテ大キナ社會的意義ヲ有シ、之ハ、フアシズムガ世界征覇ヲ樹立セントシテ如何ニ無數ノ災厄ヲ齎シテイタカヲ改メテ人類ニ想起セシメテイル。

帝國主義日本ニトツテ戰爭關係ノ法規ト慣習ハ無縁デアツタ。日本軍閥ノ上層部ハ、科學ノ一切ノ成果ヲ、人間ノ利益ノ爲デハナク、人類ニ害毒ヲ及スタメニ利用スルコトニ決シタ。

裁判官同志諸君！　恐ルベキ傳染病ノ流行及ビ其レニ依ル人間ノ大量死亡カラ人々ヲ救イ出スタメニ、傳染病菌ヲ退治スル手段ト方法ノ研究活動ガ行ワレテイナイヨウナ國ハ、世界中一國モ無イ。

如何ニ多クノ大學者ガ此ノ崇高ナ目的ニ其ノ生涯ヲ捧ゲ、如何ニ多クノ斯ル働キ手ガ傳染病トノ闘イニ自分ノ生命ヲ犧牲ニシタデアロウカ。而シテ、全人類ハ、セチエノフ、ピロゴフ、ヴイノグラードスキー、メチニコフ、パステル等ノ科學ノ巨匠ノ名ヲ愛シ、尊敬シテイル。所ガ、帝國主義日本デハ、個々ノ學者ガ、世界科學ノ經驗ト成果ヲ濫用シテ、他ノ諸問題、即チペスト、コレラ、鼻疽、炭疽病、チブス等ノ傳染病ヲ出來ルダケ廣範ナ規模デ人工的ニ流行セシメル方法ヲ研究スル問題ノ解決ニ自分ノ智識ヲ傾注シタ。

日本デハ細菌戰ノ提唱者石井中將トイウ學者ガ現ワレ、此ノ學者ハ、平和的人民ニ對シテ準備サレテイタ侵略戰爭ニ於ケル細菌兵器ノ使用ヲ、先頭ニ立ッテ宣傳シタ。

然シ、問題ハ石井ノミニ有ルノデハナイ。侵略的野望ニ燃エル日本軍閥ノ上層部ハ、殺人細菌トイウ新シイ種類ノ兵器ヲ重視シ、是レニ大キナ期待ヲカケタ。

日本天皇裕仁ハ、陸海軍ノ最高統帥者トシテ、ソヴエト側ノ武器ノ威力ヲ知リ（ソヴエト同盟ハ、日本ニ取ッテ第一號目標デアッタ）且ツ、ソヴエト人民ノ平和的勞働ヲ嚴然ト守ッテイルソヴエト同盟ノ軍隊ニ依ッテ一再ナラズ慘敗ヲ蒙ッタ揚句、侵略計畫ヲ實現スル目的ヲ以テ、ソヴエト同盟、中國、蒙古人民共和國並ビニアメリカ合衆國及ビイギリスニ對スル戰爭ニ使用スルタメニ、細菌兵器ヲ準備シ、コノ兵器ヲ以テ軍隊ヲ裝備スベシトノ秘密軍令ヲ發シタ。

此ノ天皇ノ軍令ヲ實行スルタメ、第七三一部隊及ビ第一〇〇部隊トイウ新シイ二個部隊ガ編成サレ、關東軍ニ編入サレタ。

此等ノ部隊、特ニ第七三一部隊ハ漸次、其ノ業務ヲ擴張シ、支部ヲ設置シ、遂ニ一般部隊ニ附設サレタ小部隊ノ形デ、其ノ細胞ヲ設置シタ。

謀略工作ヲ指導シテイタ關東軍司令部第二、卽チ諜報部ハ、此ノ事ヲ傍觀シテイナカッタ。此ノ部ハ、此等ノ部隊ノ業務成果及ビ人員ヲ謀略工作ノ實行ニ利用シ始メタ。

關東軍デハ、第七三一部隊及ビ第一〇〇部隊ニ軍ノ特殊戰鬪單位トシテ極メテ重視シテイタ。此ノタメ兩部隊ハ、關東軍司令官山田大將ノ直轄下ニ置カレテイタ。日本ノ陸軍大臣ハ、常時兩部隊ノ業務ヲ知悉シテイタシ、其ノ戰鬪態勢ヲ承知シテイタ。

斯クノ如ク、細菌戰ノ思想ハ、日本支配閥ノ上層部内デ生レ、其レニ支持サレ、日本天皇ノ軍令ニ依ッテ、日本帝國主義ノ主要攻擊力デアッタ關東軍内デ實現サレルニ至ッタ。

裁判官同志諸君、日本ニ於ケル細菌戰準備ノ全發展史ヲ研究スル際ニハ、本裁判ニ於ケル被告ヨリ一層重イ責任ヲ負ウベキデアル細菌戰ノ主要ナ提唱者及ビ組織者ガソヴエト同盟ノ國外ニ殘ッテオリ、吾々ハ彼等ノ姿ヲ被告席ニ見出シ得ナイコトヲ指摘セネバナラナイ。

裁判官同志諸君、諸君ハ今日、日本帝國主義ノ犯罪的意圖ノ遂行者・實行者デアッタ者ヲ裁イテイル。然シテ諸君ハ、彼等各人ノ役割ヲ判定サレルデアロウシ、各人ニハ其ノ罪ノ程度ヲ考慮シテ刑罰ガ決定サレルデアロウ。

高橋ノ辯護人タル私ハ、事實ニ就イテ爭論ヲ有スルモノデハナク、又、起訴シタ當局ガ蒐集シ、諸君ニ提示シタ諸證據ニ就イテ爭論スル根據ヲ有シテイナイ。

私ノ被辯護人高橋ハ、彼ニ提示サレタ起訴事項ニ關シ爭論ノ余地ナク有罪デアル。

高橋自身モ、自分ノ罪ヲ否定シナカッタシ、又否定シテイナイ。

高橋ハ、ソヴエト同盟、中國及ビ蒙古人民共和國ニ對スル細菌戰及ビ謀略ノ實施ヲ目的トスル關東軍ノ準備活動ニ參加シタトイウ自分ノ罪ヲ認メテイル。

高橋ハ、獸醫部長タル彼ノ管下部隊ニ加エラレテイタ第一〇〇部隊ノ業務ヲ統轄シタコトニ對シテ自分ノ有罪ヲ認メテイル。

高橋ハ、第一〇〇部隊ノ業務ヲ、最モ有効ナ細菌ノ研究ノ部面並ビニ部隊ノ生產能力ノ增大ノ部面ニ於テ、擴張スルコトヲ促進シタコトニ對シテモ自分ノ有罪ヲ認メタ。

高橋ハ、謀略的ナ現地偵諜工作ノ組織ニ對シテモ自分ノ有罪ヲ認メタ。

然シ乍ラ、高橋ハ、第一〇〇部隊ニ於テ生キタ人間ヲ使用スル實驗ガ實施サレテイタコトヲ、彼ガ承知シテイタ事實ヲ否定シタシ、又否定シテイル。高橋ハ、コノ事實ヲ否定シテイルトハ言エ、其レニ依ッテ第一〇〇部隊デ犯サレタ此等ノ犯罪ニ對スル責任ヲモ回避シテイナイ。

高橋ハ、此ノ點ニ就キ次ノ如ク述ベテイル――『人體實驗ニ關シテハ、證人ノ供述ニ依ッテ私ノ知ルトコロト成ッタ。私個人トシテハ、生キタ人間ニ對スル實驗ガ行ワレテイタコトハ承知シテイナカッタトハ言エ、第一〇〇部隊ガ私ノ隷下ニ在ッタノデアルカラ、自分ノ責任ヲ回避スルモノデハナイ』。

高橋ハ、第一〇〇部隊ニ於テ生キタ人間ヲ使用スル實驗ガ實施サレテイタ事實ヲ否定シテイナイシ又、被告三友及ビ證人福住ト畑木ノ供述ニ對シテ爭論シテイナイガ、此ノ點デハ彼個人ノ罪ハナイ。

繰返シテ言ウガ、高橋ハ、第一〇〇部隊ニ於ケル此ノ實驗業務ニ關シテハ、從來、彼ガ承知シテイナカッタコトヲ主張シテイル。私ガ此ノ事情ニ言及シタノハ、此ノ事ハ本件ニ於ケル高橋ノ役割ヲ判定スル上ニ、本質的ナ意義ヲ有スルモノト考エルカラデアル。ケダシ、ロシア連邦共和國刑法第一八條ハ、裁判官同志諸君、諸君ガ各被告ノ役割、從ッテ又、社會的危險性ヲ確定シ、言ウマデモ無ク、此ノ事ヲ各人ニ對スル刑罰ノ決定ニ際シテ考慮スルコトヲ義務ズケテイル。

裁判官同志諸君、諸君ハ高橋ヲ裁イテオラレルガ、彼ノ年齡ハ六十歲以上デアリ又、彼ガ如何ナル人生ノ道ヲ歩ンデ來タカハ、諸君ニ取ッテ、如何デモ好イコトデハナイ。

如何ニシテ彼ガ斯カル狀態ニマデ立チ至リ、如何ニシテ又何故、高橋ハ斯クモ重イ犯罪デ起訴サレタモノトシテ被告席ニ坐ルニ至ッタ道ヲ歩ム樣ニナッタダロウカ？

高橋ハ、天分豐カナ人デアッタシ、彼ノ前ニハ誠實ナ勤勞ノ大道ガ開カレテイタシ、彼ハ自國ヲアラユル種類ノ獸疫カラ救イ出ストイウ崇高ナ目的ニ獻身スルコトガ出來タノデアルガ、然シ、彼ハ此ノ良イ道ヲ進マナカッタ。

何故、ソウナッタデアロウカ？

高橋ハ、東京大學ノ醫學部獸醫科ニ學ンダ。學生トシテ彼ハ陸軍省ノ奬學金ヲ貰エル樣ニナリ、此ノタメ彼ハ大學卒業ト共ニ、日本軍ニ入隊スル義務ヲモ負ウタ。

高等教育ヲ受ケタ高橋ハ、軍人ニ成リ、軍統帥部ハ其ノ被養育者ノ內デ有能デ、前途有望ナ獸醫トシテ彼ヲ登庸シタ。

高橋ノ前ニハ、軍人トシテ出世スル道トイウ新シイ道ガ開カレ、彼ハ急速ニ昇進シテ行ッタ。一九四二年、彼ハ獸醫少將、後ニ獸醫中將ニナッテイル。同年ニ高橋ハ、日本武裝力ノ精銳軍タル關東軍ノ獸醫部長ニ任命サレテイル。

命令ニ對スル盲從ノ精神デ訓育サレタ高橋ハ、日本軍ノ唯一ノ法律タル操典ニ則ッテ、善惡、可不可ヲ分別スルコトヲ止メ、人間ノ道德律ヲ忘却シタ。

高橋ハ、犯罪的命令ヲ實行シ始メ、獸醫トシテノ其ノ責務ヲ忘却シタ。命令ハ、彼ノ理性ノ聲、彼ノ良心ノ聲ヲ沈默セシメテイタ。

裁判官同志諸君、一九四九年十一月二三日ニ、取調官ガ彼ヲ訊問シタ際、陳述シタ高橋ノ供述ヲ記憶シテ居ラレルデアロウ。當時、高橋ハ次ノ如ク述ベタ——『抑々、日本軍ノ細菌專門家ノ間デハ、細菌戰ノ實行ヲ準備スルタメ、軍馬防疫隊ヲ設置セントスル意見ガ大分前カラアッタ。私ハ、此ノ方法ガ非人道的デアルト考エ、是レニ反對シテイタ』。

此ノ判廷ニ於テ高橋ハ、彼ガ如何ナル場所デモ、自分ノ意見ヲ述ベ、吐露シナカッタノミデハナク、反ッテ、其レヲ隱シ、上司ノ犯罪的命令ヲ受ケタ後ハ、瞬時モ彼ノ良心ガ容認シナカッタ正ニ其ノ事ヲ實行シタコトヲ認メザルヲ得ナカッタ。

高橋ハ、唯現在ニ立チ至ッテ、彼ガ遙カ以前ニ考エテイタコトヲ吾々ニ知ラセタ。彼ハ自分ノ所業ノ結果ヲ見、彼ノ指導者共ガ如何ニ驚クベキ惡事ヲ企ンデイタカヲ納得スルニ及ンデ、漸クコノ事ヲ語ッタノデアル。

細菌戰ニ對スル自分ノ否定的ナ態度ヲ如何ニ隱シテイタカトイウ高橋ノ言ハ、高橋ガ置カレテイタ環境ヲ究明スル上ニ、相當注目スベキモノデアル。即チ彼ノ健全ナ理性、彼ノ良心ハ、日本支配閥ガ實施シテイタ掠奪政策ノ一般方針ニ依ッテ沈默セシメラレテイタノデアル。

裁判官同志諸君、高橋ノ犯罪的行爲ハ第一〇〇部隊ノミニ關連シテオリ、且ツ第一〇〇部隊ノ業務ニ高橋ガ掛合ツタノハ、此ノ部隊及ビ關東軍全般ヲ通ジテ細菌戰ノ準備ガ既ニ酣ニアツタ一九四一年ノコトニ過ギナイ。コノ時以來高橋ハ、彼ガ自供ノ中デ詳細ニ語ツタ犯罪ノ參加者トナツタノデアル。

是レヲ根據ニシテ、裁判官同志諸君、私ハ、高橋ガ犯罪ニ對スル罪ヲ負ウベキコトハ言ウマデモナイガ、然シ、細菌戰準備ノ皷舞者及ビ發意者ノ中ニハ加エラレ得ナイトイウ結論ヲ下スコトガ可能デアルト考エル。

裁判官同志諸君、諸君ハ、高橋ガ吾々ノ前ニハ述ベタ悔悟ノ言葉ヲ聞カレタ。彼ハ衷心ヨリ自分ヲ咎メ、責任ヲ回避ショウトハ試ミ無カツタ。

高橋ハ、細菌戰準備ニ關スル自分ノ活動ヲ如何ニ評價スルカトイウ私ガ發シタ質問ニ對シテ次ノ如ク答エタ――『私ハ、是レハ極メテ非人道的デアルト考エル。是レニ關係ヲ有シタコトヲ悔悟シテイル。特ニ私ノ指導下ニ若イ日本人ガ斯カル惡事ヲ爲シタコトヲ悔悟スル者デアル』。

高橋ハ、彼ガ犯シタ犯罪ガ如何ニ重イカヲ充分ニ自覺シテオリ、而シテ、彼ノ自白並ビニ日本帝國主義ノ指導者共ヲ暴露シテイル彼ノ供述ハ、此ノ事ヲ充分確證シテイル。

私ハ、高橋ガ犯シタ罪狀ノ範圍內ニ於テノミ、彼ニ對スル刑罰ヲ決定サレンコトヲ要望スル。

裁判官同志諸君、私ハ、高橋ガ其ノ余生ヲ人類ヘノ奉仕ニ捧ゲ、斯クテ、吾々ノ前ノミデハ無ク、自國ノ人民、全世界ノ前デモ自分ノ罪ヲ贖ウ希望ヲ持タセル樣ナ刑罰ヲ高橋ニ對シテ決定サレンコトヲ要望スル者デアル。

之ヲ以テ、私ハ、高橋ノタメノ自分ノ辯論ヲ終リタイト思ウ。私ハ、コノ辯論ニ於テ、私ノ被辯護人ノ運命ヲ輕減シ得ル如キ一切ノコトヲ述ベルタメ、力ノ及ブ限リ之レヲ試ミタ。

裁判長——被告佐藤俊二ヲ辯護スルボガチヨフ辯護士ニ發言ヲ許可スル。

ボガチヨフ辯護士ハ辯論ヲ行イ、其ノ全文ハ公判記錄ニ添付サレル。同時ニ辯論ハ日本語デ通譯サレル。

被告佐藤ノタメノボガチヨフ・ペ・ヤ・辯護士ノ辯論

裁判官同志諸君！

諸君ノ審理ノ對象トナッタ惡事ハ、ドイツ・ファッシスト共ガ、彼等ガ一時占領シタソヴエト同盟及ビ他ノヨーロッパ諸國ノ領土内ニ於テ行ッタ殘虐ナ行爲ト正ニ其ノ軌ヲ一ニシテイル。シカモ、其等ハ單一ノ思想的基礎ノ上ニモ立ッテイル。

審理中ノ犯罪ハ、帝國主義日本トファッシスト・ドイツトノ同盟ノ直接的結果デアリ、其等ハ、日本ノ支配閥ガ世界制覇、地球上ノ他ノスベテノ民族ニ對スル日本民族ノ人種的優越性、特ニソヴエト同盟ノ極東領域ノ武力ニヨル奪取ニ關スルファッショ的思想ニ陶醉シテイタ歸結デアル。

日本ノ新聞『ニッポン・タイムス』ハ、一九四四年ノ十二月『日本及ビ獨逸ヲシテ武器ヲ執ラシメタ根本目的ハ同一ノモノデアッタ』ト、公然ト書イタ。

日本ノ支配閥ハ、其ノ目的ヲ達成スルタメニハ、敢エテ手段ヲ選バナカッタ。彼等ハ『目的ハ手段ヲ正當化スル』トイウ原則ニ依ッテ行動シテイタ。

スターリン時代ノソヴエト人ノ偉大ナ人道主義思想ノ擔イ手デアリ、人間ヲ尊敬スル精神ヲ培ワレタ吾々ニ取ッテ、人間ノ大量殺戮ノタメニ細菌ヲ使用スルコトガ出來ルトイウコトハ、想像スルコトモ困難デアル。プーシキン、トルストイ及ビマクシム・ゴーリキーノ同胞デアル吾々ハ、人間ヲ自然ノ主人公ト考エルコトニ慣レ、吾々ニ取ッテ、人間トイウ言葉ダケデモ誇リ高ク響ク。

吾々ハ、寛大サ、自己犧牲、祖國愛、但シ崇高ナル愛、即チ人類ノ幸福ノタメ、其ノ幸福ナ將來ノ榮譽ナタメ、人間ガ最後ノ血ノ一滴ニ至ル迄、一切ノ自己ヲ捧ゲ盡ス時ノ愛ヲ、人間ノ中ニ見出ソウト欲シテイル。

吾々ハ自分ノ胸ノ中カラ燃エル心臓ヲ掴ミ出シテ高ク頭上ニ掲ゲ、暗闇ノ中ニ迷ッタ人々ニ道ヲ照シタ青年ダンコノ様ナ人々ヲ見出ソウト欲シテイル。

我國ノ歴史ハ、吾々ノ誇リトナッテイル斯カル人々ノ名ヲ尠カラズ知ッテイル。一九四一――一九四五年間ノ祖國防衛戰爭ハ、ダンコノ様ニ、他ノ者ヲ救ケルタメ自分ノ心臓ヲ捧ゲ盡シタ英雄、自分ノ祖國、自分ノ人民、自分ノ家族ヲ熱愛シタ英雄ヲ特ニ多ク輩出シタ。彼等ハ祖國ノ大地ヲファッシスト共ノ壓制カラ解放スルタメニ闘イ進ンダノデアル。彼等ノ名ハ、我ガ國ノ英雄的歴史ニ書キ込マレテイルノミデハナク、吾々ハ、愛國心、勇氣、豪膽ノ象徵トシテ、以テ學ブベキ模範トシテ、彼等ノ名ヲ大事ニ腦裡ニ刻ミ込ミ思イ起シテイル。

然シテ、此ノ裁判ガ行ワレテイル日々、吾々ハ再ビ、帝國主義世界ニ於ケル人間ノ價値ニ對スル全ク異ナッタ見解ニ出會ッタ。

此ノ故ニ、私ハ直接佐藤ノ辯護ニ取リ掛ルニ先立ッテ、斯カル種類ノ犯罪ノ可能性一般ヲ生ミ出シタ原因ニ言及シタイト思ウ。

資本主義社會デハ黃金ノ偶像、人間ノ心ヲ妖術ニカケタ此ノ黃色イ惡魔ニ拜跪シテイル。

マクシム・ゴーリキーハ次ノ如ク述ベタ——『此ノ忌ムベキ魔法ハ、人々ノ魂ヲ寢リ込マセ、彼等ヲ黃色イ惡魔ニ顎デ使ワレル伸縮自在ノ道具、黃金、惡魔自身ノ血ト肉ヲ常ニ溶カシ出ス鑛石ニシテイル』。

其處デハ、黃金ノタメニハ人々ハドンナ犯罪デモ犯シテイル。其處デハ、人命ガドレダケノ收入ヲ齎シ得ルカトイウ見地カラ評價サレテイル。其處デハ、人間ハ商品デアル。

其處デハ、祖國ノ概念ハ無ク、ビジネスノ概念ガアル。

ウォール街ニ巢喰ッタ有力ナ金融家ノ一人ジュル・ボシユハ、自分ノ行爲ヲ正當化スルタメニ『利潤慾ヲ根絶セヨ、然ラバ諸君ハ、一切ノ進歩ヲ根絶スルデアロウ』ト高言シタ。

私ガ此ノ利潤問題ニ觸レタノハ、吾々ガ審理シテイル事件カラ、私ガ辯護シテイル佐藤カラ、諸君ノ注意ヲ外ソウトシタカラデハナイ。何故ナラバ、コノコトハ、事件ニ取ッテ、佐藤ノ辯護ニ取ッテ本質的意義ヲ有スルカラデアル。

起訴狀ニ依レバ、佐藤ハ侵略戰爭ノ開始及ビ平和的住民ノ大量殺戮用ノ細菌兵器ノ準備ニ關スル帝國主義日本ノ支配閥ノ犯罪的諸計畫ノ實現ニ參加シ、細菌戰特殊部隊ノ業務ヲ統轄シタ人物、指導者トシテ山田ト同列ニ並ンデイル。

告發サレテイル罪狀ハ重ク且ツ此ノ告發ハ概ネ根據ヲ有シテイルガ、然シ私ハ、佐藤ガ關東軍ノ樞要ナ幹部ノ地位ニ引上ゲラレテイルコトニハ同意出來ナイ。始メ彼ハ部隊長デアッタシ、後ニ第五軍ノ軍醫部長デアッタ。コレハ上層部マデハ遙カニ遠イ。彼ハ將官デハアッタガ、一軍人ニ過ギナイ。彼ハ日本人ノ意識ニ人種的憎惡ノ野獸的思想ヲ系統的ニ詰メ込ンデ來タ連中、一九四五年、無力ナ惡意ニ驅ラレテ、細菌戰準備命令ヲ發シ、是レニ依ッテ國ニ無數ノ犧牲ヲ不可避的ニ齎ラシツツ、日本人民ノ利益ヲ全ク無視シテイルコトヲ、今一度確證シタ者共ノ意志ノ實行者ニ過ギナイ。

犯罪ノ組織者ハ、日本ノ獨占的連合デアリ、三井、三菱、住友、安田ノ如キ「財閥」デアル。

犯罪ノ組織者ハ更ニ、日本ガ軍國主義的民族デアルトイウ思想ヲ宣傳シ、ゲーリングノ如ク、自分ノ部下ニ「容赦ナク殺セ」、「ヨーロッパトアメリカヲ敵視スル日本精神、アジアノ精神ヲ宣揚セヨ」トイウコトヲ鼓吹シテ、血ニ飢エタ本能ヲ呼ビ醒シタ荒木大將ノ類ノ如キ、日本帝國主義ノ宣傳家及ビ思想家デアル。

此ノ殺人説教ハ、反響ヲ呼ビ起サザルヲ得ナカッタ。何故ナラバ、此ノ思想ヲ實現スルタメニ國家機關ガ活動シ、其レヲ實現スルタメニ日本ノ支配閥ハ、數十年ニ亘ッテ、適當ナ精神ヲ日本人ニ扶植シ、幾百萬ノ人々ノ意識ヲ中毒サセ、宗教化サレタ特殊ノ愛國主義タル神道ヲ利用シテ來タカラデアル。

而シテ、佐藤ハ一個ノ人間ニ過ギナイ。醫學博士、陸軍軍醫學校教官、病理學者デアル彼ハ、細菌戰部隊長ニ任命サレテイル。任命ニ際シテハ、彼ノ同意ハ問ワナカッタ。彼ハ軍人デアリ、命令サレルママニ實行スルノミデアル。

此ノ驚クベキ戰爭方法ノ創案者ガ誰デアルカハ言イ難イ。既ニ一九二五年ニ細菌戰ノ問題ハ、國際連盟軍縮會議ノ審議事項トナッタ。其處デハ、細菌兵器ノ準備ニ對スル闘爭ガ極メテ復雜デアルト述ベラレ、其ノ理由トシテ、專門家ノ鑑定ニハ次ノ如ク述ベラレテイル——

「有毒菌ヲ活動狀態ニ導入スル實驗ヲ制限シテ、細菌學ノ發達ヲ妨害シテハイケナイ。何故ナラバ、斯カル研究ハ何等カノ豫想サレル危險ニ對スル鬪爭ヲ考慮スルモノデアリ……何ヨリモ先ズ、人道的目的ヲ追求スルカラデアル……各國ハ自國領土內デ細菌研究ガ實施サレルトイウ事實カラ發スル道德的責任ヲ自覺スベキデアル」。日本帝國主義者共ハ、恐ラクコノ見地カラ、細菌研究ヲ滿洲ノ領域ニ移シタノデアロウ。彼等ハ細菌學一般ノ發展ノ名目デ、其ノ軍事的部面ヲ發達セシメ、コノ科學ノ人道的性格ヲ其ノ低劣ナ目的ニ濫用シテ來タ。

嘗ツテヴォチエー大佐ハ、此ノ問題ニ關スル其ノ『勞作』ノ中デ、コレラ、ペスト及ビ天然痘ノ病原菌ヲ充塡シタ爆彈ノ投下ガ可能ナルコトヲ述ベタ。ヴォチエーノ食人的ナ『勞作』ガ如何ナル高イ水準ニマデ達シタカハ、吾々ニハ不明デアルガ、然シ、日本ノ首領共ハ、石井中將ヲ通ジテ其レヲ實現スルニ至ツタ。

佐藤ハ『波』及ビ『榮』ノ細菌戰部隊ヲ指揮シテ、彼ガ其ノ業務ヲ、ソ同盟及ビ他ノ諸國家ニ對スル細菌戰準備ノタメノ細菌兵器ノ製造ニ方向ヅケテイタコトニ對シ、自分ノ有罪ヲ認メタ。彼ハ軍人ノ責務トシテ此等ノ義務ヲ果シテイタ。

佐藤ガ、細菌戰用兵器ヲ製造スベシトイウ任務ヲ與エラレタ時、彼自身ノ中ニ何等カノ內的鬪爭ガ行ワレタカドウカ、又彼ガ軍醫ノ通常ノ義務ノ限界カラ甚シク逸脱スルノミデナク、此等ノ義務ト眞向カラ抵觸スル此ノ任務ニ對シ如何ナル態度ヲ取ッタカハ、現在云イ難イコトデアル。

起訴狀ニ述ベラレテオリ、國家檢事ガ指摘シテイタ如ク、佐藤ガ此等ノ地位ニアッテ積極的デアッタト推斷スルコトハ現在困難デアル。私ニハ此ノ問題ニ就イテ若干ノ意見ガ生ジテイル。裁判官同志諸君、私ハ御參考マデニ是レヲ諸君ニ披瀝スルコトガ必要デアルト考エル。

會議室ニ於テ諸君ガ佐藤ノ運命ヲ決定サレル際ニハ、此等ノコトヲ考慮セラレンコトヲ切望スル。

佐藤ハ、醫師・病理學者デアル。彼ハ此ノ專門ニ應ジテ陸軍軍醫學校デ教鞭ヲ取リ、彼ノ博士論文ハ病理學ニ關スルモノデアッタ。而シテ、細菌學關係ノ專門的智識ヲ缺イテイタコトハ、細菌戰部隊ノ指導上妨害トハナラナカッタガ、其レハ彼ノ積極性ヲ著シク低下セシメテイタコトハ至極當然デアル。

第二點——佐藤ハ、一九四一年ヨリ一九四五年ニ至ルマデノ時期、卽チソヴエト軍部隊ニ依ッテ俘虜ニサレルマデ一回モ褒賞サレナカッタ。コレハ、些細ノコトデアルガ、然シ、其レハ佐藤トシテハ自分ニ課サレタ任務ノ實行ニ於テ熱心サヲ缺イテイタコトヲ或程度明カニシテイル。

通常、重大ナ業務ハソレ相應ニ褒賞サレ、特ニ軍事的業務、加ウルニ極秘ノ業務ハソウデアルコトヲ吾々ハ知ッテイル。褒賞サレナカッタ場合ハ、特別ノ功績モナイ譯デアル。

本件ノ資料ニ依レバ、佐藤ハ一九四一年卽チ『波』部隊ノ業務ガ組織整備サレタ數年後ニ其ノ部隊長ニ任命サレタコトガ明ラカデアル。

私ハ、此ノ事情ガ佐藤ヲ完全ニ無罪ニスルトイウノデハナイガ、然シ、此レハ彼ノ役割及ビ責任ヲ引キ下ゲテイル。

此レニ關連シテ私ハ、被告名簿ノ中デ佐藤ハ、職責ノ順位デハ彼ヨリ數段以下ニ有ッタ西、柄澤及ビ尾上ノ後ニ第八位ニ數エラレテイルコトヲ諸君ニ想起セシメタイト思ウ。

而シテ、是レハ固ヨリ偶然デハナイ。細菌謀略及ビ生キタ人間ヲ使用スル實驗ガ實施サレテイタコト並ビニ第七三一部隊ノ構内監獄トイウ拷問部屋デ三〇〇〇人ヲ慘殺シタコトト對照スレバ、佐藤ノ役割ハ著シク輕減サレル。私ハ『特移扱』迴シニサレ、『被實驗材料』ノ境遇ニ置カレテ、暴力ト虐待ヲ受ケテイタ不幸ナ人々ノ血デ佐藤ガ自分ノ手ヲ染メナカッタコトヲ斷定スル根據ヲ持ッテイル。起訴狀デハ此等ノ野獸行爲ノ廉デハ佐藤ヲ起訴シテイナイ。私モ之ニハ同感デアル。

一九四四年二月、第五軍軍醫部長ノ地位ニ任命サレタ後、佐藤ハ若干ノ間、細菌戰部隊ノ指導及ビ一般ニ細菌戰用兵器ノ準備ト關連シタ業務カラ離レタ。

而シテ、一九四五年ノ五月ニ於テ漸ク、尾上ガ彼ノ前ニ現ワレ、齧齒類ヲ捕捉シ、是レヲ海林第六四三支部ニ送致スルコトヲ要請スルニ至ッタ。

佐藤ハ、此ノ要請ヲ實行スルタメニ第五軍ノ各部隊ニ然ルベキ指示ヲ與エ、是レニ依ッテ細菌戰用兵器ノ準備ニ或ル程度ノ援助ヲ與エタ。

法廷審理ノ際、關東軍司令部作戰部長松村ノ供述書ガ讀ミ上ゲラレタガ、是レニ依レバ、關東軍地上部隊ハ殆ドスベテ齧齒類ノ捕捉ニ從事シテイタコトガ明ラカデアル。從ッテ、此ノ場合、佐藤ガ示シタ援助ハ、積極的ナモノデハナカッタ。其處ニハ彼ノ創意、彼ノ指導的獨斷ガナイ。彼ハ、彼ノ周圍デ行ワレテイタコトヲ繰リ返シタノデアル。

此等一切ノ事實ニ徵シテ、裁判官同志諸君、私ハ、帝國主義日本ノ支配閥ノ犯罪的諸計畫ノ實現ニ積極的ニ參加シテイタ指導的犯罪人ノグループニ佐藤ヲ加エルコトガ正シイカ、ドウカトイウ問題ヲ審議サレンコトヲ要望スル者デアル。

例エバ、佐藤ト關東軍司令官山田大將トノ役割ヲ同等ナリト認定シ、佐藤ヲ山田ト同列ニ置キ、且ツ兩人ニ同一ノ刑罰ヲ加エテヨイデアロウカ？

裁判官同志諸君、私ハ、佐藤ガ為シタ一切ノコトヲ實際的ニ評價シ、細菌戰ノ準備ニ於ケル基本的役割カラハ遥カニ遠イ彼ノ役割ヲ正シク評價サレンコトヲ要望スル。

裁判官同志諸君、私ハ諸君ノ人道的判決ヲ期待スルモノデアル。

裁判長——被告西及ビ平櫻ヲ辯護スルボルホヴィチノフ辯護士ニ發言ヲ許可スル。

ボルホヴィチノフ辯護士ハ辯論ヲ行イ、其ノ全文ハ公判記録ニ添附サレル。同時ニ辯論ハ、日本語デ通譯サレル。

被告西俊英及ビ平櫻全作ノタメノボルホヴイチ

ハフ・デ・エ・辯護士ノ辯論

軍事裁判委員同志諸君！

人類ハ、其ノ出現以來、幾十世紀間ニ亘ッテ一再ナラズ軍事的激動ヲ蒙ッテ來タ。

然シ乍ラ、戰史ハ、細菌兵器トイウ戰爭實行手段ノ如キ斯クモ恐ルベキ殺戮兵器ヲ未ダ知ラナカッタ。

本裁判ニ於テ判明セル如ク、日本ノ天皇裕仁ノ軍令ニ基イテ創設サレタ秘密實驗所内デ、日本支配閥ハ、ペスト、コレラ、チブス、炭疽病及ビ其ノ他ノ傳染病ノ殺人細菌ノ如キ恐ルベキ人間大量殺戮兵器ヲ蓄積シテ來タ。

吾ガ國境ニ近イ滿洲内ニ配置サレタ死ノ工場ハ、天皇ノ意志ヲ實行シテ、殺人細菌ヲ製造シッツ、日毎ニ其ノ生産能力ヲ増大セシメテ來タ。

吾々ノ祖國ニ對シテ、又、同盟列強ノ軍隊及ビ平和的住民ニ對シテ細菌戰ノ危険ガ襲イカカッテイタ。

日本帝國主義者共ガ彼等ノ斯ル殘虐極マリ無キ計畫ヲ敢エテ實現シタカモ知レナイコトハ、疑問ノ餘地ガナイ。

然シ、天才的統帥者同志スターリンニ指導サレル吾ガ榮譽アルソヴエト軍ハ、疾風訊雷ノ攻擊ニヨッテ關東軍ヲ完全ニ壞滅セシメタ結果、此等ノ殘虐極マリ無イ計畫ノ實現ヲ阻止シタ。

裁判官同志諸君！　裁判ハ終リニ近ズキツツアリ、間モ無ク諸君ハ、會議室ニ遠ザカッテ、此等ノ人々ノ運命ヲ決定サレルコトトナル。

世界デ最モ公正デ、人道的ナ裁判タル吾ガソヴエト裁判ハ、刑罰ノ決定ニ際シテハ、常ニ法廷ノ審理ニ於テ證明サレタ被告個人ノ罪狀ヲ根據トシテイル。

私ハ各被告ニ對スル諸君ノ判決モ又嚴格ニ個別的ナモノトナリ、個々ノ被告ノ罪ノ程度及ビ社會的危險性ヲ考慮シタ上デノモノトナルデアロウコトヲ信ジテ疑ワナイ。

此ノ問題ニ就イテ私ハ辯護人トシテ、私ノ被辯護人西俊英及ビ平櫻全作ノ、既ニ構成サレタ犯罪ニ於ケル罪及ビ罪狀ヲ個別的ニ判定シテ、自分ノ見解ヲ簡略ニ述ベヨウトスル者デアル。

此ノ各人ノ罪狀ヲ分析スル際、元日本軍中佐西俊英モ、元中尉平櫻全作モ、犯罪ノ組織者及ビ鼓舞者ノグループニハ加エラレ得ナイコトヲ斷定スルノハ正シイコトト私ニハ思エル。カエッテ、彼等ノ役割ガ副次的ナモノデアッタコトガ證明サレテイル。彼等ハ、上司ノ命令ノ實行者ノグループニ屬シテイル。成程、命令ハ犯罪的ナモノデアッタガ、然シ、此ノ事情ハ、爭論ノ餘地無ク、彼等ノ罪ヲ輕減スルモノデアル。私ノ兩被辯護人ハ、何レモ自己ノ罪ヲ完全ニ認メタ。私ハ、彼等ガ何レモ第七三一部隊及ビ第一〇〇部隊デ犯サレタ犯罪ノ重大サヲ自覺シタコトヲ斷定スル一切ノ根據ヲ有スル。

元日本關東軍軍醫中佐西俊英ハ、何等カノ起訴事項ヲ拒否スルコトナク、自分ノ罪ヲ完全ニ認メタ。

豫審ニ於テ、西ハ次ノ如ク述ベタ——

『……準備中デアッタ戰爭ガ平和的住民ノ間デ、多數ノ犠牲ヲ出スベキデアッタコト、此ノ細菌戰用兵器、加ウルニ、強制感染ニヨッテ生キタ人間ヲ使用シテ細菌兵器ヲ試驗スル方法ガ犯罪的デアリ、非人間的デアルコトヲ、私ハ理解シテイル……』。

公判廷ニ於テ私ハ、彼ガ部隊内デ實施サレテイタ業務ノ終極的目的ガ犯罪的ナモノデアルコトヲ充分自覺シタカヲ質問シタ時、西ハ、『然リ』ト答エタ。彼ハ亦、爲シタコトヲ悔悟シテイルト述ベタ。

此ノ悔悟ハ、偶然デハアリ得ナイ。私ニハ、其レガ充分誠意ニ充チタモノト思ワレル。

此ノコトヲ確信スル爲ニハ、西ガ俘虜ニサレル時迄、何處デ又如何ナル條件下ニ生活シ、育テラレテ來タカヲ想起スルコトガ是非必要デアル。彼ハ、幼年ノ頃カラ天皇ノ神聖起源ノ思想、彼カラ發スル一切ノ事ハ、無條件ニ實行スベキコト、日本ノ特殊使命ニ關スル思想ヲ意識ニ詰込マレテ來タ。

彼ハ、排外主義熱、ソヴエト同盟諸民族ヲ含ム他ノ民族ニ對スル侮蔑的態度ヲ日々ニ培ワレテ來タ。

彼ノ上司ハ彼ニ對シテ天皇ノ名ニ於テ命令ヲ發シ、西ハ、此等ノ犯罪的命令ヲ盲目的ニ實行シテ來タ。

スベテ是レハ、俘虜ニサレル以前ノコトデアッタ。

俘虜ニナッタ西ハ、戰後ノ現實ニ遭遇シタ。彼ハ、此ノ現實ノ影響ヲ蒙ラザルヲ得ナカッタ。其レハ、彼ノ心理ヲ激動サセ、深刻ナ變化ト轉換ヲ惹起シ、従前、不動價値ト思ワレタモノヲ再評價セシメタノデアル。

此ノ事ニ徴シテ、西ノ悔悟ガ衷心ヨリノモノデアルコトヲ信ジウルト私ニハ思エル。

犯罪ノ主體トシテ西ハ、犯罪ノ發意者、組織者ノ部類ニハ加エラレ得ナイ。

吾々ハ、第七三一部隊及ビ其ノ支部編成ノ發意者ガ、外ナラヌ、日本天皇裕仁デアッタコトヲ充分明確ニ究明シタ。第七三一部隊ノ直接ノ組織者ハ、日本ノ陸軍省、參謀本部及ビ關東軍統帥部デアッタ。

第七三一部隊ヲ統轄シタノハ、日本ノ細菌戰主唱者石井四郎中將デアッタ。而シテ、私ノ被辯護人タル一介ノ軍醫中佐ヲ、生キタ人間ヲ使用スル鬼畜ノ如キ犯罪的實驗者石井中將ナル人物ト並立サセルコトハ出來ナイ。

從ッテ、西ハ、日本軍統帥部、特ニ元日本關東軍司令官ノ犯罪的命令ノ實行者ノグループニ加エラレ得ルノミデアル。

私ノ第二ノ被辯護人、元日本關東軍獸醫中尉平櫻全作ノ辯護ニ移ルニ當ッテ、私ハ、彼モ亦、自分ノ罪ヲ完全ニ認メテ、豫審並ビニ法廷審理ニ於テ、率直ニ且ッ詳細ニ供述シ、爲シタコトヲ遺憾ニ思イ、犯シタ犯罪ヲ悔悟シタコトヲ指摘セネバナラナイ。

平櫻ハ、西俊英ト類似ノ條件下、帝國主義日本ニ生レ、成人シ、教育サレ、働イテ來タ者デ、ソヴエト側ノ俘虜トナッタ後漸ク、彼ハ、第一〇〇部隊デ彼ガ行ッタ業務ノ犯罪性ヲ自覺シタノデアル。

被告ノグループ内ニ於ケル自分ノ役割ノ點デ彼モ亦、犯罪ノ主體トシテハ、實行者ノグループニ加エラレルベキデアル。

以上ガ被告西及ビ平櫻ノ罪ヲ輕減スル事情ニ關スル私ノ簡略ニ述ベタ見解デアル。

裁判官同志諸君、私ガ列擧シタ論據ハ、些モ現實カラ遊離シテオラズ、且ッ私ハ之レニヨッテ諸君ノ寬大ナ取扱イヲ要請スル根據ヲ有スル者デアルト考エル次第デアル。

裁判長——被告三友一男、菊池則光及ビ久留島祐司ヲ辯護スルプロコペンコ辯護士ニ辯論ノ爲、發言ヲ許可スル。

プロコペンコ辯護士ハ辯論ヲ行イ、其ノ全文ハ公判記錄ニ添附サレル。同時ニ辯論ハ日本語デ通譯サレル。

被告三友、菊池及ビ久留島ノ爲ノプロコペンコ・ゲ・カ・辯護士ノ辯論

裁判官同志諸君！

多年ニ亘ッテ權力ニ就イテイタ日本ノ帝國主義的グループガ、背信的ナ侵略政策ヲ實施シッツ、太平洋及ビ東亞ニ對スル侵略計畫ヲ樹テテ來タコトハ、全世界ノ知ッテイル所デアル。

終極的ナ崩壞ニ立至ル迄、日本ノ帝國主義的グループハ、其ノ意圖ヲ變エナカッタ。

此ノグループハ、ペスト菌、コレラ菌、ガス壞疽菌、チブス菌、炭疽病菌等ノ如キ最モ恐ルベキ幾十億病原菌ヲ武器ニ採用シテ、人類ニ對スル重大ナ犯罪、即チ細菌戰ヲ準備シテ來タ。

此ノ、人類史上未會有ノ新シイ軍隊ノ兵員トシテ、殺人ペスト菌デ武裝シタ蚤ト言ウ昆虫ガ動員サレタ。

軍事裁判ニヨッテ究明サレタ現實ハ、斯クノ如クデアル。

吾ガ國ノ偉大ナ憲法ニヨッテ、又、自分ノ職業上ノ責務ニヨッテ、私ハ本件ニ於テ刑

法上ノ責任ヲ問ワレテイル被告——一、三友一男、二、菊池則光、三、久留島祐司ノ辯論ヲ行ウ任務ヲ有スル。

起訴狀ノ中デハ、彼等ハ、細菌戰ノ準備及ビ實行ノタメニ編成サレタ日本軍細菌戰特殊部隊ノ勤務員トシテ、人間大量殺戮用ノ細菌兵器ノ製造ニ關スル此等ノ部隊ノ犯罪的業務ニ參加シテ來タコトニ對スル共通ノ告訴ガ提起サレテイルモノデアル。

加之、三友ハ、非人道的人體實驗ニ使用スルコトニヨル人間ノ殺害及ビソ同盟ニ對スル細菌謀略ニ直接參加シテイタコトニ對シテモ起訴サレテイル。

裁判官同志諸君、被告菊池ノ辯護カラ始メルコトヲ許サレタイ。

菊池則光ハ、彼ガ衛生兵見習トシテ、チブス菌、パラチブス菌、結核菌及ビ赤痢菌ヲ培養シ、培養基ヲ研究シ、細菌戰ノタメニ細菌ヲ大量繁殖スル目的ヲ以テ、其ノ製造方法ヲ改善シテ來タコトニ對シテ起訴サレテイル。

菊池則光ハ、日本ノ國籍ヲ有スル。義務兵役ニ服スルタメニ、彼ハ日本軍ニ入隊シタ。私ハ、日本軍内ノ勤務ガ菊池ノ希望如何ニ左右サレナカツタコトヲ言ワネバナラヌ。彼ハ服役ノ義務ヲ有シタ。併シ、勿論、彼ハ殺人細菌ノ繁殖方法ヲ改善スベシトノ自分ノ上官ノ、明ラカニ犯罪的ナ命令ヲ實行スベキデハナカツタガ、實際ニハ自分ノ上官ノ幇助者トナツテイタ。

斯クテ、菊池則光ノ辯護人タル私ハ、彼自身モ認メテイル如ク、彼ヲ有罪ト見做シ、且ツ彼ノ犯罪ヲ、一九四三年四月一九日附ソ同盟最高ソヴエト常任委員會法令第一條ニ該、當スルモノトナス規定ヲ正シイト考エル。

刑罰ニ關シテ言ウナラバ、私ハ、此ノ問題ノ審議ニ際シテハ、菊池ガ資本主義社會ニ生レ、成長シタコトヲ酌量サレンコトヲ軍事裁判ニ要望スル。

彼ハ、資本主義社會ノ野獸的法則ニ從ッテ生活シタ。彼ハ、關東軍首腦部ノ下デ此ノ思想ニ培ワレテ來タ。

更ニ、菊池ノ罪ノ程度ガ彼ト同席シテイル將官ニ較ベテ著シク低イコトヲモ酌量サレンコトヲ要望スル（序乍ラ、彼ハ生レテ初メテ、將官ト言ウ日本高官ト同席スルコトガ出來タノデアル）。

亦私ハ、吾々ノ法律ニ規定サレテイル一切ノ情狀、特ニ罪ノ正直ナ自認、犯シタ犯罪ノ悔悟ヲ酌量サレ、罪狀ニ應ジテ輕イ刑罰ヲ決定サレンコトヲモ要望スル。

辯護人側トシテハ、菊池則光ニ對スル軍事裁判ノ判決ガ公正デアルコトヲ疑ワナイモノデアル。

同樣ニ自分ノ罪ヲ完全ニ認メタ被告三友一男ニ關シテ言ウナラバ、彼ニ對シテハ、ヨリ重イ告訴ガ提起サレテイル。三友ハ、殺人細菌ノ培養ノ外、動物ノミデナク、人間ヲモ使用シテ實驗ヲ行ッテ來タ。

自分ノ主人共ノ命令ヲ實行シテ、彼ハ人間ヲ殺害シ、次イデ其レヲ解剖シテ、毒殺ノ結果起ッタ變化ヲ調ベテイタ。當時、彼ハ是レヲ犯罪トハ見做サナカッタ。日本ノ好戰的支配閥ニヨッテ植エ付ケラレタ兵士三友ノ思想ハ、斯クノ如キモノデアッタ。

過去ニ於テハ、斯クノ如クデアッタガ、併シ、現在デハ、元兵士三友ハ別人デアル。彼ハ全ク別ノ態度デ語ッテイル。軍事裁判議長及ビ委員同志諸君、私ハ、三友ガ豫審及ビ特ニ法廷審理ニ於テ述ベタ悔悟ノ言葉ノ誠意ヲ信用サレンコトヲ敢エテ切望スル者デアル。

三友ハ、過去ニ於ケル自分ノ犯罪的行爲ヲ自ラ責メ、自分ガ重大ナ殘虐行爲ヲ犯シタコトヲ自覺シテイル。

私ハ、一九四五年八日以前ノ三友ヲ生ミ出シタ環境ノ一切ノ特異性ヲ酌量シテ、彼ニ對スル刑罰ヲ決定サレンコトヲ要望スル。

彼ガ日本天皇裕仁ニヨッテ組織サレタ人間ノ生地獄ニ於テ、特ニ重要ナ存在デハナカッタコトニ鑑ミ、彼ニ對スル刑罰ヲ輕減サレンコトヲ要望スル者デアル。

最後ニ、私ハ、被告久留島祐司ノ罪及ビ責任ノ程度ヲ特徴ズケネバナラナイ。彼ハ、次ノ點ニ關シ、自分ノ有罪ヲ認メタ。卽チ、

一、日本軍第七三一部隊第一六二支部ニ勤務シ、

二、一九四四年十月、平房驛附近ニ於ケル細菌彈試驗ニ參加シ、

三、一九四四年十一月ヨリ日本ノ降伏ニ至ル迄、實驗手ノ職務ヲ履行シ、コレラ菌、チブス菌、結核菌等ノ細菌ヲ培養シ、齧齒類ヲ捕捉シ、蚤ヲ繁殖シテイタ。

本件ノ審理ニヨッテ、平房驛附近デ細菌彈ヲ試驗スルタメニ實施サレタ實驗演習ニ久留島ガ參加シタト言ウコトハ、彼ガ日本軍ノ一兵士トシテ此等ノ砲彈ノ試驗中、特設實驗場ヲ警備シタコトニ過ギナイコトガ判明シタ。第二ニ、彼ハ、飛行機ヨリ投下サレル蚤ノ撒布程度ヲ檢査スルタメ、特ニ配置サレタ箱ノ中ニ入ッタ蚤ノ數ヲ計算シ、更ニ又彼ハ、齧齒類ヲ捕捉シタ。

久留島祐司ハ、一九四四年一月、日本軍ニ入隊シタ。自分ガ『神ノ』人種ノ一員デアルコトヲ確信シテイタ彼ハ、命令サレル一切ノコトヲ實行シテイタ。

久留島ハ一兵卒デアル。

私ハ、一九四四年ノ久留島ハ既ニ存在シナイコトヲ疑ワナイ。別ノ久留島ガ存在シテイル。其レハ自分ノ過去ヲ衷心ヨリ咎メテイル久留島デアル。

細菌戰準備ノ責任ヲ、其ノ鼓舞者・組織者ニ負ワシメヨ。

此ノ故ニ、裁判官同志諸君、私ハ久留島ニ對シテ最大限ニ寛大ナ取扱イヲサレンコトヲ要望スル者デアル。

裁判長——被告柄澤十三夫及ビ尾上正男ヲ辯護スルルキャンツェフ辯護士ニ發言ヲ許可スル。

ルキャンツェフ辯護士ハ辯論ヲ行イ、其ノ全文ハ公判記錄ニ添附サレル。同時ニ辯論ハ、日本語デ通譯サレル。

被告柄澤及ビ尾上ノ爲ノキャンツエフ・ヴエ・ペ・辯護士ノ辯論

軍事裁判議長及ビ委員同志諸君！

日本戰爭犯罪人ニ對スル裁判ハ、吾ガ偉大ナル祖國ノ全公衆ノ注目ヲ受ケ、關心ヲ呼起シタ。

コノ裁判ニヨッテ日本ノ支配閥ガ全人類史上未曾有ノ、恐ルベキ慘禍ヲ齎ス特異ノ戰爭、肉眼デハ見エナイ殺人細菌タルペスト菌、コレラ菌、炭疽病菌、鼻疽菌、チブス菌等ヲ兵器トシタ戰爭ヲ準備シテ來タコトガ判明シタ。

本件ノ審理資料ノ分析ハ、ソヴエト同盟及ビ他ノ諸國家ニ對スル細菌戰準備ノ廉ニヨリ、被告ニ提起サレタ告訴ガ證明サレテイルコトヲ裏書シテイル。

被告ニ提起サレタ告訴ハ、本件ノ審理過程ニ於テ確證サレタ所デアリ、私ハ此等ノ告訴ヲ辯駁スベキ根據トナル如キ資料ヲ有シナイ。

本公判ニ於ケル辯護人トシテノ自分ノ職務ヲ履行セントスルニ當ッテ、私ハ、國家トシテノ帝國主義日本ノ本質、日本支配閥ノ思想、日本軍ノ規律ノ特異性ニ關シ簡單ニ述ベタイト思ウ。何故ナラバ、此等ノ問題ハ、私ノ被辯護人柄澤及ビ尾上ニ對シテ直接的關係ヲ有スルカラデアル。併シ乍ラ、私ノ前ニ辯論シタ同僚ノ辯護人ベロフ辯護士ガ其ノ辯論ノ中デ、日本ノ帝國主義的國家機關及ビ日本ノ軍事機構ノ組織原則及ビ方法ニ關シ詳述シタ。彼ハ、日本國民ガ宗教的及ビ封建的偏見ニヨッテ如何ニ壓伏サレ、愚昧化サレテ來タカ、其ノ意識ガ好戰的民族主義及ビ野獸的排外主義ノ毒デ如何ニ中毒セシメラレテ來タカ、又日本軍人ガ訓育及ビ教育ノ全體系ニヨッテ世界征覇確立ノ妄想ニ憑カレタ帝國主義日本ノ支配閥ノ意志ノ機械的ナ實行者ニ變エラレテ來タカヲ語ッタ。

重複ヲ避ケルタメニ、私ハ本件ノ全被告ニトッテ、從ッテ又、私ノ被辯護人ニトッテモ極メテ重大ナ意義ヲ有スル此等ノ問題ニハ言及シナイ。

裁判官同志諸君、私ハ直接私ノ被辯護人ニ關係スル具體的ナ説明ニ移リ度イト思ウ。

被告柄澤十三夫及ビ尾上正男ヲ辯護スルタメニ私ハ、諸君ノ許可ヲ得テ、次ノ如キ見解及ビ論據ヲ述ベントスル者デアル。

被告柄澤ニ對スル告訴ノ筋ハ、諸君ノ熟知シテイル所デアリ、此ノ詳細ノ點ニ諸君ノ注意ヲ引止メルコトハ、當ヲ得テイナイト考エル。

ソ同盟及ビ他ノ諸國家ニ對スル細菌戰準備ニ直接參加シタト言ウ柄澤ノ罪狀ハ、何等ノ疑問ヲモ呼起サナイ。柄澤ノ指導下ニ大量生產サレタ殺人細菌ハ、一九四〇年及ビ一九四二年ニ、細菌戰主唱者石井中將指揮下ノ派遣隊ニヨッテ中國中部ノ戰場ニ撒カレタ。

柄澤ガ戰爭ノタメニ殺人細菌ヲ培シ養テ、人類ニ對スル犯罪ヲ犯シタコトハ、立證サレテイル。

裁判官同志諸君、諸君ハ、是レト共ニ本件ニ於テ柄澤ガ主犯デハナイコトヲ見逃ス可キデハナイ。僅カ少佐ノ階級デ勤務ニ依存スル人間トシテ柄澤ハ、元部長川島少將、元部隊長石井中將、元關東軍司令官梅津大將ノ命令、ソシテ最後ニ、日本天皇裕仁ノ意志ヲ實行シテイタモノデ、彼等コソガ、細菌兵器ノ準備及ビ使用ニ對スル主要ナ責任ヲ負ウ可キデアルト、私ニハ考エラレル。

柄澤ハ、關東軍ノ將校デアッタシ、彼ニトッテ軍隊勤務ハ、何ヨリモ先ズ、一切ノ軍紀ト軍令ノ無條件的實行デアッタ。從ッテ、被告柄澤ハ本件ニ於テ實行者ノ役割ヲ演ズルモノデアッテ、主犯―犯罪ノ組織者ノ役割ヲ演ズルモノデハナイ。

柄澤ガ勤務上、他ノ隷下ノ人物デアッタシ、上司ノ意志ト命令ニヨッテ行動シ、盲目的服從ノ精神ヲ培カワレタ彼トシテハ、當然、其等ノ實行ヲ拒絶出來ナカッタコトニ關連シテ、辯護人側トシテハ、裁判官同志諸君、諸君ガ柄澤ニ對スル刑罰ヲ決定スル際ニ、此等ノ事情ニ留意サレ、此等ヲ、私ノ被辯護人ノ罪ヲ著シク輕減スル情狀トシテ評價サレルデアロウコトヲ期待スルモノデアル。

私ハ、柄澤ニ提起サレタ告訴ニ對シテ爭論ヲ試ミヨウトハシナイモノデアルガ、唯、私ノ見解デハ、辯護ノ基本的論證ノ一ツタル事實、卽チ私ノ被辯護人柄澤ガ自分ノ罪ヲ認メタコトニ更ニ諸君ノ注意ヲ引止メザルヲ得ナイ。

豫審ニ於テ柄澤ハ、自分ノ罪ヲ衷心ヨリ認メ、他ノ者ノ犯罪ヲモ語リ、ソレニヨッテ、日本支配閥ノ惡事ノ暴露ヲ援ケタ。柄澤ハ次ノ如ク述ベタ——

『私ハ、第七三一部隊ガ國際規約ニ依ッテ禁止サレタ野蠻ナ方法ニ依ル人間殺戮ノ手段ヲ準備シテイタ犯罪的團體デアッタコトヲ自覺シテイル』。

ツイデ又、

『部隊デ勤務シ乍ラ、私ハ此ノ犯罪的業務ノ參加者デアッタシ、人類ニ對シテ犯罪ヲ犯シタ、是レニ對シテ私ハ當然處罰サレル可キデアル。此ノコトヲ自覺シテ、私ハ取調ベノ一番最初カラ、部隊ノ犯罪的業務及ビ此ノ點ニ於ケル私個人ノ役割ヲ正シク、客觀的ニ明ラカニシヨウト努メテ來タ』。

私ノ被辯護人柄澤ハ、事實、自分ト自分ノ共犯者ノ犯罪ヲ徹底的ニ且ツ正直ニ暴露シテ來タ。

軍事裁判ハ、柄澤ニ判決ヲ言イ渡ス際、彼ノ罪ヲ輕減スル此ノ事情ヲモ酌量ス可キデアルト、私ニハ考エラレル。

被告尾上ノ辯護ニ移ル。

本件ノ資料ニヨッテ明瞭ナル如ク、尾上正男ハ、第七三一細菌戰部隊第六四三支部長トシテ、主ニ齧齒類（二十日鼠及ビ鼠）ノ捕捉及ビ飼育ノ組織並ビニ細菌兵器ノ一種トシテノ蚤ノ繁殖ニ全力ヲ盡シタ。取調ベニ於テ尾上ハ次ノ如ク供述シタ——

『ソヴエト同盟ニ對スル細菌戰用ノ細菌兵器ノ研究及ビ大量生產業務ガ第七三一部隊デ行ワレテイタコトヲ私ハ知ッテイタ。私ノ隷下ノ第六四三支部デハ、第七三一部隊ニ送ラレ、細菌兵器ノ製造ニ使用サレテイタ齧齒類及ビ蚤ノ繁殖ガ行ワレテイタ』。

尾上ノ自供ニヨッテ明瞭ナル如ク、彼ノ支部ハ七千匹以上ノ鼠ヲ捕捉シ、繁殖シ、蚤ヲ培養シテ、此等ヲ第七三一部隊ニ送ッテイタノデアル。第六四三支部ニハ細菌培養用ノ設備及ビ殺人細菌ノ培養ニ必要ナ培養基製造用ノ材料七五噸ガ屆ケラレタ。

以上ノコトニヨッテ、私ハ辯護人トシテ、被告尾上ニ提起サレタ告訴ニ同意シ、且ツ彼ノ罪狀ハ究明サレタモノト見做サザルヲ得ナイ。

併シ乍ラ、尾上ノ件ニ於テモ、私ハ彼ノ罪ヲ著シク輕減スル情狀ヲ見出スモノデアル。

私ノ被辯護人尾上ハ、柄澤ト同樣、最モ侵略的ナ軍隊、アラユル點デ最モ準備サレタ軍隊デアル關東軍ニ勤務シタ。此ノ軍隊ハ、日本帝國主義ノ攻擊力デアッテ、日本大本營ノ誇リデアッタシ、其ノ軍旗ニハ『ソヴエト同盟ニ對スル戰爭、ソヴエト極東、シベリア及ビウラルノ奪取』ト書キ込マレテイタ。

日本天皇裕仁、日本ノ參謀本部及ビ陸軍省ハ最モ確固トシテ帝國ニ忠實ナ將兵ヲ關東軍ノタメニ養成シテイタ。軍人ニ此ノ樣ナ資質ヲ涵養スルタメニ、陸軍省ノミデハナク、文部省（ソヴエト同盟ニ對スル戰爭ノ主唱者荒木ガ曾テ文部大臣デアッタコトモアル）マデモ欺瞞ヲ弄シ、他ノ人民ニ對スル盲目的憎惡ヲ日本ノ兵士ト住民ニ焚キッケ、上官ニ對スル無條件ノ盲目的服從及ビ『現御神』――日本天皇ヘノ特別ノ忠誠ノ必要性ヲ說教シ、『武士道精神』、敵ニ對スル非人道的態度等々ヲ扶植シテ來タ。

換言スレバ、關東軍將兵ハ特別ノ訓育ヲ受ケテ來タ。彼等ハ、他ノ國領土ノ侵略慾ヲ植付ケラレ、ナチズム及ビファシズムノ思想ヲ詰メ込マレテ來タ。日本軍デハ『日本ハ、全世界ヲ征服スル』ト言ウ意味ノ軍歌ヲ兵士ガ歌ッテイタノデアル。

一九三七年、中國ニ對スル日本ノ戰爭ガ行ワレテイタ時、日本軍隊ノ中國ヘノ出發ニ際シテ、驛頭ニ例エバ、『出征軍人中村』ト記シタ赤綬ヲカケタ日本ノ兵士ヲ見受ケルコトガ出來タノハ偶然デハナイ。

尾上ハ、關東軍ニ送ラレタ他ノ將校ト同樣、此ノ樣ナ訓育ヲ受ケ、軍人トシテノ宣誓ヲシ、天皇裕仁ヘノ忠誠ヲ誓ッタ。

尾上ハ、少シモ思慮セズ、上官ノ命令ヲ盲目的ニ實行シテ來タ。彼ハ、自分ノ主人共ノ手ニ握ラレタ生キタ機械デアッタシ、彼自身ノ『自我』ハ存在シナカッタノデアル。

斯クノ如ク、尾上ハ本裁判ニ於テ決シテ第一義的存在デハナイ。私ノ被辯護人柄澤ト同樣、彼ハ他人ノ意志ノ實行者ニ過ギズ、其ノ犯罪的統帥部及ビ日本ノ犯罪的支配閥ノ犯罪的思想ヲ實現シテイタ者ニ過ギナイ。

故ニ、私ハ、裁判官同志諸君、諸君ガ此等ノ事情ニ留意サレ、此等ヲ尾上ノ罪ヲ著シク輕減スルモノトシテ評價サレンコトヲ要望スル次第デアル。

裁判官同志諸君、私ハ亦、諸君ガ各被告ノ責任ノ程度ヲ判定スルニ際シテ、被告尾上ガ自分ノ犯シタ犯罪ニ對スルソノ罪ヲ認メタコトニモ、罪ヲ輕減スル情狀トシテ留意サレンコトヲ期待スルモノデアル。

彼ハ『自然ノ衝動ニ從イ、國法ニ服從セヨ』ト言ウ戒律ヲ守ッタノデアル。然シテ日本ノ國法トハ、ソノ支配閥ノ意志デアリ、帝國主義者共ノ意志デアル。尾上ハ、彼等ノ從僕ニ過ギナカッタ。

裁判官同志諸君！　私ハ、法ノタメ、平和愛好人類ノ安寧、幸福ノタメニ諸君ノ判決ガ下サレルデアロウシ、同時ニ亦、私ノ被辯護人柄澤及ビ尾上ニ對シ、刑罰ヲ決定シ、判決ヲ下スニ當ッテ辯護人側ノ論據ガ考慮サレルデアロウシ、斯クテ、諸君ノ判決ガ公正且ツ人道的ナモノデアロウコトヲ深ク確信スルモノデアル。

被告ノ最後ノ陳述

裁判長——各當事者ノ討論ノ終了ヲ宣言ス。

被告川島、マイクノ前ニ立ッテ頂キ度イ。貴方ニ最後ノ陳述ヲ許可スル。

被告川島

貴方ノオ許シヲ得テ自分ノ最後ノ陳述ヲ行イマス。私ハ初メテソヴエト同盟ニ來ル迄、私ハソ同盟ニツイテ全ク誤マッタ觀念ヲ懷イテイマシタ。之レハ、只不充分ナ理解ニ起因セルモノデアリマシテ、日本ノ降伏後、ソヴエト軍隊ニヨッテ俘虜ニサレ、ソ同盟ニ來タ後、初メテ私ハ自分ノ見解ノ誤ッテイルコトガ分リマシタ。

先ズ、私ガ感ジタ事、而モ特ニ痛感シタ事ハ、私ニ對スルソヴエト人ノ人道的ナ待遇デアリマス。

私ハ、ソヴエト人ノ私ニ對スルカカル待遇ノ理由ニツイテ熟慮シタ結果、コレガ偶然デナイコト、ソシテ、コレガ、ソ同盟ニハ民族的ナ反目ガナク、ソヴエト同盟ガ人民ノ福祉ニツイテ配慮シテイル民主國家デアリ、平和ノ警護ニタッテイル國デアルトイウ事ニ起因スルモノデアルコトヲ分リマシタ。

コレハ、私ヲシテ自分ノ罪ノ深サヲ、徹底的ニ自覺セシメ、私ノ見解ヲ飜エサセタノデアリマス。

私ハ、自分ガ犯シタ犯罪ガ單ニ私一個人ニトッテノミナラズ、自分ノ國全體ニトッテ恥辱デアルコトヲ理解シ、之レヲ悔悟シテイマス。

コレハ以前、ソヴエト同盟ニ對シテ私ガ有ッテイタ見解ガ誤マリデアル事ヲ私ニ理解セシメタノデアリマス。私ハ、日本ガ降伏後、民主國家トシテ發展スベキ事及ビ此ノ爲ニハ從來ノアラユル惡事ガ遺憾ナク暴露サレ、根コソギニサレナケレバナラナイノダトイウ事ヲ理解スルニ至リマシタ。

私ガ述ベマシタ事ハ、私ノ悔悟デアリ、懺悔デアリマス。從ッテ、私ハ豫審ノ最初カラ自分ガ勤務シテイタ部隊ノ業務ニ關連スル犯罪的事實ニツイテ述べ始メタノデアリマス。私ニトッテ、コレハ決シテ容易ナ事デハナク實ニ心苦シイ事デシタ。

豫審判事側ノ人道的態度ガ自分ニ取ッテコノ容易ナラザル狀態カラノ正シイ出口ヲ適時ニ見出スノヲ助ケテ呉レマシタ。

自分ガ犯シタ犯罪ガ人類ニ對スル實ニ非道イ兇惡行爲デアルコトヲ自分ハハッキリト痛感シテ居リマス。

自分ハ、今始メテコウ考エルモノデモナク、此ノ考エハ自分ニトッテ新シイモノデモアリマセンガ、ココ法廷ニ於テ私ハ此ノ考エ、此ノ感情ヲ特ニ強クシマシタ。

私ハ裁判ノ最モ嚴重ナル判決ヲ受ケル覺悟デアリマス。

裁判長——着席シテ頂キ度イ。

被告柄澤、マイクノ前ニ立ッテ頂キ度イ。貴方ニ最後ノ陳述ヲ許可スル。

被告柄澤

未ダ一九四六年、東京ノ國際軍事裁判デ主要戰爭犯罪人ノ事件ニ關スル豫審ガ行ワレテイタ當時、私ハ證人トシテ訊問サレマシタ。

私ハ、自分並ビニ第七三一部隊ガ犯シタ犯罪ヲ總テ暴露シマシタ。今、自分ハ常道人トシテ、平凡ナ人間トシテ、私ノ心ノ中ニ秘メテイタモノヲスベテ述ベタイト思イマス。

日本ニハ現在、私ノ母ガ生キテオリ、當年八十才デ、其ノ外、妻ト子供ガ二人オリマス。

以前、彼等ハ私ノ俸給デ生活シテイマシタ。シカシ、私ハ自分ノ罪ノ重サヲ十分ニ理解シテオリ、自分ガ犯シタ犯罪ヲ悔悟シテイマス。

将來、全ク新シイ人間ニナルコトヲ約束イタシマス。裁判官ニ正シイ判決ヲオ願イスルモノデアリマス。

裁判長――着席シテ頂キ度イ。

被告山田、マイクノ前ニ立ッテ頂キ度イ。貴方ニ、最後ノ陳述ヲ許可スル。

被告山田

先ズ、私及ビ他ノ被告ニ辯護人ヲ與エラレタ事ニ對シ、裁判官ニ感謝ヲ述ベマス。

私ハ、自分ガ行ッタ總テノ供述ヲ總括シテ、自分ノ立場ヲ明確ニシタイト思イマス。

私ハ、軍人ノ家族ニ生レマシタ。若イ頃カラ私ハ軍隊デ成養シ、勤務ヲ續ケ、命令ヘノ服従ト自己ノ軍人トシテノ本分、責任ノ自覺トイウ精神デ教育サレマシタ。

關東軍司令官ノ職ニ任命サレテ以來、私ハ日本陸軍省及ビ參謀本部ノアラユル命令ト指示ヲ忠實ニ徹底的ニ履行シテ來、コウシテ、關東軍ノ戰闘態勢ヲ強化セント努メマシタ。

私ハ、細菌戰ノ準備態勢強化ニ於ケル自分ノ責任ヲ認メテオリマス。

細菌戰準備ノタメニ犯サレタ驚クベキ犯罪ニ關シテイウナラバ、私ハ之レニ對スル責任ガ第七三一、第一〇〇各細菌戰部隊長及ビ私ニ至ル總テノ關東軍司令官ニアルコトヲ理解シテイマス。

シカシ私ハ、此等ノ部隊ニ關係ヲ有ッテイタモノハ總テ命令ニ從ッテ行動シ、此等ノ部隊ノ各部隊長及ビ軍司令官ノ意志ヲ遂行シッツ、行動シタノダトイウコトヲ申上ゲタイ。

此等部隊ニ於ケル惡事、總ジテ細菌戰準備ノタメニ犯シタル惡事ニツイテハ、只今被告川島ガ述べマシタ。自分トシテハ、彼ノ言葉ニ之レ以上附ケ加エ度イコトハ、何モアリマセン。コレラノ惡事ニ對シテハ何ラノ辯明ノ餘地モアリマセン。

私ハ、旣ニ述ベマシタ様ニ、自分ガ關東軍司令官デアッタ時期、卽チ、一九四四年七月カラ一九四五年八月ニ至ル時期ニ、細菌戰準備ノタメニコレラノ部隊デ犯シタスベテノ惡事ニ對スル自分ノ罪ヲ認メルモノデアリマス。

私ハ、自分ノ罪ノ重サヲ十分ニ理解シテイマス。私ハ自分ノ犯罪ノ重サヲ十分理解シテ居リ、コレニ對スル刑罰ガ自分ニトッテ嚴イカ輕イカトイウ事ハ考エテ居リマセン。

私ノ最後ノ陳述デ述ベタイコトハ以上デアリマス。

裁判長——着席シテ頂キ度イ。

被告西、マイクノ前ニ立ッテ頂キ度イ。貴方ニ最後ノ陳述ヲ許可スル。

被告西

本裁判ニ於テ私ニ辯護人ヲ與エラレタ事ニ對シテ裁判官ニ感謝ヲ述ベルモノデアリマス。

コレ以上何モイウコトハアリマセン。現在私ハソヴエトノ裁判カラ正シイ判決ヲ待ッテイマス。

裁判長――着席シテ頂キ度イ。

被告梶塚隆二、マイクノ前ニ立ッテ頂キ度イ。貴方ニ最後ノ陳述ヲ許可スル。

被告梶塚

私ニ對シテ提起サレタ告訴ニツイテ私ハ自分ノ罪ヲ認メ、如何ニ嚴重ナ刑罰デモ受ケル覺悟デアリマス。

私ノ最後ノ陳述ヲ行ウ機會ガ與エラレマシタガ、私ハ辯解ジヨウトハ思ッテイマセン。

私ハ、只自分ノ感ジテイル事ヲ申述ベマス。

私ガ醫學ヲ學ビ始メタノハ、健康保護ヲ強化シ、人類ノ福祉ニ奉仕スルタメデアリマス。醫者デアリ、人道的職業ノ代表者デアル私ガ、其ノ神聖ナ義務、醫師ノ義務ヲ果ス代リニ、他ノ道ニ、病菌ガ兵器トシテ使用サレテイル細菌戰準備ノ道ヲ進ンダコトハ私ニトツテ恥辱デアルト考エマス。私ハ、コレガ醫師トシテノ自分ニトツテ恥辱デアルト見做シテイマス。私ハカカル惡事ニ關係シタコトヲ後悔シテ居リマス。

私ハ、自分ガ犯シタ犯罪ニツイテ諸人民ニ對シテ自分ガ罪人デアルコトヲ痛感スルモノデアリマス。

裁判長——着席シテ頂キ度イ。

被告佐藤、マイクノ前ニ立ツテ頂キ度イ。貴方ニ最後ノ陳述ヲ許可スル。

被告佐藤

一九四一年以來、私ハ二ツノ細菌戰部隊ノ部隊長デアリ、細菌戰準備ヲ直接ニ指導シテ來マシタ。ノミナラズ、第五軍軍醫部長トナリ、私ハ細菌戰ノ準備ニ協力シマシタ。

自分ガ犯シタ犯罪ハ、醫師ノ本分ニ悖リ、醫師ノ倫理ニモトルモノデアリマス。コレラノ犯罪ハ人類ニ反對シテ向ケラレテイマシタ。私ノ活動ハ總テノ善ナルモノニ反對シテ向ケラレテイマシタ。

今、法廷ニ於テ、私ハ、自分ガ犯シタ犯罪ヲ全ク悔悟シテイマス。私ハ、辯護人ニ感謝スルト共ニ、私ノ如キ犯罪人ヲ辯護士ガ辯護スルトイウコトハ、自分ニトッテ恥シイ限リデアッタコトヲ申上ゲナケレバナリマセン。私ハ、自分ガコレニ値シナイト思ッテイマス。

現在私ハ、自分ガ犯シタ犯罪、自分ノ罪ニ完全ニ應ズルヨウナ正シイ判決ヲ願ッテイマス。

裁判長——着席シテ頂キ度イ。

被告平櫻、マイクノ前ニ立ッテ頂キ度イ。貴方ニ最後ノ陳述ヲ許可スル。

被告平櫻

オ許シヲ得テ、自分ノ最後ノ陳述ヲ述べサセテ頂キマス。

先ズ、此ノ裁判ニ於テハ細菌戰準備ニ關スル國際反動ノ犯罪的計畫ガ徹底的ニ暴露サレマシタ。斯ル事ガ起リ得タノハ、一ツニ、細菌戰ヲ準備シテイタ日本軍國主義ノアラユル計畫ヲ、ソヴエト軍ガ適時ニ粉碎シタガ故ニ外ナラナイノデアリマス。

吾々細菌戰準備ノ參加者ニ對スル嚴重ナ懲罰コソハ、今モッテ第二ノ細菌戰準備ヲ試ミッツアル犯罪人共ニ對スル警告トナリ、教訓トナルノデアリマス。菌細戰準備ニ對シ罪ヲ負ウベキモノ、ソシテ、此ノ準備ニ對シテ最モ責任アルモノ、卽チ天皇裕仁、石井中將及ビ若松少將ガ嚴重處罰サレルコトヲ期待スルモノデアリマス。

更ニ細菌戰準備ノ犯罪者ニシテ、今被告席ニ居ナイ者モ又、嚴重ナ處罰ヲ受ケルコトヲ確信シ、期待スルモノデアリマス。

裁判長——着席シテ頂キ度イ。

被告三友、マイクノ前ニ立ッテ頂キ度イ。貴方ニ最後ノ陳述ヲ許可スル。

被告三友

私ハ、自分ガ第一〇〇部隊ニ於テ勤務シタ當時、自分ノ惡事ト犯罪ノ重サヲ十分ニ自覺シテイマセンデシタガ、ココ、ソヴエト同盟ニ四年間住ミ、又、特ニココ數日、裁判ニ出席シテ、私ハ、自分ガ犯シタ犯罪ガ如何ニ重イモノデアルカヲ衷心カラ徹底的ニ痛感シマシタ。

ココデ初メテ、私ハ、ソヴエト同盟ニ關スル眞實ヲ知リ、ソヴエト人ヲ知リ、ソヴエト人ガ如何ニ人道的デアリ、高潔ナルカヲ知ルヨウニナリマシタ。

私ハ、自己ノ責任ヲ十分ニ理解シマシタ。私ハ、惡事ニ自分ガ加ツタ事ヲ後悔シテオリマス。

裁判長——着席シテ頂キ度イ。

被告高橋、マイクノ前ニ立ツテ頂キ度イ。貴方ニ最後ノ陳述ヲ許可スル。

被告高橋

私ハ、ソヴエト同盟デノ生活ガ如何ナルモノデアルカヲ自分ノ眼デ見テ初メテソヴエト同盟トイウモノヲ知ルヨウニナリマシタ。

被告川島ガソノ最後ノ陳述デ述ベタ事、即チ新シイ明ルイ日本ノ復活ニ關シテ述ベタ事ハ全ク正シイコトデアリマス。私ハ全クコレニ同意デアリ、コレ以上附ケ加エ度イコトハ何モアリマセン。

私ハ、自分ニ辯護人ヲ與エラレタ事ニ對シ感謝シ、辯護人ガ私ノ爲ニ述ベラレタ温キ言葉ニ對シ感謝スルト共ニ、犯シタ犯罪ヲ深ク悔悟シテイル者デアリマス。私ハ、此等ノ犯罪ガ如何ニ重大デアルカヲ十分ニ自覺シマシタガ、本日ハ刑ノ輕減ヲ願ウモノデアリマス。私ガ人類ノ利益ノタメニ自分ノ余力ヲ捧ゲルコトガ出來ルヨウナ正シイ判決ヲオ願イスルモノデアリマス。

裁判長――着席シテ頂キ度イ。

被告菊池、マイクノ前ニ立ッテ頂キ度イ。貴方ニ最後ノ陳述ヲ許可スル。

被告菊池

私ハ、幼イ時カラ日本國家ニ忠誠デアリ、天皇ニ忠節ヲ盡スヨウニ教エラレマシタ。私ハ自分ノ業務ニヨッテ自國人民ノタメニ盡ソウト思イマシタガ、私ハダマサレマシタ。此處ソヴエト同盟ニ於テ四年間ノ生活ヲ通ジテ私及ビ他ノ日本人ニ對スルソヴエト當局ノ人道的ナ待遇ノオ蔭デ、私ガ従來、如何ニ欺カレテイタカ、又、私ガ幼イ時カラ日本デ受ケタ教育ガ如何ニ虚偽ナ、誤マレルモノデアッタカトイウコトヲ理解シテ來マシタ。

私ハ、ソヴエト同盟ノ正シサヲハッキリ確信シマシタ。今私ノ心中ニ起ッタカカル轉換ハ、私ノ一生涯ヲ通ジテ起リ得ナカッタモノデアリマス。私ハ今、總テノ私ノ誤謬ヲ將來矯正シヨウト望ンデオリマス。

ココ法廷ニ於テモ殘念ニ思ウコトハ、主要犯罪人、細菌戰ノ主要ナ組織者鼓舞者共ガ被告席ニ居ナイトイウコトデアリマス。

私ノ心ハ、彼等ニ對スル憎シミ嫌惡ノ情デ一杯デス。

私ガ如何ナル道ヲ進マナケレバナラナイカ私ニハヨクワカツテオリマス。

コレデ私ノ最後ノ陳述ヲ終リマス。

裁判長——着席シテ頂キ度イ。

被告久留島、貴方ニ最後ノ陳述ヲ許可スル。

被告久留島

多クノ人間ノ殺戮ヲ豫定セル細菌ノ大量生産ニ當ツテイタ第七三一部隊第一六二支部勤務員トシテノ私ニヨツテ犯サレタ自分ノ罪ノ重大サ、自分ノ犯罪ノ重サヲ自覺シテイマス。私ハ自分ノ罪ヲ完全ニ自覺シ、自分ガ犯シタ惡事ヲ悔悟シテイマス。

私ハ、細菌戰準備ヘノ參加トイウ、兇惡ナル事業ニ私ヲ引キ込ンダ軍閥ニ對シテ、限リナイ憎惡ヲ感ジテイマス。私ハ、幼イ時カラ誤マツタ環境ニ於テ教育サレ、腐敗シ切ツタイデオロギーヲ基ニシテ教育サレマシタ。シカシ、私ノ辯護人ガ述ベマシタヨウニ、私ハ既ニ四年前ノ久留島デハアリマセン。

最後ニ、ココデ他ノ俘虜ト同樣、私ニ對シテ取ラレタ眞情溢ルル態度ニ感謝イタシマス。

ソヴエト同盟ガ人種的差別ナク吾々ヲ待遇シタ事ニ對シ感謝シマス。裁判中ココデ私ニ對シテ取ラレタ人道的ナ態度ニ感謝シマス。私ニ辯護人トシテ辯護士ヲ與エラレタコトニ對シ感謝スルモノデアリマス。

裁判長――着席シテ頂キ度イ。

被告尾上、貴方ニ最後ノ陳述ヲ許可スル。

被告尾上

豫審ニ於テモ、ココ法廷ニ於テモ、私自身及ビ總ジテ第七三一部隊勤務員ガ犯シタ惡事ニ私ガ加ツタ事ヲ心カラ自白シマシタ。私ガ關係ヲ有シ、此ノ部隊ノ支部長トシテ自分ガ犯シタ犯罪ヲ、更ニ今一度、悔悟スルモノデアリマス。

私ニ權威アル辯護人ヲ與エラレタコトニ對シ裁判官ニ感謝シマス。私ハ、自分ノ罪ガ如何ニ重イカヲ理解シテイマス。私ハ、自分ガ普通ノ勤務員デナク、幹部、支部長デアッタコトヲ理解シテオリ、自分ガ犯シタ犯罪ヲ悔悟シテイマス。

將來、私ハ自分ノ余力ヲ、カカル非人道的行爲ニ反對スル鬪爭ニ、平和ノ爲ノ鬪爭ニ向ケルヨウ努力シマス。

最後ニ裁判官ニ對シ、モシ可能ト考エラレレバ、私ニ對スル處罰ヲ輕減サレルヨウ願ウモノデアリマス。

裁判長——着席シテ頂キ度イ。

裁判官側ハ判決ヲ決定スル打合セノ爲退場スル。

一六時二〇分。裁判官側ハ判決ヲ決定スル打合セノタメ退場シタ。

二一時三〇分。裁判長ハ判決ヲ言渡シ、ソウシテ判決ガ日本語デ通譯サレル。

二三時四五分。裁判長ハ閉廷ヲ宣ス。

議長　チェルトコフ

書記　コルキン

仝　ワラヴコ

軍事裁判ノ判決狀

ソヴエト社會主義共和國同盟ノ名ニ於テ

一九四九年十二月二五—三〇日間ニ亘ツテ、沿海州軍管區軍事裁判所ハ、次ノ構成、卽チ、

議長——法務少將チエルトコフ・デ・デ・

委員——法務大佐イリニツキー・エム・エル・

仝　法務中佐ヴオロビヨフ・イ・ゲー・

書記——中尉コルキン・エヌ・ア・

國家檢事——國家三等法務官スミルノフ・エル・エヌ・

辯護人——辯護士同志ボロヴイク・エヌ・カ・

同　ベロフ・エヌ・ペ・

同　サンニコフ・エス・エ・

同　ズヴエレフ・ア・ヴエ・

同　ボガチヨフ・ペ・ヤ・

同　プロコペンコ・ゲ・カ・

同　ルキヤンツエフ・ヴエ・ペ・

同　ボルホヴイチノフ・デ・エ・

ノ參加ノ上、ハバロフスク市ニ於ケル公判ニ於テ、日本戰爭犯罪人ニ關スル件ヲ審理シタ。

本件ノ被告——

一、山田乙三、一八八一年生、出生地—東京市、日本人、大將、元日本關東軍司令官、

二、梶塚隆二、一八八八年生、出生地—田尻町、日本人、軍醫中將、醫學博士、元日本關東軍軍醫部長、

三、川島清、一八九三年生、出生地—千葉縣山武郡蓮沼村、日本人、軍醫少將、醫學博士、元日本關東軍第七三一部隊製造部長、

四、西俊英、一九〇四年生、出生地—鹿兒島縣薩摩郡樋脇村、日本人、軍醫中佐、醫師・細菌學專門家、元日本關東軍第七三一部隊教育部長、

五、柄澤十三夫、一九一一年生、出生地—長野縣小縣郡豐里村、日本人、軍醫少佐、醫師・細菌學專門家、元日本關東軍第七三一部隊製造部課長、

六、尾上正男、一九一〇年生、出生地—鹿兒島縣出水郡米ノ津町、日本人、軍醫少佐、醫師・細菌學專門家、元日本關東軍第七三一部隊第六四三支部長、

七、佐藤俊二、一八九六年生、出生地—愛知縣豐橋市、日本人、軍醫少將、醫師・細菌學專門家、元日本關東軍第五軍軍醫部長、

八、高橋隆篤、一八八八年生、出生地—秋田縣由利郡本ジョウ町、日本人、獸醫中將、生理・化學者、元日本關東軍獸醫部長、

九、平櫻全作、一九一六年生、出生地—石川縣金澤市、日本人、獸醫中尉、獸醫、元日本關東軍第一〇〇部隊研究員、

十、三友一男、一九二四年生、出生地—埼玉縣秩父郡原谷村、日本人、軍曹、元日本關東軍第一〇〇部隊員、

十一、菊池則光、一九二二年生、出生地—愛媛縣、日本人、上等兵、元日本關東軍第七三一部隊第六四三支部衛生兵見習、

十二、久留島祐司、一九二三年生、出生地—香川縣小豆郡苗羽村、日本人、元日本關東軍第七三一部隊第一六二支部衛生兵・實驗手。

上記ノ一二名ノ者ハ、一九四三年四月一九日附、ソ同盟最高ソヴェト常任委員會法令第一條ニ該當スル犯罪ノ廉デ起訴サレタ者デアル。

豫審及ビ法廷審理ノ資料ニヨリ、管區軍事裁判所ハ、左ノコトヲ究明シタ——

帝國主義日本ノ支配閥ハ、多年ニ亘ッテ、ソヴェト社會主義共和國同盟ニ對スル侵略戰爭ヲ準備シテ來タ。

一九四八年東京デ終了シタ日本主要戰爭犯罪人ニ對スル裁判ニ於テハ、ソ同盟ニ對スル侵略戰爭ガ、ソヴェト領土ノ奪取ヲ目的ニシタ日本支配グループノ政策ノ主要ナ要素ノ一ツデアッタコトガ究明サレタ。

日本民族ノ優越性及ビ日本ヲ『盟主』トスル『大東亞』建設ノ妄想ニ憑レ、侵略戰爭ノ挑發ニヨッテ、ヒトラー・ドイツト共ニ世界征覇ヲ樹立スルコトヲ目的トシタ日本軍國主義者共ハ、此ノ目的ノ達成ノタメニハ、人類ニ對スル如何ナル驚クベキ犯罪ヲモ敢テ躊躇セズ犯シテ來タ。

平和愛好諸人民ニ對スル、ソノ犯罪的侵略戰爭計畫ノ中ニ、日本帝國主義者共ハ、軍隊及ビ、加ウルニ老人、婦女子、子供ヲ含ム平和的住民ノ大量殺戮ノタメ、ペスト、コレラ、炭疽病ノ如キ殺人傳染病及ビ其他ノ重イ疾病ノ蔓延ニヨッテ細菌兵器ヲ使用スルコトヲ豫定シテイタ。

是等ノ目的ノタメ、日本軍デハ、細菌兵器ノ製造ヲ任務トスル特別部隊ガ編成サレテイタシ、且ツ、日本ノ侵略ヲ受ケタ諸國家ノ領土内ニ在ル都市、農村、貯水池、河川、井戸、家畜及ビ作物ヲ細菌ヲ以テ汚染スルタメ特殊支隊及ビ謀略團ガ準備サレテイタノデアル。

既ニ、一九三一年、日本側ガ満洲ヲ奪取シ、是レヲソヴェト同盟ニ對スル攻撃ノタメノ軍事基地ニシタ後、日本關東軍内ニ細菌戰準備ノ目的ヲモッテ『東郷』部隊ノ秘匿名稱デ非人道的細菌戰ノ提唱者及ビ組織者ノ一人、石井四郎ヲ長トスル、細菌硏究所ガ設置サレテイタ。

對ソ戰ヲ目指ス日本ノ戰爭準備ニ拍車ガカケラレタ一九三六年ニ、天皇裕仁ノ軍令ニヨッテ、日本軍參謀本部ハ、細菌戰實行方法ノ研究ノミデハナク、日本軍ニ十分供給スルニ足ル規模デ、細菌兵器ヲ製造スルコトヲ目的トシタ二ツノ大細菌戰部隊ヲ満洲ノ領土内ニ展開シタ。

是等ノ部隊ハ、極秘ニ附サレ、偽装ノ目的ヲ以テ『關東軍防疫給水部』及ビ『關東軍軍馬防疫廠』ト言ウ名稱ヲ附サレタ。後ニ、兩部隊ハ夫々『第七三一部隊』、『第一〇〇部隊』ト改稱サレタ。

兩部隊ハ、多數ノ支部ヲ有シタガ、是等ハ、關東軍ノ部隊及ビ兵團ニ附設サレ、日本ノ對ソ戰作戰計畫ニ豫定サレタ攻撃重點ノ方面ニ配置サレテイタ。

是等ノ支部ハ、事實上、統帥部ノ命令一下、何時デモ細菌兵器ヲ使用スル用意ノアル戰闘部隊デアッタ。

第七三一部隊及ビ第一〇〇部隊ハ、ソノ支部ト共ニ、關東軍司令官ノ隷下ニ在ッタ。此ノコトハ、本件ノ一證據文書――第七三一部隊ノ四支部ノ新設ニ關スル一九四〇年十二月二日附、元關東軍司令官梅津美次郎大將ノ命令ニヨッテ確證サレテイル。

第七三一部隊ハ、哈爾濱市ヲ去ル二〇粁ノ地點、平房驛附近ニ特ニ建設サレ、嚴重ニ警備サレテイタ軍事村落ニ配置サレ、約三〇〇〇人ノ研究員及ビ技師・技手ノ定員及ビ最新式ノ技術、高性能ノ器具類デ裝備サレタ研究室ヲ有スル細菌準備強大ナ研究所トナッテイタ。

此ノ部隊ノ任務及ビ其ノ實際的業務ハ、ソノ機構ニヨッテ制約サレ、同部隊ハ若干ノ部カラ成ッテイタガ、但シ、哈爾濱市內ニ配置サレテイタ第三部ノミガ軍ノ給水問題ニ從事シテイタ。

第一(研究)部ノ職能ハ、細菌攻擊兵器トシテ利用スル上ニ最モ有効ナ殺人細菌ノ研究及ビ培養デアッタ。

第二(實驗)部ハ、研究ノ結果選擇サレタ細菌ノ効力ヲ、生キタ人間ノ身體ヲ利用シテ檢査シ、敵方ニ細菌ヲ投入スル媒介物タル砲彈及ビ特殊撒布器ノ見本ヲ作リ、且ッ、敵ノ領土內ニペスト傳染病ヲ流行サセル媒介體タルペスト菌ヲ以テ汚染シタ蚤ヲ繁殖シテイタ。同部ニハ囓齒類ヲ利用シテ蚤ヲ繁殖スルタメノ四五〇〇ノ飼育器(培養器)ガアッ

数年間ニ亘ッテ第七三一部隊及ビ第一〇〇部隊デハ、研究室デ繁殖サレタペスト菌、コレラ菌、チブス菌、炭疽病菌、瓦斯脱疽菌ニヨル人間ノ感染實驗ガ行ワレタ。感染サレタモノハ大部分、恐ルベキ苦悶ノ裡ニ死亡シタ。健康ヲ囘復シタ者ハ、次々ト實驗ニ使用サレ、果テハ虐殺サレテイタノデアル。

虐殺用ノ人間ハ、日本憲兵隊ニヨッテ第七三一部隊ニアッタ特殊構内監獄ニ送致サレテイタ。尚日本憲兵隊ハ斯ル業務ニ、『特移扱』ノ秘匿名稱ヲ附シテイタ。日本ノ鬼畜共ノ此等ノ犧牲者トナッタノハ、反日活動ノ嫌疑ヲ受ケ、殺戮ニ運命ズケラレタ中國愛國者及ビソヴエト市民デアッタ。日本ノ殺人犯共ノ瞠目スベキ厚顔無恥性ハ、就中、監獄ニ收容サレ、犯罪的實驗ニ使用サレルベキ人々ヲ彼等ガ『丸太』ト假稱シテイタコトニモ現ワレテイタ。

被告川島ノ供述ニヨッテ判明シタ如ク、第七三一部隊ノミデモ年々六〇〇名ヲ下ラナイ囚人ガ殺戮サレ、一九四〇年カラ一九四五年ノ日本軍ノ降伏ノ日マデ、三〇〇〇人ヲ下ラナイ人間ガ虐殺サレタ。

犯罪的實驗ハ、多人數ノ組ニサレタ囚人ニ對シテモ實施サレテイタ。安達驛附近ノ特設實驗場デハ、人々ヲ鉄柱ニ縛リツケ、而ル後彼等ヲ感染サセル目的ヲ以テペスト菌、ガス脱疽菌及ビ其他ノ重病菌ヲ充塡シタ細菌彈ヲ彼等カラ近距離ノ地點デ爆破シタ。

斯クテ一九四三年ノ末、被告柄澤ノ參加ノ下ニ特設實驗場ニ於テ一〇人ノ中國市民ニ對スル炭疽病感染實驗ガ行ワレタ。一九四四年春ニハ、同ジク彼ノ參加ノ下ニ一組ノ人間ガ特設實驗場ニ於テペスト菌ニ感染サセラレタ。一九四五年一月ニハ、同ジ特設實驗場ニ於テ被告西ハ一〇人ノ人間ニ對スルガス脫疽感染ニ參加シタ。

人間ヲ使用スル類似ノ非人道的實驗ハ、被告高橋ノ統轄下ニアッタ第一〇〇部隊デモ行ワレテイタ。

例エバ一九四四年八—九月ニハ、第一〇〇部隊デ八人ノ中國及ビソ同盟市民ニ對スル、食物ヲ媒介體トスル感染ガ行ワレ、彼等ハ其後間モナク死亡シタ。

第七三一部隊ハ、急性流行病菌ヲ以テ人間ヲ感染サセル犯罪的實驗ト並行シテ、四人ノ手足ノ凍傷實驗ヲ實施シテイタ。殘虐ナ實驗ノ不幸ナ犧牲者ノ大部分ハ脫疽及ビ手足ノ切斷ノ後死亡シタ。

細菌兵器ノ試驗ハ、第七三一部隊及ビ第一〇〇部隊內デ實施サレタ實驗ノミニ止マラナカッタ。日本帝國主義者共ハ、對中國戰爭及ビ對ソ謀略工作ニ細菌兵器ヲ使用シテ來タ。

一九四〇年石井中將指揮下ノ第七三一部隊特別派遣隊ガ中國中部ノ戰鬪地區ニ派遣サレ、ソコデ同派遣隊ハ、ペスト菌ヲ以テ汚染シタ蚤ヲ飛行機カラ特殊器具ヲ利用シテ投下スルコトニヨッテ寧波附近ニペストノ流行ヲ惹キ起シタ。

平和的中國住民間ニ幾千人ノ犧牲者ヲ出シタコノ犯罪的工作ハ、映畫ニ撮影サレ、後ニコノ映畫ハ第七三一部隊内デ被告山田ヲ含ム日本軍最高統帥部ノ代表ニ見セラレタ。

同樣ノ派遣隊ガ、一九四一年常德市附近ニ、第七三一部隊ニヨッテ派遣サレ、同市モ亦ペスト菌ニヨッテ汚染サレタ。

一九四二年細菌兵器ハ再ビ中國ノ領土内デ使用サレタ。今回ノ第七三一部隊派遣隊（ソノ準備ニハ被告柄澤及ビ川島ガ參加シタ）ハ、一時被告佐藤ノ指揮下ニアッタ『榮』部隊ト協同シテ行動シ、日本軍部隊ガ中國軍ノ進擊下ニ放棄スルコトヲ餘儀ナクサレタ地域ヲ、急性傳染病菌ヲ以テ汚染シタ。

第一〇〇部隊ハ、數年間ニ亘ッテ細菌謀略隊ヲソ同盟國境方面ニ派遣シテイタ。被告平櫻及ビ三友ハ、ソノ隊員デアッタ。コレ等ノ隊ハ、例エバ三河方面ノ國境附近ノ貯水池、河川、井戸ノ汚染ニヨッテソヴエト同盟ニ對スル細菌謀略ヲ行ッテイタ。

斯クテ、日本帝國主義者共ガ、ソ同盟及ビ他ノ諸國家ニ對シテ侵略戰爭ヲ開始シテ、細菌兵器ヲ廣汎ニ使用シ、コレニ依ッテ人類ヲ新シイ災厄ノ坩堝ニ引込ム準備ヲシテ來タコトガ豫審及ビ法廷審理ニヨッテ判明シタ。

細菌戰ノ準備ヲ實施シテイタ彼等ハ、如何ナル野獸的行爲ヲモ敢テ躊躇セズ行イ、細菌兵器使用關係ノ其ノ犯罪的實驗中、彼等ハ、幾千人ノ中國及ビソヴエト市民ヲ虐殺シ、中國ノ平和的住民ノ間ニ重イ流行性ノ疾病ヲ蔓延サセテ來タ。

本件ノ被告各々ニ關シ軍事裁判所ハ左ノ事ガ判明シタモノト見做ス――

一、山田乙三ハ、一九四四年ヨリ日本ノ降伏ノ日マデ、日本關東軍司令官トシテ、隷下第七三一部隊及ビ第一〇〇部隊ノ細菌戰準備ノ犯罪的業務ヲ統轄シ、コノ際、コレ等ノ部隊デ細菌兵器使用關係ノアリトアラユル實驗ノ實施ニ件ウ幾千人ノ人間ノ野獸的殺害ヲ奬勵シタモノデアル。

山田ハ、第七三一部隊及ビ第一〇〇部隊ガ細菌戰ノ準備態勢ヲ完全ニ整備シ、ソノ生產能力ガ細菌兵器ニ對スル軍ノ需要ヲ完全ニ充タシ得ル如ク措置ヲ講ジテイタモノデアル。

二、川島清ハ、一九四一年ヨリ一九四三年マデ、第七三一部隊製造部長トシテ、部隊幹部ノ一人デアッタ。彼ハ細菌戰ノ準備ニ參加シ、部隊ノ各部ノ業務ヲ知悉シ且ツ細菌兵器ヲ日本軍ニ充分供給スルニ足ル量ノ殺人細菌ノ繁殖ヲ直接指導シテ來タ。

一九四二年川島ハ、中國中部ノ領域ニ於ケル實戰ニ細菌兵器ヲ使用スルタメノ組織活動ニ參加シタ。第七三一部隊勤務ノ全期間ヲ通ジテ川島ハ、重イ流行性疾病ノ細菌ニヨル犯罪的感染實驗中部隊附屬ノ構内監獄ニ於ケル囚人ノ大量虐殺ニ直接參加シテイタ。

三、柄澤十三夫ハ、第七三一部隊製造部課長ノ地位ニアッタ。彼ハ、細菌兵器製造業務ノ積極的ナ組織者ノ一人、細菌戰準備ノ參加者デアッタ。

一九四〇年及ビ一九四二年ニ柄澤ハ、中國ノ平和的住民間ニ傳染病ヲ蔓延セシメルタメノ現地工作ノ準備活動ニ參加シタ。

柄澤ハ、細菌兵器使用實驗ニ一再ナラズ、直接ニ參加シタガ、コノ實驗ノ結果、中國及ビソヴエト市民タル囚人ガ殺戮サレテイタ。

四、梶塚隆二ハ、既ニ一九三一年以來、細菌兵器使用ノ支持者デアッタ。一九三六年、日本陸軍省軍醫部課長デアッタ彼ハ、細菌戰特殊部隊ノ創設及ビ補充ヲ促進シ、同部隊長ニハ彼ノ紹介ニヨッテ石井中將（當時大佐）ガ任命サレタ。

一九三九年以降梶塚ハ、關東軍軍醫部長ニ任命サレ、第七三一部隊ニ細菌兵器製造上必要ナスベテノモノヲ供給シテ、同部隊ノ業務ノ直接的統轄ヲ行ッテ來タ。

梶塚ハ、第七三一部隊ヲ系統的ニ視察シ、ソノ一切ノ業務ヲ完全ニ承知シ、細菌ニヨル人間感染實驗ノ實施ニ件ッテ行ワレテイタ兇惡ナ犯罪ヲ知リ且ツコレラノ惡事ニ贊同シタ。

五、西俊英ハ、一九四三年一月ヨリ日本降伏ノ日マデ、孫呉市ノ第七三一部隊第六七三支部長ノ地位ニアッテ、細菌兵器ノ製造ニ直接カツ積極的ニ參加シテ來タ。

第七三一部隊第五部長ヲ廉任シテイタ西ハ、一般部隊付特別隊ノタメニ細菌戰實行專門要員ヲ養成シテイタ。

彼ハ、急性流行病菌ヲ利用スル感染ニヨッテ、中國及ビソヴェト市民ノ囚人ノ虐殺ニ直接參加シテイタ。第七三一部隊及ビ支部ノ犯罪的業務ヲ秘匿スル目的ヲ以テ、西ハ、一九四五年、ソヴェト軍部隊ノ孫呉市ヘノ接近ニ際シテ、支部ノ一切ノ造營物、設備及ビ文書ノ燒却ヲ命ジ、コノ命令ハ實行サレタ。

六、尾上正男ハ、海林ノ第七三一部隊第六四三支部長トシテ細菌兵器ノ新シイ種類ノ研究及ビ第七三一部隊用ノ材料ノ準備ニ從事シテイタ。

彼ノ指導下ニ細菌戰專門要員ガ養成サレテイタ。

尾上ハ、第七三一部隊ニ於ケル囚人ノ大量殺害ヲ承知シ、ソノ活動ニヨッテ、コノ極メテ重イ犯罪ヲ幇助シテイタ。

一九四五年八月一三日、支部ノ犯罪的業務ノ跡ヲ湮滅スルタメニ尾上ハ、支部ノ一切ノ建物、在庫材料及ビ文書ヲ自ラ燒却シタ。

七、佐藤俊二ハ、一九四一年以降、「波」ノ秘匿名稱ヲ有シテイタ廣東市細菌部隊長デアッタシ、一九四三年ニハ、南京市ノ同種ノ「榮」部隊長ニ任命サレタ。コレラノ部隊ノ指揮中、佐藤ハ、細菌兵器ノ製造及ビ細菌戰ノ準備ニ參加シテイタ。

下ッテ、關東軍ニ包含サレテイタ第五軍軍醫部長トシテ佐藤ハ、第七三一部隊第六四三支部ヲ統轄シ、更ニ部隊及ビ支部ノ業務ノ犯罪的性格ヲ承知ノ上デ、ソノ細菌兵器製造業務ニ援助ヲ與エテイタ。

八、高橋隆篤ハ、關東軍獸醫部長トシテ細菌兵器製造ノ組織者ノ一人デアッタ。彼ハ、第一〇〇部隊ノ犯罪的業務ヲ直接統轄シテ來タモノデ、急性流行病菌ニヨル四人ニ對スル非人道的感染實驗ノ實施ニ對シ責任ヲ負ウベキデアル。

九、平櫻全作ハ、第一〇〇部隊員トシテ、細菌兵器ノ製造及ビ使用關係ノ研究ヲ直接行ッテイタ。

彼ハ、ソ同盟ニ對スル細菌攻擊ノ最モ有効ナ方法ヲ研究スル目的ヲ以テ、ソヴエト同盟國境線ノ特殊偵諜ニ一再ナラズ參加シ、コノ際例エバ三河附近デ、貯水池、河川、井戸ノ汚染ヲ實施シタ。

十、三友一男——第一〇〇部隊員——ハ、細菌兵器ノ製造ニ直接參加シ、且ツ、生キタ人間ヲ使用シテ自ラ細菌ノ効力ヲ實驗シ、コノ慘虐ナ方法ニヨッテ彼等ヲ殺害シテイタモノデアル。

三友ハ、三河附近ニ於ケル對ソ同盟細菌謀略ノ參加者デアッタ。

十一、菊池則光——衛生兵見習——ハ第七三一部隊第六四三支部ノ實驗室ニ勤務シテ、細菌兵器ノ新シイ種類ノ研究及ビ腸チブス菌、赤痢菌ノ培養ニ關スル業務ニ直接參加シテイタ。一九四五年菊池ハ、細菌戰實行要員ヲ養成シテイタ教習會デ、特殊再教育ヲ受ケタモノデアル。

十二、久留島祐司ハ、第七三一部隊支部實驗手トシテ勤務シ、且ツ特殊教育ヲ受ケタモノデ、コレラ菌、發疹チブス、及ビ他ノ流行病菌ノ培養並ビニ細菌戰ノ試驗ニ參加シテイタ。

上記ニ基キ管區軍事裁判所ハ、一九四三年四月一九日付ソ同盟最高ソヴエト常任委員會法令第一條ニ該當スル犯罪ノ構成ニ於ケル、前記全被告ノ罪狀ハ證明サレタモノト認定シ、且ツロシア・ソヴエト連邦社會主義共和國刑事訴訟法第三一九條及ビ第三二〇條ノ各條ニ準據シ、各被告ノ罪ノ程度ヲ考慮シテ茲ニ左ノ如ク

判決ス——

山田乙三——一九四三年四月一九日付ノソ同盟最高ソヴエト常任委員會法令第一條ニヨリ、二五年間ヲ期限トシテ、矯正勞働收容所ニ收容スベシ。

梶塚隆二——一九四三年四月一九日付ノソ同盟最高ソヴエト常任委員會法令第一條ニヨリ、二五年間ヲ期限トシテ、矯正勞働收容所ニ收容スベシ。

高橋隆篤――一九四三年四月一九日付ノソ同盟最高ソヴエト常任委員會法令第一條ニヨリ、二五年間ヲ期限トシテ、矯正勞働收容所ニ收容スベシ。

川島清――一九四三年四月一九日付ノソ同盟最高ソヴエト常任委員會法令第一條ニヨリ、二五年間ヲ期限トシテ、矯正勞働收容所ニ收容スベシ。

西俊英――一九四三年四月一九日付ノソ同盟最高ソヴエト常任委員會法令第一條ニヨリ、一八年間ヲ期限トシテ、矯正勞働收容所ニ收容スベシ。

柄澤十三夫――一九四三年四月一九日付ノソ同盟最高ソヴエト常任委員會法令第一條ニヨリ、二〇年間ヲ期限トシテ、矯正勞働收容所ニ收容スベシ。

尾上正男――一九四三年四月一九日付ノソ同盟最高ソヴエト常任委員會法令第一條ニヨリ、一二年間ヲ期限トシテ、矯正勞働收容所ニ收容スベシ。

佐藤俊二――一九四三年四月一九日付ノソ同盟最高ソヴエト常任委員會法令第一條ニヨリ、二〇年間ヲ期限トシテ、矯正勞働收容所ニ收容スベシ。

平櫻全作――一九四三年四月一九日付ノソ同盟最高ソヴエト常任委員會法令第一條ニヨリ、一〇年間ヲ期限トシテ、矯正勞働收容所ニ收容スベシ。

三友一男――一九四三年四月一九日付ノソ同盟最高ソヴエト常任委員會法令第一條ニヨリ、一五年間ヲ期限トシテ、矯正勞働收容所ニ收容スベシ。

菊池則光——一九四三年四月一九日付ノソ同盟最高ソヴェト常任委員會法令第一條ニヨリ、二年間ヲ期限トシテ、矯正勞働收容所ニ收容スベシ。

久留島祐司——一九四三年四月一九日付ノソ同盟最高ソヴェト常任委員會法令第一條ニヨリ、三年間ヲ期限トシテ、矯正勞働收容所ニ收容スベシ。

判決ハ、ソノ寫文ヲ受刑者ニ手交シタル日ヨリ七二時間以內ニ上告手續ニヨッテ、ソ同盟最高裁判所軍法會議ニ上訴サレ得ル。

議長法務少將デ・チエルトコフ

委員法務大佐エム・イリニツキー

委員法務中佐イ・ヴオロビヨフ

伯力审判庭审记录

（中、英、俄、德、日文版）

对日战犯审判文献丛刊编委会　编

4

國家圖書館出版社

伯力审判庭审记录

（德文版）

PROZESSMATERIALIEN IN DER STRAFSACHE GEGEN EHEMALIGE ANGEHÖRIGE DER JAPANISCHEN ARMEE WEGEN VORBEREITUNG UND ANWENDUNG DER BAKTERIENWAFFE

940041g

File Copy

Must be forwarded to

Document File Section

G-2, U. S. Army

within two weeks

PROZESSMATERIALIEN IN DER STRAFSACHE GEGEN EHEMALIGE ANGEHÖRIGE DER JAPANISCHEN ARMEE WEGEN VORBEREITUNG UND ANWENDUNG DER BAKTERIENWAFFE

VERLAG FÜR FREMDSPRACHIGE LITERATUR
MOSKAU 1950

Vorwort

Vom 25. bis 30. Dezember 1949 fand in der Stadt Chabarowsk die Gerichtsverhandlung in der Strafsache gegen zwölf ehemalige Angehörige der japanischen Armee statt, die wegen Vorbereitung und Anwendung der Bakterienwaffe angeklagt waren.

Vor Gericht standen der ehemalige Oberbefehlshaber der japanischen Kwantungarmee General Otosoo Jamada, der ehemalige Chef des Sanitätsdienstes derselben Armee Generalstabsarzt Riudsi Kadsitsuka, der ehemalige Chef des Veterinärdienstes derselben Armee Generalstabsveterinär Takaatsu Takahashi, der ehemalige Chef einer Unterabteilung der bakteriologischen Abteilung 731 Generalarzt Kioshi Kawashima, der ehemalige Chef einer Gruppe der Abteilung 731 Oberstabsarzt Tomio Karasawa, der ehemalige Chef einer Unterabteilung der Abteilung 731 Oberfeldarzt Toshihide Nishi, der ehemalige Chef einer Zweigstelle der Abteilung 731 Oberstabsarzt Masao Onoue, der ehemalige Chef des Sanitätsdienstes der 5. Armee Generalarzt Shundsi Sato, der ehemalige wissenschaftliche Mitarbeiter der bakteriologischen Abteilung 100 Oberveterinär Dsensaku Hirasakura, der ehemalige Mitarbeiter derselben Abteilung Feldwebel Kadsuo Mitomo, der ehemalige Sanitätspraktikant der Zweigstelle 643 der Abteilung 731 Gefreiter Norimitsu Kikutschi und der ehemalige Sanitätslaborant der Zweigstelle 162 der Abteilung 731 Judsi Kurushima.

Die Strafsache wurde in öffentlichen Gerichtssitzungen vor dem Militärtribunal des Primorje-Wehrkreises verhandelt. Den Vorsitz führte Generalmajor der Justiz D. D. Tschertkow, als Beisitzer fungierten Oberst der Justiz M. L. Ilnizki und Oberstleutnant der Justiz I. G. Worobjow. Die staatliche Anklage vertrat Justiz-Staatsrat dritten Ranges L. N. Smirnow. Die Angeklagten wurden verteidigt: General Jamada vom Mitglied der Moskauer Rechtsanwaltskammer N. P. Below, Generalstabsarzt Kadsitsuka vom Mitglied der Moskauer Rechtsanwaltskammer S. J. Sannikow, Generalstabsveterinär Takahashi vom Mitglied der Moskauer Rechtsanwaltskammer A. W. Swerew, Generalarzt Kawashima vom Mitglied der Moskauer Rechtsanwaltskammer N. K. Borowik, Generalarzt Sato vom Mitglied der Moskauer Rechtsanwaltskammer P. J. Bogatschow, Oberstabsarzt Karasawa und Oberstabsarzt Onoue vom Vorsitzenden der Chabarowsker Regions-Rechtsanwaltskammer W. P. Lukjanzew, Oberfeldarzt Nishi und Oberveterinär Hirasakura vom Mitglied der Chabarowsker Regions-Rechtsanwaltskammer D. J. Bolchowitinow, Feldwebel Mitomo, Gefreiter Kikutschi und Kurushima vom Vorsitzenden der Rechtsanwaltskammer der Region Primorje G. K. Prokopenko.

Das Gutachten über bakteriologische und medizinische Fragen erstattete vor Gericht eine Sachverständigenkommission, bestehend aus dem Wirklichen Mitglied der Akademie der medizinischen Wissenschaften der UdSSR N. N. Shukow-Wereshnikow, Oberstarzt W. D. Krasnow, dem Lehrstuhlleiter für Mikrobiologie am Chabarowsker medizinischen Institut Professor N. N. Kossarew, der Dozentin des Lehrstuhls für Mikrobiologie am Chabarowsker medizinischen Institut J. G. Liwkina, Oberfeldveterinär N. A. Alexandrow und der Parasitologin O. L. Koslowskaja.

Die vorliegende Ausgabe enthält nur die offiziellen Prozeßmaterialien.

Die Dokumente der Voruntersuchung — die Anklageschrift sowie einige dokumentarische Beweisstücke und Vernehmungsprotokolle über die wichtigsten Anklagepunkte — sind den Gerichtsakten entnommen.

Die Materialien der Gerichtsverhandlung — die Aussagen und letzten Worte der Angeklagten, die (in gekürzter Form gebrachten) Aussagen der Zeugen während der Beweisaufnahme, das Sachverständigengutachten, die Reden des staatlichen Anklägers und der Verteidiger — werden nach dem offiziellen Prozeßstenogramm veröffentlicht.

Dokumente der Voruntersuchung

ANKLAGESCHRIFT

IN SACHEN DER EHEMALIGEN ANGEHÖRIGEN DER JAPANISCHEN ARMEE:

OTOSOO JAMADA, RIUDSI KADSITSUKA, TAKAATSU TAKAHASHI, KIOSHI KAWASHIMA, TOSHIHIDE NISHI, TOMIO KARASAWA, MASAO ONOUE, SHUNDSI SATO, DSENSAKU HIRASAKURA, KADSUO MITOMO, NORIMITSU KIKUTSCHI UND JUDSI KURUSHIMA, DIE DER VORBEREITUNG UND ANWENDUNG DER BAKTERIENWAFFE ANGEKLAGT SIND, D. H. EINES VERBRECHENS, DAS UNTER ARTIKEL 1 DES ERLASSES DES PRÄSIDIUMS DES OBERSTEN SOWJETS DER UdSSR VOM 19. APRIL 1943 FÄLLT

Viele Jahre hindurch war das imperialistische Japan der Hauptaggressionsherd im Fernen Osten.

Nachdem die regierende Clique des imperialistischen Japans mit Hitlerdeutschland und dem faschistischen Italien ein verbrecherisches Komplott geschlossen hatte, plante, entfesselte und führte sie Aggressionskriege gegen friedliebende Völker, um gemeinsam mit Hitlerdeutschland ihre Weltherrschaft zu errichten.

Diese Aggressionskriege verfolgten das Ziel, eine sogenannte „Sphäre gemeinsamer Prosperität Groß-Ostasiens" zu schaffen, d. h. einen Kolonialstaat unter japanischer Herrschaft. In der Schaffung eines solchen Staates durch gewaltsame Lostrennung ausgedehnter Gebiete der friedliebenden Nachbarn Japans kamen die äußerst expansionistischen Absichten der japanischen Imperialisten zum Ausdruck.

Wie stark die Aggressionsgelüste der regierenden Clique Japans waren, kann man aus einer ganzen Reihe offener Erklärungen ersehen, die von verantwortlichen Lenkern der japanischen Politik abgegeben wurden.

Einer der japanischen Hauptkriegsverbrecher, **Kingoro Hashimoto,** der „Ideologe" der aggressiven japanischen Militaristenclique, schrieb in einem Artikel „Die Kaiserliche Sphäre Groß-Ostasiens", der am 5. Januar 1942 in der Zeitung „Tajo Dainippon" erschien, daß dieser „Sphäre" folgende Länder angehören müßten: „Japan, die Mandschurei, China, der Ferne Osten der UdSSR, Malaya, Holländisch-Indien, Britisch-Ostindien, Afghanistan, Australien, Neuseeland, Hawai, die Philippinen und die Inseln des Stillen und des Indischen Ozeans."

Genau so wurden die Grenzen des sogenannten „Groß-Ostasiens" in den Plänen und Projekten des „Instituts für den totalen Krieg" umrissen, das durch einen Sondererlaß des japanischen Kaisers ins Leben gerufen und unmittelbar dem japanischen Ministerpräsidenten unterstellt wurde.

In den verbrecherischen Plänen der japanischen Imperialisten wurde die Aggression gegen die Sowjetunion als Hauptaufgabe angesehen. Die japanischen Militaristen bezeichneten die UdSSR in ihren strategischen Aggressionsplänen gewöhnlich als „Objekt Nr. 1".

Der Raubkrieg gegen die Sowjetunion wurde unter der japanischen Bevölkerung weitgehend propagiert. Diese Kriegspropaganda wurde namentlich in allen japanischen Presseorganen betrieben, die restlos unter der Kontrolle des Informationsbüros der japanischen Regierung standen.

In Ausführung ihrer verbrecherischen Pläne verübte die regierende Clique Japans eine Reihe von Aggressionsakten:

1931 drangen japanische Streitkräfte, nachdem sie den sogenannten „Mukdener Zwischenfall" provoziert hatten, in der Mandschurei vor und besetzten sie;

1937 fielen japanische Truppen in China ein, nachdem sie den sogenannten „Zwischenfall an der Marco-Polo-Brücke" provoziert hatten;

1938 überfiel der japanische Militärklüngel die UdSSR im Raum des Hassansees, wurde aber von der Sowjetarmee aufs Haupt geschlagen;

1939 überfielen die japanischen Imperialisten die mit der UdSSR befreundete Mongolische Volksrepublik im Raum des Flusses Chalchingol, wurden aber von den Streitkräften der Mongolischen Volksrepublik und der Sowjetunion gleichfalls aufs Haupt geschlagen;

Ende 1941 zogen die japanischen Militaristen Japan auf seiten Hitlerdeutschlands in den zweiten Weltkrieg hinein.

Die japanische Aggression wurde erst eingestellt, als Japan vor den Vereinten Nationen kapitulierte, nachdem die Sowjetarmee Japans Hauptstoßkraft, die in der Mandschurei konzentrierte Kwantungarmee, vernichtend geschlagen hatte.

Die mit der imperialistischen Aggression Japans zusammenhängenden Ereignisse wurden auf dem Tokioter internationalen Prozeß gegen die japanischen Hauptkriegsverbrecher behandelt. Das Internationale Militärtribunal erachtete es als einwandfrei erwiesen, daß die regierende Clique Japans gemeinsam mit Hitlerdeutschland Aggressionskriege geplant, entfesselt und geführt, daß sie im Laufe vieler Jahre aktiv einen großangelegten Aggressionskrieg gegen die Sowjetunion vorbereitet hat. Das Tribunal stellte fest, daß Japan 1938 im Raum des Hassansees und 1939 im Raum des Flusses Chalchingol Agressionskriege gegen die Sowjetunion führte. Das Tribunal sah es auch als erwiesen an, daß Japan mit Hitlerdeutschland und dem faschistischen Italien ein verbrecherisches Komplott gegen den Frieden und die Menschheit schloß.

Ferner stellte das Tribunal fest, daß Japan gröblich gegen die Gesetze und Gepflogenheiten der Kriegführung verstieß, was in der bestialischen, unmenschlichen Behandlung der Kriegsgefangenen und der friedlichen Bevölkerung der okkupierten Gebiete durch die japanische Soldateska zum Ausdruck kam.

Die Untersuchung in der vorliegenden Strafsache hat ergeben, daß die japanischen Imperialisten bei der Planung und Vorbereitung des Aggressionskrieges gegen die UdSSR und gegen andere Staaten beabsichtigten, zwecks Erreichung ihrer Ziele weitgehend verbrecherische Mittel zur Massenausrottung von Menschen, nämlich den Bakterienkrieg anzuwenden, und daß sie ihn teilweise auch angewandt haben.

Aufstellung von Sonderformationen zur Vorbereitung und Führung des Bakterienkrieges

Wie die Untersuchung ergeben hat, organisierten der Generalstab und das Kriegsministerium Japans bald nach der Besetzung der Mandschurei auf deren Gebiet ein bakteriologisches Laboratorium, das der japanischen Kwantungarmee angegliedert und dem in Japan bekannten Ideologen des Bakterienkrieges, dem späteren Generalstabsarzt **Shiro Ishii** unterstellt wurde. In dem Laboratorium wurden Forschungsarbeiten über die Verwendbarkeit von Bakterien schwerer Infektionskrankheiten für einen bakteriologischen Angriffskrieg durchgeführt.

Gemäß den Aussagen des Angeklagten **Kioshi Kawashima,** ehemaligen Generalarztes der japanischen Armee, haben der Generalstab und das Kriegsministerium Japans entsprechend Geheimerlassen des Kaisers **Hirohito** in den Jahren 1935 und 1936 auf dem Gebiet der Mandschurei bereits zwei streng geheime Formationen geschaffen, die dazu bestimmt waren, den Bakterienkrieg vorzubereiten und zu führen.

Zu Tarnungszwecken wurde die eine dieser Formationen, deren organisatorische Basis das von **Ishii** geleitete Laborarium bildete, „Verwaltung für Wasserversorgung und Seuchenverhütung in den Truppenteilen der Kwantungarmee“, die andere „Hypo-Epizootisches Amt der Kwantungarmee“ benannt. Ab 1941, nach dem Überfall Hitlerdeutschlands auf die UdSSR, wurden diese Formationen mit den Chiffren „Abteilung 731“ und „Abteilung 100“ bezeichnet. An die Spitze der „Abteilung 731“ trat der obenerwähnte **Shiro Ishii,** an die Spitze der „Abteilung 100“ der Generalveterinär **Wakamatsu.**

Diese Abteilungen wurden mit fachkundigen Bakteriologen besetzt; zu ihrem Personal gehörte eine beträchtliche Anzahl wissenschaftlicher und technischer Mitarbeiter unter der Leitung der namhaftesten Bakteriologen Japans. Vom Umfang der in den bakteriologischen Abteilungen durchgeführten Arbeiten zeugt insbesondere die Tatsache, daß allein die Abteilung 731 rund 3000 Mitarbeiter zählte.

Für den Unterhalt der Abteilungen, die die Waffe für den Bakterienkrieg vorbereiteten, stellte das japanische Oberkommando sehr erhebliche Summen zur Verfügung. So wurde 1939 zwecks Unterbringung der Abteilung 731 im Raum der Bahnstation Pingfan, 20 km von Charbin, eine große Militärsiedlung mit zahlreichen Laboratorien und Dienstgebäuden fertiggestellt. Bedeutende Rohstoffvorräte wurden angelegt. Rings um die Siedlung wurde eine Sperrzone geschaffen, um strenge Geheimhaltung der Arbeiten zu gewährleisten. Die Abteilung hatte eine eigene Fliegereinheit und bei der Bahnstation Anta einen besonderen Übungsplatz.

Die Abteilung 100 verfügte ebenfalls über weitläufige Gebäude, über Spezialeinrichtungen und Grundstücke im Raum des Flecken Mokatong, 10 km südlich von Tschangtschun.

Die Abteilungen 731 und 100 besaßen ein dichtes Netz von Zweigstellen; diese waren den Einheiten und Verbänden der japanischen Kwantungarmee zugeteilt, die in den strategischen Hauptrichtungen an der Grenze der Sowjetunion standen. (Aktenband 14, Blatt 29.)

Die Hauptaufgabe der Zweigstellen bestand in der Vorbereitung des praktischen Einsatzes der von den Abteilungen hergestellten Bakterienwaffe im Krieg.

Die bakteriologischen Abteilungen und ihre Zweigstellen unterstanden unmittelbar dem Oberbefehlshaber der japanischen Kwantungarmee.

Dies bestätigt außer den Aussagen von Zeugen und Angeklagten ein 1945 von den Sowjettruppen in der Mandschurei erbeuteter Geheimbefehl des ehemaligen Oberbefehlshabers der japanischen Kwantungarmee, des Generals **Joshidsiro Umedsu,** vom 2. Dezember 1940 über die Schaffung und Dislozierung von vier neuen Zweigstellen der Abteilung 731. (Bd. 15, Bl. 3.)

General **Jamada,** der nach **Umedsu** den Oberbefehl über die japanische Kwantungarmee führte und in diesem Prozeß angeklagt ist, bestätigte in seinen Aussagen gleichfalls, daß die bakteriologischen Formationen ihm unmittelbar unterstellt waren. (Bd. 18, Bl. 383.)

Der Angeklagte **Otosoo Jamada** charakterisierte in seinen Aussagen die Bestimmung der Abteilung 731 wie folgt:

> „...die Abteilung 731 wurde organisiert zur Vorbereitung eines Bakterienkrieges, hauptsächlich gegen die Sowjetunion, aber auch gegen die Mongolische Volksrepublik und China." (Bd. 18, Bl. 382.)

Wie **Jamada** aussagte, hat Japan die Vorbereitung des Bakterienkrieges auch gegen andere Staaten betrieben. (Bd. 18, Bl. 383.)

Jamada sagte ferner aus, daß die Tätigkeit der Abteilung 100 in der Herstellung der Bakterienwaffe für einen Bakterienkrieg bestand. (Bd. 18, Bl. 382.)

Außerdem wurde die Abteilung 100

> „...beauftragt, Sabotagemaßnahmen durchzuführen, d. h. Weiden, Viehherden und Gewässer mit Seuchenbazillen zu infizieren. Hinsichtlich dieses Zweiges ihrer Arbeit stand die Abteilung 100 in enger Verbindung mit der Aufklärungsabteilung des Stabes der Kwantungarmee." (Bd. 18, Bl. 171.)

Der Angeklagte **Takahashi,** Generalstabsveterinär und ehemaliger Chef des Veterinärdienstes der japanischen Kwantungarmee, sagte ebenfalls aus, daß die Aufgabe der

„Epizootischen Abteilungen" in der Vorbereitung und Führung eines Bakterienkrieges sowie in Sabotageakten bestand. (Bd. 11, Bl. 54.)

In den Abteilungen und ihren Zweigstellen wurden systematisch bakteriologische Forschungsarbeiten durchgeführt, um die wirksamsten, als Bakterienwaffe geeigneten Bakterienarten festzustellen, ferner um Methoden zu ihrer Massenzüchtung sowie die Technik ihrer Anwendung zwecks Vernichtung großer Menschenmassen und wirtschaftlicher Schädigung durch Infizierung von Vieh und Saaten ausfindig zu machen.

Die Abteilung 731 hatte acht Unterabteilungen. Nur eine von ihnen (die dritte) befaßte sich mit Fragen der Wasserversorgung und Seuchenverhütung. Aber auch in der Unterabteilung 3 wurden von den Produktionswerkstätten, die zu ihr gehörten, Hüllen für spezielle Bakteriengeschosse, die sogenannten „Fliegerbomben System Ishii", hergestellt. Diese Geschosse waren dazu bestimmt, mit pestinfizierten Flöhen von Flugzeugen abgeworfen zu werden. (Bd. 2, Bl. 263.)

Die übrigen Unterabteilungen der Abteilung 731 beschäftigten sich ausschließlich mit Fragen der Vorbereitung und Führung eines Bakterienkrieges.

Durch die Materialien der Voruntersuchung ist festgestellt, daß sich die Unterabteilung 1 speziell damit befaßte, für einen Bakterienkrieg Erreger von Krankheiten, und zwar Pest, Cholera, Gasbrand, Milzbrand, Unterleibstyphus, Paratyphus u. a., zu erforschen und zu züchten, um sie in einem Bakterienkrieg einzusetzen.

Im Verlauf dieser Forschungsarbeiten wurden Experimente nicht nur an Tieren, sondern auch an lebenden Menschen vorgenommen, zu welchem Zweck ein Innengefängnis für 300—400 Insassen eingerichtet wurde.

Die Unterabteilung 2, die sogenannte Experimentalabteilung, erprobte die Bakterienwaffe auf dem Übungsplatz sowie unter Frontverhältnissen.

Der Unterabteilung 2 war eine spezielle Fliegertruppe,

deren Flugzeuge mit einer Apparatur ausgerüstet waren, sowie der Übungsplatz bei der Bahnstation Anta unterstellt, ferner eine Gruppe zur Kultivierung und Vermehrung von Parasiten zwecks Verbreitung von Pestepidemien.

Die Unterabteilung 2 stellte spezielle Waffenarten zur Verbreitung von Bakterien her: Zerstäuber in Form von Füllfederhaltern, Spazierstöcken, Porzellanfliegerbomben usw. Aus einer in japanischen Archiven vorgefundenen Waffentabelle der Sabotagegruppen ist ersichtlich, daß die Japaner Zerstäuber in Form von Füllfederhaltern als Kampfmittel eingeführt hatten. (Bd. 16, Bl. 16.)

Eine Unterabteilung nannte sich „Ausbildungs- und Aufklärungsabteilung“; sie schulte für die unteren Kampfeinheiten der japanischen Armee und für die Sabotagegruppen Spezialkräfte, die mit der Waffe des Bakterienkrieges umzugehen verstanden.

Zwecks Massenzüchtung von Bakterien in einer für die Erfordernisse des Bakterienkrieges ausreichenden Menge gehörte zur Abteilung 731 eine Produktionsabteilung (Unterabteilung 4), die, wie ihr Leiter, der Angeklagte **Kawashima** aussagte, eine „Fabrik“ zur Massenzüchtung verschiedener Bakterien darstellte.

Diese Unterabteilung besaß eine leistungsfähige Apparatur, die in zwei Sektionen eingeteilt war. Jede von ihnen konnte unabhängig von der anderen Bakterien züchten. Die erste Sektion verfügte über folgende Haupteinrichtung: 4 Kessel zur Herstellung des Nährbodens für die Bakterien, jeder mit einem Fassungsvermögen von einer Tonne; 14 Autoklaven zur Sterilisierung des Nährbodens von je drei Meter Länge und anderthalb Meter Durchmesser. In jedem Autoklav fanden bis zu 30 Kultivatoren eines besonderen Systems Platz, die der Chef der Abteilung 731, **Ishii**, erfunden hatte. In der ersten Sektion gab es 2 Kammern zur Abkühlung des Nährbodens. In jeder konnten gleichzeitig bis zu 100 Kultivatoren untergebracht werden. In dieser Sektion gab es auch 5 Thermostaten mit einem Fassungsvermögen von insgesamt 620 Kultivatoren System Ishii.

Die zweite Sektion besaß 2 Kessel mit einem Fassungsvermögen von je zwei Tonnen, 8 Autoklaven mit einem Fassungsvermögen von je 60 Kultivatoren und andere Einrichtungen.

In der Unterabteilung gab es auch eine besondere Kühlanlage zur Aufbewahrung der fertigen „Erzeugnisse“.

Ausgehend von den vorliegenden Angaben über die Kapazität der Hauptanlagen zur Bakterienzüchtung in der Abteilung 731, wurde im Sachverständigengutachten errechnet, daß diese Einrichtung in einem einzigen Produktionszyklus, der nur wenige Tage dauerte, die Züchtung von mindestens 30 000 Billionen Mikroben allein in der Abteilung 731 gewährleisten konnte. Die Sachverständigen betonen, daß diese Mikrobenmenge in Anbetracht der Züchtungsfrist als außerordentlich groß bezeichnet werden muß.

Eine derart intensive Produktion veranlaßte das Personal der Abteilungen 731 und 100, als Maßeinheit für die von ihnen gezüchtete Bakterienmasse das Kilogramm einzuführen. Damit erklärt sich auch, warum in den Aussagen der Angeklagten die Menge der Bakterien in Kilogramm angegeben ist, womit das Gewicht der dicken, sahneähnlichen Bakterienmasse gemeint ist, die unmittelbar von der Oberfläche des Nährbodens abgenommen wurde.

So sagte der Angeklagte **Kawashima** über die Produktionskapazität der Abteilung 731 aus:

> „... Die Produktionsabteilung konnte bei der vorhandenen Apparatur und ihrem Kapazitätsgrad ... monatlich bis zu 300 Kilogramm Pestbazillen züchten.“ (Bd. 3, Bl. 317.)

Ein anderer Angeklagter, **Karasawa**, machte gleichlautende Aussagen:

> „... Die Produktionskapazität der Unterabteilung für die Züchtung von Bakterien konnte unter der Bedingung ... einer Umstellung der gesamten Apparatur ... auf 300 Kilogramm Pestbazillen im Laufe eines Monats gesteigert werden.“ (Bd. 4, Bl. 286.)

Wie durch die Untersuchung festgestellt und durch das

Sachverständigengutachten bestätigt ist, waren diese Riesenmassen von Seuchenmikroben, darunter Erregern von Pest, Cholera, Unterleibstyphus u. a., zur Erzeugung der Bakterienwaffe zwecks Massenvernichtung von Menschen bestimmt.

In der Abteilung 731 und ihren Zweigstellen wurden auch massenhaft Flöhe gezüchtet, um sie anschließend mit Bakterien zu infizieren. Zwecks Züchtung und Infizierung der Flöhe wurden Ratten, Mäuse und andere Nagetiere gehalten, deren Beschaffung nicht nur dem Personal der bakteriologischen Formationen, sondern auch Sonderkommandos oblag, die von den Linientruppen der Kwantung-armee gestellt wurden.

In welchem Maßstab Flöhe gezüchtet wurden, läßt sich daraus schließen, daß es in der Abteilung 731 insgesamt 4500 Inkubatoren gab, die zur Züchtung von Flöhen auf Nagetieren bestimmt waren.

Die Kapazität dieser Inkubatoren gestattete es, wie die Angeklagten aussagen, in kurzer Zeit Kilogramme pestinfizierter Flöhe zu erhalten, was nach Berechnungen der Sachverständigen Dutzenden Millionen dieser parasitären Insekten gleichkommt, die ausschließlich als Bakterienwaffe dienen sollten.

Von dem Ausmaß der Züchtung von Flöhen zeugt allein schon die Tatsache, daß laut Aussagen des Zeugen **Morita** bloß in der Zweigstelle 543, in Chailar, im Sommer 1945 gleichzeitig rund 13 000 Ratten gehalten wurden. (Bd. 2, Bl. 239.)

Wie die Voruntersuchung ergab, wurde eine ebensolche Vorbereitung des Bakterienkrieges von japanischen bakteriologischen Abteilungen in Zentral- und Südchina betrieben, die die Decknamen „Nami“ und „Ej“ führten und 1941—1943 unter dem Befehl des angeklagten Generalarztes **Sato** standen.

Wie der Angeklagte **Sato** gestand, besaß die Abteilung „Ej“ eine große Produktionskapazität, was die Züchtung von Bakterien für einen Bakterienkrieg anbelangte.

Laut Gutachten der medizinischen Gerichtssachverständigen waren die Produktionskapazität der Abteilungen 731 und 100 und der Charakter ihrer Tätigkeit auf die Führung eines aktiven Bakterienkrieges berechnet. (Bd. 9, Bl. 155.)

Wie der Angeklagte **Jamada** aussagte, wurden von der japanischen Armee

„... drei Hauptverfahren für den Einsatz der Bakterienwaffe bestätigt und eingeführt, und zwar die Zerstäubung von Bakterien aus Flugzeugen, der Abwurf von Bakterienbomben und schließlich die Sabotagemethode..." (Bd. 18, Bl. 131.)

Entsprechend den Plänen der japanischen Imperialisten sollten speziell ausgerüstete Flugzeuge, besonders ausgebildete Truppenkommandos sowie Sabotagebanden an der Front und im Hinterland des Gegners große Mengen todbringender Bakterien von Pest, Cholera, Typhus, Rotz, Milzbrand und anderen schweren Infektionskrankheiten verbreiten, indem sie auf jede Art und Weise Ortschaften, Wasserbecken, Brunnen, Saaten und Viehherden verseuchten. Die japanischen Imperialisten rechneten darauf, das rasche Vermehrungsvermögen der todbringenden Bakterien auszunutzen, und sahen in ihren verbrecherischen Plänen die Verbreitung von Pest-, Cholera- und anderen Epidemien unter den Truppen und der Zivilbevölkerung vor, die nach ihren Absichten zu einer furchtbaren Seuche, zu einem qualvollen Hinsterben von Millionen Menschen führen sollten. Sie waren bereit, diese unmenschliche Waffe anzuwenden, die nicht nur für die Bevölkerung der kriegführenden Länder, sondern auch für die neutralen Staaten eine ungeheure Gefahr darstellt.

Verbrecherische Versuche an lebenden Menschen

Die Hauptmethode, um die Wirkung der Bakterienwaffe festzustellen, bestand in verbrecherischen, bestialischen Versuchen an lebenden Menschen, die systematisch und massenhaft vorgenommen wurden.

Verbrecherische Versuche wurden an chinesischen Patrioten, Teilnehmern der Widerstandsbewegung gegen die japanischen Okkupanten, und an Sowjetbürgern angestellt, die von den Organen der japanischen Gendarmerie zu einem qualvollen Tod verdammt wurden.

Wie die Untersuchung ergab, erfolgte die bestialische Ermordung von Menschen durch Vornahme verbrecherischer Versuche an ihnen seitens des Personals der japanischen bakteriologischen Abteilungen mit Wissen und Zustimmung des Oberbefehlshabers der Kwantungarmee.

Der Angeklagte **Jamada** gestand, Experimente an lebenden Menschen zugelassen zu haben.

Jamada sagte aus:

„Ich ... ließ ihre Durchführung zu und sanktionierte dadurch faktisch die gewaltsame Tötung von Chinesen, Russen und Mandschuren, die uns von den mir unterstellten Organen der Kwantunggendarmerie und der japanischen Militärmissionen für Experimente zugewiesen wurden...“ (Bd. 18, Bl. 174.)

Über Versuche zur Infizierung von Menschen mit Typhus sagte der als Zeuge vernommene **Furuitschi** aus:

„... Etwa Anfang 1943 nahm ich erstmalig an Versuchen teil, durch die Personen, die auf Anweisung **Tabejs**, des Chefs der Unterabteilung 1, im Gefängnis der Abteilung 731 gehalten wurden, mit Typhus infiziert wurden. Ich bereitete ein Liter gesüßtes Wasser vor, das ich mit Typhusbazillen infizierte. Dieses Liter verdünnte ich später noch mehr, und es wurde an etwa 50 chinesische Häftlinge, wenn ich mich recht erinnere waren es Kriegsgefangene, ausgeschenkt, von denen nur einige vorher gegen Typhus geimpft worden waren.“ (Bd. 5, Bl. 308.)

Im Verhör über die Tätigkeit der Unterabteilung 1 der Abteilung 731 sagte der Angeklagte **Kioshi Kawashima** aus:

„... In der Abteilung 731 wurden umfassende Experimente gemacht, um die Wirkung aller todbringenden

Bakterien auf lebende Menschen zu ermitteln. Als Versuchsmaterial dienten gefangengehaltene chinesische Patrioten und Russen, die von den Organen der japanischen Gegenspionage zur Vernichtung bestimmt worden waren..." (Bd. 3, Bl. 59.)

„...für die Unterbringung der inhaftierten Personen besaß die Abteilung 731 ein spezielles Gefängnis, ...wo die Versuchsobjekte, vom Abteilungspersonal zu Tarnungszwecken gewöhnlich ‚Klötze' genannt, in strenger Isolierung gehalten wurden." (Bd. 3, Bl. 146.)

Die bestialischen Experimente an lebenden Menschen wurden auch unter Freiluftbedingungen ausgeführt, die den Frontverhältnissen nahekamen, und zwar auf speziell hierfür eingerichteten Übungsplätzen. Die Gefangenen wurden auf freiem Feld an eiserne Pfähle gebunden, wonach man die Wirkung der verschiedenen Bakteriengeschosse an ihnen erprobte.

Der Angeklagte **Karasawa** sagte aus:

„... Ich persönlich habe auf dem Übungsplatz Anta zweimal Experimenten beigewohnt, bei denen die Wirkung von Bakterien auf lebende Menschen unter Freiluftbedingungen erprobt wurde. Das erstemal war ich Ende 1943 auf dem Übungsplatz; in diesem Fall wurden zehn Personen auf den Übungsplatz gebracht und in Abständen von fünf Metern an vorher eingerammte Pfähle gebunden. Fünfzig Meter von ihnen entfernt wurde durch elektrische Zündung eine Sprengbombe zur Explosion gebracht. Infolgedessen wurde ein Teil der Versuchspersonen durch Bombensplitter verletzt und zugleich, wie ich später erfuhr, mit Milzbrand infiziert, da die Bombe mit diesen Bakterien gefüllt war..."

„Das zweitemal kam ich im Frühjahr 1944 auf den Übungsplatz; es wurden zehn Personen herangeschafft und, wie im ersten Fall, an Pfähle gebunden. Dann wurde ein Ballon voll Pestbazillen etwa zehn Meter von den Versuchspersonen zum Platzen gebracht." (Bd. 4, Bl. 42.)

Ein anderer Teilnehmer ähnlicher verbrecherischer Experimente auf dem Übungsplatz bei der Station Anta, der Angeklagte **Toshihide Nishi**, sagte aus:

„... Im Januar 1945 machte der Chef der Unterabteilung 2 der Abteilung 731 Oberstleutnant **Ikari** zusammen mit dem wissenschaftlichen Mitarbeiter derselben Unterabteilung **Futaki** in meinem Beisein auf dem Übungsplatz der Abteilung an zehn chinesischen Kriegsgefangenen einen Versuch mit Gasbrandinfizierung. Alle zehn gefangenen Chinesen wurden in Abständen von 10—20 Meter an Pfähle gebunden, dann wurde durch elektrische Zündung eine Bombe zur Explosion gebracht; infolgedessen erlitten alle zehn Personen Verletzungen durch Schrapnellsplitter, die mit Gasbrand infiziert waren, und sie alle starben eine Woche später unter schweren Qualen." (Bd. 7, Bl. 113.)

Die Leichen der zu Tode Gequälten wurden in einem speziellen Krematorium verbrannt, das die Abteilung 731 in unmittelbarer Nähe des Gefängnisses eingerichtet hatte.

Die in dieser Sache vernommenen Zeugen und Angeklagten machten Aussagen über die unmenschlichen Foltern, Gewaltakte und Quälereien, denen alle ausgesetzt waren, die als „Versuchsmaterial" in die Kerkergelasse des Innengefängnisses der Abteilung 731 gerieten.

Zeuge **Kurakadsu** sagte aus:

„... In jedem Stockwerk gab es einige Laboratoriumsräume, und in der Mitte befanden sich die Zellen, wo die Versuchspersonen oder ‚Klötze' untergebracht waren, denn so wurden, wie mir Feldwebel **Tasaka** sagte, diese Leute in der Abteilung genannt... Unter den Insassen des Gefängnisses waren, wie ich mich gut erinnere, außer Chinesen auch Russen. In einer Zelle sah ich Chinesinnen... Alle, die in den Zellen eingesperrt waren, trugen Fesseln an den Beinen... Bei drei Chinesen fehlten an den Händen die Finger, bei anderen waren nur noch die Fingerknochen zu sehen. **Joshimura** erläuterte mir, das sei eine Folge der von ihm angestellten Erfrierungsversuche..." (Bd. 2, Bl. 371.)

Der als Zeuge vernommene ehemalige stellvertretende Leiter des japanischen Gefangenenlagers „Hogoin", **Jamagishi,** sagte aus:

„... Die Namen aller Personen, die zur Vernichtung in die Abteilung 731 geschickt wurden, habe ich nicht mehr in Erinnerung. Ich erinnere mich nur noch an den Soldaten der Sowjetarmee Demtschenko, der sich kategorisch weigerte, irgendwelche Angaben über die Sowjetunion zu machen. Mit meiner Erlaubnis wurde durch physische Maßnahmen auf ihn eingewirkt. Die Untersuchungsbeamten folterten ihn, indem sie ihn mit Händen und Füßen an einen Balken aufhängten. Dennoch machte Demtschenko keine Aussagen.

Daraufhin beschloß ich, ihn physisch zu vernichten, und schickte ihn zu diesem Zweck in die Abteilung 731." (Bd. 2, Bl. 174.)

Über den Abtransport von Sowjetbürgern aus dem Gefangenenlager „Hogoin" zwecks ihrer Vernichtung sagte auch der Zeuge **Iidsima** aus:

„... Insgesamt schickte ich aus dem Lager ‚Hogoin' in mehreren Partien etwa vierzig Sowjetbürger in den sicheren Tod. Sie starben während der Versuche..." (Bd. 6, Bl. 242.)

Die unmenschlichen Experimente an den Gefangenen, die in die Abteilung 731 gerieten, wurden so lange fortgesetzt, bis der Tod eintrat. So sagte der Angeklagte **Kawashima** aus:

„Wenn ein Gefangener trotz der Infektion mit tödlichen Bazillen am Leben blieb, so rettete ihn das keineswegs vor einer Wiederholung der Versuche, die so lange fortgesetzt wurden, bis der Tod durch Vergiftung eintrat. Infizierte Personen wurden ärztlich behandelt, wobei man die verschiedenen Heilverfahren studierte; sie wurden normal ernährt und nach ihrer endgültigen Genesung für das nächste Experiment verwendet, bei dem man sie mit Bakterien einer anderen Art infizierte. Jedenfalls ist niemals ein Mensch dieser Todesfabrik lebend entronnen..." (Bd. 3, Bl. 60.)

Die Organe der japanischen Gendarmerie und der japanischen Militärmissionen in der Mandschurei schickten entsprechend den ihnen erteilten Anweisungen und im Einvernehmen mit den Abteilungschefs in die bakteriologischen Abteilungen chinesische, mandschurische und sowjetische Gefangene, die dort als „Sondermaterial" für sogenannte „Untersuchungen" dienten. Zu Tarnungszwecken wurde in den Dokumenten der Gendarmerie der Ausdruck „Sondertransporte" benutzt.

Der ehemalige japanische Berater der Gendarmerie der Mandschukuo-Armee, der Zeuge **Takeo Tatschibana,** sagte aus:

> „... es gab eine Kategorie von Untersuchungsgefangenen, die durch die Sonderabteilung der mir unterstellten Gendarmerieverwaltung zu vernichten waren. Zu ihnen gehörten ... Partisanen, Personen, die sich entschieden gegen die japanischen Behörden in der Mandschurei wandten, u. a. Diese Verhafteten wurden nicht vor Gericht gestellt, da wir sie zur Vernichtung in die bakteriologische Abteilung 731 schafften..." (Bd. 6, Bl. 95.)

Ein anderer Zeuge, **Kimura,** ehemaliger Adjutant des Chefs der japanischen Gendarmerie von Charbin, bestätigte im Verhör, daß der Chef der Abteilung 731, General **Ishii,** in seiner Anwesenheit im Gespräch mit **Kaoru Kashuga,** dem Chef der Charbiner Gendarmerieverwaltung, die Überzeugung aussprach, er werde auch weiterhin Verhaftete in der gleichen Weise wie früher für „Experimente" erhalten. (Bd. 2, Bl. 194.)

Amtliche Dokumente der japanischen Gendarmerieverwaltungen, die von den Sowjettruppen in japanischen Archiven in der Mandschurei erbeutet wurden, bestätigen, daß ab 1939 und später sogenannte „Sondertransporte" von Gefangenen stattfanden. Namentlich wurde der Befehl 224 des Gendarmeriechefs der Kwantungarmee, Generalmajor **Shi-**

rokura, über einen 1939 veranlaßten „Sondertransport" von 30 Gefangenen an die Abteilung **Ishii** aufgefunden. (Bd. 17, Bl. 35—38.)

Den Massencharakter der Vernichtung von Gefangenen bezeugen Aussagen des Angeklagten **Kioshi Kawashima:**

> „In die Abteilung 731 wurden alljährlich 500—600 Gefangene geschickt. Ich sah, wie Mitarbeiter der Unterabteilung 1 diese Gefangenen in ganzen Partien von der Gendarmerie übernahmen." (Bd. 3, Bl. 59.)
>
> „... Auf Grund von Informationen, über die ich dank meiner Dienststellung in der Abteilung 731 verfügte, kann ich sagen, daß in dieser Abteilung rund gerechnet alljährlich mindestens 600 Personen infolge von Experimenten starben." (Bd. 3, Bl. 146.)
>
> „... In den fünf Jahren, in denen sich die Abteilung bei der Station Pingfan befand, d. h. von 1940 bis 1945, gingen mindestens 3000 Personen durch diese Todesfabrik. Sie wurden durch Infizierung mit tödlichen Bakterien vernichtet. Wie groß die Zahl der bis zum Jahre 1940 umgekommenen Menschen ist, ist mir unbekannt." (Bd. 3, Bl. 60—61.)

Ähnliche Verbrechen wurden auch in der Abteilung 100 begangen, wo sich die Gruppe 6 der Unterabteilung 2 speziell mit Experimenten an lebenden Menschen befaßte.

Ein Laborant der Abteilung 100, der Zeuge **Akira Hataki,** charakterisierte die Tätigkeit dieser Abteilung wie folgt:

> „... die Abteilung 100 der Kwantungarmee wurde anti-epizootische Abteilung genannt, war aber in Wirklichkeit eine bakteriologische Abteilung, da dort Rotz-, Milzbrand- und Rinderpestbazillen, d. h. Erreger epizootischer Krankheiten, vermehrt und kultiviert wurden. In der Abteilung 100 wurde die Wirkung der Bakterien durch Versuche an Haustieren und lebenden Menschen erprobt, zu welchem Zweck dort Pferde, Kühe und andere Tiere gehalten wurden, es gab dort aber auch lebende Menschen in Einzelhaft, was ich persönlich gesehen habe." (Bd. 13, Bl. 111.)

Ein anderer Zeuge, **Mitsuoshi Fukusumi**, der als Veterinär in der Abteilung 100 diente, sagte aus:

„... Der Abteilung 100 gehörten, da sie Experimente anstellte, als wissenschaftliches Personal Bakteriologen, Chemiker, Veterinäre und Agronomen an. Die ganze Arbeit, die in dieser Abteilung geleistet wurde, diente dem Zweck, einen Sabotage- und Bakterienkrieg gegen die Sowjetunion vorzubereiten. Die Mitarbeiter der Abteilung und ihrer Zweigstellen befaßten sich mit wissenschaftlichen Forschungen ... zur Ermittlung von Methoden für die massenhafte Anwendung von Bakterien und starkwirkenden Giften zwecks massenhafter Vernichtung von Tieren und Menschen."

„... Um die Wirkung dieser Gifte festzustellen, wurden Experimente an Tieren und lebenden Menschen vorgenommen..." (Bd. 13, Bl. 48.)

Der Angeklagte **Mitomo**, der in der Abteilung 100 tätig war, gestand, daß er persönlich eine Reihe von Gefangenen tötete, nachdem an ihnen unmenschliche Versuche angestellt worden waren. (Bd. 12, Bl. 192.)

Mitomo sagte aus:

„... Wir hatten folgenden Fall: an einem Russen wurden im August 1944 im Laufe zweier Wochen verschiedene Versuche angestellt. Als sein Organismus erschöpft war, gab **Matsui** Befehl, diesen Russen durch Einspritzung von Zyankali zu töten...

Angeblich zu Behandlungszwecken wurde ihm ... Zyankali eingespritzt, und der Russe starb unmittelbar darauf. Ich machte selbst die Einspritzung in der Zelle...

Zwei Russen wurden Anfang September 1944 in meiner Gegenwart auf dem Schindanger von einem Gendarmen erschossen und dort verscharrt. Die Erschießung erfolgte auf Anweisung des Oberleutnants **Nakadsima**, weil sie infolge ihrer Erschöpfung zu weiteren Versuchen untauglich waren." (Bd. 12, Bl. 149.)

Außer den verbrecherischen Versuchen, Gefangene mit

Pest und anderen schweren Infektionskrankheiten zu infizieren, wurden in der Abteilung 731 in weitem Umfang unmenschliche Erfrierungsversuche an Gliedmaßen lebender Menschen angestellt. Man zwang die Gefangenen, Hände und Füße so lange in speziellen Eiskästen zu halten, bis die Gliedmaßen abgefroren waren.

Zeuge **Furuitschi** sagte hierüber aus:

„... Eine Gruppe von Russen, Mandschuren, Chinesen und Mongolen, jedesmal 2—16 Personen, wurde mit gefesselten Beinen in den Frost hinausgeführt, wo man sie mit vorgehaltener Waffe zwang, die bloßen Hände (manchmal eine, manchmal beide) in einen Bottich mit Wasser zu stecken und dann die nassen Hände, je nach der Lufttemperatur, von zehn Minuten bis zu zwei Stunden an die Frostluft zu halten. Nachdem Erfrierungserscheinungen auftraten, führte man sie (die Leute) ins Gefängnislaboratorium." (Bd. 5, Bl. 317.)

In den meisten Fällen endeten diese verbrecherischen Experimente mit Brand, Amputation der Gliedmaßen und dem Tod der Versuchspersonen. Diese Versuche dienten dem Zweck, Methoden zur Bekämpfung des Abfrierens von Gliedmaßen während der geplanten Kampfhandlungen gegen die Sowjetunion zu ermitteln.

Der Einsatz der Bakterienwaffe im Krieg gegen China

Im Zuge ihrer Vorbereitungen zu einem großangelegten Bakterienkrieg brachten die japanischen Imperialisten die Bakterienwaffe bereits im Jahre 1940, im Laufe des von ihnen entfesselten aggressiven Krieges gegen China, teilweise zum Einsatz.

Im Sommer 1940 wurde eine besondere bakteriologische Expedition unter dem Befehl des Chefs der Abteilung 731, General **Ishii,** in das Kampfgebiet nach Zentralchina entsandt. Im Raume Nimpo verseuchten Flugzeuge der Abteilung 731 das gegnerische Territorium mit Pest, wobei pestinfizierte Flöhe verwendet wurden, was zur Folge hatte, daß dort eine Pestseuche ausbrach. (Bd. 3, Bl. 73.)

Darüber verhört, wie die erwähnte Expedition organisiert wurde, sagte der Angeklagte **Tomio Karasawa** aus:

„... In der zweiten Hälfte des Jahres 1940 befahl mir mein unmittelbarer Vorgesetzter, Major **Sudsuki,** 70 kg Unterleibstyphusbazillen und 50 kg Cholerabazillen bereitzustellen. Major **Sudsuki** fügte zur Erläuterung hinzu, er habe den Auftrag zur Bereitstellung der Bakterien vom Abteilungschef General **Ishii** erhalten, der Vorbereitungen zu einer Sonderexpedition der Abteilung treffe, um die Bakterien gegen die chinesische Armee einzusetzen... Ich führte diesen Auftrag aus. Zugleich erfuhr ich durch Mitarbeiter der Unterabteilung 2, daß diese für die Expedition des Generals **Ishii** 5 kg pestinfizierter Flöhe gezüchtet hatte, die als Seuchenverbreiter dienen sollten. Im September 1940 begab sich General **Ishii** mit einer Gruppe anderer Offiziere der Abteilung nach Hankou, von wo sie im Dezember 1940 zurückkehrten. Die Offiziere, die General **Ishii** begleitet hatten, erzählten nach der Rückkehr in die Abteilung, der Einsatz pestinfizierter Flöhe habe positive Ergebnisse gezeitigt. Infolge der Ausbreitung der Flöhe sei eine Pestseuche ausgebrochen. Ein Teilnehmer dieser Expedition, Major **Nodsaki,** zeigte mir als Beweis eine chinesische Zeitung mit einem Artikel, in dem davon die Rede war, daß in der Umgebung der Stadt Nimpo eine Pestepidemie ausgebrochen sei. Der Verfasser des Artikels zog im weiteren die richtige Schlußfolgerung, daß die Schuld an diesem Ausbruch der Pest die Japaner treffe, da Augenzeugen ein japanisches Flugzeug bemerkt hätten, das über diesem Raum kreiste und aus geringer Höhe irgend etwas abwarf. Den erwähnten Artikel habe ich persönlich gelesen." (Bd. 4, Bl. 43.)

Der Angeklagte **Toshihide Nishi,** der in der Abteilung

731 mit eigenen Augen einen geheimen Dokumentarfilm sah, der die Kampfhandlungen der japanischen bakteriologischen Abteilung gegen die chinesischen Truppen zeigte, sagte aus:

„... Der Film zeigte folgende Episoden: an den Flugzeugen werden besondere Behälter angebracht, wobei erläutert wird, daß sich in diesen Behältern pestinfizierte Flöhe befinden... Das Flugzeug wird beim Flug über den gegnerischen Stellungen aufgenommen. Auf der Erde sind Marschbewegungen chinesischer Truppen und eine Ortschaft zu erkennen."

Nishi sagte weiter aus, der Film habe die Bakterienattacke selbst sowie ihre Beendigung gezeigt:

„Das Flugzeug kehrt zum Flugplatz zurück. Es folgt der Zwischentitel: ‚Die Operation ist beendet.' Dem Flugzeug entsteigen **Ishii** und **Ikari.** Der nächste Zwischentitel: ‚Die Ergebnisse.' Auf der Leinwand sieht man eine chinesische Zeitung und die Übersetzung ins Japanische. In der chinesischen Zeitung steht, daß in der Umgebung von Nimpo plötzlich eine starke Pestseuche ausgebrochen ist." (Bd. 7, Bl. 58.)

Die Tatsache, daß eine Sonderexpedition in das Kampfgebiet Zentralchinas entsandt wurde, wird außer durch die hier angeführten Aussagen der Angeklagten **Karasawa** und **Nishi** auch durch die in den Archiven der japanischen Kwantungarmee entdeckten Dokumenten erhärtet. So wurde unter anderem ein Befehl des ehemaligen Oberbefehlshabers der japanischen Kwantungarmee, General **Umedsu,** vom 25. Juli 1940, Nr. 659, Aktenzeichen „Hej", aufgefunden, laut welchem der Chef der Feldeisenbahn der Kwantungarmee den Auftrag erhielt, eine Gruppe von Mitarbeitern der Abteilung 731 mit streng geheimer Sonderfracht nach Zentralchina zu befördern. Es wurde auch der in Ausführung dieses Befehls erlassene Befehl des Chefs der Feldeisenbahn der Kwantungarmee, Generalleutnant **Kusaba,** vom 26. Juli 1940, Nr. 178, aufgefunden, in dem gleichfalls hervorgehoben wurde, daß die Fracht besonders geheim sei; daher die Anweisung, ihre Bezeichnung im Fahrplan nicht einzutragen und als Marschroute anzugeben: Bahnhof Pingfan—Charbin—Mukden—Schanhaikuan—Tientsin. (Bd. 15, Bl. 35—39.)

Im Jahre 1941 entsandte die Abteilung 731 eine Expedition nach Zentralchina, in den Raum der Stadt Tschangte. Während dieser Expedition verseuchten japanische Flugzeuge das Gelände mit pestinfizierten Flöhen.

Im Jahre 1942, als sich die japanischen Truppen an einem Kampfabschnitt in Zentralchina zurückziehen mußten, unternahm die Abteilung 731 eine weitere Expedition.

Über die Vorbereitung zu dieser Expedition sagte der Angeklagte **Karasawa** aus:

„... Die Expedition gegen die chinesischen Truppen, die General **Ishii** leitete, fand Mitte 1942 statt."

„... Vor dieser Expedition wurden für sie auf Anweisung desselben Majors **Sudsuki** unter meiner Leitung 130 kg Paratyphusbazillen und Milzbranderreger gezüchtet. Soweit mir bekannt ist, wurden bei dieser Expedition als Seuchenverbreiter auch Flöhe verwandt... Zur Durchführung der Expedition begab sich General **Ishii** mit seiner Gruppe nach Zentralchina, wo sich die japanischen Truppen damals zurückzogen. Die Expeditionsteilnehmer benutzten den Rückzug der Truppen, um auf dem von ihnen geräumten Gelände Bakterien zu verbreiten, damit die vorrückenden chinesischen Truppen von Seuchen betroffen würden." (Bd. 4, Bl. 44.)

Der Angeklagte **Kioshi Kawashima** bestätigte diese Aussagen des Angeklagten **Karasawa** in vollem Umfang:

„... Im Juli 1942, nach entsprechender Vorbereitung, brach die Expedition in mehreren Partien nach Zentralchina auf..." „In diesem Fall fanden beim Einsatz der Bakterienwaffe Bodenmittel Verwendung, die Verseuchung des Geländes erfolgte mit Sabotagemethoden..."

„Die vorrückenden chinesischen Truppen kamen in die verseuchte Zone, wo sie der Wirkung der Bakterienwaffe ausgesetzt waren."

Aus den Aussagen des Zeugen **Takajuki Mishina,** ehemals Chef der Aufklärungs- und Spionageabteilung des Stabes der 13. japanischen Armee, geht hervor, daß an dieser Operation auch Mitarbeiter der bakteriologischen Abteilung „Ej" teilnahmen. (Bd. 6, Bl. 307.)

Die Aktivierung der Vorbereitung zum Bakterienkrieg gegen die UdSSR

Im Jahre 1941, nach dem wortbrüchigen Überfall Hitlerdeutschlands auf die UdSSR, verstärkten die japanischen Militaristen, die auf einen günstigen Augenblick für den Eintritt in den Krieg gegen die Sowjetunion lauerten, eifrig die Aufstellung und Ausbildung der in der Mandschurei zur Führung des Bakterienkrieges geschaffenen bakteriologischen Abteilungen und ihrer Zweigstellen.

In Übereinstimmung mit dem Plan „Kan-Toku-En" (d. h. dem im Sommer 1941 angenommenen Aufmarschplan der japanischen Kwantungarmee zum Überfall auf die UdSSR) schritten die Abteilungen 731 und 100 zur Sonderausbildung eines Stamms von Offizieren und Unteroffizieren in der Handhabung und dem Einsatz der Bakterienwaffe.

Der ehemalige Chef des Veterinärdienstes der Kwantungarmee, Generalstabsveterinär **Takaatsu Takahashi,** sagte aus:

> „... Nach Ausgabe des Operationsplans ‚Kan-Toku-En' wurden beim Stab einer jeden in der Mandschurei befindlichen Armee ‚epizootische' Abteilungen geschaffen. Als Abteilungschefs wurden Spezialärzte, und zwar Bakteriologen eingesetzt, die von der Abteilung 100 gestellt wurden... Die Initiative zur Schaffung dieser Abteilungen ging von der Operationsabteilung (1) des Generalstabes der japanischen Armee aus... Die epizootischen Abteilungen erhielten die Aufgabe, den Bakterienkrieg gegen die Sowjetunion vorzubereiten und zu

führen sowie Sabotageakte gegen die Sowjetunion zu unternehmen..." (Bd. 11, Bl. 53/54.)

Über die verstärkte Vorbereitung Japans zum Bakterienkrieg im Jahre 1941 sagte der Angeklagte **Kawashima** aus:

„...Im Sommer 1941, nach Beginn des Krieges zwischen Deutschland und der Sowjetunion, sagte General **Ishii** während eines meiner Besuche im Beisein zweier Unterabteilungschefs, des Oberstleutnants **Murakami** und des Obersten **Akira Oota**, daß es notwendig sei, die Tätigkeit der Abteilung zu verstärken; er verlas uns einen Befehl des japanischen Generalstabschefs, in dem verlangt wurde, die Untersuchungen über Pestbazillen als Mittel des Bakterienkrieges zu beschleunigen. Im Befehl wurde besonders die Notwendigkeit hervorgehoben, die Massenzucht von Flöhen, als den Hauptträgern von Pestseuchen, zu verstärken." (Bd. 3, Bl. 28/29.)

Der ehemalige Chef des Ausbildungswesens der Abteilung 731, der Angeklagte **Nishi**, charakterisierte den Grad der Bereitschaft Japans für einen Bakterienkrieg zum Zeitpunkt des Überfalls Hitlerdeutschlands auf die UdSSR folgendermaßen:

„...Im Jahre 1941, zum Zeitpunkt des Überfalls Deutschlands auf die Sowjetunion und der Zusammenziehung der Kwantungarmee in der Mandschurei an der Grenze der Sowjetunion waren die wissenschaftlichen Forschungsarbeiten zur Schaffung wirksamer Mittel für einen Bakterienüberfall in der Abteilung 731 in der Hauptsache abgeschlossen, die weitere Tätigkeit der Abteilung zielte auf die Vervollkommnung der Verfahren zur Massenzüchtung von Bakterien und der Mittel und Wege zu ihrer Verbreitung ab. Es wurde festgestellt, daß die wirksamste Überfallswaffe Pestbazillen sind." (Bd. 7, Bl. 124.)

Im Jahre 1942 unternahmen die Abteilungen 731 und 100 Sondererkundungen der Grenzgebiete der Sowjetunion, um Vorbereitungen zur Führung des Bakterienkrieges zu treffen. Schon vorher hatte die Abteilung 100 auf Weisung des Stabs der japanischen Kwantungarmee systematisch bakteriologische Gruppen an die Grenze der Sowjetunion entsandt; diese verseuchten mehrere Jahre lang zu Sabotagezwecken die Gewässer an der Grenze, besonders im Dreistromgebiet.

Diese Tatsachen gehen aus den Aussagen der Angeklagten **Hirasakura** und **Mitomo** wie auch der Zeugen **Joshikawa** u. a. hervor. (Bd. 12, Bl. 94 und 192; Bd. 13, Bl. 57/58.)

Im September 1944 wurden, um die Wirksamkeit der Bakterienwaffe zu prüfen, auf dem Übungsplatz der Abteilung 731 bei der Bahnstation Anta von der Abteilung 100 sogenannte Manöver abgehalten, an denen Vertreter des Stabs der Kwantungarmee teilnahmen.

Ein Teilnehmer dieser Manöver, der Zeuge **Mitsuoshi Fukusumi**, sagte aus:

„... Die Verfahren zum Masseneinsatz von Bakterien wurden durch Versuche auf eigens eingerichteten Übungsplätzen unter Anwendung spezieller Apparate und Flugzeuge ermittelt. Solche Experimente großen Maßstabs wurden als ‚Manöver‘ bezeichnet. Derartige ‚Manöver‘ fanden im September 1944 bei der Bahnstation Anta statt... Die Versuche wurden an einer Herde von 300 Rindern und Schafen angestellt. Dieses Experiment zeitigte gute Ergebnisse, da alle Tiere angesteckt wurden und krepierten. Zu diesen Manövern kamen Vertreter aus dem Stab der Kwantungarmee geflogen.“ (Bd. 13, Bl. 49.)

Die zweite Periode, in der die Abteilungen 731 und 100 sowie ihre Zweigstellen eine besonders große Aktivität zur Vorbereitung des Bakterienkrieges gegen die Sowjetunion entfalteten, fällt in das Jahr 1945.

Hierüber sagte der Angeklagte **Nishi** aus:

„... Im Mai 1945 hatte ich General **Ishii** persönlich Bericht zu erstatten; dieser hob mir gegenüber besonders die Notwendigkeit hervor, die Züchtung von Bakterienmaterial und in erster Linie von Pestbazillen zu verstärken, da sich, wie er sich ausdrückte, die Ereignisse so entwickeln, daß jederzeit ein Bakterienüberfall auf den Gegner notwendig werden könne." (Bd. 7, Bl. 130.)

Im Zusammenhang mit diesen Weisungen verstärkten alle Zweigstellen der Abteilung 731 die massenhafte Beschaffung und Züchtung von Nagetieren (Mäusen und Ratten), die gebraucht wurden, um Flöhe zu vermehren und dann mit Pest zu infizieren. Zu diesem Zweck wurden sowohl bei den Zweigstellen als auch in den Truppenteilen Sonderkommandos gebildet. (Bd. 10, Bl. 30, 176 und 193; Bd. 2, Bl. 168.)

Im gleichen Zeitraum wurde die Experimentaltätigkeit verstärkt sowie die Einrichtung erneuert, um die Produktionskapazität zu erweitern und Vorräte von Bakterienmaterial anzulegen.

Über das Produktionspotential der ihm untergeordneten bakteriologischen Abteilungen vernommen, gestand der ehemalige Oberbefehlshaber der japanischen Kwantungarmee, General **Jamada,** diese Kapazität sei so beträchtlich gewesen, daß allein die „Abteilung 731 im Bedarfsfalle die japanische Armee mit der Waffe versorgen konnte, die sie brauchte, um den Bakterienkrieg zu führen". (Bd. 2, Bl. 6.)

* * *

Die Sowjetunion und ihre Streitkräfte durchkreuzten die verbrecherischen Absichten der regierenden Clique des imperialistischen Japans, einen Bakterienkrieg zu entfesseln.

Nachdem die Sowjettruppen mandschurisches Gebiet betreten hatten, versetzten sie dem Gegner einen wuchtigen, lähmenden Schlag, zerschmetterten in kürzester Zeit die militärische Hauptkraft Japans, die Kwantungarmee, und nötigten das imperialistische Japan zur bedingungslosen Kapitulation.

„...Der Eintritt der Sowjetunion in den Krieg gegen Japan und der unaufhaltsame Vormarsch der Sowjetarmee ins Innere der Mandschurei", sagte der Angeklagte **Jamada** aus, „haben es uns unmöglich gemacht, die Bakterienwaffe gegen die UdSSR und gegen andere Länder einzusetzen. . ." (Bd. 18, Bl. 133.)

Kurz vor der Kapitulation ließ das japanische Kommando die Gebäude, Einrichtungen und Dokumente der bakteriologischen Abteilungen und ihrer Zweigstellen vernichten, um die Spuren der begangenen Missetaten zu verwischen.

* * *

Somit ist in der Voruntersuchung festgestellt worden, daß die vom japanischen Generalstab und vom Oberbefehlshaber der Kwantungarmee gelenkte praktische Tätigkeit der bakteriologischen Abteilungen 731 und 100 in der Vorbereitung und Führung des Bakterienkrieges bestand und Teil des allgemeinen verbrecherischen Verschwörerplans der regierenden Clique des imperialistischen Japans war.

Des weiteren wurde festgestellt, daß die japanischen Militaristen zur Verwirklichung ihrer verbrecherischen Pläne vor keinerlei Untaten zurückscheuten, darunter auch nicht vor bestialischen Versuchen an lebenden Menschen und vor der Ausrottung mehrerer tausend Häftlinge, die sie gewaltsam mit todbringenden Bakterien infizierten.

Die persönliche Verantwortlichkeit der Angeklagten

Die verbrecherische Tätigkeit eines jeden der in vorliegender Sache belangten Angeklagten bestand konkret in folgendem:

1. **Otosoo Jamada**, seit 1944 bis zum Tag der Kapitulation der japanischen Armee Oberbefehlshaber der japanischen Kwantungarmee, lenkte die auf die Vorbereitung eines Bakterienkrieges gerichtete Tätigkeit der Sonderabteilungen 731 und 100.

In diesem Zeitraum inspizierte **Jamada** sowohl persönlich als auch durch verantwortliche Stabsoffiziere diese

Abteilungen, nahm wiederholt Berichte der Abteilungschefs entgegen und ergriff Maßnahmen, um diese Abteilungen in ständiger Kampfbereitschaft zu halten.

Sowohl aus persönlichen Wahrnehmungen als auch aus Berichten der Kommandostellen der bakteriologischen Abteilungen war der Angeklagte **Jamada** über die verbrecherischen Versuche an lebenden Menschen informiert und begünstigte diese Missetaten. Somit trägt **Jamada** die Verantwortung für die bestialische Ermordung Tausender von Menschen, die durch Ansteckung mit todbringenden Bakterien umgebracht wurden.

Der Angeklagte **Jamada** sagte über seine Rolle bei der Leitung der Abteilung 731 folgendes aus:

> „Die Abteilung 731 war mir als dem Oberbefehlshaber der Kwantungarmee unmittelbar unterstellt. Die taktische Leitung der Abteilung 731, zu der alle Fragen der Erzeugung der Bakterienwaffe und ihres Einsatzes gehörten, oblag mir. Das bedeutet: wenn der Einsatz der Bakterienwaffe gegen Truppen des Gegners notwendig geworden wäre, so hätte der Befehl dazu nur von mir ausgehen können, insofern die Abteilung 731 eine mir unterstellte Spezialtruppe war." (Bd. 18, Bl. 383.)

In der gleichen Weise war dem Angeklagten **Jamada** die bakteriologische Abteilung 100 untergeordnet. (Bd. 18, Bl. 392.)

2. **Riudsi Kadsitsuka,** seit 1939 Chef des Sanitätsdienstes der Kwantungarmee, leitete unmittelbar die Tätigkeit der Abteilung 731, die aktive Vorbereitungen zum Bakterienkrieg traf. **Kadsitsuka** gehörte zu den Initiatoren der Erforschung von Einsatzverfahren für die Bakterienwaffe.

Schon im Jahre 1931 erwies **Kadsitsuka** einem Ideologen des Bakterienkrieges, nämlich **Shiro Ishii,** bei dessen Forderungen, die Erforschung der Bakterienwaffe für Kriegszwecke zu verstärken, aktive Unterstützung.

In den Jahren 1934—1936, als der Angeklagte **Kadsitsuka** eine Abteilung der Sanitätsverwaltung des japanischen

Kriegsministeriums leitete, beteiligte er sich aktiv an der Schaffung der Abteilung 731 und ihre Besetzung mit geeigneten Spezialisten; namentlich trug er dazu bei, daß **Shiro Ishii** zum Chef der Abteilung 731 ernannt wurde.

Als Angeklagter verhört, gestand **Kadsitsuka**, daß er über die gesamte Tätigkeit der Abteilung 731 und ihrer Zweigstellen, von den verbrecherischen Versuchen an lebenden Menschen bis zum Einsatz der Bakterienwaffe, restlos informiert war. Der Angeklagte **Kadsitsuka** erklärte:

> „...Ich war völlig darüber im Bilde, daß in der Abteilung 731 zwecks Ermittlung möglichst wirksamer Arten der Bakterienwaffe ständig Versuche an lebenden Menschen angestellt wurden. Ich wußte, daß die Abteilung 731 in den Jahren 1941/42 die Bakterienwaffe gegen die chinesische Armee und gegen die friedliche Bevölkerung zum Einsatz brachte...
>
> Die Abteilungen und der Sanitätsdienst des Heeres, den ich leitete, waren zum Bakterienkrieg bereit." (Bd. 1, Bl. 115, 119—121.)

Kadsitsuka bestreitet seine persönliche Teilnahme an der unmittelbaren praktischen Tätigkeit, die auf die Vorbereitung des Bakterienkrieges gegen die UdSSR abzielte, wird jedoch dessen durch die Aussagen der Angeklagten **Jamada** und **Takahashi** sowie der Zeugen **Nobukatsu Kawano** u. a. in vollem Maße überführt. (Bd. 2, Bl. 49—63; Bd. 18, Bl. 427.)

3. **Takaatsu Takahashi**, von 1941 bis zum Tag der Kapitulation Japans Chef des Veterinärdienstes der japanischen Kwantungarmee, leitete unmittelbar die Tätigkeit der Abteilung 100 und nahm somit aktiv Anteil an der Vorbereitung zum Bakterienkrieg.

Über seine Rolle bei der Tätigkeit der Abteilung 100 vernommen, sagte der Angeklagte **Takahashi** aus:

> „... Ich leitete die Vorbereitung zum Bakterienkrieg und zu bakteriologischen Sabotageakten gegen die Sowjetunion."

„Ich befahl und kontrollierte die Züchtung von Rotzbazillen, von Milzbranderregern, von Viren der Rinderpest und der Mosaikkrankheit in der Abteilung 100 zu dem Zweck, diese Erreger im Bakterienkrieg und bei bakteriologischen Sabotageakten gegen die Sowjetunion einzusetzen." (Bd. 11, Bl. 117.)

Der Angeklagte **Takahashi** leitete nicht nur die Arbeit der Abteilung 100, sondern propagierte auch ständig die Idee der Bakterienwaffe als eines der wirksamsten Kriegsmittel. (Bd. 11, Bl. 113, 117—120.)

4. **Kioshi Kawashima,** von 1941 bis 1943 Chef der Produktionsabteilung der Abteilung 731, organisierte die Massenerzeugung der Bakterienwaffe.

Der Angeklagte **Kawashima** war Teilnehmer der von der Abteilung vorgenommenen verbrecherischen Massen-„versuche" an lebenden Menschen.

Der Angeklagte **Kawashima** sagte hierüber aus:

„...Ich bin mir bewußt, daß die von uns angewandte Methode, Versuche an lebenden Menschen anzustellen und diese durch die Einwirkung tödlicher Bazillen massenhaft zu töten, ein barbarisches Verbrechen an der Menschheit ist." (Bd. 3, Bl. 147.)

1942 beteiligte sich der Angeklagte **Kawashima** an der Bereitstellung von Kampfmitteln für die Sonderexpedition, die nach Zentralchina entsandt wurde, um dort die Bakterienwaffe zum Kampfeinsatz zu bringen. (Bd. 3, Bl. 141, 145—147.)

5. **Toshihide Nishi,** von Januar 1943 bis 1945 Chef der Zweigstelle 673 der Abteilung 731 in der Stadt Sunu, leitete in der ihm unterstellten Zweigstelle die gesamte Versorgung der Abteilung 731 mit den notwendigen Materialien zur Herstellung der Bakterienwaffe.

Von Juli 1944 an war der Angeklagte **Nishi** gleichzeitig Chef der sogenannten Ausbildungs- und Aufklärungsabteilung der Abteilung 731 und leitete in dieser Eigenschaft die Ausbildung von Fachkräften für die Sondereinheiten, die zur Führung des Bakterienkrieges bestimmt waren.

Der Angeklagte **Nishi** war Teilnehmer der verbrecherischen, bestialischen Versuche an Menschen.

Als 1945 die Sowjettruppen vorrückten, verbrannte der Angeklagte **Nishi** alle Dienstgebäude und Dokumente der von ihm geleiteten Zweigstelle 673, um die Spuren seiner verbrecherischen Tätigkeit zu verwischen. (Bd. 7, Bl. 108, 112—115.)

6. **Tomio Karasawa,** von 1943 bis 1945 Chef einer Gruppe der Produktionsabteilung der Abteilung 731, war ein aktiver Organisator der Massenerzeugung der Bakterienwaffe.

1940—1942 beteiligte sich der Angeklagte **Karasawa** aktiv an der Bereitstellung von Bakterien für die Sonderexpeditionen der Abteilung 731, die nach Zentralchina entsandt wurden, um die Bakterienwaffe zum Kampfeinsatz zu bringen.

1943—1944 beteiligte sich der Angeklagte **Karasawa** unmittelbar an verbrecherischen Experimenten zur Erprobung von tödlichen Bakterien an Gefangenen. (Bd. 4, Bl. 158, 162—165.)

7. **Masao Onoue,** von Oktober 1943 bis 1945 Chef der Zweigstelle 643 der Abteilung 731, leitete unmittelbar die verschiedensten Forschungen zur Ermittlung möglichst wirksamer Arten der Bakterienwaffe und der Verfahren zu ihrer Massenerzeugung. Der Angeklagte **Onoue** sagte aus:

„... Mir war bekannt, daß in der Abteilung 731 an der Erforschung und Massenherstellung bakteriologischer Kampfmittel gearbeitet wurde, die für den Bakterienkrieg gegen die Sowjetunion bestimmt waren..."

„In der von mir geleiteten Zweigstelle 643 wurden Nagetiere und pestinfizierte Flöhe gezüchtet, die der Abteilung 731 zugestellt wurden, wo sie der Herstellung der Bakterienwaffe dienten." (Bd. 8, Bl. 102.)

Unter der Leitung des Angeklagten **Onoue** bildete die Ausbildungsabteilung der Zweigstelle systematisch Fachkräfte für die Führung des Bakterienkrieges aus.

1945 vernichtete der Angeklagte **Onoue,** um die in Verbindung mit der Vorbereitung zum Bakterienkrieg begangenen Verbrechen zu vertuschen, die Einrichtung der Zweigstelle und alle ihre Dokumente. (Bd. 8, Bl. 98, 102—104.)

8. **Shundsi Sato,** von 1941 bis 1943 Chef der Abteilungen „Nami" und „Ej" und seit 1944 Chef des Sanitätsdienstes der 5. Armee, die zur japanischen Kwantungarmee gehörte, leitete die Tätigkeit der Zweigstelle 643 der Abteilung 731.

An der Spitze der Abteilungen „Nami" und „Ej" stehend, nahm der Angeklagte **Sato** an der Erforschung und Erzeugung der Bakterienwaffe aktiv teil.

Später, als Chef des Sanitätsdienstes der 5. Armee, erwies der Angeklagte **Sato** der Zweigstelle 643 aktive Unterstützung und Hilfe bei der Erweiterung der Erzeugung von bakteriologischem Material und gab den Truppenteilen der 5. Armee ausdrücklich Befehl, Nagetiere für diese Zweigstelle zu beschaffen.

Bei seiner Vernehmung sagte der Angeklagte **Sato** aus:

> „Als Chef der Abteilung ‚Ej' leitete ich ... in der Abteilung die Erforschung und Massenherstellung der Bakterienwaffe. Zu diesem Zweck verfügte die Nankinger Abteilung ‚Ej' über eine leistungsfähige Betriebseinrichtung sowie über einen Stab fachkundiger Bakteriologen und stellte im Massenmaßstab todbringende Bakterien her.
>
> Unter meiner Leitung ... schulte die Ausbildungsabteilung alljährlich bis zu 300 Personen als Bakteriologen, um sie in einem Bakterienkrieg zu verwenden." (Bd. 9, Bl. 150, 154—157.)

Abgesehen von seinen eigenen Aussagen, wird Sato auch durch die Aussagen des Angeklagten **Onoue,** der Zeugen **Mishina** u. a. überführt. (Bd. 2, Bl. 251; Bd. 17, Bl. 59—64.)

9. **Dsensaku Hirasakura,** von Juli 1942 bis zur Kapitulation Japans Mitarbeiter der Abteilung 100, nahm aktiven Anteil an der Erforschung und Massenherstellung der für einen Überfall auf die Sowjetunion bestimmten Bakterienwaffe.

In den Jahren 1942—1944 stand der Angeklagte **Hirasakura** an der Spitze der aus Mitarbeitern der Abteilung 100 bestehenden Spionage- und Sabotagegruppen und beteiligte sich wiederholt an Sondererkundungen gegen die Sowjetunion, die das Ziel verfolgten, die wirksamsten Mittel und Wege zum Einsatz der Bakterienwaffe gegen die UdSSR zu ermitteln. In der gleichen Zeitspanne vergiftete er zu Sabotagezwecken mehrfach Gewässer an der Grenze der Sowjetunion, namentlich im Dreistromgebiet. (Bd. 18, Bl. 89, 93—96.)

10. **Kadsuo Mitomo**, von April 1941 bis 1944 Mitarbeiter der Abteilung 100, nahm aktiven Anteil an der Herstellung tödlicher Bakterien, die zur Führung eines Bakterienkrieges und zur Verübung von Sabotageakten gegen die Sowjetunion dienten.

Mitomo beteiligte sich persönlich an der qualvollen Tötung von Gefangenen, an denen die Wirkung einzelner Arten der Bakterienwaffe erprobt wurde.

Im Juli und August 1942 nahm der Angeklagte **Mitomo** als Angehöriger einer aus Mitarbeitern der Abteilung 100 bestehenden Spionage- und Sabotagegruppe an Sabotageakten gegen die Sowjetunion im Dreistromgebiet teil. (Bd. 12, Bl. 187, 191—193.)

11. **Norimitsu Kikutschi** diente von April 1943 bis August 1945 als Soldat in der Zweigstelle 643 der Abteilung 731; er war von Februar 1944 bis Februar 1945 Laborant der Gruppe 1 dieser Zweigstelle und half bei der Erforschung der Bakterienwaffe, indem er sich mit der Züchtung von Unterleibstyphus- und Dysenteriebazillen befaßte. Im Juni 1945 nahm **Kikutschi** an einem bakteriologischen Fortbildungskursus bei der Abteilung 731 teil, wo Fachleute für die Führung eines Bakterienkrieges ausgebildet wurden.

Dies geht sowohl aus dem eigenen Geständnis von **Kikutschi** als auch aus den Aussagen der Zeugen **Masateru Saito, Mitsushige Okada** u. a. hervor. (Bd. 19, Bl. 11—15 und 25—27.)

12. **Judsi Kurushima** machte im Oktober 1944 eine Sonderausbildung durch, war dann Mitarbeiter der Zweigstelle 162 der Abteilung 731 und nahm als Sanitäter und Laborant der Gruppe 1 dieser Zweigstelle an der Züchtung von Cholera-, Typhus- und anderen Bazillen teil.

Kurushima ist geständig, darüber informiert gewesen zu sein, daß die Abteilung 731 den Bakterienkrieg vorbereitete und die Bakterienwaffe erzeugte. (Bd. 20, Bl. 11—16.)

Die Angeklagten **Otosoo Jamada, Takaatsu Takahashi, Tomio Karasawa, Kioshi Kawashima, Masao Onoue, Toshihide Nishi, Dsensaku Hirasakura, Shundsi Sato, Kadsuo Mitomo, Norimitsu Kikutschi** und **Judsi Kurushima** haben sich im Sinne der gegen sie erhobenen Anklage in vollem Umfang schuldig bekannt.

Der Angeklagte **Riudsi Kadsitsuka** hat sich teilweise schuldig bekannt.

Die Schuld aller in dieser Sache Angeklagten ist nicht nur durch ihre eigenen Geständnisse, sondern auch durch zahlreiche Zeugenaussagen, Dokumentarbeweise und das Gutachten der medizinischen Gerichtssachverständigen erwiesen.

Auf Grund des Obenerwähnten werden

1. **Otosoo Jamada**, geboren 1881 in der Stadt Tokio, General, ehemaliger Oberbefehlshaber der japanischen Kwantungarmee;

2. **Riudsi Kadsitsuka,** geboren 1888 in der Stadt Tadsiri, Bakteriologe, Generalstabsarzt, ehemaliger Chef des Sanitätsdienstes der japanischen Kwantungarmee;

3. **Takaatsu Takahashi,** geboren 1888 in der Stadt Hondso, Kreis Juri, Präfektur Akita, Chemiker und Biologe, Generalstabsveterinär, ehemaliger Chef des Veterinärdienstes der japanischen Kwantungarmee;

4. **Kioshi Kawashima,** geboren 1893 im Dorf Hashunuma, Kreis Sanimu, Präfektur Tschiba, Bakteriologe, Generalarzt,

ehemaliger Chef der Produktionsabteilung der Abteilung 731 der japanischen Kwantungarmee;

5. **Toshihide Nishi,** geboren 1904 im Dorf Hiwaki, Kreis Satsuma, Präfektur Kagoshima, Bakteriologe, Oberfeldarzt, ehemaliger Chef der Ausbildungs- und Aufklärungsabteilung der Abteilung 731 der japanischen Kwantungarmee;

6. **Tomio Karasawa,** geboren 1911 im Dorfe Toosato, Kreis Tschishagata, Präfektur Nagano, Bakteriologe, Oberstabsarzt, ehemaliger Chef einer Gruppe der Produktionsabteilung der Abteilung 731 der japanischen Kwantungarmee;

7. **Masao Onoue,** geboren 1910 in der Stadt Komenotsu, Kreis Idsumi, Präfektur Kagoshima, Bakteriologe, Oberstabsarzt, ehemaliger Chef der Zweigstelle 643 der Abteilung 731 der japanischen Kwantungarmee;

8. **Shundsi Sato,** geboren 1896 in der Stadt Toohashi, Präfektur Aitschi, Bakteriologe, Generalarzt, ehemaliger Chef des Sanitätsdienstes der 5. Armee der japanischen Kwantungarmee;

9. **Dsensaku Hirasakura,** geboren 1916 in der Stadt Kanasawa, Präfektur Ishikawa, Tierarzt, Oberveterinär, ehemaliger Mitarbeiter der Abteilung 100 der japanischen Kwantungarmee;

10. **Kadsuo Mitomo,** geboren 1924 im Dorf Haraja, Kreis Tschitschibu, Präfektur Saitama, Feldwebel, ehemaliger Mitarbeiter der Abteilung 100 der japanischen Kwantungarmee;

11. **Norimitsu Kikutschi,** geboren 1922 in der Präfektur Ehime, Schulbildung 9 Klassen, Gefreiter, ehemaliger Sanitätspraktikant im Laboratorium der Zweigstelle 643 der Abteilung 731 der japanischen Kwantungarmee;

12. **Judsi Kurushima,** geboren 1923 im Dorf Noo, Kreis Soodsu, Präfektur Kagawa, Schulbildung 8 Klassen, ehemaliger Sanitäter und Laborant in der Zweigstelle 162 der Abteilung 731 der japanischen Kwantungarmee —

. Armee be-
...cher Sonderformationen
... geleitet und diese Tätigkeit auf die
...ung der Bakterienwaffe zwecks Vorbereitung eines Bakterienkrieges gegen die UdSSR und andere Staaten ausgerichtet haben.

Somit beteiligten sich diese Angeklagten aktiv an der Realisierung der von der regierenden Clique des imperialistischen Japans ausgeheckten verbrecherischen Pläne zur Entfesselung aggressiver Kriege und zur Vorbereitung der Bakterienwaffe zwecks Massenausrottung friedlicher Einwohner.

Außerdem ließen die Angeklagten **Jamada, Kadsitsuka** und **Takahashi** bewußt zu, daß an lebenden Menschen verbrecherische und bestialische Versuche angestellt wurden, in deren Folge mindestens 3000 Personen einen qualvollen Tod fanden, während der Angeklagte **Sato** als Leiter der Abteilungen „Nami" und „Ej" persönlich die Herstellung der Bakterienwaffe in diesen Abteilungen leitete.

Die verbrecherischen Handlungen **Jamadas, Kadsitsukas, Takahashis** und **Satos** fallen unter Punkt 1 des Erlasses des Präsidiums des Obersten Sowjets der UdSSR vom 19. April 1943.

Kawashima, Karasawa, Nishi, Onoue und **Hirasakura**, daß sie sich als verantwortliche Mitarbeiter von bakteriologischen Sonderformationen der japanischen Armee, deren Tätigkeit auf die Vorbereitung und Führung eines Bakterienkrieges abzielte, aktiv an der Erforschung und Herstellung der Bakterienwaffe zwecks Massenausrottung von Menschen beteiligten.

Die Angeklagten **Kawashima** und **Karasawa** beteiligten sich aktiv an der Führung des Bakterienkrieges gegen China, **Hirasakura** an bakteriologischen Sabotageakten gegen die UdSSR.

Außerdem nahmen **Kawashima, Karasawa** und **Nishi** persönlich an verbrecherischen, bestialischen Versuchen an lebenden Menschen teil.

Ihre Handlungen fallen unter Artikel 1 des Erlasses des Präsidiums des Obersten Sowjets der UdSSR vom 19. April 1943.

Mitomo, Kikutschi und **Kurushima**, daß sie als Mitarbeiter bakteriologischer Sonderformationen der japanischen Armee, die zur Vorbereitung und Führung eines Bakterienkrieges geschaffen wurden, an der verbrecherischen Tätigkeit dieser Formationen zur Erzeugung der Bakterienwaffe zwecks Massenausrottung von Menschen teilgenommen haben.

Mitomo zugleich auch, daß er sich persönlich an der meuchlerischen Tötung von Menschen durch Vornahme von bestialischen Versuchen an ihnen und an bakteriologischen Sabotageakten gegen die UdSSR beteiligt hat.

Diese Verbrechen fallen unter Artikel 1 des Erlasses des Präsidiums des Obersten Sowjets der Union der SSR vom 19. April 1943.

Alle Angeklagten sind vor ein Militärtribunal zu stellen.

Militärstaatsanwalt des Primorje-Wehrkreises
Oberst der Justiz *A. BERESOWSKI*

Am 16. Dezember 1949

AUSSAGEN DER ANGEKLAGTEN UND ZEUGEN

PROTOKOLL ÜBER DIE VERNEHMUNG DES ANGEKLAGTEN OTOSOO JAMADA

Am 6. Dezember 1949 *Chabarowsk*

Die Vernehmung erfolgt in japanischer Sprache durch Vermittlung des Dolmetschers Zwirow, der darauf aufmerksam gemacht wurde, daß er für wissentlich falsche Übersetzung die gerichtliche Verantwortung entsprechend Artikel 95 des Strafgesetzbuches der RSFSR trägt.

Unterschrift: *Zwirow*

Frage: Sind Sie sich klar über den Inhalt der laut Beschluß vom 5. Dezember 1949 gegen Sie erhobenen Anklage gemäß Artikel 1 des Erlasses des Präsidiums des Obersten Sowjets der UdSSR vom 19. April 1943?

Antwort: Über die gemäß Artikel 1 des Erlasses des Präsidiums des Obersten Sowjets der UdSSR vom 19. April 1943 durch Beschluß vom 5. Dezember 1949 gegen mich erhobene Anklage bin ich mir klar.

Frage: Bekennen Sie sich schuldig im Sinne der gemäß Artikel 1 des Erlasses des Präsidiums des Obersten Sowjets der UdSSR vom 19. April 1943 gegen Sie erhobenen und

Ihnen durch Beschluß vom 5. Dezember 1949 mitgeteilten Anklage?

Antwort: Ja, ich bekenne mich restlos schuldig im Sinne aller Punkte der gegen mich erhobenen Anklage, die im Beschluß über die Anklageerhebung vom 5. Dezember 1949 dargelegt sind.

Frage: Wessen bekennen Sie sich konkret schuldig?

Antwort: Vor allem bekenne ich mich schuldig, daß ich ab 1944 bis zum Tag der Kapitulation als Oberbefehlshaber der Kwantungarmee die Tätigkeit der mir unterstellten bakteriologischen Abteilungen 731 und 100, die darauf abzielte, effektivste Verfahren für den Einsatz der Bakterienwaffe zu erforschen und sie für Kriegszwecke massenhaft herzustellen, unmittelbar geleitet habe. Mit anderen Worten, ich bekenne mich schuldig, die Vorbereitung eines Bakterienkrieges gegen die UdSSR, China, die Mongolische Volksrepublik, England, die USA und andere Länder unmittelbar geleitet zu haben. Ich muß gleichfalls zugeben, daß diese Vorbereitung sich im wesentlichen gegen die Sowjetunion richtete. Ebendadurch erklärt sich auch die Tatsache, daß die bakteriologischen Abteilungen 731 und 100 sowie ihre Zweigstellen unweit der Grenze mit der Sowjetunion disloziert waren.

Konkret bestand meine praktische Tätigkeit als Oberbefehlshaber der japanischen Kwantungarmee betreffend die Leitung der Vorbereitung eines Bakterienkrieges in folgendem:

Nach meiner Ankunft in der Mandschurei und der Übernahme des Oberbefehls über die Kwantungarmee erfuhr ich aus den Meldungen, die mir von den mir untergeordneten Chefs des Sanitätsdienstes und des Veterinärdienstes Kadsitsuka und Takahashi im Juli 1944 erstattet wurden, daß sich die mir unterstellten bakteriologischen Abteilungen 731 und 100 mit der Erforschung und Massenherstellung der Bakterienwaffe befassen.

Etwas später besuchte ich persönlich die Abteilung 731, um ihre Arbeit zur Bereitstellung der Bakterienwaffe zu inspizieren. Ich besuchte die Abteilung 731 im August 1944 und machte mich persönlich bekannt mit der in dieser Abteilung betriebenen Erforschung und Massenherstellung der Bakterienwaffe. Dabei war ich erstaunt über den Umfang der Arbeiten, die geleistet wurden, um ungeheure Bakterienmengen zwecks Einsatz als Bakterienwaffe zu erzeugen. Nachdem ich mich mit diesen Arbeiten bekannt gemacht hatte, billigte ich sie und sanktionierte damit ihre Weiterführung. Somit setzten die Abteilungen 731 und 100 in dem Zeitraum, als ich Oberbefehlshaber der Kwantungarmee war, die Arbeiten zur Erforschung effektivster Arten der Bakterienwaffe und zur Massenerzeugung todbringender Bakterien, die als Kampfwaffe Verwendung finden sollten, mit meinem Wissen fort. Über den Gang dieser Arbeiten erhielt ich laufend Information von meinen Untergebenen und war somit ständig über die gesamte Vorbereitung zu einem Bakterienkrieg informiert. Diese Information erhielt ich, wie ich bereits ausgesagt habe, von den Chefs des Sanitäts- und des Veterinärdienstes sowie vom Chef der Abteilung 731 und den mir unterstellten Stabsoffizieren, die mit der Tätigkeit der Abteilungen 731 und 100 zur Vorbereitung eines Bakterienkrieges unmittelbar zu tun hatten. Über die mit dem taktischen Einsatz der Bakterienwaffe zusammenhängenden Fragen hielten mir der Chef des Stabes und die entsprechenden Mitarbeiter der strategisch-operativen Abteilung Vortrag.

Über die Arbeit dieser Abteilungen informiert, traf ich als Oberbefehlshaber alle notwendigen Maßnahmen, um ihre jederzeitige Kampfbereitschaft sicherzustellen.

Im Juni 1945 inspizierte der Chef der Personalabteilung des Stabes der Kwantungarmee Tamura in meinem Auftrag die Arbeit der Abteilung 731. Diese Inspektion war hervorgerufen durch die Notwendigkeit, geeignete Maßnahmen zu treffen, um eine erweiterte Erzeugung der Bakterienwaffe zu gewährleisten. Über die Ergebnisse dieser Inspektion legte mir Tamura einen ausführlichen Bericht vor.

Als Oberbefehlshaber der Kwantungarmee sanktionierte ich auf Grund mir vorgelegter Berichte des Chefs der Abteilung 731 zwei der effektivsten Verfahren zum Einsatz der Bakterienwaffe.

Im November 1944 berichtete mir der Chef der Abteilung 731 Kitano in Anwesenheit des Stabschefs Jukio Kasahara, des Chefs der strategisch-operativen Abteilung Tomokatsu Matsumura und des Stabsoffiziers der strategisch-operativen Abteilung Oberstleutnant Mijata (Prinz Takeda).

Den Bericht erstattete Kitano im Stab der Kwantungarmee. In seinem Vortrag verallgemeinerte Kitano die Ergebnisse der Versuche zur Verwendung pestinfizierter Flöhe als Bakterienwaffe. Seinen Vortrag illustrierte Kitano durch verschiedene Skizzen über Versuchsergebnisse und durch einen besonderen Film über Versuche zur Verbreitung der Pest mittels Flöhen.

Dieser Vortrag wurde von mir gutgeheißen und die von Kitano empfohlene Methode der Verwendung pestinfizierter Flöhe als eine der Arten der Bakterienwaffe für den praktischen Einsatz angenommen.

Im gleichen Jahr, Ende Juli 1944, nahm ich Einsicht in einen schriftlichen Bericht des Chefs der Abteilung 731 Ishii, in welchem die bakteriologische Fliegerbombe „System Ishii“ und ihre Anwendung beschrieben wurde. Dieser Bericht wurde von mir gleichfalls gutgeheißen und die in ihm vorgeschlagene Methode von mir als effektiv anerkannt.

Im Frühjahr 1945, nachdem die Erforschung effektivster Verfahren für den Einsatz der Bakterienwaffe abgeschlossen war, gab das Kriegsministerium Anweisung, die Erzeugung der Bakterienwaffe zu erweitern. Auf Grund dieser Direktive traf ich alle notwendigen Maßnahmen, um sie in die Tat umzusetzen.

Ich erinnere mich, daß ich in Verbindung damit dem Chef der 1., der strategisch-operativen Abteilung Matsumura Auftrag erteilte, seitens der strategischen Abteilung Maßnahmen zu treffen, damit die Erzeugung verschiedener Bakterien entsprechend der erhaltenen Anweisung gewährleistet würde. Gleichzeitig gab ich Befehl, die Abteilung 731 durch die erforderliche Anzahl fachkundiger Offiziere zu ergänzen und sie mit der benötigten Einrichtung zu versorgen.

Was die Vorbereitung eines Bakterienkrieges durch die Abteilung 100 anbelangt, so muß ich sagen, daß sie beauftragt war, Sabotagemaßnahmen durchzuführen, d. h. Weiden, Viehherden und Gewässer mit Seuchenbazillen zu infizieren. Hinsichtlich dieses Zweiges ihrer Arbeit stand die Abteilung 100 in enger Verbindung mit der Aufklärungsabteilung des Stabes der Kwantungarmee. Ausgehend von den allgemeinen Aufgaben der Abteilung 100 wußte ich, daß in der Abteilung entsprechende Arbeiten geleistet wurden, um die Bakterienwaffe zu erzeugen und ihre Einsatzmethoden zu studieren.

Wie diese Arbeiten praktisch verliefen, wußte ich jedoch nicht, weil sich mit allen diesen Fragen die mir unterstellte Aufklärungsabteilung unmittelbar befaßte. Insbesondere erinnere ich mich nicht, daß mir Vortrag gehalten wurde über die Durchführung bakteriologischer Spähunternehmungen in den an die Sowjetunion grenzenden Bezirken der Nord-Chingan-Provinz. Ich bestätige, daß alle diese Arbeiten auf Anweisung des Stabs der Kwantungarmee vorgenommen wurden, und bin bereit, diesbezüglich die Verantwortung zu tragen, weil diese Handlungen Platz griffen während ich Oberbefehlshaber der Kwantungarmee war. Ich bestreite nicht, daß die Abteilung 100, deren Ziele und Aufgaben gleichfalls in der Vorbereitung eines Bakterienkrieges bestanden, sich damit befaßte, konkrete Sabotagemethoden ausfindig zu machen, und daß sie die Durchführung dieser Sabotagemaßnahmen gegen die Sowjetunion aktiv vorbereitete, was sich unmittelbar aus ihren praktischen Aufgaben ergab, aber ich war hierüber nicht genügend informiert.

Um die Wirkung der in der Abteilung 731 erzeugten Bakterienwaffe zu erproben, stellte die Abteilung mit dieser Waffe Versuche an lebenden Menschen an, und zwar sowohl unter Laboratoriums- als auch unter Freiluftbedingungen, die den Frontverhältnissen angenähert waren. Die Versuche unter Freiluftbedingungen nahm die Abteilung 731 auf einem speziell dafür eingerichteten Übungsplatz bei der Bahnstation Anta vor.

Über die Versuche an lebenden Menschen erfuhr ich aus den Berichten Kitanos und Tamuras. Außerdem wußte ich auch an Hand des von mir gesehenen Films, daß die Wirkung der Bakterienwaffe durch Versuche an lebenden Menschen erprobt wurde. Dem Bericht Kitanos im November 1944 entnahm ich, daß auf dem Übungsplatz bei der Station Anta Versuche an lebenden Menschen vorgenommen wurden. Aus dem Bericht Tamuras im Juni 1945 erfuhr ich, daß die Versuchspersonen in einem besonderen Gefängnis der Abteilung 731 untergebracht waren.

Die Versuche an lebenden Menschen waren von meinen Vorgängern, den Generalen Umedsu oder Ueda, sanktioniert worden. In dieser Hinsicht bekenne ich mich schuldig, daß ich, von den Versuchen an lebenden Menschen wissend, ihre Durchführug zuließ und dadurch faktisch die gewaltsame Tötung von Chinesen, Russen und Mandschuren sanktionierte, die uns von den mir unterstellten Organen der Kwantunggendarmerie und der japanischen Militärmissionen für Experimente zugewiesen wurden.

Die Überweisung von Verhafteten als Versuchsobjekte — die sogenannten „Sondertransporte" — waren gleichfalls von einem meiner Vorgänger, Ueda oder Umedsu, sanktioniert worden. Diese Erlaubnis machte ich ebenfalls nicht rückgängig, und die eingeführte Maßregel der „Sondertransporte" blieb auch unter mir in Kraft. Ich weiß nicht, wie viele Menschen infolge dieser Versuche ums Leben kamen, weil ich mich nicht dafür interessierte.

Was die Ausbildung von Spezialkadern betrifft, deren Aufgabe es war, beim Einsatz der Bakterienwaffe mitzuwirken, so muß ich sagen, daß die Abteilungen 731 und 100 tatsächlich solche Kader ausbildeten. Nach Maßgabe ihrer Ausbildung wurden diese Kader auf die Zweigstellen der genannten Abteilungen sowie auf Einheiten und Verbände der Kwantungarmee verteilt. In Kriegszeit sollten aus diesen Kadern besondere bakteriologische Kampfabteilungen für den praktischen Einsatz der Bakterienwaffe gebildet werden. Wie viele solche Kader insgesamt ausgebildet wurden, weiß ich nicht, nehme jedoch an, daß ihre Zahl völlig ausreichte, um die Mittel eines Bakterienkrieges praktisch einzusetzen.

Im August 1945, als die Kriegshandlungen begannen, wurden auf meinen Befehl die bakteriologischen Abteilungen 731 und 100 sowie ihre Zweigstellen restlos zerstört, um die Spuren der Vorbereitung zu einem Bakterienkrieg zu verwischen. Das Personal der erwähnten Abteilungen wurde nach Korea evakuiert.

Frage: Wie war der praktische Einsatz der Bakterienwaffe gegen die Sowjetunion im Kriegsfall gedacht?

Antwort: Die Fragen des Einsatzes der Bakterienwaffe waren in den Operationsplänen nicht eingeschlossen. In Verbindung mit der erfolgten Vorbereitung zum Einsatz der Bakterienwaffe wurden diese Fragen jedoch in der strategisch-operativen Abteilung des Stabes bearbeitet.

Ich persönlich, als Oberbefehlshaber der Kwantungarmee, war der Auffassung, die Bakterienwaffe sollte gegen die Sowjetunion eingesetzt werden, falls es zu Kriegshandlungen mit der Sowjetunion käme, und zwar mittels Verseuchung des sowjetischen Hinterlandes durch die Luftwaffe und mittels Sabotageunternehmungen, durchgeführt von der Abteilung 100.

Kam es zu keinen Kriegshandlungen gegen die Sowjetunion, so konnte die Bakterienwaffe gegen die USA und andere Länder eingesetzt werden.

Frage: Zu welchem Zweck wurden das 97. und das 3. Schützenregiment aufgestellt?

Antwort: Über das Vorhandensein dieser Regimenter in den mir unterstellten Verbänden ist mir nichts bekannt.

Frage: Zu welchem Zweck wurde 1945 Ishii neuerdings zur Abteilung 731 versetzt?

Antwort: Die Abteilung 731 war das Werk Ishiis, und

deshalb wurde er 1945 aufs neue zum Chef dieser Abteilung ernannt. Persönlich bin ich der Auffassung, daß die Ernennung Ishiis zum Chef der Abteilung 731 in direkter Verbindung stand mit den Aufgaben, in jener Zeit die Tätigkeit der bakteriologischen Abteilung zu aktivieren, und auch in Verbindung mit den Direktiven des Kriegsministeriums, die Erzeugung der Bakterienwaffe zu erweitern...

Weiter kann ich nichts Wesentliches zur Sache aussagen. Nach meinen Worten richtig niedergeschrieben und mir durch den Dolmetscher in japanischer Sprache vorgelesen.

Jamada

VERNOMMEN DURCH:

Militärstaatsanwalt
Oberstleutnant der Justiz
BASENKO

Mitarbeiter der Chabarowsker Regionsverwaltung des Ministeriums für Innere Angelegenheiten
Hauptmann *GOICHMAN*

Bei der Vernehmung war anwesend
der Militärstaatsanwalt des
Primorje-Wehrkreises
Oberst der Justiz *BERESOWSKI*

Dolmetscher *ZWIROW*

4—519

PROTOKOLL ÜBER DIE VERNEHMUNG DES ANGEKLAGTEN RIUDSI KADSITSUKA

Am 6. Dezember 1949 *Chabarowsk*

Die Vernehmung erfolgt durch Vermittlung des Dolmetschers Bolchowitinow, der darauf aufmerksam gemacht wurde, daß er für wissentlich falsche Übersetzung die gerichtliche Verantwortung entsprechend Artikel 95 des Strafgesetzbuches der RSFSR trägt.

Unterschrift: *Bolchowitinow*

Frage: Sie wurden in Kenntnis gesetzt von dem Beschluß, gegen Sie Anklage zu erheben gemäß Artikel 1 des Erlasses des Präsidiums des Obersten Sowjets der UdSSR vom 19. April 1943. Sind Sie sich klar, wessen Sie angeklagt werden?

Antwort: Jawohl.

Frage: Bekennen Sie sich schuldig im Sinne der Anklage, die entsprechend dem Ihnen mitgeteilten Beschluß vom 5. Dezember 1949 gegen Sie erhoben wird?

Antwort: Im Sinne der gegen mich erhobenen Anklage bekenne ich mich schuldig, mit Ausnahme des Punktes, der sich auf die unmittelbare Leitung der Arbeit der Abteilung 731 hinsichtlich der Herstellung, Erprobung und Anwendung der Bakterienwaffe bezieht, da diese Tätigkeit unmittelbar von den Chefs der Abteilung 731, Ishii und Kitano, geleitet wurde.

Frage: Wessen bekennen Sie sich konkret schuldig?

Antwort: Konkret bekenne ich mich schuldig, daß ich ab 1931 die Idee Shiro Ishiis teilte, Japan müsse sich zu einem Bakterienkrieg vorbereiten, und daß ich, als ich von 1934 bis 1937 die Heeressanitätsabteilung der Sanitätsverwaltung des japanischen Kriegsministeriums leitete, aktiv teilnahm an der Schaffung einer Sonderformation im Verbande der

Kwantungarmee, nämlich der Abteilung 731, die dazu bestimmt war, die Bakterienwaffe zu erforschen und Seuchenverhütungsarbeit zu leisten, ferner, daß ich diese Abteilung mit entsprechenden Fachleuten versorgte und die Ernennung Shiro Ishiis, eines der Ideologen des Bakterienkrieges, zum Chef der Abteilung 731 begünstigte. Von Dezember 1939 bis August 1945 hatte ich als Chef des Sanitätsdienstes der Kwantungarmee die allgemeine Leitung der wissenschaftlichen Forschungsarbeit der Abteilung 731 inne, die darauf abzielte, allseitig Bakterien zu erforschen und zu kultivieren, Insekten ausfindig zu machen, die als Verbreiter epidemischer Erkrankungen in Frage kamen, wenig erforschte epidemische Erkrankungen zu studieren sowie effektivste Mittel und Verfahren zur Heilung und Verhütung epidemischer Erkrankungen zu ermitteln.

Ich gestehe gleichfalls, daß die wissenschaftliche Forschungsarbeit der Abteilung 731 nicht nur Seuchenverhütungszwecken, sondern auch der Erforschung, Herstellung und Erprobung der Bakterienwaffe diente. Was indes die Herstellung, Erprobung und praktische Anwendung der Bakterienwaffe anbelangt, so lag die unmittelbare Leitung in den Händen der Chefs der Abteilung 731 Ishii und Kitano. In dieser Hinsicht befolgten Ishii und Kitano die Direktiven der strategisch-operativen Abteilung des Stabs der Kwantungarmee und des japanischen Generalstabs.

Ich wußte von den in der Abteilung 731 angestellten Versuchen zur Erforschung und Erprobung der Bakterienwaffe sowie zur Erforschung von Mitteln und Methoden zwecks Heilung und Verhütung epidemischer Erkrankungen; ich wußte auch, daß diese Versuche an lebenden Menschen angestellt wurden.

Über die Versuchsergebnisse bei der Erforschung der Bakterienwaffe und über den praktischen Einsatz bakteriologischer Kampfmittel durch die Abteilung 731 gegen die chinesische Armee und die chinesische Bevölkerung in den Jahren 1940—1942 erhielt ich vom Chef der Abteilung 731 Kitano mündlich Bericht. Über die Versuchsergebnisse bei der Erforschung effektivster Mittel und Verfahren der Heilung epidemischer Erkrankungen und beim Studium wenig erforschter epidemischer Erkrankungen sowie über die Erfrierungsversuche reichten mir die Chefs der Abteilung 731 Ishii und Kitano periodisch schriftliche Berichte ein.

Ich nahm unmittelbar teil an der Aufstellung der im Jahre 1940 längs der Grenze der Sowjetunion dislozierten vier Zweigstellen der Abteilung 731 — in Chailin, Linkou, Sunu und Chailar —, versorgte die Abteilung 731 und ihre Zweigstellen mit Betriebseinrichtung und anderen technischen Hilfsmitteln und bildete Kader aus zur Führung eines Bakterienkrieges.

Ich gestehe gleichfalls, daß Japan einen Bakterienkrieg hauptsächlich gegen die Sowjetunion, die Mongolische Volksrepublik und China, aber auch gegen England und die Vereinigten Staaten von Amerika vorbereitete.

Frage: Erzählen Sie, was Ihnen über die Erfrierungsversuche bekannt ist, die von der Abteilung 731 angestellt wurden?

Antwort: Mir ist bekannt, daß die Abteilung 731 Erfrierungsversuche anstellte, um effektivste Mittel und Verfahren für die Heilung von Erfrierungen zu erforschen. Über die Ergebnisse dieser Versuche legte mir der Chef der Abteilung 731 schriftliche Berichte vor, in denen es hieß, daß Erfrierungsversuche an Tieren angestellt wurden.

Frage: Es sind Ihnen die Zeugenaussagen — Matsuo Oosawas vom 23. Oktober 1949 und Oshio Furuitschis vom 5. Dezember 1949 — vorgehalten worden, wonach die Erfrierungsversuche in der Abteilung 731 an lebenden Menschen angestellt wurden. Bestätigen Sie die Aussagen dieser Zeugen?

Antwort: Die mir vorgehaltenen Aussagen der Zeugen Matsuo Oosawas und Oshio Furuitschis über die Vornahme von Erfrierungsversuchen an lebenden Menschen in der Abteilung 731 kann ich nicht bestreiten, da Erfrierungsversuche in der Abteilung 731 angestellt wurden, wobei der wissenschaftliche Mitarbeiter der Unterabteilung 1 der Abteilung 731 Joshimura, dessen Namen der Zeuge Furuitschi in seinen Aussagen nennt, mir über die Erfrierungsversuche und ihre Ergebnisse in schriftlicher Form Bericht erstattet hat. In den Berichten Joshimuras war jedoch nicht gesagt, daß diese Versuche an Menschen angestellt wurden.

Frage: Sie haben also teilgenommen an der Schaffung der Abteilung 731 und ihrer Zweigstellen, die sich mit der Erforschung, Herstellung und Erprobung der Bakterienwaffe befaßten, deren Einsatz hauptsächlich im Krieg gegen die Sowjetunion, die Mongolische Volksrepublik und China, aber auch gegen England und die USA vorgesehen war; Sie wußten von den in der Abteilung 731 zwecks Erprobung der Bakterienwaffe vorgenommenen Versuchen an Menschen und befaßten sich mit der Ausbildung von Kadern für einen Bakterienkrieg?

Antwort: Ja, das stimmt.

Das Protokoll ist nach meinen Worten richtig niedergeschrieben und mir in japanischer Sprache vorgelesen worden.

Kadsitsuka

VERNOMMEN DURCH:

Militärstaatsanwalt
Oberstleutnant der Justiz
KATSCHAN

Mitarbeiter der Chabarowsker Regionsverwaltung des Ministeriums für Innere Angelegenheiten
Oberstleutnant *PAPKOW*

Dolmetscher *BOLCHOWITINOW*

PROTOKOLL ÜBER DIE VERNEHMUNG DES ANGEKLAGTEN TAKAATSU TAKAHASHI

Am 6. Dezember 1949 *Chabarowsk*

Die Vernehmung erfolgt durch Vermittlung des Dolmetschers Anatoli Nikolajewitsch Protassow, der darauf aufmerksam gemacht wurde, daß er für wissentlich falsche Übersetzung die gerichtliche Verantwortung entsprechend Artikel 95 des Strafgesetzbuches der RSFSR trägt.

Unterschrift: *Protassow*

Frage: Sie wurden in Kenntnis gesetzt von dem Beschluß, Sie gemäß Artikel 1 des Erlasses des Präsidiums des Obersten Sowjets der UdSSR vom 19. April 1943 zur gerichtlichen Verantwortung zu ziehen. Der Inhalt der Anklage ist in dem Ihnen mitgeteilten Beschluß dargelegt. Bekennen Sie sich schuldig?

Antwort: Ja, ich bekenne mich restlos schuldig im Sinne der gegen mich erhobenen Anklage gemäß Artikel 1 des Erlasses des Präsidiums des Obersten Sowjets der UdSSR vom 19. April 1943. Ich habe in meiner Eigenschaft als Chef des Veterinärdienstes der Kwantungarmee ab 1941 bis August 1945, d. h. bis zum Tage der Kapitulation Japans, an der Vorbereitung der Kwantungarmee zu einem Bakterienkrieg und zu Sabotageunternehmungen gegen die Sowjetunion tatsächlich aktiv teilgenommen.

Über den Plan der Vorbereitung zu einem Bakterienkrieg erhielt ich Kenntnis durch persönliche Mitteilung seitens des Oberbefehlshabers der Kwantungarmee Umedsu, und zwar in einer Beratung, die im September 1941 stattfand.

Meine Tätigkeit betreffend die Vorbereitung der Kwantungarmee zu einem Bakterienkrieg und zu Sabotageunternehmungen bestand darin, daß ich die praktische Tätigkeit der Abteilung 100 leitete und Anweisungen gab zur Massenherstellung der Bakterienwaffe, insbesondere von Erregern akuter Infektionskrankheiten wie Rotz, Milzbrand, Rinderpest, Schafpocken und Mosaik.

Ich kontrollierte, wie die Abteilung 100 diese Aufträge, die Bakterienwaffe massenhaft herzustellen, ausführte. Zu diesem Zweck begab ich mich ungefähr einmal im Monat persönlich in die Abteilung 100, wo ich die Ausführung meiner Befehle hinsichtlich der Herstellung bakteriologischer Kriegsmittel überprüfte. Außerdem nahm ich über diese Fragen mündliche Vorträge vom Chef der Abteilung 100 Wakamatsu entgegen.

Um die Erzeugung der Bakterienwaffe zu steigern, wurde im Dezember 1943 in Übereinkunft mit der 2., der Aufklärungsabteilung des Stabes der Kwantungarmee und auf meine Anweisung in der Unterabteilung 2 der Abteilung 100 eine Gruppe 6 geschaffen, der die massenhafte Herstellung der Bakterienwaffe oblag...

Zwecks Erforschung und Massenerzeugung der Bakterienwaffe wurden auf meinen Befehl in der Abteilung 100 alle möglichen Experimente an Tieren vorgenommen.

Im Sommer 1942 stellte auf meine Anweisung eine Gruppe Mitarbeiter der Abteilung 100, an deren Spitze der wissenschaftliche Mitarbeiter Kioshi Ida stand, im Dreistromgebiet am Fluß Derbul einen Versuch zur Infizierung von Tieren an, um die Wirkung der Bakterienwaffe unter Klimaverhältnissen zu erproben, die denjenigen auf dem Territorium der Sowjetunion am meisten entsprachen.

Im März 1945 wurde auf Grund meiner Anordnung auf dem Übungsplatz der Abteilung 731 bei der Bahnstation Anta der Versuch gemacht, Tiere mit akuten Infektionskrankheiten anzustecken. Aus der Meldung des Chefs der Abteilung 100 Wakamatsu ist mir bekannt, daß dieser Versuch erfolgreich ausfiel; alle zehn Versuchskühe gingen ein. Im März 1944 organisierten Mitarbeiter der Abteilung 100 auf meine Anweisung und mit Wissen der 2., der

Aufklärungsabteilung des Stabs der Kwantungarmee eine spezielle Expedition, deren Leitung später Oberleutnant Hirasakura übernahm, in die Grenzbezirke der Nord-Chingan-Provinz, um das Wegenetz, die Sommer- und Winterweiden, die Gewässer und den Viehbestand der Ortsbevölkerung zu erkunden und auf diese Weise bakteriologische Sabotageunternehmungen gegen die Sowjetunion vorzubereiten. Der Auftrag dieser Gruppe wurde durch einen Operationsbefehl des Oberbefehlshabers der Kwantungarmee festgelegt.

In Ausführung dieses Befehls erstattete mir Hirasakura zweimal Meldung über die von ihm geleistete Arbeit. Den ersten Vortrag hielt er mir im September 1944, im Arbeitszimmer des Chefs der Abteilung 100 Wakamatsu. In seinem Vortrag berichtete er über die von ihm gesammelten Angaben, über den Viehbestand der Ortsbevölkerung in der Nord-Chingan-Provinz, über die Gewässer, das Wegenetz und die Weideplätze der Wanderherden.

Den zweiten Vortrag nahm ich von Hirasakura im März 1945 in meinem Arbeitszimmer entgegen. In seinem Vortrag berichtete mir Hirasakura an Hand der Karte über die Sommer- und Winterweiden, die Gewässer, das Wegenetz und den Viehbestand der Ortsbevölkerung.

Die Gruppe Hirasakura hatte die Aufgabe, nicht nur Spionage zu treiben, sondern auch Vieh aufzukaufen: 500 Schafe, 100 Rinder und 90 Pferde, die mit akuten Infektionskrankheiten angesteckt werden sollten, um sie in der Folgezeit im Rücken der Sowjettruppen zu belassen.

Während des zweiten Vortrags Hirasakuras erörterte ich gemeinsam mit den wissenschaftlichen Mitarbeitern der Abteilung 100 Osaka und Ida sowie dem Chef der Abteilung 100 Wakamatsu die Frage, mit welchen Bakterien das Vieh, das sich im Besitz der Bevölkerung der Nord-Chingan-Provinz befand, zu infizieren sei. Zur Infizierung des Viehs wurden folgende Verfahren vorgesehen: die Rinder sollten durch Flugzeuge der Abteilung 731 mit Milzbrand und Rinderpest infiziert werden. Beabsichtigt war, lediglich das Vieh der Bevölkerung auf den Weiden zu infizieren. Für Pferde war Ansteckung mit Milzbrand vorgesehen.

Das von Hirasakura 1945 aufgekaufte Vieh beschlossen wir in der Folgezeit zu infizieren: die Schafe durch Einspritzung von Schafpockenerregern, die Rinder durch Rinderpestviren und die Pferde mit Milzbrand. Es war beabsichtigt, die infizierten Rinder, Schafe und Pferde nach allen Seiten auseinanderzutreiben, damit dies Vieh auf Territorium geriet, wo Sowjettruppen vorgingen. An Einzelheiten all der von uns damals vorgesehenen Maßnahmen erinnere ich mich nicht, da sie zeitlich weit zurückliegen.

Frage: Welche Veterinäreinheiten der Kwantungarmee bereiteten sich außer der Abteilung 100 auf einen Bakterienkrieg und Sabotageunternehmungen gegen die Sowjetunion vor?

Antwort: Die Abteilung 100 hatte zwei Zweigstellen, und zwar in den Städten Dairen und Rako. Außerdem wurden im Juli 1941 bei jeder Armee epizootische Abteilungen geschaffen, die in den Städten Kokusan, Toan, Kenej und Tonej disloziert und den Armeestäben unterstellt waren. Alle diese Abteilungen sollten beim Einsatz der Bakterienwaffe gegen die Sowjetunion als Sondertruppen Verwendung finden.

Frage: Wer bildete die Kader fachkundiger Bakteriologen für diese Abteilungen aus?

Antwort: Die Chefs der Zweigstellen der Abteilung 100 und der epizootischen Abteilungen waren Bakteriologen; das sonstige Personal dieser Abteilungen bestand aus Tierärzten, die keine Fachausbildung als Bakteriologen besaßen. Um neue Bakteriologen auszubilden und die alten Fachleute umzuschulen, machte das Personal dieser Abteilungen bei der Abteilung 100 eine Sonderausbildung durch.

Frage: Was ist Ihnen bekannt über die Versuche an lebenden Menschen, die in der Ihnen unterstellten Abteilung 100 durchgeführt wurden?

Antwort: Darüber erfuhr ich aus den Zeugenaussagen, die mir bei der Vernehmung am 24. November 1949 vorgehalten wurden. Obwohl ich über die Versuche an lebenden Menschen nichts wußte, fühle ich mich doch dafür verantwortlich, weil die Abteilung 100 mir unterstand.

Frage: Wann und was berichteten Sie dem ehemaligen Oberbefehlshaber der Kwantungarmee Jamada über die Tätigkeit der Abteilung 100?

Antwort: Ich berichtete General Jamada dreimal über die Arbeit der Abteilung 100 hinsichtlich der Erforschung und Herstellung der Bakterienwaffe.

Den ersten Vortrag hielt ich General Jamada im Juli 1944, wenige Tage, nachdem ich mich ihm als dem neuen Oberbefehlshaber offiziell vorgestellt hatte. Ich berichtete ihm über die in der Abteilung 100 erfolgende geheime Erzeugung der Bakterienwaffe. Insbesondere erzählte ich ihm, daß die Gruppe 6 der Unterabteilung 2 der Abteilung 100 massenhaft Erreger von Rinderpest, Schafpocken sowie Rotz und Braunrost erzeugte. In diesem Zusammenhang teilte ich Jamada die in der Abteilung 100 hergestellte Bakterienmenge mit.

Den nächsten Vortrag hielt ich Jamada im November 1944. Während meines Berichts waren anwesend: der Stabschef Kasahara, sein Stellvertreter Ikeda, der Chef der 2. Abteilung des Stabes Sasai, der Chef der Abteilung 100 Wakamatsu und, wenn ich nicht irre, der Chef der 1. Abteilung des Stabes Matsumura. Ich berichtete über die Ergebnisse der Forschungsarbeit, die eine Sondergruppe von Mitarbeitern der Abteilung 100 unter Leitung des Oberleutnants Hirasakura geleistet hatte, um die Möglichkeiten der Infektion von Vieh in den Grenzbezirken der Nord-Chingan-Provinz zu studieren. Jamada machte anläßlich des Vortrags keine Bemerkungen, und ich nehme an, daß er ihn guthieß.

Im Februar 1945 hielt ich General Jamada den dritten Vortrag über die Arbeit der Abteilung 100. Er betraf die Erzeugung der Bakterienwaffe in der Abteilung 100. Ich faßte mich bei diesem Vortrag sehr kurz und informierte Jamada darüber, daß die Arbeiten in der Abteilung nach wie vor weitergeführt würden und keinerlei Wechsel eingetreten sei. Auf diesen Vortrag hin erhielt ich von Jamada keine besonderen Anweisungen.

Frage: Von wem und wie wurde die Tätigkeit der Abteilung 100 finanziert?

Antwort: Die Abteilung wurde aus zwei Quellen finanziert: das japanische Kriegsministerium wies Mittel an zum Unterhalt des Personals der Abteilung 100 und für die Herstellung von Präparaten, die der Seuchenverhütung in der Kwantungarmee dienten.

Für die Erforschung und Erzeugung der Bakterienwaffe wurden durch die 2., die Aufklärungsabteilung Mittel aus dem Geheimfonds des Stabs der Kwantungarmee überwiesen.

Frage: Welche Summe wurde für diese Zwecke überwiesen?

Antwort: Ich entsinne mich gut, daß das japanische Kriegsministerium in der Zeitspanne vom 1. April 1944 bis 1. April 1945 für den Unterhalt des Personals der Abteilung 100 und für die Herstellung von Seuchenverhütungsmitteln 600 000 Jen auswarf. Für die Erforschung und Erzeugung der Bakterienwaffe überwies die 2. Abteilung des Stabes der Kwantungarmee in derselben Zeitspanne eine Million Jen. Diese Summe stellte indes keineswegs die Höchstgrenze dar, denn im Bedarfsfall wären Mittel in jeder beliebigen Höhe bereitgestellt worden. Welche Summen vor 1944 überwiesen wurden, kann ich im Augenblick nicht sagen.

Frage: Was wissen Sie über die Tätigkeit der Abteilung 731 zur Vorbereitung eines Bakterienkrieges?

Antwort: Im September 1941 teilte der ehemalige Oberbefehlshaber der Kwantungarmee Umedsu in einer Beratung der Chefs aller Abteilungen und Verwaltungen des Armeestabs mit, daß aus dem Generalstab des kaiserlichen Hauptquartiers die Direktive eingetroffen sei, die Kwantungarmee zu einem Bakterienkrieg vorzubereiten. In derselben Beratung befahl Umedsu dem Chef der Abteilung 731 Ishii, mit der Massenherstellung der Erreger von Infektionserkrankungen zu beginnen. Seit diesem Zeitpunkt weiß ich, daß die Abteilung 731 sich zum Bakterienkrieg vorbereitete.

Frage: Wer leitete die praktische Tätigkeit der Abteilung 731 zur Vorbereitung eines Bakterienkrieges?

Antwort: Die Leitung und Kontrolle der praktischen Tätigkeit der Abteilung 731 zur Vorbereitung eines Bakterienkrieges übertrug der Oberbefehlshaber Umedsu im September 1941 persönlich dem Chef des Sanitätsdienstes der Kwantungarmee Kadsitsuka.

Das Protokoll ist nach meinen Worten richtig niedergeschrieben und mir in japanischer Sprache vorgelesen worden.

Takahashi

VERNOMMEN DURCH:

Militärstaatsanwalt
Oberstleutnant der Justiz
ANTONOW

Mitarbeiter der Chabarowsker Regionsverwaltung des Ministeriums für Innere Angelegenheiten
Hauptmann *SEROW*

Dolmetscher *PROTASSOW*

PROTOKOLL ÜBER DIE VERNEHMUNG DES ANGEKLAGTEN KIOSHI KAWASHIMA

Am 6. Dezember 1949 *Chabarowsk*

Die Vernehmung erfolgt durch Vermittlung des Dolmetschers Pljatschenko, der auf seine Verantwortung entsprechend Artikel 95 des Strafgesetzbuches der RSFSR aufmerksam gemacht wurde.

Unterschrift: *Pljatschenko*

Frage: Gegen Sie ist Anklage erhoben wegen eines Verbrechens, das unter Artikel 1 des Erlasses des Präsidiums des Obersten Sowjets der UdSSR vom 19. April 1943 fällt. Bekennen Sie sich schuldig im Sinne der gegen Sie erhobenen Anklage?

Antwort: Der Inhalt der gegen mich erhobenen und im Beschluß vom 5. Dezember 1949 dargelegten Anklage ist mir klar. Ich bekenne mich restlos schuldig im Sinne der gegen mich erhobenen Anklage und gestehe, daß ich von 1941 bis 1943 der Abteilung 731 angehörte und die Obliegenheiten des Chefs der Geschäftsstelle sowie der Unterabteilungen 1, 3 und 4 (Produktionsabteilung) erfüllte.

In der Abteilung 731 der Kwantungarmee wurden Bakterienwaffen erforscht und mit meiner aktiven Teilnahme in großem Umfang pathogene Erreger hergestellt, die als Kriegswaffe dienten. Ich gebe zu, daß die Abteilung 731 bakteriologische Kriegsmittel gegen die Sowjetunion und China bereitstellte.

Die Abteilung 731 umfaßte etwa 3000 Offiziere, Unteroffiziere, Soldaten und Dienstverpflichtete. Ein beträchtlicher Teil des Abteilungspersonals besaß Fachausbildung auf dem Gebiet der Bakteriologie und benutzte seine Kenntnisse, um wissenschaftliche Forschungs- und Experimentalarbeiten durchzuführen, die das Ziel verfolgten, neue Arten der Bakterienwaffe herzustellen und sie — als Mittel eines aktiven Überfalls — massenhaft zu erzeugen.

Die Abteilung 731 war in hinreichender Menge mit der zur Massenherstellung bakteriologischer Kriegsmittel erforderlichen Betriebseinrichtung ausgerüstet und konnte deshalb den Bedarf der Kwantungarmee an Bakterienwaffen sicherstellen.

Die Abteilung 731 besaß eine Reihe Unterabteilungen, über deren Bestimmung ich in den vorausgegangenen Verhören ausgesagt habe. Sie befaßten sich damit, neue Arten von Erregern ansteckender Krankheiten, die sich für einen Einsatz im Krieg eigneten, Methoden der langfristigen Aufbewahrung von Bakterien und der Steigerung ihrer Stabilität sowie Möglichkeiten ihrer Massenherstellung ausfindig zu machen.

Die Geschäftsstelle der Abteilung, die ich von April bis Juni 1941 vertretungsweise leitete, bearbeitete Personal- und Finanzfragen, stellte die Arbeitspläne der Abteilung auf und befaßte sich auch mit der Versorgung der im Gefängnis der Abteilung 731 befindlichen Häftlinge. Um diese Zeit unterhielt ich durch den mir unterstellten Apparat der Geschäftsstelle Verbindung mit der japanischen Gendarmerie, die uns festgenommene Personen überwies, an denen in der Folgezeit durch gewaltsame Infizierung mit todbringenden Bakterien Versuche angestellt wurden.

Die Unterabteilung 4 (Produktionsabteilung), die ich von 1941 bis 1943 leitete, stellte im Grunde nichts anderes dar als eine Fabrik der Abteilung zur Herstellung pathogener Erreger. Die Produktionsabteilung war mit einer ausgezeichneten Apparatur zur Kultivierung von Bakterien ausgerüstet, die uns die Möglichkeit bot, allmonatlich in Reinkultur ungefähr bis zu 300 kg Pestbazillen oder bis zu 500—600 kg Milzbrandbazillen oder bis zu 800—900 kg Unterleibstyphus-, Paratyphus- oder Dysenteriebazillen oder bis zu 1000 kg Cholerabazillen herzustellen. Solche Bakterienmengen wurden faktisch nicht allmonatlich erzeugt, weil dieser

Bedarf für die Kriegszeit berechnet war. Faktisch erzeugte die Produktionsabteilung Bakterien in Quantitäten, wie die laufende Arbeit der Abteilung sie erforderte.

Um die zu erzeugenden Muster der Bakterienwaffe zu kontrollieren sowie Methoden zur Heilung epidemischer Krankheiten zu erforschen, wurden in der Abteilung 731 ständig Versuche an lebenden Menschen durchgeführt, und zwar an verhafteten Chinesen und Russen, die die Organe der japanischen Gendarmerie in der Mandschurei der Abteilung speziell für diesen Zweck überwiesen.

Für die Unterbringung der inhaftierten Personen besaß die Abteilung 731 ein spezielles Gefängnis, das sich im Innenhof der Abteilung befand, wo die Versuchsobjekte, vom Abteilungspersonal „Klötze" genannt, in strengster Isolierung gehalten wurden. Die erwähnte Bezeichnung für die Versuchspersonen hörte ich selbst mehrfach vom Chef der Abteilung 731 General Ishii.

Die Laboratoriumsversuche an lebenden Menschen erfolgten in der Unterabteilung 1.

Im Frühjahr 1942 erfüllte ich einen Monat lang vertretungsweise die Obliegenheiten des Chefs der Unterabteilung 1.

Die Unterabteilung 1 befaßte sich mit wissenschaftlicher Forschungsarbeit auf dem Gebiet der Seuchenverhütung, hauptsächlich aber der Vorbereitung effektivster bakteriologischer Kriegsmittel. Sie überprüfte die endgültigen Ergebnisse ihrer Forschungen an lebenden Menschen, die sich in dem Gefängnis befanden, das zur Kompetenz der Unterabteilung 1 gehörte.

Als Chef der Unterabteilung 1 leitete ich in dem erwähnten Zeitabschnitt ihre gesamte Tätigkeit in der Richtung, die der Unterabteilung gestellten Forschungsaufgaben auf dem Gebiet der Bakterienwaffe zu lösen.

Neben den von der Unterabteilung 1 durchgeführten Laboratoriumsversuchen wurden Experimente an lebenden Menschen auch auf den Übungsplätzen der Abteilung 731 und unter Frontverhältnissen angestellt. Einmal wohnte auch ich solchen Versuchen an lebenden Menschen bei.

Im Juni 1941 beteiligte ich mich zusammen mit anderen Mitarbeitern der Abteilung auf dem Übungsplatz der Abteilung unweit der Bahnstation Anta an der Erprobung von Bomben, die mit pestinfizierten Flöhen gefüllt waren. Durch dieses Experiment wurde die Wirkung bakteriologischer Fliegerbomben an 10 bis 15 Häftlingen erprobt, die an Pfähle gebunden waren. Vom Flugzeug wurden damals insgesamt über zehn Bomben abgeworfen.

An diesem Versuch nahm ich teil in meiner Eigenschaft als Chef der Geschäftsstelle der Abteilung, und zwar zu dem Zweck, die Organisation des Versuchs und die Ausführung des von mir entworfenen diesbezüglichen Befehls des Chefs der Abteilung 731 zu kontrollieren. Daneben interessierte mich dieses Experiment auch als Chef der Produktionsabteilung, die praktische Leitung des Versuchs hatte jedoch der Chef der Unterabteilung 2 Oberst Oota inne.

Gestützt auf die Angaben, die mir kraft meiner Dienststellung in der Abteilung zur Kenntnis gebracht wurden, kann ich sagen, daß in der Abteilung 731 durch Infizierungsexperimente an Inhaftierten mit akuten Infektionskrankheiten alljährlich nicht weniger als annähernd 600 Menschen ums Leben kamen.

Im Jahre 1942 schickte die Abteilung 731 auf Befehl des Oberbefehlshabers der Kwantungarmee eine Expedition nach Zentralchina, um die Bakterienwaffe im Raum von Tschekiang gegen chinesische Truppen einzusetzen. An der Expedition nahmen etwa 100 Menschen teil, darunter Mitarbeiter der Unterabteilungen 1, 2 und 4. Aus der Produktionsabteilung stellte ich acht Mitarbeiter ab. Auf Grund eines Befehls des Generals Ishii gab ich der Produktionsabteilung Anweisung, etwa 130 kg Paratyphus- und Milzbrandbazillen bereitzustellen, mit denen ich die Expedition versorgte. Außerdem hatten die Mitarbeiter der Unterabteilung 1 Brutstämme von Cholera- und Pestbazillen bei sich, aus denen sie in der Nankinger Abteilung „Ej“ die erforderlichen Bakterienmengen züchteten. Die Mitarbeiter der Unterabteilung 2 waren mit einer hinreichenden Menge pestinfizierter Flöhe ausgerüstet.

Mir ist bekannt, daß die Expedition ihre Aufgabe erfolgreich ausführte.

Außerdem hatte die Abteilung 731 die Bakterienwaffe 1941 gegen chinesische Truppen im Raum der Stadt Tschangte eingesetzt. Im Jahre 1940 war die Bakterienwaffe von einer Expedition der Abteilung 731 gegen chinesische Truppen im Raum der Stadt Nimpo angewandt worden.

Als einer der leitenden Mitarbeiter der Abteilung nahm ich teil an den Beratungen, die der Chef der Abteilung General Ishii und ab Sommer 1942 General Kitano abhielt; dort wurden Fragen besprochen, die mit der Erforschung und Herstellung bakteriologischen Materials und seiner praktischen Anwendung in einem Kriege zusammenhingen.

Ich gestehe, daß ich durch meine Leitung der Produktionsabteilung der Abteilung 731, die in Riesenmengen bakteriologisches Material als Kriegswaffe herstellte, und durch meine stellvertretende Leitung der Unterabteilung 1, in der neue Arten der Bakterienwaffe erforscht wurden, ein Verbrechen gegen die Menschheit beging.

Ich gestehe, daß die von uns angewandten Methoden, die Wirkung der Bakterienwaffe an lebenden Menschen zu erproben, indem wir diese gewaltsam mit akuten Infektionskrankheiten ansteckten, woran auch ich teilnahm, sowie die massenhafte Tötung von Versuchspersonen durch todbringende Bakterien barbarisch und verbrecherisch sind.

Ich bin mir bewußt, daß die Abteilung 731, die von General Ishii und später von General Kitano geleitet wurde, eine verbrecherische Organisation war ... und ich bin jetzt als ein Mittäter bereit, die verdiente Strafe zu tragen.

Frage: Wollen Sie Ihre Aussagen irgendwie ergänzen?

Antwort: In allen vorausgegangenen Vernehmungen habe ich über die Tätigkeit der Abteilung 731 wahrheitsgemäß ausgesagt und den Charakter der von mir während meiner Dienstzeit in dieser Abteilung ausgeführten Arbeiten eingehend dargelegt. Ich habe ehrlich versucht, der Voruntersuchung bei der Entlarvung des verbrecherischen Charakters der Abteilung 731 an die Hand zu gehen, und die mir bekannten Tatsachen durchaus objektiv beleuchtet. Daher habe ich meinen Aussagen nichts hinzuzufügen. Es ist möglich, daß ich einzelne Fälle der verbrecherischen Tätigkeit der Abteilung 731 nicht angegeben habe, da ich mich wegen der weit zurückliegenden Zeit nicht mehr an sie erinnere.

Das Protokoll ist nach meinen Worten richtig niedergeschrieben und mir in japanischer Sprache vorgelesen worden.

Kawashima

VERNOMMEN DURCH:

Militärstaatsanwalt
Oberstleutnant der Justiz
BUSLOWITSCH

Mitarbeiter der Chabarowsker Regionsverwaltung des Ministeriums für Innere Angelegenheiten
Hauptmann *BRAWE*

Dolmetscher *PLJATSCHENKO*

PROTOKOLL ÜBER DIE VERNEHMUNG DES ANGEKLAGTEN TOSHIHIDE NISHI

Am 6. Dezember 1949 *Chabarowsk*

Die Vernehmung erfolgt durch Vermittlung des Dolmetschers Georgi Grigorjewitsch Lamanow, der auf seine Verantwortung entsprechend Artikel 95 des Strafgesetzbuches der RSFSR aufmerksam gemacht wurde.

Unterschrift: *Lamanow*

Frage: Gegen Sie ist Anklage erhoben wegen Verbrechen, die unter Artikel 1 des Erlasses des Präsidiums des Obersten Sowjets der UdSSR vom 19. April 1943 fallen. Bekennen Sie sich schuldig im Sinne der gegen Sie erhobenen Anklage?

Antwort: Ja, ich bekenne mich restlos schuldig im Sinne der gemäß Artikel 1 des Erlasses des Präsidiums des Obersten Sowjets der UdSSR vom 19. April 1943 gegen mich erhobenen und mir durch Beschluß vom 6. Dezember 1949 mitgeteilten Anklage und möchte folgendes aussagen:

Es ist richtig, daß ich von Januar 1943 bis zum Tag meiner Gefangennahme (im August 1945) in der Abteilung 731 der Kwantungarmee diente und die Stellungen des Chefs der Zweigstelle 673 und des Chefs der Ausbildungsabteilung der Abteilung 731 bekleidete.

Durch meine Tätigkeit förderte ich aktiv die Erfüllung der grundlegenden Aufgabe, die vor der Abteilung 731 stand, nämlich: die Bereitstellung der Bakterienwaffe, die zur Führung eines Krieges gegen die Sowjetunion und die Mongolische Volksrepublik bestimmt war, sowie die Ausarbeitung von Methoden und die Ausbildung von Kadern zur Führung dieses Krieges.

Daß die Abteilung 731 und ihre Zweigstellen in Sunu, Chailar, Linkou und Chailin an der Herstellung von Kampfmitteln zwecks Führung eines Bakterienkrieges arbeiteten, war mir bereits von dem Augenblick an gut bekannt, als ich in der Abteilung 731 eintraf, denn damals studierte ich als erstes die Ausstellungsgegenstände, graphischen Pläne und Diagramme über die Arbeiten der Unterabteilungen 1, 2 und 4 sowie die Geheimmaterialien, die sich in einem besonderen Zimmer bei der Geschäftsstelle des Stabes der Abteilung 731 befanden.

Von Januar 1943 bis Juli 1944 und später von Juni bis August 1945 leitete ich die Zweigstelle 673 der Abteilung 731 in der Stadt Sunu, die sich mit der Züchtung von weißen Ratten, Mäusen, Meerschweinchen, mit dem Fang von Feldnagetieren und der Kultivierung von Flöhen befaßte.

All dies wurde der Abteilung 731 zugeleitet zwecks Bereitstellung bakteriologischer Kampfmittel für die Bewaffnung der japanischen Armee und Führung eines Bakterienkrieges.

Von März 1945 ab wurde in Verbindung mit den militärischen Mißerfolgen der japanischen Truppen im Südseeraum und mit den Kriegsvorbereitungen gegen die Sowjetunion entsprechend einer Anweisung des Chefs der Abteilung 731 Generalleutnant Ishii, die sich aus den strategischen und operativen Plänen der Kwantungarmee ergab, die Arbeit der Zweigstelle in Sunu wie auch der gesamten Abteilung 731 aktiviert.

Insbesondere wurde die Aufzucht und der Fang von Nagetieren und die Kultivierung von Flöhen, die wir der Abteilung 731 zuleiteten, verstärkt, da die Verbreitung von Pestbazillen mittels Verstreuung pestinfizierter Flöhe als effektivstes Mittel eines Bakterienkrieges galt.

Am 11. und 12. August 1945 wurden im Zusammenhang mit der Offensive der Sowjetarmee zur Vertuschung der Tatsache, daß die japanische Kwantungarmee Kampfmittel zur Führung eines Bakterienkrieges erzeugte und daß die von mir geleitete Zweigstelle 673 der Abteilung 731 bei

68

dieser verbrecherischen Tätigkeit mitwirkte, auf meinen Befehl alle Dienst- und Wohngebäude, Betriebseinrichtungen, Materialien und Dokumente der Zweigstelle durch Einäscherung zerstört und zu dem gleichen Zweck auf meinen Befehl am 14. August 1945 an das gesamte Personal (120 Personen) Gift — Zyankali — ausgegeben, damit es durch Einnahme desselben Selbstmord verübe, wenn eine Gefangennahme durch die Sowjettruppen drohe...

Von Juli 1944 bis August 1945 (d. h. bis zum Tag meiner Gefangennahme) arbeitete ich als Chef der Ausbildungsabteilung der Abteilung 731, schulte Kader und versorgte mit ihnen die Abteilung und ihre Zweigstellen zwecks Führung eines aggressiven Bakterienkrieges.

Die Kaderschulung erfolgte, indem die Ausbildungsabteilung Kurse organisierte, und zwar kurzfristige und einjährige Lehrgänge für Personen, hauptsächlich Jugendliche von 17 bis 18 Jahren, die in Japan für die Arbeit in der Abteilung 731 angeworben worden waren.

Alle Personen, die sich für die Arbeit in der Abteilung meldeten, machten nach ihrer Ankunft in der Ausbildungsabteilung einen siebentägigen Lehrgang durch; anschließend gab die Ausbildungsabteilung ein Gutachten ab, ob sie sich für die Arbeit in der Abteilung 731 eigneten.

Bei der Durchführung dieser Instruktionskurse wurde der Geheimhaltung der von der Abteilung geleisteten Arbeit besonderes Augenmerk geschenkt.

Während meiner Tätigkeit als Chef der Ausbildungsabteilung der Abteilung 731 durchliefen insgesamt 15 Offiziere, 150 untere Dienstgrade und 60 Dienstverpflichtete die Instruktionskurse und Eignungsprüfungen.

Um die Kaderschulung in den Zweigstellen der Abteilung 731 zu kontrollieren, inspizierte ich im September 1944 anläßlich des Abschlusses der Lehrgänge für Sanitäter gemeinsam mit dem ehemaligen Chef der Abteilung 731 Generalarzt Kitano alle Zweigstellen der Abteilung.

Nach der Art meiner Tätigkeit in der Abteilung und auf Grund meiner Dienststellung war mir bekannt, daß zwecks

Erprobung bakteriologischer Mittel Versuche durch gewaltsame Infizierung von Personen russischer und chinesischer Nationalität (darunter auch von Kriegsgefangenen, die sich im Gefängnis der Abteilung befanden) mit todbringenden Bakterien angestellt wurden. Diese Personen wurden der Abteilung von der Gendarmerie und der japanischen Militärmission zugewiesen.

Diese Versuche wurden das ganze Jahr hindurch vorgenommen und die Menschen, nachdem sie infolge der gewaltsamen Infektion mit Bakterien ums Leben gekommen waren, in dem zu diesem Zweck eingerichteten Kremationsofen verbrannt.

So ist mir bekannt, daß von Januar bis März 1945 im Gefängnis Versuche angestellt wurden, Russen und Chinesen mit Flecktyphus zu infizieren; im Oktober 1944 wurde auf dem Übungsplatz bei der Bahnstation Anta ein Versuch durchgeführt, fünf kriegsgefangene Chinesen durch pestinfizierte Flöhe mit Pest anzustecken. Im Winter 1943/44 erfolgten in der Abteilung Versuche, die Gliedmaßen von Russen und Chinesen abzufrieren (ich las hierüber in den Berichten des Experimentators und sah einen diesbezüglichen Film).

Außerdem wurde im Januar 1945 in meiner Gegenwart ein Versuch angestellt, zehn kriegsgefangene Chinesen mit Gasbrand anzustecken. Der Versuch bezweckte, die Möglichkeit zu klären, ob man bei einer Temperatur von 20° Frost Menschen mit Gasbrand infizieren könne.

Technisch wurde dieser Versuch wie folgt durchgeführt: man band die zehn chinesischen Kriegsgefangenen zehn bis zwanzig Meter von einer mit Gasbrand behafteten Sprengbombe an Pfähle.

Damit die Menschen nicht sofort getötet wurden, schützte man Kopf und Rücken durch spezielle Metallschilde und dicke Wattedecken, während Beine und Gesäß ungeschützt blieben. Die durch elektrische Zündung zur Explosion gebrachte Bombe überschüttete den Platz, auf dem sich die Versuchspersonen befanden, mit Sprengsplittern, an denen

Gasbrandbakterien hafteten. Alle Versuchspersonen wurden an den Beinen und Oberschenkeln verwundet und starben nach Ablauf von sieben Tagen unter schweren Qualen.

Mir sind auch zwei Fälle bekannt, in denen die japanische Armee von der Abteilung 731 bereitgestellte bakteriologische Kampfmittel praktisch einsetzte.

1. Während der Kampfhandlungen japanischer Truppen gegen sowjetische und mongolische Truppen im Raum des Chalchingol im Jahre 1939 wurden bakteriologische Kampfmittel angewandt, und zwar wurde der Flußlauf des Chalchingol im Raum der Kampfhandlungen mit Unterleibstyphus-, Paratyphus- und Dysenteriebazillen verseucht.

2. Vom Mai bis Juli 1940 setzte eine Expedition der Abteilung 731 unter Leitung des Generalstabsarztes Ishii im Raum der Stadt Nimpo, in Zentralchina, mittels Verstreuung pestinfizierter Flöhe Pestbazillen gegen die chinesischen Truppen ein.

Ich erfuhr davon durch Dokumente, die ich im Safe der Ausbildungsabteilung vorfand und die Verpflichtungen jener Expeditionsteilnehmer enthielten, die — als Todeskandidaten — die Aufgabe hatten, todbringende Bakterien anzuwenden. Außerdem sah ich mit eigenen Augen einen Film, der im Raum der Kampfhandlungen, wo die Infizierung erfolgte, aufgenommen worden war und von der Wirkung der eingesetzten bakteriologischen Mittel zeugte.

Auf Grund alles von mir Gesagten gestehe ich, daß die praktische Arbeit, die ich in der Abteilung 731 und in der Zweigstelle in Sunu leistete, darauf abzielte, einen Bakterienkrieg hauptsächlich gegen die UdSSR und die Mongolische Volksrepublik vorzubereiten.

Ich sehe ein, daß der Krieg, den man vorbereitete, zahllose Opfer unter der friedlichen Bevölkerung fordern mußte und daß die Mittel dieses Bakterienkrieges und die Erprobung der bakteriologischen Mittel durch die gewaltsame Infizierung lebender Menschen verbrecherisch und barbarisch waren.

Weiter kann ich zur Sache nichts aussagen. Das Protokoll ist nach meinen Worten richtig niedergeschrieben und mir durch den Dolmetscher der japanischen Sprache Lamanow vorgelesen worden.

Nishi

VERNOMMEN DURCH:

Militärstaatsanwalt
Major der Justiz
BOGOD

Mitarbeiter der Chabarowsker Regionsverwaltung des Ministeriums für Innere Angelegenheiten
Major *NIKITIN*

Dolmetscher *LAMANOW*

PROTOKOLL ÜBER DIE VERNEHMUNG DES ANGEKLAGTEN TOMIO KARASAWA

Am 6. Dezember 1949 *Chabarowsk*

Die Vernehmung erfolgt durch Vermittlung des Dolmetschers Michail Jakowlewitsch Pachomow, der auf seine Verantwortung entsprechend Artikel 95 des Strafgesetzbuches der RSFSR aufmerksam gemacht wurde.

Unterschrift: *Pachomow*

Frage: Sie wurden in Kenntnis gesetzt von dem Beschluß vom 5. Dezember 1949, gegen Sie Anklage zu erheben wegen Verbrechen, die unter Artikel 1 des Erlasses des Präsidiums des Obersten Sowjets der UdSSR vom 19. April 1943 fallen. Bekennen Sie sich schuldig im Sinne der gegen Sie erhobenen Anklage?

Antwort: Ich bekenne mich restlos schuldig im Sinne der gemäß Artikel 1 des Erlasses des Präsidiums des Obersten Sowjets der UdSSR vom 19. April 1943 gegen mich erhobenen Anklage.

Ich diente tatsächlich in der Mandschurei von 1939 bis 1944 in der Abteilung 731 der japanischen Kwantungarmee, in der aktiv daran gearbeitet wurde, vervollkommnete Verfahren zur Massenherstellung von Bakterien und zu ihrem Einsatz als Mittel eines Bakterienkrieges ausfindig zu machen.

In Erfüllung der vor der Abteilung stehenden Aufgaben zur Vorbereitung eines Bakterienkrieges wurden in ihr systematisch Versuche an Menschen vorgenommen, die die Organe der japanischen Gendarmerie der Abteilung 731 zwecks Vernichtung zuleiteten und die man gewaltsam mit Infektionskrankheiten ansteckte.

In den Jahren 1940 und 1942 entsandte die Abteilung 731 spezielle Expeditionen, um Bakterien im Kriege gegen das chinesische Volk als Bakterienwaffe einzusetzen...

Frage: Wessen bekennen Sie sich konkret schuldig?

Antwort: Konkret bekenne ich mich schuldig, daß ich lange Zeit hindurch, nämlich von Dezember 1939 bis August 1944, in einer verbrecherischen Organisation — der Abteilung 731 — Dienst tat, zunächst als einfacher Mitarbeiter, dann als Leiter einer Sektion und ab Ende 1942 oder Anfang 1943 als Chef einer Gruppe der Produktionsabteilung der Abteilung 731.

Die Sektion, und nachher die Gruppe, an deren Spitze ich stand, befaßte sich mit der Massenzüchtung von Unterleibstyphus-, Paratyphus-, Cholera-, Pest- und Milzbrandbazillen, wobei die jeweilige Menge geregelt wurde durch den Bedarf für praktische Einsatzzwecke, insbesondere für die Vornahme von Versuchen zur Anwendung von Bakterien unter Frontverhältnissen, die auf dem Übungsplatz der Abteilung 731 bei der Bahnstation Anta stattfanden, und für den praktischen Einsatz von Bakterien als Bakterienwaffe im Kriege gegen das chinesische Volk.

Als Arzt und Bakteriologe wußte ich, daß die Massenherstellung von Bakterien zur Vernichtung von Menschen diente. Damals glaubte ich jedoch, dies sei gerechtfertigt durch die Pflichtauffassung eines Offiziers der japanischen Armee, und tat deshalb alles, was von mir abhing, um die mir übertragenen Obliegenheiten, die durch Befehle höherer Vorgesetzter festgelegt waren, erfolgreich zu erfüllen.

Während meiner Tätigkeit in der Abteilung arbeiteten unter meiner Leitung 50 bis 70 Offiziere, Unteroffiziere und Dienstverpflichtete; wir verfügten über jede erforderliche Einrichtung, um Bakterien im Massenmaßstab zu züchten...

Die von mir geleitete Gruppe konnte unter Ausnutzung der vorhandenen Einrichtung in einem Monat folgende Mengen einer Bakterienart herstellen: Pest — 100 kg, Milzbrand — 200 kg, Unterleibstyphus — 300 kg, Paratyphus „A" — 300 kg, Cholera — 330 kg und Dysenterie — 300 kg.

In der zweiten Hälfte des Jahres 1940 züchtete die von mir geleitete Gruppe 70 kg Unterleibstyphus- und 50 kg Cholerabazillen für eine spezielle Expedition der Abteilung, die unter Leitung des ehemaligen Chefs der Abteilung Generalstabsarzt Ishii unternommen wurde, der mit einer Gruppe Mitarbeiter der Abteilung nach Zentralchina fuhr. Außer Typhus- und Cholerabazillen verwendete die erwähnte Expedition gegen die chinesische Armee auch pestinfizierte Flöhe.

Mitte 1942 stellte die von mir geleitete Sektion 130 kg Paratyphus-„A"- und Milzbrandbazillen für die analoge Expedition des Generals Ishii her, die sich nach Zentralchina begab, um Bakterien gegen die chinesische Armee anzuwenden. Mit der erwähnten Expedition gingen auch, wie ich aus den mir vorgehaltenen Zeugenaussagen weiß, Unterleibstyphusbazillen ab, ich kann mich jedoch persönlich nicht genau daran erinnern.

Die in den Jahren 1940 und 1942 unternommenen Expeditionen des Generals Ishii verfolgten das Ziel, zwecks Erforschung geeigneter Methoden zur Massenverbreitung von Bakterien unter konkreten Frontverhältnissen Versuche anzustellen. Faktisch bedeutete das jedoch gleichzeitig einen praktischen Einsatz der Bakterien als Kampfwaffe gegen die chinesische Armee. Die Anwendung von pestinfizierten Flöhen durch die Expedition des Generals Ishii führte 1940 zum Ausbruch einer Pestseuche im Verbreitungsgebiet dieser Flöhe, worüber ich in der Vernehmung vom 22. Oktober 1949 ausführliche Aussagen gemacht habe. Ob die Anwendung der von mir oben genannten Bakterien ihr Ziel erreichte, weiß ich nicht.

Die unter meiner Leitung hergestellten Bakterien fanden Verwendung bei Versuchen, die auf dem speziell hierfür eingerichteten Übungsplatz der Abteilung unweit der Station Anta angestellt wurden, um Methoden zur Verbreitung der Bakterien unter Frontverhältnissen ausfindig zu machen. Diese Versuche wurden an lebenden Menschen, den sogenannten „Klötzen", vorgenommen.

Während meiner Dienstzeit in der Abteilung wußte ich, daß es in ihr ein besonderes Gefängnis gab, in dem die Versuchspersonen gehalten wurden, die infolge der an ihnen vorgenommenen Versuche dem Tode geweiht waren.

Die Versuche auf dem Übungsplatz bei der Station Anta fanden systematisch statt. Bei der Durchführung zweier derartiger Versuche war ich persönlich anwesend, das erstemal Ende 1943, das zweitemal im Frühjahr 1944.

In beiden Fällen brachte man zehn Versuchspersonen, dem Aussehen nach Chinesen, auf den Übungsplatz, band sie vor Beginn der Versuche an in die Erde gerammte Pfähle und brachte dann in ihrer Nähe mit Bakterien gefüllte Bomben zur Explosion. Bei dem ersten von mir erwähnten Versuch wurde ein Teil der Versuchspersonen mit Milzbrand angesteckt und starb, wie ich später erfuhr.

Ich suchte in diesen beiden Fällen den Übungsplatz bei Anta auf, um mich an Ort und Stelle an Hand der Versuche davon zu überzeugen, ob die von mir erzeugten Bakterien wirksam waren...

Außer dem Gesagten ist mir bekannt, daß in der Abteilung 731 auch systematisch Laboratoriumsversuche an lebenden Menschen vorgenommen wurden. In diesen Fällen infizierte man die Versuchspersonen gewaltsam mit verschiedenen Bakterien und beobachtete anschließend die Versuchspersonen, um die effektivsten Erreger von Infektionskrankheiten festzustellen.

Die Versuche, die unmittelbar an lebenden Menschen angestellt wurden, beschleunigten die Lösung der der Abteilung gestellten Aufgabe, die aktivsten Mittel eines Bakterienkrieges sowie die besten Verfahren zur Verbreitung dieser Mittel und zur Infizierung von Menschen ausfindig zu machen.

Im Zuge der Vorbereitung zu einem Bakterienkrieg traf das japanische Kommando Maßnahmen, um die Möglichkeiten der Herstellung von Bakterien zu steigern. Eben im Zusammenhang damit traf 1944 aus Japan eine neue Betriebseinrichtung für die Abteilung 731 ein, die, wie mir der ehemalige Chef der Unterabteilung 4 der Abteilung 731 Kioshi Oota mitteilte, weit vollkommener war und es gestattete, die Bakterienzucht am laufenden Band zu betreiben.

Im gleichen Jahr fuhr ich im Auftrag des ehemaligen Chefs der Abteilung Masadso Kitano persönlich zu den Zweigstellen der Abteilung in den Städten Sunu, Chailar, Chailin und Linkou, um an Ort und Stelle die Frage zu klären, ob es möglich sei, in diesen Zweigstellen Betriebseinrichtungen für die Massenzüchtung von Bakterien aufzustellen. General Kitano, der mich vor meiner Dienstreise instruierte, wies darauf hin, daß man die Bakterienzucht in den Zweigstellen in Gang bringen müsse, einerseits, um die Kapazität der Bakterienerzeugung zu vergrößern, andrerseits, um die Eventualität auszuschließen, daß die Bakterienerzeugung zum Erliegen komme, falls infolge möglicher Bombenangriffe des Gegners die Einrichtung der Abteilung zerstört werde.

Auf Grund des von mir erstatteten Gutachtens wurden noch im gleichen Jahre die Zweigstellen der Abteilung in den Städten Sunu, Chailin und Linkou mit Betriebseinrichtungen versehen, allerdings weiß ich nicht, welcher Art sie waren, auch ist mir unbekannt, ob sie dort eingebaut wurden.

Als Arzt, Bakteriologe und Fachmann für Bakterienkulturen habe ich an den in der Abteilung abgehaltenen Beratungen der Offiziere und wissenschaftlichen Mitarbeiter teilgenommen und Vorträge gehalten über die Methoden der massenhaften Kultivierung von Bakterien und die Verwendung eines verbrauchten Nährbodens.

Um die Qualifikation der mir unterstellten Mitarbeiter zu erhöhen, erteilte ich ihnen Unterricht; Anfang 1940 war ich Lehrer für Bakteriologie in den Kursen, die für die in die Abteilung neu eintretenden dienstverpflichteten Mitarbeiter veranstaltet wurden.

Frage: Was möchten Sie Ihren Aussagen hinzufügen?

Antwort: Ich bin mir vollkommen darüber klar, daß die

Abteilung 731 eine verbrecherische Organisation war, die völkerrechtlich verbotene Mittel herstellte, um Menschen mit barbarischen Methoden zu vernichten.

Als Mitarbeiter der Abteilung habe ich an dieser verbrecherischen Tätigkeit teilgenommen und ein Verbrechen an der Menschheit verübt, für das ich die Strafe zu tragen habe.

Im Bewußtsein dessen habe ich mich seit Beginn der Voruntersuchung bemüht, die verbrecherische Tätigkeit der Abteilung und meine persönliche Rolle dabei ehrlich und objektiv aufzudecken.

Meinen Aussagen kann ich weiter nichts hinzufügen, weil ich im Laufe der Voruntersuchung über alle mir bekannten Tatsachen, die die verbrecherische Tätigkeit der Abteilung charakterisieren, ausgesagt habe.

Das Vernehmungsprotokoll ist nach meinen Worten richtig niedergeschrieben. Der russische Wortlaut des Vernehmungsprotokolls ist mir in die japanische Sprache übersetzt worden.

Karasawa

VERNOMMEN DURCH:

Militärstaatsanwalt
Oberstleutnant der Justiz
BUSLOWITSCH

Mitarbeiter der Chabarowsker Regionsverwaltung des Ministeriums für Innere Angelegenheiten
Oberstleutnant *IWANOW*

Dolmetscher *PACHOMOW*

PROTOKOLL ÜBER DIE VERNEHMUNG DES ANGEKLAGTEN MASAO ONOUE

Am 6. Dezember 1949 *Chabarowsk*

Die Vernehmung erfolgt durch Vermittlung des Dolmetschers G u r j a n o w, der darauf aufmerksam gemacht wurde, daß er für wissentlich falsche Übersetzung die gerichtliche Verantwortung entsprechend Artikel 95 des Strafgesetzbuches der RSFSR trägt.

Unterschrift: *Gurjanow*

Frage: Durch Beschluß vom 5. Dezember 1949 wurde gegen Sie Anklage erhoben gemäß Artikel 1 des Erlasses des Präsidiums des Obersten Sowjets der UdSSR vom 19. April 1943. Ist Ihnen klar, wessen Sie angeklagt werden, und bekennen Sie sich schuldig im Sinne der gegen Sie erhobenen Anklage?

Antwort: Der Inhalt der gegen mich erhobenen Anklage ist mir klar. Ich bekenne mich schuldig, daß in der von mir geleiteten Zweigstelle 643 Laboranten und Bakteriologen ausgebildet wurden. Während meiner Tätigkeit in der Zweigstelle wurden insgesamt 160 Personen ausgebildet. Die Zweigstelle befaßte sich gleichfalls mit der Aufzucht und dem Fang von Nagetieren (Meerschweinchen, weißen Ratten, Mäusen und Kaninchen), die dem Stab der Abteilung 731 zugeleitet wurden, wo sie zur Herstellung der Bakterienwaffe und zu Versuchen zwecks Erforschung des „Songo“fiebers Verwendung fanden. Außerdem befaßte sich die Zweigstelle 643 mit der Vermehrung von Flöhen, die ebenfalls der Abteilung 731 überwiesen wurden, wo sie nach ihrer Infizierung mit Pestbazillen als eine Art der Bakterienwaffe dienten. Die Gruppe 1 der Zweigstelle arbeitete an der

Erforschung effektivster Verfahren der Vermehrung pestinfizierter Flöhe auf grauen Ratten, da jedoch keine positiven Ergebnisse erzielt wurden, erfolgte die weitere Vermehrung von Flöhen nur auf weißen Ratten und Mäusen. Auf Befehl des Chefs der Abteilung 731 Generalstabsarzt Ishii zerstörte ich am 13. August 1945 durch Einäscherung die Zweigstelle 643 mit allen dort befindlichen Materialien, Einrichtungen und Dokumenten, mit Ausnahme des Geheimkodes und eines Vorrats von 20 bis 25 Gramm Flöhen, die ich an den Stab der Abteilung 731 überwies. Welches Ziel das Kommando der Abteilung 731 verfolgte, als es den Befehl zur Einäscherung erteilte, ist mir nicht bekannt. Ich wußte, daß in der Abteilung 731 daran gearbeitet wurde, bakteriologische Mittel wie Pest- und Milzbrandbazillen sowie andere todbringende Bakterien zu erforschen und massenhaft herzustellen, daß die Bakterien an lebenden Menschen erprobt wurden und daß der Abteilung hierfür ein Innengefängnis und ein Übungsplatz zur Verfügung standen, wo die Versuche erfolgten. Im Frühjahr 1944 flog ich zusammen mit dem Chef der Geschäftsstelle der Abteilung 731 im Flugzeug zum Übungsplatz, wo Versuche zur praktischen Erprobung der Bakterienwaffe an lebenden Menschen angestellt werden sollten, kehrte jedoch am nächsten Tag in den Abteilungsstab zurück, weil das Abteilungskommando aus mir unbekannt gebliebenen Gründen diese Versuche zurückstellte.

Was den Punkt der Anklage gegen mich betrifft, daß der Chef des Sanitätsdienstes der 5. Armee Generalarzt Sato auf meine Initiative einen Befehl herausgab, der die Kommandeure der Truppenteile und der Lazarette verpflichtete, den Fang von Ratten und Mäusen zu organisieren und die Tiere dann der Zweigstelle 643 zu überweisen, so bekenne ich mich in diesem Punkt nicht schuldig, weil ich mit einer solchen Bitte an General Sato nicht herangetreten bin.

Frage: Zu welchem Zweck wurde die Bakterienwaffe von der Abteilung 731 hergestellt?

Antwort: Die Massenerzeugung der Bakterienwaffe in der Abteilung 731 erfolgte zu dem Zweck, sie in einem Kriege einzusetzen, mir ist jedoch nicht bekannt, gegen welchen Feind Japans die Anwendung dieser Waffe vorgesehen war...

Frage: Galt die Zweigstelle 643, ihre Einrichtung und die dort geleistete Arbeit als ein militärisches Geheimnis?

Antwort: Meiner Meinung nach war die Zweigstelle, ihre Einrichtung und die dort geleistete Arbeit kein militärisches Geheimnis.

Frage: Folglich war, Ihrer Behauptung nach, die Vermehrung von Flöhen und Nagetieren kein Geheimnis?

Antwort: Nein, das stimmt nicht ganz. Die Vermehrung von Flöhen in der Zweigstelle wurde geheimgehalten, was jedoch die Vermehrung von Nagetieren betrifft, so bin ich der Auffassung, daß das kein Geheimnis war.

Frage: Möchten Sie Ihren Aussagen noch etwas hinzufügen?

Antwort: Meinen Aussagen kann ich weiter nichts hinzufügen.

Das Protokoll ist mir vom Dolmetscher Gurjanow in japanischer Sprache vorgelesen worden. Die Aussagen sind nach meinen Worten richtig niedergeschrieben, was ich unterschriftlich bestätige.

Onoue

VERNOMMEN DURCH:

Militärstaatsanwalt
Oberstleutnant der Justiz
BUSCHUJEW

Mitarbeiter der Chabarowsker Regionsverwaltung des Ministeriums für Innere Angelegenheiten
Major *FURSENKO*

Dolmetscher *GURJANOW*

6—519

PROTOKOLL ÜBER DIE VERNEHMUNG DES ANGEKLAGTEN SHUNDSI SATO

Am 6. Dezember 1949 *Chabarowsk*

Die Vernehmung erfolgt durch Vermittlung des Dolmetschers Kornilow, der auf seine Verantwortung entsprechend Artikel 95 des Strafgesetzbuches der RSFSR aufmerksam gemacht wurde.

Unterschrift: *Kornilow*

Frage: Durch Beschluß vom 5. Dezember 1949 wird Anklage gegen Sie erhoben gemäß Artikel 1 des Erlasses des Präsidiums des Obersten Sowjets der UdSSR vom 19. April 1943. Sind Ihnen die Anklagepunkte klar und bekennen Sie sich im Sinne der gegen Sie erhobenen Anklage schuldig?

Antwort: Die gegen mich erhobenen Anklagepunkte sind mir klar. Ich bekenne mich restlos schuldig im Sinne der gemäß Artikel 1 des Erlasses des Präsidiums des Obersten Sowjets der UdSSR vom 19. April 1943 gegen mich erhobenen Anklage. Meine Schuld besteht darin, daß ich tatsächlich von Dezember 1941 bis Februar 1943 die Tätigkeit der Kantoner Abteilung „Nami" 8604 und später, von Februar 1943 bis März 1944, auch die Tätigkeit der Nankinger Abteilung „Ej" 1644 leitete. Diese beiden Abteilungen befaßten sich mit der Erforschung und Massenherstellung todbringender Bakterien, die für den Kampfeinsatz gegen chinesische Truppen und die friedliche Bevölkerung bestimmt waren.

...Die Nankinger Abteilung „Ej" 1644 war gemeinsam mit der bakteriologischen Abteilung 731 der japanischen Kwantungarmee während Gefechtshandlungen der japanischen Truppen am Einsatz der Bakterienwaffe gegen chinesische Truppen und ortsansässige Bewohner unmittelbar beteiligt...

Als Chef der Abteilung „Ej" 1644 leitete ich die gesamte Tätigkeit der Abteilung zur Erforschung und Massenherstellung der Bakterienwaffe. Zu diesem Zweck verfügte die Nankinger Abteilung „Ej" 1644 über eine leistungsfähige Betriebseinrichtung sowie über einen Stab fachkundiger Bakteriologen und stellte im Massenmaßstab todbringende Bakterien her. Es ist richtig, daß unter meiner Leitung die in der Nankinger Abteilung „Ej" 1644 bestehende Ausbildungsabteilung alljährlich bis zu 300 Personen als Bakteriologen schulte, um sie in einem Bakterienkrieg zu verwenden. Von März 1944 an erwies ich als Chef des Sanitätsdienstes der 5. Armee, die zur japanischen Kwantungarmee gehörte, der Zweigstelle 643 der Abteilung 731 aktive Hilfe und Beistand bei der erweiterten Produktion bakteriologischen Materials.

Zu diesem Zweck erließ ich im Mai 1945 einen Sonderbefehl an die Einheiten der 5. Armee über den Fang von Nagetieren, die zur Herstellung der Bakterienwaffe benötigt wurden, und ihre Weiterleitung an die Zweigstelle 643 der Abteilung 731.

Frage: Konkretisieren Sie Ihre Aussagen über die Produktionskapazität der Nankinger Abteilung „Ej" 1644 und die dort vorhandene technische Einrichtung.

Antwort: Die Produktionskapazität der Nankinger Abteilung „Ej" 1644 betrug, was die Herstellung todbringender Bakterien anbelangte, bis zu zehn Kilogramm in einem Zyklus. An technischer Einrichtung besaß die Abteilung „Ej" 1644 zur Herstellung dieser Bakterienmenge: ungefähr 200 Kultivatoren System Ishii, einen Inkubatorenraum 5×5×3 Meter, zwei Autoklaven zylindrischer Form mit einem Durchmesser von 1,5 Meter und einer Länge von 2,5 Meter, ungefähr 40 bis 50 Inkubatoren, ungefähr 40 bis 50 Dampfsterilisatoren, ungefähr 40 bis 50 Kessel System Koch; außerdem gab es in der Abteilung zur Herstellung des

Nährbodens große Glaskolben, ich erinnere mich jedoch jetzt nicht mehr, wie viele es waren.

Nach meinen Worten richtig niedergeschrieben. Das Vernehmungsprotokoll wurde mir in japanischer Sprache vorgelesen.

Sato

VERNOMMEN DURCH:

Militärstaatsanwalt
Oberstleutnant der Justiz
BUSCHUJEW

Mitarbeiter der Chabarowsker Regionsverwaltung des Ministeriums für Innere Angelegenheiten
Major *AGRYSKOW*

Dolmetscher *KORNILOW*

PROTOKOLL ÜBER DIE VERNEHMUNG DES ANGEKLAGTEN DSENSAKU HIRASAKURA

Am 6. Dezember 1949 *Chabarowsk*

Die Vernehmung erfolgt durch Vermittlung des Dolmetschers Jelgin, der darauf aufmerksam gemacht wurde, daß er für wissentlich falsche Übersetzung die gerichtliche Verantwortung entsprechend Artikel 95 des Strafgesetzbuches der RSFSR trägt.

Unterschrift: *Jelgin*

Frage: Sie haben Mitteilung erhalten von dem Beschluß, daß gegen Sie Anklage erhoben ist gemäß Artikel 1 des Erlasses des Präsidiums des Obersten Sowjets der UdSSR vom 19. April 1943. Ist Ihnen der Inhalt der gegen Sie erhobenen Anklage klar und bekennen Sie sich im Sinne der Anklage schuldig?

Antwort: Ja, ich bekenne mich restlos schuldig im Sinne der gemäß Artikel 1 des Erlasses des Präsidiums des Obersten Sowjets der UdSSR vom 19. April 1943 gegen mich erhobenen Anklage und möchte dazu folgende Aussagen machen.

Tatsächlich habe ich von Juni 1942 bis August 1945 in der Abteilung 100 der Kwantungarmee gedient, deren Hauptaufgabe neben Seuchenverhütungsmaßnahmen darin bestand, aktive Mittel zur Führung eines Bakterienkrieges gegen die Sowjetunion bereitzustellen.

Die Bakteriologen, Chemiker und Tierärzte, die zum Personal der Abteilung 100 gehörten, befaßten sich damit, einzelne Bakterienarten zu kultivieren, ihre Eigenschaften zu studieren und Methoden zur Massenansteckung von Tieren und Menschen ausfindig zu machen. Zu diesem Zweck wurden in der Abteilung 100 Versuche angestellt, um die Wirkung von Bakterien und Giften an Menschen und Tieren zu erproben.

Von Beruf Tierarzt, war ich wissenschaftlicher Mitarbeiter zuerst der Gruppe 1 der Unterabteilung 2 und später der im Dezember 1943 geschaffenen Gruppe 6 derselben Unterabteilung der Abteilung 100, studierte in dieser Eigenschaft die Wirkung von Rotz- und Milzbrandbazillen, befaßte mich mit deren Vermehrung und nahm teil an der Ausarbeitung geeigneter Verfahren für den Einsatz dieser Bakterien in einem Bakterienkriege.

Zu diesem Zweck beteiligte ich mich im Juli—August 1942 an einer „Sommermanöver" genannten Expedition in das Dreistromgebiet. Diese Expedition verfolgte das Ziel, die Möglichkeit zu untersuchen, ob man Milzbrand- und Rotzbazillen unter natürlichen Verhältnissen anwenden könne, die dem voraussichtlichen Kriegsschauplatz an den Grenzen der Sowjetunion ähnelten. Während dieser Expedition wurden Versuche durchgeführt, den Fluß Derbul und andere Gewässer mit Rotz sowie den Boden und die Grasdecke mit Milzbrand zu verseuchen. Die hierfür benötigten Bazillen wurden in einem Feldlaboratorium hergestellt und an Pferden, Schafen und Meerschweinchen erprobt.

Ab Juni 1944 befand ich mich mit einer Gruppe wissenschaftlicher Mitarbeiter der Abteilung 100 in der Nord-Chingan-Provinz, wo ich auf Befehl des Kommandos der Kwantungarmee Spionagematerial sammelte, und zwar stellte ich den Viehbestand der Bevölkerung in den an die Sowjetunion und die Mongolische Volksrepublik grenzenden Bezirken fest, erkundete Menge und Zustand dieses Viehs, Sommer- und Winterweiden, Heuschläge, Wege- und Wasserverhältnisse. Diese Angaben brauchte das japanische Kommando, um im Falle eines Krieges gegen die Sowjetunion zum Zweck bakteriologischer Sabotageakte das Vieh massenhaft zu infizieren.

In dieser Gruppe führte ich von Juni bis September 1944 einzelne Aufträge des Hauptmanns Asao aus, von September 1944 bis zum Tage meiner Gefangennahme (August 1945) aber hatte ich selbst die Leitung der Gruppe inne, da Asao abberufen wurde.

Wie ich vom Chef der Abteilung 100 Generalveterinär Wakamatsu erfuhr, sollte die Luftwaffe auf Grund der von mir gesammelten Angaben im Falle eines Krieges Rotz- und Milzbrandbazillen sowie Rinderpestviren zerstäuben, um in den an die Sowjetunion und an die Mongolei grenzenden Bezirken das Vieh zu infizieren.

Über die von meiner Gruppe geleistete Arbeit erstattete ich dem Generalveterinär Wakamatsu zweimal schriftliche Berichte, denen ich topographische Karten mit darauf eingetragenen Erkundungsergebnissen (Lage und Zustand der Gewässer, Weiden, Viehbestände usw.) beilegte. Einmal hielt ich dem Chef des Veterinärdienstes der Kwantungarmee Generalstabsveterinär Takaatsu Takahashi über dieselbe Frage mündlich Vortrag.

Außerdem informierte ich über die geleistete Arbeit den Chef der Chailarer Militärmission Oberstleutnant Amano, der, wie ich von Generalveterinär Wakamatsu erfuhr, über die Ziele und Aufgaben meiner Gruppe im Bilde war. Soviel ich weiß, äußerte sich Oberstleutnant Amano in seinem Bericht, den er an den Stab der Kwantungarmee einsandte, sehr positiv über unsere Arbeit.

Abgesehen von der erwähnten Tätigkeit, kaufte ich im Sommer 1945 auf Befehl des Generalveterinärs Wakamatsu bei der Bevölkerung der Nord-Chingan-Provinz für 80 000 Jen, die mir dafür zur Verfügung standen, 500 Schafe, 100 Rinder und 90 Pferde auf.

Von Generalveterinär Wakamatsu erfuhr ich, daß dieses Vieh im Falle eines Krieges gegen die Sowjetunion mit Milzbrand, Rotz, Rinderpest und Schafpocken angesteckt und zu Sabotagezwecken ins Hinterland der Sowjettruppen getrieben werden sollte, um einen Ausbruch akuter Infektionserkrankungen hervorzurufen. Ich wußte auch, daß zu diesem Zweck Flugzeuge die erforderliche Menge einschlägiger Bakterien zu den Orten transportieren würden, wo sich das von mir aufgekaufte Vieh befand, und daß Sabotagegruppen das Vieh infizieren sollten.

Ich bekenne mich gleichfalls schuldig, daß ich während meines Aufenthalts in der Nord-Chingan-Provinz auf Befehl des Generalveterinärs Wakamatsu Vieh (10 Kälber) kaufte, das zu Beginn des Frühjahrs 1945 für Versuche im Raum des Flusses Süd-Changol Verwendung fand. Von Major Jamagutschi, einem Teilnehmer an den Versuchen, erfuhr ich, daß während dieser „Wintermanöver" genannten Versuche die Wirkung von Rinderpest und Schafpockenviren, die man auf dem Schnee und darauf geworfenem Futter zerstreute, unter Winterverhältnissen erprobt wurde. Diese Versuche erfolgten unter Bedingungen, die für bakteriologische Sabotageakte gegen die Mongolische Volksrepublik in Frage kamen, denn es ist bekannt, daß in der Mongolei das Vieh auf den Weiden überwintert.

Außerdem stellte ich im Sommer 1943, um die zur Tötung von Pferden mit Zyankali, Strychnin usw. erforderlichen Giftmengen festzustellen, auf Befehl des Chefs der 2. Abteilung Hasaka Versuche an 40 bis 50 Pferden an, die von Truppenteilen der Kwantungarmee gestellt wurden. Infolge dieser Versuche gingen zehn Pferde ein. Zu welchem Zweck diese Versuche angestellt wurden, war mir nicht bekannt. Ich nehme jedoch an, daß man Verfahren erforschte, Gifte zu Sabotagezwecken zu verwenden.

Weiter kann ich zur Sache nichts aussagen. Das Protokoll ist nach meinen Worten richtig niedergeschrieben und mir in japanischer Sprache vorgelesen worden, was ich unterschriftlich bestätige.

Hirasakura

VERNOMMEN DURCH:

Militärstaatsanwalt
Major der Justiz
BOGOD

Mitarbeiter der Chabarowsker Regionsverwaltung des Ministeriums für Innere Angelegenheiten
Leutnant *NASAROW*

Dolmetscher *JELGIN*

PROTOKOLL ÜBER DIE VERNEHMUNG DES ANGEKLAGTEN KADSUO MITOMO

Am 6. Dezember 1949 *Chabarowsk*

Die Vernehmung erfolgt durch Vermittlung des Dolmetschers Grigori Georgijewitsch Jelgin, der auf seine Verantwortung entsprechend Artikel 95 des Strafgesetzbuches der RSFSR aufmerksam gemacht wurde.

Unterschrift: *Jelgin*

Frage: Gegen Sie ist Anklage erhoben wegen Verübung von Verbrechen, die unter Artikel 1 des Erlasses des Präsidiums des Obersten Sowjets der UdSSR vom 19. April 1943 fallen. Bekennen Sie sich schuldig im Sinne der gegen Sie erhobenen Anklage?

Antwort: Ich bekenne mich restlos schuldig im Sinne der gemäß Artikel 1 des Erlasses des Präsidiums des Obersten Sowjets der UdSSR vom 19. April 1943 gegen mich erhobenen und mir durch Beschluß vom 5. Dezember 1949 mitgeteilten Anklage, deren Inhalt mir klar ist.

Frage: Wessen bekennen Sie sich konkret schuldig?

Antwort: Ich bekenne mich schuldig, daß ich mich im April 1941 freiwillig zur Arbeit in der Abteilung 100 der Kwantungarmee meldete, die sich mit der Herstellung von Milzbrand-, Rotz-, Rinderpest- und Schafpockenerregern befaßte, und daß ich an ihrer Herstellung im Speziallaboratorium der Abteilung 100 aktiv teilnahm, obwohl ich wußte, daß diese Erreger speziell für die Führung eines Krieges gegen die Sowjetunion bereitgestellt wurden.

Als ich meine Arbeit in der erwähnten Abteilung antrat, machte ich Sonderkurse über die Kultivierung von Milzbrand- und Rotzbazillen durch, die ich auch persönlich in einem mir überantworteten Inkubator züchtete. Diese Arbeit leistete ich während des ganzen Zeitraums meiner Tätigkeit in dieser Abteilung, d. h. von April 1941 bis Oktober 1944.

Außerdem wohnte ich mehrfach Versuchen zur Erprobung der Wirkung der von mir hergestellten todbringenden Bakterien an Tieren und lebenden Menschen bei, um dem Kommando der japanischen Armee die Anwendung dieser Bakterien in einem Kriege gegen die Sowjetunion zu ermöglichen. So nahm ich im Juli—August 1942 mit einer Gruppe Mitarbeiter der Abteilung 100 an einer Expedition ins Dreistromgebiet teil, wo die Stabilität von Rotzbazillen im Flusse Derbul und von Milzbrandbazillen in stehenden Gewässern überprüft wurde. Die erwähnte Expedition leitete der Chef der Unterabteilung 2 der Abteilung 100 Major Muramoto. Ebendort betrieb ich persönlich die Züchtung von Rotz- und Milzbrandbazillen, die unsere Gruppe für die Versuche im Fluß Derbul und in stehenden Gewässern verwandte. Diese Versuche erfolgten ... am Fluß Derbul, der sich in den die Grenze mit der UdSSR bildenden Fluß Argun ergießt.

Im August—September 1944 nahm ich unter Leitung des wissenschaftlichen Mitarbeiters Tsunetaka Matsui in den Räumen der Abteilung 100 Versuche an lebenden Menschen vor, und zwar an sieben oder acht inhaftierten Russen und Chinesen, an denen ich die Wirkung von Giftstoffen erprobte, die ich den an diese Gefangenen ausgegebenen Speisen beimengte.

Ende August 1944 mengte ich auf Anordnung Matsuis einer Schüssel Brei bis zu einem Gramm Heroin bei und gab diesen Brei einem verhafteten chinesischen Staatsbürger, der ihn aß, etwa dreißig Minuten später das Bewußtsein verlor und in diesem Zustand nach 15 bis 16 Stunden starb. Als wir diese Heroindosis verabreichten, wußten wir, daß sie tödlich ist, uns war es jedoch gleichgültig, ob der Mensch stirbt oder am Leben bleibt.

An manchen der Gefangenen stellte ich Versuche fünf- bis sechsmal an, um die Wirkung von koreanischer Winde, Heroin, Baktal und Rizinussamen zu überprüfen. Einer der

Gefängnisinsassen — er war russischer Nationalität — wurde infolge der Experimente so geschwächt, daß man an ihm keine weiteren Versuche anstellen konnte. Matsui gab mir den Auftrag, diesen Russen durch Einspritzung von Zyankali zu töten. Sofort nach der Einspritzung starb dieser Mensch.

Ferner war ich Zeuge, wie drei Verhaftete, an denen ich Versuche angestellt hatte, von Gendarmen erschossen wurden...

Frage: Haben Sie Ihren Aussagen etwas hinzuzufügen?

Antwort: Ich kann weiter nichts hinzufügen. Die Aussagen sind nach meinen Worten richtig niedergeschrieben und mir durch den Dolmetscher Jelgin in japanischer Sprache vorgelesen worden, was ich unterschriftlich bestätige.

Mitomo

VERNOMMEN DURCH:

Militärstaatsanwalt
Oberstleutnant der Justiz
ANTONOW

Mitarbeiter der Chabarowsker Regionsverwaltung des Ministeriums für Innere Angelegenheiten
Oberleutnant *BOIKO*

Dolmetscher *JELGIN*

PROTOKOLL ÜBER DIE VERNEHMUNG DES ANGEKLAGTEN NORIMITSU KIKUTSCHI

Am 6. Dezember 1949 *Chabarowsk*

Die Vernehmung erfolgt durch Vermittlung des Dolmetschers P o l u j a n o w, der auf seine Verantwortung entsprechend Artikel 95 des Strafgesetzbuches der RSFSR aufmerksam gemacht wurde.

Unterschrift: *Polujanow*

Frage: Sie haben Mitteilung erhalten von dem Beschluß, daß gegen Sie Anklage erhoben ist wegen Verbrechen, die unter Artikel 1 des Erlasses des Präsidiums des Obersten Sowjets der UdSSR vom 19. April 1943 fallen. Der Inhalt der Anklage wurde Ihnen erklärt. Bekennen Sie sich schuldig im Sinne der gegen Sie erhobenen Anklage?

Antwort: Ich bekenne mich schuldig im Sinne der gemäß Artikel 1 des Erlasses des Präsidiums des Obersten Sowjets der UdSSR vom 19. April 1943 gegen mich erhobenen Anklage.

Frage: Wessen bekennen Sie sich konkret schuldig?

Antwort: Ich bekenne mich schuldig, daß ich während meines Dienstes in der Zweigstelle 643 der Abteilung 731 von April 1943 bis zum Tag meiner Gefangennahme Typhus-, Paratyphus-, Dysenterie- und Tuberkulosebazillen kultiviert habe, um diese Bakterien zu erforschen sowie ihre Eigenschaften und ihre Fähigkeit zur Verbreitung von Epidemien zu studieren. Bei der Züchtung von Bakterien untersuchte ich den Nährboden, auf dem sie sich vermehren, und erstrebte die Herstellung eines Nährbodens, auf dem man Bakterien rascher kultivieren und ihre Lebensdauer verlängern kann.

Ich erstrebte auch eine raschere Herstellung des Nährbodens für Bakterien. Meine Tätigkeit zur Kultivierung von

Bakterien und zum Studium eines geeigneten Nährbodens verfolgte das Ziel, mich persönlich und die Gruppe 1 (die Forschungsgruppe) zu befähigen, auf einen entsprechenden Befehl meiner Vorgesetzten raschestens zur Massenkultivierung von Bakterien überzugehen.

Ich wußte, daß die japanische Kwantungarmee einen Bakterienkrieg gegen die Sowjetunion vorbereitete, daß die Abteilung 731 und die Zweigstelle 643, die der Abteilung 731 bei der Vorbereitung zum Bakterienkrieg half, hierfür Mittel bereitstellten, und daß meine Tätigkeit in der Gruppe 1 (der Forschungsgruppe) der Zweigstelle ... gleichfalls der Vorbereitung eines Bakterienkrieges diente. Folglich nahm auch ich persönlich an der Vorbereitung zu einem solchen Kriege teil und bekenne mich dessen schuldig.

Die mir zur Last gelegten Verbrechen habe ich nicht aus freiem Willen verübt, sondern auf Befehl der mir übergeordneten Vorgesetzten. Ihre Befehle nicht ausführen konnte ich nicht, weil ich wegen Befehlsverweigerung bestraft worden wäre.

Frage: Haben Sie Ihren Aussagen etwas hinzuzufügen?

Antwort: Meinen Aussagen kann ich weiter nichts hinzufügen...

Die Aussagen sind nach meinen Worten richtig niedergeschrieben und mir in japanischer Sprache vorgelesen worden.

Kikutschi

VERNOMMEN DURCH:

Stellvertretender Militärstaatsanwalt des Primorje-Wehrkreises Oberstleutnant der Justiz *ANTONOW*

Mitarbeiter der Chabarowsker Regionsverwaltung des Ministeriums für Innere Angelegenheiten Oberleutnant *BULANOW*

Dolmetscher *POLUJANOW*

PROTOKOLL ÜBER DIE VERNEHMUNG DES ANGEKLAGTEN JUDSI KURUSHIMA

Am 10. Dezember 1949 *Chabarowsk*

Die Vernehmung erfolgt durch Vermittlung des Dolmetschers Storoshkow, der darauf aufmerksam gemacht wurde, daß er für wissentlich falsche Übersetzung die gerichtliche Verantwortung entsprechend Artikel 95 des Strafgesetzbuches der RSFSR trägt.

Unterschrift: *Storoshkow*

Frage: Gegen Sie ist Anklage erhoben gemäß Artikel 1 des Erlasses des Präsidiums des Obersten Sowjets der UdSSR vom 19. April 1943. Sind Sie sich über den Inhalt der gegen Sie erhobenen Anklage im klaren und bekennen Sie sich schuldig?

Antwort: Der Inhalt der gemäß Artikel 1 des Erlasses des Präsidiums des Obersten Sowjets der UdSSR vom 19. April 1943 gegen mich erhobenen Anklage, die im Beschluß des Militärstaatsanwalts vom 9. Dezember 1949 dargelegt ist, ist mir klar. Ich bekenne mich restlos schuldig im Sinne der gegen mich erhobenen Anklage.

Zur Sache möchte ich folgendes aussagen:

Nach meiner Einberufung zur japanischen Armee und nach meiner militärischen Ausbildung im 97. Infanterieregiment wurde ich tatsächlich im April 1944 zur Dienstleistung in die bei Linkou stationierte Zweigstelle 162 der Abteilung 731 abkommandiert.

Bald nach meiner Ankunft in dieser Zweigstelle wurde mir aus dem Charakter der dort geleisteten Arbeit sowie aus den Verwarnungen betreffend die Geheimhaltung der Tätigkeit der Abteilung 731 klar, daß die Abteilung 731 sich offiziell zwar mit Fragen der Wasserversorgung und

Seuchenverhütung befassen sollte, in Wirklichkeit aber die Züchtung von Bakterien akuter Infektionserkrankungen (Typhus, Paratyphus, Cholera, Pest u. a.) sowie die Züchtung von Flöhen und zu diesem Zweck die Vermehrung von Nagetieren betrieb.

Als ich in der Zweigstelle 162 einen sechsmonatigen Sanitätskursus durchmachte, richtete ich wie alle übrigen Kursanten unter der Leitung des Chefs der Gruppe 1 Oberstabsarzt Hoshoa mein besonderes Augenmerk auf das Studium der Bakteriologie.

Nach Beendigung des Lehrgangs wurde ich mit einer Gruppe Heeresangehöriger, die der Unteroffizier Ioshitake Hiodo befehligte, zur Abteilung 731 abgestellt, um an der Erprobung bakteriologischer Geschosse teilzunehmen. Diese Erprobungen wurden „Manöver" genannt.

Während meines Aufenthalts in der Abteilung 731 erfuhr ich noch vor dem Aufbruch in das Manövergebiet von Mitarbeitern der Abteilung, daß die hier massenhaft gezüchteten Bakterien akuter Infektionserkrankungen gewaltsam an lebenden Menschen russischer und chinesischer Nationalität erprobt wurden, die in der Abteilung eingesperrt waren.

Hier erfuhr ich auch, daß ich an Versuchen teilnehmen würde, die dem Zweck dienten, die Möglichkeit der Verseuchung von Gelände durch Zerstäubung von Flöhen mit Hilfe der Luftwaffe festzustellen.

Vom 6. bis 30. Oktober 1944 nahm ich unweit der Ortschaft Wutung an den erwähnten Manövern teil, und zwar bewachte ich die Unterkunft des Personals, das die Versuche vornahm.

Außerdem beteiligte ich mich an der Zählung der Flöhe, die auf einem Gebiet von zwei Quadratkilometern in dort verteilte Kästen gerieten, nachdem mit diesen Flöhen gefüllte Porzellanbomben von einem Flugzeug abgeworfen worden und explodiert waren.

Am 2. November 1944 kehrte ich in die Zweigstelle 162 zurück und erhielt dort Arbeit im bakteriologischen

Laboratorium der Gruppe 1 zugewiesen, wo ich als Laboratoriumspraktikant Dienst tat.

Hier befaßte ich mich unter unmittelbarer Leitung des Feldwebels Jutaka Kan und des Chefs der Gruppe 1 Oberstabsarzt Hoshoa damit, Tuberkulose-, Typhus- und Paratyphusbazillen auf den Nährboden aufzusetzen, die Laboratoriumsgeräte für Untersuchungen vorzubereiten, die Temperatur der Inkubatoren bei der Kultivierung von Bakterien zu regulieren usw.

Außerdem begab ich mich zweimal (jedesmal sieben Tage) zum Fang von Feldnagetieren. Insgesamt fing ich bis zu dreihundert solcher Nagetiere, die anschließend der Abteilung 731 überwiesen wurden und bei der Herstellung der Bakterienwaffe Verwendung fanden.

Ich bekenne mich schuldig, daß ich mich durch meine ganze praktische Tätigkeit in der Abteilung 731 und ihrer Zweigstelle 162 an der Bereitstellung der Bakterienwaffe zwecks Massenvernichtung von Menschen beteiligt habe, bitte jedoch zu berücksichtigen, daß ich, wenngleich Mittäter an diesem Verbrechen, ausführendes Organ der Befehle des japanischen Militärkommandos war.

Das Protokoll ist nach meinen Worten richtig niedergeschrieben und mir in japanischer Sprache vorgelesen worden.

Kurushima

VERNOMMEN DURCH:

Militärstaatsanwalt
Major der Justiz
BOGOD

Mitarbeiter der Chabarowsker Regionsverwaltung des Ministeriums für Innere Angelegenheiten
Major *KONONOW*

Dolmetscher *STOROSHKOW*

AUSZUG
AUS DEM PROTOKOLL ÜBER DIE VERNEHMUNG OTOSOO JAMADAS

Am 3. November 1949 *Chabarowsk*

...Die Abteilung 731 hieß offiziell „Verwaltung für Seuchenverhütung und Wasserversorgung der Kwantungarmee“, was gewissermaßen zur Verschleierung der tatsächlichen Bestimmung der Abteilung diente. Zu dem gleichen Zweck trugen die Mitarbeiter der Abteilung 731 die übliche Truppenuniform ohne Sanitätsabzeichen. Wir befürchteten, die starke Konzentration medizinischen Personals könnte zu unerwünschten Vermutungen über den wahren Charakter der Arbeiten der Abteilung 731 führen.

...Als ich im August 1944 die Abteilung 731 besuchte, machte ich mich persönlich mit der Arbeit aller Unterabteilungen bekannt, und während ich sie besichtigte, wurde mir über die Produktionsprozesse zur Kultivierung und Massenzüchtung von Bakterien Bericht erstattet. Ich erinnere mich, daß ich in einer der Unterabteilungen ein riesiges Aggregat von Spezialapparaten sah, mit deren Hilfe man große Mengen pathogener Erreger herstellen konnte. Der Chef der Unterabteilung nannte mir Zahlen über die Produktionskapazität der Abteilung, ich kann sie aber jetzt nicht anführen.

Ich muß sagen, diese Unterabteilung für die Erzeugung von Bakterien in riesigen Mengen war so eingerichtet, daß sie deren Massenanwendung durchaus verbürgen konnte. In einer anderen Unterabteilung der Abteilung, die sich mit der Züchtung von Flöhen als Pestseuchenträger befaßte, sah ich besondere Behälter, in denen große Mengen Flöhe aufbewahrt wurden. Die mich begleitenden Mitarbeiter der Abteilung berichteten, daß die Flöhe zur Ansteckung mit

Pest dienten und daß dies eine der Arten der Bakterienwaffe sei.

Nachdem ich alle Unterabteilungen der Abteilung besichtigt hatte, begab ich mich mit meinen Begleitern auf den Wartturm, der dazu diente, die Kontrollversuche mit der Verstreuung von Flöhen aus Flugzeugen zu beobachten. Von hier aus betrachtete ich den Flugplatz. Einer der Offiziere erklärte mir, die pestinfizierten Flöhe seien eine der Arten der Bakterienwaffe und würden auf einem besonderen Übungsplatz mittels Verstreuung von Flugzeugen erprobt. Dabei machte er Angaben über die Versuchsergebnisse unter verschiedenen Witterungsverhältnissen.

Als ich die Abteilung 731 besichtigte, war ich äußerst erstaunt über das Ausmaß der Forschungs- und Produktionstätigkeit der Abteilung zur Herstellung bakteriologischer Kriegsmittel.

Frage: Folglich wurde die Abteilung 731 der Kwantungarmee zu dem Zweck organisiert, einen Bakterienüberfall auf die Sowjetunion vorzubereiten?

Antwort: Ich muß zugeben, daß die auf mandschurischem Gebiet stationierte Abteilung 731 zur Vorbereitung eines Bakterienkrieges hauptsächlich gegen die Sowjetunion, aber auch gegen die Mongolische Volksrepublik und China organisiert wurde...

Frage: Inwieweit war die Abteilung 731 dem Stab der Kwantungarmee unterstellt?

Antwort: Die Abteilung 731 war mir als dem Oberbefehlshaber der Kwantungarmee unmittelbar unterstellt.

Die Unterordnung der Abteilung 731 unter das Kommando der Kwantungarmee erfolgte auf Befehl des japanischen Kriegsministers, als die Abteilung organisiert wurde.

Die taktische Leitung der Abteilung 731, zu der alle Fragen der Erzeugung der Bakterienwaffe und ihres Einsatzes gehörten, oblag mir. Das bedeutet: wenn der Einsatz der Bakterienwaffe gegen Truppen des Gegners notwendig geworden wäre, so hätte der Befehl dazu nur von mir ausgehen können, insofern die Abteilung 731 eine mir unterstellte Spezialtruppe war...

VERNOMMEN DURCH:

Mitarbeiter der Chabarowsker Regionsverwaltung des Ministeriums für Innere Angelegenheiten

BRAWE, GOICHMAN

Dolmetscher *ZWIROW*

7*

AUSZUG AUS DEM PROTOKOLL ÜBER DIE VERNEHMUNG OTOSOO JAMADAS

Am 5. November 1949 *Chabarowsk*

Frage: Wann haben Sie persönlich die Abteilung 731 besucht?

Antwort: Ich war in der Abteilung 731 nur ein einziges Mal. Nach Antritt meines Amtes als Oberbefehlshaber der Kwantungarmee machte ich mich mit allen mir unterstellten Verbänden und Einheiten bekannt, darunter auch mit der Abteilung 731. Das geschah im August 1944.

Zum Standort der Abteilung begleitete mich Oberstleutnant Hara, ein Stabsoffizier der Kwantungarmee. Ich verließ Charbin nicht am Abend, wie ich früher aussagte, sondern um zwölf Uhr mittags und hielt mich etwa anderthalb Stunden in der Abteilung auf. Über diesen Besuch finden sich Eintragungen in meinem Tagebuch.

An der Einfahrt zum Gelände der Abteilung wurde ich vom Chef der Abteilung 731 Generalmajor Kitano mit seinen Offizieren erwartet. Nach der Begrüßungszeremonie begab ich mich in den Dienstraum des Generalmajors Kitano, der mir meldete, die Abteilung bestehe aus sieben Unterabteilungen, und zwar: Geschäftsstelle, klinische, Material-, Produktions-, wissenschaftliche Forschungsabteilung und Ausbildungsabteilung. Wie die siebente hieß, ist mir entfallen.

In seinem Bericht über Zweck und Aufgaben der Abteilung nannte Kitano zwei Aufgaben, die die Abteilung ihrer Bestimmung nach zu erfüllen habe — die erste sei der Seuchenverhütungsdienst und die Wasserversorgung der Kwantungarmee, die andere Aufgabe die Untersuchung verschiedener, mit der Vorbereitung von bakteriologischen Kampfmitteln verbundener Probleme. Außerdem informierte mich General Kitano in allgemeinen Umrissen über den Personalbestand der Abteilung, aber diese Zahlen sind mir augenblicklich nicht in Erinnerung.

Als er dann die besondere Funktion jeder einzelnen der Unterabteilungen schilderte, erklärte er, daß die wissenschaftliche Forschungsabteilung die Einsatzverfahren für die Bakterienwaffe ausarbeite.

Aus dem Gesagten entnahm ich, daß im Bedarfsfall die Anwendung von Bakterien zu Sabotageakten durch Bodenmittel geschieht, während bei Masseneinsatz der Bakterienwaffe Flugzeuge verwendet werden.

Über die Produktionsabteilung berichtete General Kitano, daß sie sich mit der Herstellung spezieller bakteriologischer Präparate befasse, und zwar in so großem Umfang, daß er für Angriffsoperationen ausreiche.

Später, als ich in die Tätigkeit der Abteilung 731 vollen Einblick erlangt hatte, kam ich zu der Überzeugung, daß sie leistungsfähig genug war, um die Bakterienwaffe in sehr ausgedehntem Maßstab anzuwenden, worüber ich bei der letzten Vernehmung bereits Aussagen gemacht habe.

Wie General Kitano sagte, bildete die Ausbildungsabteilung der Abteilung 731 medizinische Kader heran, die sodann in alle Unterabteilungen eingereiht wurden, darunter auch in diejenigen, welche die Bakterienwaffe und ihre Herstellung erforschten.

Die Materialabteilung belieferte die Abteilung 731 mit den erforderlichen Materialien und medizinischen Einrichtungen.

Nach Beendigung von General Kitanos Bericht ging ich an die Besichtigung der Abteilung. Mich genau zu entsinnen, was ich in jeder einzelnen Unterabteilung gesehen habe, fällt mir jetzt schwer, darum kann ich das Gesehene nur in allgemeinen Umrissen wiedergeben, ohne mit Bestimmtheit sagen zu können, auf welche der Unterabteilungen sich der eine oder andere Arbeitsgang bezieht. Nichtsdestoweniger erinnere ich mich genau, daß ich die Arbeit aller wichtigen Unterabteilungen kennengelernt habe. In einer Unterabteilung (wie mir scheint, in der Produktionsabteilung) wurde mir das Verfahren zur Massenzucht von Bakterien gezeigt. Es waren dort ausgedehnte Anlagen, Kessel und andere Apparate, vorhanden, die zur massenweisen Herstellung der Bakterienwaffe erforderlich sind.

In einem anderen Raum sah ich spezielle Kästen mit einer unheimlichen Menge lebender Flöhe. Man sagte mir, diese Flöhe seien zur Infizierung mit Pestbazillen bestimmt, worauf sie als Überträger einer Pestepidemie verwendet werden können. Was ich in den anderen Räumen gesehen habe, ist mir jetzt entfallen.

Nach der Besichtigung der wichtigsten Räume der Abteilung bestiegen ich und die mich begleitenden Offiziere den Wartturm des Gebäudes, von wo aus sich ein Ausblick über den Flugplatz bot; darüber habe ich bereits bei der letzten Vernehmung eingehende Aussagen gemacht.

Nachdem ich alle Arbeitszweige der Abteilung kennengelernt und ein Bild vom Charakter ihrer Tätigkeit erhalten hatte, war ich äußerst erstaunt über das Ausmaß der Forschungsarbeiten und die kolossalen Möglichkeiten der Abteilung zur Herstellung der Bakterienwaffe...

Jamada

VERNOMMEN DURCH:

Militärstaatsanwalt
Oberstleutnant der Justiz
BASENKO

Mitarbeiter der Chabarowsker Regionsverwaltung des Ministeriums für Innere Angelegenheiten
Oberleutnant *BRAWE*
Oberleutnant *GOICHMAN*

Dolmetscher *ZWIROW*

AUSZUG AUS DEM PROTOKOLL ÜBER DIE VERNEHMUNG OTOSOO JAMADAS

Am 17. November 1949 *Chabarowsk*

...Zu den mir unterstellten Einheiten, die sich mit der Erforschung und Massenherstellung der Bakterienwaffe befaßten, gehörten die Abteilung 731, die Abteilung 100 und ihre Zweigstellen.

...Was die Tätigkeit der Abteilungen 731 und 100 zur Vorbereitung des Bakterienkrieges anbelangt, ist zu vermerken, daß die Abteilung 731 sich mit der Erforschung und Herstellung der Bakterienwaffe beschäftigte, die zur Massenvernichtung von Menschen vorgesehen war. Die Tätigkeit der Abteilung 100 war in dieser Hinsicht enger gezogen und beschränkte sich auf die Erforschung und Herstellung der Bakterienwaffe für Sabotageakte zur Vernichtung von Vieh und Verseuchung von Saaten.

...Die mir unterstellte strategisch-operative Abteilung versah die Leitung in allen Fragen, die mit der Produktion der erforderlichen Bakterienmenge, der Versorgung mit technischen Einrichtungen und der Ausbildung qualifizierter Kader zur Ergänzung des Personalbestands der Abteilungen 731 und 100 zusammenhingen...

Frage: Was meinten Sie, als Sie bei der Vernehmung vom 3. November 1949 erklärten, daß die Vorbereitung bakteriologischer Kampfmittel hauptsächlich gegen die Sowjetunion gerichtet gewesen sei?

Antwort: Diese Aussagen bestätige ich voll und ganz, muß aber zur Erklärung hinzufügen, daß der Bakterienkrieg nicht ausschließlich gegen die Sowjetunion, sondern auch gegen andere Staaten vorbereitet wurde.

Frage: Drücken Sie sich deutlicher aus: welche Staaten haben Sie im Auge?

Antwort: Hauptsächlich die Sowjetunion, aber auch

China, die Mongolische Volksrepublik, die Vereinigten Staaten von Amerika und England.

Frage: Welche konkreten Maßnahmen wurden zur Vorbereitung des Bakterienkrieges gegen die UdSSR durchgeführt?

Antwort: In bezug auf die Sowjetunion bestand die Vorbereitung des Bakterienkrieges in einer ganzen Reihe von Untersuchungen, die die Anwendungsmethoden von Seuchenbakterien klären sollten, weiter in der massenweisen Herstellung der Bakterienwaffe und in Experimenten, um die Wirkung dieser oder jener Bakterienart festzustellen.

Frage: Erzählen Sie, welche Einsatzverfahren für die Bakterienwaffe ausgearbeitet waren.

Antwort: Soweit ich mich erinnere, waren die hauptsächlichsten und wirksamsten Einsatzverfahren für die Bakterienwaffe: Abwurf der Bakterien von Flugzeugen und Zerstäubung mit Bodenmitteln. Die Bakterien wurden entweder in Spezialbomben von Flugzeugen abgeworfen oder durch besondere Apparate, die an den Flugzeugen angebracht waren, zerstäubt. Die Bodenmittel bestanden in der Verseuchung von Gewässern, Weiden und Viehherden mit Bakterien.

...Ich muß gestehen, daß ich tatsächlich im Juni 1945 Oberst Tamura in die Abteilung 731 entsandt habe, damit er an Ort und Stelle in die Arbeit Einblick nimmt und die Frage klärt, ob eine Erweiterung des Fachpersonals nötig sei. Oberst Tamuras Entsendung in die Abteilung 731 war hervorgerufen durch eine Anweisung des Kriegsministeriums an die Kwantungarmee betreffs Erweiterung der Produktion von bakteriologischen Kampfmitteln. Diese Direktive wurde zur Ausführung an den Chef der Abteilung 731 Generalleutnant Ishii weitergeleitet, der sich auf Grund dieser Direktive im Mai 1945 schriftlich an mich wandte mit der Bitte, den Personalbestand mit den erforderlichen Fachkräften zu erweitern. Übrigens fällt mir dabei ein, daß ich Ishiis Bericht über die Bakterienbomben tatsächlich bei mir gehabt hatte. Ich bitte, auch in dieser Hinsicht die vordem von mir gemachten Aussagen entsprechend abändern zu wollen.

Ishiis Bericht lag in meinem Safe und wurde dann von mir dem Chef der strategisch-operativen Abteilung Generalmajor Tomokatsu Matsumura übergeben. Ich erinnere mich gut, daß der Bericht auf rotliniiertem Papier geschrieben war. Ich erinnere mich gleichfalls, daß er den Titel „Bakterienbombe System Ishii" führte, wobei ich mich dunkel entsinne, daß ich bei meinem Besuch in Ishiis Abteilung selbst Bombenmuster gesehen habe, die zur Verwendung von pestinfizierten Flöhen als Bakterienwaffe bestimmt waren.

...Ich erinnere mich, solche Bomben bei meiner Inspektion in der Abteilung 731 gesehen zu haben. Diese Bomben wurden von der Abteilung 731 hergestellt. An die Menge entsinne ich mich nicht, aber sie wurde durch den Bedarf geregelt. Die auf dem mir vorgelegten Schema abgebildete Bombe habe ich in dem erwähnten Bericht von Ishii gesehen...

Zum Studium der Einsatzverfahren der Bakterienwaffe wurden besondere Kommissionen geschaffen, denen der Stabschef der Kwantungarmee, der Chef der strategisch-operativen Abteilung, der jeweilige Chef der bakteriologischen Abteilung 100 oder 731 sowie einzelne Stabsoffiziere angehörten. Vorsitzender dieser Kommissionen war der Stabschef. Der Oberbefehlshaber der Kwantungarmee nahm an der Arbeit dieser Kommissionen nicht teil. Die Beschlüsse der Kommissionen über den Einsatz bakteriologischer Kampfmittel wurden dem Oberbefehlshaber der Kwantungarmee vorgelegt und nach dessen Bestätigung an den japanischen Generalstab weitergeleitet. Von der Annahme dieses oder jenes Verfahrens setzte der Generalstab den Stab der Kwantungarmee in Kenntnis, der wiederum entsprechende Anweisung an die Abteilungen 731 und 100 über die Massenherstellung der nötigen Seuchenbakterien ergehen ließ. Die Belieferung der bakteriologischen Abteilungen 731 und 100 mit allen notwendigen technischen Einrichtungen, Rohstoffen und Materialien geschah durch das japanische Kriegsministerium je nach den Forderungen des Generalstabs, diese oder jene Art der Bakterienwaffe herzustellen.

Die Pläne zum Einsatz der Bakterienwaffe und zur Aufstellung der zum praktischen Einsatz der Bakterienwaffe erforderlichen Einheiten wurden vom japanischen Generalstab auf Grund entsprechender Informationen des Stabes der Kwantungarmee ausgearbeitet.

Frage: Welche Einsatzverfahren für die Bakterienwaffe waren in der Kwantungarmee während Ihrer Tätigkeit als Oberbefehlshaber eingeführt?

Antwort: Alle in der Kwantungarmee eingeführten Einsatzverfahren der Bakterienwaffe waren vor meiner Berufung zum Oberbefehlshaber der Kwantungarmee bestätigt worden. Ich selbst hielt die Zerstäubung aus Flugzeugen für die effektivste Methode, da man so ein größeres Gelände verseuchen konnte.

Frage: Welche Flugzeuge waren für den Einsatz der Bakterienwaffe bestimmt?

Antwort: In Friedenszeiten verfügte die Abteilung 731 über mehrere Spezialflugzeuge. In Kriegszeiten konnten gegebenenfalls auch die Flugzeuge jeder beliebigen Fliegertruppe verwendet werden, wenn sie vorher mit den nötigen Vorrichtungen ausgerüstet waren.

Frage: Worin äußerte sich konkret Ihre persönliche leitende Teilnahme als Befehlshaber an der Vorbereitung zum Bakterienkrieg?

Antwort: Ich sagte bereits, daß alle Einsatzverfahren der Bakterienwaffe, über welche die Kwantungarmee verfügte, vor meiner Berufung zum Oberbefehlshaber vom japanischen Generalstab geprüft und bestätigt worden waren. Diese Verfahren blieben auch unter mir weiter in Kraft. Außerdem leitete ich als Oberbefehlshaber durch die mir unterstellten Stabsabteilungen entsprechend den Anweisungen des Kriegsministeriums und des japanischen Generalstabs die Tätigkeit der bakteriologischen Abteilungen 731 und 100 zur Erforschung und Herstellung der Bakterienwaffe. Meine Funktion als Oberbefehlshaber der Kwantungarmee bestand unter anderem auch darin, in Kriegszeiten die taktische Leitung beim Einsatz bakteriologischer Kampfmittel auszuüben. In dieser Hinsicht hatte ich im Kriegsfall zu bestimmen, von welchen Verbänden und in welchem Kampfraum die Bakterienwaffe einzusetzen sei.

Zur Durchführung von Bakterienangriffen sollten den Kommandierenden der Fronten und der einzelnen Armeen besondere bakteriologische Abteilungen unterstellt werden, die auf der Basis der Abteilungen 731, 100 und ihrer Zweigstellen formiert werden sollten.

...**Frage:** Was haben Sie konkret unternommen, um die Produktion der Bakterienwaffe entsprechend den Direktiven des Kriegsministeriums zu erweitern?

Antwort: Wie ich bereits vorher aussagte, habe ich gemäß der vom Stellvertretenden Kriegsminister ausgehenden Anweisung die Erweiterung der Produktion der Bakterienwaffe im Rahmen der vom Kriegsministerium erhaltenen Direktiven sanktioniert. Jedoch in welchem Ausmaß die Produktion erweitert wurde, weiß ich nicht mehr...

...**Frage:** Von wem sollte der Befehl über den Einsatz der Bakterienwaffe ausgehen?

Antwort: Der Befehl über den Einsatz der Bakterienwaffe sollte vom kaiserlichen Hauptquartier ausgehen.

Jamada

VERNOMMEN DURCH:

Militärstaatsanwalt
Oberstleutnant der Justiz
BASENKO

Mitarbeiter der Chabarowsker Regionsverwaltung des Ministeriums für Innere Angelegenheiten
Hauptmann *GOICHMAN*

Dolmetscher *ZWIROW*

AUSZUG AUS DEM PROTOKOLL ÜBER DIE VERNEHMUNG OTOSOO JAMADAS

Am 1. Dezember 1949 *Chabarowsk*

...**Frage:** Was führte im Jahre 1945 zu einer Steigerung der Produktion der Bakterienwaffe?

Antwort: Die Produktion der Bakterienwaffe in den Abteilungen 731 und 100 wurde zu jener Zeit gesteigert, da die Vorbereitungsphase für die experimentelle Erprobung der wirksamsten bakteriologischen Kampfmittel abgeschlossen war. Ich meine hier die Anwendung der bakteriologischen Fliegerbombe „System Ishii“, die Verstreuung pestinfizierter Flöhe durch Flugzeuge und die bakteriologische Sabotage mit Bodenmitteln, über die ich aus den entsprechenden Berichten der Generale Kitano, Takahashi und anderer Personen informiert war.

Im Jahre 1945, im Zusammenhang mit dem erfolgreichen Abschluß aller Vorbereitungsarbeiten zur Vervollkommnung der wirksamsten Einsatzverfahren der Bakterienwaffe, wurde die Massenerzeugung der Bakterienwaffe aufgenommen, um sie auf den ersten Befehl aus dem kaiserlichen Hauptquartier in jeder Richtung praktisch einsetzen zu können. Auf Grund des Dargelegten und im Einklang mit der Anweisung des Stellvertretenden Kriegsministers Japans befahl ich im Frühjahr 1945, die Massenproduktion der Bakterienwaffe in den Abteilungen 731 und 100 zu erweitern, im Zusammenhang damit die technische Ausrüstung zu verstärken und zu vervollkommnen sowie die Abteilung 731 durch die notwendigen Fachleute zu ergänzen.

Außerdem bin ich persönlich der Meinung, daß die Produktionssteigerung in bezug auf die Bakterienwaffe im Jahre 1945 mit der Verschlechterung der Lage an den verschiedenen Kriegsschauplätzen zusammenhing. Doch ist das lediglich meine private Meinung, da ich keine offiziellen Informationen in dieser Frage empfangen hatte.

Frage: Erklären Sie genauer, wann der Stab der Kwantungarmee die Anweisung des Stellvertretenden Kriegsministers Japans über die Erweiterung der Produktion der Bakterienwaffe erhielt.

Antwort: Soweit ich mich erinnere, traf diese Anweisung im März 1945 ein.

...**Frage:** Was änderte sich in der Ausarbeitung der Einsatzverfahren und -methoden für die Bakterienwaffe, während Sie Oberbefehlshaber der Kwantungarmee waren?

Antwort: Wie ich schon sagte, waren die hauptsächlichsten Einsatzverfahren für die Bakterienwaffe in der Kwantungarmee bereits eingeführt und vom japanischen Generalstab bestätigt, ehe ich meine Dienststellung als Oberbefehlshaber antrat, und in dieser Hinsicht sind zu meiner Zeit keine Änderungen eingetreten. Diese Verfahren wurden auch von mir gutgeheißen und blieben in Kraft. Jedoch wurde während meiner Tätigkeit in der Kwantungarmee an der Vervollkommnung der Einsatzmethoden dieser oder jener Art der Bakterienwaffe gearbeitet. Das geschah sowohl in der Abteilung 731 wie in der Abteilung 100. Insbesondere wurde zu meiner Zeit das Einsatzverfahren von pestinfizierten Flöhen durch Zerstäubung vermittels besonderer Vorrichtungen aus Flugzeugen und durch Abwurf spezieller Bomben endgültig vervollkommnet. Über diese Methode erstattete mir General Kitano einen besonderen Bericht.

Frage: Welche Entscheidungen trafen Sie nach dem Bericht Ishiis über die Bakterienbombe?

Antwort: Die Entscheidung zu Ishiis Bericht über die Anwendung einer speziellen Bakterienbombe wurde von meinem Vorgänger General Umedsu getroffen. Auch ich hieß dieses Verfahren gut, nachdem ich Ishiis Bericht gelesen hatte. Irgendeine besondere Bestätigung war in dieser Frage nicht mehr erforderlich.

...Im Oktober oder November 1944 erstattete mir General Kitano einen eingehenden Vortrag über die Ergebnisse der versuchsweisen Anwendung von pestinfizierten Flöhen als bakteriologisches Kampfmittel. Kitanos Vortrag wurde durch einen besonderen Film illustriert, den er aus der Abteilung 731 mitgebracht hatte, sowie durch schematische Darstellungen der Gelände, wo die Zerstäubung von pestinfizierten Flöhen mittels Flugzeugen erprobt worden war. In Kitanos Vortrag wurden alle diesbezüglichen Versuche und Forschungen verallgemeinert und das Fazit der gesamten Arbeit gezogen. Während des Vortrags demonstrierte er verschiedene Tabellen, die anschaulich die Ergebnisse der Forschungen und der versuchsweisen Verseuchung von Gelände mit Pestbazillen darstellten. Da ich persönlich den Einsatz von pestinfizierten Flöhen für eine außerordentlich wirksame Methode hielt, billigte ich Kitanos Bericht und das von ihm vorgeschlagene Einsatzverfahren der Bakterienwaffe.

Die Ergebnisse der Experimente mit pestinfizierten Flöhen wurden von der Leitung der Abteilung 731, unter Umgehung des Stabes der Kwantungarmee, unmittelbar dem kaiserlichen Hauptquartier zur Kenntnis gebracht.

Frage: Früher haben Sie ausgesagt, daß alle Beschlüsse betreffs der Erforschung und Herstellung der Bakterienwaffe nach Behandlung der Fragen in der provisorischen Kommission vom Oberbefehlshaber bestätigt und danach vom Stab der Kwantungarmee dem Generalstab sowie dem japanischen Kriegsministerium vorgelegt wurden. Was ist also letzten Endes richtig?

Antwort: Ich bestätige voll und ganz die früher von mir gemachten Aussagen, und ich glaube, daß sie keine Widersprüche enthalten. Es handelt sich darum, daß die Berichte, von denen ich vordem sprach, wichtigere Fragen behandelten, in der Regel die Ausarbeitung der Einsatzmethoden für die Bakterienwaffe oder andere sehr aktuelle Fragen. Diese Berichte wurden vom Stab der Kwantungarmee an das Zentrum geleitet. Berichte aber, die die Ausarbeitung verschiedener Teilprobleme zum Inhalt hatten, wie etwa die Untersuchungen über die Wirkung dieser oder jener Art der Bakterienwaffe, gingen direkt von der Leitung der Abteilung 731, je nach ihrem Inhalt, entweder an das kaiserliche

Hauptquartier oder in das Kriegsministerium oder aber in die Militärärztliche Akademie.

Frage: Auf welche Weise wurden die Forschungsarbeiten und die Erzeugung der Bakterienwaffe finanziert?

Antwort: Die Forschungsarbeiten und die Herstellung der Bakterienwaffe wurden vom japanischen Kriegsministerium über den Stab der Kwantungarmee finanziert. Die Einzelheiten über den Umfang und die Art der Finanzierung sind mir nicht bekannt.

Frage: Was ist der Grund für die Dislozierung der Abteilungen 731 und 100 sowie ihrer Zweigstellen in unmittelbarer Nähe der Grenze der Sowjetunion?

Antwort: Eine diesbezügliche Erklärung habe ich von keiner Seite erhalten, aber ich persönlich bin der Meinung, daß dies geschah, um einen möglichst bequemen und raschen Einsatz der Bakterienwaffe gegen die Sowjetunion zu gewährleisten.

Frage: Auf welche Weise beabsichtigte man, die Bakterienwaffe gegen England, die USA und andere Länder einzusetzen?

Antwort: Ich glaube, daß die Bakterienwaffe gegen die USA, England und andere Staaten zum Einsatz gekommen wäre, wenn die Sowjetunion nicht in den Krieg gegen Japan eingetreten wäre. Der Eintritt der Sowjetunion in den Krieg gegen Japan und der unaufhaltsame Vormarsch der Sowjetarmee in das Innere der Mandschurei haben es uns unmöglich gemacht, die Bakterienwaffe gegen die UdSSR und gegen andere Länder einzusetzen...

Jamada

VERNOMMEN DURCH:

Militärstaatsanwalt
Oberstleutnant der Justiz
BASENKO

Mitarbeiter der Chabarowsker Regionsverwaltung des Ministeriums für Innere Angelegenheiten
Hauptmann *GOICHMAN*

Dolmetscher *ZWIROW*

AUSZUG AUS DEM PROTOKOLL ÜBER DIE VERNEHMUNG RIUDSI KADSITSUKAS

Am 23. Oktober 1949 *Chabarowsk*

Frage: Was wurde in der Abteilung 731 konkret zur Vorbereitung des Bakterienkrieges unternommen?

Antwort: Im Februar 1941 erzählte mir der Chef der Abteilung 731 Generalstabsarzt Ishii in meinem Arbeitszimmer in Tschangtschun im Verlauf seines Berichts über die Tätigkeit der Abteilung mit Erlaubnis des Oberbefehlshabers der Kwantungarmee Umedsu unter anderm auch davon, was in der Abteilung zur Vorbereitung des Bakterienkrieges getan worden war. Damit erfüllte er ein Versprechen, das er mir bei meinem Aufenthalt in der Abteilung 731 im Jahre 1940 gegeben hatte.

Wie Ishii sagte, war durch die von der Abteilung geleisteten Untersuchungen festgestellt worden, daß der Abwurf von Bakterien in Fliegerbomben wenig wirksam ist, weil so empfindliche Bazillen wie Ruhr-, Typhus-, Paratyphus-, Cholera- und Pestbazillen durch den starken Luftwiderstand und die allzu hohe Temperatur fast hundertprozentig eingehen. Dabei äußerte sich Ishii in dem Sinne, daß die auf diese Versuche gesetzten großen Hoffnungen sich nicht bewährt hätten und daß die Bomben ebenso wie die Bakteriengeschosse die Seuche nicht in dem erwarteten großen Umfang verbreiten.

Was die widerstandsfähigsten Bazillen anbelangte, zu denen die Milzbrandbazillen gehören, erklärte Ishii, daß diese Bazillen auf die genannte Weise angewandt werden können und daß gegenwärtig die Untersuchungen fortgesetzt werden.

Die Untersuchungen ergaben gleichfalls, daß der Abwurf von Bakterien aus Flugzeugen, in ähnlicher Weise wie mit Giftkampfstoffen gehandhabt, relativ wirksam ist.

Ishii erzählte mir, daß man die Bakterien nicht aus großer Höhe abwerfen dürfe, da sie dabei eingehen; man müsse sie aus einer Höhe von nicht über 500 Meter abwerfen, aber bei dieser geringen Höhe wäre die Fläche der Bakterienzerstäubung zu klein.

Von Ishii erfuhr ich, daß der Abwurf von Cholerabazillen auf Feindgelände wenig wirksam und schwierig sei, erstens weil der Abwurf aus geringer Höhe zu erfolgen hat, wobei der Gegner leicht das Flugzeug beschießen kann, und zweitens, weil dafür eine zu große Bakterienmenge erforderlich ist.

Ferner erzählte mir Ishii, daß es weitaus wirksamer sei, die Bazillen nicht in Reinkultur abzuwerfen, sondern zusammen mit den sie tragenden Insekten, insbesondere Flöhen. Flöhe, die lebenszähesten Insekten, wurden mit Pest infiziert und von Flugzeugen abgeworfen, um die Seuche zu verbreiten, und mit den Flöhen gelangten die Pestbazillen unbeschädigt auf die Erde. Dadurch wurde die Gefährdung des Flugzeugs durch die gegnerische Flak vermindert.

Ishii erklärte mir bei dieser Gelegenheit, daß die Untersuchungen auf diesem Gebiet noch immer nicht abgeschlossen seien, so blieb z. B. die Frage offen, auf welch eine Fläche sich die aus großer Höhe abgeworfenen Flöhe verteilen.

Über die Vergiftung von Nahrungsmitteln teilte mir Ishii mit, daß bei den Untersuchungen auf diesem Gebiet Bazillen von Cholera, Ruhr, Typhus und Paratyphus verwendet wurden. Vergiftet wurden Gemüse, Obst, Fisch und Fleisch. Am brauchbarsten für den Bakterienkrieg erwiesen sich Gemüse, besonders Gemüse mit vielen Blättern, wie etwa Kohl, während Wurzelgewächse, die eine glatte Oberfläche haben, weniger geeignet sind. Das Einspritzen von Bazillen in die Lebensmittel, etwa in Obst, erwies sich als wirksamer als die Oberflächenbehandlung. Die geeignetsten Vermittler für die Verbreitung von Infektionskrankheiten sind, wie Ishii sagte, Gemüse, sodann Obst, Fisch und schließlich Fleisch...

Zur Erhärtung des Gesagten erzählte mir Ishii, daß in seiner Abteilung praktische Versuche durchgeführt werden:

Experimente mit Bazillen, die in Artilleriegeschosse und Fliegerbomben gefüllt sind. Der Abwurf der Bakterien aus Flugzeugen geschieht auf dem Übungsplatz, unweit des Flugplatzes der Abteilung bei der Bahnstation Pingfan, und mit den gefährlichsten Bakterien auf einem unbesiedelten Gelände, dessen Lage mir Ishii nicht mitteilte. Er sagte auch, daß in der Abteilung 731 Experimente an lebenden Menschen angestellt würden, äußerte sich aber nicht, was das für Menschen seien, wo und wann die Versuche an ihnen stattfanden, und sagte nur, daß es sich um Chinesen handle, wobei er aber gleich hinzufügte, daß er kein Recht habe, darüber zu sprechen, weil das „tiefstes Geheimnis" sei.

Zum Schluß sagte mir Ishii, er sei nach allen unter seiner Leitung durchgeführten Untersuchungen zu dem Schluß gekommen, daß eine vorsätzliche Seuchenverbreitung gar nicht so einfach sei, wie es manchen Leuten vorkomme und wie er selbst früher angenommen habe. In natürlichen Bedingungen verbreiten sich die Seuchen sehr leicht. Aber die künstliche Verbreitung von Epidemien stoße auf eine Reihe von Hindernissen, die oft sehr schwer zu überwinden seien. Der Erfolg derartiger Unternehmen hänge seiner Ansicht nach von der individuellen Empfänglichkeit der Menschen für verschiedene Infektionskrankheiten ab, und er habe beschlossen, dieses Problem näher zu untersuchen.

...Im März 1944 fand ein ähnliches Gespräch in meinem Arbeitszimmer mit Generalarzt Kitano statt, der die Obliegenheiten des Chefs der Abteilung 731 von August 1942 bis März 1945 versah.

In Ergänzung zu dem bereits von Ishii Erfahrenen erzählte mir Kitano auf meine Frage nach der Arbeit der Abteilung, daß während seiner Dienstzeit als Chef der Abteilung 731 gewisse Erfolge erzielt worden seien. Insbesondere erzählte er, daß eine Gruppe von Mitarbeitern der Abteilung 731 an die chinesische Front in den Raum südlich Schanghais gereist sei, wo aus großer Höhe Massen von pestinfizierten Flöhen auf die chinesische Bevölkerung abgeworfen wurden. Diese Flöhe blieben lebend, und an der Abwurfsstelle brach eine Pestepidemie aus. Kitano sagte, die Epidemie sei zwar nicht groß gewesen, aber dieses Verfahren des Bakterienkrieges müsse als wirksam gelten.

Außerdem erzählte mir Kitano, daß im Raum der Bahnstation Anta Bomben mit Zeitzündung, die mit Milzbrandbazillen gefüllt waren, erprobt worden sind. Splitter dieser Bomben verletzten Menschen und Vieh und infizierten sie mit Milzbrand. Nach Kitanos Worten hatte die Abteilung mit Versuchen begonnen, die die Inklination von Menschen für Infektionskrankheiten ermitteln sollten. Die Experimente standen unter der Leitung eines wissenschaftlichen Mitarbeiters der Abteilung, des Pathologen Professor Dsen Kawakami. Diese Versuche begannen mit Blutanalysen bei gesunden Japanern und Chinesen, wurden aber durch den Tod Kawakamis unterbrochen.

In der Abteilung 731 wurden, wie mir aus den Worten von Ishii und Kitano bekannt geworden ist, bakteriologische Kampfmittel in großem Maßstab hergestellt: sowohl Bazillen — verschiedene Krankheitserreger — als auch Infektionsvermittler wie Flöhe und Mäuse.

In welcher Quantität sie hergestellt wurden, ist mir nicht bekannt, jedenfalls war die Menge nicht unbeträchtlich.

Frage: Wann wurde die Abteilung 731 aufgestellt?

Antwort: Die Abteilung 731 wurde auf Grund eines Erlasses des Kaisers Hirohito von Japan vom Jahre 1936 aufgestellt.

...Dieser kaiserliche Erlaß wurde vervielfältigt und an sämtliche Truppenteile der japanischen Armee zur Bekanntgabe an das ganze Offizierkorps versandt. Mir selbst wurde dieser Erlaß und die beigelegte Personalliste der Abteilung zur Kenntnis gebracht, wobei ich den Erhalt mit Namensstempel bescheinigen mußte.

Danach beteiligte ich mich an der Auswahl des Unteroffizierbestandes für die Abteilung sowie an der Beurteilung der Anwärter für die Offiziersstellen, zu welchem Zweck mir von der Personalverwaltung des Kriegsministeriums eine Liste vorgelegt worden war.

Die Dislozierung der Abteilung wurde vom Stab der Kwantungarmee selbst bestimmt. Bis zum Jahre 1941 hatte die Abteilung keine Nummer und hieß „Verwaltung für Wasserversorgung und Seuchenverhütung" der Kwantungarmee, auch Abteilung Ishii, denn es war in der japanischen Armee allgemein üblich, die Truppenteile nach ihren Kommandeuren zu benennen.

Die Abteilung erhielt dann im Jahre 1941 durch Befehl des Oberbefehlshabers der Kwantungarmee, der allen Truppenteilen und Armee-Institutionen bestimmte Nummern zuteilte, die Nummer 731.

Das Vernehmungsprotokoll wurde mir in japanischer Sprache vorgelesen und ist nach meinen Worten richtig niedergeschrieben.

Kadsitsuka

VERNOMMEN DURCH:

Militärstaatsanwalt
Oberstleutnant der Justiz
DUBZOW

Mitarbeiter der Chabarowsker Regionsverwaltung des Ministeriums für Innere Angelegenheiten
Oberstleutnant *PAPKOW*

Dolmetscher *ZWIROW*

AUSZUG AUS DEM PROTOKOLL ÜBER DIE VERNEHMUNG RIUDSI KADSITSUKAS

Am 24. Oktober 1949 *Chabarowsk*

...Die Abteilung 731 wurde in den Jahren 1939—1940 auf Grund eines vom Jahre 1939 datierten speziellen Geheimerlasses des Kaisers Hirohito von Japan umorganisiert. Dieser Erlaß wurde mir ungefähr im Februar 1940 im Stab der Kwantungarmee gegen unterschriftliche Bescheinigung zur Kenntnis gebracht...

Außerdem wurden infolge von ein oder zwei weiteren Geheimerlassen des Kaisers Hirohito vom Jahre 1940 in der zweiten Hälfte dieses Jahres vier neue Zweigstellen der Abteilung 731 gegründet, die in den Städten Chailar, Sunu und bei den Stationen Chailin und Linkou zu dislozieren waren, mit Angabe ihrer Formierungsfristen. Aus den beigelegten und vom Kriegsminister Todsio unterzeichneten Personallisten dieser Zweigstellen ging hervor, daß jede von ihnen einen Personalbestand von rund 300 Mann haben sollte.

In den Befehlen des japanischen Kriegsministers Todsio, die in Übereinstimmung mit den kaiserlichen Verfügungen erlassen wurden, waren die Lazarette und die Abteilung 731 genannt, die eine bestimmte Anzahl Militärärzte, Unteroffiziere und Gemeine bereitstellten, auch war darauf hingewiesen, daß man Zivilisten einstellen dürfe, aber nicht mehr als 30 Prozent des etatmäßigen Personalbestandes...

Frage: Von wem ging die Idee aus, den Bakterienkrieg vorzubereiten?

Antwort: Die Idee der Vorbereitung des Bakterienkrieges ging von Ishii aus.

Shiro Ishii, um 1893 geboren, stammt aus einer reichen Gutsbesitzerfamilie der Präfektur Tschiba und hat in den Jahren 1919—1920 die Medizinische Fakultät der kaiserlichen Universität in Kioto beendet, worauf er als Einjährig-freiwilliger in den Dienst der japanischen Armee trat. Bald darauf ersuchte er um Aufnahme in den aktiven Heeresdienst, und nach einem halben Jahr erhielt er den Offiziersrang und wurde zum Militärarzt einer Truppeneinheit ernannt. Von dort kam er in das 1. Militärlazarett in Tokio, wo ich ihn im Oktober 1922 als Dienstkollegen kennenlernte. Von April 1924 bis März 1926 war er Aspirant der Universität, an der er in den Jahren 1919—1920 das Studium der Pathologie und Bakteriologie beendet hatte. Sodann arbeitete er bis April 1928 als ordinierender Arzt am Militärlazarett von Kioto, wurde von dort zu einer Dienstreise ins Ausland entsandt, von der er Ende 1930 heimkam.

Im Verlaufe seiner Auslandsreise weilte er in fast allen europäischen Ländern, darunter auch in der UdSSR, wo er die medizinischen Forschungsinstitute in Moskau und Leningrad besichtigte.

Nach seiner Rückkehr aus dem Ausland betätigte sich Ishii als Dozent für Epidemiologie an der Militärärztlichen Akademie der japanischen Armee in Tokio.

Diesen Posten hatte er inne, als er im Jahre 1936 durch Befehl des japanischen Kriegsministers zum Chef der Abteilung 731 ernannt wurde. Er war damals Oberfeldarzt.

Nach seiner Rückkehr von einer Auslandsdienstreise begann Ishii ab 1931 unter seinen Kameraden in der Militärärztlichen Akademie, zu denen auch ich gehörte, sowie unter autoritativen und einflußreichen Persönlichkeiten und Offizieren des Generalstabs der japanischen Armee dafür zu agitieren, daß Japan sich zu einem Bakterienkrieg vorbereiten müsse...

Seit dem Jahre 1933 wurde Ishiis Idee vom Chef der Militärverwaltung des japanischen Kriegsministeriums Generalmajor Nagata unterstützt und vom Jahre 1935 auch vom Chef der ersten Abteilung der strategischen Verwaltung des Generalstabs der japanischen Armee Oberst Jorimitschi Sudsuki.

All dieses wie auch die Tatsache, daß Ishii ein ausgezeichneter Fachmann war, führte dazu, daß er zum Chef der Abteilung 731 ernannt wurde und sich nach Antritt seiner Dienststellung mit der Erforschung der bakteriologischen Kampfmittel befaßte.

Der Befehlsentwurf über Ishiis Ernennung zum Chef der erwähnten Abteilung war von der Personalabteilung aufgesetzt und wurde mir als Chef der Sanitätsverwaltung des japanischen Kriegsministeriums zur Begutachtung vorgelegt. Ich war mit diesem Entwurf einverstanden und visierte ihn.

Daraufhin erfolgte in Kürze der Befehl des japanischen Kriegsministers über Ishiis Ernennung zum Chef der Abteilung...

Kadsitsuka

VERNOMMEN DURCH:

Militärstaatsanwalt
Oberstleutnant der Justiz
DUBZOW

Mitarbeiter der Chabarowsker Regionsverwaltung des Ministeriums für Innere Angelegenheiten
Oberstleutnant ***PAPKOW***

Dolmetscher ***ZWIROW***

AUSZUG AUS DEM PROTOKOLL ÜBER DIE VERNEHMUNG TAKAATSU TAKAHASHIS

Am 30. Oktober 1949 *Chabarowsk*

...Ich befahl und kontrollierte die Züchtung von Rotzbazillen, von Milzbranderregern, von Viren der Rinderpest und der Mosaikkrankheit in der Abteilung 100 zu dem Zweck, diese Erreger im Bakterienkrieg und bei bakteriologischen Sabotageakten gegen die Sowjetunion einzusetzen.

Frage: Zu welcher Zeit und wem haben Sie befohlen, Rotz-, Milzbrand-, Rinderpest- und Mosaikkrankheitsbazillen herzustellen?

Antwort: Im September 1941 befahl ich dem Chef der Abteilung 100, Oberst Wakamatsu, dem späteren Generalveterinär, mit der Herstellung von Rotz-, Milzbrand- und Braunrostbazillen zu beginnen. Im März 1944 erteilte ich ihm den Befehl, statt Braunrostbazillen Rinderpest- und Mosaikkrankheitsbazillen herzustellen.

...**Frage:** Was verursachte Ihren Befehl an den Chef der Abteilung 100 im September 1941, die Produktion von Rotz-, Rinderpest- und Braunrostbazillen aufzunehmen?

Antwort: Er erfolgte auf Grund einer Direktive aus dem Generalstab des kaiserlichen Hauptquartiers an den Oberbefehlshaber der Kwantungarmee, die Vorbereitung des Bakterienkrieges gegen die Sowjetunion in Angriff zu nehmen.

Frage: Wann traf die Direktive des Generalstabs des kaiserlichen Hauptquartiers über die Vorbereitung des Bakterienkrieges ein?

Antwort: Diese Direktive lief während der Ausarbeitung des „Kan-Toku-En"-Plans im Juli 1941 ein.

Frage: Woher wissen Sie das?

Antwort: Das erfuhr ich vom Oberbefehlshaber der Kwantungarmee persönlich bei einer Besprechung im September 1941. Diese Besprechung hielt der Oberbefehlshaber der Kwantungarmee über die Vorbereitung zum Bakterienkrieg gegen die Sowjetunion ab. Er erklärte dies ausdrücklich vor allen Anwesenden...

Takahashi

VERNOMMEN DURCH:

Militärstaatsanwalt
Oberstleutnant der Justiz
ANTONOW

Mitarbeiter der Chabarowsker Regionsverwaltung des Ministeriums für Innere Angelegenheiten
Hauptmann *SEROW*

Dolmetscher *PROTASSOW*

AUSZUG AUS DEM PROTOKOLL ÜBER DIE VERNEHMUNG KIOSHI KAWASHIMAS

Am 21. November 1949 *Chabarowsk*

Frage: Welche Entschlüsse über die Methoden und Verfahren des Bakterienkrieges wurden in Verbindung mit den von der Gruppe Hirasakura vorgelegten Ergebnissen der bakteriologischen Erkundung gegen die UdSSR gefaßt?

Antwort: Beim Bericht des Oberleutnants Hirasakura waren Wakamatsu, Hasaka und Ida anwesend. Ich weiß nicht mehr, wer von den Anwesenden seine Meinung äußerte, welche Menge von Krankheitserregern: Milzbrand, Rotz, Rinderpest, Schafpocken, zur Verseuchung des Gebietes, das der bakteriologischen Erkundung durch die Gruppe Hirasakura unterworfen wurde, nötig sei.

Alles sollte während der Kriegshandlungen zwischen der Sowjetunion und Japan durchgeführt werden. Ebendort wurde auch über die Verfahren und Methoden des Einsatzes bakteriologischer Kampfmittel gegen die Sowjetunion beraten. Für Verseuchung von Vieh war vorgesehen, die Rinder mit Milzbrand und Rinderpest von Flugzeugen aus zu infizieren. Auch war beabsichtigt, das der örtlichen Bevölkerung gehörende Vieh auf Wanderweiden zu infizieren.

Die Pferde sollten durch Flugzeuge mit Milzbrand infiziert werden.

Da die Verbreitung der Rotz-Epizootie mit erheblichen Schwierigkeiten verbunden ist, wurde von uns beschlossen, den Pferdebestand ausschließlich mit Milzbrand zu infizieren... Die von der Gruppe Hirasakura aufgekauften Schafe sollten durch Einspritzung von Schafpockenerregern infiziert und zu Sabotagezwecken gegen die Sowjetunion frei laufen gelassen werden. Die angekauften Rinder waren gleichfalls zur subkutanen Infektion mit Rinderpestviren vorgesehen.

Man hatte vor, das infizierte Vieh — Rinder, Schafe und Pferde — frei nach verschiedenen Richtungen laufen zu lassen, damit es in den Kampfbereich der Sowjettruppen gelange. An die Einzelheiten aller damals von uns geplanten Maßnahmen kann ich mich nicht erinnern, da es schon lange her ist.

Frage: Haben Sie dem Oberbefehlshaber der Kwantungarmee über die vorgesehenen Maßnahmen Vortrag gehalten?

Antwort: Jawohl, das tat ich. Unter anderem erstattete ich General Jamada Vortrag.

Frage: Erzählen Sie, wann Sie diesen Vortrag gehalten haben und was er enthielt.

Antwort: Im November oder Dezember 1944 ließ mich General Jamada zu sich kommen und verlangte von mir eine Darlegung des Plans für die bakteriologischen Sabotagemaßnahmen mittels Flugzeugen gegen die Sowjetunion. Gestützt auf die von Oberleutnant Hirasakura eingelaufenen Ergebnisse der bakteriologischen Erkundungen, legte ich General Jamada in Anwesenheit General Kasaharas und General Ikedas meinen Plan bakteriologischer Sabotageakte vor, der späterhin im März 1945 in meinem Arbeitszimmer im Beisein von Hirasakura erörtert worden ist. Dieser Plan wurde vom Oberbefehlshaber Jamada gutgeheißen.

Der Plan wurde von mir nur in allgemeinen Zügen dargelegt, auf den technischen Teil ging ich nicht ein...

Takahashi

VERNOMMEN DURCH:

Mitarbeiter der Chabarowsker Regionsverwaltung des Ministeriums für Innere Angelegenheiten
Hauptmann *SEROW*

Dolmetscher *PROTASSOW*

AUSZUG AUS DEM PROTOKOLL ÜBER DIE VERNEHMUNG KIOSHI KAWASHIMAS

Am 21. Oktober 1949 *Chabarowsk*

Frage: Was wissen Sie über die Entstehung der Abteilung 731 der Kwantungarmee und welche Ursachen führten zu ihrer Organisierung?

Antwort: Die Abteilung 731 wurde auf Grund eines Geheimerlasses des Kaisers Hirohito von Japan im Jahre 1936 organisiert. Ursprünglich sollte die Abteilung in Charbin disloziert werden und auf Befehl des japanischen Kriegsministers wurde Oberstarzt Shiro Ishii zum Chef der Abteilung 731 ernannt.

Den Erlaß des Kaisers von Japan habe ich persönlich in den Akten der Abteilung während meiner Tätigkeit als Chef der Geschäftsstelle der Abteilung 731 gesehen, kann aber im Augenblick nicht sagen, wie dieses Dokument aussah und was es enthalten hat, da seither eine lange Zeit verflossen ist.

Gleich nach der Organisierung erhielt die Abteilung die offizielle Benennung „Verwaltung für Wasserversorgung und Seuchenverhütung der Kwantungarmee" und beschäftigte sich offiziell mit den Fragen der Wasserreinigung und der Wasserversorgung der Kwantungarmee sowie mit der Seuchenbekämpfung. In der Kwantungarmee war sie unter dem Namen „Abteilung Manshiu 731" bekannt, d. h. 731. Mandschurische Abteilung der Kwantungarmee. Diese Bezeichnung erhielt die Abteilung, weil sie außer ihren formellen Funktionen noch andere geheime Aufgaben erfüllte.

Die zunehmende Forschungstätigkeit der Abteilung, ihre wachsende Bedeutung und die Tragweite der von ihr ausgeführten Arbeiten machten eine Erweiterung des Personalbestands der Laboratorien und des Geländes der Abteilung notwendig.

In Verbindung damit erließ der Kaiser von Japan im Jahre 1940 einen neuen Erlaß, laut dem der größte Teil der Abteilung in die Nähe der Bahnstation Pingfan (etwa 30 km südlich Charbins) verlegt wurde, wo nun die Untersuchungen, Experimente und Produktionstätigkeit der Abteilung in der Hauptsache vor sich gingen. Die Bauarbeiten im Bereich der Station Pingfan, wo die Abteilung disloziert war, hatten im Jahre 1939 begonnen und waren abgeschlossen, als die Abteilung dorthin verlegt wurde.

Auf diese Weise blieben im Jahre 1940 in Charbin die Unterabteilungen zurück, die sich ausschließlich mit Epidemiebekämpfung und Heilmaßnahmen befaßten, während alle übrigen Unterabteilungen, die mit der Vorbereitung des Bakterienkrieges zu tun hatten, nach Pingfan überführt wurden.

Der kaiserliche Erlaß vom Jahre 1940 sah außerdem eine Erweiterung des Personalbestands der Abteilung bis auf 3000 Mann vor, inklusive der durch diesen Erlaß neuformierten Zweigstellen in den verschiedenen Bezirken der Mandschurei, wie auch die strukturelle Einteilung der Abteilungen in Unterabteilungen.

Alles, was ich über die Entstehungsgeschichte der Abteilung 731 dargelegt habe, weiß ich aus den von mir im Jahre 1941 eingesehenen Dokumenten der Geschäftsstelle der betreffenden Abteilung und aus den Worten des Obersten Oota, des ehemaligen Chefs der Geschäftsstelle, dessen Amt ich im Jahre 1941 übernahm, sowie vom Oberfeldarzt Takashi Murakami, dem Chef der Unterabteilung 2...

Im Sommer 1941, nach Beginn des Krieges zwischen Deutschland und der Sowjetunion, sagte General Ishii während eines meiner Besuche im Beisein zweier Unterabteilungschefs, des Oberstleutnants Murakami und des Obersten Akira Oota, daß es notwendig sei, die Tätigkeit der Abteilung zu verstärken; er verlas uns einen Befehl des japanischen Generalstabschefs, in dem verlangt wurde, die Untersuchungen über Pestbazillen als Mittel des Bakterienkrieges zu beschleunigen.

Im Befehl wurde besonders die Notwendigkeit hervorgehoben, die Massenzucht von Flöhen, als den Hauptträgern von Pestseuchen, zu verstärken. Dieser Befehl war in Tusche mit der Hand geschrieben. Wer ihn unterzeichnet hatte, kann ich im Augenblick nicht sagen.

Im Gespräch mit leitenden Mitarbeitern der Abteilung im Sommer 1941 äußerte sich General Ishii gelegentlich in seinem Arbeitszimmer über die Ursachen, die die militärischen Kreise Japans bewogen hatten, ein solches Forschungsorgan wie die Abteilung 731 zu gründen. Er sagte, daß Japan nicht genügend natürliche Reserven an Metall und anderen Rohstoffen besäße, um Waffen zu erzeugen, daher müsse Japan neue Waffenarten ausfindig machen, zu denen damals auch die Bakterienwaffe gerechnet wurde. Außerdem wies Ishii darauf hin, daß alle Großmächte auf diesem Gebiet tätig seien, und Japan dürfe in dieser Hinsicht nicht zurückbleiben.

Frage: Was für eine Organisation existierte in der Mandschurei vor der Abteilung 731, die Aufgaben und Funktionen ähnlich denen der Abteilung 731 erfüllte?

Antwort: Soweit mir aus Gesprächen mit dem Chef der Geschäftsstelle der Abteilung 731 Oberst Oota und anderen Dienstkollegen bekannt ist, hielt sich General Ishii in den Jahren 1932/33 (an das genaue Datum entsinne ich mich nicht) in der Mandschurei auf und führte dort bakteriologische Untersuchungen durch. Das Zentrum von Ishiis Tätigkeit war der Raum der Siedlung Hainga (unweit Charbins), dort befanden sich seine Mitarbeiter, die zu einer Abteilung zusammengezogen waren, welche aus konspirativen Gründen den Namen „Togo" trug.

Diese Abteilung (ihre zahlenmäßige Stärke kenne ich nicht) befaßte sich mit der wissenschaftlichen Erforschung der bakteriologischen Kampfmittel. Zu diesem Zweck war die Abteilung „Togo" mit allen notwendigen Einrichtungen ausgerüstet. Leicht verständlich, daß die Abteilung „Togo" nicht einen so großen Arbeitsmaßstab hatte wie die Abteilung 731. Später wurde auf der Basis dieser Abteilung von General Ishii die Abteilung 731 der Kwantungarmee geschaffen.

Das Protokoll wurde mir in japanischer Sprache vorgelesen. Die Richtigkeit der Aufzeichnungen bestätige ich durch meine Unterschrift.

Kawashima

VERNOMMEN DURCH:

Militärstaatsanwalt
Hauptmann der Justiz
BELJUGA

Mitarbeiter der Chabarowsker Regionsverwaltung des Ministeriums für Innere Angelegenheiten
Oberleutnant *BRAWE*

Dolmetscher *PLJATSCHENKO*

AUSZUG AUS DEM PROTOKOLL ÜBER DIE VERNEHMUNG KIOSHI KAWASHIMAS

Am 23. Oktober 1949 *Chabarowsk*

...Die Anlage zur Züchtung von Flöhen als Träger epidemischer Krankheiten bestand aus folgendem: in der Unterabteilung 2 waren speziell eingerichtete Räumlichkeiten vorhanden, die etwa 4500 Inkubatoren aufnehmen konnten. In jedem Inkubator wechselten im Laufe eines Monats nacheinander drei bis vier weiße Mäuse; mit Hilfe einer speziellen Fixiervorrichtung wurden die Mäuse im Inkubator festgehalten. Im Inkubator befanden sich der Nährboden und mehrere Flohpaare. Die Inkubationsperiode dauerte drei bis vier Monate; in dieser Zeit lieferte jeder Inkubator etwa 10 g Flöhe. Auf diese Weise züchtete die Abteilung innerhalb von drei bis vier Monaten rund 45 kg zur Pestverbreitung tauglicher Flöhe.

Ich bitte zur Kenntnis zu nehmen, daß die die Vermehrung der Flöhe betreffenden Zahlen von mir nur schätzungsweise genannt sind, da ich in der Unterabteilung 2 nicht gearbeitet habe.

Im Arbeitsplan der Abteilung war vorgesehen, eine ständige Steigerung der Produktionskapazität in bezug auf Bakterienzüchtung und Vermehrung der Flöhe zu erzielen. Die Arbeit der Abteilung wurde seitens des japanischen Generalstabs ernster Beachtung gewürdigt.

Ich entsinne mich, daß im Juni 1941 General Ishii bei seiner Rückkehr aus Tokio alle Chefs der Unterabteilungen in sein Arbeitszimmer berief und uns mitteilte, daß er bei seinem Besuch im japanischen Generalstab gemeldet habe, die Abteilung 731 habe erfolgreich den Einsatz von pestinfizierten Flöhen als Bakterienwaffe ausgearbeitet und die auf diesem Gebiete erzielten Erfolge gestatteten eine weitgehende praktische Anwendung zu militärischen Zwecken.

Ishii teilte uns mit, daß der Generalstab die Arbeitsergebnisse der Abteilung hoch einschätze und Anweisung gegeben habe, der Vervollkommnung und weiteren Ausarbeitung bakteriologischer Kriegsmittel besondere Aufmerksamkeit zu widmen. Nach dieser Information forderte uns General Ishii zu noch angespannterer Arbeit auf, um die Produktivität der Abteilung, nämlich die Vermehrung von Flöhen, weiterhin zu steigern. Hierbei erwähnte Ishii, es sei der Abteilung in den günstigsten Fällen gelungen, die Vermehrung der Flöhe auf 60 kg in drei bis vier Monaten zu steigern, jetzt müsse man aber in derselben Zeitspanne ein Quantum von 200 kg erreichen. General Ishii erläuterte uns, daß alle diese Maßnahmen zur erweiterten Produktion der Bakterienwaffe unerläßlich seien in Verbindung mit der veränderten internationalen Lage, d. h. mit dem Beginn des Krieges Deutschlands gegen die Sowjetunion und dem Inkrafttreten des Plans „Kan-Toku-En“ für die Kwantungarmee, der die Vorbereitung von Kriegsmaßnahmen gegen die UdSSR vorsieht, und deshalb müsse unsere Armee die Bakterienwaffe in Bereitschaft halten, um sie im nötigen Augenblick gegen die UdSSR einsetzen zu können.

Bei dieser Besprechung ergriffen der Chef der Unterabteilung 2 Oota und der Chef der Materialversorgungsgruppe Ootani das Wort und machten praktische Vorschläge, was zur Erweiterung der Produktion bakteriologischer Kampfmittel und zur Beschaffung von weißen Mäusen in der Mandschurei anstatt der aus Japan bezogenen getan werden könnte...

...Zu einer möglichst vollständigen Untersuchung der Bakterien in ihrer Wirkung auf Menschen und schnelleren Erforschung der Herstellungsverfahren für die Bakterienwaffe, um diese im nötigen Augenblick des Krieges einzusetzen, wurden in der Abteilung 731 in großem Umfang Experimente an lebenden Menschen angewandt, durch die die Wirkung aller tödlichen Bazillen erprobt wurde...

In die Abteilung 731 wurden alljährlich 500—600 Gefangene geschickt. Ich sah, wie Mitarbeiter der Unterabteilung 1 diese Gefangenen in ganzen Partien von der Gendarmerie übernahmen. Sie (die Gefangenen) waren in zwei Gefängnisblocks untergebracht...

...Wenn ein Gefangener trotz der Infektion mit tödlichen Bazillen am Leben blieb, so rettete ihn das keineswegs vor einer Wiederholung der Versuche, die so lange fortgesetzt wurden, bis der Tod durch Vergiftung eintrat. Infizierte Personen wurden ärztlich behandelt, wobei man die verschiedenen Heilverfahren studierte; sie wurden normal ernährt und nach ihrer endgültigen Genesung für das nächste Experiment verwendet, bei dem man sie mit Bakterien einer anderen Art infizierte. Jedenfalls ist niemals ein Mensch dieser Todesfabrik lebend entronnen.

Die Leichen der Verstorbenen wurden nach der anatomischen Untersuchung im Krematorium der Abteilung verbrannt...

...Während meiner Dienstzeit in der Abteilung besichtigte ich mehrfach mit General Ishii die verschiedenen Ressorts der Abteilung, darunter auch das Gefängnis, daher bin ich über gewisse Einzelheiten im System der Hausordnung und des Gefängnisregimes informiert.

Die Einlieferung der Gefangenen in das Gefängnis erfolgte auf geheimem Wege durch einen Tunnel, der unter der Fassade des Hauptgebäudes hindurchlief. Der Gendarmeriedienst der Abteilung verfügte über mehrere dunkelgestrichene Gefangenenkraftwagen, die keine Fenster, sondern nur Ventilationsöffnungen hatten. In diesen Wagen wurden die Gefangenen aus den Strafanstalten ins Gefängnis der Abteilung 731 gebracht.

Jeder zu Versuchszwecken bestimmte Gefangene erhielt in der Gefängniskanzlei eine Nummer, die er bis zu seinem Tode führte...

In den fünf Jahren, in denen sich die Abteilung bei der Station Pingfan befand, d. h. von 1940 bis 1945, gingen mindestens 3000 Personen durch diese Todesfabrik. Sie wurden durch Infizierung mit tödlichen Bakterien vernichtet. Wie groß die Zahl der bis zum Jahre 1940 umgekommenen Menschen ist, ist mir unbekannt...

...Im April 1941, als ich nach meiner Ernennung in der Abteilung eintraf, besichtigte ich das Gefängnis und sah in einer der Zellen zwei russische Frauen, von der die eine ein einjähriges Kind hatte, das im Gefängnis der Abteilung zur Welt gekommen war. Während meiner Tätigkeit in der Abteilung waren diese Frauen am Leben. Was weiter mit ihnen geschah, weiß ich nicht, doch konnten sie nicht lebend aus diesem Gefängnis herausgekommen sein, und es muß sie das gleiche Schicksal getroffen haben wie alle anderen Gefangenen...

Kawashima

VERNOMMEN DURCH:

Militärstaatsanwalt
Hauptmann der Justiz
BELJUGA

Mitarbeiter der Chabarowsker Regionsverwaltung des Ministeriums für Innere Angelegenheiten
Oberleutnant *BRAWE*

Dolmetscher *PLJATSCHENKO*

9*

AUSZUG AUS DEM PROTOKOLL ÜBER DIE VERNEHMUNG KIOSHI KAWASHIMAS

Am 24. Oktober 1949 *Chabarowsk*

...Kein Zweifel, daß die Experimente an lebenden Menschen und die Tatsache, daß zu diesem Zweck von der Gendarmerie Gefangene bezogen wurden, nicht ohne Wissen des Oberbefehlshabers der Kwantungarmee erfolgen konnten, der gleichzeitig japanischer Botschafter in der Mandschurei, d. h. der faktische Herr im Lande war...

...Inwieweit von der Gendarmerie neue Gefangene angefordert werden sollten, wurde jedesmal von General Ishii persönlich entschieden, der sich dabei auf die Berichte derjenigen Personen stützte, die unmittelbar die Experimente an Menschen vornahmen. Wenn der Chef der Abteilung es für notwendig hielt, das Kontingent der zu Versuchszwecken bestimmten Gefangenen aufzufüllen, gab er entsprechende Anweisung an den Kanzleichef der Geschäftsstelle, der sich mit der Gendarmerie in Verbindung setzte und dort die Gefangenen ausgeliefert bekam...

...Auf Grund der Entstehungsgeschichte der Abteilung und ihrer praktischen Tätigkeit in der ganzen Zeit ihres Bestehens kann ich sagen, daß die Ursachen für die Dislozierung der Abteilung 731 eben in der Mandschurei folgende waren:

a) Die Notwendigkeit, unweit der Grenze der Sowjetunion einen Stützpunkt für bakteriologische Kampfmittel zu einem eventuellen Angriff auf die UdSSR zu haben, deren Ferner Osten in die Eroberungspolitik der japanischen Militärclique einbezogen war.

Außerdem konnte die Wirkung der Bakterienwaffe in der Mandschurei in klimatischen Bedingungen erforscht werden, die dem Klima des Fernen Ostens der Sowjetunion entsprachen.

b) In der Mandschurei war es möglich, ein großes Kontingent von Menschen nichtjapanischer Nationalität zu erhalten, an denen man bakteriologische Versuche vornehmen konnte, hinzu kam die große Ausdehnung der Mandschurei.

Kawashima

VERNOMMEN DURCH:

Militärstaatsanwalt
Hauptmann der Justiz
BELJUGA

Mitarbeiter der Chabarowsker Regionsverwaltung des Ministeriums für Innere Angelegenheiten
Oberleutnant *BRAWE*

Dolmetscher *PLJATSCHENKO*

AUSZUG AUS DEM PROTOKOLL ÜBER DIE VERNEHMUNG DSENSAKU HIRASAKURAS

Am 21. Oktober 1949 *Chabarowsk*

Frage: Erzählen Sie, was Ihnen über die Abteilung 100 der Kwantungarmee bekannt ist.

Antwort: Unter der Bezeichnung Abteilung 100 war die veterinär-bakteriologische Experimentalabteilung der Kwantungarmee getarnt. Diese Abteilung war vom Stab der Kwantungarmee organisiert worden, aber zu welcher Zeit, kann ich nicht sagen. Die gesamte Tätigkeit der Abteilung 100 stand unter unmittelbarer Leitung des Chefs des Veterinärdienstes des Stabes der Kwantungarmee, des Generalleutnants Takaatsu Takahashi. Der Stab dieser Abteilung mit dem größten Teil des Personals war in der Stadt Tschangtschun im Bezirk der chinesischen Siedlung Minkiatun disloziert, und ihre Zweigstellen befanden sich in den Städten Kiamusui, Kokusan und Dairen. Die Abteilung 100 hatte als bakteriologische Experimentalabteilung einen Stab von wissenschaftlichen Mitarbeitern — Bakteriologen, Chemikern, Veterinärärzten —, die ausschließlich mit den Untersuchungen der verschiedenen Bakterienarten und starkwirkenden Giften beschäftigt waren; die wissenschaftliche Arbeit hatte die Ausarbeitung der Methoden für die Massenvergiftung von Menschen wie auch Tieren mit diesen Giften zum Inhalt. Zu diesem Zweck nahmen die Mitarbeiter der genannten Abteilung Experimente an Tieren und lebenden Menschen vor. Die gesamte Arbeit der Abteilung 100 und ihrer Zweigstellen war auf die Vorbereitung des Bakterienkrieges sowie Sabotageakte gegen die Sowjetunion eingestellt. Die Abteilung 100 bestand aus vier Unterabteilungen, von denen die Unterabteilung 2 die wichtigste war und ihrerseits bis zum Jahre 1943 aus fünf Gruppen bestand.

Im Dezember 1943, bei einer gemeinsamen Besprechung der leitenden Mitarbeiter der Abteilung 100 mit einem Vertreter des Stabs der Kwantungarmee, bei der anwesend waren: der Chef der Abteilung 100 Generalmajor Judsiro Wakamatsu, sein Stellvertreter Oberstleutnant Koremitschi Hosaka, Major Bundsi Jamagutschi, Ingenieur Kioshi Ida, der Chef des Veterinärdienstes beim Stab der Kwantungarmee Generalleutnant Takaatsu Takahashi (wo sich alle genannten Personen befinden, weiß ich nicht), wurde der Plan ausgearbeitet, innerhalb der Unterabteilung 2 eine sechste Gruppe zu bilden, die sogenannte „bakteriologische". Diese Gruppe war für die Massenerzeugung von Bakterien und ihre Lagerung in besonderen Kellerräumen bestimmt.

Tatsächlich wurden in der Abteilung 100 nach dieser Beratung dem ausgearbeiteten Plan gemäß große Bauarbeiten in Angriff genommen, d. h. es wurden spezielle einstöckige Häuser mit ausgedehnten Kellerräumen als Speicher gebaut. Der Personalbestand der Abteilung wurde erweitert.

Um die Leitung an Ort und Stelle auszuüben und eine verstärkte Kontrolle über die Durchführung des erwähnten Plans zu gewährleisten, besuchte Generalleutnant Takaatsu Takahashi, der Chef des Veterinärdienstes der Kwantungarmee, häufig die Abteilung 100.

Im engen Kreis seiner Mitarbeiter und in Gesprächen mit den letzteren pflegte der Chef der Abteilung 100 Generalmajor Wakamatsu häufig zu sagen: „Im Falle eines Krieges zwischen Japan und der Sowjetunion muß die Abteilung 100 eine Fabrik zur Massenherstellung verschiedener Bakterien und starkwirkender Gifte für den Bakterienkrieg und für bakteriologische Sabotageakte gegen die Sowjetunion werden."

Und tatsächlich wurden in der Gruppe 6 eine große Menge Bakterien und chemischer Stoffe hergestellt. Ich hatte selbst häufig Gelegenheit, mich in den Räumen der Gruppe aufzuhalten, wo die Bakterien und starkwirkenden Gifte in besonderen Metallbehältern aufbewahrt wurden. Beim Betreten dieser Lagerräume legte man eine mit einer besonderen Lösung getränkte Mullbinde vor Mund und Nase. Die Behälter durften nur mit Gummihandschuhen berührt werden. Sie trugen zur Geheimhaltung nur mit Farbe aufgemalte Nummern, andere Aufschriften waren nicht vorhanden. In der Abteilung 100 wurden ebenfalls die Formen und Methoden der Sabotageakte ausgearbeitet; so z. B. die Frage einer Verwendung von Flugzeugen für diese Zwecke...

Hirasakura

VERNOMMEN DURCH:

Mitarbeiter der Chabarowsker Regionsverwaltung des Ministeriums für Innere Angelegenheiten
Oberleutnant *NASAROW*

Dolmetscher *GERZMAN*

PROTOKOLL ÜBER DIE VERNEHMUNG DES ZEUGEN TOMOKATSU MATSUMURA

Am 27. Oktober 1949 *Chabarowsk*

Ich, Mitarbeiter der Chabarowsker Regionsverwaltung des Ministeriums für Innere Angelegenheiten, Oberleutnant K o r s a k o w, habe **Tomokatsu Matsumura,** geboren 1899 in Tokio, japanischer Nationalität und japanischer Staatsangehörigkeit, Hochschulbildung, bis zur Gefangennahme im Jahre 1945 stellvertretender Stabschef der Kwantungarmee, verheiratet, Name der Frau: Hideko Matsumura, Vater: Beamter, ehemals Generalmajor der japanischen Armee, als Zeugen vernommen.

Der Zeuge Tomokatsu Matsumura wurde darauf aufmerksam gemacht, daß er für falsche Aussagen entsprechend Artikel 95 des Strafgesetzbuches der RSFSR die gerichtliche Verantwortung trägt.

Unterschrift: *Matsumura*

Frage: In welcher Sprache wünschen Sie Ihre Zeugenaussagen zu machen?

Antwort: Meine Aussagen werde ich in meiner japanischen Muttersprache machen.

Frage: Ihre Vernehmung wird durch den Dolmetscher der japanischen Sprache Michail Jakowlewitsch Pachomow erfolgen. Haben Sie keine Einwände?

Antwort: Nein, keine. Seine Redeweise ist mir gut verständlich.

Der Dolmetscher Pachomow wurde darauf aufmerksam gemacht, daß er für wissentlich falsche Übersetzung entsprechend Artikel 95 des Strafgesetzbuches der RSFSR die gerichtliche Verantwortung trägt.

Unterschrift: *Pachomow*

Frage: Erzählen Sie über Ihren Dienst in der japanischen Armee.

Antwort: Im Jahre 1928 beendete ich die Militärakademie und diente danach ein Jahr lang als Zugführer im 34. Infanterieregiment.

Im Jahre 1929 wurde ich in den Generalstab der japanischen Armee versetzt, wo ich von 1929 bis Dezember 1932 im Ressort für Heeresorganisation der 1. Abteilung arbeitete. Von 1932 bis 1936 befand ich mich im Auftrag des Generalstabs auf einer Dienstreise im Ausland. Nach meiner Rückkehr unterrichtete ich im Laufe des Jahres 1936 Kriegsgeschichte an der Militärakademie.

Vom Jahre 1937 bis Oktober 1939 war ich Mitarbeiter der Abteilung für Heeresorganisation und arbeitete sodann von Oktober 1939 bis Oktober 1941 in der kriegsgeschichtlichen Abteilung, anfangs als Mitarbeiter, später als Chef dieser Abteilung.

Von Oktober 1941 bis August 1943 leitete ich die 5., die russische Abteilung der 2., der Aufklärungsverwaltung des japanischen Generalstabs. Im August 1943 wurde ich durch Befehl des Kriegsministers zum Chef der 1., der strategisch-operativen Abteilung des Stabes der Kwantungarmee ernannt und hatte diese Dienststellung bis zum März 1945 inne. Ab März 1945 bis zum Tage der Kapitulation Japans im August 1945 war ich zweiter Stellvertreter des Stabschefs der Kwantungarmee.

Frage: Was ist Ihnen über das Bestehen von bakteriologischen Abteilungen auf dem Territorium der Mandschurei bekannt?

Antwort: Mir ist bekannt, daß im Rahmen der Kwantungarmee zwei solche Abteilungen bestanden, von denen die erste Abteilung 731 und die zweite Abteilung 100 hieß.

Frage: In welchem Maße war die Abteilung 731, an deren

Spitze Generalleutnant Ishii stand, dem Stab der Kwantungarmee unterordnet?

Antwort: Die Abteilung 731, an deren Spitze Generalleutnant Ishii stand, war unmittelbar dem Oberbefehlshaber der Kwantungarmee unterstellt, anfangs Umedsu, später Jamada, und die gesamte Arbeit der Abteilung verlief unter unmittelbarer Leitung des Stabs der Kwantungarmee.

Frage: Worin äußerte sich die Leitung der Tätigkeit dieser Abteilung seitens des Oberbefehlshabers General Otosoo Jamada und des Stabs der Kwantungarmee?

Antwort: Die Leitung der Tätigkeit der Abteilung 731 seitens des Oberbefehlshabers erfolgte durch den Chef des Sanitätsdienstes der Kwantungarmee Generalleutnant Kadsitsuka. Folglich trägt der Stab der Kwantungarmee in erster Linie die Verantwortung für die Tätigkeit dieser Abteilung.

Frage: Worin äußerte sich die in der Abteilung 731 betriebene Vorbereitung zum Bakterienkrieg gegen die UdSSR?

Antwort: Die Vorbereitung bakteriologischer Kampfmittel äußerte sich darin, daß die Abteilung 731 die Anwendung von Pest-, Cholera-, Typhus- und anderen Seuchenbazillen erforschte. Zu diesem Zweck hatte die Abteilung spezielle Institutionen, wo Versuche unternommen und Bakterien gezüchtet wurden.

Außerdem hatte die Abteilung 731 ihre Zweigstellen in Mutantsiang, Chailar, Sunu und Toan, die sich gleichfalls mit der Züchtung und experimentellen Erprobung der Bakterien befaßten.

Frage: In welchem Verhältnis standen Sie als Chef der strategischen Abteilung und stellvertretender Stabschef der Kwantungarmee zur Abteilung 731?

Antwort: Mein Verhältnis zur Abteilung 731 bestand darin, daß ich für Personen, die Erlaubnis zum Besuch der Abteilung hatten, die Passierscheine zum Betreten des Geländes ausgab. Die Erlaubnis zum Besuch der Abteilung 731 erteilte der Oberbefehlshaber Jamada persönlich. Die unmittelbare Ausgabe der Passierscheine für die Abteilung 731 besorgte der stellvertretende Chef der unter meiner Leitung stehenden strategischen Abteilung, Prinz Takeda, alias Oberstleutnant Mijata. Personen, die die Abteilung besucht hatten, lieferten ihre Passierscheine wieder dem Prinzen Takeda ab.

Frage: Sagen Sie, wem erstatteten die Chefs des Sanitäts- und Veterinärdienstes des Stabs der Kwantungarmee über die wichtigsten Angelegenheiten ihrer Tätigkeit Bericht?

Antwort: Der Chef des Sanitätsdienstes Generalleutnant Kadsitsuka und der Chef des Veterinärdienstes Generalleutnant Takaatsu Takahashi erstatteten in diesen Fragen unmittelbar dem Oberbefehlshaber Jamada Bericht.

Frage: Wie oft besuchte der Oberbefehlshaber der Kwantungarmee Jamada die Abteilung Ishii?

Antwort: Ich entsinne mich gut, daß der Oberbefehlshaber bald nach seiner Ankunft in der Mandschurei im Juli 1944 die Abteilung Ishii in Charbin besuchte, wobei er diese Abteilung inspizierte, aber über die Einzelheiten dieser Inspektion sprach Jamada bei seiner Rückkehr nach Tschangtschun mit niemandem, und mir ist darüber nichts bekannt.

Frage: Was ist Ihnen über die Vernichtung der Laboratorien in den Abteilungen 731 und 100 bekannt?

Antwort: Am 9. oder 10. August 1945 beschloß der Oberbefehlshaber Jamada im Zusammenhang mit dem Beginn der Kriegshandlungen, sämtliche Laboratorien sowie die wertvollen Anlagen zur Kultivierung von Bakterien zu vernichten, damit diese wissenschaftlichen Laboratorien nicht der Sowjetarmee in die Hände fallen. Mein Untergebener, Oberst Kushadsi, setzte einen Befehl über die Vernichtung der genannten Abteilungen und die Evakuierung des Personals dieser Abteilungen nach Söul (Südkorea) auf. Am gleichen Tag wurde der Befehl vom Oberbefehlshaber Jamada unterzeichnet und zur Ausführung an die Chefs der Abteilungen 731 und 100 übersandt.

Auf Grund dieses Befehls des Oberbefehlshabers halfen die örtlichen Pioniertruppen Generalleutnant Ishii und Generalmajor Wakamatsu beim Sprengen und Zerstören der genannten Abteilungen.

Frage: Wurden die Laboratoriumsapparate und -einrichtungen dieser bakteriologischen Abteilungen gleichfalls nach Korea evakuiert?

Antwort: Es fällt mir schwer, diese Frage zu beantworten, da in den Meldungen darüber nichts gesagt war, um so mehr, da keine Berichte über die Evakuierung dieser Abteilungen beim Stab der Kwantungarmee eintrafen. Aller Wahrscheinlichkeit nach sind die wertvollsten bakteriologischen Anlagen der Abteilungen 731 und 100 nach Südkorea evakuiert worden.

Das Protokoll ist nach meinen Worten richtig niedergeschrieben und wurde mir in japanischer Sprache vorgelesen, was ich unterschriftlich bestätige.

Matsumura

VERNOMMEN DURCH:

Mitarbeiter der Chabarowsker Regionsverwaltung des Ministeriums für Innere Angelegenheiten
Oberleutnant *KORSAKOW*

Dolmetscher *PACHOMOW*

PROTOKOLL ÜBER DIE VERNEHMUNG DES ZEUGEN TOMOKATSU MATSUMURA

Am 16. November 1949 *Chabarowsk*

Der Zeuge **Matsumura** wurde darauf aufmerksam gemacht, daß er für falsche Aussagen die gerichtliche Verantwortung entsprechend Artikel 95 des Strafgesetzbuches der RSFSR trägt.

Unterschrift: *Matsumura*

Das Verhör erfolgt durch den Dolmetscher P. P. Pljatschenko, der darauf aufmerksam gemacht wurde, daß er für wissentlich falsche Übersetzung die gerichtliche Verantwortung entsprechend Artikel 95 des Strafgesetzbuches der RSFSR trägt.

Unterschrift: *Pljatschenko*

Frage: Wann wurde die Abteilung 731 organisiert?

Antwort: Die von General Ishii geleitete Abteilung wurde ungefähr im Jahre 1934 organisiert und war in Charbin disloziert.

Frage: Aus welchen Gründen wurde die Abteilung 731 ausgerechnet auf dem Territorium der Mandschurei organisiert?

Antwort: Die Abteilung 731, die ein großes bakteriologisches Kombinat zur Erforschung und Herstellung der Bakterienwaffe darstellte, wurde aus strategischen Gründen auf dem Territorium der Mandschurei organisiert, weil Japan sich zum Krieg gegen die Sowjetunion rüstete und die ganze Tätigkeit dieser Abteilung auf die Vorbereitung des Bakterienkrieges gegen die UdSSR hinauslief. Zweitens waren die Ausgaben, die mit der Organisierung der Abteilung und deren wissenschaftlichen Arbeiten zur Erforschung der Bakterienwaffe zusammenhingen, in das allgemeine und außerordentliche Kriegsbudget der Kwantungarmee einbezogen, über das keine besondere Rechenschaft vor dem Parlament abgelegt zu werden brauchte. Dieser Umstand ermöglichte es, die Tätigkeit vor den Parlamentsmitgliedern, die in militärischen Fragen unbewandert waren, geheimzuhalten.

Frage: Welche organisatorischen Maßnahmen wurden von der Abteilung 731 für die Vorbereitung des Bakterienkrieges gegen die Sowjetunion durchgeführt?

Antwort: Die Vorbereitung des Bakterienkrieges gegen die Sowjetunion äußerte sich darin, daß die Abteilung 731 die Anwendungsverfahren von Pest-, Milzbrand-, Cholera-, Typhus- und anderen Seuchenbazillen erforschte und erprobte. Zu diesem Zweck besaß die Abteilung 731 besondere Institutionen, wo Versuche unternommen und Bakterien gezüchtet wurden. Die Abteilung 731 hatte gleichfalls ihre Zweigstellen, über die ich am 27. Oktober 1949 Aussagen gemacht habe. Womit sich die Zweigstellen der Abteilung 731 befaßten, ist mir unbekannt.

Frage: Was für eine Kategorie von Menschen wurde zu den Versuchen benutzt?

Antwort: Aus den Worten des Obersten Tamura ist mir bekannt, daß in der Abteilung 731 Versuche an lebenden Menschen angestellt wurden, und zwar an Soldaten und Partisanen der chinesischen volksrevolutionären Armee.

Frage: Woher ist Ihnen bekannt, daß die Abteilung Ishii sich mit wissenschaftlicher Erforschung und Erzeugung von Bakterien befaßte?

Antwort: Im August 1943, als ich die Arbeit vom vormaligen Chef der strategisch-operativen Abteilung des Stabs der Kwantungarmee Generalmajor Joshitomi Tamura übernahm, erfuhr ich von diesem, daß die Abteilung Ishii wissenschaftliche Forschungsarbeit auf dem Gebiet der Bakterienwaffe und ihres Einsatzverfahrens betrieb. Im Sommer 1944, an den Monat entsinne ich mich nicht, überzeugte ich mich endgültig, daß sich die Abteilung 731 mit diesen Fragen befaßt, und zwar aus dem Bericht des mir untergebenen Stabsoffiziers Oberstleutnant Mijata, den ich auf Anweisung des Stabschefs Generalleutnant Jukio Kasahara in die Abteilung Ishii entsandt hatte, um zu prüfen, in welchem Zustand sich die Produktion der mit Seuchenbazillen gefüllten Bomben befand. Außerdem wußte ich von der Herstellung der Bakterienwaffe in der Abteilung 731 aus den an den Oberbefehlshaber der Kwantungarmee adressierten Berichten, über die ich im weiteren sprechen werde.

Frage: Konnte die Abteilung 731, wie sie im Jahre 1945 beschaffen war, die Kwantungarmee mit der nötigen Menge bakteriologischer Kampfmittel versorgen?

Antwort: Auf Grund der Materialien, die der strategisch-operativen Abteilung des Stabes der Kwantungarmee vorlagen, sowie des Berichts des Oberstleutnants Mijata war die Abteilung 731 nach dem Stand vom Jahre 1945 in der Lage, die verschiedenen Seuchenbakterien in solchen Mengen zu produzieren, daß sie für eine Anwendung als Bakterienwaffe gereicht hätten. Gleichzeitig wurde verstärkt daran gearbeitet, Spezialbomben als wirksamstes Einsatzverfahren der Bakterienwaffe zu konstruieren.

Frage: War in Ihren strategischen Plänen der Einsatz der Bakterienwaffe im Krieg gegen die UdSSR vorgesehen?

Antwort: Bei der Aufstellung der strategisch-operativen Pläne wurde der Einsatz der Bakterienwaffe nicht vorgesehen, aber die vorhandenen bakteriologischen Kampfmittel wären eingesetzt worden, sobald eine Direktive aus dem kaiserlichen Hauptquartier über den Einsatz der Bakterienwaffe im Kriege gegen die UdSSR eingetroffen wäre, denn die Abteilung Ishii war darauf vorbereitet.

Frage: Wie war der praktische Einsatz der Bakterien im Krieg gegen die UdSSR gedacht?

Antwort: Beabsichtigt war, die Bakterien im Krieg gegen die UdSSR durch Abwurf bakteriengefüllter Bomben und durch Zerstäubung der Bakterien von Flugzeugen aus zu verwenden. Andere Einsatzverfahren für die Bakterienwaffe im Krieg gegen die UdSSR kannte ich nicht.

Frage: Worin äußerte sich die Leitung der Tätigkeit der Abteilung 731 durch den Stab der Kwantungarmee?

Antwort: Bei der Vernehmung am 27. Oktober 1949 habe ich ausgesagt, daß die Abteilung 731, die unter Leitung von Generalleutnant Ishii stand, unmittelbar dem Oberbefehlshaber der Kwantungarmee unterstellt war und daß die gesamte Tätigkeit dieser Abteilung unter der unmittelbaren Leitung des Stabs der Kwantungarmee verlief.

Der Oberbefehlshaber Umedsu und später, ab Juli 1944, Otosoo Jamada leiteten die Abteilung 731 in strategischen Fragen durch die strategisch-operative Abteilung, an deren Spitze ich stand, und auf wissenschaftlichem und technischem Gebiet durch den Chef des Sanitätsdienstes des Stabs der Kwantungarmee General Riudsi Kadsitsuka, in dessen Ressort die wissenschaftliche und technische Frage der Bakterienforschung, die Ausbildung der bakteriologischen Kader sowie der Seuchenverhütungsdienst und die Wasserversorgung fielen.

Frage: In welchen Fragen übte die strategisch-operative Abteilung, deren Chef Sie waren, die Leitung über die Abteilung 731 aus?

Antwort: Die strategisch-operative Abteilung des Stabs der Kwantungarmee leitete die Abteilung 731 in den Fragen, die mit der Erforschung und Herstellung der Bakterienwaffe zusammenhingen.

Frage: Was für Berichte über die Tätigkeit der Abteilung 731 liefen beim Oberbefehlshaber ein, und welche Beschlüsse wurden zu diesen Berichten gefaßt?

Antwort: Soweit ich mich jetzt erinnere, erhielt der Oberbefehlshaber der Kwantungarmee zwei Berichte. Der erste Bericht vom Chef der Abteilung Ishii über die Methoden der Bazillenträgerzerstäubung von Flugzeugen aus besonderen Behältern lief in der zweiten Hälfte des Jahres 1943 ein.

Nachdem der Oberbefehlshaber, damals General Joshidsiro

Umedsu, sich mit den von General Ishii in dem genannten Bericht vorgeschlagenen Methoden bekannt gemacht hatte, erklärte er sie als wenig wirksam, und wies darauf hin, daß bei einer solchen Einsatzmethode der Bakterienwaffe wir große Verluste an Menschen und Material erleiden werden, da wir unsere eigenen Truppen nicht vor der Infektion schützen können. Oberbefehlshaber Umedsu ließ dem Chef der Abteilung Ishii durch den Stabschef der Armee Kasahara Befehl geben, eine andere, wirksamere Einsatzmethode für die Bakterienwaffe auszuarbeiten.

Etwa ein Jahr danach erhielt der Oberbefehlshaber einen Bericht über neue Einsatzverfahren der Bakterienwaffe. In diesem Bericht hatte Generalleutnant Ishii ein Verfahren für den Einsatz der Bakterienwaffe durch Abwurf von speziellen Porzellanbomben ausgearbeitet, die mit Seuchenbazillen gefüllt sind. Oberbefehlshaber Umedsu hatte zu dem Bericht keine Einwände und bewahrte dieses Dokument bei sich auf bis zu seinem Rücktritt als Oberbefehlshaber, d. h. bis Juli 1944. Aus praktischer Erfahrung ist mir bekannt, daß, wenn ein Oberbefehlshaber zu einem an ihn gerichteten Bericht keine Anordnungen erteilt, dies heißt, daß er mit den ihm vorgeschlagenen Maßnahmen einverstanden ist.

So war es auch in diesem Fall. Umedsu hielt diese Art der Verwendung der Bakterienwaffe im Krieg gegen die UdSSR für die geeignetste.

General Otosoo Jamada wurde im Juli 1944, als er seine Dienststellung als Oberbefehlshaber der Kwantungarmee antrat, von seinem Vorgänger Umedsu mit diesem Dokument und mit der Tätigkeit der Abteilung Ishii bekannt gemacht; als der betreffende Bericht bei mir zur Aufbewahrung einlief, gab Otosoo Jamada gleichfalls keinerlei Anweisungen, woraus hervorging, daß auch er mit den dort vorgeschlagenen Maßnahmen zum Einsatz der Bakterienwaffe durch Luftabwurf in bakteriengefüllten Porzellanbomben einverstanden war.

Da die Abteilung 731 zu dieser Zeit die Kwantungarmee nicht in der nötigen Menge mit der Bakterienwaffe beliefern konnte, wurde nach Jamadas Dienstantritt als Oberbefehlshaber die Abteilung 731 gemäß den Direktiven des japanischen Kriegsministeriums, die Erzeugung der Bakterienwaffe zu steigern, bedeutend erweitert. Die Abteilung erhielt neue Laboratoriumseinrichtungen, und so wurde die Produktion der Bakterienwaffe gesteigert. Es ist kein Zufall, daß Jamada kurz nach seiner Ankunft in der Mandschurei im August 1944 die Abteilung 731 zu Inspektionszwecken besuchte.

Frage: Wann lief die Direktive des Kriegsministeriums über eine verstärkte Erzeugung der Bakterienwaffe ein?

Antwort: Die Direktive des Kriegsministeriums über eine verstärkte Erzeugung der Bakterienwaffe lief im Stab der Kwantungarmee im Mai 1944 ein, d. h. vor Jamadas Ankunft, und mir scheint, obgleich ich das nicht bestimmt behaupten kann, daß in der Direktive des Ministeriums vorgesehen war, nicht nur die Kwantungarmee, sondern auch die Pazifikarmee mit bakteriologischen Kampfmitteln zu beliefern.

Frage: Welche leitenden Offiziere aus dem Stab der Kwantungarmee haben die Abteilung 731 besucht und zu welchem Zweck?

Antwort: Die Abteilung 731 wurde vom Oberbefehlshaber der Kwantungarmee Jamada sowie von dem Stabsoffizier Oberstleutnant Mijata besucht; über den Zweck des Besuches habe ich bereits früher Aussagen gemacht...

Frage: War in dem am 9. oder 10. August 1945 erlassenen Befehl des Oberbefehlshabers nur von der Vernichtung der Abteilung 731 die Rede oder behandelte er noch andere diese Abteilung betreffende Fragen?

Antwort: Im Befehl des Oberbefehlshabers der Kwantungarmee Generals Jamada vom 9. oder 10. August 1945 war nicht nur die Vernichtung der Abteilungen 731 und 100 durch Sprengung, sondern auch die Evakuierung des Personals und der wertvollen Einrichtungen beider Abteilungen nach Südkorea vorgesehen. Diesem Befehl zufolge wurde die topographische Abteilung der Kwantungarmee ins tiefe Hinterland verlegt.

Frage: Warum wurden die wertvollen Einrichtungen der Abteilungen 731 und 100 ausgerechnet nach Korea evakuiert?

Antwort: Damals war Südkorea der am wenigsten gefährdete Ort, zumal die in Korea dislozierten Truppen dem Oberbefehlshaber der Kwantungarmee unterstellt waren, und wir nicht damit rechneten, daß Korea vom Feind erobert wird.

Frage: Welche Truppenteile der Kwantungarmee wurden mit der Vernichtung der Abteilung 731 beauftragt?

Antwort: Im Augenblick, als der Befehl über die Vernichtung der Abteilung 731 erlassen wurde, befand sich im Raum von Charbin die gemischte Brigade Generalmajors Ube, und aller Wahrscheinlichkeit nach wurden die Anlagen der Abteilung von den Pionieren der genannten Brigade gesprengt. Aber mit Bestimmtheit kann ich das nicht behaupten, da in dem Befehl nicht direkt gesagt war, welcher Truppenteil an der Vernichtungsaktion teilnehmen sollte.

Das Protokoll ist nach meinen Worten richtig niedergeschrieben und wurde mir in japanischer Sprache vorgelesen, was ich unterschriftlich bestätige.

Matsumura

VERNOMMEN DURCH:

Mitarbeiter der Chabarowsker Regionsverwaltung des Ministeriums für Innere Angelegenheiten
Oberleutnant *KORSAKOW*

Dolmetscher *PLJATSCHENKO*

PROTOKOLL ÜBER DIE VERNEHMUNG DES ZEUGEN TOMOKATSU MATSUMURA

Am 7. Dezember 1949 *Chabarowsk*

Der Zeuge **Tomokatsu Matsumura** wurde darauf aufmerksam gemacht, daß er für falsche Aussagen oder für Aussageverweigerung die gerichtliche Verantwortung entsprechend Artikel 95 des Strafgesetzbuches der RSFSR trägt.

Unterschrift: *Matsumura*

Die Vernehmung erfolgt durch Vermittlung des Dolmetschers Zwirow, der darauf aufmerksam gemacht wurde, daß er für wissentlich falsche Übersetzung die gerichtliche Verantwortung entsprechend Artikel 95 des Strafgesetzbuches der RSFSR trägt.

Unterschrift: *Zwirow*

Frage: Geben Sie genau an, wann die Abteilung 731 geschaffen wurde

Antwort: Ich erinnere mich nicht genau, wann die Abteilung 731 organisiert wurde. Soviel ich mich besinne, wurde sie auf Grund eines Erlasses des Kaisers von Japan in den Jahren 1934—1936 geschaffen.

Frage: Seit wann arbeiteten Sie als Chef der 1., der strategisch-operativen Abteilung des Stabes der Kwantungarmee?

Antwort: Als Chef der strategisch-operativen Abteilung des Stabes der Kwantungarmee arbeitete ich seit August 1943.

Frage: Waren Sie, was die Erzeugung der Bakterienwaffe betraf, mit den Abteilungen 731 und 100 dienstlich verbunden?

Antwort: Ja, als Chef der strategisch-operativen Abteilung war ich mit den bakteriologischen Abteilungen 731 und 100 der Kwantungarmee verbunden. Konkret äußerte sich diese Verbindung darin, daß bei mir als dem Chef der strategisch-operativen Abteilung die Berichte der Chefs der Abteilungen 731 und 100 über verschiedene Fragen einliefen, die die Erforschung und Erzeugung der Bakterienwaffe betrafen. Meist waren diese Berichte an den Oberbefehlshaber der Kwantungarmee gerichtet, da sie aber die Arbeit der verschiedenen Dienststellen betrafen, wurden sie von den Adjutanten (dem Sekretariat) an die entsprechende Abteilung überwiesen.

Berichte, die sich auf die Arbeit der strategisch-operativen Abteilung bezogen, d. h. auf den praktischen Einsatz der Bakterienwaffe, liefen bei mir ein. Berichte, die sich auf den Einsatz der Bakterienwaffe für Sabotagezwecke bezogen, gingen an den Chef der Aufklärungsabteilung.

Nach Erhalt der Berichte traf ich je nach ihrer Wichtigkeit entweder selbst Entscheidungen oder hielt dem Stabschef der Kwantungarmee bzw. dem Oberbefehlshaber, anfangs Umedsu, in der Folge, seit Juli 1944, Jamada, Vortrag.

Frage: In Ihren Aussagen vom 16. November 1949 sprachen Sie davon, daß der Stab der Kwantungarmee eine Direktive vom japanischen Kriegsministerium erhalten habe, die Erzeugung der Bakterienwaffe in den Abteilungen 731 und 100 zu steigern. Geben Sie genau an, wann diese Direktive eintraf.

Antwort: Ich kann mich im Augenblick nicht darauf besinnen, wann der Stab der Kwantungarmee diese Direktive erhielt. Ich erinnere mich, daß es im Frühjahr oder im Sommer war, weiß aber nicht genau, ob im Jahre 1944 oder 1945. Ich erinnere mich, daß der Oberbefehlshaber der Kwantungarmee, Umedsu oder Jamada, gemäß dieser Direktive die Abteilung 731 anwies, die Produktion der verschiedenen Seuchenbakterien, die als Bakterienwaffe Verwendung finden sollten, und die dafür erforderlichen Einrichtungen zu erweitern. In welchem Umfang die Bakterienproduktion gesteigert werden sollte, weiß ich nicht mehr, jedenfalls handelte es sich um eine beträchtliche Steigerung.

Frage: Welche konkreten Maßnahmen traf die strategisch-operative Abteilung des Stabs der Kwantungarmee im Zusammenhang mit der vom Kriegsministerium eingelaufenen Direktive über die Steigerung der Bakterienproduktion?

Antwort: Mir ist eben eingefallen, daß die von mir erwähnte Direktive des Kriegsministeriums in der Zeit einlief, als Jamada Oberbefehlshaber war. Ich erinnere mich, daß Oberbefehlshaber Jamada nach Erhalt der Direktive vom Kriegsministerium der strategisch-operativen Abteilung einen entsprechenden Befehl über ihre Durchführung erteilte.

Im Zusammenhang damit wies ich in Jamadas Namen den Chef der Abteilung 731 an, die Produktion der todbringenden Bakterien beträchtlich zu steigern, und beauftragte zugleich im Namen des Stabschefs die 4. Abteilung des Stabs der Kwantungarmee, die Abteilung 731 mit den notwendigen Materialien, die für die Einrichtung vorgesehen waren, auszustatten.

Frage: Wodurch wurde die Produktionserweiterung der Bakterienwaffe gemäß der von Ihnen erwähnten Direktive notwendig?

Antwort: In der Direktive des Kriegsministeriums wurden die wahren Gründe für die Produktionserweiterung der Bakterienwaffe nicht erwähnt. Ich persönlich, als Chef der strategisch-operativen Abteilung, war der Meinung, daß diese Erweiterung auf zwei Ursachen zurückzuführen war.

Erstens auf eine Verschlechterung der militärischen Lage im Pazifikraum. Im Zusammenhang damit war der Einsatz der Bakterienwaffe gegen die USA, England und andere Länder geplant. In diesem Falle sollte die Bakterienwaffe, die von den bakteriologischen Abteilungen in der Mandschurei hergestellt wurde, Verwendung finden.

Anderseits war diese Erweiterung auf eine entsprechende Vorbereitung des Einsatzes der Bakterienwaffe gegen die

Sowjetunion im Falle des Ausbruchs von Kriegshandlungen zurückzuführen.

Frage: Sagen Sie, auf welche Weise sollte der Einsatz der Bakterienwaffe der Kwantungarmee gegen die Sowjetunion erfolgen?

Antwort: Der Einsatz der Bakterienwaffe gegen die Sowjetunion sollte gemäß den Direktiven des Generalstabs erfolgen. In den Operationsplänen war der Einsatz der Bakterienwaffe gegen die Sowjetunion nicht mit inbegriffen, weil die Verwendung todbringender Bakterien nur eine der Waffen darstellte, die zur Verwirklichung der bereits vorhandenen Operationspläne bestimmt waren. Diese Fragen wurden jedoch in den entsprechenden Abteilungen des Stabes behandelt. So teilte ich persönlich vom Standpunkt der Operationsabteilung aus nach eingehendem Studium dieser Frage meine Erwägungen über die Verfahren des Einsatzes der Bakterienwaffe gegen die UdSSR dem Chef des Stabes Jukio Kasahara mit. Ich trug ihm vor, daß im Falle des Ausbruchs von Kriegshandlungen mit der Sowjetunion die Bakterienwaffe mittels Flugzeugen eingesetzt werden müßte.

Unter anderem sagte ich Kasahara, daß im Falle eines Krieges mit der Sowjetunion die Bakterienwaffe im Raum der Städte Woroschilow, Chabarowsk, Blagoweschtschensk und Tschita, d. h. in den rückwärtigen Gebieten der Sowjetunion, eingesetzt werden sollte.

Die Verseuchung dieser Gebiete sollte mittels Abwurf von Bakterienbomben und Verstreuung von Bakterien vom Flugzeug aus erfolgen. Zu diesem Zwecke sollten Flugzeuge der Fliegerverbände der Kwantungarmee bereitgestellt werden.

Frage: Bedarf es dafür nicht spezieller Flugzeuge?

Antwort: Nein, dafür konnten gewöhnliche Flugzeuge verwendet werden; für den Abwurf von Bakterienbomben gewöhnliche Bomber und für die Verstreuung von Bakterien jedes beliebige Flugzeug, denn die hierfür erforderliche Apparatur war sehr einfach und konnte an jedem Flugzeug angebracht werden.

Diese meine Erwägungen trug ich, wie gesagt, dem Stabschef Kasahara vor, der sie in allgemeinen Zügen guthieß. Im Operationsplan waren diese Maßnahmen zwar nicht enthalten, doch ich ließ mich beim Studium dieser Fragen vom allgemeinen Charakter der Operationen leiten, die im Operationsplan vorgesehen waren.

Diesen Vortrag hielt ich Kasahara nach den vom Kriegsministerium eingelaufenen Direktiven über die Produktionserweiterung der Bakterienwaffe. Kasahara hatte mich nämlich nach Empfang der Direktiven über die Produktionserweiterung der Bakterienwaffe beauftragt, Forschungen anzustellen, ob sie im Bedarfsfall gegen die Sowjetunion eingesetzt werden kann. Ich hatte diese Frage untersucht und meine Erwägungen Kasahara vorgetragen, der sie, wie ich bereits sagte, guthieß.

Frage: Welche Hauptarten der Bakterienwaffe gehörten zur Bewaffnung der Kwantungarmee?

Antwort: 1945 waren als Hauptarten der Bakterienwaffe bestätigt: die Bakterienbombe, das Verfahren der Verstreuung von Bakterien vom Flugzeug aus und Bodenmittel, d. h. Sabotagemethoden. Ich glaube, diese Hauptverfahren wurden vom japanischen Generalstab bestätigt.

Frage: Welche Arten der Bakterienwaffe wurden vom Oberbefehlshaber Jamada geprüft und bestätigt?

Antwort: Als Jamada Oberbefehlshaber war, prüfte er zwei Hauptverfahren, die zu jener Zeit gewissermaßen endgültig vervollkommnet waren, und bestätigte sie auch. Ich meine die Bakterienbombe „System Ishii" und die Verstreuung pestinfizierter Flöhe vom Flugzeug aus.

Frage: Wie hatte man sich den praktischen Einsatz der Bakterienwaffe gedacht?

Antwort: Mir als Chef der strategisch-operativen Abteilung des Stabs der Kwantungarmee war bekannt, daß der praktische Einsatz der Bakterienwaffe durch Spezialkader erfolgen sollte, die es in den Abteilungen und ihren Zweigstellen gab. Mit anderen Worten, falls nötig, sollten die Abteilungen und Zweigstellen eine entsprechende Anzahl von

Fachleuten bereitstellen, denen Soldaten beizugeben waren, die bereits in Friedenszeiten Spezialausbildung erhalten hatten. Diese Soldaten wurden in Friedenszeiten aus verschiedenen Einheiten der japanischen Armee ausgewählt und zu Lehrgängen in die Abteilungen 731 und 100 geschickt, wo sie nicht nur im Sanitätswesen unterrichtet wurden, sondern auch Spezialausbildung erhielten und die notwendigen Fertigkeiten in der Bakteriologie erwarben. Zu diesen Lehrgängen wurden die ergebensten Soldaten beordert. Wie die Auswahl selbst vorgenommen wurde, weiß ich aber nicht. Nach Abschluß der Lehrgänge kamen sie dann in Friedenszeiten entweder in die Zweigstellen oder in die Abteilungen für Seuchenverhütung und Wasserversorgung, die es in den Einheiten und Verbänden der japanischen Armee gab. In Kriegszeit sollten sie beim Einsatz der Bakterienwaffe Verwendung finden.

Wie viele solcher Kader von den Abteilungen 731 und 100 ausgebildet wurden, weiß ich nicht.

Frage: Was für Vorschriften und Instruktionen bestanden für den Einsatz der Bakterienwaffe?

Antwort: Instruktionen für einen Einsatz in großem Maßstab gab es nicht. Ich glaube, es bestanden zeitweilige, von den Abteilungen 731 und 100 ausgearbeitete Instruktionen und Vorschriften, die bei der Kaderausbildung verwertet wurden. Wer sie bestätigt hat, weiß ich nicht. Diese Fragen unterstanden nicht meiner Kompetenz.

Frage: Wer hatte in den Jahren 1944—1945 die Sondergruppe der Abteilung 100 zur bakteriologischen Erkundung in die an die Sowjetunion grenzenden Bezirke der Nord-Chingan-Provinz geschickt?

Antwort: Der Chef des Veterinärdienstes Takahashi hielt im Jahre 1944 oder 1945 dem Oberbefehlshaber der Kwantungarmee Jamada oder dem Stabschef Jukio Kasahara in meiner Gegenwart Vortrag über die Tätigkeit der Gruppe der Abteilung 100 in den Bezirken der Nord-Chingan-Provinz. Takahashi berichtete, daß die Abteilung 100 in den Bezirken der Nord-Chingan-Provinz Geländeerkundungen vornimmt, um festzustellen, inwieweit in diesen Bezirken die Bakterienwaffe eingesetzt werden kann, um das Vieh, die Weiden und Gewässer zu verseuchen. Ich erinnere mich, daß Takahashi in seinem Vortrag Erwägungen über die praktische Verwendung von Bakterien vorbrachte. Soviel ich mich besinne, sprach er von der Notwendigkeit, im Bedarfsfalle das Futter und die Gewässer im Raum von Chailar und südöstlich des Sees Dalainor zu verseuchen.

Die Sabotagetätigkeit der Abteilung 100 wurde vom Stab der Kwantungarmee durch seine Aufklärungsabteilung geleitet.

Frage: Hatten Sie betreffs des Einsatzes der Bakterienbombe „System Ishii" Vortrag zu halten?

Antwort: Ja, auf Anweisung des Stabschefs hielt ich im Herbst 1944, ungefähr im November, über die Wirkung der Bakterienwaffe „System Ishii" Vortrag.

Im Stab war vor Jamadas Ernennung zum Oberbefehlshaber ein schriftlicher Bericht von Ishii über diese Frage eingetroffen. Deshalb hielt ich nach Jamadas Dienstantritt im Auftrag Kasaharas mündlich Vortrag. Dieser erfolgte im Stab in Gegenwart von Jamada, Kasahara, dem stellvertretenden Stabschef Ikeda und Mijata. Jamada billigte auf Grund meines Vortrags dieses Verfahren als überaus wirksam.

Frage: Geben Sie den Inhalt des Vortrags von Kitano wieder, den er im Stab der Kwantungarmee über die Verwendung von pestinfizierten Flöhen hielt.

Antwort: Wann dieser Vortrag gehalten wurde, weiß ich nicht mehr genau, es war Ende 1944 oder Anfang 1945. Kitano berichtete Jamada über die letzten Erfolge beim Studium der Verfahren für die Verwendung pestinfizierter Flöhe als Kampfwaffe. An die Einzelheiten dieses Vortrags entsinne ich mich nicht. Zugegen waren Jamada, Kasahara, der Chef des Sanitätsdienstes Kadsitsuka, ich, Mijata, Ikeda und Kitano, der den Vortrag hielt.

Nach Kitanos Vortrag wurde ein spezieller Film über Infizierungsversuche mittels pestinfizierter Flöhe vorgeführt.

Den Film sah ich aber nicht, weil ich in Dienstangelegenheiten in die strategisch-operative Abteilung gerufen wurde.

Frage: Welche Beziehung hatte der Stabsoffizier Oberstleutnant Mijata (Prinz Takeda) zur Tätigkeit der Abteilung 731?

Antwort: Mijata wurde von der strategisch-operativen Abteilung speziell für die Verbindung dieser Abteilung mit der Abteilung 731 abgestellt. Außerdem wurden manchmal auch andere Stabsoffiziere in die Abteilungen 731 und 100 geschickt, um über die Arbeit derselben auf dem laufenden zu bleiben und die Verbindung mit ihnen aufrechtzuerhalten. In der Regel wurden durch diese Offiziere verschiedene Direktiven übermittelt und deren Durchführung kontrolliert.

Frage: In Ihren Aussagen vom 16. November 1949 erklärten Sie, Sie hätten von General Tamura erfahren, daß es in der Abteilung 731 ein Gefängnis gibt, in dem Häftlinge gehalten werden. Sagen Sie, wo der von Ihnen genannte Tamura gearbeitet hat.

Antwort: Vom Gefängnis der Abteilung 731 und von den Versuchen, die an den Häftlingen in diesem Gefängnis angestellt wurden, erfuhr ich von meinem Vorgänger, dem ehemaligen Chef der strategisch-operativen Abteilung Oberst und später General Joshitomi Tamura. Wer die Sanktion für die Vornahme von Versuchen an Menschen gegeben hat, weiß ich nicht genau, aber ich denke, daß diese Versuche erstmalig von Oberbefehlshaber Ueda oder seinem Nachfolger Umedsu gebilligt wurden. Als Jamada Oberbefehlshaber war, wurden diese Versuche auch angestellt, und Jamada hob die vorher gegebene Erlaubnis nicht auf.

Frage: Sagen Sie, wer hat den Fang von Nagetieren und ihre Ablieferung an die Abteilung 731 verfügt?

Antwort: 1945 befaßten sich fast alle Landtruppen der Kwantungarmee mit dem Fang von Ratten und ihrer Ablieferung an die Abteilung 731. Selbstverständlich war dieses Unternehmen von Oberbefehlshaber Jamada sanktioniert. Ohne seine Genehmigung hätten sich die Truppen nicht damit befassen können.

Eine diesbezügliche Direktive hätte der Stabschef im Namen des Oberbefehlshabers an die Truppen erteilen können, aber unbedingt nur mit Genehmigung des Oberbefehlshabers. Wie dieser Genehmigung praktisch Form gegeben wurde, weiß ich nicht mehr.

Die Abteilung 731 brauchte die Ratten, um Flöhe für die Verbreitung von Pestbazillen zu züchten. Wieviel Nagetiere insgesamt bereitgestellt und an die Abteilung 731 geliefert wurden, weiß ich nicht.

Frage: Sagen Sie, wodurch wurde im Jahre 1945 die neuerliche Ernennung Ishiis zum Chef der Abteilung 731 notwendig?

Antwort: Das weiß ich nicht mehr genau. Ich nehme an, daß sich diese Ernennung Ishiis aus den Direktiven des Kriegsministeriums über die Steigerung der Bakterienproduktion und die Aktivierung der Vorbereitung zum Bakterienkrieg ergab. Als erfahrener Fachmann wurde Ishii deshalb wieder in die Abteilung 731 berufen.

Frage: Welche Beziehung hatte Kadsitsuka zur Tätigkeit der Abteilung 731 hinsichtlich der Erforschung und Herstellung der Bakterienwaffe?

Antwort: Soviel mir bekannt ist, oblag Kadsitsuka, was die Vorbereitung der Bakterienwaffe anbelangt, die allgemeine Leitung über die wissenschaftliche Arbeit zur Erforschung der wirksamsten Verfahren für die Verwendung von Bakterien als Kampfmittel.

Ich sagte bereits, daß Kadsitsuka an Besprechungen teilnahm, in denen Fragen des praktischen Einsatzes der Bakterienwaffe behandelt wurden. Deshalb war er zweifellos über alle diese Arbeiten unterrichtet. Die Informationen, die für Kadsitsuka von Interesse waren und seiner Kompetenz unterstanden, d. h. die verschiedene wissenschaftliche Fragen betrafen, konnte er in der strategisch-operativen Abteilung erhalten. Er hatte das aber praktisch nicht nötig, weil diese Fragen meistens in Sonderbesprechungen, an denen ich teilnahm, entschieden wurden, so daß er selbst die strategisch-operative Abteilung nicht aufzusuchen brauchte. So war es

z. B. bei Kitanos Vortrag über die Verwendung pestinfizierter Flöhe der Fall.

Frage: Wodurch wurde die Vernichtung der Abteilungen 731 und 100 notwendig?

Antwort: Die Vernichtung der Abteilungen 731 und 100 verfügte der Oberbefehlshaber Jamada. Ich glaube, die Vernichtung der Abteilungen wurde aus folgenden Gründen notwendig: erstens war die ganze Einrichtung dieser Abteilungen geheim und durfte nicht in die Hände der feindlichen Armee fallen. Außerdem waren auch die Arbeiten selbst, die in den Abteilungen durchgeführt wurden, geheim. Deshalb mußten Maßnahmen ergriffen werden, um die Tatsache dieser Arbeit selbst zu vertuschen, mit anderen Worten, die Spuren der Arbeit, die in den Abteilungen zur Vorbereitung des Bakterienkrieges vorgenommen wurde, und der Versuche an lebenden Menschen mußten getilgt werden.

Schließlich bot der stürmische Vormarsch der Sowjetarmee nicht die Möglichkeit, diese Abteilungen vollständig in die innere Mandschurei oder an einen anderen Ort zu evakuieren.

Frage: Worauf ist zurückzuführen, daß die Kwantungarmee die Bakterienwaffe gegen die Sowjetunion nicht zur Anwendung brachte?

Antwort: Meiner Meinung nach ist der Hauptgrund dafür, daß die Bakterienwaffe bei Beginn der Kriegshandlungen gegen die Sowjetunion nicht eingesetzt wurde, in dem stürmischen Vormarsch der Sowjetarmee zu suchen. Obwohl die von der Kwantungarmee betriebene Vorarbeit für den Einsatz der Bakterienwaffe aktiviert wurde und die Kwantungarmee imstande war, die Bakterienwaffe einzusetzen, wurde sie deshalb nicht angewandt.

Frage: Gegen wen richteten sich die von Ihnen aufgezählten Maßnahmen der verstärkten Vorbereitung zum Bakterienkrieg, die im Jahre 1945 betrieben wurde?

Antwort: Ich habe bereits gesagt, daß die Bakterienwaffe hauptsächlich gegen die Sowjetunion gerichtet war. Davon zeugen eine ganze Reihe praktischer Maßnahmen, die vom

Stab der Kwantungarmee getroffen wurden, darunter die Billigung der von mir geäußerten Erwägungen über den praktischen Einsatz der Bakterienwaffe gegen die Sowjetunion durch den Stabschef der Kwantungarmee, wie ich schon erwähnte; die bakteriologische Geländeerkundung in der an die Sowjetunion grenzenden Nord-Chingan-Provinz; General Takahashis Vortrag über die Verfahren der gegen die Sowjetunion vorbereiteten Sabotageakte im Falle von Kriegshandlungen.

All das zeugt davon, daß sich diese Vorbereitung gegen die UdSSR richtete, für den Fall, daß es zu Kriegshandlungen kommen sollte.

Weiter kann ich nichts Wesentliches zur Sache aussagen.

Das Vernehmungsprotokoll ist nach meinen Worten richtig niedergeschrieben und mir in japanischer Sprache vorgelesen worden.

Matsumura

VERNOMMEN DURCH:

Militärstaatsanwalt
Gardeoberstleutnant der Justiz
BASENKO

Mitarbeiter der Chabarowsker Regionsverwaltung des Ministeriums für Innere Angelegenheiten
Oberleutnant *KORSAKOW*

Dolmetscher *ZWIROW*

AUSZUG AUS DEN AUSSAGEN DES ZEUGEN MATSUMURA BEI DER GEGENÜBERSTELLUNG MIT DEM ANGEKLAGTEN KADSITSUKA

Am 8. Dezember 1949 *Chabarowsk*

Frage an den Zeugen Matsumura: Erzählen Sie, was Ihnen über die Vorträge des Chefs der Abteilung 731 bekannt ist, die er dem Oberbefehlshaber der Kwantungarmee hielt und denen Kadsitsuka beiwohnte.

Antwort: Ende 1944 hielt der Chef der Abteilung 731 Kitano einen Vortrag im Arbeitszimmer des Oberbefehlshabers der Kwantungarmee. Kitano sprach über die Verfahren für die Verwendung pestinfizierter Flöhe als Bakterienwaffe. Bei diesem Vortrag waren zugegen: der Oberbefehlshaber der Kwantungarmee Jamada, der Stabschef Jukio Kasahara, sein Stellvertreter Ikeda, der Chef des Sanitätsdienstes Kadsitsuka, ich, der Stabsoffizier Oberstleutnant Mijata (Prinz Takeda), Kitano, der den Vortrag hielt, und sein Begleitoffizier, dessen Namen ich nicht kenne.

Die Besprechung war geheim. Ich entsinne mich, daß der schriftliche Wortlaut dieses Vortrags nach der von mir erwähnten Besprechung der strategisch-operativen Abteilung zuging, wo er weiterhin aufbewahrt wurde. Jamada hieß das von Kitano vorgeschlagene Verfahren der Verwendung pestinfizierter Flöhe als Bakterienwaffe gut.

...Nach Kitanos Vortrag sahen sich alle Anwesenden einen Film an, den Kitano mitgebracht hatte. Dieser Film zeigte den Einsatz der Bakterienwaffe. Ich selbst habe den Film nicht gesehen, weil ich auf dem Wege zum Saal, wo er vorgeführt werden sollte, in die strategisch-operative Abteilung gerufen wurde...

Matsumura

VERNOMMEN DURCH:

Militärstaatsanwalt
Oberstleutnant der Justiz
KATSCHAN

Mitarbeiter der Chabarowsker Regionsverwaltung des Ministeriums für Innere Angelegenheiten
Oberstleutnant *PAPKOW*

Dolmetscher *BOLCHOWITINOW*

PROTOKOLL ÜBER DIE VERNEHMUNG DES ZEUGEN JOSHIO IIDSIMA

Am 20. Oktober 1949 *Chabarowsk*

Ich, Mitarbeiter der Chabarowsker Regionsverwaltung des Ministeriums für Innere Angelegenheiten, Hauptmann Pissarew, habe den Kriegsgefangenen, ehemaligen Major der japanischen Armee **Joshio Iidsima,** geboren 1917 im Dorf Arata, Kreis Seta, Präfektur Gumma, Japan, bäuerlicher Herkunft, japanischer Nationalität, Mittelschulbildung, als Zeugen vernommen.

Der Zeuge wurde darauf aufmerksam gemacht, daß er für falsche Aussagen die gerichtliche Verantwortung entsprechend Artikel 95 des Strafgesetzbuches der RSFSR trägt.

Unterschrift: *Iidsima*

Frage: In welcher Sprache wünschen Sie Ihre Aussagen zu machen?

Antwort: Ich beherrsche die russische Sprache, kann Russisch lesen, möchte aber meine Aussagen in meiner Muttersprache machen.

Frage: Die Vernehmung wird durch Vermittlung des Dolmetschers der japanischen Sprache Anatoli Nikolajewitsch Negoroshenko erfolgen. Erheben Sie dagegen Einspruch?

Antwort: Nein.

Der Dolmetscher A. N. Negoroshenko wurde darauf aufmerksam gemacht, daß er für wissentlich falsche Übersetzung die gerichtliche Verantwortung entsprechend Artikel 95 des Strafgesetzbuches der RSFSR trägt.

Unterschrift: *Negoroshenko*

Frage: Erzählen Sie kurz über Ihren militärischen Dienst.

Antwort: Zur Armee wurde ich am 20. April 1938 als Soldat einberufen. Bis dahin betätigte ich mich in der Landwirtschaft. Von September 1938 bis März 1939 wurde ich in der Reserve-Offiziersschule „Sendai" ausgebildet, dann diente ich als Offiziersanwärter beim 15. Infanterieregiment in der Stadt Takasaki. Im Dezember 1939 wurde ich zum Leutnant befördert und mit der ersten Gruppe von Offizieren in die Schule „Nakano" zu Tokio beordert.

Die Schule „Nakano" bildete für die japanischen Militärmissionen Leiter des Spionagedienstes aus. In der Schule „Nakano" gab es drei Klassen: eine chinesische, eine englische und eine russische. Ich wurde der russischen Klasse zugeteilt, wo ich erstmalig Russisch lernte und nicht schlecht meisterte. Außerdem wurde ich über die geographische, ökonomische und politische Lage der Sowjetunion unterrichtet. Hauptlehrgegenstand für alle drei Klassen war ein Spezialfach über die Arbeitsmethoden der ausländischen Spionageorgane, hauptsächlich der sowjetischen, amerikanischen, englischen und chinesischen.

Die Lehrer der Schule erklärten uns Kursanten an praktischen Beispielen, wen man für Spionage-, Sabotage- und Propagandatätigkeit in die Gegenspionage anwerben und wie man die zur Werbung vorgesehenen weißgardistischen Emigranten und Chinesen für sich stimmen könne und müsse. Somit entließ die Schule „Nakano" theoretisch geschulte Leiter des Spionagedienstes.

Anfang November 1940 wurde ich nach Beendigung der Schule „Nakano" an den Chef der Charbiner Militärmission Generalmajor Janagita zur Verwendung überwiesen. In der Charbiner Militärmission machte ich ungefähr drei Monate Dienst und wurde anschließend zum stellvertretenden Leiter der japanischen Militärmission des Dreistromgebiets im Dorf Dragozenka (Mandschurei) ernannt, wo ich bis Ende Januar 1945 arbeitete und dann im Februar 1945 als Lagerleiter ins Lager „Hogoin" versetzt wurde.

Im Lager „Hogoin“, was auf Russisch „Asyl“ heißt, arbeitete ich etwa sieben Monate, bis zum Augenblick meiner Gefangennahme durch die Sowjettruppen, d. h. bis zum 15. August 1945.

Das Lager „Hogoin“ oder die „Wissenschaftliche Forschungsabteilung“, wie es auch genannt wurde, unterstand der Kompetenz der Charbiner Militärmission, deren Chef damals Generalmajor Akikusha war. Das Lager „Hogoin“ war für 150 Menschen berechnet; es befanden sich darin Sowjetbürger, die sich aus irgendwelchen Gründen auf dem Gebiet der Mandschurei befanden und von japanischen Grenz- und Polizeiabteilungen festgenommen wurden. Das Lager „Hogoin“ beherbergte ausschließlich Männer, die für verschiedene landwirtschaftliche Arbeiten in der Lagerwirtschaft eingesetzt wurden. Das Lagerregime war streng. Auf den geringsten Verstoß gegen das Lagerregime stand strenge Strafe, besonders bei Fluchtverdacht. Personen, die sich etwas zuschulden kommen ließen, überwies ich mit Genehmigung der japanischen Militärmission in Charbin an die Abteilung 731 der Kwantungarmee.

Frage: Erzählen Sie, was stellte die Abteilung 731 der Kwantungarmee dar?

Antwort: Zu Beginn meiner Arbeit, als ich mich mit den Direktiven bekannt machte, nahm ich an, die Abteilung 731 sei ein Strafbataillon der Kwantungarmee, in der Folgezeit erfuhr ich jedoch, daß die Abteilung 731 ein Laboratorium war, wo an Sowjetmenschen Versuche angestellt wurden, um die Wirkung der verschiedenen Bakterien zu erforschen.

Frage: Wann, von wem und unter welchen Umständen erfuhren Sie davon?

Antwort: Ungefähr Mitte April 1945. Als ich die japanische Militärmission in Charbin aufsuchte und dem stellvertretenden Chef Oberst Asada über das Lagerregime Vortrag hielt, wies mich letzterer an, die Direktiven der Charbiner Militärmission und des Stabes der Kwantungarmee auszuführen, in denen es hieß, daß alle, die das Lagerregime verletzen, insbesondere Personen, die unter Fluchtverdacht stehen, der Abteilung 731 zu überweisen seien, die sich im Raum von Charbin im Flecken Heibo, 15 bis 20 Kilometer vom Lager „Hogoin“ entfernt, befand. Ich erinnere mich gut, daß Oberst Asada bei diesem Gespräch in allgemeinen Worten erwähnte, in dieser Abteilung würde die Wirkung von Bakterien erforscht, und dabei sagte, daß der Abteilungschef Generalleutnant Ishii sei, den ich noch nie zu Gesicht bekommen und gesprochen hatte.

Einen Monat nach diesem Gespräch mit Oberst Asada erfuhr ich, gleichfalls in der Charbiner Militärmission, vom Chef der Sanitätsabteilung Assistenzarzt Maekawa, daß in der Abteilung 731 die Wirkung von Bakterien an lebenden Menschen erprobt wurde, insbesondere an solchen, die ich aus dem Lager „Hogoin“ der Abteilung 731 überwiesen hatte. Insgesamt schickte ich aus dem Lager „Hogoin“ in mehreren Partien etwa vierzig Sowjetbürger in den sicheren Tod. Sie starben während der Versuche.

Frage: Von wem haben Sie das erfahren?

Antwort: Ich war niemals auf dem Gelände der Abteilung 731 und bin auch mit keinem einzigen Mitarbeiter der Abteilung zusammengekommen, ja, ich kenne nicht einmal ihre Namen. Auch mit den Mitarbeitern der japanischen Militärmission in Charbin hatte ich über dieses Thema keine Gespräche geführt. Zu dem Schluß, daß die aus dem Lager „Hogoin“ eingelieferten Sowjetbürger infolge der Versuche starben, gelangte ich, weil kein einziger der Abtransportierten ins Lager „Hogoin“ zurückkehrte und, zweitens, weil kein einziger der an die Abteilung 731 Überwiesenen an die Lagerleitung oder seine Kameraden geschrieben hatte, während ich von anderen Orten, insbesondere aus den Kohlengruben, von ehemaligen Lagerinsassen durch die Post Briefe über verschiedene Fragen erhielt, die diese oder jene Bitte betrafen, wie z. B. die Überweisung von Geld oder die Nachschickung von im Lager zurückgelassenen Sachen.

Frage: Welche Ordnung galt für den Abtransport von Sowjetbürgern aus dem Lager „Hogoin“ in die Abteilung 731?

Antwort: Im Lager „Hogoin“ gab es eine Informations- und Untersuchungsabteilung, deren Chef mein Stellvertreter Kendsi Jamagishi war. Diese Abteilung legte über jeden, der gegen das Lagerregime verstieß, eine Akte an, die ich mit meinem Namensstempel versah. Dann fuhr ich persönlich nach Charbin zur japanischen Militärmission, legte das Aktenmaterial dem Chef der Militärmission Akikusha vor, und erst nach der Bestätigung durch die japanische Militärmission organisierte mein Stellvertreter Jamagishi persönlich den Abtransport der Delinquenten zur Abteilung 731.

Ich war kein einziges Mal zugegen, wenn Sowjetbürger zur Abteilung 731 abtransportiert wurden. Von Jamagishi erfuhr ich, daß die Mitarbeiter der Abteilung 731 die Delinquenten mit ihren Kraftwagen abholten; die Namen der Mitarbeiter der Abteilung sind mir nicht bekannt. Ich interessierte mich nicht dafür, wer von den Mitarbeitern der Abteilung 731 die Leute vom Lager „Hogoin“ abholen kam...

Frage: Was möchten Sie Ihren Aussagen hinzufügen?

Antwort: Meinen Aussagen kann ich weiter nichts hinzufügen. Das Vernehmungsprotokoll ist nach meinen Worten richtig niedergeschrieben und mir in russischer und in japanischer Sprache vorgelesen worden, was ich unterschriftlich bestätige.

Iidsima

VERNOMMEN DURCH:

Mitarbeiter der Chabarowsker Regionsverwaltung des Ministeriums für Innere Angelegenheiten
Hauptmann *PISSAREW*

Dolmetscher *NEGOROSHENKO*

PROTOKOLL ÜBER DIE VERNEHMUNG DES ZEUGEN KENDSI JAMAGISHI

Am 21. Oktober 1949 *Chabarowsk*

Ich, Mitarbeiter der Chabarowsker Regionsverwaltung des Ministeriums für Innere Angelegenheiten, Hauptmann Pissarew, habe den Kriegsgefangenen, ehemaligen Oberleutnant der japanischen Armee **Kendsi Jamagishi,** geboren 1916 im Dorf Dseigon, Präfektur Niigata, japanischer Nationalität und japanischer Staatsangehörigkeit, Hochschulbildung, erworben am Tokioter Institut für Fremdsprachen, als Zeugen vernommen.

Der Zeuge wurde darauf aufmerksam gemacht, daß er für falsche Aussagen die gerichtliche Verantwortung entsprechend Artikel 95 des Strafgesetzbuches der RSFSR trägt.

Unterschrift: *Jamagishi*

Frage: In welcher Sprache wünschen Sie Ihre Aussagen zu machen?

Antwort: Ich beherrsche die russische Sprache, kann Russisch lesen und schreiben, möchte aber in Gegenwart eines Dolmetschers vernommen werden, weil ich einige russische Worte vergessen habe und es mir schwerfallen wird, meine Gedanken auszudrücken.

Frage: Die Vernehmung wird durch Vermittlung des Dolmetschers der japanischen Sprache Anatoli Nikolajewitsch Negoroshenko erfolgen. Erheben Sie dagegen Einspruch?

Antwort: Nein.

Der Dolmetscher A. N. Negoroshenko wurde darauf aufmerksam gemacht, daß er für wissentlich falsche Übersetzung die gerichtliche Verantwortung entsprechend Artikel 95 des Strafgesetzbuches der RSFSR trägt.

Unterschrift: *Negoroshenko*

Frage: Erzählen Sie kurz Ihren Lebenslauf.

Antwort: Meiner sozialen Herkunft nach bin ich Bauer. Bevor ich das Tokioter Institut bezog, lebte ich bei meinen Angehörigen, betätigte mich in der Wirtschaft meiner Eltern und besuchte gleichzeitig das Gymnasium. Von 1935 bis 1938 lebte ich in Tokio, wo ich das Institut für Fremdsprachen absolvierte. 1938 wurde ich in die japanische Armee einberufen und als Soldat in die Mandschurei, nach der Bahnstation Mulin, ins 30. Infanterieregiment geschickt, wo ich bis 1941 diente. Anfang September 1942 wurde ich zur Arbeit in die japanische Militärmission in Charbin überführt und als Dolmetscher der russischen Sprache der besonderen Forschungsabteilung zugeteilt. Unter dieser Bezeichnung wurde in der japanischen Militärmission das Lager „Hogoin" geführt, was auf Russisch „Asyl" heißt. Im Lager „Hogoin" befanden sich Sowjetbürger, meist Militärangehörige, die sich aus irgendwelchen Gründen in der Mandschurei aufhielten.

Anfang 1944 wurde ich zum stellvertretenden Leiter des Lagers „Hogoin" ernannt und leitete gleichzeitig die Informations- und Untersuchungsabteilung. Zu den Obliegenheiten dieser Abteilung gehörte es, Informationen über die ökonomische, politische und militärische Lage der UdSSR zu sammeln und Personen zu ermitteln, die sich mit Fluchtabsichten trugen, das Lagerregime übertraten und unter den Lagerinsassen antijapanische Agitation betrieben. Personen, die japanfeindlich gestimmt waren, sowie solche, die sich dem Lagerregime nicht fügen wollten, überwies ich mit Einverständnis des Lagerleiters Iidsima an die Abteilung 731, in die im Laufe des Jahres 1945 zu verschiedener Zeit annähernd 40 Sowjetbürger befördert wurden.

Ich möchte dabei bemerken, daß man erstmalig Anfang 1942 begonnen hat, Häftlinge aus dem Lager „Hogoin“ in die Abteilung 731 zu schicken, d. h. zu einer Zeit, als ich noch nicht zur Lagerleitung gehörte.

Die von mir erwähnte Abteilung 731 lag an der Peripherie von Charbin, im Flecken Heibo, etwa 15 bis 20 Kilometer vom Lager „Hogoin“ entfernt.

In der Abteilung 731 war ich kein einziges Mal. Nur einmal, im Herbst 1944, fuhr ich an ihrem Gelände vorbei, konnte aber nichts sehen, weil das ganze Territorium mit einem hohen Bretterzaun eingehegt war. Etwa 200 Meter vom Eingang zum Gelände der Abteilung hing ein Schild, an dessen genauen Wortlaut ich mich jetzt nicht erinnere. Der Sinn war aber der, daß nur Personen mit einer speziellen Erlaubnis vom Oberbefehlshaber der Kwantungarmee das Gelände betreten dürfen.

Schon im Jahre 1942 erfuhr ich von mehreren Mitarbeitern der 2. Abteilung der Charbiner Militärmission, ich erinnere mich nicht mehr genau, von wem, daß die Abteilung 731 oder, wie man sie noch nannte, die „Abteilung Ishii“ todbringende Bakterien züchtete und deren Wirkung durch Versuche an lebenden Menschen erprobte, und daß diesen Versuchen kein menschlicher Organismus standhielt, so daß der Mensch letzten Endes starb.

Einige Zeit darauf, Ende 1944 oder Anfang 1945, als ich mich in der Charbiner Militärmission aufhielt, erfuhr ich von leitenden Mitarbeitern der Mission, von wem, weiß ich nicht mehr, daß die Abteilung 731 des Stabes der Kwantungarmee todbringende Bakterien und Giftgase herstellt, um der feindlichen Armee einen Schlag zu versetzen. Japans Gegner war die Sowjetunion.

Frage: Welche Ordnung galt für den Abtransport von Sowjetbürgern in die Abteilung 731?

Antwort: Laut einer schriftlichen Direktive von der Charbiner Militärmission, die vom Missionschef Generalmajor Akikusha unterzeichnet war, stellten die Mitarbeiter der Informations- und Untersuchungsabteilung mit meinem

Einverständnis auf Grund des vorhandenen kompromittierenden Materials Listen auf, die vom Lagerleiter Major Iidsima mit seinem Namensstempel versehen und bestätigt wurden. Iidsima nahm die erwähnte Liste zum Vortrag für den Missionschef Akikusha mit. Letzterer erklärte sich mit unserer Meinung stets einverstanden und gestattete, die von uns vorgemerkten Sowjetbürger zur physischen Vernichtung an die Abteilung 731 zu überweisen.

Die Namen aller Personen, die zur Vernichtung in die Abteilung 731 geschickt wurden, habe ich nicht mehr in Erinnerung. Ich erinnere mich nur noch an den Soldaten der Sowjetarmee Demtschenko, der sich kategorisch weigerte, irgendwelche Angaben über die Sowjetunion zu machen. Mit meiner Erlaubnis wurde durch physische Maßnahmen auf ihn eingewirkt. Die Untersuchungsbeamten folterten ihn, indem sie ihn mit Händen und Füßen an einen Balken aufhängten. Dennoch machte Demtschenko keine Aussagen. Daraufhin beschloß ich, ihn physisch zu vernichten, und schickte ihn zu diesem Zweck in die Abteilung 731...

Mit dem unmittelbaren Abtransport der Sowjetbürger, die dem Tode geweiht waren, befaßte sich der Gendarm Shioda, der sich telephonisch mit dem Gendarmen der Abteilung 731 über die Zeit des Abtransports verständigte. Die Abteilung 731 schickte immer ihr eigenes Fahrzeug, einen geschlossenen Polizeikraftwagen, in dem ungefähr zwanzig Personen ohne Gepäck Platz fanden. Ich wies den Gendarmen Shioda laut Direktive der Charbiner Militärmission an, die Leute ohne ihre persönlichen Sachen in die Abteilung 731 zu befördern. Die Sachen wurden in die 4. Abteilung der japanischen Militärmission in Charbin geschickt, wo sie, besonders wenn es sich um Uniformen handelte, für den Bedarf der Mission Verwendung fanden.

In dieser Kleidung wurden japanische Kundschafter auf das Territorium der Sowjetunion entsandt. Davon erfuhr ich von den Mitarbeitern der 4. Abteilung. Von wem persönlich, weiß ich nicht mehr. Über alle Personen, die wir an die Abteilung 731 überwiesen, wurden Namenlisten in zwei Exemplaren angelegt. Das eine Exemplar nahm der Mitarbeiter der Abteilung 731 an sich, das andere Exemplar blieb im Lager „Hogoin".

Eine Bestätigung über den Empfang der Leute habe ich persönlich von den Mitarbeitern der Abteilung 731 nicht angefordert. Während meiner ganzen Tätigkeit im Lager „Hogoin" gab es keinen einzigen Fall, daß jemand von den abtransportierten Leuten ins Lager „Hogoin" zurückgekehrt wäre.

Dieser Umstand überzeugte mich ein übriges Mal, daß es mit dem, was ich gehört, seine Richtigkeit hatte, und daß die Sowjetbürger in der Abteilung 731 an den Versuchen, die an ihnen angestellt wurden, um die Wirkung von todbringenden Bakterien und Giftgasen zu erproben, gestorben sind.

Frage: Was möchten Sie Ihren Aussagen hinzufügen?

Antwort: Meinen Aussagen kann ich weiter nichts hinzufügen.

Das Vernehmungsprotokoll ist nach meinen Worten richtig niedergeschrieben und mir in russischer und in japanischer Sprache vorgelesen worden, was ich unterschriftlich bestätige.

Jamagishi

VERNOMMEN DURCH:

Mitarbeiter der Chabarowsker Regionsverwaltung des Ministeriums für Innere Angelegenheiten
Hauptmann *PISSAREW*

Dolmetscher ***NEGOROSHENKO***

AUSZUG AUS DEM PROTOKOLL ÜBER DIE VERNEHMUNG DES ZEUGEN TADASHI TAMURA

Am 31. Oktober 1949 *Chabarowsk*

Tadashi Tamura, geboren 1905 im Dorf Ogawa, Kreis Takaoka, Präfektur Kootschi, Japan, Japaner, Hochschulbildung. Ehemaliger Oberst der japanischen Armee, bis zur Gefangennahme Chef der Personalabteilung des Stabs der Kwantungarmee.

...Obwohl die Abteilung offiziell „Verwaltung für Wasserversorgung und Seuchenverhütung" hieß, war dieser Name faktisch nur ein Deckmantel für ihre eigentliche Bestimmung. Es handelte sich um eine Spezialabteilung zur Vorbereitung des Bakterienkrieges und zur Massenherstellung von bakteriologischen Angriffs- und Verteidigungsmitteln, wovon ich mich bei meinem Besuch in der Abteilung 731 persönlich überzeugt habe.

Frage: Erzählen Sie ausführlich von diesem Besuch.

Antwort: Bevor ich von meinem Besuch in der Abteilung 731 erzähle, muß ich meinen Aussagen hinzufügen, daß ich von deren Bestimmung erstmalig klar und eindeutig bei meinem Amtsantritt als Chef der Personalabteilung des Stabs der Kwantungarmee im Dezember 1944 erfuhr oder, genauer, in den ersten Januartagen des Jahres 1945.

...Generalleutnant Kasahara, der zu jener Zeit Chef des Stabs der Kwantungarmee war, sagte mir, daß ich der Abteilung 731 besondere Aufmerksamkeit schenken müßte, weil diese Abteilung, wie er mir unverhohlen erklärte, sich mit der Bereitstellung bakteriologischer Angriffs- und Verteidigungsmittel befasse, d. h. den Bakterienkrieg vorbereite.

General Kasahara sagte mir damals zwar nicht, daß die Abteilung den Bakterienkrieg gegen die Sowjetunion vorbereitete, doch mir war das auch ohnehin klar, weil ich ausgezeichnet wußte, daß die ganze Kwantungarmee für einen Überfall auf die Sowjetunion bestimmt war.

In einem Gespräch mit Generalmajor Matsumura, dem Chef der 1. Abteilung des Stabes, das bald nach meiner Ernennung stattfand, klärte mich dieser auf, daß die Abteilung 731 und ihre experimentelle Arbeit für den Einsatz bakteriologischer Kampfmittel von der ihr übergeordneten 1. Abteilung geleitet wird.

Ende Mai 1945 traf ein an den Oberbefehlshaber der Kwantungarmee gerichtetes Schreiben von Generalleutnant Shiro Ishii ein mit der Bitte, die Entsendung der nötigen Anzahl von Offizieren in die Abteilung 731 zu beschleunigen.

An den genauen Wortlaut dieses Schriftstücks erinnere ich mich jetzt nicht, aber sein Sinn lief im wesentlichen darauf hinaus, daß General Ishii zur Beschleunigung der Produktion von bakteriologischen Kampfmitteln noch zusätzlicher Offiziere benötigte.

Im Zusammenhang damit wies mich General Jamada, der Oberbefehlshaber der Kwantungarmee, Anfang Juni 1945 an, in die Abteilung 731 zu fahren und mich mit der dortigen Personallage und der Abteilung im ganzen bekannt zu machen.

Diesen Befehl erteilte mir General Jamada auf dem Flugplatz in Charbin, wohin ich mit ihm flog, um an den Zeremonien zu Ehren der Absolventen der Unteroffiziersschulen teilzunehmen.

Auf dem Flugplatz begegneten wir General Ishii, der gleichfalls hier eingetroffen war. Beim Gespräch mit ihm wies mich dann General Jamada an, in die Abteilung 731 zu fahren, was ich auch unverzüglich tat, indem ich mit General Ishii in dessen Wagen zur Abteilung fuhr.

Als ich in der Abteilung eintraf, machte ich mich eingehend mit dem dortigen Personalbestand bekannt, besichtigte die Laboratorien und die Produktionsräume und überzeugte mich mit eigenen Augen, daß die Abteilung 731 ein großer Betrieb für die Vorbereitung und Massenerzeugung von Mitteln des Bakterienkrieges war.

Wie General Ishii im Gespräch mit mir offen erklärte, bereitete die Abteilung den Bakterienkrieg gegen die Sowjetunion vor, und die erzielten Ergebnisse boten allen Grund zu der Annahme, daß die Aufgabe, bakteriologische Mittel bereitzustellen, gelöst sei und die vorhandenen Einrichtungen die Massenerzeugung von bakteriologischen Angriffsmitteln ermöglichten.

General Ishii sagte mir, daß er die bakteriologischen Mittel für eine außerordentlich starke Waffe in den Händen der Kwantungarmee halte, deren Wirkung sowohl im Laboratorium wie auch durch Versuche an lebenden Menschen erprobt wurde.

General Ishii erklärte mir unumwunden, daß die Abteilung, falls erforderlich, imstande sei, eine Riesenmenge von Bakterien, die im Falle des Angriffs oder der Verteidigung hauptsächlich mittels Abwurf im tiefen Hinterland der Sowjetarmee verbreitet werden, auf die sowjetischen Städte loszulassen.

Bei der Besichtigung der Laboratorien und Produktionsräume, wo massenweise todbringende Bakterien hergestellt wurden, überzeugte ich mich von der Richtigkeit der Worte Ishiis, daß die Abteilung 731 den aktiven Bakterienkrieg gegen die Sowjetunion beginnen könne. Ich muß zugeben, daß ich von dem Riesenausmaß dieser Todesfabrik buchstäblich erschüttert war und daß das, was ich zu sehen bekam, alle meine Erwartungen übertraf.

Ich sah im Arbeitszimmer des Generals Ishii an den Wänden mehrere Schemata, Zeichnungen und Bilder, die Versuchsergebnisse der Verstreuung von Pest-, Cholera- und anderen Bazillen mittels Bomben, Granaten, Geschossen usw. illustrierten, und konnte mich so anschaulich von der hohen Wirksamkeit der bakteriologischen Mittel überzeugen.

In Begleitung des Generals Ishii und dreier Offiziere, an deren Namen ich mich jetzt nicht erinnere, besichtigte ich die Laboratorien und Produktionsräume. Ich bin kein Bakteriologe und kann all das, was ich gesehen habe, nicht fachkundig beurteilen. Aber ich erinnere mich gut, daß ich höchst erstaunt war, als mir die Ziffern der bereitgestellten Seuchenbakterien genannt wurden, die, soviel ich mich besinne, recht hoch waren.

Beim Rundgang durch die Unterkünfte wurde ich in den Innenblock geführt, wo in besonderen Zellen, deren Türen mit Gucklöchern versehen waren, in Ketten geschlagene Menschen saßen, an denen, wie mir Ishii persönlich erklärte, Experimente mit tödlichen Bazillen vorgenommen wurden. Unter diesen Versuchspersonen sah ich Chinesen, Europäer und auch eine Frau. Wie mir General Ishii persönlich erklärte, waren diese Frau und die Europäer russischer Nationalität und von der Gendarmerie und den Militärmissionen Japans in der Mandschurei aus der Zahl derjenigen ausgewählt worden, die nach Meinung der japanischen Straforgane der Vernichtung unterlagen.

Wie ich bemerkte, lagen die Leute in den Zellen, die ich sah, auf nacktem Boden und befanden sich in einem schweren, hilflosen Zustand.

Bei diesem Besuch besichtigte ich nicht den ganzen Gefängnisblock, sondern nahm nur einige Zellen in Augenschein, in denen ich, soviel ich mich besinne, annähernd fünfzig Personen zählte. Nach der Besichtigung unterhielt ich mich noch mit Ishii über die Personalfrage.

Wir kamen im Ergebnis unserer Unterhaltung zu dem Schluß, daß der Abteilung etwa zehn bis fünfzehn Prozent des nötigen Offiziersbestandes fehlten, daß aber die Abteilung im allgemeinen auf Kriegsstärke gebracht sei. Bei der Behandlung der Personalfrage stellte General Ishii die Zweigstellen der Abteilung gleich und hielt sie für ebenso wichtig, obwohl er betonte, daß in erster Linie der Stab der Abteilung ergänzt werden müßte.

Als General Ishii mit mir über die Zweigstellen seiner Abteilung sprach, äußerte er die Ansicht, daß im Falle unmittelbar bevorstehender Kriegshandlungen die Zweigstellen den Armee- und Frontstäben der Kwantungarmee unterstellt werden müßten, damit die Armeen nötigenfalls die bakteriologischen Mittel im Kampf einsetzen könnten.

Ishiis Worte erfüllten sich späterhin, und wenn ich mich recht besinne, wurde im August 1945 vom Oberbefehlshaber der Befehl erlassen, die Zweigstellen der Abteilung unmittelbar den Armeen zu unterstellen.

Nach der Zusammenkunft mit General Ishii fuhr ich in seinem Wagen nach Charbin, wo ich mich am Tag nach meiner Rückkehr aus der Abteilung der Suite des Oberbefehlshabers anschloß.

Frage: Haben Sie das Ergebnis Ihres Besuchs in der Abteilung 731 dem ehemaligen Oberbefehlshaber der Kwantungarmee General Jamada vorgetragen?

Antwort: Jawohl.

Frage: Was haben Sie General Jamada vorgetragen?

Antwort: Als ich mich bei General Jamada, dem Oberbefehlshaber der Kwantungarmee, meldete, trug ich ausführlich alle meine Schlußfolgerungen und Beobachtungen vor.

Vor allem sagte ich ihm, daß die Abteilung 731 auf Kriegsstärke gebracht und imstande sei, jederzeit den Bakterienkrieg zu beginnen. Ich berichtete ihm zugleich, daß General Ishii darauf bestehe, ihm zusätzlich Fachleute und Offiziere für die Materialversorgung zur Verfügung zu stellen.

In bezug auf diese Frage äußerte ich General Jamada gegenüber die Meinung, daß ich den Personalbestand für durchaus befriedigend halte und es angesichts des allgemeinen Personalmangels für möglich erachte, von einer zusätzlichen Beorderung von Offizieren an General Ishii abzusehen, womit sich General Jamada einverstanden erklärte.

Gleichzeitig äußerte ich General Jamada meine Begeisterung über die hervorragende Betriebseinrichtung und Ausrüstung, die die Abteilung 731 besaß. Die Bemerkungen und Fragen des Generals Jamada überzeugten mich, daß er über die Lage in der Abteilung 731 vorzüglich unterrichtet war.

Wie mir General Ishii während meines Aufenthalts in der Abteilung 731 sagte, hatte General Jamada persönlich im

Herbst 1944 die Abteilung 731 besucht und sich mit ihrer Tätigkeit und ihren Unterkünften eingehend bekannt gemacht.

Außerdem berichtete ich General Jamada über die interessanten Versuche, die General Ishii und seine Mitarbeiter an lebenden Menschen vornehmen und von denen ich in der Abteilung 731 erfahren hatte. Ich erzählte ihm von meinem Besuch im Gefängnisblock und allem, was mir dort zu Gesicht gekommen war.

General Jamada drückte seine Zufriedenheit mit meinen Informationen aus, und bald darauf kehrten wir nach Tschangtschun zurück...

Tamura

VERNOMMEN DURCH:

Mitarbeiter der Chabarowsker Regionsverwaltung des Ministeriums für Innere Angelegenheiten
Hauptmann *PETERS*

Dolmetscher *DEMTSCHENKO*

DOKUMENTARISCHES BEWEISMATERIAL

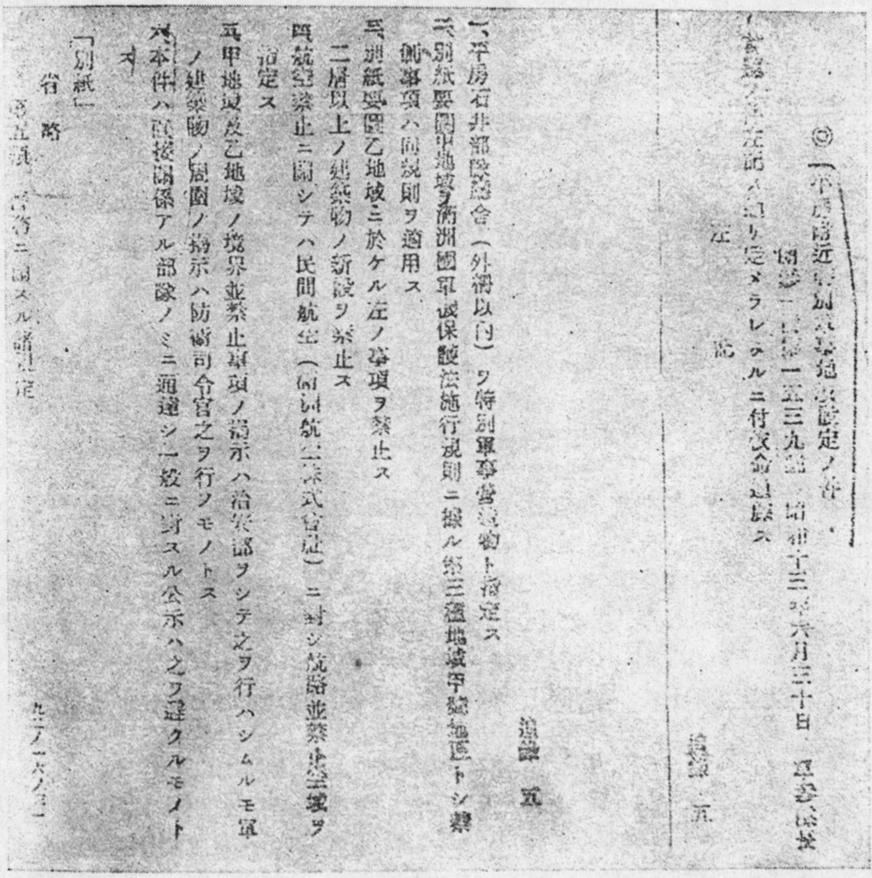
◎平房附近[illegible]別[illegible]地帯設定ノ件

関参一[illegible]第一五三九號 昭和十三年六月三十日 軍参謀長

[illegible]部隊[illegible]左記ノ通リ定メラレタルニ付依命通牒ス

左記

一、平房石井部隊營舍（外柵以內）ヲ特別軍事營造物ト指定ス

二、別紙要圖甲地域ヲ滿洲國軍機保護法施行規則ニ據ル第三種地域甲類地區トシ禁止事項ハ同規則ヲ適用ス

三、別紙要圖乙地域ニ於ケル左ノ事項ヲ禁止ス

二層以上ノ建築物ノ新設ヲ禁止ス

四、航空禁止ニ關シテハ民間航空（[illegible]）ニ對シ航路並禁止空域ヲ指定ス

五、甲地域及乙地域ノ境界並禁止事項ノ揭示ハ治安部ヲシテ之ヲ行ハシムルモ軍ノ建築物ノ周圍ノ揭示ハ防衛司令官之ヲ行フモノトス

六、本件ハ直接關係アル部隊ノミニ通達シ一般ニ對スル公示ハ之ヲ避クルモノトス

「別紙」

省略

[illegible]

Direktive des Stabes der Kwantungarmee
„Über die Schaffung einer besonderen Militärzone im Raum Pingfan“.

Aktennummer 869, S. 31—32.

12—519

Aktennummer 869. *Übersetzt aus dem Japanischen.*
Seite 31, 32.

Mappe: „Ergänzungen zum Sammelband der Gesetze und Direktiven"

Seite 31.

STAB DER KWANTUNGARMEE
1. ABTEILUNG

30. Juni 1938 Nr. 1539.

Chef des Stabes der Kwantungarmee.

ÜBER DIE SCHAFFUNG EINER BESONDEREN MILITÄRZONE IM RAUM PINGFAN

Befehlsgemäß bringe ich zur Kenntnis, daß in dieser Frage folgender Entschluß gefaßt wurde:

Seite 32.

1. Die Bauten der Abteilung Ishii in Pingfan (auf dem Abschnitt, der mit einer Außenwand eingehegt ist) als Bauten von besonderer militärischer Bedeutung zu betrachten.

2. Gemäß den „Ausführungsbestimmungen zum Gesetz über die Wahrung militärischer Geheimnisse in der Mandschurei" die Zone „KO", die auf beiliegendem Schema markiert ist, als Abschnitt „KO" der Zone dritter Ordnung zu betrachten. Auf ihn erstrecken sich alle einschränkenden Artikel der obenerwähnten Ausführungsbestimmungen.

3. In der auf beiliegendem Schema markierten Zone „Otsu" ist die Errichtung neuer, mehr als zwei Stockwerke hoher Bauten untersagt.

4. Der Zivilluftflotte (Flugzeuggesellschaft „Manshiu Kabushiki Kaisia") ist die Lufttrasse und die Luftsperrzone zur Kenntnis zu bringen.

5. Die Grenzen der Zonen „KO“ und „Otsu“ und die einschränkenden Artikel gibt das Ministerium für Staatssicherheit von Mandschukuo bekannt und die Zone, in der sich die militärischen Anlagen befinden, der Befehlshaber der Verteidigung.

6. Alles Obendargelegte ist nur den Einheiten zur Kenntnis zu bringen, die unmittelbare Beziehung dazu haben; offizielle Bekanntmachungen haben zu unterbleiben.

Ohne Anlagen.

Übersetzt: Chefdolmetscherin Kandidat der historischen Wissenschaften
Unterschrift: *(PODPALOWA)*

極秘

関憲高第一二〇號

特移扱ニ關スル件通牒

昭和十八年三月十二日 関東憲兵隊司令部警務部長

首題ノ件ニ關シテハ昭和十三年一月二十六日關憲警第五八號ニ據ルモ[illegible]

ノ[illegible]ハ[illegible]別紙ヲ標準トセラレ度依命通牒ス

[illegible]送先

關各[illegible]長（含獨立分隊長 [illegible]八六、[illegible]）

Benachrichtigung des Chefs der Polizeidienststelle des Stabes der Kwantunggendarmerie über die Personenkategorien, die „Sondertransporten“ unterliegen.

Aktennummer 864, S. 245

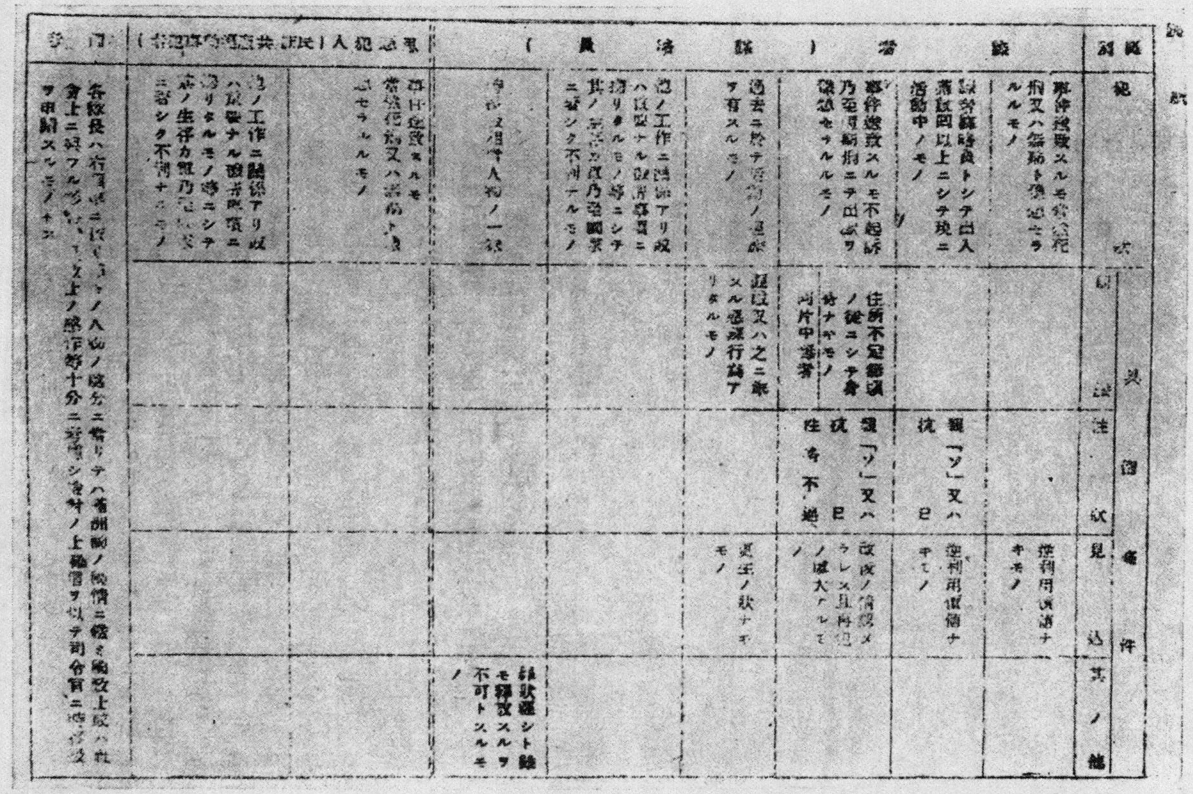

Anlage zur Benachrichtigung des Chefs der Polizeidienststelle des Stabes der Kwantunggendarmerie: Liste mit Angabe der Personenkategorien, die „Sondertransporten“ unterliegen.

Aktennummer 864, S. 246.

Aktennummer 864. Seite 245, 246. Mappe: „Diverse Korrespondenz" der 1. Abteilung des Stabs der Kwantung-gendarmerie im Jahre 1943. Die Dokumente betreffen Fragen der Organisation, Ergänzung, Ausbildung usw.

Übersetzt aus dem Japanischen.
Streng geheim.
Kopie.

Seite 245.

Gelesen: FUDSISHIGE (Namensstempel).
GORO HARA (Namensstempel).
ISHII (Namensstempel).

STAB DER KWANTUNGGENDARMERIE
ABTEILUNG FÜR BESONDERS
WICHTIGE ANGELEGENHEITEN

Am 12. März 1943
Nr. 120.

Chef der Polizeidienststelle
des Stabs der Kwantunggendarmerie

BENACHRICHTIGUNG BETREFFEND „SONDERTRANSPORTE" („TOKUI-ATSUKAI")

Befehlsgemäß bringe ich zur Kenntnis, daß in dieser Frage zwar die Anweisung Nr. 58 der Polizeidienststelle des Stabs der Kwantunggendarmerie vom 26. Januar 1938 maßgebend, es bei der Auswahl jedoch erwünscht ist, die in der beigefügten Anlage festgelegten Normen einzuhalten.

Verteiler: An alle Abteilungschefs der Kwantunggendarmerie (einschließlich die Chefs einzelner Gendarmeriegruppen und ausschließlich die Chefs der 86. und der Ausbildungsabteilung).

Übersetzt: Chefdolmetscherin Kandidat der historischen Wissenschaften
Unterschrift: *(PODPALOWA)*

Seite 246
Anlage

	Art des Verbrechens	Zusätzliche Bedingungen			
		Biographische Angaben	Charakteristik der Person	Unsere Gründe	Sonstige Beweggründe
(Saboteure)	Der Tatbestand des Verbrechens bietet Grund anzunehmen, daß die Person, wenn die Strafsache vor Gericht kommt, zu lebenslänglichem Zuchthaus oder zum Tode verurteilt wird			Wenn die Person für Anwerbung unsrerseits und Zurückschikkung nicht in Frage kommt	
	Die Person ist zu Spionage- oder Sabotagezwecken mehrfach in die Mandschurei geschickt worden und hat diese Tätigkeit bis zuletzt ausgeübt		Wenn die Person prosowjetisch oder antijapanisch eingestellt ist	Wenn sie für Anwerbung unsrerseits und Zurückschickung nicht in Frage kommt	
	Der Tatbestand des Verbrechens bietet Grund anzunehmen, daß die Person, wenn die Strafsache vor Gericht kommt, freigesprochen oder zu einer kurzen Freiheitsstrafe verurteilt wird und das Gefängnis bald verläßt	Wenn es ein Vagabund ohne ständigen Wohnort und Verwandte oder ein Opiumraucher ist	Wenn die Person prosowjetisch oder antijapanisch eingestellt ist. Unloyale Elemente	Wenn sie keine Reue an den Tag legt und ernste Gefahr besteht, daß sie rückfällig wird	
ONE	Die Person hat in der Vergangenheit diese Tätigkeit ausgeübt	Wenn die Person Partisan war oder analoge schadenbringende Handlungen begangen hat		Wenn keine Aussicht auf ihre Umerziehung besteht	

SPI	Die Person hat diese Tätigkeit in irgendeiner Weise aktiv unterstützt oder hatte mit wichtigen Fragen geheimer Natur zu tun, weshalb ihre Existenz für Armee und Staat äußerst unvorteilhaft ist				
	Gesinnungsgenossen von Personen, die zur Kategorie der „Sondertransporte“ („Tokui-Atsukai“) gehören				Wenn ihre Freilassung ungeachtet der Geringfügigkeit des Verbrechens unerwünscht ist
IDEELLE VERBRECHER (mit der nationalen und kommunistischen Bewegung verbundene Verbrecher)	Der Tatbestand des Verbrechens bietet Grund anzunehmen, daß die Person, wenn die Strafsache vor Gericht kommt, zum Tode oder zu lebenslänglichem Zuchthaus verurteilt wird				
	Die Person hat diese Tätigkeit in irgendeiner Weise aktiv unterstützt oder hatte mit wichtigen Fragen geheimer Natur zu tun, weshalb ihre Existenz für Armee und Staat äußerst unvorteilhaft ist				

ANMERKUNG: Bei der Entscheidung, wie mit dieser oder jener Person, ausgehend von den oben angeführten Normen, zu verfahren ist, haben die Chefs der Gendarmerieabteilungen unter dem Gesichtspunkt der inneren Lage Mandschukuos sorgfältig zu prüfen, wie sich dies auf die Staatspolitik, die Gesellschaft, die öffentliche Moral auswirkt, und können nach Abwägung all dieser Umstände beim Chef der Kwantunggendarmerie die Anwendung des „Sondertransports“ („Tokui-Atsukai“) mit aller Entschiedenheit beantragen.

Übersetzt: Chefdolmetscherin Kandidat der historischen Wissenschaften Unterschrift: (*PODPALOWA*)

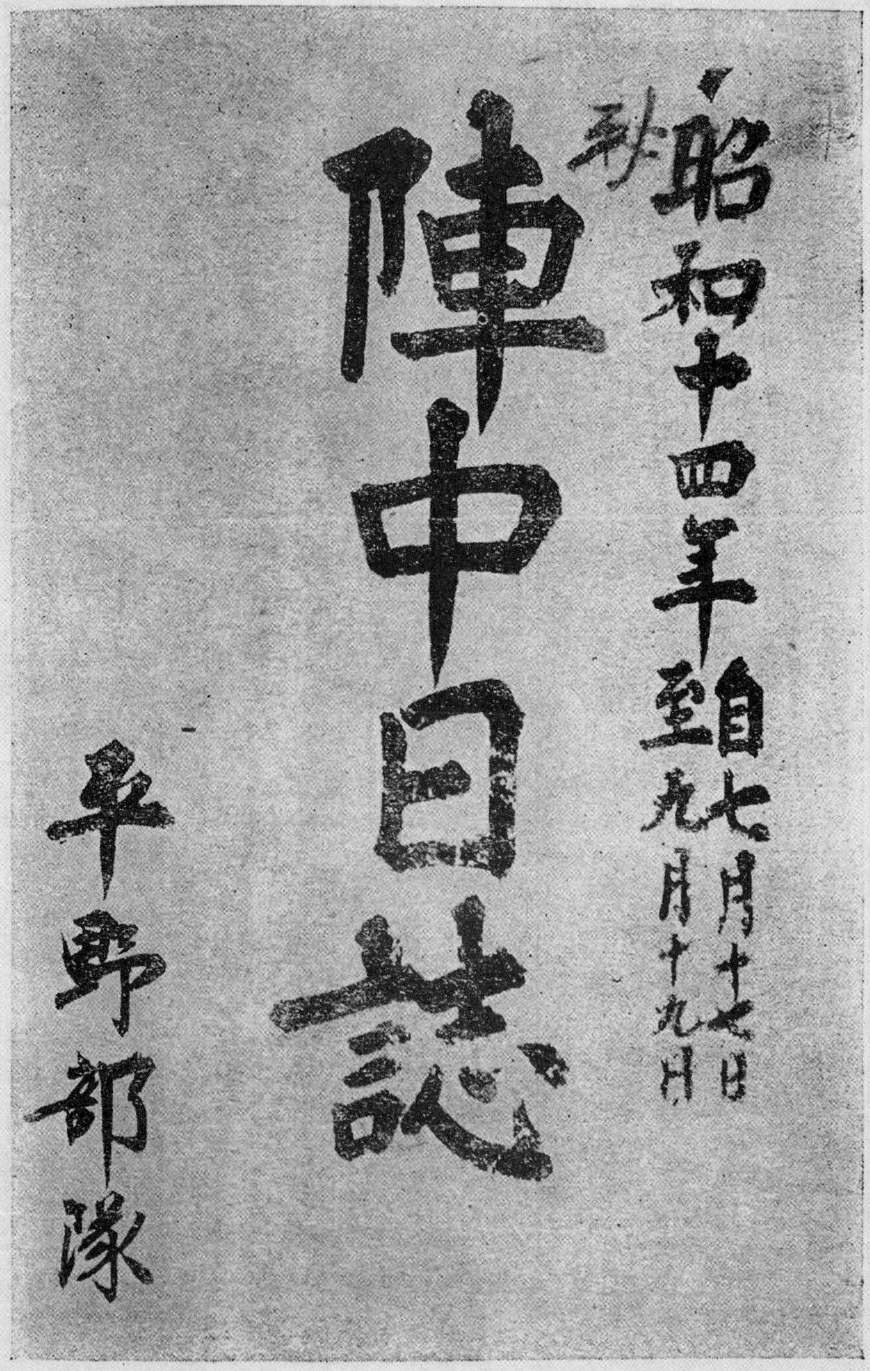

秘

昭和十四年自七月十七日
至九月十九日

陣中日誌

平野部隊

Dienstagebuch der Gendarmerieeinheit Hirano
vom 17. Juli bis 19. September 1939 (Massen-„Sondertransport").
Titelblatt.

Aktennummer 845.

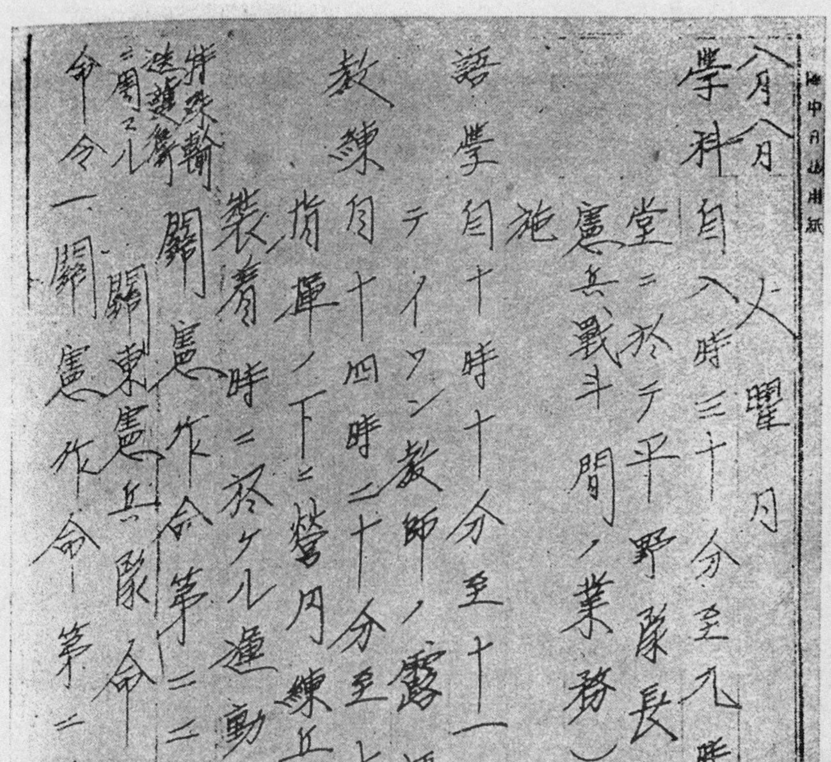

八月八日 火曜日 晴

學科 自八時三十分至九時五十分 班内講堂ニ於テ平野隊長憲兵戰地勤務（憲兵戰斗間ノ業務）ニ關スル學科實施

語學 自十時十分至十一時 班内講堂ニ於テイツン教師ノ露語教育實施

教練 自十四時二十分至十六時 平野隊長指揮ノ下ニ營内練兵場ニ於テ防毒面裝着時ニ於ケル運動ニ關スル教練實施

特殊輸送護衛ニ關スル 關憲作命第二二四號

關東憲兵隊命令

八月 關東憲兵隊司令部 八月十一日 六時

命令 一 關憲作命第二二二號ニ基ク第二

Operationsbefehl Nr. 224 der Kwantunggendarmerie
über einen Massen-„Sondertransport", S. 1.

Aktennummer 845, S. 45.

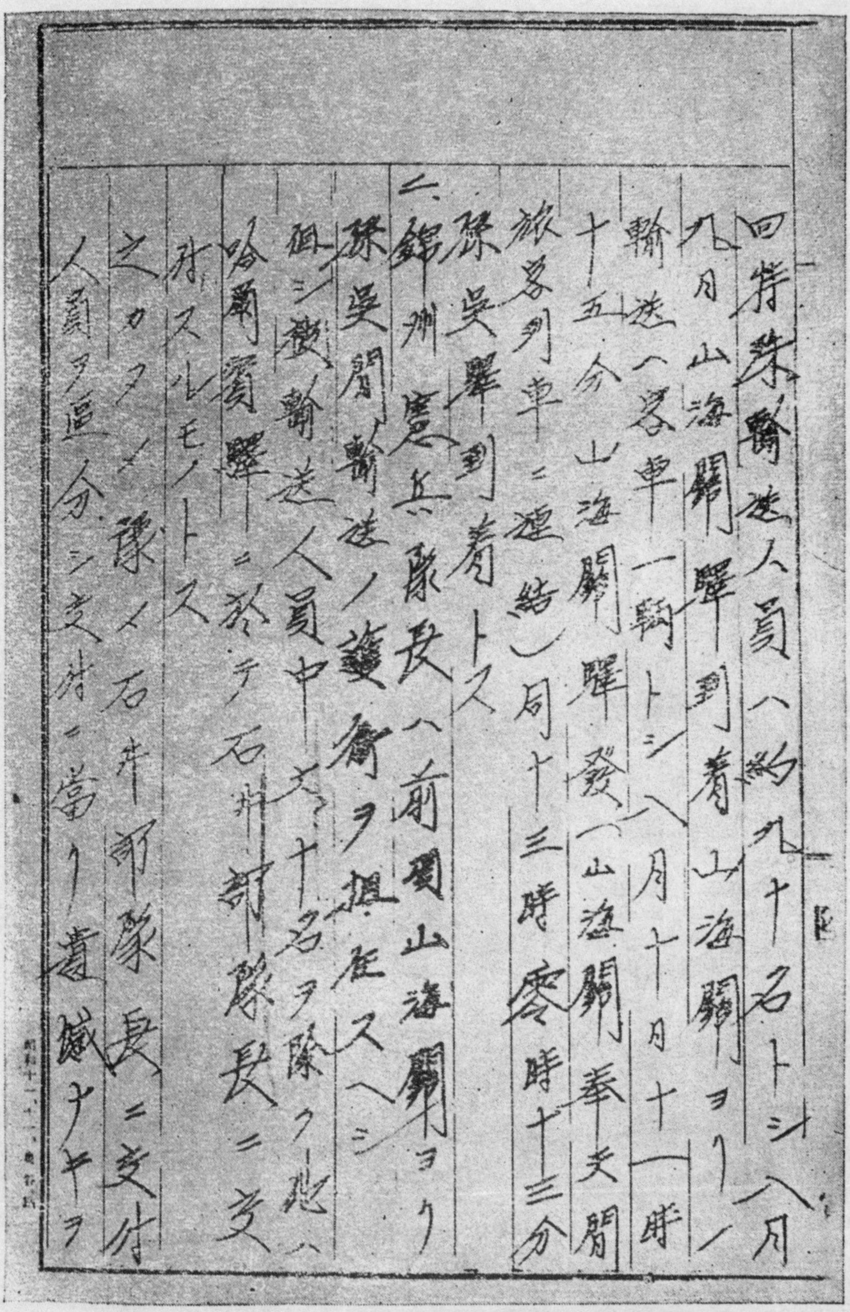

四、特殊輸送人員ハ約九十名トシ八月
九日山海關驛到着山海關ヨリノ
輸送ハ客車一輛トシ八月十日十一時
十五分山海關驛發（山海關奉天間
旅客列車ニ連結）同十三時零時十三分
孫呉驛到着トス
二、錦州憲兵隊長ハ前記山海關ヨリ
孫呉間輸送ノ護衛ヲ担任スヘシ
但シ該輸送人員中六十名ヲ除ク他ハ
哈爾賓驛ニ於テ石井部隊長ニ交
付スルモノトス
之カタメ隊ハ石井部隊長ニ交付
人員ヲ區分シ交付ニ當リ遺憾ナキヲ

Operationsbefehl Nr. 224 der Kwantunggendarmerie über einen Massen-„Sondertransport“, S. 2.

Aktennummer 845, S. 45 Fortsetzung

13—519

期スヘシ
前項護衛ノ為承徳憲兵隊ヨリ将
校一平野部隊ヨリ下士官、兵
二五、関東憲兵隊教習隊ヨリ衛生
下士官一ヲ配属ス
通訳一ハ錦州憲兵隊ヨリ差出ス
モノトス
三、承徳憲兵隊長ハ承徳憲兵分隊柴
田尾大尉ヲ平野部隊長ハ下士官
兵二五（曹長一ヲ含ム）ヲ関東憲兵
隊教習隊長ハ衛生下士官一ヲ
月九月中ニ山海関ニ派遣シ錦州憲
兵隊長ノ指揮ヲ受ケシムヘシ

Operationsbefehl Nr. 224 der Kwantunggendarmerie
über einen Massen-„Sondertransport“, S. 3.

Aktennummer 845, S. 46.

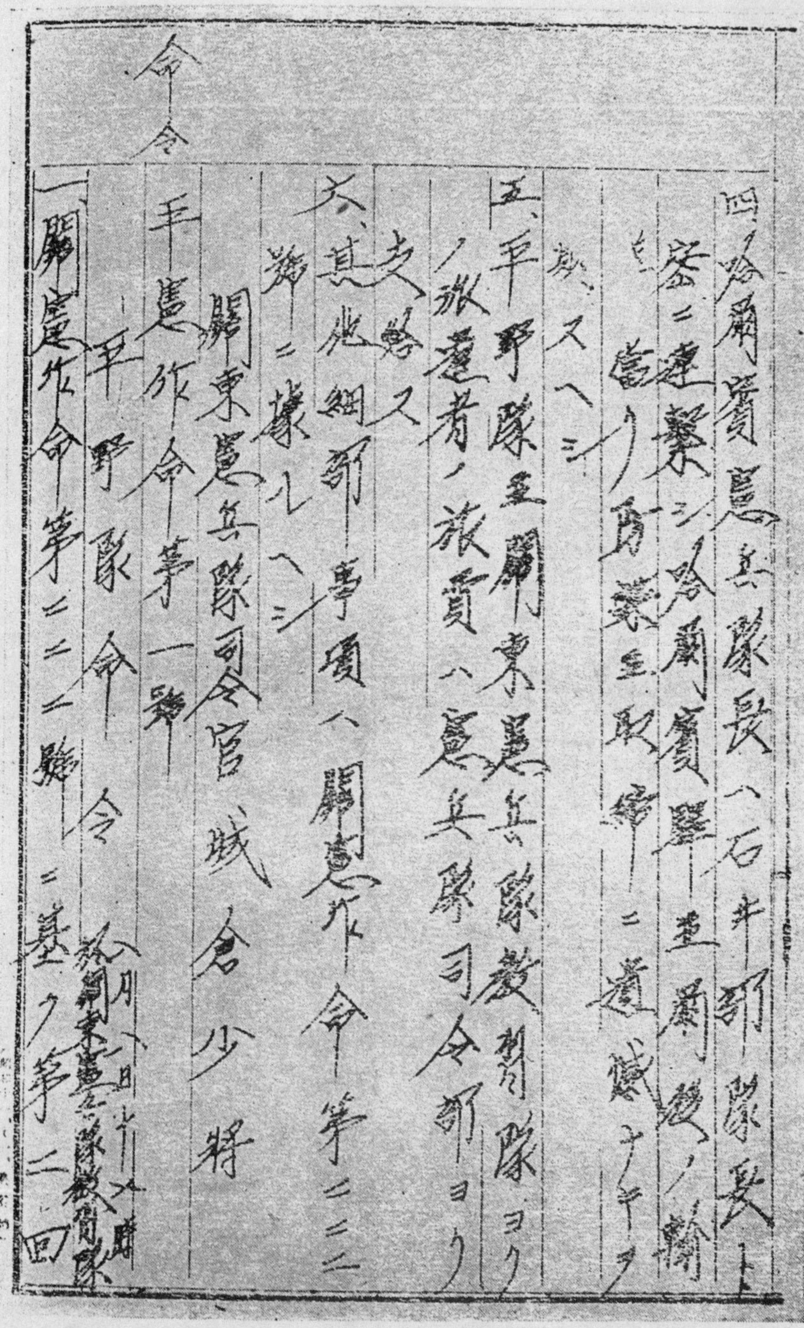

四、哈爾賓憲兵隊長ハ石井部隊長ト
密ニ連繫シ哈爾賓驛迄輸送ノ輸
送ニ當リ[illegible]ヲ取締ニ遺憾ナキヲ
期スヘシ
五、平野隊ヲ關東憲兵隊教習隊ヨリ
ノ派遣者ノ旅費ハ憲兵隊司令部ヨリ
支給ス
六、其他細部事項ハ關憲作命第二二
號ニ據ルヘシ
關東憲兵隊司令官 城倉少将

命令

平憲作命第一號
平野隊命令
八月[illegible]日[illegible]時 於關東憲兵隊教習隊
一、關憲作命第二二四號ニ基ク第二回

Operationsbefehl Nr. 224 der Kwantunggendarmerie
über einen Massen-„Sondertransport“
und Operationsbefehl Nr. 1 für die Abteilung Hirano.

Aktennummer 845, S. 46 Fortsetzung.

特殊輸送ノ狀況關憲作命第二三四號第一號ノ部ニ
二 平野部隊ハ一部ヲ以テ第二回特種輸送ヲ實施セントス
三 稱邑曹長ハ別紙憲兵ニ木円及衛生下士官一ヲ指揮シ速ニ新京ヲ出發シ山海關ニ至リ錦州憲兵隊長ノ指揮ヲ受クヘシ
山發前戒具（足鎖ハ一個手錠五ニ個ノ割）縄四口本、護送縄ニ五本）ヲ憲兵隊司令部ヨリ又奉天憲兵隊ヨリ手錠三口個護送縄四口本ヲ受領シ携行スルモノトス

Operationsbefehl Nr. 1 für die Abteilung Hirano
über einen Massen-„Sondertransport".

Aktennummer 845, S. 47.

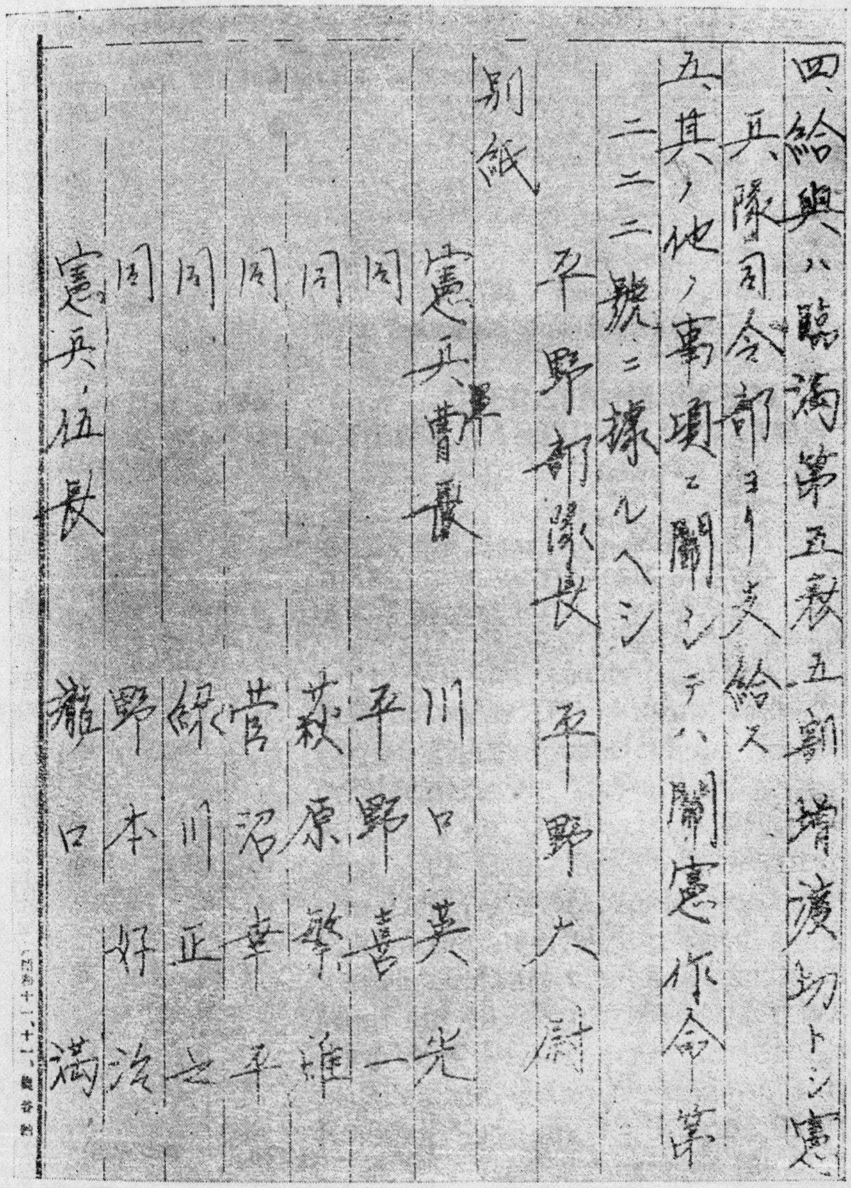
四、給與ハ臨滿第五號五割增渡切トシ憲
兵隊司令部ヨリ支給ス
五、其ノ他ノ事項ニ關シテハ關憲作命第
二二二號ニ據ルヘシ
平野部隊長 平野大尉
別紙
憲兵曹長 川口英光
同 平野喜一
同 萩原繁雄
同 菅沼幸平
同 緑川正之
同 野本好治
憲兵伍長 瀧口満

Operationsbefehl Nr. 1 für die Abteilung Hirano über einen Massen-„Sondertransport".

Aktennummer 845, S. 47 Fortsetzung.

Aktennummer 845. Seite 45—47.
Diensttagebuch der Gendarmerieeinheit Hirano vom 17. Juli bis 19. September 1939.

Übersetzt aus dem Japanischen.
Geheim.

Seite 45.
Am 8. August.

Dienstag. Klar.
(Auf die Strafsache nicht bezügliche 9 Textzeilen sind ausgelassen. *Der Übers.*)

Befehl über die Bewachung der „Sondertransporte".

OPERATIONSBEFEHL DER KWANTUNGGENDARMERIE Nr. 224

Befehl der Kwantunggendarmerie.
STAB DER KWANTUNGGENDARMERIE
Am 8. August 16.00.

1. Mit der zweiten Partie der „Sondertransporte" („Tokushiu jusho"*), der gemäß Operationsbefehl der Kwantunggendarmerie Nr. 222 erfolgt, gehen etwa 90 Mann ab. Die Partie trifft am 9. August auf dem Bahnhof Schanhaikuan ein. Der Weitertransport vom Bahnhof Schanhaikuan erfolgt in einem Personenwagen. Abfahrt vom Bahnhof Schanhaikuan am 10. August 11.15 (der Waggon wird dem Personenzug Schanhaikuan—Mukden angehängt). Ankunft auf dem Bahnhof Sunu am 13. August 00.13.

2. Die Wachmannschaft für die obengenannte Partie stellt von Schanhaikuan bis Sunu der Chef der Gendarmerieabteilung von Kintschou.

---

* Terminus, der dem Begriff „Sondertransport" entspricht. *Der Übers.*

Von der Gesamtzahl der Häftlinge fahren bis zur Endstation 60 Mann, *die übrigen werden auf dem Bahnhof Charbin dem Chef der Abteilung Ishii übergeben.* Um während der Übergabe jede Komplikation zu vermeiden, sind die Personen, die für die Übergabe an den Chef der Abteilung Ishii bestimmt werden, rechtzeitig in eine Gruppe abzusondern.

Seite 46.

Zwecks Bewachung der genannten Partie stellt die Gendarmerieabteilung von Tschengte einen Offizier, die Abteilung Hirano 25 Unteroffiziere und Soldaten und die Ausbildungsabteilung der Kwantunggendarmerie einen Sanitätsunteroffizier. Die Gendarmerieabteilung von Kintschou stellt einen Dolmetscher.

3. Spätestens bis 9. August beordern nach Schanhaikuan: der Chef der Gendarmerieabteilung von Tschengte den Hauptmann *Shibao* von der Gendarmeriegruppe in Tschengte, der Chef der Abteilung Hirano 25 Unteroffiziere und Soldaten (darunter einen Feldwebel), der Chef der Ausbildungsabteilung der Kwantunggendarmerie einen Sanitätsunteroffizier. Das genannte Begleitpersonal hält sich zur Verfügung des Chefs der Gendarmerieabteilung von Kintschou.

4. Der Chef der Charbiner Gendarmerieabteilung hat mit dem Chef der Abteilung Ishii enge Verbindung herzustellen und auf dem Bahnhof Charbin sowie auf der weiteren Fahrtroute alle Sicherheitsmaßnahmen gegen ausländi-

sche Spionage und die notwendigen Überwachungsmaßnahmen zu treffen.

5. Die Fahrtspesen der von der Abteilung Hirano und von der Ausbildungsabteilung der Kwantunggendarmerie gestellten Wachmannschaft werden vom Stab der Kwantunggendarmerie getragen.

6. Für sonstige Fragen ist der Operationsbefehl der Kwantunggendarmerie Nr. 222 maßgebend.

Chef der Kwantunggendarmerie
Generalmajor *Shirokura*

Befehl.

OPERATIONSBEFEHL Nr. 1 DER GENDARMERIEABTEILUNG HIRANO

Befehl für die Abteilung Hirano.
AUSBILDUNGSABTEILUNG
DER KWANTUNGGENDARMERIE
Am 8. August 17.00.

1. Der zweite „Sondertransport" auf Grund des Operationsbefehls der Kwantunggendarmerie Nr. 222 erfolgt entsprechend Punkt 1 des Operationsbefehls der Kwantunggendarmerie Nr. 224.

Seite 47.

2. Die Abteilung Hirano stellt die Wachmannschaft für den zweiten „Sondertransport".

3. Feldwebel *Inamura* hat mit 24 Gendarmen (Namenliste siehe Anlage) und einem Sanitätsunteroffizier unverzüglich von Sinking aufzubrechen und tritt nach Ankunft in Schanhaikuan zur Verfügung

205

des Chefs der Gendarmerieabteilung von Kintschou.

Vor der Abfahrt nach Schanhaikuan sind im Stab der Kwantunggendarmerie die zur Bewachung der Häftlinge nötigen Mittel (Fußfesseln — 81 Stück, Handfesseln — 52 Stück, Stricke zum Binden bei Fluchtversuchen — 40 Stück, Stricke zum Binden bei Fußbegleitung — 25 Stück) und in der Mukdener Gendarmerieabteilung Handfesseln — 30 Stück und Stricke zum Binden der Häftlinge bei Fußbegleitung — 40 Stück zu empfangen.

4. Die Reiseverpflegung mit 50 Prozent Zuschlag auf Grund der Tabelle 5 der provisorischen Regeln für die Gebührnisse in der Mandschurei geht auf Kosten des Stabes der Kwantunggendarmerie.

5. Für sonstige Fragen ist der Operationsbefehl der Kwantunggendarmerie Nr. 222 maßgebend.

Chef der Abteilung Hirano
Hauptmann *Hirano*

Übersetzt: Chefdolmetscherin Kandidat der historischen Wissenschaften
Unterschrift: *(PODPALOWA)*

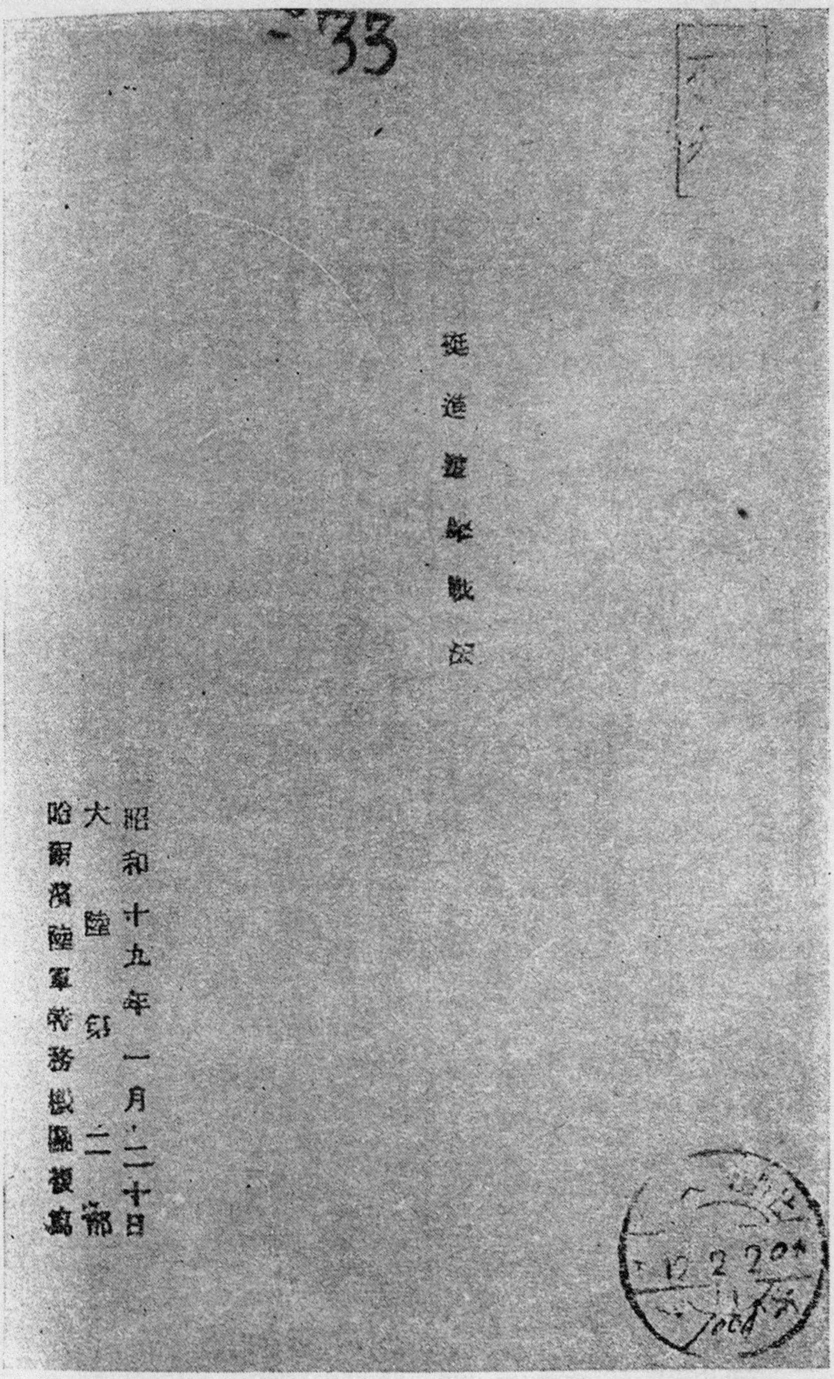

-33

挺進破壊戦法

昭和十九年一月二十日

大陸第二部

哈爾濱陸軍特務機関複写

Taktik des Streifzug- und Sabotagekrieges. Titelblatt.

Aktennummer 140, S. 33.

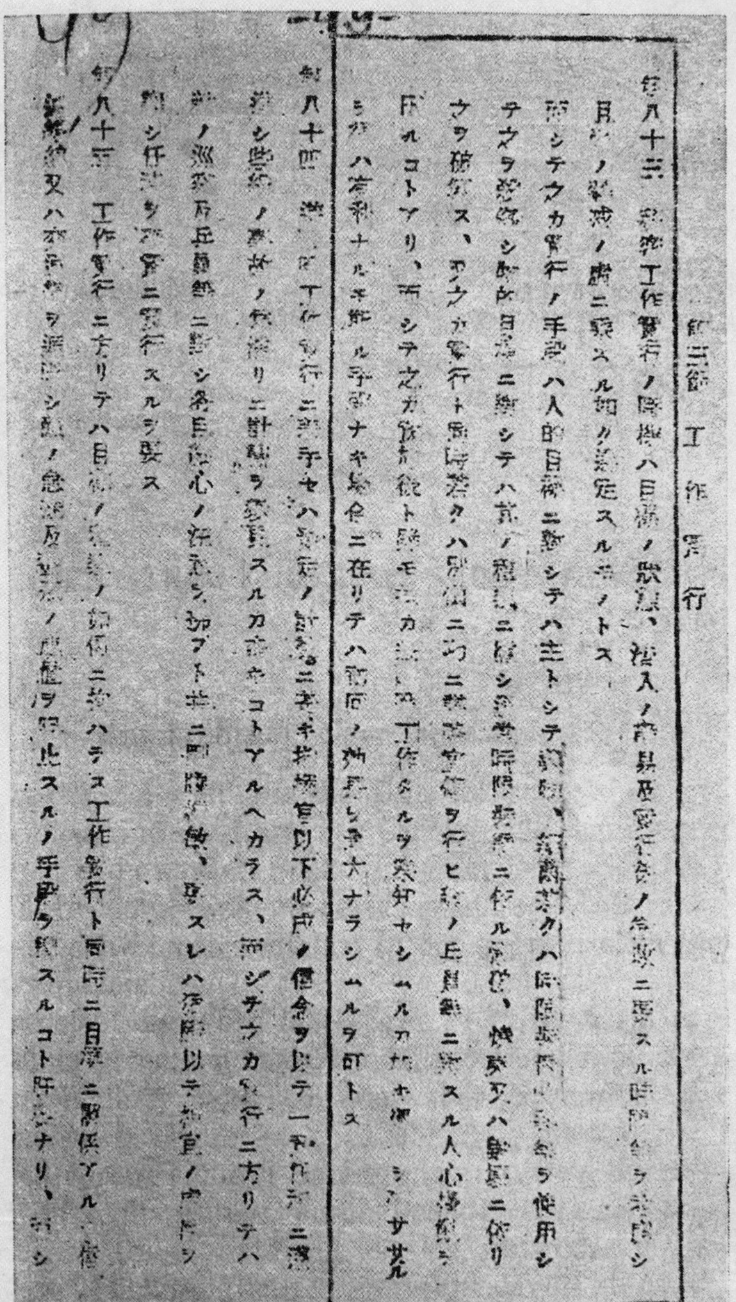

第三節 工作實行

第八十三 謀略工作實行ノ時機ハ目標ノ狀態、潜入ノ難易並實行者ノ行動ニ要スル時間等ヲ考慮シ且ツ[illegible]ノ破滅ノ時ニ[illegible]スル如ク選定スルモノトス
而シテ之カ實行ノ手段ハ人的目標ニ對シテハ主トシテ暗殺、[illegible]ニ對シテハ時限裝置[illegible]ヲ使用シテ之ヲ爆破シ物的目標ニ對シテハ其ノ種類ニ應シ爆薬時限裝置ニ依ル爆破、燒夷又ハ[illegible]ニ依リ之ヲ破壊ス、而シテ之カ實行ト同時若クハ別個ニ巧ニ謀略宣傳ヲ行ヒ敵ノ兵員ニ對スル人心攪亂ヲ圖ルコトアリ、而シテ之カ實行後ト雖モ[illegible]カ[illegible]工作タルヲ察知セシムルカ如キ[illegible]サザルヲ[illegible]ハ有利ナル手段ナキ場合ニ在リテハ範囲ノ効果ヲ多大ナラシムルヲ可トス

第八十四 謀略工作實行ニ關シテハ謀略ノ計畫ニ基キ指揮官以下必成ノ信念ヲ以テ一意[illegible]ニ邁進シ些細ノ事故ノ狀況ニ[illegible]ヲ變更スルカ如キコトアルヘカラス、而シテ之カ實行ニ方リテハ敵ノ巡察及兵員等ニ對シ各員[illegible]心ノ注意ヲ加フト共ニ[illegible]、要スレハ[illegible]以テ指揮官ノ[illegible]シ[illegible]シ任務ヲ實行スルヲ要ス

第八十五 工作實行ニ方リテハ目標ノ[illegible]ノ如何ニ拘ハラス工作實行ト同時ニ目標ニ關係アル[illegible]又ハ[illegible]ヲ[illegible]シ敵ノ急速反撃ノ[illegible]ヲ防止スルノ手段ヲ講スルコト肝要ナリ、而シ

Taktik des Streifzug- und Sabotagekrieges. Artikel 83.

Aktennummer 140, S. 49.

14—519

Aktennummer 140. Seite 33, 49.
Mappe: Sabotagekrieg. Aus den Akten der Japanischen Militärmission in Mutantsiang über die russische Weißgardistenabteilung in Hantaohotse.

Übersetzt aus dem Japanischen.

Streng geheim.

Seite 33.

2. ABTEILUNG (LANDHEER)
DES KAISERLICHEN HAUPTQUARTIERS
Am 20. Januar 1944

Umdruck durch die Japanische Militärmission in Charbin.

Stempel: „JAPANISCHE MILITÄRMISSION IN MUTANTSIANG.

Erhalten am 20. Februar 1944.
Eingangsnummer 1008."

TAKTIK DES STREIFZUG- UND SABOTAGEKRIEGES

Seite 49.

3. KAPITEL

Durchführung einer Operation

83. Bei der Zeitwahl für die Durchführung einer geheimen Operation sind die Lage des Objekts, die Annäherungsbedingungen und die nach Beendigung der Operation für den Rückzug notwendige Zeit zu berücksichtigen. Außerdem ist es nötig, die schwächsten Stellen in der gegnerischen Sicherung auszunutzen.

Zur Vernichtung der lebendigen Kräfte des Gegners während einer geheimen Überfalloperation dienen als Kampfmittel Chemikalien, ***Bakterien*** oder aber Sprengmittel mit Uhrmechanismen. Material wird abhängig von seiner Beschaffenheit zerstört durch Sprengungen mittels Sprengmitteln mit Uhrmechanismen, durch Brände oder andere Zerstörungsmittel. Dabei empfiehlt es sich, entweder gleichzeitig mit diesen Handlungen oder getrennt davon zu einer geschickten Sabotagepropaganda zu greifen, um die Moral der gegnerischen Truppe zu untergraben. Nach Abschluß der

14* 211

Operation ist es besser, keine Spuren zu hinterlassen, an Hand deren man feststellen könnte, daß die Operation von unserer Sabotageabteilung durchgeführt wurde. Ist das unmöglich, so muß man sofort bei der ersten Operation eine maximale Wirkung erzielen.

Übersetzt: Chefdolmetscherin Kandidat der historischen Wissenschaften
Unterschrift: *(PODPALOWA)*

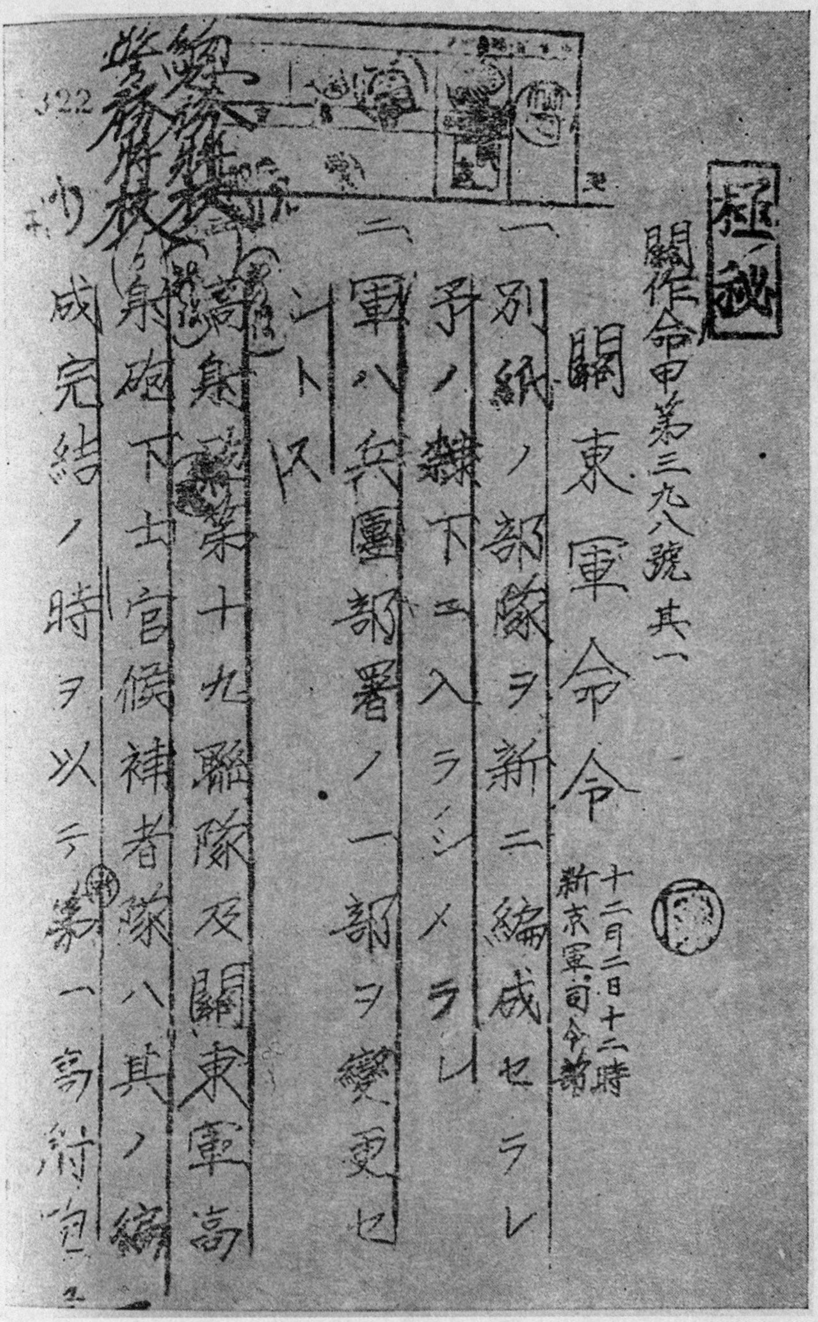
極秘

關作命甲第三九八號其一

關東軍命令

十二月二日十二時
新京軍司令部

一、別紙ノ部隊ヲ新ニ編成セラレ予ノ隷下ニ入ラシメラレ

二、軍ハ兵團部署ノ一部ヲ變更セントス

三、高射砲第十九聯隊及關東軍高射砲下士官候補者隊ハ其ノ編成完結ノ時ヲ以テ第一高射

Operationsbefehl der Kwantungarmee Nr. 398/1-KO.

Aktennummer 830, S. 922

6

シムヘシ

關東軍防疫給水部本部長ハ左

諸部隊ヲ夫々下記ノ地ニ駐屯

セシムヘシ

新設

牡丹江支部	海林
林口支部	林口
孫呉支部	孫呉
海拉爾支部	海拉爾

關東軍司令官梅津大將

6

Operationsbefehl der Kwantungarmee Nr. 398/1-KO.
Punkt 17 des Befehls (Aufzählung der Zweigstellen der Abteilung 731).

Aktennummer 830, S. 925.

Aktennummer 830. Seite 922, 925. Mappe: Operationsbefehle für das Jahr 1940. Aus den Akten des Stabes der Kwantunggendarmerie.

Seite 922.

Operationsbefehl
der Kwantungarmee
Nr. 398/1-KO
Hara*

Übersetzt aus dem Japanischen.
Streng geheim.

Stempel:

Erhalten	
Gelesen:	Chef der Kwantunggendarmerie *Takëuti* (Namensstempel). Chef der Geschäftsstelle *Kikuti* (Namensstempel). Abteilungschef *Honda* (Namensstempel). Verantwortlicher Referent *Kanadsawa* (Namensstempel). Referent (Namensstempel fehlt). Chef der Polizeidienststelle *Nagatomo* (Namensstempel). Sachbearbeiter *Tsudsuki* (Namensstempel). Offizier der Geschäftsstelle *Fushano* (Namensstempel). Offizier der Polizeidienststelle *Koi* (Namensstempel).

OPERATIONSBEFEHL DER KWANTUNGARMEE

Sinking. Armeeoberkommando, am 2. Dezember, 12.00.

1. Die auf dem Einzelblatt in der Anlage genannten Einheiten werden neu formiert und meinem Befehl unterstellt.

(Die Punkte 2 bis 16 einschließlich sind in der Übersetzung ausgelassen. *Der Übers.*)

Seite 925.

17. Der Chef der Verwaltung für Wasserversorgung und Seuchenverhütung der Kwantungarmee hat in den unten angeführten Orten folgende Einheiten zu stationieren:

* Namensstempel des Abfertigungsbeamten. *Der Übers.*

217

Zweigstelle in Mutantsiang — in Chailin
Zweigstelle in Linkou — in Linkou
Zweigstelle in Sunu — in Sunu
Zweigstelle in Chailar — in Chailar.

Oberbefehlshaber der Kwantungarmee General *Umedsu*

Seite 925.

Anmerkung des Übersetzers:

1. Vor den Worten „Chef der Verwaltung für Wasserversorgung und Seuchenverhütung der Kwantungarmee" ist am Rand mit Bleistift geschrieben: „Charbin, Abteilung *Ishii* (Abteilung *Kamo*)".

2. Die vier aufgezählten Zweigstellen stehen in einer Klammer, vor der mit Rotstift der Vermerk gemacht ist: „Neu formiert".

3. Dem Dokument ist ein Zettel angeheftet, auf dem mit Tinte geschrieben steht: „Es wird für nötig erachtet, daß die in Charbin befindliche Abteilung *Ishii* (Verwaltung für Wasserversorgung und Seuchenverhütung der Kwantungarmee, auch Abteilung *Kamo* genannt) als Sondereinheit verstärkt wird und lokale Zweigstellen erhält. Diesmal sind Zweigstellen in vier Orten geschaffen (und drei Gendarmen abkommandiert) worden."

Übersetzt: Chefdolmetscherin Kandidat der historischen Wissenschaften
Unterschrift: *(PODPALOWA)*

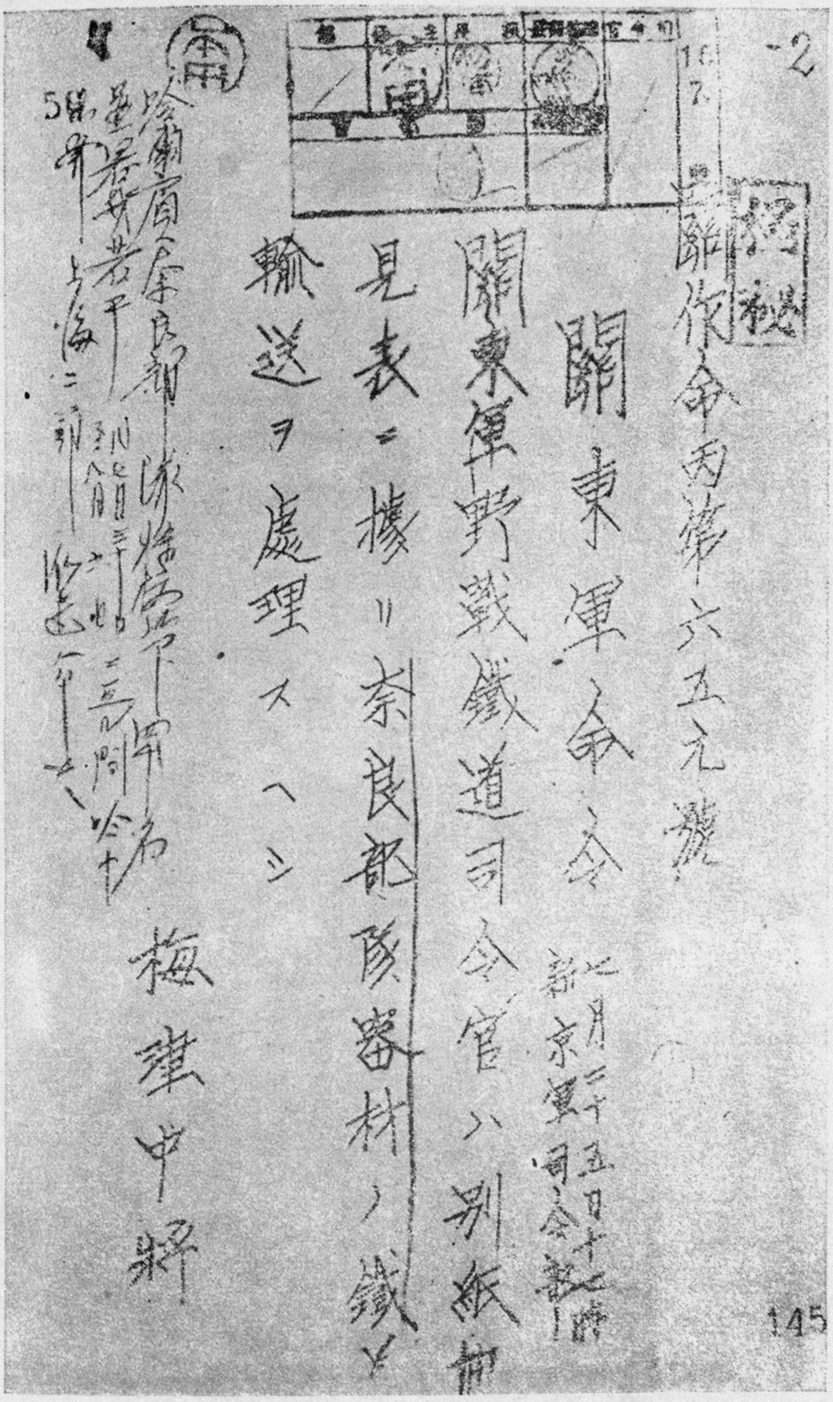
關作命丙第六五九號

關東軍命令

七月二十五日十七時
新京軍司令部

關東軍野戰鐵道司令官ハ別紙ノ見表ニ據リ奈良部隊器材ノ鐵道輸送ヲ處理スヘシ

梅津中將

Operationsbefehl der Kwantungarmee Nr. 659-Hej.
Aktennummer 830, S. 256.

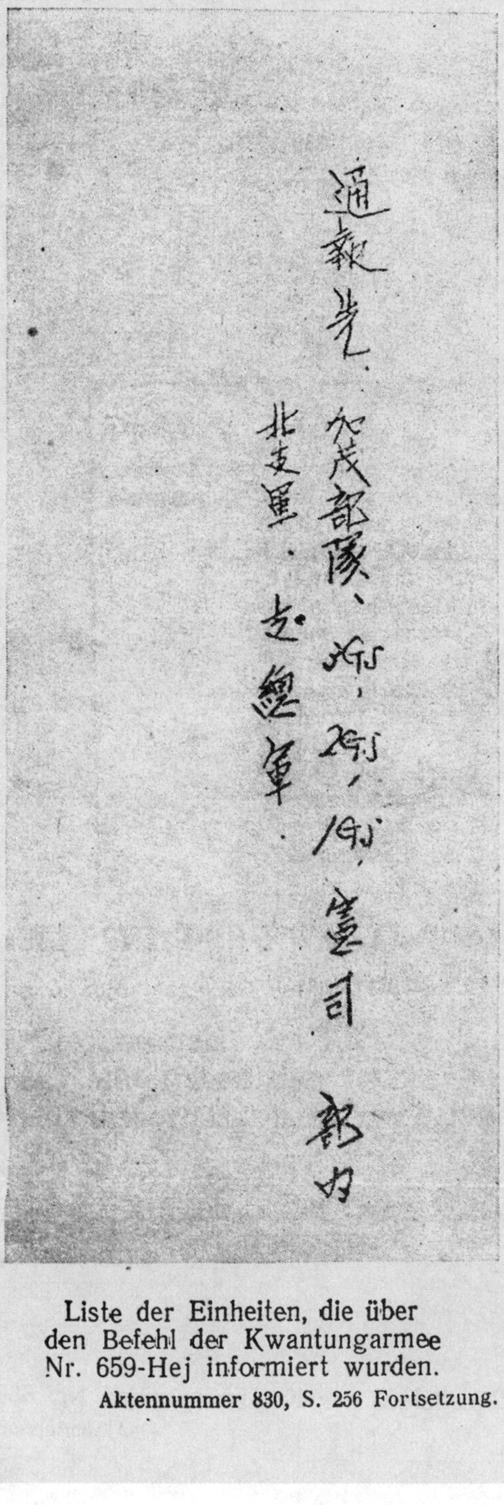

通報先、加茂部隊、[illegible]、[illegible]、[illegible]、憲司[illegible]部内

北支軍、支総軍、

Liste der Einheiten, die über
den Befehl der Kwantungarmee
Nr. 659-Hej informiert wurden.

Aktennummer 830, S. 256 Fortsetzung.

Aktennummer 830. Seite 256.
Mappe: Operationsbefehle für das Jahr 1940. Aus den Akten des Stabes der Kwantunggendarmerie.

Übersetzt aus dem Japanischen.
Streng geheim.

Seite 256.

Operationsbefehl der Kwantungarmee
Nr. 659-Hej
Toda*

Stempel:

Erhalten im Juli 1940.	
Gelesen:	Chef der Kwantunggendarmerie (Namensstempel fehlt). Chef der Geschäftsstelle *Kikuti* (Namensstempel). Abteilungschef *Matsura* (Namensstempel). Verantwortlicher Referent *Honda* (Namensstempel). Referent (Namensstempel fehlt). Chef der Polizeidienststelle (Namensstempel fehlt). Sachbearbeiter *Kanadsawa* (Namensstempel).

OPERATIONSBEFEHL DER KWANTUNGARMEE

Sinking. Armeeoberkommando, am 25. Juli, 17.00.

Der Chef der Feldeisenbahn der Kwantungarmee wird hiermit angewiesen, Materialien des Truppenteils „Nara" laut beiliegendem Transportplan per Eisenbahn zu transportieren.

Oberbefehlshaber der Kwantungarmee Generalleutnant *Umedsu*

Zur Kenntnisnahme:

An den Truppenteil „Kamo", die 1., 2. und 3. selbständige Wachabteilung, den Stab der Kwantunggendarmerie, die

---

* Namensstempel des Abfertigungsbeamten. *Der Übers.*

223

Abteilungen des Stabes der Kwantungarmee, das Oberkommando des Nordchinesischen Expeditionsheeres, den Oberstkommandierenden der Expeditionstruppen in China.

Am Rand ist ein Zettel angeheftet; er trägt einen Vermerk, der mit roter Tinte geschrieben ist und dessen übersetzter Wortlaut anschließend folgt, sowie den Namensstempel Hondas, Referent im Stab der Kwantunggendarmerie. *Der Übers.*

Übersetzung des Vermerks:

„Befehl über den Transport von 40 Offizieren und Soldaten mit Materialien des Charbiner Truppenteils ‚Nara' von Charbin nach Schanghai in der Zeitspanne zwischen 30. Juli und 6. August."

Übersetzt: Chefdolmetscherin Kandidat der historischen Wissenschaften
Unterschrift: *(PODPALOWA)*

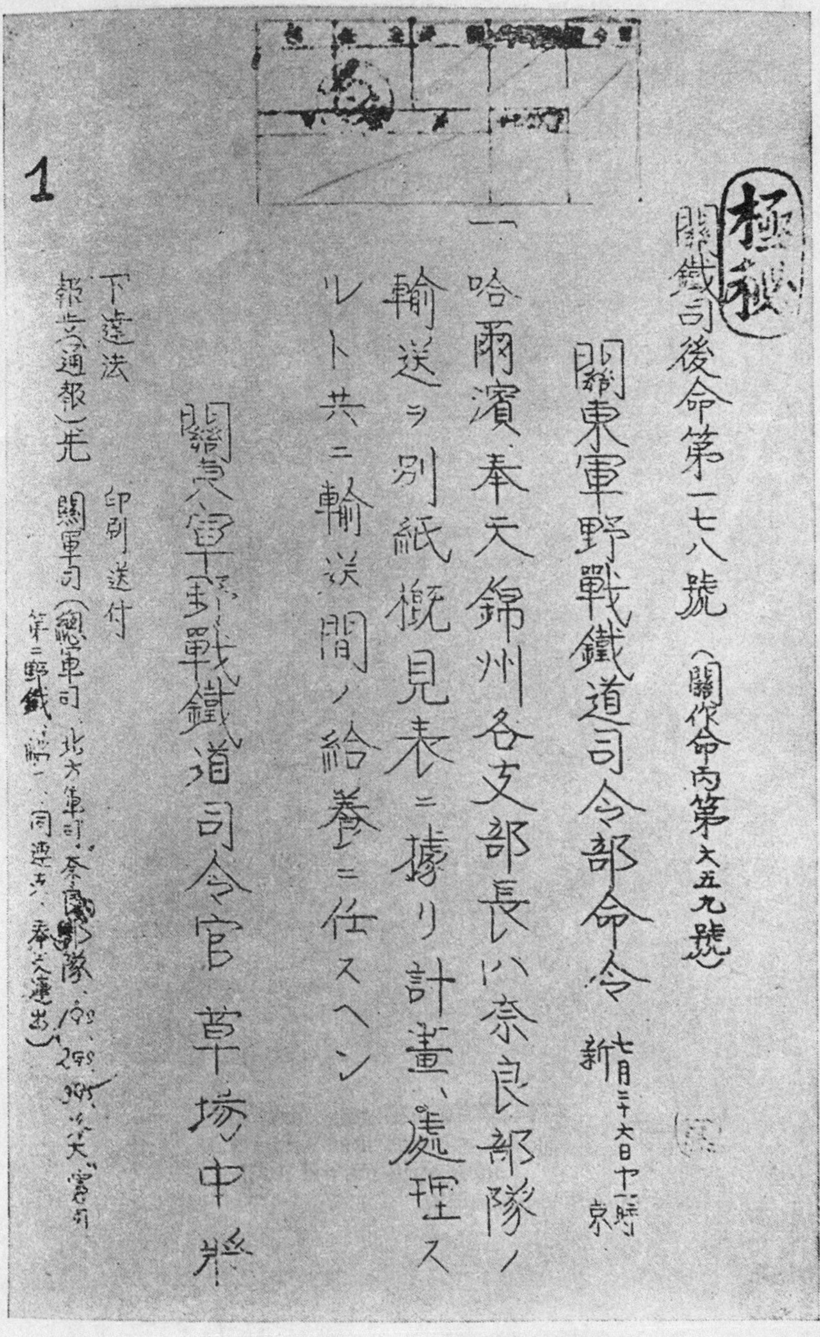

1

極秘

關鐵司後命第一七八號 (關作命丙第六五九號)

關東軍野戰鐵道司令部命令 新京

一 哈爾濱、奉天、錦州各支部長ハ奈良部隊ノ輸送ヲ別紙概見表ニ據リ計畫、處理スルト共ニ輸送間ノ給養ニ任スヘシ

關東軍野戰鐵道司令官 草場中將

下達法 印刷送付

報告(通報)先 關軍司

Befehl Nr. 178 der Feldeisenbahnverwaltung der Kwantungarmee.

Aktennummer 830, S. 245

15—519

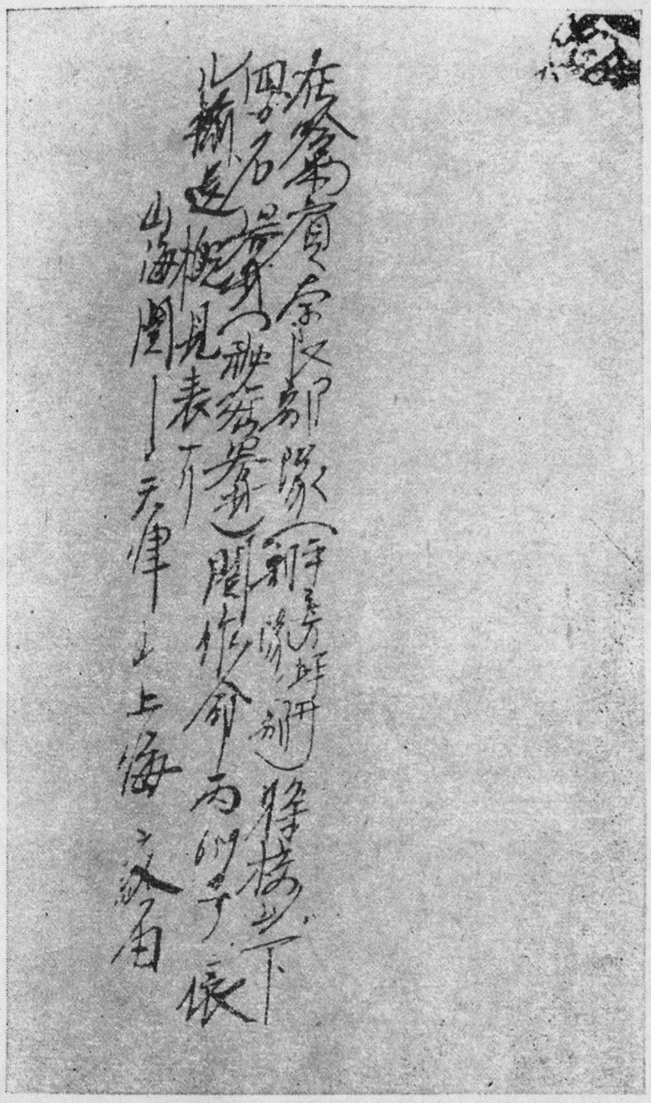

Vermerk zum Befehl Nr. 178
der Feldeisenbahnverwaltung
der Kwantungarmee.

Aktennummer 830, S. 245.

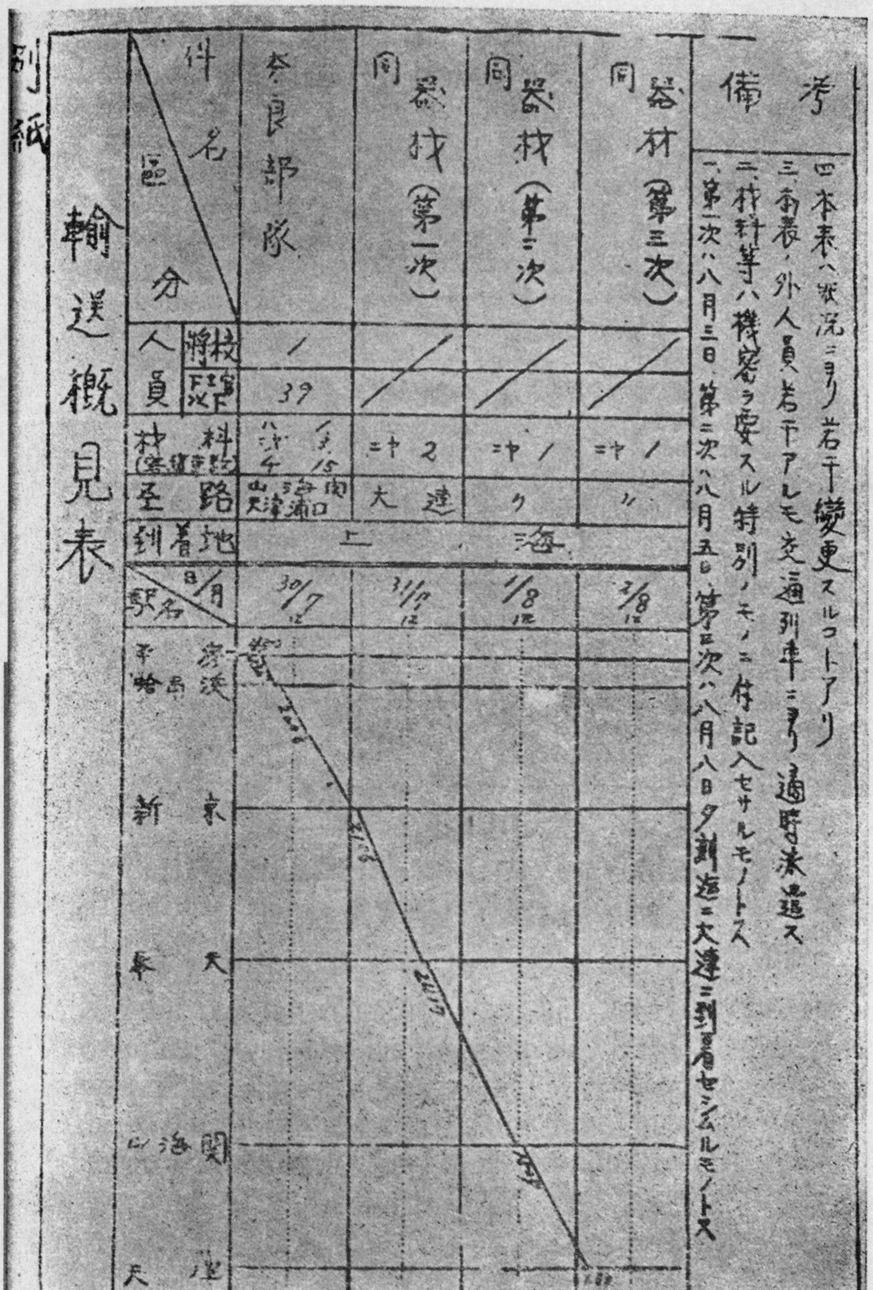
別紙

輸送概見表

備考

一、第一次ハ八月三日、第二次ハ八月五日、第三次ハ八月八日夕刻海ニ大連ニ到着セシムルモノトス

二、材料等ハ機密ヲ要スル特別ノモノニ付記入セサルモノトス

三、本表ノ外人員若干アルモ交通列車ニヨリ適時派遣ス

四、本表ハ状況ニヨリ若干変更スルコトアリ

Transportplan für die Gruppe der Abteilung Ishii (Anlage zum Befehl Nr. 178 der Feldeisenbahnverwaltung der Kwantungarmee).

Aktennummer 830, S. 246

Aktennummer 830. Seite 245, 246.
Mappe: Operationsbefehle für das Jahr 1940. Aus den Akten des Stabes der Kwantunggendarmerie.

Seite 245. *Übersetzt aus dem Japanischen.*

FELDEISENBAHNVERWALTUNG DER KWANTUNGARMEE.
ETAPPENBEFEHL Nr. 178

Streng geheim.

(Operationsbefehl der Kwantungarmee Nr. 659-Hej.)
Sato*

Stempel:

Erhalten im Juli 1940	
Gelesen:	Chef der Kwantunggendarmerie (Namensstempel fehlt). Chef der Geschäftsstelle (Namensstempel fehlt). Abteilungschef (Namensstempel fehlt). Verantwortlicher Referent *Honda* (Namensstempel). Referent (Namensstempel fehlt). Chef der Polizeidienststelle (Namensstempel fehlt). Sachbearbeiter (Namensstempel fehlt).

BEFEHL DER FELDEISENBAHNVERWALTUNG DER KWANTUNGARMEE

Sinking, am 26. Juli, 11.00.

Hiermit werden die Chefs der Charbiner, Mukdener und Kintschouer Zweigstellen angewiesen, die Beförderung des Truppenteils „Nara" entsprechend dem beigefügten Transportplan detailliert auszuarbeiten und durchzuführen. Die Versorgung während der Fahrt ist durch die genannten Zweigstellen sicherzustellen.

Chef der Feldeisenbahn der Kwantungarmee
Generalleutnant *Kusaba*

Zustellung: Umdrucken und versenden.
Meldung an das Oberkommando der Kwantungarmee.

---

* Namensstempel des Abfertigungsbeamten. *Der Übers.*

231

Zur Kenntnisnahme:

An den Oberbefehlshaber, das Kommando der Nordarmee, den Truppenteil „Nara“, die 1., 2. und 3. selbständige Wachabteilung, die Rodai*-Verteidigungsarmee, den Stab der Kwantunggendarmerie, die 2. Feldeisenbahn, die Seeschiffahrtsverwaltung, die Dairener Zweigstelle der Seeschiffahrtsverwaltung und ihre Agentur in Mukden.

Am Rand des Dokuments ist ein Vermerk angeheftet, der mit roter Tinte geschrieben ist und dessen übersetzter Wortlaut anschließend folgt. *Der Übers.*

Übersetzung des Vermerks:

„Transportplan, aufgestellt auf Grund des Operationsbefehls der Kwantungarmee Nr. 659-Hej für den Truppenteil ‚Nara‘, Standort Charbin (Einheit des Truppenteils ‚Tsuboj‘, Standort Pingfan), bestehend aus Offizieren und unteren Dienstgraden, insgesamt 40 Personen mit Bewaffnung (Geheimmittel und -materialien); der Transport erfolgt über Schanhaikuan, Tientsin, Schanghai.“

---

* Abkürzung für Port Arthur — Dairen. *Die Red.*

Seite 246
Anlage

TRANSPORTPLAN

Was wird befördert		Truppenteil „Nara“	Material des Truppenteils „Nara“ (1. Partie)	Material des Truppenteils „Nara“ (2. Partie)	Material des Truppenteils „Nara“ (3. Partie)
Personal	Offiziere	1	—	—	—
	Unteroffiziere und Soldaten	39	—	—	—
Fracht (Typus und Anzahl der Waggons)		„Ha“-1 „Nija“-3 „Ti“-15	„Nija“-2	„Nija“-1	„Nija“-1
Fahrtroute		Schanhaikuan—Tientsin—Pukou	Dairen	Dairen	Dairen

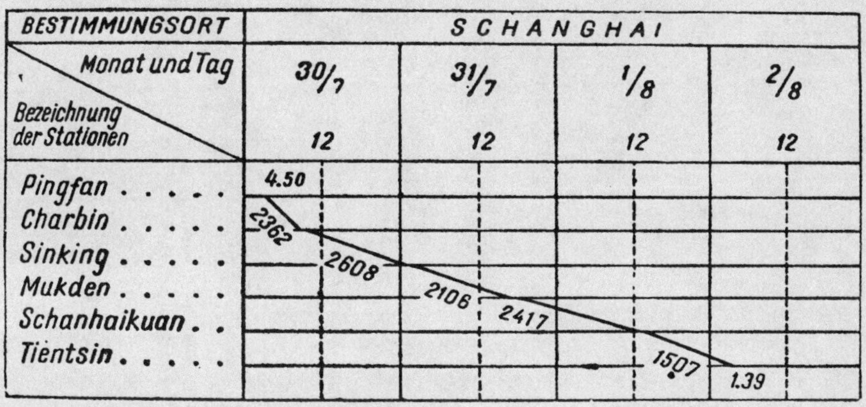

ANMERKUNGEN:
1. Die 1. Partie muß in Dairen bis 3. August, die 2. bis 5. August, die 3. bis zum Abend des 8. August eintreffen.
2. Die Fracht besteht aus besonderen Materialien, die Geheimhaltung erfordern, weshalb ihre Bezeichnung im Transportplan nicht eingetragen ist.
3. Außer dem in der Tabelle angeführten Personal ist noch eine gewisse Anzahl von Personen zu befördern, die indes zu gegebener Zeit per Eisenbahn abgehen werden.
4. Abhängig von der Lage können im vorliegenden Transportplan erforderliche Änderungen vorgenommen werden.

Übersetzt: Chefdolmetscherin Kandidat der historischen Wissenschaften
Unterschrift: *(PODPALOWA)*

233

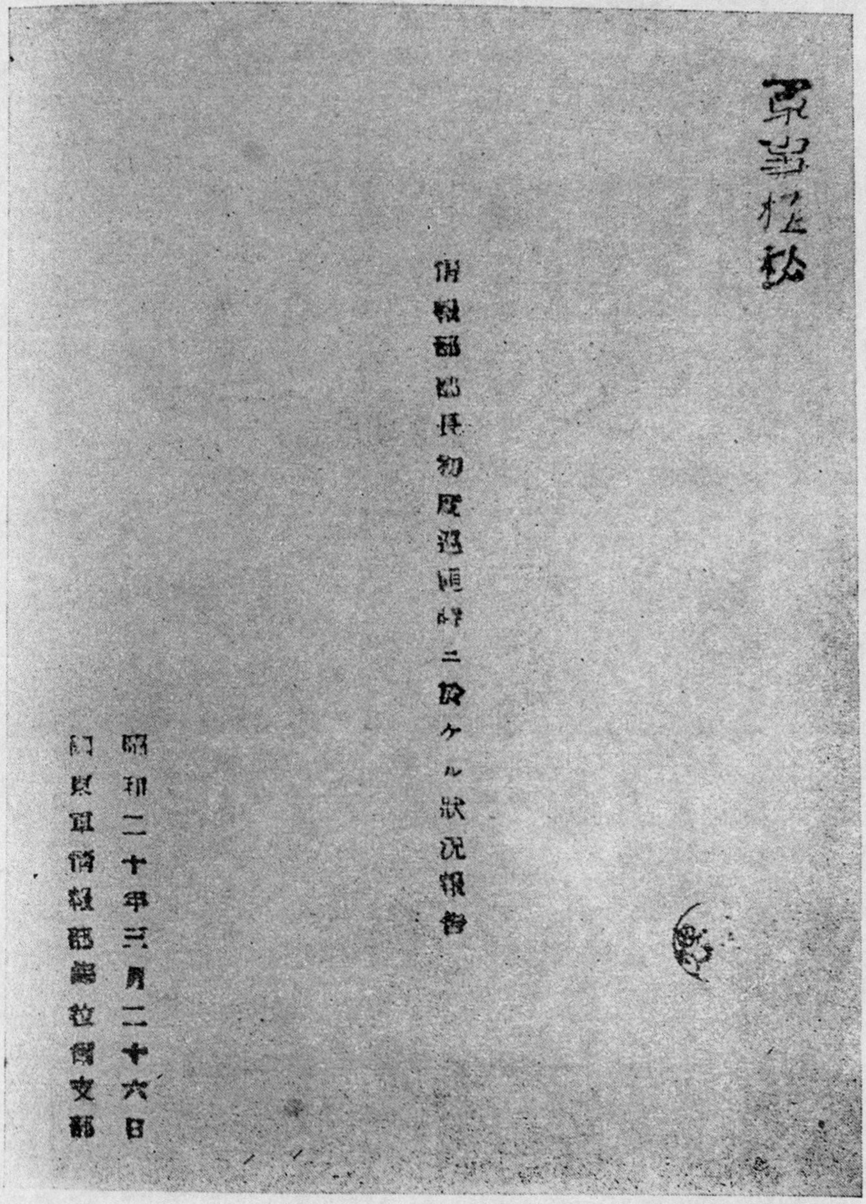

Bericht über die Tätigkeit der Japanischen Militärmission in Chailar. Mitteilung des Chefs der Japanischen Militärmission in Chailar über die Expeditionsgruppe der Abteilung 100. Titelblatt.

Aktennummer 19, S. 2.

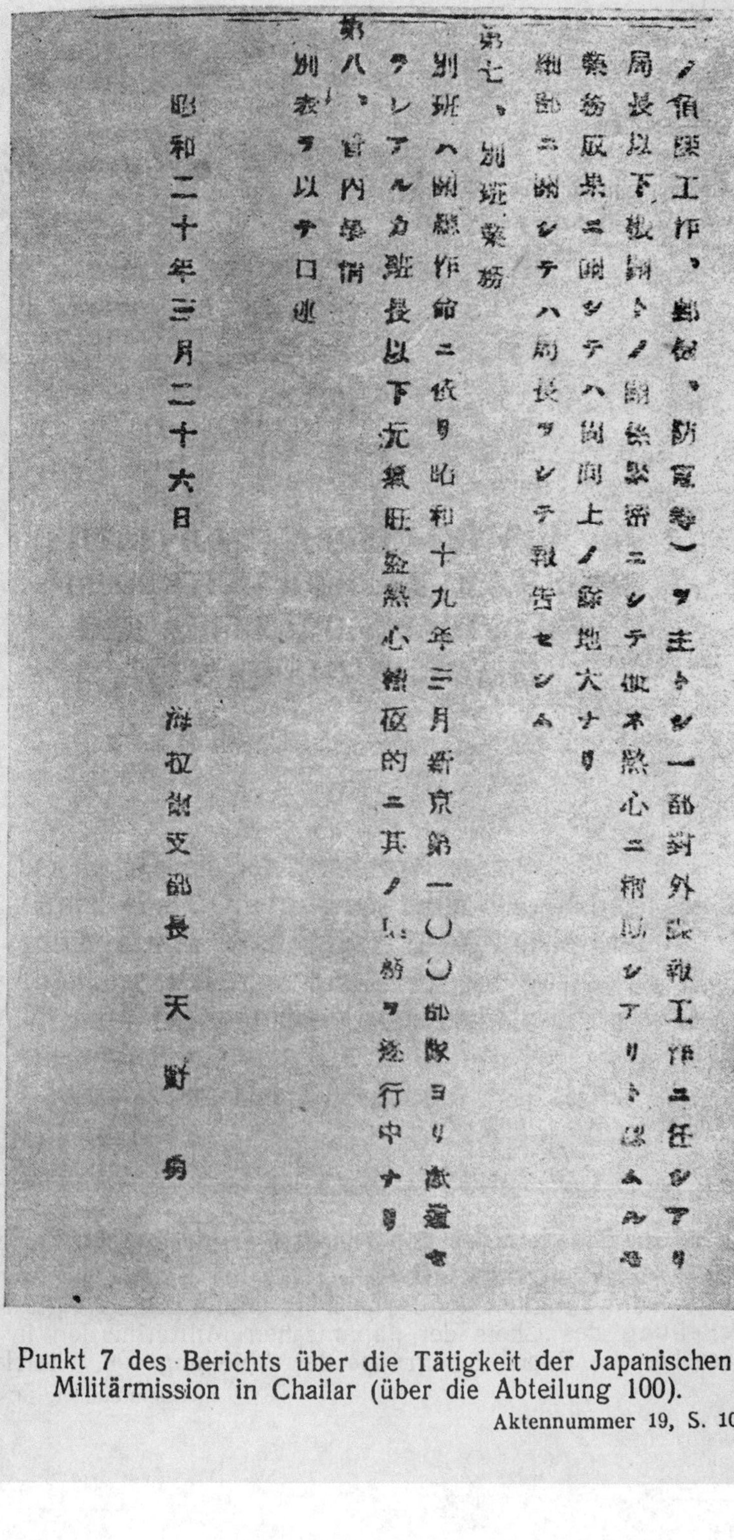

ノ偵諜工作、謀略、防衛等）ヲ主トシ一部対外謀報工作ニ任シアリ
局長以下職員トノ関係緊密ニシテ概ネ熱心ニ精励シアリト認ムル者
業務成果ニ関シテハ向上ノ余地大ナリ
細部ニ関シテハ局長ヲシテ報告セシム
第七、別班業務
別班ハ関東軍作命ニ依リ昭和十九年三月新京第一〇〇部隊ヨリ派遣セ
ラレアルカ班長以下元気旺盛熱心積極的ニ其ノ任務ヲ遂行中ナリ
第八、管内概情
別表ヲ以テ口述

昭和二十年三月二十六日

海拉爾支部長　天野　勇

Punkt 7 des Berichts über die Tätigkeit der Japanischen Militärmission in Chailar (über die Abteilung 100).

Aktennummer 19, S. 10.

Aktennummer 19. Seite 2, 10.
Mappe: Tätigkeitsberichte für das Jahr 1945. Aus den Akten der Japanischen Militärmission auf der Bahnstation Mandschuria.

Übersetzt aus dem Japanischen.
Heeressache. Geheim.

Seite 2.

CHAILARER ZWEIGSTELLE DER AUFKLÄRUNGSABTEILUNG DER KWANTUNGARMEE (JAPANISCHE MILITÄRMISSION IN CHAILAR. *Der Übers.*)

Am 26. März 1945
Amano*

TÄTIGKEITSBERICHT, ABGEFASST FÜR DIE ERSTE BESICHTIGUNGSREISE DES CHEFS DER AUFKLÄRUNGSABTEILUNG DER KWANTUNGARMEE

Die Punkte 1 bis 6 einschließlich sind als nicht zur Sache gehörig ausgelassen. *Der Übers.*

Seite 10.

7. Über die Arbeit der Sondergruppe.

Auf Grund eines Operationsbefehls des Oberkommandos der Kwantungarmee vom März 1944 wurde aus der Sinkinger Abteilung 100 eine Sondergruppe geschickt, die gegenwärtig unter Leitung des Gruppenchefs eifrig und aktiv ihren Obliegenheiten nachgeht.

(Punkt 8 ausgelassen. *Der Übers.*)

Am 26. März 1945

Chef der Chailarer Zweigstelle *Ishamu Amano*

Übersetzt: Chefdolmetscherin Kandidat der historischen Wissenschaften
Unterschrift: *(PODPALOWA)*

* Namensstempel des Abfertigungsbeamten. *Der Übers.*

AUSZUG AUS DEM SITZUNGSPROTOKOLL DES TOKIOTER INTERNATIONALEN MILITÄRTRIBUNALS FÜR DEN FERNEN OSTEN vom 29. August 1946

...**Herr Sutton:** Die Anklagevertretung legt als weiteres Beweisstück das Dokument Nr. 1706 vor. Das ist ein „zusammenfassender Bericht über die Untersuchung japanischer Kriegsverbrechen, die in Nanking begangen wurden". Der Bericht ist vom Staatsanwalt des Nankinger Amtsgerichts verfaßt.

Vorsitzender: Wird zu den Gerichtsakten genommen.

Gerichtsschreiber: Das Dokument Nr. 1706 der Anklagevertretung wird als Exhibit Nr. 327 eingeheftet.

(Damit ist Exhibit Nr. 327 der Anklagevertretung als Beweisstück zugelassen.)

Herr Sutton: Mit Genehmigung des Gerichts verlese ich nur einen Teil dieses Dokuments...

...**Herr Sutton** (liest):

„Einzelheiten über andere Bestialitäten.

Der gegnerische Truppenteil ‚Tama' überführte festgenommene Zivilpersonen in ein medizinisches Laboratorium, wo an ihnen die Wirkung vergifteter Impfstoffe erprobt wurde. Diese Einheit war eine der geheimsten Organisationen. Es ist unmöglich, die Anzahl der Menschen, die durch diese Einheit getötet wurden, genau festzustellen."

Vorsitzender: Haben Sie etwa die Absicht, uns weitere Beweise für die sogenannten Laboratoriumsversuche hinsichtlich der Wirkung vergifteter Impfstoffe zu liefern?

Das ist etwas völlig Neues, wir haben darüber bisher noch nichts gehört. Beabsichtigen Sie wirklich, es dabei zu belassen?

Herr Sutton: Gegenwärtig habe ich nicht die Absicht, zusätzliche Beweisanträge über dieses Thema zu stellen...

Für die Richtigkeit des Auszugs:
Chef des sowjetischen Sekretariats im Internationalen
Militärtribunal für den Fernen Osten
Oberst der Justiz
Unterschrift: *(N. WINOGRADOW)*

240

53

秘
密戦勤務ノ参考

参謀本部軍事調査部

満洲第四七一部隊

Dienstordnung für den Geheimkrieg. Titelblatt.

Aktennummer 48, S. 90.

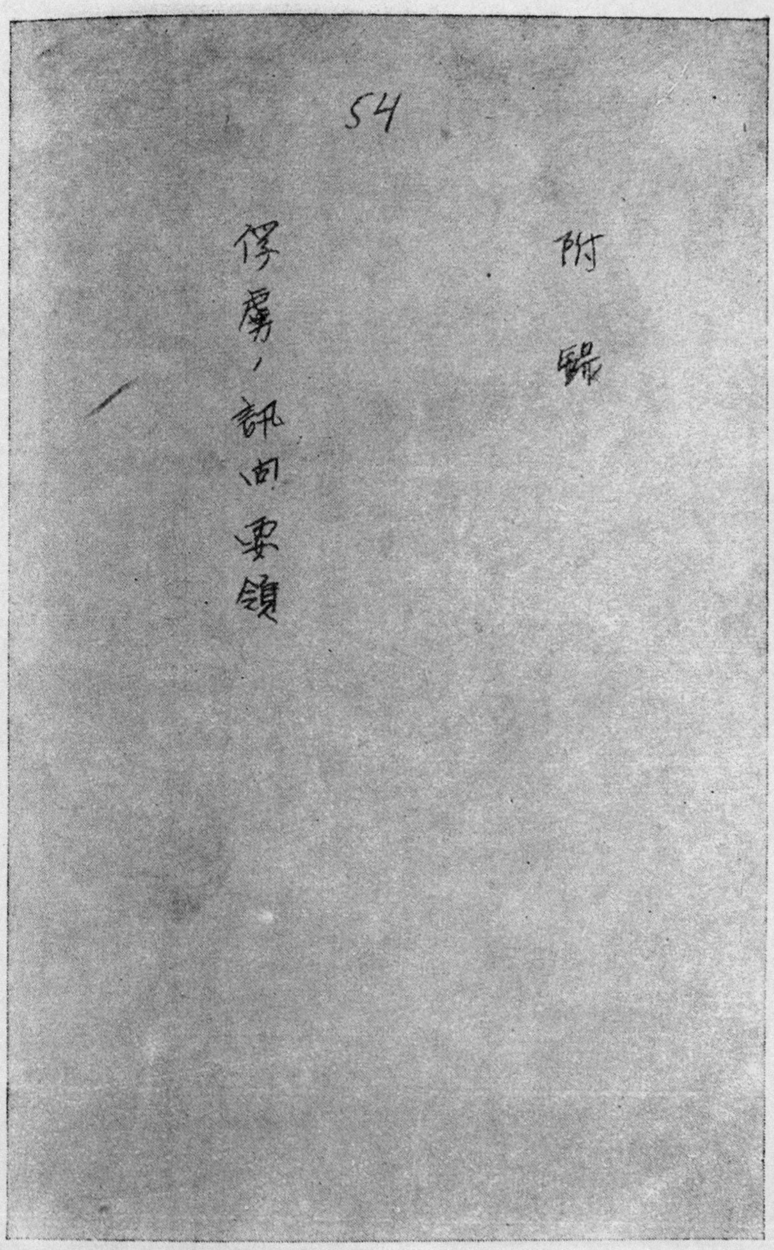

54

附録

俘虜ノ訊問要領

Grundsätze für die Vernehmung von Kriegsgefangenen.
Untertitel.

Aktennummer 48, S. 112.

16*

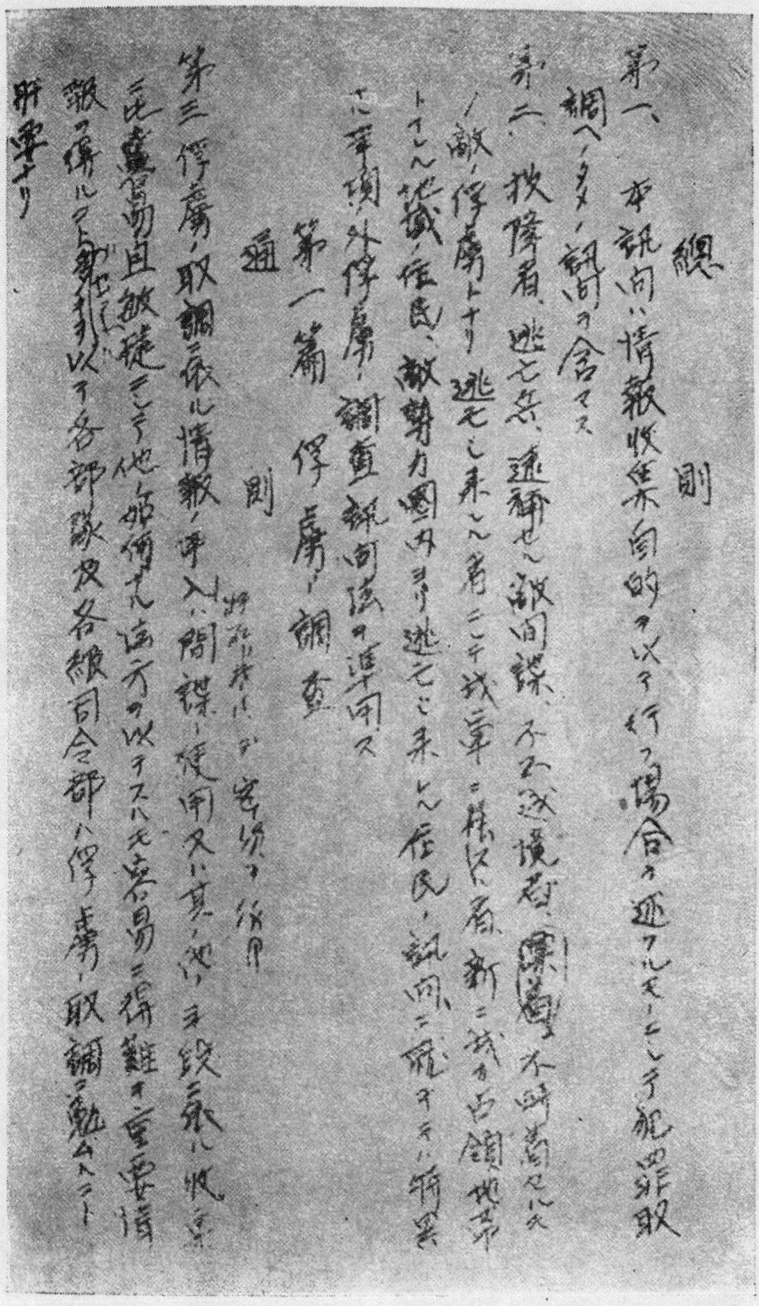

總則

第一、本訊問ハ情報收集ノ目的ヲ以テ行フ場合ヲ述フルモノニシテ犯罪取調ヘノタメノ訊問ヲ含マス

第二、投降者、逃亡兵、逮捕セル敵間諜、不正越境者、謀略不時着陸者又ハ敵ノ俘虜トナリ逃亡シ来レル者ニシテ我軍ニ投シタル者、新ニ我カ占領地帯トナレル地域ノ住民、敵勢力圏内ヨリ逃亡シ来レル住民ノ訊問ニ際シテハ特ニ要スル事項ノ外俘虜ノ調査訊問法ヲ準用ス

第一篇　俘虜ノ調査

通則

第三　俘虜ノ取調ニ依ル情報ノ獲得ハ間諜ノ使用又ハ其ノ他ノ手段ニ依ル収集ニ比シ直接且敏速ニシテ他ノ如何ナル方法ヲ以テスルモ容易ニ得難キ重要情報ヲ得ルコト多キヲ以テ各部隊及各級司令部ハ俘虜ノ取調ニ勉ムヘシト所要ナリ

Artikel 1 und 2 der Grundsätze
für die Vernehmung von Kriegsgefangenen.

Aktennummer 48, S. 113.

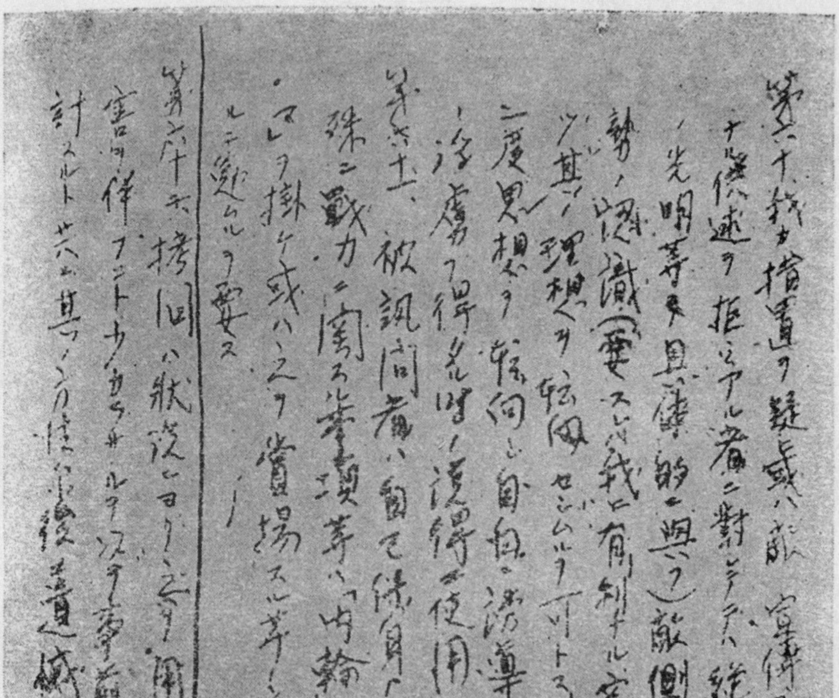

Artikel 62 der Grundsätze
für die Vernehmung von Kriegsgefangenen.

Aktennummer 48, S. 124.

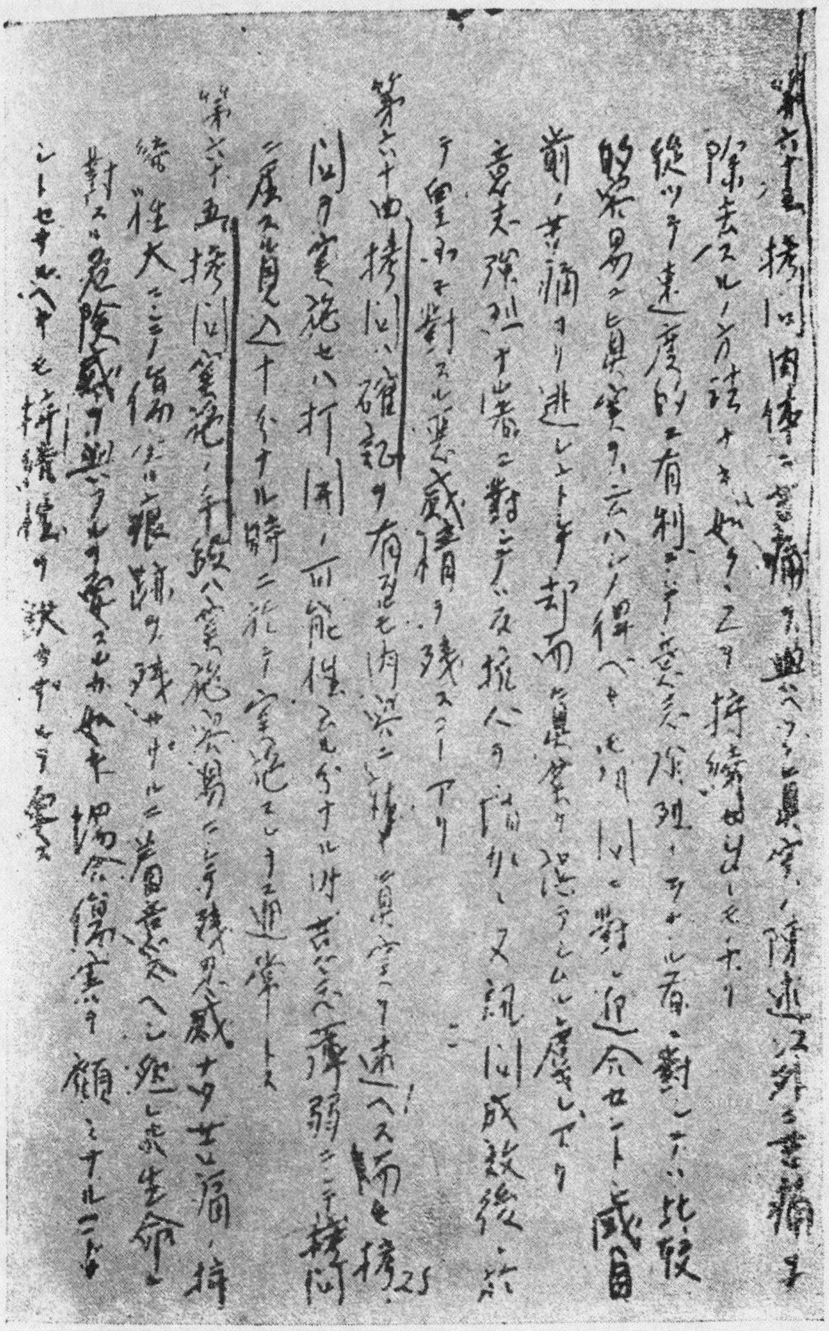

第六十三 拷問ハ肉体ニ苦痛ヲ与ヘテ真実ノ陳述ヲ強ヒ苦痛ヲ
除去スルノ方法ナキ如クニ之ヲ持続セシムルナリ
従ッテ速度的ニ有利ナルモ意志強烈ナル者ニ対シテハ比較
的容易ニ真実ヲ云ハシメ得ヘキモ訊問ニ対シ迎合セントスル感情
前ノ苦痛ヨリ逃レントシテ却而真実ヲ隠サシムル虞レアリ
意志薄弱ナル者ニ対シテハ反抗心ヲ増加シ又訊問成效後ニ於
テ皇軍ニ対スル悪感情ヲ残スコトアリ
第六十四 拷問ハ確認ヲ有スルモ内容ニ於テ真実ヲ述ヘス[illegible]モ拷
問ヲ実施セハ拷問ノ可能性乏シカラサル所[illegible]衰弱ニシテ拷問
ニ屈スル[illegible]ナル時ニ於テ実施スルヲ通常トス
第六十五 拷問実施ノ手段ハ実施容易ニシテ残虐ノ感ナク苦痛ノ持
続性大ニシテ負傷ノ痕跡ヲ残サザルニ留意スヘシ然シテ生命ニ
対スル危険感ヲ与フルヲ要スルカ如キ場合傷害ハ之ヲ顧ミサル[illegible]
シトセサルヘキモ持続性ヲ欠キ[illegible]

Artikel 63, 64 und 65 der Grundsätze
für die Vernehmung von Kriegsgefangenen.
Aktennummer 48, S. 125.

81

拷問実施方法例ハ左ノ如シ

1 正座セシム

2 鉛筆ヲ右指ノ間ノ根元ニ近ク挟ミ指先附近ヲ細紐等ヲ以テ縛リ之ヲ動揺セシム

3 仰臥セシメ（足ヲ縛スルモ可ナリ）水ヲ鼻ト口ト同時ニ滴下セシム

4 横臥セシメ[illegible]関節ヲ踏ム

5 身長ニ満タザル棚下ニ立タシム

第六十六 若シ偽リタル情報ヲ与ヘタルカ如キ場合ニ在リテハ大害アリ考察シ即チ[illegible]ノ多ノ有利ナル如ク言作ヲ以テ断乎処置スヘキモノトス

第六十七 拷問ニ因リ陳述ヲ得タル時ハ殊ニ迎合的其ノ場ノ苦痛ヲ回避スル陳述ニ非ルヤヲ検討シ其ノ真実性ニ就キ裏付ヲ為スヲ要ス

26

Beispiele von Foltern und Artikel 66 und 67 der Grundsätze für die Vernehmung von Kriegsgefangenen.

Aktennummer 48, S. 125 Fortsetzung

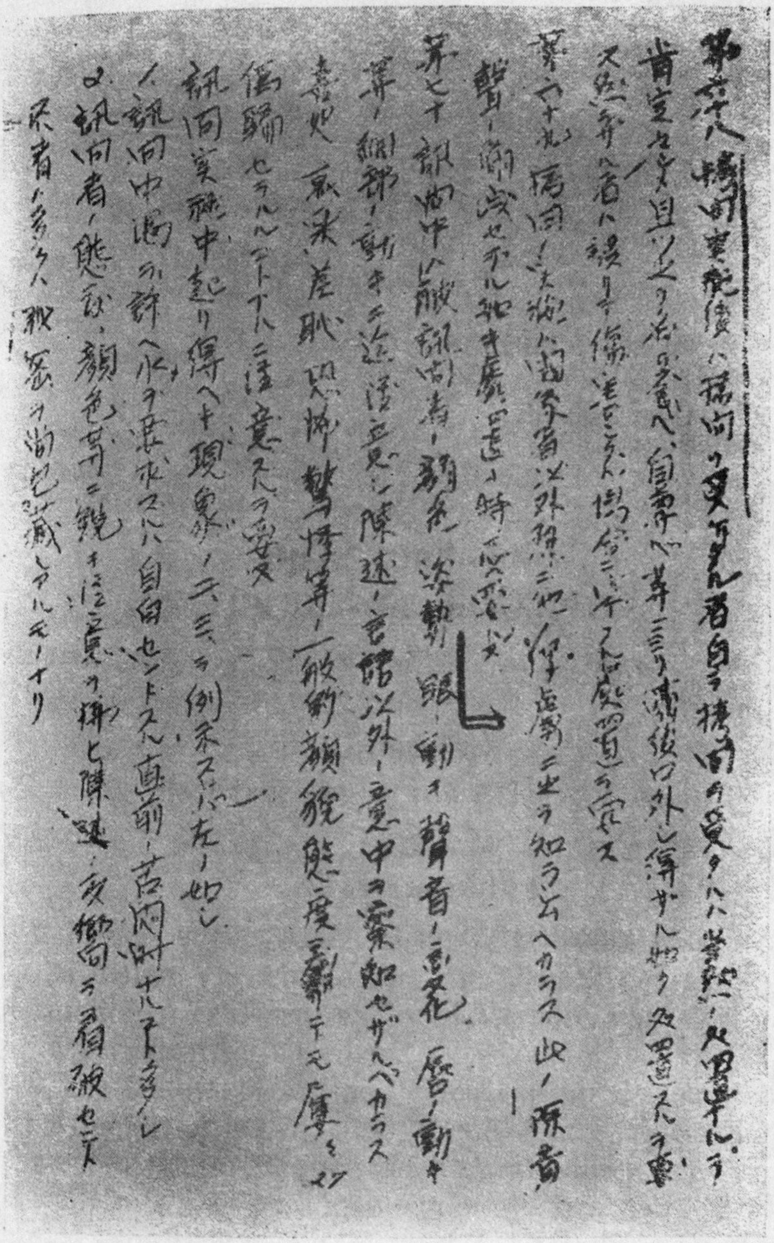

Artikel 68 und 69 der Grundsätze
für die Vernehmung von Kriegsgefangenen.

Aktennummer 48, S. 126.

Aktennummer 48. Seite 90, 112, 113, 124, 125, 126. Mappe: „Anleitung für den operativen Mitarbeiter (Teil 1)“. Aus den Akten der Japanischen Militärmission in Mutantsiang.

Übersetzt aus dem Japanischen.
Streng geheim.

Seite 90.

HEERESFORSCHUNGSABTEILUNG
DES GENERALSTABS

Stempel: „JAPANISCHE MILITÄRMISSION
IN MUTANTSIANG.

Erhalten am 14. Juni 1945.
Eingangsnummer 9.“

Umgedruckt in der Einheit
Nr. 471-MANSIU.

DIENSTORDNUNG FÜR DEN GEHEIMKRIEG

Seite 112.

Anlage.

Grundsätze für die Vernehmung von Kriegsgefangenen

Seite 113.

Allgemeines

1. In den vorliegenden Grundsätzen sind Fälle vorgesehen, in denen Vernehmungen zum Zweck des Erhalts von Informationen erfolgen, während Verhöre von Verbrechern hier unberücksichtigt bleiben.

2. Die Untersuchungsmethoden, die für die Vernehmung von Kriegsgefangenen maßgebend sind, finden mit Ausnahme besonderer Fragen auch Anwendung auf Personen, die sich freiwillig gefangengegeben haben, auf Überläufer, aufgegriffene Spione des Gegners, Grenzverletzer, Besatzungen von Flugzeugen, die notgelandet sind, oder von Schiffen, die unsere Küsten anlaufen mußten, aus der Gefangenschaft geflüchtete Personen, die früher in unserer Armee dienten, auf die Bevölkerung von uns neubesetzter Bezirke sowie auf

friedliche Einwohner, die aus der Einflußsphäre des Gegners zu uns flüchteten.

Seite 124.

62. Abhängig von der Lage ist es manchmal vorteilhaft, Foltern anzuwenden, weil das aber nicht selten schädliche Folgen hervorrufen kann, ist es vor ihrer Anwendung notwendig, sorgfältig abzuwägen, ob sie angebracht sind oder nicht. Gleichzeitig ist die Folter auf eine Art anzuwenden, daß sie für uns keine nachteiligen Auswirkungen hat.

Seite 125.

63. Die Folter, die physische Leiden zufügt, soll derart angewandt und gesteigert werden, daß es keine anderen Mittel gibt, den Leiden zu entgehen, als die Abgabe wahrheitsgemäßer Aussagen.

Die Folter ist vorteilhaft vom Standpunkt der Schnelligkeit, mit der man Personen mit schwacher Willenskraft verhältnismäßig leicht zwingen kann, wahrheitsgemäße Aussagen zu machen, dabei besteht jedoch die Gefahr, daß der Vernommene, um Leiden zu entgehen oder dem Vernehmenden entgegenzukommen, umgekehrt die Wahrheit entstellt.

Bei willensstarken Personen kann die Folter den Widerstandswillen verstärken und nach der Vernehmung Wut gegen das Kaiserreich zurücklassen.

64. Bei Personen mit schwacher Willenskraft wird die Folter gewöhnlich in solchen Fällen angewandt, wenn der Vernommene selbst angesichts unwiderleglicher Beweise nicht die Wahrheit sagt, aber voller Grund zu der Annahme besteht, daß dieser Mensch, wenn die Folter auf ihn angewandt wird, offen sprechen wird.

65. Man muß im Auge behalten, daß die Foltermethoden derart sein müssen, daß man sie leicht anwenden kann, daß man die Leiden ohne Mitleidsgefühl zufügen kann und daß im Ergebnis keine Wunden oder Schrammen verbleiben. In den Fällen allerdings, wo es notwendig ist, das Gefühl der

256

Angst um das Leben hervorzurufen, darf man mit dem Schaden, den der Vernommene erleidet, nicht rechnen, muß es jedoch so einrichten, daß man nicht der Möglichkeit beraubt wird, die Vernehmung fortzusetzen.

Es seien folgende Beispiele von Foltern angeführt:

1. Man zwingt den zu Vernehmenden, aufrecht und unbeweglich zu sitzen.

2. Man legt unweit der Knöchel zwischen die Finger je einen Bleistift, bindet die Fingerspitzen mit einer Schnur zusammen und drückt auf die Finger.

3. Man legt den zu Vernehmenden auf den Rücken (wobei sich empfiehlt, die Beine etwas höher zu legen) und träufelt Wasser gleichzeitig in Nase und Mund.

4. Man legt den zu Vernehmenden auf die Seite und tritt ihm auf den Fußknöchel.

5. Man stellt den zu Vernehmenden unter ein Brett, das sich in solcher Höhe befindet, daß er darunter nicht aufrecht stehen kann.

66. Falls der Vernommene zufällig eine Verwundung erlitten hat, ist es unter Rücksicht auf die allgemeine Lage und den Nutzen für die Heimat notwendig, entschiedene Maßnahmen zu ergreifen und die Verantwortung hierfür zu übernehmen.

67. Erhält man Aussagen infolge der Anwendung von Foltern, so muß man kontrollieren, ob diese Aussagen nicht dem Bestreben entspringen, Qualen zu entgehen und dem Vernehmenden entgegenzukommen; in diesen Fällen ist irgendeine Bestätigung erforderlich, daß die Aussagen wahrheitsgemäß sind.

Seite 126.

68. Nach der Anwendung von Foltern muß man den Gefolterten davon überzeugen, daß die Anwendung der Folter auf ihn eine durchaus natürliche Maßnahme war, oder aber Schritte ergreifen, damit er in der Folgezeit aus Eigenliebe, Ehrgefühl usw. nichts darüber sagt. Hinsichtlich Personen, von denen das keinesfalls zu erwarten ist, sind

ebensolche Maßnahmen zu treffen, wie für Fälle zufälliger Verwundung angegeben wurden.

69. Über die Anwendung von Foltern darf niemand etwas wissen, außer den Personen, die damit zu tun haben. Auf keinen Fall dürfen andere Häftlinge davon erfahren. Es ist sehr wichtig, Maßnahmen zu treffen, damit keine Schreie zu hören sind.*

Übersetzt: Chefdolmetscherin Kandidat der historischen Wissenschaften
Unterschrift: *(PODPALOWA)*

---

* Das übrige ist weggelassen. *Der Übers.*

Aussagen der Angeklagten und Zeugen vor Gericht

PROTOKOLL DER GERICHTSVERHANDLUNG

Vom 25. bis 30. Dezember 1949 *Chabarowsk*

Das Militärtribunal des Primorje-Wehrkreises, bestehend aus:

dem Vorsitzenden Generalmajor der Justiz D. D. Tschertkow, den Beisitzern Oberst der Justiz M. L. Ilnizki und Oberstleutnant der Justiz I. G. Worobjow, dem Ersatzbeisitzer Oberstleutnant der Justiz T. P. Schtscherbakow, den Gerichtsschreibern: Oberleutnant N. A. Korkin und Leutnant W. W. Warawko, ist in Anwesenheit des staatlichen Anklagevertreters Justiz-Staatsrat 3. Ranges L. N. Smirnow und der Rechtsanwälte: N. P. Below, Verteidiger des Angeklagten **Jamada,** S. J. Sannikow, Verteidiger des Angeklagten **Kadsitsuka,** A. W. Swerew, Verteidiger des Angeklagten

17* 259

Takahashi, N. K. Borowik, Verteidiger des Angeklagten **Kawashima,** P. J. Bogatschow, Verteidiger des Angeklagten **Sato,** W. P. Lukjanzew, Verteidiger der Angeklagten **Karasawa** und **Onoue,** D. J. Bolchowitinow, Verteidiger der Angeklagten **Nishi** und **Hirasakura,** G. K. Prokopenko, Verteidiger der Angeklagten **Mitomo, Kikutschi** und **Kurushima,**

nach Untersuchung der Strafsache gegen **Otosoo Jamada, Riudsi Kadsitsuka, Takaatsu Takahashi, Kioshi Kawashima, Toshihide Nishi, Tomio Karasawa, Masao Onoue, Shundsi Sato, Dsensaku Hirasakura, Kadsuo Mitomo, Norimitsu Kikutschi** und **Judsi Kurushima**

zu öffentlicher Gerichtsverhandlung in der Stadt Chabarowsk zusammengetreten.

Am 25. Dezember mittags 12 Uhr erklärt der Vorsitzende die Gerichtssitzung für eröffnet.

Der Vorsitzende gibt bekannt, daß die Strafsache gegen **Otosoo Jamada, Riudsi Kadsitsuka, Takaatsu Takahashi, Kioshi Kawashima, Toshihide Nishi, Tomio Karasawa, Masao Onoue, Shundsi Sato, Dsensaku Hirasakura, Kadsuo Mitomo, Norimitsu Kikutschi** und **Judsi Kurushima,** die eines Verbrechens angeklagt sind, das unter Artikel 1 des Erlasses des Präsidiums des Obersten Sowjets der UdSSR vom 19. April 1943 fällt, zur Verhandlung steht.

Der Gerichtsschreiber meldet, daß alle Angeklagten, die sich bis zur Gerichtsverhandlung unter Bewachung befanden, von Begleitmannschaften zur Gerichtssitzung gebracht wurden und sich im Gerichtssaal befinden.

Der Vorsitzende erklärt den zu Gericht geladenen Dolmetschern Permjakow, Kim, Zwirow, Baikow und

Ogorodnikow ihre Pflichten während der Gerichtsverhandlung, macht sodann die Dolmetscher darauf aufmerksam, daß sie für wissentlich falsche Übersetzung die gerichtliche Verantwortung gemäß Artikel 95 des Strafgesetzbuches der RSFSR tragen und nimmt ihre unterschriftliche Kenntnisnahme davon entgegen.

Der Vorsitzende überzeugt sich von der Identität der Angeklagten, die auf die ihnen gestellten Fragen antworten:

Jamada: Otosoo Jamada, geboren 1881, gebürtig aus der Stadt Tokio, General, habe 1902 die Offiziersschule und 1912 die Kriegsakademie beendet, diente in der japanischen Armee seit 1903, letzte Dienststellung: Oberbefehlshaber der japanischen Kwantungarmee. Wurde von den Sowjettruppen 1945 gefangengenommen.

Die Anklageschrift habe ich erhalten.

Kadsitsuka: Riudsi Kadsitsuka, geboren 1888, gebürtig aus der Stadt Tadsiri, habe 1914 die medizinische Fakultät in der Stadt Tokio beendet, Generalstabsarzt, diente in der japanischen Armee seit 1914, letzte Dienststellung: Chef des Sanitätsdienstes der japanischen Kwantungarmee. Wurde von den Sowjettruppen im September 1945 gefangengenommen.

Die Anklageschrift habe ich erhalten.

Takahashi: Takaatsu Takahashi, geboren 1888, gebürtig aus der Stadt Hondso, Kreis Juri, Präfektur Akita, habe 1928 die landwirtschaftliche Fakultät der Kaiserlichen Universität beendet, Generalstabsveterinär, diente in der japanischen Armee seit 1915, letzte Dienststellung: Chef des Veterinärdienstes der japanischen Kwantungarmee. Wurde von den Sowjettruppen am 1. September 1945 gefangengenommen.

Die Anklageschrift habe ich erhalten.

Kawashima: Kioshi Kawashima, geboren 1893, gebürtig aus dem Dorf Hashunuma, Kreis Sanimu, Präfektur Tschiba, habe die medizinische Fakultät beendet, Generalarzt, diente in der japanischen Armee seit 1916, letzte Dienststellung: Chef des Sanitätsdienstes beim Stab der Ersten Front der japanischen Kwantungarmee. Wurde von den Sowjettruppen am 20. August 1945 gefangengenommen.

Die Anklageschrift habe ich erhalten.

Nishi: Toshihide Nishi, geboren 1904, gebürtig aus dem Dorf Hiwaki, Kreis Satsuma, Präfektur Kagoshima, habe die medizinische Fakultät in der Stadt Tokio beendet, Oberfeldarzt, diente in der japanischen Armee seit 1927, letzte Dienststellung: Chef der Ausbildungsabteilung der Verwaltung für Seuchenverhütung und Wasserversorgung der japanischen Kwantungarmee und stellvertretender Chef der Zweigstelle dieser Abteilung in der Stadt Sunu. Wurde von den Sowjettruppen im September 1945 gefangengenommen.

Die Anklageschrift habe ich erhalten.

Karasawa: Tomio Karasawa, geboren 1911, gebürtig aus dem Dorf Toosato, Kreis Tschishagata, Präfektur Nagano, habe die medizinische Fakultät in der Stadt Tokio beendet, Oberstabsarzt, diente in der japanischen Armee seit 1933, letzte Dienststellung: Offizier des Sanitätsdienstes der 2. Armee der japanischen Kwantungarmee. Wurde von den Sowjettruppen am 1. September 1945 gefangengenommen.

Die Anklageschrift habe ich erhalten.

Onoue: Masao Onoue, geboren 1910, gebürtig aus der Stadt Komenotsu, Kreis Idsumi, Präfektur Kagoshima, habe die medizinische Fakultät in der Stadt Tokio beendet, Oberstabsarzt, diente in der japanischen Armee seit 1932, letzte Dienststellung: Chef der Zweigstelle 643 der Abteilung 731 der japanischen Kwantungarmee. Wurde von den Sowjettruppen am 17. August 1945 gefangengenommen.

Die Anklageschrift habe ich erhalten.

Sato: Shundsi Sato, geboren 1896, gebürtig aus der Stadt Toohashi, Präfektur Aitschi, habe die medizinische Fakultät

1923 beendet, Generalarzt, diente in der japanischen Armee seit 1923, letzte Dienststellung: Chef des Sanitätsdienstes der 5. Armee der japanischen Kwantungarmee. Wurde von den Sowjettruppen im August 1945 gefangengenommen.

Die Anklageschrift habe ich erhalten.

Hirasakura: Dsensaku Hirasakura, geboren 1916, gebürtig aus der Stadt Kanasawa, Präfektur Ishikawa, habe die Veterinärklasse der medizinischen Fakultät in der Stadt Tokio beendet, Tierarzt und Oberveterinär, diente in der japanischen Armee seit 1939, letzte Dienststellung: Mitarbeiter der Abteilung 100 der japanischen Kwantungarmee. Wurde von den Sowjettruppen im September 1945 gefangengenommen.

Die Anklageschrift habe ich erhalten.

Mitomo: Kadsuo Mitomo, geboren 1924, gebürtig aus dem Dorf Haraja, Kreis Tschitschibu, Präfektur Saitama, habe die Landwirtschaftsschule beendet, ohne Beruf, Feldwebel, diente in der japanischen Armee ab August 1941, letzte Dienststellung: Mitarbeiter der Abteilung 100 der japanischen Kwantungarmee. Wurde von den Sowjettruppen am 15. August 1945 gefangengenommen.

Die Anklageschrift habe ich erhalten.

Kikutschi: Norimitsu Kikutschi, geboren 1922, gebürtig aus der Präfektur Ehime, Schulbildung 9 Klassen, habe die Landwirtschaftsschule beendet, diente in der japanischen Armee seit 1943, war Gefreiter, letzte Dienststellung: Sanitäter der Zweigstelle 643 der Abteilung 731 der japanischen Kwantungarmee. Wurde von den Sowjettruppen im August 1945 gefangengenommen.

Die Anklageschrift habe ich erhalten.

Kurushima: Judsi Kurushima, geboren 1923, gebürtig aus dem Dorf Noo, Kreis Soodsu, Präfektur Kagawa, Schulbildung 8 Klassen, habe keine Fachausbildung, letzte Dienststellung in der japanischen Armee: Sanitäter der Zweigstelle

162 der Abteilung 731 der japanischen Kwantungarmee. Wurde von den Sowjettruppen am 23. August 1945 gefangengenommen.

Die Anklageschrift habe ich erhalten.

Der Vorsitzende gibt die Zusammensetzung des Gerichts bekannt und fragt die Parteien, ob sie gegen die Zusammensetzung des Gerichts und die Gerichtsschreiber Einspruch erheben, worauf der staatliche Anklagevertreter, die Rechtsanwälte und die Angeklagten erklären, daß sie die Zusammensetzung des Gerichts und die Gerichtsschreiber nicht beanstanden.

Der Vorsitzende fragt die Rechtsanwälte und die Angeklagten, ob sie gegen den staatlichen Ankläger Einspruch erheben, worauf die Rechtsanwälte und die Angeklagten erklären, daß sie gegen den staatlichen Ankläger nichts einzuwenden haben.

Der Vorsitzende fragt die Parteien, ob sie gegen die Dolmetscher Einspruch erheben, worauf der staatliche Ankläger, die Rechtsanwälte und die Angeklagten erklären, daß sie gegen die Dolmetscher nichts einzuwenden haben.

Der Gerichtsschreiber meldet, daß zur Gerichtsverhandlung folgende Zeugen vorgeladen wurden und erschienen sind: Tadashi Tamura, Shigeo Oseki, Koshuke Sasaki, Kenitschi Segoshi, Satoru Kurakadsu, Takeo Tatschibana, Oshio Furuitschi, Kasuhisha Kanasawa, Reotschiro Hotta, Kiojashi Mineoi, Masateru Saito, Mitsuoshi Fukusumi, Akira Kuwabara, Kioshi Sakurashita, Akira Hataki, Takajuki Mishina.

Der Vorsitzende überzeugt sich von der Identität der erschienenen Zeugen, die auf die ihnen gestellten Fragen antworten:

Tamura: Tadashi Tamura, geboren 1905, Oberst, Chef der Personalabteilung des Stabes der Kwantungarmee.

Oseki: Shigeo Oseki, geboren 1921, Dienstverpflichteter in der Abteilung 731 der japanischen Kwantungarmee.

Sasaki: Koshuke Sasaki, geboren 1921, Obergefreiter in der japanischen Armee.

Segoshi: Kenitschi Segoshi, geboren 1920, Oberleutnant, Apotheker.

Kurakadsu: Satoru Kurakadsu, geboren 1915, Feldwebel, Mitarbeiter der Charbiner Gendarmerie.

Tatschibana: Takeo Tatschibana, geboren 1896, Gendarmerieoberst, Berater für Gendarmeriefragen bei der Mandschukuo-Regierung.

Furuitschi: Oshio Furuitschi, geboren 1924, Kursant der Sunuer Zweigstelle der Abteilung 731.

Kanasawa: Kasuhisha Kanasawa, geboren 1917, Stabsarzt, Chef der Unterabteilung 1 der Zweigstelle 673 der Abteilung 731.

Hotta: Reotschiro Hotta, geboren 1920, Zahlmeister, Mitarbeiter der Chailarer Zweigstelle der Abteilung 731.

Mineoi: Kiojashi Mineoi, geboren 1922, Dienstverpflichteter in der Zweigstelle 643 der Abteilung 731.

Saito: Masateru Saito, geboren 1917, dienstverpflichteter Mitarbeiter der Zweigstelle 643 der Abteilung 731.

Fukusumi: Mitsuoshi Fukusumi, geboren 1924, Assistenzveterinär, Arzt der Abteilung 100.

Kuwabara: Akira Kuwabara, geboren 1927, dienstverpflichteter Mitarbeiter der Abteilung 100.

Sakurashita: Kioshi Sakurashita, geboren 1921, dienstverpflichteter Mitarbeiter der Abteilung 100.

Hataki: Akira Hataki, geboren 1924, dienstverpflichteter Mitarbeiter der Abteilung 100, nach Eintritt in die Armee Schütze.

Mishina: Takajuki Mishina, geboren 1903, Oberst, Stabschef der 39. Division.

Der Vorsitzende erklärt den Zeugen ihre Pflichten während der Gerichtsverhandlung, macht sie dann darauf aufmerksam, daß sie bei Verweigerung der Aussage und für wissentlich falsche Aussagen die gerichtliche Verantwortung gemäß Artikel 92 und 95 des Strafgesetzbuches der RSFSR tragen, nimmt ihre unterschriftliche Kenntnisnahme davon entgegen und gibt dem Gerichtskommandanten Anweisung, die Zeugen aus dem Gerichtssaal zu entfernen.

Der Vorsitzende teilt mit, daß das Gericht folgende medizinische Gerichtssachverständige geladen hat: Wirkliches Mitglied der Akademie der medizinischen Wissenschaften der UdSSR N. N. Shukow-Wereshnikow, Oberstarzt W. D. Krasnow, Leiter des Lehrstuhls für Mikrobiologie an dem Chabarowsker medizinischen Institut Professor N. N. Kossarew, Dozentin desselben Lehrstuhls J. G. Liwkina, Oberfeldveterinär N. A. Alexandrow, Parasitologin O. L. Koslowskaja.

Der Vorsitzende fragt alle Beteiligten, ob sie gegen die Sachverständigen Einspruch erheben, worauf der staatliche Ankläger, die Rechtsanwälte und die Angeklagten erklären, daß sie gegen die Sachverständigen nichts einzuwenden haben.

Der Vorsitzende erklärt den Sachverständigen ihre Pflichten während der Gerichtsverhandlung, macht sodann die Sachverständigen darauf aufmerksam, daß sie für die Abgabe wissentlich falscher Gutachten die gerichtliche Verantwortung gemäß Artikel 95 des Strafgesetzbuches der RSFSR tragen, und nimmt ihre unterschriftliche Kenntnisnahme davon entgegen.

Der Vorsitzende fragt die Parteien, ob sie Anträge zu stellen haben betreffend die Vorladung neuer Zeugen und Sachverständiger oder die Beibringung anderer Beweisstücke und Dokumente.

Der staatliche Ankläger und die Rechtsanwälte erklären, daß sie im gegebenen Augenblick keinerlei derartigen Anträge stellen, behalten sich aber das Recht vor, im Laufe der Beweisaufnahme Anträge zu stellen.

Die Angeklagten erklären, daß sie keinerlei Anträge stellen.

Der Vorsitzende erklärt den Angeklagten, daß sie das Recht haben, während der Beweisaufnahme an die Zeugen und Sachverständigen sowie an die anderen Angeklagten Fragen zu richten sowie die Strafsache betreffende Erläuterungen zu geben.

Um 13 Uhr wird eine Pause von 15 Minuten verkündet.

Um 13.15 wird die Gerichtssitzung fortgesetzt.

Das Gericht tritt in die Beweisaufnahme ein.

Der Vorsitzende verliest die Anklageschrift und den Beschluß der vorbereitenden Sitzung des Militärtribunals. Gleichzeitig wird die Anklageschrift durch Drahtfunk in japanischer Sprache bekanntgegeben.

Um 14.50 wird eine Pause von 15 Minuten verkündet.

Um 15.05 wird die Gerichtsverhandlung fortgesetzt.

Gerichtsvorsitzender: Angeklagter Jamada, ist Ihnen die gegen Sie erhobene Anklage klar?

Angeklagter Jamada: Jawohl.

Frage: Bekennen Sie sich schuldig im Sinne der gegen Sie erhobenen Anklage?

Antwort: Jawohl.

Gerichtsvorsitzender: Angeklagter Kadsitsuka, ist Ihnen die gegen Sie erhobene Anklage klar?

Angeklagter Kadsitsuka: Jawohl.

Frage: Bekennen Sie sich schuldig im Sinne der gegen Sie erhobenen Anklage?

Antwort: Jawohl.

Gerichtsvorsitzender: Angeklagter Kawashima, ist Ihnen die gegen Sie erhobene Anklage klar?

Angeklagter Kawashima: Jawohl.

Frage: Bekennen Sie sich schuldig im Sinne der gegen Sie erhobenen Anklage?

Antwort: Jawohl.

Gerichtsvorsitzender: Angeklagter Nishi, ist Ihnen die gegen Sie erhobene Anklage klar?

Angeklagter Nishi: Jawohl.

Frage: Bekennen Sie sich schuldig im Sinne der gegen Sie erhobenen Anklage?

Antwort: Jawohl.

Gerichtsvorsitzender: Angeklagter Karasawa, ist Ihnen die gegen Sie erhobene Anklage klar?

Angeklagter Karasawa: Jawohl.

Frage: Bekennen Sie sich schuldig im Sinne der gegen Sie erhobenen Anklage?

Antwort: Jawohl.

Gerichtsvorsitzender: Angeklagter Onoue, ist Ihnen die gegen Sie erhobene Anklage klar?

Angeklagter Onoue: Jawohl.

Frage: Bekennen Sie sich schuldig im Sinne der gegen Sie erhobenen Anklage?

Antwort: Jawohl.

Gerichtsvorsitzender: Angeklagter Sato, ist Ihnen die gegen Sie erhobene Anklage klar?

Angeklagter Sato: Jawohl.

Frage: Bekennen Sie sich schuldig im Sinne der gegen Sie erhobenen Anklage?

Antwort: Jawohl.

Gerichtsvorsitzender: Angeklagter Takahashi, ist Ihnen die gegen Sie erhobene Anklage klar?

Angeklagter Takahashi: Jawohl.

Frage: Bekennen Sie sich schuldig im Sinne der gegen Sie erhobenen Anklage?

Antwort: Jawohl.

Gerichtsvorsitzender: Angeklagter Hirasakura, ist Ihnen die gegen Sie erhobene Anklage klar?

Angeklagter Hirasakura: Jawohl.

Frage: Bekennen Sie sich schuldig im Sinne der gegen Sie erhobenen Anklage?

Antwort: Jawohl.

Gerichtsvorsitzender: Angeklagter Mitomo, ist Ihnen die gegen Sie erhobene Anklage klar?

Angeklagter Mitomo: Jawohl.

Frage: Bekennen Sie sich schuldig im Sinne der gegen Sie erhobenen Anklage?

Antwort: Jawohl.

Gerichtsvorsitzender: Angeklagter Kikutschi, ist Ihnen die gegen Sie erhobene Anklage klar?

Angeklagter Kikutschi: Jawohl.

Frage: Bekennen Sie sich schuldig im Sinne der gegen Sie erhobenen Anklage?

Antwort: Jawohl.

Gerichtsvorsitzender: Angeklagter Kurushima, ist Ihnen die gegen Sie erhobene Anklage klar?

Angeklagter Kurushima: Jawohl.

Frage: Bekennen Sie sich schuldig im Sinne der gegen Sie erhobenen Anklage?

Antwort: Jawohl.

Gerichtsvorsitzender: Das Gericht nimmt Anträge der Parteien über die Frage entgegen, in welcher Reihenfolge die Beweisaufnahme erfolgen soll.

Staatlicher Ankläger, was ist Ihre Meinung zu dieser Frage?

Staatlicher Ankläger: In Übereinstimmung mit Artikel 281 der Strafprozeßordnung der RSFSR beantrage ich, die Beweisaufnahme mit der Vernehmung der Angeklagten zu beginnen, und zwar in folgender Reihenfolge: Kioshi Kawashima, Tomio Karasawa, Otosoo Jamada, Toshihide Nishi, Riudsi Kadsitsuka, Shundsi Sato, Dsensaku Hirasakura, Kadsuo Mitomo, Takaatsu Takahashi, Masao Onoue, Norimitsu Kikutschi, Judsi Kurushima;

die Beweisaufnahme fortzusetzen mit der Vernehmung der Zeugen Tamura und Furuitschi, anschließend den Sachverständigen Fragen zu stellen und sodann die Zeugen Tatschibana, Kurakadsu, Hotta, Segoshi, Sasaki, Oseki, Kanasawa, Mineoi, Saito, Kuwabara, Sakurashita, Fukusumi, Hataki, Mishina zu vernehmen;

daraufhin das Gutachten der Sachverständigen entgegenzunehmen und ihnen weitere Fragen zu stellen.

Vorsitzender: Welcher Meinung ist die Verteidigung über die Reihenfolge der Beweisaufnahme?

Rechtsanwalt Below: Die Verteidigung hat gegen die Reihenfolge der Beweisaufnahme, wie sie vom Staatsanwalt vorgeschlagen wurde, nichts einzuwenden und hält sie für zweckmäßig.

Die vom Staatsanwalt vorgeschlagene Reihenfolge der Beweisaufnahme wird ins Japanische übersetzt.

Die Angeklagten erheben keinen Einspruch gegen die vorgeschlagene Reihenfolge der Beweisaufnahme.

Das Militärtribunal beschließt, ohne sich zurückzuziehen, die Beweisaufnahme mit der Vernehmung der Angeklagten in folgender Reihenfolge zu beginnen: Kioshi Kawashima, Tomio Karasawa, Otosoo Jamada, Toshihide Nishi, Riudsi Kadsitsuka, Shundsi Sato, Dsensaku Hirasakura, Kadsuo Mitomo, Takaatsu Takahashi, Masao Onoue, Norimitsu Kikutschi, Judsi Kurushima;

nach der Vernehmung der Angeklagten die Zeugen Tamura und Furuitschi zu vernehmen;

sodann Sachverständigengutachten über die vom Gericht, dem staatlichen Ankläger, den Verteidigern und den Angeklagten zu stellenden Fragen einzuholen;

anschließend die Zeugen Tatschibana, Kurakadsu, Hotta, Segoshi, Sasaki, Oseki, Kanasawa, Mineoi, Saito, Kuwabara, Sakurashita, Fukusumi, Hataki, Mishina zu vernehmen;

daraufhin das Sachverständigengutachten entgegenzunehmen und die Sachverständigen in der vorgeschriebenen Ordnung zu befragen.

Der Gerichtsbeschluß wird ins Japanische übersetzt.

Um 16 Uhr verkündet der Vorsitzende eine Pause bis 19 Uhr.

ABENDSITZUNG VOM 25. DEZEMBER

VERNEHMUNG DES ANGEKLAGTEN KAWASHIMA

Staatlicher Ankläger: Wann haben Sie in der Abteilung 731 gedient?

Angeklagter Kawashima: Ich habe in der Abteilung 731 vom April 1939 bis März 1943 gedient.

Frage: Welche Dienststellung haben Sie bekleidet?

Antwort: Auf Befehl des japanischen Kriegsministers diente ich in der Abteilung 731 als Chef der Geschäftsstelle und gleichzeitig als Chef der Unterabteilung 4 der Abteilung 731.

Ab Juni 1941 hörte ich auf, die Obliegenheiten des Chefs der Geschäftsstelle zu erfüllen, und arbeitete als Chef der Unterabteilung 4 — der sogenannten Produktionsabteilung — der Abteilung 731.

Während dieses ganzen Zeitraums hatte ich auf Befehl des Chefs der Abteilung 731 periodisch die Obliegenheiten des Chefs der Unterabteilung 1 sowie der Unterabteilung 3 zu erfüllen.

Frage: Somit haben Sie faktisch in fast allen wichtigen Unterabteilungen dieser Abteilung Dienst getan. Sie waren Chef der Geschäftsstelle, dann Chef der Unterabteilung 1 — der Forschungsabteilung —, Chef der Unterabteilung 3 und schließlich lange Zeit auch Chef der Unterabteilung 4. Stimmt das?

Antwort: Ja, das ist richtig.

Frage: Es ist also anzunehmen, daß Sie mit der Struktur und der Arbeit der Abteilung 731 sehr vertraut sind. Ist das richtig?

Antwort: Ja, das kann man wohl sagen.

Frage: Wann und auf wessen Anweisung wurde die Abteilung 731 organisiert?

Antwort: Die Abteilung 731 wurde im Jahre 1936 auf Grund eines Erlasses des Kaisers von Japan organisiert.

Frage: War das ein Geheimerlaß des Kaisers von Japan?

Antwort: Jawohl.

Frage: Erzählen Sie dem Gericht, wann die Dienst- und Betriebsgebäude der Abteilung bei der Bahnstation Pingfan errichtet wurden?

Antwort: Genau erinnere ich mich nicht, aber wenn ich nicht irre, erfolgte 1936, als der Erlaß über die Schaffung der Abteilung 731 herauskam, auch eine Anweisung über den Personalbestand und die Errichtung der Gebäude für die Abteilung.

Frage: Welche Unterabteilungen der Abteilung waren in Charbin und welche Unterabteilungen waren bei der Bahnstation Pingfan untergebracht?

Antwort: In Charbin befand sich die Unterabteilung 3, d. h. die Abteilung für Seuchenverhütung und Wasserversorgung, sowie das Lazarett; alle übrigen Unterabteilungen, darunter die Unterabteilungen 1, 2 und 4, befanden sich bei Pingfan.

Frage: Welcher Betrag war für den Unterhalt der Abteilung ausgeworfen?

Antwort: Die genaue Summe weiß ich nicht, erinnere mich jedoch, daß im Jahre 1940 für die Abteilung 731 eine Summe von 10 Millionen Jen angewiesen wurde.

Frage: Welcher Betrag von diesen 10 Millionen Jen war für die experimentelle Arbeit der Abteilung bestimmt?

Antwort: Das weiß ich ebenfalls nicht genau, nehme jedoch an, daß für die experimentelle Arbeit ungefähr 5 Millionen Jen verausgabt wurden.

Frage: Wie groß war der Personalbestand der Abteilung?

Antwort: Soweit ich mich erinnere, sollte entsprechend dem Erlaß des Kaisers die zahlenmäßige Stärke dieser Abteilung einschließlich der Zweigstellen ungefähr 3000 Mann betragen.

Frage: Erzählen Sie dem Gericht, womit sich die Abteilung 731 befaßte, was die wahre Bestimmung dieser Abteilung war.

Antwort: Die Abteilung 731 befaßte sich hauptsächlich

mit wissenschaftlichen Forschungen zwecks Vorbereitung eines Bakterienkrieges.

Frage: Woraus ziehen Sie diesen Schluß, von welchen konkreten Besonderheiten der Arbeit der Abteilung 731 gehen Sie dabei aus?

Antwort: Diesen Schluß zog ich, ausgehend vom Personalbestand der Abteilung, ihrer Betriebseinrichtung und ihrer praktischen Tätigkeit.

Frage: War die Tätigkeit der Abteilung geheim?

Antwort: Ja, sie war geheim.

Frage: Wie wurde die Abteilung 731 bewacht?

Antwort: Das Gelände der Abteilung 731 bei der Bahnstation Pingfan wurde auf Befehl des Oberbefehlshabers zur besonderen Zone der Kwantungarmee erklärt. Auf dem Gelände der Abteilung und in der Umgegend war es unbefugten Personen verboten, sich niederzulassen, noch durften sie vorbeigehen. Das war nur den Mitarbeitern der Abteilung erlaubt; unbefugten Personen war der Zugang zu dieser Abteilung nur gestattet mit besonderer Genehmigung des Oberbefehlshabers der Kwantungarmee; Flugzeugen war es verboten, das Gelände der Abteilung zu überfliegen.

Frage: Beschreiben Sie dem Gericht die Struktur der Abteilung 731, und zwar ganz ausführlich.

Antwort: Die Abteilung 731 gliederte sich in den Stab der Abteilung und ihre Zweigstellen. Ich spreche zunächst vom Abteilungsstab. Er bestand aus 8 Unterabteilungen, nämlich: Unterabteilungen 1, 2, 3 und 4, Materialabteilung, Ausbildungs- und Aufklärungsabteilung, klinische Abteilung und Geschäftsstelle.

Frage: Womit befaßte sich die Unterabteilung 1?

Antwort: Zu den Funktionen der Unterabteilung 1 gehörten die grundlegenden Forschungsarbeiten auf dem Gebiet der Vorbereitung eines Bakterienkrieges.

Frage: Welche Unterabteilung nahm Versuche an lebenden Menschen unter sogenannten „Laboratoriumsbedingungen" vor?

Antwort: Die Versuche an lebenden Menschen unter

Laboratoriumsbedingungen nahm die Unterabteilung 1 vor. Das Gefängnis der Abteilung, in dem sich die Versuchspersonen befanden, war gleichfalls der Unterabteilung 1 unterstellt.

Frage: Wo befand sich das Gefängnis der Abteilung 731?

Antwort: Das Gefängnis befand sich innerhalb des Vierecks des Hauptblocks.

Frage: Folglich war das Gefängnis vor dem Blick eines Außenstehenden durch das geschlossene Viereck der Abteilungsgebäude verborgen. Stimmt das?

Antwort: Ja, das stimmt.

Frage: Befand sich das Gefängnis in einem Block oder in mehreren Blocks?

Antwort: In zwei Blocks.

Frage: Womit befaßte sich die Unterabteilung 2?

Antwort: Die Unterabteilung 2 führte unter Freiluftbedingungen Experimente mit den todbringenden Bakterien durch, die in der Unterabteilung 1 hergestellt wurden.

Frage: Welche Unterabteilung arbeitete die Muster der Bakterienwaffe aus: mit Bakterien gefüllte Bomben, Zerstäuber pestinfizierter Flöhe in der Form von Füllfederhaltern oder Spazierstöcken und ähnliche Arten der Bakterienwaffe?

Antwort: Die Unterabteilung 2.

Frage: Welche Sondergruppen waren der Unterabteilung 2 angegliedert?

Antwort: Außer den Funktionen der Unterabteilung 2, von denen ich bereits gesprochen habe, d. h. der Vornahme von Experimenten unter Freiluftbedingungen, gab es in der Unterabteilung 2 eine Gruppe, die sich mit der Vermehrung von Flöhen befaßte, die zur Infizierung mit Pestbazillen dienten.

Frage: Wer leitete die Unterabteilung 2?

Antwort: Zu der Zeit, als ich ernannt wurde, leitete diese Unterabteilung Oberst Oota.

Frage: Und hat der Ingenieur Tanaka in der Gruppe für die Vermehrung von Flöhen mitgearbeitet?

Antwort: Ja, er beteiligte sich an der Arbeit.

Frage: Welcher Unterabteilung war der Übungsplatz der Abteilung bei der Bahnstation Anta unterstellt?

Antwort: Als ich in dieser Abteilung arbeitete, war der Übungsplatz keiner bestimmten Unterabteilung unmittelbar unterstellt, man kann jedoch sagen, daß dieser Übungsplatz zur Kompetenz der Unterabteilung 2 gehörte. Jedenfalls stellten die Mitarbeiter der Unterabteilung 2 auf diesem Übungsplatz am häufigsten Versuche an.

Frage: An wem wurden die Bakterienversuche bei der Bahnstation Anta angestellt?

Antwort: Die Versuche auf dem Übungsplatz wurden in der Regel an lebenden Menschen angestellt.

Frage: Besaß die Abteilung ihre eigene Fliegertruppe?

Antwort: Jawohl.

Frage: Über welche Flugzeugtypen verfügte diese Fliegertruppe?

Antwort: Soweit ich mich erinnere, gab es in der Abteilung 2 Nachtbomber, 1 oder 2 Tagbomber, das weiß ich nicht genau, 2 Bomber alter Marken und mehrere andere Flugzeuge alter Systeme sowie Transportflugzeuge.

Frage: Welcher Unterabteilung waren die Fliegertruppe und der Flugplatz der Abteilung unterstellt?

Antwort: Der Unterabteilung 2.

Frage: Welche Unterabteilung stellte die Porzellanhüllen der Bakterienbomben her?

Antwort: Die Unterabteilung 3.

Frage: Womit befaßte sich die Unterabteilung 4?

Antwort: Die Hauptaufgabe der Unterabteilung 4 war die Vermehrung und Kultivierung von Bakterien und außerdem die Herstellung von Seren und Impfstoffen.

Frage: Sie behaupten, die Hauptaufgabe der Unterabteilung 4 sei die massenhafte Kultivierung todbringender Bakterien für Zwecke eines Bakterienkrieges gewesen?

Antwort: Ja, das ist richtig.

Frage: Wo waren die Zweigstellen der Abteilung 731 stationiert?

Antwort: Diese Zweigstellen waren in unmittelbarer Nähe der sowjetisch-mandschurischen Grenze stationiert (ich zähle sie der Reihe nach von Osten nach Westen auf): vor allem in Linkou, dann bei der Bahnstation Chailin und in den Städten Sunu und Chailar.

Frage: Warum waren alle Zweigstellen der Abteilung unweit der Grenze der UdSSR disloziert?

Antwort: Diese Zweigstellen sollten im Falle eines Bakterienkrieges gegen die Sowjetunion als Stützpunkte dienen; deshalb waren sie in unmittelbarer Nähe der Sowjetgrenze disloziert.

Frage: In welcher Richtung bewegte sich die Tätigkeit der Abteilung nach Ausbruch des Krieges zwischen Deutschland und der Sowjetunion?

Antwort: Im Sommer 1941 berief der Abteilungschef Ishii eine Besprechung der Chefs aller Unterabteilungen ein und informierte uns darüber, daß er vom Chef des Generalstabs der japanischen Armee eine Direktive erhalten habe, deren Inhalt auf folgendes hinauslaufe: die Abteilung 731 hat auf dem Gebiet der Vorbereitung eines Bakterienkrieges und insbesondere der Massenvermehrung pestinfizierter Flöhe gewisse Erfolge erzielt. Die pestinfizierten Flöhe bieten großes strategisches und operatives Interesse, deshalb wird befohlen, die Forschungstätigkeit in dieser Richtung auszubauen. Der Abteilungschef machte uns darauf aufmerksam, daß einer der wundesten Punkte in der Abteilung die schlechten Möglichkeiten hinsichtlich der Massenvermehrung von Flöhen seien und daß man die Hauptaufmerksamkeit auf die Massenvermehrung von Flöhen konzentrieren müsse.

Frage: Nach den Worten Ishiis war das die direkte Zielsetzung des Generalstabs?

Antwort: Jawohl.

Frage: Wir gehen jetzt zu Spezialfragen über. Wie lange waren Sie Chef der Unterabteilung 4?

Antwort: Zwei Jahre lang.

Frage: Folglich wissen Sie genau Bescheid über die Spezialeinrichtung und die Kapazität der Unterabteilung 4?

Antwort: Jawohl.

Frage: Welche Bakterienmenge — getrennt nach wichtigsten Infektionsarten — konnte die Unterabteilung 4 der Abteilung 731 in einem Monat erzeugen?

Antwort: Das ist eine etwas schwierige Frage, aber ich muß sagen, daß die Unterabteilung 4 bei maximaler Ausnützung der vorhandenen Produktionskapazität und der gesamten Betriebseinrichtung pro Monat erzeugen konnte: Pestbazillen — 300 kg oder Typhusbazillen — von 800 bis 900 kg oder Milzbrandbazillen — von 500 bis 700 kg oder Cholerabazillen — 1 Tonne.

Frage: Beschreiben Sie die Betriebseinrichtung der Unterabteilung 4.

Antwort: In der Unterabteilung 4 gab es zwei Einrichtungssysteme von gleicher Leistungsfähigkeit.

Frage: Welches Fassungsvermögen hatten die Kessel für die Zubereitung des Nährbodens im ersten System?

Antwort: 8 Kessel von je 1 Tonne Fassungsvermögen.

Frage: Folglich ergibt das 8 Tonnen Nährboden, den die Unterabteilung 4 in einem System gleichzeitig liefern konnte?

Antwort: Jawohl.

Frage: Und welches Fassungsvermögen hatten die Kessel des zweiten Systems?

Antwort: Dasselbe.

Frage: Wie viele Kultivierungskammern gab es im ersten System und wieviel Kultivierungskammern gab es im zweiten System?

Antwort: Im ersten 5, im zweiten 4.

Frage: Wer hat das System der Kultivatoren für die Züchtung von Bakterien ausgearbeitet?

Antwort: Die Kultivatoren wurden von General Ishii erfunden.

Frage: Wie viele Kultivatoren des Systems Ishii besaß die Unterabteilung 4 insgesamt?

277

Antwort: Die genaue Anzahl weiß ich nicht mehr, aber sie genügte für die Massenherstellung von Bakterien.

Frage: Als Sie über die Möglichkeiten der Erzeugung von todbringenden Bakterien sprachen, wovon gingen Sie da aus?

Antwort: Vom Fassungsvermögen der Kessel, von der Kapazität der sonstigen Einrichtung sowie von der Anzahl der Kultivatoren.

Frage: Wieviel Zeit war nötig, um bestimmte Bakterienarten — Typhus-, Cholera-, Milzbrand- und Pestbazillen — zu züchten?

Antwort: Für Pest- und Milzbrandbazillen wurden 48 Stunden, für Cholera-, Typhus- und andere Bazillen 24 Stunden benötigt.

Frage: Welches Quantum von Milzbrandbazillen wurde von einem Kultivator abgeschöpft?

Antwort: Von 50 bis 60 Gramm.

Frage: Welches Quantum von Typhusbazillen wurde von einem Kultivator abgehoben?

Antwort: Von 40 bis 45 Gramm.

Frage: Pest?

Antwort: 30 Gramm.

Frage: Cholera?

Antwort: Ungefähr 50 Gramm.

Frage: Wie wurden die von der Unterabteilung 4 hergestellten Bakterien aufbewahrt?

Antwort: Bei kurzfristiger Lagerung wurden sie in Kühlschränken aufbewahrt.

Frage: Als Sie Bakterien für Bakterienattacken gegen die chinesische Bevölkerung abtransportierten, wie verpackten Sie da diese Bakterien?

Antwort: Die Bakterien wurden in besondere Fläschchen gefüllt, jedes dieser Fläschchen faßte etwa 50 Gramm. Dann wurden diese Fläschchen in Metallfutterale gelegt und je einige dieser Futterale in eine große Spezialkiste verpackt, die wir innen mit Eis auslegten.

Frage: Beschreiben Sie die Methoden und die Spezialeinrichtung, die in der Abteilung 731 verwendet wurden, um große Quantitäten von Flöhen zu züchten.

Antwort: Für die Massenvermehrung von Flöhen gab es in der Unterabteilung 2 vier Spezialräume. In diesen Räumen herrschte stets eine bestimmte Temperatur von +30°C. Zur Vermehrung der Flöhe wurden Metallbehälter von 30 cm Höhe und 50 cm Breite verwendet. Für die Flöhe wurde in diese Behälter Reiskleie gestreut. War diese Vorbereitung beendet, so setzten wir in jeden Behälter zuerst mehrere Flöhe und dann für ihre Ernährung eine weiße Ratte, die so befestigt wurde, daß sie den Flöhen nichts anhaben konnte. Im Behälter hielten wir ständig eine Temperatur von +30°C aufrecht.

Frage: Welches Quantum Flöhe ergab ein Produktionszyklus in einem Kultivator?

Antwort: Ich erinnere mich nicht genau, glaube jedoch, daß es von 10 bis 15 Gramm waren.

Frage: Wie lange dauerte ein solcher Produktionszyklus?

Antwort: Zwei bis drei Monate.

Frage: Wieviel Kultivatoren gab es in der Spezialgruppe für die Züchtung von Parasiten?

Antwort: An die genaue Zahl erinnere ich mich nicht, glaube jedoch, daß es von 4000 bis 4500 waren.

Frage: Folglich konnte die Abteilung auf Grund der vorhandenen Einrichtung in einem Produktionszyklus 45 kg Flöhe liefern?

Antwort: Das stimmt.

Frage: Wie war die Verwendung dieser Flöhe im Falle eines Bakterienkrieges gedacht?

Antwort: Sie sollten mit Pest infiziert werden.

Frage: Und als Bakterienwaffe Verwendung finden?

Antwort: Das stimmt.

Frage: Auf welche Weise wollte man die pestinfizierten Flöhe als Bakterienwaffe einsetzen?

Antwort: Während meiner Tätigkeit hielt man den Abwurf der Flöhe von Flugzeugen für das wirksamste Mittel.

Frage: Wurden während der China-Expedition gleichfalls Flöhe vom Flugzeug abgeworfen?

Antwort: Jawohl, das ist richtig.

Frage: Das waren pestinfizierte Flöhe?

Antwort: Jawohl. Die Bakterienattacke in China mit Hilfe pestinfizierter Flöhe sollte eine Pestseuche hervorrufen.

Frage: Habe ich Sie richtig verstanden, daß Ishii nach Ausbruch des Krieges zwischen Deutschland und der Sowjetunion befahl, in erster Linie die Floherzeugung zu forcieren?

Antwort: Richtig.

Frage: Wie wurden die Flöhe mit Pest infiziert?

Antwort: Zuerst wurden die Ratten mit Pest infiziert, indem man ihnen Pestserum einspritzte, und dann steckten diese Ratten die Flöhe an.

Frage: Wer war in der Abteilung 731 Ihr Vorgänger als Chef der Unterabteilung 1?

Antwort: Oberst Kitagawa.

Frage: Haben Sie von ihm die Geschäfte der Unterabteilung 1 übernommen?

Antwort: Jawohl.

Frage: Waren die Versuche an Menschen, die unter sogenannten Laboratoriumsbedingungen erfolgten, Sache der Unterabteilung 1?

Antwort: Jawohl.

Frage: Sagen Sie, Angeklagter, woher erhielt die Abteilung 731 die Menschen zur Vornahme von Versuchen?

Antwort: Soviel ich weiß, erhielt die Abteilung lebende Menschen von der Charbiner Gendarmerieverwaltung.

Frage: Berichten Sie, was Ihnen über die in der Unterabteilung 1 vorgenommenen Versuche an lebenden Menschen bekannt ist.

Antwort: Die Häftlinge, die sich im Innengefängnis der Abteilung 731 befanden, wurden benutzt, um verschiedene Untersuchungen durchzuführen, die der Vorbereitung eines Bakterienkrieges dienten. Die Untersuchungen gingen in der Richtung, die toxische Wirkung von todbringenden Bakterien verschiedener Infektionserkrankungen zu verstärken und die Mittel der Übertragung der Bakterien auf lebende Menschen zu studieren. Persönlich habe ich diesen Experimenten nicht beigewohnt und kann keine Einzelheiten darüber berichten.

Frage: Wo wurden die Experimente durchgeführt?

Antwort: Sie wurden im Gefängnis durchgeführt. Außer dem Gefängnis gab es auch Speziallaboratorien, in denen gleichfalls Versuche an lebenden Menschen angestellt wurden.

Frage: Wieviel Häftlinge konnten gleichzeitig im Gefängnis untergebracht werden?

Antwort: 200 bis 300 Menschen, man konnte aber auch 400 Menschen unterbringen.

Frage: Wie viele Häftlinge wurden im Laufe eines Jahres in das Gefängnis eingeliefert?

Antwort: Die statistischen Angaben über diese Frage und die genauen Zahlen sind mir unbekannt, aber ungefähr waren es 400 bis 600 Menschen jährlich.

Frage: Nachdem ein Mensch mit entsprechenden Bakterien infiziert worden war, heilte man ihn im Abteilungsgefängnis oder nicht?

Antwort: Man heilte ihn.

Frage: Und nachdem er genesen war, was geschah weiter mit ihm?

Antwort: Nach seiner Heilung nahm man gewöhnlich andere Experimente an ihm vor.

Frage: Und so ging es weiter bis zum Tode des Menschen?

Antwort: Jawohl.

Frage: Und jeder, der ins Gefängnis der Abteilung 731 geriet, mußte sterben?

Antwort: Ja, das war so. Solange das Gefängnis bestand, hat es, soweit mir bekannt ist, kein einziger der Häftlinge lebend verlassen.

Frage: Welcher Nationalität gehörten die Menschen an, die diesen furchtbaren Versuchen unterworfen wurden?

Antwort: Es waren hauptsächlich Chinesen und Mandschuren, aber auch eine gewisse Anzahl Russen.

Frage: Befanden sich unter den gefangenen Versuchspersonen auch Frauen?

Antwort: Jawohl.

Frage: Sahen Sie, als Sie das Gefängnis im April 1941 besuchten, dort auch Frauen?

Antwort: Jawohl.

Frage: Welcher Nationalität gehörten diese Frauen an?

Antwort: Ich glaube, es waren Russinnen.

Frage: Gab es unter den Häftlingen auch Frauen mit Kindern?

Antwort: Eine dieser Frauen hatte einen Säugling.

Frage: Wurde sie mitsamt dem Kind ins Gefängnis der Abteilung 731 eingeliefert?

Antwort: Soviel ich hörte, hatte sie es im Gefängnis geboren.

Frage: Und auch diese Frau durfte das Gefängnis nicht lebend verlassen?

Antwort: Zu der Zeit, als ich in der Abteilung diente, war das so, und dieser Frau erging es ebenso.

Frage: Erinnern Sie sich an den Besuch der Abteilung durch den Intendanten der Kwantungarmee General Furuno und den stellvertretenden Chef des Stabes der Kwantungarmee General Ajabe?

Antwort: Jawohl.

Frage: Besichtigten diese hohen Stabsoffiziere der Kwantungarmee alle Räumlichkeiten der Abteilung und insbesondere das Gefängnis der Abteilung?

Antwort: Das taten sie.

Frage: Welche Infektionen wurden bei den Versuchen an lebenden Menschen von der Unterabteilung 1 am häufigsten ausprobiert?

Antwort: Hauptsächlich Pest.

Frage: Wurden in der Abteilung außer den Laboratoriumsversuchen auch andere Versuche an lebenden Menschen angestellt?

Antwort: Ja, Versuche unter Freiluftbedingungen.

Frage: Wo wurden diese Versuche angestellt?

Antwort: Auf einem speziellen Übungsplatz, der sich unweit der Station Anta befand.

Frage: Erzählen Sie alles, was Ihnen über diese Versuche bekannt ist?

Antwort: Es war kurz nach meiner Versetzung zur Abteilung 731, d. h. im Sommer 1941, als bei der Bahnstation Anta mit Porzellanfliegerbomben „System Ishii", die mit pestinfizierten Flöhen gefüllt waren, Experimente gemacht wurden.

Frage: Fahren Sie in Ihren Aussagen fort.

Antwort: Das Gelände, auf dem diese Versuche angestellt wurden, unterlag strenger Bewachung und das Betreten war streng verboten. Rundherum standen Posten, die diesen Platz absperrten, damit keine unbefugte Person ihn betrat.

Die für diese Experimente verwandten Versuchspersonen, insgesamt 15 Menschen, wurden aus dem Innengefängnis der Abteilung auf den Übungsplatz gebracht und an zu diesem Zweck in die Erde gerammten Pfählen festgebunden. Damit die Flugzeuge sich besser orientieren und den Übungsplatz leichter finden konnten, wurden auf dem Übungsplatz Flaggen ausgehängt und Rauchsignale gegeben. Von der Bahnstation Pingfan kam ein Spezialflugzeug geflogen. Es kreiste über dem Gelände des Übungsplatzes und warf ungefähr zwei Dutzend Bomben ab, die 100 bis 200 Meter über dem Boden explodierten, so daß die pestinfizierten Flöhe, mit denen diese Bomben gefüllt waren, herausfielen. Diese Pestflöhe verstreuten sich über das ganze Gelände.

Nachdem der Bombenabwurf erfolgt war, warteten wir geraume Zeit, damit die Flöhe ausschwärmen und die Versuchspersonen anstecken könnten. Dann wurden diese Menschen desinfiziert und mit einem Flugzeug zur Bahnstation Pingfan ins Innengefängnis gebracht, wo wir sie beobachteten, um festzustellen, ob diese Leute mit Pest angesteckt waren.

Über die Ergebnisse dieser Experimente kann ich folgendes sagen: aus dem Munde des verantwortlichen Leiters der Versuche, Oberst Oota, hörte ich, daß das Experiment keine guten Erfolge zeitigte, woran die hohe Temperatur, die große Hitze schuld war, die sehr hemmend auf die Aktivität der Flöhe wirkte. Das ist alles, was ich über dieses Experiment sagen kann.

Frage: Wer setzte den Befehl über dieses Experiment auf?

Antwort: Den diesbezüglichen Befehl verfaßte der Chef der Unterabteilung 2. Als Chef der Geschäftsstelle, d. h. des Sekretariats der Abteilung, nahm ich in den Befehl Einsicht und legte ihn dem Abteilungschef zur Bestätigung vor. Der Abteilungschef hieß den Befehl gut.

Frage: Welche Bakterien wurden am häufigsten unter Freiluftbedingungen erprobt?

Antwort: Pestbazillen.

Frage: Bestätigen Sie die von Ihnen in der Voruntersuchung gemachten Aussagen über den Einsatz der Bakterienwaffe gegen China?

Antwort: Jawohl, ich bestätige sie.

Frage: Erzählen Sie über die China-Expedition.

Antwort: Vor allem möchte ich über die Zeitspanne berichten, als ich in der Abteilung 731 Dienst tat. Während dieser Zeit gab es im Jahre 1941 einen Fall und im Jahre 1942 einen zweiten Fall, daß Expeditionen der Abteilung 731 in Zentralchina todbringende Bakterien als Waffe gegen chinesische Truppen einsetzten.

Frage: Fahren Sie in Ihren Aussagen fort.

Antwort: Der erste Fall war, wie ich bereits sagte, im Sommer 1941. Der Chef der Unterabteilung 2, Oberst Oota, sagte mir eines Tages, er fahre nach Zentralchina, und nahm auch gleich Abschied von mir. Kurze Zeit nach seiner Rückkehr erzählte er mir, im Raum der Stadt Tschangte, die unweit des Sees Tungtinghu in Zentralchina liegt, seien von Flugzeugen pestinfizierte Flöhe auf Chinesen abgeworfen worden. Somit wurde, wie er sich ausdrückte, eine Bakterienattacke unternommen.

Danach hielt Oberst Oota in meiner Anwesenheit dem Chef der Abteilung 731 Ishii Vortrag darüber, daß die Expedition der Abteilung 731 im Raum der Stadt Tschangte vom Flugzeug pestinfizierte Flöhe abwarf, daß infolgedessen eine Pestseuche ausbrach und daß es eine gewisse Anzahl Pestkranker gab, ich weiß indes nicht, wie groß die Anzahl war.

Frage: Wie viele Mitarbeiter der Abteilung 731 nahmen an dieser Expedition teil?

Antwort: Ungefähr 40 bis 50 Mann.

Frage: Welches technische Verfahren wurde während dieser Expedition im Jahre 1941 bei der Geländeverseuchung mit Pest angewandt?

Antwort: Die pestinfizierten Flöhe wurden aus großer Höhe von Flugzeugen abgeworfen.

Frage: Geschah dies mittels Abwurf bakteriologischer Bomben oder durch Verstreuung von Flöhen aus dem Flugzeug?

Antwort: Durch Verstreuung.

Frage: Erzählen Sie alles, was Sie über die China-Expedition der Abteilung 731 im Jahre 1942 wissen.

Antwort: Im Juni 1942 versammelte der Chef der Abteilung 731 Generalstabsarzt Ishii die leitenden Mitarbeiter der Abteilung und erklärte uns, demnächst werde eine Expedition nach Zentralchina organisiert, die sich mit der Erforschung der besten Einsatzmethoden der Bakterienwaffe befassen solle. Diese Expedition wurde auf Befehl des Generalstabs der japanischen Armee organisiert und entsandt; ihr Hauptziel bestand in der Erforschung der sogenannten Bodenverseuchungsmethode, d. h. der Verbreitung von Bakterien auf dem Boden. Daraufhin erließ der Oberbefehlshaber der Kwantungarmee einen Befehl, demzufolge eine Sondergruppe nach Zentralchina abgehen sollte.

Auf Grund dieses Befehls versammelte der Chef der Abteilung 731, General Ishii, die leitenden Mitarbeiter der

Abteilung und beriet sich mit ihnen, wie diese Expedition praktisch durchzuführen sei, wobei er den Chef der Unterabteilung 2, Oberstleutnant Murakami, beauftragte, den Expeditionsplan auszuarbeiten. Die zahlenmäßige Stärke dieser Gruppe sollte von 100 bis 300 Mann betragen. Es wurde beschlossen, Pest-, Cholera- und Paratyphusbazillen zu verwenden.

Von Ende Juni bis Anfang Juli begab sich diese Expedition per Flugzeug und Eisenbahn in mehreren Gruppen nach Nanking zur Abteilung „Ej".

Die Bakterienangriffe dieser Expedition sollten parallel gehen mit der Tschekiang-Operation der japanischen Truppen in Zentralchina. Der Zeitpunkt der Operation wurde auf Ende Juli festgesetzt. Da sich indes die Tschekiang-Operation, bei der die japanischen Truppen einen strategischen Rückzug bewerkstelligten, etwas verspätete, erfolgte die Bakterienoperation erst Ende August. Diese Expedition der Abteilung 731 nach Zentralchina basierte auf der Abteilung „Ej", wo sie ihre Stützpunkte schuf.

Der Bakterienangriff sollte im Raum der Städte Juschan, Tsinhua und Fuking erfolgen. Nach Abschluß der Operation erfuhr ich davon, daß gegen die Chinesen Pest-, Cholera- und Paratyphusbazillen eingesetzt, und zwar verstreut wurden. Die Pestbazillen verbreitete man mittels Flöhen, die übrigen Bazillen in Reinkultur, durch Verseuchung von Wasserbecken, Brunnen, Flüssen und dergleichen. Ich weiß, daß der Bakterienangriff plangemäß und mit vollem Erfolg durchgeführt wurde, kenne jedoch keine Einzelheiten über die Ergebnisse; ich hörte nur General Ishii sagen, daß sie erfolgreich verlaufen sei.

Frage: Welche Aufträge erhielt die Unterabteilung 4 in Verbindung mit der Vorbereitung zur Expedition von 1942?

Antwort: Die Unterabteilung 4 erhielt den Auftrag, die Expedition der Abteilung 731 mit Bakterien zu versorgen. Es wurden 130 kg Bakterien bereitgestellt und mit Flugzeugen nach Zentralchina befördert.

Frage: Sagen Sie genauer, welche Bakterien hatte die Unterabteilung 4 bereitgestellt?

Antwort: Wir stellten nur Paratyphus- und Milzbrandbazillen bereit.

Frage: Haben Sie den Befehl des Generals Umedsu über die Absendung einer Expedition nach China im Jahre 1942 selber gelesen?

Antwort: Jawohl, ich habe ihn gelesen.

Frage: Was wissen Sie über die China-Expedition im Jahre 1940?

Antwort: General Ishii zeigte mir eine chinesische medizinische Zeitschrift, in der von den Ursachen, aus denen 1940 im Raum der Stadt Nimpo eine Pestseuche ausbrach, die Rede war. Nachdem er mir diese Zeitschrift gezeigt hatte, erzählte er mir, daß eine Expedition der Abteilung 731 im Raum der Stadt Nimpo pestinfizierte Flöhe vom Flugzeug abwarf und daß dies die Ursache für den Ausbruch der Seuche war.

Frage: Wie beurteilte Ishii in seiner damaligen Unterhaltung mit Ihnen die Ergebnisse der Expedition von 1940?

Antwort: Er war der Meinung, daß diese Expedition erfolgreich verlief.

Staatlicher Ankläger: Ich bitte das Gericht um Erlaubnis, Band 20 der Strafsache, in dem sich die Karten befinden, einzusehen.

(Der staatliche Ankläger erhält Band 20 und überreicht dem Angeklagten Kawashima Karten mit Vermerken zur Einsichtnahme.)

Ich halte Ihnen die Karten Chinas vor, auf denen Sie die Abschnitte schraffiert haben, wo Bakterienattacken erfolgten. Bestätigen Sie die Durchführung von Bakterienattacken gegen die chinesische Bevölkerung gerade in diesen Bezirken Chinas?

Angeklagter Kawashima: Jawohl.

Frage: Sind das dieselben Karten, auf denen Sie Vermerke gemacht haben?

Antwort: Es sind dieselben.

Frage: Und Sie bestätigen, daß gerade in diesen Bezirken Attacken gegen China unternommen wurden?

Antwort: Jawohl.

Frage: Aus welchen Gründen wurden die Vorbereitungen zu einem Bakterienkrieg in der Mandschurei und nicht in Japan betrieben?

Antwort: Die Mandschurei grenzt an die Sowjetunion, und im Kriegsfalle war es am leichtesten und bequemsten, die bakteriologischen Mittel von dort aus einzusetzen.

Außerdem war die Mandschurei sehr geeignet für Experimente zum Studium bakteriologischer Kriegsmittel.

Frage: Worin bestand eigentlich diese „Eignung" für Experimente in der Mandschurei?

Antwort: Die Mandschurei war sehr geeignet deshalb, weil es dort genügend Versuchsmaterial gab.

Frage: Was heißt „Versuchsmaterial"? Menschen, die der Abteilung zwecks Versuchen zugeleitet wurden?

Antwort: Ganz richtig.

Frage: Welcher Deckname wurde in der Abteilung für die Opfer der Experimente ausgedacht?

Antwort: Sie wurden „Klötze" genannt.

Frage: Befanden sich diese Menschen im Innengefängnis unter ihren richtigen Namen?

Antwort: Nein, sie hatten Nummern.

Frage: Und mußten alle diese Menschen sterben?

Antwort: Ganz richtig.

Frage: Wußten Sie als fachkundiger Bakteriologe, daß die Verbreitung tödlicher Infektionen als ein Mittel des Krieges furchtbare Folgen nach sich zieht?

Antwort: Ja, davon besaß ich eine Vorstellung.

Frage: Verstanden Sie, daß die furchtbaren Leiden, die durch die Verbreitung von Pest und anderen Seuchen hervorgerufen wurden, auch auf neutrale Staaten übergreifen konnten?

Antwort: Ja, das verstand ich.

288

Frage: Waren Sie sich als Arzt klar über das Barbarische der Experimente an lebenden Menschen?

Antwort: Ja, ich war mir klar darüber.

Frage: Sie waren eine Zeitlang Chef der Unterabteilung 1, die Versuche an lebenden Menschen vornahm, und dann Chef der Unterabteilung 4 — der Produktionsabteilung —, die riesige Mengen krankheitserregender Mikroben herstellte?

Antwort: Jawohl.

Frage: Bekennen Sie sich dessen schuldig?

Antwort: Ja, ich bekenne mich schuldig.

Staatlicher Ankläger: Weiter habe ich keine Fragen.

Rechtsanwalt Borowik: Wir wissen, daß Sie seit 1916 in der japanischen Armee dienten. Ich bitte Sie zu präzisieren, ob der Dienst in der Armee bei Ihnen Familientradition war und ob diese Tradition von Geschlecht zu Geschlecht fortgesetzt wurde. War Ihr Vater in der Armee?

Angeklagter Kawashima: Mein Vater war Landwirt.

Frage: In Ihren Aussagen während der Voruntersuchung und auch hier, in der Verhandlung des Militärtribunals, haben Sie erklärt, daß die Organisation der bakteriologischen Abteilung, in der Folgezeit Abteilung 731 genannt, bereits im Jahre 1936 erfolgte. Ich bitte Sie, kurz anzugeben, welche Obliegenheiten Sie zu diesem Zeitpunkt in der japanischen Armee erfüllten.

Antwort: Zu diesem Zeitpunkt war ich im Sanitätsdienst der Gardedivision in Tokio tätig.

Frage: In welcher Eigenschaft?

Antwort: Als stellvertretender Chef des Sanitätsdienstes.

Frage: In Ihren Aussagen während der Voruntersuchung und auch hier haben Sie angegeben, daß ein Erlaß des Kaisers vom Jahre 1940 eine Verstärkung des Personals der Abteilung 731 sowie eine Erweiterung ihrer Tätigkeit vorsah. Ich bitte Sie zu sagen, womit Sie sich im Jahre 1940 beschäftigten.

Antwort: Damals war ich Chef des Sanitätsdienstes der 38. Division.

Frage: Wenn ich Sie also richtig verstanden habe, fiel die Organisationsperiode der Gründung der Abteilung 731 und die kolossale Erweiterung ihrer Tätigkeit in eine Zeit, als Sie von ihrer Existenz noch nichts wußten. Habe ich Sie richtig verstanden?

Antwort: Absolut richtig.

VORMITTAGSSITZUNG VOM 26. DEZEMBER

VERNEHMUNG DES ANGEKLAGTEN KARASAWA

Staatlicher Ankläger: Sagen Sie, Angeklagter, seit wann, bis wann und in welchen Dienststellungen waren Sie in der Abteilung 731 tätig?

Angeklagter Karasawa: In der Abteilung 731 habe ich von Dezember 1939 bis August 1944 gedient, hauptsächlich in der Unterabteilung 4, d. h. in der Produktionsabteilung, anfangs als einfacher Mitarbeiter, später als Leiter des Produktionssystems. Nachdem der Chef der Produktionsgruppe Major Sudsuki ausschied (das war Ende 1942 oder Anfang 1943, genau kann ich das nicht sagen), trat ich an seine Stelle als Chef der Produktionsgruppe.

Frage: Somit haben Sie insgesamt fünf Jahre in der Abteilung 731 gedient. Stimmt das?

Antwort: Ja, ungefähr fünf Jahre.

Frage: Folglich sind Sie mit der Struktur der Abteilung und der Arbeit der Unterabteilung gut vertraut?

Antwort: Ja, mit der Arbeit der Unterabteilung 4 bin ich gut vertraut. Da ich lange Zeit in der Abteilung 731 gearbeitet habe, sind mir auch die Aufgaben und Funktionen ihrer übrigen Unterabteilungen in allgemeinen Zügen bekannt.

Frage: Welche Aufgaben hatte die Abteilung 731?

Antwort: Die Hauptaufgabe der Abteilung 731 bestand in der aktiven Vorbereitung zum Bakterienkrieg.

Frage: Zu welchem Zweck wurden dort systematisch Versuche an lebenden Menschen angestellt?

Antwort: Das wurde zur Erforschung der Bakterien und ihrer Verwendung im Bakterienkrieg getan: erforscht wurde die Wirkung der Bakterien, die Methoden ihrer Vermehrung und Anwendung, die Methoden der Massenproduktion von Bakterien sowie die Verfahren der Bakterienlagerung.

Frage: Sie bestätigen auch, daß die Abteilung Bakterienattacken in China durchgeführt hat?

Antwort: Ja, das bestätige ich.

Frage: Bestätigen Sie Ihre Aussagen in bezug darauf, daß die Unterabteilung 4 eine Riesenfabrik zur Massenproduktion von Bakterien für den Bakterienkrieg war?

Antwort: Ja, das bestätige ich. Wie ich bereits sagte, befaßte sich die Unterabteilung 1 der Abteilung 731 mit Fragen des Bakterienkrieges, die Unterabteilung 2 befaßte sich mit der Erforschung des Einsatzes der Bakterienwaffe unter Freiluftbedingungen und die Unterabteilung 4 mit der Massenproduktion von todbringenden Bakterien und mit den Fragen ihrer Lagerung.

Frage: Welche Unterabteilung stellte Laboratoriumsversuche an lebenden Menschen an?

Antwort: Die Unterabteilung 1.

Frage: Wurden die Versuche an lebenden Menschen nur im Gefängnis oder auch an anderen Stellen vorgenommen?

Antwort: Sie wurden sowohl im Gefängnis als auch auf dem Übungsplatz vorgenommen.

Frage: Welche Unterabteilung stellte Versuche an lebenden Menschen unter Freiluftbedingungen an?

Antwort: Die Unterabteilung 2.

Frage: Bitte beschreiben Sie die Betriebseinrichtung der Abteilung, ihre Kapazität und die Verfahren der Bakterienproduktion.

Antwort: Da ich als Chef der Produktionsgruppe der Unterabteilung 4 gearbeitet habe, möchte ich zuerst von deren Betriebseinrichtung sprechen.

Die Einrichtung für die Massenproduktion von Bakterien bestand in dieser Gruppe aus zwei Systemen. Ich spreche anfangs vom ersten System. Das waren vor allem Kessel zur Bereitung des Nährbodens für die Bakterienzüchtung. Solcher Kessel gab es vier, jeder von ihnen hatte ein Fassungsvermögen von annähernd einer Tonne. Der Nährboden befand sich in Spezialkultivatoren „System Ishii", die in Spezialautoklaven untergebracht waren, von denen es 14 Stück gab. In jedem Autoklav fanden ungefähr 30 Kultivatoren Platz. Somit konnten bei voller Belastung gleichzeitig 420 Kultivatoren in den Autoklaven untergebracht werden. Für die Abkühlung der Kultivatoren gab es zwei Kühlschränke. Wenn der Nährboden abgekühlt war, wurden die Bakterien eingesetzt. Sie vermehrten sich und wurden dann abgeschöpft. Dafür gab es zwei Spezialräume.

Frage: Wieviel Bakterien wurden in einem Monat hergestellt?

Antwort: Bei maximaler Ausnutzung der Produktionskapazität der Unterabteilung 4 und unter den günstigsten Voraussetzungen konnten theoretisch bis zu 300 kg Pestbazillen monatlich hergestellt werden, praktisch aber wurden für diese Zwecke nur insgesamt 500 Kultivatoren verwendet, die es ermöglichten, in einem Zyklus 10 kg Pestbazillen herzustellen. Jeder Kultivator gab 20 Gramm.

Frage: Wieviel Unterleibstyphusbazillen konnten bei maximaler Belastung hergestellt werden?

Antwort: Monatlich 800—900 kg.

Frage: Milzbrandbazillen?

Antwort: Ungefähr 600 kg.

Frage: Cholerabazillen?

Antwort: Ungefähr eine Tonne.

Frage: Paratyphusbazillen?

Antwort: Ebensoviel wie Unterleibstyphusbazillen.

Frage: Dysenteriebazillen?

Antwort: Ebensoviel.

Frage: Wenn ich Sie recht verstanden habe, konnten in allen Kesseln, die es in der Unterabteilung 4 gab, acht Tonnen Nährboden hergestellt werden?

Antwort: Ja, so ist es. Im ersten System vier Tonnen und im zweiten System gleichfalls vier Tonnen.

Frage: Wo waren die Zweigstellen der Abteilung 731 stationiert?

Antwort: Die Zweigstellen der Abteilungen waren in Chailar, in Sunu und bei den Bahnstationen Linkou und Chailin in der Nähe von Mutantsiang stationiert.

Frage: Befanden sich diese Zweigstellen in unmittelbarer Nähe der Grenze mit der Sowjetunion?

Antwort: Jawohl.

Frage: Waren Sie persönlich in diesen Zweigstellen?

Antwort: Ich war je einmal in jeder Zweigstelle.

Frage: Welche Aufgaben hatten Sie, als Sie in diese Zweigstellen fuhren?

Antwort: Ich begab mich in die Zweigstellen, um klarzustellen, ob es geeignete Räumlichkeiten für die Montage der Betriebseinrichtung gab.

Frage: Also für die Massenkultivierung von Bakterien in jeder Zweigstelle?

Antwort: Zweifellos. Der Abteilungschef hatte diese Absicht.

Frage: Sie meinen General Kitano?

Antwort: Jawohl.

Frage: Wodurch wurde die Notwendigkeit hervorgerufen, Sie in die Zweigstellen zu kommandieren?

Antwort: Vor dem Antritt meiner Dienstreise setzte mir der Abteilungschef General Kitano ihren Zweck auseinander. Erstens sollte die Leistungsfähigkeit der Abteilung bei der Massenproduktion von Bakterien gesteigert werden und zweitens sollte im Zusammenhang mit dem Beginn der Kriegshandlungen mit Amerika für den Fall von Luftangriffen seitens der amerikanischen Luftstreitkräfte die Betriebseinrichtung der Abteilung im vorhinein dezentralisiert werden, damit auch bei feindlichen Luftangriffen die weitere Produktion nicht eingestellt zu werden brauchte.

Frage: Sagen Sie, hat sich die Abteilung 731 damit befaßt, die Immunität der Amerikaner gegen Infektionskrankheiten festzustellen?

Antwort: Soviel ich mich erinnere, geschah das Anfang 1943. Ich lag damals im Lazarett in Mukden, und mich besuchte der wissenschaftliche Mitarbeiter der Abteilung Minata, der mir von seiner Arbeit erzählte und sagte, daß er sich in Mukden aufhalte, um die Frage der Immunität der kriegsgefangenen Amerikaner zu studieren.

Minata war von der Abteilung 731 speziell ins Lager der alliierten Kriegsgefangenen geschickt worden, um die Immunität der Angelsachsen gegen Infektionskrankheiten zu erforschen.

Frage: Zu diesem Zweck wurden auch die Bluteigenschaften der amerikanischen Kriegsgefangenen untersucht?

Antwort: Ganz richtig.

Frage: Womit befaßte sich der wissenschaftliche Mitarbeiter Utschimi im Jahre 1943?

Antwort: Er fuhr in die Innere Mongolei, wo er sich mit der Untersuchung des Blutes der Mongolen befaßte, um die Immunität der Mongolen festzustellen.

Frage: Wurden in Ihrer Gegenwart Versuche an lebenden Menschen angestellt?

Antwort: Ich habe zweimal Experimenten beigewohnt, bei denen Menschen unter Freiluftbedingungen auf dem Übungsplatz bei der Bahnstation Anta infiziert wurden. Der erste Versuch wurde 1943 mit Milzbrandbazillen angestellt. Für diese Experimente wurden zehn Versuchspersonen auf den Übungsplatz geschafft und im Abstand von fünf Metern an Pfähle gebunden. Zur Infizierung dieser Leute wurde eine Sprengbombe verwendet, die sich fünfzig Meter von den Versuchspersonen befand. Diese Bombe wurde durch elektrische Zündung zur Explosion gebracht. Infolge dieser Versuche wurde ein Teil der Versuchspersonen angesteckt. Nach erfolgter Desinfizierung brachte man sie dann in die Abteilung zurück. Wie ich später aus einem Vortrag erfuhr, sind die Versuchspersonen, die mit Milzbrand infiziert wurden, gestorben.

Das zweitemal war ich im Frühjahr 1944 zugegen. Es handelte sich um Experimente mit Pestbazillen. Die Infizierung sollte durch die Atmungsorgane erfolgen. Mit den Versuchspersonen wurde ebenso verfahren wie bei den Experimenten mit Milzbrandbazillen.

Frage: Wurden sie auch an Pfähle gebunden?

Antwort: Jawohl. Zehn Meter von diesen Versuchspersonen wurde ein Ballon aufgestellt, der eine Flüssigkeit mit Pestbazillen enthielt. Dieser Ballon wurde zum Platzen gebracht. Wie mir aber bekannt ist, stellte sich nach diesen

Versuchen heraus, daß die Ansteckung nicht geglückt war, weil die Infektion durch die Atmungsorgane nicht in den Organismus eingedrungen war.

Frage: Welche Unterabteilung befaßte sich mit der Kultivierung von Flöhen?

Antwort: Die Unterabteilung 2.

Frage: Gab es eine spezielle Gruppe für die Flohzüchtung?

Antwort: Mit dieser Arbeit befaßte sich die Gruppe 3 der Unterabteilung 2.

Frage: Wer war der Chef der Gruppe 3 dieser Unterabteilung?

Antwort: Der Chef dieser Gruppe war der wissenschaftliche Mitarbeiter Major Tanaka.

Frage: Und womit befaßte sich der Bruder des Abteilungschefs Shiro Ishii?

Antwort: Er leitete das Gefängnis der Unterabteilung 1.

Frage: Erzählen Sie alles, was Sie über die China-Expedition der Abteilung 731 wissen.

Antwort: Soviel ich weiß, unternahm die Abteilung 731 zwei China-Expeditionen, und zwar in den Jahren 1940 und 1942.

Die erste Expedition erfolgte 1940, in der zweiten Jahreshälfte. Mein unmittelbarer Vorgesetzter, der Chef der Produktionsgruppe Major Sudsuki, befahl mir, 70 kg Unterleibstyphusbazillen und 50 kg Cholerabazillen bereitzustellen. Von Major Sudsuki erfuhr ich, daß diese Bazillen für eine Sonderexpedition bereitgestellt wurden, die nach China ging und von General Ishii geleitet wurde.

Als einer der Sektionsleiter in der Produktionsgruppe der Unterabteilung 4 befaßte ich mich damit, diese Expedition mit der nötigen Bazillenmenge zu versorgen. Gleichzeitig erfuhr ich, daß die Expedition 5 kg pestinfizierter Flöhe mitgenommen hatte.

Die von General Ishii befehligte Expedition begab sich, wenn ich mich recht besinne, nach Zentralchina, in den Raum der Stadt Hankou, wo pestinfizierte Flöhe und Pestbazillen praktisch als Waffe eingesetzt wurden.

Da diese Versuche auf feindlichem Territorium angestellt wurden, waren ihre Ergebnisse nicht genau bekannt. Um aber Informationen über die Wirkung zu sammeln, wurde eine Sondergruppe unter Major Nodsaki zurückgelassen. Es gelang ihm, eine Zeitung aufzutreiben, in der die Rede davon war, daß in der Umgebung der Stadt Nimpo eine Pestepidemie ausgebrochen sei.

Frage: Wovon war in dieser Zeitung die Rede?

Antwort: Wenn ich mich recht besinne, hieß es in dieser Zeitung, daß vor dem Ausbruch der Pest über dem Raum der Stadt Nimpo japanische Flugzeuge gekreist seien, die irgend etwas aus großer Höhe abwarfen.

Frage: Haben Sie diesen Artikel selbst gesehen?

Antwort: Ja, das habe ich.

Die zweite Expedition wurde 1942 unternommen, um die Jahresmitte. Mein unmittelbarer Vorgesetzter Major Sudsuki wies mich an, Paratyphus- und Milzbrandbazillen herzustellen. Wieviel Paratyphus- und Milzbrandmikroben es im einzelnen waren, weiß ich nicht mehr, aber die Gesamtmenge betrug 130 kg. Die von uns gezüchteten Bazillen wurden teils per Flugzeug, teils per Bahn nach Nanking gebracht, wo sich der Stützpunkt der Expedition befand.

Frage: Befand sich dieser Stützpunkt der Expedition in der Nankinger Abteilung „Ej"?

Antwort: Ja. Mir ist bekannt, daß die Abteilung „Ej" eine bestimmte Bazillenmenge für diese Expedition hergestellt hat, wieviel und was für Bazillen aber, weiß ich nicht mehr. Außerdem ist mir bekannt, daß diese Abteilung der Expedition einige ihrer Sanitäter stellte.

Frage: Warum haben Sie die Expedition von 1941 nicht erwähnt, als Sie von den China-Expeditionen sprachen?

Antwort: Das hat sich in der gestrigen Sitzung des Tribunals erwiesen. Bei der Operation vom Jahre 1941 wurden nur pestinfizierte Flöhe verwendet, und uns, die wir nicht unmittelbar damit zu tun hatten, wurde nichts davon gesagt.

Frage: Sagen Sie, wer hat die China-Expedition im Jahre 1942 geleitet?

Antwort: Diese Expedition hat der Abteilungschef General Ishii geleitet.

Frage: Begab sich General Ishii während der Expedition selber nach China?

Antwort: Jawohl.

Frage: Wer fuhr außer ihm von den leitenden Mitarbeitern der Abteilung nach China?

Antwort: Mir ist bekannt, daß an dieser Expedition auch Oberstleutnant Ikari und der wissenschaftliche Mitarbeiter Tanaka sowie andere teilnahmen.

Frage: Was wissen Sie bezüglich des Beginns der Versuche Ishiis an lebenden Menschen, wann wurde mit diesen Versuchen begonnen?

Antwort: Das weiß ich nicht genau, aber mir scheint, mit diesen Versuchen wurde gleich nach den sogenannten Mukdener Ereignissen begonnen.

Frage: Hat Ihnen Ishii selbst etwas darüber gesagt?

Antwort: Ich erinnere mich genau, daß im Jahre 1939, als ich in diese Abteilung eintrat, mit mir darüber gesprochen wurde.

Frage: Sagen Sie, welche höheren Offiziere der Kwantungarmee haben die Abteilung besucht, als Sie dort dienten?

Antwort: In die Abteilung kamen der ehemalige Oberbefehlshaber der japanischen Kwantungarmee General Umedsu, der Stabschef, ehemals Generalleutnant, späterhin General Kimura, Oberstleutnant Mijata alias Prinz Takeda und Generalstabsarzt Kadsitsuka, der ehemalige Chef des Sanitätsdienstes der japanischen Kwantungarmee.

Frage: Sagen Sie, haben Sie gesehen, wie für Versuche vorgesehene Personen in die Abteilung eingeliefert wurden?

Antwort: Als diensthabender Offizier der Abteilung sah ich zweimal, wie Leute eingeliefert wurden.

Frage: Ist jemand von den Gefängnisinsassen der Abteilung 731 freigekommen?

Antwort: Soviel mir bekannt ist, nein.

Frage: Also sind alle Leute umgekommen?

Antwort: Jawohl.

Frage: Wohin wurden die Leichen der Versuchspersonen geschafft?

Antwort: Ins Krematorium der Abteilung.

Frage: Sagen Sie, warum wohnten Sie, ein Mitarbeiter der Unterabteilung 4, den Versuchen an lebenden Menschen auf dem Übungsplatz bei und in welcher Eigenschaft?

Antwort: Da alle unter Freiluftbedingungen verwendeten Bakterien in meiner Gruppe hergestellt wurden, war ich für die Zustellung dieser Bakterien nach dem Übungsplatz zuständig. Außerdem war ich daran interessiert, die Wirkung dieser Bakterien zu prüfen.

Beisitzer Ilnizki: Zu welchem Zweck wurden in der Abteilung Versuche an lebenden Menschen angestellt?

Angeklagter Karasawa: Das wurde getan, um die wirksamste Bakterienwaffe zu erforschen und ihre Vernichtungskraft zu verstärken.

Gerichtsvorsitzender: Angeklagter Karasawa, in der Voruntersuchung am 6. Dezember haben Sie ausgesagt, daß die Schaffung der Abteilung 731 in der Mandschurei der konkrete Ausdruck für die Vorbereitung der japanischen Soldateska zum Bakterienkrieg gegen die Sowjetunion war. Bestätigen Sie diese Ihre Aussagen?

Angeklagter Karasawa: Ich bestätige sie.

Rechtsanwalt Lukjanzew: Angeklagter Karasawa, bitte legen Sie ausführlicher dar, wann und auf welche Weise Sie den Dienst in der japanischen Armee angetreten haben.

Angeklagter Karasawa: 1931 bezog ich das medizinische Institut in Tokio als Stipendiat des Kriegsministeriums und wurde somit vom Ministerium materiell unterstützt. Das verpflichtete dazu, nach Beendigung dieser Lehranstalt als Militärarzt in den Militärdienst zu treten.

Frage: Äußern Sie sich genauer darüber, warum das Kommando der Abteilung 731 ausgerechnet Sie in die Zweigstellen geschickt hat, um zu untersuchen, ob die Bedingungen erlaubten, eine Massenproduktion von Bakterien zu entfalten.

Antwort: Wie ich bereits sagte, habe ich mich lange Zeit mit der Herstellung von Bakterien befaßt und eignete mich als Mensch, der auf diesem Gebiet Erfahrung hatte, nach Meinung des Abteilungschefs am besten für diese Aufgabe.

Frage: Wie beurteilen Sie Ihre Arbeit in der Abteilung 731, wo Sie Waffen herstellten, die der Vernichtung von Menschen dienten?

Antwort: Vom Standpunkt eines Arztes, der berufen ist, Menschen zu heilen, halte ich das für eine schlechte Sache.

VERNEHMUNG DES ANGEKLAGTEN JAMADA

Gerichtsvorsitzender: Angeklagter Jamada, sagen Sie, welche Dienststellungen haben Sie in der japanischen Armee bekleidet?

Angeklagter Jamada: Von Juli 1944 bis August 1945 war ich Oberbefehlshaber der Kwantungarmee.

Frage: Welche Dienststellungen bekleideten Sie vorher?

Antwort: 1903 wurde ich Leutnant der japanischen Armee und 1930 Generalmajor.

Frage: Welche Dienststellungen bekleideten Sie in jener Zeit?

Antwort: Nachdem ich Generalmajor wurde, arbeitete ich im ersten Jahr als Chef der Lehrabteilung einer Kavallerieschule.

Frage: Welche Dienststellungen bekleideten Sie danach?

Antwort: Dann war ich Kommandeur der 4. Kavalleriebrigade.

Frage: Und später?

Antwort: Ich war dann ein Jahr lang Chef der Nachrichtenschule. Im Jahr darauf wurde ich Chef der 3. Verwaltung des Generalstabs, dann war ich ein Jahr und einen Monat Chef der Geschäftsstelle des Generalstabs. Von Dezember 1935 bis März 1937 war ich Chef einer Offiziersschule und von März bis Dezember 1937 Kommandeur der 12. Division in der Stadt Mutantsiang (Mandschurei). Von Januar bis Dezember 1938 war ich Oberbefehlshaber der 3. Armee, die in Mutantsiang stand, und von Dezember 1938 bis Oktober 1939 Oberbefehlshaber der japanischen Expeditionsarmee in Zentralchina, deren Stab sich in der Stadt Nanking befand. Von Oktober 1939 bis Juli 1944 war ich Generalinspekteur der Truppenausbildung in der japanischen Armee. In dieser Zeit erfüllte ich zugleich die Obliegenheiten eines Mitglieds des Obersten Kriegsrats und seit 1943 war ich Oberbefehlshaber des Heimatheeres Japans. Ich habe mich im Datum geirrt und verbessere mich: von August 1941 bis Ende 1941 war ich Oberbefehlshaber des Heimatheeres Japans, in der Folgezeit, seit Juli 1944, Oberbefehlshaber der Kwantungarmee.

Staatlicher Ankläger: Wer war Ihr Vorgänger als Oberbefehlshaber der Kwantungarmee?

Angeklagter Jamada: General Joshidsiro Umedsu.

Frage: Sagen Sie, Angeklagter Jamada, welche bakteriologischen Abteilungen gehörten der Kwantungarmee an?

Antwort: In der Kwantungarmee gab es zwei bakteriologische Abteilungen, die Abteilungen 731 und 100, die dem Oberbefehlshaber der Kwantungarmee unmittelbar unterstellt waren.

Frage: Demnach unterstanden die Abteilungen General Umedsu, als er Oberbefehlshaber der Kwantungarmee war, und seit Juli 1944, nachdem Sie Oberbefehlshaber der Kwantungarmee wurden, Ihnen persönlich?

Antwort: Jawohl.

Frage: Wessen Erlaubnis bedurfte es, damit Leute, die nicht Mitarbeiter der Abteilung 731 waren, wie z. B. die Stabsoffiziere der Kwantungarmee, das Gelände dieser Abteilung betreten konnten?

Antwort: Dazu bedurfte es meiner schriftlichen Erlaubnis.

Frage: Wann haben Sie erstmalig die Vorträge des Chefs des Sanitätsdienstes der Kwantungarmee General Kadsitsukas und des Chefs des Veterinärdienstes der Kwantungarmee General Takahashis entgegengenommen?

Antwort: Ungefähr Ende Juli 1944. Es waren ihre ersten Vorträge nach meiner Ernennung.

Frage: Haben Ihnen die Generale Takahashi und Kadsitsuka in ihren Vorträgen über die geheime Arbeit der Abteilungen 731 und 100 Mitteilung gemacht?

Antwort: Ja, beide haben davon gesprochen.

Frage: Erinnern Sie sich vielleicht an den Inhalt des ersten Vortrags von General Kadsitsuka?

Antwort: General Kadsitsuka berichtete von der Arbeit des Sanitätsdienstes des Stabs der Kwantungarmee und sagte unter anderem, daß sich die Abteilung 731 mit der Vorbereitung zum Bakterienkrieg befasse. Weiter teilte er mir mit, daß in der Abteilung 731 an der Erforschung und Erzeugung der Bakterienwaffe gearbeitet werde.

Frage: Sagen Sie, haben Sie im August 1944 die Abteilung 731 inspiziert?

Antwort: Jawohl, das habe ich. Als ich in der Abteilung eintraf, besichtigte ich das ganze Gelände und die Räume. Besonderen Eindruck machte auf mich die Produktion dieser Abteilung, und zwar die Bakterienbomben, die von Flugzeugen abgeworfen werden sollten, sowie das Produktionsausmaß der Bakterienwaffe, das alle Erwartungen übertraf. Unweit der Abteilung 731 befand sich ein Flugplatz, auf dem es, wie ich mich erinnere, mehrere leichte Bomber gab, woraus ich den Schluß zog, daß die von dieser Abteilung betriebene Vorbereitung zum Bakterienkrieg auf außerordentlich hohem Niveau steht.

Frage: Wurden Ihnen bei der Besichtigung der Abteilung die dort gezüchteten Flöhe gezeigt?

Antwort: Jawohl, ich habe sie gesehen, und ich erinnere mich, daß es sich um eine kolossale Menge von Flöhen handelte.

Frage: Haben Ihnen die Offiziere, die Sie auf dem Gelände der Abteilung begleiteten, mitgeteilt, für welche Zwecke diese in der Abteilung gezüchteten Flöhe vorgesehen waren?

Antwort: Ja, sie haben mir gemeldet, daß diese Flöhe mit Pestbazillen infiziert werden sollten.

Frage: Haben Sie beim Besuch der Abteilung Ishii Muster von Bomben der Konstruktion Ishii gesehen?

Antwort: Jawohl.

Frage: Wofür waren diese Bomben vorgesehen?

Antwort: Diese Bomben sollten die pestinfizierten Flöhe verstreuen. Die Bomben entluden sich in entsprechender Höhe, die pestinfizierten Flöhe fielen herab und verseuchten das Gelände.

Frage: Wo wurden diese Bomben erprobt?

Antwort: Diese Versuche wurden bei der Bahnstation Anta auf dem Übungsplatz angestellt.

Frage: Hat Ihnen General Kitano, als Sie die Abteilung besuchten, über die Arbeit der Zweigstellen der Abteilung 731 berichtet?

Antwort: Ja, er berichtete mir darüber. General Kitano informierte mich, daß sich die Zweigstellen der Abteilung 731 gleichfalls mit der Vorbereitung von Mitteln für den Bakterienkrieg befassen.

Frage: Hat Oberst Tamura, Chef der Personalabteilung der Kwantungarmee, im Juni 1945 auf Ihre Anweisung die Abteilung 731 inspiziert?

Antwort: Jawohl, er hat die Abteilung 731 im Juni 1945 inspiziert.

Frage: Wem hat Oberst Tamura die Ergebnisse seiner Inspektion gemeldet?

Antwort: Oberst Tamura trug die Ergebnisse seiner Inspektion mir vor.

Frage: Somit waren Sie dank der Informationen, die Sie erhielten, und Ihres persönlichen Besuches in der Abteilung 731 über die Arbeiten der Abteilungen 731 und 100 zur Erforschung und Massenerzeugung der Bakterienwaffe auf dem laufenden?

Antwort: Jawohl, mir war bekannt, daß beide Abteilungen auf dem Gebiet der Bakterienwaffe und ihres Einsatzes Forschungen betrieben.

Frage: Am 3. November 1949 haben Sie in der Voruntersuchung ausgesagt, daß die auf dem Territorium der Mandschurei stationierte Abteilung 731 organisiert wurde, um den Bakterienkrieg hauptsächlich gegen die Sowjetunion, gegen die Mongolei und China vorzubereiten. Bestätigen Sie diese Aussagen?

Antwort: Jawohl, ich bestätige sie.

Frage: Sagen Sie, sollte die Bakterienwaffe nur gegen die Sowjetunion eingesetzt werden?

Antwort: Nein, nicht nur gegen die Sowjetunion. Geplant war der eventuelle Einsatz der Bakterienwaffe auch gegen einen beliebigen anderen feindlichen Staat und seine Armee.

Frage: Welche „andere Staaten" meinen Sie?

Antwort: Vor allem die USA und Großbritannien. Der Einsatz der Bakterienwaffe war auch gegen sie geplant.

Frage: Von diesem Gesichtspunkt aus war die Abteilung 731, die in der Mandschurei lag, ein Zentrum für die Vorbereitung des Bakterienkrieges gegen mehrere Staaten? Stimmt das?

Antwort: Jawohl.

Frage: Wer leitete seit Juli 1944 die auf die Vorbereitung des Bakterienkrieges und die Erzeugung der Bakterienwaffe gerichtete Tätigkeit der Abteilung 731?

Antwort: Die Leitung lag in meinen Händen als Oberbefehlshaber der Kwantungarmee.

Frage: Welche Rolle spielte die strategisch-operative Abteilung des Stabs der Kwantungarmee bei der Leitung der Tätigkeit der Abteilungen 731 und 100?

Antwort: Ihr oblag die strategisch-operative Leitung der bakteriologischen Abteilungen auf dem Gebiet der Vorbereitung zum Bakterienkrieg.

Frage: Zu welchem Zweck wurden verschiedene Stabsoffiziere der Operations- und der Aufklärungsabteilung, unter ihnen Oberstleutnant Mijata, in die Abteilung 731 geschickt?

Antwort: Um die in der Abteilung betriebene Vorbereitung zum Bakterienkrieg strategisch und operativ zu leiten, mußte man ständig über die Arbeit dieser Abteilung auf dem laufenden sein. Aus diesem Grunde wurden Offiziere der Operations- und der Aufklärungsabteilung dorthin geschickt.

Frage: Somit hat die Ihnen unterstellte strategisch-operative Abteilung des Stabes ständig die Produktion der Bakterienwaffe in der Abteilung 731 kontrolliert und konkrete Einsatzverfahren dieser Waffe für Kriegszwecke ausgearbeitet?

Antwort: Jawohl, so war es.

Frage: Sagen Sie, haben Sie eine Zeichnung der Bakterienbombe „System Ishii" entdeckt, als Sie die Schriftstücke im Safe Ihres Vorgängers General Umedsu sichteten?

Antwort: Es handelte sich nur um einen Bericht über die Bakterienbombe „System Ishii", dem eine Zeichnung dieser Bombe beilag. Diese Schriftstücke erhielt ich übrigens vom Chef der strategisch-operativen Abteilung und bewahrte sie in meinem Schreibtisch auf. Mit diesen Schriftstücken habe ich mich bekannt gemacht.

Frage: Entsprachen die Muster der Bakterienbomben „System Ishii", die Sie bei Ihrem Besuch in der Abteilung 731 gesehen haben, der Zeichnung, die dem Bericht beilag?

Antwort: Ja, sie waren vollständig identisch. Genau erinnere ich mich nicht, aber die Bombe auf der dem Bericht beigelegten Zeichnung und die Bombenmodelle, die ich in der Abteilung sah, waren vollständig gleich.

Frage: Erzählen Sie den Inhalt des Vortrags von General Kitano, den er Ihnen im Herbst 1944 hielt.

Antwort: Soviel ich mich erinnere, war es im Oktober 1944. Der Chef der Abteilung 731, Generalmajor Kitano, hielt mir Vortrag über die Versuchsergebnisse und die Forschungsarbeiten der Verwendung pestinfizierter Flöhe als Bakterienwaffe mittels Abwurf aus Flugzeugen. Während des Vortrags wurde ein Film vorgeführt.

Frage: Wer war beim Vortrag des Generalmajors Kitano zugegen?

Antwort: Zugegen waren der Stabschef der Kwantungarmee Generalleutnant Kasahara, der Chef der strategisch-operativen Abteilung Oberst Matsumura und der Stabsoffizier Oberstleutnant Mijata.

Frage: Bestätigen Sie Ihre Aussagen vom 1. Dezember 1949, daß General Kitano alle Versuche und Forschungen, die für die Führung des Bakterienkrieges mittels pestinfizierter Flöhe betrieben wurden, in seinem Vortrag beleuchtet hat?

Antwort: Ja, ich bestätige sie.

Frage: Auf welche Weise wurde die Wirkung der in der Abteilung 731 erzeugten Bakterienwaffe erprobt?

Antwort: Es gab verschiedene Verfahren. Darunter die Erprobung der Bakterienwaffe an lebenden Menschen und Tieren.

Frage: Hatten Sie Kenntnis davon, daß die Bakterienwaffe mittels Versuchen an lebenden Menschen erprobt wurde?

Antwort: Ja, das hatte ich.

Frage: Hat Ihnen Oberst Tamura nach seinem Besuch in der Abteilung 731 gemeldet, daß sich im Gefängnis der Abteilung Personen befanden, an denen Versuche angestellt werden sollten?

Antwort: Jawohl, das hat er.

Frage: War die Gendarmerie dem Oberbefehlshaber der Kwantungarmee unterstellt?

Antwort: Jawohl, die Gendarmerie war mir unmittelbar unterstellt.

Frage: Waren die japanischen Militärmissionen in der Mandschurei dem Oberbefehlshaber der Kwantungarmee unterstellt?

Antwort: Jawohl.

Frage: Ist Ihnen bekannt, daß der Abteilung 731 die Menschen für ihre Versuche von der Gendarmerie und den japanischen Militärmissionen zugestellt wurden?

Antwort: Durch die mir in der Voruntersuchung vorgelegten Beweisstücke erfuhr ich, daß aus der Gendarmerie und den Militärmissionen viele Menschen in die Abteilung 731 überwiesen wurden. Ich hatte mir die Sache so vorgestellt, daß Häftlinge, die zum Tode verurteilt worden waren, in die Abteilung 731 geschickt wurden, und zog den Schluß, daß es sich um Leute handelte, über die von den Gerichten Mandschukuos die Todesstrafe verhängt worden war.

Frage: Sie wollen also sagen, daß Sie, bevor Ihnen die Beweisstücke vorgelegt wurden, der Meinung waren, in die Abteilung 731 wurden Menschen zur Vernichtung geschickt, die gerichtlich zum Tode verurteilt worden waren, nicht wahr?

Antwort: Jawohl, ich wollte sagen, daß ich es so verstanden hatte.

Staatlicher Ankläger: Ich wende mich an das Gericht mit dem Ersuchen, dem Angeklagten Jamada ein Photodokument vom 12. März 1943 vorzulegen. Dieses Dokument ist in Band 21, Blatt 90—92*, enthalten.

(Das Schriftstück wird dem Angeklagten Jamada vorgelegt.)

Angeklagter Jamada, Ihnen wurde die Photokopie der Direktive der Kwantunggendarmerie vom 12. März 1943 vorgelegt. Sehen Sie sich dieses Schriftstück genau an. Bezeugt das Ihnen, Angeklagter Jamada, vorgelegte Schriftstück nicht, daß die Überweisung lebender Menschen an die Abteilung 731 zur Vernichtung ohne irgendwelche Untersuchung und Gerichtsverhandlungen erfolgte?

Angeklagter Jamada: Jawohl.

Staatlicher Ankläger: Ich wende mich an das Gericht mit dem Antrag, die Kopie des Befehls der Kwantunggendarmerie unter Nr. 224 betreffend die Überweisung von 90 Personen im Rahmen der „Sondertransporte" zu verlesen. Dieses Schriftstück ist in Band 17, Blatt 35—38**, enthalten.

Vorsitzender: Der Operationsbefehl der Kwantunggendarmerie Nr. 224 kommt zur Verlesung. Gleichzeitig wird dieses Schriftstück in der japanischen Sprache verlesen. Die Angeklagten können sich der Kopfhörer bedienen.

---

* Siehe S. 185.
** Siehe S. 203—206.

Staatlicher Ankläger: Sagen Sie, Angeklagter Jamada, wurde dieser Befehl von der Gendarmerie herausgegeben, die dem Oberbefehlshaber der Kwantungarmee unterstand?

Angeklagter Jamada: Das war ein Befehl des Gendarmeriechefs General Shirokura, der vor meiner Ernennung zum Oberbefehlshaber der Kwantungarmee Dienst tat.

Frage: Ich verstehe. Als Sie aber die Stelle des Oberbefehlshabers der Kwantungarmee einnahmen, haben Sie diese Transporte lebender Menschen in die Abteilung Ishii aufgehoben oder haben Sie das nicht getan?

Antwort: Nein, ich habe diesen Befehl nicht aufgehoben, doch ich betrachtete ihn als zeitweisen Befehl, der späterhin außer Kraft tritt.

Frage: Sie haben ihn als zeitweisen Befehl betrachtet. Haben Sie sich an Hand des Ihnen eben vorgelegten Schriftstücks davon überzeugt, daß im Jahre 1943 durch die Kwantunggendarmerie Menschen zur Vernichtung in die Abteilung Ishii geschickt wurden?

Antwort: Jawohl.

Frage: War die Kwantunggendarmerie damals dem Oberbefehlshaber der Kwantungarmee, Ihrem Vorgänger General Umedsu, unterstellt?

Antwort: Jawohl.

Frage: Hat Oberst Tamura, als er Ihnen im Jahre 1945 über die auf Ihre Anweisung vorgenommene Inspektion der Abteilung 731 Vortrag hielt, nicht gesagt, daß im Innengefängnis der Abteilung Personen gehalten werden, um an ihnen Versuche anzustellen?

Antwort: Ja, Oberst Tamura hat davon gesprochen.

Frage: Hat General Kitano, als er über die Ergebnisse der Erforschung der Bakterienwaffe Vortrag hielt, Ihnen gesagt, daß in der Abteilung 731 Versuche an lebenden Menschen vorgenommen werden?

Antwort: Ja, er hat es mir gesagt. Ich kann mich nur nicht genau erinnern, wann das war. Es geschah in Form einer Information über die Versuchsergebnisse der Verstreuung pestinfizierter Flöhe vom Flugzeug aus, und nicht in Form eines Vortrags.

Frage: Jedenfalls ging aus dem Vortrag des Obersten Tamura ganz eindeutig hervor, daß die Versuche in der Abteilung 731 an lebenden Menschen angestellt wurden?

Antwort: Jawohl.

Frage: Folglich wurden die grausamen Versuche, von denen die Rede ist und die in der Abteilung 731 angestellt wurden, als General Umedsu Oberbefehlshaber der Kwantungarmee war, auch unter Ihnen fortgesetzt?

Antwort: Jawohl.

Frage: Sagen Sie, welche Haupteinsatzverfahren für die Bakterienwaffe hatte die japanische Armee, insbesondere die Kwantungarmee, eingeführt?

Antwort: Ich zähle drei Verfahren: erstens Bombenabwurf, dann unmittelbare Verstreuung aus Flugzeugen und schließlich Zerstäubung mit Bodenmitteln.

Frage: Wie erfolgte in der Kwantungarmee das Studium der Verfahren des Bakterienkrieges?

Antwort: Für das Studium der Einsatzverfahren der Bakterienwaffe wurden beim Stab der Kwantungarmee Spezialkommissionen gebildet, denen der Stabschef, der Chef der strategisch-operativen Abteilung, der betreffende Abteilungschef und einzelne Stabsoffiziere angehörten. Wurde eine Angelegenheit von der Kommission positiv entschieden, so kamen die Ergebnisse dem Oberbefehlshaber zum Vortrag.

Frage: Erstattete der Oberbefehlshaber der Kwantungarmee, wenn er das eine oder andere Verfahren bzw. die eine oder andere Waffenart bestätigt hatte, seinerseits an irgendeine Instanz Bericht?

Antwort: Im Namen des Oberbefehlshabers der Kwantungarmee wurden solche Berichte nicht erstattet, aber der Stab der Kwantungarmee setzte den japanischen Generalstab über solche Fragen in Kenntnis.

Frage: Erhielt der Stab der Kwantungarmee eine Direktive des japanischen Kriegsministeriums bezüglich einer Produktionserweiterung der Bakterienwaffe?

Antwort: Jawohl, eine solche Direktive traf, soviel ich mich erinnere, im März 1945 ein.

Frage: Aus welchem Grunde wurde Generalstabsarzt Ishii im März 1945 wieder zum Chef der Abteilung 731 ernannt?

Antwort: Diese Ernennung bedeutete die Konkretisierung der Pläne des Kriegsministeriums und des Generalstabs.

Frage: Haben Sie auf Grund der Direktiven des Kriegsministeriums den Chef der strategisch-operativen Abteilung Matsumura angewiesen, Maßnahmen zu treffen, um die Bakterienproduktion und die Ergänzung der Abteilung 731 mit den erforderlichen fachmännisch geschulten Offizieren zu sichern?

Antwort: Ja. Hinsichtlich der Ergänzung des Personalbestandes gab ich aber dem Chef der Personalabteilung Oberst Tamura Anweisung.

Frage: Bei der Vernehmung vom 6. Dezember 1949 haben Sie erklärt, daß die Bakterienwaffe mittels Flugzeugen gegen die Sowjetunion eingesetzt werden sollte, um die besonders wichtigen Gebiete der Sowjetunion zu verseuchen, und mittels Sabotagemaßnahmen. Bestätigen Sie diese Aussagen?

Antwort: Jawohl, ich bestätige sie.

Staatlicher Ankläger: Ich wende mich an das Gericht mit dem Antrag, die in den Gerichtsakten enthaltenen Aussagen des Zeugen Matsumura, ehemals Chef der strategisch-operativen Abteilung des Stabes der Kwantungarmee und Generalmajor der japanischen Armee, zu verlesen. Diese Aussagen sind auf Blatt 98 in Band 3 zu finden.

Gerichtsvorsitzender: Das Militärtribunal hat beschlossen, die Aussagen von Matsumura, die er in der Voruntersuchung am 7. Dezember gemacht hat, zu verlesen. (Bd. 3, Bl. 98*.)

---

* Siehe S. 149—159.

Staatlicher Ankläger: Bestätigen Sie die Aussagen Matsumuras, daß in der Zeit, als Sie Oberbefehlshaber der Kwantungarmee waren, zwei Hauptverfahren des künftigen Bakterienkrieges geprüft und gutgeheißen wurden, und zwar der Einsatz von Bakterienbomben „System Ishii", die mit pestinfizierten Flöhen gefüllt sind, und die Verstreuung pestinfizierter Flöhe aus Flugzeugen?

Angeklagter Jamada: Ja, ich bestätige sie.

Frage: Welches der von Ihnen gebilligten Verfahren für den Bakterienkrieg hielten Sie persönlich für das effektivste?

Antwort: Für das effektivste Einsatzverfahren der Bakterienwaffe hielt ich den Bombenabwurf mittels der Luftflotte sowie die Verstreuung pestinfizierter Flöhe aus Flugzeugen.

Frage: Erinnern Sie sich an den Vortrag von Generalleutnant Takahashi, dem Chef des Veterinärdienstes der Kwantungarmee, bezüglich der bakteriologischen Erkundung, die die Abteilung 100 in der Nord-Chingan-Provinz unternahm?

Antwort: Ja, ich erinnere mich.

Frage: Bestätigen Sie die Aussagen Matsumuras, daß Takahashi in diesem Vortrag seine Erwägungen über die praktische Verwendung von Bakterien darlegte und sich unter anderem dahingehend äußerte, daß im Bedarfsfall die Gewässer im Dreistromgebiet und im Raum südöstlich des Sees Dalainor verseucht werden müßten?

Antwort: Ja, das bestätige ich.

Frage: Zu welchem Zweck wurden in den an die Sowjetunion grenzenden Gebieten bakteriologische Erkundungen vorgenommen?

Antwort: Im Zuge der Vorbereitung zu einem eventuellen Krieg.

Frage: Stimmt es, daß Sie von Oktober 1939 bis Juli 1944 Generalinspekteur der Truppenausbildung der japanischen Armee waren?

Antwort: Ja, das stimmt.

Staatlicher Ankläger: Im Zusammenhang damit wende ich mich an das Gericht mit dem Antrag, Auszüge aus der Instruktion für die Sabotagekolonnen zu verlesen, die im Januar 1944 von der Generalinspektion der Truppenausbildung in Japan herausgegeben wurde. Dieses Schriftstück ist in Band 22, Blatt 21, enthalten.

Gerichtsvorsitzender: Die Instruktion für die Sabotagekolonnen, die vom Generalstab und der Generalinspektion der Truppenausbildung im Januar 1944 herausgegeben wurde, wird verlesen. (Bd. 22, Bl. 21.)

Staatlicher Ankläger: Sagen Sie, Angeklagter Jamada, wurde dieses Schriftstück von dem Ihnen unterstellten Apparat der Generalinspektion der Truppenausbildung aufgesetzt? Stimmt das?

Angeklagter Jamada: Ja, diese Instruktion wurde von der Generalinspektion der Truppenausbildung gemeinsam mit dem Generalstab aufgesetzt.

Frage: Bezeugt dieses Schriftstück, daß Sie im Januar 1944, d. h. vor Ihrer Ernennung zum Oberbefehlshaber der Kwantungarmee, vom Einsatz der Bakterienwaffe für Sabotagezwecke unterrichtet waren?

Antwort: Jawohl, das trifft zu.

Frage: Wann haben Sie den Befehl über die Vernichtung der Abteilungen 731 und 100 unterzeichnet?

Antwort: Ungefähr am 9.—10. August 1945.

Frage: Somit hat der stürmische Vormarsch der Sowjetarmee sowohl die Abteilung 100 wie auch die Abteilung 731 daran gehindert, ihre Tätigkeit fortzusetzen?

Antwort: Ja, das ist richtig.

Rechtsanwalt Below: Wann wurde Ihnen bekannt, daß die Abteilungen in den Jahren 1935—1936 auf Grund eines Geheimerlasses des Kaisers organisiert wurden?

Angeklagter Jamada: Das genaue Datum dieses Ereignisses erfuhr ich durch die Aussagen der Zeugen und Angeklagten.

Frage: Hätten Sie als Oberbefehlshaber der Kwantungarmee die Tätigkeit der Abteilungen 731 und 100 unterbinden und diese Abteilungen auflösen können?

Antwort: Der Oberbefehlshaber der Kwantungarmee war nicht befugt, die Tätigkeit der Abteilungen zu unterbinden und sie aufzulösen.

Frage: Wie verhalten Sie sich jetzt zu den Taten, deren Sie sich schuldig bekannten und derentwegen Sie vor Gericht gestellt wurden?

Antwort: Ich muß darauf antworten, daß ich all das, was ich getan habe, für schlecht halte, ich berichtige mich, für sehr schlecht.

Frage: Darf ich, Ihr Verteidiger, Ihre Antwort so auffassen, daß Sie die von Ihnen begangenen Taten bereuen?

Antwort: Ja, ich möchte, daß man es so auffaßt.

ABENDSITZUNG VOM 26. DEZEMBER

VERNEHMUNG DES ANGEKLAGTEN NISHI

Staatlicher Ankläger: Sagen Sie, Angeklagter Nishi, seit wann und in welcher Eigenschaft haben Sie in der Abteilung 731 gedient?

Angeklagter Nishi: Ich war von Januar 1943 bis Juli 1944 Chef der Zweigstelle der Abteilung 731 in Sunu. Von Juli 1944 bis Juli 1945 war ich Chef der Ausbildungsabteilung in der Abteilung 731.

Frage: Womit beschäftigte sich die Abteilung 731, was war Zweck und Aufgabe dieser Abteilung?

Antwort: Die Tätigkeit der Abteilung 731 war größtenteils der Vorbereitung des Bakterienkrieges gewidmet.

Frage: Welche Unterabteilungen der Abteilung 731 waren mit der Vorbereitung des Bakterienkrieges beschäftigt?

Antwort: Die Vorbereitung für den Bakterienkrieg betrieben die Unterabteilungen 1, 2 und 4.

Frage: Welche bakteriologischen Mittel kamen in der Abteilung 731 zur Anwendung?

Antwort: Verwendet wurden Bazillen von Pest, Milzbrand und Gasbrand.

Frage: Welche dieser Erreger galten als die wirksamsten?

Antwort: Die Pestbazillen.

Frage: Welche Einsatzmethoden für diese bakteriologischen Mittel bestanden in der Abteilung?

Antwort: Erstens die Zerstäubung der Bakterien vom Flugzeug; zweitens der Abwurf von bakteriologischen Porzellanbomben.

Frage: Wurden Pestflöhe zur Infizierung von Menschen verwendet?

Antwort: Jawohl. Sie wurden in China verwendet.

Frage: Sie traten Ihren Dienst in der Abteilung an, als General Ishii Chef war?

Antwort: Nein, Generalmajor Kitano war damals Chef der Abteilung.

Frage: Später wurde Generalmajor Kitano durch General Ishii abgelöst, nicht wahr?

Antwort: Jawohl.

Frage: Welche Direktiven betreffs des weiteren Ausbaus bakteriologischer Kampfmittel brachte General Ishii mit, als er seine Dienststellung als Chef der Abteilung antrat?

Antwort: Generalleutnant Ishii hat uns nach seinem Dienstantritt fast täglich eingeschärft, daß die Arbeit hinsichtlich der Pest aktiviert werden müsse.

Frage: Namentlich der Pest?

Antwort: Hinsichtlich der Pest und Vermehrung der Flöhe. Nach Ishiis Ankunft wurden im Zusammenhang mit der intensiveren Massenzüchtung von Flöhen, mit der die Abteilung beauftragt worden war, spezielle Lehrgänge organisiert, wo die Massenzüchtung dieser Parasiten besonders studiert wurde.

Frage: An diesen Lehrgängen nahmen auch Mitarbeiter der Zweigstellen als Schüler teil?

Antwort: Jede Zweigstelle hatte fünf Mann entsandt, also insgesamt zwanzig Personen.

Frage: Erzählen Sie dem Gericht von den Bonbons, die Oberst Oota herstellte.

Antwort: Es handelt sich nicht um Bonbons, sondern um gewöhnliche Schokolade, die mit Bakterien gefüllt und sodann in Papier gewickelt werden sollte. In der Form sollte diese Schokolade rund sein.

Frage: Hat Ihnen Oberst Oota Muster von dieser Schokolade gezeigt?

Antwort: Er zeigte ungefähr zehn dieser von ihm hergestellten Schokoladenkonfekte.

Frage: Mit welchen Bakterien waren diese Schokoladenkonfekte vergiftet?

Antwort: Oberst Oota sagte, daß in der Schokolade Milzbrandbazillen enthalten wären. Diese Schokoladenkonfekte waren für Sabotagezwecke bestimmt.

Frage: Erzählen Sie, was Ihnen über den praktischen Einsatz bakteriologischer Kampfmittel seitens der Abteilung 731 bekannt ist.

Antwort: Ich hörte, daß die Bakterienwaffe im Jahre 1940 gegen China eingesetzt worden sei. Im August oder September 1940 war ich in Peking, im Stab der Verwaltung für Wasserversorgung und Seuchenverhütung, und hörte dort vom Einsatz von Bakterien in Zentralchina im Raum der Stadt Nimpo.

Frage: Von wem haben Sie das gehört und unter welchen Umständen?

Antwort: Als ich mich im Stab der Wasserversorgungs- und Seuchenverhütungsverwaltung in Peking befand, lief dort ein Dokument aus dem Stab der Nankinger Wasserversorgungs- und Seuchenverhütungsverwaltung ein. Aus diesem Dokument erfuhr ich vom Einsatz von Bakterien im Raume der Stadt Nimpo. Sodann teilte mir Oberstleutnant Joshimura, der Chef der Verwaltung für Wasserversorgung und Seuchenverhütung in Peking, mit, daß die Pestbazillen für China von der Abteilung Ishii geliefert worden seien. Im September oder Oktober 1940 kam mein Freund Major Soto aus Nanking nach Peking und informierte mich, daß er von der in Zentralchina durchgeführten Operation zurückkäme. Demnach erfuhr ich von der Anwendung von Pestflöhen in Zentralchina aus folgenden Quellen: erstens aus der Mitteilung Major Sotos, zweitens aus der Mitteilung Joshimuras und drittens aus dem Dokument, das der Pekinger Stab vom Nankinger Stab erhielt.

Frage: Erzählen Sie, was Sie selbst im Zusammenhang mit der China-Expedition in der Abteilung 731 gesehen haben.

Antwort: Ich sah einen Dokumentarfilm über die Operationen der Abteilung 731 in Zentralchina im Jahre 1940. Zuerst wurde auf der Leinwand gezeigt, wie ein mit Pestflöhen gefüllter Apparat am Fahrgestell des Flugzeugs befestigt wird. Weiter sieht man, wie an den Tragflächen des Flugzeugs ein Zerstäubungsapparat angebracht wird. Es folgt die Erklärung, daß der Apparat Pestflöhe enthält. Sodann nehmen vier oder fünf Personen im Flugzeug Platz, jedoch wer sie waren, weiß ich nicht. Das Flugzeug startet, und es folgt die Erklärung, daß es Kurs auf den Feind nimmt. Danach wird das Flugzeug über dem Feindgelände gezeigt. Man sieht das Flugzeug, chinesische Truppenteile auf dem Marsch und chinesische Dörfer. Es werden Rauchwölkchen sichtbar, die sich von den Tragflächen des Flugzeugs lösen. Aus der darauf folgenden Erklärung geht klar hervor, daß diese Rauchwölkchen die auf den Gegner herabgestäubten Pestflöhe sind. Man sieht das heimkehrende Flugzeug über dem Flugfeld. Auf der Leinwand erscheint die Aufschrift: „Die Operation ist beendet." Das Flugzeug landet, ein Kraftwagen mit Leuten und Desinfizierungsapparaten kommt heran, und man sieht, wie das Flugzeug desinfiziert wird. Dann sieht man als ersten Generalleutnant Ishii aus dem Flugzeug steigen, nach ihm Major Ikari, die übrigen kenne ich nicht. Es folgt die Aufschrift: „Die Ergebnisse", und man sieht eine chinesische Zeitung mit beigefügter Übersetzung ins Japanische. In der Erklärung heißt es, daß im Raum von Nimpo plötzlich eine starke Pestepidemie ausgebrochen sei. Schließlich das letzte Bild: chinesische Sanitäter in weißen Kitteln beim Desinfizieren im Pestgebiet. Meine genauen Kenntnisse über den Einsatz der Bakterienwaffe im Raum von Nimpo habe ich eben aus diesem Film erhalten.

Frage: Was ist Ihnen außerdem über den Einsatz der Bakterienwaffe bekannt?

Antwort: Ich weiß von einem Einsatz der Bakterienwaffe durch die Abteilung Ishii während des Zwischenfalls beim Flusse Chalchingol.

Im Juli 1944 wurde ich aus der Zweigstelle Sunu in die Abteilung 731 bei der Station Pingfan versetzt, und zwar als Chef der Ausbildungsabteilung. Ich übernahm die Arbeit von meinem Vorgänger, Oberstleutnant Sanoda. Am selben Tag reiste Oberstleutnant Sanoda nach Japan ab. Ich öffnete sein Safe und fand dort Dokumente, in denen von einem

Einsatz der Bakterienwaffe während des Zwischenfalls von Nomangan, d. h. des Zwischenfalls beim Flusse Chalchingol, die Rede war.

Ich fand dort außerdem Negative von photographischen Aufnahmen aus jener Zeit sowie die Liste der Todeskandidaten, die an dieser Operation teilgenommen hatten, und einen Befehl des Majors Ikari. Ich entsinne mich noch, daß der Abteilung der Todeskandidaten zwei Offiziere sowie etwa 20 Unteroffiziere und Gemeine angehörten. Unter dieser Liste standen die mit Blut gezeichneten Unterschriften.

Frage: Wessen Unterschrift stand an der Spitze?

Antwort: Die des Abteilungschefs Ikari. Dann folgte eine Reihe detaillierter Befehle von Ikari, und zwar über die Art, wie die Leute in den Kraftwagen Platz nehmen, wie die Petroleumkanister ausgenutzt werden sollen, und mehrere Anweisungen über den Rückweg.

Aus diesen zwei Dokumenten wurde mir klar, daß eine aus zwanzig bis dreißig Mann bestehende Todeskandidaten-Abteilung einen Fluß mit Bakterien verseucht hat, wie ich annehme, den Fluß Chalcha.

Am nächsten Tag brachte ich diese Dokumente Major Ikari und übergab sie ihm. Bei dieser Gelegenheit erkundigte ich mich nach den Resultaten der Operation. Aber Ikari nahm die Dokumente wortlos entgegen.

Die Tatsache, daß diese Operation durchgeführt wurde, steht unbestreitbar fest, aber über ihre Ergebnisse ist mir nichts bekannt.

Frage: Was ist Ihnen über die in der Abteilung durchgeführten Erfrierungsexperimente bekannt?

Antwort: Von dem wissenschaftlichen Mitarbeiter Joshimura hörte ich, daß die Leute bei starkem Frost — es handelt sich um Temperaturen unter minus 20° — aus dem Gefängnis der Abteilung ins Freie geführt wurden, wo man ihnen die Hände entblößte, die durch künstlichen Wind abgefroren wurden. Man klopfte sodann mit einem Stöckchen auf die Gliedmaßen, bis sie einen Laut von sich gaben, der an ein Klappern auf Holz erinnert. Außerdem las ich auch seinen Rechenschaftsbericht über diese Experimente. Zu diesem Thema war sogar ein Film gedreht worden.

In dem Film war gezeigt, wie vier oder fünf warmgekleidete Leute mit Fußfesseln ins Freie geführt und ihre Hände entblößt wurden. Sodann wurde mit einem großen Ventilator der Erfrierungsprozeß künstlich beschleunigt. Danach sah man, wie jemand mit einem Stöckchen auf die Hände klopfte, um zu prüfen, ob sie endgültig erfroren waren. Alsdann wurde gezeigt, wie die frostgeschädigten Leute ins Zimmer geführt wurden. Joshimura sagte mir, daß diese Untersuchungen mit dem künftigen Krieg gegen die UdSSR zusammenhängen.

Frage: Erzählen Sie alles, was Sie über die Versuche auf dem Übungsplatz bei der Station Anta wissen.

Antwort: 146 km von Charbin befindet sich die Station Anta, unweit derselben ein Übungsplatz der Abteilung. Auf diesem Übungsplatz nahm die Unterabteilung 2 verschiedene Experimente unter Freiluftbedingungen vor.

Auf Befehl des Chefs der Abteilung 731 begab ich mich im Januar 1945 nach der Station Anta. Hier sah ich mit eigenen Augen Versuche von Infizierung mit Gasbrand unter Leitung des Chefs der Unterabteilung 2 Ikari und des wissenschaftlichen Mitarbeiters Futaki. Zu diesem Experiment wurden zehn Gefangene verwendet. Die Leute wurden in einem Abstand von 5 bis 10 m an Pfähle gebunden, das Gesicht zu den Pfählen. Die Köpfe der Häftlinge waren mit Metallhelmen bedeckt, die Körper mit einem Schild.

Der Körper war auf eine Weise verdeckt, daß nur das Gesäß entblößt blieb. In ungefähr 100 m Entfernung wurde durch elektrische Zündung eine mit Seuchenbazillen gefüllte Splitterbombe zur Explosion gebracht. Alle zehn Mann wurden an dem entblößten Teil verwundet. Nach Beendigung des Versuches wurden alle zehn im Spezialkraftwagen in das Gefängnis von Pingfan zurückgebracht. Später erkundigte ich mich bei Ikari und dem wissenschaftlichen Mitarbeiter Futaki nach den Ergebnissen. Sie sagten mir, daß alle zehn Verwundete an der Gasbrandinfektion gestorben seien.

Frage: Sie erwähnten, daß General Ishii nach seinem Amtsantritt als Abteilungschef mit den Offizieren der Abteilung Besprechungen abzuhalten begann.

Antwort: Ishii veranstaltete nach seiner Ankunft in der Abteilung täglich solche Besprechungen.

Einmal erklärte Ishii in Anwesenheit der Chefs der Unterabteilungen und mehrerer Offiziere, daß, wenn es künftig zum Einsatz der Bakterienwaffe käme, die Pestflöhe die beste und wirksamste Waffe wären. Er sagte, der Stab und die Zweigstellen müßten alle Kräfte einsetzen, um die Pestflöhe in großen Massen zu erzeugen. Nach diesem Gespräch wurde auch der Lehrgang eingeführt, von dem ich bereits sprach und bei dem ungefähr zwanzig Personen lernten, wie man Pestflöhe vermehrt.

In Verbindung damit wurde die Mitarbeiterzahl in der Unterabteilung Tanaka erhöht. Außerdem arbeitete die Planabteilung des Stabes einen Entwurf über die Personalerweiterung in der Abteilung Ishii aus.

Einst sagte Ishii, daß im Jahre 1945 zwischen Juni und September die letzte Entscheidungsschlacht vorauszusehen sei, bei der es zu einer amerikanischen Landungsoperation auf dem eigentlichen japanischen Territorium kommen werde, und dabei sagte er, wir müßten uns gründlichst zum Krieg gegen Amerika und gegen die Sowjetunion rüsten.

Frage: Ich verlese Ihnen Ihre Aussage, die sich in Band 10, Blatt 157, befindet. Sie gaben dort die Äußerung Ishiis wieder und sagten dabei das Folgende aus: „Die Lage an den Fronten verschlechtert sich... Wir müssen zu Ende des Frühjahrs oder im Sommer 1945 die letzten Mittel einsetzen, darunter auch die Bakterienwaffe, um einen Umschwung zugunsten Japans herbeizuführen."

Bestätigen Sie diese Aussagen?

Antwort: Jawohl, ich bestätige sie.

Frage: Unter welchen Begleitumständen hörte die

Zweigstelle der Abteilung 731 in Sunu zu existieren auf und von wem ging der Befehl über die Vernichtung der Zweigstelle aus?

Antwort: Am 9. August 1945 begann der Krieg. In der Nacht zum 10. August erhielt ich ein Chiffretelegramm aus dem Stab. Es war fraglos, daß dieses Chiffretelegramm vom Chef der Abteilung kam, aber es gelang mir nicht, es zu dechiffrieren. Ich ließ das Telegramm chiffriert und bezog mit der Abteilung die Stellung im Raum von Sunu. Ich befahl einer Gruppe von fünf oder sechs Mann, darunter dem Leutnant Inoue, sie sollen in der Abteilung bleiben und sich erst in der Stellung melden, wenn sie die Zweigstelle durch Feuer vernichtet haben.

Frage: Folglich haben Sie den Befehl über die Vernichtung der Zweigstelle gegeben?

Antwort: Jawohl, das stimmt.

Frage: Und was geschah weiter?

Antwort: Ich gab jedem Mitarbeiter der Zweigstelle Zyankali und sagte, wenn er wider Erwarten der Sowjetarmee in die Hände fallen sollte, dann solle er das Zyankali schlucken. Danach begab ich mich in die Stellung. Der Grund war: wir glaubten keineswegs, daß Japan kapitulieren werde, und beschlossen deshalb, uns in die Berge zurückzuziehen und dort kollektiven Selbstmord zu verüben.

Frage: Aber den kollektiven Selbstmord haben Sie nicht verübt?

Antwort: Japan kapitulierte, und wir haben auf Befehl des Divisionskommandeurs in voller Ordnung die Waffen gestreckt.

Frage: Sagen Sie, hat jemand aus dem Ihnen unterstellten Personal Selbstmord verübt?

Antwort: Jawohl, ein Mann hat Selbstmord verübt.

Frage: Sie gestehen, daß Sie aktiver und tätiger Mitarbeiter der Abteilung 731, einer bakteriologischen Geheimformation der japanischen Armee, waren?

Antwort: Jawohl.

Rechtsanwalt Bolchowitinow: Angeklagter Nishi, sagen

Sie, sind Sie freiwillig in die Armee eingetreten oder wurden Sie eingezogen?

Angeklagter Nishi: Ich bin freiwillig eingetreten.

Frage: Unter welchen Begleitumständen wurden Sie in die Abteilung 731, und zwar in ihre Zweigstelle 673, eingereiht?

Antwort: Im Januar 1943 erhielt ich Befehl vom Kriegsminister Japans über meine Ernennung zum Chef der Sunuer Zweigstelle. Im Juli 1944, neuerlich auf Befehl des Kriegsministers, wurde ich zum Chef der Ausbildungsabteilung ernannt, und diese Arbeit verband ich ab Juli 1945 wieder mit der Tätigkeit des Zweigstellenchefs in Sunu.

Frage: Sind Sie sich gegenwärtig klargeworden, wie verbrecherisch die Endziele der in der Abteilung 731 und speziell in der Zweigstelle 673 durchgeführten Arbeit waren, und bereuen Sie heute Ihre Vergehen?

Antwort: Ich halte die Experimente an Menschen im Gefängnis der Abteilung 731 für barbarisch. Gleichzeitig damit begreife ich, daß die Züchtung von Ratten und Flöhen meinerseits in der Zweigstelle gleichfalls viel Böses angerichtet hat.

VERNEHMUNG DES ANGEKLAGTEN KADSITSUKA

Gerichtsvorsitzender: Angeklagter Kadsitsuka, welche Dienststellungen haben Sie in der japanischen Armee bekleidet?

Angeklagter Kadsitsuka: Im Jahre 1915 wurde ich zum Oberarzt der japanischen Armee befördert. Danach arbeitete ich im 1. Militärlazarett, dann war ich Lehrer an der Militärärztlichen Akademie in Tokio und Chef der Heeressanitätsabteilung der Sanitätsverwaltung des Kriegsministeriums. 1937 war ich Chef des Sanitätsdienstes der japanischen Armee in China. Im gleichen Jahre wurde ich zum Generalarzt befördert und zum Chef des Sanitätsdienstes der 2. Armee ernannt. 1938 war ich Chef des Sanitätsdienstes der japanischen Armee in Korea. Von Dezember 1939 bis zur Kapitulation Japans war ich Chef des Sanitätsdienstes beim Stab der Kwantungarmee.

Frage: Welchen akademischen Grad besitzen Sie?

Antwort: Ich bin Doktor der Medizin.

Frage: In welchem Jahre wurde Ihnen der Doktortitel verliehen?

Antwort: 1924.

Frage: Für welche wissenschaftliche Arbeit wurde Ihnen der Doktortitel verliehen?

Antwort: Für eine wissenschaftliche Arbeit über Paratyphus.

Frage: Was ist Ihr ärztliches Spezialgebiet?

Antwort: Ich bin Bakteriologe.

Frage: Waren Sie auf dem Gebiet der Bakteriologie wissenschaftlich tätig?

Antwort: Jawohl.

Frage: Welche wissenschaftlichen Arbeiten außer der bereits erwähnten haben Sie als Bakteriologe aufzuweisen?

Antwort: Ich schrieb ein Werk über Fragen, die mit der Erforschung der Pestseuche zusammenhängen.

Frage: Was haben Sie in der Heeressanitätsabteilung der Sanitätsverwaltung des Kriegsministeriums getan?

Antwort: Ich arbeitete als Chef der Heeressanitätsabteilung der Verwaltung. In dieser Verwaltung gab es zwei Abteilungen, und ich war Chef einer dieser Abteilungen (nämlich der Heeressanitätsabteilung).

Frage: Wann wurde Ihnen der letzte militärische Rang verliehen?

Antwort: Der letzte Rang als Generalstabsarzt wurde mir im August 1940 verliehen.

VORMITTAGSSITZUNG VOM 27. DEZEMBER

FORTSETZUNG DER VERNEHMUNG DES ANGEKLAGTEN KADSITSUKA

Staatlicher Ankläger: Sagen Sie, Angeklagter Kadsitsuka, wann und von wem wurde die Abteilung 731 geschaffen?

Angeklagter Kadsitsuka: Die Abteilung 731 wurde Ende 1935 oder Anfang 1936, genau erinnere ich mich nicht, auf Grund eines Erlasses des japanischen Kaisers organisiert.

Frage: Wer visierte in der Sanitätsverwaltung den Entwurf des Befehls, der gemäß diesem Erlaß herausgegeben wurde?

Antwort: Das wurde im Namen des Kaisers von Japan getan.

Frage: Ich verstehe, in wessen Namen, aber ich frage Sie, wessen Visum auf dem Entwurf stand. War der Entwurf von Ihnen unterzeichnet?

Antwort: Es mußte wohl mein Visum auf dem Befehlsentwurf stehen.

Frage: Bestätigen Sie Ihre Aussagen, die Sie am 23. und 24. Oktober 1949 gemacht haben?

Antwort: Ja, ich bestätige sie.

Frage: Jetzt gehen wir zu der Frage über, wie die Abteilung komplettiert wurde. Haben Sie an der Komplettierung der Abteilung mit qualifizierten Kadern fachkundiger Bakteriologen teilgenommen?

Antwort: Ja, ich habe daran teilgenommen.

Frage: Sagen Sie, haben Sie im 1. Tokioter Lazarett gearbeitet?

Antwort: Jawohl.

Frage: Wo haben Sie mit Shiro Ishii, dem späteren Chef der Abteilung 731, Bekanntschaft geschlossen?

Antwort: Meine erste Bekanntschaft mit Shiro Ishii schloß ich im 1. Militärlazarett in Tokio.

Frage: Auf Grund Ihrer gemeinsamen Arbeit mit Ishii?

Antwort: Jawohl.

Frage: Wer wurde ursprünglich zum Chef der Abteilung 731 ernannt?

Antwort: Shiro Ishii.

Frage: Derselbe Shiro Ishii, der nach seiner Rückkehr von einer Auslandsdienstreise Pläne über die Notwendigkeit der aktiven Vorbereitung Japans zu einem Bakterienkrieg zu entwickeln begann?

Antwort: Ganz richtig.

Frage: Haben Sie diese Ansichten Shiro Ishiis geteilt?

Antwort: Ja, ich war mit ihm einverstanden, was die Notwendigkeit solcher Forschungen betraf.

Frage: Haben Sie die Ernennung Shiro Ishiis zum Chef der Abteilung unterstützt?

Antwort: Ja, ich habe sie unterstützt.

Frage: Nebenbei bemerkt, sind Sie von Beruf Bakteriologe?

Antwort: Jawohl.

Frage: Erzählen Sie ausführlicher, was Sie über Shiro Ishii wissen, namentlich darüber, wer von den hochgestellten Offizieren im japanischen Kriegsministerium und im Generalstab die Ansicht, man müsse sich zu einem Bakterienkrieg vorbereiten, teilte und unterstützte.

Antwort: Nach seiner Rückkehr von einer Auslandsdienstreise in Europa war Shiro Ishii 1931 als Lehrer an der Militärärztlichen Akademie in Tokio tätig. Er sprach davon, daß die mächtigsten Staaten Vorbereitungen zu einem Bakterienkrieg träfen, und daß Japan, wenn es nicht ähnliche Vorbereitungen treffe, in einem künftigen Krieg auf große Schwierigkeiten stoßen werde. Ich hörte, daß Ishii im Kreis leitender, verantwortlicher Mitarbeiter des japanischen Kriegsministeriums und des Generalstabs die Auffassung vertrat, die Bakterienwaffe sei von strategisch-operativem Standpunkt aus eine sehr vorteilhafte Überfallswaffe.

Frage: Immerhin, wer von den leitenden Mitarbeitern

des Generalstabs und des Kriegsministeriums teilte und unterstützte die Ansichten Ishiis?

Antwort: Soviel ich weiß, unterstützte ihn am aktivsten Generalleutnant Nagata, der spätere Chef der Heeresverwaltung des Kriegsministeriums.

Frage: Und Oberst Sudsuki, der Chef der 1. Abteilung der strategischen Verwaltung des Generalstabs?

Antwort: Was Oberst Sudsuki betrifft, so weiß ich, daß er mit Ishii einverstanden war. Davon, daß General Nagata Ishii am aktivsten unterstützte, zeugt folgende Tatsache: in Ishiis Laboratorium bei der Bahnstation Pingfan stand in seinem Arbeitszimmer eine Gipsbüste des Generals Nagata. Ishii war ihm dermaßen dankbar, daß er die Büste bei sich aufgestellt hatte.

Frage: Summieren wir also Ihre persönliche Beteiligung an der Organisation der Abteilung 731.

Ist es richtig zu sagen, daß Sie als Chef der Heeressanitätsabteilung des japanischen Kriegsministeriums an der Organisierung und Formierung der Abteilung 731 unmittelbar teilgenommen und jedenfalls die Ernennung Shiro Ishiis zum Abteilungschef gebilligt und unterstützt haben?

Antwort: Das ist richtig.

Frage: Ist Ihnen der zweite Geheimerlaß des japanischen Kaisers über die Erweiterung und Reorganisation der Abteilung 731 bekannt?

Antwort: Nachdem ich zur Kwantungarmee versetzt worden war, erhielt ich Kenntnis davon.

Frage: Geben Sie den Inhalt des Geheimerlasses des Kaisers Hirohito wieder, auf Grund dessen die Abteilung reorganisiert wurde.

Antwort: In der ersten Zeit nach ihrer Formierung trug die Abteilung den Namen „Seuchenverhütungsamt" oder „Anti-epidemische Dienststelle", nach der Reorganisation aber nannte sie sich „Verwaltung für Seuchenverhütung und Wasserversorgung".

In der ersten Zeit besaß das Seuchenverhütungsamt einen Mitarbeiterstab von weniger als 1000 Personen, während die Verwaltung für Seuchenverhütung und Wasserversorgung nach der Reorganisation über 2000 Mitarbeiter zählte.

Außerdem wurde die Abteilung nach der Reorganisation in Unterabteilungen gegliedert: Geschäftsstelle, Unterabteilung 1, 2 usw.

Das sind die wichtigsten Veränderungen, die während der Reorganisation Platz griffen.

Frage: Welche der auf Grund des zweiten Erlasses des Kaisers geschaffenen Unterabteilungen befaßte sich mit Wasserversorgung?

Antwort: Die Unterabteilung 3.

Frage: Also befaßte sich von allen acht Unterabteilungen nur eine mit Fragen der Wasserversorgung. Stimmt das?

Antwort: Ja, das ist richtig. Die Unterabteilung 3 bearbeitete Fragen der Wasserversorgung, aber alle übrigen Unterabteilungen hatten mit der Wasserversorgung nicht das geringste zu tun.

Frage: Wo befand sich die Unterabteilung 3?

Antwort: In der Stadt Charbin.

Frage: Und wo befanden sich die übrigen Unterabteilungen?

Antwort: Bei der Bahnstation Pingfan.

Frage: War die Tätigkeit dieser Unterabteilungen streng geheim?

Antwort: Jawohl.

Frage: Stimmt es, daß Passierscheine für diese Unterabteilungen nur vom Oberbefehlshaber der Kwantungarmee ausgegeben werden konnten?

Antwort: Jawohl.

Frage: Wo befanden sich die Zweigstellen der Abteilung 731?

Antwort: In Linkou, Chailin, Sunu und Chailar.

Staatlicher Ankläger: Ich wende mich an das Tribunal mit dem Ersuchen, dem Angeklagten den Operationsbefehl des Oberbefehlshabers der Kwantungarmee unter Nr. 398/1 vom 2. Dezember 1940 über die Organisierung von Zweigstellen der Verwaltung für Wasserversorgung und Seuchenverhütung in Linkou, Chailin, Sunu und Chailar vorzuhalten und ihn zu verlesen. (Bd. 15, Bl. 3.)

Gerichtsvorsitzender: Das Militärtribunal beschließt, den Befehl des Oberbefehlshabers der Kwantungarmee vom 2. Dezember 1940 zu verlesen.*

Staatlicher Ankläger: Angeklagter Kadsitsuka, hatten Sie Kenntnis von diesem Befehl des Oberbefehlshabers der Armee?

Angeklagter Kadsitsuka: Jawohl.

Frage: Warum waren alle Zweigstellen der Abteilung 731 in unmittelbarer Nähe der Grenze mit der Sowjetunion disloziert?

Antwort: Der Hauptgrund hierfür war, daß die Zweigstellen dort stationiert wurden, wo sich die vordersten Armeeverbände befanden.

Frage: Als Sie Ihre Stellung als Chef des Sanitätsdienstes der Kwantungarmee antraten, inspizierten Sie da die Ihnen unterstellten Institutionen, informierten Sie sich über deren Arbeit?

Antwort: Jawohl.

Frage: Machten Sie sich mit der Tätigkeit der Abteilung 731 bekannt?

Antwort: Jawohl.

Frage: Erhielten Sie, bevor Sie sich mit der Tätigkeit der Ihnen unterstellten Institutionen bekannt machten, entsprechende Instruktionen vom Oberbefehlshaber General Umedsu?

Antwort: Jawohl.

Frage: Sagte Ihnen General Umedsu irgend etwas bezüglich der Abteilung 731?

Antwort: Bevor ich zur Inspektion der Abteilung 731 aufbrach, ging ich zum Oberbefehlshaber General Umedsu mit der schriftlichen Meldung, daß ich eine Inspektionsreise

---

Siehe S. 217/18.

antrete, und bei dieser Gelegenheit sagte er mir, daß sich die Abteilung 731 mit der Vorbereitung zu einem Bakterienkrieg befasse.

Frage: Wann nahmen Sie die erste Inspektion der Abteilung 731 vor?

Antwort: Das war kurz nach meiner Ernennung zum Chef des Sanitätsdienstes, im März 1940.

Frage: Wer war damals Abteilungschef?

Antwort: Shiro Ishii, zu jener Zeit Oberst.

Frage: Was erzählte Ihnen Shiro Ishii über die Tätigkeit der Abteilung 731?

Antwort: Ishii gab einen allgemeinen Überblick über die Arbeiten dieser Abteilung und sprach dabei hauptsächlich über die Arbeitszweige, die in den offiziellen Vorschriften der Kwantungarmee vorgesehen waren.

Frage: Und wann erzählte Ihnen Shiro Ishii das „Geheimnis der Geheimnisse" der Abteilung?

Antwort: Soweit ich mich erinnere, Anfang 1941.

Frage: Worin bestand dieses „Geheimnis der Geheimnisse" der Abteilung 731, das Ihnen der Abteilungschef Oberst Shiro Ishii anvertraute?

Antwort: Das „Geheimnis der Geheimnisse" — das waren die Forschungs- und sonstigen Arbeiten zur Vorbereitung eines Bakterienkrieges, die Ergebnisse dieser Arbeiten und die Versuche an lebenden Menschen.

Frage: Was erzählte Ihnen Shiro Ishii darüber?

Antwort: Ishii erzählte mir, daß es für einen Bakterienkrieg verschiedene Verfahren gäbe, und daß solche Verfahren seien: erstens Sabotageakte, zweitens der Abschuß von Artilleriegeschossen und drittens der Abwurf von Fliegerbomben.

Shiro Ishii erzählte mir weiterhin, daß Artilleriegeschosse und Fliegerbomben gewöhnlich aus Metall angefertigt würden, fülle man jedoch diese Geschosse und Bomben mit Bakterien, so würden beim Sprengen des Metalls infolge der hohen Temperatur, die sich bei der Explosion eines großen Geschosses entwickle, die Bakterien umkommen. Deshalb habe sich die Abteilung Ishii für Porzellanbomben entschieden und stelle entsprechende Untersuchungen an.

Er sprach davon, daß man Bakterien, wenn man sie durch Verstreuung von Flugzeugen aus einsetze, von großer Höhe abwerfen müsse, das ergäbe jedoch nicht die erwünschte Wirkung. Es sei notwendig, die Bakterien von geringer Höhe zu verstreuen, damit sie nicht umkämen.

Weiter sagte Ishii, wenn man Bakterien in Reinkultur abwerfe, so würden sie bei der Verstreuung aus großer Höhe umkommen. Man müsse ihnen irgendeine Hülle geben. Diese Hülle seien die Flöhe. Deshalb hätten sie sich entschlossen, pestinfizierte Flöhe zu verwenden.

Weiterhin betrachtete Ishii die Verwendung pathogener Erreger mittels Verseuchung von Trinkwasser und Lebensmitteln als ein erfolgreiches Verfahren für den Einsatz der Bakterienwaffe.

Frage: Welchen pathogenen Erreger betrachtete Ishii als den geeignetsten für die Zwecke eines künftigen Bakterienkrieges?

Antwort: Für den geeignetsten hielt er bereits damals pestinfizierte Flöhe.

Frage: Erzählen Sie dem Gericht ausführlicher darüber.

Antwort: Ishii sprach davon, daß unter natürlichen Verhältnissen eine Pestseuche leicht ausbreche, daß es aber weit schwieriger sei, eine solche künstlich hervorzurufen. Er untersuchte die Ursache dieser Erscheinung und sagte, daß es nicht genüge, einzig und allein über pathogene Erreger zu verfügen; um mit ihrer Hilfe eine Seuche hervorzurufen, müsse man auch die physiologischen Voraussetzungen und die physiologischen Besonderheiten der Menschen gut kennen. Er sagte weiter, die Voraussetzungen für den künstlichen Ausbruch einer Seuche könne man nur dann kennenlernen, wenn man die physiologischen Besonderheiten der Menschen studiere.

Frage: Dieses Studium der physiologischen Eigenschaften sollte also erfolgen, indem man Versuche an lebenden Menschen anstellte?

Antwort: Ja, das ist richtig.

Frage: Wo wurden diese Versuche an lebenden Menschen angestellt? Was hat Ihnen General Ishii über diese Versuche erzählt?

Antwort: Er erzählte mir lediglich, daß für diese Versuche Chinesen benutzt werden und daß diese Experimente sowohl innerhalb der Abteilung, d. h. unter Laboratoriumsbedingungen, als auch unter Übungsplatzbedingungen erfolgen. Weiter hat er mir über diese Frage nichts gesagt.

Frage: Und das war nach Ishiis Worten das „Geheimnis der Geheimnisse" der Abteilung?

Antwort: Ja.

Frage: War Ihnen bekannt, daß die Bakterienwaffe gegen Chinesen eingesetzt wurde?

Antwort: Davon erfuhr ich Anfang 1944 von Generalmajor Kitano.

Frage: Was erzählte Ihnen Kitano, und wer war dabei anwesend?

Antwort: Er sprach mit mir im Stabe der Kwantungarmee, in meinem Arbeitszimmer. Sonst war niemand zugegen. Er erzählte mir, daß eine Gruppe der Abteilung Ishii, bestehend aus mehreren Personen, mit den erforderlichen Materialien nach Schanghai gefahren sei und im Raum südlich der Stadt aus der Luft pestinfizierte Flöhe abgeworfen habe. Diese Experimente seien wirksam gewesen. Was den Einsatz der Bakterienwaffe in China anbelangt, so erzählte er mir nur dies.

Frage: Folglich erzählte er Ihnen, daß in China die Bakterienwaffe in Form einer großen Menge von Pestflöhen, d. h. pestinfizierten Flöhen, eingesetzt worden ist. Stimmt das?

Antwort: Ja, das sind seine Worte. Er sagte, dieses Verfahren sei für die Verbreitung einer Pestseuche anwendbar.

Frage: Folglich berichtete Ihnen Generalmajor Kitano, daß gegen die chinesische Bevölkerung dieselben pestinfizierten Flöhe, von denen Ihnen erstmalig Ishii als der effektiven Waffe eines Bakterienkrieges erzählt hatte, praktisch eingesetzt wurden. Ist das richtig?

Antwort: Ja, das ist richtig.

Frage: Folglich wußten Sie davon, daß die Versuche, die in der Abteilung 731 ursprünglich unter Laboratoriums- und Übungsplatzbedingungen angestellt wurden, im weiteren Massencharakter annahmen und sich zu Bakterienattacken gegen die friedliche chinesische Bevölkerung auswuchsen?

Antwort: Ja, das ist richtig.

Frage: Jetzt wollen wir zu der Frage übergehen, wie Sie selber diese Bakterienattacken gegen die chinesische Bevölkerung einschätzen.

Ich rufe Ihnen Ihre Aussagen ins Gedächtnis zurück, die Sie am 30. Oktober 1949 gemacht haben. Sie sagten damals, wie aus Aktenband 8, Blatt 105, ersichtlich:

> „Ich bestätige, daß die Bakterienwaffe von der Abteilung 731 gegen chinesische Truppen und gegen die friedliche Bevölkerung Zentralchinas eingesetzt wurde. Zweifellos trug diese Waffe China gegenüber offensiven Charakter, für Japan besaß sie aber meiner Auffassung nach experimentellen Charakter."

Vielleicht erläutern Sie diese Worte. Was meinten Sie damit, als Sie sagten, für die Japaner sei diese Waffe experimentell gewesen?

Antwort: Das muß man in dem Sinne verstehen, daß die Wirkung dieser Waffe nicht endgültig erforscht war und Experimente gemacht wurden, um ihren Wirkungsgrad festzustellen.

Frage: Sind Sie von Beruf Arzt?

Antwort: Jawohl.

Frage: Und als Arzt, als Vertreter eines humanen Berufes, waren Sie der Auffassung, daß der Einsatz Dutzender Millionen von pestinfizierten Flöhen gegen die friedliche chinesische Bevölkerung nur ein Experiment darstellte?

Antwort: Natürlich war das ein Experiment, allerdings ein unmenschliches Experiment.

332

Frage: Was sagte Ihnen General Kitano über die Versuche an lebenden Menschen, die auf dem Übungsplatz bei der Bahnstation Anta vorgenommen wurden?

Antwort: Er erzählte mir, daß auf dem Übungsplatz der Abteilung 731 bei der Bahnstation Anta Experimente zur Infizierung von Menschen und Tieren mittels eines Spezialgeschosses, das auf eine bestimmte Entfernung eingestellt war, vorgenommen und daß infolge dieser Versuche Menschen und Tiere mit Milzbrand infiziert wurden. Diese Experimente zur Infizierung von Menschen und Tieren wurden somit mittels Bomben durchgeführt.

Frage: Welcher Nationalität gehörten die Menschen an, an denen die Versuche zur Infizierung mit Milzbrand angestellt wurden?

Antwort: Kitano sagte mir nicht direkt, welcher Nationalität diese Menschen angehörten, da mir Ishii jedoch erzählte, die Versuchspersonen seien Chinesen, nahm ich an, daß es sich auch in diesem Fall um Chinesen handelte.

Frage: Ich erinnere Sie an Ihre Aussage, die Sie bei Ihrer Vernehmung am 15. November 1949 gemacht haben (Bd. 8, Bl. 139). Sie sagten damals über diese Versuche folgendes aus:

> „Nach Kitanos Worten wurden diese Experimente an Tieren und an Chinesen angestellt. Bei diesen Versuchen fanden Spezialbomben Verwendung, die mit Milzbrandbazillen gefüllt waren. Die Bomben wurden auf dem Boden zur Explosion gebracht und durch ihre Sprengwirkung die Versuchstiere und -personen mit Milzbrandbazillen infiziert."

Bestätigen Sie diese Ihre Aussage?

Antwort: Ja, ich bestätige sie.

Frage: Bestätigen Sie auch Ihre Aussage, daß Sie als Chef des Sanitätsdienstes der Kwantungarmee die Leitung der wissenschaftlichen Forschungsarbeit der Abteilung 731 innehatten?

Antwort: Ja, ich bestätige sie.

Staatlicher Ankläger: Ich wende mich an das Gericht mit dem Ersuchen, das Protokoll über die Gegenüberstellung des Angeklagten Kadsitsuka mit dem Zeugen Matsumura, ehemals Generalmajor und Chef der Operationsabteilung des Stabes der Kwantungarmee, zu verlesen. Das Protokoll dieser Gegenüberstellung befindet sich bei den Akten. (Bd. 8, Bl. 265—267.)

Gerichtsvorsitzender: Das Militärtribunal beschließt, das Protokoll der Gegenüberstellung des Zeugen Matsumura, ehemals Chef der Operationsabteilung des Stabes der Kwantungarmee, mit dem Angeklagten Kadsitsuka vom 8. Dezember 1949 zu verlesen.

(Der Vorsitzende verliest das Protokoll der Gegenüberstellung Matsumuras mit Kadsitsuka.

Gleichzeitig wird das Protokoll in japanischer Sprache verlesen.)

Angeklagter Kadsitsuka, treten Sie bitte vor das Mikrophon.

Staatlicher Ankläger: Bestätigen Sie diese von Ihnen bei der Gegenüberstellung gemachten Aussagen?

Angeklagter Kadsitsuka: Ja, ich bestätige sie.

Frage: Wußten Sie als Leiter der in der Abteilung 731 betriebenen Erforschung der Eigenschaften von Bakterien, daß alle diese Versuche an lebenden Menschen angestellt wurden?

Antwort: Ja, das wußte ich.

Frage: Sagt Ihnen der Name des wissenschaftlichen Mitarbeiters Joshimura etwas?

Antwort: Jawohl.

Frage: Erzählen Sie dem Gericht, womit sich Joshimura in der Abteilung 731 beschäftigt hat.

Antwort: Daß in der Abteilung 731 ein wissenschaftlicher Mitarbeiter Joshimura tätig war, erfuhr ich erstmalig, als ich diese Abteilung im März 1940 zum erstenmal inspizierte. Bei der Besichtigung des Abteilungslaboratoriums machte ich die Bekanntschaft des wissenschaftlichen Mitarbeiters Joshimura.

Hier, in diesem Laboratorium, erfuhr ich davon, daß Joshimura Untersuchungen über Erfrierungen anstellte. Er untersuchte die Ursachen von Frostschäden, mit anderen Worten, er studierte die Pathologie von Erfrierungserscheinungen.

Später erhielt ich Einblick in die wissenschaftliche Arbeit dieses Joshimura. Der Sinn dieser Arbeit lief darauf hinaus, daß das effektivste Verfahren, Frostschäden zu heilen, darin besteht, die erfrorenen Gliedmaßen in warmes Wasser von 37° Temperatur zu tauchen. Daher weiß ich, daß Joshimura sich mit dem Studium von Erfrierungserscheinungen befaßte.

Frage: Diese Arbeiten Joshimuras auf dem Gebiet der Pathologie von Erfrierungserscheinungen gehörten zur Kompetenz des von Ihnen geleiteten Sanitätsdienstes der Kwantungarmee und boten gerade für ihn besonderes Interesse im Falle einer Winteroperation der Kwantungarmee. Ist dem so?

Antwort: Ja, wir interessierten uns für diese Arbeiten.

Frage: Und Sie waren im Bilde über diese Versuche Joshimuras?

Antwort: Ja, das stimmt.

Frage: Kennen Sie seine schriftlichen Berichte?

Antwort: Jawohl.

Frage: Sie leiteten die Untersuchungen der Abteilung 731 über das Blutflußfieber sowie über Unterleibstyphus-, Pest- und Choleraseren?

Antwort: Jawohl.

Frage: Sie wußten davon, daß alle diese Versuche an lebenden Menschen angestellt wurden?

Antwort: Ja, darüber erhielt ich Bericht.

Frage: Folglich wußten Sie auch, daß in der Abteilung 731 in ziemlich großem Maßstab Versuche an lebenden Menschen angestellt wurden?

Antwort: Jawohl.

Frage: Haben Sie dem Oberbefehlshaber der Kwantungarmee General Jamada darüber Vortrag gehalten, daß in

335

der Abteilung 731 Geheimarbeiten zur praktischen Erforschung der Bakterienwaffe geleistet wurden?

Antwort: Ja, ich habe ihn darüber informiert.

Staatlicher Ankläger (zum Gericht gewandt): Gestatten Sie, in dieser Verbindung eine Frage an den Angeklagten Jamada zu stellen?

Gerichtsvorsitzender: Angeklagter Jamada, treten Sie vors Mikrophon.

Staatlicher Ankläger: Sagen Sie, Angeklagter Jamada, von wem haben Sie zum erstenmal erfahren, daß in der Abteilung 731 aktiv daran gearbeitet wurde, die Bakterienwaffe zu erforschen und praktisch einzusetzen?

Angeklagter Jamada: Vom Chef des Sanitätsdienstes des Stabes der Kwantungarmee Kadsitsuka.

Frage: Von demselben Kadsitsuka, der neben Ihnen steht?

Antwort: Jawohl.

Staatlicher Ankläger: Ich habe weiter keine Fragen an den Angeklagten Jamada.

Gerichtsvorsitzender: Setzen Sie sich bitte, Angeklagter Jamada. Angeklagter Kadsitsuka, treten Sie vors Mikrophon.

Staatlicher Ankläger: Sagen Sie, Angeklagter Kadsitsuka, welche Uniform trugen die Heeresangehörigen in der Abteilung 731? War das die übliche Ärzteuniform oder war das die allgemeine Truppenuniform?

Angeklagter Kadsitsuka: Die Militärärzte der Abteilung 731 trugen keinerlei Abzeichen ihrer Waffengattung.

Frage: Zu welchem Zweck geschah das?

Antwort: Zu dem Zweck, die Arbeiter der Abteilung 731 zu konspirieren.

Staatlicher Ankläger: In Verbindung damit wende ich mich an das Gericht mit dem Ersuchen, das Zirkular des Stabes der Kwantungarmee unter Nr. 1539 vom 30. Juni 1938 zu verlesen. (Bd. 21, Bl. 3/4.) Dieses Zirkular spricht von der Schaffung einer besonderen Militärzone im Raum von Pingfan.

Gerichtsvorsitzender: Das Militärtribunal beschließt, das

Zirkular des Stabes der Kwantungarmee unter Nr. 1539 vom 30. Juni 1938 zu verlesen. Angeklagter Kadsitsuka, setzen Sie sich bitte.

(Der Vorsitzende verliest das Zirkular des Stabes der Kwantungarmee unter Nr. 1539 vom 30. Juni 1938 „Über die Schaffung einer besonderen Militärzone im Raum von Pingfan"*.

Das Dokument wird gleichfalls in japanischer Sprache verlesen.)

Angeklagter Kadsitsuka, treten Sie bitte vors Mikrophon. Staatlicher Ankläger, setzen Sie die Vernehmung fort.

Staatlicher Ankläger: Bestätigen Sie, Angeklagter Kadsitsuka, daß die besondere Militärzone bei der Bahnstation Pingfan eine außerordentlich streng bewachte, eine streng geheime Militärzone war?

Angeklagter Kadsitsuka: Das bestätige ich.

Frage: War Ihnen die Kapazität der Betriebseinrichtung bekannt, die sich in der Unterabteilung 4 der Abteilung 731 befand?

Antwort: Ich wußte, daß diese Unterabteilung über eine beträchtliche Produktionskapazität verfügt, nahm jedoch nicht an, daß sie solche Ausmaße besaß, wie sich das aus den Aussagen der übrigen Angeklagten ergibt.

Frage: Waren Sie mit der Konstruktion des Kultivators „System Ishii" bekannt?

Antwort: Jawohl.

Frage: War Ihnen als fachkundigem Bakteriologen klar, daß die besonderen Bedingungen, unter denen in den Kultivatoren „System Ishii" Bakterien gezüchtet wurden, diese Bakterien ungeeignet machten für die Erzeugung von Impfstoffen, sie also nur zum Zwecke der Massenfabrikation von Bakterien für einen Bakterienkrieg Verwendung finden konnten?

Antwort: Ja, das war mir klar.

Frage: Somit waren Sie darüber informiert, daß die

---

* Siehe S. 179/80.

Unterabteilung 4 der Abteilung Ishii sich mit der Massenzüchtung von Bakterien für Zwecke eines Bakterienkrieges befaßte?

Antwort: Jawohl.

Frage: Bestätigen Sie Ihre Aussagen, wonach Sie durchaus darüber informiert waren, daß Versuche zur Erprobung tödlicher Infektionen in der Abteilung 731 an lebenden Menschen angestellt wurden?

Antwort: Ich bestätige sie.

Frage: Geben Sie zu, daß Sie die Untersuchungen der Abteilung über das „Songo"fieber und die Flecktyphus-, Pest- und Choleraseren leiteten?

Antwort: Das gebe ich zu.

Frage: Geben Sie auch zu, daß Sie vollauf im Bilde waren über die Versuche, die der Experimentator Joshimura, wissenschaftlicher Mitarbeiter der Abteilung 731, anstellte, nämlich die Erfrierungsversuche?

Antwort: Das gebe ich zu.

Frage: Geben Sie zu, daß diese Versuche kraft ihrer Spezifität in erster Linie gerade den Sanitätsdienst der Kwantungarmee interessieren mußten?

Antwort: Das gebe ich zu.

Frage: Und geben Sie auch zu, daß Sie über die von der Abteilung 731 gegen die chinesische Bevölkerung mittels pestinfizierter Flöhe unternommenen Attacken informiert waren?

Antwort: Auch das gebe ich zu.

Staatlicher Ankläger: Weiter habe ich an den Angeklagten Kadsitsuka keine Fragen zu stellen.

Rechtsanwalt Sannikow: Kannten Sie 1936, als die Abteilung 731 formiert wurde, ihre wahre Bestimmung, nämlich die Vorbereitung eines Bakterienkrieges, oder nicht?

Angeklagter Kadsitsuka: Ich wußte davon, daß die Abteilung diesbezügliche Untersuchungen anstellte, glaubte jedoch, die Hauptfunktion dieser Abteilung bestehe in der Seuchenverhütung.

Frage: Sagen Sie, wann und von wem erhielten Sie

die ersten Angaben über die Vorbereitung eines Bakterienkrieges durch die Abteilung 731?

Antwort: Daß in dieser Abteilung derartige Forschungen betrieben werden, erfuhr ich aus dem Munde des Oberbefehlshabers der Kwantungarmee, und zwar vor meiner ersten Inspektionsreise zu dieser Abteilung.

Frage: Wußten Sie konkret, welcher Arbeitszweig der Abteilung 731 der strategisch-operativen Abteilung des Stabes der Kwantungarmee untergeordnet war?

Antwort: Ja, das wußte ich.

Frage: Wurden im März 1940, als Sie sich während Ihrer Inspektionsreise in der Abteilung 731 aufhielten, alle Unterabteilungen von Ihnen kontrolliert, und wenn nicht, warum?

Antwort: Als ich im März 1940 die Abteilung 731 besuchte, enthielt die mir im Stabe der Kwantungarmee ausgestellte schriftliche Erlaubnis die Einschränkung, daß ich nicht alle Räumlichkeiten aufsuchen dürfe. So erinnere ich mich, daß mir nicht erlaubt war, die Blocks 7 und 8 — es können auch die Blocks 6 und 8 gewesen sein, genau kann ich es nicht sagen — zu besuchen. Alle übrigen Blocks durfte ich inspizieren. Als man mich in dieser Abteilung empfing und durch alle Räumlichkeiten geleitete, wurde ich in die genannten Blocks nicht geführt. Somit verstand ich, daß es mir verboten war, die Geheimräume der Abteilung zu besuchen und zu inspizieren.

Frage: Hat Ihnen Generalmajor Ishii die Mitteilungen über die Tätigkeit der Abteilung 731 dienstlich gemacht oder nur gesprächsweise?

Antwort: Er hat sie gesprächsweise gemacht.

Frage: Auf die Frage des Vorsitzenden haben Sie geantwortet, daß Sie einen akademischen Grad besitzen und wissenschaftliche Arbeiten aufzuweisen haben. Halten Sie Ihre Arbeiten als Arzt und Fachmann für vereinbar mit der Tatsache, daß Sie die Ansichten der Anhänger eines Bakterienkrieges teilten?

Antwort: Ich teilte die Meinung und die Ideen Ishiis vom

Standpunkt der Notwendigkeit, einen Seuchenverhütungsdienst einzurichten, betrachte jedoch die gesamte weitergehende Tätigkeit dieser Abteilung als verbrecherisch und bekenne mich, da ich selbst mit dieser Arbeit zu tun hatte und mich an ihr beteiligte, gleichfalls als mitschuldig an diesen Verbrechen und bereue sie.

VERNEHMUNG DES ANGEKLAGTEN SHUNDSI SATO

Staatlicher Ankläger: Angeklagter Sato, wann wurden Sie zum Chef der Abteilung „Nami" 8604 ernannt und wie lange bekleideten Sie diese Stellung?

Angeklagter Sato: Chef der Abteilung „Nami" 8604 in der Stadt Kanton war ich vom Dezember 1940 bis Februar 1943.

Frage: Auf welche Dienststellung wurden Sie von der Kantoner Abteilung „Nami" 8604 überführt?

Antwort: Ich wurde als Chef der Abteilung „Ej" 1644 nach Nanking versetzt.

Frage: Wie lange waren Sie als Chef der Nankinger Abteilung „Ej" 1644 tätig?

Antwort: Genau ein Jahr, bis Februar 1944.

Frage: Wann wurden die Abteilungen „Nami" 8604 und „Ej" 1644 geschaffen?

Antwort: Im Jahre 1939.

Frage: Wie viele Zweigstellen besaß die Nankinger Abteilung „Ej" 1644?

Antwort: Sie hatte zwölf Zweigstellen.

Frage: Geben Sie die zahlenmäßige Stärke der Nankinger Abteilung „Ej" einschließlich der Zweigstellen dieser Abteilung an.

Antwort: Ungefähr 1500 Personen.

Frage: In welcher Beziehung stand Shiro Ishii zur Nankinger Abteilung „Ej" 1644?

Antwort: Bei der Schaffung der Abteilung war Ishii Abteilungschef.

Frage: Ist Ihnen bekannt, daß Shiro Ishii der aktivste Erforscher bakteriologischer Kriegsmittel war?

Antwort: Ja, das wußte ich.

Frage: Wer stand an der Spitze der Abteilung „Ej" 1644 nach Ishiis Abberufung?

Antwort: Der nächste Chef der Nankinger Abteilung nach Ishii war Oberst Oota, der gleichfalls in der Abteilung Ishii Dienst tat.

Frage: Welche Stellung bekleidete Oberstleutnant Onadera?

Antwort: Er war Chef der Geschäftsstelle der Abteilung „Ej" 1644.

Frage: Wir gehen jetzt zur Frage der Einrichtung der von Ihnen geleiteten Abteilung „Ej" 1644 über. Beschreiben Sie die in der Abteilung „Ej" 1644 vorhandene Einrichtung für die Massenkultivierung von Bakterien.

Antwort: Von der Einrichtung für die Massenerzeugung von Bakterien halte ich für erwähnenswert den Inkubationsraum, der $5 \times 5 \times 2^1/_2$ Meter groß war, ferner zwei Autoklaven zylindrischer Form, mit einem Durchmesser von anderthalb Meter und einer Länge von zweieinhalb Meter, außerdem etwa 200 Kultivatoren „System Ishii".

Frage: Besaß die Nankinger Abteilung „Ej" 1644 Kessel System Koch?

Antwort: In der Abteilung „Ej" 1644 gab es 50 Kessel System Koch. Außerdem waren noch 10 vorhanden. Davon befand sich ein Teil im Stabe, auch die Zweigstellen besaßen Kessel.

Frage: Für welches Quantum Bakterienmasse war die Einrichtung der Abteilung berechnet?

Antwort: Bei Ausnutzung der gesamten Einrichtung betrug das Quantum an Bakterienmasse 10 kg in einem Produktionszyklus.

Frage: Bestätigen Sie Ihre Aussagen vom 9. Dezember 1949, protokolliert in Band 14, Blatt 302, wonach sich die von Ihnen geleitete Nankinger Abteilung „Ej" 1644 nicht nur mit Seuchenverhütung und Wasserversorgung befaßte, sondern auch mit Forschungsarbeiten zwecks Massenherstellung der Bakterienwaffe? (Diese Aussagen werden in japanischer Sprache vorgelesen.)

Antwort: Ja, ich bestätige sie.

Frage: Befaßte sich die Nankinger Abteilung „Ej" 1644 mit der Vermehrung von Flöhen?

Antwort: Ja, sie befaßte sich damit.

Frage: Erzählen Sie bitte, wie die Vermehrung der Flöhe erfolgte.

Antwort: Die Aufzucht von Flöhen erfolgte bereits vor meinem Dienstantritt in der Abteilung „Ej" 1644, wofür 100 leere Benzinkanister Verwendung fanden.

Frage: Ich ersuche Sie, Angeklagter Sato, erzählen Sie alles, was Ihnen über die Hilfe bekannt ist, die die Abteilung „Ej" 1644 der Abteilung 731 bei den Bakterienattacken gegen die chinesische Bevölkerung erwies.

Antwort: Als ich mich in der Abteilung „Ej" 1644 aufhielt, hörte ich mit eigenen Ohren von Oberst Oota und Oberstleutnant Onadera, daß die Bakterienwaffe 1940 im Raum der Stadt Nimpo, 1941 im Raum der Stadt Tschangte und 1942 bei der Tschekiang-Operation zum Einsatz kam; dabei wurden pestinfizierte Flöhe vom Flugzeug aus verstreut.

Bei der Tschekiang-Operation wirkte ein Teil des Personals der Abteilung „Ej" 1644 mit. Außerdem trafen um diese Zeit sehr viele aus der Abteilung 731 abkommandierte Heeresangehörige ein. Wie die Operation konkret verlief, weiß ich nicht, aber der Stab der Abteilung „Ej" 1644 unterstützte diese Operation insbesondere durch die Züchtung von Flöhen.

Frage: Mit anderen Worten, die Abteilung „Ej" 1644 lieferte der Expeditionsgruppe der Abteilung Ishii eine gewisse Anzahl Flöhe zwecks Infizierung mit Pest. Ist das richtig?

Antwort: Jawohl.

Frage: Als die Expeditionsgruppe der Abteilung 731 in Nanking eintraf, wo richtete sich da diese Gruppe ein?

Antwort: In der Nankinger Abteilung „Ej" 1644.

Frage: Folglich diente die Abteilung „Ej" 1644 während dieser Expedition der Abteilung Ishii nach Zentralchina der Expeditionsgruppe als Stützpunkt. Ist das richtig?

Antwort: Jawohl.

Frage: Sagen Sie, wer befaßte sich zu der Zeit, als Sie Chef der Abteilung „Ej" 1644 waren, mit der Kultivierung von Pestbazillen und der Züchtung von Flöhen?

Antwort: Hauptmann Murata.

Frage: Wurde zu diesem Zweck in der bakteriologischen Unterabteilung eine spezielle Gruppe oder Sektion für die Züchtung von Flöhen und die Kultivierung von Pestbazillen geschaffen?

Antwort: Ja, das geschah.

Frage: Sagen Sie, auf welche Dienststellung wurden Sie von der Nankinger Abteilung „Ej" 1644 überführt?

Antwort: Ich wurde zum Chef des Sanitätsdienstes der 5. Armee ernannt.

Frage: Welche Zweigstelle der Abteilung 731 befand sich in dem Gebiet, wo Ihre Armee disloziert war?

Antwort: Im Bereich der 5. Armee waren zwei Zweigstellen stationiert, die eine befand sich bei der Bahnstation Chailin, die andere in Linkou.

Frage: Chef welcher Zweigstelle war der Angeklagte Onoue?

Antwort: Er war Chef der Zweigstelle 643 bei der Bahnstation Chailin.

Frage: Haben Sie auf Bitten des Angeklagten Onoue einen Befehl erlassen über den Fang von Ratten, um der Zweigstelle bei der Vermehrung von Flöhen zu helfen?

Antwort: Das war kein Befehl, sondern ein Ersuchen, das ich an die Truppenkommandeure richtete, da ich als Chef des Sanitätsdienstes der Armee den Armeeverbänden keine Befehle erteilen konnte.

Frage: Folglich haben Sie aus diesem Anlaß einen speziellen Brief an die Truppenkommandeure geschrieben?

Antwort: Jawohl.

Frage: Erzählen Sie, unter welchen Umständen Sie diesen Brief an die Truppenkommandeure schrieben.

Antwort: Major Onoue trat mit der Bitte an mich heran, daß es wünschenswert sei, Ratten zu erhalten, und deshalb schrieb ich einen Brief, daß man die in den Einheiten gefangenen Ratten nicht töten, sondern sie Major Onoue zur Verfügung stellen sollte. Zur Erläuterung möchte ich sagen, daß es unangebracht schien, den Verbänden in schriftlicher Form die Anweisung zum Rattenfang zu geben, deshalb war im Brief die Formulierung gebraucht, daß die Einheiten die gefangenen Ratten nicht töten, sondern sie an die Zweigstelle 643 abliefern sollen.

Frage: Als Bakteriologe und überdies ehemaliger Chef der Abteilung „Ej" 1644 in Nanking waren Sie sich offenbar darüber im klaren, daß diese Nagetiere gebraucht wurden, um in der Abteilung 731 auf ihnen Flöhe zu züchten?

Antwort: Obwohl Major Onoue mir davon nichts sagte, konnte ich es doch erraten.

Frage: Wie viele bakteriologische Formationen gab es in Nanking?

Antwort: Wenn Sie damit bakteriologische Abteilungen meinen, so gab es außer der Abteilung „Ej" 1644 keine andere.

Frage: Ist Ihnen bekannt, daß die Nankinger Abteilung „Ej" 1644 seinerzeit den Decknamen „Tama" hatte?

Antwort: Das ist mir bekannt.

Frage: Sagen Sie jetzt, Angeklagter Sato, welche Versuche an Menschen stellte die Ihnen untergebene Nankinger Abteilung „Ej" 1644 an?

Antwort: Versuche an Menschen stellte sie nicht an.

Staatlicher Ankläger: Da der Angeklagte diesen Umstand leugnet, habe ich weiter keine Fragen an ihn zu stellen, möchte an das Gericht jedoch ein Ersuchen richten. Ich bitte das Gericht, aus dem Protokoll der Sitzung des Tokioter Internationalen Militärtribunals für den Fernen Osten vom 29. August 1946 Auszüge zu verlesen. Während dieser Sitzung des Internationalen Militärtribunals in Tokio wurde ein Bericht der Staatsanwaltschaft beim Nankinger Amtsgericht verlesen, die eine Untersuchung über die japanischen Bestialitäten in Nanking und insbesondere über die verbrecherische Tätigkeit der Abteilung „Tama" bzw. „Ej" 1644 durchgeführt hatte, wobei ähnliche Greueltaten festgestellt wurden, wie die Abteilung Ishii sie beging. Dieser Auszug aus dem Sitzungsprotokoll des Tokioter Internationalen Militärtribunals für den Fernen Osten befindet sich in Band 22, Blatt 36. Ich ersuche das Tribunal, diesen Auszug zur Verlesung zu bringen.

Gerichtsvorsitzender: Das Militärtribunal beschließt, den Auszug aus dem erwähnten Sitzungsprotokoll des Tokioter Internationalen Militärtribunals für den Fernen Osten zu verlesen.

(Der Vorsitzende verliest den Auszug aus dem Sitzungsprotokoll des Internationalen Militärtribunals für den Fernen Osten. Dies Dokument wird gleichzeitig in japanischer Sprache verlesen.*)

Rechtsanwalt Bogatschow: Angeklagter Sato, sagen Sie, welcher sozialen Herkunft sind Sie?

Sato: Aus dem Adelsstand.

Frage: Was ist Ihr medizinisches Fachgebiet?

Antwort: Ich bin Pathologe.

Frage: Welchen akademischen Grad besitzen Sie, wann haben Sie ihn erhalten und für welche wissenschaftlichen Arbeiten?

Antwort: Im Jahre 1931 erhielt ich den akademischen Grad eines Doktors der Medizin für die wissenschaftliche Arbeit „Versuchsweise Infusion von Glukoselösungen".

Frage: Auf dem Gebiet der Bakteriologie haben Sie sich nicht spezialisiert?

Antwort: Nein.

Frage: Wann und wofür wurden Sie mit Orden ausgezeichnet?

---

* Siehe S. 240.

Antwort: Für meine Teilnahme an den mandschurischen Ereignissen erhielt ich den Orden der „Aufgehenden Sonne" 4. Klasse und für meine Chinatätigkeit wurde ich mit den Orden des „Goldenen Geiers" und der „Aufgehenden Sonne" 3. Klasse ausgezeichnet.

Frage: Welche Auszeichnungen erhielten Sie in der Zeit nach 1941?

Antwort: Keine.

VERNEHMUNG DES ANGEKLAGTEN HIRASAKURA

Staatlicher Ankläger: Angeklagter Hirasakura, seit wann und in welcher Eigenschaft machten Sie Dienst in der Abteilung 100 der Kwantungarmee?

Angeklagter Hirasakura: Ich war ab Juli 1942 Mitarbeiter der Abteilung 100.

Frage: Als Mitarbeiter welcher Gruppe der Abteilung 100 waren Sie tätig?

Antwort: Ab 1942 bis Dezember 1943 arbeitete ich in der Gruppe 1 der Unterabteilung 2, dann arbeitete ich in der neuorganisierten Gruppe 6 und von April 1944 bis zur Kapitulation Japans arbeitete ich in der Gegend von Chailar als Expeditionsmitglied der Abteilung.

Frage: Erzählen Sie dem Gericht ausführlich, was die Abteilung 100, in der Sie seit 1942 Dienst machten, eigentlich darstellte.

Antwort: Die Abteilung 100 war nach außen hin, entsprechend ihrer offiziellen Bezeichnung, eine Abteilung für den anti-epizootischen Schutz des Pferdebestandes der Kwantungarmee, in Wirklichkeit aber beschäftigte sie sich mit der Vorbereitung zum Bakterienkrieg.

Frage: Wo befand sich der Abteilungsstab?

Antwort: Der Abteilungsstab befand sich in der Ortschaft Minkiatun, 10 km südlich der Stadt Tschangtschun.

Frage: Wem war die Abteilung 100 unmittelbar unterstellt?

Antwort: Diese Abteilung war unmittelbar dem Oberkommando der Kwantungarmee unterstellt.

Frage: Wer leitete die praktische Tätigkeit der Abteilung 100?

Antwort: Der ehemalige Chef des Veterinärdienstes des Stabes der Kwantungarmee Generalstabsveterinär Takahashi.

Frage: Besaß die Abteilung 100 ihre eigenen Zweigstellen?

Antwort: Die Abteilung 100 hatte eine Zweigstelle in der Stadt Dairen, außerdem bestanden Unterabteilungen für den anti-epizootischen Schutz des Pferdebestandes in den Städten Dairen und Chailar, später wurde jedoch die Chailarer Zweigstelle in die Stadt Keischan überführt.

Frage: Aus Angehörigen welcher Berufe setzte sich das Personal dieser Abteilung und ihrer Zweigstellen zusammen?

Antwort: Zum Personal der Abteilung gehörten Chemiker, Bakteriologen, Botaniker und Veterinäre.

Frage: Erzählen Sie, was Sie über die Struktur und die Tätigkeit der Abteilung 100 wissen.

Antwort: Zahlenmäßig erreichte die Abteilung eine Stärke von ungefähr 600—800 Mann, der Bestand änderte sich manchmal, deshalb nenne ich eine ungefähre Zahl. Es gab einen Abteilungsstab und außerdem die Geschäftsstelle sowie die Unterabteilungen 1, 2, 3 und 4. Die Geschäftsstelle bestand aus mehreren Gruppen, so z. B. aus der Plangruppe und der Forschungsgruppe, und hatte eine eigene Plantage oder ein Versuchsfeld zu ihrer Verfügung. Die Unterabteilung 1 befaßte sich hauptsächlich mit Blutuntersuchungen des Pferdebestandes der Kwantungarmee und solcher Tiere, die von ihren Einheiten gehalten wurden, um an ihnen Krankheiten wie Rotz, Piroplasmose und infektiöse Anämie zu diagnostizieren.

Die Unterabteilung 1 gliederte sich in mehrere Gruppen, wie viele es waren, weiß ich nicht mehr.

Die Unterabteilung 2 bestand in der ersten Zeit, d. h.

bis 1943, aus fünf Gruppen, später dagegen aus sechs Gruppen, und befaßte sich hauptsächlich mit Forschungsarbeiten auf dem Gebiete des Bakterienkrieges. Gruppe 1 war die bakteriologische, Gruppe 2 die pathologische Gruppe, Gruppe 3 betreute die Versuchstiere, Gruppe 4 war für organische Chemie, Gruppe 5 für Botanik zuständig, befaßte sich aber auch mit Fragen der Pflanzenpathologie, und Gruppe 6 widmete sich ausschließlich Fragen der Vorbereitung zum Bakterienkrieg.

Gruppe 3 hatte, wie gesagt, die Versuchstiere unter sich, wie beispielsweise die Pferde.

Die Leiter der Gruppen setzten sich aus Bakteriologen, Botanikern, Pathologen und Fachleuten für organische Chemie zusammen, und zwar sowohl aus Offizieren als auch aus dienstverpflichteten wissenschaftlichen Mitarbeitern. Nachdem der ehemalige Chef des Veterinärdienstes der Kwantungarmee Generalstabsveterinär Takahashi im Dezember 1943 die Abteilung inspiziert hatte, wurde bei der Unterabteilung 2 der Abteilung 100 eine 6. Gruppe eingerichtet, die sich mit der Vorbereitung zum Bakterienkrieg befaßte. Ich muß hinzufügen, daß die Gruppe 5 der Unterabteilung 2 Mittel ausfindig machte, um Pflanzen zu vergiften oder sie mittels Bakterien zu infizieren. Das ist alles, was ich aussagen kann.

Frage: Welche Infektionen wurden in der Unterabteilung 2 als die grundlegenden in einem Bakterienkrieg betrachtet?

Antwort: Meiner Kenntnis nach Rotz, Schafpocken, Rinderpest und Milzbrand.

Frage: Wie viele Personen beschäftigten sich in der Unterabteilung 2 mit der Massenkultivierung von Bakterien für einen Bakterienkrieg?

Antwort: Mir ist bekannt, daß bis zu meiner Abreise in den Chailarer Bezirk in der Gruppe 1 unter Leitung des wissenschaftlichen Mitarbeiters Nishida und des Laboranten Jamagutschi eine Gruppe von ungefähr zwanzig Mann lange Zeit Untersuchungen über Milzbrand und Rotz anstellte. Außerdem gab es die Gruppe des Hauptmanns Takahashi, die

Rinderpest- und Schafpockenmikroben erforschte und massenhaft herstellte, und auch die Gruppe 6, die 40 bis 50 Mitarbeiter zählte, betätigte sich in derselben Richtung.

Frage: Bestätigen Sie Ihre in der Voruntersuchung gemachten Aussagen, wonach in der Unterabteilung 2, die sich speziell mit der Vorbereitung zu einem Bakterienkrieg beschäftigte, 20 Offiziere, 30 wissenschaftliche Mitarbeiter und 50 technische Hilfsarbeiter tätig waren?

Antwort: Ich sagte damals, dies sei der Personalbestand der Unterabteilung 2 gewesen.

Frage: Bestätigen Sie also diese Ihre Aussage?

Antwort: Ja, ich bestätige sie.

Frage: Erzählen Sie etwas ausführlicher über die Organisierung und die Funktionen der Gruppe 6 der Unterabteilung 2. Worin bestanden die besonderen Funktionen der Gruppe 6?

Antwort: Die Gruppe 6 wurde, soweit ich mich erinnere, Ende 1943 organisiert. Wie ich bereits sagte, stattete der ehemalige Chef des Veterinärdienstes der Kwantungarmee Generalstabsveterinär Takahashi der Abteilung einen Besuch ab. Bei dieser Gelegenheit besichtigte er in Begleitung des Oberstleutnants Jamagutschi und des wissenschaftlichen Mitarbeiters Takashe auch die Laboratorien der Unterabteilung 2. Sie berieten sich lange über irgend etwas, dann fuhr der Chef des Veterinärdienstes Takahashi weg, und eine Woche später erhielten wir Befehl, in der Unterabteilung 2 eine neue, die 6. Gruppe zu schaffen. Dieser neuen, 6. Gruppe wurden die Funktionen übertragen, die damals die Gruppe 1 erfüllte, sowie ein Teil der Funktionen und des Personals anderer Gruppen überwiesen. Dabei wurden alle Kellerräume, die der Gruppe 1 bis dahin zur Verfügung standen, der neuen, 6. Gruppe übergeben. Gleichzeitig damit begann die Errichtung neuer Gebäude für die Bedürfnisse der neuen, 6. Gruppe; diese Bauarbeiten zogen sich bis 1944 hin, d. h. bis zu dem Zeitpunkt, als ich mich nach Chailar begab.

Frage: Wurden in der Abteilung 100 Versuche an lebenden Menschen angestellt?

Antwort: Im Jahre 1944 fuhr ich von Chailar in die Abteilung, um über meine Arbeit zu berichten. Das war im September. Als ich dort eintraf und das Abteilungsgelände betrat, begegnete ich dem wissenschaftlichen Mitarbeiter Matsui. Er trug in den Händen eine Schüssel mit irgendwelcher Pflanzenkost. Auf meine Frage, wohin er sie trage, antwortete er, er trage sie in die Kellerzelle, um einen Versuch an lebenden Menschen anzustellen; welcher Art dieser Versuch war, sagte er mir jedoch nicht.

Frage: Was ist Ihnen bekannt über Versuche und Experimente, die von der Abteilung 100 vorgenommen wurden, um die praktische Anwendung gewisser Bakterien in einem Bakterienkrieg zu erproben? Sagen Sie, haben Sie persönlich an irgendwelchen Expeditionen teilgenommen?

Antwort: Im Sommer 1942, ungefähr im Juli—August, nahm ich an Sommermanövern teil. Darüber möchte ich jetzt erzählen.

Die Gruppe, die an diesen Sommermanövern teilnahm, stand unter Leitung des Majors Muramoto. Außer ihm gehörten dieser Gruppe mehrere wissenschaftliche Mitarbeiter und Offiziere sowie ein Stab von ungefähr 30 technischen Mitarbeitern an.

Alle notwendigen Apparate und Materialien wurden nach Tschangtschun geschafft; die Verfrachtung der Materialien besorgte Leutnant Kaneda.

Die Experimente wurden unter Freiluftbedingungen in der Nord-Chingan-Provinz ausgeführt, und zwar im Dreistromgebiet, am Ufer des Flusses Derbul, der in der Nähe der Sowjetgrenze vorbeifließt. Diese Experimente verfolgten das Ziel, die Möglichkeiten für den Einsatz von Bakterien im Kriegsfalle zu untersuchen.

Frage: Welcher Bakterien?

Antwort: Der Fluß und die Seen wurden mit Rotz, der Boden mit Milzbrand verseucht.

Frage: Welcher Fluß?

Antwort: Der Fluß Derbul, der unweit der Sowjetgrenze fließt. Es wurde eine Strecke von ungefähr einem Kilometer

350

infiziert. Die Verseuchung erfolgte in bestimmten Zwischenräumen von ungefähr hundert Metern. Sie wurde vorgenommen von den wissenschaftlichen Mitarbeitern Mitsuda und Kioshi Ida, die in Gummibooten saßen. Wie sie die Bakterien verstreuten, weiß ich nicht.

Frage: Nebenbei bemerkt, Angeklagter Hirasakura, ist das derselbe Fluß Derbul, der in den die Grenze mit dem Sowjetterritorium bildenden Fluß Argun mündet?

Antwort: Jawohl. Der Fluß Derbul mündet in den Grenzfluß zwischen der Sowjetunion und der Mandschurei.

Frage: Und trifft es zu, daß gerade dieser Fluß Derbul mit Rotzbazillen verseucht wurde?

Antwort: Ja, das trifft zu.

Frage: Ich ersuche Sie, sich über die nächste Expedition zu äußern, an der Sie teilgenommen haben. Ich meine die Expedition von 1944.

Antwort: Im April 1944 bestellte mich der Chef der Unterabteilung 2 Oberstleutnant Osaka zu sich; wir gingen ins Arbeitszimmer des Abteilungschefs General Wakamatsu, wo mir der Befehl mitgeteilt wurde, daß ich an einer Expedition teilnehmen solle. Die Expedition bestand aus sieben Mann unter der Leitung des Hauptmanns Asao, aber ein Angehöriger dieser Gruppe konnte krankheitshalber nicht mitfahren, und an seiner Stelle wurde ich eingeteilt. Gleichzeitig wurde ich verwarnt, daß diese Expedition, die sich nach der Nord-Chingan-Provinz begebe, geheimer Natur sei. Ich erhielt Einsicht in zwei Dokumente und die Anweisung, mich wegen ausführlicher Instruktionen an Hauptmann Asao zu wenden, der sich an Ort und Stelle begeben und dort die nötigen Anordnungen und Erläuterungen geben werde.

In einem dieser Dokumente, dem Befehl, hieß es, die Aufgabe dieser Gruppe bestehe darin, die Bezirke der Nord-Chingan-Provinz zu erkunden und die Gesamtmenge des Viehs in diesen Bezirken zu ermitteln; das Vieh weidete dort in voller Freiheit, und wir hatten Auftrag, dieses Vieh, die Weiden, Gewässer, Wege und Viehkrankheiten zu erkunden.

Dieser Befehl war streng geheim oder, wie der Vermerk lautete, „Heeressache. Geheim." Es hieß dort, auf Grund eines Operationsbefehls des Oberbefehlshabers der Kwantungarmee (an die Nummer dieses Befehls erinnere ich mich nicht, er trug das Aktenzeichen „Hej") solle im Kriegsfalle — gemeint war ein Krieg gegen die Sowjetunion — das Vieh, das in großen Herden in der Nord-Chingan-Provinz weidete, ins Gebiet östlich des Großen Chingan getrieben und evakuiert, falls jedoch diese Möglichkeit ausscheide, vernichtet werden.

Nach Erhalt dieses Befehls begab ich mich allein nach Chailar, wo ich zur Verfügung des Hauptmanns Asao trat und bis September 1944 als Mitarbeiter dieser Gruppe tätig war.

Im September traf ein chiffriertes Telegramm ein, das Hauptmann Asao anwies, den ersten Bericht über die von dieser Gruppe geleistete Arbeit zu erstatten. Zu diesem Zweck begab ich mich gemeinsam mit Hauptmann Asao zur Abteilung 100, wo Hauptmann Asao dem Chef der Abteilung 100 General Wakamatsu Vortrag hielt. Bei diesem Bericht war ich nicht anwesend. Dann wurde Hauptmann Asao nach Tokio, vermutlich zur Veterinärschule versetzt, kehrte nach Chailar zurück und reiste von dort sofort nach Tokio ab. Nach seiner Abreise wurde ich zum Chef dieser Sondergruppe, also der Erkundungsgruppe, ernannt. In der Folgezeit, d. h. im März 1945, begab ich mich zu einem zweiten Bericht in die Stadt Tschangtschun und hielt dem Chef der Abteilung 100 Generalmajor Wakamatsu einen Vortrag, in dem ich alle Ergebnisse der von der Gruppe geleisteten Arbeit zusammenfaßte. Hierbei waren Oberstleutnant Osaka und der wissenschaftliche Mitarbeiter Ida anwesend. Den Bericht legte ich schriftlich vor und illustrierte ihn mit Karten und Skizzen. Der Abteilungschef Generalmajor Wakamatsu fuhr mit Oberstleutnant Osaka und mit mir zum Stab der Kwantungarmee, damit ich dort dem Chef des Veterinärdienstes Generalstabsveterinär Takahashi Vortrag halte, was ich auch in seinem Arbeitszimmer tat.

Bald nachdem ich meinen Bericht erstattet hatte, kehrte ich in die Stadt Chailar zurück und erhielt bei dieser Gelegenheit vom Abteilungschef Generalmajor Wakamatsu den Auftrag, in Chailar Vieh zu kaufen. Das Vieh sollte durch die Regierungsorgane Mandschukuos gekauft werden, und zwar sollte ich es in der Chailarer Zweigstelle der Ackerbau- und Viehzuchtgesellschaft erhalten. Aus Tschangtschun traf der Mitarbeiter der Abteilung Hajashi ein, der 80 000 Jen mitbrachte, und wir kauften 500 Schafe und je 90—100 Pferde und Kühe. Aus dem Munde des Abteilungschefs Generalmajor Wakamatsu weiß ich, daß dieses Vieh für Sabotagezwecke bestimmt war, es sollte infiziert werden und epizootische Krankheiten weiterverbreiten.

Frage: Mit welchen Bakterien sollte das Vieh infiziert werden?

Antwort: Ich habe nichts davon gehört, mit welchen Bakterien dieses Vieh infiziert werden sollte, nehme aber an mit Milzbrand-, Rotz- und Rinderpestbazillen.

Das aufgekaufte Vieh wurde auf Weideplätze 80 km nordöstlich der Stadt Chailar getrieben und dort bis zur Kapitulation Japans gehalten. In meinem Bericht vom März 1945 informierte ich den Abteilungschef Generalmajor Wakamatsu darüber, daß der Viehbestand in der Nord-Chingan-Provinz etwa anderthalb Millionen Stück erreiche. Dabei sagte er mir, daß dieses Vieh im Kriegsfalle von Flugzeugen aus infiziert werden solle und daß die Sabotageabteilung, die diesen Auftrag durchzuführen habe, entweder unter Heranziehung der Abteilung 100 oder selbständig vom Stab der Kwantungarmee formiert würde.

Frage: Angeklagter Hirasakura, habe ich Sie also richtig verstanden, daß Sie ab März 1944 an der Arbeit einer Spionagegruppe teilgenommen haben, die in den an die Sowjetunion grenzenden Bezirken eine bakteriologische Erkundung vornahm, um im Falle eines Krieges gegen die Sowjetunion aktive Bakterienangriffe vorzutragen. Stimmt das?

Antwort: Ja, das stimmt.

23—519

ABENDSITZUNG VOM 27. DEZEMBER

FORTSETZUNG DER VERNEHMUNG DES ANGEKLAGTEN HIRASAKURA

Staatlicher Ankläger: Was wissen Sie über die Expedition der Abteilung 100, die im März 1945 ins Gebiet des Flusses Süd-Changol unternommen wurde?

Angeklagter Hirasakura: Die Expedition ins Gebiet des Flusses Süd-Changol fand im März 1945 statt. An der Spitze dieser Expedition stand Oberstleutnant Osaka, später trat Major Jamagutschi an seine Stelle.

Dieser Gruppe gehörten insgesamt über zwanzig wissenschaftliche Mitarbeiter an. Nach Eintreffen der Gruppe begleitete ich sie von Chailar aus bis zum Bestimmungsort im Bezirk Hauno, der sich 20 km südlich von Chailar befindet.

Frage: Erzählen Sie dem Gericht, zu welchem Zweck die Expedition unternommen wurde.

Antwort: Wie ich den Worten Majors Jamagutschi, der mir nach Beendigung der Manöver hierüber Mitteilung machte, entnahm, verfolgte diese Expedition das Ziel, die Bedingungen und Möglichkeiten der Ansteckung von Rindern mit Pest und von Schafen mit Pocken unter Winterverhältnissen durch Zurücklassung von Bakterien auf dem Schnee und im Gras zu klären.

Frage: Bestätigen Sie Ihre Aussagen, die Sie bei der Vernehmung vom 23. November 1949 gemacht haben? Sie sagten damals folgendes aus: „Wie ich bereits früher angab, verfolgten diese Versuche das Ziel, die Lebensfähigkeit von Bakterien unter den verschiedenen Verhältnissen zu überprüfen, damit die erhaltenen Angaben bei bakteriologischen Sabotageakten Verwendung fänden.“ (Bd. 17, Bl. 116.) (Die Aussagen werden in japanischer Sprache verlesen.)

Staatlicher Ankläger: Bestätigen Sie jetzt diese Aussagen?

Angeklagter Hirasakura: Ja, ich bestätige sie.

Frage: Sagen Sie, Angeklagter Hirasakura, wie oft haben Sie dem Generalstabsveterinär Takahashi über die Ergebnisse der bakteriologischen Experimente, die Sie in den an die Sowjetunion grenzenden Bezirken durchführten, Bericht erstattet?

Antwort: Zweimal.

Frage: Hat sich dabei Generalstabsveterinär Takahashi Ihnen gegenüber geäußert, mittels welcher Verfahren im Falle eines Bakterienkrieges die Verseuchung des Viehs in diesen Bezirken erfolgen sollte?

Antwort: Im März hörte ich von Generalmajor Wakamatsu, in einem Bakterienkrieg werde die Verseuchung des Viehs mittels Flugzeugen erfolgen.

Frage: Was war der Inhalt Ihres Berichtes an Generalstabsveterinär Takahashi?

Antwort: Ich berichtete Generalstabsveterinär Takahashi in Anwesenheit des Chefs der Abteilung 100 über die Erkundungsergebnisse, und zwar über die Beschaffenheit und die Ortslage der Flüsse und Wasserbecken, das Wegenetz, die wechselnden Weideplätze und die Möglichkeit, das Vieh an andere Stellen zu treiben.

Frage: Als Sie Generalstabsveterinär Takahashi diesen Bericht erstatteten, wurde da über die erforderliche Bakterienmenge zur Verseuchung dieser Bezirke gesprochen?

Antwort: Ja, darüber wurde gesprochen. Die genauen Zahlen habe ich vergessen, erinnere mich jedoch, daß von Kilogrammen die Rede war.

Frage: Auf wessen Befehl haben Sie bei der Bevölkerung der Nord-Chingan-Provinz Vieh aufgekauft?

Antwort: Das Vieh kaufte ich auf Befehl des Chefs der Abteilung 100 Wakamatsu, aber nicht bei der Bevölkerung, sondern bei einer landwirtschaftlichen Gesellschaft.

Frage: Was sollte mit diesem Vieh im Kriegsfalle geschehen? Zu welchem Zweck wurde es von Ihnen aufgekauft?

Antwort: Aus dem Munde des Generalmajors Wakamatsu weiß ich, daß dieses Vieh für bakteriologische Sabotageakte bestimmt war. Im Kriegsfalle sollte es verseucht und auseinandergetrieben werden, damit es das Vieh im feindlichen Hinterland anstecke.

Frage: Ich fasse Ihre Aussage zusammen. Sie haben persönlich an zwei Expeditionen der Abteilung 100 teilgenommen: an der Expedition ins Dreistromgebiet und an der Expedition in die Nord-Chingan-Provinz?

Antwort: Jawohl.

Frage: Das Hauptziel dieser beiden Expeditionen war die Vorbereitung eines Bakterienkrieges gegen die UdSSR. Stimmt das?

Antwort: Jawohl.

Frage: Sie waren Mitarbeiter der Gruppe 6 der Abteilung 100?

Antwort: Richtig.

Frage: Die Hauptaufgabe der gesamten Gruppe 6 bestand in der Vorbereitung eines Bakterienkrieges gegen die Sowjetunion?

Antwort: Richtig.

Frage: Und insbesondere in der Erforschung und Massenherstellung von Bakterien für Zwecke eines Bakterienkrieges? Ist das auch richtig?

Antwort: Ja, das ist auch richtig.

Staatlicher Ankläger: Ich habe an den Angeklagten weiter keine Fragen zu stellen.

Rechtsanwalt Bolchowitinow: Angeklagter Hirasakura, ich bitte Sie zu sagen, von wem ging die Initiative zu Ihrer Versetzung in die Abteilung 100 aus?

Angeklagter Hirasakura: Ich arbeitete damals als Veterinär auf den Japanischen Inseln und weiß nicht, von wem diese Initiative ausging, aber ich wurde durch Befehl entweder des Divisionskommandeurs oder des Kriegsministers zur Abteilung versetzt.

Frage: Sagen Sie, wurden Sie eingezogen oder meldeten Sie sich freiwillig zur Armee?

Antwort: Ich wurde eingezogen.

Frage: Verurteilen Sie gegenwärtig Ihre Tätigkeit in der Abteilung 100 sowie die Idee eines Bakterienkrieges als Ganzes?

Antwort: Ja, ich verurteile sie restlos.

VERNEHMUNG DES ANGEKLAGTEN MITOMO

Staatlicher Ankläger: Angeklagter Mitomo, wann haben Sie den Dienst in der Abteilung 100 angetreten?

Angeklagter Mitomo: Ich trat im April 1941 in die Abteilung 100 ein.

Frage: In welcher Unterabteilung der Abteilung 100 haben Sie gearbeitet?

Antwort: Ich habe in der Unterabteilung 2 gearbeitet.

Frage: In welchen Gruppen der Unterabteilung 2 haben Sie gearbeitet?

Antwort: Anfangs arbeitete ich in der Gruppe 1 der Unterabteilung 2. Nach Gründung der Gruppe 6 arbeitete ich dort.

Frage: Seit wann arbeiteten Sie in der Gruppe 6?

Antwort: Seit April 1943.

Frage: Erzählen Sie, womit befaßte sich in der Abteilung 100 die Gruppe 6 der Unterabteilung 2?

Antwort: Die Hauptaufgabe der Gruppe 6 der Unterabteilung 2 bestand in der Erforschung der Methoden des Bakterienkrieges und der bakteriologischen Sabotage sowie in der Massenerzeugung von Bazillen. Diese Untersuchungen dienten der Vorbereitung des Bakterienkrieges gegen die Sowjetunion.

Frage: Welche Bakterien wurden vor allem erforscht?

Antwort: Rotz, Milzbrand, Rinderpest, Schafpocken.

Frage: Habe ich Sie richtig verstanden, daß in der Gruppe 6 nicht nur bestimmte Methoden der Infizierung für den Bakterienkrieg erforscht, sondern die Bazillen auch im Massenmaßstab kultiviert wurden?

Antwort: Ja, das stimmt.

Frage: Womit haben Sie sich selbst beschäftigt, als Sie in der Gruppe 6 tätig waren?

Antwort: Ich habe hauptsächlich an der Kultivierung von Rotzbazillen gearbeitet und auch an Experimenten an lebenden Menschen teilgenommen.

Frage: Waren Sie an einer Expedition der Abteilung 100 beteiligt?

Antwort: Im Juli und August des Jahres 1942, als ich in der Gruppe 1 arbeitete, nahm ich an einer Expedition an den Fluß Derbul teil.

Frage: Wer gehörte dieser Expedition an?

Antwort: Die Leitung dieser Expedition hatte Major Muramoto, außerdem nahmen einige Offiziere und wissenschaftliche Mitarbeiter, drei Hilfskräfte, insgesamt über zwanzig Personen teil.

Frage: War der Angeklagte Hirasakura unter den Expeditionsteilnehmern?

Antwort: Jawohl, er war dabei.

Frage: Was war der Zweck dieser Expedition?

Antwort: Zweck dieser Expedition war Untersuchung der Einsatzmöglichkeiten von Rotz- und Milzbrandbazillen zu Sabotagezwecken gegen die Sowjetunion. Während dieser Expedition wurde der Fluß Derbul mit Rotzbazillen und die stehenden Gewässer mit Milzbrandbazillen verseucht.

Frage: Gehen wir zu den Experimenten an lebenden Menschen über. Erzählen Sie, was für Versuche an lebenden Menschen in der Abteilung 100 vorgenommen wurden.

Antwort: Während meines Dienstes in der Abteilung 100 habe ich einmal an Experimenten an Menschen teilgenommen.

Frage: Ich frage Sie nach etwas anderem: wurden in der Abteilung 100 Versuche an lebenden Menschen vorgenommen oder nicht?

Antwort: Ja, solche Versuche wurden vorgenommen.

Frage: Wer nahm diese Versuche vor?

Antwort: An den Experimenten an Menschen waren vier Personen beteiligt. Der wissenschaftliche Mitarbeiter Ida leitete die gesamte Arbeit, Oberleutnant Nakadsima, Laborant Matsui und ich nahmen daran teil.

Frage: Wo waren die zu Versuchszwecken bestimmten Menschen in der Abteilung 100 untergebracht?

Antwort: Diese Leute waren in einer Isolierzelle beim Wachtraum der Abteilung untergebracht.

Frage: Wem war diese Isolierzelle persönlich unterstellt?

Antwort: Diese Isolierzelle war dem Kanzleichef der Geschäftsstelle unterordnet.

Frage: Erzählen Sie alles, was Ihnen über die Versuche an lebenden Menschen, die in der Abteilung 100 vorgenommen wurden, bekannt ist.

Antwort: Die Experimente an lebenden Menschen fanden im August und September des Jahres 1944 statt. Gegenstand dieser Versuche war, Versuchspersonen Schlafmittel und Gifte unmerklich für sie einzugeben. Bei den zu Versuchszwecken bestimmten Menschen handelte es sich um sieben oder acht Russen und Chinesen. Unter den Medikamenten, die bei den Versuchen verwendet wurden, waren koreanische Winde, Heroin und Rizinussamen. Diese Gifte wurden den Speisen beigemischt.

Im Laufe von zwei Wochen wurde jedem Versuchsobjekt fünf- oder sechsmal derart vergiftete Nahrung vorgesetzt. In die Suppe kam hauptsächlich koreanische Winde, in die Grütze, wie mir scheint, Heroin, und der Tabak wurde mit Heroin und Baktal vermischt. Die Versuchspersonen, die Suppe mit koreanischer Winde zu sich genommen hatten, schliefen nach Ablauf von dreißig Minuten bis einer Stunde für fünf Stunden ein.

Alle Versuchspersonen waren nach zwei Wochen solcher Versuche so weit entkräftet, daß sie nicht mehr verwendet werden konnten.

Frage: Was geschah weiter mit ihnen?

Antwort: Aus konspirativen Gründen wurden sämtliche Versuchspersonen getötet.

Frage: Auf welche Weise?

Antwort: Eine Versuchsperson, ein Russe, wurde auf

Befehl des wissenschaftlichen Mitarbeiters Matsui durch Einführung eines Zehntelgrammes Zyankali getötet.

Frage: Wer hat ihn getötet?

Antwort: Das Zyankali führte ich ihm ein.

Frage: Was taten Sie mit der Leiche dieses Russen, den Sie getötet hatten?

Antwort: Ich sezierte die Leiche auf dem Schindanger der Abteilung.

Frage: Was taten Sie weiter mit dieser Leiche?

Antwort: Ich verscharrte sie.

Frage: Wo war die Grube?

Antwort: Auf dem Schindanger hinter dem Gelände der Abteilung.

Frage: Also dort, wo die Viehkadaver vergraben wurden?

Antwort: Ja, an derselben Stelle, aber es waren verschiedene Gruben. (Bewegung im Saal, laute Entrüstung.)

Frage: Erzählen Sie, wie Sie diesen Menschen getötet haben, auf welche Weise Sie diesen Mord begingen.

Antwort: Auf Weisung von Matsui wurde bei dieser Versuchsperson zwecks Einführung des Zyankali künstlich Diarrhöe hervorgerufen, und das diente als Vorwand zur Einführung des Zyankali.

Frage: Das heißt also, daß Sie diesen Menschen betrogen haben? Sie sagten ihm, Sie wollen ihm eine Spritze zu Heilzwecken geben, während Sie ihm in Wirklichkeit Zyankali einspritzten, war es so?

Antwort: Ja, so war es.

Frage: War das der einzige Mensch, den Sie ermordet haben, oder haben Sie noch andere Menschen ermordet?

Antwort: Ein zu Versuchszwecken bestimmter Chinese aß Grütze mit Gift, das ich beigemischt hatte. Er starb, nachdem er einige Stunden in bewußtlosem Zustand gelegen hatte.

Frage: Welches Gift gaben Sie in die Grütze?

Antwort: Ein Gramm Heroin.

Frage: Wußten Sie, daß Sie eine tödliche Dosis Gift in die Grütze mischten?

Antwort: Das wußte ich.

Frage: Folglich war dies ein Mord, den Sie durchaus bewußt begangen haben?

Antwort: Richtig.

Frage: Wo ist die Leiche dieses von Ihnen ermordeten Menschen beerdigt worden?

Antwort: Sie wurde an derselben Stelle verscharrt wie der Russe.

Frage: Also auf dem Schindanger?

Antwort: Ja.

Frage: Sind Ihnen andere Fälle von Ermordung der zu Versuchszwecken benutzten Menschen bekannt?

Antwort: Zwei russische Versuchspersonen und ein Chinese wurden von der Gendarmerie an derselben Stelle erschossen.

Frage: Das heißt, diese Menschen wurden direkt auf dem Schindanger erschossen?

Antwort: Jawohl.

Frage: Warum wurden sie von den Gendarmen ermordet?

Antwort: Ich glaube, um das Geheimnis zu wahren.

Frage: Also dürfte es richtig sein, wenn man sagt, daß alle Menschen, die zu Versuchszwecken in die Abteilung 100 eingeliefert wurden, umkommen mußten.

Antwort: Ja, das dürfte richtig sein.

Staatlicher Ankläger: Ich habe keine weiteren Fragen an den Angeklagten Mitomo.

Rechtsanwalt Prokopenko: Angeklagter Mitomo, was veranlaßte Sie, freiwillig in die Abteilung einzutreten?

Angeklagter Mitomo: Ich wollte die Mandschurei kennenlernen. Gerade um diese Zeit waren einige meiner Freunde im Begriff, in die Abteilung 100 einzutreten, und ich bin mitgefahren.

Frage: Sie haben soeben die Frage des staatlichen Anklägers dahingehend beantwortet, daß Sie Experimente an Menschen vorgenommen haben. Zu welchem Zweck und warum taten Sie das? Hatten Sie dabei einen persönlichen Vorteil?

Antwort: Einen persönlichen Vorteil hatte ich dabei nicht.

Frage: Wie beurteilen Sie heute Ihre Handlungen?

Antwort: Ich bereue, daß ich an diesen barbarischen Versuchen mit Menschen, an der bakteriologischen Sabotage und der Vorbereitung des Bakterienkrieges gegen die Sowjetunion teilgenommen habe.

VERNEHMUNG DES ANGEKLAGTEN TAKAHASHI

Staatlicher Ankläger: Sagen Sie, Angeklagter Takahashi, von wann bis wann und in welchen Stellungen Sie in der Kwantungarmee gedient haben.

Angeklagter Takahashi: Ich diente in der Kwantungarmee von März 1941 bis August 1945, bis zu meiner Gefangennahme durch die Sowjettruppen, als Chef des Veterinärdienstes beim Stab der Kwantungarmee.

Frage: Ihr Dienstgrad ist Generalstabsveterinär?

Antwort: Jawohl.

Frage: Wann wurde die Abteilung 100 der Kwantungarmee organisiert?

Antwort: Die anti-epizootische Verwaltung der Kwantungarmee ist Ende 1935 oder Anfang 1936 zum Schutz des Pferdebestandes organisiert worden.

Frage: Jedenfalls funktionierte diese Verwaltung bereits, als Sie Ihren Dienst in der Kwantungarmee antraten?

Antwort: Ja, das stimmt.

Frage: Erzählen Sie dem Gerichtshof, welche Aufgaben die Abteilung 100 im Jahre 1941 zu erfüllen hatte.

Antwort: Im März 1941, zur Zeit meiner Ernennung, hatte diese Verwaltung die Aufgabe, Vakzine und Seren hauptsächlich für den Pferdebestand herzustellen. Dazu kam die Erforschung von Infektionskrankheiten.

Im September 1941 wurde die Abteilung beauftragt, den Bakterienkrieg und bakteriologische Sabotageakte vorzubereiten, die entsprechenden Fragen zu erforschen und geeignete Mittel zu finden.

Frage: Gegen welches Land wurde der Bakterienkrieg in erster Linie geplant?

Antwort: Hauptsächlich gegen die Sowjetunion.

Frage: Welche Bazillen sollten in der Abteilung 100 als Waffe für den Bakterienkrieg kultiviert werden?

Antwort: Vor allem Rotz- und Milzbrandbazillen, sodann Bazillen von Braunrost, Mosaikkrankheit, dann von Rinderpest und Schafpocken.

Frage: Welche pathogenen Erreger hielten Sie für die verwendbarsten im Bakterienkrieg?

Antwort: Die Bazillen von Milzbrand, Rinderpest und Schafpocken.

Frage: Wer war Chef der Abteilung 100?

Antwort: Generalveterinär Wakamatsu.

Frage: Wer befahl dem Chef der Abteilung 100 General Wakamatsu im September 1941 mit der Erzeugung derjenigen Bazillen für den Bakterienkrieg zu beginnen, über die Sie eben dem Gerichtshof Aussagen gemacht haben?

Antwort: Ich, Takahashi, Chef des Veterinärdienstes. Der Befehl kam vom Oberbefehlshaber der Kwantungarmee, aber die unmittelbare Anweisung ging von mir aus.

Frage: Wer war zu dieser Zeit Oberbefehlshaber der Kwantungarmee?

Antwort: General Umedsu.

Frage: Demnach ging der Befehl über die aktive Vorbereitung zum Bakterienkrieg von General Umedsu aus?

Antwort: Jawohl.

Frage: Und Sie haben Ihrerseits diesen Befehl General Umedsus an die Abteilung 100 weitergegeben?

Antwort: Jawohl, ich leitete die Durchführung, den Befehl aber hatte laut Dienstordnung der Oberbefehlshaber zu erlassen.

Frage: Erzählen Sie, Angeklagter, welche Unterabteilung sich in der Abteilung mit der Erzeugung der Bakterienwaffe befaßte.

Antwort: Die Gruppe 6 der Unterabteilung 2.

Frage: Hatte die Abteilung 100 Zweigstellen?

Antwort: Jawohl, sie hatte Zweigstellen.

Frage: Welche Zweigstellen waren das?

Antwort: Die Zweigstelle bei der Station Rako und eine kleine Abteilung in der Stadt Dalni.

Frage: Wurden im Jahre 1941 in den Armeen hypo-epizootische Abteilungen oder Verwaltungen geschaffen?

Antwort: Jawohl, sie wurden organisiert.

Frage: Bitte sagen Sie, wo solche hypo-epizootischen Verwaltungen organisiert wurden.

Antwort: In den Städten Tungan, Tuning, Keischan, Tsining.

Frage: Auf wessen Initiative wurden diese Abteilungen geschaffen?

Antwort: Auf Initiative des Generalstabs.

Frage: Welcher Abteilung des Generalstabs?

Antwort: Der 1., der strategischen Verwaltung.

Frage: Sagen Sie, welche Aufgaben sollten diese Abteilungen erfüllen?

Antwort: Falls die Kwantungarmee den Bakterienkrieg beginnt, sollten diese Abteilungen ihn durchführen.

Frage: Das heißt, sie sollten in jedem Fall bakteriologische Stützpunkte der Abteilung 100 sein?

Antwort: Ja, das stimmt.

Frage: Sagen Sie, Angeklagter Takahashi, wer bildete die Kader für die epizootischen Abteilungen aus?

Antwort: Diese Kader wurden in der Abteilung 100 ausgebildet.

Frage: Demnach war die Abteilung 100 nicht nur ein Zentrum für die Erforschung und Vorbereitung bakteriologischer Kampfmittel, sondern auch ein Ausbildungszentrum für den Bakterienkrieg. Stimmt das?

Antwort: Ja, das stimmt.

Frage: Bitte erzählen Sie, ob in der Abteilung 100 die bakteriologischen Kampfmittel lediglich zur Verbreitung von Epizootien bei Tieren erforscht wurden oder ob die Infizierung von Pflanzen ein weiteres Untersuchungsgebiet war.

Antwort: Was Pflanzen anbelangt, so wurden Untersuchungen über pathogene Erreger angestellt, aber ich kenne mich in dieser Frage wenig aus und kann nichts Genaues darüber sagen.

Frage: Betrafen die Untersuchungen Mosaikkrankheit oder Braunrost?

Antwort: Die Untersuchungen handelten sich zuerst um Braunrost, aber als dann die Kultivierung und Vermehrung der Erreger nicht gelang, gingen wir zur Mosaikkrankheit über.

Frage: Folglich wurde beschlossen, für den Bakterienkrieg Mosaikkrankheitsbazillen an Stelle von Braunrost zu kultivieren?

Antwort: Ja, das ist richtig.

Frage: Sagen Sie, haben Sie gelegentlich dem Oberbefehlshaber der Kwantungarmee General Umedsu über die Bereitschaft der Abteilung 100 zum Bakterienkrieg Bericht erstattet?

Antwort: Jawohl.

Frage: Bitte äußern Sie sich über die Berichte, die Sie General Umedsu in dieser Frage erstattet haben.

Antwort: Seit Dezember 1943 begann die Abteilung mit aller Energie für den Bakterienkrieg zu arbeiten. In die Abteilung, und zwar in die Gruppe 6, wurden verschiedene Fachleute eingereiht, die mit den Untersuchungen von Rotz, Milzbrand, Mosaikkrankheit, Rinderpest und Schafpocken begannen. Da Japan zu dieser Zeit gegen Amerika und England Krieg führte, war die Belieferung mit den erforderlichen Apparaten sehr erschwert, aber die Abteilung tat alles von ihr Abhängige, um die pathogenen Mikroben sowohl zu erforschen wie zu vermehren.

Frage: Als Sie General Umedsu zum erstenmal über die Einsatzbereitschaft der Abteilung 100 und die verstärkte Vorbereitung der Bakterienwaffe Bericht erstatteten, haben Sie ihm da bestimmte Zahlen für die Herstellung der entsprechenden Bakterien vorgeschlagen?

Antwort: Ja, das habe ich getan.

Frage: War General Umedsu mit den von Ihnen vorgeschlagenen Zahlen einverstanden?

Antwort: Er war einverstanden.

Frage: Welche Bakterien schlugen Sie damals im Bericht an General Umedsu als die wirksamsten bakteriologischen Kampfmittel vor?

Antwort: Bazillen von Rotz, Milzbrand, Rinderpest, Schafpocken und Mosaikkrankheit.

Frage: Teilten Sie Umedsu die konkrete Bakterienmenge mit, die die Abteilung 100 hervorbringen kann?

Antwort: Ja, das war in meinem Bericht enthalten.

Frage: Nennen Sie diese Zahlen.

Antwort: Ich sagte in meinem Bericht, daß die Abteilung 100 pro Jahr erzeugen kann: 1000 kg Milzbrandbazillen, 500 kg Rotzbazillen, 100 kg Braunrostbazillen. Diese Zahlen nannte ich in meinem Bericht, und das war bei ausreichender technischer Einrichtung auch möglich. Dann trafen ab Dezember 1943 nach und nach die Apparate ein und wurden in der Gruppe 6 der Unterabteilung 2 aufgestellt, aber den Plan konnten wir nicht erfüllen, und Ende März 1944 berichtete ich dem Oberbefehlshaber, daß wir nur 200 kg Milzbrandbazillen, 100 kg Rotzbazillen und 20—30 kg Braunrostbazillen hergestellt hätten.

Frage: Waren Sie der Ansicht, daß die in der Abteilung 100 erzeugte Bakterienmenge den Anforderungen des Bakterienkrieges genügt hätte?

Antwort: Nein, ich hielt sie für ungenügend.

Frage: Jedenfalls wurden nach dem Jahre 1941 auf Ihr Drängen hin Maßnahmen ergriffen, um die Massenproduktion von Bazillen für den Bakterienkrieg zu steigern?

Antwort: Jawohl.

Frage: Auf wessen Initiative wurde eine Gruppe Mitarbeiter der Abteilung 100 im Jahre 1944 in den Raum der Nord-Chingan-Provinz entsandt?

366

Antwort: Auf Initiative der Sektion für Sabotage der 2., der Aufklärungsabteilung der Kwantungarmee.

Frage: Und Sie haben daran teilgenommen?

Antwort: Jawohl, ich habe auf Befehl des Oberbefehlshabers daran teilgenommen.

Frage: Welches Dokument war die formelle Grundlage für die Entsendung dieser Gruppe in den Raum der Nord-Chingan-Provinz?

Antwort: Ein Operationsbefehl des Oberbefehlshabers der Kwantungarmee.

Frage: Wer war zu dieser Zeit Oberbefehlshaber der Kwantungarmee?

Antwort: General Umedsu.

Frage: Welche Aufgabe hatte die nach der Nord-Chingan-Provinz entsandte Gruppe?

Antwort: Die Gruppe sollte die Flüsse, Gewässer, Weiden, die Stückzahl des Viehs und die Bewegung der Viehmassen je nach der Jahreszeit erkunden.

Frage: Was war das Endziel dieser Erkundung?

Antwort: General Umedsu sagte mir, daß, falls ein Krieg gegen die Sowjetunion ausbricht und die japanische Armee sich bis zum Großen Chingan zurückzieht, wo sie in Verteidigung gehen wird, die Abteilung 100 das ganze in der Nord-Chingan-Provinz vorhandene Vieh mit epizootischen Krankheiten infizieren und nach Möglichkeit vernichten soll, damit der Gegner dieses Vieh nicht für sich benutzen kann. Was die Pferde anbelangt, so sollen diese über den Chingan nach Osten getrieben werden.

Frage: Mit andern Worten, diese Erkundung in der Nord-Chingan-Provinz hatte gleichfalls den Zweck, den Bakterienkrieg gegen die Sowjetunion vorzubereiten. Stimmt das?

Antwort: Ja, das stimmt.

Frage: Haben Sie die Vorträge Hirasakuras über die Ergebnisse der Erkundung seiner Gruppe im Raum der Nord-Chingan-Provinz entgegengenommen?

Antwort: Jawohl, das habe ich.

Frage: Wie oft?

Antwort: Im September 1944 und im März 1945.

Frage: Worüber hielt Ihnen Hirasakura Vortrag?

Antwort: An den Inhalt seines Vortrags kann ich mich jetzt nicht mehr genau entsinnen, aber die von Hirasakura heute gemachten Aussagen bestätige ich. Was seinen Vortrag vom März 1945 anbetrifft, so war er sehr eingehend und durch Schemata und Karten illustriert.

Frage: Wurde beim zweiten Vortrag die Frage erörtert, mit welchen Bakterien man am besten das der ortsansässigen Bevölkerung in der Nord-Chingan-Provinz gehörende Vieh infizieren könnte?

Antwort: Die Infizierung sollte vom Flugzeug aus erfolgen, und zwar mit Milzbrand- und Rinderpestbazillen.

Frage: Sagen Sie, zu welchem Zweck wurde im Sommer 1942 eine Expedition ins Dreistromgebiet entsandt?

Antwort: Das waren Manöver zur Vorbereitung der Sabotageakte, die bei Ausbruch der Kriegshandlungen zwischen Japan und der Sowjetunion durchgeführt werden sollten.

Frage: Was wurde konkret während dieser Expedition unternommen?

Antwort: Was die Wasserbecken und Flüsse anbelangt, so wurden Rotzbazillen hineingeworfen, auf die Bodenfläche wurden Milzbrandbazillen verstreut, worauf man prüfte, wie lange sich diese Bazillen dort halten.

Frage: Sagen Sie, Angeklagter Takahashi, haben Sie General Jamada, nachdem er seinen Posten als Oberbefehlshaber der Kwantungarmee antrat, über die Tätigkeit der Abteilung 100 Vortrag gehalten?

Antwort: Jawohl.

Frage: Haben Sie dem neuen Oberbefehlshaber gemeldet, daß die Abteilung 100 im geheimen an der Vorbereitung des Bakterienkrieges arbeitet?

Antwort: Ja, das habe ich gemeldet.

Frage: Sagen Sie, wie oft Sie General Jamada Meldung über eine derartige Tätigkeit der Abteilung 100 erstattet haben.

Antwort: Das erstemal berichtete ich darüber Ende Juli 1944, das zweitemal im November 1944 und das drittemal im Februar 1945.

Frage: Erzählen Sie den Inhalt Ihres ersten Vortrags an General Jamada.

Antwort: Bei meinem ersten Vortrag setzte ich den Oberbefehlshaber Jamada von der Tätigkeit des Veterinärdienstes der Kwantungarmee in Kenntnis. Nachdem ich die Tätigkeit des Veterinärdienstes beschrieben hatte, sprach ich kurz über die Tätigkeit der Abteilung 100. Was die Geheimarbeit der Abteilung 100 anbelangt, erzählte ich General Jamada, daß in der Abteilung 100 auf Befehl des ehemaligen Oberbefehlshabers General Umedsu Bazillen von Milzbrand, Rotz, Mosaikkrankheit, Rinderpest und Schafpocken hergestellt werden. Ich meldete ihm auch, in welcher Menge diese Bakterien hergestellt werden.

Frage: Was war der Inhalt Ihres zweiten Vortrags an General Jamada?

Antwort: In meinem Vortrag vom November 1944 informierte ich den Oberbefehlshaber der Kwantungarmee über die Anweisung, die ich seinerzeit vom ehemaligen Oberbefehlshaber General Umedsu erhalten hatte und die vom Chef der Sabotagesektion Oberst Sasai gezeichnet war. In dieser Anordnung war gesagt, daß im Falle eines Rückzugs der japanischen Armee hinter den Großen Chingan die Abteilung 100 das auf diesem Gebiet befindliche Vieh infizieren solle. Ich informierte ihn auch darüber, daß die von der Abteilung 100 aufgestellte Gruppe des Oberleutnants Hirasakura in dieser Gegend Erkundungen vornimmt.

Frage: Erzählen Sie den Inhalt Ihres dritten Vortrags an General Jamada im Februar 1945.

Antwort: Damals teilte ich dem Oberbefehlshaber Jamada einfach mit, daß die Abteilung 100 weiterhin ihre Aufgabe erfüllt.

Frage: Wie reagierte General Jamada auf Ihre Vorträge?

Antwort: Er hörte mich an und sagte: „Fahren Sie in dieser Richtung fort."

Frage: Ging daraus hervor, daß die Anweisungen, die General Joshidsiro Umedsu diesbezüglich erteilt hatte, von General Jamada in Kraft belassen wurden?

Antwort: Jawohl, das ging klar daraus hervor.

Frage: Angeklagter Takahashi, haben Sie die Aussagen des Angeklagten Mitomo über die Experimente an Menschen, die in der Abteilung 100 vorgenommen wurden, gehört?

Antwort: Ja, ich habe sie gehört.

Frage: Tragen Sie die Verantwortung für diese Experimente?

Antwort: Ja, ich trage die Verantwortung für diese Experimente, aber damals wußte ich nichts von diesen Experimenten. Sie geschahen ohne mein Wissen, doch bin ich mir bewußt, eine große Verantwortung für diese Experimente zu tragen.

Frage: Angeklagter Takahashi, wir wollen Ihre Aussagen zusammenfassen. Geben Sie zu, daß Sie es waren, der die Tätigkeit der Abteilung 100 in bezug auf die aktive Vorbereitung zum Bakterienkrieg geleitet hat?

Antwort: Ja, das gebe ich zu.

Frage: Und diese aktive Vorbereitung des Bakterienkrieges in der Abteilung 100, die unter Ihrer Leitung erfolgte, war hauptsächlich gegen die Sowjetunion gerichtet, stimmt das?

Antwort: Ja, das ist richtig.

Staatlicher Ankläger: Ich habe keine weiteren Fragen an den Angeklagten Takahashi.

Rechtsanwalt Swerew: Angeklagter Takahashi, sagen Sie, warum haben Sie als Student der Tokioter Universität vom Kriegsministerium ein Stipendium erhalten?

Angeklagter Takahashi: Ich war in bedrängter materieller Lage, ehe ich in die Hochschule eintrat. Ich mußte für meinen Bruder aufkommen, und daher war ich gezwungen, ein Stipendium in Anspruch zu nehmen.

Frage: Sagen Sie, war der Empfang eines Stipendiums vom Kriegsministerium mit der Verpflichtung verbunden, nach Abschluß des Studiums unbedingt in die Armee einzutreten?

Antwort: Ja, ich hatte diese Verpflichtung.

Frage: Sagen Sie, reisten Sie nicht zu Studienzwecken nach England? Haben Sie nicht in England an bakteriologischen Problemen gearbeitet?

Antwort: In England arbeitete ich an Vitaminen.

Frage: Wie können Sie erklären, daß Sie von den Experimenten an lebenden Menschen in der Abteilung 100 keine Kenntnis hatten?

Antwort: In Fällen, wenn neue Experimente begonnen wurden, war ein Befehl des Kriegsministeriums nötig. Das durfte nur auf Befehl des Kriegsministeriums geschehen. Aber ein solcher Befehl lag nicht vor. Wenn die Erlaubnis dazu vom Stab der Kwantungarmee erwirkt wurde, so ging diese nicht von mir, dem Chef des Veterinärdienstes aus, sondern vom Oberbefehlshaber der Kwantungarmee. Aber auch ein solcher an den Oberbefehlshaber der Kwantungarmee gerichteter Antrag lag nicht vor. Ich habe hier bei der Vernehmung eines anderen Angeklagten von den verschiedenen Experimenten gehört, aber damals wußte ich nichts von ihnen.

Frage: Bei der Vernehmung vom 23. Oktober sagten Sie, daß Sie persönlich gegen die Idee des Bakterienkrieges seien. Mich interessiert, wo und wann Sie diese Ihre Anschauung geäußert haben.

Antwort: Nachdem ich den Befehl über meine Ernennung zur Kwantungarmee erhielt, habe ich das nirgends geäußert, aber in der Veterinärschule war ich ein Gegner dieser Idee, doch da ich nicht Bakteriologe war, wurde meine Meinung nicht berücksichtigt.

Frage: Wie beurteilen Sie jetzt Ihre Tätigkeit bei der Vorbereitung des Bakterienkrieges?

24*

Antwort: Ich halte es für etwas sehr Unmenschliches und bereue, daß ich damit zu tun hatte. Besonders bereue ich, daß unter meiner Leitung junge Japaner derartige Schandtaten begangen haben.

Sachverständiger Shukow-Wereshnikow: Ist Ihnen bekannt, Angeklagter Takahashi, daß die Bazillen von Rotz und Milzbrand nicht nur bei Tieren, sondern auch bei Menschen krankheitserregend wirken?

Antwort: Ja, das ist mir bekannt.

VORMITTAGSSITZUNG VOM 28. DEZEMBER

VERNEHMUNG DES ANGEKLAGTEN ONOUE

Staatlicher Ankläger: Angeklagter Onoue, seit wann, bis wann und in welchen Dienststellungen waren Sie in der Abteilung 731 tätig?

Angeklagter Onoue: Von September 1943 bis zur Kapitulation Japans habe ich als Chef der Mutantsianger Zweigstelle der Abteilung 731 gearbeitet.

Frage: Diese Zweigstelle trug die Nummer 643?

Antwort: Jawohl.

Frage: Wo waren Sie bis zum Antritt dieser Dienststellung?

Antwort: Vorher war ich in der Abteilung für Seuchenverhütung und Wasserversorgung der 11. Division tätig, die in der Stadt Chulin stationiert war.

Frage: Was sind Sie von Beruf?

Antwort: Bakteriologe.

Frage: Welche Bildung haben Sie?

Antwort: Ich habe eine Fachhochschule beendet.

Frage: Haben Sie von 1935 bis 1936 in der militärärztlichen Schule in Tokio Fachausbildung erhalten?

Antwort: Ja, das habe ich.

Frage: Und von 1933 bis 1934 haben Sie gleichfalls diese Schule besucht?

Antwort: Jawohl.

Frage: Haben Sie, als Sie in dieser Schule lernten, Fachausbildung als Bakteriologe erhalten?

Antwort: Jawohl.

Frage: Somit wurden Sie als Bakteriologe ausgebildet?

Antwort: Jawohl.

Frage: Was für Unterabteilungen hatte die Zweigstelle 643 der Abteilung 731?

Antwort: Die Zweigstelle hatte folgende Unterabteilungen: eine Geschäftsstelle, Unterabteilung 1, Unterabteilung 2, eine Versorgungsabteilung und eine Ausbildungsabteilung.

Frage: In welcher Unterabteilung der Zweigstelle wurde die Massenzüchtung von Parasiten und die Vermehrung von Nagetieren vorgenommen?

Antwort: Die Flöhe wurden von einer Spezialgruppe gezüchtet, die dem Chef der Unterabteilung 1 Nakamura unterstand, und die Nagetiere in der Unterabteilung, die vom Versorgungschef Kamio vertretungsweise geleitet wurde.

Frage: Welche Aufgaben wurden Ihrer Zweigstelle Ende 1943 vom Chef der Abteilung 731 Generalmajor Kitano gestellt?

Antwort: Generalmajor Kitano stellte unserer Abteilung Ende 1943 die Aufgabe, den Seuchenverhütungsdienst im Raum Mutantsiang zu verstärken, massenweise Nagetiere zu züchten, weiße Mäuse sowie andere Nagetiere zu vermehren und die Einrichtung für die massenweise Bakterienproduktion zu erweitern. Letztere Aufgabe wurde jedoch von uns nicht erfüllt.

Frage: Zu welchem Zweck kam Major Karasawa zu Ihnen?

Antwort: Major Karasawa kam zu uns, um sich zu vergewissern, ob es möglich sei, in der Zweigstelle Dampfkessel aufzustellen, und die Montagemöglichkeiten zu klären.

Frage: Erhielten Sie danach Kessel für die Bereitung des Nährbodens?

Antwort: Ja, wir erhielten sie.

Frage: Es handelte sich um vier Kessel?

Antwort: Ich erinnere mich, daß es sechs waren.

Frage: Welches Fassungsvermögen hatte jeder Kessel?

Antwort: Es waren Kessel von anderthalb Meter Durchmesser und zweieinhalb Meter Länge.

Frage: Also große Kessel?

Antwort: Jawohl.

Frage: Demnach hatte die Frage der Massenproduktion von Bakterien eine praktische Grundlage erhalten?

Antwort: Die Einrichtung war noch nicht fertig, deshalb gab es noch keine praktische Grundlage.

374

Frage: Ich frage Sie etwas anderes: wurden Ihnen Kessel für die Bereitung des Nährbodens gebracht oder nicht?

(Schweigen.)

Ja oder nein? Wurden Ihnen diese sechs Kessel gebracht oder nicht?

Antwort: Ja, diese Kessel haben wir erhalten.

Frage: Kann man das als praktische, auf die Massenproduktion von Bakterien gerichtete Handlungen betrachten?

Antwort: Ja, das kann man.

Frage: Sagen Sie jetzt, wurden Ihnen nur Kessel gebracht oder auch noch Pepton, Agar-Agar, Salz und andere Stoffe, die für die Bereitung des Nährbodens und die Züchtung von Bakterien nötig sind?

Antwort: Wir erhielten sie, aber ich erinnere mich nicht genau an die Menge.

Frage: Ich möchte Ihnen Ihr Gedächtnis auffrischen, Angeklagter Onoue, und die Aussagen verlesen, die Sie am 27. Oktober 1949 gemacht haben:

> „Ich muß darauf verweisen, daß ich Anfang 1945 auf Befehl des Abteilungschefs Generalarzt Kitano von der Materialabteilung drei Waggons (je 25 Tonnen) Pepton, Agar-Agar, Fleischextrakt und Kochsalz zur Lagerung in meiner Zweigstelle erhielt."

(Die Aussagen werden in japanischer Sprache verlesen.)

Entsprechen diese Aussagen der Wahrheit? Werden sie von Ihnen bestätigt?

Antwort: Ich bestätige sie, es verhielt sich so.

Frage: Folglich waren in Ihrer Zweigstelle 75 Tonnen verschiedener Materialien konzentriert, die für die Bereitung des Nährbodens und die Bakterienzüchtung nötig waren?

Antwort: Ja, das stimmt.

Frage: Und kurz vorher wurden sechs große Kessel in die Abteilung gebracht. Stimmt das?

Antwort: Ja, das stimmt.

Frage: Wären also die Kessel montiert und diese Materialien ausgenutzt worden, so hätte die Abteilung die Bakterienerzeugung in großem Ausmaß aufnehmen können. Stimmt das auch?

Antwort: Ja, das stimmt.

Frage: Welche Wendung nahm die Arbeit Ihrer Zweigstelle nach der erneuten Ernennung Generalleutnants Ishii zum Abteilungschef? Konkreter ausgedrückt, welche Aufgaben stellte Generalleutnant Shiro Ishii der Zweigstelle?

Antwort: In der ersten Zeit stellte er der Zweigstelle überhaupt keine Aufgaben, im April-Mai aber befahl er die Massenvermehrung von Flöhen.

Frage: Gehen Sie ausführlicher darauf ein.

Antwort: Den Befehl über die Flöhe erhielt ich ungefähr im April-Mai 1945. Ich erinnere mich, daß in dieser Zeit allen Zweigstellen der Abteilung 731 ähnliche Direktiven zugingen. Wie ich bereits sagte, erhielt ich den Befehl im April-Mai, doch ging ich nicht sofort an seine Ausführung, weil es mir aus verschiedenen Gründen nicht sogleich gelang, Kursanten in den Stab der Abteilung 731 zur Ausbildung zu entsenden. Erst nachdem im Juni ein Chiffretelegramm eintraf, das die sofortige Entsendung dieser Kursanten verfügte, kam ich dem nach und schickte zwei Mitarbeiter meiner Zweigstelle zu den Lehrgängen.

Ich erinnere mich nicht genau, wie lange sie in diesen Lehrgängen unterrichtet wurden, es mochte sich um 14 Tage bis einen Monat gehandelt haben. Nachdem sie von diesen Lehrgängen zurückkehrten, bereiteten wir die Massenvermehrung von Flöhen vor. Überdies wurden weitere drei Mann auf Lehrgänge geschickt, sodann wurde eine Gruppe von fünf, sechs Mann unter dem Kommando eines Fähnrichs in die Abteilung 731 entsandt, wo sie die nötige Menge von Flöhen für deren weitere Vermehrung in der Zweigstelle erhielt. Das war ungefähr im Juli. Dann erinnere ich mich, daß wir in der ersten Zeit unserer Tätigkeit sechs bis zehn Kanister für die Massenvermehrung von Flöhen verwendeten.

Weiterhin erhielten wir befehlsgemäß vom Lager in der Stadt Mutantsiang etwa 200 leere Benzinkanister, die wir für die Flohvermehrung verwendeten. Ob alle diese Kanister für die massenweise Vermehrung Verwendung fanden, weiß ich nicht mehr genau, deshalb kann ich jetzt nichts darüber sagen.

Dann begann der Krieg mit der Sowjetunion, und am 9. August 1945 wurden, wie ich aus einem Vortrag meiner Untergebenen erfuhr, ungefähr zwanzig bis fünfundzwanzig Gramm Flöhe in den Stab der Abteilung 731 geschickt, während wir die übrigen am 13. August, als die Abteilung an der vordersten Linie bei der Bahnstation Eho in Stellung ging, vernichteten.

Frage: Bestätigen Sie Ihre Aussagen, daß Sie ein Chiffretelegramm erhielten, das Sie verpflichtete, die Massenzüchtung von Flöhen maximal zu steigern?

Antwort: Ja, ich bestätige sie.

Frage: Im Zusammenhang mit diesem Telegramm wurden anfangs zwei Mitarbeiter Ihrer Zweigstelle, Unteroffizier Jabuki und Dienstverpflichteter Sudsuki, zu den Lehrgängen für die Massenvermehrung von Flöhen in die Abteilung 731 entsandt?

Antwort: Ja, diese Aussagen bestätige ich. In der Voruntersuchung habe ich diese Aussagen gemacht und gesagt, daß ich Unteroffizier Jabuki und den Dienstverpflichteten Sudsuki geschickt habe. Dann habe ich aber nachgedacht, und mir scheint, daß nicht Sudsuki, sondern ein anderer geschickt wurde.

Frage: Laut den aus der Abteilung 731 eingetroffenen Direktiven sollte die Kultivierung der Flöhe in 200 Inkubatoren vorgenommen werden. Stimmt das?

Antwort: Die Direktiven betrafen nur die Empfangnahme der 200 Kanister. Sonst enthielten sie keine Anweisungen.

Frage: Hat Ihre Zweigstelle die 200 Kanister erhalten oder nicht?

Antwort: Wir haben sie erhalten.

Frage: Wurden die Flöhe in diesen Kanistern vermehrt? Nach welchem Verfahren?

Antwort: Soviel ich mich besinne, wurde folgendermaßen verfahren: der Boden des Kanisters wurde mit feingeschnittenem Stroh ausgelegt, dann wurden in den Kanister ein oder zwei Ratten eingelassen und daselbst befestigt. Auf diese Ratten wurden dann die Flöhe gesetzt.

Frage: Wußten Sie als Bakteriologe, mit welchen Seuchen die Flöhe infiziert werden können?

Antwort: Ja, das wußte ich.

Frage: Mit welchen?

Antwort: Mit Pest.

Frage: Demnach sollten die Flöhe, die in Ihrer und in den anderen Zweigstellen der Abteilung 731 gezüchtet wurden, mit Pest infiziert werden?

Antwort: Ja, so verhält es sich.

Frage: Gut. Erzählen Sie dem Gericht, womit sich Leutnant Kamio bei Ihnen befaßt hat.

Antwort: Leutnant Kamio war Chef der Versorgungsabteilung der Zweigstelle, hatte aber angesichts des Personalmangels in der Zweigstelle die Obliegenheiten des Chefs der Gruppe für den Fang von Feldnagetieren zu erfüllen und sich auch mit der Vermehrung von weißen Ratten und Mäusen zu befassen.

Anfangs gehörten diesem Kommando zehn Mann an. Sie nahmen von den Truppenteilen und der Zivilbevölkerung gefangene Feldnagetiere entgegen und brachten sie in die Zweigstelle, von wo sie an die Abteilung 731 weiterbefördert wurden.

Außerdem befaßte sich ein von Leutnant Kamio geleitetes Sonderkommando mit dem Massenfang von Feldnagetieren in der Stadt Mutantsiang. Diesem Kommando gehörten ungefähr 10—14 oder 15 Mann an. 1945 wurde es auf 30 Mann erhöht, und der Massenfang von Ratten wurde aktiviert. Außerdem begann ein Kommando von fünf Mann mit der Vermehrung von weißen Ratten und ein anderes Kommando, ebenfalls fünf Mann, mit der Vermehrung von weißen Mäusen. Ich erinnere mich nicht mehr, in welchem Monat das war. Jedenfalls gab es zu jener Zeit in der Zweigstelle sehr wenig weiße Mäuse und Ratten, und von der Versorgungsabteilung der Abteilung 731 trafen 500 weiße Mäuse und 500 weiße Ratten aus Charbin ein, um die Massenvermehrung aufnehmen zu können. Diese Massenvermehrung wurde in der Zweigstelle begonnen.

Frage: Angeklagter Onoue, trugen Ihre Soldaten beim Rattenfang Uniform oder Zivilkleidung?

Antwort: Sie trugen Arbeitskleidung.

Frage: Das heißt Zivilkleidung?

Antwort: Jawohl.

Danach begann die Massenzüchtung von weißen Ratten und Mäusen und deren Weiterleitung an den Stab der Abteilung 731. Soviel ich mich besinne, wurden monatlich 100 bis 150 Ratten und 150 bis 200 Mäuse in den Abteilungsstab geschickt.

Frage: Und graue Ratten und Mäuse?

Antwort: Insgesamt wurden rund 200 Feldnagetiere im Monat abgeliefert.

Frage: Womit befaßte sich bei Ihnen Oberleutnant Kamijama?

Antwort: Soviel ich mich erinnere, traf Kamijama im März 1945 in der Zweigstelle ein. Er war zum Kanzleichef und gleichzeitig zum Chef der Unterabteilung 1 der Zweigstelle ernannt worden. Als er bei uns eintraf, sagte er mir, daß die Mutantsianger Zweigstelle große Erfolge beim Fang von Nagetieren aufweise, und bat mich, ihm diese Sache zu übertragen.

Frage: Wurde ihm diese Sache übertragen?

Antwort: Nein, ihm allein übertrug ich diese Arbeit nicht, er leitete sie gemeinsam mit Leutnant Kamio.

Frage: Wurde die Zahl der Rattenfänger, nachdem Oberleutnant Kamijama in der Zweigstelle eingetroffen war, erhöht?

Antwort: Ja, sie wurde erhöht.

Frage: Auf wieviel?

Antwort: Ungefähr auf 30 Mann.

Frage: Ist Ihnen bekannt, wieviel Nagetiere in der Zweigstelle von Chailar zu gleicher Zeit aufbewahrt wurden?

Antwort: Ja, ungefähr 13 000 Feldnagetiere.

Frage: Bitte erzählen Sie jetzt den Inhalt Ihres Gesprächs mit dem Kanzleichef der Geschäftsstelle der Abteilung 731 Takahashi.

Antwort: Ich erinnere mich nicht genau an das Datum, an dem mein Gespräch mit Major Takahashi, dem Kanzleichef der Geschäftsstelle, stattfand. Der Inhalt dieses Gesprächs lief aber darauf hinaus, daß er mich über die Versuche an lebenden Menschen informierte sowie über die Pestforschungen in der Abteilung 731 und über die Arbeit mit den Flöhen. Er erzählte mir, daß die Versuche an lebenden Menschen auf einem speziellen Übungsplatz angestellt werden mittels Abwurf von bakteriologischen Fliegerbomben aus einer Höhe von 100 bis 1000 Metern über dem Erdboden.

Außerdem gab es in der Abteilung 731 noch einen Takahashi, der mir erzählte, daß in der Abteilung Pestforschungen betrieben werden. Dieser Takahashi war ebenfalls Major.

Frage: Wurde Ihre Zweigstelle mit der Massenzüchtung von Parasiten beauftragt?

Antwort: Jawohl.

Frage: Wußten Sie, daß die Abteilung 731 Sonderlehrgänge für die Massenzüchtung von Flöhen durchführt?

Antwort: Ja, das wußte ich.

Frage: War Ihnen klar, daß diese kilogrammweise gezüchteten Parasiten nicht für wissenschaftliche Forschungen benötigt wurden, daß dieses Ausmaß den Rahmen jeglicher wissenschaftlichen Forschungen überschritt?

Antwort: Ja, das war mir klar.

Frage: War Ihnen als Bakteriologe klar, daß diese Flöhe nur mit einer Seuche, der Pest, infiziert werden können?

Antwort: Ja, das war mir klar.

Frage: War Ihnen als Bakteriologe klar, welche schreckliche Gefahr diese hunderte Millionen pestinfizierter Parasiten für die Menschheit darstellen, wenn sie eine Pestepidemie hervorrufen?

Antwort: Ja, das wußte ich.

Frage: Demnach war Ihnen klar, was Sie taten, als Sie diese Flöhe in Ihrer Zweigstelle 643 züchteten?

Antwort: Jawohl.

Staatlicher Ankläger: Ich habe keine Fragen mehr an den Angeklagten.

Rechtsanwalt Lukjanzew: Gehen Sie näher darauf ein, wieviel Nagetiere Sie während Ihres Dienstes in der Zweigstelle gefangen haben.

Angeklagter Onoue: Soviel ich mich erinnere, waren es ungefähr 7000.

Frage: Gehen Sie näher darauf ein, wofür Sie die 75 Tonnen Rohstoff für den Nährboden verwendet haben.

Antwort: Sie fanden keine Verwendung, sie wurden vernichtet.

Frage: Gehen Sie näher darauf ein, wieviel Zeit für die Kultivierung der Flöhe in Ihrer Zweigstelle aufgewandt wurde.

Antwort: Soviel ich mich erinnere, 14 Tage oder ein Monat.

Rechtsanwalt Bogatschow: Angeklagter Onoue, erinnern Sie sich daran, daß Sie sich an die Sanitätsabteilung der 5. Armee um eine Direktive für den Fang von Nagetieren wandten?

Angeklagter Onoue: Wie ich bereits bei der Gegenüberstellung während der Voruntersuchung aussagte, habe ich bei niemandem um die Erlaubnis für den Fang von Nagetieren nachgesucht.

Angeklagter Nishi: Ich, Nishi, ehemals Chef der Zweigstelle der Abteilung 731 in Sunu, wende mich an Onoue, den ehemaligen Chef der Mutantsianger Zweigstelle der Abteilung, mit dem Ersuchen, den Inhalt des Befehls von Ishii über die Vernichtung der Mutantsianger Zweigstelle zu erzählen, wenn sich der Angeklagte Onoue daran erinnert.

Angeklagter Onoue: Am 9. August 1945 abends wurde ich von Oberstleutnant Tanaka angerufen, der mir mitteilte, daß befohlen sei, nach eigenem Ermessen zu handeln. An den weiteren Inhalt dieses Befehls erinnere ich mich nicht, weil ich den Hörer Unteroffizier Jabuki übergab; aus seinem Munde erfuhr ich, daß durch ein Chiffretelegramm die Überweisung der Flöhe an die Abteilung 731 verfügt worden war, während alles übrige vernichtet werden sollte.

VERNEHMUNG DES ANGEKLAGTEN KIKUTSCHI

Staatlicher Ankläger: Angeklagter Kikutschi, seit wann waren Sie in der Zweigstelle 643 der Abteilung 731 tätig?

Angeklagter Kikutschi: Unweit der Bahnstation Chailin arbeitete ich von April 1943 bis zur Kapitulation Japans.

Frage: In welcher Eigenschaft?

Antwort: Als Laborant dieser Zweigstelle.

Frage: Womit befaßten Sie sich?

Antwort: Ich befaßte mich mit der Kultivierung von Bakterien, vor allem von Typhusbazillen.

Frage: Was für Bakterien hatten Sie außerdem noch zu kultivieren?

Antwort: Paratyphusbazillen und Fiebererreger.

Frage: Bestätigen Sie Ihre Aussagen vom 5. Dezember 1949, die in Band 13, Blatt 285, enthalten sind, als Sie folgendes aussagten:

> „Uns wurde gesagt, das sei notwendig, um uns zu befähigen, im Bedarfsfall rasch einen solchen Nährboden, auf dem man in kurzer Zeit Bakterien kultivieren und lange aufbewahren kann, herzustellen"?

(Die Aussagen werden in japanischer Sprache verlesen.)

Antwort: Ja, ich bestätige sie.

Frage: Wurde in der Zweigstelle, in der Sie tätig waren, die Massenvermehrung von Nagetieren organisiert?

Antwort: Jawohl, solche Arbeiten wurden durchgeführt.

Frage: Wurden in dieser Zweigstelle Flöhe gezüchtet?

Antwort: Jawohl. Die Züchtung der Flöhe wurde im Keller vorgenommen, der sich unterhalb der Unterabteilung 1 befand.

Frage: Wer befaßte sich mit der Massenzüchtung von Flöhen?

Antwort: Soviel ich mich erinnere, befaßten sich damit der Feldwebel Suda sowie Aito, der Soldat Nishijama, Unteroffizier Okijama und Sudsuki.

Frage: Kurz gesagt, in dieser Unterabteilung arbeiteten die fünf von Ihnen genannten Mitarbeiter der Abteilung. Stimmt das?

Antwort: Jawohl.

Frage: Wohin überwies die Zweigstelle 643 die von ihr gezüchteten Parasiten und Nagetiere?

Antwort: An die Abteilung 731.

Frage: Zu welchem Zweck wurden diese Nagetiere und Flöhe von der Zweigstelle an die Abteilung 731 überwiesen? Was ist Ihnen darüber bekannt, Angeklagter?

Antwort: Anfangs wußte ich nicht, zu welchem Zweck die gezüchteten Flöhe und die gefangenen Nagetiere überwiesen wurden, allmählich begann mich aber die Frage zu beschäftigen, warum das getan wird, und später erfuhr ich, daß diese Mäuse und Ratten an die Abteilung 731 überwiesen wurden, um an ihnen bakteriologische Forschungen vorzunehmen.

Frage: Für welches Endziel?

Antwort: Für die Vorbereitung des Bakterienkrieges.

Frage: Als Sie sich auf dem Sanitäterlehrgang bei der Unterabteilung 3 der Abteilung 731 befanden, erfuhren Sie da etwas von den Soldaten dieser Unterabteilung über die Tätigkeit der Abteilung 731?

Antwort: Jawohl. Ich erfuhr, daß die Abteilung 731 Bakterien für den Krieg züchtet.

Frage: Wurde in Ihrer Zweigstelle davon gesprochen, daß die Abteilung 731 die Ratten, Mäuse und Flöhe zur Vorbereitung des Bakterienkrieges braucht?

Antwort: Jawohl.

Frage: Trifft die Feststellung zu, daß die Zweigstelle 643 als eine Unterabteilung der Abteilung 731 letzterer geholfen hat, den Bakterienkrieg vorzubereiten?

Antwort: Jawohl.

Frage: War Ihnen bekannt, gegen wen die Kwantungarmee den Krieg vorbereitete?

Antwort: Jawohl, das war mir bekannt.

Frage: Gegen wen, gegen welches Land?

Antwort: Gegen die Sowjetunion.

Frage: Woher wußten Sie das, Angeklagter Kikutschi?

Antwort: Obwohl man uns nicht direkt sagte, daß wir die Sowjetunion angreifen werden, ging das aus der ganzen Vorbereitung hervor, und bei den taktischen Übungen wurde von einem Krieg gegen die Sowjetunion gesprochen.

Frage: Bei den taktischen Übungen wurde Ihnen also gesagt, daß die Kwantungarmee einen Krieg gegen die Sowjetunion vorbereitet. Stimmt das?

Antwort: Ja, das stimmt.

Frage: Ich habe eine letzte Frage an Sie, Angeklagter Kikutschi. Sie haben in der Zweigstelle 643 gearbeitet, die der Abteilung 731 aktiv geholfen hat, den Bakterienkrieg vorzubereiten. Bekennen Sie sich dessen schuldig?

Antwort: Jawohl.

Rechtsanwalt Prokopenko: Angeklagter Kikutschi, sagen Sie bitte, wie viele solcher Bakterien„forscher" wie Sie arbeiteten mit Ihnen zusammen?

Angeklagter Kikutschi: Ungefähr fünf, sechs Soldaten und etwa vier Dienstverpflichtete.

Frage: Wie beurteilen Sie heute, im Jahre 1949, Ihre Tätigkeit in der Abteilung?

Antwort: Ich habe begriffen, daß ich ein Verbrechen an der Menschheit begangen habe.

VERNEHMUNG DES ANGEKLAGTEN KURUSHIMA

Staatlicher Ankläger: Angeklagter Kurushima, wann haben Sie den Dienst in der Abteilung 731 der Kwantungarmee angetreten?

Angeklagter Kurushima: Im Oktober 1944.

Frage: In welcher Eigenschaft?

Antwort: Von Oktober bis November 1944 diente ich als Wächter während der Manöver.

Frage: Während der Manöver der Abteilung 731?

Antwort: Ganz richtig.

Frage: Wurden Sie ausgebildet, bevor Sie in der Abteilung 731 eintrafen?

Antwort: Ja. In einem sechsmonatigen Sanitäterlehrgang in der Zweigstelle 162.

Frage: Was haben Sie dort studiert?

Antwort: Ich habe die Verfahren der Bakterienzüchtung studiert.

Frage: Welchen Bakterien wurden bei der Kultivierung besondere Aufmerksamkeit geschenkt?

Antwort: Der Kultivierung von Unterleibstyphus-, Rückfalltyphus-, Cholera- und Tuberkulosebazillen.

Frage: Wurden Sie in diesem Lehrgang im Bajonettkampf unterrichtet?

Antwort: Im Bajonettkampf wurden wir im 97. Regiment ausgebildet, das in der Nähe von Charbin stationiert war.

Frage: Erzählen Sie kurz, wie Sie im Bajonettkampf ausgebildet wurden.

Antwort: Auf den Namen des Mannes, der den Unterricht durchführte, besinne ich mich nicht, aber er war Leutnant. Er sagte, daß der Sowjetsoldat von hoher Statur sei und daß man deshalb höher zustechen müsse.

Frage: Zeigten Ihnen nicht schon diese Unterrichtsmethoden des Bajonettkampfes, daß Sie für den Krieg gegen die russischen Soldaten ausgebildet wurden?

Antwort: Ja, natürlich.

Frage: Wurden Sie von den Vorgesetzten auf irgend

etwas aufmerksam gemacht, als Sie in der Abteilung 731 eintrafen?

Antwort: Major Nishi sprach mit uns über die Notwendigkeit, Konspiration zu wahren.

Frage: Wohin wurden Sie nach Beendigung des Lehrgangs geschickt?

Antwort: In die Abteilung 731.

Frage: Was haben Sie in der Abteilung 731 nach Beendigung des Lehrgangs getan?

Antwort: Ich war Wächter während der Manöver.

Frage: Erzählen Sie von diesen Manövern.

Antwort: Diese Manöver wurden mittels Abwurf von Fliegerbomben, die mit Flöhen gefüllt waren, durchgeführt. Die Manöver bestanden nur darin.

Frage: Wo wurden diese Manöver abgehalten?

Antwort: Ich kann die Entfernung nicht genau einschätzen, aber es war ungefähr drei Kilometer von der Abteilung 731 entfernt, in der Ortschaft Wutung.

Frage: Wurde während der Manöver die Verstreuung der Flöhe am Manöverort geprüft?

Antwort: Ja, sie wurde geprüft.

Frage: Erzählen Sie, welche technischen Spezialmittel dabei Verwendung fanden.

Antwort: Am Manöverort wurden in einem Abstand von ungefähr zwei Metern Kisten aufgestellt. An die genaue Zahl der Kisten erinnere ich mich nicht, aber es waren etwa tausend Stück.

Frage: Auf welcher Fläche?

Antwort: Genau kann ich das nicht sagen, aber ich nehme an, auf einer Fläche von etwa zwei Quadratkilometern. In diesen Kisten lag Fliegenpapier. Die bei der Explosion verstreuten Flöhe gerieten auf das Papier in diesen Kisten und wurden gezählt.

Frage: Haben Sie persönlich Flöhe auf dem Boden dieser Kisten gezählt?

Antwort: Ja, das habe ich.

Frage: War Ihnen bekannt, zu welchem Zwecke diese Versuche angestellt wurden?

Antwort: Jawohl, das war mir bekannt.

Frage: Erzählen Sie davon.

Antwort: Obwohl diese Flöhe nicht mit Bakterien infiziert waren, wußte ich, daß das zwecks Vorbereitung des Bakterienkrieges getan wurde, bei dem diese Flöhe, mit Pest infiziert, von Flugzeugen aus abgeworfen werden sollten.

Frage: In welcher Entfernung vom Erdboden entlud sich schätzungsweise die mit Flöhen gefüllte Bakterienbombe?

Antwort: Ungefähr in einer Höhe von hundert Metern.

Frage: Nahmen Sie an der Kultivierung von Bakterien teil, als Sie in der Zweigstelle 162 arbeiteten?

Antwort: Ja, ich nahm an der Kultivierung von Bakterien teil.

Frage: Sagen Sie, haben Sie mit anderen Mitarbeitern Ihrer Zweigstelle Ausfahrten für den Fang von Nagetieren gemacht?

Antwort: Ja, das habe ich.

Frage: Einmal oder mehr?

Antwort: Zweimal.

Frage: Wieviel Tage befaßten Sie sich jedesmal mit dem Fang von Nagetieren?

Antwort: Eine Woche.

Frage: Wieviel Nagetiere haben Sie persönlich gefangen?

Antwort: Insgesamt habe ich 200 bis 300 Stück gefangen.

Frage: Wurden diese Nagetiere ständig in der Zweigstelle 162 aufbewahrt oder wurden sie abgeliefert?

Antwort: Die gefangenen Nagetiere wurden an die Abteilung 731 abgeliefert.

Frage: Ist Ihnen bekannt, in welchen Partien sie aus Ihrer Zweigstelle weiterbefördert wurden?

Antwort: Genau weiß ich das nicht, aber sie wurden in großen Partien an die Abteilung 731 geliefert.

Frage: Sagen Sie, Angeklagter Kurushima, begriffen Sie, als Sie Nagetiere fingen, Bakterien kultivierten und auf dem

25*

Übungsplatz Flöhe auf dem Fliegenpapier zählten, daß Sie damit zur Vorbereitung des Bakterienkrieges beitrugen?

Antwort: Ich wußte das.

Rechtsanwalt Prokopenko: Angeklagter Kurushima, sagen Sie bitte, wessen Sie sich konkret schuldig bekennen.

Angeklagter Kurushima: Erstens, daß ich der Zweigstelle 162 der Abteilung 731 angehört habe. Zweitens, daß ich an Manövern teilgenommen habe, deren Endziel die Massenvernichtung von Menschen war. Das ist alles.

VERNEHMUNG DES ZEUGEN TAMURA

Gerichtsvorsitzender: Zeuge Tamura, Sie wurden darauf aufmerksam gemacht, daß Sie für falsche Aussagen die gerichtliche Verantwortung tragen. Sie haben vor Gericht alles auszusagen, was Ihnen zur Sache bekannt ist, und müssen die volle Wahrheit sagen. Zeuge Tamura, wann wurden Sie von der Sowjetarmee gefangengenommen?

Zeuge Tamura: Am 1. September 1945.

Frage: Wo befanden Sie sich zu jener Zeit und welche Obliegenheiten erfüllten Sie?

Antwort: Ich befand mich zu jener Zeit in der Stadt Tschangtschun (Mandschurei) und war Chef der Personalabteilung des Stabes der Kwantungarmee.

Frage: Welchen Dienstgrad hatten Sie?

Antwort: Ich war Oberst.

Staatlicher Ankläger: Zeuge Tamura, was sagte Ihnen der Stabschef der Kwantungarmee Hata bezüglich der Ziele und Aufgaben der Abteilung 731?

Zeuge Tamura: Generalleutnant Hata informierte mich, daß die Abteilung 731 der Kwantungarmee, obgleich sie offiziell Verwaltung für Seuchenverhütung und Wasserversorgung heißt, sich hauptsächlich mit der Vorbereitung des Bakterienkrieges gegen die Sowjetunion befaßt. Er wies mich an, dieser Abteilung in Personalfragen besondere Aufmerksamkeit zuzuwenden.

Frage: Wann, unter welchen Umständen, in wessen Auftrag inspizierten Sie die Abteilung 731?

Antwort: Den Befehl über die Inspektion der Abteilung 731 erhielt ich im Juni 1945 auf dem Flugplatz von Charbin vom ehemaligen Oberbefehlshaber der Kwantungarmee General Jamada.

Frage: In welchem Zusammenhang erteilte Ihnen General Jamada diesen Befehl und wodurch wurde die Inspektion der Abteilung 731 verursacht?

Antwort: Im Mai 1945 traf im Stab der Kwantungarmee ein an den Oberbefehlshaber gerichtetes Schreiben vom Chef der Abteilung 731 Ishii ein, in dem Ishii darum ersuchte, die Voraussetzungen für die Aktivierung der Arbeiten der Abteilung 731 zu schaffen. Ishii bat ferner, Militärärzte in die Abteilung 731 zu schicken und ihren Personalbestand zu erhöhen. Ich wartete danach auf eine Gelegenheit, Ishii selbst zu begegnen, und diese Frage eingehend zu klären. Diese Gelegenheit bot sich, als sich der Oberbefehlshaber in die Stadt Tsitsikar begab, um den Abschlußzeremonien für die Kursanten beizuwohnen. Wir trafen in Charbin ein und begegneten dort General Ishii.

Frage: Erzählen Sie, wie Sie die Inspektion der Abteilung 731 durchführten und was Sie in dieser Abteilung sahen.

Antwort: Als ich in der Abteilung Ishii eintraf, besichtigte ich alle Produktionsräume, die Laboratorien und das Gefängnis, in dem sich die Häftlinge dieser Abteilung befanden. Bei der Besichtigung der Räume der Produktionsabteilung sah ich die Einrichtung für die Massenherstellung von bakteriologischen Kampfmitteln. Außerdem sah ich Nagetiere, auf denen Flöhe vermehrt werden sollten. Ich erblickte im Gebäude der Abteilung Muster von bakteriologischen Artilleriegeschossen und Fliegerbomben. Außerdem machte ich mich im Arbeitszimmer von Ishii mit einer Reihe von Schemata und Zeichnungen bekannt, die die Wirksamkeit der Bakterienwaffe illustrierten. Ich besichtigte auch das Innengefängnis und sah mehrere Zellen mit etwa vierzig bis fünfzig Häftlingen, der Nationalität nach Chinesen und Russen. Unter diesen Russen sah ich eine Frau.

Frage: In welchem Zustand befanden sich die Häftlinge und wie waren sie in diesen Zellen untergebracht, wieviel Insassen hatte jede Zelle und wie waren diese Zellen eingerichtet, wenn Sie sich daran erinnern?

Antwort: Vom Gang aus sah ich durch ein kleines Guckloch in den Zellentüren, daß einige Häftlinge Fesseln an den Beinen trugen. Die einen bewegten sich, der größte Teil aber lag auf dem Boden. Wieviel Insassen jede Zelle hatte, weiß ich nicht mehr genau.

Frage: Sagte Ihnen General Ishii, warum die Menschen in den Zellen des Innengefängnisses der Abteilung 731 gehalten wurden?

Antwort: General Ishii sagte mir, daß diese Häftlinge als Versuchspersonen verwendet werden, um die Wirkung der Bakterien zu prüfen. Ich sah, daß sich unter den als Versuchspersonen benutzten Häftlingen zwei oder drei Mann in schwerem Zustand befanden.

Frage: Sagen Sie, Zeuge, wer versorgte die Abteilung 731 mit Menschen, an denen Versuche angestellt werden sollten?

Antwort: Von Ishii erfuhr ich, daß diese Menschen von der Gendarmerie und den japanischen Militärmissionen überwiesen wurden. Diese trafen ihre Auswahl unter Leuten, die festgenommen und Verbrechern gleichgestellt wurden, denen Todesstrafe bevorstand.

Frage: Zeuge, erzählen Sie bitte, was Ihnen Ishii über die Ziele der Abteilung und über ihre Einsatzbereitschaft mitteilte, als Sie die Abteilung 731 inspizierten.

Antwort: Ishii erzählte mir, daß die Wirkung der Bakterien an Hand von Versuchen an lebenden Menschen sowohl im Laboratorium wie auch unter Freiluftbedingungen erprobt sei und daß die Bakterienwaffe eine der mächtigsten Waffen in den Händen der Kwantungarmee darstelle. Er informierte mich, daß sich die Abteilung 731 in voller Einsatzbereitschaft befinde, daß die Abteilung im Bedarfsfall, bei Kriegsausbruch, imstande sei, Riesenmassen von todbringenden Bakterien auf die Truppen des Gegners loszulassen, und daß die Abteilung mittels der Luftwaffe beim Bakterienkrieg auch über den Städten im Hinterland des Gegners operieren könne.

Frage: Sagen Sie, Zeuge, welchen Eindruck gewannen Sie bei der Inspektion der Abteilung vom Ausmaß der Tätigkeit der Abteilung 731 und von ihrer Bereitschaft zum aktiven Bakterienkrieg?

Antwort: Ich war, nachdem ich alle Räume der Abteilung 731 und ihre Einrichtung in Augenschein genommen hatte, über das Ausmaß der Arbeiten dieser Abteilung höchst verwundert. Dieses Ausmaß übertraf alle meine Erwartungen. Der Zustand der Arbeiten wie auch die Einrichtung, die ich in dieser Abteilung sah, überzeugten mich von der Richtigkeit der Worte Ishiis, der gesagt hatte, daß sich die Abteilung in voller Einsatzbereitschaft befinde.

Frage: Wem berichteten Sie die Ergebnisse der von Ihnen vorgenommenen Inspektion der Abteilung 731?

Antwort: Ich berichtete sie dem Oberbefehlshaber Jamada.

Frage: Erzählen Sie bitte den Inhalt des Vortrags, den Sie Jamada hielten.

Antwort: Ich trug Jamada vor, daß die Einrichtung für die Massenerzeugung von Bakterien vorhanden sei und daß Arbeiten auf diesem Gebiet durchgeführt würden, desgleichen zur Züchtung von Nagetieren, die der Vermehrung von Flöhen dienen sollten, sowie zur Erzeugung von Bakteriengeschossen und Fliegerbomben. Ich trug dem Oberbefehlshaber Jamada vor, was ich im Gefängnis gesehen hatte, und daß sich in dem Teil des Gefängnisses, den ich in Augenschein genommen hatte, vierzig bis fünfzig Häftlinge, der Nationalität nach Chinesen und Russen, befanden, unter ihnen eine russische Frau. Ich teilte General Jamada mit, daß diese Häftlinge, soweit ich sie gesehen hatte, Fußfesseln trugen und daß sie nach den Worten des Abteilungschefs

General Ishii dafür verwendet werden, um die Wirkung der todbringenden Bakterien als Bakterienwaffe zu erproben.

Frage: Haben Sie General Jamada berichtet, daß die Abteilung 731 zum Bakterienkrieg bereit sei?

Antwort: Jawohl, das habe ich.

Frage: Was haben Sie ihm berichtet?

Antwort: Ich habe dem Oberbefehlshaber Jamada berichtet, daß, wie ich von General Ishii erfuhr, die Abteilung 731 zum Bakterienkrieg bereit sei. Ich berichtete General Jamada ferner, daß ich mich nach der Besichtigung der Produktionsräume und des Gefängnisses der Abteilung 731 von der Richtigkeit der Worte Generals Ishii über die völlige Einsatzbereitschaft der Abteilung überzeugt habe.

ABENDSITZUNG VOM 28. DEZEMBER

VERNEHMUNG DES ZEUGEN FURUITSCHI

Gerichtsvorsitzender: Zeuge Furuitschi, Sie wurden darauf aufmerksam gemacht, daß Sie für falsche Aussagen die gerichtliche Verantwortung tragen. Sie haben vor Gericht die volle Wahrheit zu sagen.

Zeuge Furuitschi: Das ist mir klar.

Frage: Sagen Sie, Zeuge Furuitschi, wann wurden Sie von der Sowjetarmee gefangengenommen?

Antwort: Am 17. August 1945.

Frage: Wo befanden Sie sich zu dieser Zeit?

Antwort: Bei der Bahnstation Hantaohotse.

Frage: Welche Stellung bekleideten Sie?

Antwort: Ich war in jener Zeit Sanitäter der Zweigstelle 643 und arbeitete in der Gruppe zur Erforschung pathogener Erreger.

Staatlicher Ankläger: Zeuge Furuitschi, erzählen Sie, wann und unter welchen Umständen Sie den Dienst in der Abteilung 731 antraten.

Zeuge Furuitschi: In die Abteilung 731 kam ich im Juli 1941. Ich bin aus der Präfektur Tottori in Japan gebürtig. Vor meinem Eintritt in diese Abteilung suchte ich eine Stelle durch Vermittlung des Arbeitsnachweises und kam als Dienstverpflichteter bei der Kwantungarmee unter. Wir wurden in die Stadt Simonoseki geschickt, wo ich einer Gruppe zugeteilt wurde, die zur Abteilung 731 kam.

Frage: In welcher Unterabteilung der Abteilung 731 arbeiteten Sie und wie lange?

Antwort: Ich arbeitete von Juli 1941 bis Februar 1945 in der Gruppe 1 der Unterabteilung 1.

Frage: Was können Sie darüber sagen, womit sich die Abteilung 731 im ganzen befaßte?

Antwort: Obwohl die Abteilung 731 nach außen hin eine Verwaltung für Seuchenverhütung und Wasserversorgung war, bereitete sie in Wirklichkeit bakteriologische Sabotageakte vor.

Frage: Worauf wurden Sie aufmerksam gemacht, als Sie die Arbeit in der Abteilung antraten?

Antwort: Stabsarzt Jamashita machte mich darauf aufmerksam, daß ich über alles, was mir während meiner Arbeit in der Abteilung 731 bekannt werde, in Anbetracht des militärischen Geheimnisses tiefstes Schweigen wahren müsse, und daß ich, wo immer ich auch später arbeiten werde, nichts von der geheimen Arbeit der Abteilung 731 verlautbaren dürfe.

Frage: Haben Sie an einer Expedition der Abteilung 731 teilgenommen?

Antwort: Ja, im Jahre 1942 habe ich an einer Expedition nach Zentralchina teilgenommen.

Frage: Erzählen Sie, welche Ziele die Expedition verfolgte und was Sie persönlich während der Expedition getan haben.

Antwort: Das Hauptziel der Expedition nach Zentralchina war die Durchführung von Sabotageakten gegen die chinesischen Truppen und die friedliche Bevölkerung im Raum der Stadt Juschan.

Im Juli 1942 verließ eine Gruppe der Abteilung 731, 120 Offiziere und Dienstverpflichtete, im Zug Charbin. Wir kamen nach Zentralchina, in die Stadt Nanking, wo sich die Verwaltung für Wasserversorgung und Seuchenverhütung der japanischen Expeditionsarmee in Zentralchina befand. Von dieser Verwaltung schloß sich uns eine Gruppe von Soldaten und Offizieren an. Die endgültige Stärke unserer Expedition betrug 150—160 Mann.

Frage: Sie sagten, Sie seien nach Nanking gekommen?

Antwort: Jawohl, nach Nanking.

Frage: Dort hat sich Ihnen eine Gruppe von Militärangehörigen aus der Nankinger Abteilung „Ej“ 1644 angeschlossen?

Antwort: Jawohl.

Frage: Also hat die Nankinger Abteilung „Ej“ 1644 der Abteilung Ishii bei ihrer China-Expedition geholfen?

Antwort: Jawohl.

Frage: Wer befehligte die Expedition der Abteilung 731?

Antwort: Die Expedition der Abteilung 731 befehligte Generalmajor Ishii.

Frage: Womit befaßte sich die Expedition in Zentralchina?

Antwort: Die Arbeit der Expedition, an der ich teilnahm, lief auf eine Bakterienattacke mittels Verseuchung der Gewässer, Brunnen und Bauten mit Typhus- und Paratyphusbazillen hinaus. Die Abteilung 731 überwies für diese Expedition die erwähnten Bazillen, die in Massen in der Unterabteilung 4 dieser Abteilung hergestellt wurden. Die Bazillen waren in Peptonflaschen verstaut. Diese Glasfläschchen befanden sich in Kisten, auf denen „Wasserversorgung“ geschrieben stand, und die im Flugzeug nach Nanking geschafft wurden.

Frage: Und was taten Sie mit dem Inhalt dieser Kisten?

Antwort: Als die Kisten in der Nankinger Abteilung eintrafen, versetzten wir einen Teil der Bazillen aus den Glasfläschchen in Feldflaschen aus Metall, die gewöhnlich für Trinkwasser benutzt wurden, den anderen Teil ließen wir in den Glasfläschchen. Die Feldflaschen wurden zusammen mit den Glasfläschchen in die Kisten verpackt und dann auf Flugzeugen dorthin geschafft, wo die Attacken unternommen werden sollten. Die Attacken bestanden darin, daß die Feld- und die Glasflaschen in Brunnen und Sümpfe sowie in die Häuser der Dorfbewohner geworfen wurden. Ein Teil der Peptonflaschen wurde für die Vermehrung von Bakterien auf spezieller Bouillon verwendet. An die Zusammensetzung dieser Bouillon erinnere ich mich nicht.

Frage: Womit befaßten Sie sich während dieser Sabotageakte?

Antwort: Ich warf die mit Bazillen gefüllten Flaschen in Brunnen und Sümpfe sowie in die Häuser der friedlichen Einwohner. . . . .

395

In jener Zeit gab es dort zwei Lager für chinesische Kriegsgefangene mit insgesamt etwa 3000 Insassen. Es wurden 3000 spezielle Brötchen zubereitet. An der Zubereitung der Brötchen nahmen die Expeditionsmitglieder teil. Diese Brötchen wurden später mittels einer Spritze mit Bazillen verseucht.

Frage: Wer hat diese Brötchen mittels einer Spritze verseucht?

Antwort: Das taten alle Mitarbeiter der Gruppe 1 der Unterabteilung 1, die an der Expedition teilnahmen.

Frage: Haben Sie sich auch daran beteiligt?

Antwort: Ja, ich habe mich daran beteiligt.

Frage: Mit welchen Bazillen wurden diese 3000 Brötchen verseucht?

Antwort: Es wurden Typhus- und Paratyphusbazillen verwendet.

Frage: Was wurde mit diesen 3000 Brötchen weiter getan?

Antwort: Nachdem die Brötchen mit Bazillen verseucht waren, wurden sie in die Lager geschickt, wo sie der Dolmetscher Kashuga, der Chinesisch sprach, an die chinesischen Kriegsgefangenen verteilte.

Davon, daß diese Brötchen an die Chinesen verteilt wurden, weiß ich schon durch ein Photo, das mir zu Gesicht kam und auf dem ein Chinese mit einem Brötchen in der Hand abgebildet war.

Frage: Als man den chinesischen Kriegsgefangenen die mit Paratyphus verseuchten Brötchen zu essen gab, hat man das also gleichzeitig als einen Akt der Barmherzigkeit photographiert?

Antwort: Jawohl.

Frage: Was tat man mit den chinesischen Kriegsgefangenen, nachdem sie die verseuchten Brötchen gegessen hatten?

Antwort: Sie wurden aus den Lagern entlassen, um eine Typhus- und Paratyphusepidemie hervorzurufen.

Frage: Erzählen Sie von den Keksen, die auf Ishiis Befehl hergestellt wurden.

Antwort: Das waren zweierlei Kekse, eiförmige und längliche. Sie wurden aus Mehl gemacht und ebenso wie die Brötchen mit Bazillen verseucht. Dann wurden die Kekse an japanische Soldaten verteilt, die vorher verwarnt wurden, um was für Kekse es sich handelt. Die japanischen Soldaten legten diese Kekse, insgesamt 300 bis 400 Stück, unter Zäune und Bäume sowie an Rastorte, als hätten sie diese Kekse vergessen.

Frage: War das auch ein Verfahren der bakteriologischen Sabotage?

Antwort: Jawohl.

Frage: Was wissen Sie über die Ergebnisse dieser Expedition der Abteilung Ishii?

Antwort: Nach Abschluß der Operation erfuhr ich auf dem Stützpunkt in der Abteilung 731 vom wissenschaftlichen Mitarbeiter Kagi, daß Typhus- und Paratyphusbazillen verwendet wurden und daß sich die Paratyphusbazillen als die wirksamsten erwiesen haben.

Frage: Demnach brach im Ergebnis der Expedition eine Epidemie aus und bildeten sich Epidemieherde?

Antwort: Jawohl.

Frage: Nahmen Sie an den Experimenten an Menschen teil?

Antwort: Ja, es war Ende 1943. Um die Wirkung der Impfstoffe zu erproben, wurden fünfzig Chinesen und Mandschuren als Versuchsmaterial verwendet. Anfangs wurden an diesen fünfzig Personen Schutzimpfungen vorgenommen, und zwar differenziert: an den einen Häftlingen je einmal, an den anderen je zweimal. Außerdem wurden einzelnen Personen verschiedene Impfstoffdosen zugeführt, während den übrigen überhaupt kein Impfstoff zugeführt wurde.

Somit wurden diese fünfzig Personen in fünf verschiedene Gruppen geteilt. Sie alle wurden gezwungen, Wasser, das mit Typhusbazillen verseucht war, zu trinken. Daraufhin beobachtete man, welche Wirkung diese pathogenen

Erreger in den verschiedenen Fällen hervorriefen, je nachdem, ob an dem Betreffenden eine Schutzimpfung vorgenommen wurde oder nicht, wie oft und in welcher Menge.

Frage: Wie wirkte sich dieser Versuch aus?

Antwort: Ein großer Teil dieser Leute wurde mit Typhus infiziert. Wie hoch der Prozentsatz war, weiß ich nicht mehr, jedenfalls kamen zwölf oder dreizehn Mann von ihnen um.

Frage: Wurden solche schändlichen Versuche an Menschen oftmals angestellt, um die Wirkung der Infizierung zu prüfen?

Antwort: Mir persönlich ist noch ein Fall solcher Infizierung bekannt. Es war Ende 1944 oder Anfang 1945, als die Infizierung in ähnlicher Weise erfolgte.

Frage: Haben Sie an den Experimenten zur Infizierung von Obst mit Typhusbazillen teilgenommen?

Antwort: Ja, das habe ich.

Frage: Erzählen Sie von diesen Versuchen.

Antwort: Ich erinnere mich nicht genau, in welchem Jahr es war, 1943 oder 1944, als die Experimente der Obstinfizierung angestellt wurden. Es handelte sich um Wasser- und Zuckermelonen, die gerade reif geworden waren. Einigen Wasser- und Zuckermelonen wurden Bazillen eingespritzt, die anderen blieben unversehrt.

Nachdem diese Früchte mittels einer Spritze mit Typhus infiziert worden waren, wurde die Bazillenkonzentration geprüft. Zu diesem Zwecke wurden die Früchte ins Laboratorium gebracht und dort analysiert, wieweit sich die Bazillen in ihnen vermehrt hatten. Stellte sich bei dieser Prüfung heraus, daß die Früchte zahlreiche Bazillen enthielten, dann wurden sie fünf, sechs Chinesen und Mandschuren vorgesetzt.

Frage: Was geschah mit den Unglücklichen, die diese Früchte aßen?

Antwort: Alle wurden infiziert.

Frage: Demnach erkrankten alle, die die mit Typhusbazillen infizierten Früchte aßen?

Antwort: Jawohl.

Frage: Sagen Sie, ist Ihnen etwas über die Versuche auf dem Übungsplatz der Abteilung bei der Bahnstation Anta bekannt?

Antwort: Jawohl.

Frage: Erzählen Sie dem Gericht, was Ihnen bekannt ist.

Antwort: Die Experimente auf dem Übungsplatz bei Anta wurden im Herbst und Winter 1944 vorgenommen. Dabei wurden Typhus- und Pestbazillen sowie Milzbranderreger verwendet.

Frage: Welcher Unterabteilung war das Gefängnis unterstellt?

Antwort: Der Unterabteilung 1.

Frage: Gab es in diesem Gefängnis nur Männer oder auch Frauen?

Antwort: Es gab auch Frauen.

Frage: Wurden an den Frauen im Gefängnis der Abteilung Ishii irgendwelche besonderen Versuche angestellt?

Antwort: Sie wurden mit Syphilis infiziert, um Schutzmittel gegen diese Krankheit zu erforschen. Ich habe an diesen Experimenten nicht teilgenommen.

Frage: Somit wurden die im Gefängnis der Abteilung 731 gehaltenen Frauen mit Geschlechtskrankheiten infiziert?

Antwort: Jawohl.

Frage: Sagen Sie, wurden in der Abteilung 731 Erfrierungsversuche angestellt?

Antwort: Ja, ich habe solche Versuche gesehen.

Frage: Wer war der wissenschaftliche Mitarbeiter, unter dessen Leitung diese Versuche angestellt wurden?

Antwort: Der wissenschaftliche Mitarbeiter Joshimura.

Frage: Erzählen Sie von den Erfrierungsversuchen an Menschen.

Antwort: Diese Experimente wurden alljährlich in den kältesten Monaten, im November, Dezember, Januar und Februar, in der Abteilung angestellt. Die Technik dieser Versuche lief darauf hinaus, daß die Versuchspersonen des Abends gegen elf Uhr ins Freie geführt und gezwungen wurden, die Hände in einen Bottich mit kaltem Wasser zu stecken und dann die nassen Hände lange Zeit an die Frostluft zu halten. Oder man verfuhr folgendermaßen: die Leute wurden in Kleidern, aber mit bloßen Füßen hinausgeführt und mußten die Nacht durch in der kältesten Zeit im Frost stehenbleiben.

Nachdem bei den Leuten Erfrierungserscheinungen eintraten, führte man sie ins Zimmer, wo sie die Füße ins Wasser stellen mußten, das eine Temperatur von ungefähr plus 5° aufwies und später allmählich erwärmt wurde. Auf diese Weise wurden Verfahren zur Behandlung der Frostschäden erforscht. Ich persönlich habe weitere Experimente, nachdem diese Leute ins Zimmer gebracht wurden, nicht gesehen, beobachtete aber, wenn ich Diensthabender war, wie die Leute ins Freie geführt wurden und sich dort Frostschäden holten. Von den Versuchen im Zimmer, wenn die Leute die Hände im Wasser hielten, habe ich von Augenzeugen erfahren.

Frage: Was für Experimente und Versuche wurden sonst noch an Menschen angestellt?

Antwort: Mir ist bekannt, daß der wissenschaftliche Mitarbeiter Joshimura Versuche der Verwendung von Senfgas an Menschen anstellte. Ich sah im Gefängnis Häftlinge, an denen die Wirkung dieses Gases erprobt worden war. Die Technik dieser Experimente ist mir aber unbekannt.

Frage: In welchem Zustand befanden sich diese Leute? Welche Krankheitserscheinungen stellten sich bei ihnen ein?

Antwort: Ich sah Leute mit großen Wunden an Händen und Füßen. Mehr weiß ich nicht.

Gerichtsvorsitzender: Laut der vom Gericht beschlossenen Reihenfolge der Beweisaufnahme beginnt das Gericht mit der Erörterung, welche Fragen in der vorliegenden Strafsache den medizinischen Gerichtssachverständigen vorzulegen sind.

Staatlicher Ankläger, welche Fragen haben Sie an die medizinischen Gerichtssachverständigen?

Staatlicher Ankläger: Laut Artikel 63 der Strafprozeßordnung der RSFSR sucht die staatliche Anklagevertretung darum an, den Sachverständigen folgende Fragen vorzulegen:

1. Welchem Zweck diente die Experimental- und Produktionstätigkeit der Abteilungen 731 und 100 der japanischen Kwantungarmee und der Abteilung „Ej“ 1644 der japanischen Expeditionsarmee in China?

2. Über welche Produktionsmöglichkeiten verfügten diese Abteilungen, um die japanische Armee mit der Bakterienwaffe zu versorgen?

3. Zu welchen Folgen konnte der Einsatz der von den Abteilungen 731, 100 und „Ej“ 1644 hergestellten Bakterienwaffe führen?

Diese Fragen stelle ich dem Gericht in schriftlicher Form zur Verfügung.

Gerichtsvorsitzender: Ich bitte den Dolmetscher, alle Fragen, die der staatliche Ankläger den Sachverständigen zur Begutachtung stellt, in die japanische Sprache zu übersetzen.

(Der Dolmetscher übersetzt.)

Haben die Verteidiger Fragen an die medizinischen Gerichtssachverständigen?

Rechtsanwalt Below: Unsere Mandanten, die sich während der Voruntersuchung mit den Gutachten der medizinischen Gerichtssachverständigen bekannt machten, haben sich mit ihnen völlig einverstanden erklärt. Unklarheiten oder Fragen sind bei ihnen nicht aufgetaucht, deshalb hat die Verteidigung im gegebenen Augenblick keine zusätzlichen Fragen an die medizinischen Gerichtssachverständigen.

Gerichtsvorsitzender: Angeklagte, haben Sie Fragen an die medizinischen Gerichtssachverständigen?

Dolmetscher: Die Angeklagten haben keine Fragen.

Gerichtsvorsitzender: In Ergänzung zu den eingereichten Fragen legt das Gericht den Sachverständigen eine vierte Frage zur Begutachtung vor: wie groß war die Gefahr der Bakterienüberfälle, die von der Abteilung 731 in den Jahren

1940, 1941 und 1942 auf Bezirke Zentralchinas unternommen wurden?

Das Militärtribunal hat beschlossen, zu den vier vorgebrachten Fragen das Gutachten der Sachverständigen einzuholen.

Ich bitte den Dolmetscher, die vierte Frage in die japanische Sprache zu übersetzen.

(Der Dolmetscher übersetzt die vierte Frage.)

Medizinische Gerichtssachverständige, das Gericht legt Ihnen vier Fragen zur Begutachtung vor. Ich ersuche Sie, die Gutachten zu diesen Fragen vorzubereiten.

VERNEHMUNG DES ZEUGEN TATSCHIBANA

Gerichtsvorsitzender: Zeuge Tatschibana, Sie wurden darauf aufmerksam gemacht, daß Sie für falsche Aussagen die gerichtliche Verantwortung tragen. Sie haben vor Gericht die volle Wahrheit zu sagen. Wann wurden Sie von der Sowjetarmee gefangengenommen?

Zeuge Tatschibana: Am 15. August 1945.

Frage: Welche Dienststellung bekleideten Sie zu dieser Zeit?

Antwort: Ich war Berater bei der Mandschukuo-Regierung.

Frage: Welchen Dienstgrad hatten Sie?

Antwort: Ich war Gendarmerieoberst.

(Bewegung im Saal.)

Staatlicher Ankläger: Geben Sie an, in welcher Zeit Sie als Chef der Gendarmerieverwaltung von Kiamusui gearbeitet haben.

Zeuge Tatschibana: Von 1939 bis 1941.

Frage: Was ist Ihnen über die Überweisung von Häftlingen an die Abteilung 731 bekannt?

Antwort: 1940 bekleidete ich die Stellung des Chefs der Gendarmerieverwaltung in der Stadt Kiamusui. Damals erfuhr ich zum erstenmal von der Existenz und dem Charakter der Tätigkeit der Abteilung 731. Ich erfuhr, daß die Abteilung 731, die Verwaltung für Seuchenverhütung und Wasserversorgung der Kwantungarmee hieß, sich in Wirklichkeit mit der Vorbereitung des Bakterienkrieges befaßte, insbesondere mittels Versuchen an lebenden Menschen. Ich erfuhr, daß diese Abteilung die Massenvernichtung der lebendigen Kräfte des Gegners und den Bakterienkrieg vorbereitet.

Während ich in der Gendarmerieverwaltung von Kiamusui tätig war, überwiesen wir eine bestimmte Kategorie aus der Zahl der von der Gendarmerie festgenommenen und verhafteten Personen, die irgendwelcher Verbrechen verdächtig waren, als Versuchsmaterial an die Abteilung 731. Diese Leute schickten wir nach einer kurzen Voruntersuchung, ohne Gericht, d. h. ohne ihre Strafsache ans Gericht weiterzuleiten, laut den Direktiven, die wir von der Gendarmerieleitung erhalten hatten, in die Abteilung 731. Das waren Maßnahmen besonderer Art, deshalb hieß dieses Verfahren „Sondertransport" (auf japanisch „Tokui-Atsukai". *Der Übers.*)

Folgende Personenkategorien unterlagen solchen „Sondertransporten", den sogenannten „Tokui-Atsukai": Personen, die der Spionage zugunsten fremder Staaten angeklagt oder der Beteiligung an ausländischer Spionage verdächtig waren, sowie die sogenannten Chunchusen, d. h. die chinesischen Partisanen; ferner die Kategorie der japanfeindlichen Elemente, unverbesserliche Kriminalverbrecher, Rezidivisten. Personen dieser Kategorien überwiesen wir im Rahmen der „Sondertransporte" an die Abteilung 731. Solange ich Chef der Gendarmerieverwaltung in Kiamusui war, wurden von meiner Verwaltung mindestens sechs Personen an die Abteilung 731 überwiesen, die nicht mehr zurückkehrten und infolge der Versuche starben.

Frage: War Ihnen bereits im Augenblick des Abtransportes bekannt, daß man die Leute, die Sie an die Abteilung 731 überwiesen, qualvollen Experimenten zur Infizierung mit epidemischen Krankheiten unterziehen wird?

Antwort: Ich wußte, daß diese Leute an die Abteilung 731 überwiesen wurden, um sie als Versuchspersonen zur Erprobung von Bakterien zu verwenden.

Staatlicher Ankläger: Ich wende mich an das Gericht mit dem Ansuchen, dem Zeugen Tatschibana ein vor Gericht bereits verlesenes Schriftstück vorzulegen. Ich ersuche, ihm das erste Blatt eines japanischen Schriftstücks — der Benachrichtigung des Stabes der Kwantunggendarmerie vom 12. März 1943 anläßlich der „Sondertransporte" — vorzulegen. Außerdem bitte ich, dem Zeugen Tatschibana die Beilage zu dieser Benachrichtigung, und zwar die zweite Rubrik, betitelt „Ideelle Verbrecher (mit der nationalen und kommunistischen Bewegung verbundene Verbrecher)", vorzulegen.

(Der Dolmetscher legt dem Zeugen Tatschibana eine Photokopie des Schriftstücks vor.)

Zeuge Tatschibana, haben Sie dieses Schriftstück gesehen?

Zeuge Tatschibana: Ja, ich habe dieses Schriftstück früher gesehen.

Frage: Dieses Schriftstück regelte die „Sondertransporte". Trifft das zu?

Antwort: Jawohl.

Frage: Und bestimmte die Personenkategorien, die dem „Sondertransport" unterlagen?

Antwort: Jawohl.

Frage: Mit anderen Worten, dieses Schriftstück legte fest, wie die Überweisung von Leuten, die der Vernichtung unterlagen, an die Abteilung 731 zu erfolgen hat. Stimmt das?

Antwort: Jawohl.

Frage: In diesem Schriftstück, auf Blatt 92, kann man folgendes lesen: „Ideelle Verbrecher (mit der nationalen und kommunistischen Bewegung verbundene Verbrecher)", und weiter: „Wenn ihre Freilassung ungeachtet der Geringfügigkeit des Verbrechens unerwünscht ist."

(Die Auszüge werden in japanischer Sprache verlesen.)

Staatlicher Ankläger: Erkennen Sie das Ihnen vorgelegte Schriftstück als das offizielle Schriftstück, das die „Sondertransporte" regelte?

Antwort: Jawohl.

Frage: Kennen Sie die Gendarmeriebeamten, die an der Bestimmung der Personenkategorien, die „Sondertransporten" unterlagen, teilnahmen?

Antwort: Ja, ich kann sie nennen.

Frage: Bitte.

Antwort: Das mir vorgelegte Schriftstück wurde im Jahre 1943 verfaßt. Ich war zu jener Zeit in der Hauptverwaltung der Kwantunggendarmerie tätig. Ich arbeitete in der Kriminalabteilung der Hauptverwaltung der Kwantunggendarmerie, und aus dem Stab der Kwantungarmee traf die Direktive ein, ein solches Schriftstück zu verfassen. Im März 1943 unternahm ich eine Dienstreise nach Mukden, um die dortige Gendarmerieverwaltung zu inspizieren. In meiner Abwesenheit redigierte Major Tsushimoto, der in meiner Abteilung arbeitete, dieses Schriftstück. Ich sah es bei meiner Rückkehr und bestätige jetzt seine Echtheit.

Frage: Welche Formalitäten wurden bei den „Tokui-Atsukai"-Transporten erfüllt? Welche Schriftstücke wurden im Zusammenhang damit von der Gendarmerie abgefaßt?

Antwort: Das mir eben vorgelegte Schriftstück wurde vervielfältigt und an die Gendarmerieverwaltungen der verschiedenen Städte in der Mandschurei versandt. Die Personen, die dem „Sondertransport" unterlagen, befanden sich bei den Gendarmerieverwaltungen in Haft. Dann wurden Auszüge aus den Protokollen ihrer Verhöre und das Ersuchen, sie den „Sondertransporten" anzuschließen, an die Gendarmeriehauptverwaltung überwiesen. Dort wurde die Sache geprüft und entschieden. Der Gendarmerieverwaltung, die das Ersuchen eingereicht hatte, wurde dann der Befehl erteilt, diese Leute im Rahmen der „Sondertransporte" an die Abteilung 731 zu überweisen. Wenn solche Schriftstücke aus einer örtlichen Verwaltung in der Gendarmeriehauptverwaltung eintrafen, wurden sie vom Sekretariat an die Kriminalabteilung weitergeleitet und von dort aus an die Sektion für Gegenspionage, deren Chef ich war. Der Beamte meiner Sektion Tsushimoto prüfte diese Schriftstücke, traf seine Entscheidungen und legte sie mir vor. Ich bestätigte sie und leitete sie an den Chef der Kriminalabteilung weiter. Dieser erteilte, nachdem er vom Chef der Kwantunggendarmerie die Genehmigung erhalten hatte, im Namen des Gendarmeriechefs einen Befehl an jene Gendarmerieverwaltung, von der dieses Schriftstück eingegangen war.

Frage: Haben Sie während Ihrer Tätigkeit im Stab der Kwantunggendarmerie die Auslieferung von Leuten für den „Sondertransport" in die Abteilung 731 genehmigt?

Antwort: Ich habe diese Angelegenheiten geprüft und besprochen. Ich erinnere mich, daß während meiner Tätigkeit über 100 Personen überwiesen wurden.

Frage: Überwies die Gendarmerie Menschen zur Vernichtung an die Abteilung 731 mit Genehmigung des Oberbefehlshabers der Kwantungarmee?

Antwort: Die Kwantunggendarmerie tat das natürlich in Übereinstimmung mit den Direktiven des Oberbefehlshabers der Kwantungarmee. Gewöhnlich überwies die Gendarmerie die Strafsachen von Verbrechern an das Gericht oder Militärtribunal, in diesen Fällen jedoch trat ein Sonderbefehl an Stelle des Gesetzes, und die Leute wurden ohne Gericht abtransportiert.

Frage: Bestätigen Sie, daß laut der von Ihrem Untergebenen Tsushimoto ausgearbeiteten Instruktion Personen, die mit der nationalen Befreiungsbewegung verbunden waren, im Rahmen des „Sondertransports" an die Abteilung 731 zur Vernichtung überwiesen wurden?

Antwort: Die Personen, die unter diese Transporte fielen, waren Verbrecher verschiedener Kategorien. Unter diesen Kategorien gab es auch Teilnehmer der nationalen Befreiungsbewegung, aber sie alle waren Kommunisten oder Nationalisten.

(Laute Entrüstung im Saal.)

Frage: Erzählen Sie, Zeuge Tatschibana, wie die Leute in die Abteilung 731 abtransportiert wurden, wie der Abtransport vor sich ging, die Eskorte, Bewachung, Konspiration usw.

Antwort: Wie ich bereits sagte, suchte die Gendarmerieverwaltung bei der Gendarmeriehauptverwaltung um Erlaubnis für den „Sondertransport“ an. Zu diesem Zwecke wurden Anfragen in drei Exemplaren abgefaßt, von denen ein Exemplar in der örtlichen Gendarmerieverwaltung blieb, während die beiden anderen an die Gendarmeriehauptverwaltung geschickt wurden. Nachdem von der Gendarmeriehauptverwaltung die offizielle Erlaubnis für den „Sondertransport“ eingetroffen war, kam ein Exemplar der Anfrage zurück, während der Häftling bei der Gendarmerieverwaltung blieb. Traf dann von der Abteilung 731 eine Anforderung um Zusendung von Versuchsmaterial ein, d. h. von Leuten, die dem „Sondertransport“ unterlagen, so wurde der Häftling mit einem Exemplar der Anfrage nach Charbin geschafft, wo er auf dem Bahnhof an Gendarmeriebeamte übergeben wurde. Diese Leute wurden von Gendarmen eskortiert.

Frage: Wurden diese Leute dabei in Fesseln gelegt oder sonstwie gebunden?

Antwort: Fesseln wurden ihnen nicht angelegt.

Staatlicher Ankläger: Im Zusammenhang mit dieser Antwort des Zeugen Tatschibana ersuche ich das Gericht, den zweiten Teil des bereits verlesenen Operationsbefehls der Kwantunggendarmerie Nr. 224 vom 8. August 1939 zu verlesen. Dieses Schriftstück bezieht sich unmittelbar auf die Frage, die ich dem Zeugen gestellt habe. Deshalb bitte ich das Gericht, dieses Schriftstück zu verlesen.

Gerichtsvorsitzender: Das Militärtribunal hat beschlossen, dieses Schriftstück zu verlesen. Gleichzeitig wird es in japanischer Sprache verlesen.

(Die Angeklagten legen die Kopfhörer an. Der Vorsitzende hat das erwähnte Schriftstück in russischer Übersetzung verlesen. Gleichzeitig wurde es in japanischer Sprache verlesen und dem Zeugen Tatschibana vorgelegt.*)

Staatlicher Ankläger: Vielleicht bestätigen Sie jetzt, Zeuge Tatschibana, nachdem Sie das Originaldokument ge-

---

* Siehe S. 205/06.

sehen haben, daß während der „Sondertransporte" Fuß- und Handfesseln sowie Stricke benutzt wurden?

Zeuge Tatschibana: Dieses Schriftstück ist mir völlig unbekannt. Möglicherweise wurden hier aus besonderen Gründen Fesseln benutzt. Zu meiner Zeit wurden keine Fesseln verwendet.

Frage: Wollen Sie damit sagen, daß Sie Leute in den sicheren qualvollen Tod geschickt haben, wobei die Ihnen unterstellte Verwaltung niemals Fesseln benutzte, während in anderen Gendarmerieverwaltungen Fesseln verwendet wurden? Wollen Sie das vielleicht sagen?

(Laute Entrüstung im Saal.)

(Der Zeuge Tatschibana schweigt.)

Staatlicher Ankläger: Was antworten Sie darauf?

Zeuge Tatschibana: Als ich Chef der Gendarmerieverwaltung von Kiamusui war, wurden Handfesseln benutzt, aber an die Füße wurden keine Fesseln angelegt.

(Lärm im Saal.)

VERNEHMUNG DES ZEUGEN KURAKADSU

Gerichtsvorsitzender: Zeuge Kurakadsu, haben Sie unterschriftlich bestätigt, daß Sie die volle Wahrheit sagen müssen und daß Sie für falsche Aussagen die Verantwortung tragen?

Zeuge Kurakadsu: Jawohl.

Frage: Zeuge Kurakadsu, auf welche Weise gelangten Sie in die Sowjetunion?

Antwort: Im August 1945 wurde ich von den Sowjettruppen gefangengenommen und am 12. September 1945 über die Bahnstation Pogranitschnaja in die Sowjetunion befördert.

Frage: Wo haben Sie im Augenblick der Gefangennahme gedient?

Antwort: In der Charbiner Gendarmerieverwaltung.

Frage: Welche Dienststellung bekleideten Sie?

Antwort: Ich war Gruppenleiter in der Sonderabteilung der Gendarmerieverwaltung.

Frage: Welchen Dienstgrad hatten Sie?

Antwort: Ich war Gendarmeriefeldwebel.

Staatlicher Ankläger: Sagen Sie, Zeuge Kurakadsu, seit wann, wie lange und in welcher Eigenschaft haben Sie in der Abteilung 731 gedient?

Zeuge Kurakadsu: In der Abteilung 731 habe ich von März 1940 an ein Jahr lang als Gendarm in der Gendarmengruppe gearbeitet. Meine Funktionen bestanden in der Ausführung operativer Aufträge der Mitarbeiter der Abteilung.

Frage: Was gehörte außerdem zu Ihren Funktionen?

Antwort: Außerdem hatte ich Häftlinge, die von Charbin an die Abteilung 731 überwiesen wurden, zu eskortieren. Diese Häftlinge hießen in der Abteilung „Klötze" und wurden für Versuche verwendet.

Frage: Das heißt, Sie eskortierten Leute, die für Versuche vorgesehen waren und im Rahmen der „Sondertransporte", d. h. der „Tokui-Atsukai", an die Abteilung überwiesen wurden, auf dem Weg von Charbin in die Abteilung 731?

Antwort: Jawohl.

Frage: Erzählen Sie, wie die Überweisung dieser Leute an die Abteilung 731 vor sich ging.

Antwort: Wir wurden zuerst von der Gendarmerieverwaltung aus angerufen und in Kenntnis gesetzt, daß wir die Leute abholen können. Diese Mitteilung erfolgte durch den Feldwebel Tasaka.

Außer mir gehörten der Gendarmengruppe der Abteilung 731 noch zwei Mann an, so daß wir insgesamt drei Mann waren.

Feldwebel Tasaka gab uns Anweisung, und wir begaben uns in einem geschlossenen Polizeikraftwagen zum Charbiner Bahnhof. Dort suchten wir die Bahnhofs-Gendarmeriewache auf, wo wir in Gegenwart des dortigen Obergendarmen von den Gendarmeriebeamten anderer Städte, wie

Linkou, Kiamusui u. a., die Leute übernahmen, die für den Transport in die Abteilung 731 vorgesehen waren.

Frage: Zu welcher Tageszeit wurden die Häftlinge in die Abteilung geschafft?

Antwort: Vorwiegend nachts. Wir übernahmen diese Häftlinge, setzten sie in den Wagen und fuhren zur Bahnstation Pingfan, wo die Abteilung 731 stationiert war. Dort hielten wir vor dem Haupttor, einer von uns ging in die Wachstube und teilte dem Posten unsere Ankunft mit. Dieser rief den Diensthabenden im Innengefängnis an, worauf letzterer jemand entsandte, um die Häftlinge ins Gefängnis zu geleiten.

Frage: Wer war der Gefängnischef?

Antwort: Der Dienstverpflichtete Ishii, der ältere Bruder des Abteilungschefs General Shiro Ishii.

Frage: Sind Sie persönlich im Abteilungsgefängnis gewesen?

Antwort: Ja, ich war zweimal dort.

Frage: Beschreiben Sie dieses Gefängnis.

Antwort: Zum erstenmal habe ich das Gefängnis im März 1940, kurz nach meiner Ankunft in der Abteilung 731, gesehen. Als ich in der Abteilung eintraf, erfuhr ich, daß es dort ein Innengefängnis gab. Ich interessierte mich dafür und bat Feldwebel Tasaka, der mein Vorgesetzter war, dieses Gefängnis ansehen zu dürfen. Er ging zum Gefängnischef, dem Dienstverpflichteten Ishii, und bat ihn um Erlaubnis. Dieser erklärte sich einverstanden, und zu dritt — Tasaka, Ishii und ich — besichtigten wir das Gefängnis. Wir gingen zu dem im Rechteck angelegten Hauptgebäude der Abteilung 731, in dessen Mitte, vor fremden Blicken geschützt, das Gefängnisgebäude stand. Dieses bestand aus zwei Blocks, einem linken und einem rechten. Das erstemal sah ich mir den linken Block an. Wir gingen hinein und kamen in einen Gang. Links war die Wachstube, rechts die Treppe, dann noch ein Zimmer und weiter die Zellen.

Frage: Haben Sie Einblick in die Zellen genommen, als Sie das Gefängnisgebäude besichtigten?

Antwort: Die Zellen habe ich nicht betreten, aber ich habe durch das Guckloch geschaut.

Frage: Welcher Nationalität gehörten die Gefängnisinsassen an?

Antwort: Es waren hauptsächlich Chinesen, doch gab es unter den Insassen auch Russen und unter den Chinesen fünf Frauen.

Frage: Also saßen im Gefängnis der Abteilung Ishii auch Frauen?

Antwort: Jawohl. Ich habe vergessen zu sagen, daß ich einmal vom Charbiner Bahnhof aus eine Frau eskortieren mußte. Auch habe ich vergessen zu sagen, daß das Gefängnis zweistöckig war.

Frage: Haben Sie persönlich Versuchen an lebenden Menschen beigewohnt?

Antwort: Ja, das habe ich. Versuche an lebenden Menschen habe ich zum erstenmal im Dezember 1940 gesehen. Mir zeigte diese Versuche der wissenschaftliche Mitarbeiter Joshimura aus der Unterabteilung 1. Diese Versuche wurden im Gefängnislaboratorium vorgenommen.

Als ich in das Laboratorium des Gefängnisses kam, saßen dort auf einer langen Bank fünf Versuchspersonen, Chinesen, von denen zwei keine Finger mehr hatten, ihre Hände waren schwarz. Bei den drei anderen waren nur noch die Fingerknochen da. Wie ich von Joshimura erfuhr, war das ein Ergebnis der Erfrierungsversuche.

Frage: Was wissen Sie vom Schicksal der Leute, die in das Gefängnis der Abteilung gelangten?

Antwort: Leute, die einmal in dieses Gefängnis kamen, kehrten von dort nicht mehr zurück.

Frage: Ist Ihnen auch nur ein Fall bekannt, daß während Ihrer Tätigkeit in der Abteilung jemand aus dem Innengefängnis der Abteilung Ishii freikam?

Antwort: Mir sind solche Fälle nicht bekannt.

Frage: Demnach war allen Männern und Frauen, die in das Gefängnis gelangten, der Tod beschieden?

Antwort: Jawohl.

VORMITTAGSSITZUNG VOM 29. DEZEMBER

VERNEHMUNG DES ZEUGEN HOTTA

Gerichtsvorsitzender: Zeuge Hotta, haben Sie unterschriftlich bestätigt, daß Sie wahrheitsgetreu aussagen müssen und daß Sie für falsche Aussagen die gerichtliche Verantwortung tragen?

Zeuge Hotta: Jawohl.

Frage: Wann wurden Sie von der Sowjetarmee gefangengenommen?

Antwort: Am 20. August 1945.

Frage: Wo befanden Sie sich zu dieser Zeit?

Antwort: Zu dieser Zeit befand ich mich in der Stadt Chailar und war in der Zweigstelle der Verwaltung für Seuchenverhütung und Wasserversorgung tätig.

Frage: Welche Dienststellung bekleideten Sie dort?

Antwort: Ich war Intendant.

Frage: Sie standen im Militärdienst?

Antwort: Jawohl.

Frage: Welchen Dienstgrad hatten Sie?

Antwort: Damals war ich Offiziersanwärter.

Staatlicher Ankläger: Sagen Sie, Zeuge Hotta, haben Sie in der Abteilung 731 in der Intendantur gedient?

Zeuge Hotta: Jawohl.

Frage: Wann trafen Sie in der Abteilung 731 ein?

Antwort: In der Abteilung 731 traf ich am 29. November 1944 ein und nahm nach einer Woche meinen Dienst auf. Ich befand mich bis August 1945 in der Abteilung 731.

Frage: Bei wem meldeten Sie sich nach Ihrer Ankunft?

Antwort: Zuerst meldete ich mich beim Chef der Abteilung 731, Generalarzt Kitano. Das war am 30. November 1944.

Frage: Hatten Sie nach Ihrer Ankunft in der Abteilung 731 irgendeine Unterredung?

Antwort: Ja. Mit dem Chef der Ausbildungsabteilung Oberfeldarzt Nishi.

Frage: Worüber sprach Nishi mit Ihnen?

Antwort: Am 30. November 1944 meldete ich mich beim Abteilungschef. Hernach suchte ich den Chef der Ausbildungsabteilung Oberfeldarzt Nishi auf. Mir wurde befohlen, einen siebentägigen Lehrgang in der Ausbildungsabteilung durchzumachen. In dieser Woche studierten wir unter der Leitung von Oberfeldarzt Nishi die Innendienstordnung und die Instruktion für den Innendienst in der Abteilung 731.

Frage: Machte Nishi Sie auf den Charakter der Arbeit dieser Abteilung aufmerksam?

Antwort: Ja. Er sagte, daß in der Abteilung 731 an der Bakterienerforschung gearbeitet werde und daß über alles, was die Arbeit der Abteilung betrifft, tiefstes Schweigen gewahrt werden müsse.

Frage: Sagen Sie, in welchen Dienst- und Zweigstellen der Abteilung 731 hatten Sie während Ihrer Tätigkeit in der Intendantur zu tun?

Antwort: Während meiner Tätigkeit in der Intendantur der Abteilung 731 hatte ich in den Unterabteilungen 1 und 3 zu tun sowie auf dem Übungsplatz bei der Bahnstation Anta. Was die Zweigstellen anbelangt, so war ich im Februar und März 1945 in den Zweigstellen in Sunu, Linkou und Mutantsiang. Dabei nahm ich gemeinsam mit Intendantmajor Sato eine Bestandaufnahme vor, und im August 1945 wurde ich zur Chailarer Zweigstelle als Intendant versetzt. Außerdem mußte ich die klinische Abteilung und die Unterabteilung 3 in der Stadt Charbin, Bezirk Nantung, aufsuchen. Auch weilte ich zweimal in der Transportabteilung der Abteilung 731, als ich Waren im Lager entgegennahm.

Frage: War Ihnen bekannt, welchen Zwecken der Übungsplatz der Abteilung 731 bei der Bahnstation Anta diente?

Antwort: Dieser Übungsplatz war für Experimente zur Vorbereitung des Bakterienkrieges vorgesehen.

Frage: An wem wurden die bakteriologischen Experimente angestellt?

Antwort: Mir ist bekannt, daß für diese Experimente Häftlinge aus dem Innengefängnis der Abteilung 731 verwendet wurden.

Frage: Wo befand sich dieses Gefängnis?

Antwort: Das Gefängnis befand sich innerhalb des Rechtecks des dreistöckigen Hauptgebäudes der Abteilung. Es bestand aus zwei zweistöckigen Blocks, die die Nummern 7 und 8 trugen.

Frage: Wer versorgte die Abteilung 731 mit Menschen, die für Versuche vorgesehen waren?

Antwort: Wie mir bekannt ist, wurden diese Menschen von den japanischen Militärmissionen und Gendarmeriestellen zugewiesen, außerdem wurde das Gefängnis mit chinesischen Kriegsgefangenen beliefert.

Frage: Hatten Sie die Lager der Abteilung zu besichtigen?

Antwort: Ich bitte näher auszuführen, welche Lager gemeint sind.

Frage: Die Lager der Abteilung auf dem Übungsplatz bei der Bahnstation Anta.

Antwort: An das genaue Datum entsinne ich mich nicht, es war im Sommer 1945. Ich begab mich gemeinsam mit Intendant Tomidsuka zum Übungsplatz bei der Bahnstation Anta, wo wir eine Bestandaufnahme vornehmen sollten.

Wir prüften die dort vorhandenen Materialien, Waren und Einrichtungsgegenstände.

Als ich einen Lagerraum besichtigte, entdeckte ich Metallschilde und fragte den Dienstverpflichteten Tomidsuka, wofür diese benutzt werden. Er erwiderte, daß sie zwar nicht in der Liste ständen, jedoch im Lager aufbewahrt und für Versuche an lebenden Menschen verwendet werden. Sie würden den Versuchspersonen über Brust und Rücken gelegt, um sie vor Verletzungen zu schützen.

Dann zeigte mir der Dienstverpflichtete Tomidsuka einen

414

Stapel Decken und bat mich, diese Decken, falls möglich, als nicht gebrauchsfähig abzuschreiben. Es waren insgesamt rund 80 Stück. Sie trugen Spuren geronnenen Blutes und waren stark zerrissen. Auf meine Frage, woher das rühre, erwiderte er, daß diese Decken gleichfalls dafür verwendet werden, die Körper der Versuchspersonen während der an ihnen angestellten Experimente zu schützen.

Frage: Und an diesen Wattedecken haben Sie geronnenes Blut von den Versuchspersonen gesehen?

Antwort: Jawohl.

Frage: Sagen Sie, wann traf der Abteilungschef Shiro Ishii in der Abteilung 731 ein?

Antwort: Im März 1945.

Frage: Welche Veränderungen traten nach Ishiis Ankunft in der Arbeit der Abteilung ein?

Antwort: Ich bin nicht imstande, alle Veränderungen, die nach der Wiederernennung General Ishiis zum Chef der Abteilung 731 eintraten, genau zu beschreiben. Nach seinem Eintreffen in der Abteilung sprach er aber oft mit uns über die wichtigen Aufgaben, mit denen die Abteilung 731 betraut sei. Er sagte, daß es zwischen Juni und September 1945 zum Krieg gegen die Sowjetunion kommen werde und daß man sich zu diesem, wie er sagte, entscheidenden Krieg intensiv vorbereiten müsse. Mir ist ferner bekannt, daß die Züchtung der Nagetiere aktiviert wurde.

Frage: Hatten Sie irgendwelche Berechnungen, die eine eventuelle Erhöhung der Zahl der Nagetiere betrafen, vorzunehmen?

Antwort: Jawohl, das hatte ich.

Frage: Auf wessen Befehl wurden diese Berechnungen angestellt?

Antwort: Auf Befehl des Abteilungschefs Ishii. Major Sato, der Chef der Intendantur, wies mich an, zu errechnen, wieviel Futter und Nährstoffe für drei Millionen Nagetiere, die bis September gezüchtet werden sollten, nötig seien.

Frage: Demnach wollte General Ishii bis September

1945 die Zahl der Ratten und Mäuse, die sich in der Abteilung befanden, auf drei Millionen erhöhen. Stimmt das?

Antwort: Ja, er hatte das geplant.

Frage: Was ist Ihnen bezüglich der mit der Tätigkeit der Abteilung 731 und dem Unterhalt ihres Apparats verbundenen Ausgaben bekannt?

Antwort: Aus den Äußerungen des Chefs der Intendantur Major Sato und des Intendanten Nakamura ist mir bekannt, daß laut Budget für das Jahr 1945 eine Summe von 10 Millionen Jen für die Ausgaben der Abteilung 731 bewilligt waren. Außerdem ist mir bekannt, daß von diesen 10 Millionen Jen 3 Millionen für die Gebühren des Personals der Abteilung 731 aufgewendet werden sollten und die übrigen 7 Millionen für die Bakterienproduktion und für Forschungsarbeiten. Außerdem wurden von dieser Summe 200 000 bis 300 000 Jen den Zweigstellen zugewiesen.

Frage: Demnach nahmen im Budget der Abteilung die mit der Vorbereitung zum Bakterienkrieg verbundenen Ausgaben die größte Stelle ein, d. h. die Ausgaben, die die Experimente und die Massenzüchtung von Bakterien betrafen. Stimmt das?

Antwort: Jawohl.

Frage: Sagen Sie, wurden in der Abteilung 731 an lebenden Menschen Versuche angestellt, die nicht unmittelbar mit der Bakteriologie zu tun hatten?

Antwort: Zusammen mit mir lernte in der Ausbildungsabteilung der Militärarzt Megura. Wir bewohnten gemeinsam ein Zimmer. Eines Tages kam er ins Zimmer mit einem Schriftstück in der Hand. Es war ein Bericht über Erfrierungsversuche. Er zeigte mir Photographien, die zwei, drei Menschen darstellten, an denen solche Versuche angestellt wurden. Auf der einen Photographie saß ein Mann in Pelz und Mütze neben einem Gegenstand, der wie ein Eimer aussah. Auf dem anderen Photo lag ein Chinese mit bloßen Füßen auf der Pritsche, der eine Fuß war heil, der andere abgefroren. Dieses Bild sollte offenbar die Wirkung des Erfrierungsversuches zeigen.

Frage: Somit ist Ihnen bekannt, daß außer bakteriologischen Versuchen an lebenden Menschen in der Abteilung 731 auch Erfrierungsversuche angestellt wurden?

Antwort: Jawohl, das stimmt.

Frage: Sagen Sie, ließen die Gefängnisinsassen diese Versuche widerspruchslos geschehen, oder gab es Fälle, daß Häftlinge sich widersetzten?

Antwort: Im Sommer 1945 lud mich Megura ein, zu ihm ins Laboratorium zu kommen. Ich verspätete mich etwas und sah dann, als ich kam, daß er außerordentlich erregt und aufgebracht war. Ich fragte ihn, worüber er sich so ärgere, und er erklärte mir, daß die Häftlinge im Gefängnis Widerstand geleistet hätten. Ich begab mich über den dritten Stock in das Gefängnisgebäude. Damals habe ich zum erstenmal das Gefängnis betreten.

Auf dem Dach hinter dem Gefängnis hielten zwei Mann Wache. Neben dem Gefängnistor standen weitere vier, fünf Mann, gleichfalls mit Gewehren bewaffnet. Sowohl die ersten beiden wie auch die letzteren vier, fünf Mann gehörten der Wachmannschaft an. Aber im Gefängnis herrschte zu jener Zeit bereits volle Ruhe.

Zwei, drei Tage darauf erzählte mir Megura, eine Versuchsperson sei gewalttätig geworden und mit einer Türklinke auf den Experimentator losgegangen.

Frage: Was geschah mit diesem Häftling?

Antwort: Nachdem der Häftling auf den Experimentator losgegangen war, stürmte er aus der Zelle und lief den Gang entlang. Er brachte die Schlüssel an sich und öffnete mehrere Zellen. Einem Teil der Häftlinge gelang es auszubrechen, doch waren das nur die wagemutigsten. Übrigens wurden sie alle erschossen.

Frage: Also wurden Leute, die den Experimentatoren Widerstand leisteten, erschossen? Stimmt das?

Antwort: Ja, das stimmt.

27—519

VERNEHMUNG DES ZEUGEN SEGOSHI

Gerichtsvorsitzender: Zeuge Segoshi, haben Sie unterschriftlich bestätigt, daß Sie verpflichtet sind, vor Gericht die volle Wahrheit zu sagen und daß Sie für falsche Aussagen die Verantwortung tragen?

Zeuge Segoshi: Jawohl.

Frage: Wann wurden Sie von der Sowjetarmee gefangengenommen?

Antwort: Am 22. August 1945.

Frage: Wo dienten Sie zu jener Zeit?

Antwort: Ich diente zu jener Zeit in der Chailarer Zweigstelle der Abteilung 731.

Frage: Auf welche Weise kamen Sie in diese Zweigstelle?

Antwort: Ich wurde laut Befehl dorthin versetzt.

Frage: Welchen Dienstgrad hatten Sie?

Antwort: Ich war Leutnant.

Staatlicher Ankläger: Sagen Sie, Zeuge Segoshi, Sie haben eine Zeitlang als Laborant der Gruppe 4 der Materialabteilung der Abteilung 731 gearbeitet?

Zeuge Segoshi: Jawohl. Ich habe als Laborant der Gruppe 4 der Materialabteilung gearbeitet.

Frage: Womit befaßte sich diese Gruppe?

Antwort: Die Gruppe 4 stellte Filter, Porzellanhülsen für Bakterienbomben und Porzellanbehälter her.

Frage: Haben Sie gesehen, wie Porzellanhülsen für Bakterienbomben hergestellt werden?

Antwort: Ja, das habe ich. Ich untersuchte die Zusammensetzung des Tons, der für die Herstellung dieser Hülsen verwendet wurde.

Frage: Beschreiben Sie die Bomben und die Technik ihrer Herstellung.

Antwort: Zur Herstellung der Bomben wurde Ton genommen, zu Pulver zerrieben, mit Wasser vermengt und so ein Gemisch von der erforderlichen Konsistenz zubereitet. Dieses Gemisch wurde in eine Gipsform gegossen, die wie ein Geschoß aussah. Da Gips Feuchtigkeit aufsaugt, trocknete die Oberfläche dieses Gemischs ein. Dann wurde die Gipsform abgenommen und die im Innern zurückgebliebene flüssige Masse herausgegossen. Auf diese Weise wurden Porzellankörper in Form von Geschossen gewonnen. Die fertigen Bombenhülsen wurden in Spezialöfen getrocknet. Diese Bomben waren 70 bis 80 cm lang und hatten einen Durchmesser von 20 cm. Unten hatten sie eine Kerbe. Innen waren die Hülsen hohl. In die Kerbe wurde die Zündvorrichtung eingeführt und die Oberfläche der Wände zickzackartig gerillt. Am oberen Teil der Bombe wurden Stabilisatoren befestigt. Die Rillen wurden mit Sprengstoff gefüllt, der die Bomben zur Entladung brachte. Diese vom Flugzeug aus abgeworfenen Bomben sollten über der Erde explodieren.

Frage: Womit wurden die Bomben gefüllt?

Antwort: Ich weiß vom Gruppenchef Major Sudsuki, daß mit pestinfizierten Flöhen gefüllte Behälter in diese Hülsen eingeführt wurden.

Frage: Wieso gewährleistete die Konstruktion der Bombe, daß die pestinfizierten Flöhe bei der Entladung nicht eingingen und von der Wirkung der hohen Temperatur verschont blieben?

Antwort: Major Sudsuki erzählte mir, daß die Explosion ganz schwach sei, weil es sich um eine dünnwandige Porzellanbombe handle und wenig Sprengstoff verwendet werde. Das rettete die Flöhe vor Vernichtung, weil ihnen weder die Explosion noch der Luftdruck oder die Temperatur praktisch etwas anhaben konnten.

VERNEHMUNG DES ZEUGEN SASAKI

Gerichtsvorsitzender: Zeuge Sasaki, haben Sie unterschriftlich bestätigt, daß Sie für falsche Aussagen die Verantwortung tragen?

Zeuge Sasaki: Jawohl.

Frage: Sie haben vor Gericht die volle Wahrheit zu sagen. Wann wurden Sie von der Sowjetarmee gefangengenommen?

Antwort: Am 15. August 1945.

Frage: Wo dienten Sie zu jener Zeit?

Antwort: Auf den Kurilen, auf der Insel Urup.

Frage: Waren Sie in der Abteilung 731 tätig?

Antwort: Jawohl.

Frage: Was haben Sie dort getan?

Antwort: Ich arbeitete in der Sektion Karasawa, in der Unterabteilung 4, als Lagerhalter.

Frage: Welchen Dienstgrad hatten Sie?

Antwort: Ich hatte keinen Dienstgrad.

Frage: Waren Sie in der Zeit, als Sie in der Abteilung 731 dienten, Militärangehöriger?

Antwort: Ich beendete 1942 meine Dienstzeit und ging als Dienstverpflichteter in die Abteilung 731.

Staatlicher Ankläger: Sagen Sie, Zeuge Sasaki, womit befaßte sich die Sektion des Majors Tomio Karasawa?

Zeuge Sasaki: Diese Sektion befaßte sich mit der Massenproduktion von Bakterien.

Frage: Was gehörte zu Ihrem Aufgabenkreis?

Antwort: Ich arbeitete als Lagerhalter in der Sektion des Majors Karasawa und gab Materialien für die Massenproduktion von Bakterien aus.

Frage: Erfolgte die Ausgabe von Agar-Agar und Pepton durch Sie?

Antwort: Ja, die Ausgabe erfolgte durch mich, jedoch unter Leitung des Lagerchefs.

Frage: Erhielten Sie von der Sektion Karasawa fertige Bakterienmassen?

Antwort: Jawohl.

Frage: Ist Ihnen etwas von der praktischen Verwendung der Bakterien durch die Abteilung 731 bekannt?

Antwort: Einmal, beim Morgenappell, teilte Major Karasawa mit, daß er von vorgesetzter Stelle eine Direktive über die Massenproduktion von Bakterien erhalten habe und daß wir diese Aufgabe erfolgreich lösen müßten.

Außerdem sagte er, daß fünfzehn Mann unserer Sektion mit dem Gruppenchef an der Spitze nach China gingen.

Frage: Schickten Sie Bakterien nach China?

Antwort: Jawohl.

Frage: Woher erhielten Sie diese Bakterien, wie wurden sie verpackt und wohin wurden sie geschafft?

Antwort: Ich erinnere mich nicht genau, wann das war. Der Lagerchef Matsusima sagte mir, daß die auf Lager befindlichen Infektionsfläschchen in Kisten verpackt werden müßten. Wir verpackten sie und schafften sie auf den Flugplatz.

Frage: Welche Fläschchen?

Antwort: Das waren mit Bakterien gefüllte Fläschchen.

Frage: Wie verpackten Sie diese in die Kisten?

Antwort: Wir versiegelten die Öffnungen dieser Fläschchen mit Paraffin und wickelten sie in Cellophan, das umschnürt wurde. Dann wurde alles in Zinkkisten verpackt.

Frage: Wie viele solcher Fläschchen faßte eine Kiste?

Antwort: Fünfzehn oder sechzehn.

Frage: Wohin schafften Sie diese Kisten mit der Bakterienmasse?

Antwort: Diese Kisten schafften wir im Kraftwagen auf den Flugplatz, der einen Kilometer vom Hauptgebäude der Abteilung entfernt lag.

Frage: Wie viele Fahrten unternahmen Sie zum Flugplatz?

Antwort: Ich erinnere mich nicht genau, mir scheint drei.

Frage: Welche Ladefähigkeit hatten die Wagen, auf denen Sie die Kisten zum Flugplatz schafften?

Antwort: Daran erinnere ich mich nicht genau.

Frage: Vielleicht erinnern Sie sich an etwas anderes: wieviel Kisten wurden schätzungsweise zum Flugplatz geschafft?

Antwort: Daran erinnere ich mich auch nicht genau.

Frage: Jedenfalls fuhren Sie insgesamt dreimal zum Flugplatz. Stimmt das?

Antwort: Ja, das stimmt. Ich erinnere mich, daß wir dreimal zum Flugplatz fuhren.

VERNEHMUNG DES ZEUGEN OSEKI

Gerichtsvorsitzender: Zeuge Oseki, Sie haben dem Gericht unterschriftlich bestätigt, daß Sie für falsche Aussagen die Verantwortung tragen. Sie müssen vor Gericht die volle Wahrheit sagen.

Zeuge Oseki: Jawohl.

Frage: Wie lange waren Sie in der Abteilung 731 tätig?

Antwort: In der Abteilung 731 war ich von Mai 1939 bis April 1942 tätig.

Frage: Welche Stellung bekleideten Sie in der Abteilung und welche Arbeit erfüllten Sie?

Antwort: Ich wurde im Mai 1939 den Jugendlehrgängen der Abteilung 731 zugeteilt und arbeitete nach deren Beendigung in der Unterabteilung 4.

Staatlicher Ankläger: Zeuge Oseki, folglich waren Sie vorwiegend in der Unterabteilung 4 der Abteilung 731 tätig?

Zeuge Oseki: Ganz richtig.

Frage: Womit befaßte sich die Unterabteilung 4 der Abteilung 731?

Antwort: Diese Unterabteilung befaßte sich mit der Massenproduktion von Bakterien.

Frage: War Ihnen als Mitarbeiter der Unterabteilung 4 der Produktionsprozeß bekannt?

Antwort: Jawohl.

Frage: Erzählen Sie vom Produktionsprozeß der Bakterienkultivierung.

Antwort: Für die Bakterienkultivierung wurde Agar-Agar oder Pepton verwendet sowie eine Fleischbouillon. Der Nährboden für die Bakterienkultivierung wurde in Spezialkesseln bereitet und dann in die Kultivatoren Ishii gegossen, die sich in Spezialautoklaven unter hohem Druck befanden.

Dann wurde dieser Nährboden in Kühlschränken abgekühlt, und die Kultivatoren wurden in einen Raum gebracht, wo man die Bakterien einsetzte. Hierauf beförderte man die

Bakterien auf dem Fließband in Inkubatoren, in denen gleichmäßige Wärme unterhalten wurde, z. B. für Pestbazillen + 35°.

Frage: Was waren das für Inkubatoren?

Antwort: Das waren mit Metallwänden geschützte Kammern, in denen Apparate gleichmäßige Wärme und Feuchtigkeit unterhielten.

Frage: Wie wurde die fertige Bakterienmasse abgeschöpft?

Antwort: Aus dem Inkubator wanderten die Kultivatoren auf dem Fließband in eine andere Kammer. Die Bazillen wurden mit speziellen Löffelchen abgeschöpft und in Glasfläschchen verstaut.

Frage: Was wissen Sie über den Mitarbeiter der Unterabteilung 4 der Abteilung 731 Major Tomio Karasawa?

Antwort: Major Karasawa lernte ich im Januar 1940 kennen, als er auf den Jugendlehrgängen in der Abteilung 731 unterrichtete.

Frage: Welche Funktion erfüllte Major Karasawa in der Abteilung 731?

Antwort: Im Mai 1940, als ich in die Produktionsgruppe überführt wurde, gliederte sich diese in zwei Sektionen, die sich mit der Massenproduktion von Bakterien befaßten. Der Chef einer dieser Sektionen war Major Karasawa. Von 1942 an arbeitete Major Karasawa als Chef einer Gruppe dieser Unterabteilung und löste späterhin Major Sudsuki als Chef der Produktionsgruppe ab.

Frage: Das heißt, in der letzten Zeit arbeitete er als Chef der Produktionsgruppe der Unterabteilung 4, die sich mit der Massenzüchtung von Bakterien befaßte. Nicht wahr?

Antwort: Ganz richtig.

Frage: Welche Dienststellung bekleidete General Kawashima?

Antwort: Er war Chef der Unterabteilung 4.

VERNEHMUNG DES ZEUGEN SAITO

Gerichtsvorsitzender: Zeuge Saito, Sie haben unterschriftlich bestätigt, daß Sie für falsche Aussagen die Verantwortung tragen. Sie müssen vor Gericht die volle Wahrheit sagen.

Zeuge Saito: Jawohl.

Frage: Sie haben in der japanischen Armee gedient?

Antwort: Jawohl.

Frage: Welche Stellung haben Sie zuletzt bekleidet?

Antwort: Ich war Kanzleibeamter in der Zweigstelle 643 der Abteilung 731.

Frage: Hatten Sie einen Dienstgrad?

Antwort: Nein, ich hatte keinen Dienstgrad, ich war Dienstverpflichteter.

Frage: Wie lange dienten Sie in dieser Abteilung?

Antwort: Von März 1942.

Frage: Bis wann?

Antwort: Bis zur Kapitulation Japans.

Frage: Auf welche Weise kamen Sie in die Abteilung?

Antwort: Ich trat der Abteilung als Fahrer bei, dann wurde mir vorgeschlagen, in der Kanzlei zu arbeiten.

Staatlicher Ankläger: Sagen Sie, Zeuge Saito, wann wurde in der Mutantsianger Zweigstelle eine Sondergruppe zur Massenzüchtung von Flöhen organisiert?

Zeuge Saito: Die Gruppe für die Flohvermehrung wurde am 13. Juni 1945 organisiert.

Frage: Wieso erinnern Sie sich so genau, wann diese Gruppe organisiert wurde?

Antwort: Die Sache ist die, daß ich vom 31. Mai bis 13. Juni 1945 abwesend war, ich befand mich auf einer Dienstreise. Als ich am 13. Juni in die Abteilung zurückkehrte, machte ich mich mit dem Befehl über die Schaffung dieser Gruppe bekannt. Deshalb erinnere ich mich so genau an dieses Datum.

Frage: Auf wessen Befehl wurde die Gruppe zur Massenzüchtung von Flöhen organisiert?

424

Antwort: Diese Gruppe wurde auf Befehl des Chefs der Zweigstelle 643 Major Onoue organisiert.

Frage: Blicken Sie auf die Anklagebank. Ist das der nämliche Major Onoue, der dort sitzt?

Antwort: Jawohl, das ist er.

Frage: Welche Nummer erhielt diese Gruppe?

Antwort: Nummer 3.

Frage: Wer war Chef der Gruppe 3?

Antwort: Feldwebel Tadashi Jamada.

Frage: Wer hatte unmittelbar mit der Züchtung von Flöhen zu tun?

Antwort: Damit befaßten sich zwei Mitarbeiter: Onisaki und Sudsuki, die in der Abteilung 731 Spezialausbildung erhalten hatten.

Frage: Wie lange währte diese Spezialausbildung?

Antwort: Ich erinnere mich nicht genau, zehn bis vierzehn Tage.

Frage: Somit wurden in der Abteilung 731 Sonderlehrgänge für Mitarbeiter der Zweigstellen geschaffen, um die Verfahren der Massenzüchtung von Flöhen zu studieren?

Antwort: Ja, das stimmt.

Frage: Was gehörte zu Ihren Obliegenheiten während Ihrer Tätigkeit in der Gruppe 3 der Mutantsianger Zweigstelle?

Antwort: Ich war in der Gruppe 3 als Kanzleibeamter tätig und hatte die Zahl der Nagetiere zu errechnen, die für die Flohvermehrung erforderlich waren, sowie die Zahl der gezüchteten Flöhe.

Frage: Sagen Sie, Zeuge, ist Ihnen bekannt, wie die Züchtung der Flöhe vor sich ging?

Antwort: Ja, ich hatte oft im Keller zu tun, wo diese Flöhe gezüchtet wurden, und ich habe persönlich die Einrichtungen dafür gesehen. Das waren 18-Liter-Kanister, in die Ratten gesetzt wurden.

Frage: Wohin schickte die Gruppe 3 die gezüchteten Flöhe?

Antwort: Das erstemal, am 24., 25. Juli 1945, wurden diese Flöhe an die Charbiner Abteilung 731 überwiesen, das zweitemal, am 4. oder 5. August des gleichen Jahres, wurden sie durch den Dienstverpflichteten Sudsuki gleichfalls der Abteilung 731 zugestellt.

Frage: Demnach wurden die von Ihrer Zweigstelle gezüchteten Flöhe der Abteilung 731 bei der Station Pingfan zugestellt. Stimmt das?

Antwort: Das stimmt.

Frage: Bitte erzählen Sie jetzt, wieviel Kanister zu gleicher Zeit für die Züchtung von Flöhen verwendet wurden.

Antwort: Die Gruppe 3 hatte 200 Benzinkanister, die als Kultivatoren Verwendung finden sollten. Das erstemal wurden 60 Kanister verwendet, doch dieses Experiment mißglückte. Das zweitemal wurden 120 Kultivatoren verwendet und das drittemal 30.

Frage: Woher erhielt die Zweigstelle 643 die Nagetiere?

Antwort: Im Juni-Juli 1945 wurden fast alle Soldaten der Abteilung 643 auf den Rattenfang geschickt.

Frage: Wie wurde in der Zweigstelle der Fang von Nagetieren organisiert?

Antwort: Am erfolgreichsten war der Rattenfang in der Stadt Mutantsiang selbst. Obwohl sich die Zweigstelle außerhalb der Stadt befand, wurden speziell für den Rattenfang abgestellte Soldaten nach Mutantsiang geschickt. Ich habe selbst Soldaten gesehen, die sich mit dem Rattenfang in der Stadt Mutantsiang befaßten.

Frage: Trugen diese Soldaten beim Rattenfang Uniform?

Antwort: Sie zogen Zivilkleidung an, damit nicht bekannt werde, daß sie zum Militär gehören.

Frage: Blieben alle gefangenen Ratten in der Zweigstelle 643 oder wurde ein Teil von ihnen woandershin geschickt?

Antwort: Eine bestimmte Anzahl von Nagetieren wurde in der Gruppe 3 der Zweigstelle 643 verwendet, der größte Teil jedoch ging der Abteilung 731 zu.

Frage: Haben Sie selbst gesehen, wie Ratten an die Abteilung 731 abgingen, oder wissen Sie das von jemand anders?

Antwort: Ich habe das selbst gesehen. Ich habe gesehen, daß vom Gelände der Zweigstelle 643 besondere Kraftfahrzeuge für diesen Zweck zur Bahnstation Chailar fuhren.

Frage: Wann und auf wessen Befehl wurde die Mutantsianger Zweigstelle der Abteilung 731 vernichtet?

Antwort: Die Zweigstelle wurde am 13. August 1945 morgens auf Befehl des Zweigstellenchefs Major Onoue vernichtet.

VERNEHMUNG DES ZEUGEN KUWABARA

Gerichtsvorsitzender: Sie wurden darauf aufmerksam gemacht, daß Sie für falsche Aussagen die Verantwortung tragen, was Sie unterschriftlich bestätigt haben. Sie müssen vor Gericht die volle Wahrheit sagen.

Zeuge Kuwabara: Jawohl.

Frage: Sie haben in der japanischen Armee gedient?

Antwort: Jawohl.

Frage: In welcher Eigenschaft?

Antwort: Als Dienstverpflichteter der anti-epizootischen Abteilung zum Schutz des Pferdebestandes.

Frage: Wie lange haben Sie in dieser Abteilung gedient?

Antwort: Vom 19. Januar 1944 bis zum Kriegsende.

Frage: Was haben Sie dort getan?

Antwort: Ich war technischer Mitarbeiter.

Frage: Welche Arbeit war Ihnen übertragen?

Antwort: Ich befaßte mich mit Blutanalysen und mit pathologischen Untersuchungen.

Staatlicher Ankläger: Wo haben Sie gedient?

Zeuge Kuwabara: In der Zweigstelle 2630 der Abteilung 100.

Frage: Erzählen Sie dem Gericht, was Ihnen über die Infizierung von Pferden mit Rotz bekannt ist.

Antwort: Es war am 20. August 1945, als ich mich zum Pferdestall unserer Zweigstelle begab und in seiner Nähe sechs unserer Mitarbeiter sah. Es waren die Mitarbeiter der Abteilung Kubota, Ikeda, Jada, Kimura, Ishii und Hasegawa. In den Stallungen standen 60 Pferde, die der Abteilung gehörten. Noch bevor ich auf diese Gruppe zutrat, wurde ich verwarnt, daß eine Infizierung dieser Pferde mit Rotz erfolge, und zwar durch Verseuchung des Heus mit Rotzbazillen. Daraufhin kehrte ich in das Laboratorium der Zweigstelle zurück. Hier erblickte ich mehrere leere Reagenzgläser, in denen Rotzbazillen kultiviert wurden. Später fragte ich den wissenschaftlichen Mitarbeiter Kimura, ob sie die Infizierung der Pferde mit diesen Bazillen vorgenommen hätten. Er bestätigte das und sagte, sie hätten die Pferde mit Rotz infiziert.

Frage: Was wurde mit den Pferden weiter getan?

Antwort: Die Gruppe, die die Infizierung vorgenommen hatte, brach die Einhegung auf und jagte die Pferde in alle Richtungen auseinander. Die Pferde verstreuten sich auf verschiedenen Wegen in den nahe liegenden Dörfern.

Frage: Sollten die mit Rotz infizierten Pferde eine Rotzseuche hervorrufen?

Antwort: Jawohl.

Frage: Dieser Vorgang spielte sich am 20. August 1945 ab?

Antwort: Jawohl.

Frage: Das heißt, nach dem Befehl über die Kapitulation der japanischen Armee?

Antwort: Jawohl.

Frage: Wo wurden die Rotzbazillen gezüchtet, mit denen man das Vieh infizierte?

Antwort: Dafür fanden Rotzbazillen Verwendung, die in der bakteriologischen Gruppe der Abteilung 2630 gezüchtet wurden.

VERNEHMUNG DES ZEUGEN HATAKI

Gerichtsvorsitzender: Zeuge Hataki, Sie haben dem Gericht unterschriftlich bestätigt, daß Sie für falsche Aussagen die Verantwortung tragen. Sie müssen vor Gericht die volle Wahrheit sagen.

In welcher Eigenschaft haben Sie in der japanischen Armee gedient?

Zeuge Hataki: Eine Zeitlang war ich in der Abteilung 100 in Tschangtschun tätig, später in einem Truppenteil in der Stadt Gundjulin.

Frage: Als Soldat?

Antwort: Ja, als Soldat.

Frage: Welche Funktionen erfüllten Sie in der letzten Zeit?

Antwort: Ich war Schütze.

Frage: Und in der Abteilung 100?

Antwort: In der Abteilung 100 war ich Dienstverpflichteter.

Staatlicher Ankläger: Was taten Sie in der Abteilung?

Zeuge Hataki: Ich befaßte mich mit bakteriologischen Untersuchungen.

Frage: In welcher Eigenschaft?

Antwort: Als technischer Mitarbeiter.

Frage: Sagen Sie, ist Ihnen etwas über Versuche an lebenden Menschen bekannt?

Antwort: Jawohl.

Frage: Wo befanden sich die Menschen, an denen Versuche vorgenommen werden sollten?

Antwort: In der Isolierzelle bei der Wachstube der Abteilung 100.

Frage: Haben Sie selbst diese Leute gesehen?

Antwort: Ich habe sie gesehen, wenn ich ihnen Essen brachte.

Frage: Wieviel Personen befanden sich in der Isolierzelle, als Sie dort zu tun hatten?

Antwort: Vier.

Frage: Welcher Nationalität?

Antwort: Zwei Chinesen und zwei Russen.

Frage: Ist Ihnen bekannt, was für Versuche angestellt wurden?

Antwort: Jawohl.

Frage: Erzählen Sie davon.

Antwort: Als ich diesen Häftlingen aus dem Laboratorium Essen brachte, gab mir der wissenschaftliche Mitarbeiter Matsui eine weiße Flüssigkeit für sie mit. Das war Gift.

Frage: Was taten Sie mit dieser weißen Flüssigkeit?

Antwort: Ich nahm sie nur mit.

Frage: Haben Sie diese Flüssigkeit den Häftlingen gegeben?

Antwort: Nein, ich selbst habe sie ihnen nicht gegeben, ich habe sie dem Gendarmen Misuno abgeliefert.

Frage: Wissen Sie etwas vom Schicksal der Leute, denen der Gendarm Misuno die vergiftete Nahrung gab?

Antwort: Mir ist bekannt, daß sie zwei, drei Tage darauf gestorben sind.

Frage: Wo wurden ihre Leichen begraben?

Antwort: Diese Leichen begruben wir auf dem Schindanger in der Nähe der Abteilung.

Frage: Ist Ihnen etwas über das Schicksal der anderen Versuchspersonen bekannt?

Antwort: Jawohl.

Frage: Erzählen Sie davon.

Antwort: Mir ist bekannt, daß der Gendarm Misuno einen Russen mit seiner Pistole erschossen hat.

Frage: Erzählen Sie ausführlicher davon.

Antwort: Ich hielt mich im Laboratorium auf, als das Telephon klingelte. Mir wurde befohlen, eine Schaufel zu nehmen und auf den Schindanger zu gehen. Dort kniete, etwa hundert Meter vom Weg, ein Russe auf dem Boden, und der Gendarm Misuno tötete ihn durch einen Genickschuß.

Frage: Wo hat man den Leichnam dieses vom Gendarmen Misuno getöteten Russen begraben?

Antwort: Auf dem Schindanger war bereits eine Grube gegraben, und er wurde dicht bei dieser Grube erschossen.

Frage: Haben Sie selbst seinen Leichnam begraben?

Antwort: Er wurde in die Grube geworfen, und ich schaufelte sie mit Erde zu.

Frage: Haben Sie an den Manövern zur Infizierung des Viehs auf dem Übungsplatz der Abteilung 731 bei der Station Anta teilgenommen?

Antwort: Ja, das habe ich.

Frage: Erzählen Sie, was Sie bei diesen Manövern gesehen haben.

Antwort: Ich hielt mich gerade in der Baracke auf und war mit meteorologischen Beobachtungen beschäftigt, als über dem Lager ein Flugzeug erschien. Es warf in der Luft etwas Gelbliches ab und verschwand sofort. Auf dem Übungsplatz bin ich nicht gewesen und kenne keine Einzelheiten.

Frage: Wurde die Infizierung des Viehs während der Manöver mittels Flugzeugen vorgenommen?

Antwort: Ja, ganz richtig.

Frage: Und schließlich, die letzte Frage an Sie, Zeuge Hataki. Sie sprachen davon, daß Sie in der Abteilung 100 unter der Leitung eines gewissen Mitomo gearbeitet haben. Stimmt das?

Antwort: Jawohl.

Frage: Blicken Sie auf die Anklagebank und sagen Sie dem Gericht, ob sich unter den Angeklagten Mitomo befindet, unter dessen Leitung Sie in der Abteilung gearbeitet haben.

Antwort: Ja, dort befindet sich der nämliche Mitomo.

VERNEHMUNG DES ZEUGEN MISHINA

Gerichtsvorsitzender: Zeuge Mishina, Sie haben dem Gericht unterschriftlich bestätigt, daß Sie für falsche Aussagen die Verantwortung tragen. Sie müssen vor Gericht die volle Wahrheit sagen.

Zeuge Mishina: Jawohl.

Frage: Sagen Sie, Zeuge, wie lange haben Sie in der japanischen Armee in der Mandschurei gedient?

Antwort: In der Mandschurei habe ich viermal Dienst getan.

Frage: Welche Dienststellungen haben Sie in der japanischen Armee in der Mandschurei bekleidet?

Antwort: Das erstemal diente ich als Offizier einer Kompanie in einer selbständigen Wachabteilung, und zwar während der mandschurischen Ereignisse. Das zweitemal war ich in den Jahren 1934—1935 in der strategisch-operativen Abteilung des Stabes der Kwantungarmee tätig, das drittemal, von 1937 bis 1941, diente ich im Stab der Kwantungarmee. Das letztemal war ich schon während des zweiten Weltkrieges in der Mandschurei, als Stabschef der 39. Division. Zum Stabschef wurde ich am 25. April 1945 ernannt.

Frage: Welchen Dienstgrad hatten Sie zuletzt?

Antwort: Oberst.

Staatlicher Ankläger: Wie lange und in welcher Eigenschaft dienten Sie im Stab der 13. Armee?

Zeuge Mishina: In der 13. Armee diente ich von 1941 bis 1943 als Chef der Aufklärungsabteilung des Stabes der 13. Armee.

Frage: Wo war die 13. Armee disloziert?

Antwort: Der Armeestab befand sich in Schanghai.

Frage: Was war der Sinn der sogenannten Tschekianger Operation, die von der 13. Armee unternommen wurde? Wann traf der Befehl über den Beginn dieser Operation ein?

Antwort: Die Tschekianger Operation wurde 1942 unternommen, und zwar auf Befehl des Oberbefehlshabers der japanischen Expeditionstruppen in China General Hata. Der Befehl war von März 1942 datiert.

Frage: Worin bestand die Tschekianger Operation?

Antwort: Laut Befehl des Oberbefehlshabers sollten im Zuge dieser Operation die chinesischen Streitkräfte, und zwar das Tsientsiner Lager und andere Kräfte im Raum von Tschekiang längs der Eisenbahnlinie Tsinhua—Luni—Tsuihsien—Juschan (für die Genauigkeit bürge ich nicht), vernichtet werden.

Frage: Welche japanischen Armeen nahmen an der Tschekianger Operation teil?

Antwort: An dieser Operation nahmen fast die ganze 13. Armee sowie einzelne Truppenteile der 11. Armee teil, deren Stab in Hankou stationiert war. Außerdem wurden ihr Sonderformationen beigegeben.

Frage: Was ist Ihnen über die bakteriologischen Sonderformationen bekannt, die den Einheiten der 13. Armee beigegeben wurden?

Antwort: Der 13. Armee wurde ein bakteriologisches Sonderkommando beigegeben, das sich aus Mitarbeitern der Nankinger Abteilung „Ej" zusammensetzte.

Frage: Wann wurde der Rückzug der 11. und der 13. Armee begonnen?

Antwort: Die 13. Armee begann den Rückzug im August 1942 und die 11. Armee ebenfalls um diese Zeit. Beide Armeen gingen auf ihre vorherigen Stellungen zurück.

Frage: Sagen Sie, wann traf Generalmajor Shiro Ishii im Gefechtsraum ein?

Antwort: Generalmajor Shiro Ishii traf am 24. oder 25. August im Gefechtsraum ein.

Frage: Wurde im Zusammenhang mit der Ankunft Generalmajors Shiro Ishii im Stab der 13. Armee eine Besprechung einberufen?

Antwort: Nach der Ankunft Generalmajors Shiro Ishii wurde im Stab der 13. Armee eine geheime Besprechung einberufen, an der außer Shiro Ishii der Oberbefehlshaber der 13. Armee sowie der Stabschef der Armee und der Chef der strategisch-operativen Abteilung des Armeestabs teilnahmen.

Frage: Traf Generalmajor Shiro Ishii bei der 13. Armee allein ein oder begleitete ihn eine Gruppe von Offizieren?

Antwort: Ich erinnere mich, daß mit Generalmajor Shiro Ishii zwei oder drei Militärärzte im Flugzeug eintrafen.

Frage: Blieb Generalmajor Shiro Ishii nach dieser Besprechung im Stab der 13. Armee oder verließ er ihn?

Antwort: Generalmajor Shiro Ishii begab sich am gleichen Tag nach dem Mittagessen im Flugzeug nach Nanking, die zwei oder drei Offiziere, die mit ihm im Armeestab eingetroffen waren, blieben jedoch zurück.

Frage: Erzählen Sie alles, was Ihnen über die Verwendung von Pestbazillen durch die japanischen Truppen während der Tschekianger Operation bekannt ist.

Antwort: Wie ich bereits sagte, begann die 13. Armee den Rückzug laut Befehl des Oberbefehlshabers der japanischen Expeditionstruppen in China am 20. August. Der Armeestab zog sich am 31. August von Tsuihsien zurück, während die zwei oder drei Offiziere, die mit General Ishii eingetroffen waren, daselbst blieben. Mir als Mitarbeiter des Stabes der 13. Armee war bekannt, daß diese Offiziere gemeinsam mit den Seuchenabwehrkommandos der Vorausabteilungen an der Front Pestbazillen zerstäubten. Ich werde später sagen, woher ich das weiß. Der Armeestab zog sich, wie gesagt, aus Tsuihsien zurück, traf in Tsinhua ein, wo er ungefähr zwei Wochen blieb, und begab sich dann am 18.—19. September nach Schanghai.

Mir wurde ein Dokument zugestellt, das die an der Front operierenden Truppen von der chinesischen Armee erbeutet hatten. Dieses Dokument, das mir im September zugestellt wurde, hatte unser Truppenteil erbeutet, als er den Ort einnahm, wo sich der Stab einer uns unbekannten chinesischen Division befunden hatte.

Soviel ich mich erinnere, war dieses Schriftstück von Anfang September datiert. Es war ein Funkspruch und enthielt den Befehl des Stabes einer chinesischen Armee an einen ihrer Divisionskommandeure. In dem Befehl hieß es, daß die japanische Armee während der Tschekianger Operation die Ortschaften im Raum von Tsuihsien beim Rückzug mit Pest verseucht habe, daß dem besondere Aufmerksamkeit geschenkt und Vorsichtsmaßregeln getroffen werden müßten. Dieser Befehl war hektographiert. Besonders hervorgehoben wurde in ihm der bestialische Charakter der japanischen Handlungsweise.

Frage: Berichteten Sie dem Oberbefehlshaber der 13. Armee, daß Sie im Besitze eines chinesischen Schriftstückes sind, in dem vom Einsatz bakteriologischer Kampfmittel durch die japanischen Truppen während der Tschekianger Operation die Rede ist?

Antwort: Jawohl, ich setzte den Oberbefehlshaber der Armee und den Stabschef davon in Kenntnis.

Frage: Wie reagierten sie auf Ihre Meldung?

Antwort: Sie machten sich mit meiner Information bekannt, bestätigten unterschriftlich, daß sie das Dokument gelesen haben, und das war alles.

Frage: Wer hat die Verseuchung der Gegend, von der in dem chinesischen Schriftstück die Rede war, mit Pestbazillen vorgenommen?

Antwort: Ich war nicht Augenzeuge dieser Operation. Die Tatsache jedoch, daß eine Besprechung einberufen wurde, die General Ishii mit dem Oberbefehlshaber der 13. Armee am 24. oder 25. August durchführte, ferner die Tatsache, daß Ishii drei Offiziere der Abteilung 731 in der 13. Armee zurückließ, und schließlich der Umstand, daß von der Nankinger Abteilung „Ej" ein Sonderkommando des Seuchenabwehrdienstes der 13. Armee beigegeben wurde, geben mir Anlaß zu dem Schluß, daß diese Operation unter der Gesamtleitung Generalmajors Ishii und unter unmittelbarer Leitung der Offiziere, die er zurückließ, von den Mitarbeitern der Nankinger Abteilung unternommen wurde.

Staatlicher Ankläger: Ich habe keine Fragen mehr an den Zeugen.

Gerichtsvorsitzender: Außer den vernommenen Zeugen

28*

wurden die Zeugen Kanasawa, Mineoi, Sakurashita und Fukusumi zur Gerichtsverhandlung geladen. Da die Fragen, derentwegen diese Zeugen vorgeladen wurden, in der Verhandlung zur Genüge geklärt wurden und ihre Vernehmung sich erübrigt, hat das Militärtribunal auf Grund Artikel 394 der Strafprozeßordnung der RSFSR beschlossen, die erwähnten Zeugen nicht zu vernehmen.

Das Gericht geht zur Verlesung des Gutachtens der Sachverständigen über. Das schriftliche Sachverständigengutachten wird für die Angeklagten gleichzeitig in japanischer Sprache übertragen.

Das Wort zur Verlesung des schriftlichen Sachverständigengutachtens hat das Wirkliche Mitglied der Akademie der medizinischen Wissenschaften der UdSSR Shukow-Wereshnikow.

Der Sachverständige Shukow-Wereshnikow verliest das Sachverständigengutachten, das dem Protokoll der Gerichtsverhandlung beigefügt wird.*

Gerichtsvorsitzender: Genosse staatlicher Ankläger, haben Sie Fragen an die Sachverständigen?

Staatlicher Ankläger: Die staatliche Anklagevertretung hat keine Fragen an die Sachverständigen.

Gerichtsvorsitzender: Hat die Verteidigung Fragen an die Sachverständigen?

Rechtsanwalt Borowik: Die Verteidigung hat keine Fragen an die Sachverständigen.

Gerichtsvorsitzender: Dolmetscher, erklären Sie den Angeklagten, daß die Parteien, d. h. die staatliche Anklagevertretung und die Verteidigung, keine zusätzlichen Fragen an die Sachverständigen gestellt haben.

(Der Dolmetscher übersetzt die Erklärung des Tribunalvorsitzenden.)

Haben die Angeklagten zusätzliche Fragen an die Sachverständigen?

Dolmetscher: Jawohl.

---

* Siehe S. 442.

Gerichtsvorsitzender: Wer von den Angeklagten hat Fragen?

Dolmetscher. Der Angeklagte Shundsi Sato.

Gerichtsvorsitzender: Angeklagter Sato, treten Sie ans Mikrophon. Legen Sie dem Gericht dar, welche zusätzlichen Fragen Sie an die Sachverständigen haben.

Angeklagter Sato: Ich bitte, in bezug auf die Leistungsfähigkeit der Abteilung „Ej" 1644 eine Änderung vorzunehmen. Es muß heißen, daß nicht 10 kg Pestbazillen erzeugt wurden — Pestbazillen gehen rasch ein —, sondern 10 kg Bakterien, die sich leicht lagern lassen, wie Typhus-, Paratyphus- u. a. Bazillen.

Gerichtsvorsitzender: Sachverständiger Shukow-Wereshnikow, wie ist Ihre Meinung betreffs der Erklärung des Angeklagten Sato?

Sachverständiger Shukow-Wereshnikow: Die Sachverständigen werden diese Frage untersuchen und ihre Meinung dem Gericht äußern.

Gerichtsvorsitzender: Angeklagter Sato, Ihre Erklärung wird von den Sachverständigen geprüft und die Ergebnisse werden Ihnen bekanntgemacht. Setzen Sie sich, Angeklagter Sato. Haben die anderen Angeklagten Fragen?

Dolmetscher: Der Angeklagte Karasawa hat eine Frage.

Gerichtsvorsitzender: Angeklagter Karasawa, treten Sie ans Mikrophon. Legen Sie dem Gericht dar, welche zusätzliche Frage Sie an die Sachverständigen haben.

Angeklagter Karasawa: Ich möchte ebenfalls eine Änderung am Gutachten der Sachverständigenkommission bezüglich der Leistungsfähigkeit der Abteilung 731 vorschlagen, und zwar an der Stelle, wo gesagt wird, daß die Abteilung gewöhnlich bis 300 kg Bakterien monatlich hergestellt hat. Denn das war keine gewöhnliche Erscheinung, das war nur unter optimalen Voraussetzungen möglich, wenn die ganze Einrichtung der Abteilung voll eingesetzt wurde. In der Praxis aber wurde nur ein Drittel dieser Menge hergestellt und nicht 300 kg Bakterien.

Gerichtsvorsitzender: Ich bitte die Sachverständigen, diese Erklärung zu berücksichtigen.

Sachverständiger Shukow-Wereshnikow: Der Angeklagte Karasawa hat die Übersetzung nicht genau verfolgt. Im Gutachten heißt es: „So sagte der Angeklagte Karasawa in der Voruntersuchung aus, daß man die Produktionskapazität bis zu einer Erzeugung von 300 kg Pestbazillen monatlich steigern konnte."

Angeklagter Karasawa: Wenn das in dem Sinne zu verstehen ist, daß es möglich war, eine solche Menge zu erzielen, so bin ich einverstanden. Dann habe ich mich vorher verhört.

Gerichtsvorsitzender: Eben in diesem Sinne äußert sich das Gutachten.

Angeklagter Karasawa: Dann habe ich keine Fragen.

Gerichtsvorsitzender: Setzen Sie sich, Angeklagter Karasawa. Hat sonst noch jemand Fragen?

Dolmetscher: Sonst hat niemand mehr Fragen.

Gerichtsvorsitzender: Das Gericht fragt die Parteien, womit sie die Gerichtsverhandlung ergänzen möchten.

Staatlicher Ankläger: Gemäß Artikel 303 der Strafprozeßordnung der RSFSR ersucht die staatliche Anklagevertretung das Tribunal, eine Reihe von Schriftstücken zu verlesen, die zu den Gerichtsakten genommen wurden. Vor allem ersucht die staatliche Anklagevertretung das Gericht, die Aussagen des Zeugen Jamagishi (Bd. 2, Bl. 174) und des Zeugen Iidsima (Bd. 6, Bl. 242) zu verlesen.

Außerdem ersuche ich das Gericht, den Operationsbefehl der Kwantungarmee Nr. 659-Hej zu verlesen, der in Band 15, Blatt 35, enthalten ist. Ferner suche ich um die Verlesung des Befehls der Feldeisenbahnverwaltung der Kwantungarmee unter Nr. 176 an, der in Band 15, Blatt 37, zu finden ist.

Desgleichen ersuche ich das Gericht, Auszüge aus der stenographischen Aufzeichnung der Sitzung des Zentralen Verteidigungskomitees des sogenannten Mandschukuo (Bd. 22, Bl. 3) zu verlesen.

Die staatliche Anklagevertretung ersucht das Tribunal

ferner, einen Auszug aus dem dritten Kapitel der von der 2. Abteilung der Verwaltung des Landheeres des japanischen kaiserlichen Hauptquartiers herausgegebenen Instruktion über die Taktik des Streifzug- und Sabotagekrieges vom 20. Januar 1944 (Bd. 22, Bl. 24) zu verlesen, das von wesentlicher Beweiskraft ist. Schließlich ersuche ich das Gericht, die Tatsache zu bestätigen, daß in der auf Blatt 28/29 in Band 22 enthaltenen Direktive über den Einsatz von Sabotagekolonnen, die vom japanischen kaiserlichen Hauptquartier erlassen wurde, auf bakteriologische „Zerstäuberpistolen" in Form von Füllfederhaltern hingewiesen wird.

Darauf beschränken sich meine Ansuchen an das Tribunal betreffs Ergänzung der Gerichtsverhandlung.

(Die Anträge des Staatsanwalts werden in die japanische Sprache übersetzt.)

Gerichtsvorsitzender: Das Militärtribunal hat beschlossen, die Aussagen Iidsimas, der am 20. Oktober 1949 als Zeuge verhört wurde, zu verlesen. Gleichzeitig können die Angeklagten die Aussagen des Zeugen in japanischer Sprache hören.

(Die Aussagen des Zeugen werden gleichzeitig in japanischer Sprache verlesen.*)

Zur Verlesung gelangen die Aussagen von Kendsi Jamagishi vom 21. Oktober 1949. Die Angeklagten können diese Aussagen gleichfalls in japanischer Sprache hören.

(Die Aussagen werden in japanischer Sprache verlesen.**)

Zur Verlesung gelangt der Operationsbefehl der Kwantungarmee Nr. 659-Hej.

(Der Befehl wird gleichfalls in japanischer Sprache verlesen.***)

Zur Verlesung gelangt der Befehl der Feldeisenbahnverwaltung der Kwantungarme vom 26. Juli 1940.

Staatlicher Ankläger: Ich ersuche, den Vermerk zu diesem Befehl zu verlesen, daß in der Rubrik des Transport-

---

* Siehe S. 161.
** Siehe S. 166.
*** Siehe S. 223.

plans folgende Fahrtroute vorgesehen war: Pingfan—Charbin — Sinking — Mukden — Schanhaikuan — Tientsin — Schanghai.

Gerichtsvorsitzender: Der Befehl und der Vermerk werden in japanischer Sprache verlesen.*

Das nächste Schriftstück: „Taktik des Streifzug- und Sabotagekrieges", gelangt zur Verlesung.

Das genannte Schriftstück wird gleichfalls in japanischer Sprache verlesen.**

Auf Ersuchen des staatlichen Anklägers bestätigt das Gericht, daß in Band 22 auf Blatt 28/29 eine von der 2. Abteilung des Landheeres des kaiserlichen Hauptquartiers am 20. Januar 1944 verfaßte Direktive über den Einsatz von Sabotagekolonnen enthalten ist und daß in ihr „Zerstäuberpistolen in Form von Füllfederhaltern" erwähnt werden.

Genosse staatlicher Ankläger, haben Sie sonst noch Ansuchen?

Staatlicher Ankläger: Nein.

Gerichtsvorsitzender: Hat die Verteidigung Ansuchen betreffs Ergänzung der Gerichtsverhandlung?

Rechtsanwalt Borowik: Die Verteidigung hat zur Ergänzung der Gerichtsverhandlung nichts vorzubringen.

Gerichtsvorsitzender: Angeklagte, haben Sie Ansuchen betreffs Ergänzung der Gerichtsverhandlung?

Dolmetscher: Die Angeklagten fragen an, was unter diesen Ansuchen zu verstehen sei.

Gerichtsvorsitzender: Möchten sie irgendwelche Schriftstücke verlesen lassen, ihre Erklärungen ergänzen oder die Aussagen von Zeugen verlesen lassen, die vom Gericht nicht vernommen wurden, deren Aussagen aber den Angeklagten bekannt sind.

(Der Dolmetscher übersetzt die Erläuterung des Gerichtsvorsitzenden.)

Angeklagter Jamada: Ich habe eine Ergänzung.

---

* Siehe S. 231—233.

** Siehe S. 211.

Gerichtsvorsitzender: Angeklagter Jamada, treten Sie ans Mikrophon. Was für ein Ansuchen haben Sie?

Angeklagter Jamada: Ich möchte alles, was ich hier, auf der Gerichtsverhandlung und in der Voruntersuchung gehört habe, resümieren.

Gerichtsvorsitzender: Dolmetscher, machen Sie dem Angeklagten Jamada klar, daß er das im letzten Wort tun kann, das ihm später erteilt wird, jetzt aber handelt es sich darum, ob jemand Ansuchen zur Ergänzung der Verhandlung: Verlesung von Aussagen usw., hat.

(Der Dolmetscher macht dem Angeklagten Jamada die Erläuterung des Gerichtsvorsitzenden klar.)

Angeklagter Jamada: Ich verstehe.

Gerichtsvorsitzender: Setzen Sie sich, Angeklagter Jamada.

Ich bitte die medizinischen Gerichtssachverständigen, ihre Meinung betreffs der Erklärung des Angeklagten Sato zu äußern.

Sachverständiger Shukow-Wereshnikow: Wir haben die Erklärung des Angeklagten Sato geprüft. Im Gutachten heißt es: „Geht man von den Aussagen des Angeklagten Sato aus" und nicht „Nach den Aussagen des Angeklagten Sato".

Gerichtsvorsitzender: Übersetzen Sie die Erläuterung der medizinischen Gerichtssachverständigen.

(Die Erläuterung der Sachverständigen wird in die japanische Sprache übersetzt.)

Angeklagter Sato, ist Ihnen die Auskunft der Sachverständigen verständlich?

Angeklagter Sato: Wenn im Wortlaut Ihres Gutachtens die Worte 10 kg „Pestbazillen" gestrichen werden, habe ich keine Einwände. Hierunter sind 10 kg Bakterien, aber nicht Pestbazillen zu verstehen.

Gerichtsvorsitzender: Angeklagter Sato, das Gericht wird Ihre Erklärung berücksichtigen und behandeln. Bitte setzen Sie sich.

Sachverständigengutachten

GUTACHTEN

DER MEDIZINISCHEN GERICHTSSACHVERSTÄNDIGEN ÜBER DIE VOM MILITÄRTRIBUNAL IN DER GERICHTSVERHANDLUNG FORMULIERTEN FRAGEN HINSICHTLICH DER STRAFSACHE GEGEN DIE EHEMALIGEN ANGEHÖRIGEN DER JAPANISCHEN ARMEE OTOSOO JAMADA, RIUDSI KADSITSUKA, TAKAATSU TAKAHASHI, KIOSHI KAWASHIMA, SHUNDSI SATO, TOMIO KARASAWA, TOSHIHIDE NISHI, MASAO ONOUE, DSENSAKU HIRASAKURA UND ANDERE, DIE DER VORBEREITUNG UND ANWENDUNG DER BAKTERIENWAFFE ANGEKLAGT SIND

Wir Endesunterzeichneten: Wirkliches Mitglied der Akademie der medizinischen Wissenschaften der UdSSR N. N. Shukow-Wereshnikow, Oberstarzt W. D. Krasnow, Lehrstuhlleiter für Mikrobiologie am Chabarowsker medizinischen Institut Professor N. N. Kossarew, Dozentin des Lehrstuhls für Mikrobiologie am Chabarowsker medizinischen Institut J. G. Liwkina, Oberfeldveterinär N. A. Alexandrow und Parasitologin O. L. Koslowskaja geben auf Grund unserer persönlichen Anwesenheit in der Gerichtsverhandlung und des Studiums der Materialien der Voruntersuchung in der erwähnten Strafsache über die vom Militärtribunal am 28. Dezember 1949 formulierten Fragen folgendes Gutachten ab:

I. Frage: Welchem Zweck diente die Experimental- und Produktionstätigkeit der Abteilungen 731 und 100 der japanischen Kwantungarmee und der Abteilung „Ej“ 1644 der japanischen Expeditionsarmee in China?

Antwort: ***Die Experimental- und Produktionstätigkeit der Abteilungen 731, 100 und 1644 diente ihrem spezifischen Charakter und besonderem Inhalt nach dem Zweck, die Bakterienwaffe zu erforschen und herzustellen sowie entsprechende Einsatzverfahren zu studieren.***

Dies Gutachten gründet sich auf folgende Angaben:

1. Der Tätigkeit der Abteilungen 731, 100 und 1644 lag die Absicht zugrunde, die Fähigkeit krankheitserregender Bakterien zur raschen Vermehrung und Verbreitung unter Menschen, Tieren und Pflanzen für aggressive Kriegszwecke auszunutzen. Die gesamte Forschungstätigkeit dieser Abteilungen trug einen bestimmten zielstrebigen Charakter, der mit den Aufgaben humaner Wissenschaft unvereinbar war und diesen Aufgaben direkt widersprach.

Sind die Bemühungen der medizinischen Mikrobiologie darauf gerichtet, die Virulenz, die Giftstärke von Mikroben abzuschwächen und sie unwirksam zu machen, so befaßten sich die erwähnten Abteilungen der japanischen Armee energisch damit, die krankheitserregende Wirkung der Mikroben zu verstärken.

Studiert und erarbeitet die Epidemiologie seit Jahrhunderten Verfahren der Seuchenbekämpfung und -verhütung, so arbeiteten die Abteilungen Verfahren aus, um diese Seuchen künstlich zu erregen und zu verbreiten.

Hat das Sanitätswesen die Aufgabe, die Faktoren zu beseitigen, die eine Verbreitung von Krankheiten begünstigen, so befaßten sich die Abteilungen mit der Erforschung, der Züchtung und Verbreitung von Dutzenden Millionen Flöhen als Pestträger.

Gewährleisten die Landwirtschafts- und Veterinärwissenschaften dank umfassender Arbeiten eine Vergrößerung der Ernteerträge von Nutzpflanzen und des Viehbestandes, so arbeiteten die Abteilungen Verfahren aus, um Roggen- und Weizensaaten sowie Rinder-, Pferde- und Schafherden zu vernichten, und stellten sich sogar die Aufgabe, den Boden auf lange Zeit mit Milzbrand zu verseuchen, von dem Bestreben geleitet, die Bestellung dieses Bodens durch den Menschen zu erschweren.

2. In den Abteilungen wurde die krankheitserregende Wirkung verschiedenartiger Mikroben erforscht, um die für einen Bakterienkrieg effektivsten Arten auszuwählen.

Bei dieser Forschungstätigkeit wurden in breitem Maße barbarische Experimente an lebenden Menschen angestellt, die man in einem speziell hierfür gebauten Gefängnis hielt, dessen Leiter ein „wissenschaftlicher" Mitarbeiter war.

3. In den Abteilungen wurden Verfahren zur intensiven Züchtung großer Mengen krankheitserregender Mikroben studiert und ausgearbeitet. Diese Verfahren fanden dann Anwendung, um im Zuge der praktischen Bereitstellung der Bakterienwaffe massenhaft Mikroben zu kultivieren.

Die Möglichkeit, daß diese Bakterienmassen für die Herstellung von Impfstoffen bestimmt waren, ist absolut ausgeschlossen. Bezeichnenderweise erschwerte die Verwendung speziell konstruierter Kultivatoren des Systems Shiro Ishii, wie die Angeklagten aussagten, die Gewährleistung von Sterilität, die absolut notwendig gewesen wäre, wenn diese Apparatur zur Herstellung von Impfstoffen gedient hätte. Auch andere Besonderheiten bei der Erzeugung der Bakterienmassen in den Abteilungen zeugen unbestreitbar davon, daß sie den Zwecken eines Bakterienkrieges diente. Die wichtigste dieser Besonderheiten war die abschließende Produktionsphase. Der Produktionszyklus endete mit der Entstehung virulenter Mikroben, die nicht, wie beispielsweise bei der Impfstofferzeugung, abgetötet, sondern lebend ausgegeben und für die künstliche Masseninfizierung von Menschen verwendet wurden.

4. Die Forschungs- und Produktionstätigkeit der Abteilung 731 auf dem Gebiete der Züchtung von Flöhen und ihrer nachfolgenden Infizierung mit Pest konnte ihrem ganzen Charakter und ihrem Riesenausmaß nach absolut nicht mit einer wissenschaftlich-medizinischen Arbeit zusammen-

hängen, sondern nur das Ziel verfolgen, zwecks barbarischer Massenvernichtung von Menschen Bakterienwaffen zu erzeugen.

Der Wissenschaft ist die biologische Erscheinung bekannt, wonach die Pestmikrobe die natürliche Fähigkeit besitzt, sich im Organismus der Flöhe lange Zeit zu erhalten und sogar zu vermehren. Diese Erscheinung wurde von den Abteilungen für aggressive Kriegsziele ausgenutzt. Aus den Materialien der Beweisaufnahme geht hervor, daß die Abteilungen 731 und 1644 bei der Verwendung der Flöhe von der „Theorie" des Ideologen des Bakterienkrieges Shiro Ishii ausgingen, aus der sich ergab, daß im gegebenen Falle die Flöhe dazu dienten, die Pestbazillen vor der Einwirkung von Umweltfaktoren zu bewahren. Entsprechend dieser „Theorie" erhielten die Bakterien durch den Flohorganismus gewissermaßen eine lebende Schutzhülle. Die pestinfizierten Flöhe überfielen auf der Nahrungssuche den Menschen und infizierten ihn durch ihre Bisse. Somit dienten die Flöhe zur Erhaltung der Bakterien, ihrer Übertragung auf den Menschen und dessen unmittelbarer Infizierung.

Die Sachverständigen stellen fest, daß in der Abteilung 731 unter der Leitung Shiro Ishiis Methoden für die Massenvermehrung von Flöhen, ihre nachfolgende Ansteckung mit Pest und ihre Verwendung zu Kriegszwecken ausgearbeitet wurden.

5. Welchem Zweck die Experimentaltätigkeit in den Abteilungen 731 und 100 diente, ergibt sich auch genügend klar aus solchen Erfindungen wie der Konstruktion von bakteriologischen Fliegerbomben, Artilleriegeschossen, Vorrichtungen für die Verstreuung von Bakterien und Flöhen aus Flugzeugen sowie aus der Ausfindigmachung von Verfahren, Wasserbecken, Lebensmittel, Futtermittel und Gelände zu verseuchen.

6. In der Abteilung 100 wurde daran gearbeitet, die effektivsten Verfahren für die Verseuchung von Vieh und Nutzpflanzen zu erforschen. Für diese Zwecke benutzte die Abteilung Milzbrand- und Rotzmikroben sowie andere Erre-

ger von Tier- und Pflanzenkrankheiten. In derselben Abteilung wurden Versuche angestellt, den Boden mit Milzbrandbazillen zu verseuchen und ihn auf diese Weise für die Bestellung durch den Menschen unbrauchbar zu machen.

7. Alle in den vorausgegangenen Punkten erwähnten Forschungsarbeiten gipfelten in Übungsplatzversuchen, die dem Zweck dienten, die Wirkung dieser oder jener Art der Bakterienwaffe bzw. ihres Einsatzverfahrens zu beurteilen. Bei der Durchführung dieser Versuche wurden ebenso wie bei den Laboratoriumsversuchen als „Versuchsobjekte" lebende Menschen benutzt. Eine Bakterienwaffe galt als geeignet für die Erprobung unter Frontverhältnissen, wenn bereits bei ihrer Anwendung unter Übungsplatzbedingungen die verbrecherischen Ziele, nämlich die gewaltsame Infektion und der Tod von Menschen, erreicht wurden. So erprobte man mit Pest- und Milzbrandbazillen gefüllte Bomben und studierte auch die Wirkung von Bomben, die mit pestinfizierten Flöhen gefüllt waren. Die auf Grund der Übungsplatzversuche gutgeheißenen Muster der Bakterienwaffe wurden unter Frontverhältnissen ausprobiert.

Somit diente die Experimental- und Produktionstätigkeit der Abteilungen dem Zweck, die Bakterienwaffe sowie ihre Einsatzverfahren im Interesse der Führung eines aggressiven Bakterienkrieges zu studieren und zu erzeugen.

II. Frage: Über welche Produktionsmöglichkeiten verfügten diese Abteilungen, um die japanische Armee mit der Bakterienwaffe zu versorgen?

Antwort: *Um die japanische Armee mit der Bakterienwaffe zu versorgen, verfügten die Abteilungen über große Produktionsmöglichkeiten.*

Dies Gutachten gründet sich auf folgende Angaben.

1. Für die Massenzüchtung krankheitserregender Mikroben besaß die Abteilung 731 leistungsfähige technische Sonderanlagen, die es ihr erlaubten, innerhalb kurzer Fristen riesige Mengen solcher krankheitserregender Mikroben zu

züchten, wie es die Pest-, Cholera-, Unterleibstyphus-, Milzbrand- u. a. Bazillen sind.

Ausgehend von den Aussagen des Angeklagten Karasawa über die Produktionskapazität des wichtigsten Kettengliedes der für die Züchtung von Mikroben in der Abteilung 731 vorhandenen Einrichtung, nämlich der Kessel zur Herstellung von Nährböden, errechneten die Sachverständigen, daß diese wie auch die sonstige in der Abteilung verfügbare Einrichtung in einem normalen Produktionszyklus, der alles in allem einige Tage dauerte, bei Arten mit durchschnittlicher Vermehrungsintensität die Kultivierung von nicht weniger als 30 000 Billionen Mikroben gewährleisten konnte. Die Sachverständigen unterstreichen, daß man diese Mikrobenmengen, wenn man die kurzen Herstellungsfristen und die endgültige Bestimmung der „Erzeugnisse" dieser Produktion berücksichtigt, als außerordentlich groß betrachten muß. Bei voller Belastung der Kessel für die Herstellung von Nährböden und bei forcierter Produktion konnte die Abteilung in einem Zyklus, abhängig von der Art des Erregers, 40 000 Billionen Mikroben und mehr erzeugen.

Um die Riesenmengen der als Bakterienwaffe dienenden Mikroben zu messen, griffen die Mitarbeiter der Abteilungen zur Gewichtseinheit von Kilogrammen, wobei von der zähflüssigen, sahneartigen Bakterienmasse die Rede ist, die unmittelbar von der Oberfläche des harten Nährbodens abgeschöpft wurde. So sagte der Angeklagte Karasawa in der Voruntersuchung über die Produktionskapazität der Abteilung 731 aus, daß man sie bis zu einer Erzeugung von 300 kg Pestbazillen monatlich steigern konnte. Ein anderer Angeklagter, Kawashima, sagte gleichfalls aus, daß die Abteilung „... monatlich bis zu 300 kg Pestbazillen herstellen konnte". Beide Angeklagten bestätigten diese Zahlen auch in ihren Aussagen bei der Beweisaufnahme und ergänzten sie durch den Hinweis, daß die Abteilung allmonatlich 800—900 kg Milzbrandbazillen und 1000 kg Cholerabazillen erzeugen konnte. Bei der Analyse der monatlichen Produktivität der Abteilung stellte sich heraus, daß das

447

bestehende System für die Vervollständigung der Einrichtung es erlaubte, in bestimmten Zeitabschnitten die Produktionstempi beträchtlich zu erhöhen. Diese Eigenheit des Produktionssystems hing zweifellos mit der militärischen Spezifität der Arbeit in der Abteilung 731 zusammen. Dementsprechend ermöglichten Beschaffenheit und Ausmaß der Einrichtung in der Abteilung 731 den Ablauf mehrerer gleichzeitiger Produktionszyklen, was die monatliche Produktivität der Abteilung auf viele hunderttausende Billionen Bakterien sogar bei Erregern mit durchschnittlicher Vermehrungsgeschwindigkeit brachte.

Die Leistungsfähigkeit der Abteilung „Ej" 1644 war etwas geringer. Geht man von den Aussagen des Angeklagten Sato aus, so kann man annehmen, daß diese Abteilung in einem Produktionszyklus nicht weniger als 10 kg Pestbazillen erzeugen konnte. Die Abteilung 100 verfügte gleichfalls über eine hinreichend leistungsfähige Einrichtung, um Mikroben, die bei Tieren und Pflanzen Krankheiten hervorrufen, zu vermehren.

2. Was die Züchtung von Flöhen betrifft, so wurden die Produktionsmöglichkeiten der Abteilung 731 durch das Vorhandensein von 4500 „Flohbrutkästen" (Inkubatoren) bestimmt, die zur Vermehrung der Flöhe dienten. Diese Inkubatoren ermöglichten es, innerhalb kurzer Zeiträume Dutzende Kilogramm von Flöhen zu erhalten, was vielen Dutzend Millionen Flöhen entspricht, die anschließend mit Pest infiziert wurden, um als Bakterienwaffe Verwendung zu finden.

Faktisch war die „Produktivität" der Abteilung 731 gleich 45 kg Flöhen in drei bis vier Monaten. Es sei hier vermerkt, daß 45 kg Flöhe im Durchschnitt ungefähr 145 Millionen Exemplare dieser parasitären Insekten enthielten. Die potentielle Leistungsfähigkeit der Abteilung war indes größer, denn ihr Chef Shiro Ishii projektierte im Jahre 1945 eine Steigerung der Erzeugung von Pestflöhen auf 60, später sogar auf 200 kg in denselben Fristen. Die Abteilung 1644 verfügte gleichfalls über erhebliche Möglichkeiten,

Flöhe zu züchten. Diese beiden Abteilungen besaßen ein Netz von Zweigstellen mit Hunderten von Mitarbeitern, mit deren Hilfe wilde Nagetiere beschafft wurden, die zur Ernährung der Flöhe und zur Vermehrung dieser Parasiten dienten.

3. Um die Wirkung der erzeugten Bakterienwaffe zu erproben, verfügten die Abteilungen über einen Übungsplatz, einen Flugplatz, Flugzeuge und beträchtliche Geldsummen, die sie verbrauchten, um die Experimentaltätigkeit sicherzustellen.

Das Oberkommando der Kwantungarmee gab den Abteilungen weitgehende Möglichkeit, mit unglaublicher Brutalität „Versuche" an hunderten und tausenden „Versuchspersonen" vorzunehmen, die im Gefängnis der Abteilung 731 gehalten wurden. In diesem Gefängnis und auf dem Übungsplatz wurden durch gewaltsame Infizierung und auf andere Weise ungefähr 3000 Menschen ermordet.

Somit waren die Möglichkeiten der Abteilungen 731, 100 und 1644, die Bakterienwaffe zu erzeugen und zu erproben, außerordentlich groß. Sie wurden den Abteilungen verschafft, um eine möglichst vollständige Versorgung der japanischen Truppen mit der Bakterienwaffe zu gewährleisten.

III. Frage: Wie groß war die Gefahr der Bakterienüberfälle, die von der Abteilung 731 in den Jahren 1940, 1941 und 1942 auf Bezirke Zentralchinas unternommen wurden?

Antwort: *Die Gefahr der Überfälle, die von der Abteilung 731 in den Jahren 1940, 1941 und 1942 auf Bezirke Zentralchinas unternommen wurden, war sehr groß und ergab sich sowohl aus der Auswahl der verwendeten Mikroben — der Erreger gefährlicher Infektionskrankheiten — als auch aus der Verbreitungsart dieser Mikroben bei den bakteriologischen Überfällen.*

Dies Gutachten gründet sich auf folgende Angaben:

Die langjährige Vorbereitung der von Shiro Ishii geleiteten Abteilung 731 zu einem Bakterienkrieg verließ den Rahmen reiner Experimentaltätigkeit und ermöglichte es, die Bakterienwaffe praktisch anzuwenden. Dementsprechend praktizierte die Abteilung 731 die Ausrüstung militärischer Expeditionen, um die Bakterienwaffe in einer Reihe chinesischer Bezirke einzusetzen.

Im Jahre 1940 begab sich unter persönlicher Leitung Shiro Ishiis eine militärische Expedition der Abteilung 731, die mit Bakterienmassen, und zwar Erregern von Unterleibstyphus und Cholera, sowie mit einer großen Anzahl pestinfizierter Flöhe ausgerüstet war, nach China, in die Gegend der Stadt Nimpo. Infolge des Einsatzes pestinfizierter Flöhe mittels ihrer Verstreuung vom Flugzeug brach im Raum der Stadt Nimpo eine Pestseuche aus. Die technischen Besonderheiten bei der Organisierung und dem Vorgehen dieser Expedition lassen erkennen, daß die Masseninfizierung von Menschen in großem Maßstab verwirklicht wurde. In Anbetracht der Kriegsverhältnisse und der damit zusammenhängenden Fluktuation der Bevölkerung stellte die Tätigkeit dieser Expedition, besonders hinsichtlich der Verbreitung einer Pestseuche, für die Bevölkerung nicht nur des Raumes von Nimpo, sondern auch vieler anliegender chinesischer Gebiete eine sehr große Gefahr dar.

Eine analoge Expedition erfolgte 1941 in dem Raum der Stadt Tschangte, wo durch vom Flugzeug abgeworfene Pestflöhe das Gelände verseucht wurde. Die Gefahr dieser Expedition war nicht geringer als bei der vorausgegangenen.

Im Jahre 1942 wurde von der Abteilung 731 mit Hilfe der Abteilung 1644 eine neue militärische Expedition nach Zentralchina entsandt, die gleichfalls unter der Leitung Shiro Ishiis stand. Diese Expedition verfolgte das Hauptziel, den Boden zu verseuchen, um für die vorrückenden chinesischen Truppen eine infizierte Zone zu schaffen. Dabei griff man zur Verseuchung von Trinkwasser und Lebensmitteln mit Unterleibstyphus- und Paratyphusbazillen sowie zur Verbreitung pestinfizierter Flöhe. Die Analyse der Besonderheiten beim Vorgehen dieser Expedition führte die Sachverständigen zu dem Schluß, daß auch in diesem Falle eine große Gefahr, vor allem für die friedliche chinesische Bevölkerung, vorhanden war. Beim Rückzug der japanischen Truppen wurden Wohnhäuser und allgemein benutzte Brunnen verseucht sowie Lebensmittel zurückgelassen, die mit Unterleibstyphus- und Paratyphusbazillen infiziert waren. Bei diesem Einsatzverfahren der Bakterienwaffe wurden folglich in erster Linie die friedlichen Einwohner betroffen und dann die vorrückenden chinesischen Truppen, die mit dieser Bevölkerung in Berührung kamen.

Somit war die Gefahr der Überfälle, die von der Abteilung 731 unternommen wurden, im Hinblick auf die Massenverbreitung von Erregern besonders gefährlicher Krankheiten unter Einwohnern und Truppen, die sich in Bewegung befanden, sowie auf die verschiedenartigen Einsatzverfahren dieser Waffe sehr groß.

IV. Frage: Zu welchen Folgen konnte der Einsatz der von den Abteilungen 731, 100 und „Ej“ 1644 hergestellten Bakterienwaffe führen?

Antwort: *Der Einsatz der von den Abteilungen 731, 100 und „Ej“ 1644 hergestellten Bakterienwaffe konnte Epidemien hervorrufen, die sowohl die Truppen als auch die friedliche Einwohnerschaft und insbesondere Frauen, Kinder und Greise bedrohten. Das Ausmaß dieser Epidemien wäre, abgesehen von anderen Faktoren, durch den Stand des Sanitätswesens und der ärztlichen Hilfeleistung bestimmt worden, über den die überfallenen Objekte verfügten.*

Dies Gutachten gründet sich auf folgende Angaben:

Solche Infektionskrankheiten des Menschen wie beispielsweise Pest und Cholera sind ihren epidemiologischen Besonderheiten nach gekennzeichnet durch die Schnelligkeit und den Massenmaßstab ihrer Verbreitung, den schweren Krankheitsverlauf und die große Sterblichkeit unter der Bevölkerung der verseuchten Städte und Dörfer. Analog sind, was ihre Neigung zur Massenverbreitung anbelangt, solche gefährlichen Tierkrankheiten wie die Rinderpest und unter gewissen Voraussetzungen der Milzbrand. Um der Bevölkerung auch wirtschaftlichen Schaden zuzufügen, arbeiteten die Abteilungen neben der Art der Bakterienwaffe, die zur Vernichtung von Haustieren diente, auch Verfahren aus, um die Ernteerträge landwirtschaftlicher Nutzpflanzen zu vernichten. Die Geschichte natürlich entstandener Seuchenausbrüche kennt aus der Vergangenheit viele Beispiele verheerender Epidemien, die gerade durch solche Erreger ansteckender Krankheiten hervorgerufen wurden, die die Abteilungen der japanischen Armee als Bakterienwaffe auswählten.

Es ist hervorzuheben, daß einige von den Abteilungen benutzte Erreger unter natürlichen Verhältnissen die Fähigkeit besitzen, bei bestimmten Voraussetzungen mehr oder weniger dauerhafte Herde ansteckender Krankheiten zu bilden, die heutigentags dank dem Fortschritt der Wissenschaft liquidiert oder eingeschränkt sind, die aber die Angeklagten aufs neue hervorzurufen suchten.

Somit rechneten die japanischen bakteriologischen Abteilungen 731, 100 und 1644 bei der Herstellung der Bakterienwaffe damit, daß die Anwendung dieser Waffe zur weiten Ausbreitung verheerender Epidemien und zum Massentod von Menschen führen wird. Wären diese Absichten verwirklicht worden, so hätte das eine Bedrohung auch für die neutralen Länder geschaffen, was sich aus dem Wesen der Seuchenkrankheiten und ihrer Verbreitungsart ergibt.

Wirkliches Mitglied der Akademie
der medizinischen Wissenschaften der UdSSR
(N. N. SHUKOW-WERESHNIKOW)

Oberstarzt *(W. D. KRASNOW)*

Lehrstuhlleiter für Mikrobiologie
am Chabarowsker medizinischen
Institut
Professor *(N. N. KOSSAREW)*

Dozentin des Lehrstuhls für Mikrobiologie
am Chabarowsker medizinischen
Institut
(J. G. LIWKINA)

Oberfeldveterinär *(N. A. ALEXANDROW)*

Parasitologin *(O. L. KOSLOWSKAJA)*

Am 29. Dezember 1949

Rede des staatlichen Anklägers

Abendsitzung vom 29. Dezember

Gerichtsvorsitzender: Ich erkläre die Beweisaufnahme in vorliegender Strafsache für abgeschlossen. Das Gericht nimmt nun die Plädoyers der Parteien entgegen.

Die Rede des staatlichen Anklägers und die Reden der Verteidiger werden für die Angeklagten durch Drahtfunk in die japanische Sprache übertragen.

Die Angeklagten können somit diese Reden in japanischer Sprache anhören.

Das Wort hat der staatliche Ankläger Justiz-Staatsrat dritten Ranges Genosse Smirnow.

Der staatliche Ankläger hält seine Rede, die dem Verhandlungsprotokoll beigefügt wird.

Die Rede wird gleichzeitig durch Drahtfunk ins Japanische übertragen.

REDE DES STAATLICHEN ANKLÄGERS L. N. SMIRNOW JUSTIZ-STAATSRAT DRITTEN RANGES

I. Die Bedeutung des Prozesses

Genossen Richter, Genossen Beisitzer des Militärtribunals!

Die Bedeutung der Strafsache, die Sie im Laufe dieser Tage so eingehend untersucht haben, geht weit über den Rahmen der Feststellung hinaus, wieweit die persönliche Schuld und Verantwortlichkeit der Verbrecher reicht, die hier auf der Anklagebank sitzen.

Zweifellos zieht sich eine ununterbrochene Kette schwerster Verbrechen gegen den Frieden und die Menschheit von dem ehemaligen Oberbefehlshaber der japanischen Kwantungarmee General Jamada zu den ausführenden Organen der frevelhaften Pläne der japanischen Militaristen, den Bakteriologen der geheimen Sonderformationen der Kwantungarmee.

Wie indes in der gerichtlichen Untersuchung festgestellt wurde, reißt diese Kette nicht auf der Anklagebank ab.

Der Bakterienkrieg wurde vom verbrecherischen japanischen Imperialismus geplant und vorbereitet als ein Teil des allgemeinen Aggressionskomplotts gegen friedliebende Völker.

Viele Jahre lang war das imperialistische Japan der Hauptaggressionsherd im Fernen Osten.

Auf dem 1948 beendeten internationalen Prozeß gegen die japanischen Hauptkriegsverbrecher in Tokio wurde völlig eindeutig festgestellt, daß Japan sich viele Jahre lang darauf vorbereitete, die Sowjetunion zu überfallen. Im Urteil des Internationalen Militärtribunals heißt es:

> „Das Tribunal hält für erwiesen, daß Japan im Laufe der hier behandelten Periode (d. h. ab 1928) einen Aggressionskrieg gegen die UdSSR beabsichtigte und plante, daß ein solcher Krieg eines der Grundelemente der japanischen nationalen Politik darstellte

und daß es sein Ziel war, die fernöstlichen Gebiete der UdSSR zu erobern."

Von den mit der militaristisch-feudalen Oberschicht des Landes verfilzten größten monopolistischen Vereinigungen Japans, den sogenannten „Dsaibatsu", angestiftet, schlossen die japanischen Imperialisten von vornherein den sowjetischen Fernen Osten und sogar „Sibirien bis zum Ural" in die sogenannte „Sphäre gemeinsamer Prosperität Groß-Ostasiens" ein.

Es ist jedoch eine Sache, in den Kabinetten des Generalstabs, den Laboratorien des Kaiserlichen Instituts für den totalen Krieg oder in besonderen Komitees der berüchtigten „Forschungsgesellschaft" der japanischen Imperialisten, der sogenannten „Kokusaku Kenkju Kai", eine Aggession gegen die UdSSR zu „planen", und eine andere Sache, diese Aggression praktisch zu verwirklichen.

Der japanische Generalstab hat viele Male aggressive Kriegspläne gegen die Sowjetunion ausgearbeitet und umgearbeitet, und die Tatsache, daß die Ausführung dieser Pläne zurückgestellt wurde, ist natürlich nicht mit der Friedensliebe der japanischen Generale und nicht mit der Humanität der japanischen „Dsaibatsu" zu erklären, die zu jedem Verbrechen bereit sind, wenn sie dadurch ein Prozent Profit mehr ergattern können.

Der Friede im sowjetischen Fernen Osten wurde nur aufrechterhalten dank der genialen Stalinschen Politik, dank der siegreichen Vollendung der Stalinschen Planjahrfünfte, dank der stets wachen Sorge der bolschewistischen Partei und der Sowjetregierung um die Verstärkung der sowjetischen Streitkräfte.

Das imperialistische Japan hat nie aufgehört, einen Aggressionskrieg gegen die UdSSR vorzubereiten.

Die Invasion und Okkupation der Mandschurei im Jahre 1931 bedeutete eine neue Entwicklungsetappe der japanischen Aggression. Für die japanischen Imperialisten war die militärische Okkupation nicht Selbstzweck, sie sollte neue Gebietseroberungen und neue Aggressionsakte einleiten. Sie sahen die Bedeutung der Mandschurei darin, daß sie der wichtigste Aufmarschraum für einen Überfall auf die Sowjetunion und für eine Invasion Chinas war.

Daher gingen sie nach der Besitzergreifung der Mandschurei gleich in den ersten Tagen der Errichtung ihrer Herrschaft daran, dieses Land in ein Aufmarschgebiet für den Überfall auf unsere Heimat zu verwandeln.

In der Mandschurei war die Hauptstoßkraft des japanischen Imperialismus, die Kwantungarmee, konzentriert. Nach der Mandschurei wurden die modernsten technischen Kampfmittel geschickt, die die japanische Industrie erzeugte. Das besetzte Land bedeckte sich mit einem dichten Netz von Flughäfen und strategischen Straßen. Und eben in der Mandschurei wurden, wie das Gericht weiß, Geheimformationen der japanischen Armee aufgestellt, die den Bakterienkrieg — diese Geheimwaffe des japanischen Imperialismus — vorbereiteten.

Im Jahre 1936 nahm die verbrecherische Verschwörung gegen den Frieden, die das imperialistische Japan mit Hitlerdeutschland anzettelte, indem es einen militärpolitischen Bündnisvertrag, den sogenannten „Antikominternpakt", mit ihm schloß, endgültig Form an.

Kurze Zeit darauf trat auch das faschistische Italien diesem Komplott bei.

Wie das Internationale Tribunal in Tokio feststellte, richtete sich dieser Vertrag in erster Linie gegen die UdSSR.

> „Der Antikominternpakt", heißt es im Urteil gegen die japanischen Hauptkriegsverbrecher, „bildete in den folgenden Jahren den Grundpfeiler der Politik Japans. Dieses Militärbündnis mit Deutschland spielte in der Politik Japans gegen die UdSSR eine wichtige Rolle."

Der regierenden Clique Japans schien es, als sei nun die Verwirklichung der verbrecherischen Pläne, die auf die Losreißung des sowjetischen Primorje (des Küstengebiets), die Eroberung des sowjetischen Fernen Ostens und die Versklavung des großen chinesischen Volkes abzielten, in greifbare Nähe gerückt.

Die japanische Kwantungarmee wurde binnen kurzer Frist zahlenmäßig verstärkt und technisch neu ausgerüstet, die Mandschurei in ein Kriegsarsenal gegen die Sowjetunion verwandelt.

Im Jahre 1937 provozierte der japanische Militärklüngel den sogenannten „Zwischenfall an der Marco-Polo-Brücke" und fiel in China ein.

Dieser Aggressionsakt wurde, ebenso wie die vorausgegangenen Aggressionen, ohne Kriegserklärung verübt. Bis 1942 bezeichneten amtliche japanische Quellen den blutigen Krieg in China, der Millionen Menschenopfer kostete, als „chinesischen Zwischenfall", wie auch die militärische Okkupation der Mandschurei einfach „mandschurischer Zwischenfall" hieß.

1938 überfielen die japanischen Militaristen die Sowjetunion im Raum des Hassansees. Die Kampfhandlungen im Abschnitt der Höhe Saosjornaja dauerten zehn Tage. In diesen zehn Tagen wurden die in den Kampf geworfenen japanischen Elitetruppen von der Sowjetarmee in kurzem, aber heftigem Ringen aufs Haupt geschlagen. Es zeigte sich, daß die Kraftprobe offensichtlich zuungunsten des japanischen Militärklüngels ausfiel, der daraufhin seine Truppen schleunigst zurückzog und diesen von ihm begonnenen und verlorenen Aggressionskrieg „Zwischenfall von Tschangkufing" taufte.

Im Jahre 1939 eröffnete die Kwantungarmee auf Weisung des japanischen Generalstabs Kriegshandlungen gegen die Mongolische Volksrepublik und die Sowjetunion im Raume des Flusses Chalchingol. Die im Mai 1939 entbrannten Kämpfe dauerten bis zum September. An ihnen nahmen die besten Verbände der Kwantungarmee teil, unterstützt von großen Flieger-, Artillerie- und Panzermassen. Die Kämpfe endeten damit, daß die sowjetischen und mongolischen Streitkräfte einen großen Teil der japanischen Truppen vernichteten. Den Krieg im Raume des Flusses Chalchingol verlor das imperialistische Japan ebenso wie den Krieg im Raume des Hassansees.

So brachen die japanischen Imperialisten zweimal einen Aggressionskrieg gegen die Sowjetunion vom Zaun, wurden aber beide Male in offener Feldschlacht geschlagen und verspürten die Wucht der vernichtenden Schläge der Sowjetarmee am eigenen Leibe.

Trotzdem betrieben sie nach wie vor die verbrecherische Vorbereitung zu einer Aggression gegen die Sowjetunion und andere friedliebende Völker im Namen der Schaffung „Groß-Ostasiens", eines japanischen Kolonialreiches, in dem sie den besiegten Völkern die Rolle von Sklaven zuwiesen, die zu Elend und langsamem Tod verdammt sind.

In Gemeinschaft mit den Hitlerkannibalen träumten die japanischen Imperialisten von der Errichtung der Weltherrschaft. Um dieses Ziel zu erreichen, schickten sie sich an, die qualvollsten und grausamsten Mittel zur Massenausrottung von Menschen anzuwenden. Sie wollten ihre Herrschaft auf den Ruinen der Menschheitszivilisation errichten. In diesem verbrecherischen Komplott gegen den Frieden und die Menschheit, wie das Bündnis zwischen Hitlerdeutschland und dem imperialistischen Japan es darstellte, war der Bakterienkrieg eines der Mittel, um einen Teil der Bevölkerung des Erdballs nach einem vorbedachten Plan auszurotten und den andern völlig zu versklaven.

In den moralisch verkommenen Vertretern der reaktionären bürgerlichen Wissenschaft fanden die Herren des imperialistischen Japan die Werkzeuge zur Ausführung ihrer frevlerischen Pläne.

Bekanntlich ist die Bakterienwaffe neben der chemischen und der Atomwaffe ein Mittel des Aggressionskrieges, und zwar handelt es sich hier um besonders bestialische und unmenschliche Mittel, hauptsächlich deshalb, weil diesen Waffenarten friedliche Menschen — Frauen, Kinder und Greise — zum Opfer fallen.

Aus diesem Grunde verurteilt die gesamte fortschrittliche Menschheit, die den Aggressionskrieg überhaupt verwirft, ganz besonders den chemischen, den Bakterien- und den Atomkrieg und fordert ein Verbot der Anwendung dieser Kriegsmittel, die den elementaren Begriffen von Humanität widersprechen.

Aus diesem Grunde verpflichteten sich die Sowjetunion und die Mehrzahl der übrigen zivilisierten Staaten, die chemische und die bakteriologische Waffe in einem Kriege nicht anzuwenden; sie unterzeichneten und ratifizierten das Genfer Protokoll vom 17. Juni 1925 „Über das Verbot der Anwendung von Stick-, Gift- und ähnlichen Gasen sowie von bakteriologischen Mitteln in einem Krieg".

Seit den ersten Tagen ihres Bestehens führt die Sowjetunion einen unentwegten und konsequenten Kampf für einen dauerhaften demokratischen Frieden. Als unerschütterliches Bollwerk des Friedens und Herold der Ideen des sozialistischen Humanismus lehnt die Sowjetunion an der Spitze der demokratischen Kräfte der Welt die Anwendung unmenschlicher Mittel zur Massenvernichtung entschieden ab. Das ist der Grund, warum die Sowjetunion, entgegen allen Machenschaften der Anstifter eines neuen Krieges im Lager des englisch-amerikanischen Blocks, sich schon seit einer Reihe von Jahren bemüht, in der Organisation der Vereinten Nationen das kategorische Verbot der Anwendung der Atomwaffe durchzusetzen.

Die Gerichtsverhandlung hat gezeigt, daß die japanischen Militaristen sich in der aktivsten Weise zu einem Bakterienkrieg vorbereiteten, daß sie möglichst wirksame Mittel und deren Einsatzmethoden in einem solchen Kriege erforschten.

In Vorbereitung eines Bakterienkrieges schuf der japanische Imperialismus mächtige bakteriologische Betriebseinrichtungen. Ebenso wie die Hitlerleute mißbrauchten die japanischen Militaristen die modernste Technik, die berufen ist, dem Fortschritt der Menschheit zu dienen, für Zwecke qualvoller Menschenvernichtung.

Im Gutachten der medizinischen Gerichtssachverständigen ist ausdrücklich vermerkt:

> „Es ist hervorzuheben, daß einige von den Abteilungen benutzte Erreger unter natürlichen Verhältnissen die Fähigkeit besitzen, mehr oder weniger dauer-

hafte Herde ansteckender Krankheiten zu bilden, die dank dem Fortschritt der Wissenschaft liquidiert oder eingeschränkt sind, die aber die Angeklagten aufs neue künstlich hervorzurufen versuchten."

Die Missetäter, von denen ein Teil nun auf der Anklagebank sitzt, beabsichtigten somit, die Menschheit in die Zeiten der Pestilenz, der verheerenden Cholera- und Pestseuchen, in die dunkelsten Zeiten des Mittelalters zurückzuversetzen.

Unwillkürlich erregt unser Augenmerk die Übereinstimmung der Methoden zur Massenausrottung von Menschen, die von den hitlerschen Kriegsverbrechern und den japanischen Imperialisten angewandt wurden. Unwillkürlich erregt unser Augenmerk auch der lästerliche Mißbrauch der Wissenschaft, die Verhöhnung ihrer humanen Grundsätze, die den Missetaten der hitlerschen und der japanischen Kriegsverbrecher gemeinsam sind.

Als die Truppen der Sowjetarmee, auf sich gestellt, in ihrem Kampf gegen Hitlerdeutschland den Widerstand des Feindes brachen und nach Westen vormarschierten, trafen sie auf ihrem Wege die rauchenden Ruinen von Treblin, die Gaskammern von Maidanek, die Verbrennungsöfen von Auschwitz — die ganze frevlerische Todesindustrie, die der verbrecherische deutsche Faschismus ins Leben gerufen hatte.

In besonderen „medizinischen" Blocks dieser Vernichtungslager erprobten die faschistischen Ärzte, die hier ihre Experimente machten, an wehrlosen Opfern tödliche Infektionen und Giftstoffe, ließen sie lebende Menschen in Eiswannen langsam erfrieren, bereiteten sie ihnen in Barokammern einen qualvollen Tod. In den Laboratorien des Posener bakteriologischen Instituts züchteten die hitlerschen Bakteriologen Pestbazillen, bereiteten sie den Einsatz der Bakterienwaffe gegen Millionen friedlicher Menschen vor, denn der Bakterienkrieg zielt ja in erster Linie darauf ab, friedliche Einwohner zu töten und ihnen schwerste Leiden zu verursachen, da er das feindliche Hinterland verseucht.

Nur der vernichtende Schlag der Sowjetstreitkräfte rettete damals die Menschheit vor den Schrecken eines Bakterienkrieges, in den die hitlerschen Missetäter die Welt stürzen wollten.

Und als nach der Zerschmetterung der hitlerschen Kriegsmaschine die Truppen der Sowjetarmee, ihrer Bündnispflicht getreu, durch einen unwiderstehlichen Schlag auch die Hauptstoßkraft des verbrecherischen japanischen Imperialismus, die Kwantungarmee, zerschmetterten, retteten sie aufs neue die Menschheit vor den Schrecken eines Bakterienkrieges.

Zwanzig Kilometer von Charbin entfernt befinden sich die durch Sprengungen und Brände zerstörten Gebäude einer großen Militärsiedlung. Wie in der Voruntersuchung und in der Beweisaufnahme festgestellt wurde, war dort eine bakteriologische Sonderformation der Kwantungarmee — die Abteilung 731 oder „Abteilung Ishii" — untergebracht, die während einer Reihe von Jahren planmäßig einen Bakterienkrieg vorbereitete, angefangen mit der Auswahl tödlicher Infektionen, ihrer Erprobung an Tausenden wehrloser Opfer und der Ausarbeitung von Methoden zur Züchtung von Bakterien bis zur Massenerzeugung alles dessen, was für die Führung eines aggressiven Bakterienkrieges im Riesenausmaß notwendig ist.

Wir wissen, daß der ehemalige Oberbefehlshaber der Kwantungarmee, der in diesem Prozeß angeklagte General **Jamada**, die Abteilung Ishii für kampfbereit und fähig hielt, jede beliebige Aufgabe zu erfüllen. Wir wissen gleichfalls, was diese „Kampfbereitschaft" der Abteilung Ishii bedeutete.

Aus **Jamadas** Geständnis ist ersichtlich, daß der japanische Generalstab drei Hauptmethoden zum Einsatz von Bakterien für Kriegszwecke bestätigte: die Zerstäubung von Bakterien durch Kampfflugzeuge, den Abwurf bakteriologischer Spezialbomben von Flugzeugen und die Verseuchung von Ortschaften, Gewässern, Weiden usw. mit Bodenmitteln, durch die bakteriologische Sabotagemethode.

Es liegt in der Natur der Bakterienwaffe, daß die Grenzen ihrer Wirksamkeit sich nicht auf die Frontlinie, die gegnerischen Streitkräfte oder sogar das Territorium des einem Überfall ausgesetzten Landes beschränken. Der Bakterienkrieg, den die japanischen Imperialisten entfesseln wollten, hätte nicht nur die Bevölkerung des überfallenen Landes, sondern auch die Völker neutraler Länder in unermeßliches Elend gestürzt. Das entsprach durchaus den frevlerischen Plänen der japanischen Kriegsverbrecher, die in den neutralen Staaten Objekte neuer Aggressionsakte sahen.

So traf die regierende Clique des imperialistischen Japan, die von der Weltherrschaft, von einem „Groß-Ostasien" unter der Hegemonie Japans träumte, Anstalten, gegen die Menschheit deren schlimmsten Feinde, die unsichtbare Welt der gefährlichsten Bakterien, loszulassen. Um dieser verbrecherischen Expansionsziele willen wurden in besonderen Kammern hunderte Millionen von Flöhen gezüchtet, die, mit Pest infiziert und in Spezialbomben gefüllt oder vom Flugzeug zerstäubt, als Infektionsträger dienen sollten. Um dieses verbrecherischen Zieles willen wurde eine mächtige Spezialeinrichtung geschaffen, mittels deren die Unterabteilung 4 der Abteilung 731 während eines einzigen „Produktions"zyklus Dutzende Kilogramm von Bakterien erzeugte — Hunderttausende von Billionen Mikroben, die Wasserbecken und Weiden verseuchen und, über Städten und Dörfern abgeworfen, den Tod von Tausenden und aber Tausenden friedlicher Menschen herbeiführen sollten.

Um dieses verbrecherischen Zieles willen schickte man chinesische Patrioten und Sowjetmenschen in einen qualvollen Tod. In Ketten geschlagen, wehrlose Opfer in den Händen experimentierender Verbrecher, wurden sie im Innengefängnis der Abteilung Ishii zu Tode gefoltert.

Um dieses verbrecherischen Zieles willen wurden chinesische Frauen und Kinder getötet, die man während der Expedition der Abteilung Ishii nach China mit Cholera und Pest infizierte.

II. Die Organisation von Sonderformationen durch die japanischen Imperialisten zwecks Vorbereitung und Führung eines Bakterienkrieges

In der Gerichtsverhandlung wurde die Geschichte der Gründung geheimer bakteriologischer Sonderformationen der japanischen Armee in der Mandschurei mit erschöpfender Vollständigkeit aufgedeckt und deren Struktur, Bestimmung und praktische Möglichkeiten eindeutig klargelegt.

Zur Vorbereitung eines Bakterienkrieges schritt die japanische Armee kurz nach der Besetzung der Mandschurei. Zunächst schuf der japanische Militärklüngel ein verhältnismäßig kleines bakteriologisches Laboratorium, zu dessen Leiter der japanische Militärbakteriologe **Shiro Ishii** bestellt wurde, der sich in der Militärärztlichen Akademie schon vorher mit der Erforschung der Bakterienwaffe befaßt hatte und in Militärkreisen als leidenschaftlicher Verfechter eines Bakterienkrieges bekannt war. Aus den Aussagen des Angeklagten **Kadsitsuka** geht hervor, daß **Ishii** in seiner verbrecherischen Tätigkeit von Anfang an die Unterstützung der strategischen Abteilung des japanischen Generalstabs genoß. Alle Forschungsarbeiten **Ishiis** waren von tiefem Geheimnis umgeben. Da sein Name allein genügte, die Richtung, in der sich die Arbeit des Laboratoriums bewegte, zu dechiffrieren, änderte er seinen Namen in **Togo,** und seine Institution hieß von nun ab „Abteilung Togo".

Die Aussagen des Angeklagten **Karasawa** lassen ersehen, daß **Ishii** schon damals verbrecherische Experimente an lebenden Menschen vornahm, indem er die Wirkung der Bakterien an chinesischen Partisanen erprobte, die in japanische Gefangenschaft gerieten.

Auf Verlangen des japanischen Generalstabs und auf Grund eines Erlasses des Kaisers **Hirohito** wurden 1936 mächtige Stützpunkte geschaffen, um die frevlerischen Pläne und verbrecherischen Experimente, denen **Ishii** bis dahin unter Laboratoriumsbedingungen nachgegangen war, in die Praxis umzusetzen. In der Mandschurei wurden zwei große bakteriologische Formationen aufgestellt und der Kwantungarmee beigegeben. Aufgabe dieser Formationen war es, die Massenerzeugung von bakteriologischen Kriegsmitteln in einem Umfang zu gewährleisten, der zur Führung eines großangelegten Bakterienkrieges durch die japanische Armee genügte.

Im Laufe einer Reihe von Jahren änderten die bakteriologischen Formationen ihre Bezeichnungen. Selbstverständlich konnte das japanische Kommando sie nicht beim richtigen Namen nennen, um nicht die Empörung aller Menschen des Erdballs, ja, auch des eigenen Volkes hervorzurufen. Deshalb wurden die bakteriologischen Todesfabriken stets als gewöhnliche sanitäre oder veterinäre Einrichtungen getarnt. So entfaltete sich das „Abteilung Togo" genannte Laboratorium **Ishii** zu einer riesigen Institution des Bakterienkrieges unter der neutralen Bezeichnung „Verwaltung für Wasserversorgung und Seuchenverhütung der Kwantungarmee".

Mitunter hieß diese Formation auch „Abteilung Kamo". In der Folgezeit erhielt sie eine reguläre Nummer als Truppenteil und begann sich „Mandschurische Abteilung 731" zu nennen. Die zweite bakteriologische Formation hieß zunächst „Hypo-Epizootisches Amt der Kwantungarmee", später „Abteilung 100".

Beide Abteilungen besaßen zahlreiche Zweigstellen. Das japanische Militärkommando dislozierte diese Zweigstellen nach einem bestimmten Plan in den strategischen Hauptrichtungen, entsprechend den Hauptangriffsrichtungen, die der japanische Aufmarschplan gegen die Sowjetunion vorsah. Davon zeugt der bei den Akten befindliche Befehl des Generals **Umedsu,** damals Oberbefehlshabers der japanischen Kwantungarmee, vom 2. Dezember 1940, Nr. 398/1-KO, über die Einrichtung vier neuer Zweigstellen der Abteilung 731 in Chailin, Linkou, Sunu und Chailar.

Während der japanische Militärklüngel jedoch die Hauptzweigstellen der bakteriologischen Geheimformationen in den Hauptangriffsrichtungen konzentrierte, die der

Aufmarschplan gegen die Sowjetunion vorsah, bereitete er, wie dies in der Gerichtsverhandlung klar zutage trat, einen Bakterienkrieg nicht nur gegen die UdSSR vor.

Ab 1940 führte die Abteilung Ishii Bakterienangriffe gegen chinesische Truppen durch. Bei diesen Überfällen wurden alle Arten der Bakterienwaffe erprobt, darunter die Zerstäubung pestinfizierter Flöhe von Flugzeugen, der Bakterienregen sowie die Verseuchung von Wasserbecken, Lebensmitteln und Ortschaften durch Sabotagemethoden. Systematisch wurde ein Bakterienkrieg gegen die Mongolische Volksrepublik vorbereitet.

Der Angeklagte **Jamada** gestand in der Gerichtsverhandlung, daß die japanische Armee beabsichtigte, einen Hagel tödlicher Bakterien auf die Völker anderer Staaten loszulassen, vor allem auf die Völker und Armeen der USA und Großbritanniens, die sich im Kriegszustand mit Japan befanden.

Davon zeugen auch andere dem Gericht vorgelegte Beweisstücke. Im April 1945 sprach General **Ishii**, der vom japanischen Generalstab Geheimdirektiven erhalten hatte, die Vorbereitung der Bakterienwaffe zu aktivieren, in einer operativen Besprechung der leitenden Offiziere der Abteilung 731 unumwunden von der Unvermeidlichkeit eines Bakterienkrieges gegen die USA und Großbritannien.

Ishii analysierte die Lage im Südseeraum und nannte als Zeitpunkt für den Beginn des Bakterienkrieges das Jahr 1945. Er erklärte damals:

> „Wir können nicht umhin, die äußersten Mittel anzuwenden, darunter auch die Bakterienwaffe, um einen Umschwung zugunsten Japans herbeizuführen."

Bereits 1943 war der wissenschaftliche Mitarbeiter der Abteilung 731 **Minata** in Kriegsgefangenenlager geschickt worden, um die Bluteigenschaften und die Immunität amerikanischer Soldaten gegen ansteckende Krankheiten zu untersuchen.

Ab Frühjahr 1945 ging die gesamte Vorbereitung zum Bakterienkrieg in der Abteilung Ishii in der Richtung, die

30—519

Bakterienwaffe massenhaft, in einem Umfang zu erzeugen, der sich nur durch die kurzen Fristen erklären läßt, die bis zu dem Tage blieben, an dem die Bakterienattacken beginnen sollten.

Lediglich die Zerschmetterung der Kwantungarmee durch die Sowjetstreitkräfte beraubte die japanischen Imperialisten der Möglichkeit, die Bakterienwaffe gegen die verbündeten Nationen einzusetzen.

Der verbrecherische Charakter der Tätigkeit der bakteriologischen Geheimformationen der Kwantungarmee wird bewiesen nicht nur durch die Aussagen der vor Gericht vernommenen Angeklagten und Zeugen, sondern auch durch die ureigene Struktur der Abteilungen 731 und 100, ihre technische Spezialausrüstung und das Ausmaß ihrer Arbeit.

In dieser Beziehung ist besonders kennzeichnend die Abteilung 731.

Das war ein mächtiges bakteriologisches Kriegskombinat mit dreitausend wissenschaftlichen und technischen Angestellten.

Die Fragen der Wasserversorgung und Seuchenverhütung waren nichts anderes als ein Deckmantel, um den wahren Charakter der Tätigkeit der Abteilung Ishii zu tarnen.

Mit Seuchenverhütung und Wasserversorgung befaßte sich nur eine einzige Unterabteilung der Abteilung Ishii, die Unterabteilung 3, die zu Täuschungszwecken an sichtbarer Stelle in der Stadt Charbin untergebracht war, während zwanzig Kilometer von Charbin entfernt, im Raum der weltabgeschiedenen Bahnstation Pingfan, eine große Militärsiedlung gebaut wurde, die mit leistungsfähigen technischen Anlagen und vervollkommneter Apparatur ausgerüstet war, eine Siedlung, deren ganze Tätigkeit darauf abzielte, die geheime Bakterienwaffe zu erforschen und herzustellen.

Dem Gericht lag ein Zirkular des Stabschefs der Kwantungarmee vor (Nr. 1539 vom 30. Juni 1938), laut dem im Raum der Bahnstation Pingfan eine besondere Militärzone geschaffen wurde.

Die gesamte Tätigkeit der Abteilung 731 war von tiefstem Geheimnis umgeben. Selbst Flugzeuge durften die Umgebung der Station Pingfan nicht überfliegen, wo sich laut Paragraph 1 des erwähnten Zirkulars die Baulichkeiten der Abteilung Ishii, „denen besondere militärische Bedeutung zukommt", befanden. Paragraph 4 des Zirkulars schrieb für Flugzeuge eine besondere Lufttrasse und eine Luftsperrzone vor.

Von der Außenwelt waren die Unterkünfte der Abteilung Ishii durch einen hohen Erdwall und Stacheldrahtverhaue abgeschlossen. Das Hauptgebäude der Abteilung war in der Form eines geschlossenen Vierecks gebaut und verdeckte somit den im Hof untergebrachten Gefängnisblock, in dem die verbrecherischen Experimente an lebenden Menschen vorgenommen wurden. Ein besonderer unterirdischer Gang verband dieses Gefängnis mit der Stelle, zu der geschlossene Polizeikraftwagen die zu einem qualvollen Tod verdammten Menschen brachten.

Die Einwohner der benachbarten Dörfer unterlagen einer strengen Kontrolle durch die Gendarmerie.

Zum Territorium der Abteilung hatten nur Mitarbeiter mit Dienstausweisen Zutritt. Unbefugte Personen — sogar höchste Offiziere der japanischen Armee — durften das Sperrgebiet nur betreten, wenn sie Passierscheine mit der Unterschrift des Oberbefehlshabers der Kwantungarmee vorzeigten. Um bei der Bevölkerung der Umgegend keinen Verdacht und keine Mutmaßungen über den wahren Charakter der Tätigkeit der Abteilung 731 zu erregen, trugen die Offiziere der Abteilung nicht die ihnen zustehenden ärztlichen Rangabzeichen, sondern kleideten sich in die allgemein übliche Armeeuniform.

Vom Gericht wurde die Tätigkeit der Abteilung 731 eingehend untersucht. Keine der Unterabteilungen dieser Abteilung, die vor der Außenwelt durch die Mauern der Militärsiedlung im Raum der Bahnstation Pingfan verborgen war, hatte auch nur das geringste mit Wasserversorgung und Seuchenverhütung gemein.

Die Forschungsabteilung — Unterabteilung 1 — befaßte sich mit der Erfindung bakteriologischer Kriegsmittel. Zu diesem Zweck führte sie in Speziallaboratorien alle möglichen Forschungs- und Versuchsarbeiten durch und züchtete solche Bakterienarten, deren Anwendung nach Meinung der japanischen Bakteriologen in einem Krieg am wirksamsten war.

Der Unterabteilung 1 unterstand das geheime Gefängnis, in dem die Versuchspersonen gehalten und die entsetzlichen Experimente ausgeführt wurden, auf die ich später zu sprechen komme.

Die Experimentalabteilung — Unterabteilung 2 — befaßte sich mit der praktischen Überprüfung der Forschungsergebnisse, die in der „Forschungs"abteilung erzielt wurden. Zu diesem Zweck verfügte die Experimentalabteilung über einen Versuchsübungsplatz im Raum der Bahnstation Anta und über eine besondere Fliegertruppe.

In der Experimentalabteilung wurde an der Konstruktion bakteriologischer Geschosse gearbeitet, um damit Bakterien auf die gegnerische Seite zu befördern. Dort wurden Porzellanbomben und bakteriologische Artilleriegeschosse sowie Spezialfallschirme zum Abwerfen todbringender Lasten von Flugzeugen erfunden und erprobt. Die Angestellten dieser Abteilung konstruierten Modelle spezieller Zerstäuberpistolen in der Form von Füllfederhaltern und Spazierstöcken, mit deren Hilfe Bakterien übertragen oder pestinfizierte Flöhe verbreitet werden sollten. Offensichtlich verliefen diese Forschungen nicht ergebnislos, denn bereits 1944 finden sich im Projekt einer Bewaffnungstabelle für Sabotageabteilungen, das von der 2. Abteilung der Landheerverwaltung des japanischen kaiserlichen Hauptquartiers ausgearbeitet wurde, Zerstäuberpistolen in der Form von Füllfederhaltern, 4 pro Zug und 3 für den Kompaniestab.

Für Sabotagezwecke stellte die Abteilung Ishii Schokoladenkonfekt her, das mit Milzbrandbazillen infiziert war.

Zur Unterabteilung 2 gehörte eine besondere Gruppe, von der in riesigen Quantitäten Flöhe gezüchtet wurden, die zur Verbreitung von Pestseuchen bestimmt waren. Ich werde darauf noch ausführlicher zurückkommen.

Die „Produktions"abteilung — Unterabteilung 4 — war eine richtiggehende Bakterienfabrik, deren Produktionskapazität ungeheure Bakterienmengen zu züchten gestattete. In dieser Unterabteilung wurden die Arbeitsergebnisse der Forschungs- und der Experimentalabteilung praktisch verwertet. Die für Zwecke eines Bakterienkrieges ausgewählten, experimentell erprobten und in diesen Prüfungen bewährten Bakterien führte man der Massenproduktion zu.

Den Aussagen der Angeklagten Kawashima und Karasawa, der ehemaligen leitenden Mitarbeiter der Unterabteilung 4, haben Sie, Genossen Richter, entnommen, daß die Abteilung 731 über alle notwendige Einrichtung verfügte, um im Laufe weniger Tage 30 kg Pestmikroben und ein entsprechendes Quantum anderer Krankheitsträger herzustellen.

In einem Monat konnte die Unterabteilung 4 bis zu 300 kg Pestbazillen, bis zu 600 kg Milzbrandbazillen, bis zu einer Tonne Cholerabazillen erzeugen.

Allein diese furchtbaren Zahlen zeugen davon, daß die Abteilung 731 zur Massenherstellung der Bakterienwaffe in einem Aggressionskrieg bestimmt war. Diese Schlußfolgerung wird vollauf bestätigt durch das Gutachten der medizinischen Gerichtssachverständigen. Die Sachverständigenkommission stellte fest, daß „die Einrichtung der Unterabteilung 4 der Abteilung 731 es gestattete, die Erzeugung einer riesigen Menge lebender, Krankheiten übertragender Mikroben zu entfalten ... und daß diese Einrichtung in einem normalen Produktionszyklus die Kultivierung von nicht weniger als 30 000 Billionen Mikroben gewährleisten konnte."

Beschaffenheit und Menge der Einrichtung gestatteten der Abteilung, gleichzeitig mehrere Produktionszyklen laufen zu lassen, was die monatliche Produktivität der in der Abteilung 731 vorhandenen Einrichtung auf Hunderttausende von Billionen Bakterien anschwellen ließ, selbst wenn es sich um Mikroben handelte, die sich nur durchschnittlich rasch vermehren.

„Alle diese Riesenmassen Krankheiten übertragender Mikroben", heißt es weiter im Sachverständigengutachten, „unter denen sich Pest-, Cholera-, Unterleibstyphus- u. a. Erreger befanden, dienten zur Erzeugung der Bakterienwaffe mit dem Ziel der Massenausrottung von Menschen."

Aus den Gerichtsakten geht hervor, daß die Bakteriologen der Abteilung Ishii ihr Hauptaugenmerk den verbrecherischen Experimenten widmeten, durch Erreger von Milzbrand, Cholera und insbesondere von Pest Infektionen hervorzurufen.

Auf Grund einer Reihe unmenschlicher Versuche an Menschen und auf Grund der Bakterienattacken gegen die chinesische Bevölkerung während der China-Expedition wählte der Abteilungschef **Ishii** als Hauptmethoden zur Verbreitung von Pestseuchen erstens den Abwurf von Porzellanbomben, die mit pestinfizierten Flöhen gefüllt waren, und zweitens die Zerstäubung pestinfizierter Flöhe von Flugzeugen mittels besonderer Vorrichtungen.

Man arbeitete ein Verfahren aus, um massenhaft Floharten zu züchten, die als Pestträger in Frage kamen. Die Ausarbeitung dieses Verfahrens betrachtete **Ishii** als besonderes Verdienst der Abteilung. Die Vermehrung der Parasiten erfolgte in speziellen Kasteninkubatoren, wo sie sich vom Blut in den Kästen ausgesetzter Nagetiere ernährten.

Aus dem Geständnis **Kawashimas** geht hervor, daß in einem sogenannten „Produktionszyklus" von jedem Inkubator ungefähr 10 Gramm, d. h. etwa 30 000 Flöhe, abgeschöpft wurden.

Wie durch die Aussagen des Angeklagten **Kawashima** feststeht und durch andere Beweismittel erhärtet ist, befanden sich allein in der erwähnten Spezialgruppe der Unterabteilung 2, die ein gewisser Ingenieur **Tanaka** leitete, 4500 solcher Inkubatoren. Das bedeutete, daß die Abteilung Ishii allein, ohne ihre Zweigstellen, nach minimalen Berechnungen in einem einzigen „Produktionszyklus“ 45 kg Parasiten erzeugen konnte.

Aus dem Gutachten der medizinischen Gerichtssachverständigen ersieht man, daß diese Menge „vielen Dutzenden Millionen“ Flöhen — Verbreitern tödlicher Pestinfektionen — entsprach.

In seiner Aussage vor Gericht erklärte der Angeklagte **Jamada**, bei seiner Inspektion der Abteilung Ishii hätten sich ihm die mächtigen Einrichtungen zur Erzeugung von Bakterien und die Spezialkästen mit einer, wie **Jamada** sich ausdrückt, „unheimlichen Menge“ lebender Flöhe, die nach ihrer Infizierung zur Entfachung einer Pestseuche dienen sollten, besonders eingeprägt.

Nachdem der ehemalige Oberbefehlshaber der Kwantungarmee den Wartturm des Gebäudes bestiegen hatte, um aus der Vogelschau den ersten Übungsplatz und den Flughafen der Abteilung zu betrachten, lauschte er mit Interesse und Genugtuung dem Vortrag der ihn begleitenden Offiziere darüber, daß die pestinfizierten Flöhe auf einem zweiten, besonderen Übungsplatz mittels Zerstäubung von Flugzeugen erprobt würden und, wie die Experimente gezeigt hätten, eine wirksame Waffe des Bakterienkrieges darstellten.

Jamada schließt seine Aussagen mit den Worten:

> „Ich war äußerst erstaunt über das Ausmaß der Forschungsarbeiten und die kolossalen Möglichkeiten der Abteilung zur Herstellung der Bakterienwaffe.“

Allerdings können wir der Erklärung **Jamadas**, daß die „kolossalen Möglichkeiten“ der Abteilung zur Vorbereitung eines Bakterienkrieges ihm erst klargeworden wären und ihn so in Erstaunen versetzt hätten, nachdem er die Abteilung Ishii persönlich inspizierte, kaum Glauben schenken.

Aus **Jamadas** eigenem Geständnis ist ersichtlich, daß er unmittelbar nach seiner Ernennung zum Oberbefehlshaber der Kwantungarmee unter anderen streng geheimen Dokumenten, die im persönlichen Safe seines Vorgängers, des nunmehr vom Internationalen Militärtribunal verurteilten japanischen Hauptkriegsverbrechers General **Umedsu** aufbewahrt wurden, auch eine Zeichnung und Beschreibung der Bakterienbombe „System Ishii" fand, deren Füllung aus pestinfizierten Flöhen bestand. Dieser Bombentyp war vom General **Umedsu** bestätigt worden, und **Jamada** schloß sich der Meinung seines Vorgängers an. Als **Jamada** die Abteilung Ishii besuchte, besichtigte er persönlich Modelle dieser Bombe.

Die „kolossalen Möglichkeiten" der Abteilung Ishii auf dem Gebiet der qualvollen Menschenausrottung mußten **Jamada** bereits nach dem Vortrag des ehemaligen Chefs des Sanitätsdienstes der Kwantungarmee, des Angeklagten **Kadsitsuka,** durchaus klar sein, denn dieser informierte **Jamada** eingehend über die geheime Tätigkeit der Abteilung 731 zur Erforschung und Vorbereitung der Bakterienwaffe.

Es steht indes zweifelsfrei fest, daß **Jamada** sich nach dem persönlichen Besuch der Abteilung 731 mit den von **Ishii** seit langem entwickelten verbrecherischen Plänen der Verwendung von pestinfizierten Flöhen für einen Bakterienkrieg einverstanden erklärte.

Das leugnet auch **Jamada** selber nicht, der erklärte:

> „Zu meiner Zeit wurde das Verfahren zum Einsatz pestinfizierter Flöhe durch ihre Zerstäubung von Flugzeugen mittels besonderer Vorrichtungen und durch den Abwurf spezieller Bomben endgültig vervollkommnet."

Im August 1944 erstattete General **Kitano,** der an Stelle **Ishiis** die Leitung der Abteilung 731 übernahm, **Jamada** speziell Bericht über die Ergebnisse von Einsatzversuchen, die mit pestinfizierten Flöhen auf dem Übungsplatz bei der Station Anta angestellt wurden.

Ende 1944 fand, wie aus den Aussagen des ehemaligen Chefs der Operationsabteilung des Stabes der Kwantungarmee, General **Matsumura,** ersichtlich ist, auf **Jamadas** Initiative im Arbeitszimmer des Oberbefehlshabers der Kwantungarmee eine operative Besprechung höchster Stabsoffiziere statt, auf deren Tagesordnung der Einsatz pestinfizierter Flöhe im Kriegsfall stand. Auf dieser Beratung waren anwesend: **Jamada,** der Stabschef der Kwantungarmee **Jukio Kasahara,** sein Stellvertreter General **Ikeda,** der in der strategischen Abteilung des Stabes tätige Vetter des Kaisers **Hirohito** Prinz **Takeda** und der Leiter der Operationsabteilung des Stabes der Kwantungarmee **Matsumura.** General **Kitano** erstattete ausführlich Bericht über die Verfahren zum Einsatz pestinfizierter Flöhe als Bakterienwaffe.

Aus **Jamadas** Geständnis ersieht man, daß der Einsatz pestinfizierter Flöhe zum Zwecke eines Bakterienkrieges auch Behandlungsgegenstand einer Sonderkommission beim Stabe der Kwantungarmee war.

Im März 1945 wurde **Ishii** neuerdings zum Chef der Abteilung 731 ernannt und erhielt vom japanischen Kriegsministerium Direktiven, die Vorbereitung zum Bakterienkrieg zu verstärken. Sofort nach seiner Rückkehr in die Mandschurei widmete er sein Hauptaugenmerk der Massenzüchtung von Flöhen und der Aufzucht von Nagetieren.

Bereits in der ersten operativen Besprechung, die **Ishii** in der Abteilung abhielt, erklärte er, in einem Bakterienkrieg verspräche den größten Erfolg gerade die „Waffe der Sektion Tanaka", d. h. der Einsatz pestinfizierter Flöhe. In die Zweigstellen der Abteilung wurden chiffrierte Telegramme geschickt mit der Anweisung, die Züchtung von Flöhen allseitig zu verstärken.

In der Abteilung 731 richtete man Sonderkurse ein für Mitarbeiter der Zweigstellen, damit sie sich mit den Methoden der Züchtung von Flöhen vertraut machten. Daraufhin schritten alle Zweigstellen der Abteilung zur verstärkten Züchtung von Parasiten, die dann der Abteilung Ishii zugeleitet wurden.

Da die Flöhe in Inkubatoren vermehrt wurden, wo ihnen das Blut von Nagetieren als Nahrung diente, erhielten die Zweigstellen der Abteilung den Auftrag, den Mäuse- und Rattenfang zu verstärken. Aus den Aussagen des Zeugen **Morita** ist dem Gericht bekannt, daß allein in der Chailarer Zweigstelle der Abteilung 731 im Sommer 1945 gleichzeitig etwa 13 000 Ratten gehalten wurden.

Der ehemalige Intendant der Abteilung, der Zeuge **Hotta**, sagte aus, **Ishii** habe 1945 einen Verbrauch von etwa drei Millionen Ratten zur Züchtung von Flöhen vorgesehen, und er, **Hotta**, habe davon ausgehend die Menge der zu beschaffenden Futtermittel errechnet.

Es unterliegt keinem Zweifel, daß alle diese Handlungen **Ishiis** vom japanischen Generalstab gutgeheißen und sanktioniert wurden.

Bereits 1941, als der Plan „Kan-Toku-En" in Kraft gesetzt und der Krieg gegen die Sowjetunion vorbereitet wurde, stellte **Ishii** unter Berufung auf direkte Anweisungen des Generalstabs seinen Mitarbeitern die Aufgabe, die Züchtung von Parasiten maximal zu verstärken.

Der Angeklagte **Kawashima** sagte hierüber aus:

> „**Ishii** teilte uns mit, daß der Generalstab die Arbeitsergebnisse der Abteilung hoch einschätze und Anweisung gegeben habe, der Vervollkommnung und weiteren Ausarbeitung bakteriologischer Kriegsmittel besondere Aufmerksamkeit zu widmen. Nach dieser Information forderte uns General **Ishii** zu noch angespannterer Arbeit auf, um die Produktivität der Abteilung, nämlich die Vermehrung von Flöhen, weiterhin zu steigern.
>
> Hierbei erwähnte **Ishii**, es sei der Abteilung in den günstigsten Fällen gelungen, die Vermehrung der Flöhe auf 60 kg in drei bis vier Monaten zu steigern, jetzt müsse man aber in derselben Zeitspanne ein Quantum von 200 kg erreichen. General **Ishii** erläuterte uns, daß alle diese Maßnahmen zur erweiterten Produktion der Bakterienwaffe unerläßlich seien in Verbindung mit der veränderten internationalen Lage, d. h. mit dem Beginn des Krieges Deutschlands gegen die Sowjetunion und dem Inkrafttreten des Plans ‚Kan-Toku-En' für die Kwantungarmee."

Also ist die seit Anfang 1945 zur Vorbereitung eines Bakterienkrieges entfaltete fieberhafte Tätigkeit der Abteilung 731 und ihrer Zweigstellen, deren Arbeit darin bestand, die Erzeugung von Bakterienmassen zu vergrößern, riesige Quantitäten lebender pestinfizierter Flöhe anzusammeln und Nagetiere, die den Parasiten als Nahrung und gleichzeitig als Ansteckungsquelle dienten, zu züchten, gleichfalls auf direkte Anweisung des Generalstabs und des Kriegsministeriums Japans zurückzuführen. Das ergibt sich völlig einwandfrei aus den Aussagen der Angeklagten **Jamada, Kadsitsuka, Nishi, Onoue,** des Zeugen **Matsumura** u. a.

Ich gehe so ausführlich auf die schändliche Tätigkeit der Abteilung 731 zur Massenzüchtung von Parasiten ein, die als Pestträger dienen sollten, weil aus der gerichtlichen Beweisaufnahme ersichtlich ist, daß die japanischen Aggressoren in dem von ihnen vorbereiteten Bakterienkrieg dieser Art Bakterienwaffen einen der ersten Plätze zuwiesen.

Die gesamte Tätigkeit der Abteilung Ishii und der anderen bakteriologischen Formationen der japanischen Armee ist ein Beweis für das wahrhaft ungeheuerliche Komplott der japanischen Imperialisten gegen den Frieden und die Menschheit, ein Komplott, das die Anwendung der tödlichen Waffe des Bakterienkrieges vorsah.

Den Namen der sogenannten „Ausbildungs- und Aufklärungsabteilung", die sich mit der Schulung von Banditenkadern befaßte, die die tödliche Bakterienwaffe einsetzen sollten, um wehrlose Menschen auszurotten und ganze Gebiete zu entvölkern, kann man demnach nur als grimmigen Hohn bezeichnen.

In der Gerichtsverhandlung haben Sie die Aussagen eines der Mörder gehört, die in der Abteilung 731 geschult wurden, nämlich des ehemaligen Kursanten **Oshio Furuitschi,** der während der China-Expedition der Abteilung Ishii persönlich an hungrige chinesische Kriegsgefangene 3000 Brötchen verteilte, die er vorher mit Unterleibstyphusbazillen infiziert hatte.

In der Abteilung Ishii wurden Leute ausgebildet, die unmittelbar bakteriologische Sabotageakte ausführen und an Bakterienattacken teilnehmen sollten, Leute also, die man anlernte, mit Vorbedacht kaltblütig und straflos zu morden.

So war es um die geheime bakteriologische Stammformation der japanischen Armee — die Abteilung des Generals **Ishii** — bestellt.

Ähnlich war die Abteilung 100 aufgebaut. Ihre Unterabteilungen wiesen eine andere Numerierung auf, aber das Wesen der dort geleisteten Arbeit änderte sich dadurch nicht. Auch dort wurden die wirksamsten Arten der Bakterienwaffe erforscht, auch dort wurde experimentiert, um die Eignung dieser oder jener Bakterienkulturen zu erproben; auch dort wurden die Muster, die den Prüfungen standgehalten hatten, der Massenproduktion zugeführt; auch dort wurden schließlich Leute ausgebildet, damit sie mit der Bakterienwaffe umgehen lernten.

Zum Unterschied von der Abteilung Ishii, deren gesamte Tätigkeit auf die Vernichtung von Menschen abzielte, befaßte sich die Abteilung 100 außerdem mit der Erforschung von Methoden zur Infizierung von Tieren und Pflanzen und bereitete auch in dieser Hinsicht die Waffe des Bakterienkrieges vor. Wie jedoch die Beweisaufnahme ergab, wurden in der Abteilung 100, genau so wie in der Abteilung 731, außerdem Versuche an lebenden Menschen vorgenommen. Die von der Abteilung 100 vorbereiteten Massenepizootien (Massenseuchen) solcher Krankheiten wie Rotz und Milzbrand stellten eine riesige Gefahr für die Bevölkerung der Gebiete dar, gegen die Bakterienattacken unternommen wurden.

Die dritte bakteriologische Geheimformation der japanischen Armee, deren Tätigkeit das Gericht untersuchte, war die Nankinger Abteilung „Ej" 1644. Ähnlich den übrigen japanischen bakteriologischen Geheimabteilungen, änderte auch die Abteilung „Ej" 1644 mehrmals ihre Bezeichnung und nannte sich eine Zeitlang Abteilung „Tama".

Aus den Beweisstücken, die dem Gericht vorliegen, ergibt sich, daß die Nankinger Abteilung gleichfalls über eine leistungsfähige Einrichtung zur Züchtung von Bakterien für einen Bakterienkrieg verfügte.

Zeitweilig stand an der Spitze der Nankinger Abteilung der erwähnte **Ishii**, was allein schon die Richtung erkennen ließ, in der sich ihre Tätigkeit bewegte, denn alle Arbeiten **Ishiis** verfolgten, wie man aus den Gerichtsakten ersieht, das eine Ziel, einen Bakterienkrieg vorzubereiten. Später stand die Nankinger Abteilung unter Leitung des Angeklagten **Sato**.

Auf die in der Nankinger Abteilung durchgeführten bestialischen Versuche an Menschen komme ich später zu sprechen.

Es ist vollauf erwiesen, daß die Abteilung „Ej" 1644 der Abteilung Ishii half, Bakterienattacken gegen chinesische Truppen durchzuführen.

Somit war die Nankinger Abteilung eine ebensolche bakteriologische Geheimformation wie die Abteilung Ishii. Allerdings blieb sie hinsichtlich ihrer Produktionskapazität hinter der letzteren zurück.

Was die Abteilung 731 anbelangt, so berechtigen uns alle gesammelten und vor Gericht untersuchten Beweisstücke dazu, sie als die fundamentale geheime bakteriologische Zentralstelle zu kennzeichnen, die, von den japanischen Imperialisten auf dem Festland geschaffen, systematisch die Bakterienwaffe erforschte, einen Bakterienkrieg vorbereitete und zu diesem Zweck über riesige technische Möglichkeiten verfügte.

Eine Reihe Aussagen charakterisieren die Abteilung 731 als die wichtigste Zentralstelle zur Vorbereitung eines Bakterienkrieges.

Entsprechend den Direktiven des japanischen Generalstabs faßte der Stab der Kwantungarmee den Entschluß, bei Ausbruch eines Krieges mit der Sowjetunion auf die Sowjetstädte des Fernen Ostens mit pestinfizierten Flöhen gefüllte Fliegerbomben abzuwerfen und das Sowjethinterland mittels Bakterienzerstäubung von Flugzeugen aus zu verseuchen.

Der Verfasser dieses verbrecherischen und bestialischen Plans, der ehemalige Chef der strategisch-operativen Abteilung des Stabes der Kwantungarmee General **Matsumura**, sagte diesbezüglich aus:

> „Im Falle eines Krieges mit der Sowjetunion sollte die Bakterienwaffe im Raum der Städte Woroschilow, Chabarowsk, Blagoweschtschensk und Tschita eingesetzt werden."

Die Nähe der Sowjetgrenze war der erste und ausschlaggebende Grund dafür, daß man die Abteilung 731 gerade in der Mandschurei dislozierte.

Doch der Angeklagte **Kawashima** gab auch den zweiten Grund an. Die verbrecherischen Forschungen zwecks Führung eines Bakterienkrieges verlangten viele Menschenopfer. Die zutiefst unmoralischen und brutalen Experimente an lebenden Menschen mußten streng geheimgehalten werden.

Das ist der zweite Grund, warum die Abteilung Ishii in der Mandschurei disloziert wurde. Der Angeklagte **Kawashima** formulierte ihn (ich zitiere seine Aussage):

> „. . . in der Mandschurei war es möglich, ein großes Kontingent von Menschen nichtjapanischer Nationalität zu erhalten, an denen man bakteriologische Versuche vornehmen konnte, hinzu kam die große Ausdehnung der Mandschurei."

III. Die verbrecherischen Experimente an lebenden Menschen

Genossen Richter!

In tiefer Trauer um die von den japanischen Scheusalen so qualvoll getöteten Menschen, gehe ich nun zur Analyse der bis in die jüngste Zeit von tiefem Geheimnis umgebenen ungeheuerlichen Verbrechen über, die in der Abteilung Ishii bei der Vornahme bestialischer Experimente an lebenden Menschen verübt wurden.

Die Beweisaufnahme hat diese Seite der Sache mit maximaler Vollständigkeit klargestellt.

Die langsame, qualvolle Ermordung Tausender lebender Menschen, die die japanischen Gendarmen den frevlerischen Experimentatoren als Opfer auslieferten, ist nicht nur durch die Aussagen der Angeklagten und Zeugen, sondern auch durch Originaldokumente, die aus den von den Truppen der Sowjetarmee erbeuteten Archiven der japanischen Gendarmerie stammen, restlos erwiesen.

Wir kennen genau die Einzelheiten und Prozeduren der Experimente, die in der Abteilung Ishii an Menschen angestellt wurden, wie auch die Tatsache außer allem Zweifel steht, daß kein einziger der Unglücklichen, die in den sogenannten „Tokui-Atsukai" — den „Sondertransporten" — der Abteilung Ishii zugeführt wurden, lebendig von dort herauskam.

Aus dem Innengefängnis der Abteilung, das unter der Leitung eines Bruders **Shiro Ishiis** stand, gab es für die dort eingekerkerten Menschen nach den an ihnen vorgenommenen Experimenten nur einen Weg — in den Kremationsofen.

Die japanische Gendarmerie verdammte zur Vernichtung im Gefängnis der Abteilung Ishii Menschen verschiedener Nationalitäten, Geschlechter und Altersstufen; unter ihnen befanden sich Greise und Jünglinge, Männer und Frauen, ja, sogar Kinder.

Manche hauchten ihr Leben wenige Tage nach der Einlieferung in die Abteilung aus. Das qualvolle Dasein anderer zog sich monatelang hin.

Diese Menschen, von der japanischen Gendarmerie aufgegriffen und der Willkür der Experimentatoren ausgeliefert, hatten unglaubliche körperliche Leiden durchzumachen und schwebten unaufhörlich in Todesgefahr. Aus den von der Sowjetarmee erbeuteten Dokumenten der japanischen Gendarmerie sind uns die Namen einiger Opfer bekannt. Wir wissen von dem alten Eisenbahner Sung Tschao San aus Mutantsiang, dem Zimmermann Wu Tiang-Sing, dem Hilfsarbeiter Tschu Tschi-Meng, dem chinesischen Patrioten Wang In aus Mukden, deren Schuld darin bestand, daß sie sich mit der Willkürherrschaft der japanischen Landräuber auf chinesischem Boden nicht abfinden wollten.

Wir wissen von dem chinesischen Kommunisten Tsche Te-Eng aus dem Kreis Huang, Provinz Schantung, der in der Abteilung Ishii zu Tode gemartert wurde, weil er trotz der Folterungen in der japanischen Gendarmerie seinem Volke bis zuletzt die Treue hielt und keinen Verrat übte.

Wir wissen von dem aufrechten chinesischen Handlungsgehilfen Tschung Ming-Tse aus Dairen, den die Gendarmen verdächtigten, er habe einer Zeitung durch die Post einen Artikel eingesandt, der das japanische Okkupationsregime anprangerte.

Voller Ehrfurcht gedenken wir des Soldaten der Sowjetarmee Demtschenko, der den japanischen Gendarmen in die Hände fiel und seiner Pflicht als Sowjetmensch und den von ihm geleisteten Fahneneid bis zuletzt treu blieb. Obwohl furchtbaren Foltern unterworfen, weigerte sich Demtschenko, den ihn verhörenden Gendarmen irgendwelche Angaben über die Sowjetunion zu machen. „Daraufhin beschloß ich, ihn physisch zu vernichten", sagte der als Zeuge vernommene ehemalige stellvertretende Leiter des Lagers „Hogoin" **Jamagishi** aus, „und schickte ihn zu diesem Zweck in die Abteilung 731."

Man könnte diese traurige Namensliste von Menschen, hauptsächlich Chinesen und Russen, die im Gefängnis der Abteilung Ishii ermordet wurden, noch weiter fortsetzen.

Die Namen der meisten Opfer sind uns jedoch unbekannt. Die Menschen, die ins Gefängnis der Abteilung Ishii gerieten, verloren ihren Namen, sie erhielten Nummern, die ihnen bis zum Tode blieben. Starb ein Mensch nach den an ihm unternommenen Versuchen, so strich ein Schreiber der Unterabteilung 1 seine Nummer von der Kartothekkarte, der Körper des Ermordeten wurde im Kremationsofen verbrannt und in die ihm abgenommenen Fesseln wurde das nächste Opfer geschlagen.

Der Angeklagte **Kawashima** sagte vor Gericht die Wahrheit, als er erklärte, die Abteilung Ishii habe in der von den Japanern besetzten Mandschurei keinerlei Mangel an Versuchspersonen verspürt. Wir wissen das aus Originalberichten der Gendarmerie.

Man kann sich unmöglich ein zynischeres und unmenschlicheres Dokument vorstellen als die bei den Gerichtsakten befindliche streng geheime Instruktion des Stabes der Kwantunggendarmerie vom 12. März 1943 über das Menschenkontingent, das der Abteilung Ishii zwecks Vernichtung in „Sondertransporten" zuzuleiten ist. Entsprechend dieser Instruktion unterlagen der Vernichtung nicht nur alle „prosowjetisch oder antijapanisch eingestellten", sondern überhaupt alle Personen, die von der japanischen Gendarmerie regierungsfeindlicher Betätigung oder Stimmung verdächtigt wurden, sogar in solchen Fällen, wenn, wie es in der Instruktion heißt, „der Tatbestand des Verbrechens Grund bietet anzunehmen, daß die Person, wenn die Strafsache vor Gericht kommt, freigesprochen oder zu einer kurzen Freiheitsstrafe verurteilt wird".

Der Vernichtung durch „Sondertransporte" waren nicht nur antijapanischer Betätigung verdächtige Personen zuzuleiten, sondern auch, wie die Instruktion besagt, „Gesinnungsgenossen von Personen, die zur Kategorie der ‚Sondertransporte' (‚Tokui Atsukai') gehören ... wenn ihre Freilassung ungeachtet der Geringfügigkeit des Verbrechens unerwünscht ist..." Der Vernichtung unterlagen laut dieser Instruktion auch die der Gendarmerie in die Hände gefallenen besten fortschrittlichen Menschen, die ein besonderer Paragraph der Instruktion als „ideelle Verbrecher, die mit der nationalen und kommunistischen Bewegung verbunden sind", bezeichnet.

In der „Anmerkung" zur Instruktion wird betont, daß die Chefs der Gendarmerieabteilungen beim Chef der Kwantunggendarmerie mit aller Entschiedenheit beantragen können, alle in der Instruktion angeführten Kategorien Verhafteter „Sondertransporten" („Tokui Atsukai") zuzuweisen.

Aus dieser Instruktion ersieht man, daß in der Abteilung Ishii nicht nur Personen vernichtet wurden, die aktiv gegen das japanische Joch kämpften, sondern darüber hinaus alle Verdächtigen, die man nicht vor ein japanisches Gericht stellen konnte, weil keinerlei Schuld ihrerseits erwiesen war.

Der Zeuge **Tatschibana,** ehemals japanischer Berater der sogenannten Mandschukuo-Gendarmerie, erzählte in seiner Aussage vor Gericht ausführlich über diese „Sondertransporte", bei denen die Frage nach Leben und Tod eines Menschen willkürlich von einem Gendarmeriechef entschieden wurde, der kurzerhand einen Vermerk in den Polizeiakten machte.

Die dem Tod geweihten Menschen wurden der Abteilung Ishii nicht nur von den Organen der japanischen Gendarmerie zugewiesen, sondern auch von den sogenannten „japanischen Militärmissionen", den Spionageorganen der japanischen Armee.

So wurde in der Gerichtsverhandlung festgestellt, daß in Charbin bei der zentralen japanischen Militärmission ein Sonderlager für Russen bestand, „Hogoin" genannt, aus dem der Abteilung 731 systematisch viele Dutzende Russen zur Vernichtung überwiesen wurden. Das waren Menschen, die sich weigerten, der Forderung der japanischen Spionageorgane nachzukommen, gegen die UdSSR als Feindagenten zu arbeiten. Das waren antijapanisch gesinnte Menschen, die jedoch gerichtlich nicht zu belangen waren, weil sie sogar nach den japanischen Gesetzen keinerlei Verbrechen verübt hatten, dessen man sie anklagen konnte. Das Schicksal dieser Menschen lag uneingeschränkt in der Hand des Lagerleiters **Iidsima** und seines Stellvertreters **Jamagishi,** deren bloßer Vermerk genügte, um das ausgesuchte Opfer zu packen und es in die Abteilung 731 zu schicken, von wo es keine Rückkehr gab.

Ich sagte bereits, daß ins Gefängnis der Abteilung 731 zwecks Vernichtung nicht nur Männer, sondern auch Frauen eingeliefert wurden.

482

Der ehemalige Chef der Personalabteilung der Kwantungarmee Oberst **Tamura**, den **Jamada** im Sommer 1945 in die Abteilung 731 beorderte, damit er dort die Arbeit inspiziere, sagte aus:

„Beim Rundgang durch die Unterkünfte wurde ich in den Innenblock geführt, wo in besonderen Zellen ... in Ketten geschlagene Menschen saßen, an denen, wie mir **Ishii** persönlich erklärte, Experimente ... vorgenommen wurden. Unter diesen Versuchspersonen sah ich Chinesen, Europäer und auch eine Frau. Wie mir General **Ishii** persönlich erklärte, waren diese Frau und die Europäer russischer Nationalität und von der Gendarmerie und den Militärmissionen Japans in der Mandschurei aus der Zahl derjenigen ausgewählt worden, die nach Meinung der japanischen Straforgane der Vernichtung unterlagen."

Dem Gericht liegen Beweisstücke vor, die besagen, daß alle die Jahre hindurch, die das Gefängnis der Abteilung 731 bestand, dort von den japanischen Militärmissionen und der Gendarmerie aufgegriffene, zum Tode verdammte Russinnen und Chinesinnen eingeliefert wurden.

Könnte jemand von uns jemals die Schmerzensgestalt der unbekannten russischen Frau mit dem Säugling auf den Armen vergessen, die ihren Folterungen in der Abteilung Ishii erlag! Von dieser unglücklichen russischen Mutter erzählte vor Gericht der Angeklagte **Kawashima**. Sie wurde als schwangere Frau in die Abteilung eingeliefert und kam im Gefängnis nieder. Zwei Jahre lang blieb sie in den Händen der verbrecherischen Experimentatoren, machte furchtbare Qualen durch, vergaß aber den eigenen Schmerz über der ständigen Angst um das Los ihres Kindes. Beide starben sie, Mutter und Kind, weil niemand, der ins Gefängnis der Abteilung geriet, es lebend verlassen durfte, wie **Kawashima** hier sagte.

Die zur Vernichtung verdammten und den „Sondertransporten" zugeteilten Menschen wurden in besonderen Gefängniswaggons oder in Spezialkraftwagen nach Charbin

31*

geschafft. Dabei traf man alle erdenklichen Vorsichtsmaßnahmen, um tiefes Geheimnis zu wahren. Besondere Gendarmeriebefehle schrieben genau vor, daß die Opfer der „Tokui-Atsukai" unterwegs mit Hand- und Fußschellen gefesselt oder an Händen und Füßen mit Stricken gebunden werden mußten.

Das Gericht nahm Einsicht in einen operativen Originalbefehl der Gendarmerie der Kwantungarmee vom 8. August 1939, Nr. 224, der davon zeugt, daß um diese Zeit ein „Sondertransport" von dreißig Gefangenen in die Abteilung Ishii erfolgte, und daß die Transportordnung genau dem entsprach, was ich dem Gericht soeben vortrug. Sie hatten Gelegenheit, sich zu überzeugen, welch große Vorsichtsmaßnahmen man beim Transport dieser Gefangenen in die Abteilung 731 traf, wie sorgfältig die Wachmannschaft ausgewählt wurde, die die zum Untergang verdammten Menschen zum Ort ihrer Vernichtung begleitete.

Die Zahl der Menschen, die den japanischen Bakteriologen bei ihren verbrecherischen Experimenten zum Opfer fielen, ist riesengroß. Nach dem Geständnis des Angeklagten **Kawashima**, der keineswegs daran interessiert ist, die Anzahl der Getöteten zu übertreiben, wurden allein in der Abteilung 731 jährlich bis zu 600 Menschen vernichtet. Von 1940 bis zum Tag der Kapitulation der japanischen Armee verloren nicht weniger als 3000 Menschen das Leben. Die dem Gericht vorliegenden Beweismaterialien, namentlich auch die Angaben über die während dieser Jahre in der Abteilung angestellten Experimente, zeugen davon, daß die von dem Angeklagten **Kawashima** genannte Zahl der Opfer das äußerste Minimum darstellt.

Es ist dokumentarisch erwiesen, daß die Gefangenen von allen japanischen Gendarmerieabteilungen und Militärmissionen in der Mandschurei der Abteilung Ishii in verschieden großen Partien zugeleitet wurden; von einigen wenigen Menschen bis zu mehreren Dutzend Opfern.

Ishii tat alles, was in seiner Macht stand, um die Zahl der durch „Sondertransporte" der Abteilung zugeleiteten Opfer zu vergrößern. Wenn Gendarmeriechefs die Abteilung besuchten, führte **Ishii** ihnen seine Abteilung persönlich vor, damit sich diese Besucher davon überzeugen könnten, daß die von der Gendarmerie geschickten Leute wirklich vernichtet seien und die neuen Opfer dasselbe Los erwarte. Über eines dieser Gespräche, das **Ishii** mit dem Chef der Charbiner Gendarmerieverwaltung **Kashuga** führte, berichtete dessen Adjutant, der Zeuge **Kimura**.

Somit ist die in der Abteilung Ishii verübte Massenvernichtung lebender Menschen durch die Gerichtsverhandlung restlos erwiesen. Ich gehe nun zu den Beweisen der unmenschlichen Methoden des Experimentierens an lebenden Menschen über, die in der Abteilung angewandt wurden und über die man nicht ohne Entsetzen und Abscheu sprechen kann.

Es ist erwiesen, daß verbrecherische Versuche an lebenden Menschen in der Abteilung 731 sowohl unter sogenannten „Laboratoriumsbedingungen", d. h. im Innengefängnis und in den daran anschließenden Laboratorien, als auch auf dem besonderen bakteriologischen Übungsplatz der Abteilung unweit der Bahnstation Anta durchgeführt wurden.

Die Laboratoriumsversuche nahmen hauptsächlich die Mitarbeiter der Unterabteilung 1 vor; an den Versuchen auf dem Übungsplatz beteiligten sich die Unterabteilungen 1, 2 und 4. Meistenteils wurden jedoch diese Versuche auf dem Übungsplatz von den Mitarbeitern der Unterabteilung 2 angestellt, die an wehrlosen Opfern die Muster neuer Bakterienwaffen erprobten.

In allen Fällen bedeuteten die Versuche für die Opfer der Experimente schwere Folterungen.

Unter Laboratoriumsbedingungen machte man den Versuchspersonen Einspritzungen der gefährlichsten Infektionen — Krankheiten wie Pest, Milzbrand, Rotz, verschiedener Typhusarten u. a.

Die Missetäter, die diese Experimente an lebenden Menschen vornahmen, griffen in einer Reihe von Fällen auf Experimentalmethoden zurück, die der Wissenschaft bekannt sind, aber sonst nur bei Tieren angewandt werden. So wählten die japanischen Experimentatoren, um die Wirksamkeit von Impfstoffen zu untersuchen, eine große Gruppe Gefangener aus, von denen sie einen Teil impften, infizierten die ganze Menschengruppe mit entsprechenden Krankheiten und warteten die Ergebnisse ab, d. h. den Tod oder die schwere Erkrankung der nicht geimpften Menschen. Bei der Erprobung neuer Impfstoffe starb in den meisten Fällen die ganze Gruppe, mit der experimentiert wurde. Die Leichname der Umgekommenen wurden einer pathologisch-anatomischen Untersuchung unterworfen und im Krematorium verbrannt, die verbrecherischen Versuche aber an neuen Partien Gefangener fortgesetzt.

Über einen dieser Versuche zur Erprobung eines Impfstoffes gegen Typhus berichtete der Zeuge **Furuitschi.** Auf Anweisung des Chefs der Unterabteilung 1 **Tabei** infizierte er Wasser mit Unterleibstyphusbazillen und gab die Lösung dreißig gefangenen Chinesen zu trinken, von denen ein Teil gegen Typhus geimpft war. Infolge dieses Experiments erkrankten die meisten Opfer an Unterleibstyphus und starben.

Über alle verbrecherischen Experimente wurde genau Protokoll geführt. In einer Reihe von Fällen hielt man die Ergebnisse der Experimente auf Photoplatten oder Filmstreifen fest. In den Protokollen über die Experimente war stets die Rassenzugehörigkeit der Versuchspersonen angegeben.

Ich möchte Ihre Aufmerksamkeit, Genossen Richter, auf einen Umstand lenken, den die Beweisaufnahme ergab.

Es steht fest, daß in der Abteilung 731 nicht nur bestialische Experimente an lebenden Menschen vorgenommen wurden, die der Vorbereitung eines Bakterienkrieges dienten, sondern auch andere, nicht minder unmenschliche und qualvolle Versuche, die nicht unmittelbar der Vorbereitung eines Bakterienkrieges dienten, aber nichtsdestoweniger große Ausmaße annahmen. Diese Versuche verfolgten das Ziel, die äußersten Grenzen der Widerstandsfähigkeit des menschlichen Organismus unter bestimmten Verhältnissen sowie einzelne Fragen der Verhütung und Heilung nichtinfektiöser Erkrankungen zu studieren, für die sich nur Sonderabteilungen oder der Sanitätsdienst des Stabes der japanischen Kwantungarmee interessieren konnten.

Zur Vornahme derartiger Versuche an lebenden Menschen gab es in der Abteilung 731 eine Barokammer, in der die Grenzen der Widerstandsfähigkeit des menschlichen Organismus in großen Höhen ermittelt wurden. Somit nahmen die Experimentatoren der Abteilung Ishii genau dieselben Versuche vor wie der berüchtigte SS-Experimentator Dr. **Rascher**, dessen Versuche das Nürnberger Internationale Tribunal mit vollem Recht zu den brutalsten und unmenschlichsten Experimenten an lebenden Menschen zählte, die die Hitlerscheusale jemals ausheckten.

Jeder in die Barokammer gesetzte Mensch starb unter unglaublichen Qualen eines langsamen Todes.

Aus dem Geständnis des Angeklagten **Nishi** ist ersichtlich, daß die Vernichtung der Menschen in der Barokammer sorgfältig auf Filmstreifen festgehalten wurde.

Ihrer ganzen Natur nach konnten die Versuche in der Barokammer nur im Auftrag des Kommandos der japanischen Luftstreitkräfte erfolgen.

In der Abteilung 731 wurden auch andere qualvolle Experimente an Menschen vorgenommen, ähnlich den von **Rascher** im Todeslager Dachau ausgeführten, wie namentlich Erfrierungsversuche, die im Auftrage des Sanitätsdienstes erfolgten. Die Erfrierungsexperimente führte die Abteilung Ishii während vieler Jahre im Massenmaßstab durch.

Diese unmenschlichen Versuche wurden von zahlreichen Angeklagten und Zeugen ausführlich beschrieben. Man nahm sie an Russen und an Chinesen vor.

Die für die Experimente ausgewählten Menschen führte man in den Frost hinaus und zwang sie manchmal, Hände und Füße ins Wasser zu tauchen. Einige dieser Opfer mußten sich bewegen, andere unbeweglich stehenbleiben. Durch Klopfen mit einem Holzstab auf die entblößten Gliedmaßen stellte der Experimentator (wir kennen seinen Namen — es ist der Arzt **Joshimura**, ein sogenannter „wissenschaftlicher" Mitarbeiter der Abteilung) den Zeitpunkt des völligen Erfrierens fest.

Nach Eintritt des Erfrierens führte man die Opfer in ihre Zellen zurück, ein Teil von ihnen blieb ohne ärztliche Hilfe und starb an Gangrän. Dem andern Teil der Gefangenen amputierte man die abgefrorenen Gliedmaßen, heilte sie also, um sie darauf neuen Experimenten zu unterwerfen oder nach der Genesung zu ermorden.

Die Erfrierungsversuche wurden photographisch festgehalten, die Berichte über die Experimente dem Sanitätsdienst der Kwantungarmee zugeleitet.

Der ehemalige Chef der sogenannten Ausbildungs- und Aufklärungsabteilung **Nishi** erzählte dem Gericht von einem in der Abteilung aufgenommenen Film, der die Erfrierungsversuche zeigte. Man sah darauf, wie die Menschen, die ins Freie, in Frost und Wetter hinausgeführt wurden, dem Wind die bloßen Hände entgegenstreckten. Den Zeitpunkt des völligen Erfrierens stellte **Joshimura** fest, indem er mit einem Stöckchen auf die Hände schlug.

Die japanischen Ärzte, die sich zu einem Winterkrieg mit der Sowjetunion vorbereiteten, nahmen diese bestialischen Erfrierungsversuche in weitem Umfang vor. Man baute für sie einen speziellen Raum, in dem künstlich niedrige Temperaturen und eisiger Wind hervorgerufen werden konnten.

Alle diese Versuche standen in keinem direkten Zusammenhang mit der Vorbereitung zu Bakterienangriffen, müssen jedoch zu den brutalsten und verbrecherischsten Experimenten an lebenden Menschen gezählt werden.

In den Laboratorien der Unterabteilung 1 der Abteilung 731 beschäftigten sich mindestens dreißig Bakteriologen mit der Erforschung verschiedener Bakterien und Viren. Es ist erwiesen, daß jeder von ihnen Versuche an lebenden Menschen vornahm.

Ich kann unmöglich auf alle Versuche an lebenden Menschen eingehen, die in der Abteilung unter sogenannten „Laboratoriumsbedingungen" angestellt wurden, möchte das Gericht jedoch daran erinnern, daß als Opfer dieser furchtbaren und unmenschlichen Versuche jeweils zwei- bis dreihundert Menschen dienten, die im Gefängnis der Abteilung eingekerkert waren, daß kein einziges dieser Opfer am Leben blieb und daß jährlich ins Innengefängnis der Abteilung nicht weniger als sechshundert zum Tod verdammter Menschen eingeliefert wurden.

Wie bereits gesagt, unterstand das Gefängnis der Unterabteilung 1 der Abteilung 731. Ein Teil der für Versuchszwecke vorgesehenen Gefangenen wurde für verbrecherische Massenexperimente der Unterabteilung 2 übergeben, die diese Experimente auf einem besonderen Übungsplatz unter Bedingungen vornahm, die den Frontverhältnissen maximal angenähert waren.

Bei diesen Versuchen versteckten sich die Experimentatoren in gefahrlosen Unterständen, die etwa einen Kilometer von der Versuchsstelle entfernt lagen. Die Opfer der Versuche blieben, an Händen und Füßen gefesselt oder an besonderen, in die Erde gerammten Eisenpfählen fest angebunden, auf einer offenen Stelle zurück.

Bei der Verwendung bakteriologischer Sprenggeschosse hätte der sofortige Tod der Versuchspersonen den Experimentatoren einen Strich durch die Rechnung gemacht. Deshalb wurden deren Köpfe und verwundbarsten Lebenszentren mittels besonderer Metallschilde oder dicker Wattedekken geschützt.

Diese mit Menschenblut besudelten Decken und Metallschilde bewahrte man nach der Desinfektion bis zum nächsten Experiment im Materiallager der Abteilung auf. Sie wissen darüber aus den Aussagen des Zeugen **Reotschiro Hotta.**

Auf dem Übungsplatz Anta gab es mehrere Verfahren des Experimentierens an lebenden Menschen.

Am häufigsten wurde der Abwurf bakteriologischer Bomben sowie die Zerstäubung von Bakterien und pestinfizierten Parasiten aus Flugzeugen angewandt, die in geringer Höhe flogen.

In anderen Fällen legte man bakteriologische Bomben in bestimmter, vorher berechneter Entfernung von den an

Pfähle gebundenen Menschen auf den Boden und brachte sie durch elektrische Zündung aus dem Unterstand, in dem sich die Experimentatoren aufhielten, zur Explosion.

Die Opfer des Experiments wurden jeweils anderthalb bis zwei Stunden nach Beginn des Versuchs von ihren Fesseln befreit, in geschlossenen Polizeikraftwagen zum Innengefängnis der Abteilung zurückgebracht und dort unter Beobachtung genommen.

In der absoluten Mehrzahl aller Fälle wurde den Menschen, mit denen man die Versuche auf dem Übungsplatz anstellte, keinerlei ärztliche Hilfe erwiesen. Der Übungsplatz diente zur Erprobung einer Waffe, die vernichtend wirken sollte, deshalb werteten die Experimentatoren die Versuche, in deren Ergebnis der qualvolle Tod aller dem Experiment unterworfenen Opfer eintrat, am höchsten.

So wurde auf dem Übungsplatz die Wirkung der meisten todbringenden Bakterien erprobt, deren Erforschung sich die Unterabteilung 1 widmete.

Ihr Hauptaugenmerk richteten die Japaner jedoch auf die Übungsplatzversuche mit Bakterien, die sie als die geeignetsten für einen großangelegten Bakterienkrieg betrachteten, also mit Pest-, Milzbrand-, Cholera- u. a. Bazillen.

Im Januar 1945 wohnte der Angeklagte **Nishi** einem dieser Versuche bei, der das Ziel verfolgte, die Möglichkeit der Ansteckung mit Gasbrand bei einer Temperatur unter minus 20 Grad zu klären. Den Versuch leitete der Chef der Unterabteilung 2 Oberst **Ikari** und der wissenschaftliche Mitarbeiter **Futaki**.

Zehn Gefangene wurden in einem Halbkreis an Eisenpfähle gebunden, Kopf und Rücken der Opfer durch Eisenschilde und Wattedecken geschützt. Ein mit Bakterien gefülltes Geschoß wurde durch elektrische Zündung zur Explosion gebracht.

Dieses Experiment zog den Tod aller Opfer nach sich, die wenige Tage darauf unter furchtbaren Qualen starben.

Dem Gericht sind aus eingehenden Schilderungen gleichfalls die sehr zahlreichen, auf dem Übungsplatz am häufigsten durchgeführten Versuche der Infektion von Menschen mit Pest bekannt.

Alle diese Versuche zogen einen qualvollen Tod der Opfer nach sich.

Ich beabsichtige nicht, hier die Beschreibung der einzelnen Experimente, die auf dem Übungsplatz an Menschen vorgenommen wurden, zu wiederholen. Diese verbrecherischen Versuche haben sich allen Gerichtsmitgliedern unauslöschlich eingeprägt.

Unmenschliche gewaltsame Versuche an lebenden Menschen wurden auch in der Abteilung 100 vorgenommen. Der Angeklagte **Mitomo** und die Zeugen **Fukusumi, Sakurashita** und **Hataki** gestanden, daß in dieser Abteilung die Wirkung verschiedener Gifte an Gefangenen erprobt wurden. Waren die unglücklichen Opfer der verbrecherischen Experimente derart geschwächt, daß man die Versuche mit ihnen nicht mehr fortsetzen konnte, wurden sie, wie der Angeklagte **Mitomo** gestand, umgebracht und ihre Leichen auf dem Schindanger verscharrt. **Mitomo** persönlich tötete einen zu weiteren Versuchen ungeeigneten Gefangenen russischer Nationalität, indem er ihm Zyankali einspritzte. Drei Russen, deren Kräfte infolge der Versuche völlig verfielen, wurden in Gegenwart **Mitomos** von japanischen Gendarmen erschossen.

Diese unerhörten Bestialitäten an lebenden Menschen verübten die Mitarbeiter der Abteilungen 731 und 100 unter tätiger Mithilfe der japanischen Gendarmerie und der japanischen Militärmissionen. Durch die Gerichtsverhandlung ist erwiesen, daß sowohl die bakteriologischen Abteilungen als auch die Gendarmerie und die Militärmissionen in der Mandschurei unmittelbar ein und derselben Person unterstanden, nämlich dem Oberbefehlshaber der japanischen Kwantungarmee und nunmehrigem Angeklagten **Jamada**, der somit die volle Verantwortung trägt für die Untaten, die an den Opfern der qualvollen Experimente in den bakteriologischen Formationen verübt wurden, für die kaltblütige Ermordung Hunderter und Tausender von Menschen. Diese Verantwortung teilen mit ihm die Angeklagten **Kadsitsuka** und **Takahashi**, deren Direktiven für die Tätigkeit der Abteilungen 731 und 100 maßgebend waren.

Die Versuche an lebenden Menschen sind eine der furchtbarsten Seiten dieser Strafsache über die ungeheuerlichen Missetaten der japanischen regierenden Clique und ihrer besoldeten Mörder.

Durch diese Missetaten wurden die Errungenschaften der modernen Wissenschaft, das Ergebnis grandioser Mühen und Opfer gelehrter Humanisten und Bekämpfer des Todes zum Wohle der Menschheit, in den Dienst qualvoller Menschenausrottung gestellt.

Nur ehrlose, vor dem japanischen Imperialismus im Staube kriechende, moralisch zersetzte Menschenfeinde konnten diese Verbrechen vollbringen, die der menschlichen Natur zutiefst widersprechen. In der Abteilung Ishii galten die dort zur Vernichtung eingelieferten Menschen nicht mehr als Menschen. Mit grausamem Hohn erfand man für sie die besondere Bezeichnung „Klötze".

IV. Der Einsatz der Bakterienwaffe beim Überfall auf die Mongolische Volksrepublik und im Krieg gegen China

Genossen Richter!

Ich gehe nun zu dem Teil der Beweisaufnahme über, aus dem sich schlüssig ergibt, daß die bakteriologischen Formationen der japanischen Armee bereits 1939 von der Erforschung der Bakterienwaffe und ihrer Erprobung an Menschen unter Laboratoriums- und Übungsplatzbedingungen zum praktischen Einsatz der von ihnen geschaffenen Waffe in den Kampfhandlungen übergegangen sind, die zu diesem Zeitpunkt von der japanischen Armee auf verschiedenen Kriegsschauplätzen geführt wurden.

Aus dem Geständnis des Angeklagten **Nishi** ist ersichtlich, daß eine Sabotagegruppe der Abteilung Ishii, die sogenannte „Todesabteilung", unter dem Befehl des Oberstleutnants **Ikari** — einem der bestialischsten Experimentatoren an Menschen und einem Teilnehmer an fast allen Bakterienattacken — die Waffe des Bakterienkrieges unter Frontverhältnissen zum erstenmal gegen sowjetisch-mongolische Truppen anwandte. Dies geschah 1939, zur Zeit des wortbrüchigen Überfalls Japans auf die Mongolische Volksrepublik im Raume des Flusses Chalchingol. Beim Rückzug der japanischen Truppen, den diese antraten, nachdem sie vernichtend geschlagen worden waren, bildete die „Todesabteilung", deren Angehörige eine besondere Verpflichtung abgegeben und durch ihre mit Blut geschriebenen Namenszeichen besiegelt hatten (**Nishi** sah diese Verpflichtung mit eigenen Augen, als er die Geschäfte übernahm), die Nachhut und verseuchte den Wasserlauf des Chalchingol mit Bakterien, die akute Darmerkrankungen hervorriefen. Für diese verbrecherische „Heldentat" sprach der japanische General **Rippo Ogishu,** der die von den sowjetisch-mongolischen Truppen zu Paaren getriebenen japanischen Verbände am Chalchingol befehligte und sich selber mit knapper Not durch die Flucht rettete, der Abteilung Ishii seine Anerkennung aus und erwirkte **Ikaris** Beförderung zum Oberst.

Doch die Bakterienattacke auf die sowjetisch-mongolischen Truppen seitens der sogenannten Todeskandidaten **Ikaris,** die daran gewöhnt waren, in den Laboratorien der Abteilung wehrlose Menschen ungestraft zu ermorden, war nur der erste Schritt zum umfassenden Einsatz der Bakterienwaffe unter Frontverhältnissen, zu dem die Abteilung Ishii ab 1940 überging.

Während der Bakterienüberfälle auf die friedliche chinesische Bevölkerung wurden weitgehend jene Arten der Bakterienwaffe angewandt, die nach Meinung der japanischen Kriegsverbrecher in dem von ihnen geplanten Bakterienkrieg als Hauptwaffe dienen sollten. Namentlich wurden bei diesen Bakterienattacken große Mengen pestinfizierter Flöhe verwendet, die man mittels besonderer Vorrichtungen von Flugzeugen abwarf.

Die erste Expedition nach Zentralchina fand 1940 statt. Diese Expedition stand unter **Ishiis** persönlicher Leitung. Während der Expedition wurde ein ganzer Bezirk unweit der Stadt Nimpo durch pestinfizierte Flöhe verseucht und unter der chinesischen Einwohnerschaft eine Pestseuche hervorgerufen.

Daß diese Expedition nach Zentralchina tatsächlich erfolgte, ist restlos erwiesen nicht nur durch die Geständnisse der Angeklagten und die Aussagen der Zeugen, sondern auch durch amtliche Dokumente, die der Sowjetarmee mit den japanischen Archiven in die Hände fielen.

In diesem Zusammenhang erlaube ich mir, das Augenmerk des Gerichts auf zwei amtliche japanische Dokumente zu lenken. Das erste dieser Dokumente ist ein Befehl des Generals **Umedsu,** des Oberbefehlshabers der japanischen Kwantungarmee, vom 25. Juli 1940, Nr. 659/Hej, der den Chef der Feldeisenbahn anweist, den Transport einer gewissen Abteilung „Nara" des Truppenteils „Kamo" zu bewerkstelligen. General **Umedsu** gab Anweisung, diese Abteilung, die aus vierzig Personen bestand, zusammen mit Frachtgut nach Zentralchina zu befördern. Das zweite Dokument ist ein Befehl des Chefs der Verwaltung der Feldeisenbahn der Kwantungarmee, des ehemaligen Generalleutnants **Kusaba,** vom 26. Juli 1940, Nr. 178, in dem die Marschroute dieses Transports von der Bahnstation Pingfan über Charbin, Tschangtschun, Mukden, Schanhaikuan, Tientsin bis Schanghai festgelegt wird. In einer besonderen Anmerkung zu diesem Befehl heißt es (ich zitiere), daß „die Fracht aus besonderen Materialien besteht, die Geheimhaltung erfordern, weshalb ihre Bezeichnung im Transportplan nicht eingetragen ist".

Da in diesen Dokumenten die Abteilung „Kamo" (wir wissen bereits, das war der damalige Name der Abteilung Ishii) und als Abfahrtsbahnhof der Abteilung „Nara" die Station Pingfan genannt wird, steht zweifelsohne fest, daß im Juli 1940 eine Gruppe Mitarbeiter der Abteilung 731 mit geheimer Fracht nach Zentralchina fuhr, und daß diese Gruppe identisch ist mit der Expedition, von der die Angeklagten **Kawashima, Karasawa, Nishi, Kadsitsuka** u. a. vor Gericht aussagten, daß sie den Decknamen „Abteilung Nara“ trug.

Wir wissen gleichfalls, welche Fracht sich hinter den Worten „Materialien, die Geheimhaltung erfordern“, verbarg.

Vor der Abreise der erwähnten Gruppe nach China erhielt der Angeklagte **Karasawa** den Auftrag, für die Expedition 70 kg Unterleibstyphusbazillen und 50 kg Cholerabazillen bereitzustellen. Außerdem versorgte die Unterabteilung 2 der Abteilung 731 die Expedition mit 5 kg Pestflöhen, d. h. ungefähr 15 Millionen pestinfizierter Parasiten, mit denen zwecks Zerstäubung aus der Luft besondere, an einem Flugzeug anzubringende Behälter gefüllt waren.

Diese todbringende Fracht war denn auch die „geheime Fracht“, die von der Expedition **Ishii** nach China befördert wurde.

Die Expeditionsteilnehmer brauchten die Unterleibstyphus- und Cholerabazillen, um Wasserbecken zu verseuchen; sie warfen die pestinfizierten Flöhe von Flugzeugen über Städten und Dörfern ab.

Nach der Rückkehr der Expeditionsteilnehmer zu ihrer Stammabteilung fand besonders hohe Anerkennung die tödliche Wirkung der Pestbazillen, die mittels infizierter Parasiten verbreitet worden waren.

Der gleichen Auffassung huldigte auch der verbrecherische Chef der Abteilung 731 **Shiro Ishii,** der die Expedition nach China persönlich leitete.

Als der Angeklagte **Kawashima,** damals Chef der Geschäftsstelle der Abteilung, 1941 einmal **Ishiis** Arbeitszimmer betrat, sah er, daß **Ishii** aufmerksam eine chinesische medizinische Zeitschrift studierte. Einige Bruchstücke aus dem ihn interessierenden Artikel las ihm **Ishii** laut vor. Chinesische Ärzte beschrieben darin den plötzlichen Ausbruch einer Pestseuche im Raum der Stadt Nimpo, südlich Schanghai. Besonders vermerkt waren die ungewöhnlichen Umstände, unter denen diese Pestseuche ausgebrochen war, bei der

Menschen infiziert wurden, ohne daß sich, wie das in der Regel der Fall ist, gleichzeitig eine Epidemie unter den Nagetieren verbreitet hätte.

Ishii stellte in seinem Kommentar zu diesem Artikel eines chinesischen Verfassers voller Genugtuung fest, daß er den erfolgreichen Verlauf der von ihm 1940 durchgeführten Bakterienattacke gegen die chinesische Bevölkerung bestätige, während welcher pestinfizierte Flöhe von Flugzeugen abgeworfen worden wären.

Somit hatte die Abteilung 731 nach der Meinung ihres verbrecherischen Leiters bereits im Jahre 1940 die Aufgabe gelöst, die Hauptwaffe für Bakterienattacken auszuwählen, und ging zum Kampfeinsatz dieser Waffe über, um gegnerisches Hinterland zu desorganisieren und unter der friedlichen Bevölkerung eines überfallenen Landes tödliche Seuchen zu verbreiten.

Ishii maß der Expedition von 1940 derart große Bedeutung bei, daß er befahl, einen besonderen Film herzustellen, der die Expedition schilderte.

Über diesen Film machte der Angeklagte **Nishi** vor Gericht Aussagen. Auf dem Filmstreifen waren verschiedene Episoden festgehalten, die sich auf die Vorbereitung und Durchführung der Bakterienattacke bezogen, wie die Anbringung besonderer Vorrichtungen am Flugzeug zum Abwurf pestinfizierter Flöhe und der eigentliche Vorgang ihrer Zerstäubung vom Flugzeug aus. Am Schluß des Films erschien ein Titel: „Die Arbeitsergebnisse". Man sah auf der Leinwand Artikel aus chinesischen Zeitschriften und Zeitungen, die den Ausbruch einer Pestseuche im Raum der Stadt Nimpo beschrieben. Dieser Film wurde jedesmal gezeigt, wenn „hochgestellte" Besucher die Abteilung besichtigten, der Oberbefehlshaber der Kwantungarmee **Jamada,** die Mitglieder des japanischen Kaiserhauses — die Prinzen **Takeda** und **Mikasha** —, hohe Stabsoffiziere der Kwantungarmee und Vertreter des japanischen Generalstabs.

Expeditionen nach China, um Bakterienattacken gegen

friedliche Einwohner zu unternehmen, führte die Abteilung Ishii mehrmals durch.

Im Sommer 1941 begab sich eine zweite Expedition nach China, die unter der Leitung des Obersten **Oota**, des Chefs einer Unterabteilung der Abteilung, stand. Die Expedition verfolgte ausdrücklich das Ziel, eine Pestseuche zu verbreiten. Das japanische Kommando stellte der Expedition die Hauptaufgabe, die rückwärtigen Verbindungen der chinesischen Truppen, als deren Knotenpunkt Tschangte galt, zu unterbrechen und unter der Einwohnerschaft der Stadt eine Pestseuche hervorzurufen. Die Gesamtzahl der Teilnehmer an dieser Expedition erreichte 100 Personen, darunter 30 fachkundige Bakteriologen. Nach der Rückkehr von der Expedition erstattete Oberst **Oota** in Anwesenheit des Chefs der Geschäftsstelle, des Angeklagten **Kawashima**, dem Abteilungschef **Ishii** Bericht. Aus dem Bericht ging hervor, daß die Expedition über der Stadt Tschangte und anderen Ortschaften im Raume des Sees Tungtinghu eine große Anzahl pestinfizierter Flöhe abgeworfen hatte.

Sowohl **Oota** als auch **Ishii** schätzten die Ergebnisse dieser Expedition, die unter der chinesischen Bevölkerung im Raume der Stadt Tschangte eine starke Pestseuche hervorrief, sehr hoch ein.

Die dritte Expedition nach Zentralchina fällt in das Jahr 1942. Diese Expedition wurde besonders sorgfältig vorbereitet.

Im Mai 1942 berief General **Ishii**, der soeben aus Tokio zurückgekehrt war, eine Geheimberatung aller leitenden Offiziere ein, in der er erklärte, entsprechend den ihm erteilten Direktiven des japanischen Generalstabs müsse die Abteilung eine große Expedition nach Zentralchina unternehmen, um Bakterienattacken gegen chinesische Truppen auszuführen. Die Bakterienattacken sollten während eines sogenannten „strategischen Rückzuges“ der japanischen Truppen unweit der Eisenbahnlinie erfolgen.

In Vorbereitung dieser Expedition berief **Ishii** mehrere Beratungen der Chefs der Unterabteilungen ein, in denen die Frage behandelt wurde, welche Bakterien als Seuchenerreger auszuwählen seien. Die Besprechungen endeten mit dem Entschluß, Pest-, Cholera-, Unterleibstyphus-, Paratyphus- und Milzbrandbazillen zu verwenden.

An der Bakterienattacke gegen die chinesische Bevölkerung im Jahre 1942 nahm die Nankinger Abteilung „Ej" 1644 aktiv teil.

Auf Befehl **Ishiis** stellte der Angeklagte **Kawashima** in der „Produktions"abteilung für die Expedition 130 kg Paratyphusbazillen und Milzbranderreger bereit. Die übrigen todbringenden Bakterien, die während der Expedition Verwendung fanden, wurden von der Nankinger Abteilung gezüchtet. Die Unterabteilung 2 der Abteilung 731 versorgte die Expedition mit einer großen Anzahl Flöhe, die zur Verbreitung einer Pestseuche dienen sollten.

Während dieser dritten Expedition nach China wandte die Abteilung Ishii gegen die friedliche chinesische Einwohnerschaft und die chinesische Armee hauptsächlich die niederträchtige Methode der sogenannten bakteriologischen Sabotageakte mit Bodenmitteln an. Beim Rückzug der japanischen Truppen verseuchten die Mitarbeiter der Abteilung Ishii Wasserbecken, Flüsse, Teiche und Felder. Breite Anwendung fand die Infizierung verschiedener Lebensmittel, die wie zufällig in Wohnhäusern zurückgelassen wurden.

Teilnehmer dieser China-Expedition war auch der im gegenwärtigen Prozeß als Zeuge vernommene **Oshio Furuitschi,** der in seinen Aussagen die niederträchtigen Methoden der Menschenausrottung, die von den Missetätern der Abteilung Ishii während der dritten China-Expedition angewandt wurden, erschöpfend charakterisierte. **Furuitschi** gab vor Gericht an, daß er im Sommer 1942 der von General **Ishii** geführten Gruppe zugeteilt wurde, die gegen die chinesische Bevölkerung im Raum von Tschekiang Typhus-, Paratyphus-, Cholera- und Pestbazillen verwandte.

Furuitschi sagte wörtlich:

„In dem erwähnten Raum habe ich persönlich Wasserbecken, Wohnungen und Brunnen mit Typhus- und

Paratyphusbazillen verseucht, die mit Flugzeugen der Abteilung 731 zur Stelle geschafft wurden... Auf Befehl des Generalmajors **Ishii** wurden 3000 Brötchen gebacken. Diese Brötchen infizierten wir mit Typhus- und Paratyphusbazillen und verteilten sie an chinesische Kriegsgefangene, die nach erfolgter Ansteckung das Lager verlassen durften, damit sie die Infektionskrankheiten weiterverbreiteten. Ebenfalls auf Befehl **Ishiis** infizierten wir drei- bis vierhundert Stück speziell gebackener Kekse mit Typhus. In diese Kekse spritzte ich Typhusbazillen ein. Dann wurden sie den Angehörigen einer Sabotagegruppe übergeben, die sie quasi als vergessene Lebensmittel in den Häusern von Ortseinwohnern zurückließen... Soviel ich weiß, brach infolge der von uns bewirkten Infektion in der Provinz Tschekiang eine Typhusepidemie aus."

Wie von mir bereits oben erwähnt, erhielt die Abteilung 731 während der Expedition im Jahre 1942 aktiven Beistand seitens der sogenannten Nankinger epidemischen Abteilung „Ej" 1644. Diese bakteriologische Geheimformation der japanischen Armee, die bestialische Experimente an lebenden Menschen vornahm, war unter den Einwohnern der Stadt Nanking wohlbekannt, und zwar unter dem Namen Abteilung „Tama". Die Abteilung „Tama" wird auch in den Akten des Tokioter Prozesses gegen die japanischen Hauptkriegsverbrecher erwähnt.

Das Internationale Militärtribunal in Tokio erhielt einen Bericht des Staatsanwalts beim Nankinger Stadtgericht, in dem dieser besonders darauf hinwies, daß die Abteilung „Tama" eine der streng geheimzuhaltenden Einrichtungen der japanischen Armee war, die systematisch niederträchtige Experimente an lebenden Menschen vornahmen, indem sie ihnen vergiftetes Serum einspritzten. Weiter hieß es in dem Bericht, die Anzahl der Menschen, die der Abteilung zum Opfer gefallen seien, ließe sich gar nicht abschätzen.

Diese Mitteilung über Bestialitäten der japanischen Landräuber erregte das Augenmerk des Internationalen Militärtribunals, das den amerikanischen Anklagevertreter, der auf dem Tokioter Prozeß die Interessen Kuomintang-Chinas wahrnahm, ersuchte, eingehendere Beweise für die verbrecherische Tätigkeit der Abteilung „Tama“ beizubringen.

Kurz darauf übermittelte die sowjetische Anklagevertretung des Internationalen Militärtribunals dem amerikanischen Hauptankläger **Joseph B. Kenan** schriftliche Aussagen von **Kawashima** und **Karasawa,** die ein ziemlich vollständiges Bild vermittelten von den Verbrechen der regierenden Clique Japans, was die Vornahme frevlerischer Experimente an lebenden Menschen zwecks Erprobung der Bakterienwaffe anbelangte.

Augenscheinlich waren aber irgendwelche einflußreichen Persönlichkeiten daran interessiert, die Anprangerung der ungeheuerlichen Verbrechen des japanischen Militärklüngels zu hintertreiben, und die Dokumente über die Tätigkeit der Abteilung „Tama“ und über analoge Experimente der Abteilung Ishii wurden dem Tribunal nicht vorgelegt.

Dabei ist die Tatsache, daß die Abteilung „Ej“ 1644 an der Expedition von 1942 teilnahm, einwandfrei erwiesen durch die Geständnisse des Angeklagten **Sato,** ehemals Chef dieser Abteilung, sowie der Angeklagten **Kawashima** und **Karasawa** wie auch durch die Aussagen des ehemaligen Obersten der japanischen Armee **Mishina** und eine Reihe anderer Beweisstücke.

Nach Abschluß der China-Expedition von 1942 machte General **Ishii** in einer operativen Besprechung der leitenden Mitarbeiter seiner Abteilung die amtliche Mitteilung, daß der Einsatz der Bakterienwaffe in Tschekiang bedeutsame Ergebnisse gezeitigt und zahlreiche Epidemien schwerer Infektionserkrankungen hervorgerufen habe. Diese Mitteilung **Ishiis** entsprach der Wirklichkeit; das ersieht man insbesondere aus den seinerzeit von der japanischen 13. Armee erbeuteten Dokumenten des chinesischen Kommandos, in denen vom Ausbruch einer Pestseuche die Rede ist, die die Japaner auf dem von ihnen geräumten Gebiet hervorriefen.

V. Bakteriologische Sabotageakte auf den Gebieten der UdSSR sowie der Mongolischen Volksrepublik und die Aktivierung der Vorbereitung zum Bakterienkrieg gegen die Sowjetunion

Der Angeklagte **Kawashima** erklärte in seinen Aussagen, seiner Meinung nach habe die Abteilung 731 bereits mit Anbruch des Jahres 1942 endgültig das Problem gelöst, wirksame Arten der Bakterienwaffe zu erzeugen, die sich zum Masseneinsatz unter Kriegsverhältnissen eigneten; sie seien an einer riesigen Anzahl Menschenopfer erprobt und mehrfach in Bakterienattacken gegen China überprüft worden.

Auch die Abteilung 100, die dem Veterinärdienst der japanischen Kwantungarmee unterstellt war, erfüllte Aufgaben des Militärkommandos betreffend die Verübung bakteriologischer Sabotageakte. Aussagen hierüber machten vor dem Militärtribunal Teilnehmer dieser Sabotageunternehmungen, die Angeklagten **Hirasakura** und **Mitomo** sowie die Zeugen **Kuwabara** u. a. Durch eine Expedition der Abteilung 100 wurden 1944 im Dreistromgebiet Gewässer an der Grenze der Sowjetunion verseucht. An dieser Expedition nahmen die Angeklagten **Hirasakura** und **Mitomo** teil. 1945 leitete der Angeklagte **Hirasakura** eine Expedition im Raum der Stadt Chailar, die das Ziel verfolgte, bakteriologische Sabotageunternehmungen gegen die Mongolische Volksrepublik durchzuführen.

Aus den Aussagen der Zeugen und Angeklagten wissen wir, daß die Mitarbeiter der Abteilung 100 in Chailar inkognito auftraten. Um keinerlei Verdacht hervorzurufen, bezeichneten sie sich als Mitarbeiter der japanischen Militärmission in Chailar. Aus Dokumenten der japanischen Militärmission in Chailar, die von den Sowjettruppen erbeutet wurden, ist zu ersehen, daß die Gruppe Hirasakura recht energisch vorging. Im Bericht des Missionschefs **Amano** vom 26. März 1945 findet sich unter Punkt 7 folgender Vermerk: „Auf Grund eines Operationsbefehls des Oberkommandos der Kwantungarmee traf im März 1944 aus der Sinkinger

Abteilung 100 eine Sondergruppe ein, die gegenwärtig unter Führung des Gruppenchefs eifrig und aktiv ihren Pflichten nachgeht."

Aus der Beweisaufnahme ergibt sich, daß die Abteilung 100 schon vorher in die Provinz Chailar mehrfach Spionage- und Sabotagegruppen schickte, deren Aufgabe es war, die realen Möglichkeiten der Ansteckung von Vieh mit epizootischen Krankheiten und der Übertragung solcher akuten Infektionserkrankungen auf mongolisches Gebiet zu klären.

Alle diese Angaben zeugen davon, daß die Abteilung 100 entsprechend den Befehlen des Oberkommandos der Kwantungarmee nicht nur einen Bakterienkrieg und Sabotageakte gegen die UdSSR, China und die Mongolische Volksrepublik vorbereitete, sondern auch tatsächlich Sabotageakte durchführte und die Bakterienwaffe einsetzte.

Durch die Gerichtsverhandlung ist erwiesen, daß die Aktivität der japanischen Kriegsverbrecher, die einen großangelegten Bakterienkrieg vorbereiten und entfesseln wollten, nach dem wortbrüchigen Überfall Hitlerdeutschlands auf die Sowjetunion am 22. Juni 1941 auffällig zunahm. Um diese Zeit verstärkte die regierende Clique des imperialistischen Japan ihre militärischen Vorbereitungen in bezug auf alle Waffenarten und alle Truppengattungen. In der Hoffnung auf Deutschlands Sieg über die UdSSR im Westen wartete sie lediglich einen günstigen Augenblick ab, um in den sowjetischen Fernen Osten einzufallen und sich sowjetischer Gebiete zu bemächtigen.

Zu diesem Zeitpunkt waren die Vorbereitungen der japanischen Imperialisten zu einem Bakterienkrieg im großen und ganzen abgeschlossen und alle Voraussetzungen für die Massenherstellung der Bakterienwaffe geschaffen.

Ich sagte bereits, daß die Vorbereitungen zu einem Bakterienkrieg im Jahre 1944, als der Angeklagte **Jamada** den Oberbefehl über die japanische Kwantungarmee übernahm, bedeutend aktiviert wurden. Aufs neue trafen Sonderdirektiven des japanischen Generalstabs ein, die Züchtung von pestinfizierten Flöhen zu verstärken. Diese Direktiven wurden strikt ausgeführt. Alle Zweigstellen der Abteilung 731 erhielten den Auftrag, den Fang von Ratten, die zur Züchtung von Flöhen dienten, maximal zu verstärken. Aus dem Munde der Angeklagten **Onoue** und **Nishi** sowie einer Reihe Zeugen hörten wir, mit welchem Feuereifer die Zweigstellen sich an die Ausführung dieses Auftrags machten. In Zivilkleidung gesteckte Sonderkommandos von Soldaten durchstöberten Häuser, Scheunen, Felder, um Ratten zu fangen. Die Rattenfänger, deren Jagd nach Nagetieren die besten Ergebnisse zeitigte, erhielten Belohnungen. Man brachte die Massenzüchtung von Flöhen in Gang.

In den Abteilungen 731 und 100 wurde das Personal umgeschult, um es zur unmittelbaren Führung eines Bakterienkrieges zu befähigen. Die Zweigstellen dieser Abteilungen wurden den Oberbefehlshabern der Fronten und Armeen unterstellt. Der Angeklagte **Sato,** der damals Chef des Sanitätsdienstes der 5. Armee war, leistete der Zweigstelle 643 aktiven Beistand beim Rattenfang, indem er alle Truppen der 5. Armee verpflichtete, Ratten zu fangen und sie an die Zweigstelle abzuliefern.

Der Angeklagte **Jamada** prüfte mehrfach die Einsatzbereitschaft der bakteriologischen Formationen, inspizierte sie persönlich und traf Maßnahmen, um diese Bereitschaft sicherzustellen.

Alles war bereit. Man wartete nur auf das Signal aus Tokio, die Kampfhandlungen gegen die UdSSR zu beginnen.

Doch dieses Signal blieb aus. Die mächtige Sowjetunion und ihre heldenmütige Armee brachten die Pläne der Aggressoren zum Scheitern. Der von den japanischen Militaristen so sehnsüchtig erwartete entscheidende Sieg der Hitlertruppen an der Sowjetfront blieb aus, und das durchkreuzte die Pläne, den sowjetischen Fernen Osten zu überfallen. Nichtsdestoweniger setzten die Machthaber des imperialistischen Japan ihre Kriegsvorbereitungen in verstärktem Maße fort. Der Gangsterplan, die Bakterienwaffe gegen die UdSSR einzusetzen, wurde vom japanischen Militärkommando bis zum letzten Tag des Bestehens der japanischen Armee nicht aufgegeben. Die Chefs der bakteriologischen Abteilungen schürten die ganze Zeit über — bis zur Kapitulation der japanischen Armee — bei ihren Untergebenen den Angriffsgeist, indem sie die Durchschlagskraft der Bakterienwaffe rühmten und ihren baldigen Einsatz im Kriege voraussagten.

Somit blieb der Gefahrenherd des Bakterienkrieges auch weiterhin bestehen.

Im Hinblick auf die offen feindselige Politik Japans gegenüber der UdSSR, die mit dem Neutralitätspakt unvereinbar war, erklärte die Sowjetregierung im April 1945 diesen Pakt für null und nichtig. Im August 1945 gab die Sowjetregierung, ihrer Bündnispflicht getreu und von dem Bestreben geleitet, den zweiten Weltkrieg schnellstens zu beenden, ihren Streitkräften den Befehl, die japanische Kwantungarmee, diese Kerntruppe des imperialistischen Japan, zu vernichten. Der Befehl wurde binnen kürzester Frist ausgeführt. Dadurch zwang die heroische Sowjetarmee die japanischen Streitkräfte zur Kapitulation. Der zweite Weltkrieg ging zu Ende.

Unmittelbar vor der Kapitulation der japanischen Kwantungarmee zerstörten die Verbrecher gemäß einem Befehl des Militärkommandos, um die Spuren der verübten Missetaten zu verwischen, die Baulichkeiten und Einrichtungen der Abteilungen 731 und 100 sowie ihrer Zweigstellen.

Der Sowjetunion und ihren Streitkräften gebührt das große Verdienst, die Menschheit vor den Schrecken eines Bakterienkrieges bewahrt zu haben.

VI. Analyse der Beweise für die persönliche Verantwortlichkeit der Angeklagten

Genossen Richter!

Ich gehe nun zur Analyse der Beweise über, aus denen sich die persönliche Verantwortlichkeit jedes der Angeklagten ergibt.

Meiner Auffassung nach steht nach der Beweisaufnahme

die Schuld jedes einzelnen der vor Gericht gestellten Verbrecher einwandfrei fest. Sie alle, vom ehemaligen Oberbefehlshaber der japanischen Kwantungarmee, dem Angeklagten **Jamada**, bis zum Laboranten der Abteilung 100 **Mitomo**, haben — natürlich in unterschiedlichem Grade — aktiv an der Vorbereitung zu einem Bakterienkrieg teilgenommen, von den furchtbaren Folgen eines solchen Krieges gewußt und das Verbrecherische ihrer Handlungen verstanden.

Die meisten von ihnen waren aktive Teilnehmer oder Initiatoren der verbrecherischen Experimente an lebenden Menschen. Keinerlei Berufung auf Befehle vorgesetzter Stellen oder auf die soldatische Gehorsamspflicht kann als Rechtfertigung dienen für die ungeheuerlichen Verbrechen, die von ihnen begangen wurden und vor Gericht restlos erwiesen sind.

Noch vor wenigen Jahren glaubten die Verbrecher zuversichtlich, sie würden straflos ausgehen, und trieben ihr grausames Spiel mit den wehrlosen Opfern. In den Stabskanzleien und den vor der Welt verborgenen Geheimlaboratorien schmiedeten sie frevlerische Pläne zur qualvollen Tötung von Millionen Menschen. In Erwartung des Beginns eines Bakterienkrieges erprobten sie die tödliche Wirkung der Bakterien an harmlosen chinesischen Frauen und Kindern, an Tausenden wehrloser Menschen, die ihnen die erbarmungslose Gendarmeriemaschinerie in die Hände spielte.

Damals dachten sie nicht an die Stunde der Vergeltung.

Jetzt, wo sie auf der Anklagebank sitzen und Recht über sie gesprochen wird, versuchen sie sich feige zu rechtfertigen. Einige von ihnen, darunter sogar Leute wie der Angeklagte **Jamada**, der Hauptverbrecher in diesem Prozeß, den man nach Recht und Gerechtigkeit eigentlich unter die japanischen Hauptkriegsverbrecher einreihen müßte, geben sich den Anschein, als seien sie erschüttert von dem vor Gericht Gehörten.

Die brutalen Menschenfeinde geben sich nunmehr das Ansehen von Leuten, die zwar etwas von den Verbrechen vermuteten, aber nicht völlig über sie informiert waren, oder tarnen sich als blinde Werkzeuge von Befehlen, die sie ausführten, ohne über ihren verbrecherischen Charakter nachzudenken.

Aber niemand wird sich täuschen lassen durch diese feigen Halbgeständnisse der ertappten und entlarvten Missetäter.

Die Analyse der Beweise für die persönliche Schuld der Angeklagten beginne ich mit dem Angeklagten **Otosoo Jamada,** dem ehemaligen Oberbefehlshaber der Kwantungarmee.

Damit man das Maß seiner Verantwortlichkeit für die Verbrechen gegen den Frieden und die Menschheit, über die in der vorliegenden Strafsache verhandelt wird, richtig beurteilen kann, muß man sich vor allem völlig klarwerden über die Rolle, die der Oberbefehlshaber der Kwantungarmee in der „Mandschukuo" genannten japanischen Kolonie spielte.

Er war unumschränkter Herr und Meister über das Land und die auf dessen Gebiet garnisonierten japanischen Streitkräfte, ein Diktator, in dessen Händen der mandschurische „Kaiser" Henry Pu I nichts als eine Marionette war. Zu Oberbefehlshabern der Kwantungarmee wurden die zuverlässigsten und einflußreichsten Mitglieder der regierenden Clique Japans ernannt, die aktivsten und eifrigsten Teilnehmer an dem verbrecherischen Aggressionskomplott, denen die japanischen Imperialisten die Verwirklichung ihrer geheimsten Raubpläne anvertrauten.

Dem Oberbefehlshaber der Kwantungarmee unterstanden alle japanischen Streitkräfte und alle Verwaltungsorgane des okkupierten Landes. Namentlich unterstanden ihm auch uneingeschränkt jene Organe der japanischen Gendarmerie, Spionage und Gegenspionage, die einen erbarmungslosen Terror gegen die Bevölkerung der Mandschurei ausübten. Wie **Jamada** vor Gericht selbst gestand, konnten die sogenannten „Tokui-Atsukai" — die „Sondertransporte" — zur Abteilung Ishii erst erfolgen, nachdem der Oberbefehlshaber der Kwantungarmee diese frevelhafte Maßnahme der

Abrechnung mit Menschen, die den Japanern unerwünscht waren, sanktioniert hatte.

Vor Gericht versuchte **Jamada** seine Mittäterschaft an diesem Verbrechen zu verkleinern, indem er sich darauf berief, daß die „Sondertransporte" schon von seinem Vorgänger General **Umedsu** sanktioniert waren, und daß er, als er an **Umedsus** Stelle trat, dessen Verfügung nicht abänderte, weil er keine Vorstellung davon besaß, welche Ausmaße die Menschenvernichtung mittels der „Sondertransporte" annahm.

Das ist ein erbärmlicher Versuch, seine eigene Verantwortlichkeit zu vermindern! **Jamada**, der die Abteilung Ishii persönlich inspizierte, konnte nicht umhin, die hunderte Gefangenen zu sehen, die im Innengefängnis der Abteilung qualvollen Experimenten unterworfen wurden. **Jamada** behauptete vor Gericht, er könne sich „nicht erinnern", ob er das Gefängnis besucht habe, als er die Abteilung inspizierte.

Aber auch diese Ausflucht **Jamadas** wird durch die dem Gericht vorliegenden Beweisstücke einwandfrei widerlegt.

Ich erinnere das Gericht daran, daß Anfang Juni 1945 der ehemalige Chef der Personalabteilung des Stabes der Kwantungarmee Oberst **Tamura** im Auftrag **Jamadas** die Abteilung Ishii inspizierte.

Tamura besichtigte die ganze Abteilung, darunter auch das Gefängnis, wo er die zu Experimenten mißbrauchten Menschen mit eigenen Augen sah.

Vor Gericht sagte **Tamura** aus:

> „Beim Rundgang durch die Unterkünfte wurde ich in den Innenblock geführt, wo in besonderen Zellen, deren Türen mit Gucklöchern versehen waren, in Ketten geschlagene Menschen saßen, an denen, wie mir **Ishii** persönlich erklärte, Experimente ... vorgenommen wurden. Unter diesen Versuchspersonen sah ich Chinesen, Europäer und auch eine Frau. Wie mir General **Ishii** persönlich erklärte, waren diese Frau und die Europäer russischer Nationalität und ... aus der

Zahl derjenigen ausgewählt worden, die nach Meinung der japanischen Straforgane der Vernichtung unterlagen.

Wie ich bemerkte, lagen die Leute in den Zellen, die ich sah, auf nacktem Boden und befanden sich in einem schweren, hilflosen Zustand."

Nach eingehender Besichtigung der Abteilung Ishii war **Tamura** — das sind seine eigenen Worte — „buchstäblich erschüttert von dem Riesenausmaß dieser Todesfabrik", denn das, was er sah, übertraf alle seine Erwartungen.

In den Stab der Kwantungarmee zurückgekehrt, berichtete **Tamura** unverzüglich über alles, was er gesehen hatte, dem General **Jamada**, insbesondere, wie **Tamura** wörtlich sagte,

„berichtete ich General **Jamada** über die interessanten Versuche, die General **Ishii** und seine Mitarbeiter an lebenden Menschen vornehmen... Ich erzählte ihm von meinem Besuch im Gefängnisblock und allem, was mir dort zu Gesicht gekommen war."

War **Jamada** über das von **Tamura** Gehörte erstaunt oder „erschüttert"? Keineswegs. Alles, was **Tamura** erzählte, war **Jamada** längst bekannt und konnte ihn nicht im geringsten überraschen.

„Die Bemerkungen und Fragen des Generals **Jamada**", sagte **Tamura** aus, „überzeugten mich, daß er über die Lage in der Abteilung 731 vorzüglich unterrichtet war."

Und mußte er denn nicht „vorzüglich unterrichtet" sein über alles, was in der Abteilung vorging, dieser Oberbefehlshaber, der die verbrecherischen Forschungsarbeiten auf dem Gebiete der Anwendung gefährlichster Krankheitsbakterien für Kriegszwecke aufmerksam verfolgte (Sie erinnern sich, daß **Jamada** auf eigene Initiative den General **Kitano** in den Stab bestellte, damit er über die Ergebnisse der praktischen Versuche mit pestinfizierten Flöhen auf dem Übungsplatz Anta berichte; diese Versuche wurden bekanntlich stets an lebenden Menschen durchgeführt), der Sonderkommissionen aus hohen Stabsoffizieren schuf, damit sie die neuen Muster der Bakterienwaffe bestätigten und Pläne für ihren Einsatz ausarbeiteten, der die Abteilung Ishii persönlich inspizierte und sie, wie **Tamura** ebenfalls aussagte, „für fähig hielt, jeden beliebigen Auftrag auszuführen"?

Der Versuch, sich als einfachen Soldaten hinzustellen, der nur ein klein wenig über die Verbrechen wußte, die in den Abteilungen 731 und 100 verübt wurden, sich aber nicht volle Rechenschaft ablegte über die Ausmaße und den frevelhaften Charakter der Verbrechen, wenngleich er die Verantwortung für sie nicht gänzlich von sich abwälzen könne, dieser Versuch ist dem Angeklagten **Jamada** offensichtlich mißlungen.

Er wußte nicht nur Bescheid über alle Verbrechen **Ishiis, Kadsitsukas, Takahashis,** über die Missetaten, die in den Abteilungen 731 und 100 verübt wurden. Er plante und lenkte diese Missetaten, er trieb die verbrecherischen Experimentatoren an, denn die regierende Clique Japans hatte den Einsatz der Bakterienwaffe im Plan für die Führung eines aggressiven Krieges einkalkuliert.

Ishii und alle übrigen Verbrecher, die Mittel zur frevlerischen Menschenausrottung erforschten und vervollkommneten, waren in **Jamadas** Händen nur eines der Werkzeuge zur Verwirklichung der japanischen Aggressionspläne.

Eben deshalb waren die bakteriologischen Geheimformationen, wie vor Gericht dokumentarisch erwiesen ist, unmittelbar dem Oberbefehlshaber der Kwantungarmee **Jamada** unterstellt und erwarteten von ihm den Befehl zum Einsatz der bakteriologischen Kriegsmittel.

Jamadas Versuch, seine Schuld zu verkleinern, indem er sich darauf beruft, daß die verbrecherischen Versuche an lebenden Menschen von seinem Vorgänger, dem vom Tokioter Tribunal zu lebenslänglicher Gefängnishaft verurteilten General **Umedsu,** sanktioniert wurden, ist allein deshalb nicht stichhaltig, weil **Jamada,** nachdem er an **Umedsus** Stelle getreten war, mit noch größerem Eifer als sein Vorgänger die Tätigkeit der Abteilungen, die der praktischen Anwendung der allergefährlichsten Mittel des Bakterienkrieges diente, zu aktivieren begann.

Aus den Aussagen aller vor Gericht vernommenen Angeklagten und Zeugen geht hervor, daß mit **Jamadas** Ernennung zum Oberbefehlshaber der japanischen Kwantungarmee die Intensität der Vorbereitung zum Bakterienkrieg in steiler Kurve anstieg, das Ausmaß und die Zahl der Opfer der verbrecherischen Experimente zunahm; die verbrecherische Bakterienwaffe wurde noch einmal an wehrlosen Opfern erprobt, bevor man sie als wirksame Waffe eines großangelegten Aggressionskrieges gegen die Menschheit einsetzte.

Der Angeklagte **Jamada**, der im tiefsten Geheimnis einen Bakterienkrieg gegen friedliebende Völker vorbereitete, handelte als einer der japanischen Hauptverschwörer gegen die Menschheit. **Jamadas** ganzes Leben galt dem Bestreben, die verbrecherischen Ziele dieser Verschwörung zu erreichen. Er war Generalinspekteur der Truppenausbildung und Mitglied des Obersten Kriegsrats Japans, er befehligte größte Truppenverbände in China, nahm an der Vorbereitung des Überfalls auf die UdSSR teil, und schließlich wurde gerade ihm der Oberbefehl über die Kerntruppe des japanischen Imperialismus, die Kwantungarmee, und der „Botschafter"-posten bei der Marionettenregierung Mandschukuos anvertraut, wo er ein blindwütiges Okkupationsregime durchführte.

Die Schuld dieses Verbrechers ist restlos erwiesen; für die von ihm verübten Verbrechen verdient er das höchste im Gesetz vorgesehene Strafmaß.

Die verbrecherische Tätigkeit des Angeklagten **Jamada** steht in unmittelbarer Beziehung sowohl zur Abteilung 731 als auch zur Abteilung 100.

Diese beiden Abteilungen waren **Jamada** unterstellt, er lenkte die gesamte Tätigkeit der bakteriologischen Geheimformationen der Kwantungarmee, ihm gebührt somit ein besonderer Platz unter den Angeklagten.

Ich gehe nun zu den Beweisen für die Verantwortlichkeit des Angeklagten **Kadsitsuka** über.

Riudsi Kadsitsuka war ab Dezember 1939 Chef des Sanitätsdienstes der Kwantungarmee. Er erhielt diesen wichtigen militärischen Posten zu einem Zeitpunkt, als die Abteilung Ishii ihre verbrecherische Tätigkeit bereits voll entfaltet und im Raum des Flusses Chalchingol die ersten Bakterienattacken gegen sowjetisch-mongolische Truppen unternommen hatte.

In seinen Aussagen während der Voruntersuchung und Beweisaufnahme bemühte sich **Kadsitsuka,** diesen Umstand besonders hervorzuheben. Im Grunde lief die ganze Linie seiner Verteidigung vor Gericht auf den Versuch hinaus, zu beweisen, daß er von der geheimen Tätigkeit der Abteilung Ishii erst erfuhr, als er zur Kwantungarmee versetzt wurde, und daß er, wenngleich über diese Tätigkeit und über das — wie er sich ausdrückte — „Geheimnis der Geheimnisse" in der Abteilung Ishii, nämlich die Experimente an lebenden Menschen, informiert, an diesen Verbrechen nicht aktiv teilnahm. Wir führen den Beweis, daß diese Behauptungen des Angeklagten erlogen und aus der Luft gegriffen sind.

Insbesondere ist einwandfrei erwiesen, daß **Kadsitsuka** schon lange vor dem Zeitpunkt, als er zum Chef des Sanitätsdienstes der Kwantungarmee ernannt wurde, nämlich bereits im Jahre 1936, in seiner Eigenschaft als Chef der Heeressanitätsabteilung der Sanitätsverwaltung des japanischen Kriegsministeriums aktiv mitgeholfen hat, eine spezielle bakteriologische Geheimformation zur Vorbereitung eines Bakterienkrieges zu gründen.

Mit Einverständnis und Unterstützung **Kadsitsukas** wurde zum Chef dieser Formation, der späteren Abteilung 731, **Shiro Ishii** ernannt, ein intimer Freund **Kadsitsukas,** der die verbrecherischen Ideen **Ishiis** über die Vorbereitung eines aggressiven Bakterienkrieges teilte und unterstützte.

Somit erfolgte die Gründung der Abteilung Ishii unter aktiver Teilnahme **Kadsitsukas.**

Den Befehlsentwurf über die Ernennung **Ishiis** zum Abteilungschef hat kein anderer als **Kadsitsuka** entworfen und visiert. Erst dann wurde der Befehl vom Kriegsminister unterzeichnet.

In seinen Aussagen gibt **Kadsitsuka** eine Charakteristik **Ishiis** und kommt dabei auch auf seine persönlichen Beziehungen zu ihm zu sprechen:

> „Nach seiner Rückkehr von einer Auslandsdienstreise begann **Ishii** ab 1931 unter seinen Kameraden in der Militärärztlichen Akademie, zu denen auch ich gehörte, sowie unter autoritativen und einflußreichen Persönlichkeiten und Offizieren des Generalstabs der japanischen Armee dafür zu agitieren, daß Japan sich zu einem Bakterienkrieg vorbereiten müsse... Ich persönlich stimmte den Ideen und Argumenten **Ishiis** zu."

Kadsitsuka bestreitet nicht, daß er über die geheime Tätigkeit der Abteilung Ishii zur Vorbereitung eines Bakterienkrieges informiert war. Wohl oder übel muß er auch zugeben, daß er über die verbrecherischen Versuche an lebenden Menschen „gut informiert" war.

Bei einer Gegenüberstellung mit dem Angeklagten **Jamada**, der ihn Lügen strafte, gestand **Kadsitsuka**, daß er über fast alle „bakteriologischen Arbeiten", die in der Abteilung 731 durchgeführt wurden, auf dem laufenden war.

Er leugnete auch nicht, die Forschungsarbeiten der Abteilung 731, was die Erprobung der Wirksamkeit von Pest-, Cholera- und Flecktyphus-Impfstoffen betraf, persönlich geleitet zu haben.

Aus den Gerichtsakten wissen wir, daß diese verbrecherischen Forschungen in allen Fällen mittels bestialischer Experimente an lebenden Menschen vorgenommen wurden.

Kadsitsuka versucht, seine Verantwortlichkeit zu verkleinern, indem er sagt, er habe über die Versuche an Menschen nur von **Ishii** und **Kitano** gehört, aber an diesen Versuchen nicht persönlich teilgenommen.

Kadsitsukas Aussagen über seine persönliche Teilnahme an der verbrecherischen Tätigkeit der Abteilung 731 sind indes widerspruchsvoll und keinesfalls stichhaltig. **Kadsitsuka**

ist bemüht, sich als einen Menschen hinzustellen, der von allem gewußt, aber an nichts teilgenommen hat. Er sagte beispielsweise (ich zitiere seine Aussage):

„Faktisch leitete ich in der Abteilung 731 die allseitige Erforschung und Kultivierung verschiedener Seuchenbakterien, unabhängig davon, wofür sie später verwendet werden sollten. Diese Frage interessierte mich, als den Chef des Sanitätsdienstes, überhaupt nicht. Insofern ich jedoch wußte, daß die in der Abteilung 731 erzeugten Bakterien zu Versuchen an lebenden Menschen verwendet wurden und als Bakterienwaffe dienen sollten, begünstigte ich die Abteilung 731 bei der Herstellung der Bakterienwaffe.

Konkret äußerte sich meine Leitung der Tätigkeit der Abteilung 731 darin, daß ich die Kontrolle ausübte über die in der Abteilung geleisteten Arbeiten zur allgemeinen Erforschung und Kultivierung verschiedener Seuchenbakterien.

In dieser Richtung gab ich dem Chef der Abteilung 731 alle notwendigen Direktiven, die sich auf die erwähnten Fragen bezogen. Meinerseits erhielt ich als Chef des Sanitätsdienstes Berichte vom Chef der Abteilung 731 über Fragen der Erforschung und Kultivierung verschiedener Seuchenbakterien.

Außerdem gab ich als fachkundiger Bakteriologe mehrfach Ratschläge, die sich auf die erwähnten Fragen bezogen."

Dem Gericht ist bekannt, daß alle diese Arbeiten, die **Kadsitsuka** in seiner Aussage als zu seiner Kompetenz gehörig anerkennt, in der Abteilung 731 mittels Versuchen an lebenden Menschen durchgeführt wurden. Dadurch ist bestätigt, daß **Kadsitsuka** nicht ein passiver Beobachter, sondern ein aktiver Mittäter der ungeheuerlichen Verbrechen war, die in der Abteilung 731 verübt wurden. Und darüber hinaus wurden diese Verbrechen auf direkten Befehl **Kadsitsukas** verübt.

Dem Laboranten der Abteilung 731 **Segoshi** gegenüber-gestellt, mußte **Kadsitsuka** zugeben, daß die sogenannten „Erfrierungsversuche" zu seiner Kompetenz gehörten. Hieraus ergibt sich der einzig richtige Schluß, daß diese ihrer Natur nach besonders bestialischen Versuche von ihm befohlen waren. **Kadsitsuka** gab weiterhin zu, daß er von **Joshimura,** der die Erfrierungsversuche durchführte, schriftliche Berichte erhielt.

Ich will die Beschreibung der furchtbaren Experimente, die **Joshimura** anstellte, hier nicht wiederholen. Diese Versuche wurden in der Abteilung 731 auf direkten Befehl **Kadsitsukas** angestellt, und ich halte es für erwiesen, daß der Angeklagte von dem „Geheimnis der Geheimnisse" der Abteilung 731 — den Versuchen an lebenden Menschen — nicht nur wußte, wie er uns einzureden versucht, sondern der Initiator und Leiter der bestialischsten und unmenschlichsten Experimente war.

Kadsitsuka war auch völlig im Bilde über die Bakterienattacken, die die Abteilung 731 gegen die friedliche Bevölkerung Chinas unternahm.

Kadsitsuka versucht jedoch, diese offenen Attacken eines aggressiven Bakterienkrieges als bloße Experimente hinzustellen. „Zweifellos trug diese Waffe China gegenüber offensiven Charakter", erklärt er, „für Japan besaß sie aber meiner Auffassung nach experimentellen Charakter."

Die zynische Sophistik dieser Erwägungen über den „experimentellen Charakter" der Bakterienattacken gegen das chinesische Volk charakterisiert den Angeklagten **Kadsitsuka** ein übriges Mal als einen erbarmungslosen Menschenfeind, der bis heute der Meinung ist, die China-Expeditionen der Abteilung Ishii seien bloß Experimente gewesen, die einem aggressiven Bakterienkrieg vorausgingen.

Zum Unterschied von anderen hohen Stabsoffizieren der Kwantungarmee konnte sich **Kadsitsuka** ohne jede Einschränkung über die gesamte Tätigkeit der Abteilung 731 informieren. Es ist erwiesen, daß er die Abteilung 731 systematisch besuchte und über ihre gesamte Tätigkeit restlos auf dem laufenden war.

Der Angeklagte **Jamada** sagte aus, daß ihm nach seiner Versetzung zur Kwantungarmee kein anderer als **Kadsitsuka** Ende Juli 1944 ausführlich Bericht erstattete über die Tätigkeit der Abteilung 731, wobei er darauf hinwies, daß diese Abteilung eine geheime Arbeit leiste, um die Bakterienwaffe zu erforschen und zu erzeugen.

Jamada sagte wörtlich:

„Generalstabsarzt **Kadsitsuka** hat die wissenschaftlichen Experimente der Abteilung 731 zur Erforschung und Massenerzeugung der Bakterienwaffe geleitet."

Kadsitsuka schuf persönlich die Zweigstellen der Abteilung 731, deren unmittelbare Aufgabe es war, einen Bakterienüberfall auf die UdSSR durchzuführen.

Somit hat die gesamte Beweisaufnahme ergeben, daß **Kadsitsuka** von dem Augenblick, wo die Abteilung 731 organisiert wurde, und bis zum Tag der Kapitulation Japans einer der aktivsten Teilnehmer an der Vorbereitung eines Bakterienkrieges war. Er nahm an allen operativen Geheimberatungen im Stab der Kwantungarmee teil, auf denen Fragen des praktischen Einsatzes der Bakterienwaffe in einem Aggressionskrieg behandelt wurden.

Kein anderer als **Kadsitsuka** hielt die unmittelbare Verbindung zwischen der Abteilung 731 und dem Oberkommando der Kwantungarmee aufrecht.

Die Schuld des Angeklagten **Kadsitsuka** ist durch die Gerichtsverhandlung erwiesen; als staatlicher Ankläger halte ich die Anklage gegen ihn in vollem Umfang aufrecht.

Den Angeklagten **Kawashima** muß man als einen jener Verbrecher betrachten, die über die gesamte Tätigkeit der Abteilung 731 am besten informiert waren. Während seiner Dienstzeit in der Abteilung bekleidete er die Stellungen des Chefs der Geschäftsstelle und des Chefs der Unterabteilung 4, der sogenannten „Produktions"abteilung. 1941 war er außerdem Chef der Unterabteilung 1, der sogenannten „Forschungs"abteilung, der geheimsten aller Unterabteilungen der Abteilung 731.

Seine Tätigkeit in dieser Unterabteilung hielt **Kawashima**

3*

vor Gericht lange und sorgfältig verborgen, bis er endlich durch den Zeugen **Furuitschi** entlarvt wurde, der in der Unterabteilung 1 unter **Kawashimas** Leitung gearbeitet hatte und in ihm seinen ehemaligen Vorgesetzten erkannte.

Am längsten hatte **Kawashima** die Leitung der Unterabteilung 4, der sogenannten „Produktions"abteilung inne, die sich mit der Massenherstellung von Bakterien befaßte. Diese Dienststellung bekleidete er von 1941 bis 1943. In dieser Zeitspanne wurde die Produktionskapazität der Abteilung 731, wie wir aus dem Gutachten der medizinischen Gerichtssachverständigen sowie den Aussagen der Angeklagten und Zeugen wissen, zu der kolossalen Zahl von vielen Millionen mal Billionen Mikroben im Monat gesteigert.

Kawashima beteiligte sich persönlich bei Experimenten an lebenden Menschen. Es ist erwiesen, daß er in mehreren Fällen selber die Pläne für verbrecherische Experimente ausarbeitete und beispielsweise im Juni 1941 einen Befehl aufsetzte über die Durchführung eines Versuchs an Menschen, um die Wirkung der mit pestinfizierten Flöhen gefüllten „Fliegerbombe System Ishii" zu erproben. Aus **Kawashimas** Geständnis ersieht man, daß diesem Experiment fünfzehn gefangene Chinesen zum Opfer fielen. **Kawashima** nahm unmittelbar an der Durchführung dieses verbrecherischen Versuchs teil.

Ebenso nahm **Kawashima** an der Bereitstellung der Bakterienwaffe zum Überfall auf die friedliche chinesische Bevölkerung teil.

Durch das eigene Geständnis des Angeklagten steht fest, daß für die China-Expedition der Abteilung Ishii im Mai—Juni 1942 unter der Leitung **Kawashimas** eine riesige Anzahl von Unterleibstyphus-, Paratyphus- und Milzbrandbazillen erzeugt wurden.

Durch die Aussagen **Furuitschis** ist **Kawashima** überführt, als Chef der Unterabteilung 1, der sogenannten „Forschungs"abteilung, verbrecherische Massenversuche zur gewaltsamen Infizierung lebender Menschen mit Krankheiten und andere barbarische Experimente an Menschen vorgenommen zu haben.

Somit trägt **Kawashima** die direkte Verantwortung für die bestialische Vernichtung vieler hunderter Gefangener im Innengefängnis der Abteilung Ishii.

Indem **Kawashima** alle diese Tatsachen eingestand, bestätigte er vor Gericht seine Mittäterschaft sowohl bei der Vorbereitung zu einem Bakterienkrieg als auch bei bestialischen Versuchen an lebenden Menschen. Die Schuld **Kawashimas** ist somit völlig erwiesen.

Ebenso einwandfrei erwiesen ist die Schuld des Angeklagten **Tomio Karasawa,** der 1933 in die japanische Armee eintrat, auf Kosten des Generalstabs an der medizinischen Fakultät studierte, zweimal spezielle bakteriologische Umschulungskurse in der militärärztlichen Schule durchmachte und im Dezember 1939 zur Abteilung Ishii versetzt wurde, wo er sich in der Massenerzeugung der Bakterienwaffe spezialisierte.

In dieser Abteilung rückte **Karasawa** rasch zum Chef einer Gruppe auf. Nach einem Ausdruck seines unmittelbaren Vorgesetzten **Kawashima** „liebte" der Angeklagte **Karasawa** seine Arbeit und bemühte sich, die Massenproduktion todbringender Bakterien allseitig zu vervollkommnen.

Kein anderer als **Karasawa** versorgte alle Expeditionen, die von der Abteilung Ishii zwecks Durchführung von Bakterienattacken gegen die chinesische Bevölkerung organisiert wurden, mit Riesenmengen von Bakterien.

Um sich von der Wirkung der todbringenden Bakterien, die seine Unterabteilung erzeugte, zu überzeugen, wohnte **Karasawa** 1943—1944 auf dem Übungsplatz Anta Versuchen bei, bei denen Menschen mittels Explosion bakteriologischer Geschosse infiziert wurden.

Während des Krieges erhielt der Angeklagte **Karasawa** Auftrag, die dezentralisierte Erzeugung von Bakterien in allen Zweigstellen der Abteilung in die Wege zu leiten. Zu diesem Zweck besuchte **Karasawa** 1944 die Zweigstellen der Abteilung in den Städten Sunu, Chailar, Linkou und Chailin und entwarf Projekte für die Ausrüstung dieser Zweigstellen mit Apparaturen, die für die Massenerzeugung von Bakterien, dieser Waffe eines Bakterienkrieges, gebraucht wurden.

Karasawa legte über all dies ein volles Geständnis ab. Abgesehen von seinem eigenen Geständnis, wird er auch durch die Aussagen einer Reihe anderer Angeklagten und Zeugen überführt, insbesondere durch die Aussagen **Kawashimas** und **Nishis**, die den Angeklagten als einen rührigen und aktiven Mittäter bei der Vorbereitung zu einem aggressiven Bakterienkrieg charakterisieren.

Vor Gericht wurde auch die Schuld zweier anderer Angeklagten, **Toshihide Nishis** und **Masao Onoues**, einwandfrei festgestellt. Der erste dieser Angeklagten — **Nishi** — war Chef der Zweigstelle 673, der zweite — **Onoue** — Chef der Zweigstelle 643.

Diese beiden Angeklagten waren restlos informiert über die verbrecherische Vorbereitung eines Bakterienkrieges durch die Abteilung 731 und nahmen an dieser Arbeit aktiv teil.

Der Angeklagte **Nishi** wohnte Versuchen an lebenden Menschen bei. So ist durch die Beweisaufnahme festgestellt, daß **Nishi** im Januar 1945 an Versuchen zur Infektion von Menschen mit Gasbrand teilnahm. Als Opfer dieser Versuche fielen zehn chinesische Patrioten, die nach dem Experiment, wie man aus dem eigenen Geständnis **Nishis** ersieht, unter schweren Qualen starben.

Als die Sowjettruppen sich der Stadt Sunu näherten, befahl **Nishi**, um die verbrecherische Tätigkeit der Zweigstelle 673 zu vertuschen, alle Gebäude und Einrichtungen der Zweigstelle in Brand zu stecken.

Nishi verteilte auch an seine Untergebenen Zyankali und befahl ihnen, sich zu vergiften, falls sie von den Sowjettruppen gefangengenommen würden.

Dieser Befehl wurde indes von **Nishis** Untergebenen, die

es mit Ausnahme vereinzelter Fälle vorzogen, sich gefangenzugeben, nicht ausgeführt.

Sowohl **Nishi** als auch **Onoue** gehörten zu den aktivsten Mithelfern des Generals **Ishii** bei der Vorbereitung zu einem Bakterienkrieg und waren über die Pläne **Ishiis** hinsichtlich des Einsatzes der Bakterienwaffe völlig informiert.

Diese beiden Angeklagten bekennen sich im Sinne der gegen sie erhobenen Anklage schuldig; sie werden außerdem durch Zeugenaussagen und dem Gericht vorliegende Beweisstücke überführt.

Der Angeklagte **Shundsi Sato** trat 1922 in die japanische Armee ein, machte, wie auch die Mehrzahl der übrigen Angeklagten, an der Militärärztlichen Akademie zweimal Sonderkurse durch, diente lange Zeit in verschiedenen Stellungen als Militärarzt und unterrichtete an der Akademie.

Sato wurde 1941 mit Oberstrang in die Stadt Kanton versetzt und dort zum Chef der bakteriologischen Abteilung 8604 ernannt, die den Decknamen „Nami" trug, im Februar 1943 aber als Chef der bakteriologischen Abteilung „Ej" 1644 nach Nanking beordert.

Ich bin bereits ausführlich auf die Tätigkeit der Nankinger Abteilung „Ej" 1644 eingegangen. Die Nankinger Abteilung war ebenso wie die Abteilungen 731 und 100 eine bakteriologische Geheimformation der japanischen Armee und für Zwecke eines aggressiven Bakterienkrieges geschaffen.

Es ist erwiesen, daß eben die Abteilung „Ej" 1644 zusammen mit der Abteilung Ishii Bakterienattacken gegen die friedliche chinesische Bevölkerung unternahm. Es ist gleichfalls erwiesen, daß in der Abteilung „Ej" 1644 bestialische Experimente an lebenden Menschen durchgeführt wurden. Allein die Tatsache, daß **Sato** zum Chef der Abteilung „Ej" 1644 ernannt wurde, zeugt davon, daß er zu den aktiven Mittätern bei der Vorbereitung eines aggressiven Bakterienkrieges gehört.

Das wird auch bestätigt durch die Angaben über die

Produktionskapazität der Spezialapparatur der Abteilung, die zur Massenzüchtung von Bakterien diente.

Diese Mikroben, die in Riesenmengen erzeugt wurden, sollten für einen Bakterienkrieg Verwendung finden, denn vor Gericht wurde festgestellt, daß sich die Nankinger Abteilung fast nicht mit der Herstellung von Impfstoffen befaßte.

Sato leugnete seine Schuld lange und hartnäckig. Unter der Wucht der ihm vorgehaltenen Beweise mußte er sich schließlich zu dem Geständnis bequemen, daß er Abteilungen befehligte, die bakteriologische Sonderformationen darstellten und zur Führung eines Bakterienkrieges bestimmt waren.

Vor Gericht gestand **Sato** gleichfalls, daß er restlos informiert war über die Teilnahme der Abteilung „Ej" 1644 an dem Bakterienüberfall, der 1942 im Zuge der sogenannten Tschekiang-Operation auf chinesische Truppen in Zentralchina erfolgte.

Er gestand ferner, daß die von ihm geleitete Abteilung als bakteriologisches Arsenal der japanischen Armee diente.

In seiner Eigenschaft als Chef des Sanitätsdienstes der 5. Kwantungarmee erwies **Sato** 1944 der Chailiner Zweigstelle der Abteilung Ishii praktische Hilfe.

Er ordnete in einem speziellen Befehl an, Sonderkommandos zu bilden für den Fang von Nagetieren, und diese an die Chailiner Zweigstelle der Abteilung 731 abzuliefern.

Sato war einer der aktivsten Mittäter bei der Vorbereitung zum Bakterienkrieg, und ich halte seine Schuld durch die Gerichtsverhandlung für erwiesen.

Die Angeklagten **Kikutschi** und **Kurushima** dienten als Laboranten, der eine in der Zweigstelle 643, der andere in der Zweigstelle 162 der Abteilung 731. Beide halfen den Offizieren dieser Zweigstelle bei der Züchtung von Bakterien, wobei sie genau wußten, daß ihre Arbeit die Vorbereitung eines Bakterienkrieges bezweckte.

Kikutschi besuchte außerdem im Sommer 1945 einen Kursus bei der Abteilung 731, wo Fachleute für die Führung eines aktiven Bakterienkrieges ausgebildet wurden. Diese Tatsachen werden von den Angeklagten **Kikutschi** und **Kurushima** nicht bestritten.

Somit haben beide die Verantwortung dafür zu tragen, daß sie an der Vorbereitung zu einem Bakterienkrieg teilnahmen.

Der im März 1941 zum Chef des Veterinärdienstes der Kwantungarmee ernannte Angeklagte Generalstabsveterinär **Takaatsu Takahashi** war unmittelbarer Vorgesetzter der Abteilung 100, einer Sonderformation zur Vorbereitung und Führung des Bakterienkrieges und zur Verübung bakteriologischer Sabotageakte. Sofort nach Antritt seiner Dienststellung entfaltete **Takahashi** eine riesige Aktivität und erreichte, daß das Produktionspotential der Abteilung 100 hinsichtlich der Erzeugung von Erregern akuter Infektionserkrankungen bei Tieren, wie Rotz, Rinderpest, Milzbranderkrankungen, und von Giften sowie Erregern von Getreidekrankheiten, stark gesteigert wurde.

Auf direkte Initiative **Takahashis** wurde in der Abteilung 100 die sogenannte Gruppe 6 geschaffen, die im Massenmaßstab Bakterien für einen Bakterienkrieg und Sabotageakte züchtete sowie verbrecherische Versuche an lebenden Menschen vornahm.

Der Angeklagte **Takahashi** schuf in den Truppenverbänden der Kwantungarmee ein Netz von Zweigstellen der Abteilung 100, die sich gleichfalls mit der Herstellung der Bakterienwaffe befaßten und die Aufgabe hatten, im Kriegsfall und bei bakteriologischen Sabotageunternehmungen unmittelbar Bakterienüberfälle durchzuführen.

Takahashi, der die Erforschung bakteriologischer Kriegsmittel persönlich leitete, erweiterte beträchtlich die Produktionsmöglichkeiten der Abteilung 100, indem er neue Gruppen zur Erzeugung von Bakterien und Giften ins Leben rief.

Die japanische Gendarmerie wies der Abteilung 100 Gefangene aus denselben Kontingenten zu, die sie zwecks Vernichtung der Abteilung 731 zuleitete; an den Eingelieferten wurden frevelhafte Experimente vorgenommen, um die

Wirkung in den Organismus eingeführter Gifte zu erforschen. Alle Versuchspersonen wurden dann getötet, damit kein Zeuge der verübten Missetaten am Leben blieb. Insofern **Takahashi** die Leitung der Abteilung 100 innehatte, trägt er die Verantwortung für diese Verbrechen.

Takahashi leitete auch die Sabotagetätigkeit der Abteilung 100.

Diese Abteilung kaufte große Partien Haustiere, an denen zwecks Vorbereitung von Sabotageakten Versuche der Massenansteckung aus der Luft vorgenommen wurden.

Um die Wirksamkeit der Bakterienwaffe unter natürlichen Bedingungen zu erproben, gab der Angeklagte **Takahashi** Anweisung, auf dem Übungsplatz der Abteilung 731 im Raum der Bahnstation Anta Versuche anzustellen, bei denen Vieh durch Bestäubung des Futters aus der Luft infiziert wurde. Außerdem schickte der Angeklagte **Takahashi** nach systematischer Erkundung der an die Sowjetunion grenzenden Bezirke der Nord-Chingan-Provinz dorthin eine Expedition der Abteilung 100, die einen Quellbach des Grenzflusses Argun verseuchte, um die Wirksamkeit bakteriologischer Sabotageunternehmungen in Flußläufen zu überprüfen.

Alle diese Tatsachen hat der Angeklagte **Takahashi** vor Gericht zugegeben.

Das Gericht hörte ebenfalls die Aussagen des Angeklagten **Hirasakura,** der die aktive Rolle des Angeklagten **Takahashi** bei der Vorbereitung eines Bakterienkrieges und bei der Verübung bakteriologischer Sabotageakte gegen die UdSSR und die Mongolische Volksrepublik bestätigte. Somit steht die Schuld des Angeklagten **Takahashi** einwandfrei fest.

Der Angeklagte **Dsensaku Hirasakura,** Tierarzt, wurde im Dezember 1939 zur japanischen Armee einberufen und im Juni 1942 zur Abteilung 100 versetzt. **Hirasakura** wußte, daß die Abteilung sich mit der Massenherstellung verschiedener Bakterien und stark wirkender Gifte befaßte, die für Sabotageakte und einen Bakterienkrieg gegen die Sowjetunion bestimmt waren, und nahm bis zum Augenblick seiner Gefangennahme aktiv an der Vorbereitung zum Bakterienkrieg gegen die UdSSR und die Mongolische Volksrepublik teil. Er betrieb persönlich Forschungen auf dem Gebiet der Erzeugung und Anwendung der Bakterienwaffe. Im Juli 1942 nahm **Hirasakura** an der Expedition ins Dreistromtal, genauer die an die UdSSR grenzenden Bezirke der Nord-Chingan-Provinz, teil, wo nach Versuchen zur Infizierung von Wasserbecken und Weiden ein Quellbach des Grenzflusses Argun unter seiner Mithilfe mit Milzbrandbazillen verseucht wurde.

Im Juni 1944 unternahm **Hirasakura** an der Spitze einer Spionage- und Sabotagegruppe, die aus sieben Mitarbeitern der Abteilung 100 bestand, eine Erkundung, um festzustellen, ob es möglich sei, in den Grenzgebieten der Sowjetunion von Flugzeugen aus Gewässer, Sommer- und Winterweiden, Heuschläge und Straßen zu verseuchen. Die Ergebnisse der Erkundung legte der Angeklagte **Hirasakura** dem Chef der Abteilung 100 in einem ausführlichen schriftlichen Bericht vor und hielt dem Chef des Veterinärdienstes der japanischen Kwantungarmee, dem Angeklagten **Takahashi,** mündlich darüber Vortrag.

Entsprechend einer Anweisung **Takahashis** kaufte der Angeklagte **Hirasakura** in der Umgebung der Stadt Chailar eine große Partie Rinder auf, die mit akuten Infektionskrankheiten angesteckt und zwecks Verübung bakteriologischer Sabotageakte auf das Gebiet der Mongolischen Volksrepublik getrieben werden sollten. Infolge des raschen Vormarsches der Truppenteile der Sowjetarmee gelang es **Hirasakura** indes nicht, diesen Auftrag auszuführen, weil er kurz nach seiner Ankunft in Chailar von den angreifenden Truppenteilen der Sowjetarmee gefangengenommen wurde.

Der erwähnten Verbrechen ist der Angeklagte **Hirasakura** restlos überführt, sowohl durch sein eigenes Geständnis als auch durch die Aussagen der Angeklagten **Takahashi, Mitomo** sowie der Zeugen **Kuwabara** u. a.

Der Angeklagte **Kadsuo Mitomo** trat 1941 freiwillig als

Laborant in die Abteilung 100 ein; er wußte, daß die Abteilung 100 Vorbereitungen zu einem Bakterienkrieg betrieb, und arbeitete aktiv an der Herstellung von Milzbrand-, Rotz- u. a. Bakterien.

Im Juli 1942 beteiligte sich der Angeklagte **Mitomo** zusammen mit dem Angeklagten **Hirasakura** an der Sabotageexpedition zur Verseuchung eines Quellbaches des Flusses Argun. Im August—September 1944 nahm **Mitomo** unter der Leitung **Kioshi Idas,** eines Mitarbeiters der bakteriologischen Abteilung 100, systematisch verbrecherische Versuche an lebenden Menschen vor.

Der Angeklagte **Mitomo** gestand, persönlich die Wirkung verschiedener Gifte an lebenden Menschen erprobt zu haben. Infolge der Experimente **Mitomos** starb einer der Gefangenen, während ein anderer von **Mitomo** durch eine Zyankali-Einspritzung getötet wurde, damit das Geheimnis der Versuche bewahrt bleibe; drei andere wurden aus denselben Erwägungen heraus in seiner Gegenwart von einem japanischen Gendarmen erschossen.

Obwohl **Mitomo** als einfacher Laborant der Abteilung 100 arbeitete, sind seine Hände doch besudelt mit dem Blut von Menschen, die er zu Tode folterte, war seine Tätigkeit doch bewußt auf die Vorbereitung eines Bakterienkrieges eingestellt. Das ist einwandfrei erwiesen nicht nur durch das eigene Geständnis **Mitomos,** sondern auch durch die Aussagen des Angeklagten **Hirasakura** und einer Reihe Zeugen.

VII. Zusammenfassung

Genossen Richter! Furchtbar und ekelerregend sind die Verbrechen, die von den Missetätern, die hier auf der Anklagebank sitzen, begangen wurden.

Die Freveltaten, die diese Menschenfeinde der bakteriologischen Geheimformationen der japanischen Armee verübten, stehen wahrhaftig beispiellos da.

Wollen wir die Verantwortlichkeit der vor Gericht stehenden Verbrecher feststellen, so können wir uns nicht darauf beschränken, nur die von ihnen bereits begangenen, bereits verübten und abgeschlossenen Verbrechen in Betracht zu ziehen. So ungeheuerlich diese Verbrechen auch sind, wir dürfen keine Minute aus dem Auge verlieren, daß sie dem Zweck dienten, neue, noch ungeheuerlichere Verbrechen vorzubereiten. Die qualvolle Ermordung Tausender von Menschen sollte die Ermordung von Millionen vorbereiten.

Die erbarmungslosen Versuche an lebenden Menschen sollten der Verbreitung von Pest- und Choleraseuchen vorausgehen.

Nach den Absichten der japanischen Imperialisten sollte die Bakterienwaffe der ganzen friedliebenden Menschheit unermeßliches Elend und Leiden bringen, die Ausrottung von Millionen Menschen und die Verwüstung unübersehbarer Räume nach sich ziehen.

Deshalb muß das Gericht, wenn es über die Verbrecher Recht spricht, die Endziele dieses verbrecherischen Komplotts gegen den Frieden und die Menschheit, denen die Waffe des Bakterienkrieges dienen sollte, im Auge behalten.

Wir wissen, daß nicht alle Missetäter auf der Anklagebank sitzen. Die Kette der Mittäter dieses verbrecherischen Komplotts — ich sprach davon bereits zu Beginn meiner Rede — reißt nicht ab bei den Verbrechern, über die Sie hier das Urteil fällen.

Uns ist bekannt, daß die bakteriologischen Geheimformationen der japanischen Armee, die den verbrecherischen Auftrag hatten, einen Bakterienkrieg vorzubereiten und zu führen, auf Grund eines Erlasses des japanischen Kaisers **Hirohito** ins Leben gerufen wurden.

Wir kennen die Namen der Verbrecher aus dem japanischen Generalstab und Kriegsministerium, die das Treiben der bakteriologischen Geheimformationen unterstützt und gelenkt, sie freigebig finanziert, die neuen Muster der Bakterienwaffe bestätigt und in ihren Plänen den Tag für den Beginn der Bakterienattacken festgesetzt haben. Die

Gerechtigkeit verlangt, daß sie neben dem ehemaligen Mitglied des Obersten Kriegsrats Japans und Oberbefehlshaber der Kwantungarmee **Jamada** auf der Anklagebank sitzen.

Wir kennen die Namen der verabscheuungswürdigen, moralisch zersetzten Lakaien des japanischen Imperialismus, der gelehrten Bakteriologen und Generale der ehemaligen japanischen Armee **Shiro Ishii, Kitano, Judsiro Wakamatsu**, in denen die regierende Clique Japans willige Werkzeuge gefunden hat, die bereit waren, ihre Fachkenntnisse in den Dienst der Vorbereitung eines verbrecherischen Bakterienkrieges zu stellen.

Wir kennen die Namen der verruchten Menschenfeinde, der ehemaligen Mitarbeiter der Abteilung 731, der Ärzte und Ingenieure der japanischen Armee **Oota, Murakami, Ikari, Tanaka, Joshimura** und vieler anderer, die kaltblütig und erbarmungslos wehrlose Menschen gemordet, viele Millionen pestinfizierter Parasiten gezüchtet und hunderte Kilogramm todbringender Mikroben erzeugt haben, um die Menschheit in den Abgrund zu stürzen.

Diese Missetäter sitzen nicht auf der Anklagebank. Außerhalb der Grenzen unseres Landes befindlich, genießen sie den Schutz jener reaktionären Kräfte des imperialistischen Lagers, die selber von dem Zeitpunkt träumen, da sie Ladungen von Trinitrotoluol, Atombomben und todbringenden Bakterien auf die Menschheit abwerfen können.

Aber diejenigen der Mörder, die heute vor Gericht stehen, müssen die Strenge des Gesetzes für alle die furchtbaren von ihnen verübten Verbrechen zu spüren bekommen.

Ausgehend von dem Charakter dieser Missetaten, deren Ziel es war, Millionenmassen völlig unschuldiger Menschen — Greise, Frauen und Kinder — bestialisch auszurotten, ausgehend davon, daß die Verbrecher unmenschliche Versuche anstellten, die den Tod Tausender wehrloser Opfer nach sich zogen, ist die staatliche Anklagevertretung der Meinung, daß alle Angeklagten entsprechend Artikel I des Erlasses des Präsidiums des Obersten Sowjets der UdSSR vom 19. April 1943 zu verurteilen sind.

Alle Angeklagten haben die schwersten Verbrechen verübt, und sie alle verdienen strengste Bestrafung.

Aber bei der Bestimmung des Strafmaßes sollen Sie, Genossen Richter, differenziert an jeden einzelnen Angeklagten herangehen.

Als staatlicher Anklagevertreter beantrage ich, daß die Angeklagten **Jamada, Kadsitsuka, Takahashi, Kawashima** und **Sato** das höchste Strafmaß erhalten — 25 Jahre Freiheitsentzug, die Angeklagten **Karasawa, Nishi, Onoue, Hirasakura** und **Mitomo** — von 15 bis 20 Jahren Freiheitsentzug.

Was die Angeklagten **Kikutschi** und **Kurushima** betrifft, so halte ich es im Hinblick auf den Umstand, daß sie nur Befehle ausgeführt haben, wenn sie sich auch über deren verbrecherische Natur im klaren waren, für angebracht, das Urteil für jeden der beiden auf drei Jahre Freiheitsentzug zu beschränken.

Genossen Richter! Die Bedeutung dieses Prozesses besteht darin, daß er mit ungewöhnlicher Klarheit das bestialische Antlitz des japanischen Raubimperialismus enthüllte, der im tiefsten Geheimnis einen Bakterienkrieg, eine der unmenschlichsten Aggressionswaffen, vorbereitet hat.

Die Stunde, wo die furchtbaren Kräfte unzähliger Milliarden krankheitserregender Mikroben gegen die Menschheit losgelassen werden sollten, war ganz nahe, und nur der vernichtende, unwiderstehliche, den Gegner lähmende Schlag der Streitkräfte der Sowjetunion hat die Welt vor den Schrecken eines Bakterienkrieges gerettet.

Voller Stolz auf unsere machtvolle sozialistische Heimat, die die Menschheitszivilisation vor dem Untergang gerettet hat, gedenken wir heute der gewaltigen Heldenleistung des Sowjetvolkes im Vaterländischen Krieg.

Ihr Urteil soll nicht nur die vor Gericht stehenden Verbrecher hart und gerecht treffen und die Untaten der japanischen Aggressoren anprangern.

Dieses Urteil soll auch erklingen als eine strenge

Warnung an die Brandstifter eines neuen Weltkrieges, ebenso erbarmungsloser und brutaler Menschenfeinde wie diejenigen, über deren Verbrechen Sie das Urteil sprechen werden.

Mögen alle, die neue Missetaten gegen die Menschheit aushecken und neue Mittel zur Massenausrottung von Menschen vorbereiten, eingedenk sein, daß die Welt die Lehren des zweiten Weltkrieges nicht vergessen hat.

Über den Frieden und die Sicherheit wachen heute Millionen einfacher Menschen, wacht die gewaltige Front der demokratischen Kräfte, an deren Spitze die große Sowjetunion steht.

Das ist eine mächtige, alles besiegende Kraft, die jeden beliebigen Brandstifter eines neuen Krieges in die Schranken zu weisen und streng zu bestrafen vermag.

Daran erinnere Ihr Urteil, Genossen Richter, als ein drohender Mahnruf!

Plädoyers der Verteidiger

VORMITTAGSSITZUNG VOM 30. DEZEMBER

Gerichtsvorsitzender: Die Gerichtsverhandlung wird fortgesetzt. Das Wort hat Rechtsanwalt Below, der Verteidiger des Angeklagten Jamada. Die Angeklagten können der Rede des Rechtsanwalts in japanischer Sprache im Drahtfunk folgen.

Rechtsanwalt Below hält eine Rede, deren Wortlaut dem Protokoll der Gerichtsverhandlung beigefügt wird. Gleichzeitig wird die Rede des Rechtsanwalts in die japanische Sprache übersetzt.

PLÄDOYER DES RECHTSANWALTS N. P. BELOW FÜR DEN ANGEKLAGTEN JAMADA

Genossen Richter!

Meine Kollegen Anwälte und ich, der ich die Verteidigung des Generals Jamada, des einstigen Oberbefehlshabers der einstigen Kwantungarmee, übernommen habe, richteten nur wenig Fragen an die Angeklagten. Das ist die logische Folgerung aus der Tatsache, daß die Anklage sowohl durch die Aussagen der Angeklagten und der Zeugen wie auch durch das den Akten beigefügte dokumentare Material bestätigt worden ist.

34—519

Die größte Schwierigkeit bei der Verteidigung in diesem Gerichtsprozeß liegt darin, daß es hier über den eigentlichen Tatbestand und die Beweisführung keine Debatten geben kann.

Sowohl die Zeugenaussagen wie die in den Akten enthaltenen Originaldokumente, die im Stadium der Voruntersuchung zusammengetragen wurden, ebenso die eingehenden Aussagen der Angeklagten selbst haben in ihrer Gesamtheit die faktische Seite der Anklage bestätigt.

Im Lichte dieser Tatsachen und Umstände, sowohl materiell-juridischer wie auch die Verhandlungsführung betreffender Art, ist die Rolle des Verteidigers in dieser Gerichtsverhandlung keineswegs leicht und einfach, aber der Verteidiger ist gehalten, mit aller von der Rechtspflege diktierten Gewissenhaftigkeit seiner Pflicht Genüge zu tun.

Selbstredend beabsichtige ich nicht, die in ihrer Schwere wahrhaft ungeheuerlichen Verbrechen, von denen der staatliche Ankläger in seiner Rede eingehend gesprochen hat, in Schutz zu nehmen. Ich verteidige lediglich einen längst nicht mehr jungen Mann, den Angeklagten Jamada, der kraft einer Reihe für ihn verhängnisvoller Ursachen und Verkettungen einen bestimmten Anteil an der Mißachtung der Gesetze und Gepflogenheiten der Kriegführung, an der Verübung von Verbrechen gegen die Menschheit genommen hat.

Schwer ist die Schuld meines Mandanten vor dem Gesetz, vor der Vernunft und dem Gewissen jener Völker, gegen dessen Söhne und Töchter er im Verein mit anderen die Bakterienwaffe zur Anwendung brachte. Aber dennoch liegen eine Reihe von Tatsachen und Umständen vor, die seine Schuld erklären und mildern und die im Namen eines gerechten Gerichts beim Urteilsspruch von Ihnen, Genossen Richter, berücksichtigt werden müssen.

Der staatliche Ankläger führte in seiner Rede zahlreiche Tatsachen und Dokumente an und sprach von den schweren Verbrechen, die die in dieser Gerichtssache belangten Angeklagten und namentlich der ehemalige General Jamada begangen haben.

Ich möchte davon sprechen, unter dem Einfluß welcher Faktoren mein Mandant Jamada, der jetzt nahezu siebzig Jahre zählt, sich geistig, in seinem Willen, Charakter und seinem moralischen Profil herausgebildet hat.

Diese für die Strafsache wesentlich wichtige Frage erheischt eine klare und eindeutige Antwort. Unser sowjetisches Strafrecht hat sich niemals mit der sogenannten anthropologischen Schule im Strafrecht und ihrer Lehre über das angeborene Verbrechertum solidarisiert.

Auch die bedeutendsten Denker, Gelehrten und Politiker aus der Zeit, als die Bourgeoisie noch eine revolutionäre und fortschrittliche Gesellschaftsklasse darstellte, traten gleichfalls für den Standpunkt ein, daß der Mensch ohne Ideen, Leidenschaften und Charakter auf die Welt kommt.

Es ist allgemein bekannt, daß solche Geisteskoryphäen der Menschheit wie John Lock und Jean Jacques Rousseau in ihren Schriften den Standpunkt vertraten, daß es „keine angeborene Verderbtheit im Menschenherzen" gibt...

Konstantin Dmitrijewitsch Uschinski, der große russische Pädagoge des 19. Jahrhunderts, wies in einer Untersuchung über Erblichkeit und Erziehung darauf hin, daß das Kind eines großen Musikers, das im Säuglingsalter auf eine von Wilden bevölkerte Insel gebracht wird, sein eigenes musikalisches Schaffen mit mißlautenden, ohrenzerreißenden Tönen beginnen wird, die von der musikalischen Kultur seiner Eltern weit entfernt sind.

Ich halte es für angebracht, Genossen Richter, ferner daran zu erinnern, daß so geniale Forscher wie Karl Marx und Friedrich Engels in ihren Werken wiederholt hervorgehoben haben, daß die Mentalität, die Interessen, der Wille, Charakter und die moralische Beschaffenheit der Menschen ein Produkt des historischen Milieus, der Bedingungen des gesellschaftlichen Seins und der durch die gesellschaftlichen Beziehungen geschaffenen Erziehungsweise ist. Engels bezeugt insbesondere, daß noch in der Mitte des 19. Jahrhunderts die englischen Arbeiter und englischen Bourgeois sich selbst äußerlich so stark voneinander unterschieden, als gehörten sie zwei verschiedenen Nationen an, und daß dieser Unterschied im Aussehen, in ihrem Charakter und in ihrer ganzen Mentalität das Ergebnis der verschiedenen Lebensbedingungen und Einwirkungen sei, denen sie in ihrer gesellschaftlichen Sphäre ausgesetzt waren.

Ich glaube, daß das Alter und die Rolle meines Mandanten Jamada in diesem Prozeß es mir zur Pflicht machen, möglichst genau auf die Frage einzugehen, welchen Einfluß die sozialen, staatspolitischen und ideologischen Faktoren auf die Formung von Willen und Charakter ausüben.

Dabei darf und soll man aber weniger den Willen und Charakter einzelner Individuen als vielmehr ganzer Gesellschaftsklassen, zuweilen auch ganzer Völker im Auge haben.

Ich möchte Sie, Genossen Richter, daran erinnern, daß mein Mandant Jamada, wie das aus den Akten hervorgeht, im Jahre 1881 geboren ist. Der große Denker Karl Marx schrieb über das Japan jener Zeit folgendes:

„Japan, mit seiner rein feudalen Organisation des Grundeigentums und seiner entwickelten Kleinbauernwirtschaft, liefert ein viel treueres Bild des europäischen Mittelalters als unsre sämtlichen, meist von bürgerlichen Vorurteilen diktierten Geschichtsbücher."

Eben das *Mittelalterliche,* mit seiner Herrschaft der rohen Willkür und Gewalt, mit seiner politischen Entrechtung, seiner Unwissenheit und Rückständigkeit der Volksmassen, mit seiner Herrschaft der Kirche, Verfolgung der Wissenschaft, bestialischen Vernichtung der fortschrittlichen Menschen jener Zeit, eben das hielt der Begründer des wissenschaftlichen Kommunismus für das Charakteristische am historischen Milieu und gesellschaftlichen Sein, unter denen mein Mandant Jamada geboren wurde und seine frühen Lebensjahre verbrachte.

Zu ebenjener Zeit, in der zweiten Hälfte des 19. Jahrhunderts, traten vier schwerreiche Familien auf den politischen Schauplatz Japans — die Familien Mitsui, Mitsubissi, Sumitomo und Jasuda. Mit Hilfe des Staates und gestützt auf die allseitige Förderung seitens des kaiserlichen Hofes, verwandelten sie sich bald in imperialistische Monopole.

Die Revolution von 1868 behielt die Feudalordnung in Japan bei. Die absolute Monarchie, die in Japan nach dem Jahre 1868 entstand, hat sich faktisch bis fast in die letzte Zeit hinein erhalten, da die Verfassung von 1889, die der preußischen Verfassung nachgebildet war, dem Kaiser die *uneingeschränkte* Macht beließ.

Während der Revolution von 1868 erwies das Haus Mitsui der kaiserlichen Dynastie finanzielle Hilfe in ihrem Kampf gegen das Shogunat — die Regierung des feudalen Japan. Mit Unterstützung der Häuser Mitsui und Mitsubissi bestieg der 15jährige Mutsuhito den Thron; seine Regierungszeit wurde mit dem Namen Meidsi bezeichnet.

Die Investierungen von Kapital im kaiserlichen Hof waren vorteilhaft für beide Parteien. Das Haus Mitsui erhielt die Anrechte auf Ausbeutung von Bergwerken, Wäldern und Industriebetrieben. Fast die gesamten wirtschaftlichen Ressourcen Japans wurden zum Monopoleigentum der Häuser Mitsui, Mitsubissi, Sumitomo und Jasuda.

Die kaiserliche Familie aber verwandelte sich seit der Restauration in die reichste Dynastie der Welt und gebietet über unermeßliche Reichtümer.

Die obengenannten vier mächtigen Familien beherrschen und kontrollieren seit der zweiten Hälfte des vorigen Jahrhunderts gemeinsam mit der kaiserlichen Familie die Banken, Industriebetriebe, Bergwerke, Wälder, den Grund und Boden und alle wirtschaftlichen Ressourcen des Landes. Die von ihnen geleiteten gigantischen monopolistischen Industrie- und Bankkonzerne werden in Japan „Dsaibatsu" genannt. Die genaue Übersetzung des Wortes „Dsaibatsu" bedeutet Finanzclique. Ein prominenter Kenner der Geschichte der „Dsaibatsu", Itshiro Tojohara, bezeichnet die „Dsaibatsu" als Monopolkapital, das sich unter feudalen

Bedingungen entwickelt hat. Die billige Arbeitskraft förderte die Bereicherung der „Dsaibatsu". Die aggressiven Kriege in China und der Mandschurei, die Japan im Laufe eines halben Jahrhunderts führte, haben der ganzen Welt gezeigt, auf welche Weise die Mitsui, Mitsubissi, Sumitomo und Jasuda ihre Macht gefestigt haben. Der japanische Kaiser Hirohito nannte den zweiten Weltkrieg den „Heiligen Krieg Japans", obgleich allgemein bekannt war, daß er von den „Dsaibatsu" vorbereitet und geführt wurde; Todshio und Araki waren lediglich die ideologischen Mithelfer. Der Krieg bereicherte vor allem und in der Hauptsache die Mitsui, Mitsubissi, Sumitomo und Jasuda, außerdem noch an die zwanzig Familien der sogenannten neuen „Dsaibatsu". Mit Recht heißt „Das Land der aufgehenden Sonne" nach wie vor „Das Reich der ‚Dsaibatsu'". In den letzten fünf Jahren vor dem Krieg hat sich das Kapital der „Dsaibatsu" verdoppelt, in den fünf Kriegsjahren wurde es verzehnfacht. 360 neue Riesenbetriebe, die Kanonen, Geschosse, Bomben, Flugzeuge auf die Schlachtfelder warfen, speisten diese gigantische und für die „Dsaibatsu" höchst vorteilhafte „Knochenmühle". Und auf Geheiß der „Dsaibatsu" geschah es auch, daß die Bakterienwaffe vorbereitet und eingesetzt wurde.

Gerade sie, die ausbeuterischsten und raubgierigsten der japanischen Imperialisten waren es, die das Bewußtsein des japanischen Volkes mit aggressivem Nationalismus und bestialischem Chauvinismus vergiftet und dies zum Staatssystem gemacht haben, weil sie wußten, daß ein Krieg ohne die breiten Volksmassen nicht geführt werden kann. Die chauvinistische Erziehung der Kinder in Haus und Schule, die Kriegspropaganda in Presse und Kunst, das Spionagesystem der Gendarmerie und der Polizeiterror, die Tempel mit ihren Priestern, die Gefängnisse, die sozialfaschistischen Parteien und alle sonstigen Attribute der imperialistischen Staatsmaschinerie wurden in wachsendem Maße ausgebaut und in Bewegung gesetzt, um die breiten Volksmassen, vor allem aber die Heeresangehörigen in Armee und Flotte, reaktionär zu bearbeiten. Die Grundlage aller Formen und Methoden aber, vermittels derer der japanische Imperialismus einen gefügigen Soldaten heranbildete, war das Dogma von der göttlichen Herkunft, ewigen Dauer und Unerschütterlichkeit der japanischen Monarchie.

Charakteristisch für den japanischen Militarismus und den Imperialismus als Ganzes ist das Ineinandergreifen von modernen „neukapitalistischen" Organisationsformen, besonders in bezug auf Rüstungen, Strategie und Taktik, mit den alten *feudalen* Formen militärischer Beziehungen. Die Ideologie, in der ein japanischer Militär erzogen wurde, war die Ideologie der Samurai, d. h. wiederum eine feudale. Der ganze militärische Ehrenkodex (Busido), nach dem sich jeder japanische Offizier zu richten hatte, ist, angefangen von der Vergötterung des Samurai-Schwerts und der Anbetung des Kaisers als eines höheren Wesens bis zum Harakiri bei einem militärischen Fehlschlag oder „Verlust des Gesichtes", aufs tiefste von feudalen Ideen und Empfindungen durchwurzelt.

Im gleichen Geiste — durch Schule, Presse, Theater, Kino etc. — wurde nicht nur das Militär, sondern die ganze japanische Bevölkerung von frühester Jugend bis ins hohe Alter gedrillt. Um sowohl die Armee wie die ganze Bevölkerung in diesem aggressiv-kriegerischen Sinn zu erziehen, wurde der sogenannte „Samurai-Geist" auf jegliche Weise kultiviert. Unter diesem Ausdruck versteht man die Überzeugung von der „Superiorität" der Japaner als einer *besonderen, von der göttlichen Vorsehung auserwählten Nation, einen Geist der Verachtung und grenzenlosen Grausamkeit gegenüber dem Feind,* der als niederes Wesen, als „Barbar" betrachtet wird. Aus diesem Geist heraus erwuchsen Fanatiker, die glaubten, der Tod lasse sie heilig werden.

Erinnern Sie sich, Genossen Richter, an die sogenannten „Kamikadse" (göttlicher Wind — so nannten sich die Flieger, die um den Preis des eigenen Lebens ein feindliches Schiff vernichteten). Die fanatischen Handlungen dieser Flieger wurden nicht nur von der japanischen Propaganda in den

Himmel gehoben, auch in der bürgerlichen Presse anderer Länder wurden sie als die neueste Erscheinungsform des „japanischen Geistes“ (Jamato damassi) hingestellt, während die Religion Sinto lehrte, die Seelen dieser „Glücklichen“, die für den „göttlichen“ Kaiser ihr Leben hingaben, würden zur Gottheit erhoben und damit der Unsterblichkeit teilhaftig.

Im Laufe der letzten zwei Jahrzehnte hat der japanische Imperialismus die feudale Samurai-Ideologie „modernisiert“, indem er sie mit der modernen erzreaktionären räuberischen Dschungelideologie des Faschismus verquickte, wodurch der japanische Militarismus ein militär-faschistisches Gepräge erhielt. Diese Verbindung zweier hyperreaktionärer Ideologien hat den räuberischen Charakter der gesamten Militärmaschinerie und der japanischen Außenpolitik nur vertieft.

Die politische Folgerung aus dieser Tatsache war bekanntlich der Abschluß des sogenannten „Antikominternpaktes“ im Jahre 1936 und des militärischen Dreimächtepaktes im Jahre 1940 mit Hitlerdeutschland und dem faschistischen Italien.

Den Angehörigen der japanischen Armee und dem japanischen Volke wurde die Wahnsinnstheorie von einer „höheren Rasse“ noch nachhaltiger eingeimpft als den Deutschen durch ihre arischen Führer und Professoren.

Die amtliche Rolle der Rassentheoretiker bestand darin, daß sie den Drang der japanischen Imperialisten nach Versklavung der Völker Asiens und weiter nach Weltherrschaft „theoretisch“ begründen sollten.

Das führte so weit, daß selbst die diplomatischen Vertreter Japans, die schon von Berufs wegen ein zurückhaltendes Benehmen an den Tag legen sollten, ihren Großmachtgelüsten keinen Zwang anlegten. Man erinnert sich noch gut, wie der japanische Graf Udsida, der Delegierte auf der Völkerbundkonferenz, schon im Jahre 1932 bei einem offiziellen Interview erklärte: „Es ist die Sendung der Japaner auf Erden, die Welt zu lenken. Japan wird die Wiege des neuen Messias sein.“

Parallel damit wurden in Japan während der ganzen Zeit, die die Anklageschrift umfaßt, d. h. angefangen vom Jahre 1928, systematisch und schonungslos alle demokratischen Elemente vernichtet, wie das dokumentarisch und durch Zeugenaussagen auf dem Tokioter Prozeß erwiesen ist. Der Staatsapparat Japans bildete sich rasch nach faschistischem Muster um, und jeder kleinste Versuch eines Widerstands gegen diese Entwicklung des japanischen Imperialismus und Faschismus wurde mit den grausamsten terroristischen Mitteln erstickt.

Man kann auch nicht schweigend an der Tatsache vorübergehen, daß im „Nippon sinto-ron" — einem von Professor Hibino Jutaka verfaßten Lehrbuch für japanische Schulen — gepredigt wird, Gott sei auf die Erde niedergestiegen und habe sich im japanischen Kaiser verkörpert, „um die Rasse Jamato, die Rasse der Gottmenschen, zu regieren". „Unser heiliges Reich steht in seiner einzigartigen und unerreichbaren Überlegenheit höher als alles in der Welt", heißt es weiter in diesem Katechismus für japanische Mädchen und Jünglinge. Die führende Clique des japanischen Imperialismus hat es so weit gebracht, daß es fast jeder Japaner bis zur Zerschlagung der japanischen Kriegsmaschinerie für etwas durchaus Selbstverständliches hielt, daß die „Jamato-Rasse" eine göttliche Rasse sei, deren Sendung darin bestehe, sich alle anderen Völker zu unterwerfen und über die Welt zu herrschen. Das Prinzip „Hakko Itschiu", d. h. alle Länder müssen unter dem Zepter des „Mikado" stehen, wurde auf Schritt und Tritt, in den Tempeln und Universitäten, in den Schulen, auf der Straße, im häuslichen Kreise und in den Behörden propagiert.

Ich möchte Sie ersuchen, Genossen Richter, besonders zu berücksichtigen, daß die Lehre vom göttlichen Ursprung Japans und seiner Kaiser, der Kult des „Ahnengeistes" etc. gerade in den Jahren, als mein Mandant Jamada seine Erziehung, sein Allgemeinwissen und seine militärische Fachausbildung erhielt, wie auch während seiner langen Dienstzeit in der ehemaligen japanischen Armee durch eine raffinierte Verflechtung religiöser Doktrinen mit den Grundsätzen des monarchistischen Absolutismus auf das breiteste kultiviert wurde.

Das Hirn eines Japaners, vornehmlich eines japanischen Militärs, wurde vollgepfropft mit den verschiedensten Mythen über die Entstehung der japanischen Inseln, den Ursprung des kaiserlichen Hauses von der Amaterasu-o-mikami (der Sonnengöttin), der Abstammung des japanischen Volkes vom kaiserlichen Gottgeschlecht, dem man sich blind und widerspruchslos zu unterwerfen habe. Hinzu kam die aggressive Doktrin über die „besondere" Sendung Japans zur Befreiung der farbigen Völker von der „Herrschaft der Weißen". Die politische Schlußfolgerung aus all diesem war die Lehre, daß der Krieg eine „Notwendigkeit" und „für ewig unausweichlich" sei, denn er sei ein Mittel, um die „göttliche Vorsehung" zu verwirklichen und die Erde von Sünden und Verderbnis zu läutern.

Besonders hervorheben möchte ich, Genossen Richter, daß sich der „Samurai-Geist" in der japanischen Armee auch deshalb so weitgehend durchsetzen konnte, weil die japanische Armee schon seit den 80er Jahren des vorigen Jahrhunderts nach preußischem Muster geschult wurde. Jahrelang hielt sich in Japan eine deutsche Militärmission auf, die die japanische Armee instruierte. An der Spitze dieser Mission stand Meckel, einer der nächsten Mitarbeiter Moltkes.

Auf diese Weise wurde das Preußentum mit seiner reaktionären Denkweise und seiner sturen Automatenpsychologie statt Disziplin in die japanische Armee verpflanzt, und nicht zufällig hieß Japan lange Jahre hindurch das „Preußen des Ostens".

Es sei mir erlaubt, Sie, Genossen Richter, daran zu erinnern, daß der Begriff Preußentum gleichbedeutend ist mit absoluter Herrschaft von Säbel, Knüppel und toten „Gesetzes"buchstaben, mit rohem Militärdrill und Stockdisziplin im Heer.

Erwähnt und berücksichtigt werden muß auch, Genossen Richter, daß der eigentliche Organisator der japanischen Militärmaschinerie Marschall Jamagata ein glühender Verehrer Bismarcks und Moltkes und ein ehrfürchtiger Anhänger Wilhelms II. war.

Die Militärpartei, an deren Spitze Jamagata, das prominenteste Mitglied des „Genro" (kaiserlicher Rat der ältesten Feudalen), stand, stellte die Losung auf: „Japans ganze Kraft liegt in seiner Militärmacht." Jamagata war der führende Kopf in der Militärmaschinerie, er war der „Beherrscher der Geister" des Offizierkorps, der Jugend, er leitete den japanischen Staatsapparat seit dem Ende des 19. Jahrhunderts bis fast zu seinem Tode im Jahre 1922. Jamagata war der Ideologe der Taktik des „überraschenden Schlages". Er war der Urheber des Gesetzes von der unmittelbaren Unterordnung der Armee und Flotte unter den Kaiser. Der reaktionäre japanische Militärpublizist Hirata Sinsaku schrieb in seinem Buch, das mit einem Vorwort von General Araki und Admiral Okada versehen ist:

„Der japanische Offizier, Soldat und Seemann sind einzig und allein dem Kaiser untergeordnet, ohne dessen Willen sie nicht einen einzigen Schuß abgeben können."

Genossen Richter! Meine hier dargelegte Analyse der geschichtlichen Tatsachen, Dokumente und Umstände zeigt anschaulich, daß die heutigen monopolistischen Industrie- und Bankkonzerne, die „Dsaibatsu" mit dem Kaiser an der Spitze, die bis in die allerletzte Zeit hinein die Industrie beherrschten, welche schon siebenmal im Laufe eines halben Jahrhunderts zum Werkzeug der japanischen Agressionskriege geworden ist, daß eben diese Konzerne die Inspiratoren, die Anstifter, Organisatoren und Führer der japanischen Aggression mit ihrem reichhaltigen Arsenal von Vernichtungsmitteln waren, daß insbesondere ihnen die Initiative und die organisierende Rolle bei der Herstellung und dem Einsatz der Bakterienwaffen gehört.

Sie waren es, die die Aggression geplant, vorbereitet und

entfesselt haben; sie waren es, die mit religiösem und feudalem Aberglauben das 90-Millionen-Volk von Japan unterdrückt haben; sie hielten dieses Volk unter dem Joch des Polizeiterrors; sie vergifteten sein Bewußtsein mit dem Gift des aggressiven Nationalismus und bestialischem Chauvinismus, sie haben mit ihrem ganzen Erziehungs- und Ausbildungssystem den Heeresangehörigen zu einem mechanischen Instrument ihres Willens gemacht, um dadurch ihre Herrschaft in militärischer, maritimer, politischer und wirtschaftlicher Hinsicht über die ganze Welt aufzurichten.

Der Angeklagte Jamada war eines der vielen Instrumente, die die ruchlosen Verbrechen des japanischen Imperialismus ausführten. Ich hoffe, Genossen Richter, Sie werden sich meiner Meinung anschließen, daß die von meinem Mandanten Jamada begangenen Verbrechen ein Resultat der tragischen Geistesdressur und des geistigen Drills sind, dem er ungewollt Tag für Tag, sein langes Leben hindurch in den Reihen der ehemaligen japanischen Armee ausgesetzt war.

Diese Tatsache ist nicht abzuleugnen, Genossen Richter, und wenn Sie dem Ihre Anerkennung nicht versagen, müssen Sie im Namen der Gerechtigkeit in Ihrem Urteil aussprechen, daß in dieser Strafsache nicht nur die Schuld des Angeklagten Jamada erwiesen worden ist, sondern auch sein Unglück, das darin besteht, daß er in einer solchen Zeit, in einer solchen historischen Situation und in solchen Bedingungen geboren wurde, aufwuchs, sich zum Manne formte, lebte und arbeitete, in der er nicht anders werden konnte.

Es ist sehr leicht möglich, Genossen Richter, daß meine Argumente Ihnen nicht stichhaltig genug erscheinen, meine Argumente, die beweisen, daß das gesellschaftliche Sein und die von den gesellschaftlichen Beziehungen und dem Staatssystem geschaffenen Erziehungs- und Bildungsbedingungen die Vernunft, den Willen, Charakter und das moralische Profil der Menschen formen, mit andern Worten, es könnte Ihnen zweifelhaft erscheinen, daß mein Mandant Jamada und andere Angeklagte im vorliegenden Fall nicht nur Verbrecher gegen die Kriegs- und Menschheitsgesetze, sondern zugleich auch Opfer des japanischen Imperialismus sind.

In diesem Falle gestatten Sie es mir, zur besseren Begründung der Grundthesen meines Plädoyers auf einige historische Tatsachen zu verweisen, die sehr überzeugend sind.

Genossen Richter! Nicht nur wir Bürger der Union der Sozialistischen Sowjetrepubliken, nicht nur unsere zahlreichen Freunde im Ausland, sondern selbst die Klügeren unter unseren Feinden wissen heute bereits, daß die sozialistische Gesellschaft die Entwicklung der körperlichen und geistigen Kräfte, Fähigkeiten und Begabungen des Menschen allseitig fördert.

Genossen Richter! Betrachten Sie Hunderte und Tausende unserer heutigen Sowjetmenschen, die auf den verschiedensten Gebieten der Wissenschaft, Kunst, Technik, des Militärwesens und Sportes schöpferisch wirken. Betrachten Sie diejenigen von ihnen, die vor der Großen Sozialistischen Oktoberrevolution geboren wurden, die aus dem Volke kommen, und fragen Sie sich, was aus ihnen geworden wäre, welchen Verlauf ihr Leben in den russischen Verhältnissen vor der Großen Oktoberrevolution genommen hätte, und vergleichen Sie es mit dem Verlauf ihres Lebens in den Sowjetverhältnissen, unter der Sonne der Stalinschen Verfassung. Wir sehen und wissen, daß Millionen Menschen, die der Zarismus erdrückt, getreten und gedrosselt hat, nun die Möglichkeit erhielten, sich aufzurichten, ihre Glieder zu recken, die in ihnen schlummernden reichen schöpferischen Fähigkeiten wirksam zu machen und unter den veränderten gesellschaftlichen Verhältnissen gewaltige geistige Kräfte zu offenbaren, die bis dahin latent waren. Gestrige Arbeiter, Hirten, Menschen aus dem Volke, werden heute zu namhaften Gelehrten, Künstlern, Staatsmännern — und das alles verdanken sie den veränderten sozialen Verhältnissen und den dadurch geschaffenen neuen Erziehungs- und

Bildungsbedingungen der Menschen. Eine ähnliche Erscheinung sieht die ganze Welt in den volksdemokratischen Ländern.

Gestatten Sie mir nun, Genossen Richter, aus den allgemeinen Grundgedanken eine logische Teilfolgerung in bezug auf meinen Mandanten, den ehemaligen General Jamada, zu ziehen.

Erlauben Sie mir, ausgehend von den in den Akten vorhandenen dokumentarischen Angaben, die Geschichte des „Lebenswegs" meines Mandanten und das, was seine Persönlichkeit und Tätigkeit charakterisiert, konkret zu beleuchten.

Aus den Akten geht hervor, daß der Angeklagte Jamada im Jahre 1881 geboren wurde und aus der Militärkaste der Samurai stammt, die von alters her im Dienste des Kaisers und der regierenden Fürsten stand.

Vom Jahre 1887 bis 1898 erhielt er seine Erziehung und Ausbildung in der allgemeinen Elementar- und Mittelschule. Im Jahre 1898 kam Jamada in das Kadettenkorps, ging sodann in die Offiziersschule über, nach deren Beendigung im Jahre 1903 er zum Leutnant befördert wurde und im 3. Kavallerieregiment diente. Von Mai bis September 1904 nahm Jamada als Kavallerieoffizier am Russisch-Japanischen Krieg auf dem Abschnitt Dalni—Ljaojan teil. Die schlecht bewaffnete, von unfähigen Heerführern geleitete zaristische Armee, mit dieser Null, mit Nikolaus II. auf dem Throne, erlitt eine Niederlage.

Diese Niederlage des zaristischen Systems, die Niederlage der Selbstherrschaft wurde in Japan, und nicht nur in Japan, sondern auch in einigen anderen kapitalistischen Ländern, als ein Sieg über Rußland, über das große russische Volk aufgefaßt.

Der Sieg stieg nicht nur dem jungen Offizier Jamada, nicht nur der japanischen Armee und Flotte zu Kopf, sondern auch dem jungen raubgierigen japanischen Imperialismus als Ganzem.

Genossen Richter! Zur Verwunderung aller friedliebenden Völker der Welt sah man beim Tokioter Prozeß keinen einzigen Vertreter der „Dsaibatsu“, der Vereinigung des japanischen Monopolkapitals auf der Anklagebank. Es fehlte auch das Oberhaupt der „Dsaibatsu“, der Kaiser Hirohito. Der Grund dafür ist, daß die Bande, die die amerikanischen Monopolisten mit ihren japanischen Brüdern verbinden, nach wie vor allzu fest sind. Aus ebendiesem Grunde fand auch der amerikanische Ankläger nicht den Mut, um vor dem Internationalen Tribunal offen auszusprechen, welche Rolle die Industrie- und Finanzmagnaten bei der Planung und Organisierung des zweiten Weltkrieges gespielt haben.

Unserer Sowjetjustiz aber ist die wahre Gerechtigkeit eigen, und im Namen dieser Gerechtigkeit bitte ich das Militärtribunal, wenn es sein Urteil über meinen Mandanten Jamada fällt, seine wirkliche und nicht seine vermeintliche Rolle in den Verbrechen der japanischen Imperialisten gegen die Gesetze und Gepflogenheiten des Krieges zu berücksichtigen.

Es wurde gerichtlicherseits festgestellt, daß Jamada in einer geschichtlichen Periode, in einer solchen Umwelt und unter solchen Bedingungen geboren wurde, aufwuchs, sich formte, lebte und arbeitete, in denen er zur Verkörperung jener Art von militärischer Disziplin wurde, die nichts anderes ist als die Psychologie von hirnlosen Automaten.

Aus diesem Grunde verdient Jamada nicht nur verdammt, sondern auch bemitleidet zu werden.

Und als letztes, Genossen Richter, bitte ich Sie, bei der Urteilsfällung zu berücksichtigen, daß der Angeklagte Jamada die Kraft und den Mut aufgebracht hat, sowohl bei der Voruntersuchung wie in der Gerichtsverhandlung voll und ganz seine Schuld zu bekennen. Er hat die ganze Tiefe seines moralischen Falls begriffen. Ohne sich schützen noch schonen zu wollen, hat er eingehend, aufrichtig und lückenlos sowohl seine eigenen verbrecherischen Handlungen wie die noch verbrecherischeren Handlungen anderer Inspiratoren und Organisatoren der auf diesem Gerichtsprozeß festgestellten Verbrechen beleuchtet.

Der Angeklagte Jamada beugt jetzt vor Ihnen sein schuldiges Haupt und erwartet Ihren gerechten Urteilsspruch.

Damit, Genossen Richter, erlauben Sie, meine Erklärungen zur Verteidigung des Angeklagten Jamada zu schließen.

Der Gerichtsvorsitzende: Das Wort hat Rechtsanwalt Borowik, der Verteidiger des Angeklagten Kioshi Kawashima.

Rechtsanwalt Borowik hält eine Rede, deren Wortlaut dem Protokoll der Gerichtsverhandlung beigefügt wird. Die Rede wird gleichzeitig in japanischer Sprache übertragen.

PLÄDOYER DES RECHTSANWALTS N. K. BOROWIK FÜR DEN ANGEKLAGTEN KIOSHI KAWASHIMA

Genossen Richter, Genossen Mitglieder des Militärtribunals!

Einem jeden von uns ist das Gefühl vertraut, das uns Sowjetmenschen in den Tagen dieses Prozesses ergreift.

Ein jeder von uns hat unwillkürlich in diesen Tagen wieder und wieder voll tiefster Dankbarkeit und Liebe an denjenigen gedacht, dessen große Weisheit schon vor vielen, vielen Jahren die tödliche Gefahr erriet, die unserer Heimat im Fernen Osten drohte, der die Sowjetmenschen vor ihr warnte, an denjenigen, dessen lichter Genius die schon gezückte Feindeshand zurückschlug und uns vor furchtbarem Unheil und Leid bewahrte.

Schwer sind die Verbrechen, die die hier auf der Anklagebank Sitzenden begangen haben.

Aber, Genossen Richter, kraft unseres Grundgesetzes sind wir sowjetischen Rechtsanwälte hierher berufen worden, um die uns auferlegte Aufgabe zu erfüllen, Ihnen zu helfen, im vorliegenden Fall eine richtige Entscheidung zu treffen und Ihnen alles vor Augen zu führen, was geeignet ist, die Schuld der Angeklagten zu mildern.

Nach Maßgabe meiner Kräfte werde ich mich bemühen, dieser Aufgabe gerecht zu werden.

Ich verteidige den ehemaligen Generalveterinär der japanischen Armee, den Angeklagten Kioshi Kawashima, Doktor der Medizin.

Ehe ich zu seiner Verteidigung schreite, möchte ich Sie daran erinnern, daß es wohl in diesem wie in jedem andern Prozeß, wo nicht eine, sondern mehrere Personen auf der Anklagebank sitzen, am kompliziertesten ist, die Rolle und den Grad der Teilnahme jedes einzelnen Angeklagten, die persönliche Verantwortung jedes der Angeklagten für die begangenen Verbrechen zu definieren.

Aus diesem Grunde erlaube ich mir, mein Plädoyer

eben damit, mit der Feststellung der Rolle meines Mandanten in diesem Gerichtsfall, zu beginnen.

Bekanntlich werden Kioshi Kawashima eine Reihe von Verbrechen zur Last gelegt.

Die Anklageformel lautet, daß Kioshi Kawashima gemeinsam mit einer Gruppe verantwortlicher Mitarbeiter der bakteriologischen Sonderformationen der japanischen Armee, deren Tätigkeit die Vorbereitung und Führung des Bakterienkrieges bezweckte, aktiven Anteil an der Erforschung und Herstellung der Bakterienwaffe zur Massenvernichtung von Menschen genommen hat, daß er gemeinsam mit dem Angeklagten Karasawa gleichfalls an der Führung des Bakterienkrieges gegen China teilnahm, daß er sich ferner mit einer Reihe anderer Angeklagter an den verbrecherischen und unmenschlichen Experimenten an lebenden Menschen persönlich beteiligt hat...

Das ist es, was Kawashima zur Last gelegt wird.

Seine Schuld ist bewiesen durch die Materialien der Strafsache: durch die Aussagen der Angeklagten und Zeugen, durch das Gutachten der medizinischen Gerichtssachverständigen. Auch hat Kawashima selbst keineswegs versucht, etwas zu verheimlichen oder zu verbergen, und hat sich buchstäblich vom ersten Tag der Voruntersuchung bis zum Schluß der Gerichtsverhandlung voll und ganz als schuldig bekannt.

Selbstredend kann bei einer solchen Sachlage von Debatten mit dem Vertreter der staatlichen Anklage über Fragen der Beweisführung oder des Tatbestandes keine Rede sein. Alle Vergehen Kawashimas sind bewiesen, und er hat das selbst anerkannt. Jedoch unterscheidet sich seine Rolle und der Grad seiner Teilnahme in dieser Strafsache in vielem von der Rolle verschiedener anderer Angeklagten und besonders von der Rolle jener Hauptkriegsverbrecher, die sich der Verantwortung bisher entzogen haben, die aber dennoch früher oder später die Strafe der Völker ereilen wird.

Genossen Richter! Obgleich die von Kawashima begangenen Verbrechen schwer sind, erlaube ich mir doch der

Meinung zu sein, daß Kawashima nicht der hauptsächlichste und wesentlichste Teilnehmer an diesen Verbrechen ist.

Kawashima wird heute zur Verantwortung gezogen für Handlungen, die er während seiner Tätigkeit in der Abteilung 731 begangen hat. Erinnern wir uns kurz an die Vorgeschichte dieser Frage.

Erinnern wir uns an das Jahr 1936, als der Kaiser von Japan seinen Geheimbefehl über die Bildung einer bakteriologischen Abteilung in der Gegend von Charbin, später Abteilung Madsu, Nr. 731 benannt, erließ. Wo finden wir Kawashima zu dieser Zeit? Er bekleidete damals den bescheidenen Posten eines Gehilfen des Chefs des Sanitätsdienstes in einer Tokioter Division.

Das Jahr 1936 vergeht. Es vergehen die Jahre 1937, 1938, 1939, 1940. Die Abteilung 731 vergrößert sich in dieser Zeit immer mehr. Ihr Personalbestand wächst, der Maßstab ihrer Arbeit nimmt zu, es werden Flugplätze, Übungsplätze angelegt, ein Gefängnis, Kremationsöfen entstehen, eine ganze Militärsiedlung wächst aus dem Boden. Und was treibt in dieser Zeit Kawashima?

Er arbeitet im Range eines Oberfeldarztes als Lehrer für Hygiene an den Vorbereitungskursen der Militärschule in Tokio und siedelt sodann zur Arbeit nach Peking über.

Kawashima hat in dieser Zeit keine Ahnung, daß irgendwo bei der Station Pingfan eine Todesfabrik besteht, die schon mit Volldampf arbeitet, daß zur gleichen Zeit südlich Schanghais im Raum von Nimpo bereits bakteriologische Operationen gegen das chinesische Volk durchgeführt werden, bei denen die Erzeugnisse dieser grausigen Fabrik zum Einsatz kommen, daß auf Grund eines neuen kaiserlichen Erlasses diese Fabrik und ihre Tätigkeit eine immer größere Erweiterung erfahren usf.

Und dann bricht das für Kawashima verhängnisvolle Jahr 1941 an, dieses Jahr, das so reich an gewaltigen internationalen Ereignissen ist. Wir schreiben März. Aus einem Befehl des Kriegsministers von Japan erfährt Kawashima zum erstenmal von der Existenz der Pingfaner Abteilung.

35*

Um diese Zeit aber ist im ganzen Lande, das restlos unter der Macht der japanischen Militärclique steht, wo die extremsten und absurdesten Formen der Reaktion und des Dunkelmännertums üppigste Blüte treiben, ein tolles Kriegsrüsten im Gange.

Die Siegesmeldungen des tollwütigen Führers, der um diese Zeit schon von einer Reihe europäischer Länder Besitz ergriffen und fast ganz Westeuropa in seiner Gewalt hatte, lassen den japanischen Militaristen keine Ruhe. Die japanische Reaktion drängt, sie hat Angst, zu spät zu kommen, hat Angst, den günstigsten Augenblick zu verpassen. In den Akten des Internationalen Militärtribunals in Tokio wird die Haltung der japanischen Militärclique in jener Zeit sehr eingehend beleuchtet.

Diese Hochflut von Kriegshysterie und Militärpsychose, diese Hausse der japanischen Militärclique betäubte auch Kawashima wie so viele andere, und als er in die Abteilung 731 geriet, dachte er nicht lange darüber nach, was er tut und wohin er geraten war.

So begann Kawashimas Sündenfall.

In den zwei Jahren seiner Arbeit in dieser Abteilung beging Kawashima eine Reihe von Verbrechen, die bewiesen sind. War aber seine Rolle bei diesen Verbrechen die eines aktiv Organisierenden, war er dort die Hauptfigur?

In der Voruntersuchung, besonders aber hier im Lauf der Gerichtsverhandlung, wurden interessante Einzelheiten bekannt, wer und auf welche Weise die Leitung dieser Abteilung ausübte, wer der faktische Leiter war.

Dabei fiel auch der Name des Kaisers Hirohito, der unausgesetzt um das Schicksal dieses seines Lieblingskindes besorgt war, und man sprach vom Kriegsminister und vom Generalstab der japanischen Armee, die der Abteilung ihre Fürsorge angedeihen ließen. Geleitet wurde die Abteilung sowohl vom Oberkommando der Kwantungarmee wie von vielen andern.

Sie entsinnen sich an Kawashimas Aussagen, Genossen Richter, wie häufig sein unmittelbarer Vorgesetzter Shiro

Ishii nach Tokio berufen wurde, um über die Tätigkeit der Abteilung zu berichten, wie oft die Abteilung von den verschiedensten Generalen und verantwortlichen Leitern aus dem Oberkommando der Kwantungarmee zu Inspektionszwecken besucht wurde.

Wem mußte Kawashima nicht alles über seine Arbeit Rechenschaftsbericht ablegen! Selbst irgendein Oberstleutnant Jamamoto, der ständiger Vertreter des Oberkommandos der Kwantungarmee in der Abteilung war, selbst der wollte unausgesetzt wissen, was Kawashima und andere Mitarbeiter der Abteilung trieben, und war, wie Kawashima sich bei der Voruntersuchung sehr anschaulich ausdrückte, „Auge und Ohr" des Stabs der Kwantungarmee in der Abteilung. Wenn man noch hinzufügt, daß der unmittelbare Chef und Leiter der Abteilung ein sehr bekannter Spezialist auf dem Gebiet der Bakteriologie, der berüchtigte Ideologe des Bakterienkrieges Shiro Ishii war, dann wird es klar, daß man, gemessen an diesem Hintergrund, Kawashima kaum als eigentlich leitende Figur bezeichnen kann.

Faktisch war Kawashima nur ein Vollstrecker eines fremden verbrecherischen Willens, allerdings ein verantwortlicher Vollstrecker, aber dennoch nur Vollstrecker. Es will mir scheinen, daß dieser Umstand die Schuld mildert, und ich bitte Sie, Genossen Richter, ihn in Betracht zu ziehen, wenn Sie das Maß der Schuld, die Rolle meines Mandanten in diesem Gerichtsfall feststellen.

Genossen Richter! Ich könnte meine Aufgabe nicht als voll erfüllt betrachten, wenn ich Ihre Aufmerksamkeit nicht auf einen andern, bei weitem nicht unwichtigen Umstand lenken wollte, der die Schuld Kioshi Kawashimas in einem milderen Lichte erscheinen läßt.

Kawashima hat sich bekanntlich der begangenen Verbrechen voll und ganz schuldig bekannt, aber damit nicht genug, hat Kawashima seine Verbrechen voll und ganz bereut, und es liegt meiner Ansicht nach kein hinreichender Grund vor, an der Aufrichtigkeit seines Verhaltens zu zweifeln.

Wie läßt sich Kawashimas Verhalten erklären?

Es scheint mir, daß sein Verhalten zweifellos durch seine Herkunft beeinflußt wird. Kawashima stammt aus einer einfachen japanischen Familie. Er ist weder erblicher Samurai noch Sohn eines Großkapitalisten oder Grundbesitzers. Sein Vater war einfacher Bauer. Kioshi Kawashima gelang es, medizinische Hochschulbildung zu erlangen, er hatte vor, sich der Wissenschaft zu widmen, und verteidigte sogar im Jahre 1934 eine Doktordissertation über das harmlose Thema „Die pseudotuberkulosen Bakterien". Und ich glaube, wäre Kawashima nicht in jene Gesamtsituation geraten, von der ich bereits gesprochen habe, so würden wir ihn kaum heute auf der Anklagebank sehen.

Kawashima hat Verbrechen begangen, er hat sie begriffen, er ist sich klargeworden, wie drückend die Last dieser Verbrechen ist, und daß er einen anderen, einen ehrlichen Weg wählen muß. Und Kawashima hat die Kraft und den Mut gefunden, diesen Weg einzuschlagen, und hat nicht nur die von ihm begangenen Verbrechen eingestanden, sondern auch nach Kräften dem Gericht geholfen, alle Verbrechen bis zu Ende aufzuklären.

Sie werden sich an die Worte erinnern, Genossen Richter, die der Angeklagte schon in der Voruntersuchung, und zwar bei der Vernehmung vom 30. Oktober 1949, ausgesprochen hat. Kawashima sagte damals:

> „...Ich bekenne mich restlos schuldig ... ich habe heute voll und ganz den verbrecherischen Charakter meiner Tätigkeit in der Abteilung 731 erkannt, die darauf hinauslief, die Mittel für den Bakterienkrieg zu erforschen, der von der Menschheit verdammt wird...
>
> ...Ich bin mir bewußt, daß die von uns angewandte Methode, Versuche an lebenden Menschen anzustellen und diese durch die Einwirkung tödlicher Bazillen massenhaft zu töten, ein barbarisches Verbrechen an der Menschheit ist... Ich bin nicht freiwillig in die Abteilung 731 eingetreten, sondern durch einen Befehl des Kriegsministers von Japan, dem ich mich nicht

entziehen konnte. Ich bin mir bewußt, daß die Abteilung 731 eine verbrecherische Organisation war, und bin jetzt als ein Mittäter bereit, die verdiente Strafe zu tragen..."

Natürlich sind Kawashima diese Worte nicht leicht gefallen. Ja, er hat sich nur schwer zu ihnen durchgerungen. Vieles hat er durchdacht und durchgemacht, ehe er die Kraft und Entschlossenheit aufbrachte, diese Worte auszusprechen.

Es will mir scheinen, die Tatsache, daß Kawashima heute so spricht, zeugt davon, daß in der Psychologie Kawashimas ein gewisser Umschwung eingetreten ist. Was hat ihn beeinflußt? Welcher Faktor hat auf ihn eingewirkt? Ich glaube, daß dieser Faktor zweifellos die Zeit war. Kawashima befindet sich seit über vier Jahren in Gefangenschaft. Eine Frist, die hinreicht, um sich manches durch den Kopf gehen zu lassen und manche Dinge neu zu werten. Kawashima mußte, ob er wollte oder nicht, darüber nachdenken, wie es gekommen ist, daß die Sowjetunion, die seinerzeit weite Gebiete verloren hatte, im Ringen mit einem bis an die Zähne bewaffneten Feind ohne fremde Hilfe nicht nur durchhielt, sondern es erreicht hat, daß die hitlerschen Elitedivisionen bis zur letzten zerschmettert worden sind. Kawashima konnte auch nicht umhin, sich darüber Gedanken zu machen, welche Ursachen seine eigene Armee zu einem so kläglichen Ende geführt haben. Und Kawashima mußte sich zwangsläufig auch für die Veränderungen interessieren, die nach dem Kriege in seiner Heimat in Japan vorgegangen sind, und vieles andere.

Ich glaube, daß diese Gedanken — höchst nützliche Gedanken — ihren Einfluß auf sein Bewußtsein und seine Psychologie nicht verfehlt haben.

Darin sehe ich die eigentlichen Wurzeln dessen, was Kawashima veranlaßte, in gewissem Maße seinen Standpunkt zu revidieren. Und diese Tatsache läßt uns den Schluß ziehen, daß wir es mit einer aufrichtigen Reue Kawashimas zu tun haben.

Genossen Mitglieder des Militärtribunals!

Ich komme zum Schluß meiner Rede. Schwer sind die Verbrechen, die Kawashima begangen hat. Nicht leicht wird es ihm hier, auf der Anklagebank. Aber eins steht außer Zweifel: Kawashima wird diesen Saal mit einem Gefühl der Erleichterung verlassen, mit dem Gefühl, daß sein Verhalten vor Gericht ehrlich war.

Ich bitte Sie, Genossen Richter, um eine Milderung seiner Strafe.

Gerichtsvorsitzender: Das Wort hat Rechtsanwalt Sannikow, der Verteidiger des Angeklagten Riudsi Kadsitsuka. Die Angeklagten können die Übersetzung der Rede in japanischer Sprache im Drahtfunk hören.

Rechtsanwalt Sannikow hält eine Rede, deren Wortlaut dem Protokoll der Gerichtsverhandlung beigefügt wird. Gleichzeitig wird die Rede in japanischer Sprache übertragen.

PLÄDOYER DES RECHTSANWALTS S. J. SANNIKOW FÜR DEN ANGEKLAGTEN RIUDSI KADSITSUKA

Genossen Richter! Mit einem Gefühl tiefer Erregung schreite ich an die Erfüllung der mir aufgetragenen Obliegenheiten. Ich begreife das Komplizierte und Schwierige einer Verteidigung im vorliegenden Fall, insbesondere die Verteidigung meines Mandanten Riudsi Kadsitsuka.

Die Schwierigkeit der Verteidigung ist in der vorliegenden Strafsache durch den Charakter der von den Angeklagten begangenen Handlungen und durch die Schwere der gegen sie erhobenen Anklagen bedingt.

Wir alle waren in diesem oder jenem Maße Zeugen, wenn nicht gar Teilnehmer vieler Gerichtsprozesse, die von großer öffentlicher und politischer Bedeutung waren; die jetzige Strafsache aber geht, was Eigenart und Charakter der verbrecherischen Handlung anbetrifft, weit über alles Gewohnte hinaus. Solche Prozesse weist die Gerichtspraxis nicht auf und kennt die Geschichte nicht.

Den Hauptangeklagten in dieser Strafsache Jamada, Kadsitsuka, Takahashi und Sato wird zur Last gelegt, daß sie, in leitenden Posten in der japanischen Armee befindlich, bakteriologische Sonderformationen der japanischen Armee geleitet und deren Tätigkeit auf die Erzeugung der Bakterienwaffe zur Vorbereitung des Bakterienkrieges gegen die Sowjetunion und andere Staaten ausgerichtet haben.

Aus der Formel der Anklageschrift ist ersichtlich, daß die Vorbereitung des Bakterienkrieges die Hauptanklage ist; das wird auch dem Angeklagten Kadsitsuka, dem ehemaligen Chef des Sanitätsdienstes beim Stab der Kwantungarmee, Generalstabsarzt und Doktor der Medizin, zur Last gelegt.

Die Lehre von den Mikroben existiert seit langem. Die fortschrittlichsten Gelehrten der Welt, Pasteur, Koch, Metschnikow und andere haben jahrzehntelange Mühen an dieses Problem gewandt, haben ihr Wirken und Denken, Gesundheit und Leben für das Wohl der Menschheit hingegeben, um gegen diese furchtbare Geißel des Menschengeschlechts — die Seuchen — zu kämpfen und so das Leben der Menschen zu verlängern.

Hier aber sehen wir, daß die auf der Anklagebank befindlichen militärischen und medizinischen Fachleute der japanischen Armee eine humane Wissenschaft für gänzlich andere Zwecke — für die Interessen des Krieges gegen die Menschheit — ausgenutzt haben, daß sie die Lehre von den Mikroben den Zwecken des aggressiven Krieges gegen die Sowjetunion und andere Staaten dienstbar gemacht haben.

Jeder Krieg rafft zahllose Menschenleben dahin und bringt der Menschheit unsagbare Leiden. Die Angeklagten haben, wie sie sich selbst ausdrücken, die wirksamste aller Kriegswaffen vorbereitet, faktisch die furchtbarste Waffe, die gegen die Menschheit gerichtet ist.

Dieses schwere Verbrechen wird auch meinem Mandanten Riudsi Kadsitsuka zur Last gelegt.

Der Angeklagte Kadsitsuka hat bei der Voruntersuchung wie auch im Verlauf der Gerichtsverhandlung die gegen ihn erhobenen Anklagen im wesentlichen als richtig anerkannt.

Ausgehend von der Tatsache, daß der Angeklagte die gegen ihn erhobenen Beschuldigungen anerkannt hat, könnte man meinen, daß ich als Verteidiger Kadsitsukas nichts mehr zu tun habe und daß meine Rede überflüssig sei. Doch unsere Gesetzgebung enthält den weisen Passus, daß unabhängig von der Art des Verbrechens und der Schwere der Indizien der Anwalt unbedingt sein Wort zur Verteidigung des Angeklagten zu sagen hat und alle die Schuld des Angeklagten abschwächenden Beweisfaktoren summieren muß.

Da der Angeklagte Kadsitsuka sich im wesentlichen als schuldig bekannt hat, werde ich mit dem staatlichen Ankläger nicht über den Tatbestand debattieren. Auch gegen die Qualifikation des Verbrechens habe ich keine juridischen Einwände.

Ich möchte Ihre Aufmerksamkeit, Genossen Richter, lediglich auf einzelne Momente richten, die von meinem Mandanten bestritten werden.

Wenn ich davon spreche, daß der Angeklagte Kadsitsuka im wesentlichen die gegen ihn erhobenen Beschuldigungen als richtig anerkannt hat, so gehe ich von der Tatsache aus, daß der Angeklagte Kadsitsuka bei der Voruntersuchung und bei der Gerichtsverhandlung zugegeben hat, er habe vom Jahre 1931 an die Anschauungen Shiro Ishiis, des Ideologen des Bakterienkrieges, geteilt. Im Jahre 1936 unterstützte Kadsitsuka das Ersuchen des Oberbefehlshabers der Kwantungarmee betreffs Bildung der Abteilung Ishii im Bestand der Kwantungarmee. Während der Formierungszeit dieser Abteilung hat Kadsitsuka sich unmittelbar an der Auswahl des medizinischen Offizierspersonals beteiligt. Außerdem wußte Kadsitsuka, daß die Abteilung 731 die Bakterienwaffe zum Einsatz gegen die chinesische Armee und die friedliche Bevölkerung vorbereitet.

Der Angeklagte Kadsitsuka hat im allgemeinen seine unmittelbare Teilnahme an der Formierung der Abteilung 731 gestanden und zugegeben, daß er über ihre praktische Tätigkeit informiert war.

Gleichzeitig damit behauptet der Angeklagte Kadsitsuka, daß die Abteilung 731 zwei Befehlsstellen untergeordnet war, wodurch sich einzelne Tatsachen über die Tätigkeit dieser Abteilung seiner Kenntnis entzogen.

Daß die Abteilung 731 tatsächlich zwei Befehlsstellen untergeordnet war, geht gleichfalls aus Zeugenaussagen und verschiedenen anderen Materialien der vorliegenden Strafsache hervor. Im einleitenden Teil der Anklageschrift heißt es:

„Die bakteriologischen Abteilungen und ihre Zweigstellen unterstanden unmittelbar dem Oberbefehlshaber der japanischen Kwantungarmee... Dies bestätigt ... ein von den Sowjettruppen ... erbeuteter Geheimbefehl des ehemaligen Oberbefehlshabers der japanischen Kwantungarmee, des Generals Joshidsiro Umedsu, vom 2. Dezember 1940."

Und weiter heißt es in der Anklageschrift:

„General Jamada, der nach Umedsu den Oberbefehl

über die japanische Kwantungarmee führte und in diesem Prozeß angeklagt ist, bestätigte in seinen Aussagen gleichfalls, daß die bakteriologischen Formationen ihm unmittelbar unterstellt waren."

Dadurch ist festgestellt, daß die Abteilung 731 unmittelbar dem Oberbefehlshaber untergeordnet war. Bei der Voruntersuchung tauchte die Frage auf, über welche Abteilungen und Verwaltungen der Oberbefehlshaber der Kwantungarmee die Abteilung 731 leitete.

Man sollte meinen, daß die Abteilung 731 der Art ihrer Tätigkeit nach und da sie dem System des Sanitätsdienstes beim Stab der Kwantungarmee angehörte, ausschließlich diesem Sanitätsdienst des Stabes, an deren Spitze der Angeklagte Kadsitsuka stand, untergeordnet gewesen sein müßte. Jedoch ist festgestellt, daß die Abteilung 731 eine Reihe strategischer Funktionen erfüllte, und dieses Arbeitsprofil der Abteilung stand, wie der Angeklagte Kadsitsuka behauptet, nicht unter seiner unmittelbaren Befehlsgewalt.

Hat der Angeklagte Kadsitsuka mit diesen seinen Behauptungen recht? Ich möchte Ihre Aufmerksamkeit auf einige Zeugenaussagen lenken, die eine direkte Bewandtnis zur Tätigkeit der Abteilung 731 haben und die die Frage nach der Leitung dieser Abteilung beleuchten. Diese Zeugen sind Oberst Tadashi Tamura und Generalmajor Matsumura.

Der Zeuge Tadashi Tamura sagte bei der Voruntersuchung aus:

„Die Abteilung 731 war ihrer Stellung nach zwei Befehlsstellen untergeordnet: als operative Kampfeinheit wurde die Abteilung von der 1. (strategisch-operativen) Abteilung des Stabs der Kwantungarmee geleitet und kontrolliert, an deren Spitze Generalmajor Matsumura stand. Gleichzeitig war die Abteilung 731 dem Sanitätsdienst des Stabs der Kwantungarmee und persönlich Generalleutnant Kadsitsuka unterstellt."

Noch klarer spricht sich in dieser Frage der in der

Voruntersuchung vernommene Zeuge Matsumura aus; er sagt:

„Der Oberbefehlshaber Umedsu und später, ab Juli 1944, Otosoo Jamada leiteten die Abteilung 731 in strategischen Fragen durch die strategisch-operative Abteilung ... und auf wissenschaftlichem und technischem Gebiet durch den Chef des Sanitätsdienstes des Stabs der Kwantungarmee General Kadsitsuka."

Und weiter antwortete der Zeuge Matsumura auf eine direkt an ihn gerichtete Frage:

„...die strategisch-operative Abteilung des Stabs der Kwantungarmee leitete die Abteilung 731 in den Fragen, die mit der Erforschung und Herstellung der Bakterienwaffe zusammenhingen".

Und bei der Gegenüberstellung bestätigte derselbe Zeuge Matsumura, daß

„in Fragen der taktischen Verwertung der Bakterienwaffe die strategisch-operative Abteilung des Stabes zuständig war".

Auf Grund der Aussagen der Zeugen Tamura und Matsumura läßt sich der Schluß ziehen, daß die Abteilung 731 zwei Befehlsstellen unterstellt war; in Fragen der Erforschung, Herstellung und des taktischen Einsatzes der Bakterienwaffe war sie der strategisch-operativen Abteilung des Stabes der Kwantungarmee unterstellt; in Fragen der wissenschaftlichen Forschungsarbeit aber dem Sanitätsdienst beim Stab der gleichen Armee, an deren Spitze der Angeklagte Kadsitsuka stand.

Diese zwiefache Unterordnung der Abteilung 731 konnte zu einer Lage führen, wo auf die Herstellung der Bakterienwaffe bezügliche Fragen sowie alle Fragen, die mit dieser Seite der Tätigkeit der Abteilung zusammenhingen, völlig zum Kompetenzbereich der strategisch-operativen Abteilung gehörten und somit Kadsitsuka als Chef des Sanitätsdienstes von einzelnen Fragen nichts wußte.

Die von mir dargelegten Erwägungen entheben den Angeklagten Kadsitsuka nicht seiner Verantwortung, aber ausgehend von ihnen kann man die Frage stellen, seine Schuld und seine Mitwirkung in einem milderen Lichte zu betrachten.

Ich möchte Ihre Aufmerksamkeit auf einen weiteren Umstand lenken: in den Akten ist festgestellt, daß die Abteilung 731 im Jahre 1936 auf Erlaß des Kaisers Hirohito von Japan organisiert worden ist. Die Idee des Bakterienkrieges und die Initiative zur Organisierung der Abteilung 731 ging von General Shiro Ishii aus, auch wurde die praktische Tätigkeit der Abteilung von General Ishii geleitet. Die Leitung und Kontrolle über die Tätigkeit der Abteilung in Fragen der Erforschung und Herstellung der Bakterienwaffe wurden von Generalmajor Matsumura und dem Stabschef der Kwantungarmee Generalleutnant Jukio Kasahara ausgeübt, was meiner Auffassung nach ebenfalls die Schuld Kadsitsukas mildern muß.

Wenn ich nun zur Wertung der Person des Angeklagten Kadsitsukas übergehe, kann ich nicht unerwähnt lassen, daß Kadsitsuka im Jahre 1914 die medizinische Fakultät an der Tokioter Universität beendete und, da er auf Staatskosten studiert hat, verpflichtet war, nach Abschluß der Hochschule in die japanische Armee einzutreten. Im März 1924 erhielt Kadsitsuka den Titel eines Doktors der Medizin.

Am Schluß meiner Rede bitte ich Sie, die von mir dargelegten mildernden Umstände in bezug auf Kadsitsuka zu berücksichtigen, ebenso das aufrichtige Geständnis seiner Schuld und dementsprechend sein Strafmaß zu bestimmen.

Gerichtsvorsitzender: Das Wort hat Rechtsanwalt Swerew, der den Angeklagten Takaatsu Takahashi verteidigt.

Rechtsanwalt Swerew hält eine Rede, deren Wortlaut dem Protokoll der Gerichtsverhandlung beigefügt wird. Die Rede wird gleichzeitig in japanischer Sprache übertragen.

PLÄDOYER DES RECHTSANWALTS A. W. SWEREW FÜR DEN ANGEKLAGTEN TAKAHASHI

Genossen Richter!

Ich bin mit der Verteidigung des ehemaligen Chefs des Veterinärdienstes der ehemaligen Kwantungarmee Generalstabsveterinär Takaatsu Takahashi betraut worden.

Meinem Mandanten Takahashi werden verbrecherische Handlungen zur Last gelegt, die sich gegen die Menschheit richten, Vergehen, die in jedem zivilisierten Lande als schwere Verbrechen qualifiziert werden.

Dieser Prozeß, Genossen Richter, ist von gewaltiger öffentlicher Bedeutung, denn er ruft der Menschheit ein übriges Mal in Erinnerung, welch unermeßliches Unheil der nach Weltherrschaft strebende Faschismus mit sich brachte.

Die Gesetze und Gepflogenheiten der Kriegführung waren dem imperialistischen Japan fremd. Die Oberschicht der japanischen Militärclique war entschlossen, die Errungenschaften der Wissenschaft nicht zum Wohle der Menschen, sondern zu ihrem Schaden auszunutzen.

Genossen Richter! Es gibt kein Land in der Welt, wo man nicht daran arbeiten würde, die Mittel und Methoden zur Bekämpfung der Erreger von Epidemien und Seuchen zu erforschen, um die Menschheit von diesen furchtbaren Übeln zu befreien.

Wie viele große Gelehrte haben sich in den Dienst dieser vornehmen Aufgabe gestellt, wie viele dieser unermüdlich schaffenden Menschen haben ihr Leben im Kampf gegen die Epidemien hingegeben, und die gesamte Menschheit nennt voll Liebe und Ehrfurcht die Namen von Setschenow, Pirogow, Winogradski, Metschnikow, Pasteur und anderen Koryphäen der Wissenschaft. Im imperialistischen Japan aber fanden sich Gelehrte, die auf Grund der Erfahrungen und Errungenschaften der Wissenschaft ihre Kenntnisse an die Erforschung und Lösung anderer Probleme wandten —

der maximalen künstlichen Verbreitung von Epidemien: Pest, Cholera, Rotz, Milzbrand, Typhus u. a. — und die die entsprechenden Methoden erforschten.

In Japan fand sich auch der Ideologe des Bakterienkrieges, der gelehrte General Ishii, und dieser Gelehrte leitete die Propaganda für den Einsatz der Bakterienwaffe in dem Eroberungskrieg gegen die friedlichen Völker, zu dem Japan rüstete.

Aber es handelt sich nicht nur um Ishii. Die Spitze der japanischen Militärclique, von Eroberungsdrang besessen, erhoffte den Sieg von einer neuen Waffengattung — den tödlichen Bazillen.

Der Kaiser Hirohito von Japan, der sich als Oberhaupt der Armee und Flotte von der Kraft der Sowjetwaffen überzeugt hatte (und die Sowjetunion war für Japan das Kriegsobjekt Nr. 1) und von den Truppen der Sowjetunion, die standhaft die friedliche Arbeit ihres Volkes schützten, mehrfach schwere Niederlagen erlitten hatte, gab zur Verwirklichung seiner aggressiven Pläne den Geheimerlaß heraus, die Bakterienwaffe vorzubereiten und die Truppen mit dieser Waffe auszurüsten, um sie im Krieg gegen die Sowjetunion, China, die Mongolische Volksrepublik wie auch gegen die Vereinigten Staaten von Amerika und gegen England einzusetzen.

Auf Grund dieses kaiserlichen Erlasses entstanden zwei neue Militärformationen — die Abteilungen 731 und 100 —, die in den Bestand der Kwantungarmee eingereiht wurden.

Diese Abteilungen, namentlich die Abteilung 731, bauten allmählich ihre Tätigkeit aus, organisierten Zweigstellen und bildeten schließlich in Form von Unterabteilungen ihre Zellen bei den einzelnen Armee-Einheiten.

Die zweite, die Aufklärungsabteilung beim Stab der Kwantungarmee, der die Leitung der Sabotagetätigkeit oblag, blieb bei dieser Sache nicht abseits stehen. Sie begann die Errungenschaften und das Personal dieser Abteilungen für Sabotageakte auszunutzen.

Den Abteilungen 731 und 100 wurde bei der Kwantungarmee große Bedeutung zugemessen als besondere Kampfeinheiten der Armee. Infolgedessen wurden beide Abteilungen unmittelbar dem Oberbefehlshaber der Kwantungarmee General Jamada unterstellt. Der Kriegsminister von Japan war ständig auf dem laufenden über die Tätigkeit beider Abteilungen und wurde über ihre Kampfbereitschaft informiert.

Auf diese Weise nahm die Idee des Bakterienkrieges ihren Ursprung in den Spitzen der herrschenden Clique Japans, wurde von dieser unterstützt und fand auf den Erlaß des Kaisers von Japan hin ihre praktische Verwirklichung in der Kwantungarmee, die die hauptsächliche Kampfkraft des japanischen Imperialismus war.

Untersucht man die ganze Genesis der Vorbereitung des Bakterienkrieges in Japan, so muß man konstatieren, Genossen Richter, daß die hauptsächlichen Ideologen und Organisatoren des Bakterienkrieges, die nicht einen geringeren, sondern einen größeren Teil der Verantwortung tragen müßten als die Angeklagten in diesem Prozeß, sich außerhalb der Sowjetunion befinden und wir sie auf der Anklagebank vermissen.

Genossen Richter! Sie fällen heute ein Urteil über jene, durch die der japanische Imperialismus seine verbrecherischen Pläne zur Ausführung brachte. Sie werden genauestens die Rolle eines jeden von ihnen erwägen und jedem wird eine Strafe zuerteilt mit Berücksichtigung des Maßes seiner Schuld.

Ich als Verteidiger Takahashis streite nicht über den Tatbestand und habe auch keine Ursache, die von der Anklagebehörde gesammelten und Ihnen vorgelegten Beweismaterialien anzufechten.

Mein Mandant Takahashi ist zweifellos der ihm zur Last gelegten Verbrechen schuldig.

Takahashi selbst hat weder jetzt noch vorher seine Schuld geleugnet.

Takahashi bekennt sich schuldig, an der Vorbereitung der Kwantungarmee zum Bakterienkrieg und zu Sabotageakten gegen die Sowjetunion, China und die Mongolische Volksrepublik teilgenommen zu haben.

Takahashi bekennt sich schuldig, daß er die Tätigkeit der Abteilung 100, die den ihm als Chef des Veterinärdienstes unterstellten Truppenteilen angehörte, geleitet hat.

Takahashi bekannte sich schuldig, den Ausbau der Tätigkeit der Abteilung, sowohl was Erforschung der wirksamsten Bakterien als auch was Verstärkung der Produktionskapazität der Abteilung anbelangt, begünstigt zu haben.

Takahashi bekannte sich schuldig an der Organisierung von Aufklärungsexpeditionen zu Sabotagezwecken.

Takahashi bestreitet aber nach wie vor die Tatsache, daß er von den Experimenten an lebenden Menschen in der Abteilung 100 gewußt habe. Und obgleich er diese Tatsache bestreitet, lehnt Takahashi dennoch nicht die Verantwortung auch für diese in der Abteilung 100 begangenen Verbrechen ab.

Takahashi sagt zu dieser Frage:

> „Darüber erfuhr ich aus den Zeugenaussagen. Obwohl ich über die Versuche an lebenden Menschen nichts wußte, fühle ich mich doch dafür verantwortlich, weil die Abteilung 100 mir unterstand."

Takahashi leugnet nicht die Tatsache, daß Experimente an lebenden Menschen in der Abteilung 100 vorgenommen wurden, und bestreitet nicht die Aussagen des Angeklagten Mitomo und der Zeugen Fukusumi und Hataki, aber persönlich trägt er keine Schuld daran.

Ich wiederhole: Takahashi behauptet, daß er von dieser experimentellen Arbeit in der Abteilung 100 früher keine Kenntnis hatte. Ich verweile bei diesem Umstand, weil ich der Meinung bin, daß er von wesentlicher Bedeutung für die Definierung der Rolle Takahashis in diesem Prozeß ist, denn Artikel 18 des Strafgesetzbuches der RSFSR macht es Ihnen, Genossen Richter, zur Pflicht, die Rolle und daraus folgend die soziale Gefährlichkeit eines jeden Angeklagten genau zu ermitteln und diese selbstredend bei der Bestimmung des Strafmaßes in jedem Fall zu berücksichtigen.

Genossen Richter! Vor Ihnen steht Takahashi, ein Mann von über sechzig Jahren, und es kann Ihnen nicht gleichgültig sein, wie sein Lebensweg verlaufen ist.

Wie kam er zu einem solchen Zustand, wie und warum geschah es, daß Takahashi den Weg schritt, der ihn schließlich wegen so schwerer Verbrechen auf die Anklagebank führte.

Takahashi war ein begabter Mensch, der eine aussichtsreiche Perspektive ehrlicher Arbeit hatte. Er hätte sich dem edlen Ziel widmen können, sein Land von den verschiedenen Arten von Epizootien zu befreien, jedoch hat er diesen ehrenhaften Weg nicht eingeschlagen.

Wieso kam das?

Takahashi studierte an der Universität von Tokio an der Veterinärfakultät der medizinischen Abteilung. Als Student wurde ihm auf sein Ersuchen ein Stipendium des Kriegsministeriums gewährt, das ihn verpflichtete, nach Beendigung der Universität die Militärlaufbahn einzuschlagen.

Takahashi wurde nach Abschluß seiner Universitätszeit Militär, und das Militärkommando zeichnete ihn unter anderen als fähigen, vielversprechenden Veterinärarzt aus.

Eine neue Perspektive tat sich vor Takahashi auf — die Militärlaufbahn —, und er kam rasch vorwärts. Im Jahre 1942 sehen wir ihn im Range eines Generalveterinärs, etwas später im Range eines Generalstabsveterinärs. Im selben Jahr wird Takahashi zum Chef des Veterinärdienstes der Kwantungarmee ernannt, die die Elitearmee der japanischen Streitkräfte war.

Da Takahashi im Geiste blinden Gehorsams erzogen war, da er sich nur durch das einzige Gesetz der japanischen Armee — die Dienstordnung — leiten ließ, hörte er bald auf, gut von schlecht, erlaubt von unerlaubt zu unterscheiden, und vergaß die Gesetze der menschlichen Moral.

Takahashi begann verbrecherische Befehle auszuführen, er vergaß seine Schuldigkeit als Veterinär. Der Befehl erstickte die Stimme der Vernunft in ihm, die Stimme des Gewissens.

Erinnern Sie sich, Genossen Richter, an Takahashis Aussagen, die er bei der Vernehmung durch den Untersuchungsrichter am 23. November 1949 gemacht hat? Takahashi sagte bei dieser Gelegenheit:

„Überhaupt herrschte bei den Bakteriologen in der japanischen Armee seit langem die Meinung, daß epizootische Abteilungen zur Vorbereitung des Bakterienkrieges geschaffen werden müßten. Ich war gegen diese Methode, denn ich hielt sie für antihuman."

Hier, bei der Gerichtsverhandlung, mußte Takahashi eingestehen, daß er diese seine Meinung nicht nur nirgends geäußert und ausgesprochen hatte, sondern sie im Gegenteil verbarg, und daß er, als er den verbrecherischen Befehl seiner Vorgesetzten erhielt, genau das durchgeführt hat, was einst sein Gewissen ablehnte.

Takahashi hat uns erst jetzt mitgeteilt, was er vor vielen Jahren dachte. Er erzählte es erst, als er die Früchte seiner Arbeit sah und sich überzeugt hatte, welch ungeheuerliche Untaten seine Vorgesetzten planten.

Takahashis Bericht, wie er seine ablehnende Haltung zum Bakterienkrieg verbarg, ist gewissermaßen charakteristisch für die allgemeine Situation, in der sich Takahashi befand: sein gesundes Urteil, sein Gewissen wurden erstickt durch die Gesamtrichtung der räuberischen Politik, die von der herrschenden Clique Japans betrieben wurde.

Genossen Richter! Takahashis verbrecherische Tätigkeit beschränkt sich lediglich auf die Abteilung 100, und auch mit der Abteilung 100 trat Takahashi erst im Jahre 1941 in Verbindung, als in dieser Abteilung und überhaupt in der Kwantungarmee die Vorbereitung des Bakterienkrieges bereits in vollem Gange war. Von diesem Zeitpunkt an wurde Takahashi zum Teilnehmer an jenen Verbrechen, von denen er in seinen Geständnissen eingehend gesprochen hat.

Gestützt auf diese Tatsachen, Genossen Richter, kann man meines Erachtens die Schlußfolgerung ziehen, daß Takahashi trotz seiner tatsächlichen Schuld an den Verbrechen dennoch nicht zu den Inspiratoren und Initiatoren der Vorbereitung des Bakterienkrieges gezählt werden darf.

Genossen Richter! Sie haben die Worte der Reue gehört, die Takahashi hier ausgesprochen hat. Er verurteilt sich aus vollem Herzen, er versucht nicht, sich der Verantwortung zu entziehen.

Als ich ihm die Frage stellte, wie er seine eigene Tätigkeit zur Vorbereitung des Bakterienkrieges einschätzt, antwortete Takahashi:

> „Ich halte es für etwas sehr Unmenschliches und bereue, daß ich damit zu tun hatte. Besonders bereue ich, daß unter meiner Leitung junge Japaner derartige Schandtaten begangen haben."

Takahashi hat die ganze Schwere der von ihm begangenen Verbrechen eingesehen, und seine Geständnisse sowie seine Aussagen, die die Führer des japanischen Imperialismus entlarven, sind ein hinreichender Beweis dafür.

Ich bitte Sie, das Strafmaß für Takahashi nur entsprechend dem Grade seiner Vergehen zu bestimmen.

Ich bitte Sie, Genossen Richter, eine solche Strafe über Takahashi zu verhängen, die ihm die Hoffnung läßt, den Rest seines Lebens dem Dienst der Menschheit zu widmen und damit seine Schuld nicht nur vor uns, sondern auch vor seinem eigenen Volk und vor der ganzen Welt zu sühnen.

Damit gestatten Sie mir, mein Plädoyer für Takahashi zu schließen, in dem ich nach Maßgabe meiner Kraft versucht habe, alles darzulegen, was das Los meines Mandanten zu erleichtern vermag.

Gerichtsvorsitzender: Das Wort hat der Rechtsanwalt Bogatschow, der Verteidiger des Angeklagten Shundsi Sato.

Rechtsanwalt Bogatschow hält eine Rede, deren Wortlaut dem Protokoll der Gerichtsverhandlung beigefügt wird. Gleichzeitig wird die Rede in japanischer Sprache übertragen.

PLÄDOYER DES RECHTSANWALTS P. J. BOGATSCHOW FÜR DEN ANGEKLAGTEN SATO

Genossen Richter!

Die Verbrechen, die Gegenstand Ihrer Untersuchung waren, haben vieles mit den Bestialitäten der deutschen Faschisten auf dem seinerzeit besetzten Territorium der Sowjetunion und anderer Länder Europas gemein. Sie erwuchsen auf der gleichen ideologischen Grundlage.

Die hier behandelten Verbrechen sind eine direkte Auswirkung des Bündnisses zwischen dem imperialistischen Japan und dem faschistischen Deutschland, die Folgen dessen, daß die herrschende Clique Japans von den faschistischen Weltherrschaftsideen, den Ideen der Rassenüberlegenheit der japanischen Nation über alle anderen Völker des Erdballs, insbesondere der Idee von der Eroberung der fernöstlichen Gebiete der Sowjetunion, beherrscht wurde.

Die japanische Zeitung „Nippon Times" schrieb unbeschönigt im Dezember 1944, daß „die Hauptziele, die Japan und Deutschland zu den Waffen greifen ließen, die gleichen gewesen sind".

Um diese Ziele zu erreichen, scheute die herrschende Clique Japans vor keinem Mittel zurück. Sie handelte nach dem Grundsatz „der Zweck heiligt die Mittel".

Für uns Sowjetmenschen der Stalinschen Epoche, die wir von den großen Ideen des Humanismus erfüllt und im Geist der Achtung vor den Menschen erzogen sind, ist es schwer vorstellbar, wie man darauf verfallen kann, Bakterien zur Massenvernichtung von Menschen einzusetzen. Wir, die wir Söhne des Volkes sind, zu dem Puschkin, Tolstoi und Maxim Gorki gehörten, erblicken im Menschen den Beherrscher der Natur, und das Wort Mensch hat für uns einen stolzen Klang.

Wir wollen im Menschen Großmut, Opferbereitschaft, Liebe zum Heimatland sehen, aber eine edle Liebe, bei der

der Mensch sich bis zum letzten Blutstropfen für das Wohl der Menschheit, für ihre glückliche Zukunft hingibt.

Wir wollen Menschen sehen, ähnlich dem Jüngling Danko aus der Gorkischen Erzählung, der sich das glühende Herz aus der Brust riß und es wie eine Fackel über dem Haupt schwang, um den im Dunkel irrenden Menschen den Weg zu erhellen. Unsere Geschichte kennt nicht wenig Namen, auf die wir stolz sind. Der Vaterländische Krieg 1941—1945 hat besonders viele Helden hervorgebracht, die gleich dem Jüngling Danko ihre Herzen opferten, um andere Menschen zu retten, Helden, die ihr Heimatland, ihr Volk und ihre Familie mit aller Kraft liebten und hinauszogen, um für die Befreiung der heimatlichen Erde vom faschistischen Joch zu kämpfen. Und diese Namen sind nicht nur im Heldenbuch der Geschichte verzeichnet, nein, wir bewahren sie gleich einem Heiligtum in unseren Herzen auf, als Symbol von Vaterlandsliebe, Mut und Unerschrockenheit, als ein Beispiel, dem jeder nacheifern soll.

Und hier, in den Tagen dieses Prozesses, hatten wir es neuerlich mit andern Anschauungen über den Wert des Menschen in der imperialistischen Welt zu tun.

Ehe ich zur unmittelbaren Verteidigung Satos schreite, möchte ich deshalb bei den Ursachen verweilen, die Verbrechen solcher Art überhaupt möglich werden lassen.

Die kapitalistische Gesellschaft verneigt sich vor dem goldenen Kalb, dem Gelben Teufel, der die Herzen der Menschen verzaubert hat.

„Dieser schlimme Zauber betäubt ihre Seelen", schreibt Maxim Gorki, „und macht die Menschen zu gefügigen Werkzeugen in der Hand des Gelben Teufels, zu Erz, aus dem Er unermüdlich das Gold schmilzt, das sein Fleisch ist und sein Blut."

Dort lassen sich die Menschen um des Goldes willen zu jedem Verbrechen hinreißen. Dort wird das Menschenleben vom Standpunkt des Profits, den es einbringt, gewertet. Dort ist der Mensch — Ware.

Dort kennt man nicht den Begriff — Heimat, dort gibt es nur den Begriff — Geschäft.

Jules Bache, ein einflußreicher Finanzmann der Wall Street, drückte sich zu seiner Rechtfertigung folgendermaßen aus: „Beseitigen Sie das Motiv Profit und Sie zerstören den ganzen Fortschritt."

Ich streife die Frage des Profits nicht etwa deshalb, weil ich Ihre Aufmerksamkeit von dem vorliegenden Fall, von Sato, den ich verteidige, ablenken möchte, sondern weil das eine wesentliche Bewandtnis zum Prozeß und der Verteidigung Satos hat.

Sato steht in der Anklageschrift neben Jamada als Leiter, als ein Mensch, der die Tätigkeit der bakteriologischen Sonderformationen geleitet hat, der an der Durchführung der verbrecherischen Pläne der herrschenden Clique des imperialistischen Japan, die in der Entfesselung aggressiver Kriege und Vorbereitung der Bakterienwaffe zur Vernichtung der friedlichen Bevölkerung bestanden, teilgenommen hat.

Die Anklage ist schwer und im wesentlichen begründet, doch kann ich mich nicht damit einverstanden erklären, daß Sato zu den leitenden Persönlichkeiten der Kwantungarmee gerechnet wird. Zu Anfang war er Chef einer Abteilung, später Chef des Sanitätsdienstes der 5. Armee. Das ist bei weitem keine leitende Figur. Er ist nur ein Heeresangehöriger, wenn auch im Range eines Generals. Er ist nur ausführendes Organ für den Willen jener, die systematisch die bestialische Ideologie des Rassenhasses in die Gehirne der Japaner eingetrichtert haben und im Jahre 1945 in ohnmächtiger Wut den Befehl zur Bereitschaft für den Bakterienkrieg erließen und damit ein übriges Mal bestätigt haben, daß sie die Interessen des japanischen Volkes mit Füßen treten, denn sie stürzten das Land dadurch in unermeßliche Opfer.

Die Organisatoren dieser Verbrechen sind die monopolistischen Vereinigungen Japans, sind die „Dsaibatsu": die Mitsui, Mitsubissi, Sumitomo und Jasuda.

Es sind die Herolde und Ideologen des japanischen Imperialismus vom Schlage des Generals Araki, der die Idee predigte, Japan sei eine Militärnation, der wie Göring bei seinen Untergebenen die blutrünstigsten Instinkte weckte und ihnen einhämmerte: „Schlagt erbarmungslos tot“, „Demonstriert den Geist Japans, den Geist Asiens, der Europa und Amerika feindlich ist“.

Diese Mordpropaganda blieb nicht ohne Folgen und konnte auch gar nicht ohne Folgen bleiben, da der ganze Staatsapparat auf die Verwirklichung dieser Ideen hinarbeitete und die herrschende Clique Japans jahrzehntelang die Japaner in diesem Geiste erzog, Millionen Menschen geistig vergiftete und mit dem Shintoismus spekulierte, diesem besonderen System eines zur Religion erhobenen Chauvinismus.

Sato aber ist nur ein Mensch. Er, Doktor der Medizin, Dozent an der Militärärztlichen Akademie, seinem engeren Fachgebiet nach Pathologe, wird zum Chef einer bakteriologischen Abteilung ernannt. Bei der Ernennung fragt man ihn nicht um seine Meinung. Er ist Militär, er erhält Befehle und führt sie aus.

Es ist schwer zu sagen, wer der Urheber dieser ungeheuerlichen Art der Kriegführung gewesen ist. Schon im Jahre 1925 wurde die Frage des Bakterienkrieges von der Abrüstungskonferenz des Völkerbundes behandelt, und dort wurde hervorgehoben, wie außerordentlich kompliziert der Kampf gegen die Vorbereitung der Bakterienwaffe ist, denn:

> „Man darf nicht die Experimente einschränken, die virulente Kulturen aktivieren, und damit die Entwicklung der Bakteriologie behindern“, heißt es im Gutachten der Sachverständigen, „weil diese Forschungen vor allem ein humanes Ziel verfolgen ... sie bezwecken den Kampf gegen jedwede eventuelle Gefahr... Jeder Staat muß sich der moralischen Verantwortung bewußt sein, die aus der Tatsache entspringt, daß bakteriologische Forschungen auf seinem Territorium vorgenommen werden.“

Offenbar haben die japanischen Imperialisten eben aus diesen Erwägungen ihre bakteriologischen Forschungen auf das Territorium der Mandschurei verlegt. Unter dem Aushängeschild einer Entwicklung der Bakteriologie als solche, entwickelten sie die militärische Seite dieses Problems und mißbrauchten diese humane Wissenschaft für ihre schändlichen Zwecke.

Seinerzeit schrieb Oberst Vauthier in seinem diesem Thema gewidmeten „Werk" über den möglichen Abwurf von Bomben, die mit Cholera-, Pest- und Pockenerregern gefüllt sind.

Wir wissen nicht, welche Gipfelleistungen die kannibalischen „Werke" von Vauthier erreicht haben, aber die japanischen Drahtzieher in Gestalt des Generals Ishii haben begonnen, sie praktisch in die Tat umzusetzen.

Sato bekennt sich schuldig, daß er als Leiter der bakteriologischen Abteilungen „Nami" und „Ej" die Tätigkeit dieser Abteilungen auf die Herstellung der Bakterienwaffe zwecks Vorbereitung des Bakterienkrieges gegen die UdSSR und andere Staaten ausgerichtet hat. Er erfüllte diese Obliegenheiten als seine Dienstpflicht.

Es ist heute schwer festzustellen, ob Sato innere Widerstände zu überwinden hatte, als er den Auftrag erhielt, bakteriologische Kampfmittel vorzubereiten, und wie seine Einstellung zu diesem Auftrag war, der nicht nur weit über den Rahmen der üblichen Obliegenheiten eines Militärarztes hinausging, sondern in direktem Widerspruch zu diesen Obliegenheiten stand.

Es ist schwer, heute zu beurteilen, inwieweit Sato in diesen Dienststellungen aktiv war; das ist auch in der Anklageschrift vermerkt und wurde vom staatlichen Ankläger erwähnt. Ich habe zu dieser Frage einige Erwägungen, die ich Ihnen, Genossen Richter, zur Kenntnis bringen möchte und die Sie gewiß berücksichtigen werden, wenn Sie im Beratungsraum die Entscheidung über Satos Schicksal fällen.

Sato ist Arzt, Pathologe, unterrichtete in dieser Eigenschaft in der Militärärztlichen Akademie und hat zu diesem Thema seine Doktordissertation geschrieben. Natürlicherweise hat die Tatsache, daß ihm spezielle bakteriologische Kenntnisse fehlten, seine Aktivität bei der Leitung der bakteriologischen Abteilungen, wenn auch nicht unmöglich gemacht, so doch beträchtlich vermindert.

Zweitens. Sato erhielt in der Zeit von 1941 bis 1945, d. h. bis zu seiner Gefangennahme durch die Sowjettruppen, keine einzige Auszeichnung. Das ist eine kleine Einzelheit, aber sie charakterisiert doch in gewissem Maße die Tatsache, daß Sato an die Durchführung der ihm aufgetragenen Aufgaben nicht mit dem entsprechenden Eifer heranging.

Wir wissen, daß wichtige Verdienste in der Regel entsprechend gewürdigt werden, besonders, wenn es sich um militärische Verdienste, und darüber hinaus um besonders vertrauliche handelt.

Wenn keine Auszeichnung erfolgte, so hat sich der Betreffende auch keine besonderen Verdienste erworben.

Aus den Prozeßakten geht hervor, daß Sato im Jahre 1941 zum Chef der Abteilung „Nami" ernannt wurde, d. h. mehrere Jahre, nachdem diese Abteilung organisiert und ihre Arbeit in Gang gebracht wurde.

Ich will nicht behaupten, daß dieser Umstand Sato völlig rechtfertigt, aber er verringert seine Rolle und Verantwortung.

Im Zusammenhang damit erlaube ich mir, Sie daran zu erinnern, daß Sato auf der Liste der Angeklagten an 8. Stelle steht, nach Nishi, Karasawa und Onoue, die im Dienstverhältnis einige Stufen unter ihm standen.

Und das ist keineswegs ein Zufall. Verglichen mit den bakteriologischen Sabotageakten und Experimenten an lebenden Menschen, verglichen mit den 3000 in den Kerkern des Innengefängnisses der Abteilung 731 zu Tode gemarterten Menschen, erscheint Satos Rolle erheblich geringer. Ich habe Grund zu behaupten, daß er seine Hände nicht mit dem Blut jener Unglücklichen aus den „Sondertransporten" befleckt hat, die Gewalttaten und Mißhandlungen ausgesetzt waren und als „Versuchsobjekte" benutzt wurden. Die Anklageschrift legt Sato diese Bestialitäten nicht zur Last, und ich bin damit einverstanden.

Nach seiner Ernennung zum Chef des Sanitätsdienstes der 5. Armee im Februar 1944 zog sich Sato für einige Zeit von der Leitung der bakteriologischen Abteilungen und überhaupt von der ganzen mit der Vorbereitung der Bakterienwaffe verbundenen Tätigkeit zurück.

Erst im Mai 1945 kommt ihm Onoue in den Weg mit seiner Bitte, Nagetiere zu beschaffen und sie in die Zweigstelle Nr. 643 in Chailin zu senden.

Auf Grund dieser Bitte gab Sato entsprechende Anordnung an die Truppen der 5. Armee, wodurch er die Vorbereitung der Bakterienwaffe in gewissem Maße gefördert hat.

Bei der Beweisaufnahme wurden die Aussagen Matsumuras, des Chefs der operativen Abteilung des Stabes der Kwantungarmee, verlesen, aus denen hervorgeht, daß fast sämtliche Einheiten der Kwantungarmee mit dem Einfangen von Nagetieren beschäftigt waren. Folglich war die Hilfe, die Sato in diesem Fall erwies, keine aktive. Es liegt hier keine Initiative seinerseits, keine richtunggebende Leitung vor. Er hat das getan, was rings um ihn schon vorher andere taten.

Im Lichte aller dieser Tatsachen bitte ich Sie, Genossen Richter, die Frage zu erörtern, ob es richtig ist, wenn Sato zur Gruppe der Hauptverbrecher gezählt wird, die aktiv an der Realisierung der verbrecherischen Pläne der herrschenden Clique des imperialistischen Japans teilgenommen haben.

Kann man beispielsweise Sato mit dem Oberbefehlshaber der Kwantungarmee General Jamada vergleichen, kann man ihre Rolle als gleichartig bewerten und ein gleiches Strafmaß über sie verhängen?

Ich bitte Sie, Genossen Richter, alle Vergehen Satos und seine bei weitem nicht führende Rolle bei der Vorbereitung des Bakterienkrieges real zu beurteilen.

Ich hoffe auf Ihren humanen Urteilsspruch, Genossen Richter.

Gerichtsvorsitzender: Das Wort hat Rechtsanwalt Bolchowitinow, der Verteidiger der Angeklagten Nishi und Hirasakura.

Rechtsanwalt Bolchowitinow hält eine Rede, deren Wortlaut dem Protokoll der Gerichtsverhandlung beigefügt wird. Gleichzeitig wird die Rede in japanischer Sprache übertragen.

PLÄDOYER DES RECHTSANWALTS D. J. BOLCHOWITINOW FÜR DIE ANGEKLAGTEN TOSHIHIDE NISHI UND DSENSAKU HIRASAKURA

Genossen Mitglieder des Militärtribunals!

Viele Jahrhunderte hindurch wurde die Menschheit wieder und wieder in kriegerische Erschütterungen gestürzt.

Doch kennt die Kriegsgeschichte keine einzige so furchtbare Zerstörungswaffe, wie es die bakteriologischen Kampfmittel sind.

Wie auf dem gegenwärtigen Prozeß erwiesen wurde, hat die herrschende Clique Japans furchtbare Mittel zur Massenvernichtung von Menschen -- todbringende Bazillen von Pest, Cholera, Typhus, Milzbrand und anderen Seuchen — in Geheimlaboratorien aufgehäuft, die auf Erlaß des Kaisers Hirohito von Japan geschaffen worden waren.

Mehrere in der Mandschurei unweit unserer Grenze gelegene Todesfabriken steigerten auf Geheiß des Kaisers von Tag zu Tag ihre Produktionskapazität für die Herstellung von tödlichen Bazillen.

Die Gefahr eines Bakterienkrieges schwebte über unserer Heimat, über den Truppen und der friedlichen Bevölkerung der verbündeten Mächte.

Es besteht kein Zweifel, daß die japanischen Imperialisten ihre niederträchtigen Pläne in die Tat umgesetzt hätten.

Durchkreuzt wurden diese niederträchtigen Pläne durch unsere ruhmreiche Sowjetarmee unter Führung des genialen Feldherrn Genossen Stalin, durch ihren stürmischen Vormarsch und die völlige Zerschmetterung der Kwantungarmee.

Genossen Richter! Der Prozeß geht seinem Ende zu, und bald werden Sie sich zur Beratung zurückziehen, um über das Schicksal dieser Leute zu entscheiden.

Unser Sowjetgericht, das gerechteste und humanste Gericht der Welt, geht bei der Bestimmung des Strafmaßes stets von der in der Gerichtsverhandlung erwiesenen individuellen Schuld jedes Angeklagten aus.

Kein Zweifel, daß auch Sie hier in bezug auf die Angeklagten streng individuell entscheiden und den Grad der Schuld und der sozialen Gefährlichkeit eines jeden berücksichtigen werden.

In dieser Frage möchte ich, als Verteidiger die Schuld und den Grad der Teilnahme an den begangenen Verbrechen bei meinen beiden Mandanten Toshihide Nishi und Dsensaku Hirasakura individualisierend, dazu kurz meine Erwägungen darlegen.

Mir scheint, daß eine Analyse der Schuld eines jeden von ihnen zu dem Schluß berechtigt, daß weder der ehemalige Oberstleutnant der japanischen Armee Toshihide Nishi noch der ehemalige Oberleutnant Dsensaku Hirasakura zu den Organisatoren und Inspiratoren der Verbrechen gerechnet werden dürfen. Es ist im Gegenteil erwiesen, daß ihre Rolle eine zweitrangige war. Sie gehören zu jener Gruppe, die den Befehl des Kommandos ausführte, zwar einen verbrecherischen Befehl, aber dennoch wird dieser Umstand zweifellos ihre Schuld in milderem Licht erscheinen lassen. Meine beiden Mandanten haben ihre Schuld voll und ganz gestanden. Ich glaube mit gutem Grund behaupten zu können, daß beide die schweren Verbrechen, die in den Abteilungen 731 und 100 begangen wurden, eingesehen haben.

Toshihide Nishi, der ehemalige Oberfeldarzt der japanischen Kwantungarmee, hat seine Schuld restlos und ohne jede Vorbehalte gegen die Anklageformel bekannt.

Bei der Voruntersuchung erklärte Nishi:

> „... Ich sehe ein, daß der Krieg, den man vorbereitete, zahllose Opfer unter der friedlichen Bevölkerung fordern mußte und daß die Mittel dieses Bakterienkrieges und die Erprobung der bakteriologischen Mittel durch die gewaltsame Infizierung lebender Menschen verbrecherisch und barbarisch waren...“

Als ich Nishi in der Gerichtsverhandlung die Frage stellte, ob er eingesehen habe, wie verbrecherisch das Endziel der in der Abteilung geleisteten Arbeit sei, antwortete er mit einem „Ja“. Er erklärte gleichfalls, daß er das Begangene bereue.

Diese Reue kann nicht als zufällig betrachtet werden und scheint mir durchaus aufrichtig.

Um sich hiervon zu überzeugen, muß man einen Blick zurückwerfen und betrachten, wie und in welcher Atmosphäre Nishi bis zu seiner Gefangennahme lebte und erzogen wurde. Von Kind an wurde ihm die Idee von der göttlichen Herkunft des Kaisers, von der widerspruchslosen Unterwerfung unter alles, was von ihm ausgeht, von der besonderen Sendung Japans eingeschärft.

Tagtäglich wurde ihm das Gift des Chauvinismus eingeimpft, wurde eine verächtliche Einstellung zu andern Nationen, darunter auch zu den Völkern der Sowjetunion, in ihm erweckt.

Im Namen des Kaisers erhielt er von seinen Vorgesetzten die Befehle, und Nishi führte blind diese verbrecherischen Befehle aus.

So war es bis zu seiner Gefangennahme.

In der Gefangenschaft jedoch sah sich Nishi auf einmal in eine andere Situation versetzt, die der Nachkriegszeit, und dies konnte seine Wirkung auf ihn nicht verfehlen; sie mußte zwangsläufig seine Psychologie beeinflussen, tiefgehende Veränderungen hervorrufen und ihn zwingen, vieles neu zu werten, was früher für ihn als feststehend galt.

Ich glaube, daß man im Lichte dieser Tatsachen Nishis Reue als aufrichtig betrachten kann.

Als Subjekt der Verbrechen kann Nishi nicht zur Kategorie der Initiatoren und Organisatoren dieser Verbrechen gezählt werden.

Mit hinreichender Klarheit wurde festgestellt, daß kein anderer als der Kaiser Hirohito von Japan in eigner Person die Initiative zur Organisierung der Abteilung 731 und ihrer Zweigstellen gegeben hat. Unmittelbare Organisatoren der Abteilung 731 waren das Kriegsministerium, der japanische Generalstab und das Oberkommando der Kwantungarmee.

An der Spitze der Abteilung 731 stand der japanische Ideologe des Bakterienkrieges General Shiro Ishii. Kann man etwa meinen Mandanten, einen bescheidenen Oberfeldarzt, mit diesem unheimlichen Verbrecher vergleichen, der seine Experimente an lebenden Menschen betrieb?

Daraus folgt, daß Nishi lediglich zu den Vollstreckern der verbrecherischen Befehle des japanischen Oberkommandos, insbesondere des ehemaligen Oberbefehlshabers der Kwantungarmee, gerechnet werden kann.

Ich gehe zu meinem zweiten Mandanten, dem ehemaligen Oberveterinär der japanischen Kwantungarmee Dsensaku Hirasakura über. Auch hier muß hervorgehoben werden, daß er seine Schuld voll gestanden und daß seine Aussagen sowohl in der Voruntersuchung wie vor Gericht aufrichtig und erschöpfend waren, wobei er das Begangene bedauert und seine Verbrechen bereut.

Hirasakuras Jugend, Erziehung und Arbeit verlief unter ähnlichen Bedingungen wie bei Toshihide Nishi im imperialistischen Japan, und erst in der sowjetischen Gefangenschaft wurde er sich bewußt, wie verbrecherisch seine Tätigkeit in der Abteilung 100 war.

Als Subjekt der Verbrechen muß er seiner Rolle entsprechend gleichfalls zur Gruppe der nur Ausführenden gerechnet werden.

Damit schließe ich meine kurzen Erwägungen über die die Schuld meiner Mandanten Nishi und Hirasakura mildernden Umstände.

Ich glaube, daß die von mir angeführten Argumente in keinem Widerspruch zu den faktischen Begebenheiten stehen, und das gibt mir das Recht, Sie, Genossen Richter, darum zu bitten, Milde walten zu lassen.

Gerichtsvorsitzender: Das Wort hat Rechtsanwalt Prokopenko, der die Angeklagten Kadsuo Mitomo, Norimitsu Kikutschi und Judsi Kurushima verteidigt.

Rechtsanwalt Prokopenko hält eine Rede, deren Wortlaut dem Protokoll der Gerichtsverhandlung beigefügt wird. Gleichzeitig wird die Rede in japanischer Sprache übertragen.

37—519

PLÄDOYER DES RECHTSANWALTS G. K. PROKOPENKO FÜR DIE ANGEKLAGTEN MITOMO, KIKUTSCHI UND KURUSHIMA

Genossen Richter!

Es ist eine weltbekannte Tatsache, daß die herrschende imperialistische Clique Japans Jahre hindurch eine treubrüchige Aggressionspolitik betrieb und am Stillen Ozean und in Ostasien Eroberungspläne verfolgte.

Diese Absichten hat die japanische imperialistische Clique bis zu ihrem endgültigen Zusammenbruch nicht aufgegeben. Sie bereitete ein ungeheuerliches Verbrechen gegen die Menschheit vor — den Bakterienkrieg — und nahm zu diesem Zweck Milliarden Erreger furchtbarer Seuchen — Pest-, Cholera-, Gasbrand-, Typhus-, Milzbrand- und andere Bazillen — in ihr Rüstzeug auf.

Zu den Soldaten, die für diese in der Geschichte der Menschheit einzigartig dastehende Armee eingezogen wurden, gehörten Insekten, und zwar Flöhe, die mit todbringenden Pestbazillen bewaffnet wurden.

Das ist der Sachverhalt, wie er vom Militärtribunal ermittelt wurde.

Auf Grund der Verfassung unseres Staates und meiner Berufspflicht bin ich beauftragt, die in diesem Prozeß zur strafrechtlichen Verantwortung gezogenen Angeklagten: 1. Kadsuo Mitomo, 2. Norimitsu Kikutschi und 3. Judsi Kurushima zu verteidigen. Es wird ihnen in der Anklageschrift zur Last gelegt, daß sie als Mitarbeiter bakteriologischer Sonderformationen der japanischen Armee, die eigens zur Vorbereitung und Führung des Bakterienkrieges geschaffen worden waren, an der verbrecherischen Tätigkeit dieser Formationen und an der Produktion der Bakterienwaffe zwecks Massenvernichtung von Menschen teilgenommen haben.

Mitomo ist darüber hinaus angeklagt, daß er durch unmenschliche Experimente persönlich Menschen getötet und sich an bakteriologischen Sabotageakten gegen die UdSSR beteiligt hat.

Gestatten Sie mir, Genossen Richter, mit meinem Plädoyer für den Angeklagten Kikutschi zu beginnen.

Norimitsu Kikutschi ist angeklagt, daß er in seiner Eigenschaft als Sanitätspraktikant Typhus-, Paratyphus-, Tuberkulose- und Dysenteriebazillen kultiviert sowie die entsprechenden Nährböden erforscht und die Herstellungsmethoden für eine Massenerzeugung von Bazillen im Hinblick auf den Bakterienkrieg vervollkommnet hat.

Norimitsu Kikutschi ist japanischer Untertan. Er ist als Heeresdienstpflichtiger in die Reihen der japanischen Armee eingezogen worden. Ich möchte hervorheben, daß Kikutschis Dienst in der japanischen Armee nicht von seinen persönlichen Wünschen abhing, sondern daß er dienstpflichtig war, aber selbstverständlich hätte er niemals die offenbar verbrecherischen Befehle seiner Vorgesetzten durchführen und die Herstellungsmethoden für todbringende Bazillen vervollkommen dürfen. Insofern war er ein Helfershelfer seiner Vorgesetzten.

Auf diese Weise betrachtet der Verteidiger Norimitsu Kikutschi ebenso wie auch dieser sich selbst für schuldig und die Qualifizierung seines Verbrechens nach Artikel 1 des Erlasses des Präsidiums des Obersten Sowjets der UdSSR vom 19. April 1943 für richtig.

Was das Strafmaß anbelangt, möchte ich das Militärtribunal bitten, bei Beurteilung dieser Frage berücksichtigen zu wollen, daß Kikutschi in der kapitalistischen Gesellschaft geboren und aufgewachsen ist.

Sein Leben verlief unter den Dschungelgesetzen der kapitalistischen Gesellschaft, und eine ebensolche Ideologie wurde ihm von der Leitung der Kwantungarmee eingeimpft.

Ich bitte auch in Betracht zu ziehen, wie gering Kikutschis Schuld im Vergleich mit der Schuld der Generale ist, die neben ihm auf der Anklagebank sitzen (wo er, beiläufig bemerkt, zum erstenmal mit hohen japanischen Generalen in Berührung kam).

Ich bitte auch alle die mildernden Umstände, die unser Gesetz vorsieht, besonders das aufrichtige Geständnis seiner

37*

Schuld und seine Reue über die begangenen Verbrechen, nicht unbeachtet zu lassen und ihm entsprechend seiner Vergehen ein geringes Strafmaß zuzuerkennen.

Der Verteidiger zweifelt nicht, daß das Urteil des Militärtribunals in bezug auf Norimitsu Kikutschi ein gerechtes sein wird.

Was den Angeklagten Kadsuo Mitomo anbelangt, der ebenfalls seine Schuld voll gesteht, so ist die gegen ihn erhobene Anklage schwerwiegender. Mitomo hat nicht nur tödliche Bazillen hergestellt, sondern auch Versuche unternommen, und zwar nicht nur an Tieren, sondern an Menschen.

Auf Befehl seiner Vorgesetzten tötete er Menschen, die er sodann sezierte, um die infolge der Vergiftung eingetretenen Veränderungen zu untersuchen. Damals sah er darin kein Verbrechen. Und das war die Ideologie des Soldaten Mitomo, die ihm von der aggressiven Clique Japans eingeimpft worden war.

Aber das gehört der Vergangenheit an. Der ehemalige Soldat Mitomo ist heute ein anderer und spricht eine andere Sprache. Ich möchte Sie, Genosse Vorsitzender und Mitglieder des Militärtribunals, bitten, der aufrichtigen Reue Mitomos, die er in der Voruntersuchung, vor allem aber bei der Gerichtsverhandlung an den Tag gelegt hat, Glauben zu schenken.

Mitomo verurteilt seine früheren verbrecherischen Handlungen und weiß, daß er ein schweres Verbrechen begangen hat.

Ich bitte, sein Strafmaß unter Berücksichtigung aller Besonderheiten der Umgebung, die Mitomo zu dem machte, was er bis zum Jahre 1945 war, zu bestimmen.

Ich bitte, das Strafmaß für ihn zu mildern, denn er war kein besonders wichtiges Rad in der höllischen Todesmaschine, die der Kaiser Hirohito von Japan geschaffen hat.

Als letztes möchte ich den Grad der Schuld und Verantwortung des Angeklagten Judsi Kurushima beleuchten. Er bekannte sich schuldig, daß er:

1. in der japanischen Armee in der Zweigstelle 162 der Abteilung 731 diente;

2. im Oktober 1944 an der Erprobung bakteriologischer Geschosse im Bezirk der Station Pingfan teilnahm;

3. von November 1944 bis zur Kapitulation Japans die Obliegenheiten eines Laboranten erfüllte, Cholera-, Typhus-, Tuberkulose- und andere Bazillen kultivierte, Nagetiere bereitstellte und Flöhe züchtete.

Die gerichtliche Untersuchung hat ermittelt, daß Kurushimas Teilnahme an den experimentellen Manövern, bei denen bakteriologische Geschosse im Bezirk der Station Pingfan erprobt wurden, nur darin bestand, daß er als Soldat der japanischen Armee den Übungsplatz während der Erprobung dieser Geschosse bewachte. Zweitens zählte er die Flöhe in eigens aufgestellten Kästen, um die Zerstreuungsfläche der vom Flugzeug abgeworfenen Insekten festzustellen, und schließlich fing er Feldratten und Mäuse ein.

Judsi Kurushima wurde im Januar 1944 in die japanische Armee einberufen. Fest überzeugt, daß er ein Vertreter der „göttlichen" Rasse sei, führte er alles aus, was ihm befohlen wurde.

Kurushima ist nur Soldat.

Ich zweifle nicht, daß der Kurushima vom Jahre 1944 nicht mehr existiert. Der Kurushima, der heute vor Ihnen steht, ist ein anderer und bereut aufrichtig seine Vergangenheit.

Möge die Verantwortung für die Vorbereitung des Bakterienkrieges auf diejenigen fallen, auf deren Initiative und unter deren aktiven Teilnahme er organisiert wurde.

Deshalb, Genossen Richter, bitte ich Sie, hinsichtlich Kurushimas größtmöglichste Milde walten zu lassen.

Gerichtsvorsitzender: Das Wort hat Rechtsanwalt Lukjanzew, der Verteidiger der Angeklagten Tomio Karasawa und Masao Onoue.

Rechtsanwalt Lukjanzew hält eine Rede, deren Wortlaut dem Protokoll der Gerichtsverhandlung beigefügt wird. Gleichzeitig wird die Rede in japanischer Sprache übertragen.

PLÄDOYER DES RECHTSANWALTS W. P. LUKJANZEW FÜR DIE ANGEKLAGTEN KARASAWA UND ONOUE

Genosse Vorsitzender und Genossen Mitglieder des Militärtribunals!

Der Prozeß gegen die japanischen Kriegsverbrecher erregte in der Öffentlichkeit unseres großen Heimatlandes weit und breit Aufmerksamkeit und lebhaftes Interesse.

Vor Gericht wurde festgestellt, daß die herrschende Clique Japans nicht einen Krieg im herkömmlichen Sinne, sondern einen in seinen Auswirkungen grauenhaften und in der Geschichte der Menschheit einzig dastehenden Krieg vorbereitete, dessen Kampfmittel dem unbewaffneten Auge nicht wahrnehmbare, aber dennoch tödliche Bazillen von Pest, Cholera, Milzbrand, Rotz, Typhus und anderen Seuchen sein sollten.

Eine Analyse der Gerichtsakten erweist, daß die gegen die Angeklagten erhobenen Beschuldigungen, den Bakterienkrieg gegen die Sowjetunion und andere Staaten vorbereitet zu haben, bewiesen sind.

Die gegen die Angeklagten erhobenen Beschuldigungen haben im Verlauf der Gerichtsverhandlung Bestätigung gefunden, und es liegen keine Unterlagen vor, die mir das Recht gaben, diese Beschuldigungen anzufechten.

Ehe ich zur unmittelbaren Erfüllung meiner Obliegenheiten als Verteidiger in diesem Gerichtsprozeß schreite, möchte ich einige Worte über das eigentliche Wesen des imperialistischen Staates Japan sagen, über die Ideologie der herrschenden Clique Japans, vor allem aber über die besondere Disziplin in der japanischen Armee, da diese Fragen unmittelbare Bewandtnis zu meinen Mandanten Karasawa und Onoue haben. Allerdings hat einer meiner Vorredner, mein Kollege Below, in seiner Rede die Prinzipien und Organisationsmethoden des imperialistischen japanischen Staatsapparates und der japanischen Kriegsmaschinerie eingehend beleuchtet. Er legte dar, wie das japanische

Volk durch religiöse und feudale Vorurteile geistig unterdrückt und verdummt, wie seine Vorstellungswelt durch aggressiven Nationalismus und bestialischen Chauvinismus vergiftet wird, wie das ganze Erziehungs- und Ausbildungssystem dazu beiträgt, den japanischen Heeresangehörigen zu einem mechanischen Werkzeug für den Willen der herrschenden Clique des imperialistischen Japan zu machen, die von den Wahnideen einer Weltherrschaft besessen ist.

Um Wiederholungen zu vermeiden, werde ich bei diesen Fragen nicht verweilen, die jedoch von ausschlaggebender Bedeutung für alle im vorliegenden Fall Angeklagten, darunter auch für meine Mandanten sind.

Gestatten Sie mir, Genossen Richter, zu den unmittelbar meine Mandanten betreffenden konkreten Erklärungen überzugehen.

Zur Verteidigung der Angeklagten Tomio Karasawa und Masao Onoue möchte ich, wenn Sie erlauben, folgende Erwägungen und Argumente anführen.

Der Inhalt der gegen Karasawa erhobenen Anklage ist Ihnen wohlbekannt, und deshalb halte ich es für müßig, Ihre Aufmerksamkeit ein übriges Mal darauf zu lenken.

Daß Karasawa der direkten Teilnahme an der Vorbereitung des Bakterienkrieges gegen die Sowjetunion und andere Staaten schuldig ist, unterliegt keinem Zweifel. Die unter Leitung Karasawas massenweis erzeugten tödlichen Bazillen wurden in den Jahren 1940 und 1942 von speziellen Expeditionsabteilungen, an deren Spitze der Ideologe des Bakterienkrieges General Ishii stand, auf die Felder Zentralchinas herabgestäubt.

Es ist bewiesen, daß Karasawa tödliche Mikroben für den Krieg kultiviert und somit ein Verbrechen gegen die Menschheit begangen hat.

Dessenungeachtet, Genossen Richter, dürfen Sie nicht die Tatsache unbeachtet lassen, daß Karasawa in der vorliegenden Strafsache nicht der hauptsächliche Verbrecher ist. Karasawa, der nur im Range eines Majors stand und dienstlich abhängig war, führte die Befehle des ehemaligen Unterabteilungschefs General Kawashima, des ehemaligen Abteilungschefs General Ishii, des ehemaligen Oberbefehlshabers der Kwantungarmee General Umedsu und endlich den Willen des Kaisers Hirohito von Japan aus, die, wie mir scheint, die Hauptverantwortung für die Vorbereitung und den Einsatz der Bakterienwaffe tragen müssen.

Karasawa war Offizier der Kwantungarmee, und für ihn bedeutete der Dienst in der Armee vor allem eine widerspruchslose Unterwerfung unter die Dienstordnung und alle militärischen Befehle. Folglich spielt der Angeklagte Karasawa in der vorliegenden Strafsache die Rolle eines ausführenden Organs, nicht aber die Rolle eines Anstifters und Organisators dieser Verbrechen.

Da Karasawa seiner Dienststellung nach untergeordnet war, wurde sein Verhalten durch den Willen und die Befehle des Kommandos bestimmt, deren Ausführung er nicht verweigern konnte, da er im Geiste blinden Gehorsams erzogen war. Als Verteidiger hoffe ich, daß die Genossen Richter bei der Bestimmung des Strafmaßes für Karasawa diese Umstände berücksichtigen und sie als strafmildernd für meinen Mandanten anerkennen werden.

Ohne die gegen Karasawa erhobenen Beschuldigungen anfechten zu wollen, wünsche ich doch Ihre Aufmerksamkeit auf ein Argument der Verteidigung zu lenken, das meiner Ansicht nach wichtig ist, nämlich das Schuldgeständnis meines Mandanten Karasawa.

In der Voruntersuchung hat Karasawa aufrichtig seine Schuld bekannt und von den Verbrechen anderer erzählt, wodurch er half, die Untaten der herrschenden Clique Japans aufzudecken. Karasawa erklärte:

> „Ich bin mir vollkommen darüber klar, daß die Abteilung 731 eine verbrecherische Organisation war, die völkerrechtlich verbotene Mittel herstellte, um Menschen mit barbarischen Methoden zu vernichten."

Und weiter:

> „Als Mitarbeiter der Abteilung habe ich an dieser verbrecherischen Tätigkeit teilgenommen und ein Ver-

brechen an der Menschheit verübt, für das ich die Strafe zu tragen habe. Im Bewußtsein dessen habe ich mich seit Beginn der Voruntersuchung bemüht, die verbrecherische Tätigkeit der Abteilung und meine persönliche Rolle dabei ehrlich und objektiv aufzudecken."

Mein Mandant Karasawa hat tatsächlich folgerichtig und ehrlich sowohl seine eigenen Verbrechen wie die seiner Mittäter aufgedeckt.

Mir scheint, daß das Tribunal diesen die Schuld Karasawas mildernden Umstand berücksichtigen muß, wenn es das Urteil über ihn fällt.

Ich gehe zur Verteidigung des Angeklagten Onoue über.

Wie aus den Akten hervorgeht, hat Masao Onoue als Chef der Zweigstelle 643 der bakteriologischen Abteilung 731 sich in seiner Dienststellung hauptsächlich damit befaßt, das Einfangen und Kultivieren von Nagetieren, Ratten und Mäusen zu organisieren und Flöhe als Bakterienwaffe zu züchten. Bei der Voruntersuchung sagte Onoue aus:

> „Es war mir bekannt, daß in der Abteilung 731 an der Erforschung und Massenherstellung bakteriologischer Kampfmittel gearbeitet wurde, die für den Bakterienkrieg gegen die Sowjetunion bestimmt waren. In der von mir geleiteten Zweigstelle 643 wurden Nagetiere und Flöhe kultiviert, die sodann an die Abteilung 731 gingen, wo sie zur Herstellung der Bakterienwaffe verwendet wurden."

Wie aus Onoues eigenen Aussagen hervorgeht, hat seine Zweigstelle über 7000 Ratten eingefangen und vermehrt sowie Flöhe gezüchtet, die sodann an die Abteilung 731 geliefert wurden. Die Zweigstelle 643 erhielt Einrichtungen zur Bakterienkultivierung und 75 Tonnen verschiedene Materialien, aus denen der zur Erzeugung der tödlichen Bakterien nötige Nährboden hergestellt wurde.

Das verpflichtet mich als Verteidiger die gegen den Angeklagten Onoue erhobenen Beschuldigungen anzuerkennen und seine Schuld als bewiesen zu betrachten.

Jedoch finden sich auch im Falle Onoue Umstände, die seine Schuld erheblich zu mildern geeignet sind.

Mein Mandant Onoue diente ebenso wie Karasawa in der Kwantungarmee, die die aggressivste und in jeder Hinsicht bestgerüstete Armee war. Diese Armee war die Hauptstoßkraft des japanischen Imperialismus und der Stolz des japanischen kaiserlichen Hauptquartiers, auf dessen Banner die Worte geschrieben waren: „Krieg gegen die Sowjetunion, Eroberung ihrer fernöstlichen Gebiete, Sibiriens und des Ural."

In die Kwantungarmee entsandten der japanische Kaiser Hirohito, der Generalstab und das japanische Kriegsministerium die erprobtesten und treuergebensten Soldaten und Offiziere, die zu diesem Zweck speziell ausgebildet wurden. Um den Heeresangehörigen diese Eigenschaften anzuerziehen, womit sich beiläufig nicht nur das Kriegsministerium befaßte, sondern auch das Bildungsministerium, an dessen Spitze seinerzeit der Ideologe des Krieges gegen die Sowjetunion Araki stand, wurde jeder Betrug in Bewegung gesetzt; man schürte bei den japanischen Soldaten und bei der Bevölkerung blinden Haß gegen andere Völker, predigte widerspruchslosen blinden Gehorsam gegenüber den Vorgesetzten und eine besondere Ergebenheit zum japanischen Kaiser als Stellvertreter Gottes auf Erden, impfte ihnen den Samuraigeist ein, verlangte ein unbarmherziges Verhalten gegenüber dem Feinde und anderes.

Mit anderen Worten, die Offiziere und Soldaten der Kwantungarmee erhielten eine besondere Erziehung. Man stachelte ihre Gier zur Eroberung fremder Gebiete an und trichterte ihnen die Ideen des Nazismus und Faschismus ein. Die Soldaten der japanischen Armee hatten ein Lied: „Japan wird die ganze Welt bezwingen."

Es ist kein Zufall, daß man im Jahre 1937 während des Krieges zwischen Japan und China auf den Bahnhöfen bei den zur Front fahrenden japanischen Soldaten Schulterbänder sehen konnte mit Aufschriften wie: „Ich, Nakamura, ziehe ins Feld, um zu unterwerfen und zu erobern."

Ebenso wie andere Offiziere, die in die Kwantungarmee entsandt wurden, hatte Onoue eine solche Erziehung hinter sich. Er leistete den Militäreid und schwur dem Kaiser Hirohito die Treue.

Ohne jedes Nachdenken hat Onoue blind die Befehle seiner Vorgesetzten ausgeführt, er war ein lebender Mechanismus in den Händen seiner Herren, ein eigenes „Ich" besaß er nicht.

Auf diese Weise ist Onoue im gegenwärtigen Prozeß eine bei weitem nicht erstrangige Figur. Ebenso wie mein Mandant Karasawa ist er nur Werkzeug eines fremden Willens und hat die verbrecherischen Ideen seiner verbrecherischen Vorgesetzten und der verbrecherischen herrschenden Clique Japans praktisch ausgeführt.

Das ermöglicht es mir, Sie, Genossen Richter, zu bitten, diese Umstände zu berücksichtigen und sie als überaus strafmildernd für Onoue anzuerkennen.

Desgleichen hoffe ich, daß Sie, Genossen Richter, wenn Sie den Grad der Verantwortung jedes Angeklagten bestimmen, auch das Geständnis des Angeklagten Onoue, der sich der begangenen Verbrechen schuldig bekannte, als strafmildernden Umstand in Betracht ziehen werden.

Er ließ sich von dem Gebot leiten: „Folge deinen natürlichen Trieben und befolge die staatlichen Gesetze." Das staatliche Gesetz Japans aber ist der Wille seiner herrschenden Clique, der Wille der Imperialisten. Onoue war nichts als ihr Bedienter.

Genossen Richter, ich bin fest überzeugt, daß Sie in Ihrem Urteil vom Gesetz, von der Sicherheit und dem Wohlergehen der friedliebenden Menschheit ausgehen werden, daß Sie aber dennoch die Argumente der Verteidigung berücksichtigen werden, wenn Sie Ihr Urteil fällen und das Maß der Strafe für meine Mandanten Karasawa und Onoue bestimmen. Ich bin überzeugt, daß Ihr Urteil gerecht und human sein wird.

LETZTES WORT DER ANGEKLAGTEN

Gerichtsvorsitzender: Ich erkläre die Debatten für geschlossen.

Angeklagter Kawashima, bitte treten Sie an das Mikrophon. Ich erteile Ihnen das letzte Wort.

ANGEKLAGTER KAWASHIMA:

Mit Ihrer Erlaubnis möchte ich mein letztes Wort sagen. Bevor ich zum erstenmal in die Sowjetunion kam, hatte ich eine ganz falsche Vorstellung von ihr. Das beruhte lediglich auf mangelndem Verständnis, und erst als ich nach der Kapitulation Japans als Gefangener der Sowjettruppen in die Sowjetunion gebracht wurde, habe ich zum erstenmal begriffen, wie falsch meine Anschauungen waren.

Das erste, was ich fühlte, und zwar sehr deutlich fühlte, war das humane Verhalten der Sowjetmenschen mir gegenüber.

Ich habe über die Gründe dieses Verhaltens der Sowjetmenschen zu mir nachgedacht und erkannt, daß es nicht zufällig ist, sondern darauf beruht, daß es in der Sowjetunion keine nationale Feindschaft gibt, daß die Sowjetunion ein demokratisches Land ist, das für den Wohlstand des Volkes sorgt und auf der Wacht für den Frieden steht.

Das zwang mich, die ganze Tiefe meiner Verbrechen zu erkennen. Das zwang mich, meine Anschauungen zu revidieren.

Ich habe begriffen, daß die von mir begangenen Verbrechen nicht nur für mich, sondern für mein ganzes Land eine Schande sind, und ich habe sie bereut.

Das zwang mich weiter, zu begreifen, daß ich mich in meinen Anschauungen über die Sowjetunion früher geirrt habe. Ich begann einzusehen, daß sich Japan nach der Kapitulation als ein demokratischer Staat entwickeln muß und daß zu diesem Zweck alle alten Untaten entlarvt und bis auf die Wurzel ausgerottet werden müssen.

Das, was ich sagte, war der Ausdruck meiner Reue und war für mich ein Bekenntnis. Deshalb habe ich in der Voruntersuchung von Anfang an von den verbrecherischen Tatsachen erzählt, die mit der Tätigkeit jener Abteilung, in der ich diente, verbunden waren. Das war für mich eine schwere, eine qualvolle Tat.

Das humane Verhalten seitens der Untersuchungsbehörden half mir, aus dieser schwierigen Lage rechtzeitig einen für mich richtigen Ausweg zu finden.

Ich fühle sehr wohl, daß meine Verbrechen eine entsetzliche Untat gegen die Menschheit sind.

Dieser Gedanke kommt mir hier nicht zum erstenmal, er ist nicht neu für mich, aber hier im Gerichtssaal wurde ich in diesen meinen Gedanken und Gefühlen besonders bestärkt.

Ich bin bereit, auch das strengste Urteil des Gerichts entgegenzunehmen.

Gerichtsvorsitzender: Bitte setzen Sie sich.

Angeklagter Karasawa, bitte treten Sie an das Mikrophon. Ich erteile Ihnen das letzte Wort.

ANGEKLAGTER KARASAWA:

Schon im Jahre 1946, während der Voruntersuchungen zum Prozeß der Hauptkriegsverbrecher im Internationalen Tribunal in Tokio wurde ich als Zeuge vernommen.

Ich habe alle Verbrechen aufgedeckt, die von mir und der Abteilung 731 begangen worden sind. Jetzt möchte ich als schlichter und einfacher Mensch aussprechen, was sich in meinem Herzen angesammelt hat.

In Japan lebt meine Mutter. Sie ist achtzig Jahre alt. Außerdem meine Frau und zwei Kinder.

Früher lebten sie von meinem Gehalt. Aber ich begreife die ganze Schwere meiner Schuld und bereue die Verbrechen, die ich begangen habe.

Ich gelobe, daß ich in Zukunft ein völlig neuer Mensch werden will, und bitte das Gericht um eine gerechte Entscheidung.

Gerichtsvorsitzender: Bitte setzen Sie sich.

Angeklagter Jamada, bitte treten Sie an das Mikrophon. Ich erteile Ihnen das letzte Wort.

ANGEKLAGTER JAMADA:

Vor allem spreche ich dem Gericht meinen Dank aus, daß es mir und den anderen Angeklagten Verteidiger zur Verfügung gestellt hat.

Ich möchte meine gesamten Aussagen verallgemeinern und meine Lage präzisieren.

Ich bin in einer Militärfamilie zur Welt gekommen. Seit meiner Jugend diente ich in der Armee und bin im Geiste des Gehorsams gegenüber Befehlen, im festen Bewußtsein meiner militärischen Pflicht und Verantwortlichkeit erzogen worden.

Nach meiner Ernennung zum Oberbefehlshaber der Kwantungarmee habe ich treu und konsequent alle Befehle und Anweisungen des Kriegsministeriums und des japanischen Generalstabs ausgeführt, folglich habe ich mich bemüht, die Kampffähigkeit der Kwantungarmee zu erhöhen.

Ich anerkenne meine Verantwortung hinsichtlich der Steigerung der Kampffähigkeit und der Vorbereitung zum Bakterienkrieg.

Was die ungeheuerlichen Verbrechen anbetrifft, die im Gefolge der Vorbereitung des Bakterienkrieges begangen wurden, so begreife ich, daß die Chefs der bakteriologischen Abteilungen 731 und 100 sowie sämtliche Oberbefehlshaber der Kwantungarmee, inbegriffen meiner Person, die Verantwortung für diese Verbrechen tragen müssen.

Aber ich möchte hervorheben, daß alle, die mit diesen Abteilungen zu tun hatten, entsprechend den Anweisungen handelten und den Willen der Chefs dieser Abteilungen und der Oberbefehlshaber ausführten.

Über die Untaten in diesen Abteilungen, überhaupt über die Untaten, die bei der Vorbereitung des Bakterienkrieges begangen wurden, hat soeben der Angeklagte Kawashima gesprochen. Ich habe zu dessen Worten nichts mehr hinzuzusetzen. Für diese Untaten gibt es keine Rechtfertigung.

Wie ich bereits sagte, bekenne ich meine Schuld an allen Untaten, die in diesen Abteilungen bei der Vorbereitung des Bakterienkrieges in der Zeit begangen wurden, als ich Oberbefehlshaber der Kwantungarmee war, d. h. von Juli 1944 bis August 1945.

Ich begreife die ganze Schwere meiner Schuld, ich begreife die ganze Schwere meiner Verbrechen und mache mir keine Gedanken darüber, ob meine Strafe streng oder leicht sein wird.

Das ist alles, was ich in meinem letzten Wort zu sagen habe.

Gerichtsvorsitzender: Bitte setzen Sie sich.

Angeklagter Nishi, bitte treten Sie an das Mikrophon. Ich erteile Ihnen das letzte Wort.

ANGEKLAGTER NISHI:

Ich spreche dem Gericht meinen Dank für den mir in diesem Prozeß gewährten Verteidiger aus.

Sonst habe ich nichts zu sagen. Ich erwarte den gerechten Urteilsspruch des Sowjetgerichtes.

Gerichtsvorsitzender: Bitte setzen Sie sich.

Angeklagter Riudsi Kadsitsuka, bitte treten Sie an das Mikrophon. Ich erteile Ihnen das letzte Wort.

ANGEKLAGTER KADSITSUKA:

Ich bekenne mich schuldig im Sinne der gegen mich erhobenen Anklage und bin bereit, eine beliebig schwere Strafe zu tragen.

Es wurde mir die Möglichkeit gegeben, mein letztes Wort

zu sagen, aber ich habe nicht die Absicht, mich zu verteidigen.

Ich möchte nur aussprechen, was ich fühle.

Ich habe Medizin studiert, um dem Gesundheitsschutz, dem Wohle der Menschheit zu dienen. Ich betrachte es als eine Schande, daß ich, ein Arzt, Vertreter eines humanen Berufes, statt meine heilige Pflicht als Mediziner zu erfüllen, einen anderen Weg eingeschlagen habe, den Weg der Vorbereitung des Bakterienkrieges, in dem Bazillen als Waffe verwendet werden. Dies betrachte ich für mich als Arzt für eine Schande. Ich bereue, daß ich mit diesen Untaten zu tun hatte.

Ich fühle mich vor den Völkern meiner Verbrechen schuldig.

Gerichtsvorsitzender: Bitte setzen Sie sich.

Angeklagter Sato, bitte treten Sie an das Mikrophon. Ich erteile Ihnen das letzte Wort.

ANGEKLAGTER SATO:

Seit dem Jahre 1941 war ich Chef zweier bakteriologischer Abteilungen und leitete unmittelbar die Vorbereitung zum Bakterienkrieg. Außerdem habe ich als Chef des Sanitätsdienstes der 5. Armee die Vorbereitung des Bakterienkrieges gefördert.

Die von mir begangenen Verbrechen stehen im Widerspruch zur ärztlichen Pflicht und widersprechen der medizinischen Ethik. Diese Verbrechen waren gegen die Menschheit gerichtet. Meine Tätigkeit richtete sich gegen alles Gute.

Jetzt vor Gericht bereue ich voll und ganz die von mir begangenen Verbrechen. Ich danke dem Verteidiger und muß sagen, daß ich mich beschämt fühle, daß ein Rechtsanwalt einen solchen Verbrecher wie mich verteidigt. Ich halte mich dessen für unwürdig.

Jetzt bitte ich um ein gerechtes Urteil, das den von mir begangenen Verbrechen und meiner Schuld voll entsprechen wird.

Gerichtsvorsitzender: Bitte setzen Sie sich.

Angeklagter Hirasakura, bitte treten Sie an das Mikrophon. Ich erteile Ihnen das letzte Wort.

ANGEKLAGTER HIRASAKURA:

Mit Ihrer Erlaubnis möchte ich mein letztes Wort sprechen. Vor allem sind auf diesem Prozeß die verbrecherischen Pläne der internationalen Reaktion betreffs der Vorbereitung des Bakterienkrieges bis ins kleinste aufgedeckt worden. Das konnte nur geschehen, weil die Sowjetarmee rechtzeitig alle Pläne des japanischen Imperialismus, der zum Bakterienkrieg rüstete, zunichte gemacht hat.

Die strenge Strafe für uns Teilnehmer an der Vorbereitung des Bakterienkrieges wird eine Warnung und Ermahnung für alle diejenigen Verbrecher sein, die auch jetzt noch versuchen, einen zweiten Bakterienkrieg vorzubereiten. Ich hoffe, daß diejenigen, die die Schuld an der Vorbereitung des Bakterienkrieges und die größte Verantwortung dafür tragen, und zwar der japanische Kaiser Hirohito, General Ishii und General Wakamatsu, eine strenge Strafe finden werden.

Ich bin überzeugt und hoffe, daß die Verbrecher, welche die Schuld an der Vorbereitung des Bakterienkrieges tragen und die jetzt nicht auf der Anklagebank sitzen, ebenfalls in Zukunft streng bestraft werden.

Gerichtsvorsitzender: Bitte setzen Sie sich.

Angeklagter Mitomo, bitte treten Sie an das Mikrophon. Ich erteile Ihnen das letzte Wort.

ANGEKLAGTER MITOMO:

Während der Zeit, als ich in der Abteilung 100 arbeitete, habe ich nicht die ganze Tiefe meiner Untaten und Verbrechen begriffen, aber nachdem ich nun seit vier Jahren in der Sowjetunion bin, besonders aber in diesen Tagen vor Gericht, habe ich tief empfunden, wie schwer meine Verbrechen sind.

Hier habe ich zum erstenmal die Wahrheit über die

Sowjetunion erfahren, habe Sowjetmenschen kennengelernt und gesehen, wie human und hochherzig sie sind.

Ich habe meine ganze Verantwortung begriffen. Ich bereue meine Teilnahme an den Untaten.

Gerichtsvorsitzender: Bitte setzen Sie sich.

Angeklagter Takahashi, bitte treten Sie an das Mikrophon. Ich erteile Ihnen das letzte Wort.

ANGEKLAGTER TAKAHASHI:

Ich habe die Sowjetunion erst dann zum erstenmal kennengelernt, als ich mit eigenen Augen sah, wie die Sowjetunion lebt.

Das, worüber der Angeklagte Kawashima in seinem letzten Wort sprach, nämlich über die Wiedergeburt eines neuen, besseren Japan, ist vollkommen richtig. Ich bin damit ganz und gar einverstanden und kann dazu nichts mehr hinzufügen.

Ich danke für den mir gewährten Verteidiger. Ich danke für die herzlichen Worte, die er für mich gefunden hat, und ich bereue die begangenen Verbrechen tief. Ich habe die ganze Tiefe und Schwere meiner Verbrechen erkannt, aber heute möchte ich um Milderung der Strafe bitten. Ich bitte um einen gerechten Urteilsspruch, damit ich meine Kraft dem Wohle der Menschen widmen kann.

Gerichtsvorsitzender: Bitte setzen Sie sich.

Angeklagter Kikutschi, treten Sie an das Mikrophon. Ich erteile Ihnen das letzte Wort.

ANGEKLAGTER KIKUTSCHI:

Von frühester Kindheit an wurde ich angewiesen, dem japanischen Staat und dem japanischen Kaiser treu ergeben zu sein. Ich glaubte, daß ich mit meiner Arbeit dem Wohl meines Volkes diene, aber ich bin betrogen worden.

Jetzt nach vier Jahren Aufenthalt in der Sowjetunion habe ich durch das menschliche Verhalten zu mir und anderen Japanern seitens der Sowjetbehörden eingesehen, daß ich betrogen worden bin, und wie verlogen und falsch die Erziehung war, die ich von frühester Jugend an in meiner Heimat erhalten habe.

Ich habe mich durch Augenschein überzeugt, daß die Sowjetunion im Recht ist. In meiner Seele ist eine Veränderung vorgegangen, die während meines ganzen Lebens nicht eintreten konnte, und nun will ich in Zukunft alle meine Fehler gutmachen.

Und hier vor Gericht bedaure ich es, daß nicht die Hauptverbrecher, die Hauptorganisatoren und -inspiratoren des Bakterienkrieges auf der Anklagebank sitzen.

Ich hasse und verabscheue sie.

Ich bin mir klar über den Weg, den ich gehen muß.

Damit schließe ich mein letztes Wort.

Gerichtsvorsitzender: Bitte setzen Sie sich.

Angeklagter Kurushima, ich erteile Ihnen das letzte Wort.

ANGEKLAGTER KURUSHIMA:

Ich bin mir klar über die Schwere meiner Schuld, die Schwere meiner Verbrechen, die ich als Mitarbeiter der Zweigstelle 162 der Abteilung 731 begangen habe, die sich mit der Massenherstellung von Bakterien befaßte, welche zur Vernichtung vieler Menschen bestimmt waren. Ich bekenne voll und ganz meine Schuld und bereue die von mir begangenen Untaten.

Ich empfinde einen unendlichen Haß gegen die Militärclique, die mich in diese niederträchtige Sache, die Teilnahme an der Vorbereitung zum Bakterienkrieg, hineingezogen hat. Von frühester Jugend an wurde ich falsch erzogen, auf der Grundlage einer verfaulten Ideologie. Aber wie mein Verteidiger gesagt hat, bin ich nicht mehr derselbe Kurushima, der ich vor vier Jahren war.

Zum Schluß danke ich dafür, daß man mich wie auch die anderen Kriegsgefangenen hier herzlich behandelt hat.

Ich danke dafür, daß die Sowjetunion sich uns gegenüber ohne Rassenhaß verhält. Ich danke für das menschliche Verhalten zu mir während des Prozesses, danke für den Rechtsanwalt, den man mir zur Verteidigung gewährt hat.

Gerichtsvorsitzender: Bitte setzen Sie sich.

Angeklagter Onoue, ich erteile Ihnen das letzte Wort.

ANGEKLAGTER ONOUE:

Sowohl bei der Voruntersuchung wie hier vor Gericht habe ich meine Teilnahme an den Untaten, die von mir wie von den Mitarbeitern der Abteilung 731 überhaupt begangen wurden, ehrlich gestanden.

Ich erkläre noch einmal meine Reue über die Verbrechen, mit denen ich zu tun hatte und die ich selbst in meiner Eigenschaft als Chef einer Zweigstelle dieser Abteilung begangen habe.

Ich danke dem Gericht für die mir gewährte kompetente Verteidigung. Ich begreife die Schwere meiner Schuld. Ich begreife, daß ich kein einfacher Mitarbeiter, sondern ein Leiter, Chef einer Zweigstelle war, und bereue die Verbrechen, die ich begangen habe.

In Zukunft werde ich bemüht sein, meine Kräfte für den Kampf gegen derartig unmenschliche Akte, zum Kampf für den Frieden einzusetzen.

Zum Abschluß bitte ich das Gericht um eine Milderung meiner Strafe, wenn das Gericht dies für möglich erachtet.

Gerichtsvorsitzender: Bitte setzen Sie sich.

Das Gericht zieht sich zur Beratung zurück.

Um 16.20 Uhr zog sich das Gericht zur Urteilsberatung zurück.

Um 21.30 Uhr verkündete der Gerichtsvorsitzende das Urteil; danach wird das Urteil in die japanische Sprache übersetzt.

Um 23.45 Uhr erklärt der Gerichtsvorsitzende die Gerichtsverhandlung für geschlossen.

Der Vorsitzende: ***TSCHERTKOW***

Die Sekretäre: ***KORKIN***

WARAWKO

Urteil des Militärtribunals

URTEIL

IM NAMEN DER UNION DER SOZIALISTISCHEN SOWJETREPUBLIKEN

Das Militärtribunal des Primorje-Wehrkreises, bestehend aus

dem Vorsitzenden Generalmajor der Justiz D. D. Tschertkow, den Beisitzern Oberst der Justiz M. L. Ilnizki und Oberstleutnant der Justiz I. G. Worobjow, dem Gerichtsschreiber Oberleutnant N. A. Korkin, unter Teilnahme des staatlichen Anklägers Justiz-Staatsrats dritten Ranges L. N. Smirnow und der Verteidiger, der Rechtsanwälte Genossen N. K. Borowik, N. P. Below, S. J. Sannikow, A. W. Swerew, P. J. Bogatschow, G. K. Prokopenko, W. P. Lukjanzew und D. J. Bolchowitinow, verhandelte vom 25. bis 30. Dezember 1949 in der Stadt Chabarowsk in öffentlichem Verfahren die Strafsache gegen die japanischen Kriegsverbrecher:

1. **Otosoo Jamada**, geboren 1881 in der Stadt Tokio, Japaner, General, ehemaliger Oberbefehlshaber der japanischen Kwantungarmee;

2. **Riudsi Kadsitsuka**, geboren 1888 in der Stadt Tadsiri, Japaner, Generalstabsarzt, Doktor der Medizin, ehemaliger Chef des Sanitätsdienstes der japanischen Kwantungarmee;

3. **Kioshi Kawashima**, geboren 1893 im Dorf Hashunuma, Kreis Sanimu, Präfektur Tschiba, Japaner, Generalarzt, Doktor der Medizin, ehemaliger Chef der Produktionsabteilung der Abteilung 731 der japanischen Kwantungarmee;

4. **Toshihide Nishi**, geboren 1904 im Dorf Hiwaki, Kreis Satsuma, Präfektur Kagoshima, Japaner, Oberfeldarzt, Bakteriologe, ehemaliger Chef der Ausbildungs- und Aufklärungsabteilung der Abteilung 731 der japanischen Kwantungarmee;

5. **Tomio Karasawa**, geboren 1911 im Dorf Toosato, Kreis Tschishagata, Präfektur Nagano, Japaner, Oberstabsarzt, Bakteriologe, ehemaliger Chef einer Gruppe der Produktionsabteilung der Abteilung 731 der japanischen Kwantungarmee;

6. **Masao Onoue**, geboren 1910 in der Stadt Komenotsu, Kreis Idsumi, Präfektur Kagoshima, Japaner, Oberstabsarzt, Bakteriologe, ehemaliger Chef der Zweigstelle 643 der Abteilung 731 der japanischen Kwantungarmee;

7. **Shundsi Sato**, geboren 1896 in der Stadt Toohashi, Präfektur Aitschi, Japaner, Generalarzt, Bakteriologe, ehemaliger Chef des Sanitätsdienstes der 5. Armee der japanischen Kwantungarmee;

8. **Takaatsu Takahashi**, geboren 1888 in der Stadt Hondso, Kreis Juri, Präfektur Akita, Japaner, Generalstabsveterinär, Biochemiker, ehemaliger Chef des Veterinärdienstes der japanischen Kwantungarmee;

9. **Dsensaku Hirasakura**, geboren 1916 in der Stadt Kanasawa, Präfektur Ishikawa, Japaner, Oberveterinär, Tierarzt, ehemaliger wissenschaftlicher Mitarbeiter der Abteilung 100 der japanischen Kwantungarmee;

10. **Kadsuo Mitomo**, geboren 1924 im Dorf Haraja, Kreis Tschitschibu, Präfektur Saitama, Japaner, Feldwebel, ehemaliger Mitarbeiter der Abteilung 100 der japanischen Kwantungarmee;

11. **Norimitsu Kikutschi**, geboren 1922 in der Präfektur Ehime, Japaner, Gefreiter, ehemaliger Sanitätspraktikant in der Zweigstelle 643 der Abteilung 731 der japanischen Kwantungarmee;

12. **Judsi Kurushima**, geboren 1923 im Dorf Noo, Kreis Soodsu, Präfektur Kagawa, Japaner, ehemaliger Sanitäter und Laborant in der Zweigstelle 162 der Abteilung 731 der japanischen Kwantungarmee;

die alle zwölf wegen Verbrechen angeklagt sind, die unter Artikel 1 des Erlasses des Präsidiums des Obersten Sowjets der UdSSR vom 19. April 1943 fallen.

Durch die Materialien der Voruntersuchung und der Beweisaufnahme hält das Militärtribunal für erwiesen:

Die regierende Clique des imperialistischen Japan hat während einer Reihe von Jahren gegen die Union der Sozialistischen Sowjetrepubliken einen Aggressionskrieg vorbereitet.

In dem 1948 in Tokio abgeschlossenen Prozeß gegen die japanischen Hauptkriegsverbrecher wurde festgestellt, daß der Aggressionskrieg gegen die UdSSR eines der Grundelemente der Politik der japanischen Regierungskreise darstellte, die sich die Eroberung sowjetischer Gebiete zum Ziel gesetzt hatten.

Von der Wahnidee der japanischen Rassenüberlegenheit und der Schaffung eines „Groß-Ostasiens" unter der Ägide Japans besessen, wollten die japanischen Militaristen durch die Entfesselung von Aggressionskriegen gemeinschaftlich mit Hitlerdeutschland ihre Weltherrschaft errichten, und scheuten nicht vor den ungeheuerlichsten Verbrechen an der Menschheit zurück, um dieses Ziel zu erreichen.

In ihren verbrecherischen aggressiven Kriegsplänen gegen die friedliebenden Völker sahen die japanischen Imperialisten die Anwendung der Bakterienwaffe durch Verbreitung tödlicher Pest-, Cholera-, und Milzbrandepidemien sowie anderer schwerer Krankheiten vor, um Truppen sowie friedliche Einwohner, darunter Greise, Frauen und Kinder, massenhaft auszurotten.

Zu diesem Zweck wurden in der japanischen Armee Sonderformationen geschaffen, deren Aufgabe es war, die Bakterienwaffe herzustellen, und zwecks Verseuchung von Städten und Dörfern, Gewässern und Brunnen, Vieh und Saaten auf dem Territorium solcher Staaten, gegen die sich die japanische Aggression richtete, militärische Sonderkommandos und Sabotagebanden aufgestellt.

Bereits 1931, nachdem die Japaner von der Mandschurei Besitz ergriffen und sie in das Aufmarschgebiet für einen Überfall auf die Sowjetunion umgewandelt hatten, wurde in der japanischen Kwantungarmee zwecks Vorbereitung eines Bakterienkrieges unter der Chiffrebezeichnung „Abteilung Togo" ein bakteriologisches Laboratorium ins Leben gerufen, an dessen Spitze **Shiro Ishii** stand, einer der Ideologen und Organisatoren des unmenschlichen Bakterienkrieges.

Im Jahre 1936, als die militärischen Vorbereitungen Japans zu einem Krieg gegen die UdSSR verstärkt wurden, schuf der Generalstab der japanischen Armee auf Grund eines Erlasses des Kaisers **Hirohito** auf mandschurischem Gebiet zwei riesige bakteriologische Institutionen, die nicht nur Verfahren zur Führung eines Bakterienkrieges ausfindig machten, sondern auch die Bakterienwaffe in einem Ausmaß erzeugen sollten, das für die völlige Versorgung der japanischen Armee genügte.

Diese Institutionen waren streng geheim und erhielten zu Tarnungszwecken die Bezeichnungen „Verwaltung für Wasserversorgung und Seuchenverhütung der Truppenteile der Kwantungarmee" und „Hypo-Epizootisches Amt der Kwantungarmee". In der Folgezeit wurden sie umbenannt in „Abteilung 731" und „Abteilung 100".

Beide Abteilungen besaßen zahlreiche Zweigstellen, die den Einheiten und Verbänden der Kwantungarmee beigegeben und in den Hauptstoßrichtungen disloziert waren, die der japanische Operationsplan in einem Krieg gegen die Sowjetunion vorsah.

Diese Zweigstellen stellten faktisch Kampfeinheiten dar,

die auf Befehl des Oberkommandos in jedem beliebigen Augenblick die Bakterienwaffe einsetzen konnten.

Die Abteilungen 731 und 100 sowie ihre Zweigstellen unterstanden dem Oberbefehlshaber der Kwantungarmee, was erhärtet wird durch den zu den Gerichtsakten genommenen Befehl des ehemaligen Oberbefehlshabers der Armee General **Joshidsiro Umedsu** vom 2. Dezember 1940 über die Formierung vier neuer Zweigstellen der Abteilung 731.

Die Abteilung 731 war in einer speziell errichteten und streng bewachten Militärsiedlung unweit der Bahnstation Pingfan, etwa 20 km von der Stadt Charbin, untergebracht; sie stellte eine leistungsfähige Institution für die Vorbereitung eines Bakterienkrieges dar, zählte in ihrem Personal an die 3000 wissenschaftliche und technische Mitarbeiter und besaß Laboratorien, die mit modernsten technischen Anlagen und vervollkommneter Apparatur eingerichtet waren.

Die Aufgabe dieser Abteilung und ihre praktische Tätigkeit ergab sich aus ihrer Struktur. Sie bestand aus mehreren Unterabteilungen, wobei nur die in der Stadt Charbin befindliche Unterabteilung 3 sich mit Fragen der Wasserversorgung der Armee befaßte.

Zu den Funktionen der Unterabteilung 1 (der Forschungsabteilung) gehörte die Erforschung und Züchtung todbringender Bakterien, die sich am besten als Mittel eines Bakterienüberfalls verwenden ließen.

Die Unterabteilung 2 (die Experimentalabteilung) erprobte die Wirkung der auf Grund der Forschungsarbeiten gezüchteten Bakterien am Organismus lebender Menschen, konstruierte Muster von Geschossen und speziellen Zerstäubern, um die Bakterien damit auf die gegnerische Seite zu schaffen, und züchtete pestinfizierte Flöhe, um durch sie Pestseuchen auf feindlichem Gebiet zu verbreiten. In der Abteilung gab es 4500 Brutkästen (Inkubatoren) für die Züchtung von Flöhen auf Nagetieren. In diesen Brutkästen konnte man in kurzer Zeit viele Dutzende Millionen Pestflöhe züchten. Der Unterabteilung 2 stand für ihre verbrecherischen Experimente ein besonderer Übungsplatz unweit der Bahnstation

Anta und eine Fliegertruppe mit Flugzeugen, die mit Spezialapparaten ausgerüstet waren, zur Verfügung.

Der Unterabteilung 4 (der Produktionsabteilung) fiel die Aufgabe zu, die in den Laboratorien kultivierten Bakterien zu vermehren, sie stellte gewissermaßen eine Fabrik für die Erzeugung von Bakterien akuter Infektionskrankheiten dar.

Diese Unterabteilung verfügte über mächtige technische Anlagen, die darauf berechnet waren, Bakterien in Riesenmengen, wie sie die Führung eines Bakterienkrieges verlangte, zu vermehren.

Die Produktionskapazität dieser Unterabteilung ermöglichte es, allmonatlich bis zu 300 kg Pestbazillen zu züchten.

In der Unterabteilung 5 (der Ausbildungs- und Aufklärungsabteilung) wurden Kader geschult, die hier die Eignung erwarben, bakteriologische Kriegsmittel anzuwenden und durch die Verbreitung von Bakterien Pest-, Cholera- und Milzbrandepidemien sowie andere schwere Erkrankungen hervorzurufen.

Somit erzeugte die Abteilung 731 Riesenmengen von Bakterien akuter Infektionskrankheiten, die als Bakterienwaffe dazu dienen sollten, ganze Gebiete zu verheeren und die friedliche Einwohnerschaft auszurotten.

Gemäß dem Gutachten der medizinischen Gerichtssachverständigen war diese umfassende Bakterienzucht darauf berechnet, einen aktiven Bakterienkrieg zu führen.

Die Abteilung 100 befand sich in der Ortschaft Mokatong, 10 km südlich der Stadt Tschangtschun, und übte die gleiche verbrecherische Tätigkeit aus wie die Abteilung 731.

In der Produktionsabteilung der Abteilung 100 gab es sechs Gruppen, die erzeugten: Gruppe 1 — Milzbrandbazillen; Gruppe 2 — Rotzbazillen; Gruppe 3 und 4 — Bakterien, die andere Viehseuchen hervorrufen; Gruppe 5 züchtete Mikroben, um Getreide zu infizieren und zu vernichten; Gruppe 6 züchtete Rinderpesterreger.

In der Voruntersuchung und der Beweisaufnahme wurde festgestellt, daß in den japanischen Truppen, die in Zentral- und Südchina operierten, gleichfalls zwei Geheimformationen für die Bereitstellung der Bakterienwaffe geschaffen wurden. Sie trugen die Chiffrebezeichnungen Abteilung „Ej" und „Nami" und übten eine analoge Tätigkeit aus wie die Abteilungen 731 und 100.

In Rücksicht darauf, daß bei der Anwendung der Bakterienwaffe die Gefahr der Ansteckung eigener Truppen auftaucht, schuf das japanische Oberkommando bei allen Bataillonen und Regimentern anti-epidemische Abteilungen und unterstellte sie den Chefs der Armeesanitätsdienste. Dies war ein Teil des allgemeinen Plans der Vorbereitung zu einem Bakterienkrieg.

Die in den Abteilungen 731 und 100 betriebene Erforschung der Verfahren und Mittel für die Führung eines Bakterienkrieges war begleitet von verbrecherischen, bestialischen Versuchen an lebenden Menschen, an denen man die Wirkung der Bakterienwaffe erprobte. Während dieser Versuche mordeten die japanischen Scheusale auf bestialische Weise tausende Opfer, die ihnen in die Hände gefallen waren.

Mehrere Jahre lang wurden in den Abteilungen 731 und 100 Versuche angestellt, Menschen mit den in den Laboratorien gezüchteten Pest-, Cholera-, Typhus-, Milzbrand- und Gasbrandbazillen zu infizieren. Die Mehrzahl der Infizierten starb unter furchtbaren Qualen. Die Überlebenden wurden erneuten Versuchen unterworfen und letzten Endes gewaltsam getötet.

Die für diese qualvolle Vernichtung bestimmten Menschen wurden durch die japanische Gendarmerie, die hierfür den Terminus „Sondertransporte" erfand, in das Innengefängnis der Abteilung 731 eingeliefert. Diese Opfer der japanischen Unmenschen waren chinesische Patrioten und Sowjetbürger, die man antijapanischer Betätigung verdächtigte und zur Vernichtung verdammte. Der unglaubliche Zynismus der japanischen Mörder kam namentlich auch darin zum Ausdruck, daß die im Gefängnis gehaltenen und für verbrecherische Experimente bestimmten Menschen als „Klötze" bezeichnet wurden.

Wie durch die Aussagen des Angeklagten **Kawashima**

feststeht, wurden allein in der Abteilung 731 alljährlich nicht weniger als 600 Häftlinge vernichtet und von 1940 bis zur Kapitulation der japanischen Armee 1945 mindestens 3000 Menschen ermordet.

Die verbrecherischen Experimente wurden auch an ganzen Gruppen Inhaftierter vorgenommen. Auf dem Übungsplatz bei der Bahnstation Anta band man die Menschen an Eisenpfähle und brachte dann zum Zweck ihrer Infizierung in unmittelbarer Nähe bakteriologische Spezialgeschosse, die mit Bakterien von Pest, Gasbrand und anderen schweren Krankheiten gefüllt waren, zur Explosion.

So wurde Ende 1943 unter Teilnahme des Angeklagten **Karasawa** auf dem Übungsplatz der Versuch gemacht, 10 chinesische Staatsbürger mit Milzbrand zu infizieren. Im Frühjahr 1944 wurde, ebenfalls unter seiner Teilnahme, auf dem Übungsplatz eine Gruppe Menschen mit Pestbazillen infiziert. Im Januar 1945 wohnte der Angeklagte **Nishi** auf demselben Übungsplatz der Infizierung von 10 Menschen mit Gasbrand bei.

Ähnliche bestialische Versuche an lebenden Menschen wurden auch in der Abteilung 100 angestellt, die unter der allgemeinen Leitung des Angeklagten **Takahashi** stand.

So wurde im August—September 1944 in der Abteilung 100 acht chinesischen und sowjetischen Staatsbürgern infiziertes Essen verabreicht, was bald darauf zu ihrem Tod führte.

Neben den verbrecherischen Experimenten zur Infizierung von Menschen mit Bakterien akuter Infektionskrankheiten stellte die Abteilung 731 auch Versuche an, die Gliedmaßen Inhaftierter abzufrieren. Die meisten der unglückseligen Opfer dieser bestialischen Versuche starben, nachdem sie an Gangrän erkrankt waren und man ihnen die Gliedmaßen amputiert hatte.

Die Erprobung der Bakterienwaffe beschränkte sich nicht nur auf Versuche innerhalb der Abteilungen 731 und 100. Die japanischen Imperialisten setzten die Bakterienwaffe im

Kriege gegen China und bei Sabotageanschlägen gegen die UdSSR ein.

Im Jahre 1940 wurde eine spezielle Expedition der Abteilung 731 unter Leitung des Generals **Ishii** auf den Kriegsschauplatz in Zentralchina beordert, wo sie mittels pestinfizierter Flöhe, die durch besondere Vorrichtungen vom Flugzeug abgeworfen wurden, im Raum der Stadt Nimpo eine Seuche hervorrief.

Diese verbrecherische Operation, der Tausende friedlicher Einwohner Chinas zum Opfer fielen, wurde kinematographisch aufgenommen und der Film später in der Abteilung 731 Vertretern des Oberkommandos der japanischen Armee vorgeführt, darunter auch dem Angeklagten **Jamada**.

Eine analoge Expedition wurde von der Abteilung 731 im Jahre 1941 in den Raum der Stadt Tschangte unternommen und die Umgegend gleichfalls mit Pestbazillen verseucht.

Im Jahre 1942 setzte man die Bakterienwaffe neuerdings auf chinesischem Gebiet ein. In diesem Fall handelte die Expedition der Abteilung 731, an deren Vorbereitung sich die Angeklagten **Karasawa** und **Kawashima** beteiligten, gemeinschaftlich mit der Abteilung „Ej", die eine Zeitlang unter dem Befehl des Angeklagten **Sato** stand, und verseuchte mit Bakterien akuter Infektionskrankheiten ein Gebiet, das die japanischen Truppen unter dem Druck der chinesischen Armee aufgeben mußten.

Im Laufe einer Reihe von Jahren entsandte die Abteilung 100 an die Grenze der UdSSR bakteriologische Gruppen, denen die Angeklagten **Hirasakura** und **Mitomo** angehörten. Diese Gruppen unternahmen bakteriologische Sabotageakte gegen die Sowjetunion, indem sie die Grenzgewässer, insbesondere im Dreistromgebiet, verseuchten.

Somit steht durch die Voruntersuchung und die Beweisaufnahme fest, daß die japanischen Imperialisten sich anschickten, nach der Entfesselung eines Aggressionskrieges gegen die UdSSR und andere Staaten in diesem Krieg die

Bakterienwaffe weitgehend anzuwenden und dadurch die Menschheit in einen Abgrund neuer Leiden zu stürzen.

Bei der Vorbereitung zum Bakterienkrieg machten sie vor keinerlei Untaten halt, töteten während ihrer verbrecherischen praktischen Versuche mit der Bakterienwaffe tausende chinesische und sowjetische Staatsbürger und verbreiteten unter der friedlichen Einwohnerschaft Chinas Epidemien schwerer Krankheiten.

Hinsichtlich der persönlichen Schuld der Angeklagten in der vorliegenden Strafsache hält das Militärtribunal für erwiesen:

1. **Otosoo Jamada,** von 1944 bis zur Kapitulation Japans Oberbefehlshaber der japanischen Kwantungarmee, leitete die verbrecherische Tätigkeit der ihm unterstellten Abteilungen 731 und 100, durch die ein Bakterienkrieg vorbereitet wurde, und billigte die bestialische Ermordung Tausender von Menschen, die in diesen Abteilungen im Rahmen aller möglichen Experimente zur Anwendung der Bakterienwaffe ums Leben kamen.

Jamada traf Maßnahmen, damit die Abteilungen 731 und 100 vollauf zum Bakterienkrieg vorbereitet seien und ihre Leistungsfähigkeit genüge, den Bedarf der Armee an der Bakterienwaffe zu decken.

2. **Kioshi Kawashima,** von 1941 bis 1943 Chef der Produktionsabteilung der Abteilung 731, war einer der leitenden Mitarbeiter der Abteilung, beteiligte sich an der Vorbereitung zum Bakterienkrieg, befand sich auf dem laufenden über die Tätigkeit aller Unterabteilungen und leitete persönlich die Züchtung todbringender Bakterien in Mengen, die völlig ausreichend waren, um die japanische Armee mit der Bakterienwaffe zu versorgen.

Im Jahre 1942 beteiligte sich **Kawashima** an der Organisation des Kampfeinsatzes der Bakterienwaffe auf dem Territorium Zentralchinas. Während der ganzen Zeit seines Dienstes in der Abteilung 731 beteiligte sich **Kawashima** persönlich an der gewaltsamen Massentötung der im Innengefängnis befindlichen Häftlinge durch verbrecherische Versuche, bei denen sie mit Bakterien schwerer Infektionskrankheiten angesteckt wurden.

3. **Tomio Karasawa** war Chef einer Gruppe der Produktionsabteilung der Abteilung 731, einer der aktiven Organisatoren der auf die Schaffung der Bakterienwaffe abzielenden Tätigkeit und somit Teilnehmer an der Vorbereitung zum Bakterienkrieg.

In den Jahren 1940 und 1942 beteiligte sich **Karasawa** an der Organisation von Expeditionen, die unter der friedlichen Einwohnerschaft Chinas Seuchen verbreiteten.

Karasawa nahm mehrfach persönlich an praktischen Versuchen mit der Bakterienwaffe teil, durch die inhaftierte chinesische und sowjetische Staatsbürger getötet wurden.

4. **Riudsi Kadsitsuka** setzte sich bereits seit 1931 für die Anwendung der Bakterienwaffe ein. Als Chef einer Abteilung der Sanitätsverwaltung des japanischen Kriegsministeriums förderte er 1936 die Gründung und den Ausbau einer bakteriologischen Sonderformation, deren Leitung auf seinen Vorschlag hin der Oberst und spätere General Ishii übernahm.

Im Jahre 1939 wurde **Kadsitsuka** zum Chef des Sanitätsdienstes der Kwantungarmee ernannt und leitete unmittelbar die Tätigkeit der Abteilung 731, die er mit allem für die Erzeugung der Bakterienwaffe Notwendigen versorgte.

Kadsitsuka besuchte regelmäßig die Abteilung 731, war völlig im Bilde über ihre gesamte Tätigkeit, wußte von den bestialischen Verbrechen, die bei der experimentellen Infizierung von Menschen mittels Bakterien verübt wurden, und billigte diese Untaten.

5. **Toshihide Nishi** war von Januar 1943 bis zur Kapitulation Japans Chef der Zweigstelle 673 der Abteilung 731 in der Stadt Sunu und persönlich an der Herstellung der Bakterienwaffe beteiligt.

Als stellvertretender Chef der Unterabteilung 5 der Abteilung 731 bildete **Nishi** zur Führung eines Bakterienkrieges

Kader von Fachleuten für die Sondereinheiten bei den Armeeverbänden aus.

Er beteiligte sich persönlich an der Ermordung inhaftierter chinesischer und sowjetischer Staatsbürger, indem er sie mit Bakterien akuter Infektionskrankheiten ansteckte.

Um die verbrecherische Tätigkeit der Zweigstelle und der Abteilung 731 zu vertuschen, befahl **Nishi** im Jahre 1945, als die Sowjettruppen sich der Stadt Sunu näherten, alle Gebäude, Einrichtungen und Dokumente der Zweigstelle zu verbrennen, was auch ausgeführt wurde.

6. **Masao Onoue** war Chef der Zweigstelle 643 der Abteilung 731 in der Stadt Chailin. Er erforschte neue Arten der Bakterienwaffe und stellte Materialien für die Abteilung 731 bereit.

Unter seiner Leitung wurden zur Führung des Bakterienkrieges Kader von Fachleuten ausgebildet.

Onoue wußte von der Massentötung der Inhaftierten in der Abteilung 731 und begünstigte durch seine Tätigkeit dieses ungeheuerliche Verbrechen.

Am 13. August 1945 verbrannte **Onoue,** um die Spuren der verbrecherischen Tätigkeit der Zweigstelle zu verwischen, mit eigener Hand alle Gebäude, Materialvorräte und Dokumente der Zweigstelle.

7. **Shundsi Sato** war ab 1941 Chef der bakteriologischen Abteilung in der Stadt Kanton, die den Decknamen „Nami" trug, und wurde 1943 zum Chef der analogen Abteilung „Ej" in der Stadt Nanking ernannt. An der Spitze dieser Abteilung stehend, beteiligte **Sato** sich an der Schaffung der Bakterienwaffe und an der Vorbereitung zum Bakterienkrieg.

Als späterer Chef des Sanitätsdienstes der 5. Armee, die zur Kwantungarmee gehörte, leitete **Sato** die Zweigstelle 643 der Abteilung 731 und gewährte ihr, von dem verbrecherischen Charakter der Tätigkeit der Abteilung und der Zweigstelle wissend, seinen Beistand bei der Erzeugung der Bakterienwaffe.

8. **Takaatsu Takahashi** war als Chef des Veterinärdienstes der Kwantungarmee einer der Organisatoren der Erzeugung der Bakterienwaffe, leitete unmittelbar die verbrecherische Tätigkeit der Abteilung 100 und trägt die Verantwortung für die Durchführung bestialischer Versuche, durch die Häftlinge mit Bakterien akuter Infektionskrankheiten angesteckt wurden.

9. **Dsensaku Hirasakura** stellte als Mitarbeiter der Abteilung 100 persönlich Forschungen an auf dem Gebiete der Erzeugung und Anwendung der Bakterienwaffe.

Er beteiligte sich mehrmals an Sondererkundungen längs der Grenzen der Sowjetunion, die das Ziel verfolgten, die wirksamsten Verfahren für einen Bakterienüberfall auf die UdSSR zu klären, und vergiftete dabei Gewässer, insbesondere im Dreistromgebiet.

10. **Kadsuo Mitomo,** Mitarbeiter der Abteilung 100, beteiligte sich unmittelbar an der Herstellung der Bakterienwaffe und erprobte persönlich die Wirkung der Bakterien an lebenden Menschen, die er auf diese qualvolle Weise tötete.

Mitomo war Teilnehmer bakteriologischer Sabotageunternehmungen gegen die UdSSR im Dreistromgebiet.

11. **Norimitsu Kikutschi** arbeitete als Sanitätspraktikant im Laboratorium der Zweigstelle 643 der Abteilung 731, beteiligte sich unmittelbar an der Erforschung neuer Arten der Bakterienwaffe und an der Kultivierung von Unterleibstyphus- und Dysenteriebazillen. 1945 besuchte **Kikutschi** einen speziellen Umschulungskursus, wo Fachleute für die Führung eines Bakterienkrieges ausgebildet wurden.

12. **Judsi Kurushima** arbeitete als Laborant einer Zweigstelle der Abteilung 731. Als Fachmann beteiligte er sich an der Kultivierung von Cholera- und Flecktyphusbazillen sowie von Bakterien anderer Infektionskrankheiten und an der Erprobung von Bakteriengeschossen.

Auf Grund des Dargelegten hat das Militärtribunal des Wehrkreises die Schuld aller aufgezählten Angeklagten an Verbrechen, die unter Artikel 1 des Erlasses des Präsidiums des Obersten Sowjets der UdSSR vom 19. April 1943 fallen, für erwiesen erachtet und gemäß Artikel 319 und 320 der Strafprozeßordnung der RSFSR die Angeklagten unter Berücksichtigung des Grades ihrer persönlichen Schuld

VERURTEILT:

Otosoo Jamada gemäß Artikel 1 des Erlasses des Präsidiums des Obersten Sowjets der UdSSR vom 19. April 1943 zu fünfundzwanzig Jahren Besserungshaft in einem Arbeitslager.

Riudsi Kadsitsuka gemäß Artikel 1 des Erlasses des Präsidiums des Obersten Sowjets der UdSSR vom 19. April 1943 zu fünfundzwanzig Jahren Besserungshaft in einem Arbeitslager.

Takaatsu Takahashi gemäß Artikel 1 des Erlasses des Präsidiums des Obersten Sowjets der UdSSR vom 19. April 1943 zu fünfundzwanzig Jahren Besserungshaft in einem Arbeitslager.

Kioshi Kawashima gemäß Artikel 1 des Erlasses des Präsidiums des Obersten Sowjets der UdSSR vom 19. April 1943 zu fünfundzwanzig Jahren Besserungshaft in einem Arbeitslager.

Toshihide Nishi gemäß Artikel 1 des Erlasses des Präsidiums des Obersten Sowjets der UdSSR vom 19. April 1943 zu achtzehn Jahren Besserungshaft in einem Arbeitslager.

Tomio Karasawa gemäß Artikel 1 des Erlasses des Präsidiums des Obersten Sowjets der UdSSR vom 19. April 1943 zu zwanzig Jahren Besserungshaft in einem Arbeitslager.

Masao Onoue gemäß Artikel 1 des Erlasses des Präsidiums des Obersten Sowjets der UdSSR vom 19. April 1943 zu zwölf Jahren Besserungshaft in einem Arbeitslager.

Shundsi Sato gemäß Artikel 1 des Erlasses des Präsidiums des Obersten Sowjets der UdSSR vom 19. April 1943 zu zwanzig Jahren Besserungshaft in einem Arbeitslager.

INHALT

Dsensaku Hirasakura gemäß Artikel 1 des Erlasses des Präsidiums des Obersten Sowjets der UdSSR vom 19. April 1943 zu zehn Jahren Besserungshaft in einem Arbeitslager.

Kadsuo Mitomo gemäß Artikel 1 des Erlasses des Präsidiums des Obersten Sowjets der UdSSR vom 19. April 1943 zu fünfzehn Jahren Besserungshaft in einem Arbeitslager.

Norimitsu Kikutschi gemäß Artikel 1 des Erlasses des Präsidiums des Obersten Sowjets der UdSSR vom 19. April 1943 zu zwei Jahren Besserungshaft in einem Arbeitslager.

Judsi Kurushima gemäß Artikel 1 des Erlasses des Präsidiums des Obersten Sowjets der UdSSR vom 19. April 1943 zu drei Jahren Besserungshaft in einem Arbeitslager.

Gegen das Urteil kann innerhalb 72 Stunden nach der Aushändigung der Kopie an die Verurteilten Berufung eingelegt werden beim Militärkollegium des Obersten Gerichtshofes der UdSSR.

Der Vorsitzende: Generalmajor der Justiz
D. TSCHERTKOW

Die Beisitzer: Oberst der Justiz
M. ILNIZKI

Oberstleutnant der Justiz
I. WOROBJOW